Schuck
Bundesjagdgesetz

Bundesjagdgesetz

unter Einbeziehung des Landesrechts

Kommentar

Herausgegeben von

Marcus Schuck
Rechtsanwalt in Koblenz
Justizrat

Bearbeitet von

Prof. Dr. Michael Brenner
Univ.-Professor an der
Universität Jena

Dr. Jürgen Ellenberger
Vizepräsident des Bundesgerichtshofs
Honorarprofessor der
Universität Mainz
Präsident des
Landesjagdverbandes Hessen

Barbara Frank
Rechtsanwältin in Ruhpolding

Dr. Axel Heider
Ministerialdirigent a.D.,
Lehrbeauftragter an der Universität
Köln (INUR)

Markus Koch
Ministerialrat, Dresden

Friedrich v. Massow
Justiziar, Deutscher Jagdverband e.V.,
Berlin

Dr. Benjamin Munte
Rechtsanwalt und Notar in Wolfsburg

Dr. med. vet. Rudolf Schneider
Veterinärdirektor a.D., Lehmen

Justizrat Marcus Schuck
Rechtsanwalt in Koblenz

Matthias Seibel
Rechtsanwalt in Koblenz

Gert Welp
Rechtsanwalt in Neustadt-Glewe

Dr. Henning Wetzel
Richter am Sozialgericht Berlin
Vizepräsident des Landesjagdverbandes
Mecklenburg-Vorpommern

4. Auflage

Verlag Franz Vahlen 2025

Zitiervorschlag:
Schuck/Bearbeiter BJagdG § 1 Rn. 1

vahlen.de

ISBN 978 3 8006 7213 4

Wilhelmstraße 9, 80801 München
info@vahlen.de
Druck und Bindung: Beltz Grafische Betriebe GmbH
Am Fliegerhorst 8, 99947 Bad Langensalza
Satz: Druckerei C.H.Beck Nördlingen
Umschlag: Druckerei C.H.Beck Nördlingen

myclimate
shape our future

vahlen.de/nachhaltig
produktsicherheit.vahlen.de

Gedruckt auf säurefreiem, alterungsbeständigem Papier
(hergestellt aus chlorfrei gebleichtem Zellstoff)

Vorwort zur 4. Auflage

Die 4. Auflage nimmt die Aktualisierungen insbesondere der landesrechtlichen Bestimmungen und des Europarechtes auf mit Stand 31.1.2024. Zudem wurde die weitere Rechtsprechung seit der letzten Auflage bis März 2024 eingearbeitet.

AG Direktor a. D. Adolf Tausch hat den Kreis der Autoren verlassen. Er hatte diesen Kommentar von Anfang an mitgestaltet. Insbesondere sein herausragendes Praxiswissen half dabei, diese komplexe Rechtsmaterie aus all ihren Facetten heraus zu beleuchten. An dieser Stelle danke ich ihm für sein Engagement und seine Kommentierungen der §§ 15–18a, 47, 43, 44, 45 und 46. Wir wünschen ihm und seiner Ehefrau, die ihm tatkräftig zur Seite stand, den wohlverdienten Ruhestand.

Als weiteren Autor konnten wir Professor Dr. Michael Brenner, der an der Friedrich-Schiller-Universität den Lehrstuhl für Deutsches und Europäisches Verfassungsrecht innehat, gewinnen. Er gibt unter anderem einen Kommentar zum Jagdrecht in Baden-Württemberg heraus und hat sich durch zahlreiche Publikationen auch im Jagdwesen einen Namen gemacht. Professor Dr. Brenner hat die Kommentierung der §§ 15–18a übernommen.

Ministerialdirigent Dr. Axel Heider, der bislang im Bundesministerium für Ernährung und Landwirtschaft tätig war, hat die Kommentierung der schwierigen Einleitung, die als Schwerpunkt die Fortentwicklung des Jagdrechtes beleuchtet, und § 1 kommentiert. Dr. Heider war in den letzten vielen Jahren auch für die Gestaltung des Bundesjagdgesetzes zuständig. Seine Erfahrung und sein profundes Wissen sind für den Kommentar sehr wertvoll.

Justitiar Friedrich von Massow hat zusätzlich die Kommentierungen der §§ 37, 43, 44, 45 und 46 von Adolf Tausch übernommen, sowie von mir § 2.

Die ständige Weiterentwicklung der bundes- und länderrechtlichen Bestimmungen, des Europarechtes und der hierzu ergangenen, sich fortentwickelnden Rechtsprechung haben wir in der 4. Auflage mit diesem verstärkten Autorenteam bearbeitet und dem Kommentar zugeführt. Ich danke allen Mitautoren, aber auch allen Lesern, die uns Hinweise auf Veränderungen, Urteile und Rechtsentwicklungen gegeben haben und damit zur Verbesserung des Werkes beigetragen haben. Für weitere Vorschläge und Hinweise sind wir sehr dankbar.

Koblenz im Juni 2024 — Marcus Schuck

Geleitwort zur 1. Auflage

Die Systematik des Jagdrechtes und die Einordnung der Jagd in unsere Kulturlandschaft ist mit der Zeit nicht einfacher geworden. Als eine der wenigen Gesetze verknüpft das Bundesjagdgesetz Zivil-, Verwaltungs- und Strafrecht und damit alle drei großen Rechtsgebiete in einer wohl fast einzigartigen, aber sicherlich auch für den juristischen Laien verwirrenden Art und Weise. Rund 350.000 Jäger im Gebiet der Bundesrepublik Deutschland, aber auch eine mindestens gleichhohe weitere Anzahl von Personen, Jagdgenossenschaften, Behörden und Juristen sind gehalten, sich mit diesem Thema auseinanderzusetzen. Für den DJV und die einzelnen Landesjagdverbänden und deren Mitgliedern steht der Erhalt des Wildes im Vordergrund. Es sind nicht zuletzt die gesetzlichen Vorgaben des Bundesjagdgesetzes, die diesem Gesichtspunkt Rechnung getragen haben und bis zum heutigen Tage auch Garant dafür sind, dass innerhalb einer stark bevölkerten Kulturlandschaft Wild noch eine Existenzberechtigung hat.

Die Verfasser dieses Kommentars schließen mit ihrem Werk eine Lücke in der Aufarbeitung der veränderten rechtlichen Situation, der steten Anpassung der Gesetze, auch unter besonderer Beachtung der nunmehr erfolgten verfassungsrechtlichen Orientierung des Jagdrechtes und der zwischenzeitlich ergangenen Rechtsprechung und Literatur.

Bonn, im Oktober 2009

Jochen Borchert
Präsident des Deutschen Jagdschutz-Verbandes

Im Einzelnen haben bearbeitet

Einl.	Heider
§ 1	Heider
§ 2	v. Massow
§ 3	Schuck
§ 4	Frank/Schuck
§ 5	Frank
§§ 6, 6a	Munte
§ 7	Frank/Schuck
§§ 8, 9, 10	Munte
§ 10a	Welp
§ 11	Koch
Anh. § 11	Wetzel
§§ 12, 13, 13a, 14	Koch
§§ 15, 16, 17, 18, 18a	Brenner
§§ 19, 19a, 20	Wetzel
§§ 21, 22	Welp
§ 22a	Schuck
§ 23	Ellenberger
§ 24	Schneider
§ 25	Ellenberger
§§ 26, 27, 28	Schuck
§ 28a	v. Massow
§§ 29, 30, 31, 32, 33, 34, 35	Schuck
§ 36	Schuck
§ 36a	Schuck
§ 37	v. Massow
§§ 38, 38a, 39, 40, 41, 42, 42a	Seibel
§§ 43, 44	v. Massow
§ 44a	Schneider
§§ 45, 46	v. Massow
BWildSchV	Schuck

Verzeichnis der ausgeschiedenen Bearbeiter

Hans-Joachim Stamp: . 1. Aufl. 2010, 2. Aufl. 2015;
Adolf Tausch: .... 1. Aufl. 2010, 2. Aufl. 2015, 3. Aufl. 2019.

Inhaltsverzeichnis

Verzeichnis der Abkürzungen

aA	andere Ansicht
AAK	Atemalkoholkonzentration
AB	Ausführungsbestimmungen
AB-NJagdG	Ausführungsbestimmungen zum Niedersächsischen Jagdgesetz
ABl.	Amtsblatt
ADNS	Animal Disease Notification System
AEUV	Vertrag über die Arbeitsweise der Europäischen Union
aF	alte Fassung
AG	Amtsgericht
AgrarR	Agrarrecht (Zeitschrift)
AHL	Animal Health Law = VO (EU) 2016/429
AWaffV	Allgemeine Waffengesetz-Verordnung
Alt.	Alternative
Anh.	Anhang
Anm.	Anmerkung
AO	Abgabenordnung
AK	Aujeszkysche Krankheit
Artenschutz-VO	Verordnung (EG) Nr. 338/97 des Rates vom 9.12.1996 über den Schutz von Exemplaren wildlebender Tier- und Pflanzenarten durch Überwachung des Handels (ABl. EG 1997 L 61, 1; berichtigt)
ASP	Afrikanische Schweinepest
ASP-Leitlinien	Leitlinien für die Prävention, Bekämpfung und Tilgung der Afrikanischen Schweinepest
AUR	Agrar- und Umweltrecht (Zeitschrift)
AVBayJG	Verordnung zur Ausführung des Bayerischen Jagdgesetzes
AV	Ausführungsverordnung
AVV	Allgemeine Verwaltungsvorschrift
Az.	Aktenzeichen
BAK	Blutalkoholkonzentration
BArtSchV	Bundesartenschutzverordnung
BayJG	Bayerisches Jagdgesetz (BayJG)
BayObLG	Bayerisches Oberstes Landesgericht
BayJFPO	(Bayerische) Verordnung über die Jäger- und Falknerprüfung (Jäger- und Falknerprüfungsordnung – JFPO)
BbgJagdDV	Verordnung zur Durchführung des Jagdgesetzes für das Land Brandenburg (BbgJagdDV)
BbgJagdG	Jagdgesetz für das Land Brandenburg (BbgJagdG)
BbgFPO	(Brandenburgische) Verordnung über die Falknerprüfung (Falknerprüfungsverordnung – FPO)
BbgJPO	(Brandenburgische) Verordnung über die Jägerprüfung (Jägerprüfungsordnung – JPO)
Bd.	Band
BDSG	Bundesdatenschutzgesetz
BeckRS	Rechtssprechungssammlung in Beck-Online (Jahr, Nummer)
BernK	Übereinkommen über die Erhaltung der europäischen wildlebenden Pflanzen und Tiere und ihrer natürlichen Lebensräume vom 19.9.1979 (BGBl. 1984 II 618, 620)
BGB	Bürgerliches Gesetzbuch

Verzeichnis der Abkürzungen

BGBl.	Bundesgesetzblatt
BGH	Bundesgerichtshof
BGHSt	Entscheidungssammlung des Bundesgerichtshofs für Strafsachen
BGHZ	Entscheidungssammlung des Bundesgerichtshofs für Zivilsachen
BJagdG	Bundesjagdgesetz
BlnJFPrO	(Berliner) Verordnung über die Jäger- und Falknerprüfung (Jäger- und Falknerprüfungsordnung)
BlnJagdVO	(Berliner) Verordnung über jagdbare Tierarten und Jagdzeiten
BMG	Bundesmeldegesetz
BNatSchG	Bundesnaturschutzgesetz
BR-Drs.	Bundesrats-Drucksache
BremJagdZVO	Bremische Landesjagdzeitenverordnung
BremJuFPrüfV	Bremische Verordnung über die Jäger- und Falknerprüfung (JuFPrüfV)
BSE	Bovine Spongiforme Enzephalopathie
BT	Bluetongue
BremLJagdG	Bremisches Landesjagdgesetz (LJagdG)
BT-Drs.	Bundestags-Drucksache
BVerfG	Bundesverfassungsgericht
BVerfGE	Entscheidungen des Bundesverfassungsgerichts
BVerwG	Bundesverwaltungsgericht
BVerwGE	Sammlung der Entscheidungen des Bundesverwaltungsgerichts
BWildSchV	Bundeswildschutzverordnung
BWJPrO	(Baden-Württembergische) Verordnung des Ministeriums für Ländlichen Raum und Verbraucherschutz über die Prüfung von Jägerinnen und Jägern (Jägerprüfungsordnung – JPrO)
BZRG	Bundeszentralregistergesetz
CBD	Übereinkommen über die biologische Vielfalt (Biodiversitäts-Konvention – Convention on Biological Diversity) vom 5.6.1992 (BGBl. 1993 II 1741)
CITES	(Washingtoner) Übereinkommen über den internationalen Handel mit gefährdeten Arten freilebender Tiere und Pflanzen (Convention on the International Trade of Endangered Species of Flora and Fauna) vom 3.3.1973 (BGBl. 1975 II 777) (ABl. 2015 L 75, 4)
CMS	Übereinkommen zur Erhaltung der wandernden wildlebenden Tierarten (Bonner Konvention – Convention on the Conservation of Migratory Species of Wild Animal) vom 23.6.1979 (BGBl. 1984 II 569) (ABl. 1982 L 210, 11)
CWD	Chronic Wasting Disease
dh	das heißt
DÖV	Die Öffentliche Verwaltung (Zeitschrift)
DS-GVO	Verordnung (EU) 2016/679 des Europäischen Parlaments und des Rates vom 27.4.2016 zum Schutz natürlicher Personen bei der Verarbeitung personenbezogener Daten, zum freien Datenverkehr und zur Aufhebung der Richtlinie 95/46/EG (Datenschutz-Grundverordnung) (ABl. EU 2016 L 119, 1; berichtigt)
DTBl.	Deutsches Tierärzteblatt

DVO JWMG	(Baden-Württembergische) Verordnung des Ministeriums für Ländlichen Raum und Verbraucherschutz zur Durchführung des Jagd- und Wildtiermanagementgesetzes (DVO JWMG)
DVO LJG-NRW	(Nordrhein-westfälische) Verordnung zur Durchführung des Landesjagdgesetzes (Landesjagdgesetzdurchführungsverordnung)
DVO-NJagdG	Verordnung zur Durchführung des Niedersächsischen Jagdgesetzes (DVO-NJagdG)
EBO	Eisenbahn Bau- und Betriebsordnung
EFSA	European Food Safety Authority
EG	Europäische Gemeinschaft
EGGVG	Einführungsgesetz zum Gerichtsverfassungsgesetz
Einl.	Einleitung
EJS	Entscheidungen in Jagdsachen
EMRK	Europäische Menschenrechtskonvention
EU	Europäische Union
EuGH	Europäischer Gerichtshof
FalknerPVO M-V	Verordnung über die Prüfung zur Erlangung des ersten Falknerjagdscheines des Landes Mecklenburg-Vorpommern (Falknerprüfungsverordnung – FalknerPVO M-V)
FFH-RL	Richtlinie 92/43/EWG des Rates vom 21.5.1992 zur Erhaltung der natürlichen Lebensräume sowie der wildlebenden Tiere und Pflanzen (ABl. EG 1992 L 206, 7)
FlHG	Fleischhygienegesetz
FlHV	Fleischhygieneverordnung
FLI	Friedrich-Loeffler-Institut
Flora-Fauna-Habitat-RL	siehe unter FFH-RL
GewArch	Gewerbe Archiv (Zeitschrift)
GewO	Gewerbeordnung
GG	Grundgesetz
GRUR Int	Gewerblicher Rechtsschutz und Urheberrecht, Internationaler Teil
GVBl.	Gesetz- und Verordnungsblatt
ha	Hektar
HbgJgdRVO	(Hamburger) Verordnung über jagdrechtliche Regelungen
HmbJägerPVO	(Hamburger) Verordnung über die Jägerprüfung
HmbJagdG	Hamburgisches Jagdgesetz
HJagdG	Hessisches Jagdgesetz (HJagdG)
HJagdV	Hessische Jagdverordnung (HJagdV)
HPAI	Hochpathogene aviäre Influenza
Hs.	Halbsatz
ICD	International Statistical Classification of Diseases
Invasive Arten-VO	Verordnung (EU) Nr. 1143/2014 des Europäischen Parlaments und des Rates vom 22.10.2014 über die Prävention und das Management der Einbringung und Ausbreitung invasiver gebietsfremder Arten (ABl. 2014 L 317, 35)
iVm	in Verbindung mit
JagdZV	Verordnung (des Bundes) über die Jagdzeiten

Verzeichnis der Abkürzungen

JägerPVO M-V	Verordnung über die Prüfung zur Erlangung des ersten Jagdscheines des Landes Mecklenburg-Vorpommern (Jägerprüfungsverordnung – JägerPVO M-V)
JE	Jagdrechtliche Entscheidungssammlung (Loseblattsammlung)
JG	Jagdgesetz
JGG	Jugendgerichtsgesetz
JPO	Jägerprüfungsordnung
JuFPrüfV	Verordnung über die Jäger- und Falknerprüfung
JWMG	Jagd- und Wildtiermanagementgesetz (Baden-Württemberg)
KirrVO	(Rheinland-pfälzische) Landesverordnung über die Fütterung und Kirrung von Schalenwild
Kfz	Kraftfahrzeug
KSP	Klassische Schweinepest
KWKG	Gesetz über die Kontrolle von Kriegswaffen
LFGB	Lebensmittel-, Bedarfsgegenstände- und Futtermittelgesetzbuch
LJagdG Bln	Gesetz über den Schutz, die Hege und Jagd wildlebender Tiere im Land Berlin (Landesjagdgesetz Berlin – LJagdG Bln)
LJG-NRW	Landesjagdgesetz Nordrhein-Westfalen (LJG-NRW)
LJV	Landesjagdverband
LMEV	Lebensmitteleinfuhr-Verordnung
LmH	Lebensmittelhygiene
LMHV	Lebensmittelhygiene-Verordnung
LSALJagdG	Landesjagdgesetz für Sachsen-Anhalt (LJagdG)
LSALJagdGDVO	Verordnung zur Durchführung des Landesjagdgesetzes für Sachsen-Anhalt (LJagdG-DVO)
LSG	Landessozialgericht
LwVfG	Gesetz über das gerichtliche Verfahren in Landwirtschaftssachen
mAnm	mit Anmerkung (von)
MiStra	Mitteilung in Strafsachen
MRRG	Melderechtsrahmengesetz, aufgehoben
MVLJagdG	Jagdgesetz des Landes Mecklenburg-Vorpommern (Landesjagdgesetz – LJagdG M-V)
MVWildSVO	Verordnung über das Feststellungsverfahren in Wild- und Jagdschadenssachen (Wild- und Jagdschadensverordnung – Wild- und JagdSVO M-V)
mwN	mit weiteren Nachweisen
NdsJFPVO	(Niedersächsische) Verordnung über die Jäger- und die Falknerprüfung
NdsWJSchadVO	(Niedersächsische) Verordnung über das Vorverfahren in Wild- und Jagdschadenssachen (WJSchadVO)
NJagdG	Niedersächsisches Jagdgesetz (NJagdG)
nF	neue Fassung
NJOZ	Neue Juristische Online-Zeitschrift
NJW	Neue Juristische Wochenschrift
NordÖR	Zeitschrift für Öffentliches Recht in Norddeutschland
NuR	Natur und Recht (Zeitschrift)
nv	nicht veröffentlicht
NVwZ	Neue Zeitschrift für Verwaltungsrecht

OCR	Official Controls Regulation
OIE	Office International Epizooties
OLG	Oberlandesgericht
OVG	Oberverwaltungsgericht
OWiG	Ordnungswidrigkeitsgesetz
RdL	Recht der Landwirtschaft (Zeitschrift)
RGBl.	Reichsgesetzblatt
RJG	Reichsjagdgesetz
RL	Richtlinie
RhPfLJG	(Rheinland-pfälzisches) Landesjagdgesetz (LJG)
RHÜ 1959	Europäisches Übereinkommen über die Rechtshilfe in Strafsachen
RPKirrVO	(Rheinland-pfälzische) Landesverordnung über die Fütterung und Kirrung von Schalenwild
RPLJVO	(Rheinland-pfälzische) Landesjagdverordnung (LJVO)
RWaffG	Reichswaffengesetz vom 18.3.1938
SächsJagdG	Jagdgesetz für den Freistaat Sachsen (Sächsisches Jagdgesetz – SächsJagdG)
SächsJagdVO	Sächsische Jagdverordnung
SchlHLJagdG	Jagdgesetz des Landes Schleswig-Holstein (Landesjagdgesetz – LJagdG)
SchlHJPVO	(Schleswig-holsteinische) Landesverordnung über die Prüfung zum Erwerb des ersten Jagdscheines (Jägerprüfungsverordnung)
SchlHWiJaSchSVVO	(Schleswig-holsteinische) Landesverordnung über Verfahren in Wild- und Jagdschadenssachen
SchWaffG	Schusswaffengesetz von 1928
SCI	sites of community interest
SGB	Sozialgesetzbuch
SHJagdVO	(Schleswig-holsteinische) Landesverordnung über jagdbare Tierarten und über die Jagdzeiten
SHKirrVO	(Schleswig-holsteinische) Landesverordnung über die Fütterung und Kirrung von Wild
SJG	Saarländisches Jagdgesetz
SJGDV	Verordnung zur Durchführung des Saarländischen Jagdgesetzes
SprengG	Sprengstoffgesetz
StGB	Strafgesetzbuch
StPO	Strafprozessordnung
str.	strittig
StVG	Straßenverkehrsgesetz
StVZO	Straßenverkehrs-Zulassungsordnung
TierGesG	Tiergesundheitsgesetz
TierSchlV	Tierschutz-Schlachtverordnung
ThJG	Thüringer Jagdgesetz (ThJG)
ThürAPOJ	Thüringer Ausbildungs- und Prüfungsordnung für Jäger, Falkner und Jagdaufseher (Thüringer Ausbildungs- und Prüfungsordnung Jagd – ThürAPOJ)
ThJGAVO	Verordnung zur Ausführung des Thüringer Jagdgesetzes
Tier-LMHV	Tierische Lebensmittel-Hygiene-Verordnung
Tier-LMÜV	Tierische Lebensmittel-Überwachungsverordnung
TierSchG	Tierschutzgesetz
TierSchHundeV	Tierschutz-Hundeverordnung

Verzeichnis der Abkürzungen

TollwutV	Tollwutverordnung
TSIS	Tierseuchennachrichtensystem
UStAE	Umsatzsteuer-Anwendungserlass
UVV	Unfallverhütungsvorschrift
VAG	Gesetz über die Beaufsichtigung der Versicherungsunternehmen (Versicherungsaufsichtsgesetz)
VG	Verwaltungsgericht
VGH	Verwaltungsgerichtshof
VO	Verordnung
Vogelschutz-RL	Richtlinie 2009/147/EG des Europäischen Parlaments und des Rates vom 30.11.2009 über die Erhaltung der wildlebenden Vogelarten (ABl. EG 2010 L 20, 7)
VSG	Vorschrift Sicherheit und Gesundheit
VV	Verwaltungsvorschrift
VwGO	Verwaltungsgerichtsordnung
VwVfG	Verwaltungsverfahrensgesetz
VwVG	Verwaltungsvollstreckungsgesetz
WaffG	Waffengesetz
WaffVwV	Allgemeine Verwaltungsvorschrift zum Waffengesetz
WBK	Waffenbesitzkarte
WOAH	World Organisation for Animal Health
WuH	Wild und Hund (Zeitschrift)
ZLR	Zeitschrift für das gesamte Lebensmittelrecht
ZPO	Zivilprozessordnung
ZStV	Zentrales Staatsanwaltliches Verfahrensregister
ZStVBetrV	Verordnung über den Betrieb des Zentralen Staatsanwaltlichen Verfahrensregisters

Verzeichnis der abgekürzt zitierten Literatur

Anders/Gehle	Anders/Gehle, ZPO, 82. Aufl. 2024
Apel/Bushart	Apel/Bushart, Waffenrecht, Band 1, 2, 3, 3. Aufl. 2004
Asam/Konrad/Schaefer	Asam/Konrad/Schaefer, Landesjagdgesetz Rheinland-Pfalz, 16. Aufl. 2016
Aust/Jacobs/Pasternak/Friedrich Enteignungsentschädigung	Aust/Jacobs/Pasternak, Enteignungsentschädigung, 8. Aufl. 2021
Bätza/Jentsch TierseuchenR	Bätza/Jentsch, Tierseuchenrecht in Deutschland und Europa: Qualifizierte Textsammlung mit Anwenderhinweisen und Materialien, 1. Aufl. 2017
Baur/Stürner SachenR	Baur/Stürner, Sachenrecht, 18. Aufl. 2009
BeckOK BGB	Hau/Poseck, BeckOK BGB, 70. Ed. 1.5.2024
BeckOK GewO	Pielow, BeckOK GewO, 61. Ed. 1.3.2024
BK-GG	Kahl/Waldhoff/Walter, Bonner Kommentar zum Grundgesetz, 222. EL 2023
Brenner JagdR	Brenner, Quo vadis, Jagdrecht? – Das Jagdrecht und der Schutz der verfassungsrechtlichen Eigentumsgarantie, 1. Aufl. 2015
Brenner/Bürner/Kurz JagdR BW	Brenner/Bürner/Kurz, Jagdrecht in Baden-Württemberg, 12. Aufl. 2015
Dedeck/Steineck	Dedeck/Steineck, Wildhygiene, 1994
Dietlein JagdR	Dietlein, Das Jagdrecht von A – Z: Ein Rechtswörterbuch für Prüfung und Praxis mit dem neuen Waffenrecht, 1. Aufl. 2003
Dietlein/Froese	Dietlein/Froese, Jadgliches Eigentum, 2018
Drees/Thies	Drees/Thies, Wild- und Jagdschaden, 9. Aufl. 2011
Drees/Thies/Müller-Schallenberg/Jäcker/Hugenberg	Drees/Thies/Müller-Schallenberg/Jäcker/Hugenberg, Das Jagdrecht in Nordrhein-Westfalen, 18. EL 2024
Dürig/Herzog/Scholz	Dürig/Herzog/Scholz, Grundgesetz-Kommentar, 103. EL 2024
Erbs/Kohlhaas	Erbs/Kohlhaas, Strafrechtliche Nebengesetze, 250. EL 2024
Erlacher WaffenR	Erlacher, Waffen- und Jagdrecht, 1. Aufl. 2015
Erman	Erman, BGB, 17. Aufl. 2023
FA-AgrarR	Härtel, Handbuch des Fachanwalts Agrarrecht, 1. Aufl. 2012
Fischer	Fischer, Strafgesetzbuch – mit Nebengesetzen, 71. Aufl. 2024
Gade	Gade, Waffengesetz, 3. Aufl. 2022
Gade WaffR-HdB	Gade, Basiswissen Waffenrecht – Handbuch für Ausbildung und Praxis, 4. Aufl. 2017
Geigel Haftpflichtprozess	Geigel, Haftpflichtprozess, 29. Aufl. 2024
Göhler	Göhler, Gesetz über Ordnungswidrigkeiten: OWiG, 19. Aufl. 2024
Grüneberg	Grüneberg, Bürgerliches Gesetzbuch, 83. Aufl. 2024

Verzeichnis der abgekürzt zitierten Literatur

Guber	Guber, Die eigentumsrechtliche Einordnung des Naturgutes Wild – Inhalt des jagdlichen Eigentums oder Allgemeingut?, 2022
Heider, Axel	Heider, Der Jagdschutz, Diss. Köln 1987
Heider, Stephan	Heider, Der Tierartenschutz im Naturschutzrecht und artverwandten Gebieten, Diss. Köln 1990
Hellenbroich	Hellenbroich, Europäisches und deutsches Artenschutzrecht, 2006
Heller/Soschinka/Rabe WaffR	Heller/Soschinka/Rabe, Waffenrecht, 4. Aufl. 2020
Hinze/Runkel/Schmidt WaffR	Hinze/Runkel/Schmidt, Waffenrecht, 1. Aufl. 2022
Hirt/Maisack/Moritz/Felde	Hirt/Maisack/Moritz/Felde, Tierschutzgesetz, 4. Aufl. 2023
Jarass/Pieroth	Jarass/Pieroth, Grundgesetz für die Bundesrepublik Deutschland, 18. Aufl. 2024
Kopp/Ramsauer	Kopp/Ramsauer, VwVfG, 24. Aufl. 2023
Kopp/Schenke	Kopp/Schenke, VwGO, 29. Aufl. 2023
Leonhard/Pießkalla	Leonhard/Pießkalla, Jagdrecht – Bundesjagdgesetz, Bayerisches Jagdgesetz, ergänzende Bestimmungen, Loseblatt, Stand März 2024
Lorz/Konrad/Mühlbauer/Müller-Walter/Stöckel	Lorz/Konrad/Mühlbauer/Müller-Walter/Stöckel, Naturschutzrecht: NaturschutzR, 3. Aufl. 2013
Lorz/Metzger	Lorz/Metzger, Tierschutzgesetz, 7. Aufl. 2018
Lorz/Metzger JagdR	Lorz/Metzger, Jagdrecht, Fischereirecht, 5. Aufl. 2023
Löwe/Rosenberg	Löwe/Rosenberg, Die Strafprozessordnung und das Gerichtsverfassungsgesetz: StPO, 27. Aufl. 2017
Lütkes/Ewer	Lütkes/Ewer, Bundesnaturschutzgesetz: BNatSchG, 2. Aufl. 2018
Meßerschmidt BNatSchG	Meßerschmidt, Bundesnaturschutzrecht, 153. EL 2021
Meyer-Goßner/Schmitt	Meyer-Goßner/Schmitt, StPO, 66. Aufl. 2023
Mitzschke/Schäfer	Mitzschke/Schäfer, Kommentar zum Bundesjagdgesetz: In der Fassung vom 29.9.1976, 4. Aufl. 1982
Müller-Schallenberg/Hugenroth	Müller-Schallenberg/Hugenroth, Jagdrecht Nordrhein-Westfalen, 11. Aufl. 2022
MüKoBGB	Säcker/Rixecker/Oetker/Limperg, Münchener Kommentar zum Bürgerlichen Gesetzbuch, 9. Aufl. 2021 ff.
MüKoStGB	Erb/Schäfer, Münchener Kommentar zum Strafgesetzbuch, 4. Aufl. 2020
Munte	Munte, Die Pflicht des Grundeigentümers zur Duldung der Jagdausübung auf seinem Grundstück, 2008
Munte NJagdG	Munte, Jagdrecht Niedersachsen, Band 1, 9. Aufl. 2023
Reichert VereinsR/VerbandsR	Reichert, Vereins- und Verbandsrecht, 15. Aufl. 2024
Munte NJagdG	Munte, Jagdrecht Niedersachsen, Band 1, 9. Aufl. 2023
RGRK-BGB	Mitglieder des Bundesgerichtshofes/RGRK, Das Bürgerliche Gesetzbuch mit besonderer Berücksichtigung der Rechtsprechung des Reichsgerichts und des Bundesgerichtshofes, 12. Aufl. 2010
Sachs	Sachs, Grundgesetz: GG, 9. Aufl. 2021

Schöner/Stöber GrundbuchR	Schöner/Stöber, Grundbuchrecht, 16. Aufl. 2020
Soergel	Soergel, Bürgerliches Gesetzbuch mit Einführungsgesetz und Nebengesetzen (BGB), 14. Aufl. 2021 ff.
Sosnitza/Meisterernst	Zipfel/Rathke (Begr.), Lebensmittelrecht, 188. EL 2023
Staudinger	J. v. Staudingers Kommentar zum Bürgerlichen Gesetzbuch mit Einführungsgesetz, 13. Bearbeitung 1993 ff.
Steindorf	Steindorf, Waffenrecht, 11. Aufl. 2022
Stelkens/Bonk/Sachs	Stelkens/Bonk/Sachs, Verwaltungsverfahrensgesetz, 10. Aufl. 2022
Streinz/Kraus Lebens-mittelR-HdB	Streinz/Kraus, Lebensmittelrechts-Handbuch, 46. EL 2024
Tholen	Tholen, Das Artenschutzregime der Fauna-Flora-Habitat-Richtlinie im deutschen Recht, 2014

Bundesjagdgesetz (BJagdG)

in der Fassung der Bekanntmachung vom 29. September 1976
(BGBl. 1976 I 2849),
zuletzt geändert durch Verordnung vom 19. Juni 2020 (BGBl. 2020 I 1328)

Einleitung

Übersicht

I. Das Jagdrecht

Das Jagdrecht im subjektiven Sinn, also das Recht, auf einem bestimmten Gebiet Wild zu hegen, hierauf die Jagd auszuüben und es sich anzueignen (vgl. § 1 Abs. 1), umfasst in seinem Kern das Recht zu jagen. Jagen wiederum bedeutet seinem wesentlichen Inhalt nach, dem Wild nachzustellen. Das Jagen setzt damit aber auch ein Verständnis für das Wild, seine Natur, seine Biologie und seine Lebensgewohnheiten voraus. Soll die Jagd nachhaltig betrieben werden, steht der Erhalt der Art, aber auch der für die Erhaltung der Art notwendigen Lebensgrundlagen im Vordergrund. In einer von Menschen übervölkerten Kulturlandschaft bedarf es besonderer Regularien zum Schutz des Wildes, der Landschaft und der Interessen der Wirtschaftsbeteiligten, einschließlich derjenigen, die die Jagd ausüben wollen. Das moderne Jagdrecht bedient sich dabei des Verwaltungs-, Straf- und Zivilrechts. Eine immer größere Bedeutung erhält der Artenschutz, der in zunehmendem Maße diesen Rechtskreis bestimmt. Parallel dazu wächst die Erkenntnis, dass der Staat einen effektiven Artenschutz ohne ein flächendeckendes Engage- **1** ment Einzelner nicht leisten kann. Der Gesichtspunkt der Nachhaltigkeit der Nutzung des Wildes ist Triebfeder und Verpflichtung zugleich. Die Jagd, die unter diesem Gesichtspunkt betrieben wird, erfüllt deshalb eine wesentliche Funktion, ohne die viele Wildarten übernutzt oder gar ausgerottet wären. Dem Jagdrecht kommt die Aufgabe zu, klare Regeln zu schaffen, mit denen die aufeinandertreffenden Interessen auf dieses Ziel ausgerichtet werden können. Die Jagd ist aber auch ein Kulturgut, das es zu erhalten gilt. Die Jagdfläche in Deutschland beträgt 31,98 Mio. ha (Quelle: DJV Handbuch Jagd 2022, S. 334). Jagd hat eine hohe wirtschaftliche Bedeutung. Diese bezieht sich zum einen auf das Ausgabeverhalten der jagenden Bevölkerung (1,62 Milliarden in 2015; hierzu im Einzelnen Raimoser in Dietlein/Froese, Jagdliches Eigentum, 2018, S. 63). Aber auch als Einnahmequelle für die Grundeigentümer, die je nach Lage der Reviere die Einkünfte zB aus forstwirtschaftlicher Nutzung deutlich übersteigen können. Die Ausgaben der Jägerschaft in Deutschland für Biotoppflege und Artenschutz belaufen sich auf über 80 Mill. Euro jährlich (Ebner, The economic value of hunting in the EU, ppt-Präs. Folie 9, abrufbar unter www.face.eu) und liegen damit höher als die der einzelnen Umweltverbände (zB BUND Bericht 2022: 39,8 Mio. Gesamtausgaben, davon 69% (= 27,46 Mio. Euro) Projektmittel auf Bundesverbandsebene sowie an Landesverbände, https://www.bund.net/fileadmin/user_upload_bund/publikationen/bund/jahresbericht-2022-bund.pdf; WWF-Jahresbericht 2021/22: 43,43 Mio. Projektaufwand, https://www.wwf.de/fileadmin/fm-wwf/Publikationen-PDF/WWF/WWF-jahresbericht-2021–2022.pdf; NABU 42,8 Mio. Euro Aufwendungen aus satzungsgemäßen Betätigungen, https://www.nabu.de/imperia/md/content/nabude/nabu/230815-nabu-jb22-ds.pdf, zuletzt abgerufen am 7.5.2024). Für den Natur- und Artenschutz ist die Jagd daher ein wesentlicher Faktor.

2 **1. Das Recht zu Jagen.** Rechtsphilosophisch ist umstritten, ob das Recht zu jagen dem Freiheits- und Persönlichkeitsrecht eines jeden entspringt (so zB dem römischen Recht zu entnehmen) oder aber mit dem Recht an einem Stück Land zu verbinden ist (zu den unterschiedlichen historischen Ansätzen vgl. Rösener, Die Geschichte der Jagd, 2004, S. 74f.; vgl. auch Meyer-Ravenstein, Die Jagdberechtigungen, 1986, S. 23ff.). Beide Theorien gehen aber von einem Recht des freien Tierfangs in der Frühzeit aus (sehr eingehend hierzu Dietlein in Dietlein/Froese, Jagdliches Eigentum, 2018, S. 29ff.). Während die Jagd in früheren Zeiten wesentlicher Faktor der Ernährung gewesen ist, stehen heute andere Bedeutungen im Vordergrund. Wildbret als gesundes Lebensmittel ist einer dieser Markenkerne. Das Wildbretaufkommen alleine der relevanten Schalenwildarten lag im Jagdjahr 2020/2021 bei 46.381 Tonnen (Quelle: DJV-Handbuch Jagd, 2022, S. 348). Der Primärwert der Jahresjagdrecke in Deutschland betrug im Jagdjahr 2020/2021 über 216 Mill. Euro (Quelle: DJV-Handbuch Jagd, 2022, 350). Jagd ist heute wie damals vor allem auch die Nutzung der natürlichen Ressourcen. Heute stehen der Erhalt und die nachhaltige Nutzung des natürlichen Vorkommens von wildlebenden Tieren im Mittelpunkt. Dies gilt gleichermaßen für alle anderen Nutzungen der Natur, wie insbesondere die Forst-, Land- und Fischereiwirtschaft. In der politischen Realität entwickeln sich, vor allem infolge der Zunahme klimafolgenbedingter Schäden im Wald wegen zunehmender Trockenheit, Konkurrenzen zwischen Forstwirtschaft und Jagd, zwischen Wald und Wild. Nach der heutigen Auffassung ist Aufgabe der Jagd

nicht allein die kurzfristige Naturnutzung, sondern der Erhalt einer nachhaltigen Bewirtschaftungsmöglichkeit, die – als weiteren Markenkern – den Erhalt der Wildbestände zum wesentlichen Inhalt haben muss („wise use"). Ein weiterer wesentlicher Inhalt ist die Zielvorgabe in § 1, ein angemessenes Gleichgewicht zwischen dem Wildbestand und seinem Lebensraum zu gewährleisten und zu gestalten (vgl. → § 1 Rn. 19 ff.). Die Jagd ist darüber hinaus ein wichtiges Kulturgut, das von einer zunehmenden Anzahl von Menschen für sich entdeckt wird. Die Anzahl der Jagdscheininhaber wächst seit Jahren kontinuierlich (Stand 2021: 403.420 Jagdscheininhaber, DJV-Handbuch 2022, S. 339). Jagd ist nicht als Freizeitspaß konzipiert, sondern als Mittel zum Schutz und der Hege des Wildes und seiner Umwelt (s. hierzu Froese in Dietlein/Froese, Jagdliches Eigentum, 2018, S. 159 ff.)

2. Das Jagdrecht im objektiven sowie subjektiven Sinn. Jagdrecht im **objektiven** Sinn sind alle Rechtsnormen, die sich auf die Jagd beziehen. Hierzu zählen alle Rechtsvorschriften, die in einem Sachzusammenhang mit der Jagd und der Jagdausübung stehen: Neben den konkreten Jagdgesetzen und Verordnungen des Bundes und der Länder gehören dazu alle mit einem entsprechenden Sachzusammenhang ausgestalteten Vorschriften des Umwelt- und Naturschutzrechts, des Straf- und Ordnungswidrigkeiten-, des Waffen- und Seuchenrechts, des Verwaltungs-, Sozial- und bürgerlichen Rechts, aber auch des EU-Rechts sowie Bestimmungen, die sich aus internationalen Verträgen ableiten. **3**

Im **subjektiven** Sinn ist das Jagdrecht ein absolutes, gegen jedermann wirkendes Recht (OLG Frankfurt Urt. v. 12.2.1980 – 14 U 200/79, JE XVIII Nr. 23), auf einem konkreten Gebiet bestimmte Wildarten zu hegen, die Jagd hierauf auszuüben und sie sich anzueignen. Es verbietet jedem Dritten, in die dem Jagdrechtsinhaber vorbehaltenen Rechte einzugreifen. Es handelt sich um ein mit dem Eigentum untrennbar verbundenes, insoweit abgeleitetes, mit Blick auf § 3 Abs. 1 S. 3 unselbständiges, besonderes dingliches Nutzungsrecht (hM; Mitzschke/Schäfer § 3 Rn. 6; Lorz/Metzger § 1 Rn. 3; Staudinger/Stieber, 2021, BGB § 96 Rn. 6 mwN; Grüneberg/Ellenberger BGB § 96 Rn. 2; vgl. auch BGH Urt. v. 26.2.1958 – V ZR 123/56, NJW 1958, 785; aA BFH Beschl. v. 16.6.2008 – II B 75/07, BeckRS 2008/25013828; vgl. auch Meyer-Ravenstein, Die Jagdberechtigungen, 1986, S. 34, der von einem „dem Eigentümer an seinem Grundstück zustehenden, neben dem Eigentum am Grundstück selbständigen, aber mit diesem untrennbar verbundenen dinglichen Nutzungsrecht" spricht). **4**

II. Rechtsentwicklung

In Zeiten, in denen diese Welt nur dünn besiedelt war, dürfte es ein Bedürfnis für eine Regulierung der Jagd nicht gegeben haben. Dies änderte sich mit einer zunehmenden Bevölkerung und der Gründung von größeren Siedlungen. **5**

1. Frühe Systeme. Bis in das 6. Jahrhundert n. Chr. konnte Wild von jedermann und überall bejagt werden (Nutz- und Schutzjagd; hierzu detaillierter Dietlein in Dietlein/Froese, Jagdliches Eigentum, 2018, S. 30 ff.). Das Recht des freien Tierfangs war Ausfluss des Persönlichkeitsrechts jedes Einzelnen. In der Zeit von 800–1500 n. Chr. (Bannforstperiode) wurden die sog. Bannforste hiervon ausgenommen. Nur in den Allmenden konnte frei **6**

gejagt werden. Damals wurde der Begriff des Hochwildes durch die Einteilung in Hohe Jagd (dem Adel vorbehalten) und Niedere Jagd geprägt. Mit der Ausprägung des Eigentumsbegriffs an Grund und Boden erstarkte das Jagdrecht zunächst zum Individualrecht des jeweiligen Grundeigentümers. Ab dem 15. Jahrhundert entwickelte sich aber aus dem Forst- und Wildbann ein selbstständiges Jagdrecht, dessen Inhaber der Adel war und das vom Eigentum an Grund und Boden losgelöst wurde. Es wurde als sog. selbstständige „Gerechtigkeit" bezeichnet (vgl. II 16 §§ 30 ff. PrALR). Der Adel beschränkte die Jagdausübung willkürlich und ohne Rücksicht auf die Rechte der Grundeigentümer. Die Folge waren unhaltbare Wildbestände mit katastrophalen Folgen insbesondere für die Landwirtschaft.

7 In der Rechtsentwicklung wurde erst mit Abschaffung der Jagdregale das heutige Jagdrechtssystem entwickelt. Vorläufer waren die Ausgestaltungen, die das Jagdrecht (in Deutschland in den linksrheinischen Gebieten) aufgrund der Besetzung durch Frankreich erfuhr. Der mit der französischen Revolution einhergehende Liberalismus beschränkte die Sonderrechte des Adels und stärkte die Rechte des Bürgers und Grundeigentümers. Mit Art. 169 (Frankfurter) Reichsverfassung und Art. 8 § 37 Reichsgesetz vom 27.12.1848 der Frankfurter Nationalversammlung wurde das Jagdrecht mit dem Grund und Boden verbunden und als Grundrecht des deutschen Volkes deklariert: „Im Grundeigenthum liegt die Berechtigung zur Jagd auf eigenem Grund und Boden. Die Jagdgerechtigkeit auf fremden Grund und Boden, Jagddienste, Jagdfrohnden und andere Leistungen für Jagdzwecke sind ohne Entschädigung aufgehoben". In den meisten deutschen Staaten erfolgte sodann die Aufhebung der Jagdregale in unterschiedlicher Art und Weise, häufig entschädigungslos (zB in Preußen § 1 PrJagdG vom 31.10.1848, in Sachsen §§ 1, 3 SächsJagdG vom 25.11.1858). Damit hatte der Eigentümer die zunächst fast uneingeschränkte Berechtigung, dem Wild nachzustellen. In Ausnutzung dieser Möglichkeiten wurde aber der Wildbestand bis Ende des 19. Jahrhunderts dermaßen dezimiert, dass Regelungen zur ordnungsgemäßen Jagdausübung und zum Erhalt des Wildbestandes in kurzen Abständen in allen Ländern erlassen wurden, so Regelungen über die Art der Jagdausübung, die Einrichtung von Schonzeiten und die Bestimmung von Mindestflächengrößen, auf denen eine einheitliche Bejagung zu erfolgen hatte. Ende des 19. Jahrhunderts kam zudem der Naturschutzgedanke auf, der den Schutz der Arten neben den Schutz des jagdbaren Wildes stellte.

8 Mit der preußischen Jagdordnung vom 15.7.1907 erfolgte auf wesentlichen Teilen des damaligen Reichs eine konkretisierte Jagdausübungsregelung, die in wesentlichen Inhalten heute noch Bestand hat. Das RJG vom 3.7.1934 (RGBl. 1934 I 549) schuf unter Aufhebung der bis dahin 17 zum Teil unterschiedlichen Landesjagdgesetze erstmals eine für das gesamte Reichsgebiet einheitliche Regelung (vgl. Mitzschke/Schäfer Einl. Rn. 3). Insbesondere die Überschneidungspunkte mit den wirtschaftlichen Interessen der Forst-, Land- und Fischereiwirtschaft sowie den Belangen des Natur- und Landschaftsschutzes wurden für das damalige Reichsgebiet einheitlich normiert (vgl. auch BayObLG Urt. v. 23.9.1952 – Rev Reg. 2 St 288/52, BayObLGSt 1952, 193).

9 Doch hat es **Natur- und Landschaftsschutz** im Interesse des Wildes und der Jagd auch schon vor Inkrafttreten des RJG gegeben. So wird in der jagdhistorischen Lit. berichtet, dass bereits im 13. Jahrhundert Kaiser Friedrich II im Reichsforst von Nürnberg die Anordnung traf, „vier Sul(t)zen zu machen auf unserem und des Reichs Forst" und das Wild „zu pflegen und zu hegen" (Stisser, Forst- und Jagd-Historie der Teutschen, Leipzig 1754, S. 213). Im Jahr 1553 erließ Landgraf Philipp von Hessen ein Edikt, dass nach starkem Schneefall Haferstroh in die Wälder zu fahren sowie etliche moosige Aspen und Buchen zu fällen seien, um der Futternot des Wildes zu begegnen (Landau, Beiträge zur Geschichte der Jagd und der Falknerei in Deutschland, Kassel 1849, S. 140). Der Graf zu Sayn-Wittgenstein-Hohenstein verordnete in seiner Jagdordnung von 1737 die sorgfältige Fütterung des Wildes (§§ 75, 76) und die Versorgung der Salzlecken im Mai, August und September (§ 72). In § 38 Forstordnung für die schlesischen Gebirgsforsten vom 8.9.1777 hieß es: „Zu(r) Unterhaltung einer ordentlichen Wildbahn gehört die Schlagung einiger Salzlecken, die Fütterung mit Heu im harten Winter und bei tiefem Schnee …" (Dickel, Über das Hegerecht des Jagdberechtigten und die Ersatzpflicht des Militärfiskus für Schädigung der Jagd durch Truppenübungen, Breslau 1910, S. 39). Auch der Schutz des Wildes vor **Beutegreifern** lässt sich in der Lit. weit zurückverfolgen. So enthalten bereits die Kapitularien Karls des Großen Bestimmungen über die Bejagung von Wölfen (Capitularia de villis c. 69). Für deren Erlegung setzte man bereits frühzeitig Prämien aus. Dem Dienstmannenrecht zu Ilzstadt von 1256 ist zu entnehmen, dass der Bischof von Passau für die Tötung eines Wolfes die Erlegung eines Hirsches gestattete: „… si lupum ceperit, capiet pro eo cervum" (Grimm, Weisthümer VI. Theil, Göttingen 1869, S. 114). Hierbei stand zwar in erster Linie der Schutz von Haustieren und Menschen im Vordergrund, aber auch der Schutz des Wildes (Heider, Der Jagdschutz, Diss. Köln 1987, S. 9 unter Verweis auf Fritschius, Corpus Juris Venatorio-Forestalis, Jena 1675, 2. Teil VIII, S. 89). In späterer Zeit wurde die Bejagung von Beutegreifern Ziel zahlreicher gesetzlicher Bestimmungen, mancherorts bedachte man deren Erlegung mit Prämien (vgl. Dickel aaO S. 42). Der Schutz des Wildes vor „Raubvögeln" fand auch in der ersten zusammenhängenden tierartesschutzrechtlichen Kodifikation, dem „Gesetz betreffend den Schutz von Vögeln" vom 22.3.1888 (RGBl. 1888, 111) seinen Niederschlag. § 5 dieses Gesetzes lautete: Vögel, welche dem jagdbaren Feder- und Haarwilde und dessen Brut und Jungen … nachstellen, dürfen nach Maßgabe der landesrechtlichen Vorschriften über Jagd … von den Jagdberechtigten … und deren Beauftragten getödtet werden." Die genannten Beispiele machen deutlich, dass Maßnahmen wie Wildfütterung in Notzeiten oder Bejagung von Beutegreifern zwar erst 1934 im Rahmen des Jagdschutzes Eingang in das Reichs- und spätere Bundesrecht fanden, dass ihr rechtsgeschichtlicher Ursprung aber wesentlich weiter zurückliegt. (vgl. hierzu Heider, Der Jagdschutz, Diss. Köln 1987, S. 5 ff. mwN).

Nach dem zweiten Weltkrieg wurde in einzelnen Zonen und den danach **10** entstandenen Ländern die Jagd per Einzeldekret oder gemäß einzelner spezieller Länderverordnungen ausgeübt. In der damaligen britischen Zone blieb das RJG zunächst weiter in Kraft. Alle Waffen wurden eingezogen (Kontrollgesetz der Alliierten Nr. 43) und der Besitz von Waffen mit der Todesstrafe bedroht.

2. BJagdG und DDR-JagdG. Erst mit Verabschiedung des BJagdG am **11** 1.4.1953 wurde wiederum ein einheitliches Rechtssystem geschaffen (zur Entstehungsgeschichte Mitzschke/Schäfer Einl. Rn. 12–14). Das BJagdG war als Rahmengesetz (Art. 72, 75 Abs. 1 Nr. 4 GG aF) konzipiert und bestimmte nur die Grundzüge und einige wesentliche Regelungen des Jagdrechts, insbesondere über die bejagbaren Tiere, das Jagdausübungsrecht, die Jagd- und Schonzeiten, die Jagdpacht, das Recht der Jagdscheine sowie den Jagdschutz. Die Länder hatten das Recht, diesen Rahmen ausfüllende Bestimmungen zu erlassen oder von ausdrücklichen Ermächtigungen des Bundesgesetzgebers Gebrauch zu machen. Dort, wo der Bundesgesetzgeber eine sog. Vollregelung (vgl. hierzu BVerfG Urt. v. 8.2.1977 – 1 BvF 1/76 ua, BVerfGE 43, 291 (343) = NJW 1977, 569) mit abschließendem Charakter erlassen hatte, wie zB im § 25 Abs. 2 S. 1 (Heider, Der Jagdschutz, Diss. Köln 1987, S. 107 f.), waren die Länder von einer abweichenden Regelung – ausnahmsweise – ausgeschlossen. Das BJagdG wurde mehrfach novelliert (→ Rn. 14 ff.), die bedeutendste Novelle war sicherlich die vom 28.9.1976, als insbesondere die Hegepflicht und der Schutz der Umwelt und der natürlichen Lebensgrundlagen des Wildes aufgenommen und das Jagdrecht in Bund und Ländern in die parallelen Novellen des Naturschutzrechts eingebettet wurde.

12 Auf dem Gebiet der damaligen sowjetischen Besatzungszone und der späteren **Deutschen Demokratischen Republik** wurde das RJG aufgehoben. Am 25.11.1953 wurde mit dem Gesetz zur Regelung des Jagdwesens vom 25.11.1953 (GBl. DDR 1953, 1175) die Trennung von Grundeigentum und Jagdrecht vollzogen. Wild wurde zum Volkseigentum. Das Reviersystem wurde zunächst beibehalten, die Jagdausübung oblag Jagdgemeinschaften, später (1962) Jagdgesellschaften unter Leitung der staatlichen Forstbetriebe. Mit dem Jagdgesetz vom 15.6.1984 (GBl. DDR I Nr. 18 S. 217) wurde eine neu konzipierte Regelung geschaffen, die die Jagdausübung der Jagdgesellschaften nun auch kraft Gesetzes staatlichen Weisungen und Pflichtauflagen unterstellte und zu einem mehr oder weniger vollständig staatlich gelenkten System weiterentwickelte (vgl. § 2 Abs. 1 und Abs. 2 S. 2 DDR-JagdG). Zugleich hieß es in § 3 Abs. 2 S. 1 DDR-JagdG: „Wild ist als Bestandteil der Natur, des gesellschaftlichen Reichtums und der Schönheit der Heimat zu erhalten, zu hegen und planmäßig zu bewirtschaften."

13 **3. BJagdG nach der Wiedervereinigung.** Mit der Wiedervereinigung am 3.10.1990 durch Beitritt der DDR zur Bundesrepublik Deutschland gem. Art. 23 GG trat das BJagdG in den neuen Bundesländern auf dem Gebiet der ehemaligen Deutschen Demokratischen Republik in Kraft (s. Lauven, Sonderausgabe der DJV-Nachrichten im Oktober 1990). Die Überleitungsvorschriften im Einigungsvertrag (Abs. 3 Nr. 1) galten bis zum 31.3.1992 (Einigungsvertragsgesetz vom 23.9.1990, BGBl. 1990 II 885). Diese betrafen unter anderem die bis zum 31.3.1992 noch gültige Jagdausübung durch Jagdgesellschaften (nun ohne die Lenkung durch den „Staatsapparat") und die Gleichstellung und fortdauernde Gültigkeit der aufgrund des „DDR-Rechts" vor der Wiedervereinigung erworbenen Jagdscheine (§ 15 Abs. 5 S. 4 und Abs. 7 S. 4). Nach Änderung des GG durch Gesetz vom 27.10.1994 (BGBl. 1994 I 3146) hatte der Bund zunächst zwar noch die Rahmenkompetenz für das Jagdwesen (Art. 75 Abs. 1 Nr. 3 GG aF). Nach Art. 75 Abs. 2 GG aF war es dem Bundesgesetzgeber aber im Regelfall (zu Ausnahmen → Rn. 11 mwN) verwehrt, unmittelbar geltende Regelungen zu erlassen, die Einzelheiten des Jagdwesens bestimmen sollten (vgl. hierzu auch Dietlein, Verfassungsfragen einer Novellierung des Bundesjagdgesetzes, Beilage III zu Agrar- und Umweltrecht Nr. 9/2003; Meyer-Ravenstein, Das Jagdrecht im

Prozess der Föderalismusreform, DRJT XIII/XIV, 65 f.). Infolge der sodann überfälligen Reformbestrebungen wurde das GG zum 1.9.2006 im Rahmen der Föderalismusreform I geändert (BGBl. 2006 I 2034). Seitdem fällt das Jagdwesen unter die **konkurrierende Gesetzgebung** gem. Art. 74 Abs. 1 Nr. 28 GG. Die Länder haben nunmehr die Gesetzgebungskompetenz (Art. 72 GG), solange und soweit der Bund von seiner Gesetzgebungszuständigkeit keinen Gebrauch gemacht hat. Zu den Gesetzgebungskompetenzen im Einzelnen Sachs in Dietlein/Froese, Jagdliches Eigentum, 2018, S. 105 ff. Erlässt der Bund jagdrechtliche Vorschriften, können die Länder dennoch eigene, hiervon abweichende Regelungen, so zB für das Jagdwesen, den Naturschutz und die Landschaftspflege, treffen. Rheinland-Pfalz hat als erstes Bundesland von dieser Möglichkeit Gebrauch gemacht (RhPfLJG vom 9.7.2010), sich aber weitgehend an den Vorgaben des BJagdG orientiert. 2014 folgte Baden-Württemberg mit dem JWMG vom 25.11.2014, das sich zwar ebenfalls in weiten Teilen an das BJagdG anlehnt, allerdings erstmals in einem sog. „Vollgesetz". Der Bundesgesetzgeber hat im Falle einer abweichenden Landesregelung ein sog. Rückholrecht und kann durch entsprechende Neuregelung dieses Landesrecht wiederum ändern oder die alte Bundesregelung „zurückholen". Dem Bundesgesetzgeber verbleibt die alleinige Zuständigkeit nur für das Recht der Jagdscheine, die allgemeinen Grundsätze des Naturschutzes, des Artenschutzes und des Meeresschutzes. Diese Bereiche sind also **„abweichungsfest".** Allerdings kann der Bund den Ländern auch in diesen Bereichen im Wege der Ermächtigung Regelungsspielräume einräumen. Zur Gesetzgebungskompetenz des Bundes und der Frage eventueller Abweichungskompetenzen der Länder im Bezug auf Straf- und Ordnungswidrigkeitsvorschriften bei jagdlichen Verstößen vgl. → Rn. 77 ff.

4. Die Änderungen des BJagdG im Einzelnen. Eine erste – größere – **Novellierung** des BJagdG erfolgte am 16.3.1961 (BGBl. 1961 I 221). Der Änderung vorausgegangen waren zwei Initiativanträge aus der Mitte des Bundestages, ein interfraktioneller Antrag vom 14.11.1956 (BT-Drs. 2. Leg. Nr. 2868), dessen Umsetzung an der Diskontinuität zum Ende der zweiten Legislaturperiode scheiterte, und ein Antrag der oppositionellen SPD vom 23.4.1959 in der dritten Legislaturperiode (BT-Drs. 3/1025, 1) Hauptgegenstand beider Anträge und der späteren Novellierung waren die Beschlussfassung der Jagdgenossenschaft, die Verpachtung von Teilen eines Jagdbezirks, die Frage einer Jagdpachthöchstfläche, das Erlöschen des Jagdpachtvertrages und die Rechtstellung der Mitpächter, die Wildschadensverhütung, die Überwachung des Wildhandels, die Beteiligung der Jägerschaft bei der Jägerausbildung und -prüfung und die Ahndung bestimmter fahrlässiger Verfehlungen als Ordnungswidrigkeiten. (vgl. Mitzschke/Schäfer Einl. Rn. 17) Die Änderung betraf auch die Bundesverordnung betreffend die Jagd- und Schonzeiten vom 7.4.1961, die später in die Verordnung über die Jagdzeiten (JagdZV) vom 13.7.1967 (BGBl. 1967 I 723) mündete. In den Jahren danach wurde das BJagdG als Folge der Reform des Straf- und Ordnungswidrigkeitsrechts mehrfach geändert (vgl. im Einzelnen Mitzschke/Schäfer Einl. Rn. 19). 14

Verschiedene Entwicklungen führten schließlich zu einer **großen Novelle des Jagdrechts** durch das Zweite Gesetz zur Änderung des BJagdG vom 28.9.1976 (BGBl. 1976 I 2841) mit Inkrafttreten zum 1.4.1977. Zum Einen 15 waren dies rechtliche Impulse, die sich aus dem Erlass des TierSchG vom 24.7.1972 (BGBl. 1972 I 1227) ergaben, das den ethischen Tierschutz stärker in den Vordergrund stellte und zahlreiche Änderungen im BJagdG zur Folge hatte (Mitzschke/Schäfer Einl. Rn. 20). Insbesondere wurden mit § 19a und § 22a eigenständige, teils über das TierSchG hinausgehende Tatbestände eingefügt sowie zahlreiche Verbote des § 19 neu gefasst. Zum Anderen entstand durch die gleichzeitig in der Gesetzgebung befindliche Neugestaltung eines Rechtsrahmens für das Natur- und Landschaftspflegerecht sowie das Waldrecht, die jeweils in das Ratifizierungsgesetz vom 22.5.1975 zum Washingtoner Artenschutzübereinkommen (BGBl. 1975 II 773), das BNatSchG vom 20.12.1976 und das BWaldG vom 2.5.1975 mündeten, erheblicher Novellierungsbedarf. Insbesondere der Erlass des BNatSchG machte eine rechtssystematische und inhaltliche Abgrenzung beider Gesetze – BJagdG und BNatSchG – notwendig. Die zum Teil widerstreitenden Interessen der Jägerschaft auf der einen und des Natur- und Tierschutzes auf der anderen Seite trafen hier erstmals aufeinander. Forderungen nach einer Beschränkung der Jagdgesetzgebung auf Wildarten, die bejagt werden können und dürfen, fanden letztendlich im Gesetz in der Fassung vom 28.9.1976 keine Stütze. Stattdessen wurde ein eigenständiger Artenschutz im Jagdrecht verankert, der allerdings nicht zu einer vollständigen Trennung der Rechtskreise geführt hat. Hiernach genießen Wildarten, die dem Jagdrecht unterliegen, den speziellen Artenschutz des Jagdrechts; daneben kann ihnen aber – übergreifend – der Artenschutz nach §§ 37 ff. BNatSchG zuteil werden. Dies setzt einmal voraus, dass im Jagdrecht entsprechende konkurrierende Schutzvorschriften fehlen (Lorz NUR 1985, 253 (256); vgl. auch Lorz/Metzger § 44a Rn. 9); zum anderen ist, wie aus § 37 Abs. 2 S. 2 BNatSchG folgt, grundsätzlich Voraussetzung, dass die übergreifende Anwendung des Naturschutzrechts nicht zu einer Einschränkung des Jagdrechts im subjektiven Sinne führt (vgl. im Einzelnen S. Heider, Der Tierartenschutz, Diss. S. 141 f., auch zu einzelnen Ausnahmen von diesem Grundsatz). – In diese Reformbestrebung nach mehr Naturschutz hinein traten zugleich Forderungen der Forst- und Landwirtschaft nach einer größeren Herausstellung des Schutzes ihrer Belange. Mit der Novelle von 1976 wurde vor diesem Hintergrund § 1 Abs. 1 zwar um die Pflicht zur Hege ergänzt, die Hege wurde allerdings – wie schon im bis dahin geltenden Gesetzestext – nach § 1 Abs. 2 S. 2 auf die wirtschaftlichen Interessen der Land-, Forst- und Fischereiwirtschaft ausgerichtet und mit diesen Interessen ausbalanciert.

16 Weiterer Regelungsbedarf für die BJagdG-Novelle von 1976 ergab sich aus der Einführung des **Waffengesetzes** von 1972, in der erstmalig die Erteilung einer Waffenbesitzkarte und eines Munitionserwerbsscheins geregelt wurde, was wiederum Auswirkungen auf die entsprechenden Regelungen des BJagdG zum Erwerb des Jagdscheins hatte. Heute gilt das WaffG in der Fassung der Bekanntmachung vom 11.10.2002 (BGBl. 2002 I 3970), zuletzt geändert durch Art. 228 der Verordnung vom 19.6.2020 (BGBl. 2020 I 1328). Insbesondere stand die Forderung im Raum, übereinstimmende Zuverlässigkeitsvoraussetzungen zur Erlangung des Jagdscheins und der entsprechenden waffenrechtlichen Befugnisse herbeizuführen. Dies gelang zwar weitgehend, allerdings um den Preis, dass die entsprechenden Bestimmungen sowohl des Waffen- wie auch des Jagdrechts – auch aus heutiger Sicht – nicht in notwendigem Umfang dem Grundsatz der **Verhältnismäßigkeit** gerecht werden. Der Umstand, dass selbst kleine Verstöße mit sog. **„Augenblick-**

versagen", wie zB das Verbleiben einer Patrone im Mantel nach Rückkehr von der Jagd oder der Transport der Waffe von der Jagdreise nach Hause im unverschlossenen Futteral, zum Entzug der jeweiligen Erlaubnisse führen können, hat unter anderem den **Deutschen Jagdrechtstag** zu verschiedenen Entschließungen an die Politik zur Änderung waffenrechtlicher Vorschriften unter Berücksichtigung des Verhältnismäßigkeitsgrundsatzes veranlasst (www.DJRT.de/Empfehlungen II/2022). Das WaffG wird ergänzt durch die Allgemeine Verordnung zum WaffG **AWaffV** vom 27.10.2003 (BGBl. 2003 I 2123), zuletzt geändert durch Verordnung vom 1.9.2020, BGBl. 2020 I 1977). Zu diesen Regelungen wurden Verwaltungsvorschriften erlassen, die insbesondere für Jäger notwendige Klarheit zB zum Transport der Jagdwaffen bringen sollten (Allgemeine Verwaltungsvorschrift zum Waffengesetz – **WaffVwV**) vom 5.3.2012 (BAnz. Beil. Nr. 47a). Um der Forderung nach bundesweiter Überprüfung des Waffenbesitzes nachzukommen, wurde mit Gesetz zur Errichtung eines Nationalen Waffenregisters (Nationales-Waffenregister-Gesetz – **NWRG**) vom 25.6.2012, BGBl. 2012 I 1366, zuletzt geändert am 18.7.2017, BGBl. 2017 I 2745) das sog. **nationale Waffenregister** geschaffen. Dieses Gesetz dient der Umsetzung der RL 91/477/EWG des Rates vom 18.6.1991 über die Kontrolle des Erwerbs und des Besitzes von Waffen (ABl. EG 1991 L 256, 51). Das NWRG wird ergänzt durch die Verordnung zur Durchführung des Nationalen-Waffenregister-Gesetzes (NWRG-Durchführungsverordnung – **NWRG-DV**) vom 31.7.2012 (BGBl. 2012 I 1765).

Mit Beschluss des BVerfG vom 5.11.1980 (BGBl. 1981 I 41) wurde § 15 Abs. 7 S. 1 iVm Abs. 5 S. 1 für nichtig erklärt, da er mit Art. 2 Abs. 1 GG iVm dem Rechtsstaatsprinzip unvereinbar sei. Die erste Erteilung des **Falknerjagdscheins** war seinerzeit davon abhängig gemacht worden, dass der Bewerber im Rahmen der Jägerprüfung eine Schießprüfung ablegen musste und zudem ausreichende Kenntnis von Waffentechnik, Recht und Führung von Jagdwaffen nachweisen musste. Seitdem sind auch die Jägerprüfungsverordnungen angepasst worden, so dass zur Ablegung des Falknerscheins eine gekürzte Prüfung unter Außerachtlassung der Waffenthematik besteht. Art. 6 Gesetz zur Durchführung versicherungsrechtlicher Richtlinien des Rates der europäischen Gemeinschaften vom 28.6.1990 (BGBl. 1990 I 1249) und der insoweit erfolgten vorherigen Änderung des **VAG** führten zu Änderungen von § 17 Abs. 1 Nr. 4 Hs. 2. § 36 Abs. 4 wurde dahingehend angepasst, dass bestimmte Rechtsverordnungen des Einvernehmens des Bundesministers für Umwelt, Naturschutz und nukleare Sicherheit bedürfen (Art. 20 3. Zuständigkeitsanpassungsverordnung vom 26.11.1986, BGBl. 1986 I 2089). **17**

Ende der 70er Jahre erstarkte der Gedanke eines länderübergreifenden, internationalen Schutzes, insbesondere ziehender Arten, der letztendlich in die RL 79/409/EWG über die Erhaltung der wildlebenden Vogelarten (Vogelschutz-RL) vom 2.4.1979 (ABl. EG 1979 L 103, 1) mündete (jetzt: RL 2009/147/EG vom 30.11.2009 (ABl. EG 2010 L 20, 7)). Die **Vogelschutz-RL** vom 2.4.1979 erforderte Änderungen bei dem Umgang mit verschiedenen Vogelarten und wurde im Jagdrecht des Bundes mit Art. 17 Drittes Rechtsbereinigungsgesetz vom 28.6.1990 (BGBl. 1990 I 1221) umgesetzt. Hinzu kam, dass die Liste der Verbote des § 19 an die Regelungen der Vogelschutz-RL angepasst wurde mit der Maßgabe, dass unter anderem der Einsatz von Tonbandgeräten, Geräten, die elektrische Schläge erteilen, sowie Einrichtungen wie Vogelleim, Fallen Angelhaken, Netze etc beim **18**

Fang oder Erlegen von Federwild untersagt sind. Auch die Regelungen der jagdlichen **Unzuverlässigkeit** wurden mit diesem Änderungsgesetz angepasst. Die jagdliche Unzuverlässigkeit wurde bei einem Verstoß gegen dort aufgeführte Delikte nach einer rechtskräftigen entsprechenden Verurteilung vermutet. Im Streit stand seinerzeit die Problematik, ob eine Trunkenheit im Straßenverkehr oder ein Steuerhinterziehungsdelikt zum Verlust des Jagdscheins führen musste. In der sodann gefundenen Regelung konnte eine Unzuverlässigkeit bei einem vorsätzlich begangenen Vergehen nur dann angenommen werden, wenn sich aus Art und Schwere der Straftat eine jagdrechtliche Unzuverlässigkeit ergab. Eingeführt wurde seinerzeit auch die Regelung, wonach die Vermutung der Unzuverlässigkeit mit der Höhe der Geldstrafe korrespondierte (mindestens 60 Tagessätze oder zweimal eine Verurteilung zu einer geringeren Strafe).

19 Ein wesentlicher Einschnitt in allen Rechtsbereichen, so auch im Jagdrecht, war die **Wiedervereinigung** aufgrund des Beitritts der DDR zur Bundesrepublik Deutschland gem. Art. 23 GG am 3.10.1990. Folge war, dass in den neu hinzukommenden Bundesländern Brandenburg, Mecklenburg-Vorpommern, Sachsen-Anhalt, Sachsen und Thüringen das BJagdG Gültigkeit über Art. 8 iVm Anlage 1 Kapitel VI Sachgebiet F Abschnitt II des Vertrags zwischen der Bundesrepublik Deutschland und der Deutschen Demokratischen Republik über die Herstellung der Einheit Deutschlands – **Einigungsvertrag** – gemäß Gesetz vom 23.9.1990 (BGBl. 1990 II 885) erlangte. Im Rahmen der Regelungen dieses Gesetzes erfolgten Übergangsbestimmungen, die insbesondere die Größe von Eigenjagden (bis zu 70 ha), Gültigkeit der Jagdscheine und die Jagdausübung durch Jagdgesellschaften betrafen. – Mit Änderung des BJagdG und des **Waffengesetzes** vom 21.11.1996 (BGBl. 1996 I 1779) wurde der bisherige Streit über die Verwendung sog. beleuchteter Absehen in Zielfernrohren (§ 19 Abs. 1 Nr. 5 lit. a beigelegt, womit der Bundesgesetzgeber einer fortlaufenden technischen Entwicklung bei der Konstruktion von Zielfernrohren nachkam.

20 In einer weiteren **Reform des Waffenrechts** vom 11.10.2002 (BGBl. 2002 I 397, 4592; BGBl. 2003 I 1757) wurden § 17 Abs. 1 S. 2 sowie § 18a eingefügt und § 17 Abs. 4 Nr. 1 geändert. Demnach ist bei Fehlen der Zuverlässigkeit oder der persönlichen Eignung iSd §§ 5, 6 WaffG lediglich ein Falknerjagdschein zu erteilen (§ 15 Abs. 7). Hierdurch wurde ein Problem beseitigt, dass sich für die Jagdbehörden aus der übereinstimmenden Auslegung der Anforderungen an die Zuverlässigkeit im Waffenrecht und Recht der Jagdscheine ergab und bis dahin keine abgestuften Anforderungen an die Zuverlässigkeit des Inhabers eines Falknerjagdscheins kannte.

21 Mit dem ersten Gesetz zur **Modernisierung der Justiz** vom 24.8.2004 (BGBl. 2004 I 2891, 2300) wurde § 25 Abs. 2 S. 1 dergestalt geändert, dass die Bezeichnung „Hilfsbeamter“ durch „Ermittlungspersonen“ der Staatsanwaltschaft ersetzt wurde. Regelungen über die Lebensmittelhygiene gingen von der EU aus (VO (EG) 178/2002, VO (EG) 852/2004, VO (EG) 853/2004, VO (EG) 854/2004, VO (EG) 2075/2005) und mündeten in der Lebensmittelhygiene-Verordnung (LMHV) vom 21.6.2016 (BGBl. 2016 I 1469) und der Tierische Lebensmittel-Hygieneverordnung (Tier-LMHV) vom 5.7.2017 (BGBl. 2017 I 227), beide mehrfach geändert. Danach wurden Standards zu Verarbeitung und Vermarktung auch von Wild entwickelt, die zum Ziel haben, den Verbraucherschutz zu stärken und die Verantwortlichkeit des Jägers, soweit er Wild in Verkehr bringt, herauszustellen. Hierzu sind ausreichende Schulungen erforderlich (§ 4 Tier-LMHV), die inzwischen auch Inhalt der Jägerausbildung und -prüfung geworden sind. Zum Erkennen von Wildtierkrankheiten muss der Jäger eine „kundige Person" sein (Anh. III Abschnitt IV, Kapitel 1 Nr. 1–3 VO (EG) 853/2004). Mit der 9. Zuständigkeitsanpassungsverordnung vom 31.10.2006 (BGBl. 2006 I 2407; BGBl. 2007 I 2149) wurden § 15 Abs. 2 und § 36 Abs. 4 S. 1 Hs. 1 geändert und mit dem Gesetz zur Änderung des WaffG und weiterer Vorschriften vom 26.3.2008 (BGBl. 2008 I 426; § 18a) waffenrechtliche Vorschriften aufgrund UN-Rechts angepasst. Nachdem das Europäische Parlament und der Rat der EU am 19.11.2008 die RL 2008/99/EG über den strafrechtlichen Schutz der Umwelt beschlossen hatten, wurden auch dazu einige bundesrechtliche Regelungen angepasst. Hierzu gehören §§ 19, 22, 36, 38 und § 39. § 38a wurde als neue Vorschrift eingeführt.

Nach der Entscheidung des **EGMR** (EGMR Urt. v. 26.6.2012 – 9300/ **22** 07, NJW 2012, 3629), in welcher die Eigentumsrechte von Jagdgenossen gestärkt wurden, folgte eine Anpassung des BJagdG mit einem neuen **§ 6a** durch das Gesetz zur Änderung jagdrechtlicher Vorschriften vom 29.5.2013 (BGBl. 2013 I 1386). Der EGMR hatte, nachdem die kleine Kammer zunächst dem deutschen Antrag auf Klageabweisung gefolgt war, mit der daraufhin angerufenen Großen Kammer des Gerichts entschieden, dass das BJagdG die ethischen Überzeugungen von Grundeigentümern (=Jagdgenossen), die der Jagd zutiefst ablehnend gegenüberstehen, nicht hinreichend berücksichtigt. Nach daraufhin neu eingefügtem § 6a kann nun eine natürliche Person, die der Jagdgenossenschaft mit Grundflächen angehört und entsprechende ethische Gründe glaubhaft macht, die Befriedung ihrer Flächen beantragen; die zuständige Behörde prüft hierbei unter anderem, ob dem Antrag in § 6a Abs. 1 näher bezeichnete Versagungsgründe entgegenstehen.

2016 war eine Änderung des § 19 Abs. 1 Nr. 2 lit. c aF erforderlich **23** geworden, nachdem das **BVerwG** bei der Auslegung der bisherigen Vorschrift „Verboten ist, auf Wild mit halbautomatischen … Waffen, die mehr als zwei Patronen in das Magazin aufnehmen können, zu schießen;" zu dem Ergebnis gelangt war, dass **halbautomatische Waffen,** die nach ihrer baulichen Beschaffenheit geeignet sind, ein Magazin mit einer Kapazität von mehr als zwei Patronen aufzunehmen, verboten sind (BVerwG Urt. v. 7.3.2016 – 6 C 59/14 und 6 C 60/14, BeckRS 2016, 44239). In der Praxis war bis dahin angenommen worden, dass Jäger derartige Waffen legal erwerben, besitzen und zur Ausübung der Jagd verwenden dürfen, sofern sie nur mit einem Magazin bestückt sind, das nicht mehr als zwei Patronen aufnehmen kann (Stockhofe in Dietlein/Froese, Jagdliches Eigentum, 2018, S. 311 ff.). Die neue Vorschrift trägt dem Urteil des BVerwG Rechnung. Nach § 19 Abs. 1 Nr. 2 lit. c (nF) ist es verboten, „mit halbautomatischen Langwaffen, die mit insgesamt mehr als drei Patronen geladen sind, … auf Wild zu schießen". Vereinzelt im Gesetzgebungsverfahren geäußerte Bedenken an dieser Norm, sie sei mit der **BernK** möglicherweise nicht vereinbar, sind nicht überzeugend. Art. 8 BernK iVm Anh. IV BernK bestimmt zwar, dass die Mitgliedsländer folgende Waffen zu Schutz der von der BernK erfassten Arten verbieten sollen: „Semi-automatic … weapons with a magazine capable of holding more than two rounds of ammunition". Allerdings richtet sich Art. 8 BernK iVm Anh. IV BernK von seinem Wortlaut wie seiner Zielsetzung her lediglich gegen die Verwendung „zum wahllosen Fangen und Töten geeigneter Mittel sowie aller Mittel, die gebietsweise zum Verschwinden oder zu einer schweren Beunruhigung von Populationen einer Art führen können". Dem gegenüber werden Halbautomaten in Deutschland vordringlich zur Jagd auf Schalenwild und hier insbesondere auf Schwarzwild auf Bewegungsjagden eingesetzt, sie dienen also einem Zweck, der mit der BernK nicht kollidiert (Stockhofe in Dietlein/Froese, Jagdliches Eigentum, 2018, S. 311 ff.). Seit Inkrafttreten der Novelle am 8.7.2016 darf gem. § 19 Abs. 1 mit halbautomatischen Langwaffen, die mit insgesamt nicht mehr als drei Patronen geladen sind, auf Wild geschossen werden. In § 41 (Anordnung der Entziehung des Jagdscheines) wurde im Rahmen dieser Novelle außerdem im Abs. 1 Nr. 2 die Angabe „§§ 113, 114" durch die Angabe „§§ 113 bis 115" des StGB ersetzt.

24 Eine weitere Änderung jagdrechtlicher Vorschriften erfolgte durch Art. 3 Gesetz zur Durchführung der Verordnung (EU) Nr. 1143/2014 über die Prävention und das Management der Einbringung und Ausbreitung **invasiver gebietsfremder Arten** vom 8.9.2017 (BGBl. 2017 I 3370). Wegen der bestehenden Trennung der Rechtskreise Naturschutz- und Jagdrecht, aber auch mit Rücksicht auf den für bestimmte Arten geeigneteren Instrumentenkasten im Rahmen der Jagdausübung bzw. des Jagdschutzes war es geboten, die EU-Verordnung in beiden Rechtskreisen umzusetzen (vgl. im Einzelnen → § 28a Rn. 1 ff.). Bemerkenswert in diesem Zusammenhang ist, dass der Begriff „Jagdschutz" gegenüber invasiven Beutegreifern, die – wie zB Marderhund oder Mink – nicht dem BJagdG oder Jagdgesetzen der Länder unterliegen, Eingang nicht nur in § 28a, sondern auch in das parallel geänderte BNatSchG gefunden hat. § 40a Abs. 1 S. 2 BNatSchG lautet: „Soweit Maßnahmen nach Satz 1 Nummer 2 in der freien Natur invasive und entweder dem Jagdrecht unterliegende **oder andere Arten betreffen, bei denen die Maßnahmen im Rahmen des Jagdschutzes durchgeführt werden können,** werden sie im Einvernehmen mit den nach Landesrecht für Jagd zuständigen Behörden unbeschadet des fortbestehenden Jagdrechts nach den §§ 1, 2 und 23 des Bundesjagdgesetzes festgelegt." Die Trennung der Rechtskreise fand hier einmal mehr Berücksichtigung, und zwar mit den unter → Rn. 14 ff. dargestellten Einschränkungen: Maßnahmen nach BNatSchG können die Jagdausübung bzw. den Jagdschutz ggf. ergänzen, sind aber mit der Unteren Jagdbehörde ggf. einvernehmlich abzustimmen und lassen das Jagdrecht nach §§ 1, 2 **sowie das Recht zum Jagdschutz gegenüber Beutegreifern nach § 23** unberührt.

25 Aufgrund der Notwendigkeit, wegen der Ausbreitung der **Afrikanischen Schweinepest in Europa und bis nach Deutschland** weitere Regelungen für die Bekämpfung der ASP treffen zu können, passte der Bundesgesetzgeber 2018 das TierGesG und das BJagdG an. Im BJagdG wurde **§ 22 Abs. 4 S. 2** geändert und den Ländern die Möglichkeit eingeräumt, „zur Bekämpfung von Tierseuchen" vom Jagdverbot in Setz- und Brutzeiten Ausnahmen zu bestimmen. Im **TierGesG** wurden in § 6 Abs. 6–9 TierGesG sowie § 39a TierGesG Duldungspflichten und entsprechende Entschädigungsansprüche, insbesondere für Landwirte, aber zB auch für Jagdausübungsberechtigte, eingefügt, um das Instrumentarium der Veterinärbehörden bei der Bekämpfung der ASP – ggf. verbunden mit einer Entschädigungspflicht – zu stärken (vgl. BT-Drs. 257/18 vom 7.6.2018, 1, 15). Der Versuch, das Problem des Überjagens von Hunden durch eine Duldungspflicht mit einem § 22b zu lösen ist, scheiterte hingegen.

Waren **Schalldämpfer** zunächst (bis etwa 2018/2019) nur in Einzelfällen zugelassen worden (vgl. Müller-Schallenberg/Hugenroth Rn. 635 mwN), so sind sie inzwischen aufgrund einer entsprechenden Regelung im Waffenrecht generell gestattet. Nach BJagdG waren sie auch zuvor nicht verboten (Neitzel/Braun, Gehörschaden im Jagdbetrieb – Bald Schalldämpfer für den Forst?, Pirsch 5/2013, S. 13 ff. (17)). Anlass für die waffenrechtliche Gestattung war das EU-Recht zum Schutz des Arbeitnehmers am Arbeitsplatz. So enthielt bereits Art. 6 Abs. 2 lit. a, c und e RL (EWG) 89/391 über die Durchführung von Maßnahmen zur Verbesserung der Sicherheit und des Gesundheitsschutzes der Arbeitnehmer bei der Arbeit (ABl. EG 1989 L 183, 1; konsolidierte Fassung abrufbar in Beck-Online oder EURLEX) die Verpflichtung des Arbeitgebers, Risiken für den Arbeitnehmer zu vermeiden, diese an der Quelle zu bekämpfen und dabei den Stand der Technik zu berücksichtigen. Zur Konkretisierung dieses Rechtsaktes erließen EU-Parlament und Rat die RL 2003/10/EG über Mindestvorschriften zum Schutz von Sicherheit und Gesundheit der Arbeitnehmer vor der Gefährdung durch physikalische Einwirkungen (Lärm) vom 6.2.2003 (ABl. EG 2003 L 42, 38). Aus beiden Richtlinien folgt die unmissverständliche Verpflichtung des nationalen Gesetzgebers, für Berufsträger wie Förster oder Berufsjäger, aber auch bestätigte Jagdaufseher, den Schalldämpfer zuzulassen. Aus Gründen der Gleichbehandlung wuchs in der Folgezeit der Druck auf den Waffenrechts-Gesetzgeber, Schalldämpfer nun auch für alle Jäger aus gesundheitlichen Vorsorgegründen freizugeben, was schließlich mit Einfügung des § 13 Abs. 9 WaffG nF durch das 3. Waffenrechtsänderungsgesetz vom 17.2.2020 (BGBl. 2020 I 166) gelang. 26

Mit diesem Gesetz ist waffenrechtlich Jägern nunmehr auch der Umgang mit sog. **Vorsatz- und Aufsatzgeräten** für **Nachtzieltechnik** erlaubt. § 40 Abs. 3 S. 4 WaffG lautet: „Inhaber eines gültigen Jagdscheins im Sinne von § 15 Absatz 2 Satz 1 des Bundesjagdgesetzes dürfen abweichend von § 2 Absatz 3 für jagdliche Zwecke Umgang mit Nachtsichtvorsätzen und Nachtsichtaufsätzen nach Anlage 2 Abschnitt 1 Nummer 1.2.4.2 haben. Jagdrechtliche Verbote oder Beschränkungen der Nutzung von Nachtsichtvorsatzgeräten und Nachtsichtaufsätzen bleiben unberührt." Hierbei ist zu beachten, dass sich diese Ausnahme nicht auf künstliche Lichtquellen erstreckt, zu denen auch die **Infrarotaufheller** gehören, die in vielen Nachtsichtgeräten verbaut sind. Die seit Februar 2020 geltende waffenrechtliche Ausnahme setzt allerdings das nach wie vor bestehende jagdrechtliche Verbot der Verwendung solcher Technik nicht außer Kraft. Die Verwendung von Nachtsichttechnik beim Schuss auf Wild fällt nämlich unter die sachlichen Verbote des § 19 Abs. 1; allerdings ist der Einsatz solcher Technik in fast allen Ländern bei der Jagd auf Schwarzwild durch abweichende landesjagdrechtliche Bestimmungen zugelassen worden, in einigen Ländern (BB, MV, NI, SN, SH, TH) mit Zulassung des Infrarotaufhellers. 27

Ob das BJagdG aufgrund der Diskussion zur **bleifreien bzw. bleiminimierten Schrot- bzw. Kugelmunition,** zur Notwendigkeit der Neufassung der Vorschriften zur **Jäger- und Falknerausbildung und -prüfung** und zum **Schießnachweis** (vgl. zu diesen drei Themenbereichen Stockhofe in Dietlein/Froese, Jagdliches Eigentum, 2018, S. 311, 314 ff.) oder aufgrund der immer stärker geführten Debatte zum Thema **Wald-Wild** in Zukunft zu ändern ist, bleibt derzeit offen. Das federführende Bundesministerium für Ernährung und Landwirtschaft moderierte von Herbst 2022 bis Dezember 28

2023 mit Unterstützung des Bundesministeriums für Umwelt und Verbraucherschutz einen „Runden Tisch Wald-Wild“, an dem Vertreter des Deutschen Forstwirtschaftsrates und der ihn tragenden Waldbesitzarten sowie – paritätisch – des Deutschen Jagdverbandes sitzen. Dieser Runde Tisch erarbeitete wichtige Vorschläge zur Lösung des Wald-Wild-Konfliktes, deren Finalisierung jedoch am Ende an weitergehenden Forderungen der Vertreter der Waldseite scheiterte. Der Runde Tisch beriet zu folgenden Punkten: Gemeinsame Waldbegehung, Abschussvereinbarung bei Rehwild (statt Abschussplan), „Ampel“-System hinsichtlich der Berücksichtigung eines Vegetationsgutachtens im Rahmen der Abschussvereinbarung, Aussagen auch zum Lebensraum des Wildes im Vegetationsgutachten; Naturverjüngung im Regelfall ohne Schutzmaßnahmen, Anpflanzung/Saat/Verjüngung nicht im Jagdrevier vorkommender Bauarten in der Regel mit Schutzmaßnahmen; entsprechende Differenzierung beim Wildschadensersatz. Ob solche Vorschläge, die zu einem tragfähigen Kompromiss zwischen Waldbesitz und Jägerschaft hätten führen können und die auf ein Miteinander statt Gegeneinander setzen, in kommenden Legislaturperioden vielleicht nochmal die Chance erhalten, in einen Gesetzentwurf gegossen und – gemeinsam mit der Novellierung des § 15 (Jägerausbildung und -prüfung), dem Schießnachweis und Vorschriften zur Tötungswirkung von Munition – in eine Änderung des BJagdG einzumünden, bleibt abzuwarten.

29 Der Bund hat mehrere **Verordnungen** erlassen, die das BJagdG **ergänzen:**

30 **JagdZV:** Die – aufgrund der Ermächtigung des § 22 Abs. 1 S. 1 erlassene – Verordnung über die Jagdzeiten (kommentiert nach § 22) vom 2.4.1977 (BGBl. 1977 I 531) wurde mehrfach geändert, zuletzt am 7.3.2018 (BGBl. 2018 I 226, 236). Die Jagd auf Schwarzwild erfolgt seit dieser aus Gründen der ASP-Bekämpfung und Prävention vorgenommenen Änderung nunmehr (vom Muttertierschutz abgesehen) ohne zeitliche Einschränkung.

31 **BWildSchV:** Mit der Bundeswildschutzverordnung (kommentiert nach § 36) vom 25.10.1985 (BGBl. 1985 I 2040), zuletzt geändert am 28.6.2018 (BGBl. 2018 I 1159), erfolgte eine Handels- und Besitzkontrolle besonders schützenswerter Arten. Diese Verordnung wurde mehrfach angepasst und in wesentlichen Teilen neugefasst. Schärferen Regelungen über Umweltvergehen, ausgehend von der RL 2008/99/EG, sind – nachdem Strafbewehrungen in §§ 38a, 39 bereits verschärft wurden – über die Änderungen der BWildSchV nunmehr auch Teile und Erzeugnisse entsprechend dem Schutzzweck unterworfen. Mit der letzten Änderung der BWildSchV gelang es, in Zusammenarbeit mit dem Bundesrat und den betroffenen Verbänden den **Sperber** als Beizvogel zu etablieren und damit ein fachlich wie rechtlich wünschenswertes Anliegen umzusetzen.

32 **TollwutV:** Des Weiteren ist zu nennen die Verordnung zum Schutz gegen die Tollwut vom 23.5.1991 (BGBl. 1991 I 1168), neugefasst am 4.10.2010 (BGBl. 2010 I 1313), zuletzt geändert am 29.12.2014 (BGBl. 2014 I 2481). Die Behörden haben umfangreiche Befugnisse, Maßnahmen auch gegenüber Jagdausübungsberechtigten anzuordnen (§ 15a TollwutV).

33 **SchwpV:** Das wiederholte Auftreten von Tierseuchen, insbesondere der klassischen und jetzt der afrikanischen Schweinepest, waren nicht nur Anlass, das Tiergesundheitsgesetz 2018 zu ändern (vgl. → Rn. 25), sondern auch die Schweinepest-Verordnung des Bundes (in der Fassung der Bekanntmachung vom 8.7.2020, BGBl. 2020 I 1605, zuletzt geändert durch Verordnung vom

7.4.2021, BGBl. 2021 I 764). Die Verordnung enthält insbesondere allgemeine und besondere Schutzmaßregeln, zB für Transportfahrzeuge oder in Sperrgebieten etc, sowie OWi- und Strafvorschriften.

Im weiteren Zusammenhang mit dem BJagdG ist die **Unfallverhütungsvorschrift** vom 1.1.2000 zu nennen (→ Anh. 1 § 11 Rn. 1 ff.; zu Haftungsfragen → § 33 Rn. 9 ff.). **34**

Insgesamt zeigt die bisherige Rechtsentwicklung, dass sich künftige Anpassungen des Jagdrechts in Bund und Ländern noch stärker an Nutzungskonflikten orientieren werden, die das vielerorts – zB beim Rotwild – in Rückzugsgebiete oder – etwa bei Hase, Fasan, Rebhuhn – an die Ränder intensiv genutzter landwirtschaftlicher Flächen zurückgedrängte Wild aushalten muss. Der sich immer massiver verstärkende Flächenverbrauch zieht außerdem eine zunehmend intensivere Nutzung der verbleibenden Flächen durch Erholungssuchende nach sich. Die wirtschaftliche Bedeutung des Tourismus wird selbst in bisher entlegensten Gebieten spürbar. Zwar werden auf der einen Seite hohe Anstrengungen zum Schutz von Tieren und Pflanzen unternommen, insbesondere über Artenschutz-Regelungen, Lebensraumschutz und Vernetzung einzelner Biotope sowie Ausweisung von Schutzgebieten, auf der anderen Seite findet aber weiterhin eine uneingeschränkte Nutzung oder Übernutzung der verbleibenden Gebiete, dh auf mehr als 90 % der land- und forstwirtschaftlichen Nutzflächen statt. Hier braucht es Regeln, die Tourismus und Wild, Wald und Wild, Landwirtschaft und Wild – auch und gerade im Interesse des Wildes – besser ausbalancieren und die Rolle der Jagd in diesem Sinne weiterentwickeln, damit das Wild bei dem in § 1 genannten Ziel der Erreichung eines angepassten Gleichgewichts nicht unter die Räder kommt. **35**

Die durch einige sog. Amokläufe immer wieder angefachte Verschärfung des Waffenrechts wird auch künftig für Jäger und Sportschützen eine Herausforderung bleiben. Obwohl statistisch gesehen von den legalen Waffenbesitzern, insbesondere den Jägern, erkennbar keine greifbare Gefahr ausgeht, folgen auf besonders schwere Straftaten mit Schusswaffen scheinbar zwangsläufig weitere Restriktionen im Bereich des Waffenrechts. **36**

Auch die Folgen des **Klimawandels** und der hiervon erheblich betroffenen land- und forstwirtschaftlichen Bewirtschaftung verlangen andere Jagdstrategien. Dies wird ggf. zu gesetzlichen Anpassungen führen. **37**

5. Das Recht der Bundesländer. Alle 16 Bundesländer haben eigene Landesjagdgesetze erlassen, die wiederum mit Rechtsverordnungen und Verwaltungsvorschriften aufgefüllt wurden. Einige Länder haben hierbei von der **Abweichungskompetenz** Gebrauch gemacht. Es handelt sich im Einzelnen um folgende Gesetze und Verordnungen, die in den jeweils angegebenen Fassungen in dieser Kommentierung berücksichtigt wurden: **38**

- **Baden-Württemberg:** Jagd- und Wildtiermanagementgesetz **(JWMG)** vom 25.11.2014 (GBl. S. 550), zuletzt geändert durch Verordnung vom 21.12.2021 (GBl. 2022, 1, 4);
- **Bayern:** Bayerisches Jagdgesetz **(BayJG)** vom 13.10.1978 (BayRS V 595), zuletzt geändert durch Gesetz vom 22.4.2022 (GVBl. 2022, 102);
- **Berlin:** Gesetz über den Schutz, die Hege und Jagd wildlebender Tiere im Land Berlin (Landesjagdgesetz Berlin – **LJagdG Bln**) idF vom 25.9.2006 (GVBl. 2006, 1006), zuletzt geändert durch Gesetz vom 2.2.2018 (GVBl. 2018, 160);

– **Brandenburg:** Jagdgesetz für das Land Brandenburg **(BbgJagdG)** vom 9.10.2003 (GVBl. 2003 I 250), zuletzt geändert durch Gesetz vom 14.2.2023 (GVBl. I/23, Nr. 1). Die Landesregierung hat in der 7. Legislaturperiode mehrere Anläufe zur grundlegenden Neugestaltung des Jagdgesetzes gemacht. Ziel der Novelle ist es aus Sicht der Landesregierung, vor dem Hintergrund der Waldschäden infolge von Stürmen, Dürre und Borkenkäfer und der notwendigen Wiederbewaldung den Wildbestand und damit den Wildverbiss in Brandenburgs Wäldern deutlich zu verringern. Der erste Entwurf, der unter anderem eine Jagdausübung auf einer Fläche von nur noch 10 ha ermöglicht hätte, ist in der Literatur zurecht als verfassungsrechtlich problematisch, widersprüchlich und nicht praxistauglich kritisiert worden (Dietlein, Rechtliche Bewertung des Entwurfs für einen „Gesetzentwurf der Landesregierung Jagdgesetz des Landes Brandenburg, Bearbeitungsstand 3.3.2022"; Kurzgutachtliche Stellungnahme, https://ljv-brandenburg.de/download/rechtsgutachten-zum-entwurf-des-neuen-landesjagdgesetzes/, zuletzt abgerufen am 7.5.2024): Die mit dem Entwurf verfolgte Zersplitterung der Jagdausübung unter gleichzeitiger Beibehaltung öffentlich-rechtlicher Jagdgenossenschaften bleibe in sich widersprüchlich und in seinen Größenfestlegungen willkürlich. Zugleich erschwere die Durchlöcherung der gemeinschaftlichen Jagdbezirke durch eine theoretisch unbegrenzte Vielzahl fremdbewirtschafteter „Bejagungsenklaven" die Verpachtbarkeit der verbleibenden gemeinschaftlichen Jagdbezirke massiv. Im Ergebnis werde der Rückbau des genossenschaftlichen Prinzips auf der Grundlage des Entwurfs daher nicht etwa zu der behaupteten Stärkung von Eigentümerrechen führen, sondern im Gegenteil zu einer nachhaltigen Entwertung des verfassungsrechtlich geschützten jagdlichen Eigentums. (ähnlich auch Positionspapier der Bundesverbände DJV, BDB, CIC, DFO DJRT und DWS, https://ljv-brandenburg.de/download/positionspapier-jagdgesetz_bundesverbaende/, zuletzt abgerufen am 7.5.2024). Nachdem dieser Entwurf wegen heftigen Widerstandes zurückgezogen und auch ein zweiter Entwurf noch vor Kabinettbefassung scheiterte, liegt – Stand Februar 2024 – ein **dritter Entwurf** auf dem Tisch, bei dem es sich nicht mehr um ein Vollgesetz, sondern nur noch ein Änderungsgesetz handelt. Er sieht vor, dass Waldbesitzer nun bereits ab einer Fläche von 75 ha das Jagdrecht ausüben können (nach dem geltenden BbgJagdG sind es in der Regel 150 ha). Auch soll die Dauer von Jagdpachten auf neun Jahre begrenzt werden, damit Waldbesitzer schneller Einfluss auf das Jagdgeschehen nehmen können. Verschiedene Fragen, die zuvor im Gesetzentwurf enthalten waren, sollen nun per Verordnung geregelt werden, insbesondere Fragen zum Schutz von Baumarten sowie zur Ersatzpflicht bei näher zu bestimmenden Baumarten. Es bleibt abzuwarten, ob der jüngste Entwurf die in der Literatur geäußerten Bedenken ausräumen kann.
– **Bremen:** Bremisches Landesjagdgesetz **(BremLJagdG)** vom 26.10.1981 (GBl. 1981, 171), zuletzt geändert durch Gesetz vom 1.3.2022 (GBl. 2022, 149, 151);
– **Hamburg:** Hamburgisches Jagdgesetz **(HmbJagdG)** vom 22.5.1978 (GVBl. 1978, 162), zuletzt geändert durch Gesetz vom 3.11.2020 (GVBl. 2020, 559, 560);
– **Hessen:** Hessisches Jagdgesetz **(HJagdG)** idF vom 5.6.2001 (GVBl. 2001 I 271), zuletzt geändert durch Gesetz vom 8.7.2021 (GVBl. 2021, 326);

- **Mecklenburg-Vorpommern:** Jagdgesetz des Landes Mecklenburg-Vorpommern (Landesjagdgesetz – **MVJagdG**) vom 22.3.2000 (GVOBl. 2000, 126), zuletzt geändert durch Gesetz vom 19.3.2024 (GVOBl. 2024, 74). Das jüngste Änderungsgesetz sieht unter anderem vor, dass die Abschussplanung für Rehwild entfällt. Für Rot- und Damwild der Altersklassen 0 und 1 soll nur noch ein Mindestabschussplan erstellt und vorgegeben werden. Von Seiten der Jägerschaft wird kritisiert, dass damit ein Abschuss ohne jegliche Beschränkung nach oben möglich werde. Die Landesregierung hat dem entgegengehalten, dass mithilfe der neuen Regelung die Jäger flexibler auf höhere Wildbestände reagieren könnten. Die Bedenken gegen eine Mindestabschussregelung überzeugen – jedenfalls im Grundsatz – nicht, da einer **unbegrenzten Bejagung** des Wildes (neben Art. 20a GG) § 1 Abs. 1 S. 2 BJagdG iVm § 1 Nr. 1 und Nr. 2 MVLJagdG entgegenstünde. Allerdings muss sich die Ausgestaltung dieses Grundsatzes an jenen Vorschriften messen lassen. Kritik begegnet hier vor allem § 1 Nr. 4 MVLJagdG nF, wonach das Gesetz dazu dienen soll, **eine Verjüngung und Bewirtschaftung standortgerechter Baumarten ohne Schutzmaßnahmen zu ermöglichen.** Dem ist insoweit zuzustimmen, wie es um die Naturverjüngung, Anpflanzung oder Saat von solchen klimaresilienten Baumarten geht, die im Jagdrevier bereits vorkommen bzw. sich dort verjüngen; handelt es sich hingegen um solche Baumarten, die im Jagdrevier bisher nicht vorkommen und die insbesondere das Rehwild als Selektierer im Falle der Neuanpflanzung oder Aussaat verstärkt aufsuchen und verbeißen wird, wenn kein Mindestschutz vorgesehen ist, so kann ein solch kategorisches Ziel nur als allgemeine Zweckbestimmung, nicht aber als konkreter Handlungsauftrag verstanden werden (s. auch §§ 21, 32). So heißt es denn auch im neu gefassten § 21 Abs. 1 S. 1 MVLJagdG, dass Jagdausübungsberechtigte (nur) „verpflichtet sind, die Jagd so auszuüben, dass sich die **im Wald vorkommenden** Baumarten entsprechend den natürlichen Wuchs- und Mischungsverhältnissen des Standortes auch ohne Schutzmaßnahmen verjüngen …“.
- **Niedersachsen:** Niedersächsisches Jagdgesetz **(NJagdG)** in der Fassung der Bekanntmachung vom 15.7.2022 (GVBl. 2022, 468), geändert durch Gesetz vom 14.12.2023 (GVBl. 2023, 320);
- **Nordrhein-Westfalen:** Landesjagdgesetz Nordrhein-Westfalen **(LJG-NRW)** in der Fassung der Bekanntmachung vom 7.12.1994 (GV. NW. 1995, 2, berichtigt GV. NW. 1997, 56), zuletzt geändert durch Gesetz vom 1.2.2022 (GV. NRW. 2022, 122);
- **Rheinland-Pfalz:** Landesjagdgesetz **(RPLJG)** vom 9.7.2010 (GVBl. 2010, 149), zuletzt geändert am 12.9.2012 (GVBl. 2012, 310). Die Landesregierung hat in der 18. Legislaturperiode einen Entwurf für ein neues LJagdG vorgelegt, der mit ähnlichen Zielen und Inhalten wie der brandenburgische erste Entwurf ausgestaltet ist. Der Entwurf spricht nicht mehr von Jagdausübungsberechtigten, sondern von Jagdbefugten, Jagdbeauftragten und Jagdbezirksverantwortlichen, ohne dass ein hinreichender Grund für die Aufgabe etablierter Begriffe erkennbar wird. Mit der Abschaffung der Hegepflicht und des Jagdschutzes sowie der Einschränkung des Muttertierschutzes beim Rotwild ab 1.11.setzt der Entwurf sich offenkundig in Widerspruch zu der Staatszielbestimmung zum Tierschutz in Art. 20a GG (vgl. hierzu im Einzelnen Petrak/Heider, Muttertierschutz beim Rotwild –

Anm. zu OLG Hamm v. 9.6.2015, in Nds. Jäger 2/2017, 22 ff. und 3/2017, 22 ff.). Die staatliche Reglementierung eines Mindestabschusses statt der geltenden und bewährten Mindestabschussvereinbarung und die Aushöhlung des Jagdrechts und Jagdausübungsrechts durch weitere neue Vorgaben (ähnlich wie in BB) dürfte einer verfassungsrechtlichen Prüfung kaum standhalten (vgl. zur Kritik am Entwurf und zum Stand des Verfahrens https://ljv-rlp.de/landesjagdgesetz/, zuletzt abgerufen am 7.5.2024); es bleibt abzuwarten, ob die Kritik im Gesetzgebungsverfahren noch ausgeräumt werden kann;
- **Saarland:** Gesetz zur Jagd und zum Wildtiermanagement (Saarländisches Jagdgesetz – **SJG**) vom 27.5.1998 (ABl. 2021, 638), zuletzt geändert durch Gesetz vom 8.12.2021 (ABl. 2021 I 2629). Kirrjagd, Regelungen zu jagdlichen Einrichtungen, Tierschutz und zur Erprobung der Schießfertigkeit sind verfassungsgemäß und stehen im Einklang mit dem BJagdG (VerfGH Saarland Beschl. v. 29.8.2016 – Lv 3/15, BeckRS 2016, 51105 = JE I Nr. 130). Diese Auffassung ist jedenfalls betreffend eines Schießfertigkeitsnachweises zur Ausübung der Bewegungsjagd fraglich, da in die Gesetzgebungskompetenz des Bundes eingegriffen wird, dem das Recht der Jagdscheine obliegt. Art. 72 Abs. 3 S. 1 GG regelt das Recht der Jagdscheine und damit auch die in Voraussetzungen zur Teilnahme an Gesellschaftsjagden (§ 16 Abs. 3) abschließend, so dass den Ländern keine Befugnis zusteht, weitere Voraussetzungen zu schaffen (so zutreffend VG Arnsberg Beschl. v. 23.5.2016 – 8 K 3614/15, BeckRS 2016, 46867 = JE I Nr. 131; Dietlein AUR 2014, 441 ff.);
- **Sachsen:** Jagdgesetz für den Freistaat Sachsen (Sächsisches Jagdgesetz – **SächsJagdG**) vom 8.6.2012 (GVBl. 2012, 308), geändert durch Gesetz vom 31.1.2018 (GVBl. 2018, 21);
- **Sachsen-Anhalt:** Landesjagdgesetz für Sachsen-Anhalt **(LSALJagdG)** vom 23.7.1991 (GVBl. 1991, 186), zuletzt geändert durch Gesetz vom 27.9.2019 (GVBl. 2019, 286);
- **Schleswig-Holstein:** Jagdgesetz des Landes Schleswig-Holstein (Landesjagdgesetz – **SHLJagdG**) vom 13.10.1999 (GVOBl. 1999, 300, berichtigt GVOBl. 2008, 135), zuletzt geändert durch Gesetz vom 9.1.2024 (GVOBl. 2024, 2). Das Verbot von Jagdgattern ist verfassungsgemäß (VG Schleswig Urt. v. 9.5.2017 – 7 A 233/16, 7 A 224/15, BeckRS 2017, 115294 = JE I Nr. 133);
- **Thüringen:** Thüringer Jagdgesetz **(ThJG)** idF vom 28.6.2006 (GVBl. 2006, 313), zuletzt geändert durch Gesetz vom 16.10.2019 (GVBl. 2019, 435).

39 **6. Einfluss des EU-Rechts.** Der **EU-Vertrag** gewährt zwar keine unmittelbare Befugnis zum Erlass jagdrechtlicher Bestimmungen. Denn nach dem im Art. 5 Abs. 2 EUV enthaltenen Prinzip der **begrenzten Einzelermächtigung** darf die EU nur dann tätig werden, wenn die Mitgliedstaaten dafür eine entsprechende **Rechtsgrundlage** in den Verträgen zur Verwirklichung der Ziele der Union vorgesehen haben. An einer solchen Rechtsgrundlage fehlt es für den Bereich des Jagdwesens. Das bedeutet freilich nicht, dass die EU keine Kompetenz hat, jagdrechtliche Vorschriften im Zusammenhang anderer – in der Regel übergreifender – Rechtsetzung zu treffen, sofern sie sich für solches Recht auf eine Rechtsgrundlage stützen kann. Entsprechende Regelungen, die insbesondere im Bereich des EU-Umwelt-, Lebensmittel-, Seuchen- und Gefahrenabwehr-Rechts erlassen wurden, wird

man jeweils in besonderem Maße am Grundsatz der **Subsidiarität** (Art. 5 Abs. 3 EUV) messen müssen (vgl. Lorz/Metzger Einl. Rn. 15), zumal der erste Anschein – Fehlen einer Einzelermächtigung im Jagdwesen – zunächst für eine Kompetenz der Mitgliedstaaten spricht.

Insbesondere folgende, das deutsche Jagdrecht maßgeblich tangierende Vorschriften wurden in diesem Kontext erlassen, wobei die EU-Kompetenz bei diesen Rechtsakten nicht zu bestreiten ist: **40**

- **FFH-RL:** RL 92/43/EWG des Rates zur Erhaltung natürlicher Lebensräume sowie der wildlebenden Pflanzen und Tiere („Flora-Fauna-Habitat-Richtlinie") vom 21.5.1992 (ABl. EG 1992 L 206, 7);
- **Vogelschutz-RL:** RL 79/409/EWG des Rates vom 2.4.1979 (ABl. EG 1979 L 103, 1), ersetzt und kodifiziert durch RL 2009/147/EG des Europäischen Parlaments und des Rates über die Erhaltung der wildlebenden Vogelarten vom 30.11.2009 (ABl. 2010 L 20, 7);
- **Lebensmittel I:** VO (EG) 178/2002 des Europäischen Parlamentes und des Rates vom 28.1.2002 zur Festlegung der allgemeinen Grundsätze und Anforderungen des Lebensmittelrechts, zur Errichtung der Europäischen Behörde für Lebensmittelsicherheit und zur Festlegung von Verfahren zur Lebensmittelsicherheit (ABl. EG 2002 L 31, 1);
- **Lebensmittel II:** VO (EG) 852/2004 des Europäischen Parlamentes und Rates vom 29.4.2004 über Lebensmittelhygiene (ABl. EG 2004 L 139, 1);
- **Lebensmittel III:** VO (EG) 853/2004 des Europäischen Parlamentes und Rates vom 29.4.2004 mit spezifischen Hygienevorschriften für Lebensmittel tierischen Ursprunges (ABl. EG 2004 L 139, 55);
- **Lebensmittel IV:** VO (EG) 854/2004 vom 29.4.2004 mit besonderen Verfahrensvorschriften für die amtliche Überwachung von zum menschlichen Verzehr bestimmten Erzeugnissen tierischen Ursprungs (ABl. EG 2004 L 139, 206);
- **Lebensmittel V:** VO (EG) 2075/2005 (aufgehoben) der Kommission vom 5.12.2005 mit spezifischen Vorschriften für die amtlichen Fleischuntersuchungen auf Trichinen (ABl. EG 2005 L 338, 60); jetzt: Trichinen-VO vom 10.8.2015 (ABl. EU 2015 L 212, 7);
- **Feuerwaffen-RL:** RL 91/477/EWG des Rates vom 18.6.1991 über die Kontrolle des Erwerbs und des Besitzes von Waffen (ABl. EG 1991 L 256, 51), ersetzt durch RL (EU) 2021/555 des Europäischen Parlaments und des Rates vom 6.4.2021 (ABl. 2021 L 115, 1);
- **VO (EU) 258/2012** des EP und des Rates vom 14.3.2012 zur Umsetzung des Artikels 10 des Protokolls der Vereinten Nationen gegen die unerlaubte Herstellung von **Schusswaffen,** dazugehörigen Teilen und Komponenten und Munition und gegen den **unerlaubten Handel** damit, in Ergänzung des Übereinkommens der Vereinten Nationen gegen die grenzüberschreitende organisierte Kriminalität **(UN-Feuerwaffenprotokoll)** und zur Einführung von Ausfuhrgenehmigungen für Feuerwaffen, deren Teile, Komponenten und Munition sowie von Maßnahmen betreffend deren Einfuhr und Durchfuhr (ABl. EG 2012 L 94, 1);
- **Artenschutz-VO:** VO (EG) 338/97 des Rates vom 9.12.1996 über den Schutz von Exemplaren wildlebender Tier- und Pflanzenarten durch Über wachung des Handels, mit den Anhängen A, B, C und D sowie der hierzu erlassenen Durchführungs-VO (EG) 1808/2001 der Kommission vom 30.8.2001 (ABl. EG 1997 L 61, 1).

– **Invasive Arten-VO:** VO (EU) 1143/2014 des Rates vom 22.10.2014 über die Prävention und das Management der Einbringung und Ausbreitung invasiver gebietsfremder Arten (ABl. EU L 317, 36); hierauf gestützt: VO (EU) 2016/1141 vom 13.7.2016 (ABl. EU 2016 L 189, 4) und aktualisiert: VO (EU) 2017/1263 vom 12.7.2017 (ABl. EU 2017 L 182, 37).

III. Konkurrenzen

41 Da das Jagdrecht eine Vielzahl von Überlagerungen mit anderen nationalen und internationalen Regelungen kennt, ergeben sich zwangsläufig Kollisions- bzw. Auslegungsfragen.

42 **1. Natur- und Artenschutz.** Im Bereich des Natur-, Tier- und Artenschutzes gibt es eine zunehmende Anzahl von völkerrechtlichen Vereinbarungen sowie EU-Verordnungen und -Richtlinien, die in die Jagdrechte der Mitgliedstaaten eingreifen. Einige dieser Rechtsakte sind – da supranationale Übereinkommen oder EU-Richtlinien – erst mit ihrer Ratifizierung bzw. Umsetzung (Art. 288 S. 4 AEUV) innerstaatliches Recht geworden. Andere sind als EU-Verordnungen von Vornherein mit unmittelbarer Geltung ausgestattet (Art. 288 S. 3 AEUV). Mit dem sog. **Washingtoner Artenschutzabkommen** vom 3.3.1973 (The Washington Convention on the International Trade of Endangered Species of Flora and Fauna – **CITES**) haben sich die Vertragsstaaten zum Schutz der in Anh. I–III CITES aufgenommenen Tierarten verpflichtet, Regelungen über Handelsbeschränkungen zu erlassen; mit dem Gesetz zum Washingtoner Artenschutzübereinkommen vom 22.5.1975 (BGBl. 1975 II 773) wurde dieses Abkommen in nationales Recht überführt. Auf EU-Ebene wurden in Ausgestaltung des Washingtoner Artenschutzübereinkommens verschiedene Verordnungen erlassen, so die **Artenschutz-VO** (→ Rn. 40) mit Anh. A, B, C und D Artenschutz-VO sowie Durchführungs-VO (EG) 1808/2001 vom 30.8.2001, umfassend geändert und ersetzt durch VO (EG) 865/2006 der Kommission vom 4.5.2006 mit Durchführungsbestimmungen zur VO (EG) 338/97. Anh. A und B VO (EG) 338/97 stimmen mit Anh. I und II CITES überwiegend überein.

43 Die **FFH-RL** (→ Rn. 40) und die **Vogelschutz-RL 1979** (→ Rn. 40) wurden innerstaatlich umgesetzt insbesondere durch das Zweite Gesetz zur Änderung des BNatSchG vom 30.4.1998 (BGBl. 1998 I 823). Nach weiteren Änderungen trat das **BNatSchG** in der jetzigen Fassung am 25.3.2002 (BGBl. 2002 I 1193) in Kraft (Neufassung vom 29.7.2009, BGBl. 2009 I 2542, mit Wirkung zum 1.3.2010). Ferner sind zu nennen das internationale Übereinkommen zur Erhaltung der wandernden wildlebenden Tierarten vom 23.6.1979 (**Bonner Konvention;** englisch: Convention on the Conservation of Migratory Species of Wild Animals – **CMS;** ratifiziert durch Gesetz vom 29.6.1984 (BGBl. 1984 II 569) sowie das Übereinkommen über die Erhaltung der europäischen wildlebenden Pflanzen und Tiere und ihrer natürlichen Lebensräume vom 19.9.1979 (**Berner Konvention – BernK**), ratifiziert durch Gesetz vom 1.7.1984 (BGBl. 1984 II 618). Zu den Bestimmungen → § 2 Rn. 3 ff.; vgl. zu den Inhalten der völkerrechtlichen Konventionen Lorz/Metzger Einl. Rn. 7). Mit einem weiteren EU-Rechtsakt, der **Invasive Arten-VO** (→ Rn. 40) sowie dem nationalen Durchführungs-

rechtsakt (Gesetz vom 8.9.2017, BGBl. 2017 I 3370) soll verhindert werden, dass gebietsfremde Arten die heimische Flora und Fauna verändern und Arten verdrängen (vgl. → Rn. 24, → § 28a Rn. 1 ff.).

2. Auswirkungen auf das Jagdrecht. Lange vor der Geltung naturschutzrechtlicher Regelungen diente wie dargestellt (→ Rn. 15) das Jagdrecht auch dem Artenschutz (vgl. auch Lorz/Konrad/Mühlbauer/Müller-Walter/Stöckel Naturschutzrecht Vor A1 Rn. 29). Das Naturschutzrecht lässt die Vorschriften des Jagdrechts zwar grundsätzlich (vgl. → Rn. 15) unberührt (§ 37 Abs. 2 BNatSchG, s. auch § 4 Abs. 1 BArtSchV; VG Schleswig Urt. v. 12.8.2004 – 1 KN 27/03, JE VI Nr. 62). Umgekehrt ergänzen Vorschriften des Naturschutzrechts das Jagdrecht, wenn es zB um die Interessen von Landnutzern (Forst- und Landwirtschaft) im Verhältnis zum Jagdrecht geht. So sind Wildschäden einerseits zu vermeiden, wildlebende Tiere andererseits zu schützen (§ 21 Abs. 1 S. 1 BJagdG; § 1 Abs. 3 Nr. 5 BNatSchG). Der Interessenwiderstreit zwischen dem heimischen Wild und dem Nutzungsberechtigten im Interesse des Wildschutzes löst sich zB im jagdrechtlichen Sinne dahin auf, dass gewisse Wildschäden hingenommen werden müssen (BGH Urt. v. 5.5.1988 – III ZR 116/87, NVwZ 1988, 1066 = NuR 1989, 55; Urt. v. 22.5.1984 – III ZR 18/83, BGHZ 91, 243 = NJW 1984, 2216; Leonhardt/Pießkalla § 1 Rn. 16). Probleme treten dann auf, wenn Artenschutzbestimmungen unmittelbar das Jagdrecht tangieren und umgekehrt. Dies wird deutlich, wenn Wildarten einerseits einen besonderen Schutzstatus erhalten, andererseits aber bejagt werden können (→ § 2 Rn. 1 ff.); oder wenn zB in bestimmten Schutzgebieten aus Gründen des Naturschutzes nicht gejagt werden soll bzw. wenn Jagdzeiten durch besondere Schutzvorschriften (zB nach der Vogelschutz-RL) eingeschränkt werden. Regelungen über die Verwendung und Art bestimmter Fallen greifen ebenso in jagdrechtliche Regelungswerke ein, auch wenn sie unter dem Gesichtspunkt des Tierschutzes erlassen werden. Die deutschen Jagdgesetze und -verordnungen kommen der – sicherlich zu begrüßenden – Forderung nach einem hinreichenden Schutz der Arten durchaus – mit eigenständigen Artenschutzregelungen – nach. Dennoch wird über eine zunehmende Regelungsdichte im nationalen Recht sowie die immer detaillierter werdenden Anforderungen des EU-Rechts (vgl. zB **Green Deal** der EU-Kommission, insbesondere **EU-Biodiversitätsstrategie** sowie die am 25.6.2024 verabschiedete **VO (EU) zur Wiederherstellung der Natur,** https://www.consilium.europa.eu/de/policies/biodiversity/#2030, zuletzt abgerufen am 7.5.2024) immer weiter und tiefer in die – an sich dem Bund bzw. den Ländern vorbehaltene – Gesetzgebungskompetenz im Jagdwesen eingegriffen. EU-rechtliche Eingriffe finden hierbei ihre Grenze in dem Kernbereich des Jagdwesens. Was zu diesem vom GG wie von Art. 5 EUV geschützten Kernbereich gehört, ist durch Auslegung zu ermitteln. Zweifelsfrei gehört hierzu das Recht der Mitgliedstaaten, ihr jagdliches Nutzungssystem frei zu gestalten, so wie dies in Deutschland durch das **Reviersystem** geschehen ist. Zum Kernbereich dürften auch alle grundrechtlich geschützten Rechtspositionen der Jagdrechtsinhaber und Jagdausübungsberechtigten zählen, wobei diese Positionen ihrerseits Einschränkungen – auch durch EU-Recht – erfahren können, wenn der Kernbereich des Arten- oder Tierschutzes seinerseits betroffen ist und es einer EU-weiten Regelung aus übergeordneten Gründen bedarf (Beispiel: FFH-RL, Vogelschutz-RL). 44

45 **3. Speziell: EU-Recht bzw. supranationales Recht und nationales Jagdrecht.** Vom EU-Recht werden verschiedene Bereiche der Jagd betroffen. Konkret geschieht dies über Ge- und Verbote der Vogelschutz-RL, aber auch über die Regelungen zu auszuweisenden Schutzgebieten (Natura 2000) in Umsetzung der FFH-RL. Der EuGH hat in Anwendung dieser Richtlinien und des EUV diverse Verstöße verschiedener Mitgliedstaaten, so auch Deutschlands, bei der Umsetzung bzw. Anwendung dieser Richtlinien festgestellt (zB EuGH Urt. v. 23.4.2020 – C-161/19, BeckRS 2020, 6460 = NuR 2020, 327 – KOM./. AUT, wegen Verbots der Frühjahrsjagd auf **Waldschnepfe;** Urt. v. 23.4.2020 – C-217/19, BeckRS 2020, 6609 = NuR 2020, 330 – KOM./. FIN, wegen Verbots der Frühjahrsjagd auf **Eiderente;** Urt. v. 3.7.1990 – C-288/88, NVwZ 1990, 955 – KOM./. DEU, wegen diverser **Umsetzungsdefizite in BJagdG, BWildSchV und LJagdGen**). In einem weiteren Rechtsbereich, den EU-Fleischhygiene-Verordnungen, wird das In Verkehr Bringen und die Verarbeitung von Wildbret angesprochen. Die EU-Feuerwaffenrichtlinie schließlich enthält – unter dem Schutzziel der inneren und äußeren Sicherheit in der EU – Grundsätze zur Haltung und dem Gebrauch von Waffen.

46 Ein supranationales Übereinkommen (Agreement on International Humane Trapping Standards – **AIHTS,** https://www.face.eu/international-agreements/aihts/, zuletzt abgerufen am 7.5.2024) beschäftigt sich vorwiegend mit Fragen des Tierschutzes bei der **Fallenjagd,** ist aber bisher leider nicht vom hierfür federführenden BMEL in nationales Recht umgesetzt worden, obwohl hierin – mittels der vom Abkommen eröffneten Möglichkeit der Zertifizierung von Fallen – eine Chance liegt, die Fallenjagd nicht nur nach dem Stand der Technik weiterzuentwickeln, sondern auch (und das nicht nur für die dem Abkommen unterliegenden Fallen) jagd- wie tierschutzrechtlich auf festeren Grund zu stellen.

47 Darüber hinaus hat der Europäischen Gerichtshof für Menschenrechte in Auslegung der **Europäischen Menschenrechtskonvention** des Europarates in der Rechtssache Herrmann./. Deutschland das Jagdrecht des Grundeigentümers behandelt und die Zwangsmitgliedschaft in Jagdgenossenschaften insoweit als rechtswidrig angesehen, wie darin ein Recht für (natürliche) Personen fehlt, als Jagdgenosse mit seinen Flächen aus ethischen Gründen aus der Jagdgenossenschaft auszutreten (EGMR Urt. v. 26.6.2012 – 9300/07, NJW 2012, 3629; vgl. zur nationalen Umsetzung → Rn. 22 sowie im Einzelnen → § 6a Rn. 1 ff.). Eine entsprechende Entscheidung war zuvor bereits gegen Frankreich (EGMR Urt. v. 29.4.1999 – 25088-94, 28331-95 und 28443-95, NJW 1999, 3697) und Luxemburg (EGMR Urt. v. 10.7.2007 – 2113/04, NuR 2008, 489) ergangen. Der EGMR sah in der Zwangsmitgliedschaft insbesondere einen Verstoß gegen Art. 1 EMRK Zusatzprotokoll (Recht auf Eigentum) iVm Art. 9 EMRK (Gewissensfreiheit). Das BVerfG hatte die zuvor erhobene Verfassungsbeschwerde hingegen noch abgewiesen (BVerfG Beschl. v. 13.12.2006 – 1 BvR 2084/05, NVwZ 2007, 808; Beschl. v. 1.2.2007 – 2 BvR 126/04, BeckRS 2007, 27470).

48 Im Einzelnen:

49 **a) Zu einzelnen Regelungen des Naturschutzes.** Nach der **Vogelschutz-RL** (→ Rn. 18, → Rn. 40) wurde ein umfangreicher Schutz insbesondere der ziehenden Vögel verpflichtend.

Art. 7 Vogelschutz-RL [Jagd und Jagdausübung]

(1) [1] Die in Anhang II aufgeführten Arten dürfen aufgrund ihrer Populationsgröße, ihrer geografischen Verbreitung und ihrer Vermehrungsfähigkeit in der gesamten Gemeinschaft im Rahmen der einzelstaatlichen Rechtsvorschriften bejagt werden. [2] Die Mitgliedstaaten sorgen dafür, daß die Jagd auf diese Vogelarten die Anstrengungen, die in ihrem Verbreitungsgebiet zu ihrer Erhaltung unternommen werden, nicht zunichte macht.

(...)

(4) [1] Die Mitgliedstaaten vergewissern sich, daß bei der Jagdausübung – gegebenenfalls unter Einschluß der Falknerei –, wie sie sich aus der Anwendung der geltenden einzelstaatlichen Vorschriften ergibt, die Grundsätze für eine vernünftige Nutzung und eine ökologisch ausgewogene Regulierung der Bestände der betreffenden Vogelarten, insbesondere der Zugvogelarten, eingehalten werden und daß diese Jagdausübung hinsichtlich der Bestände dieser Arten mit den Bestimmungen aufgrund von Artikel 2 vereinbar ist. [2] Sie sorgen insbesondere dafür, daß die Arten, auf die die Jagdvorschriften Anwendung finden, nicht während der Nistzeit oder während der einzelnen Phasen der Brut- und Aufzuchtzeit bejagt werden. [3] Wenn es sich um Zugvögel handelt, sorgen sie insbesondere dafür, daß die Arten, für die die einzelstaatlichen Jagdvorschriften gelten, nicht während der Brut- und Aufzuchtzeit oder während ihres Rückzugs zu den Nistplätzen bejagt werden. [4] Die Mitgliedstaaten übermitteln der Kommission alle zweckdienlichen Angaben über die praktische Anwendung der Jagdgesetzgebung.

In **Art. 9 Abs. 1 Vogelschutz-RL** wird Folgendes ausgeführt: „Die Mitgliedstaaten können, sofern es keine andere zufriedenstellende Lösung gibt, aus den nachstehenden Gründen von den Artikeln 5, 6, 7 und 8 abweichen: (...) c) Um unter streng überwachten Bedingungen selektiv den Fang, die Haltung oder jede andere vernünftige Nutzung bestimmter Vogelarten in geringen Mengen zu ermöglichen.“ **50**

Die Vogelschutz-RL führt zu weitreichenden Eingriffen in das Jagdrecht, weil damit eine Restriktion der jeweils jagdbaren Arten im Hinblick auf ihre generelle Bejagung, den Zeitpunkt der Bejagung bzw. die Voraussetzungen, unter denen eine Art überhaupt bejagt werden kann, stattgefunden hat. Im Ergebnis führen die Richtlinie und ihre Umsetzung dazu, dass sämtliche Greifvogelarten seither ganzjährigen Schutz genießen. Aber auch Vogelarten, die – wie Eichelhäher, Elstern und Rabenkrähen – bis dahin nicht dem Jagdrecht unterlagen, durften zunächst nicht mehr bejagt werden, weil die Bundesregierung es schlicht versäumt hatte, für diese Arten, die als sog. **Raubzeug** in Deutschland bisher jagdrechtlich nicht geschützt waren und demnach faktisch von jedermann zu jeder Zeit gefangen oder erlegt werden konnten, Ausnahmeregelungen durchzusetzen. Auch die **Jagdarten** wurden eingeschränkt, indem zB der Fang mit Netzen, Fallen und bestimmten anderen Mitteln untersagt wurde, was zB zum Verbot der sog. **Norwegischen Krähenmassenfalle** führte. Dieses Verbot wirkte schon deshalb sehr nachdrücklich, weil die Gesetzgeber in den meisten Bundesländern sehr lange brauchten, um Krähen, Elstern und Eichelhäher in das jagdrechtliche System zu integrieren und zumindest für Rabenkrähen und Elstern aus Gründen des Schutzes von Singvögeln und Bodenbrütern jagdrechtliche Ausnahmen vom Bejagungsverbot zuzulassen. Auch der jeweilige **Zeitpunkt der Bejagung** musste angepasst werden. So ist die Phase der Brut- und Aufzuchtzeit, insbesondere bei der Krähen- und Elsternjagd, eine solche gewesen, in der gerade diese Tierart jagdlich reguliert wurde, was nach dem neuen Recht nur **51** noch sehr eingeschränkt möglich ist. Am Beispiel der Ringeltaubenjagd zeigte sich, dass die bisherigen sehr kurzen Schonzeiten dieser Tierart aufgrund dieser Bestimmungen deutlich ausgeweitet werden mussten. Insbesondere bei den Tauben ist dies deshalb problematisch, weil diese Tierart zweifellos in ihrem Bestand nicht gefährdet ist, gleichwohl aber ihr Zugverhalten auch und insbesondere nach den jeweiligen Nahrungsgrundlagen ausrichtet und hierbei immense landwirtschaftliche Schäden anrichten kann. Dagegen sind die Brut- und Aufzuchtszeiten dieser Tiere je nach Landstrich äußerst variabel und bereits innerhalb von Deutschland kaum einheitlich zu greifen, geschweige denn EU-weit. So ist die Jagd auf ziehende Tierarten damit deutlich erschwert, zum Teil unmöglich gemacht worden. Das Secretariat of the Agreement on the Conservation of African-Eurasian Migratory Waterbirds (**UNEP/AEWA,** https://www.unbonn.org/AEWA) sowie der Europäische Jagdverband **FACE** haben sich dieser Problematik in den letzten Jahren verstärkt angenommen, insbesondere durch Schaffung einer **„European Goose Management Platform"** (vgl. https://www.face.eu/international-agreements/aewa-african-eurasian-waterbird-agreement/, zuletzt abgerufen am 7.5.2024). Der sog. Schnepfen-Strich, eine Jagdart, die in der Zeit von März bis Mitte April stattfand und den Rückzug zu den Brut- und Nistplätzen zur Balzzeit ausnutzte, ist der Vogelschutz-RL zum Opfer gefallen, obwohl diese Jagdart – unter weidgerechten Gesichtspunkten als Einzeljagd ausgeübt – keinen nennenswerten Einfluss auf den Bestand der Schnepfen gehabt hat.

52 Der **EuGH** hat in verschiedenen Entscheidungen dargestellt, welche **Voraussetzungen** vorliegen müssen, damit iSv Art. 9 Abs. 1 lit. c Vogelschutz-RL eine Bejagung innerhalb der Brut- und Aufzuchtzeit oder während des Rückzugs zu den Nistplätzen ermöglicht werden kann. Am Beispiel der Ringeltaube hat der EuGH Folgendes geurteilt (EuGH Urt. v. 9.6.2005 – C-135/04, BeckRS 2005, 70421 = JE XIX Nr. 35; Urt. v. 16.10.2003 – C-182/02, BeckRS 2004, 74749 = JE XIX Nr. 33; Urt. v. 8.7.1987 – C-262/85, BeckRS 2004, 72745 = JE XIX Nr. 21): „Zu den Bedingungen, die erfüllt sein müssen, damit eine solche Jagd nach Art. 9 Abs. 1c) der Richtlinie [Vogelschutz-RL] erlaubt werden kann, gehört, dass es **keine andere zufriedenstellende Lösung** gibt. Nicht erfüllt ist die Bedingung, wenn die ausnahmsweise eröffnete Jagdzeit ohne Notwendigkeit mit den Zeiten zusammenfällt, für die die Richtlinie einen besonderen Schutz schaffen will". Der Gerichtshof hat hierbei die Auffassung vertreten, dass der Umstand, dass die Ringeltaube keine bedrohte Art darstelle, keine Voraussetzung für die Anwendung des Art. 9 Abs. 1 lit. c Vogelschutz-RL sei. Auch sei es kein besonderer Grund, wenn im Übrigen im ganzen Land die Ringeltauben faktisch bejagt werden können, sie in den Rückzugsgebieten ihrer Nistplätze dennoch zur Jagd freizugeben. Voraussetzung sei im Wesentlichen, dass es keine andere zufriedenstellende Lösung gibt und die Lösung so geregelt werde, dass sie unter streng überwachten Bedingungen selektiv stattfindet und sie nur bestimmte Vogelarten in geringen Mengen betrifft. Zwar ist die Jagd auch als Freizeitbeschäftigung grundsätzlich ein vernünftiger Grund, solche Vögel zu bejagen (EuGH Urt. v. 20.3.2003 – C-378/01, BeckRS 2004, 76872 = JE XIX Nr. 32), für ein Abweichen von den Jagdzeiten, indem ein Eingriff in die ausdrücklich geschützten Zeiten erfolgen soll, müsse es jedoch einen besonderen Grund geben, der jedenfalls nicht mehr durch den alleinigen Willen der Nutzung dieser Vögel zu Jagdzwecken gedeckt sei.

Es muss also ein **besonderer Grund** hinzukommen, der ausnahmsweise die Jagdausübung gestattet. Dies können beispielsweise immense Schäden in der Landwirtschaft sein. Insbesondere bei der Ringeltaube treten diese in Deutschland während der Einsaatphasen oder im Zuge der Ernte, aber auch und insbesondere beim Gemüseanbau in einzelnen Gebieten auf. Sofern eine solche Situation gegeben ist, ist zu prüfen, dass eine anderweitige zufriedenstellende Lösung nicht möglich ist. Hierzu gehören insbesondere Vertreibungsmaßnahmen oder eventuell ein anderweitiger Schutz dieser Flächen. Gerade letzteres ist bei Ringeltauben jedoch sehr schwierig, da zum einen Vertreibungsmaßnahmen der Ringeltauben auch andere Wildtiere in ihrem Dasein dort erheblich stören, wozu auch besonders geschützte oder seltene Tierarten zählen können, zum anderen bei ständig nachziehenden Vogelarten Vertreibungsmaßnahmen keine langanhaltende Wirkung haben werden. Eine solche Abwägung hat bezogen auf den konkreten Einzelfall stattzufinden. Sofern sich sodann herausstellt, dass es keine andere zufriedenstellende Lösung gibt, ist in einem zweiten Schritt die Regelung so durchzuführen, dass sie unter streng überwachten Bedingungen selektiv stattfindet. Damit ist klargestellt, dass die Bejagung nur auf einem eng begrenzten, auch zu schützenden Bereich stattfinden kann. Dies muss sich nicht auf ein einzelnes Feld beziehen, sondern durchaus auf einen kompletten Jagdbezirk, da ein Ausweichen der Tiere mit einkalkuliert werden kann. Dies darf jedoch nicht ohne besondere Begründung über die Grenzen eines Jagdbezirks hinaus geschehen. In den Gerichtsentscheidungen ist nicht im Einzelnen ausgeführt, was unter einer strengen Überwachung zu verstehen ist. Eine Überwachung selbst kann sich ja nur auf die Art und das Gebiet der Jagdausübung, ggf. noch auf die Anzahl der Tiere beziehen. Dazu gehört sodann wohl auch die Konkretisierung der Freigabe auf ein konkret bezeichnetes Gebiet. Alternativ oder kumulativ käme die Beschränkung auf eine bestimmte Person oder Personengruppe in Betracht, um eine effektive Kontrolle zu ermöglichen. In einem dritten Schritt ist die Jagd auf die bestimmten Vogelarten zu beschränken und die Menge der freigegebenen Vögel zu konkretisieren. Hierbei ist anzugeben, für welche Vogelarten die Abweichungen überhaupt gelten sollen, auch die zu leistenden Fang- und Tötungsmittel oder Einrichtungen und Methoden sind anzugeben. Abzuklären sind die Risiken und die zeitlichen und örtlichen Umstände, unter denen diese Abweichungen getroffen werden können, und die Stelle, die befugt ist zu erklären, dass die erforderlichen Voraussetzungen gegeben sind, um zu beschließen, welche Mittel, Einrichtungen und Methoden in welchem Rahmen von wem angewandt werden können und zudem welche Kontrollen im Einzelnen vorzunehmen sind. In ihrer Umsetzung bedeutet dies, dass bei der Gestaltung der allgemeinen Jagdzeiten die Rückzugszeiten zu den Nistplätzen und die Aufzucht- und Brutzeiten von vornherein zu berücksichtigen sind, so dass ein Abweichen von diesen vorgegebenen eingeschränkten Jagdzeiten zugunsten einer Ausweitung der Jagd nur im besonderen Einzelfall erfolgen kann. Diese Ausweitung ist nach dem vom EuGH entwickelten **effet-utile-Grundsatz,** wonach Normen des europäischen Gemeinschaftsrechts eine möglichst optimale Wirkungskraft zu verleihen ist, als Ausnahmeregelung grundsätzlich restriktiv anzuwenden. **53**

Solche relativ strengen Vorgaben einer EU-Richtlinie schränken nicht nur das Jagdrecht im subjektiven Sinne ein, sondern können darüber hinaus für die Landwirtschaft zum Teil gravierende Probleme schaffen. Hier sind die Behörden aufgerufen, die betroffenen Rechtsgüter aller Beteiligten auf der **54**

Ebene der Durchführung der EU-Rechtsakte sorgfältig gegen die Ziele des Rechtsaktes auszutarieren und abzuwägen, um Unbilligkeiten zu vermeiden.

55 Eine weitere Ausnahme zur Gestattung der Jagd ist gegeben, wenn die Bejagung dem **Schutz der Tierwelt dient** (Art. 9 Abs. 1 lit. a Vogelschutz-RL). Unter dem Schutz der Tierwelt ist nicht nur die „Tierwelt" als Ganzes zu verstehen, sondern der individuelle Schutz jeder einzelnen Art in einem Gebiet. Eine Bestandsgefährdung ist keine Voraussetzung. Auch der Bestandsschutz zu bejagender Arten ist gemeint, selbst wenn Ziel die Erhöhung des Bestandes zu Jagdzwecken sein sollte. Die Ziele der Vogelschutz-RL dürfen aber iSd zu schützenden Art nicht ausgehöhlt werden, vielmehr ist auf ein angemessenes Verhältnis zum Schutzziel zu achten. Somit ist eine Bejagung von Rabenvögeln zur Stabilisierung oder Erhöhung von Rebhuhn-Besätzen regional möglich. In Zusammenarbeit mit Verbänden ist mit ausdrücklicher Billigung der EU-Kommission aufgrund der Initiative für eine nachhaltige Jagd unter den Bestimmungen der Vogelschutz-RL folgende Übereinkunft am 12.10.2004 getroffen worden:

Übereinkommen zwischen BirdLife International und FACE zur Richtlinie 79/409/EWG

FACE (Zusammenschluss der Verbände für Jagd und Wildtiererhaltung in der EU) und BirdLife International haben sich im Rahmen der Initiative für Nachhaltige Jagd (INJ) der Europäischen Kommission im Anschluss an mehrere Sitzungen auf folgendes Übereinkommen geeinigt:

1) Die beiden Organisationen erkennen die Vogelschutz-RL als geeignetes Rechtsinstrument für die Erhaltung wild lebender Vögel (einschließlich bejagbarer Arten gemäß Anhang II der Richtlinie) und ihre Bedeutung für die Gewährleistung eines günstigen Erhaltungsstatus der Lebensräume auf EU Ebene an. Die beiden Organisationen betrachten es als vorrangiges Ziel, die Bestimmungen der Richtlinie gemäß den Grundsätzen des Leitfadens zu den Jagdbestimmungen der Richtlinie 79/409/EWG des Rates zur Erhaltung wild lebender Vogelarten anzuwenden.

2) In Einklang mit Punkt 1 hat keine der beiden Organisationen die Absicht, Initiativen zur Änderung des Wortlauts der Vogelschutz-RL zu ergreifen oder zu unterstützen. Auf lange Sicht schließen die beiden Organisationen eine Konsolidierung der bestehenden EU-Rechtsvorschriften zur Erhaltung wild lebender Tiere nicht aus, wobei jedoch die grundlegenden Prinzipien zu respektieren sind und die Bestimmungen der Vogelschutz-RL nicht abgeschwächt werden dürfen.

3) Die beiden Organisationen erkennen die historische und aktuelle Bedeutung der in der Richtlinie festgelegten Kompromisse für die Jagd an und betrachten diese Kompromisse als Grundlage für die gemeinsame Förderung strategischer prioritärer Maßnahmen wie die Zusammenarbeit zur Verringerung der Verluste an biologischer Vielfalt bis zum Jahr 2010, den Schutz von Gebieten und die Reform der GAP.

4) Die beiden Organisationen unterstützen die Einrichtung des Netzes NATURA 2000 und erkennen die Bedeutung eines wirksamen Schutzes von Lebensräumen sowie einer aktiven Bewirtschaftung mit dem Ziel der Erhaltung der biologischen Vielfalt an. Die beiden Organisationen verweisen darauf, dass eine Ausweisung als NATURA 2000-Standort eine Bejagung nicht grundsätzlich ausschließt. Sie erkennen an, dass eine ordnungsgemäß geführte Jagd innerhalb von NATURA 2000-Gebieten fortgesetzt bzw. erfolgen kann, solange sie mit den Erhaltungszielen des Gebietes vereinbar ist. Sie verweisen in diesem Zusammenhang auf Kapitel 1.5 „Erhaltung von Lebensräumen" des Leitfadens.

5) Die beiden Organisationen sind der Ansicht, dass für die Durchführung der Jagd lokale, regionale bzw. nationale Regelungen festgelegt werden sollten, um einen

konstruktiven Dialog zwischen den lokalen Akteuren und eine sinnvolle Bewertung der Auswirkungen und der zu treffenden Maßnahmen zu ermöglichen. Nationalen Partnern und Mitgliedern beider Organisationen steht es frei, sich im Hinblick auf die Erhaltung der biologischen Vielfalt, die nachhaltige Jagd und den Vogelschutz ehrgeizigere Ziele zu setzen.

6) Die beiden Organisationen sind der Ansicht, dass eine sinnvolle Bewertung von Auswirkungen und Maßnahmen, einschließlich Maßnahmen, die durch Rechtsvorschriften und anderweitige Jagdbestimmungen angenommen werden, insbesondere im Hinblick auf Vogelpopulationen und Jagdtätigkeiten auf den besten verfügbaren und zuverlässigen Daten basieren müssen. Erforderlich sind ferner die Erfassung von Beutestatistiken sowie deren wissenschaftliche Auswertung.

7) Die beiden Organisationen fordern die Kommission und die Mitgliedstaaten dazu auf, Bewirtschaftungspläne für Anhang II-Arten, deren Erhaltungsstatus als ungünstig eingestuft wird, zu entwickeln, anzunehmen und umzusetzen.

8) Die beiden Organisationen fordern die zuständigen Behörden dazu auf, insbesondere durch geeignete Durchsetzungsmaßnahmen, aber auch durch Bildungs- und Sensibilisierungsmaßnahmen die Einhaltung sämtlicher Vogelschutzvorschriften sicherzustellen. Sie bieten in diesem Zusammenhang ihre Unterstützung an.

9) Die beiden Organisationen fordern den Ausstieg aus der Verwendung von Bleischrot für die Jagd in Feuchtgebieten in der gesamten EU, der sobald wie möglich, spätestens jedoch bis zum Jahr 2009 vollzogen werden sollte. Sie verweisen ferner auf die Risiken der Aussetzung nicht einheimischer Vogelarten und -unterarten in die Natur.

10) Weiters vereinbaren die beiden Organisationen, zur Erleichterung der Konsenssuche einen regelmäßigen bilateralen Dialog einzurichten und sich zu diesem Zweck mindestens zweimal im Jahr und darüber hinaus immer dann zu treffen, wenn dies als nützlich und notwendig erachtet wird, um ein spezielles Thema zu besprechen. Sie werden ferner Informationen, Publikationen usw. austauschen, bei ihren nationalen Partnern und Mitgliedern für dieses Übereinkommen werben und mit anderen einschlägigen Organisationen und Behörden (wie Wetlands International, IUCN, CIC, ELO, etc) zusammenarbeiten.

Dieses Übereinkommen mit Unterstützung und Billigung der EU- Kommission kann somit auch zur Auslegung der Vogelschutz-RL und des sie umsetzenden Rechts der Mitgliedstaaten herangezogen werden. **56**

Die RL 92/43 EWG des Rates zur Erhaltung der natürlichen Lebensräume sowie der wildlebenden Tiere und Pflanzen **(FFH-RL)** vom 21.5.1992 (ABl. EG 1992 L 206, 7) hat zum Ziel, zur Sicherung der Artenvielfalt durch die Erhaltung der natürlichen Lebensräume sowie der wildlebenden Tiere und Pflanzen im europäischen Gebiet der Mitgliedstaaten beizutragen (Art. 2 Abs. 1 FFH-RL). Hier greifen Gebietsschutz und Artenschutz ineinander. Sinn und Zweck der Regelung ist es, den dort genannten Tier- (und Pflanzen)arten zu gestatten, sich in natürlicher Art und Weise zu verbreiten und zu erhalten. Dies bedingt neben dem Schutz der Arten insbesondere einen Gebietsschutz. Daher bestimmt Art. 12 Abs. 1 FFH-RL: **57**

Art. 12 FFH-RL [Tierarten]

(1) Die Mitgliedstaaten treffen die notwendigen Maßnahmen, um ein strenges Schutzsystem für die in Anhang IV Buchstabe a) genannten Tierarten in deren natürlichen Verbreitungsgebieten einzuführen; dieses verbietet:

a) alle absichtlichen Formen des Fangs oder der Tötung von aus der Natur entnommenen Exemplaren dieser Arten;

b) jede absichtliche Störung dieser Arten, insbesondere während der Fortpflanzungs-, Aufzucht-, Überwinterungs- und Wanderungszeiten;
c) jede absichtliche Zerstörung oder Entnahme von Eiern aus der Natur;
d) jede Beschädigung oder Vernichtung der Fortpflanzungs- oder Ruhestätten.

(...)

Art. 16 FFH-RL [Zulässige Abweichungen]

(1) Sofern es keine anderweitige zufriedenstellende Lösung gibt und unter der Bedingung, daß die Populationen der betroffenen Art in ihrem natürlichen Verbreitungsgebiet trotz der Ausnahmeregelung ohne Beeinträchtigung in einem günstigen Erhaltungszustand verweilen, können die Mitgliedstaaten von den Bestimmungen der Artikel 12, 13 und 14 sowie des Artikels 15 Buchstaben a) und b) im folgenden Sinne abweichen:
a) Zum Schutz der wildlebenden Tiere und Pflanzen und zur Erhaltung der natürlichen Lebensräume;
b) zur Verhütung ernster Schäden insbesondere an Kulturen und in der Tierhaltung sowie an Wäldern, Fischgründen und Gewässern sowie an sonstigen Formen von Eigentum;
c) im Interesse der Volksgesundheit und der öffentlichen Sicherheit oder aus anderen zwingenden Gründen des überwiegenden öffentlichen Interesses, einschließlich solcher sozialer oder wirtschaftlicher Art oder positiver Folgen für die Umwelt;
d) zu Zwecken der Forschung und des Unterrichts, der Bestandsauffüllung und Wiederansiedlung und der für diese Zwecke erforderlichen Aufzucht, einschließlich der künstlichen Vermehrung von Pflanzen;
e) um unter strenger Kontrolle, selektiv und in beschränktem Ausmaß die Entnahme oder Haltung einer begrenzten und von den zuständigen einzelstaatlichen Behörden spezifizierten Anzahl von Exemplaren bestimmter Tier- und Pflanzenarten des Anhangs IV zu erlauben.

(...)

Der **Erhaltungszustand** von Arten wird in Art. 1 lit. i FFH-RL wie folgt definiert:

Art. 1 FFH-RL [Definitionen]

Im Sinne dieser Richtlinie bedeutet: (...)

i) *„Erhaltungszustand einer Art“:* die Gesamtheit der Einflüsse, die sich langfristig auf die Verbreitung und die Größe der Populationen der betreffenden Arten in dem in Artikel 2 bezeichneten Gebiet auswirken können.

Der Erhaltungszustand wird als „günstig“ betrachtet, wenn
- aufgrund der Daten über die Populationsdynamik der Art anzunehmen ist, daß diese Art ein lebensfähiges Element des natürlichen Lebensraumes, dem sie angehört, bildet und langfristig weiterhin bilden wird, und
- das natürliche Verbreitungsgebiet dieser Art weder abnimmt noch in absehbarer Zeit vermutlich abnehmen wird und
- ein genügend großer Lebensraum vorhanden ist und wahrscheinlich weiterhin vorhanden sein wird, um langfristig ein Überleben der Populationen dieser Art zu sichern.

(...)

58 Zum einen sind unter dieser Richtlinie sog. streng geschützte Tierarten mit der Jagd zu verschonen. Ausnahmegenehmigungen zugunsten der Jagdausübung sind nach der effet-utile-Rspr. des Gerichtshofes restriktiv auszulegen.

So darf die Bejagung von **Wölfen** nicht allein aus Gründen der Prävention erlaubt werden, ohne dass nachgewiesen ist, dass die Jagd zur Verhütung ernster Schäden iSv Art. 16 Abs. 1 lit. b FFH-RL geeignet ist (EuGH Urt. v. 14.6.2007 – C-342/05, BeckRS 2007, 70400 = JE XIX Nr. 40). Nach dieser Entscheidung ist die Ausnahmeregelung eng auszulegen und Nachweise für das Vorliegen der für jede Abweichung erforderlichen Voraussetzungen müssen vorliegen. Im konkreten Fall konnte Finnland zwar nachweisen, dass trotz der Abschüsse die Zahl der Exemplare gestiegen war und dass der **Erhaltungszustand** der Wölfe sich sogar verbessert hatte. Das Gericht hielt in dieser Entscheidung auch fest, dass nicht von jedem einzelnen zu erlegenden Wolf eine Gefahr auszugehen hat, da dieser Nachweis des einzelnen Tieres bei einem Rudeltier überhaupt nicht erbracht werden könne. Jedoch konnte Finnland nicht den Nachweis führen, dass die Jagd zur Verhütung ernster Schäden iSv Art. 16 Abs. 1 lit. b FFH-RL geeignet sei, sondern beschränkte sich auf die Mitteilung, dass man solchen Schäden lediglich vorbeugen wolle, was der EuGH nicht ausreichen ließ.

Die FFH-RL verbietet grundsätzlich nicht die Jagd als solche, auch nicht mittels Fallen, soweit nicht Tiere betroffen sind, die in der Richtlinie als streng zu schützende Tierart aufgeführt sind (zB den Fischotter), oder Tötungsmethoden der Richtlinie widersprechen, so die Jagd auf Füchse mittels Schlingen mit einer Arretierung (EuGH Urt. v. 18.5.2006 – C-221/04, JE XIX Nr. 39 – KOM./. ESP). Deutschland hat die FFH-RL beim **Wolf** – auf Bundesebene – unter anderem durch **§ 45a BNatSchG (iVm § 45 Abs. 7 BNatSchG)** umgesetzt. Die Vorschrift lautet: **59**

§ 45a BNatSchG Umgang mit dem Wolf

(…)

(2) [1] § 45 Absatz 7 Satz 1 Nummer 1 gilt mit der Maßgabe, dass, wenn Schäden bei Nutztierrissen keinem bestimmten Wolf eines Rudels zugeordnet worden sind, der Abschuss von einzelnen Mitgliedern des Wolfsrudels in engem räumlichem und zeitlichem Zusammenhang mit bereits eingetretenen Rissereignissen auch ohne Zuordnung der Schäden zu einem bestimmten Einzeltier bis zum Ausbleiben von Schäden fortgeführt werden darf. [2] Ernste wirtschaftliche Schäden im Sinne von § 45 Absatz 7 Satz 1 Nummer 1 können auch drohen, wenn ein Wolf nicht landwirtschaftlich gehaltene Weidetiere reißt, soweit diese durch zumutbare Herdenschutzmaßnahmen geschützt waren. [3] Die in Satz 1 geregelte Möglichkeit des Abschusses weiterer Wölfe gilt auch für Entnahmen im Interesse der Gesundheit des Menschen nach § 45 Absatz 7 Satz 1 Nummer 4. [4] Die Anforderungen des § 45 Absatz 7 Satz 2 und 3 sind zu beachten.

(…)

Hierbei hat die Bundesregierung davon Abstand genommen, Art. 16 Abs. 1 lit. e FFH-RL umzusetzen, der den Mitgliedstaaten einen gewissen Spielraum bei den Gründen der Abweichung gegenüber lit. a–d lässt, dafür im Gegenzug jedoch erhöhte Anforderungen an die Ausnahme stellt (strenge Kontrolle, selektiv, begrenzte und von den zuständigen Behörden spezifizierte Anzahl von Exemplaren). Hierzu hat der **EuGH** in einem weiteren – Finnland betreffenden – Vorabentscheidungsverfahren in der **Rs. C-674/17** wie folgt entschieden (EuGH Urt. v. 10.10.2019 – C-674/17, BeckRS 2019, 23630 Rn. 81 = NuR 2019, 756; vgl. auch Schlussanträge des Generalanwaltes v. 8.5.2019 – C-674/17, BeckRS 2019, 8027, der die Spielräume **60** deutlich weiter und flexibler interpretiert als diese Vorschrift in Deutschland bislang in § 45 Abs. 7 BNatSchG, § 45a BNatSchG umgesetzt ist):

> *„Art. 16 Abs. 1 Buchst. e der Richtlinie 92/43/EWG des Rates vom 21. Mai 1992 zur Erhaltung der natürlichen Lebensräume sowie der wildlebenden Tiere und Pflanzen ist dahin auszulegen, dass er dem Erlass von Entscheidungen entgegensteht, mit denen Ausnahmen von dem in Art. 12 Abs. 1 Buchst. a in Verbindung mit Anhang IV Buchst. a dieser Richtlinie niedergelegten Verbot der absichtlichen Tötung von Wölfen im Rahmen der bestandspflegenden Jagd genehmigt werden und das Ziel der Bekämpfung von Wilderei verfolgt wird, wenn*
>
> – *das mit diesen Ausnahmen verfolgte Ziel nicht klar und deutlich belegt wird und die nationale Behörde nicht anhand fundierter wissenschaftlicher Daten nachzuweisen vermag, dass diese Ausnahmen geeignet sind, dieses Ziel zu erreichen,*
> – *nicht hinreichend nachgewiesen ist, dass das mit ihnen verfolgte Ziel nicht durch eine anderweitige zufriedenstellende Lösung erreicht werden kann, wobei das bloße Vorliegen einer illegalen Aktivität oder die Schwierigkeiten, denen bei der Durchführung der Kontrolle dieser Aktivität begegnet wird, hierfür nicht ausreichen können,*
> – *nicht gewährleistet ist, dass der günstige Erhaltungszustand der Populationen der betreffenden Art in ihrem natürlichen Verbreitungsgebiet trotz der Ausnahmeregelungen gewahrt bleibt,*
> – *in Bezug auf die Ausnahmen keine Bewertung des Erhaltungszustands der Populationen der betreffenden Art sowie der voraussichtlichen Auswirkungen der in Betracht gezogenen Ausnahme auf diesen bezogen auf das Hoheitsgebiet des betreffenden Mitgliedstaats oder gegebenenfalls bezogen auf die betreffende biogeografische Region, wenn sich die Grenzen dieses Mitgliedstaats mit mehreren biogeografischen Regionen überschneiden oder das natürliche Verbreitungsgebiet der Art dies erfordert, und soweit möglich grenzüberschreitend vorgenommen wurde und*
> – *nicht sämtliche Bedingungen erfüllt sind, die sich auf die Entnahme einer begrenzten und spezifizierten Anzahl von Exemplaren bestimmter in Anhang IV der Habitatrichtlinie genannter Arten unter strenger Kontrolle, selektiv und in beschränktem Ausmaß beziehen; die Erfüllung dieser Bedingungen ist unter anderem unter Berücksichtigung der Größe der Population, ihres Erhaltungszustands und ihrer biologischen Merkmale nachzuweisen.*
>
> *Es ist Aufgabe des vorlegenden Gerichts, zu prüfen, ob dies im Ausgangsverfahren der Fall ist.“*

61 Mit einer – offensichtlich nicht innerhalb der Bundesregierung abgestimmten – Initiative hat die Bundesumweltministerin am 12.10.2023 Vorschläge vorgestellt, wie Wölfe nach Rissen schneller geschossen werden können. Das Verfahren sieht vor, dass **21 Tage** lang auf einen Wolf geschossen werden dürfe, der sich im **Umkreis von 1.000 m** von der Rissstelle (eines Haustieres) aufhalte. Anders als im bisherigen Verfahren müsse hierfür nicht das Ergebnis einer **DNA-Analyse** abgewartet werden. Die Ausnahmegenehmigung für den Abschuss könne von den zuständigen Behörden erteilt werden, wenn ein Wolf zumutbare Herdenschutzmaßnahmen in **zuvor festgelegten Regionen** mit erhöhtem Rissvorkommen überwunden und Weidetiere gerissen habe (https://www.bmuv.de/pressemitteilung/schnellabschuesse-moeglich-machen-artenschutz-wahren, zuletzt abgerufen am 7.5.2024).

62 Die Initiative bleibt hinter Forderungen der Nutzerverbände sowie verschiedener Länder (vgl. zB Antrag Bayern, BR-Drs. 650/23 vom 13.12.23) weit zurück. Sie bleibt auch hinter dem Koalitionsvertrag der Ampelkoalition der 20. Legislaturperiode weit zurück, wo es heißt: „Unser Ziel ist es, das Zusammenleben von Weidetieren, Mensch und Wolf so gut zu gestalten, dass trotz noch steigender Wolfspopulation möglichst wenige Konflikte auftreten. Wir werden mit allen in diesen Fragen befassten Organisationen und Verbänden einen institutionalisierten Dialog „Weidetierhaltung und Wolf" einrichten. Wir werden durch eine Überarbeitung der Monitoringstandards die Anzahl der in Deutschland lebenden Wölfe realitätsgetreu abbilden und wollen den Ländern **europarechtskonform ein regional differenziertes Bestandsmanagement ermöglichen.**" https://www.spd.de/fileadmin/Dokumente/Koalitionsvertrag/Koalitionsvertrag_2021-2025.pdf S. 30, zuletzt abgerufen am 7.5.2024).

63 Die Initiative der Bundesumweltministerin bleibt letztendlich sogar hinter dem geltenden Bundesrecht zurück, da § 45a BNatSchG keine so engen räumlichen und zeitlichen Restriktionen enthält. Auch innerhalb der Bundesregierung – bei den stärker für nachhaltige Nutzung eintretenden Ressorts – sowie im Parlament, insbesondere bei CDU/CSU, aber auch beim Koalitionspartner FDP, gab und gibt es deutlich weitergehende Überlegungen. So wird diskutiert, zB an solchen von Schafen oder Rindern beweideten Deichen und Almen, die eine Zäunung unmöglich oder unverhältnismäßig machen, oder im Umkreis von Waldkindergärten und Waldschulen Wolfsrudel präventiv zu entnehmen, wenn die zuständige Behörde ein entsprechendes – vorher definiertes – **Regelbeispiel** als erfüllt ansieht. Vgl. zur EU-Rechtmäßigkeit solcher oder anderer, über die geltende Rechtslage im BNatSchG hinausgehender Maßnahmen des Wolfsmanagements auch Brenner, Rechtsgutachten zu den Möglichkeiten der Einführung eines Bestandsmanagements für den Wolf, https://www.fdpbt.de/gutachten/rechtsgutachten-moeglichkeiten-einfuehrung-bestandsmanagements-fuer-wolf v. 29.8.2023, zuletzt abgerufen am 7.5.2024).

64 In Anh. VI FFH-RL sind verbotene Methoden und Mittel des Fangs, zB nicht selektive Mittel, genannt. Hierzu heißt es in der RL:

Art. 15 FFH-RL [Verbot bestimmter Fang-, Tötungs- und Transportmittel]

In Bezug auf den Fang oder das Töten der in Anhang V Buchstabe a) genannten wildlebenden Tierarten sowie in den Fällen, in denen Ausnahmen gemäß Artikel 16 für die Entnahme, den Fang oder die Tötung der in Anhang IV Buchstabe a) genannten Arten gemacht werden, verbieten die Mitgliedstaaten den Gebrauch aller nichtselektiven Geräte, durch die das örtliche Verschwinden von Populationen dieser Tierarten hervorgerufen werden könnte oder sie schwer gestört werden könnten, insbesondere

a) den Gebrauch der in Anhang VI Buchstabe a) genannten Fang- und Tötungsgeräte;
b) jede Form des Fangs oder Tötens mittels der in Anhang VI Buchstabe b) genannten Transportmittel.

65 **b) Weitere EU-Regelungen.** Neben den EU-Bestimmungen des Natur- und Artenschutzes sind die Bestimmungen des EU-Primärrechts zu beachten. So war das Diskriminierungsverbot nach Art. 18 AEUV (früher Art. 12 EGV) bereits Inhalt jagdrechtlicher Entscheidungen: Das Verbot der **Aus-**

länderdiskriminierung nach diesem Artikel ist nicht schon verletzt, wenn ein Mitgliedstaat die Jägerprüfung eines Mitgliedstaates anerkennt, weil die Kriterien ähnlich oder vergleichbar sind, die eines anderen Mitgliedstaates aber nicht (VGH München Urt. v. 20.10.1994 – 19 B 94.1271, BeckRS 1994, 10687 = RdL 1995, 44; Urt. v. 20.10.1994 – 19 B 94.1271, BeckRS 1994, 10687 = JE V Nr. 178).

66 Am 31.3.2012 ist die **VO (EU) 258/2012** vom 14.3.2012 (ABl. EU 2012 L 94, 1) in Kraft getreten, die die **Verbringung von Feuerwaffen und Munition für die zivile Nutzung,** auch für Jäger und Sportschützen, in und aus Ländern außerhalb der EU regelt. Die vereinfachten Verfahren für die vorübergehende Ausfuhr oder Wiederausfuhr von Feuerwaffen und Munition für Jäger und Sportschützen sind in Art. 9 VO (EU) 258/2012 festgelegt. Diese gewährleisten eine Befreiung für Jäger von vorgesehenen Standardverfahren zum Export, Import- und Transit, so dass besondere kostenträchtige Lizenzen entfallen.

67 Der Großteil der Verordnung – einschließlich der Bestimmungen von Relevanz für Jäger und Sportschützen – gilt seit 30.9.2013 in allen Mitgliedstaaten. In der Praxis bedeutet dies, dass EU-Jäger lediglich ihren nationalen Jagd- oder Waffenschein bzw. ihren europäischen Feuerwaffenpass benötigen, um ihre Schusswaffen vorübergehend in ein Land außerhalb der EU mitzunehmen. Der **Europäische Feuerwaffenpass** ist erforderlich, wenn Waffen und Munition in EU-Staaten oder Nicht-EU-Staaten, die dem Schengen-Abkommen beigetreten sind – Schweiz, Norwegen, Island, Liechtenstein – mitgenommen werden sollen. In anderen Staaten ist er nicht gültig, erleichtert jedoch unter Umständen auch die Mitnahme von Waffen (so Merkblatt zum Europäischen Feuerwaffenpass des Bundesverwaltungsamtes, Stand: August 2018, https://www.bva.bund.de/SharedDocs/Downloads/DE/Buerger/Ausweis-Dokumente-Recht/Waffenrecht/Einzelerlaubnisse/merkblatt_efp.pdf?__blob=publicationFile&v=6, zuletzt abgerufen am 7.5.2024). Die Regeln des Art. 9 VO (EU) 258/2012 gelten unbeschadet eventueller Anforderungen, die für EU-Jäger in dem Drittland für die Ein- und Ausfuhr gestellt werden. Die Verordnung gilt außerdem nicht für die vorübergehende Einfuhr von Schusswaffen durch Nicht-EU-Bürger in die EU.

Sofern eine Jagdwaffe in das **innereuropäische Ausland** mitgenommen werden soll, gelten die Grundsätze für die Mitnahme nach §§ 32, 32a WaffG. Insbesondere bedürfen Jäger, die Inhaber eines gültigen Jagdscheins und Inhaber des europäischen Feuerwaffenpasses sind, keiner Erlaubnis der deutschen Waffenbehörde zur Mitnahme. Sofern allerdings der andere Mitgliedstaat eine Einfuhrerlaubnis fordert, ist diese in dem Mitgliedsland vorzulegen. Der europäische Feuerwaffenpass reicht dann allein nicht aus. Er dient als Nachweis der nationalen Berechtigung des Inhabers zum Waffenbesitz und auch zur Mitnahme der dort eingetragenen Schusswaffen und der hierfür bestimmten Munition. Bei einer (Jagd-)Reise mit Feuerwaffe durch zwei oder mehr Mitgliedstaaten bedarf es nach Art. 17 Abs. 1 RL (EU) 2021/555 grundsätzlich einer Genehmigung aller dieser Staaten, sofern nicht das Verfahren nach Art. 16 RL (EU) 2021/555 Anwendung findet. Für den Transport von Jagdwaffen gelten im Übrigen – zivilrechtlich – die Beförderungsbedingungen der Verkehrsunternehmen.

68 **c) Lebensmittelrecht.** Das EU- und nationale Lebensmittelrecht sieht den Jäger als Unternehmer, der Lebensmittel in Verkehr bringt. Deshalb sind

die Regelungen des EU-Lebensmittelpakets zu beachten, die Teil des Verbraucherschutzes sind (→ Rn. 40; → § 44a Rn. 1 ff.).

d) Nationales Waffenrecht. Der Umgang mit Waffen und Munition ist für die Jagdausübung immanent. Das **Waffengesetz** (→ Rn. 16) regelt mit Wirkung auch für den Jäger den Waffenbesitz und seine Folgen. Die Allgemeine Waffengesetzverordnung (AWaffV) enthält in 35 Paragraphen Ermächtigungen auf Basis des Waffengesetzes. Der Bund hat die ausschließliche Gesetzgebungskompetenz für das Waffenrecht (Art. 73 Abs. 1 Nr. 12 GG). Die Bundesländer sind für die Ausführung des Waffengesetzes zuständig (Art. 83, 84 Abs. 1 GG). Zum Zweck des einheitlichen Vollzugs des Waffengesetzes kann die Bundesregierung mit Zustimmung des Bundesrates gem. Art. 84 Abs. 2 GG allgemeine Verwaltungsvorschriften erlassen. Die WaffVwV vom 5.3.2012 (BAnz. v. 22.3.2012, 3) ist am 23.3.2012 in Kraft getreten. Das BJagdG und das WaffG ergänzen sich dergestalt, dass das BJagdG die jagdrechtlichen Erlaubnisse für das Führen von Waffen zu Jagdzwecken und die Grundlagen für die Definition von Jagdwaffen regelt. Das Waffengesetz regelt die konkreten Voraussetzungen für die Erteilung von waffenrechtlichen Erlaubnissen bezogen auf diese Waffen. Durch die Änderung des Grundgesetzes (Art. 72 Abs. 3 Nr. 1 GG) und der damit gegebenen konkurrierenden Gesetzgebungszuständigkeit des Bundes mit Abweichungskompetenz der Länder im Bereich des Jagdwesens ist es möglich, im Jagdrecht der Länder (mit Ausnahme des Rechts der Jagdscheine) abweichende Regelungen vom BJagdG zu erlassen. Soweit allerdings die der Jagderlaubnis zugrunde liegende waffenrechtliche Erlaubnis betroffen ist, steht die alleinige Kompetenz dem Bundesgesetzgeber zu, da weder das WaffG noch das BJagdG die Länder anderweitig ermächtigt (Art. 71 GG). Ein Jagdscheininhaber muss – neben der jagdrechtlichen – die waffenrechtliche Zuverlässigkeit besitzen. Unzuverlässige oder ungeeignete Personen, die nicht den Anforderungen der §§ 5 und 6 WaffG entsprechen, können im Umkehrschluss auch nicht Jagdscheininhaber sein (s. auch OVG Saarlouis Beschl. v. 15.11.2007 – 1 A 425/07, BeckRS 2008, 30838). Mit der Neufassung des Waffengesetzes zum 1.4.2003 wurde dementsprechend auch § 17 dahingehend geändert, dass eine fehlende Zuverlässigkeit oder persönliche Eignung nach dem Waffengesetz die Erteilung eines Jagdscheins grundsätzlich verbietet. **69**

Neben den Voraussetzungen aus dem Waffengesetz sind auch die Unfallverhütungsvorschriften-Jagd im Hinblick auf die Aufbewahrung und Führung der Jagdwaffen zu beachten (§ 2 Abs. 1, Abs. 3 und § 6 Abs. 1 UVV-Jagd). Eine unmittelbare Bindung an die UVV-Jagd besteht nur für diejenigen, die über diese berufsgenossenschaftliche Einrichtung auch versicherte Personen sind. Dies sind im Wesentlichen Jagdausübungsberechtigte und ihre Helfer. Die UVV-Jagd ist jedoch Maßstab für den Sorgfaltsbegriff beim Umgang mit Waffen im Rahmen der Jagdausübung, so dass eine strafrechtliche und zivilrechtliche Haftung in der Regel angenommen werden kann, wenn gegen diese besonderen Vorschriften verstoßen wird. § 13 WaffG regelt den Erwerb und Besitz von Schusswaffen und Munition sowie das Führen von Schusswaffen und das Schießen zu Jagdzwecken durch Jäger. Die waffenrechtliche Zuverlässigkeit wird im Zuge der Jagdscheinerteilung oder Wiedererteilung dementsprechend geprüft. Das **Bedürfnis, Waffen zu führen,** wird nach § 13 Abs. 1 WaffG Inhabern eines gültigen Jagdscheins unter den dort ge- **70** nannten Voraussetzungen kraft Gesetzes zugesprochen. Es findet also keine behördliche Ermessensprüfung statt, das Bedürfnis wird unter den in § 13 WaffG genannten Voraussetzngen unwiderlegbar vermutet (Gade WaffG § 13 Rn. 22). Der Jahres- und Tagesjagdschein (§ 15 Abs. 2) und der Jahres- und Tagesjagdschein für Ausländer (§ 15 Abs. 2, § 6) sind hierfür ausreichende Grundlage. Somit kann gem. § 13 Abs. 1 WaffG zB ein Ausländer, der lediglich über einen ausländischen Jagdschein verfügt, eine Jagdwaffe in diesem Sinne in Deutschland berechtigt nicht führen. Es bedarf insoweit des weitergehenden Ausländerjagdscheins nach deutschem Recht. Hiervon zu unterscheiden ist die Frage, ob ein Jäger, der – als Ausländer – in den Geltungsbereich des WaffG einreist, seine Jagdwaffe mitnehmen darf, was unter den Voraussetzungen des § 32 Abs. 3–5 WaffG grundsätzlich möglich ist; eine Befugnis zu jagen ist damit allein jedoch nicht verbunden. Auch der Falknerjagdschein berechtigt nicht zum Besitz oder Erwerb von Waffen (unter Verweis auf Nr. 13.1 WaffVwV und BVerwG Beschl. v. 5.11.1980 – 1 BvR 290/78, NJW 1981, 673). Voraussetzung für die rechtswirksame Führung von Jagdwaffen ist der Besitz eines gültigen Jagdscheins. Soweit der Jagdschein von der Unteren Jagdbehörde nach §§ 17 f. nicht mehr verlängert worden ist, dürfte es insoweit an dem Begriff des Jägers iSv § 13 WaffG fehlen. Ist der Jagdschein lediglich abgelaufen, wird die Behörde hingegen das Bedürfnis für den Besitz von Jagdwaffen binnen angemessener Frist hinterfragen.

71 Das WaffG definiert keine besondere Regelung für die Art der vom Jäger zu führenden Waffen. Innerhalb der gesetzlichen Definition in § 13 Abs. 1 Nr. 2 WaffG darf eine Jagdwaffe jedenfalls keine **verbotene Waffe** sein. Für die Zulässigkeit des Besitzes an der Jagdwaffe kommt es dementsprechend auch nicht auf das Kaliber an, auch wenn solches nur im Ausland gebräuchlich ist. Selbst wenn die Verwendung oder der Besitz von Jagdwaffen auf eine spezielle Jagd im Ausland zugeschnitten ist (zB großwildtaugliche Büchsen oder Munition), ist Besitz und Führen zu Jagdzwecken für Jagdscheininhaber zulässig. Nach § 19 Abs. 1 sind aber verbotene Waffen automatische Waffen (§ 19 Abs. 1 Nr. 2 lit. c, Selbstschussgeräte (§ 19 Abs. 1 Nr. 9), elektrische Schläge erteilende Geräte (Nr. 5 lit. a) sowie Nachtzielgeräte mit Bildwandler für Schusswaffen (§ 19 Abs. 1 Nr. 5 lit. a; s. Lorz/Metzger § 19 Rn. 17 mit Überblick zu nach Landesrecht abweichend zulässigen Nachtzieloptiken). § 19 schränkt den Waffenbesitz dementsprechend – vorbehaltlich waffengesetzlich zulässiger landesjagdrechtlicher Ausnahmen – ein. Es sind damit auch vollautomatische Waffen verboten, die nicht über ein Magazin, sondern eine andere Patronenzuführung verfügen, auch wenn sie mit nicht mehr als drei Patronen geladen werden können. Grundsätzlich unterliegen zwar auch zerlegbare Waffen Restriktionen, jedoch ist bei Jagdwaffen auf den Verwendungszweck abzustellen. Erlaubt ist das Führen zB von Kipplaufjagdwaffen oder durch wenige Handgriffe zerlegbaren Waffen. Bezüglich der Munition gilt § 19 Abs. 1 Nr. 1 und 2 (→ § 19 Rn. 1 ff.).

72 Beim Führen von **Messern** und entsprechenden Werkzeugen, wie Hirschfänger, Saufeder etc. greift § 13 WaffG nicht. Das Führen dieser Gegenstände ist nach § 42a Abs. 2 Nr. 3, Abs. 3 WaffG erlaubt, weil die Jagdausübung ein berechtigtes Interesse in diesem Sinne begründet (vgl. Heller/Soschinka/Rabe WaffR Kap. 11 Rn. 1370). Somit sind auch sog. Faustmesser (Skinner) zum Zweck der Jagdausübung erlaubt, ebenso Messer mit einer feststellbaren Klinge, die auch in einer Position im 90 Grad-Winkel quer zum Griff arretiert werden können (vgl. Heller/Soschinka/Rabe WaffR Kap. 11 Rn. 1371). Der Inhaber eines Jagdscheins, der Waffen führt, bedarf zum Erwerb von Langwaffen keiner besonderen Erlaubnis (§ 13 Abs. 3 S. 1 WaffG). Beim dauernden Besitz ist jedoch die Erteilung einer Waffenbesitzkarte erforderlich, die binnen einer Frist von zwei Wochen nach Übernahme durch den Erwerber zu beantragen ist (§ 13 Abs. 3 S. 2 WaffG). Wird diese Frist versäumt, erlischt die Berechtigung zum Besitz (BVerwG Urt. v. 30.4.1985 – 1 C 12/83, NVwZ 1986, 558 = DVBl. 1985, 1311). Der Erwerb von Kurzwaffen bedarf allerdings der vorherigen behördlichen Erlaubnis in Form eines Voreintrags in die Waffenbesitzkarte.

Zur waffenrechtlichen Zulässigkeit von Schalldämpfern → Rn. 26; zu Vorsatz- und Aufsatzgeräten für Nachtzieltechnik → Rn. 27 sowie Heller/Soschinka/Rabe WaffR Kap. 11 Rn. 1374a.

Im Rahmen der befugten Jagdausübung gem. § 13 Abs. 6 S. 1 Hs. 1 WaffG **73** ist der Jäger (neben der Jagdausübung im engeren Sinne) zum Führen der Waffe **im schussbereiten Zustand** berechtigt, und zwar zum Ein- und Anschießen der Jagdwaffen im Jagdrevier, der Ausbildung von Jagdhunden im Revier, zB in Form der Erprobung und Prüfung der Schussfestigkeit, sowie zum Jagdschutz (Heider, Der Jagdschutz, Diss. Köln 1987, S. 52 ff., insbesondere 115 ff.). Der Jäger darf außerdem nach § 13 Abs. 6 S. 1 Hs. 2 WaffG – im Zusammenhang mit der befugten Jagdausübung – Jagdwaffen in nicht schussbereitem Zustand führen: Dies gilt in erster Linie für den Hin- und Rückweg zwischen Wohnung und Jagdrevier und bedeutet nach Nr. 12.3.3.1 WaffVwV, dass die Waffe nicht geladen sein darf, jedoch **zugriffsbereit** sein kann, also zB ohne Futteral, etwa auf der Rückbank eines Personenkraftwagens (Pkw.), befördert werden kann. Die Praxis der Waffenbehörden ist allerdings bei der Frage der Anwendung dieser Regelung (dh Hin- und Rückweg zw. Wohnung und Jagdrevier) nicht einheitlich; einige Behörden verlangen in Anlehnung an Nr. 12.3.3.2 WaffVwV, dass die Zugriffsbereitschaft wie bei „Reisen, zB zu einer weiter entfernten Jagdveranstaltung“, durch Sicherung des Transportbehältnisses/Futterals oder auf andere geeignete Weise unterbunden ist. Eine solche Einschränkung der Zugriffsbereitschaft für den Weg zwischen Wohnung und Jagdrevier allein im Wege der Auslegung begegnet allerdings Bedenken im Hinblick darauf, dass bei einem Verstoß gegen die zugrunde liegende Norm des WaffG unter Umständen die Zuverlässigkeit des Jägers in Frage steht, so dass man schon wegen der Schwere des drohenden Eingriffs eine entsprechende Rechtsgrundlage bräuchte, wollte man § 13 Abs. 6 WaffG im Wege der Auslegung dahin gehend einschränken.

§ 13 Abs. 6 S. 1 Hs. 2 WaffG gilt neben der Hin- und Rückfahrt zur Jagd **74** auch im Zusammenhang mit anderen jagdlichen Tätigkeiten und Veranstaltungen, hierzu gehören zB die Vorführungen für Aus-, Weiterbildungs- und Prüfungszwecke. Das **Führen** ist insoweit auch gestattet für alle Zwecke, die mit der Jagd in irgendeinem weitergehenden Zusammenhang stehen, so zB zum Schüsseltreiben oder dem Transport der Waffen zu einem anderen Jäger, etwa wenn dieser zur Jagd mitgenommen werden soll. Hierzu zählen auch mit der Hin- und Rückfahrt zur Jagdausübung einhergehende Erledigungen und Besorgungen, wie zB der Zwischenstopp beim Bäcker, der Bank oder Post auf dem Weg ins Revier oder zurück zur Wohnung (vgl. Heller/Soschinka/Rabe WaffR Kap. 11 Rn. 1409 ff., 1413; Steindorf/Heinrich WaffG § 1 Rn. 26). Die Vorschriften über die sichere Aufbewahrung und den Transport von Waffen und Munition nach § 3 Abs. 3 S. 1 UVV-Jagd sind im Zweifel zu beachten. Es sind außerdem die Regelungen über einen Jägernotweg zu beachten, der unter Umständen einen Transport im zugriffsbereiten Zustand untersagt. Soweit der Jäger zu anderen Zwecken seine Waffe transportieren möchte, zB auf dem Weg zur Schießstätte oder zum Büchsenmacher, fehlt es in der Regel an dem jagdlichen Zusammenhang (vgl. Nr. 12.3.3.2 WaffVwV). Die Waffe darf folglich weder schussbereit noch zugriffsbereit befördert werden, also nur im gesicherten Futteral/Gewehrkoffer. Soweit ein Jäger im Rahmen der Jagdausübung in einem Hotel übernachten muss oder die Waffe in einem Fahrzeug aufbewahrt, ist zu unterscheiden: Bei einem Transport von Waffe und Munition im Fahrzeug ist es bei einem kurzfristigen Verlassen des Fahrzeugs, etwa zum Zweck des Tankens oder einer Essenspause, zulässig, Waffen und Munition in dem Fahrzeug zu belassen, wenn das Fahrzeug so verschlossen ist, dass ein unmittelbarer Zugriff Dritter nicht möglich ist und auch keine Rückschlüsse auf die Art des Inhaltes erkennbar sind (Verdecken). Bei Aufenthalten in einem Hotel kann die Waffe zwar im Zimmer aufbewahrt werden, aber nur, wenn sie in einem verschlossenen Transportbehältnis oder Schrank oder in einem sonstigen verschlossenen Behältnis aufbewahrt wird oder durch Entfernen eines wesentlichen Teils der Waffe oder die Anbringung einer Abzugssperrvorrichtung eine notwendige Sicherheit der Waffe gegeben ist (§ 13 Abs. 9 AWaffV; Nr. 12.3.3.2 WaffVwV). Möglich ist beispielsweise auch das Verschließen in einem entsprechenden Jagdkoffer, wenn dieser mittels einer Kette oder einem Schloss so fixiert wird, dass jedenfalls ein Diebstahl erheblich erschwert wird. Die Aufbewahrung in Jagdhütten auf Dauer ist nur gestattet, wenn bis zu drei erlaubnispflichtige Langwaffen in einem I-er-Schrank aufbewahrt werden (§ 13 Abs. 4 AWaffV). In der Praxis der Waffenbehörden und in der Rspr. ist eine zunehmende Tendenz zu erkennen, den Besitz von Waffen über die kodifizierten Vorgaben des Gesetzes hinaus zu reglementieren. So wird die Aufbewahrung außerhalb von Tresoren bei alleiniger Anwesenheit des Besitzers teilweise als unzulässig angesehen oder das nicht unverzügliche Wegschließen der Waffen, zB um die regennasse Waffe zu trocknen und am Folgetag einer Jagd zu reinigen, bei Zutritt der kontrollierenden Behörde angeprangert. Solche restriktiven Auslegungen werden weder den Praxisanforderungen noch den Rechtsgrundsätzen des Gesetzesvorbehalts und der Verhältnismäßigkeit gerecht.

75 Das OVG Münster (Urt. v. 30.8.2023 – 20 A 2384/20, BeckRS 2023, 22440) hat im Wege der Rechtsfortbildung neue Anforderungen an die Aufbewahrung von **Waffenschrankschlüsseln** formuliert, in dem es hierfür – in dem zu entscheidenden Sachverhalt – den gleichen Sicherheitsstandard wie für den Waffenschrank selbst eigefordert hat. Zwar verschließt sich einem nicht die dahinter stehende Logik, dass die Sicherheit des Waffenschranks nicht durch einen weniger sicher aufbewahrten Schlüssel entwertet werden darf. Allerdings haben die Waffenbehörden, die sich diese Rechtsauffassung inzwischen zu eigen gemacht und alle Waffenbesitzer entsprechend angeschrieben haben, die Problematik offensichtlich nicht zu Ende gedacht. Denn offen bleibt bei dieser Rechtsauslegung die Frage, wie der neu erworbene Schlüsseltresor, so es sich hierbei wiederum um einen Schlüssel-Tresor handelt, gesichert wird; wiederum mit einem weiteren Schlüsseltresor usw? Der Deutsche Jagdrechtstag hat in seinen Empfehlungen 2023 in Wetzlar das Urteil zu Recht kritisiert und die Auffassung vertreten, dass die Entscheidung

in ihrer Grundannahme, ein Schlüssel sei auf demselben Sicherheitsniveau zu verwahren wie die Waffen selbst, die Grenzen der richterlichen Rechtsfortbildung überschreitet und im geltenden Recht daher keine Grundlage finden dürfte. Die Entscheidung des OVG dürfte auf einer unzulässigen Analogie zu § 13 AWaffV beruhen, da es auf Grund des § 36 Abs. 1 WaffG iVm der Verordnungsermächtigung des § 36 Abs. 5 WaffG an einer unbewussten gesetzlichen Regelungslücke fehlt. Die Festlegung von über die Generalklausel des § 36 Abs. 1 WaffG hinausgehenden Anforderungen an die Schlüsselaufbewahrung sind dem Gesetz- bzw. Verordnungsgeber vorbehalten (DJRT 2023, https://deutscher-jagdrechtstag.de/empfehlungen/, zuletzt abgerufen am 7.5.2024).

e) Wildtierkamara-Nutzung. Wegen der Nutzung von **Wildtierkameras** war eine Diskussion im Gange, ob die Verwendung gegen die Datenschutzbestimmungen verstoßen (zur Nutzung von Überwachungskameras Balzer/Nugel NJW 2014, 1622 ff.; Dienstbühl NuR 2012, 395 ff.). Hier ist eine Güterabwägung zwischen den Interessen der Nutzer und der Betroffenen erforderlich (vgl. BVerfG Beschl. v. 11.8.2009 – 2 BvR 941/08, NJW 2009, 3293). Wildtierkameras fallen unter die Vorschriften der DS-GVO und des § 4 BDSG. Demnach ist die Verwendung nur zulässig zur Wahrnehmung berechtigter Interessen für konkret festgelegte Zwecke, wenn keine hinreichenden Anhaltspunkte dafür bestehen, dass schutzwürdige Interessen der Betroffenen überwiegen (§ 4 Abs. 1 BDSG). Zwar ist der Wald mit Rücksicht auf das Waldbetretungsrecht nach § 14 BWaldG ein öffentlich zugänglicher Raum. Jagdliche Einrichtungen, zu denen auch Kirrungen zählen, gehören aber nicht dazu. Die Tierbeobachtung stellt insbesondere für den Jagdausübungsberechtigten ein berechtigtes Interesse nach Abs. 1 Nr. 3 dar. In der Regel dürfte der Einsatz auch erforderlich sein, zumal ein Stören des Wildes durch häufige Beobachtung negative Folgen (Wildschäden) nach sich ziehen kann und zur effektiven Bejagung die Kameras sehr zweckmäßig sein können. Bei der Interessenabwägung ist zu berücksichtigen, dass jedermann ein Betretungsrecht hat, auch in entlegenen Teilen des Waldes, mit Ausnahme solcher Stellen, die aufgrund gesetzlicher Bestimmungen vom Betretungsrecht ausgenommen sind (s. Jagdgesetze der Länder zu jagdlichen Einrichtungen und Forstgesetze, zB Schutz von Dickungen, aber auch Schutz der Wildtiere). Demnach dürfte der bisherige Gebrauch an Fütterungen und Kirrungen zulässig sein. Die Datenerfassung von Personen muss sofort gelöscht werden (§ 20, 35 BDSG, früher § 6b Abs. 5 BDSG 2003). Eine Kenntlichmachung ist in diesen Fällen nicht erforderlich. Ob auf anderen Flächen (Brunftplätzen, Wildäckern) die Verwendung solcher Kameras zulässig ist, muss im Einzelfall geklärt werden. Ein generelles Betretungsrecht für Wildäcker dürfte zB nicht bestehen und macht den Einsatz von solchen Wildkameras dort zulässig (aA für Kirrungen OVG Saarlouis Urt. v. 14.9.2017 – 2 A 216/16, BeckRS 2017, 126723). 76

4. Bundes- und Landeskompetenzen. Konkurrenzen zwischen Landes- und Bundesrecht bestehen unter anderem im Bereich von Wildkrankheiten, wo der Bund nach Art. 74 Abs. 1 Nr. 19 GG die konkurrierende Gesetzgebungszuständigkeit besitzt, aber nicht erschöpfend hiervon Gebrauch gemacht hat. Etwas anderes gilt im Bereich des **Tierschutzes** (Art. 74 Abs. 1 Nr. 20 GG), wo der Bund mit dem TierSchG seine Zuständigkeit weitestgehend ausgeschöpft haben dürfte. Wieder etwas anderes gilt im Bereich des 77

Umwelt- und Naturschutzes (Art. 74 Abs. 1 Nr. 29 GG), wo die Länder nach Art. 72 Abs. 3 S. 1 Nr. 2 GG – mit näher bezeichneten Ausnahmen – ein Abweichungsrecht vom Bundesrecht haben und hiervon insbesondere in ihren Landesnaturschutzgesetzen Gebrauch gemacht haben. Konkurrenzfragen gibt es schließlich im Bereich des **Strafrechts,** wo der Bund von seiner konkurrierenden Gesetzgebungskompetenz (Art. 74 Abs. 1 Nr. 1 GG) für den Gesamtstaat Gebrauch gemacht hat, was allerdings einzelne Länder nicht davon abhält, in Landesjagdgesetzen Strafnormen vorzusehen. Beispielsweise solche, die sich inhaltsgleich im Bundesrecht wiederfinden, wie etwa der fahrlässige Verstoß gegen die Schonzeitregelung in § 66 Abs. 2, Abs. 1 Nr. 2 JWMG bzw. § 38 Abs. 2, Abs. 1 Nr. 2 BJagdG: Solche Landesnormen sind nach Art. 31 GG nichtig, da der Bund von seiner Kompetenz nach Art. 74 Abs. 1 Nr. 1 GG iVm Art. 72 Abs. 1 GG erschöpfend Gebrauch gemacht hat und den Ländern folglich die Kompetenz fehlt, eine inhaltsgleiche Norm zu erlassen. Auch das Abweichungsrecht nach Art. 72 Abs. 3 S. 1 Nr. 1 GG hilft hierüber nicht hinweg, da den Ländern hiernach zwar die Abweichungskompetenz im Bereich Jagdwesen zusteht, aber eben nicht die darüber hinaus erforderliche Kompetenz im Strafrecht; § 42 begründet bei inhaltsgleichen Normen ebenso wenig eine Länderkompetenz (→ § 42 Rn. 1 ff.).

78 Größere Relevanz hat zB die Frage, ob ein Land den Strafrahmen einer bundesgesetzlichen Norm **verändern** kann, zB für einen Verstoß gegen den Muttertierschutz, der nur fahrlässig geschieht, einen niedrigeren Strafrahmen als in § 38 Abs. 1 Nr. 3, Abs. 2 – etwa durch Herunterstufung zu einer Ordnungswidrigkeit – festlegen kann; so geschehen in § 48 Abs. 3 RPLJagdG, wonach ordnungswidrig handelt, wer fahrlässig entgegen § 32 Abs. 4 S. 1 ein Elterntier bejagt, soweit dieser Verstoß nicht bereits nach § 47 Abs. 2 RPLJagdG (also nur wenn es sich um eine besonders geschützte Tierart handelt) strafbar ist. Die Frage, ob eine solche Landesregelung rechtens ist, kann nur an Hand aller relevanten Normen (insbesondere Art. 74 Abs. 1 Nr. 1 GG iVm Art. 72 Abs. 1, Art. 72 Abs. 3 S. 1 Nr. 1 GG iVm §§ 2 ff. EGStGB, § 42 BJagdG) ermittelt werden. Nach den vom BVerfG formulierten Grundsätzen für eine – in bestimmten Fällen mögliche – Strafrechtskompetenz der Länder (vgl. BVerfG Beschl. v. 15.10.2014 – 2 BvR 920/14, NJW 2015, 44) hat der Landesgesetzgeber

> *„nach Art. 72 Abs. 1 GG die Gesetzgebungsbefugnis, soweit nicht der Bund von seiner Zuständigkeit Gebrauch gemacht hat. Ein Gebrauchmachen im Sinne dieser Vorschrift liegt nicht nur dann vor, wenn der Bund eine positive Regelung getroffen hat. Auch in dem absichtsvollen Unterlassen einer Regelung kann ein Gebrauchmachen liegen, welche dann insoweit eine Sperrwirkung für die Länder erzeugt (vgl. BVerfGE 32, 319 [327 f.] = NJW 1972, 859). Außerdem darf sich ein Landesgesetzgeber zu einem erkennbar gewordenen Willen des Bundesgesetzgebers, zusätzliche Regelungen auszuschließen, nicht in Widerspruch setzen, selbst wenn er das Bundesgesetz – gemessen an höherrangigen Grundrechtsverbürgungen – wegen des Fehlens der Regelung für unzureichend hält (vgl. BVerfGE 32, 319 [327] = NJW 1972, 859; BVerfGE 85, 134 [147] = NJW 1992, 1555). Dabei kann der Bundesgesetzgeber im Bereich der im Strafgesetzbuch herkömmlich geregelten Materien Straftatbestände auch dort schaffen, wo ihm sonst durch den Zuständigkeitskatalog des Grundgesetzes Grenzen gezogen sind (vgl. BVerfGE 23, 113 [124] = NJW 1968, 1083; BVerfGE 98, 265 [312] = NJW 1999, 841). So-*

weit diese Regelungen abschließend sind, verhindern sie ergänzendes oder abweichendes Landesrecht, das auf den Schutz desselben Rechtsguts gerichtet ist (vgl. BVerfG NVwZ 2010, 247). Die Frage, ob und inwieweit der Bund von seiner Zuständigkeit Gebrauch gemacht hat, kann im Einzelnen schwierig zu entscheiden sein. Die Antwort ergibt sich in erster Linie aus dem Bundesgesetz selbst, in zweiter Linie aus dem hinter dem Gesetz stehenden Regelungszweck, ferner aus der Gesetzgebungsgeschichte und den Gesetzesmaterialien. Ob der Gebrauch, den der Bund von einer Kompetenz gemacht hat, abschließend ist, muss auf Grund einer Gesamtwürdigung des betreffenden Normenkomplexes festgestellt werden (vgl. BVerfGE 67, 299 [324] = NJW 1985, 271 = NJW 1985, 371; BVerfGE 109, 190 [229] = NJW 2004, 750). In jedem Fall setzt die Sperrwirkung für die Länder voraus, dass der Gebrauch der Kompetenz durch den Bund hinreichend erkennbar ist (vgl. BVerfGE 98, 265 [301] = NJW 1999, 841).“

Das Land hat mit der Herunterstufung des fahrlässigen Muttertier-Rege- **79**
lungsverstoßes zu einer OWi im § 48 Abs. 3 RPLJagdG eine Privilegierung vorgenommen, die in der Bundesregelung (§ 38 Abs. 1 Nr. 3, Abs. 2) offenkundig nicht angelegt ist. Auch § 42 BJagdG hilft hierüber nicht hinweg, da er die Länder nur bei Verstößen gegen solche von ihnen erlassenen (landesspezifischen) Vorschriften zum Erlass von Straf- oder Bußgeldbestimmungen ermächtigt, die nicht bereits im BJagdG enthalten sind; der Muttertierschutz ist aber im BJagdG umfänglich geregelt. Hinzu kommt, dass im Bereich des Strafrechts der Anspruch des Bundes besteht, dass ein- und dieselbe Tat nicht in einem Land als Straftat, in einem anderen als OWi sanktioniert wird. Deshalb ist Raum für Strafrecht der Länder nach den vom BVerfG entwickelten Leitsätzen nur dort, wo der Bund Raum gelassen hat, den die Länder ausfüllen können. § 38 Abs. 1 Nr. 3 iVm Abs. 2 und § 42 eröffnen **einen solchen Spielraum offenkundig nicht.** Die Strafnorm ist im Interesse einer einheitlichen Sanktionierung im Bundesgebiet abschließend. Mithin fehlt dem hiervon abweichenden Landesgesetzgeber für eine Privilegierung wie in § 48 Abs. 3 RPLJagdG die hier notwendige (weitere) Kompetenz im Bereich des Strafrechts. Art. 72 Abs. 3 S. 1 Nr. 1 GG hilft darüber – wie unter Rn. 77 bereits dargestellt – nicht hinweg. Die Regelung dürfte nach der hier vertretenen Auffassung somit nach Art. 31 GG nichtig sein (aA Lorz/Metzger § 42 Rn. 1, der bei Ländern, die umfassend von ihrer Abweichungskompetenz beim Jagdwesen Gebrauch gemacht haben, offenbar von einer **Annexkompetenz** aus Art. 72 Abs. 3 S. 1 Nr. 1 GG für jedwede Straf- und OWi-Vorschriften ausgeht; vgl. auch → § 42 Rn. 1 ff.).

Davon zu trennen ist die Frage, ob der Strafrahmen bei einem nur fahr- **80**
lässigen Verstoß gegen den Muttertierschutz **bundesrechtlich** abgesenkt bzw. zu einer OWi herabgestuft werden kann. Ein entsprechender Vorstoß von Länderseite im Agrarausschuss des Bundesrates im Rahmen der seinerzeitigen BJagdG-Novelle (BR-Drs. 680/1/20 v. 4.12.2020, 18), für den sich die Bundesregierung aufgeschlossen gezeigt hatte, scheiterte, so wie am Ende die gesamte Novelle (→ Rn. 28).

Schwieriger ist die Frage zu beurteilen, wie es sich mit der Strafbarkeit nach **81**
den genannten Vorschriften verhält, wenn das Land nicht nur die Strafnorm eines fahrlässigen Muttertierschutz-Verstoßes nach § 38 Abs. 1 Nr. 3, Abs. 2 durch Landesrecht in eine (wie dargestellt nichtige) OWi umgewandelt hat, sondern auch das der Strafbarkeit zugrunde liegende materielle Ge- bzw.

Verbot (§ 22 Abs. 4 S. 1) im Landesrecht geändert hat, indem zB der Zeitraum des Muttertierschutzes – anders als im § 22 Abs. 4 S. 1 – zeitlich eingegrenzt wird. Diese Frage ist durchaus relevant, da Rheinland-Pfalz solches mit einer bei Veröffentlichung dieser Auflage noch anhängigen Gesetzesnovelle plant (→ Rn. 38). Die Rechtmäßigkeit einer solchen landesrechtlichen Norm ist einerseits am Abweichungsrecht des Landes nach Art. 73 Abs. 3 Nr. 1 GG, andererseits an Art. 20a GG zu messen (vgl. → Rhl.-Pfalz Rn. 38 mwN). Kommt man mit der hier vertretenen Auffassung zu dem Ergebnis, dass Art. 20a GG verletzt sein dürfte, wenn die Jagd auf führende Alttiere etwa bereits im November freigegeben wird, bedeutet das freilich noch nicht, dass im Falle eines Verstoßes gegen § 22 Abs. 4 S. 1 (ein Verstoß gegen Landesrecht scheidet wegen Nichtigkeit der materiellen Norm nach Art. 31 GG iVm Art. 20a GG aus), eine Strafbarkeit nach § 38 Abs. 1 Nr. 3, Abs. 2 – quasi automatisch – gegeben wäre. Denn nach dem Rechtsstaatsprinzip wäre auf Seiten des Delinquenten der Einwand zu prüfen, ob der Landesgesetzgeber durch seine privilegierende materielle (wenn auch nichtige) Norm nicht einen falschen Rechtsschein gesetzt hat, der die Fahrlässigkeit ggf. ausschließt.

82 Gerade solche Konkurrenzfragen machen deutlich, dass es nicht allein beim Recht der Jagdscheine, sondern auch an anderen Stellen des Jagdrechts Sinn macht, bestimmte Grundsätze sowie sanktionsrelevante Tatbestände bundeseinheitlich – im BJagdG – zu regeln (Stockhofe in Dietlein/Froese, Jagdliches Eigentum, 2018, S. 311 ff., 316). Zur Verteilung der Gesetzgebungskompetenzen zwischen Bund und Ländern ausführlich Sachs in Dietlein/Froese, Jagdliches Eigentum, 2018, S. 105 ff.

83 Im Bereich des **Tierschutzes** besteht die Kompetenz des Bundes, wenn und soweit die Herstellung gleichwertiger Lebensverhältnisse im Bundesgebiet oder die Wahrung der Rechts- und Wirtschaftseinheit im gesamtstaatlichen Interesse eine bundesgesetzliche Regelung erfordert. Mit dem TierSchG dürfte der Bundesgesetzgeber diese Kompetenz ausgeschöpft haben. Kollisionsfragen ergeben sich allerdings daraus, dass die Länder über ihr Abweichungsrecht vom Jagdrecht des Bundes nach Art. 72 Abs. 3 S. 1 Nr. 1 GG die Möglichkeit haben, den – eigenständigen – Tierschutzrechtsrahmen, den das BJagdG spannt, zu verändern. Solche Änderungen sind jeweils an Art. 20a GG sowie den Regelungen des TierSchG zu messen. Art. 20a GG schränkt die Jagdausübung nicht ein, gibt aber vor, dass Bestimmungen zur Jagdausübung sich am Tierschutzgedanken orientieren müssen (vgl. auch BVerfG Beschl. v. 13.12.2006 – 1 BvR 2084/05, NVwZ 2007, 808 = NuR 2007, 199). So wird etwa eine Aufweichung des Muttertierschutzes beim Rotwild (mit Freigabe von Muttertieren bereits ab 1.11.), wie sie in Landesjagdgesetz-Novellen vor dem Hintergrund der Wald-Wild-Problematik diskutiert wird, einer tierschutz- wie verfassungsrechtlichen Überprüfung kaum standhalten (→ Rn. 38 mwN).

84 Solange darüber hinaus die Grundsätze der Weidgerechtigkeit und der Hege (→ § 1 Rn. 62 ff., → § 1 Rn. 47 ff.) – in einem dynamischen, am Prinzip der Nachhaltigkeit ausgestalteten Sinne verstanden – den Tierschutz umfassen, dürfte es (jedenfalls außerhalb der Wald-Wild-Problematik) an und für sich keinen Anlass für eine Neubestimmung des Tierschutzes im Jagdrecht geben, zumal nicht zu erwarten ist, dass die Länder im Zuge von Abweichungsbestimmungen den im Jagdrecht verankerten Tierschutz generell in Frage stellen.

Im Bereich des **Umwelt- und Artenschutzes** besteht ebenfalls eine konkurrierende Gesetzgebungskompetenz des Bundes. Der abweichungsfeste Kern des Naturschutzrechts iSv Art. 72 Abs. 3 S. 1 GG umfasst die allgemeinen Grundsätze des Naturschutzrechts, das Recht des Artenschutzes und des Meeresschutzes. Insbesondere der Artenschutz steht im Spannungsfeld mit dem Jagdwesen, soweit zB bestimmte Arten ausdrücklich geschützt sind, aber gleichzeitig dem Jagdrecht unterliegen. Nach § 37 Abs. 2 S. 1 BNatSchG bleiben die Vorschriften des Jagdrechts zwar unberührt, das Jagdrecht geht also grundsätzlich vor. Bereits bei der Gestaltung eines neuen Umweltgesetzbuches (vgl. zu den einzelnen Regelungen des Entwurfes Glatzel, Das (geplante) neue Umweltgesetzbuch (UGB) mit seinen europäischen und nationalen Vorgaben für die Jagd, DJRT, Bd. XIX, 2017, S. 55) aber sah der Entwurf des neuen § 36 UGB zunächst eine solche Abgrenzungsregelung nicht vor. Dies hätte neben den Konkurrenzfragen auch verfassungsrechtliche Fragen nach der Kompetenz für den jagdrechtlichen Artenschutz aufgeworfen. Ob dem Artenschutz des Bundes eine Vorrangstellung gegenüber dem Jagdrecht in Bund und Ländern zukommt, ist umstritten (vgl. hierzu Meyer, Die Föderalismusreform 2006, 2008, S. 174), wird aber von der wohl überwiegenden Meinung zu Recht – jedenfalls im Grundsatz – verneint (vgl. → Rn. 15, → Rn. 44 mwN). Tatsächlich umfasst das Recht des Artenschutzes gemäß BNatSchG nicht den jagdrechtlichen Artenschutz (Begr. RegE, BT-Drs. 16/813, 7, 11; Glaser NuR 2007, 439; Rengeling in Isensee/Kirchhof, Handbuch des Staatsrechts der Bundesrepublik Deutschland, 2007, § 135 Rn. 306). Die strikte Trennung von Jagdwesen und Naturschutz in der Verfassung zeigt, dass eine Spezialität des Jagdrechts gegenüber dem Naturschutzrecht durchaus gewollt war (vgl. Dietlein in Gemeinsame öffentliche Anhörung des Rechtsausschusses des Deutschen Bundestages und des Ausschusses für Innere Angelegenheiten des Bundesrates zur Föderalismusreform, Stenographischer Bericht, 15. Sitzung vom 18.5.2006, S. 123: „Aus dem gesonderten Ausweis beider Kompetenzbereiche ergibt sich eine verfassungsrechtlich vorgegebene Trennung von Jagd- und Naturschutz, die sich auf der Ebene des einfachen Rechts bereits de lege lata in der Trennung von Bundesjagdgesetz und Bundesnaturschutzgesetz widerspiegelt."). Somit ist es verfassungsrechtlich nicht möglich, über Bestimmungen des Artenschutzes des Bundes die Länderkompetenzen auszuhöhlen, jedoch zulässig, auch zu naturschutzrechtlich streng geschützten Arten, wie Luchs, Wildkatze, Wolf oder Biber Regelungen in den Jagdgesetzen zu treffen (hM, vgl. Brenner NuR 2017, 145 ff. (Teil 1); Brenner NuR 2017, 217 ff. (Teil 2) mwN; vgl. zum Streitstand auch Gutachtliche Stellungnahme des Wissenschaftlichen Dienstes (WD 1/20) zu Fragen hinsichtlich der Aufnahme der Bejagung des Wolfes in das Thüringer Jagdrecht, LT-Drs. 7/3316, wonach die Zuordnung des Wolfes zum Jagdrecht zumindest vertretbar ist (aaO S. 75)). **85**

I. Abschnitt. Das Jagdrecht

§ 1 Inhalt des Jagdrechts

(1) [1] **Das Jagdrecht ist die ausschließliche Befugnis, auf einem bestimmten Gebiet wildlebende Tiere, die dem Jagdrecht unterliegen, (Wild) zu hegen, auf sie die Jagd auszuüben und sie sich anzueignen.** [2] **Mit dem Jagdrecht ist die Pflicht zur Hege verbunden.**

(2) [1] **Die Hege hat zum Ziel die Erhaltung eines den landschaftlichen und landeskulturellen Verhältnissen angepaßten artenreichen und gesunden Wildbestandes sowie die Pflege und Sicherung seiner Lebensgrundlagen; auf Grund anderer Vorschriften bestehende gleichartige Verpflichtungen bleiben unberührt.** [2] **Die Hege muß so durchgeführt werden, daß Beeinträchtigungen einer ordnungsgemäßen land-, forst- und fischereiwirtschaftlichen Nutzung, insbesondere Wildschäden, möglichst vermieden werden.**

(3) **Bei der Ausübung der Jagd sind die allgemein anerkannten Grundsätze deutscher Weidgerechtigkeit zu beachten.**

(4) **Die Jagdausübung erstreckt sich auf das Aufsuchen, Nachstellen, Erlegen und Fangen von Wild.**

(5) **Das Recht zur Aneignung von Wild umfaßt auch die ausschließliche Befugnis, krankes oder verendetes Wild, Fallwild und Abwurfstangen sowie die Eier von Federwild sich anzueignen.**

(6) **Das Jagdrecht unterliegt den Beschränkungen dieses Gesetzes und der in seinem Rahmen ergangenen landesrechtlichen Vorschriften.**

Schrifttum: Asche, Zur Zulässigkeit des Totalabschusses in Rotwildfreigebieten, NuR 2003, 407; Czybulka, Reformnotwendigkeiten des Jagdrechts aus Sicht einer Harmonisierung mit dem europäischen und internationalen Recht der Biodiversität und dem Artenschutzrecht, NuR 2006, 7; Stephan Heider, Der Tierartenschutz im Naturschutzrecht und artverwandten Gebieten, Diss. 1990, 100 ff.; Hespeler, Hege und Jagd im Jahreslauf, 2000; Meyer-Ravenstein, Die Jagdberechtigungen, Diss. Bückeburg 1986; Meyer-Ravenstein, Rechtliche Aspekte der jagdlichen Raumordnung, AgrarR 1996, 273; Meyer-Ravenstein, Jagd- und Tierschutz, MDR 1990, 864; Müller-Schallenberg/Förster, Das Verhältnis von Jagd und Tierschutz – Einheit oder Widerspruch, NuR 2007, 161; Müller-Schallenberg/Hugenroth, Jagdrecht Nordrhein-Westfalen, 11. Aufl. 2022; Selter, Das Revierprinzip, ein auslaufendes Modell der Wildbewirtschaftung, AUR 2006, 274; Stumpf, Das Jagdrecht zwischen Eigentumsfreiheit und Naturschutz, BayVBl. 2004, 289.

Übersicht

I. Inhalt des Jagdrechts

1 Das **Jagdrecht** beinhaltet das Recht, unter Ausschluss Dritter auf einem bestimmten Gebiet Wildarten zu hegen, zu jagen und sich anzueignen. Das Recht zu jagen steht zwar grundsätzlich jedermann offen, ist aber an verschiedene Voraussetzungen geknüpft. So besteht das Jagdrecht nur auf einem bestimmten Gebiet und beschränkt sich auf konkret benannte, wildlebende Tierarten. Das Jagdrecht gestattet die Jagdausübung dort in Form des Jagens, der Hege und der Aneignung des Wildes. Die Verknüpfung des Jagdrechts mit dem Eigentum an Grund und Boden bestimmt § 3. Demnach steht nur dem Eigentümer das Recht zu jagen auf seinem Grundbesitz zu. Es ist untrennbar mit dem Grundeigentum verbunden (§ 3 Abs. 1 S. 2) und steht dem Eigentümer als hieraus abgeleitetes, mit Blick auf § 3 Abs. 1 S. 3 insoweit unselbständiges, besonderes dingliches Nutzungsrecht zu (→ Einl. Rn. 4; hM; Mitzschke/Schäfer § 3 Rn. 6; Lorz/Metzger Rn. 3; Staudinger/Stieper, BGB § 96 Rn. 6 mwN; vgl. auch BGH Urt. v. 26.2.1958 – V ZR 123/56, NJW 1958, 785 – streitig; vgl. auch Möller UmweltR V, 2013, Nr. 54.2.1; Meyer-Ravenstein, Die Jagdberechtigungen, 1986, S. 34, der von einem „dem Eigentümer an seinem Grundstück zustehenden, neben dem Eigentum am Grundstück selbständigen, aber mit diesem untrennbar verbundenen dinglichen Nutzungsrecht" spricht; Meyer-Ravenstein in Dietlein/Froese, Jagdliches Eigentum, 2018, S. 221; Rose NJagdG § 3 Anm. 1). Ob es Ausfluss oder Inhalt des Rechtes am Grundeigentum ist, ist nicht überzeugend geklärt (zum Meinungsstand Meyer-Ravenstein in Dietlein/Froese, Jagdliches Eigentum, 2018, S. 217 ff.). Von Bedeutung wird dieser Meinungsstreit ggf. bei der Frage, in welchem Umfang das Jagdrecht grundrechtlich geschützt ist, also zB ob Einschränkungen der Jagd oder ob und inwieweit Änderungen des Jagdsystems (Lizenz- oder Reviersystem) möglich sind (hierzu auch Brenner, Jagdrecht in Baden-Württemberg, 12. Aufl. 2015, § 3 Rn. 2). Von dem Jagdrecht ist das **Jagdausübungsrecht** zu unterscheiden. Die Befugnis, die Jagd ausüben zu können, ist nicht nur von einer ausdrücklichen Gestattung des Jagdrechtsinhabers abhängig. Die Jagdausübung setzt zudem das Bestehen eines Jagdbezirks (s. § 3 Abs. 3, §§ 4 f.) voraus. Auch an die Person des Jagdausübenden werden verschiedene Voraussetzungen geknüpft (s. §§ 11 f.).

1. Ausschließliche Befugnis

Die Ausübung der Jagd steht dem Eigentümer als Eigentumsbefugnis zu (allgemeine Ansicht, s. bereits RG Urt. v. 1.12.1908 – VII 337/08, RGZ 70, 73; BGH Urt. v. 26.2.1958 – V ZR 123/56, NJW 1958, 785; OVG Lüneburg Urt. v. 8.8.91 – 3 L 170/90 BeckRS 2004, 27378 unter Verweis auf BVerwG RdL 1965, 219). Mit dieser Befugnis hat der Eigentümer das gesetzlich geschützte, nur jagdpolizeilich beschränkte, ausschließliche Aneignungsrecht an den auf seinen Grundstücken angetroffenen jagdbaren Tieren (BGH Urt. v. 26.2.1958 – V ZR 123/56, NJW 1958, 785). Mit dieser Befugnis verbunden sind grundsätzlich alle Handlungen, die im Sachzusammenhang mit der Jagdausübung erforderlich sind. Dazu gehört das Betreten und Befahren des Jagdgebietes (→ Rn. 10), alle mit der Hege verbundenen Maßnahmen (Füttern oder Kirren im Rahmen des nach Landesrecht zulässigen Umfangs), das Ausüben von verschiedenen Jagdarten (Ansitz, Pirsch, Treib-, Drückjagden etc), der Bau jagdlicher Einrichtungen. Der mögliche und zulässige Tätigkeitsbereich der Jagdausübung ist weit zu fassen, findet seine Grenzen aber in den Rechten Dritter und öffentlich-rechtlichen Vorgaben. Gegenüber dem allgemeinen Interesse an dem Erhalt eines dem Lebensraum angepassten, gesunden und artenreichen Wildbestandes haben die Interessen Einzelner grundsätzlich zurückzustehen. Die Jagdausübung darf deshalb nicht in einer Form eingeschränkt werden, die einer ordnungsgemäßen Hege des Wildbestandes und der Verhinderung von Wildschäden entgegensteht oder dieses Ziel gefährden könnte. 2

a) Rechtsinhaber. Das Recht, auf einem bestimmten Gebiet zu jagen, steht nach Abs. 1 dem **Jagdrechtsinhaber** zu. Dies bedeutet zum einen, dass Dritte dieses Recht ausdrücklich nicht haben, und zum anderen ergeben sich hieraus zwangsläufig Abwehrrechte gegenüber jedem, der in dieses Jagdrecht eingreifen möchte. Der Begriff der „Ausschließlichkeit" in Abs. 1 S. 1 betrifft die gesamte Ausgestaltung des Jagdrechts im subjektiven Sinn (→ Einl. Rn. 4). Hierzu zählen die Hege, die eigentliche Jagdausübung sowie die Aneignungsbefugnis. 3

b) Abwehrrecht. In der Rspr. hat sich insoweit herausgebildet, dass das Jagdrecht ein sog. sonstiges, absolut geschütztes Recht iSv § 823 Abs. 1 BGB ist. Hiervon betroffen ist insbesondere das Aneignungsrecht. Geschützt sind hiernach das Jagd- und das Jagdausübungsrecht (BGH Urt. v. 30.10.2003 – III ZR 380/02, NJW-RR 2004, 100; LG Trier Urt. v. 21.6.2005 – 1 S 183/04, NJW-RR 2006, 894; zum Jagdausübungsrecht s. §§ 10, 11). Jeder rechtswidrige und schuldhafte Eingriff in das Jagd- und Jagdausübungsrecht kann dementsprechend Schadensersatzansprüche nach § 823 Abs. 1 BGB nach sich ziehen (vgl. BGH Urt. v. 5.3.1958 – V ZR 199/56, RdL 1958, 119). Das Jagdrecht und das Recht zur Ausübung dieses Jagdrechts sind durch Art. 14 GG geschützte subjektive Rechtspositionen. Ein Eingriff in das Jagdrecht ist auch gleichzeitig ein Eingriff in das über Art. 1 EMRK Zusatzprotokoll garantierte Recht am Eigentum (vgl. EGMR Urt. v. 29.4.1999 – 25088-94, 28331-95 und 28443-95, NJW 1999, 3695 – Chassagnou ua./. Frankreich, zum französischen Gesetz Verdeille; Urt. v. 26.6.2012 – 9300/07, NJW 2012, 3629 = JE XIX Nr. 43 – Herrmann./. Deutschland). Zu unterscheiden sind Abwehransprüche gegen öffentlich-rechtliche Eingriffe und solche zivilrechtlicher Natur. 4

5 **aa) Öffentlich-rechtliche Eingriffe.** Wird in das Jagdrecht unmittelbar eingegriffen, so zB bei der Inanspruchnahme des streitbefangenen Grundbesitzes durch Maßnahmen, die eine Jagdausübung generell ausschließen (etwa Straßenbau etc), müssen die Voraussetzungen für eine entsprechende Enteignung sowohl hinsichtlich des streitbefangenen Grundeigentums als auch des daraus abgeleiteten Jagdrechtes vorliegen. Insbesondere ist der Jagdrechtsinhaber berechtigt, verwaltungsrechtliche Einwendungen gegen öffentlich-rechtliche Planvorhaben vorzubringen, und ist auch klagebefugt (BVerwG v. 13.4.1983 – 4 C 74/80, NuR 1984, 23; VGH Kassel v. 15.2.1985 – 2 TH 3112/84, RdL 1985, 106). Dem Jagdpächter hingegen wird eine Klagebefugnis in diesen Fällen abgesprochen, da er nur obligatorisch berechtigt ist (BVerwG Urt. v. 4.3.1983 – 4 C 74/80, NVwZ 1983, 672 = RdL 1983, 126; OVG Lüneburg Urt. v. 14.4.1993 – 1 L 33/91, NVwZ-RR 1994, 238 = RdL 1994, 82). Ist das öffentlich-rechtliche Planvorhaben rechtmäßig, besteht zwar kein Abwehranspruch, aber ggf. ein öffentlich-rechtlicher Entschädigungsanspruch. In Betracht kommt eine Entschädigung aufgrund der eintretenden Jagdwertminderung (zu der Berechnung einer solchen Jagdwertminderung sehr ausführlich Renneke, Die Determinanten des Jagdpachtpreises, 2004). Voraussetzung ist, dass ein entschädigungspflichtiges Sonderopfer vorliegt. Hierzu muss eine für den Eigentümer nicht mehr hinnehmbare Opfergrenze überschritten werden. Nicht ausreichend sind beispielsweise Nutzungsbeschränkungen durch naturschutzrechtliche Bestimmungen (BGH Urt. v. 26.1.1984 – III ZR 179/82, BGHZ 90, 4 (15) = NJW 1984, 1172; Urt. v. 12.3.1992 – III ZR 216/90, NJW 1992, 2078 = RdL 1992, 186), soweit sie den Grad dessen, was im Rahmen der Sozialpflichtigkeit des Eigentums entschädigungslos hinzunehmen ist, nicht überschreiten. Dies dürfte jedenfalls dann gelten, wenn die Einschränkung nicht zu einer so spürbaren Beschränkung der Jagdausübung führt, dass die Jagdausübung nur noch sehr eingeschränkt möglich ist. Auch die (streitige) Frage des Verhältnisses zwischen Jagd- und Naturschutzrecht spielt in die Beantwortung der Frage hinein, ob und inwieweit Einschränkungen, die den Jagdrechtsinhaber auf der Grundlage des Naturschutzrechts des Bundes und der Länder treffen, sei es durch Verwaltungsakt, Allgemeinverfügung oder Schutzgebietsverordnung, hinzunehmen sind. Nach hier vertretener Auffassung ist das Jagdrecht grundsätzlich lex specialis (→ Einl. Rn. 15 u. 44; nach aA deklariert § 37 Abs. 2 BNatSchG keinen Vorrang des einen oder anderen Rechtsgebietes – OVG Lüneburg Urt. v. 25.5.2016 – 4 KN 154/13, BeckRS 2016, 47443); allerdings kommt der übergreifende Artenschutz des Naturschutzrechts dort zur Anwendung, wo eine eigenständige jagdrechtliche Schutzregelung fehlt, wobei das Jagdrecht im subjektiven Sinne unberührt bleibt (→ Einl. Rn. 15). Die Rspr. hat hierzu folgende Grundsätze entwickelt: So sind Jagdeinschränkungen durch Schutzgebietsverordnungen im Regelfall keine Enteignung (BVerfG Beschl. v. 10.10.1997 – 1 BvR 310/84, NJW 1998, 367). Sie sind aber nur zulässig, wenn sie geboten und verhältnismäßig sind. Hierbei muss aufgrund nachvollziehbarer Erkenntnisse ein Zurücktreten der Jagdausübung, ggf. auch nur besonderer Arten der Jagdausübung, erforderlich sein, um den naturschutzrechtlichen Erfordernissen Genüge zu tun. Hierzu im Einzelnen Meyer-Ravenstein AgrarR 2000, 277 (279 ff.) mwN.

6 Die Durchschneidung einer Landschaft mit einer **Kompostieranlage,** mit der ein Teil des Jagdbezirks von dem anderen abgetrennt worden ist, wurde

nicht als ein entschädigungspflichtiges Sonderopfer angesehen (OLG Hamm Urt. v. 20.2.1995 – 22 U 172/93, BeckRS 1995, 21375 = AgrarR 1995, 414). Hingegen dürfte die Errichtung von **Großanlagen,** zB Straßenbau, Flughafenbau, Mülldeponien oder Ähnliches, in der Regel zu Eingriffen in das Jagdrecht und Jagdausübungsrecht führen, bei denen eine Entschädigung zuzusprechen ist (vgl. OLG Jena Urt. v. 21.2.2007 – BI U 594/06, JE XX Nr. 62). Ausreichend ist immer, dass eine faktische Beeinträchtigung des Jagdausübungsrechts vorliegt. Dies kommt nicht nur auf den Flächen in Betracht, die unmittelbar von der Planung betroffen sind, sondern auch in Bereichen, die durch die Maßnahme lediglich eine Störung des Jagdbetriebes spüren (vgl. hierzu auch im Einzelnen Thies AgrarR 1991, 85; BGH Urt. v. 3.12.1981 – III ZR 55/80, BeckRS 1981, 31070766 = RdL 1982, 46; Urt. v. 14.6.1982 – III ZR 175/80, RdL 1982, 212 = NJW 1982, 2183; OLG Stuttgart Urt. v. 1.12.1998 – 10 U (Baul) 80/96, AgrarR 2000, 194). Allerdings folgt hieraus in der Regel kein zivilrechtlicher Abwehranspruch, mit der die geplante hoheitliche Maßnahme verhindert werden könnte (so schon BGH Urt. v. 24.11.1967 – V ZR 196/65, NJW 1968, 1281). Faktische Beeinträchtigungen können Ansprüche aus dem Gesichtspunkt des enteignungsgleichen Eingriffes nach sich ziehen. **Manöverschäden** sind nach dem Bundesleistungsgesetz (BLG) zu entschädigen. Es können nur materielle, keine immateriellen Schäden geltend gemacht werden, also keine entgangene Jagdfreude (BGH Beschl. v. 9.7.1986 – GSZ 1/86, BGHZ 98, 212 = NJW 1987, 50). Ersatzberechtigt ist aber nicht der Jagdpächter (BGH AgrarR 1991, 314), sondern der Jagdrechtsinhaber, also der Eigenjagdbesitzer oder die Jagdgenossenschaft. Diese können Ansprüche gem. § 78 BLG geltend machen. Der Jagdpächter kann sich lediglich den Anspruch abtreten lassen oder ggf. den Pachtpreis gegenüber dem Verpächter mindern. Unzulässig und ein Eingriff in Art. 14 GG, da ein Eingriff in das Jagdausübungsrecht, ist zB die Ausweitung einer Schonzeit oder das Herausnehmen einer Wildart aus dem Katalog jagdbarer Tiere **ohne triftigen Grund** (so zum Rebhuhn VG Koblenz Urt. v. 23.6.2015 – 1 K 1092/14.KO, BeckRS 2015, 47778 = JE VI Nr. 77; OVG Schleswig Urt. v. 22.5.2017 – 4 KN 6/15, BeckRS 2017, 120405 = JE VI Nr. 83; und zum **Muffel** aufgrund **Abschussanordnung** VG Schleswig Beschl. v. 27.4.2017 – 7b 204/16, BeckRS 2017, 109011 = JE VI Nr. 82). Diskutabel dürfte an dieser Stelle die Frage sein, ob es zulässig ist, dem Jagdausübungsberechtigten den Schutz der jagdbaren Tiere vor Beutegreifern zu untersagen oder selbst dann nicht zuzulassen, wenn ein übermäßiger Eingriff nicht bejagbarer Beutegreifer den Bestand erheblich reduziert. Diese Frage kann sich bei Greifvögeln mit Blick auf bestimmte bedrohte Federwildpopulationen im Einzelfall stellen, sie stellt sich insbesondere aber beim **Wolf,** und zwar dann, wenn der Eingriff dieser Prädatoren in den Wildbestand so schwerwiegend ist, dass ohne eine (partielle) Aufhebung des Schutzes des Beutegreifers der Bestandsschutz der betroffenen Wildartakut gefährdet ist. So dürfte der Schutz des Rebhuhnes (aber auch des Auer- und Birkwildes) ohne eine partielle Bejagung relevanter Prädatoren kaum möglich sein. Die völlige Ausrottung des einzigen reinrassigen Muffelbestandes Europas in der Göhrde/Niedersachsen hätte – in der Retrospektive – durch jagdliche Eingriffe vermutlich verhindert werden können, ohne den günstigen Erhaltungszustand des Wolfes ernsthaft zu gefährden (vgl. auch Positionspapier des **BMEL** zum Wolfsmanagement vom 12.10.2023/intern, wo dieser Fall – Erhalt der ex situ Muffelpopulation in der Göhrde – neben anderen

Beispielen als **ein mögliches Regelbeispiel** für ein präventives Wolfsmanagement diskutiert wird). Bereits jetzt setzt die Ausbreitung des Wolfes in den betroffenen Ländern bzw. Regionen dem Bestand der jagdbaren Wildtiere in Deutschland stark zu, so dass bereits jetzt eine Wildbewirtschaftung, wie sie von § 1 Abs. 1 geschützt wird, in manchen Gebieten kaum mehr möglich ist. Außerdem kommt es zunehmend zu Übergriffen auf Haustiere (Schafe, Rinder, Pferde, Gatterwild), auf die hier nicht weiter eingegangen wird. Zwar ist die Verbreitung streng geschützter Wildarten als Ausfluss der Sozialpflichtigkeit des Eigentums grundsätzlich hinzunehmen, solange aus dem Gesichtspunkt des Artenschutzes der Bestand noch keine solche Ausbreitung **(günstiger Erhaltungszustand)** erfahren hat, dass ein Management zu rechtfertigen wäre. Dieser günstige Erhaltungszustand scheint allerdings sowohl aus Sicht der EU als auch Deutschlands zum Greifen nahe zu sein, da auf beiden politischen Ebenen inzwischen über ein im Rahmen der FFH-RL zulässiges Bestandsmanagement des Wolfes diskutiert wird, so wie es im Koalitionsvertrag der 20. Legislaturperiode des Bundestages bereits angelegt ist (→ Einl. Rn. 62). Für den **Wisent** kann dies indessen nicht gelten (somit auch zutreffend OLG Hamm Urt. v. 29.5.2017 – 1–5 U 156/15, BeckRS 2021, 18477 = JE IX Nr. 259). Auch für den **Luchs** dürfte sich die Frage eines Bestandsmanagements in absehbarer Zukunft rechtlich nicht stellen.

7 **bb) Zivilrechtliche Abwehransprüche.** Das Jagdausübungsrecht ist ein absolut geschütztes Recht iSv § 823 Abs. 1 BGB (s. bereits BGH RdL 1958, 119). Jede rechtswidrige und schuldhafte Verletzung dieses Rechts kann Schadensersatzansprüche iSv § 823 Abs. 1 BGB nach sich ziehen. Insbesondere im Fall der Jagdwilderei bestehen Ansprüche nach § 823 Abs. 2 BGB iVm § 292 StGB. Hieraus begründet sich unmittelbar auch ein Anspruch aus § 1004 Abs. 1 BGB (im Einzelnen auch → § 3 Rn. 18). Der Abwehranspruch richtet sich gegen jedermann, der in das Jagd- oder Jagdausübungsrecht eingreift. Als Objekt muss ein tatsächlicher Eingriff oder eine Störung des Jagd-, insbesondere des Jagdausübungsrechts vorliegen. Hierzu ist nicht jede Beeinträchtigung geeignet. Hingenommen werden müssen alle Störungen, die von einem berechtigten Allgemeingebrauch hergeleitet werden oder aber sich als berechtigte Maßnahme des jeweiligen Grundeigentümers darstellen. So ist das Wandern oder Spazierengehen im Rahmen der jeweiligen Waldgesetzte grundsätzlich kein rechtswidriger Eingriff in das Jagdausübungsrecht (vgl. OLG Düsseldorf Urt. v. 21.10.1987 – 9 U 59/87, NJW-RR 1988, 526). Auch übliche forstliche Maßnahmen sowie Maßnahmen der ordnungsgemäßen Landwirtschaft stellen im Zweifel keinen rechtswidrigen Eingriff in das Jagdausübungsrecht dar. Die Grenzziehung, wann von einem rechtswidrigen und vor allen Dingen auch wesentlichen Eingriff in das Jagdausübungsrecht ausgegangen werden kann, dürfte im Einzelnen eine Tatfrage sein. Zunächst einmal ist Voraussetzung, dass die Beeinträchtigung in irgendeiner Form spürbar ist (vgl. BGH Urt. v. 30.10.2004 – III ZR 380/02, NJW-RR 2004, 100 = NuR 2004, 554). Dies bedeutet, dass es darauf ankommt, ob nach dem Ausmaß des Eingriffs selbst, ggf. in Kombination mit dessen Dauer, die Beeinträchtigung als wesentlich zu bezeichnen ist (vgl. BGH Urt. v. 30.10.2004 – III ZR 380/02, NJW-RR 2004, 100 = NuR 2004, 554). Dies ist zB der Fall bei sog. Schleppjagden mit Pferden und Hundemeuten, Hundeschlittenrennen, Motorcrossrennen etc (→ § 3 Rn. 18 mwN). In der jagdlichen Praxis haben sich folgende Störquellen als besonders schwierig

herausgestellt: intensives Pilzesuchen im Wald (ist jedenfalls dann rechtswidrig, wenn ohne Abstimmung mit dem Jagdpächter gewerblich oder in regelrechten Kolonnen der Wald abgesucht wird); das Aufsuchen des Wildes in seinen Einständen, um es zu fotografieren (je nach Landesrecht ohnehin eine Ordnungswidrigkeit); groß angelegte Suchaktionen in Einständen des Wildes mithilfe von GPS-Geräten (Geo-Caching). Hier wird die Grenze der erlaubten Nutzung des Waldes zu Erholungszwecken überschritten, wenn die Art der Beeinträchtigung eine Intensität erreicht, die in eine nicht mehr nur unerhebliche Störung der Fauna und Flora zum Inhalt hat. Das Bundesministerium für Ernährung und Landwirtschaft moderiert seit der 19. Legislaturperiode die **Bundesplattform Wald – Sport, Erholung, Gesundheit (WaSEG),** bei der die Wald-, Jagd-, Naturschutz- und Sport/Erholungs-Verbände ihre Interessen mit dem Ziel gemeinsamer Empfehlungen diskutieren und austarieren (vgl. hierzu „Impulse und Empfehlungen der WaSEG von Juni 2023 https://www.bmel.de/DE/themen/wald/wald-sport-erholung-gesundheit-waseg.html, zuletzt abgerufen am 7.5.2024).

Das Jagdausübungsrecht als Aneignungsrecht vermittelt keinen Sachbesitz 8
am Grund und Boden oder dessen Zubehör. Demnach kann von einem Grundstückseigentümer nicht die Beseitigung einer Einzäunung verlangt werden (BVerfG Beschl. v. 17.12.1986 – BvR 697/86, JE I Nr. 45).

2. Bestimmtes Gebiet

Das Jagdrecht besteht nur auf einem bestimmten Gebiet. Voraussetzung ist 9
also das Vorhandensein einer Fläche (ungeachtet eines Wildbestandes). Damit wird der untrennbare Sachzusammenhang zwischen Jagdrecht und Grundeigentum hergestellt. Die Jagd ist somit nur in den Grenzen des konkreten Jagdbezirks (§ 3 Abs. 3, § 4) möglich. Dies gilt ungeachtet des Umstands, ob eine Jagdausübung in diesem Gebiet generell zulässig ist. So besteht ein Jagdrecht auch in sog. befriedeten Bezirken, auch wenn dort die Jagd ruht. Auf nach § 6a befriedeten Flächen ruht also lediglich die Jagd. Eine Jagdfreiheit überall, ggf. nach Erteilung von Lizenzen, ist nach dem in Deutschland geltenden System der untrennbaren Verbindung zwischen Grundeigentum und Jagdrecht somit ausgeschlossen.

3. Wildlebende Tiere

Wildlebende Tiere, die dem Jagdrecht unterliegen, sind solche, die nach 10
dem BJagdG und den jeweiligen Jagdgesetzen der Länder als solche definiert werden (→ § 2 Rn. 1 ff.). Das Jagdrecht in Baden-Württemberg nimmt eine Einteilung wildlebender Tiere in sog. **Managementstufen** (auch als **Schalen** bezeichnet) vor (§ 7 **JWMG**).

4. Betretungsrecht, jagdliche Einrichtungen

Zur Jagdausübung gehört das Recht zum Betreten der zu bejagenden 11
Fläche. Dieses Recht leitet sich unmittelbar aus dem Jagdrecht des einzelnen Grundeigentümers und dem Jagdausübungsrecht der Jagdgenossenschaft/des Eigenjagdbesitzers ab. Hierzu haben die Länder entsprechende gesetzliche Bestimmungen erlassen (§ 16 **JWMG;** Art. 36 **BayJG;** Art. 33 **BremLJagdG;** § 20 **HmbJagdG;** § 22 **HJagdG;** § 30 **MVLJagdG;** § 2 **NJagdG;** § 28 **LJG-NRW;** §§ 3, 4 **RhPfLJG;** § 23 **SJG;** § 26 **SächsJagdG;**

§ 3 **LSALJagdG;** § 26 **SchlHLJagdG;** § 36 **ThJG;** zu anhängigen Jagdrechtsnovellen einzelner Länder → Einl. Rn. 38). Sie haben alle gemein, dass mit Zustimmung des Grundeigentümers jagdliche Einrichtungen aufgestellt und genutzt werden dürfen. Sofern von diesen keine (nicht nur unerhebliche) Störung ausgeht, ist der Grundeigentümer verpflichtet, diese Einrichtungen zu dulden (s. hierzu die Ausführungen in den landesrechtlichen Bestimmungen). So zB § 30 Abs. 1 **RhPfLJG:** Es besteht eine Pflicht, jagdliche Einrichtungen zu dulden, wenn sie nicht stören. Die Störung muss tatsächlicher Natur sein und nicht nur subjektiv so empfunden sein. In Betracht kommen Einschränkungen der landwirtschaftlichen Nutzung. Eine Störung wird wohl auch dann anzunehmen sein, wenn sich der Eigentümer berechtigter Weise darauf beruft, er sei überzeugter Veganer und gerate als solcher in eine unüberwindbare Gewissensnot, wenn auf seinem Grundstück Tiere gejagt werden; da er seit Einfügung des § 6a ggf. die Möglichkeit hätte, seinen Besitz von der Jagdausübung ganz ausnehmen zu lassen, stellt die Verweigerung einer jagdlichen Einrichtung insoweit nur ein milderes – unter den Voraussetzungen des § 6a hinzunehmendes – Mittel dar. Zu der Situation vor der Einführung von § 6a s. LG Zweibrücken Urt. v. 30.11.2004 – 3 S 126/04, BeckRS 2004, 11720 = JE XII Nr. 104 in Abgrenzung zu EGMR Urt. v. 29.4.1999 – 25088/94, NJW 1999, 3695 unter Hinweis auf BVerfG Beschl. v. 14.10.2004 – 2 BVR 1481/04, NJW 2004, 3407. Weitergehend als das allgemeine Betretungsrecht des Erholungssuchenden ist das Befahren oder Begehen von fremdem Grundbesitz zulässig, wenn es für die Zwecke der Jagdausübung erforderlich ist (OLG Düsseldorf Beschluss vom 21.1.1985 – 2 Ss (OWi) 550/84, NuR 1985, 199 = JE XIII Nr. 19). Insbesondere zum Bergen von Wild, dem Bau oder Aufsuchen von Reviereinrichtungen (Fütterungen, Kirrungen, Hochsitzen) und natürlich der Jagdausübung selbst ist auch ein Befahren möglich (OLG Celle Beschl. v. 5.7.1984 – 2 Ss (OWi) 159/84, AgrarR 1984, 249 = JE XX Nr. 32; Meyer-Ravenstein NJagdG Rn. 47).

12 Die Befugnisse des Jagdausübungsberechtigten gehen über das allgemeine **Waldbetretungsrecht** deutlich hinaus. Nach den Waldgesetzen der Länder besteht grundsätzlich zum Zweck der Erholung das Recht, den Wald zu betreten. Dies ist auch verfassungsgemäß und fußt auf dem noch als Rahmenvorschrift nach Art. 75 Abs. 1 GG aF ausgestalteten § 14 BWaldG (vgl. BGH Urt. v. 2.10.2012 – VI ZR 311/11, NJW 2013, 48, auch zur Frage der Verkehrssicherungspflicht bei waldtypischen bzw. untypischen Gefahren). Allerdings belastet das Waldbetretungsrecht das Eigentum mit einer gravierenden sozialen Bindung im Sinne einer öffentlich-rechtlichen Duldungspflicht (OVG Münster v. 3.12.1985 – 20 A 2016/83, AgrarR 1986, 350 = NuR 1986, 215; Urt. v. 6.2.1981 – 9 A 1859/79, AgrarR 1981, 145 = NuR 1982, 267). Das Waldbetretungsrecht kann im Einzelfall auch mit einer Klage durchgesetzt werden, wenn ein schutzwürdiges Interesse besteht. Dieses besteht für denjenigen, der sich aus einer Vielzahl möglicher Anspruchsberechtigter sichtbar individualisierend heraushebt (VGH Mannheim v. 18.1.1983 – 5 S 2090/82, RdL 1983, 83). Das Betretungsrecht umfasst jede einzelne Waldfläche iSv § 2 BWaldG (OVG Münster v. 6.2.1981 – 9 A 1859/79, AgrarR 1979, 115; v. 6.2.1981 – 9 A 1859/79, AgrarR 1981, 293). Das Reiten ist vom Waldbetretungsrecht erfasst, aber nicht schrankenlos (BayVerfGH Urt. v. 24.6.1975, o. Az., BayVBl. 1975, 202). Es muss ein Erholungszweck vorliegen, der nicht zu einer systematischen Störung der Rechte Dritter – hier der Jagdausübung – führen darf (vgl. OLG Düsseldorf Urt. v. 21.10.1987 – 9 U 59/87, NJW-RR 1988, 526), wozu auch das gezielte Aufsuchen von Brunftplätzen zählt (OLG Koblenz Urt. v. 24.9.2004 – 3 W 623/04, nv). Sog. **Survival-Games** gehören nicht dazu und sind grundsätzlich sogar genehmigungspflichtig (VG Köln Beschl. v. 25.7.1991 – 14 L 820/91, nv). Zum **Geo-Caching** vgl. „Impulse und Empfehlungen der WaSEG von 6/2023, S. 8 (https://www.bmel.de/DE/themen/wald/wald-sport-erholung-gesundheit-waseg.html, zuletzt abgerufen am 7.5.2024; auch → Rn. 7).

Das **Reiten** von einem Reiterhof aus in organisierter Form dient nicht 13
allein der Erholung (VGH Mannheim Beschl. v. 7.9.1994 – 5 S 2108/94, NVwZ-RR 1995, 323). Auch eine Schleppjagd ist als organisierte Veranstaltung hiervon nicht umfasst (VGH Mannheim v. 27.2.1995 – 5 S 1281/94, VBlBW 1995, 365). Das Reiten zu privaten Erholungszwecken auf Wegen ist regelbar und auch einschränkbar. Die differenzierte Behandlung des Reitens gegenüber dem Betreten beruht auf sachlichen Erwägungen und ist durch den besonderen Schutzzweck des Waldes gerechtfertigt (OLG Hamm Beschl. v. 13.6.1983 – 1 Ss OWi 1886/82, BeckRS 2007, 17718 = AgrarR 1984, 23). Es ist jedoch zu diesem Zweck grundsätzlich erlaubt (BVerwG Beschl. v. 3.9.1990 – 4 N 1/88, 4 N 2/88, NVwZ 1991, 472; BVerfG Beschl. v. 6.6.1989 – 1 BvR 921/85, NJW 1989, 2525; Urt. v. 31.5.1985 – 4 C 14/82, 4 C 15/82, BeckRS 1985, 5820 = AgrarR 1985, 367), wobei die Kennzeichnungspflicht und Pflicht zur Führung eines Reitbuches zulässig ist (BVerwG Beschl. v. 3.9.1990 – 4 N 1/88, 4 N 2/88, NVwZ 1991, 472 = NuR 1991, 76 zum Bayerischen Naturschutzgesetz). Das Führen von Pferden ist dem Reiten gleichzustellen (OVG Frankfurt/Oder Urt. v. 5.12.1996 – 4 D 27/96, BeckRS 1996, 13496; AG Spaichingen v. 21.9.1982 – 2 OWi 6/82, RdL 1983, 191). **Rückegassen, Wildwechsel** und **Pirschpfade** sind keine Wege iSd § 14 Abs. 1 BWaldG (Empfehlungen WaSEG von 6/2023; → Rn. 7); sie dürfen von Reitern folglich nicht genutzt werden. Das Verhalten im Wald ist den Gegebenheiten anzupassen (sog. **Wohlverhaltensklausel**).

Hieraus ergibt sich auch das Recht zum **Leinenzwang** für Hunde (OLG 14
Hamm Beschl. v. 3.12.1987 – 4 Ss OWi 971/87, NVwZ 1988, 671 zu § 11 LFoG NRW; s. zum Leinenzwang per kommunaler Verordnung BGH Beschl. v. 28.2.1991 – 1 EGH 2/90, NJW 1991, 1619). Das Betretungsrecht umfasst allerdings auch das **Recht zu spielen, zu lagern oder ähnliche Betätigungen** (VGH Mannheim v. 19.12.1986 – 5 S 2178/85, NuR 1987, 225). So sind nicht gewerbliche, unentgeltliche Feste auf einem Spiel- und Grillplatz grundsätzlich zulässig (OLG Stuttgart Beschl. v. 18.3.1992 – 3 Ss 99/92, NVwZ-RR 1993, 136), wobei die Grenze allerdings die missbräuchliche Benutzung einer Erholungseinrichtung darstellt. Vom Waldbetretungsrecht sind Benutzungsarten nicht umfasst, die nach den jeweiligen Landesgesetzen schlicht verboten sind (OVG Greifswald Beschl. v. 2.11.1994 – 3 O 31/93, BeckRS 1994, 22768 = RdL 1994, 289). Dies gilt auch, wenn eine besondere Befugnis, also vorherige Zustimmung erforderlich ist (BayObLG Beschl. v. 4.2.1983 – 3 Ob OWi 7/83, NVwZ 1983, 503) oder zusätzlich ggf. eine staatliche Genehmigung einzuholen ist, zB eine forstbehördliche Genehmigung für organisierte Veranstaltungen, oder von Straßenverkehrsbehörden (s. BVerwG Urt. v. 16.3.1994 – 11 C 48/92, NVwZ 1994, 1095 = NZV 1994, 374 betreffend eine Ausnahmegenehmigung für Autorennen im Erholungswald), dies aber unterblieben ist. Die Aufstellung amtlicher Verbots-

schilder durch den Waldbesitzer ist allerdings grundsätzlich (von der behördlich genehmigten **Straßensperrung** im Fall einer Bewegungsjagd abgesehen) unzulässig (BayObLG Beschl. v. 23.11.1983 – 2 Ob OWi 283/83, NVwZ 1984, 399). Einschränkungen des Betretungsrechts sind nach § 14 Abs. 2 BWaldG iVm Landesrecht möglich, so zB bei Waldarbeiten, zu denen auch das Verbrennen von Schlagabraum gehört. Zur Unterscheidung zwischen Eingatterungen iSv § 3 Abs. 2 LFoG NRW und einer Waldsperrung s. OVG Münster Beschl. v. 5.1.1993 – 20 A 3427/91, nv; VG Gelsenkirchen Urt. v. 9.12.1994 – 7 K 4862/93, nv. Genehmigungspflichtig sind in diesem Sachzusammenhang alle Maßnahmen, die geeignet sind, den freien Zugang zum Wald in nicht unerheblichem Maße einzuschränken (VGH München 14.11.1973 – 1 II 73, AgrarR 1975, 154 = RdL 1974, 313; OVG Münster v. 6.2.1981 – 9 A 1859/79, AgrarR 1979, 115).

15 Zur Problematik von **Zäunen** und **Sperren,** auch mittels Schildern, s. VGH Mannheim Urt. v. 21.4.1994 – 5 S 2157/93, NVwZ-RR 1994, 576 = NuR 1995, 84 (Naturschutzrecht); VGH Mannheim Urt. v. 9.9.1992 – 5 S 769/90, NVwZ-RR 1993, 181 = VBlBW 1993, 182 (Zäune); OVG Münster v. 6.2.1981 – 9 A 1859/79, AgrarR 1981, 293 (durchlässige Zäune); VGH Mannheim v. 19.12.1986 – 5 S 2178/85, NuR 1987, 225; Beschl. v. 27.8.1991 – 5 S 1217/91, NVwZ-RR 1992, 61 = NuR 1992, 235 (Schilder als Sperrung). Grundsätzlich ist eine Sperrung aus wichtigem Grund gestattet (OVG Münster v. 3.12.1985 – 20 A 2016/83, AgrarR 1986, 350 = NuR 1986, 215; OVG Münster v. 6.2.1981 – 9 A 1859/79, AgrarR 1979, 115). Kein wichtiger Grund ist die Anlage einer Viehweide (OVG Münster v. 23.7.1985 – 20 A 2448/83, NuR 1986, 35; VG Minden Urt. v. 9.6.1983 – 11 K 929/81, NuR 1983, 326), die Vermeidung von Schäden (OVG Münster v. 3.12.1985 – 20 A 2016/83, AgrarR 1986, 350 = NuR 1986, 215), ein abstraktes Sicherheitsbedürfnis (OVG Münster Urt. v. 30.7.1992 – 20 A 1685/91, nv) und die Abwehr einer abstrakten Gefahr von Abfallablagerungen (OVG Münster Urt. v. 5.1.1993 – 20 A 3427/91, nv). Ebenso ist die Sperrung, um ein Entgelt erheben zu können, unzulässig (OVG Münster v. 3.12.1985 – 20 A 2016/83, AgrarR 1986, 350 = NuR 1986, 215; VG Arnsberg Urt. v. 14.9.1994 – 1 K 7738/93, NuR 1995, 485 zur Loipengebühr); VGH Mannheim v. 19.12.1986 – 5 S 2178/85, NuR 1987, 225 zum Naturschutz). Das groß angelegte Abzäunen des Waldes zur generellen Vermeidung von Schälschäden ist je nach Landesrecht zwar grundsätzlich zulässig (vgl. OVG Münster v. 6.2.1981 – 9 A 1859/79, AgrarR 1981, 293), je nach Art der Anlage jedoch nur, wenn der Wildbestand auf ein vertretbares Maß reduziert wurde und dennoch Schäden entstehen (OVG Koblenz v. 29.1.1982 – 8 A 20/82, AgrarR 1982, 252).

5. Pflicht zur Jagdausübung

16 Es besteht nicht nur das Recht, sondern auch eine Pflicht zur Bejagung, die notfalls auch gegen den Willen des Jagdrechtsinhabers (BVerfG Beschl. v. 13.12.2006 – 1 BvR 2084/05, NVwZ 2007, 808 = JE IV Nr. 112 betreffend Duldungspflicht des Jagdgenossen) oder des Jagdausübungsberechtigten durchzusetzen ist (OVG Münster Beschl. v. 26.6.2007 – 13 B 703/07, BeckRS 2007, 26033 = JE VI Nr. 65 zur Schwarzwildjagd im Seuchengebiet; VGH München Beschl. v. 14.1.2005 – 19 CS 04.3510, BeckRS 2005, 15794 = JE VI Nr. 61 generell zur Abschussanordnung; VGH München Urt. v.

17.7.1968 – 194 IV 64, BeckRS 1968, 103711 = DRspr. V 556 Bl. 116Sc). Dogmatisch herleiten lässt sich die Pflicht zur Bejagung aus verschiedenen allgemeinen wie speziellen Normen des BJagdG, so insbesondere aus der Hegepflicht iSv § 1 Abs. 1 S. 2 iVm dem Wildschadensvermeidungsgebot aus Abs. 2 S. 2, aber zB auch aus spezialgesetzlichen Normen des Wildseuchen- (s. § 24) oder Artenschutzrechts (s. § 28a zur Bekämpfung invasiver Arten). Die Bejagungspflicht ist eine logische Konsequenz der historischen Erfahrungen: Nur wenn flächendeckend und ausreichend gejagt wird, lassen sich Überpopulationen, Wildschäden, aber auch Wildseuchen vermeiden (BVerwG Urt. v. 14.4.2005 – 3 C 31.04, NVwZ 2006, 92 = JE VI Nr. 109). Wird die Jagd nicht oder nur unzureichend ausgeführt, besteht unter anderem die Möglichkeit, dass die zuständige Behörde sog. **Polizeijagden** anordnet. Der Pflicht, die Jagdausübung zu dulden, kann sich der Grundeigentümer nur durch einen Antrag nach § 6a entziehen, wobei er bis zu einem bestandskräftigen Verwaltungsakt die Jagdausübung zu dulden hat.

II. Besondere Regelungen des Jagdrechts in den Bundesländern

Die Länder haben den Inhalt des Jagdrechts zum Teil konkretisiert. So wird 17 in eigenen Bundesländern die Jagd als Kulturgut ausdrücklich geschützt (zB Art. 2 Abs. 1 **BayJG;** § 2 Nr. 8 **RhPfLJG;** § 2 Abs. 1 **ThJG**). Besondere Bedeutung kommt der Artenvielfalt und dem Schutz der heimischen Tierwelt zu. Die Vermeidung von Wildschäden ist insbesondere in Bayern auf das neue Ziel der „naturnahen" Waldbewirtschaftung ausgelegt worden. Dadurch wird ein deutlicher Vorrang auch dieser konkreten Waldbewirtschaftungsart vor der Hege in Bayern begründet. Zur Hege gehört in fast allen Bundesländern auch das Bereitstellen von Wildäsungsflächen. Die Sicherung der Aneignungsbefugnisse des Jagdausübungsberechtigten bei verunfalltem Wild wird durch eine Anzeigeverpflichtung des beteiligten Kraftfahrzeugführers gestärkt, damit aber auch dem Tierschutz gedient. Zu den Regelungen im Einzelnen:

Baden-Württemberg:

§ 3 JWMG Jagdrecht und Jagdausübungsrecht

(1) [1] Das Jagdrecht ist die ausschließliche Befugnis, auf einem bestimmten Gebiet 18 Wildtiere im Sinne des § 7 Absatz 1 zu hegen, auf sie die Jagd auszuüben und sie sich anzueignen. [2] Mit dem Jagdrecht ist die Pflicht zur Hege nach Maßgabe des § 5 Absatz 4 verbunden.

(2) Die Pflicht zur Hege lässt die aufgrund anderer Vorschriften bestehenden gleichartigen Verpflichtungen, insbesondere solcher auf der Grundlage des Naturschutzrechts, unberührt.

(3) [1] Das Jagdrecht auf einem Grundstück steht der Person zu, in deren Eigentum das Grundstück steht. [2] Es ist untrennbar mit dem Eigentum an dem Grundstück verbunden. [3] Als selbstständiges dingliches Recht kann es nicht begründet werden. [4] Auf Flächen, an denen kein Eigentum begründet ist, steht das Jagdrecht dem Land zu.

(4) [1] Das Jagdrecht darf nur in Jagdbezirken nach Maßgabe des Abschnitts 2 ausgeübt werden. [2] Jagdbezirke, in denen die Jagd ausgeübt werden darf, sind entweder Eigenjagdbezirke (§ 10) oder gemeinschaftliche Jagdbezirke (§ 11). [3] In einem Eigenjagdbezirk ist jagdausübungsberechtigt diejenige Person, in deren

Eigentum die dem Eigenjagdbezirk nach § 10 zugehörigen Grundflächen stehen (Inhaber oder Inhaberin des Eigenjagdbezirks). [4] An die Stelle dieser Person tritt die Person, der als Nutznießerin die Nutzung des ganzen Eigenjagdbezirks zusteht. [5] In gemeinschaftlichen Jagdbezirken steht die Wahrnehmung des Jagdrechts der Jagdgenossenschaft zu.

(5) [1] Die Jagdausübung umfasst das Aufsuchen, Nachstellen, Erlegen und Fangen von Wildtieren. [2] Bei der Jagdausübung sind insbesondere die Anforderungen des Tierschutzes und die Grundsätze der Weidgerechtigkeit (§ 8 Absatz 1) zu beachten.

(6) [1] Das Recht zur Aneignung umfasst auch die ausschließliche Befugnis, sich kranke oder verendete Wildtiere, Eier von Federwild und Abwurfstangen anzueignen. [2] Dem Recht zur Aneignung unterliegen nicht

1. Wildtiere, deren Arten in Anhang IV Buchstabe a der Richtlinie 92/43/EWG des Rates vom 21. Mai 1992 zur Erhaltung der natürlichen Lebensräume sowie der wild lebenden Tiere und Pflanzen (ABl. L 206 vom 22.7.1992, S. 7), zuletzt geändert durch Richtlinie 2013/17/EU (ABl. L 158 vom 10.6.2013, S. 193), in der jeweils geltenden Fassung, genannt sind, sowie
2. lebende Wildtiere der sonstigen dem Schutzmanagement unterliegenden Arten.

[3] Die zuständige Naturschutzbehörde entscheidet über Ausnahmen von Satz 2 nach § 45 Absatz 6 oder 7 des Bundesnaturschutzgesetzes.

19 Die Vorschrift übernimmt fast wörtlich die Regelung des § 1, stellt aber den Gedanken des Tier- und Artenschutzes in den Vordergrund, der aber schon vom Rechtsgedanken des § 1 in diesem Sinne umfasst war. Das Gebot der Weidgerechtigkeit wird in § 8 **JWMG** richtigerweise dahingehend konkretisiert, das eine Tötung gem. § 4 TierSchG im Jagdbetrieb auch ohne vorherige Betäubung zulässig ist. Das Aneignungsrecht wird nach dem Gedanken des sog. Schalenmodelles differenziert behandelt, je nachdem welche Einordnung die Wildart erhält. § 4 **JWMG** normiert eine Anzeigepflicht gegenüber der unteren Jagdbehörde, kranke, verletzte oder verendete geschützte Wildtiere zu melden. Hervorzuheben ist die in § 4 Abs. 4 **JWMG** normierte Pflicht von Personen, welche Wildtiere an- oder überfahren haben, dies anzuzeigen. § 5 **JWMG** definiert die Begrifflichkeit des Wildtiermanagements und weist dem Jagdausübungsberechtigten hieraus bestimmte Mitwirkungspflichten zu (zB § 43 **JWMG** zum Monitoring § 45 **JWMG** hinsichtlich besonderer Hegemaßnahmen oder § 48 JWMG beim Wildtierschutz).

20 Baden-Württemberg gehört zu den wenigen Ländern, die – in Abweichung vom BJagdG gem. Art. 72 Abs. 3 S. 1 Nr. 1 GG – ein sog. **Vollgesetz** erlassen haben. (Soweit in diesem Gesetz Strafvorschriften enthalten sind, sind diese an der konkurrierenden, weitestgehend ausgeschöpften Zuständigkeit des Bundes nach Art. 74 Abs. 1 Nr. 1 GG zu messen (→ Einl. Rn. 77 ff.).

Bayern:

Art. 1 BayJG Gesetzeszweck

21 (1) [1] Die freilebende Tierwelt ist wesentlicher Bestandteil der heimischen Natur. [2] Sie ist als Teil des natürlichen Wirkungsgefüges in ihrer Vielfalt zu bewahren.

(2) Dieses Gesetz soll neben dem Bundesjagdgesetz dazu dienen:

1. einen artenreichen und gesunden Wildbestand in einem ausgewogenen Verhältnis zu seinen natürlichen Lebensgrundlagen zu erhalten,
2. die natürlichen Lebensgrundlagen des Wildes zu sichern und zu verbessern,

3. Beeinträchtigungen einer ordnungsgemäßen land-, forst- und fischereiwirtschaftlichen Nutzung durch das Wild möglichst zu vermeiden, insbesondere soll die Bejagung die natürliche Verjüngung der standortgemäßen Baumarten im Wesentlichen ohne Schutzmaßnahmen ermöglichen,
4. die jagdlichen Interessen mit den sonstigen öffentlichen Belangen, insbesondere mit den Belangen der Landeskultur, des Naturschutzes und der Landschaftspflege auszugleichen.

Art. 2 BayJG Staatliche Aufsicht und Förderung

(1) Der Staat ordnet und beaufsichtigt das gesamte Jagdwesen und schützt die Jagd als Kulturgut. 22

(2) [1] Das Jagdwesen wird aus dem Aufkommen der Jagdabgabe (Art. 26 und 27) gefördert. [2] Die Förderung nach anderen Vorschriften und Programmen bleibt unberührt.

Berlin:

§ 1 LJagdG Bln: Gesetzeszweck: Entsprechende Regelung wie in Bayern, insbesondere sind aber nach Abs. 2 Nr. 2 bedrohte Wildarten zu schützen (Nr. 4). „Die von jagdbaren Tieren verursachten Schäden am Wald und auf landwirtschaftlichen Kulturen auf ein tragbares Maß zu begrenzen", Nr. 7 „(...) eine biotopgerechte Wildbewirtschaftung durchzusetzen." 23

Brandenburg:

BbgJagdG: Vergleichbar zu Bayern, hinzu aber § 1 Abs. 1 S. 3 BbgJagdG: „Der Schutz des jagdbaren Wildes und seiner Lebensräume ist eine gesamtgesellschaftliche Aufgabe." Zur in der 7. Legislaturperiode des brandenburgischen Landesparlaments anhängigen Novelle des BbgJagdG → Einl. Rn. 38. 24

Bremen:

Art. 2 Abs. 2 BremLJagdG

„Der befugte Jäger kann innerhalb des Jagdbezirks andere auffordern, Störungen des Wildes zu unterlassen, 25

1. wenn sie gegen gesetzliche Bestimmungen über das Verhalten in Feld und Forst verstoßen und dadurch Wild erheblich beunruhigen,
2. wenn sie Wild in oder an seinen Bauen, Gehocken, Nestern oder Gelegen oder Birkwild oder Wild von anderen Arten der Rauhfußhühner an seinen Balzplätzen beunruhigen; die ordnungsgemäße Nutzung der Grundstücke bleibt unberührt."

Art. 3 Abs. 3 BremLJagdG

„[1] Der Jäger hat, den Geboten der Weidgerechtigkeit entsprechend, mit brauchbaren Jagdhunden zu jagen. [2] Es muß jeweils mindestens ein brauchbarer Jagdhund 26

1. für die Jagd in einem Jagdbezirk ständig zur Verfügung stehen,
2. bei jeder Such-, Drück- oder Treibjagd, bei jeder Jagd auf Schnepfen oder Wassergeflügel mitgeführt werden,
3. bei jeder Nachsuche eingesetzt werden.

Art. 4 BremLJagdG verbietet die Ausrottung oder die Bestandsgefährdung, insbesondere aber den Schutz der natürlichen Bedingungen für das Vorkommen der einzelnen Wildarten (Biotope). 27

Hamburg:

§ 1 HmbJagdG: Hiernach ist es das Ziel, die Jagd so zu regeln, „dass die Erhaltung und Nutzung eines artenreichen Wildbestandes sowie die Pflege, 28

Sicherung und mögliche Wiederherstellung seiner Lebensgrundlagen unter den besonderen Bedingungen des großstädtischen Ballungsraumes erreicht werden".

Hessen:

§ 1 JagdG Aufgaben und Ziele des Gesetzes

29 (1) [1] Aufgabe dieses Gesetzes ist es, die Jagd als nachhaltige Nutzung der Natur und als gewachsenen Bestandteil der Landeskultur zu ordnen und zu fördern. [2] Die jagdlichen Erfordernisse sind in Einklang zu halten mit den Belangen des allgemeinen Wohls.

(2) Bei der Planung und Durchführung der Hege und der Jagd sind folgende Ziele anzustreben:

1. Den Erhalt der Vielfalt der wildlebenden Tiere und Pflanzen, insbesondere bedrohten Tier- und Pflanzenarten.
2. Schutz und Förderung des Lebensraumes unter Berücksichtigung der Belange von Land- und Forstwirtschaft, Freizeit und Erholung sowie Siedlung und Infrastruktur.
3. Artgerechte Hege und weidgerechte Bejagung dergestalt, dass dem Wild keine vermeidbaren Schmerzen oder Leiden zugefügt werden, insbesondere durch die Ausbildung brauchbarer Jagdhunde
4. Die Anpassung der Wildbestände an die Grenzen des Naturraumes in einem verträglichen Miteinander von Flur, Wald und Wild.
5. Der Inhaber des Jagdrechts und die Jägerschaft sollen in die Lage versetzt und verpflichtet werden, diese Ziele möglichst weitgehend in eigener Verantwortung zu verwirklichen. Im Rahmen des Reviersystems soll möglichst vielen Jägerinnen und Jägern die Möglichkeit zur Ausübung der Jagd geboten werden.

30 In § 2 **HJagdG** ist die Hegepflicht ausdrücklich normiert, nach der (Abs. 1) die Jagdrechtsinhaber ausreichende Flächen für Deckung und Äsung des Wildes zur Verfügung stellen haben, (Abs. 2) der Jagdausübungsberechtigte die natürlichen Lebensgrundlagen schützen, erhalten und verbessern soll. Eine Anzeigepflicht besteht für jeden, der Wild lebend oder verendet in Besitz nimmt (§ 3 Abs. 1), insbesondere besteht eine Anzeigeverpflichtung, wenn mittels eines Fahrzeuges Wild verletzt oder getötet wird (Abs. 2).

Mecklenburg-Vorpommern

31 **MVLJagdG:** Die freilebende Tierwelt ist wesentlicher Bestandteil der Natur. Sie ist als Teil der überregionalen natürlichen Umwelt in ihrer Vielfalt zu bewahren. Die Hege ist eine gesellschaftliche Aufgabe und hat die Nachhaltigkeit der Vorkommen an heimischen Wildtierarten zu gewährleisten (Präambel).

32 Nach dem in der 8. Legislaturperiode (MV) verabschiedeten (→ Einl. Rn. 38) Gesetz zur Änderung des MVLJagdG ist S. 3 der Präambel durch die folgenden Sätze ersetzt werden: „Die Hege ist eine gesellschaftliche Aufgabe. Heimische Wildarten sind unter Berücksichtigung gesellschaftlicher, ökologischer und ökonomischer Belange und der Wirkungen des Klimawandels so zu erhalten und zu entwickeln, dass sie in einem angemessenen Verhältnis zu der Leistungs- und Funktionsfähigkeit des Naturhaushalts und den landeskulturellen Verhältnissen stehen." Diese in ihrer Entstehung nicht unstreitige Weiterentwicklung der Präambel erscheint – als Abwägungskanon – in Anbetracht der gravierenden und allerorts spürbaren Folgen des Klimawandels gerade im Wald (seit 2018 zunehmende Kalamitäten durch Stürme, Dürre, Borkenkäfer) ausgewogen und als Programmsatz vertretbar. Die andere Er-

gänzung, wonach die Hege (einschließlich der Hegepflicht) als gesamtgesellschaftliche Aufgabe auch den Staat einbezieht (→ Rn. 47), ist vom Grundverständnis der Hege aus betrachtet ein nachvollziehbarer Ansatz; allerdings hätte es von der Systematik des Jagdrechts aus betrachtet nahegelegen, darauf hinzuweisen, dass die Hege als gesamtgesellschaftliche Aufgabe dem Hegerecht (→ Rn. 50) und der Hegepflicht des Jagdausübungsberechtigten bzw. des Jagdrechtsinhabers (subsidiär) nachgeordnet ist (→ Rn. 47 ff., → Rn. 49).

Nach § 1 Nr. 4 **MVLJagdG** soll das Gesetz dazu dienen, „die von jagd- 33
baren Tieren verursachten Schäden am Wald und auf landwirtschaftlichen Kulturen auf ein tragbares Maß zu begrenzen“; mit dem Änderungsgesetz v. 19.3.2024 ist Nr. 4 um folgenden Halbsatz ergänzt worden: „… und damit eine Verjüngung und Bewirtschaftung standortgerechter Baumarten **ohne Schutzmaßnahmen** zu ermöglichen“ (zur berechtigten Kritik an dieser Ergänzung → Einl. Rn. 38). Nach Nr. 5 ist es Zweck des Gesetzes, „die jagdlichen Interessen mit den sonstigen öffentlichen Belangen, insbesondere mit denen der Landeskultur, des Naturschutzes und der Landschaftspflege in Einklang zu bringen“.

Niedersachsen:

§ 1 NJagdG Jagdausübungsberechtigte, zur Jagd Befugte

(1) [1] Das Jagdausübungsrecht ist das Recht, das Jagdrecht in einem Jagdbezirk 34
auszuüben, insbesondere

1. das Wild zu hegen,
2. das Wild aufzusuchen, ihm nachzustellen, es zu erlegen und zu fangen und
3. sich das Wild anzueignen.

[2] Abweichend von Satz 1 Nr. 3 und § 1 Abs. 1 Satz 1 und Abs. 5 des Bundesjagdgesetzes besteht kein Recht der Jagdausübungsberechtigten zur Aneignung von Wölfen und Hybriden zwischen Wölfen und Hunden (Wolfshybriden).

(2) Jagdausübungsberechtigte sind

1. die Eigentümerinnen und Eigentümer oder an deren Stelle die Nießbrauchsberechtigten der Grundstücke eines Eigenjagdbezirks, soweit nicht eine Berechtigung nach Nummer 2 oder 3 besteht,
2. die Pächterinnen und Pächter des Jagdausübungsrechts für einen Jagdbezirk oder
3. die nach § 10 Satz 1 oder § 21 Abs. 1 Satz 2 benannten Personen.

(3) Zur Jagd Befugte sind

1. Jagdausübungsberechtigte,
2. von der Jagdbehörde im Rahmen einer Ersatzvornahme nach § 27 Abs. 2 des Bundesjagdgesetzes, auch in Verbindung mit § 9 Abs. 4 Satz 3 dieses Gesetzes, nach § 10 Satz 2 oder § 25 Abs. 5 Satz 2 zur Jagdausübung eingesetzte Personen,
3. angestellte Jägerinnen und Jäger und
4. Jagdgäste,

die einen Jagdschein besitzen.

Nach § 3 **NJagdG** ist Hege und Ökologie vorrangiges Ziel, insbesondere 35
(Abs. 1 Nr. 4) sind „Jagd und Hege so durchzuführen, dass Wildschaden und sonstige Beeinträchtigungen der Land-, Forst- und Fischereiwirtschaft sowie der Natur- und Landschaft möglichst vermieden und ökologische Erfordernisse berücksichtigt werden“.

36 Nach § 4 **NJagdG** sind Jagdhunde zu den dort aufgeführten verschiedensten Zwecken bereitzuhalten respektive mitzuführen. § 6 **NJagdG** regelt die Jagd in Wattenjagdbezirken.

Nordrhein-Westfalen:

37 **LJG-NRW:** In NRW gelten § 1 Abs. 1–5 BJagdG unmittelbar, da das Land hiervon nicht abgewichen ist. Lediglich in Ausführung von Abs. 6 hat NRW eine Regelung getroffen, wonach derjenige, der bei der Jagdausübung oder im Rahmen des Jagdschutzes beim erlegten, gefangenen oder verendeten Wild Kennzeichen vorfindet, diese bei der UJB unter Angabe von Zeit und Ort des Fundes abzuliefern hat.

Rheinland-Pfalz:

38 **§ 2 Nr. 8 RhPfLJG:** Neben der Erhaltung eines artenreichen, gesunden Wildbestandes (Nr. 1) wird der Schutz bedrohter Arten (Nr. 3), des Artenschutzes (Nr. 5) und des Tierschutzes (Nr. 7) als Zweckbestimmung des Gesetzes herausgestellt. In Nr. 8 ist bestimmt, die Jagd als naturnahe nachhaltige Nutzungsform und als Kulturgut zu sichern. Zur in der 18. Legislaturperiode des Landesparlaments anhängigen – streitigen – Novelle des LJG → Einl. Rn. 38.

Saarland:

39 **§ 1 SJG:** „(2) Dieses Gesetz soll insbesondere dazu dienen,

1. (…)
2. die jagdlichen Interessen mit öffentlichen Belangen, insbesondere mit denen der Land-, Fischerei- und Forstwirtschaft, des Tier- und Naturschutzes, der Landschaftspflege und der naturverträglichen Erholung auszugleichen,
3. den Wildbestand in seinem natürlichen Artenreichtum gesund und artgerecht zu erhalten und zu fördern sowie seine natürlichen Lebensgrundlagen zu sichern und zu verbessern,
4. den Wildbestand so zu regulieren, daß eine Beeinträchtigung der natürlichen Vielfalt von Flora und Fauna möglichst vermieden wird.

(3) [1]Die Jagd ist nur in Form anerkannter Jagdmethoden und unter Beachtung tierschutzrechtlicher Grundsätze sowie der in Artikel 20a des Grundgesetzes verankerten Verantwortung für die natürlichen Lebensgrundlagen und für die Tiere zulässig. [2]Sie hat aus vernünftigem Grund zu erfolgen. …“

Sachsen:

40 **§ 1 Abs. 3 SächsJagdG:** „[1]Mit dem Jagdausübungsrecht ist die Pflicht zur Ausübung der Jagd verbunden. [2]§ 10 Abs. 2 S. 2 des Bundesjagdgesetzes in der Fassung der Bekanntmachung vom 29. September 1976 (BGBl. I S. 2849), das zuletzt durch Artikel 3 des Gesetzes vom 6. Dezember 2011 (BGBl. I S. 2557, 2560) geändert worden ist, in der jeweils geltenden Fassung, findet keine Anwendung.“

41 Erwähnenswert ist die ausdrückliche Kodifizierung der Rechtspflicht des Jagdausübungsberechtigten zu jagen. Eine solche (ungeschriebene) Pflicht gilt aber auch in allen anderen Ländern (→ Rn. 15). Die systematische Verknüpfung dieser Rechtspflicht mit der ausdrücklichen Nichtanwendung von § 10 Abs. 2 S. 2 erscheint nur auf den ersten Blick konsequent. Bei näherer Betrachtung (s. § 10) wird es (wenn auch seltene) Ausnahmefälle geben, wo ein Ruhen der Jagd mit Zustimmung der zuständigen Behörde vertretbar sein kann, zB dann, wenn ein Wildbestand kaum mehr feststellbar ist (vgl. Mitzschke/Schäfer/Belgard § 10 Rn. 8 mwN) oder die Jagdausübung von

der Behörde ausgesetzt wird, um eine Verlagerung/Ausbreitung einer Seuche zu verhindern.

Sachsen-Anhalt:

§ 2 Abs. 3 LSALJagdG: „[1] Die Jagd ist, den Geboten der Weidgerechtigkeit entsprechend, nur mit für den jeweiligen Einsatz erfolgreich geprüften, brauchbaren Jagdhunden auszuüben. [2] Es muß jeweils mindestens ein solcher Jagdhund **42**

1. für die Jagd in einem Jagdbezirk zur Verfügung stehen,
2. bei jeder Such-, Drück- oder Treibjagd, bei jeder Jagd auf Wassergeflügel und bei jeder Baujagd mitgeführt werden,
3. bei jeder Nachsuche eingesetzt werden.“

Schleswig-Holstein:

§ 1 Abs. 1 SchlHLJagdG: Die freilebende Tierwelt ist als Teil der Umwelt in ihrem natürlichen und historisch gewachsenen Beziehungsgefüge zu erhalten. Ziel ist „die Verwirklichung einer Jagd, die das Wild schützt, die Lebensräume erhält und verbessert sowie das Wild nachhaltig und unter größtmöglicher Förderung der biologischen Vielfalt nutzt (naturnahe Jagd)“ (§ 1 Abs. 2 SchlHLJagdG). Hierbei sind bestimmte Ziele anzustreben, darunter die Entwicklung der Waldökosysteme und die Erhaltung der Knicks (§ 1 Abs. 3 SchlHLJagdG). „Die Inhaberinnen und Inhaber des Jagdrechtes und die Jägerinnen und Jäger sollen die Ziele dieses Gesetzes möglichst weitgehend in eigener Verantwortung verwirklichen. Die Möglichkeit zur Ausübung der Jagd soll breiten Schichten, insbesondere der ortsansässigen Bevölkerung offen stehen.“ (§ 1 Abs. 4 SchlHLJagdG). Nach § 2 SchlHLJagdG sollen Erhaltungs- und Verbesserungsmaßnahmen, Vermehrung und Vernetzung natürlicher naturnaher Wildlebensräume gefördert werden. **43**

Thüringen:

§ 1 ThJG: Nach **Abs. 2** sollen Beeinträchtigungen einer ordnungsgemäßen land-, forst- und fischereiwirtschaftlichen Nutzung durch das Wild möglichst vermieden werden. **44**

§ 1 Abs. 3 ThJG: „[1] Mit der Hege, die jeder Jagdausübungsberechtigte durchzuführen hat, ist die Nachhaltigkeit der in Thüringen vorkommenden Wildtierarten zu gewährleisten. [2] Hege und Jagd sind so auszuüben, dass **45**

1. das Wild mit anerkannten und gesetzlich zugelassenen Jagdmethoden unter Beachtung tierschutzrechtlicher Vorschriften und allgemein anerkannter Grundsätze der Weidgerechtigkeit erlegt wird,
2. die Belange des Naturschutzes und der Landschaftspflege berücksichtigt werden und
3. die Belange einer naturverträglichen Erholung in der freien Landschaft weitgehend unberührt bleiben.

§ 2 Abs. 1 ThJG: „Das Land ordnet und beaufsichtigt das Jagdwesen in Thüringen und schützt die Jagd als Kulturgut.“ **46**

III. Hege

Die Hege ist das vorrangigste Ziel der Jagdausübung. International hat sich der Begriff des sog. „wise use“ durchgesetzt (→ Einl. Rn. 2). Die nachhaltige Nutzung der vorhandenen Ressourcen, die Erhaltung der Artenvielfalt und der Diversität sind die Grundlage einer modernen Jagdbewirtschaftung. Ver- **47** pflichtet zur Hege ist neben dem Jäger insbesondere auch der Grundeigentümer (vgl. hierzu Conrad NuR 1980, 155 zur Hegepflicht als originäre öffentlich-rechtliche Verpflichtung des Grundeigentümers; zu den entsprechenden Bestimmungen der Länder → Rn. 18 ff.). Im Rahmen der Selbstbindung trifft diese Verpflichtung auch den Staat, soweit er sich durch verschiedene Verträge zB im europäischen oder internationalen Bereich zum Schutz bestimmter Tierarten verpflichtet hat oder soweit er grundrechtlich den Tierschutz in die jeweiligen Verfassungen aufgenommen hat. § 1 schafft keinen subjektiv-öffentlichen Rechtsanspruch des Bürgers gegenüber dem Staat auf Hege, auch nicht in Verbindung mit der Staatszielbestimmung des Art. 20a GG (vgl. zum Naturschutz Soell NuR 1980, 3), auch nicht im Rahmen eines „Umweltgrundrechts“ aus Art. 2 GG (vgl. hierzu BVerwG Urt. v. 29.7.1977 – IV C 51/75, NJW 1978, 554). Allerdings ist sowohl die Hege als auch ihre Ausformung, die sie durch Art. 20a GG erhalten hat, im Rahmen staatlichen Handelns zu berücksichtigen, etwa in Verfahren der Planfeststellung oder Schutzgebietsausweisung.

48 Der **Begriff** der Hege ist – zumeist im Rahmen anstehender Novellen des Jagdrechts in einzelnen Bundesländern – immer wieder von Umwelt- und (in den letzten Jahren) auch Grundbesitzseite in die **Kritik** geraten. Er stehe für „Schalenwild- und Trophäenzucht“, die Jäger „hegten Wild vor allem, um es hinterher schießen zu können“. Zudem würden „andere Tierarten“ und das „Gesamtökosystem in den herkömmlichen/traditionellen Hegegemeinschaften nicht berücksichtigt“ (vgl. entsprechende Zitate in Hahn/Lüchtrath/Schraml, Zukunftsfähige Organisationsformen für ein revierübergreifendes Wildtiermanagement, Abschlussbericht 3/2013, 12 ff.). Von manchen interessierten Kreisen wird gar der Einwand vorgebracht, der Begriff Hege stamme aus dem Reichsjagdgesetz und sei schon von daher abzulehnen. Diese Kritik entbehrt nicht nur einer sachlich/inhaltlichen Auseinandersetzung mit dem Hegebegriff, sondern ist auch unbegründet: Der Begriff der Hege ist ein unbestimmter, aber bestimmbarer Rechtsbegriff, der dynamisch ist, also dem Wandel im Lichte der gesellschaftlichen Anschauung, aber auch dem jeweiligen Stand von Wissenschaft und Forschung unterliegt. Der Begriff ist – wie im Folgenden darzustellen sein wird – viel komplexer, als er in den oben genannten Zitaten verstanden wird. Insbesondere hat der Hegebegriff seinen Ursprung und damit seine Tradition nicht in der Zeit des Dritten Reiches, sondern reicht viel weiter zurück. So findet man den Begriff „hegen“ bereits im 13. Jahrhundert in einer Anordnung Kaiser Friedrich II., Sul(t)zen im Reichsforst zu Nürnberg zu errichten, um das Wild zu hegen (→ Einl. Rn. 9), ebenso zB in der Verordnung der Landgrafschaft und des Großherzogtums Hessen-Darmstadt an alle Jagdberechtigten zur unbedingten Einhaltung der Hege-Zeiten von 1724 (https://www.deutsche-digitale-bibliothek.de/item/2KAHYV3Q2GWGT4MWIUC7EDMXBL7IL5QW?isThumbnailFiltered=true&query=%22Hege%22+&rows=20&offset=40&viewType=list&hitNumber=4019, zuletzt abgerufen am 7.5.2024). Auch in den späteren Preußischen Jagdpolizeigesetzen ab 1850 spielte die Hege bereits eine Rolle. Zu konstatieren ist, dass der Hegebegriff im Laufe der Jahrhunderte bis heute einen Wandel erfahren hat. Bedeutete Hege bis zur Mitte des 19. Jahrhunderts, wo die Jagd in weiten Teilen ein Privileg des Adels war, ein Maßnahmenbündel (insbesondere Schonzeiten, Wildereibekämpfung, Fütterung) zum Erhalt und zur Bewirtschaftung der Wildbestände, insbesondere des Hochwildes, so traten mit der

Revolution von 1848 und der Einführung des Reviersystems durch die Preußischen Jagdpolizeigesetze die Interessen der Grundeigentümer (einschließlich der Frage von Wildschäden) zunehmend in den Vordergrund. Außerdem erhielt der **Naturschutz** zum Ende des 19. Jahrhunderts mit der ersten zusammenhängenden tierartenschutzrechtlichen Kodifikation, dem **Gesetz betreffend den Schutz von Vögeln** vom 22.3.1888 (RGBl. 1888, 111) zu Recht einen immer größeren Stellenwert, was ebenfalls zu einer Weiterentwicklung des Hegebegriffs und einer stärkeren Berücksichtigung von Wechselbeziehungen zwischen Wild- und anderen Tierarten sowie einem **ganzheitlichen Blick auf Ökosysteme** geführt hat. Eine deutliche Weiterentwicklung hat der Hegebegriff in den letzten 50 Jahren nicht zuletzt durch die allerorts spürbaren, zunehmenden Folgen des **Klimawandels** sowie den **Verlust an Biodiversität** infolge intensiver landwirtschaftlicher Nutzung und Flächenversiegelung erfahren.

Die Hegeverpflichtung trifft zuallererst den **Jagdausübungsberechtigten,** 49
soweit dieser im Rahmen seiner Möglichkeiten hierzu in der Lage ist. Hierzu stehen dem Jagdausübungsberechtigten viele Möglichkeiten zur Verfügung. Die Verpflichtung zur Erhaltung (Artenschutz) steht hier im Vordergrund. So bedingt die Hegeverpflichtung grundsätzlich eine dem Lebensraum angepasste, angemessene Bejagung eines Bestandes, da der Erhalt auch begrenzt auf die räumlichen Gegebenheiten (insbesondere die Vegetation) eines Jagdbezirks im Vordergrund stehen muss. Damit berechtigt und verpflichtet der Hegegedanke den Jagdausübungsberechtigten zur Bejagung von Prädatoren, zum Einschreiten auch ggf. mittels eines konzentrierteren Abschusses bei Seuchengefährdung oder bei Auftreten von Seuchen, aber auch bei Auftreten übermäßiger Wildschäden. Zur Hegepflicht rechnet demnach zB auch das **Füttern in Notzeiten,** ggf. nach Maßgabe landesrechtlicher Vorschriften (s. § 28; vgl. außerdem A. Heider, Der Jagdschutz unter besonderer Berücksichtigung der polizei- und ordnungsrechtlichen Befugnisse der Jagdschutzberechtigten, Diss. 1987, S. 30, 33 ff. zur gebotenen engen Auslegung des Notzeitbegriffs vor dem Hintergrund der Verpflichtung in § 1 Abs. 2 S. 2). Die Hege und insbesondere die Pflicht hierzu kann auch auf die Beteiligung an revierübergreifenden Hegemaßnahmen ausstrahlen, wie zB das in Nordrhein-Westfalen vorbildlich betriebene **Habitate-Management** beim **Rebhuhn** mit dessen flächendeckender Schonung. Da die Pflicht zur Hege mit dem Jagdrecht selbst verbunden ist (§ 1 Abs. 1 S. 2), trifft die Hegeverpflichtung grundsätzlich auch den Eigentümer (vgl. BVerfG Beschl. v. 13.12.2006 – 1 BvR 2084/05, NVwZ 2007, 808 = JE IV Nr. 112 zur Pflichtmitgliedschaft in Jagdgenossenschaften; Lorz/Metzger Rn. 7; Recken AgrarR 1977, 256; Prützel RdL 1978, 309). Die Verpflichtung zur aktiven Ausübung der Hege geben die Jagdgenossenschaft bzw. der Verpächter in aller Regel an den Jagdpächter ab, indem sie ihm das Recht zur Jagdausübung unmittelbar einräumen. Dies bedingt allerdings nicht, dass die Verpflichtung zur Hege deshalb allein dem Jagdausübungsberechtigten obliegt. Da das Jagdrecht unmittelbar mit dem Recht am Eigentum verknüpft ist, entsteht die Verpflichtung zur Hege zuallererst bei dem Jagdrechtsinhaber. Da diesem das Jagdausübungsrecht aber bei Verpachtung nicht mehr zusteht, geht die aktive Verpflichtung, hegerisch tätig zu werden, auf den Jagdausübungsberechtigten unmittelbar über. Der Jagdrechtsinhaber bleibt insoweit mittelbar verpflichtet, als er hegerische Maßnahmen des Jagdausübungsberechtigten grundsätzlich dulden muss, solange keine berechtigten Interessen, die sich aus seinem

Besitzrecht ergeben, entgegenstehen. Außerdem bleibt er schon deshalb verpflichtet, weil die für die Biotophege notwendige und in § 1 Abs. 2 S. 1 Hs. 2 („Pflege und Sicherung seiner Lebensgrundlagen") antizipierte Pflicht zur Bereitstellung von Flächen mit dem Jagdpachtvertrag in der Regel nicht auf den Jagdausübungsberechtigten übergeht, sondern beim Grundeigentümer bzw. der Jagdgenossenschaft verbleibt (Conrad NuR 1980, 155 (156); Mitzschke/Schäfer Rn. 10, der eine subsidiäre Verpflichtung des Grundeigentümers sowie – dahinter – auch des Staates annimmt; vgl. auch Erbs/Kohlhaas/Lorz Rn. 2). Fraglich ist, ob den Grundeigentümer als Jagdrechtsinhaber im Einzelfall auch eine aktive Verpflichtung, zB in Form einer konkreten **Handlungs- oder** zumindest **Mitwirkungspflicht,** trifft. So ist unzweifelhaft, dass der Grundeigentümer verpflichtet ist, Flächen für die Errichtung jagdlicher Einrichtungen zu Zwecken der Jagdausübung und Hege zur Verfügung zu stellen (zu konkreten Bestimmungen der Länder → Rn. 17 ff.). Eine Mitwirkungspflicht wird auch dort bejaht, wo eine Bejagung zur Vermeidung von Wildschäden nicht möglich ist, ohne dass der Grundeigentümer zB Schussschneisen in einem Maisacker anlegt bzw. duldet (Staudinger/Bernau, 2022, BGB § 835 Rn. 18 mwN; Wetzel AUR 2010, 70 (73 f.)). Einen Anspruch gegen die Jagdgenossenschaft bzw. einzelne Grundeigentümer zur Bereitstellung bestimmter Flächen allein zu Zwecken der Hege im engeren Sinne, also aus Gründen des Artenschutzes, wird man wohl nur annehmen können, wenn ein Handlungsermessen nicht mehr besteht, weil der Erhalt bzw. das Überleben des Bestandes der betreffenden Art entscheidend von der Verbesserung des Lebensraums durch Bereitstellung bestimmter Fläche(n) abhängt (Heider S., Der Tierartenschutz im Naturschutzrecht und artverwandten Gebieten, Diss. 1990, S. 117 f.).

1. Recht auf Hege

50 Mit der Pflicht zur Hege korrespondiert das Recht auf Hege (BayVerfGH v. 18.10.1996 – Vf. 15-VII-95, BeckRS 1997, 20063 = RdL 1997, 124). Das Recht auf Hege befreit den Jagdausübungsberechtigten nicht von der Verpflichtung, Beeinträchtigungen einer ordnungsgemäßen land-, forst- und fischereiwirtschaftlichen Nutzung möglichst zu vermeiden (BGH Urt. v. 5.5.1988 – III ZR 116/87, NVwZ 1988, 1066 = NuR 1989, 55). Es beinhaltet aber das grundsätzliche Recht, geeignete Maßnahmen zum Schutz des Wildbestandes zu treffen, so zB in Notzeiten zu füttern – soweit landesrechtliche Regelungen nicht entgegenstehen –, ggf. auch Anträge auf Gestattung von Fütterungen zu stellen. Es gewährt ihm auch ansonsten subjektive Rechte, soweit diese für das Erreichen eines konkreten Hegeziels erforderlich sind. Dies kann sein das Recht auf Ausweisung eines Wildschutzgebietes im Rahmen der jeweiligen landesrechtlichen Vorgaben, eine Einschränkung des Betretungsrechts, das Recht, wildernde Hunde und Katzen zu töten, oder für den Fall, dass letzteres aus landesrechtlichen Gesichtspunkten nicht erlaubt ist, ggf. vom Staat ein Eingreifen – etwa durch Aussprechen von Fanggenehmigungen für Katzen – zu verlangen, wenn das Ziel der Hege anderenfalls gefährdet wäre. Auch gehört hierzu die Berechtigung, jagdliche Einrichtungen wie etwa Fütterungen im Gebirge auf fremden Grund zu errichten, wobei die Besitz- und Eigentumsrechte des Grundeigentümers gewahrt bleiben müssen. Der Jagdausübungsberechtigte ist auch grundsätzlich berechtigt, Wildäsungsflächen zu schaffen, soweit ihm hierzu entsprechende Ländereien

zur Verfügung stehen. In verschiedenen Ländern sind die Jagdrechtsinhaber verpflichtet, konkrete Flächen für Hegemaßnahmen zur Verfügung zu stellen. Die Länder haben zum Teil Regelungen dafür getroffen, was auf solchen Wildäsungsflächen angebaut werden darf. Aber auch in den Ländern, die hierzu keine Bestimmungen kennen, kann der Jagdpächter aus dem Jagdpachtvertrag iVm der die vertraglichen Pflichten beider Parteien konkretisierenden Hegepflicht (→ Rn. 47 ff.) ein Mindestmaß an Mitwirkung der Jagdgenossenschaft bei der Biotophege einfordern.

2. Verstoß gegen die Hegepflicht

Ein Verstoß gegen die Hegeverpflichtung wird nach Bundesrecht und bestimmten Länderrechten unter Straf- oder Bußgeldandrohung gestellt. Grundsätzlich zulässig ist es, in Jagdpachtverträgen aufzunehmen, dass der jeweilige Jagdpächter verpflichtet ist, konkreten Hegegemeinschaften beizutreten und sich deren Regularien zu unterwerfen. 51

3. Einschränkungen der Hege

Die Beeinträchtigung einer ordnungsgemäßen land-, forst- und fischereiwirtschaftlichen Nutzung, insbesondere Wildschäden, sind möglichst zu vermeiden (Abs. 2 S. 2). Hiermit ist nicht gemeint, dass jeglicher Wildschaden vermieden werden muss. Das Wild muss von dem leben, was es in unserer Kulturlandschaft findet. Zur Deckung dieses gewöhnlichen Äsungsbedürfnisses des Wildes sind Schäden im vertretbaren Rahmen hinzunehmen. So sind der Bau von Nestern, das Graben von Bauten oder Erdlöchern, das Verbeißen von Ästen und Aufwuchs, das Fegen einzelner Bäume sowie vergleichbare Beschädigungen immanent mit der Existenz und Eigenart der Wildtiere verbunden. Nicht jede Art von Beeinträchtigung kann vermieden werden. Eine Beeinträchtigung muss vielmehr **deutlich spürbar** sein, um an sie die Konsequenz der Vermeidbarkeit knüpfen zu können. Problematisch wird das Verhältnis der Hege zu wirtschaftlichen Belangen dann, wenn eine Tierart zwar nur in einem angepassten Verhältnis vorhanden ist, eine Vermeidung von Wildschäden jedoch trotzdem nicht möglich ist, selbst wenn Schäden sogar in einem Übermaß vorkommen. Dies geschieht bei Zugvögeln zum Teil in Brut- oder in Zuggebieten. Dies geschieht zB auch, wenn Tiere bestimmte Überwinterungsgebiete bevorzugen und sich dort sammeln, insbesondere zu Notzeiten in besonders geschützten Lagen. Auch kann die Art einer Bewirtschaftung geeignet sein, ein Hegeziel zu gefährden. So sind in einem Rückzugsgebiet für Rotwild – das in Deutschland immer mehr in Insellagen zurückgedrängt wird – bestimmte Arten der forstwirtschaftlichen Nutzung allenfalls noch mit Einschränkungen möglich – was im Sinne des Überlebens dieser Wildarten aber grundsätzlich – im Rahmen einer Abwägung der wirtschaftlichen Interessen mit dem Artenschutz – hingenommen werden muss. 52

Die Anordnung eines **Totalabschusses** oder einer übermäßigen Ausdünnung von Wildbeständen widerspricht der gesetzlichen Wilderhaltungspflicht, wenn dadurch die Nutzung der Kulturlandschaft durch bestimmte, hierauf angewiesene Tierarten verhindert werden soll (vgl. hierzu auch Drees NuR 1982, 247 mwN; so BGH Urt. v. 9.12.1968 – III ZR 125/66, BeckRS 1968, 31174950; VG Osnabrück Urt. v. 11.6.2004 – 2 A 16/98, BeckRS 2004, 31805 = JE VI Nr. 58). Grundsätzlich wird es aber als rechtmäßig angesehen, 53 von Seiten des Staates anzuordnen, dass in bestimmten Gebieten eine bestimmte Wildart nicht vorhanden sein darf (zur Rechtmäßigkeit der Einteilung in **Frei- und Bewirtschaftungsgebiete** OVG Koblenz Urt. v. 21.2.2017 – 8 A 11328/16, BeckRS 2017, 103687 = JE VI Nr. 81; Urt. v. 30.10.2002 – 8 A 10572/02.OVG, JE VI Nr. 55; VGH Kassel Urt. v. 23.11.1999 – 11 VE 1202/95, JE VI Nr. 47; VGH München v. 18.10.1996 – Vf. 15-VII-95, NuR 1997, 286 = RdL 1997, 124). Eine solche Anordnung verstößt demnach weder gegen den Tierschutzgedanken noch gegen die Hegepflicht noch die Verfassung, auch dann nicht, wenn der Tierschutz als Staatsziel verankert ist, es sei denn eine Ausrottung der Wildart wäre zu befürchten (OVG Koblenz Urt. v. 21.2.2017 – 8 A 11328/16, BeckRS 2017, 103687 = JE VI Nr. 81; Urt. v. 30.10.2002 – 8 A 10572/02.OVG, JE VI Nr. 55). Diese Rspr., die dem Staat bei der Einteilung in Frei- und Bewirtschaftungsgebiete einen weiten planerischen Spielraum einräumt, verkennt aber, dass eine Tierart wie das Rotwild ohne die aus evolutionsbiologischen Gründen zwingende Möglichkeit der Anpassung an sich ständig verändernde Lebensumstände und einem Austausch des Genmaterials nicht überleben kann, so dass ein „Überschreiten" der von Menschen gesetzten Grenzen der vorgesehenen Lebensräume wichtig und unverzichtbar ist, daher Wanderkorridore mit Wildquerungen Teil der wildökologischen Raumplanung sein müssen (Balkenhol in Voigt (Hrsg.), Evidenzbasiertes Wildtiermanagement 2023, S. 5, 15 f.; s. hierzu auch Asche NuR 2003, 407). Ein Totalabschuss in bestimmten Gebieten beschränkt die für den Erhalt jeder Wildart wichtige Austauschmöglichkeit. Hiernach ist die Rechtmäßigkeit einer Totalabschussanordnung – auch in Form der Einteilung in Bewirtschaftungs- und Freigebiete – dann in Frage zu stellen, wenn dies ohne Rücksicht auf die wild- und insbesondere evolutionsbiologische Lebensweise und natürlichen Lebensräume der betroffenen Wildart geschieht (im Ergebnis so auch VG Schleswig Beschl. v. 27.4.2017 – 7b 204/16, BeckRS 2017, 109011 = JE VI Nr. 82; VG Arnsberg Urt. v. 16.8.1985 – 3 K 2736/84, JE VI Nr. 22; VG Kassel Urt. v. 28.2.1980 – IV E 228/79, JE VI Nr. 10; Leonhardt/Pießkalla Rn. 10). Auch außerhalb der Bewirtschaftungsgebiete ist eine Abschussplanung erforderlich (VG Kassel Urt. v. 28.2.1980 – IV E 228/79, JE VI Nr. 10).

54 Der Jagdpächter hat grundsätzlich keinen Anspruch auf **Kostenerstattung** für Hegemaßnahmen gegen den Grundeigentümer oder Verpächter (Mitzschke/Schäfer Rn. 10). Im Einzelfall kann sich jedoch aus dem Jagdpachtvertrag eine Verpflichtung zur Mitwirkung bei der Umsetzung von Hegemaßnahmen ergeben (→ Rn. 47 ff.). Konkrete Maßnahmen zur Biotophege können nämlich meistens nur in Übereinstimmung mit dem Grundeigentümer verwirklicht werden (zu dieser Problematik Conrad NuR 1980, 156).

55 Die Hegeverpflichtung geht nicht so weit, dass das **landwirtschaftliche Vorkaufsrecht** deshalb entfällt, weil eine landwirtschaftlich genutzte Fläche zu Hegemaßnahmen herangezogen werden soll (vgl. OLG Hamm v. 18.1.1974 – 10 WLw 31/73, AgrarR 1974, 205 zu § 9 Grundstücksverkehrsgesetz). Allerdings ist bei der Genehmigung von Umwandlungen von Waldflächen oder Feldholzinseln in Bewirtschaftungsflächen der Hegegedanke zu beachten.

56 Die Betonung des grundsätzlichen **Vorrangs der Bewirtschaftung** durch die ordnungsgemäße Land- und Forstwirtschaft in § 1 Abs. 2 S. 2 entspricht der alten Formulierung in § 1 Abs. 3 BNatSchG in der Fassung vom 1976, weicht aber von § 5 Abs. 2 BNatSchG in der Fassung vom 8.12.2022 ab, wonach nur eine Landwirtschaft, die mit **guter fachlicher Praxis** wirtschaftet, im Einklang mit dem BNatSchG steht. Der Begriff der ordnungsgemäßen Nutzung ist als Einschränkung zu verstehen (s. auch Mitzschke/Schäfer Rn. 13). Zu einer **ordnungsgemäßen wirtschaftlichen Nutzung** gehören im weitesten Sinne alle erforderlichen und gestatteten Maßnahmen, die in diesem Sachzusammenhang dienlich sind. Eine Einschränkung beispielsweise der ordnungsgemäßen forstwirtschaftlichen Nutzung auf bestimmte Bewirtschaftungsformen (Vermeidung von Monokulturen) gehört nach geltendem Bundesrecht bisher nicht dazu (aA Belgard Wild & Hund 1980, 299; s. auch Mitzschke/Schäfer Rn. 13), wobei der in der 20. Legislaturperiode des BT anhängige, streitige, vom Bundeskabinett noch nicht beschlossene Entwurf für ein neues **BWaldG** (vgl. Plenarprotokoll 20/143 v. 13.12.23 S. 18122 ff.) Regeln guter fachlicher Praxis für eine **naturnahe Waldbewirtschaftung** enthält, die – wenn sie denn Gesetz werden sollten – eine neue rechtliche Bewertung dessen erfordern werden, was unter ordnungsgemäßer Forstwirtschaft iSd BJagdG zu verstehen ist. In verschiedenen Landeswaldgesetzen sind Regeln guter fachlicher Praxis (zB Verbot von Kahlschlägen ab bestimmter Größe; Vorgaben zur Baumartenwahl; Totholzanteil etc) bereits enthalten, die bei der Auslegung des Begriffes der ordnungsgemäßen Forstwirtschaft insoweit auch heute schon zu berücksichtigen sind. Im Sinne von Abs. 2 S. 2 stellt sich jeweils die Frage, ob die konkrete forst-, fischerei- oder landwirtschaftliche Nutzung im Einklang mit geltendem Recht steht oder rechtswidrig wäre (so zB im Bezug auf das Abbrennen von Hecken: BayObLG Beschl. v. 18.12.1979 – 3 Ob OWi 221/79, BeckRS 1979, 280 = NuR 1980, 85). Nach EU-Agrarrecht sind Hecken oder Knicks, Einzelbäume, Feldraine, Trocken- und Natursteinmauern, Lesesteinwälle, Terrassen, Baumreihen sowie – jeweils bis 2000 qm große – Fels- und Steinriegel, Feuchtgebiete und Feldgehölze als Teile der prämienfähigen Flächen zu erhalten (Beseitigungsverbot gemäß **GLÖZ** Nr. 8, vgl. Broschüre „Umsetzung der **Gemeinsamen Agrarpolitik** der EU in Deutschland", 2023, S. 50 f.) Solche Bedingungen guter fachlicher Praxis sind also auch bei Prüfung des Vorrangs „ordnungsgemäßer Landwirtschaft" relevant. Maßnahmen, die einer nicht ordnungsgemäßen land-, forst- oder fischereiwirtschaftlichen Nutzung entsprechen, sind nicht geschützt. So muss die Hege nicht dergestalt durchgeführt werden, dass zB Schäden an rechtswidrig angelegten Cannabisanpflanzungen oder an verbotswidrig ausgebrachten Faunen- und Floraverfälschungen möglichst vermieden werden.

Der Grundsatz des Vorrangs ordnungsgemäßer Bewirtschaftung bedeutet, 57
das Hegeziel bestimmten Einschränkungen zu unterwerfen. Das Hegeziel darf aber nicht unmöglich gemacht werden, etwa wenn eine konkrete Form der forst-, land- oder fischereiwirtschaftlichen Nutzung so angelegt ist, dass sie faktisch nur ohne oder nur mit einem geringstmöglichen Wildbestand verwirklicht werden kann. In der derzeitigen Diskussion über die beabsichtigten Jagdgesetznovellen in BB und RP kommt zu kurz, dass die Forstwirtschaft auch nur eine – wenn auch aus Gründen des Klimaschutzes und der Biodiversität wichtige – Wirtschaftsform neben der Jagdwirtschaft ist. Einen strikten gesetzlichen Vorrang im Sinne von **„Wald vor Wild"** kann es schon aus Verfassungsgründen – auch mit Blick auf Art. 20a GG – nicht geben. Auch ist der Begriff des forstwirtschaftlichen Betriebszieles nicht geeignet, als **allei-**

nige Rechtfertigung von Eingriffen in die konkurrierende Jagdwirtschaft zu dienen. Allerdings kommt der Entscheidung des Grundeigentümers zumindest dann eine **maßgebliche Bedeutung** bei der Ausrichtung des Betriebsziels zu, wenn er entweder einen Eigenjagdbezirk forstlich bewirtschaftet oder als Waldeigentümer in der Jagdgenossenschaft die Mehrheit der Stimmen repräsentiert; zugleich setzen § 1 Abs. 1 S. 2 iVm Art. 20a GG dieser Ausrichtung aber immanente Schranken. Die Antwort auf die ökologisch wie rechtlich nicht angemessene Forderung nach „Wald vor Wild" lautet **„Wald mit Wild".** Was das konkret bedeuten kann, haben Deutscher Forstwirtschaftsrat und Deutscher Jagdverband in der 20. Legislaturperiode des BT am Runden Tisch Wald-Wild erörtert, wenn auch leider nur mit (guten) Zwischenergebnissen (→ Einl. Rn. 28).

58 Es ist den ungeschriebenen (Gebot der Rücksichtnahme) oder ausdrücklichen Pflichten des Pachtvertrages zu entnehmen, dass ein übermäßiger Wildbestand zu vermeiden ist, da dadurch die Waldbewirtschaftung erheblich erschwert wird. Zertifizierungen von Forstbetrieben – die zum Teil drastische Wildbestandskürzungen beinhalten – können allerdings kein genereller Maßstab für eine Reduzierung von Wildbeständen sein, wenn hierdurch die (Jagd-/Wild-) wirtschaftliche Betätigung des Jagdausübungsberechtigten über Gebühr in Anspruch genommen wird.

59 Die **Anpassung der Wildbestände** an die landschaftlichen Verhältnisse ist ein wichtiges weiteres Hegeziel. Das landschaftstypische Erscheinungsbild soll erhalten bleiben und darf durch überhöhte Wildbestände nicht gefährdet sein. Dies bedeutet, dass die heimischen Pflanzen in ihren besonderen Erscheinungsformen (Moor- und Heidelandschaft, Wachholdergebiete, Bergmischwälder, Magerwiesen etc.) zu schützen sind. Der Begriff der Landeskultur beinhaltet aber auch die ökonomischen Interessen der Land-, Forst- und Fischereiwirtschaft, die Interessen der Erholungssuchenden und den Schutz der natürlichen Lebensgrundlagen als Basis einer Artenvielfalt. Nach der Wortwahl des Gesetzes gehen die Belange der Forst-, Land- und Fischereiwirtschaft dem Interesse an einer zahlenmäßigen Hege des Wildes vor. Ihre Anzahl ist deshalb an die Belange dieser Wirtschaftszweige anzupassen. Wann Wildbestände an die Belange der Land- und Forstwirtschaft angepasst sind, ist nur im Einzelfall zu beurteilen. Wildbestände sind nur schwer quantitativ bestimmbar (vgl. hierzu auch OVG Koblenz Urt. v. 30.10.2002 – 8 A 10572/02.OVG, JE VI Nr. 55), erkennbar sind aber die Auswirkungen von Überbeständen auf die Natur und die Kulturlandschaften. Sog. **waldbauliche Gutachten** können als Indiz von Wilddichten herangezogen werden. Ihre Aussagekraft ist aber eingeschränkt, solange sie nicht mit strengen wissenschaftlichen Vorgaben ausgestattet sind und bislang auch keine **Aussagen zum Lebensraum des Wildes** enthalten. Ihre Verwendung für die Gestaltung von Abschussplänen ist formal dann ausgeschlossen, wenn eine Beteiligung des betroffenen Jagdausübungsberechtigten nicht erfolgte (VG Mainz Urt. v. 25.2.1997 – 3 K 476/95.MZ, JE VI Nr. 44). Forstbeamte als „Gutachter in eigener Sache" erfüllen die Anforderungen als objektive Sachverständige in der Regel nur eingeschränkt (so auch VG Neustadt/Weinstraße Urt. v. 9.10.1995 – 1 K 5573/94.NW, JE VI Nr. 43). Übermäßige Wildschäden, die ihre Ursache nicht in besonderen Situationen (strenger Winter, Naturkatastrophe, starke Störung, Anpflanzung neuer Baumarten) oder der Eigenart bestimmter Regionen (Überwinterungsgebiete) haben, sind ein verlässlicher Indikator eines zu hohen Wildbestandes. Um ausgewogene Anhalts-

punkte für die Höhe eines Wildbestandes zu erhalten, ist neben der gemeinsamen Bestandsaufnahme des Lebensraumes durch die Beteiligten des Pachtvertrages, zB im Wege einer jährlichen gemeinsamen Waldbegehung, das revierübergreifende Zusammenwirken der verschiedenen Interessengruppen, zB in Hegegemeinschaften und Jagdbeiräten, wichtig. Die in manchen Ländern praktizierte Vorgabe eines Soll-Wildbestandes ist abzulehnen, weil es objektiv unmöglich ist, den Istbestand annähernd zu ermitteln, und weil Soll-Wildbestände nicht hinreichend auf die regionalen Besonderheiten eines einzelnen Jagdreviers heruntergebrochen werden können. Zielvorgabe bleibt daher der an den Lebensraum angepasste Wildbestand.

Der gesetzlich normierte Vorrang der berechtigten Ansprüche der Forst-, 60
Land- und Fischereiwirtschaft vor der Hege ist nicht in dem Sinne zu verstehen, dass diese Ansprüche den Erfordernissen der Wildhege in jedem Fall und absolut vorgehen müssen (OVG Koblenz Urt. v. 5.2.1982 – 8 A 10/80, JE VI Nr. 16). Erforderlich ist, dass bei Abwägung aller Interessen unter Einbeziehung der Eigenart des Wildes und seines Lebensraumes berechtigte Interessen der betroffenen Wirtschaftszweige zu schützen sind. Hierbei ist auch zu berücksichtigen, ob es sich um besonders geschützte Rückzugsgebiete handelt und deren Schutzzweck tangiert ist (zu FFH-Gebieten s. EuGH Urt. v. 7.11.2000 – C-371/98, NVwZ 2001, 1147 = JE XIX Nr. 31 und zu Schutzgebieten nach der Vogelschutz-RL EuGH Urt. v. 11.7.1996 – C-44/95, BeckRS 2004, 77268 = JE XIX Nr. 29). Zur Abwägung der unterschiedlichen Interessen bei Gestaltung von Abschussplänen VG München Urt. v. 10.2.2016 – M 7 K 15.3412, BeckRS 2016, 50219 = JE VI Nr. 79. Auch darf eine besondere Sogwirkung von Bewirtschaftungsanlagen nicht ausgehen, die das Entstehen von Wildschäden auch dann provozieren, wenn nur eine geringe Anzahl der schädigenden Wildart vorhanden ist (vgl. auch zu § 27 OVG Münster Urt. v. 19.11.1987 – 20 A 1649/84, RdL 1988, 137 = JE VI Nr. 28).

Weiteres Hegeziel ist der **artenreiche und gesunde Wildbestand.** Der 61
Artenreichtum bezieht sich auf heimische, auch nicht bejagbare Wildarten und bedeutet, dass eine Wildart sich nicht zu Lasten einer anderen in dem jeweiligen Biotop übermäßig ausbreiten darf. So ist ein Zurückdrängen von Schwarzwildbeständen und Dachsen zugunsten von Bodenbrütern wie Schnepfen und Raufußhühnern erforderlich, ebenso wie die Reduzierung von Prädatoren zum Schutz seltener Wildarten, auch soweit diese nicht dem Jagdrecht unterliegen. Zu einem gesunden Wildbestand gehört ein natürlicher Aufbau der Altersstufen und ein ausgewogenes Geschlechterverhältnis. Körperlich soll das Wild sich in guter Verfassung befinden und möglichst frei von Parasiten, Krankheiten und Seuchen sein. Hierzu ist es erforderlich, dass genügend Äsung, aber auch Schutz vor übermäßiger Beunruhigung gegeben ist und die Anzahl der Tiere diesen Zustand auch ohne Vorhandensein übermäßiger Wildschäden gestattet. Auch die Anlage von Wildäsungsflächen, die das Wild möglichst ohne dauernde Beunruhigung zur Nahrungsaufnahme auch tagsüber aufsuchen kann, ist ein Teil der Hegeverpflichtung. Gegebenenfalls ist das Aussprechen von Wegegeboten, zB in Wildschutzzonen, erforderlich, um diesem gesetzlichen Auftrag gerecht zu werden. Die Sicherung der Lebensgrundlagen durch Erhaltung oder Schaffung der erforderlichen Biotope ist von großer Bedeutung. Die hierzu gleich lautenden Ziele des Naturschutzes decken sich insoweit mit dem Hegeziel des Jagdrechts. Der Schutz der Wildarten durch gezielte Hege und Vermeidung von Störungen

ist damit auch eine **öffentliche Aufgabe,** die zB bei der Anlage von Wanderwegen und Vorhaben im baurechtlichen Außenbereich zu beachten ist. Die Verpflichtung zum Artenreichtum geht auch einher mit den Zielen der Artenschutzregelungen und Konventionen auf europäischer Ebene (→ Einl. Rn. 42 ff.). Vor dem Hintergrund dieser (zum Teil mit Anwendungsvorrang ausgestatteten) Regelungen ist deren Schutzzweck gegen die wirtschaftlichen Ziele und Interessen der Forst-, Land- und Fischereiwirtschaft auszutarieren. Hier schließt sich der Kreis zu der anfänglichen Betrachtung, was ordnungsgemäße Bewirtschaftung bedeutet (→ Rn. 56 ff.), da zB das BNatSchG inzwischen in § 5 BNatSchG die Abwägung und Austarierung, was hierunter zu verstehen ist, auf der abstrakten Ebene des Gesetzgebers bereits ein Stück weit vorweggenommen hat und der Gesetzgeber des BWaldG möglicherweise in der 20. Legislaturperiode des BT mit spezifischen Anforderungen an die gute forstwirtschaftliche Praxis nachziehen wird.

IV. Weidgerechtigkeit (Abs. 3)

1. Allgemeines, Begriff

62 Bei der Jagdausübung sind die allgemein anerkannten Grundsätze deutscher Weidgerechtigkeit zu beachten. Weidgerechtigkeit ist nach der Definition der Sammelbegriff aller ungeschriebenen und geschriebenen Regeln, die das einwandfreie Beherrschen des Jagdhandwerks und die ethische Einstellung des Jägers zu Mitmenschen und zum Tier betreffen. Es handelt sich somit um die Summe der rechtlich bedeutsamen, allgemein anerkannten, geschriebenen oder ungeschriebenen Regelungen, die bei der Jagdausübung zu beachten sind. Hierunter ist die ethische Einstellung des Jägers zum Wild zu verstehen, die sich in der Art und Weise der Jagdausübung und in der Erhaltung des Wildes zeigt (VGH München Urt. v. 12.5.1971 – 63 IV 293, nv; Mitzschke/Schäfer Rn. 47; Lorz/Metzger Rn. 2). Der Inhalt des Begriffs unterliegt einem ständigen Wandel, der mit der unterschiedlichen Auffassung von sittlichem Empfinden bzw. Moral zusammenhängt, dem Verhältnis der Menschen zum Tier und zur Natur unter Berücksichtigung des Zeitgeistes sowie dem jeweiligen Stand von Wissenschaft und Forschung. Es handelt sich um einen unbestimmten Rechtsbegriff, der keinen Ermessensspielraum beinhaltet, sondern in vollem Umfang der verwaltungsgerichtlichen Nachprüfung unterliegt. Nach einer in Mitzschke/Schäfer Rn. 46 zitierten Auffassung (Anderlu DDJ Nr. 10/1969, Umschlag S. III: Versuch einer Systematik) ergeben sich fünf Gruppen weidmännischer Gebote:

„*1.* Dem Wild unnötige Qualen zu ersparen;
2. dem Wild als das dem Menschen am nächsten stehende Geschöpf der Natur zu achten;
3. dem Wild im Rahmen des Zweckes und Zieles der Jagd ein Maximum an Chancen zu lassen;
4. sich ritterlich und anständig gegenüber dem Jagdnachbarn und den Mitjagenden zu verhalten;
5. Jagdbetrieb und Jagdleidenschaft im Sinne einer durch die allgemeinen Gesetze und die Pflicht zur Wahrung des Ansehens der Jägerschaft bedingten Disziplin unter Kontrolle zu halten."

Vor allem die 5. Gruppe mutet – zumindest in ihrer seinerzeitigen Ausformulierung – nicht mehr zeitgemäß an; sie enthält allerdings einen erwähnenswerten, wichtigen Aspekt mit der Inbezugnahme „der allgemeinen Gesetze", wodurch zum Ausdruck kommt, dass die Grundsätze der Weidgerechtigkeit die Einhaltung des geschriebenen wie des ungeschriebenen, durch Gewohnheitsrecht überlieferten Rechts beinhalten.

Eine zeitgemäßere, rechtlich besser fassbare Ausformung dessen, was unter Weidgerechtigkeit verstanden werden kann, findet sich in einem Positionspapier des DJV, der drei Aspekte zur Weidgerechtigkeit herausstellt: 63

1. den **Tierschutzaspekt,** der die Einstellung des Jägers zum Tier als Mitgeschöpf, dem vermeidbare Schmerzen zu ersparen sind, voranstellt;
2. den **Umweltaspekt,** der von dem Jäger die Einbeziehung der Umwelt in ihrer Gesamtheit in sein Denken und Handeln fordert, und
3. den **mitmenschlichen Aspekt,** der das anständige Verhalten gegenüber anderen Jägern sowie der nicht die Jagd ausübenden Bevölkerung betrifft (DJV-Handbuch 2008, 136).

Der Begriff der Weidgerechtigkeit ist außerhalb des jagdrechtlichen und jagdpolitischen Meinungsspektrums nicht unumstritten. Er wird jedenfalls im Rahmen von Landesjagdgesetznovellen immer mal wieder – insbesondere von Umweltseite – mit Argumenten kritisiert, die, ähnlich wie beim Hegebegriff (→ Rn. 47 ff.), eine kritisch/inhaltliche Auseinandersetzung leider vermissen lassen. Als Argument gegen den Begriff der Weidgerechtigkeit wird angeführt, er entstamme dem Reichsjagdgesetz von 1934, was ihn bereits diskreditiere (vgl. Zitate bei Hahn/Lüchtrath/Schraml, Zukunftsfähige Organisationsformen für ein revierübergreifendes Wildtiermanagement, Abschlussbericht 3/2013, 12). Diese Argumentation überzeugt aus verschiedenen Gründen nicht: Zum einen ist ein unbestimmter Rechtsbegriff nicht allein deshalb schlecht und zu verwerfen, weil er sich – ebenso wie viele andere Vorschriften des heutigen deutschen Rechts – auch in Gesetzen befunden hat, die in der Zeit des Dritten Reiches Geltung hatten. Vielmehr hängt die Qualität des Rechts, damals wie heute, von seinen Inhalten ab, auf die nachstehend noch im Einzelnen einzugehen sein wird. Zum zweiten ist der deutsche Gesetzgeber nicht der einzige, der den Begriff „Weidgerechtigkeit" verwendet. Neben Österreich, Südtirol und anderen deutschsprachigen Teilen des Elsaß und Lothringens ist der Begriff zB auch in der Schweiz gebräuchlich. So heißt es im Jagdgesetz des Kantons Bern: „Art. 14 Weidgerechtigkeit (1) Die Jägerinnen und Jäger wenden alle Sorgfalt an, um dem Tier unnötige Qualen und Störungen zu ersparen und seine Würde zu bewahren. *(2) Sie tragen insbesondere die Verantwortung für eine zeit- und fachgerechte Nachsuche. (3) Die Wildhüterinnen und Wildhüter können zur Nachsuchehilfe beigezogen werden." Diese Länder bzw. Regionen würden sich ebenso wenig wie der Bundesgesetzgeber auf einen Begriff stützen, wenn dieser den Geist des Dritten Reiches widerspiegelte. Zum dritten reichen die Wurzeln des Begriffes Weidgerechtigkeit etymologisch viel weiter, nämlich in frühere Jahrhunderte zurück. Der erste Wortteil des Begriffs hat, ebenso wie andere jagdliche Komposita mit *weid,* die indogermanische Wurzel *uid* mit der Bedeutung „sich Nahrung verschaffen", die zu althochdeutsch *weida,* später mittel- und neuhochdeutsch *weid* wurde (vgl. Schwenk, Begriffe aus der Jägersprache: Weidgerechtigkeit, in Jagd in Bayern, Nr. 12, 2007, S. 23), woraus zB auch der Begriff Weide oder Weideland hervorging (Duden- 64 online, Stichwort „Weide“, zuletzt abgerufen am 28.3.2024). Die ei-Schreibweise kann somit in etymologischer Hinsicht als die bessere betrachtet werden, da sie die ursprüngliche ist und den Bezug des Wortteils *weid* zum Nahrungserwerb deutlich macht (Schenk in Jagd in Bayern, Nr. 12, 2007, S. 23). Der Bundesgesetzgeber hat sich mit dieser Schreibweise im § 1 Abs. 3 im Übrigen sichtbar von der Schreibweise des RJG (ai) abgegrenzt.

2. Inhalte der Weidgerechtigkeit

65 Allen voran ist das Verhalten gegenüber den Lebewesen von Bedeutung, gegenüber denen wir bereits im Hinblick auf unsere Übermacht eine besondere Verantwortung haben. Die uns eingeräumte Möglichkeit, über Leben und Tod eines Lebewesens zu entscheiden, gebietet es, dies in verantwortungsvoller Art und Weise zu tun. Es sind der behutsame Umgang mit der Natur und der Respekt vor dem Leben des Wildes, die uns Verhaltensnormen abverlangen, die im Einzelnen nicht alle festgehalten werden können. Das Gebot der Weidgerechtigkeit regelt die Art und Weise der Jagdausübung und ergänzt die jagdrechtlichen Einzelbestimmungen. Es setzt aber auch Grenzen, in denen die Jagdausübung nach dem Gesetzeswortlaut zwar noch zulässig wäre, in Abwägung der Umstände aber nicht oder nicht so ausgeübt werden kann. Hierbei ist klar, dass in der Praxis die Objektivierung von Einzelabläufen nur schwer möglich ist. Auch ist eine Einzelfallgerechtigkeit nicht in jedem Fall herstellbar. Dennoch sollte mit dem Begriff der Weidgerechtigkeit nicht zu restriktiv verfahren werden. Ob sich hieraus rechtliche Konsequenzen ergeben, die bis zum Entzug des Jagdscheins (§ 17 Abs. 2 Nr. 4, § 18) reichen können, ist eine andere Frage, da hierzu deutliche und schwere Verstöße gegen den Gesichtspunkt der Weidgerechtigkeit erforderlich sind (s. zum Verbot, den Fasan auf dem Boden zu schießen, AG Deggendorf Urt. v. 24.8.1971 – Ls 22/71 – AK 6/71, EJS IV S. 50 Nr. 13).

66 Die Verletzung eines **jagdlichen Brauchtums** ist nicht ohne Weiteres eine Verletzung der Grundsätze der Weidgerechtigkeit. Die Handlung muss verknüpft sein mit dem Tierschutzgedanken oder dem Sicherheitsaspekt, ggf. auch öffentlichen Belangen, die – wie der Lebensraum (die Umwelt) des Wildes – einen Bezug zum einem umweltbewussten Handeln des Jägers haben. Reine Verhaltensmaßregeln, Gebote der Höflichkeit oder der besonderen Fairness gegenüber dem Mitjäger oder Jagdnachbarn reichen hierzu nicht aus (→ § 29a Rn. 1 ff.). Bei der Überprüfung, ob im Sinne der Weidgerechtigkeit gehandelt wurde, sind wie bei anderen unbestimmten Rechtsbegriffen auch, nähere, vom Gesetzgeber zwar nicht ausdrücklich genannte, wohl aber in das Gesetz bereits hineingedachte Tatbestands- und Begriffsmerkmale herauszustellen und auf ihr Vorhandensein zu überprüfen (vgl. VGH Bebenhausen Urt. v. 12.10.1956 – 94/52, NJW 1957, 275). Der Begriff der Weidgerechtigkeit ist nicht immer einfach und insbesondere nicht abschließend zu fassen (zu den einzelnen Definitionen und Merkmalen ausführlich Schulze, Waidgerecht, Versuch einer Auslegung, 1970). Ob Versuche, weidgerechte und nicht weidgerechte Verhaltensweisen möglichst abschließend zusammenzutragen, Auslegungshilfen zu Abs. 3 sein können, ist umstritten (vgl. Leonhardt/Pießkalla Rn. 17). Es geht nach hier vertretener Ansicht bei der Weidgerechtigkeit weniger um den Anspruch an ein anständiges Verhalten gegenüber den Mitmenschen, zB dem Jagdnachbarn (so VGH Mannheim Urt. v. 16.2.1990 – 5 S 2073/89, JE III Nr. 62) im Sinne einer Grenzschinderei, oder um ungeschriebene Verhaltensnormen des jagdlichen Brauchtums bei Gesellschaftsjagden (Mitzschke/Schäfer Rn. 45). Es geht im Kern um die Sicherheit anderer bei der Jagdausübung, das Verhalten gegenüber dem Wild, also um den Tierschutz (Mitzschke/Schäfer Rn. 45; Leonhardt/Pießkalla Rn. 17), und last but not least um die hinreichende Einbeziehung der (im Jagdrevier relevanten) Umwelt in das Handeln des Jägers. Diese drei Aspekte machen den **Markenkern** der Weidgerechtigkeit – im Wandel der Zeit – heute aus. Ob man den Begriff allein auf diesen – rechtlich relevanten – Markenkern beschränkt und darüber hinaus gehende Regeln eher zum jagdlichen Brauchtum rechnet oder ob man stattdessen den Begriff der Weidgerechtigkeit eher weit fasst, kann letztendlich offenbleiben. Denn nur dann, wenn der Markenkern verletzt ist, kann sich die Frage stellen, ob neben der kritischen Ansprache und ggf. Sanktionierung durch den Jagdherrn ein Einschreiten der Behörde wegen Verstoßes gegen die Grundsätze der Weidgerechtigkeit nach den Umständen des Falles möglich ist oder im Einzelfall erforderlich sein kann. Das gesamte Verhalten des Jägers im Rahmen der Jagdausübung ist letztendlich an diesen drei Leitprinzipien, die den Markenkern ausmachen, zu messen. Dies bedingt, dass der Jäger sich mit dem Wild, seinem Lebensraum, dh seiner Umwelt und deren Wechselwirkungen, auch bezogen auf Dritte, dem Jagd- bzw. Schweißhund, der Sicherheit bei einer Gesellschaftsjagd oder beim Ansetzen von Jagdgästen, schlicht allem, was mit der Jagdausübung zu tun hat, beschäftigt und Kenntnisse verschafft, nach denen er sein Handeln ausrichtet.

3. Im Einzelnen

Zum Markenkern dessen, was weidgerecht ist, gehört einmal der Gesichtspunkt der **Sicherheit,** auch gegenüber unbeteiligten Dritten (Mitzschke/Schäfer Rn. 45; aA Prützel DJV Nachricht Nr. 4/1976 S. 7). Das nachbarschaftliche Vertrauensverhältnis zum Reviernachbarn gehört im Rechtssinne nicht zum weidgerechten Verhalten. Auch nicht ein Verhalten, das eine rechtswidrige Handlung vorbereiten könnte, so die Errichtung eines Hochsitzes in der Nähe einer Fütterung (so auch Leonhardt/Pießkalla Rn. 17 entgegen OLG Koblenz Beschl. v. 13.1.1984 – 1 Ss 558/83, NuR 1984, 157). Zur Weidgerechtigkeit im hier verstandenen Sinne rechnet hingegen zB die Überprüfung von Drückjagdböcken und anderen Hochsitzeinrichtungen gemäß UVV, bevor Gäste hier anlässlich einer Gesellschaftsjagd angesetzt werden. Hierzu rechnet die Einweisung von Jagdgästen auf einer Gesellschaftsjagd, falls die übliche Kennzeichnung von Sperrbereichen durch „Ausixen“ und der Hinweis hierauf nicht genügen, um die Sicherheit herzustellen. Hierzu rechnen bauliche Vorsichtsmaßnahmen bei Errichtung von Hochsitzen oder, wenn diese fehlen, klare Ansprache gegenüber einem Jagdgast, wenn etwa beim Ansitz in eine bestimmte Richtung aus Sicherheitsgründen (zB Häuser hinter einer dichten Nadelbaumreihe) nicht geschossen werden darf. Anders ist zu beurteilen, wenn zB ein Jagdgast auf ein den Nachbarn anwechselndes Stück Wild schießt, ohne dass im konkreten Fall eine Gefährdung entsteht; zwar mag man dieses Verhalten im Sinne der Fairness als Verstoß gegen jagdliches Brauchtum zu Recht beanstanden, es bleibt aber bei einem Fauxpas, der sich im zwischenmenschlichen Bereich abspielt, einen Verstoß gegen die Grundsätze der Weidgerechtigkeit wird man mangels Feststellung einer Gefährdungslage hierin nicht sehen können. Solche Fälle – in 67 denen weder die Sicherheit noch das Tierwohl noch die (relevante) Umwelt betroffen sind, aber dennoch gegen Regeln des jagdlichen Brauchtums verstoßen wird, bleiben – je nach den Umständen – allein der kritischen Ansprache oder Sanktionierung durch den Jagdherrn vorbehalten.

68 Weiterer Markenkern der Weidgerechtigkeit ist tierschutzgerechtes Handeln bei der Jagd. Die Regelungen des **Tierschutzes** gelten im Rahmen der jagdrechtlichen Bestimmungen mit der Maßgabe, dass die Tötung „im Rahmen weidgerechter Ausübung der Jagd" (nur) vorgenommen werden darf, wenn hierbei nicht mehr als unvermeidbare Schmerzen entstehen (§ 4 Abs. 1 S. 2 TierSchG). Es ist hierbei zu berücksichtigen, dass das Töten des Wildes der Jagd immanent ist und somit einen vernünftigen Grund iSd § 1 Abs. 1 S. 2 TierSchG darstellt. Die Art und Weise des Tötens eines Tieres hat allerdings so zu erfolgen, dass dem Tier ein Leiden möglichst erspart wird (Schallenberg/Förster NuR 2007, 161 (162)). Während das Tierschutzgesetz sich bei Tötungen von Berufs wegen in Schlachtereien oder Metzgereien mit dem Aspekt befasst, dass sich jemand planend-vorhersehend mit der Tötung eines Tieres beschäftigt, ist der jeweilige Tötungsakt bei der Jagd nur bedingt planbar und vorhersehbar. Dennoch muss die Art und Weise des Tötens dem Tierschutzgedanken entsprechen. Eine vorherige Betäubung ist auch dann nicht unweidgerecht, wenn ein Wildtier als Verkehrsopfer zu töten ist. Soweit dies möglich ist, hat die Tötung eines Tieres schnell oder jedenfalls so wenig Schmerzen verursachend zu erfolgen, wie dies den Umständen des Falles entsprechend zu bewerkstelligen ist. Jedoch ist ein Schuss auch dann nicht unweidgerecht, wenn er im Zuge einer Drückjagd mit dem Risiko abgegeben wird, dass er fehlt oder schlecht trifft, weil das Wild sich schnell bewegt oder aber die Schussabgabe aus anderen Gründen schwierig ist, zB in Gehölzen, bei geringer Zielerfassungsmöglichkeit (aA Hirt/Maisack/Moritz/Felde TierSchG § 4 Rn. 5, wobei dort die Jagd außerhalb ökologischer Notwendigkeit bereits grundsätzlich in Frage gestellt wird). Auch der Schuss „frei Hand", oder über eine Zielhilfe (Zielstock) ist nicht per se unweidgerecht, nur weil das Risiko eines schlechteren Schusses größer ist. Die Jagdausübung selbst muss, wenn sie effizient betrieben wird, sich an die jeweilige Situation anpassen. Reduktion des Wildbestandes ist eines der Ziele der Jagdausübung; dass diese Reduktion nicht nur durch einen sicheren, mittels einer entsprechenden Auflage versehenen Schusses auf einer Hochsitzeinrichtung herzustellen ist, liegt auf der Hand. Auch die Pirsch, die Treib- oder Drückjagdsituation oder das plötzliche Auftauchen von Wild müssen dementsprechend im Sinne einer ordnungsgemäßen Jagdausübung gestattet sein. Entscheidend ist, ob ein Schütze grundsätzlich über Fähigkeiten zur Abgabe eines Schusses in der jeweiligen Situation verfügt. Daher ist bei der Frage, ob eine Waffe weidgerecht geführt wird, auch die Frage der Aus- und Weiterbildung, konkret also der Geübtheit eines Schützen, relevant. Die Grenzen zu einem nicht weidgerechten Verhalten sind fließend. Unweidgerecht im rechtlichen Sinn ist ein Schuss nicht allein deshalb, weil die Schussabgabe im konkreten Fall als „unsportlich" angesehen wird (so zB auf den laufenden Fasan), weil hier zwar das „Gebot der Fairness" (→ Rn. 66) verletzt sein mag (welches nach früherer Auffassung zur Weidgerechtigkeit im Rechtssinne hinzugerechnet wurde, vgl. hierzu Mitzschke/Schäfer Rn. 46 mwN), allerdings der unter Tierschutz-Gesichtspunkten sicherere Schuss dies jedenfalls aufwiegt. Andererseits sind auf den ersten Blick eher traditionell erscheinende Grundsätze der Weidgerechtigkeit häufig mit einem tieferen Sinn versehen. So ist

zB der Schuss auf den in der Sasse sitzenden Hasen unweidgerecht, nicht weil der Hase sich nicht bewegt (Fairness), sondern weil die Schrotdeckung auf den größtenteils verdeckten Hasen als nicht ausreichend angesehen wird (Tierschutz). Ebenso gilt der Schuss auf die schwimmende Ente als nicht weidgerecht, weil die eingeklappten (kräftigen) Flügelfedern einen großen Teil der Schrote abfangen werden und im Übrigen der Schuss auf das stehende Gewässer die Gefahr von Abprallern beinhaltet. Unweidgerecht und darüber hinaus ein Verstoß gegen das TierSchG ist der bewusste Schuss in der Absicht, das Wild krank zu machen (zB in der Hoffnung, im Gebirge das Wild zu einer Flucht zu bewegen, um es besser bergen zu können). Weidgerecht hingegen ist der Schuss, selbst in sehr unsicherer Form, auf ein bereits krankes Stück Wild, um es „noch kränker zu machen" zum Zweck einer erfolgreichen Nachsuche. Nicht weidgerecht ist der Schuss in ein Rudel hinein mit der erkennbaren Gefahr, dass dahinter stehendes Wild unmittelbar verletzt wird. Weidgerecht hingegen ist es, auf hintereinander laufendes Wild zu schießen oder in ein Rudel zu schießen, wenn es unwahrscheinlich ist, dass in einem ungünstigen Winkel links und rechts davon stehenden Wildes von Splittern verletzt werden könnte. Generell ausschließen kann man solche unbeabsichtigten Verletzungen wahrscheinlich nie vollständig. Hintergrund dieser Betrachtung ist, dass ansonsten eine Schussabgabe auf Wild in Bewegung, insbesondere auf Drückjagden, fast gar nicht mehr erfolgen könnte. Entscheidend für die Frage der Beurteilung eines Schusses als weidgerecht ist daher auch hier die Schießfertigkeit und Erfahrung des Schützen. Die Verwendung von sog. Teilmantelgeschossen, also sich teilweise zerlegenden Geschossen, ist für eine schnelle Tötungswirkung wesentlich. Die Gefahr einer Splitterwirkung von austretenden Geschossteilen ist zwar gegeben. Eine wahrscheinliche Gefahr realisiert sich aber nur dann, wenn das Wild in einem erkennbar geringen Winkel hinter dem beschossenen Stück steht, so dass mit einer Verletzung erkennbar gerechnet werden muss. Nicht weidgerecht ist der Schuss auf ein Stück Niederwild, wenn ein Jagdhund unmittelbar hinter dem Wild läuft, weil das Risiko eines Fehlschusses und damit die erkennbare Gefahr, den Hund zu treffen, besteht. Unweidgerecht ist der Überkopfschuss eines über die Schützenkette fliegenden Fasans, weil die Gefahr von Schrotrückprallern auf die Schützenkette vorhersehbar ist. Weidgerecht ist das Abnicken eines angeschossenen oder angefahrenen oder anderweitig kümmernden Wildes, wenn eine Schussabgabe mit anderen Mitteln kurzfristig nicht möglich ist, zB weil die Gefahr für umherstehende Personen oder Hunde zu groß ist. Hierbei braucht anders als im strengen Sinne des TierSchG ein vorheriges Betäuben des Wildes nicht zu erfolgen, da das Einschalten eines Tierarztes das Leid bis dahin nur verlängern würde. Dennoch ist das Verhalten des Jägers dann unweidgerecht, wenn er das Abnicken mit dem Messer nicht beherrscht, so dass unnötiges Leid durch das Abnicken hervorgerufen wird. Hingegen ist das Töten durch einen gezielten Herzstich als weidgerecht anzusehen. Das **Abnicken** mittels eines Stiches durch die Halswirbelsäule ist dann unweidgerecht, wenn der Jäger dies nicht beherrscht und mehrere Stiche oder eine längere Zeitfolge benötigt. Das Töten eines Kaninchens oder Hasen mittels eines sog. Karnickelfangschlages mit der flachen Hand auf das Genick ist nicht unweidgerecht, wohl aber ein erkennbar nicht sofort tödlicher Schlag auf den Körper mittels einer Peitsche (LG Freiburg v. 8.4.1936 – AK 84/36, DJ 1937, 586), ebenso das Erstechen mit einer Heugabel oder das ungezielte, nicht sofort tötende Schlagen mittels eines Knüppels auf Kaninchen (LG Thorgau v. 22.7.1936 – 3 Ns 36/36, DJ 1937, 45). Unweidmännisch ist das Schießen auf schwimmende Seehunde (Mayer-Ravenstein AgrarR 1997, 141), ebenso wie das Erschlagen eines Wildschweins mittels eines Knüppels, wenn in zeitlicher und örtlicher Hinsicht eine andere Art und Weise der Tötung möglich ist (insoweit zu eng BayObLG Urt. v. 30.10.1959 – RReg. 3 St 158 a-c/58, NJW 1960, 446). Allgemein ist zu beachten, dass der Jäger im Einzelfall oft kaum oder nur geringere Alternativen hat. Findet er ein krankes angefahrenes Tier, so muss er im Einzelnen abwägen, ob für ihn die Möglichkeit besteht, nach Hause zu fahren und sich geeigneterer Gerätschaften (Schusswaffen) zu bedienen, oder ob es sinnvoll und auch wichtig ist, das Tier sofort zu töten. Vor dem Hintergrund, dass ein Tier ohnehin im Hinblick auf die Verletzung erhebliche Schmerzen erleidet, die durch das Herannahen eines Menschen deutlich verstärkt werden, wird man es häufig als humaner und damit auch als weidgerechter bezeichnen müssen, beherzt einzugreifen, auch wenn die angewendeten Mittel auf den ersten Blick unangemessen erscheinen. So zwingt der Gesichtspunkt der Weidgerechtigkeit im Ausnahmefall auch dazu, ggf. grenzüberschreitend ein Stück Wild zu erlegen oder abzunicken, wenn im Sinne des Tierschutzes eine vorherige Benachrichtigung und ein Zuwarten auf das Ankommen des benachbarten Jagdpächters für das Wild unnötige weitere, nicht unerhebliche Schmerzen beinhaltet (so auch AG Sinzig Urt. v. 25.11.1999 – 2030 Js 57655/98 - 3 Cs, JE X Nr. 109).

69 Der Begriff der Weidgerechtigkeit hat auch über die eigentliche Jagdausübung hinaus Regelungscharakter und ist zu beachten, so zB bei der **Hundeausbildung** zu Jagdzwecken. Auch hier ist im Sinne des Tierschutzes zu beachten, dass die Jagdausbildung der Hunde nicht zu einer Tierquälerei herabkommen darf, aber auch nicht für die Tiere, die im Rahmen der Ausbildung eingesetzt werden. So ist die Ausbildung an der lebenden Ente (soweit landesrechtliche Bestimmungen nicht entgegenstehen) nur eingeschränkt als tierschutz- und weidgerecht anzusehen (generell verboten gemäß OVG Koblenz Urt. v. 20.3.2001 – 12 A 11997/00, NVwZ-RR 2001, 733 = JE VII Nr. 58; OVG Schleswig Urt. v. 17.3.1998 – 4 L 219/94, BeckRS 1998, 17049 = JE VII Nr. 53; VGH Kassel Beschl. v. 6.11.1996 – 11 TG 4486/96, BeckRS 2005, 23109 = JE VII Nr. 51; aA OLG Celle Urt. v. 12.10.1993 – 2 Ss 147/93, BeckRS 1993, 31258495 = JE X Nr. 90; erlaubt nach OVG Münster Urt. v. 30.7.1998 – 20 A 592/96, BeckRS 1998, 22887 = JE VII Nr. 54; differenzierend AG Nettetal Urt. v. 3.10.1980 – 3 Ds 3 Js 790/79 (120/80), JE VII Nr. 26). Schliefenanlagen für die Baujagd müssen so geartet sein, dass ein Zusammentreffen von Hund und Fuchs ausgeschossen ist. Unweidmännisch ist es aber auch, einen nicht ordnungsgemäß oder gar nicht ausgebildeten Hund für die Nachsuche an der lebenden Ente einzusetzen. So wird ein nicht ordnungsgemäß ausgebildeter Hund eine angeschossene Ente entweder nicht finden oder nicht vernünftig apportieren können. Auf der anderen Seite wird das Ausbilden von Hunden an der lebenden Ente für dieselbe ohne tierschutzkonforme Regeln ebenfalls zur Tortur werden, so dass einer alternativen Ausbildungs- und Prüfungsmethode der Vorzug zu geben ist (VG Düsseldorf Urt. v. 4.12.1995 – 23 K 10640/92, NuR 1996, 634 = JE VII Nr. 50). So hat sich zB die nach Prof. P. Müller benannte sog. „Müller-Methode" als verhältnismäßige Methode zur Ausbildung des Hundes an der lebenden Ente erwiesen (vgl. hierzu Harmel/Troxler/Hackländer, Jagdhundausbildung – (K)eine tote Ente – Alternative, 2013, https://wildundhund.de/jagdhundausbildung-7826/; Spittler, Studie zur Frage der Notwendigkeit und Tierschutzgerechtigkeit der Ausbildung und Prüfung von Jagdhunden an lebenden, vorübergehend flugunfähig gemachten Enten, 2016 https://stifterverband-jagdwissenschaften.de/wp-content/uploads/2014/03/Entenstudie-2016.pdf; P. Müller, Alternativen und Tierschutzgerechtigkeit der Ausbildung und Prüfung von Jagdhunden „hinter der lebenden Ente", 1993). Auch die Haltung des Hundes muss artgerecht sein (s. hierzu Tierschutz-Hundeverordnung vom 2.5.2001, BGBl. 1001 I 838, zuletzt geändert am 25.11.2021, BGBl. 2021 I 4970). Der jagdliche Einsatz darf auch für den Hund nicht zu einer Tortur werden (vgl. § 3 TierSchG).

Auch für die räumliche **Gestaltung** von **Jagdbezirken** kann der Begriff der Weidgerechtigkeit heranzuziehen sein. Jagdpflege und Jagdausübung iSv § 5 Abs. 1 sind der Inbegriff all dessen, was in § 1 als Inhalt des Jagdrechts bezeichnet wird. Somit ergeben sich die Erfordernisse der Jagdpflege und Jagdausübung aus dem das Jagdrecht beherrschenden Gedanken der Pflege des Wildbestandes durch Wild- und Biotophege und der Sicherstellung einer weidgerechten Jagd. (vgl. Mitzschke/Schäfer § 5 Rn. 8). Dementsprechend spielt bei Abrundungsverfügungen der Grundsatz der Weidgerechtigkeit durchaus eine Rolle (OVG Lüneburg Urt. v. 10.3.1994 – 3 L 169/90, BeckRS 2004, 27377 = JE II Nr. 126). Erschwernisse beim Schuss auf Wild und die Gefahr, dass krank geschossenes Wild in einen fremden Jagdbezirk flüchten könnte, lassen eine Abrundung aus dem Gesichtspunkt der Weidgerechtigkeit jedoch allein nicht als notwendig erscheinen (OVG Münster Urt. v. 10.12.1984 – 20 A 135/83, RdL 1985, 126 = JE II Nr. 74). **70**

Das Unterlassen einer **Nachsuche** mit geeigneten Hunden ist generell als Verstoß gegen die Weidgerechtigkeit zu werten (vgl. AG Gifhorn Urt. v. 26.2.1987 – 8 OWi 14 Js 1250/87, JE X Nr. 57; → § 22a Rn. 9). Das Wassereinleiten zum Fuchssprengen ist unweidgerecht (AG Hannover Urt. v. 12.2.1987 – 535 C 13372/86, JE I Nr. 47), ebenso der Einsatz von Feuer zum Zweck der Fuchsjagd (VG Münster Urt. v. 11.9.1984 – 7 K 480/84, JEV Nr. 96). Auch das Unterlassen einer Anschusskontrolle ist nicht weidgerecht (VG Stade Urt. v. 21.7.1982 – 4 VG D 44/82, JE V Nr. 82). Hierzu gehört auch die sog. Grenzschinderei, dh der unmittelbare Schuss an der Nachbargrenze (VG Kassel Urt. v. 2.12.1982 – IV/V E 1585/82, JE II Nr. 51), wenn er, bei Fehlen einer entsprechenden **Wildfolgevereinbarung,** die Gefahr einer nicht unverzüglich durchführbaren Nachsuche beinhaltet. Ein Verstoß gegen die Grundsätze der Weidgerechtigkeit wird auch dahingehend gesehen, dass ein Jäger einen als solchen erkennbaren Jagdhund anschießt (OVG Lüneburg Urt. v. 28.10.1975 – III A 75/75, JE VIII Nr. 4; VG Stuttgart Urt. v. 19.6.1973 – VI/16/73, EJS IV S. 44 Nr. 14). Hierbei muss jeder Jäger damit rechnen, dass Jagdhunde, insbesondere im Zuge von Treib- oder Drückjagden, Wild auch über die Reviergrenzen hinaus nachstellen. Da es deren eigenständige Aufgabe ist, das Wild insoweit zu verfolgen und im Hinblick auf ihre Zuordnung zu den Jagdrassen davon ausgegangen werden muss, dass es sich um einen Jagdhund handelt, handelt jedenfalls der Jäger nicht weidgerecht, der sodann einen solchen Jagdhund erschießt (s. auch Mitzschke/Schäfer Rn. 45 unter Verweis auf Prützel DJV-Nachricht Nr. 4 1976, 7). Nicht unweidgerecht handelt dementsprechend ein Jäger, der einen Hund einer Jagdhunderasse im Rahmen entsprechender Jagdschutzvorschriften eines Landes erschießt, der wildert, also nicht im Rahmen einer berechtigten Jagdausübung dem Wild nachstellt. **71**

Vgl. zum Jagdschutz gegenüber **wildernden Hunden und Katzen** s. §§ 23, 25; außerdem A. Heider, Der Jagdschutz unter besonderer Berücksichtigung der polizei- und ordnungsrechtlichen Befugnisse der Jagdschutzberechtigten, Diss. 1987, S. 61 ff. Deshalb ist es äußerst wichtig, dass Hunde, die zum Zweck der Jagdausübung eingesetzt werden, deutlich sichtbar zB mit einer Signalhalsung, besser noch Signalweste versehen werden. Unter diesem Gesichtspunkt wird der Schuss auf einen der Rasse zuzuordnenden Schweißhund, der auch noch mit einer entsprechenden Signalhalsung versehen ist, im Zweifel als unweidgerecht anzusehen sein.

72 Der Begriff der Weidgerechtigkeit findet nicht nur gegenüber Mitjägern auf einer Jagd (Sicherheit) sowie im Verhalten gegenüber dem Wild (Tierschutz) Anwendung, sondern auch, wenngleich mit Einschränkungen, gegenüber Dritten, so zB an der Jagd Unbeteiligten, hier gegenüber Erholungssuchenden (VGH Mannheim Urt. v. 8.12.1981 – 5 S 1946/80, JE V Nr. 62). Denn Erholungssuchende sind – im Rahmen des geltenden Wald- und Flurbetretungsrechts – Teil der **relevanten Umwelt,** derer sich der Jagdausübungsberechtigte innerhalb seines Jagdreviers bei der Jagdausübung zu vergewissern hat, sei es unter Aspekten der Sicherheit, sei es unter dem Aspekt des Gebots der gegenseitigen Rücksichtnahme. Zum Markenkern der Weidgerechtigkeit rechnet also auch die Einbeziehung der (im Jagdrevier relevanten) Umwelt in das Handeln des Jägers. Das bedeutet zB, dass der Jäger die Umwelt und Biodiversität im Revier und die Rechtspflichten hierzu achtet, sei es bei der Jagdausübung im engeren Sinne oder zB bei der Anlage jagdlicher Einrichtungen.

73 Die Errichtung einer **Fütterungsanlage nahe eines Hochsitzes** ist allein nicht unweidgerecht (aA OLG Koblenz Beschl. v. 13.1.1984 – 1 Ss 558/83, NuR 1984, 157), wohl aber der (ohnehin nach Landesrecht verbotene) Schuss auf Wild an einer solchen. Genau an diesen Schnittstellen setzt allerdings auch die Kritik an dem Begriff der Weidgerechtigkeit an, nämlich dass er zu unbestimmt sei und eventuelle Moralvorstellungen, im äußersten Fall sogar Erwägungen der Sportlichkeit denen des eigentlichen Tierschutzes voranstellen könnte. Dieser Vorwurf ist jedoch unberechtigt, da im Rechtssinne durchaus unterschieden werden kann zwischen denjenigen ungeschriebenen Regeln des jagdlichen Brauchtums, die allein einem zwischenmenschlichen Verhaltenskodex zuzurechnen sind, und denjenigen Belangen, die als Markenkern der Weidgerechtigkeit zugerechnet werden, weil sie – mit Blick auf die Sicherheit, den Tierschutz oder die Umwelt – **Drittschutzcharakter** haben. So wäre auch das Bürgerliche Gesetzbuch ohne eine Vorschrift wie § 242 BGB kaum vorstellbar, da hiermit nicht unerhebliche Regelungslücken geschlossen werden können, die aus ethischen Gesichtspunkten eine Vielzahl von Fällen betreffen, ohne dass es sinnvoll oder möglich wäre, all diese Fälle in einzelnen Normen zu konkretisieren.

V. Jagdausübung

74 **Nachstellen** ist jede Handlung, die mit dem Vorsatz des Fangens oder Erlegens von Tieren geschieht. Hierzu gehören noch nicht reine Vorbereitungshandlungen, zB der Bau eines Hochsitzes, der Kauf einer Falle, das Vorbereiten von Ködern. Nicht notwendig für ein Nachstellen ist aber die direkte Verfolgung von Wild. Eine unmittelbare Vorbereitungshandlung, wie das Zutreibenlassen, selbst mit ungeladenem Gewehr (so RG Urt. v. 24.10.1889 – 1884/89, RGSt 20, 4 – wenn das Gewehr leicht schussfertig gemacht werden kann), das Ansitzen, Pirschen – auch die sog. Pirschfahrt mit dem Pkw., wenn die Waffe schussbereit ist – reichen aus.

Fangen bedeutet jede Art und Weise der Ingewahrsamnahme eines Tieres, sei es mittels einer sog. Lebendfalle oder einer Falle, die das Tier tötet. Hierzu ist eine Aneignungsabsicht nicht erforderlich. So ist das vorübergehende Einfangen, zB von Jungwild, Fangen im Sinne des Gesetzes, auch das Fangen zum Zweck der Markierung oder Beringung (s. hierzu § 36 BWildSchV).

Mit **Erlegen** ist jede Form der Tötung gemeint, wobei sich diese auf zulässige Formen beschränkt (Mitzschke/Schäfer Rn. 14; vgl. auch § 2 Abs. 1 Nr. 2 TierLMHV: „Töten von Groß- und Kleinwild nach jagdrechtlichen Vorschriften"). Auf die Mittel (Schuss-, Stichwaffe) kommt es nicht an. Krankgeschossene Tiere gelten noch nicht als erlegt, es sei denn sie sterben später, aber im zeitlichen und räumlichen Zusammenhang unmittelbar an der Schussverletzung. Stirbt das Wild – außerhalb dieses zeitlichen oder räumlichen Zusammenhanges – nur mittelbar an der Verletzung (zB Abkommen/Verhungern nach Äserschuss), fehlt es an diesem für den Begriff des Erlegens erforderlichen Zusammenhang.

Die **Aneignung** eines herrenlosen Tieres geschieht durch die Begründung 75
von Eigenbesitz (vgl. Grüneberg/Herrler BGB § 958 Rn. 1), wobei eine entsprechende Absicht vorhanden sein muss. Ziel muss sein, über das Tier wie ein Eigentümer iSv § 958 BGB zu verfügen. Objektiv wird die Erlangung der tatsächlichen Sachherrschaft vorausgesetzt (BeckOK BGB/Kindl BGB § 958 Rn. 4), wobei die Besitzergreifung auch durch einen Besitzmittler, zB einen Jagdgast mittels eines Werkzeuges (der zum Apport befohlene Jagdhund), erfolgen kann. Subjektiv ist der Wille, die Sache als eigene zu besitzen, ausreichend (hM, MüKoBGB/Oechsler BGB § 958 Rn. 8 mwN). Wer bei der Besitzergreifung irrtümlich davon ausgeht, dass die in Wahrheit herrenlose Sache ihm gehöre, erwirbt dementsprechend Eigentum iSv § 958 BGB (vgl. RGRK-BGB/Picard BGB § 958 Rn. 8). Ein Aneignungsverbot des Jagdausübungsberechtigten ergibt sich nicht bereits unmittelbar aus den Regelungen des BJagdG über die Einhaltung von Schonzeiten oder das Verbot von bestimmten Erlegungsarten (verbotene Fangjagd, s. auch BeckOK BGB/Kindl BGB § 958 Rn. 5; Erman/Ebbing BGB § 958 Rn. 7; MüKoBGB/Oechsler BGB § 958 Rn. 10). Ein Aneignungsverbot wird von einigen Autoren allerdings dann angenommen, wenn die Wildart nach dem Artenschutzrecht der EU bzw. des Bundes und der Länder besonders geschützt ist (MüKoBGB/Oechsler BGB § 958 Rn. 10) oder wenn nach § 22 Abs. 2 S. 1 eine absolute Schonung des Wildes geboten ist (BeckOK BGB/Kindl BGB § 958 Rn. 5; Lorz § 1 Rn. 23; Staudinger/C. Heinze, 2020, BGB § 958 Rn. 10; zum Meinungsstand s. auch Mitzschke/Schäfer Rn. 23; Lorz NuR 1980, 112; Hammer NuR 1980, 111; Gaul NuR 1980, 110; Müller NuR 1979, 137). Nach wohl überwiegender Meinung steht allein die Verletzung von Schonzeitvorschriften der Aneignung nicht entgegen (vgl. Mitzschke/Schäfer Rn. 23; Drees/Thies/Müller-Schallenberg/Jäcker/Hugenberg § 1 S. 29; im Grundsatz zustimmend Lorz NuR 1980, 112; im Ergebnis auch VG Freiburg Urt. v. 27.10.1994 – 9 K 1546/93, BeckRS 1994, 31338392 = NuR 1996, 425). Ist die Wildart darüber hinaus durch EU-Recht iVm nationalem Jagdrecht – hier **BWildSchV** – geschützt, indem sie von Anlage 1 Teil A, B oder C dieser Verordnung erfasst ist (zB Wisent,

Steinwild, Alpenschneehuhn ua), bleibt das Aneignungsrecht des Jagdausübungsberechtigten nach § 2 Abs. 1 S. 2 BWildSchV als ausdrücklich „unberührt" bestehen; diese „Unberührbarkeit" setzt freilich voraus, dass das nach BWildSchV und durch jagdrechtliche Schonzeit geschützte Tier nicht mit der Absicht erlegt wurde, es sich ausschließend (missbräuchlich) anzueigenen; beschränkt nach Maßgabe der Abs. 2 und 3 des § 2 BWildSchV ist gleichwohl das Recht, angeeignete Tiere zu veräußern oder zu handeln. Folgt der Schutz der Tierart aus EU-Recht iVm **BArtSchV** (zB bzgl. Moorente, Bekassine ua), besteht hingegen für jedermann, auch für den Jagdausübungsberechtigten, ein **Aneignungsverbot** nach § 958 Abs. 2 Alt. 1 BGB, da diese Tiere nicht dem Jagdrecht unterliegen und die Unberührbarkeitsklausel des § 37 Abs. 2 BNatSchG somit nicht greift.

76 Wird Wild zB im Straßenverkehr getötet oder kommt es auf natürliche Weise um, ist der Jagdausübungsberechtigte generell aneignungsberechtigt (Soergel/Henssler BGB § 958 Rn. 6). Ergreift jemand Besitz an Wild oder Abwurfstangen, die dem ausschließlichen Aneignungsrecht des Jagdausübungsberechtigten unterliegen, so bleiben diese Gegenstände dennoch zunächst **herrenlos** (hM, s. Soergel/Henssler BGB § 958 Rn. 9 mit Verweis auf BayObLG Urt. v. 29.10.1954 BReg 3 St 132/53, NJW 1955, 32; MüKoBGB/Oechsler BGB § 958 Rn. 23; Grüneberg/Herrler BGB § 958 Rn. 4; aA Baur/Stürner, Sachenrecht, 18. Aufl. 2009, § 73). Damit kann der Berechtigte analog § 985 BGB Herausgabe verlangen (streitig, s. zum Meinungsstand Staudinger/C. Heinze, BGB § 958 Rn. 5 ff.). Der befugten Jagdausübung vorbehalten ist auch der vorübergehende Fang von hilflosem oder schwerverletztem Wild zum Zweck der Versorgung mit der Absicht, das Tier später wieder in die Freiheit zu entlassen. Für Jagdgäste, Jagdpersonal und Treiber oder andere für den Jagdausübungsberechtigten Tätige gilt, dass sie im Zweifel Besitzdiener des Jagdausübungsberechtigten iSv § 855 BGB sind und für diesen Besitz ergreifen. Ansonsten richtet sich das, was für die Besitzergreifung erforderlich ist, nach den Umständen des Einzelfalles. In der Jagdpraxis ist der Jagdgast zur Eigenbesitznahme nicht befugt, durchaus aber berechtigt, das Wild für den Jagdpächter zu erlegen. Üblicherweise wird ihm zugestanden, die Trophäe zu behalten, das Wildbret jedoch dem Jagdpächter zu überlassen. Dem jagdlichen Brauchtum gemäß darf der Jagdgast in diesem Sachzusammenhang auch die Innereien behalten (Herz, Leber, Nieren und andere verwertbare Teile, so zB auch den Pansen für die Hundefütterung). Nicht zum gewöhnlichen Brauchtum gehört, dass ihm das sog. große Jägerrecht zugestanden wird (Filets). Hierzu bedarf es einer konkreten Absprache zwischen dem Jagdpächter und dem Jagdgast. Soweit der Jagdpächter dem Jagdgast die Mitnahme einer Trophäe oder anderer Teile des Wildbrets (Innereien etc) nicht gestattet, eignet sich der Jagdgast diese Teile nicht schon deshalb rechtswidrig zu, indem er das Wild aufbricht oder gar verlädt. Im Sinne der Wildbrethygienevorschriften ist ein unverzügliches Aufbrechen in der Regel erforderlich. Die Separierung von gebrauchsfähigen Innereien dürfte nur dann als Aneignung zu verstehen sein, wenn die Ablieferung an den Jagdherrn unterbleibt. Auch die Aufbringung eines sog. „Inbesitznahmebruchs" hat nicht die Bedeutung einer Aneignung durch den Jagdgast, sondern für den Berechtigten. In der Jagdpraxis zeigt dies lediglich an, dass dieses Stück Wild rechtmäßig erlegt worden ist, der jeweilige Schütze das erlegte Stück Wild gefunden hat und es für den jeweils Berechtigten in Besitz genommen worden ist.

77 Eine **Aneignungspflicht** besteht nach allgemeiner Ansicht nicht (vgl. Drees/Thies/Müller-Schallenberg/Jäcker/Hugenberg § 1 S. 29 mwN). Insbesondere muss verunfalltes Wild nicht angeeignet oder entsorgt werden, es sei denn, dass der Jagdausübungsberechtigte im Jagdpachtvertrag eine vertragliche Verpflichtung zur Entsorgung des Wildes von der Straße übernommen hat; die Verkehrssicherungspflicht des Straßenbaulastträgers, die Sicherheit der Straße nach einem Verkehrsunfall mit Wild jederzeit zu gewährleisten, bleibt hiervon unberührt. Die Aneignung von Abwurfstangen ist alleine dem Jagausübungsberechtigen vorbehalten. Dieser kann aber jedermann eine entsprechende Erlaubnis (§ 15 Abs. 1 S. 2: Schriftform!) erteilen.

§ 2 Tierarten

(1) **Tierarten, die dem Jagdrecht unterliegen, sind:**

1. **Haarwild:**
   Wisent (Bison bonasus L.),
   Elchwild (Alces alces L.),
   Rotwild (Cervus elaphus L.),
   Damwild (Dama dama L.),
   Sikawild (Cervus nippon TEMMINCK),
   Rehwild (Capreolus capreolus L.),
   Gamswild (Rupicapra rupicapra L.),
   Steinwild (Capra ibex L.),
   Muffelwild (Ovis ammon musimon PALLAS),
   Schwarzwild (Sus scrofa L.),
   Feldhase (Lepus europaeus PALLAS),
   Schneehase (Lepus timidus L.),
   Wildkaninchen (Oryctolagus cuniculus L.),
   Murmeltier (Marmota marmota L.),
   Wildkatze (Felis silvestris SCHREBER),
   Luchs (Lynx lynx L.),
   Fuchs (Vulpes vulpes L.),
   Steinmarder (Martes foina ERXLEBEN),
   Baummarder (Martes martes L.),
   Iltis (Mustela putorius L.),
   Hermelin (Mustela erminea L.),
   Mauswiesel (Mustela nivalis L.),
   Dachs (Meles meles L.),
   Fischotter (Lutra lutra L.),
   Seehund (Phoca vitulina L.);
2. **Federwild:**
   Rebhuhn (Perdix perdix L.),
   Fasan (Phasianus colchicus L.),
   Wachtel (Coturnix coturnix L.),
   Auerwild (Tetrao urogallus L.),
   Birkwild (Lyrurus tetrix L.),
   Rackelwild (Lyrus tetrix x Tetrao urogallus),
   Haselwild (Tetrastes bonasia L.),
   Alpenschneehuhn (Lagopus mutus MONTIN),
   Wildtruthuhn (Meleagris gallopavo L.),
   Wildtauben (Columbidae),
   Höckerschwan (Cygnus olor GMEL.),

Wildgänse (Gattungen Anser BRISSON und Branta SCOPOLI),
Wildenten (Anatinae),
Säger (Gattung Mergus L.),
Waldschnepfe (Scolopax rusticola L.),
Bläßhuhn (Fulica atra L.),
Möwen (Laridae),
Haubentaucher (Podiceps cristatus L.),
Großtrappe (Otis tarda L.),
Graureiher (Ardea cinerea L.),
Greife (Accipitridae),
Falken (Falconidae),
Kolkrabe (Corvus corax L.).

(2) **Die Länder können weitere Tierarten bestimmen, die dem Jagdrecht unterliegen.**

(3) **Zum Schalenwild gehören Wisente, Elch-, Rot-, Dam-, Sika-, Reh-, Gams-, Stein-, Muffel- und Schwarzwild.**

(4) [1] **Zum Hochwild gehören Schalenwild außer Rehwild, ferner Auerwild, Steinadler und Seeadler.** [2] **Alles übrige Wild gehört zum Niederwild.**

Übersicht

I. Bedeutung für das Jagdrecht

1 Die Bestimmung des Artenkatalogs in § 2 ist nach der inhaltlichen Umschreibung des subjektiven Jagdrechts und seiner Grundsätze in § 1 eine der zentralen Bestimmung des subjektiven und objektiven Jagdrechts. Erst durch die Festlegung, für welche Arten, die Bestimmungen des Jagdrechts gelten, wird das in § 1 umschriebene subjektive Jagdrecht überhaupt anwendbar. Die Vorschrift ist daher sowohl zentral für die Konkretisierung des grundrechtlich geschützten jagdlichen Eigentums (Guber, Die eigentumsrechtliche Einordnung des Naturgutes Wild – Inhalt des jagdlichen Eigentums oder Allgemeingut?, 2022, S. 133 f.; Dietlein FS Hecker, 2017, 57 (59)), als auch für die Abgrenzung zu anderen Rechtsbereichen (zB § 37 Abs. 2 BNatSchG). Auf den Artenkatalog wird zudem auch in anderen Regelwerken Bezug genommen (zB § 292 StGB). Im Bereich der Kfz-Versicherung deckt die Teilkaskoversicherung üblicherweise lediglich Unfälle mit Haarwild iSd § 2 ab, nicht jedoch mit anderen Wildtieren (Allgemeine Bedingungen für die Kfz-Versicherung des GDV, AKB 2015 – Stand 17.4.2024, A.2.2.1.4). Der Begriff „Wildtiere" ist dabei umfassender und beinhaltet neben Wild iSd BJagdG auch andere wildlebende Tiere. Den Rahmen dessen, was als „Wild" Gegenstand des Jagdrechts sein kann zeigt § 7 Abs. 2 JWMG auf, wo wild lebende Vogel- und Säugetierarten wenn die Arten vorkommen oder in absehbarer Zeit vorkommen können und „(1.) die jagdliche Nutzung der Tiere dieser Arten bei Vorliegen eines Bestandes mit ausreichender Größe, Vitalität und Stabilität nachhaltig möglich und die Verwertung der Tiere dieser Arten üblich sind oder (2.) die Regulation dieser Arten zum Schutz anderer Rechtsgüter oder bestimmter Tierarten mit jagdlichen Mitteln geeignet ist und erforderlich ist oder erforderlich sein kann, insbesondere um gesellschaftliche Konflikte, Beeinträchtigungen des Naturhaushaltes, Beeinträchtigungen der land-, forst- und fischereiwirtschaftlichen Nutzung oder Tierseuchen zu vermeiden, oder (3.) die Personen, denen das Jagdrecht oder das Jagdausübungsrecht zusteht, oder Einrichtungen, die das Gesetz im Rahmen des Wildtiermanagements vorsieht, zum Wildtiermonitoring, zur Hege oder zum Schutz dieser Arten wesentlich beitragen können" dem Jagdrecht unterstellt werden können.

II. Verfassungsrechtliche Bezüge

1. Eigentum

Da das Jagdrecht als Teil des Eigentums ein verfassungsmäßiges Recht ist, 2
können Einschränkungen nur unter dem Gesichtspunkt des Art. 14 GG durchgesetzt werden (Froese in Dietlein/Froese, Jadgliches Eigentum, 2018, S. 161; Guber, Die eigentumsrechtliche Einordnung des Naturgutes Wild, 2022, S. 94 f.; Brenner DÖV 2014, 232 (237) und für das JWMG Brenner/Buerner/Kurz JWMG § 7; Deutschle/Friedmann JWMG § 7 Rn. 9). Es muss deshalb einen vernünftigen, nachvollziehbaren Grund geben, eine konkrete Wildart vom Recht der Bejagung auszunehmen oder dessen Jagdzeit zu beschränken. Allgemeine Erwägungen, ideologische Gründe oder Fehlvorstellungen zum Schutzstatus einer Wildart können deshalb keine wirksamen Einschränkungen begründen (so auch Brenner in Dietlein/Froese, Jagdliches Eigentum, 2018, S. 300; Guber, Die eigentumsrechtliche Einordnung des Naturgutes Wild, 2022). Vielmehr muss eine nachvollziehbare, wissenschaftlich belegbare Begründung den Eingriff in den Tierartenkatalog rechtfertigen (so Badura, Eigentum und Jagd, 2003, S. 13). Auch die Sozialbindung des Eigentums (Art. 14 Abs. 2 GG) rechtfertigt keine grundlose Beschränkung:

Das Wohl der Allgemeinheit ist nicht Grund, sondern Grenze für die dem Eigentum aufzuerlegenden Belastungen. Einschränkungen der Eigentümerbefugnisse dürfen nicht weitergehen, als der Schutzzweck reicht, dem die Regelung dient (BVerfG Beschl. v. 2.3.1999 – 1 BvL 7/91, BVerfGE 100, 226, (241) = NJW 1999, 2877 (2878) = NVwZ 2005, 1412 (1413); HessStGH Urt. v. 12.2.2020 – P.St. 2610, BeckRS 2020, 1557 = JE VI Nr. 85; Guber, Die eigentumsrechtliche Einordnung des Naturgutes Wild, 2022, S. 285; Dietlein FS Hecker, 2017, 57 (61 f.)). Es bedarf daher einer außerordentlichen Rechtfertigung, Tierarten dem Katalog der jagdbaren Tiere zu entnehmen oder ihre Bejagung einzuschränken (HessStGH Urt. v. 12.2.2020 – P.St. 2610, BeckRS 2020, 1557 = JE Bd. XXI, VI Nr. 85; OVG Schleswig Urt. v. 12.8.2004 – 1 KN 27/03, BeckRS 2004, 13028; Urt. v. 12.8.2004 – 1 KN 24/03, BeckRS 2004, 13027 = JE VI Nr. 62 (Bd. XIV) = NuR 2005, 267; VG Berlin Urt. v. 27.3.2008 – 1 A 193.07, BeckRS 2009, 42150 = JE I Nr. 107; auch Drees/Thies/Müller-Schallenberg/Jäcker/Hugenberg LJG-NRW § 2 S. 27, 28). Ebenso wie in der Forst- und Landwirtschaft ist die Art der Nutzung zunächst Sache des Eigentümers, soweit es keine vernünftigen und verhältnismäßigen Gründe gibt, diese Rechte konkret zu beschränken (so OVG Schleswig Urt. v. 12.8.2004 – 1 KN 27/03, BeckRS 2004, 13028; Urt. v. 12.8.2004 – 1 KN 24/03, BeckRS 2004, 13027 = JE VI Nr. 62 (Bd. XIV) = NuR 2005, 267 (268); aA Ditscherlein NuR 2006, 285). So ist zB die Beschränkung der Jagd auf „schädigende" Wildarten, gar auf Schalenwild unzulässig. Die Jagdausübung in diesem Sinne ist weder auf ein Natur- oder Artenschutz-, noch auf ein unmittelbares Nutzungsinteresse reduzierbar. So kann die Fuchsbejagung nicht mit dem Argument der evtl. nicht (mehr) gewollten Nutzung des Pelzes untersagt werden. Die scharfe Bejagung des Fuchses oder anderer Beutegreifer zur Erhöhung der Niederwildbesätze als Teil der Hege ist nicht nur ein wichtiger Aspekt des Artenschutzes und des Beitrags auch der privaten Jagd hierzu, sondern auch ein Recht des Eigentümers, das nicht ohne vernünftigen Grund beschränkt werden kann. Maßstab ist insoweit nicht die Befugnis des Gesetzgebers, das Eigentum einfachgesetzlich auszugestalten, sondern allein die verfassungsrechtliche Eigentumsgarantie (Brenner DÖV 2014, 232 (233); Froese in Dietlein/Froese, Jadgliches Eigentum, 2018, S. 161; HessStGH Urt. v. 12.2.2020 – P.St. 2610, BeckRS 2020, 1557 = JE Bd. XXI, VI Nr. 85). Auch aus dem Gesichtspunkt des Artenschutzes gibt es keinen nachvollziehbaren Grund, diese flächendeckend vorkommenden Wildarten mit einem generellen Jagdverbot zu belegen. Die Regulierung des Wildbestandes ist Kern der Jagdausübung. Jagdwirtschaft erfordert unter anderem die Reduzierung einer Art, um einer anderen Art eine bessere Entwicklung zu ermöglichen. Die Reduktion des Raubwildes ist erforderlich, um einen bejagbaren Hasenbesatz aufzubauen, die Bestände des Rebhuhns oder des Auerwildes zu fördern. So ist auch die Einordnung von Waschbär und Marderhund als bejagbare Tiere (in allen Bundesländern, → Rn. 48) Folge dieses Rechtsgedankens, da auch das Abwehren von unerwünschten Neozoen, die den Bestand bejagbarer Tiere beeinflussen, dem Eigentümer gestattet sein muss. Problematisch wäre es auch, Arten die faktisch bejagt werden können (und müssen), nicht dem Jagdrecht zu unterstellen und damit dem Eigentum zu entziehen. Mit anderen Worten – aus dem Eigentum folgt auch eine Rechtfertigungspflicht, wenn Arten, die als jagdbare Arten in Frage kommen (vgl. die Definition in § 7 Abs. 2 JWMG; → Rn. 1), Dritten eigentumsrechtlich zugewiesen werden. Das muss keineswegs ausschließen, dass fremde Aneignungsbefugnisse oder des Staates, etwa zu wissenschaftlichen Zwecken, bestehen, oder dass ein Jedermannsrecht zur Aneignung besteht, dürfte aber ein Aneignungsrecht einzelner Dritter ohne besondere Rechtfertigung ausschließen. Vorschriften, die dem Eigentümer oder Jagdausübungsberechtigten gewisse Zugriffsrechte einräumen (vgl. zB § 28a Abs. 1; § 45a Abs. 4 BNatSchG) sind daher auch Ausfluss des Eigentumsrechts.

Teilweise wird wegen der Bedeutung des Artenkataloges für das Grundeigentum die Kürzung des Kataloges nicht als Materie des Jagdwesens (Art. 74 Abs. 1 Nr. 28 GG), sondern des Eigentums (Art. 74 Abs. 1 Nr. 14 GG) aufgefasst, mit der Folge, dass die Länder hierbei gar nicht abweichen könnten, da die Materie vom Bund abschließend geregelt ist (Guber, Die eigentumsrechtliche Einordnung des Naturgutes Wild, 2022, S. 94). Jedenfalls soll die Streichung von Arten im Verordnungswege als Verstoß gegen den Wesentlichkeitsgrundsatz dem parlamentarischen Gesetzgeber vorbehalten bleiben, auch wenn Arten durch Verordnung dem Jagdrecht unterstellt werden können (Guber, Die eigentumsrechtliche Einordnung des Naturgutes Wild, 2022, S. 54). 3

2. Abweichungskompetenz im Bereich des Artenschutzes

Die landesrechtliche Herausnahme einzelner Arten aus dem Katalog jagdbarer Arten, wie des Iltis in Rheinland-Pfalz, ist jedoch nicht nur aus diesem Aspekt problematisch, sondern auch mit Blick auf die abweichungsfeste Gesetzgebungskompetenzen für den Artenschutz gem. Art. 72 Abs. 3 S. 1 Nr. 2 GG. Nach § 7 Abs. 2 Nr. 13 BNatSchG sind besonders geschützte Tierarten solche, die in Anh. A oder Anh. B Artenschutz-VO oder Anh. IV FFH-RL aufgeführt sind, europäische Vogelarten und Arten, die in der BArtSchV als solche aufgeführt sind. In der BArtSchV werden in Anh. I BArtSchV zwar sämtliche heimischen Säugetierarten mit Ausnahme von Neozoen (Waschbär, Marderhund, Mink, Bisam, Nutria), fünf Mäusearten und zwei Rattenarten unter besonderen Schutz gestellt. Aber davon ausgenommen sind die Arten, die dem BJagdG unterstellt sind. Das heißt, dass alle Haarwildarten nach § 2 Abs. 1 (mit Ausnahme von Wisent, Luchs, Wildkatze und Fischotter, die als Arten nach Anh. IV FFH-RL – subsidiär (→ Rn. 25) – nach BNatSchG streng geschützt sind), nicht nach dem BNatSchG geschützt sind. Daher verdanken Elchwild, Rotwild, Damwild, Sikawild, Rehwild, Gamswild, Steinwild, Muffelwild, Schwarzwild, Feldhase, Schneehase, Wildkaninchen, Murmeltier, Fuchs, Steinmarder, Baummarder, Iltis, Hermelin, Mauswiesel, Dachs und Seehund (vgl. → Rn. 11) ihren Schutz ausschließlich dem Jagdrecht – nicht zuletzt, weil auch die weiteren völker- und europarechtlichen Schutzbestimmungen überwiegend keinen unmittelbaren Schutz bewirken, sondern erst im innerstaatlichen Recht umgesetzt werden müssen. Die Streichung dieser Arten bewirkt somit eine deutliche Absenkung ihres Schutzniveaus, da lediglich der allgemeine Schutz nach § 39 BNatSchG noch greift. Auch die Auffangklausel in § 37 Abs. 2 S. 2 BNatSchG dürfte nicht greifen (jedenfalls nicht direkt), da diese Norm in erster Linie als Ergänzung des jagdrechtlichen Schutzes gedacht ist, aber nicht als vollständiger Ersatz. Eine Analogie mag zwar hinsichtlich der Verbote und Gebote des § 44 BNatSchG denkbar sein, nicht jedoch zu Lasten des Täters bei den strafrechtlichen Sanktionsnormen (insbesondere 4

§ 71 BNatSchG). Wegen des fehlenden Abweichungsrechts im Bereich des Artenschutzes (Art. 72 Abs. 3 S. 1 Nr. 2 GG), fehlt auch die Befugnis, den Schutzstatus durch Streichung aus dem Artenkatalog abzusenken (trotz der Abweichungsbefugnis der Länder im Bereich des Jagdwesens, denn damit handelt es sich ja gerade nicht mehr um eine Maßnahme im Rahmen des jagdlichen Artenschutzes, die laut Gesetzesbegründung zum Regelungsmaterie des Jagdwesens gehört, BT-Drs. 16/813, 11).

III. Rechtsentwicklung

5 Regelungen des Jagdrechts enthielten seit jeher Bestimmungen, die zwischen einzelnen Tierarten differenzieren (vgl. Roosen, Jagdsprachlicher Sachwortschatz in gedruckten Landes- Polizei-, Jagd- und Forstordnungen des 15. und 16. Jahrhunderts, 1995, S. 103 ff.), meist dahingehend, dass bestimmte Arten dem Adel vorbehalten waren, während andere Tiere, dem Recht des freien Tierfanges unterlagen (→ Einl. Rn. 6; Roosen, Jagdsprachlicher Sachwortschatz in gedruckten Landes- Polizei-, Jagd- und Forstordnungen des 15. und 16. Jahrhunderts, 1995, S. 142 ff.). Bereits in den Jagdgesetzen aus den Zeiten des preußischen Allgemeinen Landrechts gab es Bestimmungen darüber, auf welche Arten sich die Regelungen des Jagdrechts bezogen und für welche das Recht des „Freien Tierfangs" galt (§ 31 II. Teil 16. Abschnitt PrALR). Dabei wurde (subsidiär) festgelegt, dass „Im Mangel andrer Bestimmungen […] vierfüßige wilde Thiere, und wildes Geflügel, in so fern beyde zur Speise gebraucht zu werden pflegen, zur ausschließenden Jagdgerechtigkeit." [gehören]. In § 34 II. Teil 16. Abschnitt PrALR wurde sodann geregelt, dass „auch Wölfe, Bären, und andre dergleichen schädliche Raubthiere" Gegenstand des „freyen Thierfanges" seien. Mit dem Aufkommen von Schutzvorschriften für bestimmte Tiere wurde dieses Jedermannsrecht mehr und mehr eingeschränkt. Noch lange unterfielen viele Raubtiere nicht dem Jagdrecht, da sie als so genanntes „Raubzeug" gefangen und getötet werden konnten. So fiel etwa der Wolf in Deutschland in der Vergangenheit überwiegend nicht dem Jagdrecht, sondern wurde als Schädling verfolgt (§ 34 II. Teil 16. Abschnitt PrALR). Die aus Gründen des Tierschutzes bestimmte Jagdmethoden verbietenden Regelungen, galten hier nicht, so dass zB auch Wolfsangeln und Gift eingesetzt wurden (Zimen, Der Wolf, 1990, S. 418 ff.).

6 Das RJG bestimmte bereits einen weitreichenden Katalog jagdbarer Tiere (unter anderem Biber, Kraniche, Schwarzdrossel und Eulen sowie sämtliche Sumpf- und Wasservögel), der durch die VO zur Ausführung des RJG vom 27.3.1935 (RGBl. 1935 I 431) um Nerz, Luchs und Kolkrabe ergänzt wurde. Das BJagdG nahm zunächst eine Vielzahl von Tierarten heraus, brachte mit Hermelin, Maus- und Zwergwiesel und Alken wiederum andere Tierarten in den Katalog hinein. Mit der Reform 1976 (Gesetz vom 28.9.1976, BGBl. 1976 I 2841) wurde die Anzahl der Tierarten eingeschränkt. Biber, Nerz und Zwergwiesel wurden herausgenommen, die Seehunde auf die zoologische Bezeichnung (phoca vitulina L.) konkretisiert. Der Katalog des Federwildes wurde bereinigt um die Alken, Bekassine (und weitere Schnepfenvögel), Brachvogel, Drossel, Läufer, Kormorane, Kraniche, Regenpfeifer, Säbelschnäbler, Schreitvögel (außer Graureiher), Zwergtrappe, Triel, Rallen (außer Blässhuhn) sowie weitere Wildschwäne und -gänsearten. Zum Zweck der Klarstellung und wohl auch in Anlehnung an das Naturschutzrecht,

wurde die zoologische Bezeichnung als Klammerzusatz beigefügt. Damit sollte in Zweifelsfällen klargestellt sein, dass der beigefügte Name der Art entscheidet, insbesondere, dass sämtliche Tierarten der jeweiligen Ordnungsstufe darunter fallen sollen (str., so OLG Hamm Beschl. v. 14.1.1981 – 5 Ss OWi 1678/80, NuR 1981, 77 = JE Bd. II, VII Nr. 19; VG Arnsberg Urt. v. 21.11.1986 – 3 K 1249/86, NuR 1988, 158 = JE Bd. VI, I Nr. 46; Belgard AgrarR 2002, 144; aA OLG Karlsruhe Beschl. v. 4.5.1976 – 3 Ss (B) 113/76, JE VII Nr. 6; Mitzschke/Schäfer Rn. 16; Lorz/Metzger Rn. 2). Der Bundesgesetzgeber (BT Drs. 7/4285, 12) begründete die Änderung des Kataloges damit, dass einige Tierarten nicht mehr in freier Wildbahn leben. Andere, selten gewordene Tierarten wurden jedoch bewusst im Katalog belassen, auch wenn die tatsächliche Bejagung nicht mehr zugelassen wurde. Damit wurde bereits dem Gedanken Rechnung getragen, dass der noch vorhandene Bestand den strengen, auf die Erhaltung der Tierart gerichteten Schutzvorschriften des BJagdG (Pflicht zur Hege, Abschussregelungen) unterliege und ein gezielter Aufbau des Bestandes somit gefördert wird (so auch Mitzschke/Schäfer Rn. 2). Dennoch hat die Herausnahme einiger Tierarten diesen den Schutz des Jagdrechts und der damit verbundenen besonderen Hegepflicht genommen (Guber, Die eigentumsrechtliche Einordnung des Naturgutes Wild, 2022, S. 7; vgl. hierzu auch Lorz/Metzger Rn. 2).

Seit der Verschiebung des Schwerpunkts der Gesetzgebungskompetenzen zu den Ländern mit der Föderalismusreform 2006 hat sich auch die Diskussion über die Änderung des Artenkataloges auf die Landesebene verlagert (→ Rn. 48 ff.). Dabei geht es neben invasiven Arten (→ Rn. 41 f.; → § 28a Rn. 1 ff.), insbesondere um besonders konfliktträchtige Arten wie Wolf, Biber und Kormoran (→ Rn. 54 ff.). 7

IV. Schutzvorschriften

Der überwiegende Anteil der bejagbaren Arten, genießt Schutz nach völker- und europarechtlichen Abkommen. Zum Schutz wildlebender Tiere wurden zahlreiche internationale Abkommen geschlossen, die durch den Bundestag ratifiziert wurden und damit Gesetzeskraft erlangten. Sie verpflichten jedoch nicht unmittelbar den Rechtsbetroffenen, sondern die Gesetzgeber in Bund und Ländern zur Umsetzung, die überwiegend im BNatSchG, aber auch in weiteren Vorschriften, unter anderem des Jagdrechts, erfolgt ist. Innerhalb der EU ergingen Verordnungen und wurden Richtlinien erlassen, die die einzelnen Mitgliedstaaten auf verschiedenste Weise umgesetzt haben, die zum Teil – im Falle von Verordnungen (Art. 288 Abs. 2 AEUV) – jedoch auch unmittelbar gelten. Auf Basis dieser Abkommen, Richtlinien und Verordnungen wurden das BNatSchG und das BJagdG sowie weitere jagdrechtliche Normen immer wieder angepasst, die BArtSchV erlassen und die BWildSchV modifiziert. Wie die Mitgliedstaaten, bzw. Vertragsstaaten, diese Vorgaben umsetzen, bleibt ihnen überlassen (vgl. Brenner NuR 2024, 1 (8); Wolf ZUR 2012, 331 (334); Wolf NuR 2014, 463 (467); Guber, Die eigentumsrechtliche Einordnung des Naturgutes Wild, 2022, S. 294 f.; Tholen, Das Artenschutzregime der Fauna-Flora-Habitat-Richtlinie im deutschen Recht, 2014, S. 46; kritisch Czybulka NuR 2006, 7). Zurzeit besteht eine verwirrende Vielfalt von Regelwerken mit unterschiedlichen, sich zum Teil überschneidenden Schutzzielen, Rechtsfolgen und geschützten Tierarten 8

(→ Einl. Rn. 40 ff.). Problematisch daran ist, dass die Anhänge der Abkommen, Verordnungen und Richtlinien oft nur schwerfällig geändert werden können. Bei vielen Arten entspricht ihr internationaler Schutzstatus daher nicht mehr der Realität. Die einzelnen Regelwerke werden, sofern sie auch bejagbare Tierarten umfassen, nachfolgend dargestellt:

1. Einzelne Schutzvorschriften

9 **a) Völkerrecht.** Am 3.3.1973 wurde das sog. **Washingtoner Artenschutzabkommen** (**CITES;** → Einl. Rn. 42) zum Schutz des Handels mit freilebenden Tieren vereinbart. In Anh. I CITES sind Tiere aufgeführt, die von der Ausrottung bedroht sind und deren Existenz vom Handel beeinträchtigt werden oder werden können. In Anh. II CITES sind Arten enthalten, die von der Ausrottung bedroht sein können, wenn der Handel keiner strengeren Kontrolle unterworfen wird. In Anh. III CITES sind Arten aufgeführt, die in ihrem Hoheitsbereich einer besonderen Regelung unterliegen, um die Ausbeutung zu verhindern oder zu beschränken und bei denen die Mitarbeit anderer Vertragsparteien bei der Kontrolle des Handels erforderlich ist.

10 Die **Bonner Konvention** (**CMS;** → Einl. Rn. 43) enthält unter anderem das Verbot der Entnahme (einschließlich Jagd) gefährdeter, in Anh. I CMS genannter Arten (zB Seeadler und Großtrappe) und verpflichtet die Vertragsstaaten zum Abschluss weiterer Abkommen, insbesondere zum Schutz der in Anh. II CMS genannten Arten (zB Seehunde im Wattenmeer).

11 Die Bonner Konvention ist daher Grundlage weiterer völkerrechtlicher Abkommen. Das Abkommen zur Erhaltung der afrikanisch-eurasischen wandernden Wasservögel (englisch: Agreement on the Conservation of African-Eurasian Migratory Waterbirds – **AEWA**) legt Maßnahmen zum Schutz von wandernden Wasservögeln und ihren Lebensräumen fest. In Anhang 2 werden die Arten genannt, auf die sich das Abkommen bezieht. Anhang 3 enthält einen Maßnahmenplan für den Schutz und die Nutzung der meisten Arten aus Anhang 2. Dieser sieht abgestufte Maßnahmen für die in den Spalten A, B, C des Anhangs aufgeführten Arten vor. Vereinfachend sind in Spalte A die geschützten Arten aufgeführt, in Spalte B die Arten, deren Entnahme reguliert werden soll und in Anhang C alle anderen Arten des Anhangs 3. Das **Abkommen zur Erhaltung der Seehunde im Wattenmeer** (BGBl. 1991 II 1307) verbietet unter anderem die Jagd auf Seehunde und regelt Ausnahmen hiervon sowie die Kooperation der Vertragsstaaten Deutschland, Dänemark und Niederlande bei Forschung und Monitoring. Es ist die völkerrechtliche Grundlage für die ganzjährige Schonzeit der Seehunde, da der Seehund europarechtlich durchaus eine Jagdzeit bekommen könnte.

12 In der **Berner Konvention** (**BernK;** → Einl. Rn. 43) wurde zudem die Verpflichtung begründet, jede Form des absichtlichen Fangens und Tötens von Fischottern, Greifvögeln und Trappen (alle Arten) sowie bestimmter Möwenarten zu verbieten (Art. 6 lit. a BernK iVm Anh. II BernK). Die Konvention soll zudem den Schutz empfindlicher und gefährdeter Arten einschließlich der wandernden Arten und ihrer Lebensräume gewährleisten. Es ist verboten, die in Anh. II BernK aufgeführten, streng geschützten Tiere zu fangen, zu beunruhigen oder zu töten, Handel mit ihnen zu treiben oder Brut- und Raststätten zu beschädigen oder zu zerstören. Ausnahmen sind nur

unter den in Art. 9 genannten Voraussetzungen erlaubt. Die in Anh. III BernK geschützten Tiere dürfen nur in einem Umfang bejagt oder genutzt werden, der ihren Bestand nicht gefährdet. Hieraus ergibt sich aber auch die Verpflichtung, den genetischen Austausch der großen Schalenwildarten, der von Korridoren zwischen den jeweiligen Refugien dieser Arten abhängig ist, zu ermöglichen. Ein Abschussgebot außerhalb bestimmter Gebiete ist damit idR nicht vereinbar (Pießhalla BayVBl 2023, 109).

Mit der **Biodiversitäts-Konvention** (**CBD;** umgesetzt mit Gesetz vom 29.12.1993, BGBl. 1993 II 1741) soll der Austausch innerhalb der Arten und zwischen den Arten und die Vielfalt der Ökosysteme gefördert werden. In Art. 8 Abs. 1 CBD verpflichten sich die Mitgliedstaaten, sich zu bemühen die Voraussetzungen dafür zu schaffen, dass die gegenwärtige Nutzung mit der Erhaltung der biologischen Vielfalt oder nachhaltigen Nutzung ihrer Bestandteile vereinbar sind. Dem kommt das BJagdG mit den Regelungen der Schonzeit und der Hegepflicht deutlich nach. Zudem sollen nach Art. 10c CBD die Vertragsparteien dazu verpflichtet sein, die herkömmliche Nutzung biologischer Ressourcen im Einklang mit traditionellen Kulturverfahren, die mit den Erfordernissen der Erhaltung oder der nachhaltigen Nutzung vereinbar sind, zu schützen und zu fördern. 13

Die am 2.2.1971 geschlossene **Ramsar-Konvention** (Übereinkommen über Feuchtgebiete von internationaler Bedeutung, insbesondere als Lebensraum für Wasser- und Watvögel) ist eines der ältesten Abkommen im Bereich des internationalen Naturschutzes. Es regelt den Erhalt und die nachhaltige Nutzung von Feuchtgebieten. Es ist von Deutschland zwar unterzeichnet und ratifiziert worden (BGBl. 1976 II 1265), einen ausdrücklichen Umsetzungsrechtsakt in innerstaatliches Recht hat es jedoch nie gegeben. Inwiefern er überhaupt notwendig ist oder war ist unklar (Bury Archiv des Völkerrechts 60 (2022), 90). 14

b) Europarecht. Einen weiteren Schutz bietet die **Artenschutz-VO** (→ Einl. Rn. 40), welche gefährdete wildlebende Tier- und Pflanzenarten durch Überwachung des Handels schützt. Anh. A und B Artenschutz-VO stimmen im Wesentlichen mit Anh. I und II CITES überein. Insbesondere sind aber hier die heimischen Greifvögel aufgeführt. 15

Die in Deutschland oft verkürzend als **Vogelschutz-RL** (→ Einl. Rn. 40, → Rn. 49 ff.) bezeichnete Richtlinie (vgl. dagegen die im Englischen übliche Bezeichnung als „birds directive" und im Französischen als „directive oiseaux") hat den Schutz und die Nutzung europäischer Vogelarten zum Ziel (Art. 2 Vogelschutz-RL). Sie gilt pauschal für alle europäischen Vogelarten, ohne dass näher definiert würde, wie diese sich abgrenzen. Die Abgrenzung ist jedoch auch von Bedeutung für die Einstufung als besonders geschützte Art nach § 7 Abs. 2 Nr. 13 BNatSchG, da dort ebenfalls alle europäischen Vogelarten als besonders geschützt eingestuft werden (ohne dass Bezug auf die der Vogelschutz-RL unterfallenden Arten genommen würde). Obwohl an sich keine europäischen Arten, sind zB auch Kanadagans und Wildtruthuhn in Anh. II Vogelschutz-RL erwähnt. Dieser enthält die Arten, die ohne Vorliegen besondere Voraussetzungen in der gesamten EU (Anh. II A Vogelschutz-RL) oder in den einzelnen aufgeführten Mitgliedstaaten (Anh. II B Vogelschutz-RL) gejagt werden. Unter den in Art. 9 Vogelschutz-RL genannten Voraussetzungen können auch andere Arten bejagt werden oder mit an sich nach Anh. IV Vogelschutz-RL verbotenen Methoden. Anh. I Vogel- 16 schutz-RL enthält Arten für die die Mitgliedsstaaten besondere Schutzgebiete ausweisen müssen. Anh. III Vogelschutz-RL enthält Vermarktungsbeschränkungen. Auf die Vorgaben der Vogelschutz-RL nehmen das BJagdG und das Landesrecht an vielen Stellen Bezug.

17 Nach der **FFH-RL** (→ Einl. Rn. 40, → Rn. 57 ff.) ist es verboten, die dort aufgeführten, streng zu schützenden Tier- und Pflanzenarten von gemeinschaftlichem Interesse zu töten oder ihre Fortpflanzungs- und Ruhestätten zu beschädigen. Vorrangiges Ziel ist die Sicherung der Artenvielfalt durch die Erhaltung oder Wiederherstellung der natürlichen Lebensräume im europäischen Gebiet der Mitgliedstaaten. Die Richtlinie dient auf der Ebene der EU auch der Umsetzung der Vorgaben der BernK (→ Rn. 12), sodass die Richtlinie wiederum an deren Vorgaben gebunden ist. Die Anh. I und II FFH-RL listen die europaweit gefährdeten Arten und Lebensraumtypen von gemeinschaftlichem Interesse auf, für deren Erhalt Gebiete von gemeinschaftlicher Bedeutung (sites of community interest – SCI) ausgewiesen werden sollen. Manche Tiere können allein durch die Ausweisung von Schutzgebieten nicht effizient geschützt werden. In Anh. IV FFH-RL sind deshalb die direkt geschützten Arten gelistet, von denen 132 in Deutschland vorkommen. Es gelten die Schutzbestimmungen des Art. 12 FFH-RL, die unter anderem das Töten dieser Tiere verbieten. Ausnahmen vom strengen Schutzsystem des Art. 12 FFH-RL sind in Art. 16 FFH-RL geregelt. Die Richtlinie wurde ua durch das Zweite Gesetz zur Änderung des BNatSchG vom 30.4.1998 (BGBl. 1998 I 823) umgesetzt.

18 Die **Verordnung zu invasiven gebietsfremden Arten** (VO (EU) 1143/2014; → Einl. Rn. 20) regelt den Umgang mit gebietsfremden Arten (→ § 28a Rn. 1 ff.).

19 **c) Bundesrecht.** Mit dem **BNatSchG** vom 29.7.2009 (BGBl. 2009 I 2542) wurden unter anderem alle wildlebenden Tiere in umfangreicher Weise geschützt, aber auch in Umsetzung der FFH-RL deren Lebensraum (konkret §§ 13 ff. BNatSchG). Gemäß § 37 Abs. 2 BNatSchG bleiben Vorschriften des Jagdrechts von den Vorschriften der §§ 37 ff. BNatSchG (Schutz und Pflege wildlebender Tier- und Pflanzenarten) unberührt (→ Rn. 25) Zudem wird auf die Problematik der sog. **invasiven Arten** reagiert (§ 40a BNatSchG; s. auch → § 28a Rn. 1 ff.). Problematisch ist die fehlende Differenzierung des BNatSchG bei der Ausgestaltung der Schutzvorschriften für Arten, die internationalem Schutz unterliegen. Ohne näher zu differenzieren, werden in § 7 Abs. 2 Nr. 13 BNatSchG insbesondere Arten nach Anh. A oder B Artenschutz-VO, Anh. IV FFH-RL und sämtliche europäischen Vogelarten unter den besonderen Schutz des BNatSchG gestellt. Dies führt einheitlich zu pauschalen Zugriffs- und Besitzverboten, obwohl beispielsweise die europäische Artenschutzverordnung (→ Rn. 15) lediglich Handel und Besitz, nicht jedoch Entnahmen betrifft und sich auch nach den europarechtlichen Vorgaben die Voraussetzungen für eine Ausnahme von einzelnen Schutzvorschriften erheblich unterscheiden (vgl. insbesondere Art. 9 Vogelschutz-RL und Art. 16 FFH-RL). Ebenso statuiert das BNatSchG Entnahmeverbote auch für Hybride, obwohl dies lediglich die europäische Artenschutz-VO verlangt, nicht jedoch die FFH-RL oder die Vogelschutz-RL. Diese hohen (und hinsichtlich der Entnahme durch völker- und europarechtliche Vorgaben nicht verlangten) Hürden für die Entnahme von Hybriden widersprechen auch der Zielsetzung des Artenschutzes.

20 In Anlage 1 **BArtSchV** Vom 16.2.2005 (BGBl. 2005 I 258, berichtigt 896) werden unter besonderen und strengen Schutz die dort aufgeführten Tierarten gestellt (von den Arten nach § 2 Moorente, Auer- und Birkwild), unter anderem aber Wander- und Hausratte, Bisam, amerikanischer Nerz (Mink), Nutria, Marderhund und Waschbär ausgenommen (→ § 28a Rn. 76). Auch wenn die heimischen Säugetierarten pauschal unter besonderen Schutz gestellt werden, sind die dem BJagdG unterliegenden Arten hiervon ausdrücklich ausgenommen (Anl. 1 Fn. 2 BArtSchV). Auch darüber hinaus betreffen die einzelnen Verbote (insbesondere § 4 BArtSchV) nicht Tierarten, die dem Jagdrecht unterliegen (§ 37 Abs. 2 BNatSchG; vgl. → Rn. 25).

21 Artenschutz durch Handelsbeschränkungen, Besitz und Verwendungsregelungen ist zudem Inhalt der **BWildSchV** vom 25.10.1985 (BGBl. 1985 I 2040). Bestimmte, in den Anl. I und IV BWildSchV aufgenommene Tierarten werden besonders geschützt, außerdem Vorschriften über Haltung und Zucht von wildlebenden Tieren, insbesondere für die Falknerei bestimmte Greifvögel erlassen (im Einzelnen → BWildSchV § 1 Rn. 1 ff.).

22 **d) Landesrecht.** Daneben gelten weitere landesrechtliche Bestimmungen, so die Landesnaturschutzgesetze und bestimmte Verordnungen, die sich mit der „Bejagung" geschützter Tierarten beschäftigen (zB Kormoranverordnungen in zwölf Ländern, Biberverordnung in Brandenburg und Mecklenburg-Vorpommern, Wolfsverordnungen in Brandenburg, Sachsen und NRW, Artenschutzrechtliche Ausnahmeverordnung in Bayern), → Rn. 51 ff.

23 Mehrere Bundesländer haben nicht lediglich (entsprechend Abs. 2) weitere Arten dem Jagdrecht unterstellt (→ Rn. 48 ff.), sondern gänzlich eigenständige Kataloge festgelegt (kritisch zur Streichung ua Guber, Die eigentumsrechtliche Einordnung des Naturgutes Wild, 2022, S. 100). In **Rheinland-Pfalz** sind die Tierarten in Anlage zu § 6 Abs. 1 RhPfLJG gelistet. Im Lande nicht vorkommende Wildarten wurden dem Katalog entnommen (zB Gams, Steinwild ua). Entnommen wurden aber auch trotz flächendeckendem Vorkommen Mauswiesel, Haubentaucher, Säger, Kolkraben und Falken. Auf konkrete Arten beschränkt wurden Wildtauben, Wildenten, Wildgänse, Möwen und Greife. Erweitert wurde der Katalog durch den Waschbär und Marderhund. In **Baden-Württemberg** unterliegen Wildtiere entweder einem Nutzungsmanagement, einem Entwicklungsmanagement oder einem Schutzmanagement und werden danach unterteilt (§ 7 Abs. 3 ff. JWMG). Die dem Jagdrecht unterliegenden Tierarten werden in einer Anlage gelistet. Nicht vorkommende Arten (zB Steinwild) wurden entnommen. Zudem sind zB Möwen nicht aufgenommen. Die Aufnahme in den Katalog setzt ua die Möglichkeit der Verwertung (kritisch hierzu Brenner/Bürner/Kurz JWMG § 7 Rn. 9) oder den Schutz anderer Tierarten oder anderer Rechtsgüter (§ 7 Abs. 2 JWMG). Nur Tiere des Nutzungs- und Entwicklungsmanagements sind tatsächlich bejagbar. Auch in **Nordrhein-Westfalen** gilt in Bezug auf das Haarwild ein eigenständiger, abschließender Artenkatalog (§ 2 LJG-NRW). Bei den Federwildarten unterliegen nur die regelmäßig in NRW brütenden Arten dem Jagdrecht.

24 **e) Tabellarische Übersicht.** Die Zuordnung der einzelnen nach dem BJagdG und landesrechtlich jagdbaren Arten ist in der folgenden Tabelle dargestellt.

Schutzstatus: Tabelle 1 – Haarwild

Anmerkungen:

- Wenn nur einzelne Vorkommen einem besonderen Schutzstatus unterliegen, ist die Art hier nur aufgeführt, wenn auch das deutsche Vorkommen erfasst ist.
- In der Spalte BJagdG sind die nach JagdZVO ganzjährig geschonten Arten mit „g.g." gekennzeichnet.
- In der Spalte LJagdG sind nur Abweichungen (Streichungen, Ergänzungen) gegenüber dem Artenkatalog des § 2 BJagdG aufgeführt. Auch für BW und RP, wo abschließende eigenständige Artenkataloge gelten (vgl. aber → Rn. 4), sind nur die Abweichungen gegenüber dem BJagdG aufgeführt; Es bedeutet daher ein Strich („–"), dass diese Art auch dort zum Wild gehört,
- Der Status als streng oder besonders geschützt nach dem BNatSchG ergibt sich aus der Einordnung in anderen Katalogen, daher ist das BNatSchG hier nicht gesondert aufgeführt.

Art	BJagdG	LJagdG	CITES	CMS	BernK	Artenschutz-VO	FFH-RL	BArtSchV	BWildSchV	IAS-VO
Wisent (Bison bonasus L.)	ja/g. g.	nicht: BW, NW	–	–	III	–	II/IV prioritäre Art	–	1ABC	–
Elchwild (Alces alces L.)	ja/g. g.	nicht: BW, NW	–	–	III	–	–	–	–	–
Rotwild (Cervus elaphus L.)	ja	–	–	–	III	–	–	–	–	–
Damwild (Dama dama L.)	ja	–	–	–	III	–	–	–	–	–
Sikawild (Cervus nippon TEMMINCK)	ja	–	–	–	III	–	–	–	–	in Prüfung
Rehwild (Capreolus capreolus L.)	ja	–	–	–	III	–	–	–	–	–
Gamswild (Rupicapra rupicapra L.)	ja	nicht: NW, RP	–	–	III	–	V	–	–	–
Steinwild (Capra ibex L.)	ja/g. g.	nicht: BW, NW, RP	–	–	III	–	V	–	1C, 5	–

Art	BJagdG	LJagdG	CITES	CMS	BernK	Artenschutz-VO	FFH-RL	BArtSchV	BWildSchV	IAS-VO
Muffelwild (Ovis ammon musimon PALLAS)	ja	–	–	–	III	–	–	–	–	–
Schwarzwild (Sus scrofa L.)	ja	–	–	–	–	–	–	–	–	–
Feldhase (Lepus europaeus PALLAS)	ja	–	–	–	–	–	–	–	–	–
Schneehase (Lepus timidus L.)	ja/g. g.	nicht: BW, NW, RP	–	–	III	–	V	–	1C, 5	–
Wildkaninchen (Oryctolagus cuniculus L.)	ja	–	–	–	–	–	–	–	–	–
Murmeltier (Marmota marmota L.)	ja/g. g.	nicht: BW, NW, RP	–	–	III	–	–	–	1C, 5	–
Biber (Castor Fiber)	–	–	–	–	III	–	II/IV	–	–	–
Wildkatze (Felis silvestris SCHREBER)	ja/g. g.	–	II	–	II	–	IV	–	–	–

Art	BJagdG	LJagdG	CITES	CMS	BernK	Artenschutz-VO	FFH-RL	BArtSchV	BWildSchV	IAS-VO
Luchs (Lynx lynx L.)	ja/g. g.	nicht: NW	II	II	III	–	IV	–	–	–
Fuchs (Vulpes vulpes L.)	ja	–	–	–	–	–	–	–	–	–
Steinmarder (Martes foina ERXLEBEN)	ja	–	–	–	III	–	–	–	–	–
Baummarder (Martes martes L.)	ja	–	–	–	III	–	V	–	–	–
Iltis (Mustela putorius L.)	ja	–	–	–	III	–	V	–	–	–
Hermelin (Mustela erminea.)	ja	–	–	–	III	–	–	–	–	–
Mauswiesel (Mustela nivalis L.)	ja	nicht: BW, RP	–	–	III	–		–	–	–
Dachs (Meles meles L.)	ja	–	–	–	III	–	–	–	–	–
Fischotter (Lutra lutra L.)	ja/g. g.	nicht: BW	I	–	II	–	IV	–	–	–

Art	BJagdG	LJagdG	CITES	CMS	BernK	Artenschutz-VO	FFH-RL	BArtSchV	BWildSchV	IAS-VO
Seehund (Phoca vitulina L.)	ja/g. g.	nicht: BW, NW, RP	–	II	III	–	II/V	–	1C, 5	–
Nutria (Myocastor coypus)	–	nicht: BB, HH, NW, RP	–	–	–	–	–	nein	–	–
Bisam (Ondatra zibethicus)	–	–	–	–	–	–	–	nein	–	ja
Marderhund (Nyctereutes procyonoides)	–	alle	–	–	–	–	–	nein	–	ja
Mink (Neovison vison)	–	nicht: BY, HB, HH, RP	–	–	–	–	–	nein	–	–
Waschbär (Procyon lotor)	–	alle	–	–	–	–	–	nein	–	ja
Wolf (Canis lupus)	–	MV, NI, SN, SH, (geplant: HE)	II	–	II	A	II/IV prioritäre Art	–	–	–
Goldschakal (Canis aureus)	–	NI	–	–	–	–	V	–	–	–

Schutzstatus: Tabelle 2 – Federwild

Anmerkungen:

- Wenn nur einzelne Vorkommen einem besonderen Schutzstatus unterliegen, ist die Art hier nur aufgeführt, wenn auch das deutsche Vorkommen erfasst ist.
- Wenn beim Federwild ein höheres Taxon genannt ist (in der linken Spalte gekennzeichnet durch „spp.“), werden hier nur die Arten aufgeführt, die in Deutschland vorkommen (wenn auch z. T. nur als Durchzügler oder regelmäßiger Irrgast). Gesondert genannt (nicht fett) werden hier einzelne Arten, für die Besonderheiten beim Schutzstatus gelten. Die Aufzählung einzelner Arten ist in der Regel nicht vollständig!
- In der Spalte BJagdG sind die nach BJagdZV ganzjährig geschonten Arten mit „g. g.“ gekennzeichnet.
- In der Spalte LJagdG sind nur Abweichungen (Streichungen, Ergänzungen) vom Artenkatalog des § 2 BJagdG aufgeführt.
  - o In NRW unterliegen dem Jagdrecht nur Federwildarten, die dort nach der Roten Liste der Brutvogelarten Nordrhein-Westfalens regelmäßig brüten. Die Arten sind hier jedoch nicht gesondert gekennzeichnet.
  - o Auch für BW und RhPf, wo abschließende eigenständige Artenkataloge gelten (vgl. aber → Rn. 4), sind nur die Abweichungen gegenüber dem BJagdG aufgeführt; es bedeutet daher ein Strich („ – “), dass diese Art auch dort zum Wild gehört.
- Der Status als streng oder besonders geschützt nach dem BNatSchG ergibt sich aus der Einordnung in anderen Katalogen, daher ist das BNatSchG hier nicht gesondert aufgeführt.

Art/Arten	**BJagdG**	**LJagdG**	**CITES**	**CMS**	**AEWA**	**BernK**	**Arten-schutz-VO**	**Vogel-schutz-RL**	**BArt-SchV**	**BWild-SchV**	**Invasive Arten-VO**
Rebhuhn (Perdix perdix L.)	ja	-	-	-	-	III	-	IIA	-	1C, 2	-
Fasan (Phasianus colchicus L.)	ja	-	-	-	-	III	-	IIA	-	1C, 2	-
Wachtel (Coturnix coturnix L.)	ja/g. g.	nicht: BW	-	II	-	III	-	ja	-	1BC, 5	-
Auerwild (Tetrao urogallus L.)	ja/g. g.	-	-	-	-	III	-	I, IIB	streng	1ABC, 5	-
Birkwild (Lyrus tetrix L.)	ja/g. g.	nicht: BW	-	-	-	III	-	I, IIB	streng	1ABC, 5	-
Rackelwild (Lyrus tetrix x Tetrao urogallus)	ja/g. g.	nicht: BW	-	-	-	III	-	-	-	5	-
Haselwild (Tetrastes bonasia L.)	ja/g. g.	-	-	-	-	III	-	I	-	1ABC, 5	-
Alpenschneehuhn (Lagopus mutus MONTIN)	ja/g. g.	nicht: BW, RP	-	-	-	III	-	I, IIA	-	1ABC, 5	-
Wildtruthuhn (Meleagris gallopavo L.)	ja	nicht: BW	-	-	-	III	-	IIB	-	1C	-

Art/Arten	BJagdG	LJagdG	CITES	CMS	AEWA	BernK	Arten-schutz-VO	Vogel-schutz-RL	BArt-SchV	BWild-SchV	Invasive Arten-VO
Wildtauben (Columbidae spp.)	ja		–	–	–	–	–	–	–	–	–
Ringeltaube (Columba palumbus L.)	ja	–	–	–	–	–	–	IIA	–	1C, 2	–
Türkentaube (Streptopelia decaocto FRIVALDSKY)	ja	–	–	–	–	III	–	IIB	–	1BC	–
Hohltaube (Columba oenas L.)	ja/g. g.	nicht: RP	–	–	–	III	–	ja	–	1BC, 5	–
Turteltaube (Streptopelia turtur)	ja/g. g.	nicht: BW, RP	–	II	–	III	–	ja	–	–	–
andere Arten	ja/g. g.	nicht: BW, RP	–	–	–	III	–	ja (europäische)	–	–	–
Höckerschwan (Cygnus olor GMELIN)	ja	–	–	II	2, 3c	III	–	ja	–	1C	–
Wildgänse (Gattungen Anser BRISSON spp. und Branta SCOPOLI spp.)	ja	nicht: RP	–	II	–	III	–	–	–	–	–

Art/Arten	BJagdG	LJagdG	CITES	CMS	AEWA	BernK	Arten-schutz-VO	Vogel-schutz-RL	BArt-SchV	BWild-SchV	Invasive Arten-VO
Graugans (Anser anser L.)	ja	–	–	II	2, 3C/ 3B	III	–	IIA	–	1C, 2	–
Blässgänse (Anser albifrons SCOPOLI)	ja	–	–	II	2, 3C	III	–	IIB	–	1C, 3	–
Saatgänse (Anser fabalis LATHAM)	ja	–	–	II	2, 3A/ 3A	III	–	IIA	–	1BC	–
Ringelgänse (Branta bernicla)	ja	–	–	II	2, 3B	III	–	IIB	–	1B	–
Kanadagänse (Branta canadensis)	ja	–	–	II	–	III	–	IIA	–	1BC	–
Streifengans (Anser indicus)	ja/g. g.	nicht: RP	–	II	–	III	–	–	–	–	–
Weißwangengans/ Nonnengänse (Branta leucopsis)	ja/g. g.	nicht: RP	–	II	2, 3C	II, III	–	I	–	1ABC, 5	–
Kurzschnabelgans (Anser brachyrhynchus)	ja	nicht: RP	–	II	2, 3B	III	–	ja	–	1BC, 5	–
Zwerggans (Anser erythropus L.)	ja	nicht: RP	–	I, II	2	II, III	–	I	–	–	–

Art/Arten	BJagdG	LJagdG	CITES	CMS	AEWA	BernK	Arten-schutz-VO	Vogel-schutz-RL	BArt-SchV	BWild-SchV	Invasive Arten-VO
Schwanengans (Anser cygnoides L.)	ja	nicht: RP	-	I, II	-	III	-	-	-	-	-
Schneegans (Anser caerulescens L.)	ja	nicht: RP	-	II	-	III	-	-	-	-	-
Brandgans/Brand-ente (Tadorna tadorna L.)	ja (vgl. Rn. 32)	nicht: BW, RP	-	II	2, 3B	II, III	-	ja	-	1C, 5	-
Nilgans (alopochen aegyptiacus)	ja (vgl. Rn. 32, § 28a Rn. 33)	nicht: RP (vgl. iÜ Rn. 48)	-	II	2	III	-	-	-	-	ja
Rostgans (Tadorna ferruginea)	ja (vgl. Rn. 32)	BW nicht: RP	-	II	2	II, III	-	I	-	-	-
Wildenten (Anatinae spp.)	ja	BW	-	II	-	III	-	-	-	-	-
Stockente (Anas Pla-tyrhynchos L.)	ja	-	-	II	2, 3C	III	-	IIA	-	1C, 2	-
Pfeifente (Anas/Mare-ca penelope L.)	ja	-	-	II	2, 3B	III	-	IIA	-	1C, 2	-

Art/Arten	BJagdG	LJagdG	CITES	CMS	AEWA	BernK	Artenschutz-VO	Vogelschutz-RL	BArtSchV	BWildSchV	Invasive Arten-VO
Krickente (Anas crecca L.)	ja	–	–	II	2, 3C	III	–	IIA	–	1C, 2	–
Spießente (Anas acuta L.)	ja	–	–	II	2, 3B	III	–	IIA	–	1C, 2	–
Bergente (Aythya marila L.)	ja	–	–	II	2, 3C	III	–	IIB	–	1C	–
Reiherente (Aythya fuligula L.)	ja	–	–	II	2, 3B/3C	III	–	IIA	–	1BC, 3	–
Tafelente (Aythya ferina L.)	ja	–	–	II	2, 3A	III	–	IIA	–	1C, 2	–
Schellente (Bucephala clangula L.)	ja/g. g.	nicht: RP	–	II	2, 3B	III	–	ja	–	1BC, 5	–
Samtente (Melannitta fusca L.)	ja	–	–	II	2, 3A	III	–	IIB	–	1C	–
Trauerente (Melannitta nigra L.)	ja	–	–	II	2, 3B	III	–	IIB	–	1C	–
Schnatterente (Anas/Mareca strepera L.)	ja/g. g.	–	–	II	2, 3C	III	–	IIA	–	1BC, 5	–
Löffelente (Anas/spatula clypeata L.)	ja/g. g.	–	–	II	2, 3C	III	–	IIA	–	1C, 5	–

Art/Arten	BJagdG	LJagdG	CITES	CMS	AEWA	BernK	Arten-schutz-VO	Vogel-schutz-RL	BArt-SchV	BWild-SchV	Invasive Arten-VO
Knäkente (Anas/Spatula querquedula)	ja/g. g.	-	-	II	2, 3C	III	A	IIA	-	-	-
Eisente (Clangula hyemalis L.)	ja/g. g.	nicht: RP	-	II	2, 3A	III	-	ja	-	1BC, 5	-
Kolbenente (Netta rufina PALLAS)	ja/g. g.	nicht: RP	-	II	2, 3B	III	-	ja	-	1BC	-
Eiderente (Somateria mollissima L.)	ja/g. g.	nicht: RP	-	II	2, 3A	III	-	ja	-	1BC, 5	-
Moorente (Aythya nyroca)	ja/g. g.	nicht: RP	-	I, II	2, 3A	III	A	I	streng	-	-
andere Arten	ja/g. g.	nicht: RP	-	II	-	III	-	ja (europäische)	-	-	-
Säger (Mergus spp.)	ja/g. g.	nicht: BW, RP	-	II	-	III	-	-	-	-	-
Zwergsäger (Mergus albellus)	ja/g. g.	nicht: BW, RP	-	II	2, 3B	II, III	-	I	-	1ABC, 5	-
Gänsesäger (Mergus merganser)	ja/g. g.	nicht: BW, RP	-	II	2, 3C	III	-	ja	-	1BC, 5	-
Mittelsäger (Mergus serrator)	ja/g. g.	nicht: BW, RP	-	II	2, 3B	III	-	ja	-	1BC, 5	-

Art/Arten	BJagdG	LJagdG	CITES	CMS	AEWA	BernK	Arten-schutz-VO	Vogel-schutz-RL	BArt-SchV	BWild-SchV	Invasive Arten-VO
Waldschnepfe (Scolopax rusticola L.)	ja	-	-	II	2, 3B	III	-	IIA	-	3	-
Blässhuhn (Fulica atra L.)	ja	-	-	-	2, 3B	III	-	IIA	-	1B, 2	-
Möwen (Laridae spp.)	ja	nicht: BW (alle Möwen)	-	-	-	-	-	-	-	-	-
Schwarzkopfmöwe (Larus melanocephalus Natt.)	ja/g. g.	nicht: BW, RP	-	II	2, 3B	II, III	-	I	-	1BC, 5	-
Zwergmöwe (Larus/Hydrocoloeus minutus)	ja/g. g.	nicht: BW, RP	-	-	2, 3A	II, III	-	I	-	1BC, 5	-
Lachmöwen (Larus ridibundus)	ja	nicht: BW	-	-	2, 3B	III	-	IIB	-	1B	-
Sturmmöwen (Larus canus)	ja	nicht: BW	-	-	2, 3B	III	-	IIB	-	1B	-
Silbermöwen (Larus argentatus)	ja	nicht: BW	-	-	2, 3B	-	-	IIB	-	1B	-

Art/Arten	BJagdG	LJagdG	CITES	CMS	AEWA	BernK	Artenschutz-VO	Vogelschutz-RL	BArtSchV	BWildSchV	Invasive Arten-VO
Mantelmöwen (Larus marinus)	ja	nicht: BW	-	-	2, 3B	-	-	IIB	-	1B	-
Heringsmöwen (Larus fuscus L.)	ja	nicht: BW	-	-	2, 3B	-	-	IIB	-	1B	-
Steppenmöwe (Larus cachinnans) (vgl. Rn. 34)	ja/g. g.	nicht: BW, RP	-	-	2	III	-	IIB (als Silbermöwe, vgl. Rn. 34)	-	1B	-
Mittelmeermöwe (Larus michahellis) (vgl. Rn. 34)	ja/g. g.	nicht: BW, RP	-	-	2	III	-	IIB (als Silbermöwe, vgl. Rn. 34)	-	-	-
Dreizehenmöwe (Rissa trydactila L.)	ja/g. g.	nicht: BW, RP	-	-	2, 3A	III	-	ja	-	1C, 5	-
Haubentaucher (Podiceps cristatus L.)	ja/g. g.	nicht: BW, RP	-	-	2, 3C	III	-	ja	-	1C, 5	-
Großtrappe (Otis tarda L.)	ja/g. g.	nicht: BW, RP	II	II		II, III	A	I	-	-	-
Graureiher (Ardea cinera L.)	ja/g. g.	nicht: BW	-	-	2, 3C	III	-	ja	-	1C, 5	-

Art/Arten	BJagdG	LJagdG	CITES	CMS	AEWA	BernK	Artenschutz-VO	Vogelschutz-RL	BArtSchV	BWildSchV	Invasive Arten-VO
Greife (Accipitridae spp.)	ja/g. g.	BW, RP: nur Habicht	II	II (sofern nicht im Einzelfall I)	-	III	B (sofern nicht im Einzelfall A)	-	-	-	-
Fischadler (Pandion heliaetus L.)	ja (str., vgl. Rn. 34)/ g. g.	nicht: BW, RP	II	II	-	III	A	I	-	4	-
Wespenbussard (Pernis apivorus L.)	ja/g. g.	nicht: BW, RP	II	II	-	III	A	I	-	4	-
Schwarzmilan (Milvus migrans BODDAERT)	ja/g. g.	nicht: BW, RP	II	II	-	III	A	I	-	4	-
Rotmilan (Milvus milvus L.)	ja/g. g.	nicht: BW, RP	II	II	-	III	A	I	-	4	-
Seeadler (Haliaeetus albicilla L.)	ja/g. g.	nicht: BW, RP	I	I, II	-	III	A	I	-	4	-

Art/Arten	BJagdG	LJagdG	CITES	CMS	AEWA	BernK	Arten-schutz-VO	Vogel-schutz-RL	BArt-SchV	BWild-SchV	Invasive Arten-VO
Rohrweihe (Circus aeruginosus L.)	ja/g. g.	nicht: BW, RP	II	II	–	III	A	I	–	4	–
Kornweihe (Circus cyaneus L.)	ja/g. g.	nicht: BW, RP	II	II	–	III	A	I	–	4	–
Wiesenweihe (Circus pygargus L.)	ja/g. g.	nicht: BW, RP	II	II	–	III	A	I	–	4	–
Steppenweihe (Circus macrourus)	ja/g. g.	nicht: BW, RP	II	II	–	III	A	I	–	–	–
Sperber (Accipiter ni-sus L.)	ja/g. g.	nicht: BW, RP	II	II	–	III	A	ja	–	4	–
Habicht (Accipiter gentilis L.)	ja/g. g.	–	II	II	–	III	A	ja	–	4	–
Mäusebussard (Buteo buteo L.)	ja/g. g.	nicht: BW, RP	II	II	–	III	A	ja	–	4	–
Rauhfußbussard (Bu-teo lagopus BRUEN-NICH)	ja/g. g.	nicht: BW, RP	II	II	–	III	A	ja	–	4	–
Steinadler (Aquila chrysaetos L.)	ja/g. g.	nicht: BW, RP	II	II	–	III	A	ja	–	4	–

Art/Arten	BJagdG	LJagdG	CITES	CMS	AEWA	BernK	Arten-schutz-VO	Vogel-schutz-RL	BArt-SchV	BWild-SchV	Invasive Arten-VO
Schreiadler (Aquila pomarina)	ja/g. g.	nicht: BW, RP	II	II	–	III	A	I	–	–	–
Zwergadler (Hieraaetus pennatus)	ja/g. g.	nicht: BW, RP	II	II	–	III	A	I	–	–	–
Falken (Falconidae spp.)	ja/g. g.	BW: nur Wanderfalke	II	II (sofern nicht im Einzelfall I)	–	II, III	B (sofern nicht im Einzelfall A)	–	–	–	–
Turmfalke (Falco tinnunculus L.)	ja/g. g.	nicht: BW, RP	II	II	–	II, III	A	ja	–	4	–
Rotfußfalke (Falco vespertinus L.)	ja/g. g.	nicht: BW, RP	II	I	–	II, III	A	I	–	4	–
Merlin (Falco columbarius L.)	ja/g. g.	nicht: BW, RP	II	II	–	II, III	A	I	–	4	–
Buntfalke/Baumfalke (Falco subbuteo L.)	ja/g. g.	nicht: BW, RP	II	II	–	II, III	A	–	–	4	–

Art/Arten	BJagdG	LJagdG	CITES	CMS	AEWA	BernK	Arten-schutz-VO	Vogel-schutz-RL	BArt-SchV	BWild-SchV	Invasive Arten-VO
Wanderfalke (Falco peregrinus TUN-STALL)	ja/g. g.	nicht: RP	I	II	-	II, III	A	I	-	4	-
Lannerfalke (Falco bi-armicus)	ja/g. g.	nicht: RP	II	II	-	II, III	A	I	-	-	-
Würgfalke/Sakerfalke (Falco cherrug)	ja/g. g.	nicht: RP	II	I	-	II, III	A	I	-	-	-
Gerfalke (Falco rusti-colus)	ja/g. g.	nicht: RP	I	II	-	II, III	A	I	-	-	-
Kolkrabe (Corvus co-rax L.)	ja/g. g.	nicht: BW	-	-	-	III	-	ja	-	5	-
Elster (Pica pica)	-	nicht: BE, HB, SL	-	-	-	-	-	IIB	-	-	-
Rabenkrähe (Corvus corone corone, vgl. Rn. 36)	-	nicht: BE, HB, SL, ST	-	-	-	-	-	IIB (als Corvus co-rone)	-	-	-
Nebelkrähe (Corvus corone cornix, vgl. Rn. 36)	-	BB, MV, SN, SH	-	-	-	-	-	IIB (als Corvus co-rone)	-	-	-

Art/Arten	BJagdG	LJagdG	CITES	CMS	AEWA	BernK	Arten-schutz-VO	Vogel-schutz-RL	BArt-SchV	BWild-SchV	Invasive Arten-VO
Aaskrähe (Corvus corone, vgl. Rn. 36)	-	ST, SH	-	-	-	-	-	IIB (als Corvus corone)	-	-	-
Eichelhäher (Garrulus glandarius)	-	BY, SN	-	-	-	-	-	IIB	-	-	-
Kormoran (Phalacrocorax carbo)	-	nur BW („Schutz-Mgt")	-	-	2, 3C	III	-	ja	-	-	-
Nandu (Rhea americana)	-	nur MV	II	-	-	III	B	-	-	-	-
Pharaonenibis/Heiliger Ibis (Threskiornis aethiopicus)	-	-	-	-	-	II, III	-	-	-	-	ja

2. Verhältnis zwischen Schutzvorschriften und Jagdrecht

25 Der Katalog bejagbarer Tiere überschneidet sich mit solchen, die auf der Grundlage nationaler weiterer Vorschriften, des Europarechts und internationaler Abkommen einen Schutzstatus genießen, der die Möglichkeit der Bejagung entweder nicht vorsieht, oder nur unter bestimmten Voraussetzungen zulässt. Sowohl das Naturschutzrecht als auch das Jagdrecht haben gemeinsam das Anliegen wildlebende Tiere zu hegen und zu pflegen (s. auch BVerwG Urt. v. 6.9.1984 – 3 C 16.84, BeckRS 1984, 793 = NVwZ 1985, 44 = NuR 1985, 235 = AgrarR 85, 212 = RdL 85, 11 = JE I Nr. 36). Die jagdrechtlichen Vorschriften dienen damit auch der Umsetzung der völker- und europarechtlichen Vorgaben. Der Verbleib bedrohter Arten im Status des jagdbaren Wildes ist für diese häufig sogar von Vorteil (Stumpf BayVBl. 2004, 289; Guber, Die eigentumsrechtliche Einordnung des Naturgutes Wild, 2022, S. 270; Tholen, Das Artenschutzregime der Fauna-Flora-Habitat-Richtlinie im deutschen Recht, 2014, S. 191; Hellenbroich, Europäisches und deutsches Artenschutzrecht, 2006, S. 147 ff.; Meyer-Ravenstein/Louis, Übernahme des Wolfes in das sächsische Jagdrecht, Rechtsgutachten, 2009). In der Praxis zeigt sich der Schutz durch das Jagdrecht als sehr wirkungsvoll und wirkt nahezu flächendeckend. Ziel sowohl der jagdrechtlichen Regelungen, als auch weiterer Normen des nationalen und internationalen Naturschutzrechts ist es, einen möglichst artenreichen und gesunden Wildbestand zu erhalten, sowie die Sicherung und Erhaltung seiner Lebensgrundlagen. Die jagdrechtlichen Bestimmungen konkretisieren dies durch besondere Bestimmungen zum Schutz selbst von Tierarten, die auf längere Sicht von der Jagdausübung verschont bleiben. Für alle dem Jagdrecht unterliegenden Tiere besteht die Verpflichtung zur aktiven Sicherung derselben in Form der Hege, auch durch einen verantwortlichen Jagdausübungsberechtigten (Guber, Die eigentumsrechtliche Einordnung des Naturgutes Wild, 2022, S. 270; Hellenbroich, Europäisches und deutsches Artenschutzrecht, 2006, S. 147 ff.). Damit geht der Schutz des Jagdrechts in einem wesentlichen Bereich über die naturschutzrechtlichen Bestimmungen hinaus, die dem Einzelnen lediglich Duldungsverpflichtungen und ein Unterlassen bestimmter Handlungen aufgeben. Umgekehrt ermöglicht das Jagdrecht aber auch Eingriffe in die (geschützten) Arten, dort wo sie von Seuchen bedroht sind oder regional zu einem Problem werden. Kollisionen entstehen dort, wo Regelungen des Natur- und Artenschutzes den jagdrechtlichen Bestimmungen widersprechen, durch spezifische Einschränkungen das Jagdrecht aushöhlen könnten oder die Jagdausübung den Zielen des Naturschutzes entgegensteht. Allein die Aufnahme einer Tierart in die Liste der bejagbaren Tiere läuft dem Schutzzweck der oben genannten Bestimmungen nicht zuwider, da die Unterstellung unter das Jagdrecht selbst nicht mit einer Jagdzeit verbunden ist und weder in den Bestand noch den Lebensraum eingreift, vielmehr der Tierart den besonderen Schutz des Jagdrechts zukommen lässt (s. auch Lorz/Konrad/Mühlbauer/Müller-Walter/Stöckel BNatSchG Vorb. Rn. 29; Guber, Die eigentumsrechtliche Einordnung des Naturgutes Wild, 2022; Tholen, Das Artenschutzregime der Fauna-Flora-Habitat-Richtlinie im deutschen Recht, 2014, S. 191; Hellenbroich, Europäisches und deutsches Artenschutzrecht, 2006, S. 147 ff.; Meyer-Ravenstein/Louis, Übernahme des Wolfes in das sächsische Jagdrecht, Rechtsgutachten, 2009). Nach § 37 Abs. 2

BNatSchG bleiben die Vorschriften des Jagdrechts unberührt von den Bestimmungen des 5. Abschnittes. Ohne diese Unberührtheitsklausel wären die Artenschutzvorschriften des Naturschutzrechts subsidiär (so Lorz/Konrad/Mühlbauer/Müller-Walter/Stöckel BNatSchG § 39 Rn. 8). Sofern Vorschriften des Jagdrechts von Vorgaben des Artenschutzrechts abweichen, gelten die Regelungen des Jagdrechts vorrangig (wobei die Rechtsnatur der Unberührtheitsklausel str. ist; Guber, Die eigentumsrechtliche Einordnung des Naturgutes Wild, 2022, S. 221 ff.; Tholen, Das Artenschutzregime der Fauna-Flora-Habitat-Richtlinie im deutschen Recht, 2014, S. 40 ff.). Das Naturschutzrecht greift aber dort, wo das Jagdrecht keine besonderen Schutzvorschriften vorsieht (§ 37 Abs. 2 Hs. 2 BNatSchG, vgl. Guber, Die eigentumsrechtliche Einordnung des Naturgutes Wild, 2022, S. 221 ff.; Tholen, Das Artenschutzregime der Fauna-Flora-Habitat-Richtlinie im deutschen Recht, 2014, S. 43) dennoch vorbehaltlich der Rechte des Jagdausübungsberechtigen. Ist eine Tierart im Jagdrecht nicht ausdrücklich aufgeführt, gehen spezielle Regelungen des Artenschutzes vor, wobei die Vorschriften über den Jagdschutz (→ § 23 Rn. 1 ff.) und invasive Arten (→ § 28a Rn. 1 ff.) auch die Tötung erlauben können, sofern es sich nicht um besonders geschützte Arten handelt (→ § 28a Rn. 66 ff.). Der Gesetzgeber – auch der Landesgesetzgeber – kann solche Tierarten jedoch durch Aufnahme in die Liste der bejagbaren Tiere dem Jagdrecht zuordnen (Abs. 2), mit der Folge, dass auch für diese Arten das Jagdrecht den Regelungen des Artenschutzrechts vorgeht (§ 37 Abs. 2 BNatSchG, → Rn. 26, → Rn. 48 ff.). Besondere Bestimmungen des Naturschutzes können trotzdem im Einzelfall das Jagdrecht verdrängen, wenn dies ausdrücklich geregelt wird (zB Schutzgebietsbestimmungen in § 20 Abs. 2, dazu VGH München Urt. v. 5.3.1996 – 9 N 92.3498, BeckRS 1996, 23262 = NuR 1996, 617 = BayVBl. 1996, 501 = JE XIV Nr. 139). Zu Recht kritisch zu einem schleichenden Versuch, das Jagdrecht dem Naturschutz unterzuordnen, Meyer-Ravenstein AUR 2019, 8 ff.

26 Mit der Aufnahme ins Jagdrecht gelten ausschließlich die jagdrechtlichen Regelungen, sofern nicht ein Fall des § 37 Abs. 2 S. 2 BNatSchG vorliegt. Die zuweilen verwendete missverständliche Bezeichnung als „Doppelrechtler“ sollte vermieden werden, weil sie fälschlicherweise den Anschein erweckt, dass zwei Rechtsregime parallel gelten würden. Dies ist jedoch nicht der Fall, ganz unabhängig davon wie die Unberührtheitsklausel in § 37 Abs. 2 S. 1 BNatSchG dogmatisch eingeordnet wird. Auch die Einordnung einer Art als „streng“ oder „besonders“ geschützt nach dem BNatSchG ändert daran nichts, denn der Bundesgesetzgeber selbst hat die Möglichkeit der Aufnahme weiterer Arten ins Jagdrecht – unabhängig von ihrem artenschutzrechtlichen Status – vorgesehen. Dann richtet sich auch die Erlegung (allein) nach jagdrechtlichen Regelungen. Richtigerweise erfolgt daher die Bejagung des **Nandus** in Mecklenburg-Vorpommern ausschließlich nach dem LJagdG und der JZVO MV, ohne dass noch eine artenschutzrechtliche Ausnahme nach § 45 Abs. 7 BNatSchG erforderlich wäre. Dogmatisch unsauber ist daher erst Recht das Erfordernis einer artenschutzrechtlichen Ausnahme für die Bejagung der (schon nach § 2 jagdbaren) Nonnengans in Niedersachsen (§ 3 Abs. 1 Nr. 16 NJagdG-DVO) und des Fischotters in Bayern (§ 3 BayAAV) Gleiches gilt für den Wolf in Niedersachsen, Schleswig-Holstein und Sachsen, der dort (ebenso wie in Mecklenburg-Vorpommern) dem Jagdrecht unterliegt. Niedersachsen (§ 28b Abs. 2 NJagdG), Schleswig-Holstein (§ 24a Abs. 1 SHLJagdG) und Sachsen (§ 3 S. 2 SächsJagdVO iVm §§ 5 ff. Sächsische Wolfsmanagementverordnung vom 15.5.2019, GVBl. 2019, 332) fordern (systemwidrig) eine Erlaubnis nach § 45 Abs. 7 BNatSchG, bzw. darauf basierenden Verordnungen. In Mecklenburg-Vorpommern gibt es keine Sonderregelungen für den Wolf, so dass hier die allgemeinen jagdrechtlichen Regelungen gelten und für eine Entnahme eine Ausnahme von der ganzjährigen Schonzeit nach § 22 Abs. 1 S. 2 oder § 27 zu erteilen wäre. Unzweifelhaft sind jedoch die Vorgaben der FFH-RL und der Vogelschutz-RL zu beachten (Guber, Die eigentumsrechtliche Einordnung des Naturgutes Wild, 2022; Tholen, Das Artenschutzregime der Fauna-Flora-Habitat-Richtlinie im deutschen Recht, 2014; Wolf NuR 2014, 463 (467)), sodass auch Fischotter in Bayern und Nonnengänse in Niedersachsen, nur unter bestimmten Bedingungen bejagt werden dürfen. Anders als in Niedersachsen sind diese Voraussetzungen in Schleswig-Holstein jedoch (zu Recht) unmittelbar und abschließend in § 2 Abs. 1 SHJagdZVO aufgeführt. Der pauschale Unterstellung der europäischen Vogelarten unter den besonderen Schutz des BNatSchG sollte lediglich Rechtslücken schließen, die nach der Änderung des BNatSchG 1998 entstanden waren, aber keine weiteren Voraussetzungen außerhalb des Jagdrechts begründen. Wörtlich heißt es in der Begründung zum entsprechenden Änderungsantrag „Die vorgeschlagene Lösung dient der Rechtsvereinfachung und hat im Übrigen keine Auswirkungen auf die Jagdbarkeit des Federwilds." (BT-Drs. 14/7490, 19). **Nandus** unterliegen jedoch nicht dem Schutz der Vogelschutz-RL, so dass hier eine Jagdzeit ohne weitere inhaltliche Anforderungen möglich ist (vgl. § 1 Abs. 1 Nr. 17 MVJagdZVO), auch wenn nach Artenschutzrecht die Vorgaben des § 45 Abs. 7 BNatSchG zu beachten wären.

V. Tierarten im Einzelnen

Der Begriff des Wildes ist gesetzlich in § 1 Abs. 1 S. 1 definiert: „Wildlebende Tiere, die dem Jagdrecht unterliegen". Der Katalog der dem Jagdrecht unterliegenden Arten ist abschließend geregelt, vorbehaltlich der Aufnahme weiterer Tierarten durch den Landesgesetzgeber (Abs. 2). Es obliegt dem jeweiligen Gesetzgeber, zu bestimmen, ob eine Tierart als Wild einzustufen ist oder nicht (vgl. aber die verfassungsrechtlichen Vorgaben, → Rn. 2 f.). Erfasst werden auch Unterarten. 27

Der internationale Schutzstatus hat auf die Zuordnung zum Jagdrecht keinen Einfluss, da es den Mitgliedsstaaten selbst überlassen bleibt, wie sie völker- oder europarechtliche Verpflichtungen umsetzen (→ Rn. 8), kann aber selbstverständlich gewisse Auswirkungen haben, insbesondere auf die Festlegung von Jagdzeiten (EuGH Urt. v. 9.6.2005 – C-135/04, BeckRS 2005, 70421 = JE XIX Nr. 35; Tholen, Das Artenschutzregime der Fauna-Flora-Habitat-Richtlinie im deutschen Recht, 2014). 28

1. Tierarten, die dem Jagdrecht unterliegen

Der Gesetzgeber hat den Katalog nicht „artenscharf" gefasst, sondern zum Teil ganze taxonomische Gruppen aufgenommen. Neben den Greifen (Accipitridae), Falken (Falconidae), Möwen (Laridae) und Wildtauben (Columbidae), werden auch die **Wildenten** (Anatinae) und **Wildgänse** (Gattungen Anser BRISSON und Branta SCOPOLI) nur als taxonomische Gruppe 29 einbezogen. Im Einzelfall kann bei dieser Form der Einbeziehung in § 2 schon deswegen Verwirrung entstehen, weil die taxonomische Einordnung einem Wandel unterworfen ist (vor allem als Folge neuerer genetischer Untersuchungen der Verwandtschaftsverhältnisse) und umstritten sein kann (Belgard RdL 2005, 170). Deshalb ist in Auslegung der gewählten Formulierung davon auszugehen, dass der Gesetzgeber im Zweifel alle Arten meint (OLG Karlsruhe Beschl. v. 4.5.1976 – 3 Ss (B) 113/76, NuR 1981, 143 = JE VII Nr. 6; Lorz/Metzger Rn. 1; aA OLG Hamm 14.6.1980, NuR 1981, 77; VG Arnsberg Urt. v. 21.11.1986 – 3 K 1249/86, NuR 1988, 158 = JE VI, I Nr. 46; Belgard AgrarR 2002, 144).

30 Bei der Frage der Zuordnung zu den Wildarten kann aber nur vom Stand der Gesetzgebung, dh hier von 1976, ausgegangen werden (so schon Belgard RdL 2000, 171 (172); Belgard RdL 2005, 170 (171)). Eine zwischenzeitlich erfolgte Änderung der taxonomischen Einordnung kann keine Änderung des rechtlichen Status herbeiführen. Anderenfalls bestünde eine erhebliche (verfassungsrechtlich nicht hinzunehmende) Rechtsunsicherheit, wenn eine neue Taxonomie veröffentlicht wird, schon deswegen, weil unklar ist, ab wann davon gesprochen werden kann, dass sich diese durchgesetzt hat. Konsequenz wäre außerdem eine (unter Umständen erhebliche) Rechtsänderung ohne demokratische Legitimation. Eindeutig ist die taxonomische Einordnung nur bei den Wildgänsen, wo in § 2 nicht nur die Gattungen Anser und Branta genannt sind, sondern auch das in Bezug genommene taxonomische System aufgeführt ist (Anser BRISSON und Branta SCOPOLI).

31 Die ausdrückliche Nennung der **Säger** (Gattung Mergus L.) obwohl sie taxonomisch auch 1976 zur Unterfamilie der Anatinae gezählt wurden (Callaghan/Harshman in Kear, Ducks, Geese and Swans, 2005, S. 15 f.), dürfte darauf zurückzuführen sein, dass sie schon in den früheren Gesetzesfassungen von 1952 und 1961 gesondert genannt wurden und zwar als „Entenvögel (Wildschwäne, Wildgänse, Wildenten, Säger)" (BJagdG 1961, BGBl. 1961 I 304).

32 Taxonomisch neu ist der Status vor allem auch bei den **Halbgänsen** (Tadorninae), die zwar heute als eigene Unterfamilie angesehen wurden, 1976 aber noch zu den Anatinae gerechnet wurden (Callaghan/Harshman in Kear, Ducks, Geese and Swans, 2005, S. 15 f.). Sie zählen daher auch zum Wild iSd § 2 (so im Ergebnis auch Mitzschke/Schäfer Rn. 3, wo in der Gruppe der Anatinae keine Änderung verzeichnet ist). So hat auch der Gesetzgeber noch 1977 in der JagdZV die **Brandgans** (Tadorna tadorna, damals noch als **Brandente** bezeichnet) als zu den Wildenten und damit zum jagdbaren Wild gehörig, angesehen (zur Nilgans → § 28a Rn. 33). Mit Rücksicht auf die Anforderungen der Vogelschutz-RL in Bezug auf die Klarheit bei der Festlegung von Jagdzeiten wurde die BJagdZV 2002 von einer Negativliste auf eine Positivliste umgestellt (Begr. RegE, BR-Drs. 25/02, 3), so dass nicht mehr „alle übrigen Wildenten außer Brand-, Eider-, Eis-, Kolben-, Löffel-, Moor-, Schell- und Schnatterenten" eine Jagdzeit haben, sondern nur noch die ausdrücklich genannten.

33 Auch bei den **Möwen** (Laridae) hat sich die taxonomische Einordnung gewandelt. Die vormals als Möwen bezeichnete Familie wird mittlerweile als Unterfamilie Laridae der Möwenverwandten (Larinae) bezeichnet. Zu dieser gehören ua auch die Seeschwalben, die jedoch nach den in → Rn. 30 erläuterten Grundsätzen nicht dem Jagdrecht unterliegen. Daneben gab es zum Teil auch Veränderungen beim Status als Art oder Unterart, sowie den

Artbezeichnungen, was zwar für die Zuordnung zum Artenkatalog im Ergebnis unerheblich ist, aber bei der Festlegung von Jagd- und Schonzeiten von Bedeutung sein kann.

Seit langem unterliegt die Systematik der **Greifvögel** und **Falken** (noch im 19. Jahrhundert gemeinsam mit den Eulen als „Raubvögel" bezeichnet (Fürbringer, Untersuchungen zur Morphologie und Systematik der Vögel, 1888, S. 1309 f.) in besonderem Maße einer Änderung der taxonomischen Einordnung. Heute werden zu den „Habichtartigen" (Accipitridae) die meisten der landläufig als Greifvögel (ohne Falken) bezeichneten Unterfamilien, Gattungen und Arten gefasst, unter anderem die Gattungen der Bussarde, Weihen, Milane, Seeadler und echten Adler (darunter der Steinadler). Nicht (mehr) darunter wird der **Fischadler** (Pandion heliaetus) gezählt. Richtigerweise wird man diesen dennoch zu den Greifen iSd § 2 zählen müssen, obwohl sich die Einordnung als eigene Familie der Pandonidae 1976 wohl schon weitgehend durchgesetzt hatte (aA Belgard RdL 2005, 170 (171)). Denn es ist (soweit sich – wie hier – aus den Gesetzgebungsmaterialien nichts anderes ergibt) davon auszugehen, dass der Gesetzgeber eher von der hergebrachten taxonomischen Ordnung ausgeht. Hierfür spricht auch die noch 1985 erfolgte Zuordnung des Fischadlers in Anlage 4 BWildSchV. **34**

Sofern wegen einer umfassenden Neufassung des Artenkatalogs im Landesrecht nach der Föderalismusreform 2006 die Aufstellung des Artenkataloges durch den Bundesgesetzgeber aus dem Jahr 1976 nicht mehr gilt und die Halbgänse als Unterfamilie oder einzelne Arten daraus nicht mit umfasst sind, unterliegen sie im jeweiligen Land nicht dem Jagdrecht, sofern sie nicht ausdrücklich aufgenommen wurden, wie die **Rostgans** und die **Nilgans** in Baden-Württemberg (§ 7 Abs. 1 JWMG iVm Anlage zu § 7 Abs. 1 und 3) und letztere in Nordrhein-Westfalen und Rheinland-Pfalz (§ 2 LJG-NRW; Anl. zu § 6 Abs. 1 RhPfLJG). **35**

Bei den **Rabenvögeln** werden in den landesrechtlichen Artenkatalogen (s. auch → Rn. 49) überwiegend die **Rabenkrähe, Aaskrähe oder Nebelkrähe** oder mehrere dieser drei genannt. Sie alle gehören nach in der Ornithologie teilweise vertretener Ansicht zu einer einzigen Art, die meist als Aaskrähe (Corvus corone) bezeichnet wird. Nebel- und Rabenkrähe sind danach unterschiedliche Varianten (Morphen) oder Unterarten dieser Art, die in räumlich weitgehend getrennten Gebieten, westlich und östlich entlang einer schmalen Hybridzone vorkommen, die in Deutschland ungefähr entlang der Elbe und von dieser nördlich bis Warnemünde verläuft – westlich die Rabenkrähe (Corvus corone corone), östlich die Nebelkrähe (Corvus corone cornix). Zum Teil werden sie als eigene Arten – Rabenkrähe (Corvus corone) und Nebelkrähe (Corvus cornix) angesehen (Atlas deutscher Brutvogelarten, 2018, S. 408, 412; https://www.jagdverband.de/zahlen-fakten/tiersteckbriefe/aaskraehe-corvus-corone). **36**

Die **Wildtauben** sind eine ausgesprochen artenreiche Gruppe, wobei in Mitteleuropa lediglich Ringel-, Türken-, Hohl-, Turtel- und **Stadttaube** vorkommen. Letztere wird nicht zum Wild iSd § 2 gezählt (VG Gelsenkirchen Urt. v. 23.4.2024 – 6 K 2882/21, BeckRS 2024, 12056 mwN; Meyer-Ravenstein AgrarR 1984, 233), da es sich um verwilderte Bestände der Haustaube handelt, die wiederum von der (wilden) Felsentaube abstammt. Sie kann bei massenhaftem Auftreten erhebliche Gefahren, ua für die menschliche Gesundheit und Gebäude, mit sich bringen und kann als Schädling bekämpft werden, wobei die Regelungen des TierSchG, des IfSG und **37** der BArtSchV einzuhalten sind (so zB HessVGH Urt. v. 1.9.2011 – 8 A 396/10, LKRZ 2011, 457 = DÖV 2011, 984 = JE VII Nr. 68; VG Gelsenkirchen Urt. v. 23.4.2024 – 6 K 2882/21, BeckRS 2024, 12056; VG Stuttgart Urt. v. 29.9.2021 – 15 K 4096/19, BeckRS 2021, 41571).

2. Heimische Tierarten

38 Der Artenkatalog beschränkt sich nicht auf heimische Arten. Heimische Tierarten sind solche, die hier in Freiheit vorkommen, wenn auch nur örtlich und zeitlich begrenzt. So wird in § 21 Abs. 1 S. 2 ausgeführt, dass die „Abschußregelung dazu beitragen (soll), daß ein gesunder Wildbestand aller heimischen Tierarten in angemessener Zahl erhalten bleibt". Hieraus wird zum Teil geschlossen, dass dementsprechend der Begriff des Wildes sich auf heimische Arten zu beschränken habe (Mitzschke/Schäfer Rn. 16; mit Einschränkungen Lorz/Metzger Rn. 2; Belgard RdL 2005, 170) – § 21 gibt jedoch nur das Ziel einer Abschussregelung vor.

39 Unter heimisch wird nicht verstanden, dass diese Tierarten ursprünglich hier beheimatet waren. Eine Vielzahl der heute vorhandenen Tiere stammen zB aus Asien (Fasan, Sikawild), waren jedenfalls hier nicht (zB Muffel, Wildkaninchen) oder nur prähistorisch (zB Damwild) beheimatet. Einige Tierarten siedeln sich erst jetzt hier an, etwa als Gefangenschaftsflüchtlinge (zB Nilgans) oder auf Grund einer Klimaveränderung (zB Goldschakal). Diese Tiere sind auch dann keine Irrgäste (so Lorz/Metzger Rn. 6), wenn sie nur selten hier Rast machen, weil auch dies zu den natürlichen Verläufen gehört. Wesentlich ist deshalb, ob sich die Tierart auf Grund natürlicher Lebensumstände nicht nur einmalig in dem Gebiet aufhält, oder ob sie als überlebensfähige Form bereits längere Zeit hier lebt, sofern sie aufgrund anderer Umstände (Aussetzen) hierhin gelangt ist (kritisch OVG Münster Urt. v. 8.11.2019 – 16 A 447/13, BeckRS 2019, 33798, vgl. auch → § 28a Rn. 76). Entscheidend ist zudem, ob eine natürliche Vermehrung stattfindet (vgl. Lorz/Metzger Rn. 6).

40 Insbesondere im Zusammenhang mit Greifvogelhybriden und nichteuropäischen Greifen wurde diese Frage in der Vergangenheit diskutiert. Richtigerweise werden zwar auch gebietsfremde Arten einbezogen (OLG Hamm Beschl. v. 14.1.1981 – 5 Ss OWi 1678/80, NuR 1981, 77 = JE Bd. 2 VII Nr. 19; VG Arnsberg Urt. v. 21.11.1986 – 3 K 1249/86, AgrarR 1987, 140 = NuR 1988, 158 = JE Bd. 6 I Nr. 46; Lorz/Metzger Rn. 3; Belgard AgrarR 2002, 144 (145) zu Hybridfalken; Hammer NuR 1982, 100 (100); aA OLG Karlsruhe Beschl. v. 4.5.1976 – 3 Ss (B) 113/76, JE VII Nr. 6; Mitzschke/Schäfer § 1 Rn. 16; Künkele NuR 1982, 101 (103); Emonds NuR 1981, 126 (127); Richter DVBl. 1986, 503 (503); Apfelbacher Anm. zu VG Arnsberg 21.11.1986, NuR 1988, 159 (160)), wobei sich die Befugnisse der Jagdausübungsberechtigten aber nur auf wildlebende Exemplare beziehen (so auch OLG Karlsruhe Beschl. v. 4.5.1976 – 3 Ss (B) 113/76, JE VII Nr. 6). Zum Teil werden lediglich durch vereinzelte „Irrgäste" vertretene Arten nicht als heimisch angesehen (Mitzschke/Schäfer § 1 Rn. 16; Lorz/Metzger Rn. 2).

41 Auch der Gesetzgeber selbst geht von einer Einbeziehung auch nichtheimischer Arten (jedenfalls von bereits etablierten) aus und hat zB schon 1977 mit der JagdZV eine Jagdzeit für die **Kanadagans** festgelegt. Für eine weite Auslegung spricht auch, dass in der Praxis nicht immer klar ist, ob eine Art auf natürliche Weise eingewandert ist, oder nicht (vgl. Künkele NuR 1982, 101 (102)). Betrachtet man dagegen nichtheimische Arten von vorneherein nicht als von § 2 erfasst, müsste neben der Schwarzkopfruderente und der Nilgans konsequenterweise auch die Kanadagans aus dem Katalog der jagdbaren Arten herausfallen, da sie keine einheimische Art ist (obwohl sie entgegen Art. 2 Abs. 1 S. 1 Vogelschutz-RL in Anh. II A Vogelschutz-RL aufgeführt ist). Auch die **Rostgans** (Tadorna ferruginea) – die heute ebenfalls zu den Halbgänsen gezählt wird – gilt als nichtheimische Art (Nehring/Rabitsch/Kowarik/Essl, Naturschutzfachliche Invasivitätsbewertungen für in Deutschland wild lebende gebietsfremde Wirbeltiere, BfN-Skript 409, 2015, S. 86; vgl. aber die Begründung zu § 10 DVO JWMG: „Nach Verabschiedung des Gesetzes ergaben sich nach wissenschaftlichen Untersuchungen Hinweise, wonach in Frage steht, dass die betroffenen Populationen ausschließlich auf gefangene Exemplare zurückgehen. Die hohe genetische Diversität der Rostgänse aus dem deutsch-schweizerischen Gebiet lässt vielmehr die Schlussfolgerung zu, dass nicht auszuschließen ist, dass die Vögel zu einem gewissen Bestandteil auf einfliegende Rostgänse der autochthonen Population zurückgehen.“).

Der Gesetzgeber ist dementsprechend auch befugt, andere, auch nicht heimische, Tierarten dem Jagdrecht zu unterstellen (OVG Münster Urt. v. 2.4.1992 – 7 A 1581/89, BeckRS 1992, 5472 = NuR 1992, 442 = JE I Nr. 78; Hammer AgrarR 1990, 41; Apfelbacher NuR 1988, 159). Insbesondere sollte der Gesetzgeber die Möglichkeit haben, **Neozoen** dem Jagdrecht zu unterstellen, da der Schutz und die Hege der heimischen Arten die Vermeidung der Ausbreitung unerwünschter Arten erfordern kann. In welcher Form allerdings der Schutz der heimischen Tierarten gestaltet werden kann, ist im weitesten Sinne dem Gesetzgeber überlassen. Dementsprechend muss es auch möglich sein, durch Aufnahme nichtheimischer Tierarten den heimischen Tierarten den notwendigen Schutz zu gewährleisten, indem eine Bejagungsmöglichkeit eröffnet wird. Folgt man diesem Gedanken, muss man allerdings dann auch annehmen, dass der dem Jagdzweck innewohnende Hegegedanke unter Umständen auch auf den generellen Abschuss einer Tierart reduziert werden kann. 42

3. Hybride

Bastarde oder Hybride, also genetische Vermischungen mit Wildarten, fallen trotz der Bastardisierung noch unter den Begriff des Wildes iSd § 2. Die europäische Artenschutz-VO (der hier allerdings lediglich indizielle Wirkung zukommt) regelt ausdrücklich, dass Hybride bis zur vierten Filialgeneration als Exemplare der in den Anhängen genannten Arten gelten. Entsprechendes gilt für Mischformen von Haus- und Wildtieren einer Art. Diese sog. Hybride oder Bastarde, sind als Wild iSd § 2 einzustufen, wenn sie wie reinrassige Exemplare in Freiheit leben. Dies gilt zB für Mischformen zwischen Haus- und Wildtauben und -enten, auch Haus- und Wildschweinen (aA Sojka MDR 1988, 632 (637)) oder Wolf (sofern dem Jagdrecht unterliegend) und Haushund. Ausdrücklich ist dies geregelt für Wolfshybriden in Schleswig-Holstein (§ 1 Nr. 10 SHJagdZVO) sowie Hybride von Waschbär, Marderhund, Mink, Nutria und Wolf (in Niedersachsen auch Goldschakal) in Niedersachsen (§ 5 S. 2 NJagdG) und Mecklenburg-Vorpommern (§ 26 Abs. 1 S. 2 MVLJagdG). Zu Wolfshybriden vgl. auch § 45a Abs. 3 43

BNatSchG. Das naturschutzrechtliche Entnahmeverbot von ua Wolfshybriden ergibt sich dabei lediglich hinsichtlich der Regelungen zu Besitz und Handel aus völker- und europarechtlichen Vorgaben, nicht jedoch in Bezug auf die Entnahme, da diese aus Gründen des Artenschutzes erwünscht ist und ein Verbot völker- und europarechtlich nicht verlangt wird. Daher erstreckt sich der Schutz der FFH-RL auch nicht auf Hybriden, das BNatSchG differenziert hier jedoch nicht ausreichend zwischen den Schutzerfordernissen für Handel und Entnahme (→ Rn. 19). Auch Bastarde zwischen heimischen und nichtheimischen Wildarten können weiterhin zum heimischem Wild zählen (zu nicht-heimischem Wild → Rn. 37 ff.).

4. Wildlebend

44 Wildlebend müssen zunächst die aufgeführten Arten sein (vgl. BeckOK BGB/Kindl BGB § 960 Rn. 1). Demgemäß scheiden alle verwilderten Haustiere (zB Katzen, Hunde, Zier- und Haustauben; → Rn. 37) aus. Wild sind somit nur die Tiere, die einer Art angehören, die normalerweise frei von menschlicher Herrschaft lebt (Grüneberg/Herrler BGB § 960 Rn. 1). Die Art muss zudem im fraglichen Habitat überleben und eine lebensfähige Population bilden können, so das spezielle Arten, zB aus tropischen Regionen, nicht in Betracht kommen.

45 Der Begriff des Wildes iSd § 1 setzt zudem die Herrenlosigkeit voraus. Von Bedeutung ist dies insbesondere für die Auslegung des Begriffs iSd § 292 StGB (zum Meinungsstand Fischer StGB § 292 Rn. 3). Die Tiere müssen nicht nur zu einer wildlebenden Art iSd § 2 gehören, sondern auch tatsächlich wildlebend sein, um Gegenstand des Jagdrechts iSd § 1 zu sein, also sich in natürlicher Freiheit bewegen. Eingepferchte Tiere, die in **Gefangenschaft** durch den Menschen leben, etwa in Gehegen, Wildparks oder Gattern, sind deshalb nicht wildlebend. Nicht wildlebend sind auch Tiere, die in Fasanerien, Pelzfarmen und landwirtschaftlichen Gehegen oder Zoos gehalten werden. Auch Tiere, die von Menschen ohne eine physische Umzäunung gehalten werden, sind nicht wild. Hierzu gehören zB Jagdfalken (OVG Münster 15.2.1989 – 7 A 59/87, RdL 1989, 292 = NuR 1990, 133 = JE XIV Nr. 81), Pfaue und Haustauben. Im Sinne dieser Vorschrift sollen Tiere aber noch als wildlebend anzusehen sein, wenn sie sich in sog. **Jagdgehegen** oder **Wildparks** iSd § 20 Abs. 2 befinden (Lorz/Metzger Rn. 6 mwN; → Rn. 46). Nicht herrenlos sind diese Tiere dann, wenn sie jederzeit eingefangen oder erlegt werden können, ohne dass eine – vom Zufall abhängige – Bejagung erforderlich ist (hM, vgl. BayObLG Beschl. v. 9.12.1987 – RReg. 2 St 134/87, NuR 1988, 258 = AgrarR 1988, 208 = BayVBl. 1988, 669 = JE X Nr. 59; BeckOK BGB/Kindl BGB § 960 Rn. 3; Grüneberg/Herrler BGB § 960 Rn. 1). Eine Sonderregelung mit einer klar gezogenen Grenze bei 5 Hektar gibt es in Bremen (Art. 22 Abs. 1 S. 2 BremLJagdG). Hiervon zu unterscheiden ist aber die wilddichte Umzäunung eines Jagdreviers, wenn die Größe nur noch einen im jagdlichen Sinne zufälligen Zugriff erlaubt (vgl. BeckOK BGB/Kindl BGB § 960 Rn. 3; aA noch RG Urt. v. 11.6.1926 – I 159/26, RGSt 60, 275). Für diese Reviere gilt das Jagdrecht (→ Rn. 46). Gleiches gilt für sog. **Wintergatter,** in denen zuvor freilebende Tiere, meist durch Futterzugabe, hereingelockt werden, mit dem Ziel einer Überwinterung dort und zur Minderung von Schälschäden (zB § 26 **SächsJagdG** aF; Art. 25, 31 **BayJG**). Auch Aufzucht- und Eingewöhnungsgatter oder solche

zu Forschungszwecken, die tatsächlich wildlebende Tiere nur vorübergehend beherbergen, verhindern die Qualifizierung der dort lebenden Tiere als wildlebend nicht. Die jeweilige Einstufung ist nicht einfach und bleibt einer Einzelfallentscheidung vorbehalten. Zum **Wisent** im Rahmen eines Auswilderungsprojektes hat der BGH entschieden, dass eine Herrenlosigkeit nicht dadurch entfällt, dass eine Vereinbarung abgeschlossen wurde, nach der der aussetzende Verein Eigentümer der Herde bleiben und Herrenlosigkeit erst nach einem bestimmten Zeitablauf (einer „Freisetzungsphase") eintreten solle (BGH Urt. v. 19.7.2019 – V ZR 177/17, BeckRS 2019, 22578 = JE XIV Nr. 162).

Jagdgehege oder **Wildparks** iSd § 20 Abs. 2 sind vollständig eingefriedete Grundflächen, auf denen sonst wildlebende Tiere, die dem Jagdrecht unterliegen, dauernd oder vorübergehend gehalten oder zu Jagdzwecken gehegt werden **(Jagdgatter).** Auch hier gilt grundsätzlich das Jagdrecht. Nähere Bestimmungen gibt es zudem in § 43 BNatSchG, wobei die Länderregelungen vorgehen und zwar – entgegen § 43 Abs. 5 BNatSchG – auch wenn sie nicht weiter gehen (§ 37 Abs. 2 BNatSchG; → Rn. 25). Nach landesrechtlichen Bestimmungen können diese Gebiete (wenn sie nicht Jagdzwecken dienen) zu befriedeten Bezirken erklärt werden (§ 6; → § 6 Rn. 26 ff.). Viele Bundesländer haben eigene Regelungen geschaffen (vgl. § 20 BbgJagdG, Art. 23 f. BayJG, Art. 22 BremLJagdG, § 31 MVJagdG, 21 LJG-NRW, § 29 SJG, § 25 LSALJagdG). Oft ist die erstmalige Eingatterung zu Jagdzwecken verboten (§ 20 Abs. 1 BbgJagdG, § 31 Abs. 1 MVJagdG, § 21 LJG-NRW, § 29 SJG, § 25 LSALJagdG, § 29 Abs. 5 Nr. 5 SHLJagdG), für bestehende gelten häufig Übergangs- und Bestandschutzvorschriften (zB § 42 Abs. 3 NJagdG, § 21 LJG-NRW, § 54 Abs. 3 RPLJG, § 39 Abs. 3 SHLJagdG; vgl. VG Lüneburg Urt. v. 5.10.2021 – 3 A 50/21, BeckRS 2021, 33109; OVG Schleswig Beschl. v. 4.10.2019 – 4 LB 13/18, BeckRS 2019, 42088; Beschl. v. 2.3.2018 – 4 LA 78/17, BeckRS 2018, 2902; Beschl. v. 2.3.2018 – 4 LA 107/17, BeckRS 2018, 2900; Beschl. v. 2.3.2018 – 4 LA 111/17, BeckRS 2018, 2901; Beschl. v. 11.1.2017 – 4 MB 44/16, BeckRS 2017, 142765). Wenn in diesen Gattern Wild durch Futterzugabe ausschließlich zum Zweck des Tötens gehalten wird, hat dies jedoch weder etwas mit wildlebend noch mit Hege zu tun. Hierzu ist ein Mindestmaß an Bewegungsfreiheit erforderlich, das dem Tier gestattet, vor dem Menschen zu flüchten und in annähernd natürlicher Weise zu leben. Soweit die Eingatterung zu Jagdzwecken überhaupt noch erlaubt ist, gelten deshalb Mindeststandards zur Genehmigungsfähigkeit solcher Gatter (vgl. zB Art. 23 f. BayJG, § 21 LJG-NRW). 46

Gefangene und gezähmte Tiere, die ansonsten wild leben, unterliegen aber als bejagbare Art dem § 2, wenn sie iSd § 960 Abs. 2 BGB ihre Freiheit wiedererlangen und damit herrenlos werden. Auch unzulässigerweise ausgesetzte Tiere können zu Wild iSd § 2 werden, wenn sie zu den genannten Arten gehören (auch wenn es sich um nichtheimische Arten handelt, → Rn. 38 ff.). Herrenlos werden sie aber nur, soweit der Eigentümer nicht die unverzügliche Verfolgung aufnimmt oder wenn er die Verfolgung aufgibt (§ 960 Abs. 2 BGB). Die Frist beginnt aber erst bei Kenntnis des Eigentümers von dem Entweichen des Tieres. Jede zweckdienliche und nicht von vorneherein aussichtslose Maßnahme, um das Tier wiederzuerlangen, ist ausreichend (OLG München Urt. v. 18.11.1929 – Ber Reg. L 1023/29 III, JW 1930, 2458; Grüneberg/Herrler BGB § 960 Rn. 1; aA Avenarius NJW 1993, 47

2589, der eine physische Näherungsmöglichkeit voraussetzt). Das Schalten von Suchanzeigen, Aufstellen von Fallen ist zunächst als ausreichend zu betrachten. Ein Aufgeben der Verfolgung ist anzunehmen, wenn keine aktive Tätigkeit mehr entfaltet wird und passive Maßnahmen über einen Zeitraum von einer bis zu mehreren Wochen keinen Erfolg bringen, weitere Möglichkeiten aber auch nicht ergriffen werden. Kurzzeitige Unterbrechungen der Verfolgung sind unschädlich, wenn die vorgefasste Absicht der weiteren Verfolgung bestand und sodann auch fortgeführt wird, es sei denn dass die Maßnahmen den gewünschten Erfolg aller Voraussicht nach nicht mehr werden erzielen können (LG Ravensburg Urt. v. 5.10.1978 – 2 S 95/78, JE XVIII Nr. 18). Je nach Tierart muss die Erfolgsaussicht individuell ermittelt werden. Das Wildwerden einer Tierart ist verhaltensbedingt. Sie müssen ein Verhalten, ansonsten freilebender Tiere annehmen. Dabei spielt der Zeitfaktor eine Rolle. Manche Tiere stellen sich hierzu binnen kürzester Zeit um, andere benötigen zum Teil artbedingt länger. Demnach sind Tiere dann herrenlos, wenn sie in Bezug auf die Scheu vor dem Menschen ein artgerechtes Verhalten in der Natur zeigen und ihr Fraß- und Sozialverhalten dem eines wildlebenden Tieres entspricht. Unzulässig ausgesetzte Tiere werden nicht allein aufgrund ihres Vorhandenseins zu einer heimischen Art (so betreffend des Buntfalken OLG Karlsruhe Beschl. v. 4.5.1976 – 3 Ss (B) 113/76, RdL 1981, 41 = JE VII Nr. 6).

VI. Weitere Tierarten

1. Tierarten nach Landesrecht (Abs. 2)

48 Die Länder haben von der Möglichkeit, weitere Tierarten zum jagdbaren Wild zu erklären, umfassend Gebrauch gemacht. Waschbär und Marderhund wurden in allen Ländern dem Jagdrecht unterstellt, Nilgans (→ § 28a Rn. 33), Elster und Raben- bzw. Aaskrähe (→ Rn. 36) in den meisten. Im Einzelnen (Waschbär und Marderhund werden hier jeweils nicht genannt): **Baden-Württemberg** (→ Rn. 23): Anh. § 7 JWMG – Mink, Nutria (Sumpfbiber), Elster, Rabenkrähe, Nilgans Kormoran; **Bayern:** § 18 AVBayJG – Nutria (Sumpfbiber), Mink, Eichelhäher, Elster, Rabenkrähe, Nilgans; **Berlin:** § 1 BlnJagdVO – Nutria (Sumpfbiber), Mink; **Brandenburg:** § 5 BbgJagdDV – Mink, Rabenkrähe, Nebelkrähe, Elster; **Bremen:** § 2 Abs. 2 BremJagdZVO – Nutria, Nilgans; **Hamburg:** § 1 HbgJgdRVO – Elster, Rabenkrähe, Nilgans; **Hessen:** § 1 HJagdV – Nutria (Sumpfbiber), Mink, Rabenkrähe und Elster; **Mecklenburg-Vorpommern:** § 26 Abs. 1 MVLJagdG – Mink, Nutria (Sumpfbiber), Wolf, Elster, Rabenkrähe, Nebelkrähe, Nilgans, Nandu; **Niedersachsen:** § 5 NJagdG: Mink, Nutria (Sumpfbiber), Rabenkrähe, Elster, Nilgans, Wolf, Goldschakal; **Nordrhein-Westfalen** (→ Rn. 23): § 2 LJG-NRW – Mink, Nilgans, Rabenkrähe, Elster; **Rheinland-Pfalz** (→ Rn. 23): § 6 Abs. 1 iVm Anlage RhPfLJG – Rabenkrähe, Elster; **Sachsen:** § 3 SächsJagdVO – Mink, Nutria (Sumpfbiber), Wolf, Eichelhäher, Elster, Nebelkrähen, Nilgans, Rabenkrähe; **Sachsen-Anhalt:** § 4 LSALJagdG – Mink, Nutria (Sumpfbiber), Aaskrähe, Elster; **Schleswig-Holstein:** § 1 SHJagdVO – Mink, Nutria (Sumpfbiber), Wolf, Wolfshybrid, Rabenkrähe, Nebelkrähe, Elster, Nilgans; **Thüringen:** § 1 Abs. 1 ThürJZVO – Mink, Nutria (Sumpfbiber), Rabenkrähe, Elster, Nilgans.

Die Befugnis der Länder, auch nach Artenschutzrecht geschützte Arten dem Jagdrecht zu unterstellen, ist nicht erst seit der Diskussion um die Aufnahme des Wolfes ins Jagdrecht Gegenstand von Auseinandersetzungen. Nach der Änderung der Vogelschutz-RL durch die RL 94/24/EG vom 8.6.1994 (ABl. 1994 L 164, 9) mit der Aufnahme von Eichelhäher, Elster und Aaskrähe in Anh. II Vogelschutz-RL wurde die Möglichkeit ihrer Aufnahme ins Jagdrecht trotz ihres Status als nach BNatSchG besonders geschützte Art diskutiert und bejaht (RhPfVerfGH Urt. v. 20.11.2000 – VGH N 2/2000, BeckRS 2001, 20037, NVwZ 2001, 553 = DVBl 2001, 470 = NuR 2001, 213 = JE VI Nr. 48; VGH Mannheim Urt. v. 1.12.1997 – 5 S 1486/96, RdL 1998, 206 = NuR 2000, 149 = JE XIV Nr. 141; Meyer-Ravenstein AgrarR 2000, 277; aA Brocker NuR 2000, 307 (308)). Auch wenn seit 2002 alle europäischen Vogelarten – unabhängig ob dem Jagdrecht unterliegend oder nicht – nach § 7 Abs. 2 Nr. 13 lit. b BNatSchG als europäische Vogelarten pauschal unter den besonderen Schutz des BNatSchG fallen, ist das Jagdrecht wegen der Trennungsklausel in § 37 Abs. 2 BNatSchG vorrangig (→ Rn. 25). Da das BNatSchG die Kompetenz der Länder zum Erlass jagdrechtlicher Regelungen nicht aushebeln darf (hierzu Sachs in Dietlein/Froese, Jagdliches Eigentum, 2018, S. 155; RhPfVerfGH Urt. v. 20.11.2000 – VGH N 2/2000, BeckRS 2001, 20037 = NVwZ 2001, 553 = DVBl 2001, 470 = NuR 2001, 213 = JE VI Nr. 48), die Vogelschutz-RL eine Bejagung (zumindest der in Anhang II aufgeführten Arten) in das Ermessen der Mitgliedsstaaten stellt, können die Länder durchaus die Bejagung von weiteren Vogelarten zulassen, so auch der Rabenvögel (Krähen, Elstern und Eichelhähern), soweit sie die Vorgaben des Art. 7 Vogelschutz-RL beachten. Eine gesonderte Erlaubnis nach dem Naturschutzrecht ist nicht notwendig (RhPfVerfGH Urt. v. 20.11.2000 – VGH N 2/2000 BeckRS 2001, 20037 = NVwZ 2001, 553 = DVBl 2001, 470 = NuR 2001, 213 = JE VI Nr. 48; vgl. auch → Rn. 25). Einen Schadenersatzanspruch für Landwirte gegen das Land aufgrund der Nichtbejagung wurde jedoch zurückgewiesen (OLG Karlsruhe Urt. v. 6.4.2010 – 12 U 11/10, BeckRS 2010, 8500 = Die Justiz 2010, 280 = MDR 2010, 1117 = NuR 2010, 375 = VersR 2010, 1501 = ZfS 2010, 490). Möglich ist zudem (sofern eine Jagdzeit nur unter den Voraussetzungen des Art. 9 Vogelschutz-RL eingeräumt wird, vgl. § 2 SHJagdZVO für die Nonnengans, die allerdings schon nach § 2 dem Jagdrecht unterliegt) auch die Aufnahme von Arten, die nicht unter Anh. II Vogelschutz-RL fallen, zB Kormoran. Gleiches gilt für Arten, die dem strengen Schutz des Anh. IV FFH-RL unterliegen. Die Mitgliedsstaaten können frei entscheiden, in welchem Rechtsbereich sie die Vorgaben der EU-Richtlinien umsetzen (Brenner NuR 2017, 217 (225); Guber, Die eigentumsrechtliche Einordnung des Naturgutes Wild, 2022, S. 289; → Rn. 8). Maßgeblich ist allein, dass die Vorgaben der FFH-RL und der Vogelschutz-RL beachtet werden (vgl. statt vieler Guber, Die eigentumsrechtliche Einordnung des Naturgutes Wild, 2022, S. 294; Wolf ZUR 2012, 331 (337); Brenner NuR 2017, 145 (151)). So stört sich die EU-Kommission auch nicht an der Listung der Anhang-IV-Arten Wisent, Fischotter, Wildkatze und Luchs als jagdbare Art nach dem BBJagdG. Durch die Aufnahme weiterer Arten ins Jagdrecht können die Länder auf Bestandsentwicklungen schon reagieren, auch wenn der Bundesgesetzgeber bundesweit noch keinen Handlungsbedarf sieht. Die Länder können auf diesem Wege auch die Spielräume den Art 16 FFH-RL und Art. 9 Vogelschutz-RL den Mitgliedstaaten einräumen, vollständig ausnutzen 49

– anders, als dies der Bundesgesetzgeber in § 45 Abs. 7 S. 1 BNatSchG getan hat (→ Rn. 19; vgl. auch Thum NuR 2004, 580 (585)).

50 Nach der Föderalismusreform mit der Einführung der weitgehenden Abweichungskompetenz der Länder im Bereich des Jagdwesens, aber der abweichungsfesten Gesetzgebungskompetenz des Bundes für das Artenschutzrecht wird die landesrechtliche Erweiterung des Artenkataloges vor allem im Zusammenhang mit der Aufnahme des Wolfes ins Jagdrecht diskutiert. Die Zulässigkeit der Aufnahme wird zum Teil mit Blick auf die fehlende Abweichungskompetenz der Länder im Bereich des Artenschutzes (Art. 72 Abs. 3 S. 1 Nr. 2 GG) abgelehnt (Köck ZUR 2015, 589). Diese Auffassung übersieht jedoch zum einen, dass die Gesetzgebungskompetenz für das Jagdwesen auch den jagdlichen Artenschutz umfasst (vgl. Gesetzesbegründung, BT-Drs. 16/813, 11), zum anderen, dass die Befugnis aus § 2 Abs. 2, weitere Arten dem Jagdrecht zu unterstellen, über Art. 125b GG auch nach der Föderalismusreform als Bundesrecht weitergilt (Sachs in Dietlein/Froese, Jadgliches Eigentum, 2018, S. 105, 117; Brenner NuR 2017, 145; Brenner NuR 2017, 217; Glaser NuR 2007, 439 (441)). Auch die Vorgaben des Europarechts schließen dies keineswegs aus (→ Rn. 8). Zur Entnahme von Wölfen (oder anderen Arten, die nach dem BNatSchG einem besonderen oder strengen Schutz unterliegen) ist wegen § 37 Abs. 2 BNatSchG keine artenschutzrechtliche Ausnahme erforderlich. Der Begriff „Doppelrechtler" ist für diese Arten irreführend und sollte daher vermieden werden (→ Rn. 26).

2. „Bejagbare" Tierarten nach besonderen Vorschriften

51 Auch wenn es sich nicht um jagdbares Wild handelt, dürfen Jäger Exemplare bestimmter Arten nach anderen Vorschriften (insbesondere solchen des Naturschutzrechts) töten, bzw. „entnehmen". Da es sich nicht um Jagd handelt, sind „erlegen" oder „bejagen" hier keine zutreffenden Begriffe.

52 Einige nichtheimische und schädliche Säugetierarten sind vom Schutz des BNatSchG ausgenommen und unterliegen nur dem allgemeinen Schutz nach § 39 BNatSchG. Es handelt sich nach Anlage 1 BArtSchV um Ratten- und Mäusearten sowie Amerikanischen Nerz (Mink), Nutria (Sumpfbiber), Waschbär, Marderhund und Bisam. Diese können zum Teil im Rahmen des Jagdschutzes (§ 23) oder als invasive Arten nach § 28a entnommen werden. Dem Jagdrecht unterliegen Waschbär und Marderhund in allen, Mink und Nutria in vielen Bundesländern (→ Rn. 48). Darüber hinaus können diese Arten unter Beachtung der Vorgaben der BArtSchV (vor allem § 4 Abs. 1 BArtSchV), des TierSchG und des WaffG entnommen werden (→ § 28a Rn. 64 ff.).

53 Auch soweit Tiere allein den naturschutzrechtlichen Bestimmungen unterliegen und nicht zum jagdbaren Wild zählen, können die Länder eine Bejagung im Einzelfall, aber auch gebietsweise, unter besonderen Voraussetzungen zulassen und zwar auch bei den besonders geschützten Arten. (§ 45 Abs. 7 BNatSchG). Die Länder haben hiervon vor der Aufnahme vieler Rabenvögel ins Jagdrecht Gebrauch gemacht (zB Nordrhein-Westfalen: VO vom 25.10.1994, GVBl. 1994, 964). In Bayern gibt es eine Artenschutzrechtliche Ausnahmeverordnung (AAV) vom 3.6.2008 (GVBl. 2008, 327), die Regelungen zum Kormoran, Biber und Fischotter sowie für Forschung, Lehre und Bildung enthält. Die Aufnahme des **Fischotters** in die BayAAV ist jedoch dogmatisch falsch, weil sich Ausnahmen für die Bejagung einer Art

die dem Jagdrecht unterliegt (im Falle des Fischotters schon nach dem BJagdG, nicht lediglich nach Landesrecht) nicht nach naturschutzrechtlichen Vorschriften richtet (§ 37 Abs. 2 BNatSchG; → Rn. 25 f.), sondern nach jagdrechtlichen, wobei die Vorgaben der FFH-RL auch im Jagdrecht zu beachten sind (hierzu VGH München Urt. v. 30.4.2024 – 14 N 23.1502, 14 N 23.1657, BeckRS 2024, 8829).

In den meisten Bundesländern gibt es auf der Grundlage von § 45 Abs. 7 S. 4 BNatSchG besondere Vorschriften über die Zulassung von Ausnahmen zum **Kormoran,** konkret über § 45 Abs. 7 Nr. 1 BNatSchG zur Abwendung erheblicher land-, forst-, fischerei-, wasser- und sonstiger gemeinwirtschaftlicher Schäden. Auf dieser Grundlage dürfen sie getötet werden, auch wenn sie nicht dem Jagdrecht unterliegen. Befugt sind nach den VO der Länder in der Regel der Jagdausübungsberechtigte sowie der Fischereiberechtigte und Betreiber von Teichen und Fischzuchtanlagen (darin liegt nach VGH München Beschl. v. 24.6.2021 – 24 ZB 20.2759, BeckRS 2021, 18526, keine Beeinträchtigung des Jagdausübungsrechts) wobei ggf. eine Erlaubnis nach § 10 WaffG erforderlich ist. Auch wenn in Baden-Württemberg der Kormoran dem Jagdrecht unterliegt, sind hier die Vorschriften des BNatSchG anzuwenden, da § 7 Abs. 7 S. 3 JWMG bestimmt, dass für die dem Schutzmanagement unterliegenden Arten das Artenschutzrecht unberührt bleibt. Daher richtet sich auch in Baden-Württemberg eine Entnahme nach § 45 Abs. 7 BNatSchG (Brenner/Bürner/Kurz JWMG § 7 Rn. 38, 40). Erlassen wurden folgende Kormoran-Verordnungen/Erlasse: **Bayern:** § 1 AVV vom 3.6.2008 (GVBl. 2008, 327)); **Baden-Württemberg:** Kormoranverordnung (KorVO) vom 20.7.2010 (GBl. 2010, 527); **Brandenburg:** Brandenburgische Kormoranverordnung (BbgKorV) vom 27.9.2013 (GVBl. 2013 II/13 Nr. 72); **Hessen:** Kormoranerlass vom 21.12.2018 (HessStAnz 2019, 46); **Mecklenburg-Vorpommern:** Kormoranverordnung (KormVO M-V) vom 5. Juli 2012 (GVOBl, 310); **Niedersachsen:** NKormoranVO vom 9.6.2010 (GVBl. 2010, 255) und Hinweise zum Umgang mit Ausnahmeanträgen zur Kormoranvergrämung in Schutzgebieten (Gemeinsamer RdErl. des MU und des ML vom 17.11.2020 – 29–22002/3/3/4, MBl. Nr. 53/2020, 1371); **Nordrhein-Westfalen** (Kormoran VO-NRW) vom 12.6.2018 (GV 2018, 292); **Rheinland-Pfalz:** Landesverordnung zur kontrollierten Entwicklung der Kormoranbestände vom 9.2.2009 (GVBl. 2009, 90); **Sachsen:** Sächsische Kormoranverordnung vom 24.1.2007 (SächsGVBl. 2007, 26); **Sachsen-Anhalt** Kormoranverordnung des Landes Sachsen-Anhalt (KorVO LSA) vom 15.9.2014 (bestätigt nach Verbandsklage durch OVG Magdeburg Urt. v. 22.11.2017 – 2 K 127/15, BeckRS 2017, 140766); **Schleswig-Holstein:** Landesverordnung zur Abwendung von Schäden durch Kormorane vom 4.7.2019 (GVBl. 2019, 217); **Thüringen:** Thüringer Kormoranverordnung (ThürKormVO) vom 9.12.2008 (GVBl. 2008, 446). Für die Zulässigkeit von KormoranV Thum AUR 2005, 148; kritisch hierzu Gerhold NuR 2023, 527; Gerhold NuR 2023, 597; Ditscherlein NuR 2006, 542. 54

In Brandenburg (Brandenburgische Biberverordnung vom 17.4.2020, GVBl. 2020 II/20 Nr. 22) und Mecklenburg-Vorpommern (Biberverordnung M-V vom 28.11.2019, GVOBl. 2019, 741) sowie Bayern (§ 2 BayAAV) gibt es jeweils Verordnungen, die Maßnahmen, einschließlich Fang und Tötung, von **Bibern** auf der Grundlage von § 45 Abs. 7 S. 4 BNatSchG zulassen. Der kanadische Biber (Castor canadensis) unterliegt auf Grund 55 seines Invasivitätspotentials (insbesondere der Gefahr der Hybridisierung) nach § 3 BArtSchV einem Besitz- und Vermarktungsverbot.

56 Der **Wolf** (Canis lupus) unterliegt inzwischen in vier Bundesländern (Sachsen, Niedersachsen, Schleswig-Holstein, Mecklenburg-Vorpommern) dem Jagdrecht, in Hessen haben die Regierungskoalitionen einen Entwurf zur Änderung des LJagdG eingebracht (Hess. LT-Drs. 21/507). Zum Teil wird (systemwidrig; → Rn. 25 f.) dennoch eine Ausnahme nach § 45 Abs. 7 BNatSchG verlangt (§ 28b Abs. 2 NJagdG, § 24a SchlHLJagdG, § 23a Abs. 2 HessLJagdG-E). Verordnungen auf der Grundlage von § 45 Abs. 7 S. 4 BNatSchG gibt es in Brandenburg (Brandenburgische Wolfsverordnung (BbgWolfV) vom 29.8.2022 (GVBl. 2022 II/22 Nr. 55) und NRW (Wolfsverordnung Nordrhein-Westfalen – WolfsVO NRW) vom 25.3.2022 (GV 2022, 460), wobei auch die SächsWolfsMgtV auf naturschutzrechtliche Grundlage gestützt wird, obwohl der Wolf dort dem Jagdrecht unterliegt (Verordnung der Sächsischen Staatsregierung und des Sächsischen Staatsministeriums für Umwelt und Landwirtschaft über das Wolfsmanagement im Freistaat Sachsen und zur Änderung der Sächsischen Jagdverordnung und der Sächsischen Waffenrechtsdurchführungsverordnung vom 15.5.2019 (GVBl. 2019, 332), vgl. insbesondere die Begründung zu Art. 2 – Änderung der SächsJVO, https://www.wolf.sachsen.de/download/Begruendung_Saechsische_Wolfsmanagementverordnung.pdf).

VII. Schalenwild

57 Als Schalenwild werden die zoologisch als Huftiere bezeichneten Arten bezeichnet, die dem Jagdrecht unterliegen. Der Begriff wird außer in § 2 Abs. 3 noch verwendet in Abs. 4, § 19 Abs. 1 Nr. 1, 2b, 4, 10, § 21 Abs. 2, § 29 Abs. 1, § 30, § 36 Abs. 1 Nr. 1 und § 39 Abs. 2 Nr. 3. Alle Schalenwildarten gehören zoologisch zu den Paarhufern. Diese Arten sind Elch-, Rot-, Dam-, Reh-, Schwarz-, Sika, Gams-, Stein-, Muffelwild und Wisent. Schalenwild darf – mit Ausnahme des Schwarzwildes – nur aufgrund eines Abschussplanes bejagt werden (§ 21 Abs. 2). Beim Rehwild haben einige Bundesländer (so. zB Baden-Württemberg, Brandenburg, Mecklenburg-Vorpommern, Niedersachsen und Sachsen) die Abschussplanpflicht dieser Wildart inzwischen abgeschafft. Der durch Schalenwild entstandene Wildschaden ist ersatzpflichtig (§ 29 Abs. 1).

VIII. Hochwild, Niederwild (Abs. 4)

58 Der Begriff des Hochwildes stammt noch aus der Zeit, als sich der Adel die Bejagung bestimmter Wildarten vorbehalten hatte (Roosen, Jagdsprachlicher Sachwortschatz in gedruckten Landes- Polizei-, Jagd- und Forstordnungen des 15. und 16. Jahrhunderts, 1995, S. 142 ff.). Zum Hochwild gehören alles Schalenwild außer Rehwild, zudem Auerwild, Stein- und Seeadler. Das restliche Wild wird dem Niederwild zugerechnet. Die Unterscheidung ist zum Teil wesentlich für die Länge der Pachtdauer (§ 11 Abs. 4), soweit die Länder abweichende Laufzeiten der Pachtverträge, je nachdem ob ein Nieder- oder Hochwildrevier gegeben ist, vorsehen (zB Art. 14 Abs. 1 S. 2 **BayJG**). Die unterschiedliche Behandlung rechtfertigt sich aus dem Wunsch,

mit einer langfristigen Hege diesen Tierarten besser gerecht zu werden. Zudem werden die Begriffe in einigen landesrechtlichen Bestimmungen über die Abgrenzung von Hegegemeinschaften oder der Anstellungspflicht für Berufsjäger (zB Art. 41 Abs. 5 **BayJG**) verwendet.

In der Rechtspraxis kommen Streitigkeiten über die Bestimmung eines Hochwildreviers (in Unterschied zu einem Niederwildrevier) dann vor, wenn es um einen Qualitätsverlust geht, der zur **Minderung des Pachtpreises** führen kann. So gilt die Verwendung des Begriffes Hochwildrevier als zugesicherte Eigenschaft (vgl. BGH Urt. v. 21.2.2008 – III ZR 200/07, BeckRS 2008, 4538 = RdL 2008, 124 (126) = MDR 2008, 615 = JE III Nr. 187; LG Amberg Urt. v. 15.11.1994 – 24 O 550/93, JE III Nr. 116; AG Lauterbach 13.1.1998 – C 246/96, JE III Nr. 132). Hierbei kommt es auf die Einordnung an, die das Landesrecht im Wesentlichen vorgibt: Ein Hochwildrevier gilt nur dann als solches, wenn neben Schwarzwild eine andere Hochwildart ständig oder als regelmäßiges Wechselwild vorkommt. Kommt die weitere Wildart nicht vor oder nur als vereinzeltes Wechselwild, liegt keine Hochwildjagd vor, selbst wenn der Abschussplan die Erlegung ermöglicht (OLG Köln Urt. v. 10.1.1990 – 13 U 210/89, OLGZ 1990, 384 = VersR 1992, 193 = JE II Nr. 114; LG Marburg Urt. v. 27.10.2007 – 5 S 148/04, BeckRS 2008, 11486 = JE III Nr. 182). In Nordrhein-Westfalen ist das Vorkommen als Wechselwild nicht ausreichend (LG Aachen Urt. v. 27.10.2003 – 8 O 273/03, BeckRS 2003, 158358 = JE III Nr. 161). In Rheinland-Pfalz reicht es aber aus, wenn neben Schwarzwild eine weitere Hochwildart als regelmäßig vorkommendes Wechselwild vorhanden ist (OLG Koblenz Urt. v. 25.7.2001 – 7 U 1284/00, JE III Nr. 147). Dies gilt auch noch nach der gesetzlichen Neufassung (so auch Asam/Konrad/Schäfer RhPfLJG § 6 Rn. 5.2). Der Begriff des Standwildes bedeutet, dass die Wildart in dem Revier einen Einstand hat. Regelmäßiges vorkommendes Wechselwild bedeutet, dass die Wildart ähnlich wie Standwild ständig präsent ist, ohne aber dort einen Einstand zu haben. 59

§ 3 Inhaber des Jagdrechts; Ausübung des Jagdrechts

(1) [1]**Das Jagdrecht steht dem Eigentümer auf seinem Grund und Boden zu.** [2]**Es ist untrennbar mit dem Eigentum am Grund und Boden verbunden.** [3]**Als selbständiges dingliches Recht kann es nicht begründet werden.**

(2) **Auf Flächen, an denen kein Eigentum begründet ist, steht das Jagdrecht den Ländern zu.**

(3) **Das Jagdrecht darf nur in Jagdbezirken nach Maßgabe der §§ 4 ff. ausgeübt werden.**

Übersicht

I. Einleitung

1 Die Frage, wer grundsätzlich Inhaber des Jagdrechts ist, ist rechtsphilosophisch umstritten. Die verschiedenen Rechtssysteme der einzelnen Staaten regeln dies sehr unterschiedlich. In einigen Ländern steht das Jagdrecht jedem Einzelnen als Individualrecht zu (zB in Griechenland, Italien und Portugal jedem jagdfähigen Bürger), in anderen Ländern jedem Grundeigentümer (neben Deutschland, Belgien, Dänemark, Frankreich, Großbritannien, Irland und Österreich), zum Teil dem Staat (zB in Teilen der Schweiz, der ehem. DDR). In Folge der Abschaffung der Jagdgerechtigkeiten auf fremden Boden mit der Reichsverfassung vom 27.3.1849 (linksrheinisch nach der Besetzung durch Frankreich bereits früher) wurde die **Verknüpfung des Jagdrechts mit dem Eigentum an Grund und Boden** in Deutschland (wieder) hergestellt und hat sich mit einigen zwischenzeitlichen Unterbrechungen in Teilgebieten bis heute auf dem gesamten Gebiet Deutschlands durchgesetzt. Eine **Ausnahme** besteht nur noch für die Insel Helgoland sowie für die Untersee und den Rhein bei Konstanz (§ 44). Dort wird aber keine Trennung des Jagdrechts vom Grundeigentum vollzogen, sondern die Ausübung des Jagdrechts anders geregelt (aA Lorz/Metzger § 44 Rn. 1). Die Bundesländer haben keine von § 3 abweichende oder ergänzende Regelungen erlassen. Soweit § 2 Abs. 1 **SJG** die Jagdhoheit dem Land zugesteht, ist allein die Verwaltungsbefugnis gemeint.

II. Rechtsnatur

1. Jagdrecht als unselbstständiges Recht

2 Das Jagdrecht in Deutschland ist kein selbständiges Recht, sondern an den Bestand des Eigentums gebunden (allgemeine Ansicht, BGH Urt. v. 15.2.1996 – III ZR 143/94, BGHZ 132, 63 = NJW 1996, 1897 = DÖV 1996, 702; OLG Oldenburg Urt. v. 14.5.1970 – 1 U 55/68, EJS IV S. 27

Nr. 2; OVG Lüneburg Urt. v. 8.9.1977 – III OVG A 22/76, AgrarR 1979, 287 = JE II Nr. 23; Mitzschke/Schäfer Rn. 6; Leonhardt/Pießkalla Rn. 3; Lorz/Metzger § 1 Rn. 2; kritisch zum Verhältnis freiheitlicher Jagd im Kontext funktionierender Ökosysteme Patt NuR 2003, 740). Nach einer Entscheidung des EGMR ist ein Eingriff in das Jagdrecht ein Eingriff in das Eigentumsrecht, das durch Art. 1 EMRK Zusatzprotokoll gesondert geschützt ist (EGMR Urt. v. 29.4.1999 – 25088/94, 28331/95 und 28443/95, NJW 1999, 3695), was als Hinweis verstanden werden könnte, dass jedenfalls innerhalb der EU Jagdrecht und Grundeigentum untrennbar verbunden sind. Gemäß Art. 1 Abs. 2 EMRK Zusatzprotokoll obliegt es aber den Vertragsstaaten diejenigen Gesetze anzuwenden, die sie für die Regelung der Benutzung des Eigentums im Einklang mit dem allgemeinen Interesse für erforderlich halten. Das Gericht hat bereits den Zwang, unter bestimmten Voraussetzungen jagdliche Aktivitäten auf dem Grundbesitz zu dulden, als einen Verstoß gegen Art. 1 EMRK Zusatzprotokoll gewertet. Hieraus kann zwar nicht unmittelbar gefolgert werden, dass das Jagdrecht allgemein mit dem Eigentumsrecht untrennbar verbunden ist, da Art. 1 EMRK Zusatzprotokoll an die innerstaatlichen Regelungen anknüpft, die in diesem Fall das Jagdrecht dem Eigentümer gewähren. Dennoch dürfte es verfassungsrechtlich bedenklich sein, es durch zB Änderung der gesetzlichen Zuordnung des Jagdrechts zum Eigentum von diesem zu trennen. Schon in der Präambel formuliert das RJG den Grund für die zwingende Zugehörigkeit des Jagdrechts zum Eigentum „Das Jagdrecht ist unlösbar verbunden mit dem Recht an der Scholle, auf der das Wild lebt und die das Wild nährt". Jeder Versuch der Loslösung des Jagdrechts vom Recht am Eigentum ist deshalb im Lichte von Art. 14 GG und Art. 1 EMRK Zusatzprotokoll zu prüfen. Das Jagdrecht kann nicht als selbstständiges Recht begründet werden. Ebenso wenig ist eine Übertragung oder gar ein Verzicht möglich (nicht zu verwechseln mit dem Verzicht auf die Eigenständigkeit eines Eigenjagdbezirks). Weder ist eine Jagdgerechtigkeit als selbstständiges Recht noch die Begründung des Jagdrechts auf fremden Boden möglich (Mitzschke/Schäfer Rn. 6). Das Jagdrecht ist auch kein Bestandteil oder Zubehör des Grundstücks iSd §§ 96, 97 BGB oder ein selbständiges, mit dem Eigentum aber verbundenes Recht (hierzu sehr ausführlich Meyer-Ravenstein in Dietlein/Froese, Jagdliches Eigentum, 2018, S. 300 ff.). Soweit im Grundbuch entgegen Abs. 1 S. 3 noch Jagdgerechtigkeiten eingetragen sind oder Jagdrechte auf fremden Grund und Boden bestanden, sind diese Eintragungen – die bereits den Bestimmungen der §§ 3, 68, 69 RJG entgegen standen –von Amts wegen zu löschen (so auch Mitzschke/Schäfer Rn. 6).

2. Grundstücke

Unter Grund und Boden ist im Rechtssinne das Grundbuchgrundstück gemeint, also ein unabhängig von der Nutzungsart räumlich abgegrenzter Teil der Erdoberfläche (auch der Luftraum darüber), der im Bestandsverzeichnis eines Grundbuchblattes eingetragen ist. Auch Gewässer sind Grundstücke iSd § 3. Das Jagdrecht besteht unabhängig von der Nutzungsart des Grundstücks, also auch auf bebautem Gelände oder in befriedeten Bezirken. Es besteht nicht an grundstücksgleichen Rechten, zB Bergbaurechten oder Wohnungseigentum, auch wenn diese formell wie Grundstücke behandelt werden (vgl. Grüneberg/Herrler BGB Überbl. v. § 873 Rn. 3). Auch das 3

Erbbaurecht ist insoweit nicht dem Eigentum gleichzusetzen. Bereits der Gesetzeswortlaut („Eigentum“) lässt eine solche Analogie nicht zu (OVG Lüneburg Urt. v. 8.9.1977 – III OVG A 22/76, AgrarR 1979, 287 = JE II Nr. 23). Der Erbbauberechtigte kann deshalb ebenso wenig wie der Nießbrauchberechtigte Inhaber des Jagdrechts sein. Die in § 8 LJagdG noch enthaltene Verwendung des Begriffes des Nutznießers wurde in das BJagdG an dieser Stelle (unter Bezug auf das Jagdrecht) nicht übernommen. Der in § 7 Abs. 4 verwendete Begriff des Nutznießers betrifft ausschließlich das Jagdausübungsrecht und beinhaltet kein Jagdrecht (vgl. auch Lorz/Metzger Rn. 4; Mitzschke/Schäfer § 7 Rn. 7; aA Behr/Ott/Nöth, Die deutsche Reichsjagdgesetzgebung, 1935, S. 57, 58).

3. Eingriffe in das Jagdrecht

4 Das Jagdrecht ist Inhalt und Ausfluss des Grundeigentums (ständige Rspr., BGH Urt. v. 26.2.1958 – V ZR 123/56, NJW 1958, 785). Somit stellt jeder Eingriff in das Jagdrecht gleichzeitig einen Eingriff in das verfassungsmäßig garantierte Recht am Eigentum dar, sowie einen Verstoß gegen Art. 1 EMRK Zusatzprotokoll (EGMR Urt. v. 29.4.1999 – 25088/94, 28331/95 und 28443/95, NJW 1999, 3695 = JE XII Nr. 30 – Chassagnou ua/Frankreich, zum französischem Gesetz Verdeille). Kein Eingriff iSd Art. 14 GG ist die Eingliederung von Flächen in einen konkreten Jagdbezirk, zB nach Untergang eines Eigenjagdbezirks nach Verlust der Mindestgröße (BVerwG Beschl. v. 14.2.1996 – 3 B 63.95, BeckRS 1996, 31226692 = JE I Nr. 92; Beschl. v. 28.11.1991 – 3 B 83.91, BeckRS 1991, 31230162 = JE I Nr. 75; → § 1 Rn. 1 ff.). Die Einschränkungen des Jagdausübungsrechtes, zB die Erforderlichkeit der Ablegung einer Jägerprüfung, Besitz eines Jagdscheines verstoßen nicht gegen das Persönlichkeitsrecht (vgl. OLG Brandenburg Hinweisbeschl. v. 31.8.2021 – 2 U 9/21, BeckRS 2021, 40200). Auch leitet sich hieraus kein Recht ab, eine bestimmte Art der Jagdausübung beanspruchen zu können (zum Anspruch auf Einrichtung einer Schweißhundestation VG Düsseldorf Urt. v. 16.6.2023 – VG 15 K 4952/20, BeckRS 2023, 16147).

4. Pfändbarkeit

5 Das Jagdrecht kann nicht selbstständiger Gegenstand der Zwangsvollstreckung sein (BFH Urt. v. 29.9.1987 – VII R 140/83, BFH/NV 1988, 413). Es ist selbstständig nicht veräußerbar und als streng akzessorisches Recht iSd § 851 ZPO nicht übertragbar. Gepfändet werden können nur mittelbare Ansprüche, wie solche auf den Pachterlös. Auch das Jagdausübungsrecht selbst unterliegt nicht der Pfändung, da es ein unveräußerliches Recht ist (vgl. BFH Urt. v. 29.9.1987 – VII R 140/83, BFH/NV 1988, 413 zu § 319 AO 1977; LG Verden Beschl. v. 25.1.1984 – 1 T 25/84, JE I Nr. 29). Eine Pfändung ist aber dann möglich, wenn der Verpächter dem Pächter über die gesetzliche Regelung des § 540 Abs. 1 BGB hinausgehend die generelle Erlaubnis erteilt hat, die Nutzungsrechte aus dem Jagdpachtvertrag auf eine dritte Person zu übertragen, insoweit also die damit eingeräumten vertraglichen Ansprüche (zur Zwangsvollstreckung im Einzelnen auch Nick/Frank, Das Jagdrecht in Bayern, 1972, S. 42, 43).

5. Steuerrecht

6 Auch steuerrechtlich ist das Jagdrecht als Teil des Eigentums zu behandeln, ohne dass ihm eine selbständige Bedeutung zukommt (s. hierzu Mitzschke/Schäfer Rn. 8).

6. Eigentümer

7 Jagdrechtsinhaber ist der jeweilige Grundstückeigentümer. Dies können natürliche und juristische Personen sein, Personenmehrheiten, Bruchteilgemeinschaften oder eine Erbengemeinschaft. Auch juristischen Personen des öffentlichen Rechts steht das Jagdrecht als Teil des Eigentums zur Verfügung (VGH München Urt. v. 7.5.1993 – Vf. 24-VI-92, BeckRS 1993, 6301 = JE I Nr. 85). Nicht Eigentümer ist der Erbbauberechtigte. Ebenso wenig wie der Nießbrauchberechtigte steht er dem Eigentümer bezogen auf das Jagdrecht gleich (→ Rn. 3; → § 7 Rn. 14 mwN).

III. Flächen iSd Abs. 2

8 Nach Abs. 2 steht das Jagdrecht auf Flächen, auf denen kein Eigentum begründet ist, nicht mehr dem Bund (Reich), sondern den **Ländern** zu. Eigentumslose Grundflächen können durch Eigentumsaufgabe iSd § 928 Abs. 1 BGB entstehen und werden damit herrenlos. In diesem Fall steht das Jagdrecht bis zur Übernahme durch einen Dritten dem Land zu.

9 Von vorneherein **eigentumslose Flächen** sind die Küstengewässer und der Meeresstrand (BGH Urt. v. 31.5.1965 – V ZR 10/63, NJW 1965, 1712 = DVBl. 1966, 491). Der Meeresstrand erstreckt sich von der Uferlinie (Ende der Düne oder Grasnarbe) bis zur mittleren Tiedenhochwasserlinie. Küstengewässer sind das Wattenmeer (Fläche zwischen mittlerem Tiedenniedrigwasser und mittlerer Tiedenhochwasserlinie) und das Küstenmeer (begrenzt durch die Zwölfmeilenzone gem. Ratifikation des Seerechtsübereinkommens der Vereinten Nationen vom 10.12.1982, BGBl. 1994 II 1798; 1995 II 602, früher: Dreimeilenzone, bzw. der sog. Küstenmeerbox; Bundesregierung Beschl. v. 12.11.1984, BGBl. 1984 I 1366). An vorgelagerten Grundflächen (Inseln) steht das Jagdrecht dem eingetragenen Eigentümer zu. Ist eine solche Grundfläche neu entstanden oder geht sie durch Überspülung unter, ist das Land im Bereich der oben genannten Zonen Inhaber des Jagdrechts (vgl. auch Mitzschke/Schäfer Rn. 10; zum Jagdrecht an Seewasserstraßen vgl. Meyer-Ravenstein, Die Jagdberechtigungen, 1986, S. 88). Die Jagdrechte bestehen grundsätzlich auch dort, wenn auch mit Besonderheiten und Einschränkungen (OVG Lüneburg Urt. v. 7.10.1960 – III OVGA 59/59, SchlHA 1962, 110).

1. Bundesbinnenwasserstraßen

10 Bundesbinnenwasserstraßen stehen im Eigentum des Bundes (Art. 89 Abs. 1 GG iVm WaStrVermG – Gesetz über die vermögensrechtlichen Verhältnisse der Bundeswasserstraßen), sodass das Jagdrecht dort dem Bund zusteht (vgl. BGH Urt. v. 4.2.1958 – VIII ZR 13/57, NJW 1958, 587; aA Wichmann JZ 1982, 793: den Bundesländern). Ansonsten regeln länderrechtliche Vorschriften die Eigentumsverhältnisse an Binnengewässern.

2. Wattenjagdbezirke

11 Zu den Besonderheiten der Wattenjagdbezirke vgl. § 6 **NJagdG.**

IV. Jagdausübungsrecht

12 Das Jagdausübungsrecht ist lediglich Teil des Jagdrechts und betrifft die unmittelbare Möglichkeit der Ausübung desselben (hM, s. Mitzschke/Schäfer Vorb. zum II. Abschnitt Rn. 1; Lorz/Metzger Rn. 5). Es ist ein vermögenswertes privates Recht (BGH Urt. v. 20.1.2000 – III ZR 110/99, BGHZ 143, 321 (324) = NJW 2000, 1720; Urt. v. 15.2.1996 – III ZR 143/94, BGHZ 132, 63 (65) = NJW 1996, 1897; Urt. v. 14.6.1982 – III ZR 175/80, BGHZ 84, 261 (264) = NJW 1982, 2183; ausführlich hierzu Hertel in Dietlein/Froese, Jagdliches Eigentum, 2018, S. 275), aber kein konstitutives Element des Persönlichkeitsrechtes (VerfG Brandenburg Beschl. v. 16.6.2023 – VfGBbg 65/21, BeckRS 2023, 16747; OLG Brandenburg Hinweisbeschl. v. 31.8.2021 – 2 U 9/21, BeckRS 2021, 40200).

1. Verhältnis zum Jagdrecht

13 Von dem Jagdrecht ist das Jagdausübungsrecht zu unterscheiden. Nach § 1 Abs. 1 ist das Jagdausübungsrecht die ausschließliche Befugnis, auf einem bestimmten Gebiet wildlebende jagdbare Tiere (Wild) zu hegen, auf sie die Jagd auszuüben und sie sich anzueignen. Jagdausübungsberechtigt ist der Eigentümer nur, wenn er über einen Jagdbezirk iSd §§ 4 ff. verfügt. Das BJagdG gibt damit dem Jagdrechtsinhaber die tatsächliche Ausübungsbefugnis nur im Rahmen besonderer Bestimmungen. Dies gilt im positiven wie im negativen Sinne: Der grundsätzlich Jagdausübungswillige darf die Jagd unter anderem nur dann ausüben, wenn sein Grundbesitz eine bestimmte Mindestgröße erreicht. Er ist zur Jagdausübung auf seinem Grundbesitz, sei es in eigener Person oder durch Dritte aber auch verpflichtet. Die Beschränkung der Rechtstellung des Eigentümers ist eine zulässige Inhaltsbestimmung des Eigentums (BVerfG Beschl. v. 13.12.2006 – 1 BvR 2084/05, NVwZ 2007, 808 = DVBl. 2007, 248 = JE IV Nr. 112; OVG Lüneburg Beschl. v. 6.10.1988 – 1 B 115/88, NuR 1989, 443). Diese Modifizierung des Jagdrechts berührt nicht den Kernbestand des Eigentumsrechts aus Art. 14 GG (BVerfG Beschl. v. 19.6.1985 – 1 BvL 57/79, BVerfGE 70, 191 = NVwZ 1986, 113 = DVBl. 1986, 94 zu den Fischereigenossenschaften). Sie hat keinen enteignenden Charakter, da sie nicht auf eine vollständige oder teilweise Entziehung konkreter subjektiver Eigentumspositionen iSd Art. 14 Abs. 1 GG zur Erfüllung bestimmter öffentlicher Aufgaben gerichtet ist (vgl. BVerfG Beschl. v. 20.3.1984 – 1 BvL 28/82, BVerfGE 66, 248 = NJW 1984, 1872; Beschl. v. 15.7.1981 – 1 BvL 77/78, BVerfGE 58, 300 = NJW 1982, 745; Urt. v. 18.12.1968 – 1 BvR 638, 673/64, 200, 238, 249/56, BVerfGE 24, 367 = NJW 1969, 309). Es geht lediglich darum, generell-abstrakte gesetzgeberische Ziele zu verwirklichen (BVerfG Beschl. v. 19.6.1985 – 1 BvL 57/79, BVerfGE 70, 191 = NVwZ 1986, 113). Hierbei steht dem Gesetzgeber ein weitreichender Einschätzungsspielraum zu, wie er diese Ziele verwirklicht. Aus dem Gesichtspunkt des Tierschutzes, der Landschaftspflege und des Naturschutzes sowie der Wildschadens- und Wildseuchenvermei-

dung ist eine raumumfassende Bejagung eines Gebietes erforderlich, in der eine vernünftige Hege und Pflege des Wildbestandes möglich ist (vgl. BGH Urt. v. 15.12.2005 – III ZR 10/05, NJW 2006, 984). Ein Anspruch auf Jagdausübung auf öffentlichem Gelände besteht grundsätzlich nicht (VG Schwerin Urt. v. 10.12.2021 – 3 A 199/21 SN, BeckRS 2021, 46313 = JE V Nr. 291). Der Jagdausübungsanspruch des Nichteigentümers auf einem Grundstück leitet sich daher zunächst nur aus einer privatrechtlichen Gestattung des Berechtigten ab, nicht aus verfassungsrechtlichen oder sonstigen öffentlich-rechtlichen Grundsätzen.

2. Entstehungsgeschichte

Historisch gesehen waren die Erfahrungen nach der Freigabe der Jagd für den jeweiligen Grundeigentümer ab 1848 Grund dafür, aus verschiedenen Gesichtspunkten heraus die Ausübung des Jagdrechts bestimmten Kriterien zu unterwerfen: Die vor 1848 teilweise zu Lasten der Landbevölkerung betriebene Schonung des Wildes durch vorbehaltene Jagdregale des Adels und damit einhergehende Ausuferung der Bestände hatten untragbare Verhältnisse geschaffen. Mit der Einräumung des uneingeschränkten Jagdrechts auf dem eigenen Grund und Boden kam es dagegen fast zur Ausrottung des Wildes in den meisten Gebieten Deutschlands. Das schon im Forstbereich seit dem 18. Jhd. geforderte Prinzip der Nachhaltigkeit wurde auch für die Jagd unter dem Begriff der Hege eingefordert. Eine wirksame Hege des Wildes erfordert eine bestimmte Fläche, weil die Lebensräume des Wildes von ihrer Biologie her bestimmt und auch benötigt werden. Eine Vernetzung aller Lebensräume ist hierbei wesentlich. Zudem muss eine effektive Bejagbarkeit gegeben sein, die es ausschließt, den Bereich zu sehr einzuengen oder aber bestimmte Gebiete von der Bejagung auszuschließen. Die Ziele des BJagdG sind auf zu kleinen Flächen nicht zu verwirklichen (s. auch Leonhardt/Pießkalla Rn. 5). Die Herausnahme einzelner Flächen zerstückelt einen Jagdbezirk in bejagbare und nicht bejagbare Mosaikteile und behindert die tatsächliche Jagdausübung in massiver Art und Weise. Jagd ist deshalb auf staatliche Ordnung und Aufsicht angewiesen (BGH Urt. v. 15.12.2005 – III ZR 10/05, NJW 2006, 984 = JE XII Nr. 106). Das öffentliche Interesse an einem, den landschaftlichen und landeskulturellen Verhältnissen angepassten gesunden, artenreichen Wildbestand überwiegt das Interesse des Einzelnen an einer Bejagung oder Nicht-Bejagung (vgl. hierzu sehr detailliert Dietlein/Schwan, Pflichtmitgliedschaften in Jagdgenossenschaften, 2009). Die Interessen anderer Wirtschaftsarten, wie der Land-, Forst- und Fischereiwirtschaft können daher den Interessen der Jagdwirtschaft nur gleichberechtigt gegenüberstehen. Der Wirtschaftsfaktor Jagd, nämlich aus der Gestattung der Jagdausübung Gewinn zu erzielen oder mittels der Jagdausübung selbst, ist im Verhältnis zu den anderen drei genannten Wirtschaftsarten weder unbedeutend noch minderwertig. Auch das damit verbundene öffentliche Interesse, einen nachhaltig zu bewirtschaftenden Wildbestand zu erhalten, muss vor den anderen Wirtschaftsarten nicht zurückstehen. Es ergibt sich aus dem Rücksichtnahmegebot, dass die Jagdwirtschaft die Ziele einer nachhaltigen Land-, Forst- und Fischereiwirtschaft nicht gefährden darf. Hierbei gibt es aber keinen Vorrang einer Wirtschaftsart – was das reine Wirtschaften betrifft (hierzu s. BVerfG Beschl. v. 27.9.2022 – 1 BvR 2661/21, NVwZ 2022, 1890 zum Verbot der Errichtung von Windkraftanlagen im Wald). Soweit weitere 14 besondere öffentliche Interessen bestehen, nämlich die Bevölkerung zu ernähren (Landwirtschaft), ökologische Waldsysteme zu erhalten (Waldökologie), besondere Tiere oder Pflanzen zu schützen (Natur- und Artenschutz), auch wildlebende, bejagbare Tiere zu erhalten, sind diese vorrangig vor den reinen ökonomischen Interessen der genannten Wirtschaftsarten. Die Abgrenzung ist oft sehr schwierig, die Beurteilung einer tatsächlichen Gefährdung ebenso. Das von der Forstwissenschaft eingebrachte Narrativ „Wald vor Wild" ist in dieser Absolutheit wenig zielführend, da es der forstlich-ökonomischen Bewirtschaftung einen mit Art. 14 GG nicht vereinbaren Vorrang vor anderen Bewirtschaftungsmöglichkeiten einräumt. Alle vorgenannten Bewirtschaftungsarten stehen ökonomisch aber nebeneinander, da jeder Eigentümer für sich selbst entscheiden kann, welcher Wirtschaftsart er den Vorrang einräumen möchte. Nur das Rücksichtnahmegebot – das wechselseitig gilt – schränkt Ausuferungen ein und sorgfältig abzuwägende höhere öffentliche Interessen wie zuvor dargelegt. Eine nachhaltige Jagdwirtschaft kann aber problemlos neben einer nachhaltigen Forstwirtschaft bestehen. Die Abgrenzung, wann ein Wildbestand „überhegt" und damit zu einer nicht mehr hinnehmbaren Belastung für den Waldbesitzer führt, ist oft schwierig und von Begutachtungen abhängig. Wird eine zu hohe Belastung festgestellt, ist das Nebeneinander der Wirtschaftsformen gestört und der Wildbestand zu verringern (hierzu VGH München Beschl. v. 12.1.2024 – 19 CS 23.1599, BeckRS 2024, 2075).

3. Inhaber des Jagdausübungsrechts

15 In Eigenjagdbezirken fällt die Jagdausübungsberechtigung mit dem Jagdrecht zusammen (LG Neuruppin Urt. v. 1.2.2016 – 1 O 38/15, BeckRS 2016, 15150 = JE I Nr. 128 zum Nießbrauch). Das (dingliche) Jagdausübungsrecht bezieht sich aber nur auf die im Eigentum stehenden Flächen, nicht auf angegliederte Grundflächen. Auf angegliederten Flächen besteht zwar ein Jagdausübungsrecht. Dies leitet sich aber nur mittelbar aus dem Jagdausübungsrecht der Angliederungsgenossen ab. In gemeinschaftlichen Jagdbezirken und an Eigenjagden angegliederte Flächen fallen Jagd- und Jagdausübungsrecht auseinander. Das Jagdrecht hat jeder Grundeigentümer/Jagdgenosse. Jagdausübungsberechtigt ist deshalb zunächst die Jagdgenossenschaft. Das Jagdausübungsrecht des Jagdgenossen besteht somit nur in Form eines Anteils des in der Hand der Jagdgenossenschaft liegenden Rechts (BGH Urt. v. 15.2.1996 – III ZR 143/94, BGHZ 132, 63 = NJW 1996, 1897 = DÖV 1996, 702; Urt. v. 14.6.1982 – III ZR 175/80, BGHZ 84, 261 = NJW 1982, 2183 = DVBl. 1982, 1090). Die Angliederungsgenossenschaft ist nicht jagdausübungsberechtigt. Das Jagdrecht des Angliederungsgenossen ist ebenfalls nur ein „Stück abgespaltenen Eigentumsrechts" (zu diesem Begriff s. BGH Urt. v. 14.6.1982 – III ZR 175/80, BGHZ 84, 261 = NJW 1982, 2183 = DVBl. 1982, 1090), das nur durch die Verbindung mit der Angliederungsgenossenschaft und dem Eigenjagdbesitzer zu einem tatsächlichen Jagdausübungsrecht erstarkt. Anders als bei der Jagdgenossenschaft ist aber zusätzlich die Verbindung mit der Eigenjagd notwendig, um das Jagdausübungsrecht verwirklichen zu können. Zu unterscheiden ist hiervon das Jagdausübungsrecht des Jagdpächters. Dessen Jagdausübungsrecht ist ein abgeleitetes Recht und genießt als obligatorisches Recht nicht den gleichen Stellenwert. Der Jagdpächter leitet aus dem dinglichen Jagdrecht die damit

zwingend verbundene Jagdausübungsberechtigung zwar ab, er ist aber nicht originärer Rechtsinhaber. Er ist zwar insoweit obligatorisch Berechtigter gegenüber Dritten, ihm fehlt aber die dingliche Berechtigung des Eigentümers. So kann er zB in einen Planfeststellungsverfahren keine eigenen Rechte geltend machen (BVerwG Urt. v. 4.3.1983 – 4 C 74/80, NVwZ 1983, 672 = DVBl. 1983, 898 = JE XX Nr. 26). Gleichwohl ist sein Recht iSd Art. 14 GG geschützt (BVerwG Urt. v. 4.3.1983 – 4 C 74/80, NVwZ 1983, 672 = DVBl. 1983, 898 = JE XX Nr. 26; Lorz/Metzger § 1 Rn. 5; aA OVG Lüneburg Urt. v. 14.4.1993 – 1 L 33/91, NVwZ-RR 1994, 238 = NuR 1994, 301).

4. Nicht Jagdausübungsberechtigte

Nicht Jagdausübungsberechtigte und dem Jagdpächter insoweit nicht gleichgestellt sind – neben den Jagdgästen – von der Jagdgenossenschaft oder dem Eigenjagdbesitzer angestellte Jäger (§ 10 Abs. 2 S. 1) oder der von der Verwaltung eingesetzte **Notjäger** (vgl. auch Meyer-Ravenstein NJagdG § 7 Rn. 57; Möller, Wald und Umweltrecht in Niedersachsen, Bd. 4, 2003, § 1 Rn. 54. 2.7; ausführlich hierzu Meyer-Ravenstein in Dietlein/Froese, Jagdliches Eigentum, 2018, S. 177), auch von den Erben benannte Jäger. Ebenso wenig sind dies die Inhaber entgeltlicher oder unentgeltlicher Jagderlaubnisscheine und Inhaber eines sog. Pirschbezirkes. Auch der Berufsjäger oder der bestätigte Jagdaufseher/Wildhüter haben kein durch Art. 14 GG geschütztes Jagdausübungsrecht. Ihre besonderen Rechte im Sinne einer Jagdausübungsberechtigung leiten sich aus der Rechtstellung des Jagdpächters teilweise ab (Jagdschutz iSd §§ 23, 25) und gestalten sich nach den Vorgaben des jeweiligen Landesrechts (zB § 29 **RhPfLJG**). Diese Personen sind lediglich zur „Ausübung der Jagd befugt" (so Mitzschke/Schäfer Vorb. zum II. Abschnitt Rn. 2). Gibt es mehrere Jagdausübungsberechtigte, richtet sich ihr Innenverhältnis nach Gesellschaftsrecht gemäß 705 BGB (OLG Oldenburg Urt. v. 13.1.1994 – 14 U 23/93, JE I Nr. 84). Die Jagdausübungsberechtigung im Außenverhältnis können sie nur gemeinsam ausüben. 16

5. Schutzbereich

Das Jagdausübungsrecht genießt den Schutz des Art. 14 GG (BGH Urt. v. 20.1.2000 – III ZR 110/99, BGHZ 143, 321 = NJW 2000, 1720; Urt. v. 15.2.1996 – III ZR 143/94, BGHZ 132, 63 = NJW 1996, 1897; Urt. v. 14.6.1982 – III ZR 175/80, BGHZ 84, 261 = NJW 1982, 2183). Eine Entziehung oder Störung im Sinne einer Enteignung löst Entschädigungsansprüche aus. Wird durch den Neubau eines öffentlichen Verkehrsweges Grundeigentum beansprucht, so kann der betroffene Jagdausübungsberechtigte für den Verlust dieses Rechts auf dem betroffenen Grundbesitz Schadensersatz verlangen (BGH Urt. v. 4.8.2000 – III ZR 328/98, NJW 2000, 3638 = JE I Nr. 99). Dieses Recht steht neben dem Entschädigungsanspruch des Eigentümers dem Jagdausübungsberechtigten zu, in dem Falle der Jagdgenossenschaft (vgl. auch BGH Urt. v. 15.2.1996 – III ZR 143/94, BGHZ 132, 63 = NJW 1996, 1897; Urt. v. 14.6.1982 – III ZR 175/80, BGHZ 84, 261 = NJW 1982, 2183; aA Bewer WF 1996, 140; Pasternak BayVBl. 1997, 520; Thies AgrarR 1996, 388). Ist ein Eigenjagdbesitzer entschädigt worden, wird man aber im Zweifel annehmen müssen, dass der Verlust des mit dem Jagdrecht zusammenfallenden Jagdausübungsrechts mit entschädigt wurde 17

(BGH Urt. v. 14.6.1982 – III ZR 175/80, BGHZ 84, 261 = NJW 1982, 2183; Thies AgrarR 1996, 388). Grundsätzlich ist aber auch der Eigenjagdbesitzer anspruchsberechtigt (BGH Urt. v. 12.3.1992 – III ZR 216/90, NJW 1992, 2078 = JE I Nr. 77), selbst dann, wenn er den Flächenverlust durch Zukauf kompensieren kann und damit den Bestand als Eigenjagd wiederherstellt. Bei der Bemessung der Entschädigungshöhe sind zwei Gesichtspunkte zu beachten: zum einen wird der tatsächliche (Flächen-)Verlust durch den Bau der Trasse zu bewerten sein. Die Verkleinerung der Fläche führt zu einem konkreten Verlust der Jagdmöglichkeit. Zum anderen bewirkt die Inanspruchnahme der Straße weitere Beschränkungen der Jagdausübung, zB durch Beschränkung der Schussrichtung, Einschränkung von Treib- und Drückjagden, von Ansitz, Pirsch und Suchjagd, eine Änderung des Wildbestandes durch Abwanderung, Einschränkung von Wildwechseln, Störung des Wildes etc in den angrenzenden Flächen (vgl. BGH Urt. v. 4.8.2000 – III ZR 328/98, NJW 2000, 3638 = JE I Nr. 99; Urt. v. 15.2.1996 – III ZR 143/94, BGHZ 132, 63 = NJW 1996, 1897 = RdL 1996, 96; Lorz/Metzger Rn. 11). Der materielle Verlust stellt sich insbesondere durch den Verlust des Pachtzinses dar, wobei dies nicht der alleinige Faktor zur Bemessung des Schadens ist (unter Verweis auf die Ausführungen bei Rennecke, Die Determinanten des Jagdpachtpreises, 2004). Erfolgt eine Enteignung im Rahmen eines Planfeststellungsverfahrens, entfällt allerdings ein Anspruch auf Entschädigung außerhalb des vorgesehenen Verfahrensganges, selbst wenn dieser rechtswidrig keine Entschädigungsregelung enthält, der Berechtigte den Feststellungsbeschluss aber rechtswirksam werden lässt (OLG Hamm Urt. v. 20.2.1995 – 22 U 172/93, BeckRS 1995, 21375 = JE I Nr. 89). Deshalb hat der Jagdausübungsberechtigte in solchen Verfahren ausdrücklich eine eigene Antragsbefugnis (so zB im Normenkontrollverfahren über eine Unterschutzstellung eines Naturschutzgebietes VGH München Urt. v. 5.3.1996 – 9 N 92.3498, BeckRS 1996, 23262 = BayVBl. 1996, 501).

6. Absolutes Recht

18 Das Jagdrecht und das Jagdausübungsrecht sind absolute Rechte iSd § 823 Abs. 1 BGB, § 1004 BGB (für das Jagdrecht ständige Rspr., BGH Urt. v. 5.3.1958 – V ZR 199/56, BeckRS 1958, 31201008 = RdL 1958, 119; OLG Frankfurt 12.2.1980 – 14 U 200/79, RdL 1980, 177; für das Jagdausübungsrecht BGH Urt. v. 15.2.1996 – III ZR 143/94, BGHZ 132, 63 = NJW 1996, 1897 = RdL 1996, 96; Urt. v. 14.6.1982 – III ZR 175/80, NJW 1982, 2183 = JE III Nr. 58; OLG Jena Urt. v. 21.2.2007 – BI U 594/06, JE XX Nr. 62; OLG Nürnberg Urt. v. 4.10.1984 – 2 U 579/84, JE I Nr. 38; Lorz/Metzger Rn. 5). Es gewährt gegenüber jedermann einen Anspruch auf Unterlassung von störenden Handlungen (OLG Hamm Urt. v. 17.12.1991 – 27 U 148/91, BeckRS 2015, 16191; OLG Celle Urt. v. 7.10.1954 – 7 U 88/54, NJW 1955, 834). Dieser kann sich selbst gegen den Eigentümer und Jagdrechtsinhaber richten, sofern dieser die Jagd rechtswidrig stört (s. aber → Rn. 13). Geschützt ist die Jagdausübung im weitesten Sinne (so auch Lorz/Metzger Rn. 5), also alle mit der Jagdausübung verbundenen Bereiche. Eine Beeinträchtigung ist zB anzunehmen, wenn Hunde in dem Jagdbezirk Wild verfolgen (AG Holzminden Urt. v. 16.9.1994 – 2 C 982/93, JE I Nr. 87), auch überjagende Jagdhunde im Zuge einer (zulässigen) Jagd im Nachbarrevier (LG Koblenz Urt. v. 23.12.2005 – 12 O 80/05, nv; AG Bad

Hersfeld Urt. v. 2.5.2006 – 10 C 448/04 (20), BeckRS 2011, 10057 = JE I Nr. 106; AG Bückeburg Urt. v. 11.1.2000 – 73 C 175/99, JE I Nr. 103; AG Holzminden Urt. v. 16.9.1994 – 2 C 982/93, JE I Nr. 87; s. zu überjagenden Stöberhunden auch v. Pückler WuH 23/95, 50 ff. mwN). In Besitzrechte des Jagdausübungsberechtigten wird eingegriffen, wenn konkrete jagdliche Einrichtungen betroffen sind (zB Betreten eines Hochsitzes, OLG Braunschweig Beschl. v. 12.5.1989 – Ss (B) 5/88, JE X Nr. 70). Nicht jede Beeinträchtigung der Jagd beeinträchtigt das Jagdausübungsrecht. Bestimmungsgemäße erlaubte Störungen, so zB durch Spaziergänger, müssen hingenommen werden (vgl. OLG Düsseldorf Urt. v. 21.10.1987 – 9 U 59/87, NJW-RR 1988, 526 = JE I Nr. 60; LG Kassel Beschl. v. 24.1.2005 – 1 S 374/04, JE XX Nr. 58), bedingen aber unter Umständen einen Leistungsstörungsanspruch des Pächters. Ein rechtswidriger Eingriff ist dann anzunehmen, wenn das Verhalten des Störes nicht mehr vom allgemeinen Waldbetretungsrecht gedeckt ist oder schutzwürdige Interessen des Jagdausübungsberechtigten unzumutbar beeinträchtigt werden. Dies dürfte der Fall sein, wenn das Betretungsrecht in der Form bewusst ausgeübt wird, um eine Jagdausübung zu verhindern oder zu stören, zB beim mehrfachen Durchschreiten einer Schützenkette ohne ersichtlichen Anlass, das Verstellen von Wechseln oder Warnen des Wildes beim Ansitz oder einer Gesellschaftsjagd. Sofern eine Handlung vorliegt, der die unmittelbare Eignung zum Inhalt hat, das Wild zu stören, ist ein Berufen auf den Allgemeingebrauch und das allgemeine Betretungsrecht nicht mehr möglich (so für das bewusste störende Beobachten von Wild, selbst von einer öffentliche Straße aus; vgl. österreichischer OGH Beschl. v. 1.10.2006 – 7 Ob 251/031t, JE XIX Nr. 38 Bd. XIV), oder das konkrete gewollte Aufsuchen von Wild in seinen Einständen, zB zu Beobachtungszwecken oder um es zu filmen/fotografieren. Ein bewusstes Handeln in Richtung der Störung des Wildes ist aber erforderlich. Allein ein längeres Verweilen an einem Ort ohne solche erkennbare Absicht reicht hierzu nicht aus (BayObLG Beschl. v. 7.12.1976 – 3 Ob OWi 92/76, BayObLGSt 1976, 151 = JE XIII Nr. 1). Das Waldbetretungsrecht gewährt lediglich ein Nutzungsrecht zum Zweck der Erholungssuche, nicht für andere, zB gewerbliche Zwecke. So ist es als rechtswidrige Störung anzusehen, wenn eine gewerbliche Waldführung durchgeführt wird, um an Brunftplätzen Wild zu beobachten (OLG Koblenz Urt. v. 24.9.2004 – 3 W 623/04, nv). Auch ist das ungenehmigte Befahren von Waldwegen mit Schlittenhundegespannen (VG Sigmaringen Urt. v. 24.4.2007 – 9 K 1835/05, NVwZ-RR 2008, 25 = JE XIII Nr. 33) oder das ungenehmigte Reiten (BayObLG Urt. v. 25.5.2004 – 1Z RR 2/03, NVwZ-RR 2005, 239 = JE XIII Nr. 32) oder Befahren mit Motorrädern und Zelten (VG Freiburg Beschl. v. 6.9.1991 – 1 K 1339/91, BeckRS 1991, 31341777 = JE XIII Nr. 25) im gewerblichen Rahmen unzulässig und damit eine rechtswidrige Störung, wenn eine Beeinträchtigung der Jagdausübung oder eine Störung des Wildes damit verbunden sind. Liegt aber eine Genehmigung des Eigentümers oder eine erforderliche öffentlich-rechtliche Genehmigung vor, ist die damit eintretende gelegentliche Störung nicht rechtswidrig.

7. Betretungs- und Besitzrecht

Der Jagdausübungsberechtigte hat ein eingeschränktes Betretungsrecht, **19**
aber kein Besitzrecht (BVerfG Beschl. v. 17.12.1986 – 1 BvR 697/86, JE I

Nr. 45). Aus der Dinglichkeit dieses Rechts folgt, dass die Berechtigung zum Betreten im Rahmen der Jagdausübung gestattet ist (→ § 33 Rn. 1 ff.). Öffentlich-rechtliche Beschränkungen sind zu beachten. Eine Sperrung des Weges mit dem amtlichen Verkehrszeichen Nr. 250 (Verbot für Fahrzeuge aller Art) gilt auch für den Jagdausübungsberechtigten. Ist dieses aber mit dem Zusatzschild „Anlieger Frei" oder „Frei für Land- und Forstwirtschaft" versehen, ist der Jagdausübungsberechtigte zum Betreten oder Befahren befugt (BGH Beschl. v. 9.7.1965 – 4 StR 191/65, NJW 1965, 1870; OLG Celle Beschl. v. 27.5.2015 – 322 SsRs 154/14, BeckRS 2015, 14253 = JE X 121 m. zust. Anm. Meyer-Ravenstein jurisPR-AgrarR 5/2015 Anm. 2; Mitzschke/Schäfer § 33 Rn. 4). Somit bedürfen für das Befahren gesperrter und entsprechend freigegebener Wege befugte Jäger keiner Ausnahmegenehmigung nach § 46 Abs. 1 Nr. 11 StVO. Weitergehend als das allgemeine Betretungsrecht des Erholungssuchenden ist das Befahren oder Begehen von fremden Grundbesitz zulässig, wenn es für die Zwecke der Jagdausübung erforderlich ist (OLG Düsseldorf 21.1.1985 – 2 Ss (OWi) 550/84 - 6/85 II, JE XIII Nr. 19). Insbesondere zum Bergen von Wild, dem Bau oder Aufsuchen von Reviereinrichtungen (Fütterungen, Kirrungen, Hochsitzen) und der Jagdausübung selbst ist ein Betreten, auch ein Befahren möglich (OLG Celle Beschl. v. 5.7.1984 – 2 Ss (OWi) 159/84, AgrarR 1984, 249 = RdL 1984, 207 = JE XX Nr. 32; Meyer-Ravenstein NJagdG § 1 Rn. 47). Dennoch gewährt das Jagdausübungsrecht **kein Recht zum Besitz** (allgemeine Ansicht, BGH Urt. v. 5.3.1958 – V ZR 199/56, BeckRS 1958, 31201008 = LM BGB § 823 (F) Nr. 10; Mitzschke/Schäfer § 9 Rn. 12; Mitzschke/Schäfer § 11 Rn. 3; Lorz/Metzger Rn. 8). Es gewährt auch unter Berufung auf das allgemeine Waldbetretungsrecht keinen Anspruch auf Beseitigung von Zäunen durch den Eigentümer (VGH Mannheim 18.1.1983 – 5 S 2090/82, RdL 1983, 83 = JE XIII Nr. 14).

8. Nutzungseinschränkungen

20 Das Jagdausübungsrecht findet seine Grenzen nicht nur in den Bestimmungen dieses Gesetzes. Es kann auch aus anderen Gründen eingeschränkt sein. So ist es zulässig, aus dem Gesichtspunkt des Naturschutzes die Jagdausübung einzuschränken, ohne dass hierin zugleich ein unzulässiger Eingriff gem. Art. 14 GG gesehen werden kann (BVerwG Urt. v. 24.6.1993 – 7 C 26/92, NJW 1993, 2949 = JE I Nr. 82). So kann die Jagdausübung auf die Fallenjagd beschränkt und Fütterung und Kirrung dort untersagt werden (VGH Mannheim Urt. v. 4.6.1992 – 5 S 1110/91, NuR 1993, 135 = RdL 1993, 160 = JE XIV Nr. 107). In Nordrhein- Westfalen bedarf eine entsprechende Festsetzung aber der Zustimmung der oberen Jagdbehörde (VG Düsseldorf Urt. v. 25.2.1994 – 13 K 6413/93, JE I Nr. 90 zu § 16 NRWLandschaftsG, § 20 Abs. 1 **LJG-NRW**). Für ein Jagdverbot, auch ganzjährig, muss eine sachliche Notwendigkeit begründet sein (VG Düsseldorf 25.2.1994 – 13 K 6413/93, JE I Nr. 90; s. hierzu sehr ausführlich und zutreffend Dietlein/Froese, Jagdliches Eigentum, 2018). Auf Privatgrundstücken, die als Schutzgebiet für wildlebende Tiere eingerichtet worden sind, ruht die Jagd nur, wenn sie von der Jagdbehörde zu befriedeten Bezirken erklärt wurden (OVG Schleswig Urt. v. 8.4.1993 – 3 L 183/91, JE I Nr. 91). Durch die Vorgaben des TierGesG (Tiergesundheitsgesetz; früher: Tierseuchengesetz) ist eine örtliche und zeitweilige Einschränkung der Jagd im Sinne einer Seuchenbe-

kämpfung nunmehr möglich (§ 6 Abs. 1 Nr. 18 und Nr. 28, 28a bis c TierGesG).

V. Reviersystem

1. Inhalt

Das in § 3 Abs. 3 und § 4 zum Ausdruck kommende sog. Reviersystem unterscheidet sich vom sog. Lizenzsystem. Während die Verantwortlichkeit des einzelnen Jagdausübungsberechtigten für ein bestimmtes Gebiet das Reviersystem kennzeichnet, gibt das Lizenzsystem die allgemeine Erlaubnis, auf beliebigem Grundbesitz zu jagen. Voraussetzung für ein Lizenzsystem ist aber die Abkoppelung des Jagdrechts vom Eigentumsrecht an Grund und Boden. Dem steht die Eigentumsschutzgarantie des Art. 14 GG entgegen. 21

2. Mindestgrößen

Das Reviersystem bedingt schon unter dem Gesichtspunkt der Hege die Festlegung einer Mindestgröße des bejagbaren Gebiets. Liegen Flächen von mindestens 75 ha zusammen im Eigentum einer Person, bildet sich ein Eigenjagdbezirk gem. § 7 (in den Bundesländern teilweise abweichend geregelt; → § 7 Rn. 11). Ansonsten bilden sich Jagdgenossenschaften, wenn die zusammenhängenden Flächen innerhalb einer politischen Gemeinde, die nicht zu einem Eigenjagdbezirk gehören mindestens 150 ha betragen (abweichende Regelungen in den Bundesländern beachten). Die unterschiedlichen Flächenerfordernisse ergeben sich aus dem Umstand, dass Teil eines Eigenjagdbezirks nur land-, forst- oder fischeiwirtschaftlich nutzbare Flächen sein können, während zu einem gemeinschaftlichen Jagdbezirk alle – auch bebaute – Flächen gehören. Der Gesetzgeber hat damit die Mindestgröße einer Fläche, auf der Hege möglich sein soll, mit 75 ha festgelegt. Er hat es aber versäumt, auch für gemeinschaftliche Jagdbezirke eine Mindestgröße der tatsächlich bejagbaren Flächen festzulegen, so dass es möglich ist, dass ein gemeinschaftlicher Jagdbezirk trotz immenser Gesamtgröße nur über wenige – selbst gar keine! – tatsächlich bejagbaren Flächen verfügt. 22

3. Jagdberechtigung

Jagdausübungsberechtigt ist der Eigentümer oder Nutznießer (zum Nießbraucher als Nutznießer LG Neuruppin Urt. v. 1.2.2016 – 1 O 38/15, BeckRS 2016, 15150) im Eigenjagdbezirk (§ 7 Abs. 4), die Jagdgenossenschaft im gemeinschaftlichen Jagdbezirk (§ 8 Abs. 5). Auch Ihre Funktion und Anzahl muss beschränkt sein um eine Überjagung iSd § 3 Abs. 3 zu verhindern. Deshalb schließt das Reviersystem die Zulassung von Jagdgesellschaften oder –vereinen aus (vgl. Mitzschke/Schäfer Rn. 11). Auch die Anzahl der weiteren durch Jagderlaubnisse Berechtigten bedarf deshalb einer Beschränkung (s. § 11 Abs. 1 S. 2 und die entsprechenden Regelungen der Landesgesetzgeber). Zum Jagdverbot in Jagdgattern s. VG Schleswig Urt. v. 9.5.2017 – 7 A 233/16, BeckRS 2017, 115294 = JE I Nr. 133. 23

4. Zwangsmitgliedschaft

24 Die Zwangsmitgliedschaft in Jagdgenossenschaften ist erforderlich, um eine schädliche Zersplitterung in Kleinstjagdbezirke zu verhindern, auf denen eine koordinierte Jagdausübung nicht möglich ist, schon gar keine vernünftige Hege, Das Interesse an einer flächendeckenden Bejagung und Hege rechtfertigt eine Zwangsmitgliedschaft in Jagdgenossenschaften und die Festlegung von Mindestgrößen der Jagdbezirke (allgemeine Meinung, BVerfG Beschl. v. 13.12.2006 – 1 BvR 2084/05, NVwZ 2007, 808 = JE IV Nr. 112; BVerwG Urt. v. 14.4.2005 – 3 C 31/04, NVwZ 2006, 92 = JE IV Nr. 109; BGH Urt. v. 15.12.2005 – III ZR 10/05, NJW 2006, 984 = JE XII Nr. 106). Die Zwangsmitgliedschaft in Jagdgenossenschaften kann aber gegen Art. 9, 11, 14, 41 EMRK iVm Art. 1 EMRK Zusatzprotokoll verstoßen (vgl. EGMR Urt. v. 10.7.2007 – 2113/04, NuR 2008, 489; Urt. v. 29.4.1999 – 25088/94, 28331/95 und 28443/95, NJW 1999, 3695 = JE XII Nr. 30). Demnach ist die zwangsweise Übertragung des Jagdrechts auf einen Jagdverband ein Eingriff in das Eigentumsrecht iSd Art. 1 EMRK Zusatzprotokoll (Schutz des Eigentums), wenn ein gerechter Ausgleich zwischen Anforderungen des Allgemeinwohles und Erfordernissen der Grundrechte des Einzelnen nicht gewahrt wurde. Eine willkürliche Unterscheidung zwischen Eigentümern von Kleinparzellen und Besitzern größerer Grundflächen ist unverhältnismäßig. Ein Verstoß gegen Art. 14 EMRK (Diskriminierungsverbot) ist zudem gegeben, wenn keine sachliche und vernünftige Rechtfertigung hierfür vorliegt und keine berechtigten Ziele verfolgt werden. Zudem liegt ein Verstoß gegen die Vereinigungsfreiheit gem. Art. 11 EMRK vor, wenn einige ohne nachvollziehbaren Grund dem Zwangsverband nicht angehören müssen. Nach dem Urteil des EGMR hat Frankreich und in einer weiteren Entscheidung auch Luxemburg (EGMR Urt. v. 10.7.2007 – 2113/04, NuR 2008, 489) und Deutschland (EGMR Urt. v. 26.6.2012 – 9300/07, NJW 2012, 3629 = RdL 2013, 13 = JE XIX Nr. 43 – Herrmann./. Deutschland) gegen diese Prinzipien verstoßen. Der EGMR hat hierbei als maßgebliches Kriterium auf Seiten der Beschwerdeführer deren tatsächliche Betroffenheit herausgestellt, da sie als Jagdgegner ein persönliches Interesse an der Nichtausübung der Jagd hatten (vgl. entsprechende ablehnende Entscheidungen des EGMR bei fehlender persönlicher Betroffenheit: EGMR Urt. v. 6.12.2007 – 25708/03, nv – Baudiniere et Vauzelle./. Frankreich). Das BJagdG und die einzelnen landesrechtlichen Vorgaben zur Zwangsmitgliedschaft in Jagdgenossenschaften und über die Mindestgrößen von Jagdbezirken sind mit Art. 9, 11, 14, 41 EMRK vereinbar (BVerfG (K) Beschl. v. 13.12.2006 – 1 BvR 2084/05, NVwZ 2007, 808 = JE IV Nr. 112; Nichtannahmebeschl. v. 1.2.2007 – 2 BvR 126/04, BeckRS 2007, 27470; BGH Urt. v. 15.12.2005 – III ZR 10/05, NJW 2006, 984; s. auch Müller-Schallenberg/Förster ZRP 2005, 230; v. Pückler AgrarR 2001, 72; Dietlein AgrarR 2000, 76; Sojka AgrarR 2000, 73; aA Sailer ZRP 2005, 88; Ditscherlein NuR 2005, 305). Die Jagdbezirksregelungen sind lediglich Inhaltsbestimmung des Eigentums. Sie müssen deshalb sachgerechten Erwägungen entspringen. Die kontrollierte Jagdausübung, die Vermeidung der Überbejagung, aber auch die Verhinderung von übermäßigen Wildschäden, sind zulässiger Inhalt der Jagdausübungsberechtigung. Allein durch Abschussregelungen und der Einführung von Schonzeiten ist dieses Ziel nicht zu verwirklichen. Wild wird sich in nicht bejagten Regionen der Jagdausübung entziehen. Der Schutz vor Seuchen, die Verhinderung

von Krankheit oder Leiden der Tiere ist im überwiegenden öffentlichen Interesse, ebenso die Verhinderung von Wildschäden durch Bestandsregulierung. Die Kontrolle einer großen Zahl von zum Teil nur aus Kleinparzellen bestehender Jagdgebiete ist fast unmöglich. Das Hegeziel eines biologisch sinnvollen Altersaufbaus ist nur in einem Gebiet möglich, in dem Familienverbände des Wildes ihren Lebensraum einnehmen können. Auch die Förderung der Artenvielfalt ist auf zu kleinem Raum sinnlos. Somit ist die Aufgabe der Zwangsgemeinschaft auch unter dem Gesichtspunkt des Umweltschutzes kontraproduktiv (so auch Stumpf BayVBl. 2004, 290; Leonhardt/Pießkalla Rn. 6). Zum Meinungsstand sehr ausführlich Dietlein/Schwan, Pflichtmitgliedschaften in Jagdgenossenschaften, 2009; Munte, Die Pflicht des Grundeigentümers zur Duldung der Jagdausübung auf seinem Grundstück, 2008. Ein Verstoß gegen Art. 14 GG ist nicht gegeben, weil ein sachgerechter Ausgleich zwischen den Nutzungsinteressen des Grundeigentümers und den berechtigten Interessen der Allgemeinheit besteht iSd Art. 14 Abs. 2 GG und auch Grundrechte nach Art. 2 Abs. 1 GG; Art. 3 Abs. 1 GG; Art. 4 Abs. 1 GG und Art. 9 GG hierdurch nicht verletzt werden (BVerwG Beschl. v. 13.12.2006 – 1 BvR 2084/05, NVwZ 2007, 808 = JE IV Nr. 112; Urt. v. 14.4.2005 – 3 C 31/04, NVwZ 2006, 92 = JE IV Nr. 109; BGH Urt. v. 15.12.2005 – III ZR 10/05, NJW 2006, 984). Deshalb ist auch nach deutschen Recht, insbesondere im Lichte von Art. 14 GG die Zwangsmitgliedschaft in Jagdgenossenschaften rechtmäßig (s. auch BVerwG Beschl. v. 23.12.1993 – 3 B 30.93, BeckRS 1993, 31226414 = JE I Nr. 83; OVG Schleswig Urt. v. 8.4.1993 – 3 L 183/92, BeckRS 1993, 6610 = JE I Nr. 80; Dietlein AgrarR 2000, 76; Munte, Die Pflicht des Grundeigentümers zur Duldung der Jagdausübung auf seinem Grundstück, 2008; Müller-Schallenberg/Förster ZRP 2005, 230). Dies hat der EGMR im Fall Herrmann anders beurteilt (EGMR Urt. v. 26.6.2012 – 9300/07, NJW 2012, 3629 = RdL 2013, 13 = JE XIX Nr. 43; s. aber weiterhin ablehnend Österreichischer VerfGH 10.10.2017 – E 2446/2015-42, JE III Nr. 192; 15.10.2016 – G 7/2016, EuGRZ 2016, 647 = JE II Nr. 186). Insbesondere haben juristische Personen keine Befriedungsmöglichkeit (BVerfG Beschl. v. 2.5.2018 – 1 BvR 3250/14, NVwZ 2018, 1635 = JE I Nr. 134; differenzierend VGH München Urt. v. 2.6.2020 – 19 B 19.1715, BeckRS 2020, 15047, wonach in dem Fall die Voraussetzungen von allen vertretungs- und kontrollbefugten natürlichen Personen erfüllt sein müssen). Zur Klagebefugnis des Jagdausübungsberechtigten gegen eine Befriedung s. OVG Hamburg Zwischenurt. v. 20.4.2017 – 5 Bf 51/16, BeckRS 2017, 116432 = JE I Nr. 132. Zum Zeitpunkt der Wirksamkeit der Befriedung s. BVerwG Urt. v. 18.6.2020 – 3 C 1.19, BeckRS 2020, 19175 = JE I Nr. 137.

II. Abschnitt. Jagdbezirke und Hegegemeinschaften

1. Allgemeines

§ 4 Jagdbezirke

Jagdbezirke, in denen die Jagd ausgeübt werden darf, sind entweder Eigenjagdbezirke (§ 7) oder gemeinschaftliche Jagdbezirke (§ 8).

Ländervorschriften: §§ 4, 5 JWMG; Art. 4 BayJG; §§ 2, 5 LJagdG Bln; §§ 2, 5 BbgJagdG; Art. 5 BremLJagdG; §§ 1a, 2 HmbJagdG; § 2 HJagdG; §§ 2, 5 MVLJagdG; §§ 7, 9 NJagdG; §§ 3, 4 LJG-NRW; §§ 3, 4 RhPfLJG; §§ 3, 4 SJG; § 4 SächsJagdG; §§ 5, 6, 7 LSALJagdG; §§ 3, 4 SchlHLJagdG; § 3 ThJG.

Übersicht

I. Einführung

1 Der **Begriff** Jagdbezirk beinhaltet diejenigen zusammenhängenden Grundflächen deren Größe, Gestalt und Beschaffenheit eine Ausübung des Jagdrechts iSd § 1 Abs. 1 gewährleisten. Jagdbezirke sind entweder Eigenjagdbezirke (§ 7) oder gemeinschaftliche Jagdbezirke (§ 8). Jagdbezirke **entstehen kraft Gesetzes,** sobald die gesetzlichen Voraussetzungen vorliegen, und sie gehen unter, sobald die gesetzlichen Voraussetzungen wegfallen, dh es bedarf keines zusätzlichen Verwaltungsaktes oder einer sonstiger verwaltungshoheitlichen Feststellung für die Entstehung eines Jagdbezirks (BVerwG Urt. v. 25.3.1965 – I C 142.60, BVerwGE 21, 11 = BeckRS 1965, 30432973; OVG Koblenz 19.10.1967 – X 1 A 21/65, EJS III Nr. 4; VG Schleswig-Holstein 18.7.1979 –

1 A 159/78, NuR 1980, 136 Ls. = EJS II Nr. 25; BGH Urt. v. 5.2.1973 – III ZR 15/71, BeckRS 1973, 31125082 = AgrarR 1973, 186).

II. Gestaltung

1. Grundsatz

2 Die Gestaltung der Jagdbezirke richtet sich vorwiegend nach eigentumsrechtlichen oder dem Gemeinde- bzw. Gemarkungsgebietsmäßigen Grenzverlauf.

2. Mindestgrößen

3 Der Gesetzgeber fordert weiterhin gewisse gesetzliche Mindestgrößen, bei Eigenjagdbezirken mindestens 75 ha, bei gemeinschaftlichen Jagdbezirken mindestens 150 ha. Von diesen Mindestgrößenvorgaben des BJagdG können die Länder abweichen und allgemein oder für bestimmte Jagdbezirke die Mindestgrößen höher festsetzen. Hiervon haben die Länder in unterschiedlicher Weise Gebrauch gemacht: **BayJG:** Eigenjagdbezirke 81,755 ha; gemeinschaftliche Jagdbezirke 250 ha im Hochgebirge und 500 ha in den Vorbergen; **BbgJagdG:** Eigenjagdbezirke 150 ha, gemeinschaftliche Jagdbezirke 500 ha; **SJG:** gemeinschaftliche Jagdbezirke 250 ha.

3. Sonstige Anforderungen

4 Darüber hinausgehende Anforderungen an einen Jagdbezirk, insbesondere hinsichtlich der Möglichkeit der tatsächlichen Ausübung der Jagd oder einer sonstigen Beschaffenheit, zB hinsichtlich eines vorhandenen Wildbestandes, möglicher Einstands- oder Deckungsflächen oder anderer Qualitätsvoraussetzungen, enthält das BJagdG nicht, mit Ausnahme der Anforderung einer land-, forst- und fischereiwirtschaftlichen Nutzbarkeit der Grundstücksflächen bei Eigenjagdbezirken (BVerwG Beschl. v. 18.8.1966 – I B 14.66, BeckRS 1967, 31299352 = JE II Nr. 14; Beschl. v. 5.12.1986 – 3 B 109.85, BeckRS 1986, 5949 = JE II Nr. 86; Beschl. v. 16.1.1987 – 3 B 16.86, BeckRS 1987, 31232253 = JE II Nr. 87; VG Hannover 18.12.1986 – 2 VGA 204/85, JE II Nr. 94).

III. Jagdnutzung

1. Jagdgenossenschaft

5 Die Eigentümer von Grundflächen, die einem gemeinschaftlichen Jagdbezirk angehören, bilden eine Jagdgenossenschaft (§ 9 Abs. 1). Eigentümer von befriedeten Flächen (§ 6) oder von Flächen, auf denen die Jagd dauerhaft nicht ausgeübt werden darf, gehören einer Jagdgenossenschaft nicht an. Flächen auf denen ein Jagdverbot gem. § 20 besteht sind aber Teil der Jagdgenossenschaft (OVG Greifwald Urt. v. 16.6.2021 – 2 LB 305/15, BeckRS 2021, 29457). Die Jagdgenossenschaft entsteht kraft Gesetzes **(Zwangsgenossenschaft)** und hat in den meisten Bundesländern den Status einer **Körperschaft des öffentlichen Rechts.** Jede dieser Jagdgenossenschaften ist daher verpflichtet, sich eine **Satzung** zu geben, die der Genehmigung der zuständi-

gen Behörde bedarf. In einigen Bundesländern wurden sog. Mustersatzungen für Jagdgenossenschaften von den Aufsichtsbehörden aufgelegt, die von den Jagdgenossenschaften regelmäßig übernommen wurden (→ § 10 Rn. 5 ff.).

2. Verpachtung

Die Jagdgenossenschaften als sog. Träger des Jagdausübungsrechts (§ 8 Abs. 5) nutzen die Jagd regelmäßig durch Verpachtung (→ § 10 Rn. 2 ff.) oder aber in sog. Eigenregie, dh durch beauftragte oder angestellte Jäger auf eigene Rechnung, sog. Regiejagd (s. § 10 Abs. 1). In Ausnahmefällen können die Jagdgenossenschaften mit der Zustimmung der Behörde die **Jagd ruhen lassen** (→ § 10 Rn. 14 ff.). 6

3. Eigenregie

Der **Eigenjagdinhaber** bestimmt die Nutzung seines Jagdrechts selbst, dh er übt die Jagd entweder selbst aus, sofern er Jagdscheininhaber ist, oder er verpachtet das Jagdausübungsrecht an Dritte. 7

4. Pirschbezirk

In den letzten Jahren hat sich als weitere Nutzungsform die Vergabe von Pirschbezirken verbreitet. Einzelne Pirschbezirke werden in der Regel für die Dauer eines Jagdjahres vergeben. Da es sich hierbei nicht um eine Form der Verpachtung im Wege der Übertragung der Jagdausübungsrechts handelt, sondern um eine Jagderlaubnisvergabe, verbleibt das Jagdausübungsrecht nach hM beim Jagdrechtsinhaber. Die Vergabe von Pirschbezirken ist daher auch nicht an die formalen Voraussetzungen des Jagdpachtvertrages (§ 11) gebunden, dh es gelten zB keine Mindestpachtzeiten oder Größenvorgaben an den einzelnen Pirschbezirk. Dennoch muss eine flächendeckende Bejagung auch bei der Vergabe einzelner Pirschbezirke erfolgen, ebenso wie eine effektive jagdliche Bewirtschaftung iSd § 1 Abs. 2 gewährleistet sein muss. Der Jagdrechtsinhaber bleibt insoweit verantwortlich für die Einhaltung der gesetzlichen Vorgaben (§ 1). Die Ausgestaltung der Rechte und Pflichten des sog. Pirschbezirkinhabers richtet sich nach der individuellen Vereinbarung zwischen dem Jagdrechts- und dem Erlaubnisinhaber. 8

IV. Abrundungsmaßnahmen

1. Allgemeines

Das **historische Entstehen** bzw. das Entstehen nach eigentumsrechtlichen oder gemeindegebiets- bzw. gemarkungsmäßigen Voraussetzungen kann im Einzelfall oftmals bedeuten, dass Gestalt und Beschaffenheit sowie der Grenzverlauf des Jagdbezirks Schwierigkeiten bei der Jagdausübung mit sich bringen oder für eine ordnungsgemäße Jagdausübung sogar gänzlich ungeeignet sind. 9

2. Angliederung/Abrundung

In solchen Fällen kann eine behördliche **Abrundungs- oder Angliederungsmaßnahme** oder ein **Flächentausch** im Rahmen des § 5 Abs. 1 Abhilfe schaffen (BVerwG Beschl. v. 18.8.1966 – I B 14.66, BeckRS 1967, 10

31299352 = JE II Nr. 14). Der Gesetzgeber hat insoweit in § 5 eine Ausnahme- und Abweichungsmöglichkeit vom natürlichen Grenzverlauf eines Jagdbezirks geschaffen (OVG Lüneburg Urt. v. 6.9.1979 – III OVG A 96/77, JE II Nr. 29; BVerwG Urt. v. 14.7.1972 – VC 1.72, JE I Nr. 16). Näher → § 5 Rn. 6 ff.

3. Ermessen; unbestimmte Rechtsbegriffe

11 Nach § 4 Abs. 1 ist die Abrundung von Jagdbezirken ein gebundener Verwaltungsakt, dh eine Abrundung steht im **pflichtgemäßen Ermessen** der Jagdbehörde. Eine solche Maßnahme ist – wie sich schon aus dem Wortlaut des § 5 Abs. 1 herleiten lässt („wenn dies aus Erfordernissen der Jagdpflege und Jagdausübung erforderlich ist"), eine Ausnahmeregelung, an deren Voraussetzungen daher strenge Anforderungen zu stellen sind. Durch eine Abrundungsmaßnahme soll die Größe eines Jagdbezirks möglichst nicht oder nur geringfügig verändert werden. Die gesetzlichen Bestimmungen über die Gestaltung von Jagdbezirken sind nur dann inhaltlich zulässige Inhalts- und Schrankenbestimmungen iSd Art. 14 Abs. 1 GG, wenn das Eigentum und dessen Situationsgebundenheit besonders geprüft werden. Ein Entscheidungsermessen der Behörde wird insoweit eingeschränkt (OVG Lüneburg Urt. v. 23.1.1998 – 3 L 4745/95, BeckRS 2005, 21655 = JE XII Nr. 140). Die erforderlichen Abrundungsvoraussetzungen iSd § 5 sind **unbestimmte Rechtsbegriffe,** die in vollem Umfang einer gerichtlichen Nachprüfung unterliegen (VG Köln Urt. v. 14.1.1986 – 10 K 3482/84, JE V Nr. 85). Daher ist, wenn die Voraussetzungen der Abrundung/Angliederung später entfallen, eine **Rückgliederung** vorzunehmen, ohne dass erneut die Voraussetzungen des § 5 hierfür erforderlich sind (VG Koblenz Urt. v. 15.7.1970 – 2 K 43/69, EJS III S. 9 Nr. 18).

4. Abrundung von Amts wegen

12 Es gehört zur **Amtspflicht** der Behörde, eine jagdbezirksfreie Fläche an einen benachbarten Jagdbezirk anzugliedern (BGH Urt. v. 15.10.1998 – III ZR 10/98, NVwZ-RR 1999, 206 = JE XII Nr. 137; OVG Koblenz 28.2.2001 – 8 A 10973/01, JE XIII Nr. 145). Eine Jagdgenossenschaft hat gegenüber einem Eigenjagdinhaber allerdings **keinen Anspruch** auf Angliederung von jagdbaren Flächen (VG Lüneburg Beschl. v. 20.5.1996 – 5 B 13/96, BeckRS 1996, 31394526 = JE XII Nr. 138).

5. Abrundung durch Abrundungsvereinbarung

13 Die meisten Landesgesetze sehen neben der Abrundung von Amts wegen auch eine Abrundung durch Vereinbarung (Abrundungsvertrag) zwischen den Beteiligten vor (§ 2 **JWMG;** Art. 4 **BayJG;** Art. 5 **LJagdG Bln;** § 2 **BbgJagdG;** § 5 **BremLJagdG;** § 1a **HmbJagdG;** § 2 **MVLJagdG;** § 7 **NJagdG;** § 3 **SJG;** §§ 5, 6 **LSALJagdG;** § 5 **SächsJagdG**). Eine solche Vereinbarung bedarf nach den Landesgesetzen in der Regel der Genehmigung der zuständigen Jagdbehörde, zumindest jedoch der Anzeige an die Behörde mit der Möglichkeit der Beanstandung.

14 Auch eine privatrechtliche Abrundungsvereinbarung sollte regelmäßig **auf Dauer** angelegt sein, dh auch die Wirksamkeit der privatrechtlichen Vereinbarung kann von der **Zustimmung der zuständigen Behörde** abhängig sein. Privatschriftliche Abrundungsvereinbarungen aus der Zeit des RJG sind

regelmäßig nichtig, da dieses die Möglichkeit privater Abrundungen zwischen den Beteiligten grundsätzlich nicht vorgesehen hat (OVG Lüneburg Urt. v. 14.5.1986 – 14 OVG B 43/85, JE VI Nr. 90). Dies gilt auch für Vereinbarungen, die die Begradigung von Jagdgrenzverläufen zwischen zwei Jagdgenossenschaften betroffen haben. Auch diese sind unwirksam, sofern sie aus einer Zeit stammen, in der der Gesetzgeber privatrechtliche Abrundungen nicht vorgesehen hat (BVerwG Urt. v. 18.4.1996 – 3 C 4.95, BeckRS 1996, 31226189 = JE XI Nr. 133).

Einige **Landesjagdgesetze** machen die Wirksamkeit einer derartigen Ab- 15 rundungsvereinbarung, sofern diese während eines noch laufenden Pachtvertrages getroffen wird, ausdrücklich von der **Zustimmung des Jagdpächters** abhängig. Dieses Zustimmungserfordernis besteht auch in den Ländern, deren Landesrecht keine entsprechende Regelung enthält (Mitzschke/Schäfer § 5 Rn. 5). Eine andere Auffassung vertritt die Meinung, sofern ein Landesgesetz die Zustimmung des Pächters nicht für erforderlich hält, bzw. die Wirksamkeit einer Abrundungsvereinbarung nicht von der Zustimmung durch den Pächter abhängig macht, verzichtet man damit ausdrücklich auf die Zustimmung des Jagdpächters, so dass in einem Verwaltungsrechtsstreit der betroffene Jagdpächter auch nicht notwendig beizuladen sei (VG Magdeburg Beschl. v. 17.5.2002 – 3 B 131/02, BeckRS 2002, 31396609 = JE II Nr. 151).

V. Angliederungsgenossenschaft

Stehen die einem Eigenjagdbezirk anzugliedernden Grundflächen im Ei- 16 gentum mehrerer Personen und erreicht diese Personenmehrzahl eine bestimmte Anzahl, so können diese nach Maßgabe einzelner Landesjagdgesetze eine sog. Angliederungsgenossenschaft bilden, bzw. bilden diese kraft Gesetzes (→ § 11 Rn. 25). Allerdings kann die Angliederungsgenossenschaft die ihr zugehörigen Flächen nicht selbständig verpachten, zumal es regelmäßig schon an der gesetzlichen Mindestgröße für die Bildung eines selbständigen Gemeinschaftsjagdbezirks fehlt. Die Angliederungsgenossenschaft unterscheidet sich von einer Jagdgenossenschaft im Wesentlichen dadurch, dass letztere der öffentlich-rechtliche Auftrag zukommt, die allgemein als notwendig angesehene Bejagdbarkeit ihrer Flächen herzustellen und zu organisieren. Die Angliederungsgenossenschaft muss hingegen die durch den Eigenjagdbesitzer hergestellte Bejagung lediglich dulden. Es fehlt an dem öffentlich-rechtlichen Auftrag, weshalb die strengen Vorschriften für die Jagdgenossenschaften unter Einschluss der Staatsaufsicht nicht greifen.

Der Angliederungsgenossenschaft steht regelmäßig derselbe **Pachtzins** zu, 17 den der Pächter eines Eigenjagdrechts zahlen müsste; bei einer Eigennutzung des Eigenjagdbezirks wird regelmäßig der ortsübliche Pachtzins an die Angliederungsgenossen zu zahlen sein. Die „Ortsüblichkeit" des Pachtzinses lässt sich bei der zuständigen unteren Jagdbehörde erfragen oder ist durch einen Sachverständigen zu ermitteln.

VI. Rechtsbehelfe

Das BJagdG selbst trifft keine Regelung dazu, welche Rechtsbehelfe für die 18 Feststellung, ob bestimmte Flächen einen Jagdbezirk bilden oder ob sie einem

Jagdbezirk angehören, möglich sind und wem hierfür eine entsprechende Klagebefugnis zusteht. Es regelt auch nicht, ob bestimmte Beteiligte einen Rechtsanspruch auf Gestaltung eines Jagdbezirks oder Feststellung des Entstehens eines Jagdbezirks oder Ähnliches haben.

19 Die Zugehörigkeit einer bestimmten Fläche zu einem Jagdbezirk kann im Wege einer verwaltungsgerichtlichen **Feststellungsklage** (§ 43 VwGO) geklärt werden (JE B I Nr. 4; VG Arnsberg Urt. v. 7.3.2000 – 4 K 2268/99, BeckRS 2000, 167046 = JE II Nr. 144; VG Münster Urt. v. 14.9.1979 – 1 K 1064/77, RdL 1980, 50 = JE II Nr. 33). Die Feststellung eines derartigen Rechtsverhältnisses bzw. einer Flächenzugehörigkeit ist regelmäßig öffentlich-rechtlicher Natur. Bei einem förmlichen Rechtsbehelf gegen einen Abrundungs- oder Angliederungsbescheid muss der betroffene Antragsteller oder Rechtsmittelführer ein **eigenes Rechtsschutzbedürfnis** darlegen können. Ein solches steht regelmäßig dem **Grundeigentümer,** dh dem **Inhaber des betroffenen Jagdrechts** (Eigenjagdbezirksinhaber oder Jagdgenossenschaft) zu. Inwieweit auch dem nur mittelbar betroffenen Jagdpächter eine Rechtsmittelbefugnis zusteht, ist umstritten. Die hM vertritt hierzu die Auffassung, dass der Jagdpächter keinen Anspruch auf Umgestaltung des Reviergrenzverlaufs hat, dh ihm steht kein subjektiv-öffentliches Recht bzw. eine zu schützende Rechtsposition hinsichtlich der Jagdbezirksgestaltung zu (VG Magdeburg Beschl. v. 17.5.2002 – 3 B 131/02, BeckRS 2002, 31396609 = JE II Nr. 151; VGH München 13.6.1984 – 19 B 82 A. 1248, BayVBl 1985, 693; 13.4.1987 – 19 B 81 A. 2091, BayVBl 1987, 691; VG Braunschweig Urt. v. 17.1.1977 – IV A 420/76, JE II Nr. 10).

§ 5 Gestaltung der Jagdbezirke

(1) **Jagdbezirke können durch Abtrennung, Angliederung oder Austausch von Grundflächen abgerundet werden, wenn dies aus Erfordernissen der Jagdpflege und Jagdausübung notwendig ist.**

(2) **Natürliche und künstliche Wasserläufe, Wege, Triften und Eisenbahnkörper sowie ähnliche Flächen bilden, wenn sie nach Umfang und Gestalt für sich allein eine ordnungsmäßige Jagdausübung nicht gestatten, keinen Jagdbezirk für sich, unterbrechen nicht den Zusammenhang eines Jagdbezirkes und stellen auch den Zusammenhang zur Bildung eines Jagdbezirkes zwischen getrennt liegenden Flächen nicht her.**

Ländervorschriften: § 12 JWMG; Art. 4, 5 BayJG; §§ 2, 5 LJagdG Bln; §§ 2, 4 BbgJagdG; Art. 5, 6 BremLJagdG; § 1a HmbJagdG; § 4 HJagdG; § 2 MVLJagdG; §§ 7, 8 NJagdG; § 3 LJG-NRW; § 7 RhPfLJG; § 3 SJG; § 4, 5 SächsJagdG; §§ 5, 6, LSALJagdG; § 3 SchlHLJagdG; §§ 4, 5 ThJG.

Übersicht

I. Allgemeines

Mit dem Erlass von Bestimmungen über die Abrundung von Grundflächen verfolgt der Gesetzgeber das Ziel, durch die Abrundungsmaßnahme trotz ihres formalen Eingriffs und Ausnahmecharakters zu Jagdgrenzen zu gelangen, die in Hinblick auf Jagdpflege und Jagdausübung zweckmäßig sind. Nachdem Jagdbezirke kraft Gesetzes entstehen, soweit die Voraussetzungen des § 7 für den Eigenjagdbezirk oder des § 8 für den gemeinschaftlichen Jagdbezirk vorliegen, kann dies im Einzelfall dazu führen, dass eine ordnungsgemäße Jagdausübung infolge des vorgegebenen Grenzverlaufs nicht möglich ist. Der Gesetzgeber hat daher die Möglichkeit geschaffen, durch Abrundungs-, Angliederungs- und Flächentauschmaßnahmen die **örtlichen Verhältnisse** an die **Erfordernisse der Jagdpflege und Jagdausübung anzupassen.** Durch diese Maßnahmen können die nach eigentumsmäßigen oder gemeinde- bzw. gemarkungsgrenzmäßigen Kriterien entstandenen Jagdbezirke den Erfordernissen der Jagdpflege und Jagdausübung angepasst werden, um eine flächendeckende Jagdausübung iSd § 1 Abs. 1 und 3 zu gewährleisten (OVG Koblenz 28.2.2001 – 2 A 27/75, JE II Nr. 36; OVG Lüneburg 10.3.1994 – 3 L 169/90, JE II Nr. 126). 1

1. Jagdbezirksfreie Flächen

Nach der gesetzlichen Systematik soll die Jagdausübung flächendeckend erfolgen. Um dies zu gewährleisten, sehen einige Landesjagdgesetze zwingen- 2 de Angliederungen von jagdbezirksfreien Flächen (zB solche, die die gesetzlichen Mindestgrößen nicht erreichen) vor (§ 12 Abs. 5 **JWMG,** § 2 Abs. 3 S. 2 **BbgJagdG**). Auch wenn eine gesetzliche Anordnung fehlt, sollen jagdbezirksfreie Grundflächen dennoch grundsätzlich an angrenzende Jagdbezirke angegliedert werden (OVG Koblenz Urt. v. 28.2.2001 – 8 A 10973/00, BeckRS 2001, 17966 = RdL 2001, 180 = JE II Nr. 145). Dies gilt auch für Flächen, die vollständig von einem Jagdbezirk umgeben sind, sog. **Enklaveflächen** (OVG Münster Urt. v. 22.10.1985 – 20 A 1377/84, JE V Nr. 83). Die Angliederung jagdbezirksfreier Flächen muss sich an dem Normzweck der in § 5 Abs. 1 enthaltenen Ermächtigung orientieren, dh an den Belangen der Jagdpflege und Jagdausübung (OVG Lüneburg Urt. v. 6.9.1979 – III OVG A 96/77, JE II Nr. 29). Bei einer Neugestaltung von Jagdflächenverhältnissen ist neben den Belangen der Jagdausübung und der Jagdpflege auch das Jagdrecht des Grundeigentümers (Art. 14 GG) zu berücksichtigen (OVG Lüneburg Urt. v. 23.1.1998 – 3 L 4745/95, BeckRS 2005, 21655 = JE II Nr. 140). In der Rspr. wird die Angliederungsnotwendigkeit jagdbezirksfreier Flächen unter anderem damit begründet, dass dem Grundeigentümer oder Pächter ein Anspruch auf Wildschadensersatz verschafft werden muss (BGH Urt. v. 15.10.1998 – III ZR 10/98, NVwZ-RR 1999, 206 = JE II Nr. 137).

2. Normzweck

3 Eine derartige Neuordnungspflicht kann sich auch für solche Flächen ergeben, die zB **nachträglich** ihre gesetzliche **Mindestgröße** zur Bildung eines Eigenjagdbezirks (→ § 7 Rn. 3 ff.) oder Gemeinschaftsjagdbezirks (→ § 8 Rn. 21 ff.) zB durch Flächenverkauf oder Ausweitung von Baugebieten oder Ähnliches verloren haben. Durch die Abrundungsmaßnahme selbst darf allerdings die gesetzlich geforderte Mindestgröße eines Jagdbezirks nicht wegfallen (BVerwG Urt. v. 19.7.1984 – 3 C 30.83, BeckRS 1984, 31268466), dh der Untergang eines Jagdbezirks durch Abrundungsmaßnahmen iSd § 5 ist nicht zulässig, ebenso wie allein durch Zurundung von Flächen kein neuer Jagdbezirk zur Entstehung gebracht werden darf. Einige Landesgesetzgeber haben hierauf reagiert und stellen entweder klar, dass durch Abrundung ein Jagdbezirk seine gesetzliche Mindestgröße nicht verlieren darf (Art. 4 Abs. 1 S. 3 BayJG; § 12 Abs. 4 JWMG; § 4 Abs. 3 SächsJagdG) oder, dass der Bezirk auch bestehen bleibt, wenn er nicht mehr die gesetzliche vorgeschriebene Mindestgröße besitzt (Art. 5 Abs. 4 BremLJagdG; § 4 Abs. 4 HJagdG (eine Unterschreitung der Mindestgröße ist auf ein Fünftel Verkleinerung beschränkt); nach § 2 Abs. 6 MVLJagdG ist eine Unterschreitung der Mindestgröße auf ein Drittel Verkleinerung beschränkt; § 7 Abs. 5 NJagdG; § 7 Abs. 5 RhPfLJG (wobei mindestens 80 % der gesetzlichen Mindestgröße verbleiben müssen); § 5 Abs. 5 LSALJagdG; §§ 3, 7 SchlHLJagdG; § 4 Abs. 1 ThJG, wobei nur in begründeten Ausnahmefällen eine Unterschreitung bis zu 20 % möglich ist). Fehlen Vorschriften zur Bestandskraft von Jagdbezirken bei Unterschreitung der gesetzlichen Mindestgröße durch Abrundungen, verliert der Jagdbezirk seine Selbständigkeit, die Restflächen sind dann (ebenfalls) einem benachbarten Jagdbezirk anzugliedern. Die schwerwiegende Folge, das Untergehen eines Jagdbezirks ist bei behördlichen Abrundungen bei der Ermessensentscheidung zu berücksichtigen. Eine Neuordnung oder Neugestaltung eines Jagdbezirks ist vom

Normzweck des § 5 Abs. 1 nicht gedeckt (BVerwG Beschl. v. 29.1.1981 – 3 CB 10.80, BeckRS 1981, 5535 = JE II Nr. 42; Urt. v. 25.3.1965 – I C 142/60, BeckRS 1965, 30432973; VG Braunschweig Urt. v. 17.1.1977 – IV A 420/76, JE I Nr. 10 mwN). Abrundungsmaßnahmen dienen daher im Wesentlichen dazu, einen Jagdbezirk in seiner Grenzgestaltung zu verbessern, nicht jedoch dazu, den Eigentumsinhalt, der mit dem Jagdrecht verbunden ist, zu ändern oder anders zu gestalten. Die Wünsche der betroffenen Grundstückseigentümer sind bei Abrundungsmaßnahmen zwar sachgerecht, aber nicht vorrangig zu berücksichtigen (VG Münster Urt. v. 31.7.1980 – 7 K 86/79, JE II Nr. 35).

3. Ermessen

4 In den Fällen, in denen eine Angliederung an verschiedene benachbarte Jagdbezirke möglich ist und die Behörde einen **Angliederungsbedarf** feststellt, wird der Behörde ein Ermessen eingeräumt, ob sie die anzugliedernden Flächen gleichwertig dem einen oder dem anderen angrenzenden Jagdbezirk zugliedert (OVG Lüneburg Urt. v. 20.6.2006 – 8 LA 285/04, BeckRS 2007, 20211 = JE II Nr. 154). Bei dieser Entscheidung hat die Behörde den Grundsatz des § 8 Abs. 1 zu beachten, wonach das Gemeindegebiet und die Flächen eines oder mehrerer darin befindlicher gemeinschaftlicher Jagdbezirke übereinstimmen sollen. Dieser Angliederungsbedarf gilt unter Umständen auch bei einer nachträglichen Änderung des Gemeindegebiets (OVG Lüneburg Urt. v. 16.4.2008, – 4 LB 60/07, BeckRS 2008, 34574 = JE II Nr. 158). Allerdings führt eine Änderung der Gemeindegebietsgrenzen nicht automatisch zur Grenzänderung eines Eigenjagdbezirkes, soweit diese Flächen der Gemeinde zugeordnet wurden (VGH Kassel Urt. v. 31.8.1993 – 3 UE 3554/89, NVwZ-RR 1994, 469; 9.12.1993 – 3 UE 86/90, BeckRS 1993, 119433 = JE II Nr. 123). Die Rspr. begründet dies damit, dass Eigenjagdbezirke von gemeindlichen Neugliederungsmaßnahmen geschützt werden müssen, ebenso wie der Vertrauensschutz des Bürgers in die Beständigkeit stattlicher Organisationsmaßnahmen zu beachten ist.

4. Grundeigentümer

5 Bei Abrundungsmaßnahmen sollte weiterhin dem Anliegen der betroffenen Grundeigentümer der Angliederungsflächen Rechnung getragen werden. Dabei soll berücksichtigt werden, dass die betroffenen Grundeigentümer, wenn möglich, weiterhin ihr **Recht auf Mitbestimmung** als **Jagdgenossen** bewahren können, dh in dieses Recht sollte nur in notwendigen Ausnahmefällen eingegriffen werden. Durch eine Angliederung an einen Eigenjagdbezirk kann dieses Recht verloren gehen (OVG Koblenz Urt. v. 10.3.1976 – 2 A 27/75, AS RP-SL 14, 414 = JE II Nr. 36), dh bei einer Alternative zwischen einer möglichen Angliederung an einen Eigenjagdbezirk oder einer Angliederung an einen Gemeinschaftsjagdbezirk ist letzterer der Vorrang einzuräumen, da hiermit die Rechtsposition des Grundeigentümers als mitstimmungsberechtigter Jagdgenosse gewahrt bleibt. Das Mitbestimmungsrecht in der Jagdgenossenschaft ist aber dispositiv, dh es liegt an dem Eigentümer, ob er im Falle einer Angliederung seiner Flächen Wert auf der (weiteren) Mitgliedschaft in einer (anderen) Jagdgenossenschaft legt. Äußert ein Grundeigentümer den Wunsch, seine Mitbestimmungsrechte nicht geltend zu machen und lieber an einen Eigenjagd angegliedert zu werden, ist diese Ent-

scheidung zu berücksichtigen und in die Ermessensentscheidung einzubeziehen. Die bloße Annahme, durch eine Angliederung an einen gemeinschaftlichen Jagdbezirk würde sich die Rechtsstellung des Eigentümers verbessern, ist nicht ohne weiteres nachvollziehbar (VG Oldenburg Urt. v. 3.1.2024 – 1 A 878/22, nv). Sofern die Angliederung durch einen privatschriftlichen Vertrag erfolgt, kann der Grundeigentümer ggf. sogar ein besseres wirtschaftliches Ergebnis erzielen, als dies in der Genossenschaft der Fall wäre, da zur Ermittlung des Reinertrages auch Verwaltungskosten in Abzug zu bringen sind; diese fallen in der Regel bei einer Angliederung an einen Eigenjagdbezirk nicht an; hier erhält der Eigentümer eine ungekürzte, pachtähnliche Entschädigungsleistung.

II. Abrundungen

1. Unbestimmte Rechtsbegriffe

6 Die Begriffe **„Erfordernisse der Jagdpflege und Jagdausübung"** sind unbestimmte Rechtsbegriffe, die der Behörde im Rahmen ihres pflichtgemäßen und rechtsfehlerfreien Ermessens einen bestimmten **Beurteilungsspielraum** einräumen, der jedoch in vollem Umfang der verwaltungsgerichtlichen Nachprüfung unterliegt (BVerwG Beschl. v. 16.1.1969 – I B 1.69, BeckRS 1969, 31286228 = RdL 1969, 186; OVG Münster RdL 1984, 94; 1985, 126). Die Behörde hat daher zunächst die Voraussetzungen der Erfordernisse der Jagdausübung und Jagdpflege festzustellen und kann sodann im Rahmen ihres pflichtgemäßen Ermessens entscheiden, ob und inwieweit sie eine Abrundung vornimmt (BVerwG Beschl. v. 16.1.1969 – I B 1.69, BeckRS 1969, 31286228 = RdL 1969, 186). Die Erfordernisse der Jagdpflege und Jagdausübung ergeben sich aus dem das Jagdrecht beherrschenden und in § 1 Abs. 2, 3 zum Ausdruck kommenden Gedanken einer nachhaltigen und weidgerechten Jagdausübung. Eine Maßnahme nach § 5 Abs. 1 ist aus den Erfordernissen der Jagdausübung, dh der Technik der Bejagung notwendig, wobei dieses Merkmal erfüllt ist, wenn sich dies aus Sicht eines objektiven und jagdlich erfahrenen Betrachters bei der Beurteilung der örtlichen Lage als sachdienlich aufdrängt (OVG Lüneburg Beschl. v. 8.4.2014 – 4 LA 128/13, BeckRS 2014, 50055).

2. Gesetzliche, vertragliche und behördliche Abrundungen

6a § 5 überlasst es den Ländern die Einzelheiten zum Abrundungsverfahren zu regeln. Die Länder haben hiervon unterschiedlich intensiv Gebrauch gemacht. Ein Teil der Länder weist die ausschließliche Regelungskompetenz der Jagdbehörde zu, die die Abrundungsmaßnahme durch Verwaltungsakt durchführen muss. Der andere Teil der Länder ermöglicht es den Beteiligten, Abrundungsverträge zu schließen, die dann entweder von der Behörde zu genehmigen (§ 12 Abs. 2 JMWG) sind, oder zumindest von der Behörde – ähnlich wie Pachtverträge – beanstandet werden können. Sofern das Gesetz eine vertragliche Abrundung ermöglicht, führt dies zu einer deutlichen Entlastung der Verwaltung. Vertragliche Abrundungen bedürfen die gleiche inhaltliche Rechtfertigung nach § 5 Abs. 1 BJagdG wie behördliche Maßnahmen. Allerdings wird bei einer einvernehmlichen Abrundung kaum eine gerichtliche Überprüfung stattfinden, da sich alle Beteiligten geeinigt haben, so dass bei einer zivilrechtlichen Einigung der Handlungs- und Gestaltungsspielraum faktisch etwas größer sein dürfte als bei einer Abrundung durch Verwaltungsakt.

Einen Sonderfall stellen die gesetzlichen Abrundungen dar: einige Landesjagdgesetze sehen für bestimmte Fallkonstellationen eine Abrundung ipso iure vor. Werden Grundflächen, die keinen Jagdbezirk bilden, von einem anderen Jagdbezirk vollständig umschlossen, sind sie Bestandteil dieses Jagdbezirks (§ 12 Abs. 2 JMWG; § 8 Abs. 1 S. 2 NJagdG). 6b

Keine Abrundung im eigentlichen Sinne sind gestalterische Anordnungen, die sich teilweise in den Landesjagdgesetzen finden. Gehört eine öffentliche Straße etc nicht zu einem Jagdbezirk, so haben die Revierinhaber der beiderseits angrenzenden Jagdbezirke das Recht, sich auf der Straße, jeweils bis zu deren Mitte, getötetes, krankes, verletztes und verendetes Wild anzueignen (mit landeseigenen Einzelheiten: Art. 6 Abs. 2 BremLJagdG; § 2 MVLJagdG; § 8 Abs. 1 S. 1 NJagdG; § 6 Abs. 1 LSALJagdG). 6c

3. Jagdpflege und Jagdausübung

Unter Jagdpflege fällt der Begriff der **Hege des Wildes** iSd § 1 Abs. 2, der heute so verstanden werden muss, dass es sich hierbei um den Erhalt eines artenreichen und gesunden, aber an die landeskulturellen Erfordernisse angepassten Wildbestand handelt, unter möglichster Vermeidung von Wildschäden in der Land-, Forst- und Fischereiwirtschaft (VGH Kassel v. 12.11.1970 – V OE 3/70, RdL 1971, 211 = ESVGH 21, 144). Die Interessen des Grundeigentümers an der land- oder forstwirtschaftlichen Nutzung seines Eigentums sind daher auch bei der Jagdpflege, dh bei der Pflege bzw. Bewirtschaftung eines Wildbestandes, zu berücksichtigen. 7

Unter **Jagdausübung** im engeren Sinne versteht man sämtliche technischen jagdlichen Tätigkeiten iSd § 1 Abs. 4, dh das Aufsuchen, Nachstellen, Erlegen und Fangen von Wild (→ § 1 Rn. 35 ff.). In einigen Landesjagdgesetzen sowie in der Lit. wird dieser Rechtsbegriff der Jagdausübung teilweise weiter gefasst, dh hier werden auch Tätigkeiten, die nicht in unmittelbaren Zusammenhang mit dem Jagen an sich und dem Erlegen und Aneignen von Wild zusammenhängen, miteingeschlossen, wie zB die Jagdhundeausbildung (Munte, Die Pflicht des Grundeigentümers zur Duldung der Jagdausübung auf seinem Grundstück, 2008, S. 34). 8

4. Notwendigkeit

Die **Abrundungsmaßnahme** muss darüber hinaus **notwendig** sein, dh eine bloße Zweckmäßigkeit oder eine erleichterte Bejagungsmöglichkeit reichen nicht aus, eine Abrundung zu rechtfertigen (OVG Koblenz v. 11.7.1963 – 1 A 50/62, RdL 1964, 106). Schwierige Grenzverhältnisse ergeben für sich allein ebenfalls keinen Grund für die Notwendigkeit einer Abrundung (VGH Kassel v. 12.11.1970 – V OE 3/70, RdL 1971, 211 = ESVGH 21, 144). Die mit der Entscheidung befasste Behörde hat daher zunächst die Notwendigkeit der Abrundungsmaßnahme festzustellen, bevor sich die Ermessensfrage nach Art und Weise der Abrundung stellt. Es müssen daher zumindest ganz wesentliche Schwierigkeiten für die Jagdpflege und Jagdausübung vorhanden sein, um eine Abrundungsmaßnahme zu rechtfertigen (BVerwG Urt. v. 19.7.1984 – 3 C 30.84, BeckRS 1986, 31263474 = JE II Nr. 71). Eine Abrundung ist dann notwendig, wenn sie aus jagdlichen 9

Erfordernissen geboten ist, weil sie einen der Jagdpflege und Jagdausübung widersprechenden Zustand beendet. Damit ist eine Abrundung einerseits nicht Bedingung, dass der Jagdpflege und Jagdausübung ohne diese unüberwindliche Hindernisse entgegenstehen und diese nahezu unmöglich machen, während es andererseits aber auch nicht ausreicht, dass eine Abrundung bloß zweckmäßig und wünschenswert wäre (OVG Münster Urt. v. 21.2.2014 – 16 A 847/11, BeckRS 2014, 49119; Urt. v. 16.1.1983 – 20 A 2464/82, RdL 1984, 84 = AgrarR 1984, 251 = JE II Nr. 70).

10 Eine Abrundung ist dann als notwendig anzusehen, wenn sie sich aus der Sicht eines **neutralen, jagdlich erfahrenen Betrachters,** nach den örtlichen Verhältnissen als sachdienlich aufdrängt (VGH München Urt. v. 22.4.1998 – 19 B 96.3971, BeckRS 2005, 29044; Urt. v. 26.1.2000 – 19 B 96.3296, BeckRS 2010, 45308 = BayVBl. 2001, 112; OVG Lüneburg Urt. v. 16.4.2008 – 4 LB 60/07, BeckRS 2008, 34574 = JE II Nr. 158). Bei der Auswahl zwischen verschiedenen Angliederungsmöglichkeiten darf die Behörde, auf eine sich durch Wege und Straßen ergebende Übersichtlichkeit des Gelände- bzw. Grenzverlaufs, ebenso abstellen, wie auf den Lebensraum des Wildes in einer Feld/Wald-Region (OVG Koblenz 28.2.2001 – 8 A 10973/00, BeckRS 2001, 17966 = JE II Nr. 145; OVG Lüneburg Urt. v. 6.12.1990 – 3 L 165/90, BeckRS 2004, 27376 = RdL 1991, 293 = JE II Nr. 108 und Nr. 115). Der gesetzliche Wortlaut „notwendig" und „erforderlich" iSd § 5 Abs. 1 weist auf den Ausnahmecharakter einer behördlichen Gestaltung der Jagdbezirke hin. Diese soll nur dann erfolgen, wenn sich eine Änderungsnotwendigkeit, zur Vermeidung wesentlicher Schwierigkeiten bei der Jagdausübung und Jagdpflege, sozusagen aufdrängt (VG Ansbach Urt. v. 15.10.1997 – AN 15 K 96.00552, BeckRS 1997, 31214823 = JE II Nr. 135).

5. Rechtsfolgen

11 Über die Art und Weise, wie eine Abrundung ausgestaltet oder durchgeführt werden soll, enthält das BJagdG keine Bestimmungen, dh die **Ausgestaltung von Abrundungsmaßnahmen** und die näheren Regelungen hierzu obliegen den Landesgesetzgebern. § 5 Abs. 1 ist eine „kann"-Vorschrift, dh die Länder können die vorgeschriebene Gestaltung der Jagdbezirke auch zur „muss"-Vorschrift abändern.

12 Gesetzliche Bestimmungen über die Gestaltung der Jagdbezirke sind nur dann inhaltlich zulässige **Schrankenbestimmungen** iSd Art. 14 Abs. 1 GG, wenn auch das Eigentum und dessen Situationsgebundenheit gesondert, hinsichtlich einer möglichen verbesserten Gestaltung der Jagdausübungsmöglichkeit, berücksichtigt wird (→ Rn. 3 ff.). Zunächst muss daher grundsätzlich die jagdrechtliche Notwendigkeit der Abrundungsmaßnahme feststehen, bevor sich die Ermessensfrage nach der Art und Weise der Abrundung stellen kann, die Möglichkeit von Flächentauschmaßnahmen ist dabei zu berücksichtigen. Auch wenn das jeweilige Landesjagdgesetz nicht explizit anordnet, dass die Möglichkeiten einer Flächenanpassung auszuschöpfen sind, wird die Behörde im Rahmen der Ermessensentscheidung immer zu prüfen haben, ob die flächenmäßige Integrität der betroffenen Jagdbezirke weitestgehend gewahrt werden kann (zur ausdrücklichen Berücksichtigung eines möglichen Flächentausches § 2 Abs. 1 LJG-NRW).

13 Durch die rechtskräftige Abrundung scheidet das Abrundungsgebiet aus dem abtretenden Jagdbezirk aus und **wird Teil des aufnehmenden Jagd-**

bezirks. Sind das abtretende und das aufnehmende Revier Gemeinschaftsjagdreviere, so werden die Eigentümer der im Abrundungsgebiet gelegenen Grundflächen Mitglieder der Jagdgenossenschaft des aufnehmenden Reviers. Wird eine Grundfläche einem Eigenjagdrevier zugegliedert, so entsteht zwischen dem Eigentümer der Abrundungsfläche und dem Eigenjagdrevierberechtigten eine Art gesetzliches Pachtverhältnis. Der Grundeigentümer hat Anspruch auf eine Nutzungsentschädigung, deren Höhe sich an der ortsüblichen Pacht orientiert.

Gegenstand einer Abrundungsmaßnahme kann nur ein **bereits bestehender Jagdbezirk** sein, dh eine Abrundung bzw. Angliederung von Flächen kann nicht zur Bildung eines Jagdbezirks herangezogen werden (→ Rn. 3). Ebenso und insoweit Ausfluss der Bestandsgarantie des Jagdrechts ist es, dass ein Jagdbezirk nicht durch Abrundungsmaßnahmen seine gesetzliche Mindestgröße verlieren darf und damit möglicherweise untergehen würde (BVerwG Beschl. v. 16.1.1969 – I B 1.69, BeckRS 1969, 31286228 = RdL 1969, 186). Die Möglichkeit der Angliederung von mehreren **Flurnummern,** dh mehreren einzelnen Grundstücken oder Grundstücksparzellen, lässt § 5 Abs. 1 zu. Die Angliederungsvoraussetzungen müssen hierbei für die **Grundfläche insgesamt** und nicht für jede einzelne Flurnummer gesondert vorliegen (OVG Koblenz Urt. v. 28.2.2001 – 8 A 10973/00, BeckRS 2001, 17966 = RdL 2001, 180). 14

III. Gemeindegebietsänderungen

1. Flurbereinigungsmaßnahmen

Gemeindegebietsänderungen im Rahmen von Flurbereinigungsmaßnahmen lassen Angliederungen an bestimmte Jagdbezirke nicht entfallen, sondern diese Altangliederungen bestehen weiterhin fort (VGH Kassel Urt. v. 31.8.1993 – 3 UE 3554/89, NVwZ-RR 1994, 469 = JE II Nr. 122; 9.12.1993 – 3 UE 86/90, BeckRS 1993, 119433 = JE II Nr. 123). Änderungen der Gemeindegebietsgrenzen im Rahmen kommunaler Neugliederungsmaßnahmen führen zur Änderung des Gemeindegebietes und damit auch zu einer Grenzänderung des Gemeinschaftsjagdbezirks iSd § 8 Abs. 1, da mit einer Änderung der Gemeindegrenze sich zwingend auch die Grenzen des gemeinschaftlichen Jagdbezirks ändern (BVerwG Urt. v. 29.1.1981 – 3 CB 10.80, BeckRS 1981, 5535 = JE II Nr. 48). Zu Auswirkungen einer Gemeindegebietsänderung auf die Jagdgenossenschaft → § 8 Rn. 28 ff. Zu möglichen Auswirkungen auf bestehende Abrundungsanordnungen → § 5 Rn. 22. 15

2. Fortgeltung von Abrundungsmaßnahmen

Früher erfolgte **Abrundungsverfügungen,** die nachträglich von einer Gemeindegebietsänderung berührt werden, bestehen weiterhin fort, bis sie aufgehoben oder abgeändert wurden. Begründet wird diese Auffassung damit, dass derartige Altabrundungsverfügungen **Verwaltungsakte** sind, die nach § 43 Abs. 2 VwVfG solange wirksam bleiben, bis sie widerrufen, aufgehoben oder sich durch eine anderweitige Abrundungsmaßnahme erledigt haben (BVerwG Urt. v. 16.11.1995 – 3 C 28.94, BeckRS 1995, 31225646 = RdL 1996, 122; Urt. v. 16.1.1987 – 3 B 16.86, BeckRS 1987, 31232253 = JE II Nr. 87; jetzt auch VGH München Urt. v. 26.1.2000 – 19 16

B 96.3296, BeckRS 2010, 45308 = BayVBl. 2001, 112). Dies bedeutet, dass auch eine nichtige Abrundungsverfügung als Verwaltungsakt grundsätzlich seine Wirksamkeit behält, solange, bis der Verwaltungsakt nach den im Verwaltungsverfahrensgesetz genannten Kriterien wirksam aufgehoben wurde (vgl. Kopp/Ramsauer VwVfG § 42 Rn. 40 ff.).

17 Dies soll auch dann gelten, wenn zB die Fläche vormals von einem Gemeinschaftsjagdbezirk ab- und einem anderen, benachbarten Gemeinschaftsjagdbezirk angegliedert wurde und später, zB durch Flächenzukauf, Bestandteil eines Eigenjagdbezirks wurde oder durch eine Änderung des Gemeindegebiets (kommunale Gebietsreformen) die kommunalen Grenzen verändert wurden (→ Rn. 22 ff.). Zur Begründung wird in der Rspr. darauf hingewiesen, dass selbst gesetzliche Änderungen nicht zwingend zur Aufhebung und konstitutiven Änderung früher verfügter Angliederungsmaßnahmen führen (BVerwG Urt. v. 16.11.1995 – 3 C 28.94, BeckRS 1995, 31225646 = RdL 1996, 122; ausführlich Leonhardt/Pießkalla Rn. 11.05, 2 ff.).

IV. Sonstige Jagdbezirksänderungen/Altangliederungen

1. Altangliederungen

18 Angliederungsmaßnahmen sind grundsätzlich unbefristet und auf Dauer angelegt, da auch die Gründe der Jagdpflege und Ausübung grundsätzlich von Dauer sind. Daher werden behördliche Abrundungen nicht zugunsten eines zeitlich später entstandenen Eigenjagdreviers gegenstandslos werden. Anders jedoch dann, wenn **zum Zeitpunkt der Abrundungsmaßnahme** bereits **bekannt ist,** dass die von der Abrundung **betroffenen Flächen in absehbarer Zeit** zu einem **Eigenjagdbezirk gehören,** zB weil bereits ein Kaufvertrag über diese Flächen abgeschlossen wurde und vorliegt, dh das schuldrechtliche Verpflichtungsgeschäft bereits getätigt wurde und lediglich der grundbuchmäßige Vollzug der Eigentumsumschreibung noch nicht erfolgt ist. Dies ist auch der Fall, wenn zB eine Auflassungsvormerkung zugunsten des zukünftigen Grundeigentümers eingetragen ist, aber die Eigentumseintragung im Grundbuch noch nicht vollzogen worden ist. In solchen Fällen, in denen tatsächlich ein Eigenjagdbezirk bereits in der Entstehung befindlich ist und dies der Behörde oder den Beteiligten bekannt ist oder hätte bekannt sein müssen, wäre es rechtsmissbräuchlich, das Entstehen eines Eigenjagdbezirks durch eine Abrundungsmaßnahme zu verhindern oder zeitlich zu verzögern.

19 Zivilrechtliche Abrundungsverfügungen können jedoch befristet sein oder Kündigungsmöglichkeiten vorsehen. Ohne entsprechende Vereinbarungen sind diese Verträge ebenfalls nicht ordentlich kündbar und unbefristet. Ein Kündigungsgrund könnte dann nur außerordentlich erfolgen, zB aufgrund Nichtzahlung der Entschädigungsleistung oder aus Gründen des § 313 BGB.

20 Das Schicksal von Altangliederungen, die noch nach dem RJG verfügt wurden, dh die sog. **Kreisjägermeisterbeschlüsse,** haben ebenfalls weiterhin Bestand. Nach der hM und Rspr. bleiben diese Altabrundungen, die noch vor dem Inkrafttreten des BJagdG veranlasst wurden, grundsätzlich bestehen, bis sie entweder durch eine neue Abrundungsmaßnahme der Jagdbehörde aufgehoben oder abgeändert werden. Kreisjägermeisterbeschlüsse, die noch zur Zeit des RJG gefasst wurden, werden weder durch die Ände-

rung des RJG noch beispielsweise durch kommunale Gebietsreformen in ihrem Bestand berührt (VGH München Urt. v. 6.7.1988 – 19 B 87.01759, JE VI Nr. 103). Den Beschlüssen des Kreisjägermeisters kommt die Wirkung eines Verwaltungsaktes zu, die Bestand haben, bis sie aufgehoben oder abgeändert werden (OVG Lüneburg Beschl. v. 23.2.2009 – 4 LB 63/07, BeckRS 2009, 32030; VG Oldenburg 3.1.2024 – 1 A 878/22, BeckRS 2024, 19066).

2. Rechtssicherheit

Der Gedanke des **Rechtsfriedens** und der **Rechtssicherheit** sowie grundsätzlich der **Vertrauensschutz** des Bürgers in die Beständigkeit staatlicher Organisationsakte (BVerfG Beschl. v. 12.5.1992 – 2 BvR 470/90 ua, NVwZ 1993, 262) gebieten es, dass die Bestandskraft derartiger Altabrundungen, auch aus der Zeit vor Inkrafttretens des BJagdG, fortbesteht und die Altabrundungen nur aufgehoben oder abgeändert werden können, wenn dies nach möglichen neu eingetretenen örtlichen Erfordernissen der Jagdpflege oder Jagdausübung iSd § 5 Abs. 1 notwendig und erforderlich geworden ist (BVerwG Urt. v. 16.11.1995 – 3 C 28.94, BeckRS 1995, 31225646 = RdL 1996, 122; Urt. v. 18.4.1996 – 3 C 4.95, BeckRS 1996, 31226189 = BayVBl. 1997, 216; VGH München Urt. v. 26.1.2000 – 19 B 96.3296, BeckRS 2010, 45308 = BayVBl. 2001, 112). 21

Altabrundungen sind nach der Rspr. grundsätzlich irreversibel (BVerwG Urt. v. 16.11.1995 – 3 C 28.94, BeckRS 1995, 31225646 = RdL 1996, 122; Urt. v. 18.4.1996 – 3 C 4.95, BeckRS 1996, 31226189 = BayVBl. 1997, 216; VG Göttingen Beschl. v. 3.6.2008 – 2 B 103/08, BeckRS 2008, 37538 = JE II Nr. 157). Dies gilt selbst dann, wenn die gesetzlichen Voraussetzungen für die Zulässigkeit einer getätigten Abrundung zum Zeitpunkt ihres Erlasses fehlten oder aber nach heutiger Rechtslage so nicht verfügt worden wären. Nur für die Fälle, bei denen ein **Akt der Willkür** der Kreisjägermeisterverfügung zum Zeitpunkt der Altabrundung vorgelegen hat und heute noch nachweisbar ist, kommt nach der Rspr. des BVerwG die Nichtigkeit einer solchen Kreisjägermeisterverfügung in Betracht (BVerwG Beschl. v. 13.3.1969, BeckRS 1969, 31286244 = RdL 1969, 187). Nicht Abrundungsverfügungen von Kreisjägermeistern deren Willkür nicht mehr nachweisbar sind, haben ihre Wirksamkeit daher nicht durch das Inkrafttreten des BJagdG oder der Landesjagdgesetze verloren. Willkürliche Abrundungen sind und waren nach dem BJagdG und dem RJG selbst dann untersagt, wenn diese auf einer Vereinbarung der Beteiligten beruhten (VG Würzburg Urt. v. 29.5.2008 – W 5 K 07.1243, BeckRS 2008, 46491 = JE II Nr. 159). 22

Eine bereits erlassene Abrundungsverfügung nach § 5 Abs. 1 iVm den entsprechenden Landesvorschriften bewirkt grundsätzlich eine dauerhafte Änderung der Jagdbezirksgrenzen. Eine **Rückgliederung** der abgetrennten oder angegliederten Flächen stellt in der Regel eine erneute Maßnahme iSd § 5 Abs. 1 dar und ist zulässig, wenn dies aus Erfordernissen der Jagdpflege und Jagdausübung notwendig geworden ist. Es genügt daher für eine Rückgliederungsmaßnahme nicht, dass die Abrundungskriterien der früheren Abrundungsverfügung heute nicht mehr in dem Maße zutreffen, wie zum Zeitpunkt des Ergehens der Abrundungsanordnung (VGH Kassel Beschl. v. 27.3.2017 – 4 B 2984/16, BeckRS 2017, 108033 = JE II Nr. 188). Das Rückgliederungserfordernis muss sich aus der gegenwärtigen und der aktuell entscheidungserheblichen Gesamtsituation und örtlichen Lage der betroffe- 22a nen Grundflächen ergeben, und muss aus Gründen einer ordnungsgemäßen Jagdpflege und Jagdausübung notwendig sein.

23 Auch in Fällen, in denen eine **nachträglich eingetretene Eigentumsverschiebung** an den von einer Abrundungsverfügung betroffenen Grundflächen eingetreten ist, ist die Altabrundung aufzuheben und ggf. eine neue Abrundungsanordnung zu erlassen, wenn die gesetzlichen Vorgaben des § 5 Abs. 1 dies erforderlich machen (VGH Kassel Beschl. v. 11.10.2018 – 4 A 2032/17, BeckRS 2018, 48385). Eine Änderung der Eigentumsverhältnisse führt also nicht automatisch zu einer Änderung des Verwaltungsaktes, mit dem die Abrundung angeordnet wurde. Nach der Rspr. des OVG Lüneburg, der sich weitere Verwaltungsgerichte kritiklos angeschlossen haben, erfordert eine Aufhebung einer früheren Abrundungsmaßnahme, dass sich die **Notwendigkeit einer Rückgliederung** aus Sicht eines objektiven und jagdlich erfahrenen Betrachters bei der Beurteilung der örtlichen Lage als sachdienlich aufdrängen müsse (OVG Lüneburg Beschl. v. 23.2.2009 – 4 LB 63/07, BeckRS 2009, 32030; Beschl. v. 8.4.2014 – 4 LA 128/13, BeckRS 2014, 50055). Die zitierten Beschlüsse sind zwar im jeweiligen Einzelfall richtig, sofern aber diese Entscheidungen verallgemeinern, dass eine „Rückgliederung" stets erfordere, dass ihrerseits die Anforderungen des § 5 Abs. 1 erfüllt sein muss (was in der Praxis nahezu undenkbar ist), ist dieser Schluss zumindest dann unzutreffend, wenn die Abrundungsverfügung zur Verletzung der Eigentumsgarantie nach Art. 14 GG führt.

24 Ausgangspunkt für die Frage, ob und wann ein Widerruf oder eine Rücknahme eines Verwaltungsaktes angezeigt ist, ist der verwaltungsrechtliche Charakter einer Angliederungsverfügung. Auf den ersten Blick könnte man meinen, dass es sich bei einer Abrundung um einen rein begünstigenden Verwaltungsakt handelt. Spätestens auf den zweiten Blick offenbart sich jedoch, dass behördliche Abrundungsmaßnahmen **keine begünstigenden Verwaltungsakte** iSv § 48 Abs. 1 S. 2 VwVfG oder § 49 Abs. 2 VwVfG sind. Denn der Charakter des Verwaltungsaktes ist unabhängig von der subjektiven Einschätzung des Revierinhabers, an dessen Jagdbezirk angegliedert wird zu bestimmen. Zwar mag sich dieser eventuell durch die Vergrößerung des Jagdreviers begünstigt fühlen. Handelt es sich aber bei der Angliederungsfläche beispielsweise um eine sehr wildschadengefährdete Wiese, wird sich die Freude in Grenzen halten, der Betroffene wäre eher beschwert als begünstigt. Neben der Wildschadenproblematik begründet die Abrundungsverfügung neben Rechten auch immer Pflichten für den Jagdausübungsberechtigen (zB Auswirkungen auf die Abschussverpflichtung, Hege, Fütterung in Notzeiten). Eine Abrundungsverfügung ist daher kein rein begünstigender, sondern **wertneutraler Verwaltungsakt** (so auch Meyer-Ravenstein, Agrar- und Umweltrecht, 2015, S. 69). Daher ist die Rechtsgrundlage für den Widerruf eines rechtmäßigen Verwaltungsaktes § 49 Abs. 1 VwVfG. Die Rücknahme eines rechtswidrigen Verwaltungsaktes richtet sich nach § 48 Abs. 1 S. 1 VwVfG.

25 Ein Widerruf nach § 49 Abs. 1 VwVfG kommt daher dann in Betracht, wenn die jagdlichen Erfordernisse, die zur Abrundung führten, im Nachhinein wegfallen. Ein solcher Fortfall wird nur in seltenen Ausnahmefällen vorliegen, zB wenn die angegliederte Fläche aufgrund geänderter Eigentumsverhältnisse nach dem Eigentumswechsel eine Verbindung zu einem Eigenjagdbezirk aufweist. Würde man der stringenten Auffassung folgen, dass die „Rückgliederung" nur unter den Voraussetzungen des § 5 Abs. 1 möglich sei, die in der Praxis nahezu nie vorliegen, würde dies in Konsequenz

bedeuten, dass der neue Grundeigentümer sein durch Art. 14 GG geschütztes Eigentum nie jagdlich nutzen kann. Das Eigentum würde überlagert durch eine (alte) behördliche Verwaltungsmaßnahme. Dieses Ergebnis kann nicht als legitime Schrankensetzung angesehen werden. Von der stringenten Auffassung wäre nicht nur der potenzielle Erwerber wirtschaftlich benachteiligt, sondern auch der Alteigentümer, da das Grundstück einen Wertverlust dadurch erfährt, dass der angrenzende Eigenjagdinhaber kein Interesse an dem Grundstück haben dürfte und als potentieller Kaufinteressent wegfallen dürfte, wenn er das (künftige) Eigentum aufgrund einer nicht widerrufbaren Verfügung jagdlich nicht nutzen können wird. Die Zulässigkeit des Widerrufs bzw. Rücknahme des Verwaltungsaktes ist insbesondere in den Fällen zu bejahen, wenn dies zur Wahrung der Eigentumsgarantie erforderlich ist. Würde man ohne Ausnahme der Ansicht des OVG Lüneburg (Beschl. v. 23.2.2009 – 4 LB 63/07, BeckRS 2009, 32030; Beschl. v. 238.4.2014 – 4 LA 128/13, BeckRS 2014, 50055) folgen, würden selbst Verwaltungsakte auf Dauer Bestand haben, die aufgrund einer fehlerhaften oder rechtswidrigen Rechtsanwendung erlassen worden sind. Hierdurch würde ein Rechtszustand geschaffen, der anhaltend die Eigentumsgarantie verletzen würde, was nicht im Einklang mit Art. 14 GG steht.

In einigen Ländern bedarf es keiner Entscheidung über die Frage, ob ein Widerruf/Rücknahme zulässig ist oder nicht, da die Landesjagdgesetze explizite Regelungen enthalten (§ 3 Abs. 4 **LJG-NRW,** § 2 Abs. 3 **LJagdG Bln,** § 2 Abs. 4 **BbgJagdG,** § 7 Abs. 6 **NJagdG;** § 5 Abs. 6 **LSALJagdG**). Frühere Abrundungen können aufgehoben werden, wenn die Voraussetzungen (zB wegen kommunaler Neugliederungsmaßnahmen) nachträglich entfallen. So können auch **Altabrundungen unter erleichterten Bedingungen aufgehoben** werden. Dabei kann gleichsam in einem umgekehrten Blickwinkel des § 5 Abs. 1 entscheidungserheblich sein, ob Erfordernisse der Jagdpflege und Jagdausübung es notwendig machen, von der Aufhebung der bestehenden Abrundung abzusehen (OVG Münster Urt. v. 21.2.2014 – 16 A 847/11, BeckRS 2014, 49119; 26.1.1983 – 20 A 430/82, JE II Nr. 59). 26

V. Abrundungsbeispiele

1. Erforderliche (notwendige) Abrundung

Beispiele: Die Beseitigung der Verzahnungen des Grenzverlaufs zwischen zwei Jagdbezirken (Begradigung von Ein- und Ausbuchtungen des Grenzverlaufs), die Beseitigung von keil- oder handtuchartigen Einschnitten in ein benachbartes Revier (VG Kassel v. 16.12.1976 – IV E 256/76, JE IV Nr. 1; OVG Koblenz Urt. v. 11.7.1963 – 1 A 50/62, VerwRspr 1964/1965, 578 = RdL 1964, 106), Beseitigung schmaler Wiesen- oder Waldstreifen oder auch Zerschneidung eines Jagdbezirks durch „technische Anlagen“, zB wilddicht eingezäunte Autobahnen ohne Wildwechselmöglichkeit, zB Unter- oder Überführungen, oder größere bauliche Anlagen im Außenbereich (Kraftwerksanlagen oder Ähnliches). 27

2. Nicht erforderliche (nicht notwendige) Abrundung

Beispiele: Kein Abrundungserfordernis besteht bei einer **Feld/Waldgrenze,** dh ein Jagdgrenzverlauf zwischen Einstands- und Austrittsfläche des 28

Wildes rechtfertigt allein keine Abrundungsmaßnahme, selbst wenn dies aus jagdlicher Sicht zweckmäßig oder für einen der betroffenen Jagdnachbarn jagdtechnisch günstiger wäre oder für die Jagdgenossenschaft die Verpachtungsmöglichkeit erleichtern würde (OVG Lüneburg Urt. v. 9.10.1985 – 14 A 53/83, JE II Nr. 81). **Charaktermängel der Jagdnachbarn** oder **Streitigkeiten** zwischen den **Jagdnachbarn** über den tatsächlichen Grenzverlauf oder auch unter Umständen **Grenzschinderei,** die bei gegenseitiger Rücksichtnahme einer ordnungsgemäßen Jagdausübung nicht entgegenstehen würden, rechtfertigen für sich allein keine Abrundungsnotwendigkeit (OVG Koblenz – 8 A 10973/00, BeckRS 2001, 17966 = RdL 2001, 180). Auch eine **Missachtung gesetzlicher oder vertraglicher Wildfolgevorschriften** sowie Schwierigkeiten bei der Aneignung von auf das Wasser fallendem Flugwild rechtfertigt keine Abrundung iSd § 5 Abs. 1 (VG Düsseldorf Urt. v. 23.5.1980 – 15 K 4635/178, JE II Nr. 37). Ebenso sind das **Ansteigen von Schwarzwildbeständen** oder die **Zunahme von Wildschäden** oder die **Schwierigkeit der Bejagung** für sich allen betrachtet, kein Kriterium für die Notwendigkeit einer Abrundungsmaßnahme (OVG Münster Urt. v. 21.2.2014 – 16 A 847/11, BeckRS 2014, 49119 mwN).

29 Etwas anderes kann jedoch in den Fällen gelten, in denen eine **Mehrzahl** von verschiedenen Gesichtspunkten, die einer ordnungsgemäßen Jagdausübung und Jagdpflege entgegenstehen können, aufeinander treffen und **in der Summierung** über die bloße Zweckmäßigkeit hinaus eine **Abrundung notwendig** machen (VGH München Urt. v. 22.4.1998 – 19 B 96.3971, BeckRS 2005, 29044).

3. Ergebnis

30 Letztlich bleibt festzuhalten, dass das Vorliegen der Notwendigkeit einer Abrundungs- oder Angliederungsmaßnahme iSd § 5 Abs. 1 einer jeweiligen **Einzelprüfung** auch des vor Ort gegebenen Sachverhalts durch die Behörde vorbehalten bleibt. Sachfremde Erwägungen (wie zB politischer, fiskalischer oder ökonomischer Natur) haben grundsätzlich unberücksichtigt zu bleiben.

VI. Flächenzusammenhang

1. Drei Regelungstypen

31 § 5 Abs. 2 regelt, was zusammenhängende oder im Zusammenhang stehenden Grundflächen iSv § 7 Abs. 1 S. 1 und § 8 Abs. 1 sind. Dieser Regelung in Abs. 2 liegt der Gedanke zugrunde, dass Flächen, die erheblich länger als breit sind (typische Schmalflächen), regelmäßig eine ordnungsgemäße Jagdausübung nicht zulassen. Für derartige Schmalflächen schreibt § 5 Abs. 2 drei Regelungstypen vor:

1. sie bilden, wenn sie nach Umfang und Gestalt für sich alleine eine ordnungsgemäße Jagdausübung nicht gestatten, keinen Jagdbezirk;
2. sie unterbrechen den Zusammenhang eines Jagdbezirks nicht;
3. sie stellen den Zusammenhang zur Bildung eines Jagdbezirks zwischen getrennt liegenden Flächen nicht her.

2. Nichtbildung eines Jagdbezirks

Bei der **ersten Regel** „wenn sie … nicht gestatten" **(Nichtbildung eines Jagdbezirks)** kommt es weniger darauf an, ob auf dieser Fläche Wild gehegt werden kann, was im Wesentlichen von der Geländebeschaffenheit abhängt, sondern darauf, ob auf der Fläche eine ordnungsgemäße Bejagung mit der Schusswaffe möglich ist. Das bedeutet zB, dass durch die Bejagung der Fläche keine Gefahr für Dritte ausgehen darf oder zB die Verletzung eines fremden Jagdausübungsrechts, zB durch Überschießen der Fläche, nicht vorliegen darf. Dies trifft zB auf schmale, langgezogene Streifen oder Flächen zu. 32

3. Unterbrechung des Zusammenhangs

Die Vorgabe, dass durch schmale Fremdflächen ein **Zusammenhang nicht unterbrochen wird,** schreibt der Bundesgesetzgeber in § 5 Abs. 2 als sog. zweite Regel zwingend vor, dh die Landesgesetze können von diesen Regeltatbeständen in § 5 Abs. 2 nicht abweichen (BVerwG Urt. v. 6.4.1967 – I C 23.66, BeckRS 1967, 31299352 = RdL 1967, 219). Der Grundgedanke dieser Regel ist, dass schmale, handtuchartige Flächen, die selbst dann, wenn sie die Größe eines Jagdbezirkes hätten, jedoch aufgrund ihrer schmalen äußeren Gestalt eine ordnungsgemäße und vor allem auch sichere Jagdausübung nicht zulassen, bei der Bildung von Jagdbezirken als nicht vorhanden zu denken sind. Solche Flächen trennen den ohne sie vorhandenen Zusammenhang nicht, stellen aber auch einen fehlenden Zusammenhang nicht her (Mitschke/Schäfer Rn. 39 ff.). 33

4. Herstellung des Zusammenhangs

Gesetzlich vorgegeben wird weiterhin, dass auch ein Zusammenhang von getrennt liegenden Flächen, die nur durch eine Schmalfläche verbunden sind, nicht hergestellt wird. Dies trifft zB auf langgezogene Schmalflächen zu, die getrennt liegende zu einem Jagdbezirk gehörende Flächen nur der Länge nach verbinden. 34

5. Wege, Triften etc

In Abs. 2 sind somit **drei verschiedene Fälle regelartig** zusammengefasst, wobei auf den speziellen zu entscheidenden Einzelfall **grundsätzlich nur eine der drei alternativen Regeln Anwendung finden** kann. Bei Flächen, die weder den Zusammenhang unterbrechen (zweite Regel) noch einen solchen herstellen (dritte Regel), also **ohne Funktion iSv § 5 Abs. 2** sind, bleibt es bei den Regelungen nach § 7 Abs. 1 und § 8 Abs. 1, dh in diesen Fällen kommt eine gesonderte Gestaltung der Jagdbezirke nach § 5 Abs. 2 bezogen auf diese Schmalflächen nicht in Betracht. Die Regelung, dass lang gezogene Schmalflächen den Zusammenhang nicht unterbrechen, bzw. zwischen getrennt liegenden Flächen einen solchen Zusammenhang nicht herstellen, bedeutet, dass nach der zweiten Regel sich die Schmalfläche längsseitig befindet, während die dritte Regel diejenigen Flächen im Auge hat, die sich an den Schmalseiten, also am Anfang oder am Ende einer länglichen Schmalfläche befinden (VG Arnsberg Urt. v. 7.3.2000 – 4 K 2268/99, BeckRS 2000, 167046 = JE II Nr. 144). 35

6. Gesetzliche vorgegebene Schmalflächen

36 § 5 Abs. 2 zählt **beispielhaft** solche Flächen auf, die schon ihrem **äußeren Erscheinungsbild** nach typische Schmalflächen sind, wie zB **natürliche oder künstliche Wasserläufe, Wege, Triften und Eisenbahnkörper.** Daneben gibt es aber noch eine Vielzahl anderer Flächengestaltungen, die äußerlich solchen Beispielsflächen ähneln können, aber eine andere Nutzungsstruktur aufweisen und daher ebenfalls rechtlich so behandelt werden müssen wie Wege, Triften, Wasserläufe und anderes, dh sog. ähnliche Flächen.

37 Bei den **Wegen** kommt es nicht auf die Widmung des Weges als Straße, Spazierweg oder Ähnliches an oder auf dessen tatsächliche Breite oder dessen Verkehrsbedeutung. Auch mehrspurige Autobahnen können „Wege" im Sinne dieser Vorschrift sein, unabhängig davon, ob sie einen tatsächlichen Wechsel des Wildes zwischen den getrennt liegenden Flächen zulassen, zB durch Wildquerungsbrücken oder Unterführungen oder Ähnliches. Hinzuzurechnen sind auch Böschungen oder Lärmschutzwälle oder Ähnliches; sie gehören zum sog. Straßenkörper. **Triften** ist ein altes Wort für Weideviehwege. **Eisenbahnkörper,** dh Schienennetze, unabhängig davon, von wem sie betrieben werden. Hierzu gehören auch die sog. Zubehörflächen, wie Bahndämme, Bahnhöfe, Lageplätze, Abstellgleise oder Güter- bzw. Containerhalden, sofern sie auch unmittelbar an den Schienenkörper anschließen.

7. Ähnliche Flächen

38 Ähnliche Flächen wie die in § 5 Abs. 2 aufgeführten Flächen, also Flächen, die **ihrem äußeren Erscheinungsbild nach** Wegen, Triften, natürlichen oder künstlichen Wasserläufen, Eisenbahnkörpern gleichen, gelten, selbst wenn sie zB flächenmäßig die Mindestgröße eines Eigenjagdbezirks hätten, aber nach ihrer Gestalt und ihrem Umfang eine tatsächliche Jagdausübung nicht gestatten, bei der Bildung eines Jagdbezirks als nicht vorhanden. Dies sind vorwiegend Flächen, die im Verhältnis zu ihrer Länge nur eine **sehr geringe Breite** aufweisen, unabhängig von der Nutzbarkeit oder Zweckbestimmung dieser Flächen (VGH Mannheim v. 28.12.1977 – 77 X 286/75, RdL 1978, 123 = JE III Nr. 16; BVerwG v. 17.4.1957 – IV A 1044/56, DÖV 1958, 180; OVG Lüneburg 22.12.2016 – 4 ME 234/16, BeckRS 2016, 110192).

8. Begriffsauslegung

39 Das **BVerwG** folgt bei der Auslegung des Begriffs der „ähnlichen Fläche" zunächst einer Auslegung im Zusammenhang mit § 5 Abs. 2 S. 1 Alt. 1, dh es muss im ersten Schritt festgestellt werden, ob es sich bereits nach dem äußeren Erscheinungsbild bzw. der äußeren Gestalt nach um eine Fläche handelt, die typischerweise einem Weg, einer Trift, einem künstlichen oder natürlichen Wasserlauf oder einem Eisenbahnkörper ähnelt (BVerwG Urt. v. 25.3.1965 – I C 142.60, BVerwGE 21, 11 = BeckRS 1965, 30432973 = RdL 1965, 218 = EJS II Nr. 9). Erst im zweiten Schritt, dh nachdem man ausschließen kann, dass es sich um eine vom Gesetzgeber vorgegebene Schmalstreifentypisierung handelt, wird geprüft, ob es sich um eine sog. ähnliche Fläche handeln kann.

Grundsätzlich fallen Flächen, die bereits ihrer äußeren und geometrischen Gestalt nach Wegen, Wasserläufen, Triften oder Bahnkörpern nicht ähnlich sind, nicht unter § 5 Abs. 2 (OVG Lüneburg Beschl. v. 22.12.2016 – 4 ME 234/16, BeckRS 2016, 110192). 40

9. Wertender Vergleich

Bei der Prüfung, ob eine ähnliche Fläche vorliegt oder nicht, dh ob die gegenständliche Fläche im Einzelfall die typischen Merkmale eines Weges, Wasserlaufs, Eisenbahnkörpers und anderes aufweist, ist ein **wertender Vergleich** anzustellen, dh es ist zu prüfen, ob diesen Flächen ein bestimmter **jagdlicher und hegerischer Wert** zukommt. 41

Diese **jagdliche Wertigkeit** beurteilt sich zB daran, ob diese Flächen als ausreichende Deckungs- oder Äsungsfläche oder als ausreichende Einstandsfläche dem Wild dienen können, und ob auf diesen Flächen eine Jagdausübung iSd § 1 Abs. 4 an sich möglich ist. Dies kann unter anderem daran beurteilt werden, ob beispielsweise jagdliche Einrichtungen errichtet werden können (BVerwG Urt. v. 8.3.1990 – 3 C 34/87, NVwZ-RR 1991, 163 = JE II Nr. 112; OVG Lüneburg Urt. v. 3.8.1989 – 3 L 11/89, JE II Nr. 120). Es kommt hierbei auch wesentlich darauf an, ob die zu beurteilenden Flächen jagdliche Maßnahmen mit der Schusswaffe (zB Regulierung der Wildbestände, Ausübung des Jagdschutzes etc) zulassen. Für den Wertvergleich entscheidend sind daher unter anderem Dichte, Qualität und Vielfalt der Vegetation, dh die Biotopgestaltung sowie die technischen Jagdausübungsmöglichkeiten. Nicht erforderlich ist, dass die Teilflächen zu einem einheitlichen Lebensraum für das Wild zusammengeschlossen werden könnten (BVerwG Urt. v. 15.2.1985 – 3 C 17.84, BeckRS 1985, 31263351 = RdL 1985, 127 = JE II Nr. 75; Urt. v. 8.3.1990 – 3 C 34/87, NVwZ-RR 1991, 163 = RdL 1991, 319). Auch die Frage, ob und welches Wild tatsächlich auf der Fläche vorkommt, ist unerheblich. 42

Schmale und langgezogene Parzellen haben auch dann keinen speziellen jagdlich hegerischen Wert, wenn sie mit Bäumen oder Sträuchern bewachsen sind. Der hegerische Wert der Flächen beurteilt sich nach den Zielvorgaben des § 1 Abs. 2 dh ein entsprechend jagdlich hegerischer Wert erfordert, dass die Flächen für sich einen Lebensraum darstellen, in dem sich Wild nicht nur vorübergehend aufhält (BVerwG Urt. v. 15.2.1985 – 3 C 17.84, BeckRS 1985, 31263351 = RdL 1985, 127; OVG Lüneburg Beschl. v. 22.12.2016 – 6 B 57/16, nv). Auf die rein theoretische Möglichkeit der Jagdausübung auf diesen Flächen, kommt es dabei nicht, wenn die Flächen an sich schon keinen eigenen wildgerechten Biotopwert haben. 43

Haben die entscheidungserheblichen Flächen für sich einen solchen eigenständigen jagdlich hegerischen Wert, so liegt keine „ähnliche Fläche" iSd § 5 Abs. 2 vor, dh diese Flächen können einen Zusammenhang zwischen zwei Jagdbezirksteilen unterbrechen oder diesen herstellen oder für sich unter Umständen, soweit eine ordnungsgemäße Jagdausübung möglich ist und die gesetzlichen Voraussetzungen (§ 7, § 8) vorliegen, einen eigenen Jagdbezirk bilden. 44

10. Fallbeispiele

Nach der Rspr. des BVerwG sind „ähnliche Flächen" allein aufgrund ihres äußeren Erscheinungsbildes lange schmale Flurstreifen, Wegen Triften, Was- 45 serläufen und Eisenbahnkörpern, wenn sie folgende Maße aufweisen (BVerwG Urt. v. 21.4.1982 – 8 C 86/80, BVerwGE 65, 218 = NJW 1982, 2567; v. 26.9.1969 – I CB 29/69, RdL 1970, 16 = BayVBl. 1970, 28; v. 28.1.1980 – 3 C 113.79, RdL 1980, 124 = AgrarR 1980, 281):

- 700 m lang und ca. 5 bis 15 m breit;
- 300 m lang und ca. 4 m breit (sog. Windschutzstreifen);
- 150 m lang und ca. 5 bis 8 m breit;
- 250 m lang und ca. 5 bis 10 m breit.

46 Aus diesen von der Rspr. entwickelten Fallbeispielen folgt, dass bei langgezogenen Flurstreifen, deren Breite 15 m deutlich übersteigt, ein sog. **wertender Vergleich** durchzuführen ist (VGH München Urt. v. 14.12.1983 – 19 B 80 A.705, AgrarR 1984, 252 = JE II Nr. 64; OVG Lüneburg Urt. v. 24.6.1987 – 14 OVG A 102/85, JE II Nr. 97; VGH München Urt. v. 15.12.1989 – 19 B 88.01.409, nv; OVG Lüneburg Urt. v. 22.12.2016 – 4 ME 234/16, BeckRS 2016, 110192), dh es ist im Einzelfall zu prüfen, ob diese Flächen einen **nicht unerheblichen jagdlichen oder hegerischen Wert** gegenüber Wegen Triften usw besitzen. Die Rspr. stellt dabei im Wesentlichen auf die äußere Geländestruktur, die Bodenbeschaffenheit und den Bewuchs der Flächen ab, dh, wenn die Fläche ihrer äußeren Beschaffenheit nach keine eindeutige Ähnlichkeit mit den vom Gesetzgeber genannten Schmalflächen hat, kommt es auf einen hegerisch-jagdlichen Wertvergleich an (BVerwG Urt. v. 15.2.1985 – 3 C 17.84, BeckRS 1985, 31263351 = RdL 1985, 127). Ab einer gewissen Breite rechtfertigt das Missverhältnis zwischen Länge und Breite eines Geländes nicht mehr die Annahme, dass eine ähnliche Fläche iSd § 5 Abs. 2 vorliegt (OVG Magdeburg Urt. v. 26.6.1997 – A 1 S 121/96, BeckRS 2008, 30556 = RdL 1997, 290).

11. Punktverbindung

47 Der erforderliche **jagdrechtliche Zusammenhang** ist grundsätzlich auch bei einer Punktverbindung gegeben. Diese Punktverbindung liegt auch dann noch vor, wenn an der „Verbindungsstelle" eine Schmalfläche verläuft. Die Punktverbindung fehlt jedoch, wenn die Verbindungsstelle sozusagen verschoben ist, dh auch bei Wegdenken der Schmalflächen eine Punktberührung der Flächen nicht mehr gegeben ist. Ein punktueller Flächenzusammenhang ist daher immer, auch bei Wegdenken der dazwischen liegenden, den Zusammenhang nicht unterbrechenden Schmalfläche, erforderlich. Die Punktverbindung ist eine eigene Gestaltung, die nicht unter die oben bezeichneten Regeln Nr. 2 und Nr. 3 fällt.

12. Weiteres Prüfungserfordernis

48 Bei Eigenjagdbezirken ist weiterhin zu prüfen, ob unabhängig von der Schmalfläche, die getrennt liegenden Flächen sich im Eigentum eines Grundeigentümers befinden, dh ob die Voraussetzungen des § 7 gegeben sind. Bei Gemeinschaftsjagdbezirken, ist zu prüfen, ob die „getrennt liegenden" Flächen innerhalb eines Gemeindegebietes liegen, dh ob die Voraussetzungen des § 8 gegeben sind.

§ 6 Befriedete Bezirke; Ruhen der Jagd

[1] Auf Grundflächen, die zu keinem Jagdbezirk gehören, und in befriedeten Bezirken ruht die Jagd. [2] Eine beschränkte Ausübung der Jagd kann gestattet werden. [3] Tiergärten fallen nicht unter die Vorschriften dieses Gesetzes.

Ländervorschriften: §§ 13 JWMG; Art. 6 BayJG; § 5 LJagdG Bln; § 5 BbgJagdG; Art. 7 BremLJagdG; § 2 HmbJagdG; § 5 HJagdG; § 5 MVLJagdG; § 9 NJagdG; § 4 LJG-NRW; § 8 RhPfLJG; § 4 SJG; § 6 SächsJagdG; §§ 7, 8 LSALJagdG; § 4 SchlHLJagdG; § 6 ThJG.

Übersicht

I. Allgemeines

1. Grundsatz

1 Der Bundesgesetzgeber beschränkt sich in § 6 grundsätzlich darauf anzuordnen, dass in befriedeten Bezirken und auf Grundflächen, die zu keinem Jagdbezirk angehören, die Jagd ruht. Eine nähere Definition, was unter einem befriedeten Bezirk zu verstehen ist, nimmt der Bundesgesetzgeber nicht vor. Die nähere Definition obliegt den **Landesgesetzgebern,** die davon umfassend Gebrauch gemacht haben (§ 13 **JWMG,** Art. 6 **BayJG,** § 5 **LJagdG Bln,** § 5 **BbgJagdG,** Art. 7 **BremLJagdG,** § 2 **HmbJagdG,** § 5 **HJagdG,** § 9, **NJagdG,** § 5 **MVLJagdG,** § 4 **LJG-NRW,** § 8 RhPfLJG, § 4 **SJG,** § 6 **SächsJagdG,** §§ 7, 8 **LSALJagdG,** § 4 SchlHLJagdG,§ 6 **ThJG**).

2. Ruhen der Jagd

2 Das Ruhen der Jagd bedeutet, dass die **Jagdausübung** auf diesen Flächen **verboten** ist, dh weder der Jagdrechtsinhaber (Grundstückseigentümer oder Nutznießer) noch der Jagdausübungsberechtigte dürfen grundsätzlich auf diesen Flächen eine Jagdausübungshandlung iSd § 1 Abs. 4, einschließlich der Ausübung des Jagdschutzes, vornehmen (BayObLG Urt. v. 5.5.1993 –

4St RR 29/93, NJW 1993, 2760 = RdL 1993, 189 = NuR 1994, 513). Das Jagdrecht selbst wird von der Befriedung, dh von der Anordnung des Jagdhandlungsverbotes, nicht berührt, dh das Jagdrecht des Grundstückeigentümers oder des Nutznießers besteht uneingeschränkt fort. Wird die Jagd – ohne dass eine beschränkte Jagdausübung zulässig ist oder aus Gründen des Tierschutzes erforderlich ist (Wildfolge; → § 22a Rn. 16) – dennoch ausgeübt oder Wild angeeignet, kann dies den Tatbestand der Wilderei erfüllen (→ Rn. 7 f.).

3. Aneignungsrecht

3 Nach der hier vertretenen Auffassung wird das Aneignungsrecht des Grundstückseigentümers vom Normzweck des § 6 nicht berührt, dh der Grundstückseigentümer als Inhaber des Jagdrechts kann kein fremdes Aneignungsrecht verletzen, wenn er sich zB im befriedeten Bezirk verendetes Wild, Fallwild oder Abwurfstangen aneignet. Der Grundstückseigentümer selbst kann daher **keine Jagdwilderei** iSd § 292 StGB auf seinen eigenen Grundflächen begehen, sondern nur eine Ordnungswidrigkeit (→ Rn. 8).

4 Streitig ist in diesem Zusammenhang, inwieweit sich das in § 6 angeordnete Gebot des Ruhens der Jagd sich nur auf die **typischen Jagdausübungshandlungen,** wie Aufsuchen, Nachstellen, Erlegen und Fangen von Wild iSd § 1 Abs. 4 erstreckt, oder ob dieser Begriff weiter gefasst werden soll, dh auch andere Jagdausübungshandlungen als die in § 1 Abs. 4 genannten umfassen soll. Der Normzweck des § 6 ist grundsätzlich daran orientiert, dass Jagdausübungshandlungen insoweit nicht gestattet werden sollen, als sie mit dem Charakter der Örtlichkeit (zB Hof, Garten, Hofräume, Bebauungsgebiet, Friedhöfe etc) nicht zu vereinbaren sind. Dies bedeutet, dass im Wesentlichen nur solche jagdlichen Handlungen erfasst sein sollen bzw. nur mit ausdrücklicher behördlicher Genehmigung zulässig sein sollen, die mit der Schusswaffe ausgeführt werden müssen, weil hier unter Umständen eine Gefahr für die öffentliche Sicherheit und Ordnung oder Störung der Totenruhe oder Ähnliches gegeben sein kann. Beispielsweise wird ein ideologischer Wunsch des Grundeigentümers, auf seinen Flächen keine Jagdausübung zu gestatten, vom Normzweck des § 6 nicht erfasst. Nachdem § 6 S. 2 die Möglichkeit einer beschränkten Jagdausübung vom Grundsatz her zulässt, wird man aus dem **Normzweck des § 6** folgern können, dass Jagdausübungshandlungen, die den Frieden von Haus, Hof etc nicht stören (dies sind unter anderem geräuschlose Jagdausübungshandlungen wie zB die Aneignung von Abwurfstangen oder Fallwild), dem Eigentümer oder Nutzungsberechtigten nicht grundsätzlich verboten sein sollen (vgl. Mitzschke/Schäfer Rn. 10; Lorz/Metzger Rn. 6). Die beschränkte Gestattung einer Jagdausübung überlässt der Bundesgesetzgeber hinsichtlich der konkreten Ausgestaltung der Bejagungsmöglichkeiten innerhalb befriedeter Bezirke den **Ländern,** dh diese können eigene Regelungen treffen. Die Verwendung von **Schusswaffen,** soweit diese im befriedeten Bezirk gestattet ist, bedarf regelmäßig einer gesonderten, auch waffenrechtlichen Erlaubnis oder der Gebrauch von Schusswaffen kann grundsätzlich nur einem Inhaber eines gültigen Jagdscheins gestattet werden. Bei der Verwendung von Fallen im befriedeten Bezirk sehen einige Landesgesetze vor, dass dies nur Personen gestattet werden kann, die über eine entsprechende Sachkunde (Fallenjagdlehrgang oder Ähnliches) verfügen.

Unter den Begriff der **jagdbezirksfreien Flächen,** dh der Flächen, die zu keinem Jagdbezirk gehören, fallen regelmäßig diejenigen Flächen, die mangels vorgegebener Mindestgröße sowie eines möglichen eigentums- oder gemeinde- bzw. gemarkungsmäßigen Zusammenhangs auch unter Berücksichtigung der Voraussetzungen des § 5 Abs. 2 (Angliederung oder Abgliederung von Flächen) keinen eigenen Jagdbezirk bilden bzw. keinem Jagdbezirk angegliedert sind. Auf diesen sog. jagdbezirksfreien Flächen wird ebenfalls das Ruhen der Jagd angeordnet. Die Rspr. geht daher davon aus, dass durch die Anordnung der Jagdruhe auch auf jagdbezirksfreien Grundflächen, dh auf Flächen, auf denen kein Jagdausübungsrecht besteht, geschlossen werden muss, dass ein Jagdausübungsrecht auch in befriedeten Bezirken nicht gegeben ist und folglich auch nicht verletzt werden kann, da der Bundesgesetzgeber hier dieselbe Rechtsfolge wie auf jagdbezirksfreien Flächen angeordnet hat (BayObLG Beschl. v. 29.10.1991 – RReg 2 St 127/91, NStZ 1992, 187 = RdL 1992, 49). In der Praxis spielen jagdbezirksfreie Flächen eine untergeordnete Rolle, da der Gesetzgeber mit dem deutschen Jagdrechtssystem grundsätzlich eine flächendeckende Bejagung anordnet und grundsätzlich keine jagdbare Fläche ohne Bejagung existieren soll. 5

II. Verstoß gegen die Jagdruhe

1. Ordnungswidrigkeit

Ein Verstoß gegen die Jagdruhe, dh die Vornahme von Jagdausübungshandlungen in befriedeten Bezirken, wird als Ordnungswidrigkeit geahndet (§ 39 Abs. 1 Nr. 1). Dies gilt auch für den Grundstückseigentümer oder den Jagdausübungsberechtigten, der gegen das Jagdausübungsverbot in befriedeten Bezirken oder gegen eine landesrechtlich zugelassene eingeschränkte Gestattung von Jagdausübungshandlungen im befriedeten Bezirk verstößt. Jagdausübung in diesem Sinne umfasst sämtliche jagdlichen Handlungen nach § 1 Abs. 4 und 5 sowie sog. Folgehandlungen, wie zB die Nachsuche in einen befriedeten Bezirk (BayObLG 5.5.1993 – 4St RR 29/93, NJW 1993, 2760 = RdL 1993, 189 = NuR 1994, 513). 6

2. Jagdwilderei

Ein Verstoß gegen § 292 StGB wegen Jagdwilderei im befriedeten Bezirk liegt regelmäßig nur dann vor, wenn **in ein fremdes Jagdrecht eingegriffen wird.** Da die Anordnung der Jagdruhe nur die Jagdausübung im oben genannten Sinne betrifft, erfüllt ein Verstoß gegen § 6 nicht den Tatbestand der Jagdwilderei iSd § 292 StGB. Jagdwilderei liegt nur dann vor, wenn ein Nichtberechtigter in das Jagdrecht des Grundeigentümers oder Nutznießers eingreift (Lorz/Metzger Rn. 12; Mitzschke/Schäfer Rn. 11; BayObLG Beschl. v. 9.12.1987 – RReg. 2 St 134/87, NStZ 1988, 230 = JE X Nr. 59). 7

In einem befriedeten Bezirk steht das Jagdrecht dem **Grundstückseigentümer** zu. Er kann daher auf den ihm gehörenden Grundflächen kein fremdes Jagdrecht verletzen und demnach auch keine Jagdwilderei iSd § 292 StGB begehen (BayObLG Beschl. v. 9.12.1987 – RReg. 2 St 134/87, NStZ 1988, 230 = JE X Nr. 59). Ein Verstoß des Grundeigentümers gegen das Verbot der Jagdausübung oder die Überschreitung einer beschränkten Gestat- 8 tung der Jagdausübung durch den Grundeigentümer kann daher nur als Ordnungswidrigkeit nach § 39 Abs. 1 Nr. 1 geahndet werden.

9 Das Verbot der Jagdausübung in befriedeten Bezirken beruhte seinerzeit ausschließlich auf der Erwägung, dass entweder die Jagdausübung mit dem Charakter des Ortes unvereinbar ist (zB auf Friedhöfen eine Störung der Totenruhe) oder das Leben von Menschen gefährdet werden kann. Das in der älteren hierzu ergangenen Rspr. entwickelte Verbot der Jagdausübung im befriedeten Bezirk oder auf jagdbezirksfreien Flächen, das sich auch auf sog. Jagdausübungshandlungen von außen, dh zB auf eine Nachsuche in den befriedeten Bezirk bezieht, ist heute wohl überholt. Daher können bestimmte **Folgehandlungen,** die sich zB aus einer zulässigen Jagdausübung in einem benachbarten Revier ergeben und sich auf die Flächen, auf denen die Jagd ruht, beziehen (zB Nachsuchemaßnahmen), grundsätzlich heute nicht mehr als unzulässig betrachtet werden, sofern sie aus übergeordneten Gesichtspunkten, wie zB dem Tierschutz (ein angeschossenes Stück Wild flüchtet in einen Hausgarten), oder wegen einer sonstigen öffentlichen Gefährdung (zB tollwütiger Fuchs läuft in einen Hausgarten oder ein aufgesprengtes Wildschwein flüchtet in eine Garage) subjektiv notwendig und objektiv – aus dem Gesichtspunkt einer „Gefahr im Verzug" – veranlasst erscheint (→ § 22a Rn. 16).

3. Örtliches Verbot

10 Zu unterscheiden ist neben der Jagdruhe in befriedeten Bezirken das örtliche Verbot der Jagdausübung nach **§ 20.** Es handelt sich hier um ein gesetzliches Verbot der Jagdausübung aufgrund örtlicher Gegebenheiten, dh wegen der speziellen lokalen Verhältnisse oder nach den Umständen des Einzelfalls gilt die Jagdausübung hier grundsätzlich als verboten, weil der Gesetzgeber die öffentliche Sicherheit (Gefährdung von Menschenleben etc) bzw. die öffentliche Ruhe oder Ordnung durch eine Jagdausübung als gefährdet oder gestört ansieht. Dieses örtliche Verbot bezieht sich nicht zwingend auch auf befriedete Bezirke iSd § 6. Anders als im Fall des § 20 Abs. 1 kommt es bei der Beurteilung nach § 6 nicht auf die einzelfallbezogene Nutzung des einzelnen Flurstücks an (VG Greifswald Urt. v. 21.5.2015 – 6 A 987/12, BeckRS 2015, 49565).

III. Ausnahmen

1. Gestattung einer beschränkten Jagdausübung

11 Die Regelung von **Ausnahmemöglichkeiten** der absoluten Jagdruhe in befriedeten Bezirken sieht der Bundesgesetzgeber in § 6 S. 2 im Rahmen der Gestattung einer beschränkten Jagdausübung (→ Rn. 3) vor. Die gesetzliche Ausgestaltung hierzu obliegt den Landesgesetzgebern. Diese haben – teils sehr detailliert beschrieben, wie eine beschränkte Jagdausübung erfolgen kann. Die meisten LJagdG sehen einen Genehmigungsvorbehalt vor.

11a Einige Länder erlauben eine beschränkte Jagdausübung ipso iure. In diesen Fällen darf der Eigentümer – oder beauftragte Jäger sog. Schadwildarten (Kaninchen, sowie eventuell Marder, Füchse etc) fangen, töten und sich aneignen, Art. 7 Abs. 3 BremLJagdG; § 2 Abs. 2 HmbJagdG; § 5 Abs. 3 HJagdG § 5 Abs. 3 MVLJagdG; § 9 Abs. 1 NJagdG; § 4 Abs. 4 LJG-NRW;

§ 6 Abs. 3 SächsJagdG; § 8 Abs. 2 LSALJagdG; § 4 Abs. 3 SchlHLJagdG; § 6 Abs. 3 ThJG).

Sofern teilweise ausdrücklich durch den Landesgesetzgeber das Fangen und Töten ohne Jagdschein erlaubt wird (exemplarisch § 5 Abs. 3 S. 2 MVLJagdG; § 6 Abs. 3 SächsJagdG; § 4 Abs. 3 S. 2 SchlHLJagdG) oder nur bei einer bestimmten Jagdart (Fangjagd, § 2 Abs. 2 S. 2 HmbJagdG) verlangt wird, dürfte dies rechtswidrig sein. Aus Gründen des Tierschutzes ist ein **Jagdschein notwendig.** Denn nur so wird die Sachkompetenz des Tötenden sichergestellt. Zudem ist die beschränkte Jagdausübung eine jagdliche Handlung im Sinne der Jagdgesetze und unterliegt somit der Privilegierung nach § 4 Abs. 1 S. 2 TierSG. Hiernach ist die Tötung eines Wirbeltieres ohne Betäubung im Rahmen weidgerechter Jagd zulässig. Eine weidgerechte Jagd ist aber ohne Jagdschein nicht möglich. Neben diesem rechtlichen Argument stellt sich auch praktisch die Frage, wie ein gefangenes, wehrhaftes Wildtier (z. Fuchs, Waschbär) tierschutzgerecht, also weidgerecht, getötet werden soll, ohne die Mittel, die nur einem Jäger zur Verfügung stehen. Ein Ertränken oder sonstige alternative Tötungsmethoden kommen jedenfalls nicht in Betracht. Folglich ist unabhängig von der Freistellung durch den Landesgesetzgeber das Vorhandensein eines Jagdscheins zu fordern. Daher kommt es auf die Frage, ob dem Landesgesetzgeber überhaupt zusteht, auf das Vorhandensein eines Jagdscheins bei der beschränkten Jagdausübung verzichten zu können, da das Recht der Jagdscheine nach Art. 72 Abs. 3 Nr. 1 GG, Art. 74 Nr. 28 GG von der konkurrierenden Gesetzgebung ausgenommen wurde und somit der ausschließlichen Gesetzgebungskompetenz des Bundes unterliegt. 11b

Bei der Gestattung von Jagdausübungshandlungen sind grundsätzlich die **jagdrechtlichen Vorschriften,** insbesondere der Beachtung der Jagd- und Schonzeiten sowie der sachlichen und örtlichen Verbote einzuhalten. Die Gestattung einer beschränkten Jagdausübung innerhalb befriedeter Bezirke soll nur in den Grenzen einer erwiesenen Notwendigkeit und für den besonderen Schutz dieser Flächen vorgenommen werden. Eine Gestattung kann daher zur langfristigen Bekämpfung von schadensträchtigen Wildarten (Wildkaninchen, Waschbär) auf den befriedeten Flächen oder des Schutzes der Menschen vor Seuchen oder sonstiger Gefahren durch Wild auf den Friedflächen geboten sein. 12

2. Schusswaffengebrauch

Die Verwendung von Schusswaffen bei der beschränkten Jagdausübung in befriedeten Bezirken ist in allen Bundesländern besonderen **Beschränkungen** unterworfen oder nur Jagdscheininhabern, sofern sie Inhaber einer gültigen Erlaubnis sind, gestattet. Vor allem im urbanen Bereich kommt daher die Jagdausübung ohne Waffe in Betracht, zB die Jagd auf Kaninchen mit Frettchen und Reusenfallen oder mit einem Beizvogel. Fängt sich ein Wildtier in einer Lebendfangfalle, zB Steinmarder in Kastenfalle, stellt sich die Frage, wie dieser erlegt werden soll. Da ein Schießen im befriedeten Bezirk grundsätzlich verboten ist, muss bei der zuständigen Behörde eine Schießerlaubnis beantragt werden, die regelmäßig zu erteilen sein wird. Alternative Vorschläge, die sich in der Praxis teilweise finden, zB Transport der Falle inkl. des Wildtieres in das Jagdrevier, um es dort unter Einsatz einer Waffe zu erlegen, sind für das Tier mit Stress verbunden und daher tierschutzrechtlich bedenklich und abzulehnen. 13

IV. Befriedungen

1. Gesetzliche Anordnung

13a Die Landesjagdgesetze definieren die allgemeine Vorgabe des § 6 durch eine nahezu identische Systematik: Zunächst wird – meistens in Abs. 1 der entsprechenden landesrechtlichen Norm – durch den Gesetzgeber vorgegeben, welche Grundstücke ipso iure als befriedet gelten. Klassischerweise sind dies Gebäude, die zum Aufenthalt von Menschen dienen, Hofräume und Hausgärten sowie Friedhöfe, wobei diese Aufzählung nicht abschließend ist: § 13 Abs. 2 JWMG; Art. 6 Abs. 1 BayJG; § 5 Abs. 1 LJagdG Bln; § 5 Abs. 1 BbgJagdG; Art. 7 Abs. 1 BremLJagdG; § 2 Abs. 1 HmbJagdG; § 5 Abs. 1 HJagdG; § 5 Abs. 1 MVLJagdG; § 9 Abs. 1 NJagdG; § 4 Abs. 1 LJG-NRW; § 8 Abs. 2 RhPfLJG; § 4 Abs. 1 SJG; § 6 Abs. 1 SächsJagdG; § 7 Abs. 1 LSALJagdG; § 4 Abs. 1 SchlHLJagdG; § 6 Abs. 1 ThJG.

13b Neben dieser gesetzlichen Befriedung, ermöglichen es die Landesjagdgesetze der Jagdbehörde weitere Grundflächen für befriedet zu erklären. Die Voraussetzungen für die Befriedung durch Verwaltungsakt sind sehr unterschiedlich. Teilweise wird sehr abstrakt auf Flächen abgestellt, die im Geltungsbereich eines Bebauungsplans genannt sind (Art. 6 Abs. 2 Nr. 1 BayJG) oder auf Grundflächen, die gegen das Ein- und Auswechseln von Wild gesichert sind (exemplarisch § 5 Abs. 2 LJagdG Bln, § 5 Abs. 2 BbgJagdG).

13c Andere Landesjagdgesetze beschreiben die für eine verwaltungsrechtliche Befriedung in Betracht kommenden Grundflächen genau, zB § 13 Abs. 3 JWMG; § 9 Abs. 2 NJagdG; § 8 Abs. 3 RhPfLJG.

2. Verwaltungsakte

14 Die Zulassung der beschränkten Jagdausübung, aber auch behördliche Anordnungen zu einem befriedeten Bezirk sind regelmäßig **Verwaltungsakte,** die mit den verwaltungsrechtlich zulässigen Rechtsmitteln einer Anfechtungs-, Verpflichtungs- oder Feststellungsklage angegriffen werden können. Sieht das Landesjagdgesetz vor, dass eine Befriedung auf Antrag eines Grundeigentümers oder Nießbrauchberechtigten erfolgen kann (§ 9 Abs. 2 S. 1 NJagdG), muss vor einer Befriedung eine Anhörung der Jagdgenossenschaft und des Jagdausübungsberechtigten erfolgen. Durch das Antragserfordernis wird verhindert, dass die Behörde gegen den Willen des Eigentümers eine Befriedung anordnet. Ohne einen Antrag des Grundeigentümers wäre das Verwaltungsverfahren unzulässig.

3. Rechtsmittelbefugnis

15 Ein subjektives Rechtsschutzbedürfnis und damit auch eine Rechtsmittelbefugnis gegen behördliche Regelungen im Rahmen des § 6 steht regelmäßig dem betroffenen **Grundstückseigentümer** der eingefriedeten oder der einzufriedenden Fläche, dem Eigenjagdinhaber und der Jagdgenossenschaft, dh dem Inhaber des Jagdrechts zu. Ein solches Rechtsschutzbedürfnis muss allerdings auch dem **Jagdausübungsberechtigten** zustehen, da wie oben ausgeführt die Anordnung der Jagdruhe das Jagdausübungsrecht beschränkt, dh in einer behördlichen Befriedung oder nur beschränkten Gestattung von Jagdausübungshandlungen liegt regelmäßig auch eine Betroffenheit

der jagdlichen Nutzbarkeit und damit eine Beschränkung des Jagdausübungsrechts iSd § 1 Abs. 4 vor.

Der gesetzliche Regelungsinhalt des § 6 geht davon aus, dass land-, forst- 16
und fischereiwirtschaftlich nutzbare oder genutzte Grundstücke grundsätzlich nicht befriedet oder nicht für befriedet erklärt werden können, soweit der spezielle örtliche Charakter des Grundstücks eine Befriedung nicht vorgibt oder nicht für notwendig erscheinen lässt. Der Gesetzgeber stellt in § 6 ausschließlich auf die **objektiven Eigenschaften der Grundfläche** ab. Die tatsächliche Nutzung der Fläche muss der Jagdausübung entgegensprechen, damit die Jagd dort ruht. Die Systematik der objektiven Betrachtung wird nur durch die Ausnahme des § 6a durchbrochen, hiernach kann ein Grundstückeigentümer einen Antrag auf Befriedung aus ethischen Gründen stellen, mithin aus subjektiver Motivation heraus (→ § 6a Rn. 11 ff.).

Wildschäden auf befriedeten Flächen sind grundsätzlich **nicht ersatz-** 17
pflichtig, da die Jagd auf diesen Flächen regelmäßig ruht, dh durch eine Bejagung des Wildes dem Entstehen oder Ausbreiten von Wildschäden nicht entgegen gewirkt oder vorgebeugt werden kann (BGH Urt. v. 4.3.2010 – III ZR 233/09, NJW 2010, 1608 = NZM 2010, 401). Die Wildschadenshaftung soll einen Ausgleich dafür darstellen, dass dem Grundeigentümer keine ausreichende Abwehrmöglichkeiten durch Bejagung schadenverursachenden Wild zur Verfügung stehen, dies obliegt allein dem Jagdausübungsberechtigten. Eine solche Konstellation besteht aber für befriedete Bezirke gerade nicht, da in befriedeten Bezirken die Jagd ruht. In diesen Bezirken besteht in der Regel nur die Möglichkeit, das Wild von dem Grundstück abzuhalten oder es zu verscheuchen (vgl. § 26), wobei zu solchen Maßnahmen faktisch nur die jeweiligen Eigentümer und Besitzer der betroffenen Grundstücke in der Lage sind.

V. Einzelfälle

Befriedete Flächen iSd § 6 können daher insbesondere sein **Gebäude** 18
oder gebäudeähnliche Aufbauten, die **gewöhnlich dem Aufenthalt von Menschen dienen.** Es handelt sich hier regelmäßig um den mit dem Erdboden in fester Verbindung stehende, durch Dach und Wände umschlossene Bauwerke, die den Zutritt von Menschen (auch Unbefugten) gestatten und regelmäßig oder in wiederkehrenden Abständen dem Aufenthalt von Menschen dienen und tatsächlich auch in dieser Weise genutzt werden. Hierzu gehören unter anderem auch **Wochenend- oder Ferienhäuser, Jagdhütten** oder andere Gebäude, die einem vorübergehenden Aufenthalt von Menschen dienen können. Eine Holzhütte, die über keinerlei Einrichtung verfügt, die ein Mensch zumindest für einen kurzfristigen oder auch nur gelegentlichen Aufenthalt benötigt, ist **kein befriedeter Bezirk** (OVG Lüneburg Beschl. v. 24.5.2002 – 8 LB 43/01, BeckRS 2002, 22621). Nicht befriedet sind ferner zB baufällige Gebäude, die nicht mehr genutzt werden können, reine Schutzhütten, Tierunterstandsbauten, Scheunen oder Schuppen, soweit sie nicht auf einer befriedeten Hof- oder Hausgartenfläche stehen oder im Zusammenhang mit solchen Flächen stehen, Bienenhäuser (auch wenn diese teilweise begehbar sind) oder auch im Außenbereich aufgestellte Bau- oder Campingwagen.

Befriedet sind ferner Gebäude, die **mit solchen Gebäuden räumlich** 19
zusammenhängen. Dies können zB sein Haus- und Hofscheunen, Garagen

oder andere angeschlossene Bauwerke, die vom Nutzungszweck nicht vornehmlich dem Aufenthalt von Menschen dienen müssen, aber in unmittelbarem Zusammenhang mit solchen Bauten stehen. **Hofräume und Hausgärten** sind diejenigen Flächen, die unmittelbar an die oben bezeichneten Gebäude **angrenzen** oder mit diesen in **Zusammenhang** stehen und von deren **Nutzzweck** mit umfasst werden. Regelmäßig sind dies die typischen Zier-, Obst- oder Gemüsegärten, dh diejenigen Flächen, die typischerweise einer hauswirtschaftlichen Nutzung dienen. Hofräume sind in der Regel an oben bezeichnete Gebäude angrenzende Wirtschaftsflächen.

20 Auf die **Größe** kommt es hierbei nicht an, dh auch eine großflächige Parkanlage kann ebenso ein befriedeter Bezirk sein wie ein kleiner Gemüsegarten. Diese Flächen sind nach dem Willen des Eigentümers regelmäßig nach außen hin durch eine sichtbare Maßnahme oder auch durch den augenscheinlichen Nutzungszweck **abgegrenzt,** dh es ist erkennbar, dass diese Flächen nach dem Willen des Eigentümers in den Hausfrieden mit einbezogen werden sollen. Solche Abgrenzungen können sein ein Zaun, eine Mauer oder eine Hecke, ein Wall, ein Damm oder ein Graben oder Ähnliches. Diese Einfriedungen müssen nicht durchgehend so beschaffen sein, dass sie undurchlässig sind oder den Zutritt Dritter unmöglich machen. Auch eine **lückenhafte Begrenzung** ist möglich, soweit diese noch als Umfriedung nach außen hin erkennbar ist. Ob ein Grundstück Bestandteil einer **öffentlichen Parkanlage** ist, muss anhand der planerischen Entscheidung und einer entsprechenden Widmung allein durch die planerische Festlegung als öffentliche Parkanlage beurteilt werden. Was unter einer öffentlichen Parkanlage zu verstehen ist, ergibt sich nicht aus dem äußeren Erscheinungsbild und der flurstücksbezogenen Nutzung, sondern nach § 5 Abs. 2 Nr. 5 BauGB und aus den Darstellungen im Flächennutzungsplan (VG Greifswald Urt. v. 21.5.2015 – 6 A 987/12, BeckRS 2015, 49565).

21 Befriedet sind **Grundflächen, die durch eine Einzäunung oder auf sonstige Weise** vor dem Zutritt Dritter abgegrenzt oder in sich abgeschlossen sind und deren Zugänge oder Eingänge absperrbar sind. Es muss sich hierbei jedoch nicht um eine Absperrung handeln, die unüberwindbar ist oder nur unter großer Kraftanstrengung überwunden werden kann. Einzelne Länderregelungen sehen allerdings hierzu auch vor, dass die **Umfriedung** so beschaffen sein muss, dass sie ein Aus- oder Einwechseln von Wild – mit Ausnahme von Feder-, Raubwild und Wildkaninchen – unmöglich machen, um als befriedete Fläche angesehen werden zu können. Hierzu bedarf es einer Einzäunung oder Ummauerung der Grundfläche, die auf Dauer angelegt und so beschaffen ist, dass Wild mit Ausnahme der genannten Arten weder ein- noch auswechseln kann mit der Folge, dass auf der Grundfläche die Jagdausübung nicht erforderlich ist (VG Düsseldorf Urt. v. 6.6.2003 – 15 K 2245/00, BeckRS 2007, 24554). Eine Einfriedung mit einer Hecke genügt nicht (VG Düsseldorf Urt. v. 10.5.2017 – 15 K 6814/16, BeckRS 2017, 110679).

22 Im Außenbereich liegende sog. **Streuobstwiesen** sind regelmäßig **keine befriedeten Flächen,** dh auch solche Flächen können wildschadensersatzpflichtig sein. Ebenso wenig gelten **Wein- oder Hopfengärten** oder ähnliche Nutzflächen im Außenbereich als befriedet, dh soweit sie nicht in einem unmittelbaren Zusammenhang mit einer Hofanlage oder Hausgarten (→ Rn. 19) stehen.

23 **Weideflächen oder Flächen, die vorwiegend der Nutzung durch Haustiere** außerhalb von Hof- oder Gartenflächen dienen, sind ebenfalls

keine befriedeten Bezirke, auch dann nicht, wenn sie nahezu wilddicht umzäunt sind.

Befriedet in oben bezeichnetem Sinne **können sein:** eingezäunte Trafostationen, eingezäunte Trinkwasserreservoirs, also **öffentliche Versorgungseinrichtungen** oder sonstige **sog. öffentliche Anlagen,** wie zB Mülldeponien oder Entsorgungszentren. Versorgungsanlagen können auch behördlich für befriedet erklärt werden, wobei das öffentliche Interesse zB an einer Trinkwasserversorgungsanlage den Interessen der Jagdausübung vorgeht (OVG Münster Urt. v. 26.1.1968 – IX A 1140/65 und 1141/65, EJS III S. 5). Eine Anlage kann auch dann öffentlich sein, wenn sie der Öffentlichkeit zum Zwecke der **Erholung, Vergnügung oder Belehrung** zu dienen bestimmt ist (VG Minden Urt. v. 5.2.1981 – 8 K 1841/86, JE I Nr. 57). Solche Flächen brauchen nicht zwingend eingefriedet, dh umzäunt sein. So können zB auch sog. **Walderlebniszentren, Trimmpfade oder sonstige Anlagen** befriedet in oben bezeichnetem Sinne sein oder von der Behörde als befriedet erklärt werden, selbst wenn sie sich nicht in unmittelbarer Ortsnähe oder Ortsrandlage befinden. 24

Golfplätze gelten regelmäßig nicht als befriedet, da auf diesen Flächen eine Jagdausübung, wenngleich nur eingeschränkt, grundsätzlich möglich ist. Allerdings bezeichnet man die Golfplatzflächen im Rahmen einer Wildschadensersatzpflichtigkeit weitläufig als Gartenanlagen, dh mit einer entsprechenden Schutzverpflichtung des Golfplatzbetreibers oder Grundstückeigentümers gegenüber Wildschäden (→ § 32 Rn. 12). 25

Tiergärten unterfallen nach § 6 S. 3 nicht dem Anwendungsbereich des BJagdG. Der Begriff der Tiergärten ist gleichbedeutend mit dem Begriff in § 960 Abs. 1 S. 2 BGB, dh dies sind vollständig und dauerhaft umschlossene Flächen, die zum Festhalten von Tieren einer wildlebenden Art bestimmt sind, wobei das Ergreifen, Einfangen und Töten der dort gehaltenen Tiere jederzeit ohne Bejagung im eigentlichen Sinne möglich ist (BayObLG Beschl. v. 9.12.1987 – RReg. 2 St 134/87, NStZ 1988, 230 = JE X Nr. 59 = NuR 1988, 258 mwN). 26

Man unterscheidet weiterhin zwischen **zoologischen Gärten,** die im Wesentlichen unter wissenschaftlichen Leitung unter anderem der Haltung und Zucht ausländischer und heimischer sowie bedrohter Tierarten dienen, sowie **sonstiger Tiergärten** oder **Tierparks,** die Erholungs- oder Schauzwecken dienen. 27

Nach der Rspr. ist auch ein **Damwildgehege** zur Fleischproduktion ein Tiergarten (VGH München Beschl. v. 31.8.1989 – RReg. 4 St 232/88, NJW 1989, 1290 = NuR 1989, 310 = AgrarR 1989, 279). 28

Deiche sind grundsätzlich keine befriedeten Flächen, dort ruht die Jagd nicht. Besonderheiten sind aber im Einzelfall zu betrachten, vor allem wenn von der zuständigen (Deich-)behörde keine Ausnahme für die Jagd von dem allgemeinen Betretungsrecht gemacht wird (vgl. → § 9 Rn. 35a). 29

Die **Jagd in Naturschutzgebieten** ruht grundsätzlich nicht. Dennoch kann die jeweilige Verordnung Einschränkungen für die Jagd vorsehen, zum Beispiel Untersagung bestimmter Jagdarten oder modifizierte Jagdzeiten (§ 9 Abs. 5 NJagdG). Manche Landesjagdgesetze sehen auch die Möglichkeit vor, dass die Jagdbehörde das Gebiet zu einem befriedeten Bezirk erklären kann (Art. 7 Abs. 2 Nr. 3 BremLJagdG; § 2 Abs. 1 Nr. 5 HmbJagdG; § 8 Abs. 3 Nr. 5 RhPfLJG; § 4 Abs. 1 SJG). In der Praxis dürfte diese Möglichkeit jedoch nie in Betracht kommen, da zumindest die Bejagung von Neozonen 30 regelmäßig den Schutzweck eines Naturschutzgebietes mit Blick auf den Artenschutz fördert.

§ 6a Befriedung von Grundflächen aus ethischen Gründen

(1) [1]Grundflächen, die zu einem gemeinschaftlichen Jagdbezirk gehören und im Eigentum einer natürlichen Person stehen, sind auf Antrag des Grundeigentümers zu befriedeten Bezirken zu erklären (Befriedung), wenn der Grundeigentümer glaubhaft macht, dass er die Jagdausübung aus ethischen Gründen ablehnt. [2]Eine Befriedung ist zu versagen, soweit Tatsachen die Annahme rechtfertigen, dass ein Ruhen der Jagd auf der vom Antrag umfassten Fläche bezogen auf den gesamten jeweiligen Jagdbezirk die Belange

1. der Erhaltung eines artenreichen und gesunden Wildbestandes sowie der Pflege und Sicherung seiner Lebensgrundlagen,
2. des Schutzes der Land-, Forst- und Fischereiwirtschaft vor übermäßigen Wildschäden,
3. des Naturschutzes und der Landschaftspflege,
4. des Schutzes vor Tierseuchen oder
5. der Abwendung sonstiger Gefahren für die öffentliche Sicherheit und Ordnung

gefährdet. [3]Ethische Gründe nach Satz 1 liegen insbesondere nicht vor, wenn der Antragsteller

1. selbst die Jagd ausübt oder die Ausübung der Jagd durch Dritte auf einem ihm gehörenden Grundstück duldet oder
2. zum Zeitpunkt der behördlichen Entscheidung einen Jagdschein gelöst oder beantragt hat.

[4]Der Antrag ist schriftlich oder zur Niederschrift bei der zuständigen Behörde zu stellen. [5]Der Entscheidung über den Antrag hat neben der Anhörung des Antragstellers eine Anhörung der Jagdgenossenschaft, des Jagdpächters, angrenzender Grundeigentümer, des Jagdbeirats sowie der Träger öffentlicher Belange vorauszugehen.

(2) [1]Die Befriedung soll mit Wirkung zum Ende des Jagdpachtvertrages erfolgen. [2]Sofern dies dem Antragsteller unter Abwägung mit den schutzwürdigen Belangen der Jagdgenossenschaft nicht zuzumuten ist, kann die Behörde einen früheren Zeitpunkt, der jedoch nicht vor Ende des Jagdjahres liegt, bestimmen. [3]In den Fällen des Satzes 2 kann die Jagdgenossenschaft vom Grundeigentümer den Ersatz des Schadens verlangen, der ihr durch die vorzeitige Befriedung entsteht.

(3) Die Befriedung kann räumlich auf einen Teil der Antragsfläche sowie zeitlich beschränkt werden, soweit dies zur Wahrung der Belange nach Absatz 1 Satz 2 erforderlich ist.

(4) [1]Die Befriedung erlischt vorbehaltlich der Sätze 2 und 3 drei Monate nach Übergang des Eigentums an der befriedeten Grundfläche auf einen Dritten. [2]Stellt der Dritte während des Laufs der Frist nach Satz 1 einen Antrag auf erneute Befriedung, so erlischt die bestehende Befriedung mit dem Wirksamwerden der behördlichen Entscheidung über den Antrag. [3]Verzichtet der Dritte vor Ablauf der Frist nach Satz 1 auf einen Antrag auf erneute Befriedung, so erlischt die bestehende Befriedung mit dem Zugang der Verzichtserklärung bei der zuständigen Behörde. [4]Der

Grundeigentümer hat den Eigentumswechsel der zuständigen Behörde anzuzeigen. [5]Die Befriedung ist zu widerrufen, wenn

1. **der Grundeigentümer schriftlich gegenüber der zuständigen Behörde den Verzicht auf die Befriedung erklärt oder**
2. **der Grundeigentümer die Jagd ausübt, einen Jagdschein löst oder die Ausübung der Jagd durch Dritte auf einem ihm gehörenden Grundstück duldet.**

[6]Die Befriedung ist in der Regel zu widerrufen, wenn Tatsachen bekannt werden, die den Anspruch auf Erklärung zum befriedeten Bezirk entfallen lassen. [7]Die Befriedung ist unter den Vorbehalt des Widerrufs zu stellen für den Fall, dass ein oder mehrere weitere begründete Anträge auf Befriedung in demselben Jagdbezirk gestellt werden und nicht allen Anträgen insgesamt ohne Gefährdung der Belange nach Absatz 1 Satz 2 stattgegeben werden kann. [8]Im Übrigen gelten die verwaltungsverfahrensrechtlichen Vorschriften über Rücknahme und Widerruf von Verwaltungsakten.

(5) **[1]Die zuständige Behörde kann eine beschränkte Jagdausübung auf den für befriedet erklärten Grundflächen anordnen, soweit dies zur Vermeidung übermäßiger Wildschäden, der Gefahr von Tierseuchen, aus Gründen des Naturschutzes oder des Tierschutzes, der Seuchenhygiene, der Gewährleistung der Sicherheit des Verkehrs auf öffentlichen Verkehrswegen oder der Abwendung sonstiger Gefahren für die öffentliche Sicherheit und Ordnung erforderlich ist. [2]Widerspruch und Klage gegen die Anordnung haben keine aufschiebende Wirkung. [3]Kommt der Grundeigentümer der Anordnung nicht nach, so kann die zuständige Behörde für dessen Rechnung die Jagd ausüben lassen.**

(6) **[1]Wildschäden an Grundstücken, die zum gemeinschaftlichen Jagdbezirk gehören, hat der Grundeigentümer der befriedeten Grundfläche nach dem Verhältnis des Flächenanteils seiner Grundfläche an der Gesamtfläche des gemeinschaftlichen Jagdbezirks anteilig zu ersetzen. [2]Dies gilt nicht, sofern das schädigende Wild auf der befriedeten Grundfläche nicht vorkommt oder der Schaden auch ohne die Befriedung der Grundfläche eingetreten wäre.**

(7) **Der Grundeigentümer der befriedeten Fläche hat keinen Anspruch auf Ersatz von Wildschäden.**

(8) **[1]Die Grundsätze der Wildfolge sind im Verhältnis des gemeinschaftlichen Jagdbezirks zu der nach Absatz 1 für befriedet erklärten Grundfläche entsprechend anzuwenden. [2]Einer Vereinbarung nach § 22a Absatz 2 bedarf es nicht. [3]Der Grundeigentümer des für befriedet erklärten Grundstücks ist über die Notwendigkeit der Wildfolge, soweit Belange des Tierschutzes nicht entgegenstehen bereits vor Beginn der Wildfolge, unverzüglich in Kenntnis zu setzen.**

(9) **Das Recht zur Aneignung von Wild nach § 1 Absatz 1 Satz 1 steht in den Fällen der nach Absatz 5 behördlich angeordneten Jagd und der Wildfolge nach Absatz 8 dem Jagdausübungsberechtigten des Jagdbezirks oder dem beauftragten Jäger zu.**

(10) **Die Absätze 1 bis 9 sind auf Grundflächen, die einem Eigenjagdbezirk kraft Gesetzes oder auf Grund behördlicher Entscheidung angegliedert sind, entsprechend anzuwenden.**

Ländervorschriften: § 14 JWMG.

Übersicht

I. Entstehungsgeschichte

1 Mit dem durch das Gesetz zur Änderung jagdrechtlicher Vorschriften vom 29.5.2013 (BGBl. 2013 I 1386) neu in das BJagdG eingeführten § 6a reagierte der Gesetzgeber auf eine Entscheidung der Großen Kammer des EGMR (EGMR Urt. v. 26.6.2012 – 9300/07, NJW 2013, 3629 – Hermann/Deutschland). In dieser Entscheidung stellte die Große Kammer fest, dass die ethischen Überzeugungen von Grundstückseigentümern, die die Jagd zutiefst ablehnen, im BJagdG aF nicht ausreichend berücksichtigt würden. Den

Grundstückseigentümern würde eine unverhältnismäßige Belastung auferlegt, die letztendlich auch durch die legitimen Ziele des Bundesjagdgesetzes nicht gerechtfertigt würden. Im Ergebnis stellte die Große Kammer in der letzten Instanz eine Verletzung der durch Art. 1 EMRK Zusatzprotokoll geschützten Eigentumsfreiheit fest und hob somit ein Kammerurteil des EGMR vom 20.1.2011 auf. In diesem Urteil wurde die Beschwerde des deutschen Beschwerdeführers als unzulässig (in Bezug auf gerügte Verletzungen der Art. 9 EMRK und Art. 11 EMRK für sich und iVm Art. 14 EMRK) bzw. als unbegründet (in Bezug auf Art. 1 EMRK Zusatzprotokoll für sich und iVm Art. 14 EMRK) zurückgewiesen.

Die Entscheidung des EGMR vom 26.6.2012 stellt den Schlusspunkt einer jahrelangen Debatte dar (ausführlich zum Meinungsstreit → 1. Aufl. 2010, § 9 Rn. 6f. mwN (Munte); Lorz/Metzger § 9 Rn. 6; Härtel HdB FA-AgrarR/Munte Kap. 24 Rn. 80ff.). **2**

Nach Art. 46 EMRK besteht die Verpflichtung der Mitgliedsstaaten, Entscheidungen des EGMR, die per se keine Verwerfungskompetenz aufweisen, umzusetzen. Demnach hatte der deutsche Gesetzgeber das Bundesjagdgesetz anzupassen. Die heftige, zum Teil berechtigte Kritik an dem Urteil des EGMR (vgl. Meyer-Ravenstein AUR 2013, 124) änderte nichts an der Umsetzungsverpflichtung durch die Bundesrepublik Deutschland. **3**

Zum juristischen Verständnis des § 6a und zur teleologischen Einordnung der Vorschrift ist es notwendig die wesentlichen Feststellungen der Entscheidung des EGMR vom 26.6.2012 kurz darzustellen. Der EGMR stuft die **Ziele des BJagdG,** die Erhaltung eines den landschaftlichen und landeskulturellen Verhältnissen angepassten artenreichen und gesunden Wildbestandes sowie die Vermeidung von Wildschäden, als **legitim und dem Allgemeininteresse dienend** ein. Die vom Beschwerdeführer geäußerte Kritik an der Systematik des BJagdG, insbesondere an dem Reviersystem und der Struktur der Jagdgenossenschaften als Ausdruck der Selbstverwaltung, teilt der EGMR nicht. Die Grundsäulen des Jagdrechts wurden daher ausdrücklich nicht in Frage gestellt. Im Ergebnis verglich der EGMR die deutsche mit den bereits von ihm entschiedenen Rechtslagen in Frankreich (EGMR Urt. v. 29.4.1999, NJW 1999, 3695 Rn. 83ff.) und Luxemburg (EGMR Urt. v. 10.7.2007 – 2113/04, NuR 2008, 489). Der EGMR kam dabei zum Ergebnis, dass die Unterschiede nicht so groß seien, dass eine Abweichung von der bisherigen Rspr. angezeigt sei (EGMR Urt. v. 10.7.2007 – 2113/04, NuR 2008, 489 Rn. 93). In den Entscheidungsgründen verweist die Große Kammer maßgeblich auf die bisherigen Urteile und begründet seinen Spruch nicht mit intensiver Auseinandersetzung der individuellen Argumentationen, so dass das Urteil als **Kohärenzentscheidung** einzustufen ist. **4**

Anknüpfungspunkt für den Gesetzgeber für die **Beseitigung der festgestellten Rechtsverletzung** war die Kernaussage des EGMR und zwar, dass die Verpflichtung, die Jagd auf ihren Grundstücken zu dulden, für die Eigentümer, die die Jagd aus ethischen Gründen ablehnen, eine unverhältnismäßige Belastung darstellt. **5**

Der Gesetzgeber hat sich entschieden Grundstückseigentümern, die die Jagd aus ethischen Gründen ablehnen, eine Möglichkeit zu eröffnen, ihre **Grundstücke befrieden zu lassen und** so der Jagdausübung zu entziehen. Die Regelung setzt die Kernvorgabe des EGMR eins zu eins um und geht nicht über das hinaus was erforderlich war, um einen völkerrechtskonformen Zustand herzustellen. Gleichzeitig ermöglicht der Gesetzgeber eine Konstanz **6** sowohl für das bewährte Reviersystem als auch das System der Jagdgenossenschaften und gewährleistet daher eine hohe Rechtssicherheit für die Rechtsanwender, Behörden und die Organe der Selbstverwaltung. Dem von vielen Jagdgegnern geforderten kompletten Umbruch des Reviersystems und der Mitgliedschaft in der Jagdgenossenschaft wurde eine klare Absage erteilt. Zu Recht wird der sanften Novellierung des BJagdG bescheinigt, dass sie eine ausbalancierte Regelung zu den Interessengegensätzen zwischen den die Jagd aus ethischen Gründen ablehnenden Grundeigentümern, den übrigen Grundeigentümern (Jagdgenossen), den Jagdausübungsberechtigten und den Allgemeinwohlbelangen darstellt (Schweizer jurisPR-AgrarR 1/2013 Anm. 1).

II. Überblick

7 Sowohl der Wortlaut als auch die Systematik des § 6a, der insgesamt zehn Absätze umfasst, ist für das BJagdG allein schon aufgrund des Umfangs unüblich. Zudem wird das ansonsten hohe Abstraktionsniveau des Gesetzes verlassen. Auf den ersten Blick kann dem Gesetzgeber daher mangelndes handwerkliches Geschick vorgeworfen werden, erinnert der Wortlaut der Vorschrift stellenweise an eine Verwaltungsvorschrift. Allerdings war nur so zu gewährleisten, dass die Ziele des BJagdG, die auf eine möglichst lückenlose Bejagung (→ § 8 Rn. 2) angewiesen sind, weiterhin effektiv verfolgt werden können. Gleichzeitig macht der Gesetzgeber deutlich, in der Befriedungsmöglichkeit aus ethischen Gründen nur eine absolute Ausnahme von der flächendeckenden Bejagung eröffnen und andere Gründe für eine Befriedung nicht zulassen zu wollen. Auf der anderen Seite ermöglicht die detaillierte Formulierung der Vorschrift eine relativ einfache Handhabung, wenn gleich nicht alle Folgeprobleme oder Rechtsfragen verhindert werden können. Für die Auslegung des § 6a ist zum einen die Gesetzesbegründung (BT-Drs. 17/12046) und zum anderen der Auslegungserlass des BMELV vom 30.4.2013, mit der eine Anfrage des Niedersächsischen Ministeriums für Ernährung, Landwirtschaft und Verbraucherschutz vom 13.3.2013 beantwortet wurde, hilfreich.

8 Das Gesetz zur Änderung jagdrechtlicher Vorschriften vom 29.5.2013 trat nach Art. 72 Abs. 3 S. 2 GG sechs Monate nach der Verkündung, mithin am 6.12.2013, in Kraft. Neben dem neu eingefügten § 6a wurde durch das Gesetz vom 29.5.2013 auch § 292 StGB (Jagdwilderei) modifiziert (→ § 23 Rn. 7a). Zu dem mit dem § 6a zusammenhängenden Problem der überjagenden Hunde → § 23 Rn. 7a.

9 Inhaltlich und systematisch knüpft der § 6a an § 6 an und erweitert den dort und in den entsprechenden Landesvorschriften vorgesehenen Katalog der Grundflächen, auf denen die Jagd ruht. Durch diese systematische Einordnung bleiben die von der Rspr. und von der Lit. entwickelten Rechtsgrundsätze unberührt, was die Rechtsanwendung erleichtert. Sofern eine Fläche nach § 6a befriedet wurde, greifen die bereits bestehenden Vorschriften des § 6 – jeweils ergänzt durch das einschlägige Landesrecht – ein, sofern § 6a nichts Abweichendes regelt. Inhaltlich betritt der § 6a insofern Neuland, als dass die bisherigen Befriedungsgründe stets sach- bzw. grundstücksbezogen waren und an objektiven Parametern zu bestimmen waren, während nun-

mehr ein subjektiver, personenbezogener Aspekt, nämlich die Ablehnung der Jagd aus ethischen Gründe, zu einer Befriedung führen kann.

§ 6a regelt sowohl die materiellen als auch formellen (verfahrensrechtlichen) Voraussetzungen für eine Befriedung aus ethischen Gründen. Das Antragsverfahren sowie die Grundvoraussetzungen, die zu einer Befriedung notwendig sind, werden in Abs. 1 geregelt. Die Abs. 2 und 3 regeln die inhaltliche Ausgestaltung der Befriedung (zeitlich und räumlicher Umfang). Die Rechtsfolgen eines Eigentümerwechsels der befriedeten Flächen sowie die Möglichkeiten eines Widerrufs werden in Abs. 4 geregelt. Abs. 5 ermöglicht der Behörde bei Vorliegen bestimmter Voraussetzungen trotz der Befriedung eine beschränkte Jagdausübung anzuordnen. Während in Abs. 6 die Beteiligungsmöglichkeit des Grundstückseigentümers an Wildschäden vorgesehen ist, stellt Abs. 7 klar, dass der Grundeigentümer selbst keinen Anspruch auf Wildschadensersatz hat. In Abs. 8 wird die Frage geregelt, inwieweit die Wildfolge für befriedet erklärte Flächen anwendbar ist, anknüpfend daran beschäftigt sich Abs. 9 mit der Aneignungsbefugnis. Abs. 10 regelt den Sonderfall, dass die Vorschriften des § 6a Abs. 1–9 für Grundstücke, die an einem Eigenjagdbezirk angegliedert sind, entsprechend anwendbar sind. **10**

III. Voraussetzungen der Befriedung

Vereinzelt wird die Zielrichtung des § 6a so interpretiert, dass diese Vorschrift ein Verlassen der Jagdgenossenschaft aus ethischen Gründen ermögliche (Düsing/Martinez/Gies/v. Bardeleben, 2. Aufl. 2022, Rn. 1). Dies ist jedoch falsch. Zwar stellt der Verlust der Mitgliedschaft in der Jagdgenossenschaft eine Nebenfolge der Befriedung nach § 6a dar. Das System der Selbstverwaltung durch die Jagdgenossenschaft und die Pflichtmitgliedschaft nach § 9 Abs. 1 in dieser für alle Grundeigentümer, deren Flächen zu einem gemeinschaftlichen Jagdbezirk bilden, bleibt hingegen unverändert. Es wird vielmehr eine zu § 6 ergänzende Möglichkeit statuiert, eine bestimmte Grundfläche zu einem befriedeten Bezirk erklären zu lassen. Im Falle einer Befriedigung ist der betroffene Grundeigentümer zwar ipso iure kein Jagdgenosse mehr, die Zielrichtung des Antrags nach § 6a zielt aber nicht primär auf den Austritt aus der Jagdgenossenschaft, sondern auf Befriedung des Grundstücks, um den ethischen Gründen des betroffenen Grundeigentümers gerecht zu werden. Die Unterscheidung der Zielrichtung ist sowohl bei der rechtlichen Bewertung eines Antrags als auch für die weiteren Rechtsfolgen der Befriedung von entscheidender Bedeutung. **11**

Beispielsweise werden die nach § 6a befriedeten Flächen bei der Berechnung der **Mindestgröße** eines gemeinschaftlichen Jagdbezirks genauso mitgezählt, wie die befriedeten Bezirke nach § 6 grundsätzlich mitgezählt werden (→ § 8 Rn. 13; zu den Ausnahmen nach Landesrecht → § 8 Rn. 15). Würde der Grundeigentümer aus der Jagdgenossenschaft austreten und somit bei verständiger Würdigung seines Begehrens sein Grundstück dem Reviersystem entziehen, wäre zumindest zu diskutieren, welche Auswirkungen dies auf die bestehende Revierstrukturen haben könnte. Außerdem setzt § 6a nur den Schutz des Eigentums, der nach Ansicht des EGMR durch das Gewissen aufgeladen wird (kritisch Munte NuR 2009, 536; Lorz/Metzger § 9 Rn. 6 mwN), um und soll den durch den EGMR nicht beanstandeten Eingriff in die negative Vereinigungsfreiheit nicht tangieren. **12**

1. Antragsverfahren

13 Das Befriedungsverfahren nach § 6a setzt einen Antrag des Grundeigentümers voraus.

14 a) **Rechtsnatur des begehrten Verwaltungsakts.** Zielrichtung des Antrags ist der Erlass eines feststellenden Verwaltungsaktes mit dem Inhalt, das die Befriedung der Grundfläche de lege lata festgestellt wird. Teilweise wird die Ansicht vertreten, der Antrag nach § 6a ziele auf einen rechtsgestaltenden Verwaltungsakt (Meyer-Ravenstein Vortrag zur 21. Fortbildungsveranstaltung Jagdrecht des DJRT, Tagungsband der 21. Fortbildungsveranstaltung Jagdrecht, 21) ab. Jedoch ist die Einstufung der behördlichen Entscheidung als **feststellenden Verwaltungsakt** genauer, ist für einen solchen doch kennzeichnend, dass er sich mit seinem verfügenden Teil darauf beschränkt, das Ergebnis eines behördlichen Subsumtionsvorgangs verbindlich festzuschreiben (BVerwG Urt. v. 20.11.2003 – 3 C 29/02, NVwZ 2004, 349). Außerdem wird durch den feststellenden Verwaltungsakt die materielle Rechtslage in Bezug auf einen Einzelfall verbindlich festgestellt, ohne dass ihre Änderung beabsichtigt ist (Anm. Gatz zu BVerwG Urt. v. 5.11.2009 – 4 C 3/09, NVwZ 2010, 133 = BVerwG 3/2010 Anm. 6). Die Entscheidung über einen Antrag nach § 6a erfüllt diese Voraussetzung, die materielle Rechtslage wird festgestellt, der Verwaltungsakt stellt die ethischen Gründe nicht erst her (im Ergebnis so auch Seibert, Tagungsband der 21. Fortbildungsveranstaltung DJRT 2014, 13). Die Rechtsfolge hingegen, die eigentliche Befriedung, wird durch den Verwaltungsakt angeordnet, in dem die betroffene Grundfläche für befriedet erklärt wird.

15 b) **Form.** Der Antrag ist die formale Voraussetzung für die Befriedung. Nach Abs. 1 S. 4 ist der Antrag **schriftlich** oder **zur Niederschrift** bei der zuständigen Behörde zu stellen. Für das Formerfordernis gelten die allgemeinen Grundsätze, es ist eine eigenhändige Namensunterschrift des Antragstellers (zum Widerspruch OVG Lüneburg Beschl. v. 10.4.2014 – 4 PA 320/13, BeckRS 2014, 50056) bzw. seines gesetzlichen Vertreters oder Verfahrensbevollmächtigten notwendig. Eine Telekopie oder Telefax ist ausreichend, wenn in der Kopie die eigenhändige Unterschrift eines Originals wiedergegeben ist. Ein Antrag per Email wahrt das Formerfordernis nur, wenn die zusätzlichen Voraussetzungen nach § 3a Abs. 2 VwVfG erfüllt sind.

16 Zur Niederschrift bedeutet, dass der Antragsteller bei der Behörde vorspricht, die den Antrag sodann (schriftlich) aufzunehmen hat.

17 c) **Zuständigkeit.** Die Zuständigkeit der Behörde richtet sich ausschließlich nach der **Lage des Grundstücks** (§ 3 Abs. 1 Nr. 1 VwVfG), nicht etwa nach dem Wohnsitz des Antragstellers. Nur so kann gewährleistet werden, dass der Antrag sachgerecht bearbeitet und die Anhörung der weiteren Beteiligten vor Ort (Abs. 1 S. 5) durchgeführt werden kann. Aus § 3 Abs. 1 Nr. 1 VwVfG folgt zudem, dass sich ein Antrag nur dann auf mehrere Grundflächen beziehen kann, wenn eine einheitliche Zuständigkeit gegeben ist.

18 Welche Behörde des Landkreises oder der kreisfreien Stadt sachlich zuständig ist, richtet sich nach dem Landesrecht, ist zurzeit jedoch ausnahmslos die untere Jagdbehörde. Nicht zuständig für einen Antrag nach § 6a ist die Jagdgenossenschaft oder gar der Jagdpächter.

19 Liegen **Grundflächen in verschiedenen Jagdbezirken,** ist formal für jeden Jagdbezirk ein eigenständiges Verfahren einzuleiten, da durch die notwendige Anhörung nach Abs. 1 S. 5 verschiedene Rechtsträger zu beteiligen sind. Liegen die Grundstücke in verschiedenen Landkreisen oder gar verschiedenen Bundesländern, ist das Verfahren jeweils von der zuständigen Behörde zu betreiben. Haben Behörden Kenntnis von anderen Anträgen nach § 6a, sollte eine verwaltungsinterne Abstimmung bzw. Koordinierung erfolgen, um eine einheitliche Entscheidung über die ethischen Gründe zu gewährleisten. Die Frage, ob Tatsachen die Annahme rechtfertigen, eine Befriedung nach § 6a Abs. 1 S. 2 Nr. 1–5 zu versagen, muss jedoch nicht zwangsläufig einheitlich erfolgen, da hierfür die individuellen örtlichen Gegebenheiten ausschlaggebend sind. Lediglich die subjektiv geprägten ethischen Gründe des Antragstellers sind nicht unterschiedlich zu beurteilen, sondern einheitlich festzustellen.

20 Liegt eine Grundfläche in mehreren Jagdbezirken oder in mehreren Bundesländern, bestimmt sich die Zuständigkeit nach den allgemeinen Grundsätzen (→ § 21 Rn. 17).

21 **d) Voraussetzungen der Befriedung.** Die **Antragsbefugnis** ergibt sich aus der Eigentümerstellung und wird in der Regel durch einen aktuellen Grundbuchauszug und im Fall eines gesetzlichen Erwerbs durch Vorlage eines Erbscheins nachgewiesen (→ § 9 Rn. 26), sofern noch keine Grundbuchberichtigung (§ 82 GBO) erfolgt ist. Von dem Anwendungsbereich des § 6a werden nur Grundstücke erfasst, die zu einem gemeinschaftlichen Jagdbezirk gehören und im Eigentum einer natürlichen Person stehen. Ob der Antragsteller wirklich Eigentümer ist, ist im Rahmen der **Amtsermittlung** zu prüfen. Die Eigentümerstellung muss zum Zeitpunkt der jeweiligen Entscheidung bestehen. Eine Befriedung kann grundsätzlich auch für Gesamthandseigentum (zB Erbengemeinschaft) erfolgen, jedoch müssen dann sämtliche Eigentümer das Vorliegen von ethischen Gründen glaubhaft machen (OVG Lüneburg Beschl. v. 22.12.2016 – 4 LA 83/16, BeckRS 2016, 129684, eine hiergegen erhobene Verfassungsbeschwerde hat das BVerfG ohne Begründung nicht zur Entscheidung angenommen (BVerfG Beschl. v. 6.3.2017 – 1 BvR 161/17, BeckRS 2017, 149745), die von dem Antragsteller daraufhin beim EGMR erhobene Beschwerde vom 24.8.2017 (EGMR Entsch. v. 24.8.2017 – 63258/17, BeckRS 2018, 62518) hat dieser im Laufe des Verfahrens zurückgenommen).

21a Nach dem eindeutigen Wortlaut des § 6a Abs. 1 S. 1 steht der Anspruch Grundflächen, die zu einem gemeinschaftlichen Jagdbezirk gehören, zu befriedeten Bezirken zu erklären, nur dem Grundeigentümer zu. Von daher kann nur derjenige die jagdrechtliche Befriedung verlangen, der selbst Eigentümer oder Miteigentümer von im Jagdbezirk der Beigeladenen gelegenen Flurstücken ist. Ein „Antrag zugunsten Dritter", zB des Ehegatten, der Eigentümer ist, wäre unzulässig. Für den Fall eines gerichtlichen Verfahrens wäre die Klagebefugnis nach § 42 Abs. 2 VwGO nicht gegeben, wenn begehrt würde, auch die Grundstücke, die im Alleineigentum ihres Ehepartners stehen, für jagdrechtlich befriedet zu erklären (VG Koblenz Urt. v. 19.4.2021 – 1 K 251/20, BeckRS 2021, 9640).

22 **aa) Flächencharakter.** Die Zughörigkeit der Flächen zu einem gemeinschaftlichen Jagdbezirk ergibt sich entweder kraft Gesetzes aus § 8 Abs. 1 oder im Ausnahmefall aus einem Angliederungsvertrag oder behördlicher

Verfügung nach § 5 Abs. 1. Der Gesetzgeber hat ausdrücklich keine Größenbeschränkung vorgesehen, allerdings darf die zusammenhängende Grundfläche eines Antragstellers nicht die Voraussetzungen eines Eigenjagdbezirks erfüllen. Da der Wortlaut des § 6a nur auf den gemeinschaftlichen Jagdbezirk abstellt, ist im Umkehrschluss zu ermitteln, welche Grundstücke von der Anwendung des § 6a ausgenommen sind. Die Befriedungsmöglichkeit erstreckt sich mithin **nicht auf Eigenjagdbezirke,** wobei mangels gesetzgeberischer Konkretisierung auf das Landesrecht abzustellen ist. Daher lässt sich die Flächenobergrenze nicht stringent mit 75 ha zusammenhängender Fläche (§ 7 Abs. 1) beschreiben; sofern ein Bundesland höhere Grenzwerte festgelegt hat (→ § 7 Rn. 11), sind diese im Antragsverfahren zu berücksichtigen.

23 Die Flächengröße kann jedoch trotz mangelnder ausdrücklicher Anordnung Auswirkungen auf das Verfahren haben. Denn je größer eine Fläche, desto mehr Einfluss hat diese auf die vom Gesetzgeber in Abs. 1 genannten Belange und die Allgemeininteressen, die einer Befriedung entgegenstehen können. Gleiches gilt im Übrigen für den Bewuchs, die Nutzung des Grundstücks sowie die Lage (→ Rn. 60).

23a Einem Antrag nach § 6a steht nicht per se entgegen, dass die betroffene Grundfläche bereits aus anderen Gründen befriedet ist und die Jagd dort ruht. Eine Befriedung aus ethischen Gründen entfaltet regelmäßig erst mit auslaufendem Jagdpachtvertrag Wirkung (VG Lüneburg Urt. v. 23.1.2017 – 5 A 227/16, BeckRS 2017, 101177). Daher ist eine (zusätzliche) Befriedung nach § 6a für den Antragsteller rechtlich vorteilhafter, denn es ist nicht auszuschließen, dass die anderen, objektiven Befriedungsgründe wegfallen und die Jagd auf der Fläche nicht mehr ruhen würde.

24 Die notwendige Zugehörigkeit der Fläche zu einem gemeinschaftlichen Jagdbezirk kann nicht durch einen **Verzicht auf die Eigenständigkeit** eines Eigenjagdbezirks umgangen werden. Denn dieser geht durch den Verzicht, soweit die Landesjagdgesetzes diesen zulassen, nicht unter (→ § 7 Rn. 4). Im Übrigen eröffnet selbst ein großzügiges Verständnis der Entscheidung des EGMR vom 26.6.2012 inklusive der Vorgängerentscheidungen in Bezug auf Frankreich und Luxemburg nicht die Möglichkeit, die Jagd in Eigenjagdbezirken einzustellen oder zu untersagen. In sämtlichen Verfahren waren die Beschwerdeführer Eigentümer von Kleingrundstücken. Der EGMR stellte ausdrücklich fest, es erweise sich als unverhältnismäßige, nicht gerechtfertigte Belastung „eine Kleingrundbesitzerin zu zwingen, ihr Jagdrecht auf ihrem Grundstück einzubringen, damit Dritte einen ihren Überzeugungen vollkommen entgegenstehenden Gebrauch davon machen" (EGMR Urt. v. 10.7.2007 – 2113/04, NuR 2008, 489 Rn. 51). Den gleichen Wortlaut („kleine Eigentümer") wählte der EGMR in der Entscheidung vom 29.4.1999 (EGMR Urt. v. 29.4.1999 – 25088/94, 28331/95, 28443/95, NJW 1999, 3695 Rn. 85). Nicht zuletzt aufgrund der dargelegten Kohärenz (→ Rn. 4) gelten diese Rechtsausführungen auch für die deutsche Rechtslage. Die Begründung zum Gesetz ist diesbezüglich eindeutig: „Eigenjagdbezirke sind … nicht von der Möglichkeit einer Befriedung erfasst. Hier ist die Eröffnung einer Befriedungsmöglichkeit weder erforderlich noch wäre sie zweckmäßig" (BT-Drs. 17/12046).

25 Dieses Verständnis ist auch konsequent, da der Eigenjagdinhaber nicht den Inhalts- und Schrankenbestimmungen unterliegt, die für den Eigentümer kleiner Grundflächen, die einem gemeinschaftlichen Jagdbezirk angehören,

Anwendung finden und die der EGMR zur Begründung seiner Entscheidung vom 26.2.2012 herangezogen hat. Er ist ebenso wenig kraft Gesetzes Mitglied in einer Jagdgenossenschaft, sondern würde diesen Umstand durch den Verzicht auf die Selbständigkeit des Eigenjagdbezirks provozieren. Zudem würde erst der Verzicht auf die Eigenständigkeit den Gewissenskonflikt auslösen auf den sich die Grundeigentümer berufen können, nämlich dulden zu müssen, dass Dritte die Jagd auf seinem Grundstück ausüben. Schließlich ist nur der Eigentümer des Eigenjagdbezirks befugt darüber zu bestimmen, wie die Jagd auf seinem Eigentum ausgeübt wird. Diese freie Entscheidungsbefugnis würde der Eigentümer durch den Verzicht aufgeben, was im Ergebnis aber nicht dazu führt, Dritten die Jagd durch die Befriedung verbieten zu können, nachdem auf die Eigenständigkeit verzichtet wurde.

bb) Natürliche Person. Die Grundflächen müssen im Eigentum einer natürlichen Person stehen. Soweit der Gesetzgeber eine Singularformulierung wählt, ist dies technisch bedingt und schließt die Befriedungsmöglichkeit für mehrere Miteigentümer nicht aus. Steht ein Grundstück im Miteigentum mehrerer Personen, muss zum einen der Antrag auf Befriedung von jedem Berechtigten gestellt werden und zum anderen muss jeder Antragsteller die persönlichen Voraussetzungen erfüllen (VG München Urt. v. 13.12.2021 – M 7 K 16.3353, BeckRS 2021, 46328). Ein ordnungsgemäßes Verwaltungsverfahren setzt demnach voraus bei mehreren Eigentümern (Miteigentum, Erbengemeinschaften) das Vorliegen der ethischen Gründe bei jedem der Miteigentümer zu prüfen. Gelingt es nicht allen Miteigentümern die ethischen Gründe darzulegen und glaubhaft zu machen, ist der Antrag vollständig abzulehnen (VG Schleswig Urt. v. 17.12.2019 – 7 A 222/17, BeckRS 2019, 35950). 26

Dies gilt sowohl für Gesamthandseigentum (Erbengemeinschaft, Gütergemeinschaft) als auch für Bruchteilseigentum. Ein Antrag der nicht von allen Berechtigten gestellt wird, kann nie begründet sein, da mit der Befriedung Rechtsnachteile für den Eigentümer verbunden sind, sei es durch den Verlust auf den Wildschadensersatzanspruch und den anteiligen Reinertrag. Es ist aber möglich, dass mehrere Miteigentümer einen von ihnen zur Geschäftsführung berufen und diesen bevollmächtigen im Namen aller Miteigentümer den Antrag nach § 6a zu stellen. Es bedarf einer ausdrücklichen Vollmacht, die ebenfalls der Form des § 6a bedarf, um das Schriftlichkeitserfordernis nicht unterlaufen zu können. Die jagdliche Befriedung kann allerdings nur insoweit verlangt werden, soweit der Antragsteller selbst Eigentümer oder Miteigentümer der betroffenen Grundstücke ist (VG Koblenz Urt. v. 19.4.2021 – 1 K 251/20, BeckRS 2021, 9640). 26a

Grundflächen die im Eigentum **juristischer Personen** stehen, können nicht befriedet werden. Der Wortlaut erwähnt ausdrücklich nur natürliche Personen. Neben dem Wortlaut spricht auch der Sinn und Zweck und die Entstehungsgeschichte gegen ein anderes Verständnis. Somit können sowohl öffentlich-rechtliche juristische Personen (Jagdgenossenschaft, Kommunen, Kirchen etc) als auch privatrechtliche juristische Personen (Stiftungen, Kapital- und Personengesellschaften, Vereine) ihre Grundstücke nicht nach § 6a befrieden lassen. Gleiches gilt für Naturschutz- oder Tierschutzverbände. Den juristischen Personen ist gemein, dass diese per se nicht über die in einer natürlichen Person liegenden „ethischen Gründe“ verfügen können. Dem Ergebnis, juristischen Personen die Ausnahme nach § 6a zu versagen, steht 27 die Entscheidung des BVerwG v. 11.11.2021 – 3 C 16/20, NVwZ 2022, 985 nicht entgegen. Auch wenn § 6a Abs. 1 S. 1 nach dieser Entscheidung nicht verlangt, dass der Grundeigentümer „gegen sein Gewissen" gezwungen wird, die Jagd auf seinen Grundstücken zu dulden, können die erforderlichen „ethischen Gründe", die Ausfluss einer Gewissensentscheidung sind, im Ergebnis nur natürlichen Personen zustehen. Entscheidender Anknüpfungspunkt für das Ergebnis des EGMR – die Verpflichtung, die Jagd auf ihren Grundstücken dulden zu müssen, als unverhältnismäßige Belastung einzustufen – war die Tatsache, dass der Beschwerdeführer die Jagd aus ethischen Gründen ablehnte. Am 2.5.2018 hat das BVerfG durch jeweiligen Beschluss mehrere gleichgerichtete Verfassungsbeschwerden von juristischen Personen, die eine Befriedung für ihre Grundstücke begehrten, nicht zur Entscheidung angenommen (BVerfG Beschl. v. 2.5.2018 – 1 BvR 3251/14, BeckRS 2018, 10293) und die Beschwerdeführer auf die Erschöpfung des Rechtsweges (§ 90 Abs. 2 BVerfGG) verwiesen. Die Beschwerdeführer könnten durchaus einen Antrag auf Befriedung nach § 6a stellen und nach Erschöpfung des Rechtswegs Verfassungsbeschwerde erheben und so die Beschränkung des Antragsrechts nach § 6a auf natürliche Personen mittelbar angreifen. Dem stehe nicht entgegen, dass der Wortlaut der Vorschrift kein Antragsrecht für juristische Personen besteht (BVerfG Beschl. v. 8.12.2015 – 1 BvR 2120/10, 1 BvR 2146/10, BeckRS 2016, 40835).

28 Die Ablehnungshaltung aufgrund ethischer Überzeugung ist aber **höchstpersönlicher Natur** und kann daher ebenso wenig von juristischen Personen gebildet werden wie diese Träger der Menschenwürde sein können (vgl. VG Würzburg Urt. v. 29.1.2015 – W 5 K 14.504, BeckRS 2015, 43378; Urt. v. 29.1.2015 – W 5 K 14.505, BeckRS 2015, 43379). Dies gilt selbst für den Fall, wenn sämtliche Mitglieder der juristischen Person für sich genommen die Voraussetzungen der ethischen Gründe erfüllen. Eine Einbeziehung der juristischen Person in den Schutzbereich des Grundrechts ist gerade nicht gerechtfertigt, da ein Durchgriff auf die hinter der juristischen Peron stehenden Menschen nicht erforderlich (vgl. BVerfG Beschl. v. 2.5.1967 – 1 BvR 578/63, BVerfGE 21, 362 = NJW 1967, 1411) ist, da diese gerade für sich die ethischen Gründe reklamieren können.

29 Dies folgt aus Art. 19 Abs. 3 GG, nachdem inländischen juristischen Personen die Grundrechtsberechtigung zugesprochen wird, wenn die Grundrechte ihrem Wesen nach auf die juristische Person anwendbar sind. Diese **wesensmäßige Anwendbarkeit** scheidet bereits dann aus, wenn das Grundrecht – hier die ethischen Gründe – an natürliche Qualitäten anknüpft. Insbesondere Art. 4 Abs. 1 GG bezieht sich ausschließlich auf den Menschen (Tonikidis Jura 2012, 517). Die ethischen Gründe, auf die sowohl das Urteil des EGMR als auch der § 6a basieren, sind sogar derart höchstpersönlich, dass selbst das Erfordernis des personalen Substrats nicht erfüllt ist und daher die für eine Anwendung eines Grundrechts für eine juristische Person denkbare grundrechtstypische Gefährdungslage bereits ansatzweise nicht bejaht werden kann.

30 **cc) Ethische Gründe.** Ein Antrag auf Befriedung nach § 6a setzt voraus, dass der Antragsteller die Jagd aus ethischen Gründen ablehnt. Nach dem Verständnis der Entscheidung des EGMR vom 26.6.2012 muss die Motivation für die beabsichtigte Befriedung im Menschen selbst liegen, was erfordert, dass der Antragsteller die Jagdausübung an sich aus tiefgreifenden Gewissenskonflikten ablehnt. Steht das Grundstück im Eigentum mehrerer Personen, muss jeder der Eigentümer die ethischen Gründe glaubhaft machen (OVG Lüneburg Beschl. v. 22.12.2016 – 4 LA 83/16, BeckRS 2016, 129684 = JE II Nr. 193).

Lange Zeit war forderte die Rspr. sowie die Lit., dass das Vorliegen der „ethischen Gründe" wie eine Gewissensentscheidung zu prüfen sind. So wurden Maßstäbe an die ethische Ablehnung der Jagd gelegt, die sich an der Glaubhaftigkeit eines Gewissenskonflikts orientierten, im Sinne einer Entscheidung nach „Gut" und „Böse" (OVG Hamburg Urt. v. 12.4.2018 5 Bf 51/16, BeckRS 2018, 9453; VG Lüneburg Urt. v. 8.3.2017 – 5 A 231/16, BeckRS 2017, 107044 = JE II Nr. 191). Diese so gebildete Wertung muss für den Handelnden eine innerliche Bindung entfalten (OVG Münster Urt. v. 28.6.2018 – 16 A 138/16, BeckRS 2018, 19892; VG Lüneburg Urt. v. 23.1.2017 – 5 A 227/16, BeckRS 2017, 101177; VG Minden Urt. v. 3.5.2016 – 8 K 1480/15, BeckRS 2016, 45979). Dieser, auch in der Vorauflage (→ 3. Aufl. 2019, § 6a Rn. 30 ff.) vertretenen Auffassung hat das BVerwG (BVerwG Urt. v. 11.11.2021 – 3 C 16/20, NVwZ 2022, 985) eine Absage erteilt: „§ 6a Abs. 1 Satz 1 BJagdG verlangt nicht, dass der Grundeigentümer „gegen sein Gewissen" (vgl. Art. 4 Abs. 3 GG) gezwungen wird, die Jagd auf seinen Grundstücken zu dulden, oder dass er die Jagdausübung „aus Gewissensgründen" (vgl. Art. 12a Abs. 2 S. 1 GG) ablehnt; **es genügen ethische Gründe.** Nach der Rspr. des BVerwG können ethische Überlegungen und Erwägungen Anlass und Anstoß zu einer Gewissensentscheidung sein; sie sind einer solchen Entscheidung aber nicht gleichzusetzen (…)." 30a

Nach dieser Rspr. des BVerwG liegen ethische Gründen iSv § 6a Abs. 1 S. 1 vor, wenn der Grundeigentümer die feste Überzeugung gewonnen hat, dass es aus grundsätzlichen Erwägungen nicht richtig ist, die Jagd auszuüben, also wildlebende Tiere, die dem Jagdrecht unterliegen, zu erlegen oder zu fangen (vgl. § 1 Abs. 1 und Abs. 4), und diese Überzeugung für ihn eine **gewisse Wichtigkeit** hat. Diese Überzeugung kann aus der persönlichen Wertung des Grundeigentümers erwachsen, die dieser dem ethischen Tierschutz zukommen lässt, beispielsweise sein Bestreben das Tier als Mitgeschöpf anzusehen, dessen Leben und Wohlbefinden zu schützen sind. Die Nutzung von Tieren im Rahmen der Jagd kann dieser Einstellung entgegenstehen. 30b

Unbegründet ist ein Antrag dann, wenn das Vorliegen von ethischen Gründen nur vorgetäuscht wird und die eigentliche Motivation für die Befriedung überlagern soll. Die ethischen Gründe dürfen nicht lediglich „Mittel zum Zweck" sein. Wenn zum Beispiel ein unterliegender Pachtbewerber nach der Verpachtung sein Gewissen entdeckt oder ein Jagdgenosse, der sich im Streit mit der Genossenschaft befindet, sich plötzlich auf ethische Gründe beruft, kann der tiefgreifende Gewissenskonflikt wenn überhaupt nur sehr schwerlich glaubhaft gemacht werden. Die in Abs. 1 S. 5 vorgeschriebene Anhörung dient auch zur Aufklärung, ob ggf. andere Gründe ausschlaggebend für den Antrag auf Befriedung sein könnten. Überwiegt der Verdacht, die Befriedung diene einem ganz anderen Zweck, zB die Nutzung als Gartengrundstück, spricht dies gegen das Vorliegen ethischer Gründe (VG Augsburg Urt. v. 22.11.2022 – 8 K 20.2342, BeckRS 2022, 42122). Ein solcher Verdacht kann sich durch konkrete Anhaltspunkte erhärten, wenn es „Auseinandersetzungen bzw. Spannungen" um die Nutzung des Grundstücks als „Hausgarten" zwischen dem Kläger und dem Revierinhaber bzw. der 31

Jagdgenossenschaft gegeben hat (VG Augsburg Urt. v. 22.11.2022 – 8 K 20.2342, BeckRS 2022, 42122). Auch aktenkundige Auseinandersetzungen oder „persönlicher Ärger" mit den Jagdpächtern kann gegen das tatsächliche Vorliegen der ethischen Gründe sprechen (VG Minden Urt. v. 12.9.2022 – 8 K 698/20, BeckRS 2022, 24790).

32 Der Gesetzgeber definiert den Begriff der ethischen Gründe nicht, so dass dieser **unbestimmte Rechtsbegriff** der Ausgestaltung bedarf. Die ethischen Gründe, die Jagd abzulehnen, ist Ausdruck einer persönlichen Überzeugung und Gewissensentscheidung (vgl. BT-Drs. 17/12046). Es ist schwierig eine solche persönliche Überzeugung rechtlich zu überprüfen. Der früher gezogene Vergleich zu der Entscheidung des BVerwG vom 3.2.1998 zur Gewissensfindung eines Kriegsdienstverweigerers (BVerwG Urt. v. 3.2.1998 – 6 C 3/86, NVwZ 1989, 60) ist in Bezug auf die ethischen Gründe nicht mehr haltbar, die Entscheidung des Antragstellers muss nicht die Tiefe, die Ernsthaftigkeit und die absolute Verbindlichkeit einer wirklichen Gewissensentscheidung aufweisen (vgl. zur früheren Rspr. exemplarisch VG Lüneburg Beschl. v. 11.3.2013 – 6 B 5/13, BeckRS 2013, 205241).

33 Da die positive Definition der ethischen Gründe schwer fällt, wird in der Praxis zu prüfen sein, ob Anhaltspunkte dafür bestehen, dass eben keine wirkliche tiefgreifende Gewissensentscheidung vorliegt. Diese Systematik verfolgt auch der Gesetzgeber mit den **Negativregelbeispielen** in Abs. 1 S. 3. Danach liegen ethische Gründe nicht vor, wenn der Antragsteller entweder die Jagd selbst ausübt oder die Ausübung der Jagd auf einem (anderen) ihm gehörenden Grundstück duldet. Auch hier gilt, dass die ethischen Gründe, als Ausfluss einer persönlichen Wertungsentscheidung, nicht teilbar sind.

34 Das Tatbestandsmerkmal „dulden" ist objektiv zu verstehen. Es genügt schon, wenn der Jagdgegner Kenntnis von seinem Grundeigentum hat, welches zu einem gemeinschaftlichen Jagdbezirk hat. In diesem Fall wird das Jagdausübungsrecht genutzt (→ § 10 Rn. 1). Auf diese Nutzung stellt der Wortlaut ab, so dass die Jagd iSd § 6a nicht erst dann geduldet wird, wenn auf dem konkreten Grundstück Wild auch tatsächlich nachgestellt und erlegt wird. Dadurch werden auch Grundstücke vom Begriff der Duldung umfasst, die der tatsächlichen Jagdausübung nicht oder nur schwer zugänglich sind.

35 Es ist nicht notwendig, dass der Antragsteller die Jagd regelmäßig ausübt oder gar einen Jagdschein gelöst oder beantragt hat (Abs. 1 S. 3 Nr. 2). Auch die gelegentliche Jagdausübung, zum Beispiel im Ausland, spricht regelmäßig gegen das Vorliegen der ethischen Gründe. Die bloße Teilnahme an einem Ausbildungskurs und das Ablegen der Jägerprüfung, zum reinen Wissenserwerb, spricht jedoch nicht automatisch gegen die ethischen Gründe, dürfte aber die Glaubhaftmachung erschweren.

36 Aus dem Wortlaut („insbesondere") ergibt sich, dass die Regelbeispiele nicht abschließend aufgezählt werden, sondern auch andere Tatsachen und Anhaltspunkte geeignet sein können, das Vorliegen der ethischen Gründe auszuschließen. Hierzu gehört die Duldung der Jagdausübung auf anderen Grundstücken. Da die persönliche Wertungsentscheidung eines Grundeigentümers nicht teilbar ist, muss verlangt werden, dass der Jagdgegner für alle ihm gehörenden Grundstücke einen Antrag auf Befriedung stellt. Nur so wird der Missbrauch der Vorschrift ausgeschlossen, dass in Bezug auf ein bestimmtes Grundstück die ethischen Gründe vorgeschoben werden und die eigentliche Motivation überlagert. Etwas anderes kann nur gelten, wenn der Antragsteller objektiv nachvollziehbare Gründe vorträgt, warum ihm ein Antragsverfahren für eine bestimmte Grundfläche nicht zugemutet werden kann. Denkbar ist dies, wenn beispielsweise ein Miteigentümer nicht bereit ist, den Antrag zu unterstützen. Da ein Antrag von vorneherein unbegründet ist, wenn nicht alle Miteigentümer die Befriedung beantragen, kann das Miteigentum des Jagdgegners keine Ausstrahlungswirkung auf die anderen Grundflächen und das dortige Antragsverfahren entfalten.

Für die Beurteilung, ob ethische Gründe vorliegen, ist Ausgangspunkt stets die Erklärung des Antragstellers. Dieser muss Gründe darlegen, aus denen sich einerseits die ethischen Gründe ergeben und andererseits, dass diese Überzeugung für den Antragsteller eine gewisse Wichtigkeit hat. 37

Es ist zu verlangen, dass derjenige, der eine unverhältnismäßige Belastung geltend macht, objektive Umstände nachweist, die das Vorliegen einer ernsthaften und echten wertenden Überzeugung nachvollziehbar machen, so dass zumindest die überwiegende Wahrscheinlichkeit für das Vorhandensein ethischer Motive spricht (VG Lüneburg Beschl. v. 11.3.2013 – 6 B 5/13, BeckRS 2013, 205241; bestätigt durch OVG Lüneburg Beschl. v. 20.4.2013 – 4 ME 53/13, nv). Das VG Koblenz argumentiert ähnlich und stellte auf objektive Umstände ab, die die Motivation des Antragstellers nachvollziehbar machen (VG Koblenz Beschl. v. 17.4.2013 – 6 L 172/13, BeckRS 2013, 50396). Gelingt es einem Antragsteller nicht, seine Motivation für den Befriedungsantrag zu erläutern und darzulegen, ist der Antrag abzulehnen. Dies gilt erst recht, wenn der Antragsteller immer weitere Gründe nachschiebt und das Gericht davon ausgeht, dass diese nicht authentisch sind, sondern aus verfahrenstaktischen Gründen vorgetragen wurden (VG Schleswig Urt. v. 17.12.2019 – 7 A 222/17, BeckRS 2019, 35950). 38

Ein geeigneter objektiver Ansatz, der die ethischen Gründe nachvollziehbar macht, kann beispielsweise die Lebenseinstellung des Antragstellers sein. Verzichtet dieser beispielsweise grundsätzlich auf Produkte tierischen Ursprungs (Veganer) und engagiert sich seit langer Zeit in Tierrechtsvereinen, liegt die Ablehnung der Jagd nahe und ist nachvollziehbar. Auch eine pauschale Aussage, der Grundeigentümer wehre sich schon lange gegen die Jagd auf seinem Grundstück, ist nicht ausreichend (VG Augsburg Urt. v. 22.11.2022 – 8 K 20.2342, BeckRS 2022, 42122). 39

Keine Gewissensentscheidung ist anzunehmen, wenn die Jagd nur aus politischen Erwägungen über die Sinnhaftigkeit der Jagd oder anderen allgemeinen Erwägungen abgelehnt wird (VG Lüneburg Urt. v. 11.2.2016 – 6 A 275/15, BeckRS 2016, 42286 = JE II Nr. 183; ähnlich zum Kriegsdienstverweigerer VG Dresden Urt. v. 2.4.2003 – 14 K 2479/02 Rn. 18). 40

Die Abgrenzung, ob die Überzeugung eines Jagdgegners die Schwelle zur „gewissen Wichtigkeit" im Sinne der Rspr. des BVerwG (Urt. v. 11.11.2021 – 3 C 16/20, NVwZ 2022, 985) überschreitet oder nicht, dürfte in der Praxis dann schwer werden, wenn der Antragsteller lediglich **Argumente des Tier-, Arten- und Naturschutzes** vorbringt. Denn die weidgerechte Jagdausübung stellt einen vernünftigen Grund iSd TierSchG (§ 1 S. 2 TierSchG, § 4 Abs. 1 S. 2 TierSchG) dar. Einige jagdrechtliche Vorschriften sind sogar explizit Ausdruck des Tierschutzes (→ § 22a Rn. 1) und der Begriff der Weidgerechtigkeit diente bereits dem Tierschutzgedanken, als das Tierschutzgesetz in seiner ethischen Fassung noch gar nicht kodifiziert war (→ § 1 Rn. 27 ff.). Gleiches gilt für den Natur- und Artenschutz, die durch eine ordnungsgemäße Jagdausübung gefördert werden, sei es durch Förderung des 41

Landschaftsschutzes oder durch Bejagung von Beutegreifern, die insbesondere gefährdeten Bodenbrütern (Große Brachvogel, Bekassinen) hilft, die Art zu erhalten. Daher reicht ein Einsatz des Antragstellers im Tierschutz grundsätzlich nicht aus, um eine gewisse Wichtigkeit der Entscheidung zu dokumentieren, da Natur- bzw. Artenschutz und Jagd sich nicht widersprechen (VG Lüneburg Urt. v. 8.3.2017 – 5 A 231/16, BeckRS 2017, 107044 = JE II Nr. 191). So betont das BVerwG ausdrücklich, dass weder das Tierschutz- noch das Bundesjagdgesetz ein Verbot wildlebende Tierarten zu jagen vorsieht (vgl. BVerwG 15.4.2021 – 3 B 9/20, BeckRS 2021, 13966 Rn. 9, 12). Dies ist verfassungsrechtlich auch nicht geboten, denn der ethisch begründete Tierschutz kann nicht bereits kraft seiner ethischen Fundierung Vorrang vor anderen rechtlich geschützten Interessen beanspruchen (vgl. BVerwG Urt. v. 13.6.2019 – 3 C 28/16, NVwZ 2019, 1617 Rn. 20).

42 Neben den Negativregelbeispielen in Abs. 1 S. 3 kann der Lebenswandel oder auch der Beruf des Antragsstellers gegen das Vorliegen der ethischen Gründe sprechen, jedenfalls die Glaubhaftmachung dieser erheblich erschweren. Ein Metzger, der regelmäßig Tiere schlachtet wird es schwer haben, ethische Gründe gegen das Erlegen von Wildtieren im Rahmen der Jagd vorzubringen. Gleiches dürfte für Menschen gelten, die beruflich oder in ihrer Freizeit jagdähnliche Tätigkeiten ausüben, wie zum Beispiel Fischen oder Schießen. Auch eine jahrelange frühere Jagdausübung durch den Antragsteller erhöht die Messlatte für die Darlegung der ethischen Gründe und deren Ernsthaftigkeit. In einem solchen Fall bedarf der plausiblen Darlegung des Sinneswandel einschließlich der Tatsachen, die den Sinneswandel ausgelöst haben sollen (VG Minden Urt. v. 12.9.2022 – 8 K 698/20, BeckRS 2022, 24790).

43 **dd) Glaubhaftmachung.** Der Antragsteller muss das Vorliegen der ethischen Gründe glaubhaft machen. Die Glaubhaftmachung ist ein prozessualer Begriff (§ 294 ZPO) und erleichtert die Beweisführung. Das BVerwG (Urt. v. 11.11.2021 – 3 C 16/20, NVwZ 2022, 985) führt hierzu aus: „Aus der Glaubhaftmachung ergeben sich Anforderungen an die Beweisführung; den materiell-rechtlichen Maßstab der „ethischen Gründe" verändern diese Anforderungen nicht. Es obliegt dem Grundeigentümer, seine Gründe für die Ablehnung der Jagdausübung darzulegen und entsprechende Beweismittel beizubringen. Da diese Gründe das Ergebnis eines inneren Vorgangs sind, kann die Behörde allein den entscheidungserheblichen Sachverhalt nicht ermitteln." Die Tatsache der ethischen Gründe ist demnach nicht durch einen Vollbeweis zu beweisen. An die Stelle des Vollbeweises tritt eine **Wahrscheinlichkeitsfeststellung** (BGH Beschl. v. 21.10.2010 – V ZB 210/09, NJW-RR 2011, 136; Zöller/Geimer/Greger ZPO § 294 Rn. 1). Die Glaubhaftmachung schließt keine Beweismittel aus, der Antragsteller kann also auf alle Beweismittel zurückgreifen, die seine ethischen Gründe belegen können, beispielweise Bescheinigungen (Mitgliednachweis in Tierrechtsorganisationen), Urkunden oder Zeugenaussagen. In einer ersten Stufe muss der Grundeigentümer die von ihm geltend gemachten ethischen Gründe darstellen und herleiten. In einer zweiten Stufe obliegt dem Grundeigentümer die Glaubhaftmachung. Hierzu ist es notwendig, dass äußerlich nachvollziehbar wird, dass der Grundeigentümer innerlich die Ablehnung der Jagd für sich bindend und unbedingt verpflichtend erfährt (OVG Hamburg Urt. v. 12.4.2018 – 5 Bf 51/16, BeckRS 2018, 9453). Allerdings ist es nicht er-

forderlich, dass dargelegt oder glaubhaft gemacht wird, dass die Ausübung der Jagd den Antragsteller in eine Gewissensnot bringt. Einer **Gewissensprüfung** ist der Grundeigentümer nicht zu unterziehen. Den bisher vorliegenden Entscheidungen ist zu entnehmen, dass der persönlichen Anhörung der Grundstückseigentümer viel Raum und Gewichtung zukommt.

Die Glaubhaftmachung kann nach der Gesetzesbegründung durch **eidesstattliche Versicherung** erfolgen (BT-Drs. 17/12046). Es ist aber streitig, ob die Abgabe einer Versicherung an Eides statt im Verwaltungsverfahren zulässig ist, da die allgemeine Zulassung nach § 294 ZPO im Verwaltungsrecht durch § 27 VwVfG eingeschränkt werde. Da § 6a keine Abnahme der Versicherung vorsehe, sei der Anwendungsbereich nach § 27 Abs. 1 VwVfG nicht geöffnet (Meyer-Ravenstein, Tagungsband der 21. Fortbildungsveranstaltung DJRT 2014, 30 f.). Demgegenüber verweist der Gesetzgeber auf den Wortlaut des § 6a, der die Glaubhaftmachung ausdrücklich vorsieht. In dieser ausdrücklichen Erwähnung liege zugleich die Ermächtigung zur Abnahme eidesstattlicher Versicherungen (Auslegungserlass des BMELV v. 30.4.2013), diese sei zudem ausdrücklich in der Begründung zum Gesetz erwähnt, so dass zumindest die teleologische Auslegung zur behördlichen Ermächtigung führe. 44

In der Tat wollte der Gesetzgeber durch die Glaubhaftmachung die Anwendung eidesstattlicher Versicherungen ermöglichen. Allerdings ist in § 6a nicht explizit geregelt, dass die Behörde die Versicherung auch verlangen darf. In der ausdrücklichen Erwähnung der Glaubhaftmachung ist zwar die Ermächtigung zu sehen, dass die Versicherung angenommen werden darf (Schönke/Schröder/Bosch/Schittenhelm StGB § 156 Rn. 17; LK-StGB/Ruß StGB § 156 Rn. 14), allerdings darf die Jagdbehörde die Versicherung nicht verlangen. Auch die Rspr. vertritt regelmäßig die Auffassung, dass eine eidesstattliche Versicherung nicht verlangt werden kann, um Gewissensgründe nach § 6a zu belegen (VG Lüneburg Urt. v. 8.3.2017 – 5 A 231/16, BeckRS 2017, 107044 = JE II Nr. 191). Wählt der Antragsteller aber eine eidesstattliche Versicherung als Mittel zur Glaubhaftmachung, und reicht eine entsprechende mit dem Antrag ein, darf diese verwendet werden (aA Meyer-Ravenstein, Tagungsband der 21. Fortbildungsveranstaltung DJRT 2014, 31). Dies muss zumindest dann gelten, wenn sich der Antragsteller in Beweisnot begeben würde und ihm andere Mittel zur Glaubhaftmachung fehlen. 45

Soweit die Gegenansicht darauf verweist, die in einer eidesstattlichen Versicherung dargelegte subjektive Behauptung der ethischen Gründe sei nicht objektiv widerlegbar, überzeugt dieses Argument nicht. Denn die eidesstattliche Versicherung kann sich zur Darlegung der ethischen Gründe nur auf Tatsachen und objektive Umstände beziehen, deren Vorliegen der Antragsteller glaubhaft macht. An diese objektiven Umstände anknüpfend ist dann zu prüfen, inwieweit sich die Ernsthaftigkeit der ethischen Gründe daraus nachvollziehen lässt, wobei eine Wertung der Tatsachen, vernünftig oder nicht, unterbleiben muss. Dass eine pauschale Behauptung selbst in Form einer eidesstattlichen Versicherung, die Jagd werde aus ethischen Gründen abgelehnt, nicht genügt, hat das VG Lüneburg zutreffend ausgeführt (VG Lüneburg Beschl. v. 11.3.2013 – 6 B 5/13, BeckRS 2013, 205241; bestätigt durch OVG Lüneburg Beschl. v. 20.4.2013 – 4 ME 53/13, nv). 46

Daher ist der Meinungsstreit dahingehend zu lösen, dass die Behörde die Abgabe einer eidesstattlichen Versicherung nicht verlangen aber eine freiwillig angebotene eidesstattliche Versicherung abnehmen darf, da § 6a ausdrück- 47 lich die Glaubhaftmachung vorsieht. Gibt der Antragsteller eine von sich oder seinem Bevollmächtigten gefertigte und vom Antragsteller unterzeichnete eidesstattliche Versicherung ab, darf und muss die Behörde diese in die Entscheidung über den Antrag mit einbeziehen und berücksichtigen (aA Meyer-Ravenstein, Tagungsband der 21. Fortbildungsveranstaltung DJRT 2014, 31). Schließlich sieht sowohl das Gesetz als auch die Gesetzesbegründung die eidesstattliche Versicherung als Glaubhaftmachungsmittel an (so ausdrücklich der Auslegungserlass des BMEL v. 30.4.2013).

47a Der Gesetzgeber in **Baden-Württemberg** hat in § 14 Abs. 1 S. 6 **JWMG** klargestellt, dass die untere Jagdbehörde eine Versicherung an Eides statt verlangen und abnehmen kann. Beabsichtigt die Behörde von dieser Ermächtigung Gebrauch zu machen, ist § 27 BWVwVfG entsprechend anzuwenden (s. auch Begründung des BWLJustG, Drs. 15/5789).

48 **e) Inhalt des Antrags.** Der Antrag ist vollständig und mit den notwendigen Angaben versehen zu stellen. Sofern die Behörden noch keinen Vordruck anbieten, muss der Antragsteller zunächst das Grundstück konkret benennen. Dies geschieht durch Angabe der genauen Flurbezeichnung.

49 Der Antragsteller hat der Behörde, spätestens auf Nachfrage zu erklären, ob (aus seiner Sicht) Gründe bestehen, die der Befriedung entgegenstehen können. Hierzu ist in erster Linie auf die Frage abzustellen, ob der Antragsteller selber einen Jagdschein gelöst hat. Persönliche Ausschlussgründe können sich unter Umständen aber auch aus dem Beruf des Antragstellers ergeben (→ Rn. 42).

50 Aus dem Antrag muss auch hervorgehen, ob der Antragsteller **Eigentümer weiterer Grundflächen** ist, die zu einem gemeinschaftlichen oder Eigenjagdbezirk gehören und ob auch für diese Flächen ein Antrag nach § 6a gestellt wurde oder zeitnah wird. Denn die ethischen Gründe, die das elementare Tatbestandsmerkmal des § 6a bilden, sind nicht teilbar. Vielmehr wird ein Antragsteller verpflichtet sein entweder alle Grundstücke, die in seinem Eigentum stehen, nach § 6a befrieden zu lassen, oder er hat die Jagd auf allen Grundstücken zu dulden. Stehen weitere Grundstücke im Eigentum des Antragstellers, hat er der Behörde alle Grundstücke mit konkreter Flurbezeichnung bekannt zu geben und möglichst genau mitzuteilen, welche Behörden die entsprechenden Anträge nach § 6a bearbeiten. Liegen dem Eigentümer Informationen zu den weiteren nach Abs. 1 S. 5 zu beteiligenden Rechtsträgern (Kontaktdaten der angrenzenden Eigentümer) vor, soll er diese der Behörde mitteilen, um vermeidbare Kosten zu verhindern. Ist dies dem Antragsteller nicht möglich, kann die Behörde die Informationen im Verwaltungsverfahren bereitstellen und die hierzu notwendigen Auslagen in Rechnung stellen. Auf die zusätzlichen Kosten soll der Antragsteller hingewiesen werden.

51 Der Antrag muss die Erklärung über die ethischen Gründe, sowie über geeignete Mittel zur Glaubhaftmachung (→ Rn. 43) enthalten.

52 **f) Tenor.** Erfüllt der Antragsteller die Voraussetzungen nach Abs. 1 und liegen keine Versagungsgründe nach Abs. 1 S. 2 vor, hat die Behörde die Flächen zu befriedeten Bezirken zu erklären. Es handelt sich um eine **gebundene Entscheidung,** ein Ermessen steht der Behörde nicht zu. Der Tenor des Bescheides kann beispielsweise lauten: „Die Grundstücke der Flur XY, Flurstückbezeichnung, werden mit Wirkung zum 31.3.2016 zum befriedeten Bezirk nach § 6a erklärt.“ Es ist zu empfehlen den Befriedungsgrund (§ 6a)

ausdrücklich im Tenor mit zu benennen, da es im Detail zu unterschiedlichen Rechtsfolgen im Vergleich zu befriedeten Bezirken nach § 6 kommen kann (zB anteilige Wildschadenshaftung, → Rn. 104).

53 Ein alternativer Tenor („Die Jagdausübung wird verboten“) wäre unzulässig. Die Verwaltung muss sich nicht an dem Wortlaut des Antragsstellers orientieren, sondern hat das Interesse zu berücksichtigen. Es ist unschädlich, wenn der Antragsteller begehrt „aus der Jagdgenossenschaft entlassen zu werden“ oder die „Jagd auf meinem Grundstück“ zu verbieten.

2. Versagungsgründe

54 Im Einzelfall können Tatsachen dem Antrag nach § 6a entgegenstehen, die zu einem ablehnenden Bescheid oder einer eingeschränkten Befriedung führen können bzw. müssen. So ist die Befriedung trotz vorhandener ethischer Gründe zu versagen, wenn eine Voraussetzung nach Abs. 1 S. 2 erfüllt ist. Denn Grundstückseigentümer, die die Jagd aus ethischen Gründen ablehnen, haben auch nach dem Recht der Europäischen Menschenrechtskonvention keinen unbedingten Anspruch auf Freistellung ihrer Grundstücke von der Jagdausübung, sondern nur auf Berücksichtigung ihrer Interessen im Rahmen einer Abwägung aller öffentlichen Belange und schutzwürdigen privaten Interessen (OVG Koblenz Beschl. v. 21.6.2013 – 8 B 10517/13, BeckRS 2013, 52568). Liegen Tatsachen vor, die die Annahme rechtfertigen, die Befriedung würde die fünf aufgezählten entgegenstehende Allgemeininteressen gefährden, darf die Behörde die Befriedung nicht erklären. Auch insoweit steht der Behörde kein Ermessen zu, sie ist gebunden. Durch die vorgesehen Versagungsgründe soll eine Abwägung zwischen dem individuellen Interesses auf Befriedung und den Belangen des Allgemeinwohls erreicht werden, da durch die Befriedung das Reviersystem mit der flächendeckenden Bejagung zu Gunsten rein privater Interessen durchbrochen wird. Um dies zu rechtfertigen, muss die **Befriedung mit den Belangen der Allgemeinheit vereinbar** sein (BT-Drs. 17/12046).

55 Anknüpfungspunkt der Versagung sind Tatsachen, die die Annahme rechtfertigen, dass eine Befriedung zu einer der genannten Gefährdungen führt. Es ist also eine **Abwägung und Prognose** notwendig, ob die in der Vergangenheit oder Gegenwart liegenden Tatsachen zukünftig zu einer latenten oder akuten konkreten Gefährdung erwachsen können. Dieses System einer Prognoseentscheidung ist im Jagdrecht (→ § 17 Rn. 52) und Waffenrecht (Härtel HdB FA-AgrarR/Munte Kap. 24 Rn. 207) nicht unbekannt. Objektive Tatsachen müssen die Annahme rechtfertigen, eine Gefährdung würde eintreten. Mutmaßungen der Behörde reichen für die Prognose nicht aus. Die objektivierbaren Tatsachen müssen mit der Prognose in **Ursachenzusammenhang** stehen, dh ohne die Tatsache würde die Gefährdung entfallen oder zumindest weniger wahrscheinlich.

56 Notwendig ist eine **konkrete Gefahr** der genannten Allgemeininteressen. Eine **abstrakte Gefahr** genügt nicht (so auch VG Schleswig-Holstein Urt. v. 29.5.2018 – 7 A 724/17, JE II Nr. 196, BeckRS 2018, 49311). Der Begriff der „Gefährdung“ ist an dem Begriff der allgemeinen Gefahr im Sinne des besonderen Verwaltungsrechts (Polizei und Ordnungsrecht) angelehnt. Danach ist die allgemeine Gefahr ein „Zustand, der nach vernünftiger, auf allgemeiner Lebenserfahrung beruhender Beurteilung, in näherer Zeit bei ungehindertem Ablauf des objektiv zu erwartenden Geschehens den Eintritt

eines Schadens für die öffentliche Sicherheit oder die öffentliche Ordnung besorgen lässt." (Brockhaus Studienlexikon Recht Alpmann/Gründer, 4. Aufl. 2014, S. 485). Demgegenüber stellt eine konkrete Gefahr eine besondere Form dieser allgemeinen Gefahr vor, die besteht, wenn aus einem konkreten, nach Ort und Zeit bestimmten oder bestimmbaren Sachverhalt Gefahren mit hinreichender Wahrscheinlichkeit entstehen, der Eintritt des Schadens entweder bereits begonnen hat oder von einer fortdauernden Gefährdung auszugehen ist (Brockhaus Studienlexikon Recht Alpmann/Gründer, 4. Aufl. 2014, S. 716).

57 Es ist nicht erforderlich, dass sich die Gefährdung bereits realisiert hat und der Schaden eingetreten ist. Es muss aber absehbar und hinreichend wahrscheinlich sein, dass einer der vom Gesetzgeber normierten Belange der Allgemeinheit beeinträchtigt werden, wenn die Befriedung erklärt wird. Da die Behörde zudem die Möglichkeit hat nach Abs. 3 eine räumliche Beschränkung der Befriedung vorzusehen oder nach Abs. 5 trotz Befriedung eine beschränkte Jagdausübung gestatten kann, muss die Gefährdung der Belange nach Abs. 1 S. 3 entweder dauerhaft sein oder von derartiger Intensität, dass die milderen Maßnahmen nach Abs. 3 bzw. Abs. 5 nicht geeignet sind, um die Belange der Allgemeinheit zu wahren. Diese Abstufung ist Ausdruck des zu wahrenden **Verhältnismäßigkeitsprinzips.** Denn selbst wenn konkrete Gefahren befürchtet werden ist zu prüfen, ob die Anordnung jagdlicher Maßnahmen im Einzelfall nach § 6a Abs. 5 durch die Behörde ausreichend ist, um die Gefahr wirksam abzuwenden (VG Schleswig-Holstein Urt. v. 29.5.2018 – 7 A 724/17, BeckRS 2018, 49311 = JE II Nr. 196).

58 Ob eine Gefährdung prognostiziert wird, muss in jedem Einzelfall beurteilt werden. Zur Beurteilung der Tatsache kann sich die Behörde notfalls sachverständiger Hilfe bedienen. So ist nach OVG Koblenz eine fachkundige Stellungnahme des Kreisjägermeisters zu berücksichtigen (OVG Koblenz Beschl. v. 21.6.2013 – 8 B 10517/13, BeckRS 2013, 52568). Das Anhörungsverfahren dient ebenfalls an der Beteiligung von Rechtsträgern, die zu möglichen Tatsachen, die eine Versagung rechtfertigen, vortragen können.

59 Dem Wortlaut nach sind nur die Belange in Bezug auf den gesamten jeweiligen Jagdbezirk zu berücksichtigen. Abzustellen wäre also streng genommen nur auf den Jagdbezirk, in dem die zu befriedende Fläche liegt. Der Wortlaut ist aber widersprüchlich, sind doch die angrenzenden Grundstückseigentümer nach Abs. 1 S. 5 anzuhören, die ja zwangsläufig auch zu einem (anderen) Jagdbezirk gehören. Würden Ihre Belange unerheblich sein, bestünde keine Pflicht diese am Verfahren zu beteiligen. Dieser Widerspruch ist durch ergänzende teleologische Auslegung zu lösen. Die fünf Belange der Allgemeinheit, die in S. 2 genannt werden, sind dem Grunde nach nicht an Reviergrenzen gebunden, sondern **regional** zu verstehen. Da Wild auch nicht an bestimmten Reviergrenzen oder Grundstücken Halt macht, können auch Belange im an die zu befriedende Fläche angrenzenden Jagdbezirk berücksichtigt werden, wenn entsprechende Tatsachen vorliegen (im Ergebnis so auch Meyer-Ravenstein Tagungsband der 21. Fortbildungsveranstaltung DJRT 2014, 34). Die Befriedung muss quasi eine Ausstrahlungsfunktion auf andere Rechte bzw. Grundstücke entfalten.

60 Für die Frage, ob ein Versagungsgrund einschlägig ist, muss auf jeden Einzelfall abgestellt werden. Allgemein wird man aber die Parameter Größe, Bewuchs, örtlicher Wildbestand und Lage der Grundfläche in Verhältnis zu dem Individualinteresse setzen müssen. Je größer eine Fläche, desto größer sind die Auswirkungen auf die Belange des Allgemeinwohls. Man wird diese Faktoren in einer Gesamtbewertung berücksichtigen müssen, um das Gefährdungspotential bestimmen zu können. Gelangt man zu dem Ergebnis, dass es sich um eine risikogeneigte Fläche handelt, ist der Antrag auf Befriedung zurückzuweisen.

a) Belange der Erhaltung eines artenreichen und gesunden Wildbestandes sowie der Pflege und Sicherung seiner Lebensgrundlagen (Nr. 1). Nach Abs. 1 S. 2 Nr. 1 dürfen die Belange der Erhaltung eines artenreichen und gesunden Wildbestandes sowie der Pflege und Sicherung seiner Lebensgrundlagen durch die Befriedung nicht gefährdet werden. Hierdurch wiederholt der Gesetzgeber ein **wesentliches Ziel des deutschen Jagdrechts** und führt es in die Abwägung mit den individuellen Interessen des Antragstellers ein. Würde die Befriedung dieses zentrale Ziel gefährden, muss das Individualinteresse des Jagdgegners hinter den Allgemeininteressen zurücktreten. Zum Verständnis des artenreichen Wildbestandes → § 1 Rn. 26. Bezogen auf § 6a Abs. 1 S. 2 kann von einer Gefährdung des artenreichen Wildbestandes gesprochen werden, wenn durch die Befriedung ein derartiges Ungleichgewicht zu erwarten wäre, dass eine Wildart im Jagdbezirk vom Aussterben bedroht ist. Es ist lediglich auf den **örtlichen Bestand** abzustellen. Denkbar wäre diese Situation, wenn beispielsweise sich die Prädatoren- oder Schwarzwildpopulation auf der befriedeten Fläche stark ansteigt und auf den benachbarten Flächen den Bestand seltener Wildtiere (§ 2) dezimiert und so eine Gefahr darstellt. 61

Auch eine Gefährdung des gesunden Wildbestandes (→ § 1 Rn. 26) kann zu einer Versagung führen, wobei dieses Tatbestandsmerkmal bei nur einem kranken Tier nicht erfüllt ist. Die Krankheit oder Seuche muss sich mindestens auf eine Art beziehen. 61a

Unter Pflege und Sicherung seiner Lebensgrundlagen wird wohl eine derartige **Schädigung der jeweiligen Habitate** zu verstehen sein, die zu einer Gefährdung des Wildes führt. Ob in der Praxis eine derartige Schädigung zu erwarten ist, mag in der heutigen Kulturlandschaft aber bezweifelt werden. 62

b) Belange des Schutzes der Land- Forst- und Fischereiwirtschaft vor übermäßigen Wildschäden (Nr. 2). Besonders praxisrelevant dürften Belange des Schutzes der Land- Forst- und Fischereiwirtschaft vor übermäßigen Wildschäden sein. Aus dem Wortlaut ergibt sich, dass **jeder vom Wild verursachte Schaden** zur Beurteilung der Gefährdungsprognose heranzuziehen ist; ob es sich auch um einen ersatzfähigen Wildschaden handelt, ist unerheblich (→ § 26 Rn. 2). Auch Schäden durch Wild im Verkehr fallen hierunter. Handelt es sich um eine Fläche, die für Wild einen guten Lebensraum (Äsung/Deckung) bietet und liegt diese im Bereich einer viel befahrenen Straße, wird bei einer nicht kontrollierten Populationsentwicklung von vermehrten Wildunfällen auszugehen sein, was zu einer Versagung führen würde. Dementsprechend scheint auch die Rspr. diesem Belang zu Recht ein hohes Gewicht einzuräumen (OVG Koblenz Beschl. v. 21.6.2013 – 8 B 10517/13, BeckRS 2013, 52568). Erfordert die notwendige Regulierung und Reduzierung von Wildschäden die Durchführung von übergreifenden Bewegungsjagden, kann auch dieser Aspekt geeignet sein, die Befriedung zu versagen (OVG Koblenz Beschl. v. 21.6.2013 – 8 B 10517/13, BeckRS 2013, 52568). 63

Die Wildschäden müssen jedoch übermäßig sein und den durch natürlichen Verbiss im Rahmen der Sozialpflichtigkeit hinzunehmenden Eigen- 64 tumsverlust, den das Wild durch den Bedarf an einer Futtergrundlage verursacht (Wetzel AUR 2010, 70f.), **überproportional** überschreiten. Der Begriff des „übermäßigen" iSv § 6a ist deckungsgleich mit dem Wortlaut des § 27 (→ § 27 Rn. 6). In die Beurteilung, ob hiernach eine Gefährdung im Sinne der Vorschrift vorliegt ist aber nicht die Frage einzubeziehen, ob im konkreten Fall überhaupt eine Ersatzpflicht für Wildschäden besteht (aA VG Regensburg Urt. v. 17.1.2017 – 4 K 16/501, BeckRS 2017, 100641 = JE II Nr. 190). Denn aus dem Wortlaut ergibt sich, dass jeder vom Wild verursachte Schaden zur Beurteilung der Gefährdungsprognose heranzuziehen ist; ob es sich um einen ersatzfähigen Schaden handelt, ist unerheblich (VG Lüneburg Urt. v. 23.1.2017 – 5 A 227/16, BeckRS 2017, 101177 = JE II Nr. 184).

c) Belange des Naturschutzes und der Landschaftspflege (Nr. 3).
65 Bei den Belangen des Naturschutzes und der Landschaftspflege ist inhaltlich an die Ausführungen zu Abs. 1 S. 2 Nr. 1 anzuschließen. Während im Rahmen der Nr. 1 nur auf Wild iSv § 2 abzustellen ist, wird durch Nr. 3 jede **Tier- und auch Pflanzenart** geschützt. Führt ein massiver Anstieg einer Wildtierpopulation auf der befriedeten Fläche dazu, dass beispielsweise seltene Pflanzen (zB Orchideen) gefährdet werden, weil Wildschweine die Habitate auf der Suche nach Engerlingen umbrechen und hierbei die Pflanzen zerstören, ist die Befriedung zu versagen. Zum gleichen Ergebnis würde ein Anstieg einer Fuchspopulation führen, die den benachbarten Bestand von Wiesenbrütern gefährdet. Die Belange der Landschaftspflege werden insbesondere bei örtlich erhaltenswerten Landschaften und Bewuchsstrukturen zu prüfen sein, zum Beispiel Lüneburger Heide oder in Naturschutz- oder Landschaftsschutzgebieten.

66 **d) Belange des Schutzes vor Tierseuchen.** Besonderheit für diesen Belang ist, dass die Seuche nicht nur vorübergehend eine Gefahr bedeutet. Es ist nicht notwendig, dass von der Seuche nur Wildtiere betroffen sind. Zum Begriff der Tierseuche → § 24 Rn. 3. So kann der Belang auch dann betroffen sein, wenn Wildtiere zur **Verbreitung der Seuche** beitragen können. Handelt es sich um eine Wildtierkrankheit, die nicht unter den Begriff der Seuche zu subsumieren ist, ist Abs. 1 S. 2 Nr. 1 einschlägig. Tritt eine Seuche nur zeitlich und örtlich beschränkt auf und ist daher nicht als dauerhafte Gefährdung einzustufen, ist nicht die Befriedung als solche zu versagen, sondern die beschränkte Jagdausübung auf der nach § 6a befriedeten Fläche anzuordnen (Abs. 5). Denn die Anordnung der beschränkten Jagd ist ein milderer Eingriff als die Versagung der Befriedung.

67 **e) Belange der Abwendung sonstiger Gefahren für die öffentliche Sicherheit und Ordnung.** § 6a Abs. 1 Nr. 5 umfasst Belange der Abwendung sonstiger Gefahren für die öffentliche Sicherheit und Ordnung und ist als Auffangtatbestand zu betrachten. Der Begriff ist – wie im Verwaltungsrecht üblich – weit zu verstehen und umfasst die gesamte Rechtsordnung sowie die Sicherheit und Rechte der Bevölkerung. Sollte man die Verkehrsgefährdung durch einen überhöhten Wildbestand nicht unter Abs. 1 S. 2 Nr. 3 subsumieren, wäre Nr. 5 einschlägig (dies befürwortet wohl Meyer-Ravenstein, Tagungsband der 21. Fortbildungsveranstaltung DJRT 2014, S. 37). Die Gefahr einer Überschwemmung durch untergrabene Deichanlagen, verursacht durch Kaninchen oder Nutria, muss ebenfalls zur Versagung der Befriedung führen.

3. Anhörung

Nach Abs. 1 S. 5 ist die Behörde verpflichtet vor der Entscheidung neben dem Antragsteller, die Jagdgenossenschaft, den Jagdpächter, angrenzende Grundeigentümer, den Jagdbeirat sowie Träger der öffentlichen Belange anzuhören. Der **Antragsteller** ist zusätzlich zu seinem Antrag nur dann verpflichtend anzuhören, wenn die Behörde beabsichtigt, den Antrag abzulehnen oder wenn Hinweise erteilt werden oder weitere Informationen benötigt werden. 68

Die Anhörung dient zum einen der Rechtswahrung der von einer möglichen Befriedung Betroffenen Rechtsträger und zum anderen der Sachverhaltsaufklärung. So kann ggf. die Jagdgenossenschaft das Verhalten des Antragsstellers beurteilen und anderweitige Motive als die ethischen Gründe für den Antrag benennen (zB Streit innerhalb der Genossenschaft über die Jagdpachtvergabe). 68a

Die Anhörung soll schriftlich unter **angemessener Fristsetzung** erfolgen. Aufgrund der umfangreichen Aspekte und den gesetzlichen Vorgaben und dem notwendigen Willensbildungsprozess der Beteiligten, insbesondere innerhalb der Genossenschaft und des Jagdbeirats, dürfte eine Frist von acht bis zwölf Wochen angemessen sein. Den Beteiligten ist neben der Person des Antragstellers die betroffene Fläche (genaue Bezeichnung wenn möglich mit Flurkarte, auf der das betroffene Grundstück markiert ist) bekanntzugeben, damit eine inhaltliche Auseinandersetzung mit den objektiven Tatsachen ermöglicht wird. Ein Anspruch der Beteiligten, die Glaubhaftmachung der ethischen Gründe zu erhalten besteht nicht, dieses ist für die Wahrung der Rechte der Beteiligten nicht notwendig. 69

Der Kreis der Anhörungsberechtigten soll die von der Behörde in die Abwägung einzubeziehenden Belange widerspiegeln (BT-Drs. 17/12046). Die Anhörung soll die möglichen negativen Auswirkungen einer Befriedung sowohl für den eigentlichen Jagdbetrieb (Errichten von Jagdeinrichtungen und Einschränkungen der grundstücksübergreifenden Bejagung durch Drückjagden) als auch für Hegemaßnahmen (notwendige Fütterung in der Notzeit, Anlegen von Wildäckern) und weitere Argumente, die gegen die Befriedung sprechen, deutlich machen. 70

Die **Jagdgenossenschaft** wird im Anhörungsverfahren in der Regel durch den Vorstand vertreten. Näheres regelt die Satzung. Da die Anhörung kein Rechtsgeschäft ist, bedarf der Vorstand keinen Beschluss der Versammlung, um im Namen der Genossenschaft eine Stellungnahme abzugeben. 71

Der **Jagdbeirat** ist ebenfalls anzuhören. In der Praxis wird sich die Anhörung eher schwierig gestalten, da der Jagdbeirat relativ selten (nur ein bis zwei mal jährlich) tagt. Es ist zu erwarten, dass Sitzungen des Jagdbeirates zur Not außerordentlich einberufen werden müssen, wenn eine Stellungnahme abgegeben werden soll. Es ist dem Antragsteller nicht zuzumuten, wenn das Anhörungsverfahren durch die seltenen Sitzungen des Jagdbeirats erheblich verzögert würde. Durch die Beteiligung am Anhörungsverfahren wird der Aufgabenbereich des Jagdbeirats erweitert (→ § 37 Rn. 2). 72

Hat die Jagdgenossenschaft das Jagdausübungsrecht verpachtet, ist der bzw. sind die **Pächter** anzuhören. Diese können auf Grund ihrer Erfahrung in der Revierbewirtschaftung am besten beurteilen, ob und welche Belange nach Abs. 1 S. 2 in welcher Intensität von der Befriedung betroffen sein könnten. Aus gleichem Grund sind die angrenzenden Grundeigentümer anzuhören. 73

Diese können von der Befriedung in ihrem Rechten betroffen sein, zum Beispiel durch ansteigende Wildschäden. Es ist unerheblich, ob oder zu welchem Jagdbezirk die benachbarten Grundflächen gehören. Jagdbezirksgrenzen spielen keine Rolle.

74 Unter **Träger öffentlicher Belange sind** alle Behörden oder Stellen gemeint, die öffentliche Aufgaben in eigener Verantwortung mit Außenwirkung wahrnehmen. In der Gesetzesbegründung werden beispielhaft Landwirtschaftskammer, Landwirtschaftsamt, Straßenverkehrsbehörden und Naturschutzbehörden genannt. Diese Aufzählung ist nicht abschließend. Anerkannte Naturschutzvereinigungen nach § 63 BNatSchG sind keine Träger öffentlicher Belange, so dass Naturschutzverbände genauso wenig anzuhören sind wie die örtliche Jägerschaft.

75 Wird ein Beteiligter entgegen der Verpflichtung nach Abs. 1 S. 5 nicht angehört, liegt ein **Verfahrensfehler** vor, der zur Rechtswidrigkeit der Entscheidung führen kann (§ 46 VwVfG). Allerdings besteht die Möglichkeit, die Anhörung nach § 45 Abs. 1 Nr. 3 VwVfG nachzuholen und einen anfänglichen Anhörungsmangel zu heilen (OVG Hamburg Urt. v. 12.4.2018 – 5 Bf 51/16, BeckRS 2018, 9453). Die Heilung des Fehlers tritt jedoch nur ein, wenn die Anhörung formell ordnungsgemäß nachgeholt wird und ihre Funktion im Entscheidungsprozess der Behörde uneingeschränkt erreicht werden kann (Kopp/Ramsauer VwVfG § 45 Rn. 42). Gerichtlich noch nicht entschieden ist die Frage, ob ein Anhörungsmangel zur Rechtswidrigkeit des Befriedungsbescheides führt. Diese strenge Ansicht ist wohl zu befürworten, zumal die Einbindung der örtlichen und fachlichen Betroffenen (Jagdgenossenschaft, Beirat, Jagdpächter) nicht nur aus formellen Gründen vom Gesetzgeber vorgesehen wurde. Vielmehr können und sollen die fachlichen Stellungnahmen neben den anderen notwendigen Erwägungen zur Grundlage der materiellen Entscheidung über den Befriedungsantrag werden. Denn die Behörde muss schließlich nicht nur über die ethischen Gründe des Antragstellers entscheiden, sondern auch die jagdlichen Argumente berücksichtigen und beispielsweise den Umfang der Befriedung regeln.

4. Gerichtliche Überprüfung

76 Die Entscheidung der Behörde über den Antrag stellt einen Verwaltungsakt dar. Hiergegen steht dem Antragsteller die Möglichkeit des **Widerspruchs** (sofern das Landesrecht ein Widerspruchsverfahren vorsieht) oder der **Klage zu.** Das Rechtsmittel gegen den Verwaltungsakt ist fristgebunden. Der Bescheid wird bestandskräftig, wenn der Bescheid nicht innerhalb eines Monats seit Bekanntgabe des Verwaltungsaktes (§ 70 Abs. 1 VwGO) angefochten wird. Ist ein Widerspruchsverfahren vorgesehenen, ist nach § 74 Abs. 1 VwGO auf die Zustellung des Widerspruchsbescheids abzustellen. Auch wenn es sich um einen feststellenden Verwaltungsakt handelt, wäre eine Anfechtungs- bzw. Verpflichtungsklage zu erheben.

77 Da der Behörde bei der Entscheidung **kein Ermessensspielraum** zusteht, sondern die Befriedung eine gebundene Entscheidung darstellt, ist diese vom Gericht **inhaltlich uneingeschränkt überprüfbar.** Dies gilt insbesondere für die Frage der Glaubhaftmachung der ethischen Gründe. Unter Umständen kann der Antragsteller im gerichtlichen Verfahren weitere Umstände vortragen, die seine Gewissensentscheidung glaubhaft machen (vgl. VG

München Urt. v. 12.12.96 – 4 K 94.4562, BeckRS 1996, 14500 zur Glaubhaftmachung in der mündlichen Verhandlung).

Für **Drittbeteiligte** besteht eine Klagebefugnis, sofern diese durch die Befriedung in ihren Rechten verletzt werden. Eine Klagebefugnis ist anzunehmen, wenn der Drittbetroffene ein Rechtsschutzinteresse darlegen kann, dh er muss geltend machen durch den Bescheid in seinen Rechten verletzt zu sein (§ 42 Abs. 2 VwGO). Ein **Rechtsschutzbedürfnis** besteht regelmäßig für die **Jagdgenossenschaft** und die betroffenen **Jagdpächter.** Denn diese sind durch die Befriedung stets in ihren Rechten betroffen. Da der Jagdgenossenschaft das Jagdausübungsrecht zusteht und sich das Recht um die anteilige befriedete Fläche reduziert, liegt eine Rechtsverletzung vor, die das Rechtsschutzbedürfnis grundsätzlich impliziert (VG Schleswig-Holstein Urt. v. 29.5.2018 – 7 A 724/17, BeckRS 2018, 49311 = JE II Nr. 196). Hierneben ist die Jagdgenossenschaft auch klagebefugt, weil die Befriedung in ihr eigentumsrechtlich geschütztes Jagdausübungsrecht eingreift (ständige Rspr., vgl. BVerwG Beschl. v. 24.5.2011 – 9 B 97/10, BeckRS 2011, 51681; im Ergebnis auch OVG Schleswig Urt. v. 27.10.2022 – 4 LB 4/20, BeckRS 2022, 31071 = NordÖR 2023, 42). Gleiches gilt für Jagdpächter, denen das Jagdausübungsrecht aufgrund des Pachtvertrages durch rechtsgeschäftliche Verfügung übertragen wird (vertiefend zur Klagebefugnis des Jagdpächters und seiner dinglichen Rechtstellung Wetzel, Die Rechte des Jagdpächters im Verwaltungsprozess, 2008, S. 41, 80). Darüber hinaus führt das formelle Mitwirkungsrecht des Pächters aus § 6a Abs. 1 iVm dem materiellen Jagdausübungsrecht zu einer **drittschützenden Norm,** welches dem Pächter stets ein Klagerecht verschafft. Denn der Jagdpächter hat ein abgeleitetes und zeitlich begrenztes Jagdausübungsrecht während des Laufs des Jagdpachtvertrages als subjektives Recht inne (OVG Hamburg Urt. v. 12.4.2018 – 5 Bf 51/16, BeckRS 2018, 9453). Außerdem wandelt sich das dem Pächter zustehende – zunächst formelle – Mitwirkungsrecht aus § 6a Abs. 1 iVm dem materiellen Jagdausübungsrecht zu einer drittschützenden Norm iSv § 42 VwGO (vgl. Kopp/Schenke VwGO § 42 Rn. 78). Eine vom dem Jagdpächter erhobene Klage ist daher nach § 42 Abs. 2 VwGO zulässig, obgleich sich die behördliche Anordnung einer Befriedung nicht an diese direkt richtet, da § 6a die Jagdpächter in den Schutzbereich einbezieht und daher die **Klagebefugnis** besteht (OVG Hamburg Urt. v. 20.4.2018 – 5 Bf 51/16, BeckRS 2018, 9453 = JE I Nr. 123; VG Regensburg Urt. v. 17.1.2017 – 4 K 16/501, BeckRS 2017, 100641 = JE II Nr. 190). Nach dem Willen des Gesetzgebers soll es den Pächter ausdrücklich „vor erheblichen Behinderungen bei der Jagdausübung" sowie vor „negativen Auswirkungen auf den laufenden Pachtvertrag" schützen (BT-Drs. 17/12046). Das gilt sowohl für das Jagen selbst als auch für wichtige Hegemaßnahmen (zB Fütterung in Notzeiten). Schließlich sind die Jagdpächter gem. § 65 VwGO zum Rechtsstreit beizuladen, sodass sie Anträge stellen und Rechtsmittel einlegen können. 78

Kein Rechtsschutzbedürfnis können Jagdbeirat und die Träger öffentlicher Belange begründen. Ob Grundstücksnachbarn in ihren Rechten verletzt sind, richtet sich nach einer Bewertung im Einzelfall. 79

IV. Rechtsfolgen der Befriedung

1. Zeitpunkt der Befriedung (Abs. 2)

80 Durch Abs. 2 wird der Zeitpunkt der Befriedung geregelt, sollte der Antrag für den Jagdgegner positiv beschieden werden. Die Befriedung soll mit Wirkung **zum Ende des Jagdpachtvertrages** erfolgen. Hierdurch soll den Interessen des Vertragspartners der Jagdgenossenschaft, dem Pächter, Rechnung getragen und ermöglicht werden, sich auf die veränderte Situation einzustellen (BT-Drs. 17/12046). Diese Werteentscheidung des Gesetzgebers ist mit dem Grundgesetz vereinbar, Art. 19 Abs. 4 GG steht diesem Grundsatz nicht entgegen (OVG Hamburg Urt. v. 12.4.2018 – 5 Bf 51/16, BeckRS 2018, 9453).

81 Der Wortlaut nach Abs. 2 S. 1 stellt lediglich auf „den Jagdpachtvertrag" ab. Gemeint ist der zum Zeitpunkt des Antrags laufende Vertrag. Wird ein Jagdpachtvertrag in Ansehung eines Antrages verlängert, um den Zeitpunkt der Befriedung zu verzögern, stellt dies eine **missbräuchliche Rechtsausübung** dar. Die Verlängerung wäre in Bezug auf den konkreten Antrag unwirksam, die Rspr. zu § 14 ist im Übrigen entsprechend anzuwenden (→ § 14 Rn. 26 f.). Aufgrund der zeitlichen Abläufe und den Bearbeitungszeiten kann es zu zeitlichen Überschneidungen kommen, zB wenn ein Antrag auf Befriedung kurz vor dem regulären Ablauf des Jagdpachtvertrages gestellt wird. Dem Wortlaut des Gesetzes ist es nicht zu entnehmen, wie zu entscheiden ist, wenn während der Antragsverfahrens eine Neuverpachtung erforderlich ist und durchgeführt wird. Nach dem BVerwG ist der Befriedungsantrag des Grundeigentümers Bezugspunkt nach § 6a Abs. 2 S. 1 (BVerwG Urt. v. 18.6.2020 – 3 C 1.19, BeckRS 2020, 19175). Schließlich hat der Berechtigte nur hierauf Einfluss. Wann hingegen die Jagdbehörde über seinen Antrag oder das Gericht über eine etwaige Klage entscheidet, kann der Grundeigentümer nicht bestimmen. Entscheidet die Behörde über in einem solchen Fall über den Antrag erst während des Laufs eines neuen Jagdpachtvertrags, ist die Befriedung mit Wirkung ab Beendigung des laufenden Jagdjahres anzuordnen (BVerwG Urt. v. 18.6.2020 – 3 C 1.19, BeckRS 2020, 19175 Rn. 23).

82 Die Behörde kann in begründeten Fällen von dem vorgesehenen Zeitpunkt abweichen, es handelt sich um eine „Soll-Vorschrift". Die Wirkung der Befriedung wird jedoch nie auf den Zeitpunkt der Bestandskraft des Bescheides fallen, sondern orientiert sich nach Abs. 2 am Jagdjahr. Dies ist auch sachgerecht, da insbesondere die Berechnung des Reinertrages der Jagdgenossen vom Lauf des Jagdjahres (1.4. bis 31.3.) abhängt. Die Berechnung des Pachtzinses wird durch die Befriedung ebenfalls beeinflusst, da der Pächter für die befriedete Fläche keine Zahlung mehr schuldet.

83 Gründe um von der Regelfrist des Abs. 2 S. 1 abzuweichen, können sich aus der Unzumutbarkeit für den Antragsteller ergeben. Aus dem Wortlaut ergibt sich, dass der Antragsteller Umstände vorzutragen hat, die zur Unzumutbarkeit führen. Es ist nicht Aufgabe der Behörde oder der anderen Beteiligten nachzuweisen, warum es dem Antragsteller zumutbar sein kann, bis zum Ablauf des Jagdpachtvertrages abzuwarten. Selbst wenn der Antragsteller entsprechende Gründe vorträgt, verbleibt der Behörde ein Ermessensspielraum, ob sie von der Möglichkeit Gebrauch macht, einen früheren Zeitpunkt als nach Abs. 2 S. 2 zu bestimmen. Im Rahmen der Ermessensentscheidung sind nach dem Wortlaut ausdrücklich die „schutzwürdigen Belange" der Jagdgenossenschaft" einzubeziehen. Neben der notwendigen Anpassung des Jagdpachtvertrages, die als unmittelbarer Nachteil anzusehen ist, sind die (möglichen) **mittelbaren Auswirkungen** zu berücksichtigen. Die Genossenschaft erhält einen um die Fläche anteilig reduzierten Pachtzins. Im Einzelfall kann dem Jagdpächter ein Minderungsrecht oder sogar ein außerordentliches Kündigungsrecht nach § 543 Abs. 2 BGB bezüglich des verbleibenden Bezirks zustehen, wenn dieser an Attraktivität verliert und/oder die Bejagung erschwert wird. Das durch § 6a Abs. 2 etablierte Regel-Ausnahme-Verhältnis wird von der Rspr. als wirksam angesehen, wobei bei der Interessenabwägung, ob eine vorzeitige Befriedung zulässig ist, das Gewissensinteresse des Eigentümers nicht höher als das Interesse der Allgemeinheit zur Hegepflicht und das Interesse der Pächter auf Erfüllung des Vertrages steht (VG Düsseldorf Urt. v. 10.5.2017 – 15 K 5140/15, BeckRS 2017, 110461 = JE II Nr. 189). Daher dürfte es für den Eigentümer regelmäßig schwer fallen solche Gründe vorzutragen, die die berechtigten Interessen der Jagdgenossenschaft, Jagdpächter und der Allgemeinheit überlagern und so eine sofortige Befriedung rechtfertigen. Nicht ausreichend ist jedenfalls eine psychische Belastung, die der Eigentümer durch die Jagd (Lärm, Hundegebell, Schüsse) verspüren vermag oder die Sorge vor schädlichen Wirkungen bleihaltiger Munition in Bezug auf selbst angebautes Gemüse und Obst (VG Düsseldorf Urt. v. 10.5.2017 – 15 K 5140/15, BeckRS 2017, 110461 = JE II Nr. 189).

Wird die Befriedung nicht erst mit Ablauf des Pachtvertrages wirksam, **84**
kann der Jagdgenossenschaft ein Schaden entstehen, zum Beispiel durch notwendige Anpassung des Jagdpachtvertrages. Nach Abs. 2 S. 3 kann die Genossenschaft diesen Schaden vom Antragsteller ersetzt verlangen.

Der Gesetzgeber in Baden-Württemberg dreht durch § 14 Abs. 2 **JWMG** **84a**
das in § 6a Abs. 2 vorgesehene Regel-Ausnahme-Verhältnis um. Hier soll die Befriedung zum Ende des Jagdjahres erfolgen, in dem über den Antrag entschieden wird. Nur sofern dies der Jagdgenossenschaft nicht zuzumuten ist, kann die Befriedung zu einem späteren Zeitpunkt erfolgen, der jedoch nicht nach dem Ende des laufenden Pachtvertrages liegen darf.

2. Wirkung der Befriedung

Wird einem Antrag auf Befriedung entsprochen, ruht die Jagd auf dem **85**
Grundstück. Das Jagdrecht, welches dem Grundeigentümer zusteht, wird von der Befriedung nicht betroffen. Verboten ist hingegen die Ausübung des Jagdrechts, weder Jagdrechtsinhaber noch der Jagdausübungsberechtigte dürfen auf dem Grundstück Handlungen ausüben, die nach § 1 Abs. 4 als Jagdausübung definiert sind (→ § 6 Rn. 2). Hinsichtlich des Jagdverbots gelten die allgemeinen Ausführungen zu den befriedeten Bezirken nach § 6 S. 1.

3. Einschränkungen (Abs. 3 und Abs. 5)

Wird eine Grundfläche befriedet, kann die Behörde neben der uneinge- **85a**
schränkten Befriedung nach Abs. 1 Einschränkungen vorsehen. Systematisch sieht das Gesetz zwei Möglichkeiten, die räumliche bzw. zeitliche Einschränkung der Befriedung oder die beschränkte Anordnung der Jagd, vor.

86 **a) Räumliche und zeitliche Einschränkung (Abs. 3).** § 6a Abs. 3 ermöglicht eine räumlich bzw. zeitlich eingeschränkte Befriedung. Diese erfordert, dass bereits im Antragsverfahren ersichtlich wird, dass Belange die der Befriedung entgegenstehen, vorhanden sind. Diese sind jedoch nicht von derartigem Gewicht, dass die Befriedung vollumfänglich zu versagen ist. Gleichwohl rechtfertigen und erfordern die Belange eine eingeschränkte Bejagung. Abs. 3 ist also **Ausdruck des Verhältnismäßigkeitsprinzips** und verdeutlicht, dass die Behördenentscheidung eine sorgfältige Abwägung erfordert. Eine **eingeschränkte Befriedung** stellt einen Eingriff dar, der zwar milder ist als eine Versagung der Befriedung, jedoch gleichwohl einer Rechtfertigung durch die in Abs. 1 S. 2 genannten Belange bedarf.

87 Kommt die Behörde zur Erkenntnis, dass die zu berücksichtigenden Belange nach Abs. 1 S. 2 einer uneingeschränkten Befriedung entgegenstehen, kann sie die Befriedung entweder räumlich auf einen Teil der Antragsfläche oder zeitlich beschränken.

88 Eine **räumliche Beschränkung** kommt in Betracht, wenn ein Teil des betreffenden Grundstücks für die jagdliche Bewirtschaftung und der Wahrung der öffentlichen Interessen von derartiger Bedeutung ist, dass dieser Grundstücksteil von der Befriedung auszunehmen ist. Das jeweilige Antragsfläche ist daher gedanklich geteilt zu betrachten und zu bewerten. In der Praxis wird die räumliche Einschränkung eher geringe Bedeutung entfalten. Der Tenor des Bescheides muss schließlich dem **Bestimmtheitsgrundsatz** genügen. Dies ist unproblematisch, wenn sich der Antrag auf verschiedene Grundstücke bezieht und ein Grundstück von der Befriedung ausgenommen wird. Die räumliche Einschränkung in Bezug auf ein Flurstück wird sich im Tenor regelmäßig nur schwer bestimmen lassen. Gegebenenfalls kann die Geländestruktur (Waldfläche zu Grünland) die Bestimmung ermöglichen, welcher Teil der Fläche von der Befriedung ausgenommen ist.

89 Eine zeitliche Beschränkung dürfte aus praktischen Erwägungen heraus eher geeignet sein, die in Abs. 1 S. 2 genannten Belange zu wahren und zugleich einen relativ milden Eingriff in das Grundrecht des Grundstückeigentümers darzustellen. Der Zeitraum, in dem die Jagd ausgeübt werden darf, hat sich sowohl an dem zu schützenden Belang (zB Wildschaden) als auch dem zu bejagenden Wild (Jagdzeiten) zu orientieren. In der Praxis kommt maßgelblich der Herbst in Betracht, die Zeit der Drückjagden oder besonders sensible Zeiträume im Bezug auf Wildschäden (Aussaat, Milchreife beim Mais).

90 Wird eine eingeschränkte Befriedung ausgesprochen, darf die Jagd ausgeübt werden. Dies umfasst alle Handlungen nach § 1 Abs. 4 und die damit verbundenen Nebenhandlungen, die zur fachlichen, den Regeln der Technik entsprechenden Jagdausübung erforderlich sind. So dürfen zur Jagdausübung auch Jagdeinrichtungen (Ansitz, Kirrungen) errichtet werden, bei einer zeitlichen Durchbrechung des Jagdverbots aber nur in dem Ausnahmezeitraum.

91 Systematisch ist Abs. 3 ebenso wie Abs. 5 als lex specialis zu § 6 S. 2 anzusehen. Daraus folgt, dass die Grundfläche grundsätzlich als befriedet anzusehen ist, mit der Folge, dass der Grundstückeigentümer grundsätzlich **nicht Mitglied der Jagdgenossenschaft** ist. Nur im Falle der räumlichen Einschränkung verbleibt er mit der nicht befriedeten Antragsfläche Mitglied in der Genossenschaft.

92 **b) Anordnung der beschränkten Jagdausübung (Abs. 5).** Abs. 5 ermöglicht der Behörde eine beschränkte Jagdausübung aus bestimmten Grün-

den anzuordnen. Systematisch ist die Anordnung einer beschränkten Jagdausübung nach Abs. 5 von der eingeschränkten Befriedung nach Abs. 3 streng zu unterscheiden. Während die eingeschränkte Befriedung im Ausgangsbescheid angeordnet wird, um die Belange des Abs. 1 S. 2 zu wahren, bezieht sich die Ausnahme des Abs. 5 auf Flächen, die zunächst uneingeschränkt befriedet wurden. Dh im Antragsverfahren war für die Behörde (noch) nicht ersichtlich, dass die Befriedung zu einer Rechtskollision mit den öffentlichen Interessen führen kann und von der Antragsfläche eine Gefahr für die Belange nach Abs. 1 S. 2 ausgeht.

Die Anordnung der beschränkten Jagdausübung stellt daher eine **Korrekturmöglichkeit** für die Behörde dar, um übermäßige Wildschäden zu vermeiden oder die weiteren in Abs. 5 genannten Belange zu schützen. 93

Die Anordnung setzt einen **gesonderten Bescheid** voraus und stellt einen Verwaltungsakt dar, der vom Adressaten (dem Grundstückseigentümer) mit Widerspruch bzw. Klage anfechtbar ist. Nach Abs. 5 S. 2 entfalten die Rechtsmittel gegen die Anordnung jedoch keine aufschiebende Wirkung, so dass der Grundeigentümer zu erwägen hat, ob neben dem Widerspruch bzw. Klage ein Antrag auf Wiederherstellung der aufschiebenden Wirkung nach § 80 Abs. 5 VwGO zu stellen ist. 94

Materiell-rechtlich muss die Anordnung der beschränkten Jagdausübung **erforderlich und geeignet** sein, die vom Gesetzgeber genannten Gefahren zu vermeiden bzw. zu beseitigen, wenn sich die Gefahren schon realisiert haben. Anlass für die Anordnung der beschränkten Jagdausübung kann ein Antrag eines Drittbetroffenen (Grundstücksnachbar, Landwirt wg. übermäßiger Wildschäden, Jagdgenossenschaft) sein. Die Anordnung kann aber auch von Amts wegen erfolgen, wenn die Behörde Kenntnis von der Gefahrenlage hat. 95

Der **Inhalt der Anordnung** hängt von dem auslösenden Grund ab. Ist beispielsweise Grund für die Anordnung übermäßiger Wildschaden, dürfte sich die Anordnung nur auf das schadenverursachende Wild (zB Wildschweine) beziehen, nicht jedoch auch auf andere Wildarten, beispielsweise Fasane. Verursacht eine Seuche die Gefahrenlage, darf die beschränkte Jagd nur auf Wildtiere angeordnet werden, die die Seuche übertragen, oder die aus sonstigen veterinärmedizinischen Gründen der Jagd bedürfen. Dies ist dem Wortlaut „erforderlich" zu entnehmen. Die Maßnahme muss erforderlich und geeignet sein, um das mit der beschränkten Jagdausübung verbundene Ziel zu erreichen. 96

Als Belange, die eine beschränkte Jagdausübung rechtfertigen, nennt das Gesetz: 97

aa) Vermeidung übermäßiger Wildschäden. Inhaltlich ist dieses Regelbeispiel identisch mit dem gleichlautenden Belang nach Abs. 1 S. 2 Nr. 2 (→ Rn. 63). Der Wortlaut „zur Vermeidung" macht deutlich, dass noch keine übermäßigen Wildschäden eingetreten sein müssen, das Anbahnen genügt. Es müssen Anhaltspunkte vorhanden sein, die die Annahme rechtfertigen, dass der Eintritt übermäßiger Wildschäden zu prognostizieren ist. Dieses Tatbestandsmerkmal flankiert systematisch § 27 (BT-Drs. 17/12046). Führt die Befriedung erst zu einem lokalen Anstieg der Wilddichte, ermöglicht Abs. 5 regulativ einzugreifen. 97a

bb) Gefahr von Tierseuchen. Auch dieses Tatbestandsmerkmal ist eine Wiederholung und inhaltlich an Abs. 1 S. 2 Nr. 4 angelehnt. Allerdings 98 spricht Abs. 1 S. 2 Nr. 4 vom „Schutz" und Abs. 5 S. 1 von einer „Gefahr". Daher ist für die Anordnung einer beschränkten Jagdausübung erforderlich, dass eine konkrete Gefahr einer Tierseuche vorhanden sein muss (bzgl. des polizeirechtlichen Begriffs der konkreten Gefahr → Rn. 56). Diese Gefahr muss sich ebenso wenig realisiert haben, wie der Eintritt der übermäßigen Wildschäden, die Prognose genügt. Die Anordnung der beschränkten Jagdausübung zur Seuchenabwehr bzw. -bekämpfung ergänzt das System der präventiven und repressiven Maßnahmen nach § 24 sowie nach den allgemeinen Bekämpfungsmaßnahmen nach dem TierGesG (→ § 24 Rn. 5). Bereits ausgebrochene Seuchen werden von dem Begriff der Seuchenhygiene umfasst und können daher ebenfalls die Anordnung der beschränkten Jagdausübung rechtfertigen.

99 **cc) Gründe des Naturschutzes und des Tierschutzes.** Bezüglich der Gründe des Naturschutzes kann auf die Ausführungen zu Abs. 1 S. 2 Nr. 3 (→ Rn. 65) verwiesen werden. Ergänzend stellt Abs. 5 auch auf den Tierschutz ab, der in der Praxis wohl nur auf einzelne Tiere oder lokale Tiergruppen angewendet werden wird. Die **beschränkte Jagdausübung** kann angeordnet werden um einzelne Tiere, die schwer krank oder verletzt sind, zu erlösen und Leiden zu beenden oder zu verkürzen. Denkbar ist dies beispielsweise nach einem Verkehrsunfall, soweit nicht Gefahr im Verzug anzunehmen ist. Ein denkbarer Anwendungsfall ist beispielsweise auch, dass auf einem befriedeten Grundstück Kaninchen leben und diese an einer Krankheit (Myxomatose, Chinaseuche) leiden. Bezogen auf die einzelnen erkrankten Tiere greift dann das Tatbestandsmerkmal des Tierschutzes ein, welches das Merkmal der Gefahr der Tierseuche in Bezug auf die ansteckende Krankheit ergänzt.

100 Dem Sinn und Zweck nach stelle Abs. 5 auf zeitlich beschränkte Gefahrenlagen ab. Stellt sich nach einer uneingeschränkten Befriedung heraus, dass eine nicht nur vorübergehende, sondern eine dauerhafte Gefahrlage besteht, wäre die Befriedung nach Abs. 4 zu widerrufen.

100a Besondere Bedeutung dürften die Gründe des Tierschutzes im Falle eines ASP-Ausbruches **(Afrikanische Schweinepest)** gewinnen. Durch das Gesetz zur Änderung des TierGesG, des BJagdG und des EEG vom 14.11.2018 (BGBl. 2018 I 1850) wurde eine Ermächtigungsgrundlage für eine Rechtsverordnung geschaffen, die diverse Pflichten für Jagdausübungsberechtigte in einem **Seuchenfall** vorsehen kann. Der Gesetzgeber sieht primär eine Anordnung zur verstärkten Bejagung im Seuchenfall vor, begleitet von anderen Maßnahmen um ein Ausbreiten der Seuche zu verhindern bzw. zu minimieren. Grundeigentümer können verpflichtet werden, Jagdschneisen anzulegen, um die Bejagungsmöglichkeiten zu erhöhen. Das Gesetz sieht jedoch keinen unmittelbar an einen Grundeigentümer von § 6a-Flächen adressierten Verwaltungsakt vor. Da die Allgemeininteressen im Seuchenfall die Individualinteressen des Grundeigentümers bei weitem überwiegen, hat die Behörde bei einem auf „Null" reduzierten Ermessenspielraum unverzüglich die beschränkte Jagdausübung auch auf betroffenen § 6a-Flächen anzuordnen und den entsprechenden Bescheid für sofort vollziehbar zu erklären.

101 **dd) Gewährleistung der Sicherheit des Verkehrs auf öffentlichen Verkehrswegen oder Abwendung sonstiger Gefahren für die öffentliche Sicherheit und Ordnung.** Neben der Tatsache, dass ein partieller Anstieg der Wilddichte zur übermäßigen Wildschäden und erhöhter Seu-

chengefahr führen kann, ist abhängig von den örtlichen Straßenverhältnissen auch ein Anstieg von Wildunfällen möglich. Inhaltlich ist dieses Tatbestandsmerkmal ansonsten identisch mit Abs. 1 S. 2 Nr. 5 (→ Rn. 67).

Vor der Anordnung der beschränkten Jagdausübung ist dem Betroffenen **101a** rechtliches Gehör zu gewähren, ansonsten sind die allgemeinen Vorschriften zum Erlass eines Verwaltungsaktes zu berücksichtigen. Der Wortlaut des Bescheids muss so bestimmt sein, dass der Adressat erkennen kann welchen Umfang die Anordnung der beschränkten Jagdausübung hat. Es ist genau anzugeben welche Wildarten in welchem Zeitraum in welcher Stückzahl (ggf. inklusive Geschlechterverhältnis und Altersklassen) zu bejagen sind. Der Bescheid ist zu begründen. Eine Fristsetzung und eine Auflage zum Nachweis der erfolgten Jagd empfehlen sich ebenfalls.

Es obliegt dem Grundeigentümer die Anordnung umzusetzen. Da er per- **102** sönlich keinen Jagdschein haben kann, muss er die **Jagd durch Dritte** sicherstellen. In der Regel wird der Jagdgegner persönlich keinen Jäger kennen. Es bietet sich daher für die Behörde an, im Bescheid Kontaktdaten von Jägern zu benennen, die die Jagd ausführen bzw. organisieren können, beispielsweise der Kreisjägermeister oder Jagdberater oder die örtlichen Revierpächter.

Erfüllt der Adressat die Anordnung nicht, sieht Abs. 5 S. 3 die Möglichkeit **103** für die Behörde vor, die Jagd auf Rechnung des Grundstückseigentümers ausüben zu lassen. Hierbei handelt es sich um eine **Ersatzvornahme,** wie sie das BJagdG bereits an anderer Stelle kennt (→ § 27 Rn. 2). Diese Ersatzvornahme ist eine abschließende Aufzählung der Vollstreckungsmöglichkeiten, weitere Zwangsvollstreckungsmaßnahmen bestehen nicht. Der Grundeigentümer muss alle notwendigen Kosten der Jagd tragen. Erfordert die Jagd und die Unfallverhütung das Errichten oder Mieten von jagdlichen Einrichtungen (zB Drückjagdböcke), sind auch diese mittelbaren Kosten vom Grundeigentümer zu tragen. Die Behörde gibt die Kosten durch gesonderten **Kostenbescheid bekannt.** Das Aneignungsrecht im Falle der angeordneten Jagd richtet sich nach Abs. 9.

4. Wildschäden

a) Beteiligungsverpflichtung (Abs. 6). Nach Abs. 6 hat der Grund- **104** eigentümer der befriedeten Grundfläche **Wildschäden** an Grundstücken, die zum gemeinschaftlichen Jagdbezirk gehören, nach dem Verhältnis des Flächenanteils seiner Grundfläche an der Gesamtfläche des gemeinschaftlichen Jagdbezirks **anteilig zu ersetzen.** Der Grundeigentümer haftet also anteilig für Wildschäden, die außerhalb seiner ethisch befriedeten Fläche entstehen. Der Sinn und Zweck der anteiligen Haftung beschreibt der Gesetzgeber wie folgt: „Die Vorschrift ist Ausdruck des Solidaritätsgedankens, der der Zusammenfassung von Grundstücken in gemeinsamen Jagdbezirken zugrunde liegt: Die Bündelung von Grundstücken in gemeinschaftlichen Jagdbezirken ermöglicht eine flächendeckende (entgeltliche) Nutzung durch Jagd und damit zugleich die Vermeidung von Wildschäden“ (BT-Drs. 17/12046).

Der Grundeigentümer erhöht durch die Befriedung und der damit einher- **105** gehenden zu erwartenden steigenden Wildbestände die Wahrscheinlichkeit bzw. Intensität von Wildschäden. Gleichzeitig **durchbricht er das Prinzip der flächendeckenden Bejagung** und erschwert es der Solidargemeinschaft Wildschäden durch flächendeckende Bejagung zu verhindern oder zu minimieren. Der Gesetzgeber geht davon aus, dass sich durch ethisch befriedete

Flächen Rückzugsinseln für schadenträchtige Wildtiere (vornehmlich) Schwarzwild bilden, die zu einer Schadenerhöhung führen. Daher sei eine anteilige Haftung gerechtfertigt.

106 Das in Abs. 6 S. 1 zum Ausdruck kommende Denkmuster ist aufgrund der durch die Befriedung eintretenden Gefahrerhöhung nachvollziehbar, gleichwohl werden teilweise **verfassungsrechtliche Bedenken** geäußert (vgl. Meyer-Ravenstein, Tagungsband der 21. Fortbildungsveranstaltung DJRT 2014, 66). Denn durch die Befriedung verlässt der Grundeigentümer die Solidargemeinschaft und nimmt hierdurch bereits Rechtsnachteile in Kauf (kein Wildschadensersatz, kein Anspruch auf anteiligen Reinerlös). Diese Bedenken können jedoch nicht geteilt werden. Ein Vergleich zu Grundeigentümern anderer Flächen, die nach § 6 iVm dem jeweiligen LJagdG befriedet sind, kann keinen Verstoß gegen Verfassungsrecht begründen. Zwar haften die Grundeigentümer der Befriedeten Flächen nach § 6 nicht anteilig für Wildschäden, dennoch liegt kein ungerechtfertigter Eingriff in Rechte des Jagdgegners oder eine nicht gerechtfertigte Ungleichbehandlung vor. Zwar sind sowohl Flächen nach § 6 und nach § 6a befriedet, jedoch knüpft eine Befriedung nach § 6 iVm dem jeweiligen LJagdG an objektive und nicht vom Grundeigentümer beeinflussbare Faktoren an; diese sind vom Grundeigentümer nicht beeinflussbar, was einer anteiligen Haftung entgegensteht. Der Grundeigentümer, der seine Fläche aus höchstpersönlichen ethischen Gründen auf Antrag befrieden lässt, **entzieht der Solidargemeinschaft die Bewirtschaftung willkürlich** – objektive Gründe für eine Befriedung liegen nicht vor. Es liegt daher bereits ein nicht vergleichbarer Sachverhalt vor. Im Übrigen rechtfertigt die willkürliche, subjektiv veranlasste Nutzungsentziehung im Rahmen des § 6a eine anteilige Haftung. Diese grundsätzliche Wertung teilt auch der Gesetzgeber in Baden-Württemberg, modifiziert die bundesrechtliche Regelung jedoch durch § 14 Abs. 6 **JWMG** dahingehend, dass bei der Berechnung des anteiligen Ersatzes lediglich auf die bejagbare Gesamtfläche abzustellen ist.

107 Im Übrigen ist die anteilige Haftung nicht als Sanktion zu verstehen, sondern als partielle **Aufrechterhaltung der ursprünglichen Solidarhaftung.** Der Grundeigentümer ist zwar nicht Mitglied der Jagdgenossenschaft, gleichwohl bleibt die im Gesetz vorgesehene Solidarhaftung des § 29 Abs. 1 S. 2 bestehen. Die anteilige Haftung ist also kein neues Rechtsinstitut, über Abs. 6 S. 1 wird lediglich die bereits bestehende Beteiligung aller Grundstückseigentümer aufrechterhalten. Daher legt das BMEL die Vorschrift auch entsprechend aus: Die Regelung stellt sicher, dass auch der Grundeigentümer eines befriedeten Grundstücks am Innenausgleich des Wildschadensersatzes beteiligt bleibt und sich der Mithaftung nicht durch Befriedung entziehen kann (Auslegungserlass des BMEL v. 30.4.2013).

108 Der **Umfang der Ersatzpflicht** richtet sich nach dem Verhältnis der befriedeten Fläche zur Gesamtgröße des Jagdbezirks. Da § 6a Ausdruck der **nachwirkenden Solidarhaftung** ist, ist bei der Berechnung der Gesamtfläche für das Verhältnis lediglich die in der Jagdgenossenschaft vertretene Fläche sowie nach § 6a befriedete Flächen zu berücksichtigen. Die nach § 6 iVm dem jeweiligen LJagdG befriedeten Flächen zählen bei der Berechnung der grundsätzlich nicht mit und bleiben daher auch bei der Verhältnisberechnung nach Abs. 8 außen vor.

109 Der Wortlaut des Abs. 6 ist undeutlich. Es bleibt fraglich, wer den Anspruch gegen den Grundeigentümer hat und ob oder wie dieser im Vorverfahren zu beteiligen ist. Für Klarheit kann die systematische Auslegung sorgen. § 6a Abs. 6 ist iVm § 29 Abs. 1 zu verstehen. § 6a ändert das System des Wildschadensrechts nicht ab, sondern ergänzt dieses. Der Geschädigte soll nicht einen zweiten Anspruchsgegner erhalten, dem gegenüber er den flächenmäßigen Anteil des Schadens gesondert geltend machen muss. Der Schadensersatzanspruch wird nicht geteilt (Hauptanspruch wie bisher gegen die Jagdgenossenschaft und Pächter, der Teilanspruch gegen Grundstückseigentümer der befriedeten Fläche). Dies würde ein gesondertes Verfahren erfordern, mit der Gefahr unterschiedlicher sich ggf. widersprechender Entscheidungen. Daher verbleibt das Verhältnis Geschädigter und Jagdgenossenschaft unverändert, die **Genossenschaft haftet wie bisher.** Hat die Genossenschaft die Ersatzpflicht auf den Pächter übertragen, haftet dieser primär, die Ausfallhaftung der Genossenschaft bleibt bestehen.

Der Ersatzpflichtige (Pächter oder Jagdgenossenschaft) hat gegenüber dem 110 Grundeigentümer der befriedeten Flächen jedoch einen **Regressanspruch.** Durch dieses Verständnis wird die Zielrichtung und das Verständnis der Norm durch den Gesetzgeber gewahrt; der Eigentümer wird analog zur Solidarhaftung des Jagdgenossen anteilig in Anspruch genommen, da sein Anteil mangels Mitgliedschaft in der Genossenschaft nicht aus dem Reinertrag gedeckt wird.

Der Ersatzanspruch des Grundeigentümers ist aber nicht unbedingt. Nach 111 Abs. 6 S. 2 kann sich dieser von der Haftung befreien, wenn er nachweist, dass das schädigende Wild auf seiner Fläche nicht vorkommt. Diese **Exkulpation** folgt dem Mitverursachungsprinzip. Grundsätzlich vermutet der Gesetzgeber, dass der Grundeigentümer durch die Befriedung die Gefahr von Wildschäden auf den restlichen Flächen des Jagdbezirks erhöht und der Grundeigentümer für diese Mitverursachung haftbar ist. Kann der Eigentümer jedoch nachweisen, dass das konkret schadenverursachende Wild auf seiner Fläche nicht vorkommt, hat er keine Mitverursachung gesetzt und haftet nicht anteilig für die Wildschäden im Jagdbezirk. Die Haftung entfällt hierneben auch, wenn der Schaden auch ohne die Befriedung eingetreten wäre. Es muss daher zwischen Befriedigung und Schaden ein Verursachungszusammenhang bestehen. Dies kann in der Praxis der Fall sein, wenn die Fläche derart jagdlich uninteressant ist, dass diese in der Vergangenheit ohnehin nicht bejagt wurde und die Befriedung nur eine Bestätigung des status quo ist.

Für beide Exkulpationstatbestände des Abs. 6 S. 2 trägt der Grundeigentü- 112 mer die **Darlegungs- und Beweislast.** Der Grundeigentümer muss daher nachweisen, dass die konkret schadenverursachende Wildart (zB Schwarzwild) auf seiner Fläche nicht vorkommt oder die Kausalität zwischen Befriedung und Schaden nicht gegeben ist.

Fraglich ist, ob der regressverpflichtete Grundeigentümer im **Vorverfah-** 113 **ren** zu beteiligen ist. Durch das Vorverfahren wird die Ersatzpflicht, die schadenverursachende Wildart und die Höhe des Schadensersatzes geklärt. Da der Wildschadensgeschädigte keinen direkten Anspruch gegen den Grundeigentümer hat, ist dieser auch nicht zwingend am Vorverfahren zu beteiligen. Ist der Wildschaden durch das Vorverfahren oder das sich ggf. anschließende Klageverfahren rechtskräftig geklärt, kann der Grundeigentümer von dem Pächter oder der Genossenschaft in Regress genommen werden. Kommt der Grundeigentümer der Zahlungspflicht nicht nach, kann dieser auf den anteiligen Wildschaden – ohne separates Vorverfahren – verklagt werden.

Wurde der Grundeigentümer aber nicht am Hauptverfahren nicht beteiligt, muss dieser sich das Ergebnis des Hauptverfahrens nicht gegen sich wirken lassen. Er kann alle Einwände erheben, zB der Wildschaden sei nicht fristgerecht angemeldet etc. Daher ist zu empfehlen, den Grundeigentümer am Hauptsacheverfahren zu beteiligen. Es sollte daher bereits im behördlichen Vorverfahren eine Beteiligung angestrengt werden, im gerichtlichen Verfahren wäre dem Grundeigentümer nach § 72 ZPO der **Streit zu verkünden.**

114 **b) Wildschadensersatzausschluss (Abs. 7).** Der Grundeigentümer hat nach Abs. 7 keinen Anspruch auf Ersatz von Wildschäden. Die Vorschrift ist rein deklaratorisch, da Eigentümer befriedeter Bezirke grundsätzlich keinen Ersatzanspruch haben (BGH Urt. v. 4.3.2010 – III ZR 233/09, NJW 2010, 1608 = JE IX Nr. 185). Unter Berücksichtigung dieser Rspr. würde auch der landwirtschaftliche Nutzer (Landpächter) keinen Wildschadensersatzanspruch mehr geltend machen können. Insoweit entfaltet die Befriedung nach § 6a Drittwirkung. Der Gesetzgeber hat den Nutzungsberechtigten des Grundstücks nicht als Beteiligten im Anhörungsverfahren angesehen (Abs. 1 S. 3). Unabhängig von der Frage, ob der betroffene Landpächter im Falle von Wildschäden Drittbeteiligter im Verwaltungsverfahren und in seinen Rechten verletzt ist, hat dieser zivilrechtliche Ansprüche gegen den Grundeigentümer. In Betracht kommt in erster Linie ein Anspruch auf den entstandenen Wildschaden aus § 280 Abs. 1 BGB. Es stellt eine Pflichtverletzung aus dem Pachtvertrag dar, wenn dem Nutzungsberechtigten der Schadensersatzanspruch aufgrund der Befriedung nach § 6a entzogen wird. Hierneben kann der Landpächter ggf. auch Minderung erklären oder den Pachtvertrag kündigen.

114a Durch § 14 Abs. 7 S. 2 **JWMG** wird klargestellt, dass der Grundeigentümer des befriedeten Bezirks die erforderlichen Maßnahmen der jagdausübungsberechtigten Person zum Wildtiermonitoring dulden muss,

5. Wildfolge (Abs. 8)

115 Über Abs. 8 werden die „Grundsätze der Wildfolge" auch für nach § 6a befriedete Bezirke für anwendbar erklärt. Über § 22a Abs. 2, der die „Verfolgung" kranken Wildes nur aufgrund einer schriftlichen Wildfolgevereinbarung erlaubt und ansonsten keine Detailregelung vorsieht, wird die Anwendbarkeit des jeweiligen Landesrechtes eröffnet. Da die nach § 6a befriedete Grundfläche als befriedeter Bezirk iSd § 6 anzusehen ist, besteht hier eine Rechtskollision zwischen dem Tierschutz und dem Eigentumsrecht. Die Regelung in Abs. 8 löst diesen Rechtskonflikt zugunsten des Tierschutzes und soll auch auf nach § 6a befriedeten Flächen ein gleiches Tierschutzniveau gewährleisten (BT-Drs. 17/12046). Die Frage, inwieweit für den Jagdausübungsberechtigten ein Verfolgungsrecht besteht, ist anhand der landesspezifischen Spezialregelungen zur Wildfolge in befriedeten Bezirken zu beantworten (→ § 22a Rn. 16).

116 Regelt das Landesrecht das konkrete Rechtsproblem nicht, stellt Abs. 8 S. 2 klar, dass es keiner schriftlichen Wildfolgevereinbarung zwischen dem Jagdgegner und dem Jagdausübungsberechtigten bedarf. Dies gilt selbst dann, wenn das Landesgesetz grundsätzlich eine schriftliche Vereinbarung fordert, da § 6a im Rahmen der konkurrierenden Gesetzgebung dem Landesrecht zumindest solange vorgeht, bis das Land seinerseits eine abweichende Rege-

lung getroffen hat (aA Meyer-Ravenstein, Tagungsband der 21. Fortbildungsveranstaltung DJRT 2014, S. 73). Der Wortlaut des S. 2 „bedarf es nicht" schließt jedoch nicht die im Rahmen der zivilrechtlichen Privatautonomie aus, dass der Jagdgegner mit dem Jagdausübungsberechtigten eine Wildfolgenvereinbarung treffen darf. Diese ist nur keine Voraussetzung für die Wildfolge.

Nach Abs. 8 S. 3 ist der Grundeigentümer aber über die Notwendigkeit der Wildfolge **unverzüglich,** also ohne schuldhaftes Zögern, **in Kenntnis zu setzen.** Diese allgemeine Definition erfordert in der Praxis aufgrund des technischen Fortschritts nach Möglichkeit einen Anruf per Mobiltelefon, sofern der Empfang sichergestellt und die Telefonnummer des Jagdgegners bekannt ist. Grundsätzlich ist der Grundeigentümer vor Beginn der Wildfolge von der Notwendigkeit zu informieren. Nur für den Fall, dass Belange des Tierschutzes entgegenstehen, überlagern diese das Informationsinteresse und die Wildfolge darf ohne vorherige Kenntnisgabe an den Jagdgegner begonnen werden. 117

Solche Belange sind immer dann anzunehmen, wenn das Wildtier noch lebt und leidet (zB Weidwundschuss) und unverzüglich nach § 22a zu erlegen ist. Die Beurteilung, ob diese Belange vorliegen sind anhand objektiver Kriterien aus Sicht des Jägers zu beurteilen. Sieht der Jäger, dass Wild krank auf eine § 6a-Fläche wechselt und sich dort niedertut, ist die unverzügliche Wildfolge ohne vorherige Information angezeigt. Gleiches muss aber auch für den Fall gelten, wenn der Jäger zwar nicht genau sehen kann, ob sich das Wild noch lebend und leidend auf dem befriedeten Grundstück niedertut oder ggf. bereits verendet ist, aber Tatsachen die Annahmen rechtfertigen, dass die Voraussetzungen für die Wildfolge vorliegen (zB Pirschzeichen, Zeichnen des Wildes beim Schuss). Dies geht aus der Wertung des Gesetzgebers vor, den Tierschutz im Zweifel über das ethische Interesse des Jagdgegners zu stellen. 117a

6. Aneignungsrechte

Das jagdrechtliche Aneignungsrecht ist grundsätzlich mit dem Jagdrecht, § 1 Abs. 1 S. 1, verbunden und erstreckt sich nach § 1 Abs. 5 auch auf krankes oder verendetes Wild, Fallwild, Abwurfstangen und Eier von Federwild. Da das Jagdrecht untrennbar mit Grund und Boden verbunden ist (§ 3 Abs. 1), verbleibt dieses Recht grundsätzlich beim Grundeigentümer, auch wenn sein Grundstück ein befriedeter Bezirk ist. Nach Abs. 9 folgt das Aneignungsrecht der im jeweiligen Einzelfall gegebenen Berechtigung zur **Wildfolge** (Abs. 8) oder der **behördlich angeordneten** Jagd (Abs. 5). 118

Durch Abs. 9 wird das Aneignungsrecht für **zwei Alternativen** vom Grundeigentümer auf den Jagdausübungsberechtigten des Jagdbezirks oder den beauftragten Jäger übertragen. Diese Abkoppelung durchbricht den Grundsatz, dass das Recht zur Aneignung Ausfluss des Jagdrechts ist, welches dem Grundeigentümer zusteht (§ 1 Abs. 1 iVm § 3 Abs. 1). Da das Jagdrecht Ausfluss des Eigentumsrechts und damit durch Art. 14 GG geschützt ist, bestehen verfassungsrechtliche Bedenken gegen die Trennung von Jagdrecht und Aneignungsrecht (so auch Meyer-Ravenstein, Tagungsband der 21. Fortbildungsveranstaltung DJRT 2014, 74). Leider führt die Gesetzesbegründung zu Abs. 9 lediglich aus, es würde sich hierbei um eine „notwendige 119

Folgeregelung“ zu Abs. 5 und Abs. 8 handeln. Inhaltich wird die Übertragung des Aneignungsrechts nicht begründet.

120 Im Auslegungserlass vom 30.4.2013 führt das BMELV aus, dass bezüglich der nach § 6a befriedeten Flächen weder ein pauschales Aneignungsrecht des Jagdausübungsberechtigten noch des Grundeigentümers angezeigt sei: „Denn das Aneignungsrecht ist Bestandteil des Jagdrechts, auf dessen Ausübung der Grundeigentümer mit der Befriedung gerade auch mit Wirkung für und gegen sich selbst verzichtet hat. Es wäre ethisch widersprüchlich und würde somit die Rechtfertigung der Befriedung in Frage stellen, wenn der Grundeigentümer zwar die Jagd aus Gewissensgründen ablehnte, sich aber gleichwohl das erlegte Wild aneignen und verwerten würde“.

121 Interpretiert man den Antrag auf Befriedung tatsächlich nicht nur als Ablehnung der Jagdausübung, sondern gleichzeitig als konkludent miterklärten Verzicht auf das Jagdrecht, entfällt somit zwangsläufig das daran gekoppelte Aneignungsrecht. Dann entfällt auch ein Eingriff in das Jagdrecht und damit eine Verletzung des Art. 14 GG.

122 Nicht geklärt ist allerdings die sich dann anschließende Frage, inwieweit der **Wert des Aneignungsrechts,** welches sich maßgeblich nach der Wildart berechnet, auszugleichen ist. Es erscheint sachgerecht, dem Grundeigentümer für die Übertragung des Aneignungsrechts zu entschädigen (Meyer-Ravenstein, Tagungsband der 21. Fortbildungsveranstaltung DJRT 2014, S. 74; Rose NJagdG § 27 Anm. 5). Im Fall der behördlich angeordneten Jagd dürfte beispielsweise der Erlös, den der Verkauf des erlegten Wildes einbringt, von den Kosten für die Jagd in Abzug gebracht werden. Übersteigen die Einnahmen die Kosten für die angeordnete Jagd, hat der Grundeigentümer Anspruch auf Auszahlung des Differenzbetrages, ein Fehlbetrag wäre gegen den Grundeigentümer in einem Kostenbescheid festzusetzen.

123 Diese Grundsätze sind sowohl für die behördlich angeordnete Jagd nach Abs. 5 als auch für den Fall der Wildfolge anzuwenden. Um Streitigkeiten vorzubeugen ist der Behörde zu empfehlen die Frage des Aneignungsrechts bereits im Antragsverfahren zu klären (Meyer-Ravenstein Tagungsband der 21. Fortbildungsveranstaltung DJRT 2014, 76). Im Rahmen der Anhörung kann der Grundeigentümer erklären, auf das Aneignungsrecht und ggf. Wertersatz zu verzichten.

V. Erlöschen und Widerruf der Befriedigung (Abs. 4)

124 In Abs. 4 regelt der Gesetzgeber, unter welcher Voraussetzung die Befriedung kraft Gesetzes oder aufgrund behördlicher Entscheidung endet.

1. Eigentümerwechsel (Abs. 4 S. 1)

125 Die Befriedungsmöglichkeit nach § 6a beruht auf einer persönlichen Gewissensentscheidung des Grundstückeigentümers (→ Rn. 30). Aus dieser höchstpersönlichen Gebundenheit folgt logischerweise, dass die Befriedung erlischt, sobald der Eigentümer wechselt. Diese Rechtsfolge statuiert Abs. 4 S. 1, wobei der Gesetzgeber eine Übergangsphase von drei Monaten vorsieht. Diese Frist wird durch die Abs. 4 S. 2 und 3 ergänzt.

126 Es ist unerheblich, warum das Eigentum übergeht (rechtsgeschäftliche Übertragung oder Erbfall). **Jeder Wechsel** des Eigentümers, auch des Mit-

eigentümers löst die Rechtsfolge des Abs. 4 S. 1 aus. Wie ausgeführt müssen die Gründe für die Befriedung bei jedem Miteigentümer gegeben sein (→ Rn. 36).

Die Übergangsfrist von drei Monaten dient zum einen der Rechtssicherheit (BT-Drs. 17/12046) und soll zum anderen dem Rechtsnachfolger ermöglichen, die Befriedigung durch einen eigenen Antrag aufrecht zu erhalten. Stellt der Rechtsnachfolger einen **neuen Antrag,** hemmt dieser die Frist nach Abs. 4 S. 1, die bestehende Befriedung erlischt mit Wirksamwerden der behördlichen Entscheidung über den Antrag des Rechtsnachfolgers (Abs. 4 S. 2). Wenn auch in Bezug auf den Rechtsnachfolger die Voraussetzungen nach § 6a vorliegen, hat die Behörde trotzdem einen gesonderten Bescheid zu erlassen. Die alte Befriedung erlischt aufgrund der Personenbezogenheit zwangsläufig, eine „Verlängerung" oder ein bloßer „Adressatenwechsel" ist nicht möglich. 127

Ist der Rechtsnachfolger an einer Befriedung nach § 6a nicht interessiert, kann er auch vor Ablauf der Frist den Verzicht erklären, so erlischt die Befriedung nach Abs. 4 S. 3 bereits mit Zugang der Verzichtserklärung bei der zuständigen Behörde. 128

Für die Praxis wichtig ist die Verpflichtung des Grundeigentümers **nach Abs. 4 S. 4.** Hiernach ist der Grundeigentümer verpflichtet, den Eigentumswechsel gegenüber der Behörde anzuzeigen. Hierdurch soll sichergestellt werden, dass die Behörde Kenntnis von dem Eigentumswechsel und der ggf. damit einhergehenden Beendung der Befriedung erlangt. Im Fall des Erlöschens der Befriedung hat der Grundeigentümer den Eigentumswechsel aufgrund allgemeiner Verpflichtung (→ § 9 Rn. 58, → § 9 Rn. 102) der Jagdgenossenschaft anzuzeigen, da das Jagdkataster geändert werden muss. 129

2. Widerruf der Befriedung nach Abs. 4 S. 5

Die Behörde hat die Befriedung zu widerrufen, wenn der Grundeigentümer entweder den Verzicht auf die Befriedung erklärt (Abs. 4 S. 5 Nr. 1) oder der Grundeigentümer die Jagd ausübt, einen Jagdschein löst oder die Ausübung der Jagd durch Dritte auf einem ihm gehörenden Grundstück ausübt (Abs. 4 S. 5 Nr. 2). Es handelt sich bei beiden Nummern um **zwingende Aufhebungsgründe.** Liegt eine der beiden Alternativen vor, ist die Behörde zum Widerruf verpflichtet, es liegt eine Entscheidung der gebundenen Verwaltung vor, ein Ermessensspielraum besteht nicht. 130

a) Abs. 4 S. 5 Nr. 1. Der Grundeigentümer kann jederzeit ohne Angabe von Gründen auf die Befriedung verzichten und so den gesetzlich vorgesehenen Regelzustand herstellen. Der Verzicht muss schriftlich erfolgen. 131

b) Abs. 4 S. 5 Nr. 2. In Nr. 2 zählt der Gesetzgeber die Regelbeispiele auf, die der höchstpersönlichen Gewissensentscheidung entgegenstehen. Inhaltlich sind diese deckungsgleich mit der Negativformulierung in Abs. 1 S. 3. Der Widerruf ist bei einem Grund im Sinne der Vorschrift angezeigt, da der Jagdgegner in diesen Fällen tatsächlich entgegen seiner im Antragsverfahren vorgebrachten ethischen Haltung handelt bzw. die Jagd duldet. 132

Im Gegensatz zu Abs. 1 S. 3 ist die Aufzählung in Abs. 4 S. 5 jedoch abschließend, da der Gesetzgeber beim Wortlaut auf das Wort „insbesondere" verzichtet. Der Widerruf nach Abs. 4 S. 5 Nr. 2 erfordert also das Vorliegen der abschließend aufgezählten objektiven Tatsachen. 133

134 Das Tatbestandsmerkmal nach Abs. 4 S. 5 Nr. 2 ist nicht erfüllt, wenn der Grundeigentümer eine beschränkte Jagdausübung nach Abs. 3 duldet, ein Fall der angeordneten Jagd (Abs. 5) oder der Wildfolge (Abs. 8) vorliegt. In diesen Fällen wird die Jagd gesetzlich oder behördlich angeordnet und steht der freien Gewissensentscheidung nicht entgegen (BT-Drs. 17/12046).

3. Widerruf der Befriedung nach Abs. 4 S. 6

135 Die in Abs. 4 S. 5 normierten zwingenden Aufhebungsgründe werden durch Abs. 4 S. 6, der die Aufhebung im Regelfall normiert, ergänzt. Die Behörde hat die Befriedung im Rahmen der gebundenen Verwaltung zu widerrufen, wenn Tatsachen bekannt werden, die der Befriedung entgegenstehen. Die Vorschrift ist als **Korrekturmöglichkeit** zu verstehen. Erfährt die Behörde nach einer Befriedung Informationen, die der Befriedung entgegenstehen, hätte also eine Befriedung bei Berücksichtigung der Tatsachen im Rahmen des Antragsverfahrens nach Abs. 1 nicht ausgesprochen werden dürfen, hat die Behörde die Befriedung zu widerrufen. Bei nur vorübergehender Beeinträchtigung der öffentlichen Belange ist nicht die Befriedung aufzuheben, sondern im Rahmen der Verhältnismäßigkeit eine eingeschränkte Befriedung anzuordnen (Abs. 3) oder eine beschränkte Jagd anzuordnen (Abs. 5), da diese Maßnahmen einen milderen Eingriff in den Rechtskreis des Grundeigentümers darstellen.

136 Nach der Gesetzesbegründung ist die Befriedung in der Regel aufzuheben, wenn Tatsachen „bekannt" werden, die den Anspruch auf Befriedung „entfallen" lassen (BT-Drs. 17/12046). Nach diesem Wortlaut umfasst Abs. 4 S. 6 daher Tatsachen, die entweder nach der behördlichen Entscheidung eingetreten sind oder im Antragsverfahren vorlagen, der Behörde aber nicht bekannt waren. Der Begriff „entfallen" setzt voraus, dass der Anspruch auf Befriedung ursprünglich bestand. Hat die Behörde im Antragsverfahren bekannte Tatsachen lediglich falsch bewertet, ist die Befriedung daher nicht nach Abs. 4 S. 6 zu widerrufen, sondern nach den allgemeinen Vorschriften des VwVfG zurückzunehmen (§ 48 VwVfG). Die Abs. 4 S. 5–7 sind als lex specialis zu den allgemeinen Verwaltungsvorschriften zu betrachten, die aufgrund der Verweisung aber weiterhin anzuwenden sind, sofern die Sonderregelungen nach Abs. 4 nicht eingreifen.

4. Widerrufsvorbehalt (Abs. 4 S. 7)

137 Nach Abs. 4 S. 7 hat die Behörde die Befriedigung unter einen Widerrufsvorbehalt zu stellen, sofern ein oder mehrere weitere Anträge auf Befriedung in demselben Jagdbezirk gestellt werden und nicht allen Anträgen insgesamt ohne Gefährdung der Belange nach Abs. 1 S. 2 stattgegeben werden kann.

138 Der Sinn der Vorschrift ergibt sich bei genauer Betrachtung aus der Formulierung „insgesamt". Es soll verhindert werden, dass jeder Antrag für sich genommen begründet ist, aber aus einer Gesamtschau aller Anträge eine **Gefährdung der öffentlichen Belange** resultiert. Die Antragsteller, deren Grundflächen in einem Jagdbezirk liegen, sollen gleichbehandelt werden. Es darf nicht vom Zufall des Antragzeitpunktes abhängen, ob der Antrag begründet ist oder nicht. Es soll ein „Wettlauf" der Jagdgegner verhindert werden. Durch den Widerrufsvorbehalt erhält die Behörde die Möglichkeit zu prüfen, wie sich die Gesamtsituation in einem Jagdrevier darstellt, wenn mehrere Flächen befriedet werden sollen. Ergibt sich aus der Gesamtbetrach-

tung, dass ggf. bereits befriedete Flächen durch die neuerlichen Anträge zu einer Gefährdung der öffentlichen Belange führen, kann die Behörde die Befriedung widerrufen und die Befriedungen im Jagdbezirk so regeln, dass die öffentlichen Belange gewahrt werden.

Diese Möglichkeit ist der Tatsache geschuldet, dass der Einfluss der befrie- **139**
deten Flächen aus jagdpraktischen Gründen maßgeblich an dem Verhältnis zur Gesamtfläche des Jagdbezirkes zu messen und zu bewerten ist. Eine kleine Fläche von 2.500 qm wirkt sich naturgemäß weniger aus als eine 15 ha große Fläche.

VI. Angegliederte Grundflächen (Abs. 10)

Die Möglichkeit, Grundflächen nach § 6a aus ethischen Gründen befrieden **140**
zu lassen, besteht für alle Grundstücke die nicht die Voraussetzungen eines Eigenjagdbezirks erfüllen. In der Regel werden diese Grundstücke Bestandteil eines gemeinschaftlichen Jagdbezirks sein. Es gibt jedoch Grundstücke, die keine Verbindung zu einem solchen Jagdbezirk haben (Enklaven, → § 8 Rn. 6). Sind diese Grundflächen kraft Gesetzes oder aufgrund behördlicher Entscheidung einem Eigenjagdbezirk angegliedert, sind nach Abs. 10 die Abs. 1–9 entsprechend anwendbar.

Da von Abs. 10 wörtlich nur Angliederungen „kraft Gesetzes" oder auf- **141**
grund „behördlicher Entscheidung" erfasst sind, besteht eine Regelungslücke für privatrechtliche Angliederungen, die einige Landesjagdgesetze als vorgeschaltete Alternative zur behördlichen Angliederung durch Verwaltungsakt vorsehen (→ § 4 Rn. 13). Diese Regelungslücke ist durch Auslegung und analoge Anwendung des Abs. 10 zu füllen. Die Befriedung kann in diesem Fall aber erst wirksam werden, wenn nicht nur der Pachtvertrag abgelaufen ist (Abs. 2 S. 1), sondern auch der Angliederungsvertrag zivilrechtlich zB durch Kündigung beendet wurde. Denn durch den Angliederungsvertrag hat der Jagdgegner die Fläche gerade zur Bejagung zur Verfügung gestellt. Die Jagdausübung auf der Fläche ist somit zur Geschäftsgrundlage geworden, die Übertragung des Jagdausübungsrechts ist die Primärleistungspflicht auf Seiten des Grundeigentümers der angegliederten Fläche.

2. Eigenjagdbezirke

§ 7 [Eigenjagdbezirke]

(1) [1] **Zusammenhängende Grundflächen mit einer land-, forst- oder fischereiwirtschaftlich nutzbaren Fläche von 75 Hektar an, die im Eigentum ein und derselben Person oder einer Personengemeinschaft stehen, bilden einen Eigenjagdbezirk.** [2] **Die Länder können abweichend von Satz 1 die Mindestgröße allgemein oder für bestimmte Gebiete höher festsetzen.** [3] **Soweit am Tag des Inkrafttretens des Einigungsvertrages in den Ländern eine andere als die in Satz 1 bestimmte Größe festgesetzt ist, behält es dabei sein Bewenden, falls sie nicht unter 70 Hektar beträgt.** [4] **Die Länder können, soweit bei Inkrafttreten dieses Gesetzes eine solche Regelung besteht, abweichend von Satz 1 bestimmen, daß auch eine sonstige zusammenhängende Fläche von 75 Hektar einen Eigenjagd-**

bezirk bildet, wenn dies von Grundeigentümern oder Nutznießern zusammenhängender Grundflächen von mindestens je 15 Hektar beantragt wird.

(2) [1]**Ländergrenzen unterbrechen nicht den Zusammenhang von Grundflächen, die gemäß Absatz 1 Satz 1 einen Eigenjagdbezirk bilden.** [2]**In den Fällen des Absatzes 1 Satz 3 besteht ein Eigenjagdbezirk, wenn nach den Vorschriften des Landes, in dem der überwiegende Teil der auf mehrere Länder sich erstreckenden Grundflächen liegt, für die Grundflächen insgesamt die Voraussetzungen für einen Eigenjagdbezirk vorliegen würden.** [3]**Im übrigen gelten für jeden Teil eines über mehrere Länder sich erstreckenden Eigenjagdbezirkes die Vorschriften des Landes, in dem er liegt.**

(3) **Vollständig eingefriedete Flächen sowie an der Bundesgrenze liegende zusammenhängende Grundflächen von geringerem als 75 Hektar land-, forst- oder fischereiwirtschaftlich nutzbaren Raum können allgemein oder unter besonderen Voraussetzungen zu Eigenjagdbezirken erklärt werden; dabei kann bestimmt werden, daß die Jagd in diesen Bezirken nur unter Beschränkungen ausgeübt werden darf.**

(4) [1]**In einem Eigenjagdbezirk ist jagdausübungsberechtigt der Eigentümer.** [2]**An Stelle des Eigentümers tritt der Nutznießer, wenn ihm die Nutzung des ganzen Eigenjagdbezirkes zusteht.**

Ländervorschriften: § 4 JWMG; Art. 8 BayJG; § 7 LJagdG Bln; § 7 BbgJagdG; Art. 8 BremLJagdG; § 3 HmbJagdG; § 6 HJagdG; § 3 MVLJagdG; §§ 10, 11 NJagdG; § 5 LJG-NRW; § 9 RhPfLJG; § 5 SJG; § 9 SächsJagdG; § 9 LSALJagdG; § 5 SchlHLJagdG; § 8 ThJG.

Übersicht

I. Entstehen des Eigenjagdbezirks

Der verfassungsrechtliche Schutz des Eigentums gebietet die Einräumung der Jagdausübung auf eigenem Grund und Boden – ebenso wie andere, mit dem Eigentum unmittelbar verbundene Nutzungsmöglichkeiten wie die Fischerei, Land- und Waldbewirtschaftung. Der Gesetzgeber hat aber die Bildung einer eigenständigen Jagdausübung von bestimmten Mindestgrößen abhängig gemacht. Hierbei wurde unterstellt, dass für eine wirksame Hege im Sinne einer nachhaltigen Nutzung ein Gebiet von einer gewissen Größe erforderlich ist. Schon das preußische Jagdgesetz vom 7.3.1850 gewährte die Möglichkeit der eigenständigen Jagdausübung für den Grundeigentümer erst ab einer Mindestgröße von 300 morgen (75 ha). Andre Länder hatten entsprechende Regelungen, wobei zumindest annähernd 75 ha als notwendige Größenordnung angesehen wurden. Liegen bei zusammenhängenden Grundflächen die Voraussetzungen für einen Eigenjagdbezirk gem. § 7 vor, so entsteht – ohne dass es einer Erklärung des Grundstückseigentümers oder einer besonderen behördlichen Entscheidung bedürfte – der Eigenjagdbezirk kraft Gesetzes. Eines gestaltenden Verwaltungsaktes einer Behörde bedarf es nicht (OVG Münster Urt. v. 11.8.1982 – 20 A 1972/80, AgrarR 1983, 139 = JE II Nr. 46), ebenso wenig wie eine behördliche Anmeldung oder ein vorheriger **Flächennachweis** erforderlich ist (BVerwG Urt. v. 25.3.1965 – I C 142.60, BVerwGE 21, 11 = BeckRS 1965, 30432973). In manchen Ländern besteht zwar eine Mitteilungspflicht, wenn angrenzende Grundstücke erworben werden (zB § 5 Abs. 4 **SJG**). Dies hat jedoch nur ordnungsrechtliche Bedeutung um die Grenzen der Jagdbezirke für die Jagdbehörden transparent zu machen. In Zweifelsfällen kann die Behörde dennoch entsprechende Nachweise zwar anfordern, diese aber nicht mit Zwangsmitteln durchsetzen (so auch Meyer-Ravenstein NJagdG Rn. 5; aA Mehring NdsJ 1986, 930), jedenfalls nicht in Ländern, in denen diese Pflicht nicht ausdrücklich normiert ist. Ist die Eigentümerinhaberschaft verschiedener, aber zusammenhängender Grundflächen unklar, kann die Behörde durch Verwaltungsakt das Bestehen eines Eigenjagdbezirks feststellen (vgl. VG Weimar Urt. v. 10.10.1994 – 8 K 10/94.We, RdL 1995, 124 für sog. Treuhandflächen). Dem Urteil kommt insoweit feststellendkonstitutive Wirkung zu (so auch Lorz/Metzger Rn. 1). In dem Fall in dem Streit über das Bestehen oder nicht Bestehen eines Eigenjagdbezirkes herrscht kann dies ebenfalls durch Verwaltungsakt und Urteil im Verwaltungsstreit festgestellt werden (VGH München 17.8.1960 – 195 IV 55, DVBl. 1960, 735). Das Gleiche gilt bei zivilrechtlichen Streitigkeiten. Das Urteil hat dann aber nur deklaratorische Wirkung (vgl. auch Drees/Thies/Müller-Schallenberg/Jäcker/Hugenberg LJG-NRW § 7 Anm. I). Der tatsächliche Bestand des Eigenjagdbezirks ist damit abschließend aber nicht geklärt. Ein entsprechendes Urteil wirkt nur inter partes (→ Rn. 6). Auch wenn ein Eigenjagdbezirk Kraft Gesetzes entsteht führt dessen Bildung nicht dazu, dass Verwaltungsakte, die bestimmte Grundflächen einem anderen Jagdbezirk zuordnen, dadurch aufgehoben oder auf sonstige Weise unwirksam werden (vgl. BVerwG Urt. v. 7.12.1995 – 3 C 15.94, NVwZ-RR 1997, 321; BGH Urt. v. 5.2.1973 – III ZR 15/71, BeckRS 1973, 31125082 = MDR 1973, 1006; OVG Münster Urt. v. 27.6.2013 – 16 A 1510/09, RdL 2013, 301 = JE II Nr. 175). Dies gilt auch dann, wenn ein Eigenjagdinhaber eine angrenzende Fläche erwirbt, die durch 1

Angliederungsverfügung zuvor einem anderen Jagdbezirk zugeordnet wurde (so OVG Münster Urt. v. 27.6.2013 – 16 A 1510/09, RdL 2013, 301 = JE II Nr. 175; Drees/Thies/Müller-Schallenberg/Jäcker/Hugenberg LJG-NRW § 5/§ 3 Anm. 4a).

2 Flächenzusammenlegende Maßnahmen, wie zB **Flurbereinigungsverfahren** (BVerwG Urt. v. 14.7.1972 – V C 1.72, RdL 1972, 296 = JE II Nr. 16; OLG Düsseldorf Urt. v. 21.12.1979 – 10 U 164/70, EJS IV S. 3 Nr. 3), Zukäufe von Grundflächen, Zuschläge im Versteigerungsverfahren oder Veränderungen in der Eigentümerstruktur (zB Einbringung in eine Gesellschaft bürgerlichen Rechts) bewirken die Entstehung, wenn die gesetzliche Mindestgröße erreicht ist. Werden angrenzende Flächen von dem Eigenjagdbesitzer hinzuerworben, werden diese unmittelbar Bestandteil des Eigenjagdbezirks. Der Eigenjagdbezirk vergrößert sich dementsprechend mit Eintragung der erworbenen Flächen im Grundbuch. Vereinbarungen zwischen verschiedenen Eigentümern oder die Übertragung von Bejagungsrechten lassen einen Eigenjagdbezirk nicht entstehen. Entgegenstehende noch laufende Jagdpachtverträge auf den erworbenen Grundflächen eines gemeinschaftlichen Jagdbezirks können bis zum Pachtablauf das Entstehen des Eigenjagdbezirks (iSd dort bestehenden Jagdausübungsrechts) verhindern, wenn erst unter Einbeziehung dieser Fläche die Mindestgröße erreicht wird, da gem. § 14 Abs. 2 der Neueigentümer zunächst Jagdgenosse wird. Liegen hinzuerworbene Flächen in mehreren gemeinschaftlichen Jagdbezirken und werden diese Flächen für die Entstehung des Eigenjagdbezirks benötigt, entsteht erst mit Ablauf des letzten Jagdpachtvertrags der Eigenjagdbezirk. Maßgeblich ist immer der Ablauf des ursprünglich vorgesehenen Pachtvertrags ohne zwischenzeitlich vorgenommene Verlängerungsverträge (BGH Urt. v. 30.4.1974 – III ZR 144/72, NJW 1974, 1655; OLG Köln 16.3.1955 – 2 U 65/54, MDR 1055, 420 = EJS I S. 51 Nr. 10), selbst wenn der Zuerwerb erst nach Abschluss des Verlängerungsvertrags vollzogen wurde. Allerdings wird ein Pächter iSv § 14 bösgläubig und kann sich dementsprechend auf den Schutz des Jagdpachtvertrages nicht berufen, wenn eine Auflassung eines Grundstückes beurkundet wurde und eine Auflassungsvormerkung im Grundbuch eingetragen wurde ab Eintrag (VG Augsburg Urt. v. 8.10.2019 – Au 8 K 18.1281, BeckRS 2019, 25948). Durch Angliederung von Grundstücken kann ein Eigenjagdbezirk nicht entstehen (OVG Münster Urt. v. 17.9.1962 – 1 K 21/62, EJS I S. 49 Nr. 16). Dies gilt selbst dann, wenn diese Grundstücke von den zusammenhängenden Parzellen völlig eingeschlossen sind. Voraussetzung für eine Angliederung ist zunächst das Entstehen des Eigenjagdbezirks ohne die anzugliedernden Flächen. Die Flurbereinigungsbehörde ist nicht berechtigt, die Gestaltung von Jagdbezirken durch Änderung bestehender Grenzen bzw. der jagdrechtlichen Verhältnisse neu zu ordnen (BVerwG Urt. v. 14.7.1972 – V C 1.72, RdL 1972, 296 = JE II Nr. 16). In Ausnahmefällen kann ein Eigenjagdbezirk auch durch Verwaltungsakt entstehen (§ 7 Abs. 3 **RhPfLJG,** § 9 Abs. 3 **RhPfLJG**). Ehemals volkseigene land- und forstwirtschaftliche Nutzflächen der Treuhandanstalt sollen einen Eigenjagdbezirk bilden können (VG Weimar 10.10.1994 – 8 K 10/94.We, RdL 1995, 124).

II. Untergang des Eigenjagdbezirks

3 Ein Eigenjagdbezirk geht unter, wenn die gesetzlichen Voraussetzungen nicht mehr vorliegen. Dies ist gegeben, wenn durch Flächenwegfall, Unterbrechung des Zusammenhangs, Änderung der Eigentumsverhältnisse oder Änderung der Flächennutzbarkeit die Mindestfläche nicht mehr erreicht wird (vgl. VG Schleswig Urt. v. 18.7.1979 – 1 A 159/78, NuR 80, 136 Ls. = JE II Nr. 25). In diesem Fall verlieren Angliederungen von Fremdflächen durch Abrundungen ihre Wirksamkeit (OVG Münster Urt. v. 17.9.1962 – 1 K 21/62, EJS I S. 49 Nr. 16). Ein noch laufender Pachtvertrag ist bis zu dessen Ablauf aber noch wirksam (§ 14 Abs. 1), es sei denn zum Zeitpunkt des Vertragsabschlusses bestand der Eigenjagdbezirk bereits nicht mehr (VG Regensburg Urt. v. 7.2.2023 – RO 4K 22.1621, BeckRS 2023, 3063). Wird der Eigenjagdbezirk durch Flächenwegfall in mehrere Einzelteile zergliedert und liegen für jede dieser Flächen die gesetzlichen Voraussetzungen noch vor, entstehen damit neue Eigenjagdbezirke. Ob durch jagdrechtliche Abrundungsmaßnahmen der Untergang eines Eigenjagdbezirks herbeigeführt werden kann, ist streitig (→ § 5 Rn. 1 ff.), aber abzulehnen (→ Rn. 11 mwN), siehe hierzu aber § 2 Abs. 7 **MVLJG,** der dies normiert. Geht durch öffentlich-rechtliche Eingriffe ein Eigenjagdbezirk unter kann dies eine Entschädigungsverpflichtung auslösen (BGH Urt. v. 12.3.1992 – III ZR 216/90, NJW 1992, 2078). Eine aufgrund des RJG erlassene behördliche Abrundungsverfügung, die sich auf Flächen eines Eigenjagdbezirks bezog, wurde mit Inkrafttreten des BJagdG unwirksam, es sei denn, dass die frühere Abrundung mit den Regelungen des § 5 in Einklang stand (OVG Koblenz Urt. v. 12.12.1974 – 1 A 32/73, JE II Nr. 3, in Abweichung von BGH Urt. v. 5.2.1973 – III ZR 15/71, BeckRS 1973, 31125082 = MDR 1973, 1006 = EJS IV S. 6). Werden Teile eines Eigenjagdbezirkes veräußert und damit die Mindestgröße unterschritten bleibt für die Dauer des Pachtvertrages der bisherige Eigenjagdbezirk bestehen (OVG Münster Urt. v. 7.10.1988 – 20 A 2239/87, AgrarR 1989, 280).

III. Verzicht auf die Eigenständigkeit des Eigenjagdbezirks

4 Die landesrechtlichen Bestimmungen lassen es zum Teil zu, dass der Eigentümer oder Nutznießer auf die Selbstständigkeit des Eigenjagdbezirks verzichtet (§ 7 **LJagdG Bln;** § 7 Abs. 3 **BbgJagdG;** § 3 Abs. 2 **HmbJagdG;** § 6 Abs. 3 **HJagdG;** § 3 Abs. 3 **MVLJagdG** – auch auf Teile; § 11 **NJagdG;** § 9 Abs. 5 **RhPfLJG;** § 5 Abs. 3 **SJG;** § 9 Abs. 2 **LSALJagdG;** § 5 Abs. 3 **SchlHLJagdG**). Soweit Bundesländer eine ausdrückliche Verzichtsregelung nicht getroffen haben, soll durch formlose Erklärung gegenüber der Jagdgenossenschaft es dennoch möglich sein, auf die Eigenständigkeit zu verzichten (so Hertel AgrarR 1996, 309; Lorz/Metzger Rn. 13; aA OLG Hamm Urt. v. 12.11.1987 – 5 U 327/86, NuR 1989, 59 = JE II Nr. 100). Der Verzicht auf die Eigenständigkeit des Eigenjagdbezirks bewirkt nicht, dass dieser untergeht. Demnach bewirkt dieser Verzicht auch nicht, dass Trennungen von Jagdflächen beseitigt werden oder gar neue Jagdbezirke entstehen. So entsteht ein gemeinschaftlicher Jagdbezirk nicht dadurch, dass in der Gemarkung einer Gemeinde, die die erforderliche Flächengröße für

einen gemeinschaftlichen Jagdbezirk nicht besitzt, durch Verzicht auf die Selbstständigkeit einer hierin liegenden Eigenjagdbezirksfläche die notwendige Größe erreicht würde (OVG Koblenz Urt. v. 20.2.2002 – 8 A 11516/01, JE II Nr. 150). Vielmehr sind diese Flächen benachbarten Jagdbezirken anzugliedern. Der Verzicht ist nach allen landesrechtlichen Vorgaben schriftlich gegenüber der Jagdbehörde zu erklären. Der Verzicht kann auf Antrag wieder rückgängig gemacht werden, jedoch regelmäßig nur zum Ablauf eines entgegenstehenden Pachtvertrags, ggf. je nach Vorgabe mit einer Frist von drei bis sechs Monaten zum Ablauf des Jagdjahres. Im Saarland (§ 5 Abs. 3 S. 2) wirkt die Verzichtserklärung, sofern an einen nicht verpachteten Jagdbezirk angegliedert wurde, für neun Jahre, ansonsten bis zum Ablauf des Pachtvertrags. Dies hat zur Folge, dass eine Verzichtserklärung regelmäßig gegenüber der Behörde wiederholt werden muss. Ein Teilverzicht ist nicht möglich, sofern der Gesetzgeber dies nicht ausdrücklich zugelassen hat. Möglich erscheint aber eine Aufspaltung eines Eigenjagdbezirkes in zwei selbstständige Jagdbögen, wenn die jeweils verbleibenden Flächen mindestens 75 ha zusammenhängende Flächen iSv § 7 Abs. 1 haben. In diesem Falle ist auch ein Verzicht auf eine solche Teilfläche möglich.

5 Von dem Verzicht zu unterscheiden ist die Möglichkeit gem. § **6a** die Bejagung eines Eigenjagdbezirkes aus **ethischen Gründen** zu unterlassen mit der Folge einer Befriedung des Jagdbezirkes oder einem grundsätzlichen Ruhenlassen der Jagdausübung. Soweit ein Ruhenlassen der Jagdausübung rechtlich ausdrücklich normiert ist (§ 10 **NJagdG**), kann die Behörde auf Antrag die Jagd zwar Ruhenlassen. Hierbei hat sie aber zu beachten, dass aus Tierseuchenrechtlichen Erwägungen, aber auch aus Gründen des Schutzes vor Wildschäden diese Situation auf Ausnahmeregelungen beschränkt sein sollte. Je größer das Jagdgebiet, je Wildreicher und evtl. damit Wildschadenträchtiger es ist, desto höher sind die Anforderungen an ein Ruhenlassen. Die gleichen Erwägungen müssen deshalb für die Befriedung nach § 6a gelten. Das Bestehen eines Eigenjagdbezirkes schließt die grundsätzliche Möglichkeit eines Ruhenlassens/einer Befriedung nicht aus. Allerdings muss der Jagdbezirk so geartet sein, dass die oben genannten Gefahren nur gering sind (im Einzelnen → § 6a Rn. 1 ff.). Das Ruhenlassen der Bejagung eines Eigenjagdbezirkes ist in § 6a nicht vorgesehen und deshalb rechtlich nicht zulässig (→ § 6a Rn. 24). In seiner Begründung hat der Gesetzgeber hierzu ausgeführt: „Eigenjagdbezirke … sind nicht von der Möglichkeit einer Befriedung erfasst. Hier ist die Eröffnung einer Befriedungsmöglichkeit weder erforderlich noch wäre sie zweckmäßig. Denn der Inhaber eines Eigenjagdbezirkes unterliegt nicht den Inhalts- und Schrankenbestimmungen, die das BJagdG für Eigentümer von Grundflächen kleiner als 75 ha vorsieht und die der EGMR in dem hier umzusetzenden Urteil in ihrer Ausnahmslosigkeit als unverhältnismäßig eingestuft hat. Der Eigentümer eines Grundstückes im Umfang von mindestens 75 ha ist eben nicht kraft Gesetzes Mitglied einer Jagdgenossenschaft. Er muss auch nicht die Ausübung der Jagd durch Dritte auf seinem Grundstück dulden. Der Inhaber eines Eigenjagdbezirkes kann vielmehr selbst über die Wahrnehmung und Ausübung des Jagdrechtes in dem Eigenjagdbezirk entscheiden." (BT-Drs. 17/12046, 9). Tatsächlich beschäftigten sich die vorangegangenen Entscheidungen des EGMR (EGMR Urt. v. 29.4.1999 – 25088/94, 28331/95 und 28443/95, NJW 1999, 3695; 6.12.2007 – 25708/03, nv – Baudiniere et Vauzelle./. Frankreich betr. Zwangsmitgliedschaft in einer Jagdvereinigung; Urt. v. 10.7.2007 – 2113/04,

NuR 2008, 489 betr. Zwangsmitgliedschaft in einer Jagdgenossenschaft in Luxemburg), insbesondere aber die Entscheidung Herrmann./. Deutschland (EMGR Urt. v. 26.6.2012 – 9300/07, NJW 2012, 3629 = JE XIX Nr. 43) ausschließlich mit dem Zwang zur Einbringung des Grundbesitzes in Jagdgenossenschaften oder entsprechenden Strukturen. Diese Entscheidungen haben Ausnahmecharakter schon deshalb, weil erstmalig die auch vom EGMR grundsätzlich anerkannte Sozialpflichtigkeit des Eigentums von dem Gesichtspunkt ethisch motivierter Gründe eingeschränkt werden konnte. Es ging um jagdlich eher unwesentliche Kleinparzellen, bei denen im Rahmen der Güterabwägung die als wesentlich angesehene flächendeckende Bejagung ausnahmsweise zurücktreten musste vor der Gewissensentscheidung eines Einzelnen. Deshalb stellt sich die Frage nach Herausnahme von Flächen in Größenordnungen von Eigenjagdbezirken von vorneherein nicht. Vielmehr dürfte die Grenze einer Herausnahme bei einer Grundstücksgröße liegen, bei der eine eigenständige Hege nicht möglich ist und eine Gefahr von Wildschäden und Tierseuchen allenfalls minimal ist. Zudem darf die Jagdausübung in den umliegenden Parzellen nicht spürbar tangiert sein. Damit sind Eigenjagdbezirke vom Gesetzgeber mit gutem Grunde nicht einbezogen worden.

IV. Angliederungen

Enklaven, also Grundflächen, die zu keinem Jagdbezirk gehören und von 6
einem Eigenjagdbezirk umgeben sind, können auch ohne Antrag von Amts wegen dem angrenzenden Eigenjagdbezirk angegliedert werden. **Exklaven,** also Grundstücke, die keinem Jagdbezirk angehören und zwischen mehreren Jagdbezirken gelegen sind können im Gesamten oder teilweise angegliedert werden. Hierbei ist es sachgerecht, den Wunsch des Grundstückseigentümers zu berücksichtigen (VG Münster Urt. v. 20.4.1979 – 1 K 168/78, JE II Nr. 22; OVG Koblenz Urt. v. 17.3.1976 – 2 A 27/75, JE II Nr. 36), aber nicht zwingend erforderlich, wenn besondere Gründe der Jagdpflege dagegenstehen. Es gibt kein Vorrecht eines gemeinschaftlichen Jagdbezirkes auf Angliederung solcher Flächen im Verhältnis zu einer Eigenjagd. Ist es aber Wunsch des Grundeigentümers in den gemeinschaftlichen Jagdbezirk angegliedert zu werden, ist dessen bessere Position bei der Bestimmung des Jagdausübungsberechtigten und der generellen Verpachtung Grund diesem Ansinnen den Vorrang zu geben (so OVG Koblenz Urt. v. 17.3.1976 – 2 A 27/75, JE II Nr. 36). Landesrechtliche Bestimmungen sind zu beachten. So ist der Vorrang des gemeinschaftlichen Jagdbezirkes in einigen Bundesländern normiert (Art. 9 Abs. 2 **HmbJagdG;** § 10 Abs. 2 **SächsJagdG** aF; Sonderregelungen in § 9 **BbgJagdG** und § 12 **NJagdG**). Den Behörden steht bei der Zuordnung ein Ermessen zu (OVG Lüneburg Urt. v. 20.6.2006 – 8 LA 285/04, BeckRS 2007, 20211 = JE II Nr. 154). Ist keine Angliederung möglich ruht die Jagd (so Hb § 4 Abs. 2). Geht ein Eigenjagdbezirk unter, weil eine der gesetzlichen Voraussetzungen weggefallen ist, entfällt eine eventuell bestehende Angliederung fremder Flächen (OVG Münster 14.11.1969 – IX A 645/67, JE I S. 49 Nr. 16). Geht eine angrenzende Fläche ins Eigentum eines Eigenjagdbesitzers über, die zuvor einem anderen Jagdbezirk durch Angliederung zugeordnet wurde, wird diese Fläche nicht automatisch Teil der Eigenjagd, vielmehr bedarf es zunächst der Aufhebung des Angliederungsbescheides (→ Rn. 1 mwN).

6a Grundsätzlich erfolgt keine automatische Veränderung der Jagdgrenzen, sofern eine Abrundungsverfügung diese Flächen betreffend, besteht und nachträglich Eigentumsverschiebungen- hier: zugunsten eines Eigenjagdrevieres- ergehen. Aus dem Grundsatz, dass das Jagdrecht fest mit Grund und Boden verbunden ist, ergibt sich nicht, dass eine bestehende Abrundungsmaßnahme per se unwirksam werden würde, wenn nachträglich Eigentumsveränderungen, an den, von der Abrundungsverfügung betroffenen Flächen ergehen (VGH Kassel Beschl. v. 11.10.2018 – 4 A 2032/17, BeckRS 2018, 48385; BVerwG Urt. v. 16.11.1995 – 3 C 28.94, BeckRS 1995, 31225646 Rn. 22).

V. Prozessuales

7 Die Jagdbehörde ist grundsätzlich nicht verpflichtet, durch einen feststellenden Akt zwischen streitenden Parteien klarzustellen, ob ein Eigenjagdbezirk vorliegt bzw. untergegangen ist oder nicht. Der Verweis auf den Zivilrechtsweg zwischen den streitenden Parteien wird dementsprechend als grundsätzlich zulässig erachtet. Die Behörde kann jedoch im Streitfall von ihrer Möglichkeit Gebrauch machen, mittels eines feststellenden Verwaltungsaktes den Bestand eines Eigenjagdbezirks (oder dessen Untergang) festzustellen (BVerwG Urt. v. 7.9.1992 – 3 C 23/89, RdL 1992, 295; OVG Lüneburg Urt. v. 8.9.1977 – III OVG A 22/76, AgrarR 1979, 287 = NuR 1979, 37; VG Weimar Urt. v. 10.10.1994 – 8 K 10/94.We, RdL 1995, 124). Dies soll auch dann möglich sein, wenn Eigentümer Rechtsträger der Unteren Jagdbehörde ist (so VG Düsseldorf Beschl. v. 10.8.2022 – 15 L 977/22, BeckRS 2022, 20230 – sehr bedenklich im Hinblick auf eine Interessenkollision). Einer solchen Feststellung kommt allerdings nur deklaratorische Bedeutung zu (s. Leonhardt/Pießkalla Rn. 1 zu Art. 3 BayJG), weil die Eigenjagd kraft Gesetzes entsteht. Erkennt die Behörde den Bestand einer Eigenjagd nicht an, besteht die Möglichkeit einer verwaltungsrechtlichen Feststellungsklage. Ist der Bestand zwischen Jagdgenossenschaft und Eigenjagdbesitzer streitig, ist zwischen ihnen nur der Zivilrechtsweg zulässig, da die Rechtsbeziehung zwischen beiden rein zivilrechtlich ist. Lehnt die Behörde das Zustandekommen aber ab, ist auch der Verwaltungsrechtsweg eröffnet (VG Düsseldorf Beschl. v. 10.8.2022 – 15 L 977/22, BeckRS 2022, 20230). Bis zu Klärung des Rechtstreites in der Hauptsache kann die Nutzung Gegenstand einer einstweiligen Verfügung sein. Wird die Feststellung des Bestehens eines Eigenjagdbezirkes mit einem Widerrufsvorbehalt versehen und erfolgt sodann der Widerruf, weil die gesetzlichen Voraussetzungen nicht mehr vorliegen, geht damit der Eigenjagdbezirk zunächst unter. Entsteht in der Folge der Eigenjagdbezirk durch eine neue Bodenordnung im Flurbereinigungsverfahren wieder, kommt es im Anfechtungsprozess nicht auf diesen Zeitpunkt an, sondern auf den der letzten Behördenentscheidung (OVG Berlin-Brandenburg Beschl. v. 1.11.2013 – OVG 11 N72.12, BeckRS 2013, 58261).

VI. Voraussetzungen im Einzelnen

8 Nur zusammenhängende land-, forst- oder fischereiwirtschaftlich nutzbare Flächen, die im Eigentum ein und derselben Person oder einer Personen-

gemeinschaft stehen und eine bestimmte Größe erreichen, bilden einen Eigenjagdbezirk. Komplett befriedete Bezirke können kraft Gesetzes keinen Eigenjagdbezirk bilden (→ Rn. 17 zu Abs. 3), wohl aber eingefriedete Flächen (Abs. 3).

1. Zusammenhängend

9 Die einzelnen Grundflächen müssen sich berühren, im Rechtsinne an einer Stelle eine gemeinsame Grenze haben. Eine Punktverbindung reicht aus (ständige Rspr. seit PrOVGE 36, 369; BVerwG Beschl. v. 12.12.1967 – I B 44/66, VerwRspr 1968, 683 = RdL 1968, 80). Wege, Wasserläufe, Eisenbahnkörbe oder ähnliche Flächen iSv § 5 Abs. 2 unterbrechen auch die Punktverbindung nicht (hM, VGH Kassel Urt. v. 8.7.1966 – OS IV 111/65, EJS III S. 3 Nr. 1; OVG Lüneburg 5.9.1985 – 14 OVG A 116/83, JE V SG II Nr. 79; Mitzschke/Schäfer Rn. 5; Lorz/Metzger Rn. 2). Angliederungsflächen stellen einen Zusammenhang nicht dar (Lorz/Metzger Rn. 2). Eine verbindende Wirkung kommt Grundflächen allerdings nur zu, wenn sie keine ähnlichen Flächen, Eisenbahnkörper, Wege oder Wasserläufe iSv § 5 Abs. 2 sind (→ § 5 Rn. 1 ff. zu § 5 Abs. 2; Lorz/Metzger Rn. 2). Ob eine Fläche ähnlich ist oder nicht, ob insoweit ein Eigenjagdbezirk besteht bzw. eine Fläche zugehörig ist, ist nicht von einem Verwaltungsakt abhängig. § 5 kommt insoweit eine unmittelbar gesetzlichkonstitutive Wirkung zu (BVerwG Urt. v. 28.1.1980 – 3 C 113.79, BeckRS 1980, 30429425 = JE II Nr. 34). Landes-, Bezirks-, Kreis- oder Gemeindegrenzen unterbrechen den Zusammenhang nicht. Die verbindende Fläche muss nicht bejagbar sein (OVG Münster Urt. v. 27.6.2013 – 16 A 1510/09, RdL 2013, 301 = JE II Nr. 175; OVG Münster 5.9.1963 – VIII A 1164/62, EJS II S. 2 Nr. 3; VG Minden Urt. v. 22.3.2002 – 8 K 650/01, BeckRS 2002, 160601). Selbst eine wilddichte Einfriedung schadet nicht (OVG Münster Urt. v. 27.6.2013 – 16 A 1510/09, RdL 2013, 301 = JE II Nr. 175 = NWVBl 2013, 490; auch VG Koblenz Urt. v. 25.10.2012 – 6 K 338/12, BeckRS 2012, 60893 für den Sicherheitszaun eines Flughafens). Auch kommt es nicht auf die jagdliche Nutzbarkeit von Teilflächen an (OVG Münster Beschl. v. 19.5.2003 – 20 A 2106/02, BeckRS 2010, 47650), wobei aber eine jagdliche Nutzbarkeit der Eigenjagd in seiner Gesamtheit gegeben sein muss – zumal eine land-, forst- und fischereichwirtschaftliche Nutzbarkeit an sich eine Bejagung indiziert (vgl. auch VG Stade 26.4.1982 – 4 A 130/80, RdL 1982, 289).

2. Nutzbare Fläche

10 Die zusammenhängenden Flächen müssen land-, forst- oder fischereiwirtschaftlich nutzbar sein. Auf die tatsächliche, eventuell nur vorübergehende Nutzung kommt es nicht an (OLG Hamm Urt. v. 12.11.1987 – 5 U 327/86, NuR 1989, 59; VG Köln 4.11.1966 – 4 K 325/66, EJS III S. 4 Nr. 5). Ausreichend ist, dass die Fläche land-, forst- und fischereiwirtschaftlichen Zwecken im weitesten Sinne dienen kann (PrOVGE 80, 304). Ebenso wenig ist erforderlich, ob die tatsächliche Bejagung oder Bejagbarkeit möglich ist (OVG Münster 26.1.1968 – IX 1141/65, EJS II S. 2 Nr. 3; aA VG Stade 26.4.1982 – 4 A 130/80, RdL 1982, 289). Nicht entscheidend ist, ob dort das Wild aufgesucht werden kann (Lorz/Metzger Rn. 2). Zu landwirtschaftlich nutzbaren Flächen gehören deshalb auch Flächen, die iSv § 20 Abs. 1 nicht bejagt werden dürfen. Auch Truppenübungsplätze, Golfplätze, Wirt-

schaftswege, reine Feldscheunen, Ödländereien, auch Sümpfe, bei denen zumindest eine Nutzbarkeit als Torf-, Schilf- oder Binsenriede möglich ist, gehören dazu (vgl. auch Meyer-Ravenstein, Die Jagdberechtigungen, 1986, S. 99). Für eine Sumpffläche ist es ausreichend, dass sie durch Trockenlegung nutzbar gemacht werden kann (OVG Magdeburg Urt. v. 26.6.1997 – A 1 S 121/96, RdL 1997, 290). Voraussetzung ist aber eine entsprechende (mögliche) Bodennutzung, so dass zB ein Landwirtschaftsbetrieb ohne Bodennutzung (reine Geflügel- oder Mastbetriebe, Pferdezucht ohne eigene Futtergrundlage, auf deren Gelände keine zumindest nutzbaren Parzellen vorhanden sind) ausscheiden. Eine forstwirtschaftliche Nutzung setzt dementsprechend ebenfalls eine Nutzbarkeit in diesem Sinne voraus, also eine auf Holzertrag gerichtete planmäßige Bewirtschaftung und Pflege des Waldes. Hier kommt es nicht auf die tatsächliche Nutzung an, sondern auf die theoretische Nutzbarkeit selbst, also nicht darauf, ob der Betrieb in dem Sinne auch in einer planmäßigen Weise genutzt wird. Somit scheidet zB ein **Friedwald** aus, da er erkennbar und gewollt dauerhaft nicht mehr forstlich genutzt wird (so auch Lorz/Metzger Rn. 3; aA Asam/Konrad/Schaefer RhPfLJG § 9 Rn. 2.2, der den Friedwald als eine forstwirtschaftliche Nutzung „im Rahmen eines neuen „Geschäftsfeldes" sieht). Hinzukommt, dass aus Gründen der Pietät eine Jagdausübung in diesem Bereich nicht in Betracht kommt. Eine Fischereiwirtschaft beinhaltet die Nutzbarkeit der Fläche, nicht nur der Wildfischbestände, sondern auch die Zucht und Haltung von Speise- und Besatzfischen, zB auch in Teichen. Hierzu sind auch Stauseen zur Energiegewinnung oder Wasserspeicher für Erholungszwecke als entsprechende Flächen zu zählen, weil es nicht darauf ankommt, ob die fischereiwirtschaftliche Nutzung im Vordergrund steht oder gar ausschließlich betrieben wird, sondern auf die Möglichkeit dieser Nutzbarkeit auch in einem nur geringen Sinn. Eine zeitweilig andere tatsächliche Nutzung zB in Form von Gewinnung von Bodenschätzen (Bims-, Kies- oder Tonausbeute, Mülldeponie, Industrielagerfläche), widerspricht nicht, wenn sie jedenfalls nur vorübergehend geführt wird (OLG Hamm Urt. v. 12.11.1987 – 5 U 327/86, NuR 1989, 59; VG Köln JS III S. 4 Nr. 5). Anders ist dies, wenn das Ende dieser anderweitigen Nutzung nicht erkennbar ist (OLG Hamm Urt. v. 12.11.1987 – 5 U 327/86, NuR 1989, 59). **Truppenübungsplätze** oder Flughafengelände ebenso Golfplätze sind deshalb (zumindest teilweise) land- oder forstwirtschaftlich, ggf. auch fischereiwirtschaftlich nutzbare Flächen, auch wenn erkennbar dieser Nutzungszweck nicht im Vordergrund steht. Insoweit eine entsprechende Nutzbarkeit auf Dauer nicht vorgesehen ist (reine Übungsfläche oder reiner Flughafenbetrieb ohne die theoretische Möglichkeit einer entsprechenden Nutzbarkeit), sind sie nicht als nutzbare Fläche anzusehen. Dies gilt auch für Golfplätze, bei denen eine dauernde Nutzung in dieser Form erkennbar vorgesehen ist, zB bei Bestehen von Erbbaupachtverträgen (s. hierzu auch OVG Lüneburg Beschl. v. 29.7.2011 – 4 LA 138/10, BeckRS 2011, 52894 = JE II Nr. 170; VG Oldenburg Urt. v. 17.1.2022 – 1 A 8/21, BeckRS 2022, 53780; Thies/Müller-Schallenberg Rn. I S. 60). Flächen, die lediglich dienenden Charakter haben, zB Holzlagerflächen, Wirtschaftsgebäude, Grundstücke mit Forsthäusern oder anderen Wirtschaftsgebäuden, sind in dem Sinne jagdlich nutzbare Flächen. Dies ist betreffend bebauter Flächen, die als befriedete Bezirke anzusehen, auch wenn sie im Eigentum des Eigenjagdbezirksbesitzers stehen streitig. Aus Zweckmäßigkeitsgründen sind solche Flächen, sofern ein Bezug zu der land- oder forstwirtschaftlichen

Nutzung herstellbar ist, hinzuzurechnen, zB Jagdhütten, **Wirtschaftsgebäude,** Ställe und ganze Gehöfte (so auch Lorz/Metzger Rn. 3; Mitzschke/Schäfer Rn. 9; aA Leonhardt/Pießkalla Rn. 2; Behr/Ott/Nöth, Die deutsche Reichsjagdgesetzgebung, 1935, S. 106). Zweifelhaft ist ob auch zB Windkraftanlagen oder Solarparks noch dazuzählen (für letzteres Schaefer RhPfLJG § 9 Rn. 2.2 unter Verweis auf ein Schreiben des Bay. Staatsministeriums v. 4.11.2010). Befriedete Flächen sind, soweit sie land-, forst- oder fischereiwirtschaftlich nutzbar sind – auch wenn sie eingezäunt wurden – grundsätzlich geeignete Flächen (OLG Hamm Urt. v. 12.11.1987 – 5 U 327/86, NuR 1989, 59 = JE II Nr. 100). Besteht der Eigenjagdbezirk aber nur aus befriedeten Flächen iSv § 6, entsteht die Eigenjagd nur durch Verwaltungsakt gem. Abs. 3 (näher → Rn. 17), wenn sie eingefriedet sind ebenso (Abs. 3).

3. Naturschutzgebiete

Naturschutzgebiete sind grundsätzlich als land-, forst- oder fischereiwirtschaftlich nutzbare Fläche anzusehen, wenn eine – auch stark eingeschränkte – Nutzung noch möglich ist. Sofern diese Flächen als Urwald sich selbst überlassen bleiben sollen, liegt eine Nutzbarkeit iSd § 7 nicht mehr vor. Die Vorschrift ist jedoch nach ihrem Zweck auszulegen. Demnach soll jedenfalls eine grundsätzliche Bejagbarkeit der Flächen gegeben sein, die man bei land-, forst- und fischereiwirtschaftlich genutzten Flächen annehmen kann. Ist auf anderen Flächen eine Bejagbarkeit aber dennoch möglich, kann man ihnen den Charakter als Eigenjagdfläche nicht versagen. **11**

4. Mindestgröße

Die oben genannten Flächen müssen im Zusammenhang grundsätzlich mindestens 75 ha aufweisen. Hiervon sind Ausnahmen möglich. Liegt der Eigenjagdbezirk in verschiedenen Bundesländern, gilt Folgendes: Sind die Mindestgrößen in den jeweils beteiligten Ländern unterschiedlich vorgegeben, so ist die gesetzliche Bestimmung maßgeblich, in der der größte Teil des Eigenjagdbezirksbesitzes liegt (Abs. 2 S. 2); die ansonsten bestehenden länderspezifischen Vorschriften gelten im Übrigen nur für den Teil, in dem der jeweilige Eigenjagdbezirk gelegen ist (Abs. 2 S. 3). Die Länder sind von der Vorgabe der Mindestgröße von 75 ha teilweise abgewichen. So sind die Mindestgrößen in Bayern (Art. 8 Abs. 1 **BayJG**) 81,755 ha, im Hochgebirge mit seinen Vorbergen (§ 2 AVBayJG) 300 ha. In Brandenburg beträgt sie 150 ha (§ 7 Abs. 1 **BbgJagdG**). Auf Antrag können dort zusammenhängende Flächen bis 75 ha Mindestgröße, die ansonsten die Voraussetzungen des § 7 erfüllen, zu einer Eigenjagd erklärt werden, wenn Belange der Hege und Jagdausübung nicht entgegenstehen. Nach § 1 BbgJagdDV muss die Form die eigenständige Hege und Bejagung zulassen. Voraussetzung ist, dass verbindende Flächen eine Mindestbreite von 100m aufweisen und dass ein Eigenjagdbezirk, der sich als langgezogene, schmale Fläche darstellt, mindestens 300m Breite aufweist. Durch Abrundungsmaßnahmen darf ein Eigenjagdbezirk nicht zerstört werden, indem die nutzbare Fläche auf unter 75 ha sinkt (BVerwG Urt. v. 19.7.1984 – 3 C 30/83, RdL 1984, 286; so zuvor für NRW OVG Münster Urt. v. 11.8.1982 – 20 A 1972/80, AgrarR 1983, 139 = JE IV Nr. 46). Eine rechtliche Ungleichbehandlung zu gemeinschaftlichen Jagdbezirken besteht insoweit: Während der Eigenjagdbezirk mindestens 75 ha **12** nutzbare Flächen erreichen muss, können gemeinschaftliche Jagdbezirke faktisch aus 1 ha nutzbarer Flächen iSv § 7 Abs. 1 S. 1 bestehen, wenn ansonsten 250 ha zB Ortslage bestehen (besser geregelt in § 6 **MVLJG,** das eine mindestbejagbare Fläche von einem Drittel der Mindestgröße normiert). Damit wird der Sinn der Mindestgrößen – eine selbstständige Hege betreiben zu können – unterlaufen. Unter diesem Gesichtspunkt ist das Erfordernis einer Mindestgröße von 75 ha nur für Eigenjagden aber nicht mehr begründbar. Der Bundesgesetzgeber hat es versäumt Mindestgrößen bejagbarer Flächen in gemeinschaftlichen Jagdbezirken vorzugeben (s. hierzu aber zB § 6 **SJG,** wo eine zusammenhängende bejagbare Fläche von 75 ha auch für gemeinschaftliche Jagdbezirke vorgegeben ist).

5. Teilung von Eigenjagdbezirken

13 Eine Aufteilung von Eigenjagdbezirken in verschiedene Jagdbezirke ist in einigen Bundesländern zugelassen worden: Art. 8 **BayJG** bei einer Mindestgröße von 250 ha, bzw. 500 ha im Hochgebirge; § 7 Abs. 2 **BbgJagdG** bei einer Mindestgröße von 150 ha; § 8 **SächsJagdG** aF, mindestens 250 ha. In den anderen Bundesländern besteht die Möglichkeit, mehrere Jagdausübungsberechtigte zu benennen. Da für gemeinschaftliche Jagdbezirke eine Aufteilung in mehrere Jagdbezirke regelmäßig ermöglicht wird, dürfte in analoger Anwendung dieser Vorschriften eine Aufteilung eines Eigenjagdbezirks auch ohne besondere gesetzliche Vorgabe zulässig sein, mindestens in einer Anzahl, in der auch Jagdausübungsberechtigte benannt werden können. Eine ordnungsgemäße Jagdausübung muss in diesen Bezirken jedoch möglich sein.

6. Flächen nach Abs. 1 S. 4

14 Den Ländern ist es gestattet, abweichend von S. 1 auf Antrag von Grundeigentümern oder Nutznießern zusammenhängender, mindestens je 15 ha großen Grundflächen, die land-, forst- oder fischereiwirtschaftlich nutzbar sind, die Bildung eines Eigenjagdbezirks zu gestatten. Voraussetzung ist, dass bei Inkrafttreten dieses Gesetzes eine solche Regelung bestand. Die Bundesländer haben von dieser Möglichkeit keinen Gebrauch gemacht. In Folge der Kompetenzänderung haben die Länder jetzt unabhängig von dieser Befugnis die Möglichkeit, solche Regelungen zu treffen. Da der Nutznießer nicht Inhaber des Jagdrechts ist, scheint sie nach der derzeitigen Gesetzeslage nicht mehr praktikabel zu sein. Auch Rheinland-Pfalz hat hiervon keinen Gebrauch gemacht.

7. Eigenjagdbesitzer

15 Der Eigenjagdbesitzer muss zunächst zwingend Eigentümer der Flächen sein. Hierzu muss er seine Berechtigung aus dem Grundbuch nachweisen, dh es kommt auf die (richtige, dh nicht von Amts wegen zu ändernde) Eintragung im Grundbuch an. Der Erbe wird demnach Eigentümer durch den Erbfall, nicht erst durch die Eintragung im Grundbuch. Der irrtümlich eingetragene Eigentümer ist nicht entscheidend, vielmehr der tatsächlich Einzutragende. Im Rahmen der **Zwangsversteigerung** kommt es auf den Zeitpunkt des Zuschlages an. Die Eintragung eines **Nießbrauchrechts** hindert nicht. Der Nießbraucher kann dann Eigenjagdbesitzer sein, wenn der gesamte

Eigenjagdbezirk mit dem Nießbrauch belastet ist (unter Aufgabe der bisherigen Ansicht unter Verweis auf Abs. 4, insoweit zutreffend Lorz/Metzger Rn. 10; aA OVG Lüneburg Urt. v. 8.9.1977 – III OVG A 22/76, AgrarR 1979, 287 = NuR 1979, 37), damit dann auch der **Erbbauberechtigte,** für den Zeitraum der Berechtigung.

16 Als Eigenjagdbesitzer kommen nur natürliche oder juristische Personen in Betracht. Dies können auch Körperschaften des öffentlichen Rechts sein, zB Gemeinden. Auch Personengemeinschaften (Bruchteilgemeinschaften, Gesellschaften bürgerlichen Rechts, Erbengemeinschaften, eheliche Gütergemeinschaften nach § 1416 BGB, aber auch die OHG, KG, AG, GmbH etc). Verwandtschaftliche Beziehungen (Eltern – Kinder; Tante – Neffe) stellen keine Personengemeinschaft dar, wenn diese lediglich Einzeleigentum an benachbarten Flächen besitzen (VG Schleswig Urt. v. 18.7.1979 – JE II Nr. 25). Gefordert ist die Einheitlichkeit des Eigentums. Ausreichend ist es deshalb, wenn die Beteiligungen der jeweiligen Miteigentümer je Parzelle unterschiedlich sind, solange es sich immer um die gleichen Personen, wenn auch mit unterschiedlichen Anteilen handelt. Schädlich ist es somit, wenn die **Bruchteilgemeinschaften** der zusammenhängenden Parzellen aus einer Zusammensetzung von verschiedenen Personen pro Parzelle bestehen. Dann ist die notwendige Einheitlichkeit nicht mehr gegeben (so auch Drees/Thies/Müller-Schallenberg/Jäcker/Hugenberg Rn. I). Soweit sich Eigentümer aneinandergrenzender Grundstücke jeweils eine geringe Beteiligung am Eigentum zugestehen, um die erforderliche Einheitlichkeit durch Bildung einer Gesellschaft bürgerlichen Rechts herzustellen, ist dagegen nichts einzuwenden. Ob eine Gesetzesumgehung zur Bildung einer Eigenjagd überhaupt angenommen werden kann, ist fraglich (PrOVGE 78, 370). Der Zweck durch Bildung einer solchen Bruchteilgemeinschaft einen Eigenjagdbezirk zu bilden, ist jedenfalls als solches nicht verwerflich. Die Erteilung von Vollmachten an eine Person von unterschiedlichen Eigentümern ist keineswegs ausreichend (so zutreffend Thies/Müller-Schallenberg S. 60a). Zu **Waldgenossenschaften** in Bayern s. Leonhardt/Pießkalla Rn. 3.

VII. Jagd- und Umsatzsteuer

17 Auch Eigenjagdbezirke unterliegen der Jagdsteuerverpflichtung, wenn dies die landesrechtlichen Bestimmungen vorsehen (grundsätzlich zulässig gemäß OVG Münster Beschl. v. 23.5.2007 – 14 A 3631/05, BeckRS 2007, 23876 = JE XVI Nr. 90; VGH Mannheim Urt. v. 7.2.1986 – 14 S 2170/84, JE XVI Nr. 43; aA OVG Niedersachsen Urt. v. 15.2.2008 – 9 LB 9/07, BeckRS 2008, 33634). Eine Heranziehung des Eigenjagdbesitzers zur Jagdsteuer, auch bei Nichtverpachtung, ist nicht verfassungswidrig (BVerfG Beschl. v. 10.8.1989 – 2 BvR 1532/88, NVwZ 1989, 1152 = JE XVI Nr. 53). In nicht verpachteten Eigenjagdbezirken richtet sich die Höhe der Steuer nach dem Jagdwert. Zur Ermittlung des Jagdwertes ist es zulässig, einen fiktiven Pachtpreis zu ermitteln, der sich nach der Beschaffenheit der Jagd unter Berücksichtigung der besonderen Umstände des Jagdgebietes schätzen lässt (BVerwG Beschl. v. 30.9.1986 – 8 B 53.86, JE XVI Nr. 45; VG Koblenz Urt. v. 23.5.1978 – 2 K 67/72, JE XVI Nr. 9). Dies gilt auch für Reviere im Eigentum des Fiskus, da die Ausübung des Jagdbetriebes nicht hoheitlich erfolgt und somit auch nicht als hoheitliches Handeln einzustufen ist (VG

Koblenz Urt. v. 27.8.1974 – 2 K 81/72, JE XVI Nr. 14 zu § 25 Abs. 8 RhPfLJG), zudem für Truppenübungsplätze (VG Koblenz Urt. v. 23.5.1978 – 2 K 67/72, JE XVI Nr. 9), nicht aber für Eigenjagden der Kommunen, da § 6 Abs. 1 S. 3 RPKAG bei verfassungsmäßiger Auslegung nicht greife (BVerwG Urt. v. 27.6.2012 – 9 C 10/11, NVwZ-RR 2012, 817). Demnach betreiben Kommunen keinen steuerlichen Aufwand iSd Art. 105 Abs. 2a GG für einen „persönlichen Lebensbedarf, sondern zur Erfüllung öffentlicher Aufgaben. Dem Urteil ist hingegen nicht zu entnehmen, weshalb die privatwirtschaftliche, fiskalische Tätigkeit ihrem unmittelbaren Zweck nach nicht der Gewinnerzielung dienen soll. Das Voranstellen der Waldbewirtschaftung zu einem öffentlichen Zweck unterliegt der irrigen Annahme, die reine Existenz eines Waldes in der Hand öffentlicher Träger diene dem Gemeinwohl, obgleich die Funktion und Bewirtschaftung eines Waldes in privater Hand für die Allgemeinheit keinen anderen Effekt hat. Die Tatsache, dass sich der Fiskus einiger Bundesländer (zur Zeit) zu einer Waldnutzung mit dem Titel „Naturnaher Waldbau“ bekennt ist eine, im Steuerrecht unbeachtliche Zweckrichtung der Bewirtschaftung (so zutreffend OVG Koblenz Urt. v. 25.5.2011 – 6 A 10030/11, BeckRS 2011, 50992 = JE XVI Nr. 96). Jagdgenossenschaften sind hingegen auch bei Nicht-Verpachtung Jagdsteuerpflichtig (BVerwG Urt. v. 27.6.2012 – 9 C 10/11, NVwZ-RR 2012, 819). Der Umstand, dass die jagdliche Nutzung in den bestehenden landwirtschaftlichen Betrieb integriert ist, lässt ebenfalls keine andere Beurteilung zu (BVerwG Urt. v. 18.1.1991 – 8 C 24.89, JE XVI Nr. 58). In der Regel wird als Orientierung der erzielte Pachtpreis der umliegenden Reviere herangezogen werden können. Ein Verstoß gegen Art. 3 GG liegt vor, wenn der Jagdsteuermaßstab für nicht verpachtete Eigenjagdbezirke anders ist als bei verpachteten Eigenjagdbezirken (hier unzulässiger Abschlag von 50 %, so OVG Münster Urt. v. 9.11.1989 – 22 A 2153/87, JE XVI Nr. 55). Auf eine **Wildschadensverhütungspauschale** kann Jagdsteuer nicht erhoben werden (OVG Münster Urt. v. 24.4.1980 – 3 A 954/79, JE XVI Nr. 24 zu § 3 NRWJagdsteuermustersatzung), auch keine Nebenleistungen, wie Spenden (OVG Koblenz Urt. v. 11.12.1978 – 6 A 25/77, JE XVII Nr. 25). Ebenso wenig unterliegen Pirschbezirke der Jagdsteuer (OVG Münster Beschl. v. 6.5.1997 – 22 A 877/97, BeckRS 1997, 22664 = JE XVI Nr. 71) oder die Vergabe entgeltlicher Jagderlaubnisscheine. Die Erhebung der Jagdpacht im Eigenjagdbezirk unterliegt der **Umsatzsteuer,** auch wenn es sich um eine Person des öffentlichen Rechts handelt (BGH Urt. v. 2.3.2006 – III ZR 383/02, NVwZ-RR 2006, 502 = JE XVI Nr. 86; OVG Lüneburg Urt. v. 16.2.1972 – VII OVG A 87/69, JE XVI Nr. 18; aA OVG Saarlouis Urt. v. 7.11.1994 – 1 R 43/91, JE XVI Nr. 64). Dies gilt auch für die Wildschadensverhütungspauschale (BGH Urt. v. 2.3.2006 – III ZR 383/02, NVwZ-RR 2006, 502 = JE XVI Nr. 86). Auch der Forstwirt hat für die Jagdverpachtung seiner Eigenjagd kein Steuerprivileg (BFH Urt. v. 11.2.1999 – V R 27/97, BeckRS 1999, 23000682 = JE XVI Nr. 76). Ein Eigenjagdbesitzer ist nicht automatisch von der **Hundesteuer** befreit (VG Oldenburg Urt. v. 13.10.1987 – 1 OS VG A 161/87, JE XVI Nr. 47 zu § 4 NdsHundesteuerV, § 3 NKAG, § 3 NJagdG).

VIII. Erklärung zu Eigenjagdbezirken

18 Durch Verwaltungsakt können Eigenjagdbezirke ausnahmsweise gem. Abs. 3 zu Eigenjagdbezirken erklärt werden. Es sind zwei Fälle zu unterscheiden. Zum einen geht es um vollständig eingefriedete Flächen. Es könnte sich hieraus im Umkehrschluss ableiten lassen, dass zur Qualifikation eines Eigenjagdbezirks kraft Gesetzes Voraussetzung ist, dass die Flächen nicht vollständig eingefriedet sein dürfen. Dies ist aber nicht gemeint. Es geht um befriedete Bezirke. Eine vollständige Einfriedung bedeutet zwar nicht, dass es sich um einen befriedeten Bezirk iSd § 6 handelt, auf dem die Jagd ruht. Die Länder können einer Einfriedung jedoch durchaus die grundsätzliche Qualifikation als befriedeter Bezirk zusprechen. Somit ist Abs. 3 lediglich als eine den Ländern übergelassene Möglichkeit (bei damals noch bestehender Rahmenkompetenz des Bundes) zu verstehen, um auf solchen nach Landesrecht eventuell dennoch befriedeten Bezirken die Jagdausübung zuzulassen (vgl. auch Leonhardt/Pießkalla Rn. 6). Tiergärten sind hiervon nicht betroffen (s. auch Lorz/Metzger Rn. 8), da sie nicht den Vorschriften des Jagdrechts unterliegen (§ 6 S. 3). Betroffen sind Wildparks und Gehege. Viele Länder haben Tiergehege und ähnliche Flächen zu befriedeten Bezirken erklärt, so dass in diesen Fällen die Erklärung zu einem Eigenjagdbezirk nur durch Verwaltungsakt möglich ist (s. hierzu insbesondere § 5 Abs. 1 Nr. 4, 7 und 8 **BbgJagdG;** Art. 23 Abs. 3 S. 2 **BayJG;** § 6 Abs. 3 **JWMG;** Art. 7 **BremLJagdG;** § 2 **HmbJagdG;** § 5 Abs. 1 Nr. 5 **HJagdG,** § 6 Abs. 4 **HJagdG;** § 3 Abs. 4 **MVLJagdG,** § 5 Abs. 1 Nr. 4 **MVLJagdG;** § 9 Abs. 1 Nr. 7 **NJagdG;** § 4 Abs. 2 **LJG-NRW,** § 5 Abs. 3 **LJG-NRW;** § 9 Abs. 3 **RhPflJG;** § 4 Abs. 2 Nr. 3 **SJG,** § 5 Abs. 5 **SJG;** § 6 Abs. 2 Nr. 2 **SchlHLJagdG;** § 7 Abs. 1 Nr. 5 **LSALJagdG;** § 7 Abs. 1 Nr. 8 **SächsJagdG;** § 6 Abs. 1 Nr. 5 **ThJG**). Soweit die Länder hierzu keine konkrete Bestimmung erlassen haben, gilt § 7 unmittelbar. Als vollständig eingefriedet gelten Flächen, die gegen das Ein- und Auswechseln von Wild – mit Ausnahme von Raubwild, Kaninchen und Federwild – dauernd und vollständig eingefriedet sind und keine Einsprünge besitzen (hierzu mwN Mitzschke/Schäfer Rn. 14), soweit das Landesrecht keine andere Definition vorgibt (zB § 4 **LJG-NRW** begrenzt auf Schalenwild). Flächen, die an der Bundesgrenze liegen, können im Hinblick auf ihre besondere Lage auch bei Unterschreitung der Mindestfläche zu Eigenjagdbezirken erklärt werden. Sie müssen hierzu nicht eingezäunt sein (so auch Lorz/Metzger Rn. 9).

IX. Jagdausübungsberechtigte

19 Abs. 4 bestimmt zunächst die alleinige Jagdausübungsberechtigung des Eigentümers bzw. des Nutznießers, sofern diesem die Nutzung des ganzen Eigenjagdbezirks zusteht. Ebenso wie in § 1 Abs. 1, 4 und 5 sowie § 3 Abs. 1 und 3 ist zu unterscheiden zwischen dem Rechtsstatus des Berechtigten und der tatsächlichen Ausübungsbefugnis. Auch wenn der Eigenjagdbesitzer in diesem Sinne Jagdausübungsberechtigt ist, besteht nicht automatisch die Befugnis, dieses Recht auch ausüben zu dürfen. Neben den allgemeinen gesetzlichen Voraussetzungen an die Person des Berechtigten (Jagdscheininhaber etc) muss er im Außen- und Innenverhältnis, insbesondere gegenüber der

Jagdbehörde, diese Befugnis auch besitzen. Dies ist unkompliziert, wenn der Eigenjagdbesitzer diese Voraussetzungen in seiner Person erfüllt und alleiniger Eigentümer ist und die Jagd selbst ausüben möchte. Ist der Eigentümer eine juristische Person oder eine Personenmehrheit, muss unterschieden werden. Der Eigentümer kann grundsätzlich die Jagd durch befugte Dritte ausüben lassen, sie also verpachten oder eine (oder mehrere) befugte Personen benennen, ggf. durch angestellte Jäger ausüben. Unter Umständen kann er die Jagd ruhen lassen oder durch Verzicht auf die Eigenständigkeit die Bestimmung der Jagdausübenden dem sodann Berechtigten überlassen. Da § 7 hierzu keine Ausführungen macht, haben die Länder hierzu im Wesentlichen übereinstimmende Regelungen erlassen.

1. Benennungspflicht

20 So muss der Eigenjagdbesitzer, wenn er die Jagd nicht selbst durch Verpachtung oder angestellte Jäger ausübt, einen Berechtigten benennen. Die Anzahl der Berechtigten ist der Höhe nach beschränkt. Zudem kann die Behörde selbst einen Berechtigten bestimmen, wenn der Eigentümer von seinem Recht keinen Gebrauch macht.

21 Die Länderbestimmungen im Einzelnen: Die Pflicht zur Bestimmung eines Jagdausübungsberechtigten besteht innerhalb einer angemessenen Frist. Angemessen dürfte ein Zeitraum von drei bis sechs Monaten sein. Dies ist geregelt in § 4 Abs. 2 **JWMG;** Art. 7 **BayJG,** auch bei längerer Verhinderung, Art. 7 Abs. 3 **BayJG;** § 6 **LJagdG Bln,** auch ab sechsmonatiger Verhinderung, § 6 Abs. 3 **LJagdG Bln;** § 6 Abs. 2 **BbgJagdG,** auch bei Verhinderung ab zwei Monaten, § 6 Abs. 3 **BbgJagdG;** Art. 8 **BremLJagdG;** § 6 Abs. 1 **HJagdG;** § 3 Abs. 2 **MVLJagdG;** § 10 Abs. 1 **NJagdG;** § 5 Abs. 1 **LJG-NRW;** § 9 Abs. 4 **RhPfLJG;** § 5 Abs. 2 **SJG;** § 9 Abs. 1 **SächsJagdG,** auch bei längerer Verhinderung; § 9 Abs. 1 **LSALJagdG;** § 5 Abs. 1 **SchlHLJagdG;** § 7 Abs. 2 **ThJG,** auch bei längerer Verhinderung. Soweit die Benennung eines Berechtigten auch bei längerer (zum Teil kurz befristeter) Verhinderung erforderlich ist, muss die Verhinderung aus zwingenden tatsächlichen Gründen gegeben sein (schwere Erkrankung, die auch ein Delegieren nicht zulässt). Der schlichte Unwille, Jagdschutzaufgaben wahrzunehmen, Desinteresse, häufige lange Abwesenheit – auch im Ausland – können nicht ausreichend sein. Kommt der Eigentümer der Aufforderung, einen Berechtigten zu benennen, nicht nach, kann die Behörde in allen Fällen die erforderlichen Maßnahmen ergreifen. So ist in der Regel die Bestimmung eines oder mehrerer Personen, die die jagdlichen Belange auf Kosten des Pächters wahrnehmen, möglich.

2. Anzahl

22 Die Anzahl der Personen, die die Jagdausübungsberechtigung haben sollen, ist in der Regel beschränkt. Somit können zB Personengesellschaften nicht alle Gesellschafter zu Jagdausübungsberechtigten benennen. Die Länder haben folgende Beschränkung aufgenommen: § 4 Abs. 2 **JWMG** bis 250 ha drei, für jede weitere 100 ha eine Person; Art. 7 Abs. 2 **BayJG** iVm Art. 15 **BayJG** bis 250 ha (500 ha im Gebirge) zwei, pro angefangene 250 ha (500 ha) eine weitere; § 6 Abs. 2 **LJagdG Bln** iVm § 14 **LJagdG Bln** bis 250 ha zwei, pro angefangene 125 ha eine; § 6 **BbgJagdG** iVm § 14 **BbgJagdG:** zwei für 250 ha, für jede weitere 75 ha eine; Art. 8 **BremLJagdG** bis 250 ha eine, weitere volle 125 ha eine; § 6 Abs. 1 **HJagdG** für 150 ha zwei, weitere angefangene 75 ha eine; § 3 Abs. 2 **MVLJagdG** bis 250 ha zwei, weitere 150 ha eine; § 10 Abs. 1 **NJagdG** mindestens eine; § 5 Abs. 1 **LJG-NRW** auf 300 ha zwei, jede volle weitere 150 ha eine; § 15 **RhPfLJG** bis 250 ha drei, je weitere angefangene 100 ha eine; § 5 Abs. 2 **SJG** iVm § 11 Abs. 1 **SJG** bis 150 ha zwei, jede weitere angefangene 100 ha eine; § 7 **SächsJagdG** aF iVm § 15 Abs. 1 **SächsJagdG** aF bis 250 ha zwei, weitere angefangene 150 ha eine; § 9 Abs. 1 **LSALJagdG** bis 400 ha vier, weitere volle 100 ha eine; § 5 Abs. 2 **SchlHLJagdG** bis 300 ha zwei, weitere 150 ha eine; § 7 Abs. 2 **ThJG** iVm § 15 Abs. 1 **ThJG** bis 250 ha zwei, weitere 150 ha (in Niederwildjagden weitere 75 ha) eine Person.

Ein häufiger Wechsel der Benennung des Berechtigten kann missbräuchlich sein (vgl. Mitzschke/Schäfer Rn. 15). Das Recht, den Jagdausübungsberechtigten zu benennen, steht bei juristischen Personen dem vertretungsberechtigten Organ zu. Bestehen Streitigkeiten über das Benennungsrecht, ist dies vor den Zivilgerichten auszutragen. Im Innenverhältnis regelt sich bei Personengesellschaften dies entweder durch einen Mehrheitsbeschluss oder gemäß dem Vertragsinhalt. Lassen die internen Rechtsverhältnisse dies offen, müssen die Parteien einen Konsens finden. Die Behörde muss in den Fällen, in denen ein Berechtigter nicht wirksam benannt werden kann, von ihrem Recht auf Benennung eines eingesetzten Jägers Gebrauch machen. Insbesondere müssen Maßnahmen zur Erfüllung des Abschussplanes (§ 21), zur Verhinderung von Wildschäden (§ 27), zur Bekämpfung von Wildseuchen und für notwendige Hegemaßnahmen ergriffen werden. In Bayern muss die von dem Eigentümer benannte Person jagdpachtfähig sein (Art. 7 Abs. 2 **BayJG**). 23

3. Nutznießer

Der Begriff des Nutznießers wurde § 5 RJG entnommen. Heute kommt nur noch der Nießbrauchberechtigte (§§ 1030 ff. BGB) in Betracht, wenn sich der Eigentümer das Jagdausübungsrecht nicht vorbehalten hat. Entgegen Mitzschke/Schäfer Rn. 18 ist eine Verwaltungsbefugnis der Eltern über das Kindsvermögen ebenso wenig geeignet wie die güterrechtliche Einräumung eines Nutzungsrechts unter Eheleuten. Nur dingliche Berechtigungen, die die gesamte und uneingeschränkte Nutzung des Eigentums zum Inhalt haben, kommen hierfür in Betracht. Ein Erbbaurecht gibt diese Berechtigung wieder (aA OVG Lüneburg Urt. v. 8.9.1977 – III OVG A 22/76, AgrarR 1979, 287 = NuR 1979, 37), aber nicht eine beschränkt persönliche Dienstbarkeit (nach § 1090 BGB), Grunddienstbarkeiten (§ 1018 BGB) oder gar schuldrechtliche Berechtigungen. Altrechtliche Nutzungsbefugnisse sind zwar denkbar, dürfen jedoch wegen der Untrennbarkeit von Eigentum und Jagdrecht kein dingliches Jagdrecht oder eine eigenständige Jagdgerechtigkeit zum Inhalt haben. Soweit Nutzungsrechte gesetzlich übertragen sind, wird zum Teil eine Nutznießer-Eigenschaft anerkannt (s. Leonhardt/Pießkalla zum Staatsforstengesetz Bayern). Nutznießer im Rechtsinne kann nur sein, wem das uneingeschränkte Nutzungsrecht an der gesamten Eigenjagd zusteht. Fehlt an nur einer Parzelle diese Berechtigung – auch bei späterem Zuerwerb –, liegt keine Nutznießung mehr vor. 24

3. Gemeinschaftliche Jagdbezirke

§ 8 Zusammensetzung

(1) **Alle Grundflächen einer Gemeinde oder abgesonderten Gemarkung, die nicht zu einem Eigenjagdbezirk gehören, bilden einen gemeinschaftlichen Jagdbezirk, wenn sie im Zusammenhang mindestens 150 Hektar umfassen.**

(2) **Zusammenhängende Grundflächen verschiedener Gemeinden, die im übrigen zusammen den Erfordernissen eines gemeinschaftlichen Jagdbezirkes entsprechen, können auf Antrag zu gemeinschaftlichen Jagdbezirken zusammengelegt werden.**

(3) **Die Teilung gemeinschaftlicher Jagdbezirke in mehrere selbständige Jagdbezirke kann zugelassen werden, sofern jeder Teil die Mindestgröße von 250 Hektar hat.**

(4) **Die Länder können die Mindestgrößen allgemein oder für bestimmte Gebiete höher festsetzen.**

(5) **In gemeinschaftlichen Jagdbezirken steht die Ausübung des Jagdrechts der Jagdgenossenschaft zu.**

Ländervorschriften: § 11 JWMG; Art. 10 BayJG; § 9 LJagdG Bln; § 9 BbgJagdG; Art. 9, 10 BremLJagdG; § 4 HmbJagdG; § 7 HJagdG; § 2, 4, 6, 7 MVLJagdG; §§ 12–15 NJagdG; § 6 LJG-NRW; § 10 RhPfLJG; § 6 SJG; § 11 SächsJagdG; §§ 10–13 LSALJagdG; §§ 6, 7 SchlHLJagdG; § 10 ThJG.

Übersicht

I. Einführung

1 Die Einteilung in Eigenjagdbezirke und gemeinschaftliche Jagdbezirke ist Folge des Reviersystems. Ein Jagdbezirk ist ein bestimmter, aus miteinander im Zusammenhang (→ Rn. 9 ff.) stehenden Grundstücken gebildeter Teil der Landschaft, dessen Mindestgröße gesetzlich geregelt ist.

2 Durch die grundsätzliche Zuteilung eines Grundstücks zu einem Jagdbezirk wird eine flächendeckende Bejagung gewährleistet, sowie eine effektive Jagd und Hege ermöglicht und damit die Ziele des BJagdG – Schutz vor Wildschäden, Gewährleistung eines artenreichen und gesunden Wildbestandes, Wahrung der Belange von Naturschutz und Landschaftspflege – gefördert (vgl. Munte, Die Pflicht des Grundeigentümers zur Duldung der Jagdausübung auf seinem Grundstück, 2008, S. 32, 109 f.).

II. Gemeinschaftlicher Jagdbezirk

1. Grundsätzliches

3 Alle Grundflächen einer Gemeinde oder abgesonderten Gemarkung, die nicht zu einem Eigenjagdbezirk (→ § 7 Rn. 1) gehören, bilden einen gemeinschaftlichen Jagdbezirk, wenn die zusammenhängenden Grundflächen die gesetzlich vorgeschriebene Mindestgröße erreichen. Ein gemeinschaftlicher Jagdbezirk entsteht damit **ipso iure,** sobald und solange die Voraussetzungen des § 8 Abs. 1 erfüllt sind. In den Ausnahmefällen der § 8 Abs. 2 (Zusammenlegung) und § 8 Abs. 3 (Teilung) kommt auch eine Entstehung durch **Verwaltungsakt** in Betracht.

4 Bei der Beantwortung der Frage nach der Zusammensetzung eines gemeinschaftlichen Jagdbezirks ist auf die Zugehörigkeit einer Grundfläche zu der jeweiligen Gemeinde bzw. auf eine mit dieser im Zusammenhang stehenden abgesonderten Gemarkung abzustellen. Das Gesetz versteht unter einer abgesonderten Gemarkung eine Grundfläche, die zwar innerhalb eines Gemeindegebiets liegt, aber nicht Teil dieses Gemeindegebiets ist (VG Minden Urt. v. 30.3.2007 – 8 K 2535/06, BeckRS 2007, 22951 = JE II Nr. 155) und folglich nicht der Gemeinde angehört.

5 Beachtlich für den gemeinschaftlichen Jagdbezirk ist das Gebiet einer Gemeinde. Gemeint sind die Flächen der **politische Gemeinde,** nicht aber der Samtgemeinde (Meyer-Ravenstein NJagdG § 8 Rn. 5). Ausschlaggebend für die Grenzen eines gemeinschaftlichen Jagdbezirks sind die in den Flurkarten eingezeichneten Gemeindegrenzen, die sich aus dem **Katasternachweis** ergeben (AG Pinneberg Urt. v. 23.11.2001 – 60 C 236/01, BeckRS 2001, 31210170 = JE II Nr. 146). In der Regel decken sich die Grenzen des gemeinschaftlichen Jagdbezirks mit den Grenzen der politischen Gemeinde. Durchbrochen wird dieser Grundsatz, wenn eine Grundfläche zwar der Gemeinde angehört, mit den übrigen Flächen jedoch nicht in Zusammen-

hang steht, wie dies bei sog. Exklaven der Fall ist (OVG Lüneburg Urt. v. 7.11.1974 – III OVG A 5/75, JE II Nr. 27).

6 **Exklaven** (von lat. „clavis" = Schlüssel; kann sinngemäß als „ausgeschlossenes Gebiet" bezeichnet werden) sind isolierte Grundflächen, die von anderen Jagdbezirken vollständig umschlossen werden und die gesetzlichen Voraussetzungen für die Bildung eines Eigenjagdbezirks (→ § 7 Rn. 1 f.) oder eines gemeinschaftlichen Jagdbezirks nicht erfüllen. In analoger Betrachtung wird in diesem Zusammenhang auch von Enklaven („eingeschlossenes Gebiet") gesprochen. Je nach Blickwinkel kann eine Grundfläche, die zu keinem Jagdbezirk gehört, als Exklave oder als Enklave bezeichnet werden. Beispiele:

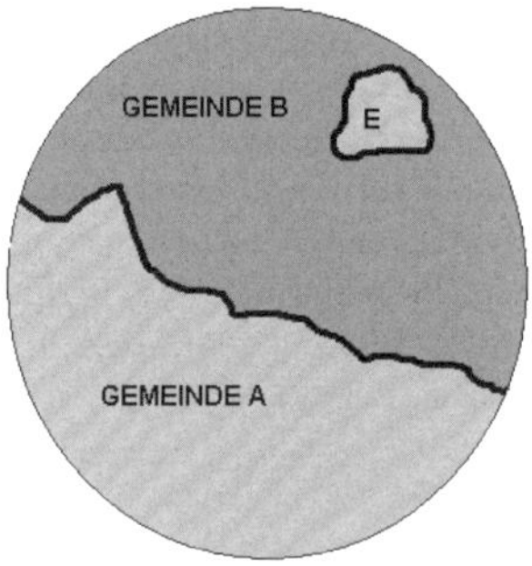

Gehört die Fläche E zum Gebiet der Gemeinde A, ist sie aus Sicht der Gemeinde B eine Enklave und aus Sicht der Gemeinde A eine Exklave.

7 Teilweise wird zwischen verschiedenen Arten von Exklaven unterschieden (Möller UmweltR IV Rn. 55, Ziff. 1.3.1): die Vollexklave (liegt innerhalb eines Eigenjagdbezirks), die Halbexklave (teils von einem Jagdgebiet, teils von Meer oder Staatsgrenze umschlossen) oder die gesetzliche Exklave (von mehreren Jagdbezirken umschlossen). Diese Unterscheidung geht auf das alte hannoversche Jagdrecht (vgl. Meyer-Ravenstein NJagdG § 6 Rn. 1 f.) zurück. Eine Unterteilung in verschiedenen Exklaven ist jedoch nicht nötig, da dadurch Unklarheiten erzeugt werden und für jede Exklave eine **einheitliche Rechtsfolge** gilt.

8 Exklaven sind jagdbezirksfrei und die **Jagd ruht dort** grundsätzlich (§ 6 S. 1 Alt. 1). Eine beschränkte Ausübung der Jagd kann allerdings gestattet werden (→ § 6 Rn. 5). In der Praxis werden solche Exklaven in der Regel an benachbarte Jagdbezirke angegliedert (→ § 5 Rn. 2).

2. Zusammenhang

9 Zwischen den beteiligten Grundstücken muss ein Zusammenhang bestehen. Für diese Frage gelten die gleichen Grundsätze wie für Eigenjagdbezirke (→ § 7 Rn. 8), dh auch hier reicht eine Punktverbindung aus, um dieses Tatbestandsmerkmal zu erfüllen. Die **Gestaltung der Jagdbezirke** wird in erster Linie durch § 5, der gleichermaßen für Eigenjagdbezirke und Gemeinschaftsjagdbezirke anzuwenden ist, geregelt (BVerwG Urt. v. 28.1.1980 – 3 C 113.79, BeckRS 1980, 30429425 = JE II Nr. 34). Was im Rechtssinne unter „Zusammenhang" im Hinblick auf gemeinschaftliche Jagdbezirke zu verstehen ist, wird durch § 5 Abs. 1 näher bestimmt (BVerwG Beschl. v.

5.12.1986 – 3 B 109/85, BeckRS 1986, 5949 = JE II Nr. 86; VG Hannover Urt. v. 18.12.1986 – 2 VG A 204/85, JE II Nr. 94). § 5 Abs. 2 regelt maßgeblich, was „im Zusammenhang" stehende Grundflächen iSd § 8 Abs. 1 sind (BVerwG Urt. v. 28.1.1980 – 3 C 113/79, BeckRS 1980, 30429425 = JE II Nr. 34). Praxisrelevant ist die Beurteilung der Frage, welche Voraussetzungen an eine ähnliche Fläche iSd § 5 Abs. 2 gestellt werden, die keinen Zusammenhang zwischen Grundflächen herstellt. Die Beantwortung dieser Frage hat mithilfe der Zweckbestimmung des § 1 im Einzelfall zu erfolgen, indem der **hegerische und jagdliche Wert der Grundfläche** beurteilt wird. Besitzt die Fläche aufgrund ihrer äußeren Beschaffenheit und ihrer boden- und geländemäßigen Ausgestaltung einen nicht unerheblich größeren hegerischen und jagdlichen Wert als Wege, Triften und Eisenbahnkörper, liegt keine ähnliche Fläche vor, so dass sie geeignet ist, den Zusammenhang zwischen Grundflächen herzustellen. Diese Grundsätze erlangen bei der Berechnung der Mindestgröße eines gemeinschaftlichen Jagdbezirks (→ Rn. 18) große Bedeutung, wenn Flächen zB lediglich durch einen schmalen Streifen verbunden werden. Im Einzelfall ist festzustellen, ob ein schmaler Streifen eine „ähnliche Fläche" iSv § 5 Abs. 2 darstellt. Das BVerwG verlangt nicht, dass „ähnliche Flächen" nach § 5 Abs. 2 geeignet sein müssen, die Bezirke zu einem einheitlichen „Lebensraum" für Wild zusammenzuschließen oder den Erfolg einer „einheitlichen" Hege auf den anderen Flächen zu verbessern oder eine „einheitliche" Bejagung zu ermöglichen (BVerwG Urt. v. 28.1.1980 – 3 C 113/79, BeckRS 1980, 30429425 = JE II Nr. 34), so dass nach dieser Rspr. zB auch ein ca. 10m breiter und mehrere hundert Meter langer, mit Büschen bewachsener Streifen den Zusammenhang iSd § 5 herstellen kann. § 8 Abs. 1 iVm § 5 regelt die **Gliederung** der Jagdbezirke unmittelbar gesetzlich-konstitutiv, also als **unmittelbare Rechtsfolge gesetzlicher Tatbestände** (BVerwG Beschl. v. 5.12.1986 – 3 B 109/85, BeckRS 1986, 5949 = JE II Nr. 86; Urt. v. 28.1.1980 – 3 C 113/79, BeckRS 1980, 30429425 = JE II Nr. 34).

Grundflächen, die zwar zu einer Gemeinde gehören, aber nicht mit anderen Grundflächen der Gemeinde im Zusammenhang stehen, gehören nicht zum gemeinschaftlichen Jagdbezirk (OVG Lüneburg Urt. v. 7.11.1974 – III OVG A 5/75, JE II Nr. 27; VG Kassel Urt. v. 5.10.1978 – IV E 234/78, JE II Nr. 20). In der Praxis ist dies oft der Fall, wenn Teile eines gemeinschaftlichen Jagdbezirks zB durch Neubildung eines Eigenjagdbezirks von dem gemeinschaftlichen Jagdbezirk abgeschnitten werden und diesem so verloren gehen. Erreicht der abgetrennte Teil jedoch ebenfalls die gesetzliche Mindestgröße, so bildet dieser einen gemeinschaftlichen Jagdbezirk für sich. Es können folglich mehrere gemeinschaftliche Jagdbezirke in einer Gemeinde bestehen. 10

Wird eine Fläche gem. § 5 Abs. 1 einem anderen Jagdbezirk angegliedert oder abgetrennt, so scheidet sie aus dem gemeinschaftlichen Jagdbezirk aus. Eine solche Fläche kann den nach § 8 Abs. 1 nötigen Zusammenhand zwischen den verbliebenen Grundflächen der Gemeinde nicht mehr herstellen. Werden vormals zusammenhängende Grundflächen durch Angliederung oder Abtrennung getrennt, bilden diese Teile einen gemeinschaftlichen Jagdbezirk für sich, falls jeweils die gesetzliche Mindestgröße erreicht wird; wird dieser gesetzlichen Voraussetzung nicht genügt, besteht kein gemeinschaftlicher Jagdbezirk, mit der Folge, dass die Flächen einem anderen Jagdbezirk angegliedert werden (§ 5) oder auf Antrag mit zusammenhängenden Grund- 11 flächen einer anderen Gemeinde zusammengelegt werden (§ 8 Abs. 2). Aus diesem Grundsatz nach § 8 Abs. 2 folgt, dass es möglich ist, eine Fläche auch an einen angrenzenden, aber in einer anderen Gemeinde liegenden Jagdbezirk anzugliedern (VG Schleswig-Holstein Urt. v. 12.6.2018 – 7 A 834/17, BeckRS 2018, 13665). Man kann diese Form der Angliederung als „Angliederung über Gemeindegrenzen" hinweg bezeichnen.

3. Mindestgröße des gemeinschaftlichen Jagdbezirks

12 Die vom BJagdG vorgegebene Mindestgröße beträgt 150 ha (§ 8 Abs. 1). Die Länder können aufgrund der Ermächtigung des § 8 Abs. 4 eine höhere Mindestgröße bestimmen.

13 **a) Berechnung.** Bei der Berechnung der Mindestgröße zählen befriedete Bezirke grundsätzlich mit. Hieraus folgt, dass es unbeachtlich ist, ob auf der Grundfläche eine Jagdausübung möglich und gestattet, oder aufgrund Befriedung verboten oder die Jagd eingeschränkt gestattet ist. Auch die Grundflächen nach § 5 Abs. 2 gehören zum gemeinschaftlichen Jagdbezirk. **Nicht mitgezählt** wird hingegen ein der Gemeinde gehörender Eigenjagdbezirk: Besitzt die Gemarkung einer Gemeinde – neben einem Eigenjagdbezirk der Gemeinde – nicht die Mindestfläche für einen gemeinschaftlichen Jagdbezirk, kann ein solcher durch Angliederung oder einen Verzicht (→ § 7 Rn. 4) auf den Eigenjagdbezirk nicht hergestellt werden (OVG Koblenz Urt. v. 20.2.2002 – 8 A 11516/01, JE II Nr. 150 = NuR 2002, 616).

14 Auf eine bestimmte Grundstücksbeschaffenheit oder -qualität kommt es nicht an, so dass auch die Ortslage und bebaute Grundflächen im Außenbereich (§ 35 BauGB) in die Bestimmung der Mindestgröße einbezogen werden. Ebenso wenig ist zu berücksichtigen, ob die Qualität oder die Nutzung der Grundflächen eine tatsächliche Jagdausübung zulassen oder merklich erschweren, zB Straßen, Wege (VG Stade Urt. v. 4.8.1983 – 4 VG A 104/83, JE IV Nr. 22), durch Schiffsverkehr oder Badebetrieb auf einem Kanal (VG Münster RdL 1968, 300). Im Gegensatz zu einem Eigenjagdbezirk ist es gleichgültig, ob die Grundflächen land-, forst- oder fischereiwirtschaftlich nutzbar sind (→ § 7 Rn. 9).

15 **b) Abweichendes Landesrecht.** Die Länder haben von der Möglichkeit, eine abweichende Mindestgröße bestimmen zu können, umfassend Gebrauch gemacht. In **Baden-Württemberg, Berlin, Hamburg, Mecklenburg-Vorpommern, Nordrhein-Westfalen, Saarland** verbleibt es grundsätzlich bei der Mindestanforderung von 150 ha. **Hessen** verlangt als Mindestgröße 200 ha (§ 7 Abs. 1 **HJagdG**), Art. 9 Abs. 1 **BremLJagdG,** § 12 Abs. 1 **NJagdG;** bei behördlicher Genehmigung 200 ha, § 10 Abs. 1 S. 2 **RhPfLJG,** § 11 Abs. 1 **SächsJagdG,** § 6 Abs. 1 **SchlHLJagdG** und § 10 Abs. 1 **ThJG** je 250 ha, wobei in **Sachsen** die befriedeten Bezirke nicht mitgezählt werden, was einer zusätzlichen Erhöhung der Mindestgröße gleichkommt. In **Rheinland-Pfalz** kann die untere Jagdbehörde ein Unterschreiten der Mindestgröße um bis zu 25 ha zulassen, wenn Belange der Jagdpflege nicht entgegenstehen.

16 Die höchsten Anforderungen an die Mindestgröße stellt **Brandenburg,** indem 500 ha (§ 9 Abs. 1 **BbgJagdG**) zusammenhängende Grundfläche (inklusive befriedeter Bezirke) verlangt werden. Die Jagdbehörde kann nach Anhörung des Jagdbeirates gemeinschaftliche Jagdbezirke mit einer Größe

von mindestens 250 ha, bei Enklaven von mindestens 150 ha, zulassen (§ 9 Abs. 1, 2 **BbgJagdG**), wobei bei der Berechnung dann Grundflächen nicht mitzählen, auf denen die Jagd ruht. Voraussetzung für diese Ausnahme ist ein Antrag von der Mehrheit der Grundstückseigentümer der betroffenen Flächen und die Antragsteller über mehr als die Hälfte der zusammenhängenden Grundflächen verfügen. Des weiteren dürfen Belange der Hege und Jagd der Zulassung nicht entgegenstehen. Nach § 9 Abs. 2 **BbgJagdG** dürfen gemeinschaftliche Jagdbezirke von mindestens 150 ha zugelassen werden, wenn die Grundflächen eines Gemeindegebiets von einem oder mehreren Jagdbezirken umschlossen werden, also eine Enklave bilden.

In Anlehnung an die Mindestgröße für Eigenjagdbezirke (§ 7 Abs. 1) wird teilweise verlangt, dass nach Abzug der befriedeten Gebiete eine bejagdbare Fläche zusammenhängender Grundstücke von mindestens 75 ha vorhanden sein muss (§ 9 **LJagdG Bln;** Art. 9 Abs. 3 **BremLJagdG;** § 4 Abs. 3 **HmbJagdG;** § 12 Abs. 1 **NJagdG;** § 6 Abs. 1 **SJG**). **17**

In **Sachsen-Anhalt** beträgt die Mindestgröße für einen gemeinschaftlichen Jagdbezirk mindestens 250 ha (Ausnahme für Bezirke über 200 ha möglich; § 10 Abs. 1 S. 2 LSALJagdG), wobei zudem gefordert wird, dass nach Abzug der befriedeten Bezirke mindestens 100 ha zusammenhängende Fläche verbleiben muss. **18**

Bayern verlangt eine Mindestgröße von 250 ha, wobei befriedete Bezirke nicht mitgezählt werden (Art. 10 Abs. 1 BayJG). Eine Ausnahme besteht für das Hochgebirge mit seinen Vorbergen, da in diesem Gebiet eine Mindestgröße von 500 ha zusammenhängender Grundfläche verlangt wird. **19**

4. Fehlende Mindestgröße

Zu unterscheiden ist zwischen anfänglicher und nachträglicher Unterschreitung der gesetzlichen Mindestgröße. **20**

a) Anfängliche Unterschreitung. Zusammenhängende Grundflächen, die die Mindestgröße nicht erreichen (anfängliche Unterschreitung), bilden keinen gemeinschaftlichen Jagdbezirk. Es besteht die Möglichkeit diese Flächen einem anderen Jagdbezirk **anzugliedern** (§ 5) oder auf Antrag mit zusammenhängenden Grundflächen einer anderen Gemeinde zu einem gemeinschaftlichen Jagdbezirk **zusammenzulegen,** wenn die Grundflächen zusammen die Mindestgröße besitzen (§ 8 Abs. 2). Zu den einzelnen Voraussetzungen für die Zusammenlegung → Rn. 33 ff. Grenzt die zusammenhängende Grundfläche, die für sich allein keinen gemeinschaftlichen Jagdbezirk bildet, an mehrere Jagdbezirke an, hat sich die Entscheidung, an welchen dieser Bezirke sie angegliedert wird, ausschließlich an den Zielen des BJagdG und somit an den Erfordernissen der Jagdpflege und der Jagdausübung (→ § 5 Rn. 7 f.) zu orientieren. Jedoch reichen bloße Zweckmäßigkeitserwägungen für eine Abrundung nicht aus. Die Abrundung muss sich einem objektiven und fachkundigen Betrachter bei Beurteilung des Einzelfalls unter Berücksichtigung der örtlichen Gegebenheiten als notwendig und sachdienlich aufdrängen (OVG Lüneburg Urt. v. 16.4.2008 – 4 LB 60/07, BeckRS 2008, 34574 = JE II Nr. 158). Der Behörde steht ein Ermessen zu, an welchen von mehreren in Betracht kommenden Jagdbezirken die Angliederung erfolgt (OVG Lüneburg Urt. v. 16.4.2008 – 4 LB 60/07, BeckRS 2008, 34574 = JE II Nr. 158; Urt. v. 20.6.2006 – 8 LA 285/04, BeckRS 2007, 20211 = JE II Nr. 154). **20a**

21 **b) Nachträgliche Unterschreitung.** Verliert ein gemeinschaftlicher Jagdbezirk Grundflächen und sinkt dadurch unter die gesetzliche Mindestgröße, so hört der Jagdbezirk grundsätzlich auf zu bestehen. Es handelt sich hierbei um eine nachträgliche Unterschreitung der Mindestgröße. Auch in diesem Fall kommt in Betracht, die Flächen einem oder mehreren angrenzenden Jagdbezirken anzugliedern oder zusammenzulegen. Die Gründe für den nachträglichen Verlust der Mindestgröße können vielfältig sein, zB Eigentümerwechsel, verbunden mit der Entstehung eines neuen Eigenjagdbezirks. Werden Flächen ausgemeindet, gehören sie ebenfalls nicht mehr zum gemeinschaftlichen Jagdbezirk. Auch eine Gebietsreform kann zum Verlust der Mindestgröße führen.

22 **c) Zeitpunkt des Untergangs bei Verlust der Mindestgröße.** Der gemeinschaftliche Jagdbezirk geht nach hM in dem Moment automatisch unter, in dem er die vorgeschriebene Mindestgröße verliert (Lorz/Metzger Rn. 1; Drees/Thies/Müller-Schallenberg/Jäcker/Hugenberg § 8 I S. 66; Meyer-Ravenstein NJagdG § 8 Rn. 19), dh ein Verwaltungsakt ist nicht nötig. Diese Ansicht ist konsequent und orientiert sich am Wortlaut des Gesetzes, da der gemeinschaftliche Jagdbezirk auch kraft Gesetzes entsteht. Die hM berücksichtigt jedoch nicht ausreichend, dass das BJagdG durch das Revierprinzip eine flächendeckende Bejagung gewährleistet (Munte, Die Pflicht des Grundeigentümers zur Duldung der Jagdausübung auf seinem Grundstück, 2008, S. 28, 95 ff.). Um zu verhindern, dass Grundflächen jagdbezirksfrei werden, sind die gemeinschaftlichen Jagdbezirke, die ihre Mindestgröße verlieren, bis zur rechtskräftigen Angliederung (oder Zusammenlegung) als in „Liquidation“ (in Anlehnung zu der ebenfalls betroffenen Jagdgenossenschaft, → § 9 Rn. 3) zu betrachten. Durch diese, auf einen absehbaren Zeitraum begrenzte Fiktion, wird eine Zwischenzeit ohne Jagdbezirkszugehörigkeit vermieden und ein **vorläufiger Weiterbestand** des gemeinschaftlichen Jagdbezirks sichergestellt (vgl. Möller UmweltR IV Rn. 55.5.1.3). In **Niedersachsen** wird explizit geregelt, dass der gemeinschaftliche Jagdbezirk (erst) mit Angliederung aufhört zu bestehen (§ 12 Abs. 3 S. 2 **NJagdG**). Ähnliches gilt in **Sachsen-Anhalt:** um einen klaren Übergang zu erhalten, hört der gemeinschaftliche Jagdbezirk auch bei weiterem Flächenverlust nicht automatisch, sondern erst durch die Angliederungsverfügung auf zu bestehen (Meyer-Ravenstein LSALJagdG § 8 Rn. 2). Dies hat zumindest dann zu gelten, wenn die Mindestgröße nach Landesrecht mehr als 150 ha beträgt und nach dem Unterschreiten eine Angliederung vorgesehen ist. In Mecklenburg-Vorpommern muss die Jagdbehörde die Flächen eines nicht ausreichend großen gemeinschaftlichen Jagdbezirks (150 ha einschließlich befriedete Flächen) an einen oder mehrere Jagdbezirke angliedern (§ 8 Abs. 1 **MVLJagdG**). Diese Vorschrift ist im Zusammenhang mit § 6 **MVLJagdG** zu betrachten. Hiernach erlischt der gemeinschaftliche Jagdbezirk, wenn die bejagbare Fläche um mehr als ein Drittel unter die gesetzliche Mindestgröße. Die Restflächen sind dann einen oder mehreren umliegenden Jagdbezirken anzugliedern (→ Rn. 24c).

23 Da § 8 Abs. 4 den Ländern nur gestattet, höhere Mindestgrößen festzusetzen und nicht nach unten davon abzuweichen, erlischt ein gemeinschaftlicher Jagdbezirk nach wörtlicher Auslegung von § 8 Abs. 1 in dem Moment zwangsweise, wenn er die 150 ha Mindestgröße nicht mehr erreicht (im Ergebnis so auch Meyer-Ravenstein LSALJagdG § 8 Rn. 2; Drees/Thies/

Müller-Schallenberg/Jäcker/Hugenberg Rn. V). Die teleologische Auslegung unter Berücksichtigung der Ziele des BJagdG, insbesondere der ordnungsgemäßen Jagdausübung, führt jedoch zu dem Ergebnis, dass ein gemeinschaftlicher Jagdbezirk auch für den Fall einer Unterschreitung der Mindestgröße von 150 ha erst untergeht, wenn über die **rechtliche Zukunft** der übriggebliebenen Flächen rechtskräftig entschieden ist. Diese Auffassung beantwortet zeitgleich die Frage, wie mit **bestehenden Jagdpachtverträgen bei Verlust der Mindestgröße** umzugehen ist. § 14 Abs. 2 bezieht den Grundsatz des BGB, dass „Kauf nicht Miete/Pacht bricht", auch auf das Jagdrecht, ohne jedoch explizit auf § 566 BGB zu verweisen (→ § 14 Rn. 19). Dieser Grundsatz gilt jedoch ausschließlich für rechtsgeschäftliche Veräußerungen. Umfasst werden nicht Eigentümerwechsel aufgrund Gebietsreformen, Enteignungen oder Grenzänderungen infolge einer Gemeindeneuordnung, mit der Folge, dass mit Untergang eines gemeinschaftlichen Jagdbezirks aufgrund eines hoheitlichen Akts auch das mit dem Jagdbezirk verbundene Jagdausübungsrecht untergehen müsste. Der Vertragsgegenstand des Jagdpachtvertrags würde somit entfallen. Da der gemeinschaftliche Jagdbezirk aber erst untergeht, wenn die rechtliche Zukunft der Restflächen, die die Mindestgröße nicht mehr erreichen, geklärt ist, können diese Fläche wie bisher aufgrund des bestehenden Jagdpachtvertrages weiter bewirtschaftet werden.

So entsteht kein Zeitraum der Jagdbezirksfreiheit und die Ziele des BJagdG **23a** können in der Übergangsphase weiterhin flächendeckend verfolgt werden. Danach bleiben in jeglichen Fallkonstellationen Jagdpachtverträge auch dann aufrecht erhalten, wenn die gesetzliche Mindestgröße von 150 ha unterschritten wird und enden erst im Zeitpunkt des endgültigen Untergangs des Jagdbezirks. In der Praxis dürfte dieser Zeitpunkt mit der Angliederung der Restfläche des ehemaligen gemeinschaftlichen Jagdbezirks zusammenfallen (→ Rn. 22).

d) Landesrecht. Bezüglich des nachträglichen Verlustes der Mindestgröße **24** enthalten einige **Landesjagdgesetze** besondere Reglungen: Sinkt in **Berlin** die Größe eines gemeinschaftlichen Jagdbezirks unter 150 ha oder verbleibt nach Abzug der befriedeten Bezirke nur eine zusammenhängende Grundfläche unter 75 ha, so ist er einem oder mehreren angrenzenden Jagdbezirken anzugliedern, wobei auf eine sinnvolle Gestaltung des Lebensraumes für das Wild zu achten ist (§ 9 **LJagdG Bln**).

Teilweise wird bestimmt, dass zunächst eine Angliederung an einen ge- **24a** meinschaftlichen Jagdbezirk erfolgen soll (Art. 9 Abs. 2 **BremLJagdG;** § 10 Abs. 2 **LSALJagdG**) und erst, wenn dies nicht möglich oder zweckmäßig ist, soll die Fläche an einen Eigenjagdbezirk angegliedert werden. Nötig wird die Angliederung in diesen beiden Ländern, wenn die Größe unter 200 ha sinkt oder nach Abzug der befriedeten Gebiete eine zusammenhängende Grundfläche unter 75 ha **(Bremen)** bzw. 100 ha **(Sachsen-Anhalt)** verbleibt.

Werden in **Niedersachsen** die Mindestgrößen nicht mehr erreicht und **24b** grenzen die Flächen an nur einen gemeinschaftlichen Jagdbezirk in derselben Gemeinde, so bilden sie mit diesem einen gemeinschaftlichen Jagdbezirk (§ 12 **NJagdG**). Ist dies nicht der Fall, soll die Angliederung zunächst an einen oder mehrere gemeinschaftliche Jagdbezirke in derselben Gemeinde, wenn dies nicht möglich ist, an Eigenjagdbezirke derselben Gemeinde oder an gemeinschaftliche Jagdbezirke anderer Gemeinden erfolgen. Durch diese

Regelungen soll das Lokalitätsprinzip, die Koppelung gemeinschaftlicher Bezirke an die jeweilige Gemeinde, gesichert werden.

24c In **Hamburg** hat die Behörde das Ruhen der Jagd zu verfügen (§ 4 Abs. 3 **HmbJagdG**), wenn die bejagbare Fläche auf unter 75 ha sinkt und eine Angliederung nicht möglich ist. In **Schleswig-Holstein** (§ 6 Abs. 1 **SchlHLJagdG,** § 7 **SchlHLJagdG**) und **Mecklenburg-Vorpommern** (§ 6 **MVLJagdG**) ist eine Angliederung erst notwendig, wenn die bejagbare Fläche eines gemeinschaftlichen Jagdbezirks um mehr als ein Drittel unter die gesetzliche Mindestgröße sinkt. Diese Grenze liegt derzeit in Schleswig-Holstein bei 166,67 ha, in Mecklenburg-Vorpommern bei 100 ha.

25 Sehen die Landesjagdgesetze die Möglichkeit vor, die Flächen an einen oder mehrere Jagdbezirke anzugliedern, ist hiermit nicht gemeint, dass eine Fläche gleichzeitig an verschiedene Jagdbezirke angegliedert wird. Es wird vielmehr die Gelegenheit geschaffen, den örtlichen Gegebenheiten angepasst reagieren zu können und die entstandenen Restflächen des ehemaligen gemeinschaftlichen Jagdbezirks im Sinne den Erfordernissen der Jagdpflege und Jagdausübung unterschiedlichen Jagdbezirken zuordnen zu können. Eine Fläche kann stets nur jeweils einem Jagdbezirk angehören.

26 **e) Verpachtung bei fehlender Mindestgröße.** Es ist umstritten, ob ein Jagdpachtvertrag ebenfalls (→ § 11 Rn. 260 ff.) nichtig ist, wenn das Jagdausübungsrecht eines gemeinschaftlichen Jagdbezirks verpachtet wird, der zum Zeitpunkt des Vertragsschlusses die gesetzliche Mindestgröße nicht erreicht. Wenn die gesetzliche Mindestgröße bei Vertragsschluss nicht erreicht ist, dürfte der Jagdpachtvertrag nichtig sein, da ein gemeinschaftlicher Jagdbezirk, dessen Jagdausübungsrecht Gegenstand eines Jagdpachtvertrags sein könnte, nicht besteht. Dem wird entgegengehalten, der fehlende Jagdbezirk hindere den Vertragsschluss nicht, da ein Fall von anfänglicher Unmöglichkeit vorliege, so dass der Vertrag nach §§ 275, 311a BGB trotzdem wirksam sei (Möller UmweltR IV Rn. 55.8.2.2). Schließlich sei der frühere § 306 BGB weggefallen. Diese Ansicht orientiert sich streng an den zivilrechtlichen Vorschriften. Danach wäre der Jagdpachtvertrag zwar wirksam, die sich daran anschließende Verfügung (Übertragung des Jagdausübungsrechts auf den Pächter) aber unmöglich, da mangels Jagdbezirk kein Jagdausübungsrecht bestehen kann. Unter Berücksichtigung der historischen und systematischen Auslegung und der Besonderheiten des Jagdrechts, ist – insbesondere bei Würdigung der Intension des Gesetzgebers – die Ansicht, der Jagdpachtvertrag sei nichtig, überzeugender (s. auch Härtel HdB FA-AgrarR/Munte Kap. 24 Rn. 298). Das BJagdG ist geprägt von einem öffentlich-rechtlichen Charakter; erreicht ein gemeinschaftlicher Jagdbezirk nicht die Mindestgröße, existiert weder gemeinschaftlicher Jagdbezirk noch die entsprechende Jagdgenossenschaft. Dem Pächter fehlt neben dem Vertragsgegenstand auch der Vertragspartner. § 311a BGB iVm § 275 BGB stellt aber ausschließlich auf die Leistung ab.

26a Für die Nichtigkeit des Pachtvertrages bei fehlender Mindestgröße spricht auch die historische Betrachtung und der Rechtsgedanke des § 11 Abs. 2 S. 1, Abs. 6. Früher brauchte der Jagdgesetzgeber keine explizite Regelung des Falles der anfänglichen Unmöglichkeit im BJagdG regeln, da der Grundsatz des § 306 BGB aF galt: „Ein auf eine unmögliche Leistung gerichteter Vertrag ist nichtig.“ Nach 11 Abs. 2, Abs. 6 ist ein Pachtvertrag nichtig, wenn ein Teil eines Jagdpachtbezirks verpachtet werden soll, und durch diese

Teilverpachtung entweder der verpachtete oder der verbleibende Teil die gesetzliche Mindestgröße unterschreitet. Aus der analogen Anwendung des § 11 Abs. 2 folgt, dass erst Recht ein Jagdpachtvertrag ebenfalls nichtig ist, wenn der Jagdbezirk von vorneherein die gesetzliche Mindestgröße nicht erreicht. Ein verwaltungsrechtliches Analogieverbot steht dieser Rechtsansicht auch nicht entgegen, da es sich nicht um einen staatlichen Eingriff in die Rechtsphäre eines Bürgers handelt.

Die Rechtsfolge der Nichtigkeit greift auch dann ein, wenn sich nachträglich herausstellt, dass ein Teil der verpachteten Flächen einen Eigenjagdbezirk bildet (vgl. § 8 Abs. 1 „… die nicht zu einem Eigenjagdbezirk gehören") und die restlichen Flächen die Mindestgröße eines Jagdbezirks nicht erreichen (OVG Koblenz Urt. v. 14.7.1967 – 2 U 474/64, EJS III S. 12 Nr. 7). Nur wenn der Inhaber eines Eigenjagdbezirks nach dem jeweiligen Gesetz (§ 11 **NJagdG;** § 7 **LJagdG Bln**) rechtswirksam auf die Selbständigkeit des Eigenjagdbezirks verzichtet, fallen die Flächen in den gemeinschaftlichen Jagdbezirk, der somit um die Flächen des ehemaligen Eigenjagdbezirks anwächst (beachte OVG Koblenz Urt. v. 20.2.2002 – 8 A 11516/01, JE II Nr. 150 = NuR 2002, 616; → Rn. 13). Zu den einzelnen Voraussetzungen des Verzichts s. Landesjagdgesetze (→ § 7 Rn. 4). 26b

III. Veränderung von Gemeindegrenzen

Grundsätzlich deckt sich eine Grenze eines gemeinschaftlichen Jagdbezirks mit der der politischen Gemeinde (Mitzschke/Schäfer Rn. 9). Die Gemeindegrenzen und somit auch die Grenze des gemeinschaftlichen Jagdbezirks werden durch Katasternachweise bestimmt (AG Pinneberg Urt. v. 23.11.2001 – 60 C 236/01, BeckRS 2001, 31210170 = JE II Nr. 146). Eine Änderung von Gemeindegrenzen, sei es durch Ein- oder Ausgemeindungen von Teilen einer Gemeinde oder durch Grenzbegradigungen, wirkt sich rechtlich unmittelbar auf den gemeinschaftlichen Jagdbezirk aus. Denn gem. § 8 Abs. 1 ändern sich mit einer Änderung des Gemeindegebietes zwangsläufig auch die Grenzen der gemeinschaftlichen Jagdbezirke (BVerwG Urt. v. 3.3.1983 – 3 B 78.82, BeckRS 1983, 31257986 = JE II Nr. 54; OVG Lüneburg Urt. v. 12.9.1995 – 3 M 4539/95, JE II Nr. 128; VGH Mannheim Urt. v. 13.7.1982 – 5 S 2201/80, JE II Nr. 48). Aufgrund des klaren Wortlauts gilt dieser Grundsatz auch bei nachträglichen Änderungen des Gemeindegebiets, mit der Folge, dass sich zwangsläufig mit der Änderung des Gemeindegebiets auch die Grenzen des gemeinschaftlichen Jagdbezirks ändern (vgl. OVG Lüneburg Urt. v. 16.4.2008 – 4 CB 60/07, JE II Nr. 158). Dieser Konnex zwischen Grenzen einer Gemeinde und eines Jagdbezirks trifft allerdings nur den gemeinschaftlichen Jagdbezirk. Denn das Gesetz nimmt von dieser zwangsläufigen Grenzänderung Eigenjagdbezirke aus. Gemeinschaftliche Jagdbezirke hingegen werden vor Veränderungen in der kommunalen Gebietshoheit nicht geschützt (OVG Lüneburg Urt. v. 12.9.1995 – 3 M 4539/95, JE II Nr. 128). In der Praxis sind folgende Varianten der Gebietsänderung von Bedeutung. Zu den Auswirkungen von Gebietsreformen auf Jagdpachtverträge → § 14 Rn. 29 ff. 27

1. Ein- und Ausgemeindungen von Teilen von Gemeinden

28 Ein- und Ausgemeindungen von Teilen einer Gemeinde führen ipso iure zur Vergrößerung oder Verkleinerung des gemeinschaftlichen Jagdbezirks. Mit der Verkleinerung des Gemeindegebiets scheidet der betroffene Gebietsteil automatisch aus dem gemeinschaftlichen Jagdbezirk der Gemeinde aus, deren Gebiet verkleinert wird (OVG Lüneburg Urt. v. 20.6.2006 – 8 LA 285/04, BeckRS 2007, 20211 = JE Nr. 154). Dadurch kann eine jagdbezirksfreie Fläche und somit die Notwendigkeit einer Angliederung bestehen (→ Rn. 20). Kann diese Fläche rein praktisch an mehrere Jagdbezirke angegliedert werden, trifft das Gesetz keine Aussage dazu, an welchen der in Betracht kommenden Jagdbezirken die Angliederung zu erfolgen hat. Der Behörde steht vielmehr ein Ermessen zu, das sich am Zweck der Ermächtigung zu orientieren hat.

2. Gänzliche Eingemeindung

29 Wird eine Gemeinde im Rahmen einer Gebietsreform gänzlich eingemeindet, so geht auch der Jagdbezirk unter und wird Bestandteil des gemeinschaftlichen Jagdbezirks, der durch die Eingemeindung vergrößerten Gemeinde. Werden mehrere selbständige Gemeinde zu einer neuen „Großgemeinde“ zusammengelegt, gehen die bisherigen gemeinschaftlichen Jagdbezirke samt Jagdgenossenschaften unter. Es entsteht ein neuer Jagdbezirk mit einer neuen Jagdgenossenschaft (so auch Mitzschke/Schäfer Rn. 9). Um die historisch gewachsen Strukturen in den betroffenen Gemeinden zu erhalten, besteht die Möglichkeit, über § 8 Abs. 3 eine dem früheren Rechtszustand entsprechende Lage wieder herzustellen. Der neue Jagdbezirk kann in die früher existenten kleineren Jagdbezirke geteilt werden. Eine andere Möglichkeit bietet die Teilverpachtung (→ § 11 Rn. 210 ff.).

3. Auswirkungen auf die Jagdgenossenschaften

30 Mit dem Untergang der bisherigen Jagdbezirke gehen auch die entsprechenden Jagdgenossenschaften unter. An ihre Stelle treten nach den staatsrechtlichen Grundsätzen der Funktionsfolge die neuen Jagdgenossenschaften. Die bisherigen Jagdgenossenschaften gehen jedoch nicht sofort unter, sondern fallen in ein Liquidationsstadium (→ § 9 Rn. 3).

4. Jagdpachtverträge

31 Die für einen untergegangenen Jagdbezirk laufenden Pachtverträge bleiben bis zu ihrem zeitgemäßen Ablauf bestandskräftig (→ § 14 Rn. 29 ff.).

5. Wegfall von Angliederungen.

32 Erreichen Grundflächen einer Gemeinde erst durch eine Gebietsreform die gesetzlichen Mindestgrößen eines gemeinschaftlichen Jagdbezirks, so werden Angliederungen der Gemeindeflächen an andere Jagdbezirke ipso iure gegenstandslos (Mitzschke/Schäfer Rn. 16). Die gleiche Rechtsfolge tritt ein, wenn die gesamte Grundfläche einer Gemeinde einem benachbarten gemeinschaftlichen Jagdbezirk angegliedert wurde und dieser seinen Bestand verliert (Meyer-Ravenstein NJagdG § 8 Rn. 28). Eine Gebietsreform macht grundsätzlich früher notwendige Angliederungen hinfällig, da diese grundsätzlich

stillschweigend befristet für den Zeitraum ausgesprochen wurden, in dem es der Angliederung bedarf (im Ergebnis so auch Mitzschke/Schäfer Rn. 16). Die mit einer Gebietsreform einhergehende Neuordnung der Grenzen macht zudem stets eine umfassende Bestandsüberprüfung, inklusive bisheriger Angliederungen, notwendig, so dass diese Rechtsfolgen auch praxisgerecht erscheinen.

IV. Zusammenlegung (Abs. 2)

1. Anwendungsbereich

§ 8 Abs. 2 regelt die **Entstehung** eines gemeinschaftlichen Jagdbezirks **durch Verwaltungsakt.** Flächen, die die gesetzlichen Voraussetzungen für die Entstehung eines Jagdbezirks kraft Gesetzes nicht erfüllen, können zu einem gemeinschaftlichen Jagdbezirk zusammengelegt werden. Die Norm ist eine weitere Ausprägung des Revierprinzips und fördert das Ziel einer flächendeckenden Bejagung. Ohne die Möglichkeit einer Zusammenlegung von jagdbezirksfreien Kleinflächen, die keinem anderen Bezirk angegliedert werden können, würden vermehrt Grundflächen bestehen, auf denen die Jagd ruht. Dies würde jedoch dem Ziel einer möglichst flächendeckenden Bejagung zuwider laufen. Nach hM können richtigerweise lediglich Flächen zusammengelegt werden, die vorher zu keinem Jagdbezirk gehörten. Eine Zusammenlegung bereits existierender Jagdbezirke ist nicht möglich, da dies einen Anwendungsbereich der Abrundung, insbesondere der Angliederung, darstellt. Ebenfalls nicht möglich ist die Zusammenlegung eines Eigenjagdbezirks mit Grundflächen einer oder mehrerer Gemeinden zu einem gemeinschaftlichen Jagdbezirk (Mitzschke/Schäfer Rn. 20). Etwas anderes gilt nur, wenn die Landesjagdgesetze explizit die Möglichkeit vorsehen, benachbarte gemeinschaftliche Jagdbezirke verschiedener oder innerhalb einer Gemeinde, zusammenzulegen (§ 6 **LJG-NRW**). **33**

Ob Flächen zu einem gemeinschaftlichen Jagdbezirk zusammengelegt oder einem Jagdbezirk angegliedert werden, kann für die betroffenen Grundeigentümer sehr unterschiedliche Folgen haben. Wird eine Fläche zB einem Eigenjagdbezirk angegliedert, wird der Grundeigentümer nicht Jagdgenosse und kann folglich keinen Einfluss zB auf die Nutzung des Jagdausübungsrechts nehmen. Bei einer Zusammenlegung nach § 8 Abs. 2 hingegen entsteht mit dem gemeinschaftlichen Jagdbezirk auch eine Jagdgenossenschaft gem. § 9. **34**

2. Voraussetzungen

Nach § 8 Abs. 2 ist Voraussetzung einer Zusammenlegung, dass erst **durch sie die gesetzliche Mindestgröße erreicht** wird („die im übrigen zusammen den Erfordernissen eines gemeinschaftlichen Jagdbezirkes entsprechen"), so dass eine Zusammenlegung nicht möglich ist, wenn auch nur die Grundflächen einer Gemeinde bereits einen gemeinschaftlichen Jagdbezirk bilden (VGH Kassel 3.2.1965 – OS IV 14/62, HessVGRspr. 1965, 107). Bezüglich der geforderten Mindestgröße ist auf das jeweilige Landesrecht abzustellen (→ Rn. 12 ff.). Die Grundflächen müssen zudem zusammenhängend sein, wobei auch hier eine Punktverbindung genügt. Eine Zusammenlegung ist nur statthaft, wenn die Grundflächen **verschiedenen Gemeinden** angehö- **35** ren. Das Gesetz spricht in § 8 Abs. 2 lediglich von „Gemeinden", jedoch stehen abgesonderte Gemarkungen den Gemeinden – wie bereits in § 8 Abs. 1 – gleich. Landesgrenzen stehen der Zusammenlegung nicht entgegen (Drees/Thies/Müller-Schallenberg/Jäcker/Hugenberg Rn. II).

36 Eine Zusammenlegung darf nie von Amts wegen erfolgen, vielmehr ist ein Antrag notwendig. Die Gesetze (bis auf § 11 Abs. 2 **LSALJagdG** iVm Abs. 1 S. 2 – allerdings nicht in Abweichung zum allgemein Gültigen) regeln nicht, wer antragsberechtigt ist, so dass in Anlehnung und analoger Anwendung des § 9 Abs. 3 davon auszugehen ist, dass ein **wirksamer Antrag** nur von der Mehrheit der Grundeigentümer, die zugleich über die Grundflächenmehrheit der zusammenhängenden Flächen verfügt, gestellt werden kann.

37 Rechtsfolge eines solchen Antrags ist, dass die Behörde über eine Zusammenlegung, entscheidet. Ihr steht hierbei **Ermessen** („können … zusammengelegt werden") zu. Bei der Ermessensentscheidung sind vor allem die Belange einer ordnungsgemäßen Jagdausübung und Hege zu berücksichtigen. Sprechen diese Faktoren gegen eine Zusammenlegung, bleibt nur der Weg einer Angliederung. In § 11 Abs. 2 **LSALJagdG** iVm Abs. 1 S. 2 sowie § 11 Abs. 3 **JWMG** wird speziell auf die Belange der Jagdpflege abgestellt.

38 Entscheidet sich die Behörde für eine Zusammenlegung, erlässt sie einen entsprechenden **Verwaltungsakt.** In der Praxis dürfte die Zusammenlegung stets durch Allgemeinverfügung erfolgen, teilweise ordnen die Landesjagdgesetze dies ausdrücklich an (zB § 14 Abs. 3 NJagdG). Die Entscheidung wirkt gegenüber allen Grundeigentümern der betroffenen Flächen, unabhängig davon, ob sie den Antrag gestellt haben. Gegen den Verwaltungsakt ist grundsätzlich der Widerspruch oder die Anfechtungsklage zulässig, falls das Widerspruchsverfahren in dem jeweiligen Bundesland abgeschafft wurde **(Niedersachsen, Nordrhein-Westfalen).** Widerspruchs- oder klagebefugt ist jeder betroffene Grundeigentümer. Der Widerspruch oder die Klage ist jedoch nicht begründet, wenn der Beschwerdeführer bzw. der Kläger vorträgt, die Jagd aus Gewissensgründen abzulehnen (→ § 3 Rn. 25; → § 9 Rn. 7). In vielen Bundesländern ist die Behörde an den Antrag gebunden, wenn er von einer Mehrheit der Grundeigentümer eingebracht wird. In einem solchen Fall wird das Ermessen der Behörde eingeschränkt („ist einem Antrag stattzugeben") und sie hat die Flächen zu einem gemeinschaftlichen Jagdbezirk zusammenzulegen. Es liegt ein Anwendungsbereich der **„Ermessensreduzierung auf null"** vor.

39 Die Landesjagdgesetze regeln die Mehrheit, von der der Antrag getragen sein muss, unterschiedlich. In **Nordrhein-Westfalen** (§ 6 Abs. 1 S. 2 **LJG-NRW**) hat die Behörde einem Antrag auf Zusammenlegung stattzugeben, wenn er von Grundstückseigentümern gestellt wird, die zusammen über mehr als die Hälfte der zusammenhängenden Grundflächen verfügen. Es handelt sich bei dieser Voraussetzung um eine „einfache" Flächenmehrheit. § 6 Abs. 4 **SchlHLJagdG** stellt zudem darauf ab, dass der Antrag von Grundeigentümern aller beteiligter Gemeinden gestellt wird und diese in ihrer Gemeinde jeweils gemeinsam über die Hälfte der Flächen gemeinsam verfügen. Art. 10 Abs. 3 **BayJG,** § 9 Abs. 4 **BbgJagdG** und § 10 Abs. 3 **ThJG** verlangen für die Ermessensreduzierung einen Antrag, der von der Mehrheit der Grundstückseigentümer jeder der beteiligten Gemeinden gestellt wird und die Antragsteller in ihrer Gemeinde jeweils gemeinsam über mehr als die Hälfte der zusammenhängenden Flächen verfügen. Es wird eine sog. **qualifi-**

zierte Mehrheit (Personen und Flächenmehrheit) verlangt. Eine solche doppelte Mehrheit verlangt auch § 7 Abs. 2 **HJagdG,** unterscheidet jedoch nicht zwischen der jeweiligen Gemeinde, sondern stellt lediglich auf die quantitative Mehrheit ab („bedarf der Mehrheit der Grundeigentümer, die zugleich die Mehrheit der Grundfläche vertreten müssen"). In **Sachsen-Anhalt** kann die Jagdbehörde die Jagdbezirke durch Allgemeinverfügung zusammenlegen, wenn Belange der Jagdpflege nicht entgegenstehen und in den einzelnen Jagdgenossenschaften die Mehrheit der anwesenden Jagdgenossen mit der qualifizierten Mehrheit stimmt (OVG Magdeburg Urt. v. 28.10.2010 – 2 L 39/09, BeckRS 2010, 56928). In den übrigen Bundesländern gilt § 8 Abs. 2 direkt und ohne Ermessensreduzierung.

3. Ende der Zusammenlegung

Erreicht nach der Zusammenlegung eine Fläche die gesetzlichen Voraus- 40
setzungen, um einen eigenständigen Jagdbezirk zu bilden, erlischt der insoweit auflösend bedingte Verwaltungsakt kraft Gesetz (Meyer-Ravenstein NJagdG § 8 Rn. 17). Eine sonstige **Aufhebung** des Verwaltungsakts (Rücknahme oder Widerruf gem. §§ 48, 49 VwVfG) steht wiederum im pflichtgemäßen Ermessen der Jagdbehörde. Ist der gemeinschaftliche Jagdbezirk zum Zeitpunkt des Erlöschens der Zusammenlegung verpachtet, so wird der Pachtvertrag davon nicht berührt, (Grundsatz des § 14 Abs. 2). Möglich erscheint es (aufgrund des Umkehrschlusses) auch, dass eine Eigentümermehrheit (falls nötig, mit qualifizierter Mehrheit) der beteiligten Flächen verschiedener Gemeinden beantragt, die Zusammenlegung aufzuheben. Auch in diesem Fall hat die Behörde über eine Aufhebung ermessensfehlerfrei zu entscheiden.

V. Teilung (Abs. 3)

Die Teilung ist neben der Zusammenlegung die zweite Möglichkeit, dass 41
gemeinschaftliche Jagdbezirke durch Verwaltungsakt und nicht ipso iure entstehen. Durch § 8 Abs. 3 als Ausnahmevorschrift wird der Grundsatz durchbrochen, dass alle zusammenhängenden Grundflächen einer Gemeinde einen gemeinschaftlichen Jagdbezirk bilden. Denn durch § 8 Abs. 3 wird ein bestehender gemeinschaftlicher Jagdbezirk in **mehrere selbständige gemeinschaftliche Jagdbezirke aufgeteilt.** Für jeden selbständigen Teil erhöht das Gesetz jedoch die Mindestgröße von Abs. 1 (150 ha) auf 250 ha für jeden Teilbezirk. Im Falle einer Teilung entstehen mehrere rechtliche selbständige Jagdbezirke mit ebenfalls rechtlich selbständigen Jagdgenossenschaften (OVG Münster RdL 1956, 312). Die Teilung wird durch behördliche Verfügung bewirkt. Dieser **rechtsgestaltende Verwaltungsakt** entfaltet eine doppelte Wirkung: zum einen wird die Teilung des gemeinschaftlichen Jagdbezirks angeordnet sowie die Grenzen der neuen gemeinschaftlichen Jagdbezirke festgelegt, und zum anderen wird die Auflösung der Jagdgenossenschaft sowie die Errichtung der neuen Jagdgenossenschaft in den Grenzen der kleineren Jagdbezirke bewirkt (vgl. OVG Münster Urt. v. 29.6.1981 – 9 A 2670/79, JE II Nr. 65 = RdL 1982, 68; Urt. v. 22.10.1985 – 20 A 1377/84, JE II Nr. 83).

§ 8 Abs. 3 bedarf keiner Umsetzung durch die Landesjagdgesetze, sondern 42
ist direkt anwendbar. Die Länder können jedoch die Mindestvoraussetzungen

erhöhen, die Teilung ganz ausschließen oder das Ermessen der Jagdbehörden regeln, wann und ob die Teilungsverfügung zu erlassen ist. Die Länder haben von der Abweichungs- und Konkretisierungsbefugnis umfassend Gebrauch gemacht. Die Unterschiede werden vor allem bei der vorgesehenen Mindestfläche der verbleibenden Teile (vgl. § 11 Abs. 3 **JWMG**) deutlich. Die Länder stellen die behördliche Entscheidung ins pflichtgemäße Ermessen, auch wenn unterschiedliche Wendungen („darf nur zulassen" oder „kann zugelassen werden") verwendet werden.

43 Gemäß Art. 10 Abs. 4 **BayJG** darf eine Teilung nur zugelassen werden, wenn die Jagdgenossenschaft dies beschlossen hat, jeder Teil die gesetzliche Mindestgröße (beachte in **Bayern** 500 ha im Gebirge) hat und eine ordnungsgemäße Jagdausübung gestattet. Bis auf den Unterschied, dass § 9 Abs. 5 **BbgJagdG** explizit die Mindestgröße von 500 ha für jeden Teil nennt, gelten hier die gleichen Voraussetzungen wie in Bayern. Auch gem. § 6 Abs. 3 **LJG-NRW** darf die Teilung nur erfolgen, wenn dies die Jagdgenossenschaft beschlossen hat, die Mindestgröße von 300 ha für jeden Teil erreicht wird und die Teilung den Erfordernissen der Hege und Jagdausübung entspricht. Die untere Jagdbehörde in **Thüringen** darf die Teilung nur auf Antrag der Jagdgenossenschaft genehmigen, wenn jeder Teil die gesetzliche Mindestgröße hat und eine ordnungsgemäße Jagdausübung gestattet (§ 10 Abs. 4 **ThJG**). In **Rheinland-Pfalz** kann die Behörde auf Antrag die Bildung neuer gemeinschaftlicher Jagdbezirke durch Teilung zulassen, wenn dies erstens wegen der Gestaltung des Geländes zweckmäßig ist und zweitens jeder Teil im Zusammenhang nach der Teilung mindestens 250 ha umfasst (§ 10 Abs. 3 **RhPfLJG**).

44 Gemäß Art. 10 Abs. 1 **BremLJagdG** und § 12 Abs. 1 **LSALJagdG** kann die behördliche Teilungsverfügung erlassen werden, wenn zum einen die Mehrheit der Jagdgenossen nach Kopfzahl und nach der Fläche der Grundstücke (qualifizierte Mehrheit) für die Teilung erklärt und Belange der Jagdpflege nicht entgegenstehen. Ein gemeinschaftlicher Jagdbezirk kann in **Niedersachsen** (§ 13 Abs. 1 **NJagdG**) geteilt werden, wenn sich die Jagdgenossenschaft mit der qualifizierten Mehrheit für die Teilung ausspricht und Belange der Jagdpflege und der Jagdausübung nicht entgegenstehen. In **Hamburg** (§ 4 Abs. 2 **HmbJagdG**) und **Schleswig-Holstein** (§ 6 Abs. 3 **SchlHLJagdG**) kann die Teilung zugelassen werden, wenn die Mindestgröße von 250 ha für jeden Teil vorliegt und Belange der Jagdpflege **(Hamburg)** bzw. der Hege **(Schleswig-Holstein)** nicht entgegenstehen. § 7 Abs. 3 **HJagdG** nennt ausführlich, welche Belange von der Behörde in der Ermessensentscheidung zu berücksichtigen sind. Die Teilung kann erfolgen, wenn diese unter jagdlichen Gesichtspunkten vertretbar ist, wegen der Gestaltung des Geländes zweckmäßig erscheint und alle Teilflächen der Mindestgröße (250 ha) genügen. Ähnliches regelt § 6 Abs. 2 **SJG,** wenn dort die Teilung auf Antrag der Jagdgenossenschaft erfolgen kann und die Teilung jagdwirtschaftlich vertretbar ist, wobei hier eine Teilung in Feld- und Waldjagden explizit ausgeschlossen sind. Zuständig für die Teilung ist im Saarland die oberste Jagdbehörde.

45 Keine Abweichung bzw. Konkretisierung von § 8 Abs. 3 enthalten die Landesjagdgesetze von **Berlin** und **Mecklenburg-Vorpommern.**

46 Die unterschiedlichen Länder stellen teils präzise, teils allgemein auf die Belange „der Jagdpflege", „der Jagdausübung" usw ab, die einer Teilung nicht entgegenstehen dürfen. Zu berücksichtigen ist hierbei stets die Gestal-

tung des gemeinschaftlichen Jagdbezirks. Unter anderem ist auf die Geländebeschaffenheit (Trennung durch natürliche oder unnatürliche Grenzen wie Flüsse, Seen oder Straßen und Eisenbahnlinien) und auf die vorhandenen Biotope abzustellen. Durch die Teilungsverfügung dürfen Einstands- und Äsungsflächen des Wildes nicht getrennt werden (so im Ergebnis auch Meyer-Ravenstein LSALJagdG § 8 Rn. 10). Eine **Aufteilung in Feld- und Waldjagden** ist zwar grundsätzlich zulässig. Anderes gilt nur, wenn jagdliche Belange gegen eine solche Teilung sprechen oder die Landesjagdgesetze eine solche Teilung ausdrücklich untersagen **(Saarland, Rheinland-Pfalz, Hessen).** In der Praxis scheitert eine Teilung in Feld- und Waldjagden regelmäßig an den daraus resultierenden Nachteilen für die Jagdpflege, insbesondere an der Wildschadensproblematik.

Gegen die behördliche Entscheidung, Zulassung oder Versagung der Teilung, kann **Widerspruch** oder, wenn das Widerspruchsverfahren abgeschafft wurde, **Klage** erhoben werden. Nicht eindeutig geregelt ist, ob lediglich nur die betroffene Jagdgenossenschaft oder jeder Jagdgenosse widerspruchs- bzw. klagebefugt ist. Bei der Beantwortung dieser Frage ist darauf abzustellen, mit welcher Begründung die Entscheidung angefochten werden soll. Der einzelne Jagdgenosse kann die behördliche Verfügung zumindest mit der Begründung anfechten, der Teilungsbeschluss der Jagdgenossenschaft sei nicht ordnungsgemäß zustande gekommen (VG Arnsberg 16.12.1977 – 3 K 1992/76, RdL 1978, 65). Ist jedoch lediglich die Jagdgenossenschaft Adressat der Teilungsgenehmigung, kann der Jagdgenosse dadurch nicht ist in seinen Rechten berührt werden, so dass er ggf. gegen die Jagdgenossenschaft vorgehen muss (so im Ergebnis auch Mitzschke/Schäfer Rn. 28). 47

Beschließen die Jagdgenossenschaften den **ursprünglichen gemeinschaftlichen Jagdbezirk wiederherzustellen,** darf sich die Behörde dieser Beschlüsse nicht versagen (BGH 2.2.1965 – V ZR 259/62, RdL 1965, 102), da dadurch nur eine Ausnahme von dem eigentlichen gesetzlichen Zustand zurückgenommen wird. 48

Pachtverträge werden durch die Teilungsverfügung nicht in ihrem Bestand berührt. Mit § 8 Abs. 3 darf § 11 Abs. 2, der gestattet Teile eines gemeinschaftlichen Jagdbezirks selbständig zu verpachten, nicht verwechselt werden. 49

VI. § 8 Abs. 4

§ 8 Abs. 4 normiert für die Länder die Abweichungsbefugnis, die in § 8 Abs. 1 genannte Mindestgröße für gemeinschaftliche Jagdbezirke höher festzusetzen (→ Rn. 15 ff.). 50

VII. § 8 Abs. 5

§ 8 Abs. 5 ist Ausdruck der Trennung von Jagdrecht und Jagdausübungsrecht. In welcher Form die Jagdgenossenschaft von dem Jagdausübungsrecht Gebrauch machen kann, regelt § 10. Eine unmittelbare Nutzung des Jagdausübungsrechts durch die Genossenschaft ist nicht möglich. Entweder kann das Jagdausübungsrecht verpachtet werden, oder durch angestellte Jäger ausgeübt werden. Der einzelne Jagdgenosse bleibt zwar als Eigentümer Inhaber des 51

Jagdrechts, darf dieses jedoch auf seinem Grund und Boden nicht nutzen. Das Jagdausübungsrecht wird durch Art. 14 GG geschützt (BGH Urt. v. 14.6.1982 – III ZR 175/80, NJW 1982, 2183 = RdL 1982, 212). Die Abspaltung des Jagdausübungsrechts und Übertragung auf die Jagdgenossenschaft verstößt nicht gegen Art. 14 Abs. 1 GG, da hierin eine Inhaltsbestimmung des Eigentums zu sehen ist (→ § 3 Rn. 24).

§ 9 Jagdgenossenschaft

(1) [1]**Die Eigentümer der Grundflächen, die zu einem gemeinschaftlichen Jagdbezirk gehören, bilden eine Jagdgenossenschaft.** [2]**Eigentümer von Grundflächen, auf denen die Jagd nicht ausgeübt werden darf, gehören der Jagdgenossenschaft nicht an.**

(2) [1]**Die Jagdgenossenschaft wird durch den Jagdvorstand gerichtlich und außergerichtlich vertreten.** [2]**Der Jagdvorstand ist von der Jagdgenossenschaft zu wählen.** [3]**Solange die Jagdgenossenschaft keinen Jagdvorstand gewählt hat, werden die Geschäfte des Jagdvorstandes vom Gemeindevorstand wahrgenommen.**

(3) **Beschlüsse der Jagdgenossenschaft bedürfen sowohl der Mehrheit der anwesenden und vertretenen Jagdgenossen, als auch der Mehrheit der bei der Beschlußfassung vertretenen Grundfläche.**

Ländervorschriften: § 15 JWMG; Art. 11 BayJG; § 10 LJagdG Bln; § 10 BbgJagdG; Art. 11 BremLJagdG; § 5 HmbJagdG; § 8 HJagdG; § 8 MVLJagdG; § 16 NJagdG; § 7 LJG-NRW; § 11 RhPfLJG; § 7 SJG; § 11 SächsJagdG; § 14 LSALJagdG; §§ 8, 9 SchlHLJagdG; § 11 ThJG.

Übersicht

I. Einführung

1. Entstehung und Untergang

Durch die Zusammenfassung verschiedener Grundstücke zu gemeinschaftlichen Jagdbezirken und die Zusammenführung der jeweiligen Grundeigentümer in dazugehörigen Jagdgenossenschaften machte der Gesetzgeber von seiner Einschätzungsprärogative Gebrauch, die rechtlichen Voraussetzungen einer ordnungsgemäßen, flächendeckenden und interessengerechten Jagdausübung zu schaffen. Durch die Statuierung von gemeinschaftlichen Jagdbezirken sollte einer schädlichen Entstehung von Zwergjagdbezirken entgegengewirkt und sichergestellt werden, dass auch Kleinstflächen (unter 2.500 qm) einer ordnungsgemäßen Bejagung zugänglich sind (BT-Drs. 1/3240, 2 ff.; Munte, Die Pflicht des Grundeigentümers zur Duldung der Jagdausübung auf seinem Grundstück, 2008, S. 30 f.). 1

Das BJagdG vereinigt die Gesamtheit der Eigentümer, denen das Jagdrecht zusteht, die aber gem. § 3 Abs. 3 iVm § 8 Abs. 5 vom Jagdausübungsrecht ausgeschlossen sind, zu einer Jagdgenossenschaft und ist damit weitere Ausprägung des deutschen Reviersystems (→ § 3 Rn. 21 ff.). Eine Jagdgenossenschaft entsteht **ipso iure.** Es bedarf also keines besonderen Errichtungsakts, 2 sondern die Jagdgenossenschaft entsteht und besteht kraft Gesetzes, wenn und solange ein gemeinschaftlicher Jagdbezirk ent- bzw. besteht. Zwischen einem gemeinschaftlichen Jagdbezirk und der Jagdgenossenschaft besteht daher quasi eine **(öffentlich-rechtliche) Akzessorietät.**

3 Aufgrund der engen Verknüpfung von Genossenschaft und gemeinschaftlichen Jagdbezirk muss die Jagdgenossenschaft untergehen, wenn der gemeinschaftliche Jagdbezirk aufhört zu bestehen. Nach Auflösung der Jagdgenossenschaft bleibt diese in einem sog. **Liquidationsstadium** bis zur Erledigung der Restaufgaben und der endgültigen Abwicklung handlungsfähig (Meyer-Ravenstein NJagdG § 9 Rn. 2). Die Jagdgenossenschaft darf im Liquidationsstadium jedoch keine Maßnahmen durchführen, die auf den normalen Betrieb der Jagdgenossenschaft abzielen (vgl. OVG Lüneburg Urt. v. 30.3.1978 – III A 64/77, BeckRS 1978, 1952 = JE II Nr. 19). Zudem fehlt der liquidierten Jagdgenossenschaft in gerichtlichen Auseinandersetzungen die Partei- und Beteiligtenfähigkeit, sofern keine Vermögensansprüche Streitgegenstand sind (OVG Münster Urt. v. 29.6.1981 – 9 A 2670/79, RdL 1982, 68 = JE II Nr. 65).

2. Rechtsnatur

4 Während § 10 Abs. 1 RJG explizit bestimmte, dass die (damalige) Jagdgenossenschaft eine rechtsfähige Genossenschaft des öffentlichen Rechts war, überlässt das BJagdG die Bestimmung der Rechtsnatur den Landesjagdgesetzen. Während früher über die Rechtsnatur der Jagdgenossenschaft gestritten wurde, weisen nunmehr sämtliche Landesjagdgesetzes die Jagdgenossenschaft als **Körperschaft des öffentlichen Rechts** aus (§ 15 Abs. 1 S. 1 **JWMG;** Art. 11 Abs. 1 S. 1 **BayJG;** § 10 Abs. 1 S. 1 **LJagdG Bln;** § 10 Abs. 1 S. 1 **BbgJagdG;** Art. 11 Abs. 1 S. 1 **BremLJagdG;** § 5 Abs. 1 S. 1 **HmbJagdG;** § 8 Abs. 1 S. 1 **HJagdG;** § 8 Abs. 1 **MVLJagdG;** § 16 Abs. 1 S. 1 **NJagdG;** § 7 Abs. 1 **LJG-NRW;** § 11 Abs. 2 S. 1 **RhPfLJG;** § 7 Abs. 1 S. 1 **SJG;** § 11 Abs. 2 S. 1 **SächsJagdG;** § 14 Abs. 1 S. 1 **LSALJagdG;** § 8 S. 1 **SchlHLJagdG;** § 11 Abs. 1 S. 1 **ThJG**). Neben dieser formalen Bestimmung erfüllt die Jagdgenossenschaft auch die tatsächlichen Voraussetzung einer öffentlich-rechtlichen Körperschaft, nämlich die mitgliedschaftliche Organisation (§ 9 Abs. 1 S. 1), die Wahrnehmung öffentlicher Aufgaben (unter anderem § 29 Abs. 1), der staatlichen Kontrolle sowie die den Mitgliedern obliegende Willensbildung (§ 9 Abs. 3 iVm mit dem jeweiligen LJagdG und der jeweiligen Satzung). Zudem ist der Bestand einer Jagdgenossenschaft vom Wechsel der Mitglieder unabhängig, so dass an der Rechtsnatur als öffentlich-rechtliche Körperschaft kein Zweifel besteht. Die Jagdgenossenschaft ist auch tatsächlich in das Staatsgefüge eingebettet und fällt daher nicht in den Schutzbereich der negativen Vereinigungsfreiheit von Art. 9 Abs. 1 GG und Art. 11 EMRK (v. Pückler/Munte AgrarR 2009, 205).

3. Mitgliedschaft

5 Die Rechtsgrundlage für die Mitgliedschaft in der Jagdgenossenschaft bildet § 9 Abs. 1. Danach bilden die **Eigentümer der Grundflächen,** die zu einem gemeinschaftlichen Jagdbezirk gehören, eine Jagdgenossenschaft. Diese Vorschrift ist zwingend zu verstehen, so dass die Mitgliedschaft in der Jagdgenossenschaft ebenfalls kraft Gesetzes begründet wird und mit dem Zeit-

punkt des Eigentumserwerbes entsteht. Eines formalen Eintrittsaktes bedarf es nicht. Eigentümer von Grundflächen, die zwar zu einem gemeinschaftlichen Jagdbezirk gehören, die jedoch gem. § 6 befriedete Bezirke darstellen, sind nicht Mitglied in der Jagdgenossenschaft.

Ein Austritt aus der Jagdgenossenschaft ist nicht möglich, da es sich hierbei um eine **Zwangsmitgliedschaft** handelt, die mit dem Grundgesetz und der Europäischen Menschenrechtskonvention vereinbar ist. Ein Grundeigentümer kann die Jagd auf seinem Grundstück grundsätzlich auch nicht untersagen (zu dem umfangreichen Problemkreis BVerfG Beschl. v. 13.12.2006 – 1 BvR 2084/05, NVwZ 2007, 808 = DVBl. 2007, 248; Beschl. v. 2.2.2007 – 2 BvR 126/04, BeckRS 2007, 27470; BVerwG Urt. v. 5.4.2005 – 3 C 31/04, NVwZ 2006, 92; BGH Urt. v. 15.12.2005 – III ZR 10/05, NJW 2006, 984 = JE XII Nr. 106; Müller-Schallenberg/Förster ZRP 2005, 230; Müller-Schallenberg/Förster NuR 2007, 161; v. Pückler AgrarR 2001, 72; Dietlein AgrarR 2000, 76; aA Sailer NVwZ 2006, 74; Ditscherlein NuR 2005, 305; Maierhöfer NVwZ 2007, 1155; Dietlein/Schwan, Pflichtmitgliedschaft in Jagdgenossenschaften, 2009, S. 96). 6

Das Institut der Pflichtmitgliedschaft in der Jagdgenossenschaft wurde durch die Entscheidung des EGMR in der Sache Hermann/Deutschland nicht in Frage gestellt und gilt daher uneingeschränkt weiter fort (EGMR Urt. v. 26.6.2012 – 9300/07, NJW 2013, 3629). Der Gesetzgeber hat sich im Rahmen der notwendigen Novellierung lediglich dafür entschieden, demjenigen Grundstückseigentümer, der die Jagd aus ethischen Gründen ablehnt, unter bestimmten Voraussetzungen eine Befriedung seines Grundeigentums zu ermöglichen (ausführlich → § 6a Rn. 1 ff.). 7

4. Anwendbares Recht

Während das Recht der wichtigsten juristischen Personen des Privatrechts wie etwa des eingetragenen Vereins, der Aktiengesellschaft und der Gesellschaft mit beschränkter Haftung sehr detailliert bis in die Einzelheiten geregelt ist, beschränken sich sowohl BJagdG als auch Landesjagdgesetze in Hinblick auf die Jagdgenossenschaft auf wenige **Rahmenvorschriften.** Auch die **Satzung einer Jagdgenossenschaft** kann manche Fragen offenlassen. In einem solchen Fall liegt es nahe, zur Lückenausfüllung die für den (eingetragenen) Verein geltenden Vorschriften entsprechend anzuwenden. Beachtet werden muss hierbei jedoch, dass sich das Wesen zwischen dem zivilrechtlich organisiertem (eingetragenen) Verein und der Jagdgenossenschaft als Körperschaft des öffentlichen Rechts nicht unerheblich unterscheidet. Allgemeine Grundsätze, ob die entsprechende Norm auf die Jagdgenossenschaft Anwendung finden kann, lassen sich nicht aufstellen; es bedarf der Prüfung im Einzelfall, ob eine **Vorschrift des BGB** für den (eingetragenen) Verein einen allgemein für das Körperschaftsrecht verwendbaren Grundsatz darstellt. So ist § 32 Abs. 1 S. 2 BGB nicht auf die Jagdgenossenschaft anzuwenden, denn diese Vorschrift enthält keinen allgemeinen Grundsatz des Körperschaftsrechts (VG Minden Urt. v. 7.7.1977 – 2 K 576/77, AgrarR 1978, 116 = JE IV Nr. 3). 8

5. Ergänzendes Landesrecht

Ergänzt werden diese Normen von der **Satzung,** die sich jede Jagdgenossenschaft gibt. Sämtliche Landesjagdgesetze sehen vor, dass die Jagdgenossen- 9 schaft ihre rechtlichen Verhältnisse durch Satzung regelt. Der Großteil der Landesjagdgesetze verpflichten die Jagdgenossenschaften ausdrücklich; diese **„hat" eine Satzung** zu beschließen bzw. aufzustellen (§ 15 Abs. 4 S. 1 **JWMG;** Art. 11 Abs. 2 S. 1 **BayJG;** § 10 Abs. 2 S. 1 **LJagdG Bln;** § 10 Abs. 2 **BbgJagdG;** Art. 11 Abs. 2 S. 1 **BremLJagdG;** § 5 Abs. 2 **HmbJagdG;** § 8 Abs. 2 **HJagdG;** § 16 Abs. 2 **NJagdG;** § 7 Abs. 2 **LJG-NRW;** § 11 Abs. 3 **RhPfLJG;** § 14 Abs. 2 S. 1 **LSALJagdG;** § 11 Abs. 2 S. 1 **ThJG**). § 8 Abs. 3 S. 1 **MVLJagdG,** § 7 Abs. 2 **SJG** sowie § 8 S. 2 **SchlHLJagdG** sehen vor, dass sich die Jagdgenossenschaft eine Satzung „gibt", bzw. „beschließt" (§ 11 Abs. 3 S. 1 **SächsJagdG**).

10 Einige Bundesländer haben eine **Mustersatzung** erlassen **(Bayern, Bremen, Hessen, Mecklenburg-Vorpommern, Niedersachsen, Nordrhein-Westfalen, Rheinland-Pfalz, Sachsen** (seit 2013**), Sachsen-Anhalt, Schleswig-Holstein, Thüringen**). Die Mustersatzungen berücksichtigen zum einen gesetzliche Mindestanforderungen und zum anderen das Interesse einer möglichst gleichmäßigen und ausgewogenen Handhabung der Satzungen als Ausprägung des Selbstbestimmungs- und Selbstverwaltungsrechts der Jagdgenossenschaft. Daher wird durch die Mustersatzungen nicht in das Recht der Jagdgenossen eingegriffen, ihre Satzung im Rahmen der Mindestanforderungen und der allgemeinen Gesetze in **freier Entschließung selbst aufzustellen.** Vielmehr kann die Mustersatzung als nützliche Empfehlung oder Leitfaden betrachtet werden.

11 **Baden-Württemberg** hat durch § 1 Abs. 1 DVO JWMG von der Ermächtigung von § 6 Abs. 2 S. 2 Gebrauch gemacht und **Mindestanforderungen an die Satzung** aufgestellt. Mindestanforderungen an die Satzung sehen auch die Landesjagdgesetze bzw. die jeweiligen Rechtsverordnungen von § 1 DVO **JWMG,** § 10 Abs. 3 **LJagdG Bln,** § 10 Abs. 3 **BbgJagdG,** § 7 Abs. 3 **LJG-NRW,** § 2 Abs. 1 **SJGDV,** § 1 **SächsJagdVO** und § 2 **ThJGAVO** vor.

12 Kommt eine Jagdgenossenschaft der **Satzungspflicht in einer bestimmten Frist** nicht nach, kann die Behörde eine Mustersatzung für **verbindlich erklären** (Art. 11 Abs. 2 S. 2 **BremLJagdG;** § 8 Abs. 3 S. 3 **MVLJagdG,** § 14 Abs. 2 S. 2 **LSALJagdG**) oder eine Satzung für die Genossenschaft erlassen (§ 6 Abs. 2 S. 2 **JWMG;** § 10 Abs. 4 **BbgJagdG;** § 11 Abs. 2 S. 5 **RhPfLJG;** § 7 Abs. 2 S. 3 **SJG;** § 11 Abs. 3 S. 2 **SächsJagdG**). Dieses System der Zwangssatzung ist die deutliche Ausprägung der Jagdgenossenschaft als Körperschaft des öffentlichen Rechts und die faktische Einbindung in das staatliche Organisationsgefüge.

13 Die Satzung bedarf grundsätzlich der **Genehmigung** der Jagdbehörde. Wird die Genehmigung durch die Behörde versagt, ist gegen diese Entscheidung ein Verpflichtungswiderspruch bzw. – klage zulässig, da ein Eingriff in das Selbstverwaltungsrecht vorliegen könnte (BVerwG DÖV 1970, 277). Ausnahmen von der Genehmigungspflicht sehen einige Landesjagdgesetze vor, falls in dem Bundesland eine Mustersatzung existiert und diese übernommen (§ 8 Abs. 3 S. 2 **MVLJagdG;** § 15 Abs. 2 S. 3 **NJagdG;** § 11 Abs. 1 S. 4 **RhPfLJG;** § 14 Abs. 2 S. 2 **LSALJagdG;** § 8 **SchlHLJagdG**) oder lediglich geringfügig geändert wird (Art. 11 Abs. 2 S. 2 **BayJG;** § 11 Abs. 2 S. 2 **SächsJagdG**). In diesen Fällen tritt an die Stelle der Genehmigung eine bloße **Verpflichtung zur Anzeige** der Satzung.

14 Die Genehmigung der Satzung hat nur die Einhaltung der Mindestanforderungen und im Übrigen die Gesetzmäßigkeit des Inhalts und des Zustandekommens zur Voraussetzung. Diese Anforderungen sind erfüllt, wenn die Mustersatzung verwandt wird, so dass dann die Genehmigungspflicht entfällt.

Eine noch **ausstehende Genehmigung** hindert nicht die Wirksamkeit 15 von Beschlüssen, die auf der Grundlage einer inhaltlich den gesetzlichen Anforderungen entsprechenden und formell ordnungsgemäß beschlossenen Satzung gefasst sind. Ebenso ist das Vorhandensein einer Satzung keine rechtliche Voraussetzung für die Wirksamkeit von Rechtshandlungen des Jagdvorstandes und Beschlüssen der Jagdgenossenversammlung (OVG Magdeburg Urt. v. 28.10.2010 – 2 L 39/09, BeckRS 2010, 56928; VG Wiesbaden Urt. v. 1.10.1974 – III/2 E 74/74, JE II Nr. 2; → Rn. 80a). Denn zum einen muss die Jagdgenossenschaft handlungsfähig sein, auch wenn keine bzw. noch keine Satzung besteht. Es ist rechtlich nicht notwendig, warum der erste (wirksame) Beschluss die Verabschiedung einer Satzung sein muss, wenn eine Jagdgenossenschaft entsteht. Zum anderen wäre zweifelhaft, ob überhaupt eine erste konstituierende Genossenschaftsversammlung möglich wäre. Streng verstanden könnte der (Notjagd-) Vorstand ohne Vorliegen einer Satzung gar keine (erste) Versammlung einberufen, da auch die Einladung ein rechtliches Handeln darstellt. So muss über Ort, Zeit, Tagesordnung und Art der Bekanntmachung entschieden werden. Würde man die stringente Ansicht vertreten, ein rechtliches Handeln ohne Satzung sei nicht möglich, würde es auch nie zu einer Satzung kommen. Denn auch die Abstimmung über eine (erste) Satzung würde zu einem Zeitpunkt erfolgen, zu dem noch keine wirksame Satzung vorliegt. Gestützt wird diese Ansicht durch die Tatsache, dass auch eine Satzung lückenhaft sein kann. Auch wenn ein Beschluss eine solche Lücke betrifft, ist dieser nicht (zwangsläufig) unwirksam. Zudem sprechen die Regelungen zum Notjagdvorstand eindeutig für die Ansicht, dass die Genossenschaft auch ohne Satzung handlungsfähig ist. Es soll eine durchgängige Handlungsmöglichkeit für die Genossenschaft, notfalls durch den Notjagdvorstand, ermöglicht werden. Wenn dies das eindeutige Ziel des Gesetzgebers ist, kann an anderer Stelle nicht gerügt werden, Beschlüsse des Notjagdvorstandes seien unwirksam, wenn keine Satzung vorliege. Daher ist auch ein Beschluss über die Teilung des Jagdbezirkes der Großgemeinde in Jagdbezirke der früheren Einzelgemeinden ist auch bei Fehlen eines Jagdkatasters und einer Satzung der Jagdgenossenschaft wirksam (VG Wiesbaden Urt. v. 1.10.1974 – III/2 E 74/74, JE II Nr. 2).

II. Staatsaufsicht

1. Grundsatz

Die Jagdgenossenschaft ist der staatlichen Aufsicht unterworfen, die durch 16 die zuständige Jagdbehörde ausgeübt wird. Die Jagdgenossenschaft nimmt ihre Aufgaben eigenverantwortlich wahr – ihr steht ein **Selbstverwaltungsrecht** zu – und sie ist an das Gesetz gebunden. Die Einhaltung dieser Gesetzesbindung wird durch die staatliche Aufsicht überwacht und erforderlichenfalls durchgesetzt. Es handelt sich hierbei um eine **Rechtsaufsicht,** dh Inhalt der Aufsicht ist eine Rechtmäßigkeitskontrolle. So soll sichergestellt werden, dass die Jagdgenossenschaft ihren gesetzlichen Verpflichtungen nachkommt sowie ihre Handlungen und ihre (Selbst)Verwaltung im Einklang mit den Gesetzen erfolgen.

2. Aufsichtsmittel

17 Der Jagdbehörde stehen bei Ausübung der Aufsicht grundsätzlich dieselben Befugnisse zu wie der Kommunalaufsichtsbehörde gegenüber den Gemeinden. Die Jagdbehörde kann beispielsweise anordnen, dass die Jagdgenossenschaft innerhalb einer angemessenen Frist die notwendigen Maßnahmen durchführt, wenn die Jagdgenossenschaft die ihr gesetzlich obliegenden Pflichten nicht erfüllt und diese Anordnung für den Fall der Nichterfüllung durch die Jagdgenossenschaft an deren Stelle und auf deren Kosten selbst durchführen (für §§ 147, 148 KVG LSA s. OVG Magdeburg Beschl. v. 27.2.2023 – 6 B 77/23, BeckRS 2023, 9905). Die einzelnen Voraussetzungen regeln Kommunalrecht und Gemeindeordnungen der Bundesländer. Im Großen und Ganzen kann man zwischen dem Informationsrecht sowie den repressiven und präventiven Aufsichtsmitteln unterscheiden. Zum **Informationsrecht** gehört die Befugnis der Behörde Akteneinsicht zu erhalten und das Recht an der Teilnahme an Sitzungen von Organen der Jagdgenossenschaft. Zu den **repressiven Aufsichtsmitteln** gehören unter anderem Beanstandung und Anordnung. Die Behörde kann zB unter bestimmten Voraussetzungen die sofortige Durchführung einer Genossenschaftsversammlung durch mindestens ein Zehntel der Mitglieder anordnen (vgl. OVG Saarlouis Urt. v. 13.12.1989 – 1 W 185/88, JE IV Nr. 63). Die **präventiven Aufsichtsmittel** sollen durch Vorwegkontrolle rechtswidrige Zustände oder Akte verhindern, hierunter fällt im Bezug auf die Satzung der Genehmigungs- bzw. Anzeigenvorbehalt. Übt die Jagdbehörde die Aufsicht aus, stellt dies einen Verwaltungsakt dar, der mit Widerspruch oder Klage vor dem Verwaltungsgericht angreifbar ist.

3. Ergänzendes Landesrecht

18 Eine Sonderregelung statuiert § 47 Abs. 2 **LJG-NRW.** Danach ist der Jagdvorstand verpflichtet, die Aufsichtsbehörde innerhalb einer Frist von einem Monat über Beschlüsse der Jagdgenossenschaft zu unterrichten. **Die Unterrichtung** erfolgt durch einen schriftlichen Beschluss (Drees/Thies/Müller-Schallenberg/Jäcker/Hugenberg § 7 Nr. V S. 80d). Die Aufsichtsbehörde kann den Vorsitzenden der Jagdgenossenschaft zudem anweisen, Beschlüsse der Jagdgenossenschaft, die das geltende Recht verletzten, zu beanstanden. Nach den allgemeinen Regeln des Organisationsrechts steht dem Vorsitzenden eines Kollegialorgans – somit auch dem Jagdvorsteher – grundsätzlich das Recht zu, Beschlüsse wegen Verstoßes gegen die Rechtmäßigkeit mit aufschiebender Wirkung zu beanstanden (LG Bielefeld Urt. v. 2.2.1979 – 6 O 440/78, RdL 1979, 207 = JE IV Nr. 6). Folglich braucht der Jagdvorstand nicht erst auf eine Weisung der Aufsichtsbehörde abwarten, sondern kann Beschlüsse aus eigenem Recht als rechtswidrig beanstanden.

III. Angliederungsgenossenschaft

1. Grundsatz

19 Von der Jagdgenossenschaft ist die Angliederungsgenossenschaft zu unterscheiden. Eine Angliederungsgenossenschaft kann entstehen, wenn **Grund-**

Eigentümer oder Nutznießer des Eigenjagdreviers unmittelbar geltend machen (VGH München Urt. v. 26.4.1991 – 19 B 90.1460, NuR 1993, 160 = JE II Nr. 117). Die Angliederungsgenossenschaft selbst hat jedoch selbst keinen eigenen Anspruch auf Auszahlung des Pachtzinses (VG Düsseldorf Urt. v. 2.9.2010 – 51 C 13279/09, BeckRS 2011, 23776 = JE IV Nr. 125).

IV. Mitgliedschaft in der Jagdgenossenschaft

Jagdgenossen sind nach dem Wortlaut des § 9 Abs. 1 die Eigentümer der 26
Grundflächen des gemeinsamen Jagdbezirks. Der **rechtsgeschäftliche Eigentumserwerb** eines Grundstücks vollzieht sich gem. §§ 873, 925 BGB durch Einigung und Eintragung. Die Eintragung stellt eine wichtige Voraussetzung dar, um den Zeitpunkt des Beginns der Mitgliedschaft in der Jagdgenossenschaft bestimmen zu können. Relevant ist dieser **Zeitpunkt,** wenn der Erwerber eines Grundstücks kurzfristig Jagdgenosse werden möchte, um zB an Abstimmungen teilnehmen zu können. Verpachtet die Jagdgenossenschaft das Jagdausübungsrecht nur an Mitglieder, so ist die Frage, ob und wann ein Pachtbewerber Jagdgenosse ist, ebenfalls von entscheidender Bedeutung. Als **Nachweis** für die Mitgliedschaft – in Ausprägung des Eintragungs- und des Publizitätsprinzips des Grundstücksrechts – ist die Eintragung in die erste Abteilung des Grundbuchs (§§ 4, 9 GBV) maßgeblich. Die Auflassung oder die Zahlung des vereinbarten Kaufpreises genügt für die Begründung der Mitgliedschaft nicht. Sie wird auch nicht durch Eintragung einer Vormerkung begründet. Der Erwerber eines Grundstücks sollte einen Grundstückskauf frühzeitig vollziehen, wenn er an der nächsten Versammlung der Jagdgenossen teilnehmen und abstimmen möchte, da die Eintragung – je nach Grundbuchamt – unter Umständen mehrere Wochen in Anspruch nehmen kann. Im Einzelfall kann versucht werden, auf den Grundbuchbeamten Einfluss zu nehmen, und um besonders zügige Bearbeitung zu bitten. Es dürfte zudem möglich sein, dass der Veräußerer den Erwerber im Rahmen des notariell zu beurkundenden Vertrags **bevollmächtigt,** als dessen Vertreter an der Versammlung teilzunehmen. Bestimmt die Satzung hingegen, dass der Eigentümer nur durch einen bestimmten Personenkreis vertreten werden darf (→ Rn. 85), ist diese Beschränkung nach strengem Verständnis auch dem künftigen Eigentümer gegenüber wirksam. Sieht die Satzung vor, dass der Jagdpachtvertrag nur mit einem Jagdgenossen abgeschlossen werden darf, kann der Vertrag jedoch auch mit einem (noch) nicht als Eigentümer eingetragenen Person geschlossen werden, da in einem entsprechendem Votum der Versammlung zugleich und konkludent ein gegenteiliger Beschluss zu sehen ist (→ § 10 Rn. 5). Beim **Eigentumserwerb kraft Gesetzes** (zB § 1922 BGB) wird die Mitgliedschaft in der Jagdgenossenschaft zeitgleich begründet, so dass es in diesem Fall nicht auf den Zeitpunkt der Eintragung ankommt.

1. Der Eigentümer als Mitglied

Umstritten ist, ob anstelle des Eigentümers der **Nutznießer** tritt, wenn 27
ihm die Nutzung der ganzen Einzelgrundfläche zusteht (so hM, Mitzschke/Schäfer Rn. 10; Meyer-Ravenstein NJagdG § 9 Rn. 9 f.; Möller UmweltR IV Rn. 55. 6. 2; Lorz/Metzger Rn. 2; vgl. zum Meinungsstreit Wetzel, Die

Rechte des Jagdpächters im Verwaltungsprozess, 2008, S. 8). Begründet wird diese Ansicht, mit entsprechender Auslegung des § 7 Abs. 4, der in Bezug auf einen Eigenjagdbezirk festlegt, dass an Stelle des Eigentümers der Nutznießer tritt, wenn ihm die Nutzung des ganzen Eigenjagdbezirks zusteht. Zudem sei das Jagdrecht gem. § 96 BGB Bestandteil des Grundstücks (Meyer-Ravenstein NJagdG § 9 Rn. 9; Grüneberg/Ellenberger BGB § 96 Rn. 2).

28 Der eindeutige Wortlaut des § 9 Abs. 1 spricht jedoch genauso wie die **teleologische Auslegung** von § 9 Abs. 1 iVm § 7 Abs. 4 gegen diese Ansicht. Denn § 7 Abs. 4 bezieht sich auf das Jagdausübungsrecht, das Jagdrecht ist untrennbar mit dem Eigentum am Grund und Boden verbunden und das Jagdrecht steht gem. § 3 Abs. 1 dem Eigentümer zu. Die Besonderheit, dass der Nutznießer jagdausübungsberechtigt ist, wird ausdrücklich durch § 7 Abs. 4 ausschließlich für den Eigenjagdbezirk statuiert. Eine entsprechende Anwendung auf die Mitgliedschaft eines Nutznießers in der Jagdgenossenschaft widerspricht sowohl dem Wortlaut als auch dem Sinn und Zweck von § 9 Abs. 1. Sofern die hM auch auf historische Argumente abstellt (Mitzschke/Schäfer Rn. 10), wird mit Blick auf die deutlich differenzierte Formulierung von § 2 Abs. 3 des Preußischen Jagdgesetzes vom 18.1.1934 deutlich, dass das BJagdG keine vergleichbare Gleichstellung von Eigentümer und Nutznießer vorsieht: „Bei Grundstücken, an denen ein Nießbrauch (…) besteht, steht das Jagdrecht dem Nutzungsberechtigen zu.“ Nicht zuletzt spricht die durch das RJG eingeführte und im BJagdG beibehaltene strenge Trennung zwischen dem Jagdrecht und dem Jagdausübungsrecht für die zutreffende Ansicht, dass nur der Eigentümer Mitglied der Jagdgenossenschaft iSd § 9 Abs. 1 ist (im Ergebnis so auch Drees/Thies/Müller-Schallenberg/Jäcker/Hugenberg Nr. II S. 75). Eine Durchbrechung dieses Grundsatzes hätte der Gesetzgeber explizit – ebenso wie in § 7 Abs. 4 in Bezug auf den Eigenjagdbezirk – regeln müssen. Eine planwidrige und auslegungsbedürftige Regelungslücke besteht nicht, da der Gesetzgeber das Problem offensichtlich erkannt, für den Eigenjagdbezirk geregelt und die Formulierungen von § 2 Abs. 3 Preußisches Jagdgesetz (vom 10.1.1934) sowie §§ 3, 10 RJG abgeändert hat. Der Nutznießer kann daher ebenso wenig Erwerber des Jagdrechts werden (so auch Wetzel, Die Rechte des Jagdpächters im Verwaltungsprozess, 2008, Rn. 27, S. 18), wie Mitglied in der Jagdgenossenschaft (→ § 3 Rn. 2).

29 Aus diesen Gründen dürfte auch § 3 Abs. 1 S. 1 **BayMustersatzung gegen höherrangiges Recht verstoßen** und damit unwirksam sein, wenn normiert wird, dass Mitglieder der Jagdgenossenschaft Eigentümer oder Nutznießer der Grundflächen sind, die das Gemeinschaftsjagdrevier bilden.

30 Je nach Ausgestaltung des Nießbrauchsrechts stehen dem Nutznießer die Früchte aus der Nutzung des Jagdrechts zu, so dass er im Falle einer Verpachtung gegen den Eigentümer einen Anspruch auf den Jagdpachtanteil hat. Sollte der Eigentümer zum Nachteil des Nutznießers ohne dessen Zustimmung auf Auskehrung seines Anteils des Pachtzinses verzichten, macht sich der Eigentümer schadensersatzpflichtig (→ § 10 Rn. 19).

2. Juristische Personen als Mitglied

31 Steht eine Grundfläche im Eigentum einer juristischen Person des Privatrechts (GmbH, Verein) oder des öffentlichen Rechts (Bund, Land, Gemeinde), so ist diese Jagdgenosse. Die juristische Person wird durch ihr ver-

fassungsmäßig berufenes Organ vertreten. Eine Bevollmächtigung einer anderen Person ist möglich und praktisch im Hinblick auf die Vertretung der Gemeinde (durch Mitarbeiter der Jagdbehörde oder des Liegenschaftsamtes) von Bedeutung. Die Vertretung der Gemeinde in der Jagdgenossenschaft sowie die Meinungsbildung und die Abstimmung werden durch das Kommunalrecht der Bundesländer geregelt. Realverbände müssen in der Jagdgenossenschaftsversammlung regelmäßig nicht durch den gesamten Vorstand vertreten werden. Die Vertretung nur durch eine Person genügt regelmäßig. Denn § 19 Abs. 3 Realverbandsgesetz sieht ein gemeinsames Handeln sämtlicher Mitglieder des Vorstandes ausdrücklich nur für die Abgabe von Willenserklärungen und zum Abschluss von Verträgen vor, wobei die Satzung etwas anderes bestimmen kann (VG Braunschweig Urt. v. 26.11.21 – 5 A 121/18, BeckRS 2021, 65562). Im Übrigen muss der Vorstand der Jagdgenossenschaft nicht klären, welche Vertretungsregeln für die teilnehmenden Realverbände nach deren Satzung gelten (VG BS).

3. Grundflächenanforderungen

Weder Beschaffenheit, Art der Nutzung noch die Größe der Grundfläche haben Einfluss darauf, ob der Eigentümer kraft Gesetzes Jagdgenosse ist. Folglich bedingen auch gemeindeeigene Wegflächen grundsätzlich die Mitgliedschaft der Gemeinde (VG Stade Urt. v. 4.8.1983 – 4 VG A 104/83, JE IV Nr. 22). Ebenso unbeachtlich ist, wodurch das Eigentum begründet wurde. Auch wenn Wirtschafts- und Interessenwege aus einem früheren Separationsprozess hervorgegangen sind, ist die Gemeinde mit diesen Grundflächen Mitglied in der Jagdgenossenschaft (VG Arnsberg Urt. v. 23.2.1983 – 3 K 695/82, RdL 1983, 153 = JE IV Nr. 20). 32

Es kommt nur darauf an, **ob auf dem Grundstück die Jagd ausgeübt werden darf.** Denn nicht Mitglied in der Jagdgenossenschaft sind gem. § 9 Abs. 1 S. 2 Grundeigentümer, auf denen die Jagd nicht ausgeübt werden darf, sei es weil die Grundfläche ein befriedeter Bezirk ist (§ 6) oder weil die Jagd dauerhaft die öffentlich Ruhe, Sicherheit oder Ordnung stören oder andere gefährden würde (§ 20). Selbst wenn in befriedeten Bezirken die Jagdausübung beschränkt gestattet ist (§ 6 S. 2), wird der Grundeigentümer nicht Mitglied in der Jagdgenossenschaft. In Bezug auf die örtlichen Verbote (§ 20) ist der Relativsatz des § 9 Abs. 1 S. 2 als Ausnahmeregelung eng auszulegen, es kommt darauf an dass die Jagd auf den betroffenen Flächen „dauernd“ nicht ausgeübt werden darf (VG Stade Urt. v. 4.8.1983 – 4 VG A 104/83, JE IV Nr. 22). 33

a) Sonderfall Bahnanlagen. Differenzierter zu bewerten ist die Frage, ob die **Deutsche Bahn AG** mit ihren Bahnanlagen (inklusive Lärmschutzwall, Schienenflächen und Böschungen) Mitglied in der Jagdgenossenschaft ist. Grundsätzlich ist die Deutsche Bahn AG kein Jagdgenosse, da das Betreten von Bahnanlagen gem. § 62 Abs. 1 EBO (Eisenbahn-Bau- und Betriebsordnung) nur durch amtlich Befugte, im Rahmen des allgemeinen Verkehrsgebrauchs oder aufgrund eines besonderen Nutzungsverhältnisses gestattet ist. Dieses dauernde Betretungsverbot lässt der Jagdausübung keinen Raum und kommt damit einem dauerhaften Jagdverbot gleich (BVerwG Urt. v. 17.4.1986 – 3 C 36.85, JE IV Nr. 43). Zwischen der Deutschen Bahn AG und der Jagdgenossenschaft kann jedoch ein **„besonderes Nutzungsverhältnis“** vereinbart werden. In der Folge steht der Jagdgenossenschaft auf 34 (vom Nutzungsverhältnis umfassten) Bahnanlagen das Jagdausübungsrecht zu und die Deutsche Bahn AG wird mit allen Rechten und Pflichten Mitglied in der Genossenschaft. Die Deutsche Bahn AG kann von dem Betretungsberechtigten eine Zusatzversicherung verlangen (VGH München Urt. v. 23.11.1983 – 19 B 81 A. 1030, RdL 1984, 206 = JE IV Nr. 34).

35 **b) Sonstige Verkehrsflächen/Schutzgebiete.** Der Eigentümer von Verkehrsflächen, wie Bundesautobahn und Landstraßen, dürfte regelmäßig nicht Mitglied in der Jagdgenossenschaft sein, da diese Straßen entweder nach Landesrecht zu den befriedeten Bezirken gehören oder einem dauerhaften örtlichen Verbot iSd § 20 Abs. 1 unterfallen. Eine Einzelfallbewertung kann aber auch zu dem Ergebnis führen, dass die örtlichen Verhältnisse eine Bejagung zulassen. Dies kann bei einer außerordentlich geringen Verkehrsbelastung der Fall sein, oder wenn der Randbereich die Fallenjagd oder das Frettieren zulässt. Eigentümer von Flächen **besonderer Schutzgebiete** sind dann keine Jagdgenossen, wenn in dem jeweiligen Schutzgebiet die Jagdausübung nach dem gültigen Landesrecht verboten ist (§ 9 Abs. 1 S. 2, § 20 Abs. 2).

35a Einen Sonderfall stellen Deichanlagen dar. Grundsätzlich gehören **Deiche** zu einem gemeinschaftlichen Jagdbezirk und sind keine befriedete Bezirke nach § 6 (→ § 6 Rn. 29); der Eigentümer ist somit Jagdgenosse. Sofern die Landesgesetze (exemplarisch § 14 Abs. 1 NDG, § 96 Abs. 1 WG LSA) ein umfassendes gesetzliches Verbot zur Nutzung und Benutzung vorsehen und die zuständige Behörde dem Jagdausübungsberechtigten keine Ausnahmegenehmigung zur Jagd erteilt (zB § 14 Abs. 2 NDG, § 97 Abs. 2, Abs. 3 WG LSA iVm § 96 Abs. 2 WG LSA), ist die Nutzung der Deiche im Rahmen der Jagdausübung untersagt. In diesem Fall sind die Deiche dann wie Bundesautobahnen einzustufen, mit der Folge, dass ein dauerhaftes örtliches Verbot besteht und die Bejagung faktisch unmöglich ist. Dem geschädigten Eigentümer steht bei einem dauerhaftem Betretungsverbot für den Jagdausübungsberechtigten auch kein Anspruch auf Wildschadensersatz zu (vgl. → § 29 Rn. 10). Angesichts der gerade für Deiche problematischen Schadenproblematik durch Nutria und Schwarzwild dürfte die zuständige Wasserbehörde regelmäßig ein starkes Interesse an einer Bejagung haben und dem Jagdausübungsberechtigten die Ausnahme gestatten, inkl. der Möglichkeit, erforderliche jagdliche Einrichtungen zu errichten.

4. Rechte und Pflichten der Mitglieder

36 Als Kompensation für die Zwangsmitgliedschaft und der damit verbundene Trennung von Jagdrecht und Jagdausübungsrecht stehen dem Jagdgenossen zum einen umfangreiche verfahrensrechtliche **Mitwirkungsrechte** im Hinblick auf Art und Umfang der konkreten Nutzung des Jagdausübungsrechts und zum anderen ein verbindlich und gerichtlich **durchsetzbarer Anspruch** auf Auskehrung seines Anteils an den Einkünften der Jagdgenossenschaft aus der Nutzung des Jagdausübungsrechts zu. Nach § 10 Abs. 3 S. 2 hat jeder Jagdgenosse einen Anspruch auf Auszahlung seines (anteiligen) Reinertrages. Der Reinertrag wird – getrennt nach Jagdjahren – wie folgt berechnet: Einnahmen notwendige Kosten = Reinertrag. Auf der Einnahmenseite sind alle geldwerten Leistungen zu berücksichtigen, die der Jagdgenossenschaft als Erlös für die Jagdnutzung zufließen. Der Begriff der der notwendigen Aufwendungen/Kosten ist restriktiv auszulegen (VG Regens-

burg Urt. v. 12.10.2020 – 4 K 18.939, BeckRS 2020, 30560; vertiefend → § 10 Rn. 19 ff.).

Beabsichtigt ein Jagdgenosse materiell-rechtliche Ansprüche aus seiner Mitgliedschaft geltend, steht ihm ein umfassender Auskunftsanspruch gegen die Jagdgenossenschaft zu (BVerwG Beschl. v. 27.6.2013 – 3 C 20.12, BeckRS 2013, 54783; VG Würzburg Urt. v. 13.3.2020 – W 9 K 18.1165, BeckRS 2020, 5646; VG Potsdam Urt. v. 29.1.2020 – 13 K 6500/17, BeckRS 2020, 547; VG Freiburg Urt. v. 21.10.2015 – 1 K 2020/13, BeckRS 2015, 56069). Die Genossenschaft muss dem Jagdgenossen Einsicht in die Bücher und Urkunden gewähren, wobei aber keine Verpflichtung besteht, die Unterlagen dem Jagdgenossen zuzusenden. Der Anspruch beschränkt sich auf Einsichtnahme und Anfertigung von Kopien auf Kosten des Jagdgenossen. Der Anspruch umfasst auch die Einsicht in das Jagdkataster, inklusive der Daten (Name, Anschrift) der anderen Jagdgenossen und der Flächeninformationen (Größe), datenschutzrechtliche Bedenken stehen dem nicht entgegen (OVG Greifswald Urt. v. 7.7.2020 – 2 LB 565/17, BeckRS 2020, 17405 = NordÖR 2020, 520 = JE IV Nr. 135; VG Bayreuth Beschl. v. 20.5.2021 – B 1 K 20.267, BeckRS 2021, 31082; OVG Münster Urt. v. 17.9.1985 – 20 A 918/84, nv). Es ist jedoch notwendig, dass der Jagdgenosse zu seinem geltend gemachten Anspruch vorträgt, da der Auskunftsanspruch ein Annex zum Hauptanspruch darstellt. Das Begehr auf Einsicht in eine unbestimmte und inhaltlich nicht bezeichnete „Jagdakte“ genügt dieser Anforderung nicht (VG Magdeburg Urt. v. 20.10.2020 – 3 A 281/19, BeckRS 2020, 37282). Ob der behauptete Anspruch besteht oder nicht, ist nicht zu prüfen, nur wenn dieser offensichtlich und eindeutig auszuschließen ist, könnte der Auskunftsanspruch abgewiesen werden; allerdings ist in der Praxis nicht davon auszugehen, dass ein Jagdgenossenschaftsvorstand diese Frage fachlich beantworten kann. **36a**

Ein Jagdgenosse hat hingegen grundsätzlich kein Recht im gemeinschaftlichen Jagdbezirk die Jagd auszuüben, auch nicht auf seinem Grundeigentum, und kann im Falle der Zuwiderhandlung den Straftatbestand von § 293 StGB (Jagdwilderei) verwirklichen. Anderes kann im befriedeten Bezirk gelten (→ § 6 Rn. 3, → § 6 Rn. 7 ff.). Daher ist der Jagdgenosse auf Erteilung einer Jagderlaubnis durch den Jagdausübungsberechtigten angewiesen. **36b**

Entsteht auf Grundflächen, die zu dem gemeinschaftlichen Jagdbezirk gehören, **Wildschaden,** ist in erster Linie die **Jagdgenossenschaft ersatzpflichtig** (§ 29 Abs. 1 S. 1). Zwar kann die Jagdgenossenschaft die Ersatzpflicht vertraglich auf den Jagdpächter übertragen, seiner gesetzlichen Konstruktion nach richtet sich der Anspruch jedoch unmittelbar gegen die Jagdgenossenschaft, die den Schaden im Innenverhältnis entsprechend der Beteiligung am Reinertrag der Jagdnutzung auf die Jagdgenossen umzulegen hat. Jeder Jagdgenosse ist in diesem Fall verpflichtet, anteilig für den Wildschaden aufzukommen. Falls sich der Pächter vertraglich zum Wildschadensersatz verpflichtet hat und die berechtigten Schadensersatzansprüche des Geschädigten nicht erfüllt, besteht eine **subsidiäre Ausfallhaftung** der Jagdgenossenschaft (§ 29 Abs. 1 S. 4). **37**

Eine weitere Pflicht eines Jagdgenossen, die eigentlich selbstverständlich sein sollte, besteht in der **Duldung der Jagdausübung** im gemeinschaftlichen Jagdbezirk. Veranlasst der Jagdvorstand Störungen, haftet die Jagdgenossenschaft gem. § 280 Abs. 1 BGB (noch zum früheren Institut der positiven Vertragsverletzung des Jagdpachtvertrags LG Köln Urt. v. 16.7.1987 – 25 O **38**

521/85, JE I Nr. 54). Einzelnen Mitgliedern der Jagdgenossenschaft ist ebenfalls verwehrt das Jagdausübungsrecht, einschließlich der Hege, zu beinträchtigen (OLG Saarbrücken Urt. v. 6.2.1990 – 2 U 153/87, JE I Nr. 68). Dem Jagdpächter können Ansprüche gem. § 823 BGB oder § 1004 BGB zustehen (→ § 3 Rn. 18). Ansprüche des Pächters auf Schadensersatz, Minderung oder Unterlassen sind jedoch dann ausgeschlossen, wenn die Jagd durch Berechtigte gestört wird. Dies kann der Fall sein, wenn einer Person Anliegerrechte zustehen und daher Waldwege befahren werden, um zum Grundeigentum zu gelangen (AG Linz a. R. Urt. v. 27.1.2006 – 2 C 450/05, BeckRS 2006, 17126 = JE III Nr. 178). Verstößt ein Mitglied der Jagdgenossenschaft gegen den Grundsatz des **genossenschaftsfreundlichen Verhaltens,** können der Jagdgenossenschaft Unterlassens- oder Schadensersatzansprüche gegen dieses Mitglied zustehen, wenn sich sein Verhalten zB auf die Verpachtbarkeit oder den Pachtpreis auswirkt. Das Rechtsverhältnis zwischen Jagdgenossenschaft und Mitglied bzw. der Mitglieder untereinander wird durch die Satzung geregelt. Diesem Rechtsverhältnis liegt, wenn dies nicht ausdrücklich durch die Satzung statuiert wird, konkludent ein allgemeines Störungs- und Schädigungsverbot zugrunde. Ermöglicht ein Jagdgenosse auf seinem Grundstück Störungen und liegt der Grund für eine berechtigte Pachtpreisminderung in seinem alleinigen Verantwortungsbereich, verursacht er einen Schaden für die Jagdgenossenschaft und (mittelbar) für die anderen Mitglieder, so dass er zum Unterlassen und zum Schadensersatz verpflichtet sein kann.

39 Sofern die Satzung der Jagdgenossenschaft eine **Beitragszahlung** vorsieht, ist jedes Mitglied zur Zahlung verpflichtet. Zahlt ein Jagdgenosse nicht freiwillig, kann die Forderung unter Beachtung des **landesrechtlichen Abgabenrechts** beigetrieben werden.

V. Organe

40 Die Organe der Jagdgenossenschaft sind notwendigerweise der **Jagdvorstand** und die **Jagdgenossenversammlung.** Das wichtigste Entscheidungsorgan ist die Versammlung der Jagdgenossen und nicht der Vorstand (VG Stade Urt. v. 20.10.1988 – 2 VG D 108/88, JE IV Nr. 60). Dem Landesrecht oder der Satzung ist es unbenommen, weitere Organe vorzusehen, etwa einen Genossenschaftsausschuss zur Prüfung des Katasters (vgl. §§ 4, 10 Abs. 2a HessMustersatzung) oder den Jagdvorsteher (vgl. § 5 ThürMustersatzung).

1. Jagdvorstand

41 Die Zusammensetzung des Jagdvorstandes bestimmt ebenfalls das Landesrecht oder die Satzung. Während früher vereinzelt (zB **Bayern**) eine **Einzelperson** als Jagdvorstand vorgesehen wurde, bestimmen nun die Landesjagdgesetze bzw. die Mustersatzungen eine **kollegiale Vertretung** (offenlassend § 8 Abs. 1 HessMustersatzung; § 7 **SJG**).

42 Der Jagdvorstand setzt sich dabei aus dem Vorsitzenden („Jagdvorsteher") sowie meist zwei weiteren Personen zusammen, denen durch die Satzung Aufgaben zugewiesen werden (sechs Personen: § 6 Abs. 1 BayMustersatzung: Jagdvorsteher und Stellvertreter, zwei Beisitzer, Schriftführer und Kassenführer; vier Personen: § 7 Abs. 2 MVMustersatzung: Jagdvorsteher, Stellver-

treter, Schriftführer und Kassenverwalter; § 2 Abs. 1 iVm § 9 ThürMustersatzung: Jagdvorsteher, Stellvertreter und mindestens zwei Beisitzern; mindestens drei Personen: § 10 Abs. 6 **BbgJagdG** und § 10 Abs. 6 **LJagdG Bln:** Vorsitzender und mindestens zwei Beisitzer; drei Personen: § 5 Abs. 3 **HmbJagdG;** § 7 Abs. 6 **LJG-NRW;** § 4 Abs. 1 BremMustersatzung und § 9 Abs. 1 RhPfMustersatzung: ein Vorsitzender und zwei Beisitzer, von denen einer als Vertreter des Jagdvorstehers und einer als Kassenwart amtiert, wobei für die Beisitzer auch Vertreter zu wählen sind; § 8 SchlH-Mustersatzung: Jagdvorsteher, Stellvertreter und Kassenverwalter; § 4 Abs. 1 NdsMustersatzung; § 4 Abs. 1 LSA-Mustersatzung: Vorsitzender, Schriftführer und Kassenführer). Die Mustersatzung in Sachsen schreibt die Anzahl der Vorstandsmitglieder nicht vor, bestimmt lediglich, dass der Vorstand einen Vorsitzenden wählt (§ 8 Abs. 1 SächsMustersatzung). Es bestehen rechtliche Bedenken, wenn die Versammlung „lediglich" einen Vorstand wählt, der dann den Vorsitzenden aus dem Kreis der gewählten Vorstandsmitglieder wählt. Zwar bestimmt auch § 9 Abs. 2 S. 2, dass der Jagdvorstand von der Jagdgenossenschaft zu wählen ist und wird auch nicht durch ergänzendes Landesrecht konkretisiert. Es ist eine offene Rechtsfrage die der Beantwortung der Rspr. bedarf, ob der allgemeine und konkrete Willensbildungsprozess der Genossenschaftsversammlung es erfordert, die zur Wahl stehenden Kandidaten bereits vor der Wahl einer bestimmten Funktion zuzuordnen oder ob es dem gewählten Vorstand nach der Wahl überlassen werden darf, die Ämter durch einen Vorstandsbeschluss zu verteilen. (zur notwendigen Zuordnung zu einer bestimmten Vorstandsfunktion bei Blockwahl s. OVG Berlin-Brandenburg Beschl. v. 9.7.2010 – 11 S 79.08, BeckRS 2010, 50768 = JE IV Nr. 123).

Sofern die Anzahl der Vorstandsmitglieder nicht durch das Gesetz, sondern **43** durch eine Mustersatzung vorgegeben wird, ist es zulässig und genehmigungsfähig, die Satzung der Genossenschaft derart auszugestalten, dass der Vorstand nur durch den **Jagdvorsteher,** also einer Einzelperson, oder durch eine größere Personenanzahl gebildet wird. Die Zahl muss in jedem Fall der Satzung entsprechen, es sei denn, es wird dort nur eine Mindestanzahl gefordert.

Ist die Zusammensetzung des Jagdvorstandes gesetzlich festgelegt, so kann **44** die Genossenschaftsversammlung nichts Abweichendes beschließen, also zB nicht bestimmen, eine größere oder eine geringere Anzahl von Vorstandsmitgliedern in den Vorstand wählen, wenn das Gesetz ein Kollegium von bestimmter Größe vorsieht. Eine solche Abweichung würde bewirken, dass die Jagdgenossenschaft keinen ordnungsgemäßen Vorstand besitzt, nicht rechtswirksam von diesem vertreten wird und die Geschäfte des Vorstands vom Gemeindevorstand wahrgenommen werden müssten (§ 9 Abs. 2 S. 3). Formuliert dass Gesetz die für den Vorstand vorgesehene Personenanzahl als Mindestgröße, ist die Norm als Empfehlung bzw. Richtwert zu verstehen und eine Überschreitung daher unschädlich (§ 10 Abs. 6 **BbgJagdG;** § 10 Abs. 6 **LJagdG Bln**).

2. Wahl des Jagdvorstandes

Der Jagdvorstand wird **von der Jagdgenossenschaft** gewählt. Die **45** Wahl hat direkt von der Jagdgenossenschaft zu erfolgen, eine mittelbare Wahl durch eine Delegiertenversammlung oder einem Wahlmännerkollegium ist angesichts des Wortlautes von § 9 Abs. 2 nicht möglich (aA Mitzschke/Schäfer Rn. 15; Lorz/Metzger Rn. 4). Da § 9 Abs. 2 formuliert, „ist … zu wählen" besteht für die Jagdgenossenschaft eine Pflicht zur Wahl eines Vorstandes. Kommt die Jagdgenossenschaft dieser Pflicht nicht nach, so ist es Sache des Gemeindevorstandes bzw. Ortsbürgermeister als Notjagdvorstand (§ 9 Abs. 2 S. 3) eine Versammlung einzuberufen und einen Jagdvorstand wählen zu lassen (so explizit § 11 Abs. 8 S. 1 **RhPfLJG**). Die **Wirksamkeitsvoraussetzungen** der Wahl ergeben sich aus § 9 Abs. 3, wonach auch für Wahlen auf die doppelte Mehrheit abzustellen ist. Zwar beschränkt sich der Wortlaut nach § 9 Abs. 3 auf „Beschluss" und nicht ausdrücklich auf „Wahlen", allerdings seien Wahlen als Ergebnis kooperativen Willensbildung ein spezieller Unterfall der in Abs. 3 genannten „Beschlüsse" (VG Weimar Urt. v. 19.4.2016 – 1 K 121/15, nv).

45a Die einzelnen Vorstandsmitglieder können entweder in einer Einzelwahl oder einer Blockwahl gewählt werden (VG Magdeburg Urt. v. 6.12.2007 – 3 A 213/06, JE IV Nr. 117). Diese Entscheidung unterliegt wie die anderen Einzelheiten des Wahlverfahrens (zB geheime Wahl) der Entscheidungsfreiheit der Genossenschaft, sofern sie demokratischen Grundsätzen und der Satzung entsprechen. Entscheidet sich die Versammlung für eine Blockwahl muss aber vor der Abstimmung feststehen, welcher Kandidat für welches Amt kandidiert (OVG Berlin-Brandenburg Beschl. v. 9.7.2010 – 11 S 79/08, BeckRS 2010, 50768 = JE IV Nr. 123).

46 Das Landesrecht bzw. die Satzung können die Voraussetzungen der Wählbarkeit (zB Vorstand muss selber Jagdgenosse sein), der Beschlussfähigkeit (VGH Kassel Urt. v. 4.2.1982 – III OE 17/80, AgrarR 1984, 77 = JE IV Nr. 26), die Amtsdauer, die Vergütung der Tätigkeit bzw. Aufwandsentschädigung, den Umfang der Aufgaben des Vorstandes, seine Rechten und Pflichten, die Art der Kassenführung usw regeln. Sehen weder Landesjagdgesetz noch die Satzung Vorschriften bezüglich einzelner Fragestellungen oder Verfahrensabläufen vor, so hat hierüber die Jagdgenossenversammlung zu entscheiden.

47 Die Wahl des Jagdvorstandes durch die Genossenschaftsversammlung ist **kein Verwaltungsakt** (OVG Münster Urt. v. 30.10.1957 – IV A 1043/55, VerwRspr 1959, 220 = DÖV 1958, 183). Es kann jedoch vor dem Verwaltungsgericht die Feststellung begehrt werden, dass die Wahl unwirksam ist (BVerwG Urt. v. 9.2.1967 – I C 47.65, BeckRS 1967, 31299483 = RdL 1967, 137 (138)). Eine Feststellungsklage betreffend die Ungültigkeit der Wahl eines Jagdgenossenschaftsvorstandes setzt weder ein Vorverfahren voraus, noch ist die Zulässigkeit von einer Klagefrist abhängig (VGH Kassel Urt. v. 4.2.1982 – III OE 17/80, AgrarR 1984, 77 = JE IV Nr. 26). Bei einer **Anfechtung der Wahl** ist jedoch zu beachten, dass nur **schwerwiegende Mängel** zur Unwirksamkeit der Wahl führen können. Führt der angefochtene Mangel hingegen nur zu Zweifeln am Stimmrecht einzelner Personen, liegt kein geeigneter Nichtigkeitsgrund vor. Die Rspr. sieht als unerheblichen Mangel unter anderem die nicht ordnungsgemäße Durchführung der Wahl, wie unzulässige Stimmabgabe oder unrichtige Stimmzahlberechnung, an (VG Magdeburg Urt. v. 6.12.2007 – 3 A 213/06, JE IV Nr. 117), wenn sich aus diesen Fehlern kein schwerwiegender und das Wahlergebnis beeinflussender Mangel ergibt. Ein solcher Mangel liegt zB vor, wenn die gesetzlich oder satzungsgemäß erforderliche Mehrheit nicht festgestellt ist oder wenn bei ordnungsgemäßer Durchführung der Wahl ein wesentlich anderes Wahlergebnis zustande gekommen wäre (vgl. Mitzschke/Schäfer Rn. 39). Kein wesentlicher Mangel liegt nach Ansicht der Rspr. vor, wenn Wahlkandidaten zu gleich Stimmzähler sind, da das Beteiligungsverbot des § 20 Abs. 1 VwVfG aufgrund § 20 Abs. 2 VwVfG nicht für die ehrenamtliche Tätigkeit gelte (VG Magdeburg Urt. v. 6.12.2007 – 3 A 213/06, JE IV Nr. 117).

Grundsätzlich können dem Jagdvorstand auch Nichtjagdgenossen angehören (VG Magdeburg Urt. v. 6.12.2007 – 3 A 213/06, JE IV Nr. 117), es sei denn, die Satzung bestimmt etwas Gegenteiliges (§ 8 HessMustersatzung; § 9 Abs. 3 RhPfMustersatzung). **48**

§ 15 Abs. 5 S. 2 **JWMG** eröffnet der Jagdgenossenschaft in der Satzung vorzusehen, dass es für Wahlen nicht der doppelten Mehrheit, sondern nur der Mehrheit der anwesenden und vertretenen Mitglieder bedarf. Ferner ist der Pachtbewerber, wenn er zugleich Mitglied in der Genossenschaft ist, bei Abstimmungen über die Verpachtung stimmberechtigt (§ 15 Abs. 5 S. 3 **JWMG**). Eine entsprechende Regelung in der Mustersatzung von Thüringen (§ 8 Abs. 5 **ThürMustersatzung**), die für Wahlen abweichend von der doppelten Mehrheit nach § 9 Abs. 3 eine einfache Stimmenmehrheit genügen ließ, wurde von der Rspr. als unwirksam eingestuft: „Denn der Satzungsgeber kann jedenfalls ohne entsprechende gesetzliche Ermächtigung nicht von § 9 Abs. 3 abweichen. Da eine solche Ermächtigung hier aber fehlt, ist die Satzung insoweit wegen Verstoß gegen höherrangiges Recht selbst unwirksam" (VG Weimar Urt. v. 19.4.2016 – 1 K 121/15, nv). **48a**

3. Aufgaben des Vorstandes

Der Jagdvorstand hat verschiedene Aufgaben zu erfüllen. Neben der Verwaltung der Jagdgenossenschaft vertritt der Jagdvorstand die Jagdgenossenschaft. Durch den Jagdvorstand als ausführendes Organ ist die Jagdgenossenschaft handlungsfähig. **49**

a) Vertretung der Jagdgenossenschaft. Die Aufgabe des Jagdvorstandes besteht primär darin, die Jagdgenossenschaft gerichtlich und außergerichtlich zu vertreten (§ 9 Abs. 2 S. 1). Aufgrund dieser Vorschrift ist der Jagdvorstand zwingendes Organ der Jagdgenossenschaft. Der Jagdvorstand handelt für die Jagdgenossenschaft. Grundlage des Handelns sind dabei grundsätzlich die von der Jagdgenossenschaftsversammlung gefassten Beschlüsse. Von der Vertretungsbefugnis wird regelmäßig nicht die Entscheidungsbefugnis bzgl. wesentlicher Fragen, wie zB der Verpachtung oder Art der Jagdnutzung umfasst. Aus diesem Grund weisen die Mustersatzungen der Genossenschaftsversammlung eine alleinige Beschlussfähigkeit für wichtige Fragen zu (§ 6 Abs. 2 BayMustersatzung; Art. 6 **BremLJagdG;** § 10 HessMustersatzung; § 6 Abs. 2 **MVLJagdG;** § 8 Abs. 1 Mustersatzung **NJagdG;** § 8 Abs. 2 Mustersatzung **LJG-NRW;** § 6 RhPfMustersatzung; § 6 Abs. 1 LSA-Mustersatzung; § 5 Abs. 3 Mustersatzung, § 5 Abs. 2 SchlH-Mustersatzung; § 6 Abs. 2 ThürMustersatzung). Selbst in Bundesländern, die keine Mustersatzung erlassen haben und in denen lediglich Mindestanforderungen für eine Satzung normiert sind, kann der Jagdvorstand keineswegs allein über wesentliche Frage entscheiden. Das BVerwG überträgt auf wesentliche Entscheidungen den Grundsatz des § 32 Abs. 1 S. 1 BGB auf die Genossenschaft: „Nach § 32 Abs. 1 S. 1 BGB werden die Angelegenheiten eines Vereins, soweit sie nicht von dem Vorstand oder einem anderen Vereinsorgan zu besorgen sind, durch Beschlussfassung in einer Versammlung der Mitglieder geordnet – es sei **50**

denn, Gesetz oder Satzung sehen eine andere Regelung vor. Auf die Jagdgenossenschaft übertragen bedeutet dies, dass die Zuständigkeit für die Entscheidung über die Verpachtung bei der Jagdgenossenschaft liegt." (BVerwG Urt. v. 25.4.1985 – 3 B 87.84, RdL 1985, 271 = JE IV Nr. 37). Ob dieser Grundsatz neben der Entscheidung der Verpachtung ebenfalls für die Entlastung des Vorstandes, Gestaltung des gemeinschaftlichen Jagdbezirks (zB Abrundungsverträge, Teilung), eine Klageerhebung (VGH München Urt. v. 1.10.1987 – 19 B 87.01388, JE IV Nr. 52), die Festsetzung der Aufwandsentschädigung des Vorstandes sowie andere wesentliche Fragen gilt, muss im Einzelfall unter Berücksichtigung der Satzung entschieden werden. Für die Erteilung einer Prozessvollmacht und den Auftrag zur Klageerhebung genügt nach Ansicht des BVerwG ein Vorstandsbeschluss sofern die Satzung die Entscheidung über die Prozessführung nicht explizit der Genossenschaftsversammlung zuweist, da der Jagdvorstand die Genossenschaft nach § 9 Abs. 2 S. 1 im gerichtlichen Verfahren vertritt (BVerwG Beschl. v. 9.1.2013 – 9 B 20/12, BeckRS 2013, 46301). Dies ist auch konsequent, um die Handlungsfähigkeit der Genossenschaft wahren zu können, vor allem, wenn es um eine fristgebundene Klage oder Verteidigungsanzeige geht. Teilweise sehen die Mustersatzungen eine Einschränkung der Vertretungsmacht in der Weise vor, dass der Jagdvorsteher (Vorsitzende) die Genossenschaft vertritt soweit die Versammlung der Jagdgenossen oder der Vorstand entsprechende Beschlüsse gefasst hat (§ 11 Abs. 2 S. 2 BayMustersatzung).

51 **aa) Beschränkung der Vertretungsmacht.** Bei der Beurteilung der Frage, inwieweit die Vertretungsmacht des Jagdvorstandes eingeschränkt werden kann, ist zwischen dem Innenverhältnis (Vorstand im Verhältnis zur Jagdgenossenschaft) und dem Außenverhältnis (gegenüber Dritten) zu differenzieren.

52 **(1) Beschränkung im Innenverhältnis.** Die Vertretungsmacht des Jagdvorstandes kann im Innenverhältnis **durch Satzung oder Beschluss** eingeschränkt werden. In der Praxis ist diese Frage jedoch im Gegensatz zu der Beschränkung der Vertretungsmacht im Außenverhältnis von geringer Bedeutung. Denn ist die Vertretungsmacht des Jagdvorstandes (nach außen) nicht eingeschränkt, ist es grundsätzlich ohne rechtliche Bedeutung, ob der Vorstand im Innenverhältnis so handeln durfte wie geschehen (VG Schleswig Urt. v. 14.3.1991 – 7 A 50/90, JE IV Nr. 70). Selbst wenn der Jagdvorstand im Innenverhältnis zur Jagdgenossenschaft zum Abschluss des Pachtvertrags nicht berechtigt gewesen wäre, steht dies der Rechtswirksamkeit des Vertrags gegenüber einem Dritten nicht entgegen (LG Stade Urt. v. 16.10.1980 – 4 O 404/80, JE III Nr. 37). Überschreitet der Jagdvorstand seine im Innenverhältnis beschränkte Vertretungsmacht, so kann dies einen wichtigen Abberufungsgrund der pflichtwidrig handelnden Organmitglieder darstellen (so zum Verein BeckOK BGB/Schöpflin BGB § 33 Rn. 16).

53 **(2) Beschränkung im Außenverhältnis.** Im Außenverhältnis besitzt der Jagdvorstand **grundsätzlich uneingeschränkte Vertretungsmacht,** da § 9 von einer unbeschränkten gerichtlichen und außergerichtlichen Vertretung ausgeht.

54 Der Wortlaut von § 9 Abs. 2 S. 1 schließt jedoch nicht aus, dass der Umfang der Vertretungsmacht des Jagdvorstandes durch Satzung mit Wirkung gegen Dritte beschränkt werden kann (BGH Urt. v. 26.2.1964 – V ZR

196/61, VerwRspr 1964/1965, 839 = MDR 1964, 586). Der Dritte ist im Außenverhältnis jedoch nur dann nicht geschützt, wenn die Beschränkung in der Satzung so klar zum Ausdruck gebracht wird, dass jeder Dritte die Beschränkung der Vertretungsmacht ohne weiteres erkennen kann (OVG Münster Urt. v. 14.11.2002 – 20 A 1834/01, BeckRS 2002, 18097 = JE IV Nr. 100; LG Stade Urt. v. 16.10.1980 – 4 O 404/80, JE III Nr. 37; LG Bonn Urt. v. 10.10.2003 – 2 O 572/02, BeckRS 2003, 17227 = JE III Nr. 159; LG Stendal Urt. v. 16.1.2002 – 21 O 271/01, BeckRS 2002, 31212902 = JE IV Nr. 96). An die **eindeutige Erkennbarkeit der Beschränkung** der Vertretungsmacht sind hohe Anforderungen zu stellen. Die bloße Formulierung, dass der Jagdvorstand bei der Wahrnehmung seiner Aufgaben an die Beschlüsse der Genossenschaftsversammlung gebunden ist, reicht hierfür nicht aus (OVG Greifswald Urt. v. 19.3.1999 – 2 M 9/99, BeckRS 1999, 22256 = JE IV Nr. 94). Fehlt eine eindeutige Beschränkung in der Satzung, ist es grundsätzlich ohne rechtliche Bedeutung, ob der Vorstand im Innenverhältnis, also gegenüber den Jagdgenossen, so handeln durfte, wie er gehandelt hat und beeinträchtigt daher nicht die Wirksamkeit eines Jagdpachtvertrags (OLG Celle Urt. v. 15.10.1981 – 7 U 133/80, JE III Nr. 50). Selbst wenn der Jagdvorstand im Innenverhältnis zur Jagdgenossenschaft zum Abschluss des Pachtvertrags nicht berechtigt gewesen war, steht dies der Rechtswirksamkeit des Vertrags gegenüber einem Dritten nicht entgegen (LG Stade Urt. v. 16.10.1980 – 4 O 404/80, JE III Nr. 37; aA AG Stadthagen Urt. v. 15.6.1977 – 4 C 150/77, JE IV Nr. 2). Denn grundsätzlich kann ein Dritter im **guten Glauben** von einer unbeschränkten Vertretungsmacht des Jagdvorstandes gem. § 9 Abs. 2 S. 1 ausgehen. Dieser Grundsatz wird nur durch eine eindeutige Beschränkung durchbrochen (OLG Celle Urt. v. 15.10.1981 – 7 U 133/80, JE III Nr. 50). Allerdings kann die Wirksamkeit eines Rechtsgeschäfts zwischen dem Jagdvorstand und einem Dritten (zB Pachtvertrag) unter dem Gesichtspunkt des **Missbrauchs der Vertretungsmacht** in Zweifel gezogen werden, wenn sich der Jagdvorstand über ordnungsgemäß zustande gekommene Beschlüsse der Jagdgenossenschaftsversammlung hinwegsetzt und er und der Vertragspartner diese Umstände kennen oder ihre Unkenntnis auf grober Fahrlässigkeit beruht (LG Oldenburg Urt. v. 3.4.1987 – 8 O 4272/86, JE III Nr. 89).

Werden nach der Satzung die Voraussetzungen für die Verpachtung jeweils 55
durch Beschluss der Versammlung der Jagdgenossen festgelegt, so ist die Vertretung des Jagdvorstandes nach und im Rahmen der Willensbildung der Versammlung der Jagdgenossen beschränkt und für den Abschluss des Pachtvertrags lediglich ausführendes Organ (AG Stadthagen Urt. v. 15.6.1977 – 4 C 150/77, JE IV Nr. 2). Um den strengen Voraussetzungen einer entsprechenden Formulierung in der Satzung zu genügen und den **Schutz des Dritten zu durchbrechen,** muss klar zum Ausdruck kommen, dass der Vorstand nur ausführendes Organ der Versammlung ist und ihm keinerlei Befugnisse bei der Auswahl des Pächters zustehen (vgl. Mitzschke/Schäfer Rn. 18).

Den Anforderungen entsprechen dürften die Formulierungen in § 11 56
Abs. 2 S. 1 BayMustersatzung (hier vertritt der Jagdvorsteher die Jagdgenossenschaft): „Seine Vertretungsmacht ist auf die Durchführung der gesetzmäßig und ordnungsgemäß gefassten Beschlüsse der Versammlung der Jagdgenossen und des Jagdvorstandes beschränkt“ (§ 11 Abs. 2 S. 2 BayMustersatzung), sowie § 11 Abs. 3 HessMustersatzung: „Zur Abgabe von Willenserklärungen und zum Abschluss von Verträgen, durch die die Genos-

senschaft verpflichtet werden soll, kann der Jagdvorstand nur auf der Grundlage der von der Genossenschaftsversammlung gefassten Beschlüsse wirksam tätig werden". Möglich ist aber auch, dass die Satzung der Genossenschaftsversammlung vorbehält über die „Form" der Verpachtung zu entscheiden, die eigentliche „Auswahl" der Pächter dem Jagdvorstand überlässt (LG Stade Urt. v. 16.10.1980 – 4 O 404/80, JE III Nr. 37).

57 **bb) Aufhebung der Beschränkung der Vertretungsmacht.** Ist die Vertretungsmacht in Bezug auf bestimmte Angelegenheiten und auf Durchführung der von der Genossenversammlung gefassten Beschlüsse durch die Satzung beschränkt, so kann die Vertretungsmacht im Einzelfall **nicht durch einen einstimmigen Beschluss** der Jagdgenossenversammlung erweitert werden (BayObLG Urt. v. 10.8.1962 – RReg. 1 Z 30/61, NJW 1962, 2253). Um eine durch Satzung normierte Beschränkung der Vertretungsmacht wirksam aufzuheben oder abzuändern, bedarf es einer Satzungsänderung. Eine solche Satzungsänderung wäre von der Jagdbehörde zu genehmigen. Ein einstimmiger Beschluss der Versammlung, entgegen der Satzung dem Jagdvorstand die Ermächtigung zum Abschluss eines Pachtvertrags zu erteilen, ist selbst dann ungültig, wenn dies mit verfassungsändernder Mehrheit geschieht (im Ergebnis so auch BayObLG Urt. v. 10.8.1962 – RReg 1 Z 30/61, NJW 1962, 2253 (2255)). Ein solcher Beschluss stellt eine **Satzungsdurchbrechung** dar, die einen von der Satzung abweichenden rechtlichen Zustand begründet und ist selbst dann unzulässig, wenn sie mit satzungsändernder Mehrheit beschlossen wird (BGH Urt. v. 7.6.1993 – II ZR 81/92, BGHZ 123, 15 (19) = NJW 1993, 2246 betreffend GmbH). Folglich muss zunächst die Satzung entsprechend geändert werden, um die Beschränkung der Vertretungsmacht aufzuheben.

58 **b) Laufende Verwaltung.** Neben der Hauptaufgabe des Jagdvorstandes, die Jagdgenossenschaft zu vertreten und die Beschlüsse der Versammlung umzusetzen, obliegt dem Vorstand die laufende Verwaltung der Jagdgenossenschaft. Die einzelnen Befugnisse und Aufgaben werden dem Vorstand durch die Satzung zugewiesen. Im Wesentlichen umfasst die laufende Verwaltung die Kassenführung, die Leitung der Versammlungen, die Feststellung der Höhe der Umlagen bzw. des Reinertrags für die einzelnen Mitglieder, die Führung eines Grundflächenverzeichnisses (= Jagdkataster) sowie den notwendigen Schriftwechsel im Namen der Jagdgenossenschaft zu führen.

59 **c) Willensbildung im Vorstand/Beschlussfassung.** Besteht der Jagdvorstand aus mehreren Personen, so fasst er seine Beschlüsse mit **einfacher Stimmenmehrheit,** dh mit Mehrheit der Stimmen der anwesenden Mitglieder (vgl. § 10 Abs. 2 BayMustersatzung; § 7 Abs. 6 MVMustersatzung, § 13 Abs. 2 S. 2 Mustersatzung LJG-NRW). Die §§ 28, 32 BGB sind entsprechend anwendbar (Mitzschke/Schäfer § 9 Rn. 22; betreffend § 32 BGB einschränkend VG Stade Urt. v. 7.6.1989 – 2 VG A 247/88, JE IV Nr. 66). Selbstverständlich muss der Jagdvorstand beschlussfähig sein, was in der Regel die Anwesenheit von einer bestimmten Anzahl von Vorstandsmitgliedern voraussetzt (vgl. § 9 Abs. 1 SchlH-Mustersatzung; § 10 Abs. 2 ThürMustersatzung). Bei Stimmgleichheit kann die Satzung bestimmen, dass die Stimme des Vorsitzenden bzw. Jagdvorstehers entscheidet (vgl. § 10 Abs. 2 S. 3 BayMustersatzung; § 11 Abs. 4 S. 2 HessMustersatzung; § 7 Abs. 6 S. 3 HessMustersatzung; § 10 Abs. 2 S. 3 ThürMustersatzung).

Werden vom Jagdvorstand rechtsgeschäftliche Erklärungen nach außen abgegeben (zB Unterschrift des Pachtvertrags), müssen alle Vorstandsmitglieder mitwirken, um dem Prinzip der Gesamtvertretung zu genügen. Die Satzung kann hiervon abweichende Regelungen treffen. Daher ist es zur Einhaltung der Schriftform des Jagdpachtvertrags erforderlich, dass alle zur Vertretung berufenen Vorstandsmitglieder den Vertrag unterzeichnen (OLG Brandenburg Urt. v. 14.12.2005 – 3 U 1/05, BeckRS 2005, 33045 = JE IV Nr. 111). Diese Grundsätze gelten für die Abgabe sämtlicher Willenserklärungen. Sind nur sämtliche Mitglieder des Vorstandes der Jagdgenossenschaft nach Satzungsrecht zur Abgabe von Willenserklärungen befugt, so ist eine allein vom Vorstandsvorsitzenden erklärte Kündigung eines Jagdpachtvertrags unwirksam (OLG Naumburg Urt. v. 6.12.1994 – 7 U 91/93, BeckRS 1994, 30859109 = JE I Nr. 88). Es müssen also auch diejenigen Vorstandsmitglieder an der **Umsetzung von Beschlüssen** mitwirken, die in der Minderheit geblieben und überstimmt worden sind, denn der Mehrheitsbeschluss ist auch für sie verbindlich. Wird ein Jagdpachtvertrag zunächst nur von einem Vorstandsmitglied unterschrieben, ist dieser jedoch nicht von vornherein nichtig, sondern zunächst schwebend unwirksam (§ 177 BGB) und kann folglich durch die restlichen Vorstandsmitglieder genehmigt werden und sodann Wirksamkeit entfalten (OLG Celle 30.5.1968 – 7 U 196/67, NdsRPfl 1968, 189 = MDR 1968, 842). Zu beachten ist hierbei, dass es sich bei der Genehmigung zwar um eine empfangsbedürftige Willenserklärung handelt, die Genehmigung aber durch konkludentes Handeln erfolgen kann (OLG Karlsruhe Urt. v. 8.6.1994 – 6 U 47/93, NJW-RR 1994, 1290). Wie sich aus § 182 Abs. 2 BGB ergibt, bedarf die Genehmigung nicht der Form, die für das Rechtsgeschäft bestimmt ist. Sie kann insbesondere auch durch schlüssiges Handeln erfolgen, soweit der Genehmigungsempfänger die mögliche Deutung als Genehmigung erkennen kann (vgl. Grüneberg/Ellenberger BGB § 182 Rn. 3 mwN). 60

d) Mitwirkungsverbot. Ein Mitglied des Jagdvorstandes darf nicht an Handlungen mitwirken, durch das es selbst oder ein Angehöriger einen unmittelbaren Vor- oder Nachteil erlangen würde. Dieses Mitwirkungsverbot wird entweder durch Satzung (zB § 9 Abs. 7 BayMustersatzung; § 9 Abs. 3 SächsMustersatzung, § 5 Abs. 1 LSA-Mustersatzung) oder durch die allgemeinen Grundsätze des Verwaltungsrechts normiert, welches aufgrund des öffentlich-rechtlichen Charakters der Jagdgenossenschaft Anwendung findet. Aus diesem Grundsatz darf aber nicht der Schluss gezogen werden, dass ein Vorstandsmitglied nicht zugleich Pächter der Jagdgenossenschaft sein kann. Es bedarf bei der Unterzeichnung des Jagdpachtvertrages einer sorgfältigen Beachtung der zu beachtenden Formvorschriften. Ist ein Vorstandsmitglied zugleich Pächter oder Gesellschafter einer Pächter-GbR ist dieser als Vorstandsmitglied befangen und darf den Jagdpachtvertrag nur auf Seite des Pächters unterzeichnen (vgl. OLG Naumburg Urt. v. 11.1.2018 – 2 U 33/17, BeckRS 2018, 45047). Für die Jagdgenossenschaft haben die nicht befangenen Vorstandsmitglieder zu unterzeichnen. Diese Einschränkung ist zu unterscheiden von dem Verbot der Mitbestimmung in der Jagdgenossenschaftsversammlung bei vorliegender Interessenkollision (→ Rn. 82 ff.). 61

e) Genehmigungsfähigkeit satzungswidriger Vorstandsbeschlüsse.
Hat der Jagdvorstand einen Beschluss (zB über eine öffentliche Pachtausschreibung) gefasst, für den er gemäß Satzung nicht zuständig gewesen ist, 62

führt dies nicht per se zur Unwirksamkeit. Denn ein solcher Beschluss, für den nach den Satzungsbestimmungen der Genossenschaft die Mitgliederversammlung zuständig ist, kann von dieser nachträglich genehmigt werden (VG Osnabrück Urt. v. 8.4.2008 – 1 A 581/06, BeckRS 2008, 35838). Die Befugnis zur **nachträglichen Genehmigung** der an sich mangels Zuständigkeit satzungswidrig gefassten Beschlüsse des Vorstands lässt sich aus allgemeinen rechtlichen Grundsätzen, wie sie etwa im Vertretungsrecht in §§ 177, 184 BGB niedergelegt sind, herleiten. Einer Sanktionierung des (zunächst) satzungswidrigen Handelns des Vorstands dergestalt, dass ohne vorausgehenden Beschluss der Mitgliederversammlung eingeholte Angebote unwirksam sind, bedarf es auch deshalb nicht, weil für den Vorstand bei einem derartigen Vorgehen die Gefahr der Haftung bei Versagung der nachträglichen Genehmigung besteht (VG Osnabrück Urt. v. 8.4.2008 – 1 A 581/06, BeckRS 2008, 35838).

63 **f) Haftung des Vorstandes.** Bei der Beurteilung der Haftung des Vorstandes ist zunächst darauf abzustellen, ob er in Ausübung seines öffentlichen Amtes oder privatrechtlich handelt. Im ersten Fall sind die **Grundsätze der Amtshaftung** (Art. 34 GG iVm § 839 BGB) anzuwenden. Die Jagdgenossenschaft haftet demnach für Verletzungshandlungen, die der Vorstand in Ausübung seines öffentlichen Amtes begeht. Diese Voraussetzung ist erfüllt, wenn die Rechtsbeziehung zwischen der Jagdgenossenschaft und dem einzelnen Jagdgenossen durch den Jagdvorstand verletzt wird, was in der Praxis vor allem durch Beeinträchtigung von Mitgliedschaftsrechten denkbar ist. Handelt der Jagdvorstand nicht in Ausübung seines öffentlichen Amtes, sondern **privatrechtlich** für die Jagdgenossenschaft gegenüber einem Dritten (zB Abschluss eines Pachtvertrags), haftet die Jagdgenossenschaft für die den Dritten entstehenden Schäden gem. §§ 31, 89 BGB (vgl. Mitzschke/Schäfer Rn. 27). Diese Haftung der Jagdgenossenschaft kann auch durch **unerlaubte Handlungen** (§ 823 BGB) des Jagdvorstandes oder aus **vertraglicher Pflichtverletzung** (§ 280 Abs. 1 BGB) ausgelöst werden. So haftet die Jagdgenossenschaft auch für die von ihrem Vorsteher veranlassten Störungen des Jagdausübungsrechts aus positiver Vertragsverletzung des Jagdpachtvertrags (LG Köln Urt. v. 16.7.1987 – 25 O 521/85, JE I Nr. 54).

64 Im Innenverhältnis zur Jagdgenossenschaft kann der Jagdvorstand nach allgemeinen **beamtenrechtlichen Vorschriften ha**ften, wenn Pflichten in Ausübung des Amtes verletzt werden (so auch Meyer-Ravenstein NJagdG § 9 Rn. 24). Dies kann vor allem dann der Fall sein, wenn sich der Vorstand über Beschlüsse der Genossenschaftsversammlung hinwegsetzt und die Jagdgenossenschaft dadurch schädigt, in dem zB die Jagd zum Nachteil der Jagdgenossenschaft zu einem günstigeren Preis an einen Bewerber verpachtet wird, der eigentlich nicht den Zuschlag erhalten hat.

65 **g) Beendigung des Amtes.** Der Vorstand wird stets für eine bestimmte **Amtsdauer** gewählt, die durch die Satzung festgelegt wird. Vor Ablauf dieser Amtszeit kann das Amt durch Tod, Verlust der Wählbarkeit (zB Verlust der Geschäftsfähigkeit) oder durch Rücktritt enden (vgl. § 9 BayMustersatzung). Strittig ist, ob eine vorzeitige Abwahl des Jagdvorstandes durch die Jagdgenossenversammlung möglich ist. Eine **vorzeitige Abberufung** eines Vorstandes ist jedenfalls möglich, wenn die Satzung dies vorsieht. Die Möglichkeit muss aber grundsätzlich auch dann bestehen, wenn die Satzung die Abwahl eines Vorstandes nicht ausdrücklich vorsieht (aA OVG Koblenz

Urt. v. 5.1.1961 – 1 A 2/60, EJS I S. 52 Nr. 8; Mitzschke/Schäfer Rn. 29). Denn die Angelegenheiten der Genossenschaft werden unter entsprechender Anwendung von § 32 BGB durch Beschlussfassung der Genossenschaftsversammlung geordnet. Beschließt die Versammlung im Wege eines demokratischen Willensbildungsprozesses mehrheitlich einen Vorstand abzuberufen, muss dieser Beschluss Wirksamkeit entfalten. Die Abwahl aus wichtigen Gründen steht nämlich im Einklang mit den Grundsätzen, die sich aus einer systematischen Auslegung von Vorstandsvorschriften ergeben: § 27 Abs. 2 BGB lässt die Widerruflichkeit der Bestellung des Vorstands (eines Vereins) bei Vorliegen einer Pflichtverletzung zu (VG Magdeburg Beschl. v. 26.10.2015 – 3 B 426/15, BeckRS 2016, 42460). Teilweise hält die Rspr. eine Abwahl, wenn diese nicht in der Satzung vorgesehen ist, nur unter analoger Anwendung einschlägiger Landesverwaltungsverfahrensgesetzvorschriften (hier Art. 89 BayVwVfG) für möglich (VG Ansbach Urt. v. 10.10.2007 – AN K 06.02379, BeckRS 2007, 34382 = JE IV Nr. 116). Sehen diese landesrechtlichen Vorschriften eine Abberufung vor, wenn der ehrenamtlich Tätige eine **grobe Pflichtverletzung** begangen hat, ist das Vorliegen dieser Tatbestandsvoraussetzung im Einzelfall zu prüfen. Eine solche grobe Pflichtverletzung kann beispielsweise durch eine nicht unparteiische Amtsausübung oder durch einen Verstoß gegen die Verschwiegenheitsverpflichtung begründet werden. Kritische Äußerungen in Bezug auf andere Vorstandsmitglieder stellen in der Regel jedoch noch keinen wichtigen Abberufungsgrund dar, selbst wenn die Stufe der Schmähkritik erreicht wird (VG Ansbach Urt. v. 10.10.2007 – AN K 06.02379, BeckRS 2007, 34382 = JE IV Nr. 116). Wird ein Vorstandsmitglied durch die Versammlung abberufen, kann Klage vor dem Verwaltungsgericht auf Feststellung der Nichtigkeit der Abwahl erhoben werden.

4. Aufgabenübertragung

Von der Tätigkeit des Gemeindevorstands als Notjagdvorstand iSd § 9 Abs. 2 S. 3 ist die teilweise durch Landesrecht vorgesehene Möglichkeit zu unterscheiden, dass dem Gemeindevorstand mit dessen Zustimmung die Verwaltung durch Beschluss der Jagdgenossenschaft übertragen wird (§ 15 Abs. 7 **JWMG** – allerdings nur befristet, längstens für die Dauer der gesetzlichen Mindestpachtzeit). In Rheinland-Pfalz (§ 11 Abs. 7 **RhPfLJG**) und im Saarland (§ 7 Abs. 7 **SJG**) können Verwaltungsangelegenheiten auf die Gemeinde übertragen werden, wobei hierfür die Schriftform erforderlich ist. Ausgenommen von der Übertragung ist in Rheinland-Pfalz (§ 11 Abs. 7 **RhPfLJG**) die Änderung oder der Erlass der Satzung. Im Falle der Übertragung der reinen **Verwaltungs- oder Kassenangelegenheiten** verbleiben die sonstigen Rechte und Pflichten bei der Jagdgenossenschaft. Die Möglichkeit die Satzung zu ändern, sowie die Entscheidung über die Teilung des Jagdbezirks bleibt der Jagdgenossenschaftsversammlung vorbehalten (Mitzschke/Schäfer Rn. 16). Möglich ist es, der Gemeinde bzw. dem Gemeindevorstand die Entscheidung über die Verwendung des Reinertrags zu übertragen, jedoch hat die Entscheidung unter Umständen im Einvernehmen mit dem Jagdvorstand zu erfolgen (§ 11 Abs. 7 S. 2 **RhPfLJG**). Sofern die übrigen Bundesländer gesetzlich keine Übertragungsmöglichkeit vorgesehen haben, können sich die Jagdgenossenschaften als Körperschaft des öffentlichen Rechts nicht ihren gesetzlichen und hoheitlichen Aufgaben „entledigen", in 66 dem Sie Ihre Verwaltung der Gemeinde aufbürden. Ist der Jagdvorstand mit einigen Aufgaben überfordert (zB Erstellung des Jagdkatasters, Berechnung des Reinertrags), kann und hat die Gemeinde den Vorstand zu unterstützen.

5. Jagdgenossenversammlung

67 Oberstes Organ der Jagdgenossenschaft ist die Jagdgenossenversammlung. Ihr obliegen grundsätzlich sämtliche Angelegenheiten der Jagdgenossenschaft, solange diese nicht auf ein anderes Organ wie zB den Jagdvorstand übertragen worden sind. Grundsätzlich ist der Jagdvorstand an die Beschlussfassung gebunden und lediglich ausführendes Organ. Es sind jedoch Konstellationen denkbar, in denen der Jagdvorstand auch ohne vorliegenden Beschluss der Jagdgenossenversammlung handeln muss. Dies ist zum einen der Fall, wenn kein wirksamer Beschluss der Genossenversammlung zustande kommt und zum andern, wenn die Erledigung der Angelegenheit keinen Aufschub duldet (vgl. § 9 Abs. 8 ThürMustersatzung). Eine Dringlichkeitsentscheidung ist vor allem bei fristgebundenen Entscheidungen denkbar, die es nicht zulassen, zuvor eine Jagdgenossenversammlung einzuberufen.

VI. Einberufung der Jagdgenossenversammlung

1. Einberufungsgründe

68 Grundsätzlich beruft der Jagdvorstand die Jagdgenossenschaftsversammlung nach Bedarf ein. Das Landesjagdgesetz und die Satzung können für die ordentliche Jagdgenossenversammlung einen **Mindestturnus** festlegen. Auch ein Antrag eines Jagdgenossen auf Einberufung einer Versammlung kann die Verpflichtung für den Vorstand auslösen, zur einer solchen einzuladen, zB wenn der vorgesehene Mindestturnus nicht eingehalten wird oder wichtige Gründe vorgebracht werden (VG Magdeburg Beschl. v. 26.10.2015 – 3 B 426/15, BeckRS 2016, 42460). Denn die Mitglieder des Jagdvorstandes haben insbesondere im Rahmen ihres Grundrechts auf rechtliches Gehör ein Äußerungsrecht in der Versammlung. Kommt der Vorstand einem solchen Antrag auf Einberufung einer Versammlung nicht nach, steht dem Mitglied jedoch kein Anspruch gegen die Jagdbehörde zu, die Einberufung der Versammlung im Rahmen der Rechtsaufsicht durchzusetzen. Auch wenn die Satzung entsprechende Mindestabstände für die Durchführung einer Jagdgenossenschaftsversammlung vorsieht, wirken entsprechende Regelungen in der Satzung nach innen und nicht nach außen (hier: gegenüber der Aufsichtsbehörde). Diese ist im Rahmen ihrer Ermessensentscheidung frei von den Aufsichtsmitteln Gebrauch zu machen, hierzu aber nicht verpflichtet oder gar an den Antrag eines Jagdgenossen gebunden. Denn die Satzungsautonomie einer Jagdgenossenschaft bezieht sich lediglich auf die Regelung ihrer Verhältnisse, also die innere Verfassung der Jagdgenossenschaft (vgl. Lorz/Metzger Rn. 13). Regelungen einer Jagdgenossenschaftssatzung können den Jagdgenossen keine materiellen – ggf. gerichtlich durchsetzbaren – Rechte gegenüber außerhalb der Jagdgenossenschaft stehenden Stellen vermitteln, die weder bundes- noch landesgesetzlich vorgesehen sind und für deren Begründung durch die Jagdgenossenschaft auch keine gesetzliche Ermächtigung besteht (OVG Magdeburg Beschl. v. 31.3.2023 – 1 M 12/23, BeckRS 2023, 9905). Mithin besteht weder ein Anspruch der Jagdgenossen gegen die Jagd-

aufsichtsbehörde, um diese zum aufsichtsrechtlichen Einschreiten gegen die Jagdgenossenschaft bzw. deren Organe mit dem Ziel der Einberufung einer Jagdgenossenschaftsversammlung zu verpflichten, noch eine rechtliche Grundlage, welche die Jagdgenossenschaft ermächtigt, einen rechtlich durchsetzbaren Anspruch im Außenverhältnis zu der Jagdaufsichtsbehörde zu begründen (OVG Magdeburg Beschl. v. 31.3.2023 – 1 M 12/23, BeckRS 2023, 9905). Statt die Aufsichtsbehörde zu verpflichten, müsste der Jagdgenosse sein Begehren durch eine Leistungs- oder Feststellungsklage, gerichtet gegen die Genossenschaft oder ihr Vertretungsorgan, geltend machen.

In den meisten Satzungen (§ 7 Abs. 1 BayMustersatzung; Art. 7 Abs. 1 BremMustersatzung; § 5 Abs. 1 HessMustersatzung; § 6 Abs. 1 NdsMustersatzung; § 5 Abs. 2 RhPfMustersatzung; § 6 Abs. 1 SächsMustersatzung, § 7 Abs. 1 LSA-Mustersatzung; § 7 Abs. 1 ThürMustersatzung) ist vorgeschrieben, dass mindestens einmal im (Geschäfts-) Jahr eine ordentliche Jagdgenossenversammlung stattzufinden hat. Gemäß § 6 Abs. 1 SchlH-Mustersatzung und § 5 Abs. 1 MVMustersatzung findet innerhalb von zwei Jahren mindestens eine Genossenschaftsversammlung statt. **68a**

Weitere Einberufungsgründe können in der Satzung begründet sein. So kennen einige Satzungen die Versammlung, die aufgrund **schriftlichen Antrags** von einer bestimmten Anzahl von Jagdgenossen einzuberufen ist (§ 7 Abs. 1 ThürMustersatzung). Die für die Einberufung notwendige **Mindestanzahl** der stimmberechtigten Jagdgenossen, die eine außerordentliche Versammlung beantragen, ist landes- bzw. satzungsrechtlich verschieden bemessen (ein Zehntel der Jagdgenossen gem. § 5 HessMustersatzung; ein Viertel gem. § 7 Abs. 1 BayMustersatzung; § 6 Abs. 1 S. 2 SächsMustersatzung, ein Viertel der Mitglieder, die ein Viertel der Fläche repräsentieren, § 6 Abs. 1 SchlH-Mustersatzung; § 7 Abs. 1 ThürMustersatzung; ein Fünftel gem. § 5 Abs. 2 RhPfMustersatzung). Legt die Satzung keine Mindestanzahl fest, ist in entsprechender Anwendung von § 37 Abs. 1 BGB davon auszugehen, dass ein Antrag von einem Zehntel der stimmberechtigten Jagdgenossen genügt, um eine außerordentliche Jagdgenossenversammlung einberufen zu lassen. **69**

Zudem kann die Jagdbehörde bei beharrlicher Weigerung des Vorstands im Wege der Rechtsaufsicht eine entsprechende **Anordnung** treffen und zu einer Versammlung einladen (so ausdrücklich § 6 Abs. 1 S. 2 SächsMustersatzung; VG Magdeburg Beschl. v. 26.10.2015 – 3 B 426/15, BeckRS 2016, 42460). Unter Umständen kann ein Jagdgenosse auch die Einberufung durch die Jagdbehörde als Aufsichtsbehörde beantragen, wenn dies die Satzung vorsieht, wichtige Gründe vorliegen und der Jagdvorstand eine Einberufung unterlässt (Art. 7 Abs. 1 BremMustersatzung; § 6 Abs. 1 NdsMustersatzung; § 7 Abs. 1 LSA-Mustersatzung). **70**

2. Form und Inhalt der Einladung

Zu einer Jagdgenossenversammlung müssen sämtliche Jagdgenossen eingeladen werden. Als Mindestbestandteil hat die Einladung den **Ort,** den **Zeitpunkt** sowie die **Tagesordnung** zu enthalten (vgl. § 7 Abs. 3 BayMustersatzung; Art. 7 Abs. 2 BremMustersatzung). Selbst wenn eine Satzung diese Mindestangaben nicht vorgeben sollte, sind diese unabdingbar und zwingend notwendig, um ordnungsgemäß zu einer Jagdgenossenschaftsversammlung laden zu können. **71**

72 Die Einladung muss alle Jagdgenossen erreichen bzw. erreichen können. Die Möglichkeit der Kenntnisnahme muss gewährleistet sein. Daher hat die Einladung schriftlich oder durch ortsübliche **Bekanntmachung** zu erfolgen (vgl. § 5 Abs. 4 S. 2 HmbJagdG; § 6 Abs. 2 SächsMustersatzung). Sieht die Satzung lediglich eine Einladung durch die ortsübliche Form (zB § 5 Abs. 2 HessMustersatzung) vor, so richtet sich die Bekanntmachung nach den tatsächlichen regionalen Gegebenheiten und der Üblichkeit (zB durch Aushang; Zeitungsinserat, vgl. § 11 Abs. 2 SchlH-Mustersatzung). Die Satzung der Jagdgenossenschaft kann auch auf die Hauptsatzung der Gemeinde oder andere geltenden Gemeindevorschriften verweisen, um die Art und Weise der Bekanntmachung zu definieren (vgl. § 5 Abs. 2 MVMustersatzung; § 6 Abs. 2, 3 Mustersatzung NJagdG, wobei die Einladung nun auch den Mitgliedern, die ihre Email bekanntgegeben haben zusätzlich per Email zugesendet werden soll. Dies führt bei dem Vorstand zu einem bürokratischen Mehraufwand, auch wenn die Digitalisierung zu begrüßen ist, verbleibt es bei der bisherigen Pflicht, die Einladung förmlich bekannt zu machen; § 7 Abs. 2 LSA-Mustersatzung).

73 Mit der Einladung zur Jagdgenossenversammlung ist eine **Tagesordnung** bekannt zu geben, aus der alle abzuhandelnden Ordnungspunkte zu entnehmen sind. Fehlt die Tagungsordnung, liegt ein Verfahrensfehler vor, der die Unwirksamkeit der Beschlüsse zur Folge haben kann (OVG Lüneburg Urt. v. 17.2.1983 – 14 OVG A 260/80, JE IV Nr. 19). Dies ist der Fall, wenn der Verfahrensfehler beachtlich ist. Die Tagesordnung muss **unmissverständlich formuliert** sein, um den eingeladenen Jagdgenossen zu verdeutlichen, welche Beratungsgegenstände in der Versammlung behandelt werden. Nicht zuletzt hängt von der Tagungsordnung ab, ob ein Jagdgenosse an der Versammlung teilnehmen möchte. Die Jagdgenossen sollen sich durch die Tagesordnung bewusst für oder gegen eine Teilnahme entscheiden und sich auf die Versammlung entsprechend vorbereiten können. Der demokratische Willensbildungsprozess beginnt dadurch nicht erst in der Versammlung selber, sondern wird auf der zeitlichen Achse vorverlagert.

74 Soll in der Versammlung ein Beschluss zur Übertragung der Verwaltung auf den Gemeinderat gefasst werden, reicht es nicht, wenn in der Einladung lediglich „Wahl des Jagdvorstandes" angegeben war (zu § 6 Abs. 5 BWJagdG aF s. VGH Mannheim Urt. v. 8.9.1995 – 5 S 2650/94, NVwZ 1996, 814 Ls. = JE IV Nr. 87). Ein Beschluss zu einem nicht deutlich bezeichneten Beratungs- bzw. Beschlussgegenstand ist unwirksam. Wird in der Tagesordnung angekündigt über die Art der Verpachtung zu beraten und zu beschließen, umfasst diese Ankündigung auch die Möglichkeit, über die Verlängerung eines bestehenden Pachtvertrags abzustimmen (OVG Schleswig Urt. v. 22.6.1991 – 3 L 54/91, JE IV Nr. 72). Wie detailliert die Ankündigung in der Tagesordnung ausgestaltet sein muss, hängt vom Einzelfall und von der Frage ab, wie wichtig der Beratungsgegenstand für die Jagdgenossenschaft ist (VG Cottbus Urt. v. 1.10.2003 – 3 K 1492/00, JE IV Nr. 104); ist die Verpachtung des Jagdausübungsrechts betroffen, ist die Wichtigkeit aufgrund der elementaren Bedeutung der Entscheidung immer als wichtig einzustufen.

75 Eine explizite schriftliche Einladung für **auswärtige Jagdgenossen** hat grundsätzlich nicht zu erfolgen, es sei denn, die Satzung schreibt eine solche Vorgehensweise vor. Die auswärtigen Jagdgenossen haben dafür Sorge zu tragen, dass Sie zB durch ortsansässige Personen von der Einladung zur Jagdgenossenversammlung erfahren, sofern Sie an der Versammlung teilnehmen

möchten und die Einladung nur durch Anschlag an die Gemeindetafel oder in ähnlicher regionaler Form erfolgt.

3. Frist

Üblicherweise bestimmt die Satzung der Jagdgenossenschaft auch die einzuhaltenden Modalitäten der Einladung, auch die Ladungsfrist. In den verschiedenen Mustersatzungen ist die **Mindestladungsfrist** unterschiedlich (eine Woche: § 7 Abs. 3 BayMustersatzung; Art. 7 Abs. 2 BremMustersatzung; § 6 Abs. 2 NdsMustersatzung; § 7 Abs. 2 LSA-Mustersatzung; § 7 Abs. 3 ThürMustersatzung; zwei Wochen: § 5 Abs. 2 HessMustersatzung; § 5 Abs. 2 RhPfMustersatzung; § 2 S. 3 SächsMustersatzung; § 6 Abs. 2 SchlH-Mustersatzung; 14 Tage: § 5 Abs. 2 MVMustersatzung). In **Hamburg** wird die Mindestladungsfrist von einer Woche durch § 5 Abs. 4 S. 2 HmbMustersatzung angeordnet. 76

Ist weder im Landesjagdgesetz noch in der Satzung eine Ladungsfrist normiert, ist im Allgemeinen eine Einberufungsfrist von drei Tagen und bei wichtigen Verhandlungsgegenständen von mindestens einer Woche als angemessen anzusehen (VG Freiburg Urt. v. 27.7.1986 – 5 K 150/85, VBlBW 1987, 234 = JE IV Nr. 45). Das Erfordernis der Einhaltung einer angemessenen Einberufungsfrist für eine Jagdgenossenschaftsversammlung enthält einen **wesentlichen Verfahrensgrundsatz** und hat nicht den Charakter einer bloßen Ordnungsvorschrift (VG Freiburg Urt. v. 27.7.1986 – 5 K 150/85, VBlBW 1987, 234 = JE IV Nr. 45). Folge einer nicht angemessenen Ladungsfrist ist die Rechtswidrigkeit der gefassten Beschlüsse. Die Nichtbeachtung der Ladungsfrist bei einer Jagdgenossenschaftsversammlung führt auch nach Jahren noch zur Unwirksamkeit der hierbei gefassten Beschlüsse (VGH München Urt. v. 19.3.1987 – 19 B 86.02486, BeckRS 1987, 111122 = JE IV Nr. 53). 77

4. Fehler bei der Einberufung

Beschlüsse einer Jagdgenossenschaftsversammlung, die fehlerhaft einberufen wurde, sind dann unwirksam, wenn es sich um wesentliche Mängel handelt, deren Vermeidung zu einem anderen Beschlussergebnis hätte führen können. Wird in der gerichtlichen Überprüfung deutlich, dass sich der (Verfahrens-) Fehler nicht auf das Beschlussergebnis ausgewirkt hat, ist der entsprechende Beschluss rechtswirksam. So ist denkbar, dass trotz einer zu kurz bemessenen Frist oder einer mangelhaften Bekanntmachung sämtliche Jagdgenossen erscheinen und an der Genossenschaftsversammlung teilnehmen. In diesem Fall wäre der Verfahrensfehler geheilt worden und eine Anfechtung der Beschlüsse unbegründet (im Ergebnis so auch Mitzschke/Schäfer Rn. 41). 78

VII. Beschlussfassung der Jagdgenossenversammlung

Die zentrale Vorschrift für die Beschlussfassung der Jagdgenossenschaft stellt § 9 Abs. 3 dar. Ein wirksamer Beschluss setzt eine **doppelte Mehrheit** voraus. Es wird zum einen verlangt, dass der Beschluss von der Mehrheit der anwesenden und vertretenen Jagdgenossen gefasst wird (Stimmenmehrheit) und zum anderen, dass diese Mehrheit auch die Mehrheit der bei der Beschlussfassung vertretenen Grundflächen vertritt (Grundflächenmehrheit). 79

1. Beschlussfähigkeit

80 Erste Voraussetzung, um rechtswirksame Beschlüsse fassen zu können, ist die Beschlussfähigkeit. Solange eine Satzung keine Mindestanzahl von anwesenden Mitgliedern der Jagdgenossenschaft vorschreibt, ist die Genossenschaftsversammlung unabhängig von der Zahl der anwesenden oder vertretenen Jagdgenossen beschlussfähig. § 9 Abs. 3 ist eine Mindestvoraussetzung, die notwendigen Mehrheitsverhältnisse für einen Beschluss regelt und ist in Bezug auf die Beschlussfähigkeit nicht als abschließend zu betrachten. Von daher ist es zulässig, wenn eine Satzung weitere, strengere Voraussetzungen zur Beschlussfähigkeit statuiert (im Ergebnis so auch Meyer-Ravenstein NJagdG § 9 Rn. 26; aA Mitzschke/Schäfer Rn. 49).

80a Die Beschlussfähigkeit und Willensbildungsmöglichkeit der Jagdgenossenschaftsversammlung scheitert nicht an einer fehlenden Satzung. Denn eine Satzung wirkt nicht konstitutiv (OVG Magdeburg Urt. v. 28.10.2010 – 2 L 39/09, BeckRS 2010, 56928 = JE II Nr. 168), die Genossenschaft ist auch – beispielweise nach Neugründung aufgrund einer Gemeindereform – ohne Satzung handlungsfähig. Fehlt es an einer Satzung, bestimmt sich die Beschlussfassung und die Willensbildung direkt nach § 9 Abs. 3.

2. Doppelte Mehrheit

81 Bei der Mehrheitsbewertung sind grundsätzlich nur die anwesenden und die wirksam vertretenen Jagdgenossen zu betrachten. Diese besondere Mehrheitsbildung soll verhindern, dass eine Minderheit von „Großgrundbesitzern" die Mehrheit von Eigentümern kleiner Flächen dominiert. Umgekehrt soll sich die Mehrheit von Eigentümern von Kleinflächen sich nicht gegen die Minderheit von Eigentümern großer Flächen wenden können (zur Erläuterung der doppelten Mehrheit s. auch BVerwG Urt. v. 11.7.1984 – 3 C 29/83, BeckRS 1984, 31268327 = NJW 1985, 1916 Ls.). Folge der doppelten Mehrheit ist, dass die erforderliche Mehrheit nicht erreicht wird und Beschlüsse unter Umständen nicht gefasst werden können. Bezüglich der doppelten Mehrheit ist § 9 Abs. 3 als abschließend zu betrachten (im Gegensatz zur Beschlussfähigkeit, → Rn. 80). Sollte eine Satzung daher andere Mehrheitsverhältnisse (zB eine Zweidrittelmehrheit der Stimmen) für bestimmte Beschlüsse fordern, wäre diese Bestimmung contra legem und somit nichtig (aA Meyer-Ravenstein NJagdG § 9 Rn. 26). § 9 Abs. 3 steht nicht zur Disposition durch die Genossenschaft und ist nicht abdingbar. Der Grundsatz der doppelten Mehrheit ist eindeutig und kann auch nicht durch Praktikabilitätserwägungen in Frage gestellt werden, selbst wenn als Ergebnis kein (wirksamer) Verpachtungsbeschluss gefasst werden kann (OVG Berlin-Brandenburg Beschl. v. 13.6.2018 – 11 S 30.18, BeckRS 2018, 11797).

82 **a) Stimmenmehrheit.** Jeder Jagdgenosse hat, unabhängig wie viel Fläche des gemeinschaftlichen Jagdbezirks in seinem Eigentum steht, **eine Stimme.** Eine Forderung des Landesjagdgesetzes oder der Satzung nach einer bestimmten Mindestfläche wäre unwirksam (Meyer-Ravenstein NJagdG § 9 Rn. 27; Mitzschke/Schäfer Rn. 44). Folglich würde es zB genügen, wenn ein Jagdgenosse Eigentümer eines Quadratmeters Grundfläche des gemeinschaftlichen Jagdbezirks wäre. – Steht eine Grundfläche im Eigentum mehrerer Personen **(Miteigentümer; Gesamthandeigentümer),** so steht diesen Personen gemeinschaftlich eine Stimme zu. Das Stimmrecht muss einheitlich ausgeübt werden. Daher ist zunächst eine Willensbildung im Innenverhältnis notwendig. Stimmen Miteigentümer verschieden, ist die Stimme als ungültig zu werten. Ist nur ein Miteigentümer anwesend, zählt seine abgegeben Stimme. Sollte sein Abstimmverhalten gegen den Willen der Miteigentümer sprechen, ist dies ein Problem des Innenverhältnisses und kann nicht auf die nach außen gerichtete Stimmabgabe durchschlagen. Ist ein Miteigentümer aufgrund einer Interessenkollision an der Abstimmung gehindert, hat dies keine Auswirkungen auf das Stimmrecht der anderen (Mehring Niedersächsischer Jäger 1987, 39; Meyer-Ravenstein NJagdG § 9 Rn. 27).

aa) Stimmenbewertung. Bei der Stimmenbewertung sind „Ja", „Nein" und „Enthaltungen" zu zählen (BVerwG Urt. v. 19.7.1984 – 3 C 29/83, BeckRS 1984, 31268327 = NJW 1985, 1916 Ls.). Ungültige Stimmen sind ebenfalls zu berücksichtigen, da diese ebenfalls Einfluss auf die Willensbildung haben können. Denn bei der Stimmenbewertung kommt es auf die **Anzahl der anwesenden** (und vertretenen) Jagdgenossen an und nicht auf die Anzahl der (gültig) abgegebenen Stimmen. Von daher kommt eine Stimmenthaltung oder eine ungültig Stimmenabgabe faktisch einer Nein-Stimme gleich, da sie nicht zur positiven Mehrheit beiträgt. Bei **Stimmengleichheit** kommt kein Beschluss zustande. Bei der Bestimmung, wie viele Jagdgenossen anwesend sind, sind die stimmberechtigten Jagdgenossen und die stimmberechtigten Vertreter zu zählen. Sind mehrere Miteigentümer anwesend, zählen sie als ein stimmberechtigter Jagdgenosse. 83

Darf ein Jagdgenosse aufgrund einer **Interessenkollision** nicht mitstimmen (→ Rn. 93), gilt er als nicht anwesend. Andernfalls würde seine Stimme nach dem oben erwähnten Grundsatz als ungültig bzw. als Enthaltung gezählt werden müssen, mit der Folge, dass der Jagdgenosse im Grunde gegen sich selber abstimmen würde. 84

bb) Vertretung. Dem Wortlaut des § 9 Abs. 3 ist zu entnehmen, dass Jagdgenossen nicht persönlich anwesend sein müssen, um an der Mehrheitsbildung teilnehmen zu können. Vielmehr kann sich ein Jagdgenosse auch vertreten lassen. Die Regelung der näheren Vertretungsvoraussetzungen, wer als Vertreter eines Jagdgenossen auftreten kann und wie die Vollmacht zu erteilen ist, hat der Bundesgesetzgeber dem Landesrecht bzw. der Satzung überlassen. Sofern sich die unterschiedlichen Gesetzesquellen (LJagdG und Satzung) widersprüchliche Formvoraussetzungen enthalten, so ist auf die – höhere – landesgesetzliche Regelung abzustellen. Denn die Satzungsautonomie der Jagdgenossenschaft besteht nur im Rahmen des jeweiligen LJagdG (im Ergebnis so auch Lorz/Metzger Rn. 13). Hat der Landesgesetzgeber Regelungen über die erforderliche Form der Vollmacht getroffen, fehlt die gesetzliche Ermächtigung für die Jagdgenossenschaft, hiervon abweichende Formvorschriften zu treffen (zu § 14 Abs. 4 LSALJagdG: OVG Magdeburg Beschl. v. 31.3.2023 – 1 M 12/23, BeckRS 2023, 9905). Zulässig ist ohne weiteres, wenn die Vollmacht einer strengeren Form genügt, als das Landesjagdgesetz oder die Satzung vorsehen. Enthält ein notariell beurkundeter Grundstückskaufvertrag eine Vollmacht des Verkäufers zugunsten des Käufers, ist diese Vollmacht wirksam. Durch eine solche Gestaltung kann der Käufer seine (zukünftigen) Mitgliedsrechte in der Jagdgenossenschaftsversammlung auch dann schon persönlich geltend machen, falls der Eigentümerwechsel im Grundbuch zum Zeitpunkt der Versammlung noch nicht vollzogen sein sollte. 85

86 **(1) Landesrecht.** Die Regelungen der Landesjagdgesetzes bzw. der Mustersatzungen gehen auseinander. In insgesamt vier Bundesländern werden einzelne Voraussetzungen durch das jeweilige LJagdG geregelt: in **Bremen** (Art. 11 **BremLJagdG**) und im **Saarland** (§ 7 Abs. 8 **SJG**) bedarf die Vollmacht der **Schriftform.** In **Niedersachsen** (§ 16 Abs. 5 **NJagdG**) muss die Vollmacht ebenfalls schriftlich erteilt werden, hinzu kommt jedoch, dass die Unterschrift des Bevollmächtigenden behördlich oder notariell **beglaubigt** sein muss. In **Sachsen-Anhalt** (§ 14 Abs. 4 **LSALJagdG**) muss die Unterschrift des Vollmachtgebers amtlich beglaubigt sein, sofern nicht ein durch die oberste Jagdbehörde vorgegebenes Muster verwendet wird. Wird also die Mustervollmacht verwendet, entfällt der strengere Formzwang der Beglaubigung. Die in den Landesjagdgesetzen vorgesehenen Voraussetzungen sind **Mindestvoraussetzungen** und können durch die Satzungen weiter konkretisiert werden. Davon hat Bremen in § 8 Abs. 1 BremMustersatzung Gebrauch gemacht, nach der die Unterschrift des Vollmachtgebers durch eine Gemeinde oder einen Notar beglaubigt sein muss. Die Mustersatzung von **Niedersachsen** (§ 7 Abs. 1 NdsMustersatzung) stimmt mit dem LJagdG inhaltlich überein.

87 **(2) Satzungen.** Sofern die übrigen Landesjagdgesetze keine detaillierten Regelungen zu den formellen Vertretungsvoraussetzungen treffen, ist die Regelung der Satzung überlassen. Sofern in den einzelnen Bundesländern Mustersatzungen existieren, bedarf die Vollmacht stets der Schriftform (§ 8 Abs. 3 BayMustersatzung, § 7 Abs. 3 HessMustersatzung, § 5 Abs. 3 MVMustersatzung, § 10 Abs. 3 S. 2 Mustersatzung LJG-NRW; § 7 RhPfMustersatzung, § 8 LSA-Mustersatzung iVm § 14 Abs. 4 **LSALJagdG,** wonach die Beglaubigung notwendig ist, § 8 Abs. 3 ThürMustersatzung). Weicht eine Satzung in diesem Punkt von der jeweiligen Mustersatzung ab und statuiert die Möglichkeit einer formlosen Bevollmächtigung, wäre allerdings kein Beanstandungsgrund für die Behörde gegeben, da kein wesentliches Prinzip des öffentlich-rechtlichen Charakters der Jagdgenossenschaft betroffen ist.

88 Neben der Frage, welcher Form die Vollmacht genügen muss, stellen die verschiedenen Mustersatzungen (außer **Bremen** und **Niedersachsen**) an den Vertreter eines Jagdgenossen diverse **persönliche Voraussetzungen.** Entweder muss der Vertreter in einer bestimmten verwandtschaftlichen Beziehung zu dem Vertretenen stehen (beispielhaft § 8 Abs. 3 ThürMustersatzung: Ehegatte, in gerader Linie verwandt bzw. dessen Ehegatte), oder der Vertreter muss selber Jagdgenosse sein (§ 8 Abs. 3 BayMustersatzung; § 7 Abs. 3 HessMustersatzung; § 5 Abs. 3 MVMustersatzung; § 7 RhPfMustersatzung; § 8 Abs. 1 LSA-Mustersatzung; § 7 Abs. 5 SchlH-Mustersatzung). Den Kreis der Vertretungsberechtigten auf Jagdgenossen oder auf Familienangehörige zu beschränken ist zulässig (BVerwG Utr. v. 9.2.1967 – I C 47.65, BeckRS 1967, 31299483 = RdL 1967, 137; Drees/Thies/Müller-Schallenberg/Jäcker/Hugenberg Nr. 3 S. 80).

89 Um der Gefahr entgegenzutreten, dass ein Vertreter sehr viele Stimmenanteile und die dahinterstehenden Flächenanteile auf sich vereinigt und so den Grundsatz der doppelten Mehrheit gefährdet, kann die Satzung die Vollmachten sowohl hinsichtlich der Stimmen als auch der Fläche **begrenzen.** So darf ein Vertreter in **Bayern** lediglich einen Jagdgenossen in der Versammlung vertreten (§ 8 Abs. 3 S. 3 BayMustersatzung). In **Hessen** (§ 7 Abs. 3 HessMustersatzung), **Rheinland-Pfalz** (§ 7 RhPfMustersatzung) und

Thüringen (§ 8 Abs. 3 ThürMustersatzung) darf ein Vertreter maximal drei Vollmachten von Jagdgenossen auf sich vereinigen. Im **Saarland** regelt der durch die Gesetzesnovellierung im Jahr 2014 eingefügte § 7 Abs. 10 **SJG,** dass durch eine Person höchstens zehn Jagdgenossen vertreten werden dürfen.

Die Mustersatzungen von **Mecklenburg-Vorpommern** (§ 5 Abs. 3 MVMustersatzung) und **Schleswig-Holstein** (§ 7 Abs. 5 SchlH-Mustersatzung) sowie von **Nordrhein-Westfalen** (§ 10 Abs. 4 NRWMustersatzung) sehen neben der maximalen Vertretungsmöglichkeit von einer bestimmten Anzahl von Jagdgenossen vor, dass die von einem Bevollmächtigten vertretene Grundfläche ein Drittel der Gesamtfläche des Gebiets der Jagdgenossenschaft nicht überschreiten darf. Diese Bestimmungen sind jedoch nach der hier vertretenen Ansicht nicht für den Fall anzuwenden, wenn sich ein Jagdgenosse vertreten lässt, der auf sich einen Flächenanteil von über einem Drittel der Gesamtfläche vereinigt. Dieser Jagdgenosse wäre bei strengem Verständnis der Satzungsbestimmungen aufgrund seines großen Flächenanteils benachteiligt und könnte sich nie wirksam vertreten lassen. Die Norm ist folglich sinnerhaltend zu reduzieren, so dass der Vertreter auch mehr als ein Drittel der Gesamtfläche wirksam in der Versammlung repräsentieren kann, wenn diese Fläche im Eigentum eines Jagdgenossen steht. Dieser Vertreter darf darüber hinaus jedoch keine weitere Fläche oder Stimme vertreten. 90

(3) Juristische Personen. Juristische Personen, sei es des öffentlichen oder des privaten Rechts, werden durch ihre verfassungsgemäß berufenen Organe vertreten, die ihrerseits einen Bevollmächtigten bestellen können. In diesem Falle muss die Vollmacht ebenfalls den individuellen formalen Voraussetzungen entsprechen. Explizit regelt § 7 Abs. 9 **SJG,** dass neben dem gesetzlichen Vertreter der juristischen Person eine von diesem schriftlich Bevollmächtigter die Mitgliedsrechte in der Versammlung wahrnehmen darf. 91

cc) Schriftliche Wahl. Grundsätzlich beschließt die Jagdgenossenversammlung in offener Abstimmung. Die Satzung kann jedoch bestimmen, dass auf gesonderten Antrag eines oder mehrerer Jagdgenossen oder in Bezug auf bestimmte Beschlussgegenstände generell schriftlich abzustimmen ist. So sieht beispielsweise die Mustersatzung von **Thüringen** (§ 8 Abs. 2 **ThJG** iVm § 6 Abs. 2 S. 1 Nr. 7–9 **ThJG**) die Verwendung von Stimmzetteln für alle Entscheidungen über die Verpachtung (Zuschlag, Änderung, Verlängerung, Weiterverpachtung) vor. Im Falle der schriftlichen Wahl empfiehlt es sich die Stimmzettel aufzubewahren, um einer eventuellen späteren Wahlanfechtung entgegentreten zu können. Eine Aufbewahrungspflicht kann auch von der Satzung festgelegt werden. 92

dd) Interessenkollision. Ein Jagdgenosse kann von der Abstimmung ausgeschlossen sein, wenn die Beschlussfassung ein Rechtsgeschäft mit ihm selbst betrifft. In der Praxis ist dies regelmäßig bei Verpachtungsfragen der Fall. 93

Die **Rspr.** (BVerwG Beschl. v. 19.5.1969 – I B 10.69, BeckRS 1969, 31286252 = RdL 1969, 275; VG Stade Urt. v. 29.10.1984 – 4 VG A 20/83, JE IV Nr. 39) hat entschieden, dass aus § 34 BGB ebenso wie aus § 43 Abs. 6 GenG und § 47 GmbHG, wonach Mitglieder bzw. Genossen oder Gesellschafter in bestimmten sie betreffenden Fällen nicht mitstimmen dürfen, ein allgemeiner Rechtsgrundsatz herzuleiten ist, der auch bei einer Körperschaft des öffentlichen Rechts wie der Jagdgenossenschaft den Ausschluss von der Abstimmung bei Interessenkonflikten gebietet. 94

95 Ist ein Jagdgenosse aufgrund einer Interessenkollision nicht stimmberechtigt, kann er sein Stimmrecht für diesen Beschluss weder auf einen Vertreter übertragen noch selber als Vertreter für andere Jagdgenossen an der Abstimmung teilnehmen. Es würde dem Zweck des Ausschlusses von der Abstimmung, nämlich für Sauberkeit im Vereinsleben Sorge zu tragen, zuwider laufen, wenn ein Betroffener zwar selbst als Jagdgenosse nicht abstimmen dürfte, aber als Vertreter anderer Jagdgenossen das Stimmrecht in seinem Sinne ausüben und dadurch das Ergebnis der Abstimmung noch stärker beeinflussen könnte (OVG Lüneburg Urt. v. 25.7.1984 – 14 OVG A 63/82, JE IV Nr. 29). Haben an dem Pachtbeschluss davon betroffene Jagdgenossen mitgewirkt, so ist dieser fehlerhaft zustande gekommen (VG Stade Urt. v. 29.10.1984 – 4 VG A 20/83, JE IV Nr. 39).

96 Diese Rspr. wird in der **Lit.** folgerichtig kritisiert (Möller UmweltR IV Rn. 55.6.4.3; Drees/Thies/Müller-Schallenberg/Jäcker/Hugenberg Nr. 3 S. 80a; Rose Niedersächsischer Jäger Nr. 5/1993, 268; Leonhardt/Pießkalla Rn. 17). Entgegen dem Stimmrecht eines Vereinsmitgliedes ist das Stimmrecht des Jagdgenossen Ausfluss aus dem der Eigentumsgarantie des Art. 14 GG unterstehenden Jagdrecht. Bei einem Ausschluss von einer Abstimmung wird das Maß der Sozialpflichtigkeit überschritten. Mittlerweile erkennt die Rspr. teilweise an, dass Mitwirkungsverbote für Vorstandsmitglieder bestehen, aber ein Jagdgenosse nicht gehindert ist, in der Versammlung von seinen Mitgliedsrechten Gebrauch zu machen, auch wenn er ggf. von der Beschlussfassung betroffen ist; die Möglichkeit, seine mitgliedschaftlichen Rechte und Interessen in der Mitgliederversammlung zu wahren, ist gerade Ausfluss der Rechtsstellung, die sich aus dem Innehaben von Grundeigentum der zum gemeinschaftlichen Jagdbezirk gehörenden Grundstücke für jeden Jagdgenossen ergibt (VG Magdeburg Beschl. v. 18.9.2023 – 4 B 47/23).

97 Einige **Landesgesetzgeber** haben diese bundesrechtliche Regelungslücke geschlossen und klargestellt, dass dem Jagdgenossen auch ein Stimmrecht bei Verpachtungsbeschlüssen zusteht, wenn er sich selber um die Pacht bewirbt. So bestimmt § 16 Abs. 4 **NJagdG,** dass ein Mitglied einer Jagdgenossenschaft, dass die Ausübung der Jagd von der Jagdgenossenschaft pachten möchte, oder seine Vertretung berechtigt ist, in der Versammlung an den Abstimmungen über die Vergabe der Jagdpacht und über die Verlängerung eines Jagdpachtvertrags teilzunehmen (vgl. VG Osnabrück Urt. v. 8.4.2008 – 1 A 581/06, BeckRS 2008, 35838). In **Bayern** wird das Stimmrecht der Jagdgenossen, die sich selber um die Pacht bewerben, durch § 8 Abs. 5 BayMustersatzung geregelt. Über § 5 AVBayJG muss jede Satzung diese Regelung unverändert enthalten und ist daher unabdingbar. In **Saarland** wird nicht das Stimmrecht eines Pachtbewerbers ausgeschlossen, sondern bestimmt, dass der Jagdvorstand nicht zugleich Pächter in derselben Genossenschaft sein darf (§ 10 Abs. 11 **SJG**). Nach § 7 Abs. 4 SächsMustersatzung ist ein Jagdgenosse von der Abstimmung entsprechend § 34 BGB ausgeschlossen und kann sich auch nicht vertreten lassen. In **Baden-Württemberg** (§ 15 Abs. 5 **JWMG**) und **Schleswig-Holstein** (§ 8 Abs. 2 **SHLJagdG**) ist ein Pachtbewerber bei Abstimmungen über die Verpachtung ebenfalls stimmberechtigt.

98 **b) Grundflächenmehrheit.** § 9 Abs. 3 erfordert neben der Stimmenmehrheit auch eine Mehrheit der bei der Beschlussfassung vertretenen Grundfläche. Zum einen ist dieser Grundsatz Ausprägung der Bindung der Mitgliedrechte an das Grundeigentum und zum anderen soll vermieden

werden, dass eine Mehrheit von anwesenden und vertretenen Jagdgenossen den Ausschlag gibt, die nur einen kleineren Teil der insgesamt bei der Versammlung vertretenen Grundfläche repräsentiert (vgl. BVerwG Urt. v. 19.7.1984 – 3 C 29.83, BeckRS 1984, 31268327 = JE IV Nr. 35). Auf diese Weise soll dem Gedanken der „größeren Jagdberechtigung, die sich aus der vertretenen Flächengröße ergibt" Rechnung getragen werden (Mitzschke/Schäfer Rn. 53). Es ist also möglich, dass – von einer Stimme abgesehen – alle anwesenden und vertretenen Jagdgenossen für eine bestimmte Maßnahme oder Regelung stimmen, ein Beschluss aber nicht zustande kommt, weil diese einzige widersprechende Stimme die Hälfte oder mehr als die Hälfte der insgesamt in der Versammlung vertretenen Fläche repräsentiert. Diese Stimme ist dann quasi ein „Veto"-Recht.

Kommt ein Beschluss über eine Angelegenheit, die notwendigerweise 99 geregelt werden muss, wegen Fehlens der doppelten Mehrheit von Fläche und Kopfzahl nicht zustande, so ist es Sache der Staatsaufsicht, von ihren Kompetenzen Gebrauch zu machen. Grundsätzlich ist bei **der Stimmenauszählung** zu erfassen, wie viel Grundfläche jeder anwesende oder vertretene Jagdgenosse hinter sich vereint. Entscheidend ist die Eigentumssituation zum Zeitpunkt der Abstimmung. Daher ist es bei der Durchführung der Jagdgenossenschaftsversammlung notwendig, dass ein aktuelles Jagdkataster vorliegt. Werden Beschlüsse getroffen, ohne dass das Kataster vorliegt, sind diese regelmäßig formell fehlerhaft (VG Saarlouis Urt. v. 10.9.2008 – 5 K 12/08, BeckRS 2008, 39859 = JE IV Nr. 120). Allerdings sind die Beschlüsse nur nichtig, wenn sich der formelle Fehler auf das Abstimmungsergebnis ausgewirkt hat. Dieser Umstand entfällt bereits bei deutlichen Mehrheiten.

Einer genauen Berechnung der Flächenmehrheit bedarf es bei einstimmi- 100 gen Beschlüssen jedoch nicht (Meyer-Ravenstein NJagdG § 9 Rn. 32).

c) Einfache Mehrheit. Wie bei der Stimmenmehrheit entscheidet auch 101 bei der Flächenmehrheit die einfache Mehrheit der in der Versammlung vertretenen Grundfläche.

d) Jagdkataster. Da es bei der Abstimmung der Versammlung auch auf 102 die Grundfläche ankommt, muss für jede Genossenschaft ein Verzeichnis der Jagdgenossen unter Angabe der Flächengröße ihrer Grundstücke („Jagdkataster") angelegt und geführt werden. Die Führung des Katasters ist regelmäßig **Aufgabe des Jagdvorstandes.** Das Vorliegen eines Jagdkatasters erleichtert die Feststellung, ob neben der Stimmenmehrheit auch eine Mehrheit der bei der Beschlussfassung vertretenen Grundfläche vorlag. Kann ein Jagdgenosse sein Eigentum aber anderweitig nachweisen (OVG Lüneburg Urt. v. 24.5.2002 – 8 LB 43/01, BeckRS 2002, 22621 = JE IV Nr. 99; Urt. v. 3.11.1983 – 14 OVG A 86/81, BeckRS 2002, 22621 = JE IV Nr. 23), ist es unschädlich, wenn seine Stimmberechtigung (noch) nicht aus dem Jagdkataster hervorgeht. Dies ist denkbar, wenn das Eigentum erst kurz vor der Versammlung überging und eine Anpassung des Jagdkatasters aus Zeitgründen noch nicht erfolgen konnte. Als tauglicher Nachweis dürfte die gerichtliche Information über den Grundbucheintrag genügen. Der Jagdgenossenschaft obliegt die Entscheidung, in welcher **Form** das Jagdkataster zu führen ist. Dem Jagdkataster muss jedoch genau zu entnehmen sein, mit welcher Flächenbeteiligung jeder Jagdgenosse an der Abstimmung teilnimmt. Liegt bei der Beschlussfassung kein oder kein ordnungsgemäß geführtes Jagdkataster vor, führt dieser Umstand allein nicht zur Rechtswidrigkeit eines Beschlusses, da der Nachweis der Flächenmehrheit nicht unbedingt durch ein Kataster zu führen ist (OVG Lüneburg Urt. v. 24.5.2002 – 8 LB 43/01, BeckRS 2002, 22621 = JE IV Nr. 99; aA VG Minden Urt. v. 24.1.1986 – 8 K 1672/84, JE IV Nr. 41).

VIII. Anfechtbarkeit von Beschlüssen der Jagdgenossenversammlung

103 Die Frage der Anfechtbarkeit von Beschlüssen der Versammlung der Jagdgenossen spielt hauptsächlich im Zusammenhang mit der Wahl des Jagdvorstandes und Beschlüssen über die Jagdnutzung, insbesondere der Verpachtung der Jagd eine Rolle. Bezüglich der Anfechtbarkeit von Beschlüssen ist zunächst darauf abzustellen, ob sie Ausfluss hoheitlichen Handelns und folglich als Verwaltungsakt zu qualifizieren sind, oder sich als reine Ausübung privater Rechte darstellen. Maßgebend für diese Bestimmung ist nicht, ob eine dem öffentlichen Recht zugehörende Körperschaft gehandelt hat, sondern entscheidend sind das Ziel und das Ergebnis dieses Handelns. Wird daher eine Jagdgenossenschaft nicht hoheitlich tätig, sondern nimmt sie im Rahmen ihrer Beschlussfassung über den Abschluss eines Jagdpachtvertrags am bürgerlich-rechtlichen Rechtsverkehr teil, scheidet der Verwaltungsrechtsweg von vornherein aus; denn für die Willensbildung kann nichts anderes gelten, als für die Willenserklärung selbst (VGH München Urt. v. 6.7.1976 – W 60 V 76, JE III Nr. 5).

1. Verwaltungsgerichtliche Überprüfung

104 Der Verwaltungsrechtsweg ist einem Jagdgenossen dann eröffnet, wenn der Kläger geltend macht, der Beschluss sei durch Verletzung von Normen zustande gekommen, die der Wahrung seiner Mitgliedschaft- und Mitwirkungsrechte dienten (VGH Mannheim Urt. v. 9.10.1987 – 5 S 1463/86, RdL 1988, 11 = JE III Nr. 91; VG Schleswig Urt. v. 14.3.1991 – 7 A 50/90, JE IV Nr. 70). Bei einer Klage eines Jagdgenossen handelt es sich um ein innerorganschaftliches Streitverfahren (OVG Magdeburg Urt. v. 28.10.2010 – 2 L 39/09, BeckRS 2010, 56928 = JE II Nr. 168). Die Klagebefugnis besteht, wenn der Jagdgenosse geltend machen kann, der Beschluss sei unter Verletzung von Normen zustande gekommen, die der Wahrung der organschaftlichen Rechte dienen (VGH Mannheim Urt. v. 8.9.1995 – 5 S 2659/94, JE IV Nr. 87; Urt. v. 20.10.1994 – 5 S 2775/93, RdL 1995, 161). Der Jagdgenosse kann in diesem Fall zB die Feststellung begehren, der Verpachtungsbeschluss sei nichtig. Die Behauptung das beschließende Organ sei unzuständig soll die Klagebefugnis genauso implizieren wie die Behauptung, Vorschriften über die Teilhabe am Willensbildungsprozess (Wahlen, Abstimmungen) seien verletzt (OVG Magdeburg Urt. v. 28.10.2010 – 2 L 39/09, BeckRS 2010, 56928 = JE II Nr. 168). Das **Feststellungsinteresse** entfällt jedoch in dem Moment, in dem der Jagdvorstand den Verpachtungsbeschluss vollzieht und den Pachtvertrag abschließt (VG Schleswig Urt. v. 14.3.1991 – 7 A 50/90, JE IV Nr. 70). – Das erforderliche Feststellungsinteresse fehlt jedoch, wenn die Feststellung der Nichtigkeit eines Beschlusses begehrt wird, und der klagende Jagdgenosse diesem Beschluss selber zugestimmt hat (VG Saarlouis Urt. v. 10.9.2008 – 5 K 12/08, BeckRS 2008, 39859 = JE IV

Nr. 120), da ein widersprüchliches Verhalten (venire contra proprium factum) vorliegt. Denn der Verwaltungsrechtweg soll in erster Linie der Wahrung der Mitgliedsrechte dienen. Dieses Ziel scheidet jedoch aus, wenn der Jagdgenosse selber am später angefochtenen Beschluss mitgewirkt hat. Diese Verhaltensweise deutet darauf hin, dass der Jagdgenosse freiwillig auf sein Recht der Gegenstimme im Rahmen der Versammlung verzichtet hat. Ebenfalls wird keine Klagebefugnis anzunehmen sein, wenn lediglich behauptet wird, Vorschriften über die Ausschreibungsbedingungen der Pacht seien verletzt (VGH Mannheim Urt. v. 4.12.2003 – 5 S 1797/02, BeckRS 2004, 21217 = JE IV Nr. 107). Möchte ein Jagdgenosse gerichtlich die Wirksamkeit eines Jagdpachtvertrages überprüfen lassen ist zu unterschieden, ob der Jagdpachtvertrag bereits unterzeichnet wurde oder nicht. Wurde der Jagdpachtvertrag geschlossen, bevor die Klage (oder Antrag auf Erlass einer einstweiligen Anordnung) vor dem Verwaltungsgericht erhoben wurde, dürfte die Klage oder Antrag vor dem Verwaltungsgericht regelmäßig unzulässig sein. Denn „bei einer „Erledigung" vor Klageerhebung ist einen Feststellungsklage vor dem Verwaltungsgericht die öffentlich-rechtliche Vorfragen klären soll, die (auch) das Zivilgericht zu prüfen hat, unzulässig, um zwei Prozesse zum selben Streitgegenstand zu vermeiden" (VG Braunschweig Urt. v. 26.11.2021 – 5 A 121/18, BeckRS 2021, 65562). Dies gilt auch, wenn der Jagdgenosse geltend macht, durch den Abschluss des Jagdpachtvertrages bzw. den zugrundeliegenden Beschluss in seinen Mitgliedrechten verletzt zu sein. Der zivilrechtliche Charakter des Jagdpachtvertrages überlagert den öffentlich-rechtlichen Charakter des zugrundeliegenden Beschlusses. Aus dem Umkehrschluss folgt aber, dass die Klage oder der Antrag auf Erlass einer einstweiligen Anordnung, mit der der Abschluss eines Jagdpachtvertrags verhindert werden soll, beim Verwaltungsgericht anhängig zu machen ist, wenn der Vertrag noch nicht von Verpächter (Jagdgenossenschaft) und Pächter unterschrieben ist. Ist der Vertrag geschlossen und liegt der Behörde zur Prüfung von Beanstandungsgründen vor, ist auf den Einzelfall abzustellen. Sind öffentlich-rechtliche Vorschriften verletzt, die eine Beanstandung rechtfertigen, kommt ebenfalls der Verwaltungsrechtsweg in Betracht.

Ein Beschluss ist dann als Ausfluss **hoheitlichen Handelns** anzusehen, 105
wenn Streit über das wirksame Zustandekommen besteht (Meyer-Ravenstein NJagdG § 9 Rn. 34). Die Fehlerhaftigkeit kann sich aus verschiedenen Formfehlern ergeben. So führt eine nicht ordnungsgemäße Einladung zu einer Genossenschaftsversammlung in der Regel zur Unwirksamkeit der Beschlüsse. Schreibt die Satzung vor, dass die Einladung mit einer Tagesordnung zu verbinden ist (→ Rn. 73), ist ein Beschluss in der Regel unwirksam, wenn der Beschlussgegenstand der Einladung nicht zu entnehmen war (OVG Lüneburg Urt. v. 17.2.1983 – 14 OVG A 260/80, JE IV Nr. 19).

Erfolgreich kann ein Beschluss jedoch nur angefochten werden, wenn die 106
geltend gemachten Fehler (unrichtige Ladung, fehlerhafte Abstimmung) das Beschlussergebnis beeinflusst haben oder beeinflusst haben können, es also bei richtigem Verfahrensablauf zu einem anderen Beschlussergebnis gekommen wäre oder zumindest hätte kommen können. Um diese Frage zu beantworten, ist eine **Möglichkeitsprognose** durchzuführen.

Neben diesen formellen Verfahrensfehlern kann eine Anfechtung auch 106a
Erfolg haben, wenn der Inhalt des Beschlusses gegen **materielles Recht** verstößt. So sind regelmäßig Beschlüsse einer Genossenschaft unwirksam, die

gegen die **guten Sitten,** gegen zwingende Gesetze oder Grundsätze des Körperschaftsrechts verstoßen. Zu diesen Grundsätzen des Körperschaftsrechts zählt der Grundsatz der Gleichbehandlung von Mitgliedern, bei dem es sich um ein allgemeines seit langem im Recht von Personenvereinigungen anerkanntes Prinzip handelt (VGH Kassel Beschl. v. 17.2.2016 – 4 A 961/14, BeckRS 2016, 44433 = JE IV Nr. 134). Danach muss dieses Prinzip muss insbesondere für eine Jagdgenossenschaft gelten, die eine Körperschaft des öffentlichen Rechts ist, verbunden mit der vom Gesetzgeber normierten Zwangsmitgliedschaft. Der Gleichbehandlungsgrundsatz besagt, dass kein Mitglied einer Personenvereinigung aus sachwidrigen Gründen schlechter behandelt werden darf als andere Mitglieder oder Beschlüsse nur deshalb zu treffen, um ein Mitglied der Genossenschaft von Leistungen derselben auszuschließen.

2. Beschluss als privatrechtliches Handeln

107 Beschlüsse über eine Teilung des Jagdbezirks, eine Verpachtung (VGH München Urt. v. 6.7.1976 – W 60 V 76, JE III Nr. 5) oder die Art der Jagdnutzung stellen keine Verwaltungsakte dar und unterliegen daher nicht der Aufhebung im Wege der Anfechtungsklage nach § 42 VwGO. Es handelt sich vielmehr um innerkorporationsrechtliche Gesamtakte, die nicht auf unmittelbare Rechtswirkung nach außen gerichtet sind, sondern zu ihrer Wirksamkeit nach außen, erst der Umsetzung durch eine weitere Handlung der Organe der Jagdgenossenschaft bedürfen (VG Minden Urt. v. 24.1.1986 – 8 K 1672/84, JE IV Nr. 41). An dem privatrechtlichen Charakter der genannten Beschlussgegenstände ändert sich auch nichts, wenn der Pachtbewerber ein Jagdgenosse ist (OVG Koblenz Urt. v. 22.8.1985 – 8 A 37/85, RdL 1986, 98 = JE III Nr. 79).

IX. Notjagdvorstand

108 Solange eine Jagdgenossenschaft keinen Jagdvorstand gewählt hat, werden gem. § 9 Abs. 2 S. 2 die Geschäfte des Jagdvorstandes vom Gemeindevorstand wahrgenommen. Ein Notjagdvorstand ist ferner einzusetzen, wenn noch keine wirksame oder noch keine gültige Vorstandswahl stattgefunden hat (BGH Urt. v. 2.2.1965 – V ZR 259/62, RdL 1965, 102). Befindet sich eine Jagdgenossenschaft in Gründung (zB aufgrund einer Gebietsreform) werden die Geschäfte ebenfalls vom Notjagdvorstand wahrgenommen (vgl. OVG Magdeburg Beschl. v. 6.8.2008 – 3 B 77/08, JE IV Nr. 119). Nach wörtlicher und teleologischer Auslegung beschreibt § 9 Abs. 2 S. 2 eine **absolute Ausnahmesituation.** Die Geschäftsführung durch den Gemeindevorstand darf nach dem Willen des Gesetzgebers keine Dauerlösung sein, vielmehr ist eine zeitnahe Wahl eines ordentlichen Jagdvorstandes anzustreben.

1. Sachliche Reichweite

109 Diese Vorschrift ist nicht dahingehend zu verstehen, dass der Notjagdvorstand die Geschäfte nur dann wahrnimmt, wenn noch kein Jagdvorstand gewählt wurde. Vielmehr findet diese Regelung nach hM auch dann Anwendung, wenn ein Vorstand nicht wirksam gewählt wurde, durch Tod oder Rücktritt aus dem Amt geschieden ist oder aus sonstigen Gründen (zB

schwere Krankheit) handlungsunfähig geworden ist (Mitzschke/Schäfer Rn. 64; Meyer-Ravenstein NJagdG § 9 Rn. 36; Drees/Thies/Müller-Schallenberg/Jäcker/Hugenberg Nr. 1 S. 78; Lorz/Metzger Rn. 5). Der Gemeindevorstand kann schon dann in Funktion treten, wenn lediglich Ungewissheit über die Gültigkeit der Wahl besteht (BGH Urt. v. 2.2.1965 – V ZR 259/62, RdL 1965, 102; OVG Münster Urt. v. 29.6.1981 – 9 A 2670/79, RdL 1982, 68 = JE II Nr. 65). Die Tätigkeit des Gemeindevorstands ist nicht als Amtshilfe, sondern vielmehr als **Organleihe** einzustufen. Entstehen durch die Organleihe **Kosten,** hat die Jagdgenossenschaft für diese aufzukommen (Mitzschke/Schäfer Rn. 68). Die Kosten sind wie sonstige bei der Gemeinde entstehende Kosten festzusetzen, geltend zu machen und beizutreiben (Drees/Thies/Müller-Schallenberg/Jäcker/Hugenberg Nr. 1 S. 79). § 11 Abs. 5 **SächsJagdG** bestimmt ausdrücklich, dass die Jagdgenossenschaft die Kosten der vorübergehenden Geschäftsführung bis zur Wahl des Jagdvorstandes trägt.

Wer tatsächlich unter dem Gemeindevorstand zu verstehen ist, richtet sich nach dem jeweiligen Landesrecht (§ 15 Abs. 3 **JWMG:** Gemeinderat; Art. 11 Abs. 5 **BayJG;** § 10 Abs. 7 **BbgJagdG, wobei die untere Jagdbehörde von der Übernahme der Geschäfte zu informieren ist; Art. 11 Abs. 1 BremLJagdG:** in Bremen Amtsleiter der Ortsämter, Bremerhaven: Magistrat; § 5 HmbJagdG: Bezirksamtsleiter, der einen Angehörigen des Amtes mit der Wahrnehmung der Aufgaben beauftragen kann; § 8 Abs. 6 **MVLJagdG;** § 7 Abs. 7 **LJG-NRW** iVm § 28 Abs. 3 GO NRW, § 41 Abs. 3 GO NRW, § 55 GO NRW; § 11 Abs. 3 **RhPfLJG;** § 7 Abs. 4 **SJG;** § 11 Abs. 6 **ThJG:** Bürgermeister; § 10 Abs. 7 **LJagdG Bln:** Jagdbehörde; Art. 11 Abs. 1 **BremLJagdG:** Amtsleiter der Ortsämter **(Bremen)** bzw. Magistrat **(Berlin);** § 5 Abs. 5 **HmbJagdG:** Bezirksamtsleiter; § 8 Abs. 3 **HJagdG:** wird von Jagdbehörde bestimmt; § 14 Abs. 1 **LSALJagdG:** Hauptverwaltungsbeamte). In Niedersachsen stellt § 15 Abs. 1 S. 5 **NJagdG** klar, dass Gemeindevorstand iSv § 9 Abs. 2 S. 3 der Hauptverwaltungsbeamte ist, dieser kann allerdings eine Person der Gemeindeverwaltung mit der Aufgabenwahrnehmung beauftragten. **110**

Ist ein neuer gemeinschaftlicher Jagdbezirk durch Zusammenlegung entstanden und kommen verschiedene Gemeindevorstände in Betracht, hat der Landesgesetzgeber zu regeln, welche Gemeinde den Notjagdvorstand stellt. Einige Landesjagdgesetze erklären teils den Vorstand der Gemeinde mit dem größten Flächenanteil für zuständig (zB Art. 11 Abs. 5 **BayJG;** § 7 Abs. 6 **LJG-NRW;** § 7 Abs. 4 **SJG**). **111**

2. Inhaltliche Reichweite

Ein Notjagdvorstand hat **keine weitergehende Kompetenz** als der Jagdvorstand und ist wie dieser an die Satzung sowie an die Beschlüsse der Jagdgenossenschaftsversammlung gebunden (OLG Bamberg Beschl. v. 17.8.2023 – 4 U 76/23, BeckRS 2023, 25965, Leonhardt/Pießkalla Rn. 8). Allerdings ist die rechtliche Handlungsmöglichkeit des Notjagdvorstandes auch nicht geringer als die des Jagdvorstandes, sondern beinhaltet sämtliche Rechtshandlungen, zu denen auch ein gewählter Jagdvorstand berechtigt ist (OVG Magdeburg Beschl. v. 6.8.2008 – 3 B 77/08, JE IV Nr. 119; OLG Brandenburg Urt. v. 10.12.2001 – 3 U 24/00, BeckRS 2001, 17367 = JE III Nr. 165). Da sich die Handlungsfähigkeit nicht auf eine bloße Notgeschäfts- **112** führung beschränkt (BGH Urt. v. 8.7.1982 – III ZR 46/81, BeckRS 1982, 31069896 = MDR 1983, 115), müssen vom Notjagdvorstand getroffene Entscheidungen später auch nicht überprüft oder rückabgewickelt werden (vgl. OVG Magdeburg Beschl. v. 6.8.2008 – 1 M 93/08, BeckRS 2008, 38701 = JE IV Nr. 118).

113 Rechtsgeschäfte des Notjagdvorstandes berechtigen und verpflichten lediglich die Jagdgenossenschaft und nicht die Gemeinde (Lukanow RdL 1963, 80). Die Notgeschäftsführung ist mangels gesetzlicher Regelung nicht auf die Angliederungsgenossenschaft übertragbar, auch eine entsprechende Anwendung des § 9 Abs. 2 S. 3 scheidet aus. Der Gemeindevorstand kann daher nicht verpflichtet werden, als Notvorstand einer Angliederungsgenossenschaft tätig zu werden (für Hessen VGH Kassel Urt. v. 28.11.2019 – 4 A 1207/18, BeckRS 2019, 32543). Soweit die Satzung die Zusammensetzung des Jagdvorstandes regelt, sind die entsprechenden Normen kraft Natur der Sache nicht anwendbar. Der Notjagdvorstand ist grundsätzlich auch berechtigt und auch verpflichtet, darüber zu entscheiden, ob und an wen die Jagd verpachtet werden soll (VGH Mannheim Urt. v. 13.8.1984 – 5 S 701/84, NuR 1985, 69; → Rn. 50). Der Notjagdvorstand ist ebenso wenig wie ein gewählter Jagdvorstand befugt, über die Frage ob und an wen verpachtet werden soll, von sich aus zu entscheiden; vielmehr obliegt diese Entscheidung einzig und allein der Jagdgenossenschaft (VG Freiburg Urt. v. 27.7.1986 – 5 K 150/85, VBlBW 1987, 234 = JE IV Nr. 45; aA OLG Frankfurt Urt. v. 2.12.1980 – 8 U 140/80, nv). Die Handlungsfähigkeit eines Notjagdvorstandes leidet nicht darunter, falls für die Jagdgenossenschaft noch keine Satzung vorhanden ist (→ Rn. 15).

3. Kosten

114 Die Kosten der Notgeschäftsführung dürften als Selbstkosten der Gemeinde anzusehen sein, wenn gesetzlich nichts Gegenteiliges geregelt ist, da es sich bei dem Notjagdvorstand um eine gesetzliche Anordnung handelt, um eine lückenlose Handlungsfähigkeit der öffentlich-rechtliche Körperschaft Jagdgenossenschaft zu gewährleisten. Das in anderen Teilgebieten des öffentlichen Rechts geltende Verursacherprinzip gelangt bei der Notgeschäftsführung nach § 9 Abs. 2 S. 3 nicht zur Anwendung.

115 Die Länder haben teilweise ausdrücklich vorgesehen, dass die Kosten der Notgeschäftsführung von der Jagdgenossenschaft zu tragen sind (§ 15 Abs. 3 S. 3 **JWMG;** Art. 11 Abs. 4 **BayJG;** § 10 Abs. 7 S. 2 **LJagdG Bln;** § 10 Abs. 7 S. 2 **BbgJagdG;** § 8 MVLJagdG; § 15 Abs. 1 S. 7 **NJagdG,** wobei die Kostentragungspflicht nach dem Wortlaut auf die Sachkosten beschränkt ist; § 7 Abs. 8 S. 3 **LJG-NRW;** § 7 Abs. 4 S. 2 **SJG;** § 11 Abs. 5 **SächsJagdG;** § 11 Abs. 5 **ThJG**).

§ 10 Jagdnutzung

(1) [1] **Die Jagdgenossenschaft nutzt die Jagd in der Regel durch Verpachtung.** [2] **Sie kann die Verpachtung auf den Kreis der Jagdgenossen beschränken.**

(2) [1] **Die Jagdgenossenschaft kann die Jagd für eigene Rechnung durch angestellte Jäger ausüben lassen.** [2] **Mit Zustimmung der zuständigen Behörde kann sie die Jagd ruhen lassen.**

(3) [1]**Die Jagdgenossenschaft beschließt über die Verwendung des Reinertrages der Jagdnutzung.** [2]**Beschließt die Jagdgenossenschaft, den Ertrag nicht an die Jagdgenossen nach dem Verhältnis des Flächeninhaltes ihrer beteiligten Grundstücke zu verteilen, so kann jeder Jagdgenosse, der dem Beschluß nicht zugestimmt hat, die Auszahlung seines Anteils verlangen.** [3]**Der Anspruch erlischt, wenn er nicht binnen einem Monat nach der Bekanntmachung der Beschlußfassung schriftlich oder mündlich zu Protokoll des Jagdvorstandes geltend gemacht wird.**

Ländervorschriften: § 16 JWMG; Art. 12 BayJG; § 11 LJagdG Bln; § 11 BbgJagdG; §§ 10, 12 RhPfLJG; § 8 SJG (beachte Rechtsverordnung); § 11 SächsJagdG; § 12 ThJG.

Übersicht

I. Einführung

§ 10 regelt, wie das Jagdausübungsrecht eines gemeinschaftlichen Jagd- 1
bezirks genutzt werden kann. Gemäß § 8 Abs. 5 steht das Jagdausübungsrecht der Jagdgenossenschaft zu. Die Jagdgenossenschaft kann als öffentlich-rechtliche Körperschaft, im Übrigen wie jede juristische Person, das Jagdausübungsrecht jedoch nicht selbst nutzen. § 10 zeigt die Möglichkeiten auf, in welcher Art und Weise die Jagd tatsächlich ausgeübt werden kann. Das Gesetz geht davon aus, dass die Jagd in der Regel durch Verpachtung genutzt wird (§ 10 Abs. 1 S. 1). Möglich ist es auch, die Jagd durch angestellte Jäger zu nutzen (§ 10 Abs. 2 S. 1) oder aber die Jagd mit behördlicher Zustimmung ruhen zu lassen (§ 10 Abs. 2 S. 2). Der Beschluss, in welcher Form die Jagd

genutzt wird, obliegt der Versammlung der Jagdgenossen (→ § 9 Rn. 67, → § 9 Rn. 79 ff.). Die Beschlussfassung richtet sich nach dem Mehrheitsprinzip von § 9 Abs. 3 (→ § 9 Rn. 81).

II. Jagdnutzung durch Verpachtung

2 Die Verpachtung stellt die **Regelform** der Jagdnutzung dar. Pachtgegenstand ist das Jagdausübungsrecht, das Jagdrecht verbleibt bei den Grundeigentümern. Auch wenn das Gesetz in der Regel die Verpachtung vorsieht, hindert es die Jagdgenossenschaft nicht, anders zu verfahren. Bei den vom Gesetzgeber dargelegten Alternativen nach § 10 Abs. 1 S. 1 (Verpachtung) und § 10 Abs. 2 S. 1 (angestellte Jäger) handelt es sich um gleichwertige Wahlmöglichkeiten für die sich die Jagdgenossenschaft frei entscheiden kann, wobei über die gesetzlich zugelassenen Optionen keine andere denkbare Nutzungsart zulässig ist (VG Saarlouis Urt. v. 29.1.2020 – 5 K 2468/17, BeckRS 2020, 30245).

1. Verpachtungsmöglichkeiten

3 Die Jagdgenossenschaft hat **verschiedene Möglichkeiten** die Jagd zu verpachten: die öffentliche Versteigerung, Einholung schriftlicher Gebote (auch öffentliche Ausbietung genannt), freihändige Vergabe oder Verlängerung eines bereits bestehenden Pachtvertrags. In der Regel entscheidet ausschließlich die Genossenschaftsversammlung über die Nutzung der Jagd. Der Vorstand einer Jagdgenossenschaft ist grundsätzlich nicht befugt, über die Verpachtung der Jagd zu entscheiden; nichts anderes hat grundsätzlich für den Notjagdvorstand (zur Ausnahme → Rn. 5) zu gelten, der keine weiteren Kompetenzen haben kann, als der Jagdvorstand (VGH Mannheim Urt. v. 14.8.1984 – 5 S 701/84, JE IV Nr. 30). Der Jagdvorstand ist zwar nach außen hin zum Abschluss mit Dritten befugt, eine Entscheidung aber darüber, ob und an wen verpachtet werden soll, obliegt allein der Jagdgenossenschaft. Gleiches gilt für die Verlängerung oder die Kündigung des Pachtvertrags. Die Jagdgenossenschaft kann die **Verpachtungskompetenz** auf den Vorstand übertragen. Diese Übertragung muss durch ausdrücklichen Beschluss oder durch entsprechende Formulierung der Satzung erfolgen. Die Jagdgenossenschaft kann dem Vorstand die Verpachtungskompetenz auch beschränkt übertragen. Die Versammlung überlässt es dann zunächst dem Vorstand einen geeigneten Pächter zu finden und die möglichen Konditionen des Pachtvertrags auszuhandeln, macht den Abschluss des Vertrags jedoch gleichzeitig von der Genehmigung der Genossenschaftsversammlung abhängig.

4 Eine Verpachtung **ohne Beschluss der Genossenschaftsversammlung** ist ausnahmsweise bei einer neu entstandenen Jagdgenossenschaft möglich, wenn noch keine Satzung besteht, eine Verpachtung dringend notwendig ist und ein Notjagdvorstand eingesetzt ist. Der Notjagdvorstand ist dann zum eigenmächtigen Abschluss eines Jagdpachtvertrags befugt (→ § 9 Rn. 112; Drees/Thies/Müller-Schallenberg/Jäcker/Hugenberg § 10 III.3 S. 80 f.).

2. Beschränkbarkeit der Pachtbewerber

5 Gemäß § 10 Abs. 1 S. 2 kann die Jagdgenossenschaft beschließen, dass als Pächter nur ein Jagdgenosse in Betracht komme. Diese Beschränkung auf den

Kreis der Jagdgenossen kann entweder in der Satzung niedergelegt oder in der Jagdgenossenschaftsversammlung beschlossen werden. Es handelt sich bei diesem Beschluss um eine Selbstbeschränkung. Pächter kann im Falle eines Beschlusses nach § 10 Abs. 1 S. 2 nur ein Mitglied der Jagdgenossenschaft werden. Die Mitgliedschaft muss zum Zeitpunkt des Vertragsschlusses bestehen und keinesfalls zum Zeitpunkt der Beschlusses über die Beschränkung (vgl. VG Schleswig Urt. v. 3.9.1980 – 1 A 156/79, JE IV Nr. 9). Zum Beginn der Mitgliedschaft → § 9 Rn. 26. Nicht von § 10 Abs. 1 S. 2 umfasst ist die Möglichkeit, einen Jagdgenossen als Pachtbewerber schlechthin auszuschließen, da ein solcher Beschluss eine hoheitliche Maßnahme der Jagdgenossenschaft darstellt, mit der sie regelnd in das öffentlich-rechtliche Mitgliedsverhältnis eingreift; somit ist dieser Beschluss rechtswidrig (BVerwG Urt. v. 10.12.1981 – 3 C 41.81, JE III Nr. 53). Durch einen entsprechenden gegenteiligen Beschluss kann die Selbstbeschränkung wieder aufgehoben werden. Dies kann auch konkludent geschehen, indem die Verpachtung entgegen des Beschlusses an einen Pächter erfolgt, der nicht Mitglied der Jagdgenossenschaft ist; der Pachtvertrag ist deswegen nicht unwirksam (OLG Köln Urt. v. 19.9.1984 – 2 U 148/83, JE III Nr. 75). – Sollte die Beschränkung in der Satzung normiert sein, sind die Grundsätze der Satzungsdurchbrechung anzuwenden (→ § 9 Rn. 57). Ohne eine Satzungsänderung kann nicht wirksam von der Beschränkung abgewichen werden.

Schließt der Jagdvorstand **abweichend von einem Beschluss** der Jagd- 6
genossenschaft den Pachtvertrag mit einem Nichtjagdgenossen ab, ist der Vertrag in der Regel wirksam, da der Vorstand die Genossenschaft im Außenverhältnis grundsätzlich unbeschränkt vertritt (→ § 9 Rn. 53 f.). Ist die Vertretungsmacht des Jagdvorstandes nicht eingeschränkt, ist es grundsätzlich ohne rechtliche Bedeutung, ob der Vorstand im Innenverhältnis so handeln durfte wie geschehen (VG Schleswig Urt. v. 14.3.1991 – 7 A 50/90, JE IV Nr. 70). Der Jagdvorstand ist jedoch der Jagdgenossenschaft gegenüber verantwortlich und kann **schadensersatzpflichtig** sein. Der Pachtvertrag ist nur dann im Außenverhältnis zwischen Jagdgenossenschaft als Verpächterin und dem Pächter unwirksam, wenn in der Satzung klar zum Ausdruck gebracht ist, dass der Jagdvorstand an den Beschluss mit Außenwirkung gebunden sei und der Beschluss über die Beschränkung rechtmäßig zustande gekommen ist (vgl. BGH 2.2.1965 – V ZR 259/62, RdL 1965, 102).

Sinn der möglichen Beschränkung des Personenkreises der möglichen 7
Pächter ist es, dem etwaigen Interesse einer Jagdgenossenschaft gerecht werden zu können, nur mit Pächtern zu tun haben zu wollen, von denen sie kraft ihrer räumlichen und mitgliedschaftlichen Verbindung mit dem Jagdbezirk eine besonders pflegliche Jagdausübung erwarten kann. Außerdem wird dadurch die tatsächliche und die rechtliche (durch die Eigenschaft als Jagdgenosse und Jagdpächter) Verbundenheit des Pächters mit dem Jagdbezirk und der Jagdgenossenschaft berücksichtigt. Insbesondere eine häufige Anwesenheit im Jagdbezirk kann vorteilhaft sein, aber auch im Falle von Wildunfällen wirken sich eine räumliche Nähe und schnelle Erreichbarkeit positiv aus. Die mögliche Beschränkung auf den Kreis der Jagdgenossen berücksichtigt jedoch nicht, dass ein Jagdgenosse nicht zwangsläufig auch tatsächlichen räumlichen Bezug zum Jagdbezirk haben muss, so dass ein Pächter zwar Jagdgenosse sein kann, der Wohnsitz aber nichts desto trotz weit vom Revier entfernt sein kann. Es stellt sich daher in der Praxis die Frage, ob die

Genossenschaft den Kreis möglicher Pächter durch zusätzliche Kriterien beschränken kann.

3. Erweiterte Beschränkbarkeit

8 Einige Landesjagdgesetze sehen die Möglichkeit einer erweiterten Beschränkbarkeit vor (Art. 12 **BayJG;** § 11 **LJagdG Bln;** § 11 **BbgJagdG;** § 12 **ThJG**). Die Jagdgenossenschaft kann die Verpachtung über die Jagdgenossen hinaus auch auf den Kreis jagdpachtfähiger Personen beschränken, die ihre Hauptwohnung in einer bestimmten Höchstentfernung zum Jagdrevier haben. Ebenfalls vom Sinn und Zweck des § 10 Abs. 1 S. 2 umfasst ist die Möglichkeit, die Weiter- und Unterverpachtung, die Erteilung entgeltlicher Dauerjagderlaubnisse oder die angemessene Berücksichtigung von ortsansässigen Jägern von der Zustimmung der Jagdgenossenschaft abhängig zu machen.

4. Grenzen der Beschränkbarkeit

9 Während die Möglichkeit der Beschränkung der Verpachtung auf den Kreis der Jagdgenossen nicht gegen das **Gleichbehandlungsgebot** des Art. 3 GG verstößt (BVerwG Urt. v. 10.12.1981 – 3 C 41.81, JE III Nr. 53), scheitert eine noch weitergehende Beschränkung des Kreises der als Pächter in Betracht kommenden Personen möglicherweise an dem Gleichheitsgrundsatz (Art. 3 GG). Die Beschränkung auf den Kreis der Jagdgenossen ist angesichts des Gewichts der Eigentumsrechte der Jagdgenossen gegenüber den Interessen außenstehender Pachtbewerber sachlich gerechtfertigt. An einer solchen Rechtfertigung dürfte es fehlen, wenn der Kreis zusätzlich auf ortsansässige Jagdgenossen oder gar auf ortsgebürtige Jagdgenossen bzw. Pachtbewerber beschränkt wird. Beschließt die Jagdgenossenschaft gleichwohl aufgrund solcher Kriterien das Jagdausübungsrecht an einen Jagdgenossen zu verpachten und schließt gleichzeitig einen anderen Jagdgenossen, der sich um die Pacht beworben hat, aus, dürfte der Beschluss gem. § 138 BGB **sittenwidrig** sein. Der betroffene Pachtvertrag ist gleichwohl nicht zwingend nichtig, da hierfür Voraussetzung wäre, dass sich der Vertrag nach seinem Gesamtcharakter (Inhalt, Beweggrund, Zweck) als sittenwidrig darstellen müsste. Der Gesamtcharakter ist jedoch nicht bereits deshalb sittenwidrig, weil der Pächter die Absicht kannte, den Mitbewerber von der Verpachtung auszuschließen (BGH 2.2.1965 – V ZR 259/62, RdL 1965, 102f.). In diesem Zusammenhang ist zudem zu beachten, dass Verstöße gegen Bestimmungen über das Verfahren bei der Verpachtung auf die Rechtswirksamkeit des Verfahrens grundsätzlich keinen Einfluss haben, solange das Gesetz nichts Gegenteiliges bestimmt. Ein sittenwidriger Beschluss allein kann keine durchschlagende Wirkung auf den Pachtvertrag entfalten und diesen in seiner Wirksamkeit erschüttern.

III. Ausübung der Jagd durch angestellte Jäger

1. Grundsatz

10 Die Jagdgenossenschaft kann gem. § 10 Abs. 2 S. 1 die Jagd durch angestellte Jäger für eigene Rechnung ausüben lassen. Aus dem Wortlaut „ange-

stellte Jäger" ergibt sich, dass das **weisungsgebundene Verhältnis** zwischen Jagdgenossenschaft und Jäger auf eine **gewisse Dauer** angelegt sein muss und eine Heranziehung zu gelegentlichen Abschüssen nicht genügt. Dies würde auch den Hegezielen des BJagdG widersprechen. Es muss eine ordnungsgemäße und dauerhafte Jagdpflege gewährleistet sein. Der angestellte Jäger muss diese Funktion weder hauptberuflich ausüben noch Berufsjäger sein (Lorz/Metzger Rn. 3). Zu unterscheiden sind angestellte Jäger von Jagdaufsehern (vgl. → § 25 Rn. 11) und bloßen Jagderlaubnisscheininhabern (→ § 11 Rn. 172 ff.). Entgegen eines Jagdgastes benötigt der angestellte Jäger keinen Jagderlaubnisschein (vgl. Art. 17 Abs. 5 **BayJG;** § 16 Abs. 5 **LJagdG Bln;** § 16 Abs. 4 **BbgJagdG;** § 12 Abs. 3 Nr. 1 **HJagdG;** § 18 Abs. 1 Nr. 2 **NJagdG** iVm § 19 **NJagdG;** § 12 Abs. 6 **SJG;** §§ 17, 18 Abs. 2 **LSAL-JagdG**). In **Baden-Württemberg** (§ 16 Abs. 1 S. 3 **JWMG**) muss der angestellte oder beauftragte Jäger die landesrechtlichen Voraussetzungen zur maximal bejagbaren Fläche (§ 17 Abs. 3 **JWMG**), der Jagdpachtfähigkeit (§ 17 Abs. 5 **JWMG**) sowie zur Höchstzahl der pachtenden Personen (§ 19 **JWMG**) erfüllen.

Nutzt die Jagdgenossenschaft die Jagd durch angestellte Jäger, bleibt die Jagdgenossenschaft Jagdausübungsberechtigte. Hieran anknüpfend kann die Jagdgenossenschaft zur Jagdsteuer herangezogen werden, sofern das Landesrecht eine Jagdsteuerverpflichtung vorsieht. Gegenstand der Steuer ist die „Ausübung des Jagdrechts". Der Steuerpflicht steht nicht entgegen, dass die Genossenschaft eine öffentlich-rechtliche Körperschaft ist. Im Unterschied zu Gemeinden unterliegt die Jagdgenossenschaft keiner Gemeinwohlbindung (BVerwG Urt. v. 27.6.2012 – 9 C 10/11, NVwZ-RR 2012, 819). Übt die Genossenschaft das Jagdrecht selbst aus, erwirbt sie an dem erlegten Wild Eigentum durch den angestellten Jäger. Nimmt der angestellte Jäger erlegtes Wild in seine tatsächliche Gewalt, handelt er als Besitzdiener (§ 855 BGB), mit der rechtlichen Folge, dass nur die Jagdgenossenschaft Besitzer ist und das Eigentum an dem erlegten Wild durch die Aneignung erwirbt (§ 958 BGB). 11

Keine Jagdnutzung iSd § 10 stellt die bloße Ausgabe von entgeltlichen Jagderlaubnissen dar. Diese Form der Bejagung widerspricht zum einen den Hegezielen und zum anderen der personalen Verantwortung des BJagdG, die es in Form des Jagdausübungsberechtigten statuiert. Unzulässig ist auch eine **Umgehung der Verpachtung** durch die in der Praxis hin- und wieder anzutreffende Konstellation, wenn ein „angestellter Jäger" einen Hegebeitrag an die Jagdgenossenschaft zahlt. Erfährt die Jagdbehörde von einer solchen rechtswidrigen Jagdnutzung, hat sie als Aufsichtsbehörde einzuschreiten. 12

2. Ergänzendes Landesrecht

Wird die Jagd durch angestellte Jäger genutzt, ist zu beachten, dass einige Landesjagdgesetze eine zahlenmäßige Beschränkung festlegen. In Art. 12 Abs. 2 **BayJG,** § 11 Abs. 2 **LJagdG Bln,** § 11 Abs. 2 **BbgJagdG** und § 12 Abs. 2 **ThJG** dürfen nicht mehr Personen angestellt werden, als nach den jeweiligen Landesvorschriften Jagdpächter sein dürfen (→ § 11 Rn. 11). In **Rheinland-Pfalz** ist muss der angestellte Jäger jagdpachtfähig iSv § 14 Abs. 5 sein (§ 12 Abs. 1 **RhPfLJG**). 13

IV. Ruhenlassen der Jagd

14 Die Möglichkeit nach § 10 Abs. 2 S. 2, die Jagd ruhen zu lassen, setzt die Zustimmung der zuständigen Behörde voraus und stellt eine **absolute Ausnahme** dar, da diese Form der „Nichtnutzung" der Jagd den Zielen des BJagdG widerspricht. Da grundsätzlich auch ein Besitzer eines Eigenjagdbezirks grundsätzlich zur Jagdausübung verpflichtet ist (Munte, Die Pflicht des Grundeigentümers zur Duldung der Jagdausübung auf seinem Grundstück, 2008, S. 142), ist die Entscheidung über ein Ruhen der Jagd nicht ins Belieben der Jagdgenossenschaft gestellt. Eine **begründete Ausnahmesituation** liegt nicht bereits vor, wenn ein nennenswerter Wildbestand nicht mehr vorhanden ist und Hegemaßnahmen keinen Erfolg versprechen würden (aA Meyer-Ravenstein NJagdG § 10 Rn. 7). Das Ruhenlassen kommt erst dann in Betracht, wenn trotz dauerhafter Hegemaßnahmen keinerlei Tierarten, die dem Jagdrecht unterliegen, im betreffenden Jagdbezirk heimisch sind oder eine ordnungsgemäße Hege und Jagdausübung aufgrund tatsächlicher Verhältnisse (zB Gefahr für die öffentliche Sicherheit und Ordnung) nicht möglich ist.

15 **De facto** ist ein **Ruhenlassen** der Jagd ein Verzicht der Jagdgenossenschaft auf Verwirklichung des ihr zustehenden Jagdausübungsrechts, welches auch im Fall des Ruhens der Jagd bei der Genossenschaft verbleibt. Zu unterscheiden ist das Ruhen der Jagd von befriedeten Bezirken gem. § 6. Während in einem befriedeten Bezirk die Jagdausübung verboten ist, beschreibt die Möglichkeit nach § 10 Abs. 2 S. 2 lediglich die tatsächliche Unterlassung der Jagdausübung. Die Jagdausübung durch einen Befugten (zB einen angestellten Jäger) verwirklicht daher nicht den Straftatbestand der Wilderei, selbst wenn die Behörde dem Ruhenlassen zugestimmt hat. Bei einer unbefugten Jagdausübung wird die betreffende Person wegen Wilderei gem. § 292 StGB zu bestrafen sein. Stimmt die zuständige Behörde einem Antrag auf ein Ruhen der Jagd nicht zu und unterlässt die Jagdgenossenschaft in der Folge eine Verpachtung, eine Bejagung durch angestellte Jäger oder lässt die Jagdausübung tatsächlich und ohne entsprechenden Beschluss ruhen, so ist, entsprechend dem Fall dass ein Eigenjagdbesitzer eine ordnungsgemäße Bejagung unterlässt, Raum für entsprechende behördliche Anordnungen zur Jagdausübung. In einem verpachteten Jagdbezirk müssen **Abschussanordnungen** gegenüber dem Pächter als Jagdausübungsberechtigtem ergehen (VG Würzburg Beschl. v. 23.12.2004 – 6 S 04.1519, BeckRS 2004, 32701 = JE VI Nr. 60). Ein Widerspruch des Eigentümers gegen eine dem Pächter ergangene Abschussanordnung ist unzulässig. Gegen einen behördlich angeordneten Hubschrauberflug zur Wildzählung steht dem Eigentümer kein Rechtsmittel zu (VG Würzburg Beschl. v. 23.12.2004 – 6 S 04.1519, BeckRS 2004, 32701 =JE XVIII Nr. 85).

16 Beabsichtigt die Jagdgenossenschaft die **Jagdausübung wieder aufleben** zu lassen und den gemeinschaftlichen Jagdbezirk zu verpachten, kann sie jederzeit einen entsprechenden Beschluss fassen und benötigt hierfür nicht die erneute Zustimmung der Behörde. Die Behörde ist aber von dem Beschluss in Kenntnis zu setzen.

V. Verwendung des Reinertrags

1. Bestimmung des Reinertrags

Wird die Jagd durch Verpachtung gem. § 10 Abs. 1 S. 1 genutzt, werden unter **Reinertrag** alle geldwerten Leistungen verstanden, die der Jagdgenossenschaft aufgrund vertraglicher Vereinbarung als Erlös für die Jagdnutzung zufließen, nach Abzug der mit der Erzielung des Ertrags notwendig verbundenen Aufwendungen (BVerwG Urt. v. 5.5.1994 – 3 C 13.93, BeckRS 1994, 31223458 = JE IV Nr. 82; → Rn. 21; VG Regensburg Urt. v. 12.10.2020 – 4 K 18.939, BeckRS 2020, 30560). Zum grundlegenden Verständnis des Auskehranspruchs → § 9 Rn. 36. Auf der Einnahmenseite sind alle geldwerten Leistungen zu berücksichtigen, also primär die Zahlungen auf die Jagdpacht, aber auch sekundäre Leistungen wie pauschalisierte Zahlungen auf Wildschadenersatz, Hegebeiträge oder sonstige pauschalisierte Zahlungen, die im Zusammenhang mit der Jagdpacht stehen (zB Zuschuss zum Jagdessen). Werden in dem Jagdpachtvertrag neben dem Pachtzins **Sonderleistungen,** die einen Geldwert haben, vereinbart, gehören diese zu dem Erlös und damit zu dem Wertzuwachs, den die Jagdgenossenschaft in einem Jagdjahr erzielt (BVerwG Urt. v. 5.5.1994 – 3 C 13.93, BeckRS 1994, 31223458 = JE IV Nr. 82). Zu diesen Sonderleistungen gehört auch die vertragliche vereinbarte finanzielle Beteiligung des Pächters an einem Fest, Jägerball, oder Osterfeuer der Genossenschaft. Durch dieses Verständnis des Reinertrags wird klargestellt, dass der Umfang des Reinertrags nicht durch vertragliche Vereinbarung zwischen Jagdgenossenschaft und Jagdpächter disponibel ist, beispielweise durch die Verpflichtung des Pächters „zusätzlich zum Pachtpreis zu erbringende Sonderleistungen" leisten zu müssen. So wird gewährleistet, dass § 10 Abs. 3 S. 2 nicht umgangen werden kann und jeder Jagdgenosse auf Verlangen seinen ungeschmälerten Anteil ausgezahlt bekommt. Dem Umkehrschluss folgend zählen freiwillige Leistungen (zB jährliche Spende für die örtliche Feuerwehr) nicht zu vertraglichen Sonderleistungen und nicht Reinertrag erhöhend, da sie nicht beansprucht werden können. Erzielt die Jagdgenossenschaft Kapitalerträge, zB über Festgeldanlagen, sind diese als geldwerte Leistungen, die zur Erhöhung des Reinertrages führen, anzusehen. Verjährte Auskehransprüche oder bewusst nicht abgerufene Auskehrkehransprüche, in der Praxis häufig geringe Beträge unter 10 Euro, erhöhen den Reinertrag ebenso. Über die **Verwendung des Reinertrags** beschließt nach § 10 Abs. 3 die Jagdgenossenschaft. 17

2. Beschließendes Organ

Grundsätzlich befindet die Mitgliederversammlung der Jagdgenossenschaft über die Verwendung des Reinertrags. Dies folgt aus dem Wortlaut und der teleologischen Auslegung von § 10 Abs. 3 S. 2. Die Jagdgenossenschaftsversammlung kann aber auch beschließen, den Jagdvorstand zu ermächtigen, über die Verwendung unter Berücksichtigung pflichtgemäßen Ermessens zu entscheiden. Die Ermächtigung für den Jagdvorstand kann auch durch die Satzung erfolgen. 18

3. Auskehranspruch

19 Das Verlangen auf Auszahlung des Jagdgeldes gem. § 10 Abs. 3 ist ein nicht abdingbares Recht der Jagdgenossen (LG Verden Urt. v. 22.12.1986 – 2 S 329/86, JE IV Nr. 50 = AgrarR 1987, 204). Aus der Negativformulierung des Wortlautes von § 10 Abs. 3 S. 2 folgt, dass der Gesetzgeber die Auskehrung des Ertrages an die Jagdgenossen als **Regelverwendung** ansieht. Der Auskehranspruch ist **öffentlich-rechtlicher Natur.** Anspruchsberechtigt sind nach dem Wortlaut von § 10 Abs. 3 die Jagdgenossen und folglich nur die Grundeigentümer. Nutzungsberechtigte und Nießbrauchsberechtigte haben keinen Direktanspruch gegen die Jagdgenossenschaft als Anspruchsgegner. Besteht ein Nießbrauch und erstreckt sich dieser auf den Auskehranspruch gem. § 10 Abs. 1, kann der Nießbrauchsberechtigte den anteiligen Betrag vom Eigentümer verlangen. Verzichtet der Eigentümer auf den Auskehranspruch, macht er sich schadensersatzpflichtig nach § 280 Abs. 1 BGB. Schließlich besteht zwischen Nießbrauchberechtigten und Eigentümer ein gesetzliches Schuldverhältnis (Schöner/Stöber, Grundbuchrecht, 16. Aufl. 2020, Rn. 1375). Wird ein Grundstück veräußert, so wird der Erwerber vom Zeitpunkt des Erwerbs Jagdgenosse (§ 14 Abs. 2) mit der Folge, dass der Erwerber auch den Auskehranspruch gegen die Jagdgenossenschaft mit dem Zeitpunkt des Erwerbs hat. Der Veräußerer hat einen anteiligen Anspruch für den Zeitraum von Beginn des Jagdjahres (1.4.) bis zur Eigentumsübertragung. Zur Bestimmung des Zeitpunktes des Anspruchsübergangs kommt es auf die Eintragung im Grundbuch an (vgl. § 873 BGB; → § 9 Rn. 26). Bei nicht rechtsgeschäftlichen Erwerb (öffentliche Zwangsversteigerung, Erbfall) ist nicht auf die Eintragung, sondern auf den tatsächlichen Erwerbszeitpunkt abzustellen.

20 **a) Fälligkeit des Anspruchs.** In der Praxis bestimmt die Satzung den Zeitpunkt der Fälligkeit des Anspruchs. Fehlt eine entsprechende Regelung, gelangt § 271 BGB zur Anwendung. Der Jagdgenosse kann die Auszahlung erst nach Ablauf eines Jagdjahres verlangen. Da vor einer Auszahlung eine abschließende Berechnung durch den Jagdvorstand nötig ist, tritt die Fälligkeit jedoch nicht bereits mit Ablauf des 31.3. ein, sondern erst später (aA Meyer-Ravenstein NJagdG § 10 Rn. 11). Der genaue Eintritt der Fälligkeit ist nach den Umständen des Einzelfalls zu ermitteln; teilweise werden drei Monate angenommen (Drees/Thies/Müller-Schallenberg/Jäcker/Hugenberg § 10 V S. 80i), spätestens zum Zeitpunkt der nächsten Jahreshauptversammlung ist der Anspruch fällig. Der Auskehranspruch verjährt nach § 195 BGB in drei Jahren (OVG Schleswig Urt. v. 7.5.2015 – 4 LB 1/15, BeckRS 2015, 46837 = AUR 2015, 355). Diese regelmäßige **Verjährung** beginnt nur, wenn der Jagdgenosse von den anspruchsbegründenden Umständen Kenntnis erlangt hat oder ohne grobe Fahrlässigkeit hätte erlangen müssen (§ 199 BGB); dieser Zeitpunkt fällt grundsätzlich mit dem Zeitpunkt des Eigentumserwerbs bzw. dessen Kenntnis (zB im Erbfall) zusammen. Unabhängig von der Kenntnis bzw. der Erkennbarkeit des Anspruchs verjährt der Auskehranspruch nach Ablauf der absoluten Frist von zehn Jahren (§ 199 Abs. 4 BGB). Die früher bestehenden Probleme hinsichtlich der Verjährung eines öffentlich-rechtlichen Anspruchs (Mitzschke/Schäfer Rn. 14) sind hinfällig, da die Rspr. die Vorschriften für diese Ansprüche analog heranzieht, wenn – wie vorliegend – keine öffentlich-rechtlichen Verjährungsvorschriften anwendbar sind (Grüneberg/Ellenberger, 82. Aufl. 2023, BGB § 195 Rn. 5, 20).

b) Höhe des Anspruchs. Die Höhe des **individuellen Auskehranspruchs** richtet sich nach dem tatsächlichen Verhältnis des Flächeninhalts der beteiligten Grundstücke, mit denen die einzelnen Jagdgenossen am gemeinschaftlichen Jagdbezirk beteiligt sind. Ob das Jagdkataster oder der von der Genossenschaft beschlossene Verteilungsplan fehlerhaft ist, ist unerheblich und wirkt sich auf den einzelnen Anspruch des Jagdgenossen nicht aus Reinerlöses (OVG Schleswig Urt. v. 7.5.2015 – 4 LB 1/15, BeckRS 2015, 46837 = AUR 2015, 355). Denn der Auskehranspruch entsteht **kraft Gesetzes** und bedarf grundsätzlich keines Beschlusses durch die Genossenschaftsversammlung. Ebenso unbeachtlich ist der tatsächliche jagdliche Wert oder die Ergiebigkeit der Grundstücke (VGH Mannheim Urt. v. 15.10.1998 – 5 S 966/96, JE IV Nr. 91 = RdL 1998, 316). Ob eine Fläche für die Berechnung des anteiligen Auskehranspruches berücksichtigt werden kann hängt davon ab, ob diese (theoretisch) bejagbar ist, wobei diese Voraussetzung weit auszulegen ist (→ § 9 Rn. 33). Auf die Frage ob die konkrete Fläche alle oder nur bestimmte Jagdarten (Falle, Frettchen) zulässt kommt es genauso wenig an wie die Frage ob die Jagd nach § 20 nur eingeschränkt möglich ist (OVG Schleswig Urt. v. 7.5.2015 – 4 LB 1/15, BeckRS 2015, 46837 = AUR 2015, 355). Nur bei einem **dauerhaften Jagdausübungsverbot,** beispielweise aufgrund einer Befriedung nach § 6, entfällt der Anspruch auf anteilige Auskehrung des Reinerlöses. 21

Ist ein gemeinschaftlicher Jagdbezirk in mehreren **Teilrevieren** zu unterschiedlichen Pachtpreisen verpachtet und beschließt die Genossenschaft den Reinertrag aus der Jagdnutzung entsprechend dem Pachtaufkommen aus den Revieren, in denen ihre Grundstücke liegen, auszuschütten, so kann jeder Jagdgenosse, der dem Beschluss nicht zugestimmt hat, die Berechnung seines Auskehranspruchs aufgrund des durchschnittlichen Pachtzinses in dem gemeinschaftlichen Jagdbezirk verlangen (VG Arnsberg Urt. v. 21.1.1992 – 4 K 3400/91, JE IV Nr. 77 = RdL 1992, 122). 21a

Nach dem **Sinn und Zweck des § 10 Abs. 3 S. 2** soll der einzelne Jagdgenosse diejenigen Gegenwerte aus der Jagdnutzung ungeschmälert erhalten, die seinem flächenmäßigen Anteil an der Jagdnutzung entsprechen, es sei denn, er erklärt sich mit einer anderweitigen Nutzung des Reinertrags einverstanden. Verlangt ein Jagdgenosse die Auszahlung seines Anteils, dürfen **Verwaltungskosten,** zB die für die Berechnung seines Anteils anfallen (VG Sigmaringen Urt. v. 24.10.1991 – 4 K 479/91, JE IV Nr. 74 = RdL 1991, 320), nicht **in Abzug** gebracht werden (→ § 10 Rn. 17). Etwas anderes wäre nur möglich, wenn für die Berechnung eine Rechtsgrundlage in dem jeweiligen Landesjagdgesetz existiert (→ § 9 Rn. 114, für die Kosten des Notjagdvorstandes). Das Verbot, Verwaltungskosten vom Reinertrag in Abzug zu bringen, betrifft lediglich die Erhebung von Gebühren und Auslagen für (individuelle) Amtshandlungen der Jagdgenossenschaft als Körperschaft des öffentlichen Rechts. **Notwendige Ausgaben** der „laufenden" Verwaltung (zB Kosten für Inserate) dürfen vom Reinertrag in Abzug gebracht werden, da es sich dabei um notwendige Aufwendungen handelt, um den Erlös zu erzielen. Ebenfalls von der Jagdpacht können besondere Aufwendungen, zB Erstellung eines neuen Jagdkatasters, abgezogen werden (Drees/Thies/Müller-Schallenberg/Jäcker/Hugenberg § 10 S. 80h). Der Begriff, der der notwendigen Ausgaben ist restriktiv auszulegen, berücksichtigungsfähig sind Mitgliedsbeiträge im Bauernverband, Kontoführungsgebühren (VG Regensburg Urt. v. 12.10.2020 – 4 K 18.939, BeckRS 2020, 30560). Dem folgend 22 müssen auch Beiträge in Jagdgenossenschaftsverbänden, zB ZJEN oder ARGE (Arbeitsgemeinschaft der Jagdgenossenschaften und Eigenjagdbesitzer) zu den notwendigen Ausgaben zählen. Die Erhebung einer Verwaltungsgebühr ist hingegen unzulässig, wenn eine ausdrückliche Rechtsgrundlage fehlt (VG Karlsruhe Urt. v. 22.7.2020 – 4 K 7962/19, BeckRS 2020, 18987). Kosten für den Wegebau und Aufwandsentschädigungen für Vorstandsmitglieder sind keine notwendigen Ausgaben iSv § 10 Abs. 3 (VG Regensburg Urt. v. 12.10.2020 – 4 K 18.939, BeckRS 2020, 30560).

22a Es kann jedoch nicht ins Belieben der Versammlung oder des Jagdvorstandes gestellt sein, Ausgaben jedweder Art zu tätigen; nur Ausgaben, die im Rahmen der Wahrnehmung der legitimen öffentlichen Aufgaben der Jagdgenossenschaft notwendigerweise entstehen, können den Reinertrag mindern (VG Augsburg Urt. v. 14.9.2007 – 4 K 06.1479, BeckRS 2007, 35306 = JE IV Nr. 115). Zu den abzugsfähigen notwendigen Aufwendungen der Genossenschaft gehört beispielsweise der Beitrag für die Mitgliedschaft in einem Verband der Jagdgenossenschaften, da diese Mitgliedschaft einen unmittelbaren Bezug zum Aufgabenbereich der Genossenschaft aufweist. Die Kosten für einen Rechtsstreit gehören ebenfalls zu den abzugsfähigen Aufwendungen. (VG Stuttgart Urt. v. 23.3.2010 – 5 K 631/08, BeckRS 2010, 48309 = JE IV Nr. 124). Hält die Genossenschaft landwirtschaftliches Gerät, welches den Mitgliedern zur Verfügung gestellt wird, sind die hierdurch ausgelösten Abschreibungen nicht als notwendige Aufwendungen zu berücksichtigen, da kein Bezug zwischen den Abschreibungen und der öffentlich-rechtlichen Aufgabe der Genossenschaft besteht (VG Stuttgart Urt. v. 23.3.2010 – 5 K 631/08, BeckRS 2010, 48309 = JE IV Nr. 124). Nicht berücksichtigungsfähige Aufwendungen werden auch nicht durch einen gegenteiligen Beschluss der Versammlung zu notwendigen Aufwendungen, da die Genossenschaft nicht frei über Geld- und Sachmittel entscheiden darf. Ansonsten bestünde die Möglichkeit den Auskehranspruch eines Jagdgenossen zielgerichtet zu vermindern.

22b Handelt es sich um besonders hohe Ausgaben, die von der jährlich eingenommenen Pacht nicht abgedeckt werden, kann die Jagdgenossenschaft auch Rücklagen bilden oder die Kostenlast auf mehrere Jahre verteilen. Die **Kosten** eines Jagdgenossen für Maßnahmen zur Verhütung von Wildschäden an seinen Waldgrundstücken sind dagegen keine Aufwendungen der Jagdgenossenschaft und dürfen nicht ertragsmindernd abgezogen werden (VGH Mannheim Urt. v. 15.10.1998 – 5 S 966/96, JE IV Nr. 91 = RdL 1998, 316). Die Kosten eines Rechtsstreites mindern den Reinertrag, wenn die Jagdgenossenschaft Prozesspartei oder Beigeladene ist. Kosten für die Unterstützung eines Rechtsstreits (zB eines Streits zwischen Jagdgenossen), an dem die Jagdgenossenschaft nicht beteiligt ist, dürfen bei der Berechnung des Reinertrages nicht in Abzug gebracht werden.

22c Sofern durch Gesetz oder die Satzung vorgesehen, darf die Jagdgenossenschaft Rücklagen zur Deckung der Ausgaben für die Erfüllung ihrer Aufgaben in einem dafür erforderlichen Umfang bilden, diese werden dann bei der Berechnung des Reinertrages in Abzug gebracht (§ 15 Abs. 5 S. 1, 2 NJagdG iVm § 8 Abs. 1 Nr. 4 NdsMustersatzung für Jagdgenossenschaften).

23 **c) Anspruch auf Auskunft.** Neben dem reinen Auskehranspruch hat der Jagdgenosse auch einen Auskunftsanspruch bezüglich der Berechnung des auf ihn entfallenen Anteils. Der Jagdgenosse kann zudem regelmäßig **Einsicht in**

die Unterlagen (Satzung, Sitzungsprotokolle) der Jagdgenossenschaft verlangen (VG Magdeburg Urt. v. 10.4.2006 – 3 B 610/05, BeckRS 2006, 144462 = JE IV Nr. 110). Das Einsichtsrecht ist Ausfluss der dem einzelnen Jagdgenossen zustehenden Mitgliedsrechte. Allerdings ist bzgl. des Umfangs auf das Akteneinsichtsrecht die besondere Rechtstellung der Genossenschaft als öffentlich-rechtliche Körperschaft zu beachten. Im Körperschaftsrecht besteht demnach ein Einsichtsrechts, sofern ein berechtigtes Interesse hieran besteht (OVG Magdeburg Urt. v. 14.4.2011 – 2 L 118/09, BeckRS 2011, 50642 = JE IV Nr. 128). Das berechtigte Interesse besteht immer, wenn ein Jagdgenosse die Verletzung eigener Rechte überprüfen oder eigene Ansprüche geltend machen möchte. Das BVerwG hat hierzu ausgeführt: „Nicht eigens geregelte Auskunftsansprüche folgen nach allgemeinen Rechtsgrundsätzen als Voraussetzung effektiver Rechtswahrung aus dem streitigen materiellen Recht, zu dem sie Annexe oder Nebensprüche darstellen (vgl. etwa BGH Urt. v. 7.5.2013 – X ZR 69/11, BeckRS 2013, 09620; Urt. v. 29.5.2013 – IV ZR 165/12, NJW 2013, 2354). Insofern bedarf es weder einer ausdrücklichen Regelung noch einer Analogie." Das gilt auch für die Jagdgenossenschaft, wenn ein Jagdgenosse gegen sie materiell-rechtliche Ansprüche aus dem Mitgliedschaftsverhältnis geltend macht. Sind diese Ansprüche nicht offensichtlich und eindeutig auszuschließen, schuldet die Jagdgenossenschaft dem Jagdgenossen eine Offenlegung ihrer Bücher und sonstigen Unterlagen (BVerwG Beschl. v. 27.6.2013 – 3 C 20.12, JE IV Nr. 132 = BeckRS 2013, 54783). Der Anspruch umfasst auch die Einsicht in das Jagdkataster, inklusive der Daten (Name, Anschrift) der anderen Jagdgenossen und der Flächeninformationen (Größe), datenschutzrechtliche Bedenken stehen dem nicht entgegen (OVG Greifswald Urt. v. 7.7.2020 – 2 LB 565/17, NordÖR 2020, 520 = JE IV Nr. 135; VG Bayreuth Beschl. v. 20.5.2021 – B 1 K 20.267, BeckRS 2021, 31082; OVG Münster Urt. v. 17.9.1985 – 20 A 918/84; vgl. → § 9 Rn. 36a).

Daher besteht ein Einsichtsrecht in die Kassen- und Abrechnungsunterla- **23a**
gen sowie in das Jagdkataster. Allerdings besteht kein Anspruch darauf die Unterlagen kostenlos in Kopie zur Verfügung gestellt zu bekommen, da der hiermit verbundene Aufwand den Reinertrag schmälern würde. Es genügt wenn die Jagdgenossenschaft Akteneinsicht in Ihren Räumen gewährt wird bzw. auf Wunsch des Genossen eine Übersendung von Kopien nur gegen eine Kostenübernahmeerklärung des einsichtswilligen erfolgt. Nach der Ansicht des OVG Magdeburg soll eine Verpflichtung zur Übersendung von Kopien nur bestehen, wenn die Akteneinsichtnahme vor Ort eine unzumutbare Erschwerung bedeuten würde (OVG Magdeburg Urt. v. 14.4.2011 – 2 L 118/09, BeckRS 2011, 50642 = JE IV Nr. 128). Auch das BVerwG verweist auf den regelmäßige Anspruch auf Akteneinsicht bei der aktenführenden Stelle, sofern dies nicht zu unbilligen Ergebnissen führt (BVerwG Beschl. v. 27.6.2013 – 3 C 20.12, BeckRS 2013, 54783 = JE IV Nr. 132, wodurch die Rechtsansicht des OVG Magdeburg v. 14.4.2011 aufgehoben bzw. ergänzt wurde). Dies ist bereits dann anzunehmen, wenn die Unterlagen einer umfangreichen juristischen Würdigung zu unterziehen sind, um bzw. Ansprüche zu prüfen, und der einsichtswillige hierzu aufgrund mangelnder Fachkenntnis persönlich nicht in der Lage ist und einen (Prozess-)bevollmächtigten beauftragt hat. Zumindest wenn der Bevollmächtigte nicht seinen Sitz am Ort der Genossenschaft hat, dürfte sich das Ermessen zur Aktenübersendung auf Null reduzieren. Selbst wenn die Einsichtnahme bei der Genos-

senschaft erfolgt, hat diese dem Auskunftssuchenden zu ermöglichen die Unterlagen zu kopieren, wenn eine Übersendung im Einzelfall nicht gerechtfertigt ist (BVerwG Beschl. v. 27.6.2013 – 3 C 20.12, BeckRS 2013, 54783 = JE IV Nr. 132).

24 **d) Verteilungsverfahren.** Das Verteilungsverfahren ist bundesgesetzlich nicht geregelt und bestimmt sich in der Regel nach der Satzung. Entweder unterbreitet der Jagdvorstand der Versammlung einen Verteilungsplan, aus dem die einzelnen auszuzahlenden Beträge ersichtlich sind und lässt die Versammlung darüber beschließen. Oder die Versammlung begnügt sich damit die anteilsmäßige Verteilung zu beschließen und überlässt dem Jagdvorstand die Erstellung des Verteilungsplans. Geregelt werden kann auch die Auszahlungsmodalität, wie zB dass geringe Beträge (unter 15 Euro) erst zur Auszahlung fällig werden, wenn der Betrag durch Zuwachs einen bestimmten Mindestbetrag erreicht hat (zB 30 Euro, vgl. § 10 Abs. 4 NdsMustersatzung für Jagdgenossenschaften). Ist durch die Satzung nicht bestimmt, dass der auszukehrende Betrag abzuholen ist (= Holschuld), handelt es sich bei dem Auskehrungsanspruch um eine **Schickschuld** (§ 270 Abs. 1 BGB).

25 **e) Verzicht.** Verzichtet ein Jagdgenosse auf Auszahlung seines Anteils, fällt dieser wiederum in den Reinertrag der Jagdgenossenschaft und kann so den anderen Jagdgenossen zu Gute kommen. Der Verzicht kann auch stillschweigend erfolgen, indem der Genosse zB bei satzungsmäßig bestimmter Holschuld, den Betrag nicht abholt. Der Verzicht des Jagdgenossen auf Auszahlung seines Anteils an der Jagdpacht auf unbeschränkte Zeit ist möglich, beinhaltet aber nicht zwingend den Ausschluss des Auszahlungsanspruchs auf Dauer (VG Stuttgart Urt. v. 27.2.1996 – 5 K 1901/95, RdL 1996, 287 = JE IV Nr. 86). Einige Mustersatzungen sehen vor, dass der Anspruch binnen einer bestimmten Frist (zB ein Monat) erlischt. Der Anspruch ist spätestens mit eintretender Verjährung (→ Rn. 20) nicht mehr durchsetzbar.

4. Andere Verwendung als Auskehrung des Reinertrags

26 **a) Verwendungsmöglichkeiten.** Die Jagdgenossenschaft kann von der Regelverwendung, den Reinertrag anteilsmäßig zu verteilen, durch Beschluss abweichen. Die Möglichkeiten den Reinertrag anderweitig zu verwenden sind vielfältig; so sind Naturschutzmaßnahmen, Revierpflege, Erwerb von Geräten oder selbst die Gewährung von Rechtsschutz für eine (private) Prozessführung von Jagdgenossen (VG Augsburg Urt. v. 14.9.2007 – 4 K 06.1479, BeckRS 2007, 35306 = JE IV Nr. 115) denkbar. Eine Jagdgenossenschaft darf auf der Grundlage eines wirksamen Beschlusses des jeweils zuständigen Organs den vereinnahmten Pachtschilling durchaus nach ihrem Belieben verwenden. Die Entscheidung über die Verwendung des Reinertrags kann im voraus (VGH Mannheim Urt. v. 15.10.1998 – 5 S 966/96, RdL 1998, 316 = JE IV Nr. 91; VG Koblenz 23.6.1967 – 2 K 246/66, EJ III S. 18 Nr. 5) stattfinden. Es ist ebenfalls möglich einen entsprechenden Beschluss zeitlich zu begrenzen (BVerwG Urt. v. 25.4.1972 – I C 1/71, RdL 1972, 177 = AgrarR 1972, 425).

27 Hat sich ein Jagdgenosse mit der beschlossenen anderweitigen Nutzung des Ertrages einverstanden erklärt, muss er sich daran festhalten lassen; insoweit besteht kein Auskehranspruch. Ein dem nicht zustimmender Jagdgenosse kann aber gem. § 10 Abs. 3 S. 2 die Auszahlung seines Anteils verlangen. Es

ist nicht nötig, dass der Jagdgenosse dem Beschluss widerspricht, ein **Nichtzustimmen genügt,** um den Anspruch entstehen zu lassen. Auch der Auskehrungsanspruch des Jagdgenossen kann – dem Umkehrschluss zu dem unbefristeten Verwendungsbeschluss zufolge – ebenfalls im Voraus für zukünftige Jagdjahre geltend gemacht werden. Strittig ist jedoch, ob diese Möglichkeit nur besteht, wenn vorher die Jagdgenossenschaft unbefristet beschlossen hat, von der Regelverwendung des Reinertrags abzuweichen (so VG Gießen Urt. v. 4.12.2003 – 9 E 2053/01, JE IV Nr. 105: der Anspruch kann nicht im Voraus geltend gemacht werden, da ein wirksamer Antrag nach § 10 Abs. 3 voraussetze, dass zunächst der anderweitige Verwendungsbeschluss vorliegen müsse; andernfalls wäre der Antrag verfrüht und unwirksam). Es muss für den Jagdgenossen jedoch möglich sein, den Anspruch auch ohne vorliegenden anderweitigen Verwendungsbeschluss wirksam anzumelden. Dies gilt zumindest dann, wenn der Antrag unter der Bedingung gestellt wird, dass die Jagdgenossenschaft von der Regelverwendung abweichen wird. Auch nach Auszahlung seines Anteils ist der Jagdgenosse aufgrund des Gleichheitsgrundsatzes weiterhin berechtigt die mit dem Reinertrag angeschafften Geräte zu nutzen (LG Verden Urt. v. 22.12.1986 – 2 S 329/86, AgrarR 1987, 204 = JE IV Nr. 50).

b) Bekanntmachung. Die Bekanntmachung des Nichtauszahlungsbeschlusses, die die Monatsfrist des § 10 Abs. 3 S. 3 in Lauf setzt, geschieht in der satzungsmäßigen Form. Bestimmt die Satzung bloß, die Bekanntmachung müsse in der „ortsüblichen" Form erfolgen, ist im Einzelfall zu ermitteln, welche Anforderungen an die Bekanntmachung zu stellen sind. Denkbar ist die Veröffentlichung in dem örtlichen Amtsblatt, in der Regionalpresse oder der gemeindeeigenen Anschlagtafel (→ § 9 Rn. 72). Erfolgt die Bekanntmachung aufgrund der Satzung in ortsüblicher Weise, so ist die Jagdgenossenschaft nicht verpflichtet, darüber hinaus auswärts wohnende Jagdgenossen gesondert zu informieren (VGH München Urt. v. 12.9.1990 – 19 B 89.1507, BeckRS 1990, 113157 = JE IV Nr. 68). 28

c) Ausschlussfrist. Der Auskehranspruch erlischt indessen, wenn er nicht binnen eines Monats nach der Bekanntgabe der Beschlussfassung schriftlich oder mündlich zu Protokoll des Jagdvorstandes geltend gemacht wird. Die **Monatsfrist** nach § 10 Abs. 3 S. 3 ist eine Ausschlussfrist. Sinn dieser Norm ist, dass nach kurzer Zeit Gewissheit darüber bestehen soll, ob der Nutzungsertrag in vollem Umfang so verwendet werden kann, wie es die Jagdgenossenschaft beschlossen hat oder ob nicht zustimmende Jagdgenossen ihren Nutzungsanteil begehren. Hat die Jagdgenossenschaft die Kompetenz zur Verwendung des Ertrages auf den Jagdvorstand übertragen, muss dieser Beschluss ebenfalls bekannt gemacht werden. Die Bekanntmachung des in dieser Form ergehenden Beschlusses setzt die Monatsfrist gem. § 10 Abs. 3 S. 3 in Lauf. Die Monatsfrist gilt hingegen nur für Fälle des Beschlusses einer anderweitigen Verwendung, nicht aber bei einem Beschluss über die Auszahlung des Reinerlöses (OVG Schleswig Urt. v. 7.5.2015 – 4 LB 1/15, BeckRS 2015, 46837 = AUR 2015, 355; Meyer-Ravenstein jurisPR-AgrarR 6/2015 Anm. 3). Fasst die Jagdgenossenschaft keinen jahresübergreifenden Beschluss über die Verwendung des Reinertrages, sondern beschließt für jedes Jagdjahr neu, muss der Jagdgenosse sein Auszahlungsverlangen jeweils innerhalb der Monatsfrist geltend machen (OVG Weimar Urt. v. 8.10.2020 – 3 KO 847/17, BeckRS 2020, 45247). 29

30 Die Jagdgenossenschaft kann beschließen, dass die Entscheidung über die Verwaltung des Reinertrags der Jagdnutzung zB einem Gemeinderat zu übertragen. In diesem, gesetzlich nicht näher geregelten Fall eines unbefristeten, also für mehrere Jahre geltenden, anderweitigen Verwendungsbeschlusses beginnt die Monatsfrist für die Geltendmachung des Auskehranspruchs nach Ablauf des Jagdjahres (VGH Mannheim Urt. v. 15.10.1998 – 5 S 966/96, RdL 1998, 316 = JE IV Nr. 91). Macht ein Jagdgenosse daher (lediglich) geltend, dass der Auszahlungsbetrag pro Hektar fehlerhaft berechnet wurde oder eine Fläche bei der Feststellung des Betrages fehlerhaft nicht berücksichtigt wurde, greift die Ausschlussfrist nicht mit der Rechtsfolge, dass der Auskehranspruch nicht nach § 10 Abs. 3 S. 3 erloschen ist. Die Festlegung des Auszahlungsbetrages pro ha stellt nämlich keinen Beschluss über die Festlegung eines anderen Verteilungsmaßstabes iSv § 10 Abs. 3 S. 3 dar.

VI. Rechtstreitigkeiten

31 Der Beschluss über die Jagdnutzung ist kein Verwaltungsakt (BVerwG v. 10.12.1981 – 3 C 42/81, RdL 1982, 156), jedoch fallen Streitigkeiten über die Rechtmäßigkeit und das Zustandekommen eines solchen Beschlusses in die **Zuständigkeit der Verwaltungsgerichte** (BVerwG Urt. v. 9.2.1967 – 1 C 47.65, BeckRS 1967, 31299483 = RdL 1967, 137 (138)). Eine verwaltungsgerichtliche Überprüfung kommt in Betracht, wenn geltend gemacht wird, dass der Verpachtungsbeschluss durch Verletzung von Normen zustande gekommen ist, die der Wahrung der Mitgliedschafts- und Mitwirkungsrechte der Jagdgenossen dienen (BVerwG Urt. v. 9.2.1967 – I C 47.65, BeckRS 1967, 31299483 = RdL 1967, 137). Rechtsstreitigkeiten über den Bestand oder Wirksamkeit eines Jagdpachtvertrags fallen in die **Zuständigkeit der Zivilgerichte** (OVG Lüneburg Urt. v. 21.8.1990 – 2 B 29/90, JE IV Nr. 69). Praktisch bedeutsam sind Feststellungsklagen den Pachtvertrag betreffend, wobei die Frage, ob ein Feststellungsinteresse besteht, oft problematisch ist. Ein Jagdgenosse kann nicht gegen die Jagdgenossenschaft auf Feststellung der Nichtigkeit des Jagdpachtvertrags klagen, den diese mit einem Dritten geschlossen hat. Denn insoweit fehlt das Feststellungsinteresse (BGH Urt. v. 3.12.1954 – V ZR 114/53, BeckRS 1954, 31375467 = LM ZPO § 256 Nr. 25; LG Trier Urt. v. 24.1.1986 – 4 O 300/85, JE III Nr. 81). Dies ändert sich auch nicht dadurch, dass der Jagdgenosse selbst an der Pacht interessiert ist (LG Trier Urt. v. 24.1.1986 – 4 O 300/85, JE III Nr. 81) oder die Genossenschaft ihm sogar die Verpachtung in Aussicht gestellt hat.

32 Das **Feststellungsinteresse** bei einer Klage auf Feststellung der Nichtigkeit des Pachtvertrags gegen den Jagdpächter ist hingegen gegeben, wenn sich dieser im Vertrag zum Ersatz des Wildschadens verpflichtet hat (BGH Urt. v. 14.3.1956 – V ZR 159/54, BeckRS 1956, 31202907 = RdL 1956, 162; OLG Köln Urt. v. 19.9.1984 – 2 U 148/83, JE III Nr. 75; BVerwG v. 4.3.1982 – 2 K 1070/81, RdL 1982, 155; OVG Münster Urt. v. 6.2.1981 – 9 A 65/80, JE IV Nr. 12 = RdL 1981, 137 = AgrarR 1981, 233). Denn eine Klage eines Jagdgenossen auf Feststellung der Rechtswidrigkeit oder Unwirksamkeit eines Jagdverpachtungsvertrags gegen die Jagdgenossenschaft ist nur zulässig, sofern er die Verletzung von Mitgliedschafts- oder Mitwirkungsrechten geltend machen kann. Der Jagdgenosse kann danach in einem solchen Rechtsstreit keine Rechtsverletzungen bei der Vergabe der Jagdpacht

geltend machen, durch die er in gleicher Weise wie jeder andere Jagdpachtbewerber betroffen wird, der nicht Jagdgenosse ist (VGH Mannheim Urt. v. 20.10.1994 – 5 S 2775/93, JE IV Nr. 85). Dies gilt etwa für die von der Jagdgenossenschaft festgelegten Auswahlbedingungen für Pachtbewerber.

Rechtstreitigkeiten über den Beschluss nach § 10 Abs. 3 S. 2 über die **anderweitige Verwendung des Reinertrages** der Jagdnutzung sind öffentlich-rechtlicher Natur, wenn sich aus diesem Beschluss Ansprüche eines oder mehrerer Jagdgenossen gegen die Genossenschaft ergeben handelt (VGH Kassel Beschl. v. 17.2.2016 – 4 A 961/14, BeckRS 2016, 44433 = JE IV Nr. 134). Diese Auffassung ist konsequent, da es sich dann in der Natur nach um Ansprüche handelt, die sich aus dem öffentlich-rechtlichen Mitgliedschaftsverhältnis des Jagdgenossen zur Jagdgenossenschaft ergeben. Mithin ist der Verwaltungsrechtsweg nach § 40 Abs. 1 VwGO eröffnet. 33

4. Hegegemeinschaften

§ 10a Bildung von Hegegemeinschaften

(1) **Für mehrere zusammenhängende Jagdbezirke können die Jagdausübungsberechtigten zum Zwecke der Hege des Wildes eine Hegegemeinschaft als privatrechtlichen Zusammenschluß bilden.**

(2) **Abweichend von Absatz 1 können die Länder bestimmen, daß für mehrere zusammenhängende Jagdbezirke die Jagdausübungsberechtigten zum Zwecke der Hege des Wildes eine Hegegemeinschaft bilden, falls diese aus Gründen der Hege im Sinne des § 1 Abs. 2 erforderlich ist und eine an alle betroffenen Jagdausübungsberechtigten gerichtete Aufforderung der zuständigen Behörde, innerhalb einer bestimmten Frist eine Hegegemeinschaft zu gründen, ohne Erfolg geblieben ist.**

(3) **Das Nähere regeln die Länder.**

Ländervorschriften: § 47 JWMG; Art. 13 BayJG; § 12 BbgJagdG; Art. 12 BremLJagdG; § 6 HmbJagdG; § 9 HJagdG; § 10 MVLJagdG; § 17 NJagdG; § 8 LJG-NRW; § 13 RhPfLJG; § 6a SJG; § 12 SächsJagdG; § 15 LSALJagdG; § 10 SchlHLJagdG; § 13 ThJG.

Übersicht

I. Allgemeines

1 Wie die Tatsache, dass bei diesem Paragrafen von der alphanumerischen Reihenfolge abgewichen wird, zeigt, ist der § 10a nicht schon mit Erlass des BJagdG verabschiedet, sondern erst später, nämlich im Jahre 1976, in das BJagdG eingefügt worden. Hintergrund war der Wille der Jägerschaft, den vielerorts bereits damals gegründeten freiwilligen Vereinigungen zur Hege verschiedener Wildarten einen auch von Seiten der zuständigen Jagdbehörden anzuerkennenden rechtlichen Rahmen geben zu wollen. Um den Unterschied zwischen der Hegegemeinschaft als Planungs- und Bewirtschaftungsgremium herauszuarbeiten, wurde die Bezeichnung Hegegemeinschaft gewählt, da Hegeringe in aller Regel die untersten Struktureinheiten der jeweiligen Landesjagdverbände darstellen und diese sich nicht nur aus Jagdausübungsberechtigten eines bestimmten räumlichen Bereiches zusammensetzen, sondern auch aus dessen sonstigen Jagdscheininhabern. Demgegenüber erwerben in einer Hegegemeinschaft zunächst nur Jagdausübungs-

berechtigte, je nach LJagdG teilweise aber auch die Eigentümer bejagbarer Flächen als Jagdgenossenschaften und Eigenjagdbesitzer, die Mitgliedschaft.

II. Systematik

Der Gesetzgeber hat die Vorschrift über die Bildung von Hegegemeinschaften in drei Teile aufgesplittet, innerhalb derer er zunächst bewusst die Freiwilligkeit der Bildung von Hegegemeinschaften als privatrechtliche Zusammenschlüsse vorangestellt hat, während in Abs. 2 die Rahmenbedingungen dafür geregelt werden, dass die Länder auch die Voraussetzungen für einen zwangsweisen Zusammenschluss regeln können und in Abs. 3 den Bereich der Hegegemeinschaften grundsätzlich auf die Länder übertragen. 2

III. Bildung von Hegegemeinschaften nach Bundesrecht

1. Freiwilliger Zusammenschluss

Voraussetzung für die Bildung einer Hegegemeinschaft ist ein vertraglicher Zusammenschluss von mindestens zwei Jagdausübungsberechtigten miteinander verbundener Jagdbezirke. In diesem Zusammenhang stellt sich allerdings schon die Frage, ob tatsächlich eine Punktberührung iSd §§ 7, 8 erforderlich ist, oder ob hier nicht vielmehr auf eine wildbiologische Betrachtungsweise abgestellt werden muss, bei der – zumindest bei größeren Hegegemeinschaften – befriedete Bezirke bei der Beurteilung des Zusammenhangs hinweg gedacht werden müssen (so auch Mitzschke/Schäfer Rn. 2; Meyer-Ravenstein NJagdG Rn. 6; Lorz/Metzger Rn. 2; aA Drees/Thies/Müller-Schallenberg/Jäcker/Hugenberg Anm. I). Im Hinblick darauf, dass der Hegegemeinschaft nur „die Jagdausübungsberechtigten" beitreten können, bedarf es bei einer Pächtergemeinschaft zur Wirksamkeit des Beitritts immer auch der Beitrittserklärung sämtlicher Mitpächter, sofern diese nicht im Rahmen innervertraglicher Regelungen, zB einem Pächterobmann, eine entsprechende Vollmacht zur Abgabe entsprechender Willenserklärungen erteilt haben. 3

Durch die allgemeine Formulierung, Zusammenschluss zum Zweck der Hege des Wildes, hat es der Bundesgesetzgeber offen gelassen, welche Wildarten durch eine Hegegemeinschaft bewirtschaftet werden können sollen, während die Landesgesetzgeber sehr häufig hier erhebliche Einschränkungen vorgenommen haben. 4

Der Zusammenschluss der Jagdausübungsberechtigten ist dabei zunächst freiwillig, so dass es im Sinne einer negativen Koalitionsfreiheit natürlich jedem Jagdausübungsberechtigten frei steht, der Hegegemeinschaft beizutreten oder auch nicht. Der Zusammenschluss soll eine revierübergreifende Hege und Bewirtschaftung des Wildes ermöglichen, **gleichwohl jedoch nicht** die Jagdbezirksgrenzen in Frage stellen. In verschiedenen Landesjagdgesetzen, zB **Mecklenburg-Vorpommern** und **Brandenburg,** stellen die Abschussplanvorschläge der Hegegemeinschaft dabei aber einen zwingenden Baustein für die zu genehmigenden oder festzusetzenden Abschusspläne dar. 5

2. Zwangszusammenschluss

6 Die in Abs. 2 aufgenommene Vorgabe an die Landesgesetzgeber ist zwar im Nachgang der Föderalismusreform obsolet, beschreibt aber zumindest den Willen des Bundesgesetzgebers, in welchem Rahmen er den zwangsweisen Zusammenschluss von Jagdausübungsberechtigten für zulässig hält, und welche Mindestvoraussetzungen seines Erachtens nach bei einer Gründung zu beachten sind. Die Mehrzahl der Länder haben darauf beruhend gesetzliche Regelungen für einen zwangsweisen Zusammenschluss geschaffen, Ausnahme **Baden-Württemberg, Bayern, Bremen, Hamburg, Niedersachsen** und **Schleswig-Holstein.**

7 **a) Aufforderung der zuständigen Behörde an alle Jagdausübungsberechtigten.** Der Bundesgesetzgeber trifft insoweit zunächst keine Regelungen dazu, wie der Einzugsbereich der Hegegemeinschaft zu definieren ist. Vielmehr obliegt es nach Bundesrecht der zuständigen Behörde, unter Berücksichtigung der Hegenotwendigkeiten gem. § 1 Abs. 2 diesen festzulegen und darauf beruhend die entsprechenden Jagdausübungsberechtigten zur Gründung der Hegegemeinschaft innerhalb einer bestimmten Frist aufzufordern. Erst wenn es nicht zu diesem freiwilligen Zusammenschluss gekommen ist, hat die zuständige Jagdbehörde, wobei ein untätiger Jagdausübungsberechtigter ausreicht, das Vorliegen der weiteren Voraussetzungen für eine zwangsweise Bildung der Hegegemeinschaft zu prüfen.

8 **b) Bildung aus Gründen der Hege iSd § 1 Abs. 2 erforderlich.** Der Verweis auf § 1 Abs. 2 zieht die Verpflichtung der Behörde nach sich, zu prüfen,

- ob die Bildung der Hegegemeinschaft erforderlich ist, um einen den landschaftlichen und landeskulturellen Verhältnissen angepassten artenreichen und gesunden Wildbestand zu erhalten,
- ob die Pflege und Sicherung seiner Lebensgrundlagen erforderlich ist und
- ob dadurch Beeinträchtigungen der land-, forst- und fischereiwirtschaftlichen Nutzung möglichst vermieden werden können.

9 Dann und nur dann, wenn diese Parameter bejaht werden können, wird zwangsweise eine Hegegemeinschaft gebildet werden können. Unter Berücksichtigung von Abs. 3 haben die Länder hierzu weitere Detailregelungen getroffen. Während die privatrechtlichen Zusammenschlüsse ausschließlich in der Form eines nicht rechtsfähigen Vereines oder auch einer BGB-Gesellschaft denkbar sind, kommt bei einem zwangsweisen Zusammenschluss, auch wenn der Bundesgesetzgeber dies nicht ausdrücklich regelt, nur die Bildung einer Körperschaft des öffentlichen Rechts in Frage.

IV. Hegegemeinschaft nach Länderrecht

10 In **Baden-Württemberg** enthält deren § 47 JWMG die Regelung, dass die Jagdbehörden auf die Bildung von Hegegemeinschaften hinwirken können, wenn dies aus hegerischen Gründen geboten ist. Jedwede Hegegemeinschaft ist von Seiten der unteren Jagdbehörde auf Antrag zu bestätigen, sofern diese nach ihren räumlichen Abgrenzungen den Erfordernissen der Hege entspricht.

Auch in **Bayern** können Hegegemeinschaften ausschließlich auf freiwilliger Basis gebildet werden. Art. 13 BayJG regelt insoweit umfangreich Begriff, Aufgaben und räumlichen Wirkungsbereich, ferner unter Berücksichtigung von § 21 Abs. 2 S. 3 und 4 die Einvernehmlichkeit der Abschussplanaufstellung zwischen Jagdausübungsberechtigten und Verpächter, schließlich die Möglichkeiten der Hegegemeinschaft, Planungsaufgaben auch für Nichtmitglieder dahingehend zu übernehmen, als dass die Hegegemeinschaft insoweit für Jagdbezirke in ihrem räumlichen Wirkungsbereich eine Empfehlung abgibt. Folgerichtig sind nach Art. 13 Abs. 2 S. 2 **BayJG** die Vorstände der Jagdgenossenschaften und die Eigenjagdbesitzer an den Beratungen der Hegegemeinschaft zu beteiligen. **11**

Brandenburg und **Saarland,** letztere allerdings nur für Rot- und Damwild, sehen in ihren Landesjagdgesetzen zunächst die freiwillige Bildung von Hegegemeinschaften als Grundfall an und beschreiben insoweit ausführlich die Voraussetzungen für eine Genehmigung (Brandenburg), ferner die Aufgaben der Hegegemeinschaft, die Beteiligung der Verpächter sowie die Überplanung von Jagdbezirken im räumlichen Wirkungsbereich der Hegegemeinschaft durch die selbige. Als ultima ratio wird im Falle der Nichtbildung freiwilliger Zusammenschlüsse unter Berücksichtigung der Regelung in § 10a Abs. 2 der zwangsweise Zusammenschluss vorgesehen. **12**

Art. 12 **BremLJagdG** sieht lediglich vor, dass die Landesjagdbehörde unter den Voraussetzungen von § 1 Abs. 2 bestimmen könne, dass eine Hegegemeinschaft zu bilden sei. Ausführungen dazu, ob es sich bei einer derart gebildeten Hegegemeinschaft dann um eine Körperschaft des öffentlichen Rechts handelt und nähere Vorschriften zum Verfahren fehlen. **13**

§ 6 **HmbJagdG** wiederum regelt sowohl die Voraussetzungen für eine freiwillige Bildung eine Hegegemeinschaft und deren Anerkennungsvoraussetzungen, wie auch deren zwangsweise Bildung bei Misserfolg einer an die Jagdausübungsberechtigten gerichteten Aufforderung. Darüber hinaus gewährt Hamburg den Mitgliedern einer anerkannten Hegegemeinschaft auch die Möglichkeit des sog. Gruppenabschusses für mehrere zusammenhängende Jagdbezirke. **14**

In § 9 **HJagdG** wird sowohl die Möglichkeit einer freiwilligen Hegegemeinschaftsgründung nach Aufforderung wie auch deren Zwangsbildung geregelt, ferner auf den Lebensraum der einzelnen Wildarten abgestellt und die Mitgliedschaft von Jagdgenossenschaften und Eigenjagdbesitzern vorgesehen. **15**

Auch im **MVLJagdG** liegt der Schwerpunkt bei der Bildung von Hegegemeinschaften auf der Freiwilligkeit des Zusammenschlusses, insoweit wird für Rot-, Dam- und Schwarzwild allerdings der Jagdbehörde das Recht eingeräumt, nach Anhörung der Landesjägerschaft die Grenzen des räumlichen Wirkungsbereichs der Hegegemeinschaft zu bestimmen. Darüber hinaus regelt § 10 Abs. 2 **MVLJagdG** das Entstehen einer Hegegemeinschaft, sofern eine Aufforderung der Jagdbehörde iSd § 10a Abs. 2 **MVLJagdG** erfolglos geblieben ist und sich mehr als 50 von 100, die gleichzeitig mehr als 50 von 100 der in Betracht kommenden Jagdflächen vertreten, auf einer Gründungsversammlung schriftlich für die Bildung der Hegegemeinschaft ausgesprochen haben. Unter Berücksichtigung der Formulierung in Abs. 1 S. 5 nach der von einem privatrechtlichen Zusammenschluss gesprochen wird, dürfte entgegen der Auffassung von Schulz (Schulz MVLJagdG § 10 Anm. 1) die so nach Abs. 2 gebildete Hegegemeinschaft eine öffentlich- **16** rechtliche Körperschaft darstellen, da diese kraft Gesetzes bei Vorliegen der beiden Voraussetzungen entsteht, mithin die „Nichtgründungsmitglieder" kraft Gesetzes Mitglied werden. Dies wäre bei einem privatrechtlichen Zusammenschluss nicht möglich. Im Weiteren werden die Aufgaben der Hegegemeinschaft sowie die Mindestinhalte einer Satzung geregelt.

17 In **Niedersachsen** sieht das **NJagdG** mittlerweile nur noch die Möglichkeit vor, eine Hegegemeinschaft freiwillig zu begründen, die der Anerkennung durch die Jagdbehörde bedarf. In § 17 **NJagdG** sind dabei die Voraussetzungen für eine Anerkennung ebenso normiert wie Mindestinhalte einer Satzung, innerhalb derer auch das Verfahren für die Aufstellung eines gemeinsamen Abschussplanes und Maßnahmen zu dessen Erfüllung zu regeln sind.

18 **Nordrhein-Westfalen** definiert zunächst die Aufgaben einer Hegegemeinschaft, nämlich die Abstimmung der Abschusspläne einzelner Jagdbezirke, die Durchführung gemeinsamer Hegemaßnahmen und die Erfüllung der Abschusspläne. Eines Flächenzusammenhangs bedürfen derart gegründete freiwillige Zusammenschlüsse dagegen nach § 8 **LJG-NRW** nicht. Gemäß § 8 Abs. 4 **LJG-NRW** können Hegegemeinschaften auch zwangsweise gebildet werden. Schließlich wird noch das Verfahren zur Bildung und das Entstehen jedweder Hegegemeinschaft geregelt.

19 **Rheinland-Pfalz** hat im Rahmen der Neufassung seines Landesjagdgesetzes als einen der wesentlichsten Eckpunkte die Schaffung von Regelungen zur **Bildung von Bewirtschaftungsbezirken** einerseits und **Hegegemeinschaften** andererseits angekündigt. § 13 **RhPfLJG** postuliert deshalb zunächst, dass Rot-, Dam- und Muffelwild ausgenommen weibliche Stücke und alles Jungwild nur innerhalb der für diese Wildarten jeweils gesondert abgegrenzten Bezirke bewirtschaftet werden dürfen. Im Umkehrschluss schreibt der Gesetzgeber damit für männliche Stücke außerhalb dieser Bewirtschaftungsbezirke ein Hegeverbot und ein Jagdgebot vor. Gemäß § 13 Abs. 2 **RhPfLJG** bilden die Jagdausübungsberechtigten innerhalb jedes Bewirtschaftungsbezirkes kraft Gesetzes eine Hegegemeinschaft in der Rechtsform der Körperschaft des öffentlichen Rechts. – Auch wenn insbesondere aus wildbiologischen Gründen wegen der Gefahr einer Verinselung dieser Bestände die Bildung von weiträumigen Freibezirken abzulehnen ist, hat bereits in der Vergangenheit das OVG Koblenz die Einteilung des Landes in Bewirtschaftungs- und Freigebiete ausdrücklich für rechtmäßig erklärt (OVG Koblenz Urt. v. 30.1.2002 – 8 A 10572/02, BeckRS 2002, 24717). Dem entspricht im Endeffekt auch die Entscheidung des BayVerfGH v. 18.10.1996 – Vf. 15 VII 95, BeckRS 1997, 20063. In Bezug auf die Umsetzung dieser Regelungen hat das Land dann im Rahmen der LJVO RP vom 25.7.2013 zu den §§ 11–20 Regelungen zu den Bewirtschaftungsbezirken und deren Abgrenzung, hier in Form einer Karte, sowie zu gesetzlichen Definitionen, wann ein Vorkommen der genannten Wildarten zu bejahen ist, ferner weitere Regelungen zur Abgrenzung von Hegegemeinschaften, deren Zielen, Aufgaben und Organen getroffen.

20 Nach der Änderung des SächsJG ist in § 12 **SächsJG** nur noch eine rudimentäre Aussage zur jagdbezirksübergreifenden Hege aller in deren Gebiet vorkommenden Wildarten enthalten. Weder die Rechtsform noch die Organisationsstruktur oder die Mitglieder werden dagegen im Gesetz erwähnt.

21 § 15 **LSALJagdG** sieht dagegen nicht die Möglichkeit vor, Hegegemeinschaften zwangsweise zu bilden. Vielmehr regelt § 15 **LSALJagdG** die Vo-

raussetzungen für die Anerkennung einer Hegegemeinschaft und die Möglichkeit, dass diese den Abschuss für Rot-, Dam-, Reh- oder Muffelwild für mehrere zusammenhängende Jagdbezirke in einem gemeinsamen Abschussplan regelt und diesen der Jagdbehörde vorzulegen hat.

Auch in **Schleswig-Holstein** wird in § 10 **SchlHLJagdG** nur die freiwil- 22
lige Bildung einer Hegegemeinschaft gesetzlich geregelt, für diese sollen allerdings – einmalig in Deutschland – die Vorschriften des BGB über Vereine entsprechend zur Anwendung kommen, ferner aufgeführt sind die Voraussetzungen einer Genehmigungsfähigkeit der Hegegemeinschaft durch die Jagdbehörde.

§ 13 **ThJG** bestimmt dagegen in Abs. 1 für Rot-, Dam-, Muffel- und 23
Rehwild sowie Feldhasen die gesetzliche Bildung einer Hegegemeinschaft. Für weitere Wildarten kann eine Hegegemeinschaft gebildet werden. Die Jagdausübungsberechtigten eines Jagdbezirks nach S. 1 sind kraft Gesetzes Mitglieder einer Hegegemeinschaft. Im Weiteren werden die Aufgaben der Hegegemeinschaft geregelt, zu denen die Abstimmung von Hegemaßnahmen ebenso gehört, wie die Wildbestandsermittlung und die Abstimmung der Abschussplanvorschläge aufeinander, bei der die Jagdvorstände der beteiligten Jagdgenossenschaften und Eigentümer der verpachteten Eigenjagdbezirke zwingend zu beteiligen sind, schließlich das gemeinsame Hinwirken auf Erfüllung der Abschussplanvorschläge. Die oberste Jagdbehörde wird in diesem Zusammenhang ermächtigt, Vorschriften über die Abgrenzung des räumlichen Wirkungsbereiches ebenso zu erlassen wie über die Mitwirkung der Hegegemeinschaften bei der Abschussplanung und deren Erfüllung.

III. Abschnitt. Beteiligung Dritter an der Ausübung des Jagdrechts

§ 11 Jagdpacht

(1) [1]Die Ausübung des Jagdrechts in seiner Gesamtheit kann an Dritte verpachtet werden. [2]Ein Teil des Jagdausübungsrechts kann nicht Gegenstand eines Jagdpachtvertrages sein; jedoch kann sich der Verpächter einen Teil der Jagdnutzung, der sich auf bestimmtes Wild bezieht, vorbehalten. [3]Die Erteilung von Jagderlaubnisscheinen regeln, unbeschadet des Absatzes 6 Satz 2, die Länder.

(2) [1]Die Verpachtung eines Teils eines Jagdbezirkes ist nur zulässig, wenn sowohl der verpachtete als auch der verbleibende Teil bei Eigenjagdbezirken die gesetzliche Mindestgröße, bei gemeinschaftlichen Jagdbezirken die Mindestgröße von 250 Hektar haben. [2]Die Länder können die Verpachtung eines Teiles von geringerer Größe an den Jagdausübungsberechtigten eines angrenzenden Jagdbezirkes zulassen, soweit dies einer besseren Reviergestaltung dient.

(3) [1]Die Gesamtfläche, auf der einem Jagdpächter die Ausübung des Jagdrechts zusteht, darf nicht mehr als 1000 Hektar umfassen; hierauf sind Flächen anzurechnen, für die dem Pächter auf Grund einer entgeltlichen Jagderlaubnis die Jagdausübung zusteht. [2]Der Inhaber eines oder mehrerer Eigenjagdbezirke mit einer Gesamtfläche von mehr als 1000 Hektar darf nur zupachten, wenn er Flächen mindestens gleicher Größenordnung verpachtet; der Inhaber eines oder mehrerer Eigenjagdbezirke mit einer Gesamtfläche von weniger als 1000 Hektar darf nur zupachten, wenn die Gesamtfläche, auf der ihm das Jagdausübungsrecht zusteht, 1000 Hektar nicht übersteigt. [3]Für Mitpächter, Unterpächter oder Inhaber einer entgeltlichen Jagderlaubnis gilt Satz 1 und 2 entsprechend mit der Maßgabe, daß auf die Gesamtfläche nur die Fläche angerechnet wird, die auf den einzelnen Mitpächter, Unterpächter oder auf den Inhaber einer entgeltlichen Jagderlaubnis, ausgenommen die Erlaubnis zu Einzelabschüssen, nach dem Jagdpachtvertrag oder der Jagderlaubnis anteilig entfällt. [4]Für bestimmte Gebiete, insbesondere im Hochgebirge, können die Länder eine höhere Grenze als 1000 Hektar festsetzen.

(4) [1]Der Jagdpachtvertrag ist schriftlich abzuschließen. [2]Die Pachtdauer soll mindestens neun Jahre betragen. [3]Die Länder können die Mindestpachtzeit höher festsetzen. [4]Ein laufender Jagdpachtvertrag kann auch auf kürzere Zeit verlängert werden. [5]Beginn und Ende der Pachtzeit soll mit Beginn und Ende des Jagdjahres (1. April bis 31. März) zusammenfallen.

(5) [1]Pächter darf nur sein, wer einen Jahresjagdschein besitzt und schon vorher einen solchen während dreier Jahre in Deutschland besessen hat. [2]Für besondere Einzelfälle können Ausnahmen zugelassen werden. [3]Auf den in Satz 1 genannten Zeitraum sind die Zeiten anzurechnen, während derer jemand vor dem Tag des Wirksamwerdens des Beitritts eine Jagderlaubnis in der Deutschen Demokratischen Republik besessen hat.

(6) [1]Ein Jagdpachtvertrag, der bei seinem Abschluß den Vorschriften des Absatzes 1 Satz 2 Halbsatz 1, des Absatzes 2, des Absatzes 3, des

Absatzes 4 Satz 1 oder des Absatzes 5 nicht entspricht, ist nichtig. [2]Das gleiche gilt für eine entgeltliche Jagderlaubnis, die bei ihrer Erteilung den Vorschriften des Absatzes 3 nicht entspricht.

(7) **Die Fläche, auf der einem Jagdausübungsberechtigten oder Inhaber einer entgeltlichen Jagderlaubnis nach Absatz 3 die Ausübung des Jagdrechts zusteht, ist von der zuständigen Behörde in den Jagdschein einzutragen; das Nähere regeln die Länder.**

Ländervorschriften: §§ 17, 19, 20, 22 und 23 JWMG; Art. 14, 15, 16, 17 und 18 BayJG sowie §§ 6, 9 AVBayJG; §§ 13, 14, 16 und 18 LJagdG Bln; § 13, 14, 15, 16 und 17 BbgJagdG; Art. 13, 14, 15 und 16 BremLJagdG; §§ 7, 8, 9, 10 und 11 HmbJagdG; §§ 10, 11, 12 und 14 HJagdG; § 11 MVLJagdG; §§ 18 und 19 NJagdG; §§ 9, 10, 11, 12, 13 und 15 LJG-NRW; § 14, 15 und 16 RhPfLJG; §§ 9, 10, 11, 12 und 13 SJG; § 14 SächsJagdG; §§ 16, 17, 18 und 19 LSALJagdG; §§ 11, 12 und 13 SchlHLJagdG; §§ 14, 15, 16, 17 und 18 ThJG.

Schrifttum: Aust/Jacobs/Pasternak, Die Enteignungsentschädigung, 7. Aufl. 2014; Pasternak, Entschädigung für die Durchschneidung eines Genossenschaftsjagdbezirks, BayVBl. 1997, 520; Thies, Enteignungsentschädigung wegen Minderung des Jagdausübungsrechts, Anm. zum Urteil des Bundesgerichtshofs vom 15.2.1996 – III ZR 143/94, AgrarR 1996, 388; v. Pückler, Pächter aufgepasst, WuH 3/2004, 120.

Übersicht

I. Jagdpachtvertrag

1. Rechtsnatur des Jagdpachtvertrags

1 Bei dem Jagdpachtvertrag handelt es sich nicht um ein Schuldverhältnis eigener Art, sondern um einen privatrechtlichen Vertrag, auf den die Vorschriften über das Pachtverhältnis iSd § 581 BGB anzuwenden sind, soweit nicht spezielle jagdrechtliche Bestimmungen entgegenstehen (BGH Urt. v. 21.2.2008 – III ZR 200/07, BeckRS 2008, 4538 = JE III Nr. 187; Urt. v. 5.2.1987 – III ZR 234/85, NJW-RR 1987, 839 = BeckRS 1987, 345). Neben den Vorschriften des BJagdG sowie der Landesjagdgesetze zum Jagdpachtvertrag, finden somit ergänzend auch die zivilrechtlichen Regelungen des BGB zum Pachtrecht sowie – über die Verweisung in § 581 Abs. 2 BGB – zum **Mietrecht** Anwendung.

2 An dem zivilrechtlichen Charakter des Jagdpachtvertrags ändert auch der Umstand nichts, dass der Staat im Rahmen seines Beanstandungsrechts gem. § 12 regulierend in die Pachtverträge – und damit in die Vertragsfreiheit – eingreifen kann. Dieses Beanstandungsrecht steht den Jagdbehörden nur unter den engen Voraussetzungen des § 12 bzw. der jeweiligen landesrechtlichen Vorschriften zu.

2. Gegenstand des Jagdpachtvertrags

3 **a) Allgemeines.** Gegenstand des Jagdpachtvertrags ist das Jagdausübungsrecht, das aus dem Jagdrecht des Grundeigentümers folgt. Bei dem Jagdpachtvertrag handelt es sich somit nicht um eine Grundstücks- oder Landpacht, sondern um eine reine **Rechtspacht** (BGH Urt. v. 21.2.2008 – III ZR 200/07, BeckRS 2008, 4538 = JE III Nr. 187; OLG Frankfurt Urt. v. 6.11.2019 – 14 U 25/19, BeckRS 2019, 62964). Der Besitz an den Grundflächen verbleibt bei dem Eigentümer oder Nutzungsberechtigten und kann von diesem in jeder anderen Weise genutzt werden, sofern hierdurch die Jagdausübung nicht in mehr als dem üblichem Maß beeinträchtigt wird.

4 Gemäß § 581 Abs. 1 S. 1 BGB ist der Verpächter verpflichtet, dem Pächter die ungestörte Ausübung der Jagd zu ermöglichen, der Pächter seinerseits ist verpflichtet, dem Verpächter den vertraglich vereinbarten Jagdpachtzins zu entrichten (§ 581 Abs. 1 S. 2 BGB).

5 Da es sich bei dem Jagdpachtvertrag um einen zivilrechtlichen Vertrag zwischen Jagdgenossenschaft/Eigenjagdbezirksinhaber und dem Jagdpächter handelt, gilt auch für diesen der **Grundsatz der Vertragsfreiheit.** Dies bedeutet, dass die Vertragsparteien ihre Rechtsverhältnisse grundsätzlich frei vereinbaren können, sofern keine zwingenden gesetzlichen Vorschriften entgegenstehen.

6 Grundsätzlich nicht verpachtet im Rahmen des Jagdpachtvertrages sind die Nutzungsrechte an den sog. **Scheinbestandteilen** iSd § 94 BGB. Hierbei handelt es sich um die Sachen, die von dem Jagdpächter auf den Grundstücken des Jagdbezirks für einen vorübergehenden Zweck (die Dauer des Jagdpachtvertrags) errichtet werden (zB Hochsitze, Jagdkanzeln, Wildfütterungen etc). Diese sind nicht wesentliche Bestandteile des Grundstücks, sondern bleiben grundsätzlich im Eigentum des Jagdpächters, der sie errichtet hat. Im Falle der Weiterverpachtung an einen anderen Jagdpächter hat derje-

nige, der die jagdlichen Einrichtungen errichtet hat, gegenüber dem neuen Jagdpächter wahlweise einen Entschädigungsanspruch oder ein Wegnahmerecht. Bei der Errichtung der jagdlichen Einrichtungen sind die jeweiligen landesrechtlichen Vorschriften zu beachten (§ 30 **JWMG;** Art. 36 **BayJG;** § 33 **BbgJagdG;** Art. 2 Abs. 3 **BremLJagdG;** § 20 **HmbJagdG;** § 22 **HJagdG;** § 30 **MVLJagdG;** § 28 **LJG-NRW;** § 30 **RhPfLJG;** § 23 **SJG;** § 26 **SächsJagdG;** § 26 **SchlHLJagdG;** § 36 **ThJG**).

b) Einheitliche Verpachtung des Jagdausübungsrechts (Abs. 1 S. 2). aa) Allgemeines. Das Jagdausübungsrecht kann gem. § 11 Abs. 1 S. 1 nur in seiner **Gesamtheit** verpachtet werden (Prinzip der sachlichen Unteilbarkeit). Es ist somit nicht möglich, dass ein Verpächter in einem Jagdbezirk das Jagdausübungsrecht auf Hochwild an den Pächter A und in demselben Jagdbezirk das Jagdausübungsrecht auf Niederwild an den Pächter B verpachtet. Gleiches gilt zB für die Verpachtung des Jagdausübungsrechts nur für bestimmte Jahreszeiten. Ein Verstoß gegen diese Regelung hat die Nichtigkeit des Jagdpachtvertrags zur Folge (§ 11 Abs. 6 S. 1). Die Vorschrift des § 11 Abs. 1 S. 2 dient dem Ziel, **konkurrierende jagdliche Betätigung** auf einer Fläche zu vermeiden und die Verantwortung für ein Jagdgebiet in einer Hand zu vereinigen (BGH Urt. v. 4.7.1991 – III ZR 101/90, NJW 1991, 3033 = BeckRS 1991, 1913; vgl. OLG Schleswig Urt. v. 14.6.1985 – 14 U 269/85, NuR 1986, 223 (224) = JE III Nr. 83; Lorz/Metzger Rn. 3). 7

bb) Ausnahme von dem Prinzip der sachlichen Unteilbarkeit. Die Vorschrift des § 11 Abs. 1 S. 2 Hs. 2 eröffnet jedoch die Möglichkeit, dass sich der Verpächter selbst das Jagdausübungsrecht auf bestimmte Wildarten vorbehält. Das heißt, dass ein Verpächter grundsätzlich das Jagdausübungsrecht an einen Pächter verpachten, sich selbst aber zB die Jagdausübung auf Rotwild vorbehalten kann. 8

Ein Verstoß gegen § 11 Abs. 1 S. 2 Hs. 2 liegt jedoch vor, wenn sich ein Verpächter in dem Pachtvertrag das Recht vorbehält, sich „zu 50 % an der Ausübung der Jagdrechte zu beteiligen" (BGH Urt. v. 4.7.1991 – III ZR 101/90, NJW 1991, 3033; vgl. auch Mitzschke/Schäfer Rn. 10). Denn in diesem Fall reserviert sich der Verpächter nicht nur die Jagdausübung auf einzelne Wildarten, sondern durch diese Regelung kommt zum Ausdruck, dass der Verpächter zu einem Anteil von 50 % die gesamten Befugnisse und Pflichten wahrnehmen will, die mit dem Jagdausübungsrecht verbunden sind. Gerade dies aber ist mit der Zielsetzung des § 11 Abs. 1 S. 2 nicht vereinbar, konkurrierende jagdliche Betätigung zu vermeiden, und die Verantwortung für ein Jagdgebiet in einer Hand zu vereinigen (→ Rn. 7). 9

Wird der Jagdschutz als Teil des Jagdausübungsrechts nicht mit verpachtet, sondern behält sich der Verpächter diesen vor, so liegt ebenfalls ein Verstoß gegen § 11 Abs. 1 S. 2 vor (OLG Schleswig Urt. v. 14.6.1985 – 14 U 269/85, NuR 1986, 223 (224) = JE III Nr. 83). 10

c) Gesetzliche Begrenzung der Pachthöchstfläche (Abs. 3). aa) Allgemeines. Die Vorschrift des § 11 Abs. 3 wurde durch das 2. Änderungsgesetz vom 28.9.1976 in das BJagdG eingeführt. Der Grund für die Gesetzesinitiative war, dass in den Jahren bis 1976 die Anzahl der Jagdscheininhaber stark angestiegen und weiter im Ansteigen begriffen war. Die Beschränkung der Jagdpachthöchstfläche sollte den Jagdpachtmarkt einer möglichst großen Anzahl von Jagdpachtanwärtern öffnen, um so eine angemessene Verteilung 11 der Jagdflächen unter der Jägerschaft zu erreichen (so die Begründung zum Regierungsentwurf, BT-Drs. 7/4285, 12). Durch die Regelung sollte einerseits erreicht werden, einer möglichst großen Anzahl von Jägern die Chance zur Jagdausübung zu geben, andererseits sollte hierdurch aber auch jedem Jagdpächter die Gelegenheit gegeben werden, die Pachthöchstfläche von 1.000 ha für sich in vollem Umfang auszuschöpfen, um somit auch eine großflächige Wildbestandsbewirtschaftung zu fördern.

12 **bb) Alleinpächter.** Gemäß § 11 Abs. 3 S. 1 Hs. 1 darf die Grundfläche, auf der einem Einzelnem als Alleinpächter die Ausübung des Jagdrechts zusteht, nicht mehr als 1.000 ha umfassen. Ein Jagdpachtvertrag, der einen Alleinpächter zur Jagdausübung auf einer Fläche von mehr als 1.000 ha berechtigt, ist gem. § 11 Abs. 6 S. 1 nichtig. Gleiches gilt für den Pächter, der mehrere Jagdbezirke gepachtet hat, die in der Summe die Fläche von mehr als 1.000 ha erreichen.

13 Unterschiedliche Auffassungen bestehen zu der Frage, ob die **befriedeten Bezirke,** auf denen grundsätzlich die Jagd ruht, bei der Berechnung der Pachthöchstfläche einzubeziehen sind oder nicht. Zum einen wird die Ansicht vertreten, dass die befriedeten Bezirke Teil des Jagdbezirks seien und somit auch bei der Berechnung der Pachthöchstfläche berücksichtigt werden müssten (Mitzschke/Schäfer Rn. 16 mwN). Andererseits existiert die Meinung, dass die Pachthöchstfläche als die Fläche definiert ist, auf der dem Jagdpächter die Jagdausübung zustehe. Dies sei aber gerade bei den befriedeten Bezirken nicht der Fall, da dort gem. § 6 S. 1 die Jagd ruhe, so dass sie bei der Berechnung nicht einbezogen werden dürften (Leonhardt/Pießkalla Rn. 13 mwN). Letztere Auffassung wird unter anderem unterstützt durch eine Entscheidung des Bayerischen Obersten Landesgerichts (BayObLG Beschl. v. 29.10.1991 – 2 St 127/91, NStZ 1992, 187 = JE X Nr. 83), nach der für den befriedeten Bezirk ein Jagdausübungsrecht des Jagdpächters mit Ausnahme des Aneignungsrecht für Fallwild, verendetes Wild und Abwurfstangen verneint wird. Die Problematik wird jedoch in Anbetracht der Neigung der Jagdgenossenschaften, die Größe der Jagdbezirke durch Teilung oder Verpachtung in Teilen deutlich unter die Grenze von 1.000 ha zu reduzieren, wenig praktische Relevanz haben.

14 **cc) Eigenjagdbezirksinhaber.** Der Eigenjagdbezirksinhaber erfährt durch § 11 Abs. 3 auch dann keine Beschränkungen, wenn er einen Jagdbezirk von mehr als 1.000 ha besitzt und dort selbst die Jagd ausübt. Gleiches gilt für den Fall, dass er mehrere Eigenjagdbezirke besitzt, die in der Summe mehr als 1.000 ha aufweisen. Ebenso kann ein Eigenjagdbezirksinhaber weitere land-, forst- oder fischereiwirtschaftlich nutzbare Flächen zu seinem schon bestehenden Eigenjagdbezirk auch dann hinzu erwerben, wenn hierdurch der Eigenjagdbezirk eine Größe von mehr als 1.000 ha erreicht.

15 Bei der Feststellung der Gesamtfläche, auf der dem Eigenjagdbezirksinhaber das Jagdausübungsrecht zusteht, sollen die befriedeten Bezirke aus Gleichbehandlungsgründen mit dem Alleinpächter keine Anrechnung finden, obwohl insoweit sein Jagdrecht als Grundstückseigentümer nicht beeinträchtigt wird (so Leonhardt/Pießkalla Rn. 15.1). Gleiches soll für die Flächen im Eigenjagdbezirk gelten, für die ein generelles Nutzungs- und Betretungsverbot herrscht (zB Flächen im Fassungsbereich eines ausgewiesenen Wasserschutzgebiets).

16 Gemäß § 11 Abs. 3 S. 2 Hs. 1 kann der Inhaber eines oder mehrerer Eigenjagdbezirke mit mehr als 1.000 ha einen Jagdbezirk nur zupachten,

wenn er Flächen seines Eigenjagdbezirks mindestens in gleicher Größenordnung verpachtet. Nach einer im Schrifttum vertretenen Auffassung soll es dem Eigenjagdbezirksinhaber aber erlaubt sein, dem Erfordernis des § 11 Abs. 3 S. 2 Hs. 1 auch in der Weise nachzukommen, dass er Flächen in der erforderlichen Größe nicht verpachtet, sondern hierfür eine entgeltliche Dauerjagderlaubnis erteilt (Mitzschke/Schäfer Rn. 18 mwN).

Der Inhaber eines oder mehrerer Eigenjagdbezirke mit einer Gesamtfläche 17
von weniger als 1.000 ha darf andere Jagdbezirke nur zupachten, wenn hierdurch die Gesamtfläche, auf der ihm das Jagdausübungsrecht zusteht, 1.000 ha nicht übersteigt (§ 11 Abs. 3 S. 2 Hs. 2).

dd) Flächenanrechnung bei Mitpächtern, Unterpächtern und Inha- 18
bern einer unentgeltlichen Jagderlaubnis. Gemäß § 11 Abs. 3 S. 3 gilt für Mitpächter die Vorschrift über die Pachthöchstfläche mit der Maßgabe entsprechend, dass auf die Pachthöchstfläche von 1.000 ha nur die Fläche angerechnet wird, die auf den einzelnen Mitpächter nach dem Jagdpachtvertrag anteilig entfällt. Dies gilt in entsprechender Weise für Unterpächter und Inhaber einer entgeltlichen Jagderlaubnis, soweit durch letztere nicht nur die Erlaubnis für Einzelabschüsse erteilt wird. Zum Verständnis der Regelung des § 11 Abs. 3 S. 3 ist ein Blick auf das **gesetzgeberische Verfahren** zu § 11 Abs. 3 S. 3 hilfreich (zur Entstehungsgeschichte des § 11 Abs. 3 vgl. insbesondere auch Mitzschke/Schäfer Rn. 12 und 20). Der Regierungsentwurf zu § 11 Abs. 3 sah für dessen S. 3 den folgenden Wortlaut vor: „Für Mitpächter, Unterpächter oder Inhaber einer entgeltlichen Jagderlaubnis gilt S. 1 und 2 entsprechend" (BT-Drs. 7/4285, 5). Diese Fassung des § 11 Abs. 3 S. 3 wurde vom Bundesrat dahingehend ausgelegt, dass ein Jagdbezirk von mehr als 1.000 ha überhaupt nicht mehr – auch nicht an mehrere Personen – verpachtet werden könne. Im Einzelnen führte der Bundesrat hierzu aus: „Diese zwangsläufige Folge widerspricht dem jagdpolitischen Ziel einer großräumigen Wildbestandsbewirtschaftung. Die Fassung des Entwurfs ist aber auch unbillig und verfassungsrechtlich bedenklich, weil sie den Teilrechtsinhaber hinsichtlich der anzurechnenden Fläche dem Alleinrechtsinhaber gleichstellt". Seinerseits schlug der Bundesrat vor, den S. 3 wie folgt zu fassen: „Für Mitpächter, Unterpächter und Inhaber einer entgeltlichen Jagderlaubnis gilt S. 1 und 2 entsprechend mit der Maßgabe, dass auf die Gesamtfläche nur die Fläche angerechnet wird, die bei Teilung der Fläche des Jagdbezirks durch die Anzahl der Mitpächter, Unterpächter oder Inhaber einer entgeltlichen Jagderlaubnis (ausgenommen die Erlaubnis zu Einzelabschüssen) auf den einzelnen entfällt" (BT-Drs. 7/4285, 18). Die Bundesregierung stimmte dem Vorschlag des Bundesrates grundsätzlich zu, formulierte § 11 Abs. 3 S. 3 für die parlamentarische Beratung jedoch wie folgt: „Für Mitpächter, Unterpächter und Inhaber einer entgeltlichen Jagderlaubnis gilt S. 1 und 2 entsprechend mit der Maßgabe, dass auf die Gesamtfläche nur die Fläche angerechnet wird, die nach dem Jagdpachtvertrag auf den einzelnen Mitpächter, Unterpächter oder Inhaber einer entgeltlichen Jagderlaubnis (ausgenommen die Erlaubnis zu Einzelabschüssen) anteilig entfällt" (BT-Drs. 7/4285, 26). Zur Begründung dieser Fassung führte die Bundesregierung Folgendes aus: „Die Änderung soll ermöglichen, dass einzelne Mitpächter, Unterpächter oder Inhaber einer entgeltlichen Jagderlaubnis die gesetzlich zulässige Höchstpachtfläche ausschöpfen können. Der Anteil des einzelnen Mitpächters an der Pachtfläche sollte – entsprechend den jeweiligen

Gegebenheiten unter Beachtung der durch § 11 Abs. 3 S. und 2 gesetzten Grenzen – den Vereinbarungen im Jagdpachtvertrag überlassen werden" (BT-Drs. 7/4285, 26). Diese Fassung wurde letztendlich in das Gesetzgebungsverfahren übernommen und verabschiedet.

19 **(1) Mitpächter.** Nach dem Wortlaut des § 11 Abs. 3 S. 3 kommt es bei der Anteilsberechnung somit darauf an, welche Fläche **nach dem Jagdpachtvertrag** anteilig auf den Mitpächter entfällt. Hierbei ist jedoch zu berücksichtigen, dass der Jagdpachtvertrag lediglich das Außenverhältnis zwischen Verpächter und Pächtern regelt, und eine flächengenaue Aufteilung der Jagdbezirksflächen auf die Mitpächter im Jagdpachtvertrag in der Regel nicht vorgenommen wird. Dies bleibt der Regelung der Mitpächter im Innenverhältnis vorbehalten. Jedem Einzelnen der Mitpächter steht nach dem Jagdpachtvertrag somit grundsätzlich das Jagdausübungsrecht auf der gesamten Fläche des Jagdbezirks zu. Den Mitpächtern ist es aber unbenommen, in dem Jagdpachtvertrag eine Flächenaufteilung vorzunehmen und somit dem Wortlaut des § 11 Abs. 3 S. 3 gerecht zu werden. In diesem Fall wird jedem einzelnen Mitpächter die für ihn individuell im Jagdpachtvertrag ausgewiesene Fläche auf die Höchstpachtfläche von 1.000 ha angerechnet. Die Aufnahme des individuellen Flächenanteils in den Jagdpachtvertrag gewinnt insbesondere dann Bedeutung, wenn bei einem Mitpächter die Gefahr der Überschreitung der Höchstpachtfläche besteht, sofern die Berechnung seines Flächenanteils fiktiv vorgenommen würde. Hierbei besteht jedoch gleichzeitig auch die Gefahr der Umgehung des § 11 Abs. 3 S. 3, indem in den Jagdpachtvertrag eine geringere Flächengröße aufgenommen wird als die, auf der der Mitpächter tatsächlich die Jagd ausübt. Um diesbezüglich missbräuchliche Vertragsgestaltungen auszuschließen, enthält sowohl Art. 16 Abs. 2 **BayJG** eine Sperrvorschrift. Hiernach ist auf den vertraglichen Mindestanteil iSd § 11 Abs. 3 S. 3 eines Mitpächters **mindestens** die Fläche anzurechnen, die bei Teilung der Fläche des Jagdreviers durch die nach Landesrecht maximal zulässige Anzahl von Jagdpächtern auf den einzelnen Jagdpächter entfallen würde.

20 Sofern der Jagdpachtvertrag keine Regelung dazu enthält, wie die Jagdbezirksfläche auf die einzelnen Jagdpächter aufgeteilt ist, ist in Übereinstimmung mit dem Willen des Gesetzgebers grundsätzlich davon auszugehen, dass die gesamte Jagdbezirksfläche durch die Anzahl der Mitpächter geteilt und somit fiktiv der Flächenanteil jedes einzelnen Mitpächters ermittelt werden muss (vgl. Mitzschke/Schäfer Rn. 23; Leonhardt/Pießkalla Rn. 17).

21 **(2) Unterpächter.** Beim Unterpachtverhältnis verpachtet der Hauptpächter den gesamten oder einen Teil seines Jagdausübungsrechts an den Unterpächter. Im gleichen Maße wie der Unterpächter Jagdbezirksfläche gewinnt, verliert der Hauptpächter diese. Die Fläche, die auf den Unterpächter nach dem Jagdpachtvertrag entfällt, ist somit grundsätzlich problemlos feststellbar, da sich diese aus dem Unterpachtvertrag ergibt.

22 Ein dogmatisches Problem ergibt sich für den Fall, dass einem Einzelpächter eine Fläche von mehr als 1.000 ha unter der Bedingung verpachtet wurde, eine bestimmte Teilfläche unter zu verpachten, so dass sowohl der Haupt- als auch der Unterpächter nicht mehr als 1.000 ha Jagdfläche besitzen. Da der Unterpächter sein Jagdausübungsrecht vom Hauptpächter ableitet, muss diesem das Jagdausübungsrecht zunächst für die gesamte Jagdbezirksfläche zumindest für eine juristische Sekunde zugestanden haben. Ein Jagd-

pachtvertrag, **der schon bei seinem Abschluss den Voraussetzungen des § 11 Abs. 3 nicht genügt,** ist aber gem. § 11 Abs. 6 S. 1 nichtig, so dass der Hauptpächter bei Abschluss des Unterpachtvertrags schon gar nicht mehr Inhaber des Jagdausübungsrechts ist, das er an den Unterpächter übertragen will (vgl. LG München II Urt. v. 19.3.1980 – 4 O 332/80, JE III Nr. 31; vgl. auch Leonhardt/Pießkalla Rn. 17).

(3) Inhaber einer entgeltlichen Jagderlaubnis, die nicht nur auf Einzelabschüsse beschränkt ist. Da eine entgeltliche Jagderlaubnis in den meisten Fällen für einen längeren Zeitraum abgeschlossen wird und einem Jagdpachtverhältnis ähnlich ist, zieht § 11 Abs. 3 S. 3 insofern die Konsequenz und bestimmt, dass für den Inhaber einer entgeltlichen Jagderlaubnis die Flächen auf die Höchstpachtfläche anzurechnen sind, die nach der Jagderlaubnis anteilig auf ihn entfallen. Problemlos ist die Anrechnung auf die Höchstpachtfläche, wenn die entgeltliche Jagderlaubnis auf eine bestimmte Fläche des Jagdbezirks begrenzt ist und dies in der Jagderlaubnis auch zum Ausdruck gebracht wird. 23

Anders ist es, wenn die Jagderlaubnis für den Abschuss einzelner Wildarten oder einer bestimmten Anzahl von Wild erteilt wurde, sich aber ansonsten auf den gesamten Jagdbezirk beschränkt. Sofern landesrechtliche Anrechnungsvorschriften fehlen (s. Art. 16 Abs. 2 **BayJG**), wird zum einen die Auffassung vertreten, dass die Ermittlung des Flächenanteils durch einen Vergleich der Jagdnutzung des Jagdscheinerlaubnisinhabers an der Gesamtnutzung des Jagdbezirks erfolgen sollte (so Mitzschke/Schäfer Rn. 24). Nach der anderen Ansicht soll der gesamte Jagdbezirk, in dem der Erlaubnisscheininhaber jagdberechtigt ist, auf die Höchstpachtfläche angerechnet werden, sofern in der Jagderlaubnis keine Flächengröße genannt ist (so Leonhardt/Pießkalla Rn. 14). Beide Lösungsvorschläge sind unbefriedigend. Insbesondere gegen den letzteren spricht, dass der Inhaber einer entgeltlichen Jagderlaubnis auf diese Weise schlechter behandelt würde als ein Mitpächter. Die Konsequenz aus diesen beiden Meinungen kann lediglich nur sein, dass möglichst in jeder Jagderlaubnis eine Flächengröße benannt wird, auf der der Inhaber der Jagderlaubnis anteilig jagdberechtigt sein soll. 24

ee) Landesrechtliche Vorschriften. Die Länder können für bestimmte Gebiete höhere Grenzen als 1.000 ha festsetzen (§ 11 Abs. 3 S. 4). Von dieser Möglichkeit hat allein der bayerische Landesgesetzgeber Gebrauch gemacht und in Art. 16 Abs. 1 S. 1 **BayJG** bestimmt, dass die Gesamtfläche, auf der einem Jagdpächter die Ausübung des Jagdrechts zusteht, im Hochgebirge mit seinen Vorbergen nicht mehr als 2.000 ha betragen darf. Sofern ein Pächter sowohl im Hochgebirge mit seinen Vorbergen als auch außerhalb davon Jagdbezirke gepachtet hat, sind die Pachtflächen im Verhältnis zu den zulässigen Pachthöchstflächen aufeinander anzurechnen (Art. 16 Abs. 1 S. 2 **BayJG**). Beispiel: Ein Pächter, der im Hochgebirge einen Jagdbezirk mit 1.000 ha (= 50 % der im Hochgebirge zulässigen Gesamtfläche) gepachtet hat, behält die Möglichkeit, außerhalb des Hochgebirges weitere 50 % der dort zulässigen Fläche zu pachten (50 % von 1.000 ha = 500 ha). 25

d) Gesetzliche Beschränkung der Pächterhöchstzahl. Das BJagdG enthält keine Vorschrift, wie viele Personen in einem Jagdbezirk gleichzeitig Pächter sein dürfen, sondern überlässt dies den jeweiligen Landesjagdgesetzen. Diese enthalten (bis auf Niedersachsen und Sachsen) Regelungen zur Be- 26 schränkung der Anzahl der Mitpächter (§ 19 Abs. 1 **JWMG:** bis 250 ha drei Pächter, für jede weiteren angefangenen 100 ha ein weiterer Pächter; Art. 15 Abs. 1 **BayJG:** bis 250 ha (im Hochgebirge bis 500 ha) zwei Pächter, für je weitere angefangene 250 ha (im Hochgebirge angefangene 500 ha) ein weiterer Pächter; § 14 Abs. 1 **LJagdG Bln:** bis 250 ha zwei Pächter, je weitere angefangene 125 ha ein weiterer Pächter; § 14 Abs. 1 **BbgJagdG:** bis 250 ha zwei Pächter, je weitere 75 volle ha ein weiterer Pächter; Art. 17 Abs. 2 **BremLJagdG:** bis 500 ha 4 Pächter (zuzüglich einem ständigen Jagdaufseher), je weitere volle 125 ha ein weiterer Pächter; § 7 Abs. 1 **HmbJagdG:** bis 250 ha ein Pächter, von 250 ha bis 400 ha zwei Pächter, je weitere volle 150 ha ein weiterer Pächter; § 11 **HJagdG:** bis 500 ha drei Pächter, je weitere angefangene 150 ha ein weiterer Pächter; § 11 Abs. 2 **MVLJagdG:** bis 250 ha zwei Pächter, je weitere angefangene 150 ha ein weiterer Pächter; § 11 Abs. 1 **LJG-NRW:** bis 300 ha zwei Pächter, je weitere volle 150 ha ein weiterer Pächter; § 15 Abs. 1 **RhPfLJG:** bis 250 ha drei Pächter, je weitere angefangene 100 ha ein weiterer Pächter; § 11 Abs. 1 **SJG:** bis 150 ha zwei Pächter, je weitere angefangene 100 ha ein weiterer Pächter; § 20 Abs. 1 **LSALJagdG:** bis 400 ha vier Pächter (zuzüglich einen bestätigten Jagdaufseher), je weitere volle 100 ha ein weiterer Pächter; § 11 Abs. 2 **SchlHLJagdG:** bis 300 ha zwei Pächter, je weitere volle 150 ha ein weiterer Pächter; § 15 Abs. 1 **ThJG:** bis 250 ha zwei Pächter, je weitere volle 75 ha in einer Niederwildjagd und je weitere volle 150 ha in einer Hochwildjagd ein weiterer Pächter).

27 **e) Vereinbarung einzelner Vertragsklauseln. aa) Allgemeine Geschäftsbedingungen.** Bei der Verwendung von Vertragsklauseln im Jagdpachtvertrag sind ggf. die Vorschriften über die Gestaltung rechtsgeschäftlicher Schuldverhältnisse durch **Allgemeine Geschäftsbedingungen** (§§ 305 ff. BGB) zu beachten. Durch diese Vorschriften ist die Verwendung von Vertragsklauseln in Verträgen zum Schutz des Rechtsverkehrs Beschränkungen unterworfen. Sofern die Vertragsbedingungen mit der Absicht aufgestellt werden, sie für **mindestens drei bis fünf Verwendungsfälle** anwenden zu wollen, finden die §§ 305 ff. BGB Anwendung (Grüneberg/Grüneberg BGB § 305 Rn. 9). Eine Jagdgenossenschaft, die ihren gemeinschaftlichen Jagdbezirk in drei oder mehr Jagdbögen aufteilt und hierfür einen Musterpachtvertrag entwirft, muss somit die Beschränkungen der §§ 305 ff. BGB bereits beachten. Aber auch in den Fällen, in denen eine Jagdgenossenschaft für die Verpachtung ihres Jagdbezirks ein Vertragsmuster des Deutschen Jagdschutzverbands, der Landesjagdverbände oder der Städte- und Gemeindetage nur einmalig verwendet, ergibt sich der abstrakt-generelle Charakter des Vertragsmusters bereits aus der Zweckbestimmung des Aufstellers, so dass auch in diesen Fällen die §§ 305 ff. BGB Beachtung finden müssen (Grüneberg/Grüneberg BGB § 305 Rn. 9).

28 Die §§ 305 ff. BGB finden jedoch nur Anwendung, wenn eine Vertragspartei die Einbeziehung der Allgemeinen Geschäftsbedingungen in den Vertrag verlangt, zB indem der Verpächter dem Pächter einen fertigen Pachtvertrag zur Unterzeichnung vorlegt. Gemäß § 305 Abs. 1 S. 3 BGB liegt diese Voraussetzung aber nicht vor, wenn die Vertragsbedingungen zwischen den Vertragsparteien im Einzelnen ausgehandelt worden sind. Als ausgehandelt in diesem Sinne gelten Vertragsbedingungen jedoch nicht, wenn im Vertragsformular verschiedene Regelungsalternativen enthalten sind, von de-

nen die eine oder andere aufgrund von Verhandlungen der Vertragspartner gestrichen wird (Grüneberg/Grüneberg BGB § 305 Rn. 12). Selbst wenn in einem Jagdpachtvertrag alle dort enthaltenen Regelungsalternativen zB zum Wildschadensersatz gestrichen und eine Klausel in den Vertrag aufgenommen worden ist, dass der Pächter in vollem Umfang zum Wildschadensersatz verpflichtet ist, ändert dies nichts an der Anwendbarkeit der §§ 305 ff. BGB (AG Meinerzhagen Urt. v. 2.11.1988 – 4 C 616/87, JE III Nr. 98). Denn entscheidend ist auch in diesem Fall, dass die Vertragsbedingungen dem Pächter durch den Verpächter im Wesentlichen diktiert werden.

(1) Wildschadenspauschale. Besondere Bedeutung hat § 309 Nr. 5 lit. b 29
BGB für die Vereinbarung einer Wildschadenspauschale im Jagdpachtvertrag (vgl. BGH Beschl. v. 30.11.2000 – III ZR 151/00, NJW-RR 2001, 343 = JE IX Nr. 118; Urt. v. 8.10.1998 – III ZR 278/97, NJW-RR 1999, 125 = JE III Nr. 136; OLG Koblenz Urt. v. 21.7.1999 – 1 U 220/98, BeckRS 1999, 17156 = JE IX Nr. 114; OLG Celle Urt. v. 4.12.1997 – 7 U 254/96, BeckRS 2014, 12577 = JE III Nr. 130; OLG Hamm Urt. v. 13.12.1994 – 7 U 151/94, BeckRS 1995, 1177 = JE IX Nr. 97; LG Kreuznach Urt. v. 26.7.2002 – 2 O 457/01, JE IX Nr. 126; LG Wuppertal Urt. v. 14.2.1991 – 17 O 244/90, JE III Nr. 105). Zivilrechtlich stellt die Wildschadenspauschale eine Pauschalierung von Schadensersatzansprüchen dar. Gemäß § 309 Nr. 5 lit. b BGB ist die Vereinbarung eines pauschalierten Schadensersatzanspruchs des Verwenders (Verpächters) unwirksam, wenn dem anderen Vertragsteil (Pächter) vertraglich nicht der Nachweis gestattet wird, ein Schaden sei nicht eingetreten oder wesentlich geringer als die Pauschale. Das heißt, dass eine vertraglich vereinbarte Wildschadenspauschale nur wirksam ist, wenn dem Pächter in dem Vertrag ausdrücklich auch das Recht eingeräumt wird nachzuweisen, dass in dem betreffenden Jagdjahr kein Wildschaden angefallen ist oder **wesentlich** geringer war als die vereinbarte und gezahlte Pauschale. Das Merkmal „wesentlich“ ist in der Regel bei Abweichungen von mindestens 10% erfüllt (Grüneberg/Grüneberg BGB § 309 Rn. 31). Das heißt, dass der Pächter gegenüber dem Verpächter einen Rückzahlungsanspruch in Höhe der nicht verwendeten Wildschadenspauschale hat, wenn die tatsächlichen Wildschäden in dem Jagdjahr mindestens 10% unter der gezahlten Pauschale liegen.

**(2) Klausel über die Beendigung des Pachtvertrags bei Flächenent- 30
fall.** Eine Klausel in einem Jagdpachtvertrag, wonach ein Pachtvertrag über einen **Eigenjagdbezirk** endet, wenn der Jagdbezirk infolge des Ausscheidens von Grundflächen und des hierdurch bedingten Verlustes der Mindestgröße aufhört, ein Eigenjagdbezirk zu sein, ist grundsätzlich wirksam (OLG Celle Urt. v. 18.3.1982 – 7 U 96/81, JE III Nr. 52; AG Kleve Urt. v. 20.9.2001 – 28 C 287/01, BeckRS 2001, 31001872 = JE III Nr. 145). Ein Verstoß gegen § 307 BGB liegt nicht vor, da diese Regelung nicht von dem wesentlichen Grundgedanken einer gesetzlichen Regelung abweicht. Die Gerichte begründen ihre Entscheidungen in den zitierten Urteilen damit, dass es den Vertragsparteien frei gestanden hätte, eine von § 14 Abs. 1 abweichende Regelung zu treffen. Insbesondere hätten die Parteien nicht gegen § 11 Abs. 4 S. 2 verstoßen, da die Regelung über die Mindestpachtzeit, die durch eine derartige Klausel möglicherweise verletzt sein könnte, nicht zwingend sei. Den Gerichten ist in der Begründung zu folgen, wenn derartige Pachtverträge – wie es in den zitierten Fällen war – in Bundesländern abgeschlossen

werden, in denen die Mindestpachtzeit nicht zwingend vorgeschrieben ist. Anderes gilt für die Bundesländer, in denen eine Mindestpachtdauer für Jagdpachtverträge von neun oder zwölf Jahren bindend ist (OLG Brandenburg Urt. v. 22.8.2001 – 3 U 187/00, JE III Nr. 151, das einen Verstoß gegen die in Brandenburg zwingende Mindestpachtdauer durch die vertragliche Vereinbarung einer ordentlichen Kündigungsfrist bejaht). Dort könnte ein Pachtvertrag mit einer derartigen Klausel wegen Verstoß gegen die Einhaltung der Mindestpachtzeiten wohl auch gem. § 12 beanstandet werden (→ § 12 Rn. 20).

31 **bb) Rechte, über die der Verpächter verfügen kann.** Der Verpächter kann vertraglich nur über die Rechte verfügen, die ihm tatsächlich auch zustehen. Aus diesem Grund werden in der Lit. rechtliche Bedenken gegen eine vertragliche Regelung geäußert, durch die der Pächter verpflichtet wird, Unfallwild auf seine Kosten von öffentlichen Straßen zu beseitigen (v. Pückler WuH 3/2004, 120 ff.). Denn der Jagdpächter erlangt durch den Abschluss des Jagdpachtvertrags zwar ein Recht zur Aneignung von Wild, jedoch hat er hierzu keine Pflicht; der Jagdpächter kann auf sein Aneignungsrecht vielmehr auch verzichten. Die Verpflichtung zur Beseitigung des Unfallwildes hat in erster Linie der Fahrer als der Verursacher des Unfalls, wenn der Jagdausübungsberechtigte auf sein Aneignungsrecht verzichtet hat. Sofern dieser seiner Pflicht nicht nachkommt, so trifft die Aufgabe der Beseitigung des Unfallwildes die zuständige Behörde (zB Straßenbehörde, Straßenmeisterei). Im Zweifel obliegt die Beseitigung des Unfallwildes der Polizei als Aufgabe der allgemeinen Gefahrenabwehr (vgl. v. Pückler WuH 3/2004, 120 ff.). Sofern der Verpächter (Jagdgenossenschaft/Eigenjagdbezirksinhaber) dem Pächter vertraglich eine Pflicht auferlegt, die gesetzlich einem anderen (Straßenbehörde, Polizei) obliegt, greift er somit in einen fremden Pflichtenkreis ein.

32 **f) Anpassung des Jagdpachtvertrags.** Grundsätzlich müssen die Vertragsparteien die Jagdpachtverträge so einhalten, wie sie geschlossen sind („pacta sunt servanda“). Die Anpassung eines Vertrags kommt somit grundsätzlich nur auf der Grundlage des § 313 BGB in Betracht, sofern die Vertragsparteien die Anpassung des Vertrags nicht einvernehmlich vereinbaren.

33 Gemäß § 313 Abs. 1 BGB kann jede Vertragspartei die Anpassung eines schuldrechtlichen Vertrags verlangen, wenn sich die Umstände, die Grundlage für den Vertrag waren, nach Vertragsabschluss schwerwiegend verändern, und die Vertragspartei den Vertrag nicht oder nur mit einem anderen Inhalt geschlossen hätte, wenn sie diese Veränderungen vorausgesehen hätte und ihr das Festhalten am unveränderten Vertrag nicht zugemutet werden kann. § 313 BGB ist jedoch nicht anwendbar, wenn sich durch die Störung der vertraglichen Grundlage ein Risiko verwirklicht, das eine Partei typischerweise zu tragen hat (Grüneberg/Grüneberg BGB § 313 Rn. 19 mwN). Die Abgrenzung der Risiken der Vertragsparteien ergibt sich aus dem Vertrag, dem Vertragszweck und aus dem anzuwendenden Recht. Nach diesen Grundsätzen kann der Verpächter vom Pächter unter Berufung auf § 313 Abs. 1 BGB nicht die Anpassung des Jagdpachtzinses verlangen, wenn der Pächter die ihm vertraglich eingeräumte Verlängerungsoption ausübt und den Vertrag auf weitere zwölf Jahre ausdehnt. Sofern die Vertragsparteien keine Währungsgleitklausel oder eine sonstige Anpassungsregelung vereinbart haben, verwirklicht sich hierdurch gerade das in diesem Fall typische Preis-

risiko des Verpächters, dass der ursprünglich einmal vereinbarte Pachtpreis nicht mehr angemessen ist. Dieses Risiko kann der Verpächter unter dem Gesichtspunkt des Wegfalls der Geschäftsgrundlage nicht auf den Pächter abwälzen (LG Magdeburg Urt. v. 29.6.2006 – 10 O 485/06, BeckRS 2011, 11677 = JE III Nr. 180).

In den vergangenen Jahren wurde durch den Gesetzgeber immer wieder eine umfassende Änderung des BJagdG in Betracht gezogen, wozu es bislang aber noch nicht gekommen ist. Sofern ein derartiges Gesetzgebungsvorhaben in der Zukunft jedoch realisiert werden sollte, könnte – je nach Ausmaß der gesetzlichen Änderungen – die Notwendigkeit der Anpassung des Jagdpachtvertrags an die geänderten gesetzlichen Vorschriften Bedeutung gewinnen (vgl. auch v. Pückler WuH 3/2004, 120 ff.). 34

Eine **Kündigung des Jagdpachtvertrags** kommt bei einer Änderung des BJagdG nicht ohne Weiteres in Betracht. Grundsätzlich gilt ein Vertrag auch dann weiter, wenn sich die gesetzlichen Grundlagen, die dem Vertrag zugrunde liegen, ändern. Dieser behält gegenüber den Vertragsparteien seine Bindungswirkung – jedoch mit dem Inhalt, den er durch die geänderten gesetzlichen Rahmenbedingungen ggf. erhält. 35

Ein Anspruch der Vertragsparteien auf **Anpassung vertraglicher Vereinbarungen** an geänderte gesetzliche Grundlagen kann sich allenfalls aus **§ 313 Abs. 1 BGB** ergeben. Gemäß § 313 Abs. 1 BGB kann jede Vertragspartei die Anpassung eines schuldrechtlichen Vertrags verlangen, wenn sich die Umstände, die Grundlage für den Vertrag waren, nach Vertragsabschluss schwerwiegend verändern, und die Vertragspartei den Vertrag nicht oder nur mit einem anderen Inhalt geschlossen hätte, wenn sie diese Veränderungen vorausgesehen hätte und ihr das Festhalten am unveränderten Vertrag nicht zugemutet werden kann. Die Änderung einer gesetzlichen Vorschrift, die einem Vertrag zu Grunde liegt, kann – je nach Ausmaß – eine schwerwiegende Veränderung darstellen, die die Anpassung des Vertrags rechtfertigt (Grüneberg/Grüneberg BGB § 313 Rn. 8 mwN). 36

Sofern die Störung der Geschäftsgrundlage zu bejahen ist, kommt eine Anpassung des Jagdpachtvertrags auf der Grundlage des § 313 Abs. 1 BGB nur in Betracht, wenn einem der Beteiligten die Fortsetzung des Vertrags unter den geänderten gesetzlichen Bedingungen nicht zuzumuten ist. Die Zumutbarkeit der Fortsetzung des Vertrags wird sich nach dem jeweiligen Umfang der Änderungen des BJagdG und den damit in Zusammenhang stehenden Auswirkungen auf den Jagdpachtvertrag bestimmen (vgl. v. Pückler WuH 3/2004, 120 ff.). In Anbetracht der rechtlichen Unsicherheiten, die im Fall der Änderung des BJagdG eintreten können, ist es nützlich, für diesen Fall bereits bei Abschluss des Vertrags vertraglich eine Anpassung des Jagdpachtvertrags vorzusehen. Zur Vermeidung weiterer Streitigkeiten sollten hierbei bereits einzelne Szenarien und die sich daraus ergebenden rechtlichen Folgen für den Jagdpachtvertrag formuliert werden. 37

In diesem Zusammenhang ist zu berücksichtigen, dass eine Heranziehung der Regeln über den Wegfall der Geschäftsgrundlage iSd § 313 BGB im Anwendungsbereich der pachtrechtlichen Gewährleistungsvorschriften nach den § 581 Abs. 2 BGB, § 536 BGB grundsätzlich ausgeschlossen ist (BGH Urt. v. 21.2.2008 – III ZR 200/07, BeckRS 2008, 4538 = JE III Nr. 187; Urt. v. 26.8.1999 – 8 AZR 827/98, NJW 2000, 1741; Urt. v. 11.12.1991 – XII ZR 63/90, NJW-RR 1992, 267). Das heißt, dass eine Anpassung des Vertrags auf der Grundlage des § 313 BGB nicht möglich ist, wenn der 38 mögliche Anlass hierfür ein Mangel der Pachtsache ist. In diesen Fällen ist das Gewährleistungsrecht einschlägig. Die diesen Bestimmungen zugrunde liegende Risikoverteilung darf nicht über die Annahme einer Störung der Geschäftsgrundlage verändert werden (vgl. BGH Urt. v. 21.2.2008 – III ZR 200/07, BeckRS 2008, 4538 = JE III Nr. 187).

3. Schriftform

39 Gemäß § 11 Abs. 4 S. 1 ist der Jagdpachtvertrag schriftlich abzuschließen. Dem Schriftformerfordernis ist genügt, wenn der Pachtvertrag schriftlich abgefasst und beide Vertragsparteien (Verpächter und Pächter) auf der Vertragsurkunde unterzeichnen (BGH Urt. v. 8.7.1982 – III ZR 46/81, BeckRS 1982, 31069896 = JE III Nr. 60), oder wenn zwei gleichlautende Urkunden aufgenommen werden, bei denen jede Partei die für den anderen Teil bestimmte Urkunde unterzeichnet (OLG Köln Urt. v. 17.12.1999 – 3 U 16/99, BeckRS 2000, 3443 = JE III Nr. 144). Zur Wahrung der Schriftform ist erforderlich, dass sämtliche Jagdpächter unterzeichnen oder sich aus dem Jagdpachtvertrag ergibt, dass der Unterzeichnende auch in Vertretung der Mitpächter handelt (OLG Koblenz Urt. v. 3.8.2014 – 12 U 130/14, JE III Nr. 214). Die Beweislast für die Formgültigkeit des Vertrages trägt regelmäßig die Partei, die sich auf die Wirksamkeit des Vertrages beruft (AG Neumünster Beschl. v. 24.3.2020 – 31 C 300/20, BeckRS 2020, 59405 = JE III Nr. 231).

40 Die Schriftform des Jagdpachtvertrags hat sowohl **Warn- als auch Beweisfunktion.** Der Jagdpachtvertrag soll gem. § 11 Abs. 4 S. 2 auf die Dauer von mindestens neun Jahren abgeschlossen werden, wobei einige Bundesländer diese Mindestpachtzeit zwingend ausgestaltet haben und sie zum Teil auch verlängert haben. Ein derartiger Vertrag bedeutet für beide Parteien eine starke und langfristige Bindung, die der Gesetzgeber nicht übereilt eintreten lassen will, so dass der Jagdpachtvertrag nur bei Einhaltung der Schriftform wirksam wird. In Anbetracht der Bindungsdauer von mindestens neun Jahren kommt der Schriftform auch Beweisfunktion zu. Das Schriftformerfordernis besteht aber nicht nur im Interesse der Vertragsparteien, sondern auch im Allgemeininteresse zur Sicherheit des Rechtsverkehrs (AG Calw Urt. v. 25.2.2021 – 8 C 519/20, JE III Nr. 230). Darüber hinaus ist die Schriftform auch erforderlich, um der Jagdbehörde das Beanstandungsrecht gem. § 12 zu sichern. Die Behörde kann den Inhalt des Pachtvertrags nur prüfen, wenn dieser schriftlich verfasst wird. Letzteres ist jedoch nicht der ausschließliche Grund für das Schriftformerfordernis des Jagdpachtvertrags (BGHZ 61, 48 = NJW 1973, 1839 = LSK 1973, 850312; vgl. OLG Köln Urt. v. 17.12.1999 – 3 U 16/99, BeckRS 2000, 3443 = JE III Nr. 144).

41 Alle Vereinbarungen des Jagdpachtvertrags müssen grundsätzlich **in einer Urkunde** enthalten sein. Bei einem mehrseitigen Pachtvertrag muss die Zusammengehörigkeit der einzelnen Seiten zu einer Vertragsurkunde erkennbar sein, wozu jedoch eine körperliche Verbindung nicht notwendig ist. Es ist ausreichend, dass sich die Einheit der Urkunde aus fortlaufenden Seitenzahlen, fortlaufender Nummerierung der einzelnen Vertragsbestimmungen oder anderen Merkmalen ergibt (BGH Urt. v. 24.9.1997 – XII ZR 234/95, BGHZ 136, 357 = NJW 1998, 58 = BeckRS 1997, 8237; Urt. v. 18.12.2002 – XII ZR 253/01, NJW 2003, 1248 = BeckRS 2003, 2068; LG Siegen Urt. v. 22.6.2020 – 1 S 32/19, BeckRS 2020, 51391 = JE III

Nr. 233). Es ist zulässig, dass eine Vertragsurkunde durch andere Urkunden, beispielsweise eine Revierkarte, ergänzt wird. In diesem Fall ist es jedoch erforderlich, dass die Hauptturkunde auf die ergänzenden Urkunden so eindeutig Bezug nimmt, dass die Zugehörigkeit zueinander zweifelsfrei erkennbar ist (BGH Urt. v. 18.12.1999 – XII ZR 313/98, NJW 2000, 354; Urt. v. 18.12.2002, NJW 2003, 1248 = BeckRS 2003, 2068; OLG Jena Urt. v. 28.6.2018 – 1 U 672/17; OLG Celle Urt. v. 19.10.2017 – 7 U 45/16, BeckRS 2017, 155086 = JE III Nr. 223; OLG Düsseldorf Urt. v. 24.7.2014 – 9 U 105/13, BeckRS 2014, 18384 = JE III Nr. 210; OLG Hamm Urt. v. 22.9.2010 – 30 U 119/09, BeckRS 2010, 24436 = JE III Nr. 197; LG Siegen Urt. v. 22.6.2020 – 1 S 32/19, BeckRS 2020, 51391 = JE III Nr. 233). Ist einer, dem Jagdpachtvertrag beigefügten Karte nicht objektiv entnehmbar, welches von mehreren eingezeichneten Gebieten das eigentliche Revier abgrenzt und gibt es hierzu auch keine Erläuterung im Text des Jagdpachtvertrages, fehlt es an einer hinreichenden Konkretisierung des Pachtgegenstandes (OLG Brandenburg Urt. v. 4.4.2020 – 3 U 20/19, BeckRS 2020/2075; AG Calw Urt. v. 25.2.2021 – 8 C 519/20, JE III Nr. 230). Hierbei ist es auch nicht ausreichend, wenn zwischen den Parteien Einigkeit über die genaue Größe und Lage des Jagdpachtgegenstandes besteht.

Ein Pachtvertrag ist auch dann wegen Nichteinhaltung der Schriftform nichtig, wenn Anlagen, die im Jagdpachtvertrag genannt sind, dem Vertrag nicht beigefügt sind (OLG Naumburg Urt. v. 11.1.2018 – 2 U 33/17, BeckRS 2018, 45047 = JE III Nr. 220). Bei einer Änderung oder Verlängerung des Jagdpachtvertrags muss die ergänzende Urkunde auf den Hauptvertrag Bezug nehmen, einer körperlichen Verbindung bedarf es aber nicht (LG Lübeck Urt. v. 2.4.2003 – 17 O 97/03, JE III Nr. 158). **41a**

In den Fällen gesetzlich vorgeschriebener Schriftform müssen die Vertragsparteien grundsätzlich beide **dieselbe Urkunde** unterzeichnen (§ 126 Abs. 2 S. 1 BGB). Lediglich bei Aufnahme **mehrerer gleichlautender Urkunden** reicht es aus, wenn jede Partei die für den anderen Vertragspartner bestimmte Urkunde unterzeichnet; beide Urkunden müssen in diesem Fall aber den gesamten Vertragsinhalt richtig wiedergeben (LG Hildesheim Urt. v. 12.6.2013 – 2 O 139/13, BeckRS 2015, 18380 = JE III Nr. 204). Zur Einhaltung der Schriftform iSd § 11 Abs. 4 S. 1 reicht es nicht aus, wenn der Pächter ein schriftliches Angebot zum Abschluss eines Jagdpachtvertrags einreicht und der Verpächter dieses schriftlich annimmt. Denn der Schriftform ist nicht genügt, wenn jede Partei ihre eigene Willenserklärung unterzeichnet und die einzelnen Willenserklärungen aneinander gereiht werden (OLG Köln Urt. v. 17.12.1999 – 3 U 16/99, BeckRS 2000, 3443 = JE III Nr. 144). **42**

Die Erteilung des Zuschlags in einem Ausschreibungsverfahren genügt nicht der Anforderung an das Schriftformerfordernis. Hierdurch kommt kein eigenständiger Vertrag sui generis zustande (LG Kassel Urt. v. 27.1.2016 – 6 O 663/15, BeckRS 2016, 135652 = JE III Nr. 215). Aus diesem Grund kann auch ein Teilnehmer an einem derartigen Ausschreibungsverfahren sein abgegebenes Gebot bis zu dem Zeitpunkt der Unterzeichnung des Jagdpachtvertrages zurückziehen, ohne Schadensersatzansprüche befürchten zu müssen (LG Kassel Urt. v. 27.1.2016 – 6 O 663/15, BeckRS 2016, 135652 = JE III Nr. 215). **43**

Die Schriftform des Jagdpachtvertrags muss alle Vereinbarungen der Vertragsparteien vollständig erfassen. Insbesondere ist die vereinbarte Gegenleistung ein unverzichtbarer Bestandteil des Jagdpachtvertrages (OLG Koblenz **44**

Urt. v. 3.8.2015 – 12 U 130/14, JE III Nr. 214; OLG Hamm Urt. v. 30.10.2009 – 30 U 182/08, BeckRS 2010, 8384 = JE III Nr. 232; OLG Köln Urt. v. 11.6.1993 – 20 U 228/92, BeckRS 1993, 124202). Hierzu gehören zB auch eine Spendenzusage an den Verpächter (zB die Gemeinde), sofern sie eine echte Gegenleistung für die Verpachtung eines Jagdbezirks darstellt (BGH Beschl. v. 24.3.1994 – III ZR 65/93, BeckRS 1994, 2576 = JE III Nr. 115), eine Abrede, die die Rechtslage im Falle des Todes eines der Pächter betrifft (LG Würzburg Urt. v. 30.9.1970, EJS IV S. 11 Nr. 6), oder auch eine Vereinbarung zwischen der Jagdgenossenschaft und einem Rechtsanwalt als Pächter, wenn dieser sich verpflichtet, der Jagdgenossenschaft zu ermäßigten Gebühren Rechtsrat zu erteilen (BGH Urt. v. 13.4.1978 – III ZR 89/76, BeckRS 1978, 31119099 = WM 1978, 846). Derartige Zusagen sind allesamt gem. § 11 Abs. 6 nichtig, wenn sie als Gegenleistung für das Jagdausübungsrecht vereinbart und nicht schriftlich in den Pachtvertrag aufgenommen werden.

44a Zu dem notwendigen Inhalt des Jagdpachtvertrags gehören auch die von dem Pachtvertrag umfassten Grundflächen. Diese müssen auch für einen Dritten unmittelbar aus dem Pachtvertrag oder einer entsprechenden Anlage, auf die in dem Pachtvertrag Bezug genommen wird, erkennbar sein (OLG Hamm Beschl. v. 31.1.2018 – 30 U 101/17, BeckRS 2018, 11092 = JE III Nr. 221; OLG Düsseldorf Urt. v. 24.7.2014 – 9 U 105/13, BeckRS 2014, 18384 = JE III Nr. 210; OLG Celle Urt. v. 19.10.2017 – 7 U 45/16, BeckRS 2017, 155086 = JE III Nr. 223; OLG Naumburg Urt. v. 11.1.2018 – 2 U 33/17, BeckRS 2018, 45047 = JE III Nr. 220; OLG Hamm Beschl. v. 31.1.2018 – 30 U 101/17, BeckRS 2018, 11092; OLG Schleswig Urt. v. 31.1.2019 – 2 U 6/18, BeckRS 2019, 14271 = JE III Nr. 226; OLG Koblenz Urt. v. 23.9.2020 – 5 U 2208/19, BeckRS 2020, 54412 = JE III Nr. 229; LG Wuppertal Urt. v. 12.3.2013 – 1 O 270/12, BeckRS 2013, 16003 = JE III Nr. 207; vgl. für eine Verlängerungsvereinbarung OLG des Landes Sachsen-Anhalt Urt. v. 11.1.2018 – 2 U 33/17, BeckRS 2018, 45047 = JE III Nr. 220; LG Koblenz Urt. v. 2.8.2021 – 5 O 244/20, BeckRS 2021, 54390). Soweit die Reviergrenzen im Jagdpachtvertrag textlich beschrieben werden, müssen diese anhand der Beschreibung bestimmbar sein. Sofern ein Jagdbezirk anhand von geographischen Punkten definiert wird, müssen diese so genau bezeichnet sein, dass anhand der Örtlichkeiten der Grenzverlauf zweifelsfrei ermittelt werden kann (OLG Jena Urt. v. 28.6.2018 – 1 U 672/17; OLG Koblenz Beschl. v. 10.12.2013 – 3 U 393/13, JE III Nr. 205; Beschl. v. 11.2.2014 – 3 U 393/13, JE III Nr. 206). Sofern als Grenze der Verlauf von Wegen bezeichnet ist, kann der Vertrag dahingehend ausgelegt werden, dass die Straßenmitte die Grenze darstellt, sofern keine Anhaltspunkte entgegenstehen (OLG Koblenz Urt. v. 23.9.2020 – 5 U 2208/19, BeckRS 2020, 54412 = JE III Nr. 229).

44b Wenn die Grenze eines gemeinschaftlichen Jagdbezirkes mit derjenigen der politischen Gemeindegrenze vollständig übereinstimmt, bedarf es in dem Jagdpachtvertrag keiner Grenzbeschreibung. In den Bereichen, in denen die Grenzverläufe von denen der Gemeindegrenze abweichen, ist eine parzellengenaue Beschreibung erforderlich. Ansonsten ist der Jagdpachtvertrag nichtig (OLG Koblenz Urt. v. 23.9.2020 – 5 U 2208/19, BeckRS 2020, 54412 = JE III Nr. 229).

45 Der Beifügung eines **Dienstsiegels** bedarf es auch dann nicht, wenn der Pachtvertrag von einem Gemeindevorstand als Notvorstand der Jagdgenossenschaft abgeschlossen und unterzeichnet wurde (BGH Urt. v. 8.7.1982 – III ZR 46/81, BeckRS 1982, 31069896 = JE III Nr. 60; OLG Frankfurt Urt. v. 2.12.1980 – 8 U 140/80, JE III Nr. 44). Der Begriff **„Unterschrift“** ist wörtlich zu verstehen; dh, dass die Unterschriften der Vertragsparteien den Urkundentext räumlich abschließen müssen (BGH Urt. v. 20.11.1990 – XI ZR 107/89, BGHZ 113, 48 = NJW 1991, 487).

Ein **Vorvertrag,** mit dem sich die Vertragsparteien verpflichten, in Zukunft einen Jagdpachtvertrag abschließen zu wollen, bedarf in gleicher Weise wie der Jagdpachtvertrag selbst der Schriftform. Denn nach allgemeiner Ansicht hängt die Gültigkeit eines Vorvertrags von der für den Hauptvertrag gesetzlich vorgeschriebenen Form jedenfalls dann ab, wenn diese Form zumindest auch den Zweck hat, die Vertragsparteien vor einer übereilten Bindung zu warnen (RG Urt. v. 15.6.1942 – V 132/41, RGZ 169, 185; Urt. v. 8.12.1925 – VI 350/25, RGZ 112, 199; BGH Urt. v. 7.6.1973 – III ZR 71/71, BGHZ 61, 48 = NJW 1973, 1839 = LSK 1973, 850312; OLG Köln Urt. v. 17.12.1999 – 3 U 16/99, BeckRS 2000, 3443 = JE III Nr. 144; AG Neumünster Beschl. v. 24.3.2020 – 31 C 300/20, BeckRS 2020, 59405 = JE III Nr. 231). Da § 11 Abs. 4 S. 1 auch diesem Anliegen dient, ist mithin auch der Vorvertrag, mit dem sich die Vertragsparteien zum Abschluss eines Jagdpachtvertrags verpflichten, nur wirksam, wenn er schriftlich abgeschlossen wurde. 46

Wenn der Pächter zur Sicherung des jährlichen Jagdpachtzinses dem Verpächter eine **Bankbürgschaft** stellt, so muss diese Bedingung nicht in den Jagdpachtvertrag aufgenommen werden und unterliegt somit nicht dem Schriftformerfordernis des § 11 Abs. 4 S. 1 (so zumindest LG Münster Urt. v. 22.6.2004 – 9 S 134/03, JE III Nr. 167). Diese Meinung ist zumindest dann in Frage zu stellen, wenn die Bankbürgschaft Voraussetzung für den Abschluss des Jagdpachtvertrags ist und im **synallagmatischen Verhältnis von Leistung und Gegenleistung** steht. Das LG Münster vertrat in der zitierten Entscheidung die Auffassung, dass dies in dem der Entscheidung zugrunde liegenden Sachverhalt nicht der Fall gewesen sei. Die Richtigkeit des Urteils ist zumindest in Frage zu stellen, da in dem zugrunde liegenden Fall der Pachtvertrag durch den Verpächter erst nach Vorlage einer betragsmäßig korrigierten Bürgschaft unterzeichnet wurde (so auch mit überzeugenden Argumenten Anm. Thies zu LG Münster JE III Nr. 176 S. 96 f.). 47

Der Jagdpachtvertrag muss auf Verpächterseite durch den Eigenjagdbezirksinhaber oder den bevollmächtigten Vertreter der Jagdgenossenschaft unterzeichnet werden. Besteht der Jagdvorstand der verpachtenden Jagdgenossenschaft aus mehreren vertretungsberechtigten Mitgliedern, so müssen den Vertrag grundsätzlich **alle zur Vertretung berufenen Vorstandsmitglieder unterzeichnen** (vgl. OLG Brandenburg Urt. v. 14.12.2005 – 3 U 1/05, BeckRS 2005, 33045 = JE IV Nr. 111). Die Unterschrift des Jagdvorstehers reicht aus, wenn er laut Jagdgenossenschaftssatzung allein vertretungsberechtigt ist oder er durch die übrigen zur Vertretung berufenen Mitglieder des Jagdvorstands bevollmächtigt wurde, sofern die Jagdgenossenschaftssatzung eine Vertretung nicht ausschließt. Die Bevollmächtigung des Jagdvorstehers ist in diesem Fall formfrei (Mitzschke/Schäfer Rn. 50 mwN). Sofern auf Pächterseite mehrere Mitpächter bestehen, so ist der Pachtvertrag grundsätzlich von allen zu unterzeichnen, sofern nicht einer der Mitpächter von den übrigen zur Unterzeichnung des Pachtvertrags bevollmächtigt wird. Es muss zumindest aber aus dem Pachtvertrag hervorgehen (zB aus dem Rubrum des Vertrags), wer Mitpächter des Pachtvertrags ist. 48

49 Es bestehen keine Bedenken, dass ein **Mitglied des Jagdvorstands** den Jagdpachtvertrag sowohl auf Verpächter- als auch auf Pächterseite unterzeichnet, wenn die Jagdgenossenschaft einen Beschluss gefasst hat, den Jagdpachtvertrag mit dem Vorstandsmitglied abzuschließen und dem Vorstand eine entsprechende Abschlussvollmacht erteilt hat. In dem vor Abschluss des Jagdpachtvertrags ergangenen Verpachtungsbeschluss der Jagdgenossenschaft liegt eine konkludente Befreiung von den Beschränkungen des **§ 181 BGB** durch schlüssiges Verhalten der Jagdgenossenschaftsversammlung (LG Stendal Urt. v. 21.8.2001 – 14 O 143/01, JE III Nr. 143).

50 Der Gemeindevorstand ist als **Notvorstand** berechtigt, einen Jagdpachtvertrag **ohne vorherige Beschlussfassung** durch die Jagdgenossenschaftsversammlung abzuschließen, da § 9 Abs. 2 S. 3 insoweit keine Beschränkung enthält. Etwas anders gilt, wenn die Satzung der Jagdgenossenschaft eine **Beschränkung der Vertretungsmacht des Jagdvorstehers** enthält, die wegen ihrer eindeutigen und klaren Fassung die Beschränkung der Vertretungsmacht auch für jeden Dritten erkennbar werden lässt, so dass diese auch im Außenverhältnis Wirkung entfaltet (OLG Bamberg Beschl. v. 17.8.2023 – 4 U 76/23e, BeckRS 2023, 25965). Im durch das OLG Bamberg zu entscheidenden Fall enthielt die Satzung der Jagdgenossenschaft eine Regelung, dass der Jagdvorsteher die Jagdgenossenschaft gerichtlich und außergerichtlich vertritt und im Übrigen seine Vertretungsmacht auf die Durchführung der von der Jagdgenossenschaftsversammlung ordnungsgemäß gefassten Beschlüsse beschränkt ist. Aufgrund des eindeutigen Satzungstextes gilt die Beschränkung der Vertretungsmacht mithin auch für den Notvorstand sein Handeln im Außenverhältnis betreffend. Das bedeutet, dass auch der Notvorstand einen Beschluss der Jagdgenossenschaftsversammlung in allen Fällen herbeiführen muss, in denen die Satzung das Handeln des Jagdvorstehers eindeutig beschränkt.

50a Ansonsten umfasst die Vertretungsbefugnis eines Notvorstands alle Geschäfte, zu denen auch ein gewählter Jagdvorstand berechtigt ist und beschränkt sich nicht auf Notgeschäfte, deren Erledigung besonders eilbedürftig sind (BGH Urt. v. 8.7.1982 – III ZR 46/81, BeckRS 1982, 31069896 = JE III Nr. 60; OLG Brandenburg Urt. v. 10.12.2001 – 3 U 24/00, BeckRS 2001, 17367 = JE III Nr. 165; OLG Frankfurt Urt. v. 2.12.1980 – 8 U 140/80, JE III Nr. 44).

51 Es verstößt grundsätzlich nicht gegen den **Grundsatz von Treu und Glauben iSd § 242 BGB,** wenn sich eine der Vertragsparteien auf den Formmangel beruft (LG Hildesheim Urt. v. 12.6.2013 – 2 O 139/13, JE III Nr. 204). Die Berufung auf die Formungültigkeit ist auch dann nicht treuwidrig, wenn zuvor eine Mediation versucht wurde (AG Neumünster Beschl. v. 24.3.2020 – 31 C 300/20, BeckRS 2020, 59405).

51a Gesetzliche Formvorschriften dürfen im Interesse der Rechtssicherheit nicht aus bloßen Billigkeitserwägungen außer Acht gelassen werden. Gegenüber der sich aus der öffentlich rechtlichen Vorschrift des § 11 Abs. 4 S. 1 ergebenden Formvorschrift versagt grundsätzlich die Berufung auf Treu und Glauben und auf die Arglisteinrede (vgl. BGH Beschl. v. 24.3.1994 – III ZR 65/93, BeckRS 1994, 2576 = JE III Nr. 115; OLG Hamm Beschl. v. 31.1.2018 – 30 U 101/17, BeckRS 2018, 11092 = JE III Nr. 221; OLG Brandenburg Urt. v. 4.2.2020 – 3 U 20/19, BeckRS 2020/2075; AG Calw Urt. v. 25.2.2021 – 8 C 519/20, JE III Nr. 230). **Ausnahmen** sind allenfalls zulässig, wenn es nach den Beziehungen der Parteien und den gesamten Umständen mit Treu und Glauben unvereinbar wäre, das Rechtsgeschäft am

Formmangel scheitern zu lassen. Derartige Fälle können zB vorliegen, wenn eine Vertragspartei die andere von der Einhaltung der Schriftform abgehalten, sich sonst einer schweren Treuepflichtverletzung schuldig gemacht hat oder wenn die Existenz der anderen Vertragspartei bedroht ist (LG Hildesheim Urt. v. 12.6.2013 – 2 O 139/13, JE III Nr. 204 mwN).

Für die Beurteilung der Nichtigkeit des Vertrages wegen Verletzung des **51b** Schriftformerfordernisses kommt es auch nicht darauf an, dass der Jagdpachtvertrag der unteren Jagdbehörde im Rahmen des Beanstandungsverfahrens vorgelegt wurde und diese sich nicht zu der Frage der Nichteinhaltung des Schriftformerfordernisses geäußert hat (AG Calw Urt. v. 25.2.2021 – 8 C 519/20, JE III Nr. 230). Denn die untere Jagdbehörde kann einen Jagdpachtvertrag nur wegen der Nichtbeachtung der Mindestpachtdauer beanstanden oder wenn zu erwarten ist, dass durch eine vertragsgemäße Jagdausübung die Hegepflicht nach § 1 Abs. 2 verletzt würde.

4. Vertragsparteien

a) Allgemeines. Vertragsparteien des Jagdpachtvertrags sind die Jagd- **52** genossenschaft bzw. der Eigenjagdbezirksinhaber als Verpächter auf der einen Seite und der oder die Jäger als Pächter auf der anderen Seite. Die Jagdgenossenschaft ist als Körperschaft des öffentlichen Rechts rechtsfähig, so dass sie als solche – vertreten durch den Jagdvorstand – als Verpächter auftreten kann. Eine Mitwirkungsbefugnis bei der Beschlussfassung über die Verpachtung ergibt sich für den einzelnen Jagdgenossen lediglich aus seinem Stimmrecht. Für die Bestimmung der Mitgliedschaftsrechte ist aber zwischen dem Fassen des Beschlusses und dem Vollzug des Beschlusses zu unterscheiden (OVG Saarbrücken Beschl. v. 28.2.1989 – 1 W 12/89, JE III Nr. 96). Wenn der einzelne Jagdgenosse der Auffassung ist, dass der gefasste Beschluss der Jagdgenossenschaftsversammlung über eine Jagdverpachtung sittenwidrig sei, weil der Jagdpachtzins zu günstig sei und nicht im Verhältnis zu der Gegenleistung (Jagdverpachtung) stehe, kann der Jagdgenosse im Rahmen des Eilrechtsschutzes den Klageweg gegen eine derartige Verpachtung beschreiten, wenn er die Verletzung mitgliedschaftlicher Rechte geltend machen kann (OVG des Saarlandes Beschl. v. 24.1.2018 – 2 B 515/17, BeckRS 2018, 582 = JE III Nr. 219).

Jagdpächter können stets nur natürliche Personen oder eine Personenmehr- **53** heit natürlicher Personen sein. Dies folgt aus dem Erfordernis, dass der Pächter jagdpachtfähig sein muss. Das heißt, dass der Pächter zum Zeitpunkt der Eingehung des Pachtverhältnisses im Besitz eines gültigen Jahresjagdscheins sein muss und zuvor mindestens drei Jahre lang einen Jahresjagdschein besessen haben muss (zu den Ausnahmen → Rn. 135 ff.). Dieses Erfordernis können juristische Personen naturgemäß nicht erfüllen (zur Ausnahme bei der Zupacht von Jagdflächen durch eine Körperschaft des öffentlichen Rechts, die selbst Eigentümer eines Eigenjagdbezirks ist, s. Art. 14 Abs. 3 **BayJG.**

b) Rechte und Pflichten der Vertragsparteien. aa) Allgemeines. Ge- **54** mäß § 581 Abs. 1 S. 1 BGB ist der Verpächter verpflichtet, dem Pächter die ungestörte Ausübung der Jagd zu ermöglichen, der Pächter seinerseits ist verpflichtet, dem Verpächter den vertraglich vereinbarten Jagdpachtzins zu entrichten (§ 581 Abs. 1 S. 2 BGB). Der Jagdpachtvertrag ist mithin ein Schuldverhältnis, das im Gegenseitigkeitsverhältnis steht. Die Pflicht des einen Vertragspartners ist somit das Recht der anderen Vertragspartei.

55 **bb) Verpächter. (1) Rechte des Verpächters.** Das Recht des Verpächters gegenüber dem Pächter ist es insbesondere, von dem Pächter die fristgemäße Zahlung des vereinbarten Jagdpachtzinses zu verlangen (§ 581 Abs. 1 S. 2 BGB). Sofern es vertraglich vereinbart ist, kann der Verpächter weiterhin die vollständige oder teilweise Begleichung des Wildschadens oder die Zahlung der Wildschadenspauschale fordern. Darüber hinaus hat der Verpächter gegenüber dem Pächter das Recht, eine ausreichende Bejagung zu verlangen, sodass Beeinträchtigungen einer ordnungsgemäßen land-, forst- oder fischereiwirtschaftlichen Nutzung möglichst vermieden werden (OLG Stuttgart Urt. v. 24.11.1960 – 2 U 49/60, EJS I S. 61 Nr. 18; Mitzschke/Schäfer Rn. 58; Leonhardt/Pießkalla Rn. 2.7). Sofern der Pächter seiner Bejagungspflicht trotz Abmahnung nicht nachkommt, kann der Verpächter den Jagdpachtvertrag ggf. gem. § 543 Abs. 1 S. 1 BGB iVm § 581 Abs. 2 BGB aus wichtigem Grund fristlos kündigen.

56 **(2) Hauptpflichten des Verpächters.** Hauptpflicht des Verpächters ist es, gem. § 581 Abs. 1 S. 1 BGB dem Pächter dem Gebrauch der Pachtsache und nach den Regeln einer ordnungsgemäßen Wirtschaft die Fruchtziehung zu ermöglichen. Bezogen auf den Jagdpachtvertrag bedeutet dies, dass der Verpächter dem Pächter die möglichst ungestörte Bejagung des Pachtbezirks ermöglichen muss.

57 Die Pflicht des Verpächters kann sich auch darauf erstrecken, seinerseits Störungen zu jagdlich sensiblen Jahreszeiten zu unterlassen, sofern es dem Verpächter zumutbar ist. Stört der Verpächter zB die Rotwildeinstände während der Hirschbrunft durch nicht unaufschiebbare Waldarbeiten, die er ebenso gut auch später ausführen kann, und wird dadurch der Abschuss eines für dieses Jagdjahr freigegebenen und bestätigten Hirschs vereitelt, so kann der Verpächter dem Pächter gem. § 280 BGB wegen Verletzung einer vertraglichen Pflicht auf Schadensersatz haften, wenn der Verpächter schuldhaft gehandelt hat (OLG Köln Urt. v. 15.3.1961 – 2 U 158/60, BeckRS 1961, 104793 = EJS I S. 61 Nr. 19). Für die Berechnung der Höhe des Schadensersatzes können ggf. die Schussgelder herangezogen werden, die ortsüblich von der Staatsforstverwaltung für die Erlegung der jeweiligen Wildart verlangt werden (vgl. OLG Köln Urt. v. 15.3.1961 – 2 U 158/60, BeckRS 1961, 104793 = EJS I S. 61 Nr. 19).

58 **cc) Pächter. (1) Rechte des Pächters.** Gemäß § 581 Abs. 1 S. 1 BGB kann der Pächter von dem Verpächter die möglichst ungestörte Nutzung der Pachtsache und das Recht zur Fruchtziehung verlangen. Im Übrigen korrespondieren die Rechte des Pächters mit den Pflichten des Verpächters (→ Rn. 55). Sofern der Verpächter seinen vertraglichen Pflichten nicht ordnungsgemäß nachkommt, kann der Pächter ggf. Gewährleistungsrechte bzw. Schadensersatzansprüche gegenüber dem Verpächter geltend machen (→ Rn. 60 ff., → Rn. 89 ff.).

59 **(2) Pflichten des Pächters.** Die Hauptpflicht des Pächters besteht in der fristgemäßen Zahlung des vereinbarten Jagdpachtzinses (§ 581 Abs. 1 S. 2 BGB). Darüber hinaus hat der Pächter die Pflicht, übermäßige Wildschäden zu vermeiden (→ Rn. 55).

60 **dd) Nebenpflichten der Vertragsparteien.** Gemäß § 241 Abs. 2 BGB haben die Vertragsparteien die Pflicht, auf die Rechte, Rechtsgüter und Interessen des jeweils anderen Teils zu achten. Hierzu gehört zB die Pflicht

des Vorstands der Jagdgenossenschaft, den neuen Pächter in die Jagdbezirksgrenzen einzuweisen. Ob die Nebenpflichten der Jagdgenossenschaft so weit gehen, auf einen Jagdgenossen einzuwirken zu müssen, so dass dieser eine nachteilige Nutzung seines Grundstücks durch den Jagdpächter gestattet, ist wohl eher zweifelhaft (vgl. Leonhardt/Pießkalla Rn. 2.11). Eine Klage der Jagdgenossenschaft gegen einen Jagdgenossen, die Verpachtung seines Grundstücks an einen Modellflugplatzbetreiber zu unterlassen, ist zwar im Hinblick auf die Klagebefugnis zulässig. Nach Auffassung des VG Münster ist es aber mit den Grundsätzen von Treu und Glauben nicht vereinbar sein, wenn „die Jagdgenossenschaft mit der einen Hand dem Modellflugplatzbetreiber zu nehmen versucht, was ihm einer der ihren mit der anderen Hand gegeben hat“ (VG Münster Urt. v. 7.3.2008 – 10 K 2095/05, nv; vgl. auch OLG Celle Urt. v. 9.9.1993 – 7 U 116/92, JE III Nr. 111).

Eine Nebenpflicht des Jagdpächters ist es zB dem Verpächter jederzeit **61** Auskunft über den Stand der Abschussplanerfüllung zu geben (Leonhardt/Pießkalla Rn. 2.11).

5. Gewährleistungsrechte

a) Allgemeines. Gemäß § 581 Abs. 2 BGB iVm § 536 Abs. 1 S. 1 BGB **62** ist der Pächter von der Zahlung des Pachtzinses befreit, wenn die Pachtsache zur Zeit der Überlassung einen Mangel hat, der ihre Tauglichkeit zum vertragsgemäßen Gebrauch aufhebt. Das Gleiche gilt, wenn während der Pachtdauer ein entsprechender Mangel entsteht. Für die Zeit, während der die Tauglichkeit der Pachtsache gemindert ist, muss der Pächter an den Verpächter nur einen herabgesetzten Pachtzins entrichten (§ 581 Abs. 2 BGB iVm § 536 Abs. 1 S. 2 BGB). Der Minderungsbetrag ist – ausgehend vom vereinbarten Pachtzins – proportional zur Tauglichkeitsminderung durch Schätzung herabzusetzen (Grüneberg/Weidenkaff BGB § 536 Rn. 33).

Das Gewährleistungsrecht des Pächters ist jedoch gem. § 536b S. 1 BGB **63** ausgeschlossen, wenn dem Pächter bei Vertragsabschluss der Mangel bekannt ist. Insofern kann sich der Pächter auf einen Sachmangel nicht berufen, wenn er ein Revier als Hochwildrevier pachtet, es ihm aber bekannt ist, dass dort Hochwild lediglich als Wechselwild vorkommt (AG Rotenburg/Fulda Urt. v. 11.4.2006 – 2 C 172/04, JE III Nr. 181; → Rn. 78 f.). Sofern dem Pächter der Mangel der Pachtsache infolge **grober Fahrlässigkeit** unbekannt geblieben ist, stehen ihm Gewährleistungsrechte nur zu, wenn der Verpächter den Mangel arglistig verschwiegen hat (§ 536b S. 2 BGB). Weiterhin kann der Pächter sich wegen **Verwirkung iSd § 242 BGB** nicht auf seinen Mängelgewährleistungsanspruch berufen, wenn ihm der Mangel während der Pachtdauer bekannt wird, er dennoch den Pachtpreis vorbehaltlos und in voller Höhe weiter bezahlt (Grüneberg/Weidenkaff BGB § 536 Rn. 38; Grüneberg/Weidenkaff BGB § 536b Rn. 8). Der Pächter muss bei Zahlung des Pachtzinses unter Hinweis auf den von ihm behaupteten Mangel ausdrücklich darauf hinweisen, dass die Zahlung nur unter Vorbehalt erfolgt, um sich seine Mängelgewährleistungsrechte auch für die Zukunft zu erhalten. Es ist nicht ausreichend, dass der Pächter lediglich zuvor den Mangel angezeigt hat (§ 536c BGB).

Ein **Mangel der Pachtsache** besteht, wenn diese eine nachteilige Abwei- **64** chung des tatsächlichen Zustands vom vertraglich vorausgesetzten Zustand besitzt; der Mangel muss die Tauglichkeit zu dem von den Vertragspartnern konkret vorausgesetzten vertragsgemäßen Gebrauch ganz aufheben oder erheblich mindern (Grüneberg/Weidenkaff BGB § 536 Rn. 16). Ein Sachmangel iSd § 536 Abs. 1 S. 1 BGB kann auch bei einer Rechtspacht, wie es die Pacht des Jagdausübungsrechts darstellt, auftreten. Ein Mangel der Grundlage, die dem gepachteten Recht zugrunde liegt, steht in einem solchen Fall dem Sachmangel gleich.

65 Bei der Beantwortung der Frage, was bei einem Jagdpachtvertrag als Mangel iSd § 536 Abs. 1 BGB anzusehen ist, sind die **Besonderheiten des Jagdpachtverhältnisses** zu beachten. Im Gegensatz zu den meisten sonstigen Miet- und Pachtverhältnissen wird nicht die Jagdbezirksfläche vom Pächter gepachtet, sondern lediglich das Jagdausübungsrecht (→ Rn. 3). Darüber hinaus wird der Jagdbezirk in berechtigter Weise auch von vielen anderen Personen genutzt. Die Konflikte zwischen den unterschiedlichen Interessen und den sich daraus ergebenden möglichen Beeinträchtigungen der Jagdausübung können nicht ohne weiteres als Mangel gewertet werden, vielmehr muss der Jagdpächter von vornherein mit den konkurrierenden Nutzungen aufgrund der dafür bestehenden gesetzlichen Regelungen rechnen (vgl. BGH Urt. v. 30.10.2003 – III ZR 380/02, BeckRS 2003, 9520 = JE III Nr. 160; OLG Düsseldorf Urt. v. 4.2.1997 – 24 U 7/96, AgrarR 1997, 302; Urt. v. 29.11.1988 – 24 U 176/88, JE III Nr. 97 = AgrarR 1990, 173 = FHOeffR 41 Nr. 14888; vgl. Leonhardt/Pießkalla Rn. 2.9). Als solche kommen zB in Betracht das **Recht des Waldbesuchers, den Wald zu Erholungszwecken frei betreten zu dürfen** (§ 14 Abs. 1 S. 1 BWaldG) und dabei auch Hunde mitzuführen – je nach Landesrecht freilaufend oder angeleint – sowie das Recht der Reiter nach Maßgabe der jeweiligen Landeswaldgesetze im Wald zu reiten (§ 14 Abs. 1 S. 2 BWaldG). Der Jagdpächter kann nicht erwarten, dass der Zustand seines Jagdbezirks von den **anderen berechtigten Naturnutzungen** unbehelligt bleibt (vgl. OLG Düsseldorf Urt. v. 4.2.1997 – 24 U 7/96, AgrarR 1997, 302).

66 Der Jagdpächter hat gegenüber dem Verpächter keinen Anspruch auf einen bestimmten Wildbestand oder die **Ergiebigkeit der Jagd** (BGH Urt. v. 30.10.2003 – III ZR 380/02, NJW-RR 2004, 100 = BeckRS 2003, 9520; OLG Düsseldorf Urt. v. 14.12.2006 – 10 U 103/06, BeckRS 2007, 1538 = JE III Nr. 184). Sofern die Jagdgenossenschaft in der Ausschreibung ihres Jagdbezirks die bestätigten oder festgesetzten Zahlen des Abschussplans angibt, so ist dies grundsätzlich nicht als Zusicherung iSd § 536 Abs. 2 BGB zu werten, da die Verpächterin hiermit in der Regel nicht für einen entsprechenden Wildbestand einstehen will (OLG Düsseldorf Urt. v. 14.12.2006 – 10 U 103/06, BeckRS 2007, 1538 = JE III Nr. 184; vgl. Grüneberg/Weidenkaff BGB § 536 Rn. 25). Eine Minderung des Pachtpreises steht dem Pächter mithin nicht zu, wenn die im Abschussplan bestimmten Abschusszahlen nicht erreicht werden.

67 Bei der Beurteilung der Frage, ob dem Jagdpächter im Einzelfall ein Minderungsrecht zusteht, ist jedoch zu berücksichtigen, dass sich der Pachtpreis eines Jagdbezirks unter anderem bemisst nach der Verteilung von Wald, Wiesen- und Feldflächen, Vorhandensein von Ruhezonen für das Wild, vorherrschende Kulturarten sowie den Möglichkeiten des Wildes zwischen den einzelnen Revierteilen ungehindert wechseln zu können. Sofern sich diese Gegebenheiten während der Pachtdauer erheblich ändern und hierdurch die Möglichkeiten der Jagdausübung fühlbar beeinträchtigt werden, kann dem Pächter ein Minderungsrecht iSd § 536 BGB zustehen. Eine Minderung des

Jagdpachtzinses ist bei erheblichen Veränderungen möglich, die zu einer Beeinträchtigung der Jagd führen und mit denen der Pächter auch unter Berücksichtigung der Bedürfnisse einer sich wandelnden ordnungsgemäßen Land- und Forstwirtschaft und der gesetzlichen Regelungen über das Betretungsrecht nicht zu rechnen braucht (OLG Düsseldorf Urt. v. 4.2.1997 – 24 U 7/96, AgrarR 1997, 302). Denn die Minderung des Pachtzinses dient dazu, eine nicht mehr bestehende Äquivalenz zwischen der Qualität der Pachtsache und dem zu zahlenden Pachtzins auszugleichen. In den Fällen, in denen dieses Gleichgewicht nicht mehr besteht, soll der Pächter die Möglichkeit haben, den Pachtzins dem tatsächlichen Qualitätsstandard der Pachtsache anzupassen. Hierbei ist unbeachtlich, ob der Verpächter die Qualitätseinbuße der Pachtsache verschuldet hat oder diese beeinflussen kann, da die Gewährleistungsrechte iSd §§ 536 ff. BGB verschuldensunabhängig sind.

Die Rspr. hat ein Minderungsrecht zB anerkannt **im Fall des Baus von elf Wochenendhäusern** in einem Teil des Jagdbezirks, der einen bevorzugten Äsungsplatz für Rehwild darstellt (LG Mainz Urt. v. 24.6.1966 – 3 S 44/66, EJS II S. 7 Nr. 6). Der Minderungsanspruch wurde vom Gericht bejaht, obwohl der Pachtvertrag die Klausel enthielt, dass die Jagdgenossenschaft keine Gewähr für Größe und **Ergiebigkeit** der Jagd übernehme. Das Gericht hat die Ansicht vertreten, mit dieser Klausel sei lediglich gemeint, dass die Jagdgenossenschaft nicht für den wirtschaftlichen Ertrag der Jagd einstehen wolle. Im vorliegenden Fall wäre die Jagdgenossenschaft auf Grund des Baus der Wochenendhäuser aber nicht mehr in der Lage, in vollem Umfang ihrer vertraglichen Pflicht nachzukommen, was den Pächter zur Minderung des Pachtzinses berechtige (vgl. auch OLG Karlsruhe Urt. v. 8.8.1980 – 10 K 153/78, JE III Nr. 34). 68

Der Pächter kann einen Anspruch auf Minderung des Pachtzinses haben, wenn er während mehrerer Monate die Jagd nicht ausüben kann, weil quer durch seinen Jagdbezirk eine **umfangreiche, mit erheblicher Lärmentwicklung verbundene Rohrverlegung** stattfindet (OLG Oldenburg Urt. v. 11.10.1968 – 6 U 84/67, EJS IV S. 88 Nr. 1 = FHZivR 15 Nr. 552). Das Minderungsrecht steht ihm zu, da er für das gesamte Jagdjahr den vollen Jagdpachtzins gezahlt, jedoch nicht den entsprechenden Gegenwert erhalten hat. 69

Ebenso ist der Pächter zur Minderung berechtigt, wenn **ein Jugendzeltlager in den Monaten Juli/August in einem Rehwildrevier errichtet wird,** da hierdurch die Jagdausübung während der Hauptjagdzeit für Rehwild in einem über das Normale hinausgehenden Maße beeinträchtigt wird (OLG Koblenz Urt. v. 28.7.1976 – 1 U 460/75, JE III Nr. 11). In diesem Fall wurde eine Minderung in Höhe von 1/7 des Pachtzinses durch das Gericht als angemessen angesehen. 70

Sofern der Jagdpächter aufgrund von **Manövertätigkeiten übender Truppen** in seinem Jagdbezirk zeitweise gehindert ist, der Jagdausübung nachzugehen, kann je nach Einzelfall die Pachtzinszahlung zum Teil entfallen (BGH Urt. v. 8.11.1990 – III ZR 251/89, BeckRS 1990, 5500 = JE III Nr. 103). 71

Die seit Abschluss des Jagdpachtvertrags **zunehmende Gatterung von Kulturflächen** kann ggf. dann einen Minderungsanspruch des Pächters begründen, wenn hierdurch gleichzeitig seine Pflichten gegenüber dem Verpächter erweitert werden, indem er zur Meldung von Schäden an den Wildgattern bzw. zur Wildfreihaltung der Kulturflächen verpflichtet wird (AG Schweinfurt Urt. v. 30.12.1994 – C 180/94, JE III Nr. 117). 72

73 Weiterhin kann es einen Mangel darstellen, wenn in einem Jagdrevier eine **wilddicht eingezäunte Gärtnerei mit einer Größe von ca. 1,5 ha** errichtet wird (OLG Düsseldorf Urt. v. 4.2.1997 – 24 U 7/96, AgrarR 1997, 302). Der Anspruch des Jagdpächters auf Minderung des Pachtzinses wurde hier anerkannt, obwohl die eingezäunte Gärtnereifläche lediglich 0,3 % der gesamten Jagdfläche ausmachte. Der Grund hierfür war, dass in diesem Fall wegen der Einzäunung die Ausübung der Treibjagd von dem einen Teil des Jagdbezirks in den anderen Teil wesentlich erschwert bzw. vollkommen unmöglich wurde.

74 Keinen Mangel stellt es jedoch dar, wenn **Erikakulturflächen** auf maximal ca. 2,1 % der tatsächlich nutzbaren Jagdfläche angelegt werden, obwohl Erikakulturen grundsätzlich ein jagdwertmindernder Charakter zukommt (OLG Düsseldorf Urt. v. 29.11.1988, JE III Nr. 97 = AgrarR 1990, 173 = FHOeffR 42 Nr. 13915).

75 Der **Bau eines Ferien- und Freizeitparks** im Revier kann den Jagdpächter ebenfalls zur Minderung des Jagdpachtzinses berechtigen, sofern hiermit eine **außergewöhnliche Erhöhung des Besucherdrucks** verbunden ist (vgl. OVG Lüneburg Urt. v. 14.4.1993 – 1 L 33/91, BeckRS 1993, 496 = JE XII Nr. 84).

76 Trotz einer Klausel im Jagdpachtvertrag, wonach der Pächter ohne Anspruch auf Pachtermäßigung alle Beeinträchtigungen der Jagd zu dulden hat, die der Forstbetrieb oder eine anderweitige Nutzung der Grundstücke mit sich bringen, darf er den Pachtzins mindern, wenn er durch **die häufige Benutzung einer Hütte mit Discoanlage** gestört wird, da es sich hierbei um eine artfremde Nutzung des Grundstückes handelt (AG Warstein Urt. v. 8.12.1988 – 3 C 58/87, JE III Nr. 99).

77 Der **Bau von Windkraftanlagen** im Jagdbezirk stellt zumindest dann keinen Minderungsgrund dar, wenn diese bei Abschluss des Jagdpachtvertrags zwar noch nicht errichtet sind, es dem Jagdpächter jedoch bekannt ist, dass diese gebaut werden sollen (LG Hildesheim Urt. v. 22.4.2004 – 4 O 472/03, BeckRS 2006, 7507 = JE III Nr. 166).

78 **b) Verpachtung als Hochwildrevier.** Ein Mangel in dem vorgenannten Sinn stellt es grundsätzlich dar, wenn in einem als **Hochwildrevier** verpachteten Jagdrevier – außer Schwarzwild – kein Wild vorkommt, das dem Hochwild iSd § 2 Abs. 4 zuzurechnen ist (BGH Urt. v. 21.2.2008 – III ZR 200/07, BeckRS 2008, 4538 = JE III Nr. 187; LG Amberg Urt. v. 15.11.1994 – 24 O 550/93, JE III Nr. 116; LG Aachen Urt. v. 27.10.2003 – 8 O 273/03, BeckRS 2003, 158358 = JE III Nr. 161; LG Marburg Urt. v. 17.1.2007 – 5 S 148/04, BeckRS 2008, 11486 = JE III Nr. 182; AG Lauterbach Urt. v. 13.1.1998 – C 264/96, JE III Nr. 132).

79 Die Verpachtung eines Jagdbezirks als „Hochwildrevier" stellt eine Beschaffenheitsangabe dar, so dass dem Pächter gegen den Verpächter Gewährleistungsrechte zustehen, sofern diese Beschaffenheit bei Vertragsabschluss nicht vorliegt bzw. während der Vertragslaufzeit entfällt. Eine Vertragsklausel, wonach der Verpächter keine Gewähr für die Größe und die Ergiebigkeit des Jagdbezirks übernimmt, steht dem Mängelgewährleistungsanspruch bei der Verpachtung eines vermeintlichen Hochwildreviers nicht entgegen. Denn nach überwiegend vertretender Auffassung enthält diese Klausel lediglich einen Ausschluss der Gewährleistung für eine bestimmte Abschusszahl an Hochwild und lässt die Notwendigkeit, dass in dem Revier zum Hochwild

zählendes Schalenwild überhaupt als Standwild vorkommt, nicht entfallen (BGH Urt. v. 21.2.2008 – III ZR 200/07, BeckRS 2008, 4538 = JE III Nr. 187 mwN). Die vorstehenden Ausführungen gelten sinngemäß auch für den Fall, dass ein Revier mit Hochwild als Wechselwild verpachtet wurde, Hochwild dort jedoch gar nicht vorkommt (OLG Köln Urt. v. 10.1.1990 – 13 U 210/89, JE III Nr. 114 = OLGZ 1990, 384 = FHZivR 38, Nr. 1237).

Die Eigenschaft eines Jagdbezirks als Hochwildrevier erfordert, dass Hochwild objektiv als **Standwild** vorkommt. Das vereinzelte Vorkommen als **Wechselwild** wird dem Begriff „Hochwildrevier" nicht gerecht (BGH Urt. v. 21.2.2008 – III ZR 200/07, BeckRS 2008, 4538 = JE III Nr. 187; OLG Köln Urt. v. 10.1.1990, 13 U 210/89, JE II Nr. 114 = OLGZ 1990, 384 = FHZivR 38, Nr. 1237; LG Amberg Urt. v. 15.11.1994 – 24 O 550/93, JE III Nr. 116; LG Aachen Urt. v. 27.10.2003 – 8 O 273/03, BeckRS 2003, 158358 = JE III Nr. 161; LG Marburg Urt. v. 17.1.2007 – 5 S 148/04, BeckRS 2008, 11486 = JE III Nr. 182; AG Lauterbach Urt. v. 13.1.1998 – C 264/96, JE III Nr. 132). Die zum Teil anders lautenden Meinungen (AG Rotenburg/Fulda Urt. v. 11.4.2006 – 2 C 172/04, JE III Nr. 181; OLG Koblenz Urt. v. 25.7.2001, BeckRS 2001, 31000143 = JE III Nr. 147), wonach für ein Hochwildrevier ein regelmäßiges Vorkommen von Hochwild als Wechselwild genügt, mögen ggf. landesrechtlichen Vorschriften geschuldet sein, sind aber grundsätzlich abzulehnen. 80

Die Einschätzung, ob in einem Jagdrevier Hochwild als Stand- oder Wechselwild vorkommt, ist in erster Linie allein dem Verpächter möglich. Er ist somit gehalten, bei der Ausschreibung insoweit zutreffende Angaben zu machen, da die Pachtpreisgestaltung insbesondere auch durch diesen Faktor beeinflusst wird. Sofern Hochwild lediglich als Wechselwild vorkommt, obliegt es dem Verpächter, in entsprechender Weise in den Ausschreibungsunterlagen darauf hinzuweisen. Im Interesse der Rechtssicherheit sollte in den Jagdpachtvertrag somit ausdrücklich aufgenommen werden, ob Hochwild als Stand- oder Wechselwild vorkommt. 81

Ein Anspruch des Pächters auf Minderung des Jagdpachtzinses besteht auch dann, wenn der Hochwildbestand in einem ursprünglichen Hochwildrevier durch **Erhöhung der Abschusszahlen** so stark reduziert wurde, dass es nur noch als Wechselwild vorkommt. 82

Der Verpächter kann dem Mängelgewährleistungsanspruch des Pächters grundsätzlich nicht mit dem Argument entgegen treten, dass die jagdrechtlichen Pflichten zum Erhalt des Wildbestandes mit dem Abschluss des Jagdpachtvertrags auf den Pächter übergegangen seien und es ab diesem Zeitpunkt Aufgabe des Jagdpächters sei, den Bestand des Jagdbezirks als Hochwildrevier durch entsprechende Hegemaßnahmen sicher zu stellen. Denn Ziel des Mängelgewährleistungsrechts ist es, einen gerechten Ausgleich zwischen den in einem synallagmatischen Verhältnis von Leistung und Gegenleistung stehenden Pflichten der Vertragsparteien zu ermöglichen, wenn die Leistung des Verpächters nicht mehr in einem angemessenen Verhältnis zur Gegenleistung des Pächters steht. In diesem Fall ermöglicht es die Vorschrift des § 536 Abs. 1 BGB, die Leistung des Pächters den tatsächlichen Verhältnissen anzupassen (vgl. BGH Urt. v. 21.2.2008 – III ZR 200/07, BeckRS 2008, 4538 = JE III Nr. 187). Sofern der Pächter den Mangel jedoch schuldhaft verursacht hat, zB weil er die Jagd auf Hochwild unter Außerachtlassung der Beschränkungen des Abschussplanes betreibt, so scheidet eine Minderung des Pachtzins aus (§ 326 Abs. 2 S. 1 Alt. 1 BGB). 83

84 Die Folge des Mängelgewährleistungsanspruchs ist, dass der Pächter von dem Zeitpunkt an, in dem in dem Jagdbezirk kein Hochwild mehr vorhanden ist oder nur noch als Wechselwild vorkommt, nur zur Zahlung eines **geminderten Jagdpachtzinses** verpflichtet ist. Da die Reviere in diesen Fällen kein Hochwild aufweisen, entsprechen sie weitgehend einer Niederwildjagd, so dass durch die Gegenüberstellung der Preisbildung von Hoch- und Niederwildjagden die proportionale Tauglichkeitsminderung ermittelt werden kann. Bei den Vergleichsdaten kann auf die umliegenden Pachtreviere mit im Wesentlichen vergleichbarer Ausstattung Bezug genommen werden (LG Marburg Urt. v. 17.1.2007 – 5 S 148/04, BeckRS 2008, 11486 = JE III Nr. 182). Eine Minderung des Jagdpachtzinses kann im Einzelfall auch dann zulässig sein, wenn im konkreten Fall der Pachtzins für das gepachtete Hochwildrevier bereits schon unter dem Durchschnittspreis liegt, der für Niederwildjagden in dem Landkreis üblicherweise gezahlt wird.

85 Eine Verkürzung der Pachtzeit zugunsten des Verpächters unter Berücksichtigung der für Niederwildreviere üblichen geringeren Pachtdauer ist weder unter dem Gesichtspunkt des Wegfalls der Geschäftsgrundlage noch der ergänzenden Vertragsauslegung gerechtfertigt (BGH Urt. v. 21.2.2008 – III ZR 200/07, BeckRS 2008, 4538 = JE III Nr. 187). Eine Heranziehung der Regeln über den Wegfall der Geschäftsgrundlage iSd § 313 BGB ist im Anwendungsbereich der miet- und pachtrechtlichen Gewährleistungsvorschriften iSd §§ 536 ff. BGB grundsätzlich ausgeschlossen (BGH Urt. v. 21.2.2008 – III ZR 200/07, BeckRS 2008, 4538 = JE III Nr. 187; Urt. v. 11.12.1991 – XII ZR 63/90, NJW-RR 1992, 267 = IBRRS 1991, 0706). Das heißt, dass eine Anpassung des Vertrags auf der Grundlage des § 313 BGB nicht zulässig ist, wenn der mögliche Anlass hierfür ein Mangel der Pachtsache ist. In diesen Fällen sind die gesetzlichen Gewährleistungsrechte einschlägig. Die diesen Bestimmungen zugrunde liegende Risikoverteilung darf nicht über die Annahme einer Störung der Geschäftsgrundlage verändert werden. Entsprechendes gilt auch für die ergänzende Vertragsauslegung (BGH Urt. v. 21.2.2008 – III ZR 200/07, BeckRS 2008, 4538 = JE III Nr. 187).

86 **c) Unrichtige Angabe der Größe des Jagdbezirks.** Flächenabweichungen können einen Mangel iSd § 536 BGB darstellen, wenn die tatsächliche Fläche des Jagdbezirks geringer ist als die im Pachtvertrag angegebene Fläche. Gewährleistungsansprüche des Pächters wegen unrichtiger Angabe der Flächengröße im Pachtvertrag sind jedoch ausgeschlossen, wenn die Gewähr für die Größe des Jagdbezirks vertraglich ausgeschlossen wurde. Der **Gewährleistungsausschluss** ist grundsätzlich auch dann wirksam, wenn er entgegen anders lautender Vorverhandlungen Eingang in den Vertrag gefunden hat. Im Hinblick auf das Schriftformerfordernis des Jagdpachtvertrags ist allein der schriftlich festgelegte Text für die Beziehungen der Vertragsparteien maßgebend (OLG Koblenz Urt. v. 7.6.1978 – 1 U 503/77, JE III Nr. 68 = FHZivR 24 Nr. 1243).

87 Ob eine wesentliche Abweichung von der vertraglich vereinbarten Größe des Jagdbezirks im Ausnahmefall einen Sachmangel begründen kann, obwohl die Vertragsparteien vertraglich einen Gewährleistungsausschluss vereinbart haben, ist eine Frage des Einzelfalls (bejahend Leonhardt/Pießkalla Rn. 2.9 für den Fall, dass sich durch die Flächenabweichung ein wesentlicher jagdwirtschaftlicher Minderwert ergibt). Unwesentlich ist jedenfalls eine Abwei-

chung von 1/6 zwischen dem vertraglich vereinbarten und dem tatsächlichen Flächeninhalt des Jagdbezirks (OLG Koblenz Urt. v. 7.6.1978 – 1 U 503/77, JE III Nr. 68 = FHZivR 24 Nr. 1243). Darüber hinaus wird in der Rspr. die Ansicht vertreten, dass eine tatsächliche Flächengröße von 1525 ha gegenüber einer vertraglich ausgewiesenen Jagdbezirksgröße von 1985 ha als unerheblich anzusehen ist (Leonhardt/Pießkalla Rn. 2.9 unter Hinweis auf KG HRR 1935 Nr. 1447).

Eine wesentliche Abweichung von der vereinbarten Beschaffenheit des Jagdbezirks kann trotz eines vereinbarten Gewährleistungsausschlusses jedoch dann angenommen werden, wenn der Jagdbezirk entgegen der übereinstimmenden Annahme der Vertragsparteien so klein ist, dass er die für die Anzahl der Jagdpächter erforderliche Mindestgröße unterschreiten würde (OLG Koblenz Urt. v. 7.6.1978 – 1 U 503/77, JE III Nr. 68 = FHZivR 24 Nr. 1243; LG Paderborn Urt. v. 14.10.1993 – 3 O 226/93, JE III Nr. 112; Mitzschke/Schäfer Rn. 56; Leonhardt/Pießkalla Rn. 2.9). 88

Das OLG Düsseldorf vertritt die Auffassung, dass die Flächenangaben, die im Jagdpachtvertrag unter Bezugnahme auf die nach seinen Außengrenzen beschriebenen Jagdbezirk gemacht werden, im Zweifel die gesamte Fläche des Jagdbezirks einschließlich aller befriedeten Bezirke und nicht bejagdbaren Flächen (Bruttojagdfläche) beschreibt. Sofern die Vertragsparteien etwas anderes vereinbaren wollen, muss dies im Vertragstext zum Ausdruck gebracht werden (OLG Düsseldorf Urt. v. 29.11.1988, JE III Nr. 97 = AgrarR 1990, 173 = NuR 1991, 198). 89

Im Zweifel ist der tatsächliche Wille der Vertragsparteien durch ergänzende Vertragsauslegung zu ermitteln. Sofern die Vertragsparteien im Vertrag als Pachtzins einen Betrag je ha ausweisen, ohne einen Gesamtbetrag anzugeben, und eine Anpassung des Pachtzinses für den Fall von Abrundungen, Aus- und Eingliederungen von Grundstücksflächen vereinbaren, so soll die Pachtpreisanpassung nach Ansicht des OLG Düsseldorf auch für Fälle gelten, bei denen größere Flächen nachträglich für befriedet erklärt werden (OLG Düsseldorf Urt. v. 4.2.1997 – 24 U 7/96, AgrarR 1997, 302). 90

6. Schadensersatzanspruch des Pächters

Die Verletzung des durch den Jagdpachtvertrag obligatorisch erworbenen Jagdausübungs- und Aneignungsrechts berechtigt den Jagdpächter grundsätzlich zur Geltendmachung von Schadensersatzansprüchen gem. § 823 Abs. 1 BGB, denn das Jagdausübungsrecht stellt ein sonstiges Recht iSd § 823 Abs. 1 BGB dar (BGH Urt. v. 5.3.1958 – V ZR 199/56, BeckRS 1958, 31201008 = EJS I S. 81 Nr. 5). 91

Das OLG Nürnberg hat einen Entschädigungsanspruch des Jagdpächters **wegen Ausfall an Jagdbeute gem. § 78 BLG** (Bundesleistungsgesetz) bei manöverbedingten Unruhen in seinem Revier anerkannt. Die Vorschrift des § 78 BLG gewähre nicht nur eine Entschädigung für die Entziehung eines Grundstücks. Die Ausübung des Jagdrechts sei als ein in bestimmter Weise qualifizierter Gebrauch des Grundstücks anzusehen, so dass die zumindest entsprechende Anwendung des § 78 BLG zulässig sei (OLG Nürnberg Urt. v 26.2.1969 – 4 U 151/68, BeckRS 1969, 31335687 = VersR 1969, 620). Dieser Auffassung hat sich der BGH (Urt. v. 8.11.1990 – III ZR 251/89, BeckRS 1990, 5500 = JE III Nr. 103) jedoch nicht uneingeschränkt angeschlossen. Der BGH hat die Auffassung vertreten, dass der Pächter gegen- 92 über der Jagdgenossenschaft während der Dauer des Manövers grundsätzlich einen Anspruch auf Minderung des Jagdpachtzinses habe. In der Regel bestünde aber zwischen dem Pachtzins und der Jagdbeute, die der Pächter aus dem Jagdbezirk erwirtschaften könne, ein Gleichgewicht. Sofern der Jagdpächter von der Pachtzinszahlung zumindest teilweise frei werde, entstünde ihm mithin auch kein Schaden wegen entgangener Jagdbeute, da dieser durch die Minderung des Jagdpachtzinses aufgewogen werde. Etwas anderes könne nur gelten, wenn der Pachtzins, den der Pächter zu zahlen verpflichtet ist, so günstig sei, dass er durch den zeitweiligen Verlust des Jagdrechts stärker getroffen werde, als es sich in der Minderung des Pachtzinses niederschlagen würde (BGH Urt. v. 8.11.1990 – III ZR 251/89, BeckRS 1990, 5500 = JE III Nr. 103).

93 Der Jagdpächter kann gegen den Landwirt, der bei **Mäharbeiten zwei Rehkitze tötet,** einen Schadensersatzanspruch gem. § 823 BGB wegen Verletzung des durch den Jagdpachtvertrag erworbenen Jagdausübungs- und Aneignungsrechte geltend machen (LG Trier Urt. v. 21.6.2005 – 1 S 183/04, BeckRS 2006, 2545 = JE III Nr. 124). In dem zitierten Fall hat das LG Trier entschieden, dass sich der Umfang des Schadensersatzes des Pächters gegen den Landwirt nach § 249 Abs. 1 BGB bestimmt und der Landwirt Naturalrestitution leisten muss. Als Höhe des Schadensersatzes wurde im vorliegenden Fall somit der **Zuchtwert der beiden Rehkitze** und nicht nur der geschätzte Wildbreterlös zugrunde gelegt. Der Hintergrund für diese Entscheidung war, dass der Jagdpächter den Landwirt ausdrücklich gebeten hatte, ihn vor Beginn der Mäharbeiten zu informieren, um somit die Wiese zuvor absuchen zu können. Diese Bitte hatte der Landwirt jedoch ignoriert, worauf es zu der Tötung der Kitze gekommen war. Das Gericht hatte bei der Bemessung des Schadensersatzes darauf abgestellt, dass es dem Jagdpächter ersichtlich auf das Leben der Kitze und damit deren Zuchtwert angekommen sei, so dass in diesem Fall nicht lediglich der Wildbreterlös als Schadensersatz festzusetzen sei. In anderen Fällen, zB der Tötung von Wild durch Wilderer oder wildernde Hunde, haben die Gerichte den Schadensersatz in der Regel nur in Höhe des Wildbretwertes festgesetzt (BGH Urt. v. 5.3.1958 – V ZR 199/56, BeckRS 1958, 31201008 = EJS I S. 81 Nr. 5; LG Nürnberg/Fürth Urt. v. 30.5.1975 – 11 S 3403/74, VersR 1976, 646 = FHZivR 22 Nr. 2640). Der Anschaffungspreis für lebende Tiere kann für die Schadensermittlung nur in Betracht kommen, wenn die Erhaltung des Wildbestandes, die dem Jagdausübungsberechtigten infolge seiner Verpflichtung zur Wildhege obliegt, durch das Schadensereignis bedroht ist und ein Aussetzen gleichartiger Tiere erfordert (vgl. BGH Urt. v. 5.3.1958 – V ZR 199/56, BeckRS 1958, 31201008 = EJS I S. 81 Nr. 5).

94 Der Pächter hat keinen Schadensersatzanspruch wegen **entgangener Jagdfreude,** da es sich hierbei um einen immateriellen Schaden handelt, der mangels gesetzlicher Grundlage nicht erstattungsfähig ist (vgl. BGH Urt. v. 8.11.1990 – III ZR 251/89, BeckRS 1990, 5500 = JE III Nr. 103; LG Nürnberg-Fürth Urt. v. 30.5.1975 – 11 S 3403/74, VersR 1976, 646 = FHZivR 22 Nr. 2640).

7. Unterlassungsanspruch des Pächters

95 **a) Unterlassung gemäß § 1004 BGB.** Sofern das Jagdausübungsrecht des Pächters in anderer Weise als durch vollständigen Entzug beeinträchtigt wird,

hat der Pächter einen Unterlassungsanspruch gegen den Störer gem. § 1004 Abs. 1 BGB. Diesen Unterlassungsanspruch kann der Jagdpächter somit zB im Falle der Beeinträchtigung der Jagdausübung durch ein Theaterfestival geltend machen, wenn für die Dauer von ca. sechs bis acht Wochen mit dem Rückzug des Wildbestandes aus seinem Revier zu rechnen ist (AG Augsburg Urt. v. 23.6.2004 – 71 C 10094/04, JE I Nr. 105).

Eine **Beeinträchtigung des Jagdausübungsrechts,** die einen Unterlassungsanspruch iSd § 1004 BGB begründen kann, liegt ebenfalls vor, wenn ein Grundstück in einem Jagdbezirk zur Durchführung eines **Open-Air-Festivals** zur Verfügung gestellt wird (OLG Koblenz Urt. v. 11.6.1985 – 1 U 679/85, JE I Nr. 35). Nach dieser Entscheidung können die von einer Open-Air-Veranstaltung ausgehenden Störungen **das Jagdausübungsrecht in unzumutbarer Weise** beeinträchtigen, da sie das ortsübliche Maß überschreiten und deshalb rechtswidrig sind. Die Geräuschkulisse eines Open-Air-Festivals, verbundenen mit dem übrigen Lärm und den sonstigen Immissionen, die von einer großen Anzahl Personen und Pkws ausgehen, wirken sich schwerwiegend auf das Wildverhalten zumindest dann aus, wenn sie in der Feistzeit, Setzzeit oder Brutzeit erfolgen. Bereits ein nicht auf Dauer wirkender Standortwechsel des Wildes infolge des Open-Air-Festivals kann nicht als geringfügige, hinzunehmende Störung abgetan werden, selbst wenn man alle übrigen, von dem Festival unstreitig hervorgerufenen Beeinträchtigungen außer Betracht lässt. Auch die zeitweise Vertreibung des Wildes stellt sich als schwerwiegende, rechtswidrige Störung des Rechts auf Ausübung der Jagd dar. 96

Das **unbeaufsichtigte Laufenlassen von Hunden** im Jagdbezirk kann ebenfalls einen Unterlassungsanspruch des Jagdpächters begründen (AG Remscheid Urt. v. 17.9.1987 – 7 C 459/87). 97

b) Nachbarrechtlicher Unterlassungsanspruch. Der Jagdpächter kann nicht im Wege der verwaltungsgerichtlichen Nachbarrechtsklage gegen die Errichtung baulicher Anlagen in seinem Revier vorgehen und auf Unterlassung klagen (BVerwG Urt. v. 4.3.1983 – 4 C 74/80, BeckRS 1983, 109305 = JE XX Nr. 26; VG Saarland Urt. v. 30.7.2008 – 5 K 6/08). Das Jagdausübungsrecht des Jagdpächters begründet unter dem Gesichtspunkt des Art. 14 GG kein subjektives Recht, das dem Jagdpächter in dem verwaltungsgerichtlichen Verfahren eine Klagebefugnis gewährt. 98

Zwar erfasst der Schutz des Art. 14 Abs. 1 GG in seiner Funktion als Individualgarantie über das zivilrechtliche Eigentum an Sachen iSd §§ 903 ff. BGB hinaus generell alle vermögenswerten Rechte (vgl. BVerfG Urt. v. 8.7.1976 – 1 BvL 20/75, BVerfGE 42, 263, (293) = NJW 1976, 1783), wozu auch schuldrechtliche Ansprüche, zB aus Pacht oder Miete, gehören können. Das BVerwG hat aber in seinem Urt. v. 29.10.1982 ausgeführt, dass im Fall einer Nachbarklage gegen eine Baugenehmigung nicht auf den vorstehend dargestellten weiten Eigentumsbegriff abgestellt werden dürfe (BVerwG Urt. v. 29.10.1982 – 4 C 51/79, BeckRS 9998, 44756 = DVBl. 1983, 344). In diesem Zusammenhang hat das BVerwG betont, dass Nachbar iSd Baurechts grundsätzlich nur der jeweilige zivilrechtliche Eigentümer des benachbarten Grundstücks sei, nicht aber ein obligatorisch Berechtigter, wie zB der Mieter oder Pächter des möglicherweise beeinträchtigten Grundstücks. Wer lediglich ein obligatorisches Recht vom Eigentümer ableitet, wie das bei einem Jagdpächter der Fall ist, hat gegen die einem Grundstückseigentümer 99 erteilte Baugenehmigung kein öffentlich-rechtliches Abwehrrecht, sondern kann seine Rechtsposition nur gegenüber dem Eigentümer durchsetzen (vgl. auch OVG Münster Beschl. v. 8.7.2013 – 2 A 2046/12, BeckRS 2013, 53697 = JE XII Nr. 127 zu der Klagebefugnis eines obligatorisch berechtigten Jagdpächters gegen die baurechtliche Untersagungsverfügung zur Nutzung einer Jagdhütte).

100 Sofern die Gefahr besteht, dass die Jagdausübung durch ein Bauvorhaben in einem gemeinschaftlichen Jagdbezirk beeinträchtigt wird, so werden diese Rechte durch die Jagdgenossenschaft repräsentiert. Denn das Jagdausübungsrecht der Jagdgenossenschaft stellt ein Stück abgespaltenen Eigentums jeden einzelnen Jagdgenossen dar, das erst in der Gemeinschaft der Jagdgenossenschaft zu dem Jagdausübungsrecht erstarkt. Sofern Dritte in das Jagdausübungsrecht der Jagdgenossenschaft eingreifen, befindet sich die Jagdgenossenschaft mithin in der gleichen grundrechtstypischen Gefährdungslage wie der Inhaber eines Eigenjagdbezirks. Daraus folgt, dass die Jagdgenossenschaft das Recht hat, im Falle der Beeinträchtigung des Jagdausübungsrechts die dem Dritten erteilte Genehmigung im Klageweg anzugreifen (BGH Urt. v. 14.6.1982 – III ZR 175/80, BGHZ 84, 261 = NJW 1982, 2183 = BeckRS 1982, 604 = JE III Nr. 58). Die Jagdpacht vermittelt dem Jagdpächter wegen ihrer Nachrangigkeit gegenüber den Rechten der Jagdgenossenschaft jedoch keine Rechtsposition in dem zuvor dargestellten Sinn (VG Saarland Urt. v. 30.7.2008 – 5 K 6/08, BeckRS 2008, 37988).

8. Enteignungsentschädigung wegen Jagdwertminderung

101 **a) Allgemeines.** Sofern durch den Neubau öffentlicher Verkehrswege (Eisenbahnlinien, Autobahnen etc) Jagdbezirke durchschnitten werden, können dem Inhaber des Jagdausübungsrechts ggf. Ansprüche aus Enteignungsentschädigung erwachsen. Hierbei ist danach zu differenzieren, ob die für das Bauvorhaben in Anspruch genommenen Grundstücke Teil eines gemeinschaftlichen Jagdbezirks oder eines Eigenjagdbezirks sind.

102 **b) Entschädigungsanspruch der Jagdgenossenschaft.** Sofern private Grundstücke für öffentliche Bauvorhaben in Anspruch genommen werden müssen, steht dem Eigentümer hierfür eine Enteignungsentschädigung zu. Die Zugehörigkeit eines Grundstücks zu einer Jagdgenossenschaft erhöht, anders als bei Grundstücken, die Teil eines Eigenjagdbezirks sind, grundsätzlich nicht den Verkehrswert des betreffenden Grundstücks. Der Grundstückseigentümer selbst erhält deswegen keine erhöhte Entschädigung wegen des verlorenen Jagdrechts, wenn Teile seines Grund und Bodens enteignet werden (Aust/Jacobs/Pasternak Enteignungsentschädigung Rn. 475). Jedoch hat die **Jagdgenossenschaft** einen Anspruch wegen Minderung des Jagdwerts ihres gemeinschaftlichen Jagdbezirks. Denn das Jagdausübungsrecht der Jagdgenossenschaft stellt ein „Stück abgespaltenes Eigentum der einzelnen Jagdgenossen dar, das erst in der Hand der Jagdgenossenschaft zu einem Recht erstarkt" (BGH Urt. v. 14.6.1982 – III ZR 175/80, BGHZ 84, 261 (265) = NJW 1982, 2183, 2184 = BeckRS 1982, 604 = JE III Nr. 58; Urt. v. 15.2.1996 – III ZR 143/94, NJW 1996, 1897, 1898 = BeckRS 1996, 1877 = JE III Nr. 122; Urt. v. 20.1.2000 – III ZR 110/99, NJW 2000, 1720, 1721 = BeckRS 2000, 20616 = JE III Nr. 141; OLG Jena Urt. v. 31.1.2007 – Bl U 594/06, BeckRS 2007, 4817 = JE XX Nr. 62; Aust/Jacobs/Pasternak Enteignungsentschädigung Rn. 476 mwN). Wenn in das Jagdausübungsrecht

der Jagdgenossenschaft eingegriffen wird, befindet sich diese in der gleichen „grundrechtstypischen Gefährdungslage" wie der Eigentümer eines Eigenjagdbezirks (BGH Urt. v. 14.6.1982, BGHZ 84, 261 = NJW 1982, 2183 = JE III Nr. 58). Das Jagdausübungsrecht der Jagdgenossenschaft kann in derartigen Fällen in zweifacher Weise beeinträchtigt werden. Zum einen wird der Jagdgenossenschaft durch die Baumaßnahme die Jagdnutzung auf den betroffenen Grundstücken genommen. Die früheren Grundeigentümer sind für die Abtretung dieser Flächen zwar entschädigt worden. Die Entschädigung gilt aber den mit der Inanspruchnahme der Trassengrundstücke **verbundenen Eingriff in das allein der Jagdgenossenschaft zustehende Jagdausübungsrecht** nicht ab. Den Jagdgenossenschaften ist daher ein Ausgleich für die nachteiligen Folgen zuzubilligen, die durch die Verkleinerung der Jagdbezirke um die Trassenflächen eingetreten sind (BGH Urt. v. 14.6.1982 – III ZR 175/80, BGHZ 84, 261 (265) = NJW 1982, 2183 (2184) = BeckRS 1982, 604 = JE III Nr. 58; Urt. v. 15.2.1996 – III ZR 143/94, NJW 1996, 1897, 1898 = BeckRS 1996, 1877 = JE III Nr. 122; Urt. v. 20.1.2000 – III ZR 110/99, NJW 2000, 1720 (1721) = BeckRS 2000, 20616 = JE III Nr. 141; OLG Jena Urt. v. 31.1.2007 – Bl U 594/06, BeckRS 2007, 4817 = JE XX Nr. 62; aA Thies AgrarR 1996, 388; Pasternak BayVBl. 1997, 520 – hiergegen aber wohl Aust/Jacobs/Pasternak Enteignungsentschädigung Rn. 479).

Zum anderen kann in der hoheitlichen Inanspruchnahme der Trassenflä- **103**
chen ein Eingriff in das nunmehr auf den Restbesitz beschränkte Jagdausübungsrecht der Jagdgenossenschaft zu sehen sein. Der Bau der Autobahn kann zu erheblichen Beeinträchtigungen der Jagd führen – etwa durch Beschränkung der Schussrichtung, Einschränkung von Treib- und Drückjagden, von Ansitz, Pirsch und Suchjagd, durch Änderungen des Wildbestandes, insbesondere durch Abwanderung von Schalenwild, Beschränkung des Wildwechsels und Unterhaltung umfangreicher Wildschutzzäune (BGH Urt. v. 14.6.1982 – III ZR 175/80, BGHZ 84, 261 (265) = NJW 1982, 2183 (2184) = BeckRS 1982, 604 = JE III Nr. 58; Urt. v. 15.2.1996 – III ZR 143/94, NJW 1996, 1897 (1898) = BeckRS 1996, 1877 = JE III Nr. 122; Urt. v. 20.1.2000 – III ZR 110/99, NJW 2000, 1720 (1721) = BeckRS 2000, 20616 = JE III Nr. 141). Diese sind der Jagdgenossenschaft zu ersetzen, da eine zu entschädigende Folge aus der Enteignung auch die Nachteile sind, die sich bei der Verwendung des Restbesitzes ergeben (vgl. Aust/Jacobs/Pasternak Enteignungsentschädigung Rn. 476).

Zum Teil wird in der Lit. (Pasternak BayVBl. 1997, 520) die Ansicht **104**
vertreten, dass der Jagdgenossenschaft durch die quantitative Verringerung ihres Jagdbezirks kein Vermögensnachteil erwachse, da ihr in Zukunft zwar Jagdpachteinkünfte für die entzogene Flächen entgingen, sie jedoch dafür an die Grundeigentümer auch keinen anteiligen Reinertrag abführen müsse. Dieser Auffassung folgt der BGH jedoch ausdrücklich nicht, da bei dieser Betrachtungsweise der durch die Flächenabgabe eingetretene Rechtsverlust der Grundeigentümer als bisheriger Jagdgenossen einerseits und der Jagdgenossenschaft als der bisherigen Inhaberin des Jagdausübungsrechts andererseits außer Betracht bleiben würde (BGH Urt. v. 4.8.2000 – ZR III 328/98, NJW 2000, 3638 = IBRRS 2005, 1898 = JE III Nr. 142). Im wirtschaftlichen Sinn sei der Eigentümer, der Flächen aufgrund einer Enteignung abgeben müsse, sowohl unmittelbar durch den Verlust des Grundstücks als auch mittelbar durch den Eingriff in das der Jagdgenossenschaft zustehende Jagd-

ausübungsrecht betroffen, da für ihn in Zukunft der anteilig an ihn auszuzahlende Reinertrag des Jagdpachtzinses entfalle. Von dem Eingriff in das Jagdausübungsrecht sei im Rechtssinne zwar nur die Jagdgenossenschaft betroffen (so auch BGH Urt. v. 20.1.2000 – III ZR 110/99, NJW 2000, 1720 (1721) = BeckRS 2000, 20616 = JE III Nr. 141). Bei wertender Betrachtung könne der Jagdgenossenschaft jedoch nicht das Recht versagt sein, diesen Nachteil, der zunächst einmal sie selbst, im wirtschaftlichen Ergebnis aber ihr ehemaliges Mitglied treffe, als eine eigene Vermögenseinbuße geltend zu machen (BGH Urt. v. 4.8.2000 – ZR III 328/98, NJW 2000, 3638 = IBRRS 2005, 1898 = JE III Nr. 142).

105 **c) Entschädigungsanspruch des Eigenjagdbesitzers.** Die Folge der Grundflächenenteignung bei einem Eigenjagdbezirk kann dazu führen, dass die Eigenjagd die Eigenschaft als Eigenjagdbezirk verliert, da sie nicht mehr die erforderliche Mindestgröße von 75 ha aufweist. Dem Grundeigentümer steht für den Verlust seines Jagdausübungsrechts eine Enteignungsentschädigung zu, da dieses als konkrete subjektive Rechtsposition den Schutz des Art. 14 GG genießt (BGH Urt. v. 12.3.1992 – III ZR 216/90, NJW 1992, 2078 = BeckRS 1992, 5793 = JE I Nr. 77; BayObLG Urt. v. 10.9.2001 – 5Z RR 10/00, BeckRS 2001, 30203722 = BayVBl. 2002, 26; Aust/Jacobs/Pasternak Enteignungsentschädigung Rn. 469 mwN). Die Enteignungsentschädigung soll die Wertminderung des Restbesitzes ausgleichen, die sich aus dem Verlust der Eigenschaft der Grundstücke als Eigenjagdbezirk ergeben. Die Entschädigung wird nach der Wertminderung bemessen, die der Restbesitz des Grundeigentümers durch die Eingliederung der ehemaligen Eigenjagd in den gemeinschaftlichen Jagdbezirk erfährt (BGH Urt. v. 12.3.1992 – III ZR 216/90, NJW 1992, 2078 = BeckRS 1992, 5793 = JE I Nr. 77). Gegebenenfalls sind hierauf noch Zuschläge zu machen, die sich aus den Möglichkeiten für den Eigenjagdbezirksinhaber ergeben, wenn er die Eigenjagd als solche selbst nutzen würde. Hierzu kann zB das Residenzrecht gehören, das besteht, wenn der Grundstückseigentümer seinen Wohnsitz im Eigenjagdbezirk hat, wodurch ihm Kosten- und Zeitaufwand für Anreise, Verpflegung und Übernachtung erspart bleiben (vgl. Aust/Jacobs/Pasternak Enteignungsentschädigung Rn. 471 mwN).

106 Wenn die Eigenjagd durch den Flächenverlust nicht ihre Eigenschaft als solche verliert, kann dies dennoch eine Beeinträchtigung des Jagdausübungsrechts nach sich ziehen und somit den Anspruch auf eine Enteignungsentschädigung begründen (Aust/Jacobs/Pasternak Enteignungsentschädigung Rn. 472).

9. Laufzeit des Jagdpachtvertrags

107 **a) Mindestpachtdauer.** Gemäß § 11 Abs. 4 S. 2 soll die Dauer des Jagdpachtvertrags mindestens neun Jahre betragen. Ziel dieser Regelung ist die nachhaltige Bewirtschaftung des Jagdbezirks. Nur bei einer längeren Dauer des Jagdpachtvertrags besteht die Möglichkeit, planvolle, auf lange Sicht angelegte Hegemaßnahmen zu realisieren. Andererseits wird dem Revierinhaber auf diese Weise das Interesse genommen, das Revier in kurzer Zeit „leerzuschießen", um einen möglichst hohen materiellen Gegenwert für den Jagdpachtzins und die sonstigen Aufwendungen zu erzielen (BGH Urt. v. 7.6.1973 – III ZR 71/71, BGHZ 61, 48 = NJW 1973, 1839 = LSK 1973, 850312; Mitzschke/Schäfer Rn. 28; Leonhardt/Pießkalla Rn. 19).

Der Gesetzgeber hat die Mindestpachtdauer als „Sollvorschrift" gefasst, so dass der Jagdpachtvertrag bei Bestehen entsprechender sachlicher Gründe auch auf eine geringere Vertragsdauer als neun Jahre abgeschlossen werden kann, sofern landesrechtliche Vorschriften nicht entgegenstehen. Die Nichteinhaltung der Mindestpachtdauer führt somit nicht zur Nichtigkeit des Jagdpachtvertrags, kann aber gem. § 12 das Beanstandungsrecht der Jagdbehörde auslösen, wobei dieser hierbei auch ein Ermessen zusteht (→ § 12 Rn. 13 ff.). 108

Die Vorschrift des § 11 Abs. 4 S. 2 bzw. der jeweiligen landesgesetzlichen Vorschriften bestimmt lediglich eine Mindestpachtdauer. Die Vertragsparteien haben darüber hinaus vielfältige Möglichkeiten die Vertragsdauer zu gestalten, sofern die Mindestpachtdauer jeweils eingehalten wird. Ein Jagdpachtvertrag kann somit auf unbegrenzte Zeit oder auf Lebenszeit des Jagdpächters abgeschlossen werden (OLG Hamm Urt. v. 8.4.1986 – 9 U 242/85, JE III Nr. 82; OLG Köln Urt. v. 9.3.1993 – 22 U 209/92, OLGZ 1994, 123 = JE III Nr. 108 = LSK 1994, 140382). Denkbar ist auch, dass die Vertragsparteien zugunsten des Pächters eine Verlängerungsoption vereinbaren. Bei derartigen Vertragsgestaltungen ist jedoch zu berücksichtigen, dass eine Anpassung des Jagdpachtzinses unter dem Gesichtspunkt des § 313 Abs. 1 BGB nicht ohne Weiteres möglich ist, wenn sich nach vielen Jahren erweisen sollte, dass der ursprünglich vereinbarte Jagdpachtzins nicht mehr angemessen ist. In diesem Fall realisiert sich das typische Preisrisiko des Verpächters (LG Magdeburg Urt. v. 29.6.2006 – 10 O 485/06, BeckRS 2011, 11677 = JE III Nr. 180; → Rn. 33). 109

Ebenso kann ein **Jagdpachtvertrag mit einer Verlängerungsklausel** abgeschlossen werden; dh, dass die Vertragsparteien einen Jagdpachtvertrag zunächst auf die Mindestpachtdauer abschließen, gleichzeitig aber vereinbaren, dass sich der Vertrag auf eine bestimmte oder unbestimmte Zeit verlängert, wenn nicht eine der Vertragsparteien innerhalb einer bestimmten Frist vor dem vertraglich vorgesehenen Ende die Kündigung erklärt. 110

Die Mindestpachtzeiten sollen bei Aufnahme eines Mitpächters in einen bereits bestehenden Jagdpachtvertrag bzw. bei Abschluss eines Unter- oder Weiterpachtvertrags nicht berücksichtigt werden müssen (vgl. AG Brakel Beschl. v. 5.12.1985 – 5 LwP 1/85, RdL 1987, 99 = JE III Nr. 80 = FHOeffR 38 Nr. 11140; Leonhardt/Pießkalla Rn. 19; Mitzschke/Schäfer Rn. 95; aber → Rn. 125 ff.). Sofern der Inhaber eines Eigenjagdbezirkes eine jagdpachtfähige Person als für die Jagd und den Jagdschutz Verantwortlichen benennt, ist die Mindestlaufzeit für Jagdpachtverträge nicht anzuwenden (BGH Urt. v. 23.10.2014 – III ZR 35/14, NJW-RR 2015, 112 = BeckRS 2014, 20663). 111

Gemäß § 11 Abs. 4 S. 3 können die Länder die Mindestpachtzeit höher festsetzen. Die Bundesländer, die von dieser Ermächtigung Gebrauch gemacht haben, haben gleichzeitig die Mindestpachtdauer nicht als „Sollvorschrift" geregelt, sondern als „Mussvorschrift" ausgestaltet. In diesen Fällen muss die Mindestpachtzeit zwingend eingehalten werden (Art. 14 Abs. 2 S. 1 **BayJG:** „Die Mindestpachtzeit beträgt für Niederwildreviere neun Jahre, für Hochwildreviere zwölf Jahre."; § 13 Abs. 2 S. 1 **BbgJagdG:** „Die Mindestpachtzeit beträgt für Niederwildreviere neun Jahre, für Hochwildreviere zwölf Jahre."; § 13 Abs. 2 S. 1 **LJagdG Bln:** „Die Mindestpachtzeit beträgt für Niederwildreviere neun Jahre, für Hochwildreviere zwölf Jahre."; § 10 Abs. 1 **HJagdG:** „Die Mindestpachtzeit für Hoch- und Niederwildjagden beträgt zehn Jahre."; § 11 Abs. 1 **SchlHLJagdG:** „Die Mindestpachtzeit beträgt für Niederwildjagden neun Jahre, für Hochwildjagden zwölf Jahre.". 112

113 Entgegen dem Wortlaut des § 11 Abs. 4 S. 3 hat Rheinland-Pfalz die Mindestpachtzeit nicht höher festgesetzt, sondern auf acht Jahre und in begründeten Fällen auf fünf Jahre Mindestpachtdauer reduziert (§ 14 Abs. 4 S. 2 und 3 **RhPfLJG:** „Die Pachtdauer soll mindestens acht Jahre betragen. In begründeten Fällen, insbesondere wenn zu besorgen ist, dass ansonsten ein geeignetes Pachtverhältnis nicht zustande kommt oder dies aufgrund der besonderen Gefahrgeneigtheit des Jagdbezirks gegenüber Wildschäden notwendig ist, kann sie bis auf fünf Jahre abgesenkt werden.").

114 Auch das Saarland, Baden-Württemberg und Nordrhein-Westfalen haben zu der Mindestpachtdauer eigene landesrechtliche Regelungen getroffen. Gemäß § 9 Abs. 3 S. 1 **SJG** soll die Laufzeit des Pachtvertrags mindestens fünf und höchstens zehn Jahre betragen. Ein laufender Pachtvertrag kann auch auf eine kürzere Zeit verlängert werden (§ 9 Abs. 3 S. 2 **SJG**). Gemäß § 17 Abs. 4 S. 2 **JWMG** hat die Pachtdauer mindestens sechs Jahre zu betragen und kann in begründeten Fällen bis auf drei Jahre abgesenkt werden. **Nordrhein-Westfalen** regelt in seinem Jagdgesetz, dass die Pachtdauer auf bis zu fünf Jahre abgesenkt werden, wenn zu besorgen ist, dass ansonsten ein geeignetes Pachtverhältnis nicht zustande kommt oder dies aufgrund der besonderen Gefahrengeneigheit des Jagdbezirks gegenüber Wildschäden notwendig ist (§ 9 Abs. 2 **LJG-NRW**).

115 Einige Bundesländer unterscheiden für die Mindestdauer des Jagdpachtvertrags danach, ob es sich um ein Niederwild- oder ein Hochwildrevier handelt. Bei der Beurteilung, ob es sich bei einem Revier um eine Hoch- oder Niederwildjagd handelt, sind in erster Linie die Definitionen zugrunde zu legen, die ggf. landesrechtlich getroffen sind.

116 **Bayern:** „Hochwildrevier ist ein Jagdrevier, in dem zum Hochwild zählendes Schalenwild außer Schwarzwild regelmäßig erlegt wird. Vorkommen von zum Schalenwild zählendem Hochwild, das während der Jagdzeit nicht ständig im Revier steht (Wechselwild), oder die Zugehörigkeit eines Jagdreviers zu einem Rotwildgebiet machen ein Jagdrevier noch nicht zu einem Hochwildrevier." (§ 8 **AVBayJG**).

117 **Berlin:** „Ein Jagdbezirk ist nur dann ein Hochwildjagdbezirk, wenn für ihn regelmäßig ein Abschuss von Hochwild vorgesehen ist. Jagdbezirke mit vereinzeltem Vorkommen von Hochwild als Wechselwild gelten als Niederwildjagdbezirke." (§ 13 Abs. 2 S. 2 und 3 **LJagdG Bln**).

118 **Brandenburg:** „Ein Jagdbezirk ist nur dann ein Hochwildjagdbezirk, wenn ein Abschuss von Hochwild über mindestens drei Jahre in Folge bereits erfolgt ist. Jagdbezirke, in denen als Hochwild nur Schwarzwild vorkommt, gelten als Niederwildjagdbezirk." (§ 13 Abs. 2 S. 2 und 3 **BbgJagdG**).

119 „Ein Jagdbezirk ist nur dann eine Hochwildjagd, wenn er aufgrund einer Rechtsverordnung gem. § 32 Abs. 7 Nr. 3 **ThJG** einem Einstandsgebiet für Rot-, Dam- oder Muffelwild zugeordnet und für ihn regelmäßig ein Abschuss von Hochwild vorgesehen ist. Jagdbezirke mit vereinzeltem Vorkommen von Hochwild als Wechselwild und mit Vorkommen von Schwarzwild gelten als Niederwildjagden." (§ 14 Abs. 3 **ThJG**).

120 In Mecklenburg-Vorpommern wurde die Unterscheidung zwischen Hoch- und Niederwildrevieren mit Art. 1 Gesetz vom 19.3.2024 (GVOBl. 2024, 74) aufgegeben. Die Mindestpachtzeit beträgt nunmehr einheitlich neun Jahre (§ 11 Abs. 1 S. 3 **MVLJagdG**).

121 Sofern landesrechtlich keine Regelung getroffen ist, ist ein Jagdbezirk eine **Hochwildjagd,** wenn dort Hochwild als Standwild vorkommt. Das ver-

einzelte Vorkommen als **Wechselwild** wird dem Begriff „Hochwildrevier" nicht gerecht (BGH Urt. v. 21.2.2008 – III ZR 200/07, BeckRS 2008, 4538 = JE III Nr. 187; OLG Köln Urt. v. 10.1.1990 – 13 U 210/89, OLGZ 1990, 384 = JE II Nr. 114 = FHZivR 38 Nr. 1237; LG Amberg Urt. v. 15.11.1994 – 24 O 550/93, JE III Nr. 116; LG Aachen Urt. v. 27.10.2003 – 8 O 273/03, BeckRS 2003, 158358 = JE III Nr. 161; LG Marburg Urt. v. 17.1.2007 – 5 S 148/04, BeckRS 2008, 11486 = JE III Nr. 182; AG Lauterbach Urt. v. 13.1.1998 – C 264/96, JE III Nr. 132). Jagdbezirke mit vereinzeltem Vorkommen von Hochwild als Wechselwild und mit Schwarzwild allein sind grundsätzlich keine Hochwildreviere.

b) Folge der Nichteinhaltung der Mindestpachtdauer. Die Nichteinhaltung der Mindestpachtdauer zieht nicht die Nichtigkeit des Pachtvertrags nach sich, da § 11 Abs. 6 diese Folge lediglich bei einem Verstoß gegen § 11 Abs. 4 S. 1, nicht aber gegen § 11 Abs. 4 S. 2 vorsieht. Sofern die Vertragsparteien bei Abschluss des Jagdpachtvertrags die Mindestpachtzeiten nicht beachten, löst dies jedoch ggf. ein Beanstandungsrecht der Jagdbehörde gem. § 12 aus. Hierbei ist zu berücksichtigen, dass die Jagdbehörde in den Bundesländern, in denen die Einhaltung der Mindestpachtdauer als „Sollvorschrift" ausgelegt ist, bei der Beanstandung ein Ermessensspielraum zusteht. In den Bundesländern, in denen die Mindestpachtdauer von den Vertragsparteien jedoch zwingend einzuhalten ist, muss die Jagdbehörde den Pachtvertrag bei einem Verstoß gegen die Mindestpachtzeit zwingend beanstanden (→ § 12 Rn. 22). Zur Vertragsklausel, nach der Flächen eines gemeinschaftlichen Jagdbezirks während der Pachtdauer entfallen, sobald diese Teil eines Eigenjagdbezirks werden, → Rn. 30. 122

c) Beginn und Ende des Jagdpachtvertrags (Jagdjahr). Gemäß § 11 Abs. 4 S. 5 soll der Beginn und das Ende des Jagdpachtvertrags mit dem Beginn und dem Ende des Jagdjahres zusammenfallen, das vom 1.4. bis 31.3. geht. Eine Unterschreitung der Mindestpachtdauer, die durch die Unterzeichnung des Pachtvertrags nach dem 1.4. entsteht, ohne dass dies durch ein späteres Ende des Vertrags ausgeglichen wird, ist zumindest dann unbeachtlich, wenn dieser Umstand für die Jagdnutzung und die Wildhege keine Bedeutung hat (vgl. OLG Köln Urt. v. 25.5.1962 – 2 U 107/61, EJS I S. 53 Nr. 10; Mitzschke/Schäfer Rn. 31). Dies wird in der Regel zumindest dann der Fall sein, wenn der Jagdpächter rechtzeitig zu Beginn der regelmäßigen Jagdzeiten mit der Jagdausübung beginnen kann. 123

d) Verlängerung des Jagdpachtvertrags. Gemäß § 11 Abs. 4 S. 4 muss die Mindestpachtzeit bei der Verlängerung eines Jagdpachtvertrags nicht eingehalten werden. Voraussetzung ist jedoch, dass die Verlängerung des Jagdpachtvertrags rechtzeitig vor Ablauf der ursprünglich eingegangenen Vertragsdauer rechtswirksam vereinbart wird. Hierzu gehört insbesondere auch, dass vor Ablauf des Vertrags beide Vertragsparteien den Verlängerungsvertrag unterzeichnet haben. Sofern dies nicht der Fall ist, handelt es sich nicht um die Verlängerung eines bestehenden Jagdpachtvertrags, sondern um einen Neuabschluss, bei dem die gesetzlich vorgeschriebene Mindestdauer zu berücksichtigen ist. 124

Es ist rechtlich nicht zu beanstanden, wenn gleichzeitig mit der Verlängerung des laufenden Jagdpachtvertrags geringfügige inhaltliche Änderungen vorgenommen werden, sofern hierdurch nicht unmittelbare vertragliche Pflichten berührt werden. 125

126 Die Frage, ob gleichzeitig mit der Verlängerung des Jagdpachtvertrags auch Veränderungen auf der Pächterseite vorgenommen werden können, ohne dass hierbei die Mindestpachtzeiten berücksichtigt werden müssen, ist differenziert zu betrachten. Gemäß Art. 14 Abs. 2 S. 2 **BayJG** iVm Art. 14 Abs. 5 **BayJG** kann die Jagdbehörde für die Aufnahme eines Mitpächters im Rahmen der Verlängerung eines Jagdpachtvertrags ausnahmsweise eine kürzere Pachtzeit zulassen. In der Lit. wird zum Teil die Auffassung vertreten, dass in dieser Regelung unbedenklich eine Vorschrift von allgemeiner Bedeutung gesehen werden könne (Mitzschke/Schäfer Rn. 34). Hierbei ist jedoch zu berücksichtigen, dass der bayerische Landesgesetzgeber die Aufnahme eines neuen Mitpächters im Rahmen der Verlängerung des Pachtvertrags von der Zulassung der Jagdbehörde abhängig gemacht hat. Hieraus kann somit nicht ohne Weiteres der allgemeine Rechtsgedanke abgeleitet werden, dass bei der Verlängerung eines Jagdpachtvertrags, die auf eine kürzere als die Mindestpachtzeit erfolgen soll, regelmäßig auch Mitpächter neu aufgenommen werden können. In der Lit., die diese Auffassung vertritt, wird jedoch auch eingeräumt, dass die Veränderung auf der Pächterseite in diesen Fällen einer sachlichen Notwendigkeit bedarf, zB schwere Krankheit des ausscheidenden Mitpächters (Mitzschke/Schäfer Rn. 34).

127 Die Frage, ob im Rahmen der Verlängerung des Pachtvertrags ein neuer Mitpächter aufgenommen werden kann, ohne dass die Mindestpachtzeit berücksichtigt werden muss, ist einzelfallweise zu beurteilen. Die Mindestpachtzeit ist aus Gründen des jagdwirtschaftlichen Interesses gesetzlich geregelt. Hierdurch soll das Interesse des Pächters geweckt werden, langfristigere Hegemaßnahmen zu planen und hierfür auch Aufwendungen zu erbringen (→ Rn. 105). Dieses Ziel bleibt gewährleistet, wenn der Hauptpächter eines Jagdpachtvertrags gegenüber der Jagdgenossenschaft weiterhin zumindest mitverantwortlich ist und innerhalb des Pachtverhältnisses mitbestimmend wirkt. Anderes gilt nur, wenn mit der Vertragsverlängerung sämtliche Pächter ausscheiden und die Jagdgenossenschaft einen neuen, das Pachtverhältnis bestimmenden Pächter erhält. Das AG Brakel vertritt demgegenüber offensichtlich die Auffassung, dass auch bei einem völligen Wechsel des Pächters die Mindestpachtzeiten nicht berücksichtigt werden müssen und eine Beanstandung des Pachtvertrags entfällt (AG Brakel Beschl. v. 5.12.1985 – 5 LwP 1/85, RdL 1987, 99 = JE III Nr. 80 = FHOeffR 38 Nr. 11140; so auch Mitzschke/Schäfer Rn. 95). Andererseits soll eine Pachtverlängerung über einen gemeinschaftlichen Jagdbezirk, die eine Veränderung in der Person der Pächter und im Umfang des Wildschadensersatzes bei einer Pachtzeit von zwölf Jahren vorsieht, eine Neuverpachtung sein (OLG Köln Urt. v. 25.5.1962 – 2 U 107/61, EJS I S. 53 Nr. 10).

128 Zulässig ist es jedoch, wenn mit der Verlängerung des Jagdpachtvertrags der **Jagdpachtzins angemessen erhöht** wird, oder in dem Verlängerungsvertrag in Ergänzung des ursprünglichen Pachtvertrags Baumarten aufgeführt werden, für die aufgrund geänderter waldbaulicher Gegebenheiten zukünftig Wildschaden zu zahlen ist (Leonhardt/Pießkalla Rn. 21).

10. Jagdpachtfähigkeit

129 **a) Jagdpachtfähigkeit natürlicher Personen.** Gemäß § 11 Abs. 5 S. 1 darf Pächter nur sein, wer einen Jahresjagdschein besitzt und schon vorher

einen solchen während dreier Jahre in Deutschland besessen hat, und er somit die erforderliche „Jagdpachtfähigkeit" erlangt hat. Gesellschaften bürgerlichen Rechts sind somit nicht jagdpachtfähig (OLG Naumburg Urt. v. 11.1.2018 – 2 U 33/17, BeckRS 2018, 45047 = JE III Nr. 220; OLG Celle Urt. v. 20.8.2014 – 7 U 38/14, BeckRS 2014, 21702 = RdL 2015, 47).

Sinn und Zweck des § 11 Abs. 5 S. 1 ist, dass Pächter eines Jagdbezirks nur **130** jemand werden soll, der auch eine bestimmte Erfahrung bei der Jagdausübung gewonnen hat. Die Jagderfahrung wird durch den Besitz des Jagdscheins zwar nicht garantiert, jedoch geht der Gesetzgeber davon aus, dass der Besitz eines Jagdscheins dafür spricht, dass der Jagdscheininhaber während dieser Zeit die Jagd ausgeübt und somit auch praktische Erfahrung gewinnen konnte (BGH Urt. v. 3.6.1959 – V ZR 31/58, BGHZ 30, 159 = NJW 1959, 1586 = EJS IV S. 9 Nr. 1 = FHZivR 7 Nr. 7293).

Erforderlich ist, dass der Pächter einen **Jahresjagdschein** besitzt und einen **131** solchen auch während dreier Jahre besessen hat. Hierbei spielt es keine Rolle, ob es sich um einen Jahresjagdschein für Inländer oder Ausländer handelt. Der Besitz eines Jugend-, Tages- oder Falknerjagdscheins reicht zur Erlangung der Jagdpachtfähigkeit jedoch nicht aus (zur fehlenden Jagdpachtfähigkeit infolge des Besitzes eines Falknerjagdscheins VGH München Beschl. v. 14.10.2014 – 19 ZB 12.2490, BeckRS 2014, 57150).

Der Pächter muss den Jahresjagdschein **während dreier voller Jahre** **132** besessen haben. In einigen Bundesländern findet der letzte Abschnitt der Jägerprüfung erst nach dem 1.4. eines Jahres statt. In diesen Fällen ist es für die Erlangung der Jagdpachtfähigkeit ausreichend, wenn der erste der drei Jahresjagdscheine zwar kein volles Jahr lang, aber doch während eines so wesentlichen Teils des Jagdjahres gültig ist, dass dem Jungjäger die Gewinnung einer nennenswerten jagdlichen Erfahrung während dieses Jagdjahres möglich ist (VG Freiburg Urt. v. 22.2.1972, EJS IV S. 15 Nr. 14). Nicht ausreichend für ein volles Jagdjahr ist zB der Besitz des Jagdscheins vom 5.11. eines Jahres bis zum 31. 3. des Folgejahres (BGH Urt. v. 3.6.1959, BGHZ 30, 159 = NJW 1959, 1586 = EJS IV S. 9 Nr. 1). Die drei Jahre, während der der Pächter den Jahresjagdschein zur Erlangung der Jagdpachtfähigkeit besitzen muss, müssen nicht notwendigerweise aufeinander folgen (BGH Urt. v. 3.6.1959 – V ZR 31/58, BGHZ 30, 159 = NJW 1959, 1586 = EJS IV S. 9 Nr. 1 = FHZivR 7 Nr. 7293).

Ein Jagdpachtvertrag mit mehreren Jagdpächtern ist grundsätzlich nichtig, **133** wenn zum Zeitpunkt des Vertragsbeginns auch nur einer der Pächter nicht jagdpachtfähig ist. Die Nichtigkeit des Vertrags bezieht sich dann auf alle Vertragsschließenden (LG Saarbrücken Urt. v. 16.12.1974 – 17 O 149/74, JE III Nr. 2).

Der Wortlaut des § 11 Abs. 5 S. 1 spricht dafür, dass die Jagdpachtfähigkeit **134** **vor Abschluss des Jagdpachtvertrags,** dh vor dessen Unterzeichnung, vorliegen muss. Nach Sinn und Zweck der Regelung reicht es jedoch aus, wenn sich die dreijährige Besitzzeit in der Zeit vom Vertragsschluss bis zum Beginn der Pachtzeit vollendet (Mitzschke/Schäfer Rn. 38 mwN; Leonhardt/Pießkalla Rn. 23 mwN). Zulässig ist auch, dass bestimmte weitere, schon namentlich benannte Personen, die weder bei Unterzeichnung noch bei Beginn der Pachtzeit jagdpachtfähig sind, den Jagdpachtvertrag unterzeichnen, wenn der Pachtvertrag eine Klausel enthält, dass diese Personen von dem Zeitpunkt der Jagdpachtfähigkeit zusätzlich Pächter werden sollen (OLG Frankfurt Urt. v. 9.12.1977 – 15 Ww 1/04, BeckRS 2005, 158724 =

JE III Nr. 12). Einer erneuten Anzeige des Jagdpachtvertrags gem. § 12 bedarf es in diesem Fall nicht mehr (→ § 12 Rn. 7).

135 Der Pächter muss den Jagdschein in Deutschland besessen haben, womit zum Ausdruck gebracht wird, dass er die Jagdpachtfähigkeit nur erlangt, wenn er zuvor drei Jahre lang einen bundesdeutschen Jagdschein besessen hat. Gemäß § 11 Abs. 5 S. 3 sind auf diesen Zeitraum auch die Zeiten anzurechnen, während derer jemand vor dem Tag des Wirksamwerdens des Beitritts eine Jagderlaubnis in der Deutschen Demokratischen Republik besessen hat.

136 Für besondere Einzelfälle können die Jagdbehörden gem. § 11 Abs. 5 S. 2 Ausnahmen von dem Erfordernis der Jagdpachtfähigkeit zulassen. Die Länder haben hierzu zum Teil Bestimmungen erlassen.

137 Gemäß § 17 Abs. 5 S. 2 **JWMG** sind solche Ausnahmen auf bestimmte Jagdflächen zu beschränken, wobei örtlich zuständig die Behörde ist, in deren Bezirk die Jagdpachtfläche oder deren größerer Teil liegt (§ 8 Abs. 2 S. 3 **JWMG**).

138 Die zuständige Behörde kann Ausnahmen für die zeitliche Jagdpachtfähigkeit in besonderen Fällen zulassen (§ 7 Abs. 3 **HmbJagdG**).

139 Gemäß § 10 **LJG-NRW** kann die obere Jagdbehörde im Einzelfalle zur Vermeidung unbilliger Härten Ausnahmen von der Vorschrift des § 11 Abs. 5 S. 2 **LJG-NRW** zulassen.

140 **RhPfLJG:** Ausnahmegenehmigungen nach § 11 Abs. 5 S. 2 erteilt die untere Jagdbehörde (§ 14 Abs. 5 S. 2 RhPflG).

141 In Sachsen bedarf es zum Abschluss eines Jagdpachtvertrags nicht der Jagdpachtfähigkeit. Gemäß § 13 Abs. 1 **SächsJagdG** sind volljährige Jagdscheininhaber abweichend von § 11 Abs. 5 S. 1 ohne vorausgehenden Besitz eines Jahresjagdscheins jagdpachtfähig. § 11 Abs. 6 findet, soweit er auf § 11 Abs. 5 verweist, keine Anwendung (§ 14 Abs. 1 **SächsJagdG**).

142 **b) Jagdpachtfähigkeit juristischer Personen.** Juristische Personen des öffentlichen und des bürgerlichen Rechts können nicht jagdpachtfähig sein, da sie nicht im Besitz eines Jagdscheins sein können. Dies gilt auch dann, wenn deren vertretungsberechtigten Organe im Besitz eines Jagdscheins sind. Im Rahmen des Gesetzgebungsverfahrens zum 2. Änderungsgesetz sah der Regierungsentwurf zu § 11 Abs. 5 einen S. 3 vor, nach dem Bund, Länder und Gemeinden die Jagdpachtfähigkeit erhalten sollten, sofern sie Inhaber eines Eigenjagdbezirks sind, um zum Zweck einer besseren Reviergestaltung Jagdbezirke hinzupachten zu können. Dieser Entwurf wurde seinerzeit durch den Bundestags-Ausschuss nicht übernommen, weil hiermit zugunsten der Eigenjagdbezirke der öffentlichen Hand ein „sachlich nicht gerechtfertigtes Privileg" geschaffen werde. Unabhängig von diesen Bedenken hat das Land Bayern in seinem Landesjagdgesetz eine entsprechende Regelung aufgenommen (Art. 14 Abs. 3 **BayJG:** „Eine juristische Person des öffentlichen Rechts, die Inhaber eines oder mehrerer Eigenjagdbezirke ist und Flächen zur Jagdausübung zupachten will, kann Jagdpächter sein.").

143 In der Lit. wird zum Teil die Auffassung vertreten, dass aus dem Umstand, dass die Formulierung des Regierungsentwurfs zu § 11 Abs. 5 S. 3 nicht Gesetz geworden ist, nicht geschlossen werden könne, eine öffentlich-rechtliche Körperschaft sei als Eigenjagdbezirksinhaber von der Zupacht eines Jagdbezirks generell in den Ländern ausgeschlossen, in denen eine der bayerische Regelung vergleichbare Vorschrift nicht existiert. Denn hierin würde ein sachlich nicht gerechtfertigtes Privileg gegenüber dem privaten Eigen-

jagdbezirksinhaber als jagdpachtfähiger Einzelperson liegen (Mitzschke/Schäfer Rn. 43). Dieser Ansicht kann nicht gefolgt werden. Die sachliche Rechtfertigung für die unterschiedliche Behandlung der öffentlichen Hand und dem privaten Eigenjagdbezirksinhaber liegt gerade darin, dass die öffentlich-rechtliche Körperschaft nicht jagdpachtfähig ist. Sofern man jedoch der vorgenannten Meinung folgen will, so müsste die öffentlich-rechtliche Körperschaft, die Eigentümerin von mehr als 1.000 ha Jagdfläche ist, gem. § 11 Abs. 3 S. 2 in dem Umfang Jagdfläche verpachten, wie sie zupachten möchte.

II. Beteiligung mehrerer Personen an der Jagdausübung

1. Mitpacht

a) Allgemeines. Ein Mitpächterverhältnis besteht, wenn zwei oder mehrere Personen einen Jagdbezirk in der Weise gepachtet haben, dass allen das Jagdausübungsrecht miteinander zusteht. Die Mitpächter sind gegen dem Verpächter gleichberechtigt und haben diesem gegenüber somit dieselben Rechte und Pflichten (→ Rn. 144). Bei der Mitpächtergemeinschaft ist das **Außenverhältnis** (zwischen den Mitpächtern und dem Verpächter sowie anderen außen stehenden Personen) und das **Innenverhältnis** (die Beziehung der Mitpächter untereinander) zu unterscheiden. 144

b) Außenverhältnis. Die Mitpächter sind im Außenverhältnis sowohl Gesamtgläubiger iSd §§ 428, 430 BGB als auch Gesamtschuldner iSd § 427 BGB (Mitzschke/Schäfer Rn. 96). Als Gesamtgläubiger erwirbt jeder einzelne Mitpächter aus dem Jagdpachtvertrag selbstständige Rechte gegenüber dem Verpächter (vgl. BGH Urt. v. 4.7.1991 – III ZR 101/90, BeckRS 1991, 1913 = JE I Nr. 74; LG Stralsund Urt. v. 15.4.2002 – 4 O 365/00, BeckRS 2002, 169183 = JE I Nr. 101; OLG Celle Urt. v. 20.8.2014 – 7 U 38/14, BeckRS 2014, 21702 = RdL 2015, 47; vgl. auch Leonhardt/Pießkalla Rn. 2.14.1 mwN). Das bedeutet zB, dass jeder einzelne Jagdpächter für sich allein von dem Verpächter die ungestörte Jagdausübung verlangen kann. Als Gesamtschuldner haftet jeder Mitpächter dem Verpächter in vollem Umfang auf die vertraglich geschuldete Gegenleistung. 145

c) Innenverhältnis. Sofern ein Recht mehreren Personen gemeinschaftlich zusteht, so bilden diese grundsätzlich eine Rechtsgemeinschaft iSd §§ 741 ff. BGB. Da die Mitpächtergemeinschaft sich jedoch zur Verfolgung eines gemeinsamen Zwecks – der gemeinsamen Jagdausübung in dem gepachteten Jagdbezirk – zusammengetan hat, werden die Vorschriften über die Rechtsgemeinschaft durch die über die Gesellschaft bürgerlichen Rechts iSd § 705 BGB überlagert. Bei einer Mehrheit von Pächtern bilden diese somit kraft Gesetzes **eine Gesellschaft des bürgerlichen Rechts (GbR)** iSd §§ 705 ff. BGB, da sich die Mitpächter zur gemeinsamen Bejagung eines bestimmten Jagdbezirks zusammenfinden und somit einen gemeinsamen Zweck fördern. Mit dem Abschluss des Pachtvertrags entsteht somit nach hM ein Gesellschaftsverhältnis iSd §§ 705 ff. BGB (OLG Frankfurt Urt. v. 15.10.1957 – 1 U 34/57, EJS I S. 58 Nr. 11; Urt. v. 28.6.1974, EJS IV S. 23 Nr. 26; OLG Hamm Urt. v. 9.3.2022 – 8 U 52/21, BeckRS 2022, 7593; OLG Düsseldorf Urt. v. 23.3.1972 – 10 U 235/70, EJS IV S. 17 Nr. 16 = MDR 1972, 615 = FHZivR 18 Nr. 7485; OLG Oldenburg Urt. v. 146

13.1.1994 – 14 U 23/93, JE I Nr. 84; vgl. auch OLG Hamm AgrarR 1996, 404; Mitzschke/Schäfer Rn. 97; Leonhardt/Pießkalla Rn. 2.14; Lorz/Metzger § 13a Rn. 2). Das Gesellschaftsverhältnis zwischen den Mitpächtern hat bestimmte Rechtsfolgen, die nachstehend im Einzelnen dargestellt werden.

147 **aa) Gemeinschaftliche Geschäftsführung der Mitpächter.** Gemäß § 715 Abs. 1, 3 BGB (früher § 709 Abs. 1 BGB aF) steht die Führung der Geschäfte den Mitpächtern grundsätzlich gemeinschaftlich zu; für jedes Geschäft ist somit die Zustimmung aller Mitpächter erforderlich. Dies bedeutet, dass grundsätzlich alle Entscheidungen der Mitpächter nur einvernehmlich und einstimmig getroffen werden können, so zB die Vergabe von Jagderlaubnisscheinen (OLG Hamm Urt. v. 6.4.1076 – 7 U 65/75, RdL 1977, 286; Mitzschke/Schäfer Rn. 98) und die interne Aufteilung des Jagdbezirks unter den Mitpächtern (Lorz/Metzger § 13a Rn. 2 mwN). Gleiches gilt zB auch für die interne Verteilung des Abschusses auf die Mitpächter (AG Dannenberg Urt. v. 3.2.2015 – 31 C 333/14, JE XVIII Nr. 123), die Veranstaltung einer Gesellschaftsjagd und die Vergabe von Jagdeinladungen hierzu sowie die Anstellung eines Jagdaufsehers.

148 Der einzelne Mitpächter hat gegenüber seinen Mitgesellschaftern (Mitpächtern) auf der Grundlage des § 705 BGB grundsätzlich einen Anspruch, dass diese die Interessen der GbR fördern und unterstützen. Dies ergibt sich aus der Treupflicht jedes einzelnen Gesellschafters gegenüber seinen Mitgesellschaftern, die ihn zur Unterlassung willkürlicher Schädigungen der Gesellschaft sowie zur Wahl des schonendsten Mittels bei der Ausübung eigener Rechte verpflichten (Grüneberg/Retzlaff BGB § 705 Rn. 22). Dieser Anspruch umfasst auch das Recht, von seinen Mitpächtern zu verlangen, dass diese mit ihm gemeinsam eine Klage gegen die Jagdgenossenschaft – zB gegen eine von dieser ausgesprochenen Kündigung – führen (vgl. OLG Hamm Urt. v. 27.3.1996 – 8 U 222/95, BeckRS 1996, 31006911 = AgrarR 1996, 404; Lorz/Metzger § 13a Rn. 2; Mitzschke/Schäfer Rn. 105). Sofern hierüber zwischen den Mitpächtern Uneinigkeit besteht und diese einvernehmlich nicht ausgeräumt werden kann, muss dies ggf. gerichtlich geklärt werden (OLG Hamm Urt. v. 27.3.1996 – 8 U 222/95, BeckRS 1996, 31006911 = AgrarR 1996, 404; OLG Düsseldorf Urt. v. 23.3.1972 – 10 U 235/70, MDR 1972, 615 = EJS IV S. 17 Nr. 16; Mitzschke/Schäfer Rn. 98, 105).

149 Der Anspruch des Mitpächters besteht jedoch dann nicht, wenn die übrigen Mitpächter beabsichtigen, das Gesellschaftsverhältnis zu kündigen oder wenn einzelne Mitpächter die von der Jagdgenossenschaft ausgesprochene Kündigung akzeptieren wollen. Denn die Gesellschafter sind nicht verpflichtet an einem Rechtstreit mitzuwirken, der der Fortführung der Gesellschaft dient, obwohl sie diese beenden wollen (LG Oldenburg Urt. v. 25.3.2014 – 12 U 160/13, JE III Nr. 208; OLG Hamm Urt. v. 27.3.1996 – 8 U 222/95, BeckRS 1996, 31006911 = AgrarR 1996, 404).

150 Die Mitpächter können in einem Gesellschaftsvertrag, dessen Abschluss regelmäßig empfehlenswert ist, anderweitige Regelungen zur Geschäftsführung treffen und zB vereinbaren, dass bei den zu treffenden Beschlüssen der Mitpächtergemeinschaft die einfache oder qualifizierte Stimmenmehrheit entscheiden soll. In diesem Vertrag kann zB auch vereinbart werden, dass der Jagdbezirk intern unter den Mitpächtern aufgeteilt wird.

151 **bb) Rechte der Mitpächter.** Das Gesellschaftsverhältnis beinhaltet weiterhin, dass alle Mitpächter grundsätzlich die gleichen Rechte haben. Dies

bedeutet zB, dass alle Mitpächter im Falle der Erlegung von Wild grundsätzlich gemeinschaftliches Eigentum an der Beute erlangen (§ 713 BGB, früher § 718 Abs. 1 BGB aF). Auch für diese Fälle kann der Gesellschaftsvertrag selbstverständlich eine abweichende Regelung treffen.

cc) Pflichten der Mitpächter. Alle Mitpächter haben grundsätzlich die gleichen Pflichten. Das heißt, dass jeder Mitpächter gleichermaßen verpflichtet ist, an der Erfüllung des Abschussplanes mitzuwirken, sich an der Verhütung von Wildschäden und der Bekämpfung von Wildseuchen zu beteiligen, sowie in Notzeiten das Wild zu füttern. Darüber hinaus sind die Mitpächter grundsätzlich in gleichem Umfang verpflichtet, die vertraglichen Pflichten gegenüber der Jagdgenossenschaft zu erfüllen, zB den Jagdpachtzins zu zahlen. 152

dd) Haftung der Mitpächter. Die Mitpächter haften in gleichem Umfang für die Verpflichtungen der Pächtergemeinschaft. Im Innenverhältnis haben die Gesellschafter gem. § 709 Abs. 2 BGB (früher § 706 Abs. 1 BGB aF) grundsätzlich gleiche Beiträge zu leisten. Im Außenverhältnis haften die Gesellschafter einer Gesellschaft bürgerlichen Rechts den Gläubigern der Gesellschaft als Gesamtschuldner iSd § 421 BGB. Das bedeutet, dass der Gläubiger der Mitpächtergemeinschaft von jedem Mitpächter im Verhältnis nach außen die geschuldete Leistung ganz oder teilweise verlangen kann. Der jeweilige Mitpächter hat gegenüber seinen Mitgesellschaftern gem. § 426 Abs. 2 S. 1 BGB im Innenverhältnis jedoch einen Ausgleichsanspruch, sofern er gegenüber dem Dritten eine Leistung erbracht hat, die seine Beitragspflicht im Verhältnis zu seinen Mitpächtern übersteigt. 153

Beispiel: Die Mitpächter A, B und C haben mit der Jagdgenossenschaft J einen Jagdpachtvertrag abgeschlossen, in dem unter anderem ein jährlicher Jagdpachtzins in Höhe von 3.000 Euro vereinbart ist. Nachdem die Jagdpacht zum vertraglich vereinbarten Termin nicht auf dem Konto der J eingegangen ist, wendet sich der Jagdvorsteher an den Mitpächter A, den er für solvent hält, und fordert von diesem die Zahlung von 3.000 Euro. Im Außenverhältnis gegenüber J ist A zunächst verpflichtet, diesen Betrag zu zahlen. A hat gegenüber seinen Mitpächtern B und C gem. § 426 Abs. 2 S. 1 BGB einen Anspruch (Ausgleichsanspruch) auf Zahlung von jeweils 1.000 Euro, da A, B und C mangels anderweitiger gesellschaftsvertraglicher Regelungen zur Leistung von gleichen Anteilen verpflichtet sind (§ 709 Abs. 2 BGB, früher § 706 Abs. 1 BGB aF).

ee) Kündigung des Mitpächterverhältnisses. Das gesellschaftsrechtliche Verhältnis der Mitpächter untereinander kann entsprechend der gesetzlichen Vorschriften über die Kündigung einer GbR beendet werden. Gemäß § 725 Abs. 1 S. 1 BGB, (früher § 723 Abs. 1 S. 1 BGB aF) kann jeder Gesellschafter die GbR jederzeit kündigen, sofern das Gesellschaftsverhältnis nicht auf bestimmte Zeit eingegangen wurde. Ausreichend ist, dass sich die Dauer, für die das Gesellschaftsverhältnis eingegangen werden soll, aus den Umständen des Einzelfalls, zB dem Gesellschaftszweck, ergibt (vgl. Grüneberg/Retzlaff BGB § 725 Rn. 2). Bei der Eingehung eines Mitpächterverhältnisses ist zu berücksichtigen, dass dieses regelmäßig in unmittelbarem Verhältnis zu dem Jagdpachtvertrag steht, der wiederum grundsätzlich auf eine bestimmte Zeit eingegangen wird. Gesellschaftszweck der Mitpächtergemeinschaft ist somit in der Regel die gemeinsame Jagdausübung während der Dauer des Jagdpachtvertrags, so dass auch die gesellschaftsrechtliche Verpflichtung der 154

Mitpächter untereinander für die Laufzeit des Jagdpachtvertrags eingegangen wird. Die Folge ist, dass die Mitpächter ihr Gesellschaftsverhältnis nicht jederzeit, sondern gem. § 725 Abs. 2 S. 1 BGB (früher § 723 Abs. 1 S. 2 BGB aF) vor Ablauf der vereinbarten Laufzeit nur kündigen können, wenn ein **wichtiger Grund** vorliegt. Ein wichtiger Grund besteht regelmäßig, wenn die Fortsetzung des Gesellschaftsverhältnisses dem oder den Mitpächtern bis zum Ende der vereinbarten Laufzeit unter Berücksichtigung aller Umstände nach Treu und Glauben nicht zugemutet werden kann (vgl. Grüneberg/Retzlaff BGB § 725 Rn. 11). Das Individualinteresse des oder der Gesellschafter an der sofortigen Auflösung der Mitpächtergemeinschaft muss im Rahmen der Interessenabwägung höher zu bewerten sein als das Interesse des oder der Gesellschafter an der unveränderten Fortsetzung der Gesellschaft. Als wichtiger Grund zur Beendigung eines Mitpächterverhältnisses kommt insbesondere in Betracht, wenn das Vertrauensverhältnis der Mitpächter untereinander grundlegend gestört ist und ein gedeihliches Zusammenwirken der einzelnen Gesellschafter nicht mehr möglich ist (OLG Hamm Urt. v. 27.3.1996 – 8 U 222/95, BeckRS 1996, 31006911 = AgrarR 1996, 404; vgl. OLG Brandenburg Urt. v. 12.7.1995 – 3 U 17/95, JE III Nr. 125).

155 Die Folge der Kündigung eines Gesellschaftsvertrags ist grundsätzlich, dass die Gesellschaft in das Liquidationsstadium übergeht und das Gesellschaftsvermögen auseinandergesetzt wird. Im Fall der Mitpächtergemeinschaft ist jedoch zu berücksichtigen, dass diese nicht im luftleeren Raum existiert, sondern rechtlich weiterhin durch den in der Regel befristet abgeschlossenen Jagdpachtvertrag mit der Jagdgenossenschaft verbunden ist. Insoweit bildet der Jagdpachtvertrag eine Klammer, die die Mitpächtergemeinschaft im Außenverhältnis zu der Jagdgenossenschaft weiterhin verbindet (Mitzschke/Schäfer Rn. 106). Grundsätzlich bleibt somit das Außenverhältnis zwischen den einzelnen Mitpächtern und der Jagdgenossenschaft durch die vorzeitige Auflösung oder Kündigung der zwischen dem Mitpächtern bestehenden BGB-Gesellschaft unberührt (OLG Celle Urt. v. 20.8.2014 – 7 U 38/14, BeckRS 2014, 21702 = RdL 2015, 47). Folge der Kündigung des Mitpächterverhältnisses ist, dass auch im Außenverhältnis der Jagdpachtvertrag mit der Jagdgenossenschaft eine Änderung erfahren muss, da dort das ausscheidende Mitglied der Pächtergemeinschaft als Pächter benannt ist. Dies kann am einfachsten in der Weise geschehen, dass die Mitpächtergemeinschaft mit der Jagdgenossenschaft einen Änderungsvertrag abschließt, in dem das Ausscheiden des kündigenden Mitpächters aus dem Jagdpachtvertrag vereinbart wird.

156 Ob der einzelne Mitpächter den Jagdpachtvertrag gegenüber dem Verpächter aus wichtigem Grund kündigen und somit aus dem Jagdpachtvertrag ausscheiden kann, erscheint im Hinblick auf das Erfordernis einstimmiger Beschlüsse der GbR zumindest fragwürdig (so aber offensichtlich Mitzschke/Schäfer Rn. 106).

2. Weiter- und Unterverpachtung

157 **a) Allgemeines.** Gemäß §§ 581 Abs. 2, 540 Abs. 1 BGB ist der Pächter ohne die Erlaubnis des Verpächters nicht berechtigt, die Pachtsache einem Dritten zu überlassen, insbesondere diese weiter zu verpachten. Die Weiter- oder Unterverpachtung eines Jagdbezirks ist somit nur mit der Zustimmung des Verpächters zulässig (OLG Zweibrücken Urt. v. 3.11.1969 – 2 U 36/69,

EJS IV S. 24 Nr. 2 = FHZivR 16 Nr. 3346; Mitzschke/Schäfer Rn. 94; Leonhardt/Pießkalla Rn. 2.15). Die fehlende Zustimmung des Verpächters hat jedoch keine Auswirkung auf die Wirksamkeit des Unter- oder Weiterpachtvertrags. Der Verpächter hat in diesem Fall jedoch die Möglichkeit, den Hauptpachtvertrag gem. § 540 Abs. 1 S. 2 BGB außerordentlich zu kündigen (vgl. OLG Köln Urt. v. 22.12.1992 – 6 U 40/92, JE V Nr. 168).

In der schriftlichen Vereinbarung zwischen einem Jagdpächter und einem Jagdgast, ihn unter gleichzeitiger Erteilung eines entgeltlichen Jagderlaubnisscheins für den gesamten Schalenwildabschuss gegen Übernahme aller Jagdkosten alsbald als Mitpächter aufzunehmen und ihm danach alle Pachtrechte allein zu überlassen, liegt nicht ohne weiteres die Verpflichtung des Pächters, dem Jagdgast für die ganze noch laufende Pachtzeit eine entgeltliche Jagderlaubnis zu erteilen, wenn der Verpächter den Eintritt des Jagdgastes als Mitpächter ablehnt (OLG Stuttgart Urt. v. 26.2.1963 – 6 U 20/62, EJS I S. 64 Nr. 25). 158

b) Unterverpachtung. Eine Unterverpachtung liegt vor, wenn der Jagdpächter (Hauptpächter) das Jagdausübungsrecht auf der gesamten Fläche des Jagdbezirks oder auf einer Teilfläche davon gegen Entgelt einem Dritten (Unterpächter) überlässt. Der Unterpächter leitet sein Jagdausübungsrecht allein aus dem vertraglichen Verhältnis mit dem Hauptpächter ab. Er tritt in keine rechtliche Beziehung zu dem Hauptpächter. Aus diesem Grund ist das Unterpachtverhältnis auch von dem Schicksal des Hauptpachtvertrags abhängig. Erlischt der Jagdpachtvertrag, so endet auch das Jagdausübungsrecht des Unterpächters. 159

c) Weiterverpachtung. Bei der Weiterverpachtung tritt der Weiterpächter in unmittelbare Beziehung zu dem Verpächter. Der Weiterpachtvertrag ist ein Schuldverhältnis zwischen dem Verpächter, dem ursprünglichen Pächter (Erstpächter) und dem Weiterpächter. Der Erstpächter kann hierbei ganz aus dem Pachtvertrag zu dem Verpächter ausscheiden oder weiter als Pächter im Vertragsverhältnis verbleiben. Im letzteren Fall kann der Erstpächter sich die Jagdausübung auf einer Teilfläche des Jagdbezirks vorbehalten oder vereinbaren, dass er die Jagd auf einzelne Tierarten weiter ausübt (§ 11 Abs. 1 S. 2). 160

III. Jagderlaubnisscheine

1. Allgemeines

Durch die Erteilung von Jagderlaubnisscheinen können Dritte, die nicht Pächter sind, an der Jagdausübung beteiligt werden (Jagdgast). Der Pächter selbst bleibt in vollem Umfang Inhaber seines Jagdausübungsrechts und ist sowohl seinem Verpächter als auch der Jagdbehörde gegenüber für das Geschehen in seinem Pachtbezirk verantwortlich. Der Inhaber einer Jagderlaubnis leitet seine jagdlichen Befugnisse von dem Pächter ab. Ob und inwieweit zwischen dem Pächter und dem Jagderlaubnisscheininhaber eine rechtlich relevante Beziehung besteht, oder ob es sich um ein reines **Gefälligkeitsverhältnis** handelt, aus dem keine gegenseitigen rechtlichen Ansprüche abgeleitet werden können, ergibt sich jeweils aus den Umständen des Einzelfalls. 161

Im allgemeinen Sprachgebrauch werden die Jagderlaubnisscheine auch als **Begehungsscheine** bezeichnet. 162

163 **a) Zustimmung des Verpächters.** Die Erteilung eines Jagderlaubnisscheins bedarf gem. **§§ 540, 581 Abs. 2 BGB** grundsätzlich der Zustimmung des Verpächters – unabhängig davon, ob die Jagderlaubnis entgeltlich oder unentgeltlich erteilt wird. Der Umfang der Erteilung von Jagderlaubnisscheinen wird in der Regel im Jagdpachtvertrag geregelt. Ein Jagdpachtvertrag, in dem die Höchstzahl der unentgeltlichen Jagderlaubnisscheine nicht bestimmt ist, die der Jagdpächter erteilen darf, kann ggf. durch die Jagdbehörde gem. § 12 wegen eines Verstoßes gegen § 1 Abs. 2 beanstandet werden (→ § 12 Rn. 29). Darüber hinaus ergibt sich die Anzahl der Jagderlaubnisscheine, die der Verpächter erteilen darf, ggf. nach den landesrechtlichen Vorschriften (→ Rn. 183 ff.).

164 **b) Keine Jagdausübungsberechtigung im Sinne jagdrechtlicher Vorschriften.** Der Inhaber eines Jagderlaubnisscheins ist **nicht Jagdausübungsberechtigter** iSd jagdrechtlichen Vorschriften (so ausdrücklich § 25 Abs. 4 **JWMG,** § 13 Abs. 1 S. 2 **MVLJagdG;** § 12 Abs. 6 **LJG-NRW;** § 16 Abs. 2 **RhPfLJG;** § 13 Abs. 1 S. 1 **SchlHLJagdG;** § 12 Abs. 5 **SJG;** § 17 Abs. 4 **ThJG**). Das bedeutet insbesondere, dass der Jagdgast nicht jagdschutzberechtigt ist; ihm kann jedoch nach landesrechtlichen Vorschriften die Berechtigung zur Tötung von wildernden Hunden und Katzen übertragen werden.

165 Der Jagdgast, der vorsätzlich den Rahmen der ihm erteilten Erlaubnis überschreitet und ein Stück Wild erlegt, das ihm nicht freigegeben ist, begeht Wilderei gem. §§ 292, 294 StGB (Mitzschke/Schäfer Rn. 75; Lorz/Metzger Rn. 16 mwN). Wenn ein Jagdgast im Tollwutgebiet einen Fuchs erlegt, kann dies jedoch als Geschäftsführung ohne Auftrag iSd § 667 BGB gerechtfertigt sein (Mitzschke/Schäfer Rn. 75 mwN; Lorz/Metzger/Stöckel/Metzger Rn. 16).

166 Ob und in welchem Umfang dem Inhaber der Jagderlaubnis das **Aneignungsrecht** zusteht, so dass er selbst auch Eigentümer des von ihm erlegten Wildbrets werden kann, bleibt der Vereinbarung zwischen ihm und dem Jagdausübungsberechtigten überlassen. Sofern hierzu keine Regelung getroffen wird, ist der Erlaubnisscheininhaber **Besitzdiener des Jagdausübungsberechtigten,** mit der Folge, dass letzterer Eigentum an dem vom Jagdgast erlegten Wild in dem Moment erhält, in dem der Jagdgast das Wild in Besitz nimmt. Gemäß § 18 Abs. 2 **NJagdG** dürfen sich die Jagdgäste die Trophäen des von ihnen erlegten Wilds aneignen, soweit nicht etwas anders vereinbart ist.

167 **c) Nachweis der Berechtigung zur Jagd.** Bei der Beteiligung von Jagdgästen an der Jagdausübung ist zu berücksichtigen, dass diese im Zweifel ihre Berechtigung zur Jagd **gegenüber kontrollberechtigten Personen** (zB der Polizei) nachweisen müssen. Aus diesem Grund muss ein Jagderlaubnisschein zumindest dann schriftlich erteilt werden, wenn der Jagdausübungsberechtigte, der Jagdaufseher oder ein angestellter Jäger den Jagdgast während der Jagdausübung nicht begleitet (so § 25 Abs. 3 **JWMG;** Art. 17 Abs. 3 **BayJG;** § 16 Abs. 3 **BbgJagdG;** Art. 15 Abs. 2 **BremLJagdG;** § 8 Abs. 4 **HmbJagdG;** § 12 Abs. 5 **HJagdG;** § 13 Abs. 3 **MVLJagdG;** § 19 **NJagdG;** § 12 Abs. 7 **LJG-NRW;** § 16 Abs. 1 S. 4 **RhPfLJG;** § 12 Abs. 2 **SJG;** § 15 Abs. 3 **SächsJagdG;** § 18 Abs. 2 **LSALJagdG;** § 13 Abs. 3 **SchlHLJagdG;** § 17 Abs. 3 **ThJG**).

168 In manchen Landesjagdgesetzen wird die unmittelbare Begleitung des Jagdgastes dem Erfordernis gleichgesetzt, dass der Jagdausübungsberechtigte oder

die von ihm beauftragte Person im Jagdbezirk anwesend ist und/oder ohne besondere Schwierigkeiten erreichbar ist (Art. 15 Abs. 2 **BremLJagdG;** § 13 Abs. 3 S. 2 **MVLJagdG;** § 19 S. 2 **NJagdG;** § 13 Abs. 3 S. 2 **SchlHLJagdG**). Das **Erfordernis der Erreichbarkeit ohne besondere Schwierigkeiten** ist jedenfalls dann nicht mehr erfüllt, wenn die Kontrollperson einen 15-minütigen Fußmarsch absolvieren muss, um zu dem Jagdausübungsberechtigten zu gelangen (Mitzschke/Schäfer § 15 Rn. 10 mwN).

d) Erteilung der Jagderlaubnis bei einer Mehrheit von Jagdausübungsberechtigten. Unabhängig davon, ob die Jagderlaubnis schriftlich oder mündlich erteilt wird, muss sie von allen Mitpächtern gemeinsam erteilt werden. Dies ergibt sich bereits aus dem Erfordernis, dass die Mitpächter eines Jagdbezirks grundsätzlich nur gemeinschaftlich handeln können (→ Rn. 146). Sofern die Mitpächter einen von ihnen zur Geschäftsführung bevollmächtigt haben, kann dieser grundsätzlich auch mit Wirkung für die übrigen Mitpächter eine Jagderlaubnis erteilen. Etwas anderes gilt jedoch in den Bundesländern, die die Wirksamkeit der Erteilung einer Jagderlaubnis von der Zustimmung aller Jagdausübungsberechtigten abhängig machen (§ 25 Abs. 1 S. 2 **JWMG;** Art. 17 Abs. 1 S. 3 **BayJG;** § 16 Abs. 1 S. 2 **LJagdG Bln;** § 16 Abs. 1 S. 2 **BbgJagdG;** § 12 Abs. 1 S. 2 **HJagdG;** § 13 Abs. 2 S. 1 **MVLJagdG** (bei einer entgeltlichen Jagderlaubnis); § 16 Abs. 1 S. 3 und 5 **RhPfLJG;** § 15 Abs. 1 S. 3 **SächsJagdG;** § 17 Abs. 1 S. 3 Hs. 1 **ThJG**), es sei denn, dass das Landesjagdgesetz auch in diesen Fällen eine Bevollmächtigung zulässt (§ 25 Abs. 1 S. 3 **JWMG;** Art. 17 Abs. 1 S. 4 **BayJG;** § 16 Abs. 1 S. 3 und 4 **BbgJagdG;** § 15 Abs. 1 S. 4 **SächsJagdG;** § 13 Abs. 4 **SchlHLJagdG;** § 17 Abs. 1 S. 3 Hs. 2 **ThJG**). **169**

e) Pflicht zur Erteilung einer Jagderlaubnis. Im Rahmen des Gesetzgebungsverfahrens zum 2. Änderungsgesetz hatte der Bundesrat vorgeschlagen, in § 11 Abs. 3 aufzunehmen, dass „die Länder die Erteilung von Erlaubnisscheinen zur Pflicht machen können" (BT-Drs. 7/4285, 17). Dieser Vorschlag hatte jedoch nicht die Zustimmung der Bundesregierung gefunden, weil die verfassungsrechtliche Zulässigkeit einer solchen gesetzlichen Pflicht von tatsächlichen Voraussetzungen abhänge, die jedoch nicht dargelegt seien (BT-Drs. 7/4285, 26). **170**

Das Land Nordrhein-Westfalen hat jedoch in § 12 Abs. 2 S. 1 **LJG-NRW** bestimmt, dass der Pächter eines Jagdbezirks von mehr als 300 ha, der an eine geringere als die nach § 11 Abs. 1 **LJG-NRW** zulässige Zahl von Pächtern verpachtet ist, verpflichtet ist, für jede vollen jagdlich nutzbaren 150 ha, die eine jagdlich nutzbare Fläche von 300 ha übersteigen, eine Jagderlaubnis zu erteilen, die nach Inhalt und Umfang zwischen dem Pächter und dem Jagdgast zu vereinbaren ist. Sofern der Jagdbezirk an mehrere Personen verpachtet ist, obliegt die Verpflichtung den Pächtern gemeinsam (§ 12 Abs. 2 S. 2 **LJG-NRW**). Gemäß § 12 Abs. 4 **LJG-NRW** kann diese Verpflichtung nicht dadurch erfüllt werden, dass eine entgeltliche oder unentgeltliche Jagderlaubnis Inhabern oder Nutznießern nicht verpachteter Eigenjagdbezirke und Personen erteilt wird, die bereits Jagdpächter oder Inhaber einer Jagderlaubnis sind. **171**

In Bremen kann ein Revierinhaber durch die Jagdbehörde verpflichtet werden, Jagderlaubnisse zu erteilen, wenn sich in einem Jagdbezirk Möwen, Wildtauben oder Wildkaninchen übermäßig vermehrt haben oder erhebliche Schäden verursachen oder eine stärkere Bejagung der Füchse zur Bekämpfung der Tollwut erforderlich ist (Art. 14 Abs. 3 S. 1 **BremLJagdG**). **172**

173 **f) Beschränkung der Erteilung einer Jagderlaubnis.** In einigen Bundesländern können die Jagdbehörden die Erteilung einer Jagderlaubnis beschränken oder ganz untersagen.

174 **Baden-Württemberg:** Die untere Jagdbehörde kann aus Gründen der Jagdpflege oder der öffentlichen Sicherheit für bestimmte Bezirke die Ausstellung von Jagderlaubnisscheinen oder eine sonstige Beteiligung anderer an der Jagd beschränken oder ganz untersagen (§ 25 Abs. 2 **JWMG**).

175 **Brandenburg:** Gemäß § 16 Abs. 5 **BbgJagdG** kann die untere Jagdbehörde im Einzelfall aus Gründen der Hege die Befugnis oder Verpflichtung zur Erteilung einer Jagderlaubnis oder die sonstige Beteiligung anderer an der Jagd vorübergehend beschränken oder aussetzen.

176 **Mecklenburg-Vorpommern:** Die Jagdbehörde kann die Zulassung von Jagdgästen aus Gründen der Jagdpflege beschränken oder untersagen (§ 13 Abs. 4 **MVLJagdG**).

177 **Saarland:** Die Jagdbehörde kann aus Gründen der Jagdpflege und der öffentlichen Sicherheit sowie zur Verhinderung eines Jagdmissbrauchs die Erteilung der Jagderlaubnis oder die sonstige Beteiligung anderer, insbesondere von Jagdgästen, an der Jagd beschränken oder untersagen (§ 12 Abs. 4 **SJG**).

2. Arten der Jagderlaubnisscheine

178 Die Landesjagdgesetze (bis auf Baden-Württemberg, Niedersachsen, Rheinland-Pfalz und Sachsen) unterscheiden regelmäßig entgeltliche und unentgeltliche Jagderlaubnisscheine, in Bremen und Sachsen-Anhalt wird zusätzlich auch danach differenziert, ob die Jagderlaubnis zur Erlegung einer bestimmten oder unbestimmten Anzahl von Tieren berechtigt (Art. 15 Abs. 1 Nr. 2 **BremLJagdG;** § 18 Abs. 1 S. 1 Nr. 2 **LSALJagdG**) und ob die Jagderlaubnis ständig oder nichtständig erteilt wird (Art. 15 Abs. 1 Nr. 3 **BremLJagdG;** § 18 Abs. 1 S. 1 Nr. 3 **LSALJagdG**). Als ständig erteilt gilt in diesen Ländern eine Jagderlaubnis, wenn sie in mindestens einem Jagdjahr für die volle Jagdzeit der in dem Jagdbezirk vorkommenden Wildarten oder länger gelten soll (Art. 15 Abs. 1 S. 2 **BremLJagdG;** § 18 Abs. 1 S. 2 **LSALJagdG**).

179 **a) Unentgeltlicher Jagderlaubnisschein.** Ein unentgeltlicher Jagderlaubnisschein ist die Beteiligung eines Dritten an der Jagdausübung, ohne dass dieser eine wirtschaftliche Gegenleistung erbringt. Ein Jagderlaubnisschein ist jedoch nur dann „unentgeltlich", wenn dem Dritten hierdurch tatsächlich keine Kosten entstehen, die im unmittelbaren Zusammenhang mit der Gewährung der Jagderlaubnis stehen. Hierbei ist es unbeachtlich, ob diese Gegenleistung zB als „Hegebeitrag" bezeichnet wird. Auf die Bezeichnung der Jagderlaubnis als „unentgeltlich" oder „entgeltlich" kommt es für die rechtliche Einordnung ebenfalls nicht an. In den Fällen, in denen der Jagdpächter von demjenigen, dem er eine Jagderlaubnis erteilt, einen finanziellen Beitrag fordert, handelt es sich um eine „entgeltliche" Jagderlaubnis. Etwas anderes gilt, wenn sich die Leistungen des Erlaubnisinhabers in einem geringfügigen, vernachlässigenswerten Rahmen bewegen – insbesondere dann, wenn diese von diesem freiwillig erbracht und nicht von dem Jagdpächter ggf. auf vertraglicher Grundlage verlangt werden. Als eine wirtschaftliche Gegenleistung im vorbenannten Sinn gelten jedoch nicht Handlungen, die der Jagdgast im gesellschaftlich üblichen Umfang leistet (zB die Mithilfe bei

Revierarbeiten; geringfügige Beitragsleistung zur Wildfütterung etc), sofern dies nicht als Gegenleistung für die Erteilung des Jagderlaubnisscheins ausdrücklich vereinbart ist, sondern von dem Jagdgast im Rahmen eines gesellschaftlich üblichen Gefälligkeitsverhältnisses erbracht werden (OLG Koblenz Beschl. v. 14.4.2005 – 10 U 582/04, BeckRS 2005, 7854 = JE III Nr. 173; OLG Brandenburg Urt. v. 1.12.1999 – 3 U 87/99, BeckRS 1999, 16849 = JE III Nr. 139; OLG Hamm Urt. v. 6.4.1976, JE III Nr. 20; LG Bad Kreuznach Urt. v. 30.4.2004 – 3 O 467/02, BeckRS 2004, 30986778 = JE V Nr. 215; LG Cottbus Urt. v. 14.1.2000 – 4 O 63/98, nv).

Um die Erteilung eines Jagderlaubnisscheins handelt es sich auch dann, 180 wenn dieser nicht dauerhaft, sondern nur einmalig, zB für einen einmaligen Ansitz, erteilt wird. Bei der Erteilung eines unentgeltlichen Jagderlaubnisscheins wird es sich häufig um ein Gefälligkeitsverhältnis handeln. Das Gefälligkeitsverhältnis unterscheidet sich von dem Vertragsverhältnis durch den rechtlichen Bindungswillen, der regelmäßig bei gesellschaftlichen, konventionellen oder freundschaftlichen Zusagen und bei den bloßen Gefälligkeiten des täglichen Lebens fehlt (vgl. Grüneberg/Grüneberg BGB Einf. v. § 662 Rn. 4). Ob ein Gefälligkeits- oder ein rechtlich relevantes Vertragsverhältnis besteht, ist jeweils nach den Umständen des Einzelfalls zu beurteilen.

Sofern ein unentgeltlicher Jagderlaubnisschein für den Jagdausübungs- 181 berechtigten keine rechtliche Verpflichtung beinhaltet, dem Jagdgast die Jagdausübung zu gestatten, kann die unentgeltliche Jagderlaubnis jederzeit wieder entzogen werden (so zB klarstellend Art. 16 Abs. 2 S. 2 **BremLJagdG** für den Fall, dass die Jagderlaubnis nicht auf bestimmte Zeit erteilt wurde).

b) Entgeltlicher Jagderlaubnisschein. Ein entgeltlicher Jagderlaubnis- 182 schein ist die Beteiligung eines Dritten, der selbst nicht Pächter ist, an der Jagdausübung gegen Erbringung einer wirtschaftlichen Gegenleistung. Die Erteilung einer entgeltlichen Jagderlaubnis erfolgt auf der Grundlage eines gegenseitigen Vertrags. In der Lit. (Mitzschke/Schäfer Rn. 81) und der Rspr. (OLG Düsseldorf Urt. v. 25.1.1985 – 15 U 148/83, JE V Nr. 106) wird die Auffassung vertreten, dass das Rechtsverhältnis zwischen dem Jagderlaubnisscheininhaber und dem Jagdausübungsberechtigten/Revierinhaber als Gesellschaftsvertrag iSd § 705 BGB zu charakterisieren sei. Hierbei wird jedoch auch eingeräumt, dass es sich um ein Gesellschaftsverhältnis eigener Art handelt, das die Züge einer Innengesellschaft trägt und auf das die §§ 705 ff. BGB nur mit Einschränkungen anwendbar sind (Mitzschke/Schäfer Rn. 82).

Die Frage, ob die Erteilung eines entgeltlichen Jagderlaubnisscheins ein 183 Unterpachtverhältnis darstellt, ist nach den Gegebenheiten des Einzelfalls zu beurteilen (vgl. OLG Frankfurt Beschl. v. 11.7.2005 – 15 Ww 1/04, BeckRS 2005, 158724). Für das Bestehen eines Unterpachtverhältnisses kann zB der Umstand sprechen, dass dem Jagderlaubnisscheininhaber das Recht zusteht, die Hälfte des Abschusses zu tätigen und darüber hinaus das erlegte Wildbret selbst verwerten zu dürfen. Auch die Verpflichtung des entgeltlichen Jagderlaubnisscheininhabers, sich zur Hälfte an den Wildschadenskosten des Pächters zu beteiligen, kann auf ein Unterpachtverhältnis des Erlaubnisscheininhabers hindeuten (OLG Hamm Urt. v. 18.11.1998 – 30 U 42/98, nv; vgl. LG Aachen Urt. v. 30.10.2003 – B O 273/03, nv).

3. Anwendung pachtrechtlicher Vorschriften auf den Jagderlaubnisschein

184 Gemäß § 11 Abs. 1 S. 3 regeln die Länder die Erteilung von Jagderlaubnisscheinen. Die meisten Landesjagdgesetze haben Bestimmungen getroffen, ob und unter welchen Voraussetzungen pachtrechtliche Vorschriften auf den Jagderlaubnisschein Anwendung finden.

185 **Bayern:** Gemäß Art. 17 Abs. 2 **BayJG** sind auf die entgeltliche Erteilung einer Jagderlaubnis § 11 Abs. 4 S. 1 und Abs. 5, §§ 12 und 13 sowie Art. 15 Abs. 1 **BayJG** und Art. 16 **BayJG** entsprechend anzuwenden. Demnach unterliegt die entgeltliche Jagderlaubnis der Schriftform und muss der unteren Jagdbehörde angezeigt werden. Sie erlischt, wenn dem Erlaubnisscheininhaber der Jagdschein unanfechtbar entzogen worden ist. Die entgeltliche Jagderlaubnis ist auf die Pächterhöchstzahl des Reviers anzurechnen. Die Fläche, die auf die entgeltliche Jagderlaubnis entfällt, ist in den Jagdschein einzutragen. Hierbei ist auf die entgeltliche Jagderlaubnis mindestens die Fläche anzurechnen, die bei Teilung des Reviers durch die höchstzulässige Zahl der Jagdpächter auf den einzelnen entfallen würde (Art. 16 Abs. 2 **BayJG**).

186 Die Beschränkungen des Art. 17 Abs. 2 **BayJG** gelten nicht für eine vorübergehende Überlassung der Jagdausübung. Als vorübergehende Überlassung der Jagdausübung ist gem. § 9 Abs. 1 AVBayJG die entgeltliche Vergabe von Einzelabschüssen und von entgeltlichen Jagderlaubnisscheinen für eine Dauer bis zu einem Jagdjahr anzusehen. Angestellte Jäger und Jagdaufseher sind im Rahmen ihres Anstellungsvertrags zur Jagdausübung innerhalb ihres Dienstbereiches berechtigt und benötigen hierfür keinen Jagderlaubnisschein (Art. 17 Abs. 5 **BayJG**).

187 **Berlin:** Derjenige, dem eine entgeltliche Jagderlaubnis erteilt wird steht gem. § 16 Abs. 2 S. 2 **LJagdG Bln** einem Jagdpächter iSd § 14 Abs. 1 **LJagdG Bln** gleich. Das bedeutet, dass auch der entgeltliche Jagderlaubnisscheininhaber auf die Pächterhöchstzahl angerechnet wird. Darüber hinaus bedarf die entgeltliche Jagderlaubnis der Schriftform (§ 16 Abs. 2 S. 1 **LJagdG Bln**).

188 **Brandenburg:** Die entgeltliche Jagderlaubnis bedarf der Schriftform und ist der unteren Jagdbehörde anzuzeigen (§ 16 Abs. 2 **BbgJagdG**). Sie erlischt unter den Voraussetzungen des § 13, wenn der Erlaubnisscheininhaber nicht mehr im Besitz eines gültigen Jagdscheins ist. Gemäß § 16 Abs. 4 **BbgJagdG** sind angestellte Jäger und bestätigte Jagdaufseher im Rahmen ihres Anstellungsvertrags innerhalb ihres Dienstbereiches zur Jagdausübung berechtigt und benötigen hierzu keinen Erlaubnisschein.

189 **Bremen:** Gemäß Art. 15 Abs. 1 S. 1 **BremLJagdG** kann eine Jagderlaubnis entgeltlich oder unentgeltlich, für die Erlegung einer unbestimmten oder bestimmten Zahl von Tieren bzw. ständig oder nicht ständig erteilt werden. Eine Jagderlaubnis ist ständig erteilt, wenn sie in mindestens einem Jagdjahr für die volle Jagdzeit der in dem Jagdbezirk vorkommenden Wildarten oder länger gelten soll; der Jagdpächter darf eine ständige Jagderlaubnis im Zweifel nur mit Zustimmung des Verpächters erteilen (Art. 15 Abs. 1 S. 2 **BremLJagdG**).

190 Der Revierinhaber muss der Jagdbehörde entgeltliche und ständige Jagderlaubnisscheine anzeigen (Art. 15 Abs. 3 **BremLJagdG**).

191 **Hamburg:** Die (entgeltliche und unentgeltliche) Jagderlaubnis bedarf gem. § 8 Abs. 3 S. 1 **HmbJagdG** der Schriftform und muss von allen Jagdaus-

übungsberechtigten unterzeichnet sein. Die Erteilung **entgeltlicher Jagderlaubnisscheine** ist der zuständigen Behörde anzuzeigen. Diese kann sie innerhalb von drei Wochen nach der Anzeige aus Gründe der Jagdpflege beanstanden, wobei die Vorschriften des § 12 (Beanstandung von Jagdpachtverträgen) entsprechende Anwendung finden (§ 8 Abs. 3 S. 2 und 3 **HmbJagdG**).

Gemäß § 8 Abs. 2 **HmbJagdG** darf die Zahl der Jagdgäste mit entgeltlicher Jagderlaubnis und der Jagdpächter zusammen nicht größer sein, als die zulässige Pächterhöchstzahl (§ 7 Abs. 1 **HmbJagdG**). **192**

Die Erteilung der (entgeltlichen und unentgeltlichen) Jagderlaubnis bedarf der Schriftform (§ 12 Abs. 1 S. 2 **HJagdG**). **193**

Die **entgeltliche Jagderlaubnis** bedarf der Genehmigung der Jagdbehörde. Die Genehmigung darf nur erteilt werden, wenn hierdurch die höchstzulässige Anzahl von zwei Jagdausübungsberechtigten in Eigenjagdbezirk bis 150 ha nicht überschritten wird. Je angefangene weitere 75 ha kann in einem Eigenjagdbezirk einer weiteren Person ein entgeltlicher Jagderlaubnisschein erteilt werden. In gemeinschaftlichen Jagdbezirken darf die insgesamt zulässige Pächteranzahl durch die Erteilung von **entgeltlichen Jagderlaubnisscheinen** nicht überschritten werden (§ 12 Abs. 3 **HJagdG**). **194**

Neben entgeltlichen Jagderlaubnisscheinen können unentgeltliche Jagderlaubnisscheine bis zur zuvor genannten Personenzahl ohne Genehmigung der Jagdbehörde erteilt werden (§ 12 Abs. 2 S. 2 **HJagdG**). Sofern Jagderlaubnisscheine an Ortsansässige oder an Jagdausübende aus Nachbargemeinden erteilt, kann für jeden unentgeltlichen ein weiterer Jagderlaubnisschein erteilt werden (§ 12 Abs. 4 **HJagdG**). **195**

Mecklenburg-Vorpommern: Eine Jagderlaubnis gegen Entgelt, die sich auf eine bestimmte Fläche bezieht, ist der Jagdbehörde gem. § 13 **MVLJagdG** anzuzeigen. Sie erlischt unter den Voraussetzungen des § 13 **MVLJagdG,** wenn der Inhaber der Jagderlaubnis nicht mehr im Besitz eines gültigen Jagdscheins ist (§ 13 Abs. 2 S. 3 **MVLJagdG**). **196**

Aus dem Sachzusammenhang zwischen § 13 Abs. 2 S. 1 und 2 **MVLJagdG** ergibt sich, dass die Anzahl von Jagderlaubnisscheinen gegen Entgelt, die sich eine bestimmte Fläche beziehen (einschließlich der Pächter), nicht höher sein darf als die höchstzulässige Pächterzahl iSd § 11 Abs. 2 **MVLJagdG** in dem Jagdbezirk. Die Jagdbehörde kann jedoch in Einzelfällen für eine vorübergehende Jagdausübung Ausnahmen hiervon zulassen (§ 13 Abs. 2 S. 2 **MVLJagdG**). **197**

Nordrhein-Westfalen: Gemäß § 12 Abs. 3 S. 1 **LJG-NRW** bedarf die entgeltliche Erteilung einer Jagderlaubnis der Schriftform. Sie muss der Jagdbehörde gem. § 12 **LJG-NRW** angezeigt werden und erlischt unter den Voraussetzungen des § 13 **LJG-NRW,** wenn der Inhaber der Jagderlaubnis nicht mehr im Besitz eines gültigen Jagdscheins ist (§ 12 Abs. 3 S. 2 **LJG-NRW**). Die Erteilung einer entgeltlichen Jagderlaubnis wird auf die Pächterhöchstzahl iSd § 11 Abs. 1 **LJG-NRW** angerechnet. Mit Ausnahme der Schriftform finden die genannten Regelungen auf eine entgeltliche Erlaubnis, die nur zum Einzelabschuss berechtigt, keine Anwendung (§ 12 Abs. 3 S. 3 **LJG-NRW**) **198**

Saarland: Entgeltliche Jagderlaubnisscheine dürfen gem. § 12 Abs. 3 S. 1 **SJG** nur insoweit erteilt werden, wie gem. § 11 **SJG** Pächter zulässig sind. Daneben können **unentgeltliche Jagderlaubnisscheine** bis zur Höhe der zulässigen Gesamtzahl der Pächter erteilt werden (§ 12 Abs. 3 S. 2 **SJG**). **199**

Die Zahl der unentgeltlich erteilten Jagderlaubnisscheine an ortsansässige Jagdgäste und Jagdgenossen wird gem. § 12 Abs. 3 S. 3 **SJG** bei der Ermittlung der zulässigen Gesamtzahl nur zur Hälfte berücksichtigt. Ortsansässig in diesem Sinne ist, wer seit mindestens drei Jahren seine Hauptwohnung iSd Meldegesetzes innerhalb eines Gemeinde- oder Stadtbezirks hat, der zumindest teilweise zum Jagdbezirk gehört oder an ihn angrenzt. Der Jagdpachtvertrag hat unter Berücksichtigung der tatsächlich bejagdbaren Fläche des Jagdbezirks Vereinbarungen über die Zahl der Jagderlaubnisscheine, insbesondere an ortsansässige Jagdgäste und an Jagdgenossen, zu enthalten (§ 12 Abs. 3 S. 4 **SJG**).

200 **Sachsen:** Die Jagderlaubnis ist schriftlich zu erteilen, anderenfalls ist sie nichtig (§ 15 Abs. 2 S. 1 **SächsJagdG**). Die Jagderlaubnis erlischt gem. § 15 Abs. 2 S. 3 **SächsJagdG** unter den Voraussetzungen des § 13, wenn der Inhaber der Jagderlaubnis nicht mehr im Besitz eines gültigen Jagdscheins ist.

201 **Sachsen-Anhalt:** Gemäß § 18 Abs. 1 S. 1 **LSALJagdG** kann eine Jagderlaubnis entgeltlich oder unentgeltlich, für die Erlegung einer unbestimmten oder bestimmten Zahl von Tieren bzw. ständig oder nicht ständig erteilt werden. Eine Jagderlaubnis ist ständig, wenn sie in mindestens einem Jagdjahr für die volle Jagdzeit der in dem Jagdbezirk vorkommenden Wildarten oder länger gelten soll; der Jagdpächter darf eine ständige Jagderlaubnis im Zweifel nur mit Zustimmung des Verpächters erteilen (§ 18 Abs. 1 S. 2 **LSALJagdG**).

202 Der Revierinhaber hat der Jagdbehörde entgeltliche oder ständige Jagderlaubnisscheine anzuzeigen (§ 18 Abs. 3 **LSALJagdG**).

203 Eine Jagderlaubnis ist gem. § 20 Abs. 1 S. 1 **LSALJagdG** zu beanstanden, wenn in einem Jagdbezirk unter 400 ha bejagdbarer Fläche außer einem bestätigten Jagdaufseher insgesamt mehr als vier Personen ständig die Jagd ausüben sollen. In größeren Jagdbezirken kann für jede weiteren vollen 100 ha bejagdbarer Fläche eine weitere Person ständig die Jagd ausüben. Eine Jagderlaubnis ist auch dann zu beanstanden, wenn sie sonst mit den allgemeinen Grundsätzen deutscher Weidgerechtigkeit iSd § 1 Abs. 3 nicht vereinbar ist.

204 **Schleswig-Holstein:** Eine **entgeltliche Jagderlaubnis** darf nur schriftlich erteilt werden (§ 13 Abs. 2 S. 1 **SchlHLJagdG**). Gemäß § 13 Abs. 2 S. 2 **SchlHLJagdG** gelten § 11 Abs. 5, §§ 12 und 13 sowie § 11 Abs. 2 und 4 S. 2 **SchlHLJagdG** sinngemäß. Das heißt, dass der Inhaber einer entgeltlichen Jagderlaubnis jagdpachtfähig sein muss. Die entgeltliche Jagderlaubnis muss der Jagdbehörde innerhalb eines Monats nach Vertragsabschluss (§ 11 Abs. 4 S. 2 **SchlHLJagdG**) gem. § 12 angezeigt werden und sie erlischt unter den Voraussetzungen des § 13, wenn der Inhaber der Jagderlaubnis nicht mehr im Besitz eines gültigen Jagdscheins ist. Die Anzahl der entgeltlichen Jagderlaubnisscheine und der Mitpächter dürfen zusammen nicht größer sein als die höchstzulässige Pächterhöchstzahl iSd § 11 Abs. 2 **SchlHLJagdG.**

205 Die genannten Beschränkungen gelten nicht für die Erlaubnis zu Einzelabschüssen (§ 13 Abs. 2 S. 2 **SchlHLJagdG**).

206 **Thüringen:** Gemäß § 17 Abs. 2 S. 1 **ThJG** sind § 11 Abs. 4 und 5, §§ 12 und 13 sowie § 15 Abs. 1 und § 16 **ThJG** auf die entgeltliche Jagderlaubnis entsprechend anzuwenden. Das heißt, dass der Jagderlaubnisschein schriftlich abgeschlossen werden muss. Der Inhaber des Jagderlaubnisscheins muss jagdpachtfähig sein. Der Jagderlaubnisschein ist der Jagdbehörde gem. § 12 an-

zuzeigen und er erlischt unter den Voraussetzungen des § 13, wenn der Inhaber nicht mehr im Besitz eines gültigen Jagdscheins ist.

207 In einem Jagdbezirk darf die Anzahl der Pächter und der Jagderlaubnisscheininhaber zusammen die Pächterhöchstzahl iSd § 15 Abs. 1 **ThJG** nicht übersteigen. Die Fläche, auf der der Jagderlaubnisscheininhaber zur Jagd berechtigt ist, muss in den Jagdschein eingetragen werden. Hierbei ist die Fläche anzurechnen, die sich aus der Größe des Jagdbezirks geteilt durch die Zahl der Mitpächter und Jagderlaubnisscheininhaber ergibt (§ 16 Abs. 2 **ThJG**).

208 Die vorbenannten Bestimmungen gelten nicht für die entgeltliche Jagderlaubnis zum Abschuss eines oder mehrerer Stücke Wild in der Zeit von weniger als drei Monaten (§ 17 Abs. 2 S. 2 **ThJG**).

IV. Teilverpachtung eines Jagdbezirks

209 Der Grundsatz der Unteilbarkeit des Jagdausübungsrechts beinhaltet grundsätzlich auch, dass jeweils nur das Jagdausübungsrecht über einen gesamten gemeinschaftlichen Jagdbezirk oder Eigenjagdbezirk verpachtet werden kann (Prinzip der räumlichen Unteilbarkeit; Mitzschke/Schäfer Rn. 6). Hiervon lässt § 11 Abs. 2 S. 1 eine Ausnahme zu, wonach auch der Teil eines Jagdbezirks (Jagdbogen) verpachtet werden kann, wenn sowohl der verpachtete als auch der verbleibende Teil bei Eigenjagdbezirken die gesetzliche Mindestgröße, bei gemeinschaftlichen Jagdbezirken jeder Teil die Mindestgröße von 250 ha hat. Die Größe eines jeden Teils eines Eigenjagdbezirks muss somit mindestens 75 ha betragen. Die Länder können gem. § 11 Abs. 2 S. 2 die Verpachtung eines Teils von geringerer Größe an den Jagdausübungsberechtigten eines angrenzenden Jagdbezirks zulassen, soweit dies einer besseren Reviergestaltung dient.

210 Die Verpachtung eines Teils eines Jagdbezirks (Jagdbogens) gem. § 11 Abs. 2 darf nicht mit der **Teilung eines gemeinschaftlichen Jagdbezirks iSd § 8 Abs. 3** verwechselt werden. Bei der Teilung eines gemeinschaftlichen Jagdbezirks iSd § 8 Abs. 3 entstehen selbstständige gemeinschaftliche Jagdbezirke mit der Folge, dass auch selbstständige Jagdgenossenschaften entstehen.

211 Einige Länder haben zur Teilverpachtung eines Jagdbezirks ergänzende Regelungen getroffen.

212 **Bayern:** Gemäß Art. 14 Abs. 1 **BayJG** bedarf die Verpachtung eines Teils eines Jagdreviers der Zustimmung der Jagdbehörde. Die für die Teilung von Jagdrevieren vorgeschriebenen Mindestgrößen gelten entsprechend. Die insoweit in Bayern geltenden Mindestgrößen sind sowohl für den Eigenjagdbezirk **als** auch für den gemeinschaftlichen Jagdbezirk 250 ha (Art. 8 Abs. 2 S. 2 **BayJG**). Im Falle der Verpachtung eines Teils eines Eigenjagdbezirks im Hochgebirge mit seinen Vorbergen sowohl der verpachtete als auch der verbleibende Teil eine Mindestgröße von 500 ha haben.

213 Die Jagdbehörde darf der Teilverpachtung nur zustimmen, wenn sowohl der verpachtete als auch der verbleibende Teil eine ordnungsgemäße Jagdausübung gestattet. Die Jagdbehörde kann die Verpachtung eines Teils von geringerer Größe an den Revierinhaber eines angrenzenden Jagdreviers zulassen, wenn dies einer besseren Reviergestaltung dient (Art. 8 Abs. 2 S. 2 **BayJG**).

214 **Berlin:** Gemäß § 13 Abs. 1 **LJagdG Bln** kann die Jagdbehörde die Verpachtung eines Teils eines Jagdbezirks von geringerer Größe als der gesetzlichen Mindestgröße eines Jagdbezirks an den Jagdausübungsberechtigten eines angrenzenden Jagdbezirks zulassen, wenn dies einer besseren Reviergestaltung dient.

215 **Brandenburg:** Die Teilung eines gemeinschaftlichen Jagdbezirks in mehrere Teilreviere zum Zwecke der Verpachtung ist zulässig, wenn jedes Teilrevier mindestens 250 ha bejagdbare Fläche umfasst. Bestehende Jagdpachtverträge, die beim Inkrafttreten des BbgJagdG (1.4.2004) dieser Bedingung nicht entsprechen, haben zunächst für die vorgesehene Vertragslaufzeit Bestandsschutz, dürfen jedoch nicht verlängert werden (§ 13 Abs. 3 **BbgJagdG**).

216 **Mecklenburg-Vorpommern:** Der Gesetzgeber hat von der Möglichkeit des 11 Abs. 2 S. 2 Gebrauch gemacht. Gemäß § 11 Abs. 7 **MVLJagdG** kann die untere Jagdbehörde auf Antrag eines Beteiligten im Einzelfall genehmigen, dass bei Eigenjagdbezirken ein Teil von geringerer als der gesetzlichen Mindestgröße, bei gemeinschaftlichen Jagdbezirken ein Teil von weniger als 250 ha Größe an den Jagdausübungsberechtigten eines angrenzenden Jagdbezirks verpachtet wird, wenn dies einer besseren Reviergestaltung dient und der verbleibende Teil der Eigenjagdbezirke die gesetzliche Mindestgröße, bei gemeinschaftlichen Jagdbezirken die Größe von 250 ha, nicht unterschreitet (sog. Anpacht). Sofern der betreffende Jagdausübungsberechtigte Jagdpächter ist, muss das Ende der Pachtzeit beider Jagdpachtverträge übereinstimmen (§ 11 Abs. 7 S. 2 **MVLJagdG**). Der Pachtvertrag über die Teilfläche ist der unteren Jagdbehörde gem. § 12 anzuzeigen (§ 11 Abs. 7 S. 2 **MVLJagdG**).

217 **Nordrhein-Westfalen:** Auch Nordrhein-Westfalen hat die Möglichkeit des § 11 Abs. 2 S. 2 in das LJG-NRW übernommen. Die untere Jagdbehörde kann auf Antrag eines Beteiligten im Einzelfalle genehmigen, dass bei Eigenjagdbezirken ein Teil von geringerer als der gesetzlichen Größe (75 ha), bei gemeinschaftlichen Jagdbezirken ein Teil von weniger als 250 ha Größe an den Jagdausübungsberechtigten eines angrenzenden Jagdbezirks verpachtet wird, wenn dies einer besseren Reviergestaltung dient und der verbleibende Teil von Eigenjagdbezirken die gesetzliche Mindestgröße (§ 75 ha), bei gemeinschaftlichen Jagdbezirken die Größe von 250 ha nicht unterschreitet (§ 9 Abs. 1 **LJG-NRW**).

218 Gemäß § 14 Abs. 2 **RhPfLJG** ist die Jagdverpachtung eines Teils eines Jagdbezirks nur zulässig, wenn sowohl der verpachtete als auch der verbleibende Teil des Jagdbezirks die jeweilige gesetzliche Mindestgröße haben. Das heißt, dass eine Verpachtung eines Teils eines Eigenjagdbezirks nur möglich ist, wenn die jeweiligen Teilflächen mindestens 75 ha haben; bei gemeinschaftlichen Jagdbezirken müssen die jeweiligen Teilflächen mindestens 250 ha Größe (ggf. einschließlich der befriedeten Bezirke, § 10 Abs. 1 S. 2 **RhPfLJG**) besitzen.

219 **Saarland:** Gemäß § 9 Abs. 1 **SJG** kann die Jagdbehörde die Verpachtung eines Teils eines Jagdbezirks, der kleiner als die Mindestgröße ist, an den Jagdausübungsberechtigten eines angrenzenden Jagdbezirks zulassen, soweit dies einer besseren Reviergestaltung dient. Ist der angrenzende Jagdbezirk verpachtet, so ist die Verpachtung des Teils eine Jagdbezirks nur bis zum Ende der Laufzeit des Pachtvertrags für den angrenzenden Jagdbezirk zulässig.

220 **Thüringen:** Gemäß § 14 Abs. 1 **ThJG** bedarf die Verpachtung eines Teils eines Jagdbezirks der Zustimmung der unteren Jagdbehörde. Die für die Teilung von Jagdbezirken vorgeschriebenen Mindestgrößen gelten entspre-

chend. Dies sind bei Eigenjagdbezirken 75 ha und bei gemeinschaftlichen Jagdbezirken 250 ha (§ 10 Abs. 1 **ThJG**). Die untere Jagdbehörde darf der Teilverpachtung nur zustimmen, wenn sowohl der verpachtete als auch der verbleibende Teil eine ordnungsgemäße Jagdausübung gestattet. Die untere Jagdbehörde kann die Verpachtung eines Teils von geringerer Größe zulassen, wenn dies einer besseren Gestaltung der Jagdbezirke dient. Die Pachtperiode ist in solchen Fällen an die des angrenzenden Jagdbezirks anzugleichen.

V. Eintragung der Jagdflächen in den Jagdschein

Gemäß § 11 Abs. 7 ist die Fläche, auf der einem Jagdausübungsberechtigten oder einem Inhaber einer entgeltlichen Jagderlaubnis die Ausübung des Jagdrechts zusteht, in den Jagdschein einzutragen. In den meisten Bundesländern sind Regelungen getroffen, dass derjenige, der die Ausstellung oder Verlängerung eines Jagdscheins beantragt, angeben muss, auf welcher Fläche er als Inhaber eines Eigenjagdbezirks, als Allein-, Unter- oder Mitpächter oder als Inhaber einer entgeltlichen Dauerjagderlaubnis jagdausübungsberechtigt ist (Art. 16 Abs. 3 **BayJG;** § 17 **LJagdG Bln;** § 15 **BbgJagdG;** Art. 19 Abs. 5 **BremLJagdG;** § 10 **HmbJagdG;** § 15 Abs. 2 **MVLJagdG;** § 20 **NJagdG,** § 13 Abs. 2 **LJG-NRW;** § 14 Abs. 7 **RhPfLJG;** § 10 Abs. 4 **SJG;** § 22 Abs. 4 **LSALJagdG;** § 15 Abs. 2 **SchlHLJagdG;** § 16 Abs. 3 **ThJG**). 221

VI. Beendigung des Jagdpachtvertrags

1. Allgemeines

Der Jagdpachtvertrag endet durch Fristablauf, durch vertragliche Vereinbarung (Aufhebung) oder durch Kündigung. Darüber hinaus kann auch der Tod des Jagdpächters je nach vertraglicher Vereinbarung oder landesrechtlicher Regelung Auswirkungen auf den Bestand des Jagdpachtvertrags haben. 222

2. Beendigung durch Fristablauf

Der Jagdpachtvertrag ist regelmäßig ein befristetes Schuldverhältnis, da er mindestens auf neun oder zwölf Jahre (in Baden-Württemberg auf mindestens sechs Jahre, § 17 Abs. 4 S. 2 **JWMG,** in Rheinland-Pfalz auf mindestens acht Jahre, § 14 § Abs. 4 S. 2 **RhPfLJG,** und im Saarland auf mindestens fünf und höchstens zehn Jahre, § 9 Abs. 3 S. 2 **SJG**) abgeschlossen werden soll. Darüber hinaus ist auch die Vereinbarung einer längeren Pachtzeit möglich. Pachtverhältnisse, die auf eine bestimmte Zeit eingegangen sind, enden gem. § 581 Abs. 2 BGB, § 542 Abs. 2 BGB mit Ablauf der Zeit, auf die sie eingegangen sind. 223

3. Beendigung durch vertragliche Vereinbarung

Während der Laufzeit des Jagdpachtvertrags können die Vertragsparteien einvernehmlich durch Vertrag die Aufhebung des laufenden Jagdpachtvertrags vereinbaren. Erforderlich hierfür ist bei gemeinschaftlichen Jagdbezirken auf Verpächterseite ein entsprechender Beschluss der Jagdgenossenschaftsver- 224 sammlung und auf Pächterseite bei einer Mitpächtergemeinschaft eine übereinstimmende Entscheidung aller Mitpächter.

4. Beendigung durch Kündigung

225 **a) Allgemeines.** Das BJagdG enthält – mit Ausnahme des § 13a – keine Vorschriften zur Kündigung des Jagdpachtvertrags vor Vertragsbeendigung. § 13a regelt jedoch nur den Fall, dass einem der Vertragsparteien die Aufrechterhaltung des Vertrags infolge des Ausscheidens eines Pächters nicht mehr zumutbar ist. Für alle anderen Fälle der Kündigung des Jagdpachtvertrags muss somit auf die Vorschriften des BGB zurückgegriffen werden, sofern keine landesgesetzlichen (so § 14 Abs. 2–5 **SächsJagdG**) oder vertraglichen Kündigungsregelungen existieren.

226 Nach rechtswirksamer Kündigung eines Jagdpachtvertrags – unabhängig, ob diese ordentlich oder außerordentlich erklärt wurde – hat der Verpächter gegenüber dem ehemaligen Jagdausübungsberechtigten einen **Unterlassungsanspruch gem. § 1004 BGB** (OLG Brandenburg Urt. v. 1.12.1999 – 3 U 87/99, BeckRS 1999, 16849 = JE XII III Nr. 139).

227 Sofern die Pächter nach Ausspruch der Kündigung durch den Verpächter einen **gerichtlichen Antrag auf einstweilige Verfügung gem. § 940 ZPO** stellen, ihnen bis zur Entscheidung in der Hauptsache die Jagdausübung in dem Jagdbezirk weiter zu erlauben, um ihrer Verpflichtung zur Wildschadensverhütung nachzukommen, so entfällt der Verfügungsgrund gem. § 940 ZPO, wenn der Verpächter einen kommissarischen Jagdbeauftragten einsetzt (LG Landau/Pfalz Urt. v. 27.6.2005 – 4 O 233/05, BeckRS 2005, 7573 = JE III Nr. 175; vgl. hierzu auch AG Fritzlar Urt. v. 22.7.1987 – 8 C 432/87, BeckRS 1987, 30994072 = JE III Nr. 92, das einen Verfügungsgrund des Pächters bereits deshalb verneint, weil der Pächter im Falle der Rechtswidrigkeit der Kündigung einen Schadensersatzanspruch gegen den Verpächter habe). Ein Verfügungsgrund für einen Antrag auf einstweilige Verfügung seitens der Pächter entfällt, wenn die jagdliche Bewirtschaftung, der Jagdschutz und die Wildschadensbekämpfung durch den Verpächter in Eigenregie gewährleistet ist (LG Kassel Urt. v. 4.2.2015 – 4 O 112/15, JE III Nr. 213).

228 **b) Ordentliche Kündigung.** Ein Jagdpachtvertrag, der über die Mindestpachtzeit hinaus auf unbestimmte Zeit abgeschlossen ist, unterliegt nach Ablauf der Mindestpachtdauer keiner Befristung mehr. Er kann nicht dahingehend umgedeutet werden, dass er auf Lebenszeit des Pächters gelten soll (LG Stendal Urt. v. 16.1.2002 – 21 O 271/01, BeckRS 2002, 31212902 = JE III Nr. 149). Ein solcher Pachtvertrag kann nach Ablauf der Mindestpachtdauer ordentlich gekündigt werden. Die Kündigungsfrist bestimmt sich hierbei nach § 581 Abs. 2 BGB, § 584 Abs. 1 BGB. Das heißt, dass die Kündigung jeweils zum Schluss eines jeden Pachtjahres – grundsätzlich zum 31.3. – zulässig ist. Die Kündigung muss spätestens am dritten Werktag des halben Jahres erfolgen, mit dessen Ablauf die Pacht enden soll.

229 In Sachsen existieren gesetzliche Vorschriften zur ordentlichen Kündigung eines Jagdpachtvertrages (§ 14 Abs. 2–5 **SächsJagdG**).

230 Gemäß § 14 Abs. 2 **SächsJagdG** ist der **Verpächter zur Kündigung des Jagdpachtvertrages berechtigt,** wenn die für die örtlichen Verhältnisse tragbare Höhe der Wildschäden überschritten ist und es dem Jagdpächter trotz schriftlicher Aufforderung durch den Verpächter in angemessener Zeit, spätestens innerhalb der der Aufforderung folgenden zwei Jagdjahre, nicht

gelingt, die Wildschäden auf eine tragbare Höhe zu reduzieren. Im Weiteren gibt das Gesetz einen Hinweis, wann die örtlich tragbare Höhe des Wildschadens als überschritten gilt. Dies ist bei Schäden an Forstflächen der Fall, wenn der Nachweis geführt werden kann, dass die natürliche oder künstliche Verjüngung der Hauptholzarten ohne Schutzmaßnahmen gegen Wildverbiss nicht möglich ist oder Schälschäden eine flächenweise Entwertung der Waldbestände erwarten lassen. Bei landwirtschaftlichen Kulturen gilt die örtlich tragbare Höhe des Wildschadens als überschritten, wenn der ersatzpflichtige Wildschaden im Durchschnitt von zwei Jagdjahren das jährliche Entgelt für die Jagdpacht übersteigt und kein vollständiger oder pauschalierter Wildschadensausgleich vom Jagdpächter geleistet wird.

Bei dem Pachtvertrag über einen gemeinschaftlichen Jagdbezirk ist der Vorstand der Jagdgenossenschaft verpflichtet, die Kündigung auszusprechen, wenn bei Vorliegen der jeweiligen Kündigungsvoraussetzungen nach § 14 Abs. 2 **SächsJagdG** entweder die Waldeigentümer oder die Eigentümer der landwirtschaftlichen Flächen in der Jagdgenossenschaftsversammlung mehrheitlich die Kündigung verlangen und sie jeweils mehr als die Hälfte der bei der Beschlussfassung vertretenen Waldflächen oder landwirtschaftlichen Grundflächen auf sich vereinigen. **231**

Der **Jagdpächter** kann den Jagdpachtvertrag bei wesentlichen Änderungen in der Landbewirtschaftung kündigen, wenn diese in der Regel erhebliche Auswirkungen auf die Wildschadenshöhe haben (§ 14 Abs. 4 **SächsJagdG**). **232**

Sowohl für den Pächter als auch den Verpächter gilt gem. § 14 Abs. 5 **SächsJagdG** eine Kündigungsfrist von drei Monaten zum Ende eines Jagdjahres. **233**

c) Außerordentliche fristlose Kündigung. aa) Allgemeines. Gemäß § 581 Abs. 2 BGB, § 543 BGB kann jede Vertragspartei den Jagdpachtvertrag aus wichtigem Grund außerordentlich fristlos kündigen. Ein wichtiger Grund liegt regelmäßig vor, wenn dem Kündigenden unter Berücksichtigung aller Umstände des Einzelfalls, insbesondere eines Verschuldens der Vertragsparteien, und unter Abwägung der beiderseitigen Interessen die Fortsetzung des Mietverhältnisses bis zum Ablauf der Kündigungsfrist oder bis zur sonstigen Beendigung des Mietverhältnisses nicht zugemutet werden kann (§ 543 Abs. 1 S. 2 BGB). Die Vorschrift des § 543 Abs. 1 BGB ist vertraglich nicht abdingbar (Grüneberg/Weidenkaff BGB § 543 Rn. 3). Einige Regelbeispiele für einen wichtigen Grund sind in § 543 Abs. 2 Nr. 1–3 BGB genannt. **234**

Gemäß § 581 Abs. 2 BGB, § 543 Abs. 3 S. 1 BGB ist die Kündigung grundsätzlich erst nach erfolglosem Ablauf einer zur Abhilfe bestimmten angemessenen Frist oder nach erfolgloser Abmahnung zulässig, wenn der wichtige Grund für die Kündigung in der Verletzung einer Pflicht aus dem Pachtvertrag besteht. Dies gilt unter anderem jedoch dann nicht, wenn der Pächter mit der Entrichtung des Pachtzinses iSd § 543 Abs. 2 Nr. 3 BGB in Verzug ist. In diesem Fall kann die Kündigung auch ohne vorherige Abmahnung erfolgen. **235**

Umstritten ist, ob die außerordentliche fristlose Kündigung durch die Jagdgenossenschaft gegenüber dem Pächter auch dann wirksam ist, wenn sie durch den Jagdvorstand erklärt wurde, obwohl dieser **kein entsprechendes Mandat der Jagdgenossenschaftsversammlung** hatte, da § 9 Abs. 2 keine Beschränkung der Vertretungsmacht nach außen artikuliert (bejahend LG Bonn Urt. v. 10.10.2003 – 2 O 572/02, BeckRS 2003, 17227 = JE III **236**

Nr. 159 mwN; LG Stendal Urt. v. 16.1.2002 – 21 O 271/01, BeckRS 2002, 31212902 = JE IV Nr. 96 mwN; vgl. auch OLG Naumburg Urt. v. 6.12.1994 – 7 U 91/93, BeckRS 1994, 30859109 = JE I Nr. 88; aA OLG Zweibrücken Urt. v. 24.11.1998 – 5 U 2/98, BeckRS 1998, 30897254 = JE IV Nr. 92; LG Siegen Urt. v. 10.3.1987 – 1 O 336/86, JE III Nr. 86). Eine Beschränkung der Vertretungsmacht des Jagdvorstands hat allenfalls dann Außenwirkung, wenn dies eindeutig in der Satzung zum Ausdruck kommt (LG Bonn Urt. v. 10.10.2003 – 2 O 572/02, BeckRS 2003, 17227 = JE III Nr. 159 mwN; LG Stendal Urt. v. 16.1.2002 – 21 O 271/01, BeckRS 2002, 31212902 = JE IV Nr. 96 mwN).

bb) Außerordentliche fristlose Kündigung durch den Verpächter.

237 Der Verpächter kann den Jagdpachtvertrag gegenüber dem Pächter gem. **§§ 581 Abs. 2, 543 Abs. 1 BGB** aus wichtigem Grund kündigen. Ob im Einzelfall ein wichtiger Grund für eine außerordentliche Vertragskündigung vorliegt, ist im Einzelfall im Rahmen einer Interessenabwägung zu entscheiden. **Ungebührliche Äußerungen des Jagdausübungsberechtigten zur Wald-Wild-Politik** des Verpächters rechtfertigen eine außerordentliche Kündigung des Jagdpachtvertrags zumindest dann nicht, wenn sich die Aussagen des Pächters noch im Rahmen seines grundgesetzlich anerkannten Rechts auf freie Meinungsäußerung bewegen (OLG Koblenz Urt. v. 21.11.1996 – 5 U 330/96, BeckRS 1997, 4430 = JE III Nr. 123 = IBRRS 2007, 1857).

237a Sofern der Kläger gegen eine außerordentliche Kündigung des Verpächters Feststellungsklage auf Unwirksamkeit der Kündigung erheben will, ist zu beachten, dass Gegenstand einer Feststellungsklage grundsätzlich nur das Bestehen oder Nichtbestehen eines gegenwärtigen Rechtsverhältnisses sein kann. Ein schutzwürdiges Interesse an der Feststellung eines vergangenen Rechtsverhältnisses kommt nur ausnahmsweise dann in Betracht, wenn sich aus der Feststellung noch Rechtsfolgen für die Gegenwart und die Zukunft ergeben können, wenn also an der Feststellung des vergangenen Rechtsverhältnisses ein gegenwärtiges Feststellungsinteresse besteht. Dies ist dann nicht der Fall, wenn das befristete Jagdpachtverhältnis auch ohne die durch den Verpächter ausgesprochenen Kündigung zwischenzeitlich wegen Fristablaufs beendet ist. Für die Geltendmachung von materiell-rechtlichen Schäden oder ersatzfähigen Aufwendungen des Pächters ist die Feststellungsklage wegen des Vorrangs der in diesem Fall zu erhebenden Leistungsklage unzulässig (OLG Hamm Urt. v. 26.7.2023 – 30 U 278/22, BeckRS 2023, 20964; vgl. auch BGH Urt. v. 17.6.2016 – V ZR 272/15, BeckRS 2016, 18213).

237b Wenn der Jagdbezirk für einen bestimmten Zeitraum verpachtet wurde, ist die Verlängerung der Jagdpacht um ein Jahr keine mögliche Form der Naturalrestitution, wenn sich herausstellt, dass der Verpächter zu Unrecht gekündigt hat. An die Stelle der Naturalrestitution tritt zwar grundsätzlich ein Anspruch auf Geldentschädigung. Zu ersetzen ist in diesem Fall die Differenz zwischen dem Wert des Vermögens, wie es sich ohne das schädigende Ereignis darstellen würde, und dem durch das schädigende Ereignis verminderten Wert des Vermögens. Sofern eine konkrete Schädigung des Vermögens des Pächters durch die Kündigung des Jagdpachtvertrages aber nicht feststellbar ist, entfällt ein Anspruch auf Geldentschädigung. Der Entgang der „Jagdfreude" stellt keinen ersatzfähigen Vermögensschaden dar (OLG Hamm Urt. v. 26.7.2023 – 30 U 278/22, BeckRS 2023, 20964).

238 Ein wichtiger Grund für die verpächterseitige Kündigung kann weiterhin vorliegen, wenn dem Verpächter nach Abschluss des Jagdpachtvertrags bekannt wird, dass **einer der Mitpächter in erheblichem Umfang vorbestraft ist.** In diesem Fall kann der Verpächter auch nur gegenüber dem vorbestraften Mitpächter die Kündigung aussprechen. Jagdpachtverträge können ordentlich zwar nur gegenüber allen Mitpächtern gekündigt werden. Etwas anderes gilt jedoch für die außerordentliche Kündigung aus wichtigem Grund. Diese kann auch gegenüber einem Mitpächter allein erklärt werden. In diesem Fall gilt der Jagdpachtvertrag gegenüber den übrigen Mitpächtern gem. § 13a fort (OLG Celle Beschl. v. 5.6.2002 – 7 U 142/01, BeckRS 2002, 31059401 = JE III Nr. 153).

239 **Erhebliche Auseinandersetzungen zwischen den Mitpächtern** können einen wichtigen Grund darstellen, die den Verpächter zur außerordentlichen Kündigung des Jagdpachtvertrags berechtigen (vgl. LG Bonn Urt. v. 8.11.1977 – 1 O 170/77, JE III Nr. 64 = RdL 1982, 152). Eine weitere Voraussetzung für die Kündigung ist jedoch auch, dass die Auseinandersetzungen der Mitpächter die Erreichung des Vertragszwecks gefährden oder sich zum Nachteil Dritter auswirken (OLG Celle Urt. v. 4.6.2014 – 7 U 202/13, BeckRS 2014, 14748; OLG Brandenburg Urt. v. 12.7.1995 – 3 U 17/95, JE III Nr. 125; OLG Köln Urt. v. 2.6.1982 – 13 U 43/82, AgrarR 1982, 341 = JE III Nr. 63 = FHZivR 29 Nr. 3448; LG Stralsund Urt. v. 22.2.1996 – 1 S 75/95, JE III Nr. 128; Urt. v. 15.4.2002 – 4 O 365/00, BeckRS 2002, 169183; LG Marburg Urt. v. 27.6.1983 – 1 O 470/82, JE V III Nr. 74; LG Siegen Urt. v. 7.3.2013 – 1 O 75/12, nv). Eine Gefährdung des Vertragszwecks liegt vor, wenn der Verpächter aufgrund der Gegebenheiten nicht mehr damit rechnen kann, dass eine den weidmännischen Grundsätzen entsprechende Jagdausübung durch die Pächter gewährleistet ist. Sofern der Verpächter bei mehreren Mitpächtern lediglich einem gegenüber die Kündigung erklären will, muss sie die Auswahl des Kündigungsempfängers unter sachlichen Gesichtspunkten treffen. Die Auswahl des Kündigungsempfängers ist nicht willkürlich, wenn die Kündigung gegenüber dem Mitpächter erfolgt, der alle Verbindungen zur verbliebenen Pächtergemeinschaft gekappt hat, die ansonsten ihrerseits den Pachtvertrag erfüllt (vgl. OLG Brandenburg Urt. v. 12.7.1995 – 3 U 17/95, JE III Nr. 125).

240 Sofern **der Jagdpächter vertraglich verpflichtet ist, einen ortsansässigen Jagdaufseher zu bestellen,** ist eine fristlose Kündigung im Falle des Verstoßes hiergegen zumindest dann nicht gerechtfertigt, wenn sich trotz Bemühens des Pächters kein ortsansässiger Jäger hat finden lassen und keine hinreichenden konkreten Anhaltspunkte bestehen, dass der von ihm bestellte Jagdaufseher seinen Aufgaben aufgrund der fehlenden Ortsnähe nicht nachkommen kann (LG Bad Kreuznach Urt. v. 30.4.2004 – 3 O 467/02, BeckRS 2004, 30986778 = JE V Nr. 215; vgl. auch LG Koblenz Urt. v. 17.10.2001 – 3 O 79/01, BeckRS 2001, 31348020 = JE Nr. 146).

241 Gemäß **§ 581 Abs. 2 BGB, § 543 Abs. 2 S. 1 Nr. 2 BGB** kann ein wichtiger Grund für eine außerordentliche fristlose Kündigung insbesondere dann gegeben sein, wenn der Pächter die Rechte des Verpächters dadurch in erheblichem Maße verletzt, dass er die Pachtsache unbefugt einem Dritten überlässt. Eine solche unberechtigte Überlassung des Jagdausübungsrechts liegt vor, wenn der Jagdpächter und der Inhaber einer entgeltlichen Jagderlaubnis vereinbaren, dass der Erlaubnisinhaber im Innenverhältnis zu den Jagdpächtern in Bezug auf die Wahrnehmung des Jagdausübungsrechts und

der sonstigen Pächterrechte eine uneingeschränkt gleichberechtigte Stellung innehat. Diese Vereinbarung ist einer Unterverpachtung gleich zu stellen. Hat der Verpächter den Pächter aus diesem Grund ergebnislos abgemahnt, so kann er den Jagdpachtvertrag gem. § 581 Abs. 2 BGB, § 543 Abs. 2 Nr. 2 BGB fristlos kündigen (BGH Urt. v. 18.11.1999 – III ZR 168/98, NJW-RR 2000, 717 = JE II Nr. 138 = IBRRS 1999, 0805). In gleicher Weise ist der Fall zu beurteilen, dass der Pächter trotz Abmahnung über ein Jahr lang die Jagd im Revier nicht mehr selbst ausübt, sondern die Jagdausübung dem Inhaber einer entgeltlichen Jagderlaubnis überlässt (LG Bonn Urt. v. 14.4.1976, JE III Nr. 4).

242 Der Verpächter kann den Jagdpachtvertrag gem. § **581 Abs. 2 BGB, § 543 Abs. 2 S. 1 Nr. 3 lit. a BGB** fristlos kündigen, wenn der Pächter für zwei aufeinanderfolgende Zahlungen mit der Entrichtung der Pacht oder eines nicht unerheblichen Teils der Pacht in Verzug ist, sofern vertraglich nicht etwas anders vereinbart ist. Umstritten ist, ob bei einer vereinbarten jährlichen Zahlungsweise, die den Regelfall darstellt, der Rückstand mit einer Jahrespacht ausreicht (so AG Walsrode Urt. v. 20.9.2005 – 7 C 713/05, JE III Nr. 176) oder ob ein wichtiger Grund zur außerordentlichen Kündigung nur dann vorliegt, wenn der Pächter tatsächlich mit zwei Pachtzinszahlungen in Verzug ist (so LG Verden Urt. v. 16.12.2005 – 1 S 142/05, BeckRS 2005, 157531 = JE III Nr. 177).

243 **cc) Außerordentliche fristlose Kündigung durch den Pächter.** Gemäß **§ 581 Abs. 2 BGB, § 543 Abs. 2 S. 1 Nr. 1 BGB** liegt ein wichtiger Grund für eine fristlose Kündigung durch den Pächter dann vor, wenn dem Pächter der vertragsgemäße Gebrauch der Pachtsache ganz oder zum Teil nicht gewährt wird. Hieraus folgt, dass der Pächter einer Niederwildjagd, die unter der Angabe „Rot- und Schwarzwild als Wechselwild" als Hochwildjagd verpachtet wurde, obwohl diese Wildarten seit Jahren im Revier nicht mehr erlegt wurden und auch kein entsprechender Wildschaden festgestellt wurde, den Pachtvertrag fristlos kündigen kann (OLG Köln Urt. v. 10.1.1990 – 13 U 210/89, OLGZ 1990, 384 = VersR 1992, 193 = JE III Nr. 114).

244 Eine fristlose Kündigung eines Jagderlaubnisscheines kann im Einzelfall auch dann zulässig sein, wenn der Jagderlaubnisscheininhaber keine hinreichende Einweisung in den Pirschbezirk erhalten hat (LG Lüneburg Beschl. v. 23.6.2017 – 3 S 8/17, JE III Nr. 217).

245 Das Kündigungsrecht des Pächters entfällt gem. § 581 Abs. 2 BGB, § 543 Abs. 4 BGB, § 536b BGB, wenn er den Mangel gekannt hat.

246 **d) Außerordentliche befristete Kündigung.** Jagdpachtverträge können auch über eine Laufzeit von mehr als 30 Jahren abgeschlossen werden. Sofern dies der Fall ist haben die Vertragsparteien gem. § 544 BGB die Möglichkeit, nach Ablauf von dreißig Jahren seit Überlassung des Jagdausübungsrechts außerordentlich mit der gesetzlichen Kündigungsfrist zu kündigen. Die Kündigungsfrist bestimmt sich hierbei nach § 581 Abs. 2 BGB, § 544 BGB, § 584 Abs. 2 und 1 BGB (→ Rn. 227). Das außerordentliche befristete Kündigungsrecht besteht jedoch nicht in dem Fall, dass der Jagdpachtvertrag auf Lebenszeit des Pächters oder Verpächters abgeschlossen wurde (§ 544 S. 2 BGB).

247 **e) Vertraglich vereinbarte Kündigungsgründe.** Die Musterpachtverträge enthalten in der Regel vertragliche Kündigungsklauseln, die insbeson-

dere dem Verpächter unter bestimmten Voraussetzungen ein vertragliches Kündigungsrecht einräumen. Diese berechtigen den Verpächter zB zur fristlosen Kündigung, wenn der Pächter wiederholt oder gröblich gesetzlichen Vorschriften oder Bestimmungen des Vertrags über die Ausübung der Jagd zuwiderhandelt. Sofern ein Pächter einem Jagdscheininhaber eine entgeltliche Jagderlaubnis erteilt, ohne zuvor die nach dem Jagdpachtvertrag erforderliche Zustimmung des Verpächters einzuholen, stellt dies grundsätzlich noch keinen Verstoß gegen gesetzliche Vorschriften oder Bestimmungen des Vertrags über die Ausübung der Jagd dar (LG Koblenz Urt. v. 2.7.1982 – 2 O 2/82, JE III Nr. 59). Denn wenn in einem Musterjagdpachtvertrag die Begriffe „Ausübung der Jagd“ oder „Jagdausübung“ verwendet werden, so ist hierunter nur die Tätigkeit des „Aufsuchens, Nachstellens, Erlegens und Fangens von Wild“ iSd § 1 Abs. 4 zu verstehen. Hierunter fällt aber nicht die Abgabe von jagdrechtlichen Willenserklärungen, wozu die Erteilung einer entgeltlichen Jagderlaubnis zählt.

5. Wirkung des Todes des Jagdpächters auf den Bestand des Jagdpachtvertrags

Der Jagdpachtvertrag ist ein Dauerschuldverhältnis, das grundsätzlich auf die gesetzliche Mindestpachtdauer von neun oder zwölf Jahren (§ 17 Abs. 4 S. 2 **JWMG:** sechs Jahre; § 14 Abs. 4 S. 2 **RhPfLJG:** acht Jahre; § 9 Abs. 3 S. 1 **SJG:** fünf Jahre) eingegangen werden soll. Stirbt der Pächter während der Pachtzeit so erlischt der Jagdpachtvertrag vorbehaltlich anders lautender landesgesetzlicher (§ 18 Abs. 1 **BbgJagdG;** § 14 Abs. 7 **SächsJagdG**) oder vertraglicher Regelungen durch den Tod des Pächters nicht, sondern die Rechte und Pflichten aus dem Jagdpachtvertrag gehen gem. § 1922 BGB im Wege der Gesamtrechtsnachfolge auf den Erben oder die Erbengemeinschaft über. In **Brandenburg** und **Sachsen** endet der Jagdpachtvertrag kraft gesetzlicher Regelung mit dem Tod des Jagdpächters, sofern im Jagdpachtvertrag keine anderslautende Regelung getroffen ist. 248

a) Vertragliche Vereinbarungen. aa) Alleinpächter. Der Alleinpächter eines Jagdbezirks kann mit dem Verpächter (Jagdgenossenschaft oder Eigenjagdbezirksinhaber) eine Vereinbarung treffen, nach der der Jagdpachtvertrag mit dem Tod des Alleinpächters endet. In diesem Fall gehen die Rechte und Pflichten aus dem Jagdpachtvertrag nicht auf die Erben über. Wird in einem Jagdpachtvertrag in Übereinstimmung mit der Jagdgenossenschaft einem Dritten ein Optionsrecht eingeräumt, dass dieser nach dem Tod des Pächters als Jagdpächter in den Pachtvertrag eintreten kann **(Nachfolgeklausel),** so wird der Dritte mit Ausübung des Optionsrechts Jagdausübungsberechtigter. Geht das Jagdpachtrecht aufgrund einer solchen Nachfolgeklausel auf den Dritten über, so sind die Erben auch dann nicht verpflichtet, einen Jagdausübungsberechtigten gegenüber der Jagdbehörde zu benennen, wenn entsprechende landesrechtliche Regelungen bestehen (vgl. OLG Hamm Urt. v. 24.10.1984 – 8 U 15/84, AgrarR 1985, 210 = JE III Nr. 76; vgl. auch OLG Zweibrücken Urt. v. 3.11.1969 – 2 U 36/69, EJS IV S. 11 Nr. 4 = FHZivR 16 Nr. 3346; vgl. auch OLG Düsseldorf Urt. v. 10.2.1977 – 10 U 192/76, BeckRS 1977, 1517 = JE III Nr. 49). 249

bb) Mitpächter. Eine Mehrheit von Jagdpächtern bildet in der Regel eine Gesellschaft des bürgerlichen Rechts. Sofern ein Mitpächter stirbt, so wird 250 die Gesellschaft grundsätzlich gem. § 730 Abs. 1 S. 1 BGB (früher § 727 Abs. 1 BGB aF) aufgelöst und geht in eine **Liquidationsgesellschaft** über (OLG Frankfurt Urt. v. 15.10.1957 – 1 U 34/57, EJS I S. 59 Nr. 11). Auch wenn sich mit der Auflösung der Gesellschaft deren rechtlicher Status ändert, bleiben der Mitgliederbestand, das Gesellschaftsvermögen sowie die Rechtsfähigkeit von der Auflösung unberührt (vgl. OLG München Beschl. v. 7.9.2010 – 34 Wx 100/10, NJW-RR 2010, 1667). darüber hinaus hat die Liquidation der Pächtergemeinschaft auf das Verhältnis zwischen den verbleibenden Mitpächtern und der Jagdgenossenschaft sowie den Jagdpachtvertrag keinen Einfluss, da der zeitlich befristete Pachtvertrag wie eine „Klammer" wirkt, die die Mitpächter zusammen hält (vgl. OLG Frankfurt Urt. v. 9.12.1977 – 15 Ww 1/04, BeckRS 2005, 158724 = JE III Nr. 12).

251 Die Mitpächter können im Gesellschaftsvertrag jedoch vereinbaren, dass das Gesellschaftsverhältnis durch den Tod eines der Mitpächter nicht aufgelöst werden soll. Die einseitige Übertragung der Rechte eines Mitpächters gegen den Willen der übrigen Mitpächter ist aber weder zu Lebzeiten noch durch letztwillige Verfügung rechtswirksam, sofern der Gesellschaftsvertrag diese Übertragung nicht vorsieht oder die anderen Gesellschafter nicht zustimmen (OLG Frankfurt Urt. v. 9.12.1977 – 15 Ww 1/04, BeckRS 2005, 158724 = JE III Nr. 12).

252 Vereinbaren die Mitpächter in einer Vereinbarung untereinander, dass im Falle des Todes eines der Mitpächter die Rechte und Pflichten des verstorbenen Mitpächters aus dem Pachtvertrag nicht auf die Erben übergehen sollen, so betrifft dies nur das Innenverhältnis der Jagdpächter. Im Außenverhältnis zur Jagdgenossenschaft sind nur die Vereinbarungen des Jagdpachtvertrags maßgebend. Sofern dort eine entsprechende Regelung fehlt, so bleibt es bei der gesetzlichen Situation (OLG Frankfurt Beschl. v. 8.7.1980 – 16 W 18/80, JE III Nr. 32). Dies hat zur Folge, dass die Erben einen jagdpachtfähigen Nachfolger für den verstorbenen Mitpächter gegenüber der Jagdgenossenschaft benennen können, wenn eine entsprechende landesgesetzliche Regelung dies zulässt.

253 Ist in einem Jagdpachtvertrag die Bestimmung enthalten, dass die Erben eines verstorbenen Mitpächters den Jagdpachtvertrag mit halbjährlicher Frist kündigen können, so nimmt der Pachtvertrag hiermit eindeutig auf § 581 Abs. 2 BGB, § 580 BGB, § 584 Abs. 2 und 1 BGB Bezug, mit der Folge, dass die Erben des Mitpächters nur ein einmaliges Kündigungsrecht mit halbjährlicher Frist auf das Ende des ersten Pachtjahres haben (OLG Hamm Urt. v. 6.4.1976 – 7 U 65/75, JE V Nr. 20).

253a **cc) Unterpachtverhältnis. Wird in einem** Unterpachtvertrag vereinbart, dass das Jagdausübungsrecht von dem Unterverpächter vererbt werden kann, haben dessen Erben, auch wenn sie selbst nicht Jagdscheininhaber sind, die Rechte aus dem Unterpachtvertrag wirksam übertragen bekommen (OLG Oldenburg Urt. v. 12.7.2018 – 14 U 6/17, JE III Nr. 225).

254 **b) Testamentarische Zuwendung des Jagdausübungsrechts.** Sofern der verstorbene Alleinpächter testamentarisch geregelt hat, dass ein Dritter „das Jagdausübungsrecht in seinem Jagdbezirk erhalten soll", ist dies ein Vermächtnis iSd § 1939 BGB. Der Vermächtnisnehmer hat somit gegenüber den Erben einen Anspruch, dass diese ihn als Jagdausübungsberechtigten gegenüber der Jagdgenossenschaft benennen (Mitzschke/Schäfer Rn. 138). Gleiches gilt für das Vermächtnis der Stellung eines Mitpächters (BGH Urt. v.

5.2.1987 – III ZR 234/85, JE I Nr. 51). Die verbleibenden Mitpächter haben jedoch das Recht der Benennung aus wichtigem Grund zu widersprechen (OLG Frankfurt Beschl. v. 8.7.1980 – 16 W 18/80, JE III Nr. 32).

c) Gesetzliche Regelungen. Sofern es an einer vertraglichen Regelung fehlt, wie im Fall des Todes mit dem Jagdausübungsrecht des Verstorbenen zu verfahren ist, so sind die jeweiligen landesrechtlichen Regelungen einschlägig. In den meisten Landesgesetzen ist bestimmt, dass der jagdpachtfähige Alleinerbe oder einer der jagdpachtfähigen Miterben an Stelle des Verstorbenen in den Jagdpachtvertrag eintritt. Wenn mehrere jagdpachtfähige Miterben vorhanden sind, so dürfen nur so viele die Rechte des Erblassers aus dem Jagdpachtvertrag ausüben, dass die Pächterhöchstzahl in dem Revier nicht überschritten wird. Ist der Alleinerbe nicht jagdpachtfähig oder besitzt keiner der Miterben die Jagdpachtfähigkeit, so müssen die Erben der Jagdbehörde eine jagdpachtfähige Person als Jagdausübungsberechtigten benennen (so § 23 **JWMG;** Art. 20 **BayJG;** § 15 **LJagdG Bln;** Art. 13 **BremLJagdG;** § 13 **HmbJagdG;** § 14 Abs. 2 **HJagdG;** § 14 **MVLJagdG;** § 16 **LJG-NRW;** § 16 **LSALJagdG;** § 14 **SchlHLJagdG;** § 20 **ThJG**). 255

In einigen Bundesländern erlischt der Jagdpachtvertrag am Ende des ersten nach dem Tod des Jagdpächters beginnenden Jagdjahrs, wenn die Erben eine jagdpachtfähige Person innerhalb einer von der Jagdbehörde gesetzten Frist nicht benannt haben (§ 14 Abs. 2 **MVLJagdG;** § 21 Abs. 1 **NJagdG;** § 18 Abs. 3 **RhPfLJG;** § 16 Abs. 2 **LSALJagdG**). 256

In Brandenburg und Sachsen erlischt der Jagdpachtvertrag gem. § 18 Abs. 1 **BbgJagdG,** § 14 Abs. 7 **SächsJagdG** mit dem Tod des Jagdpächters, wenn im Jagdpachtvertrag keine abweichende Regelung getroffen ist. Sind mehrere Pächter an dem Jagdpachtvertrag beteiligt, kann der Vertrag mit ihnen fortgesetzt werden, sofern hierdurch die Pächterhöchstzahl nicht überschritten wird (§ 18 Abs. 2 **BbgJagdG**). 257

Im Saarland existiert keine gesetzliche Regelung zur Erbfolge in den Jagdpachtvertrag. 258

Die Person, die von den Erben als Jagdausübungsberechtigter benannt wird, wird nicht Pächter, sondern nimmt die mit dem Jagdpachtvertrag verbundenen Rechte und Pflichten lediglich für die Erben wahr. Die von diesen abgeleitete Berechtigung der benannten Person ist an die Pächterstellung der Erben gebunden. Wenn diese endet, so enden auch die Rechte und Pflichten der benannten Person (BGH Urt. v. 5.2.1987 – III ZR 234/85, BeckRS 1987, 345 = JE I Nr. 51). 259

VII. Nichtigkeit des Jagdpachtvertrags

§ 11 Abs. 6 regelt, dass der Verstoß gegen einzelne, näher benannte jagdrechtliche Bestimmungen die Nichtigkeit des Jagdpachtvertrags bzw. der entgeltlichen Jagderlaubnis zur Folge hat. Zur Nichtigkeit des Jagdpachtvertrags bzw. der entgeltlichen Jagderlaubnis führt die Verpachtung nur eines Teils des Jagdausübungsrecht (§ 11 Abs. 1 S. 2 Hs. 1), die Verpachtung eines Teils eines Jagdbezirks, ohne dass die vorgeschriebene Mindestgröße für die verpachtete und die verbleibende Teilfläche vorliegt (§ 11 Abs. 2), Überschreitung der zulässigen Pachthöchstfläche (§ 11 Abs. 3), die Nichteinhaltung der Schriftform (§ 11 Abs. 4 S. 1) sowie die mangelnde Jagdpachtfähig- 260 keit (§ 11 Abs. 5). Ein Jagdpachtvertrag über einen gemeinschaftlichen Jagdbezirk, der aufgrund fehlender Mindestgröße nicht existiert, ist ebenfalls nichtig (→ § 8 Rn. 26).

261 Zu den jagdrechtlichen Nichtigkeitsgründen des § 11 Abs. 6 treten als weitere Nichtigkeitsgründe noch die des BGB hinzu, wie etwa die Geschäftsunfähigkeit einer der Vertragsparteien (§ 105 BGB), die Sittenwidrigkeit des Rechtsgeschäfts (§ 138 BGB), Abschluss eines Scheingeschäfts (§ 117 BGB) oder Verstoß gegen ein gesetzliches Verbot (§ 134 BGB).

261a Auch ein einzelnes Mitglied einer Jagdgenossenschaft hat ein rechtliches Interesse daran, dass die Frage der Nichtigkeit eines von der Jagdgenossenschaft mit einem Dritten geschlossenen Jagdpachtvertrages geklärt wird (OLG Schleswig Urt. v. 31.1.2019 – 2 U 6/18, BeckRS 2019, 14271 = JE III Nr. 226). Das Feststellungsinteresse des Jagdgenossen ergibt sich daraus, dass der einzelne Jagdgenosse im Falle der Nichtigkeit des Jagdpachtvertrages befugt ist, dem vermeintlichen Pächter das Betreten seiner Grundflächen zur Jagdausübung zu untersagen.

261b Wenn der vermeintliche Jagdpächter trotz bestehender Nichtigkeit des Jagdpachtvertrages weiterhin die Jagd ausgeübt hat, ist er verpflichtet gem. §§ 812, 818 Abs. 2 BGB Wertersatz für die Jagdausübung zu leisten. Dieser ist nach der angemessenen, hilfsweise nach der ortsüblichen Vergütung zu bestimmen (OLG Koblenz Urt. v. 23.9.2020 – 5 U 2208/19, BeckRS 2020, 54412 = JE III Nr. 229).

262 Die Wirksamkeit eines Jagdpachtvertrags wird jedoch nicht dadurch beeinträchtigt, dass der Jagdpächter insgeheim Vereinbarungen mit einem Dritten geschlossen hat, die diesem eine vom BJagdG nicht gebilligte Stellung verschaffen sollen, weil der Dritte zB noch nicht jagdpachtfähig ist. Da die zwischen dem Jagdpächter und dem Dritten getroffene Vereinbarung nicht Gegenstand des Jagdpachtvertrags geworden ist, führt dies daher nicht zur Nichtigkeit des Jagdpachtvertrags. Wegen Gesetzesverstoß kann jedoch die Vereinbarung zwischen dem Jagdpächter und dem Dritten nichtig sein (BGH Beschl. v. 29.9.1983 – III ZR 8/83, BeckRS 1983, 5638 = JE III Nr. 69; vgl. auch BGH Beschl. v. 4.4.2007 – III ZR 197/06, BeckRS 2007, 6887 = JE III Nr. 185).

263 In einigen landesrechtlichen Vorschriften sind weitere Gründe genannt, bei deren Vorliegen ein Jagdpachtvertrag oder ein Jagderlaubnisschein nichtig sein kann (§ 20 Abs. 1 **JWMG;** Art. 18 **BayJG;** § 18 **LJagdG Bln;** § 17 **BbgJagdG;** § 9 **HmbJagdG;** § 11 Abs. 6 **MVLJagdG;** § 15 **LJG-NRW;** § 14 Abs. 6 **RhPfLJG;** § 11 Abs. 5 **SchlHLJagdG;** § 18 **ThJG**).

264 In Sachsen findet § 11 Abs. 6, soweit er auf § 11 Abs. 5 verweist, keine Anwendung (§ 14 Abs. 1 **SächsJagdG**). Das heißt, dass ein Jagdpachtvertrag, der mit einer nicht jagdpachtfähigen Person abgeschlossen wurde, nicht nichtig ist.

Anh. 1 § 11 Gesetzliche Unfallversicherung

§ 2 SGB VII Versicherung kraft Gesetzes

(1) **Kraft Gesetzes sind versichert**

1. Beschäftigte,

(…)

5. Personen, die
a) Unternehmer eines landwirtschaftlichen Unternehmens sind und ihre im Unternehmen mitarbeitenden Ehegatten oder Lebenspartner,
b) im landwirtschaftlichen Unternehmen nicht nur vorübergehend mitarbeitende Familienangehörige sind,

(...)

(2) [1] **Ferner sind Personen versichert, die wie nach Absatz 1 Nr. 1 Versicherte tätig werden. (...)**

§ 4 SGB VII Versicherungsfreiheit

(2) **Von der Versicherung nach § 2 Abs. 1 Nr. 5 sind frei**

1. Personen, die aufgrund einer vom Fischerei- oder Jagdausübungsberechtigten erteilten Erlaubnis als Fischerei- oder Jagdgast fischen oder jagen,

(...)

§ 123 SGB VII Zuständigkeit der landwirtschaftlichen Berufsgenossenschaft

(1) **Die landwirtschaftliche Berufsgenossenschaft ist für folgende Unternehmen (landwirtschaftliche Unternehmen) zuständig, soweit sich nicht aus dem Dritten Unterabschnitt eine Zuständigkeit der Unfallversicherungsträger der öffentlichen Hand ergibt:**

(...)

5. Jagden,

(...)

§ 182 SGB VII Berechnungsgrundlagen

(3) **Für Unternehmen ohne Bodenbewirtschaftung und für Nebenunternehmen eines landwirtschaftlichen Unternehmens kann die Satzung angemessene Berechnungsgrundlagen bestimmen; Absatz 2 Satz 2 bis 4 gilt entsprechend.**

1 Die landwirtschaftliche Berufsgenossenschaft ist gem. § 123 SGB VII (Siebtes Buch des Sozialgesetzbuchs) als gesetzlicher Unfallversicherungsträger für alle landwirtschaftlichen Unternehmen zuständig, soweit nicht eine Zuständigkeit der Unfallversicherungsträger der öffentlichen Hand (§§ 125 ff. SGB VII) eröffnet ist. Zu den landwirtschaftlichen Unternehmen in diesem Sinne gehören unter anderem auch die „Jagden" (§ 123 Abs. 1 Nr. 5 SGB VII). Das bedeutet, dass die selbstbewirtschaftenden Jagdgenossenschaften, die Jagdpächter und die jagdausübungsberechtigten Eigenjagdbezirksinhaber **Unternehmer** eines landwirtschaftlichen Betriebes sind und somit dem Versicherungsschutz der landwirtschaftlichen Berufsgenossenschaft unterfallen. Wenn die Jagdgenossenschaft das Jagdausübungsrecht verpachtet hat, unterfällt sie selbst allerdings nicht der Zuständigkeit der landwirtschaftlichen Berufsgenossenschaft (LSG Berlin-Brandenburg Urt. v. 21.3.2017 – L 9 U 2669/14, BeckRS 2012, 73091).

2 Nach Auffassung des LSG München betreibt **zwei Unternehmen,** wer zwei aneinandergrenzende Jagdbezirke mit demselben Personal und einheitlich verwendeten Sachmitteln bewirtschaftet. Dies folge daraus, dass die „Jagden" iSv § 123 Abs. 1 Nr. 5 SGB VII mit den „Jagdbezirken" nach dem BJagdG identisch seien. Daher bestehe, trotz Unternehmeridentität, auch eine mehrfache Beitragspflicht hinsichtlich eines erhobenen Grundbeitrags

(LSG München Urt. v. 19.10.2017 – L 3 U 287/14, BeckRS 2017, 138839). Diese Auffassung überzeugt nicht. Gegen die zwangsläufige Gleichsetzung des Jagdbezirks mit dem Unternehmen „Jagd" spricht bereits, dass ein Jagdbezirk bei einer Aufteilung in sog. „Jagdbögen" seinen rechtlichen Bestand als Jagdbezirk nicht verliert. Gleichwohl sind die Pächter des Jagdausübungsrechts in den einzelnen Jagdbögen zutreffend als einzelne Unternehmer von „Jagden" iSv § 123 Abs. 1 Nr. 5 SGB VII jeweils gesondert heranzuziehen. Es ist also möglich und ständige Rechtspraxis, dass innerhalb eines „Jagdbezirks" mehrere „Unternehmen" der Jagd existieren. Die Eins-zu-eins-Gleichsetzung von Jagdbezirken = Jagden iSv § 123 Abs. 1 Nr. 5 SGB VII, wie sie das LSG München unterstellt, gibt es folglich nicht. Daher kann umgekehrt auch ein Unternehmer der Jagd iSv § 123 Abs. 1 Nr. 5 SGB VII mehrere Jagdbezirke einheitlich (im Sinne eines Unternehmens) bewirtschaften, wenn dies nach den Umständen des Einzelfalls (zu fordern ist insbesondere ein räumlicher Zusammenhang und ein einheitlicher Sachmittel- und Personaleinsatz) nachgewiesen ist. Die Auffassung des LSG München berücksichtigt auch nicht, dass durch die Entstehung von Eigenjagdbezirken auf ein und derselben Fläche eine Mehrung von Jagdbezirken auftreten kann, auf die der Unternehmer gar keine Einflussmöglichkeit hat. Wenn zB ein verpachteter gemeinschaftlicher Jagdbezirk in mehrere Eigenjagden zerfällt, wäre nach Auffassung des LSG München der vormalige Pächter bei einer Weiterpacht nach Ablauf des ehemaligen Pachtvertrags plötzlich nicht mehr Inhaber eines Unternehmens der Jagd, sondern zahlreicher Unternehmen, ohne dass sich an der Lage und Größe der jagdlich bewirtschafteten Gesamtfläche irgendetwas geändert hätte. Hinzu kommt, dass bei der von dem LSG München vorgenommenen Auslegung eine Zuordnung eines Unfallgeschehens zu einem bestimmten Unternehmen in manchen Fällen nicht möglich wäre (Beispiel: Der Berufsjäger kauft im Landhandel Futtermittel für beide Jagdbezirke zu Kirrungszwecken. Hierbei erleidet er einen Verkehrsunfall).

2a Richtigerweise kann es daher, wie auch bei der landwirtschaftlichen Flächenpacht, auf die Zahl der zugrundeliegenden Pachtverhältnisse für den Unternehmensbegriff nicht ankommen. Die hier vertretene Rechtsauffassung hat in der zugehörigen **Revisionsentscheidung** nun auch das **BSG** bestätigt (BSG Urt. v. 20.8.2019 – B 2 U 35/17 R, BeckRS 2019, 25606). Auch wenn der Kläger wegen der vom BSG angenommenen Bindungswirkung des Aufnahmebescheides in der Sache unterlegen ist, hat das BSG gleichwohl in den Entscheidungsgründen festgestellt, dass der Bayrische Jagdverband (den das BSG als beitragspflichtigen Unternehmer angesehen hat) die beiden hier streitigen Jagdreviere unter Leitung des Klägers (seinerzeit Hauptgeschäftsführer) zu Schulungszwecken planvoll und dauerhaft zusammengefasst habe, sie „gemeinsam als Lehrreviere" nutze und in diesem Bereich seine Landesjagdschule unterhalte, um Jäger aus- und fortzubilden. Zwischen beiden Jagdrevieren bestehe folglich ein **betriebswirtschaftlicher und technischer Zusammenhang,** weil Arbeitskräfte und Betriebsmittel wechselseitig eingesetzt würden. Es handele sich folglich um ein Schulungsunternehmen, das auf zwei Jagdrevieren betrieben werde; eine Aufspaltung der einheitlichen Schulungseinrichtung in zwei Jagdreviere komme, so das BSG ausdrücklich, mit Blick auf den übergeordneten und zusammenfassenden Begriff des Unternehmens nicht in Betracht. Die **jagdspezifischen Regelungen des BJagdG** und die entsprechenden **landesrechtlichen Bestimmungen** seien **unfallversicherungsrechtlich irrelevant,** weil das SGB VII den Begriff des

„Unternehmens“ eigenständig und unabhängig von sondergesetzlichen Regelungen einheitlich und unfallversicherungsspezifisch verwende (BSG Urt. v. 20.8.2019 – B 2 U 35/17 R, BeckRS 2019, 25606).

Der **Versicherungsschutz** der landwirtschaftlichen Berufsgenossenschaft entsteht für den Jagdpächter und die Mit- und Unterpächter kraft Gesetzes mit Abschluss des Jagdpachtvertrags. Ein Unterpächter eines Jagdbezirks ist selbst dann in den Versicherungsschutz der landwirtschaftlichen Berufsgenossenschaft einbezogen, wenn der Abschluss des Unterpachtverhältnisses vertragswidrig war, weil der Hauptpächter im Verhältnis zur Jagdgenossenschaft hierzu nicht berechtigt war (BGH Urt. v. 5.7.1977 – VI ZR 134/76, BeckRS 1977, 30402300). 3

Versicherungsschutz entsteht auch aus einem **formalen Versicherungsverhältnis** auf Grundlage eines rechtswidrigen, aber bindenden Aufnahmebescheids des Unfallversicherungsträgers (BSG Urt. v. 3.4.2014 – B 2 U 25/12 R, BeckRS 2014, 71029). 4

Als sog. **Jagdhelfer** sind von dem Versicherungsschutz der landwirtschaftlichen Berufsgenossenschaft auch die im Jagdbetrieb angestellten und beauftragten Personen sowie die mithelfenden Familienangehörigen erfasst (vgl. § 2 Abs. 1 Nr. 1 SGB VII, § 2 Abs. 1 Nr. 5 SGB VII). Jagdhelfer ist der, der eine Arbeitsleistung erbringt, die als Dienstleistung im Interesse des Jagdausübungsberechtigten verrichtet wird (vgl. LSG Niedersachsen FHArbSozR 11 Nr. 4570). Versichert sind auch Jagdhelfer, die nur **wie ein Beschäftigter** tätig werden (§ 2 Abs. 2 S. 1 SGB VII = sog. Wie-Beschäftigte), zB Freunde des Jagdausübungsberechtigten, die bei dessen Bewegungsjagd als Treiber mitwirken. Unfallversicherungsschutz als Wie-Beschäftigter nach § 2 Abs. 2 S. 1 SGB VII setzt voraus, dass es sich um eine ernstliche, dem Unternehmen dienende Tätigkeit von wirtschaftlichem Wert handelt, die dem wirklichen oder mutmaßlichen Willen des Unternehmers entspricht und unter solchen Umständen tatsächlich geleistet wird, dass sie ihrer Art nach sonst von einer Person verrichtet werden könnte, welche in einem abhängigen Beschäftigungsverhältnis steht. 5

Der **Jagdaufseher** ist Beschäftigter des Jagdausübungsberechtigten und steht bei Ausübung seiner Tätigkeit unter dem Schutz der gesetzlichen Unfallversicherung. Dies gilt unabhängig davon, ob er behördlich bestätigt ist oder nicht (LSG Hessen Urt. v. 20.2.2017 – L 9 U 144/16, BeckRS 2017, 104090). 6

Jagdgäste unterliegen dagegen grundsätzlich nicht dem Versicherungsschutz der landwirtschaftlichen Berufsgenossenschaft. Denn gem. § 4 Abs. 2 Nr. 1 SGB VII sind Personen, die aufgrund einer vom Jagdausübungsberechtigten erteilten Erlaubnis als Jagdgast jagen, von der gesetzlichen Versicherung frei. Dabei spielt es keine Rolle, ob eine entgeltliche oder unentgeltliche Jagderlaubnis vorliegt. Auch die Dauer der erteilten Jagderlaubnis ist nicht relevant. 7

Versicherungsschutz genießt ein **Jagdgast** jedoch dann, wenn er jagdfremde Tätigkeiten wahrnimmt, die nicht mehr als Jagdausübung im engeren Sinne anzusehen sind (LSG Bayern Urt. v. 30.3.2004 – L 17 U 153/01, BeckRS 2009, 53934). Denn dann genießt er zumindest als **Wie-Beschäftigter** des Jagdausübungsberechtigten gem. § 2 Abs. 2 S. 1 SGB VII Versicherungsschutz (→ Rn. 5). Die **Abgrenzung** erfolgt anhand der Bewertung, ob der Jagdgast die Jagd ausübt. § 4 Abs. 2 Nr. 1 SGB VII nimmt nur Personen von der Versicherung aus, die aufgrund einer Jagderlaubnis „jagen“. 8

Diese Begrifflichkeit aus § 4 Abs. 2 Nr. 1 SGB VII deckt sich mit § 1 Abs. 4 BJagdG, erstreckt sich also auf das Aufsuchen, Nachstellen, Erlegen und Fangen von Wild (BSG Urt. v. 15.12.1982 – 2 RU 5/82, BeckRS 1982, 30709540). Sofern der Jagdgast diese Tätigkeiten ausübt und dabei zu Schaden kommt, besteht kein Versicherungsschutz. Der Jagdgast handelt in diesem Fall zu seinem Privatvergnügen. Sofern der Jagdgast aber **Hilfstätigkeiten** ausübt (Bau von Kanzeln oder Ansitzleitern, Freischneiden von Pirschwegen etc), so wird er wie ein Beschäftigter des Jagdausübungsberechtigten tätig und genießt Versicherungsschutz. Die **Abgrenzung** einer solchen Versicherungsschutz gewährenden Tätigkeit zur versicherungsfreien Jagdgasteigenschaft ist **stets ausschließlich nach den zum Unfall führenden Tätigkeiten unabhängig von den sonstigen Betätigungen** des Verletzten im Jagdrevier vorzunehmen (BSG Urt. v. 11.11.2003 – B 2 U 41/02 R, BeckRS 2004, 40318; Urt. v. 15.12.1982 – 2 RU 5/82, BeckRS 1982, 30709540). Dabei ist auf die objektiven Gegebenheiten abzustellen (BSG Urt. v. 11.11.2003 – B 2 U 41/02 R, BeckRS 2004, 40318; Urt. v. 15.12.1982 – 2 RU 5/82, BeckRS 1982, 30709540). Unerheblich ist daher auch, dass der Jagdgast die allein zu bewertende Hilfstätigkeit, für die er Versicherungsschutz nach § 2 Abs. 2 S. 1 SGB VII genießt, möglicherweise nur als **Gegenleistung** verrichtet, um auf diesem Weg in Ermangelung einer eigenen Jagd seinem Hobby nachgehen zu können (LSG Niedersachsen-Bremen Urt. v. 17.3.2010 – L 14 U 130/06, BeckRS 2011, 69198). Da für die Frage des Versicherungsschutzes bei Jagdgästen nur auf die konkret unfallbringende Tätigkeit abzustellen ist, ist auch das **Kirren** und der direkte Weg zur Kirrung eine versicherte Tätigkeit als „Wie-Beschäftigter". Dass eine Kirrung dem Verunfallten für eine künftige Jagdausübung selbst auch dienlich werden könnte, ist daher für den Versicherungsschutz unschädlich (LSG Baden-Württemberg Urt. v. 24.7.2014 – L 10 U 4760/12, BeckRS 2014, 72790). Das LSG Berlin-Brandenburg hat dem Inhaber einer Jagderlaubnis, der beim gemeinsamen **Zerwirken** mit dem Jagdausübungsberechtigten verunfallt ist, den Versicherungsschutz mit der im Ergebnis zutreffenden Begründung abgesprochen, dass er primär eigenwirtschaftliche Zwecke verfolgt habe, da verabredet gewesen sei, das Wildbret nach dem Zerwirken hälftig aufzuteilen (LSG Berlin-Brandenburg Urt. v. 21.3.2024 – L 3 U 62/23, BeckRS 2024, 7891).

9 Ist eine an der Jagd teilnehmende Person von dem Jagdausübungsberechtigten entsprechend den gesetzlichen Vorschriften (vgl. § 4 Abs. 1 S. 1 UVV Jagd) zum **Jagdleiter** bestimmt worden, so übt sie für ihn eine dem Jagdunternehmen dienende Tätigkeit von wirtschaftlichem Wert aus. Der Jagdausübungsberechtigte hätte, wenn er diese Aufgabe nicht übernehmen wollte, auch jemanden gegen Entgelt für diese Position anstellen können und müssen. Dies gibt der Tätigkeit ein beschäftigungsähnliches Gepräge (LSG Nordrhein-Westfalen Urt. v. 6.5.2015 – L 17 U 294/14, BeckRS 2015, 72103). Dass der Verunfallte in dem Revier auch eine Jagderlaubnis hat, ist unschädlich (→ Rn. 8), wenn er im maßgeblichen unfallbringenden Zeitpunkt nicht die Jagd, sondern nach objektiven Kriterien eine seiner Jagdleiterrolle zuzurechnende Tätigkeit ausgeübt hat (LSG Nordrhein-Westfalen Urt. v. 6.5.2015 – L 17 U 294/14, BeckRS 2015, 72103).

10 Auch der Jagdgast, der als **Ansteller** bei einer Gesellschaftsjagd eingeteilt wird und im Auftrag des Jagdleiters Schützen iSd § 4 Abs. 6 UVV Jagd in ihre Stände einweist, steht unter Versicherungsschutz als Wie-Beschäftigter gem. § 2 Abs. 2 S. 1 SGB VII, auch wenn er selbst anschließend als Schütze an dieser Jagd teilnimmt (LSG Rheinland-Pfalz v. 11.11.2004 – L 2 U 268/04, BeckRS 2005, 40590). Diese Tätigkeit setzt zwingend Ortskenntnisse und ggf. auch Vorbereitungen voraus, die nicht als jagdgasttypisch bewertet werden können (LSG Rheinland-Pfalz v. 11.11.2004 – L 2 U 268/04, BeckRS 2005, 40590). Voraussetzung ist aber auch hier, dass die unfallbringende Tätigkeit noch im Zusammenhang mit der Anstellerfunktion stand. Daher hat das LSG Hessen zutreffend entschieden, dass ein Jagdgast, der den Veranstalter einer Gesellschaftsjagd als Ansteller unterstützt, jedenfalls dann nicht mehr versichert ist, wenn er nach der Jagd bei Abholung der Schützen ein durch einen anderen Jagdgast krankgeschossenes Wildschwein verfolgt, um es zu erlegen, da hier nicht die (versicherte) Tätigkeit als Ansteller, sondern eine (unversicherte) Jagdausübung iSd § 1 Abs. 4 unfallbringend war (LSG Hessen Urt. v. 25.3.2014 – L 3 U 128/11, BeckRS 2014, 69327).

Ein als **Durchgeher** eingesetzter **Stöberhundführer** ist kein unversicher- **11**
ter Jagdgast, sondern Beschäftigter des Jagdunternehmens und damit versichert, wenn er in dieser Tätigkeit verunfallt (BSG Urt. v. 6.9.2018 – B 2 U 18/17 R, BeckRS 2018, 32872). Dass er dabei eine Langwaffe mitführt ist unschädlich, da er diese nicht zur regulären Jagdausübung nutzen darf (vgl. Hinweis zu § 4 Abs. 11.1 UVV Jagd). Ein sog. **Standschnaller,** also ein Hundeführer, der einen Schützenplatz zugewiesen bekommt, von dem aus er seinen Hund stöbern lässt, ist dagegen unversicherter Jagdgast.

Treiber sind während der Teilnahme an der Jagd entweder Beschäftigte **12**
des Jagdunternehmers iSd § 2 Abs. 1 Nr. 1 SGB VII oder Wie-Beschäftigte nach § 2 Abs. 2 S. 1 SGB VII. Die versicherte Treibertätigkeit ist spätestens mit dem Zusammentragen des erlegten Wildes an einem bestimmten Ort beendet, so dass für die Teilnahme an dem anschließenden **Schüsseltreiben** kein Versicherungsschutz mehr besteht (BSG Urt. v. 12.4.2005 – B 2 U 5/04 R, NZS 2006, 100).

Einem **Schweißhundeführer,** der im Auftrag eines Jagdausübungsberech- **13**
tigten eine Nachsuche durchführt, billigte die sozialgerichtliche Rspr. bislang keinen Versicherungsschutz zu (BSG Beschl. v. 5.9.2006 – B 2 U 28/06, BeckRS 2007, 43033; LSG Hessen Urt. v. 1.12.2009 – L 3 U 229/06, BeckRS 2010, 70675; LSG Niedersachsen-Bremen Urt. v. 19.12.2005 – L 6 U 190/04, BeckRS 2010, 67252). Der Schweißhundeführer übe keine arbeitnehmerähnliche Tätigkeit aus, da er die Nachsuche dem Gesamtbild nach als eigene Aufgabe wahrnehme und somit unternehmerähnlich tätig werde. Die Unternehmerähnlichkeit ergebe sich aus der Zurverfügungstellung des nötigen Fachwissens, einer Planungs- und Leitungsfunktion und der Gestellung des erforderlichen Arbeitsgeräts, insbesondere des Schweißhundes (LSG Hessen Urt. v. 1.12.2009 – L 3 U 229/06, BeckRS 2010, 70675). Der Schweißhundeführer verfüge über ein Spezialwissen (LSG Niedersachsen-Bremen Urt. v. 19.12.2005 – L 6 U 190/04, BeckRS 2010, 67252). Darüber hinaus unterliege er grundsätzlich während der Nachsuche auch keinem Weisungsrecht, sondern übe dieses vielmehr selber aus (LSG Hessen Urt. v. 1.12.2009 – L 3 U 229/06, BeckRS 2010, 70675). Soweit man dieser Rspr. folgen mag, zeigt sich zugleich, dass dann die gesetzliche Reichweite des Versicherungsschutzes für den Bereich der Jagd überdacht werden sollte. Nachsuchen stellen unbestritten die gefährlichste jagdliche Tätigkeit dar, für die viele (selbst ja kraft Gesetzes versicherte) Jagdausübungsberechtigte einen Schweißhundeführer engagieren. Dass mithin ausgerechnet die Träger des

höchsten Risikos aus dem Versicherungsschutz herausfallen sollen, ist zu kritisieren. Daher ist die Entscheidung des LSG Schleswig-Holstein zu begrüßen, die richtigerweise zu dem Ergebnis kommt, dass ein Schweißhundeführer, der im Anschluss an eine Gesellschaftsjagd die Nachsuche durchführt, als **Wie-Beschäftigter** versichert sein kann (LSG Schleswig-Holstein Urt. v. 5.8.2019 – L 8 U 51/16, BeckRS 2019, 21387). An der Beschäftigtenähnlichkeit ändere es, so das LSG Schleswig-Holstein, nichts, dass der Kläger die einzelnen ihm übertragenen Nachsuchen vor Ort dann im Wesentlichen eigenverantwortlich durchführe. Dabei sei einerseits zu berücksichtigen, dass es dem Wesen der Nachsuche entspreche, dass der Hund Tempo und Richtung vorgebe. Andererseits sei wesentlich zu beachten, dass bei **qualifizierten Tätigkeiten** auch im Rahmen von Beschäftigungsverhältnissen typischerweise keine engmaschige Eingliederung des Beschäftigten dergestalt vorliege, dass der Vorgesetzte jeden Arbeitsschritt anweise und überwache. Auch spreche die Tatsache, dass der Kläger die Nachsuche mit eigenem Hund und eigener Waffe durchführe, nicht gegen die Annahme einer beschäftigtenähnlichen Tätigkeit, weil es in der Natur der Sache liege, dass ein Hund nicht mit sächlichen Werkzeugen verglichen werden könne und die Arbeit als Nachsuchegespann eine **vertrauensvolle Mensch-Tier-Beziehung** erfordere, wie beispielsweise auch bei Polizeihunden. Auch eine Waffe könne aus Gründen der Treffsicherheit und der somit notwendigen individuellen Zuordnung zum einzelnen Schützen, **nicht als gewöhnliches Arbeitsmittel** angesehen werden.

14 Der Jagdgast, der an der **Nachsuche** auf ein von ihm selbst beschossenes Stück Wild teilnimmt, steht nicht unter Versicherungsschutz, da für ihn die Nachsuche noch zur Jagdausübung iSd § 1 Abs. 4 gehört, weil er wegen § 22a Abs. 1 BJagdG hierbei im eigenen Pflichtenkreis tätig wird (LSG Rheinland-Pfalz Urt. v. 27.5.2003 – L 3 U 21/03, BeckRS 2003, 30977486). Ein von einem Jagdaufseher für die Durchführung einer von ihm geleiteten Nachsuche angeforderter Verwandter mit Schweißhund wird wie ein Beschäftigter für den Jagdausübungsberechtigten tätig und ist gem. § 2 Abs. 2 S. 1 SGB VII gesetzlich versichert. Denn die **Teilnahme an einer fremden Nachsuche als Helfer** stellt aufgrund der Dauer und Gefährlichkeit der Unternehmung keinen selbstverständlichen Hilfsdienst unter Verwandten dar, der zum Ausschluss vom Schutz der gesetzlichen Unfallversicherung führt (LSG Hessen Urt. v. 20.2.2017 – L 9 U 144/16, BeckRS 2017, 104090). Sie ist auch keine eigenwirtschaftliche Tätigkeit, sondern fremdnützig für den Unternehmer der Jagd (LSG Hessen Urt. v. 20.2.2017 – L 9 U 144/16, BeckRS 2017, 104090). Dass der beigezogene Helfer den Schweißhund für die Nachsuche des Jagdaufsehers zur Verfügung stellt, macht ihn auch nicht zum Schweißhundeführer (LSG Hessen Urt. v. 20.2.2017 – L 9 U 144/16, BeckRS 2017, 104090).

15 **Versicherungsfälle** sind gem. § 7 Abs. 1 SGB VII Arbeitsunfälle und Berufskrankheiten. **Arbeitsunfälle** sind dabei nach § 8 Abs. 1 SGB VII Unfälle von Versicherten infolge einer den Versicherungsschutz begründenden Tätigkeit, wobei Unfälle zeitlich begrenzte, von außen auf den Körper einwirkende Ereignisse sind, die zu einem Gesundheitsschaden oder zum Tod führen. Im Bereich der jagdlichen Unfallversicherung sind dies typischerweise Gesundheitsschäden durch Stürze oder Stolpern, Schnittverletzungen durch Werkzeuggebrauch oder Äste, Lärmtraumata sowie gelegentlich Schussverletzungen. **Berufskrankheiten** sind nach § 9 Abs. 1 SGB VII

Krankheiten, die die Bundesregierung durch Rechtsverordnung mit Zustimmung des Bundesrates als Berufskrankheiten bezeichnet und die Versicherte infolge einer den Versicherungsschutz begründenden Tätigkeit erleiden. Daneben ist es nach § 9 Abs. 2 SGB VII auch möglich, eine Krankheit, die nicht in der Rechtsverordnung bezeichnet ist oder bei der die dort bestimmten Voraussetzungen nicht vorliegen, wie eine Berufskrankheit als Versicherungsfall anzuerkennen, sofern im Zeitpunkt der Entscheidung nach neuen Erkenntnissen der medizinischen Wissenschaft die Voraussetzungen für die Aufnahme als neue Berufskrankheit erfüllt sind (sog. „Wie-Berufskrankheit“). Von den Listenberufskrankheiten nach der Anlage 1 zur Berufskrankheiten-Verordnung liegen im Bereich der Jagd besonders die nach Nr. 2301 **(Lärmschwerhörigkeit),** Nr. 3102 **(von Tieren auf Menschen übertragbare Krankheiten)** und Nr. 5103 (**Plattenepithelkarzinome oder multiple aktinische Keratosen** der Haut durch natürliche UV-Strahlung) thematisch nahe.

16 **Beitragspflichtig** in der gesetzlichen Unfallversicherung sind als Folge der Ablösung ihrer Haftpflicht (vgl. § 104 SGB VII), abweichend von den anderen Zweigen der Sozialversicherung, grundsätzlich allein die Unternehmer (§ 150 Abs. 1 S. 1 SGB VII). Die **Höhe der Beiträge zur landwirtschaftlichen Berufsgenossenschaft** wird in deren Satzung festgelegt. Gemäß § 182 Abs. 3 SGB VII kann bei Unternehmen ohne Bodenwirtschaft wie der Jagd die Satzung angemessene Berechnungsrundlagen bestimmen. Die Satzung hat bei der Festlegung der Berechnungsgrundlagen die Unfallrisiken in den Unternehmen ausreichend zu berücksichtigen (§ 182 Abs. 2 S. 2 SGB VII). Das BSG hat sowohl die **Jagdfläche** als auch den steuerlichen **Jagdwert** als grundsätzlich angemessenen Maßstab für die Beitragserhebung angesehen (BSG v. 25.11.1977 – 2 RU 9/76, FHOeffR 30 Nr. 10721_a* = RdL 1979, 109). Auch eine sachgerechte **Kombination** beider Berechnungsgrundlagen wird zulässig sein. Im Rahmen der Schaffung eines bundeseinheitlichen Beitragsmaßstabs im Zuge der Errichtung der „Sozialversicherung für Landwirtschaft, Forsten und Gartenbau“ (SVLFG) zum 1.1.2013 hat man sich für die Zugrundelegung der Jagdfläche als Beitragsmaßstab entschieden. § 44 SVLFG-Satzung in der Fassung des 19. Nachtrags vom 14.11.2018 sieht dabei **Beitragserleichterungen** für Jagden mit einer Fläche von mehr als 500 ha und für bestimmte Landwirte vor.

Anh. 2 § 11 Unfallverhütungsvorschrift Jagd (VSG 4.4) der landwirtschaftlichen Berufsgenossenschaft vom 1. Januar 2000

§ 1 UVV Jagd Grundsätze

Diese Unfallverhütungsvorschrift gilt für den Umgang mit Waffen und Munition sowie für die Ausübung der Jagd.

§ 2 UVV Jagd Waffen und Munition

(1) [1] **Es dürfen nur Schusswaffen verwendet werden, die den Bestimmungen des Waffengesetzes entsprechen und nach dem Bundesjagdgesetz für jagdliche Zwecke zugelassen sind.** [2] **Die Waffen müssen funktionssicher sein und dürfen nur bestimmungsgemäß verwendet werden.**

Hinweis zu Absatz 1

1. Eine Waffe ist z. B. funktionssicher, wenn sie zuverlässig gesichert werden kann, ihr Verschluss dicht ist und wenn sie keine Laufaufbauchungen, Laufdellen oder die Funktionssicherheit beeinträchtigende Rostnarben aufweist.
2. Keine bestimmungsgemäße Verwendung ist z. B. die Benutzung der Waffe zum
   - Niederhalten von Zäunen beim Übersteigen,
   - Aufstoßen von Hochsitzluken,
   - Erschlagen des Wildes.
3. Auf die einschlägigen Bestimmungen
   - des Waffengesetzes (WaffG),
   - der Verordnungen zum Waffengesetz (WaffV),
   - der Verwaltungsvorschrift zum Waffengesetz (WaffVwV),
   - des Bundesjagdgesetzes (BJG)

   wird hingewiesen.

(2) **Es darf nur die für die jeweilige Schusswaffe bestimmte Munition in einwandfreiem Zustand verwendet werden.**

Hinweis zu Absatz 2

1. Hinweise auf die verwendbare Munition geben z. B. die Angaben auf der Schußwaffe.
2. In nicht einwandfreiem Zustand ist z. B. feucht gewordene Munition, selbst wenn sie getrocknet wurde.

(3) **Auch nicht gewerbsmäßig hergestellte Munition muss den gesetzlichen Bestimmungen entsprechen.**

Hinweis zu Absatz 3

1. Hierzu gehört z. B. wiedergeladene Munition.
2. Auf die einschlägigen Bestimmungen des Waffengesetzes und des Sprengstoffgesetzes wird hingewiesen.

(4) **Flintenlaufgeschosspatronen müssen so mitgeführt werden, dass Verwechslungen mit Schrotpatronen ausgeschlossen sind.**

§ 3 UVV Jagd Ausübung der Jagd

(1) **[1] Schusswaffen dürfen nur während der tatsächlichen Jagdausübung geladen sein. [2] Die Laufmündung ist stets – unabhängig vom Ladezustand – in eine Richtung zu halten, in der niemand gefährdet wird. [3] Nach dem Laden ist die Waffe zu sichern.**

(2) **Eine gestochene Waffe ist sofort zu sichern und zu entstechen, falls der Schuss nicht abgegeben wurde.**

(3) **[1] Beim Besteigen von Fahrzeugen und während der Fahrt muss die Schusswaffe entladen sein. [2] Beim Besteigen oder Verlassen eines Hochsitzes, beim Überwinden von Hindernissen oder in ähnlichen Gefahrlagen müssen die Läufe (Patronenlager) entladen sein.**

(4) **Ein Schuss darf erst abgegeben werden, wenn sich der Schütze vergewissert hat, dass niemand gefährdet wird.**

Hinweis zu Absatz 4

Eine Gefährdung ist z. B. dann gegeben, wenn

- Personen durch Geschosse oder Geschossteile verletzt werden können, die an Steinen, gefrorenem Boden, Ästen, Wasserflächen oder am Wildkörper abprallen oder beim Durchschlagen des Wildkörpers abgelenkt werden,

– beim Schießen mit Einzelgeschossen kein ausreichender Kugelfang vorhanden ist oder
– bei Erntejagden keine angemessenen technischen sowie organisatorischen Maßnahmen im Zuge der Jagdvorbereitung und Jagddurchführung erfolgen.

(5) **Von Wasserfahrzeugen aus darf im Stehen nur geschossen werden, wenn das Fahrzeug gegen Umschlagen und der Schütze gegen Stürzen gesichert sind.**

(6) **Bei einer mit besonderen Gefahren verbundenen Jagdausübung ist ein Begleiter zur Hilfeleistung mitzunehmen.**

Hinweis zu Absatz 6

Besondere Gefahren können sich ergeben z. B. durch Witterungs-, Gelände- und Bodenverhältnisse, vor allem im Hochgebirge, auf Gewässern und in Mooren oder bei der Nachsuche auf wehrhaftes Wild.

(7) **Fangeisen dürfen nur mit einer entsprechenden Vorrichtung gespannt und nur mit einem geeigneten Gegenstand ge- bzw. entsichert werden.**

(8) **Fangeisen dürfen fängisch nur so aufgestellt werden, dass keine Personen gefährdet werden.**

Hinweis zu Absatz 8

Eine Gefährdung kann z. B. vermieden werden, wenn Fangeisen in verblendeten Fangbunkern, Fallenkästen oder Fangburgen aufgestellt werden.

§ 4 UVV Jagd Besondere Bestimmungen für Gesellschaftsjagden

(1) **[1] Bei Gesellschaftsjagden muss der Unternehmer einen Jagdleiter bestimmen, wenn er nicht selbst diese Aufgabe wahrnimmt. [2] Die Anordnungen des Jagdleiters sind zu befolgen.**

Hinweis zu Absatz 1

Zur Gesellschaftsjagd gehören z. B. Treibjagden und Drückjagden.

(2) **[1] Der Jagdleiter hat den Schützen und Treibern die erforderlichen Anordnungen für den gefahrlosen Ablauf der Jagd zu geben. [2] Er hat insbesondere die Schützen und Treiber vor Beginn der Jagd zu belehren und ihnen die Signale bekannt zu geben.**

Hinweis zu Absatz 2

Zur Belehrung gehört insbesondere der Hinweis auf die Vorschriften in Absatz 3 sowie in den Absätzen 6 bis 11.

(3) **Sofern der Jagdleiter nichts anderes anordnet, ist die Waffe erst auf dem Stand zu laden und nach Beendigung des Treibens sofort zu entladen.**

(4) **Der Jagdleiter hat Personen, die infolge mangelnder geistiger und körperlicher Eignung besonders unfallgefährdet sind, die Teilnahme an der Jagd zu untersagen.**

(5) **Der Jagdleiter kann für einzelne Aufgaben Beauftragte einsetzen.**

Hinweis zu Absatz 5

Zu den Aufgaben des Beauftragten können z. B. das Einweisen der Schützen in die Schützenstände und das Führen der Treiberwehr gehören.

(6) [1] **Bei Standtreiben haben der Jagdleiter oder die von ihm zum Anstellen bestimmten Beauftragten den Schützen ihre jeweiligen Stände anzuweisen und den jeweils einzuhaltenden Schussbereich genau zu bezeichnen. [2] Nach Einnehmen der Stände haben sich die Schützen mit den jeweiligen Nachbarn zu verständigen; bei fehlender Sichtverbindung hat der Jagdleiter diese Verständigung sicherzustellen. [3] Sofern der Jagdleiter nichts anderes bestimmt, darf der Stand vor Beendigung des Treibens weder verändert noch verlassen werden. [4] Verändert oder verlässt ein Schütze mit Zustimmung des Jagdleiters seinen Stand, so hat er sich vorher mit seinen Nachbarn zu verständigen.**

(7) [1] **Wenn sich Personen in gefahrbringender Nähe befinden, darf in deren Richtung weder angeschlagen noch geschossen werden. [2] Ein Durchziehen mit der Schusswaffe durch die Schützen- oder Treiberlinie ist unzulässig.**

(8) [1] **Mit Büchsen- oder Flintenlaufgeschossen darf nicht in das Treiben hineingeschossen werden. [2] Ausnahmen kann der Jagdleiter nur unter besonderen Verhältnissen zulassen, sofern hierdurch eine Gefährdung ausgeschlossen ist.**

Hinweis zu Absatz 8

Besondere Verhältnisse können z. B. gegeben sein durch die Geländeform oder bei Ansitzdrückjagden.

(9) **Bei Kesseltreiben bestimmt der Jagdleiter, ab wann nicht mehr in den Kessel geschossen werden darf; spätestens darf jedoch nach dem Signal „Treiber rein“ nicht mehr in den Kessel geschossen werden.**

(10) [1] **Die Waffe ist außerhalb des Treibens stets ungeladen, mit geöffnetem Verschluss und mit der Mündung nach oben oder abgeknickt, zu tragen. [2] Bei besonderen Witterungsverhältnissen kann der Jagdleiter zulassen, dass Waffen geschlossen und mit der Mündung nach unten getragen werden, wenn sie entladen sind.**

(11) [1] **Durchgeh- oder Treiberschützen dürfen während des Treibens nur entladene Schusswaffen mitführen. [2] Dies gilt nicht für Feldstreifen und Kesseltreiben.**

Hinweis zu Absatz 11

1. Als Feldstreife kann nach Entscheidung des Jagdleiters auch eine Streife mit flankierenden und vorgestellten Schützen in sonstigem übersichtlichen Gelände gelten.
2. Das Mitführen der Schusswaffe mit entladenen Läufen (Patronenlager) ist ausnahmsweise für den Durchgeh- und Treiberschützen zulässig
   - für den Eigenschutz,
   - für den Fangschuss,
   - für den Schuss auf vom Hund gestelltes Wild.

(12) **Bei Gesellschaftsjagden müssen sich alle an der Jagd unmittelbar Beteiligten deutlich farblich von der Umgebung abheben.**

Hinweis zu Absatz 12

Zur deutlichen farblichen Abhebung eignet sich großflächige Oberbekleidung in Signalfarbe wie z.B. Warnwesten.

(13) **Bei schlechten Sichtverhältnissen hat der Jagdleiter die Jagd einzustellen.**

Hinweis zu Absatz 13

Schlechte Sichtverhältnisse liegen z. B. vor bei dichtem Nebel, einsetzender Dunkelheit oder Schneetreiben.

§ 5 UVV Jagd Nachsuche

(1) **Der Hundeführer wird durch den Unternehmer oder seinen Beauftragten als Jagdleiter bestimmt; er hat damit Weisungsrecht bei der Nachsuche, falls weitere Personen beteiligt sind.**

(2) **Der Hundeführer muss die notwendige persönliche Schutzausrüstung benutzen.**

Hinweis zu Absatz 2

Hierzu kann z. B. das Tragen von Schutzbrille und Schutzhandschuhen gehören.

(3) **Der Lauf der Waffe ist vor eindringenden Fremdkörpern zu schützen.**

Hinweis zu Absatz 3

Hierzu eignen sich z. B. Klebestreifen aus durchschießbarem Material.

(4) **Kinder und Jugendliche dürfen nicht an der Nachsuche teilnehmen.**

(5) **Der Unternehmer hat bei der Nachsuche für die Bereitstellung von Erste-Hilfe-Material zu sorgen.**

Hinweis zu Absatz 5

Auf die Unfallverhütungsvorschrift „Erste Hilfe" (VSG 1.3) wird verwiesen.

(6) **Es gelten im Übrigen die Vorschriften von § 4 Absätze 2, 3, 5, 6, 7, 10 und 12 entsprechend.**

§ 6 UVV Jagd Übungsschießen

(1) **Das Übungsschießen ist nur auf behördlich zugelassenen Schießständen erlaubt.**

Hinweis zu Absatz 1

1. Die behördliche Zulassung kann auf Grundlage des Bundesimmissionsschutzgesetzes oder des Waffengesetzes erfolgen.
2. Auf die Schießstandordnung und die Schießvorschrift des Deutschen Jagdschutz-Verbandes e. V. wird hingewiesen.

(2) **Beim Schießen ist geeigneter Gehörschutz zu tragen.**

Hinweis zu Absatz 2

Als geeigneter Gehörschutz sind z. B. Gehörschutzkapseln anzusehen. Auf die Unfallverhütungsvorschrift „Allgemeine Vorschriften für Sicherheit und Gesundheitsschutz" (VSG 1.1) wird verwiesen.

§ 7 UVV Jagd Hochsitze

(1) **Der Unternehmer muss sicherstellen, dass**

1. **Hochsitze, ihre Zugänge sowie Stege fachgerecht errichtet und mit Einrichtungen gegen das Abstürzen von Personen gesichert sind,**
2. **bei ortsveränderlichen Hochsitzen die Standsicherheit gewährleistet ist,**
3. **Hochsitze vor jeder Benutzung, mindestens jedoch einmal jährlich, geprüft werden,**
4. **nicht mehr benötigte Einrichtungen abgebaut werden.**

Hinweis zu Absatz 1 Ziffer 1

1. Als Absturzsicherung bei Ansitzleitern wird die Waffenauflage angesehen.
2. Auf die Unfallverhütungsvorschrift „Allgemeine Vorschriften für Sicherheit und Gesundheitsschutz" (VSG 1.1) und die Unfallverhütungsvorschrift „Arbeitsstätten, bauliche Anlagen und Einrichtungen" (VSG 2.1) wird verwiesen.
3. Als fachgerecht hergestellt gelten Jagdeinrichtungen, wenn z. B. die Hinweise in der Broschüre „Sichere Hochsitzkonstruktion" beachtet sind.

Hinweis zu Absatz 1 Ziffer 2

Auf die Unfallverhütungsvorschrift „Technische Arbeitsmittel" (VSG 3.1) wird verwiesen.

(2) [1] **Aufgenagelte Sprossen sind nur an geneigt stehenden Leitern zulässig.** [2] **Sie sind mit den Leiterholmen fest zu verbinden und auf diesen nach unten hin abzustützen.**

§ 8 UVV Jagd Ordnungswidrigkeiten

Ordnungswidrig im Sinne des § 209 Absatz 1 Nr. 1 Siebtes Buch Sozialgesetzbuch (SGB VII) handelt, wer vorsätzlich oder fahrlässig den Bestimmungen des § 2 Abs. 1, § 3 Abs. 1 Satz 1, § 4 Abs. 1 Satz 1, Abs. 2, 3, 6, 7 Abs. 8 Satz 1, Abs. 11 Satz 1, § 5 Abs. 4, § 6 Abs. 1 oder § 7 Abs. 1 Ziffern 3 oder 4 zuwiderhandelt.

§ 9 UVV Jagd Inkrafttreten

[1] **Diese Unfallverhütungsvorschrift tritt am 1. Januar 2000 in Kraft.** [2] **Gleichzeitig tritt die Unfallverhütungsvorschrift „Jagd" (UVV 4.4) vom 1. Januar 1981 außer Kraft.**

Anh. 3 § 11 Steuerrechtliche Bezüge

I. Umsatzsteuer

1 Eine **Gebietskörperschaft** (juristische Person des öffentlichen Rechts), die ihren Eigenjagdbezirk verpachtet, wird im Rahmen ihres land- und forstwirtschaftlichen Betriebs gem. § 2 Abs. 3 S. 1 aF UStG tätig (vgl. Ziff. 2.11 Abs. 19 UStAE). Der Pachtzins ist nach den allgemeinen Grundsätzen des Umsatzsteuerrechts – und nicht entsprechend den Durchschnittssätzen für land- und forstwirtschaftliche Betriebe gem. § 24 UStG – zu besteuern (BGH Urt. v. 2.3.2006 – III ZR 383/02, NVwZ-RR 2006, 502; BFH Urt. v. 22.9.2005 – V R 28/03, DStR 2005, 2123; OLG Hamm Urt. v. 23.5.2008 – 30 U 206/07, BeckRS 2008, 17106).

2 Die Verpachtung des Jagdausübungsrechts am gemeinschaftlichen Jagdbezirk durch die **Jagdgenossenschaften** unterlag bislang nicht der Umsatzsteuerpflicht, weil es sich körperschaftsteuerrechtlich um eine bloße Vermögensverwaltung handelte, bei der kein steuerpflichtiger Betrieb iSv § 2 Abs. 3 UStG aF entstand. Die Jagdgenossenschaften hatten bis zum 31.12.2016 die Möglichkeit, eine Optionserklärung nach § 27 Abs. 22 UStG abzugeben. In diesem Fall war § 2 Abs. 3 UStG aF weiterhin anzuwenden, längstens jedoch bis zum 31.12.2020. Unter Berücksichtigung der Rechtslage nach **Einführung des § 2b UStG** hat sich die umsatzsteuerrechtliche Beurteilung bei Jagdgenossenschaften nunmehr geändert: Die Verpachtung

des Jagdrechts stellt eine nachhaltige und entgeltliche und damit unternehmerische Tätigkeit gem. § 2 Abs. 1 UStG dar. Die Verpachtung ist auch nicht nach § 2b UStG von der Besteuerung ausgenommen, da sie auf privatrechtlicher Grundlage erfolgt. Die **Kleinunternehmerregelung** des § 19 Abs. 1 UStG findet aber Anwendung, wenn eine Jagdgenossenschaft insgesamt einen geringeren Umsatz als 22.000 Euro p. a. aufweist. In diesem Fall ist auf die Jagdpacht keine Umsatzsteuer auszuweisen. Bei laufenden Pachtverträgen, bei denen spätestens ab dem Jahr 2021 eine Umsatzsteuerpflicht der verpachtenden Jagdgenossenschaft eingetreten ist, hängt die Pflicht des Jagdpächters, auch hierfür aufzukommen, von der vertraglichen Vereinbarung ab. Ohne gesonderte Vereinbarung über die Zahlung der Umsatzsteuer muss allerdings von einer **Brutto-Abrede** ausgegangen werden. Die Jagdgenossenschaft muss dann aus der vereinnahmten Pacht die Umsatzsteuer herausrechnen und abführen. Für neue Pachtverträge ist eine eindeutige **Preisvereinbarung** empfehlenswert („XY Euro p. a. zzgl. der gesetzlichen Umsatzsteuer").

Der Steuerpflicht unterliegen alle Leistungen des Jagdpächters, die er im 3
Rahmen des Leistungsaustausches für das Jagdausübungsrecht erbringt. Hierzu gehören sowohl der Jagdpachtzins als auch eine ggf. vertraglich vereinbarte **Wildschadens*verhütungs*pauschale** (BGH Urt. v. 2.3.2006 – III ZR 383/02, NVwZ-RR 2006, 502), da diese zur Abdeckung von Aufwendungen des Verpächters im Rahmen von Wildschadensverhütungsmaßnahmen dient. Auf die **Wildschadenspauschale** ist jedoch keine Umsatzsteuer zu entrichten, da diese eine reine Schadensersatzleistung ist (vgl. OFD Nds v. 2.11.2012 – S 7106-62-St 171, BeckVerw 266089).

Hat der Pächter gegenüber dem Verpächter vertraglich neben der Zah- 4
lung des Pachtzinses auch die Begleichung der Mehrwertsteuer übernommen, so entfällt diese vertragliche Verpflichtung nicht deshalb, weil der Verpächter gegen die Heranziehung einen Rechtsbehelf eingelegt hat, und die Vollziehung des entsprechenden Steuerbescheids einstweilen ausgesetzt wird (OVG Münster Urt. v. 6.9.1999 – 22 A 1604/98, BeckRS 1999, 23254).

II. Jagdsteuer

Einige Bundesländer haben noch landesrechtlich die Möglichkeit einge- 5
räumt, dass die Landkreise und kreisfreien Städte eine Jagdsteuer als Kommunalabgabe erheben. Die Mehrzahl der Bundesländer verbietet indes die Erhebung einer Jagdsteuer (vgl. etwa § 3 Abs. 1 S. 3 KAG M-V, § 3 Abs. 1 S. 2 KAG NRW). Eine aktuelle Auflistung der die Erhebung einer Jagdsteuer untersagenden Bundesländer findet sich bei Christ/Oebbecke Kommunal-AbgabenR-HdB/Christ C Rn. 423.

Die Jagdsteuer ist eine **„Aufwandsteuer"** iSd Art. 105 Abs. 2a GG 6
(BVerfG Beschl. v. 10.8.1989 – 2 BvR 1532/88, NVwZ 1989, 1152).

Die Erhebung der Jagdsteuer setzt voraus, dass sich der Landkreis bzw. die 7
kreisfreie Stadt eine Jagdsteuersatzung auf der Grundlage des jeweiligen landesrechtlichen Kommunalabgabengesetzes gegeben hat. Die Jagdsteuersatzung muss hinreichend bestimmt sein. Die Regelung einer Jagdsteuersatzung, dass die Ausübung der Jagd aufgrund entgeltlicher Jagderlaubnisscheine „in Pirschbezirken" der Jagdsteuer unterliegt, verstößt schon mangels eines bestimmbaren Inhalts des Begriffs „Pirschbezirk" gegen Art. 20 Abs. 3 GG,

wenn die Satzung den Begriff „Pirschbezirk" nicht definiert (OVG Münster Beschl. v. 6.5.1997 – 22 A 877/97, BeckRS 1997, 22664).

8 Die Satzung hat insbesondere darüber zu befinden, welche Bemessungsgrundlage die Körperschaft für die Jagdsteuer heranzieht. Neben dem Pachtpreis können als Bemessungsgrundlage auch pachtvertraglich vereinbarte Nebenleistungen bestimmt werden, wenn die Jagdsteuersatzung dies regelt (vgl. OVG Münster Urt. v. 6.9.1999 – 22 A 1604/98, BeckRS 1999, 23254). Sofern der Pächter vertraglich die Zahlung der **Mehrwertsteuer** übernommen hat, so stellt der entsprechende Steuerbetrag einen Teil des Aufwands dar, der dem Kläger für die Jagdpacht entsteht. Als solcher gehört er zum Jagdwert und muss bei der Berechnung der Jagdsteuer berücksichtigt werden (OVG Saarlouis NVwZ-RR 1995, 226; OVG Münster Urt. v. 6.9.1999 – 22 A 1604/98, BeckRS 1999, 23254).

9 Auch der **Eigenjagdbezirksinhaber,** der in seinem nicht verpachteten Jagdbezirk selbst die Jagd ausübt, kann bei einer entsprechenden Formulierung in der Jagdsteuersatzung zur Jagdsteuer herangezogen werden. Die Ausübung des Jagdrechts erfüllt auch dann die Voraussetzungen einer Aufwandsteuer, wenn diese mit dem Betrieb der eigenen Land- und Forstwirtschaft in Zusammenhang steht (OVG Koblenz Urt. v. 10.10.1995 – 6 A 11600/95, NVwZ-RR 1996, 692).

10 Im Gegensatz zu dem privaten Eigenjagdbezirksinhaber, der in seinem nicht verpachteten Jagdbezirk die Jagd selbst ausübt, entfällt die Jagdsteuer bei einer **Gemeinde, die einen Eigenjagdbezirk besitzt,** diesen jedoch nicht verpachtet, sondern die Jagd durch einen kommunalen Revierförster ausüben lässt (BVerwG Urt. v. 27.6.2012 – 9 C 2/12, NVwZ-RR 2012, 817). Nach stRspr des BVerfG und des BVerwG erfasst die Aufwandsteuer die besondere wirtschaftliche Leistungsfähigkeit, die darin zum Ausdruck kommt, dass die Verwendung von Einkommen für den persönlichen Konsum über die Befriedigung des allgemeinen Lebensbedarfs hinausgeht. Diese Voraussetzung sei bei den Gemeinden generell nicht gegeben, da sie Einnahmen und Vermögen nicht für ihren „persönlichen Lebensbedarf", sondern zur Erfüllung öffentlicher Aufgaben der Selbstverwaltung oder der staatlichen Auftragsangelegenheiten verwenden (BVerwG Urt. v. 27.6.2012 – 9 C 2/12, NVwZ-RR 2012, 817 mwN; anders die Vorinstanz: OVG Koblenz Urt. v. 25.5.2011 – 6 A 10030/11.OVG, BeckRS 2011, 50992).

11 Demgegenüber betreibt eine **Jagdgenossenschaft** steuerbaren Aufwand, wenn sie ihren gemeinschaftlichen Jagdbezirk nicht verpachtet, sondern das Jagdrecht selbst ausübt. Sie ist somit zur Zahlung von Jagdsteuer verpflichtet (BVerwG Urt. v. 27.6.2012 – 9 C 10/11, NVwZ-RR 2012, 819). Zwar hat auch die Jagdgenossenschaft als solche keinen persönlichen Lebensbedarf, den sie decken muss. Im Unterschied zu den Einwohnern einer Gemeinde haben aber die Jagdgenossen als Eigentümer der im gemeinschaftlichen Jagdbezirk zusammengefassten Grundflächen einen engen Bezug zur Jagd. Sie treffen die Entscheidung über die Eigennutzung des der Jagdgenossenschaft zustehenden Jagdausübungsrechts und haben gemeinsam den damit verbundenen wirtschaftlichen Verlust der Pachteinnahmen zu tragen. Insoweit besteht nach Auffassung des BVerwG kein steuerlich relevanter Unterschied zur Ausübung des Jagdrechts durch eine Mehrheit privater Eigentümer als Inhaber eines Eigenjagdbezirks. Dies rechtfertigt eine Zurechnung des privaten Konsums der Jagdgenossen an die Jagdgenossenschaft (BVerwG Urt. v. 27.6.2012 – 9 C 10/11, NVwZ-RR 2012, 819).

12 Eine Heranziehung der Jagdgenossenschaft zur Jagdsteuer kommt auch dann in Betracht, wenn der gemeinschaftliche Jagdbezirk nur zwischenzeitlich nicht verpachtet und ein steuerpflichtiger Jagdpächter daher vorübergehend nicht vorhanden war (BVerwG Urt. v. 27.6.2012 – 9 C 10/11, NVwZ-RR 2012, 819).

13 Die Besteuerung einer **entgeltlichen Jagderlaubnis** verstößt gegen den Gleichheitsgrundsatz des Art. 3 Abs. 1 GG, wenn ausschließlich Inhaber einer entgeltlichen Jagderlaubnis in Staatsjagden, nicht aber solche in sonstigen Jagden besteuert werden (OVG Münster Beschl. v. 6.5.1997 – 22 A 877/97, BeckRS 1997, 22664). Darüber hinaus ist die Erhebung einer Steuer auf Jagderlaubnisscheine mangels Rechtsgrundlage unzulässig, wenn das Kommunalabgabengesetz lediglich die Ermächtigung zur Erhebung einer Jagdsteuer vorsieht. Eine „Jagderlaubnissteuer" ist gegenüber der traditionellen Jagdsteuer eine andere und somit rechtlich von ihr zu unterscheidende Steuer, für die die Körperschaften in diesem Fall mangels gesetzlicher Ermächtigung im Zweifel keine Rechtsgrundlage haben (OVG Brandenburg Urt. v. 19.2.2003 – 2 D 11/02.NE, nv). Darüber hinaus werden in der Rspr. Zweifel geäußert, ob eine „Jagderlaubnissteuer" verfassungsrechtlich gerechtfertigt ist, da der Erwerb einer Jagderlaubnis nicht Ausdruck einer besonderen Konsumfähigkeit ist, weil der Aufwand hierfür weitaus geringer ist als die Pacht einer Jagd (OVG Münster Beschl. v. 6.5.1997 – 22 A 877/97, BeckRS 1997, 22664).

14 **Steuerpflichtig** ist der Jagdausübungsberechtigte, dh der Jagdpächter, der Eigenjagdbezirksinhaber, der sein Jagdrecht selbst ausübt, oder die Jagdgenossenschaft, die die Jagd durch angestellte Jäger ausüben lässt.

§ 12 Anzeige von Jagdpachtverträgen

(1) [1] **Der Jagdpachtvertrag ist der zuständigen Behörde anzuzeigen.** [2] **Die Behörde kann den Vertrag binnen drei Wochen nach Eingang der Anzeige beanstanden, wenn die Vorschriften über die Pachtdauer nicht beachtet sind oder wenn zu erwarten ist, daß durch eine vertragsmäßige Jagdausübung die Vorschriften des § 1 Abs. 2 verletzt werden.**

(2) **In dem Beanstandungsbescheid sind die Vertragsteile aufzufordern, den Vertrag bis zu einem bestimmten Zeitpunkt, der mindestens drei Wochen nach Zustellung des Bescheides liegen soll, aufzuheben oder in bestimmter Weise zu ändern.**

(3) [1] **Kommen die Vertragsteile der Aufforderung nicht nach, so gilt der Vertrag mit Ablauf der Frist als aufgehoben, sofern nicht einer der Vertragsteile binnen der Frist einen Antrag auf Entscheidung durch das Amtsgericht stellt.** [2] **Das Gericht kann entweder den Vertrag aufheben oder feststellen, daß er nicht zu beanstanden ist.** [3] **Die Bestimmungen für die gerichtliche Entscheidung über die Beanstandung eines Landpachtvertrages gelten sinngemäß; jedoch entscheidet das Gericht ohne Zuziehung ehrenamtlicher Richter.**

(4) [1] **Vor Ablauf von drei Wochen nach Anzeige des Vertrages durch einen Beteiligten darf der Pächter die Jagd nicht ausüben, sofern nicht die Behörde die Jagdausübung zu einem früheren Zeitpunkt gestattet.** [2] **Wird der Vertrag binnen der in Absatz 1 Satz 2 bezeichneten Frist beanstandet, so darf der Pächter die Jagd erst ausüben, wenn die Beanstandungen**

behoben sind oder wenn durch rechtskräftige gerichtliche Entscheidung festgestellt ist, daß der Vertrag nicht zu beanstanden ist.

Ländervorschriften: § 18 JWMG; Art. 14 Abs. 4 BayJG und § 6 AV-BayJG; § 16 Abs. 2 BbgJagdG; Art. 17 BremLJagdG; § 8 Abs. 3 S. 2 und 3 HmbJagdG; § 11 S. 3 HJagdG; § 11 Abs. 4 MVLJagdG, § 12 MVLJagdG, § 13 Abs. 2 S. 3 MVLJagdG; § 20 NJagdG; § 12 Abs. 3 S. 2 LJG-NRW, § 14 LJG-NRW; § 17 RhPfLJG; § 9 Abs. 2 SJG; § 20 LSALJagdG; § 11 Abs. 4 SchlHLJagdG; § 14 Abs. 4 und 5 ThJG, § 17 Abs. 2 ThJG.

Schrifttum: Braun, Anfechtungsmöglichkeiten bei bayerischen Jagdverpachtungen, BayVBl. 1963, 201; Freudling, Die Beanstandung von Jagdpachtverträgen, BayVBl. 1978, 663; Schulte, Die Beanstandung von Jagdpachtverträgen, RdL 1966, 144; Weber, Das Jagdpachtrecht, NJW 1957, 1508.

Übersicht

I. Allgemeines

1 Das Beanstandungsverfahren ist an die Stelle des **früheren Genehmigungsverfahrens** getreten. Bis zum 31.3.1953 sah das BJagdG (und auch das RJG) vor, dass der Jagdpachtvertrag dem Genehmigungsvorbehalt der Jagdbehörde unterliegt. Dieser Genehmigungsvorbehalt wurde **mit Wirkung vom 1.4.1953** durch das **Beanstandungsverfahren** ersetzt.

2 Durch die Anzeige des Jagdpachtvertrags erhält die Jagdbehörde die Möglichkeit, den Jagdpachtvertrag zu prüfen und ggf. zu beanstanden. Die Prüfung darf sich jedoch nur auf die in § 12 Abs. 1 S. 2 oder die möglicherweise in den jeweiligen landesrechtlichen Vorschriften genannten Beanstandungs-

gründe (→ Rn. 49 ff.) beschränken. In Anbetracht der somit sehr beschränkten praktischen Relevanz des Beanstandungsverfahrens neigen die Jagdbehörden häufig dazu, in dessen Rahmen auch Mängel des Pachtvertrags zu rügen, die eigentlich nicht Gegenstand der Beanstandung sein können.

Das Beanstandungsverfahren ist ein **behördliches Verfahren,** das grundsätzlich den Vorschriften des Verwaltungsverfahrensgesetzes (VwVfG) unterliegt, soweit § 12 hierzu keine andere Regelung enthält. Der Beanstandungsbescheid ist ein **Verwaltungsakt** iSd § 35 S. 1 VwVfG (vgl. VG Kassel Urt. v. 13.3.1975 – IV E 96/74, JE II Nr. 5; vgl. auch AG Brakel Beschl. v. 5.12.1985 – 5 LwP 1/85, NuR 1987, 384 = JE III Nr. 80 = FHOeffR 38 Nr. 11140; Freudling BayVBl. 1978, 663). Der Rechtsbehelf gegen den Beanstandungsbescheid ist jedoch nicht das üblicherweise gegen Verwaltungsakte durchzuführende Vorverfahren gem. §§ 68 ff. VwGO. Auch ist gegen den Beanstandungsbescheid nicht der Verwaltungsrechtsweg gem. § 40 Abs. 1 S. 1 VwGO eröffnet. Gemäß § 12 Abs. 3 muss einer der Vertragsteile Antrag auf Entscheidung durch das Amtsgericht stellen, sofern er den Beanstandungsbescheid überprüfen lassen will. Das gerichtliche Verfahren bestimmt sich nach dem Gesetz über das gerichtliche Verfahren in Landwirtschaftssachen vom 21.7.1953, BGBl. 1953 I 667 (→ Rn. 38 ff.). 3

II. Anzeigepflicht

Nach Abschluss des Jagdpachtvertrags ist dieser der Jagdbehörde anzuzeigen. **Örtlich zuständige Jagdbehörde** ist gem. § 3 Abs. 1 Nr. 1 VwVfG die Behörde, in deren Zuständigkeitsbereich der verpachtete Jagdbezirk liegt, da es sich bei dem Jagdpachtvertrag um eine Angelegenheit handelt, die sich auf ein ortsgebundenes Rechtsverhältnis bezieht. 4

1. Anzeige des Pachtvertrags

Gemäß § 12 Abs. 1 ist der Jagdbehörde jeder Neuabschluss eines Jagdpachtvertrags anzuzeigen. Sofern landesrechtlich keine Regelungen getroffen sind, sind der Jagdbehörde auch die Verträge anzuzeigen, **durch die der Jagdpachtvertrag geändert wird,** sofern durch die Änderung unmittelbare vertragliche Pflichten berührt werden. Dies liegt zB vor, wenn bei einem bestehenden Jagdpachtvertrag durch Eintritt oder Wechsel Änderungen auf der Pächterseite vorgenommen werden (AG Brakel Beschl. v. 5.12.1985 – 5 LwP 1/85, NuR 1987, 384 = JE III Nr. 80 = FHOeffR 38 Nr. 11140). Gleiches gilt zB auch bei der Verlängerung der Pachtzeit während des laufenden Vertrags. 5

Landesrechtlich ist zum Teil geregelt, welche **Änderungsverträge** der Jagdbehörde anzuzeigen sind (§ 18 Abs. 1 S. 2 **JWMG:** Aufhebung und jede Änderung des Pachtvertrags; Art. 14 Abs. 5 **BayJG:** Änderung oder Verlängerung; § 14 Abs. 2 S. 1 **LJagdG Bln:** Weiter- und Unterverpachtung; § 14 Abs. 2 S. 1 **BbgJagdG:** Weiter- und Unterverpachtung; Art. 17 Abs. 1 **BremLJagdG:** jede Änderung, § 17 Abs. 3 **BremLJagdG:** Übertragung des Jagdausübungsrechts vom Jagdpächter auf einen Dritten und Aufnahme eines Mit- oder Unterpächters; § 7 Abs. 2 **HmbJagdG:** Aufnahme eines Mitpächters oder Unterpächters, § 11: jede Änderung des Pachtvertrags; § 10 Abs. 3 **HJagdG:** Änderungen und Verlängerungen des Pachtvertrags, 6

Unter- und Weiterverpachtung sowie die Aufnahme von Mitpächtern; § 11 Abs. 3 **MVLJagdG:** Unterverpachtung, § 11 Abs. 4 **MVLJagdG:** Änderung und Verlängerung des Pachtvertrags; § 11 Abs. 2 **LJG-NRW:** Weiter- und Unterverpachtung; § 17 Abs. 1 **RhPfLJG:** Aufnahme eines Mitpächters; § 9 Abs. 2 **SJG:** Vertragsänderungen, Unter- und Weiterverpachtung sowie die Aufnahme von Mitpächtern; § 20 Abs. 2 **LSALJagdG:** Übertragung des Pachtrechts vom Pächter auf einen Dritten, Aufnahme eines Mit- oder Unterpächters in den Pachtvertrag; § 11 Abs. 3 **SchlHLJagdG:** Weiter- und Unterverpachtung, § 11 Abs. 4 **SchlHLJagdG:** Änderung oder Verlängerung; § 14 Abs. 5 **ThJG:** Änderung und Verlängerung des Pachtvertrags).

7 Wenn in einem Jagdpachtvertrag die Klausel enthalten ist, dass bestimmte weitere, schon namentlich benannte Personen nach Erlangung der Jagdpachtfähigkeit in den Jagdpachtvertrag als Pächter in den Jagdpachtvertrag eintreten sollen, und diese Personen den Pachtvertrag auch bereits mitunterzeichnet haben, so ist diese Vereinbarung dahingehend auszulegen, dass die Personen von dem Zeitpunkt an, zu dem sie die Jagdpachtfähigkeit erlangen, zusätzlich Pächter werden. Einer erneuten Anzeige des Jagdpachtvertrags bedarf es in diesem Fall nicht mehr (OLG Frankfurt Urt. v. 9.12.1977 – 2 U 177/77, JE III Nr. 12).

8 Ob und inwieweit **Jagderlaubnisscheine** der Anzeigepflicht und dem Beanstandungsverfahren unterliegen, regelt § 12 nicht. Zur Anzeige von Jagderlaubnisscheinen und der Anwendung des § 12 können die Länder jedoch eigene Regelungen treffen (→ Rn. 49 ff.).

9 Eine Anzeigepflicht besteht grundsätzlich nicht, wenn durch die Änderung des Jagdpachtvertrags keine unmittelbaren vertraglichen Pflichten berührt werden, die die Jagdausübung selbst betreffen, zB Wildäcker gepachtet oder Jagdhütten gemietet werden (Mitzschke/Schäfer Rn. 3).

2. Verpflichtung zur Anzeige

10 § 12 regelt nicht, welche der Vertragsparteien verpflichtet ist, den Jagdpachtvertrag bei der Jagdbehörde anzumelden, sodass bundesrechtlich grundsätzlich sowohl der Pächter als auch der Verpächter zur Anzeige verpflichtet sind. Sofern jedoch der eine Vertragsteil seiner Anzeigepflicht nachkommt, ist damit auch die Pflicht des anderen Teils erfüllt. Aus Klarstellungsgründen ist es sinnvoll, im Jagdpachtvertrag eine Regelung zu treffen, wer verpflichtet sein soll, der Anzeigepflicht bei der Jagdbehörde nachzukommen.

11 Die Länder haben zum Teil geregelt, welche der Vertragsparteien zur Anzeige des Jagdpachtvertrags verpflichtet ist (§ 18 Abs. 1 S. 1 **JWMG:** Verpächter; Art. 17 Abs. 1 **BremLJagdG:** Verpächter; § 10 Abs. 2 **HJagdG:** Verpächter; § 20 **NJagdG:** Jagdpächterin, Jagdpächter; § 17 Abs. 1 S. 1 **RhPfLJG:** Verpächter; § 9 Abs. 2 **SJG:** Pächter; → Rn. 49 ff.).

3. Vorvertrag

12 Ein Vertrag, mit dem sich die Vertragsparteien verpflichten, in Zukunft einen Jagdpachtvertrag abzuschließen (Vorvertrag), ist nicht anzeigepflichtig (Mitzschke/Schäfer Rn. 3; Lorz/Metzger Rn. 1). Das Beanstandungsrecht der Jagdbehörde bleibt in vollem Umfang gewährleistet, wenn die Anzeigepflicht nur auf den Hauptvertrag beschränkt ist und Vorverträge hiervon ausgenommen sind (vgl. BGHZ 61, 48 = NJW 1973, 1839). Eine hiervon zu trennende Frage ist jedoch, ob der Vorvertrag ebenso wie der Hauptpachtvertrag der Schriftform iSd § 11 Abs. 4 S. 1 bedarf. Diese Frage muss wohl in der Weise beantwortet werden, dass auch der Vorvertrag zum Abschluss eines Jagdpachtvertrags der Schriftform bedarf (→ § 11 Rn. 45; RG Urt. v. 8.12.1925 – VI 350/25, RGZ 112, 199; BGH Urt. v. 7.6.1973 – III ZR 71/71, BGHZ 61, 48 = NJW 1973, 1839 = FHZivR 19 Nr. 3695; OLG Köln Urt. v. 17.12.1999 – 3 U 16/99, BeckRS 2000, 3443 = JE III Nr. 144).

4. Anzeigefrist

Eine Frist, innerhalb derer der Pachtvertrag bei der Jagdbehörde angemeldet werden muss, ist in § 12 nicht genannt. Einige landesrechtliche Vorschriften bestimmen jedoch Anzeigefristen (→ Rn. 49 ff.). Der Bundesgesetzgeber hat die Festlegung einer Anzeigefrist jedoch als entbehrlich erachtet. Er war der Ansicht, dass die unverzügliche Anzeige des Pachtvertrags im Interesse der Vertragsparteien – insbesondere des Jagdpächters – liege, da die Jagdausübung ohne zuvor durchgeführte Anzeige des Jagdpachtvertrags eine **Ordnungswidrigkeit** gem. § 39 Abs. 1 Nr. 3 iVm § 12 Abs. 4 darstellt. 13

III. Beanstandungsverfahren

1. Allgemeines

a) Ermessen. Gemäß § 12 Abs. 1 S. 2 „kann" die Jagdbehörde den Jagdpachtvertrag unter den dort genannten Voraussetzungen beanstanden. Das bedeutet, dass sie nicht zur Beanstandung verpflichtet ist, jedoch nach **pflichtgemäßem Ermessen** prüfen muss, ob sie von ihrem Beanstandungsrecht Gebrauch macht. Dadurch, dass der Gesetzgeber die Beanstandungsermächtigung als „Kann-Vorschrift" gestaltet hat, wollte er zum Ausdruck bringen, dass die Behörde nicht in allen Fällen, in denen die Beanstandungsgründe verwirklicht werden, von der Beanstandung auch Gebrauch machen muss (VGH München Urt. v. 29.2.1972 – Uf. 85-V 70, EJS IV S. 17 Nr. 15). Die Möglichkeit der Jagdbehörde, **durch ihr Beanstandungsrecht in die Vertragsfreiheit einzugreifen,** ist vielmehr dadurch begrenzt, dass es dem pflichtgemäßen Ermessen der Verwaltung obliegt, unter Berücksichtigung der Interessen der Gesamtheit der Jagdgenossen als Träger des Jagdrechts und unter Beachtung des Gleichheitsgrundsatzes und der Verhältnismäßigkeit zu entscheiden, ob sie das Beanstandungsrecht ausübt (VGH München Urt. v. 29.2.1972 – Uf. 85-V 70, EJS IV S. 17 Nr. 15). Sofern es zB landesrechtlich zulässig ist, dass die Jagdbehörde einen Jagdpachtvertrag auch beanstanden kann, wenn „im Verfahren bei der Verpachtung von Gemeinschaftsjagdrevieren zwingende Verfahrensvorschriften nicht beachtet worden sind", so rechtfertigen Abstimmungsfehler die Beanstandung nur, wenn das Abstimmungsergebnis hierdurch tatsächlich beeinträchtigt worden ist (vgl. OLG Bamberg Beschl. v. 16.7.1962 – WXV 3/62, EJS I S. 63 Nr. 22). Bei Vorliegen entsprechender Anhaltspunkte ist dies durch die Jagdbehörde aufzuklären. 14

Die Annahme der Jagdbehörde, einen Jagdpachtvertrag beanstanden zu „müssen", ist regelmäßig ermessensfehlerhaft, sofern sich die Verpflichtung hierzu im Einzelfall nicht aus landesrechtlichen Vorschriften ergibt (VGH 15

München Urt. v. 29.2.1972 – Uf. 85-V 70, EJS IV S. 17 Nr. 15; Mitzschke/Schäfer Rn. 11).

16 Übernimmt die untere Jagdbehörde inhaltlich und wortgetreu eine **Weisung der oberen/höheren Jagdbehörde oder des Ministeriums,** so ist sie im Rahmen ihres **eigenen pflichtgemäßen Ermessens** nicht tätig geworden. Die in einer Anweisung einer oberen/höheren Jagdbehörde oder eines Ministeriums enthaltene Rechtsmeinung ist nicht geeignet, die rechtlichen Grundlagen und die Voraussetzungen des § 12 Abs. 1 zu ändern (AG Bad Neuenahr-Ahrweiler Beschl. v. 14.1.1980 – 4 LwG 5/79, JE III Nr. 30).

17 Sofern die Behörde einen Jagdpachtvertrag beanstandet, muss sie sich in der Begründung des Beanstandungsbescheids gem. § 39 Abs. 1 S. 2 VwVfG zu den tatsächlichen und rechtlichen Gründen äußern, die sie zur Beanstandung veranlasst haben. Insbesondere muss sie auch die Ermessenserwägungen darlegen, die für ihre Entschließung von Bedeutung waren.

18 **b) Beanstandungsverfahren bei Anzeige eines nichtigen Jagdpachtvertrags.** Die Jagdbehörde ist verpflichtet, das Beanstandungsverfahren auch nach Anzeige eines erkennbar nichtigen Jagdpachtvertrags durchzuführen. Sie kann das Beanstandungsverfahren eines nichtigen Jagdvertrags nicht mit der Begründung ablehnen, der Jagdpachtvertrag sei nichtig und somit nicht existent. Denn das Prüfungsrecht der Jagdbehörde erstreckt sich nur auf die Beanstandungsgründe des § 12 Abs. 1 S. 2 und weiterer landesrechtlich bestimmter Beanstandungsgründe, nicht aber auf die mögliche Nichtigkeit des Jagdpachtvertrags (Mitzschke/Schäfer § 11 Rn. 18). Die Jagdbehörde muss somit jeden – auch nichtigen – Pachtvertrag so behandeln als sei er wirksam.

2. Beanstandungsgründe

19 **a) Allgemeines.** Gemäß § 12 Abs. 1 S. 2 kann die Jagdbehörde den Jagdpachtvertrag beanstanden, wenn die Vorschriften über die Pachtdauer nicht beachtet sind oder wenn zu erwarten ist, dass durch eine vertragsgemäße Jagdausübung die Vorschriften des § 1 Abs. 2 verletzt werden. Die Bundesländer haben zum Teil weitere Beanstandungsgründe landesrechtlich geregelt (→ Rn. 49 ff.).

20 Das Prüfungsrecht der Jagdbehörde im Rahmen des Beanstandungsverfahrens erstreckt sich nicht auf alle Fälle der Rechtswidrigkeit oder Nichtigkeit eines Jagdpachtvertrags, sondern nur auf die in § 12 Abs. 1 S. 2 und weitere in landesrechtlichen Vorschriften genannten Fälle (AG Lennestadt Beschl. v. 20.5.2020 – 15 Lw 55/19, BeckRS 2020, 39610 = JE III Nr. 228). Der Jagdbehörde ist es somit verwehrt, die Anzeige des Jagdpachtvertrags nach § 12 zum Anlass zu nehmen, die Rechtmäßigkeit des Vertrags allumfassend zu überprüfen, obwohl diese Neigung bei den Jagdbehörden weit verbreitet ist (→ Rn. 2).

20a Die Vertragsparteien dürfen infolge der unbeanstandeten Durchführung des Verfahrens nach § 12 nicht darauf vertrauen, dass der Jagdpachtvertrag auch in allen anderen Punkten, die die untere Jagdbehörde nicht zur Beanstandung berechtigen, als korrekt anzusehen ist (vgl. LG Koblenz Urt. v. 2.8.2021 – 5 O 244/20, BeckRS 2021, 54390).

21 **b) Mindestpachtzeiten.** Der Pachtvertrag kann beanstandet werden, wenn beim Abschluss des Vertrags die Vorschriften über die Pachtdauer nicht eingehalten worden sind. Gemäß § 11 Abs. 4 S. 2 soll die Dauer eines Jagd

pachtvertrags mindestens neun Jahre betragen. Die Ausgestaltung des § 11 Abs. 4 S. 2 als „Soll-Vorschrift" erlaubt es, bei Vorliegen sachlicher Voraussetzungen auch eine kürzere Pachtdauer zu vereinbaren, sofern landesrechtliche Vorschriften nicht entgegenstehen.

Auch wenn der Pachtvertrag bei Nichtberücksichtigung der Mindestpachtdauer zwar keine Nichtigkeit nach sich zieht, so löst dies das Beanstandungsrecht der Jagdbehörde aus. Allein die Berufung darauf, dass die Mindestpachtdauer nicht eingehalten wurde und der Pachtvertrag aus diesem Grund beanstandet wird, dürfte grundsätzlich ermessensfehlerhaft sein, sofern nicht **landesrechtliche Vorschriften** zwingend eine Mindestpachtdauer fordern. Jedoch ist bei der Entscheidung über die Beanstandung zu berücksichtigen, dass sich der Bundesgesetzgeber dem Grunde nach für eine neunjährige Pachtdauer ausgesprochen hat, da diese Pachtzeit im jagdwirtschaftlichen Interesse liegt (→ § 11 Rn. 106; vgl. auch BGH Urt. v. 7.6.1973 – III ZR 71/71, BGHZ 61, 48 = NJW 1973, 1839 = FHZivR 19 Nr. 3695). Die Wertung des Bundesgesetzgebers ist somit als eine **Grundentscheidung für eine mindestens neunjährige Pachtzeit** anzusehen. Diese kann nur durch **besondere Umstände** entkräftet werden, die ggf. durch die untere Jagdbehörde aufzuklären sind. Sofern besondere Gründe für eine kürzere Pachtzeit jedoch nicht vorliegen, wird die untere Jagdbehörde den Jagdpachtvertrag in diesem Fall wohl grundsätzlich beanstanden können. 22

Die Nichteinhaltung der Mindestpachtzeit bei der **Unter- oder Weiterverpachtung eines Jagdbezirks** stellt zumindest dann keinen Beanstandungsgrund dar, wenn der Hauptpächter gegenüber dem Verpächter weiterhin vertraglich verpflichtet und verantwortlich bleibt (weitergehend wohl AG Brakel Beschl. v. 5.12.1985 – 5 LwP 1/85, NuR 1987, 384 = JE III Nr. 80 = FHOeffR 38 Nr. 11140, das offensichtlich auch bei einem Wechsel des Pächters eine Beanstandung des Pachtvertrags wegen Nichteinhaltung der Mindestpachtzeit regelmäßig entfallen lassen will; so auch Mitzschke/Schäfer § 11 Rn. 95). Die Mindestpachtzeit ist aus Gründen des jagdwirtschaftlichen Interesses gesetzlich geregelt. Hierdurch soll das Interesse des Pächters geweckt werden, langfristigere Hegemaßnahmen zu planen und hierfür auch Aufwendungen zu erbringen (→ § 11 Rn. 106). Dieses Ziel bleibt gewährleistet, wenn der Hauptpächter eines Jagdpachtvertrags gegenüber der Jagdgenossenschaft weiterhin zumindest mitverantwortlich ist und innerhalb des Pachtverhältnisses mitbestimmend wirkt. Anderes gilt nur, wenn durch die Weiterverpachtung des Jagdbezirks der ursprüngliche Hauptpächter ausscheidet und die Jagdgenossenschaft einen neuen Pächter erhält (→ § 11 Rn. 110, → § 11 Rn. 125 ff.). 23

Soweit landesrechtliche Bestimmungen **(entgeltliche oder unentgeltliche) Jagderlaubnisscheine** der Anzeige und dem Beanstandungsverfahren unterwerfen, sind diese Überlegungen auch für diese gültig, sodass ein Jagderlaubnisschein wegen Nichteinhaltung der Mindestpachtzeit grundsätzlich nicht zu beanstanden sein dürfte. 24

c) Dem § 1 Abs. 2 zuwiderlaufende Vereinbarungen. Gemäß § 12 Abs. 1 S. 2 kann die Jagdbehörde den Pachtvertrag auch beanstanden, wenn zu erwarten ist, dass durch eine vertragsgemäße Jagdausübung die Vorschrift des § 1 Abs. 2 verletzt wird. Ziel des § 1 Abs. 2 ist die Erhaltung eines den landschaftlichen und landeskulturellen Verhältnissen angepassten artenreichen 25 und gesunden Wildbestandes sowie die Pflege und die Sicherung seiner Lebensgrundlagen (→ § 1 Rn. 16 ff.). Die Annahme, dass die Vorschrift des § 1 Abs. 2 durch eine vertragsgemäße Jagdausübung verletzt werden könnte, muss sich **unmittelbar aus dem Vertragsinhalt** ergeben. Umstände, die außerhalb des Vertrags liegen, sind für die Beanstandung nach § 12 Abs. 1 S. 2 unerheblich. So kann ein Jagdpachtvertrag zB nicht mit der Begründung beanstandet werden, dass eine weidmännische Jagdausübung auf dem fließenden Wasser des Rheins nicht möglich sei, weil bei dem regen Verkehr auf dem Rhein eine Gefährdung von Menschen und eine Störung der Sicherheit nicht auszuschließen sei (AG Bad-Neuenahr Beschl. v. 14.1.1980 – 4 LwG 5/79, JE III Nr. 30). In diesem Fall wurde die Beanstandung fälschlicherweise mit der tatsächlichen Situation des Jagdbezirks begründet, was jedoch aufgrund des eindeutigen Wortlauts des § 12 Abs. 1 S. 2 rechtswidrig ist.

26 Ob die Verpachtung eines Jagdbezirks, der aufgrund seiner Grenzziehung keine ordnungsgemäße Wildhege erwarten lässt, beanstandet werden darf, ist somit zumindest zweifelhaft (so aber Mitzschke/Schäfer Rn. 15). Denn auch hier würde der Grund für die Beanstandung nicht aus dem Vertragsinhalt, sondern aus den tatsächlichen örtlichen Gegebenheiten des Jagdbezirks folgen. Jedoch räumt auch Mitzschke/Schäfer Rn. 15 ein, dass für eine Beanstandung in einem solchen Fall die Umstände, mit denen die Verletzung der Hegepflicht begründet würde, so offensichtlich und so erheblich sein müssten, dass von einer weidgerechten Jagdausübung im Verhältnis zu den Nachbarjagdbezirken keine Rede mehr sein könne (Mitzschke/Schäfer Rn. 15). Nach Ansicht des Verfassers stellt sich in einem solchen Fall eher die Frage, ob die Jagdbehörde statt einer Beanstandung nicht bereits im Vorfeld der Verpachtung von Amts wegen eine Angliederungsmaßnahme iSd § 5 Abs. 1 hätte vornehmen sollen, um einen verpachtungsfähigen Jagdbezirk zu schaffen.

27 Im Gegensatz zu dem vorstehend geschilderten Sachverhalt kann aber ggf. das Beanstandungsrecht der Jagdbehörde ausgelöst werden, wenn im Jagdpachtvertrag eine Änderung der bestehenden Reviergrenzen vorgesehen ist und es vorhersehbar ist, dass die Jagdausübung innerhalb dieser Grenzen einen Verstoß gegen § 1 Abs. 2 darstellen würde (AG Hagen Beschl. v. 12.6.1970 – 15 LwP 1/70, EJS IV S. 11 Nr. 5; Mitzschke/Schäfer Rn. 15).

28 Ein Beanstandungsgrund kann weiterhin zB darin liegen, dass der Jagdpächter in dem Jagdpachtvertrag verpflichtet wird, eine bestimmte Wildart überhaupt nicht zu bejagen. Gleiches gilt, wenn er im Gegensatz hierzu vertraglich verpflichtet wird, eine bestimmte, im Jagdbezirk vorkommende Wildart vollkommen zu eliminieren („auszuschießen"). Dem § 1 Abs. 2 zuwiderlaufende Vereinbarungen können zB auch Verpflichtungen zum Aussetzen von Wildarten ohne die Genehmigung der zuständigen Behörde oder von Wildarten, für die gem. § 28 Abs. 2 ein Aussetzungsverbot besteht (Schwarzwild und Wildkaninchen), das Verbot der Wildfütterung in der Notzeit, die Aufnahme von Mitpächtern oder die Vergabe von Jagderlaubnisscheinen in unzulässiger Zahl (vgl. OLG Koblenz Beschl. v. 12.1.1987 – 2 Ss 548/86, JE III Nr. 102) darstellen.

29 Ein Jagdpachtvertrag, der keine Beschränkung der Höchstzahl von unentgeltlichen Jagderlaubnisscheinen vorsieht, die der Jagdpächter erteilen darf, kann einen Verstoß gegen § 1 Abs. 2 darstellen und somit ggf. von der unteren Jagdbehörde beanstandet werden (OLG Koblenz Beschl. v. 12.1.1987 – 2 Ss 548/86, JE III Nr. 102).

d) Nichtigkeit. Keinen Beanstandungsgrund stellt die Nichtigkeit des Jagdpachtvertrags nach den Vorschriften des BGB (→ § 11 Rn. 262) oder nach § 11 Abs. 6 (→ § 11 Rn. 261) dar (AG Lennestadt Beschl. v. 20.5.2020 – 15 Lw 55/19, BeckRS 2020, 39610 = JE III Nr. 228). Die Jagdbehörde überschreitet jedoch nicht ihre Kompetenzen, wenn sie die Vertragsparteien unverbindlich darauf hinweist, dass der Pachtvertrag nichtig sei. Bei der Formulierung ihres Hinweises muss die Jagdbehörde jedoch die gebotene Zurückhaltung walten lassen. Ein solcher Hinweis rechtfertigt jedoch mangels Rechtsschutzbedürfnis nicht die Anrufung des Verwaltungsgerichts durch den Verpächter bzw. den Jagdpachtbewerber (vgl. auch Mitzschke/Schäfer Rn. 18 mwN). 30

Die Beanstandung eines Jagdpachtvertrags kann auch nicht mit dem Argument erfolgen, dass durch den Abschluss des Pachtvertrags die Durchführung eines anhängigen oder künftig noch einzuleitenden Abrundungsverfahrens behindert würde (Mitzschke/Schäfer Rn. 16; Lorz/Metzger Rn. 2 mwN). 31

In Mitzschke/Schäfer § 12 Rn. 17 wird die Auffassung vertreten, die **übermäßige Höhe des Pachtzinses bzw. sonstiger Nebenleistungen** könne ausnahmsweise die Beanstandung rechtfertigen, da somit die Gefahr bestünde, dass der Pächter die Jagd übernutzen könne, um mit dem Erlös aus der Jagdbeute den Pachtzins zu begleichen. Diese Ansicht dürfte mit den Grundsätzen der Vertragsfreiheit wohl nicht vereinbar sein. Darüber hinaus ergibt sich diese Argumentationskette nicht unmittelbar aus dem Inhalt des Jagdpachtvertrages, sondern aus einer fernliegenden hypothetischen Annahme eines zukünftigen Verhaltens des Jagdpächters. 32

3. Beanstandungsfrist

Die Jagdbehörde kann den Jagdpachtvertrag **innerhalb einer Frist von drei Wochen** nach Eingang der Pachtanzeige beanstanden. Die Frist beginnt mit Eingang des vollständigen Pachtvertrags bei der zuständigen Jagdbehörde. Wenn die Vertragsparteien einen laufenden Jagdpachtvertrag in einer gesonderten Nebenurkunde verlängern, so muss der Jagdbehörde sowohl der Haupt- als auch der Nebenvertrag vorgelegt werden. Anderenfalls beginnt die Beanstandungsfrist nicht zu laufen. 33

Sofern keine Beanstandungsgründe bestehen, kann die Jagdbehörde die Frist ungenutzt verstreichen lassen. Hierdurch gibt sie zu erkennen, dass sie von ihrem Beanstandungsrecht keinen Gebrauch machen will. Ein Anspruch der Vertragsparteien auf Erlass eines Bescheides mit dem Inhalt, dass der Jagdpachtvertrag nicht beanstandet werde, besteht aus diesem Grund mangels Rechtsschutzinteresse nicht (Mitzschke/Schäfer Rn. 19 mwN). Wenn die Jagdbehörde ungeachtet eines nicht bestehenden Anspruchs der Vertragsparteien einen Bescheid erlässt, wonach der Pachtvertrag „genehmigt" bzw. nicht beanstandet werde, so stellt dies einen Verwaltungsakt dar, der jedoch lediglich zum Ausdruck bringt, dass keine Beanstandungsgründe im Hinblick auf die Mindestpachtzeiten bzw. auf Verstöße gem. § 1 Abs. 2 festgestellt wurden. Die Vertragsparteien können aufgrund dieses Bescheids jedoch nicht darauf vertrauen, dass hierdurch ein fehlerhafter oder gar nichtiger Pachtvertrag geheilt werde (vgl. VG Kassel Urt. v. 13.3.1975 – IV E 96/74, JE II Nr. 5; vgl. auch LG Lübeck Urt. v. 6.5.1982 – 345/81, JE III Nr. 57). 34

Es ist unzulässig, einen Jagdpachtvertrag ohne Angabe von Gründen lediglich „vorsorglich" zu beanstanden, um auf diese Weise die Beanstandungsfrist 35 zu wahren (BGH Beschl. v. 2.11.1954 – V BLw 24/54, NJW 1955, 141 = RdL 1955, 12; Mitzschke/Schäfer Rn. 19). Ein solcher Beanstandungsbescheid wird dem Bestimmtheitsgebot nicht gerecht (§ 37 VwVfG). In diesem Fall ist die dreiwöchige Beanstandungsfrist von der Jagdbehörde nicht eingehalten. Der Beanstandungsbescheid muss allen Vertragsparteien innerhalb der dreiwöchigen Frist bekanntgegeben werden. Sofern die Jagdbehörde diese Frist einer Vertragspartei gegenüber versäumt, ist eine Beanstandung nachträglich nicht mehr zulässig.

4. Beanstandungsbescheid

36 Aus dem Wortlaut des § 12 Abs. 2 ist zu entnehmen, dass die Beanstandung durch die Jagdbehörde der **Schriftform** bedarf („In dem Beanstandungsbescheid"). Die Jagdbehörde muss in dem Beanstandungsbescheid eindeutig zum Ausdruck bringen, ob und in welchem Punkt sie den Jagdpachtvertrag beanstandet. Hieran sind im Interesse der Rechtssicherheit strenge Anforderungen zu stellen. Ein lediglich als „Bitte" der unteren Jagdbehörde formuliertes Schreiben an die Vertragsparteien, einen angezeigten Pachtvertrag zu ändern bzw. zu ergänzen, erfüllt nicht die Anforderungen an einen Beanstandungsbescheid iSd § 12 Abs. 2. Ebenso muss in dem Beanstandungsbescheid auch eindeutig eine Frist gesetzt werden, innerhalb derer der Pachtvertrag zu ändern ist. Diese muss gem. § 12 Abs. 2 mindestens drei Wochen betragen. Ein Beanstandungsbescheid, der diese Mindestvoraussetzungen nicht aufweist, ist unwirksam (AG Kaiserslautern Beschl. v. 30.5.1979 – UR II 9/79, JE III Nr. 29; vgl. auch für das Landpachtrecht OLG Braunschweig 18.12.1953 – 53 1 Wlw 24/53, RdL 1954, 103). Selbst wenn der Beanstandungsbescheid unwirksam (= rechtswidrig) oder ggf. vielleicht sogar nichtig (§ 44 VwVfG) sein sollte, dürfen die Vertragsparteien nicht darauf vertrauen, dass die Beanstandung keine Wirkung entfalten und aus diesem Grund untätig bleiben. Vielmehr müssen sie auch in diesen Fällen gem. § 12 Abs. 3 S. 1 Antrag auf gerichtliche Entscheidung beim zuständigen Amtsgericht stellen, da ansonsten der Jagdpachtvertrag mit Ablauf der durch die Jagdbehörde gesetzten Frist als aufgehoben gilt (§ 12 Abs. 3 S. 1).

37 Sofern die Jagdbehörde in dem Beanstandungsbescheid den Vertragsparteien **Auflagen** macht, den Pachtvertrag zu ändern, müssen die Vertragsparteien der Aufforderung der Jagdbehörde innerhalb der gesetzten Frist nachkommen und nach Vertragsänderung den Vertrag wiederum der Jagdbehörde vorlegen. Wenn die Vertragsparteien die Frist ungenutzt verstreichen lassen, gilt der Vertrag mit Ablauf der Frist als aufgehoben (§ 12 Abs. 3 S. 1). Sofern die Vertragsparteien innerhalb der Beanstandungsfrist den Jagdpachtvertrag zunächst nur ungenügend ändern, beispielsweise die Vertragsänderung nicht die gerügte Anforderung an die Mindestpachtdauer erfüllt, hat dies keine Auswirkung auf die Bestandskraft des Jagdpachtvertrages, sofern im weiteren Verlauf des Beanstandungsverfahrens die Rechtskonformität des Vertrages hergestellt wird. Dies gilt auch dann, wenn die endgültige Korrektur des Vertrages zwar außerhalb der durch die untere Jagdbehörde gesetzten Frist, aber noch im Laufe des eingeleiteten Beanstandungsverfahrens herbeigeführt wird (AG Lennestadt Beschl. v. 20.5.2020 – 15 Lw 55/19, BeckRS 2020, 39610 = JE III Nr. 228).

37a Wenn es den Vertragsparteien nicht möglich ist, den Vertrag in der gesetzten Frist zu ändern, so können sie gem. § 31 Abs. 7 VwVfG bei der Jagdbehörde eine **Fristverlängerung beantragen.** Der Antrag auf Fristverlängerung muss bei der Jagdbehörde vor Ablauf der gesetzten Frist beantragt und von dieser auch genehmigt werden, da ansonsten der Vertrag gem. § 12 Abs. 3 S. 1 als aufgehoben gilt (so auch Mitzschke/Schäfer Rn. 21). Die gem. § 31 Abs. 7 S. 2 VwVfG grundsätzlich bestehende Möglichkeit, abgelaufene Fristen auch rückwirkend zu verlängern, wenn der Antrag bei der Behörde zumindest vor Fristablauf gestellt wurde (vgl. Kopp/Ramsauer VwVfG § 31 Rn. 36), scheidet wegen der eindeutigen Formulierung des § 12 Abs. 3 S. 2 aus. Eine Wiedereinsetzung in den vorigen Stand gem. § 32 Abs. 1 S. 1 VwVfG bei unverschuldeter Nichteinhaltung der gesetzten Frist ist ebenfalls nicht eröffnet, da diese Möglichkeit nur bei der Nichteinhaltung gesetzlicher Fristen besteht. Die Frist iSd § 12 Abs. 2 ist aber keine gesetzliche Frist, sondern wird durch die Jagdbehörde bestimmt, da § 12 Abs. 2 lediglich eine Mindestdauer setzt, die von der Jagdbehörde bei der Festsetzung zu beachten ist.

IV. Gerichtliche Entscheidung

Die Vertragsparteien können einzeln oder gemeinsam gegen den Beanstandungsbescheid **Antrag auf gerichtliche Entscheidung** stellen (§ 12 Abs. 3). Gemäß § 12 Abs. 3 S. 3 gelten die Bestimmungen für die gerichtliche Entscheidung über die Beanstandung eines Landpachtvertrags sinngemäß, sodass die Grundlage für den Antrag das Gesetz über das gerichtliche Verfahren in Landwirtschaftssachen (LwVfG) vom 21.7.1953 (BGBl. 1953 I 667) ist. 38

Der Antrag muss beim zuständigen Amtsgericht innerhalb der Frist gestellt werden, der den Vertragsparteien von der Jagdbehörde für die Änderung bzw. Ergänzung des Pachtvertrags gesetzt wurde. Zuständig ist das **Amtsgericht als Landwirtschaftsgericht** (§ 2 Abs. 1 S. 1 LwVfG), in dessen Bezirk der Jagdbezirk ganz oder überwiegend liegt (§ 10 S. 2 LwVfG). Das Gericht entscheidet ohne die Zuziehung ehrenamtlicher Richter (§ 12 Abs. 3 S. 3), sodass es bei der Entscheidung lediglich mit einem Berufsrichter besetzt ist (vgl. § 2 Abs. 2 LwVfG). Soweit das LwVfG keine besonderen Regelungen trifft, gilt gem. § 9 LwVfG seit 1.9.2009 das Gesetz über das Verfahren in Familiensachen und in den Angelegenheiten der freiwilligen Gerichtsbarkeit (FamFG) vom 17.12.2008 (BGBl. 2008 I 2586). 39

Die **Jagdbehörde** ist in dem Verfahren **gem. § 32 Abs. 1 LwVfG zu hören** und zu der mündlichen Verhandlung auch zu laden. Sie ist jedoch nicht Verfahrensbeteiligter. 40

Das Gericht kann den Jagdpachtvertrag aufheben, wenn er einen Mangel iSd § 12 Abs. 1 S. 2 aufweist oder feststellen, dass keine Beanstandungsgründe vorliegen (§ 12 Abs. 3 S. 2). Das Gericht entscheidet durch **Beschluss** (§ 38 Abs. 1 FamFG), der gem. § 38 Abs. 3 S. 1 FamFG zu begründen ist. Der Beschluss hat gem. § 39 FamFG eine Belehrung über das statthafte Rechtsmittel, das Gericht, bei dem der Rechtsbehelf einzulegen ist, dessen Sitz und die einzuhaltende Form und Frist zu enthalten. Gemäß § 41 Abs. 1 S. FamFG ist der Beschluss den Beteiligten und gem. § 32 Abs. 2 S. 1 LwVfG auch der Jagdbehörde bekannt zu geben. Gemäß § 42 Abs. 2 LwVfG ist die Jagdbehörde von der Zahlung von Gerichtskosten befreit. Dies gilt auch dann, wenn das Gericht feststellt, dass der Vertrag durch die Jagdbehörde nicht zu beanstanden war. 41

42 Wenn während des Verfahrens ein gerichtlicher Vergleich geschlossen wird, der einen gem. § 12 Abs. 1 bei der Jagdbehörde anzeigepflichtigen Inhalt hat, so kann das Gericht anstelle der Jagdbehörde auf Antrag darüber entscheiden, ob dieser Inhalt zu beanstanden ist.

43 Gemäß § 58 Abs. 1 FamFG findet gegen die im ersten Rechtszug ergangenen Beschlüsse des Amtsgerichts die **Beschwerde** statt. Die Beschwerdefrist beträgt zwei Wochen (§ 63 Abs. 2 Nr. 2 FamFG). Die Frist beginnt gem. § 63 Abs. 3 FamFG mit der schriftlichen Bekanntgabe des Beschlusses an den Beteiligten. Kann die schriftliche Bekanntgabe nicht bewirkt werden, beginnt die Frist spätestens mit Ablauf von fünf Monaten nach Erlass des Beschlusses (§ 63 Abs. 3 FamFG). Gegen die Entscheidung des Beschwerdegerichts kann **Rechtsbeschwerde zum BGH** erhoben werden, sofern diese im Beschluss des ersten Rechtszugs zugelassen wurde (§ 70 Abs. 1 FamFG). Die Frist zur Einlegung der Rechtsbeschwerde beträgt gem. § 71 Abs. 1 S. 1 FamFG einen Monat nach Bekanntgabe des Beschlusses. Zuständig für die Erhebung sowohl der Beschwerde als auch der Rechtsbeschwerde ist stets die **höhere/obere Jagdbehörde** (§ 32 Abs. 2 S. 2 LwVfG). Die höhere/obere Jagdbehörde wird gem. § 32 Abs. 2 S. 3 LwVfG durch die Erhebung der sofortigen Beschwerde als auch der Rechtsbeschwerde Verfahrensbeteiligte.

V. Jagdausübungsverbot gemäß Abs. 4

44 Gemäß § 12 Abs. 4 S. 1 darf der Pächter vor Ablauf von drei Wochen nach Anzeige des Jagdpachtvertrags die Jagd nicht ausüben. Die Jagdbehörde kann die Jagdausübung jedoch vor Ablauf der dreiwöchigen Frist zulassen. Wenn die Jagdbehörde den Jagdpachtvertrag beanstandet und es den Vertragsparteien zur Auflage macht, den Vertrag zu ändern, ist die Jagdausübung erst nach Vertragsänderung zulässig. Gleiches gilt für den Fall des gerichtlichen Verfahrens, bevor das Gericht nicht festgestellt hat, dass der Vertrag nicht zu beanstanden war.

45 Die Jagdausübung vor Ablauf der dreiwöchigen Frist iSd § 12 Abs. 1 S. 2 stellt **gem. § 39 Abs. 1 Nr. 3 eine Ordnungswidrigkeit** dar. Ebenso ist es, wenn der Pächter die Jagd ausübt, bevor die Beanstandungen behoben sind oder durch gerichtliche Entscheidung rechtskräftig festgestellt worden ist, dass der Pachtvertrag nicht zu beanstanden ist. Wenn die Beanstandungsfrist verstrichen ist, ohne dass die Vertragsparteien den Jagdpachtvertrag entsprechend der Auflagen der Jagdbehörde geändert haben, gilt der Pachtvertrag als aufgehoben, sodass der Pächter in diesem Fall ggf. gem. § 293 StGB eine **Jagdwilderei** begeht.

VI. Einstweilige Anordnung zur Jagdausübung

46 Einige landesrechtliche Vorschriften (§ 13 **HJagdG;** § 12 **MVLJagdG;** § 17 Abs. 4 **RhPfLJG;** § 13 **SJG;** § 12 **SchlHLJagdG**) sehen vor, dass die Jagdbehörde während der Dauer eines Beanstandungsverfahrens die zum Schutz der Jagd und der Jagdausübung erforderlichen Anordnungen treffen kann. Soweit landesrechtliche Regelungen nicht existieren, kann das gleiche Recht aus der aufsichtlichen Tätigkeit der Jagdbehörde gegenüber der Jagdgenossenschaft abgeleitet werden.

Der richtige Rechtsweg für eine Klage gegen eine einstweilige Anordnung zur Jagdausübung ist der Verwaltungsrechtsweg gem. § 40 Abs. 1 VwGO (BVerwG Beschl. v. 4.12.1987 – 3 B 13.87 OVG, BeckRS 1987, 31239467 = JE I Nr. 61). 47

Auch das gegen einen Beanstandungsbescheid angerufene Landwirtschaftsgericht kann gem. § 49 Abs. 1 FamFG bis zur Rechtskraft seiner Entscheidung in der Hauptsache vorläufige Anordnungen über die Jagdausübung treffen. 48

VII. Landesrechtliche Vorschriften

Die Landesgesetze haben im Rahmen des § 12 zum Teil weitere landesrechtliche Regelungen getroffen. Zu berücksichtigen ist stets, dass § 12 als Rahmenregelung grundsätzlich in allen Ländern zu beachten ist, und die Länder lediglich ergänzende Vorschriften erlassen können. 49

Baden-Württemberg: Gemäß § 18 Abs. 1 JWMG ist **jede Änderung des Pachtvertrags** der unteren Jagdbehörde innerhalb einer **Frist von einem Monat** anzuzeigen und kann in entsprechender Anwendung des § 12 Abs. 1–3 JWMG beanstandet werden. Nach dem Wortlaut des § 18 Abs. 1 JWMG müssen somit auch die Änderungen angezeigt werden, die nicht unmittelbare vertragliche Hauptleistungspflichten des Jagdpachtvertrags betreffen. 50

Die Monatsfrist für die Anzeige gilt sowohl für Vertragsänderungen als auch für den Neuabschluss eines Jagdpachtvertrags. 51

Bayern: Landesrechtlich kann ein Jagdpachtvertrag auch beanstandet werden, wenn im Verfahren bei der Verpachtung von gemeinschaftlichen Jagdbezirken zwingende Vorschriften der nach Art. 12 Abs. 1 S. 4 **BayJG** erlassenen Rechtsverordnung verletzt worden sind (Art. 14 Abs. 4 S. 1 **BayJG**). Als zwingende Vorschriften gelten somit die Bestimmungen der Satzung der Jagdgenossenschaft über die Einladung zur Versammlung der Jagdgenossen, über die Beschlussfassung und die Niederschrift der Jagdgenossenschaftsversammlung (§ 6 Abs. 1 AVBayJG). Darüber hinaus kann ein Jagdpachtvertrag ebenfalls beanstandet werden, wenn zu erwarten ist, dass die Person des Jagdpächters nicht die Gewähr für eine den Zielen des Art. 1 Abs. 2 **BayJG** entsprechende Jagdausübung bietet (Art. 14 Abs. 4 S. 2 **BayJG**). 52

Auf eine **entgeltliche Jagderlaubnis** ist § 12 entsprechend anzuwenden, sofern es sich nicht um eine nur vorübergehende Jagderlaubnis handelt (Art. 17 Abs. 2 **BayJG**). Als vorübergehende Jagderlaubnis gilt die entgeltliche Vergabe von Einzelabschüssen und von entgeltlichen Jagderlaubnisscheinen bis zur Dauer von einem Jahr (§ 9 Abs. 1 AVBayJG). 53

Gemäß § 6 Abs. 2, 3 AVBayJG gilt ein Jagdpachtvertrag erst dann als angezeigt, wenn der Jagdbehörde außer dem Jagdpachtvertrag auch die Jagdscheine der Jagdpächter und bei Verpachtung eines gemeinschaftlichen Jagdbezirks auch das Protokoll der Jagdgenossenschaftsversammlung vorgelegt wurde, in der über die Art der Verpachtung und die Verpachtung selbst beschlossen wurde. Die Jagdbehörde ist verpflichtet, den vollständigen Eingang der Unterlagen unverzüglich zu bestätigen oder aber fehlende Unterlagen unter Fristsetzung anzumahnen. 54

Berlin: Gemäß § 14 Abs. 2 S. 1 **LJagdG Bln** gelten die Bestimmungen über den Jagdpachtvertrag für die Weiter- und Unterverpachtung. Dies 55 bedeutet, dass auch die Weiter- und Unterverpachtung eines Jagdbezirks der unteren Jagdbehörde anzuzeigen ist.

56 **Brandenburg:** Für die entgeltliche Erteilung einer Jagderlaubnis gilt § 12 sinngemäß (§ 16 Abs. 2 S. 2 **BbgJagdG**).

57 **Bremen:** Entgeltliche und ständige Jagderlaubnisscheine muss der Revierinhaber der Jagdbehörde anzeigen (Art. 15 Abs. 3 **BremLJagdG**). Gemäß Art. 17 Abs. 1 **BremLJagdG** ist der Abschluss sowie jede Änderung des Jagdpachtvertrags der Jagdbehörde innerhalb eines Monats durch den Verpächter anzuzeigen. § 12 gilt in Bremen entsprechend für die Übertragung des Rechts aus einem Jagdpachtvertrag vom Jagdpächter auf einen Dritten oder wenn der Jagdpächter einen weiteren Mitpächter oder Unterpächter in den Jagdpachtvertrag aufnehmen will (Art. 17 Abs. 3 **BremLJagdG**). Da es sich hierbei regelmäßig auch um eine Änderung des Jagdpachtvertrags handelt, dürfte die Monatsfrist, die vom Verpächter für die Anzeige eines geänderten Pachtvertrags einzuhalten ist, auch in diesen Fällen Berücksichtigung finden müssen, obwohl die Gesetzessystematik des Art. 17 **BremLJagdG** nicht dafür spricht. Gemäß Art. 17 Abs. 2 **BremLJagdG** ist ein Jagdpachtvertrag oder eine Jagderlaubnis zu beanstanden, wenn in einem Jagdbezirk bis zu 500 ha mehr als vier Personen (außer einem ständigen Jagdaufseher) die Jagd ausüben sollen. Eine Jagderlaubnis (nicht der Jagdpachtvertrag) ist weiterhin dann zu beanstanden, wenn diese sonst mit den allgemein anerkannten Grundsätzen deutscher Weidgerechtigkeit nicht vereinbar ist. Für die Beanstandung von Jagderlaubnisscheinen gilt § 12 Abs. 2–4 entsprechend (Art. 17 Abs. 2 S. 4 **BremLJagdG**). Offensichtlich sollen somit die Beanstandungsgründe des § 12 Abs. 1 für die Beanstandung von Jagderlaubnisscheinen keine Anwendung finden (zum Beanstandungsgrund „Nichteinhaltung der Mindestpachtzeit“ bei Jagderlaubnisscheinen → Rn. 23).

58 **Hamburg:** Gemäß § 7 Abs. 2 **HmbJagdG** gilt die Aufnahme eines Mit- oder Unterpächters als Jagdpacht iSd § 12. Die Erteilung eines entgeltlichen Jagderlaubnisscheins ist der Jagdbehörde anzuzeigen, die ihn innerhalb von drei Wochen nach Eingang der Anzeige aus Gründen der Jagdpflege in entsprechender Anwendung des § 12 beanstanden kann (§ 8 Abs. 3 **HmbJagdG**). Darüber hinaus ist jede Änderung des Jagdpachtvertrags der zuständigen Jagdbehörde anzuzeigen, wobei § 12 entsprechende Anwendung findet.

59 **Hessen:** Die Verpächter haben Jagdpachtverträge innerhalb eines Monats nach deren Abschluss der Jagdbehörde anzuzeigen (§ 10 Abs. 2 **HJagdG**). Die Anzeigepflicht erstreckt sich auch auf Änderungen und Verlängerungen, die Unter- und Weiterverpachtung sowie auf die Aufnahme von Mitpächtern (§ 10 Abs. 3 **HJagdG**). Gemäß § 13 **HJagdG** kann die zuständige Jagdbehörde für die Dauer eines anhängigen Verfahrens über die Beanstandung eines Jagdpachtvertrags die zur Ausübung und zum Schutz der Jagd erforderlichen Anordnungen treffen. Die Kosten der Anordnung muss die im Verfahren unterlegene Partei tragen.

60 **Mecklenburg-Vorpommern:** Gemäß § 11 Abs. 4 **MVLJagdG** gelten für die Änderung und Verlängerung eines Jagdpachtvertrags die Bestimmungen des § 12 Abs. 1–3 entsprechend. Das heißt, dass bei der Anzeige eines geänderten oder verlängerten Jagdpachtvertrags das dreiwöchige Jagdverbot des § 12 Abs. 4 nicht gilt. Als Jagdpacht gilt auch die Unterverpachtung, die gem. § 11 Abs. 3 **MVLJagdG** bei der Jagdbehörde angezeigt werden muss. Ein Unterverpachtungsvertrag, der der Jagdbehörde nicht angezeigt wurde, ist nichtig (§ 11 Abs. 6 **MVLJagdG**). Alle Jagdpachtverträge, einschließlich

deren Änderungen und Verlängerungen, sind der Jagdbehörde innerhalb von vier Wochen nach Vertragsabschluss anzuzeigen. Für eine entgeltliche Jagderlaubnis, die sich auf eine bestimmte Fläche bezieht, gilt § 12 entsprechend.

Niedersachsen: Den Abschluss eines Jagdpachtvertrags muss die Jagdpächterin oder der Jagdpächter der Jagdbehörde anzeigen (§ 20 Abs. 1 **NJagdG**). Dabei ist auch anzugeben, auf welchen anderen Flächen sie oder er als Inhaber eines Eigenjagdbezirks, als alleiniger Jagdpächter, Mitpächter oder Unterpächter oder aufgrund einer entgeltlichen Jagderlaubnis, nach der mindestens die Jagd auf eine Wildart für deren volle Jagdzeit in einem Jagdjahr gestattet wird, zur Jagd befugt ist. 61

Nordrhein-Westfalen: Die Weiter- und Unterverpachtung eines Jagdbezirks gilt als Jagdpacht iSd §§ 11–14, sodass auch die Weiter- und Unterverpachtungsverträge bei der Jagdbehörde anzuzeigen sind (§ 11 Abs. 2 **LJG-NRW**). Die entgeltliche Erteilung einer Jagderlaubnis unterliegt ebenfalls den Bestimmungen des § 12, sofern die entgeltliche Jagderlaubnis nicht nur zum Einzelabschuss berechtigt (§ 12 Abs. 3 S. 2 **LJG-NRW**). Darüber hinaus ist gem. § 14 **LJG-NRW** jede Änderung des Jagdpachtvertrags der Jagdbehörde innerhalb eines Monats anzuzeigen, wobei § 12 Abs. 1–3 Anwendung findet. Somit gilt das Verbot der Jagdausübung iSd § 12 Abs. 4 bei der Anzeige eines Änderungsvertrags nicht. 62

Der Jagdpachtvertrag, die Unter- und Weiterverpachtungsverträge sowie die Aufnahme eines Mitpächters ist der unteren Jagdbehörde unter Vorlage der Vertragsurkunde gem. § 17 Abs. 1 **RhPfLJG** unverzüglich (= ohne schuldhaftes Zögern) durch den Verpächter anzuzeigen. Gemäß § 12 **RhPfLJG** kann die untere Jagdbehörde für die Dauer eines über die Beanstandung des Pachtvertrags anhängiges Verfahrens die zur Ausübung und den Schutz der Jagd erforderlichen Anordnungen treffen. 63

Saarland: Der Pächter muss der Jagdbehörde den Jagdpachtvertrag innerhalb eines Monats nach Abschluss des Vertrags vorlegen. Dies gilt auch für Vertragsänderungen, für die Unter- und Weiterverpachtung sowie für die Aufnahme von Mitpächtern (§ 9 Abs. 2 **SJG**). Gemäß § 12 Abs. 2 S. 2 **SJG** ist die Ausstellung eines Jagderlaubnisscheins der Jagdbehörde unverzüglich (= ohne schuldhaftes Zögern) anzuzeigen. Nach dem Kontext des Gesetzes gilt dies offensichtlich sowohl für entgeltliche als auch für unentgeltliche Jagderlaubnisscheine. Gemäß § 13 Abs. 3 S. 1 **SJG** ist ein Vertrag über die Erteilung eines Jagderlaubnisscheins nichtig, der der Jagdbehörde nicht angezeigt wurde. Für die Dauer eines über die Beanstandung eines Pachtvertrags anhängigen Verfahrens trifft die Jagdbehörde die erforderlichen Anordnungen auf Kosten des Jagdausübungsberechtigten, wenn die ordnungsgemäße Ausübung der Jagd ansonsten nicht gewährleistet ist (§ 13 Abs. 1 S. 1 **SJG**). 64

Sachsen-Anhalt: Der Revierinhaber hat der Jagdbehörde entgeltliche und ständige Jagderlaubnisscheine anzuzeigen (§ 18 Abs. 3 **LSALJagdG**). Ein Jagdpachtvertrag oder eine Jagderlaubnis ist zu beanstanden, wenn in einem Jagdbezirk unter 400 ha bejagdbarer Fläche insgesamt mehr als vier Personen (außer einem bestätigten Jagdaufseher) die Jagd ausüben sollen (§ 20 Abs. 1 S. 1 **LSALJagdG**). Für jede weiteren **vollen** 100 ha darf eine weitere Person ständig die Jagd ausüben. Die Jagderlaubnis (nicht der Jagdpachtvertrag) ist auch dann zu beanstanden, wenn sie mit den allgemein anerkannten Grundsätzen deutscher Weidgerechtigkeit iSd § 1 Abs. 3 nicht vereinbar ist. Für die Beanstandung von Jagderlaubnisscheinen gilt § 12 Abs. 2 und 3 entsprechend. Da § 20 Abs. 1 S. 4 **LSALJagdG** die Vorschrift des § 12 65

Abs. 1 für die Beanstandung von Jagderlaubnisscheinen nicht entsprechend für anwendbar erklärt, finden die dort genannten Beanstandungsgründe somit keine Anwendung.

66 **Schleswig-Holstein:** Gemäß § 11 Abs. 4 S. 2 **SchlHLJagdG** sind der Jagdbehörde alle Jagdpachtverträge einschließlich deren Änderungen und Verlängerungen binnen eines Monats nach Vertragsschluss anzuzeigen. Für die Änderung und Verlängerung eines Jagdpachtvertrags gelten die Bestimmungen des § 12 Abs. 1–3 sinngemäß; dh, dass das Jagdausübungsverbot des § 12 Abs. 4 für die Anzeige eines geänderten oder verlängerten Pachtvertrags nicht gilt. Für die Erteilung einer entgeltlichen Jagderlaubnis gilt § 12 sinngemäß, sofern die entgeltliche Jagderlaubnis sich nicht nur auf Einzelabschüsse beschränkt (§ 13 Abs. 2 **SchlHLJagdG**).

67 **Thüringen:** Ein Jagdpachtvertrag kann zusätzlich zu den Beanstandungsgründen des § 12 beanstandet werden, wenn bei der Verpachtung eines gemeinschaftlichen Jagdbezirks zwingende Vorschriften der nach § 12 Abs. 1 S. 4 **ThJG** erlassenen Rechtsverordnung verletzt worden sind. Die Vorschriften zum Verfahren und der Art der Verpachtung von gemeinschaftlichen Jagdbezirken sind in § 4 ThJGAVO bestimmt. Hiernach dürften zwingend wohl § 4 Abs. 1, Abs. 4, Abs. 5, Abs. 7, Abs. 9, Abs. 11, Abs. 13 und Abs. 14 ThJGAVO sein. Der Pachtvertrag gilt erst als angezeigt, wenn der unteren Jagdbehörde neben dem Jagdpachtvertrag bei der Verpachtung eines gemeinschaftlichen Jagdbezirks auch die Niederschrift der Jagdgenossenschaftsversammlung vorgelegt wird, in der die Verpachtung beschlossen wurde (§ 3 Abs. 1 Nr. 2 ThJGAVO).

68 Gemäß § 14 Abs. 5 **ThJG** findet § 12 auf die Änderung und Verlängerung eines Jagdpachtvertrags sinngemäß Anwendung.

69 § 12 ist auf die entgeltliche Erteilung eines Jagderlaubnisscheins entsprechend anzuwenden. Dies gilt jedoch nicht für die entgeltliche Erlaubnis zum Abschuss eines oder mehrerer Stücke Wild in der Zeit von weniger als drei Monaten.

VIII. Beanstandungsverfahren und Rechtsaufsicht

70 Die Jagdgenossenschaften unterliegen der Rechtsaufsicht des Staates, die durch die unteren Jagdbehörden wahrgenommen wird. Bei der Wahrnehmung der Rechtsaufsicht hat die Jagdbehörde gegenüber der Jagdgenossenschaft die gleichen Rechte wie die Kommunalaufsichtsbehörde gegenüber den Gemeinden. Hierzu gehören insbesondere das Informationsrecht, aber auch die Möglichkeit der Beanstandung und der Anordnung (→ § 9 Rn. 17). Es stellt sich somit die Frage, in welchem Verhältnis die rechtsaufsichtliche Beanstandung und das Beanstandungsverfahren iSd § 12 stehen.

71 Hat die Jagdgenossenschaft einen Beschluss über die Verpachtung ihres Jagdbezirks getroffen und wurde der Pachtvertrag bereits abgeschlossen, so ist eine Beanstandung dieses Beschlusses im Aufsichtsweg nicht mehr möglich. Die Jagdgenossenschaft ist an den Pachtvertrag gebunden, soweit dieser nicht im Verfahren gem. § 12 beanstandet wird. Dies gilt auch, wenn der Vertrag zwar schon abgeschlossen, aber der Jagdbehörde noch nicht angezeigt wurde (Braun BayVBl. 1963, 201 (204)).

72 Ist der Pachtvertrag jedoch noch nicht abgeschlossen, so kann die Beschlussfassung der Jagdgenossenschaft im Rahmen des rechtsaufsichtlichen Verfahrens beanstandet werden (Braun BayVBl. 1963, 201 (204)).

§ 13 Erlöschen des Jagdpachtvertrages

[1]Der Jagdpachtvertrag erlischt, wenn dem Pächter der Jagdschein unanfechtbar entzogen worden ist. [2]Er erlischt auch dann, wenn die Gültigkeitsdauer des Jagdscheines abgelaufen ist und entweder die zuständige Behörde die Erteilung eines neuen Jagdscheines unanfechtbar abgelehnt hat oder der Pächter die Voraussetzungen für die Erteilung eines neuen Jagdscheines nicht fristgemäß erfüllt. [3]Der Pächter hat dem Verpächter den aus der Beendigung des Pachtvertrages entstehenden Schaden zu ersetzen, wenn ihn ein Verschulden trifft.

Ländervorschriften: § 12 JWMG; Art. 19 BayJG; Art. 18 BremLJagdG; § 12 HmbJagdG; § 21 Abs. 2 NJagdG; § 18 RhPfLJG; § 14 Abs. 6 SächsJagdG; § 21 LSALJagdG; § 19 ThJG.

Übersicht

I. Allgemeines

Gemäß § 11 Abs. 5 S. 1 darf Pächter nur sein, wer im Besitz eines gültigen Jahresjagdscheins ist. Sofern diese Voraussetzung nicht erfüllt ist, ist der Jagdpachtvertrag gem. § 11 Abs. 6 S. 1 von Anfang an nichtig. In logischer Konsequenz hierzu regelt § 13, unter welchen Voraussetzungen der Jagdpachtvertrag erlischt, wenn der Pächter während der Laufzeit des Jagdpachtvertrags keinen Jagdschein mehr besitzt. 1

II. Gründe für das Erlöschen des Jagdpachtvertrags

1. Unanfechtbare Entziehung des Jagdscheins

Der Jagdpachtvertrag erlischt gem. § 13 S. 1, wenn dem Pächter der Jagdschein unanfechtbar entzogen wird. Mit dem Begriff „Entziehung" des Jagdscheins ist nicht die gerichtliche Entziehungsanordnung iSd § 41 gemeint, die im Zusammenhang mit einer strafgerichtlichen Verurteilung ergehen kann, sondern die Einziehung des Jagdscheins iSd § 18. Die Verwendung des Begriffs „Entziehung" in § 13 ist somit ungenau (Mitzschke/Schäfer Rn. 7). 2

Die Einziehung des Jagdscheins gem. § 18 setzt voraus, dass Tatsachen, die eine Versagung des Jagdscheins nach § 17 zum Zeitpunkt der Erteilung 3 begründet hätten, der Jagdbehörde erst nach der Erteilung des Jagdscheins bekannt werden oder eintreten. Die Jagdbehörde ist verpflichtet, den Jagdschein einzuziehen, wenn die Voraussetzungen des § 17 Abs. 1 vorliegen **(zwingende Versagungsgründe).** Sofern die Tatbestände des § 17 Abs. 2 vorliegen, muss die Jagdbehörde nach pflichtgemäßem Ermessen prüfen, ob die Voraussetzungen für die Einziehung des Jagdscheins erfüllt sind **(fakultative Versagungsgründe).**

4 Der Jagdschein muss dem Pächter **unanfechtbar** entzogen worden sein. Unanfechtbar wird die Entziehung des Jagdscheins erst, wenn sämtliche Rechtsmittel gegen die behördliche und die sich daran anschließenden gerichtlichen Entscheidungen sämtlich ausgeschöpft sind oder der Jagdscheininhaber die jeweiligen Rechtsmittelfristen (Widerspruchs- und Klagefristen) ungenutzt verstreichen lässt.

5 Die Unanfechtbarkeit der Einziehung des Jagdscheins tritt nicht schon dadurch ein, dass die Jagdbehörde die sofortige Vollziehung der Einziehung des Jagdscheins gem. § 80 Abs. 2 Nr. 4 VwGO anordnet. Denn über die Rechtmäßigkeit der Einziehung des Jagdscheins wird abschließend erst in dem verwaltungsgerichtlichen Hauptsacheverfahren entschieden. Gegen die Anordnung der sofortigen Vollziehung selbst kann der Pächter Antrag bei dem zuständigen Verwaltungsgericht auf Wiederherstellung der aufschiebenden Wirkung des Widerspruchs stellen (§ 80 Abs. 5 S. 1 VwGO).

6 Gemäß § 41 Abs. 1 kann das Strafgericht im Rahmen der Verurteilung wegen einzelner, dort näher bestimmter Straftaten die Entziehung des Jagdscheins anordnen. Aus dem Gesetzeswortlaut ist zu schließen, dass der Jagdpachtvertrag nicht bereits mit der Rechtskraft der strafgerichtlichen Anordnung der Jagdscheinentziehung erlischt. Denn § 41 bestimmt nicht, dass das Gericht „den Jagdschein entzieht", sondern regelt, dass das Gericht die „Entziehung anordnen" kann. Die Jagdbehörde ist somit aufgrund der gerichtlichen Anordnung verpflichtet, tätig zu werden und den Jagdschein einzuziehen. Rechtsgrundlage für die Jagdbehörde, den Jagdschein einzuziehen, ist das rechtskräftige Strafurteil iVm §§ 41, 18. Der Jagdpachtvertrag erlischt dann aber erst mit der Rechtskraft der jagdbehördlichen Entscheidung über die Einziehung des Jagdscheins (→ § 41 Rn. 15; Mitzschke/Schäfer Rn. 7; Mitzschke/Schäfer § 41 Rn. 15; unklar insoweit Leonhardt/Pießkalla Rn. 2).

2. Rechtskräftige Versagung des Jagdscheins

7 Gemäß § 13 S. 2 Alt. 1 erlischt der Jagdpachtvertrag auch dann, wenn die Gültigkeitsdauer des Jagdscheins abgelaufen ist, und die Jagdbehörde die Erteilung eines neuen Jagdscheins ablehnt, weil Versagungsgründe iSd § 17 vorliegen. Insoweit gilt die Kommentierung in → Rn. 2 ff. entsprechend.

3. Nicht fristgemäße Erfüllung der Erteilungsvoraussetzungen

8 **a) Allgemeines.** Gemäß § 13 S. 2 Alt. 2 erlischt der Jagdpachtvertrag weiterhin, wenn die Gültigkeitsdauer des Jagdscheins abgelaufen ist, und der Pächter die Voraussetzungen für die Erteilung eines neuen Jagdscheins nicht fristgemäß erfüllt.

9 Die Erteilung (und die Verlängerung) des Jagdscheins setzen voraus, dass der Jagdscheininhaber bei der zuständigen Behörde einen Antrag auf Erteilung oder Verlängerung des Jagdscheins gestellt, das Bestehen einer ausrei-

chenden Jagdhaftpflichtversicherung nachgewiesen und die Verwaltungsgebühren sowie ggf. die Jagdabgabe gezahlt hat. Darüber hinaus muss er auch die weiteren landesrechtlichen Voraussetzungen erfüllen, die für die Erteilung des Jagdscheins erforderlich sind; so muss der Antragsteller zB die Angaben machen, die zur Flächeneintragung gem. § 11 Abs. 7 erforderlich sind.

b) Frist, innerhalb der der Jagdpächter die Erteilungsvoraussetzungen erfüllen muss. Streitig ist, bis zu welchem Zeitpunkt der Jagdpächter die oben genannten Voraussetzungen erfüllt haben muss, um zu vermeiden, dass der Jagdpachtvertrag gem. § 13 S. 2 Alt. 2 erlischt. **10**

Grundsätzlich endet die Gültigkeit des Jagdscheins regelmäßig am 31.3. des Zeitraums, für den der Jagdschein gelöst wurde, da der Jagdschein gem. § 15 Abs. 2 für die Dauer von bis zu drei Jagdjahren ausgestellt wird, und das Jagdjahr am 31.3. endet (§ 11 Abs. 4 S. 3). Nach einer im Schrifttum vertretenen Auffassung genügt der Jagdpächter somit den Anforderungen des § 13 S. 2 Alt. 2 nur dann, wenn er bis spätestens zum 31.3. die Erteilungsvoraussetzungen erfüllt (Lorz/Metzger Rn. 3 mwN; LG Bonn Urt. v. 3.6.2011 – 2 O 366/09, BeckRS 2012, 11798 = JE III Nr. 199; VG Potsdam Urt. v. 31.5.2012 – 4 K 1981/11, BeckRS 2012, 218795 = JE V Nr. 266; OLG Düsseldorf Urt. v. 24.7.2014 – 9 U 105/13, BeckRS 2014, 18384). Denn grundsätzlich kann Pächter eines Jagdbezirks nur sein, wer im Besitz eines gültigen Jahresjagdscheins ist (§ 11 Abs. 5 S. 1). **11**

Sofern der Gesetzgeber mit der Formulierung der „nicht fristgemäßen Erfüllung der Erteilungsvoraussetzungen" aber gewollt hätte, dass der Jagdpächter diese spätestens zum 31.3. erfüllt haben muss, so hätte es der Regelung des § 13 S. 2 Alt. 2 nicht bedurft, da Pächter eines Jagdbezirks nur jemand sein kann, der im Besitz eines gültigen Jahresjagdscheins ist (→ Rn. 1). Das Gesetz, mit dem das BJagdG im Jahr 1961 geändert wurde, sah für die Formulierung des § 13 ursprünglich vor, dass der Jagdpachtvertrag erlischt, wenn „der Pächter nicht binnen einer von der zuständigen Behörde gesetzten Frist die Voraussetzungen für die Erteilung eines neuen Jahresjagdscheins durch Antragstellung und Zahlung der Gebühr erfüllt hat". Diese Fassung wurde durch den aktuellen Gesetzestext des § 13 S. 2 Alt. 2 ersetzt, da es den Landesgesetzgebern überlassen bleiben sollte, die weiteren Einzelheiten der fristgemäßen Erfüllung der Erteilungsvoraussetzungen zu regeln (vgl. zur Historie des § 13 Mitzschke/Schäfer Rn. 2 ff.). Dies ist jedoch nicht in allen Ländern geschehen. **12**

Der in § 13 S. 2 Alt. 2 normierte Erlöschensgrund der „nicht fristgemäßen Erfüllung der Voraussetzungen für die Erteilung eines neuen Jagdscheins" wird somit dem Willen des Gesetzgebers nur gerecht, wenn das Nichtlösen des Jagdscheins nur dann zum Erlöschen des Jagdpachtvertrags führt, wenn der Pächter es trotz einer fristgebundenen Aufforderung der Jagdbehörde unterlässt, die Erteilung eines neuen Jagdscheins zu beantragen (vgl. auch LG Augsburg Urt. v. 16.5.1969 – 4 S 364/68, EJS IV S. 39 Nr. 1; LG Landau 21.7.1967 – 2 O 126/67, MDR 1968, 496; Mitzschke/Schäfer Rn. 14). **13**

Die Frist, die die Jagdbehörde dem Jagdpächter setzt, um die Voraussetzungen zur Erteilung des Jagdscheins zu erfüllen, muss dem Jagdpächter bekannt gemacht werden, da sie ansonsten nicht zu laufen beginnt (§ 31 Abs. 2 VwVfG). **14**

Eine Wiedereinsetzung in den vorigen Stand gem. § 32 VwVfG bei unverschuldetem Versäumnis der Frist kommt nicht in Betracht, da es sich bei der **15**

Frist nach § 13 S. 2 Alt. 2 nicht um eine gesetzliche, sondern um eine von der Jagdbehörde gesetzte Frist handelt (anders aber wohl Leonhardt/Pießkalla Rn. 3.2, der eine Wiedereinsetzung iSd § 32 VwVfG als zulässig ansieht). Einer Wiedereinsetzung in den vorigen Stand bedarf es in der Regel wohl auch nicht, da die Jagdbehörde die von ihr gesetzte Frist nach Maßgabe des § 31 Abs. 7 VwVfG – auch nachträglich – verlängern kann, sofern es dem Jagdpächter nicht möglich ist, die Voraussetzungen für die Erteilung des Jagdscheins in der gesetzten Frist zu erfüllen.

16 **c) Landesrechtliche Vorschriften.** Einige Bundesländer haben zur Ergänzung des § 13 S. 2 Alt. 2 landesrechtliche Vorschriften erlassen. Diese sind inhaltlich teilweise sehr unterschiedlich.

17 **Baden-Württemberg:** Gemäß § 21 Abs. 1 **JWMG** muss der Jagdpächter auf Verlangen der für seinen Jagdbezirk zuständigen unteren Jagdbehörde vor Beginn des Jagdjahres nachweisen, dass er einen gültigen Jagdschein besitzt oder die Voraussetzungen für dessen Erteilung erfüllt hat. Sofern der Jagdpächter aus Gründen, die er nicht zu vertreten hat, gehindert ist, bis zum Ablauf der Gültigkeitsdauer des alten Jagdscheins einen neuen zu erwerben, so hat er dies der für seinen Jagdbezirk zuständigen unteren Jagdbehörde unverzüglich schriftlich mitzuteilen (§ 21 Abs. 3 S. 1 **JWMG**). In diesem Fall erlischt der Jagdpachtvertrag erst dann, wenn der Jagdpächter nicht innerhalb einer von der Jagdbehörde gesetzten angemessenen Frist einen Jahresjagdschein erworben oder die Voraussetzungen für dessen Erteilung erfüllt hat (§ 21 Abs. 3 S. 2 **JWMG**).

18 An die Feststellung der Verhinderung iSd § 12 Abs. 2 **JWMG** sollen nach Auffassung des OLG Karlsruhe jedoch nicht allzu hohe Anforderungen gestellt werden (OLG Karlsruhe Urt. v. 14.3.1974 – 9 U 66/73, JE III Nr. 1 für § 10a BWLJagdG aF, der Vorgängerregelung des § 21 Abs. 3 **JWMG**). Denn dies sei im Hinblick auf die schwerwiegende Konsequenz der Auflösung eines langfristigen Jagdpachtvertrags zumindest dann nicht gerechtfertigt, wenn die Anzeige der Verhinderung nur um wenige Tage verfristet sei.

19 **Bayern:** Ist die Gültigkeitsdauer eines Jagdscheins abgelaufen, so erlischt der Jagdpachtvertrag oder Jagderlaubnisvertrag gem. Art. 19 **BayJG** nur dann, wenn der Jagdpächter oder der Inhaber der entgeltlichen Dauerjagderlaubnis innerhalb einer von der Jagdbehörde gesetzten angemessenen Frist einen Jagdschein nicht beantragt oder sonstige Voraussetzungen dafür nicht erfüllt. „Sonstige Voraussetzungen" in diesem Sinne sind zB der Nachweis einer ausreichenden Jagdhaftpflichtversicherung oder die Zahlung der Jagdscheingebühr (Leonhardt/Pießkalla Rn. 3.2).

20 **Bremen, Sachsen-Anhalt:** Ist die Gültigkeit des Jagdscheins abgelaufen, so erlischt der Jagdpachtvertrag im Falle des § 13 S. 2 Alt. 2 nur dann, wenn der Pächter innerhalb einer von der Jagdbehörde gesetzten Frist keinen Jahresjagdschein beantragt oder sonstige Voraussetzungen hierfür erfüllt (Art. 18 **BremLJagdG,** § 21 **LSALJagdG**).

21 **Hamburg:** Gemäß § 12 **HmbJagdG** kann der Jagdpächter das Erlöschen des Jagdpachtvertrags nach § 13 S. 2 Alt. 2 dadurch verhindern, dass er spätestens **einen Monat** nach Ablauf der Geltungsdauer des Jagdscheins die Erteilung eines neuen Jagdscheins bei der zuständigen Behörde beantragt und das Bestehen einer ausreichenden Jagdhaftpflichtversicherung nachweist.

22 **Hessen:** Jagdausübungsberechtigte haben jeweils vor Beginn eines Jagdjahres der für den Jagdbezirk zuständigen Jagdbehörde nachzuweisen, dass die

Voraussetzungen für die Erteilung eines neuen Jagdscheins erfüllt sind, ein neuer Jagdschein erteilt worden oder ein Drei-Jahres-Jagdschein noch gültig ist (§ 17 Abs. 1 S. 1 **HJagdG**). Sofern dieser Nachweis nicht geführt wird, so hat die Jagdbehörde die erforderlichen Anordnungen zu treffen (§ 17 Abs. 1 S. 1 **HJagdG**). Wer infolge eines von ihm nicht zu vertretenden Umstandes bei Beginn des Jagdjahres keinen gültigen Jagdschein hat, muss dies der für den Jagdbezirk zuständigen Jagdbehörde unter Angabe der Gründe unverzüglich anzeigen und zugleich eine jagdpachtfähige Person zur Jagdausübung benennen (§ 17 Abs. 2 S. 1 **HJagdG**).

Niedersachsen: Nach § 21 Abs. 2 **NJagdG** bestimmt die Frist nach § 13 23 S. 2 Alt. 2 die Jagdbehörde.

Rheinland-Pfalz hat den Wortlaut des § 13 inhaltsgleich in § 18 Abs. 1 24 **RhPfLJG** übernommen. Eine ergänzende oder von § 13 abweichende Regelung gibt es in Rheinland-Pfalz somit nicht.

Saarland: Hat der Jagdpächter zu Beginn des Jagdjahres keinen gültigen 25 Jagdschein, hat er dies der für seinen Jagdbezirk zuständigen Jagdbehörde unter Angabe der Gründe unverzüglich mitzuteilen (§ 10 Abs. 1 **SJG**). Die Jagdbehörde kann den Jagdpächter unter Fristsetzung und Hinweis auf § 13 auffordern, dass er die Voraussetzungen für die Erteilung eines neuen Jagdscheins erfüllt oder dass ihm ein neuer Jagdschein erteilt ist (§ 10 Abs. 2 **SJG**). Wenn der Jagdpächter aufgrund eines von ihm nicht zu vertretenen Umstandes keinen gültigen Jagdschein hat, muss er, sofern keine Mitpächter vorhanden sind, der für seinen Jagdbezirk zuständigen Jagdbehörde eine jagdpachtfähige Person als Jagdausübungsberechtigten benennen (§ 10 Abs. 3 S. 1 **SJG**).

Sachsen: Im Falle des § 13 S. 2 setzt die Jagdbehörde des Jagdpächter eine 26 angemessene Frist für die Erfüllung der Voraussetzungen für die Erteilung eines neuen Jagdscheins (§ 14 Abs. 6 **SächsJagdG**).

Schleswig-Holstein: Gemäß § 14 Abs. 2 **SHJagdG** bestimmt die Jagd- 27 behörde bei Ablauf der Gültigkeitsdauer des Jagdscheins die Frist nach § 13 S. 2.

Thüringen: Nach § 19 **ThJG** erlischt der Jagdpachtvertrag oder der Jagd- 28 erlaubnisschein im Falle des § 13 S. 2 Alt. 2 nur dann, wenn die Gültigkeitsdauer eines Jagdscheins abgelaufen ist und der Jagdpächter oder der Inhaber der entgeltlichen Dauerjagderlaubnis innerhalb einer von der unteren Jagdbehörde gesetzten, angemessenen Frist einen Jahresjagdschein nicht beantragt oder sonstige Voraussetzungen dafür nicht erfüllt.

III. Rechtslage bis zur Wiedererteilung des Jagdscheins

Sofern die Jagdbehörde dem Jagdpächter eine Frist gesetzt hat, innerhalb 29 derer er die Voraussetzungen für die Erteilung des Jagdscheins erfüllen muss, ist der Pächter zwar noch Jagdausübungsberechtigter, kann aber mangels eines Jagdscheins die Jagd nicht mehr ausüben. Sofern es zur Gewährleistung der Jagdausübung erforderlich ist, können die Jagdbehörden die jeweils nach landesrechtlichen Vorschriften erforderlichen Maßnahmen treffen.

Baden-Württemberg: Gemäß § 21 Abs. 3 S. 3 **JWMG** kann die untere 30 Jagdbehörde auf Kosten des Jagdpächters die zur Ausübung und zum Schutz der Jagd erforderlichen Anordnungen treffen, solange dem Jagdpächter ein Jagdschein nicht erteilt ist.

31 **Bayern:** Nach Art. 7 Abs. 2, Abs. 3 **BayJG** ist der Revierinhaber verpflichtet, der Jagdbehörde eine oder mehrere jagdpachtfähige Jäger als für das Jagdrevier verantwortliche Personen zu benennen, wenn und solange er aus Gründen, die in seiner Person liegen, nicht in der Lage ist, die Jagd auszuüben. Wenn der Jagdbehörde eine verantwortliche Person iSd § 7 Abs. 2 **nach zweimaliger Aufforderung** der Jagdbehörde nicht benannt worden ist, kann diese die Ausübung der Jagd und des Jagschutzes auf Kosten des Jagdausübungsberechtigten, insbesondere durch die Bestellung eines Jagdaufsehers, regeln (Art. 55 Nr. 3 **BayJG**).

32 **Berlin:** Wenn der Jagdausübungsberechtigte aus Gründen, die in seiner Person liegen, an der Ausübung der Jagd einschließlich des Jagdschutzes **länger als sechs Monate** verhindert ist, hat er der Jagdbehörde mindestens eine jagdpachtfähige Person als für die Jagd und den Jagdschutz verantwortlich zu benennen (§ 6 Abs. 3, Abs. 2 **LJagdG Bln**). Der Vollzug des Landesjagdgesetzes Berlin obliegt der Jagdbehörde (§ 48 Abs. 2 **LJagdG Bln**), so dass diese die erforderlichen Anordnungen treffen kann, wenn der Jagdausübungsberechtigte seiner Pflicht nach § 6 Abs. 2, Abs. 3 nicht nachkommt.

33 **Brandenburg:** Gemäß § 6 Abs. 3, Abs. 2 **BbgJagdG** muss der Jagdausübungsberechtigte der unteren Jagdbehörde unter Vorlage des entsprechenden Vertrags eine oder mehrere jagdpachtfähige Personen als für die Jagd und den Jagdschutz Verantwortliche benennen, wenn er aus Gründen, die in seiner Person liegen, an der Ausübung der Jagd einschließlich des Jagdschutzes **länger als zwei Monate** verhindert ist. Die untere Jagdbehörde kann die Ausübung der Jagd und des Jagdschutzes insbesondere durch den Einsatz eines bestätigten Jagdaufsehers regeln und auf Rechnung des Jagdausübungsberechtigten vornehmen lassen, wenn der Jagdausübungsberechtigte **nach zweimaliger Aufforderung** der unteren Jagdbehörde, eine verantwortliche Person als Bevollmächtigten zu benennen, nicht nachkommt (§ 59 Nr. 3 **BbgJagdG**).

34 **Hessen:** Die Jagdbehörde in Hessen kann für die Dauer eines anhängigen Verfahrens über die Versagung eines Jagdscheins die zur Ausübung und zum Schutz der Jagd erforderlichen Anordnungen auf Kosten des Jagdausübungsberechtigten zu treffen (§ 13 S. 1 Nr. 2, S. 2 **HJagdG**).

35 **Nordrhein-Westfalen:** Gemäß § 26 Abs. 2 S. 1 **LJG-NRW** muss ein Jagdaufseher bestellt werden, wenn die untere Jagdbehörde dies verlangt. Die Bestellung ist zulässig, wenn ohne die Bestellung ein Jagdbezirk ohne gehörigen Schutz sein würde (§ 26 Abs. 2 S. 2 **LJG-NRW**).

36 **Rheinland-Pfalz:** Die untere Jagdbehörde in Rheinland-Pfalz kann aus wichtigen Gründen insbesondere für die Dauer eines über die Nichtigkeit oder die Beanstandungen des Pachtvertrags anhängigen Verfahren sowie bei längerer Erkrankung des Jagdausübungsberechtigten oder im Falle eines Verbotes der Jagdausübung (§ 50) die zur Ausübung und zum Schutze der Jagd erforderlichen Anordnungen treffen (§ 17 Abs. 4 **RhPfLJG**). Da die Aufzählung der Gründe in § 17 Abs. 4 **RhPfLJG** für die Anordnung zur Regelung der Jagdausübung nicht abschließend ist, kann je nach Dauer des Zeitraumes, in dem der Jagdausübungsberechtigte ohne Jagdschein ist, auch dieser Umstand einen wichtigen Grund iSd § 17 Abs. 4 **RhPfLJG** darstellen, so dass auch in diesem Fall die Jagdbehörde nach pflichtgemäßem Ermessen eine entsprechende Anordnung treffen kann.

37 **Saarland:** Wenn der Jagdpächter aufgrund eines von ihm nicht zu vertretenen Umstandes keinen gültigen Jagdschein besitzt, muss er, sofern keine

Mitpächter vorhanden sind, der für seinen Jagdbezirk zuständigen Jagdbehörde eine jagdpachtfähige Person als Jagdausübungsberechtigten benennen (§ 10 Abs. 3 S. 1 **SJG**). Wird der Jagdbehörde innerhalb der von ihr gesetzten Frist keine geeignete Person benannt, so trifft sie die erforderlichen Anordnungen auf Kosten des Jagdausübungsberechtigten (§ 10 Abs. 3 S. 2 **SJG**).

Thüringen: Der Jagdausübungsberechtigte ist gem. § 7 Abs. 3, Abs. 2 **ThJG** verpflichtet, der unteren Jagdbehörde eine oder mehrere jagdpachtfähige Personen als verantwortlich zu benennen, wenn er aus Gründen, die in seiner Person liegen, an der Ausübung der Jagd und des Jagdschutzes längere Zeit gehindert ist. Die untere Jagdbehörde kann die Ausübung der Jagd und des Jagdschutzes auf Kosten des Jagdausübungsberechtigten regeln, wenn und solange eine verantwortliche Person iSd § 7 Abs. 2, Abs. 3 **ThJG** durch den Jagdausübungsberechtigten nicht benannt wird (§ 55 Abs. 1 Nr. 3 **ThJG**). 38

IV. Schadensersatzpflicht des Jagdpächters

Gemäß § 13 S. 3 hat der Pächter dem Verpächter den aus der Beendigung des Jagdpachtvertrags entstehenden Schaden zu ersetzen, wenn ihn ein **Verschulden** trifft. Der Pächter muss die Umstände, die zum Erlöschen des Jagdpachtvertrags geführt haben, schuldhaft herbeigeführt haben. Die Schuldhaftigkeit erfordert, dass der Pächter vorsätzlich oder fahrlässig (§ 276 BGB) dafür gesorgt hat, dass ein Erlöschenstatbestand des § 13 S. 1 oder 2 eingetreten ist. Dies kann zB darin liegen, dass der Jagdpächter die Fristsetzung der unteren Jagdbehörde zur Erfüllung der Erteilungsvoraussetzungen für den Jagdschein (§ 13 S. 2 Alt. 2) vorsätzlich ungenutzt verstreichen lässt, zB weil er kein Interesse an der Fortsetzung des Jagdpachtvertrags hat. 39

Der Jagdpächter führt das Erlöschen des Jagdpachtvertrags jedoch nicht schuldhaft herbei, wenn er der Jagdbehörde selbst gewonnene, begründete Zweifel an seiner körperlichen Eignung zur Jagdausübung mitteilt, worauf diese dem Jagdpächter den Jagdschein entzieht (OLG Celle Urt. v. 27.1.1994 – 7 U 232/92, JE III Nr. 114). 40

Der Verpächter muss durch die vorzeitige Beendigung des Jagdpachtvertrags einen **Schaden** iSd §§ 249 ff. BGB erlitten haben, um gegenüber dem Pächter einen Schadensersatzanspruch geltend machen zu können. Der Schaden kann zB darin bestehen, dass der Verpächter bei der vorzeitigen Neuverpachtung einen geringeren Jagdpachtzins erzielt, oder der neue Jagdpachtvertrag eine für den Verpächter ungünstigere Klausel zum Wildschadensersatz enthält. Zum Schaden iSd § 13 S. 3 gehört auch der Jagdpachtzins, der in dem Zeitraum zwischen der unanfechtbaren Entziehung des Jagdscheins (und der damit zusammenhängenden gesetzlichen Beendigung des Jagdpachtvertrages) und der Neuverpachtung von dem ehemaligen Jagdpächter hätte gezahlt werden müssen (AG Diez Urt. v. 14.12.2011 – 13 C 174/11, JE III Nr. 198). 41

§ 13a Rechtsstellung der Mitpächter

[1] Sind mehrere Pächter an einem Jagdpachtvertrag beteiligt (Mitpächter), so bleibt der Vertrag, wenn er im Verhältnis zu einem Mitpächter gekündigt wird oder erlischt, mit den übrigen bestehen; dies gilt nicht, soweit der Jagdpachtvertrag infolge des Ausscheidens eines Pächters den

Vorschriften des § 11 Abs. 3 nicht mehr entspricht und dieser Mangel bis zum Beginn des nächsten Jagdjahres nicht behoben wird. [2]Ist einem der Beteiligten die Aufrechterhaltung des Vertrages infolge des Ausscheidens eines Pächters nicht zuzumuten, so kann er den Vertrag mit sofortiger Wirkung kündigen. [3]Die Kündigung muß unverzüglich nach Erlangung der Kenntnis von dem Kündigungsgrund erfolgen.

Ländervorschriften: Landesrechtliche Vorschriften zu § 13a existieren nicht.

I. Allgemeines

1 Die Vorschrift des § 13a wurde durch die Novellierung des BJagdG vom 16.3.1961 (BGBl. 1961 I 221) eingefügt.

2 Bis zum Inkrafttreten des § 13a galt der Grundsatz, dass ein Pachtvertrag selbst dann gegenüber allen Mitpächtern erlischt, wenn der Erlöschensgrund nur in der Person eines Mitpächters existierte. Diese Rechtsfolge war unerwünscht, da sie dem Grundsatz des Fortbestandes des Jagdpachtvertrags und den Interessen der Vertragsparteien widersprach, die den Erlöschensgrund nicht zu verantworten hatten.

II. Kündigung des Jagdpachtvertrags gegenüber einem Mitpächter

3 Aufgrund der Einheitlichkeit des Pachtverhältnisses kann eine Kündigung seitens des Verpächters grundsätzlich nur gegenüber allen Mitpächtern einheitlich erfolgen (vgl. Grüneberg/Weidenkaff BGB § 542 Rn. 18). Von diesem Grundsatz macht § 13a eine Ausnahme. Die Vorschrift des § 13a gibt dem Verpächter jedoch nicht das Recht, einen Jagdpachtvertrag gegenüber einem einzelnen Mitpächter ordentlich zu kündigen. Diese Möglichkeit besteht aber nur bei Vorliegen eines wichtigen Grundes, der lediglich in der Person eines einzelnen Mitpächters besteht (OLG Celle Urt. v. 4.6.2014 – 7 U 202/13, BeckRS 2014, 14748; Beschl. v. 5.6.2002 – 7 U 142/01, BeckRS 2002, 31059401 = JE III Nr. 153; Urt. v. 28.3.2001 – 7 U 115/00, BeckRS 2001, 30171014 = JE III Nr. 156; Leonhardt/Pießkalla Rn. 2.1).

4 Die Frage, ob die Kündigung gegenüber dem Mitpächter wirksam ist, bestimmt sich nach den allgemeinen kündigungsrechtlichen Vorschriften (vgl. OLG Celle Urt. v. 28.3.2001 – 7 U 115/00, BeckRS 2001, 30171014 = JE III Nr. 156).

5 Der Kündigung steht eine einvernehmliche **Aufhebung** des Jagdpachtvertrags im Verhältnis zwischen dem Verpächter und einem Mitpächter gleich.

III. Erlöschen des Jagdpachtvertrags im Verhältnis zu einem Mitpächter

6 Die Gründe, die zu einem Erlöschen des Jagdpachtvertrags im Verhältnis zu einem Mitpächter führen können, ergeben sich aus § 13. Hiernach erlischt der Jagdpachtvertrag, wenn dem Pächter der Jagdpachtvertrag unanfechtbar entzogen worden ist. Das Gleiche gilt, wenn die Gültigkeitsdauer des Jagd-

scheins eines der Mitpächter abgelaufen ist, und die Behörde die Erteilung eines neuen Jagdscheins unanfechtbar abgelehnt hat oder der Pächter die Voraussetzungen für die Erteilung eines neuen Jagdscheins in der von der Jagdbehörde gesetzten Frist nicht erfüllt (zu den Einzelheiten → § 13 Rn. 1 ff.).

Die Vorschrift des § 13a gilt nicht für den Tod eines der Mitpächter. Die Rechtsstellung des verstorbenen Mitpächters geht stattdessen auf die Erben über (zu den Einzelheiten → § 11 Rn. 241 ff.) oder das Jagdpachtverhältnis erlischt im Verhältnis zu dem Mitpächter, wenn landesrechtliche Vorschriften dies bestimmen (zu den Einzelheiten → § 11 Rn. 248 ff.). 7

IV. Folge des Ausscheidens eines Mitpächters

Das Ausscheiden eines Mitpächters hat im Verhältnis der Jagdgenossenschaft zu den verbleibenden Mitpächtern zunächst keine rechtlichen Folgen, da der Pachtvertrag gem. § 13a S. 1 Hs. 1 bestehen bleibt. 8

Der Anteil des ausscheidenden Mitpächters wächst den verbleibenden Pächtern zu. Dies kann im Einzelfall dazu führen, dass die zulässige Pachthöchstfläche iSd § 11 Abs. 3 in Bezug auf einen, mehrere oder alle Mitpächter überschritten wird. Dies führt zwar nicht zur Nichtigkeit des Jagdpachtvertrags, da § 11 Abs. 6 die Nichtigkeit des Jagdpachtvertrags im Falle der Überschreitung der Pachthöchstfläche nur feststellt, wenn diese Voraussetzung bei dessen Abschluss vorliegt. Um dennoch diese nicht vom Gesetzgeber gewollte Situation zu vermeiden, bestimmt § 13a S. 1 Hs. 2, dass der Pachtvertrag entgegen § 13a S. 1 Hs. 1 beendet ist, wenn eine dem § 11 Abs. 3 entsprechende Rechtslage nicht bis zum Beginn des folgenden Jagdjahres hergestellt ist. Hierbei können dann Schwierigkeiten auftreten, wenn der Zeitpunkt des Erlöschens des Jagdpachtvertrag im Verhältnis zu einem Mitpächter so kurz vor dem Ende eines Jagdjahres liegt, dass sich der Mangel iSd § 11 Abs. 3 bis zum Beginn des neuen Jagdjahres nicht beheben lässt. In diesem Fall ist es der Jagdbehörde jedoch auch möglich, die Frist im Rahmen des Zumutbaren zu verlängern (so Leonhardt/Pießkalla Rn. 3; vgl. Mitzschke/Schäfer Rn. 5). 9

V. Kündigung gemäß § 13a S. 2

§ 13a S. 2 gibt jeder Partei des Jagdpachtvertrags ein Sonderkündigungsrecht. Hiernach kann jeder der Beteiligten den Vertrag mit sofortiger Wirkung kündigen, wenn ihm die Aufrechterhaltung des Vertrags infolge des Ausscheidens des Mitpächters nicht zuzumuten ist. 10

Die Fortsetzung des Jagdpachtvertrags kann für den Verpächter zB unzumutbar sein, weil sich im Verlauf des Pachtverhältnisses gezeigt hat, dass der ausgeschiedene Mitpächter der einzige solvente Vertragspartner war, und nunmehr nach dessen Ausscheiden die Gewähr für vollständige und pünktliche Pachtzinszahlung entfallen ist. Auf Pächterseite kann die Kündigung gerechtfertigt sein, wenn die verbleibenden Mitpächter nicht in der Lage sind, die finanzielle Mehrbelastung, die sich durch das Anwachsen des Pachtanteils ergibt, zu tragen. 11

12 Die Kündigung muss unverzüglich nach Erlangung der Kenntnis vom Kündigungsgrund erfolgen (§ 13a S. 3). Die Vorschrift des § 121 Abs. 1 S. 1 BGB enthält eine allgemeingültige Legaldefinition des Begriffs „unverzüglich". Hiernach bedeutet „unverzüglich", dass der Kündigungsberechtigte die Kündigung „ohne schuldhaftes Zögern" aussprechen muss. Dem Kündigungsberechtigten steht jedoch vor Ausspruch der Kündigung eine angemessene Überlegungsfrist zu (Grüneberg/Ellenberger BGB § 121 Rn. 3).

13 Das Recht zur fristlosen Kündigung ist jedoch ausgeschlossen, wenn alle Beteiligten mit dem Ausscheiden des Mitpächters einverstanden waren, zB durch Abschluss eines Aufhebungsvertrags, der sowohl vom Verpächter als auch allen Mitpächtern unterzeichnet wurde (Mitzschke/Schäfer Rn. 4 mwN).

VI. Dispositives Recht

14 Die Vorschrift des § 13a ist – mit Ausnahme des S. 2 – dispositiver Natur. Die Vertragsparteien können § 13a im Jagdpachtvertrag somit ausschließen oder auch vereinbaren, dass § 13a im Falle des Todes eines der Mitpächter Anwendung finden soll. In diesem Fall treten die Erben des verstorbenen Mitpächters nicht in die Stellung des Mitpächters ein.

§ 14 Wechsel des Grundeigentümers

(1) [1] **Wird ein Eigenjagdbezirk ganz oder teilweise veräußert, so finden die Vorschriften der §§ 566 bis 567b des Bürgerlichen Gesetzbuchs entsprechende Anwendung.** [2] **Das gleiche gilt im Falle der Zwangsversteigerung von der Vorschrift des § 57 des Zwangsversteigerungsgesetzes; das Kündigungsrecht des Erstehers ist jedoch ausgeschlossen, wenn nur ein Teil eines Jagdbezirkes versteigert ist und dieser Teil nicht allein schon die Erfordernisse eines Eigenjagdbezirkes erfüllt.**

(2) [1] **Wird ein zu einem gemeinschaftlichen Jagdbezirk gehöriges Grundstück veräußert, so hat dies auf den Pachtvertrag keinen Einfluß; der Erwerber wird vom Zeitpunkt des Erwerbes an auch dann für die Dauer des Pachtvertrages Mitglied der Jagdgenossenschaft, wenn das veräußerte Grundstück an sich mit anderen Grundstücken des Erwerbers zusammen einen Eigenjagdbezirk bilden könnte.** [2] **Das gleiche gilt für den Fall der Zwangsversteigerung eines Grundstücks.**

Ländervorschriften: Landesrechtliche Vorschriften zu § 14 existieren nicht.

Übersicht

I. Allgemeines

Ziel des § 14 ist es, trotz eines Wechsels des Grundeigentümers das Interesse des Jagdpächters an der Ausübung der Jagd während der vertraglich vereinbarten Laufzeit des Jagdpachtvertrags zu schützen, und die Kontinuität der Jagdausübung sowie die Nachhaltigkeit der jagdlichen Bewirtschaftung zu sichern (OLG Düsseldorf Urt. v. 21.12.1970 – 10 U 164/70, EJS IV S. 3 Nr. 3; vgl. BVerwG Beschl. v. 16.1.1987 – 3 B 16/86, BeckRS 1987, 31232253 = JE II Nr. 87; Leonhardt/Pießkalla Rn. 1 mwN). Die Vorschrift des § 14 Abs. 1 regelt die Wirkung der Veräußerung von Flächen eines Eigenjagdbezirks auf den Bestand eines bestehenden Jagdpachtvertrags, Abs. 2 den Einfluss des Eigentumswechsels an Grundstücken, die zu einem gemeinschaftlichen Jagdbezirk gehören. 1

Veräußerung ist die Eigentumsübertragung auf der Grundlage eines entsprechenden freiwilligen Kausalgeschäftes. Hierzu gehören zB Kauf, Tausch, Schenkung etc (vgl. Grüneberg/Weidenkaff BGB § 566 Rn. 8). Der Erwerber tritt grundsätzlich jedoch erst mit Eigentumsübertragung in die Rechte und Pflichten des Jagdpachtvertrags ein, da die Vollendung des Rechtserwerbs der hierfür maßgebliche Zeitpunkt ist. 2

Die Vorschrift des § 14 ist auf die **Rückübertragung von Grundbesitz an einen restitutionsberechtigten Grundstückseigentümer** auf der Grundlage des **Vermögenszuordnungsgesetzes** vom 29.3.1991 entsprechend anzuwenden (AG Fürstenwalde Urt. v. 19.11.1998 – 12 C 487/97, BeckRS 1998, 30995939 = JE III Nr. 137; Leonhardt/Pießkalla Rn. 1). 3

II. Veräußerung von Grundstücken eines Eigenjagdbezirks

Gemäß § 14 Abs. 1 S. 1 finden die Vorschriften der §§ 566–567b BGB entsprechende Anwendung, wenn ein Eigenjagdbezirk ganz oder teilweise veräußert wird. 4

1. Veräußerung eines zusammenhängenden Eigenjagdbezirks

Die Veräußerung sämtlicher Flächen, die zusammen einen Eigenjagdbezirk iSd § 7 bilden, hat auf den Bestand eines Jagdpachtvertrags, der über diesen Eigenjagdbezirk abgeschlossen wurde, keinen Einfluss. In diesem Fall tritt der 5

Erwerber der zusammenhängenden Grundflächen eines Eigenjagdbezirks gem. § 14 Abs. 1 S. 1 iVm § 581 Abs. 2 BGB, § 566 Abs. 1 BGB in die sich aus dem Jagdpachtverhältnis ergebenden Rechte und Pflichten ein.

6 Gemäß § 7 Abs. 4 S. 2 ist in einem Eigenjagdbezirk der Nutznießer jagdausübungsberechtigt, wenn ihm das Jagdausübungsrecht im gesamten Eigenjagdbezirk zusteht. Nutznießer ist, wem der **Nießbrauch iSd § 1030 BGB** an dem Eigenjagdbezirk eingeräumt ist. Sofern dem Nießbraucher das Nießbrauchrecht an dem gesamten Eigenjagdbezirk eingeräumt wird, so findet § 566 Abs. 1 BGB auch auf diesen Fall Anwendung.

7 Gemäß § 581 Abs. 2 BGB, § 566 Abs. 1 BGB übernimmt der Erwerber des Eigenjagdbezirks nur dann die Rechte und Pflichten aus dem Jagdpachtvertrag, wenn das Jagdausübungsrecht dem Pächter bereits vor dem Eigentumserwerb überlassen worden war. Zu der Frage, ab welchem Zeitpunkt dem Jagdpächter das Jagdausübungsrecht überlassen ist, bestehen unterschiedliche Auffassungen (zum Streitstand vgl. Leonhardt/Pießkalla Rn. 4). Aus Praktikabilitätserwägungen erscheint es sinnvoll, die Übernahme der Rechte und Pflichten des Jagdpachtvertrags auf der Grundlage der § 581 Abs. 2 BGB, § 566 Abs. 1 BGB dann anzunehmen, wenn der Jagdpachtvertrag vor dem Eigentumsübergang durch den Erwerber des Eigenjagdbezirks abgeschlossen wurde (so Leonhardt/Pießkalla Rn. 4 mwN). Zur Frage der Verlängerung des Pachtvertrages → Rn. 26 ff.

2. Veräußerung von Teilen eines Eigenjagdbezirks

8 Durch die Veräußerung einzelner Grundstücke eines Eigenjagdbezirks können verschiedene rechtliche Situationen entstehen.

9 **a) Entstehung von zwei Eigenjagdbezirken.** Durch die Veräußerung von Grundstücken eines Eigenjagdbezirks können zwei Eigenjagdbezirke iSd § 7 Abs. 1 entstehen, wenn sowohl die beim Veräußerer verbleibenden Grundflächen als auch die an den Erwerber verkauften Grundstücke die erforderliche Mindestgröße besitzen. Der Erwerber tritt gem. § 14 Abs. 1 S. 1 iVm § 581 Abs. 2 BGB, § 566 Abs. 1 BGB in den Jagdpachtvertrag, den der Pächter mit dem Veräußerer geschlossen hat, ein. Der Pachtvertrag erstreckt sich hierbei jedoch nicht auf zwei Jagdbezirke, sondern aus dem ursprünglichen Jagdpachtverhältnis werden zwei einzelne Jagdpachtverträge (so Leonhardt/Pießkalla Rn. 2.2). Die beiden Verpächter müssen sich über die Aufteilung des Jagdpachtzinses einigen. Solange hierüber Unklarheit herrscht, kann der Pächter den Jagdpachtzins gem. § 372 S. 2 BGB an der dazu bestimmten öffentlichen Stelle hinterlegen. Die Hinterlegung hat für den Jagdpächter schuldbefreiende Wirkung.

10 **b) Verbleib nur eines Jagdbezirks.** Die Veräußerung einzelner Grundstücke eines Eigenjagdbezirks kann zur Folge haben, dass entweder nur noch die veräußerten oder nur noch die verbleibenden Teilflächen die Voraussetzungen eines Eigenjagdbezirks iSd § 7 Abs. 1 erfüllen. Dies ist für die Dauer des Jagdpachtvertrags jedoch unerheblich, da der Pachtvertrag bis zum Ende der vertraglich vereinbarten Laufzeit auf der gesamten Fläche wirksam bleibt (Mitzschke/Schäfer Rn. 2; Leonhardt/Pießkalla Rn. 2.2). Die unselbstständigen Flächen, die nicht Teil des Eigenjagdbezirks sind, sind wie an den Eigenjagdbezirk angegliederte Flächen zu betrachten (vgl. OLG Oldenburg Urt. v. 28.7.1992 – 5 U 57/92, BeckRS 1992, 31045949 = JE III

Nr. 121; Leonhardt/Pießkalla Rn. 2.2). Der Inhaber des Eigenjagdbezirks muss sich intern mit dem Eigentümer der Restflächen über eine angemessene Entschädigung einigen.

Sofern der Erwerber Grundstücke in der Größe eines Eigenjagdbezirks erworben hat, tritt er für die Restlaufzeit des Pachtvertrags gem. § 14 Abs. 1 S. 1 iVm § 581 Abs. 2 BGB, § 564 Abs. 1 BGB in diesen ein. Nach Beendigung des Vertrags kann er den Eigenjagdbezirk zB selbst nutzen oder wieder verpachten. 11

Wenn der Veräußerer den Eigenjagdbezirk selbst behalten hat, ändert sich in dem Verhältnis zwischen Veräußerer und Jagdpächter bis zum Ende des Jagdpachtvertrags nichts. Der Pächter bejagt den Jagdbezirk in seiner ursprünglichen Größe. Mit dem Ende der vertraglich vereinbarten Pachtdauer reduziert sich der Jagdbezirk um die an den Erwerber veräußerten Grundflächen. Der Erwerber dieser Grundstücke wird Jagdgenosse der örtlichen Jagdgenossenschaft. 12

c) Zerschlagung des Jagdbezirks. Die Veräußerung einzelner Grundstücke eines ursprünglichen Eigenjagdbezirks kann auch dazu führen, dass der Eigenjagdbezirk nur noch in jagdrechtlich unselbstständige Grundflächen zerfällt. In diesem Fall besitzen weder der ursprüngliche Verpächter noch der neue Erwerber mangels der erforderlichen Mindestgröße der Grundflächen ein Jagdausübungsrecht, aus dem der Pächter seine jagdrechtliche Legitimation ableiten könnte. Da der Grundgedanke des § 14 jedoch ist, den laufenden Jagdpachtvertrag im Interesse des Pächters auch bei der Veräußerung von Grundflächen zu schützen, existieren verschiedene dogmatische Ansätze, um diesem Ziel gerecht zu werden. 13

Zum einen wird angenommen, dass der Eigenjagdbezirk bis zum Ende der Pachtzeit fiktiv existent bleibt, obwohl sich die Grundflächen nicht mehr in der Hand einer Person oder Personenmehrheit befinden (OVG Münster Urt. v. 7.10.1988 – 20 A 2239/87, BeckRS 1988, 5229 = JE II Nr. 106). Der Pachtvertrag soll hierbei die Zerschlagung des Eigenjagdbezirks hemmen (Leonhardt/Pießkalla Rn. 2.2 mwN). 14

Nach der gegenteiligen Auffassung verliert der Eigenjagdbezirk seine Existenz, da die Voraussetzungen des § 7 Abs. 1 nicht mehr vorliegen, jedoch soll an die Stelle des ursprünglichen Verpächters eine Jagdgenossenschaft mit einem gemeinschaftlichen Jagdbezirk treten, dessen Mindestgröße ausnahmsweise nicht an die gesetzlichen Voraussetzungen gebunden ist (Mitzschke/Schäfer Rn. 2). 15

3. Zwangsversteigerung von Grundstücken, die Bestandteil eines Eigenjagdbezirks sind

Im Fall der Zwangsversteigerung einzelner Grundstücke eines Eigenjagdbezirks erklärt § 14 Abs. 1 S. 2 die Vorschrift des **§ 57 ZVG** ebenfalls für entsprechend anwendbar. Gemäß § 57 ZVG finden die Vorschriften der §§ 566, 566a, 566b Abs. 1 BGB, § 566c BGB und § 566d BGB nach Maßgabe der §§ 57a und 57b ZVG entsprechende Anwendung. Auch bei der Zwangsversteigerung bestimmt sich die rechtliche Situation des Erwerbers somit grundsätzlich nach den oben dargestellten Varianten. 16

Gemäß § 57a ZVG ist derjenige, der Grundstücke im Wege der Zwangsversteigerung erwirbt, jedoch berechtigt, eventuell bestehende Pachtverhältnisse unter Einhaltung der gesetzlichen Kündigungsfrist zu kündigen. Die 17

Kündigung ist aber ausgeschlossen, wenn sie nicht für den ersten Termin erfolgt, für den sie zulässig ist (§ 57a S. 2 ZVG). Darüber hinaus bestimmt § 14 Abs. 1 S. 2 Hs. 2, dass das Kündigungsrecht (nach § 57a ZVG) nicht ausgeübt werden darf, wenn nur ein Teil eines Eigenjagdbezirks versteigert wurde und dieser Teil nicht allein schon die Erfordernisse eines Eigenjagdbezirks erfüllt. Die Kündigung eines Jagdpachtvertrags ist somit zulässig, wenn der Erwerber im Wege der Zwangsversteigerung Grundflächen erworben hat, die die Voraussetzungen für die Bildung eines Eigenjagdbezirks iSd § 7 Abs. 1 (oder eventueller bestehender landesrechtlichen Vorschriften) erfüllen (vgl. auch OLG Köln Urt. v. 9.3.1993 – 22 U 209/92, OLGZ 1994, 123 = JE III Nr. 108).

III. Veräußerung von Grundstücken, die Teil eines gemeinschaftlichen Jagdbezirks sind

18 Die Rechtslage bei der Veräußerung von Grundstücken eines gemeinschaftlichen Jagdbezirks findet ihre Regelung in § 14 Abs. 2.

1. Veräußerung von einzelnen Grundstücken

19 Gemäß § 14 Abs. 2 S. 1 hat es grundsätzlich keinen Einfluss auf den Bestand eines Jagdpachtvertrags, wenn einzelne Grundstücke, die Teil eines gemeinschaftlichen Jagdbezirks sind, veräußert werden. Inhaberin des Jagdausübungsrechts in einem gemeinschaftlichen Jagdbezirk ist gem. § 8 Abs. 5 die Jagdgenossenschaft und nicht der einzelne Grundeigentümer. Die Jagdgenossenschaft ist als juristische Person des öffentlichen Rechts vom Bestand und Wechsel ihrer Jagdgenossen unabhängig. Aus diesem Grund enthält § 14 Abs. 2 auch keine Verweisung auf § 566 BGB, da nicht der Jagdgenosse, der sein Grundstück veräußert, Verpächter des Jagdausübungsrechts ist, sondern die Jagdgenossenschaft. Nichtsdestotrotz beinhaltet § 14 Abs. 2 den Rechtsgedanken des § 566 BGB (→ § 8 Rn. 23).

2. Veräußerung von zusammenhängenden Grundstücken, die einen Eigenjagdbezirk bilden können

20 Gemäß § 14 Abs. 2 S. 1 Hs. 2 wird der Erwerber vom Zeitpunkt des Erwerbes an auch dann für die Dauer des Pachtvertrags Mitglied der Jagdgenossenschaft, wenn das veräußerte Grundstück an sich mit anderen Grundstücken des Erwerbers zusammen einen Eigenjagdbezirk bilden könnte.

21 In diesem Zusammenhang stellt sich die Frage, ob die veräußerten Grundstücke die Eigenschaft eines Eigenjagdbezirks erst erlangen, wenn der Pachtvertrag endet, oder ob der Eigenjagdbezirk auch schon während der Dauer des Jagdpachtvertrags als solcher besteht. Der Wortlaut des § 14 Abs. 2 S. 1 Hs. 2 spricht dafür, dass die Grundstücke während der Dauer des Jagdpachtvertrags noch keinen Eigenjagdbezirk bilden, da der Gesetzgeber in § 14 Abs. 2 S. 1 Hs. 2 den Konjunktiv verwandt hat („wenn das veräußerte Grundstück einen Eigenjagdbezirk bilden könnte"). Die hM geht aber wohl davon aus, dass der Eigenjagdbezirk auch bereits während der Laufzeit des Jagdpachtvertrags entsteht, jedoch die rechtlichen Konsequenzen hieraus erst nach der Beendigung des laufenden Jagdpachtvertrags gezogen werden können (BGH Urt. v. 30.4.1974 – III ZR 141/72, BGHZ 62, 297 – NJW 1974,

1655 = JE III Nr. 14; vgl. zu der Problematik auch OVG Berlin-Brandenburg Urt. v. 9.12.2010 – OVG 11 B 31.08, JE II Nr. 171; Leonhardt/Pießkalla Rn. 6.2).

Ein weiteres Problem bildet die Frage, wie zu verfahren ist, wenn sich die verkauften Grundstücke, die einen Eigenjagdbezirk bilden könnten, in unterschiedlichen Jagdbezirken oder Jagdbögen liegen, deren jeweilige Pachtverträge zu unterschiedlichen Zeitpunkten enden. § 14 Abs. 2 trifft hierzu keine Aussage. 22

Sofern man der wohl hM folgt, dass der Eigenjagdbezirk bereits während der Laufzeit der noch bestehenden Jagdpachtverträge entsteht (→ Rn. 21), ist es konsequent, dass die Jagd durch den Eigenkapitalbesitzer bereits auch dann auf einer Teilfläche des Eigenjagdbezirkes ausgeübt werden kann, wenn diese weniger als 75 ha groß ist und wegen des Endes des Pachtvertrages aus einem gemeinschaftlichen Jagdbezirk ausscheidet. In diesem Fall dürfte es unschädlich sein, dass die Flächen, die zur Vervollständigung von 75 ha land-, forst- oder fischereiwirtschaftlich nutzbarer Fläche fehlen, durch einen fortbestehenden Jagdpachtvertrag in einem benachbarten Jagdbogen oder Jagdbezirk gebunden sind. Da nach der hM der Jagdbezirk bereits während der Dauer der Jagdpachtverträge entsteht, ist das Erfordernis des § 3 Abs. 3 erfüllt, nach dem die Jagd nur in Jagdbezirken ausgeübt werden darf. 22a

In dem Fall, dass man der hM nicht folgt und annimmt, der Eigenjagdbezirk entstehe erst, wenn die gesamte Mindestfläche von 75 ha jagdpachtvertragsfrei ist, bietet sich die Lösung an, die Teilfläche, die zuerst aus einem Jagdpachtvertrag ausscheidet, befristet bis zum Ende des länger laufenden Pachtvertrages an einen der benachbarten Jagdbezirke anzugliedern, um die ordnungsgemäße Bejagung sicherzustellen. 22b

Die in der Vorauflage vertretene Auffassung, dass ein Jagdgenosse, der Grundflächen eines angrenzenden Jagdbezirks erwirbt, die mit seinen eigenen Grundstücken einen Eigenjagdbezirk bilden, die Rechte hieraus erst mit Beendigung des letzten Jagdpachtvertrages in Anspruch nehmen kann (so auch Mitzschke/Schäfer Rn. 8), wird in dieser Form zugunsten der oben dargestellten Alternativen aufgegeben. 22c

3. Zwangsversteigerung von Grundstücken, die zu einem gemeinschaftlichen Jagdbezirk gehören

Der Erwerb von Grundstücken, die Bestandteil eines gemeinschaftlichen Jagdbezirks sind, in der Zwangsversteigerung, hat gem. § 14 Abs. 2 S. 2 keine besonderen Konsequenzen. Mit dem Eigentumserwerb wird der Erwerber Mitglied der Jagdgenossenschaft. Wenn die Größe der Grundstücke die Voraussetzungen für die Bildung eines Eigenjagdbezirks erfüllen, kann der Erwerber in seinem Eigenjagdbezirk über das Jagdausübungsrecht erst nach Beendigung des laufenden Jagdpachtvertrags verfügen. 23

4. § 14 als dispositives Recht

Die Vorschrift des § 14 ist grundsätzlich dispositives Recht. Die Vertragsparteien können mithin eine Vereinbarung treffen, wonach der Jagdpachtvertrag entgegen § 14 Abs. 2 S. 1 beendet ist, wenn der Eigenjagdbezirk veräußert wird bzw. durch sonstigen Flächenabgang, zB Grundstücksübertragung auf der Grundlage des Vermögenszuordnungsgesetzes, die erforderliche Mindestgröße verliert (OLG Celle Urt. v. 18.3.1982 – 7 U 96/81, JE III 24

Nr. 52; OLG Hamm Urt. v. 8.4.1986 – 9 U 242/85, JE III Nr. 82; AG Kleve Urt. v. 20.9.2001 – 28 C 287/01, BeckRS 2001, 31001872 = JE III Nr. 145).

25 Die Abdingbarkeit des § 14 ist jedoch nicht uneingeschränkt. Der Ausschluss des § 14 kann im Einzelfall zu einem Verstoß gegen die Bestimmungen über die Mindestpachtdauer verstoßen (aA Leonhardt/Pießkalla Rn. 8 unter Hinweis auf die oben zitierten Entscheidungen), wenn die Mindestpachtdauer landesrechtlich zwingend vorgeschrieben ist. Dies steht nicht in Widerspruch zu den zitierten Urteilen, da diese aus Bundesländern stammen, in denen die Mindestdauer des Jagdpachtvertrags nicht zwingend vorgeschrieben ist, so dass von daher auch keine Kollision mit den entsprechenden Vorschriften entstanden ist. In den Bundesländern, in denen die Vorschriften über die Mindestpachtdauer jedoch als „Mussvorschrift" ausgestaltet ist, verstößt ein Ausschluss des § 14 gegen diese Regelung (OLG Brandenburg Urt. v. 22.8.2001 – 3 U 187/2000, JE III Nr. 151; → § 11 Rn. 30).

5. Auswirkung der Verlängerung des Jagdpachtvertrags

26 Mit der in § 14 Abs. 2 getroffenen Regelung hat der Gesetzgeber dem Interesse des Jagdpächters an der Fortsetzung des bisherigen Jagdpachtvertrags und an der Kontinuität der Hege und der Jagdausübung den Vorrang eingeräumt gegenüber dem des Erwerbers an einer sofortigen Nutzung seines Eigenjagdbezirks. Die Jagdgenossenschaft und der Pächter des gemeinschaftlichen Jagdbezirks dürfen deshalb nicht die Möglichkeit haben, die Ausübung der sich aus dem Eigenjagdbezirk ergebenden Rechte willkürlich zu verhindern. Aus diesem Grund kommt der Schutz des § 14 Abs. 2 nur den laufenden Pachtverträgen zugute, so dass der Eigenjagdbezirksinhaber das Jagdausübungsrecht mit Ablauf des regulären Endes des Jagdpachtvertrags selbst nutzen kann. Der Grundstückseigentümer, dessen Grundstücke einen Eigenjagdbezirk bilden können, braucht deshalb eine Vereinbarung zwischen der Jagdgenossenschaft und dem Jagdpächter über die Verlängerung eines laufenden Jagdpachtverhältnisses grundsätzlich nicht gegen sich gelten lassen. Voraussetzung hierfür ist, dass der Grundstückseigentümer die Voraussetzungen des § 7 Abs. 1 spätestens zu dem Zeitpunkt erfüllt, ab dem die Verlängerung des laufenden Jagdpachtvertrags wirksam werden soll. Unbeachtlich ist, wann die Vereinbarung über die Verlängerung des Jagdpachtvertrags abgeschlossen wurde (BGH Urt. v. 30.4.1974 – III ZR 144/72, BGHZ 62, 297 = NJW 1974, 1655 = JE III Nr. 14; OVG Lüneburg Beschl. v. 27.4.1990 – 3 M 11/90, JE II Nr. 110; OVG Berlin-Brandenburg Beschl. v. 6.11.2013 – OVG 11 N 9/13, BeckRS 2013, 58470; OVG Greifswald Beschl. v. 27.2.2014 – 2 M 9/13 = BeckRS 2014, 51365; LG Darmstadt Urt. v. 13.12.2001 – 4 O 270/01, BeckRS 2001, 31215497 = JE III Nr. 148; Urt. v. 23.12.2002 – 4 O 259/02, JE III Nr. 157; LG Neubrandenburg Urt. v. 3.6.1998 – 1 S 27/97 und 1 S 36/97, BeckRS 2012, 13479; vgl. BVerwG Beschl. v. 16.1.1987 – 3 B 16/86, BeckRS 1987, 31232253 = JE II Nr. 87).

27 Entsprechendes gilt für den Fall, dass ein laufender Pachtvertrag im Einvernehmen zwischen Jagdgenossenschaft und Jagdpächter aufgehoben und zwischen beiden Vertragsparteien erneut abgeschlossen wird, um die Entstehung oder Vergrößerung eines Eigenjagdbezirks zu vermeiden. In diesem Fall müssen sich die Parteien des Jagdpachtvertrags so behandeln lassen, als ob der aufgehobene Pachtvertrag bis zu seinem regulären Ende weiter gegolten

hätte. Wenn zu diesem Zeitpunkt ein Eigenjagdbezirk entstanden ist, steht dem Jagdpächter auf diesen Flächen das Jagdausübungsrecht nicht mehr zu (KG Urt. v. 19.8.2003 – 9 U 12/02, BeckRS 2003, 16911 = JE III Nr. 163).

Einer wirksamen Verlängerung des Jagdpachtvertrags für einen gemeinschaftlichen Jagdbezirk steht nicht entgegen, dass ein Eigenjagdbezirk im Entstehen ist, dazu aber noch mehr als ein Drittel der erforderlichen Fläche erworben werden müssen (LG Bad Kreuznach Urt. v. 23.9.2005 – 2 O 42/05, BeckRS 2011, 8707 = JE III Nr. 183; bestätigt durch OLG Koblenz Beschl. v. 15.2.2006 – 1 U 1478/05, s. Anm. JE III S. 48). 28

IV. Auswirkung von Gemeindegebietsreformen auf die Jagdpachtverträge

Die Grenze eines gemeinschaftlichen Jagdbezirks deckt sich grundsätzlich 29
mit der der politischen Gemeinde. Hierbei hat in der Regel jede Änderung der Gemeindegrenzen oder des Gemeindebestands auch Auswirkungen auf die Jagdbezirksgrenzen bzw. die Existenz der Jagdgenossenschaften. Denn die Ein- und Ausgemeindungen von Teilen einer Gemeinde führen zur Vergrößerung oder Verkleinerung des Jagbezirks. Wird eine Gemeinde aufgrund einer Gemeindegebietsreform vollkommen einer anderen Gemeinde zugeschlagen, so geht der Jagdbezirk und die Jagdgenossenschaft unter und Bestandteil der durch die Eingemeindung vergrößerten Gemeinde. Bei der Bildung einer neuen Großgemeinde durch Zusammenlegung von mehreren einzelnen Gemeinden gehen die Jagdbezirke und Jagdgenossenschaften aller beteiligten Gemeinden unter und mit der Entstehung der neuen „Groß-„ gemeinde entstehen eine neue Jagdgenossenschaft und ein neuer Jagdbezirk (→ § 8 Rn. 28 ff.).

Das Gesetz trifft zum Schicksal der Jagdpachtverträge im Fall einer Ge- 30
meindegebietsreform keine spezielle Aussage. Die hM (zum Streitstand Leonhardt/Pießkalla Rn. 9) wendet in diesen Fällen die Vorschrift des § 14 Abs. 1 und 2 analog an, da in dieser Regelung der allgemeine Grundsatz zum Ausdruck komme, dass die Fortgeltung des Jagdpachtvertrags Vorrang habe, was auch für die Änderung von Gemeindegebietsgrenzen etc gelten müsse (BGH Urt. v. 8.7.1982 – III ZR 46/81, BeckRS 1982, 31069896 = JE III Nr. 60; LG Traunstein Urt. v. 18.1.1978 – 3 S 1727/77, JE III Nr. 17; AG Mühldorf am Inn Urt. v. 1.2.1977 – C 570/76, JE III Nr. 16; VG Arnsberg Urt. v. 14.3.1973 – 5 K 1298/71, EJS IV S. 8 Nr. 9; Mitzschke/Schäfer Rn. 19; Leonhardt/Pießkalla Rn. 9, jeweils mwN).

Unterschiedliche Ansichten bestehen zu der Frage, ob § 14 im Falle einer 31
Gemeindegebietsreform nur einen laufenden Pachtvertrag schützt, oder ob diese Vorschrift auf die Verlängerung von Pachtverträgen Anwendung finden soll.

Einerseits besteht hierzu die Auffassung, dass der Pachtvertrag auch mit der 32
verlängerten Laufzeit fortbesteht, wenn die Pachtdauer vor Eintritt der Gemeindegebietsänderung verlängert worden ist. Dies soll auch dann gelten, wenn die Verlängerung gerade im Hinblick auf die zu erwartende Gemeindegebietsreform erfolgt ist. Denn der bei der Entstehung von Eigenjagdbezirken maßgebliche Gesichtspunkt, dass das Nutzungsrecht des neuen Eigenjagdbezirksinhabers nicht durch Abreden zwischen Jagdgenossenschaft und Jagdpächter ausgeschaltet werden dürfen, spiele im Falle der Gemeindegebiets-

reform kein Rolle, da hier nur an die Stelle einer Jagdgenossenschaft eine andere Jagdgenossenschaft trete (so Mitzschke/Schäfer Rn. 19). Die Vertreter der wohl hM sind der Ansicht, dass eine Jagdgenossenschaft, die als Folge einer Gemeindegebietsreform untergeht, nicht die Möglichkeit habe, durch die Verlängerung des Jagdpachtvertrags oder selbstständigen Anschlussvertrags, dessen Laufzeit erst beginnt, wenn die Gemeindegebietsreform schon vollzogen ist, das Jagdausübungsrecht und die Selbstverwaltung der neuen Jagdgenossenschaft einzuschränken (LG Traunstein Urt. v. 18.1.1978 – 3 S 1727/77, JE III Nr. 17; AG Mühldorf am Inn Urt. v. 1.2.1977 – C 570/76, JE III Nr. 16; Leonhardt/Pießkalla Rn. 9).

V. Auswirkung von Flurneuordnungsverfahren auf die Jagdpachtverträge

33 Mit einem Flurneuordnungsverfahren geht regelmäßig auch ein Eigentumswechsel an Grundstücken einher. Auf den rechtlichen Bestand eines Jagdpachtvertrags einer Jagdgenossenschaft hat dies grundsätzlich keine unmittelbare Auswirkung, da Verpächter des Jagdausübungsrechts nicht der einzelnen Grundstücksinhaber, sondern die Jagdgenossenschaft ist. Die Flurbereinigung kann jedoch zur Folge haben, dass durch die Zusammenlegung zerstreuten Grundbesitzes ein neuer Eigenjagdbezirk entsteht bzw. ein solcher untergehen kann. Es ist nicht Aufgabe der Flurbereinigungsbehörde, darüber zu entscheiden, welche jagdrechtliche Folge sich aus der Entstehung des Eigenjagdbezirks ergibt (BVerwG Urt. v. 14.6.1972 – V C 1.72OVG, BeckRS 1972, 30437410 = AgrarR 1972, 469), da die Jagdpacht lediglich eine Rechtspacht ist, die dem Jagdpächter keinen Besitz an den Grundstücken vermittelt. Nach überwiegender Auffassung soll § 14 auch auf die Fälle Anwendung finden, bei denen sich durch die Flurbereinigung in jagdrechtlicher Hinsicht Veränderungen ergeben haben (zB durch die Entstehung eines neuen Eigenjagdbezirks), da die Flurneuordnung veräußerungsähnlichen Charakter hat und einem fingierten Grundstückstausch gleichkommt (OLG Düsseldorf Urt. v. 21.12.1970 – 10 U 164/70, EJS IV S. 3 Nr. 3; Mitzschke/Schäfer Rn. 11; Leonhardt/Pießkalla Rn. 10.3, jeweils mwN).

IV. Abschnitt. Jagdschein

Vorbemerkung (Vor § 15)

Schrifttum: Pießkalla, Zur Zulässigkeit einer psychologischen Untersuchung im Waffen und Jagdrecht bei Verdacht auf Alkoholabhängigkeit, BayVBl 2019, 221; v. Pückler, Jägerprüfung: Nicht bestanden – klagen?, WuH 2/1987, 51; v. Pückler, Die Ausbildung von Jagdhunden „hinter" der lebenden Ente und das Tierschutzgesetz, AgrarR 1992, 9; v. Pückler, Anfechtung des Nichtbestehens der Jägerprüfung, Skripten der 10. Fortbildungsveranstaltung Jagdrecht, 2003, 11; v. Pückler, Abfangen mit der kalten Waffe, WuH 9/2007, 108; v. Pückler, Urteile zum Jagd- und Waffenrecht, DJRT-Skripten, 2008, 7; v. Pückler, Jäger erhält Waffen zurück, WuH 1/2014, 84; Sponsel-Albrecht, Bestimmung waffenrechtlicher Zuverlässigkeit mittels eines Präventiv-Prognose Gutachtens, Kriminalistik 2017, 252.

„Auf Grund welchen Rechts die Jagd ausgeübt wird, ist gleichgültig. Jeder bedarf eines Jagdscheins, gleichviel ob er als Grundeigentümer, Pächter, im Auftrage oder mit Erlaubnis des Jagdberechtigten jagt (Aufseher, Jagdschutzbeamte)" heißt es in der Kommentierung zum Preußischen Jagdrecht zu § 29 der Jagdordnung in Preußen vom 15.7.1907 (Dalcke, Preußisches Jagdrecht, 1914, S. 218). Mit der **Jagdscheinpflicht** sollte zum einen eine weidmännische Jagdausübung, zum anderen eine jagdpolizeiliche Kontrolle erreicht werden. An diesen Grundsätzen hat sich seit über hundert Jahren nichts geändert. 1

Im Laufe der Zeit haben sich allerdings wesentliche Veränderungen in den Voraussetzungen zum Erwerb und zum Erhalt des Jagdscheins ergeben. Heutzutage ist das wichtigste Kriterium für die Erteilung des Jagdscheins, dass vom Jagdscheininhaber bei genauer Betrachtung ein so hohes Maß an **Rechtstreue** und insbesondere **Zuverlässigkeit** gefordert wird wie von sonst keiner anderen Gruppe der Bevölkerung. 2

Entscheidendes Kriterium für den Erwerb und den Besitz des Jagdscheines ist die **„jagd-/waffenrechtliche Zuverlässigkeit".** Der Gesetzgeber hat diesen Begriff hinreichend definiert (§ 17 Abs. 3, 4 BJagdG, § 5 WaffG); zudem ist er durch die Rspr. ständig weiter präzisiert, faktisch aber immer enger ausgelegt worden. Mit Blick auf die Praxis sind indes nach wie vor erhebliche Probleme bei fakultativen Versagensgründen mangels Zuverlässigkeit zu konstatieren, da der Ermessensspielraum von den Verwaltungsbehörden, aber auch von den Verwaltungsgerichten teilweise sehr unterschiedlich gehandhabt, im Ergebnis aber zunehmend restriktiv interpretiert wird. Beide Gewalten lassen bei ihren Entscheidungen jedenfalls häufig den nach wie vor geltenden Grundsatz des Waffenrechts außer Ansatz, der bei der Neufassung des Waffengesetzes durch den Bundestag 1972 wie folgt formuliert wurde: „Das Waffengesetz richtet sich nicht gegen den gesetzestreuen und zuverlässigen Bürger. Es wird verschärft gegen die Feinde und Störer der Inneren Sicherheit. Dieses Grundsatzes sollten sich alle bewusst sein, die entweder als Verwaltungsbeamte oder Verwaltungsrichter mit diesem Gesetz zu tun haben werden. Das Gesetz dient der Erhöhung der Inneren Sicherheit und darf nicht zu kleinlicher, bürokratischer Handhabung missbraucht oder auch nur fehlgebraucht werden." (Deutscher Bundestag, 2. Beratung zum Entwurf 3 eines Waffengesetzes, 22.6.1972). Den immer wieder zu hörenden Rufen nach Verschärfung des Waffenrechts hat das Bundesverfassungsgericht eine Absage erteilt: „Die Vorschriften des Waffengesetzes, die den Umgang mit Waffen und Munition unter Berücksichtigung der Belange der öffentlichen Sicherheit und Ordnung regeln (§ 1 Abs. 1 WaffG), [können] von Verfassungs wegen nicht beanstandet werden" (BVerfG Urt. v. 23.1.2013 – 2 BvR 1645/10, Rn. 6, 2 BvR 1676/10, BeckRS 2013, 46932). Die **polizeiliche Kriminalstatistik** weist bei einer auf zehn Jahre bezogenen Wertung bzgl. **Straftaten unter Verwendung von Waffen** jedenfalls eine fallende Tendenz aus: 2012 = 10.828, 2013 = 10.093, 2014 = 9.585, 2015 = 9.000, 2016 = 9.967, 2017 = 8.935, 2018 = 8.343, 2019 = 9.151, 2020 = 8.824, 2021 = 7.955, 2022 = 8.534 Fälle. **Verstöße gegen das Waffengesetz** (einschließlich Kriegswaffenkontrollgesetz) weisen folgende Entwicklung auf: 2012 = 32.665, 2013 = 31.440, 2014 = 31.327, 2015 = 30.506, 2016 = 35.060, 2017 = 38.592, 2018 = 40.104, 2019 = 38.674, 2020 = 36.208, 2021 = 31.672, 2022 = 33.685 (Polizeiliche Kriminalstatistik des BKA). Bei der Erfassung der Straftaten mittels Waffen unterscheidet die PKS nicht zwischen legalen und illegalen Waffen. Untersuchungen haben ergeben, dass Straftaten unter Verwendung von Schusswaffen nur in 0,4 Promille aller Fälle von legalen Waffenträgern (Jäger, Schützen Waffensammler, Polizeibeamte, Bewachungsgewerbe, Inhaber von Waffenscheinen, Waffenhändler) begangen werden.

4 Der dem römischen Recht zu entnehmende Grundsatz „Minima non curat praetor" – „Um Kleinigkeiten kümmert sich der Richter nicht" – scheint bei den Verwaltungsgerichten im Zusammenhang mit der **Prüfung der waffenrechtlichen Zuverlässigkeit** jedenfalls häufig keine Beachtung zu finden. Der Gesetzgeber hat die **Ausnahme vom Regelfall** in § 5 Abs. 2 WaffG vorgesehen (ausführlich zu den Ausnahmen → § 17 Rn. 26 ff.); die zwischenzeitlich zu konstatierende restriktive Handhabung durch die Rspr. war indes nicht vorhersehbar. In äußerst seltenen Fällen nimmt ein Verwaltungsgericht entgegen der Verwaltungsbehörde eine Ausnahme vom Regelfall an (so VG Meiningen Urt. v. 14.1.2016 – 8 K 439/14 Me, BeckRS 2016, 44014; VG Koblenz Beschl. v. 14.7.2014 – 1 L 554/14.KO, nv). Die Andeutung der **Annahme eines Ausnahmefalles** sieht das BVerwG dann als gegeben an, wenn eine „situative Nachlässigkeit" vorliegt, „die bei nur einmaligem Auftreten ggf. noch toleriert werden könnte" (BVerwG Urt. v. 22.10.2014 – 6 C 30/13, NJW 2015, 1127). Dies kann zB bei einem Verstoß gegen Aufbewahrungsnormen von Waffen und Munition der Fall sein (VGH München Beschl. v. 5.6.2018 – 21 ZB 15.2434, BeckRS 2018, 11765) oder auch in einer hektischen oder brenzligen Situation, die bei dem Betroffenen das Gefühl einer Nötigung hervorruft (OVG Hamburg Beschl. v. 7.8.2015 – 5 Bs 135/15, BeckRS 2015, 54692).

5 In nahezu keiner Entscheidung der Verwaltungsgerichte wird der Verfassungsgrundsatz der **Verhältnismäßigkeit** angesprochen. Dieses Prinzip zwingt dazu, die Folgen eines Eingriffs im Hinblick auf den angestrebten Erfolg in das richtige Verhältnis zu setzen, mithin das Kriterium der **Angemessenheit** zu wahren; unter dem Gesichtspunkt des **Übermaßverbotes** sind insbesondere in Fällen der jagdrechtlichen Zuverlässigkeit Ursachen und Folgen der Entscheidung der Gerichte mithin stets angemessen zu gewichten. Wenn beispielsweise ein durch eine Nachlässigkeit verursachter Verstoß gegen Aufbewahrungsnormen von Waffen und Munition vorliegt (sanktionsrechtlich eine Ordnungswidrigkeit im Rahmen von § 53 WaffG), der in

seinen Auswirkungen in der Praxis regelmäßig nicht zu einer Gefahr für die Allgemeinheit führen wird, und dies die behördliche/gerichtliche Feststellung der waffenrechtlichen Unzuverlässigkeit zur Folge hat, so kann darin durchaus ein Verstoß gegen den Grundsatz des Übermaßverbotes liegen. Nichtsdestotrotz wird von den Gerichten schon bei einem einmaligen Verstoß gegen die Aufbewahrungsvorschriften von einer jagdrechtlichen Unzuverlässigkeit ausgegangen (ua VGH München Beschl. v. 4.11.2015 – 21 CS 14.2023, nv; Beschl. v. 28.11.2013 – 21 CS 13.1758, BeckRS 2013, 59478). Dies wird damit begründet, dass Verstöße im Gebiet des Waffenrechts immer eine Gefahr für das Leben oder die Gesundheit darstellen und somit selbst bei einem einmaligen Verstoß gegen Aufbewahrungsvorschriften das Vertrauen in die Zuverlässigkeit des Betroffenen gebrochen ist (OVG Weimar Beschl. v. 21.10.2020 – 3 EO 115/19, BeckRS 2020, 35436; VG München Beschl. v. 10.1.2023 – M 7 S 22/3213, BeckRS 2023, 2636). Vor der Änderung des Waffengesetzes am 30.6.2017 (BGBl. 2017 I 2133, Wegfall des § 36 Abs. 2 WaffG) konnten in einem Sicherheitsbehältnis Klasse 0 oder höher Waffen und Munition nebeneinander aufbewahrt werden. Die Möglichkeit, dass das gefüllte Magazin in die Pistole eingeführt sein kann, hat das Gesetz nicht bewertet. In weiten Kreisen der Berechtigten wurde daher die Auffassung vertreten, dass dieser Zustand zulässig sei. Erst die Entscheidung des BVerwG vom 3.3.2014 – 6 B 36/13, NVwZ-RR 2014, 419 (ihm folgend VG Hamburg Urt. v. 9.2.2016 – 4 K 2176/15, BeckRS 2016, 45237) konstatierte, dass eine geladene Waffe in einem Tresor der Klasse 0 unzulässig sei. Für die Sicherheit der Allgemeinheit – ein Grundanliegen des Waffengesetzes – spielt es indes keine Rolle, ob das Magazin in die Pistole eingeführt ist oder daneben liegt. Da es ausgeschlossen ist, dass ein Dritter Zugriff auf die Waffe im Tresor hat – gleich in welchem Zustand –, erwächst hieraus jedenfalls keine Gefahr. Die Aussage „Die Maßnahmen dienen im Übrigen auch dem Schutz des Berechtigten" (BVerwG Beschl. v. 3.3.2014 – 6 B 36/13, NVwZ-RR 2014, 419) spiegelt jedenfalls nicht den Zweck des Gesetzes wider.

Die Problematik ist zwischenzeitlich durch den Gesetzgeber bereinigt 6
worden, denn mit der Gesetzesänderung vom 30.6.2017 wurde in § 13 Abs. 2 AWaffV festgelegt: „Wer Waffen oder Munition besitzt, hat diese ungeladen … aufzubewahren." An dem dargestellten Beispiel – Pistole mit eingeführtem Magazin in einem Tresor der Klasse 0 – mit der Folge der festgestellten Unzuverlässigkeit des Berechtigten tritt das Problem der **Verhältnismäßigkeit der Entscheidung** jedenfalls besonders anschaulich zutage, da sich aus einer Konstellation, die keine Gefahr für die Allgemeinheit darstellt, für den Berechtigten außerordentlich weitreichende Folgen ergeben: Verlust der Waffenbesitzkarte, der Waffen, des Jagdscheins, ggf. des Pachtreviers und die diagnostizierte waffenrechtliche Unzuverlässigkeit für fünf Jahre mit offener Prognose. Diese Eingriffe in Eigentum und persönliche Rechte stehen letztlich außer Verhältnis zum Anlass, so dass dem Gesetzgeber insoweit durchaus vorgehalten werden kann, über das Ziel hinausgeschossen zu haben.

Die aufgrund eines Normenverstoßes eines Berechtigten zu stellende 7
Prognose im Hinblick auf sein zukünftiges Verhalten stellt das Kernproblem der festzustellenden waffenrechtlichen Unzuverlässigkeit dar. Sie ist keine Sanktion des Fehlverhaltens wie die Strafe im Strafrecht, sondern eine Vorsorgemaßnahme zur Abwendung von Gefahren für die Allgemeinheit in der

Zukunft. Die **Prognoseentscheidung** hat daher die Frage zum Inhalt, ob der Waffenträger in Zukunft gesetzeskonform mit Waffen umgehen wird. In diesem Kontext gibt es aber keinen Automatismus dergestalt, dass sich ein einmal begangener Gesetzesverstoß auch zwingend in der Zukunft wiederholen wird. Aus vielen Urteilsbegründungen ist indes zu schließen, dass gerade diese Art von Prognose vorgenommen wird. Prognose bedeutet in diesem Kontext die Vorhersage künftigen legalen bzw. illegalen Verhaltens des Betroffenen in Bezug auf das Waffenrecht. Daher ist an deren Genauigkeit nicht die Qualifikation „mit an Sicherheit grenzender Wahrscheinlichkeit" zu fordern.

8 Aufgrund der **schwerwiegenden Folgen ist das Stellen einer Prognose** für den Betroffenen von außerordentlicher Bedeutung. Durch die Entscheidung wird erheblich in seine Rechte eingegriffen. Solche Eingriffe können Auswirkungen haben bis in die Sphäre der **Grundrechte.** So greift ein Jagdverbot (aufgrund der waffenrechtlichen Unzuverlässigkeit) in den Schutzbereich der allgemeinen Handlungsfreiheit des Einzelnen ein (freie Entfaltung der Persönlichkeit, Art. 2 Abs. 1 GG). Berufsjäger und Forstbeamte, zu deren Dienstpflichten die Jagdausübung gehört, werden durch die Untersagung des Waffenbesitzes und des Waffenführens in ihrer Berufstätigkeit erheblich beeinträchtigt; diese kann sogar unmöglich werden (Berufsjäger), so dass insoweit sogar die Berufsfreiheit des Art. 12 Abs. 1 GG betroffen ist. Einem Waffensachverständigen wird die Möglichkeit genommen, weiterhin als Gutachter tätig zu sein. Durch eine negative Prognoseentscheidung wird auch das Eigentumsgrundrecht des Art. 14 Abs. 1 GG betroffen. Der Betroffene (Jäger, Waffensammler) verliert mit den Waffen unter Umständen entschädigungslos hohe Werte bzw. muss sie unter Wert abgeben. Ein Eigenjagdbesitzer kann sein verfassungsrechtlich geschütztes Eigentum nicht mehr so nutzen (Jagdausübung), wie ihm dieses verfassungsmäßig zusteht. Alle diese **Grundrechtseinschränkungen** mit dem höherwertigen Rechtsgut „Schutz der Allgemeinheit vor Gefahren durch Waffen" zu rechtfertigen, macht eine umfassende und gründliche Prüfung der Voraussetzungen in jedem Einzelfall notwendig. Deshalb bedarf die **Prognoseentscheidung** besonders sorgfältiger Prüfung. Unzulässig ist eine oberflächliche und floskelförmige Abhandlung der Problemstellung.

9 In unserem Recht sind **Prognoseentscheidungen** in verschiedenen Bereichen zu treffen, so in der Gesetzgebung, im Strafrecht, im Verwaltungsrecht – und insbesondere auch im Waffenrecht. Aus dem Strafrecht (namentlich im Zusammenhang mit der Strafaussetzung zur Bewährung) können Begriffe eingeschränkt in das Waffenrecht übernommen werden. Die „statistische Prognosestellung" kann im Waffenrecht jedoch keine Anwendung finden. Zum einen wird hier eine „Rückfallstatistik bzgl. Verstößen" nicht geführt, zum anderen fehlt jede Grundlage für ein Entweder – Oder, wenn die Unzuverlässigkeit sanktioniert wurde. Die „klinische Prognosestellung" ist bislang im Bereich Waffenrecht und Zuverlässigkeit nicht thematisiert worden. Im Zusammenhang mit einer **Präventiv-Prognosestellung** bei Mitgliedern bestimmter sozialer Gruppierungen („OMCGs") haben Sponsel und Albrecht in einer Abhandlung „Bestimmung waffenrechtlicher Zuverlässigkeit mittels eines Präventiv-Prognose-Gutachtens" (Sponsel/Albrecht Kriminalistik 2017, 252 ff.) Probleme solcher Begutachtung dargestellt. Unter anderem führen die Autoren aus: „Das BVerwG geht von einer waffenrechtlichen Unzuverlässigkeit eines Betroffenen dann aus, wenn eine „hinreichen-

de Wahrscheinlichkeit" besteht, nach der mit Handlungen gem. § 5 Abs. 1 Nr. 2 WaffG gerechnet werden kann. Damit werden im Ergebnis unbestimmte Rechtsbegriffe („Unzuverlässigkeit", „Tatsachen, die die Annahme rechtfertigen") durch ein anderes unbestimmtes Merkmal („hinreichende Wahrscheinlichkeit" eines Missbrauchs) ersetzt, geringfügig aber auch präzisiert. Eine für valide prognostische Beurteilungen taugende Ausgangslage wird hierdurch freilich nicht geschaffen. So verwundert es nicht, dass der Begriff der „hinreichenden Wahrscheinlichkeit" durch die Rspr. auch nicht in dem Maße konturiert und insbesondere numerisch spezifiziert wird, wie es zur Sachverständigenorientierung eigentlich unabdingbar wäre. Die Rspr. hilft sich in dieser weithin ausweglosen Lage durch einen Rückgriff auf den des Gefahrenabwehrrecht prägenden und äußerst unbestimmten Grundsatz umgekehrter Proportionalität (sog. „je-desto-Formel"). Dieser besagt, dass „je höherrangiger ein gefährdetes Rechtsgut ist und je größer und folgenschwerer der mögliche Schaden wäre, desto geringere Anforderungen an die Wahrscheinlichkeit des Schadenseintritts zu stellen sind". Unter Bezugnahme auf eine Entscheidung des BVerwG (BVerwG Urt. v. 28.1.2015 – 6 C 3/14, BeckRS 2015, 42600) konstatieren die Autoren: „Weiter weist das BVerwG darauf hin, dass Tatsachen die Grundlage einer waffenrechtlichen Prognoseentscheidung über die Unzuverlässigkeit eines Betroffenen sein müssen. Der Einwand eines Betroffenen, er sei in strafrechtlicher wie in waffenrechtlicher Hinsicht unbescholten und folglich zuverlässig, hindere die Anwendung von § 5 Abs. 1 Nr. 2 WaffG nicht. Das rechtskonforme Verhalten einer Person in der Vergangenheit sei, wie jeder andere Umstand, der beurteilungsrelevant sein könne, in die Prognose miteinzubeziehen. Es sei aber möglich, dass sonstige Umstände zu dem Schluss führen, die Person werde eine Verhaltensweise iSv § 5 Abs. 1 Nr. 2 WaffG verwirklichen. Dieser Hinweis auf die Möglichkeit einer anderen Entwicklung ist in empirischer Hinsicht nichtssagend und damit nicht tragfähig. Nach allgemeiner und wissenschaftlicher Erfahrung sowie den Denkgesetzen besagt die Annahme einer bloßen Möglichkeit nichts, weil die bloße Möglichkeit hinsichtlich jedes handlungsfähigen Menschen besteht."

Die Praxis zeigt, dass **Gutachten zur Prognoseentscheidung** fast nie 10 eingeholt werden. Kommt es in Ausnahmefällen doch zu einer Heranziehung eines Gutachtens, werden an dessen Inhalt gewisse Anforderungen gestellt. So muss das Sachverständigengutachten einerseits Verständlichkeit und andererseits Einzelfallbezogenheit der Schlussfolgerungen vermitteln (OVG Münster Urt. v. 21.2.2014 – 16 A 2367/11, BeckRS 2014, 48479). Im Weiteren ist auch darauf zu achten, in welchen Bereichen das Gutachten eingeholt wird. So kann bei einem Verdacht auf Alkoholabhängigkeit nur ein medizinisches Gutachten, nicht aber ein medizinisch-psychologisches oder fachpsychologisches Gutachten eingeholt werden (Pießkalla BayVBl 2019, 225). Dies ändert jedoch nichts daran, dass die Letztentscheidung immer bei den Behörden und den Gerichten verbleibt (so auch OVG Münster Urt. v. 21.2.2014 – 16 A 2367/11, BeckRS 2014, 48479). Wird kein Gutachten zur Prognoseentscheidung eingeholt oder erfüllt dieses nicht die Mindestanforderung, bleibt es bei einer intuitiven Prognosestellung durch Behörden und Gerichte. Die Entscheider nehmen sie nach allgemeiner Lebenserfahrung und eben intuitiv vor. Hierin liegt mit hoher Wahrscheinlichkeit eine Ursache für falsche Prognosestellungen. Von einer – nicht nachprüfbaren – Einstellung des Entscheiders zur Waffenproblematik bis zur fehlenden Kenntnis von waffentechnischen Begriffen reicht die Reihe möglicher Fehlerquellen. Umso mehr gilt hier der Grundsatz der notwendigen umfassenden Prüfung des Einzelfalles. Einfließen müssen hier **Gesichtspunkte** bzgl. des bzw. der Betroffenen, wie Würdigung der Gesamtpersönlichkeit, Rechtstreue in der Vergangenheit, Praxis im Umgang mit Waffen, Gewicht der Anlasstat, Verhältnismäßigkeit zwischen Verstoß und Folgen der negativen Prognose, mutmaßliches Verhalten in der Zukunft, Wirkung einer hinreichenden Warnfunktion (Gedanke der „Bewährung"), Einstellung zu Rechtsnormen, Reaktion auf Verstoß und Verfahren, Gewicht strafrechtlicher Beurteilung.

11 „Ausschließliches **Ziel der Prognoseentscheidung** im Rahmen der waffenrechtlichen Zuverlässigkeitsprüfung ist es, anhand des bisherigen Verhaltens zu beurteilen, ob in der Zukunft der gesetzesmäßige Umgang mit der Waffe durch den Antragsteller gewährleistet ist .... Da es für die waffenrechtliche Beurteilung nicht auf den Unrechtsgehalt eines Verhaltens ankommt, kann die Unzuverlässigkeit des Antragstellers auch dann gegeben sein, wenn eine Verurteilung gänzlich ausgeblieben ist. Allerdings ist in diesen Fällen für die Annahme einer Unzuverlässigkeit erforderlich, dass die Tat im Falle fahrlässiger Begehung zumindest einen bewussten Pflichtverstoß impliziert und zudem gravierende Folgen wie die Verletzung der Rechtsgüter Leben, Gesundheit oder erhebliche Sachschäden nach sich gezogen hat (ausführlich dazu Apel/Bushard WaffG § 5 Rn. 28ff.). Insofern kommt es auch auf den Erfolgsunwert der Tat an (Steindorf/Heinrich/Papsthart WaffG § 5 Rn. 15)." (s. Gade WaffG § 5 Rn. 26). Nicht zulässig wäre eine Beweislastumkehr dahingehend, dass nicht der Staat dem Betroffenen die Unzuverlässigkeit nachweisen muss, sondern dieser seine Zuverlässigkeit. Die in Urteilsgründen oft wiederholte Formulierung vom „nicht hinnehmbaren Restrisiko" hilft nicht weiter. Was ist dieses „Restrisiko"? – denn ein Leben ohne Restrisiko gibt es nicht. Ebenso unzureichend in der Begründung der Unzuverlässigkeit ist die „hinreichende Wahrscheinlichkeit".

12 Bleibt die Frage, ob die **Handhabung der Prognoseentscheidung** unter dem Blickwinkel Prognosegrundlagen, Verhältnismäßigkeit, Gesetzeszweck einer verfassungsgerichtlichen Überprüfung standhält. Nur wenige Lebensbereiche sind in der Gesellschaft und in den Parteien emotional so stark belastet wie Waffen, ihr Besitz und der Umgang damit.

§ 15 Allgemeines

(1) [1] **Wer die Jagd ausübt, muß einen auf seinen Namen lautenden Jagdschein mit sich führen und diesen auf Verlangen den Polizeibeamten sowie den Jagdschutzberechtigten (§ 25) vorzeigen.** [2] **Zum Sammeln von Abwurfstangen bedarf es nur der schriftlichen Erlaubnis des Jagdausübungsberechtigten.** [3] **Wer die Jagd mit Greifen oder Falken (Beizjagd) ausüben will, muß einen auf seinen Namen lautenden Falknerjagdschein mit sich führen.**

(2) **Der Jagdschein wird von der für den Wohnsitz des Bewerbers zuständigen Behörde als Jahresjagdschein für höchstens drei Jagdjahre (§ 11 Abs. 4) oder als Tagesjagdschein für vierzehn aufeinanderfolgende Tage nach einheitlichen, vom Bundesministerium für Ernährung und Landwirtschaft (Bundesministerium) bestimmten Mustern erteilt.**

(3) **Der Jagdschein gilt im gesamten Bundesgebiet.**

(4) **Für Tagesjagdscheine für Ausländer dürfen nur die Gebühren für Inländer erhoben werden, wenn das Heimatland des Ausländers die Gegenseitigkeit gewährleistet.**

(5) [1] **Die erste Erteilung eines Jagdscheines ist davon abhängig, daß der Bewerber im Geltungsbereich dieses Gesetzes eine Jägerprüfung bestanden hat, die aus einem schriftlichen und einem mündlich-praktischen Teil und einer Schießprüfung bestehen soll; er muß in der Jägerprüfung ausreichende Kenntnisse der Tierarten, der Wildbiologie, der Wildhege, des Jagdbetriebes, der Wildschadensverhütung, des Land- und Waldbaues, des Waffenrechts, der Waffentechnik, der Führung von Jagdwaffen (einschließlich Faustfeuerwaffen), der Führung von Jagdhunden, in der Behandlung des erlegten Wildes unter besonderer Berücksichtigung der hygienisch erforderlichen Maßnahmen, in der Beurteilung der gesundheitlich unbedenklichen Beschaffenheit des Wildbrets, insbesondere auch hinsichtlich seiner Verwendung als Lebensmittel, und im Jagd-, Tierschutz- sowie Naturschutz- und Landschaftspflegerecht nachweisen; mangelhafte Leistungen in der Schießprüfung sind durch Leistungen in anderen Prüfungsteilen nicht ausgleichbar.** [2] **Die Länder können die Zulassung zur Jägerprüfung insbesondere vom Nachweis einer theoretischen und praktischen Ausbildung abhängig machen.** [3] **Für Bewerber, die vor dem 1. April 1953 einen Jahresjagdschein besessen haben, entfällt die Jägerprüfung.** [4] **Eine vor dem Tag des Wirksamwerdens des Beitritts in der Deutschen Demokratischen Republik abgelegte Jagdprüfung für Jäger, die mit der Jagdwaffe die Jagd ausüben wollen, steht der Jägerprüfung im Sinne des Satzes 1 gleich.**

(6) **Bei der Erteilung von Ausländerjagdscheinen können Ausnahmen von Absatz 5 Satz 1 und 2 gemacht werden.**

(7) [1] **Die erste Erteilung eines Falknerjagdscheines ist davon abhängig, daß der Bewerber im Geltungsbereich dieses Gesetzes zusätzlich zur Jägerprüfung eine Falknerprüfung bestanden hat; er muß darin ausreichende Kenntnisse des Haltens, der Pflege und des Abtragens von Beizvögeln, des Greifvogelschutzes sowie der Beizjagd nachweisen.** [2] **Für Bewerber, die vor dem 1. April 1977 mindestens fünf Falknerjagdscheine besessen haben, entfällt die Jägerprüfung; gleiches gilt für Bewerber, die vor diesem Zeitpunkt mindestens fünf Jahresjagdscheine besessen und während deren Geltungsdauer die Beizjagd ausgeübt haben.** [3] **Das Nähere hinsichtlich der Erteilung des Falknerjagdscheines regeln die Länder.** [4] **Eine vor dem Tag des Wirksamwerdens des Beitritts in der Deutschen Demokratischen Republik abgelegte Jagdprüfung für Falkner steht der Falknerprüfung im Sinne des Satzes 1 gleich.**

Ländervorschriften: §§ 26, 27, 28 JWMG, BWJPrO, DVO JWMG; Art. 28 Abs. 1 und 2 BayJG, BayJFPO; §§ 17 19 LJagdG Bln, BlnJFPrO; § 24 BbgJagdG, BbgJPO, BbgFPO; Art. 19 BremLJagdG, BremJuFPrüfV; §§ 10, 14 HmbJagdG, HmbJägerPVO; §§ 15–17 HJagdG, §§ 4–21 HJagdV; §§ 15, 16 MVLJagdG, JägerPVO M-V, FalknerPVO M-V; §§ 22, 23 NJagdG, NdsJFPVO, AB-NJagdG zu § 22 NJagdG; § 17 LJG-NRW, §§ 1–20 DVO LJG NRW; §§ 20, 21 RhPfLJG, §§ 21–35 RPLJVO; §§ 14, 15, 17, 18 SJG, §§ 10, 12–36 SJGDV; § 16 SächsJagdG, §§ 13–17 SächsJagdVO; § 22 LSALJagdG, §§ 2–17 LSALJagdGDVO, AB-LSALJagdG Nr. 12; §§ 15, 16 SchlHLJagdG, SchlHJPVO; §§ 25, 26 ThJG, ThJGAVO, ThürAPOJ.

Übersicht

I. Allgemeines

1 Der Jagschein ist in Deutschland zwingende Voraussetzung für die Ausübung der Jagd. Er ist die **öffentlich-rechtliche Voraussetzung** für eine jagdliche Betätigung. Damit ist sichergestellt, dass nur derjenige die Jagd ausübt, der die gesetzlichen Voraussetzungen erfüllt und damit den Interessen der Allgemeinheit in Bezug auf Sicherheit und Naturhaushalt gerecht wird. Von dieser öffentlich-rechtlichen Erlaubnis zum Jagen ist zu unterscheiden die **zivilrechtliche Erlaubnis** zur Ausübung der Jagd in einem Jagdbezirk. Der Besitz des Jagdscheins ist ferner Voraussetzung für den öffentlich-rechtlichen Zugang zu Jagdwaffen und Munition sowie die Inanspruchnahme der Privilegien, die das Waffenrecht dem Inhaber eines Jagscheins einräumt hinsichtlich des Erwerbs, des Besitzes und des Führens der Waffen. Als **öffentliche Urkunde** (§ 415 ZPO) erfüllt der Jagdschein Ausweisfunktion und genießt strafrechtlichen Schutz (vgl. insoweit § 267 StGB, Urkundenfälschung, § 271 StGB, mittelbare Falschbeurkundung, § 281 StGB, Missbrauch von Ausweispapieren).

1a Das Recht der Jagdscheine unterfällt als Teil des Jagdwesens der konkurrierenden Gesetzgebungskompetenz des Bundes (Art. 74 Abs. 1 Nr. 28 GG). Hat der Bund von seiner Gesetzgebungszuständigkeit in Sachen Jagdwesen Gebrauch gemacht, so können die Länder durch Gesetz hiervon abweichende Regelungen treffen; diese Abweichungskompetenz umfasst jedoch nicht das Recht der Jagdscheine (Art. 72 Abs. 3 S. 1 Nr. 1 GG). Daher sind die Bestimmungen der §§ 15 ff. für sämtliche Bundesländer verpflichtend. Eine

Regelungskompetenz steht ihnen insoweit nicht zu. Zur Ausgestaltungsbefugnis der Länder → § 15 Rn. 46 ff.

II. Ausweis- und Privilegierungsfunktion

Bei der Ausübung der Jagd muss der Jäger den Jagdschein mit sich führen, „auf Verlangen" hat er diesen „den Polizeibeamten sowie den Jagdschutzberechtigten" vorzuzeigen. Damit weist er einerseits seine **öffentlich-rechtliche Erlaubnis** nach, andererseits die **Befugnis zum Führen von Waffen.** „Mit sich führen" bedeutet: „am Mann" **bei sich tragen.** Tolerierbar ist es aber auch, wenn der Jagdschein ohne größeren Zeit- oder Wegeaufwand kurzfristig erreichbar ist, zB im in der Nähe abgestellten Fahrzeug oder beim Mitjäger auf dem benachbarten Hochsitz (OLG Koblenz Urt. v. 4.6.1980 – 2 Ss 278/80, JE V Nr. 6; BayObLG Urt. v. 24.11.1966 – RReg. 4b St 35/66, NJW 1967, 1240 Ls.). Verstöße gegen die Mitführungs- oder Vorzeigepflicht stellen Ordnungswidrigkeiten dar (§ 39 Abs. 1 Nr. 9, Abs. 2 Nr. 1). Der Jagdschein hat Gültigkeit in allen Bundesländern nach einheitlichem Muster. 2

Der Jagdschein ermöglicht für den Inhaber in Bezug auf das Waffenrecht mehrere Privilegien. Für den Erwerb und den Besitz von Schusswaffen setzt das WaffG in § 8 grundsätzlich ein **Bedürfnis** voraus. Auch für den Jäger ist das „Bedürfnis" zwingende Voraussetzung für Erwerb und Besitz von Waffen und Munition (§§ 8, 13, Abs. 3, 5 WaffG). Für den Erwerb und den Besitz wird dieses beim Inhaber eines Jagdscheins durch das Gesetz unterstellt; dies gilt für Langwaffen und zwei Kurzwaffen (§ 13 WaffG). Für den Erwerb und Besitz von Munition für erlaubte Langwaffen bedarf der Jäger keiner Erlaubnis (§ 13 Abs. 5 WaffG); zum Nachweis für die diesbezügliche Berechtigung genügt der Jagdschein. Hingegen benötigt er für den Erwerb und Besitz von Munition für Kurzwaffen eine Erwerbserlaubnis. Diese wird in die Waffenbesitzkarte eingetragen, in der die betreffenden Kurzwaffen eingetragen sind. 3

Die Freistellungsklausel des § 13 Abs. 2 WaffG begrenzt den Erwerb und den Besitz auf zwei Kurzwaffen. Das jagdrechtliche **Bedürfnis für Kurzwaffen** ist hierdurch ausreichend gedeckt (VG Freiburg Urt. v. 1.7.2020 – 1 K 2730/19, BeckRS 2020, 16641; weites Verständnis des Bedürfnisses bei VG Stuttgart Urt. v. 19.4.2017 – 5 K 4980/15, nv; bestätigt durch VGH Mannheim Urt. v. 6.2.2018 – 1 S 1289/17, BeckRS 2018, 43831). Sinn und Zweck der Begrenzung bestehen darin, die Anzahl der in Umlauf befindlichen Waffen gering zu halten (VG Freiburg Urt. v. 1.7.2020 – 1 K 2730/19, BeckRS 2020, 16641; VG Köln Urt. v. 21.1.2010 – 20 K 2236/08, BeckRS 2012, 46093). Für die Anerkennung eines Bedürfnisses einer dritten Kurzwaffe muss es dem Jagdscheininhaber unzumutbar sein, dass er sich von einer der zwei Kurzwaffen trennt (OVG Münster Beschl. v. 5.4.2005 – 20 A 348/04, NVwZ-RR 2006, 181). Zusätzlich muss der Jagdscheininhaber beweisen, dass die „ohne Bedürfnisprüfung zur Verfügung stehenden Kurzwaffen nicht ausreichen, um sein jagdliche Waffenbedürfnis zu befriedigen" (VG Freiburg Urt. v. 1.7.2020 – 1 K 2730/19, BeckRS 2020, 16641). Dementgegen unterstellt der Gesetzgeber das **Bedürfnis für Langwaffen** beim Jäger uneingeschränkt hinsichtlich Art und Zahl; die Waffen müssen allerdings jagdtauglich sein. Diese Privilegierung des Jagdscheininhabers hinsichtlich der Bedürfnisse bei jagdlichen Langwaffen gilt jedoch dann nicht mehr, wenn der Erwerb **nicht jagdlichen, sondern anderen Zwecken** dient, wie zB dem 4

Anlegen einer Waffensammlung oder dem verdeckten Waffenhandel (Heller/Soschinka/Rabe WaffR Rn. 1389). Der Besitz von mehr als zehn Langwaffen kann sogar einen Hinweis auf ein mögliches Waffenhorten darstellen und eine Bedürfnisprüfung rechtfertigen (VG Gießen Urt. v. 28.10.2021 – 9 K 2448/20, BeckRS 2021, 42127). Die Beweislast dafür, dass das Bedürfnis nicht durch die jagdliche Privilegierung gedeckt ist, obliegt dann der Behörde (vgl. VG Braunschweig Urt. v. 20.8.2010 – 3 B 135/10, nv; OVG Lüneburg Urt. v. 4.10.2010 – 11 ME 344/10, nv). Die Privilegierung von Jagdscheininhabern hinsichtlich des Bedürfnisnachweises gilt nicht nur für zur Jagd benutzte Langwaffen, sondern auch für solche, die zum **Training im jagdlichen Schießen** (Schießstand, Schießkino) oder zu jagdlichen **Schießwettkämpfen,** nicht aber zur Jagd benutzt werden (§ 13 Abs. 1 Nr. 1 WaffG; VG Köln Urt. v. 13.12.2012 – 20 K 3987/11, BeckRS 2013, 45534).

4a Ungeklärt war lange Zeit die Handhabung des jagdrechtlichen Bedürfnisses im Hinblick auf **Langwaffen mit Schalldämpfern.** Deren Verwendung für die Jagd war in mehreren Bundesländern verboten (für Sachsen-Anhalt s. Meyer-Ravenstein LSALJagdG § 15 Rn. 12a). Zudem hatte das BVerwG mit Urt. v. 28.11.2018 entschieden, dass sich die „Berechtigung von Jägern zum Erwerb, Besitz und Führen von Jagdwaffen ohne Nachweis eines waffenrechtlichen Bedürfnisses (…) nicht auf Schalldämpfer, die für diese Schusswaffen bestimmt sind“, erstreckt (BVerwG Urt. v. 28.11.2018 – 6 C 4/18, NVwZ-RR 2019, 272). Die Novellierung des § 13 WaffG im Jahre 2020 durch Art. 1 Gesetz vom 17.2.2020 (BGBl. 2020 I 166) änderte jedoch die Rechtslage. Nunmehr bestimmt § 13 Abs. 9 WaffG, dass Jäger im Rahmen der Jagd und des jagdlichen Übungsschießens Schalldämpfer verwenden dürfen. Weiterhin finden § 13 Abs. 1–4 WaffG und §§ 6–8 WaffG für Schalldämpfer Anwendung (§ 13 Abs. 9 S. 1 WaffG). Daher können Jäger, sofern sie einen gültigen Jagdschein besitzen, nunmehr ein Bedürfnis für den Erwerb und Besitz von Schusswaffen mit Schalldämpfern geltend machen. Dabei muss der Eintrag in die WBK erst nach dem Erwerb des Schalldämpfers vorgenommen werden (Heller/Soschinka/Rabe NVwZ 2020, 599). Der Erwerb ohne Bedürfnisnachweis gilt ausschließlich für Langwaffen; Kurzwaffen sind hiervon nicht erfasst (Braun NJOZ 2020, 964; ausführlich zu den neuen Regelungen Braun NJOZ 2020, 961, 964, sowie v. Massow AUR 2019, 406 m. krit. Würdigung des Urteils des BVerwG).

5 Ein Bedürfnis für Erwerb und Besitz von Schusswaffen iSv § 8 WaffG können Personen nicht geltend machen, die – ohne im Besitz eines deutschen Jagdscheines zu sein – lediglich im Ausland die Jagd ausüben wollen, auch nicht mit der Begründung, sie wollen ihre Schießfertigkeiten für die Auslandsjagd in Deutschland verbessern. Inländische **Auslandsjäger** ohne deutschen Jagdschein sind nicht Jäger iSv § 8 WaffG (OVG Lüneburg Urt. v. 23.3.2006 – 11 LB 334/04, BeckRS 2006, 22301).

6 Der Grundgedanke des Waffengesetzes – Ausschaltung eines Sicherheitsrisikos für die Allgemeinheit durch Besitz von und Umgang mit Schusswaffen – führt nicht dazu, die **Privilegierung** hinsichtlich des Bedürfnisses bei Jagdscheininhabern aufzuheben, wenn **vorübergehend** eine Jagdausübung oder der Besitz eines gültigen Jagdscheines nicht gegeben ist. Ein solcher Zustand kann beispielsweise aus gesundheitlichen oder familiären Gründen gegeben sein, durch vorübergehenden Wegfall einer Jagdgelegenheit, berufliche Besonderheiten, Auslandsaufenthalt und ähnlichen Veranlassungen. Scheffer (Richter am Verwaltungsgericht) führt dazu aus: „Von einem vorübergehen-

den Wegfall ist auszugehen, wenn das Wiederaufleben des Bedürfnisses in naher Zukunft zu erwarten ist. Die amtliche Begründung nennt als Beispielsfall, wenn ein Jäger aus beruflichen Gründen einen längeren Auslandsaufenthalt antritt. Auch der Fall einer längeren Erkrankung dürfte hierunter zu fassen sein. Die Behörden sollten die Regelung, auch wenn Ausnahmevorschriften grundsätzlich eng auszulegen sind, nicht allzu kleinlich anwenden. § 45 Abs. 3 WaffG ermöglicht es, im Einzelfall flexibel zu reagieren. Neben den bereits genannten gibt es zahlreiche Gründe, einen Jagdschein nicht ununterbrochen zu lösen. Mangelnde Jagdgelegenheit, berufliche Anspannung oder familiäre Gründe mögen dies bedingen. Ist zu erkennen, dass ein Jagdschein, wenn auch mit Unterbrechungen, immer wieder gelöst wird, erscheint es vertretbar, großzügiger zu verfahren. Wie bereits hervorgehoben, müssen Jäger eine – auch im Umgang mit Waffen – anspruchsvolle Prüfung unter staatlicher Aufsicht ablegen. Dessen eingedenk gibt es einen Vertrauensvorschuss, zumal wenn der Erlaubnisinhaber bisher zuverlässig gewesen und die sichere Aufbewahrung der Schusswaffen gewährleistet ist." (Scheffer GewArch 2005, 281).

Der Gesichtspunkt der Gefahrenabwehr durch Entzug der waffenrechtlichen Erlaubnis (WBK, damit Entzug der Waffen) ist in solchen Fällen vorübergehenden **Ruhens der Jagdausübung** (durch Nichtlösen eines Jagdscheines) nicht anders zu bewerten, als wenn der Inhaber eines gültigen Jagdscheines vorübergehend auf eine Jagdausübung verzichtet. In den geschilderten Fällen von vorübergehenden Phasen des Nichtlösens eines Jagdscheines **erlischt das Bedürfnis nicht,** es ruht mangels Jagdausübung und lebt wieder auf mit dem neuen Jagdschein. Selbst wenn man von einem **vorübergehenden Wegfall** des Bedürfnisses ausgehen wollte, räumt der Gesetzgeber für diesen Fall die Möglichkeit des Absehens vom Widerruf der waffenrechtlichen Erlaubnis (WBK) ein (§ 45 Abs. 3 WaffG). In konsequenter Weiterentwicklung dieser rechtlichen Bewertung hat der Gesetzgeber in der Allgemeinen Verwaltungsvorschrift zum Waffengesetz (WaffVwV) zu § 45 WaffG festgelegt: „Ein Widerruf wegen vorübergehenden Wegfalls des Bedürfnisses kommt in diesen Fällen in der Regel nicht in Betracht." (Nr. 45.3.1 WaffVwV). Die Verfahrensweise einzelner Behörden, kurze Zeit nach dem 1.4. Jäger, die noch nicht wieder einen Jagdschein gelöst haben, zur Abgabe von WBK und Waffen aufzufordern, ist durch die Rechtslage nicht gedeckt. 7

Die **endgültige Aufgabe der Jagdausübung** – etwa aus Altersgründen – führt faktisch zum **Wegfall des Bedürfnisses für den Waffenbesitz.** Die Folge wäre ein Widerruf der WBK. Bei der Neufassung des Waffengesetzes konstatierte der Gesetzgeber bei dem zwingend vorgeschriebenen Widerruf der Erlaubnis (§ 47 Abs. 2 S. 1 WaffG aF): „Die Vorschrift führte teilweise zu schwer vermittelbaren Härten und wurde vielfach nicht strikt angewendet." (Entwurf vom 11.7.2001 zu § 44 Abs. 3 WaffG, S. 155). Daraufhin schuf man im nunmehrigen § 45 Abs. 3 WaffG die Möglichkeit, „auch bei einem endgültigen Wegfall des Bedürfnisses von einem Widerruf aus diesem Grund absehen zu können, wenn ein besonderer Grund hierfür vorliegt. Hat ein Jäger … gewissermaßen sein Leben lang die Jagd … ausgeübt, so wird in der Regel auch bei altersbedingter dauernder Unmöglichkeit des aktiven Umgangs mit Waffen und Munition von einem Widerruf der Erlaubnis abzusehen sein." (Entwurf vom 11.7.2001 zum WaffG, S. 155). Die Literatur schließt sich dieser Auffassung an (Gade WaffG § 45 Rn. 10; Heller/Soschinka/Rabe 8

WaffR Rn. 988). Zu Recht weist Heller darauf hin, dass das Absehen vom Widerruf nach dieser gesetzlichen Regelung pauschal den jeweiligen Bestand und nicht einzelne Waffen umfasst. Ausholend – aber zutreffend – führt Scheffer insoweit aus (Scheffer GewArch 2005, 282):

„Die zweite Alternative des Abs. 3 eröffnet die Möglichkeit, auch beim endgültigen Wegfall des Bedürfnisses von einem Widerruf abzusehen, wenn ein besonderer Grund hierfür vorliegt. In Übereinstimmung mit der amtlichen Begründung wird man einen solchen besonderen Grund als gegeben ansehen können, wenn ein Jäger sein Leben lang die Jagd ausgeübt hat, alters- oder krankheitsbedingt sodann aber mit Waffen und Munition nicht mehr umgehen kann und daher – dies ist angesichts der Regelung in § 13 Abs. 1 und 2 WaffG zu ergänzen – keinen Jagdschein mehr löst oder erteilt bekommt. Es wäre in der Tat herzlos, einem vormals leidenschaftlichen Jäger die seine Jagderinnerung verbürgenden Waffen zu nehmen oder unbrauchbar machen zu lassen. Man lese nur Ortega y Gassets Meditationen über die Jagd, um hierfür Verständnis aufzubringen.“

Dieser rechtlichen Bewertung hat der Gesetzgeber Rechnung getragen mit den Hinweisen Nr. 45.3.2 WaffVwV (zu § 45 WaffG).

9 Bei dem erfassten Personenkreis bestehen **in aller Regel keine Zweifel** an der waffenrechtlichen Zuverlässigkeit, insbesondere auch im Hinblick auf den Umgang mit und die Aufbewahrung von Waffen. Der Zweck des Gesetzes, Gefahren durch Waffen von der Allgemeinheit fernzuhalten, wird in diesen Fällen nicht beeinträchtigt. Auch die **Verfassungsgarantie des Eigentums** wird nicht berührt. Es bestehen keine Bedenken, bei jenen Personen die vorgesehene Ausnahme zum Regelfall zu machen. In einzelnen Flächenländern Deutschlands wird dies von den Behörden so gehandhabt.

10 Für das Führen einer Waffe ist die **Erlaubnis in Form des Waffenscheins** notwendig. Davon ist der Jäger, beschränkt auf bestimmte Tätigkeiten, befreit. Insoweit legt § 13 Abs. 6 S. 1 WaffG fest: „Ein Jäger darf Jagdwaffen zur befugten Jagdausübung einschließlich des Ein- und Anschießens im Revier, zur Ausbildung von Jagdhunden im Revier, zum Jagdschutz oder zum Forstschutz ohne Erlaubnis führen und mit ihnen schießen; er darf auch im Zusammenhang mit diesen Tätigkeiten die Jagdwaffen nicht schussbereit ohne Erlaubnis führen.“

III. Jagdscheinpflichtige Tätigkeiten

11 Wer die Jagd ausübt, bedarf eines Jagdscheins. Der Sinn dieser Regelung besteht darin, dass der Jagdausübende aus jagdpolizeilicher und öffentlich-rechtlicher Sicht hierfür sachkundig und geeignet sein muss, auch unter dem Gesichtspunkt der Sicherheit. „Jagdausübung“ ist hier im engeren Sinne auf der Grundlage des § 1 Abs. 1 zu sehen (näher → § 1 Rn. 35 ff.). Hierunter fallen alle jagdlichen Tätigkeiten unter **Einsatz der Waffe** und insbesondere solche mit dem Ziel, **jagdlich Beute** zu machen. Auch Fallenjagd und Nachsuche zählen dazu; Helfer fallen jedoch nicht darunter. Diese leisten demjenigen Hilfsdienste, der „die Jagd ausübt“ (vgl. Mitzschke/Schäfer Rn. 17). Ein Schweißhundführer mit geprüftem Hund, aber ohne Jagdschein, darf eine Nachsuche nicht selbständig durchführen, sondern nur in

Begleitung eines Jagdscheininhabers; denn Ziel ist die Erbeutung des verletzten Wildes, nötigenfalls dessen Tötung.

IV. Jagdscheinfreie Tätigkeiten

Unter die jagdscheinfreien Tätigkeiten fallen alle Maßnahmen, die unter Erfüllung des **Hegeauftrages** erfolgen (ausgenommen Hegeabschuss und Jagdschutz bezüglich Raubzeug), auch das Sammeln von Abwurfstangen. Treiber und Hundeführer sind als Gehilfen tätig, einen Jagdschein benötigen sie nicht (so auch Meyer-Ravenstein NJagdG § 15 Rn. 7). Für die **Ausübung des Aneignungsrechts** ist der Jagdschein nicht erforderlich (so richtig auch Meyer-Ravenstein LSALJagdG § 15 Rn. 2; aA Mitzschke/Schäfer Rn. 7). Dem Eigentümer/Nutznießer eines befriedeten Bezirks räumen verschiedene Landesjagdgesetze gemäß § 6 ein beschränktes Jagdausübungsrecht (zB Wildkaninchen und Beutegreifer) durch Fangen, nicht aber durch Schusswaffengebrauch, ein. Dafür ist der Besitz eines Jagdscheins nicht erforderlich. 12

V. Jagdscheinarten

1. Jahresjagdschein für Inländer

Das BJagdG sieht verschiedene Arten des Jagdscheins vor. Der Jahresjagdschein ist der **Regelfall** des Jagdscheins für den **erwachsenen Inländer.** Er kann für eine Dauer von bis zu drei Jahren ausgestellt werden. Die **Gültigkeit** ist an das Jagdjahr gebunden; sie endet somit am 31.3. des betreffenden Jahres, unabhängig vom Ausstellungsdatum. Erfolgt die Erteilung während des laufenden Jagdjahres, so ist gleichwohl die volle Gebühr fällig. 13

2. Tagesjagdschein für Inländer

Ein Tagesjagdschein kann an erwachsene Inländer erteilt werden. Der Antragsteller muss die gleichen Voraussetzungen erfüllen wie bei einem Jahresjagdschein. Der Unterschied zu diesem liegt in der Gültigkeitsdauer und bei den Kosten. Der Tagesjagdschein gilt für **vierzehn aufeinander folgende Tage.** Er kann zu jedem beliebigen Zeitpunkt im Laufe eines Jagdjahres beantragt werden. 14

3. Jugendjagdschein

Einen Jugendjagdschein (als Jahresjagdschein) können Bewerber im Alter zwischen **sechzehn und achtzehn Jahren** erhalten. Bei der Ausübung der Jagd unterliegt der Jugendliche allerdings Einschränkungen (vgl. § 16). 15

4. Falknerjagdschein

Wer die Jagd mit dem Beizvogel ausüben will, benötigt den Falknerjagdschein; denn auch diese Jagdform stellt eine Jagdausübung iSd BJagdG dar. Vor der Erteilung des ersten Falknerjagdscheins muss der Bewerber die **„allgemeine" Jägerprüfung** durchlaufen, zusätzlich auch die **Falknerprüfung.** Die Länder sind ermächtigt, hinsichtlich der Falknerprüfung eigene Vor- 16 schriften zu erlassen. So ist in verschiedenen Ländern geregelt, dass der Falkner, der nicht mit der Schusswaffe jagen will, bei der allgemeinen Jägerprüfung den Teilbereich „jagdliches Schießen" aussparen kann (BVerfG Urt. v. 5.11.1980 – 1 BvR 290/78, NJW 1981, 673). Für die Erteilung des Jagdscheins ist der Abschluss einer Haftpflichtversicherung zwingend vorgeschrieben, beim Falknerjagdschein jedoch nicht. Gleichwohl sollte der Falkner – der nicht zugleich den allgemeinen Jagdschein besitzt – unbedingt einen Haftpflichtversicherungsvertrag abschließen. Denn bei der Beizjagd können Schäden (durch Vogel oder Hund) verursacht werden, für die der Falkner haftet. Der Inhaber eines (Nur-)Falknerjagdscheins kann nicht Pächter eines Jagdbezirks sein (§ 11 Abs. 5 S. 1).

5. Ausländerjagdschein

17 Ausländische Bewerber (nicht deutsche Staatsangehörige iSd Art. 116 GG, nicht dauerhaft in Deutschland lebend) können einen Ausländerjagdschein (Tages- oder Jahresjagdschein) erhalten. Bei der Beantragung eines Tagesjagdscheins sind an **Unterlagen erforderlich:** ein Identitätsnachweis, die Vorlage von jagd- und waffenrechtlichen Erlaubnissen des Heimatlandes sowie der Nachweis über eine iSd § 17 Abs. 1 Nr. 4 ausreichende Haftpflichtversicherung. Bei der Versicherung – auch einer solchen mit Geschäftssitz im EU-Ausland – muss gewährleistet sein, dass sie bei der Risikoabdeckung den in Deutschland geltenden Standards entspricht. Beim Antrag auf einen Ausländer-Jahresjagdschein ist ferner durch Vorlage eines Zeugnisses oder einer Bescheinigung (übersetzt) nachzuweisen, dass der Betreffende im Heimatland eine Prüfung bestanden hat, die mit der deutschen Jägerprüfung vergleichbar ist. Einzelne Bundesländer sehen dafür den ausländischen Jagdschein als ausreichend an. Die obersten Jagdbehörden der Länder führen Listen, in denen ausländische Staaten erfasst sind, deren Jägerprüfungen als mit der deutschen vergleichbar bewertet werden (zB Luxemburg, Niederlande, Österreich, Schweden, Ungarn, Südtirol, einige Kantone der Schweiz). Die Versagensgründe für den Erwerb eines Jagdscheins gemäß § 17 gelten uneingeschränkt auch für den ausländischen Bewerber; Zuverlässigkeit und persönliche Eignung müssen gegeben sein.

18 Ein Deutscher, der im **Ausland** die dortige **Jägerprüfung** bestanden und einen entsprechenden Jagdschein erworben hat, kann auf dieser Grundlage keinen Ausländerjagdschein in Deutschland erwerben. Diese Regelung stellt keine Verletzung des Gleichheitsgrundsatzes dar (VGH München Urt. v. 20.10.1994 – 19 B 94.1271, BeckRS 1994, 10687).

19 Ein Ausländer, der sich **dauerhaft** in Deutschland aufhält, hier die Ausbildung und die Jägerprüfung durchlaufen hat, erhält, wenn keine Versagensgründe vorliegen, den Inländer-Jagdschein. Personen mit **doppelter Staatsangehörigkeit,** also der deutschen und einer weiteren, zB als Spätaussiedler aus einem ehemaligen Ostblockland, sind bei der Beantragung eines Jagdscheins grundsätzlich als Deutsche zu behandeln. Das bedeutet, dass sie nur einen Inländer-Jagdschein nach bestandener Prüfung erhalten können. Dies gilt selbst dann, wenn ein Ausländer bereits mehrere Ausländer-Jahresjagdscheine besaß und nach Erwerb der deutschen Staatsangehörigkeit im Wege der Verlängerung wieder einen Jagdschein beantragt. Der deutsche Staatsangehörige unterliegt im Jagdrecht uneingeschränkt den Regeln des BJagdG. Eine im Ausland abgelegte Jägerprüfung ersetzt bei ihm nicht die deutsche

Jägerprüfung (VGH Kassel Urt. v. 11.11.1977 – VTH 45/77, HessVGRspr 1978, 6 – Tirol); dies stellt auch keinen Verstoß gegen das unionsrechtliche Freizügigkeitsrecht dar (VG Stade Urt. v. 25.8.2021 – 1 A 1451/17, BeckRS 2021, 3471). Ein gleichwohl erteilter Jagdschein ist einzuziehen (VG Bayreuth Urt. v. 12.3.1980 – B 1 K 80 A.42, nv).

6. Jagdschein für Mitglieder der US-Streitkräfte in Deutschland

Für Mitglieder der US-Streitkräfte gibt es Sonderregelungen bezüglich des 20
Erwerbs des Jagdscheins, deren Grundlage eine entsprechende Vereinbarung zwischen den US-Streitkräften und den Ländern Bayern, Baden-Württemberg und Hessen (ehemalige US-Besatzungszone) vom 10.11.1952 war. Dieses **USAREUR-Abkommen** wurde nach Inkrafttreten des NATO-Truppenstatuts 1961 stillschweigend fortgesetzt. Darin enthalten war ein Vorbehalt des Abschusses von Schalenwild in den beteiligten Bundesländern in nicht verpachteten Staatsjagden für Angehörige der US-Streitkräfte in Höhe von 15 % des männlichen Rotwildes, 25 % des männlichen Wildes der anderen Hochwildarten sowie des Birkhahns, 20 % des männlichen Rehwildes und 15 % des weiblichen Hoch- und Rehwildes, das nach den amtlichen Abschussplänen erlegt werden darf. Diese Vereinbarung hat noch Bestand, wird jedoch seit vielen Jahren nicht in Anspruch genommen. Die aufgrund des Abkommens privilegierten Abschüsse lagen in den beteiligten Ländern weit unter 1 %. Aufgrund von Truppenreduzierungen und Auslandseinsätzen ist die Zahl der Jagdscheininhaber bei den US-Streitkräften ohnehin stark rückläufig.

In den Jahren 1982, 1997 und 2000 wurden Änderungen in den Verein- 21
barungen zur **jagdlichen Ausbildung und Prüfung** von Bewerbern für den Jagdschein vorgenommen. Vor der Prüfung durchläuft der Bewerber eine Ausbildung von mindestens 60 Unterrichtsstunden. Ausbilder sind Instruktoren der US-Streitkräfte. Diese müssen Jagdscheininhaber sein und einen achttägigen Qualifizierungslehrgang mit abschließender Prüfung durchlaufen haben. Dieser Lehrgang wird vom LJV BW durchgeführt. Nach spätestens vier Jahren müssen die Instruktoren einen zweitägigen Fortbildungskurs durchlaufen. Die Ausbildungslehrgänge werden an Standorten der US-Streitkräfte durchgeführt. Zur Ausbildung für die Jägerprüfung werden Personen zugelassen, die spätestens bei Ablegung der Prüfung das achtzehnte Lebensjahr vollendet haben, amerikanische Staatsbürger sind, den US-Streitkräften angehören oder Familienmitglied eines Angehörigen der US-Streitkräfte sind. Als **Ausbildungsunterlagen** dienen Zusammenstellungen, die in Zusammenarbeit mit dem LJV BW erstellt wurden und bei Bedarf aktualisiert werden. Die Prüfung besteht aus einer Schießprüfung, einer ein- bis zweistündigen schriftlichen Prüfung (Multiple-Choice-Verfahren) und einer fünfzehnminütigen mündlichen Prüfung.

Die **Prüfungskommission** besteht aus drei Prüfern der US-Streitkräfte 22
und einem deutschen Beobachter. Die Beobachter werden von den beteiligten Landesjagdverbänden dem Hauptquartier der US-Streitkräfte in Europa (HQ USAREUR) benannt (in der Regel Mitglieder von Prüfungskommissionen der beteiligten Bundesländer). Der Prüfling erhält ein „Prüfungszeugnis – Certificate of Examination", das von den Kommissionsmitgliedern und dem Beobachter unterzeichnet und mit den Stempeln des „Hunting and Fishing Office" und dem jeweiligen LJV versehen wird. Danach kann der

Bewerber bei der unteren Jagdbehörde seines Wohnsitzes oder Stationierungsortes den Ausländerjagdschein beantragen. Dazu muss er vorlegen: das Prüfungszeugnis sowie eine Bescheinigung der US-Dienststelle, dass gegen ihn keine Tatsachen vorliegen, die entsprechend der Bestimmungen des § 17 Abs. 3 und 4 zu einer Versagung des Jagdscheins führen können. Diese darf nicht älter als vier Wochen sein. Ferner muss er den Nachweis über eine bestehende Jagdhaftpflichtversicherung in der vorgeschriebenen Mindesthöhe und zwei Passbilder vorlegen. Die Gebühren sind in Höhe eines Ausländerjagdscheins zu entrichten. Entsprechendes gilt bei Verlängerung eines Jahresjagdscheins.

7. Jagdschein für Angehörige des Diplomatischen Dienstes

23 Mitglieder der diplomatischen und berufskonsularischen Vertretungen und ihre jeweiligen entsandten bevorrechtigten Mitglieder können in Deutschland einen Jagdschein erwerben. Für sie gelten die für einen Erwerb entsprechenden Bestimmungen des BJagdG bzw. der Landesjagdgesetze. Ein Bewerber aus diesem Personenkreis muss den Nachweis jagdlicher Sachkunde erbringen. Dies kann erfolgen durch die abgelegte deutsche Jägerprüfung. Bewerber aus diesem **Personenkreis und Inhaber hoher Staatsämter** im Ausland können aber auf der Grundlage des § 15 Abs. 6 den Ausländerjagdschein erlangen, ohne diese Nachweise vorlegen zu müssen. Dazu genügt dann eine schriftliche Erklärung der Botschaft des Antragstellers, dass dieser früher einen Jagdschein besessen hat oder als jagdlich erfahrene Person zur ordnungsgemäßen Jagdausübung geeignet ist. Auch dieser Bewerber hat den gesetzlich vorgeschriebenen Versicherungsnachweis zu erbringen. Er muss überdies die nach dem BJagdG erforderliche persönliche Eignung und Zuverlässigkeit besitzen. Es gelten für ihn uneingeschränkt die Bestimmungen des Waffengesetzes, ebenso die Gebührenpflichtigkeit (ohne Jagdabgabe). Vor strafrechtlichen Konsequenzen schützt ihn ggf. die Immunität des Diplomaten, allerdings nur eingeschränkt. Die Antragstellung erfolgt über das Auswärtige Amt. Zuständig für die Erteilung des Jagdscheins ist die Jagdbehörde am Sitz der Botschaft.

VI. Anspruch auf Erteilung

24 Ein Antragsteller hat einen **öffentlich-rechtlichen Anspruch** auf Erteilung eines Jagdscheins, wenn er die Voraussetzungen erfüllt (bestandene Jägerprüfung, Zuverlässigkeit und persönliche Eignung, Haftpflichtversicherung, keine sonstigen Versagensgründe, § 17). Außer im Falle des § 17 Abs. 2 hat die Behörde keinen Ermessensspielraum, weitere Anforderungen an den Bewerber sind nicht zu stellen (vgl. Meyer-Ravenstein LSALJagdG § 15 Rn. 3). Insoweit handelt es sich um eine gebundene, keine Ermessensentscheidung. Der Antragsteller kann die Erteilung des Jagdscheins daher auch im Wege einer Verpflichtungsklage gerichtlich verfolgen. Aus Gründen der Vorwegnahme der Hauptsache kann die Erteilung jedoch grundsätzlich nicht durch eine einstweilige Anordnung (§ 123 VwGO) erwirkt werden (OVG Weimar Beschl. v. 19.3.2021 – 3 EO 163/21, BeckRS 2021, 32289; VGH München Beschl. v. 6.3.2018 – 21 CE 17.2547, BeckRS 2018, 3055; OVG Münster Besch. v. 23.7.2013 – 16 B 742/13, BeckRS 2013, 53694; aA Lorz/

Metzger Rn. 11, welcher eine Vorwegnahme der Hauptsache in Ausnahmefällen zulassen will). Unzulässig ist der einstweilige Rechtsschutz dabei insbesondere in denjenigen Fällen, in denen der Umstand gerügt wird, dass im Zeitraum des Hauptsacheverfahrens die jagdrechtliche Tätigkeit nicht ausgeübt werden kann (OVG Weimar Beschl. v. 19.3.2021 – 3 EO 163/21, BeckRS 2021, 32289).

VII. Zuständigkeit und Erteilungsverfahren

Ein Jagdschein wird auf einen schriftlichen Antrag hin erteilt. Örtlich und zeitlich zuständig ist die **untere Jagdbehörde,** in deren Bereich der Wohnsitz des Bewerbers liegt. Vor der Erteilung eines Jagdscheins prüft die Behörde die vom Antragsteller einzureichenden Unterlagen – Personalien (Alter), Prüfungszeugnis (bei Ersterteilung, bei Verlängerung genügt der vorherige Jagdschein), Versicherungsnachweis (Mindestsummen und Dauer des Schutzes), Gebührenzahlungsbeleg. 25

In § 20 S. 1 BMG (früher § 11 Abs. 5 MRRG) ist festgelegt: **„Wohnung im Sinne dieses Gesetzes ist jeder umschlossene Raum, der zum Wohnen oder Schlafen benutzt wird."** Diese Definition findet sich in den **Meldegesetzen** der Länder sinngemäß wieder. Bei mehreren Wohnungen ist die vorwiegend benutzte Wohnung die Hauptwohnung. Sie ist maßgebend für die Zuständigkeit der unteren Jagdbehörde. Grundsätzlich gilt bei mehreren Wohnungen als insoweit maßgebliche Wohnung der Hauptwohnsitz. In der Praxis wird diese Bestimmung weit ausgelegt, so dass auch zB eine Wohnung am Arbeitsplatz (zB Wochenendpendler) zulässig sein kann. Gründe für die Festlegung sind unter anderem Gesichtspunkte der Zuverlässigkeitsüberprüfung. Die Zuständigkeit für die Erteilung eines Ausländerjagdscheins richtet sich nach der Lage des Jagdbezirks, in dem der Ausländer jagen will. Als Nachweis dafür reicht eine Bescheinigung des gastgebenden Jagdausübungsberechtigten aus. 26

Ein entscheidendes rechtliches Kriterium für die Erteilung eines Jagdscheins ist die **jagdrechtliche und waffenrechtliche Zuverlässigkeit;** dies gilt auch für die Versagung des Jagdscheins (vgl. insoweit § 17 Abs. 3 und 4; → § 17 Rn. 12 ff., 56 ff., 133 ff.). Diese Voraussetzung prüft die Jagdbehörde bei der Erteilung des Jagdscheins (grundsätzlich bei der Ersterteilung, später turnusmäßig alle drei Jahre) auf der Grundlage von § 4 Abs. 3 WaffG, § 5 Abs. 5 WaffG. In einigen Bundesländern sind die Jagd- und Waffenbehörden dazu übergegangen, die Prüfung jeweils einheitlich gemeinsam vorzunehmen. Dies geschieht durch Einholung eines uneingeschränkten Auszuges aus dem Bundeszentralregister beim Bundesamt für Justiz in Bonn. Dort sind alle rechtskräftigen strafrechtlichen Verurteilungen eingetragen (§ 4 BZRG). Außerdem werden dort Entscheidungen von Verwaltungsbehörden und anderen Gerichten registriert (§ 19 BZRG), auch solche im Zusammenhang mit missbräuchlicher Verwendung bzw. Ausübung der tatsächlichen Gewalt über Waffen und Munition, ferner Entscheidungen im Zusammenhang mit der Waffenbesitzkarte, dem Munitionserwerbschein, dem Waffenschein und dem Jagdschein, insbesondere wenn solche Erlaubnisse wegen Unzuverlässigkeit oder fehlender persönlicher Eignung abgelehnt oder widerrufen worden sind (§ 10 Abs. 1 Nr. 3 BZRG). Bei der Prüfung der Zuverlässigkeit eines Bewerbers hat die Jagdbehörde Zugriff auf diese Eintragungen. Die Behörde 27 erhält – im Gegensatz zu einem Führungszeugnis – eine unbeschränkte Auskunft aus dem Bundeszentralregister (§ 41 Abs. 1 Nr. 9 BZRG).

28 Im Bundeszentralregister werden auch strafgerichtliche **Verurteilungen im Ausland** eingetragen. Grundsätzlich werden Verurteilungen aus allen Staaten im Zentralregister erfasst, wenn die **Eintragungsvoraussetzungen** gemäß § 54 BZRG gegeben sind. Diese bestehen darin, dass „1. die verurteilte Person die deutsche Staatsangehörigkeit besitzt oder im Geltungsbereich dieses Gesetzes geboren oder wohnhaft ist, 2. wegen des der Verurteilung zugrunde liegenden oder sinngemäß umgestellten Sachverhalts auch nach dem im Geltungsbereich dieses Gesetzes geltenden Recht, ungeachtet etwaiger Verfahrenshindernisse, eine Strafe oder eine Maßregel der Besserung und Sicherung hätte verhängt werden können, 3. die Entscheidung rechtskräftig ist“. Dabei ist die Prüfung durch die Eintragungsbehörde zweistufig. Zuerst prüft sie die Eintragungsfähigkeit (§§ 54, 55 Abs. 1 BZRG). Wird diese als gegeben angesehen, erfolgt die Anhörung der betroffenen Person. Wird dennoch zugunsten der Eintragungsfähigkeit entschieden, so steht der betroffenen Person dagegen die Beschwerde zu, bei deren Ablehnung die Möglichkeit der gerichtlichen Überprüfung (§ 55 Abs. 2 BZRG, § 23 EGGVG).

29 Eingetragen werden strafrechtliche Verurteilungen iSd § 4 BZRG. Darunter fallen Urteile von Strafgerichten im Ausland, aber auch Maßnahmen von **Behörden mit Strafgewalt,** wie dies in einzelnen Staaten möglich ist. Nach erfolgter Eintragung werden sie behandelt wie Urteile deutscher Gerichte.

30 Im Allgemeinen werden nur Verurteilungen aus solchen Staaten bekannt, mit denen **bilaterale oder multilaterale Abkommen** bestehen. In den meisten Fällen ist die Grundlage für die Übermittlung von Verurteilungen Art. 22 Abs. 1 RHÜ 1959 (Europäisches Übereinkommen über die Rechtshilfe in Strafsachen vom 20.4.1959, BGBl. 1964 II 1386) in der Fassung der Bekanntmachung vom 8.11.1976 (BGBl. 1976 II 1799). Für Mitgliedstaaten der EU findet ferner der Beschluss 2005/876/JI des Rates vom 21.11.2005 über den Austausch von Informationen aus dem Strafregister Anwendung (ABl. EG 2005 L 322, 33). Der Rahmenbeschlusses 2009/315/JI des Rates vom 25.2.2009 über die Durchführung und den Inhalt des Austauschs von Informationen aus dem Strafregister (ABl. EU 2009 L 93, 23) konkretisiert den Informationsaustausch und legte die Grundlage für die Errichtung des dezentralen Europäischen Strafregisterinformationssystem (ECRIS).

Art. 22 RHÜ 1959

(1) [1] Jede Vertragspartei benachrichtigt eine andere Partei von allen, deren Staatsangehörige betreffenden strafrechtlichen Verurteilungen und nachfolgenden Maßnahmen, die in das Strafregister eingetragen worden sind. [2] Die Justizministerien übermitteln einander diese Nachrichten mindestens einmal jährlich. [3] Gilt die betroffene Person als Staatsangehöriger von zwei oder mehreren Vertragsparteien, so werden die Nachrichten jeder dieser Parteien übermittelt, sofern die Person nicht die Staatsangehörigkeit der Partei besitzt, in deren Hoheitsgebiet sie verurteilt worden ist.

(2) (…)

31 Mit Stand April 2024 sind aufgrund bestehender Abkommen folgende Staaten **zur Mitteilung verpflichtet:** Albanien, Andorra, Armenien, Aruba, Chile, Curaçau und St. Martin, Belgien, Bosnien-Herzegowina, Bulgarien, Dänemark, Dänemark (Faröer Inseln und Grönland), Estland, Finnland,

Frankreich, Frankreich (Übersee-Departements), Georgien, Griechenland, Irland, Island, Israel, Italien, Kroatien, Lettland, Liechtenstein, Litauen, Luxemburg, Malta, Republik Moldau, Monaco, Montenegro, Niederlande, Nordmazedonien, Norwegen, Österreich, Polen, Portugal, Rumänien, Russische Föderation, San Marino, Schweden, Schweiz, Serbien, Slowakische Republik, Slowenien, Spanien, Tschechische Republik, Türkei, Ukraine, Ungarn, Vereinigte Staaten, Vereinigtes Königreich, Vereinigtes Königreich Kanalinseln, Insel Man, Zypern.

Strafnachrichten aus dem Ausland enthalten in der Regel die Personaldaten, 32 den Tag der Entscheidung und der Rechtskraft, das erkennende Gericht, das Aktenzeichen, die Strafe und die Tatbezeichnung, ggf. die angewendeten Vorschriften. **Entscheidungsgründe und Sachverhalte** werden nicht mitgeteilt. Die Registerbehörde in Deutschland unterstellt, dass bei den mitgeteilten Verurteilungen rechtsstaatliche Verfahren zugrunde liegen. Strafrahmen und Strafzumessungsgründe prüft die Behörde nicht.

Zu unterscheiden ist zwischen **Eintragungsfähigkeit** einer ausländischen 33 Verurteilung und deren **Verwertbarkeit** für die Zuverlässigkeit nach deutschem Jagd- bzw. Waffenrecht. Die Eintragsfähigkeit wird geprüft durch die Registerbehörde, die Zuverlässigkeit durch die Erlaubnisbehörde.

Für die **Eintragbarkeit** genügt es, dass die Strafnachricht einen **Tatbestand** aufweist, der nach deutschem Recht strafbar ist. Die Eintragungs- 34 behörde stellt allerdings nur einen abstrakten Normvergleich an (OLG Karlsruhe Urt. v. 9.9.1981 – 3 VAs 47/81, nv, zitiert nach Götz/Tolzmann BZRG § 54 Rn. 30). Eintragungsfähig ist zB eine Verurteilung wegen Trunkenheit im Straßenverkehr, auch wenn dafür im Ausland eine niedrigere Promillegrenze festgesetzt ist. Nicht eintragungsfähig sind hingegen Verurteilungen aufgrund eines Sachverhalts, der nach deutschem Recht nicht strafbar ist (zB Verweigerung einer Blutentnahme). Ebenso ist eine Verurteilung nicht eintragungsfähig, wenn der Sachverhalt nicht sinngemäß umgestellt werden kann, um eine nach deutschem Recht strafbare Handlung zu ergeben (BGHSt Urt. v. 8.8.1969 – 2 StR 171/69, NJW 1969, 1770).

Die **Verwertbarkeit** solcher Eintragungen für die Prüfung der Zuverläs- 35 sigkeit ist unterschiedlich zu beurteilen. Betrifft das Urteil eine Straftat gegen Leben, Gesundheit, Freiheit und Eigentum mit hohem Strafmaß, die in Deutschland vergleichbar geahndet würde, und erfolgte die Verurteilung in einem Staat, der hinsichtlich Rechtstaatlichkeit und Justizwesen mit Deutschland **vergleichbar** ist, so ist diese Eintragung verwertbar, insbesondere wenn sich daraus Persönlichkeitsmängel von Relevanz ergeben. Gleichwohl ist durch die Jagdbehörde sorgfältig zu prüfen, ob diese Maßstäbe eingehalten wurden. Die Rechtsmeinung, grundsätzlich sei nur eine Verurteilung durch ein deutsches Gericht bei Zuverlässigkeitsüberprüfung verwertbar (Mitzschke/Schäfer § 17 Rn. 39; Drees/Thies/Müller-Schallenberg/Jäcker/Hugenberg § 17 Anm. III 4d, S. 158; VG Arnsberg Urt. v. 27.10.2008 – 14 K 1209/08, BeckRS 2009, 35786) mit der Begründung, der Geltungsbereich des Strafgesetzbuches sei insoweit maßgebend, kann so uneingeschränkt heutzutage nicht mehr angewendet werden. Die große Bedeutung des Sicherheitsbedürfnisses der Allgemeinheit in Bezug auf Waffenträger kann nicht zurückstehen hinter einer formaljuristischen Grenzziehung. Für eine Verwertbarkeit einer Eintragung – unter der Voraussetzung der strengen Einzelfallprüfung – spricht zudem die Entwicklung der Rechtsstaatlichkeit innerhalb der Mitgliedstaaten der EU. Ein Maßstab hierfür ist nicht zuletzt die

Einführung des EU-Haftbefehls und dessen rechtliche Grundsätze betreffend das Vertrauen in die Rechtsstaatlichkeit der Mitgliedstaaten der EU. Bei allen anderen Verurteilungen ist eine sorgfältige Prüfung erforderlich. Im Zweifel ist eine Verwertung nicht vorzunehmen, denn es besteht ansonsten die Gefahr einer unzulässigen Benachteiligung des Bewerbers. Diese kann sich daraus ergeben, dass im betreffenden Staat die Rechtstaatlichkeit nicht hinreichend gewährleistet ist, die abgeurteilte Tat nicht oder unzureichend deutschen Straftatbeständen entspricht (Religionsdelikte und solche gegen den Staat, Waffenrecht), ein anderer Strafrahmen besteht (Verkehrsdelikte, Promillegrenze), andere Strafmündigkeitsgrenzen bestehen, die Anwendung von Jugendstrafrecht von deutschen Regeln abweicht, Strafzumessungserwägungen und verhängte Strafen von deutschen Maßstäben abweichen, andere Maßstäbe für Zahl und Höhe von Tagessätzen gelten (auch Unterschiede bezüglich Umrechnung), Rechte des Angeklagten und des Verteidigers nicht deutschem Standard entsprechen, nicht bestehende Rechtsmittelmöglichkeiten oder im Bereich der Strafprozessordnung nicht dem deutschen Standard entsprechende Regelungen (Urteile in Abwesenheit des Angeklagten, eingeschränktes rechtliches Gehör), aber auch Verstöße gegen das Rückwirkungsverbot. Zweifel und Unsicherheiten in diesen Bereichen können nicht zu Lasten des Antragstellers gehen. Der deutsche Staatsangehörige hat einen substanziellen Anspruch auf eine möglichst wirksame gerichtliche Kontrolle (BVerfG Urt. v. 18.7.2005 – 2 BvR 2236/04, NJW 2005, 2289). Dieser Grundsatz hat auch hier Gültigkeit. Verletzt ist dieser, wenn bei Eintragung einer Auslandsverurteilung der betroffenen Person dazu kein rechtliches Gehör gewährt worden ist (§ 55 Abs. 2 BZRG) und er somit in seinen Rechten verletzt wurde (Beschwerde, bei Ablehnung Antrag auf gerichtliche Entscheidung). Bei unterbliebener Anhörung ist die Eintragung für eine Zuverlässigkeitsüberprüfung nicht verwertbar. Selbst wenn man die rechtskräftige Verurteilung als solche nicht zur Grundlage der Feststellung einer Unzuverlässigkeit heranzieht, gebietet es der Schutzzweck des Waffengesetzes, auf der Grundlage des abgeurteilten Sachverhaltes eine solche festzustellen. Denn zur Abwehr der von einem unzuverlässigen Jagdscheininhaber ausgehenden Gefahr kommt es nicht darauf an, dass das Tatgeschehen im Inland erfolgt ist. Der Tatort Ausland ist insoweit in gleicher Weise relevant (VG Düsseldorf Urt. v. 12.12.2012 – 15 L 2007/12, BeckRS 2013, 45218). „Im Rahmen von § 5 Abs. 1 Nr. 2 WaffG dürften auch Sachverhalte, die sich im Ausland abgespielt haben, grundsätzlich berücksichtigungsfähig sein, soweit sie bei dem Betreffenden Rückschlüsse auf seinen Umgang mit Waffen oder Munition zulassen" (OVG Hamburg Urt. v. 3.9.2008 – 3 So 55/08, NJW 2009, 1367).

36 Die **Zuverlässigkeit** eines Jagdscheininhabers wird auch dann nicht in Frage gestellt, wenn er im Ausland wegen Wilderei verurteilt wurde, der zugrunde liegende Tatbestand nach deutschem Recht diesen Straftatbestand aber nicht erfüllt (so zu Recht VG Arnsberg Urt. v. 27.10.2008 – 14 K 1209/08, BeckRS 2009, 35786). Ein deutscher Jagdscheininhaber hatte auf Einladung eines tschechischen Revierinhabers gejagt, unwissend ohne zusätzlichen tschechischen Jagdschein, ohne Beleg über die Haftpflichtversicherung und ohne schriftliche Genehmigung auf amtlichem Vordruck des Revierinhabers. Deswegen war er zu acht Monaten Freiheitsstrafe mit Bewährung verurteilt worden. Nach deutschem Recht ist dieser Sachverhalt nicht strafbar. Zudem waren rechtsstaatliche Grundsätze verletzt worden (Nichtzulas-

sung eines deutschen Verteidigers, unzureichendes rechtliches Gehör und Verurteilung in Abwesenheit). Nach § 54 Abs. 1 Nr. 2 BZRG war diese Verurteilung überdies nicht eintragungsfähig.

Eintragungen im Bundeszentralregister unterliegen der **Tilgung** (§ 45 Abs. 1 BZRG). Die Tilgungsfristen liegen zwischen fünf und zwanzig Jahren (§ 46 BZRG). Nach der Tilgung unterliegen Eintragungen einem allgemeinen **Verwertungsverbot** (§ 51 BZRG). Zu einer Tilgung von lebenslangen Haftstrafen kommt es nicht (§ 45 Abs. 3 Nr. 1 BZRG). Es ist jedoch bei der Beurteilung der Zuverlässigkeit zu berücksichtigen, dass je länger eine strafgerichtliche Verurteilung zurückliegt, desto weniger die Tat ins Gewicht fällt. (OVG Saarlouis Urt. v. 12.3.2020 – 2 A 285/19, BeckRS 2020, 4092). Auch gibt es unter bestimmten Voraussetzungen Ausnahmen vom allgemeinen Verwertungsverbot. Dazu zählen unter anderem die Erteilung einer WBK, eines Munitionserwerbsscheins, einer Erlaubnis nach § 27 SprengG sowie eines Jagdscheins (§ 52 Abs. 1 Nr. 4 BZRG). Für die Überprüfung der Zuverlässigkeit im Rahmen der Erteilung solcher Erlaubnisse sind demnach bereits getilgte Eintragungen – zeitlich unbegrenzt – verwertbar. Die Ausnahme vom Verwertungsverbot getilgter oder zu tilgender Eintragungen strafgerichtlicher Verurteilungen greift mithin bei Erteilung von WBKs. Bei dem Widerruf einer WBK kann darauf jedoch nicht zurückgegriffen werden (BVerwG Urt. v. 26.3.1996 – 1 C 12/95, NJW 1997, 336), auch nicht beim Widerruf eines Jagdscheins (VGH München Urt. v. 4.4.2012 – 21 ZB 12.31, BeckRS 2012, 52001). 37

Als Erkenntnisquelle bei der Prüfung der Zuverlässigkeit eines Antragstellers steht der Jagdbehörde das **Zentrale Staatsanwaltschaftliche Verfahrensregister** (ZStV) **nicht zur Verfügung.** Dieses Register wurde mit Gesetz vom 28.10.1994 (BGBl. 1994 I 3186) mit den §§ 474–477 StPO eingeführt und mit Gesetz vom 2.8.2000 (BGBl. 2000 I 1253) in §§ 492–495 StPO abgeändert und zwischenzeitlich mehrfach geändert. Diese Datenbank erfasst alle in Deutschland anhängigen und abgeschlossenen staatsanwaltschaftlichen Ermittlungsverfahren und steuerstrafrechtlichen Verfahren. Die Abfrage dort ersetzt die frühere MiStra-Anfrage. Gespeichert werden die Personalien der beschuldigten Personen und Daten zur Straftat (§ 4 ZStVBetrV). Auskunft aus dem Register erhalten nur die in der Verordnung abschließend aufgeführten Behörden. Gemäß § 6 Abs. 1 Nr. 5 WaffG sind dies die Waffenbehörden nach Maßgabe des § 492 Abs. 3 S. 3 StPO und des § 5 S. 1 Nr. 2 und S. 2 WaffG. Die Jagdbehörden zählen nicht zu den zugelassenen Behörden. Damit haben Jagdbehörden keinen Zugriff auf den Inhalt des Registers. Die Verwertung der Daten, die die Waffenbehörde erhält, ist für die Jagdbehörden nicht zulässig. Dies folgt aus der Bestimmung des § 492 Abs. 6 StPO; danach ist eine Verwertung der Daten ausschließlich zulässig für das Strafverfahren und durch Waffenbehörden für die Zuverlässigkeitsprüfung im Erlaubnisverfahren. Darüber hinaus legt die Bestimmung des § 5 Abs. 5 S. 2 WaffG ausdrücklich fest: „Die nach Satz 1 Nummer 2 erhobenen personenbezogenen Daten dürfen nur für den Zweck der waffenrechtlichen Zuverlässigkeitsprüfung verwendet werden.“ Hätte der Gesetzgeber etwas anderes gewollt, wären die Jagdbehörden in diese Spezialregelung aufgenommen worden. Ein Versuch von Jagdbehörden, dies zu erreichen, scheiterte im Jahre 2003. Damit verbietet sich auch die Benutzung des automatisierten Abfrage-Programms (§ 493 StPO) der Waffenbehörden durch die Jagdbehörden. 38

39 Die Bestimmung des § 5 Abs. 5 Nr. 3 WaffG gibt der Waffenbehörde auf, eine Stellungnahme der örtlich zuständigen **Polizeidienststellen** einzuholen hinsichtlich von Tatsachen, die die Zuverlässigkeit in Frage stellen könnten. Dazu zählen Erkenntnisse iSd Bestimmungen in § 5 Abs. 2 Nr. 2–4 WaffG. Die Erkundigungspflicht aus § 5 Abs. 5 WaffG gilt nur für die Waffenbehörden, nicht für die Jagdbehörden. In ihrer Stellungnahme äußert sich die Polizei zugleich über Erkenntnisse nach § 5 Abs. 2 Nr. 4 WaffG. Die Einholung von Auskünften betreffend Zuverlässigkeitskriterien bei den zuständigen Polizeidienststellen steht den Jagdbehörden offen. Ein Handlungsbedarf zu generellen Anfragen besteht jedoch nicht. Die Behörde hat jeweils abzuwägen nach dem Grundsatz der Verhältnismäßigkeit zwischen den Interessen der Allgemeinheit und denjenigen des Antragstellers (Privatsphäre, Datenschutz). Es ist somit eine abgewogene Einzelfallprüfung vorzunehmen. Nur objektive Anhaltspunkte für Zweifel an der Zuverlässigkeit rechtfertigen die Einschaltung von Polizeidienststellen.

VIII. Jägerprüfung

1. Voraussetzung für die Erteilung eines Jagdscheins

40 Die erste Erteilung eines (Jahres-, Tages- oder Jugend-)Jagdscheins setzt zwingend eine bestandene Jägerprüfung in Deutschland voraus. Eine **Ausnahme** von diesem Grundsatz ist **nicht zulässig** (BVerwG Urt. v. 31.3.1993 – 3 B 1.93, BeckRS 1993, 31226294). Ein deutscher Staatsangehöriger muss die Prüfung im Geltungsbereich des BJagdG abgelegt haben (VG München Urt. v. 2.2.1996 – M 7 K 95.3139). **Jagdbezogene andere Prüfungen,** wie im Rahmen eines Universitätsstudiums im Fach „Jagdtechnik“, ersetzen eine Jägerprüfung nicht (VG Hamburg Urt. v. 18.3.2015 – 4 K 3351/14, BeckRS 2015, 45897).

41 Ist ein Jagdschein **rechtswidrig** entgegen § 15 Abs. 5 auf Grund eines ausländischen Prüfungszeugnisses **erteilt** worden, so ist die Behörde befugt und verpflichtet, diesen Jagdschein zurückzunehmen. Dies gilt auch, wenn der Inhaber inzwischen mehrere Jahresjagdscheine erlangt hatte. Ein etwaiger Vertrauensschutz des Jagdscheininhabers tritt hinter den Grundsatz der Gesetzmäßigkeit der Verwaltung zurück (VGH Kassel Urt. v. 2.2.1978 – V OE 9/77, nv; OVG Lüneburg Urt. v. 19.5.2014 – 11 ME 74/14, BeckRS 2014, 51483).

42 Die **Gleichstellung** einer in der ehemaligen DDR abgelegten Prüfung verstößt nicht gegen Art. 3 Abs. 1 GG. Der Ausschluss ausländischer Jägerprüfungen verstößt auch nicht gegen EU-Recht, etwa gegen das Diskriminierungsverbot (Art. 18 AEUV) oder die Niederlassungsfreiheit (Art. 49 AEUV). Denn das Jagdrecht ist dem **nationalen Sicherheitsrecht** zuzurechnen (VGH München Urt. v. 23.4.1997 – 19 B 96.763, BeckRS 1997, 22179).

43 Die erstmalige Erteilung eines Jagdscheins lässt für spätere Anträge die **Vermutung** zu, der Antragsteller habe die Jägerprüfung erfolgreich abgelegt, so dass bei späteren weiteren Anträgen auf die erneute Vorlage des Zeugnisses verzichtet werden kann. Dies gilt jedoch dann nicht, wenn die Behörde berechtigten Anlass zu Zweifeln hat (OVG Lüneburg Urt. v. 19.4.1990 – 3 L 240/89, nv).

44 Das nach bestandener Jägerprüfung erteilte Zeugnis hat für die Ersterteilung eines Jagdscheins **zeitlich unbegrenzte** Gültigkeit (VGH Mannheim Urt. v. 17.5.1971 – I (IV) 948/69, nv). Das Prüfungszeugnis stellt einen Verwaltungsakt dar und hebt die Erteilungssperre des § 15 Abs. 5 S. 1 auf (OVG Saarlouis Urt. v. 20.4.2023 – 2 A 189/22, BeckRS 2023, 8861). Für spätere weitere Erteilungen des Jagdscheins bzw. Verlängerungen gilt als Nachweis einer erfolgreich abgelegten Prüfung die Vorlage des/eines früheren Jagdscheins. Dies gilt jedoch dann nicht, wenn die Behörde bei der Ersterteilung zu Unrecht auf die Vorlage eines derartigen Zeugnisses verzichtet und trotz Nichtvorlage einen Jahresjagdschein erteilt hat (VGH Kassel Urt. v. 24.9.1992 – 3 UE 819/89, BeckRS 1992, 116483).

2. Prüfungsordnungen der Bundesländer

45 Gemäß Art. 72 Abs. 1 und 3 Nr. 1 GG (konkurrierende Gesetzgebung) können die **Länder vom BJagdG abweichende Regelungen** treffen bezüglich der Jagd **mit Ausnahme des Rechts der Jagdscheine** (Föderalismusreformgesetz vom 28.8.2006, BGBl. 2006 I 2034). Von den Bestimmungen des § 15 können die Länder somit nicht abweichen. Damit sind Umfang und Inhalt der Jägerprüfung bundesrechtlich vorgegeben.

46 Jedoch können die Länder die Durchführung der Jägerprüfung nach eigenen gesetzlichen Vorgaben gestalten. Davon haben die Bundesländer durchgängig Gebrauch gemacht. Auf der Grundlage des § 15 haben sie **Prüfungsordnungen** erlassen, die den Ablauf der Prüfung regeln. Die Regelungen sind teilweise unterschiedlich hinsichtlich Vorbereitung, Zulassung zur Prüfung, Prüfungsausschüssen, zeitlichem Ablauf, Bewertung, Wiederholungsmöglichkeit und Zuständigkeiten.

47 Bezüglich Art und Umfang der vorgeschalteten **Ausbildung** sind durch die Länder ebenfalls eigene Vorgaben getroffen worden. So haben zB Mecklenburg-Vorpommern, Niedersachsen, Hessen, das Saarland und Thüringen mit der JPO einen Ausbildungsrahmenplan erlassen, der den zu lehrenden Stoff und damit auch die Reichweite der Prüfung festlegt.

48 Soweit es um die **Zulassung zur Prüfung** und die Frage der jagdrechtlichen bzw. waffenrechtlichen Zuverlässigkeit geht (§ 17 BJagdG, § 5 WaffG), darf eine **uneingeschränkte Auskunft** aus dem Bundeszentralregister nicht zugrunde gelegt werden. Jagd- und Waffenbehörden erhalten die unbeschränkte Auskunft „für die Erteilung von Jagdscheinen" bzw. „für waffenrechtliche Erlaubnisse" (§ 41 Abs. 1 Nr. 9 BZRG). Eindeutig ist damit als Zweck die Erteilung der Erlaubnisse festgelegt. Davon nicht erfasst sind andere Zwecke, wie zB die Zulassung zur Jägerprüfung. „Da das Bestehen der Jägerprüfung zwar Voraussetzung für die Erteilung eines Jagdscheins ist, diesen jedoch nicht automatisch nach sich zieht, steht der Behörde hierfür keine unbeschränkte Auskunft zu," (Götz/Tolzmann, 5. Aufl. 2015, BZRG § 41 Rn. 50). Dies folgt auch aus der Zweiaktigkeit beim Erwerb des Jagdscheins. Im ersten Teil – der Jägerprüfung – geht es darum, das notwendige Fachwissen und die erforderlichen Fertigkeiten nachzuweisen. Erst im zweiten Akt – Jagdscheinerteilung nach bestandener Prüfung – kommt es auf die Zuverlässigkeit an.

49 Eine Person kann aus unterschiedlichen Motiven die Jägerprüfung ablegen. Dieses **Recht auf Prüfung** steht dem Bewerber selbst dann zu, wenn er keinen Jagdschein erwerben will (aA und kritisch hierzu mit Bezug auf den

insoweit eindeutigen § 15 Abs. 5 S. 1 OVG Saarlouis 20.4.2023 – 2 A 189/22, BeckRS 2023, 8861). Möglich ist auch, dass ein Bewerber aus persönlichen Gründen die Jägerprüfung ablegen möchte, aber erst zu einem wesentlich späteren Zeitpunkt einen Jagdschein zu erwerben beabsichtigt, zumal das erteilte Prüfungszeugnis zeitlich unbeschränkt Gültigkeit hat. Denkbar ist auch, dass bei einem Bewerber eine aus § 17 BJagdG bzw. § 5 WaffG resultierende Sperrfrist von fünf Jahren in der Zeit zwischen Jägerprüfung und Beantragung eines Jagdscheins abläuft. Es gibt keine gesetzliche Rechtfertigung dafür, diesen Bewerber von der Ablegung der Jägerprüfung auszuschließen.

3. Umfang der Prüfung

50 Das BJagdG legt verbindlich fest, dass die **Prüfung in drei Teilen** durchzuführen ist, nämlich in einem schriftlichen und einem mündlich-praktischen Teil sowie einer Schießprüfung. In dieser Bestimmung sind damit zugleich die Stoffgebiete festgelegt, in denen der Bewerber ausreichende Kenntnisse nachweisen muss. Zusammengefasst sind dies die vier Fachgebiete Wildbiologie, Jagdbetrieb, Waffen und Recht. Im BJagdG sind diese Bereiche als Rahmenvorgabe enthalten, der Umfang wird jeweils durch die Länder festgelegt. Mit der Festlegung des Prüfungsstoffs sind auch die Reichweiten der Ausbildung abgesteckt. Die einzelnen Bundesländer haben dazu Einzelheiten in der jeweiligen Prüfungsordnung festgelegt und teilweise einen entsprechenden Ausbildungsrahmenplan vorgegeben (→ Rn. 47).

51 „Ausreichende Kenntnisse" bedeutet, dass der Bewerber einen Wissensstand haben muss, der ihn in die Lage versetzt, die **Jagd sach- und weidgerecht** unter Einhaltung der Vorgaben für die **Sicherheit** auszuüben. Er muss Wissen und Fähigkeiten für die Durchführung einer naturgemäßen Hege und ausreichende Kenntnisse der mit der Jagdausübung in Zusammenhang stehenden rechtlichen Grundlagen haben. Insoweit kommt auf Grund einer veränderten Einbindung der Jagd in Recht und gesellschaftlichen Konsens den Sachbereichen Jagd-, Waffen-, Tierschutz-, Naturschutz- und Artenschutzrecht besondere Bedeutung zu.

52 Die Abnahme der Prüfung erfolgt durch eine Prüfungskommission. Ihr Urteil über das Bestehen – oder Nichtbestehen – der Prüfung stellt einen anfechtbaren **Verwaltungsakt** dar. Dies bedeutet, dass Prüfungsentscheidungen vor den Verwaltungsgerichten angegriffen werden können. Die Nachprüfbarkeit eines Prüfungsverfahrens durch das Verwaltungsgericht ist jedoch nur eingeschränkt möglich. Insgesamt unterliegt die Jägerprüfung nicht den strengen Kontrollmaßstäben, die das BVerfG für berufsbezogene Prüfungen entwickelt hat (BVerfG Beschl. v. 17.4.1991 – 1 BvR 419/81 und 1 BvR 213/83, NJW 1991, 2005), da die Jagdausübung nur der Liebhaberei und Freizeitgestaltung dient (VGH Mannheim Urt. v. 2.10.1998 – 5 S 1830-97, NVwZ-RR 1999, 291; Beschl. v. 18.2.1991 – 5 S 2960/90, RdL 1991, 111).

4. Verfahrensfehler

53 Verfahrensfehler können ein Prüfungsergebnis zu Lasten des Prüflings **rechtswidrig** beeinflusst haben. Insoweit hat das Gericht eine uneingeschränkte Überprüfungsmöglichkeit.

54 Rechtswidrig ist das Prüfungsergebnis, wenn Verfahrensvorschriften nicht eingehalten wurden und nicht ausgeschlossen werden kann, dass dadurch das **Ergebnis beeinflusst** sein kann (VGH München Urt. v. 25.4.1975 – 3621 VI 71, nv; VG Oldenburg Urt. v. 10.3.1989 – 2 OS VG A 72/88, nv).

55 Ein Prüfungsergebnis ist aufzuheben, wenn die **Zusammensetzung** des Prüfungsausschusses nicht der Prüfungsordnung entsprach (OVG Münster Urt. v. 20.4.1971 – IX A 402/69, RdL 1972, 79), ebenso, wenn die Prüfung statt vom gesamten Ausschuss nur von einzelnen Mitgliedern abgenommen wurde (VG Trier Urt. v. 8.3.1973 – 3 K 211/71, nv) oder der vorgeschriebene Prüfungsablauf nicht eingehalten wurde (VG Frankfurt a. M. Urt. v. 26.4.1962 – IV/V 1 1342/61, nv) oder wenn an der nicht öffentlichen Beratung andere Personen als die Mitglieder des Prüfungsausschusses teilnahmen (OVG Münster Urt. v. 14.7.1967 – IX A 1059/66, nv).

56 Ist ein Prüfling **nicht ordnungsgemäß** zur Prüfung **geladen** worden, so muss die Prüfung (oder der Prüfungsteil) wiederholt werden (OVG Lüneburg Urt. v. 28.3.1985 – 14 OVG A 103/84, nv).

57 Als Verfahrensfehler kann gewertet werden, wenn in der schriftlichen Prüfung Fragen **nicht hinreichend eindeutig** sind (VGH München Urt. v. 5.7.1979 – 19 B 327/79, BeckRS 1979, 2232 – Abschussnotwendigkeit eines zweijährigen Gabelhirsches). Bei den Fragen kann sich der Prüfling jedoch nicht darauf berufen, entsprechend der Musterlösung geantwortet zu haben; denn bei der Beurteilung der Qualität der Musterlösung steht dem Prüfer ein Beurteilungsspielraum zu (VG Freiburg Urt. v. 2.6.1981 – 4 K 8/80; VGH Mannheim 10.9.1979 – VII 3055/78, nv).

58 **Musterlösungen** sind unverbindliches Arbeitsmaterial für die Prüfer, die auf Grund ihrer Fachkompetenz diese Hilfen kritisch prüfen und ggf. auch korrigieren, eine abweichende Antwort auch als richtig anerkennen können (VGH Kassel Urt. v. 7.1.1988 – 3 UE 155/85, BeckRS 1988, 113641). Bindende Musterlösungen und daraus folgende Beurteilungsvorgaben würden den Charakter des fachkompetenten und persönlichkeitsbedingten Werturteils durch den unabhängigen Prüfer und seine Entscheidungskompetenz auf null reduzieren (VG Karlsruhe Urt. v. 19.9.1983 – 2 K 84/83, nv).

59 Eine **strenge Bewertung** der schriftlichen Prüfung allein ist noch kein Verstoß gegen allgemein gültige Bewertungsgrundsätze (VGH Kassel Urt. v. 15.1.1976 – IV E 395/75, nv). Es muss allerdings gewährleistet sein, dass dieser Maßstab durchgängig einheitlich bei allen Prüflingen angelegt wird. Wird der Termin für die mündlich-praktische Prüfung aus organisatorischen Gründen kurzfristig um einen Tag verschoben, so ist dies kein Verfahrensmangel (VG Köln Urt. v. 8.3.1983 – 10 K 722/82, RdL 1983, 208).

59a Das Stellen sog. **„KO"-Fragen** während des mündlichen Prüfungsteils stellt keinen Verfahrensfehler dar; die Antworten dürfen ausschlaggebend gewichtet werden, soweit diese Fragen in den Bereichen der Sicherheitsbelange der Allgemeinheit von besonderem Gewicht angesiedelt sind (VG Würzburg Urt. v. 19.2.2021 – 9 K 20.921, BeckRS 2021, 20575).

60 Für den mündlich-praktischen Prüfungsteil gibt es **keine verbindlichen Zeitvorgaben.** Die einzuhaltende Dauer ergibt sich aus dem Ermessen der Prüfungskommission. Ihr obliegt es auch – mangels Vorgaben in der Prüfungsordnung –, Beurteilungskriterien für die Leistungen der Prüflinge festzulegen (VG Wiesbaden Urt. v. 23.5.1984 – VII/V E 651/82, nv).

61 Ein Verfahrensverstoß liegt auch nicht vor, wenn die Prüfungskommission in der mündlichen Prüfung die vorgesehene **Zeitdauer verlängert,** um ein

Bild von den Fähigkeiten des Prüflings zu gewinnen, was bis dahin nicht möglich war (VG Köln Urt. v. 8.3.1983 – 10 K 722/82, RdL 1983, 208). Die Überschreitung der Prüfungsdauer, die nur eine Sollvorschrift darstellt, ist unschädlich; ein Prüfling, der **nur die Hälfte** der erforderlichen Kenntnisse und Fähigkeiten besitzt, ist schlichtweg ungeeignet (VGH Mannheim Urt. v. 3.12.1981 – 5 S 2331/80, nv).

62 Das Prüfungsergebnis kann zuungunsten des Prüflings ausfallen, wenn das Verfahren in Teilen **unfair** war. Dadurch kann es rechtswidrig sein. Unfair kann das Verfahren unter anderem durch äußere Bedingungen sein oder auch durch das Verhalten von Prüfern, insbesondere durch Reaktionen während der Prüfung. Dabei ist jedoch zu unterscheiden zwischen scherzhaft gemeinten Bemerkungen und wesentlich beeinträchtigenden Äußerungen. So stellt es keinen Verfahrensfehler dar, wenn ein Prüfer eine **eindeutig scherzhafte Bemerkung** macht, die nicht geeignet ist, einen Prüfling in normaler psychischer Prüfungsverfassung zu verunsichern; selbst wenn sie unpassend ist, führt dies nicht zu einer relevanten Voreingenommenheit des Prüfers (VG Münster Urt. v. 12.12.1980 – 1 K 2368/79, RdL 1981, 123). Hat aber der Prüfer zB laut erklärt, „Frauen gehören nicht auf die Jagd, sondern an den Herd“ oder „Bei uns jagen schon seit jeher nur Katholiken, und so soll es auch bleiben“ oder „Akademiker gehören ins Büro, nicht in die Natur“, so liegt natürlich ein **Befangenheitsgrund** vor, weil der Prüfer mit solchen Äußerungen zu erkennen gibt, dass er diese Personen von der Jagd ausschließen will, selbst wenn er nachträglich erklärt, dies alles nicht ernst gemeint zu haben (v. Pückler DJRT-Skriptum, 2003, 196).

63 Vertrauen und Offenheit sind als notwendige Grundlagen eines Prüfungsgesprächs dann gegeben, wenn der Prüfer die gebotene Leistung auch **kritisch würdigen** und schlechte Antworten als solche deutlich vorhalten kann. Die Grundsätze des fairen Verfahrens wären allerdings verletzt, wenn der Prüfer etwa die Prüfungsleistungen sarkastisch, spöttisch, höhnisch oder in ähnlich herabsetzender Form kommentieren würde (VGH Mannheim Urt. v. 5.3.1979 – VII 1004/77, nv). Auslachen des Prüflings auf Grund seiner Fehlleistung und herabsetzende Äußerungen mit Sarkasmus und Unsachlichkeit können den Prüfling verunsichern und negativ beeinflussen. Sein Recht auf ein faires Verfahren wäre verletzt (VGH Kassel Urt. v. 7.1.1988 – 3 UE 2123/86, BeckRS 1988, 113643; VG Münster Urt. v. 16.11.1984 – 1 K 2074/83, nv).

64 Zur Durchführung eines fairen Prüfungsverfahrens gehört, dass die Prüfungskommission einen möglichst **störungsfreien Prüfungsablauf** gewährleistet (v. Dörnberg, Die Anfechtung in der Jägerprüfung, 1991, S. 16). Leistungsmindernde Störungen liegen dann vor, wenn die Konzentration durch – vermeidbare oder abstellbare – Lärmimmissionen erheblich gestört wird. Solcher Lärm kann von außen kommen, zB Straßen-, Bau-, Schullärm (BVerwG Beschl. v. 11.11.1975 – VII B 72/74, NJW 1976, 905), aber auch von innen durch zB laute Gespräche während der Prüfung von anderen Prüflingen, ohne dass die Kommission einschreitet (VG Kassel Urt. v. 13.12.1973 – IV E 260/73, nv). Gegen allgemeine Bewertungsgrundsätze und damit gegen das Fairnessgebot wird verstoßen, wenn ein Prüfer den Prüfling nahezu während der gesamten Zeit nur zu einem Prüfungskomplex prüft, zu anderen gleichgewichtigen jedoch kaum (VG Regensburg Urt. v. 18.12.1975 – RO 96 II/75, nv).

65 Eine Prüfungsentscheidung kann auch wegen **Voreingenommenheit** eines Prüfers aufzuheben sein. Allerdings ist hier ein strenger Maßstab an-

zulegen. Nicht ausreichend ist es, dass der Prüfling aus seiner Sicht den Prüfer für befangen hält. Es muss vielmehr ein tatsächlicher Grund vorliegen, der bei distanzierter, objektiver Betrachtungsweise erhebliche Zweifel an der Objektivität des Prüfers begründen kann (v. Pückler WuH 2/1987, 51).

Befangenheit (§ 21 VwVfG) liegt vor bei Verwandtschaft/Verschwägerung oder auch bei enger wirtschaftlicher Abhängigkeit. Keine Befangenheit liegt hingegen vor, wenn der Prüfer den Prüfling in einer vorausgegangenen Prüfung mit nicht ausreichend bewertet hat. Anders als bei Richtern reicht es für eine Befangenheit des Prüfers nicht aus, wenn dieser im Vorfeld der Prüfung Dritten gegenüber Bemerkungen über die Fähigkeiten des Prüflings macht. Eine Befangenheit der Kommission liegt selbst dann nicht vor, wenn diese nach mehrfacher Korrektur die Bewertung in einem Sachgebiet schließlich auf 13,5 Punkte bei notwendigen 15 Punkten herabsetzt (VGH Kassel Urt. v. 23.11.1989 – 3 UE 156/85, BeckRS 1989, 109099). Andererseits hat das BVerwG entschieden (BVerwG Urt. v. 4.5.1999 – 6 C 13/98, NVwZ 2000, 915): „Eine Befangenheit der Prüfer kann sich aus der Art und Weise ihres Umgangs mit den eigenen Fehlern bei späteren Nachkorrekturen ergeben; sie liegt nicht nur vor, wenn sich die Prüfer von vornherein darauf festgelegt haben, ihre Benotung nicht zu ändern, sondern auch dann, wenn es ihnen an der Fähigkeit gebricht, eigene Fehler zu erkennen und einzuräumen." Ein Jagdpächter als Prüfer ist grundsätzlich nicht als befangen anzusehen (VGH Mannheim Beschl. v. 2.10.1998 – 5 S 1830-97, NVwZ-RR 1999, 291); ausgeschlossen kraft Gesetzes sind aber Angehörige und wirtschaftlich Abhängige (§ 20 VwVfG). Äußerungen eines Prüfers, die objektiv gesehen nicht mit einer Prüfungsleistung in Zusammenhang stehen, subjektiv bei einem Prüfling aber die Besorgnis auslösen können, der Prüfer werde nicht unparteiisch oder unvoreingenommen entscheiden, können zur Befangenheit führen. Dies kann der Fall sein, wenn ein Prüfer die „unangemessene Kleidung" eines Prüflings beanstandet (VG Magdeburg Urt. v. 19.9.2013 – 3 A 107/13, BeckRS 2013, 58152). **66**

Das Verhalten eines Prüfers in der mündlichen Prüfung kann ein Prüfling auch nach **Ende der Prüfung** beanstanden. Allerdings kann er Befangenheit nach der Prüfung nicht mehr geltend machen, wenn er den Grund bereits zwei Wochen vor der Prüfung erfahren hatte (VGH Kassel Urt. v. 7.1.1988 – 3 UE 1600/87, BeckRS 1988, 113642). **67**

Enthält die Prüfungsordnung bezüglich der Schießprüfung keine Vorgaben über einen **Mindestzeitraum** zwischen erster Prüfung und Wiederholungsschießen, so ist eine Erholungspause von fünf bis acht Minuten nicht zu beanstanden (OVG Münster Urt. v. 21.1.2002 – 14 A 369/01, BeckRS 2002, 18007). **68**

5. Protokollführung

Die Jägerprüfungsordnungen der Länder enthalten nicht durchgängig Regelungen zur Protokollierung der Prüfung. In Einzelfällen ist lediglich festgelegt, dass über Ergebnis und wesentlichen Hergang der Prüfung eine **Niederschrift** zu fertigen ist, die von den Ausschussmitgliedern zu unterzeichnen ist. Im Falle einer Anfechtung und demzufolge Überprüfung sind Schießergebnisse bzw. im schriftlichen Teil die Ergebnisse ohnehin dokumentiert. Eine geforderte Niederschrift bezieht sich auf den Verlauf der mündlichen Prüfung. Diesbezüglich enthält keine Prüfungsordnung genaue **69**

Vorgaben. Ein **Wortprotokoll** ist nicht erforderlich; es bedarf somit keiner genauen Dokumentation von Frage und Antwort. Es ist ausreichend, dass der Verlauf der Prüfung stichwortartig nachvollziehbar festgehalten wird (VGH Kassel Urt. v. 7.1.1988 – 3 UE 2283/84, HessVGRspr 1988, 59).

6. Anfechtung des Prüfungsergebnisses

70 Im Hinblick auf Prüfungsstoff und die Bewertung von Antworten und Prüfungsentscheidungen können Verwaltungsgerichte nur in **engen Grenzen Überprüfungen** vornehmen (ständige, auch obergerichtliche Rechtsprechung, zB VGH Kassel Urt. v. 23.11.1989 – 3 UE 156/85, BeckRS 1989, 109099).

71 Bei der Bewertung der einzelnen Prüfungsleistungen steht den Prüfern in fachlich-wissenschaftlicher Hinsicht ein **ausschließlicher Beurteilungsspielraum** zu, der gerichtlich nicht überprüft werden kann (VG Münster Urt. v. 12.12.1980 – 1 K 2368/79, RdL 1981, 123).

72 Die Bewertung erfolgt allein durch die weisungsunabhängigen Mitglieder des Prüfungsausschusses (VGH Kassel Urt. v. 7.1.1988 – 3 UE 155/85, BeckRS 1988, 113641). Auch bei der schriftlichen Prüfung steht dem Gericht nur ein **enger Bereich für Überprüfungen** der Beurteilung durch den Prüfer zu, so zB im Hinblick darauf, ob vergleichbare Antworten gleichwertig beurteilt wurden, ob allgemeingültige Wert- und Beurteilungsmaßstäbe beachtet und sachfremde Erwägungen vermieden wurden (VG Stade Urt. v. 22.11.1990 – 2 A 134/89, nv).

73 Auf Grund des Beurteilungsspielraumes des Prüfers ist das Gericht zu einer **eigenen Bewertung** nicht befugt (VGH Kassel Urt. v. 3.2.1989 – 3 UE 154/85, JE V Nr. 140; VG Stade Urt. v. 5.3.1986 – 2 VG A 77/85, nv). Eine Richtigkeitsprüfung von Fragen findet durch das Gericht nicht statt. Allein dem Prüfungsausschuss im Rahmen seines Beurteilungsspielraumes steht die Entscheidung zu, ob eine Prüfungsaufgabe geeignet ist oder nicht, fehlerfrei beantwortet wurde oder nicht (VGH Kassel Urt. v. 7.1.1988 – 3 UE 155/85, BeckRS 1988, 113641; OVG Münster Beschl. v. 21.11.2011 – 14 A 1899/10, BeckRS 2011, 56260).

74 Die **gerichtliche Überprüfung von Prüfungsentscheidungen** dehnen bayerische Verwaltungsgerichte teilweise etwas aus. So hat der VGH München entschieden: „Die schriftliche Jägerprüfung ist kein individueller Akt wertender Erkenntnis, die einer Überprüfung durch die Verwaltungsgerichte nicht oder nur in sehr beschränktem Umfang zugänglich ist. Bei der schriftlichen Jägerprüfung handelt es sich um eine vom Gericht nachvollziehbare Prüferleistung dahin, ob eine vom Prüfling auf dem Prüfungsfragebogen angegebene Antwort richtig oder falsch ist.“ (VGH München Urt. v. 22.6.1978 – 15 XIX 77, RdL 1979, 50). Ähnlich der VGH München in einer weiteren Entscheidung: „Bei der schriftlichen Jägerprüfung handelt es sich um eine vom Gericht nachvollziehbare Prüfungsleistung dahin, ob eine vom Prüfling auf dem Prüfungsfragebogen abgegebene Antwort richtig oder falsch ist. Wenn in von den Jagdbehörden in Bayern anerkannten Fachbüchern, wie Krebs und Blase, von der Musterlösung abweichende Auffassungen vertreten werden, kann es einem Prüfling grundsätzlich nicht als Fehler angerechnet werden, wenn er bei der Beantwortung von Prüfungsfragen diese Meinung ebenfalls vertritt. Fragen, die sich auf den Jagdbetrieb beziehen, können unter Verwendung weidmannssprachlicher Ausdrücke, die in der anerkannten Jagd-

literatur und in der Praxis gebräuchlich sind, gestellt werden." (VGH München Urt. v. 5.7.1979 – 19 B 327/79, BeckRS 1979, 2232). Ähnlich judizierte das VG Würzburg, das zusätzlich feststellte: „Ist eine Frage auslegungsfähig und lässt sie mehrere Möglichkeiten und zutreffende Antworten zu, dann muss auch eine dieser vom Prüfling gegebenen Antworten als richtig bewertet werden. Soll die Fragestellung nur eine einzige bestimmte Möglichkeit als richtige Antwort zulassen, dann ist die Frage so konkret und eindeutig zu formulieren, dass es zu keinerlei Missverständnissen und Auslegungszweifeln kommen kann." (VG Würzburg Urt. v. 16.11.1981 – W 5 K 80 A 1365, nv).

Zu Recht haben Gerichte ihre Überprüfungskompetenz angenommen bei 75 Prüfungsentscheidungen, die **Sicherheitsbelange der Allgemeinheit** berühren, also bei Fragen der Waffenhandhabung und deren Einsatz, insbesondere bei Verstößen gegen Sicherheitsbestimmungen. Schwerwiegende Mängel bei der Handhabung der Waffe schließen ein Bestehen der Prüfung aus; mangelhafte Leistungen im Umgang mit Waffen können durch bessere Ergebnisse in anderen Bereichen nicht ausgeglichen werden (OVG Lüneburg Urt. v. 2.2.1978 – III OVG A 216/76, nv). Sicherheitsfragen von besonderem Gewicht können bei falscher Beantwortung Anlass für das Nichtbestehen sein (VGH München 14.7.1993 – 19 CE 93.1849, nv; bestätigt durch Beschl. v. 30.3.2020 – 24 ZB 16.1710, 24 ZB 16.1711, BeckRS 2020, 6664 – geladenes Jagdgewehr im Auto bei Fahrt durchs Revier). Auch fehlende Kenntnisse im Bereich der Gefährdung der Gesundheit im Umgang mit Wildbret stellen Sicherheitsbelange der Allgemeinheit dar und können zum Nichtbestehen führen (VG Würzburg Urt. v. 19.2.2021 – W 9 K 20.921, BeckRS 2021, 20575). Unterlässt der Prüfling bei der praktischen Prüfung an der übernommenen Waffe die notwendige **Sicherheitsüberprüfung** (Waffe gesichert oder nicht gesichert), so kann dies als schwerwiegender Mangel bzgl. der sicheren Handhabung der Waffe gewertet werden, der zum Nichtbestehen der Prüfung führt (VGH München Urt. v. 21.6.2017 – 19 ZB 16/2254, BeckRS 2017, 115684).

Die Prüfung von **Leitsignalen** (die der Sicherheit dienen) ist zulässig. 76 Jedoch muss dabei einem Prüfling im Versagensfalle beim ersten Versuch die Chance einer Wiederholung gegeben werden (OVG Lüneburg Urt. v. 7.3.1996 – 3 L 2939/95, BeckRS 2005, 21650).

Anders als Verwaltungsgerichte hat eine Verwaltungsbehörde im Wider- 77 spruchsverfahren die Möglichkeit, eine Prüfungsentscheidung in der Weise zu korrigieren, dass sie die Prüfung für bestanden erklärt. Dies gilt allerdings nur dann, wenn sie damit nicht in die Beurteilungskompetenz des Prüfungsausschusses eingreift, sondern **Fehler im Verfahren** berichtigt, wie zB Änderung einer Fehlbeurteilung auf Grund eines Versehens, etwa beim Schießen oder der Punkteaddition.

Liegen objektive Verfahrensmängel vor, kann die Behörde die **Wieder-** 78 **holung** der Prüfung anordnen (VGH Mannheim Urt. v. 1.12.1983 – 5 S 1385/82, nv). Grundsätzlich ist mit der Eröffnung des Verwaltungsrechtsweges auch die Möglichkeit des einstweiligen Rechtsschutzes gegeben. Ist das Ziel jedoch das vorläufige Bestehen der Jägerprüfung bzw. die Anordnung einer vorläufigen Wiederholungsprüfung, lehnt die Rechtsprechung die Gewährung einstweiligen Rechtsschutzes ab mit der Begründung, dass es sich bei der Jagdausübung um eine Liebhaberei handelt (VGH Mannheim Urt. v. 9.4.1990 – 5 S 511/90, RdL 1990, 252; VGH München Urt. v. 5.7.1983 – 19 CE 83 A 1382, BayVBl 1984, 84).

79 Die Möglichkeit für ein Gericht, eine (negative) Entscheidung der Prüfungskommission zu überprüfen, entfällt dann, wenn sich das Ergebnis nicht rechnerisch exakt ermitteln lässt, sondern in den der Kommission zustehenden **Beurteilungsspielraum** fällt (VG Halle Urt. v. 12.8.2015 – 6 A 40/14, BeckRS 2015, 5420; s. auch VGH Kassel Urt. v. 7.1.1988 – 3 UE 155/85, BeckRS 1988, 113641). Bei einer rechnerischen Bewertung von Antworten können richtig gegebene relativiert werden bei gravierenden Unrichtigkeiten anderer Antworten; umfangreiche Hilfestellungen des Prüfers können zu einer Bewertung der Antworten mit nur teilweise richtig führen (VG Halle Urt. v. 12.8.2015 – 6 A 40/14, BeckRS 2015, 5420).

80 Mit Einlegung des Widerspruchs und einem Antrag auf Erlass einer **einstweiligen Anordnung** kann ein Bewerber gegen den Bescheid der Behörde, ihn nicht zu der Jägerprüfung zuzulassen, vorgehen.

IX. Jagdscheingebühr

81 Für die Erteilung eines Jagdscheins wird grundsätzlich eine Verwaltungsgebühr erhoben. Dieser Bereich liegt in der Hoheit der Länder, sie haben insoweit **Regelungsfreiheit.** Lediglich in § 15 Abs. 4 ist eine bindende Vorgabe vorhanden. Für Tagesjagdscheine an Ausländer dürfen – bei gewährleisteter Gegenseitigkeit – nur die Gebühren für Inländer erhoben werden. Aufgrund des unionsrechtlichen Diskriminierungsverbots müssen hinsichtlich der Gebühren EU-Ausländer den Inländern gleichgestellt werden. Die Höhe der Gebühr wird von den Ländern festgesetzt. Angehörige des diplomatischen und berufskonsularischen Corps genießen Gebührenfreiheit.

X. Jagdabgabe

82 Neben den Gebühren wird in allen Bundesländern eine Jagdabgabe erhoben. Die Länder können von ihrer Abweichungskompetenz nach Art. 73 Abs. 3 S. 1 Nr. 1 GG Gebrauch machen und Regelungen zur Jagdabgabe treffen (OVG Koblenz Urt. v. 15.2.2017 – 8 A 10578/16, BeckRS 2017, 159727). Dabei bestimmen sie auch die Höhe der Abgabe. Ihrer Rechtsnatur nach handelt es sich dabei um eine **Sondersteuer bzw. Umlage;** das Kostendeckungsprinzip gilt insoweit nicht. Die Jagdabgabe fließt nicht in den allgemeinen Haushalt und ist zweckgebunden. Entsprechend den landesrechtlichen Vorgaben werden die Mittel aus der Abgabe für Forschungszwecke, zur Förderung des Jagdwesens, für Biotopverbesserung, Unterstützung der Vereinigungen der Jäger, Betrieb von Lehrrevieren, Fortbildung der Jäger, Öffentlichkeitsarbeit für das Jagdwesen, Maßnahmen des Naturschutzes und der Landschaftspflege verwendet. Die Verteilung der Mittel erfolgt in den meisten Ländern durch die oberste Jagdbehörde. Haushalterische Gesichtspunkte sind dabei zu beachten; dem Rechnungshof kommt insoweit eine Überprüfungsbefugnis zu. In den Bestimmungen der Länder sind für bestimmte Personengruppen **Ermäßigungen** vorgesehen, wie Forstbedienstete, Berufsjäger, Kreisjägermeister, Sachkundige und Jagdberater.

§ 16 Jugendjagdschein

(1) **Personen, die das sechzehnte Lebensjahr vollendet haben, aber noch nicht achtzehn Jahre alt sind, darf nur ein Jugendjagdschein erteilt werden.**

(2) **Der Jugendjagdschein berechtigt nur zur Ausübung der Jagd in Begleitung des Erziehungsberechtigten oder einer von dem Erziehungsberechtigten schriftlich beauftragten Aufsichtsperson; die Begleitperson muß jagdlich erfahren sein.**

(3) **Der Jugendjagdschein berechtigt nicht zur Teilnahme an Gesellschaftsjagden.**

(4) **Im Übrigen gilt § 15 entsprechend.**

Ländervorschriften: → Rn. 3; → Rn. 10.

Übersicht

I. Erteilung und Versagung

Mit Vollendung des 16. Lebensjahres erreicht ein Jugendlicher die **„Jagdmündigkeit"**, allerdings mit Einschränkungen. Im Zeitpunkt der Erteilung des Jugendjagdscheins muss der Antragsteller 16 Jahre alt sein (sonst Versagungsgrund des § 17 Abs. 1 Nr. 1). Mit Vollendung des 18. Lebensjahres endet die Antragsmöglichkeit. Der Jugendjagdschein wird als Tages- oder Jahresjagdschein erteilt – oder auch als Falknerjagdschein –, und zwar nach bestandener Prüfung (§ 15). Ein Rechtsanspruch auf Erteilung besteht nicht: Nach § 17 Abs. 2 Nr. 1 kann der Jugendjagdschein versagt werden. Gründe können Entwicklungsverzögerungen oder nicht altersgerechte Reife sein. Im Rahmen ihrer Ermessensentscheidung kann die Behörde eine Stellungnahme des Jugendamts oder ein amts- bzw. fachärztliches Zeugnis einbeziehen. Ist jedoch ein Heranwachsender (18 bis 21 Jahre alt) in seiner Persönlichkeitsentwicklung einem Jugendlichen (unter 18 Jahre) gleichzustellen (§ 105 JGG), kann diesem ein Jugendjagdschein nicht erteilt werden; er hat Anspruch auf den „Erwachsenen"-Jagdschein. Die Erteilung eines Jugendjagdscheins setzt die Einwilligung des Sorgeberechtigten voraus. **1**

Der Jugendjagdschein verleiht seinem Inhaber zudem auch geringere Befugnisse als der Jagdschein iSv § 15 (VG Arnsberg Urt. v. 23.5.2016 – 8 K 3614/15, BeckRS 2016, 46867). So ist die Ausübung der Jagd nur in Begleitung eines Erziehungsberechtigten oder einer schriftlich beauftragten Aufsichtsperson (§ 16 Abs. 2) möglich. Dem Jugendlichen ist es darüber **1a** hinaus verboten, an einer Gesellschaftsjagd (§ 16 Abs. 3) teilzunehmen. Auch findet „im Übrigen" § 15 entsprechend Anwendung. Unter anderem erlangen dabei die Tragweite sowie der Geltungsbereich und die -dauer des Jahresjagdscheins nach § 15 Bedeutung (Lorz/Metzger Rn. 6).

II. Ausbildung

1. Waffenbesitz

2 Hinsichtlich der Ausbildung und Vorbereitung zur Jägerprüfung gibt es **jagdrechtlich keine Besonderheiten,** wohl aber **waffenrechtlich:** Jugendliche ab 14 Jahre dürfen auf Schießstätten im Rahmen der Ausbildung zum Jäger mit schriftlicher Einwilligung des Sorgeberechtigten und des Ausbildungsleiters mit Jagdwaffen schießen (§ 27 Abs. 5 WaffG). Unter diesen Voraussetzungen dürfen sie nicht schussbereite Jagdwaffen unter Aufsicht eines Ausbilders erwerben, besitzen und führen (§ 13 Abs. 8 WaffG). In der Ausbildung hat der Jugendliche die vom Sorgeberechtigten und Ausbildungsleiter unterschriebene Berechtigungsbescheinigung mit sich zu führen. Der Jugendjagdschein berechtigt im Allgemeinen nicht zum Erwerb und Besitz von Schusswaffen und Munition (§ 13 Abs. 7 S. 1 WaffG). Für die Dauer der Jagd und für jagdliches Übungs- oder Wettkampfschießen darf der Inhaber des Jugendjagdscheins Waffen und Munition erwerben und besitzen, Schusswaffen führen und damit schießen; im Zusammenhang damit kann er auch Schusswaffen nicht schussbereit führen (§ 13 Abs. 7 S. 2 WaffG).

2. Jägerprüfung

3 Hinsichtlich der Anmeldung und Zulassung zur Jägerprüfung haben die einzelnen Bundesländer unterschiedliche Mindestvoraussetzungen bezüglich des Alters statuiert. Bewerber müssen in:

- **Baden-Württemberg:** zum Zeitpunkt der schriftlichen Prüfung das 15. Lebensjahr vollendet haben (§ 6 Abs. 4 BWJPrO),
- **Bayern:** das 15. Lebensjahr vollendet haben (§ 6 Abs. 1 S. 1 Nr. 2 BayJFPO),
- **Berlin:** spätestens sechs Monate vor Beginn der Prüfung das 15. Lebensjahr vollendet haben (§ 4 Abs. 2 Nr. 2 BlnJFPrO),
- **Brandenburg:** vor Beginn der Prüfung das 16. Lebensjahr erreicht haben (§ 2 Abs. 7 Nr. 2 BbgJPO),
- **Bremen:** spätestens sechs Monate vor Beginn der Prüfung das 15. Lebensjahr vollendet haben (§ 4 Abs. 1 Nr. 2 BremJuFPrüfV),
- **Hamburg:** sechs Monate vor Beginn der Prüfung das 16. Lebensjahr vollendet haben (§ 4 Abs. 3 Nr. 1 HmbJägerPVO),
- **Hessen:** das 16. Lebensjahr bis zum 30. Juni vollendet haben, falls die Prüfung im ersten Halbjahr stattfindet, und bis zum 31. Dezember bei einer Prüfung im zweiten Halbjahr (§ 5 Abs. 3 HessJPrO),
- **Mecklenburg-Vorpommern:** sechs Monate vor Beginn der Prüfung das 15. Lebensjahr vollendet haben (§ 6 Abs. 1 S. 2 JägerPVO M-V),
- **Niedersachsen:** spätestens sechs Monate vor Beginn der Prüfung das 15. Lebensjahr vollendet haben (§ 3 Abs. 2 Nr. 1 NdsJFPVO),
- **Nordrhein-Westfalen:** bei Beginn der Prüfung das 15. Lebensjahr vollendet haben (§ 4 Abs. 2 Nr. 1 DVO LJG-NRW),

- **Rheinland-Pfalz:** zum Zeitpunkt der Antragstellung das 15. Lebensjahr vollendet haben (§ 25 Abs. 2 S. 2 RPLJVO),
- **Saarland:** bis zum Beginn der schriftlichen Prüfung das 15. Lebensjahr vollendet haben (§ 16 Abs. 10 SJGDV),
- **Sachsen:** zum Zeitpunkt des Meldeschlusses mindestens 15 Jahre alt sein (§ 13 Abs. 1 S. 1 SächsJagdVO),
- **Sachsen-Anhalt:** spätestens sechs Monate vor Beginn der Prüfung das 15. Lebensjahr vollendet haben (§ 5 Abs. 2 Nr. 1 SALJagdG-DVO),
- **Schleswig-Holstein:** zum Zeitpunkt der schriftlichen Prüfung das 15. Lebensjahr vollendet haben (§ 4 Abs. 3 Nr. 3 SchlHJPVO),
- **Thüringen:** bis zum Prüfungsbeginn das 15. Lebensjahr vollendet haben (§ 5 Abs. 1 S. 2 Nr. 1 ThürAPOJ).

In allen Bundesländern ist bei der Meldung zur Prüfung die **schriftliche Einwilligung** des gesetzlichen Vertreters notwendig. 3a

III. Teilnahme an der Jagd

1. Begleitperson

Der Inhaber eines Jugendjagdscheins darf die **Jagd nur in Begleitung** eines Erziehungsberechtigten oder einer von diesem schriftlich beauftragten Begleitperson ausüben (§ 16 Abs. 2). „Erziehungsberechtigte" sind die Sorgerechtsinhaber gem. § 1626 BGB. Sind mehrere Personen sorgeberechtigt, so ist die Begleitung eines Sorgeberechtigten ausreichend, wenn diesem die schriftliche Einwilligung des oder der anderen vorliegt (Mitzschke/Schäfer Rn. 2). Eine beauftragte Begleitperson muss volljährig sein, sie muss von sämtlichen Sorgeberechtigten beauftragt sein (Meyer-Ravenstein LSALJagdG Rn. 2). Der Auftrag kann für den Einzelfall oder allgemein erteilt werden. 4

Die Begleitperson muss **jagdlich erfahren** sein. Zweck dieser Auflage ist, dass eine jagdfachliche Aufsicht gewährleistet ist. Dieses Kriterium umfasst Jagdpraxis, Sicherheit sowie die einschlägigen Rechtsbestimmungen. Damit sind vorausgesetzt eine Jägerprüfung (ebenso Mitzschke/Schäfer Rn. 3; aA Meyer-Ravenstein LSALJagdG § 16 Rn. 3) und eine Jagdausübung über einen Zeitraum, der praktische Erfahrung vermittelt. Hierfür reichen ein Vorbereitungskurs und die bestandene Jägerprüfung nicht aus; die Jagdpachtfähigkeit iSd § 11 Abs. 5 ist jedoch nicht erforderlich. Die Begleitperson muss nicht aktuell Inhaber eines Jagdscheins sein. Sinn dieser Aufsicht ist es, den nicht volljährigen Jäger in der Jagdausübung zu beaufsichtigen und im Bedarfsfall steuernd oder verhindernd eingreifen zu können. Diese Funktion ist nur dann gewährleistet, wenn sich die Begleitperson in **unmittelbarer Nähe** des jungen Jägers aufhält, „erreichbare Nähe" ist nicht ausreichend. Der Begleiter darf die zu beaufsichtigende Person „nicht aus den Augen verlieren" (BayObLG Urt. v. 29.12.1961 – BWReg. 4 St 32/61, BayObLGSt 1961, 305). Die unmittelbare Nähe verlangt dabei auch, dass die Begleitperson und der Jäger durchweg sprachlich miteinander kommunizieren können (Meyer-Ravenstein LSALJagdG § 16 Rn. 4). 5

Ist der Begleitperson die Wiedererteilung (Verlängerung) des Jagdscheins nach §§ 17, 18, 41 verweigert bzw. der Schein entzogen oder ein Jagdverbot gem. § 41a auferlegt worden, so hat diese zwar jagdpolizeilich keine Erlaubnis zum Jagen, ihrer jagdpraktischen Erfahrung geht sie hingegen nicht verlustig. 6

Im Übrigen wird die **Eignung einer Aufsichtsperson** als Jagdbegleiter nicht in Form einer behördlichen Genehmigung überprüft.

7 Eine fehlende Eignung der Begleitperson kann jedoch allenfalls im Falle eines Ordnungswidrigkeitenverfahrens gem. § 39 Abs. 1 Nr. 4 relevant werden. Eine **ungeeignete Person ist keine Begleitperson** iSd § 16 Abs. 2 S. 1. Somit könnte der jugendliche Jäger eine Ordnungswidrigkeit gem. § 39 Abs. 1 Nr. 4 begangen haben, wenn er mit einer jagdlich unerfahrenen und somit ungeeigneten Begleitperson die Jagd ausübt.

2. Gesellschaftsjagd

8 Der Jugendjagdschein berechtigt **nicht** zur **Teilnahme** als Schütze an einer **Gesellschaftsjagd.** Den Begriff der Gesellschaftsjagd legt das Gesetz indes nicht fest, im Gegensatz zu einigen Landesjagdgesetzen (vgl. → Rn. 10). Mit dieser Regelung soll eine Gefahrenerhöhung durch Teilnahme eines Jägers verhindert werden, die möglicherweise auf Grund seiner unausgereiften Persönlichkeit, nicht hinreichend kontrollierter Aufgeregtheit, mangelnder Ruhe und Besonnenheit und eventueller Schusshitzigkeit bei der Vielzahl der Teilnehmer entstehen könnte. Solche Gefahren können auftreten bei Such-, Drück- oder Treibjagden, nicht aber bei gemeinsamem Abendansitz oder beim Entenstrich; die letztgenannten Jagdarten fallen daher auch nicht unter den Begriff „Gesellschaftsjagd". Hingegen sind die in zunehmendem Maße durchgeführten **„Maisjagden"** – mehrere Schützen sind um einen großen Maisschlag abgestellt, Treiber und Hundeführer drücken das Feld durch – sehr wohl als Gesellschaftsjagd zu werten.

9 Der junge Jäger darf jedoch an einer Gesellschaftsjagd bei **jagdscheinfreien Tätigkeiten** mitwirken – als Treiber, Hundeführer oder Jagdhelfer.

10 Den **Begriff „Gesellschaftsjagd"** haben die **Bundesländer** in ihren Jagdgesetzen teilweise unterschiedlich definiert, teilweise jedoch überhaupt nicht erfasst. Die Regelungen sind im Einzelnen wie folgt ausgestaltet:

- **Baden-Württemberg:** Das JWMG enthält keine Regelung zur „Gesellschaftsjagd".
- **Bayern:** „Mehr als vier Personen" (Art. 30 Abs. 2 BayJG), wobei keine Unterscheidung nach der Art der Tätigkeiten vorgenommen wird.
- **Berlin:** Im LJagdG Bln ist keine Regelung enthalten. In den Jagdnutzungsvorschriften der Berliner Forsten ist unter Punkt 8.3 insoweit festgelegt: „Einzeljagd", wenn nicht mehr als drei Schützen und keine Treiber beteiligt sind, alle anderen Jagdarten sind Gesellschaftsjagden.
- **Brandenburg:** Das BbgJagdG enthält keine Regelung zur „Gesellschaftsjagd".
- **Bremen:** Das BremLJagdG enthält keine Regelung zur „Gesellschaftsjagd".
- **Hamburg:** Das HmbJagdG enthält keine Regelung zur „Gesellschaftsjagd".
- **Hessen:** Das HJagdG enthält eine eindeutige Definition im Gesetz: „Gesellschaftsjagden sind Formen gemeinschaftlichen Jagens, die von mindestens vier Jagdscheininhabern ausgeübt werden und bei denen die Jagdausübung aufeinander abgestimmt ist und in einem räumlichen Zusammenhang steht" (§ 18 Abs. 2 HJagdG).
- **Mecklenburg-Vorpommern:** Das MVLJagdG enthält eine – wenig praxistaugliche – Regelung bezüglich der Gesellschaftsjagd (§ 19a MVLJagdG:

„mindestens vier Personen, die einen Jagdschein innehaben, und bei denen die Jagdausübung aufeinander abgestimmt ist und in einem räumlichen Zusammenhang steht"); näher hierzu Rn. 11a.
- **Niedersachsen:** Das NJagdG definiert eine „Gesellschaftsjagd" als eine Jagd, „an der mehr als drei zusammenwirkende Schützinnen oder Schützen teilnehmen" (§ 22 Abs. 1 S. 2 NJagdG).
- **Nordrhein-Westfalen:** Abgestellt wird darauf, dass mehr als vier Personen jagdlich zusammenwirken. Erfasst sind damit alle Teilnehmer, gleich ob Schützen, Treiber oder Ähnliches (§ 17a LJG-NRW).
- **Rheinland-Pfalz:** Das RPLJG enthält keine Definition oder Regelung der „Gesellschaftsjagd".
- **Saarland:** Das SJG legt Zahl und Betätigung fest: „mehr als vier Personen, die Jagd als Schützen ausüben"; auch hier werden Treiber usw zahlenmäßig nicht erfasst (§ 16 Abs. 1 SJG).
- **Sachsen:** Auch hier gelten Jagden, „bei denen mehr als vier Jäger zusammenwirken", als Gesellschaftsjagden (§ 1 Abs. 5 SächsJagdG).
- **Sachsen-Anhalt:** Das LSALJagdG enthält keine Definition oder Regelung der „Gesellschaftsjagd".
- **Schleswig-Holstein:** Auch dieses Bundesland hat in seinem LJagdG keine Regelung getroffen.
- **Thüringen:** Hier sind Zahl und Tätigkeit festgelegt: „mehr als vier Jagdausübende", mithin Schützen (§ 30 Abs. 1 ThJG).

11 Die Durchführung einer Gesellschaftsjagd erfordert zwingend die Bestellung eines **Jagdleiters,** die Sicherheitsbelehrung, eine Einweisung und die Kontrolle der Jagdscheine. Zum Begriff der „Gesellschaftsjagd" iSv § 16 Abs. 3 wurden und werden in der Lit. unterschiedliche Abgrenzungen vorgenommen. In denjenigen Ländern, die in ihrem Jagdgesetz eine Festlegung auf die Zahl der Teilnehmer und eventuell eine Unterscheidung nach Tätigkeiten vorgenommen haben (vgl. → Rn. 11), sind diese Grundlage der Kommentierungen (wie Bayern, Hessen, Saarland), in Ländern ohne Festlegung greift man auf § 25 Abs. 2 RJG-Ausführungsverordnung zurück. Darin war festgelegt, dass eine Gesellschaftsjagd dann gegeben ist, wenn außer dem Jugendlichen und seiner Begleitperson mehr als zwei Personen (als Schützen) teilnehmen; nicht eingerechnet werden Treiber und Jagdhelfer (Rühling/Selle Nr. 3; Mitzschke/Schäfer Rn. 6; Lorz/Metzger Rn. 4; v. Pückler, Der Jäger und sein Recht, 3. Aufl. 1996, S. 108); nicht auf eine bestimmte Zahl stellt Meyer-Ravenstein ab (Meyer-Ravenstein LSALJagdG § 16 Rn. 5). Bei der Gesamtzahl „vier" ist davon auszugehen, dass die Begleitperson ebenfalls Schütze ist, was nicht notwendigerweise der Fall sein muss. Hinzu kommt, dass diese dann nicht uneingeschränkt der „Überwachungsaufgabe" hinsichtlich des Jugendlichen nachkommen könnte. In jener Definition fehlt zudem das **Kriterium des Zusammenwirkens,** der zeitlichen und räumlichen Abstimmung, die begriffsnotwendig zur „Gesellschaftsjagd" gehören. Für eine angemessene Festlegung der Inhalte des Begriffs „Gesellschaftsjagd" ist zum einen davon auszugehen, dass die Sicherheit aller Beteiligten nicht mehr als unvermeidbar beeinträchtigt wird durch Teilnahme eines „ungeeigneten" jugendlichen Schützen. Zum anderen ist es geboten, die Grenzen nicht zu eng und kleinlich festzulegen, zumal bei dem heutigen Ausbildungsstandard und dem allgemeinen Entwicklungsstand Jugendlicher in Bezug auf soziale Verantwortung das mögliche Gefahrenpotenzial gering einzuschätzen ist. Auf dieser Grundlage in Verbindung mit den üblichen Gepflogenheiten bei der Durchführung von Gesellschaftsjagden ist **folgende Festlegung** geboten: **Mindestens vier Schützen** unabhängig von der Zahl der sonstigen Teilnehmer jagen im **räumlichen und zeitlichen Zusammenhang** unter einer **Jagdleitung.**

11a Wenig durchdacht, geschweige denn praxisgerecht und letztlich ein Beispiel für schlechte Gesetzgebung ist die Regelung in **§ 19a MVLJagdG,** wonach eine Gesellschaftsjagd eine Form gemeinschaftlichen Jagens ist, die von mindestens vier Personen, die einen Jagdschein innehaben, ausgeübt wird und bei denen die Jagdausübung aufeinander abgestimmt ist und in einem räumlichen Zusammenhang steht. Deutlich wird dies an folgendem Beispiel, bei dem **vier Personen** die Jagd iSv § 1 Abs. 4 ausüben, nämlich zum einen als Erleger, zum anderen als dem Wild nachstellende Treiber und damit gleichfalls die Jagd ausübende Personen (vgl. zum Zutreibenlassen durch Treiber als Jagdausübung Meyer-Ravenstein NJagdG § 1 Rn. 44): Sitzt ein Vater an und treiben ihm seine drei Söhne, die Jagdscheininhaber sind, das Wild zu, so handelt es sich ausweislich der gesetzlichen Regelung um eine Gesellschaftsjagd. Sind von den drei Söhnen hingegen nur zwei Jagdscheininhaber, so liegt in derselben Konstellation keine Gesellschaftsjagd vor. Dass aufgrund dieser gesetzlichen Ausgestaltung das Vorliegen einer Gesellschaftsjagd letztlich von Zufälligkeiten abhängen kann, blieb dem Gesetzgeber offensichtlich verborgen. Warum dieser bei der Neufassung der Norm nicht den überkommenen und sachlich naheliegenderen Begriff des Schützen gewählt hat, mit dem solche sachwidrigen Ergebnisse vermieden werden könnten, bleibt offen.

12 Hat ein Inhaber eines Jugendjagdscheins während dessen Gültigkeitsdauer das **18. Lebensjahr vollendet,** darf er dennoch nicht an einer Gesellschaftsjagd teilnehmen. Dies ist ihm erst dann gestattet, wenn ihm ein regulärer Jagdschein erteilt wurde. Gleiches gilt für die sonstigen mit dem Jugendjagdschein verbundenen Einschränkungen. Mit der Vollendung des 18. Lebensjahres verwandelt sich der Jugendjagdschein mithin nicht automatisch in einen allgemeinen Jagdschein.

IV. Waffenrecht

13 Grundsätzlich lässt das Waffenrecht den Umgang mit Waffen und Munition nur für Personen ab dem 18. Lebensjahr zu (§ 2 Abs. 1 WaffG); ebenso setzen waffenrechtliche Erlaubnisse dieses **Mindestalter** voraus (§ 4 Abs. 1 Nr. 1 WaffG). **Ausnahmen** lässt das Waffengesetz zu für Kinder ab zwölf Jahren für sportliche Betätigungen (§ 27 Abs. 3, 4 WaffG) und für Jugendliche ab dem 14. Lebensjahr in der Ausbildung zum Jäger (§ 27 Abs. 5 WaffG). Dieser Personenkreis darf im Rahmen der Ausbildung mit für die Jagdausübung zulässigen Waffen auf dem Schießstand schießen – und dort entsprechend Waffen und Munition vorübergehend („erwirbt eine Waffe oder Munition, wer die tatsächliche Gewalt darüber hat", WaffG Anl. 1 A2 Nr. 1) erwerben. Voraussetzung ist allerdings die schriftliche Einverständniserklärung von Sorgeberechtigten und Ausbildungsleitern, die mitzuführen ist. Ein Verstoß gegen diese Pflichten stellt eine Ordnungswidrigkeit dar (§ 53 Abs. 1 Nr. 14 WaffG).

14 **Erwerb und Besitz von Jagdwaffen und Munition** durch den Inhaber eines Jugendjagdscheines ist nicht zulässig (§ 13 Abs. 7 S. 1 WaffG). Jedoch darf dieser zur Ausübung der Jagd und zum jagdlichen Schießtraining, ein-

schließlich Wettkämpfen, Waffen und Munition erwerben und besitzen, die entsprechenden Schusswaffen führen und damit schießen. Im Zusammenhang damit darf der Jugendliche die Jagdwaffen auch – nicht schussbereit – führen (§ 13 Abs. 7 S. 2 WaffG).

V. Ordnungswidrigkeiten

Verstößt der Inhaber eines Jugendjagdscheins gegen **Beschränkungen** des § 16, so begeht er eine Ordnungswidrigkeit. Ebenso begeht er einen Rechtsverstoß, wenn er die Jagd ausübt in Begleitung einer Person, die dafür die gesetzlichen Voraussetzungen nicht erfüllt. Eine solche Begleitperson kann unter Umständen wegen Anstiftung oder Beihilfe zu der Ordnungswidrigkeit belangt werden (§ 14 OWiG). 15

Die Jagdausübung **ohne Begleitperson** wird gem. § 39 Abs. 1 Nr. 4 als Ordnungswidrigkeit geahndet. Die unerlaubte Teilnahme an einer Gesellschaftsjagd ist zwar nicht ausdrücklich bei den Ordnungswidrigkeitstatbeständen aufgeführt; eine in der Lit. vertretene Meinung hält jedoch § 39 Abs. 2 Nr. 1 für anwendbar (so zB Lorz/Metzger Rn. 7). Da der Jugendliche für die Gesellschaftsjagd keinen gültigen Jagdschein hat, begeht er mit seiner Teilnahme demnach einen Verstoß gegen jene Bestimmung (so zB Mitzschke/Schäfer Rn. 8; Meyer-Ravenstein NJagdG § 16 Rn. 8). 16

Begeht der Inhaber eines Jugendjagdscheins eine jagd- oder waffenrechtlich relevante Straftat, so wird er nach den Regeln des **Jugendstrafrechts** behandelt. Erfüllt er hingegen den Tatbestand einer Ordnungswidrigkeit, so unterliegt er den Regeln des OWiG wie ein Erwachsener. Allerdings muss die Verantwortlichkeit iSd § 3 JGG vorliegen (§ 12 OWiG). Fehlt diese, wäre der Jugendjagdschein gem. § 17 Abs. 2 Nr. 1 zu versagen. Bei Tatmehrheit im OWi-Bereich werden auch bei Jugendlichen mehrere Geldbußen festgesetzt (§ 20 OWiG). Im Falle eines Einspruchs gegen den Bußgeldbescheid ist die anschließende Verhandlung vor dem Jugendrichter nicht öffentlich (§ 48 JGG). Bei der Bemessung der Geldbuße gelten die allgemeinen Regeln des § 17 OWiG, gem. Abs. 3 können jedoch die besonderen wirtschaftlichen Verhältnisse des Jugendlichen berücksichtigt werden, soweit die Ordnungswidrigkeit nicht geringfügig ist. 17

§ 17 Versagung des Jagdscheines

(1) [1] **Der Jagdschein ist zu versagen**

1. **Personen, die noch nicht sechzehn Jahre alt sind;**
2. **Personen, bei denen Tatsachen die Annahme rechtfertigen, daß sie die erforderliche Zuverlässigkeit oder körperliche Eignung nicht besitzen;**
3. **Personen, denen der Jagdschein entzogen ist, während der Dauer der Entziehung oder einer Sperre (§§ 18, 41 Abs. 2);**
4. **Personen, die keine ausreichende Jagdhaftpflichtversicherung (fünfhunderttausend Euro für Personenschäden und fünfzigtausend Euro für Sachschäden) nachweisen; die Versicherung kann nur bei einem Versicherungsunternehmen mit Sitz in der Europäischen Union oder mit Niederlassung im Geltungsbereich des Versicherungsaufsichtsgesetzes genommen werden; die Länder können den Abschluß einer Gemeinschaftsversicherung ohne Beteiligungszwang zulassen.**

[2] Fehlen die Zuverlässigkeit oder die persönliche Eignung im Sinne der §§ 5 und 6 des Waffengesetzes, darf nur ein Jagdschein nach § 15 Abs. 7 erteilt werden.

(2) Der Jagdschein kann versagt werden

1. Personen, die noch nicht achtzehn Jahre alt sind;
2. Personen, die nicht Deutsche im Sinne des Artikels 116 des Grundgesetzes sind;
3. Personen, die nicht mindestens drei Jahre ihren Wohnsitz oder ihren gewöhnlichen Aufenthalt ununterbrochen im Geltungsbereich dieses Gesetzes haben;
4. Personen, die gegen die Grundsätze des § 1 Abs. 3 schwer oder wiederholt verstoßen haben.

(3) Die erforderliche Zuverlässigkeit besitzen Personen nicht, wenn Tatsachen die Annahme rechtfertigen, daß sie

1. Waffen oder Munition missbräuchlich oder leichtfertig verwenden werden;
2. mit Waffen oder Munition nicht vorsichtig und sachgemäß umgehen und diese Gegenstände nicht sorgfältig verwahren werden;
3. Waffen oder Munition an Personen überlassen werden, die zur Ausübung der tatsächlichen Gewalt über diese Gegenstände nicht berechtigt sind.

(4) Die erforderliche Zuverlässigkeit besitzen in der Regel Personen nicht, die

1. a) wegen eines Verbrechens,
   b) wegen eines vorsätzlichen Vergehens, das eine der Annahmen im Sinne des Absatzes 3 Nr. 1 bis 3 rechtfertigt,
   c) wegen einer fahrlässigen Straftat im Zusammenhang mit dem Umgang mit Waffen, Munition oder Sprengstoff,
   d) wegen einer Straftat gegen jagdrechtliche, tierschutzrechtliche oder naturschutzrechtliche Vorschriften, das Waffengesetz, das Gesetz über die Kontrolle von Kriegswaffen oder das Sprengstoffgesetz

   zu einer Freiheitsstrafe, Jugendstrafe, Geldstrafe von mindestens 60 Tagessätzen oder mindestens zweimal zu einer geringeren Geldstrafe rechtskräftig verurteilt worden sind, wenn seit dem Eintritt der Rechtskraft der letzten Verurteilung fünf Jahre nicht verstrichen sind; in die Frist wird die Zeit eingerechnet, die seit der Vollziehbarkeit des Widerrufs oder der Rücknahme eines Jagdscheines oder eines Waffenbesitzverbotes nach § 41 des Waffengesetzes wegen der Tat, die der letzten Verurteilung zugrunde liegt, verstrichen ist; in die Frist nicht eingerechnet wird die Zeit, in welcher der Beteiligte auf behördliche oder richterliche Anordnung in einer Anstalt verwahrt worden ist;
2. wiederholt oder gröblich gegen eine in Nummer 1 Buchstabe d genannte Vorschrift verstoßen haben;
3. geschäftsunfähig oder in der Geschäftsfähigkeit beschränkt sind;
4. trunksüchtig, rauschmittelsüchtig, geisteskrank oder geistesschwach sind.

(5) [1] Ist ein Verfahren nach Absatz 4 Nr. 1 noch nicht abgeschlossen, so kann die zuständige Behörde die Entscheidung über den Antrag auf Erteilung des Jagdscheines bis zum rechtskräftigen Abschluß des Verfahrens aussetzen. [2] Die Zeit der Aussetzung des Verfahrens ist in die Frist nach Absatz 4 Nr. 1 erster Halbsatz einzurechnen.

(6) **Sind Tatsachen bekannt, die Bedenken gegen die Zuverlässigkeit nach Absatz 4 Nr. 4 oder die körperliche Eignung nach Absatz 1 Nr. 2 begründen, so kann die zuständige Behörde dem Beteiligten die Vorlage eines amts- oder fachärztlichen Zeugnisses über die geistige und körperliche Eignung aufgeben.**

Ländervorschriften: § 26 Abs. 4, 5 JWMG, §§ 66 f. JWMG, § 18 DVO JWMG; Art. 28 Abs. 2, 3 BayJG, Art. 56 BayJG, §§ 20, 50 LJagdG Bln; §§ 24 Abs. 2–4BbgJagdG, §§ 60 f. BbgJagdG; Art. 19 Abs. 1, 2, 5 BremLJagdG, Art. 41 BremLJagdG; §§ 16, 30 HmbJagdG; §§ 15, 42 HJagdG; §§ 15, 41 MVLJagdG; § 41 NJagdG; § 22 Abs. 5 LJG-NRW, § 55 LJG-NRW; § 20 Abs. 1 RhPfLJG, §§ 47–50 RhPfLJG; § 14 Abs. 2 SJG, §§ 14, 49 SJG; § 37 SächsJagdG, § 22 SächsJagdVO; §§ 43, 44, 46 LSAL-JagdG; § 37 SchlHLJagdG; § 26 Abs. 3–5 ThJG, §§ 56–58 ThJG, § 32 ThJGAVO.

Relevante Vorschriften des Waffenrechts: §§ 4–10, 36, 41, 45 WaffG; AWaffV; WaffVwV.

Übersicht

I. Allgemeines

1 Nach bestandener Jägerprüfung hat ein Bewerber grundsätzlich einen **Rechtsanspruch** auf Erteilung eines Jagdscheins (§ 15). Dies gilt jedoch dann nicht, wenn in seiner Person Gründe vorliegen, die im Gesetz abschließend als Versagungsgründe festgelegt sind. Zwar stellt das für die Erteilung des Jagdscheins erforderliche Prüfungszeugnis über die bestandene Jägerprüfung einen Verwaltungsakt dar und ist zeitlich unabhängig von der Erteilung des Jagdscheins, da es nicht verfällt (VG Saarlouis Urt. v. 27.4.2022 – 5 K 1105/20, BeckRS 2022, 46847); indes besteht kein Anspruch auf Erteilung des Prüfungszeugnisses, wenn bereits vor Ablegen der Prüfung Gründe vorlagen, die zur Nichtzulassung des Kandidaten geführt hätten, insbesondere wenn die Zulassung zur Prüfung auf wahrheitswidrigen Angaben seitens des Kandidaten beruht (so auch VG Saarlouis Urt. v. 27.4.2022 – 5 K 1105/20, BeckRS 2022, 46847). Näher → § 15 Rn. 1 ff.

1a § 17 gliedert sich in **zwingende Versagungsgründe** (Abs. 1) und Versagungsgründe, die im **Ermessen der Behörde** liegen (Abs. 2). Mit Blick auf die Zuverlässigkeit iSd § 17 Abs. 1 Nr. 2 Alt. 1 ist zwischen den zwingenden unwiderlegbaren Gründen (Abs. 3) und den Regelvermutungen (Abs. 4) – mithin den widerlegbaren Gründen – zu differenzieren. Abs. 5 und 6 sind Verfahrensvorschriften, nach denen die zuständige Behörde das Verfahren aussetzen (Abs. 5) oder ein amts- bzw. fachärztliches Zeugnis verlangen kann (Abs. 6).

2 Die Versagung des Jagdscheins stellt einen **belastenden Verwaltungsakt** dar (§ 35 S. 1 VwVfG). Beabsichtigt die Behörde, eine solche Entscheidung zu treffen, so hat sie **rechtliches Gehör** zu gewähren (§ 28 VwVfG); dies kann mündlich oder schriftlich erfolgen. Der Bewerber muss sich indes nicht äußern.

3 Der **Ablehnungsbescheid** ist dem Bewerber bekanntzugeben. Eine solche Bekanntmachung kann durch förmliche Zustellung erfolgen oder mündlich bei der Behörde. In diesem Falle ist der Vorgang aktenkundig zu machen. Der Bescheid muss mit einer **ausführlichen Begründung** versehen sein, die im Falle eines Verwaltungsstreitverfahrens dem Gericht die Möglichkeit gibt, die Behördenentscheidung zu überprüfen.

4 Mit dem auf die Bekanntmachung folgenden Tag beginnt die einmonatige Rechtsmittelfrist zu laufen (§ 70 Abs. 1 VwGO). Eine **Sperrfrist** wird mit Erlass des Bescheides nicht in Gang gesetzt. Somit bleibt es dem Bewerber möglich, nach rechtskräftigem Abschluss des Verfahrens erneut einen Antrag auf Erteilung des Jagdscheins zu stellen, falls nach seiner Ansicht Versagungsgründe nicht mehr vorliegen. Die Behörde hat dann darüber neu zu entscheiden.

5 Unzulässig ist es, im Versagungsbescheid eine Sperrfrist anzuordnen. Diese Möglichkeit nach § 18 S. 3 im Falle der nachträglichen Entziehung ist nicht zu übertragen auf eine Versagung nach § 17 (BVerwG Urt. v. 22.4.1982 – 3

C 35.81, BeckRS 1982, 31323436). Nach dieser Entscheidung ist es der Behörde aber möglich, den Bewerber darauf **hinzuweisen,** dass er gemäß der Regelvermutung innerhalb der nächsten fünf Jahre nicht mit einer Erteilung rechnen kann.

Grundsätzlich sind die Eingriffsrechte der Behörde zur Versagung/Entziehung des Jagdscheins innerhalb der Fünfjahresfrist nach einer relevanten strafrechtlichen Verurteilung durch Zeitablauf **nicht verwirkbar** (VGH Mannheim Urt. v. 14.3.1986 – 5 S 1437/85, BWVPr 1986, 230). 6

Die Behörde wird aber aus Zweckmäßigkeitsgründen und Gesichtspunkten der Verhältnismäßigkeit im Rahmen ihres Ermessens prüfen, ob eine versagende Entscheidung auch dann noch zu treffen ist, wenn der **Zeitraum** zwischen der **Rechtskraft** der Entscheidung und deren **Kenntnisnahme** durch die Behörde so kurz ist, dass nur noch eine geringe „Restlaufzeit" der Fünfjahressperre gegeben ist. Liegt diese bei höchstens einem Jahr, so kann im Falle eines Verwaltungsstreitverfahrens eine rechtskräftige Entscheidung möglicherweise erst nach Ablauf dieser Frist eintreten, wenn nicht bereits vorher im Erörterungstermin (§ 87 VwGO) ein Vergleich erzielt und die Hauptsache für erledigt erklärt wird (§ 161 Abs. 2 VwGO). Bei einer solchen Ermessensentscheidung wird die Behörde sowohl die zugrundeliegende Tat als auch die Gesamtumstände einer jagdrechtlich relevanten Prüfung unterziehen. 7

Allerdings stellt sich in diesem Zusammenhang das **waffenrechtliche Problem** aus § 45 Abs. 5 WaffG. Wird nämlich von der Waffenbehörde die Waffenbesitzkarte widerrufen, unabhängig von der „Restlaufzeit", so haben Widerspruch und Anfechtungsklage keine aufschiebende Wirkung. Eine entsprechende Regelung enthält das BJagdG nicht; hier müsste Sofortvollzug ausdrücklich angeordnet werden. In der Arbeit der Behörden wird jedoch üblicherweise über die **Mitteilungspflichten** des § 18a hinaus in solchen Fällen Einvernehmen zwischen Jagd- und Waffenbehörde in der Behandlung des jeweiligen Falles hergestellt. Dadurch werden unterschiedliche Entscheidungen vermieden. 8

Eine waffenrechtliche Erlaubnis setzt das Vorhandensein eines Bedürfnisses voraus (§ 4 Abs. 1 Nr. 4 WaffG). Das Gesetz privilegiert den Jäger insoweit, als es grundsätzlich bei ihm ein solches anerkennt (§ 8 Nr. 1 WaffG). Hat der Waffenbesitzer jedoch seit vielen Jahren keinen Jagdschein mehr gelöst, besteht kein **privilegiertes Bedürfnis** mehr, auch dann nicht, wenn er als sog. Auslandsjäger einen solchen nicht für notwendig erachtet (VG Minden Urt. v. 29.11.2016 – 8 K 1965/16, BeckRS 2016, 55361). Gemäß der Ermessensvorschrift des § 45 Abs. 3 S. 1 WaffG kann bei vorübergehendem oder auch endgültigem Wegfall des Bedürfnisses von einem Widerruf abgesehen werden (Gade WaffG § 45 Rn. 7; Heller/Soschinka/Rabe, Waffenrecht, 4. Aufl. 2020, Rn. 988; vgl. auch in Bayern IMS v. 3.12.2003, ID5–2131.54-12, zitiert in VG München Urt. v. 13.1.2016 – M 7 K 14.4728, BeckRS 2016, 46382). 9

II. Zwingende Versagungsgründe (Abs. 1)

§ 17 Abs. 1 listet diejenigen Gründe auf, die zwingend die Versagung des Jagdscheins bedingen; die Behörde hat insoweit keinen Spielraum. 10

1. Fehlendes Mindestalter

11 Am Tage der Erteilung muss der jugendliche Antragsteller das **sechzehnte Lebensjahr vollendet** haben. Verschiedene Landesjagdgesetze lassen die Ablegung der Jägerprüfung noch vor Vollendung des sechzehnten Lebensjahres zu (→ § 16 Rn. 3); nach bestandener Prüfung kann der Bewerber den Antrag auf Erteilung des Jagdscheins mit den notwendigen Unterlagen auch vor Vollendung des sechzehnten Lebensjahres einreichen. Die Behörde hat dann jedoch mit der Erteilung zuzuwarten bis zum Stichtag Geburtstag. Für die Berechnung des Lebensalters ist § 187 Abs. 2 S. 2 BGB ausschlaggebend. Ein Jugendlicher im Alter zwischen sechzehn und achtzehn Jahren erhält den **Jugendjagdschein.**

2. Fehlen von Zuverlässigkeit und körperlicher Eignung (Abs. 1 S. 1 Nr. 2)

12 Die Ablehnung eines Antrags ist bereits dann gerechtfertigt, wenn nachprüfbare Tatsachen die Annahme des **Fehlens der Voraussetzungen** hinreichend zu rechtfertigen vermögen. Es bedarf dabei nicht einer vollen Überzeugung, wie dies für ein Gerichtsurteil notwendig ist (Meyer-Ravenstein NJagdG § 17 Rn. 6). Nicht ausreichend sind indes bloße Mutmaßungen und Gerüchte.

13 **a) Fehlende Zuverlässigkeit.** In § 17 Abs. 3 und 4 sind die Gründe fehlender Zuverlässigkeit iSd Jagdrechts aufgelistet. Aber auch **allgemeines Fehlverhalten** kann zu einer begründeten Annahme jagdrechtlicher Unzuverlässigkeit führen. Dies ist zB dann der Fall, wenn eine Vielzahl sonstiger Vorfälle – außerhalb der Auflistung in § 17 Abs. 3 und 4 – Hinweise auf eine besondere Verantwortungslosigkeit ergeben (OVG Lüneburg Urt. v. 17.4.1998 – 2 L 49/97, BeckRS 1998, 17043).

14 Eine solchermaßen relevante Unzuverlässigkeit muss einen Bezug zur Jagdausübung haben und eine dadurch bedingte Risikoerhöhung bedeuten; **allgemein menschliche Unzuverlässigkeit** (etwa durch Werteverletzung) reicht dafür nicht aus. Die Beweislast hinsichtlich der Tatsachen, die eine zukünftige Unzuverlässigkeit begründen sollen, trägt die jeweilige Behörde (VGH München Beschl. v. 18.12.2001 – 21 ZS 01.1719, BeckRS 2001, 15203); bei hinreichendem Nachweis entsprechender Tatsachen ist es Aufgabe des Betroffenen, seine Zuverlässigkeit – trotz entgegenstehender Tatsachen – zu beweisen (OVG Koblenz Beschl. v. 8.1.2018 – 7 B 11798/17, BeckRS 2018, 9909).

15 **b) Einstellung des Verfahrens.** Fehlende Zuverlässigkeit kann auch angenommen werden, wenn zwar Straftatbestände aus dem Katalog gem. § 17 Abs. 3, 4 vorlagen und Anklage erhoben war, es jedoch nicht zu einer Verurteilung kam, weil das Gericht das **Verfahren** gem. §§ 153, 153a, 154 Abs. 2 StPO, §§ 45, 47 JGG **eingestellt** hat. Ein geringer strafrechtlicher Schuldvorwurf schließt die Annahme einer jagdrechtlichen Unzuverlässigkeit nicht eo ipso aus. Allerdings muss hier ein jagd-/waffenrechtlicher Bezug von erheblicher Bedeutung bestehen; zudem ist die Behörde gehalten, besonders sorgfältig die Gesamtumstände, insbesondere die Schwere der Tat einschließlich der Persönlichkeit des Bewerbers, zu prüfen. Die Einstellung gem. § 153a StPO zieht kein Verwertungsverbot nach sich (BVerwG Urt. v. 26.3.1996 –

1 C 12/95, NJW 1997, 336). Bei einer strafprozessualen Einstellung eines Verfahrens wird nur eine **strafrechtliche,** nicht jedoch eine **verwaltungsrechtliche Gewichtung** des Sachverhaltes vorgenommen (VGH München Urt. v. 8.9.2011 – 21 ZB 11.1286, BeckRS 2011, 32580).

c) Verwarnung mit Strafvorbehalt. Unter den im § 59 StGB festgesetzten Voraussetzungen kann das Strafgericht einen Täter in Verbindung mit einem Schuldspruch **verwarnen** und eine **Geldstrafe** bis zu 180 Tagessätze vorbehalten. 16

Ein solches Urteil allein (auch wenn eine Strafe ab **60 Tagessätze** vorbehalten ist) reicht für die Feststellung der jagdrechtlichen Zuverlässigkeit nicht aus. Auf der Grundlage des § 5 Abs. 2 WaffG aF hatte der VGH Mannheim festgestellt, dass die rechtskräftige Verwarnung mit Strafvorbehalt nach § 59 Abs. 1 StGB zu 25 Tagessätzen Grundlage der Regelvermutung für eine waffenrechtliche Unzuverlässigkeit sein kann (VGH Mannheim Beschl. v. 28.10.1996 – 1 S 822/96, NVwZ-RR 1997, 414). Nach der seit dem 1.4.2003 geltenden Rechtslage verlangt das Gesetz nunmehr eine Verurteilung zu einer Strafe von mindestens 60 Tagessätzen (§ 5 Abs. 2 Nr. 1 WaffG). Eine solche liegt beim Strafvorbehalt nicht vor. Sie ist erst dann gegeben, wenn der Verurteilte vor Ablauf der Bewährungszeit wegen **Nichtbewährens** (§ 59a StGB) zu der vorbehaltenen Strafe verurteilt würde; hier gälte dann die Grenze von 60 Tagessätze. Erfolgt keine Verurteilung zu der vorbehaltenen Strafe, so stellt das Gericht am Ende der Bewährungszeit durch Beschluss (§ 453 Abs. 1 StPO) fest, dass es bei der Verwarnung sein Bewenden hat (§ 59b Abs. 2 StGB). Aus dem Bundeszentralregister wird die Verwarnung entfernt (§ 12 Abs. 2 S. 2 BZRG), es tritt ein Verwertungsverbot ein (VGH Kassel Urt. v. 21.3.2007 – 9 UE 2455/06, nv); gleichwohl kann eine solche Verurteilung für die jagdrechtliche Zuverlässigkeit dann von Bedeutung sein, wenn die zugrunde liegende Tat einen Bezug zu den Vorgaben des § 17 Abs. 3 oder Abs. 4 Nr. 2 hat und von erheblichem Gewicht ist. Diese **Ausnahme vom Verwertungsverbot** ergibt sich aus dem Gesetz, nämlich aus § 52 Abs. 1 Nr. 4 BZRG; das Verwertungsverbot des § 51 Abs. 1 BZRG für die im Zentralregister bereits getilgten Verurteilungen gilt nicht im Verfahren zur Erteilung eines Jagdscheins (BVerwG Urt. v. 14.9.1998 – 6 B 94/98, NordÖR 1999, 73; so auch Götz/Tolzmann BZRG § 52 Rn. 12). Eine Ausnahme vom Verwertungsverbot gilt jedoch nicht für den **Widerruf** von Jagdschein oder WBK (VGH München Urt. v. 4.4.2012 – 21 ZB 12.31, BeckRS 2012, 52001 mwN). 17

d) Körperliche Eignung. Körperliche Eignung ist ein unbestimmter Rechtsbegriff. Anhand der Vorgaben des BJagdG ist dieser jedoch konkretisierbar und damit auch **gerichtlich überprüfbar.** Körperliche **Mängel** können zur Jagduntauglichkeit führen; diese können im physischen und psychischen Bereich liegen. Hierzu zählen Einschränkungen der **körperlichen Bewegungsfähigkeit,** die sich auf den Umgang mit Waffen auswirken, wie Amputationen, bestimmte Krankheitsbilder wie zB Schüttellähmung, schwerwiegende Anfallsleiden, Beeinträchtigungen der Sehleistung (60 % nach Korrektur reichen nicht aus, VG Schleswig Urt. v. 12.12.1984 – 1 A 16/84, nv), Doppeltsehen (VG Ansbach Urt. v. 18.10.2000 – AN 15 K 00.00924, nv), zudem **psychische Auffälligkeiten,** die nicht Krankheitswert erreichen, wie Jähzorn, Wutausbrüche, Unbeherrschtheit (OVG Magdeburg Urt. v. 19.5.1999 – A 1 S 37/99, BeckRS 1999, 21761; VG Münster 18

Urt. v. 13.7.2018 – 1 K 859/16, BeckRS 2018, 17048; VGH München Urt. v. 8.1.2016 – 21 Cs 15.2465, BeckRS 2016, 41900 – „aggressive Grundhaltung und Bereitschaft, Konflikte mit Gewalt zu lösen"), Bedrohung eines Familienmitglieds mit dem Tod (VG Magdeburg Urt. v. 10.10.2016 – 1 B 428/16, BeckRS 2016, 55732), ausgeprägte Labilität, unkontrolliertes Verhalten in Konfliktsituationen (VG Münster 26.9.2006 – 1 K 972/04, BeckRS 2006, 26086), Ausfälle im Bereich von Konzentration, Reaktion, Steuerung, Gleichgewicht (OVG Lüneburg Urt. v. 6.1.1975 – III OVG A 115/73, nv), das Vorliegen erheblicher psychischer Probleme (VG Ansbach Urt. v. 20.2.2008 – AN 15 K 07.03353, BeckRS 2008, 43597) sowie strafrechtliche Verhandlungsunfähigkeit (abhängig von der Dauer). Korrigierte Schwerhörigkeit ist kein Ausschlussgrund, ebenso wenig Diabetes, solange dieser medikamentös richtig eingestellt ist (VG Würzburg Urt. v. 24.9.1970 – 200 II 69, nv). Hohes Alter allein und damit verbundene Leistungseinschränkungen reichen nicht aus für die Feststellung fehlender Eignung (VG Stuttgart Urt. v. 26.11.1992 – 5 K 3179/92, BeckRS 1992, 31327008). Im Hinblick auf altersbedingte Gebrechen setzt die Notwendigkeit körperlicher Eignung „jedenfalls voraus, dass der Betreffende allein und selbständig seine Jagdwaffe nach den jagdlichen Erfordernissen und den Anforderungen des Tierschutzes sowie der Unfallverhütung (vgl. UVV Jagd) handhaben kann. Er muss insbesondere ohne die Inanspruchnahme der Hilfe einer dritten Person sein Jagdgewehr vor dem Schuss entsichern, ggf. einstechen und beim Zielen und bei der Schussabgabe manuell, dh mit beiden Händen so fixieren können, dass eine hinreichende Treffsicherheit gewährleistet ist. Nach dem Schuss muss er in der Lage sein, die Waffe sofort nachzuladen, ggf. einzustechen und – falls erforderlich – einen weiteren Schuss abzugeben, oder – je nach den Anforderungen der konkreten Situation – die Waffe zu sichern und ggf. zu entstechen (je nach Waffentyp nach vorherigem Brechen [Kipplaufwaffe]). Dies setzt eine Beweglichkeit beider Arme und der betreffenden Muskulatur sowie beider Schultergelenke und eine gewisse Kraft in beiden Armen voraus" (VG Augsburg Urt. v. 21.12.2007 – Au 4 S 07.1581, BeckRS 2007, 35504). Ein querschnittsgelähmter Rollstuhlfahrer kann bei Vorhandensein sonstiger für die Jagdausübung notwendiger Fähigkeiten dafür körperlich geeignet sein (VG Freiburg Urt. v. 10.8.1995 – 5 K 1778/92, NVwZ-RR 1996, 435). **Entscheidendes Kriterium** bei solchen Mängeln ist, ob sie eine **sichere Jagdausübung** (Handhabungs- und Treffsicherheit) beeinträchtigen. Dies ist nicht möglich bei Funktionsverlust des linken Armes (VG Frankfurt/O. Urt. v. 2.10.2008 – 4 L 216/08, BeckRS 2008, 39580).

19 Die notwendige **ständige Einnahme von Medikamenten,** die zB zum Ausschluss der Teilnahme am Straßenverkehr als Kraftfahrer führt, kann die „Jagduntauglichkeit" zur Folge haben und damit die Versagung des Jagdscheins nach § 17 Abs. 1 Nr. 2 rechtfertigen. Wahnvorstellungen mit paranoiden Zügen können auf eine Feststellung der körperlichen Ungeeignetheit hinauslaufen (VG Darmstadt Urt. v. 21.7.2009 – 5 L 1919/08, BeckRS 2010, 45639). Bei einer psychischen Grunderkrankung mit der Gefahr **schizoaffektiver Störungen,** verbunden mit Schüben von Aggressivität und Drohungen gegenüber Dritten, liegt ein Ausschlussgrund gem. § 6 Abs. 1 S. 1 Nr. 2 WaffG vor (VG Würzburg Urt. v. 25.11.2010 – W 5 K 09.1264, BeckRS 2010, 36682). Bei manisch-depressiven Persönlichkeitsstörungen kann bei der Notwendigkeit ständiger Medikamenteneinnahme und begleitender ärztlicher Betreuung selbst dann die körperliche Geeignetheit für den

Besitz des Jagdscheines fehlen, wenn in früheren Jahren bei gleichem Krankheitsbild zwei im Abstand von zehn Jahren erstellte neurologisch-psychiatrische Gutachten zum Ergebnis kamen, es bestünden im Zeitpunkt der Begutachtung keine begründeten Bedenken gegen eine weitere Jagdausübung (VGH München Urt. v. 6.11.2015 – 21 C 14.2406, BeckRS 2015, 55133). Es widerspricht jedoch § 6 Abs. 1 Nr. 2 und 3 WaffG, Personen die waffenrechtliche Eignung deshalb abzusprechen, weil sie irgendwann in der Vergangenheit eine **psychische Erkrankung** oder auch eine **Alkoholabhängigkeit** aufwiesen, unabhängig davon, wie lange diese Krankheitsbilder zurückliegen und/oder ob diese Personen noch Medikamente einnehmen (VGH München Beschl. v. 15.2.2023 – 24 ZB 22.2088, BeckRS 2023, 2792). „Denn den meisten der psychischen Krankheiten ist gemein, dass bei diesen nie eine vollständige Heilung eintritt, sondern maximal der Zustand der Remission erreicht werden kann" (VGH München Beschl. v. 15.2.2023 – 24 ZB 22.2088, BeckRS 2023, 2792 Rn. 18). All diesen Personen generell die waffenrechtliche Eignung abzusprechen, lässt sich § 6 Abs. 1 Nr. 2 bzw. 3 WaffG nicht entnehmen (VGH München Beschl. v. 15.2.2023 – 24 ZB 22.2088, BeckRS 2023, 2792 Rn. 18).

Zur Absicherung der Entscheidung kann die Jagdbehörde dem Antragsteller aufgeben, ein **amts- oder fachärztliches Gutachten** vorzulegen. **20** Allerdings gibt es keinen Anerkennungsmechanismus, so dass die Behörde keineswegs der Einschätzung des Gutachters folgen muss (VGH München Beschl. v. 15.2.2023 – 24 ZB 22.2088, BeckRS 2023, 2792). Das Gericht hielt fest: „Letztlich hat also weiterhin die Waffenbehörde die rechtlich relevante und gerichtlich voll überprüfbare Entscheidung über das Vorliegen der Eignung zu treffen." Zugleich führen Ausführungen zur Rückfallprophylaxe nicht automatisch zur mangelnden Eignung; auch ein Mangel an ausreichender Kenntnis, um eine Gefahrenprognose nach § 6 Abs. 1 Nr. 3 WaffG zu erstellen, begründet keine Gefahr. Die bloße Möglichkeit einer Gefahr bzw. eines Gefahrenverdachts erfüllt den Tatbestand des § 6 Abs. 1 S. 1 Nr. 3 WaffG nicht; vielmehr sind hinreichende Anhaltspunkte, die einen möglichen Schadenseintritt begründen, vonnöten (VGH München Beschl. v. 15.2.2023 – 24 ZB 22.2088, BeckRS 2023, 2792). Allerdings hat das Fehlen eines Anerkennungsautomatismus auch zur Folge, dass Restzweifel, die durch das Gutachten nicht behoben werden können, zulasten des Betroffenen gehen (VG Würzburg Urt. v. 2.5.2022 – W 9 K 21.1232, BeckRS 2022, 16067 mwN). Unterlässt er die Vorlage eines entsprechenden Gutachtens, kann die Behörde auf eine fehlende Voraussetzung iSd § 17 Abs. 1 Nr. 2 schließen (VG Ansbach Urt. v. 18.10.2000 – AN 15 K 00.00924, nv). Liegen Mängel in der **Persönlichkeitsstruktur** vor – wie Jähzorn, Wutausbrüche, Unbeherrschtheit, unkontrolliertes Verhalten in Konfliktsituationen – und fordert die Behörde deswegen die Vorlage eines Gutachtens an, das jedoch verweigert wird, so kann die Behörde auf **Nichteignung** schließen (OVG Berlin-Brandenburg Urt. v. 18.12.2012 – OVG 11 S 58.12, BeckRS 2013, 45187). Auch wenn ein TÜV-Gutachten die waffenrechtliche Eignung zuspricht, kann das Gericht bei auffallender Persönlichkeitsdiagnostik die Zuverlässigkeit ohne Hinzuziehung eines Sachverständigen verneinen (VG München Urt. v. 2.4.2014 – M 7 K 14.225, BeckRS 2014, 53199). § 4 Abs. 6 S. 1 AWaffV räumt der Behörde ausdrücklich die Möglichkeit ein, bei **Nichtvorlage** eines Gutachtens von der Nichteignung des Betroffenen auszugehen. Holt das Gericht ein Sachverständigengutachten ein, so geht dieses einer polizeilichen Einschätzung vor. So beantragte der Inhaber einer Waffenbesitzkarte einen Jagdschein. Mit seinem Nachbarn lag er im Streit, der in der Vergangenheit zu mehreren Polizeieinsätzen und gegenseitigen Strafanzeigen geführt hatte, ohne dass es je zu einem Strafverfahren kam. Die Jagdbehörde holte bei der Polizeistation bzgl. der jagd- und waffenrechtlichen Zuverlässigkeit eine Auskunft ein. Diese enthielt die Formulierung, bei ihm sei „durchaus ein gewisses Gewaltpotential und Aggressionsverhalten festzustellen". Daraufhin lehnte die Jagdbehörde den Antrag ab. Im folgenden Klageverfahren ordnete das Gericht die Einholung eines Sachverständigengutachtens über die jagd- und waffenrechtliche Zuverlässigkeit iSv § 17 Abs. 3 Nr. 1 an. Dieses bestätigte die Zuverlässigkeit und Geeignetheit des Klägers. Das Gericht hob den Behördenbescheid auf (VG München Urt. v. 4.3.2015 – M 7 K 14.5564, BeckRS 2015, 46956).

21 **Alkoholmissbrauch** und ein in diesem Zustand begangenes unerlaubtes Waffenführen rechtfertigt zur Überprüfung der körperlichen Eignung die Anordnung der Beibringung eines medizinisch psychologischen Gutachtens vor Wiedererteilung eines Jagdscheines (VGH München Urt. v. 29.6.2015 – 21 B 16.527, BeckRS 2016, 49326). Dies gilt auch dann, wenn der Vorfall mehrere Jahre zurückliegt und der Antragsteller behauptet, abstinent zu leben und hierzu verschiedene Laborwerte vorlegt. Weigert er sich, die Untersuchung durchführen zu lassen, so verletzt er seine prozessuale **Mitwirkungspflicht** zur Sachaufklärung und vereitelt diese schuldhaft. Im Rahmen der Beweiswürdigung darf daraus der Schluss auf das Vorliegen eines **persönlichen Eignungsmangels** gezogen werden. Eine psychiatrische Begutachtung wäre nicht zulässig, weil diese unverhältnismäßig tief in das Persönlichkeitsrecht des Betroffenen eingreifen würde. Wird ein angeordnetes psychologisches Gutachten nicht vorgelegt, so rechtfertigt dies die Annahme einer Unzuverlässigkeit iSv § 17. Die Anordnung muss anlassbezogen und verhältnismäßig sein (OVG Münster Urt. v. 21.2.2014 – 16 A 2367/11, BeckRS 2014, 48479).

3. Jagdscheinentzug und Sperre (§§ 18, 41 Abs. 2)

22 Nach einer behördlich oder gerichtlich angeordneten **Jagdscheinentziehung und Sperre** darf dem Betroffenen ein Jagdschein nicht erteilt werden. **Kein Versagungsgrund** liegt vor, wenn ein Verbot der Jagdausübung gem. § 41a ausgesprochen wurde. Fällt das Ende der Gültigkeitsdauer in den Zeitraum des Verbots, kann gleichwohl ein neuer Jagdschein erteilt werden, der jedoch erst nach Ablauf des Jagdverbots ausgehändigt wird.

4. Fehlende Haftpflichtversicherung (Abs. 1 Nr. 4)

23 Wird eine Jagdhaftpflichtversicherung mit der **Mindestversicherungssumme** und dem Sitz des Unternehmens im EU-Raum nicht nachgewiesen, so ist die Erteilung des Jagdscheins zu versagen. Der Nachweis muss mindestens die Geltungsdauer des beantragten Jagdscheins umfassen.

24 Gesetzlich festgelegt sind lediglich die Mindestversicherungssummen und der Sitz des Versicherers im EU-Wirtschaftsraum. Grundsätzlich muss die Versicherung alle im Zusammenhang mit der Jagdausübung und dem Jagdschutz stehenden **Risiken** abdecken. Grundlage sind die Risikobeschreibungen der Versicherungsunternehmen und die „Besonderen Bedingungen" für

die Jagdhaftpflichtversicherung. Risiken durch Jagdhunde sind eingeschlossen.

Für die Erteilung eines **Falknerjagdscheins** ist der Abschluss einer Jagdhaftpflichtversicherung nicht erforderlich. Diese Ansicht ist strittig. Bayern verlangt den Nachweis einer ausreichenden Jagdhaftpflichtversicherung (Leonhardt/Pießkalla § 15 Nr. 2.1.5, Erlass 1.3 zu § 15). Da jedoch auch bei der Beizjagd die Verursachung ersatzpflichtiger Schadensfälle möglich ist, empfiehlt sich in jedem Fall der Abschluss einer Haftpflichtversicherung. Dies gilt für den „Nur"-Falknerjagdschein; der Inhaber des allgemeinen Jagdscheins ist ohnehin haftpflichtversichert. 25

5. Waffengesetz (§§ 5, 6 WaffG)

Im Zusammenhang mit der Neufassung des WaffG im Jahre 2002 wurde durch Art. 15 Gesetz zur Neuregelung des Waffenrechts vom 11.10.2002 (BGBl. 2002 I 4013) an § 17 Abs. 1 Nr. 4 als zweiter Satz angefügt: „Fehlen die Zuverlässigkeit oder die persönliche Eignung iSd §§ 5 und 6 des Waffengesetzes, darf nur ein Jagdschein nach § 15 Abs. 7 erteilt werden." Diese Neuregelung trat mit dem WaffG am 1.4.2003 in Kraft. Damit wurde ein Problem beseitigt, das bis dahin Jägern, Jagdbehörden und Gerichten zu schaffen gemacht hatte. Der **Unterschied** zwischen der **Zuverlässigkeit im Jagdrecht und derjenigen im Waffenrecht** (strenger) wurde beseitigt. Die Unzuverlässigkeitsentscheidung im Hinblick auf einen vor Inkrafttreten der Gesetzesänderung ausgestellten Jagdschein orientiert sich nicht an der alten Fassung des Waffengesetzes, sondern an § 5 WaffG nF, § 17 Abs. 1 S. 2 nF, die seit dem 1.4.2003 in Kraft sind (OVG Lüneburg Beschl. v. 1.6.2004 – 8 ME 116/04, NVwZ-RR 2005, 110). 26

Ausschlaggebend für die Zuverlässigkeit zum Erwerb eines Jagdscheins sind somit die Bestimmungen des **§ 17** und **zugleich** diejenigen der **§§ 5 und 6 WaffG** (ausführlich zur waffenrechtlichen Zuverlässigkeit nach § 5 WaffG Lisken/Denninger PolR-HdB/Gerster, 7. Aufl. 2021, I Rn. 618 ff.; vgl. auch die ausführliche Kommentierung von Adolph/Brunner/Bannach/Brunner, 2024, WaffG § 5 Rn. 1 ff.). Neben den zwingenden Versagungsgründen des Abs. 1 unterscheidet das Gesetz zwischen der absoluten Unzuverlässigkeit gem. Abs. 3 und der Regelunzuverlässigkeit nach Abs. 4. Abs. 2 gewährt der Behörde einen Ermessensspielraum. 27

Mit Blick auf das **Verhältnis des BJagdG zum WaffG** hat der VGH Kassel ausgeführt, dass die Anwendung des WaffG grundsätzlich nicht durch das BJagdG als einem spezielleren Gesetz ausgeschlossen wird (VGH Kassel Urt. v. 3.9.2008 – 5 A 991/08, BeckRS 2008, 39911 Rn. 23). „Das Jagdrecht und das Waffenrecht sind als eigenständige Ordnungsrechtsbereiche anzusehen (BVerwG Urt. v. 13.12.21984 – 1 C 31.92, NVwZ-RR 1995, 525). Das WaffG regelt den Umgang mit Waffen oder Munition unter Berücksichtigung der Belange der öffentlichen Sicherheit und Ordnung (§ 1 Abs. 1 WaffG). In Abschnitt 2, Unterabschnitt 3 enthält es Regelungen über besondere Erlaubnistatbestände für bestimmte Personengruppen, in § 13 etwa die Regelung zum Erwerb und Besitz von Schusswaffen und Munition durch Jäger. Damit ist das WaffG im Ordnungsrechtsbereich des Umgangs mit Waffen und Munition auch für Inhaber von Jagdscheinen grundsätzlich das maßgebliche Gesetz". Und weiter: „Da der durch Art. 15 WaffRNeuRegG neu eingefügte § 17 Abs. 1 S. 2 die Vorschriften der §§ 5 und 6 WaffG 27a insgesamt in den jagdrechtlichen Anwendungsbereich einbezieht, ergibt sich eine Angleichung des inhaltlichen Maßstabes der Zuverlässigkeit und der persönlichen Eignung einer Person bei der Erteilung eines Jagdscheins an die waffenrechtlichen Anforderungen, die die Behörde zu einer entsprechenden Prüfung verpflichtet" (VGH Kassel Urt. v. 3.9.2008 – 5 A 991/08, BeckRS 2008, 39911 Rn. 25).

27b Die Jagdbehörde ist in jedem Fall zur Überprüfung der jagd- und waffenrechtlichen Voraussetzungen hinsichtlich der Zuverlässigkeit und der Eignung des Antragstellers verpflichtet (BVerwG Urt. v. 22.8.2012 – 6 C 26.11, BeckRS 2012, 59704; Urt. v. 22.8.2012 – 6 C 27/11, BeckRS 2012, 59705). Dabei entspricht § 17 Abs. 3 der Norm des § 5 Abs. 1 Nr. 2 WaffG. § 17 Abs. 4 unterscheidet sich hingegen von § 5 Abs. 1 Nr. 1 WaffG, stimmt jedoch in lit. a) im Hinblick auf das Vorliegen eines Verbrechens mit der Norm überein. In Gänze ist § 5 WaffG ausführlicher gestaltet als § 17, was jedoch durch den Verweis in § 17 Abs. 1 S. 2 auf §§ 5 und 6 WaffG kompensiert wird. Bei einer von der Behörde nach § 45 Abs. 2 WaffG iVm § 18 S. 1, 17 Abs. 2 S. 2, Abs. 3 zu treffenden Entscheidung kommt dieser kein Ermessen zu. Sie ist bei Feststellung nachträglicher Tatsachen, die die waffenrechtliche Unzuverlässigkeit begründen, verpflichtet, über den Widerruf der WBK und die Ungültigerklärung des Jagdscheins zu Lasten des jeweiligen Inhabers zu bescheiden (VGH München Beschl. v. 13.4.2021 – 24 B 20.2220, BeckRS 2021, 9470; Beschl. v. 8.12.2021 – 24 ZB 20.1495, BeckRS 2021, 41426; als zwingende Rechtsfolge bezeichnet in VGH München Beschl. v. 30.3.2020 – 24 ZB 16.1710, BeckRS 2020, 6664). Nach § 4 Abs. 3 WaffG erfolgt in regelmäßigen Abständen – mindestens jedoch nach Ablauf von drei Jahren – eine Überprüfung der Zuverlässigkeit, wobei die „Prüfungstiefe" von Waffen- und Jagdrecht und damit auch die Möglichkeit zur Informationsbeschaffung identisch ist, was aus dem Verweis des § 17 Abs. 1 S. 2 auf §§ 5, 6 WaffG folgt (hierzu auch VGH Mannheim Urt. v. 16.10.2018 – 1 S 555/18, BeckRS 2018, 25858).

28 Falls einem Jäger die waffenrechtliche Zuverlässigkeit gem. §§ 5 und 6 WaffG fehlt, ist ein Prüfungskandidat zurückzuweisen. Er unterliegt dann den gesetzlichen Sperrfristen, mit Ausnahme der Möglichkeit, den **Falknerjagdschein** gem. § 15 Abs. 7 zu erlangen, falls er die Prüfung abgelegt hat (VG Saarlouis Urt. v. 27.4.2022 – 5 K 1105/20, BeckRS 2022, 46847).

29 Wesentlich und besonders schwerwiegend für die Zuverlässigkeit des Jagdscheinbewerbers ist damit die Regelung des Waffenrechts **(§ 5 Abs. 2 Nr. 1 lit. a) WaffG),** das nunmehr **jede Verurteilung** aufgrund irgendeiner vorsätzlichen Straftat mit einem Strafmaß von **mindestens 60 Tagessätzen** die Regelvermutung fehlender Zuverlässigkeit auslöst (näher → Rn. 33a ff.). Der VGH München entschied diesbezüglich darüber hinaus, dass im Falle sicherheitsrechtlicher Belange der Sofortvollzug zur Entziehung des Jagdscheins angeordnet werden kann (VGH München Urt. v. 12.2.2007 – 19 CS 06.2210, BeckRS 2007, 29212, mit Verweis auf BT-Drs. 14/7758, 102). Nähere Einzelheiten zu den waffenrechtlichen Aspekten bei Steindorf/Papsthart, Waffenrecht, 11. Aufl. 2022, WaffG § 5 Rn. 1 ff., WaffG § 6 Rn. 1 ff.

30 Die Regelung in **§ 5 Abs. 1 Nr. 1 lit. a) WaffG** legt fest, dass die Zuverlässigkeit zwingend ausgeschlossen ist bei einer Verurteilung wegen eines **Verbrechens;** auf das verhängte Strafmaß wird dabei nicht abgestellt. Verbrechen ist jede Straftat, für die das Gesetz eine Mindeststrafe von einem Jahr Freiheitsstrafe vorsieht (§ 12 Abs. 1 StGB).

31 Erfolgt eine Verurteilung wegen eines Verbrechens in Form des **minderschweren Falls** (§ 12 Abs. 3 StGB) zu einer Freiheitsstrafe von weniger als einem Jahr, bleibt es gleichwohl bei der Einstufung als Verbrechen mit der **zehnjährigen Sperre.** Da auch der Versuch eines Verbrechens stets strafbar ist (§ 23 Abs. 1 StGB), tritt diese Folge auch im Falle einer Verurteilung wegen Versuchs ein, unabhängig von der verhängten Strafe. Bei Verurteilung wegen eines Vergehens („sonstige Straftat") zu einer Freiheitsstrafe von einem Jahr oder mehr (lit. b) gilt die unwiderlegbare Unzuverlässigkeit ebenfalls für zehn Jahre ab Rechtskraft des Urteils.

32 **§ 5 Abs. 1 Nr. 1 lit. b) WaffG** nimmt Bezug auf die „Freiheitsstrafe". Wegen der erfassten Delikte kann es unter den entsprechenden Voraussetzungen zu einer **„Jugendstrafe"** von einem Jahr und darüber kommen. Wird ein Heranwachsender (18–21 Jahre) wegen eines Vergehens zB zu vier Jahren Jugendstrafe (gem. § 105 JGG) verurteilt, so können hier hinsichtlich der Zuverlässigkeit keine anderen Maßstäbe gelten als bei einem Erwachsenen. Das Nichtaufführen von „Jugendstrafe" im Text stellt offensichtlich ein redaktionelles Versehen des Gesetzgebers dar.

33 Die Regelung des **§ 5 Abs. 1 Nr. 2 WaffG** bezüglich unbedingter Unzuverlässigkeit **entspricht** wortgleich **§ 17 Abs. 3.**

33a Nach **§ 5 Abs. 2 WaffG** tritt in den dort aufgeführten Fällen die **Regelvermutung** fehlender Zuverlässigkeit ein. Ist der jeweilige Tatbestand einer der aufgeführten Alternativen erfüllt, so muss im Einzelfall geprüft werden, ob **atypische Umstände** vorliegen, die geeignet sind, die Regelvermutung der Unzuverlässigkeit zu widerlegen (vgl. zB BVerwG Urt. v. 19.6.2019 – 6 C 9.18, NVwZ 2020, 626).

33b **§ 5 Abs. 2 Nr. 1 lit. a) WaffG** umfasst alle **vorsätzlichen Straftaten,** unabhängig von Tat und Folgen, aber nur bei vorsätzlicher („Wissen und Wollen des Tatbestandes") Begehungsweise. **Eventualvorsatz** reicht allerdings aus; in diesem Fall hält der Täter den Erfolg für möglich und nimmt ihn billigend in Kauf. Probleme können allerdings im Zusammenhang mit der Abgrenzung zur bewussten Fahrlässigkeit auftreten. Damit sind nicht nur die im Strafgesetzbuch aufgeführten Straftatbestände, sondern auch solche des vielseitigen Nebenstrafrechts erfasst, aber auch diejenigen, die in der Form des Vorsatzes aus dem Katalog des § 5 Abs. 2 Nr. 1 lit. b) WaffG abgeurteilt wurden.

34 **§ 5 Abs. 2 Nr. 1 lit. b) WaffG** erstreckt sich in der Begehungsform der **Fahrlässigkeit** auf Straftaten im Zusammenhang mit dem **Umgang** mit Waffen, Munition oder Sprengstoff und auf gemeingefährliche Straftaten. „Gemeingefährliche Straftaten" sind solche des achtundzwanzigsten Abschnitts des Strafgesetzbuches (§§ 306–323c StGB). Darunter fallen zB Brandstiftung, gefährliche Eingriffe in den Bahn-, Schiffs-, Luft- und Straßenverkehr, Trunkenheit im Verkehr und unterlassene Hilfeleistung. Näher zum fahrlässigen Vollrausch und den waffenrechtlichen Konsequenzen nach § 5 Abs. 2 S. 1 Nr. 1 lit. b) WaffG BVerwG Beschl. v. 17.12.1991 – 1 B 159/91, BeckRS 1991, 31250691. Vgl. zur Gefährdung des Straßenverkehrs nach § 316 StGB, wobei eine einzige Verurteilung nach § 5 Abs. 2 Nr. 1 lit. b) WaffG für die Regelvermutung genügt, VG München Urt. v. 9.2.2022 – M 7 K 21.1828, BeckRS 2022, 24378.

35 Die Auflistung der Straftaten in **§ 5 Abs. 2 Nr. 1 lit. c) WaffG** umfasst weitere Tatbestände des Nebenstrafrechts. Im Gegensatz zu § 5 Abs. 2 Nr. 1 lit. a) und b) WaffG ist hier **keine Festlegung auf die Begehungsform**

erfolgt. Somit werden **sowohl Vorsatz als auch Fahrlässigkeit** erfasst. Verurteilungen nach § 38 können damit zur fehlenden Zuverlässigkeit als Regelvermutung auch dann führen (Beispiel: VG Münster Beschl. v. 30.3.2023 – 1 L 285/23, BeckRS 2023, 6721 unter Beachtung einer möglichen Strafbarkeit nach § 38 Abs. 1 Nr. 2, Abs. 2 sowie § 52 Abs. 3 Nr. 2 lit. a) WaffG), wenn die Tat gem. § 38 Abs. 2 aufgrund fahrlässiger Begehungsweise geahndet wurde. Insoweit wirkt als Regulativ das Strafmaß (60 Tagessätze oder mehr);zudem wird hier eine sorgfältige Einzelfallprüfung stattfinden müssen in Bezug auf die Bewertung als Regel- oder Ausnahmefall.

36 Bei den Straftaten des § 5 Abs. 2 Nr. 1 WaffG ist das **ausgeurteilte Strafmaß** entscheidend für die Einstufung der **Sperrfrist** für die Jagdscheinerteilung ab Rechtskraft des Urteils. In die „Regelvermutung" und „Fünf-Jahres-Sperrfrist" fallen diese Urteile nur dann, wenn die Freiheitsstrafe oder Jugendstrafe unter einem Jahr, eine Geldstrafe bei 60 Tagessätzen oder mehr liegt. Erfasst sind auch Urteile, in denen die Verhängung der Jugendstrafe ausgesetzt wurde (§ 27 JGG). Geldstrafen in einer Höhe von weniger als 60 Tagessätzen wirken sich dann auf die Zuverlässigkeit aus, wenn solche rechtskräftige Verurteilungen mindestens zweimal erfolgten und seit der letzten Rechtskraft fünf Jahre noch nicht verstrichen sind. Die Sperrfrist von fünf Jahren insgesamt kann nicht dadurch abgekürzt werden, dass die Behörde durch eine Verfügung eine kürzere Sperrfrist festsetzt (VG Dessau Urt. v. 4.3.2004 – 2 A 336/03 DE, nv).

37 Bei Verhängung einer Gesamtstrafe (§ 54 StGB), gebildet aus mehreren Einsatzstrafen, ist die **Höhe der Gesamtstrafe** maßgeblich. Führen mehrere Einsatzstrafen von jeweils weniger als einem Jahr zu einer Gesamtstrafe von über einem Jahr, so greift § 5 Abs. 1 Nr. 1 lit. b) WaffG (OVG Lüneburg Urt. v. 4.9.2006 – 8 LA 114/06, BeckRS 2006, 140959). Entsprechendes gilt bei Einsatzgeldstrafen von jeweils unter 60 Tagessätzen, wenn die Gesamtstrafe über 60 Tagessätze liegt; dann ist § 5 Abs. 2 Nr. 1 WaffG einschlägig (OVG Münster Urt. v. 6.9.2005 – 20 A 1490/05, BeckRS 2006, 23441; VGH Kassel Urt. v. 14.10.2004 – 11 TG 2490/04, NVwZ-RR-RR 2005, 324). Jedoch ist zu prüfen, welche Straftaten die Einsatzstrafen auslösten. Beruht eine solche auf einer Fahrlässigkeitstat, die nicht im Katalog des § 5 Abs. 2 Nr. 1 lit. b) WaffG enthalten ist, so darf die Einsatzstrafe nicht berücksichtigt werden (Beispiel: 30 Tagessätze wegen fahrlässiger Körperverletzung – § 229 StGB – durch Verkehrsunfall und 50 Tagessätze wegen anschließender Unfallflucht – § 142 StGB – Gesamtstrafe 65 Tagessätze). Liegt die Einsatzstrafe einer relevanten Straftat unter 60 Tagessätzen, die mit einer nicht zu berücksichtigenden Fahrlässigkeitstatstrafe zu einer Gesamtstrafe von mehr als 59 Tagessätzen führt, so ist beides iSv § 5 Abs. 2 Nr. 1 WaffG nicht verwertbar.

38 Eine **Gesamtstrafe** kann **nachträglich** gebildet werden, wenn bestimmte Voraussetzungen gegeben sind (§ 55 StGB). Im Hinblick auf zeitliche Abläufe können in diesem Zusammenhang Probleme entstehen, wenn die gesamtstrafenbildungsfähigen Urteile durch verschiedene Gerichte verhängt worden sind. Erkennt die Bundeszentralregisterbehörde bei der Eintragung einer weiteren Verurteilung, dass aus dieser und einer vorherigen nachträglich eine Gesamtstrafe gebildet werden kann, so teilt sie dies derjenigen Behörde mit, die die letzte Mitteilung gemacht hat (§ 23 BZRG). Dadurch kann es, bezogen auf den Zeitpunkt der Rechtskraft der Urteile und des Gesamtstrafenbeschlusses, zu erheblichen zeitlichen Unterschieden kommen. Mögli-

cherweise erfährt die Jagdbehörde wesentlich später (Routine-Überprüfung, Dreijahresturnus) durch die eingeholte Auskunft von der Gesamtstrafe (die durch Überschreiten der 60-Tagessatz-Grenze oder der Einjahresgrenze bei einer Gesamtfreiheitsstrafe relevant sein kann). Für die Berechnung der Sperrfrist (fünf bzw. zehn Jahre) würde die Zugrundelegung der Rechtskraft des nachträglichen Gesamtstrafenbeschlusses eine nicht gerechtfertigte Schlechterstellung des Betroffenen darstellen gegenüber dem Zeitpunkt eines rechtskräftigen Urteils mit entsprechender Gesamtstrafenbildung. Diese Zeitverschiebung kann billigerweise nicht zu Lasten des Betroffenen gehen, weil er sie nicht veranlasst hat. Da die Rechtskraft des zuletzt ergangenen Urteils die mögliche Gesamtstrafe hätte erfassen können, ist bei einer nachträglichen Gesamtstrafenbildung der Zeitpunkt der Rechtskraft des letzten Urteils für die Berechnung der Sperrfrist anzusetzen.

Die Regelvermutung der fehlenden Zuverlässigkeit ist auch dann gegeben, 39
wenn der Betroffene **Mitglied einer verbotenen oder verfassungswidrigen Vereinigung** ist oder sich in einem solchem Sinne betätigt hat **(§ 5 Abs. 2 Nr. 2, 3 WaffG),** wobei im Falle einer Mitgliedschaft die Regelvermutung zehn Jahre lang nach Austritt gilt. Gegebenenfalls kann eine Auskunft des Verfassungsschutzamtes eingeholt werden (Steindorf/Papsthart WaffG § 5 Rn. 54). Die Mitgliedschaft in einem Verein (hier: Motorradclub), dessen Auftreten die Besorgnis zulässt, Gewaltanwendung und unerlaubter Umgang mit Waffen seien zu befürchten, kann für die Annahme der Unzuverlässigkeit ausreichen iSv § 5 Abs. 1 Nr. 2 WaffG (VG Bayreuth Beschl. v. 10.10.2012 – B 1 S 12.648, BeckRS 2012, 58964).

Die Diskussion um die Auslegung des **§ 5 Abs. 2 Nr. 3 WaffG** nahm 39a
angesichts aktueller Entwicklungen in den letzten Jahren deutlich zu. Die Norm wurde sowohl aufgrund einer Gesetzänderung im Jahr 2017 (BGBl. 2017 I 2133) als auch erneut im Jahr 2020 (BGBl. 2020 I 166) neu gefasst. Nach **§ 5 Abs. 2 Nr. 3 lit. a) WaffG** sind Personen in der Regel unzuverlässig, wenn sie im Einzelnen die in lit. aa)–cc) genannten Bestrebungen verfolgen. Der neue Wortlaut des **Art. 5 Abs. 2 Nr. 3 lit. b) WaffG** erfasst nunmehr auch Fälle, in denen die Unzuverlässigkeit in der Regel dann angenommen wird, wenn bei Personen „Tatsachen die Annahme rechtfertigen, dass sie in den letzten fünf Jahren […] Mitglied in einer Vereinigung waren, die solche Bestrebungen verfolgt oder verfolgt hat, […].“ Vor der Gesetzesänderung im Jahre 2020 genügte die bloße Mitgliedschaft in einer Partei nicht; vielmehr kam es auf das Verhalten des Betroffenen in der Vereinigung an (OVG Magdeburg Beschl. v. 24.4.2023 – 3 M 13/23, BeckRS 2023, 8320). Die Neufassung sollte mit Blick hierauf ausweislich der Gesetzesbegründung eine Regelungslücke schließen, indem auch Personen, die **Mitglied einer Vereinigung mit verfassungsfeindlichen Bestrebungen** sind, **von einer Regelvermutung erfasst** werden (BT-Drs. 19/15875, 36).

Insbesondere im Hinblick auf die **Auslegung des Begriffs der „Bestrebungen“** entstand in der Rspr. ein Meinungsstreit, da es sich um einen 39b
unbestimmten Rechtsbegriff handelt (VG Köln Urt. v. 8.9.2022 – 20 K 3080/21, BeckRS 2022, 25116; VG Düsseldorf Urt. v. 7.3.2023 – 22 K 7087/20, NVwZ-RR 2023, 626 mit Verweis auf BVerwG Urt. v. 19.6.2019 – 6 C 9.18, NVwZ 2020, 626; VG München Beschl. v. 30.8.2023 – M 7 S 23.1519, BeckRS 2023, 31290). Das BVerwG orientiert sich im Rahmen der Auslegung an Art. 9 Abs. 2 GG, wonach ua „Vereinigungen verboten sind, die sich gegen die verfassungsmäßige Ordnung richten“, dh die Ver-

einigung muss darauf ausgerichtet sein, „die freiheitliche demokratische Grundordnung zu beseitigen, [es] muss jedoch noch nicht bereits eine konkrete Gefahr für die freiheitliche demokratische Grundordnung eingetreten sein. Entscheidend ist, ob die Vereinigung als solche nach außen eine kämpferisch-aggressive Haltung gegenüber den elementaren Grundsätzen der Verfassung einnimmt (BVerfG Urt. v. 17.1.2017 – 2 BvB 1/13, BVerfGE 144, 20 Rn. 529 ff., 594 f.; BVerfG Beschl. v. 13.7.2018 – 1 BvR 1474/12, 670/13, 57/14, NVwZ 2018, 1788 Rn. 108 f.). Dazu genügt aber, dass sie die verfassungsmäßige Ordnung fortlaufend untergraben will, wie dies für eine mit dem Nationalsozialismus wesensverwandte Vereinigung kennzeichnend ist. Sie muss ihre Ziele hingegen nicht durch Gewaltanwendung oder sonstige Rechtsverletzungen zu verwirklichen suchen (BVerwG Urt. v. 1.9.2010 – 6 A 4/09 Buchholz 402.45 VereinsG Nr. 55 Rn. 13 und vom 19.12.2012 – 6 A 6/11 Buchholz 402.45 VereinsG Nr. 59 Rn. 14, so BVerwG Urt. v. 19.6.2019 – 6 C 9.18, NVwZ 2020, 626 Rn. 23.

39c Für die widerlegbare Vermutung der **Unzuverlässigkeit** kommt es nicht darauf an, dass es sich nach § 5 Abs. 2 Nr. 3 lit. b) und c) WaffG um eine bereits verbotene Vereinigung handelt (VG Köln Urt. v. 8.9.2022 – 20 K 3080/21, BeckRS 2022, 25116; VG Dresden Beschl. v. 14.10.2022 – 6 L 658/22, BeckRS 2022, 34527; VG Düsseldorf Urt. v. 7.3.2023 – 22 K 7087/20, NVwZ-RR 2023, 626) – wobei auch Parteien als Vereinigung anzusehen sind (BT-Drs. 19/15875, 36; vgl. aus der Rspr. ua OVG Bautzen Beschl. v. 19.10.2022 – 6 B 171/22, NVwZ 2023, 358; zur Legaldefinition der Parteien s. § 2 Abs. 1 S. 1 PartG). Vielmehr kann die Einschätzung der Verfassungsschutzämter herangezogen werden (zur Einschätzung der Vereinigungen → Rn. 40; BT-Drs. 19/15875, 36; VG Köln Urt. v. 8.9.2022 – 20 K 3080/21, BeckRS 2022, 25116; VG Düsseldorf Urt. v. 7.3.2023 – 22 K 7087/20, NVwZ-RR 2023, 626 mwN). Diese Ämter differenzieren bei ihrer Einstufung zwischen drei verschiedenen Graden: dem Prüffall, dem Verdachtsfall sowie dem Fall der erwiesenen extremistischen Bestrebungen (Wissenschaftlicher Dienst des Deutschen Bundestages WD 3–3000-107/22, 11). Dies warf in der Rspr. insbesondere die Frage nach der Bewertung der Zuverlässigkeit von Personen auf, die Mitglied in einer als Verdachtsfall eingestuften Vereinigung sind.

39d Während bei Personen, die Mitglied in der Partei „Der Dritte-Weg" sind, die waffenrechtliche Unzulässigkeit bejaht wurde (OVG Bautzen Beschl. v. 19.10.2022 – 6 B 171/22, NVwZ 2023, 358), ist die Anwendung des § 5 Abs. 2 Nr. 3 lit. b) WaffG bei **Mitgliedern der AfD** bzw. deren **Jugendorganisation JA** bislang umstritten.

39e Nach **einer Ansicht** soll die **Einstufung als Verdachtsfall ausreichend** sein, da der in § 5 Abs. 2 Nr. 3 WaffG vorangestellte Halbsatz – „bei denen Tatsachen die Annahme rechtfertigen" – konkretisiere, „dass sich das Erfordernis des tatsachenbegründenden Verdachts gleichermaßen auf alle dort genannten Tatbestandsmerkmale bezieht. Aus diesem Grund dürfte es zu einem Wertungswiderspruch führen, wenn innerhalb der Vorschrift des § 5 Abs. 3 Nr. 3 WaffG hinsichtlich des zentralen Anknüpfungspunkts der Verfolgung verfassungsfeindlicher Bestrebungen unterschiedliche Maßstäbe gelten würden – je nachdem, ob diese einzeln oder innerhalb einer Vereinigung verfolgt werden. Damit einhergehend dürfte es dem Willen des Gesetzgebers entsprechen, dass der Tatbestand des § 5 Abs. 2 Nr. 3 WaffG bereits dann erfüllt ist, wenn Tatsachen die Annahme verfassungsfeindlicher Bestrebungen rechtfertigen“ (insbesondere VG München Beschl. v. 30.8.2023 – M 7 S 23.1518, nv, mit Verweis auf VG Köln Urt. v. 8.9.2022 – 20 K 3080/21, BeckRS 2022, 25116; VG Magdeburg Beschl. v. 28.2.2023 – VG 1 B 212/22 MD, BeckRS 2023, 8452; VG Düsseldorf Urt. v. 7.3.2023 – 22 K 7087/20, NVwZ-RR 2023, 626; Nitschke NVwZ 2023, 814; Wiegand NVwZ 2023, 1211 (1215)). Vgl. in diese Richtung erneut VG Düsseldorf Urt. v. 19.6.2024 – 22 K 4836/23, wonach die Einstufung einer Partei als Verdachtsfall durch das Bundesamt für Verfassungsschutz indiziert, dass zugleich die Voraussetzungen des § 5 Abs. 2 Nr. 3 WaffG erfüllt sind, da die Norm ebenfalls – allein – voraussetzt, dass ein tatsachenbegründeter Verdacht verfassungsfeindlicher Bestrebungen vorliegt. Es muss hingegen nicht bereits erwiesen sein, dass verfassungsfeindliche Bestrebungen verfolgt werden. Und weiter: „Für Mitglieder der AfD im Landesverband NRW stellt die rechtmäßige Aufnahme der Bundespartei der AfD als Verdachtsfall im Verfassungsschutzbericht ein Indiz dafür dar, dass in der Regel die Voraussetzungen des § 5 Abs. 2 Nr. 3b) WaffG vorliegen“ (Ls. 3).

Dem hält eine **andere Meinung** entgegen, dass das „Verfolgen von Be- **39f**
strebungen im Sinne der Vorschrift […] für die zuständige Behörde und gegebenenfalls für das zuständige Gericht feststehen muss […]; es genügt nicht, dass lediglich Tatsachen die Annahme der Verfolgung rechtfertigen“ (VGH München Beschl. v. 16.11.2023 – 24 CS 23.1695, NVwZ-RR 2024, 370; OVG Magdeburg Beschl. v. 24.4.2023 – 3 M 13/23, BeckRS 2023, 8320; VG Gera Beschl. v. 10.8.2023 – 1 E 564/23 Ge, BeckRS 2023, 20592; die Entscheidung bestätigend OVG Weimar Beschl. v. 19.2.2024 – 3 EO 453/23, BeckRS 2024, 2323; VG Cottbus Beschl. v. 4.8.2023 – VG 3 L 98/23, BeckRS 2023, 23202; VG Dresden Beschl. v. 14.10.2022 – 6 L 658/22, BeckRS 2022, 34527; VG Regensburg Beschl. v. 7.3.2022 – RO 4 S 22.28, BeckRS 2022, 10646). Das OVG Magdeburg hält in seinem ersten amtlichen Leitsatz fest, dass sich die Unzuverlässigkeit von AfD-Mitgliedern „jedenfalls derzeit“ nicht aus § 5 Abs. 2 Nr. 3 lit. b) WaffG ergeben könne, da der „tatsachenbegründete Verdacht der Vereinigung“ nach dem Sinn und Zweck des Gesetzes nicht ausreichend sei (OVG Magdeburg Beschl. v. 24.4.2023 – 3 M 13/23, BeckRS 2023, 8320). Das OVG verdeutlicht, dass strikt zwischen den Anforderungen nach § 5 Abs. 2 Nr. 3 lit. a) WaffG, die an den Einzelnen gestellt werden, und nach § 5 Abs. 2 Nr. 3 lit. b) WaffG, an welchen die Vereinigung zu messen ist, zu differenzieren sei. Beim Einzelnen genügen „tatsächliche Anhaltspunkte für verfassungsfeindliche Bestrebungen“, bei der Vereinigung wird demgegenüber ein Feststehen vorausgesetzt (so ua VGH München Beschl. v. 16.11.2023 – 24 CS 23.1695, NVwZ-RR 2024, 370; OVG Magdeburg Beschl. v. 24.4.2023 – 3 M 13/23, BeckRS 2023, 8320). Anders könne der Fall bewertet werden, wenn eine Vereinigung als gesichert rechtsextrem eingestuft werde, wobei eine Fördermitgliedschaft in einer derartigen Vereinigung genüge (OVG Berlin Beschl. v. 23.10.2023 – OVG 6 S 44/23, NVwZ-RR 2024, 146; ebenso zur Fördermitgliedschaft VG Dresen Beschl. v. 14.10.2022 – 6 L 658/22, BeckRS 2022, 34527). Nicht nur die AfD in Gänze oder die JA standen im Mittelpunkt der gerichtlichen Auseinandersetzung, sondern auch der im Jahre 2020 aufgelöste und ebenfalls als gesichert rechtsextrem eingeschätzte „Flügel“ (Verfassungsschutzbericht des Bundes 2021, S. 52; hierzu auch VG Cottbus Beschl. v. 4.8.2023 – VG 3 L 98/23, BeckRS 2023, 23202). Mit Blick auf die bereits erlassenen Entscheidungen könnten jedoch die künftigen Beurteilungen seitens der Gerichte

höherer Instanzen konkretere Hinweise über die waffenrechtliche Zuverlässigkeit nach § 5 Abs. 2 Nr. 3 lit. b) WaffG geben, da die meisten Entscheidungen nur im Rahmen von Eilrechtsschutzverfahren ergangen sind (mit Ausnahme von VG Köln Urt. v. 8.9.2022 – 20 K 3080/21, BeckRS 2022, 25116; VG Düsseldorf Urt. v. 7.3.2023 – 22 K 7087/20, NVwZ-RR 2023, 626). Insbesondere ein abschließendes Urteil über die Einstufung der AfD-Jugend JA als gesichert rechtsextrem durch das Bundesamt für Verfassungsschutz könnte nach dem Beschluss des VG Köln (VG Köln Beschl. v. 5.2.2024 – 13 L 1124/23, BeckRS 2024, 5594) weiteren Aufschluss über die Einschätzung von Mitgliedern ebendieser Vereinigungen auch im waffenrechtlichen Sinne geben.

39g Im Zuge einer Entscheidung über die waffenrechtliche Unzuverlässigkeit von Mitgliedern der Partei **„Die Heimat" (ehemals: NPD)** entschied der VGH München, dass sich das Parteienprivileg nicht auf den Besitz von Waffen erstreckt. Nach § 5 Abs. 2 Nr. 3 lit. b) WaffG liegt eine Unzuverlässigkeit bei Mitgliedschaft in einer Vereinigung, deren Bestrebungen sich gegen die verfassungsmäßige Ordnung richten, vor, wobei der Begriff der Vereinigung auch Parteien miteinschließt (VGH München Beschl. v. 20.9.2023 – 24 CS 23.650, BeckRS 2023, 26259; in Bezug auf das Parteienprivileg; mit Verweis auf BVerwG Urt. v. 19.6.2019 – 6 C 9.18, NVwZ 2020, 626). Obschon er bereits bei Erteilung des Waffenscheins Mitglied der Partei war, hatte der Antragsteller seine parteilichen Tätigkeiten nach Erteilung des kleinen Waffenscheins intensiviert, so dass das Gericht die Widerrufsvoraussetzungen nach § 45 Abs. 2 WaffG als erfüllt ansah. Sieht man bereits die Mitgliedschaft, die bereits zum Zeitpunkt des Erlasses der WBK vorlag, als entscheidende Tatsache für die Unzuverlässigkeit an, ist eine Umdeutung des von der Behörde erlassenen Widerrufsbescheids in einen Rücknahmebescheid gem. § 45 Abs. 1 WaffG möglich (VGH München Beschl. v. 20.9.2023 – 24 CS 23.650, BeckRS 2023, 26259). Der VGH München definierte mit Blick auf § 5 Abs. 2 Nr. 3 lit. c) WaffG auch den Begriff der „Unterstützungshandlung". Diese ist als „jede Tätigkeit anzusehen, die sich – für den Betreffenden erkennbar – in irgendeiner Weise positiv auf die Aktionsmöglichkeiten der Vereinigung oder die Verbreitung der verfassungsfeindlichen Bestrebungen auswirkt." Weder das WaffG noch das BJagdG beinhalten eine Legaldefinition, so dass aus Sicht des Gerichts die Definitionen aus dem Sicherheitsrecht heranzuziehen sind. Für die Annahme der Unzuverlässigkeit iSd § 17 Abs. 1 S. 2 iVm § 5 Abs. 2 Nr. 3 lit. c) WaffG reiche mithin, „dass Handlungen vorgenommen werden, die die innere Organisation und den Zusammenhalt des Personenzusammenschlusses, seinen Fortbestand oder die Verwirklichung seiner Bestrebungen fördern und damit seine potenzielle Gefährlichkeit festigen, also dessen Stellung in der Gesellschaft begünstigt und seine Aktionsmöglichkeiten und eventuell auch sein Rekrutierungsfeld erweitert werden und dadurch insgesamt zu einer Stärkung seines latenten Gefahrenpotenzials beigetragen wird" (VGH München Beschl. v. 20.9.2023 – 24 CS 23.650, BeckRS 2023, 26259; mit Verweis auf VGH Mannheim Beschl. v. 8.12.2010 – 11 S 2366/10, NVwZ-RR 2011, 298, BeckRS 2019, 28323). Die Prognose der Unzuverlässigkeit ist ebenfalls bei einer Person, die „den Jihad als bewaffneten Kampf" – mithin islamistische Terrorhandlungen – anerkennt und entsprechende Unterstützungshandlungen leistet, gegeben (VGH Mannheim Urt. v. 21.10.2019 – 1 S 542/18, BeckRS 2019, 28323). Schließlich kann der auf § 5 Abs. 2 Nr. 3 lit. c)

WaffG gestützte Widerruf der Waffenerlaubnis auch dann in Betracht kommen, wenn der Verfassungsschutz jemanden als „subkulturell geprägten Rechtsextremisten" einstuft und diese Einstufung darauf basiert, dass die Person mehrfach an einer rechtsextremen Veranstaltung teilgenommen hat (VG Schleswig Urt. v. 19.2.2024 – 7 A 279/23, BeckRS 2024, 3210 mit Blick auf das Festival „Schild & Schwert", das eindeutig mit der verfassungsfeindlichen NPD in Verbindung steht).

Auch das Auftreten sog. **„Reichsbürger"** beschäftigt zunehmend die Verwaltungsgerichte. Der Verfassungsschutzbericht 2022 definiert „Reichsbürger" bzw. „Selbstverwalter" als „Gruppierungen und Einzelpersonen, die aus unterschiedlichen Motiven und mit unterschiedlichen Begründungen – unter anderem unter Berufung auf das historische Deutsche Reich, verschwörungstheoretische Argumentationsmuster oder ein selbst definiertes Naturrecht – die Existenz der Bundesrepublik Deutschland und deren Rechtssystem ablehnen, den demokratisch gewählten Repräsentanten die Legitimation absprechen oder sich gar in Gänze als außerhalb der Rechtsordnung stehend definieren und deshalb die Besorgnis besteht, dass sie Verstöße gegen die Rechtsordnung begehen" (Bundesministerium des Innern, Verfassungsschutzbericht 2022, S. 104). Da einige Personen aus dem Kreis der Reichsbürger auch Waffenbesitzer waren bzw. sind, bedurfte die Frage der Klärung, ob diese über die waffenrechtliche Zuverlässigkeit verfügen. 40

Die Verwaltungsgerichte haben die **waffenrechtliche Zuverlässigkeit** der „Reichsbürger" nach § 5 Abs. 1 Nr. 2 WaffG durchgängig mit dem Argument **verneint,** dass diese Personen die Rechtsordnung der Bundesrepublik Deutschland nicht anerkennen. Daraus folge, dass sie waffenrechtliche Normen für sich als nicht verbindlich bewerten und damit den allgemeinen, in § 1 Abs. 1 WaffG benannten Zweck des Gesetzes, den Umgang mit Waffen oder Munition unter Berücksichtigung der Belange der öffentlichen Sicherheit und Ordnung zu regeln, nicht anerkennen (entsprechende Entscheidungen ergingen zB durch VG Minden Urt. v. 29.11.2016 – 8 K 1965/16, BeckRS 2016, 55361; VGH München Urt. v. 5.10.2017 – 21 Cs 17.1300, BeckRS 2017, 128941; ausführlich und mit zahlreichen Verweisen VG Gießen Urt. v. 18.6.2018 – 9 L 9756/17, BeckRS 2018, 15821; ebenso VGH München Urt. v. 15.1.2018 – 21 CS 17.1519, BeckRS 2018, 199 mwN; ohne weitere Begründung bestätigend VGH München Beschl. v. 20.12.2021 – 24 ZB 20.1386, BeckRS 2021, 42574; VG Augsburg Beschl. v. 5.7.2023 – Au 8 S 23.525, BeckRS 2023, 24373 mwN; vgl. auch die Entscheidungsbesprechung von Rothkäppel KommunalPraxis Bayern 2018, 28 ff.). Für Zweifel an der waffen- und jagrechtlichen Zuverlässigkeit genüge es schon, wenn der Betroffene „im Zusammenhang mit seinem Antrag auf Erteilung eines Staatsangehörigkeitsausweises ein Vokabular benutzt und Angaben gemacht [hat], die für die sog. „Reichsbürgerbewegung" typisch sind und deshalb seine entsprechende ideologische Ausrichtung nahelegen" (VGH München Urt. v. 30.7.2020 – 24 BV 18.2500, BeckRS 2020, 24784, mit Verweis auf VGH München Beschl. v. 25.1.2018 – 21 CS 17.2310, BeckRS 2018, 3042). Näher zu einer nicht glaubhaften Distanzierung von der Ideologie der „Reichsbürgerbewegung" und der Bezeichnung der Bundesrepublik Deutschland als „BRD-GmbH" VG München Beschl. v. 6.2.2018 – M 7 S 17.2686, BeckRS 2018, 2338 insbes. Rn. 30. 40a

Entscheidungserheblicher Zeitpunkt ist derjenige des Bescheiderlasses; damit führt auch die nachträgliche Änderung der Sach- und Rechtslage, wie 40b etwa eine Abgrenzung zur Reichsbürgerbewegung nach Erlass eines Bescheids, nicht zur Herbeiführung der Zuverlässigkeit; der Antragsteller kann derartige Argumente jedoch im Wiedererteilungsverfahren vorbringen (VGH München Beschl. v. 8.12.2021 – 24 ZB 20.1495, BeckRS 2021, 41426; dies ebenfalls annehmend VG Augsburg Beschl. v. 5.7.2023 – Au 8 S 23.525, BeckRS 2023, 24373). Ein Indiz für eine derartige ideologische Haltung stellt auch die Beantragung eines Staatsangehörigenausweises unter stetigem Verweis auf das „Königreich Bayern" sowie das Reichs- und Staatsangehörigkeitsgesetz (RuStAG) Stand 1913 dar (BVerwG Urt. v. 2.12.2021 – 2 A 7/21, NVwZ 2022, 1379; mit entsprechenden waffenrechtlichen Bezügen VGH München Beschl. v. 8.12.2021 – 24 ZB 20.1495, BeckRS 2021, 41426; Beschl. v. 26.5.2021 – 24 ZB 20.594, BeckRS 2021, 16257; VG Augsburg Beschl. v. 5.7.2023 – Au 8 S 23.525, BeckRS 2023, 24373). Ebenso sprechen „reichsbürger- bzw. selbstverwaltertypische Schilder", die sich im Eingangsbereich eines Grundstücks befinden und kontextspezifisch als „Grenzmarkierung" fungieren, für die Zugehörigkeit zur Reichsbürgerbewegung und damit für die Unzuverlässigkeit (VGH München Beschl. v. 23.8.2022 – 24 ZB 22.652, BeckRS 2022, 22285). Ein von diesen Personen ausgehendes Restrisiko muss nicht akzeptiert werden, auch wenn es in dem konkreten Fall bislang noch nicht zu straf- oder waffenrechtlichen Verstößen kam; im Grundsatz kommt es aber auf eine Prüfung der Umstände im Einzelfall an (VG Augsburg Beschl. v. 5.7.2023 – Au 8 S 23.525, BeckRS 2023, 24373 mwN; hinsichtlich des Restrisikos näher BVerwG Beschl. v. 10.7.2018 – 6 B 79.18, NJW 2018, 2812; VGH München Urt. v. 11.8.2022 – 24 B 20.1363, BeckRS 2022, 22268; Beschl. v. 2.10.2013 – 21 CS 13.1564, BeckRS 2013, 57183. Vgl. auch VG Regensburg Beschl. v. 7.3.2022 – RO 4 S 22.28, BeckRS 2022, 10646 mit Bezügen zum Sprengstoffgesetz, wobei der Betroffene eine aggressive sowie gewaltbereite Grundhaltung aufwies). Die aus einem solchen Verhalten berechtigterweise resultierenden Zweifel an der Zuverlässigkeit iSd WaffG und des BJagdG müssen **vom Antragsteller selbst entkräftet** werden (VGH München Beschl. v. 26.5.2021 – 24 ZB 20.594, BeckRS 2021, 16257; Urt. v. 30.7.2020 – 24 BV 18.2500, BeckRS 2020, 24784; ebenso VGH München Beschl. v. 8.11.2023 – 24 ZB 23.1372, BeckRS 2023, 34296; vgl. auch VG München Urt. v. 31.7.2019 – M 7 K 18.969, BeckRS 2019, 25549 zu einem Sachverhalt, bei dem der Kläger entsprechende Zweifel entkräftete und daher aufgrund der Würdigung aller Umstände im Einzelfall nicht von einer Unzuverlässigkeit ausgegangen wurde).

41 Auch die Mitgliedschaft in einem **Motorrad- und Rockerclub** kann die waffenrechtliche Zuverlässigkeit infrage stellen. „Die Gruppenzugehörigkeit einer Person kann ihre waffenrechtliche Unzuverlässigkeit gem. § 5 Abs. 1 Nr. 2 WaffG begründen. Zwischen der Annahme der Unzuverlässigkeit und der Gruppenzugehörigkeit muss eine kausale Verbindung bestehen. Bestimmte Strukturmerkmale der Gruppe müssen die Prognose tragen, dass die Person zukünftig Verhaltensweisen iSv § 5 Abs. 1 Nr. 2 WaffG verwirklichen wird. „Die Mitgliedschaft in einer örtlichen Organisationseinheit der Rockergruppierung „Bandidos" rechtfertigt auch dann die Annahme der Unzuverlässigkeit iSv § 5 Abs. 1 Nr. 2 lit. a) und c) WaffG, wenn keine sonstigen Tatsachen für die Unzuverlässigkeit der betroffenen Person sprechen und diese bislang unbescholten ist" (BVerwG Urt. v. 28.1.2015 – 6 C 1/14, NJW 2015, 3594, Ls. 1 und 2). In gleicher Weise zu bewerten ist auch die

„OMCG" (Outlaw Motorcycle Gang) aufgrund ihrer Nähe zur Organisierten Kriminalität. Mitglieder solcher Gruppierungen, die sich auch als „1 %" bezeichnen, seien bereit, „ihre Rechte außerhalb oder neben der Rechtsordnung mit Gewalt durchzusetzen" (VG München Urt. v. 13.1.2016 – M 7 K 14.4728, BeckRS 2016, 46382).

Die Regelvermutung der Unzuverlässigkeit gilt auch dann, wenn der Betroffene innerhalb der letzten fünf Jahre mehr als einmal wegen Gewalttätigkeit mit richterlicher Genehmigung in polizeilichem **Präventivgewahrsam** war **(§ 5 Abs. 2 Nr. 4 WaffG).** 42

§ 5 Abs. 2 Nr. 5 WaffG zieht die Regelvermutung dann nach sich, wenn der Betroffene wiederholt oder gröblich gegen das Waffengesetz, das Kriegswaffenkontrollgesetz oder das Sprengstoffgesetz verstoßen hat. Eine strafrechtliche Verurteilung setzt die Bestimmung nicht voraus; vielmehr reichen Einstellungen oder auch Bußgeldbescheide aus. Die Verstöße müssen jedoch wiederholt oder als grober Verstoß begangen worden sein. Das Gesetz schweigt sich allerdings über die Dauer der Anrechenbarkeit aus. Folglich können hier nur unbestimmte Rechtsbegriffe wie Angemessenheit, Billigkeit und Verhältnismäßigkeit zur Anwendung kommen. Die Fünfjahresfrist gilt hier nicht. 43

Mit der Einfügung von S. 2 in § 17 Abs. 1 Nr. 4 durch Gesetz vom 11.10.2002 (mit Wirkung zum 1.4.2003) wurde im Hinblick auf diejenigen Jagdscheinbewerber, bei denen die Zuverlässigkeit oder persönliche Eignung iSd Waffenrechts (§§ 5 und 6 WaffG) nicht vorhanden ist, die Möglichkeit zum **Erwerb des Falknerscheins** (§ 15 Abs. 7) geschaffen. Fehlen die Voraussetzungen bereits zum Zeitpunkt der Jägerprüfung, so durchläuft der Prüfling die Prüfung ohne waffenrechtlichen und -praktischen Teil. Unter den Voraussetzungen des § 15 Abs. 7 kann ihm anschließend der Falknerjagdschein erteilt werden. Sind später Unzuverlässigkeit bzw. fehlende Eignung weggefallen, kann er nach Nachholung der unterbliebenen Prüfungsteile den Jagdschein erwerben. Auch dem Jäger, dem der Jagdschein auf Grund dieser beiden Kriterien versagt oder entzogen worden ist, kann gem. Abs. 1 S. 2 den Falknerjagdschein erlangen. 44

III. Fakultative Versagungsgründe (Abs. 2)

Der Jagdbehörde ist insoweit ein **Ermessensspielraum** eingeräumt. Bei pflichtgemäßer Ausübung hat sie abzuwägen zwischen den Interessen des Bewerbers und jagdpolizeilichen Notwendigkeiten. Eine ablehnende Entscheidung hat die Behörde mit nachprüfbarer Begründung zu versehen. 45

1. Lebensalter (Abs. 2 Nr. 1)

Diese Bestimmung stellt ein Korrektiv dar im Hinblick auf die **Entwicklung der Jugendlichen** zwischen 16 und 18 Jahren. Bei einer normalen körperlichen und geistigen Entwicklung besteht kein Versagungsgrund. Werden jedoch wesentliche Entwicklungsverzögerungen konstatiert, die den Bewerber deutlich hinter dem Durchschnitt Gleichaltriger einstufen, ist der Jagdschein zu versagen. Bei der Beurteilung sind vergleichbare Kriterien zu Grunde zu legen wie im Jugendstrafrecht (§ 3 JGG); mithin müssen Einsichtsfähigkeit, Verantwortungsbewusstsein, sittliche und geistige Reife alters- 46 gemäß entwickelt sein. Im Zweifelsfalle kann die Jagdbehörde eine Stellungnahme des Jugendamtes anfordern.

2. Ausländer (Abs. 2 Nr. 2)

47 Ausländer ist jeder Nichtdeutsche, mithin jede Person, die nicht die deutsche Staatsangehörigkeit besitzt. Wer Deutscher ist, richtet sich nach Art. 116 Abs. 1 GG. Ein Ausländer hat **keinen Rechtsanspruch** auf einen deutschen Jagdschein. Der fakultative Versagensgrund „Nichtdeutscher" gibt der Behörde die Möglichkeit, trotz Vorliegens aller Voraussetzungen bei Bedenken den Jagdschein zu versagen. Probleme können insbesondere im Zusammenhang mit der Feststellung der Zuverlässigkeit bestehen, da die Behörde unter Umständen nur unzureichende Erkenntnismöglichkeiten hat. Bei einer Prüfung ist allerdings die Entwicklung im Waffenrecht zu berücksichtigen. Aufgrund von § 30 Abs. 3 Nr. 1 WaffG 1976 bestand die Möglichkeit, Waffenbesitzkarte und Munitionserwerbsschein dann zu versagen, wenn der Antragsteller nicht Deutscher iSd Art. 116 GG war. Diese Alternative ist in § 4 WaffG 2003 nicht mehr enthalten. Folglich stellt das Kriterium „Ausländer" für sich allein keinen Versagungsgrund mehr dar.

3. Wohnsitz (Abs. 2 Nr. 3)

48 Ein Antragsteller soll **mindestens drei Jahre** seinen Wohnsitz oder ständigen Aufenthalt im Geltungsbereich des BJagdG haben, um einen Jagdschein zu erlangen. Diese Bestimmung gilt für Deutsche und Nichtdeutsche. „Wohnsitz" bestimmt sich gem. §§ 7 ff. BGB; dabei ist „gewöhnlicher Aufenthalt" der Ort, an dem sich jemand für längere Zeit aufhält, ohne einen Wohnsitz zu begründen (vgl. § 122 FamFG, früher § 606 ZPO aF). Ein längerer Auslandsaufenthalt ist unschädlich, sofern der inländische Wohnsitz beibehalten wird. Der Grund der Regelung besteht darin, dass mit dieser Mindestdauer des Aufenthaltes das Kriterium der Zuverlässigkeit leichter überprüfbar ist, zB im Hinblick auf abgeschlossene oder anhängige Strafverfahren oder sonstige polizeiliche Erkenntnisse (§ 5 Abs. 2 Nr. 4, Abs. 5 Nr. 3 WaffG).

4. Schwere oder wiederholte Verstöße gegen die Grundsätze des § 1 Abs. 3

49 Der Jäger handelt **weidgerecht,** wenn er „die geschriebenen und ungeschriebenen Gesetze und Regeln über die Ausübung der Jagd, zum Schutze des Wildes und der Natur und zur Erhaltung und Fortentwicklung des Wildes beachtet. Er soll sich bei jeder jagdlichen Betätigung vom Gedanken des Tierschutzes sowie des Natur- und Artenschutzes leiten lassen" (so die Definition bei Haseneder und Stinglwanger in Knaurs Großes Jagdlexikon, 1984, S. 776).

50 Bei den ungeschriebenen Regeln handelt es sich hauptsächlich um Gesichtspunkte der **Jagdethik.** Dabei gilt es zu beachten, dass nicht alles erlaubt ist, was nicht ausdrücklich verboten ist. Ethik setzt der Anwendbarkeit des technisch Machbaren Grenzen. Die „geschriebenen Gesetze" erfassen insbesondere Verhaltensweisen, die bei Verstößen als Ordnungswidrigkeiten geahndet werden. So haben „anerkannte Grundsätze der Weidgerechtigkeit" ihren Niederschlag im Gesetz gefunden in einzelnen Verboten des § 19, wie

etwa das Verbot, auf Schalenwild mit Schrot oder Pfeilen zu schießen, Vorgaben über Mindestenergie bei Büchsenpatronen, Schlingenstellen, Gifteinsatz und die Vorschrift über die Jagd auf ausgesetztes Wild. Aber auch die Schonung der zur Aufzucht notwendigen Elterntiere (§ 22 Abs. 4) oder die Pflicht zur Nachsuche (§ 22a) haben ihren Ursprung in der Weidgerechtigkeit. Auch die verschiedenen Vorschriften über Fütterungen zählen hierzu.

Die in § 1 Abs. 3 enthaltene Maßgabe „bei der Jagdausübung" bezieht sich nicht nur auf den engen Begriff der eigentlichen Jagdausübung iSd § 1 Abs. 4, sondern auf alle Tätigkeiten im **weiteren Sinne** der Jagdausübung; hierzu zählen auch die Schaffung von Äsungsflächen, von Wildeinständen und von jagdlichen Einrichtungen (so das DJV-Positionspapier vom 19.6.2000). 51

Die Verletzung allgemein anerkannter Grundsätze deutscher Weidgerechtigkeit stellt die Grundlage dieses Versagensgrundes dar. „Weidgerechtigkeit" ist ein **unbestimmter Rechtsbegriff** (→ § 1 Rn. 1 ff.). Dieser gibt der Behörde einen gewissen Beurteilungsspielraum. Als unbestimmter Rechtsbegriff unterliegt er in seiner Ausfüllung uneingeschränkt **gerichtlicher Überprüfung.** Geht die Behörde bei der Beurteilung des „schweren oder wiederholten Verstosses" im Rahmen ihrer Ermessensfreiheit von einem solchen Verstoß aus, so ist diese Entscheidung nur eingeschränkt gerichtlich überprüfbar nach den dafür geltenden Grundsätzen (§ 114 VwGO): rechtswidrig, weil Ermessensgrenzen überschritten wurden, Ermessenswillkür oder -missbrauch, trotz sachgerechter Erwägungen nicht vertretbare Entscheidung oder keine Ermessensentscheidung wegen irrtümlicher Auffassung, ein Ermessensspielraum sei nicht gegeben (OVG Münster Urt. v. 2.12.1975 – XIV A 63/74, RdL 1976, 233). 52

Der Versagungsgrund „Verstöße gegen Weidgerechtigkeit" in Abs. 2 Nr. 4 stellt einen **Auffangtatbestand** dar. Zahlreiche Verstöße dagegen sind zugleich Verstöße gegen Straftatbestände, die in den Absätzen 3 und 4 erfasst sind. Diese gehen als lex specialis vor. Gleiches gilt für Ordnungswidrigkeiten, soweit sie unter Abs. 4 Nr. 2 fallen. Für dadurch nicht erfasste Verstöße gegen die Weidgerechtigkeit, die den Ausschluss vom „Jagen dürfen" notwendig machen, stellt Nr. 4 die Versagungsgrundlage dar. Ein relevanter Verstoß muss einen Grundsatz, somit eine prinzipielle Anforderung an die Weidgerechtigkeit betreffen (Mitzschke/Schäfer Rn. 20). Dieser muss allgemein anerkannt sein, dh gesetzlich festgelegt oder ungeschrieben im Bewusstsein der überwiegenden Zahl der weidgerechten Jäger vorhanden sein. Der verletzte Grundsatz muss „bei der Ausübung der Jagd" (§ 1 Abs. 3) gelten. Dazu zählen nicht Regeln, die zwar im weiteren Sinne zum Jagdwesen gehören, aber nicht zur **Jagdausübung.** Darunter fallen Ordnungsvorschriften wie Abschussmeldungen an die Behörde, Disziplinarverstöße oder Verletzung von Jagdgebräuchen oder etwa „ein Verhalten, das auch außerhalb der Jagdausübung im gesellschaftlichen Verkehr dem Betreffenden den Vorwurf pietätlosen oder unvornehmen Verhaltens eintragen könnte", wie zB wenn bei einer Treibjagd ein Treiber durch einen Jagdunfall zu Tode kommt, ein Jagdgast einem Herzschlag erliegt, der Jagdherr aber (nach ärztlicher Versorgung usw) die Jagd nicht abbricht (Mitzschke/Schäfer Rn. 20). 53

Bei dem zu wertenden Verstoß muss es sich um einen solchen von **erheblichem Gewicht** (schwerwiegender Vorwerfbarkeit) oder um wiederholte Verstöße von geringerem Gewicht handeln. Darunter können auch Verstöße gegen die Verbote des § 19 fallen, die lediglich als Ordnungswidrigkeiten 54 gem. § 39 geahndet werden. Die Wiederholung muss sich innerhalb eines zurechenbaren Zeitraumes zugetragen haben; zudem muss sich daraus der Vorwurf herleiten lassen, durch das vorwerfbare Verhalten ergebe sich eine Neigung zur Missachtung von Grundsätzen der Weidgerechtigkeit. Ein schwerwiegendes Fehlverhalten kann durch die Behörde iSd Abs. 4 Nr. 2 auch dann berücksichtigt werden – möglicherweise im Zusammenhang mit anderen, nicht geahndeten Fehlverhaltensweisen –, wenn die Fünfjahresfrist des § 17 Abs. 4 Nr. 1 lit. d) verstrichen oder strafrechtliche Verfolgungsverjährung eingetreten ist (OVG Münster Urt. v. 28.1.1965 – VIII A 1057/64, nv; VG Hannover Urt. v. 5.7.1979 – I A 126/78, RdL 1980, 67).

55 Zu berücksichtigende Verstöße ergeben sich aus **Fehlverhaltensweisen,** wie zB Jagdwilderei, die grundsätzlich einen **schwerwiegenden Verstoß gegen die Weidgerechtigkeit** darstellt (VG Köln Urt. v. 28.2.1956 – 2 K 24/56, nv), Tötung eines als Jagdhund kenntlichen Hundes, der sich im Einsatz vorübergehend von seinem Führer entfernt hat (VG Stuttgart 19.6.1973 – VRS-VI/16/73, nv), schwerwiegende Verstöße gegen das Nachtjagdverbot – dies gilt jedoch nicht, wenn Gesichtspunkte des Tierschutzes als höherwertig greifen, zB Fangschuss für ein erkennbar schwerkrankes Stück, möglicherweise aber anders bei fahrlässig unzureichender Ansprache (VGH Mannheim Urt. v. 22.11.1996 – 5 S 2661/96, DÖV 1997, 469; → § 19 Rn. 24). Auch Verstöße gegen den Tierschutz kommen insoweit in Betracht, zB Wassereinleiten in Fuchsbau zum Fuchssprengen (AG Hannover Urt. v. 12.2.1987 – 535 C 13372/86, JE I Nr. 47) oder der Einsatz von Feuer (VG Münster Urt. v. 11.9.1984 – 7 K 480/84, JE V Nr. 96). Der Einsatz von unverblendeten Drahtkastenfallen zur Fangjagd allein ist kein gravierender Verstoß; hinzukommen müssen weitere Fakten wie unterlassene Kontrollen oder Fangbarkeit von geschütztem Wild. „Schwer iSd § 17 Abs. 2 Nr. 4 ist ein Verstoß gegen die in § 1 Abs. 3 genannten Grundsätze, wenn er nach der Art und Weise ihrer Begehung und die hierdurch bewirkten Gefahren geeignet ist, die durch die Grundsätze der Weidgerechtigkeit geschützten Rechtsgüter und Belange gravierend zu beeinträchtigen." (VG Düsseldorf Urt. v. 18.11.2010 – 15 L 1536/10, BeckRS 2011, 45264). Die mehrfache Lebendfallenjagd im Hausgarten ohne Erlaubnis lässt auf eine Unzuverlässigkeit nach Maßgabe der Regelvermutung aus § 5 Abs. 2 WaffG schließen (VG Ansbach Urt. v. 18.11.2022 – AN 16 K 20.2798, BeckRS 2022, 42985). Die fahrlässige Missachtung der Schonzeit durch Verwechselung einer hochträchtigen Rehgeiß mit einem Schmalreh kann die Beurteilung als unzuverlässig nach § 17 Abs. 2 Nr. 4 zur Folge haben, auch wenn keine grobe Fahrlässigkeit iSd § 17 Abs. 4 Nr. 2 vorliegt; diese Entscheidung liegt jedoch im Ermessen der zuständigen Behörde (VGH München Urt. v. 11.8.2022 – 24 B 22.807, BeckRS 2022, 22271). Ein schwerwiegender Verstoß liegt auch vor, wenn ein Jagdscheininhaber nachts mit Hilfe eines Handscheinwerfers auf eine Ricke schießt und eine Nachsuche unterlässt (VG Düsseldorf Urt. v. 25.11.2010 – 15 L 1867/10, BeckRS 2011, 45265). Die Überschreitung des Abschussplanes fällt nur im Ausnahmefall hierunter. Bei den geänderten Abschussgrundsätzen beispielsweise beim Rehwild und meist eingeräumten Überziehungsprozentsätzen ist die Toleranz größer geworden. Anders wäre der Fall zu beurteilen, dass für mehrere Jagdbezirke gemeinsam ein Hirsch der Klasse I freigegeben und bereits erlegt wurde, in Kenntnis dessen jedoch ein Jäger einen weiteren erlegt. „Grenzschinderei" – bevorzugtes Jagen an der Reviergrenze – stellt zwar einen verwerflichen Verstoß gegen die Jagdmoral

dar, als Versagungsgrund iSd Abs. 2 Nr. 4 reicht dies jedoch nicht aus (anders Mitzschke/Schäfer Rn. 21), allenfalls als Grundlage für einen disziplinar zu wertenden Vorgang. Die Bestimmung des Abs. 2 Nr. 4 als Versagungsgrund für den Jagdschein dient nicht dazu, allgemein die Jagdmoral auf einem angemessenen Niveau zu halten. Sie ist gleichwohl bestimmt und geeignet, mit dem notwendigen Nachdruck die Einhaltung der Grundsätze der Weidgerechtigkeit iSd § 1 Abs. 3 einzufordern.

IV. Zwingende Versagungsgründe (Abs. 3)

1. Absolute Unzuverlässigkeit

Der Absatz weist drei Sachverhaltsbereiche auf, bei deren Vorliegen der Jagdschein zu versagen ist. Das bedeutet, dass die Behörde **keinen Ermessensspielraum** hat. Die Versagungsgründe haben eine auf Tatsachen gestützte Prognose für eine mögliche, vom Antragsteller ausgehende Gefahr für Dritte oder die Allgemeinheit zum Inhalt. Die **Anknüpfungstatsachen** müssen sich auf Schusswaffen oder Munition beziehen bzw. den Umgang damit. Dabei muss das Fehlverhalten nicht direkt oder indirekt in Verbindung mit der Jagdausübung stehen. Eine rechtskräftige strafrechtliche Verurteilung ist nicht gefordert. Abs. 1 Nr. 1 ist gleichsam die Generalklausel für die Zuverlässigkeit. Die Fassung des Abs. 3 ist inhaltsgleich mit § 5 Abs. 1 Nr. 2 des seit 1.4.2003 geltenden WaffG. Objektive Tatsachen müssen die Annahme rechtfertigen, der Betroffene werde das erfasste Fehlverhalten zeigen. Mutmaßungen und Einschränkungen der Behörde reichen für eine begründete Prognose nicht aus. Die objektivierbaren Vorgänge müssen dem Antragsteller zurechenbar sein. Die personenbezogene behördliche Prognose kann das Gericht vollständig auf die rechtliche Richtigkeit überprüfen (VGH München Beschl. v. 20.4.2023 – 24 CS 23.496, BeckRS 2023, 10167 mit Verweis auf OVG Koblenz Urt. v. 28.6.2018 – 7 A 11748/17.OVG, BeckRS 2018, 21731). 56

2. Missbräuchliche oder leichtfertige Verwendung von Waffen oder Munition (Abs. 3 Nr. 1)

Der Begriff „verwenden" bedeutet in diesem Zusammenhang, dass eine Schusswaffe bewusst zum Schießen oder Drohen benutzt wird. Dabei muss es sich nicht um eine Jagdwaffe handeln. Auch andere Waffen – Militärwaffen, behördliche Dienstwaffen, Eigenbau – sind davon erfasst. „Missbräuchlich" heißt Gebrauch machen in einer Weise, die **von der Rechtsordnung nicht gedeckt** oder gebilligt ist. Solches ist der Fall bei **Angriffen auf Leib und Leben,** Freiheit und Gesundheit von Menschen, auch als Droh- oder Druckmittel gegen sie oder gegen Sachen. **Missbrauch setzt Vorsatz voraus.** 57

Bereits ein **einziger Vorgang** lässt den Schluss auf die Annahme künftigen waffenrechtlichen Fehlverhaltens zu, zB Bedenkenlosigkeit im Umgang mit Waffen (OVG Münster Urt. v. 12.8.1981 – 4 A 197/81, RdL 1982, 15; VG Stade Urt. v. 2.11.1990 – 2 B 84/90, nv, zum Transport einer geladenen Waffe im Pkw bei 3,5 Promille BAK; VG Köln Urt. v. 8.3.1973 – 1 K 1964/72, DVBl. 1975, 589). **Missbräuchliche Verwendung** liegt vor, wenn eine Jagdwaffe für einen Startschuss bei einem Moped-Rennen verwendet wird (VG Arnsberg 28.1.2012 – 8 K 147/12, BeckRS 2013, 48355), Schüsse auf 58 eine entlaufene Kuh ohne Schießerlaubnis (VGH München Urt. v. 11.8.2010 – 21 ZB 10.444, BeckRS 2010, 31576), „Russisches Roulette“ mit Revolver, ungeladen (VGH München Beschl. v. 24.3.2009 – 21 C 09.141, BeckRS 2009, 43184), Androhung eines Schusswaffengebrauchs gegen Hund von Spaziergängern (VGH München Beschl. v. 16.7.2009 – 21 CS 09.902, BeckRS 2010, 53877), mutwilliges Schießen mit Pistole in alkoholisiertem Zustand im Beisein Dritter (OVG Münster Urt. v. 12.8.1981 – 4 A 197/81, RdL 1982, 15). Beim Streit über einen Kaufvertrag führte die Drohung des Käufers „ich bin Jäger und habe ein Gewehr“ zur Durchsetzung seiner vermeintlichen Ansprüche jedoch nicht zu der Annahme einer Unzuverlässigkeit, stellt aber die persönliche Eignung für einen Waffenbesitz in Frage (§ 6 Abs. 1 Nr. 3 WaffG; VG Dresden Urt. v. 21.6.2010 – 4 L 74/10, BeckRS 2010, 33815). Für eine missbräuchliche Verwendung genügt auch die Drohung des Schusswaffengebrauchs gegenüber Dritten durch Aufstellen eines Schildes auf dem Grundstück mit folgendem Text: „Schusswaffengebrauch. Wer das Gelände unbefugt betritt, muss sich nicht wundern, wenn er die Kugeln pfeifen hört. Dies ist kein Spaß! Videoüberwachung.“ Der Person mangele es an dem entsprechenden Verantwortungsbewusstsein, zumal keine Situation, die ein Notwehrrecht begründen könnte, vorliegt (OVG Schleswig Beschl. v. 16.7.2021 – 4 MB 16/21, BeckRS 2021, 21897 mwN). Missbräuchliche Verwendung liegt ebenfalls vor bei Mitnahme einer Kurzwaffe in das EU-Ausland ohne Erlaubnis und ohne Europäischen Feuerwaffenpass (VG Düsseldorf Urt. v. 23.6.2010 – 22 L 256/10, BeckRS 2010, 50525), ebenso bei Suizidandrohung mittels Schusswaffe (VGH Kassel Urt. v. 23.9.2011 – 4 A 159/11.Z, nv; als besonderes Indiz wertete der VGH, dass der Betroffene „den Umgang mit Waffen und Munition nicht strikt vom Konsum von Alkohol in erheblichen Mengen zu trennen vermag“; VG Würzburg Urt. v. 11.2.2014 – W 5 S 14.23, BeckRS 2014, 48044), Mitführen einer Doppelflinte mit selbst gefüllten Schrotpatronen (statt Schrote Pfeffer und Salz), um auf einem eingezäunten Gelände Schrottdiebe zu stellen (VG Arnsberg Urt. v. 18.2.2013 – 8 K 1999/12, BeckRS 2013, 48149). Andererseits muss **wiederholtes leichtes Fehlverhalten** nicht zu einer negativen Prognose führen (OVG Greifswald Beschl. v. 12.2.2003 – 2 M 141/02, BeckRS 2003, 21554). Ordnungswidrigkeiten von erheblichem Gewicht können aber die Unzuverlässigkeit begründen, leichte Beleidigungen der Behörden („UJB ist eine Katastrophenbehörde“) reichen hingegen dafür nicht aus. Ein einmaliger, persönlichkeitsfremder und folgenloser Verstoß reicht dazu nicht aus. Darüber hinaus ist der **Grundsatz der Verhältnismäßigkeit** zu beachten (so auch Mitzschke/Schäfer Rn. 25). Dazu bedarf es auch einer Gesamtwürdigung des bisherigen Verhaltens des Antragstellers (OVG Münster Urt. v. 9.12.1966 – IX A 207/66, nv).

59 Den Entzug des Jagdscheines und den Widerruf der WBK brachte einem Jäger seine Drohung mit Erschießen gegenüber einem Treiber ein. Zwischen beiden hatte es vor der Jagd, einer Bauernjagd im Westfälischen, eine heftige Auseinandersetzung um die Verwertung eines Wildschweines gegeben. Das Gericht nahm die Äußerung des Jägers zur Grundlage für die **Prognose** „Unzuverlässigkeit“ (VG Minden Urt. v. 21.3.2014 – 8 K 136/14, nv, Verfahren wurde durch Vergleich beim OVG Münster – 2 OA 863/14 – beendet). Der Kläger war der Auffassung, eine derartige Äußerung als einmaliger Vorgang sei unter Berücksichtigung der Umstände, der Sozialadäquanz und der Ernsthaftigkeit zu bewerten, hier insbesondere mit Blick darauf, ob eine ernst zu nehmende Drohung oder eine derbe Kraftmeierei des Augenblicks, auch unter Bewertung der Persönlichkeit, vorliege.

Das Drohen mit einer ungeladenen Kurzwaffe von der eigenen Haustüre aus gegenüber Personen, die an der Gartenpforte unerwünscht verweilen, um sie zum Weggehen zu veranlassen, stellt eine **missbräuchliche Waffenbenutzung** dar, die zur Unzuverlässigkeit führt (VGH München Urt. v. 14.11.2016 – 21 ZB 15.648, BeckRS 2016, 55033). Das Gericht ging dabei von der Version der Betroffenen aus. Nach der Darstellung der Zeugin, Lebenspartnerin des Waffenbesitzers, hatte dieser die Waffe lediglich im Hosenbund stecken, ohne dass er sie eingesetzt hätte. Bei dieser Alternative wäre nicht von einer versuchten Nötigung auszugehen und die Feststellung der Unzuverlässigkeit wäre nicht gerechtfertigt. 60

Missbräuchliche und leichtfertige Verwendung von Jagdwaffen in Verbindung mit **Anmaßung von Rechten** und dem Versuch, diese durchzusetzen, rechtfertigen die Annahme fehlender Zuverlässigkeit bei einem Jagdscheininhaber (OVG Koblenz Urt. v. 17.2.1987 – 8 B 57/86, nv), ebenso die Drohung in einem Schreiben an den Präsidenten des Bundesverfassungsgerichtes, er werde sich der Vollstreckung eines Strafurteils, gegen das er bereits erfolglos Verfassungsbeschwerde eingelegt hatte, nötigenfalls mit der Waffe widersetzen (VGH Kassel Urt. v. 26.10.1990 – 3 TH 2935/90, BeckRS 2005, 22970). Die Berechtigung des Jagdscheininhabers, mit Waffen umzugehen, beinhaltet eine hohe Verantwortung; demjenigen fehlt die erforderliche Zuverlässigkeit, der dieser Verantwortung durch missbräuchlichen und leichtfertigen Einsatz nicht gerecht wird. Dies tut zB derjenige, der vermeintliche oder tatsächliche Störer durch Schüsse zum Verlassen des Ansitzbereichs zwingen will – ein Jäger fühlte sich beim Ansitz durch Reiterinnen gestört und gab hinter ihnen einen Schrotschuss ab (VG Ansbach Urt. v. 25.4.2001 – AN K 00.00891, BeckRS 2001, 18498) – oder zur Durchsetzung einer Personalienfeststellung mit der Waffe droht oder Warnschüsse abgibt. Gleiches gilt bezüglich einer beabsichtigten vorläufigen Festnahme gem. § 127 StPO (VG Augsburg Urt. v. 9.2.1982 – 1 K 80 A. 1054, nv); dies gilt auch dann, wenn der Jäger im nächtlichen Wald durch Warnschussabgabe Personen zum Heraustreten veranlassen will, damit er eine Überprüfung vornehmen kann (VG Darmstadt Urt. v. 1.9.2006 – 5 E 543/06, NJW 2007, 1016). Die zitierten Entscheidungen hatten meist ein einmaliges Fehlverhalten der Jäger zur Grundlage; gleichwohl wurde die Prognose gestellt, dass eine missbräuchliche Verwendung von Waffen und Munition auch in Zukunft zu befürchten sei. 61

„Leichtfertig" bedeutet in diesem Zusammenhang „grob fahrlässig", in hohem Maße unvorsichtig und eindeutige **Sicherheitsregeln missachtend.** Darunter fallen die Schussabgabe ohne Kugelfang, ohne ausreichende Sicht, der unerlaubte Schuss im Waldtreiben, der Schrotschuss ins Treiben nach dem Signal „Treiber in den Kessel", die Schussabgabe, ohne sich zu vergewissern, dass der Gefährdungsbereich frei von Menschen ist. Leichtfertig handelt derjenige, der bei der Schussabgabe keine Bedenken aufkommen lässt, obwohl sich solche aufgrund der Gegebenheiten im Gelände oder der Standorte von Mitjägern aufdrängen (VG Saarland Urt. v. 5.5.2008 – 5 L 344/08, BeckRS 2008, 34899); auch fehlerhaftes Ansprechen bei ungünstigem Licht mit Schussabgabe kann die Unzuverlässigkeit begründen (VG Würzburg Urt. v. 7.6.1988 – W 2 S 88596 350.42, nv – Schuss auf Hund, der als Wildschwein angesprochen wurde mit sechsfachem Zielfernrohr auf 62

80 m in der Abenddämmerung). Auch das Erschießen eines Jagdhundes, der als solcher vom Betroffenen erkannt wurde, was wiederum eine Strafbarkeit nach § 17 Abs. 1 TierSchG zur Folge hat, ist unter den Begriff der Leichtfertigkeit zu subsumieren (VG Weimar Urt. v. 14.12.2009 – 2 K 732/08 We, nv). Ebenfalls um einen leichtfertigen Umgang mit Waffen handelt es sich bei der versehentlichen Tötung eines Hundes, der auf ebenerdigem Boden mit Schwarzwild verwechselt wurde, da dieser „bei ebenerdiger Schussabgabe nach aller Voraussicht jedoch keinen geeigneten Kugelfang dar[stellt]" (VG Magdeburg Beschl. v. 12.5.2021 – 3 B 71/21, BeckRS 2021, 12794 mwN; S. 4 des Beschlusses verweist hinsichtlich des Kugelfangs auf das Jagdgutachterinstitut für Jagd, Jagdwaffen, Jagdkriminalistik, Wild und Forstschutz, Hinweise zur UVV Jagd (→ Anh. 2 § 11). Vgl. in diesem Zusammenhang auch Friesischer Verband für Naturschutz und ökologische Jagd: Wann ist ein Kugelfang sicher?, http://fvnj.eu/wann-ist-ein-kugelfang-sicher/). Zu weitgehend ist die Annahme einer Leichtfertigkeit bei einem Jäger, der nach einem Sturz mit der Waffe auf Wild schoss, obwohl möglicherweise damit kein sofort tödlicher Schuss möglich war (VG Stade Urt. v. 21.7.1982 – 4 VG D 44/82, JE V Nr. 82). Eine leicht fahrlässige Schussabgabe bei einer Drückjagd, bei der der Verletzte Sicherheitsvorschriften nicht eingehalten hat, ist kein Grund für eine Zuverlässigkeitsprüfung im Hinblick auf geringes Fehlverhalten und fehlende ungünstige Prognose (VG Sigmaringen Urt. v. 25.5.2005 – 9 K 440/05, BeckRS 2005, 27657). Für einen leichtfertigen und unvorsichtigen Umgang mit Waffen und eine daraus resultierende Unzuverlässigkeit kann auch eine Kumulation mehrerer Umstände und Verhaltensweisen aufgrund des Ausmaßes und der Anzahl an Verstößen sprechen, so dass davon auszugehen ist, dass sich derjenige auch in vergleichbaren Situationen erneut so verhalten würde (VGH München Beschl. v. 25.8.2020 – 24 CS 20.1596, BeckRS 2020, 24785). In dem Beschluss entschied das Gericht zudem, dass eine Anordnung zur sofortigen Vollziehung hinsichtlich des Widerrufs der Waffenbesitzkarte bzw. des Jagdscheins zulasten des Antragstellers ergehen kann, wenn dieser wirtschaftliche Argumente (Betreiben eines Youtube-Kanals, eines Onlineshops sowie einer Jagdhundezucht, die von der Veröffentlichung jagdlichen Videomaterials abhängig sind, um keine Kunden zu verlieren) vorbringt, da es an einem substantiierten Vortrag bezüglich des privaten Interesses mangelt (VGH München Beschl. v. 25.8.2020 – 24 CS 20.1596, BeckRS 2020, 24785; zur Anordnung der sofortigen Vollziehung der Ungültigkeitserklärung und Einziehung des Jagdscheins bei strafrechtlicher Verurteilung OVG Lüneburg Beschl. v. 1.6.2004 – 8 ME 116/04, NVwZ-RR 2005, 110).

63 Gerechtfertigt ist jedoch der **Waffeneinsatz**

- als Drohung oder Warnschussabgabe und
- im Falle der Notwehr oder Nothilfe unter Beachtung des Grundsatzes der Verhältnismäßigkeit.

Die entsprechenden Grundsätze des Strafrechts (§ 32 StGB) sind dabei zu beachten.

3. Unvorsichtiger Umgang mit Waffen und Munition (Abs. 3 Nr. 2)

64 Im Gegensatz zu Abs. 3 Nr. 1 umfasst diese Bestimmung den „Umgang" mit Waffen und Munition, nicht deren Einsatz, also die **allgemeine Handhabung.** Hierunter fallen **Fehlverhaltensweisen** beispielsweise beim Trans-

port, Reinigen, Laden außerhalb der Jagdausübung, Umgang mit Waffen in betrunkenem Zustand, „spielerisches" Zielen, Verwechseln von Munition und unzulässige Veränderungen an Waffen und Munition. Bei den **Sorgfaltspflichten** im Umgang mit Waffen und Munition ist einerseits ein strenger Maßstab anzulegen, weil das Sicherheitsgebot nicht verletzt werden darf. Anderseits stellt nicht jeder Sorgfaltsverstoß in diesem Bereich einen Grund für die Prognose einer fehlenden Zuverlässigkeit dar. Entscheidend kommt es darauf an, dass bewusstes oder leichtfertiges Fehlverhalten mit Folgen in der Herbeiführung der Anknüpfungstatsachen die begründete Prognose zukünftigen gleichartigen oder vergleichbaren Verhaltens rechtfertigt.

Eine **folgenlose leichte Fahrlässigkeit,** die jedem und überall passieren kann, reicht nicht aus. Der **Grundsatz der Verhältnismäßigkeit** als Entscheidungsmaßstab in nahezu allen Rechtsbereichen muss auch hier Anwendung finden. Ergänzend ist eine Gesamtwürdigung der Umstände und Persönlichkeit notwendig (Mitzschke/Schäfer Rn. 32). Ein einmaliger leichter Verstoß gegen Sorgfaltspflichten rechtfertigt nicht die Feststellung der fehlenden Zuverlässigkeit (VG Sigmaringen Urt. v. 25.5.2005 – 9 K 440/05, BeckRS 2005, 27657 – hier mit Mitverschulden des Verletzten). Ein einmaliges Fehlverhalten rechtfertigt nur dann die Versagung des Jagdscheins, wenn sich daraus ein solches Maß an Unverantwortlichkeit ergibt, dass Grund zur Annahme besteht, dem Betroffenen sei auch in Zukunft eine Waffenführung mit der erforderlichen Vorsicht nicht zuzutrauen (VG Bremen Urt. v. 27.5.1997 – 2 KV 557/97, nv), nicht zB bei Überlassen einer Jagdwaffe an einen Bekannten, der früher Jagdscheininhaber war und „nun wieder zur Jagd gehen wollte", im Zeitpunkt des Erwerbs der Waffe jedoch keinen gültigen Jagdschein besaß; das Strafverfahren war gem. § 153a StPO eingestellt worden. Ein Jäger verstößt gegen elementare Sorgfaltspflichten, wenn er zur Jagdvorbereitung den Revolver in seiner Wohnung lädt (OVG Lüneburg Urt. v. 19.5.2006 – 8 ME 50/06, NVwZ-RR 2006, 796 – beim Laden war die Waffe zu Boden gefallen, ein Schuss löste sich und verletzte den Sohn). In den Urteilsgründen führte das Gericht unter anderem aus, „dass das Laden des Revolvers in seinem Haus grob pflichtwidrig gewesen" sei. „Denn die jagd- und waffenrechtliche Unzuverlässigkeit des Antragstellers ist nicht darauf zurückzuführen, dass er die Waffe hat fallen lassen und dass sein Sohn durch den dadurch ausgelösten Schuss verletzt worden ist. Entscheidend ist vielmehr, dass er wiederholt den Revolver in seinem Haus geladen und dadurch gegen elementare und selbstverständliche Pflichten eines Jägers verstoßen hat." Dieser Bewertung ist zu widersprechen. Das Laden einer Waffe in Räumen beinhaltet für sich noch kein Kriterium der Unzuverlässigkeit. Dazu wird es erst durch den fahrlässigen Umgang mit der geladenen Waffe. Es ist also der Einzelfall zu prüfen. In zahlreichen Fällen werden durch legale Waffenbesitzer Waffen in geschlossenen Räumen geladen – zB zur Funktionsprüfung –, ohne dass dieser Vorgang mit dem Kriterium der waffenrechtlichen Unzuverlässigkeit zu belegen ist. Der sorgfältige Umgang eines sachkundigen Waffenträgers mit einer geladenen Waffe in einem Raum ist kein anderer im Vergleich zum Aufenthalt auf einem Schießstand oder im Freien. Es wäre unverhältnismäßig, einem legalen Waffenbesitzer, der zum Führen der Waffe in seiner Wohnung ohne Erlaubnis befugt ist, weil er etwa in einer Notwehrlage seine Waffe lädt, die waffenrechtliche Zuverlässigkeit abzusprechen. Die Polizei unterliegt nicht dem Waffengesetz (§ 55 Abs. 1 Nr. 3 WaffG). Im Rahmen dieser Freistellung aufgrund der Wahrnehmung hoheit- **65** licher Aufgaben haben die Länder die Regelung zum Waffenführen durch Polizeibeamte getroffen. Dies gilt auch für dienstlich zugelassene Waffen außerhalb des Dienstes (§ 55 Abs. 1 S. 2 WaffG). Das bedeutet, dass selbst ein Polizeibeamter, der nach den Zuverlässigkeitsregeln des WaffG unzuverlässig ist, in seiner Freizeit eine schussbereite Dienstwaffe in der eigenen und sogar in einer fremden Wohnung führen darf. Da aber die Zuverlässigkeit im Sicherheitsinteresse der Allgemeinheit kein Merkmal der beruflichen Tätigkeit, sondern der Persönlichkeit ist, kann ein derart überzogenes Kriterium für die waffenrechtliche Zuverlässigkeit als generelle Regel für sich allein für den sonstigen legalen Waffenbesitzer keine berechtigte Anwendung finden. Eine geladene Pistole im verschlossenen Handschuhfach begründet allerdings die fehlende Zuverlässigkeit. Das Gericht begründet die Prognose der Wiederholungsgefahr damit, dass der Betroffene die Einlassungen zum Motiv änderte (VGH München Urt. v. 9.3.2006 – 21 CS 06.25, BeckRS 2009, 40283).

66 Zahlreich sind die Fälle, in denen infolge **unzureichender Sorgfalt** bei der Schussabgabe andere Personen verletzt wurden. In solchen Fällen bedarf es für die Feststellung einer Unzuverlässigkeit einer sorgfältigen Prüfung aller feststellbaren Einzelheiten des Falles, auch eines eventuellen **Mitverschuldens** des Geschädigten. Kommt es zu einer strafrechtlichen Verurteilung wegen fahrlässiger Körperverletzung, so liegt das Strafmaß häufig jenseits der 60-Tagessatz-Grenze; bei fahrlässiger Tötung (§ 222 StGB) liegt das Strafmaß meist deutlich höher. Daraus folgt im Allgemeinen die Regelunzuverlässigkeit aus der Bestimmung des § 17 Abs. 4 Nr. 1 lit. c). Zugleich kann aber auch der zwingende Versagensgrund aus Abs. 3 Nr. 2 vorliegen, wenn die Bewertung des Fehlverhaltens unter diese Bestimmung zu subsumieren ist. Zu beachten ist dabei, dass insoweit eine Ausnahme nicht zulässig ist, während in der auch einschlägigen Regelung des § 5 Abs. 2 Nr. 1 lit. b) WaffG eine Ausnahme von der Regel möglich ist. Bei der Bewertung der Begehungsform „Fahrlässigkeit" (fahrlässige Körperverletzung, fahrlässige Tötung) kommt dem strafrechtlich relevanten Kriterium der **„Vorhersehbarkeit"** in diesem Zusammenhang besondere Bedeutung zu; es muss entsprechend sorgfältig geprüft werden.

67 Unter keinem denkbaren Gesichtspunkt liegt ein Ausnahmefall vor, wenn ein Jäger bei völliger Dunkelheit ohne Kugelfang zwei Schüsse auf ein Wildschwein abgibt und in über einem Kilometer Entfernung eine Person am Unterarm getroffen wird (VGH München Urt. v. 19.10.2009 – 21 ZB 08.435, BeckRS 2009, 43898), ebenso bei einem Schuss in ein Maisfeld nur auf Geräusche hin, wobei ein Treiber im Mais erheblich verletzt wurde (VG Arnsberg Urt. v. 13.9.2010 – 14 K 2080/09, BeckRS 2011, 49777), und bei Schussabgabe am Maisfeld mit unzureichender Sicht und fehlendem Kugelfang; das Geschoss traf eine Person am Knie (VG Minden Urt. v. 17.8.2012 – 8 K 1001/12, BeckRS 2012, 56178). Aufgrund von Geschossart und Geschossenergie ist **Schrotmunition** bei leichtfertigen und gefährdenden Schüssen hinsichtlich einer Verletzungsgefahr für Dritte weniger schwerwiegend als **Kugelmunition.** Gleichwohl können Schrotschüsse die Feststellung der Unzuverlässigkeit beim Schützen auslösen, wobei die Gesamtumstände, insbesondere Abpraller und Randschrote, zu bewerten sind. Ein Schrotschuss in einen Heckenstreifen auf einen Hasen, obwohl sich parallel zum Schützen ein Mitjäger befindet und dieser durch Schrote erheblich verletzt wird (mit Dauerschäden), führt zur Feststellung der Unzuverlässigkeit des Schützen

gem. § 17 Abs. 1 Nr. 2 (VG Saarlouis Urt. v. 28.4.2010 – 5 K 4/10, BeckRS 2010, 50028). Die Behörde hatte auf Drängen des Betroffenen mit dem Entzug des Jagdscheins nach dem Grundsatz „in dubio pro reo" mehrere Jahre zugewartet, die Zuverlässigkeit wurde gleichwohl durch das Gericht festgestellt (vgl. VG Saarlouis Beschl. v. 5.5.2008 – 5 L 344/08, BeckRS 2008, 34899). Ein einmaliges Fehlverhalten bei der Schussabgabe, wobei der Jäger zwar objektiv unvorsichtig geschossen hat, subjektiv aber in seinem Sichtfeld auf andere Personen geachtet hat, führt dann nicht zur Unzuverlässigkeit, wenn sonstige Jagdverstöße nicht vorliegen (VG Münster Urt. v. 16.5.2008 – 1 K 744/07, BeckRS 2008, 35571 – zwei Treiber durch Schrote leicht verletzt). Ein relativ geringes Fehlverhalten bei einer Schussabgabe anlässlich einer Drückjagd und eine dadurch verursachte fahrlässige Körperverletzung eines Dritten (der seinerseits Sicherheitsvorschriften nicht beachtet hatte) lässt nicht den Schluss auf die Unzuverlässigkeit des Schützen zu (VG Sigmaringen Beschl. v. 25.5.2005 – 9 K 440/05, BeckRS 2005, 27657). Eine leichtfertige Schussabgabe liegt jedoch vor, wenn ein Jäger von einem drei Meter hohen Jägerstand drei Schüsse auf eine Zielscheibe (an einem Holzpfahl befestigt, 77 Meter entfernt) abgibt, hinter der in 180 Meter Entfernung eine Kreisstraße vorbeiführt und der Antrefferwinkel am Boden 1,3 Grad beträgt (VG München Urt. v. 25.11.2015 – M 7 K 14.5555, BeckRS 2016, 41380). Das Erlegen einer auf einem Dach sitzenden Haustaube im bewohnten Gebiet mit einer Waffe im Kaliber .22 Hornet stellt ein unerlaubtes Schießen im befriedeten Bezirk dar und zugleich eine missbräuchliche Verwendung von Waffen und Munition. Das Verhalten rechtfertigt die Feststellung einer jagdrechtlichen Unzuverlässigkeit iSd § 17 Abs. 3 Nr. 3 (VG Münster Urt. v. 13.7.2018 – 1 K 4629/16, BeckRS 2018, 17047).

In der Jagdpraxis kommt es gelegentlich vor, dass der Jäger ein **anderes** 68
Tier erlegt als das, das er erlegen wollte. Die Ursachen für solche Fehler sind vielseitig; schlechte Licht- und Sichtverhältnisse, beeinträchtigtes Sehvermögen, falsches Ansprechen, mangelnde Erfahrung können solche Ursachen sein. Derartiges Fehlverhalten kann eine jagd- bzw. waffenrechtliche Unzuverlässigkeit indizieren. In der Regel liegt ein **Einmalversagen** vor. Darauf die Prognose „Unzuverlässigkeit in der Zukunft" zu stützen, setzt indes voraus, dass die Behörde sorgfältig alle Einzelheiten des Vorganges prüft. Entscheidungen von Behörden und Gerichten zeigen gelegentlich Mängel im Hinblick auf die entscheidungsrelevante Sorgfalt und führen zu falschen Ergebnissen.

Ein Jäger schoss am Abend bei ausreichender Helligkeit einen schwarzen 69
Mischlingshund etwa 150 Meter von einem Bauernhof auf abfallendem Gelände ohne sicheren Kugelfang und verbrachte danach den Tierkörper in einen Maisacker. Gegenüber dem Eigentümer erklärte er, er habe den Hund mit einem Wildschwein verwechselt; im Ermittlungsverfahren gab er an, der Hund habe gewildert. Das VG stellte seine Unzuverlässigkeit (§ 17 Abs. 1 Nr. 2, Abs. 3 Nr. 1) fest. Es führte aus: „Die Frage, ob Tatsachen vorliegen, die die Annahme einer jagdrechtlichen Unzuverlässigkeit rechtfertigen, ist nur auf Grund einer Gesamtwürdigung aller für die Einziehung in Betracht kommenden Umstände zu beantworten. Die Annahme des Fehlens der erforderlichen Zuverlässigkeit kann – entsprechend dem Verhältnismäßigkeitsgrundsatz – nicht schon aus jedem noch so leichten Verstoß gegen die Rechtsordnung hergeleitet werden. Andererseits kann für die Annahme fehlender Zuverlässigkeit auch ein einmaliges Fehlverhalten ausreichen, wenn

es den Schluss auf künftiges Fehlverhalten rechtfertigt" (VG Frankfurt a. M. Urt. v. 16.1.2004 – 5 E 4952/03, BeckRS 2004, 152186).

70 Von einem Hochsitz aus erlegte ein Jagdgast bei beginnender Abenddämmerung auf 25 Meter mit einem Schrotschuss einen Hund der Rasse Golden Retriever, den er beim raschen Ansprechen für einen Fuchs gehalten hatte. Aufgrund der Bestimmungen des § 17 Abs. 1 Nr. 2, Abs. 3 Nr. 1 nahm das VG Unzuverlässigkeit an. Es war der Auffassung, „jede noch so geringe Unsicherheit und Unwägbarkeit verbiete den Schuss"; die **Prognose der Unzuverlässigkeit** begründete es mit folgender Erwägung: „Die auf Tatsachen gestützte Besorgnis einer künftigen Leichtfertigkeit in Bezug auf den Gebrauch von Waffen oder Munition kann auch aus einem einzigen Vorfall gezogen werden, wenn darin ein übergroßes Maß an Unvorsichtigkeit in der Verwendung von Waffen zutage tritt. Dabei kommt es nicht darauf an, ob es sich bei dem Fehlverhalten um eine Straftat oder Ordnungswidrigkeit handelt und ob dies verfolgt und geahndet wurde" (vgl. zum Vorstehenden VG Augsburg Urt. v. 25.3.2008 – Au 4 K 06.431, BeckRS 2008, 44318; VG Osnabrück Urt. v. 9.11.2006 – 3 A 413/05, BeckRS 2007, 26108; VG Ansbach Urt. v. 15.6.2005 – AN 15 K 05.0100, AN 15 K 05.0100). „Für die gebotene Prognoseentscheidung genügt ein rationaler Schluss von der Verhaltensweise als Tatsache auf das in Zukunft zu erwartende Verhalten des Betroffenen" (VG Leipzig Beschl. v. 11.9.2009 – 5 L 335/09, BeckRS 2018, 33270).

71 Ein Eigenjagdbesitzer erlegte in der Schonzeit bei ungünstigem Licht auf 100 m einen fünfjährigen Keiler, den er nach eigenen Angaben für einen wildernden Hund hielt. Auch hier nahm das Gericht eine **Unzuverlässigkeit** an aufgrund der Bestimmungen des § 17 Abs. 1 Nr. 2, Abs. 3 Nr. 1, zusätzlich des Abs. 2 Nr. 4. Es wertete die Schussabgabe als leichtfertig (VG Düsseldorf Urt. v. 20.10.1988 – 15 L 1852/88, nv).

72 Als Jagdgast erlegte ein Jäger bei gutem Licht am Abend auf 70 m einen Mischlingshund mit hellem Fell in der Nähe eines Hofes, nach kurzem Ansprechen und obwohl er nur einen Teil des Rückens gesehen hatte. Das Gericht wertete das Verhalten als **Unzuverlässigkeit,** weil die grob fahrlässige Schussabgabe ein solches Maß an Unverantwortlichkeit darstelle, dass „berechtigte Zweifel daran bestehen, dass der Kläger bei der Jagd Waffen mit der erforderlichen Sorgfalt führen" werde (VG Neustadt/W. Urt. v. 10.8.2006 – 4 K 758/06, BeckRS 2009, 38613).

73 Ein die Unzuverlässigkeit auslösender leichtfertiger Umgang mit Waffen liegt dann nicht vor, wenn der Fehlabschuss auf **leichter Fahrlässigkeit** beruht. Bei schwachem Licht (Vollmond, bewölkt) erlegte ein Jäger einen schwarzen Labradorhund auf einem Weg im Hochwald, in dem Schwarzwild regelmäßig vorkommt. Zuvor hatten er – und sein jagdlich erfahrener Begleiter – das Tier über einen längeren Zeitraum beobachtet und aufgrund von Örtlichkeit, Erscheinungsbild des Tieres und seiner Bewegungen als einen Überläufer angesprochen (VG Neustadt/W. Urt. v. 8.8.2012 – 5 K 504/12 NW, nv).

74 Im Hinblick auf die **persönliche Eignung** legt das Waffenrecht in § 6 Abs. 1 Nr. 2 fest: „Die erforderliche persönliche Eignung besitzen Personen nicht, wenn Tatsachen die Annahme rechtfertigen, dass sie abhängig von **Alkohol oder anderen berauschenden Mitteln,** psychisch krank oder debil sind …". Dieser Ausschluss der **persönlichen Eignung** ist uneingeschränkt auf die Bestimmung des § 17 Abs. 1 Nr. 2 zu übertragen (konkreter

OVG Greifswald Beschl. v. 19.12.2019 – 2 LB 758/18, BeckRS 2019, 37515). **„Abhängigkeit"** ist hier mit den – von der WHO veröffentlichten – Maßstäben der Medizin zu messen. Dabei ist zwischen unterschiedlichen Substanzen zu unterscheiden. Der zuvor geltende Internationale Diagnoseschlüssel der WHO (ICD-10) setzte für die Diagnose der Alkoholabhängigkeit das gleichzeitige Vorliegen von drei der sechs dort aufgelisteten Kriterien über mindestens einen Monat hinweg oder wiederholt innerhalb eines Jahres voraus. Diese Voraussetzungen waren: starkes oder zwanghaftes Verlangen, Alkohol zu konsumieren, verminderte Kontrollfähigkeit bezüglich der Menge, des Beginns oder des Endes des Konsums, körperliche Entzugserscheinungen bei Konsumstopp oder -reduktion, Toleranzentwicklung, Einengung des Denkens auf Alkohol, anhaltender Substanzkonsum trotz gesundheitlicher und sozialer Folgeschäden. Der seit 2019 geltende **Internationale Diagnoseschlüssel** (https://icd.who.int/browse11/l-m/en#/http%3a%2f%2fid.who.int%2ficd%2fentity%2f1580466198) WHO (ICD 11) hält nur drei statt der sechs Kriterien fest und vereinfacht damit den Katalog. Demnach müssen (1) eine beeinträchtigte Kontrolle des Alkoholkonsums, (2) ein zunehmender Vorrang des Alkoholkonsums im täglichen Leben und daraus resultierende negative Konsequenzen sowie (3) physiologische Merkmale für die substanzbezogene Neuroadaption (durch höhere Toleranz, Entzugserscheinung und wiederholter Konsum zur Linderung von Entzugserscheinungen) über einen Zeitraum von zwölf Monaten, mindestens jedoch einen Zeitraum von drei Monaten bei (fast) täglichem Konsum, vorliegen (WHO, WCD 11 – 6C40.2 Alcohol dependence). Folgerichtig legt insoweit Nr. 6.3 WaffVwV für die Notwendigkeit eines **fachärztlichen Zeugnisses** fest: „amtliche Feststellung einer Blutalkoholkonzentration von mindestens 1,6 Promille im Zusammenhang mit einer Auffälligkeit". Dies bedeutet: bei wiederholter amtlicher Feststellung von weniger als 1,6 Promille BAK müssen außerhalb der Norm vorliegende Verhaltensweisen gegeben sein. Selbst bei Werten zwischen 1,1 und 1,6 Promille im Straßenverkehr, wobei ein Straftatbestand erfüllt ist, jedoch keine Auffälligkeiten festgestellt wurden, liegen die Voraussetzungen für die Anforderung eines Gutachtens nicht vor, erst recht nicht bei Werten im Ordnungswidrigkeitenbereich von 0,5–1,09 Promille (ohne Auffälligkeiten). Zu beachten ist, dass die **Anordnung der Untersuchung,** die einen Eingriff in das **Persönlichkeitsrecht** des Betroffenen darstellt, nur rechtmäßig ist, wenn sie **anlassbezogen** und **verhältnismäßig** ist (OVG Münster Urt. v. 21.2.2014 – 16 A 2367/11, BeckRS 2014, 48479). Zu Recht führt das OVG Münster in seinem Urteil aus: „Dieser insbesondere im Fahrerlaubnisrecht entwickelte, vgl. BVerwG Urt. v. 13.11.1997 – 3 C 1.97 Rn. 17, Buchholz 442.16 § 15b StVZO Nr. 28; Urt. v. 9.6.2005 – 3 C 25.04, NJW 2005, 3081 Rn. 38, aber auch aus allgemeinen verfassungsrechtlichen Prinzipien ableitbare Grundsatz, vgl. BVerfG Kammerbeschl. v. 20.6.2002 – 1 BvR 2062/96, NJW 2002, 2378 Rn. 38 mwN, ist auf das Verfahren über die Erteilung oder Einziehung eines Jagdscheins zu übertragen. Der Schluss von der Nichtbefolgung einer Untersuchungsanordnung auf die Nichteignung eines Jagdscheinbewerbers oder -inhabers hat seinen inneren Grund in der Verletzung der diesem nach § 6 Abs. 2 WaffG bzw. § 17 Abs. 6 BJagdG obliegenden Mitwirkungspflicht. Die Schlussfolgerung selbst ist ein Akt der Beweiswürdigung, der auf der Überlegung beruht, der Betroffene wolle einen Eignungsmangel verbergen. Diese Überlegung trägt nicht, wenn es für die verlangte Untersuchung entweder keinen begründeten Anlass gibt oder sie kein geeignetes und verhältnismäßiges Mittel ist, um die konkret entstandenen Eignungszweifel aufzuklären." Dieser Grundsatz deckt nicht Fälle fehlerhafter Rechtsanwendung wie den folgenden ab: Bei einem WBK-Besitzer waren bei allgemeinen Verkehrskontrollen am 7.5.2007 0,93 Promille und am 21.3.2009 ca. 0,6 Promille BAK festgestellt worden, nicht jedoch irgendwelche Verhaltensauffälligkeiten. Mit Bescheid vom 21.6.2010 widerrief die Behörde die WBK mit folgender Begründung: „aufgrund zweimaliger amtlich festgestellter Trunkenheitsfahrten sei chronischer Alkoholkonsum, also Alkoholabhängigkeit anzunehmen". Das VG bestätigte diese Entscheidung (VG Würzburg Urt. v. 29.7.2010 – W 5 S 10.792, BeckRS 2010, 36633). Bei diesem Sachverhalt gab es keine Anknüpfungstatsachen für die Annahme einer relevanten medizinisch diagnostizierten Alkoholabhängigkeit. „Wie im Fahrerlaubnisrecht reicht auch im Waffenrecht allein das Überschreiten des Blutalkoholwertes von 1,6 Promille nicht aus, um eine Alkoholabhängigkeit zu belegen; nur die auf Tatsachen gestützte Annahme einer Alkoholabhängigkeit führt im Waffenrecht zur widerlegbaren Regelvermutung des § 6 WaffG" (VG Braunschweig Urt. v. 21.6.2011 – 5 A 154/10, nv). Indizien für „normabweichende Trinkgewohnheit" kann jedenfalls die Alkoholkonzentration zu einer bestimmten Tageszeit (1,16 Promille um 17.45 Uhr sowie 0,78 Promille um 10.50 Uhr) sein (VG München Beschl. v. 11.6.2021 – M 7 S 21.185, BeckRS 2021, 55413). Das VG entschied in derselben Sache zudem, dass ein Mangel „amtlicher Feststellung eines alkoholbezogenen Fehlverhaltens [...] keinerlei Aussagewert bezüglich der Entwicklung des tatsächlichen Trinkverhaltens des Antragstellers" hat. Gelegenheitstrinker können hohe BAK-Werte erreichen, ohne alkoholabhängig zu sein. Für die waffenrechtliche Geeignetheit ist dies nicht relevant. Es gibt im Waffenrecht keinen Rechtsgrundsatz, dass WBK-Besitzer alkoholabstinent zu leben haben.

75 Ein Gutachten über die Fahreignung, das die Wiederholungsgefahr einer Trunkenheitsfahrt unter hohem BAK ausschließt, ist ohne Bedeutung für eine **Prognose** über den Umgang mit Waffen. Ein Jäger hatte nach der Jagd noch im Revier erheblich Alkohol konsumiert. Auf dem Heimweg bemerkte er seine Fahruntüchtigkeit und hielt deswegen noch im Jagdbezirk in einer Wohnstraße an. Im unverschlossenen PKW schlief er ein. Auf der Rückbank lag offen der Drilling, daneben zugehörige Munition; am Körper trug er eine Pistole mit eingeführtem Magazin. Im Zeitpunkt einer Polizeikontrolle betrug die BAK 1,92 Promille. Im Verfahren um Jagdschein und WBK stellte das Verwaltungsgericht die waffenrechtliche Unzuverlässigkeit fest (§ 5 Abs. 1 Nr. 2 lit. b) WaffG). „Die Eignung zum Führen von Kraftfahrzeugen ist nicht mit der waffenrechtlichen Zuverlässigkeit gleichzusetzen", führte das Gericht aus (VG Saarlouis Urt. v. 16.12.2010 – 1 K 225/10, BeckRS 2011, 45795). Wird im Rahmen einer MPU-Begutachtung wegen Fahrens unter Alkoholeinfluss festgestellt, dass künftig eine Wiederholung des Fehlverhaltens nicht zu erwarten ist und keine psychophysischen Beeinträchtigungen vorliegen, so kann dieses Ergebnis auch für die Beurteilung der waffenrechtlichen Zuverlässigkeit herangezogen werden (VGH Kassel Urt. v. 22.11.2016 – 4 B 2306/16, BeckRS 2016, 112427).

76 **Drogenabhängigkeit** ist die Abhängigkeit von Suchtmitteln mit zentral nervöser Wirkung, wie zB Amphetamine, Barbiturate, Cannabis, Kokain, Halluzinogene, Opiate. Sie kann zu **erheblich verminderter Steuerungs- und Wahrnehmungsfähigkeit** führen, langzeitig zu schweren **Persönlich-**

keitsveränderungen. Eine Schwierigkeit kann in der Erkennbarkeit für Außenstehende liegen. Die durch Betäubungsmittel ausgelösten Defizite in Person und Verhalten des Abhängigen schließen eine Geeignetheit für den Besitz von und den Umgang mit Waffen aus. Deswegen ist es angezeigt, bei Verdachtsmomenten frühzeitig von dem Jagdscheininhaber ein Gutachten zu verlangen. Der **Mitwirkungspflicht** des Betroffenen kommt in diesem Zusammenhang besondere Bedeutung zu (§ 17 Abs. 6, § 6 Abs. 2 WaffG). Die Untersuchungsanordnung muss anlassbezogen und verhältnismäßig sein. Bei Nichtbefolgung kann die Behörde auf die persönliche Nichteignung schließen gem. § 6 Abs. 1 S. 1 Nr. 2 WaffG (OVG Münster Urt. v. 21.2.2014 – 16 A 2367/11, BeckRS 2014, 48479 mwN). Gleiches gilt bei der Untersuchungsanordnung im Falle einer Alkoholabhängigkeit.

Legaler Cannabiskonsum aufgrund ärztlicher Verordnung findet in zu- **77** nehmendem Maße statt. Hinsichtlich der strengen Sicherheitsaspekte beim Umgang mit Waffen ist unter Einfluss dieser Droge eine notwendig verlässliche Sicherheitskontrolle nicht gewährleistet. Regelmäßiger medizinisch angeordneter Cannabiskonsum schließt die persönliche Eignung zum Waffenbesitz aus (VG München Urt. v. 22.6.2017 – M 75 16/5690, nv; dies bestätigend VG München Urt. v. 20.6.2018 – M 7 K 16.4146, M 7 K 17.6062, BeckRS 2018, 20421, auch mit dem Hinweis darauf, dass es sich bei Medizinal-Cannabisblüten oder Cannabisextrakt nicht um Arzneimittel handelt, die Zulassungsverfahren unterzogen worden sind; außerdem könne die Dosierung aufgrund der Beschaffenheit – kein Fertigmedikament – divergieren).

Ungeachtet der zum 1.4.2024 erfolgten **Legalisierung des Konsums von** **77a** **Cannabis** wird man auch in Zukunft davon auszugehen haben, dass das Führen einer Waffe bei gleichzeitigem oder auch vorherigem Konsum – auch geringer Mengen – von Cannabis die **Unzuverlässigkeit** begründet. Da die Eignung zum Führen von Kraftfahrzeugen nicht mit der waffenrechtlichen Zuverlässigkeit gleichzusetzen ist und der waffenrechtliche Zuverlässigkeitsmaßstab „nicht in eins fällt" mit dem straßenverkehrsrechtlichen Sorgfaltsmaßstab (BVerwG Urt. v. 22.10.2014 – 6 C 30/13, NJW 2015, 1127 Rn. 24), wird man den von einer vom Bundesministerium für Gesundheit eingesetzten Expertenarbeitsgruppe für den Straßenverkehr vorgeschlagenen Wirkungsgrenzwert von 3,5 ng/ml THC Blutserum daher auch nicht als maßgeblichen Grenzwert im Zusammenhang mit dem Führen von Waffen ansehen können. Nach Auffassung dieser Arbeitsgruppe, deren Vorschlag zwischenzeitlich in § 24a StVG aufgenommen wurde (vgl. BGBl. 2024 I Nr. 266), liegt der vorgeschlagene THC-Grenzwert zwar deutlich unter der Schwelle, ab welcher ein allgemeines Unfallrisiko beginnt; ungeachtet dessen ist aber nach Ansicht der Arbeitsgruppe bei Erreichen dieses Grenzwerts eine verkehrssicherheitsrelevante Wirkung beim Führen eines Kraftfahrzeugs nicht fernliegend (www.bmdv.bund.de/expertengruppe-langfassung). Auch wenn der von der Arbeitsgruppe vorgeschlagene THC-Grenzwert – lediglich – einer Blutalkoholkonzentration von 0,2 Promille entspricht, so wird doch ungeachtet der Legalisierung gerade auch im Hinblick auf den Genuss von Cannabis die Rspr. des BVerwG nicht außer Acht gelassen werden können, wonach vorsichtig und sachgemäß mit Schusswaffen nur derjenige umgeht, wer sie in nüchternem Zustand gebraucht und so sicher sein kann, keine alkoholbedingten Ausfallerscheinungen zu erleiden, die zur Gefährdung Dritter führen können. Da auch bereits beim Konsum geringer Mengen von

Cannabis mit Ausfallerscheinungen zu rechnen ist – insbesondere dann, wenn dieser Konsum regelmäßig erfolgt –, muss insoweit mit einem unvorsichtigen und unsachgemäßen Umgang mit Waffen und damit mit Gefahren für die Belange der öffentlichen Sicherheit und Ordnung (§ 1 WaffG) gerechnet werden; dies begründet die Unzuverlässigkeit. Ebenso wenig, wie Waffen in die Hände alkoholisierter Personen gehören, gehören sie in die Hände von unter Drogeneinfluss stehenden Personen.

78 Das Führen einer Waffe unter **Alkoholeinfluss** – ohne weitere diesbezügliche Feststellungen – stellt zunächst keinen Anlass dar, von einer körperlichen Ungeeignetheit infolge Alkoholabhängigkeit auszugehen. Es kann jedoch ein **Indiz** für fehlende Zuverlässigkeit iSv § 17 Abs. 3 Nr. 1, 2 bzw. § 5 Abs. 1 Nr. 2 lit. b) WaffG sein. Dies wird dann der Fall sein, wenn ein von der **Norm abweichendes Verhalten** des Waffen Führenden festzustellen ist, für das die Alkoholisierung des Betreffenden zumindest **Mitursache** sein kann. Das relevante Fehlverhalten kann darin bestehen, dass die Person Sicherheitsvorschriften beim Umgang mit der Waffe außer Acht lässt oder bei einer Schussabgabe Umsicht und Vorsicht unzureichend walten lässt, Dritten gegenüber mit der Waffe enthemmt auftritt uÄ. Allerdings lassen nur Tatsachen solche Schlüsse zu, Mutmaßungen reichen insoweit nicht aus. Schwierig ist in solchen Fällen die Feststellung, der Blutalkohol habe sich **kausal** auf das Fehlverhalten ausgewirkt; dies gilt insbesondere bei **niedrigen Promillewerten.** Tatsachen müssen nachweisbar sein, Vermutungen zu Lasten des Betroffenen sind unzulässig. Erkenntnisse aus dem Straßenverkehr sind nicht uneingeschränkt übertragbar. Die kurzzeitige hohe Konzentration vor einer Schussabgabe setzt andere psychische Bedingungen für eine Kompensation von alkoholbedingten Ausfällen als der länger andauernde Zustand niedriger Konzentration beim Führen eines Kraftfahrzeuges. BAK-Grenzwerte wie im Straßenverkehr (0,5 Promille, 1,1 Promille) gibt es im Jagd- bzw. Waffenrecht nicht. Alkoholbedingte Ausfallserscheinungen in niedrigen BAK-Bereichen (vergleichbar unterhalb 1,1 Promille im Straßenverkehrsrecht) beim Führen einer Waffe hängen von mehreren Faktoren ab, so etwa von der konkreten Höhe der BAK, der Alkoholgewöhnung, der aktuellen körperlichen Verfassung, Umgebungseinflüssen etc. Es gibt keinen Erfahrungssatz, der bei jedem beliebigen niedrigen BAK-Wert zwangsläufig zur momentanen Ungeeignetheit zum Führen einer Waffe und damit zur relevanten Unzuverlässigkeit führt.

79 Bei BAK-Werten im Bereich der **absoluten Fahruntauglichkeit** (ab 1,1 Promille) sind derart erhebliche Ausfallserscheinungen zu erwarten, dass im Hinblick auf mögliche Gefahren für die Allgemeinheit waffenrechtlich von einer Unzuverlässigkeit auszugehen ist (VG Köln Beschl. v. 21.7.2010 – 20 L 675/10, BeckRS 2012, 55794). Wird bei einer BAK von mehr als 1,1 Promille eine Waffe transportiert, so rechtfertigt dies die Annahme einer waffenrechtlichen Unzuverlässigkeit (VG Lüneburg Urt. v. 4.2.2016 – 6 B 165/15, BeckRS 2016, 41648). Bei Werten im Bereich **relativer Fahruntüchtigkeit** steigt die Wahrscheinlichkeit einer Unzuverlässigkeit mit zunehmenden Werten. Dies bedeutet: Bei niedrigen BAK-Werten bedarf die Prüfung der Relevanz besonderer Sorgfalt. Dies gilt insbesondere bzgl. der Prognose zukünftigen Verhaltens. Im Straßenverkehrsrecht (§ 24a StVG) sind BAK-Werte ab 0,5 Promille als Ordnungswidrigkeit sanktioniert, weil ab dieser Marke mit Ausfallerscheinungen gerechnet werden muss, Werte darunter sind dann nicht von Bedeutung, wenn eine Gefährdung des Straßenver-

kehrs ausgeschlossen ist. Dies gilt deshalb, weil mögliche Beeinträchtigungen bei derart niedrigen BAK-Werten im Allgemeinen ohne Einfluss auf die Fahrtüchtigkeit sind. Gleiche Maßstäbe müssen für den Umgang mit Waffen gelten. Diese **Pauschalierung** gilt dann nicht, wenn bei niedrigem BAK-Wert im Einzelfall Ausfallserscheinungen bei der Handhabung einer Waffe feststellbar sind. In den Gründen einer Entscheidung allgemein eine „Alkoholisierung" anzuführen, ohne genaue Werte und Symptome anzugeben, ist nicht ausreichend.

Vor der Neufassung des Gesetzes hat der Gesetzgeber die Gefahren für die Allgemeinheit im Zusammenhang mit Waffen außerordentlich genau geprüft. Hätte er jeglichen **Alkoholkonsum** verbieten wollen, hätte er dies auch getan. Gleichwohl ist davon auszugehen, dass die im Straßenverkehr ab einem BAK-Wert von 0,5 Promille typischerweise auftretenden Ausfallserscheinungen zumindest in ihrer Auswirkung auch das Führen einer Waffe beeinträchtigen können. Deswegen muss in der Regel bei diesen Werten ebenso ein leichtfertiger Umgang mit der Waffe angenommen werden (vgl. auch OVG Münster Urt. v. 28.2.2013 – 20 A 2430/11, BeckRS 2013, 50965). Ein sehr hoher BAK-Wert bei der Handhabung einer Waffe (hier 2,96 Promille) ist uneingeschränkt Grundlage für die Feststellung der Unzuverlässigkeit (§ 5 Abs. 1 Nr. 1 und 2); der zusätzlichen Prüfung der Frage einer Alkoholabhängigkeit (§ 6 Abs. 1 S. 1 Nr. 2 WaffG) bedarf es nicht (VGH München Urt. v. 14.12.2011 – 21 CS 11.2310, BeckRS 2011, 32595). 80

Jagdausübung nach Genuss einer Alkoholmenge, die **Ausfallerscheinungen** nicht als ausgeschlossen erwarten lässt, führt auch bei einem einmaligen Vorgang zur waffenrechtlichen Unzuverlässigkeit gem. § 5 Abs. 1 Nr. 2 lit. b) WaffG. „Unvorsichtig und unsachgemäß ist der Gebrauch von Schusswaffen bereits dann, wenn der Betroffene hierbei das Risiko solcher Ausfallerscheinungen eingeht. Der Schusswaffengebrauch unter Alkoholeinfluss stellt ein Fehlverhalten dar, welches bereits für sich genommen die Annahme der Unzulässigkeit begründet" (BVerwG Urt. v. 22.10.2014 – 6 C 30/13, NJW 2015, 1127). Ein Jäger hatte einen Bock erlegt, wobei er eine AKK von mindestens 0,47 Promille hatte. Dies entsprach einer BAK von mehr als 0,8 Promille (was auch führerscheinrelevant wäre). Bezüglich dieses Wertes hatte das BVerwG zu entscheiden, nicht jedoch über geringere Alkoholmengen. Ab welcher Größenordnung relevante Ausfallserscheinungen auftreten können, beantwortet die Rechtsmedizin. Die Prognostizierung von Ausfallserscheinungen bei Werten unterhalb von 0,3 Promille BAK findet in der Wissenschaft keine Stütze. 81

Eine Regelunzuverlässigkeit liegt vor bei einer **Trunkenheitsfahrt** mit einer BAK von 1,2 Promille (VGH München Urt. v. 6.5.2015 – 21 Cs 15.698, BeckRS 2015, 45938; Urt. v. 29.4.2016 – 21 Cs 16.171, BeckRS 2016, 45804). Auch bei einer Transportfahrt mit Waffen und Munition mit einer BAK von mindestens 1,1 Promille liegt eine Regelunzuverlässigkeit vor (OVG Lüneburg Urt. v. 22.3.2016 – 11 ME 35/16, BeckRS 2016, 43957). Bei Vorliegen zweier Trunkenheitsfahrten – 2003 mit 2,65 Promille und 2017 mit 2,81 Promille –, die strafrechtlich nicht relevant waren bzw. unter der Grenze von 60 Tagessätzen lagen, kann bei konkreter Würdigung des Einzelfalls dennoch eine Unzuverlässigkeit nach § 17 Abs. 3 Nr. 2 angenommen werden, da die Grenzen für eine absolute Fahruntüchtigkeit in beiden Fällen erheblich überschritten wurden und der Kläger einer „derartigen alkoholbedingten Fehleinschätzung" unterlag. Erschwerend kam hinzu, dass 82 der Kläger nach dem Vorfall 2003 mehrere Jahre abstinent war, dies jedoch ausschleichen ließ, was in der Trunkenheitsfahrt 2017 und in einen daraus resultierenden Unfall mit drei Verletzten bzw. Gefährdeten mündete (vgl. VG Köln Urt. v. 14.9.2022 – 8 K 2784/21, BeckRS 2022, 29441 mwN).

83 Ein Radfahrer (Jäger), der – ohne jagd- oder waffenrechtlichen Bezug – mit einer BKA von 1,99 Promille im öffentlichen Straßenverkehr unterwegs ist, darf von der Jagdbehörde als **alkoholabhängig** eingestuft werden, wenn er die angeordnete Begutachtung (§ 6 Abs. 2 WaffG iVm § 6 Nr. 6.3 WaffVwV) zurechenbar selbst verschuldet unterlässt (VG Würzburg Urt. v. 12.1.2016 – W 5 S 15.1426, BeckRS 2016, 42823). Der durch die Anordnung einer Begutachtung verbundene Eingriff in die Rechte des Betroffenen steht in angemessenem Verhältnis zum Sicherheitsbedürfnis der Allgemeinheit.

84 Nach dem Waffengesetz darf der Jäger (§ 13 Abs. 6 WaffG) „Jagdwaffen zur befugten Jagdausübung einschließlich des Ein- und Anschießens im Revier, zur Ausbildung von Jagdhunden im Revier, zum Jagdschutz oder zum Forstschutz ohne Erlaubnis führen und mit ihnen schießen; er darf auch im Zusammenhang mit diesen Tätigkeiten die Jagdwaffen nicht schussbereit ohne Erlaubnis führen".

85 Danach darf der Jäger bei den im Hs. 1 erfassten Tätigkeiten die **geladene Waffe im Revier führen.** Führen darf er sie gem. Hs. 2 auch „im Zusammenhang mit diesen Tätigkeiten", jedoch **ungeladen.** Diese Regelung bestand sinngemäß bereits im WaffG aF vom 19.9.1972 in § 35 Abs. 4 Nr. 2 lit. a) WaffG aF. Der geänderte Wortlaut im WaffG vom 11.10.2002 wurde vom Gesetzgeber in BT-Drs. 14/8886, 112 wie folgt begründet: „Die Regelung in Absatz 6 bedarf der Präzisierung: Einerseits sollen nicht nur die direkten Hin- und Rückwege zur und von der Jagd und die anderen jagdlichen Tätigkeiten von der Waffenscheinpflicht freigestellt werden, sondern auch die üblichen gesellschaftlichen Veranstaltungen (zB sog. Schüsseltreiben) oder die damit einhergehenden Besorgungen wie Abstecher zur Bank oder Post. Andererseits dürfen im hiernach umschriebenen Bereich die Jagdwaffen aber nicht schussbereit geführt werden" (vgl. auch § 3 Abs. 1–3 UVV Jagd; → Anh. 2 § 11). Verstöße dagegen werden gem. § 52 WaffG geahndet. Vom Strafmaß hängt es ab, ob sich daraus Folgen für die Zuverlässigkeit ergeben. In den meisten Fällen liegt die Geldstrafe unter 60 Tagessätzen. In seltenen Fällen haben die Behörden solche Urteile gleichwohl zur Feststellung fehlender Zuverlässigkeit herangezogen (VGH München Urt. v. 9.3.2006 – 21 CS 06.25, BeckRS 2009, 40283). Auf dem Weg ins Revier und zurück darf die Waffe – ungeladen – geführt werden, unabhängig vom Verkehrsmittel; auch der Radfahrer oder Fußgänger unterliegt daher dieser Regelung.

86 Der Begriff **„schussbereit"** ist definiert in Anlage 1 (zu § 1 Abs. 4 WaffG) zum WaffG im Abschnitt 2 Nr. 12: „Im Sinne dieses Gesetzes ist eine Waffe schussbereit, wenn sie geladen ist, dh, dass Munition oder Geschosse in der Trommel, im in die Waffe eingefügten Magazin oder im Patronen- oder Geschosslager sind, auch wenn sie nicht gespannt ist."

87 Unter **„Magazin"** ist hier ein Behältnis zu verstehen, das **mehrere Patronen aufnehmen** kann und in die Waffe eingeführt beim Repetieren die nächste Patrone dem Verschluss zuführt, der sie in das Patronenlager einführt. Magazin in diesem Sinne ist nicht das **Schaftmagazin.** Dies ist eine Bohrung bzw. ein Einsatz auf der Unter- oder Rückseite des Schaftes, meist bei Kipp-

laufwaffen. Sein Zweck ist, als Aufbewahrungsmöglichkeit für Reservepatronen zu dienen. Im Sinne der waffenrechtlichen Begriffsbestimmung ist dieses Schaftmagazin in seiner waffentechnischen Funktion kein Magazin. Damit macht eine Patrone darin die Waffe nicht zu einer „schussbereiten". Mit der zitierten gesetzlichen Regelung zu „schussbereit" bzw. „geladen" geht die Leitsatzformulierung der Entscheidung des OLG Stuttgart Urt. v. 24.7.2007 – 4 Sc 185/07, nv, fehl. „Schussbereit ist die Waffe bereits dann, wenn sich Munition irgendwo in der Waffe befindet, ohne dass es darauf ankäme, ob die Waffe gespannt oder entsichert ist." Waffentechnisch abwegig ist diese Auffassung, wenn sich Munition im Schaftmagazin befindet. Zweck der Bestimmung ist, zu gewährleisten, dass die Waffe nicht in kürzester Zeit für eine Schussabgabe geladen werden kann – wie dies zB bei einem unterladenen Repetierer oder einem gefüllten, eingeführten Patronenmagazin der Fall wäre. Eine Kipplaufwaffe wäre wesentlich schneller geladen mit einer Patrone, die griffbereit in der Kleidung mitgeführt würde als mit einer solchen aus einem geschlossenen Schaftmagazin.

Wiederholt wurden Jäger strafrechtlich belangt, weil sie im Revier mit **88** **geladener Waffe im Kfz** gefahren sind (zB OLG Stuttgart Urt. v. 24.7.2007 – 4 Sc 185/07, nv – unterladene Waffe im Geländefahrzeug auf dem Weg zur Fütterung: Verstoß nach § 2 Abs. 2 WaffG, § 52 Abs. 3 Nr. 2 lit. a) WaffG). Das Fahren im Revier mit einer schussbereiten Waffe im Kfz (unabhängig ob teil- oder fertiggeladen) ist unter **verschiedenen rechtlichen Gesichtspunkten** zu bewerten. Nach der Unfallverhütungsvorschrift „Jagd" (§ 3 Abs. 1 und 3 UVV Jagd) können Verstöße als Ordnungswidrigkeiten geahndet werden (§ 8 UVV Jagd, nur § 3 Abs. 1 S. 1). Bei wiederholten oder schwergewichtigen Verstößen kann die jagdrechtliche Zuverlässigkeit nach § 17 Abs. 3 Nr. 1 in Frage gestellt werden. Zur befugten Jagdausübung darf der Jäger im Revier Waffen führen (auch zum Ein- und Anschießen, zur Ausbildung von Jagdhunden, zum Jagd- und Forstschutz), was bedeutet: **schussbereit.** Im Zusammenhang damit darf er Waffen führen. Unter das Tatbestandsmerkmal **nicht schussbereit** (§ 13 Abs. 6 WaffG) ist insbesondere **der Weg ins Revier und zurück** zu subsumieren. In zahlreichen Fällen führte diese „Wegprivilegierung" zur Verneinung der waffenrechtlichen Zuverlässigkeit, weil Waffen „schussbereit" iSv Anlage 1 Abschnitt 2 Nr. 12 zum WaffG auf diesem Wege nicht transportiert werden dürfen („ist eine Waffe schussbereit, wenn sie geladen ist, das heißt, dass Munition oder Geschosse in der Trommel im in die Waffe eingeführten Magazin oder im Patronen- oder Geschosslager sind, auch wenn sie nicht gespannt ist"). Dies führte im Einzelfall nicht nur zu Strafverfahren wegen unerlaubten Waffenführens (die jedoch mitunter gem. § 153a StPO eingestellt wurden), sondern auch zu Verfahren vor den Verwaltungsgerichten aufgrund vorgenommener Jagdscheinentziehungen wegen fehlender waffenrechtlicher Zuverlässigkeit. Die Unzuverlässigkeit wurde durchweg in zweiter Instanz festgestellt (so jeweils VGH München Urt. v. 17.4.2015 – 21 ZB 15.83, BeckRS 2015, 45942 – geladener Drilling auf dem Beifahrersitz; Urt. v. 3.2.2016 – 21 Cs 15.2618, BeckRS 2016, 41902 – Repetierer auf dem Beifahrersitz, gefülltes Magazin eingeführt; Urt. v. 4.3.2016 – 21 Cs 15.2718, BeckRS 2016, 44918 – auf dem Boden vor dem Beifahrersitz ein geladener Revolver im Holster). Solches Verhalten ist nach § 3 Abs. 1 und 3 UVV Jagd gemäß den Unfallverhütungsvorschriften der Landwirtschaftlichen Berufsgenossenschaft unzulässig. In den Jahrzehnten vor dem neuen Waffenrecht war diese Verhaltensweise gang und gäbe, nicht zuletzt aus Gründen der Kontrolle über die Munition (Verlust), ohne dass nur ein einziger Fall bekannt geworden wäre, der dieserhalb einen sicherheitsrelevanten Vorfall ausgelöst hätte. Der VGH München konstatiert, ein einmaliger und kurzfristiger Verstoß gegen jene sicherheitsrelevanten Vorschriften könne für die Feststellung der Unzuverlässigkeit ausreichend sein (VGH München Beschl. v. 22.1.2014 – 21 Cs 13.2499, BeckRS 2014, 48121).

89 Ein für die **Sicherheit der Allgemeinheit** relevanter Vorfall ist durch ein in den Repetierer eingeführtes gefülltes Magazin, im Auto transportiert, technisch praktisch ausgeschlossen. Bei dem Transport in einem Kraftfahrzeug ist Munition nirgends so sicher aufgehoben wie im eingeführten Magazin einer Waffe, allemal sicherer als lose im Auto liegend oder in der Kleidung des Fahrers. Bei einer fertig geladenen Waffe – Patrone im Lauf/Patronenlager – ist die Situation bzgl. Sicherheit eine andere. Die Strafjustiz bewertet bei lediglich eingeführtem, gefülltem Magazin in den meisten Fällen den Sachverhalt richtigerweise als geringfügigen Verstoß und stellt deswegen das Verfahren gem. §§ 153, 153a StPO ein. Anders reagiert demgegenüber die **Verwaltungsrechtsprechung:** Sie sieht darin nahezu grundsätzlich die **waffenrechtliche Zuverlässigkeit** als **nicht mehr gegeben** an – auf der Grundlage des Gesetzeszweckes im Waffenrecht, mithin der Vermeidung von Gefahren für die Allgemeinheit. Das Argument, der Besitzer könnte durchrepetieren und dann eine Gefahr darstellen, ist mit Blick auf die jagdliche Praxis freilich abwegig; denn dieselbe Lage könnte entstehen, wenn der Betreffende das gesetzesgerecht neben der Waffe liegende Magazin nur Sekunden später einführt. Eine **Güterabwägung** erfordert daher eine Bewertung der Verhältnismäßigkeit: auf der einen Seite die Gefahr für die Allgemeinheit – in jenem Fall nicht vorhanden – und auf der anderen Seite die außerordentlichen Eingriffe in die Rechte des Besitzers (→ § 15 Rn. 6, → § 15 Rn. 8). So ist dieser Fall als **Verstoß gegen das Übermaßverbot** zu werten. Aber selbst dann, wenn man eine Gefahr für die Allgemeinheit konzedieren wollte, erfordert in der Regel die anzustellende Prognose eine gründliche Prüfung. Ein altgedienter Jäger, der wegen einer einmaligen Nachlässigkeit – eingeführtes Magazin im Auto – mit einem Strafverfahren überzogen wird und darüber hinaus mit der behördlichen Überprüfung seiner waffenrechtlichen Zuverlässigkeit mit allen schwerwiegenden Folgen für ihn konfrontiert wird, ist im Allgemeinen so nachhaltig beeindruckt, dass eine Wiederholung des Gesetzesverstoßes so gut wie ausgeschlossen ist; einer zweiten Denkzettelfunktion bedarf es daher nicht. Ebenso wenig bedarf es einer fünfjährigen Bewährungsfrist zur Wiederherstellung der Zuverlässigkeit.

90 Der **strafrechtliche Vorwurf** des unerlaubten Waffenführens gem. § 2 Abs. 2 WaffG, § 52 Abs. 3 Nr. 2 lit. a) WaffG in jener Entscheidung des OLG Stuttgart führte zu einer Verurteilung, weil eine Privilegierung iSv § 13 Abs. 6 WaffG nicht gegeben sei. Dieser Bewertung ist zu widersprechen, weil sie von einer **Fehlinterpretation** des Begriffes „Jagdausübung“ ausgeht. Ihr liegt eine zu enge Erfassung der jagdlichen Betätigung zugrunde. Diese besteht nicht nur im Nachstellen, Ansprechen, Schießen und Aneignen. „Jagd“ iSv § 1 Abs. 4 umfasst eine Summe von privat- und öffentlich-rechtlichen Pflichten, über Hegeauftrag und Jagdschutz bis zum Artenschutz und Naturschutz (Jagdverbände als anerkannte Naturschutzverbände gem. § 63 BNatSchG). Es gibt keine nachvollziehbaren Gründe, diesen umfassenden Begriff der befugten Jagdausübung nicht auf das Waffenrecht im Zusammen-

hang mit der Waffenführung anzuwenden. Auch der Wortlaut des § 13 Abs. 6 WaffG bietet keinen Anhaltspunkt für eine enge, eingeschränkte Interpretation des Begriffes „Jagdausübung". Der Begriff der Jagdausübung „kann alle Maßnahmen und Handlungen umfassen, durch die das Jagdrecht verwirklicht wird" (OVG Münster Urt. v. 30.7.1998 – 20 A 592/96, BeckRS 1998, 22887 = NuR 1999, 115).

Ziel der Waffenrechtsnovellierung 2002 war es, die allgemeine **Sicherheit** 91
zu erhöhen und die Zahl der Gewaltdelikte zu verringern. Diese legislative Zielsetzung wird nicht davon berührt, ob der Jäger im Revier in seinem Auto eine Waffe geladen hat oder nicht. Der kriminal- und sicherheitspolitische Aspekt wird von dieser Frage nicht erfasst. Als unnötiges und ungerechtfertigtes Ergebnis wird ein nicht zu beanstandendes Verhalten des Jägers kriminalisiert mit Folgen, die unter Umständen gegen das Übermaßverbot verstoßen: Verlust des Jagdscheins für fünf Jahre, Verlust der Waffen, ggf. Verlust des gepachteten Jagdreviers (§ 13) mit möglicherweise sich daraus ergebenden Verlusten aus dem Jagdpachterlös, wenn der Verpächter (Jagdgenossenschaft) neu zu einem geringeren Pachtzins verpachtet. Aus kriminalpolitischer und waffenrechtlicher Sicht ist die ungleiche Behandlung eines körperbehinderten Jägers, der aus dem Kfz heraus Wild erlegen darf (§ 19 Abs. 1 Nr. 11) und damit sich zwangsläufig mit fertiggeladener Waffe im Fahrzeug befindet, und dem nicht behinderten Jäger, der sich nicht einmal mit teilgeladener (unterladener) Waffe im Kfz befinden darf, nicht zu rechtfertigen. Es gibt keinen waffenrechtlichen – und damit strafrechtlichen – Grund für eine unterschiedliche Behandlung des folgenden Vorgangs: Der Jäger bewegt sich, mit unterladener Waffe zu Fuß oder per Kfz von der Jagdhütte zum Hochsitz in fünfhundert Meter Entfernung oder zurück. Einer verfassungsrechtlichen Überprüfung dürfte diese unterschiedliche Behandlung kaum standhalten. Das Führen einer Waffe im Kraftfahrzeug als solches kann nach Ansicht des VGH München jedoch nicht unter die befugte Jagdausübung (§ 13 Abs. 6 WaffG) subsumiert werden (VGH München Beschl. v. 17.4.2014 – 21 ZB 15.84, BeckRS 2015, 45943). Eine **gravierende Sicherheitsgefährdung** könne sich auch aus dem „Führen einer geladenen Waffe außerhalb erlaubter Bereiche" ergeben (VGH München 30.3.2020 – 24 ZB 16.1710, BeckRS 2020, 6664; so auch VGH München Beschl. v. 2.10.2013 – 21 CS 13.1564, BeckRS 2013, 57183 mwN; VG München Beschl. v. 20.6.2022 – M 7 S 22.1772, BeckRS 2022, 16086 mwN).

Die **Privilegierung des Jägers** zum Waffenführen in der Bestimmung des 92
§ 13 Abs. 6 WaffG begründet in seinem Ausmaß und seiner Wirkung die gleichen Rechte wie beim Inhaber eines **Waffenscheins,** räumlich beschränkt auf den Jagdbezirk (bzw. dem Weg dorthin), sachlich auf die befugte Jagdausübung. Insoweit können bezüglich des Waffenführens durch den Jäger aus Gesichtspunkten des Waffenrechts keine anderen Maßstäbe gelten als für die Waffenführung aufgrund eines Waffenscheins gem. § 10 Abs. 4 WaffG, insbesondere nicht dahingehend, ob die Waffe im Kraftfahrzeug oder außerhalb auf Wegen im Revier geführt wird. Jene Entscheidung des OLG Stuttgart erfasste „die Fahrt und das Mitführen einer geladenen Jagdwaffe mit dem Kraftfahrzeug auf einer öffentlichen Straße durch das Revier" (OLG Stuttgart Urt. v. 24.7.2007 – 4 Sc 185/07, nv). Waffenrechtlich besteht kein Unterschied, ob der Jäger mit der unterladenen Waffe im Kfz auf dem Feldweg oder parallel dazu auf einer Wiese fährt. In den Gründen bezieht sich das OLG Stuttgart auf einen Beschluss des VGH München Urt. v. 4.7.1993 – 19 CE

93.1849, nv. In der Entscheidung ging es jedoch nicht um die waffenrechtliche Frage, sondern um die Unfallverhütungsvorschriften im Rahmen einer Anfechtung der Jägerprüfung. Ein Prüfling hatte im Fach Waffenkunde die Frage, ob er nach einem Pirschgang das geladene Gewehr ins Auto legen und anschließend durchs Revier fahren dürfe, bejaht.

93 Bemerkenswert ist, dass es zur Zeit der Geltung des WaffG aF – soweit ersichtlich – zu keiner strafrechtlichen Verurteilung eines Jägers aufgrund der Bestimmungen der § 35 Abs. 1, Abs. 4 Nr. 2 lit. a) WaffG aF, § 53 Abs. 3 Nr. 1 lit. b) WaffG aF kam, weil dieser im Revier im Kraftfahrzeug eine **teilgeladene Waffe** führte, obwohl sinngemäß und materiell-rechtlich § 35 Abs. 4 Nr. 2 lit. a) WaffG aF dem § 13 Abs. 6 WaffG nF entsprach. Zutreffend führt Steindorf/N. Heinrich, 10. Aufl. 2015, WaffG § 13 Rn. 13 (so allerdings nicht mehr in der 11. Aufl. 2022) dazu aus: „Die Privilegierung schließt sich an § 21 RWaffG 1938 an, wonach der Jagdschein seinen Inhaber generell zum Führen von Jagd- und Faustfeuerwaffen berechtigte. Die Waffenführungsbefugnis ohne Waffenschein ist jedoch schon nach § 35 Abs. 4 Nr. 2a WaffG aF auf die befugte Jagdausübung und den Jagd- und Forstschutz beschränkt worden. Das bedeutete in etwa eine Rückkehr zum Rechtszustand gem. § 21 Abs. 2 SchWaffG 1928, wonach der Jagdschein den Waffenschein nur beim Führen von Jagdwaffen auf der Jagd, beim Jagdschutz und Übungsschießen sowie auf den dazu gehörigen Hin- und Rückwegen ersetzte."

94 Zu einem abwegigen Ergebnis würde die enge Festlegung des Begriffes „Jagdausübung" in diesem Beispiel führen: Für den Abendansitz darf der Jäger auf dem Fußweg vom im Revier abgestellten Auto zum Hochsitz die Waffe geladen führen, auf dem Rückweg im Dunkeln nicht mehr, weil er eine Jagdausübung (Schussabgabe) nicht mehr vornehmen kann (oder will).

95 Zusammenfassend ist festzustellen: **Berechtigte Jagdausübung** iSv § 13 Abs. 6 WaffG bezieht sich auf den **gesamten Jagdbezirk** ohne Einschränkung. Es wäre absurd zu fordern, der Jäger müsse im Rahmen eines Pirschgangs oder einer Nachsuche beim Überqueren einer Landstraße oder eines öffentlichen Grasweges seine Waffe entladen. Damit gilt im gesamten Bezirk das Waffenführungsprivileg, unabhängig, ob der Jäger mit der Waffe im Auto sitzt oder daneben steht. Wenn der Jäger mit der Waffe im Revier unterwegs ist, geschieht dies im Rahmen befugter Jagdausübung.

96 **Unfallverhütungsvorschriften der landwirtschaftlichen Berufsgenossenschaften,** Bereich Jagd, wurden erlassen auf Grund der Bestimmungen des Sozialgesetzbuchs VII, die in § 123 Abs. 1 Nr. 5 SGB VII Jagden der landwirtschaftlichen Unfallversicherung als Pflichtversicherung zuordnen und die landwirtschaftlichen Berufsgenossenschaften in § 14 Abs. 1 SGB VII beauftragen, „mit den geeigneten Mitteln für Verhütung von Arbeitsunfällen, Berufskrankheiten und arbeitsbedingten Gesundheitsgefahren und für eine wirksame Erste Hilfe zu sorgen". Die Unfallverhütungsvorschriften sind bindend für **Mitglieder** der landwirtschaftlichen Berufsgenossenschaften; vereinzelt sind Verstöße als Ordnungswidrigkeit (§ 8 UVV Jagd) sanktioniert. Bei Verstößen können allerdings nur Mitglieder insoweit belangt werden; Bußgeldbehörde ist die jeweils regional zuständige Landwirtschaftliche Berufsgenossenschaft. Ziel der Vorschriften ist die **Vermeidung von Berufsunfällen** und eine sich daraus ergebende Leistungspflicht. Für den Jäger allgemein, ob Mitglied oder nicht, ergibt sich daraus kein Automatismus dergestalt, dass ein Verstoß gegen dortige Sicherheitsbestimmungen (bei der

Jagd, im Umgang mit Waffen und Munition) per se die Prognose jagd- bzw. waffenrechtlicher Unzuverlässigkeit auslöst. Allerdings kann ein Verstoß Anknüpfungstatsachen für eine relevante Unzuverlässigkeit indizieren. Eine differenzierte und auf die jeweiligen Umstände ausgerichtete Betrachtungsweise ist dabei geboten. So sind die Folgerungen unterschiedlich zu ziehen, wenn zB die abgekippte, entladene Doppelflinte eines Jägers kurzfristig in Richtung anderer Personen zeigt (§ 3 Abs. 1 UVV Jagd) oder ein Jäger meistens mit unterladenem Repetierer auf dem Rücksitz im Revier umherfährt (§ 3 Abs. 3 UVV Jagd).

Bei der Erstellung von Prognosen in Bezug auf die Zuverlässigkeit auf der 97 Grundlage von **Sicherheitsverstößen** ist eine sorgfältige **Prüfung des Einzelfalls** notwendig. Dabei bedarf es auch einer Gesamtwürdigung des bisherigen sicherheitsrelevanten Verhaltens bei der Jagd. Allein die äußeren Umstände der Schussabgabe rechtfertigen noch nicht eine negative Prognose. Hat ein Jäger die sich ihm objektiv aufdrängende Gefahr für andere beim Schuss in unübersichtlichem Gelände subjektiv erkannt, darauf reagiert und deswegen erst außerhalb des vermuteten Gefahrenbereichs geschossen und gleichwohl Treiber durch Schrote verletzt, so ist seine Zuverlässigkeit deswegen nicht in Frage gestellt (VG Münster Urt. v. 16.5.2008 – 1 K 744/07, BeckRS 2008, 35571). Ein leichtfertiger Verstoß gegen Sicherheitsbestimmungen beim Schießen in Verbindung mit einem beanstandeten Fehlverhalten (ebenfalls Sicherheitsverstoß) zuvor rechtfertigt eine Prognose mangelnder Zuverlässigkeit (VG Ansbach Urt. v. 15.6.2005 – AN 15 K 05.1006, nv – der Jäger hatte bei einer Maisjagd auf eine anwechselnde Bache ins Treiben geschossen, andere Teilnehmer gefährdet und sein eigenes Auto getroffen).

Beim Vorliegen der Kriterien gem. § 17 Abs. 3 ist von einer **nicht widerlegbaren Vermutung** der fehlenden jagdrechtlichen Zuverlässigkeit auszugehen. Über die Dauer dieses Zustandes trifft das Gesetz keine Festlegungen. Im Rahmen einer Versagungs- oder Entziehungsentscheidung kann die Behörde eine **Sperrfrist nicht ansetzen.** Sie kann jedoch einen Hinweis erteilen, dass innerhalb einer bestimmten Zeit (höchstens fünf Jahre) mit der Erteilung eines Jagdscheins nicht zu rechnen ist (vgl. BVerwG Urt. v. 22.4.1982 – 3 C 35.81, BeckRS 1982, 31323436). Bei für die Zuverlässigkeit relevanten Fehlverhaltensweisen im Bereich Jagd und Umgang mit Waffen – bei Strafurteilen unterhalb der 60-Tagessätze-Grenze (bzw. zweimaliger Verurteilung), Verfahrenseinstellungen oder geahndeten schwerwiegenden Ordnungswidrigkeiten – gilt für die Dauer einer Sperre grundsätzlich nicht die Regel von fünf Jahren. Der deutlich geringere Vorwurf und die damit verbundene günstigere Prognose lassen unter den Maßstäben der Verhältnismäßigkeit eine lange Sperrfrist nicht zu. Die Größenordnung von **bis zu zwei Jahren** ist sachgerecht, angemessen und ausreichend. Dieser Rahmen wird bei den Jagdbehörden in entsprechenden Fällen zu Recht angewendet. Dem Grunde nach kann die Möglichkeit des Jagdverbotes in § 41a auch Anhaltspunkte beim Maß der Sperrfrist geben. Unzulässig (als Form eines unbestimmten Verwaltungsakts) wäre eine Nichtfestlegung der Behörde auf eine bestimmte Dauer der Sperre. Die Dauer ist abhängig von den Gesamtumständen des Einzelfalles, zu beurteilen im Rahmen des pflichtgemäßen Ermessens der Behörde (VG Düsseldorf Urt. v. 16.11.2010 – 15 K 2917/10, BeckRS 2010, 57117). 98

4. Unsorgfältige Verwahrung von Waffen und Munition (Abs. 3 Nr. 2)

99 § 36 WaffG erlegt dem Besitzer von Waffen und Munition **besondere Sorgfaltspflichten** bei deren **Aufbewahrung** auf, sowohl für zu Hause als auch unterwegs. Er hat die erforderlichen Vorkehrungen zu treffen, damit diese Gegenstände nicht abhandenkommen oder in die Hände Unbefugter gelangen; detaillierte Vorgaben enthält § 13 AWaffV. Ein Abhandenkommen iSv § 36 Abs. 1 WaffG liegt grundsätzlich auch in Fällen der **unbefugten Inbesitznahme durch Dritte,** beispielsweise durch Diebstahl, Raub oder Unterschlagung, vor (VG München Beschl. v. 10.2.2023 – M 7 S 22.1089, BeckRS 2023, 3850 Rn. 28 unter Bezugnahme auf Gade, 3. Aufl. 2022, WaffG § 36 Rn. 10 zum Abhandenkommen eines **Schalldämpfers**). Für die Aufbewahrung zu Hause sind sichere Behältnisse vorgeschrieben, die Standardanforderungen sind einzeln aufgelistet.

100 Deutschland hat eines der strengsten Waffengesetze der Welt. Obwohl vorsätzliche Straftaten mit Waffen zu 99,95 % mit illegalen Waffen – legale Waffenbesitzer sind Bundeswehr, Polizei, Zoll, Sportschützen, Jäger, Sammler, teilweise Bewachungs- und Sicherheitsgewerbe, gefährdete Personen (Waffenscheininhaber) – und Scheinwaffen begangen werden, hat es der Gesetzgeber für notwendig gehalten, außerordentlich einschneidende Bestimmungen für den legalen Waffenbesitz zu erlassen. Das Hauptanliegen des Gesetzes ist es, Schaden für die Allgemeinheit durch Waffen möglichst zu verhindern. Im Voraussetzungskriterium „Zuverlässigkeit" kommt dem Bereich **„Aufbewahrung"** besonderes Gewicht zu. Die Umsetzung der Bestimmungen führt in der Praxis zu zahlreichen Problemen, wobei häufig behördliche und gerichtliche Entscheidungen lebensfremd sind und nach den Buchstaben des Gesetzes gefällt werden, weniger hingegen nach dessen Sinn und Zweck.

101 Aus dem Gesichtspunkt der **Gefahrbeherrschungspflicht** müssen Waffen und Munition so verschlossen werden, dass sie für Unbefugte unzugänglich sind. Dies erfordert ein sicheres Behältnis einerseits und die Unzugänglichkeit des Schlüssels bzw. Codes andererseits (näher → Rn. 120a ff.). Bei einem vorsätzlichen Verstoß (die Fahrlässigkeit ist in § 52 Abs. 4 WaffG iVm Abs. 3 Nr. 7 lit. a) nicht erfasst) gegen die Aufbewahrungspflichten iSd § 36 Abs. 1 WaffG iVm § 36 Abs. 5 S. 1 WaffG liegt eine Straftat dann vor, wenn durch das Fehlverhalten des Waffenbesitzers „die Gefahr verursacht wird, dass eine Schusswaffe oder Munition abhandenkommt oder darauf unbefugt zugegriffen wird" (§ 52 Abs. 3 Nr. 7 lit. a) WaffG).

102 Diese Vorschrift stellt ein konkretes Gefährdungsdelikt dar. Erfasst ist nur die **ständige Aufbewahrung von Waffen und Munition zu Hause,** nicht die vorübergehende unterwegs (Jagd, Sportschießen, Transport); der Verstoß muss **vorsätzlich** geschehen, bedingter Vorsatz genügt. Die konkrete Gefährdung muss vom Vorsatz umfasst sein, der unbefugte Zugriff Dritter muss **zumindest billigend** in Kauf genommen sein; „die Gefahr muss in so bedrohliche Nähe gerückt sein, dass sich das Ausbleiben der Rechtsgutsverletzung nur noch als Zufall darstellt" (Gade WaffG § 52 Rn. 58d). **Fahrlässiges Nichtverschließen** des Schrankes oder Liegenlassen des Schlüssels erfüllt nicht diesen strafrechtlichen Tatbestand, bleibt aber eine Ordnungswidrigkeit (§ 34 Nr. 12 AWaffV).

103 **Verstöße gegen Aufbewahrungsregeln** ziehen über die Bestimmung „Waffen und Munition […] nicht sorgfältig verwahren" (§ 5 Abs. 1 Nr. 2

lit. b) WaffG, § 17 Abs. 3 Nr. 2) zwangsläufig die Feststellung der **Unzuverlässigkeit** nach sich. Die Behörde hat dabei keinen Ermessensspielraum; jedoch hat sie die Möglichkeit der Abwägung bei der Bewertung, ob die Verletzung der Sorgfaltspflicht relevant ist. Ist dies im Einzelfall zu bejahen (und nicht etwa eine zu tolerierende Nachlässigkeit), stellt sich die entscheidende Frage nach der Prognose dahingehend, ob „Tatsachen die Annahme rechtfertigen", was mithin auf ein Verhalten in der Zukunft zielt. Die Handhabung durch die Behörden – und dem folgend die Rspr. – entscheidet nahezu in jedem Falle zugunsten einer negativen Prognose, also gegen den Betroffenen. Einen solchen „Automatismus" sieht das Gesetz jedoch nicht vor. Hätte der Gesetzgeber diese Regelung gewollt, so hätte er die Formulierung „Tatsachen rechtfertigen die Annahme" nicht gewählt und so diesen „Entscheidungsspielraum" weggelassen. Er hätte festgelegt: Verstoß ist gleich Unzuverlässigkeit. Entscheidungsträger sind zur Prognosestellung verpflichtet. Das bedeutet – nicht zuletzt wegen der massiven Eingriffe in die Rechte (mit Konsequenzen für Eigentum – Waffen – Verträge – Pachtverträge) des Betroffenen; es muss eine überaus sorgfältige Prüfung aller Gesichtspunkte vorgenommen werden, die für eine Prognose entscheidend sind.

Bei der Beantwortung der **Prognosefrage** ist jeder Gesichtspunkt zu 104
bewerten. Dies gilt für alle Umstände des Einzelfalles, Ort, Zeit, Art des Verstoßes, Persönlichkeit des Betroffenen, Verhalten, bisheriger Umgang mit Waffen, Wirkung von Folgen auf ihn – auch im Hinblick auf sein Ansehen; die Wirkung der **Spezialprävention** aus dem Strafrecht ist ohne Weiteres hierher zu übernehmen, ebenso ein **Besserungsvorsatz.** Gerade eine „Langzeitwirkung" möglicher Folgen wird maßgeblich auf den Betroffenen einwirken und eine Wiederholung eines relevanten Verstoßes weitestgehend ausschließen. Eine oberflächlich erstellte – negative – Prognose verletzt den Betroffenen in seinen Persönlichkeitsrechten. Ein Entscheider, der von sich sagt, er sei grundsätzlich gegen Schusswaffen, ist **befangen** – bewusst oder unbewusst.

In der Rspr. finden sich in den Entscheidungsgründen nur selten Ausfüh- 105
rungen zur **Prognosestellung.** Die Feststellung: „für die Prognose der waffenrechtlichen Unzuverlässigkeit ist eine auf der Lebenserfahrung beruhende Einschätzung ausreichend" ist zu wenig (VGH München Urt. v. 8.9.2011 – 21 ZB 11.1286, BeckRS 2011, 32580). Eine solche Pauschalierung reicht für eine Prognose mit ihren weitreichenden Folgen für den Betroffenen nicht aus, ganz abgesehen davon, dass nach der Erfahrung der Belehrungs- und Besserungseffekt eines geahndeten Fehlverhaltens in den meisten Fällen eine Wiederholung des Fehlers verhindert. Der Satz: „ein Restrisiko muss nicht hingenommen werden" aus jener Entscheidung findet sich häufig in den Entscheidungsgründen wieder. Eine Schusswaffe hat immer ein **Restrisiko** – ebenso wie ein Kraftfahrzeug. Zweck des Gesetzes ist es, das Risiko zu minimieren. Die Feststellung: „Im Übrigen erfordert die prognostische Annahme der Unzuverlässigkeit nicht die Feststellung der konkreten Gefahr, dass sich das in Rede stehende ‚Versagen' des Klägers wiederholt" (OVG Münster Urt. v. 28.2.2013 – 20 A 2430/11, BeckRS 2013, 50965), ist zwar richtig, eine pauschalierte Unterstellung aber unzulässig. Vielmehr ist die Prüfung aller Gesichtspunkte notwendig, die gegen eine solche Gefahr sprechen.

Zutreffend und richtungsweisend hat das VG Neustadt/W. festgestellt (VG 106
Neustadt/W. Urt. v. 23.8.2012 – 5 K 504/12.NW, nv): „Ohnehin darf ein

einmaliges Fehlverhalten im Rahmen der Vorschrift des § 5 Abs. 1 Nr. 2 WaffG nur ausnahmsweise und unter schwerwiegenden Umständen schon zu der Annahme der waffenrechtlichen Unzuverlässigkeit führen. […] Bei der Prognosestellung ist für das mutmaßliche künftige Verhalten des Betroffenen auch dessen Persönlichkeit und die Art, wie er mit dem Geschehenen umgeht, von Bedeutung. Nach dem Eindruck, den die Kammer von dem Kläger bei der mündlichen Verhandlung gewonnen hat, spricht insoweit alles dafür, dass er aus dem unglücklichen Vorfall die notwendigen Lehren für sein künftiges Jagdverhalten ziehen wird." „Die Prüfung der waffenrechtlichen Zuverlässigkeit erfordert eine zukunftsbezogene Beurteilung unter Berücksichtigung aller Umstände des Einzelfalles" (OVG Lüneburg Urt. v. 19.4.2010 – 11 LA 389/09, BeckRS 2010, 48976; so auch VG München Beschl. v. 20.6.2022 – M 7 S 22.1772, BeckRS 2022, 16086). In einem Verfahren wegen eines einmaligen Verstoßes gegen die Aufbewahrungspflichten nach § 36 WaffG unter dem Gesichtspunkt der waffenrechtlichen Unzuverlässigkeit hat das VG Dresden zutreffend ausgeführt: „Allerdings ist ein Widerruf der waffenrechtlichen Erlaubnis nicht zwingend, wenn der Betreffende im Rahmen einer Gesamtschau die Einschätzung erlaubt, er werde in Zukunft (wieder) Gewähr für ein waffenrechtlich unbedenkliches Verhalten bieten" (VG Dresden Urt. v. 7.4.2010 – 4 L 621/09, BeckRS 2010, 33802). Dem ist uneingeschränkt zuzustimmen mit dem Hinweis, dass in mancher Verwaltungsgerichtsentscheidung diese zwingend notwendige Überlegung nicht angestellt wurde.

107 Die Bestimmungen des § 36 WaffG gehören zu den zentralen Vorgaben des Gesetzes zum Erreichen des Gesetzeszwecks, Gefahren für die Allgemeinheit zu verhindern. Waffen und Munition sollen nicht in die Hand Unberechtigter fallen. „Vorkehrungen und Verhaltenspflichten haben zum Ziel, das Abhandenkommen zu verhindern. Gemeinhin anerkannt ist, dass der Begriff des Abhandenkommens im Sinne des bürgerlichen Rechts nach § 935 BGB auf die Vorschrift übertragen werden kann" (Gade WaffG § 36 Rn. 19). § 36 WaffG regelt Einzelheiten und Anforderungen an die Behältnisse, die eine **sichere Aufbewahrung** gewährleisten sollen. Dabei ist das Abhandenkommen eines Schalldämpfers dem einer Waffe gleichzustellen und kann ebenfalls zur Prognose künftiger Unzuverlässigkeit führen (VG München Beschl. v. 10.2.2023 – M 7 S 22.1089, BeckRS 2023, 3850, aufgrund des Abhandenkommens durch Diebstahl im Ferienhaus unter der Annahme, dass zwar die Waffen, nicht aber der Schalldämpfer ordnungsgemäß im Waffenschrank aufbewahrt worden seien. Die Indizien sprachen indes gegen eine sorgfältige Aufbewahrung, da sich an dem Waffenschrank keinerlei Einbruchsspuren befanden und nur der Schalldämpfer entwendet wurde, nicht aber die Waffen; darüber hinaus sind in einem nicht dauerhaft bewohnten Haus strengere Anforderungen an die Aufbewahrung gem. § 13 Abs. 4 AWaffV zu stellen. Die Tatsache, dass auch andere berechtigte Personen – Ehefrau und Söhne – Zugang zum Waffenschrank hatten, entlasteten den Betroffenen nicht; vgl. auch VG München Beschl. v. 10.2.2023 – M 7 S 22.1106, BeckRS 2023, 10199).

108 Die Zuverlässigkeit des Waffenbesitzers ist infrage gestellt, wenn er gegen die **Aufbewahrungsbestimmungen** verstößt. Für die Kontrolle der Einhaltung der Vorschriften sieht das Gesetz zwei Möglichkeiten vor. Zum einen hat der Waffenbesitzer der Behörde die sichere **Aufbewahrung nachzuweisen,** zum anderen hat er ihr zur **Kontrolle** Zutritt zu den Räumen zu gewähren, in denen Waffen und Munition aufbewahrt werden (§ 36 Abs. 3 WaffG). Diese Kontrollen umfassen das Verwahrbehältnis und die vorhandenen Waffen (Übereinstimmung mit WBK) sowie ggf. die getrennte Lagerung von Waffen und Munition (VGH Mannheim Urt. v. 3.8.2011 – 1 S 1391/11, NVwZ-RR 2011, 815).

Zuwiderhandlungen gegen Aufbewahrungsvorschriften führen wegen der Problematik der Unzuverlässigkeit häufig zu Gerichtsverfahren. Eine Kurzwaffe in einem Möbeleinsatztresor, der bei einem Einbruch gestohlen wurde, ist kein sicheres Behältnis (§ 5 Abs. 1 Nr. 2 lit. b) WaffG; VG Köln Urt. v. 12.12.2013 – 20 K 4244/12, BeckRS 2014, 46957). Ebenso verhält es sich bei einer geladenen Kurzwaffe, die in einem Tresor aufbewahrt wird, da die Aufbewahrung nach § 13 Abs. 2 AWaffV grundsätzlich ungeladen zu erfolgen hat (§ 5 Abs. 1 Nr. 2 lit. b) WaffG; VG München Beschl. v. 10.1.2023 – M 7 S 22.3213, BeckRS 2023, 2636; s. auch VG Hamburg Urt. v. 9.2.2016 – 4 K 2176/15, BeckRS 2016, 45237, wobei in einer Hausgemeinschaft und bei gemeinschaftlicher Aufbewahrung durch mehrere Berechtigte jeder einzelne Waffenbesitzer persönlich für die ordnungsgemäße Aufbewahrung zuständig ist). In Bezug auf die Neuregelung des § 36 Abs. 4 WaffG nF und § 13 AWaffV nF dürfen die vor Inkrafttreten des Stichtages vom 5.7.2017 gekauften Waffenschränke/-tresore auch weiterhin genutzt werden (zu den Einzelheiten VG München Beschl. v. 11.6.2021 – M 7 S 21.1849, BeckRS 2021, 55414). Dies kann jedoch der negativen Prognose zur Unzuverlässigkeit nicht entgegengestellt werden, wenn der Betroffene den behördlichen Aufforderungen – Nachweise über die Aufbewahrung zu erbringen und eine vorschriftswidrige Aufbewahrungssituation zu beseitigen – nicht nachkommt (VG München Beschl. v. 11.6.2021 – M 7 S 21.1849, BeckRS 2021, 55414). **Mehrere Verstöße gegen Aufbewahrungspflichten** begründen die Unzuverlässigkeit – Drilling mit Munition unverschlossen neben Waffenschrank, im A-Schrank Revolver, Pistole und zwei gefüllte Magazine, weiterhin eine Schachtel mit größerer Anzahl von Schrotpatronen im unverschlossenen PKW im Hof (§ 5 Abs. 1 Nr. 2 lit. b) WaffG, § 17 Abs. 3 Nr. 2; VGH München 28.11.2013 – 21 CS 13.1758, BeckRS 2013, 59478). Die Unzuverlässigkeit wurde erneut in einem ähnlich gelagerten Fall angenommen – nicht ordnungsgemäße Lagerung der Munition im Kraftfahrzeug und im unverschlossenem Alukoffer im Keller, zudem Waffe im Kleiderschrank (VG Köln Urt. v. 10.11.2022 – 8 K 6653/21, BeckRS 2022, 38654; ebenfalls mehrere Verstöße angenommen in VG Magdeburg Beschl. v. 14.5.2021 – 1 B 344/20 MD, BeckRS 2021, 17645; zudem war der Jagdschein nicht mehr gültig und es fehlte aufgrund der unsorgfältigen Verwahrung an der Zuverlässigkeit für die Neuerteilung). Bei einem Sachverhalt, bei dem der Betroffene zum einen ein Druckluftgewehr und die dazugehörige Munition in einem Transportkoffer – und nicht im Waffenschrank – in einem nicht abgeschlossenen Wohnhaus (die Terassentür und das Zimmer, in dem sich die waffenrechtlich relevanten Gegenstände befanden, waren unverschlossen) aufbewahrte, während er nicht zu Hause war, und er zum anderen keinen ausreichenden Schutz vor Zugriffen des minderjährigen Sohnes ergriffen hatte, lag ebenfalls ein Verstoß gegen § 36 Abs. 1 WaffG vor (VG Trier Gerichtsbescheid v. 20.5.2020 – 2 K 124-20.TR, BeckRS 2020, 21376). Erschwerend kam hinzu, dass bei dem Betroffenen im Rahmen einer vorherigen Durchsuchung erlaubnispflichtige Pyro-Knallpatronen gefunden wurden, obwohl es ihm an der notwendigen Erlaubnis mangelte und andere 109

Sprengstoffe nicht ordnungsgemäß nach dem Sprengstoffgesetz aufbewahrt wurden.

110 Eine auch nur äußerst **kurzfristige Nachlässigkeit** kann zur Feststellung der Unzuverlässigkeit führen. Eine Bockbüchsflinte hatte der Jäger im Futteral im Flur abgestellt. Während einer mehrstündigen Abwesenheit hatten Einbrecher die Waffe gestohlen, § 5 Abs. 1 Nr. 2 lit. b) WaffG (VG Potsdam Beschl. v. 9.8.2006 – 3 L 56/06, BeckRS 2007, 24766). Weiteres Beispiel: Nichtverschließen eines Tresorraums, in dem sich eine Kurzwaffe befand, **Zugriffsmöglichkeit auf die Schlüssel** für zwei Tresore im Tresorraum, in denen sich Waffen und Munition befanden und offen liegende Munition auf dem Küchentisch bei kurzzeitiger Abwesenheit der berechtigten Ehefrau – dieses Verhalten ist weder ein Bagatellverstoß noch ein Einmalversagen und zieht damit die Unzuverlässigkeit nach sich – § 5 Abs. 1 Nr. 2 WaffG (VG Ansbach Urt. v. 16.12.2009 – AN 15 K 09.01147, BeckRS 2009, 47432). Ein Fall absoluter Unzuverlässigkeit liegt vor – und damit kein Ermessensspielraum der Behörde trotz beruflicher Nutzung der Waffe – bei Aufbewahrung einer Kurzwaffe im Wäscheschrank des Schlafzimmers (§ 5 Abs. 1 Nr. 2 lit. b) WaffG, § 36 Abs. 2 S. 2 aF WaffG) und zusätzlich einer Verurteilung zu Geldstrafe von 80 Tagessätzen unter anderem wegen Verstößen gegen das Waffengesetz (§ 5 Abs. 2 Nr. 1 lit. c) WaffG; OVG Bautzen Beschl. v. 15.3.2010 – 3 A 451/08, BeckRS 2010, 48212). Die Unzuverlässigkeit resultiert auch aus der Aufbewahrung eines Revolvers der Marke Smith & Wesson unter der Matratze sowie der zeitgleichen Aufbewahrung der dazugehörigen Munition unter einem Hocker neben dem Bett und von Kleinkalibermunition in einer Kommode im Flur, auch wenn die unberechtigte Ehefrau davon zu keinem Zeitpunkt Kenntnis hatte (§ 36 Abs. 1 WaffG; § 5 Abs. 1 Nr. 2 lit. b) WaffG). Erschwerend trat hinzu, dass der Waffenschrank nicht immer ordnungsgemäß verschlossen war, da der Schlüssel steckte (VG Ansbach Beschl. v. 14.2.2023 – AN 16 S 23.141, AN 16 S 23.174, BeckRS 2023, 10165). Die Unterbrechung eines Reinigungsvorganges an einer Waffe macht es notwendig, die Waffe ordnungsgemäß wegzuschließen, wenn zwischenzeitlich andere Tätigkeiten ausgeführt werden (VGH München Urt. v. 5.6.2018 – 21 ZB 15.2434, BeckRS 2018, 11765). Gleiches gilt hinsichtlich der vorübergehenden Aufbewahrung im Arbeitszimmer durch Unterbrechung des Putzvorgangs in einer Situation des Zeitdrucks oder des Drängens durch Dritte oder das Abstellen von Waffe und Munition in einem Hartschalenkoffer im Arbeitszimmer mit der Behauptung, das Abschließen im Waffenschrank vergessen zu haben (OVG Magdeburg Beschl. v. 17.5.2021 – 1 M 23/21, BeckRS 2021, 35325).

111 Ein von einem Jäger **allein bewohntes Haus,** das in seiner Abwesenheit abgeschlossen ist, erfüllt nicht die Vorschriften über eine sichere Verwahrung iSv § 36 WaffG. Der Jagdscheininhaber und Besitzer einer WBK hatte von acht erfassten Langwaffen zwei Flinten offen in Räumen herumstehen, dazu eine nicht registrierte Pistole im Nachtkästchen und zwei Einkaufstüten mit zahlreicher Munition (§ 5 Abs. 1 Nr. 2 lit. b) WaffG, § 36 WaffG, § 17 Abs. 3 Nr. 2). Die Feststellung der Unzuverlässigkeit konnte er auch nicht mit seinem Vorbringen verhindern, er benötige die Waffen als Jagdpächter zur Wildschadensabwehr (VG Würzburg Urt. v. 15.6.2010 – W 3 K 09.1227, nv). Die Furcht vor Einbrechern rechtfertigt nicht die Lagerung einer Pistole unter der Matratze, verstößt vielmehr gegen die Aufbewahrungspflichten des § 36 WaffG. Dieser **auf Dauer angelegte Zustand** führt zur waffenrecht-

lichen Unzuverlässigkeit gem. § 5 Abs. 1 Nr. 2 lit. b) WaffG. Zusätzlich befanden sich zwei geladene Kurzwaffen in einem nicht klassifizierten Innenfach eines Waffenschrankes (OVG Koblenz Urt. v. 23.10.2013 – 7 A 10715/13.OVG, BeckRS 2013, 57606). Unzulässige Aufbewahrung von einem geladenen Repetierer und dreier Kurzwaffen zusammen mit zugehöriger Munition führt zur jagd- und waffenrechtlichen Unzuverlässigkeit gem. § 17 Abs. 3 Nr. 2, § 5 Abs. 1 Nr. 2 lit. b) WaffG (VGH München Urt. v. 21.3.2014 – 21 ZB 13.2644, BeckRS 2014, 49581). Vergitterte Fenster und eine Stahltür zu einem Kellerraum des eigenen Hauses, in dem mehrere Schusswaffen einschließlich Munition aufbewahrt werden, entsprechen nicht der Verpflichtung zur sicheren Aufbewahrung von Waffen und Munition iSv § 36 WaffG. Die Zusage, umgehend einen ordnungsgemäßen Tresor erwerben zu wollen, begründet keinen Ausnahmefall (VGH Kassel Urt. v. 14.4.2015 – 4 A 1957/13.Z, BeckRS 2015, 53599). Ein Kellerraum in einem Mehrfamilienhaus, vollständig ummauert, Türen mit Sicherheitsschloss (nur der Berechtigte hat dazu einen Schlüssel) ist kein nicht dauernd bewohntes Gebäude iSd § 13 Abs. 6 S. 1 AWaffV. Die Aufbewahrung von Waffen in einem gesetzesgemäßen Waffenschrank ist zulässig (VGH München Urt. v. 7.4.2017 – 21 Cs 16.2083, BeckRS 2017, 108003). Schusswaffen iSd § 13 Abs. 1 S. 1 Nr. 1 AWaffV, deren Erwerb und Besitz der Erlaubnispflicht unterliegen, sind mindestens in einem Waffenschrank der Norm DIN/EN 1143-1, der die Voraussetzungen des § 13 Abs. 2 AWaffV erfüllt, aufzubewahren; ein Stahlblechschrank entspricht den gesetzlichen Vorgaben nicht (VG Ansbach Urt. v. 18.11.2022 – AN 16 K 20.2798, BeckRS 2022, 42985). Die Aufbewahrung erfolgt nicht ordnungsgemäß, wenn der Waffenschrank für den jeweiligen Waffentyp nicht den gesetzlichen Voraussetzungen entspricht (VG Schwerin Beschl. v. 21.4.2023 – VG 3 B 510/23 SN, BeckRS 2023, 13026). Dies gilt nach Auffassung des Gerichts auch dann, wenn der für die Waffe angemeldete Waffenschrank zwar den gesetzlichen Voraussetzungen entspricht, die Waffe jedoch vorübergehend in einem nicht dafür vorgesehenen Schrank – dem der Lebensgefährtin, die in einer zum Betroffenen nahegelegenen Wohnung lebt – aufbewahrt wird, insbesondere wenn dieses Verhalten über Jahre hinweg mehrfach wiederholt vorkommt. Die Aufbewahrung zweier Kurzwaffen nebst Munition im Kofferraum eines Kraftfahrzeugs in einer allgemein zugänglichen privaten Parkgarage entspricht nicht den Bestimmungen des § 36 WaffG und des § 13 AWaffV. Dies gilt auch dann, wenn der Besitzer einige Stunden nach dem Abstellen zum Übungsschießen einen Schießstand aufsuchen will (VG Düsseldorf Urt. v. 10.5.2013 – 22 K 7560/11, BeckRS 2013, 50840).

Eine auf eine andauernde waffenrechtliche Unzuverlässigkeit zielende **112**
Prognose wegen eines **Einmalversagens** aufgrund eines fehlerhaften Einzelvorganges erscheint grenzwertig. Eine solche negative Festlegung bedarf einer besonders gründlichen Prüfung. Unterstellungen zum Nachteil des Betroffenen sind unzulässig, weil ein nicht gerechtfertigter Eingriff in seine Persönlichkeitsrechte vorliegt. Der VGH München stellte in einem Beschl. v. 13.5.2014 (21 CS 14.720, BeckRS 2014, 51866) die waffenrechtliche Unzuverlässigkeit fest, weil der Jagdscheininhaber einen unterladenen Repetierer auf dem Wohnzimmertisch liegen hatte. Er führte aus: „Denn allein die – unbestrittene – Tatsache, dass der Antragsteller eine schussbereite Jagdwaffe in seinem Haus auf dem Tisch abgelegt hat, rechtfertigt die Annahme seiner waffenrechtlichen Unzuverlässigkeit im Sinne von § 5 Abs. 2 lit. b) WaffG".

Der VGH hat sich nicht festgelegt, ob dabei der unvorsichtige Umgang mit der Waffe oder eine nicht sorgfältige Verwahrung als Gesetzesverstoß gewertet wurde. Über die Dauer des Liegens der Waffe auf dem Tisch enthalten die Urteilsgründe keine Angaben, damit auch nicht über die Zugriffsmöglichkeit für Dritte. Bei diesem Sachverhalt ist der Zweck des Gesetzes, der Schutz der Allgemeinheit vor Gefahren durch Waffen, nicht berührt. Dies gilt auch im Hinblick darauf, dass sich die Waffe in einem der Allgemeinheit nicht zugänglichen Privatraum befand. Eine solche Begründung vermag jedenfalls nicht zu überzeugen.

113 Die Aufbewahrung eines geladenen Revolvers in einem B-Schrank über zehn Jahre („er habe den Revolver immer geladen, wenn nachts einer komme, müsse er nicht lange nach Munition suchen") rechtfertigt die Annahme einer Unzuverlässigkeit gem. § 5 Abs. 1 Nr. 2a und 2b WaffG (VGH München Urt. v. 2.10.2013 – 21 CS 13.1564, BeckRS 2013, 57183). Gegen die **Sorgfaltspflichten** bei der Aufbewahrung von Waffen verstößt auch, wer eine Kurzwaffe, die er nachts an seinem Bett in einer offenen Schachtel aufbewahrt und nur mit einem Stoffschal abgedeckt, dort belässt, so dass sie von Einbrechern gestohlen werden konnte (RP Kassel Widerspruchsbescheid v. 30.8.2001 – V 52. 2-J 24, nv).

114 Ein Jäger ist nicht deshalb waffenrechtlich unzuverlässig, weil er vierzehn Jahre vor einem waffenrechtlich relevanten Vorgang eine Kurzwaffe nicht hinreichend sicher verwahrt hatte, so dass seine Ehefrau darauf Zugriff hatte und sich selbst hätte töten können (VG Arnsberg Urt. v. 28.1.2013 – 8 K 147/12, BeckRS 2013, 48355).

115 **„Altbesitz" bewahrt nicht vor Unzuverlässigkeit.** Es gibt zahlreiche Jäger, die lange Zeit vor Inkrafttreten des aktuellen Waffenrechts schon zur Jagd gingen. Im Umgang mit Waffen gibt es bei ihnen Handhabungen, die mit heutigem Recht nicht immer im Einklang stehen. Selbstverständlich sind die Regeln anzuwenden wie bei „Jungjägern". Allerdings sollte – in geeigneten Fällen – die Frage des Ausnahmefalles und der Prognose gründlich geprüft werden, auch unter dem Gesichtspunkt der Verhältnismäßigkeit. Keinen Ausnahmefall allerdings stellt der folgende Sachverhalt dar, vielmehr liegt hier ein hohes Maß an **Nachlässigkeit** vor: Bei einem Jäger mit 59-jähriger jagdlicher Betätigung führte die zuständige Behörde im August 2017 eine Waffenschrankkontrolle durch. Dabei ergaben sich mehrere Beanstandungen. Auf einem Sideboard lag ein Drilling, im linken Schrotlauf befand sich eine Schrotpatrone, im rechten – Einstecklauf – eine Patrone Kaliber .22 WMR. Eine halbautomatische Flinte lehnte an einem Holzschrank, in dem Munition aufbewahrt wurde, der Schlüssel steckte im Schloss. Im Waffenschrank befand sich eine halbautomatische Gaspistole, aus der durch Umbau Patronenmunition verschossen werden konnte. Eine doppelläufige Pistole, die sich nach Angaben des Besitzers stets im Nachttisch an seinem Bett befand, war zunächst nicht auffindbar. Später stellte sich heraus, dass die Waffe in einer Tasche des Mantels im Keller abgelegt war. Vergeblich wandte sich der Waffenbesitzer mit dem Hinweis, es liege ein einmaliges Versehen vor, und unter Verweis auf seinen 59-jährigen Umgang mit Waffen gegen die Entziehung der waffen- und jagdrechtlichen Erlaubnis (VGH München Urt. v. 4.5.2018 – 21 Cs 17.2566, BeckRS 2018, 11880). Eine nicht zulässige Aufbewahrung einer Schusswaffe (§ 36 WaffG) liegt auch vor, wenn nach Rückkehr des Besitzers von der Jagd diese – teilgeladen – im abgeschlossenen Pkw in einer Kleingartenanlage vor dem Beifahrersitz sichtbar zurückgelassen wird, während der Jäger in einem dreihundert Meter entfernten Haus schläft. Die **Sorgfaltspflichtverletzung** bedingt die waffenrechtliche Unzuverlässigkeit des Waffenbesitzers (VG Arnsberg Urt. v. 17.1.2017 – 8 K 3302/15, BeckRS 2017, 109231). Waffenrechtliche Unzuverlässigkeit liegt zudem vor, wenn der Jäger nachts auf dem Heimweg von der Jagdausübung infolge Müdigkeit in seinem Pkw einschläft und die Jagdwaffe samt Munition sichtbar auf dem Beifahrersitz liegen lässt. Die **Privilegierung „Führen auf dem Weg zu/von der Jagd“** entfällt dadurch. „Wenn sich ein Waffenbesitzer in seinem Kraftfahrzeug zum Schlafen legt – sei es nur für kurze Zeit oder auch für eine längere Nachtruhe –, erfordert eine sichere Aufbewahrung iSv § 13 Abs. 11 AWaffV zumindest, dass Schusswaffe und Munition in einem der Sicht Dritter entzogenen Transportbehältnis (zB Kofferraum des Fahrzeugs) verwahrt werden“ (VG Karlsruhe Urt. v. 14.10.2014 – 4 K 2472/14, BeckRS 2015, 40540). Das nur eine kurze Zeit andauernde Verwahren eines Revolvers in einem durch Reißverschluss verschlossenen Rucksack, der in einem Kfz – mit getönten Scheiben – unter einer Hundedecke versteckt wird, genügt nicht den Zuverlässigkeitsanforderungen des WaffG, insbesondere wenn der Betroffene noch an die Jagdausübung anschließende Erledigungen vornimmt/vornehmen will, die nicht mit der Jagdausübung in Zusammenhang stehen (VG Stade Beschl. v. 16.2.2023 – 1 B 85/23, BeckRS 2023, 2158). Zwei gerichtlich geahndete Ordnungswidrigkeiten – Verstöße gegen das Bundesjagdgesetz (Überziehen der festgesetzten Abschusszahlen) und einen Verstoß gegen den Hundeeinsatz – und ein gem. § 153a StPO eingestelltes Strafverfahren wegen Verstoßes gegen das Waffengesetz rechtfertigen bei dem Waffenbesitzer (Forstbeamter) die Feststellung der waffenrechtlichen Unzuverlässigkeit gem. § 17 Abs. 1 Nr. 2 und Abs. 4 Nr. 2 (OVG Greifswald Urt. v. 16.1.2017 – 1 M 185/16, BeckRS 2017, 122408). Unzuverlässigkeit iSv § 5 Abs. 1 Nr. 23 WaffG liegt auch vor – und nicht etwa eine tolerierbare Nachlässigkeit –, wenn ein Waffenbesitzer bei der Fahrt ins Revier versehentlich seinen abgeschlossenen Waffenkoffer mit Jagdwaffe und Munition bei der Abfahrt vor seiner Haustür stehen lässt (OVG Hamburg Urt. v. 7.8.2015 – 5 Bs 135/15, BeckRS 2015, 54692).

Ob das **Verlieren** einer auf der Jagd in der Hosentasche mitgeführten 116
Pistole als unsorgfältige Verwahrung zu qualifizieren ist und ob daraus eine waffenrechtliche Unzuverlässigkeit hergeleitet werden kann, hat das OVG Lüneburg offengelassen (OVG Lüneburg Beschl. v. 19.4.2010 – 11 LA 389/09, BeckRS 2010, 48976); denn es lagen beim Betroffenen andere schwerwiegende waffenrechtliche Verstöße vor, die die Unzuverlässigkeit begründeten. Das Mitführen einer Kurzwaffe auf der Jagd beinhaltet immer ein gewisses Verlustrisiko. Deswegen ist der Waffenträger verpflichtet, dieses zu minimieren. Durch die heutzutage gegebenen technischen Einrichtungen ist dies jedenfalls unproblematisch möglich. Kommt es gleichwohl zu einem Verlust, wird von einem einmaligen Vorfall auszugehen sein, der keine negative Prognose rechtfertigt. Denn jeder Waffenbesitzer wird alles tun, um eine Wiederholung zu vermeiden.

Die **Vorlage eines Fotos** eines Waffenschrankes, auf dem ein **Typen-** 117
schild nicht erkennbar ist, stellt keinen Verstoß gegen die in § 36 Abs. 3 WaffG normierte Nachweispflicht dar und rechtfertigt nicht den Widerruf der WBK. Der Widerruf ist eine „Schlussfolgerung aus Verhalten, Ereignissen und Umständen in der Vergangenheit auf künftiges Verhalten“, und weiter: „Die Vorschrift des § 5 Abs. 1 Nr. 2 WaffG verlangt das Vorliegen von

Tatsachen, die die Annahme rechtfertigen, dass die jeweiligen Merkmale erfüllt sind. Die Tatsachen müssen nachgewiesen und so erheblich sein, dass sie den Schluss auf die Unzuverlässigkeit des Betroffenen zulassen" (VG Köln Urt. v. 6.8.2010 – 20 L 465/10, BeckRS 2011, 54976). Unterlässt ein Waffenbesitzer trotz behördlicher Aufforderung den Nachweis der dem Gesetz entsprechenden Aufbewahrung einer Kurzwaffe, so kann aufgrund der **Verletzung der Mitwirkungspflicht** des Inhabers die Waffenbesitzkarte widerrufen werden (§ 45 Abs. 4 WaffG). Ein Jagdscheininhaber (Schein gültig bis 31.3.2012) verzog im August 2014. Die nun zuständige Behörde forderte ihn am 27.4.2015 und 11.8.2015 auf, seinen Jagdschein zu verlängern und die sichere Aufbewahrung der Waffen (je eine Kurz- und Langwaffe) nachzuweisen. Die Verlängerung des Jagdscheines beantragte er nicht. Mit Schreiben vom 28.8.2015 teilte er per Formular mit, er habe einen Waffentresor der Sicherheitsstufe A mit einem Innentresor der Stufe B erworben. Am 5.9.2015 legte er eine Kopie eines Typenschildes Sicherheitsstufe A vor sowie zwei Aufnahmen eines offenen Wandtresors, davon eine mit inliegender Kurzwaffe. Am 9.9.2015 wies die Behörde erneut darauf hin, wie Waffen und Munition gem. § 36 WaffG und § 13 AWaffV zu verwahren sind. Mit Bescheid vom 22.9.2015 widerrief die Behörde die Waffenbesitzkarte. Das Verwaltungsgericht stellte fest, dass die Voraussetzungen einer waffenrechtlichen Erlaubnis nicht mehr gegeben sind aufgrund fehlender Zuverlässigkeit des Erlaubnisinhabers. In den Gründen verwies das VG auf die Entscheidung des VGH München (VGH München Beschl. v. 16.9.2008 – 21 ZB 08.655, BeckRS 2008, 28389) und zitierte: „Der Mangel der Zuverlässigkeit setzt nicht etwa den Nachweis voraus, dass der Betroffene mit an Sicherheit grenzender Wahrscheinlichkeit mit Waffen und Munition nicht sorgsam (verantwortungsbewusst) umgehen wird" (VG München Beschl. v. 30.10.2015 – M 7 S 15.4592, BeckRS 2016, 53045).

118 Aus dem Zweck des Waffengesetzes, Sicherheit für die Allgemeinheit zu gewährleisten, folgt das Recht der Behörde, **Kontrollen** bezüglich der Waffenaufbewahrung durchzuführen (§ 36 Abs. 3 WaffG). Daraus folgt eine **Mitwirkungspflicht** des Waffenbesitzers. Dies bedeutet, dass er dem Kontrolleur Zutritt zu dem Raum zu gewähren hat, in dem die Waffen aufbewahrt werden, er den Waffenschrank zu öffnen und eine Überprüfung dahingehend zuzulassen hat, dass die registrierten Waffen vorhanden sind und die Vorgaben nach Zahl der Waffen und ggf. Trennung der Munition gem. § 36 WaffG eingehalten sind. Aus triftigen Gründen kann er den Zutritt des Kontrolleurs verweigern – zB weil ein medizinischer Notfall in der Familie vorliegt, der Waffenbesitzer zu einem wichtigen und unaufschiebbaren Termin das Haus verlassen muss oder wenn er bei einer Kontrolle außerhalb der Dienstzeiten der Behörden (weil er nicht zurückfragen kann) Zweifel an der Identität der Kontrolleure hat (geschickte Kriminelle könnten sich mit gefälschten Ausweisen Zugriff auf die Waffen verschaffen). Eine **wiederholte Verweigerung** des Zutritts kann als relevanter Verstoß gegen das WaffG gewertet werden und die Unzuverlässigkeit nach sich ziehen. Eine einmalige Verweigerung reicht für die Rechtsfolge nicht aus, da hierin ein „grober Verstoß" nicht gesehen werden kann. Die Verhältnismäßigkeit ist insoweit nicht gegeben; vielmehr läge eine durch den Gesetzeszweck nicht gerechtfertigte Schlussfolgerung seitens der Behörde vor. Zwar hat das VG Hamburg bei erstmaliger unbegründeter Verweigerung auf Unzuverlässigkeit erkannt (VG Hamburg Urt. v. 5.7.2012 – 4 K 724/12, WuH 1/2014, 84 f.); im Berufungsverfahren äußerte das OVG jedoch Zweifel an der Rechtmäßigkeit dieser Entscheidung und empfahl den Parteien einen Vergleich, der auch durchgeführt wurde.

Im zulässigen Aufbewahrungsbehältnis dürfen Waffen nur ungeladen auf- 119
bewahrt werden (§ 13 Abs. 2 AWaffV). Der Verstoß ist eine Ordnungswidrigkeit (§ 34 Nr. 12 AWaffV).

Die in § 36 Abs. 1 WaffG normierte **Sicherungspflicht** bezieht sich auf 120
Waffen und Munition. Zwangsläufig ist diese Pflicht auszudehnen auf Schlüssel und Öffnungscode eines Behältnisses. Ein Zugriff eines unberechtigten Dritten auf den Schlüssel ist gleichzusetzen mit dem Zugriff auf Waffen und Munition. Daraus folgt, dass nur der Berechtigte Inhaber der **„Schlüsselgewalt"** sein darf. Der Schlüssel muss ebenso sicher verwahrt werden wie Waffen und Munition. Unzulässig ist daher die Aufbewahrung des Schlüssels an einer Schraube unter dem Waschbecken in der Gästetoilette (VGH München Beschl. v. 25.5.2021 – 24 ZB 21.943, 24 ZB 21.946, 24 ZB 21.947, BeckRS 2021, 16399), ebenso wie die Aufbewahrung an einem Schlüsselbund im häuslichen Büro (VG Bayreuth Urt. v. 30.10.2015 – B 1 K 15.345, BeckRS 2016, 50370). Nichtberechtigte dürfen jedenfalls keinen Zugriff auf Schlüssel oder **Code** haben, auch Angehörige nicht. Im Alltag kann dies zu Problemen führen; gleichwohl ist der Berechtigte verpflichtet, bei der Aufbewahrung des Waffenschrankschlüssels die gleiche Sorgfalt walten zu lassen wie bei den Waffen selbst. Bei einer etwaigen Entscheidung über Zuverlässigkeit ist auch im „Schlüsselfall" Lebensnähe des Entscheiders besonders gefragt.

Eine **Präzisierung hat die Schlüsselgewalt** durch das **Urteil des OVG** 120a
Münster vom 30.8.2023 (20 A 2384/20, BeckRS 2023, 22440) erfahren. Im konkreten Fall hatte der Kläger während seiner Urlaubsabwesenheit seine Waffenschrankschlüssel in einem dick- und doppelwandigen Stahltresor mit Zahlenschloss und einem Gewicht von 40 kg aufbewahrt. Diebe brachen diesen Tresor im Rahmen eines Einbruchdiebstahls auf, öffneten anschließend ohne Beschädigung den den gesetzlichen Sicherheitsstandards entsprechenden Waffenschrank und entwendeten zwei Kurzwaffen sowie Munition. Daraufhin widerrief die Behörde die Erlaubnisse des Klägers wegen eines Aufbewahrungsverstoßes und der daraus resultierenden waffenrechtlichen Unzuverlässigkeit. Während die hiergegen gerichtete Klage vom VG Düsseldorf (Urt. v. 23.6.2020 – 22 K 3002/19, BeckRS 2020, 63109) noch abgewiesen worden war, stellte das OVG klar, dass die Voraussetzungen für den Widerruf der waffenrechtlichen Erlaubnisse nicht vorlagen, da der Kläger nicht waffenrechtlich unzuverlässig sei. Insbesondere lägen keine Tatsachen vor, die die Annahme rechtfertigen würden, er werde Waffen oder Munition nicht sorgfältig verwahren. Allerdings stellte das OVG fest, dass der Kläger in der Vergangenheit objektiv gegen die gesetzlichen Anforderungen an eine sorgfältige Aufbewahrung von Waffen und Munition verstoßen habe, indem er die Schlüssel zum Waffenschrank in einem Tresor mit einem unzureichenden Sicherheitsstandard aufbewahrt habe. Die Schlüssel zu einem Waffenschrank seien in einem Behältnis aufzubewahren, das seinerseits den gesetzlichen Sicherheitsstandards an die Aufbewahrung der im Waffenschrank befindlichen Waffen und Munition entspreche. Diesen Standards entsprach der Tresor des Klägers jedoch nicht.

Aus juristischer Sicht ist das Urteil, das keine Gesetzeskraft besitzt und auf 120b
einen Einzelfall bezogen erging, folgerichtig. Es lässt jedoch die **Bedürfnisse**

der jagdlichen Praxis weitgehend **außer Ansatz;** denn jeder verantwortungsbewusste Waffenbesitzer wird sich für den Waffenschrankschlüssel ein sicheres Versteck aussuchen, das es Dritten unmöglich macht, Zugriff auf die Schlüssel zu erhalten. Doch ungeachtet dessen verlangt das Urteil dem Waffenbesitzer faktisch ab, sich neben dem Waffenschrank ein weiteres, den gesetzlichen Anforderungen an die Aufbewahrung von Waffen genügendes Behältnis zuzulegen, um in diesem den Schlüssel zum Waffenschrank rechtssicher lagern zu können. Letztlich bedeutet dies, dass Waffenbesitzer mehr oder weniger gezwungen sind, sich einen **Waffenschrank mit Zahlencode** oder mit **biometrischem Fingerprint-Schloss** zuzulegen, um den Vorgaben des Urteils Rechnung tragen zu können. Damit wird freilich der Bestandsschutz für ältere Waffenschränke mehr oder weniger ausgehöhlt. Doch ungeachtet dessen wird es für die Beurteilung der Unzuverlässigkeit und die dafür erforderliche, auf Tatsachen gestützte und in die Zukunft gerichtete Prognose stets – wie auch im vom OVG entschiedenen Fall – auf den Einzelfall ankommen; unternimmt der Betreffende daher hinreichende Sicherungsmaßnahmen für die Aufbewahrung der Waffenschrankschlüssel, so kann ihm – abhängig von den konkreten Umständen des Einzelfall und ungeachtet des Urteils des OVG – im Rahmen einer Prognose gleichwohl attestiert werden, nicht unzuverlässig zu sein. Dies gilt nicht zuletzt im Hinblick darauf, dass es weder konkrete gesetzliche Vorgaben gibt, wie der Schlüssel zu einem Waffenschrank aufzubewahren ist, noch ein für abschließende Klarheit sorgendes Urteil des BVerwG.

120c Die Aufbewahrung in einer stabilen, aber nicht zertifizierten **Geldkassette** an einem anderen Ort im Haus wird jedenfalls mit Blick auf die Entscheidung des OVG Münster jedenfalls zukünftig nicht mehr als ausreichend anzusehen sein (so aber noch VG Köln Urt. v. 21.2.2019 – 20 K 80777/17, nv. Vgl. aber insoweit das Urteil des OVG Lüneburg → Rn. 120d ff.). Auch wenn die Schlüsselaufbewahrung in einem **Bankschließfach** bei genauer Betrachtung in der Regel die erforderlichen Voraussetzungen des Widerstandsgrades 0 oder 1 nach DIN/EN 1143-1 nicht erfüllen wird und daher zur rechtssicheren Aufbewahrung des Waffenschrankschlüssels unter Berücksichtigung des OVG-Urteils für sich genommen nicht geeignet erscheint, so wird in einem solchen Fall doch ganz maßgeblich zu berücksichtigen sein, dass die Bank umfangreiche Sicherungsmaßnahmen trifft, um einen Einbruch in den Raum mit den Bankschließfächern zu verhindern. Die Aufbewahrung in einem Bankschließfach mit Blick hierauf als nicht ausreichend ansehen zu wollen, wäre daher realitätsfremd.

120d Eine **deutliche Relativierung des Urteils des OVG Münster** hat freilich das **OVG Lüneburg** in seinem Urteil vom 27.5.2024 (11 LB 508/23) vorgenommen. In dem Urteil zugrundeliegenden Sachverhalt nahm die volljährige Tochter des Klägers, der zugleich Inhaber eines Jagdscheins und zweier Waffenbesitzkarten sowie mehrerer Waffen war, während eines Besuchs einen im Waffenschrank befindlichen Revolver sowie Munition an sich. Der Kläger bewahrte Munition sowohl im dafür vorgesehenen Munitionsfach als auch im Schreibtisch auf. Die Gegenstände für die Jagd – mithin Waffen und sämtliche Munition – befanden sich in einem abgeschlossenen Raum, die Schlüssel bewahrte der Kläger wiederum seit 1975 in einer Tabakdose in einem Versteck hinter dem Schreibtisch auf, wobei der Schreibtisch um einen halben Meter zur Seite geschoben werden musste, um an das Versteck zu gelangen. Der Kläger hatte das Versteck gegenüber seiner Tochter nie erwähnt; dennoch hatte diese die Waffe und die Munition ohne längere Suche gefunden, Aufbruchsspuren waren ebenfalls nicht ersichtlich. Aus Sicht des Gerichts sprachen die Indizien daher für eine Verwahrverstoß seitens des Klägers. Zur Begründung führt das OVG Lüneburg aus, dass die in § 36 Abs. 1 WaffG vorgesehene Sorgfaltspflicht nicht nur Waffen und Munition, sondern auch den dazugehörigen Schlüssel bzw. Code betreffe.

Auch wenn das OVG Lüneburg keine endgültige Bewertung des Urteils 120e des OVG Münster vornimmt und konzediert, dass die Auffassung des OVG Münster aus systematischen Erwägungsgründen durchaus vertretbar sei, so weist es doch unmissverständlich darauf hin, dass der **Wortlaut des § 36 Abs. 1 WaffG die Auslegung begrenzt;** denn grammatikalisch fordere die Norm ausschließlich das Treffen „erforderlicher Vorkehrungen". Bei dem Ausdruck handele es sich um einen unbestimmten Rechtsbegriff, der weit auszulegen sei, so dass Einzelfallentscheidungen hinsichtlich der Maßnahmen zu treffen seien (unter Verweis auf Steindorf/Papsthart WaffG § 36 Rn. 8 ff.). Zudem beziehe sich die Vorschrift ausschließlich auf Waffen und Munition, nicht aber auf die für die Aufbewahrungsverhältnisse notwendigen Schlüssel oder Codes. Daher sei auch nicht das Gericht für eine derartige Auslegung zuständig; vielmehr müsse sich der Gesetz- bzw. Verordnungsgeber um eine Konkretisierung bemühen und Regelungen für Schlüssel und Codes festlegen. Insoweit weist das OVG Lüneburg zutreffend auf ein spezifisches, sich aus dem Urteil des OVG Münster ergebendes Problem hin: Der Gesetzgeber lässt weiterhin Waffenschränke mit Schlössern für Schlüssel zu. Unterliegt die Schlüsselaufbewahrung nunmehr künftig den gleichen Voraussetzungen wie denjenigen für Waffen und Munition iSd § 36 Abs. 1, Abs. 5 WaffG iVm § 13 Abs. 1, Abs. 2 AWaffV und wird für die Aufbewahrung des Schlüssels ein weiterer zertifizierter Tresor mit Schloss für einen Schlüssel gewählt, so müsste auch dieser Schlüssel wiederum den zuvor genannten gesetzlichen Anforderungen genügen – womit letztlich ein **„Endloskette" in Gang gesetzt** werden würde.

Zuzustimmen ist dem OVG Lüneburg daher darin, dass es dem Gesetz 120f aufgrund der Unbestimmtheit des Rechtsbegriffs der „erforderlichen Vorkehrungen" an Hinweisen zur Aufbewahrung des Schlüssels bzw. des Codes grundsätzlich mangelt, so dass sich der Gesetzgeber nur auf Waffen und Munition beziehen wollte. Der Wille, die Beschaffenheit von Aufbewahrungsverhältnissen für Schlüssel und Codes zu reglementieren, sei § 36 WaffG sowie des § 13 AWaffV gerade nicht immanent. Daher ist mit dem OVG Lüneburg davon auszugehen, dass der Gesetzgeber den Waffenbesitzern einen gewissen Spielraum im Hinblick auf die erforderlichen Vorkehrungen lassen wollte, um ein möglichst breites Spektrum an Einzelfällen abzudecken.

Als **für die jagdliche Praxis wesentliche Erkenntnis** lässt sich daher aus 120g dem Urteil des OVG Lüneburg die Schlussfolgerung ableiten, dass für die Aufbewahrung der Waffenschrankschlüssel zum einen ein Aufbewahrungsbehältnis gewählt werden kann, welches eine stabile Beschaffenheit in der Form aufweist, dass unbefugte Dritte das Behältnis nur durch erheblichen Widerstand öffnen können – bspw. durch Einsatz von „hoher Gewaltanwendung unter Zuhilfenahme von Werkzeugen". Damit lassen sich jedenfalls im konkreten Einzelfall Verstöße auf der objektiven Ebene auf der subjektiven Ebene dadurch „ausgleichen", wenn der Betreffende **aus der Sicht eines vernünftigen Waffenbesitzers** davon ausgehen durfte, dass die von ihm ergriffenen Schutzvorrichtungen zur Aufbewahrung des Schlüssels ausreichend sind, um unbefugte Dritte von einem Zugriff abzuhalten. Dies gilt zum anderen insbesondere im Hinblick darauf, dass das **OVG Lüneburg auch das Verstecken eines Schlüssels eindeutig als zulässig angesehen hat;** von einem zwingenden Erfordernis dahingehend, dass eine stabile Beschaffenheit des Aufbewahrungsbehältnisses in jedem Fall Voraussetzung für eine sachgerechte Aufbewahrung des Schlüssels ist, kann daher jedenfalls nicht ausgegangen werden. Vielmehr kommen auch andere Aufbewahrungsmöglichkeiten in Betracht, auch in Gestalt eines geeigneten Verstecks. Dabei wird selbstredend stets die Vorgabe zu beachten sein, dass die **Anforderungen an ein gutes Versteck hoch** sind. Darüber hinaus ist insoweit zu beachten, dass mit der Dauer der Nutzung eines Verstecks die Auffindewahrscheinlichkeit steigt. Zu bedenken ist in diesem Zusammenhang insbesondere, dass ein (gutes) Versteck für einen Einbrecher, dem nur ein sehr begrenztes Zeitfenster zur Verfügung steht, schwerer aufzufinden ist als ein auffälliger Waffenschrank, der bei entsprechend geringer Größe ohne weiteres abtransportiert werden kann – wie dies in der Konstellation der Fall war, über die das OVG Münster zu entscheiden hatte.

120h Zu beachten bleibt in diesem Zusammenhang, dass jedenfalls nach Auffassung des Innenministeriums Baden-Württemberg und verschiedener Polizeibehörden aufgrund der Tatsache, dass der Schlüssel als Teil der Waffenaufbewahrung anzusehen ist, die **Aufbewahrung des Schlüssels** auch im Rahmen von Aufbewahrungskontrollen vor Ort gem. § 36 Abs. 3 WaffG **kontrolliert** werden kann und der Waffenbesitzer darzulegen hat, wie und wo der Schlüssel zum Waffenschrank verwahrt wird (Erlass des Innenministeriums Baden-Württemberg, zitiert nach Jagd in Baden-Württemberg 3/2024, 15). Bei Nichteinhaltung dieser Anforderungen ist daher mit einem Widerruf der waffenrechtlichen Erlaubnis wegen Unzuverlässigkeit zu rechnen.

121 Waffenrechtlich nichtberechtigte Angehörige dürfen keinen Zugriff auf den Schlüssel für den Tresor haben und auch den Öffnungscode nicht kennen. Denn damit wäre dem Nichtberechtigten die **Zugriffsmöglichkeit** eröffnet. Den Berechtigten träfe der Vorwurf des unbefugten Überlassens. Die nichtberechtigte Ehefrau eines Waffenbesitzers hatte einen im Kleiderschrank von der Polizei gefundenen geladenen Revolver auf deren Anweisung im Tresor „ordnungsgemäß verschlossen" (BVerwG Urt. v. 6.12.1978 – 1 C 7.77, VerwRspr 1979, 958; VG Ansbach 11.7.2011 – AN 15 S 11.01195, BeckRS 2011, 31175). Hat die Ehefrau als waffenrechtlich Nichtberechtigte über einen längeren Zeitraum (zwei Jahre) Kenntnis von Code und Aufbewahrungsstelle des Schlüssels zum Waffenschrank, kann dies die waffenrechtliche Zuverlässigkeit des Berechtigten aufheben (§ 5 Abs. 1 Nr. 2 lit. b) WaffG; OVG Schleswig Urt. v. 11.1.2017 – 4 MB 53/16, BeckRS 2017, 100796). Die waffenrechtliche Unzuverlässigkeit ist auch begründet, wenn der Berechtigte den Tresorschlüssel kurzfristig auf dem Küchentisch liegen lässt und die nichtberechtigte Ehefrau damit den Tresor öffnet (VG Aachen Urt. v. 17.3.2016 – 6 L 140/16, BeckRS 2016, 44315). Die andauernde Hinterlegung des Schlüssels über eine Dauer von mehr als zwei Jahren an demselben Ort – auch ohne Kenntnis Dritter – kann ebenfalls nicht als hinreichende Vorsichtsmaßnahme iSd § 5 Abs. 1 Nr. 2 lit. b) WaffG gewertet werden, da die Wahrscheinlichkeit, dass Unberechtigte den Aufbewahrungsort des Schlüssels („absichtlich oder zufällig") identifizieren, mit fortschreitender Dauer steigt (VGH München Beschl. v. 25.5.2021 – 24 ZB 21.943, 24 ZB 21.946, 24 ZB 21.947, BeckRS 2021, 16399). Die **Ver-**

wendung des eigenen Geburtsdatums oder das eines Haushaltsangehörigen als dauerhaften Code entspricht nicht dem gesetzlich vorgeschriebenen sorgfältigen Umgang (VGH München Beschl. v. 20.4.2023 – 24 CS 23.496, BeckRS 2023, 10167).

Einen **Zweitschlüssel** für den auf dem Dachboden befindlichen Waffen- **122**
schrank hatte der Waffenbesitzer für die Zeit eines Ausfluges in einem unverschlossenen Etui auf dem Schreibtisch im Wohnzimmer seines abgeschlossenen Wohnhauses abgelegt. Das Gericht sah die Gefahr für die Allgemeinheit darin, dass etwa die Haushälterin oder Einbrecher den Schlüssel finden konnten und somit Zugriff auf die eingeschlossenen Waffen hätten. Diese Fallgestaltung geht nach der Lebenserfahrung und der statistischen Wahrscheinlichkeit gegen Null, so dass es abwegig ist, darauf die Feststellung einer Unzuverlässigkeit zu stützen. Allerdings führte das Gericht in den Gründen weiterhin aus: „Mag die sorglose Aufbewahrung des Zweitschlüssels für einen Waffenschrank auch weniger schwer wiegen als die ungesicherte Aufbewahrung von Waffen oder Munition außerhalb eines verschlossenen Behältnisses, so tritt hier indes hinzu, dass der Antragsteller weitere Munition (20–40 Patronen in Pappschachteln) ungesichert teils in einem unverschlossenen Koffer, teils auf einem Sims neben dem Waffenschrank aufbewahrt hatte" (OVG Bautzen Urt. v. 2.5.2011 – 3 B 128/10, BeckRS 2011, 50332).

In einem Wohnhaus lag – festgestellt im Rahmen einer Hausdurchsuchung **123**
– auf dem Waffenschrank der zugehörige Schlüssel obenauf. Dieses nahm das Gericht zum Anlass – neben einem weiteren **Verstoß gegen Aufbewahrungspflichten** –, die waffenrechtliche Unzuverlässigkeit zu konstatieren. In den Urteilsgründen wurde nicht darauf eingegangen, ob dieses Ablegen des Schlüssels nur kurzzeitig an jenem Tag geschah oder aber über einen längeren Zeitraum. Im ersten Falle wäre von einem nicht relevanten Bagatellfall auszugehen, bei längerer Dauer jedoch könnte die Feststellung fehlender Zuverlässigkeit gerechtfertigt sein (VGH München Urt. v. 23.5.2014 – 21 CS 14.916, BeckRS 2014, 51867). Ein ursprünglich Berechtigter überließ einem WBK-Besitzer seine Waffen, weil gegen ihn ein Ermittlungsverfahren (wegen Wilderei) und ein Verwaltungsrechtsverfahren (Entzug der WBK, Widerruf des Jagdscheines) anhängig waren. Der Erwerber brachte die Waffen in einem Waffenschrank unter und änderte nicht den Code-Zugang. Der ursprüngliche Besitzer der Waffen war in der Lage, etwa ein halbes Jahr später mit dem Code den Waffenschrank zu öffnen. Er hatte damit jederzeit unberechtigten Zugang zu den Waffen. Zu Recht führte dies zur waffenrechtlichen Unzuverlässigkeit (§ 5 Abs. 1 Nr. 2 lit. b) WaffG; VGH München Urt. v. 4.12.2013 – 21 CS 13.1969, BeckRS 2014, 45412). Bei einem Polizeieinsatz anlässlich eines Wohnungsbrandes wurde eine in einem als Büro und Wohnzimmer genutzten Raum neben dem brandgeschädigten Zimmer in einer Ecke stehend eine Jagdwaffe (Bockbüchsflinte) mit am Schaft in einer Halterung befestigten Munition vorgefunden, der Berechtigte war nicht anwesend. Diese nicht ordnungsgemäße Verwahrung der Waffe rechtfertigt die Feststellung fehlender Zuverlässigkeit des Waffeneigentümers. Es sei nicht notwendig für die Verwahrung, dass eine **konkrete Gefährdung** der Allgemeinheit ausgelöst worden sei. Ziel der Aufbewahrungsvorschriften sei es, die Allgemeinheit vor von Waffen und Munition ausgehenden Gefahren zu schützen. Insoweit reicht das Vorliegen einer **abstrakten Gefährdung** aus, die hier gegeben sei (VGH München Urt. v. 4.11.2015 – 21 Cs 15.2023, BeckRS 2015, 55134).

124 Ein Jäger und Inhaber einer WBK hatte in seiner Wohnung einen A-Schrank, in dem er mehrere Langwaffen verwahrte. Darüber befand sich ein B-Schrank. Darin lagen unter anderem eine Pistole und der Schlüssel für den A-Schrank. Unmittelbar vor der Abreise zu einem Kurz(Jagd-)Urlaub – er war im Begriff, Schachteln mit Munition in den B-Schrank einzuschließen und diesen Schlüssel in einem weiteren Tresor einzuschließen – kam überraschender Besuch dazwischen, so dass das Wegschließen des Schlüssels unterblieb und er diesen stattdessen in einem Etui versteckte. Dort wurde er bei einer in seiner Abwesenheit erfolgten Durchsuchung von Kriminalbeamten gefunden. Das VG wertete den versteckten Schlüssel und die nicht weggeschlossene Munition als Verstoß gegen die Aufbewahrungspflichten. Den Schluss zur waffenrechtlichen Unzuverlässigkeit zog es ausnahmsweise nicht. Eine Gesamtschau der Umstände und die Einschätzung durch das Gericht, der Betroffene werde „in Zukunft (wieder) Gewähr für ein waffenrechtlich unbedenkliches Verhalten bieten", lasse die Feststellung zu, von einer Prognose der Unzuverlässigkeit sei nicht auszugehen (VG Dresden Urt. v. 7.4.2010 – 4 L 621/09, BeckRS 2010, 33802).

125 Die Gefahr des Abhandenkommens von in einem **Kraftfahrzeug** befindlichen Waffen ist ungleich größer als bei im Haus im Waffenschrank verwahrten. Das „Nicht-aus-den-Augen-lassen" gewährleistet eine höhere Sicherheit, ist in der Praxis allerdings nicht immer möglich. Ein Jäger ließ im Revier seinen Drilling im abgeschlossenen Auto auf dem Rücksitz liegen. Nach kurzzeitiger Abwesenheit außer Sichtweite war die Waffe gestohlen. Das Gericht sah darin einen Verstoß gegen die Aufbewahrungspflichten gem. § 5 Abs. 1 Nr. 2 lit. b) WaffG und stellte deshalb die waffenrechtliche Unzuverlässigkeit fest (VG Stade Urt. v. 31.1.2006 – 2820/05, nv). Auch das Zurücklassen einer Jagdwaffe einschließlich zugehöriger Munition in einem unverschlossenen PKW im Wald, in dem der Waffenbesitzer beruflich unterwegs ist, bewirkt die waffenrechtliche Unzuverlässigkeit (VG Minden Urt. v. 23.6.2015 – 8 K 2615/14, BeckRS 2015, 47825). Das Gericht führte insoweit aus: „Zudem sieht das Gericht die Vorgehensweise des Klägers in dieser Hinsicht von einer gewissen Sorglosigkeit oder Nachlässigkeit dergestalt geprägt, dass es der Kläger offenbar überhaupt nicht für notwendig erachtet hat, seine Jagdwaffen erst unmittelbar vor Beginn der Jagd zu Hause abzuholen." Zu widersprechen ist dem Gericht in diesem Teil seiner Begründung. Jener Waffenbesitzer, ein Forstbeamter, war gegen 14.00 Uhr unter Mitnahme seiner Jagdwaffe in den Wald gefahren, in dem er nach 16.00 Uhr die Jagd ausüben wollte. Diesen zeitlichen Vorlauf als weiteren Verstoß gegen waffenrechtliche Sorgfaltspflichten zu werten, ist sachfremd und durch den Gesetzeszweck nicht gedeckt. Gerade bei Forstbeamten, die forstwirtschaftlich in ihrem Revier unterwegs sind, gehört im Allgemeinen die Jagdausübung zu den Dienstpflichten, ebenso der Jagdschutz. Diese zu verpflichten, die Jagdwaffe erst dann von zu Hause zu holen, wenn sie zur Ansitzzeit jagen wollen, ist lebensfremd. Ebenso kann man einen Jagdpächter, der möglicherweise einen sehr weiten Anreiseweg von seinem Wohnsitz in sein Revier hat, dort nachmittags Revierarbeiten plant und anschließend zur Jagd ansitzen will, nicht verpflichten, erst dann die Waffe aus seinem Waffenschrank zu holen. Einen derartigen Vorgang (allein) zum Kriterium für die waffenrechtliche Unzuverlässigkeit zu nehmen, würde gravierend gegen den **Grundsatz der Verhältnismäßigkeit** und das **Übermaßverbot** verstoßen. Die Unzuverlässigkeit iSd § 17 Abs. 3 Nr. 2 iVm § 5 Abs. 1 Nr. 2 WaffG ist jedoch

bei dem Zurücklassen der Waffe mit Schussmunition in einem unverschlossenen Fahrzeug auf einem Parkplatz eines Bahnhofes anzunehmen, insbesondere wenn dem Betroffenen bekannt war, dass der Schließmechanismus des Fahrzeugs nicht vollumfänglich und verlässlich funktioniert (§ 36 WaffG, 13 Abs. 9 AWaffV; VG Ansbach Beschl. v. 28.10.2022 – AN 16 S 22.2176, AN 16 S 22.2187, BeckRS 2022, 31807; erneut VG Ansbach Urt. v. 2.5.2023 – AN 16 K 22.2177, BeckRS 2023, 16907). Ebenso verhält es sich, wenn die Waffe über einen längeren Zeitraum im Fahrzeug verbleibt, auch wenn dieses in einem alarmgesicherten Innenhof abgestellt ist, der dennoch zugänglich ist (VG Mainz Beschl. v. 22.1.2019 – 1 L 1194/18.MZ, BeckRS 2019, 10068). Das VG stützte sich dabei auf den polizeilichen Einsatzbericht, nach welchem die Polizisten davon ausgingen, dass sich der Betroffene nicht nur für kurze Zeit aufgrund des dringenden Bedürfnisses, die Toilette aufzusuchen, vom Fahrzeug entfernte, sondern längerfristig, da weder die zur Jagd genutzten Hunde im Fahrzeug waren, wie vom Betroffenen angegeben, noch – aufgrund der vorgefundenen Umstände – davon ausgegangen werden konnte, dass nur kurz die Toilette aufgesucht worden sei.

Ein – entschuldbares – Augenblicksversagen liegt nicht vor, wenn ein Jäger **126** bei der Rückgabe eines ausgeliehenen Kraftfahrzeuges an den nichtberechtigten Halter einen geladenen Revolver im Handschuhfach belässt. Vielmehr liegt darin eine **grobe Nachlässigkeit** im Umgang mit Waffen, die zur Unzuverlässigkeit iSv § 5 Abs. 1 Nr. 2 lit. b) WaffG führt (VG Köln Urt. v. 22.1.2014 – 20 L 1552/12, nv).

Die vorübergehende Aufbewahrung einer Flinte in einem abgeschlossenen, **127** nicht einsehbaren Lattenverschlag im Keller eines Mehrfamilienhauses verstößt gegen die Pflicht zur sicheren Aufbewahrung und führt zur fehlenden Zuverlässigkeit (VG Würzburg Urt. v. 20.7.2006 – W 5 S 06.642, BeckRS 2006, 32834). Unzuverlässig ist auch derjenige, der Waffen und zugehörige Munition in seiner Wohnung unverschlossen frei zugänglich für andere Personen in seiner Abwesenheit herumstehen lässt (hier Doppelflinte und Repetierer, OVG Magdeburg Urt. v. 3.12.2007 – 1 M 179/07, nv). Die ungesicherte Aufbewahrung über Nacht in der Wohnung – offene Lagerung im Flur – genügt als kurzfristige Nachlässigkeit im Umgang mit Schusswaffen für die Annahme einer Unzuverlässigkeit (VG Potsdam Beschl. v. 9.8.2006 – 3 L 56/06, BeckRS 2007, 24766). Wer Jagdmunition in seinem unverschlossenen Geländefahrzeug unbeaufsichtigt zurücklässt, so dass Dritte darauf Zugriff haben, besitzt nicht die Zuverlässigkeit, ebensowenig derjenige, der in seinem mit der (nicht berechtigten) Ehefrau bewohnten Haus in seiner stundenlangen Abwesenheit Waffen und Munition unverschlossen herumliegen lässt (VGH Kassel Urt. v. 14.1.2004 – 11 TG 295/04, nv).

Besondere Vorkehrungen sind erforderlich bei **Aufbewahrung** von Waf- **128** fen und Munition **unterwegs.** Insoweit ist in § 13 Abs. 11 AWaffV festgelegt: „Bei der vorübergehenden Aufbewahrung von Waffen iSd Abs. 1 S. 1 oder des Abs. 2 oder von Munition außerhalb der Wohnung, insbesondere im Zusammenhang mit der Jagd oder dem sportlichen Schießen, hat der Verpflichtete die Waffen oder Munition unter angemessener Aufsicht aufzubewahren oder durch sonstige erforderliche Vorkehrungen gegen Abhandenkommen oder unbefugte Ansichnahme zu sichern, wenn die Aufbewahrung gemäß den Anforderungen der Abs. 1–8 nicht möglich ist."

Bei einer **Jagdreise mit Hotelübernachtung** ist sicherzustellen, dass **129** während der kurzzeitigen Abwesenheit im Hotelzimmer die im verschlossenen Behältnis befindliche Waffe in einem Schrank oder sicheren Raum eingeschlossen wird, zu dem der Verantwortliche ausschließlich Zugang hat. Bei **Schüsseltreiben** ist **sicherer Einschluss** in einem verschlossenen Raum ausreichend, wenn der Schlüssel sicher aufbewahrt wird, zB durch Jagdleiter, Wirt oder sonst Verantwortlicher, jedoch nur, wenn dieser als Aufsichtsperson zuverlässig und Missbrauch ausgeschlossen ist (Apel/Bushart AWaffV § 13 Rn. 20), alternativ: unter Aufsicht des Berechtigten, dh im gleichen Raum. Beim Aufenthalt im Revier darf die Waffe nicht im verschlossenen Fahrzeug zurückgelassen werden, gleich ob verdeckt oder offen liegend (VG Stade Urt. v. 31.1.2006 – 2820/05, nv). Im Jagdhaus im Revier dürfen höchstens drei Langwaffen in einem Behältnis Klasse Widerstandsgrad I (= höchste Stufe) aufbewahrt werden (§ 13 Abs. 6 AWaffV). Beim berechtigten Führen auf dem Weg ins Revier und zurück reicht es bei kurzzeitigem Verlassen des Fahrzeugs, zB Essen, Tanken oder kurzer Einkauf, aus, die entladene Waffe im verschlossenen Fahrzeug nicht einsehbar, etwa im Kofferraum oder nicht erkennbar verdeckt, zurückzulassen (s. Nr. 36.2.15 WaffVwV).

5. Überlassen von Waffen und Munition an Unberechtigte (Abs. 3 Nr. 3)

130 „Unbefugt“ ist in diesem Zusammenhang jede Person, die nicht „Berechtigte“ nach den Bestimmungen des Waffengesetzes ist. Ein nur **kurzfristiges Überlassen** ist unzulässig, auch an einen Besitzdiener iSd § 855 BGB zum Schießen außerhalb einer genehmigten Schießstätte (Mitzschke/Schäfer Rn. 35). Selbst wenn der Überlassende die eigene tatsächliche Gewalt nicht aufgibt und gleichwohl dem Unberechtigten in seinem Beisein die Möglichkeit gibt, die Waffe selbständig zu bedienen, liegt ein unzulässiges Überlassen vor (BVerwG Urt. v. 6.12.1978 – 1 C 7.77, VerwRspr 1979, 958). Dies gilt auch, wenn der Jäger einem Nichtberechtigten die Kfz-Schlüssel überlässt, damit dieser das Fahrzeug allein eine kurze Wegstrecke fährt, sich darin aber, wenn auch verdeckt, Waffe und Munition befinden (VGH München Urt. v. 15.4.2002 – 19 CS 02.786, BeckRS 2002, 26328).

131 Ein **unzulässiges Überlassen** von Waffen an den unberechtigten Ehepartner kann auch dadurch verwirklicht werden, dass ihm Zugang zu dem Tresorschlüssel eingeräumt wird (vgl. VGH München Beschl. v. 18.1.1996 – 19 CS 95.3151, BeckRS 1996, 22665). Unter dieser Alternative können **praktische Probleme** entstehen, wenn der Jäger plötzlich verstirbt und keine Person Kenntnis vom Verbleib des Tresorschlüssels oder des Nummerncodes hat und Verfügungen bezüglich der Waffen getroffen werden müssen. Solche Schwierigkeiten hat der Gesetzgeber nicht bedacht oder unter Höherbewertung der Sicherheitsinteressen der Allgemeinheit in Kauf genommen.

132 Hinsichtlich **Munition** gelten die gleichen Vorgaben, unabhängig von der Menge. Zu beachten ist dabei, dass das Verbot auch gilt, wenn der Empfänger zwar Berechtigter für Langwaffenmunition ist, aber keine spezifische Erwerbserlaubnis für die betreffende Kurzwaffenmunition besitzt.

V. Widerlegbar vermutete Unzuverlässigkeit (Abs. 4)

1. Allgemeines

133 Die in Abs. 4 erfassten Tatbestände bewirken eine **Regelvermutung fehlender Zuverlässigkeit** auf der Grundlage der Auflistung in Nr. 1–4. Davon kann abgewichen werden, wenn die Vermutung widerlegt wird. Zu diesem Ergebnis kann die Behörde kommen bei Prüfung aller Gesichtspunkte, die für und gegen den Betroffenen sprechen. Davon ist die Behörde kraft ihrer Aufgabenstellung und im Rahmen des ihr zukommenden pflichtgemäßen Ermessens verpflichtet. Der Betroffene kann aber auch entscheidungserhebliche Tatsachen vorbringen und einen entsprechenden formlosen Antrag stellen. Der Gesetzgeber hat bewusst diese **Regel-Ausnahme-Funktion** eingeräumt, um einen unbilligen Schematismus zu vermeiden. Damit wird der Behörde die Möglichkeit eingeräumt, die Verhältnismäßigkeit als Maßstab in ihre Entscheidung einzubeziehen und einen Verstoß gegen das Übermaßverbot zu vermeiden. Allerdings müssen besondere Umstände vorliegen, die ein Abweichen von der Regelvermutung zulassen (BVerwG Urt. v. 14.7.1987 – 3 B 47/86, BeckRS 1987, 31267999; VGH Mannheim Urt. v. 18.1.1977 – X 2291/77, nv; zur Verfassungsmäßigkeit des § 17 Abs. 4 BVerwG Beschl. v. 14.10.1982 – 3 C 69.81, BeckRS 1982, 31323630). Für die Frage, ob ein Ausnahmefall gegeben ist, sind die **subjektiven Umstände** im Zusammenhang mit der relevanten Straftat maßgeblich, allgemeine Erwägungen über die Persönlichkeit reichen nicht aus. Bagatelldelikte oder Fälle geringer krimineller Intensität, die keine Persönlichkeitsmängel in jagdrechtlicher Hinsicht erkennen lassen, rechtfertigen die Ausnahme; dabei kann das allgemeine Persönlichkeitsbild einbezogen werden (VGH Mannheim Urt. v. 14.3.1986 – 5 S 1437/85, BWVPr 1986, 230). Dass der Betroffene nie strafrechtlich belangt wurde und jahrelang unbeanstandet die Jagd ausübte, reicht allein noch nicht aus (VGH München Urt. v. 3.12.1981 – 19 CS 81 A.2170; OVG Münster Urt. v. 8.10.1986 – 20 A 682/86).

134 Ein Abweichen von der Regelvermutung kann nicht allein darauf gestützt werden, dass die abgeurteilte Straftat **keinen Bezug zur Jagdausübung** hatte (OVG Münster Urt. v. 11.3.1980 – 9 B 67/80, AgrarR 1981, 201; VG Gelsenkirchen Urt. v. 10.6.1981 – 7 K 4882/79, RdL 1981, 291); sie kann jedoch bei der Würdigung der Gesamtumstände einbezogen werden. Jedoch dürfen an die Widerlegung der Regelvermutung des § 17 Abs. 4 **keine extrem hohen Anforderungen** gestellt werden (Meyer-Ravenstein NJagdG § 17 Rn. 17; ebenso Stadtrechtsausschuss Mainz Bescheid v. 20.5.1987, 403/86), da es sich bei der Jagdscheinerteilung um eine „Erlaubnis mit Verbotsvorbehalt" und nicht wie im Waffenrecht um ein „Verbot mit Erlaubnisvorbehalt" handelt. Bei der Entscheidung, ob ein Ausnahmefall vorliegt, kommt es nicht auf die strafrechtliche Bewertung des Verhaltens des Betroffenen an, sondern auf eine **prognostische Aussage** über sein zukünftiges Verhalten in Bezug auf die jagdrechtliche Zuverlässigkeit (so auch VG Trier Urt. v. 19.1.1982 – 2 L 92/81, nv; Meyer-Ravenstein NJagdG § 17 Rn. 17). Dazu bedarf es einer **Gesamtwürdigung** des bisherigen Verhaltens des Betroffenen (VG Ansbach Urt. v. 15.6.2005 – AN 15 K 05.1006, nv – der Betroffene hatte bei zwei Jagden gegen Sicherheitsvorschriften verstoßen, Zuverlässigkeit wurde hier verneint; VG Münster Urt. v. 16.5.2008 – 1 K

744/07, BeckRS 2008, 35571 – Verletzung von Treibern durch abgewogenen Schrotschuss, Zuverlässigkeit besteht dennoch). Der Behörde ist ein Ermessen bei der Beurteilung als Regelfall durch § 17 Abs. 4 eingeräumt (BVerwG Urt. v. 14.7.1987 – 3 B 47.86, BeckRS 1987, 31267999). Der VGH München hat festgestellt, dass im Bereich des Waffenrechts bei der Erstellung einer Prognose für zukünftiges Verhalten ein Restrisiko nicht hingenommen werden muss (VGH München Beschl. v. 9.1.2008 – 21 C 07.3232, BeckRS 2008, 27369; Beschl. v. 28.11.2013 – 21 CS 13.1758, BeckRS 2013, 59478; OVG Koblenz Beschl. v. 8.1.2018 – 7 B 11798/17, BeckRS 2018, 9909). Dieser „kategorische Imperativ" ist in seinem Absolutheitsanspruch lebensfremd. Uneingeschränkt umsetzbar wäre er nur, wenn es keine Waffen gäbe. Hierzu stellte das BVerwG im Hinblick auf die Prognose im Waffenrecht klar: „Die erforderliche Prognose hat sich am Zweck des Gesetzes zu orientieren, die Risiken, die mit jedem Waffenbesitz verbunden sind, nur bei solchen Personen hinzunehmen, die nach ihrem Verhalten Vertrauen darin verdienen, daß sie mit Waffen und Munition jederzeit und in jeder Hinsicht ordnungsgemäß umgehen" (BVerwG Beschl. v. 12.10.1998 – 1 B 245/97, BeckRS 1998, 14727 mwN). Die Erstellung einer Prognose hat einerseits die gesetzlich festgelegten tatsächlichen und rechtlichen Kriterien, andererseits die in der Persönlichkeit des Betroffenen liegenden Unwägbarkeiten zu bewerten. Diese sind rechtlich nicht objektivierbar. Weil dem Entscheidungsträger darüber in aller Regel die diagnostischen Fähigkeiten fehlen, wird er gleichsam prophetisch und subjektiv beeinflusst, schließlich gefühlsmäßig seine Festlegung treffen. Daraus kann sich im Hinblick auf die weitreichenden Folgen einer solchen Entscheidung für den Betroffenen eine rechtlich nicht hinnehmbare Benachteiligung ergeben. Er hat Anspruch auf einen objektiven Entscheidungsvorgang. Daraus folgt, dass eine Prognose unter objektiven Maßstäben zu stellen ist, abgestimmt auf den Einzelfall unter Hinnahme letzter Zweifel, die dann nicht zu Lasten des Betroffenen bewertet werden können. Eine positive Prognose ist umso eher zu erstellen, je geringer der zugrunde liegende Verstoß wiegt und je höher die Wahrscheinlichkeit künftigen korrekten Verhaltens ist. Der **Grundsatz der Verhältnismäßigkeit** gilt auch bei der Prüfung einer Ausnahme von der Regelvermutung. Angewendet wird er dadurch, dass „den Besonderheiten des Einzelfalles in Ausnahmefällen Rechnung getragen werden kann" (BVerwG Urt. v. 13.12.1994 – 1 C 31/92, NVwZ-RR 1995, 525; Beschl. v. 27.3.2007 – 6 B 108/06, BeckRS 2007, 23309). Die WaffVwV legt dazu unter Nr. 5.3. fest: „Bei Verurteilungen, die nur im Regelfall und nicht absolut zur Unzuverlässigkeit führen, ist in jedem Einzelfall durch die Behörde zu prüfen, ob besondere Umstände ausnahmsweise den Schluss auf die Zuverlässigkeit zulassen. In Fällen, die keinen Waffen-, Gewalt- oder Trunkenheitsbezug haben (zB bei bloßen Vermögens- oder Abgabedelikten), soll besonders genau geprüft werden, ob ein Regel- oder Ausnahmefall vorliegt." In zahlreichen bisherigen Entscheidungen mit einer Verneinung eines Ausnahmefalles von der Regelunzuverlässigkeit ist diese Intention des Gesetzgebers nicht oder nur unzureichend berücksichtigt worden. Zur Prüfung der Frage der Ausnahme stellt der VGH München fest: „Erforderlich ist eine tatbezogene Prüfung in Gestalt einer Würdigung der Schwere der konkreten Verfehlung und der Persönlichkeit des Betroffenen, wie sie in seinem Verhalten zum Ausdruck kommt" (VGH München Beschl. v. 18.2.2014 – 21 ZB 13.2506, BeckRS 2014, 48124).

In § 17 Abs. 4 (entsprechend § 5 Abs. 2 WaffG) hat der Gesetzgeber eine Regelung getroffen, wonach Unzuverlässigkeit als Regelfall zu prognostizieren ist, wenn eine der in diesen Bestimmungen aufgelisteten Voraussetzungen erfüllt ist. Darin liegt keine Unzuverlässigkeit kraft Gesetzes, sondern nur eine gesetzliche Vermutung, die allerdings die Behörde verpflichtet, jeweils in einer Einzelfallprüfung die Unzuverlässigkeit zu prüfen, ggf. festzustellen und zu begründen (Leonhardt/Pießkalla Nr. 2.1 und 2.2; VGH Mannheim Urt. v. 14.3.1986 – 5 S 1437/85, BWVPr 1986, 230). Die Behörde hat dabei von der Richtigkeit der **rechtskräftigen Entscheidung des Strafgerichtes** auszugehen, es bedarf keiner Prüfung, ob der Betroffene die Straftat tatsächlich begangen hat (BVerwG Beschl. v. 21.7.2008 – 3 B 12/08, NVwZ 2009, 398). Die Behörde hat nicht das Verhalten bei der Anlasstat nach strafrechtlichen Gesichtspunkten zu bewerten, sondern sein Verhalten in der Zukunft in Bezug auf jagd- und waffenrechtliche Zuverlässigkeit, also auch im Hinblick auf die Begehung relevanter Straftaten. Die Begehung der Anlasstat kann nicht ausschließliches Kriterium sein, sie ist nur Grund für die Regelvermutung. Hinzukommen muss eine begründete Prognose. Dies ist der schwierigste Teil der Entscheidung. Leichtfertige **Unterstellungen** greifen unzulässig in die Persönlichkeitsrechte des Betroffenen ein. Die gesetzliche Regelung zur Zuverlässigkeit im Regelfall führt dazu, dass von der Gruppe der Waffenbesitzer **Rechtstreue** in einem Ausmaß gefordert wird wie von keinem anderen Bevölkerungsteil. Selbst unter Berücksichtigung des Sicherheitsauftrages des Staates für seine Bürger stellt sich die Frage nach der verfassungsrechtlichen Zuverlässigkeit im Hinblick auf die extrem weitreichende Einflussnahme des Staates auf zukünftiges rechtliches Wohlverhalten der Betroffenen, insbesondere im Hinblick auf statistische Wahrscheinlichkeiten. **135**

Richtigerweise hat der Gesetzgeber in diesem Spannungsfeld den Regelfall normiert und damit die Ausnahme zugelassen; Regeln für die Feststellung der Ausnahme enthält das Gesetz nicht. Die Verwaltungsvorschrift (Nr. 5.3 WaffVwV) als Handlungsanweisung bindet jedoch nicht die Gerichte (VGH München Urt. v. 18.4.2011 – 21 CS 11.373, BeckRS 2011, 32568). Den Maßstab für das **Abweichen von der Regelvermutung** musste die Rspr. setzen. So formulierte das BVerwG (BVerwG Urt. v. 13.12.1994 – 1 C 31/92, NVwZ-RR 1995, 525; Beschl. v. 21.7.2008 – 3 B 12/08, NVwZ 2009, 398): „Ein Ausnahmefall kommt nach der Rspr. des Senats dann in Betracht, wenn die Umstände der abgeurteilten Tat die Verfehlung des Betroffenen ausnahmsweise derart in einem milderen Licht erscheinen lassen, dass die nach der Wertung des Gesetzgebers in der Regel durch eine solche Straftat begründeten Zweifel an der für die waffenrechtliche Erlaubnis vorausgesetzten Vertrauenswürdigkeit des Betroffenen bezüglich des Umgangs mit Waffen und Munition nicht gerechtfertigt sind. Erforderlich ist danach eine Würdigung der Schwere der konkreten Verfehlung und der Persönlichkeit des Betroffenen, wie sie in seinem Verhalten zum Ausdruck kommt (BVerwGE 84, 17 (21))". Die nachfolgende Rspr. folgte im Grundsatz dieser Aufforderung mit gelegentlich ergänzenden Auslegungen, so zB dass bei einer einmaligen Verurteilung bei sonst tadelsfreier Lebensführung, bei Bagatellfällen Wohlverhalten vor und nach der Tat, bei Verurteilungen ohne jeden Bezug zum Waffenrecht nicht ohne Weiteres von einem Ausnahmefall auszugehen ist. Die Formulierung „milderes Licht" aus der zitierten BVerwG-Entscheidung ist in zahlreiche Urteils- und Beschlussgründe übernommen, aber – **136** soweit ersichtlich – nirgends inhaltlich näher dargestellt worden (so auch in VGH München Beschl. v. 19.1.2022 – 24 CS 21.3067, BeckRS 2022, 945).

137 In manchen Entscheidungen wird der **strafrechtliche Unwertgehalt** der Anlasstat in die Beurteilung einbezogen. Dieser Ansatz ist sicher möglich, insbesondere im Hinblick auf eine Wiederholungsgefahr. Dabei wird allerdings die folgende Auffassung den Verhältnissen der Strafgerichtsbarkeit nicht gerecht: „Die Schwere der Verfehlung kommt in der verhängten Geldstrafe zum Ausdruck. Die gesetzliche Bestimmung in § 5 Abs. 2 Nr. 1a WaffG trägt der Tatsache Rechnung, dass in der strafgerichtlichen Praxis 60 Tagessätze durchaus ein erhebliches Unwerturteil darstellen, die einiges Gewicht der konkreten Tat voraussetzen und Bagatelldelikte nicht erfassen" (s. Steindorf/Heinrich, 10. Aufl. 2015, WaffG § 5 Rn. 13; VG München Urt. v. 2.4.2014 – M 7 K 14.225, BeckRS 2014, 53199). Auch der Ansatz dieses Gerichts, das Gewicht einer Tat für die waffenrechtliche Zuverlässigkeit in einer Prozentrechnung zu bewerten, wird der Sache nicht gerecht (60 Tagessätze – § 5 Abs. 2 Nr. 1 WaffG = 100 %, Strafe 90 Tagessätze, also Überschreitung von 50 %, deswegen besonders schwerwiegend). In Bezug auf die Wiederholungsgefahr genügt die Konstruktion einer abstrakten Gefährdungslage nicht; vielmehr wird „die konkret absehbare Möglichkeit verlangt, dass in naher Zukunft und unter im Wesentlichen unveränderten tatsächlichen und rechtlichen Umständen eine gleiche oder gleichartige Maßnahme der Beklagten zu erwarten ist, die den Kläger beschwert" (BVerwG Beschl. v. 14.1.2019 – 3 B 48/18, BeckRS 2019, 2295, mit Verweis auf BVerwG Beschl. v. 14.6.2018 – 3 BN 1.17, BeckRS 2018, 14833).

138 Kein Fall einer Ausnahme von der Regelvermutung der Unzuverlässigkeit liegt vor bei einem WBK-Besitzer, der wegen **Missbrauchs eines Ausweispapieres** (Behindertenparkausweis) zu einer Geldstrafe von 60 Tagessätzen verurteilt wurde. Sein Hinweis, er habe am Flughafen unter Zeitdruck gestanden, reicht zur Rechtfertigung nicht aus. Zu Recht hat das Gericht keinen Ausnahmefall angenommen (§ 17 Abs. 4 Nr. 1 lit. b)). Dies gilt insbesondere, weil an der Rechtstreue des Betroffenen Zweifel angebracht waren. Denn die Großmutter, auf die der Parkausweis ausgestellt war, war drei Jahre vor dem Vorfall verstorben (VGH München Urt. v. 8.4.2011 – 21 CS 11.373, BeckRS 2011, 32568).

139 Trotz einer Verurteilung zu einer Geldstrafe von 60 Tagessätzen wegen **Steuerhinterziehung** ist die waffenrechtliche Zuverlässigkeit weiterhin gegeben, weil schwierige steuerrechtliche Fragen bestanden und ein Steuerberater eingeschaltet war. Allerdings ist ein Ausnahmefall nicht bereits dann gegeben, wenn die geahndete Tat keinen „waffentypischen Bezug" hat (VG Würzburg Urt. v. 2.7.2009 – W 5 K 08.2138, BeckRS 2009, 49331; veraltet ist diesbezüglich die Rspr. des BVerwG Urt. v. 30.11.1989 – 3 C 92/87, NJW 1990, 1864 zu den jagdrechtlichen Konsequenzen wegen Straftaten gegen das Vermögen nach § 17 Abs. 4 Nr. 1 lit. b) aF).

140 Eine Regelunzuverlässigkeit iSv § 5 Abs. 2 Nr. 1 WaffG liegt nicht vor bei einer strafrechtlichen Verurteilung wegen **zweier Taten** zu einer Gesamtgeldstrafe von 40 Tagessätzen. Denn es liegt nur eine Verurteilung vor (VG Köln Urt. v. 9.9.2009 – 20 L 1159/09, BeckRS 2009, 39466).

141 Das Waffengesetz enthält keine Regelung darüber, wie lange der **Zeitraum zwischen Vorfall und Prüfung der Zuverlässigkeit** sein kann, um berücksichtigt zu werden. Zu lange sind in jedem Falle zehn Jahre, auch wenn es in der Zeit davor zu wiederholten Verstößen kam (VG Köln Urt. v.

20.7.2010 – 20 L 251/10, BeckRS 2010, 51833). Ein längerer Zeitraum ohne relevante Vorfälle zeigt, dass eine negative Prognose nicht gerechtfertigt ist. Je nach Gewicht eines Tatbestandes dürften fünf Jahre nicht überschritten werden, im Einzelfall kann der zu berücksichtigende Zeitraum auch kürzer sein.

Die Prüfung der Ausnahme von der Regelvermutung bedarf wegen des weitreichenden Eingriffs in die **Persönlichkeitsrechte** des Betroffenen besonderer Sorgfalt. Zu bewerten sind die Gesamtumstände. Dazu zählen Art, Gewicht und Umstände des Betroffenen, sein Verhalten in der Vergangenheit und diesbezügliche Prognosen für die Zukunft. Zu berücksichtigen ist aber auch die Warnwirkung des geahndeten Vorfalles und das zu erwartende Vermeidungsverhalten (der Betroffene weiß, was für seine ‚Zukunft mit Waffen' auf dem Spiel steht). Dem Grundsatz der **Verhältnismäßigkeit,** in Entscheidungen häufig wenig gewürdigt, kommt dabei besondere Bedeutung zu. Auch insoweit ist im Einzelfall eine sorgfältige Abwägung notwendig (Beispiel: Für einen Berufsjäger kommt die Feststellung der Unzuverlässigkeit praktisch einem Berufsverbot gleich). Schließlich sind auch die Vorgaben der WaffVwV (Nr. 5.3 WaffVwV) zu berücksichtigen. Eine Entscheidung „in dubio contra reo" ist nicht verfassungskonform. Von der **Statistik** her betrachtet erscheint der Maßstab, den die Rspr. an die Ausnahme anlegt, deutlich zu hoch. Denn von zweihundert untersuchten Verfahren zur Prüfung einer Abweichung vom Regelfall wurden nur vier Fälle als Ausnahme anerkannt. Eine derart ungünstige Prognose für Waffenbesitzer entspricht nicht der Lebenswirklichkeit. 142

Die Annahme der Regelvermutung einer fehlenden Zuverlässigkeit stützt die Behörde auf das Vorliegen einer **rechtskräftigen Verurteilung** gemäß der in § 17 Abs. 4 Nr. 1 aufgelisteten Straftatbestände durch Urteil oder Strafbefehl (VGH Mannheim Urt. v. 14.3.1986 – 5 S 1437/85, BWVPr 1986, 230). Von der Möglichkeit, in geeigneten Fällen von der Regelvermutung abzuweichen und einen Ausnahmefall weiterhin bestehender Zuverlässigkeit zu bejahen, machen Jagdbehörden immer wieder Gebrauch. Nur werden solche Vorgänge im Allgemeinen nicht veröffentlicht, weil dafür keine Veranlassung besteht. Damit sind sie für eine wissenschaftliche Verwertung nicht zugänglich. Gleiches gilt für gerichtshängige Fälle, die mit einem Vergleich enden. Durch Zufall dem vorherigen Autor bekannt geworden: Ein langjähriger Jagdscheininhaber, völlig unbelastet, wurde mit einem Strafbefehl über 65 Tagessätze belegt wegen eines Jahre zurückliegenden Verstoßes gegen die AO. Die zuständige Jagdbehörde beließ ihm den Jagdschein, da ein Ausnahmefall vorliege. Eine andere Behörde ging bei einem Jungjäger, ebenfalls Adressat eines Strafbefehls über 65 Tagessätze, wegen Verstoßes gegen die AO (allerdings vier Einzelfälle mit geringeren Einsatzstrafen) von der fehlenden Zuverlässigkeit aus; das Gericht (VG Gießen Urt. v. 11.4.2008 – 9 L 652/08, nv) bestätigte diese Entscheidung. In einem anderen Fall hat die Jagdbehörde eine Ausnahme von der Regelvermutung angenommen: Ein Sportschütze hatte mehrere Waffen hinterlassen, teils angemeldete, teils unangemeldete. In der Erbengemeinschaft war keine Einigung zu erzielen, was damit geschehen solle. Schließlich wollte sie der Betroffene (Jäger) auf seine Waffenbesitzkarte eintragen lassen, obwohl sie für die Jagd nutzlos waren. Inzwischen war das Strafverfahren angelaufen, das mit einem Urteil über 80 Tagessätze wegen Verstoßes gegen das Waffengesetz beendet wurde. Unter Würdigung der Gesamtumstände ging die Behörde 143 von einer Ausnahme aus. Bei derartigen **Ermessensentscheidungen** stellt die Behörde auf das Strafmaß ab, den Zeitpunkt der Rechtskraft, Art und Umstände der Straftat, strafrechtliche Unbescholtenheit des Betroffenen, jagdliches und jagdrechtliches Verhalten, Prognose sowie Würdigung der Gesamtumstände. Den Tatumständen kommt dabei die entscheidende Rolle zu. Aus ihnen müssen sich die „Milderungsgründe" ergeben.

144 Ein Abweichen von der Regelvermutung der Unzuverlässigkeit kann erfolgen, wenn die abgeurteilte Tat **Bagatellcharakter** hat oder das Verhalten des Verurteilten in einem „milderen Licht" erscheint. Dies ist nicht der Fall bei einer Verurteilung nach § 333 StGB (Vorteilsgewährung an einen Staatsanwalt, zinsgünstiges Darlehen, VGH München Urt. v. 15.8.2008 – 19 Cs 08.1471, BeckRS 2008, 40195). Eine Ausnahme liegt auch dann nicht vor, wenn die Tat zur Tätigkeit des Verurteilten als Jäger keinerlei Bezug hat (80 Tagessätze wegen Bankrotts, § 283 Abs. 1 Nr. 7 lit. b) StGB), geordnete Familienverhältnisse, gesellschaftliche Reputation, Wohlverhalten vor und nach der Tat vorliegen und der Strafrichter davon ausgeht, der Täter werde keine einschlägigen Taten mehr begehen (OVG Münster Urt. v. 25.10.2007 – 2 OA 1881/07, nv). Mit Änderung des Katalogs des § 5 WaffG wird die Regelvermutung der Unzuverlässigkeit „nicht mehr vorrangig nach der Art der begangenen Straftat bestimmt, sondern es wird allgemein auf die Rechtsfolgenseite, nämlich auf die Höhe der verhängten Strafe abgestellt" (BT-Drs. 14/7758, 128). Ein Ausnahmefall lässt sich somit nicht mehr damit begründen, die abgeurteilte Tat habe keinen Bezug zu einem Waffendelikt. Mit der Neufassung des § 5 WaffG hat der Gesetzgeber den unmittelbaren oder mittelbaren Bezug der Straftat zu Schusswaffen ausdrücklich aufgegeben. Geblieben sind jedoch „die von der Rspr. entwickelten Grundsätze, unter welchen Voraussetzungen die Regelvermutung der waffenrechtlichen Unzuverlässigkeit gem. § 5 Abs. 2 WaffG widerlegt werden kann" (BVerwG Beschl. v. 21.7.2008 – 3 B 12/08, NVwZ 2009, 398).

145 Nicht jeder fahrlässige Verstoß gegen das WaffG ist ein gröblicher, der die (jagd)waffenrechtliche Unzuverlässigkeit nach sich zieht (VG Köln Urt. v. 25.9.2008 – 20 K 727/07, nv). Ein Jungjäger (mit Waffenbesitzkarte) hatte im Mai 2004 von einem pensionierten Forstbeamten je zwei Lang- und Kurzwaffen erworben. Beide meldeten den Besitzerwechsel unverzüglich der Waffenbehörde. Diese erstatte Anzeige gegen den Erwerber wegen des **unterlassenen Voreintrags** der Kurzwaffen (§ 10 Abs. 1, § 52 Abs. 1 Nr. 2 lit. b) WaffG). Die Staatsanwaltschaft stellte das Verfahren gem. § 153 Abs. 1 StPO ein. Gleichwohl widerrief die Behörde die Waffenbesitzkarte und forderte den Betroffenen zur Abgabe aller Waffen auf. Den Widerspruch wies die Bezirksregierung zurück. Das VG Köln kam zu dem Ergebnis, die Zuverlässigkeit sei durch das fahrlässige Nichteintragen des Voreintrages nicht beeinträchtigt. Die erfolgte Ummeldung der Waffen zeige, dass der gewichtige **„Gefährdungsaspekt"** nicht vorgelegen habe.

146 Die vor der Änderung des WaffG zum 1.4.2003 entwickelten Grundsätze, unter welchen Voraussetzungen die Regelvermutung der waffenrechtlichen Unzuverlässigkeit gem. § 5 Abs. 2 WaffG aF widerlegt werden kann, sind nach der Neufassung des WaffG weiterhin anwendbar (BVerwG Urt. v. 21.7.2008 – 3 B 12/08, NVwZ 2009, 398). Danach kommt ein Abweichen von der Regelvermutung nur dann in Betracht, wenn „die Umstände der abgeurteilten Tat die Verfehlung ausnahmsweise derart in einem milden Licht erscheinen lassen, dass die nach der Wertung des Gesetzgebers in der Regel durch eine solche Straftat begründeten Zweifel an der Vertrauenswürdigkeit des Betroffenen bezüglich des Umgangs mit Waffen und Munition nicht gerechtfertigt sind. Erforderlich ist danach eine tatbezogene Prüfung in Gestalt einer Würdigung der Schwere der konkreten Verfehlung und der Persönlichkeit des Betroffenen, wie sie in seinem Verhalten zum Ausdruck kommt." Ausschlaggebend ist das verhängte Strafmaß. Dabei darf die Behörde von der Richtigkeit der Verurteilung ausgehen. Das hindert sie andererseits nicht daran, zu prüfen, ob die Regelvermutung aufgrund besonderer Umstände ausnahmsweise ausgeräumt ist. Kann die Behörde jedoch erkennen, dass die Verurteilung auf einem **Irrtum** beruht oder kann sie den Vorgang besser **aufklären** als die Strafverfolgungsorgane, so kann die Festlegung auf die Regelvermutung entfallen (BVerwG Beschl. v. 27.3.2007 – 6 B 108.06, BeckRS 2007, 23309).

In der Praxis der Strafgerichtsbarkeit ist bei entsprechendem Schuldmaß die **147** Verhängung einer Geldstrafe von exakt **60 Tagessätzen** nicht unüblich, insbesondere bei Erlass eines Strafbefehls. Der Gesetzgeber hat dieses Strafmaß bewusst als **relevante Untergrenze** bestimmt, ab der die Festlegung der Regelvermutung „fehlende Zuverlässigkeit" gegeben ist. Obwohl im Bundesrat die Ansicht vertreten wurde, 30 Tagessätze sollten der Grenzwert sein, blieb es bei den festgelegten 60 Tagessätzen.

Im Sinne des BZRG haben Verurteilungen bis einschließlich 90 Tages- **148** sätze **„Bagatellcharakter".** Deswegen werden solche Strafurteile nicht in ein Führungszeugnis (§§ 30, 32 Abs. 2 Nr. 5 lit. a) BZRG) aufgenommen. Der Gesetzgeber hat jedoch davon abgesehen, diesen Strafrahmen als Zuverlässigkeitskriterium im WaffG aufzunehmen. Bewusst wurde der Bereich zwischen 60 und 90 Tagessätzen, der im Rahmen eines Führungszeugnisses die „Unbescholtenheit" nicht beeinträchtigt (es sei denn, es läge ein weiterer Eintrag vor), nicht übernommen. Für die Frage der waffenrechtlichen Zuverlässigkeit haben Straftaten, die mit mindestens 60 Tagessätzen geahndet wurden, einen relevanten Unrechtsgehalt. Ein Strafmaß von genau 60 Tagessätzen ist für sich genommen kein Anlass, die Regelvermutung in Frage zu stellen. Auch der Hinweis des Betroffenen, bei Kenntnis der waffen- und jagdrechtlichen Folgen hätte das Gericht die Zahl der Tagessätze unter 60 festgesetzt, ist dafür kein Grund. Die Höhe der Tagessatzzahl und der damit zum Ausdruck gekommene Unrechtsgehalt der Tat können – wenn sonstige Kriterien einer Ausnahme vorliegen – ein zusätzliches Indiz für eine solche sein.

Entsprechendes kann für eine gebildete **Gesamtstrafe** gelten. Allerdings **149** ist hier grundsätzlich auch die 60-Tagessätze-Grenze des § 5 Abs. 2 Nr. 1 WaffG entscheidend. Bei Verhängung einer Gesamtstrafe (§ 54 StGB) ist deren Höhe maßgeblich für die 60-Tagessätze-Grenze, auf die Zahl oder Höhe der einzelnen Einsatzstrafen kommt es dabei nicht an (VGH Kassel Urt. v. 14.10.2004 – 11 TG 2490/04, NVwZ-RR 2005, 324). Eine Gesamtstrafe kann auch **nachträglich** gebildet werden (§ 55 Abs. 1 StGB). Dazu gibt ggf. die Bundeszentralregisterbehörde einen entsprechenden Hinweis an das Gericht (§ 23 BZRG). Diese wird dann auch im Zentralregister eingetragen und ist bei der Zuverlässigkeitsüberprüfung einzubeziehen. Wird eine nachträgliche Gesamtstrafenbildung nicht vorgenommen (etwa weil die Voraussetzungen gem. § 54 StGB nicht gegeben sind), sind geringere Geldstrafen gleichwohl für die Zuverlässigkeit bedeutsam iSv § 5 Abs. 2 Nr. 1 WaffG, wenn mindestens zwei Verurteilungen vorliegen. Die Rechtskraft der letzten Verurteilung darf nicht länger als fünf Jahre zurückliegen. Für die vorletzte Verurteilung enthält das Gesetz diesbezüglich keine Festlegung. Auch hier hat jedoch analog zur letzten Verurteilung die Fünfjahresgrenze zu gelten, zumal die Tilgungsfrist gem. § 46 Abs. 1 Nr. 1 lit. a) BZRG insoweit fünf Jahre beträgt.

150 Nach § 18 JGG beträgt eine **Jugendstrafe** mindestens sechs Monate. Die Verhängung einer Jugendstrafe kann gem. § 27 JGG ausgesetzt werden, wenn im Zeitpunkt des Urteils nicht mit Sicherheit beurteilt werden kann, ob in der Straftat eines Jugendlichen schädliche Neigungen von einem Umfang hervorgetreten sind, dass eine Jugendstrafe erforderlich ist. Die Aussetzung erfolgt zur Bewährung gem. § 28 JGG auf ein bis zwei Jahre. Der Unrechtsgehalt einer zugrundeliegenden Tat ist jedoch von so erheblichem Gewicht, dass dies für die Beurteilung der waffenrechtlichen Zuverlässigkeit maßgeblich ist gem. § 5 Abs. 2 Nr. 1 WaffG. Kommt es zu einer nachträglichen Verhängung einer Jugendstrafe, dann ist die Größenordnung maßgeblich für die Dauer der fehlenden Zuverlässigkeit (zehn oder fünf Jahre ab Rechtskraft).

2. Strafrechtliche Verurteilungen

151 In § 17 Abs. 4 Nr. 1 sind als Regelvermutung fehlender Zuverlässigkeit rechtskräftige strafrechtliche Verurteilungen erfasst. Der Katalog der Straftaten in § 17 Abs. 4 Nr. 1, die als Regelvermutung fehlende Zuverlässigkeit im jagdrechtlichen Sinne auslösen, weicht in der Auflistung von den – weitergehenden – des § 5 Abs. 2 Nr. 1 WaffG in Teilbereichen ab. Übereinstimmend sind die maßgeblichen strafrechtlichen Folgen, die relevant sind, und die Fünfjahresfrist seit der Rechtskraft der Entscheidung für die fehlende Zuverlässigkeit. Entscheidendes Kriterium ist dabei das Strafmaß des Urteils. Relevant ist jede Freiheitsstrafe, unabhängig von der Dauer (Mindestmaß ein Monat, § 38 Abs. 2 StGB), auch eine Jugendstrafe ist bedeutsam. Unbeachtlich ist dabei, ob die Vollstreckung zur Bewährung ausgesetzt wurde oder nicht (§ 56 StGB).

152 **Abs. 4 Nr. 1 lit. a)** führt **„Verbrechen"** auf. Dies ist eine rechtswidrige Tat, die im **Mindestmaß** mit einer Freiheitsstrafe von **einem Jahr** bedroht ist (§ 12 Abs. 1 StGB), die Verhängung einer Geldstrafe ist nicht möglich. Liegt ein „minderschwerer" Fall vor, so kann das Strafmaß von einem Jahr Freiheitsstrafe unterschritten werden; in der Einstufung bleibt die Tat gleichwohl ein Verbrechen (§ 12 Abs. 3 StGB).

153 Bei einer Verurteilung wegen eines Verbrechens zu einer Freiheitsstrafe träte gem. § 17 Abs. 4 Nr. 1 lit. a) eine Sperrfrist für die Erteilung des Jagdscheins von fünf Jahren ab Rechtskraft ein. Diese Regelung ist jedoch **überholt** durch die jüngere, weiterreichende Regelung des § 5 Abs. 1 Nr. 1 lit. a) WaffG iVm § 17 Abs. 1 Nr. 4 S. 2; somit gilt die dort festgelegte zehnjährige Sperrfrist (zur berichtigenden Auslegung des Gesetzes VGH Mannheim Beschl. v. 25.9.2003 – 5 S 1899/03, NVwZ 2004, 630).

154 In diesem Zusammenhang ist jedoch auf Folgendes hinzuweisen: Die Erfassung einer Verurteilung wegen eines Verbrechens als Fall der Regelvermutung fehlender jagdrechtlicher Zuverlässigkeit in Abs. 4 Nr. 1 lit. a) greift **nicht mehr als Ausnahmemöglichkeit.** Im Waffenrechtsneuregelungsgesetz vom 11.10.2002 ist durch Art. 15 Nr. 1 lit. a) Waffenrechtsneuregelungsgesetz bei § 17 Abs. 1 der S. 2 angefügt worden. Damit ist die absolute Unzuverlässigkeit des § 5 Abs. 1 Nr. 1 lit. a) WaffG eine solche des Jagdrechts, der jagdrechtlichen Unzuverlässigkeit geworden. Das OVG Saarland urteilte im Falle eines fast 30 Jahre zurückliegenden Mordes (in Tateinheit mit Vergewaltigung), dass eine Unzuverlässigkeit nach § 17 Abs. 4 Nr. 1 lit. a) sowie § 5 Abs. 1 Nr. 1 lit. a) WaffG nicht gegeben sei, da der Gesetzgeber – anders als im Strafrecht – keine lebenslangen Konsequenzen im Waffen- und Jagdrecht statuieren wollte, sondern ebenfalls die Sperrfrist auch in derartigen Fällen anerkennt. Auch eine Unzuverlässigkeit iSd § 17 Abs. 3 iVm § 5 Abs. 1 Nr. 2 WaffG scheide aus, da diesbezüglich an die Prognose für die Zukunft und nicht an ein „konkretes strafrechtlich relevantes Fehlverhalten des Betroffenen in der Vergangenheit" anzuknüpfen sei. Der Zuverlässigkeit stand es nach Ansicht des Gerichts hier nicht entgegen, dass die Leiche des Opfers nicht gefunden wurde und seitens der verurteilten Person auch keine Angaben dazu gemacht wurden oder dass zu keinem Zeitpunkt ein Geständnis abgelegt worden sei. Es sei vielmehr entscheidend, dass die Verurteilung „nach § 5 Abs. 1 Nr. 2 WaffG […] umso weniger ins Gewicht fällt, je länger die Tat zurückliegt" und dass das Gesamtbild des Betroffenen und des Resozialisierungsprozesses nicht darauf hindeutete, dass er erneut einen Umgang mit Waffen pflegen würde, der waffen- oder strafrechtlich relevant wäre (OVG Saarlouis Urt. v. 12.3.2020 – 2 A 285/19, BeckRS 2020, 4092).

Abs. 4 Nr. 1 lit. b) legt fest: Eine Verurteilung wegen eines vorsätzlichen Vergehens, das die Annahme begründet, der Betroffene werde in Zukunft sicherheitsrelevante Fehlverhaltensweisen iSv § 17 Abs. 3 Nr. 1 – 3 begehen, führt zu der Regelvermutung fehlender jagdrechtlicher Zuverlässigkeit. Mit einer solchen Verurteilung ist die fünfjährige Frist fehlender Zuverlässigkeit verbunden. Führt hingegen ein Sachverhalt mit einem Fehlverhalten iSv Abs. 3 zu der zwingenden Prognose absoluter Unzuverlässigkeit **ohne strafgerichtliches Urteil,** so ist im Gesetz **keine feste Sperrfrist** vorgesehen. **155**

Die Bestimmung des **Abs. 4 Nr. 1 lit. c)** erfasst die fahrlässige Begehung einer Straftat beim Umgang mit Waffen, Munition oder Sprengstoff als Regelvermutung fehlender Zuverlässigkeit. Hierunter fallen Vorgänge wie Gefährdung oder Verletzung Dritter beim Schießen oder Handhaben von Waffen und Munition, vorwerfbarer fahrlässiger Verlust von Waffen oder Munition (einmaliges **leichtes Versehen** reicht indes nicht aus). Ein fahrlässiges Fehlverhalten darf jedoch nicht von solchem Gewicht sein, dass die Unzuverlässigkeitsprognose nach Abs. 3 zu stellen wäre. **156**

Nach **Abs. 4 Nr. 1 lit. d)** führt eine Verurteilung wegen einer **fahrlässig oder vorsätzlich** begangenen Straftat gegen Bestimmungen des Jagd-, Tierschutz-, Naturschutzrechts oder solche des Waffen- oder Sprengstoffgesetzes oder des Gesetzes über die Kontrolle von Kriegswaffen (§ 38 BJagdG, § 17 TierSchG, §§ 71, 71a BNatSchG, § 40 SprengG, § 22a KrWaffG) zu der Regelvermutung fehlender Zuverlässigkeit. **157**

Mit der Aufnahme des **Tierschutzes** als Staatsziel in das Grundgesetz (Art. 20a GG durch Gesetz vom 27.10.1994, BGBl. 1994 I S. 3146) und einer zunehmenden Sensibilisierung der Gesellschaft in diesem Bereich kommt dem Tierschutz im Rahmen der Jagd gesteigerte Bedeutung zu. Straftaten nach Tierschutzrecht sind normiert in § 17 TierSchG: **158**

§ 17 TierSchG [Straftaten]

Mit Freiheitsstrafe bis zu drei Jahren oder mit Geldstrafe wird bestraft, wer

1. ein Wirbeltier ohne vernünftigen Grund tötet oder
2. einem Wirbeltier
a) aus Rohheit erhebliche Schmerzen oder Leiden oder
b) länger anhaltende oder sich wiederholende erhebliche Schmerzen oder Leiden zufügt.

Das Töten eines Tieres im Rahmen der Jagdausübung fällt unter den Rechtfertigungsvorbehalt des „vernünftigen Grundes". Im Rahmen des Verhältnisgrundsatzes gilt die Güterabwägung. Der „vernünftige Grund" steht im gesamten Bereich des Jagdrechts aber unter dem Vorbehalt der Weidgerechtigkeit (vgl. v. Pückler AgrarR 1992, 9 (10)).

159 Wer jenseits der Grenzen des Jagdrechts Tiere tötet oder innerhalb des Jagdrechts, aber unter Verstoß gegen die Weidgerechtigkeit, unterliegt den Sanktionsbestimmungen des TierSchG. Aber auch bei der Jagdausübung selbst können ahndbare Verstöße gegen das TierSchG begangen werden. So können beim **Abfangen von Unfallwild** durch unzureichende Mittel (ungeeignetes Messer) oder mangelnde Kenntnisse (unzureichender Schnitt/Stich) dem Tier zusätzliche, vermeidbare Schmerzen bereitet werden. Darin kann ein Verstoß gegen § 17 Nr. 2 lit. b) TierSchG begründet sein. Ein fachgerechter Drosselschnitt ist weidgerecht, wenn ein Fangschuss aus Sicherheitsgründen nicht angebracht werden kann (AG Kehl Urt. v. 1.7.2003 – 4 Cs 2 Js 210/03, nv, besprochen in PIRSCH 16/2003, 18 (19)). Mehrfache unzureichende Schnitte im Halsbereich, die ein verunfalltes Kitz minutenlang zusätzlich leiden lassen, sind nicht weidgerecht und damit ein Verstoß gegen § 17 Nr. 2 lit. b) TierSchG (AG Biedenkopf Urt. v. 10.5.2005 – 40 Ds 4 Js 12.475/04, nv, besprochen v. Pückler WuH 9/2007, 108). Das Gericht verkannte jedoch, dass eine unterlassene vorherige Betäubung kein Verstoß gegen das TierSchG ist und dass das Abfangen des verunfallten Wildes dem Jagdrecht unterliegt (§ 4 Abs. 1 S. 2 und 3 TierSchG, § 1 Abs. 2 und § 13 Abs. 1 TierSchlV, § 22a Abs. 1 BJagdG, § 27 Abs. 1 HJagdG); eine vom Gericht geforderte vorherige Betäubung mittels eines Wagenhebers oder eines Holzknüppels geht fehl. Ein sachgerecht ausgeführtes Abnicken durch Nackenstich bei einem verunfallten Reh ist kein Verstoß gegen § 17 TierSchG (LG Hof Urt. v. 27.10.2008 – 2 Ns 315 Js 4240/08, nv).

160 Nicht nur tierschutzwidriges Verhalten im Zusammenhang mit der Jagdausübung kann relevant sein für die jagdrechtliche Unzuverlässigkeit, sondern auch bei anderer Gelegenheit gezeigtes Fehlverhalten als Verstoß gegen das **Tierschutzgesetz** (ungesicherter Transport von zwei Schweinen auf der offenen Ladefläche eines Klein-Lkws – VGH München Urt. v. 18.7.2012 – 21 CS 12.1328, BeckRS 2012, 54814). Ferner können auch Verstöße außerhalb des Tierschutzes in Betracht kommen, wie ein Verstoß gegen das JWMG B-W, wobei das Aufstellen von Wildkameras keine Störung iSd § 51 Abs. 1 S. 1 **JWMG** darstellt und damit keine negative Unzuverlässigkeitsprognose nach § 17 Abs. 4 Nr. 1 lit. d) begründet wird (VG Stuttgart Urt. v. 10.11.2022 – 5 K 5323/21, BeckRS 2022, 42156). Das VG macht auch weitere Ausführungen zu möglichen Verstößen gegen das BDSG sowie das saarländische Waldgesetz, wobei es hinsichtlich möglicher Verstöße auf die Umstände des Einzelfalls ankommt. Nach Ansicht des Gerichts ist nicht die

allgemeine Unzuverlässigkeit des Betroffenen von Relevanz; vielmehr bedürfe es eines jagdrechtlichen Bezuges oder einer besonderen Schwere, in welcher § 17 ein „**Überschwappen** der anderweitigen Unzuverlässigkeit" für geboten hält.

Ein solcher Verstoß kann auch gegeben sein, wenn bei **völlig unzureichendem Licht** aus diesem Grund kein sicherer Schuss angebracht werden kann und das getroffene Wild länger leidet. Die Beweiswürdigung dazu ist allerdings sehr schwierig. Denn das Maß des Lichtes im Augenblick der Schussabgabe lässt sich nicht rekonstruieren. Zeugenaussagen dazu sind immer auf subjektive Einschätzungen gestützt. Zudem kann der unzureichende Treffer auch auf mangelnde Schießfertigkeit des Jägers oder auf die technische Unzulänglichkeiten der Waffe zurückzuführen sein; dies alles kann unabhängig vom Licht Ursache sein. Im Zweifel ist auch hier der Grundsatz „in dubio pro reo" anzuwenden. Diese Gesichtspunkte sind in OLG Frankfurt Beschl. v. 19.3.2008 – Ss 33/08, nv, nach LG Marburg Urt. v. 7.11.2007 – 4 Js 1175/06-2 Ns, nv, nicht hinreichend gewürdigt worden. Da die Strafbarkeit nach § 17 TierSchG nur bei Vorsatz gegeben ist, bedarf die **Abgrenzung Vorsatz/Fahrlässigkeit** einer sorgfältigen Bewertung; Gegebenenfalls ist auch die Kausalität zu überprüfen. 161

Im Hinblick auf die Regelvermutung fehlender Zuverlässigkeit ist eine Verurteilung zu einer Geldstrafe nur dann von Bedeutung, wenn diese bei mindestens 60 Tagessätzen liegt. Bei der Verhängung einer **Gesamtgeldstrafe** (§ 54 StGB) gilt diese Grenze ebenso (→ Rn. 37). Es genügt auch die zweimalige Verurteilung wegen der aufgelisteten Tatbestände zu Geldstrafen von jeweils weniger als 60 Tagessätzen; daher darf die Rechtskraft der letzten Verurteilung nicht länger als fünf Jahre zurückliegen. Über den Zeitabstand zwischen letzter und vorletzter Verurteilung (Rechtskraft) trifft das Gesetz keine Festlegung. Bezüglich des Bagatellcharakters einer Straftat mit einem Strafmaß unter 60 Tagessätzen und der Fünfjahresfrist seit der letzten Verurteilung würde eine Erstreckung jenes anrechenbaren Zeitraumes auf über fünf Jahre (insgesamt somit mehr als zehn Jahre) im Verhältnis zur Verurteilung wegen eines Verbrechens einen Verstoß gegen das Übermaßverbot darstellen. Ein Zeitraum von mehr als fünf Jahren zwischen den beiden Verurteilungen zu jeweils weniger als 60 Tagessätzen ist nicht zu berücksichtigen (entgegen VGH München Urt. v. 25.7.1989 – 19 Cs 89.01795, nv). 162

3. Wiederholte oder gröbliche Verstöße ohne Verurteilung, Zeitablauf (Abs. 4 Nr. 2)

Die Regelvermutung **fehlender Zuverlässigkeit** kann auch dann vorliegen, wenn ohne strafgerichtliche Verurteilung wiederholte oder gröbliche Verstöße gegen Rechtsbereiche des Abs. 4 Nr. 1 lit. d) vorliegen, die jedoch nicht mit Urteil geahndet wurden, etwa weil sie den Ermittlungsbehörden nicht bekannt wurden oder das Verfahren durch diese nach §§ 153, 153a StPO eingestellt wurde (VGH München Beschl. v. 9.8.2022 – 24 CS 22.1575, BeckRS 2022, 22273). Der VGH ließ zur Annahme eines gröblichen Verstoßes die einmalige Verfehlung nach über 40-jährigem, fehlerfreiem Führen von Waffen genügen, da der Betroffene eine schussbereite Waffe außerhalb des Bereichs der Jagdausübung führte. Darunter können aber auch Ordnungswidrigkeiten erfasst werden (wie gem. §§ 39, 42 BJagdG, § 18 TierSchG, § 69 BNatSchG, § 53 WaffG, § 22a KrWaffG, § 41 SprengG). 163

Solche Ordnungswidrigkeitsverstöße müssen wiederholt oder „objektiv schwerwiegend und subjektiv mit grober Fahrlässigkeit" begangen worden sein (VGH Mannheim Urt. v. 22.11.1996 – 5 S 2661/96, DÖV 1997, 469 betr. Verstoß gegen das **Nachtjagdverbot**). Der Besitz eines **Butterflymessers** kann zur waffenrechtlichen Unzuverlässigkeit führen (VG Ansbach Urt. v. 24.3.2017 – 14 K 16.00902, BeckRS 2017, 122201), auch wenn das Strafverfahren gem. § 153a StPO eingestellt wurde. Solche grenzwertigen Fälle erfordern allerdings eine besondere **Prüfung der Verhältnismäßigkeit** und fundierte Begründung einer negativen Prognose. Diese Gesichtspunkte finden jedoch selten die notwendige Berücksichtigung (VG Köln Urt. v. 6.5.2009 – 20 L 183/90, nv, betr. Führen eines Schlagringes). Der Besitz nicht registrierter Schusswaffen und die nicht ordnungsgemäße Aufbewahrung führen zur waffenrechtlichen Unzuverlässigkeit (VGH München Urt. v. 23.11.2015 – 21 Cs 15.2130, BeckRS 2015, 55610). Liegen wiederholte Verstöße vor, hängt die Regelvermutung nicht mehr von der Einstufung als gröblicher Verstoß ab, wobei ein weiteres Indiz für die Unzuverlässigkeit **„Uneinsichtigkeit und Eigenmaßstäblichkeit"** des Betroffenen sein kann (VG Bremen Urt. v. 14.7.2022 – 5 K 358/21, BeckRS 2022, 18418 in Bezug auf wiederholte Verstöße gegen das Fütterungsverbot).

164 Erwirbt jemand eine Langwaffe, obwohl sein Jagdschein abgelaufen ist, so begeht er eine waffenrechtlich relevante Straftat (§ 52 Abs. 3 Nr. 2 lit. a) WaffG); denn nur der Besitz eines **gültigen Jagdscheines** erlaubt den **Waffenbesitz.** Die Tat bewirkt eine waffenrechtliche Unzuverlässigkeit (§ 5 Abs. 2 WaffG). Auch wenn das Strafgericht das Strafverfahren eingestellt hat (§ 153a StPO), ist dann nicht von einem Ausnahmefall auszugehen, wenn die „jagdscheinlose" Zeit im Zeitpunkt des Waffenerwerbs länger als fünf Jahre beträgt (VGH München Urt. v. 21.11.2016 – 21 ZB 15.931, BeckRS 2016, 55034). Anders wäre es zu bewerten, wenn der Betroffene Wochen nach Ablauf des Jagdscheines und der Neubeantragung eine Langwaffe erwirbt, obwohl der neue Jagdschein aus vom Betroffenen nicht zu vertretenden Gründen noch nicht erteilt ist (Verhältnismäßigkeit).

165 Erbringt der Besitzer einer **Erbenwaffe** trotz mehrmaliger Aufforderung durch die Behörde nicht den Nachweis der ordnungsgemäßen Aufbewahrung und Blockierung der Waffe, so kann die Behörde von einer waffenrechtlichen Unzuverlässigkeit ausgehen (§ 39 Abs. 1 S. 1 WaffG iVm § 5 Abs. 2 Nr. 5 WaffG; VG Düsseldorf Urt. v. 29.11.2016 – 22 K 6047/14, BeckRS 2016, 56061).

166 Mitunter liegen größere **Zeitabstände** zwischen relevantem Fehlverhalten und aktueller Prüfung der waffenrechtlichen Zuverlässigkeit. Grenzen für die Verwertbarkeit hat der Gesetzgeber nicht festgelegt. „Eine Frist, ab wann im Rahmen des § 5 Abs. 2 Nr. 5 WaffG ein in der Vergangenheit liegender Verstoß keine Berücksichtigung mehr finden kann, kennt das Waffengesetz nicht" (VG Köln Urt. v. 27.7.2010 – 20 L 251/10, BeckRS 2010, 51833). „Wiederholte Verstöße liegen vor, wenn mindestens zwei Verstöße begangen wurden, ohne dass es darauf ankäme, ob gegen dieselben Vorschriften oder unterschiedliche Vorschriften verstoßen wurde. Das Gesetz verlangt weder, dass der Verstoß gegen das Waffengesetz in irgendeiner Art und Weise weiter qualifiziert ist, noch, dass zwischen den wiederholten Verstößen ein engerer zeitlicher Zusammenhang bestehen muss" (VG Münster Urt. v. 12.4.2023 – 1 K 3486/21, BeckRS 2023, 13452, mit Verweis auf VGH München Beschl. v. 13.4.2021 – 24 B 20.2220, BeckRS 2021, 9470). **Wiederholte Verstöße**

gegen das Waffengesetz, die länger als fünf Jahre zurückliegen, können eine waffenrechtliche Unzuverlässigkeit begründen (VG Aachen Urt. v. 15.3.2013 – 6 K 1638/11, BeckRS 2013, 49543). Ein waffenrechtlich relevantes Verhalten, das vor dem Inkrafttreten der schärferen Neuregelung des Waffengesetzes zum 1.4.2003 begangen worden ist, kann bei der Bewertung nach dem neuen Recht zum Nachteil des Betroffenen berücksichtigt werden (OVG Münster Urt. v. 9.4.2014 – 16 A 759/12, BeckRS 2014, 50787).

4. Mangelnde Geschäftsfähigkeit (Abs. 4 Nr. 3)

Mit dieser Bestimmung werden Fälle mangelnder Geschäftsfähigkeit erfasst, bei denen infolge krankhafter Störungen oder Geistesschwäche eine **freie Willensentscheidung gestört oder unmöglich** ist (§ 104 BGB). Zur Entscheidung dieser Frage fehlt der Jagdbehörde die Beurteilungskompetenz. Sie kann sich jedoch stützen auf ein Gutachten oder aber Gerichtsbeschlüsse aus dem Betreuungsrecht (§§ 1814 ff. BGB, früher §§ 1896 ff. BGB aF). 167

5. Suchtkrankheit und Geistesschwäche (Abs. 4 Nr. 4)

„Sucht" in Form körperlicher oder geistiger Abhängigkeit von Alkohol oder Rauschmitteln entsprechend der Definition der WHO ist Anlass für die **Regelvermutung fehlender Zuverlässigkeit** (näher → Rn. 74). Dieser Mangel kann offensichtlich und/oder amtsbekannt sein. Im Zweifel ist ein Gutachten zur Entscheidungsgrundlage zu machen. Ein solches ist im Zweifelsfall einzuholen, wenn eine Geisteskrankheit oder Geistesschwäche fehlende Zuverlässigkeit indizieren. Etwaige bereits vorhandene entsprechende Atteste sind verwertbar. Unter „Geisteskrankheit" fallen die verschiedenen Formen der Krankheitsbilder. Auch Verfolgungswahn schließt die Zuverlässigkeit aus, da nicht ausgeschlossen werden kann, dass der Erkrankte seine Waffe gegen vermeintliche Verfolger einsetzen könnte (OVG Lüneburg Urt. v. 8.1.1976 – III OVG A 87/75, nv). 168

VI. MPU-Gutachten

Die Widerlegung der Regelvermutung fehlender Zuverlässigkeit nach Urteilen wegen **alkoholbedingter Verkehrsdelikte** mit Hilfe von **MPU-Gutachten** ist grundsätzlich möglich, hängt aber entscheidend von den Umständen des Einzelfalles ab. Allein aus der – gegenüber dem Normalfall – geringeren Schwere der konkreten Verfehlung (Bagatellcharakter) und aus der Persönlichkeit des Betroffenen, die sich in seinem Verhalten offenbart, kann eine Widerlegung der Regelvermutung begründet werden (v. Pückler DJRT-Skripten, 2008, 7). 169

Die **Rspr.** der Verwaltungsgerichte/Oberverwaltungsgerichte ist **uneinheitlich.** Die Vorlage eines positiven MPU-Gutachtens (das zur Wiedererteilung der Fahrerlaubnis gedient hatte) wertete das Verwaltungsgericht (nach Ablehnung durch die Jagdbehörde) als Widerlegung der aus dem Trunkenheitsdelikt abgeleiteten Vermutung der Unzuverlässigkeit (VG Freiburg Urt. v. 6.11.2006 – 4 K 1745/06, nv). Der VGH hob diese Entscheidung auf mit der Begründung, bei den beiden zu Grunde liegenden Taten handele es sich um typische Trunkenheitsfahrten. Das positive Gutachten zur wieder bestehenden Fahreignung sei für die waffenrechtliche Zuverlässigkeit 170 ohne Bedeutung (VGH Mannheim Urt. v. 13.4.2007 – 1 S 2751/06, NJW 2007, 2346). Dabei stützte sich der VGH auf eine Entscheidung des BVerwG (BVerwG Urt. v. 19.9.1991 – BVerwG 1 CB 24.91, BeckRS 1991, 31228034). Im Falle eines Sportschützen, dem nach Verurteilung wegen vorsätzlicher Trunkenheitsfahrt die Waffenbesitzkarte auf Grund fehlender Zuverlässigkeit widerrufen worden war und der bezüglich der Fahreignung ein positives MPU-Gutachten erlangt hatte, hielt das Obergericht damit auch die waffenrechtliche Zuverlässigkeit für wieder vorhanden. Das Gutachten war zum Ergebnis gekommen, aufgrund der veränderten Einstellung liege erhöhtes Gefährdungspotential nicht mehr vor. Dies sei auch von Bedeutung für andere sicherheitsrelevante Bereiche (VGH Kassel Urt. v. 22.11.1994 – 11 UE 1428/93, BeckRS 1995, 20698; Beschl. v. 14.10.2004 – 11 TG 2490/04, NVwZ-RR 2005, 324).

171 Anderer Ansicht ist das OVG Lüneburg: Eine Verurteilung wegen Nötigung im Straßenverkehr nahm die Jagdbehörde zum Anlass, einem Jäger die Verlängerung des Jagdscheins zu verweigern. Nach Vorlegung eines positiven MPU-Gutachtens zu seiner waffenrechtlichen Zuverlässigkeit hielt das Gericht die Regelvermutung waffenrechtlicher Unzuverlässigkeit für widerlegt (VG Hannover Urt. v. 19.6.2007 – 11 A 3792/06, RA-online Pressemitteilung des VG Hannover v. 20.6.2007), eine Geldstrafe wegen Nötigung im Straßenverkehr zu 60 Tagessätzen führte nicht zur Unzuverlässigkeit. Das OVG Lüneburg verneinte die Erforderlichkeit eines Gutachtens. Die tatbezogene Prüfung erfordere nicht die Zuziehung eines Sachverständigen. Da das Gutachten keine tatbezogenen Feststellungen treffe, sondern nur Aussagen zur Persönlichkeit des Klägers im Zeitpunkt der Begutachtung mache, sei dessen Berücksichtigung nicht zulässig. Auch gebe die abgeurteilte Tat keine Anhaltspunkte für ein Abweichen vom Regelfall; die Nötigung anderer Verkehrsteilnehmer als Mittel eigenmächtiger Verkehrserziehung habe im Strafverfahren auch für die Berufungsinstanz ein solches Gewicht gehabt, so dass sie 60 Tagessätze als Strafe für erforderlich hielt. Ein Fall in besonders mildem Lichte liege nicht vor, somit auch keine Ausnahme von der Regelvermutung (OVG Lüneburg Urt. v. 16.12.2008 – 11 LB 31/08, NVwZ-RR 2009, 416). Auch der VGH München erachtete die Erstellung eines Gutachtens hinsichtlich der waffenrechtlichen Zuverlässigkeit nicht für erforderlich (VGH München Urt. v. 15.8.2008 – 19 CS 08.1471, BeckRS 2008, 40195).

VII. Aussetzen der Entscheidung (Abs. 5)

172 Die untere Jagdbehörde kann die Entscheidung über die Erteilung des Jagdscheins aussetzen, falls gegen den Antragsteller ein Strafverfahren nach Abs. 4 Nr. 1 anhängig ist. „Noch nicht abgeschlossen“ umfasst den Zeitraum zwischen **Einleitung von Ermittlungen und rechtskräftigem Abschluss des Verfahrens.** Das Verfahren beginnt mit einer Anzeige (§ 158 StPO) oder der Aufnahme von Ermittlungen von Amts wegen (§ 160 StPO). Das Verfahren ist rechtskräftig abgeschlossen, wenn eine mit Rechtsmitteln nicht mehr anfechtbare gerichtliche Entscheidung vorliegt oder das Verfahren endgültig eingestellt ist (§§ 170, 153, 153a, 154 StPO). „Rechtskräftig beendet“ im Sinne dieser Bestimmung sind auch solche Verfahren, die die Staatsanwaltschaft gem. § 170 Abs. 2 StPO eingestellt hat, falls diese nach Be-

schwerde oder Feststellung neuer Tatsachen wieder aufgenommen werden. Von der Regelung erfasst sind nur die Straftaten des Katalogs in Nr. 1, nicht etwa auch diejenigen in § 5 Abs. 2 Nr. 1 lit. a) WaffG. Mit welcher Wahrscheinlichkeit eine Verurteilung zu erwarten ist, ist nicht maßgeblich. Entscheidend ist jedoch, dass im Fall einer Verurteilung von einer fehlenden Zuverlässigkeit ausgegangen werden müsste. Ein anhängiges Ordnungswidrigkeitsverfahren kann nicht Grundlage einer Aussetzung der Entscheidung sein. Auch eine wiederholte Aussetzung der Entscheidung gem. § 17 Abs. 5 ist möglich. Dabei ist jedoch zu beachten, dass die Gesamtdauer die Grenze von fünf Jahren nicht überschreitet (VG Hannover Urt. v. 21.7.1982 – 2 VG D 37/82, nv). Eine Entscheidung iSd § 17 Abs. 5 S. 1 stellt ein **materielles Hindernis** dar; ein sachlich-rechtlicher Anspruch auf Erteilung des Jagdscheins wird mithin für diese Zeit außer Kraft gesetzt (VG Münster Beschl. v. 30.3.2023 – 1 L 285/23, BeckRS 2023, 6721 mwN).

Die Behörde trifft ihre Entscheidung nach pflichtgemäßem Ermessen. Sie sollte von einer **Aussetzung dann absehen,** wenn mit hoher Wahrscheinlichkeit eine Verurteilung unter 60 Tagessätzen zu erwarten ist. Problematisch kann eine Aussetzungsentscheidung dann werden, wenn sich auf Grund des späteren Urteils – oder einer Einstellung – herausstellt, dass nicht von einer fehlenden Zuverlässigkeit auszugehen ist, bei dem Jäger (Jagdpächter) und/oder Verpächter wirtschaftlicher Schaden entsteht, weil, nachdem der Jagdschein abgelaufen war, eine Neuerteilung verweigert wurde. Die Regelung des § 17 Abs. 5 verstößt nicht gegen Verfassungsprinzipien und die Unschuldsvermutung nach Art. 6 Abs. 2 EMRK (VG Düsseldorf Urt. v. 3.10.1980 – 15 K 2920/80, RdL 1981, 208; Meyer-Ravenstein NJagdG § 17 Rn. 32). 173

Ist eine Aussetzungsentscheidung getroffen worden und kommt es im zugrunde liegenden Strafverfahren rechtskräftig zu einem die Fünfjahressperre auslösenden Strafmaß, so ist in diese **Frist diejenige Zeit einzurechnen,** die zwischen der Aussetzungsentscheidung (nicht der Antragstellung) und der Rechtskraft des Urteils verstrichen ist (§ 17 Abs. 5 S. 2). 174

VIII. Vorlage eines amts- oder fachärztlichen Zeugnisses (Abs. 6)

Diese Vorschrift stützt sich auf die Regelung des § 26 Abs. 2 S. 1 VwVfG, wonach die Betroffenen im Verwaltungsverfahren bei der Ermittlung des Sachverhalts mitwirken. Hat die Behörde berechtigte Zweifel daran, ob beim Antragsteller die geistige oder körperliche Eignung für die Ausübung der Jagd (§ 17 Abs. 1 Nr. 2 bzw. Abs. 4 Nr. 4) vorliegt, so kann sie ihm aufgeben, (auf seine Kosten) ein entsprechendes Gutachten eines Amtsarztes oder Facharztes vorzulegen, das geeignet ist, diese Zweifel auszuräumen (dazu beispielsweise VG Schwerin Beschl. v. 9.6.2020 – 7 B 287/20 SN, BeckRS 2020, 26642). Diesen **Zweifeln** müssen nachprüfbare Tatsachen zu Grunde liegen, vage Verdachtsmomente, Gerüchte und nicht begründete Rückschlüsse reichen dafür nicht aus. Weigert sich der Antragsteller, innerhalb einer angemessenen Frist (die ggf. verlängert werden kann) ein solches Zeugnis vorzulegen, so darf die Behörde daraus auf eine fehlende Eignung schließen (BVerfG Beschl. v. 11.6.1958 – 1 BvL 149/52, BVerfGE 8, 29 = NJW 1958, 1227; VG Ansbach Urt. v. 18.10.2000 – AN 15 K 00.00924, nv – beeinträchtigte 175

Sehleistung; VG Ansbach Urt. v. 5.12.2007 – AN 15 K 07.2213, mv – Alkoholabhängigkeit; OVG Münster Urt. v. 21.2.2014 – 16 A 2367/11, BeckRS 2014, 48479). Der Begriff „Zeugnis" nach dem Verständnis der § 6 Abs. 2 WaffG und § 17 Abs. 6 ist deckungsgleich mit dem Begriff des „Gutachtens" iSd § 6 Abs. 4 WaffG, da nach Ansicht des OVG Münster § 6 WaffG keine Differenzierung zwischen den beiden Termini vornehme (OVG Münster Urt. v. 21.2.2014 – 16 A 2367/11, BeckRS 2014, 48479). Mit Blick auf die Verwertbarkeit des Zeugnisses bzw. Gutachtens müssen diese gewissen Mindestanforderungen entsprechen, so dass die Behörde in die Lage versetzt wird, „die vorgenommenen Bewertungen in eigener Verantwortung soweit wie möglich nachzuvollziehen. Zu diesen Anforderungen gehört es jedenfalls, dass die getroffenen Schlussfolgerungen einzelfallbezogen und in verständlicher Weise aus der Befundlage abgeleitet werden, was seinerseits die Angabe der wesentlichen Anknüpfungstatsachen bedingt" (OVG Münster Urt. v. 21.2.2014 – 16 A 2367/11, BeckRS 2014, 48479).

IX. Verlängerung des Jagdscheins

176 Bei einem **Antrag auf Verlängerung** des Jagdscheines sind bei der Jagdbehörde **vorzulegen** der bisherige Jagdschein und der Nachweis über die bestehende Versicherung. Die notwendige Prüfung der Zuverlässigkeit wird von der Behörde vorgenommen. Ist das Ergebnis nicht zeitnah (mehrere Monate) zu erlangen und sind Versagensgründe nicht ersichtlich, so hat die Behörde eine vorläufige Verlängerung des Jagdscheines zu erteilen (VG Kassel Urt. v. 11.4.2016 – 2 L 511/16, nv). Die Behörde kann sich aufgrund einer „schwerwiegenden Beeinträchtigung des allgemeinen Persönlichkeitsrechts" schadensersatzpflichtig (§ 253 Abs. 2 BGB) machen, wenn sie trotz Einstellung eines strafrechtlichen Ermittlungsverfahrens wegen Diebstahls nach § 153a StPO den Verlängerungsantrag verbescheidet und diesen nach längerer Wartezeit ablehnt, da es an den Aussetzungsvoraussetzungen – mangels Vorliegens eine der in § 17 Abs. 4 Nr. 1 genannten Straftaten – gem. § 17 Abs. 5 fehlt (LG Potsdam Urt. v. 18.12.2020 – 4 O 462/18, BeckRS 2020, 51323). Anders entschied dies das brandenburgische Verfassungsgericht, da die Jagdausübung „keine konstituierende Bedeutung für die Persönlichkeit" habe (VerfG Potsdam Beschl. v. 16.6.2023 – VfBbG 65/21, nv, und damit die Entscheidung des OLG Brandenburg an der Havel Beschl. v. 31.8.2021 – 2 U 9/21, BeckRS 2021, 40200 bestätigend).

177 **Persönliches Erscheinen** bei Verlängerung des Jagdscheines verlangen mitunter Jagdbehörden. Zur Begründung wird angeführt, der Behördenmitarbeiter müsse sich davon überzeugen, ob der Antragsteller die körperliche Eignung (§ 17 Abs. 1 Nr. 2) (noch) besitzt. Davon abgesehen, dass dem Behördenmitarbeiter die fachliche Kompetenz für eine solche (medizinische) Beurteilung fehlt, gibt es im Gesetz **keine Rechtsgrundlage** für eine Anordnung des persönlichen Erscheinens (VG Köln Urt. v. 17.12.2015 – 8 K 3009/15, BeckRS 2016, 43084).

178 Das **Verschweigen** einer für die Zuverlässigkeit **relevanten Verurteilung** bei Beantragung einer Verlängerung des Jagdscheines kann die Regelvermutung der Unzuverlässigkeit auslösen und somit zur nachträglichen Einziehung des Jagdscheines führen (VG Magdeburg Urt. v. 27.6.2016 – 10 A 128/16, BeckRS 2016, 53853).

§ 18 Einziehung des Jagdscheines

[1]Wenn Tatsachen, welche die Versagung des Jagdscheines begründen, erst nach Erteilung des Jagdscheines eintreten oder der Behörde, die den Jagdschein erteilt hat, bekanntwerden, so ist die Behörde in den Fällen des § 17 Abs. 1 und in den Fällen, in denen nur ein Jugendjagdschein hätte erteilt werden dürfen (§ 16), sowie im Falle der Entziehung gemäß § 41 verpflichtet, in den Fällen des § 17 Abs. 2 berechtigt, den Jagdschein für ungültig zu erklären und einzuziehen. [2]Ein Anspruch auf Rückerstattung der Jagdscheingebühren besteht nicht. [3]Die Behörde kann eine Sperrfrist für die Wiedererteilung des Jagdscheines festsetzen.

Ländervorschriften: § 69 JWMG; Art. 28 Abs. 3 BayJG; § 51 LJagdG Bln; § 61 BbgJagdG; § 31 HmbJagdG; § 15 Abs. 4 HJagdG; § 22 Abs. 5 NJagdG; § 56 LJG-NRW; § 20 Abs. 1 RhPfLJG, § 50 Abs. 2–4 RhPfLJG; § 14 Abs. 2–4 SJG; § 33 Abs. 5 SächsJagdG; § 45 LSALJagdG; § 26 Abs. 4–5 ThJG.

Übersicht

I. Allgemeines

Die **Ungültigkeitserklärung** bedeutet die **Entziehung der öffentlich-rechtlichen Erlaubnis** zur Jagdausübung. Die ex-nunc-Wirkung tritt ein mit der Rechtskraft des Bescheids. Die darauffolgende **Einziehung** des Jagdscheins stellt die körperliche **Wegnahme** der Urkunde dar. Erfolgt die Abgabe des Jagdscheins nicht freiwillig, wird die Einziehungsverfügung im Rahmen der Verwaltungsvollstreckung vollzogen (§§ 6 ff. VwVG). Der Entziehung des Jagdscheins folgt mithin zwingend dessen Einziehung. 1

II. Voraussetzungen

§ 18 enthält zwei Voraussetzungen für eine nachträgliche Entziehung des Jagdscheins. Diese finden ihre Grundlage in den Versagungsgründen des § 17. Bei den Versagungsgründen des § 17 Abs. 1 ist die Behörde **verpflichtet,** den Jagdschein für ungültig zu erklären und **einzuziehen,** in den Fällen des § 17 Abs. 2 ist sie hierzu **berechtigt** (pflichtgemäßes Ermessen). Bei beiden Alternativen – vorher vorhanden bzw. nachträglich eingetreten – müssen für das Handeln der Behörde Versagungsgründe gem. § 17 vorliegen. 2

Im ersten Fall haben diese Versagungsgründe bereits bei der **Erteilung** des Jagdscheins vorgelegen, sie waren der Behörde nur **nicht bekannt.** Dabei ist es unerheblich, weshalb die Behörde die Versagungsgründe nicht kannte; auf 3 ein Verschulden ihrerseits kommt es nicht an. Im zweiten Fall sind solche Gründe nach vorausgegangener ordnungsgemäßer Erteilung eingetreten.

4 Neben den Voraussetzungen, die die Behörde zur Entziehung zwingen (§ 17 Abs. 1), muss die Behörde auch dann tätig werden, wenn Tatsachen vorliegen, die **vom Wortlaut des § 18 nicht erfasst** sind; hierzu zählen zB eine fehlende Jägerprüfung oder das Vorliegen einer ausländischen Prüfungsbescheinigung, die Erteilung unter falschen Personalien oder die Vorlage eines gefälschten Zeugnisses. Gleiches gilt für Fälle, in denen die Tatsachen der Behörde zwar bekannt waren, diese jedoch durch unzutreffende Wertung oder eine falsche rechtliche Beurteilung von der Zulässigkeit der Erteilung ausging. Sind die Voraussetzungen für eine Entziehung gegeben, ohne dass diese vom Wortlaut des § 18 erfasst sind, so ist diese gem. § 48 VwVfG vorzunehmen (Meyer-Ravenstein LSALJagdG § 18 Rn. 1). Der Jagdschein ist nach § 18 auch dann zu entziehen, wenn die Versagungsgründe des § 17 erst nach ordnungsgemäßer Erteilung des Jagdscheins eingetreten und der Behörde bekannt geworden sind. Hierunter fallen insbesondere die Fälle rechtskräftiger Verurteilungen entsprechend dem Katalog des § 17, aber auch solche mangelnder körperlicher Eignung auf Grund von Tatsachen nach § 17 Abs. 4 Nr. 3, 4.

5 Die Behörde hat die Entziehung gem. § 18 **zwingend vorzunehmen,** wenn ein **absoluter** Versagungsgrund gegeben ist. Dies gilt sowohl im Falle des ursprünglichen Vorliegens der Tatsachen wie auch in Fällen, in denen diese später eingetreten sind. Ergeben sich hingegen Erkenntnisse, auf die **fakultativ** eine Versagung gestützt werden könnte, so hat die Behörde nach pflichtgemäßem Ermessen zu entscheiden, ob sie eine Entziehung vornimmt oder den Jagdschein belässt. Dies gilt sowohl für ursprünglich vorliegende, jedoch nachträglich bekannt gewordene Tatsachen als auch für nach Erteilung des Jagdscheins eingetretene Tatsachen (Mitzschke/Schäfer Rn. 1).

6 Ist ein Jagdschein von einer **örtlich nicht zuständigen Behörde** (§ 15 Abs. 2) erteilt worden, so bildet dies keinen Anlass für eine Ungültigkeitserklärung und Einziehung des Jagdscheins, wenn ansonsten die Voraussetzungen für eine Erteilung vorlagen (§ 46 VwVfG).

7 Eine andere Bewertung ergibt sich dann, wenn die fakultativen Versagungsgründe zum Zeitpunkt der Erteilung vorhanden und der Behörde bekannt waren, diese gleichwohl unter **Annahme einer Ausnahme** vom Regelfall den Jagdschein erteilt hat. Kommt sie nachträglich – unter welchen Umständen auch immer – zu einer anderen Beurteilung der Tatsachen mit dem Ergebnis, der Jagdschein sei zu versagen/entziehen, so trägt § 18 eine solche Entscheidung nicht. Die Änderung der Beurteilung macht die Jagdscheinerteilung nicht fehlerhaft, der Ermessensspielraum ist „verbraucht" (Meyer-Ravenstein NJagdG § 18 Rn. 2).

8 Ist in einem Strafverfahren nach einer Tat aufgrund der Auflistung in § 41 Abs. 1 ein Jagdscheininhaber verurteilt worden, hat das **Strafgericht** jedoch von einer Jagdscheinentziehung abgesehen, etwa weil es keine Wiederholungsgefahr sah, so kann die **Behörde** gleichwohl in **eigener Zuständigkeit** eine Entziehung anordnen, falls die Voraussetzungen gem. § 18 vorliegen.

9 Lag zum Zeitpunkt der – fehlerhaften – Erteilung des Jagdscheins ein fakultativer Versagungsgrund vor, der zur Zeit der späteren Überprüfung gem. § 18 nicht mehr gegeben ist (weil etwa die Fünfjahresfrist des § 5 Abs. 2 Nr. 1 WaffG verstrichen ist oder weil auf Grund positiv veränderter Gesamt-

umstände nunmehr eine Ausnahme gerechtfertigt ist), so ist der **Mangel als geheilt** zu bewerten und eine Entziehung nach § 18 nicht mehr vorzunehmen. Der Entscheidung ist als Grundlage der Zustand ex nunc zugrunde zu legen. Ausgehend von diesem Zeitpunkt ist zB auch die Prognose über die Zuverlässigkeit anzustellen.

Ist ein Jagdschein erteilt bzw. verlängert worden, obwohl ein waffenrecht- **10**
liches Verfahren anhängig ist, so entsteht **keine Bindungswirkung** aus der Jagdscheinerteilung für die waffenrechtliche Zuverlässigkeit (VG Dresden Beschl. v. 7.4.2010 – 4 L 621/09, BeckRS 2010, 33802; BVerwG Urt. v. 16.5.2007 – 6 C 24/06, NVwZ 2007, 1201).

Die Entziehung des Jagdscheins stellt **keine Sicherungsmaßnahme** dar **11**
und ist somit nicht mit einer etwaigen Wiederholungsgefahr zu begründen (Meyer-Ravenstein NJagdG § 18 Rn. 3). Durch den Verwaltungsakt gem. § 18 wird zum einen der Jagdschein für ungültig erklärt, zum anderen wird er – obwohl im Eigentum des Inhabers stehend – zum Zweck der Unbrauchbarmachung entschädigungslos eingezogen. Diese Maßnahme soll jegliche missbräuchliche Nutzung des ungültig gewordenen Jagdscheins verhindern (Jagdpacht, Waffenerwerb und andere). Eine Rückerstattung von Jagdscheingebühren bzw. Jagdabgaben erfolgt nicht.

Den **Sofortvollzug** nach § 80 Abs. 2 Nr. 4 VwGO kann die Behörde im **12**
öffentlichen Interesse anordnen. Dieser ist besonders zu begründen (§ 80 Abs. 3 VwGO), es sei denn bei Gefahr im Verzug. „Im Bereich des Sicherheitsrechts sind die Anforderungen an die Begründung der Anordnung eines Sofortvollzugs gering, weil es um den Schutz von Leben und Gesundheit geht und deshalb der Sofortvollzug in der Regel bereits aus der Natur der Sache begründet ist“ (VGH München Beschl. v. 15.8.2008 – 19 CS 08/1471, BeckRS 2008, 40195; Beschl. v. 23.3.2006 – 19 CS 06/456, BeckRS 2009, 34837; vgl. auch VGH München 12.2.2007 – 19 CS 06/2210, BeckRS 2007, 29212). Die Anordnung des Sofortvollzugs ist im Allgemeinen bei einem überprüften Jagdscheininhaber jedoch nicht erforderlich (VG Stuttgart Urt. v. 26.11.1992 – 5 K 3179/92, BeckRS 1992, 31327008; VG Saarlouis Urt. v. 10.1.2008 – 1 L 2077/07, BeckRS 2008, 32979; aA Lorz/Metzger Rn. 5, nach dessen Auffassung ein Interesse am Sofortvollzug aus Gründen der Sicherheit und Ordnung gegeben ist). In bestimmten Fällen geht die Rspr. von einer Gleichsetzung der Entziehung und Einziehung des Jagdscheins mit dem waffenrechtlichen Widerruf aus (so OVG Koblenz Beschl. v. 8.1.2018 – 7 B 11798/17, BeckRS 2018, 9909; VG München Beschl. v. 20.7.2021 – M 7 S 21.1425). Dies wird damit begründet, dass der Jagdschein in den Fällen des § 13 Abs. 3–6 WaffG ebenso wie das Waffenrecht zum Umgang mit Waffen berechtigt (OVG Koblenz Beschl. v. 8.1.2018 – 7 B 11798/17, BeckRS 2018, 9909; in Bezug auf den Entziehungsrund auch Lorz/Metzger Rn. 5). Eine Anordnung des Sofortvollzugs kann zu jedem Zeitpunkt des Verfahrens angeordnet werden, nicht aber vor Erlass des Verwaltungsaktes selbst (OVG Magdeburg Beschl. v. 17.5.2021 – 1 M 23/21, BeckRS 2021, 35325). Sie ist durch Anrufung des Verwaltungsgerichtes angreifbar, auch bereits im Widerspruchsverfahren (§ 80 Abs. 5 VwGO).

Ein Jagdschein, der fehlerhaft anstelle eines Jugendjagdscheins einem **Ju-** **13**
gendlichen erteilt worden ist, ist gem. § 18 für ungültig zu erklären und einzuziehen. Die fehlerhafte Erteilung eines Jagdscheins ist dabei den zwingenden Versagungsgründen des § 17 Abs. 1 gleichgestellt (Meyer-Ravenstein LSALJagdG § 18 Rn. 1). Gleiches gilt für den Fall, dass ein Jugendjagdschein

versehentlich an einen Jugendlichen unter 16 Jahren erteilt wurde. In beiden Fällen kann jedoch während des Verfahrens Heilung dadurch eintreten, dass zwischenzeitlich die Altersgrenze erreicht wurde. Eine Einziehung wäre dann unzulässig.

III. Rechtskraft

14 Hängt eine Entscheidung nach § 18 von einer Prognose bezüglich der Zuverlässigkeit ab, deren Grundlage ein **strafrechtlich relevantes Verhalten** darstellt, so ist der rechtskräftige Abschluss des Verfahrens abzuwarten. Für die Anwendung des Gedankens aus § 17 Abs. 5 „Aussetzen der Entscheidung über eine Erteilung" ist hier kein Raum. Diese Frage stellt sich allenfalls nach Ablauf des Jagdscheins im Falle eines neuen Antrags.

IV. Rechtsbehelfe

15 Entziehung und Einziehung des Jagdscheins stellen **belastende Verwaltungsakte** dar. Deren Anfechtung ist somit im Verwaltungsrechtsweg möglich. Ist ein Sofortvollzug nicht angeordnet, so haben Widerspruch und Anfechtungsklage aufschiebende Wirkung (§ 80 Abs. 1 VwGO). In Betracht kommt zudem der Rechtsbehelf der **Fortsetzungsfeststellungsklage.** Ein in der Zulässigkeit notwendiges Fortsetzungsfeststellungsinteresse ist in der Fallgruppe des Rehabilitationsinteresses bereits gegeben, wenn die Entziehung und Einziehung des Jagdscheins einen diskriminierenden Anschein bei Dritten erweckt (OVG Münster Urt. v. 21.2.2014 – 16 A 2367/11, BeckRS 2014, 48479 – „Förster ohne Jagdschein"). Die Rechtmäßigkeit der Entziehung und Einziehung des Jagdscheins wird dabei in allen Rechtsbehelfen anhand „der Sach- und Rechtslage im Zeitpunkt der letzten Verwaltungsentscheidung" (VG Stade Beschl. v. 16.2.2023 – 1 B 85/23, BeckRS 2023, 2158; VG München Urt. v. 31.7.2019 – M 7 K 18/969, BeckRS 2019, 25549) bestimmt.

16 Streitig ist die Frage der Zulässigkeit, wenn zwischenzeitlich der Jagdschein abgelaufen ist. Es kann dann an der **erforderlichen Beschwer** fehlen, selbst dann, wenn zusätzlich eine Sperrfrist angeordnet wurde (VG Kassel Urt. v. 4.11.1982 – IV/V E 3661/82, RdL 1983, 13; aA OVG Münster Urt. v. 8.10.1986 – 20 A 682/86, nv; Meyer-Ravenstein NJagdG § 18 Rn. 5). Dieser Auffassung ist zu folgen, insbesondere wenn zusätzlich eine – selbständig angreifbare – Sperrfrist festgesetzt wurde, und im Hinblick auf eine Verpflichtungsklage für einen neuen Jagdschein im Folgejahr.

V. Folgen

17 Die rechtskräftige Entziehung der Jagderlaubnis wirkt **„ex nunc".** Das gilt auch dann, wenn die Versagungsgründe bereits im Zeitpunkt der Erteilung vorlagen. Damit kann der Jagdscheininhaber bis zum Zeitpunkt der Rechtskraft der Entscheidung nicht wegen einer Ordnungswidrigkeit gem. § 39 Abs. 2 Nr. 1 belangt werden, selbst dann nicht, wenn er selbst die Versagungsgründe kannte (Meyer-Ravenstein NJagdG § 18 Rn. 8).

Mit der **Unanfechtbarkeit** der Entscheidung über Ungültigkeitserklärung und Entziehung des Jagdscheins ergeben sich einschneidende Folgen für den Betroffenen. Die jagdpolizeiliche Befugnis zur Jagdausübung erlischt (Verstoß: Ordnungswidrigkeit gem. § 39 Abs. 2 Nr. 1), ebenso das Privileg des Waffenführens (§ 13 Abs. 6 WaffG, Verstoß: unbefugtes Waffenführen, Straftat gem. § 52 Abs. 1 WaffG). Das Bedürfnis zum Waffenbesitz (§ 13 Abs. 2 WaffG) entfällt. Die Waffenbesitzkarte wird eingezogen, die Waffen sind zu veräußern, zu vernichten, unbrauchbar zu machen oder der Behörde zu überlassen. Ein Jagdpachtvertrag erlischt (§ 13 BJagdG). Unter Umständen können durch die Entziehung entstandene Vermögensnachteile gegenüber der Behörde gem. § 48 Abs. 3 VwVfG geltend gemacht werden (Meyer-Ravenstein NJagdG § 18 Rn. 8, 10). 18

Die Entziehung des Jagdscheins bei einem **Eigenjagdbesitzer** bewirkt, dass dieser uneingeschränkt das Jagdrecht behält, dieses aber aufgrund des fehlenden Jagdausübungsrechts nicht mehr selbst nutzen kann. Er darf über die Eigenjagd verfügen (Verpachtung, Jagderlaubnisschein erteilen, Jäger anstellen), jagdscheinfreie Tätigkeiten ausführen, auch das Aneignungsrecht behält er. Nach Maßgabe einzelner Landesjagdgesetze hat er jedoch der unteren Jagdbehörde einen Jagdscheininhaber als Jagdausübungsberechtigten zu benennen, falls er keine Verpachtung vornimmt oder keinen entgeltlichen Jagderlaubnisschein vergibt. 19

VI. Sperrfrist

§ 18 S. 3 gibt der Behörde die Möglichkeit, mit der Ungültigkeitserklärung oder im Zusammenhang damit in einer **gesonderten Entscheidung** eine Sperrfrist für die Wiedererteilung des Jagdscheins festzusetzen. Die Möglichkeit besteht sowohl beim Vorliegen absoluter als auch fakultativer Versagungsgründe gem. § 17 (Mitzschke/Schäfer § 18 Rn. 6, 7). Die Sperre ist ein zwingender Versagungsgrund gem. § 17 Abs. 1 Nr. 3. Die Anordnung einer Sperre gem. § 18 unterbleibt, wenn eine solche durch Gerichtsentscheid gem. § 41 ergangen ist. 20

Die Sperrfrist ist **zeitlich begrenzt.** Über die Dauer entscheidet die **Behörde nach Ermessen.** Dazu sind die Gesamtumstände zu würdigen, mithin das Gewicht der Anlasstat, die Persönlichkeit des Betroffenen, sein Verhalten als Jäger und der notwendige Zeitraum zur Wiederherstellung der Geeignetheit als Jäger. Die Entscheidung ist zu begründen, ansonsten ist sie ermessensfehlerhaft (OVG Lüneburg Urt. v. 19.10.1978 – III OVG A 254/77, AgrarR 1979, 286). Eine **Mindest- oder Höchstdauer** legt das Gesetz nicht fest. „Frist" bedeutet eine zeitliche Begrenzung, die Sperrfrist darf also nicht „auf Dauer" erfolgen. Die Obergrenze ist bei fünf Jahren anzusetzen. Diese Zeit reicht aus, um dem Betroffenen hinreichend Gelegenheit zu geben, die Voraussetzungen für die Erteilung wieder herzustellen. In Fällen, bei denen dies noch nicht wieder anzunehmen ist, bestehen auch ohne Sperrfrist die Versagungsmöglichkeiten des § 17. In schwerwiegenden Fällen stellt das WaffG ohnehin die zehnjährige Frist der fehlenden Zuverlässigkeit fest (§ 5 Abs. 1 Nr. 1 WaffG). Das VG Düsseldorf erachtet eine zehnjährige Sperre für zulässig, wenn der Betroffene immer wieder Schusswaffen missbräuchlich verwendet (VG Düsseldorf Urt. v. 18.10.1977 – 3 K 10 32/76, nv). Nach Klagerücknahme wurde dieses Urteil durch Beschluss des OVG 21

Münster vom 15.11.78 für unwirksam erklärt (IX A 2227/77). Unzulässig ist es, auf die fünfjährige Regelunzuverlässigkeit des § 5 Abs. 2 WaffG pauschal zu verweisen. Denn die Festsetzung der Sperrfrist hat **absolute Bindungswirkung;** hingegen ist die Regelvermutung lediglich eine widerlegbare Vermutung (BVerwG Urt. v. 22.4.1982 – 3 C 35.81, BeckRS 1982, 31323436). Die Festsetzung einer Sperrfrist ist gesondert anfechtbar. „In die Entscheidung über die Bemessung der Länge der Sperrfrist sind im Fall der § 17 Abs. 1 S. 2 BJagdG, § 5 Abs. 1 Nr. 1 WaffG sämtliche, auch außerhalb der abgeurteilten Tat liegende Umstände einzustellen, die Anlass sein können, von einer Dauer der Unzuverlässigkeit auszugehen, die von der Regelvermutung abweicht" (VG Düsseldorf Urt. v. 16.11.2010 – 15 K 2917/10, BeckRS 2010, 57117). Ein Anspruch auf die Wiedererteilung des Jagdscheins besteht nach dem Ablauf der Sperrfrist nicht (VG Würzburg Urt. v. 23.10.2020 – W 9 K 19/1489, BeckRS 2020, 33753; VG München Urt. v. 17.10.2018 – M 7 K 17/750, BeckRS 2018, 38309). Es ist vielmehr durch die Behörde zu überprüfen, ob etwaige Versagungsgründe gegen eine Wiedererteilung vorliegen (VG Würzburg Urt. v. 23.10.2020 – W 9 K 19/1489, BeckRS 2020, 33753 mwN).

VII. Zuständigkeit

22 Die Zuständigkeit für eine Entscheidung nach § 18 liegt bei der unteren Jagdbehörde, in deren Bezirk der Betroffene seinen **gewöhnlichen Aufenthalt** hat. Während der andauernden Sperrfrist ist die Behörde zur weiteren Überprüfung eines Antrages nicht verpflichtet; nach Ablauf der Sperre erteilt die Behörde nicht ohne Weiteres wieder den Jagdschein, vielmehr ist sie zur Überprüfung der Voraussetzungen verpflichtet, da sich zwischenzeitlich andere Versagungsgründe ergeben haben können (VG Gelsenkirchen Urt. v. 18.8.1982 – 7 K 2799/81, RdL 1983, 12; ähnlich auch Meyer-Ravenstein NJagdG § 18 Rn. 13).

§ 18a Mitteilungspflichten

Die erstmalige Erteilung einer Erlaubnis nach den §§ 15 und 16, das Ergebnis von Überprüfungen nach § 17 sowie Maßnahmen nach den §§ 18, 40, 41 und 41a sind der für den Vollzug des Waffengesetzes nach dessen § 48 Abs. 1 und 2 zuständigen Behörde mitzuteilen.

1 § 18a wurde durch Art. 15 Nr. 2 Waffenrechtneuregelungsgesetz vom 11.10.2002 (BGBl. 2002 I 3970, 4013) in das BJagdG eingefügt und geändert mit Wirkung vom 1.4.2008 durch Gesetz vom 26.3.2008 (BGBl. 2008 I 426).

2 Zweck dieser Bestimmung ist, zwischen den Behörden, die jagdrechtliche bzw. waffenrechtliche Erlaubnisse erteilen, den **Datenaustausch** sicherzustellen. Die erste Erteilung eines Jagdscheins oder Jugendjagdscheins (§§ 15, 16) teilt die Jagdbehörde der zuständigen Waffenbehörde mit, ebenso den Entzug, den Widerruf oder die Einziehung des Jagdscheins (§§ 17, 18, 40, 41), aber auch die Anordnung eines Jagdverbotes (§ 41a). Auf diese Weise verfügt die Waffenbehörde über die Kenntnisse, die für die Privilegierungsnormen des Waffengesetzes für Jäger notwendig sind (Waffenerwerb, Waffenbesitzkarte, Bedürfnis für zwei Kurzwaffen – § 13 WaffG).

V. Abschnitt. Jagdbeschränkungen, Pflichten bei der Jagdausübung und Beunruhigen von Wild

§ 19 Sachliche Verbote

(1) Verboten ist

1. mit Schrot, Posten, gehacktem Blei, Bolzen oder Pfeilen, auch als Fangschuß, auf Schalenwild und Seehunde zu schießen;
2. a) auf Rehwild und Seehunde mit Büchsenpatronen zu schießen, deren Auftreffenergie auf 100 m (E 100) weniger als 1 000 Joule beträgt;
   b) auf alles übrige Schalenwild mit Büchsenpatronen unter einem Kaliber von 6,5 mm zu schießen; im Kaliber 6,5 mm und darüber müssen die Büchsenpatronen eine Auftreffenergie auf 100 m (E 100) von mindestens 2 000 Joule haben;
   c) mit halbautomatischen Langwaffen, die mit insgesamt mehr als drei Patronen geladen sind, sowie mit automatischen Waffen auf Wild zu schießen;
   d) auf Wild mit Pistolen oder Revolvern zu schießen, ausgenommen im Falle der Bau- und Fallenjagd sowie zur Abgabe von Fangschüssen, wenn die Mündungsenergie der Geschosse mindestens 200 Joule beträgt;
3. die Lappjagd innerhalb einer Zone von 300 Metern von der Bezirksgrenze, die Jagd durch Abklingeln der Felder und die Treibjagd bei Mondschein auszuüben;
4. Schalenwild, ausgenommen Schwarzwild, sowie Federwild zur Nachtzeit zu erlegen; als Nachtzeit gilt die Zeit von eineinhalb Stunden nach Sonnenuntergang bis eineinhalb Stunden vor Sonnenaufgang; das Verbot umfaßt nicht die Jagd auf Möwen, Waldschnepfen, Auer-, Birk- und Rackelwild;
5. a) künstliche Lichtquellen, Spiegel, Vorrichtungen zum Anstrahlen oder Beleuchten des Zieles, Nachtzielgeräte, die einen Bildwandler oder eine elektronische Verstärkung besitzen und für Schußwaffen bestimmt sind, Tonbandgeräte oder elektrische Schläge erteilende Geräte beim Fang oder Erlegen von Wild aller Art zu verwenden oder zu nutzen sowie zur Nachtzeit an Leuchttürmen oder Leuchtfeuern Federwild zu fangen;
   b) Vogelleim, Fallen, Angelhaken, Netze, Reusen oder ähnliche Einrichtungen sowie geblendete oder verstümmelte Vögel beim Fang oder Erlegen von Federwild zu verwenden;
6. Belohnungen für den Abschuß oder den Fang von Federwild auszusetzen, zu geben oder zu empfangen;
7. Saufänge, Fang- oder Fallgruben ohne Genehmigung der zuständigen Behörde anzulegen;
8. Schlingen jeder Art, in denen sich Wild fangen kann, herzustellen, feilzubieten, zu erwerben oder aufzustellen;
9. Fanggeräte, die nicht unversehrt fangen oder nicht sofort töten, sowie Selbstschußgeräte zu verwenden;
10. in Notzeiten Schalenwild in einem Umkreis von 200 Metern von Fütterungen zu erlegen;

11. Wild aus Luftfahrzeugen, Kraftfahrzeugen oder maschinengetriebenen Wasserfahrzeugen zu erlegen; das Verbot umfaßt nicht das Erlegen von Wild aus Kraftfahrzeugen durch Körperbehinderte mit Erlaubnis der zuständigen Behörde;
12. die Netzjagd auf Seehunde auszuüben;
13. die Hetzjagd auf Wild auszuüben;
14. die Such- und Treibjagd auf Waldschnepfen im Frühjahr auszuüben;
15. Wild zu vergiften oder vergiftete oder betäubende Köder zu verwenden;
16. die Brackenjagd auf einer Fläche von weniger als 1 000 Hektar auszuüben;
17. Abwurfstangen ohne schriftliche Erlaubnis des Jagdausübungsberechtigten zu sammeln;
18. eingefangenes oder aufgezogenes Wild später als vier Wochen vor Beginn der Jagdausübung auf dieses Wild auszusetzen.

(2) **Die Länder können die Vorschriften des Absatzes 1 mit Ausnahme der Nummer 16 erweitern oder aus besonderen Gründen einschränken; soweit Federwild betroffen ist, ist die Einschränkung nur aus den in Artikel 9 Absatz 1 der Richtlinie 2009/147/EG des Europäischen Parlaments und des Rates vom 30. November 2009 über die Erhaltung der wildlebenden Vogelarten (ABl. L 20 vom 26.1.2010, S. 7) in der jeweils geltenden Fassung genannten Gründen und nach den in Artikel 9 Absatz 2 der Richtlinie 2009/147/EG genannten Maßgaben zulässig.**

(3) [1]**Die in Absatz 1 Nr. 2 Buchstaben a und b vorgeschriebenen Energiewerte können unterschritten werden, wenn von einem staatlichen oder staatlich anerkannten Fachinstitut die Verwendbarkeit der Munition für bestimmte jagdliche Zwecke bestätigt wird.** [2]**Auf der kleinsten Verpackungseinheit der Munition ist das Fachinstitut, das die Prüfung vorgenommen hat, sowie der Verwendungszweck anzugeben.**

Ländervorschriften: § 31 JWMG; Art. 29, 29a BayJG; § 22 LJagdG Bln; § 26 BbgJagdG; Art. 20 BremLJagdG; § 16 HmbJagdG; § 23 HJagdG; §§ 17, 18 und 22 MVLJagdG; § 24 NJagdG; § 19 LJG-NRW; §§ 23, 25 RhPfLJG; § 32 SJG; § 18 SächsJagdG; § 23 LSALJagdG; § 18, 28, 29 SchlHLJagdG; § 29 ThJG.

Übersicht

I. Allgemeines

In § 19 werden bestimmte Formen der Jagdausübung unter ein sachliches Verbot gestellt und damit die **Grundsätze deutscher Weidgerechtigkeit** aus § 1 Abs. 3 konkretisiert. Der Katalog ist dabei nicht abschließend, sondern dient im Zusammenhang mit einer Vielzahl von landesrechtlichen Vorschriften, die unter dem Oberbegriff Sachliche Verbote erlassen worden sind, in Verbindung mit den Bußgeldtatbeständen des § 39 Abs. 1 Nr. 5, Abs. 2 Nr. 2 und den landesrechtlichen OWi-Vorschriften einer Durchsetzung dieser Grundsätze. Gerade beim Einsatz von Hilfsmitteln zur Bejagung sind Gesetzgeber und Gerichte immer wieder gefordert, im Gleichschritt mit dem Aufkommen neuer Techniken, die Frage nach deren Weidgerechtigkeit zu beantworten. Beispielhaft für die Diskussion ist die Reichweite der (waffenrechtlich nunmehr erlaubten) jagdlichen Nutzung bestimmter **Nachtzieltechnik** (→ Rn. 26, → Rn. 57 ff.). Derzeit wird in der Fachwelt noch erörtert, welche Verwendung von **Drohnen** (zumeist mit Wärmebildkameras ausgestattet), die ursprünglich für die Jungwildrettung begrüßt wurden, gegen § 1 Abs. 3 verstößt. So wird beispielsweise das gezielte Beunruhigen und Herausdrücken des Wildes aus seinen Einständen auch ohne explizite Erwähnung im Gesetz als verboten bewertet werden müssen. Der Landesgesetzgeber MV hat nun mit der zum 1.4.2024 in Kraft getretenen Novelle des Jagdgesetzes bestimmt, dass die Nutzung von **Drohnen** bei der Jagdausübung, mit Ausnahme der Jungwildrettung, vollumfänglich verboten wird (→ Rn. 65) und hat selbst die fahrlässige Nutzung als Ordnungswidrigkeit ausgestaltet. Diese Reaktion entspricht der grundlegenden Intention des Bundesgesetzgebers zur Bewertung technischer Neuerungen im Rahmen des § 19 iVm § 1 Abs. 3: Nicht alle von Menschenhand geschaffenen technischen Möglichkeiten, die dem Jäger Überlegenheit gegenüber dem Wild bieten, sollen bei der Jagd zum Einsatz kommen dürfen. 1

Weitere Beschränkungen ergeben sich aus natur-, arten- und tierschutzrechtlichen Vorschriften. Normadressat ist für alle Verbote der zur Jagdausübung Befugte, bei den Verboten des Abs. 1 Nr. 5–9 und 15 darüber hinaus jedermann (vgl. für § 19 Nr. 9 zB VG Magdeburg Urt. v. 16.4.2004 – 1 A 697/03 MD, BeckRS 2004, 160195). 2

II. Verbote im Einzelnen

1. Rauer Schuss, Bolzen und Pfeile

3 Sofern bei der Jagd auf Schalenwild und Seehunde Schrot, Posten oder gehacktes Blei genutzt wird, spricht man vom rauen Schuss, der grundsätzlich verboten ist. Zwar ordnet die Vorschrift das Verbot auch ausdrücklich für den Fall des **Fangschusses** an. Damit ist jedoch nur der „geplante" Fangschuss gemeint. Steht dem Jäger zB im Falle verunfallten Wildes kein anderes Mittel zur Verfügung, ist der Fangschuss mit Schrot zur kurzfristigen Erlösung des Wildes von Schmerzen oder Leiden gerechtfertigt (Mitzschke/Schäfer Rn. 5). Ebenso ist der Fangschuss mit Schrot erlaubt, wenn sich aus Sicherheitsgründen ein Kugelschuss verbietet (so auch ausdrücklich § 32 Abs. 1 Nr. 15 **SJG**). Weder nach Nr. 1 noch nach Nr. 2 ist die Jagd auf Schalenwild mit **Vorderladern** verboten. Allerdings wird man unter Berücksichtigung einer weidgerechten Jagdausübung sowie der tierschutzrechtlich gebotenen schmerzlosen Tötung eines Wirbeltieres gleichwohl zu dem Ergebnis kommen müssen, dass auch die Jagd mit Vorderladern, sofern hieraus verschossene Kugeln nicht zumindest vergleichbare ballistische Werte und Präzision aufweisen wie Flintenlaufgeschosse, nicht zugelassen ist. Einzelne Landesgesetze verbieten diese Waffen daher für die Jagd ausdrücklich, so § 23 Abs. 7 **HJagdG,** § 19 Abs. 1 Nr. 2 **LJG-NRW,** § 23 Abs. 1 Nr. 4 li. d **RhPfLJG,** § 18 Abs. 1 Nr. 4 **SächsJagdG,** § 23 Abs. 2 Nr. 1 **LSALJagdG.** Ob unter Berücksichtigung der Präzision und Tötungswirkung moderner jagdlicher Compoundbögen und bei einer (bei jeder Jagdart gebotenen) Selbstbeschränkung des Schützen bei der Schussentfernung das umfassende Verbot der Bogenjagd noch zeitgemäß ist, ist indes fraglich. Die Erfahrungen aus dem Ausland sowie verschiedene Modellprojekte legen den Schluss nahe, dass die ordnungsgemäß ausgeübte **Bogenjagd** nicht gegen die Grundsätze der Weidgerechtigkeit verstößt. In bestimmten Fällen (zB Jagd im Stadtgebiet) dürfte eine Zulassung sogar sinnvoll sein.

4 Bei **Schrot** handelt es sich um die aus Schrotkörnern (Bleikugeln) mit einem Durchmesser von 1,7-4 mm bestehende Ladung von Schrotpatronen, die aus einem nicht gezogenen, also glatten Lauf (Flintenlauf) verschossen wird. **Posten** bestehen ebenfalls aus Schrot, allerdings mit einem Korndurchmesser von über 4–9 mm. Dagegen setzt sich **gehacktes Blei** aus unregelmäßig geformten, kantigen Bleistücken zusammen, während unter **Bolzen** Geschosse zu verstehen sind, die mechanisch, zB mit der Armbrust, einer Schleuder oder mit Luftgewehren, verschossen werden und anders als Pfeile eher kompakt sind. Bei **Pfeilen** handelt es sich ebenfalls um Geschosse, die in aller Regel aber länglich sind und mit Hilfe von Bögen oder ebenfalls Armbrüsten verschossen werden.

5 Das Verbot in Abs. 1 Nr. 1 bezieht sich nur auf die Bejagung von Schalenwild und Seehunden. Diverse Länder haben aber das Verbot auch auf die übrigen Wildarten erstreckt, so § 31 Abs. 1 Nr. 3 **JWMG,** § 23 Abs. 7 **HJagdG,** § 22 Abs. 6 **MVLJagdG** iVm § 3 Abs. 1 Nr. 3 **JagdZVO MV,** § 24 Abs. 1 **NJagdG,** § 19 Abs. 1 Nr. 2 **LJG-NRW,** § 23 Abs. 1 Nr. 1**RhPfLJG,** § 32 Abs. 1 Nr. 9 **SJG,** § 23 Abs. 2 Nr. 1 **LSALJagdG** und § 29 Abs. 5 Nr. 7 **SchlHLJagdG.**

2. Waffen und Munition

In Abs. 1 Nr. 2 sowie den zugehörigen landesgesetzlichen Regelungen werden diverse Rahmenbedingungen für die Jagd mit Lang- und Kurzwaffen aufgestellt. So dürfen nach Abs. 1 Nr. 2 lit. a, b und d aus Gründen des Tierschutzes nur Patronen mit einer im Einzelnen gesetzlich geregelten Auftreffenergie verwendet werden. Soweit das Gesetz von Büchsenpatronen spricht, gilt das Verbot nicht für die Patronen für Faustfeuerwaffen, ferner nicht für **Flintenlaufgeschosse.** Dies sind Geschosse, die aus einem glatten Lauf (Flintenlauf) verschossen werden, aber im Gegensatz zu Schrot aus einem dem Durchmesser des Laufes entsprechenden Einzelgeschoss bestehen. 6

a) Abs. 1 Nr. 2 lit. a. Bei der Jagd auf Rehwild und Seehunde müssen Büchsenpatronen eine Auftreffenergie auf 100 m von mindestens 1.000 Joule aufweisen. 7

b) Abs. 1 Nr. 2 lit. b. Bei der Jagd auf alles übrige Schalenwild müssen Büchsenpatronen ein Mindestkaliber von 6,5 mm haben und darüber hinaus eine Auftreffenergie auf 100 m von mindestens 2.000 Joule erreichen. Dies bedeutet, dass in Deutschland zB die im Ausland auch bei der Jagd auf Hochwild genutzte .243 Winchester und die alte „Försterpatrone" 9,3 × 72 R nicht bei der Jagd auf alles übrige Schalenwild zugelassen sind. Das Verbot gilt unabhängig von der Stärke des einzelnen Stücks, so dass auch kleinste Frischlinge, Damkälber, Muffellämmer oder Gamskitze nicht mit einem Geschoss in einem derartigen Kaliber erlegt werden dürfen. Einzelne Bundesländer (zB § 19 Abs. 1 Nr. 5 **LJG-NRW**) haben jedoch hiervon Abweichungen in Bezug auf die Frischlingsbejagung zugelassen. 8

c) Abs. 1 Nr. 2 lit. c. Die bis 9.11.2016 geltende Fassung des Gesetzes verbot es, „auf Wild mit halbautomatischen oder automatischen Waffen, die mehr als zwei Patronen in das Magazin aufnehmen können, zu schießen". Hierbei handelt es sich um Schusswaffen, die nach Abgabe eines Schusses nicht wieder geladen werden müssen (Selbstlader), wobei bei **automatischen Waffen** solange Schüsse abgegeben werden wie der Abzug durchgezogen bleibt, während bei einer **halbautomatischen Waffe** der Abzug vor Abgabe eines weiteren Schusses jeweils neu betätigt werden muss. In Einklang mit dem Wortlaut („Verboten ist, auf Wild mit […] zu schießen" wurde die Vorschrift von der Rspr. und Lit. (OVG Münster Urt. v. 24.9.2014 – 20 A 1347/12, BeckRS 2014, 57344; Gade/Stoppa, 1. Aufl. 2011, WaffG § 13 Rn. 18; Steindorf/Heinrich WaffG § 13 Rn. 5) und einer jahrzehntelangen Rechtsanwenderpraxis als Handlungsverbot verstanden. Da (halb)automatische Waffen üblicherweise mit Magazinen unterschiedlicher Kapazität verwendet werden und die Magazine fortlaufend ausgewechselt werden können, sollte auch die die Magazinkapazität beschränkende Regelung kein Verbot der Waffe selbst darstellen, sondern ein Verbot der Verwendung eben mit bestimmten Magazinen (so ausdrücklich OVG Münster Urt. v. 24.9.2014 – 20 A 1347/12, BeckRS 2014, 57344; Steindorf/Heinrich WaffG § 13 Rn. 5). Magazine mit einer Aufnahmekapazität von zwei Schuss sind bei jagdlichen Halbautomaten auch die Standardausrüstung ab Werk. In zwei Entscheidungen hatte sich dann das **BVerwG** (BVerwG Urt. v. 7.3.2016 – 6 C 60/14, NVwZ-RR 2016, 904; Parallelentscheidung = Az. 6 C 59/14), entgegen der bisherigen jahrzehntelangen Auslegungs- 9 praxis, auf den Standpunkt gestellt, Abs. 1 Nr. 2 lit. c ordne kein Verwendungs-, sondern ein Besitzverbot an. Dem Jäger sei – da er solche Waffen nicht verwenden dürfe – das waffenrechtliche Bedürfnis für den Erwerb von Halbautomaten mit Magazinwechselmöglichkeit abzusprechen. Bereits die bauartbedingte Möglichkeit, andere Magazine als solche mit einer Kapazität von zwei Patronen zu verwenden, mache die Waffe für Jäger zur verbotenen Waffe (BVerwG Urt. v. 7.3.2016 – 6 C 60/14, NVwZ-RR 2016, 904). Der Gesetzgeber, dessen vermeintlichen Willen das BVerwG für seine Normauslegung unterstellt hatte, sah sich in der Folge zu einer **Klarstellung** gezwungen, zumal sich aufgrund der jahrzehntelangen Auslegungspraxis solche Waffen zahlreich rechtmäßig im Jägerbesitz befanden (Gade/Stoppa, 1. Aufl. 2011, WaffG § 13 Rn. 18). Die **Neufassung** des Abs. 1 Nr. 2 lit. c besagt nun, dass es verboten ist, „mit halbautomatischen Langwaffen, die mit insgesamt mehr als drei Patronen geladen sind, sowie mit automatischen Waffen auf Wild zu schießen". Das absolute Verbot der Jagdausübung mit vollautomatischen Waffen hat indes wohl kaum einen praktischen Anwendungsbereich, da solche Waffen ohnehin verbotene Waffen iSd § 2 Abs. 3 WaffG iVm Anl. 2 Abschn. 1 Nr. 1.2.1.1 zum WaffG sind. Bezüglich der halbautomatischen Waffen ist die Reaktion des Gesetzgebers zwar begrüßenswert, da sie die durch die Entscheidungen des BVerwG geschaffene Rechtsunsicherheit schnell wieder beseitigt hat. Die dabei verwendete sprachliche Neufassung hat aber den Nachteil, dass sie die Verfolgung (ein Verstoß gegen Abs. 1 Nr. 2 lit. c stellt eine Ordnungswidrigkeit nach § 39 Abs. 2 Nr. 2 dar und stellt zugleich die jagdrechtliche Zuverlässigkeit infrage) solcher Jäger erheblich erschwert, die – wie leider auf Bewegungsjagden gelegentlich wahrzunehmen – die Selbstladewaffe offensichtlich mit insgesamt mehr als drei Patronen geladen haben. Nach der alten Gesetzesfassung griff das Verbot schon in dem Moment, in dem der Jäger unmittelbar mit einem in die Waffe eingeführten, unzulässig großen Magazin bei der befugten Jagdausübung angetroffen wurde (Gade/Stoppa, 1. Aufl. 2011, WaffG § 13 Rn. 18). Solche Beobachtungen durch Zeugen – wie etwa Treiber – waren damit ein geeignetes Beweismittel, da beispielsweise Fünf-Schuss-Magazine typischerweise sichtbar über den Schaft hinausragen, während zugelassene Zwei-Schuss-Magazine sich meist bündig einfügen. Nach der Neufassung des Gesetzes kann der **Nachweis eines Verstoßes** gegen Abs. 1 Nr. 2 lit. c so nicht mehr geführt werden. Da nun die Verwendung auch größerer Magazine erlaubt ist, kann der Verwender solcher Magazine behaupten, die Waffe sei, trotz der größeren technischen Lademöglichkeit, entsprechend Abs. 1 Nr. 2 lit. c insgesamt mit nicht mehr als drei Schuss geladen gewesen. Ein Nachweis eines Verstoßes gegen die Vorschrift wird daher nach der Neufassung des Gesetzes nur noch möglich sein, wenn ein Zeuge die Abgabe von mehr als drei Schüssen in Folge ohne gleichzeitigen Magazinwechsel gesehen hat oder eine Schussfrequenz bezeugen kann, die nicht anders als mit einem in größerem Umfang als erlaubt geladenen Magazin erklärbar ist. Diese Konsequenz der neuen Gesetzesfassung ist im Hinblick auf die Einhaltung der Grundsätze der Weidgerechtigkeit, insbesondere bei Bewegungsjagden, als misslich zu bewerten.

9a Bemerkenswert ist in diesem Zusammenhang die Neufassung der korrespondierenden Vorschrift im Vollgesetz **JWMG** in **Baden-Württemberg.** Während nach § 31 Abs. 1 Nr. 7 lit. c **JWMG** in der bis zum 29.6.2020 geltenden Fassung bestimmt war, dass es verboten ist, auf Wildtiere mit halbautomatischen oder automatischen Waffen, die mehr als zwei Patronen in das Magazin aufnehmen können, zu schießen, lautet das Gesetz in der ab dem 30.6.2020 geltenden Fassung, dass es verboten ist, auf Wildtiere mit halbautomatischen Langwaffen, die mit **insgesamt mehr als fünf Patronen** geladen sind, zu schießen. Zwar sind die Länder infolge der Föderalismusreform I im Grundsatz frei darin, die sachlichen Verbote des Abs. 1 zu erweitern, einzuschränken oder auch neue Verbote zu definieren. Sie haben dabei jedoch die Vorgaben abweichungsfesten Bundesrechts, des Verfassungs- und EU-Rechts sowie internationaler Artenschutzabkommen einzuhalten (→ Rn. 57). Diese dürfte der Landesgesetzgeber mit der Neufassung der Vorschrift jedoch tatsächlich **missachtet** haben. Pießkalla weist umfassend nach, dass die in § 31 Abs. 1 Nr. 7 lit. c JWMG enthaltene Regelung zum Einsatz halbautomatischer Langwaffen bei der Jagd, soweit die von der **BernK,** der **FFH-RL** oder der **Vogelschutz-RL** erfassten Arten betroffen sind, gegen eben diese Vorgaben verstößt (Pießkalla VwBlBW 11/23, 451 ff.). Für jagende Privatpersonen hat diese Bewertung keine direkten Folgen, da sie nicht Völkerrechtssubjekt oder Richtlinienadressat sind. Etwas anderes gilt für die Organe und Institutionen der unmittelbaren und mittelbaren Staatsverwaltung von Bund, Ländern und Kommunen. Üben sie im Land Baden-Württemberg die Jagd aus, sind sie an die Vorgaben der BernK, der FFH-RL und der Vogelschutz-RL gebunden (Pießkalla VwBlBW 11/23, 451 ff.). Sie haben deshalb dafür zu sorgen, dass bei der Jagd auf geschützte Tierarten keine halbautomatischen Jagdwaffen verwendet werden, deren im konkreten Fall eingesetzte Magazine mehr als zwei Patronen aufnehmen können. Magazingehäuse mit größerer Kapazität müssen daher durch Schusszahlbegrenzer auf maximal zwei Schuss limitiert werden (Pießkalla VwBlBW 11/23, 451 ff.). Bis der Landesgesetzgeber die Vorschrift konventions- und richtlinienkonform abgeändert hat, trifft daher insbesondere **Jagdleiter** und selbst die Jagd ausübende **Bedienstete** des staatlichen Forstwesens die Pflicht zur Durchsetzung und Einhaltung dieser für sie zuverlässigkeitsrelevanten Maßgaben.

d) Abs. 1 Nr. 2 lit. d. Nr. 2 lit. d regelt das Verbot der Jagdausübung auf **10**
sämtliches Wild mit Hilfe von **Kurzwaffen,** also Pistolen oder Revolvern. Ausgenommen von diesem Verbot sind lediglich die Bau- und Fallenjagd sowie die Abgabe von Fangschüssen, sofern die Mündungsenergie der Geschosse mindestens 200 Joule beträgt. Ob sich dieses Gebot einer Mindestmündungsenergie auf beide Ausnahmetatbestände der Vorschrift oder nur auf den **Fangschuss** bezieht, ist umstritten. Bei verständiger Auslegung des Verbotes erscheint es nicht geboten, im Falle der Abgabe von Schüssen auf kleines Haarwild am Bau oder in der Falle, bei der die Schüsse aus nächster Nähe abgegeben werden, diese Mündungsenergie zu fordern. Die Einschränkung $E0 > 200$ Joule ist daher nur auf den Fangschuss, der häufig auch auf wesentlich größere Wildarten erfolgen muss, zu beziehen (aA Mitzschke/Schäfer Rn. 7). Die Richtigkeit der hier vertretenen Auffassung wird dadurch bestätigt, dass auch die Länder teilweise entsprechende Differenzierungen normiert haben. So wird zB durch § 31 Abs. 1 Nr. 7 lit. d **JWMG** die Abgabe von Fangschüssen mit Kurzwaffen erlaubt, wenn die Mündungsenergie der Geschosse mindestens 200 Joule beträgt, sowie die Bau- und Fallenjagd mit Kurzwaffen, wenn die Mündungsenergie der Geschosse mindestens 100 Joule beträgt. § 23 Abs. 1 Nr. 4 lit. c **RhPfLJG** sieht nur für den Fangschuss eine Mindestmündungsenergie von 200 Joule vor, für die Bau- und

Fallenjagd werden keinerlei Vorgaben gemacht. § 23 Abs. 1 **HJagdG** gestattet ausdrücklich bei der Fangjagd die Verwendung von Schusswaffen, bei denen die Mündungsenergie der Geschosse weniger als 200 Joule beträgt.

3. Jagdausübungsverbote

11 Mit diesen Verboten werden bestimmte Arten der Jagdausübung, nämlich die Lappjagd innerhalb einer Zone von 300 m zur Jagdbezirksgrenze, das Abklingeln der Felder sowie die Treibjagd bei Mondschein verboten.

12 Bei der **Lappjagd** werden Stoff- oder Papierlappen, meistens farbig oder mit geruchsbildenden Stoffen getränkt, aufgehängt. Das Wild verlässt im Idealfall das bejagte Gebiet an den Stellen, an denen sich keine Lappen befinden und kann dort von den Schützen erlegt werden. Die Lappjagd als solche ist nicht verboten. Vielmehr hat der Gesetzgeber zum Schutze der Interessen des Reviernachbarn eine Verbotszone von 300 m, ausgehend von der Reviergrenze, festgelegt, innerhalb derer eine Jagdausübung mit Hilfe von Lappen nicht erlaubt ist.

13 Eine Verlappung **allein** zum Zwecke der **Verkehrssicherung** oder auch zur **Wildschadensverhütung** ist nicht verboten (so schon Welp in der Vorauflage). Gleiches gilt für eine Verlappung, die das **Überjagen** von Hunden verhindern soll (Nopens, 24. Tagungsband Fortbildungsveranstaltung Jagdrecht des DJRT, 2017, S. 126). Wie effektiv ein Abdrängen des Wildes durch Lappen ist, ist umstritten. Das LG Bielefeld hat jedenfalls grundlegend die Geeignetheit einer Verlappung zum Schutz des Straßenverkehrs in Zweifel gezogen (LG Bielefeld BeckRS 2008, 10714). Möchte der Jagdausübungsberechtigte gleichwohl Straßen im Revier verlappen, ist zu beachten, dass Abs. 1 Nr. 3 zwar nicht die Lappjagd als solche verbietet, aber die Ausübung der Jagd mithilfe von Lappen innerhalb einer Zone von 300 m von der Reviergrenze. Lediglich die Kombination einer Verlappung mit einer Jagdausübung näher als 300 m von der Reviergrenze ist mithin tatbestandlich. Dass die Lappen als Mittel der Verkehrssicherung deklariert werden, ist unbeachtlich, da für Abs. 1 Nr. 3 **bedingter Vorsatz** genügt. Es stellt somit auch eine verbotene Lappjagd dar, wenn die Reviergrenze zur **Verkehrssicherung** bzgl. einer dort verlaufenden Straße während der Zeit einer dort stattfindenden Jagdausübung verlappt wird. Denn die Wirkung der Lappen, dh das Abdrängen des flüchtenden Wildes zurück ins eigene Revier, wird zumindest **billigend in Kauf genommen.** Wenn eine solche Verkehrssicherungsmaßnahme durchgeführt werden soll, dann sind entweder die Verlappungen weiter als 300 m abseits der Grenze zu errichten oder es hat innerhalb einer 300-Meter-Zone hinter der Verlappung die Jagdausübung zu unterbleiben, dh es dürfen hier keine Schützen positioniert werden und keine Stöberhunde zum Einsatz kommen (so auch Nopens, 24. Tagungsband, Fortbildungsveranstaltung Jagdrecht des DJRT, 2017, S. 126; zutreffend daher auch: Anweisung des Ministeriums für Ländliche Entwicklung, Umwelt und Landwirtschaft in Brandenburg vom 22.11.2016 an die Unteren Jagdbehörden).

14 Beim **Abklingeln** von Feldern werden diese von mehreren Personen durchstreift, die entweder Glöckchen bei sich tragen oder ein mit mehreren Glöckchen versehenes Seil über den Bewuchs schleifen, um so das Wild in die Flucht zu treiben. Schon Mitzschke/Schäfer Rn. 12 wies im Jahr 1982 zutreffend darauf hin, dass es sich dabei um eine vollkommen ungebräuchlich gewordene Jagdmethode handelt.

15 Unter einer **Treibjagd** ist jedes planmäßig zusammenhängende Jagen mehrerer Schützen unter Mitwirkung anderer Personen, die – sei es auch zugleich mit den Schützen – das Wild aufscheuchen und es so den Schützen ermöglichen, das fliehende Wild zu erlegen (AG Landau Urt. v. 23.10.1980 – 3 C 351/80, JE I Nr. 14). Die Treibjagd ist eine Unterart der Gesellschaftsjagd, so dass bezüglich der landesspezifischen Regelungen und der Definition auf → § 16 Rn. 10 verwiesen werden kann. Im Zweifel ist schon das Zusammenwirken von zwei Schützen und einem Treiber tatbestandlich (Lorz/Metzger Rn. 7). Hintergrund des Verbotes der Treibjagd bei Mondschein ist nicht nur ein tierschützerisches Motiv, nämlich das Wild vor Störungen in der Nachtzeit zu bewahren, sondern darüber hinaus auch die Tatsache, dass selbst bei hellstem Mondschein die Lichtverhältnisse nur unvollkommen sind, und so Gefahr für Leib und Leben der Beteiligten, aber auch von Unbeteiligten, nicht auszuschließen ist.

4. Nachtjagdverbot

16 Auch dieses Verbot ist Ausfluss des Tierschutzgedankens, da sämtlichen Schalenwildarten, mit Ausnahme des Schwarzwilds, sowie dem Federwild die Möglichkeit der störungsfreien Nachtruhe ermöglicht werden soll. Definiert wird die **Nachtzeit** dabei als die Zeit von 1,5 Stunden nach Sonnenuntergang (bezogen auf den geographischen Standort des Jägers) bis 1,5 Stunden vor Sonnenaufgang, unabhängig von der Qualität des verbliebenen Restlichts oder etwaigen Mondscheins.

17 Generell ausgenommen von dem Jagdverbot zur Nachtzeit, und zwar unabhängig davon, ob bei Mondlicht oder nicht, ist die Jagd auf Schwarzwild, aber auch die Jagd auf Möwen, Waldschnepfen, Auer-, Birk- und Rackelwild. Bei Auer-, Birk- und Rackelwild entfaltet diese Ausnahmevorschrift jedoch derzeit, aufgrund der ganzjährigen Schonzeit, keine praktische Wirkung.

18 Das bundesgesetzlich nur für Schalenwild (mit Ausnahme von Schwarzwild) und Federwild bestehende Verbot wurde landesgesetzlich in Art. 29 Abs. 2 Nr. 3 **BayJG** auf sonstiges Haarwild, mit Ausnahme von Schwarz- und Raubwild, **erweitert.** § 19 Abs. 1 Nr. 6 **LJG-NRW** verbietet es, jedwedes Wild, ausgenommen Schwarzwild und Raubwild, zur Nachtzeit zu erlegen. In § 32 Abs. 1 Nr. 4 **SJG** wird die Jagd auf sämtliches Haarwild, mit Ausnahme der Jagd auf Schwarzwild, Raubwild und Wildkaninchen, zur Nachtzeit verboten. Die erlaubte Fallenjagd wird von dem Verbot ausgenommen.

19 Dagegen wurde das Nachtjagdverbot in verschiedenen Landesjagdgesetzen **eingeschränkt.** In § 31 Abs. 1 Nr. 9 **JWMG** ist von dem Verbot ausgenommen das Erlegen von Schwarzwild und in der Zeit nach Sonnenuntergang bis 22 Uhr das Erlegen von weiblichem Rotwild und Rotwildkälbern. § 16 Abs. 2 **HmbJagdG** gestattet generell die Erlegung von Schalenwild zur Nachtzeit. Gemäß § 23 Abs. 2 **HJagdG** darf Rotwild zur Nachtzeit außerhalb von Rotwildgebieten oder in Rotwildgebieten außerhalb des Waldes erlegt werden, wenn dies zur Erfüllung des Abschussplanes notwendig ist. Nach § 17 **MVLJagdG** ist vom 1.10. bis 31.1. die Erlegung von Rot- und Damwild generell zur Nachtzeit gestattet. § 29 Abs. 1 **SchlHLJagdG** erlaubt die Nachtjagd auf Rot- und Damwild in der Zeit vom 1.11. bis 31.1., wenn dies zur Erfüllung der Abschusspläne erforderlich ist und soweit die zuständige Behörde nicht auf Antrag der Mehrheit der im Kreis vertretenen Hoch-

wild-Hegegemeinschaften diese Ausnahmen wieder eingeschränkt oder aufgehoben hat. Alle Bundesländer sehen überdies die Möglichkeit vor, durch Verordnung und/oder jagdbehördliche Anordnung unter bestimmten Voraussetzungen von dem Nachtjagdverbot erweiternd oder beschränkend abzuweichen.

20 Hinsichtlich eines Verstoßes gegen diese Regelung hat der VGH Mannheim den Abschuss einer Ricke zur Nachtzeit betreffend festgestellt, dass ein solches Vorgehen eines Jägers dessen Unzuverlässigkeit iSv § 17 Abs. 4 Nr. 2 indiziere (VGH Mannheim Beschl. v. 22.11.1996 – 5 S 2661/96, DÖV 1997, 469 = FHOeffR 48 Nr. 10684). Diese Auffassung ist in der behördlichen und gerichtlichen Praxis nicht unkritisch zu übernehmen, zumal in dem entschiedenen Fall im Streite stand, ob sich der Betroffene nicht auf § 22a Abs. 1 berufen durfte. Dass ein Verstoß gegen Jagdverbote iSd § 19 oder die ergänzenden landesrechtlichen Vorschriften automatisch die jagdrechtliche Unzuverlässigkeit des betreffenden Jagdscheininhabers nach sich zieht, kann vom Gesetzgeber nicht gewollt sein. Ansonsten würden die nach § 41a mögliche Verhängung eines Jagdverbotes als Nebenstrafe zu einer nach § 39 Abs. 3 verhängten Geldbuße ins Leere laufen (→ § 17 Rn. 54; → § 41a Rn. 6).

5. Verbot bestimmter Hilfsmittel

21 **a) Abs. 1 Nr. 5 lit. a.** Nach **Abs. 1 Nr. 5 lit. a** ist es dem Jäger untersagt, künstliche Lichtquellen, Nachtzielgeräte und andere im Einzelnen aufgeführte technische Hilfsmittel beim Fang oder Erlegen von Wild aller Art zu verwenden oder zu nutzen, sowie zur Nachtzeit an Leuchttürmen oder Leuchtfeuern Federwild zu fangen. Die Vorschrift ist Ausdruck der Weidgerechtigkeit. Nicht alle von Menschenhand geschaffenen technischen Möglichkeiten, die dem Jäger Überlegenheit gegenüber dem Wild bieten, sollen bei der Jagd zum Einsatz kommen dürfen.

22 Zu den **künstlichen Lichtquellen** gehören unter anderem Kraftfahrzeugscheinwerfer, Handscheinwerfer, Taschenlampen, Gewehrscheinwerfer, Lichtspiegel und Laserstrahler, insgesamt also sämtliche Vorrichtungen, die geeignet sind, ein Ziel anzustrahlen oder zu beleuchten. Mehrere Bundesländer haben indes wegen des Herannahens der Afrikanischen Schweinepest das Verbot gelockert und erlauben den Einsatz von Lampen (ohne die waffenrechtlich verbotene Montage an der Waffe) zur Schwarzwildbejagung.

23 Nicht verboten ist es, künstliche Lichtquellen **nach Abgabe des Schusses** einzusetzen (ebenso Erbs/Kohlhaas/Metzger Rn. 12), so bei der Kontrolle des Anschusses und beim Aufbrechen. Aus Gründen des Tierschutzes und der Sicherheit ist auch bei einer **Nachsuche** oder beim **Fangschuss** der Einsatz von künstlichen Lichtquellen als erlaubt zu bewerten, da es hier nicht darum geht, sich gegenüber dem anvisierten Tier technisch in Vorteil zu setzen, sondern dessen mögliche Leiden schnellstmöglich und sicher zu beenden.

24 Nicht umfasst von dem Verbot künstlicher Lichtquellen sind **Leuchtabsehen** bzw. Rotpunktvisiere, da diese nicht das Ziel selbst anstrahlen, sondern lediglich die Zieleinrichtung.

25 Nach der gesetzgeberischen Intention (vgl. BT-Drs. 7/4285, 20) ist nicht nur der zielgerichtete Einsatz eigener künstlicher Lichtquellen durch den Jäger verboten, sondern auch das Ausnutzen **vorhandener, nicht selbst gesetzter Lichtquellen,** wie zB des Flutlichts eines Sportplatzes, der Stra-

ßenbeleuchtung, einer Flugfeldbeleuchtung oder der Scheinwerfer fremder Fahrzeuge. In Anbetracht der zunehmenden Besiedelung wirft dies Abgrenzungsprobleme auf, da es außerhalb von Wäldern immer weniger Bereiche ohne jegliche künstliche Lichtquellen gibt. Die Annahme von Lorz/Metzger/Stöckel/Metzger, 3. Aufl. 1998, Rn. 13, dass ein Verbot des Jagens im Lichtkegel von Straßenlaternen etc nicht anzuerkennen sei, erscheint im Lichte der aus den Gesetzgebungsmaterialien herzuleitenden Intention des Gesetzgebers wegen der Rechtsbindung der Verwaltung und der Gerichte indes zu weitgehend. In BT-Drs. 7/4285, 20 ist die „Ausnutzung" vorhandener „Lichtquellen" als verbotswidriges Verhalten definiert. Wer im direkten Lichtkegel einer Straßenlaterne zB am Straßenrand äsendes Wild erlegt, der nutzt eben diese Lichtquelle aus (so auch Mitzschke/Schäfer Rn. 20 mit dem Hinweis, dass die Ergänzung des Wortlautes im Zuge der in BT-Drs. 7/4285 behandelten Gesetzesänderung erfolgte, um gerade solche Fälle zu erfassen). Zuzustimmen ist Lorz/Metzger/Stöckel/Metzger, 3. Aufl. 1998, Rn. 14 aber für die Fälle, in denen die nicht selbst geschaffene Beleuchtung nicht wie ein eigener Scheinwerfer oÄ wirkt, sondern es sich um **indirekte Lichteinwirkung** handelt. In Anbetracht des zunehmenden Problems der sog. Lichtverschmutzung (vgl. https://de.wikipedia.org/wiki/Lichtverschmutzung) wäre anderenfalls am Rande von Städten, Industrieanlagen, Flughäfen etc eine Bejagung nicht mehr möglich. Zum einen besteht dort häufig eine dauerhafte indirekte Beleuchtung durch installierte Scheinwerfer und Lichtmasten. Zum anderen kommt es in stadtnah gelegenen Revieren auch im Wald bei bedecktem Himmel zu dem Phänomen eines zumindest auf Kirrungsentfernung jagdlich nutzbaren diffus reflektierten Lichtscheins. Solche indirekten Lichteinwirkungen vom Verbotstatbestand des Abs. 1 Nr. 5 lit. a zu erfassen, dürfte in der Tat zu weitgehend sein. Tatbestandlich ist (neben der Nutzung eigener Lichtquellen) folglich nur die Ausnutzung direkt das Wild beleuchtender fremder Lichtkegel.

Das Verbot der Verwendung von **Nachtzielgeräten,** die einen Bildwand- 26
ler oder eine elektronische Verstärkung besitzen und für Schusswaffen bestimmt sind, erfasst insbes. Restlichtverstärker und Wärmebildgeräte. Für Schusswaffen bestimmt sind solche Geräte, die nach ihrer Bauart keinen anderen Verwendungszweck als die Montage auf einer Waffe erkennen lassen. Typischerweise sind das Geräte, die von ihrem Erscheinungsbild einem Zielfernrohr ähnlich sind und unmittelbar auf die waffenseitige Montagebasis gesetzt werden können, auf der ansonsten ein normales Zielfernrohr sitzt. **Nachtsichtgeräte,** die nicht für Schusswaffen bestimmt sind, sind nicht von dem Verwendungsverbot umfasst, weil sie lediglich zum Beobachten von Wild, nicht aber zu dessen Erlegung genutzt werden. **Nachtsichtvorsatzgeräte,** die mittels eines Klemmadapters vor Tageslichtoptiken (Ferngläser, Kameras, aber auch Zielfernrohre) gesetzt werden können und neben dem Klemmadapter häufig auch einen Okularaufsatz beinhalten, sind sog. „Dual-Use"-Gegenstände, die neben einer illegalen auch eine legale Verwendungsmöglichkeit haben. Wegen des legalen Anwendungsbereichs (Verwendung als reines Nachsichtgerät oder in Kombination mit einer Kamera oder einem Fernglas) stuft das Bundeskriminalamt, aufgrund der Vorgaben des BVerwG in der „Lampenset"-Entscheidung (BVerwG Urt. v. 24.6.2009 – 6 C 21/08, NVwZ-RR 2009, 838), in entsprechenden Feststellungsbescheiden (https://www.bka.de/DE/UnsereAufgaben/Deliktsbereiche/Waffen/Feststellungsbescheide/SonstigeGegenstaende/sonstige_node.html, zuletzt abgerufen am

6.5.2024) solche Geräte als waffenrechtlich nicht verboten ein. Werden sie allerdings vor ein Zielfernrohr gesetzt oder in anderer Weise mit der Waffe verbunden, lag bislang nicht nur ein Verstoß gegen Abs. 1 Nr. 5 lit. a, sondern auch eine Straftat nach § 52 Abs. 3 Nr. 1 WaffG vor. Nunmehr wurde, unter dem Eindruck der wirtschaftlichen Bedrohung durch eine mögliche Ausbreitung der Afrikanischen Schweinepest, sowohl das **WaffG** als auch zum Teil das Landesjagdrecht zugunsten der Jäger modifiziert. So bestimmt § 40 Abs. 3 S. 4 **WaffG** nun, dass Inhaber eines gültigen Jagdscheins iSv § 15 Abs. 2 S. 1 **für jagdliche Zwecke** Umgang mit **Nachtsichtvorsätzen** und **Nachtsichtaufsätzen** haben dürfen. Die beschränkte Verweisung bedeutet, dass Inhaber eines Jugendjagdscheins iSd § 16 nicht unter die Verbotsausnahme fallen (Gade/Gade WaffG § 40 Rn. 6dc). Zugleich weist § 40 Abs. 3 S. 5 **WaffG** darauf hin, dass jagdrechtliche Verbote oder Beschränkungen der Nutzung von Nachtsichtvorsatzgeräten und Nachtsichtaufsätzen unberührt bleiben. Entscheidend für die **Reichweite der Umgangsbefugnis** für Jäger mit solchen, für sie waffenrechtlich nun erlaubten, Geräten ist mithin das **Jagdrecht.** Waffenrechtlich bleibt allerdings zu beachten, dass „echte" Nachtzielgeräte, also solche mit eingebautem Absehen, verboten bleiben (Gade/Gade WaffG § 40 Rn. 6d). Der Verbotsausnahme unterfallen also nur solche Geräte, die **zusätzlich einer Zielhilfe** bedürfen, vor oder hinter die sie gesetzt werden können (Gade/Gade WaffG § 40 Rn. 6d). Misslich für die Anwender der meist kostengünstigeren digitalen Nachtsichttechnik ist in diesem Zusammenhang, dass solche Geräte nach der aktuellen Rechtslage im Waffenrecht keinen **integrierten Infrarotaufheller** haben dürfen, ohne den sie aber regelmäßig nicht vernünftig genutzt werden können (Gade/Gade WaffG § 40 Rn. 6d). Jagdrechtlich haben die **Bundesländer** (vgl. zu den einzelnen landesrechtlichen Regelungen im Detail → Rn. 58 ff.) auf unterschiedliche Weise von der nunmehr waffenrechtlich eröffneten Möglichkeit der Legalisierung Gebrauch gemacht. Zumeist ist eine Freigabe zur Schwarz- und/oder Raubwildbejagung normiert worden. Waldbaulich begründeten Begehrlichkeiten einer Erstreckung auf wiederkäuende Schalenwildarten wurde – zB aktuell in MV im Rahmen der dortigen Novelle des **MVLJagdG** – bislang nicht entsprochen (teilweise erlaubt in BW; → Rn. 58). Hierfür streitet, das Ruhebedürfnis dieser Wildarten zu respektieren, die bei störungsarmen Umweltbedingungen eher tagaktiv sind und so auch bejagt werden können. Eine nächtliche Bejagung im Wald dürfte zudem mit einem erhöhten Wildschadensrisiko einhergehen.

27 Das Verbot von **elektrische Schläge erteilenden Geräten** richtet sich nur darauf, diese nicht zum Erlegen oder Fangen von Wild zu verwenden oder zu nutzen, so dass der Aufbau eines Elektroschutzzauns zur Verhinderung von Wildschäden ebenso wenig verboten ist wie die Verwendung von Elektrozäunen bei der Einfriedung von Nutztieren.

28 Mit dem Verbot, **Federwild zur Nachtzeit** an Leuchttürmen oder Leuchtfeuern zu fangen, wird das Nachtjagdverbot iSd Nr. 4 um den Fang an Anlagen ergänzt, die bei Dunkelheit der Orientierung oder dem Gefahrenhinweis für Wasser- und Luftfahrzeuge dienen (Mitzschke/Schäfer Rn. 22), weil sich Federwild in der Nähe solcher Lichtquellen besonders gern versammelt.

29 **b) Abs. 1 Nr. 5 lit. b.** Das Verbot in Abs. 1 Nr. 5 lit. b will den Tierschutz bei der Bejagung von Federwild sicherstellen und dient in diesem

Zusammenhang auch der Umsetzung von Art. 8 **Vogelschutz-RL** („Verbotene Jagdmethoden").

Bei der Verwendung von **Vogelleim** wird eine stark klebende Masse auf sog. Leimruten aufgetragen, auf denen sich Vögel, angelockt durch einen Lockvogel oder Lockfutter, verfangen. Unter **verbotenen Fallen** iSd Nr. 5 lit. b sind nicht nur solche Fallen zu verstehen, die ausschließlich und allein dem Fang von Federwild dienen, also zB der Habichtskorb, der nordische Krähenfang, Eichelhäher- und Elsternfallen oder Entenkojen, sondern auch die an sich für den Fang von Haarwild gebauten Kastenfallen, sofern sie gezielt, zB für den Fasanenfang, eingesetzt werden (Leonhardt/Pießkalla Rn. 13). Zu den verbotenen **Angelhaken** gehören auch Grundangeln (Mitzschke/Schäfer Rn. 22; Erbs/Kohlhaas/Metzger Rn. 15). 30

Auch der Einsatz von **Netzen,** gleich welcher Art und Größe, ist beim Fang oder der Erlegung von Federwild verboten. Unter **Reusen** versteht man korbartige Fallen aus Netzwerk oder Weidengeflecht (Erbs/Kohlhaas/Metzger Rn. 15). 31

Durch die Ausweitung des Verbots auf die Verwendung von **ähnlichen Einrichtungen** scheidet ein Fang von Federwild grundsätzlich aus. Unter Beachtung von Art. 9 Vogelschutz-RL können die Länder jedoch Ausnahmen vom Verbot vorsehen. So dürfen zB nach § 23 Abs. 3 **HJagdG** mit Genehmigung der Jagdbehörde Netze, Reusen und Fangkäfige im Rahmen der wissenschaftlichen Beringung und anderer wissenschaftlicher Kennzeichnungen verwendet werden. Nach § 23 Abs. 4 **LSALJagdG** kann es gestattet werden, Federwild zu wissenschaftlichen Zwecken mit Fallen, Netzen, Reusen oder ähnlichen Einrichtungen zu fangen. 32

Der **Einsatz von Vögeln** beim Fang oder der Erlegung von Federwild ist nicht schlechthin verboten, sondern nur der von geblendeten, also solchen, bei denen eine Erblindung herbeigeführt wurde, und von verstümmelten, also in irgendeiner Form künstlich körperlich beeinträchtigten Lockvögeln. Zulässig ist daher die Verwendung von gesunden Lockvögeln, zB gezähmten oder auch gefangenen Tieren, es sei denn, dies ist landesrechtlich untersagt (wie zB in **Baden-Württemberg,** wo gem. § 31 Abs. 1 Nr. 10 lit. b **JWMG** die Verwendung lebender Lockvögel verboten ist). Die Verwendung von Vogelattrappen oder präparierten Vögeln wird von Abs. 1 Nr. 5 lit. b ebenfalls nicht verboten. 33

6. Belohnungen für den Abschuss oder Fang von Federwild

Abs. 1 Nr. 6 betrifft das Ausgeben oder Annehmen einer **Belohnung** für den Abschuss oder den Fang von Federwild. Auch das Ausloben einer solchen Belohnung ist verboten. Der Abschuss oder Fang von Haarwild kann im Umkehrschluss sehr wohl, zB durch den Jagdausübungsberechtigten, den Land- oder Forstwirt oder den Staat (vgl. die aktuellen „Pürzelprämien" im Zuge der Schweinepest-Prävention) honoriert werden. 34

7. Saufänge und Gruben

Das **Anlegen von Saufängen** steht unter Genehmigungsvorbehalt. Unter Saufängen sind mobile oder stationäre Kleingatter zu verstehen, in denen Schwarzwild mit Futter angekirrt und im Idealfall als ganzer Rottenverband eingefangen wird. Insbesondere im Zuge der heranrückenden Afrikanischen Schweinepest wird diese Jagdmethode wieder verstärkt diskutiert. Streitig ist 35 hierbei insbesondere die tierschutzrechtliche Dimension, da auch ein Saufang unverletzt fangen muss, woran bei der Verwendung von durch das Wild selbst ausgelösten Falltüren erhebliche Zweifel bestehen. Dagegen handelt es sich nicht um einen Saufang, wenn Schwarzwild unter Einsatz von – auch größeren – **Kastenfallen** gefangen wird (VG Darmstadt Urt. v. 4.4.2016 – 4 K 1750/14.DA, BeckRS 2016, 134818). In dem vom VG Darmstadt entschiedenen Fall hatte die im Streite stehende Falle die Maße 200 x 250 x 120 cm mit anschließbarem Abfangkasten. Solche Schwarzwildfallen unterliegen nicht dem Genehmigungsvorbehalt des Abs. 1 Nr. 7. Da es sich insoweit um Fangjagd mit Lebendfallen handelt, sind aber die landesspezifischen Vorschriften hierzu (zB über die Sachkunde des Betreibers, technische Anforderungen an die Falle und die Kontrollfrequenz) zu beachten.

36 **Fang- und Fallgruben** sind gegrabene oder natürliche Vertiefungen im Erdboden, die mit Zweigen abgedeckt werden (Mitzschke/Schäfer Rn. 28). Erbs/Kohlhaas/Metzger Rn. 18 weist zutreffend darauf hin, dass Zweck des Verbots der Tierschutz ist, der verhindern will, dass sich das Wild beim Sturz in die Grube verletzt. Allerdings ist zu beachten, dass Abs. 1 Nr. 7 solche Gruben nicht generell verbietet, sondern nur unter Genehmigungsvorbehalt stellt. Aus Tierschutzgründen und auch zum Schutze der Allgemeinheit dürften solche Gruben allerdings in der heutigen Zeit im Regelfall nicht mehr genehmigungsfähig sein.

8. Schlingen

37 Nach Abs. 1 Nr. 8 ist das Herstellen, Feilbieten, Erwerben und Aufstellen von Schlingen aller Art, die geeignet sind, dass sich Wild in ihnen verfangen kann, verboten. Unter **Schlingen** versteht man Schleifen aus Draht, Rosshaar, Kunststoff oder anderen Materialien (Erbs/Kohlhaas/Metzger Rn. 19), die typischerweise am Rande von Wildwechseln mit der Absicht befestigt werden, Tiere festzuhalten und/oder zu töten oder zu verletzen (MüKoStGB/Zeng StGB § 292 Rn. 59). Fangnetze fallen nicht unter das Verbot (RG Urt. v. 28.12.1909 – V 876/09, RGSt 43, 162). Je nach Durchmesser der Schlinge oder der Stellhöhe können nicht nur kleine, sondern auch große Haar- oder Federwildarten gefangen werden. Eine verbotene **Herstellung** liegt schon dann vor, wenn Schlingen, die technisch geeignet sind, darin Wild zu fangen, angefertigt werden, unabhängig davon, ob sie explizit zu diesem Zweck hergestellt werden (Mitzschke/Schäfer Rn. 30). Das **Feilbieten** ist wie in § 55 GewO zu verstehen. Eine Schlinge wird demnach feilgeboten, wenn sie zum Zwecke des Verkaufs vorgezeigt und die vorgelegte Ware zur sofortigen Übergabe bereitgehalten wird (BeckOK GewO/Rossi GewO § 55 Rn. 15). Eine ausdrückliche Aufforderung zum Kauf ist nicht erforderlich, es genügt insofern das Feilhalten (vgl. BayObLG Urt. v. 23.11.1961 – RReg. 4 St 224/61, BeckRS 9998, 114898). Die Ware muss im Original vorgezeigt werden, ein Verkauf nur nach Muster unterfällt dem Begriff des Feilbietens ebenso wenig wie das bloße Werben für die Ware (BeckOK GewO/Rossi GewO § 55 Rn. 16). **Erwerben** ist die Erlangung der rechtlichen oder tatsächlichen Verfügungsgewalt (Mitzschke/Schäfer Rn. 30), ein Eigentumserwerb ist nicht erforderlich und wegen § 134 BGB auch nicht möglich. Das **Aufstellen** der Schlinge ist das bestimmungsgemäße, fängische Anbringen der Schlinge. Bei einer erfolgreichen Schlingenstellung wird auch eine Strafbarkeit nach § 17 TierSchG häufig einschlägig sein, bei Wilderei ist

zu beachten, dass hier nach § 292 Abs. 2 Nr. 2 StGB in der Regel ein besonders schwerer Fall vorliegt.

9. Fanggeräte

Anders als in Nr. 8 ist die Herstellung, das Feilhalten und der Erwerb von Fanggeräten, die nicht unversehrt fangen oder nicht sofort töten, sowie von Selbstschussgeräten jagdrechtlich nicht verboten, sondern lediglich deren Verwendung, also nur die Tätigkeiten, die unmittelbar zum Fang oder zur Tötung führen sollen. Unzulässig sind **Fanggeräte,** die nicht unversehrt fangen, weil sie durch die Art des Zuschlagens dem Wild Verletzungen zufügen können und es nicht sofort sicher töten. Erlaubt sind also zum einen **Lebendfangfallen,** mit denen das gefangene Tier, wie zB in Draht-, Röhren- oder Kastenfallen, weder getötet noch verletzt werden kann, sondern lebendig gefangen wird. Zum anderen sind **Totfangfallen** erlaubt, bei denen die Auslösung des Abzugs in der Weise erfolgt, dass das Wild einen Köder aufnimmt und dadurch sofort durch die Wucht eines ausgelösten, vorgespannten Bügels getötet wird (Abzugeisen, Schwanenhals). Nach der europäischen Tellereisen-VO (VO (EWG) 3254/91) ist dagegen der Einsatz von **Tellereisen,** die auf Druck und nicht auf Zug reagieren, seit dem 1.1.1995 in den Mitgliedstaaten generell verboten. **Knüppel-, Scheren-, oder Schlagbaumfallen** sind grundsätzlich ebenfalls Totfangfallen iSd Abs. 1 Nr. 9. Gleichwohl sind sie landesrechtlich in vielen Bundesländern verboten worden. Bei ihnen wird durch Betätigung der Abzugsvorrichtung ein stark beschwertes Brett oÄ ausgelöst, das das Tier erschlägt. Kritisch gesehen wird die **Conibearfalle,** die ähnlich wie ein Abzugeisen wirkt, aber bei der auch eine Auslösung auf Zug nicht ausgeschlossen ist. Die Landesgesetzgeber haben in unterschiedlicher Regelungsdichte, durch Gesetz und/oder Verordnung, neben dem Verbot einzelner Fallentypen auch Regelungen zur Bauart von erlaubten Fallen und Anforderungen an die Sachkunde der Verwender getroffen. 38

10. Erlegung in Notzeiten

Nach Abs. 1 Nr. 10 ist es verboten, in Notzeiten Schalenwild in einem Umkreis von 200 m von Fütterungen zu erlegen. Nach dem BJagdG ist die Notzeit nicht weiter definiert. Es ist daher zunächst Aufgabe des Jagdausübungsberechtigten (vgl. § 27 Abs. 4 S. 4 **SächsJagdG,** wonach der Jagdausübungsberechtigte Beginn und Ende einer von ihm festgestellten Notzeit anzuzeigen hat), sorgfältig zu prüfen, ob das Wild noch ausreichend natürliche Nahrungsquellen hat. Auch um missbräuchlichen Fütterungen zu begegnen, haben die Länder zum Teil den Tatbestand des Vorliegens einer Notzeit, mit der dann eine Fütterungspflicht einhergeht (vgl. zB § 27 Abs. 4 S. 1 **SächsJagdG;** § 18 Abs. 1 S. 1 **MVLJagdG**), gesetzlich gefasst oder einer behördlichen Feststellung unterworfen. Die gesetzliche Definition der Notzeit ist dabei landesrechtlich unterschiedlich weitreichend gefasst. Während zB § 18 Abs. 1 **MVLJagdG** von witterungsbedingter Futternot des Wildes spricht, ist nach § 18 Abs. 1 S. 2 **SchlHLJagdG** neben dem witterungsbedingten auch noch der katastrophenbedingte Nahrungsmangel, hervorgerufen etwa durch lang andauernde vereiste hohe Schneelagen, Frostperioden oder ausgedehnte Waldbrände, ein Fall der Notzeit. Wenn je nach Landesrecht aufgrund eigener Feststellung, gesetzlicher Anordnung oder be- 39 hördlicher Festlegung von einer Notzeit auszugehen ist, verbietet Abs. 1 Nr. 10 die Erlegung von Schalenwild in einem Umkreis von 200 m um eine Fütterung. Einzelne Länder haben weiter gehend festgelegt, dass bestimmte Jagdarten (vgl. zB § 18 Abs. 2 S. 1 **MVLJagdG**) untersagt sind oder sogar jedwede Jagdausübung (zB § 18 Abs. 1 Nr. 7 **SächsJagdG**) verboten ist. In letzterem Fall läuft die Vorschrift des Abs. 1 Nr. 10 ohnehin ins Leere. Unter **Fütterung** sind zunächst die Plätze zu verstehen, an denen Futtermittel zum Zweck der Erhaltung des Wildes ausgebracht werden. Ausreichend ist es aber auch, wenn diese ohne Zutun des Jägers in größerer Menge konzentriert im Lebensraum des Wildes vorhanden sind. Daher sind auch Kartoffel- und Rübenmieten sowie Maissilos, sofern sie vom Wild als Nahrungsquelle regelmäßig angenommen werden, Fütterungen iSd Vorschrift (Mitzschke/Schäfer Rn. 33; Erbs/Kohlhaas/Metzger Rn. 22). Keine Fütterung stellen dagegen **Äsungsflächen,** wie Wildäcker, Daueräsungs- oder Verbissflächen dar, selbst wenn sie zielgerichtet angelegt wurden (OVG Münster v. 3.4.1978 – III A 1422/75, RdL 1978, 279 = FHOeffR 29 Nr. 7060; § 18 Abs. 1 S. 5 **MVLJagdG**). Auch eine nicht oder nicht ordnungsgemäß abgeerntete landwirtschaftliche Fläche stellt keine Fütterung dar. Kirrungen sind ebenfalls keine Fütterungen (so auch Meyer-Ravenstein NJagdG Rn. 19). **Kirren** ist das unregelmäßige Ausbringen von Futtermitteln in kleinen Mengen mit dem Ziel, Wild zum Zweck der Erlegung anzulocken Die Landesgesetzgeber haben teilweise ausdrücklich klargestellt, dass ordnungsgemäße Kirrungen von dem Verbot in Abs. 1 Nr. 10 nicht erfasst werden (vgl. Art. 29 Abs. 4 **BayJG;** § 18 Abs. 3 **MVLJagdG**).

40 Geht man von dem Vorliegen einer Notzeit aus oder ist eine solche ausgerufen, ist zu beachten, dass bei Abs. 1 Nr. 10 bereits die **fahrlässige Begehungsweise** eine Ordnungswidrigkeit darstellt (§ 39 Abs. 2 Nr. 2). Es ist dann zu prüfen, ob der Schütze seinen Sorgfaltspflichten beim Ausmessen des maßgeblichen Abstands zur Fütterung nachgekommen ist. Die Vorschrift erfasst auch solche Fütterungen, die in einem **anderen Jagdbezirk** liegen. Hat der Schütze von einer solchen Fütterung und ihrem genauen Standort jedoch keine Kenntnis, handelt er ohne Vorsatz. Auch Fahrlässigkeit wird man nicht unterstellen können, da es keine Pflicht gibt, sich bei seinem Jagdnachbarn über die Standorte von etwaigen Fütterungen zu erkundigen.

11. Erlegung aus Fahrzeugen

41 Nach Abs. 1 Nr. 11 ist die **Erlegung** von Wild aus **Luftfahrzeugen, Kraftfahrzeugen** oder **maschinengetriebenen Wasserfahrzeugen** verboten. Hintergrund dieses Verbotes ist nach allgemeiner Meinung das Erfordernis der Einhaltung der Weidgerechtigkeit (Mitzschke/Schäfer Rn. 35). Der Jäger soll sich durch seine Motorisierung nicht in einen übermäßigen Vorteil gegenüber dem Wild setzen dürfen (→ Rn. 21). Nach einigen Landesgesetzen (zB Art. 29 Abs. 2 Nr. 8 **BayJG;** § 22 Abs. 1 Nr. 5 **MVLJagdG**) ist es verboten, Wild aus diesen Fahrzeugen zu „beschießen". Diese sprachliche Differenzierung führt zu dem Ergebnis, dass in den Ländern, die den Wortlaut des Abs. 1 Nr. 11 unverändert gelassen haben, theoretisch aus einem Fahrzeug heraus Wild beschossen werden könnte, sofern der Schütze nicht trifft, bzw. das Stück Wild nur krankschießt, da dort nur die „Erlegung", nicht aber schon das „Beschießen" tatbestandlich ist. Ein die jagdrechtliche Zuverlässigkeit in Frage stellender Verstoß gegen die Grundsätze der Weidgerechtigkeit liegt in diesem Falle gleichwohl vor. Da nur das Erlegen von Wild (§ 2) verboten ist, dürfen – im Rahmen des **Jagdschutzes** – wildernde Hunde und Katzen durchaus auch aus einem Fahrzeug heraus erlegt werden, ebenso Tiere, bei denen die Tötung dem Jäger auf anderer Rechtsgrundlage erlaubt wurde (zB Kormorane). Ob sich das Fahrzeug in Bewegung befindet oder nicht, ist für Abs. 1 Nr. 11 unbeachtlich (Mitzschke/Schäfer Rn. 35). Dagegen ist es nicht verboten, aus dem Fahrzeug heraus Wild zu beobachten oder ihm nachzustellen, soweit dadurch nicht das Tatbestandsmerkmal der verbotenen Hetzjagd gem. Abs. 1 Nr. 13 erfüllt wird. Das Erlegen von Wild von einem **Zweirad** aus ist nach Abs. 1 Nr. 11 nicht verboten, da es nicht „aus" einem Kraftfahrzeug erfolgt (Lorz/Metzger Rn. 26).

Die von Abs. 1 Nr. 11 verwendeten Begriffe **Luftfahrzeug** und **Kraftfahrzeug** sind iSd Definitionen in § 1 Abs. 2 LuftVG und § 1 Abs. 2 StVG zu verstehen. Daher sind zB Fallschirme ebenfalls Luftfahrzeuge, da § 1 Abs. 2 Nr. 8 LuftVG diese ausdrücklich als solche definiert (gegenüber der Voraufl. nunmehr zustimmend Lorz/Metzger Rn. 26). Eine praktische Relevanz des Verbots in Bezug auf Fallschirme ist indes nicht ersichtlich. Ein **Wasserfahrzeug** ist bereits dann maschinengetrieben, wenn es in irgendeiner Weise mit einem Motor ausgerüstet ist, und sei es auch nur mit einem Hilfsmotor. Dies ist insbesondere bei Segelbooten etc zu beachten. Ob die Maschine in Betrieb ist, ist unerheblich (Lorz/Metzger Rn. 26). 42

Wenn es iSd § 22a geboten ist, **schwerkrankes oder krankgeschossenes Wild** unverzüglich zu erlegen und nur der Schuss aus dem Fahrzeug die sofortige und sichere Erlegungsmöglichkeit bietet, greift das Verbot des Abs. 1 Nr. 11 nicht (Mitzschke/Schäfer Rn. 35). 43

Die zunehmend bei Ernte- und Bewegungsjagden vorkommende Nutzung eines abgestellten Kraftfahrzeugs als **erhöhte Ansitzmöglichkeit** (zB auf einem Dachträger oder der Ladefläche eines Pick-Up) fällt nicht unter das Verbot des Abs. 1 Nr. 11, weil dabei Wild nicht „aus" einem Kraftfahrzeug heraus erlegt wird. Sie ist unter Sicherheitsaspekten sogar begrüßenswert (vgl. die zunächst in diesem Sinne präzise ergänzten Hinweise zu § 3 Abs. 4 UVV Jagd, die sodann aus nicht nachvollziehbaren Gründen wieder durch eine höchst allgemein gehaltene, wenig hilfreiche Formulierung ersetzt wurden). Daher ist eine Erweiterung des Verbots auf das Schießen „von" Kraftfahrzeugen, wie sie § 23 Abs. 1 Nr. 1 **LSALJagdG** aF vorsah, zu kritisieren, da davon eben auch Fälle erfasst werden, in denen das Fahrzeug steht und wie eine stationäre Ansitzeinrichtung genutzt wird. Mit der zum 8.10.2019 in Kraft getretenen Gesetzesfassung hat der Landesgesetzgeber die Vorschrift im Sinne dieser Kritik ergänzt und bestimmt, dass das Verbot nicht für den Schuss von jagdlichen Einrichtungen gilt, die während einer Erntejagd auf abgestellten Kraftfahrzeugen oder Anhängern angebracht sind und die die Höhe des Fahrzeugs deutlich überschreiten, wobei das Fahrzeug während der Jagdausübung stehen und das Fahrerhaus unbesetzt sein muss. Ein Umsetzen des Fahrzeugs wird ebenfalls erlaubt. Nichts zu erinnern ist gegen eine Erweiterung des Verbotes aus Abs. 1 Nr. 11 auf die Fälle, in denen Jäger sich, was leider gelegentlich zu beobachten ist, auf der Pritsche eines Pick-Up oder gar auf einem Wildträger an der Anhängerzugvorrichtung stehend, bei Erntearbeiten von einer weiteren Person **neben dem Erntefahrzeug herfahren** lassen, um von dort aus Wild zu erlegen. Ein solches Verhalten stellt auch ohne ausdrückliche Sanktionsvorschrift einen **schwerwiegenden Verstoß** 44 gegen die Grundsätze der Weidgerechtigkeit und gegen die Sicherheitsvorschriften (vgl. § 3 Abs. 3 S. 1 UVV Jagd) dar.

45 Gemäß Abs. 1 Nr. 11 Hs. 2 ist von dem Erlegungsverbot nicht umfasst das Erlegen von Wild aus Kraftfahrzeugen durch Körperbehinderte mit Erlaubnis der zuständigen Behörde. Die Vorschrift dient dazu, **Menschen mit körperlicher Behinderung** (zB querschnittgelähmte oder beinamputierte Jäger) bei insoweit eingeschränkter, aber ansonsten noch bestehender Eignung iSd § 17 Abs. 1 Nr. 2 nicht von der Möglichkeit der Jagdausübung auszuschließen. Wegen Art. 3 Abs. 3 S. 2 **GG** besteht in diesem Fall ein **Anspruch auf Genehmigungserteilung.** Dass diese Personen ggf. auf einen Helfer zum Bergen von Wild etc angewiesen sind, ist dabei unbeachtlich.

12. Netzjagd auf Seehunde

46 Die von Abs. 1 Nr. 12 verbotene **Netzjagd** auf Seehunde besteht darin, dass die Seehunde in einem durch Netze abgesperrten Priel (Wassereinlauf zwischen zwei Sandbänken) von ihrem Lagerplatz in das am Ausgang des Priels stehende Netz getrieben werden, um sie auf diese Weise in größeren Mengen auf einmal fangen zu können (Mitzschke/Schäfer Rn. 37).

13. Hetzjagd

47 **Hetzjagd** ist eine Jagd, bei der das Wild verfolgt, überholt und festgehalten wird, ehe es der Jäger abfängt (Erbs/Kohlhaas/Metzger Rn. 25; Mitzschke/Schäfer Rn. 38; Hackbarth/Lückert, Tierschutzrecht, 2. Aufl. 2002, S. 62). Es spielt dabei keine Rolle, ob die Verfolgung auf dem Land, zu Wasser oder in der Luft erfolgt. Während der historische Gesetzgeber zunächst die klassische Parforcejagd (Hetzjagd zu Pferd hinter einer Hundemeute) im Auge hatte, steht dieses Verbot aktuell wieder in der juristischen Diskussion, da auf Bewegungsjagden auf Schalenwild ausdrücklich als solche bezeichnete **Hundemeuten** zunehmend zum Einsatz kommen. Ob dies den Tatbestand der Hetzjagd erfüllt, ist umstritten. Man wird dabei differenzieren müssen. Alleine der Umstand, dass jemand mehrere Hunde einsetzt und diese als Meute bezeichnet, macht den Hundeeinsatz noch nicht zur Hetzjagd. Auch ein alleinjagender Hund kann verbotswidrig hetzen. Die **Abgrenzung** zum erwünschten und **erlaubten Stöbern** ist darin zu sehen, dass der ordnungsgemäß ausgebildete Stöberhund ein Stück Wild findet und dazu bringt, seinen Einstand zu verlassen. Gerade bei Schwarzwild ist dabei auch ein gewisses **Bedrängen des Wildes** zulässig und notwendig. Der Hund muss nach einer gewissen Verfolgungstrecke aber auch selbstständig von dem Wildtier wieder **ablassen** und neue Stöberfährten aufnehmen bzw. zum Hundeführer zurückkehren. Tut er dies nicht, sondern verfolgt er ein Stück anhaltend, um es zu stellen und dann ggf. sogar anzugreifen, handelt es sich um Hetzjagd (so auch Lorz/Metzger Rn. 28). Ein Einsatz von Stöberhundmeuten, bei denen der einzelne Hund im dargestellten Sinne ordnungsgemäß stöbert, ist daher unbedenklich. Einen Verstoß gegen Abs. 1 Nr. 13 **beim Einsatz von Hundemeuten** wird man aber dann annehmen müssen, wenn die Hunde im Sinne eines Rudelverhaltens, ob darauf abgerichtet oder ihrer Natur folgend, gemeinsam ein Stück Wild verfolgen und unter **Ausnutzung ihrer Überzahl** einkreisen und angreifen, um dem nacheilenden Hundeführer die Erlegung mit der Schusswaffe oder der kalten Waffe (Saufeder oder Hirschfänger) zu ermöglichen. Sofern es sich bei diesen Stücken nicht um

krankes Wild, das sich unnatürlich schnell stellt, oder um Einzelfälle handelt, die in der Praxis auch bei geprüften Stöberhunden vorkommen, erfüllt diese Art der Jagdausübung den Tatbestand der Hetzjagd.

Nicht dem Verbot unterliegt die in der heutigen Form durchgeführte Parforcejagd, bei der zwar hinter einer Hundemeute, aber ohne lebendes Wild zu verfolgen, geritten wird. Gleichermaßen erlaubt sind Stöber- (→ Rn. 47) und Treibjagden, bei denen zwar das Wild von Hunden aus seinem Lager bzw. aus der Deckung herausgestöbert, jedoch nicht über weitere Entfernungen, vielleicht sogar bis zur Erschöpfung, gehetzt wird. Mit den Einschränkungen aus Abs. 1 Nr. 16 ist auch die sog. Brackenjagd erlaubt (→ Rn. 51 f.). Auch die **Hetze bei der Nachsuche** unterfällt nicht dem Verbot aus Abs. 1 Nr. 13, da sie im Sinne des Tierschutzes dazu dient, bereits krankes Wild schnell zur Strecke zu bringen. 48

14. Such- und Treibjagd auf Waldschnepfen im Frühjahr

Bei einer **Suchjagd** suchen mehrere Jäger ohne Treiber in einer Linie die Jagdfläche mit Hunden ab (Erbs/Kohlhaas/Metzger Rn. 26). Zum Begriff der **Treibjagd** → Rn. 15. Auch dieses Verbot hat, ähnlich wie das Verbot nach Nr. 12, derzeit keine Relevanz mehr, da die Waldschnepfe bundesweit im Frühjahr keine Jagdzeit hat. 49

15. Vergiftung

Gemäß Abs. 1 Nr. 15 ist es auch verboten, Wild zu vergiften oder vergiftete oder betäubende Köder zu verwenden. Unter **Gift** sind sämtliche Stoffe zu verstehen, die durch Einwirkung auf den Körper diesen – wenn auch nur vorübergehend – schädigen. Es kommt dabei nicht darauf an, ob hierdurch der Tod herbeigeführt wird oder die Mittel potentiell tödlich sind und zu welchem Zweck die Stoffe dem Wild verabreicht werden (so im Rahmen der 1. und → 2. Aufl. 2015, Rn. 50 (Welp); Meyer-Ravenstein NJagdG Rn. 30; Meyer-Ravenstein LSALJagdG Rn. 27; Heinichen, Jagdrecht in Niedersachsen, Anm. II Nr. 16 zu § 19 Abs. 1 Nr. 16 aF; **aA** Mitzschke/Schäfer Rn. 44, der tödlich wirkende Stoffe fordert). Im Lichte des Wegfalls der Notwendigkeit der „zerstörenden" Wirkung im Rahmen des § 224 StGB nF gegenüber § 229 StGB aF ist hier eine weite Definition iSd **hM** vertretbar und aus Gründen der Weidgerechtigkeit auch geboten. Daher unterfallen auch **Kontrazeptiva,** weil diese den natürlichen Befruchtungsvorgang gezielt chemisch unterbrechen, dem Verbot. Dasselbe gilt beispielsweise für **Sedativa,** die Wildtieren zur erleichterten Bejagung zugeführt werden, da der natürliche Fluchtreflex der Tiere bewusst gemindert wird. Für letztere Stoffe haben einige Landesgesetzgeber (vgl. → Rn. 58 ff.) klarstellend ein Verbot lähmender oder betäubender Stoffe normiert. Die Vorschrift greift dagegen nicht bei der unvermeidbaren Vergiftung von Wild infolge rechtmäßiger Verwendung von Gift bei der **Schädlingsbekämpfung** (Erbs/Kohlhaas/Metzger Rn. 27; Mitzschke/Schäfer Rn. 44). Unvermeidbar ist die Vergiftung in diesem Fall aber nur, wenn der Verwender alles Erforderliche getan hat, um eine Vergiftung von Wild zu verhindern. Es darf somit kein Fall der Fahrlässigkeit vorliegen. 50

16. Brackenjagd

51 Nach Abs. 1 Nr. 16 ist die **Brackenjagd,** besser Brackierjagd, verboten, sofern sie auf einer Fläche von weniger als 1.000 ha ausgeübt wird. Unter Brackieren versteht man eine Form der Treibjagd, typischerweise auf Hasen. Ihr Ablauf ist wie folgt umschreibbar: „Der Jäger macht sich dabei zu Nutze, dass der Hase, wenn er aus seiner Sasse gestoßen wird, in einem großen Bogen zu dieser zurückkehrt. Die Bracke ist ein Hund, der langsamer ist als der Hase, diesen bellend auf seiner Spur verfolgt. Dadurch kann der Jäger hören, wo sich der Hund befindet. Der Hase versucht durch regelmäßiges Hakenschlagen den Hund von seiner Spur abzubringen. Es ist keine Hetzjagd, da der Hase deutlich schneller ist als der Hund. Wenn der Hase zu seiner Sasse zurückkehrt, kann er vom Jäger erlegt werden." (Quelle: Deutscher Jagdverband e.V., https://www.jagdverband.de/content/brackieren).

52 Das Verbot hat den Zweck, fremde Jagdbezirke beim Brackieren nicht mit zu beunruhigen und ein Überjagen der Bracken zu vermeiden. Aufgrund dieses Normzwecks ist es zulässig, dass sich mehrere **benachbarte Revierinhaber** zusammentun, um gemeinsam die Brackierjagd auszuüben, wenn ihre Flächen zusammen mindestens eine Größe von 1.000 ha ergeben.

17. Sammeln von Abwurfstangen

53 Abs. 1 Nr. 17 verbietet es, **Abwurfstangen** (Gehörn des Rehbocks und Geweih der Hirsche) ohne schriftliche Erlaubnis des Jagdausübungsberechtigten zu sammeln. Besteht eine Erlaubnis nicht in schriftlicher Form (sondern nur mündlich), stellt das eine Ordnungswidrigkeit nach § 39 Abs. 1 Nr. 5 dar. Liegt keine Erlaubnis vor, handelt es sich bei dem Stangensammeln um einen Eingriff in fremdes Jagdausübungsrecht und damit um Wilderei nach § 292 StGB. Bei mehreren Jagdausübungsberechtigten ist der Erlaubnisschein, wie bei einer Jagderlaubnis, von allen Jagdausübungsberechtigten zu unterschreiben.

18. Aussetzen von Wild

54 Nach Abs. 1 Nr. 18 ist es verboten, eingefangenes oder aufgezogenes Wild später als vier Wochen vor Beginn der Jagdausübung auf dieses Wild auszusetzen. Unter **eingefangenem Wild** versteht man Wildtiere, die in der freien Natur geboren und dort aufgewachsen sind, jedoch durch den Menschen eingefangen wurden und damit ihre Eigenschaft als Wild (im Sinne herrenloser Tiere) verloren haben. Bei **aufgezogenem Wild** handelt es sich um Tiere, die zwar ebenfalls dem Jagdrecht unterliegen, aber nicht in der freien Natur zur Welt gekommen, sondern in Gefangenschaft geboren und aufgezogen worden sind. Ein **Aussetzen** dieser Tiere liegt dann vor, wenn sie unter Aufgabe der unmittelbaren Sachherrschaft (wieder) in die freie Natur entlassen werden (zum Begriff des Aussetzens → § 28 Rn. 3).

55 Das Verbot verfolgt jagdethische Zwecke und dient dazu, den Tieren Gelegenheit zu geben, zum einen die in der Gefangenschaft möglicherweise verlorengegangene Menschenscheu wiederzugewinnen, zum anderen sich in dem neuen Lebensraum, insbes. mit Deckungs- und Fluchtmöglichkeiten, vertraut zu machen, um ihre natürlichen Fähigkeiten, mit deren Hilfe sie sich dem technisch überlegenen Jäger entziehen können, nutzbar zu machen (Mitzschke/Schäfer Rn. 53). Der Beginn der Jagdausübung ist nicht gleich-

zusetzen mit dem Beginn der Jagdzeit für die jeweilige Wildart. Maßgeblich ist vielmehr der **Zeitpunkt,** zu dem nach dem Willen des Jagdausübungsberechtigten die Jagd auf dieses Wild ausgeübt werden soll (Mitzschke/Schäfer Rn. 53). Nach anderer Auffassung (Meyer-Ravenstein NJagdG Rn. 33) soll es dagegen auf den Beginn der Jagdzeit ankommen, wenn der Aussetzende nicht gewährleisten kann, dass nicht ein anderer, zB der Reviernachbar, diese Tiere in Unkenntnis von deren Aussetzung bejagt. Dieser Auslegung ist allerdings, auch wenn sie dem Normzweck der Verbotsvorschrift günstig ist, entgegenzuhalten, dass es dem Gesetzgeber freigestanden hätte, den Beginn der Jagdzeit als Referenzzeitpunkt für das Aussetzungsverbot auch so eindeutig zu formulieren. **Normadressat** ist nach dem eindeutigen Wortlaut der Vorschrift der Aussetzende (so auch Meyer-Ravenstein LSALJagdG § 23 Rn. 30; aA Erbs/Kohlhaas/Metzger Rn. 30). Die Länder haben die Karenzfrist teilweise erheblich verlängert. § 37 Abs. 3 **JWMG** verbietet zB bei Fasanen und Rebhühnern, die zur Bestandsstützung ausgesetzt werden, die Erlegung im laufenden und im folgenden Jagdjahr. Nach § 24 Abs. 4 **NJagdG** und § 29 Abs. 5 Nr. 9 **SchlHLJagdG** beträgt die Karenzfrist sechs Monate, nach § 22 Abs. 6 **MVLJagdG** iVm § 3 Abs. 1 Nr. 1 JagdZVO und § 32 Abs. 1 Nr. 13 **SJG** sogar ein Jahr.

III. Ausnahme zu Abs. 1 Nr. 2 lit. a und lit. b

Abs. 3 ermöglicht bei den in Abs. 1 Nr. 2 lit. a und lit. b aufgeführten Büchsenpatronen eine Unterschreitung der geforderten Energiewerte, wenn deren Verwendbarkeit für bestimmte jagdliche Zwecke durch ein staatliches oder staatlich anerkanntes Fachinstitut bestätigt worden ist. Anerkannt ist in Deutschland aktuell lediglich die Deutsche Versuchs- und Prüfanstalt für Jagd- und Sportwaffen e. V. (DEVA). **56**

IV. Länderermächtigung

Nach Abs. 2 können die Länder die Vorschriften des Abs. 1, mit Ausnahme von Nr. 16, erweitern oder aus besonderen Gründen einschränken. Aufgrund der Änderung der Gesetzgebungskompetenzen durch die **Föderalismusreform I** ist diese Abweichungsermächtigung nicht mehr relevant. Die Länder können jetzt, unter Beachtung von **abweichungsfestem Bundesrecht, EU-Recht** (insbesondere Art. 9 Vogelschutz-RL) und unter **Berücksichtigung des eigentumsrechtlichen Status** des Jagdausübungsrechts iSd Art. 14 GG, die sachlichen Verbote des Abs. 1 erweitern, einschränken oder auch neue Verbote definieren. Bereits unter der Geltung des BJagdG als Rahmengesetz hatten die Länder von der Ermächtigung zur Abweichung Gebrauch gemacht. Im Einzelnen haben die Länder nach derzeitigem Rechtsstand (April 2024) folgende sachliche Verbote – in Gestalt entweder eines eigenen Vollgesetzes, einer Abweichung von Abs. 1, einer Anordnung weiterer sachlicher Verbote oder durch schlichte Wiederholung von Vorschriften aus Abs. 1 – festgelegt: **57**

§ 31 **JWMG** wiederholt als sog. „Vollgesetz" diverse Regelungen des Abs. 1 sowie den Abs. 3 und ergänzt diese um landesspezifische Abweichungen. Verboten ist es demnach, **58**

- ohne eine innerhalb der zurückliegenden zwölf Monate unternommene Übung in der Schießfertigkeit an Bewegungsjagden teilzunehmen oder mit Schrot auf Vögel zu schießen (zu den verfassungsrechtlichen Benken gegenüber einer solchen Regelung vgl. → Rn. 65),
- mit Schrot auf Schalenwild zu schießen (ausgenommen ist der Fangschuss) und auf Wildtiere mit Bolzen oder Pfeilen, Posten oder gehacktem Blei zu schießen,
- Schalenwild mit Munition, deren Inhaltsstoffe ein nachgewiesenes Risiko für eine Gefährdung der Gesundheit von Verbraucherinnen und Verbrauchern bei Verzehr des Wildbrets besitzen, zu erlegen (ausgenommen ist der Fangschuss),
- mit Bleischrot die Jagd an und über Gewässern auszuüben sowie mit Schrot in Vogelgruppen zu schießen, es sei denn, eine Verletzung von Vögeln durch Randschrote ist nach dem gewöhnlichen Geschehensablauf nicht zu erwarten,
- auf Rehwild mit Büchsenpatronen zu schießen, deren Auftreffenergie auf 100 m (E 100) weniger als 1.000 Joule beträgt (ausgenommen ist der Fangschuss), auf alles übrige Schalenwild mit Büchsenpatronen unter einem Kaliber von 6,5 mm zu schießen; im Kaliber 6,5 mm und darüber müssen die Büchsenpatronen eine Auftreffenergie auf 100 m (E 100) von mindestens 2.000 Joule haben (ausgenommen ist der Fangschuss),
- auf Wildtiere mit **halbautomatischen Langwaffen,** die mit **insgesamt mehr als fünf Patronen** geladen sind, zu schießen (diese Vorschrift verstößt bei betroffenen Arten gegen die BernK, die FFH-RL und die Vogelschutz-RL; Pießkalla VwBlBW 11/23, 451 ff.; → Rn. 9a).
- auf Wildtiere mit Pistolen oder Revolvern zu schießen; ausgenommen ist die Abgabe von Fangschüssen, wenn die Mündungsenergie der Geschosse mindestens 200 Joule beträgt, sowie die Bau- und Fallenjagd, wenn die Mündungsenergie der Geschosse mindestens 100 Joule beträgt,
- die Bewegungsjagd bei Nacht oder, wenn Wildtiere durch besondere Umstände großflächig einer stark erhöhten Verletzungsgefahr ausgesetzt sind oder diese, mit Ausnahme des Kreisens oder der Erntejagd im Offenland, zwischen 1.2. und 30.9. auszuüben, es sei denn dies ist zur Bekämpfung von Tierseuchen geboten,
- Schalenwild sowie Federwild zur Nachtzeit zu erlegen; als Nachtzeit gilt die Zeit von eineinhalb Stunden nach Sonnenuntergang bis eineinhalb Stunden vor Sonnenaufgang; ausgenommen von dem Verbot ist das Erlegen von Schwarzwild und in der Zeit nach Sonnenuntergang bis 22 Uhr das **Erlegen von weiblichem Rotwild und Rotwildkälbern.** In Verbindung mit der vollständigen **Streichung** des bis zum 29.6.2020 geltenden Verbotes der **Verwendung von Nachtzielgeräten und künstlichen Lichtquellen** ergibt sich daraus jetzt, praxisrelevant durch die feste Uhrzeitbeschränkung nur in der Herbst- und Winterzeit, die Möglichkeit, bis 22 Uhr weibliches Rotwild und Rotwildkälber mit Nachsichtvor- und Aufsätzen zu erlegen. Es muss davon ausgegangen werden, dass es sich nicht um einen Lapsus des Gesetzgebers, sondern um eine bewusste Eröffnung dieser Möglichkeit handelt. Unter **Tierschutzaspekten** (Schwierigkeit der Unterscheidung Schmaltier/Alttier mit Nachtsichttechnik) ist diese Regelung jedoch kritisch zu sehen.

Weiter ist es verboten, 58a

- Tonbandgeräte oder elektrische Schläge erteilende Geräte beim Fang oder Erlegen von Wildtieren zu verwenden sowie zur Nachtzeit an künstlichen Lichtquellen Federwild zu fangen,
- Vogelleim, Fallen, Angelhaken, Netze, Reusen oder ähnliche Einrichtungen sowie lebende Lockvögel bei der Jagd auf Federwild zu verwenden,
- Saufänge, Fang- oder Fallgruben anzulegen und Schlingen jeder Art, in denen sich ein Wildtier fangen kann, aufzustellen,
- Selbstschussgeräte zu verwenden,
- Wildtiere aus Luftfahrzeugen, Kraftfahrzeugen oder fahrenden Wasserfahrzeugen zu erlegen; das Verbot umfasst nicht das Erlegen von Wildtieren aus Kraftfahrzeugen durch Körperbehinderte mit Erlaubnis der unteren Jagdbehörde,
- die Hetzjagd auf gesunde Wildtiere auszuüben,
- Wildtiere zu vergiften oder vergiftete oder betäubende Köder zu verwenden,
- die Baujagd mit einem Hund am Naturbau auszuüben, es sei denn, sie ist erforderlich, um eine Gefahr für die öffentliche Sicherheit abzuwehren,
- Arzneimittel, natürliche und synthetische Lockmittel, die aufgrund ihrer Inhaltsstoffe die Gesundheit von Wildtieren oder Menschen gefährden können, sowie Lockmittel, die Tierseuchen verbreiten können, an Wildtiere zu verabreichen oder auszubringen.

Durch § 32 **JWMG** ist zudem die Ausübung der Fallenjagd stark reglementiert worden. Totfangfallen sind grundsätzlich verboten.

Nach Art. 29 **BayJG** ist es verboten, 59

- Wild, insbesondere zur Abrichtung und Prüfung von Jagdhunden, absichtlich krankzuschießen,
- die Jagd auf Wild mit Fanggeräten oder Fangvorrichtungen auszuüben; dies gilt vorbehaltlich des Art. 29a **BayJG** nicht für die Jagd auf Raubwild und Wildkaninchen,
- die Jagd auf sonstiges Haarwild, mit Ausnahme von Schwarzwild und Raubwild, zur Nachtzeit auszuüben,
- die Jagd auf Schalenwild, mit Ausnahme von Schwarzwild, als Treibjagd auszuüben,
- das Wild durch Lappen oder sonstige Mittel zu hindern, aus seinen oder in seine Tageseinstände zu wechseln,
- auf Wild, das durch Überflutungen, Lawinen oder sonstige **Naturkatastrophen** in Not geraten oder zum Verlassen der Einstände gezwungen worden ist, die Jagd auszuüben; dies gilt nicht, soweit die Not des Wildes nur durch Erlegung beendet werden kann,
- die Jagd unter Verwendung von Betäubungs- oder Lähmungsmitteln, Sprengstoffen, Gasen oder von Schußwaffen mit Schalldämpfern auszuüben,
- Wild aus Luftfahrzeugen, Kraftfahrzeugen oder maschinengetriebenen Wasserfahrzeugen zu beschießen; das Verbot umfasst nicht das Beschießen von Wild aus Kraftfahrzeugen durch Körperbehinderte mit Erlaubnis der Jagdbehörde.

Art. 29a **BayJG** regelt die Anforderungen an eine ordnungsgemäße Fangjagd.

60 § 22 **LJagdG Bln** verbietet die Störung oder Behinderung der Jagdausübung, Zudem ist mit sprachlich missglückter Formulierung „Bei Ausübung der Jagd mittels Verwendung von nach § 19 Abs. 1 Nr. 9 des Bundesjagdgesetzes nicht verbotenen Fallen wird untersagt" die Fangjagd verboten worden.

61 § 26 **BbgJagdG:** Auch hier ist in Ergänzung des Abs. 1 die Störung oder Behinderung der Jagdausübung verboten worden. § 3 **BbgJagdDV** erlaubt zudem, **Nachtzielgeräte,** die einen Bildwandler oder eine elektronische Verstärkung besitzen und für Schusswaffen bestimmt sind, sowie **künstliche Lichtquellen** zum Anstrahlen oder Beleuchten des Zieles beim Erlegen von Schwarzwild zu verwenden. Für die Erteilung einer Erlaubnis nach § 19 Abs. 1 Nr. 11 werden die Erteilungsvoraussetzungen dahingehend konkretisiert, dass die Erlaubnis nur in besonderen Härtefällen möglich ist, in denen Menschen mit körperlicher Beeinträchtigung oder **Menschen mit Behinderung** ausschließlich auf das Kraftfahrzeug angewiesen sind und ansonsten von einer Jagdausübung gänzlich ausgeschlossen wären. Zudem hat die zuständige Behörde durch Nebenbestimmungen sicherzustellen, dass es hierbei keine Einschränkungen bei der Einhaltung des Tierschutzes (zum Beispiel Fangschuss) gibt. Im Rahmen der Entscheidung hat die Behörde allerdings zur Wahrung des Diskriminierungsverbotes den grundsätzlichen Erteilungsanspruch des behinderten Menschen zu beachten (→ Rn. 45)

62 Art. 20 **BremLJagdG:** Zusätzlich verboten ist die Verwendung von Betäubungs- oder Lähmungsmitteln, Sprengstoffen, elektrischem Strom sowie die Erlegung von Schalenwild in einem Umkreis von weniger als 100 m von einer für dieses Wild angelegten Fütterung. Bei der Jagd auf Wasserwild ist die Verwendung von Bleischrot in (definierten) Feuchtgebieten verboten, bei der Jagd auf Schalenwild die Verwendung von bleihaltigen Büchsengeschossen und bleihaltigen Flintenlaufgeschossen.

63 § 16 **HmbJagdG:** Über Abs. 1 hinaus ist es hier verboten,

- die Jagd unter Verwendung von Schusswaffen mit **Schalldämpfern** auszuüben,
- die Jagd auf ausgesetztes Wild vor Ablauf einer Brut- und Setzzeit nach dessen Aussetzung auszuüben,
- die Jagd auf Haarwild, ausgenommen Raubwild und Wildkaninchen, unter Verwendung von Fanggeräten oder Fangvorrichtungen auszuüben,
- Horste, auch wenn sie unbesetzt sind, zu zerstören oder zu beschädigen.

Die Erlegung von Schalenwild zur **Nachtzeit** ist dagegen generell erlaubt.

64 § 23 **HJagdG:** Hier sind abweichend von Abs. 1 oder in dessen Erweiterung geregelt:

- Bei der Verwendung von Schusswaffen bei der Fangjagd darf die Mündungsenergie der Geschosse weniger als 200 Joule betragen.
- Rotwild darf zur **Nachtzeit** außerhalb von Rotwildgebieten oder in Rotwildgebieten außerhalb des Waldes erlegt werden, wenn dies zur Erfüllung des Abschussplanes notwendig ist.
- Die Nutzung von waffenrechtlich erlaubter **Nachtzieltechnik** wird auf Schwarzwild zugelassen.
- Mit Genehmigung der Jagdbehörde können Netze, Reusen und Fangkäfige im Rahmen der wissenschaftlichen Beringung und anderer wissenschaftlicher Kennzeichnungen verwendet werden.
- Totschlagfallen sind verboten.

– Schalenwild darf bei Drückjagden auch im Umkreis von 200 m von Fütterungen erlegt werden, soweit dies zur Erfüllung des Abschussplans oder zur Bejagung des Schwarzwilds erforderlich ist.
– Verboten ist das Anlocken von Wild mit synthetisch hergestellten Stoffen mit Ausnahme von Buchenholzteer.
– Das Schießen mit Vorderladerwaffen, Bolzen, Pfeilen, Posten oder gehacktem Blei auf Wild und mit Bleischrot auf Wasserwild über Gewässern ist verboten.
– Verboten ist, Hunde oder Katzen in einem Jagdbezirk unbeaufsichtigt laufen zu lassen.
– Es ist verboten, Wild vor Ablauf von sechs Monaten nach der Aussetzung zu bejagen.
– Die Jagdausübung ist im Umkreis von 300 m der Brückenköpfe von Grünbrücken verboten. Davon ausgenommen ist die Ausübung der Nachsuche.
– Das Stören des Wildes durch unberechtigtes **Verlassen befestigter Wege im Wald zur Nachtzeit** ist verboten.

§ 18 Abs. 3 **HJagdG** verbietet die mutwillige Störung der Jagdausübung, § 19 **HJagdG** reglementiert die Fangjagd weitergehend.

MVLJagdG: Gemäß § 17 **MVLJagdG** darf in der Zeit vom 1.10. bis 31.1. **65** Rot- und Damwild zur Nachtzeit erlegt werden. Bei der Ausübung der Nachtjagd ist insbesondere zu beachten, dass eine Unterscheidung führender Alttiere von Schmaltieren nicht immer zweifelsfrei möglich ist. In diesem Fall hat ein Schuss aus **Tierschutzgründen** zu unterbleiben.

§ 18 **MVLJagdG** verpflichtet die Jagdausübungsberechtigten, bei witte- **65a** rungsbedingter Futternot für angemessene und artgerechte Wildfütterung zu sorgen. Außerhalb festgelegter Notzeit ist das Füttern von Schalenwild ohne Genehmigung der Jagdbehörde verboten, wobei Wildäcker und Wildwiesen nicht als Fütterung gelten. Während der Notzeit ist die Jagdausübung in Form der Drück- oder Treibjagd verboten. Im Jagdbezirk ist zum Ankirren von Schwarzwild nur noch eine Kirrung je angefangener 75 ha Jagdfläche zulässig.

Nach § 22 **MVLJagdG** es verboten ohne eine innerhalb der zurückliegen- **65b** den zwölf Monate unternommene **Übung in der Schießfertigkeit** an Bewegungsjagden teilzunehmen. Die Vorschrift leidet ersichtlich an einem **Mangel an Bestimmtheit,** da keinerlei Kriterien für die ausreichende Übung festgelegt werden (demgegenüber ist zB in § 29 Abs. 2 **ThJG** bestimmt, dass ein Nachweis über ein jagdliches Übungsschießen mit Büchse oder Flinte auf bewegliche Ziele vorzulegen ist). Zudem begegnet die Vorschrift, wie auch in anderen, ähnlich lautenden Landesgesetzen, **verfassungsrechtlichen Bedenken.** Die Bundesländer haben hierfür keine Gesetzgebungskompetenz. Das Recht der Jagdscheine hat sich der Bund vorbehalten. Nach allgemeiner Meinung bedeutet dies, dass die Länder daran gehindert sind, weitere Voraussetzungen für die Ausübung der Jagd als bundesrechtlich vorgesehen anzuordnen. Vom Abweichungsverbot des Art. 72 Abs. 3 S. 1 Nr. 1 GG umfasst sind daher insbesondere auch Bestimmungen, die die bundesrechtlich abschließend geregelten Voraussetzungen der Erteilung eines Jagdscheins entweder zu unterschreiten oder zu überschreiten suchen (Dürig/Herzog/Scholz/Uhle GG Art. 72 Rn. 238). Das gilt namentlich für Regelungen, die die Jagdausübung **materiell an weitere personenbezogene Voraussetzungen** knüpfen, auch wenn sie diese nicht formell zur Bedingung für die Erteilung eines Jagdscheins machen; andernfalls stünde es den Ländern offen, die sachliche Legitimationswirkung des Jagdscheins zu entwerten und auf diese Weise die **Abweichungsfestigkeit** der Kompetenz für das Recht der Jagdscheine **auszuhöhlen** (Dürig/Herzog/Scholz/Uhle Art. 72 Rn. 242). Dies gilt namentlich für die landesrechtliche Anordnung eines zu erbringenden **Nachweises über die Erhaltung der Schießfertigkeit als Voraussetzung der Jagdausübung** (Dürig/Herzog/Scholz/Uhle GG Art. 72 Rn. 242).

65c Das ebenfalls in § 22 **MVLJagdG** normierte Verbot, Schalenwild mit Munition zu erlegen, die mehr Blei als nach dem jeweiligen Stand der Technik vorgesehen an den Wildkörper abgibt (ausgenommen ist der Fangschuss) tritt erst zum **1.4.2027** in Kraft.

65d Weiterhin ist es nach § 22 **MVLJagdG** verboten,

- bei der Jagd auf Wasserwild auf Gewässern und im 400-Meter-Abstand von deren Ufer Bleischrot zu verwenden,
- die Jagd unter Verwendung von Betäubungs- oder Lähmungsmitteln auszuüben,
- Wild aus Luftfahrzeugen, Kraftfahrzeugen oder maschinengetriebenen Wasserfahrzeugen zu beschießen; ausgenommen ist das Beschießen von Wild aus Kraftfahrzeugen durch Menschen mit Behinderungen mit Erlaubnis der Jagdbehörde,
- bei Querungshilfen für Wild im Umkreis von 250 m, gemessen von der Mitte der Querungshilfe, Ansitzeinrichtungen aufzustellen oder die Einzeljagd auszuüben; ausgenommen ist die Ausübung der Nachsuche,
- die Jagd bei der Ernte von landwirtschaftlichen Kulturen auszuüben; ausgenommen ist die Jagdausübung von **erhöhten jagdlichen Einrichtungen** (Ansitzleitern, Ansitzkanzeln) oder von Kraftfahrzeugen und auf ihnen fest verankerten Aufbauten, wenn die Kraftfahrzeuge halten, die Motoren abgestellt sind und sich keine Person im Fahrzeuginneren befindet,
- Arzneimittel, natürliche und synthetische Lockmittel, die aufgrund ihrer Inhaltsstoffe die Gesundheit von Menschen oder Wildtieren gefährden können, sowie Lockmittel, die Tierseuchen verbreiten können, an Wild zu verabreichen oder auszubringen,
- die Fangjagd außer mit Lebendfangfallen zu betreiben, wobei die Jagdbehörde zum Bodenbrüterschutz Totschlagfallen zulassen kann. Beim Nachweis entsprechender Schutzbemühungen wird das Ermessen der Behörde im Regelfall zugunsten des Antragstellers ausfallen müssen,
- die Jagdausübung vorsätzlich zu stören oder zu behindern,
- die Jagd unter Verwendung von **Drohnen** oder vergleichbaren Fluggeräten auszuüben, ausgenommen ist die Jungwildrettung. Das zum 1.4.2024 neu geschaffene Verbot ist umfassend ausgestaltet und erstreckt sich auf sämtliche Jagdausübungstatbestände des § 1 Abs. 4 (Aufsuchen, Nachstellen, Erlegen, Fangen). Ein Verstoß wird gem. § 41 Abs. 1 Nr. 21 **MVLJagdG** bereits bei **fahrlässiger Begehung** als Ordnungswidrigkeit geahndet. Da schon das Aufsuchen verboten ist, muss zB auch ein Abfliegen von Dickungseinständen im direkten Zusammenhang mit einer Bewegungsjagd zum Zwecke der Überprüfung der Anwesenheit von Wild unterbleiben. Im Lichte der vom Gesetzgeber gewählten niedrigen Pönalisierungsschwelle des § 41 Abs. 1 Nr. 21 **MVLJagdG** ist davon auszugehen, dass letztlich jedweder Drohneneinsatz im zeitlichen und räumlichen Zusammenhang mit eine Jagdausübung unterbleiben muss. Aus Tierschutzgründen gerecht-

fertigt ist indes auch ohne gesetzliche Erwähnung die Unterstützung einer Nachsuche auf krankes oder krankgeschossenes Wild.

Erlaubt wird von § 22 **MVLJagdG** die Verwendung von Nachtsichtvorsatz- oder Nachtsichtaufsatzgeräten bei der Jagd auf Schwarzwild, Raubwild und Nutria. **65e**

Nach § 3 **MVJagdZVO** – dessen Regelungen zu sachlichen Verboten auch im Rahmen der Gesetzesnovelle im Jahr 2024 nur teilweise in § 22 **MVLJagdG** überführt wurden – ist es darüber hinaus verboten, die Jagd auszuüben **65f**

- auf aufgezogenes und danach im Jagdbezirk ausgesetztes Wild innerhalb eines Jahres nach dem Aussetzen,
- auf jagdbare Wildgänse auf bestimmten, in einer Anlage aufgeführten Gewässern und im 400-Meter-Abstand von deren Ufer,
- mit Bolzen oder Pfeilen.

§ 24 **NJagdG:** In Niedersachsen ist zusätzlich verboten **66**

- die Jagdausübung unter Verwendung von Betäubungs- oder Lähmungsmitteln, Sprengstoffen, elektrischem Strom, Haken, Schleudern, Bolzen, Pfeilen, Luftdruckwaffen,
- die Jagd auf Wasserwild an und über Gewässern unter Verwendung von Bleischrot,
- nach einer Aussetzung die Bejagung der entsprechenden Wildart in dem betreffenden Jagdbezirk vor Ablauf von sechs Monaten nach der Aussetzung,
- die Teilnahme an Gesellschaftsjagden ohne Vorlage eines **Schießübungsnachweises** (zu den verfassungsrechtlichen Bedenken gegenüber einer solchen Regelung vgl. → Rn. 65).

Erlaubt wird hingegen die Bejagung von Schwarz- und Raubwild sowie Waschbär, Marderhund, Mink und Nutria mithilfe von waffenrechtlich erlaubter Nachtzieltechnik.

§ 19 **LJG-NRW** verbietet, **67**

- mit Schrot oder Posten auf Schalenwild zu schießen; ausgenommen ist der Fangschuss,
- die Jagd mit Vorderladerwaffen, Bolzen oder Pfeilen,
- bei der Jagd Büchsenmunition mit bleihaltigen Geschossen sowie bleihaltige Flintenlaufgeschosse zu verwenden,
- mit Bleischrot die Jagd an und über Gewässern auszuüben,
- auf **Rehwild und gestreifte Schwarzwildfrischlinge** (noch nicht einjährige Stücke) mit Büchsenpatronen zu schießen, deren Auftreffenergie auf 100 m (E 100) weniger als 1.000 Joule beträgt,
- Wild, ausgenommen Schwarzwild und Raubwild, zur Nachtzeit zu erlegen,
- die Jagdausübung und das Errichten von Jagdeinrichtungen für die Ansitzjagd im Umkreis von 300 m von der Mitte von Querungshilfen (Wildunterführungen und Grünbrücken); von dem Verbot der Jagdausübung ausgenommen ist die Ausübung der Nachsuche,
- die Baujagd auf Dachse im Naturbau auszuüben,
- Wild von Ansitzen aus zu erlegen, die weniger als **75 m von der Grenze** eines benachbarten Jagdbezirks entfernt sind; dieses Verbot gilt nicht, soweit die Jagdnachbarn eine abweichende schriftliche Vereinbarung getroffen haben,
- zum Anlocken von Wild Tauben- oder Krähenkarussels zu verwenden, sofern keine Attrappen verwendet werden,
- das Töten von Katzen.

68 **Rheinland-Pfalz** hat, wie Baden-Württemberg, im Rahmen seiner Gesetzgebungskompetenz ein Vollgesetz erlassen, das in § 23 **RhPfLJG** folgende Verbote enthält:

- mit gehacktem Blei, Bolzen oder Pfeilen auf Wild zu schießen,
- mit Schrot oder Posten auf Schalenwild zu schießen; ausgenommen ist der Fangschuss,
- mit Bleischrot die Jagd an und über Gewässern auszuüben,
- auf Rehwild mit Büchsenpatronen zu schießen, deren Auftreffenergie auf 100 m (E 100) weniger als 1.000 Joule beträgt und auf alles übrige Schalenwild mit Büchsenpatronen unter einem Kaliber von 6,5 mm zu schießen; im Kaliber 6,5 mm und darüber müssen die Büchsenpatronen eine Auftreffenergie auf 100 m (E 100) von mindestens 2.000 Joule haben; ausgenommen ist der Fangschuss sowie die Fallenjagd auf Schwarzwild,
- auf Wild mit Pistolen oder Revolvern zu schießen; ausgenommen ist die Abgabe von Fangschüssen, wenn die Mündungsenergie der Geschosse mindestens 200 Joule beträgt, sowie die Bau- und Fallenjagd,
- auf Wild mit Vorderladerwaffen und mit halbautomatischen oder automatischen Waffen, die mehr als zwei Patronen in das Magazin aufnehmen können, zu schießen,
- die Bewegungsjagd bei Mondschein auszuüben; Bewegungsjagd ist eine Gesellschaftsjagd, bei der das Wild gezielt beunruhigt oder den Jägerinnen und Jägern zugetrieben wird,
- die **Bewegungsjagd** auszuüben, wenn das Wild durch besondere Umstände (zB verharschter Schnee) einer **erhöhten Verletzungsgefahr** ausgesetzt ist,
- Schalenwild, ausgenommen Schwarzwild, sowie Federwild zur Nachtzeit zu erlegen; als Nachtzeit gilt die Zeit von eineinhalb Stunden nach Sonnenuntergang bis eineinhalb Stunden vor Sonnenaufgang,
- künstliche Lichtquellen, Spiegel, Vorrichtungen zum Anstrahlen oder Beleuchten des Zieles, Nachtzielgeräte, die einen Bildwandler oder eine elektronische Verstärkung besitzen und für Schusswaffen bestimmt sind, Tonbandgeräte oder elektrische Schläge erteilende Geräte beim Fang oder Erlegen von Wild aller Art zu verwenden oder zu nutzen sowie zur Nachtzeit an künstlichen Lichtquellen Federwild zu fangen,
- Vogelleim, Fallen, Angelhaken, Netze, Reusen oder ähnliche Einrichtungen sowie geblendete oder verstümmelte Vögel beim Fang oder Erlegen von Federwild zu verwenden,
- Belohnungen für den Abschuss oder den Fang von Federwild auszusetzen, zu geben oder zu empfangen,
- Saufänge, Fang- oder Fallgruben ohne Genehmigung der zuständigen Behörde anzulegen,
- die Fallenjagd ohne Nachweis der Fachkenntnis, einschließlich der tierschutzgerechten Tötung gefangenen Wildes, auszuüben; der Nachweis gilt als erbracht, wenn die Jägerprüfung in Rheinland-Pfalz nach dem 1.4.1996 abgelegt oder die Teilnahme an einem einschlägigen Lehrgang nachgewiesen wurde,
- Schlingen jeder Art, in denen sich Wild fangen kann, herzustellen, feilzubieten, zu erwerben oder aufzustellen und Fanggeräte, die nicht unversehrt fangen oder nicht sofort töten, sowie Selbstschussgeräte zu verwenden,

- Fanggeräte, die sofort töten, ohne Genehmigung der zuständigen Behörde und außerhalb von geschlossenen Räumen, Fangbunkern oder Fanggärten aufzustellen,
- Schalenwild in einer Entfernung unter 200 m oder Wildenten und Wildgänse in einer Entfernung unter 100 m von Fütterungen zu erlegen,
- Wild aus Luftfahrzeugen, Kraftfahrzeugen oder maschinengetriebenen Wasserfahrzeugen zu erlegen; die zuständige Behörde kann für Menschen mit einer Körperbehinderung Ausnahmen zulassen, wenn diese wegen ihrer körperlichen Behinderung die Jagd nur auf diese Weise ausüben können,
- die Hetzjagd auf gesundes Wild auszuüben,
- Wild zu vergiften oder vergiftete oder betäubende Köder zu verwenden,
- das Brackieren auf einer Fläche von weniger als 1.000 ha auszuüben,
- Abwurfstangen ohne Erlaubnis der jagdausübungsberechtigten Person zu sammeln und
- das Ausbringen von Lockstoffen, die Tierseuchen verbreiten können.

Gemäß § 32 **SJG** ist es ergänzend zu Abs. 1 verboten, **69**

- die **Treibjagd auf Rotwild** auszuüben; eine Jagd auf Rotwild, an der höchstens zehn Schützen und nicht mehr als drei weitere Personen teilnehmen, die ohne stöbernde Hunde ruhig drücken, gilt nicht als Treibjagd,
- die Jagd oder den Jagdschutz mit Fanggeräten oder Fangvorrichtungen, die das gefangene Tier töten (Totfangfallen), auszuüben und die Jagd mit Fanggeräten oder Fangvorrichtungen, die das Tier lebend fangen (Lebendfangfallen), auszuüben (dieses Verbot gilt nicht für die Jagd auf Haarraubwild und Wildkaninchen, wenn eine anerkannte besondere Fallenjagdqualifikation gegeben ist sowie für den Fang von Schwarzwild),
- die Jagd auf Haarwild zur Nachtzeit auszuüben (von diesem Verbot sind ausgenommen die Jagd auf Schwarzwild, Raubwild und Wildkaninchen und die erlaubte Fallenjagd),
- das Wild durch Lappen oder sonstige Mittel daran zu hindern, in seine Einstände einzuwechseln,
- bei der Jagd auf Wasserwild in Feuchtgebieten Bleischrot zu verwenden; Feuchtgebiete sind Feuchtwiesen, Moor- und Sumpfgebiete oder Gewässer, die natürlich oder künstlich, dauernd oder zeitweilig, stehend oder fließend sind,
- bei der Jagd auf Schalenwild bleihaltige Büchsengeschosse und bleihaltige Flintenlaufgeschosse zu verwenden,
- die Jagd unter Verwendung von Sprengstoffen, elektrischem Strom, Tonwiedergabegeräten oder von Arznei-, Betäubungs- oder Lähmungsmitteln sowie das Erlegen von Wild unter Verwendung von künstlichen Lichtquellen auszuüben,
- Wild mit Bolzen oder Pfeilen zu bejagen,
- Nester und Gelege von Federwild zu beschädigen, zu zerstören oder zu entfernen,
- Gesellschaftsjagden in Notzeiten durchzuführen,
- Schwarzwild an Ablenkungsfütterungen zu erlegen,
- die Jagd auf eine Wildart vor Ablauf eines Jahres nach dem Aussetzen von Tieren dieser Art auszuüben,
- Saufänge, Fang- oder Fallgruben ohne Genehmigung der obersten Jagdbehörde anzulegen,

– mit Schrot und Posten auf Schalenwild zu schießen; ausgenommen ist der aus Sicherheitsgründen ausgeführte Fangschuss,
– Katzen und Hunde zu töten.

70 § 18 **SächsJagdG** verbietet ergänzend zu Abs. 1,

– die Jagd auf Schalenwild, Feldhasen und Federwild mit Fanggeräten oder Fangvorrichtungen auszuüben,
– die Jagd mit Totschlagfallen oder unter Verwendung von Betäubungs- oder Lähmungsmitteln, Gasen oder mit Vorderladerwaffen auszuüben,
– bei der Jagd auf Wasserwild, auf sonstiges Wild nach dem 31.3.2014, Bleischrot zu verwenden,
– auf Wild, das durch **Naturkatastrophen** in Not geraten ist, die Jagd auszuüben, es sei denn, dass die Not des Wildes nur durch Erlegen beendet werden kann,
– die Jagd während der Notzeit im Jagdbezirk, bei Verwaltungsjagdbezirken in den betroffenen Forstrevieren, auszuüben,
– die Jagd auf angesiedeltes Wild vor dem Beginn des übernächsten Jagdjahres nach dem Aussetzen auszuüben.

71 Gemäß § 23 **LSALJagdG** ist es verboten,

– von Kraftfahrzeugen sowie maschinengetriebenen Wasserfahrzeugen aus auf Wild zu schießen, mit Ausnahme des Schusses von jagdlichen Einrichtungen, die während einer **Erntejagd** auf abgestellten Kraftfahrzeugen oder Anhängern angebracht sind und die die Höhe des Fahrzeugs deutlich überschreiten; das Fahrzeug muss während der Jagdausübung stehen und das Fahrerhaus darf nicht besetzt sein; das Umsetzen solcher Fahrzeuge während der Erntejagd ist zulässig,
– in einem Abstand von bis zu 200 m von Unter- oder Überführungen, die zum Wechseln von Wild bestimmt sind, auf Wild zu schießen,
– die Jagd auszuüben unter Verwendung von Betäubungs- oder Lähmungsmitteln, Sprengstoffen, elektrischem Strom, Bolzen, Pfeilen oder Vorderladern,
– die Jagd auszuüben auf jagdbare Wildgänse an und auf Schlafgewässern und auf Wasserwild mittels Bleischrot an und auf Gewässern,
– entgegen den Regelungen des § 2 Abs. 3 LSALJagdG über geprüfte und brauchbare Hunde die Jagd auszuüben.

72 § 29 **SchlHLJagdG** verbietet es,

– in freier Wildbahn Tierarzneimittel im Sinne des Tierarzneimittelgesetzes vom 27.9.2021 (BGBl. 2021 I 4530), zuletzt geändert durch Gesetz vom 21.12.2022 (BGBl. 2022 I 2852), an Tiere, die dem Jagdrecht unterliegen, zu verabreichen,
– bei der Jagd auf Wild Büchsenmunition mit bleihaltigen Geschossen sowie bleihaltige Flintenlaufgeschosse zu verwenden,
– bei der Jagd auf Wasserwild Bleischrot zu verwenden,
– Hunde außerhalb der ordnungsgemäßen Jagdausübung unbeaufsichtigt in einem Jagdbezirk laufen zu lassen,
– Jagdbezirke oder Teile von Jagdbezirken zum Zweck der Jagd oder der Hege einzugattern sowie in **Jagdgattern** die Jagd auszuüben oder die Jagdausübung zuzulassen,
– bei der Fallenjagd mit Pistolen und Revolvern zu schießen, wenn die Mündungsenergie der Geschosse nicht mindestens 100 Joule beträgt,

- auf alle Tierarten, die nach § 2 dem Jagdrecht unterliegen, mit Bolzen und Pfeilen zu schießen,
- bei Querungshilfen für Wild, die am 24.6.2016 errichtet sind, im Umkreis von 200 m, gemessen von der Mitte der Querungshilfe, Ansitzeinrichtungen aufzustellen,
- Wild früher als sechs Monate nach dem Aussetzen zu bejagen,
- die Ausübung der Jagd vorsätzlich zu stören oder zu behindern,
- an Gesellschaftsjagden auf Schalenwild ohne **Schießnachweis** teilzunehmen (zu den verfassungsrechtlichen Bedenken gegenüber einer solchen Regelung vgl. → Rn. 65).

In der Zeit vom 1.11. bis 31.1. ist es aber erlaubt, Rot- und Damwild zur Nachtzeit zu erlegen, soweit das zur Erfüllung der Abschusspläne erforderlich ist. Erlaubt wird zudem, bei der Jagd auf Haarraubwild und Nutria künstliche Lichtquellen sowie nach § 40 Abs. 3 S. 4 WaffG zulässige Hilfsmittel zu verwenden. Nach § 1 **SWJagdVO** dürfen überdies beim Fang oder Erlegen von auf Schwarzwild künstliche Lichtquellen verwendet werden. Gleichfalls werden nach § 1 **SWJagdVO** Nachtsichtvorsätze und Nachtsichtaufsätze für Zielhilfsmittel erlaubt, wobei dies nur für Jagdscheininhaber, die das 18. Lebensjahr vollendet und einen Jahresjagdschein mindestens ein Jahr besessen haben gilt. Bei der Fangjagd auf Schwarzwild darf auch mit Büchsenpatronen unter einem Kaliber von 6,5 mm geschossen werden, sofern diese eine Mündungsenergie von mindestens 400 Joule haben.

Nach § 29 **ThJG** ist in Ergänzung des Abs. 1 verboten, **73**

- an Gesellschaftsjagden, zu denen Wild gezielt in Bewegung gebracht wird, ohne **Schießnachweis** teilzunehmen (zu den verfassungsrechtlichen Bedenken gegenüber einer solchen Regelung vgl. → Rn. 65),
- die Jagd auf Wild, bei Ausnahme von Haarraubwild und Wildkaninchen, mit Fanggeräten oder Fangvorrichtungen auszuüben,
- die Jagd auf Schalenwild, bei Ausnahme von Schwarzwild, als Treibjagd auszuüben,
- das Wild durch Lappen oder sonstige Mittel zu hindern, aus seinen oder in seine Tageseinstände zu wechseln; das Verbot gilt nicht, wenn das Ablappen an Straßen und aus Gründen der Verkehrssicherheit geboten ist,
- die Jagd unter Verwendung von Betäubungs- oder Lähmungsmitteln, Sprengstoffen, Gasen, elektrischem Strom, synthetischen Mitteln oder von Schusswaffen mit Schalldämpfern auszuüben, wobei das **Schalldämpferverwendungsverbot** nicht für das Schießen auf Wild mit Büchsenpatronen, deren Auftreffenergie auf 100 m (E 100) mehr als 1.000 Joule beträgt gilt,
- die Jagd unter Verwendung von bleihaltigem Schrot auszuüben,
- Fanggeräte oder Fangvorrichtungen, die zum Totschlagen des Wildes bestimmt sind, zu verwenden.

74 Über die konkreten Verbotsvorschriften hinaus haben alle Länder, zum Teil umfangreich **Ermächtigungsnormen** geschaffen, nach denen die ministerielle Jagdverwaltung durch Verordnung oder Einzelentscheidung bzw. die Jagdbehörde im Einzelfall von den Verboten des Abs. 1 und den sie ergänzenden/ersetzenden landesrechtlichen Vorschriften Ausnahmen zulassen bzw. detailliertere Regelungen hierzu treffen kann. Dies gilt sowohl für eine Einschränkung der Verbote als auch für ihre Erweiterung.

§ 19a Beunruhigen von Wild

[1]Verboten ist, Wild, insbesondere soweit es in seinem Bestand gefährdet oder bedroht ist, unbefugt an seinen Zuflucht-, Nist-, Brut- oder Wohnstätten durch Aufsuchen, Fotografieren, Filmen oder ähnliche Handlungen zu stören. [2]Die Länder können für bestimmtes Wild Ausnahmen zulassen.

Ländervorschriften: § 51 JWMG; Art. 22 BayJG; § 22 BbgJagdG; Art. 21 BremLJagdG; § 23 Abs. 11 HJagdG, § 24 HJagdG; § 19 MVLJagdG; § 26 RhPfLJG; § 33 SJG; § 19 SächsJagdG; § 29 SchlHLJagdG; § 21 ThJG.

Übersicht

I. Allgemeines

1 § 19a stellt eine jagdrechtliche Sondervorschrift im Verhältnis zu § 44 Abs. 1 Nr. 2 BNatSchG dar. Während es nach § 44 Abs. 1 Nr. 2 BNatSchG verboten ist, wildlebende Tiere der streng geschützten Arten und der europäischen Vogelarten während der Fortpflanzungs-, Aufzucht-, Mauser-, Überwinterungs- und Wanderungszeiten erheblich zu stören, werden von § 19a nur die gem. § 2 Abs. 1 und 2 zu Wild erklärten Tierarten gegen eine Störung in ihren Zuflucht-, Nist-, Brut- oder Wohnstätten durch Aufsuchen, Fotografieren, Filmen oder ähnliche Handlungen geschützt. Beide Verbote richten sich an jedermann, also nicht nur an den Jäger (Mitzschke/Schäfer Rn. 3; Lorz/Metzger Rn. 4). Ein Verstoß gegen § 19a erfüllt nach § 39 Abs. 1 Nr. 5 jedoch nur dann den Tatbestand einer Ordnungswidrigkeit, wenn die Störung vorsätzlich erfolgt, wobei bedingter Vorsatz ausreicht.

II. Störungsverbot

2 Jedermann ist es demzufolge verboten, Wild unbefugt an bestimmten Orten durch im Gesetz im Einzelnen definierte Handlungen zu stören.

1. Tierarten

3 Das Verbot gilt für sämtliche Wildarten, auch unabhängig davon, ob eine konkrete Wildart zB schadensträchtig ist (Lorz/Metzger Rn. 3). Von der Befugnis, für einzelne Wildarten Ausnahmen zuzulassen, haben die Landesgesetzgeber keinen Gebrauch gemacht. Der Verweis auf besonders in ihrem Bestand gefährdete oder bedrohte Tierarten ändert nichts daran, dass auch nicht bedrohte oder gefährdete Tierarten nicht beunruhigt werden dürfen. Vielmehr spielt dies nur bei der Strafzumessung eine Rolle, da sich die Tat

bei bedrohten Tierarten unter dem Aspekt des Artenschutzes als besonders verwerflich darstellt (Lorz/Metzger Rn. 3).

2. Geschützte Lebensräume

Geschützt ist nicht der gesamte Lebensraum des Wildes, sondern nur seine Zuflucht-, Nist-, Brut und Wohnstätten. 4

Die aus dem menschlichen Bereich stammenden Begriffe **Zuflucht- oder Wohnstätten** sind unter Berücksichtigung des Zweckes der Bestimmung nicht so sehr gegenständlich als vielmehr funktionell zu verstehen (BayObLG Beschl. v. 29.7.1981 – 3 Ob OWi 22/81, NStZ 1981, 485). Es handelt sich um räumlich relativ eng begrenzte Bereiche, in denen die Tiere sich zumindest eine gewisse Zeit ohne größere Fortbewegung aufhalten, weil sie dort Ruhe und Geborgenheit suchen (BVerwG Beschl. v. 8.3.2007 – 9 B 19/06, NVwZ 2007, 708). Geschützt ist danach vor allem der Platz, an dem das Tier seine Restitutionsphasen verbringt, wie auch die menschliche Wohnstätte wesentlich diesem Zwecke dient (BayObLG Beschl. v. 29.7.1981 – 3 Ob OWi 22/81, NStZ 1981, 485). Im Übrigen kann dieser Begriff aber nicht ohne weiteres vom menschlichen Bereich auf die Tierwelt übertragen werden. Es ist vielmehr auf die besondere **Natur und Eigenart der einzelnen Tierart** abzustellen. Dabei kann weder der Aufwand, den die Schaffung dieser Stätte erfordert, den Ausschlag geben, noch die Zeit der Nutzung und deren Dauer (BayObLG Beschl. v. 29.7.1981 – 3 Ob OWi 22/81, NStZ 1981, 485). Andernfalls böte § 19a einem Tier wie dem Feldhasen, der sich sein Lager für längere Ruhepausen lediglich mit den Vorderläufen in das Erdreich scharrt, es höchstens über mehrere Tage benutzt und keine festere Bleibe hat, nicht den angestrebten Schutz (BayObLG Beschl. v. 29.7.1981 – 3 Ob OWi 22/81, NStZ 1981, 485). Unter Berücksichtigung der Lebensweise des Hasen ist daher die **Sasse,** die er zu verschiedenen Tageszeiten zur Ruhe und Erholung aufsucht, als „Wohnstätte" iSd einschlägigen Schutzbestimmung zu bewerten (BayObLG Beschl. v. 29.7.1981 – 3 Ob OWi 22/81, NStZ 1981, 485). 5

Unter **Nist- und Brutstätten** sind Aufenthaltsorte des Federwildes zu verstehen. Niststätten sind dabei selbst angelegte oder übernommene Nester, zB die Horste der Greife, Falken, Graureiher und Rabenvögel, aber auch der Wildtauben und Möwen, die nicht nur dem Bebrüten des Geleges, sondern auch zur Aufzucht der Jungen dienen. Bei den Bodenbrütern werden die Brutstätten dagegen nur zum Bebrüten des Geleges genutzt, weil das junge Federwild danach zu den Nestflüchtern zu zählen ist, so dass diese Brutstätten keine Aufzuchtstätten sind. Auch von Menschenhand geschaffene **Nistkästen** fallen unter die Niststätten (Mitschke/Schäfer Rn. 3). Der Schutz endet nach endgültiger Aufgabe der Nist- oder Brutstätte (Lorz/Metzger Rn. 6). 6

Ob der **Ort der Nahrungsaufnahme** zu den Wohnstätten zu zählen ist, ist umstritten. Bei Wild, das Nahrung in einen Bau oder ein Nest verschleppt, um seine Jungtiere zu ernähren, ergibt sich der Schutz in diesem Kontext bereits daraus, dass der Bau oder das Nest selbst unstreitig eine Wohnstätte darstellt. Bei Wildarten, die zur Nahrungsaufnahme herumziehen, würde die Annahme einer Wohnstätte den Anwendungsbereich der Vorschrift überdehnen. Soweit es sich mithin um „Nahrungsreviere" handelt, lehnt BVerwG Urt. v. 11.1.2001 – 4 C 6/00, NVwZ 2001, 1040 im Naturschutzrecht deren Einbeziehung in die Begriffsbestimmung der Zuflucht- und Wohnstätten 7 zutreffend ab. Wohl aber als Zuflucht- und Wohnstätte sind die Ruheeinstände von Wild, die dieses zum Wiederkäuen aufsucht, von § 19a erfasst (Möller UmweltR IV Rn. 56.2).

3. Unbefugtes Handeln

8 Das Verbot richtet sich, wie bereits ausgeführt, an jedermann. Es setzt aber voraus, dass der Störung nicht eine **Erlaubnis** zugrunde liegt („unbefugt"). Hierzu zählen insbesondere die **rechtmäßige Ausübung der Jagd und Fischerei,** aber auch die **ordnungsgemäße land- und forstwirtschaftliche Bodennutzung,** wie dies zB in Art. 22 Abs. 2 S. 1 **BayJG** und § 51 Abs. 1 S. 2 **JWMG** klargestellt wird. Im Übrigen sind sämtliche Störungen befugt, die auf Grund anderer Rechtsvorschriften oder aufgrund einer behördlichen Genehmigung zulässig sind, so zB der Lebendfang von Wild, das genehmigte Aushorsten von Ästlingen oder Nestlingen (§ 22 Abs. 4 S. 3) sowie das genehmigte Ausnehmen von Gelegen und das Sammeln der Eier von Ringel- und Türkentauben, ferner von Silber- und Lachmöwen (§ 22 Abs. 4 S. 5 und 6).

9 Auch bei der Beunruhigung von Wild im Zusammenhang mit der **Durchführung von Treib- und Drückjagden** handelt es sich um eine befugte Störung, da mit dieser gerade die Voraussetzungen geschaffen werden sollen, um das Wild zu erlegen.

4. Störungsverbot

10 Verboten sind sämtliche Handlungen, die geeignet sind, das Wild in den im Gesetz aufgeführten Lebensräumen zu stören. Unter **Stören** (= Beunruhigen) versteht man in diesem Zusammenhang eine Beeinträchtigung der psychischen Verfassung des Tieres (OLG Frankfurt Beschl. v. 3.3.1986 – 2 Ws (B) 20/86 OWiG, JE X Nr. 48), durch die es häufig zum Verlassen seines Lebensraumes gezwungen wird. Die Flucht ist jedoch zur Erfüllung des Tatbestandes nicht erforderlich, da auch die Beunruhigung zB von Nesthockern denkbar ist. Es reicht bereits, wenn das Wild Ansätze zu einer solchen Reaktion zeigt, also wenn auf Grund der gegebenen Situation ernsthaft befürchtet werden muss, dass das Tier sein normales Verhalten an dem Ort der Störung aufgibt. Soweit zu diesem Zeitpunkt Notzeit herrscht, zB wegen einer hohen oder vereisten Schneelage, stellt eine derartige Störung aber nicht nur einen Verstoß gegen § 19a dar, sondern auch eine Tierquälerei und wird dann als Straftat nach § 17 TierSchG iVm § 21 Abs. 1 OWiG geahndet (so AG Clausthal-Zellerfeld Urt. v. 15.3.1988 – 3 Ls 804 Js 16969/87, BeckRS 1988, 113539).

11 Sanktioniert ist das **Aufsuchen,** unter dem insbesondere jedwede bewusste Tätigkeit zu verstehen ist, die dazu dient, Wild gezielt zu suchen. Hierbei erfüllt ein derartiges Verhalten dann den Tatbestand der Wilderei (§ 292 StGB), wenn im Zusammenhang mit dem Aufsuchen zugleich das Tatbestandsmerkmal Nachstellen vollendet wird, also der Zweck des Aufsuchens im Erbeuten des Wildes liegt. Allerdings kann auch ein mehr oder weniger unbeaufsichtigtes **Freilaufenlassen von Hunden,** das **Geocaching** oder ein GPS-Orientierungslauf durch Dickungen tatbestandlich sein, wenn es zu einer konkreten Störung kommt (Deuschle/Friedmann JWMG § 51 Rn. 2).

12 Die Tätigkeiten des **Fotografierens und Filmens** von Wild erfüllen dann nicht den Tatbestand der Störung, wenn diese aus so großer Entfernung

erfolgen, dass eine Störung nach den konkreten Umständen ausgeschlossen erscheint.

13 Der Begriff der **ähnlichen Handlung** umfasst alle Tätigkeiten, die im weitesten Sinne darauf gerichtet sind, Wild anzutreffen, um es zu sehen, zu hören, oder zu riechen, also auch das Beobachten sowie das Anfertigen von Tonaufnahmen, soweit diese vom Tier als bedrohend wahrgenommen werden. Unter die ähnlichen Handlungen fallen aber auch Blindschüsse, Lärm, Lichteffekte, der Gebrauch von Scheuchmitteln oder Steinwürfe (Lorz/Metzger Rn. 5).

III. Länderrecht

14 Die Länder **Baden-Württemberg** (§ 51 Abs. 2 **JWMG**), **Bayern** (Art. 22 Abs. 2 **BayJG**), **Mecklenburg-Vorpommern** (§ 19 Abs. 1 **MVLJagdG**), **Saarland** (§ 33 Abs. 1 **SJG**), **Sachsen** (§ 19 Abs. 2 **SächsJagdG**), **Schleswig-Holstein** (§ 29 Abs. 3 **SchlHLJagdG**) und **Thüringen** (§ 21 Abs. 2 **ThJG**) sehen die Möglichkeit vor, dass die Jagdbehörde in Einzelfällen zu wissenschaftlichen Lehr- und Forschungszwecken Ausnahmen zulassen kann. **Rheinland-Pfalz** (§ 26 Abs. 1 **RhPfLJG**) sieht allgemein eine Ausnahmemöglichkeit bei entsprechender behördlicher Genehmigung vor.

15 Art. 22 Abs. 1 **BayJG** und § 21 Abs. 1 **ThJG** geben dem Jagdausübungsberechtigten die Möglichkeit, mit behördlicher Genehmigung **Hinweisschilder** zu den nach § 19a geschützten Stätten im Revier aufzustellen.

16 In **Bremen** enthält Art. 21 **BremLJagdG** eine Ermächtigungsgrundlage für die Jagdbehörde, **Lichtbild-, Film- und Tonaufnahmen** der Nester und Gelege sowie der Balzplätze von Federwild unter Genehmigungspflicht zu stellen.

17 In **Rheinland-Pfalz** (§ 26 Abs. 2 **RhPfLJG**), **Saarland** (§ 33 Abs. 3 **SJG**), **Sachsen** (19 Abs. 3 **SächsJagdG**), **Mecklenburg-Vorpommern** (§ 22 Abs. 5 **MVLJagdG**), **Schleswig-Holstein** (§ 29 Abs. 5 Nr. 10 **SchlHLJagdG**) ist auch die vorsätzliche **Störung der Jagdausübung** verboten. Der Sachzusammenhang mit § 19a liegt zumindest dann nahe, wenn die Jagdstörung darin liegt, dass das Wild vom Jäger weggetrieben wird oder, was ausreicht, in seinen Einständen durch Aufsuchen beunruhigt wird, so dass es nicht austritt.

18 Mehrere Länder haben die Möglichkeit geschaffen, zum Schutz des Wildes vor Beunruhigung einen **Leinenzwang** für Hunde in bestimmten Gebieten anzuordnen (§ 51 Abs. 3 und Abs. 5 **JWMG; § 22 Abs. 1 BbgJagdG;** § 33 Abs. 2 **SJG**) oder das **freie Betretungsrecht** für den Wald und die offenen Landschaft einzuschränken (§ 51 Abs. 3 **JWMG**). Nach § 23 Abs. 11 **HJagdG** ist das unberechtigte **Verlassen befestigter Wege** im Wald zur Nachtzeit verboten. § 42 **JWMG** und § 24 **HJagdG** sehen die Möglichkeit der Einrichtung von **Wildruhezonen** vor, § 20 Abs. 4 Nr. 2 Alt. 2 **MVLJagdG** die Möglichkeit des Verbots des Befahrens und Betretens von nichtöffentlichen Wegen während der Fortpflanzungszeit und Brutzeit oder des Vogelzuges für Nichtjagdausübungsberechtigte. Letztere Ermächtigungsvorschrift hat der Landesgesetzgeber – auch im Rahmen der Gesetzesnovelle im Jahr 2024 – § 20 zugeordnet. Richtigerweise dürfte sie jedoch zu § 19a ergangen sein.

19 Art. 22 Abs. 3 **BayJG** verbietet das **Beschädigen, Wegnehmen** oder **Zerstören** von Nestern und Gelegen des Federwildes.

§ 20 Örtliche Verbote

(1) **An Orten, an denen die Jagd nach den Umständen des einzelnen Falles die öffentliche Ruhe, Ordnung oder Sicherheit stören oder das Leben von Menschen gefährden würde, darf nicht gejagt werden.**

(2) **Die Ausübung der Jagd in Naturschutz- und Wildschutzgebieten sowie in National- und Wildparken wird durch die Länder geregelt.**

Ländervorschriften: §§ 40, 42 JWMG; Art. 21, 24, 31 BayJG; § 23 LJagdG Bln; §§ 19, 28 BbgJagdG; Art. 22 BremLJagdG; § 17 HmbJagdG; § 25 HJagdG; § 20 MVLJagdG; § 9 NJagdG; §§ 20, 21 LJG-NRW; §§ 24, 27 RhPfLJG; §§ 28, 30 SJG; § 20 SächsJagdG; §§ 24, 25 LSALJagdG; § 1 SchlHLJagdG; § 31 ThJG.

Übersicht

I. Allgemeines

1 Abs. 1 ordnet ein gesetzliches Jagdverbot für bestimmte Situationen an. Demgegenüber enthält Abs. 2 lediglich eine Regelungsermächtigung zu Gunsten der Länder für die Jagdausübung in den dort benannten Schutzgebietstypen, die wegen der Neuordnung der Gesetzgebungskompetenz (Föderalismusreform I) überflüssig geworden ist.

II. Jagdausübungsverbot gemäß Abs. 1

2 Während in § 6 Abs. 1 (befriedeter Bezirk) ein abstraktes Jagdausübungsverbot definiert ist, unabhängig von einer konkreten Gefährdung, sieht das Gesetz in Abs. 1 ein weiteres Verbot dahingehend vor, dass bei einer Störung der öffentlichen Ruhe, Ordnung oder Sicherheit oder bei einer möglichen Gefährdung von Menschenleben ortsbezogen die Jagd nicht ausgeübt werden darf. Da es sich dabei um eine Konkretisierung von Verkehrssicherungspflichten, die den einzelnen Jäger treffen, handelt, stellt Abs. 1 insoweit auch ein Schutzgesetz iSv § 823 Abs. 2 BGB dar (LG Aachen Urt. v. 30.8.1990 – 6 S 176/90, NZV 1991, 433).

1. Voraussetzungen

3 Bei dem Jagdverbot des Abs. 1 handelt es sich nicht um ein Dauerverbot, wie sich an der Formulierung „nach den Umständen des einzelnen Falles“

erkennen lässt. Anders als bei befriedeten Bezirken, Bahnanlagen iSv § 62 Abs. 1 EBO und Autobahnen gem. § 18 Abs. 9 StVO ist die Jagd an einem bestimmten Ort nicht grundsätzlich verboten, vielmehr hängt es von den konkreten Umständen des Einzelfalls ab, ob die Jagdausübung ausgeschlossen ist oder nicht. Die von einem möglichen Jagdverbot iSv Abs. 1 betroffenen Flächen sind daher, weil es sich nicht um befriedetes Besitztum iSv § 6 handelt, in der Jagdgenossenschaft mitgliedschaftsbehaftet. Die Vorschrift beschränkt sich nur darauf, ein Verbot der Jagdausübung anzuordnen, wenn an einem **bestimmten Ort** und zu einer **bestimmten Zeit** eine **konkrete Störung** der öffentlichen Ruhe, Ordnung oder Sicherheit bzw. eine **konkrete Gefährdung** für Menschenleben zu befürchten ist (BayObLG v. 23.1.1959 – RReg. 3 St 102/58, FHZivR 6 Nr. 3943). Es kommt mithin nicht auf eine nur theoretische Störung oder Gefährdung an (OLG Dresden Beschl. v. 17.8.2001 – Ss (OWi) 54/01, BeckRS 2001, 30469865; OLG Celle Beschl. v. 17.2.2003 – 9 U 12/03, BeckRS 2003, 154045). Zu weitgehend ist daher die Auffassung des LG Aschaffenburg (LG Aschaffenburg Urt. v. 30.7.1998 – 2 S 329/97, NJWE-VHR 1998, 279 = LSK 1999, 060032), das verlangt hat, dass der Jagdausübungsberechtigte durch wirksame Maßnahmen sicherzustellen habe, dass eine Gefährdung durch flüchtendes Wild für ein im Umkreis von einem Kilometer zur Jagd gelegenes Wohngebiet ausgeschlossen werde. Diese Auffassung überdehnt das gesetzliche Erfordernis einer konkreten Störung bzw. Gefährdung. Die Annahme eines örtlichen Verbots setzt im Sinne einer gebotenen restriktiven Auslegung voraus, dass im Einzelfall aus besonderen Anlässen Verhaltensweisen zusammentreffen, die nicht zueinander passen und sich deswegen stören (Deuschle/Friedmann JWMG § 40 Rn. 2). Nicht ausreichend ist es, dass ein Konflikt nur in der unterschiedlichen Nutzung von Flächen durch unterschiedliche Nutzungsarten besteht (Deuschle/Friedmann JWMG § 40 Rn. 2). Der Jagdausübungsberechtige darf daher selbstverständlich auch an von Menschen besuchten Orten schießen, wenn nach den gegebenen Umständen und örtlichen Verhältnissen die Gefährdung von Menschen ausgeschlossen ist (BayObLG v. 23.1.1959 – RReg. 3 St 102/58, FHZivR 6 Nr. 3943).

Im Rahmen einer Entscheidung zur Verkehrssicherung bei der Jagdaus- 4
übung hat der BGH in Bezug auf **Schussgeräusche** klargestellt, dass diese im Allgemeinen keine potenzielle Gefahr für Rechtsgüter Dritter darstellen (BGH Urt. v. 15.2.2011 – VI ZR 176/10, NJW-RR 2011, 888). Es handelt sich bei jagdlichen Schüssen um Lärmbeeinträchtigungen, mit denen allgemein in Waldgebieten gerechnet werden muss und die daher hinzunehmen sind. Die Warnpflicht vor solchen Geräuschen, die individuell sehr unterschiedlich aufgenommen werden, wäre mit einem vernünftigen praktischen Aufwand auch nicht erfüllbar (BGH Urt. v. 15.2.2011 – VI ZR 176/10, NJW-RR 2011, 888). Da die Wirkung von Schussgeräuschen auf Menschen und Tiere von vornherein kaum abschätzbar ist, ist sie jedenfalls nur unter besonders eigenartigen und entfernter liegenden Umständen schadensträchtig, so wenn etwa ein Schuss in unmittelbarer Nähe eines Reiters abgegeben wird (BGH Urt. v. 15.2.2011 – VI ZR 176/10, NJW-RR 2011, 888). Übertragen auf § 20 ist damit festzuhalten, dass Schussgeräusche allein nicht zur Begründung eines Jagdverbotes iSd § 20 Abs. 1 herangezogen werden können. Es müssen dafür **weitere Umstände** hinzutreten (Schussabgabe direkt neben einem gerittenen oder geführten Pferd, Schussgeräusche unmittelbar neben

Veranstaltungen, die im Rahmen der öffentlichen Ordnung (→ Rn. 5b) geschützt sind, zB am Rande einer Bestattung).

5 Das Jagdverbot setzt in der ersten Alternative eine konkrete Störung der öffentlichen Ruhe, Ordnung oder Sicherheit voraus.

5a Die **öffentliche Sicherheit** umfasst nach hM die Unversehrtheit von Leben, Gesundheit, Ehre, Freiheit und Vermögen der Bürger, ferner die Unverletzlichkeit des Staates, seiner Einrichtungen und Veranstaltungen sowie der objektiven Rechtsordnung allgemein (VGH Mannheim Urt. v. 25.6.1986 – 1 S 3262/85, NVwZ 1988, 166). Ein Verbot der Jagdausübung ist daher insbesondere denkbar, wenn durch sie eine konkrete Gefahr für fremde Sachwerte entsteht. Führt die Jagdausübung zu einer konkreten Gefährdung von Menschenleben, liegt darin stets auch ein Verstoß gegen die öffentliche Sicherheit. Wohl wegen des hohen Wertes des Schutzgutes „Menschenleben" hat der Gesetzgeber dieses bei der Formulierung des Abs. 1 aber hervorgehoben (→ Rn. 6).

5b Die **öffentliche Ordnung** meint die ungeschriebenen Regeln, deren Befolgung nach den jeweils herrschenden und mit dem Wertgehalt des Grundgesetzes zu vereinbarenden sozialen und ethischen Anschauungen als unerlässliche Voraussetzung eines geordneten menschlichen Zusammenlebens innerhalb eines bestimmten Gebietes angesehen werden (BVerfG Urt. v. 20.6.2014 – 1 BvR 980/13, BeckRS 2014, 54506). Insbesondere die Abgabe von Schüssen kann in diesem Sinne im konkreten Einzelfall dem Jagdausübungsberechtigten untersagt sein, obwohl er grundsätzlich jagen dürfte (Erbs/Kohlhaas/Metzger Rn. 1). So wird man es typischerweise zu unterlassen haben, für die Dauer einer Beisetzung, einer Prozession oder eines Waldgottesdienstes in direkter Nähe eine Gesellschaftsjagd abzuhalten.

5c Die **öffentliche Ruhe,** wie sie Abs. 1 meint, dürfte folglich nur als hervorgehobener Unterfall der öffentlichen Ordnung anzusehen sein, da insbesondere von der „lauten Jagd" ein Störungspotential ausgehen kann (Erbs/Kohlhaas/Metzger Rn. 1). Allerdings ist die Rspr. des BGH (→ Rn. 4) zu beachten, wonach Schussgeräusche gerade in Waldgebieten hinzunehmen sind. Sie gehen daher in der freien Natur im Rahmen der befugten Jagdausübung grundsätzlich, wenn nicht im Einzelfall besondere Umstände hinzutreten, nicht über eine – nicht verbotene – Belästigung von Erholungssuchenden hinaus (so auch OLG Dresden Beschl. v. 17.8.2001 – Ss (OWi) 54/01, BeckRS 2001, 30469865; Erbs/Kohlhaas/Metzger Rn. 1). Die Störung der Ruhe einer Einzelperson ist überdies nicht tatbestandlich im Sinne der „öffentlichen Ruhe". Erforderlich ist vielmehr eine Örtlichkeit, an der sich Menschen in gewisser Zahl aufhalten oder bewegen, sei es auch nur zu gewissen Zeiten oder Tageszeiten (Erbs/Kohlhaas/Metzger Rn. 1).

6 Führt die Jagdausübung im Einzelfall an einem bestimmten Ort zu einer konkreten **Gefährdung von Menschenleben,** ist sie dort, ggf. zu bestimmten Zeiten, verboten. Auch hier ist eine **konkrete** Gefährdung erforderlich, um das gesetzliche Jagdverbot auszulösen (BayObLG v. 23.1.1959 – RReg. 3 St 102/58, FHZivR 6 Nr. 3943). Die Frage, ob nach Abs. 1 ein örtliches Jagdverbot wegen der Gefährdung von Menschenleben besteht, kann nicht losgelöst von der Frage der jagdlichen **Verkehrssicherungspflicht** beurteilt werden (so auch LG Bielefeld Urt. v. 29.5.2007 – 6 O 140/07, BeckRS 2008, 10714; LG Rostock Urt. v. 6.9.2002 – 4 O 176/02, NJW-RR 2003, 522). Nach ständiger höchstrichterlicher Rspr. ist derjenige, der eine Gefahrenlage schafft, grundsätzlich verpflichtet, die notwendigen und zumutbaren

Vorkehrungen zu treffen, um eine Schädigung anderer möglichst zu verhindern. Die Verkehrssicherung umfasst danach diejenigen Maßnahmen, die ein umsichtiger und verständiger, in vernünftigen Grenzen vorsichtiger Mensch für notwendig und ausreichend hält, um andere vor Schäden zu bewahren. Voraussetzung ist daher, dass sich vorausschauend für ein sachkundiges Urteil die naheliegende Gefahr ergibt, dass Rechtsgüter anderer verletzt werden können (BGH Urt. v. 4.12.2001 – VI ZR 447/00, NJW-RR 2002, 525 mwN). Eine Verkehrssicherung, die jede Schädigung ausschließt, ist im praktischen Leben aber nicht erreichbar, so dass nicht jeder abstrakten Gefahr vorbeugend begegnet werden kann und muss (Wellner in Geigel, Der Haftpflichtprozess, 29. Aufl. 2024, Kap. 14 Rn. 28). Es sind vielmehr nur die Vorkehrungen zu treffen, die geeignet sind, die Schädigung anderer tunlichst abzuwenden. Daher ist es als „Unglück“ ohne ein damit korrespondierendes „Unrecht“ des Schädigers zu bewerten, wenn ein Schaden in Situationen eintritt, in denen keine besonderen Schutzmaßnahmen getroffen werden mussten, weil eine Gefährdung anderer zwar nicht völlig ausgeschlossen, aber nur unter besonders eigenartigen und entfernter liegenden Umständen zu befürchten war (Wellner in Geigel, Der Haftpflichtprozess, 29. Aufl. 2024, Kap. 14 Rn. 28). Aufgrund der Tatsache, dass die Jagdausübung, insbesondere mit Schusswaffen, potentiell gefahrgeneigtes Tun darstellt, unterliegen Jäger einer entsprechenden Verkehrssicherungspflicht. Dass jagdliches Handeln, gerade mit Schusswaffen, im Einzelfall auch bei Aufbringung aller nötigen Sorgfalt Schäden anrichten kann, ist, wie dargestellt, im praktischen Leben – wie auch beim Autofahren – nicht vermeidbar. Dies rechtfertigt, als abstraktes Gefahrenpotential, aber nicht die Annahme eines örtlichen Jagdverbotes (Deuschle/Friedmann JWMG § 40 Rn. 2). Solange der Jäger die aus Sicht eines in vernünftigen Grenzen vorsichtigen Menschen notwendigen Vorkehrungen zur Abwehr von Schäden für andere getroffen hat, darf er die Jagd ausüben. Nur wenn nach den konkreten Gegebenheiten an einem bestimmten Ort und zu einer bestimmten Zeit keine zureichenden Verkehrssicherungsmaßnahmen möglich sind, ein Schadenseintritt also naheliegt oder sein Ausbleiben nur vom Zufall abhängt, ist die Jagd an diesem Ort verboten. Daher ist ein **Schuss auf einem Weg** nicht grundsätzlich als Fall des Abs. 1 zu bewerten. Auch auf einem öffentlichen Weg kann gejagt werden, wenn sich zur Zeit der Jagdausübung dort keine Personen befinden (Erbs/Kohlhaas/Metzger Rn. 1; OLG Oldenburg v. 23.11.1978 – 1 U 89/78, FHZivR 26 Nr. 578). Ein generelles Verbot, in der **Nähe von Straßen** oder **Wohnstätten** die Jagd auszuüben, beinhaltet Abs. 1 nicht (OLG Celle Beschl. v. 17.2.2003 – 9 U 12/03, BeckRS 2003, 154045; LG Aachen Urt. v. 30.8.1990 – 6 S 176/90, NZV 1991, 433; LG Rostock Urt. v. 6.9.2002 – 4 O 176/02, NJW-RR 2003, 522). Wer in der Nähe einer Straße eine Gesellschaftsjagd durchführt, unterliegt zwar erhöhten Sorgfaltspflichten. Wenn er diese aber vernachlässigt und sich daraus ein zurechenbarer Unfall ereignet, haftet er ggf. wegen Verletzung seiner Verkehrssicherungspflicht, nicht aber wegen eines nicht einschlägigen Verstoßes gegen § 20 Abs. 1 (LG Rostock Urt. v. 6.9.2002 – 4 O 176/02, NJW-RR 2003, 522). Allerdings kann die Jagd im Einzelfall auf Feldern **bei der Ernte,** in Weinbergen **während der Weinlese** oder auch im Wald **bei Holzrückearbeiten** verboten sein, wenn eine konkrete Gefährdung von Menschenleben daraus resultieren würde (Deuschle/Friedmann JWMG § 40 Rn. 2). Zwar ist die Jagdausübung eine rechtlich gleichberechtigte Nutzungsform, die Wertung des Abs. 1 beinhaltet aber, dass diese im Einzelfall bei einer solchen konkreten Gefährdungslage vorübergehend zurückzutreten hat (Deuschle/Friedmann JWMG § 40 Rn. 2). Insgesamt ist bei der Jagd mit Schusswaffen die Gewährleistung eines **Kugelfangs** bzw. die Einhaltung von **Sicherheitswinkeln** bei der Schussabgabe bedeutsam für die Klärung der Frage, ob im Fall eines Schadeneintritts ein Verstoß gegen ein örtliches Jagdverbot vorlag. Wenn ein Kugelfang und die Einhaltung von Sicherheitswinkeln technisch gewährleistet war, liegt entweder ein schicksalhaftes Unglück (wenn der Schütze alle objektiv gebotenen Vorgaben berücksichtigt hat) oder ein Verstoß gegen Verkehrssicherungspflichten (wenn er das Erforderliche gerade nicht eingehalten hat) vor. Von einem örtlichen Jagdverbot kann man dagegen nur ausgehen, wenn an einem bestimmten Ort ein ausreichender Kugelfang (LG Nürnberg-Fürth Urt. v. 12.3.2007 – 2 Ns 801 Js 6237/05, BeckRS 2007, 13018) oder zu beachtende Sicherheitswinkel objektiv nicht gegeben bzw. einhaltbar waren, worin sich dann letztlich auch der Schaden realisiert hat. In diesem Zusammenhang stellt sich auch die Frage, wie die Erkenntnisse der DEVA (Deutsche Versuchs- und Prüf-Anstalt für Jagd- und Sportwaffen e.V.) zum **Abprallverhalten** von Büchsenmunition von (weichen) Böden im Rahmen der dem Schützen auferlegten Verkehrssicherungspflicht einzuordnen sind. Nach diesen muss bei flacheren Schusswinkeln als 10 Grad grundsätzlich – aber insbesondere bei soliden Geschosskonstruktionen – mit Abprallern gerechnet werden. Die Rspr. hat diese Erkenntnisse vereinzelt bereits im Rahmen der Prüfung der Zuverlässigkeit berücksichtigt (VG München Urt. v. 25.11.2015 – M 7 K 14.5555, BeckRS 2016, 41380; VG Magdeburg Beschl. v. 12.5.2021 – 3 B 71/21, BeckRS 2021, 12794). Die Frage stellt sich aber auch im Zusammenhang mit der Prüfung eines örtlichen Verbotes im Einzelfall und dort insbesondere bei der Jagdausübung im flachen Gelände und ortsnahen Bereichen. Denn die dort zur Einhaltung eines **Zehn-Grad-Winkels** erforderlichen Hochsitze würden bei realen Jagdentfernungen stets Höhen jenseits der Zehn-Meter-Marke erreichen und wären damit regelmäßig einer behördlichen Beanstandung wegen Verstoßes gegen das Gebot des Einfügens in die Landschaft ausgesetzt (vgl. Düsing/Martinez/Gies/v. Bardeleben § 11 Rn. 39 ff.). Auch unter Unfallverhütungsaspekten (Leiterhöhe usw.) sind solche immens hohen Ansitzeinrichtungen problematisch. Bei Bewegungsjagden oder den sogenannten „Erntejagden“ sind sie üblicherweise nicht zu realisieren. Es muss daher für die Frage, ob sich ein Büchsenschuss an einem konkreten Ort verbietet, stets die Gesamtsituation bewertet werden (Orts- oder Straßennähe und die Möglichkeit des Ausnutzens von Geländeunebenheiten, zB durch den Schuss in eine Senke oder gegen einen ansteigenden Hang). Erst dann kann beurteilt werden, ob die Jagdausübung am konkreten Ort zu unterbleiben hat. Je flacher der Schusswinkel und je belebter das Umfeld, desto stärker sind dabei die Anforderungen an einen Kugelfang durch Geländebesonderheiten zu berücksichtigen.

2. Reichweite

7 Welche **Formen der Jagdausübung** iSv § 1 Abs. 4 von dem Verbot erfasst werden, hängt wegen des Erfordernisses einer konkreten Störung bzw. Gefährdung stets von den Umständen des Einzelfalls ab. Verbietet sich zB aufgrund des Fehlens eines geeigneten Geschossfangs der Kugelschuss, ist damit noch nicht gesagt, dass an derselben Stelle nicht ein Schrotschuss auf

Flugwild erlaubt sein kann. Auch die „stille" Jagd durch Fallenstellen oder das Frettieren kann zB dort erlaubt sein, wo die Abgabe von Schüssen zu einer bestimmten Zeit zu unterbleiben hat (so auch Mitzschke/Schäfer Rn. 4). Neben der Jagdausübung im engeren Sinne sind von einem Verbot aber auch solche Handlungen erfasst, die in gleicher Weise stören oder gefährlich sind. So darf dort, wo eine Jagdausübung mit der Schusswaffe nach Abs. 1 verboten ist, auch der **Jagdschutz** in Gestalt des Abschusses wildernder Katzen und Hunde nicht ausgeübt werden. Auch ein **Probeschiessen** der Waffe hat zu unterbleiben, wenn es mit der gleichen Störung oder Gefahr verbunden ist wie die nach Abs. 1 verbotene Jagdausübung (Mitzschke/Schäfer Rn. 2).

3. Länderrecht

Von einer landesrechtlichen Erweiterung des Abs. 1 hat kein Bundesland Gebrauch gemacht. Im Lichte des Art. 14 GG ist auch nicht ersichtlich, wie über die umfassende Schutzgutumschreibung des Abs. 1 (Menschenleben, öffentliche Sicherheit und Ordnung) hinaus eine solche Erweiterung der Vorschrift begründbar wäre. 8

III. Jagdausübung in bestimmten Gebieten gemäß Abs. 2

Wie bereits eingangs ausgeführt (→ Rn. 1), hat sich der Regelungsvorbehalt im Zuge der Föderalismusreform I erübrigt. Den Ländern steht es unter Beachtung der verfassungsrechtlichen Stellung des Jagdausübungsrechts (→ Rn. 14) frei, nicht nur örtliche Verbote in Bezug auf die in Abs. 2 genannten Schutzgebiete zu regeln, sondern auch Regelungen für andere, in Abs. 2 nicht benannte, Gebietstypen zu treffen. 9

Unter **Naturschutzgebieten** sind nach § 23 BNatSchG rechtsverbindlich festgesetzte Gebiete, in denen ein besonderer Schutz von Natur und Landschaft in ihrer Ganzheit oder in einzelnen Teilen erforderlich ist zur Erhaltung, Entwicklung oder Wiederherstellung von Lebensstätten, Biotopen oder Lebensgemeinschaften bestimmter wild lebender Tier- und Pflanzenarten, aus wissenschaftlichen, naturgeschichtlichen oder landeskundlichen Gründen oder wegen ihrer Seltenheit, besonderen Eigenart oder hervorragenden Schönheit. 10

Nationalparke sind nach § 24 BNatSchG rechtsverbindlich festgesetzte, einheitlich zu schützende Gebiete, die großräumig, weitgehend unzerschnitten und von besonderer Eigenart sind, in einem überwiegenden Teil ihres Gebiets die Voraussetzungen eines Naturschutzgebiets erfüllen und sich in einem überwiegenden Teil ihres Gebiets in einem vom Menschen nicht oder wenig beeinflussten Zustand befinden oder geeignet sind, sich in einen Zustand zu entwickeln oder in einen Zustand entwickelt zu werden, der einen möglichst ungestörten Ablauf der Naturvorgänge in ihrer natürlichen Dynamik gewährleistet. 11

Wildschutzgebiete sind je nach Landesrecht Flächen, die zum Schutz und zur Erhaltung der Wildarten, zur Wildschadensverhütung oder für die Wildforschung von besonderer Bedeutung sind. In Wildschutzgebieten kann dabei unter anderem die Ausübung der Jagd beschränkt oder das Ruhen der Jagd auf bestimmte Wildarten angeordnet sowie das Betreten von Flächen außerhalb von öffentlichen Wegen ganz oder zeitweise im Rahmen des 12

Schutzzwecks verboten oder beschränkt werden. Unbenommen ist regelmäßig die ordnungsgemäße land-, forst- und fischereiwirtschaftliche Nutzung.

13 **Wildparke** sind anerkannte Wildgehege, in denen Schalenwild zu Jagdzwecken gehalten und durch Jagdhandlungen genutzt wird.

14 Die Länder haben in unterschiedlicher Weise Regelungen zur Jagdausübung in den von Abs. 2 benannten Gebietstypen getroffen. Bezüglich der Jagd in Nationalparken und Naturschutzgebieten erschöpfen sich viele Landesgesetze darin, nur Programmsätze für die Jagdausübung aufzustellen. Detailregelungen über das Ob und Wie der Jagdausübung werden zumeist über entsprechende Ermächtigungen durch Verordnung getroffen, entweder allgemein für bestimmte Gebietstypen im Land (zB die Nationalpark-Jagdverordnung in Mecklenburg-Vorpommern) oder direkt in der jeweiligen Schutzgebietsverordnung (vgl. zB § 5 Abs. 1 Nr. 4 BbgNSGVOPuhlsee – Verordnung über das Naturschutzgebiet „Puhlsee" in Brandenburg oder § 5 Nr. 3 NSGVO KB – Verordnung über das Naturschutzgebiet „Kösterbeck" in Mecklenburg-Vorpommern). Der Gesetzeszweck des Schutzes von Natur und Landschaft für Naturschutzgebiete und Nationalparke könnte zu der Annahme verleiten, dass von Abs. 2 auch ein landesrechtliches Totalverbot der Jagd gedeckt sei (Erbs/Kohlhaas/Stöckel/Müller-Walter BNatSchG § 24 Rn. 10). Dem ist jedoch entgegenzuhalten, dass das Jagdausübungsrecht ein **Eigentumsrecht** ist und als solches den **Schutz des Art. 14 GG** genießt (vgl. Dürig/Herzog/Scholz/Papier/Shirvani GG Art. 14 Rn. 326; Brenner, Quo vadis Jagdrecht, 2015, S. 54). Gesetzliche Regelungen über Jagdbeschränkungen in Schutzgebieten stehen insoweit im Spannungsfeld zwischen der Schutzzweckrealisierung und dem Eigentumsgrundrecht, wobei zugunsten der Jagdausübung auch ihre Allgemeinwohlnützlichkeit in die Abwägung einzubeziehen ist. Ein **Totalverbot** der Jagdausübung in Schutzgebieten kann mithin nur gerechtfertigt sein, wenn diese in jeder denkbaren und rechtlich zulässigen Erscheinungsform den Schutzzweck verhindern oder gefährden würde. Wenn und soweit die Jagd mit dem Schutzzweck dagegen nicht kollidiert, ist sie von Verfassung wegen in diesem Umfang auch zuzulassen. Zutreffend ordnet daher § 28 Abs. 1 S. 2 **BbgJagdG** an: „Jagdbeschränkungen sind nur zulässig, soweit der Schutzzweck dies erfordert" (eine ähnliche Formulierung findet sich zB auch in § 24 Abs. 3 **LSAL-JagdG**). Mit Art. 14 GG unvereinbar erscheint dagegen § 23 **LJagdG Bln:** „Die Jagd in Naturschutzgebieten ist nur zulässig, soweit dies zur Durchsetzung des Schutzzweckes erforderlich ist." Diese Formulierung verkehrt den aus dem Eigentumsgrundrecht hergeleiteten Grundsatz, dass nicht die Beibehaltung der Jagd der Rechtfertigung bedarf, sondern ihre Einschränkung zu rechtfertigen ist (für die Anordnung von Schonzeiten so ausdrücklich VG Berlin Urt. v. 27.3.2008 – 1 A 193/07, BeckRS 2009, 42150), in das – unzulässige – Gegenteil.

§ 21 Abschußregelung

(1) [1]**Der Abschuß des Wildes ist so zu regeln, daß die berechtigten Ansprüche der Land-, Forst- und Fischereiwirtschaft auf Schutz gegen Wildschäden voll gewahrt bleiben sowie die Belange von Naturschutz und Landschaftspflege berücksichtigt werden.** [2]**Innerhalb der hierdurch**

gebotenen Grenzen soll die Abschußregelung dazu beitragen, daß ein gesunder Wildbestand aller heimischen Tierarten in angemessener Zahl erhalten bleibt und insbesondere der Schutz von Tierarten gesichert ist, deren Bestand bedroht erscheint.

(2) [1] **Schalenwild (mit Ausnahme von Schwarzwild) sowie Auer-, Birk- und Rackelwild dürfen nur auf Grund und im Rahmen eines Abschußplanes erlegt werden, der von der zuständigen Behörde im Einvernehmen mit dem Jagdbeirat (§ 37) zu bestätigen oder festzusetzen ist.** [2] **Seehunde dürfen nur auf Grund und im Rahmen eines Abschußplanes bejagt werden, der jährlich nach näherer Bestimmung der Länder für das Küstenmeer oder Teile davon auf Grund von Bestandsermittlungen aufzustellen ist.** [3] **In gemeinschaftlichen Jagdbezirken ist der Abschußplan vom Jagdausübungsberechtigten im Einvernehmen mit dem Jagdvorstand aufzustellen.** [4] **Innerhalb von Hegegemeinschaften sind die Abschußpläne im Einvernehmen mit den Jagdvorständen der Jagdgenossenschaften und den Inhabern der Eigenjagdbezirke aufzustellen, die der Hegegemeinschaft angehören.** [5] **Das Nähere bestimmt die Landesgesetzgebung.** [6] **Der Abschußplan für Schalenwild muß erfüllt werden.** [7] **Die Länder treffen Bestimmungen, nach denen die Erfüllung des Abschußplanes durch ein Abschußmeldeverfahren überwacht und erzwungen werden kann; sie können den körperlichen Nachweis der Erfüllung des Abschußplanes verlangen.**

(3) **Der Abschuß von Wild, dessen Bestand bedroht erscheint, kann in bestimmten Bezirken oder in bestimmten Revieren dauernd oder zeitweise gänzlich verboten werden.**

(4) **Den Abschuß in den Staatsforsten regeln die Länder.**

Ländervorschriften: § 35 JWMG; Art. 32 BayJG; § 24 LJagdG Bln; § 29 BbgJagdG; Art. 23 LJagdG HB; § 18 HmbJagdG; § 26 HJagdG; § 21 LJagdG M-V; § 25 NJagdG; § 22 LJG-NRW; § 31 LJG RP; § 34 SJG; § 21 SächsJagdG; § 26 LJagdG SA; § 17 LJagdG SH; § 32 ThJG.

Übersicht

I. Grundsätze

1. Hegeverpflichtung

1 Während in den Landesgesetzen überwiegend die Abschussplanung und -kontrolle sowie der Abschuss von bestimmten Wildarten, vor allem Schalenwild, und teilweise **Besonderheiten für den Abschuss** in den Staatsforsten geregelt ist, fehlt es dort zum Teil an einer allgemeinen, die Grundsätze der Hege in § 1 Abs. 2 berücksichtigenden Regelung in Bezug auf alle Wildarten. Soweit die Länder insbesondere im Rahmen der Schaffung eines Vollgesetzes von den Vorschriften des § 21 abweichen, steht dem die bundesrechtliche Regelung nicht im Weg. Vielmehr gilt dann gem. Art. 72 Abs. 3 S. 3 GG die landesrechtliche Regelung ausschließlich (BVerwG Beschl. v. 11.4.2016 – 3 B 29/15, BeckRS 2016, 45214).

2 Insoweit bestimmt zumeist Abs. 1 S. 1 für alle Wildarten ein **Spannungsverhältnis** zwischen dem Gebot einer angemessenen Wildhege (§ 1 Abs. 2) und den berechtigten Ansprüchen der Land-, Forst- und Fischereiwirtschaft auf Schutz gegen Wildschäden, wobei dem letztgenannten Interesse grundsätzlich Priorität einzuräumen ist (BGH Urt. v. 22.5.1984 – III ZR 18/83, BeckRS 9998, 101484; OVG Koblenz (AgrarR 1982, 252, 253);). Der Schutz vor Wildschäden ist jedoch nicht unbegrenzt, da ausdrücklich nur berechtigte Ansprüche auf Schutz gegen Wildschäden Vorrang genießen. Dem entspricht auch die Regelung in § 1 Abs. 2, innerhalb dessen von ordnungsgemäßer Land-, Forst- und Fischereiwirtschaft die Rede ist. Die Formulierung, dass in diesem Interessenwiderstreit die Belange von Naturschutz- und Landschaftspflege zu berücksichtigen sind, beinhaltet zum einen die Aussage, dass Wildschäden in gewissem Umfange entsprechend der Art der Bewirtschaftung zu tolerieren sind, zum anderen, dass die Tatsache des Bestehens von Wildschäden nicht zu der Forderung nach einem Totalabschuss führen könne (Leonhardt/Pießkalla Rn. 2; VG Arnsberg Urt. v. 16.8.1995 – 3 K 2736/84; VG Osnabrück Urt. v. 11.6.2004 – 2 A 16/98, BeckRS 2004, 31805). Vielmehr beinhaltet die Hegevorschrift des § 1 Abs. 2 trotz Vorranges der land-, forst- und fischereiwirtschaftlichen Nutzung im Rahmen der Sozialbindung des Eigentums eine zulässige Einschränkung des Grundrechts von Art. 14 GG (BGH Urt. v. 9.12.1968 – III ZR 125/66, BeckRS 1968, 31174950). So ergibt sich unter Berücksichtigung der Regelung in § 32, insbesondere Abs. 2 S. 1, dass Verbiss- und Fegeschäden an ungeschützten sog. Nicht-Hauptholzarten gerade nicht dazu führen können, dass eine Abschussplanerhöhung erzwungen werden kann, da von einer ordnungsgemäßen Forstwirtschaft nur dann gesprochen werden könne, wenn der Wald standortgemäß verjüngt wird (VGH München Urt. v. 30.4.1992 – 19 B 91.1208, BeckRS 1992, 672). Dies gilt gleichermaßen auch für die Landwirtschaft, und zwar nicht nur in Bezug auf die in § 32 Abs. 2 geregelten Sonderkulturen, sondern sicherlich auch, wenn durch die Art und Weise der Bewirtschaftung gegen die Belange von Naturschutz und Landschaftspflege verstoßen wird. Dies ist der Fall, wenn im Nachgang von Kalamitäten riesige Kulturen aus nicht Hauptholzarten angebaut werden, die seitens des wildschadenersatzpflichtigen Jägers gar nicht mehr bejagt werden können und im Schutz derer jedes Jahr eine neue Generation von Schalenwild einen sicheren Einstand mit reichlich Nahrung über fast ein halbes Jahr vorfindet. In diesem

Spannungsfeld dann einen Totalabschuss zu fordern, widerspricht dem gesetzlich geforderten Interessenausgleich.

Gleichwohl hat das VG Minden in Bezug auf eine kleinere **Muffelwildpopulation** einen Totalabschuss dann für zulässig erachtet, wenn dieser die ultima ratio unter Abwägung aller Belange darstelle und zuvor sämtliche andere Maßnahmen nicht zu einer Verringerung des Auftretens schwerster Schälschäden geführt hatten (VG Minden Urt. v. 18.1.2013 – 8 K 1917/11, BeckRS 2013, 47041). Von Seiten des Gerichtes wurde in diesem Zusammenhang auch darauf abgestellt, dass der Bestand zuvor bereits die Mindestgrenze der Populationsdichte von drei bis sechs Tieren pro 100 ha unterschritten habe. Das geforderte artnormale Biosozialverhalten könne sich deshalb künftig nicht mehr entwickeln, weshalb ein Totalabschuss als einzig verbleibende Möglichkeit zur Wahrung der schützenswerten Belange des Waldeigentümers verbleibe. Während sich das Gericht in seinem Urteil umfangreich mit den Einschränkungen des Waldeigentümers aufgrund seiner Zertifizierung auseinandergesetzt hat, wird nur beiläufig die Ursache, nämlich der große Besucherdruck im Wald, und das darauf beruhende Aufsuchen kleinerer dichter Einstände erwähnt, in denen dann zwangsläufig erhebliche Schäden entstehen. Das Gericht hat dagegen rechtsfehlerhaft in diesem Zusammenhang nicht die Möglichkeiten der Ausweisung von **Wildruhezonen** und deren Überwachung geprüft, um so das Nebeneinander von Wildtierpopulationen einerseits und den sonstigen landeskulturellen Bedürfnissen andererseits sicherzustellen. Letztlich spiegelt sich die Wald-/Wilddiskussion aber auch in den Fassungen der neueren Landesjagdgesetze, sei es in **MV, NRW, Rheinland-Pfalz, Saarland** oder **Sachsen** wieder. 3

2. Ökologische Funktionen

4 Abs. 1 S. 2 spezifiziert die ökologische Funktion der Abschussregelung, da diese sicherstellen soll, „dass ein gesunder Wildbestand aller heimischen Tierarten in angemessener Zahl erhalten bleibt und insbesondere der Schutz von Tierarten gesichert ist, deren Bestand bedroht erscheint". Unterschieden wird dabei nicht zwischen aus menschlicher/jagdlicher Sicht betrachtet, guten und schlechten Wild-/Tierarten, vielmehr wird der Reichtum der Tier- und Pflanzenarten insgesamt als Voraussetzung für die ungestörte Funktion des Naturhaushaltes herangezogen. Hieraus ergibt sich zum einen das Verbot, nur auf bestimmte Wildarten bei der Abschussregelung zu achten, zum anderen kann die ökologische Funktion der Abschussregelung jagdliche Eingriffe aber geradezu fordern, um das oberste Hegeziel, das Aussterben einzelner Tierarten zu verhindern, zu gewährleisten, auch wenn dies ideologisch verbrämt häufig gerne übersehen wird.

II. Abschussplanung

1. Betroffene Wildarten

5 Nach Abs. 2 S. 1 und 2 dürfen Schalenwild (mit Ausnahme von Schwarzwild) sowie Auer-, Birk- und Rackelwild, ferner Seehunde nur auf Grund und im Rahmen eines Abschussplans erlegt werden. Eine tatsächliche Rolle spielt dabei heute nur noch der Abschuss von Schalenwild. Folgerichtig regeln alle Landesjagdgesetze ausschließlich die Voraussetzungen für die Ab-

schussplanaufstellung, -einreichung und -genehmigung bzw. -festsetzung. Von Bedeutung gewinnt die Formulierung „Erlegung im Rahmen eines Abschussplanes" dann, wenn Schalenwild in sog. Freigebieten ohne Abschussplan erlegt werden darf. Während das BVerwG noch im Jahre 1992 (BVerwG Urt. v. 19.3.1992 – 3 C 62/89, BeckRS 9998, 28224) Zweifel an der Vereinbarkeit landesrechtlicher Regelungen aufgeworfen hatte, dürften diese im Nachgang der Grundgesetzänderung nunmehr obsolet sein. Die zwar aus Gründen des Naturschutzes, nämlich der schon durch das Straßennetz in Deutschland stark geschmälerten Möglichkeiten eines genetischen Austausches, zumindest stark in Frage zu stellenden jagdrechtlichen Regelungen zur Freigabe von Schalenwildarten in sog. Freigebieten, sind deshalb landesgesetzlich – zumindest formal betrachtet – zulässig.

6 In diesem Zusammenhang stellt sich auch die Frage, wie der neuerdings propagierte Fang von Schwarzwild wie auch das Aufkommen von **Unfallwild** in Bezug auf die Abschussplanerfüllung zu werten ist. Richtigerweise wird man unter der Rubrik Abschussplanerfüllung jedwede Entnahme von Schalenwild aus der Wildbahn zu verstehen haben, da es letztlich auf die Stärke der Wildpopulation ankommt und nicht darauf, auf welche Weise diese verringert wird. Gleichwohl wird sowohl in § 21 wie auch in sämtlichen landesgesetzlichen Regelungen (Ausnahme: § 25 Abs. 6 **NJagdG**) immer nur unterschieden zwischen erlegtem Wild und Unfall- oder Fallwild. Letztere sind zwar in die Streckenliste einzutragen, ihr Verenden hat jedoch weder nach dem BJagdG noch nach den Landesjagdgesetzen Einfluss auf die Erfüllung des Abschussplanes.

2. Aufstellung des Abschussplanes

7 Die Aufstellung des Abschussplanes obliegt dem in dem betreffenden Jagdbezirk zur Jagdausübung Berechtigten. Dies ist bei Eigenjagdbezirken der Eigentümer oder, sofern die Voraussetzungen gem. § 7 Abs. 4 S. 2 vorliegen, der Nutznießer; bei gemeinschaftlichen Jagdbezirken, sofern sie nicht verpachtet sind, die Jagdgenossenschaft (der Vorstand) oder, wenn diese verpachtet sind, der/die Pächter.

8 Sofern der Jagdbezirk verpachtet ist, ist nach § 21 Abs. 2 S. 3 bei gemeinschaftlichen Jagdbezirken das **Einvernehmen** mit dem Jagdvorstand herzustellen, in Bezug auf Eigenjagdbezirke enthalten die Landesjagdgesetze mit Ausnahme von **Hamburg** und **Hessen** ergänzende Bestimmungen zur Herstellung des Einvernehmens mit dem Eigenjagdbesitzer.

9 Je nach Bundesland verschieden, sind entweder jährlich oder für bis zu drei Jahren (so § 35 Abs. 2 **JWMG;** Art. 32 **BayJG;** § 21 Abs. 2 MVLJagdG für Rot- und Damwild; § 33 Abs. 1 **LJagdG SA;** § 22 Abs. 2 **LJG-NRW** für Rehwild; § 34 Abs. 1 **SJG;** § 17 Abs. 2 **LJagdG SH;** § 32 Abs. 1 **ThJG**), Abschusspläne aufzustellen und der zuständigen Behörde zuzuleiten, die diese im Einvernehmen mit dem Jagdbeirat zu bestätigen oder, sofern die Behörde von dem Vorschlag abweichen will, festzusetzen hat.

10 Ein anderer Weg wurde dagegen in **Rheinland-Pfalz** gegangen, innerhalb dessen gem. § 31 Abs. 2 **LJG RP** im Falle der Jagdpacht zwischen Verpächter und Pächter eine **Abschussvereinbarung** zu schließen, bzw. bei Eigenjagdbezirken eine Abschusszielsetzung zu erarbeiten ist, die der jeweils zuständigen Behörde anzuzeigen sind. Weiterhin unterscheidet das **LJG RP** die **Bewirtschaftung von Wildarten** in Bewirtschaftungsbezirken einerseits

sowie außerhalb andererseits. Außerhalb von Bewirtschaftungsbezirken schreibt § 31 Abs. 4 **LJG RP** ausdrücklich vor, dass alle Jungtiere und alle vorkommenden weiblichen Stücke von Rot-, Dam- und Muffelwild zu erlegen sind. Dagegen ist innerhalb der Bewirtschaftungsbezirke durch die jeweilige Hegegemeinschaft für die einzelnen Jagdbezirke ein Gesamtabschussplan zu erstellen und dieser nach Anzahl, Geschlecht und Klasse der bewirtschafteten Tierart auf die einzelnen Jagdbezirke aufzuteilen. Durch diese gesetzgeberischen Vorgaben wird eine Verinselung der einzelnen Bestände verbunden mit einem fehlenden genetischen Austausch radikal vorangetrieben, da dieser künftig nur noch über die männlichen Stücke möglich sein wird.

Die in Bezug auf einzelne Jagdbezirke getrennt aufzustellenden Abschuss- 11
pläne hat die zuständige Jagdbehörde zunächst mit dem Jagdbeirat zu beraten und insoweit ein Einvernehmen herzustellen. Je nach Landesrecht sind weitere Behörden, insbesondere Forst- und Verwaltungsbehörden, einzubinden (so Art. 32 Abs. 1 S. 3 **BayJG;** § 26 Abs. 1 S. 2 **HJagdG;** § 22 Abs. 4–6 **LJG-NRW;** § 31 Abs. 7 **LJG RP** in Bezug auf eine waldbauliche Stellungnahme; § 21 Abs. 1 **SächsJagdG;** § 17 Abs. 2 Nr. 5 **LJagdG SH;** § 32 Abs. 1 **ThJG**). Ist zwischen der zuständigen Jagdbehörde und dem Jagdbeirat kein Einvernehmen zu erzielen, sind die landesgesetzlichen Regelungen **zur weiteren Verfahrensweise** durchaus unterschiedlich.

3. Bestätigung/Festsetzung

Die Behörde hat den Abschlussplan zu bestätigen, wenn dieser bei ver- 12
pachteten Jagdbezirken im Einvernehmen mit dem Verpächter und im Übrigen entsprechend der Regelungen in § 1 Abs. 2 und § 21 Abs. 1 aufgestellt worden ist. Sofern dies nicht der Fall ist, hat die Behörde den Abschussplan festzusetzen, dies gilt auch, wenn durch den Jagdausübungsberechtigten nicht innerhalb der nach Landesrecht vorgesehenen Frist ein Abschussplanvorschlag eingereicht worden ist.

a) Grundlagen für die Abschussplanung. Da es sich bei den **Grund-** 13
lagen für die Abschussplanung, als da sind die Wahrung der berechtigten Belange der Land- und Forstwirtschaft, Schutz gegen Wildschäden und die daraus resultierende Berücksichtigung des Zustands der Vegetation, aber auch die Erhaltung eines gesunden Wildbestandes in angemessener Zahl, um sog. unbestimmte Rechtsbegriffe handelt, unterliegen diese der uneingeschränkten gerichtlichen Nachprüfung.

Auch wenn der Behörde insoweit kein Ermessen zusteht (BVerwG Urt. v. 13a
19.3.1992 – 3 C 62/89, BeckRS 9998, 28224; so auch Meyer-Ravenstein Rn. 8), soll der Behörde bei der Abschussplanbescheidung jedoch ein Beurteilungs-Abwägungsspielraum zukommen (so VG Augsburg Urt. v. 22.1.2014 – Au 4 K 13958, BeckRS 2014, 49881) und sodann OVG Lüneburg Urt. v. 10.8.1989 – 3 L 21/89, BeckRS 1989, 8108; Leonhardt/Pießkalla Rn. 13: „dieser komme sowohl bei der Einschätzung der vorhandenen Wilddichte als auch der zukünftigen Wildbestandsentwicklung zum Tragen").

Die vorgenannten Grundlagen werden in einzelnen Ländern dadurch miss- 14
achtet, dass ohne Abschussplan in **Rheinland-Pfalz** außerhalb der Bewirtschaftungsbezirke alle Jungtiere (Kälber oder Lämmer) und alle vorkommenden weiblichen Stücke von Rot-, Dam- und Muffelwild erlegt werden (§ 31

Abs. 4 **LJG RP**), gleiches gilt im **Saarland** für Damwild sowie für sonstiges Schalenwild außer Rotwild (§ 34 Abs. 9 und 10 **SJG**), bzw. in **Sachsen** für bis zu sechs Stück Rot-, Dam- und Muffelwild, ausgenommen männlichem Wild ab der Altersklasse 1 (§ 21 Abs. 1 S. 5 **SächsJagdG**).

15 **b) Abschussplanung innerhalb von Hegegemeinschaften.** Die **Abschussplanung innerhalb von Hegegemeinschaften** gewinnt im BJagdG nur an zwei Stellen, nämlich § 10a sowie § 21 Abs. 2 S. 4, Bedeutung. Deshalb haben die Länder, nicht zuletzt auch auf Grund des vor der Föderalismusreform noch notwendigen Vorbehalts teilweise hierzu ergänzende Regelungen aufgestellt, während der Bund lediglich verfügt hat, dass auch für derart aufgestellte Abschusspläne bei verpachteten Jagdbezirken das Einvernehmen mit dem Verpächter herzustellen sei. In fast allen Landesjagdgesetzen wird ergänzend hierzu noch gefordert, dass innerhalb von Hegegemeinschaften die Abschusspläne aufeinander abzustimmen sind. Dabei sehen nur die Länder **Berlin, Bayern, Hamburg,** und **Niedersachsen** nicht die Möglichkeit eines Gruppenabschussplanes vor. Allerdings wird lediglich in § 21 Abs. 5 und 6 **MVLJagdG** das Verhältnis von Gesamtabschussplan zu Gruppen- und Einzelabschussplänen sowie die Rechtsfolgen einer Erlegung der dort freigegebenen Stücke geregelt, so dass sich diesbezüglich rechtsfreie Räume dann ergeben können, wenn diese Lücke nicht mitgliedschaftsrechtlich durch die Hegegemeinschaft geschlossen wird.

16 **c) Mindestabschusspläne.** Während das Bundesjagdgesetz zwar nach Abs. 2 S. 6 die Verpflichtung einer Planerfüllung vorsieht, haben mittlerweile einige Länder, so § 24 Abs. 1 S. 3 **LJagdG Bln** und § 29 Abs. 1 S. 3 **BbgJagdG** auch die Möglichkeit aufgenommen, **Mindestabschusspläne** für Schwarzwild aufzustellen, bzw. Mindestabschüsse festzusetzen. **Hamburg, Hessen, Mecklenburg-Vorpommern, Nordrhein-Westfalen, Rheinland-Pfalz** und **Schleswig-Holstein** sind insoweit noch weitergegangen. So stellen in **Hamburg, Hessen, Nordrhein-Westfalen** und **Schleswig-Holstein** gem. § 18 Abs. 3 S. 1 **HmbJagdG,** § 26 Abs. 1, S. 3 **HJagdG** § 21 Abs. 2 MVLJagdG (Altersklasse 0 und 1), § 22 Abs. 7 **LJG-NRW** und § 17 Abs. 2, S. 2 **LJagdG SH** der Abschussplan für Schalenwild, ausgenommen Schwarzwild, ohnehin nur einen Mindestabschussplan dar, der in Hessen nach Zulassung durch die Jagdbehörde, in Nordrhein Westfalen beim weiblichen Schalenwild und Kälbern um 20% sowie in Schleswig-Holstein generell um bis zu 30% überschritten werden kann. Dagegen wird in § 31 Abs. 6 S. 1 **LJG** RP der Behörde unter bestimmten Voraussetzungen die Möglichkeit eingeräumt, auch für Rot-, Dam-, Muffel- oder Rehwild einen Mindestabschussplan festzusetzen. Im Gesetz ausdrücklich nicht erwähnt ist ein Mindestabschussplan für Schwarzwild, weshalb die Handhabe in Rheinland-Pfalz, auf der Grundlage von § 51 LJG RP iVm § 38 Abs. 2 S. 2 RPLJVO und der zugehörigen Verwaltungsvorschrift 5.2.2. quasi durch die Hintertür doch die Festsetzung eines Mindestabschussplanes durch die Behörde zu ermöglichen, sofern die von ihr herausgegebenen Formblätter nicht ordnungsgemäß ausgefüllt worden sind, einer Rechtsgrundlage entbehrt. Unabhängig davon, dass es bereits an einer Rechtsgrundlage für die Verwendung der Formblätter in der aktuellen Fassung fehlt, ist das Verfahren an sich bereits rechtswidrig. So findet sich weder in § 31 **LJG RP** ein Verweis auf Mindestabschüsse von Schwarzwild, noch ist § 51 Abs. 1 Nr. 5 **LJG RP** als Ermächtigung geeignet, da der Gesetzgeber insoweit nur Festlegungen, das Ver-

fahren, die Fristen und die zeitliche Geltung von Abschussplänen betreffend, dem Verordnungsgeber überlassen hat. Aufgrund des ausdrücklichen Wortlautes in § 31 Abs. 6 S. 1 **LJG RP,** innerhalb dessen der Behörde lediglich bei Rot-, Dam-, Muffel- oder Rehwild die Festsetzung eines Mindestabschussplanes eingeräumt und zudem in § 31 Abs. 2 S. 2 **LJG RP** im Hinblick auf Schwarzwild lediglich eine Sollvorschrift in das Gesetz aufgenommen worden ist, entbehrt die Handhabung in **Rheinland-Pfalz** jedweder gesetzlichen Grundlage.

4. Zuständigkeit

Zuständig für die Abschussplanung ist gem. § 21 Abs. 2 S. 1 die „zuständige Behörde". Dies ist regelmäßig die **Untere Jagdbehörde,** in deren Bereich der Jagdbezirk liegt. Sofern sich der Jagdbezirk jedoch über die Grenze eines Landkreises erstreckt, findet sich hierzu im Bundesjagdgesetz keinerlei Regelung, ausgenommen hiervon § 7 Abs. 2 S. 3 im Zusammenhang mit der Zusammenfassung mehrerer Eigenjagdbezirke eines Eigentümers zu einer Abschussplanregion. Keines der Landesjagdgesetze trägt diesem Umstand im Rahmen der Regelungen zur Abschussplanung Rechnung. Einige Jagdgesetze verweisen jedoch im Zusammenhang mit der Bildung von Hegegemeinschaften auf die Verpflichtung, Einvernehmen mit der anderen betroffenen Jagdbehörde herzustellen sowie im Falle dessen Scheiterns der Obersten Jagdbehörde die Entscheidung einzuräumen (so § 10 Abs. 1 S. 3 **LJagdG M-V;** § 13 Abs. 5 S. 2 **LJG RP;** § 8 Abs. 3 S. 2 **LJG-NRW;** § 12 Abs. 9, S. 3 **BbgJagdG**). 17

5. Rechtsmittel

Gegen die Festsetzung des Abschussplanes kann im Wege von Widerspruch- und Anfechtungsklage vorgegangen werden. Aktiv legitimiert sind insoweit nicht nur der Jagdausübungsberechtigte, sondern auch der Eigentümer eines verpachteten Eigenjagdbezirks (OVG Lüneburg Urt. v. 18.12.1986 – 14 A 119/83, FHOeffR 38 Nr. 7783). Dies gilt gleichermaßen nicht nur für die Jagdgenossenschaft, die ihr Jagdausübungsrecht verpachtet hat (Leonhardt/Pießkalla Rn. 12), sondern auch für den einzelnen Jagdgenossen (BVerwG Urt. v. 16.6.1994 – 3 C 31.92, BeckRS 1994, 31322804); sowie auch einer Hegegemeinschaft (VG Kassel Beschl. v. 14.1.2011 – 4 L 10/11.KS, BeckRS 2012, 50658) – dagegen steht dem Jagdnachbarn kein Anfechtungsrecht zu (VGH Kassel Beschl. v. 5.1.2006 – 11 UZ 1111/04, BeckRS 2006, 20976). 18

Widerspruch und Anfechtungsklage entfalten nach § 80 Abs. 1 S. 1 VwGO aufschiebende Wirkung, es sei denn, die Behörde hat entsprechend § 80 Abs. 2 Nr. 4 VwGO den Sofortvollzug angeordnet. Mit der **Fortsetzungsfeststellungsklage** nach § 113 Abs. 1 S. 4 VwGO kann die gegen die Abschussplanfeststellung erhobene Anfechtungs- oder Verpflichtungsklage dann, wenn der Abschussplan durch Ablauf des Jagdjahres seine Erledigung gefunden hat, weitergeführt werden. Das insoweit erforderliche Fortsetzungsfeststellungsinteresse ist dann zu bejahen, wenn die Feststellung der Rechtmäßigkeit des Abschussplanvorschlages für ein ggf. folgendes Amtshaftungsverfahren oder für die nächsten Jagdjahre von Bedeutung ist (BVerwG Urt. v. 19.3.1992 – 3 C 62/89, BeckRS 9998, 28224; OVG Koblenz Beschl. v. 22.9.1980 – 8 B 21/78, BeckRS 1980, 04206). 19

20 Ob die Genehmigung des Abschussplans, im Wege einer **einstweiligen Anordnung** nach § 123 VwGO durchgesetzt werden kann, ist streitig. Leonhardt/Pießkalla vertritt die Auffassung, dass eine einstweilige Anordnung in aller Regel daran scheitern wird, dass die im Zusammenhang mit einer Abschussplanung erforderlichen Ermittlungen die Rahmenbedingungen eines Anordnungsverfahrens sprengen würden (so auch OVG Koblenz Beschl. v. 22.9.1980 – 8 B 21/78, BeckRS 1980, 04206), zumal mit der Entscheidung im einstweiligen Rechtschutz die Hauptsache in Bezug auf das Jagdjahr bereits vorweggenommen würde. Anderer Auffassung ist zu Recht Meyer-Ravenstein (Meyer-Ravenstein NJagdG Rn. 14 unter Verweis auf Stade VG Urt. v. 31.7.86 2 VG D 45/86), da ein wirksamer Rechtschutz im Hauptsacheverfahren innerhalb des Jagdjahres in der Regel nicht zu erreichen ist. Allerdings kommt eine einstweilige Anordnung nur dann in Betracht, wenn die Klage in der Hauptsache voraussichtlich zum Erfolg führen würde und dem Jagdausübungsberechtigen ein Abwarten schlechthin unzumutbar wäre (so auch OVG Koblenz Beschl. v. 22.9.1980 – 8 B 21/78, BeckRS 1980, 04206).

20a Gemäß Abs. 2 S. 6 muss der Abschussplan für Schalenwild erfüllt werden. Wie bereits zu Nr. 4 diskutiert, fehlt es an Regelungen dazu, ob auch Fallwild bei der Abschussplanung zu berücksichtigen ist oder nicht, so wie dies zumindest in verschiedenen Bundesländern die Praxis ist. In jedem Falle wird neben der Erlegung auch der Fang von Schalenwild, sofern dieses im Nachgang nicht wieder freigelassen wird, als Erfüllung angesehen werden müssen (so auch Mitzschke/Schäfer Rn. 23; Leonhardt/Pießkalla Rn. 18).

III. Abschusskontrolle

21 Auf der Grundlage von Abs. 2 S. 7 haben sämtliche Länder Regelungen geschaffen, wie die gem. S. 6 vorgeschriebene Planerfüllung zu überwachen ist. Neben dem durchweg immer vorgesehenen Gebot der Führung einer Streckenliste, die je nach Bundesland tagfertig, monatlich oder quartalsweise zu erstellen und teilweise auch der Behörde innerhalb, spätestens nach Ablauf des Jagdjahres einzureichen ist, kommt der Pflicht des einzelnen Jagdausübungsberechtigten zur Vorlage des erlegten Wildes oder dessen Trophäen je nach Landesrecht kleinere oder größere Bedeutung zu. Fast alle Länder räumen der Jagdbehörde die Möglichkeit ein, vom Jagdausübungsberechtigten den körperlichen Nachweis geführt zu bekommen (so § 35 Abs. 6 S. 2 **JWMG;** Art. 32, Abs. 4 S. 2 **BayJG;** § 24 Abs. 5 **LJagdG Bln;** § 29 Abs. 5 **BbgJagdG;** Art. 23 Abs. 4 S. 4 **LJagdG HB** – allerdings nur für Jagdbezirke mit erheblichen Wildschäden etc; § 26 Abs. 3 S. 3 **HJagdG;** § 18 Abs. 5 **HmbJagdG;** § 21 Abs. 11 **LJagdG M-V;** § 25 Abs. 6 S. 2 **NJagdG** – eingeschränkt wie Bremen; § 22 Abs. 10 S. 4 **LJG-NRW** – nach Anhörung des Jagdbeirates; § 31 Abs. 6 S. 3 Hs. 2 **LJG RP** – und § 34 Abs. 10 S. 3 **SJG** bei Festsetzung eines Mindestabschussplanes; § 17 Abs. 7 **LJagdG SH;** § 21 Abs. 4, S. 2 **SächsJagdG, allerdings nur bei krankem oder verletztem Wild;** § 26 Abs. 8 **LJagdG SA;** § 32 Abs. 5 S. 2 **ThJG,** wie in Sachsen nur bei krankem oder verletztem Wild.

22 Landesrechtlich unterschiedlich sind dagegen die Regelungen, wie die Erfüllung des Abschussplanes erzwungen werden kann. In diesem Zusammenhang stellt sich allerdings die Frage, ob derartige Regelungen, innerhalb

derer im Rahmen von **Verwaltungszwang** entweder **Ordnungsgeld** festgesetzt oder im Wege der **Ersatzvornahme** Abschüsse getätigt werden sollen, tatsächlich praktikabel umgesetzt werden können. Dies mag sicherlich im Hinblick auf die Verhängung eines Ordnungsgeldes als probates Mittel zu bejahen sein, während die Durchführung der Ersatzvornahme mit Zweifeln betrachtet werden muss, da diese durch den Jagdbezirksinhaber auf Grund seiner Revierkenntnisse fast immer erfolgreich unterlaufen werden könnte. Insgesamt ist dabei zu beachten, dass Zwangsmittel dann nicht mehr ausgebracht werden dürfen, sobald der insoweit verfolgte Zweck der Zwangsmaßnahme nicht mehr erreicht werden kann (VGH München Beschl. v. 10.10.1991 – 7 CS 91.2523; BVerwG DVBl. 1965, 768). Dies ist in Bezug auf die Schalenwildarten, für die eine Jagdzeit festgesetzt ist, immer dann von Bedeutung, wenn die Vollstreckung des Zwangsgeldes nicht bis zum Ende der Jagdzeit erfolgt ist (so VG Augsburg Urt. v. 4.2.1993 – Au 2 K 90 A.1381). Anders liegt die Sachlage dagegen beim Schwarzwild, welches mit der Begründung einer ASP Vorsorge mittlerweile bundesweit ganzjährig Jagdzeit genießt, so dass hier sicherlich Zwangsgelder mit Erfolg verhängt werden können (so OVG Münster Beschl. v. 26.6.2007 – 13 B 703/07, BeckRS 2007, 26033).

IV. Abschussverbot

23 Unabhängig von den gem. § 22 iVm landesrechtlichen Bestimmungen geregelten Jagd- und Schonzeiten wird der Behörde durch das Abschussverbot gem. Abs. 3 die Möglichkeit eingeräumt, in bestimmten Bezirken oder Revieren den Abschuss dauernd oder zeitweise gänzlich zu verbieten. Da es sich hierbei immer um Einzelfälle handelt, ist der Jagdbezirksinhaber vor Erlass eines entsprechenden Verwaltungsaktes gemäß verwaltungsrechtlicher Grundsätze im Einzelnen anzuhören (so auch VG Kassel Urt. v. 26.11.1998, JE VI Nr. 15). Ein Verstoß gegen eine insoweit als sofort vollziehbar erlassene Anordnung erfüllt den Straftatbestand nach § 38 Abs. 1 Nr. 1 und Abs. 2.

V. Abschuss in den Staatsforsten

24 Je nach Landesrecht wird hierzu heute immer noch teilweise den Landes- und Bundesforsten eigene Planungshoheit eingeräumt. Die sicherlich unter Berücksichtigung der immer größer werdenden Bedeutung von Hegegemeinschaften und der jagdbezirksübergreifenden Bejagung aller Schalenwildarten, außer Rehwild, überkommene Regelung wird nach und nach abgeschafft. So sehen die Stadtstaaten **Berlin** und **Bremen,** aber auch **Baden-Württemberg, Bayern** und **Hessen,** sowie teilweise auch eingeschränkt **Niedersachsen,** ferner **Nordrhein-Westfalen, Rheinland-Pfalz, Saarland, Sachsen-Anhalt** und **Thüringen** keine Sonderregelungen mehr vor. Im Interesse einer großräumigen Bewirtschaftung des Wildes ist zu hoffen, dass auch die übrigen Länder diese überholte und als Forstprivileg bezeichnete Einstellung ändern.

§ 22 Jagd- und Schonzeiten

(1) [1] **Nach den in § 1 Abs. 2 bestimmten Grundsätzen der Hege bestimmt das Bundesministerium durch Rechtsverordnung mit Zustimmung des Bundesrates die Zeiten, in denen die Jagd auf Wild ausgeübt werden darf (Jagdzeiten).** [2] **Außerhalb der Jagdzeiten ist Wild mit der Jagd zu verschonen (Schonzeiten).** [3] **Die Länder können die Jagdzeiten abkürzen oder aufheben; sie können die Schonzeiten für bestimmte Gebiete oder für einzelne Jagdbezirke aus besonderen Gründen, insbesondere aus Gründen der Wildseuchenbekämpfung und Landeskultur, zur Beseitigung kranken oder kümmernden Wildes, zur Vermeidung von übermäßigen Wildschäden, zu wissenschaftlichen, Lehr- und Forschungszwecken, bei Störung des biologischen Gleichgewichts oder der Wildhege aufheben.** [4] **Für den Lebendfang von Wild können die Länder in Einzelfällen Ausnahmen von Satz 2 zulassen.**

(2) [1] **Wild, für das eine Jagdzeit nicht festgesetzt ist, ist während des ganzen Jahres mit der Jagd zu verschonen.** [2] **Die Länder können bei Störung des biologischen Gleichgewichts oder bei schwerer Schädigung der Landeskultur Jagdzeiten festsetzen oder in Einzelfällen zu wissenschaftlichen, Lehr- und Forschungszwecken Ausnahmen zulassen.**

(3) **Aus Gründen der Landeskultur können Schonzeiten für Wild gänzlich versagt werden (Wild ohne Schonzeit).**

(4) [1] **In den Setz- und Brutzeiten dürfen bis zum Selbständigwerden der Jungtiere die für die Aufzucht notwendigen Elterntiere, auch die von Wild ohne Schonzeit, nicht bejagt werden.** [2] **Die Länder können für Schwarzwild, Wildkaninchen, Fuchs, Ringel- und Türkentaube, Silber- und Lachmöwe sowie für nach Landesrecht dem Jagdrecht unterliegende Tierarten aus den in Absatz 2 Satz 2 und Absatz 3 genannten Gründen sowie zur Bekämpfung von Tierseuchen Ausnahmen bestimmen.** [3] **Die nach Landesrecht zuständige Behörde kann im Einzelfall das Aushorsten von Nestlingen und Ästlingen der Habichte für Beizzwecke aus den in Artikel 9 Absatz 1 Buchstabe c der Richtlinie 2009/147/EG genannten Gründen und nach den in Artikel 9 Absatz 2 der Richtlinie 2009/147/EG genannten Maßgaben genehmigen.** [4] **Das Ausnehmen der Gelege von Federwild ist verboten.** [5] **Die Länder können zulassen, daß Gelege in Einzelfällen zu wissenschaftlichen, Lehr- und Forschungszwecken oder für Zwecke der Aufzucht ausgenommen werden.** [6] **Die Länder können ferner das Sammeln der Eier von Ringel- und Türkentauben sowie von Silber- und Lachmöwen aus den in Artikel 9 Absatz 1 der Richtlinie 2009/147/EG genannten Gründen und nach den in Artikel 9 Absatz 2 der Richtlinie 2009/147 EG genannten Maßgaben erlauben.**

Ländervorschriften: § 41 JWMG; Art. 33 BayJG; § 26 LJagdG Bln; § 31 BbgJagdG; Art. 24 LJagdG Hb; § 26 NJagdG; § 24 LJG-NRW; § 32 RhPfLJG; § 37 SJG; § 22 SächsJagdG; § 27 LJagdG SA; § 33 ThJG.

Übersicht

I. Einführung

§ 22 regelt unter Bezugnahme auf die in § 1 Abs. 2 bestimmten Grundsätze der Hege die Zeiten, in denen die Jagd auf Wild, dh auf Tierarten iSv § 2 Abs. 1, ausgeübt werden darf **(Jagdzeiten)** sowie darüber hinaus das Verbot, Wild außerhalb dieser Jagdzeiten zu bejagen **(Schonzeiten),** ferner die Möglichkeiten, für Wild entweder keine Jagdzeit oder keine Schonzeiten festzusetzen, darüber hinaus den Schutz der Elterntiere in Setz- und Brutzeiten. Im Weiteren werden dann im Gesetzestext die Möglichkeiten der Länder geregelt, auf Grund derer diese Jagdzeiten abkürzen oder aufheben, Schonzeiten für bestimmte Gebiete oder einzelne Jagdbezirke aufheben und Ausnahmen zulassen können. 1

Die Regelungen in § 22 sind im Nachgang der Föderalismusreform und der Freiheit der Landesgesetzgeber, gem. Art. 72 Abs. 2 Nr. 1 GG iVm Art. 71 GG diesen Bereich völlig eigenständig zu regeln, obsolet, da es einer bundesgesetzlichen Regelung dafür, unter welchen Voraussetzungen ein Land Jagdzeiten oder auch Schonzeiten festsetzen darf oder nicht, nicht mehr bedarf. Die Länder haben deshalb im Rahmen des Erlasses oder der Änderung ihrer Jagd- und Schonzeitenverordnungen unabhängig von den Regelungen in § 22 vermehrt von den Abweichungsmöglichkeiten Gebrauch gemacht. Gleichwohl soll der bundesgesetzliche Rahmen kurz dargestellt werden. 2

II. Kommentierung

1. Jagdzeiten

§ 22 Abs. 1 S. 1 regelt die gesetzliche Ermächtigung zu Gunsten des zuständigen Bundesministers zum Erlass einer Rechtsverordnung, die für einzelne Wildarten Jagdzeiten bestimmt (→ JagdZV § 1 Rn. 1). Eingeschränkt ist diese Regelung insoweit, als der Bundesminister die Rahmenbedingungen von § 1 Abs. 2 beachten muss, also die Erhaltung der den landschaftlichen und landeskulturellen Verhältnissen angepassten artenreichen und gesunden Wildbestände. Der sowohl dem Tier- als auch dem Naturschutzrecht immanente Begriff des vernünftigen Grundes ist dabei dann zu bejahen, wenn das Jagdrecht eine Bejagung von Wild gestattet (OVG Schleswig Urt. v. 12.8.2004 – 1 KN 24/03, BeckRS 2004, 13027). Darauf beruhend ist die 3

JagdZV am 25.4.2002 (BGBl. 2002 I 1487) geändert worden (→ § 17 Rn. 154 ff.).

4 Innerhalb derer wurde auch geregelt, dass für Wildkaninchen und Füchse sowie beim Schwarzwild für Frischlinge und Überläufer, ausgenommen die zur Aufzucht notwendigen Elterntiere, eine ganzjährige Jagdzeit festgesetzt wird.

2. Schonzeiten

5 Außerhalb der von Bund oder Land festgesetzten Jagdzeiten sind die betroffenen Wildarten mit der Jagd zu verschonen (Schonzeiten). Dies bedeutet, dass die Jagdausübung iSv § 1 Abs. 1 (Aufsuchen, Nachstellen, Erlegen und Fangen von Wild) verboten ist. Im Umkehrschluss fallen sämtliche Handlungen, die nicht auf ein Beutemachen zielen, nicht unter das Verbot, zB das Fangen von Wild zu Kennzeichnung- oder Besenderungszwecken (OLG Oldenburg Beschl. v. 3.9.1982 – 1 Ss 432/82, JE X Nr. 41). Schließlich regelt § 22a eine Ausnahme von dem Jagdausübungsverbot in Bezug auf die gesetzliche Verpflichtung zur unverzüglichen Erlegung krankgeschossenen oder schwerkranken Wildes. Auch die Aneignung von verendetem Wild, Teilen davon oder von Fallwild ist nicht untersagt.

6 Verstöße gegen Schonzeiten sind sowohl nach § 38 wie auch jeweils nach Landesrecht sanktioniert. Mit der Festsetzung von Schonzeiten wird zwar in das Jagdausübungsrecht eingegriffen, dies beinhaltet dann jedoch keinen Verstoß gegen die Eigentumsgarantie, sofern die Grundsätze der Hege (§ 1 Abs. 2) beachtet werden, da sich die Einschränkungen im Rahmen des Gebots der Sozialbindung halten (vgl. VG Sigmaringen Urt. v. 14.11.1984 – 7 K 1012/83, JE IX Nr. 56; VGH Kassel Entscheidung v. 25.3.2003 – 11 UE 4139/99, BeckRS 2005, 23180). Allerdings wird im Einzelfall zu prüfen sein, inwieweit die in Umsetzung der Vorgaben des Art. 7 Abs. 4 RL 2009/147/EG in Kraft getretene Aufhebung bzw. Verkürzung von Jagdzeiten, insbesondere bei Vogelarten wie Ringeltaube, Silber- oder Lachmöwe, die teilweise massenhaft auftreten und nicht unerhebliche Schäden in der Landwirtschaft verursachen, die Schranken einer Sozialpflichtigkeit des Eigentums sprengen.

7 Wie bereits seitens der BVerwG in seiner Entscheidung vom 30.3.1995 – 3 C 8/94, BeckRS 9998, 170500 – zur Klagebefugnis eines Waldeigentümers festgestellt worden ist, steht diesem, aber auch einem erwerbswirtschaftlich tätigen Landwirt eine subjektive Klagebefugnis aufgrund der **Drittschutzregelung** in § 22 Abs. 1 S. 3 zu (VG Düsseldorf Urt. v. 15.5.2013 – 15 K 3729/11, BeckRS 2013, 51639). Allerdings stellt sich die Schonzeitaufhebung als „ultima ratio" zur Minderung der von Wild verursachten Schäden dar, wie aus dem Tatbestandsmerkmal" vermeiden" unter Berücksichtigung der Vorgaben der RL 2009/147/EG abzuleiten ist. Eine Aufhebung der Schonzeit scheidet jedenfalls dann aus, wenn nicht feststeht, dass sich die durch die betreffenden Vogelarten etwa verursachten, erheblichen, bzw. übermäßigen Wildschäden nur mittels einer **Schonzeitaufhebung** vermeiden lassen. Es bedarf mithin im Rahmen eines Antragsverfahrens des substantiiert vorgetragenen Nachweises, dass allein die Ausweitung der Jagdzeit geeignet ist, für ein Nichtauftreten der übermäßigen Wildschäden sorgen zu können.

3. Abkürzung oder Aufhebung der Jagdzeiten durch Landesrecht

8 Wie bereits ausgeführt, steht es den jeweiligen Landesgesetzgebern unabhängig von der Rahmenregelung in § 22 Abs. 1 S. 3 frei, die Jagdzeiten abzukürzen oder aufzuheben. Insoweit kann sich in Einzelfällen die **Vollschonung** einer Wildart **als enteignender Eingriff** auswirken, wenn dadurch eine bereits ausgeübte Nutzungsart (vorliegend Fischerei) ausgeschlossen oder wesentlich beeinträchtigt wird (BayObLG Urt. v. 10.4.1978 – RReg 2 Z 60/77, AgrarR 1978, 229 = JE IX Nr. 14). An diese Rechtsfolgen sind in der Folge jedoch erhebliche Voraussetzungen geknüpft worden. So hat das VG Berlin eine Aufhebung von Jagdzeiten dann für nicht zulässig erachtet, wenn diese allein mit der Begründung eingeführt worden ist, es bestehe kein praktisches Bedürfnis nach Jagdzulassung (VG Berlin Urt. v. 27.3.2008 – 1 A 193/07, BeckRS 2009, 42150): Ein derartiges Vorgehen sei nicht vom jagdrechtlichen Normensetzungsprogramm gedeckt. Ferner hat der BGH im Zusammenhang mit Wildschäden durch Gänse ausgeführt, dass außerhalb des sozialpflichtigen und enteignungsrechtlich Zumutbaren nur die Wildschäden liegen, die auch mit geeigneten und nach Lage des Einzelfalls dem Geschädigten zumutbaren Mitteln nicht zu verhindern waren (BGH Urt. v. 5.5.1988 – III ZR 116/87, NVwZ 1988, 1066).

4. Aufhebung der Schonzeiten durch Landesrecht

9 Unabhängig von der Gesetzgebungskompetenz der Länder regelt § 22 Abs. 1 S. 3 insoweit eine begrenzte Aufhebung der Schonzeit in räumlicher, aber auch in sachlicher Hinsicht. Während die räumliche Begrenzung sowohl Jagdbezirke als auch mit der Formulierung „bestimmte Gebiete“, zB den Wirkungsbereich einer Hegegemeinschaft, eines Amtsbezirks oder eines Landkreises betreffen kann, werden in sachlicher Hinsicht unter besonderen Gründen, die Wildseuchenbekämpfung, die Landeskultur, die Vermeidung von übermäßigen Wildschäden, aber auch die Aufhebung zu wissenschaftlichen Forschungszwecken verstanden, ferner die Vermeidung einer Störung des biologischen Gleichgewichts. Unabhängig davon, dass in einer durch den Menschen nicht wesentlich beeinflussten Umwelt die Artenvielfalt wesentlich höher ist als in unserer Kulturlandschaft, wird der Mensch deshalb dann einzugreifen haben, wenn auf Grund von ihm geschaffener, der Natur fremder Rahmenbedingungen einseitig bestimmte Tierarten zunehmen, deren Zunahme einer Regulierung durch den Menschen bedarf, um Schäden von Fauna und Flora abzuwenden. Ob diese Gesetzgebungskompetenz allerdings so weit geht, dass der Gesetz- oder Verordnungsgeber mit der Begründung einer unbedingt erforderlichen Schutzwaldsanierung die Jagdzeit für mehrere Schalenwildarten, insbesondere im Winter im Gebirge, mit Ausnahme der Jagd auf die nach § 22 Abs. 4 geschützten Elterntiere aufheben darf, muss zumindest stark bezweifelt werden. Zwar hat der VGH München (VGH München Urt. v. 11.12.2017 – 19 N 14.1022, BeckRS 2017, 146445) den Erlass einer entsprechenden Verordnung, innerhalb derer für insgesamt 105 verschiedene Gebiete die Schonzeiten für Rot-, Gams- und Rehwild teilweise aufgehoben worden sind, mit der Begründung nicht beanstandet, dass der Schutz des Bergwaldes die Aufhebung der Schonzeit aus Gründen der Landeskultur gem. § 22 Abs. 1 S. 3 rechtfertige. Diese Begründung greift ersichtlich zu kurz, da das Gericht sich in keiner Weise damit auseinander-

gesetzt hat, welche Ursachen der Verbiss von Forstpflanzen tatsächlich hat. Insbesondere sind die menschlichen Störungen durch Tourengeher, Bergsteiger, Mountainbiker, Skifahrer, und sonstige Touristen, aber auch der ständige Jagddruck in keiner Weise in die Entscheidung eingeflossen. Gerade diese Störungen sorgen aber dafür, dass das nunmehr auch im Winter zur Notzeit zum Abschuss freigegebene Wild die für den Aufbau und die Pflege des wichtigen Schutzwaldes erforderlichen Pflanzen verbeißt, um so trotz der Störungen Nahrung zu sich nehmen zu können. Der Verordnungsgeber und ihm nachfolgend das Gericht hätten sich vielmehr auch damit auseinandersetzen müssen, inwieweit der Verordnungsgeber es in der Hand hat, diese menschlichen Störungen zu unterbinden, um insoweit einen menschlichen Beitrag zur Schutzwaldsanierung zu leisten.

10 Darüber hinaus war es den Ländern neben den vorstehend genannten Ausnahmen nach § 22 Abs. 1 auch möglich, für den Lebendfang von Wild Ausnahmen von der Schonzeit zuzulassen. Insoweit gilt das anfangs Ausgeführte.

5. Wild ohne Jagdzeit

11 Grundsätzlich ist nach § 22 Abs. 2 S. 2 Wild, für das auf Grund der in Abs. 1 S. 1 erlassenen Jagdzeitenverordnung keine Jagdzeit bestimmt ist, das ganze Jahr mit der Jagdzeit zu verschonen. Entgegen Abs. 2 S. 2 können die Länder nunmehr nicht nur bei den dort geregelten Ausnahmen von diesem Verbot abweichen, müssen aber europäisches Rahmenrecht, so vor allem die Vogelschutz-RL, beachten. Bis zur Grundgesetzänderung war jedoch eine Aufhebung der ganzjährigen Schonzeit nur bei Störung des biologischen Gleichgewichts, bei schwerer Schädigung der Landeskultur oder in Einzelfällen zu wissenschaftlichen Lehr- und Forschungszwecken möglich. Im Hinblick auf die **Störung des biologischen Gleichgewichts** wird auf die vorstehenden Ausführungen (→ Rn. 9) verwiesen, während mit **schwerer Schädigung der Landeskultur** besonders gravierende Fälle der Beeinträchtigung landeskultureller Belange gemeint sind, insbesondere Wildschäden, und zwar unabhängig davon, ob diese ersatzpflichtig sind oder nicht.

6. Wild ohne Schonzeit

12 Unter Berücksichtigung der Regelung in Abs. 1 S. 1 ist Abs. 3 grundsätzlich überflüssig. Die in § 1 Abs. 2 bestimmten Grundsätze der Hege beinhalten unter anderem auch landeskulturelle Belange, so dass die Festsetzung von Jagdzeiten über das ganze Jahr naturgemäß dazu führt, dass für dieses Wild nicht nur eine Schonzeit nicht festgesetzt ist, sondern auch die für eine derartige Nichtfestsetzung erforderlichen Gründe bereits geregelt sind, mithin eine zusätzliche Regelung im Abs. 3 obsolet ist. Unabhängig hiervon betrifft dies auf Bundesebene nur die bereits zitierten Wildarten, Schwarzwild, Füchse und Kaninchen, die jeweils mit Ausnahme der zur Aufzucht notwendigen Elterntiere keine Schonzeit genießen.

7. Schutz der Elterntiere während der Setz- und Brutzeit

13 Das Bejagungsverbot soll verhindern, dass Jungtiere dadurch leiden oder gar sterben, dass in den Setz- und Brutzeiten die zu ihrer Aufzucht notwendigen Elterntiere bejagt worden sind. Das Verbot erfasst nicht nur Wildarten, für die Jagd- und Schonzeiten festgesetzt worden sind, sondern auch Wildarten, die weder nach Bundes- noch nach Landesrecht Schonzeiten genießen.

Das Verbot betrifft 14

- die Bejagung der für die Aufzucht notwendigen Elterntiere
- in den Setz- und Brutzeiten bis zum Selbstständigwerden der Jungtiere.

Um einen Verbotsverstoß zu bejahen, bedarf es demzufolge einer kumulativen Erfüllung sämtlicher vorstehender Tatbestandsmerkmale.

Geschützt sind insoweit nicht nur die Muttertiere, sondern die für die 15
Aufzucht notwendigen Elterntiere, so dass je nach Wildart neben dem Mutter- auch das Vatertier mit einem Bejagungsverbot belegt ist. Relevanz bekommt dieses Verbot insbesondere bei der Fuchs- und Marderhundbejagung, da insoweit jeweils auch die Rüden die Welpen mit versorgen.

Nicht dagegen verboten ist die **Bejagung der Jungtiere,** zB der Fuchs- 16
oder Marderhundwelpen am Bau. Umstritten ist allerdings, ob bei einer Wildart ohne Schonzeit die Elterntiere dann erlegt werden dürfen, wenn zuvor alle Jungtiere getötet worden sind (ablehnend Mitzschke/Schäfer Rn. 13; LG Aschaffenburg Urt. v. 16.9.1980 – Cs 108 Js 10296/79 Ns, JE Nr. 393; bejahend Leonhardt/Pießkalla Nr. 8.1.1 Abs. 3; v. Pückler WuH 2/1985, 38). Unter Berücksichtigung der Tatsache, dass ein Altfuchs sowie ein Marderhund, nachdem dessen sämtliche Welpen vor dem Bau erlegt worden sind, kein notwendiges Elterntier (mehr) darstellt, spricht nichts dagegen, in diesem Falle auch die Elterntiere zu töten, zumal auch von den Biologen, zB beim Rot- oder Damwild, immer wieder gefordert wird, nach der Erlegung des Kalbes auch sofort das Alttier zu erlegen, um einen möglichen Milchstau zu vermeiden. Warum beim Rot- oder Damwild die Erlegung eines Alttieres im September/Oktober nach Erlegung des Jungtieres zulässig sein sollte und beim Raubwild nicht, ist nicht erklärbar. Gleichwohl ist zB im Saarland für Füchse nicht nur für die Elterntiere, sondern auch für die Jungtiere eine Schonzeit vom 15.2. bis 16.8. per Verordnung festgesetzt und diese durch das Verwaltungsgericht Saarland in seiner Entscheidung (VG Saarlouis Urt. v. 5.12.2012 – 5 K 640/12, BeckRS 2012, 60617) unter dem Gesichtspunkt, dass Tierschutz auch als Staatsschutzziel im Grundgesetz verankert worden ist, für rechtmäßig erklärt worden.

Der **Schutz** der für die Aufzucht notwendigen Elterntiere gilt während der 17
Setzzeiten für Haarwild, bzw. zu Brutzeiten für Federwild bis zum Selbstständigwerden der Jungtiere. Im Hinblick darauf, dass **Setz- und Brutzeiten** gesetzlich nicht definiert worden sind, wird der Jäger in Kenntnis der einzelnen Wildarten im Zweifel prüfen müssen, ob in Bezug auf die betroffenen Jungtiere der Ablauf der Setzzeit das Selbstständigwerden der Jungtiere bejaht werden kann oder nicht, bevor die entsprechenden Elterntiere erlegt werden. In Umsetzung der Vogelschutz-RL sind die **Jagdzeiten beim Federwild** dahingehend verkürzt worden, dass die Brut- und Aufzuchtzeiten jeweils in der Schonzeit liegen, so dass diesbezüglich für den einzelnen Jäger ein Ermessensspielraum nicht – mehr – besteht.

Insoweit hat das OVG Berlin-Brandenburg in seiner Entscheidung vom 18
festgestellt, dass sich der Begriff der **„Setz- und Brutzeiten"** in Abs. 4 S. 1 einerseits und der Begriff der **„Aufzuchtzeit"** in § 42 Abs. 1 Nr. 2 BNatSchG aF andererseits aufgrund des unterschiedlichen Regelungszwecks beider Gesetze unterscheiden (OVG Berlin-Brandenburg Beschl. v. 11.8.2009 – OVG 11 S 58/08, BeckRS 2009, 42321). Während im Jagdrecht „die

berechtigten Ansprüche der Land-, Forst- und Fischereiwirtschaft auf Schutz gegen Wildschäden durch einen unerträglich übersetzten Wildbestand und die Belange von Naturschutz und Landwirtschaftspflege zum Ausgleich zu bringen sind", verfolgen Art. 12 Abs. 1 lit. b FFH-RL und ihm folgend § 44 Abs. 1 Nr. 2 BNatSchG nF in erster Linie den Schutz der von den Vorschriften erfassten Arten während bestimmter **sensibler Zeiten,** in denen sie ohnehin bestimmten Belastungen ausgesetzt und die damit für den Erhaltungszustand dieser Arten von besonderer Bedeutung sind. In der Folge führt dies dann aufgrund des Zahnwechsels eines in diesem Verfahren streitgegenständlichen Bibers im Alter von etwa zehn Monaten dazu, dass der Biber auf der Grundlage von § 44 Abs. 1 Nr. 2 BNatSchG ganzjährig nicht gestört werden dürfte, während das OVG Berlin-Brandenburg zumindest offensichtlich davon ausgeht, dass § 22 Abs. 4 S. 1 dagegen einschränkend auszulegen ist.

19 Diesbezüglich stellt sich also die Frage, ab welchem Zeitpunkt von einem **Selbstständigwerden** der Jungtiere gesprochen werden kann. Von Teilen der Lit. wird der Begriff des Selbstständigwerdens dahingehend eng ausgelegt, dass ein Jungtier bereits dann als selbstständig angesehen werden muss, sobald es sich allein fortbewegen und selbst die zu einer artgemäßen Fortentwicklung benötigte Nahrung beschaffen kann, also ohne das oder nicht starke Kümmern der Elterntiere sogar zu Grunde gehen würde (so auch Mitzschke/Schäfer Rn. 11; Leonhardt/Pießkalla 8.1.2.1). Dagegen hat das Landgericht Schweinfurt als Berufungsinstanz einen fahrlässigen Verstoß gegen dieses Bejagungsverbot in Bezug auf den Abschuss zweier Rotwildalttiere am 9.11. eines Jahres bejaht, da nach seiner wie auch nach der Auffassung des Amtsgerichtes Bad Kissing als Vorinstanz nicht nur die Zeit der unmittelbaren Aufzucht, sondern auch die sich anschließende Zeit der Betreuung des Jungtieres vom Schutzzweck umfasst sei. Gerade beim Rotwild sei mit einem Ausstoßen des Jungtieres aus dem Rudel und einer sozialen Isolation zu rechnen, weshalb zumindest beim Rotwild als sozial hochorganisierte Tierart die lebens- und überlebenswichtige Betreuung durch das Alttier in der Regel noch bis in den Winter, wenn nicht sogar bis zum nächsten Frühjahr, andauere (LG Schweinfurt v. 19.6.2009 – 3 Ns 12 Js 2394/08, BeckRS 2009/144179). Ähnlich wurde dies auch vom OLG Hamm in seiner Entscheidung vom 9.6.2015 gesehen, innerhalb derer der Senat im Rahmen der Auslegung zu § 22 Abs. 4 S. 1 zu dem Ergebnis gekommen ist, dass „die überlebensnotwendige Betreuung durch das Alttier beim Rotwild jedenfalls bis in den Winter hinein (wenn nicht sogar bis zum nächsten Frühjahr) andauere und nicht bereits Mitte Oktober ende" (OLG Hamm 9.6.2015 – 5 RVs 64/15, BeckRS 2015, 13424).

20 Diese Auffassung des OLG Hamm ist nicht unwidersprochen geblieben. Das OLG Hamm wie auch das LG Schweinfurt hätten allein auf den Begriff des „Selbstständigwerden der Jungtiere" abgestellt und den seitens des Gesetzgebers in die Norm mit aufgenommenen zeitlichen Korridor „in den Setz- und Brutzeiten" völlig ausgeblendet (so Meyer-Ravenstein AUR 2017, 22 ff.). Im Hinblick darauf, dass der Wortlaut vorliegend eine Auslegung zulässt, ist sowohl aus Gründen der Weidgerechtigkeit wie auch unter Berücksichtigung des Tierschutzes der Auslegung des OLG Hamm, dass der Zeitraum für den Elterntierschutz mit den Setz- und Brutzeiten beginne und bis zum Selbstständigwerden der Jungtiere reiche, der Vorzug zu geben. Dies gilt umso mehr, als der Tierschutz ja schließlich auch als Staatsschutzziel durch Aufnahme in das Grundgesetz seinen Niederschlag gefunden hat.

Unter Berücksichtigung der Tatsache, dass es hier immerhin um einen Strafrechtstatbestand geht, sind die Landesgesetzgeber im Rahmen der teilweise ins Auge gefassten Änderungen der Landesjagdgesetze aufgefordert, hier für klarere Formulierungen zu sorgen. Ein Verstoß gegen dieses Bejagungsverbot stellt gem. § 38 Abs. 1 Nr. 3 eine Straftat dar, da mit einem solchen Verstoß nicht nur das einzelne Elterntier Schaden leidet, sondern auch das oder die Jungtier(e). Mit der Begründung, dass vom Jagdausübungsberechtigten eine fachkundige Beurteilung der Situation erwartet werden könne, soll auch schon ein fahrlässiger Verstoß gegen dieses Bejagungsverbot strafbewehrt sein (BR-Drs. 388/96, 7). Diese Auffassung ist zumindest unter Jagdpraktikern nicht unumstritten, da einerseits schlechte Sichtverhältnisse (Mondschein, Waldschatten und insbesondere Aufwuchs in den Sommermonaten) das Ansprechen des Wildes erheblich erschweren und unter Berücksichtigung teilweise erheblicher Wildschäden auf der anderen Seite, insbesondere beim Schwarzwild, ein erheblicher Druck von Seiten der Landwirtschaft besteht, in die Population einzugreifen. In der Lit. (Mitzschke/Schäfer Rn. 3; Leonhardt/Pießkalla Nr. 8.1.1 Abs. 2) und der Rspr. (LG Aschaffenburg Urt. v. 16.9.1980 – Cs 108 Js 10296/79 Ns, JE Nr. 393) wird in diesem Zusammenhang jedoch gefordert, dass eine Schussabgabe unterbleiben müsse, wenn trotz erhöhter Sorgfalt nicht zweifelsfrei festgestellt werden könne, ob es sich um ein zu schonendes Tier handele, oder nicht. Im Hinblick auf die Strafandrohung und die ggf. damit in Zusammenhang stehende Jagdscheinentziehung bei lediglich fahrlässiger Begehung ist aber schon kritisch zu hinterfragen, ob unter Berücksichtigung des bereits angesprochenen Wildschadensrisikos schon die fahrlässige Begehung einen Straftatbestand verwirklichen soll. Dies gilt insbesondere beim Schwarzwild, auch wenn bei einer fahrlässigen Begehung das Strafmaß in aller Regel geringer ist und derartige Umstände in die Strafzumessung Eingang finden sollten. Da der Gesetzgeber jedoch selbst in § 38 Abs. 2 insoweit einen Rahmen (Geldstrafe bis zu 180 Tagessätze) vorgeschrieben hat, besteht gleichwohl leicht die Gefahr, dass die für die Jagdscheinverlängerung erforderliche 60-Tagessätze-Grenze überschritten wird. 21

Abs. 4 S. 2 regelt dann mögliche Abweichungen nach Landesrecht, die, wie bereits ausgeführt, jedoch obsolet sind. 22

8. Aushorsten

Das Gleiche gilt letztlich auch für die Regelung des Aushorstens von Nestlingen oder dem Fang von Ästlingen, da den Ländern aus den in Art. 9 Abs. 1 und 2 Vogelschutz-RL genannten Gründen das Recht zusteht, Regelungen zu treffen. Ohne diese Regelungen gilt jedoch die in Abs. 4 S. 3 geregelte Genehmigungspraxis. Unter **Aushorsten der Nestlinge** wird das Ausnehmen der jungen Greifvögel aus dem Nest (Horst) verstanden, während von **Aushorsten der Ästlinge** der Fang der jungen Greifvögel, die zwar bereits in der Lage sind, das Nest zu verlassen und sich auf den Ästen zu bewegen, jedoch noch nicht fliegen können, gesprochen wird. 23

Insgesamt müssen die Erfolgsaussichten eines sich dann auch noch an den Regelungen der Ländergesetze orientierenden Antrages auf Erteilung einer Aushorstungsgenehmigung nach Abs. 4 S. 3 iVm Art. 9 Abs. 1 Vogelschutz-RL (früher Art. 9 Abs. 1 lit. c RL 79/409/EWG) im Nachgang zu VG Münster Urt. v. 16.4.2014 – 1 K 2151/12, BeckRS 2014, 51103 als gering 24 eingeschätzt werden. So wird der Antragsteller regelmäßig nachweisen müssen, dass es keine zufriedenstellende Lösung statt der Aushorstung gibt, die regelmäßig von Seiten der Verwaltung mit Hinweis auf die Möglichkeiten, Jungvögel im Internet zu erwerben, in Abrede gestellt wird.

9. Ausnehmen von Gelegen

25 Nach Bundesrecht ist zunächst das Ausnehmen von Gelegen, also der Nester des Federwildes, grundsätzlich verboten, und zwar unabhängig vom Zweck der Entnahme. Ein Ausnehmen ist auch dann zu bejahen, wenn die Eier nur deshalb entnommen werden sollen, um sie an anderer Stelle oder durch Leihvögel ausbrüten zu lassen, oder wenn sie zerstört werden sollen. Ein Ausnehmen setzt jedoch die körperliche Wegnahme voraus, so dass Handlungen, die geeignet sind, den brütenden Vogel davon abzuhalten, auf sein Nest zurückzukehren, nicht unter den Tatbestand des § 22 Abs. 4 S. 5 zu subsumieren sind, selbst wenn diese Handlungen letztlich dazu führen, dass die Eier erkalten und damit nicht mehr brutfähig sind (anders Mitzschke/Schäfer Rn. 16; Leonhardt/Pießkalla Rn. 10). Dieser Auslegung ist vorliegend nicht zu folgen, da der Wortlaut „Ausnehmen von Gelegen" immer eine Handlung in Bezug auf das Gelege selbst voraussetzt, innerhalb derer der Handelnde mit dem Gelege in unmittelbaren Kontakt gerät. Dies ist bei den vorgeschriebenen Aktivitäten jedoch gerade nicht der Fall, so dass die Auffassung von Mitzschke/Schäfer und Leonhardt/Pießkalla als zu weitgehend zurückzuweisen ist.

26 In Abs. 4 S. 5 und 6 werden dann Ausnahmen von diesem Grundsatz, jeweils nach Landesrecht bestimmt, worauf nicht näher eingegangen werden soll.

10. Länderrecht

27 Ein Teil der Länder hat im Nachgang der Grundgesetzänderung in Bezug auf § 22 mit Ausnahme der Jagd- und Schonzeiten teilweise gar keine landesrechtlichen Regelungen erlassen (Hessen, Hamburg, Mecklenburg-Vorpommern, Schleswig-Holstein), sich teilweise darauf beschränkt, die jeweiligen Zuständigkeiten sowie Jagd- und Schonzeiten eigenständig zu regeln (Berlin, Brandenburg, Bremen, Sachsen-Anhalt, Sachsen und Thüringen) oder gänzlich neue Regelungen beschlossen (Baden-Württemberg, Bayern, Niedersachsen, Nordrhein-Westfalen, Rheinland-Pfalz und Saarland). Letzteren gemein ist unter anderem die Ermächtigung, unter bestimmten Gründen nicht nur in Bezug auf die in § 22 Abs. 4, S. 2 aufgezählten Wildarten die Schonzeit für Elterntiere aufzuheben, sondern aus besonderen Gründen auch die für anderes Wild.

11. Rabenvögel

28 Die Rabenvogelarten, als da sind die insoweit als Aaskrähe zusammengefassten Unterarten Rabenkrähe und Nebelkrähe, Elster und Eichelhäher, sind seit 1994 im Anh. II Teil 2 Vogelschutz-RL aufgenommen worden, so dass sie gem. Art. 7 Vogelschutz-RL nur unter Berücksichtigung der Maßgaben des Art. 7 Abs. 1 und 4 Vogelschutz-RL bejagt werden können. Sofern sie nicht dem Jagdrecht unterstellt worden sind (unter anderem in § 5 **NJagdG** oder durch Rechtsverordnung des zuständigen Ministeriums, oder in Art. 33

Abs. 1 Nr. 1 **BayJG** iVm § 18 AVBayJG bzw. in § 43 Nr. 5 **HJagdG** iVm § 1 HessVO über die Bestimmung weiterer Tierarten, die dem Jagdrecht unterliegen, § 26 MVLJagdG), ist eine Tötung zunächst untersagt, da es sich bei den Rabenvögeln gem. § 7 Abs. 2 S. 1 Nr. 13 lit. b bb BNatSchG iVm § 9 BNatSchG um naturschutzrechtlich besonders geschützte Tierarten handelt. Grundsätzlich ist es demzufolge nach § 44 Abs. 1 Nr. 1 BNatSchG verboten, diese Tiere zu fangen, zu verletzen, zu töten oder ihre Entwicklungsformen, Nist-, Brut-, Wohn- oder Zufluchtstätten der Natur zu entnehmen, zu beschädigen oder zu zerstören. Lediglich im Einzelfall können durch behördliche Ausnahmegenehmigung oder durch Zulassung im Wege einer Rechtsverordnung gem. § 45 Abs. 7 S. 4 BNatSchG Ausnahmen bewilligt werden.

12. Kormorane

Auch bei den Kormoranen handelt es sich nicht um Wild iSv § 2 Abs. 1, 29
sondern um nach § 7 Abs. 2 S. 1 Nr. 13 lit. b bb BNatSchG iVm § 7 Abs. 2 Nr. 12 BNatSchG besonders geschützte Tiere. Mehrere Bundesländer haben diesbezüglich auf der Grundlage von § 45 Abs. 7 S. 4 BNatSchG eine Verordnung über die Zulassung von Ausnahmen von den Schutzvorschriften für besonders geschützte Tierarten erlassen. Die Tötung von Kormoranen unterliegt dabei nicht den jagdrechtlichen Regelungen, vielmehr handelt es sich um eine Tötungserlaubnis auf der Grundlage des **Naturschutzrechts** (dazu jüngst Gerhold/Mittag NuR 2023, 527 (530)). Die nach § 45 Abs. 7 S. 4 BNatSchG durch die nach Landesrecht zuständigen Behörden zu erlassende Ausnahmegenehmigung stellt grundsätzlich eine gerichtlich nur eingeschränkt nachprüfbare Ermessensentscheidung dar (VGH München Beschl. v. 14.1.2005 – 19 CS 04.3510, BeckRS 2005, 15794). Keine Regelung enthält das BNatSchG dazu, wem das Recht auf Erteilung einer derartigen Ausnahmegenehmigung zusteht. Unter Berücksichtigung der verwaltungsgerichtlich entwickelten Schutznormtheorie kann sich grundsätzlich nur derjenige auf eine Antragsbefugnis berufen, dessen Schutz von der in Anspruch genommenen Vorschrift gerade bezweckt wird. Dies ist bei Kormoranen generell die **Erwerbsfischerei,** nicht dagegen der Hobbyangler. Abzugrenzen von dem Hobbyangler ist jedoch der Teichbesitzer, der Hobbyanglern eine von ihm erwerbswirtschaftlich betriebene Angelmöglichkeit bereitstellt, sowie der Berufsfischer (VGH München Beschl. v. 14.1.2005 – 19 CS 04.3510, BeckRS 2005, 15794).

III. Normtext der JagdZV

Abdruck vor → JagdZV § 1 Rn. 1, → JagdZV § 2 Rn. 1. 30

§ 22a Verhinderung von vermeidbaren Schmerzen oder Leiden des Wildes

(1) **Um krankgeschossenes Wild vor vermeidbaren Schmerzen oder Leiden zu bewahren, ist dieses unverzüglich zu erlegen; das gleiche gilt für schwerkrankes Wild, es sei denn, daß es genügt und möglich ist, es zu fangen und zu versorgen.**

(2) [1] **Krankgeschossenes oder schwerkrankes Wild, das in einen fremden Jagdbezirk wechselt, darf nur verfolgt werden (Wildfolge), wenn mit dem Jagdausübungsberechtigten dieses Jagdbezirkes eine schriftliche Vereinbarung über die Wildfolge abgeschlossen worden ist.** [2] **Die Länder erlassen nähere Bestimmungen, insbesondere über die Verpflichtung der Jagdausübungsberechtigten benachbarter Jagdbezirke, Vereinbarungen über die Wildfolge zu treffen; sie können darüber hinaus die Vorschriften über die Wildfolge ergänzen oder erweitern.**

Ländervorschriften: → Rn. 12 (zur Wildfolge).

Übersicht

I. Einführung

1 Die Regelung übernimmt im besonderen Maße den Tierschutzgedanken, der ein Leiden der Kreatur ausdrücklich vermeiden oder verhindern soll. § 22a wurde erst durch Änderung des Gesetzes vom 28.9.1976 in das Bundesjagdgesetz eingeführt, da die bisherigen landesrechtlichen Vorschriften dem neuen TierSchG nicht mehr in vollem Umfang gerecht wurden (BT-Drs. 7/415, 9). Zuvor war die Berechtigung und Verpflichtung aus dem Gesichtspunkt der Weidgerechtigkeit zu entnehmen (Mitzschke/Schäfer Rn. 2). Konkret wurde erst in § 1 Abs. 2 JagdZV vom 13.7.1967 (BGBl. 1967 I 723) bestimmt, dass krankes Wild ohne zeitliche Einschränkung zu erlegen ist. Dem Jagdausübungsberechtigten kommt eine besondere Verantwortung insoweit zu, da nur er die gesetzliche Möglichkeit zum Eingriff hat. Hierbei spielt es keine Rolle, ob er an der Verletzung des Wildes in irgendeiner Form selbst beteiligt war oder ob das Wild erkrankt oder durch Dritte (zB Verkehrsunfall) verletzt wurde. Die Berechtigung und Verpflichtung des Jagdausübungsberechtigten ist zum Zweck der Rechtssicherheit und -klarheit erforderlich gewesen, um dem Tierschutzgedanken in effektiver Weise Rechnung zu tragen. Die Jagdgesetze gehen insoweit dem TierSchG vor, da keineswegs jedermann die Berechtigung haben sollte, verletztes oder krankes Wild verfolgen zu dürfen (so auch Meyer-Ravenstein NJagdG § 28 Rn. 8 unter Verweis auf Dörfler NdsJ 1978, 494; sehr ausführlich zur Nicht-Berechtigung Dritter Höckerschwäne zur Pflege zu Fangen BVerwG Beschl. v. 27.10.2015 – 3 B 12.15, BeckRS 2015, 55022 = JE XIV Nr. 161). Dennoch wird das Recht eines Kraftfahrers bejaht, ein angefahrenes wildes Tier zu töten (hM, s. Belgard AgrarR 1977, 189; jedenfalls bei Nichterreichbarkeit des Jagdaus-

übungsberechtigten, OLG Stuttgart Beschl. v. 27.11.1969 – 2 Ws 233/68, EJS III S. 33 Nr. 18; AG Ludwigshafen Urt. v. 17.3.1970 – 29 Ms 87/70, EJS III S. 38 Nr. 27; AG Würzburg Urt. v. 26.2.1964 – 1 Ms 14/64, EJS II S. 24 Nr. 14; Mitzschke/Schäfer § 36 Rn. 11). Dennoch gibt § 22a dem Jagdausübungsberechtigten auf seinem Jagdgebiet eine besonders klare Rechtsstellung, die ein analoges Heranziehen der Notstandsregelungen nicht erforderlich macht. Anders als gegenüber Haustieren, bei denen der jeweilige Eigentümer die Verantwortung zum Wohlbefinden des Tieres hat und sich insoweit eine Garantenstellung des Halters ergibt, die die Tötung durch fachkundige Personen nur als ultima ratio vorsieht, ergibt sich eine andere Situation gegenüber dem Wild. Verletzungen und Krankheiten wilder Tiere entsprechen der Natur. Sofern sie natürliche Ursachen haben, entspricht es zwar dem Hege- und Tierschutzgedanken einzugreifen (ansonsten wohl ebenfalls auch einer Garantenstellung), eine besondere Berechtigung, auch außerhalb der Jagdzeiten und Vorgabe der Abschusspläne einzugreifen, kann hieraus allein aber nicht abgeleitet werden. Die Erforderlichkeit der Tötung ist bei Wild anders zu bewerten als bei Haustieren. Wild lässt sich kaum einfangen und jeder Versuch verursacht Todesangst und Panikreaktionen. Jagd als vernünftiger Grund zur Tötung im Rahmen der nachhaltigen Nutzung steht auch hier im Vordergrund. Deshalb ist der Tierschutzgedanke im Jagdrecht einer anderen Bewertung unterworfen. Zudem wird unterstellt, dass der Jäger in der Lage ist, ein Tier ohne Leiden schnell und möglichst schmerzfrei zu töten. Die Kritik an der Ungleichbehandlung der Situationen bei Haustieren zu Wild ist deshalb nicht gerechtfertigt (s. hierzu Meyer-Ravenstein NJagdG § 28 Rn. 8 mwN). § 22a soll allerdings nicht zum Missbrauch der Regelungen über die Schonzeit oder des Abschussplanes einladen, so dass eine unverzügliche Kontrolle der Handlungsberechtigung nach § 22a erforderlich, keineswegs aber in allen Ländern geregelt ist (so aber zB in § 21 Abs. 4 **SächsJagdG**).

1. Krankgeschossenes, schwerkrankes Wild

Dem Sinn der Vorschrift nach besteht eine Handlungsverpflichtung gegenüber Wild, das irgendwelche Verletzungen oder Erkrankungen hat, wobei es trotz des einschränkenden Gesetzeswortlautes nicht darauf ankommt, ob das Wild infolge einer Schusswunde verletzt worden ist oder irgendeine andere Ursache gegeben ist. Die Vermeidung von Schmerzen oder Leiden steht im Vordergrund. Jede Art von körperlichen Schmerzen ist gemeint. Schmerzempfinden der Tiere kann bei erkennbaren, gravierenden Verletzungen vermutet werden. Indikatoren sind auffälliges Verhalten, veränderte Körperhaltung, erweiterte Pupillen und anderes (vgl. Lorz/Metzger TierSchG § 1 Rn. 19 ff.). Unter Leiden wird jede Beeinträchtigung des Wohlbefindens angenommen, die von einigem Ausmaß ist und sich in Verhaltensauffälligkeiten oder -anomalien zeigen muss (BGH 18.2.1987, NJW 1987, 1833; OLG Düsseldorf Urt. v. 25.10.1979 – 5 Ss 461/79 I, NJW 1980, 411). Dies kann jedes fremd- oder selbstschädigende Verhalten sein, aber auch Stereotypien, Leerlaufhandlungen, Apathien, Verlust der natürlichen Scheu oder andere für die jeweilige Tierart unnatürliche Verhaltensweisen (weitere Beispiele s. Lorz/Metzger TierSchG § 1 Rn. 32 ff.). 2

2. Krankgeschossen

3 Wild ist dann krankgeschossen, wenn es infolge einer Schussverletzung leidend ist. Hierbei kommt es nicht darauf an, ob die Schussverletzung zwangsläufig zum Tode des Tieres führen muss. Es muss aber ein gewisses Krankheitsbild vorhanden sein. So reicht eine Verletzung aufgrund eines Streifschusses zur Rechtfertigung einer Noterlegung nach § 22a nicht aus (vgl. Mitzschke/Schäfer Rn. 3 mwN), es sei denn der Verlust an Fell ist so gravierend, dass insbesondere bei Kälte mit einem deutlichen Leiden des Tieres gerechnet werden muss. Die Schussverletzung darf jedenfalls nicht unwesentlich sein. Ein längeres Leiden oder die Gefahr des Verendens sind Voraussetzung. Dem krankgeschossenen Wild steht das angefahrene oder überfahrene Wild oder ein solches, das andere Verletzungsursachen hat, die nicht in einer Krankheit zu suchen sind, gleich. Es entspricht dem Tierschutzgedanken des § 1 TierSchG, die tatsächliche Ursache als relativ unbedeutend zu behandeln (vgl. hierzu auch Lorz/Metzger TierSchG § 1 Rn. 49). Erfasst von § 22a werden deshalb auch Tiere, die im Rahmen des Jagdschutzes angeschossen wurden, zB wildernde Hunde und Katzen (vgl. OLG Koblenz Urt. v. 23.6.1983 – 1 Ss 247/83, JE VII Nr. 30; Meyer-Ravenstein NJagdG Rn. 2). Krankgeschossenes Wild ist unverzüglich zu erlegen, dh ohne schuldhaftes Zögern (§ 121 BGB). Dies bedeutet, dass jede andere Jagdhandlung zurückzustehen hat vor der Erlegung dieses Tieres. Auch spielt der Aspekt der Wildbretverwertung keine Rolle. So muss auf ein krank abgehendes Wild ohne Rücksicht auf die spätere Verwertbarkeit versucht werden, weitere tödliche Schüsse abzugeben. Die Sicherheit einer Schussabgabe geht aber immer vor. So hat ein Kugelschuss ohne sicheren Kugelfang ebenso zu unterbleiben wie ein Schuss, bei dem Dritte gefährdet werden können, zB durch Splitterwirkung oder Abpraller. Die Geeignetheit der Waffe bzw. des Kalibers sollte hierbei ebenfalls keine Rolle spielen, wenn mit an sich ungeeigneter Munition dennoch ein sicherer und tödlicher Schuss (in der Regel aus nächster Nähe) abgegeben werden kann und keine Alternative besteht (s. hierzu aber Ausführungen zu § 19 Abs. 1 und dem dort normierten Verbot des Fangschusses mit Schrot auf Schalenwild und Seehunde; → § 19 Rn. 3). Unzulässig ist es, das Wild langsam verenden zu lassen (vgl. auch Meyer-Ravenstein NJagdG Rn. 2). Es besteht aber deshalb keine Pflicht, Wild das sich bereits im Todeskampf befindet, weiterhin zu beschießen oder gar abzunicken. So muss ein schwerkrank geschossenes Wild nicht unverzüglich verfolgt und erlöst werden, wenn damit die Gefahr verbunden ist, dass das Wild aus dem sog. Wundbett aufsteht und danach nur noch mit Hilfe einer Nachsuche gefunden werden kann. Der Jäger muss sich aber vom Tod des angeschossenen Wildes überzeugen (OLG Koblenz Urt. v. 23.6.1983 – 1 Ss 247/83, JE VII Nr. 30; LG München II Urt. v. 16.3.1983 – 8 Ns 14 Js 4318/82, JE VII Nr. 29). Das Recht zum Fangen krankgeschossenen Wildes besteht nicht. Ausnahmsweise kann der Fang aber zB bei von Wilderern angeschossenem Wild gerechtfertigt sein (so Mitzschke/Schäfer Rn. 4a; Meyer-Ravenstein NJagdG Rn. 2; ähnlich Leonhardt/Pießkalla Rn. 2, der von Dritten angeschossenes Wild als schwerkrank klassifiziert).

3. Schwerkrank

Ein Wildtier ist schwerkrank, das entweder durch die Krankheit einem erheblichen Leidensdruck ausgesetzt ist oder aber die Krankheit erkennen oder befürchten lässt, dass es hieran stirbt. Insbesondere ist ein Wild auch dann schwerkrank, wenn es eine seuchenähnliche Krankheit trägt, selbst wenn es hieran nicht zwingend sterben muss. Der Krankheitsbegriff ist hier sehr weit zu fassen. Ungeachtet von Wildseuchen (§ 24) reichen auch die Krankheiten aus, die ihre Ursachen in Parasiten oder im Bakterienbefall haben können, aber auch solche Krankheiten, die ihre Ursache in einer äußeren Verletzung haben. Dies gilt grundsätzlich auch für kümmerndes Wild, selbst wenn, wie zB mutterlose Rotwildkälber, lediglich aus Mangel an sozialem Kontakt kümmern und hieran voraussichtlich sterben werden. Nicht schwerkrank sind alle die Tiere, die erkennbar entweder einen Krankheitsverlauf oder eine Verletzung so überstanden haben, dass sie wieder völlig hergestellt sind, oder aber Wild, das nur geringfügige Verletzungen hat, wie zB einen Stangenbruch, der keine Schmerzen verursacht oder kleinere Verletzungen, die erkennbar keinen hohen Leidensdruck auslösen können oder aber von dem Wild voraussichtlich schnell überstanden werden. Schwerkrank sind jedenfalls Tiere, die erkennbare Anomalien aufweisen, wie Geschwulste, Gelenkschwellungen, Äser (= Gebiss)-Verschiebungen, Erblindungen – auch einseitig. Auch erkennbare Missbildungen wie Perückengehörn deuten auf Erkrankungen hin. Kein deutlicher Hinweis ist ein Hinken der Tiere, da dieses auch auf eine reine Muskel- oder Sehnenzerrung zurückgeführt werden kann, die zB in der Paarungszeit häufig vorkommen können. Auch verheilte, selbst äußerlich erkennbare Verletzungen – selbst das Fehlen eines Laufes sind weder als schwerwiegende Erkrankung noch als eine gravierende Verletzung zu betrachten, sofern sich aus dem Verhalten keine Rückschlüsse auf Schmerzen oder ein dauerndes Leiden ziehen lassen. Wild, das sich verfangen hat (in Zäunen und Drähten, Hirsche mit dem Geweih, Muffel mit den Schnecken etc), ist zwar gesund, jedoch in seiner Fortbewegungsmöglichkeit dermaßen gehindert, dass es sich ohne menschliche Hilfe nicht mehr aus der Situation befreien kann. Auch hier ist die Erlegung zulässig, wenn eine Befreiung ohne Eigengefährdung oder erhebliche Schmerzen oder Leiden der Tiere nicht möglich erscheint (vgl. auch Mitzschke/Schäfer Rn. 3). 4

Grundsätzlich hat der Jagdausübungsberechtigte die Wahl, schwerkrankes Wild zu fangen und zu versorgen oder zu erlegen. Eine unbedingte Pflicht oder ein Vorrang des Fangens ist nicht normiert worden (so auch Leonhardt/Pießkalla Rn. 6). Sofern ein **Fang** erwogen wird, muss sorgfältig abgewogen werden, ob dieser nicht das Wild unnötig quält oder schädigt. Zudem muss eine realistische Versorgungsmöglichkeit bestehen. Diese bietet sich durch Auffangstationen oder Tierheime an. Es sollte aber eine tatsächliche Heilungschance bestehen, die ein Weiterleben ohne Schmerzen und Leiden ermöglicht. 5

Es besteht die Befugnis des Jagdausübungsberechtigten, das Tier selbst zu **versorgen,** sofern dies fach- und artgerecht möglich ist. Der Jagdausübungsberechtigte kann sich das Wild aneignen. Er muss deshalb das versorgte und geheilte Wild nicht wieder in die freie Natur entlassen (so auch Mitzschke/Schäfer Rn. 4; Meyer-Ravenstein NJagdG Rn. 4; Leonhardt/Pießkalla Rn. 6). Die Vorgaben der BWildSchV (kommentiert im Anschluss an § 36, → BWildSchV § 2 Rn. 5) sind aber zu beachten. Eine Pflicht zum Aussetzen 6 kann über § 36 Abs. 2 Nr. 2 normiert werden. Es gelten die Verkehrsbeschränkungen der BWildSchV, insbesondere die Beschränkungen des Haltens von Greifen und Falken gem. § 3 BWildSchV.

4. Wild

7 Die Berechtigung besteht nach dem Gesetzeswortlaut ausschließlich für Wild. Hierzu gehört jede Art von Wild, die das Bundesjagdgesetz bzw. die jeweiligen Landesjagdgesetze als solches bezeichnen. Das Bestehen von Jagd- oder Schonzeiten ist hierbei unerheblich. Auch ganzjährig geschontes Wild oder der Abschuss von Wild über den Abschussplan hinaus ist durch die Regelung des § 22a gerechtfertigt. Im Vordergrund steht die Verpflichtung aus dem Tierschutz (so auch Guber NuR 2012, 623). Nach dem OLG Celle umfasst die Regelung des § 22a nicht den Wolf, da weder nach Bundes- noch nach Landesrecht er zum grundsätzlich bejagbaren Wild zählt (OLG Celle Beschl. v. 23.5.2011 – 32 Ss 31/11, BeckRS 2011, 23799 = JE X Nr. 119). Nach Metzger kann auch betreffend besonders geschützter Tiere der Gedanke des § 22a herangezogen werden (Lorz/Metzger Rn. 4). Dies wird jedenfalls dann gelten, wenn sie dem Jagdrecht unterstellt ist. Aus dem Tierschutzgedanken des § 1 TierSchG heraus ist der Jagdausübungsberechtigte zum Abschuss auch dann verpflichtet und berechtigt, wenn es sich um eine Tierart handelt, bei der lediglich eine waffenrechtliche Erlaubnis zum Töten vorliegt (differenzierend Lorz/Metzger Rn. 4, nach dem eine erweiterte Auslegung des § 22a nicht geboten sei, da § 1 S. 2 TierSchG den Gnadentod als vernünftigen Grund der Tiertötung anerkenne). Beim Abschuss von sog. Stadttauben, bei denen die Verpflichtung besteht, wenn sie krankgeschossen wurden oder erkennbar krank sind, sie zu töten. Es ergibt sich aus der besonderen Verantwortung, die der Jagdausübungsberechtigte in seinem Jagdrevier im tierschutzrechtlichen Sinne hat, weil ihm die grundsätzliche Berechtigung zum Töten dieser Tierart gegeben wurde (vgl. AG Öhringen Urt. v. 18.12.1975 – DS 80/75, NJW 1976, 580). Eine erweiterte Anwendung des § 22a auf nicht bejagbare Tiere ist aber schon deshalb herzuleiten, weil es auch darum geht, den ansonsten unberechtigten Schusswaffengebrauch zu rechtfertigen. Sie gilt auch gegenüber Tieren, die auf Grund von Bestimmungen des Jagdschutzes angeschossen wurden (OLG Koblenz Urt. v. 23.6.1983 – 1 Ss 247/83, JE VII Nr. 30). Eine Verpflichtung darüber hinaus besteht deshalb schon nicht, weil der Jagdausübungsberechtigte keine Garantenpflicht in irgendeiner Form gegenüber Tierarten haben kann, an denen eine jagdliche Berechtigung nicht besteht. Wird ein abschussplanpflichtiges Wild erlegt, ist es auf den Abschussplan anzurechnen (allgemeine Meinung, vgl. Meyer-Ravenstein NJagdG Rn. 1), wobei der **Abschussplan** aber überschritten werden darf (allgemeine Meinung, vgl. auch Lorz/Metzger Rn. 2).

5. Handlungspflicht

8 Verpflichtet zum Einschreiten ist zunächst der Jagdausübungsberechtigte, da nur ihm das Recht zu dieser Jagdhandlung unmittelbar eingeräumt ist (allgemeine Meinung, BVerwG Beschl. v. 27.10.2015 – 3 B 12.15, BeckRS 2015, 55022 = JE XIV Nr. 161; AG Öhringen Urt. v. 18.12.1975 – DS 80/75, NJW 1976, 580; Leonhardt/Pießkalla Rn. 3; Mitzschke/Schäfer Rn. 42; Meyer-Ravenstein NJagdG Rn. 9 mwN; Schandau/Drees Rn. I S. 233; Lorz/Metzger Rn. 6), aber auch alle diejenigen, die aufgrund besonderer

Erlaubnisse zur Jagdausübung in dem jeweiligen Jagdrevier im Rahmen ihrer Erlaubnis berechtigt sind. Dies sind zB der Jagdgast, Jagdaufseher, angestellte Jäger oder ausdrücklich, ggf. aufgrund der Bestimmungen des Pachtvertrags hierfür vorgesehene Personen. Streitig ist, ob diese Personen auch ungeachtet einer ausdrücklichen Gestattung oder sogar entgegen einer solchen Erlaubnis berechtigt sind, solches Wild zu töten. Nach einer Meinung (zB Mitzschke/Schäfer Rn. 6; wohl auch Müller, Wald- und Umweltrecht, § 22a Rn. 56.6.1; Lorz/Metzger Rn. 6 mwN) ist jeder, der sich in dem Revier zur befugten Jagdausübung aufhält, berechtigt, gar verpflichtet notleidendes Wild zu erlegen. Nach Leonhardt/Pießkalla Rn. 3 und Meyer-Ravenstein NJagdG Rn. 9 steht die Berechtigung dieser Personen aus dem Gesichtspunkt der mutmaßlichen Einwilligung im Sinne einer Rechtfertigung analog den Regeln über die Geschäftsführung ohne Auftrag nur dann zu, wenn keine ausdrückliche Erlaubnis erteilt, aber auch kein Verbot ausgesprochen wurde. Dieser Auffassung ist nur bedingt zuzustimmen. Zunächst normiert zum Teil das Landesrecht eine Verpflichtung des Jagdausübungsberechtigten, einen vor Ort Berechtigten zu benennen, der unaufschiebbare Maßnahmen zum Schutz des Wildes iSv § 22a ergreifen kann (§ 21 Abs. 3; § 31 Abs. 1 **HJagdG;** § 24 **MVLJagdG;** Art. 35 Abs. 4 **NJagdG;** § 29 Abs. 5 **RhPfLJG;** § 22 Abs. 1 **SchlHLJagdG;** § 32 Abs. 3 **LSALJagdG**). Es gibt somit zum Teil eine gesetzlich vorgesehene Berechtigung. Den Jagdausübungsberechtigten trifft nach allgemeiner Ansicht eine Garantenpflicht betreffend des kranken und krankgeschossenen Wildes sowie die gesetzliche Pflicht zum unverzüglichen Handeln nach § 22a. Somit ist er nicht berechtigt, einem Jagdgast die Erlegung krankgeschossenen Wildes zu verbieten, sofern er selbst oder ein von ihm Beauftragter nicht unverzüglich die Erlegung vornehmen können, da er sonst diesem gesetzlichen Auftrag nicht genügt. Ein entsprechendes Verbot wäre deshalb rechtswidrig und damit für den Jagdgast unbeachtlich. Die Pflicht zum Handeln besteht auch innerhalb der Schonzeit und ungeachtet der Freigabe nach dem Abschussplan. Grundsätzlich ist es dem Jagdausübungsberechtigten nicht gestattet, krankes Wild im Nachbarjagdbezirk zu erlegen (hM, zu Ausnahmen → Rn. 9), wobei die Länder Ausnahmen dann zulassen, wenn das kranke Wild zuvor vom eigenen Revier zum Nachbarrevier wechselte (→ Rn. 10 f.). Grundsätzlich sollte aber der Tierschutz Vorrang vor dem Jagdausübungsinteresse des jagdlichen Nachbarn haben. Wird ein angefahrenes Wild in einem fremden Jagdbezirk von der Straße geräumt, steht der Handelnde nicht unter dem Schutz der berufsgenossenschaftlichen Unfallversicherung, da er lediglich einer allgemeinen Verkehrssicherungspflicht genüge getan hat (so SG Landshut Urt. v. 5.2.2020 – S 15 U 5006/19, BeckRS 2020, 1839; zur Abgrenzung s. auch LSG Hessen Urt. v. 25.3.2014 – L 3 U 128/11, BeckRS 2014, 69327).

II. Nachsuchepflicht

Die Pflicht, krankgeschossenes oder schwer krankes Wild von seinem Leiden zu erlösen, endet nicht mit der eventuell nicht wahrnehmbaren Möglichkeit des kurzen Zusammentreffens von Wild und Jagdausübungsberechtigtem. Vielmehr gehört zu den Pflichten eine Verfolgung solchen Wildes im Rahmen einer Nachsuche, das sich entfernt hat, ohne dass eine Erlegung möglich gewesen wäre. **Nachsuche** ist das gezielte Verfolgen 9 kranken oder angeschossenen Wildes, in der Regel mittels eines brauchbaren Jagdhundes oder sog. Schweißhundes auf der Schweiß(Blut)-Spur. Diese endet mit dem Erlegen/Abfangen des Wildes oder mit dem Abbruch, wenn ein weiteres Nachsuchen keinen Erfolg mehr verspricht. Da der Erfolg der Nachsuche nicht vorhersehbar ist, aber auch die praktischen Schwierigkeiten es erfordern, sog. **Verleitfährten** (Fährten gesunden, nicht betroffenen Wildes) nachzugehen, ist eine Nachsuche nicht deshalb rechtwidriges Nachstellen, weil damit zeitweilig ein eventuell gesundes Wild verfolgt wird. Dies gilt auch, wenn nur eine sog. **Kontrollsuche** (wenn eine Verletzung des Tieres nicht feststeht, also eventuell gesundes Wild verfolgt wird) durchgeführt wird. Es besteht eine allgemeine Pflicht zur Nachsuche aus den Grundsätzen der Weidgerechtigkeit iSd § 1 Abs. 3. Das Unterlassen einer Nachsuche ist eine Straftat nach § 17 Nr. 2 lit. a (Lorz/Metzger TierSchG § 17 Rn. 33), sofern dem Jagdausübungsberechtigten seine Pflicht zur Nachsuche und die Zumutbarkeit zu einem normgemäßen Verhalten bewusst war (Fischer StGB § 225 Rn. 8). Eine Nachsuche endet aber für den Jagdausübungsberechtigten an der Reviergrenze, sofern er nicht aufgrund weitergehender rechtlicher Bestimmungen berechtigt ist. Allein das Verfolgen des Wildes über die Grenze hinaus, ungeachtet des Umstandes, ob eine Waffe mitgeführt wird oder nicht, stellt eine Jagdwilderei dar (§ 292 StGB). Dies gilt auch für den sog. Fangschuss über die Grenze hinweg. Der Tierschutz verpflichtet andererseits zum Handeln und ist insoweit als Rechtfertigungsgrund anzuerkennen, wenn ein sofortiges Handeln unerlässlich ist. Der Tierschutzgedanke verpflichtete den Gesetzgeber, für diese Fälle besondere Regelungen zu schaffen (s. zu dieser Forderung Anheuser NuR 1974, 155; v. Pückler NuR 1987, 118), die in der jagdlichen Praxis bei immer kleineren Revieren nicht selten vorkommen. Der Bundesgesetzgeber hat eigenständige Vorschriften hierzu nicht erlassen, vielmehr dem Landesgesetzgeber aufgegeben, nähere Regelungen zu treffen. Lediglich die Möglichkeit einer vertraglichen Vereinbarung ist in Abs. 2 vorgesehen, verbunden mit der den Ländern eingeräumten Berechtigung, den Jagdausübungsberechtigten zu solchen Vereinbarungen zu verpflichten. Die Rspr. hat aber auch ohne besondere Vereinbarungen oder gesetzliche Erlaubnisse in bestimmten Fällen dem Tierschutzgedanken Vorrang eingeräumt: OLG Stuttgart Beschl. v. 27.1.1969 – 2 Ws 233/68, EJS III S. 33 Nr. 18 bei der Tötung eines Wildes außerhalb des eigenen Reviers, bei bestehender Gefahr, dass sich das Tier auf eine befahrene Straße schleppt; OLG Frankfurt Urt. v. 16.1.1974 – 2 Ws (B) 6/74, JE VII Nr. 1; AG Sinzig Urt. v. 25.11.1999 – 2030 Js 57655/98, JE X Nr. 109 für Tötung durch Abfangen eines Wildschweins im Nachbarrevier bei erheblichen Leiden und Gefahr für Dritte durch das kranke Tier; AG Ludwigshafen Urt. v. 17.3.1970 – 29 Ms 87/70, EJS III S. 38 Nr. 27 Erlegung von in Draht verwickelten Wildes über die Nachbargrenze. Die Länder haben Bestimmungen über die sog. Wildfolge erlassen. Die Nachsuche mit einem nicht geprüften, aber ansonsten geeigneten Jagdhund ist auch und gerade vor dem Hintergrund des Tierschutzes zulässig (aA VG Schleswig Beschl. v. 22.12.2020 – 7 B 11/20, BeckRS 2020, 37125 = JE V Nr. 289; Beschl. v. 10.10.2020 – 7 B 43/22, nv, letzterer aufgehoben durch OVG Schleswig Urt. v. 13.12.2022 – 4 MB 41/22, nv, nachdem ein zum Entzug des Jagdschein führender Verstoß hierin nicht zu sehen war). Es kommt für die Geeignetheit im Sinne des Tierschutzes nicht auf eine formelle, sondern auf eine tatsächliche Geeignetheit an, so dass ein jagdlich geführter Hund, der im Verhältnis zu geprüften Hunden Nachsuchen nicht schlechter absolviert nicht ungeeignet ist.

1. Wildfolge

Wildfolge ist die Verfolgung krankgeschossenen und schwerkranken Wildes über die Grenzen der einzelnen Jagdbezirke hinweg. Grundlage einer Wildfolge bilden je nach Gestaltung gesetzliche Bestimmungen, häufig als Minimalvoraussetzung konzipiert, oder ggf. ergänzend und hierauf basierend schriftliche Wildfolgevereinbarungen der Jagdausübungsberechtigten. Für hierauf spezialisierte, anerkannte Schweißhundeführer wurden besondere Berechtigungen geschaffen. Der Tierschutz hat zwar Priorität. Gleichzeitig ist aber auch der Schutz vor Jagdwilderei ein wichtiges Argument dafür, den Rahmen der notwendigen Verfolgung von krankem Wild nicht zu sehr und unkontrolliert auszuweiten. 10

2. Wildfolgebestimmungen der Länder

Die Wildfolgebestimmungen der Länder haben im Wesentlichen folgende übereinstimmende Regelungen: 11

1. Der Fangschuss über die Grenze hinweg ist gestattet, wenn sich das Wild in Sichtweite befindet; ein Grenzübertritt zum Fangschuss ist aber nicht gestattet.
2. Der Jagdnachbar ist unverzüglich zu unterrichten. Dies gilt auch, wenn ein Fangschuss nicht möglich ist und deshalb die weitere Nachsuche durch das Revier erforderlich ist, um diese weitere Nachsuche zu ermöglichen.
3. Die Stelle, an der krankes Wild die Grenze des Jagdbezirks überschreitet, ist kenntlich zu machen.
4. Es besteht die Pflicht zur weiteren Nachsuche durch den Jagdnachbarn, zu der sich der Erleger oder aber ein Vertreter zu Verfügung zu stellen hat.
5. Schalenwild ist unverzüglich zu versorgen, anderes Wild ist nach dem Versorgen zunächst mitzunehmen und dem Jagdnachbarn zu überlassen.
6. Wildbret und Trophäe stehen unbeschadet weitergehender Vereinbarungen dem Jagdnachbarn zu.
7. Der Abschuss wird auf den Abschussplan des Reviers angerechnet, in dem das Wild angeschossen wurde.
8. Es sollen weitergehende schriftliche Vereinbarungen geschlossen werden. In diesem Sinne haben folgende Länder Regelungen erlassen, wobei diese im Einzelnen von den oben genannten Grundregeln abweichen oder diese ergänzen:

§ 38 JWMG: Das Tötungsrecht besteht im Sinne des Tierschutzes auch betreffend streng geschützter Wildtiere, wobei nach § 45 Abs. 7 BNatSchG hierzu an sich nur die dort zuständige Behörde berufen ist (so auch Deuschle/Friedmann JWMG § 38 Rn. 2). Nachsuchen auch über die Grenze hinweg müssen durchgeführt werden (§ 38 Abs. 2 JWMG). Hierzu sind Wildfolgevereinbarungen zu treffen, die diesem Prinzip gerecht werden (§ 39 JWMG). 12

Art. 37 BayJG: Nach Art. 37 Abs. 2 BayJG dürfen bei Grenzüberschreitung Langwaffen nur ungeladen mitgeführt werden.

§ 28 LJagdG Bln: Es besteht eine Pflicht zur weitergehender Vereinbarung innerhalb von sechs Monaten (§ 28 Abs. 2 LJagdG Bln). Trophäe und

Aufbruch gehören dem Erleger, wenn er oder ein Vertreter an der Nachsuche teilnehmen (§ 28 Abs. 6 LJagdG Bln).

§ 34 BbgJagdG: Es besteht eine Pflicht zum Abschluss weiterer Wildfolgevereinbarung innerhalb von sechs Monaten (§ 34 Abs. 2 BbgJagdG). Es darf keine geladene Schusswaffe bei Grenzüberschreitung mitgenommen werden (§ 34 Abs. 3 BbgJagdG). Das kleine Jägerrecht (Aufbruch und Trophäe) gehören dem Erleger, sofern er oder ein Vertreter an der Nachsuche teilnehmen.

Art. 25, 26 BremLJagdG: Die Trophäe gebührt dem Erleger, sofern er an der Nachsuche teilnimmt.

§ 21 HmbJagdG: Schusswaffen dürfen zum Zweck der Erlegung bei Grenzübertritt mitgeführt werden. Sofern sich der Jagdnachbar das Wild aneignen möchte (er hat ein Wahlrecht), gebührt es ihm.

§ 21 HJagdG.

§ 32 MVLJagdG

§ 27 Abs. 2 NJagdG: Ausnahmsweise ist eine sofortige, grenzüberschreitende Nachsuche gestattet und auch verpflichtend, wenn dies erforderlich ist. Hierbei dürfen Schusswaffen von dem Schützen geführt werden. Eine Sonderregelung enthält Abs. 8: Offensichtlich nicht überlebensfähige Seehunde können von bestätigten Wattenjagdaufsehern unverzüglich erlegt werden.

§ 29 LJG-NRW: Wildfolgevereinbarungen sind sechs Monate nach Revierübernahme abzuschließen (Abs. 1). Zum Fangschuss auf von der Grenze aus sichtbaren Wildes kann die Grenze mit der Schusswaffe überschritten werden (Abs. 2). Nach Abs. 5 steht die Trophäe dem Schützen zu, wenn er an der Nachsuche teilnimmt, das Wildbret dem Jagdnachbarn, in dessen Bezirk das Wild zur Strecke kommt. Das Wild wird auf den Abschussplan desjenigen angerechnet, in dessen Revier das Wild krankgeschossen wurde, ungeachtet wer die Trophäe oder Wildbret erhält.

§ 22 RhPfLJG: Trophäe und Wildbret stehen demjenigen zu in dessen Revier das Wild zur Strecke kommt. Überlässt dieser die Trophäe dem Schützen ist das Wild auf den Abschussplan des Jagdausübungsberechtigten anzurechnen, in dessen Revier das Wild krankgeschossen wurde.

§ 21 SJG: Nach Abs. 2 ist eine Wildfolgevereinbarung ein Jahr nach Revierübernahme abzuschließen. Das Aneignungsrecht des Wildes hat der Befugte des Reviers, in dem das Wild zur Strecke kommt. Er kann demjenigen Jagdausübungsberechtigten gegenüber, in dessen Revier das Wild krankgeschossen wurde, auf das Wild verzichten (Abs. 3 Nr. 5). Nach Abs. 3 Nr. 6 ist der Abschuss auf den Abschussplan des Aneignenden anzurechnen.

§ 23 SächsJagdG: Waffen dürfen ungeladen beim Grenzübertritt mitgenommen werden (§ 23 Abs. 2 SächsJagdG), Wildbret und Trophäe stehen demjenigen zu, in dessen Revier das Wild zur Strecke kommt. Es ist auf den Abschussplan des Reviers anzurechnen, in dem es krankgeschossen wurde (§ 23 Abs. 5 SächsJagdG).

§ 28 LSALJagdG: In Sichtweise liegendes Wild kann auch nach Grenzüberschreitung mit der Schusswaffe getötet werden (Abs. 1). Die Trophäe steht dem Jagdausübungsberechtigten des Reviers, in dem das Wild krankgeschossen wurde, das Wildbret demjenigen zu, in dessen Revier es zur Strecke kam. Trophäenträger und genussuntaugliches Wild sind auf den Abschussplan des Reviers des Schützen, ansonsten auf den des Jagdausübungsberechtigten des Reviers, in dem es zur Strecke kam anzurechnen.

§ 23 SchlHLJagdG: Schusswaffen dürfen nur ungeladen mitgeführt werden. Derjenige, in dessen Revier das Wild zur Strecke kommt, entscheidet darüber, wer es erhält. Es ist auf den Abschussplan dessen anzurechnen, der es erhält.

§ 37 ThJG: Eine Wildfolgevereinbarung ist drei Monate nach Revierübernahme abzuschließen Bei einem Schuss über die Grenze steht die Trophäe dem Erleger, das Wildbret dem Jagdnachbarn zu. Kommt es nach einer Nachsuche zur Strecke, steht sie dem Jagdausübenden zu. Der Abschuss wird dem Abschussplan des Reviers zugerechnet, in dem es zur Strecke kommt.

Die vormals streitige Frage, ob entgegen § 22a Abs. 2 S. 2 Hs. 2 die Länder das Recht haben, Regelungen der Wildfolge zu treffen ungeachtet einer Wildfolgevereinbarung (vgl. Mitzschke/Schäfer Rn. 25 mwN), ist aufgrund der Änderung der Gesetzgebungskompetenz zu Gunsten der Länder entschieden. Soweit die Länder Regelungen über das Aneignungsrecht der Trophäe oder des Wildbrets enthalten, ist zu beachten, dass das grundsätzliche Aneignungsrecht desjenigen, in dessen Revier das Wild zur Strecke kommt, nicht ohne weiteres abgesprochen werden kann. Auch kann das Landesrecht die Trophäe nicht ohne weiteres dem Schützen (demjenigen, der das Wild krankgeschossen hat) zusprechen, weil auch hier in das Eigentumsrecht der Jagdausübungsberechtigten eingegriffen wird. Sofern den Nachsuchenden der Grenzübertritt mit Schusswaffe nicht gestattet ist, stellt sich die Frage, ob sie, falls ein Schuss über die Grenze wegen verdeckter Sicht oder fehlendem Kugelfang nicht möglich ist, aus dem Gesichtspunkt des rechtfertigenden Notstandes nicht ausnahmsweise zum Grenzübertritt berechtigt sind. Wenn der zuständige Jagdausübungsberechtigte nicht kurzfristig erreichbar ist, wird man iSd Tierschutzes dies bejahen müssen. Hierbei wird es sehr auf den Einzelfall ankommen. Wenn ein Abnicken mit dem Jagdmesser möglich ist, kann zudem die ungeladene Waffe mitgenommen werden, wenn sie ansonsten ungesichert in dem Ausgangsrevier zurückbleiben muss. Hier ist der Sicherheit, also dem Schutz vor Inbesitznahme durch Unbefugte Vorrang einzuräumen. 13

3. Wildfolgevereinbarungen

Wildfolgevereinbarungen müssen in der Regel schriftlich abgeschlossen werden und sind der Jagdbehörde anzuzeigen. Liegt eine Wildfolgevereinbarung vor, die nicht der Form des § 126 Abs. 2, 3 BGB entspricht, ist dennoch eine zunächst wirksame Einwilligung des Jagdausübungsberechtigten gegeben, so dass eine Wilderei (§ 292 StGB) ausscheidet. Das Schriftformerfordernis dient der Legitimation des Wildfolgeberechtigten und der Nachvollziehbarkeit der vertraglichen Abrede. Allerdings kann eine Ordnungswidrigkeit nach länderrechtlichen Bestimmungen vorliegen (s. hierzu Mitzschke/Schäfer Rn. 30). Die Wildfolgevereinbarungen dürfen keine Regelungen enthalten, die den Tierschutz unnötig erschweren oder den – insoweit zwingenden – Bestimmungen des § 22a und den gesetzlichen Regelungen der Länder zuwiderlaufen. Solche Bestimmungen einer Wildfolgevereinbarung sind deshalb nichtig. Nicht verständlich ist, dass der Gesetzgeber die Wildfolge mit Mindesterfordernissen nicht zur Regel macht und eventuell. weitere, diese Mindesterfordernisse nicht einschränkbaren weiteren Vereinbarungen den Jagdnachbarn überlässt. 14

4. Schweißhundeführer

15 Schweißhundeführer sind Personen, die sich auf Nachsuchen von Wild spezialisiert haben. Sie führen in der Regel spezielle Schweißhunde (Hannoversche Schweißhunde, Bayrische Gebirgsschweißhunde; Alpenländische Dachsbracken and andere), meistens Hundegespanne bestehend aus zwei Hunden, von denen einer zum Suchen, und der andere oder beide zum Hetzen und Stellen benötigt werden. Ihnen wird die Berechtigung eingeräumt, im Rahmen der Wildfolge auch ohne den Jagdausübungsberechtigten unverzüglich informieren zu müssen, das Wild grenzüberschreitend zu verfolgen und zu erlegen. Hierbei darf eine Schusswaffe geführt und Helfer eingespannt werden. Die Berechtigung gilt in der Regel nur, wenn ein förmliches Anerkenntnis durch die Behörden erfolgt ist (s. hierzu § 35 **BbgJagdG;** § 28 Abs. 4 **LJagdG Bln;** § 39 Abs. 4 **JWMG;** § 27 Abs. 6 **HJagdG;** § 32 Abs. 4 **MVLJagdG;** § 28 **NJagdG;** § 29 Abs. 3 **LJG-NRW;** § 22 Abs. 2 **RhPfLJG;** § 43 **RPLJVO;** § 21 Abs. 3 **SJG;** § 29 **LSALJagdG;** § 23 Abs. 3 **SchlHLJagdG;** § 37a **ThJG**). Die Unterstützung des Schweißhundeführers ist aus Gründen der Weidgerechtigkeit sowohl für den Schützen als auch den Jagdausübungsberechtigten der Reviere, in denen das Wild krankgeschossen und in das es übergewechselt ist, Pflicht. Zur Voraussetzung der Entfristung einer Anerkennung einer Schweißhundestation s. VG Düsseldorf Urt. v. 16.6.2023 – VG 15 K 4952/20, BeckRS 2023, 16147.

5. Befriedete Bezirke

16 Die Wildfolge in befriedete Bezirke beeinträchtigt das dort bestehende Jagdrecht des Eigentümers oder Nutzungsberechtigten. Hier kollidiert der Tierschutz mit dem Eigentumsschutz. Eine Berechtigung des Jagdausübungsberechtigten besteht nicht ohne weiteres (vgl. OLG Oldenburg Beschl. v. 21.9.1983 – 3 U 95/83, JE II Nr. 58). In einigen Landesgesetzen ist deshalb dem Tierschutz durch die Übertragung einer konkreten Befugnis des Jagdausübungsberechtigten Genüge getan worden. Ein Recht zur Nachsuche, dem Erlegen und Aneignen krankgeschossenen Wildes normieren; Art. 38 **BayJG;** § 29 **LJagdG Bln;** § 27 Abs. 7 **NJagdG;** § 23 **SächsJagdG.** Das Aneignungsrecht gibt gleichzeitig ein teilweise konkret formuliertes oder sich aus § 985 BGB ergebendes Recht zur Herausgabe gegenüber dem Eigentümer des Grundbesitzes. Es besteht die Pflicht, den Grundeigentümer über die Nachsuche zu informieren. Ein Recht zur Nachsuche, verbunden mit dem Recht des Erlegens, ergibt sich aus § 38 **JWMG;** § 27 Abs. 8 **HJagdG;** § 32 Abs. 4 **LJagdG M-V;** § 22 Abs. 4**RhPfLJG;** § 22 Abs. 3 **SJG** und § 38 **ThJG.** In diesen Fällen kann nach den Regeln der jeweiligen gesetzlichen Wildfolge verfahren werden. Im Zweifel sind zusätzlich Wildfolgevereinbarungen abzuschließen. Das Aneignungsrecht steht dort unbeschadet anderweitiger Vereinbarungen dem Grundeigentümer zu. In den Ländern, in denen es keine konkreten Vorgaben gibt, muss der Jagdausübungsberechtigte den Grundeigentümer informieren und die Zustimmung zur Nachsuche einholen. Der Grundeigentümer seinerseits ist verpflichtet, eine ordnungsgemäße Nachsuche iSd Tierschutzes zu gestatten. Nach § 29 Abs. 4 **LSALJagdG** ist das Betreten des befriedeten Besitzes zum Zweck der Aneignung der Jagdbeute zulässig. Hieraus kann die Berechtigung zur Abgabe des Fangschusses hergeleitet werden, da allein der Schusswaffengebrauch durch den

Tierschutzgedanken gerechtfertigt ist. Beeinträchtigt wird der Eigentümer durch die (erlaubte) Aneignung, nicht den Schusswaffengebrauch (insoweit verfehlt OLG Oldenburg Beschl. v. 21.9.1983 – 3 U 95/83, JE II Nr. 58). Die staatlich anerkannten Schweißhundeführer sind im Zweifel berechtigt, auch ohne vorherige Zustimmung des Grundeigentümers die Nachsuche durchzuführen. Die landesrechtlichen Regelungen der Wildfolge sind analog heranzuziehen.

VI. Abschnitt. Jagdschutz

§ 23 Inhalt des Jagdschutzes

Der Jagdschutz umfaßt nach näherer Bestimmung durch die Länder den Schutz des Wildes insbesondere vor Wilderern, Futternot, Wildseuchen, vor wildernden Hunden und Katzen sowie die Sorge für die Einhaltung der zum Schutz des Wildes und der Jagd erlassenen Vorschriften.

Ländervorschriften: § 49 JWMG; Art. 40, 42 BayJG; §§ 31, 33 LJagdG Bln; §§ 38, 40 BbgJagdG; Art. 27 BremLJagdG; § 22 HmbJagdG; §§ 29, 32 HJagdG; § 23 MVLJagdG; § 29 NJagdG; § 25 LJG-NRW; § 33 RhPfLJG; § 40 SJG; §§ 27 SächsJagdG; § 31 LSALJagdG; § 21 SchlHLJagdG; §§ 40, 42 ThJG.

Übersicht

I. Allgemeines

1 § 23 gibt bundesgesetzlich lediglich den wesentlichen Inhalt des Jagdschutzes wider. Die Aufzählung von Gefahren, denen der Jagdschutz begegnen soll, ist nicht abschließend („insbesondere") und kann von den Ländern erweitert und konkretisiert werden. Während § 23 keine konkreten Rechte und Pflichten der einzelnen Jagschutzberechtigten enthält, werden solche von den Landesjagdgesetzen – allerdings nicht einheitlich – angeordnet. So werden in **allen Landesjagdgesetzen einzelne Jagdschutzbefugnisse konkretisiert.** In einigen Bundesländern ist zudem die **Pflicht der Jagdschutzberechtigten zur Ausübung des Jagdschutzes** gesetzlich angeordnet.

2 Der Jagdschutz wird durch die beispielhafte Aufzählung einzelner Gefahren weder durch das BJagdG noch durch die Gesetze der Länder inhaltlich beschränkt. Vielmehr umfasst der Jagdschutz nach dem eindeutigen Wortlaut des § 23 den **Schutz des Wildes vor Gefahren aller Art.** Der Gesetzgeber hat mit der beispielhaften Aufzählung einzelner Gefahren lediglich bestimmte Gefahrenquellen besonders hervorgehoben, ohne den Jagdschutz allein auf diese genannten Gefahren beschränken zu wollen (Heider NuR 1985, 94; aA Leonhardt/Pießkalla Rn. 1). Der Jagdschutz umfasst daher beispielsweise auch den **Schutz des Wildes vor Beutegreifern,** gleich ob sie dem Jagdrecht unterliegen – sog. „Raubwild" – oder nicht – sog. „Raubzeug" – (Mitzschke/Schäfer Rn. 2; aA Leonhardt/Pießkalla Rn. 1). Der Jagdschutz ist jedoch in diesen Fällen nur in Übereinklang mit eventuell bestehenden jagdrechtlichen oder naturschutzrechtlichen Beschränkungen zulässig. So sind auch im Rahmen des Jagdschutzes die **jagdrechtlichen Erlegungsverbote oder ein naturschutzrechtliches Tötungsverbot zu beachten** (Mitzschke/Schäfer Rn. 2; Lorz/Metzger Rn. 4, 5).

3 Im Folgenden werden die einzelnen bundes- und landesrechtlich normierten Gefahren behandelt, mit Ausnahme der Futternot und der Wildseuchen. Zur Wildfütterung enthält § 28 Abs. 5 eine Sonderregelung, zu der die Landesgesetze Konkretisierungen enthalten, so dass auf die dortige Kommentierung verwiesen wird, zumal die Ziele der Hege und der Notzeitfütterung weitgehend übereinstimmen (Mitzschke/Schäfer Rn. 6; Leonhardt/Pießkalla Rn. 3). Zu den Wildseuchen → § 24 Rn. 1 ff.

II. Schutz vor Wilderern

1. Straftatbestand

4 Wer Wilderer ist, ergibt sich aus § 292 StGB.

§ 292 StGB Jagdwilderei

(1) Wer unter Verletzung fremden Jagdrechts oder Jagdausübungsrechts
1. dem Wild nachstellt, es fängt, erlegt oder sich oder einem Dritten zueignet oder
2. eine Sache, die dem Jagdrecht unterliegt, sich oder einem Dritten zueignet, beschädigt oder zerstört,

wird mit Freiheitsstrafe bis zu drei Jahren oder mit Geldstrafe bestraft.

(2) [1] In besonders schweren Fällen ist die Strafe Freiheitsstrafe von drei Monaten bis zu fünf Jahren. [2] Ein besonders schwerer Fall liegt in der Regel vor, wenn die Tat

1. gewerbs- oder gewohnheitsmäßig,
2. zur Nachtzeit, in der Schonzeit, unter Anwendung von Schlingen oder in anderer nicht weidmännischer Weise oder
3. von mehreren mit Schusswaffen ausgerüsteten Beteiligten gemeinschaftlich

begangen wird.

(3) Die Absätze 1 und 2 gelten nicht für die in einem Jagdbezirk zur Ausübung der Jagd befugten Personen hinsichtlich des Jagdrechts auf den zu diesem Jagdbezirk gehörenden nach § 6a des Bundesjagdgesetzes für befriedet erklärten Grundflächen.

§ 294 StGB Strafantrag

In den Fällen des § 292 Abs. 1 und des § 293 wird die Tat nur auf Antrag des Verletzten verfolgt, wenn sie von einem Angehörigen oder an einem Ort begangen worden ist, wo der Täter die Jagd oder die Fischerei in beschränktem Umfang ausüben durfte.

§ 295 StGB Einziehung

[1] Jagd- und Fischereigeräte, Hunde und andere Tiere, die der Täter oder Teilnehmer bei der Tat mit sich geführt oder verwendet hat, können eingezogen werden. [2] § 74a ist anzuwenden.

§ 127 StPO Vorläufige Festnahme

(1) [1] Wird jemand auf frischer Tat betroffen oder verfolgt, so ist, wenn er der Flucht verdächtig ist oder seine Identität nicht sofort festgestellt werden kann, jedermann befugt, ihn auch ohne richterliche Anordnung vorläufig festzunehmen. [2] Die Feststellung der Identität einer Person durch die Staatsanwaltschaft oder die Beamten des Polizeidienstes bestimmt sich nach § 163b Abs. 1.

(2), (3) (nicht abgedruckt)

Danach macht sich wegen Jagdwilderei strafbar, wer unter Verletzung fremden Jagdrechts dem Wild nachstellt, es fängt, erlegt oder sich zueignet oder eine Sache, die dem Jagdrecht unterliegt, sich zueignet, beschädigt oder zerstört. § 292 StGB schützt damit das ausschließliche **Aneignungsrecht des Jagdausübungsberechtigten** an den dem Jagdrecht unterliegenden Tieren und Gegenständen. Hierbei handelt es sich um ein absolutes Recht iSv § 823 Abs. 1 BGB, das Verfassungsrang (Art. 14 GG) hat.

Die **erste Alternative des § 292 StGB** stellt die Jagd eines Nichtberech- 5
tigten auf das **lebende Wild** unter Strafe. Durch den Begriff des **Nachstellens** ist zudem die Strafbarkeit bereits auf **Vorbereitungshandlungen** erstreckt worden, so dass die Tat auch dann vollendet ist, wenn der Wilderer letztlich kein „Jagdglück“ hatte. Das **Nachstellen** umfasst alle **auf die Erlegung oder das Fangen des Wildes gerichteten Tätigkeiten.** Dazu gehören beispielsweise das Aufsuchen oder Anpirschen des Wildes in Jagdausrüstung, das Auflauern, Absuchen und Durchstreifen des Reviers mit einer einsatzbereiten Waffe, das Auslegen von Ködern oder das sonstige Anlocken von Wild und sämtliche Vorbereitungen zum Fangen von Wild (Leonhardt/Pießkalla Rn. 2). Ebenso stellt der Einsatz eines Hundes oder eines Falken

zur Erlangung von Wild Jagdwilderei dar (v. Pückler, Der Jäger und sein Recht, 3. Aufl. 1996, S. 233).

6 Die **zweite Alternative des § 292 StGB** stellt die **Zueignung, Beschädigung oder Zerstörung** von Sachen, die dem Jagdrecht unterliegen, unter Strafe. Diese Alternative des § 292 StGB schützt das Aneignungsrecht des Jagdausübungsberechtigten auch an **toten Gegenständen,** die dem Jagdrecht unterliegen. Das sind etwa das **Fallwild,** die **Abwurfstangen von Schalenwild** (OLG Rostock Urt. v. 27.3.2020 – 5 U 129/18, BeckRS 2020, 29907 = JE VIII Nr. 59) und die **Gelege von Federwild.** Das Tatbestandsmerkmal des „Nachstellens" bezieht sich lediglich auf die erste Alternative (Jagd auf lebendes Wild) und nicht auf diese zweite Alternative des § 292 StGB, so dass etwa die bloße Suche nach Abwurfstangen oder Wildgelegen noch nicht den Straftatbestand verwirklicht, anders als das hirschsprengen zur Erlangung von Abwurfstangen (Leonhardt/Pießkalla Rn. 2). Aber der Jagdausübungsberechtigte hat einen zivilrechtlichen Unterlassungsanspruch aus § 1004 BGB gegen einen „Abwurfstangensammler", der wiederholt unberechtigt das Revier in der Absicht betreten hat, Stangen zu finden und sich anzueignen (OLG Rostock Urt. v. 27.3.2020 – 5 U 129/18, BeckRS 2020, 29907 = JE VIII Nr. 59).

2. Überschreiten der Jagdausübungsbefugnis

7 Wilderei kann auch ein Jagdausübungsberechtigter begehen, der in einem fremden Revier jagt oder gegen gesetzliche bzw. vertragliche Wildfolgeregelungen verstößt oder sich bei einer Treibjagd Wild aus einem fremden Revier zutreiben lässt (BayObLG Urt. v. 28.1.1955 – RevReg. 3 St 151/54, BayObLGSt 1955, 16). Ebenso begeht der Jagdgast Jagdwilderei, der die ihm erteilte Jagderlaubnis sachlich, örtlich oder zeitlich überschreitet (Mitzschke/Schäfer Rn. 3). In diesen Fällen, in denen die Tat an einem Ort begangen wird, an dem der Täter die Jagd in beschränktem Umfang ausüben durfte, aber seine Befugnis überschritten hat, wird die Tat nach § 294 StGB nur auf Antrag des Verletzten verfolgt. Gleiches gilt, wenn die Tat von einem Angehörigen des Verletzten (Jagdausübungsberechtigten) begangen wird. Die Nichtbefolgung von Jagdbeschränkungen, die mehrere Jagdpächter eines Reviers untereinander vereinbart haben, ist keine Jagdwilderei, da diese Vereinbarungen das von Gesetzes wegen im gesamten Revier bestehende Jagdausübungsrecht eines jeden Mitpächters nicht mit strafrechtlicher Außenwirkung einschränken können. Daher stellt es **keine Jagdwilderei** dar, wenn **einer von mehreren Mitpächtern in einem Revierteil jagt,** der nach einer internen Vereinbarung der Pächter ausschließlich von einem anderen bejagt werden sollte. Ein solcher Verstoß kann von dem betroffenen Mitpächter lediglich zivilrechtlich durch eine Unterlassungs- oder Schadensersatzklage gegen den Verletzer verfolgt werden.

7a Abs. 3 ist durch das Gesetz zur Änderung jagdrechtlicher Vorschriften vom 29.5.2013 (BGBl. 2013 I 1386) mit Wirkung ab dem 6.12.2013 eingefügt worden. Der neue Abs. 3 nimmt die in einem Jagdbezirk zur Jagd befugten Personen (Jagdausübungsberechtigte und Jagdgäste) hinsichtlich der **Verletzung des Jagdrechts an den aus ethischen Gründen befriedeten Flächen** von der Strafbarkeit nach § 292 Abs. 1 und 2 StGB aus. Hierdurch soll Rechtsunsicherheit im Gefolge einer Befriedung aus ethischen Gründen nach § 6a (→ § 6a Rn. 1 ff.) entgegengewirkt werden. Dem Jagdausübungsberechtigten des umschließenden Jagdbezirks steht an den befriedeten Flächen kein Jagdausübungsrecht zu, vielmehr steht dieses Recht mit der Befriedung dem Grundeigentümer zu. Der Jagdausübungsberechtigte des umschließenden Jagdbezirks wäre deshalb bei der (mindestens bedingt vorsätzlichen) Jagd auf dem befriedeten Grundstück von der Strafvorschrift des § 292 StGB erfasst. Dies soll mit dem neuen § 292 Abs. 3 StGB ausgeschlossen werden. Der Gesetzgeber hat sich dabei von folgenden Gründen leiten lassen (BT-Drs. 17/12046, 11): „§ 292 StGB schützt das Aneignungsrecht des Jagdausübungsberechtigten an dem Wild und ist deshalb im Wesentlichen ein Vermögensdelikt. Erfolgt die Befriedung aus ethischen Gründen durch einen Grundstückseigentümer, der die Jagd grundsätzlich ablehnt, so verzichtet der Grundstückseigentümer damit auf die mit dem Eigentum am Grundstück verbundene Möglichkeit der Aneignung des Wildes und der Mehrung seines Vermögens. Die Jagd auf dem nach § 6a befriedeten Grundstück verletzt also nicht den Grundstückseigentümer in seinen Vermögensinteressen. Der vollständige und freiwillige Verzicht des Grundstückseigentümers auf die Möglichkeit der Gewinnerzielung durch die Jagd auf seinem Grundstück rechtfertigt eine unterschiedliche strafrechtliche Behandlung nach § 292 StGB der Jagd auf herkömmlich befriedeten und auf aus ethischen Gründen befriedeten Flächen. (…) Zudem bestünde bei aus ethischen Gründen befriedeten Flächen ein unangemessen höheres Risiko des Jagdausübungsberechtigten des umschließenden Jagdbezirkes, sich wegen (bedingt vorsätzlicher) Jagdwilderei strafbar zu machen, als bei herkömmlichen befriedeten Bezirken (wie Hausgärten, Friedhöfen etc). Dies gilt insbesondere bei der Ausübung der Bewegungsjagd mit Hunden. So sind etwa nach § 6a befriedete Flächen im Gelände nicht ohne weiteres erkennbar. Die Frage, ob eine Verletzung fremden Jagdrechts vorliegt, ist zudem nicht nach dem Standort des Jägers, sondern nach dem des Wildes – also in einiger Entfernung – zu beurteilen. Jagdhunde können befriedete Bezirke naturgemäß nicht erkennen und können, wenn sie ihrem Jagdtrieb nachgehen, auch nicht so konsequent geführt werden, dass eine Verletzung fremden Jagdrechts in einem befriedeten Bezirk mit hinreichender Sicherheit auszuschließen ist. Dementsprechend müsste ein Jagdausübungsberechtigter seine Jagd in unzumutbarer Weise einschränken, um sich nicht dem Vorwurf der Verletzung fremden Jagdrechts auszusetzen. Er müsste auf die Bewegungsjagd bzw. den Einsatz von Hunden verzichten und um die eigentlich befriedeten Bezirke herum nochmals weitläufige Karenzzonen einrichten, in denen er die Jagd nicht mehr ausübt. Auf diese Weise würden jedoch die mit der Jagd verfolgten Gemeinwohlinteressen gefährdet.“

Entgegen der in der Gesetzesbegründung (BT-Drs. 17/12046, 11) ge- **7b**
äußerten Ansicht begeht der Jagdausübungsberechtigte, der in einem nach § 6a befriedeten Bezirk vorsätzlich jagt, auch **keine Ordnungswidrigkeit nach § 39 Abs. 1 Nr. 1.** Denn Adressat des Ordnungswidrigkeitentatbestands der vorsätzlichen Verletzung der Jagdruhe in befriedeten Bezirken ist der Grundeigentümer des befriedeten Bezirks und nicht der Jagdausübungsberechtigte des umliegenden Jagdbezirks (→ § 39 Rn. 2).

Die Verletzung der Befriedung durch den Jagdausübungsberechtigten des **7c**
umliegenden Jagdbezirks kann der Grundeigentümer mit zivilrechtlichen Mitteln abwehren. Er hat einen Unterlassungsanspruch nach § 1004 BGB, wenn Wiederholungsgefahr oder ernsthafte Erstbegehungsgefahr besteht (Grüneberg/Herrler BGB § 1004 Rn. 31, 32). Der Jagdausübungsberechtigte sollte daher bei Treibjagden seine Jagdgäste und die Treiber auf das Vor-

handensein einer nach § 6a befriedeten Fläche hinweisen und entsprechend vor Ort einweisen, um sich nicht einer Haftung wegen Organisationsverschuldens auszusetzen.

3. Befugnisse des Jagdschutzberechtigten

8 Der Jagdschutzberechtigte ist nach fast allen Landesjagdgesetzen befugt, Personen, die unberechtigt jagen oder eine sonstige Zuwiderhandlung gegen jagdrechtliche Vorschriften begehen (**„Jagdfrevler"**, Drees/Thies/Müller-Schallenberg/Jäcker/Hugenberg BJG § 23, LJG § 25 III) oder außerhalb der zum allgemeinen Gebrauch bestimmten Wege zur Jagd ausgerüstet angetroffen werden, ohne zur Jagd berechtigt zu sein, **anzuhalten,** ihnen **gefangenes oder erlegtes Wild** (auch Teile davon), **Waffen, Jagd- und Fanggeräte abzunehmen** und ihre **Personalien festzustellen** (§ 33 Abs. 1 Nr. 1 **BayJG;** Art. 42 Abs. 1 Nr. 1 **LJagdG Bln;** § 40 Abs. 1 Nr. 1 **BbgJagdG;** Art. 27 Nr. 1 **BremLJagdG;** § 22 Abs. 1 Nr. 1 **HmbJagdG;** § 32 Abs. 1 Nr. 1 **HJagdG;** § 23 Abs. 1 Nr. 1 **MVLJagdG;** § 29 Abs. 1 Nr. 1 **NJagdG;** § 25 Abs. 4 Nr. 1 **LJG-NRW;** § 40 Abs. 1 Nr. 1 **SJG;** § 27 Abs. 1 Nr. 1 **SächsJagdG;** § 31 Abs. 1 Nr. 1 **LSALJagdG;** § 21 Abs. 1 Nr. 1 **SchlHLJagdG;** § 42 Abs. 1 Nr. 1 **ThJG**). Mit **Ausnahme** von **Baden-Württemberg** wird das Abnahmerecht überwiegend auch auf **Hunde und Frettchen** (Art. 27 Nr. 1 **BremLJagdG;** § 22 Abs. 1 Nr. 1 **HmbJagdG;** § 23 Abs. 1 Nr. 1 **MVLJagdG;** § 29 Abs. 1 Nr. 1 **NJagdG;** § 25 Abs. 4 Nr. 1 **LJG-NRW;** § 31 Abs. 1 Nr. 1 **LSALJagdG**) und teilweise noch zusätzlich auf **Beizvögel** (Art. 42 Abs. 1 Nr. 1 **BayJG;** § 33 Abs. 1 Nr. 1 **LJagdG Bln;** § 40 Abs. 1 Nr. 1 **BbgJagdG;** § 40 Abs. 1 Nr. 1 **SJG;** § 27 Abs. 1 Nr. 1 **SächsJagdG;** § 42 Abs. 1 Nr. 1 **ThJG**) bzw. allgemein „auf zur Jagd abgerichtete oder geeignete Tiere" (§ 32 Abs. 1 Nr. 1 **HJagdG;** § 21 Abs. 1 Nr. 1 **SchlHLJagdG**) erstreckt. In Hessen werden noch ausdrücklich Abwurfstangen und Eier angeführt (§ 32 Abs. 1 Nr. 1 **HJagdG**). In **Rheinland-Pfalz** ist das Anhalte- und Abnahmerecht im Gegensatz zu früher (§ 30 Nr. 1 RhPfLJG aF) nicht mehr in § **33 RhPfLJG nF** enthalten.

8a **Gegen jagdrechtliche Vorschriften verstößt,** wer gegen Vorschriften in den Jagdgesetzen von Bund und Ländern zum Schutz von Wild und Jagd verstößt, beispielsweise Wild entgegen § 19a in seinen Einständen aufsucht und beunruhigt. Nicht gegen jagdrechtliche Vorschriften verstößt, wer gegen rein **naturschutzrechtliche** Verbote, die im Jagdrecht keine Entsprechung haben, verstößt. Im **Saarland** gehört zum Jagdschutz ausdrücklich auch die Sorge für die Einhaltung **tierschutzrechtlicher** Vorschriften (§ 40 Abs. 2 **SJG**).

8b **Zur Jagd ausgerüstet** ist, wer ein zur Jagdausübung geeignetes Werkzeug, insbesondere ein Gewehr, in einem solchen Zustand mit sich führt, dass von ihm bei sich darbietender Gelegenheit sofort zum Zweck der Ausübung Gebrauch gemacht werden kann. Das ist auch dann der Fall, wenn das **Gewehr** nicht schussbereit ist, aber schussbereit gemacht werden kann, weil der Täter die notwendige Munition bei sich führt (RG Urt. v. 7.1.1884 – 2111/83, RGSt 9, 412 = BeckRS 1884, 100012; Drees/Thies/Müller-Schallenberg/Jäcker/Hugenberg BJG § 23, LJG § 25 III). Auch wer einen Beizvogel oder einen zum Fangen unverwundeten Wildes geeigneten oder bestimmten **Jagdhund** mitführt, ist zur Jagd gerüstet (BayObLG Beschl. v.

29.7.1981 – 3 Ob OWi 22/81, NStZ 1981, 485 = JE XVIII Nr. 28; Drees/Thies/Müller-Schallenberg/Jäcker/Hugenberg BJG § 23, LJG § 25 III).

Außerhalb zum allgemeinen Gebrauch bestimmter Wege befindet sich derjenige, der quer durch den Wald oder das Feld läuft oder sich auf Trampelpfaden und Pirschsteigen bewegt. Wer öffentlich-rechtlich gewidmete Straßen und Wege, auch Feldwege, benutzt, darf nach dieser Regelung von „einfachen" Jagdschutzberechtigten nicht angehalten werden. Demgegenüber besteht das Anhalterecht nach Sinn und Zweck der Vorschrift auf Privat- und Forststraßen, die vom Eigentümer nicht zum unbeschränkten allgemeinen Gebrauch freigegeben sind. So kann etwa ein Eigenjagdbesitzer auf einem durch seinen Wald führenden Forstweg, den er nur im Rahmen des ihn gesetzlich bindenden Waldbetretungsrechts für Publikum freigegeben hat, sein Anhalterecht ausüben. Das Durchqueren von Privatwald in Jagdausrüstung ist durch das Waldbetretungsrecht nicht gedeckt. Davon zu unterscheiden ist die Frage, ob ein Pächter eines Nachbarreviers eine Privatstraße benutzen darf, um zu seinem Jagdrevier zu gelangen, wenn dies auf öffentlich-rechtlich gewidmeten Straßen nicht möglich ist. In der Regel wird eine ausdrückliche oder konkludente Gestattung für diese Art der Benutzung vorliegen oder es sind unter Umständen die Rechtsgrundsätze über den Jägernotweg einschlägig. 8c

Nicht gedeckt durch das Jagdschutzrecht sind Maßnahmen gegen Personen, die nicht jagen oder zur Jagd ausgerüstet angetroffen werden und auch sonst nicht gegen jagdrechtliche Verbote verstoßen, nur weil sie dem Jagdschutzberechtigten verdächtig vorkommen (v. Pückler, Der Jäger und sein Recht, 3. Aufl. 1996, S. 221 f.). Ermittlungen gegen bloß Tatverdächtige dürfen nur die Polizeivollzugsbeamten bzw. die nach § 25 Abs. 2 qualifiziert Jagdschutzberechtigten durchführen. 8d

a) Anhaltebefugnis. Anhalten ist nicht gleichbedeutend mit einer vorläufigen Festnahme nach § 127 Abs. 1 StPO, die nur bei Straftaten, nicht aber bei Ordnungswidrigkeiten zulässig ist. Das Anhalten kann notfalls auch mit dem **Einsatz körperlicher Gewalt** erzwungen werden. Der **Gebrauch der Schusswaffe** ist hierzu allerdings nur den staatlichen Vollzugsbeamten und den dazu ausdrücklich befugten Jagdschutzberechtigten nach Maßgabe der Gesetze (vgl. § 25 Abs. 2) erlaubt. Die übrigen Jagdschutzberechtigten dürfen außerhalb einer Notwehrlage (§ 32 StGB) von der **Schusswaffe keinen Gebrauch** machen; also auch einen fliehender Wilderer nicht durch Einsatz der Schusswaffe zum Halten zwingen (Mitzschke/Schäfer § 25 Rn. 38; aA v. Pückler, Der Jäger und sein Recht, 3. Aufl. 1996, S. 218). Bei der Ausübung der Anhaltebefugnis ist zudem der **Grundsatz der Verhältnismäßigkeit** zu beachten. So kann es unverhältnismäßig sein, wenn wegen einer geringfügigen Ordnungswidrigkeit das Anhalten durch das Hetzen eines Hundes erzwungen wird (Mitzschke/Schäfer § 25 Rn. 38, unter Verweis auf OLG Frankfurt 22.10.1969, EJS III Nr. 25). 9

b) Abnahmebefugnis. Abnehmen bedeutet eine **vorläufige Sicherstellung,** bis eine Beschlagnahme nach den Vorschriften über die Verfolgung von Straftaten oder Ordnungswidrigkeiten entweder zu Beweiszwecken oder Zwecken der Einziehung angeordnet worden ist. Gibt der Angehaltene die Gegenstände nicht freiwillig heraus, ist die **Anwendung körperlicher Gewalt – in den Grenzen des Grundsatzes der Verhältnismäßigkeit** – erlaubt. Der Einsatz einer Schusswaffe zur Erzwingung der Abgabe ist dem 10

Jagdschutzberechtigten nicht erlaubt (v. Pückler, Der Jäger und sein Recht, 3. Aufl. 1996, S. 214). Bei den staatlichen Vollzugsbeamten und den nach § 25 Abs. 2 qualifizierten Jagdschutzberechtigten ergibt sich das Abnahme- und Sicherstellungsrecht zudem auch aus den spezialgesetzlichen Vorschriften des Polizeirechts bzw. der StPO. Darüber hinaus ergibt sich **beim Vorliegen einer Straftat das Abnahmerecht auch aus § 127 Abs. 1 StPO,** wenn dessen Voraussetzungen erfüllt sind. Unter diesen Voraussetzungen ist jedermann, also auch der Jagdgast, befugt, dem Täter Tatwerkzeuge und Beute wegzunehmen, die er bei sich führt (RG Urt. v. 20.3.1883 – 385/83, RGSt 8, 291 = BeckRS 1883, 100566; Löwe/Rosenberg/Gärtner StPO § 127 Rn. 49).

11 Die Abnahmebefugnis erstreckt sich zum einen auf die **in den Landesjagdgesetzen ausdrücklich genannten Sachen und Tiere.** Darüber hinaus zeigt die Einziehungsvorschrift des § 295 StGB, dass Jagdgeräte und mitgeführte Tiere auch dann sichergestellt werden dürfen, wenn sie im Landesjagdgesetz nicht ausdrücklich genannt sind. Dieses Recht haben zumindest die Jagdausübungsberechtigten, die nach § 25 Abs. 2 mit hoheitlichen Befugnissen ausgestattet sind, dürfte aber gem. § 127 Abs. 1 StPO auch den „einfachen" Jagdschutzberechtigten zustehen. Auch an und für sich neutrale Gegenstände dürfen abgenommen werden, wenn sie vom Täter konkret als Jagdgerät verwendet worden sind. Jagdgeräte iSd § 295 StGB sind nicht nur Gerätschaften, die allgemein und für jeden erkennbar zur Ausübung der Jagd dienen, sondern **auch solche Sachen, die erst der Täter zur Ausübung der Jagd bestimmt und benutzt,** demgemäß auch ein **Kraftwagen,** mit dem der Täter dem **Wild nachstellt,** um es zu **blenden** und es zu **überfahren,** und **aus dem er auf Wild schießt** (BGH Urt. v. 29.10.1963 – 1 StR 387/63, BGHSt 19, 123 = NJW 1964, 164). Allein das Benutzen eines Kraftwagens zum Erreichen des Jagdreviers oder zum Abtransport der Beute macht es jedoch noch nicht zum Jagdgerät (Mitzschke/Schäfer § 25 Rn. 38).

12 Die Abnahmebefugnis gibt dem Jagdschutzberechtigten **kein Recht zur Aneignung der abgenommenen Gegenstände.** Ein Aneignungsrecht kann sich nur aus anderen Vorschriften ergeben. So hat der Jagdausübungsberechtigte dieses Recht an Wild oder anderen dem Aneignungsrecht unterliegenden Gegenständen, wie etwa Abwurfstangen. Ist der Jagdschutzausübende zugleich Jagdausübungsberechtigter, darf er zB Wild, das er dem Wilderer abnimmt, behalten. Andere Gegenstände sind den zuständigen Behörden zu übergeben. Im **Saarland** ist ausdrücklich angeordnet, dass mit Ausnahme von Wild und Teilen davon die abgenommenen Gegenstände unverzüglich der zuständigen Dienststelle der Vollzugspolizei **abzuliefern** sind (§ 40 Abs. 1 Nr. 1 **SJG**). Das gilt auch ohne ausdrückliche gesetzliche Anordnung allgemein, weil durch das Abnahmerecht nicht die Eigentumszuweisung des Zivilrechts verändert wird und ein Entzug des Eigentums nur in einem förmlichen staatlichen Verfahren erfolgen kann.

13 **c) Feststellungsbefugnis.** Das Recht zur Feststellung der Person umfasst die Befugnis, alle Angaben zur Person zu erfragen, die erforderlich sind, um ggf. ein Straf- oder Ordnungswidrigkeitenverfahren veranlassen zu können oder ein zivilrechtliches Verfahren betreiben zu können. Dazu gehören jedenfalls **Name und Adresse** (weitergehend Mitzschke/Schäfer § 25 Rn. 41: auch Stand, Beruf, Gewerbe, Staatsangehörigkeit). Weigert der An-

gehaltene sich, die Angaben gegenüber dem Jagdschutzberechtigten, der sich ordnungsgemäß ausgewiesen hat, zu machen, begeht er eine Ordnungswidrigkeit (Mitzschke/Schäfer § 25 Rn. 41, 42). Polizeibeamte und diesen nach § 25 Abs. 2 gleichgestellte Personen können den Angehaltenen zur nächsten Polizeiwache verbringen, wenn der Angehaltene keine Angaben macht oder Zweifel an der Richtigkeit seiner Angaben bestehen. Die übrigen Jagdschutzberechtigten sind wie jedermann nur im Rahmen von § 127 Abs. 1 StPO berechtigt, den Angehaltenen vorläufig festzunehmen, wenn seine Identität nicht festgestellt werden kann. Das ist auch dann der Fall, wenn er zwar Name und Anschrift nennt, sich aber nicht ausweist, weil dann die Wahrheit der Angaben nicht überprüft werden kann (v. Pückler, Der Jäger und sein Recht, 3. Aufl. 1996, S. 214, 221).

III. Schutz des Wildes vor wildernden Hunden und Katzen

Der Jagdschutz umfasst den Schutz des Wildes vor **aufsichtslosen Hunden** und **streunenden Katzen,** da von ihnen eine große Gefahr für das Wild ausgeht (Drees/Thies/Müller-Schallenberg/Jäcker/Hugenberg BJG § 23, LJG § 25 VI 1). Das Tötungsrecht gestattet einen Eingriff in fremdes Eigentum, so dass bei der Ausübung der Tötungsbefugnis der **Grundsatz der Verhältnismäßigkeit** zu beachten ist. Die Tötung muss danach zum Schutz des Wildes erforderlich und der Eingriff in fremdes Eigentum auch im engeren Sinne verhältnismäßig sein (Drees/Thies/Müller-Schallenberg/Jäcker/Hugenberg BJG § 23, LJG § 25 VI 1). Soweit es sich um **herrenlose, dh verwilderte Hunde und Katzen** handelt, kann fremdes Eigentum durch die Tötung nicht beeinträchtigt werden; insofern sind daher die für Beutegreifer geltenden Grundsätze maßgeblich (v. Pückler, Der Jäger und sein Recht, 3. Aufl. 1996, S. 122 Anm. 4, S. 216, 235). § 23 enthält keine Definition über wildernde Hunde und Katzen und gibt keine Regelung vor, wie der Schutz zu erfolgen hat. Die Konkretisierung erfolgt daher durch die Länder, die im Detail sehr unterschiedliche Regelungen getroffen haben. 14

1. Wildernde Hunde

Hunde wildern, wenn sie ein **konkretes Stück Wild verfolgen** (hetzen) oder **anfallen.** Sie wildern aber auch schon dann, wenn sie frei im Jagdbezirk **auf der Suche nach Wild umherziehen,** ohne ein konkretes Stück Wild zu verfolgen (OLG München Urt. v. 15.11.1983 – 5 U 2511/83, BeckRS 1983, 109563 = JE VIII Nr. 36; LG Würzburg Urt. v. 12.11.1985 – 2 O 571/85, NJW-RR 1986, 574; Leonhardt/Pießkalla Rn. 5; v. Pückler, Der Jäger und sein Recht, 3. Aufl. 1996, S. 225). 15

a) Gesetzliche Vermutung. Ein Teil der landesrechtlichen Regelungen stellt im praktischen Ergebnis eine gesetzliche Vermutung dafür auf, dass ein im Revier **außerhalb der Einwirkung seines Herren** herumlaufender Hund **dem Wild gefährlich** ist und daher als wildernd anzusehen ist (Mitzschke/Schäfer § 25 Rn. 45). Das ist deswegen gerechtfertigt, weil ein Hund, wenn er außerhalb der Einwirkungsmöglichkeit seines Herren im Revier umherstreift, aufgrund seiner angewölften Veranlagung jederzeit ins Wildern verfallen kann (OLG Celle Urt. v. 12.4.1972 – 3 U 64/70, BeckRS 2014, 7898 = JE VIII Nr. 2; LG Würzburg Urt. v. 12.11.1985 – 2 O 571/85, 16

NJW-RR 1986, 574; s. auch BVerfG Beschl. v. 19.1.1965 – 2 BvL 6/64, BVerfGE 18, 305 = BeckRS 1965, 104391). So ist die Rechtslage in **Berlin, Brandenburg, Bremen, Hamburg, Niedersachsen, und Sachsen-Anhalt** (§ 33 Abs. 1 Nr. 2 **LJagdG Bln;** § 40 Abs. 1 Nr. 2 **BbgJagdG;** Art. 27 Nr. 2 **BremLJagdG;** § 22 Abs. 1 Nr. 2 **HmbJagdG;** § 29 Abs. 1 Nr. 2 **NJagdG;** § 31 Abs. 1 Nr. 2 **LSALJagdG**).

17 **aa) Einzelheiten.** Ob der Hund sich außerhalb der **Einwirkungsmöglichkeit** seines Herren befindet, richtet sich nach den Umständen des Einzelfalls. In der Regel hat der Herr eine Einwirkungsmöglichkeit, wenn der Hund sich in **Sicht-, Hör- und Rufweite** befindet und einem jederzeit möglichen Befehl auch folgen würde. Ob die Einwirkungsmöglichkeit bei kurzfristiger Unterbrechung des Sichtkontaktes noch gegeben ist, ist eine Frage der **konkreten Situation.** Entscheidend ist, ob der Hund jederzeit von seinem Halter zurückgeholt werden kann (OLG München Urt. v. 15.11.1983 – 5 U 2511/83, BeckRS 1983, 109563 = JE VIII Nr. 36; Drees/Thies/Müller-Schallenberg/Jäcker/Hugenberg BJG § 23, LJG § 25 VI 2). An einer Einwirkungsmöglichkeit des Hundeführers kann es dann fehlen, wenn der Hund außerhalb seiner Sichtweite in einer dichten Schonung stöbert (OLG Koblenz Urt. v. 20.11.1986 – 1 Ss 495/86, BeckRS 1986, 113047 = NuR 1989, 94). Auch bei einem Hund, der sich in Sicht-, Hör- und Rufweite befindet, ist der Hund außerhalb der Einwirkung seines Herren, wenn dieser nicht in der Lage oder willens ist, seine Einwirkungsmöglichkeit auszuüben; so, wenn er schläft, den Hund nicht beachtet oder dieser auf sein Rufen und Pfeifen nicht reagiert (Mitzschke/Schäfer § 25 Rn. 53; v. Pückler, Der Jäger und sein Recht, 3. Aufl. 1996, S. 225).

18 **bb) Widerlegung.** Da die gesetzliche Vermutung ihren Grund in der Annahme der potentiellen Gefährlichkeit eines freilaufenden Hundes für das Wild hat, ist sie widerlegt, wenn feststeht, dass der Hund nach den Umständen des Einzelfalls **dem Wild nicht gefährlich** ist (Mitzschke/Schäfer § 25 Rn. 45, 52). Um dem Wild gefährlich zu sein, muss er zu einer Nachstellung überhaupt in der Lage sein, und zwar in einem nennenswerten Ausmaß (Drees/Thies/Müller-Schallenberg/Jäcker/Hugenberg BJG § 23, LJG § 25 VI 2). Kein Jagdschutzbedürfnis ist anzuerkennen, wenn der Hund nicht mehr als eine Gefahr für das Wild erscheint. Das ist beispielsweise der Fall, wenn er **von seinem Herren in Obhut** genommen worden ist oder sich an einer Stelle (Hof eines Bauernhauses) befindet, wo er dem Wild nicht gefährlich werden kann, auch wenn er zuvor frei durchs Revier gelaufen ist (BayObLG Beschl. v. 21.3.1977 – RReg. 4 St 44/77, BayObLGSt 1977, 41). Das Zurückkommen eines Hundes zu seinem Herrn, sei es freiwillig, sei es auf Pfeifen oder Rufen, spricht dafür, dass sich der Hund nicht auf der Suche nach Wild befunden hat und daher nicht gefährlich für das Wild ist (OLG München Urt. v. 15.11.1983 – 5 U 2511/83, BeckRS 1983, 109563 = JE VIII Nr. 36). Ebenso verhält es sich, wenn ein Hund sich offensichtlich verirrt hat und das Revier schnell wieder verlässt und erkennbar nicht wildern will (Drees/Thies/Müller-Schallenberg/Jäcker/Hugenberg BJG § 23, LJG § 25 VI 2) oder wenn ein Hund erkennbar von seinem Herren zur Bewachung seiner Sachen abgelegt worden ist (Mitzschke/Schäfer Rn. 52). Gleiches gilt, wenn der Hund sich im Bereich von belebten Verkehrswegen oder Ortsrandlagen aufhält, wohin das Wild erfahrungsgemäß nicht kommt (OLG Hamm Urt. v. 20.10.1983 – 27 U 202/83, BeckRS 1983, 109562 = JE VIII

Nr. 40; Mitzschke/Schäfer Rn. 52). Das gilt auch, wenn ein Rüde wegen einer vom Jagdausübungsberechtigten geführten läufigen Hündin aus einem Gehöft herausläuft und nach Hundeart der Hündin auf dem Weg nachläuft (LG Aachen Urt. v. 18.10.1951 – 7 S 245/51, MDR 1952, 229; Drees/Thies/Müller-Schallenberg/Jäcker/Hugenberg BJG § 23, LJG § 25 VI 2).

Eine Gefahr kann auch dann ausgeschlossen sein, wenn es sich um kleines, 19
nach seiner Beschaffenheit für das Wild ersichtlich ungefährliches Tier handelt, etwa ein **Schoßhündchen** wie ein Zwergpudel (Mitzschke/Schäfer § 25 Rn. 52; v. Pückler, Der Jäger und sein Recht, 3. Aufl. 1996, S. 226). Ob man bei bestimmten Hunderassen wegen fehlender Neigung zum Wildern von vornherein ein Tötungsverbot annehmen kann (Lorz/Metzger Rn. 15), erscheint zweifelhaft, da es auch bei einem domestizierten Raubtier fraglich ist, ob der Jagdtrieb jemals gänzlich weggezüchtet werden kann. Jedenfalls ist bei Hunden, von denen die Jagdneigung nicht zweifelsfrei bekannt ist, die Gefährlichkeit für das Wild vom Jagdschutzberechtigten sorgfältig einzuschätzen. Der Wert eines Hundes (zB wertvoller Rassehund) spielt für das Tötungsrecht keine Rolle (v. Pückler, Der Jäger und sein Recht, 3. Aufl. 1996, S. 231).

cc) Prüfungspflicht. Ein Jagdausübungsberechtigter ist verpflichtet, vor 20
der Tötung eines Hundes sorgfältig zu prüfen, ob der Herr des Hundes in der Nähe ist und ob der Herr auf den Hund einwirken kann (AG Verden Urt. v. 12.9.1983 – 2 C 488/82, BeckRS 2010, 6917 = VersR 1985, 47; Mitzschke/Schäfer § 25 Rn. 54; Drees/Thies/Müller-Schallenberg/Jäcker/Hugenberg BJG § 23, LJG § 25 VI 2). Sieht oder hört der Jagdausübungsberechtigte den Herrn, wird er **im Zweifel** von einer **Einwirkungsmöglichkeit** ausgehen können. Sollte der Hund aber unmittelbar Wild hetzen, kann davon ausgegangen werden, dass der Herr tatsächlich nicht auf den Hund einwirkt, auch wenn er das möglicherweise könnte (Mitzschke/Schäfer § 25 Rn. 54).

b) Keine Regelung über den Abschuss von Hunden. Im Saarland 20a
(§ 40 **SJG**) enthält das Jagdgesetz keine Regelung mehr zum Abschuss von Hunden. Da sich das Saarland bei Erlass des neuen Jagdgesetzes auf die Abweichungskompetenz nach Art. 72 Abs. 3 Nr. 1 GG berufen hat, kann auch die allgemeine Regelung des BJagdG nicht mehr als Generalermächtigung herangezogen werden. Da der Abschuss wildernder Hunde im Saarland im Rahmen des Jagdschutzes nicht mehr geregelt ist, gelten mangels verdrängender Spezialregelungen (vgl. dazu Grüneberg/Ellenberger BGB § 228 Rn. 2b), die allgemeinen Regeln des Notstandes gem. § 228 BGB. Besteht die Gefahr der Verletzung eines Rechtsguts durch einen wildernden Hund, darf er getötet werden, wenn die Gefahr nicht durch mildere Mittel beseitigt werden kann (Grüneberg/Ellenberger BGB § 228 Rn. 3 ff.). Geschütztes Rechtsgut iSv § 228 BGB ist auch das Aneignungsrecht des Jagdausübungsberechtigten an dem in seinem Revier vorkommenden jagdbaren Wild (vgl. RG Urt. v. 17.6.1901 – 1802/01, RGSt 34, 295 = BeckRS 1901, 100069).

c) Vorherige behördliche Genehmigung. In **Sachsen** (§ 27 Abs. 3 20b
S. 1 **SächsJagdG**) dürfen wildernde Hunde nur mit behördlicher Genehmigung der Jagdbehörde getötet werden. Nach § 27 Abs. 3 S. 2 **SächsJagdG** darf die Genehmigung nur erteilt werden, wenn der Jagdausübungsberechtigte nachweist, dass sich ein wildernder Hund nicht nur vorübergehend in

einem Jagdbezirk aufhält und die Beunruhigung des Wildes nicht auf andere Weise verhindert werden kann. Der unmittelbare Schutz des Wildes vor einem wildernden Hund ist damit nicht mehr gewährleistet. Als Kompensation ist offenbar § 27 Abs. 2 **SächsJagdG** gedacht, nach dem es verboten ist, Hunde in Jagdbezirken ohne Aufsicht frei laufen zu lassen. Diese Regelung ist aber dann zum Schutz des Wildes ungeeignet, wenn sich Hundehalter nicht daran halten und eine Kontrolle der Anleinpflicht durch Ordnungsbehörden nicht stattfindet.

21 **d) Übrige Länder.** In den übrigen Ländern reicht allein die fehlende Einwirkungsmöglichkeit des Hundeführers nicht aus, um von einem Wildern eines Hundes ausgehen zu können. Vielmehr haben diese Länder die Voraussetzungen, unter denen die Jagschutzbefugnis besteht, enger gefasst und im Einzelnen unterschiedliche Anforderungen aufgestellt. In **Thüringen** wird eine qualifizierte fehlende Einwirkungsmöglichkeit verlangt. Nach § 42 Abs. 1 Nr. 2 **ThJG** muss der Hund zusätzlich in einer Entfernung von mehr als 200 m vom nächsten bewohnten Gebäude angetroffen werden. In anderen Ländern ist wiederum eine **konkrete Verhaltensweise des Hundes in Bezug auf Wild erforderlich,** um von einem wildernden Hund ausgehen zu können. Eine Tötungsbefugnis setzt in **Baden-Württemberg, Bayern, Rheinland-Pfalz** und **Hessen** voraus, dass ein Hund dem Wild **nachstellt** (§ 49 Abs. 1 Nr. 2 **JWMG;** Art. 42 Abs. 1 Nr. 2 **BayJG;** § 27 Abs. 6 S. 2 **RhPfLJG;** § 32 Abs. 1 Nr. 2 **HJagdG**). In **Mecklenburg-Vorpommern** ist erforderlich, dass der Hund das Wild **„aufsucht und verfolgt"** (§ 23 Abs. 1 Nr. 2 **MVLJagdG**), in **Nordrhein-Westfalen,** dass er es **„aufsucht, verfolgt oder reißt"** (§ 25 Abs. 4 Nr. 2 **LJG-NRW**), in **Schleswig-Holstein,** dass er es **„verfolgt und reißt"** (§ 21 Abs. 1 Nr. 2 **SchlHLJagdG**). In **Baden-Württemberg, Bayern** und **Rheinland-Pfalz** ist zusätzlich erforderlich, dass die **Suche des Hundes für das Wild gefährlich** sein kann (§ 49 Abs. 1 Nr. 2 **JWMG;** Art. 42 Abs. 1 Nr. 2 **BayJG;** § 27 Abs. 6 S. 2 **RhPfLJG**).

22 Ein Hund **reißt** ein Stück Wild, wenn er es erbeutet hat und töten will oder tötet. Er **verfolgt** das Wild, wenn er ein konkretes Wild erbeuten will und sich in einer erkennbaren Nähe zu dem Wild befindet (Drees/Thies/Müller-Schallenberg/Jäcker/Hugenberg BJG § 23, LJG § 25 VI 2). Ein Hund **sucht** das Wild auf oder **stellt ihm nach,** wenn er gezielt, zB mit tiefer Nase, im Revier nach Wild sucht. Ein bloßes Freiumherlaufen reicht also nicht aus. Der Jagdschutzberechtigte muss also genau beobachten, ob der Hund nur frei umherläuft oder konkret auf der Suche nach Wild umherstreift. Letztlich handelt es sich hierbei um eine Tatfrage, die der Jagdschutzberechtigte verantwortungsvoll zu klären hat, wobei er im Zweifel die Tötung zu unterlassen hat (Drees/Thies/Müller-Schallenberg/Jäcker/Hugenberg BJG § 23, LJG § 25 VI 2). Grundsätzlich wird man allgemein von einer Gefährlichkeit für das Wild ausgehen können, wenn ihm ein Hund nachstellt. Im Einzelfall kann die Gefährlichkeit aber ausgeschlossen sein, wenn unzweifelhaft für das konkret betroffene Wild von dem Hund aufgrund seiner Körperdimension keine Gefahr ausgehen kann. So wenn ein Dackel versucht, einem gesunden Reh zu folgen (Drees/Thies/Müller-Schallenberg/Jäcker/Hugenberg BJG § 23, LJG § 25 VI 2). Anders kann das aber sein, wenn ein krankes, in seinen Bewegungen stark eingeschränktes Reh von einem Dackel verfolgt wird.

Von einem nach den oben genannten Landesgesetzen definierten **Wildern** kann der Jagdschutzberechtigte nur ausgehen, wenn er das Nachsuchen, Nachstellen, Aufsuchen, Verfolgen oder Reißen auch **beobachtet,** es für ihn also „sichtbar" oder „erkennbar" ist. Teilweise ist das – eher klarstellend – auch in die Ländergesetze aufgenommen worden (Art. 42 Abs. 1 Nr. 2 **BayJG;** § 33 Abs. 6 S. 1 **RhPfLJG;** § 21 Abs. 1 Nr. 2 **SchlHLJagdG**). 23

Noch **darüber hinausgehende Einschränkungen** enthalten die Jagdgesetze von **Hessen, Rheinland-Pfalz** und **Baden-Württemberg.** Nach § 32 Abs. 1 Nr. 2 **HJagdG** muss die Tötung unterbleiben, wenn **andere Maßnahmen ausreichen,** um die Gefahr abzuwehren, die von dem Hund ausgeht. Nach § 49 Abs. 1 Nr. 1 und 2 **JWMG** ist der Abschuss zu unterlassen, wenn die **Hunde eingefangen** werden können oder auf sonstige Weise erreicht werden kann, dass dazu gehörende **Begleitpersonen nach kurzfristiger Unterbrechung wieder auf die Hunde einwirken** können. Außerdem ist die schriftliche Genehmigung der Ortspolizeibehörde erforderlich. Nach § 33 Abs. 6 S. 2 **RhPfLJG** besteht kein Tötungsrecht gegenüber Hunden, die sich nur **vorübergehend offensichtlich der Einwirkung ihrer Führerin oder ihres Führers entzogen haben und sich durch andere Maßnahmen als der Tötung vom Wildern abhalten lassen.** Dem Jagdschutzberechtigten obliegt danach also die Pflicht, vor der Tötung den Einsatz milderer Mittel, insbesondere das Einfangen, zu prüfen. Erforderlich ist aber, dass das mildere Mittel ebenfalls geeignet ist, die konkrete Gefahr für das Wild dauerhaft zu beseitigen. Ein Husky-Mischling, der einen Hasen hetzt und sich durch Rufen und Armwinken nicht vom Hetzen abhalten lässt, darf im Rahmen des Jagdschutzes getötet werden (AG Stolzenau Urt. v. 30.5.2007 – 4 Ds 511 Js 37745/06 (193/06), BeckRS 2007, 153545 = JE VIII Nr. 52; Hons, DJRT, Bd. XIX, 2009, S. 92 (94)). Gleiches gilt, wenn ein Hovawart und ein Germanischer Bärenhund gemeinsam eine Ricke und ihr Kitz hetzen und sich durch lautes Rufen nicht vom Hetzen abhalten lassen. Das Tötungsrecht besteht nach Tötung eines der beiden Hunde auch für den zweiten Hund, wenn dieser trotz des Schusses weiter hetzt (AG Dannenberg Urt. v. 27.3.2008 – 11 Ds 3105 Js 1073/06 (28/06), BeckRS 2008, 149520; Hons, DJRT, Bd. XIX, 2009, S. 92 (95)). In **Nordrhein-Westfalen** ist ausdrücklich das „Abschießen" vorgeschrieben, so dass jede andere Tötungsart untersagt ist (Drees/Thies/Müller-Schallenberg/Jäcker/Hugenberg BJG § 23, LJG § 25 VI 2). In den Ländern, in denen es vergleichbare Vorschriften nicht gibt, ist grundsätzlich auch die Tötung mit der kalten Waffe erlaubt, soweit dem nicht tierschutzrechtliche Gründe entgegenstehen. 24

e) Lebend gefangene Hunde. Der Umgang mit lebend in Fallen gefangenen Hunden wird nur von einigen Ländern gesetzlich geregelt. **Hamburg, Mecklenburg-Vorpommern** und **Thüringen** haben das Tötungsrecht auch auf Hunde erstreckt, die sich in Fallen gefangen haben (§ 22 Abs. 1 Nr. 2 **HmbJagdG;** § 23 Abs. 1 Nr. 2 **MVLJagdG;** § 42 Abs. 1 Nr. 2 **ThJG**). In **Nordrhein-Westfalen** ist die Tötung eines in der Falle gefangenen Hundes nur erlaubt, wenn die unverzügliche Tötung aus Gründen des Tierschutzes geboten ist (§ 25 Abs. 4 Nr. 2 **LJG-NRW**). In **Baden-Württemberg** und **Hessen** (§ 49 Abs. 3 **JWMG;** § 32 Abs. 1 Nr. 2 **HJagdG**) sind lebend gefangene Hunde und Katzen als **Fundsachen** zu behandeln. Sie sind daher im **Tierheim** abzugeben und dürfen nicht getötet werden. Die in 25

Nordrhein-Westfalen bestehende Regelung dürfte aus tierschutzrechtlichen Gründen aber auch hier gelten, wenn der gefangene Hund unverzüglich von seinem Leiden zu erlösen ist. Der Jagdschutzberechtigte kann den Hund auch dem Eigentümer übergeben, wenn er ihn kennt. Er muss dies allerdings nicht, sondern kann ihn auch in ein Tierheim bringen.

26 **f) Blinden-, Hirten-, Jagd-, Polizeihunde.** Alle Länder sehen vor, dass Blinden-, Hirten-, Jagd-, Polizeihunde, die als solche kenntlich sind, im Rahmen des Jagdschutzes **nicht getötet** werden dürfen. Einschränkend haben einige Länder die Regelung aufgenommen, dass das Tötungsverbot nur gilt, solange die Hunde zu ihrem Dienst vom Berechtigten verwandt werden oder sich dabei nur vorübergehend der Einwirkung des Berechtigten entzogen haben (§ 22 Abs. 1 Nr. 2 **HmbJagdG;** § 23 Abs. 1 Nr. 2 **MVLJagdG;** § 25 Abs. 4 Nr. 2 **LJG-NRW;** § 33 Abs. 6 S. 2 **RhPfLJG;** § 40 Abs. 1 Nr. 2 **SJG;** § 42 Abs. 1 Nr. 2 **ThJG**). Zusätzlich haben einige Länder das Verbot auf **Rettungshunde erstreckt** (§ 49 Abs. 1 **JWMG;** § 32 Abs. 1 Nr. 2 **HJagdG**) oder allgemein auf **sonstige Diensthunde** (Art. 27 Nr. 2 **BremLJagdG;** § 29 Abs. 1 Nr. 2 **NJagdG;** § 31 Abs. 1 Nr. 2 **LSALJagdG**) bzw. auf **Behindertenbegleit-, Such-, Rettungs- und Diensthunde** (§ 21 Abs. 1 Nr. 2 **SchlHLJagdG**). Das Töten eines **Wachtelhundes mit neongelber Signalhalsung** ist verboten, da der Hund eindeutig als Jagdhund im Dienst des Berechtigten zu erkennen ist (AG Dannenberg Urt. v. 15.5.2008 – 11 Cs 3105 Js 27.144/07, nv; Hons, DRJT, Bd. XIX, 2009, S. 92 (96); auch AG Ilmenau Urt. v. 24.9.2008 – 201 Js 38.193/07, nv; Hons, DRJT, Bd. XIX, 2009, S. 92 (94)). Allein die Zugehörigkeit eines Hundes zu einer Jagdhunderasse löst das Tötungsverbot nicht aus, sondern der Hund muss tatsächlich und erkennbar als Jagdhund eingesetzt werden (OLG Frankfurt 6.10.1983, BeckRS 1984, 319 = NuR 1984, 319 mAnm Weitzel). Die Erkennbarkeit kann durch eine Signalhalsung sichergestellt werden (v. Pückler, Der Jäger und sein Recht, 3. Aufl. 1996, S. 225). Die Tötung eines Hirtenhundes, der sich von der Schafherde entfernt hat, einem Reh nachstellt und als Hirtenhund nicht erkennbar ist, ist nicht verboten (LG Kassel Urt. v. 2.10.2008 – 1 S 109/07, BeckRS 2010, 17798 = JE XI Nr. 130). Von dem jagdrechtlichen Tötungsverbot unberührt bleiben die zivilrechtlichen (§ 228 BGB) und strafrechtlichen (§ 34 StGB) Regelungen, sich notfalls auch durch Tötung eines Hundes zu wehren, wenn durch ihn andere Rechtsgüter als das freilebende Wild unmittelbar gefährdet sind (vgl. dazu Grüneberg/Ellenberger BGB § 228 Rn. 3 ff.).

27 **g) Weitere Pflichten.** In den Bundesländern gibt es zumeist Regelungen, die den Hundehaltern Pflichten zur Beaufsichtigung ihres Hundes und unter bestimmten Umständen auch einen Leinenzwang auferlegen (zB § 33 NdsWaldG). Die Pflichtverletzung ist in der Regel auch **bußgeldbewehrt** (zB § 42 Abs. 3 NdsWaldG). In **Mecklenburg-Vorpommern** und **Sachsen** enthält das jeweilige Jagdgesetz die Regelung, dass den Hundehaltern gesetzlich untersagt wird, einen Hund – in Mecklenburg-Vorpommern ohne Genehmigung des Jagdausübungsberechtigten – außerhalb der Einwirkung des Hundeführers in einem Jagdbezirk laufen zu lassen (§ 23 Abs. 2 **MVLJagdG,** § 27 Abs. 2 **SächsJagdG**). Ein Verstoß des Hundehalters gegen eine solche Vorschrift ist kein Rechtsfertigungsgrund für die Tötung eines Hundes. Es müssen vielmehr die oben genannten speziellen Voraussetzungen des Wilderns erfüllt sein. Allerdings kann der Jagdschutzberechtigte

den Hundehalter im Rahmen des Jagdschutzes auf den Leinenzwang hinweisen, Anzeige erstatten und als qualifiziert Jagdschutzberechtigter auch die zur Verfolgung von Ordnungswidrigkeiten zulässigen Maßnahmen treffen, wenn der Verstoß des Hundehalters in dem betreffenden Bundesland als Ordnungswidrigkeit ausgestaltet ist.

2. Katzen

Auch für Katzen gilt der Grundsatz, dass sie wildern, wenn sie sich frei im Revier bewegen, egal wie weit sie von der nächsten Behausung entfernt sind. Gleichwohl haben **mit Ausnahme von Berlin** (§ 33 Abs. 1 Nr. 2 **LJagdG Bln**) **alle Bundesländer das Tötungsrecht** des Jagdschutzberechtigten in Bezug auf Katzen **sachlich eingeschränkt.** Zu den auch unter **Natur- und Artenschutzgesichtspunkten** bestehenden Gefährdungen, die durch verwilderte Katzen und streunende Hauskatzen ausgehen, und zu den Managementmaßnahmen, wie diese Gefährdungen beseitigt werden können, liegen mittlerweile wissenschaftliche Gutachten vor. Zu nennen ist etwa das Gutachten von Professor Klaus Hackländer, Susanne Schneider und Johann David Lanz von der Universität für Bodenkultur Wien mit dem Titel „Zum Einfluss von Hauskatzen auf die heimische Fauna und mögliche Managementmaßnahmen“ vom Februar 2014 (abrufbar unter https://boku.ac.at/fileadmin/data/H03000/H83000/H83200/Publikationen/KH_Gutachten_Hauskatze_Feb2014.pdf, zuletzt abgerufen am 24.4.2024). Dieses kommt zu dem Ergebnis, dass die **Tötung von verwilderten Katzen** aus Gründen des Natur- und Artenschutzes ohne effektive Alternative ist. Demgegenüber können die Halter von Hauskatzen ein Streunen durch konsequente Haushaltung verhindern bzw. den Beuteerfolg der Hauskatze durch Anbringung von Halsglöckchen vermindern. 28

a) Einzelheiten. Die Einschränkung des Tötungsrechts betrifft mehrheitlich den **Abstand, den eine Katze von dem nächsten bewohnten Gebäude** haben muss, um sie als wildernd oder streunend im Rahmen des Jagschutzes töten zu dürfen. Dabei schwankt die Mindestentfernung zwischen 200 m und 500 m. In **Brandenburg, Mecklenburg-Vorpommern, Nordrhein-Westfalen, Schleswig-Holstein und Thüringen** (§ 40 Abs. 1 Nr. 2 **BbgJagdG;** § 23 Abs. 1 Nr. 2 **MVLJagdG;** § 25 Abs. 4 Nr. 2 **LJG-NRW;** § 30 Nr. 2 **RhPfLJG;** § 21 Abs. 1 Nr. 2 **SchlHLJagdG;** § 42 Abs. 1 Nr. 2 **ThJG**) dürfen Katzen getötet werden, wenn sie im Jagdbezirk in einer Entfernung von mehr als 200m vom nächsten bewohnten Gebäude (Haus/Anwesen) angetroffen werden. In **Bayern, Niedersachsen, Rheinland-Pfalz, Saarland, Sachsen und Sachsen-Anhalt** (Art. 42 Abs. 1 Nr. 2 **BayJG;** § 29 Abs. 1 Nr. 3 **NJagdG;** § 33 Abs. 7 S. 1 **RhPfLJG;** § 40 Abs. 1 Nr. 2 **SJG;** § 27 Abs. 1 Nr. 2 **SächsJagdG;** § 31 Abs. 1 Nr. 2 **LSALJagdG**) gelten Katzen als wildernd, wenn sie im Jagdrevier in einer Entfernung von mehr als 300 m vom nächsten bewohnten Gebäude angetroffen werden. Diese 300 m – Zone von der nächsten Ansiedlung gilt in **Hessen** nur im Zeitraum vom 1.3. bis zum 31.8., im Übrigen gilt ein Abstand von 500 m (§ 32 Abs. 1 Nr. 2 **HJagdG**). In Baden-Württemberg ist eine Genehmigung der Jagdbehörde in Wildruhegebieten und der Naturschutzbehörde in Naturschutzgebieten erforderlich (§ 49 Abs. 4 Nr. 2 **JWMG**). 29

30 **b) Sonderfälle.** In **Hessen** wird das Tötungsrecht wie bei Hunden noch zusätzlich eingeschränkt. Nach § 32 Abs. 1 Nr. 2 **HJagdG** muss die **Tötung** dann **unterbleiben,** wenn **andere Maßnahmen ausreichen,** um die Gefahr abzuwehren, die von der Katze ausgeht. Das kann im Einzelfall durch das Fangen der Katze und ihre Ablieferung beim Eigentümer oder im Tierheim möglich sein.

30a In **Rheinland-Pfalz** gelten nach § 33 Abs. 7 S. 2 **RhPfLJG** Hauskatzen zusätzlich zur 300m Regelung nur dann als wildernd, soweit und solange sie erkennbar dem Wild nachstellen und dieses gefährden. Das Tötungsrecht gilt dann nach § 33 Abs. 7 S. 3 **RhPfLJG** nicht gegenüber Hauskatzen, die sich erkennbar in menschlicher Obhut befinden und sich durch andere Maßnahmen als der Tötung vom Wildern abhalten lassen.

30b **c) Keine Regelung über den Abschuss von Katzen.** Im Saarland (§ 40 **SJG**) enthält das Jagdgesetz keine Regelung zum Abschuss von Katzen. Da sich das Saarland bei Erlass des neuen Jagdgesetzes auf die Abweichungskompetenz nach Art. 72 Abs. 3 Nr. 1 GG berufen hat, kann auch die allgemeine Regelung des BJagdG nicht mehr als Generalermächtigung herangezogen werden. Da der Abschuss wildernder Katzen im Saarland im Rahmen des Jagdschutzes nicht mehr geregelt ist, gelten mangels verdrängender Spezialregelungen (vgl. dazu Grüneberg/Ellenberger BGB § 228 Rn. 2b), die allgemeinen Regeln des Notstandes gem. § 228 BGB. Besteht die Gefahr der Verletzung eines Rechtsguts durch eine wildernde Katze, darf sie getötet werden, wenn die Gefahr nicht durch mildere Mittel beseitigt werden kann (Grüneberg/Ellenberger BGB § 228 Rn. 3 ff.). Geschütztes Rechtsgut iSv § 228 BGB ist auch das Aneignungsrecht des Jagdausübungsberechtigten an im Revier befindlichen jagdbaren Tierarten (vgl. RG Urt. v. 17.6.1901 – 1802/01, RGSt 34, 295 = BeckRS 1901, 100069).

31 **d) Lebend gefangene Katzen.** Auch in Bezug auf Katzen, die lebend in Fallen gefangen wurden, enthalten einzelne Länder ausdrückliche Regelungen zum Tötungsrecht bzw. Tötungsverbot. In **Hamburg, Sachsen** und **Thüringen** dürfen in Fallen gefangene Katzen ohne Einschränkung getötet werden (§ 22 Abs. 1 Nr. 2 **HmbJagdG;** § 27 Abs. 1 Nr. 2 **SächsJagdG;** § 42 Abs. 1 Nr. 2 **ThJG**). In Bayern (Art. 42 Abs. 1 Nr. 2 **BayJG**) dürfen lebend gefangene Katzen getötet werden, wenn sie in Fallen gefangen wurden, die in einer Entfernung von mehr als 300m vom nächsten bewohnten Gebäude aufgestellt waren; es sei denn, der Besitzer der Katze kann vom Jagdschutzberechtigten eindeutig und in zumutbarer Weise festgestellt werden. In **Nordrhein-Westfalen** ist die Tötung nur erlaubt, wenn ihre unverzügliche Ausführung aus Gründen des Tierschutzes geboten ist (§ 25 Abs. 4 Nr. 2 **LJG-NRW**). In **Baden-Württemberg** und **Hessen** (§ 49 Abs. 3 **JWMG;** § 32 Abs. 1 Nr. 2 **HJagdG**) sind lebend gefangene Katzen als Fundsachen zu behandeln. Sie sind daher im Tierheim abzugeben und dürfen nicht getötet werden.

3. Jagdgäste

32 Die Befugnis, wildernde Hunde und Katzen zu töten, kann in den meisten Ländern vom Jagdausübungsberechtigten einem Jagdgast eingeräumt werden, wobei der Jagdgast, wenn er ohne Begleitung des Jagdausübungsberechtigten jagt, die schriftliche erteilte Befugnis zum Jagdschutz mit sich führen muss

(Art. 42 Abs. 1 Nr. 2 **BayJG;** Art. 32 Abs. 6 LJagdG Bln, Art. 33 Abs. 2 LJagdG Bln; § 39 Abs. 6 **BbgJagdG,** § 40 Abs. 2 **BbgJagdG;** § 22 Abs. 4 **HmbJagdG;** § 32 Abs. 2 **HJagdG;** § 29 Abs. 2 **NJagdG;** § 25 Abs. 6 **LJG-NRW;** § 32 Abs. 2 **LSALJagdG;** § 21 Abs. 2 **SchlHLJagdG;** § 41 Abs. 4 **ThJG,** § 42 Abs. 2).

4. Jagdschutzwille

Außer dem Vorliegen der objektiven Voraussetzungen ist für die Recht- 33 mäßigkeit der Tötung eines Hundes und einer Katze erforderlich, dass der Jagdschutzberechtigte aus Gründen des Jagdschutzes gehandelt hat (BayObLG Beschl. v. 21.3.1977 – RReg. 4 St 44/77, BayObLGSt 1977, 41 = JE VIII Nr. 5). Danach handelt nicht rechtmäßig, wer versehentlich einen Hund oder eine Katze erschießt, etwa durch einen Querschläger oder durch eine Verwechslung mit einem jagdbaren Wild.

5. Tierschutz

Das **Saarland** hat ausdrücklich aufgenommen, dass der **Jagdschutz auch** 34 **die Sorge über die Einhaltung tierschutzrechtlicher Vorschriften beinhaltet** (§ 40 Abs. 2 **SJG**). Dieser Aufnahme in das Gesetz hätte es nicht bedurft. Bei der Frage des „Ob" des Tötens von Hunden und Katzen stellen die Vorschriften über den **Jagdschutz** einen **vernünftigen Grund iSd Tierschutzrechts** (§ 17 Nr. 1 TierSchG) dar (BayObLG Beschl. v. 21.3.1977 – RReg. 4 St 44/77, BayObLGSt 1977, 41 = JE VIII Nr. 5; Leonhardt/Pießkalla Rn. 5). Einer weiteren Rechtfertigung bedarf es genauso wenig wie bei der Jagd auf Wild. Hinsichtlich des „Wie" der Tötung ist allerdings das tierschutzrechtliche Gebot zu beachten, dem zu tötenden Tier keine unnötigen Schmerzen zuzufügen (Lorz/Metzger Rn. 17: „weidgerecht töten").

6. Strafrecht

Die vorsätzliche Tötung eines in fremdem Eigentum stehenden Tieres stellt 35 eine **Sachbeschädigung** dar, die nach § 303 Abs. 1 StGB strafbar ist, wenn sie unberechtigt erfolgt, Bei der Tötung eines **tollwütigen Hundes** scheidet die Strafbarkeit bereits deswegen aus, weil dieser dem Tod geweiht und damit gänzlich wertlos ist (BayObLG Beschl. v. 5.5.1993 – 4 St RR 29/93, NJW 1993, 2760). Eine im Rahmen des Jagdschutzes **zulässigerweise vorgenommene Tötung ist gerechtfertigt** und daher **straflos.** Liegen die Voraussetzungen des Jagdschutzes nicht vor oder werden seine Grenzen überschritten, zieht das bei einem entsprechenden Strafantrag des Eigentümers (§ 303c StGB) eine Bestrafung nach sich. Eine **vom Jagdschutz nicht gedeckte Tötung** kann auch nach **§ 17 TierSchG** bestraft werden, weil es dann an einem **vernünftigen Grund für die Tötung fehlt** (BayObLG Urt. v. 25.6.1991 – RReg. 4 St 124/90, NJW 1992, 2306). Die Tötung kann aber auch dann noch aufgrund allgemeiner Rechtfertigungsgründe wie etwa Notstand (§ 34 StGB, § 228 BGB) gerechtfertigt sein. Wird vom Jagdschutzberechtigten zu Unrecht eine Jagdschutzbefugnis angenommen oder deren Voraussetzungen verkannt, kann eine Bestrafung wegen eines **Erlaubnistatbestandsirrtums** (§ 16 StGB) oder eines **unvermeidbaren Verbotsirrtums** (§ 17 StGB) ausgeschlossen sein (BayObLG Urt. v. 25.6.1991 – RReg.

4 St 124/90, NJW 1992, 2306). War der Verbotsirrtum vermeidbar, kann die Strafe gemildert werden (§§ 17, 49 StGB).

7. Schadensersatz

36 Wird **durch wildernde Hunde Wild getötet,** hat der Jagdausübungsberechtigte einen Schadensersatzanspruch gegen den Hundehalter. Dabei kann in der Regel der **Wildbretwert** beansprucht werden (BGH Urt. v. 5.3.1958 – V ZR 199/56, BeckRS 1958, 31201008 = MDR 1958, 325; LG Lübeck Urt. v. 31.8.1982 – 14 S 84/82, NuR 1984, 204; Drees/Thies/Müller-Schallenberg/Jäcker/Hugenberg § 23 VI 2). Die Kosten für ein lebendes Stück Wild können nur ausnahmsweise dann verlangt werden, wenn der Jagdausübungsberechtigte aufgrund der Hegepflicht zum Aussetzen eines gleichartigen Wildes verpflichtet ist (BGH Urt. v. 5.3.1958 – V ZR 199/56, BeckRS 1958, 31201008 = MDR 1958, 325). Das kann beispielsweise bei Birkwild in der Rhön oder im Rahmen von Luchsauswilderungsprogrammen in Betracht kommen.

37 Wer einen **fremden Hund oder eine fremde Katze tötet,** begeht auch zivilrechtlich eine **Sachbeschädigung,** da auf Tiere nach § 90a BGB die Vorschriften über Sachen anzuwenden sind. Der Eigentümer kann daher nach § 823 Abs. 1 BGB Schadensersatz vom Erleger verlangen, wenn die Tötung nicht im Einklang mit den gesetzlichen Vorschriften über den Jagdschutz erfolgt ist und nicht durch allgemeine Rechtfertigungsgründe gerechtfertigt ist. Sind die Vorschriften des Jagdschutzes eingehalten worden, hat der Halter keinen Schadensersatzanspruch gegen den Jagdschutzberechtigten (AG Cuxhaven Urt. v. 30.5.1984 – 5 C 614/83, BeckRS 1984, 110713 = JE VIII Nr. 39). Die Höhe des Schadensersatzes richtet sich nach § 249 BGB und ist im Streitfall in der Regel durch Sachverständigengutachten zu ermitteln. Wer als Jagdgast einen wildernden Hund außerhalb des Jagdbezirks des Jagdpächters erschießt, handelt schuldlos, wenn ihm der Jagdpächter die Grenze des Reviers falsch angegeben hat (AG Eschwege Urt. v. 1.3.2007 – 2 C 231/06, nv).

38 Wird Schadensersatz für einen im Jagdbezirk getöteten Hund oder für eine dort getötete Katze verlangt, haben die landesgesetzlichen Vorschriften über die Ausgestaltung des Tötungsrechts Einfluss auf die Darlegungs- und **Beweislast** im Prozess. Ausgangspunkt ist der allgemeine zivilrechtliche Grundsatz, dass derjenige, der etwas von einem anderen verlangt, die Anspruchsvoraussetzungen darlegen und beweisen muss. Das heißt, dass zunächst der **Anspruchsteller** beweisen muss, dass eine in seinem Eigentum stehende Sache vom Anspruchsgegner beschädigt worden ist. Steht die Verletzung eines fremden Rechtsguts fest, hat derjenige, der eine in fremdem Eigentum stehende Sache zerstört hat, im Prozess zu beweisen, dass er **rechtmäßig** oder **ohne Verschulden** gehandelt hat. Danach müsste der Jagdschutzberechtigte beweisen, dass die Voraussetzungen des Tötungsrechts vorlagen (Drees/Thies/Müller-Schallenberg/Jäcker/Hugenberg BJG § 23, LJG § 25 VI 2).

39 **a) Beweislastumkehr.** Von diesem Grundsatz abweichend haben **Hessen** und **Thüringen** eine Beweislastumkehr ausdrücklich in ihre Landesjagdgesetze aufgenommen (§ 32 Abs. 3 **HJagdG;** § 42 Abs. 3 **ThJG**), wonach der Hundehalter oder der Katzenhalter zu beweisen hat, dass die gesetzlichen Voraussetzungen für die Zulässigkeit der Tötung nicht vorgelegen haben (s.

LG Kassel Urt. v. 2.10.2008 – 1 S 109/07, BeckRS 2010, 17798 = JE XI Nr. 130). Eine Beweislastumkehr kann sich aber **auch ohne ausdrückliche Anordnung aus der Gesetzesformulierung** eines Landesjagdgesetzes ergeben. In den Ländern, in denen aufgrund des Gesetzestextes eine **tatsächliche Vermutung für die Gefährlichkeit eines freilaufenden Hundes** besteht (→ Rn. 16), muss der Jagdschutzberechtigte lediglich beweisen, dass er einen Hund, der aufgrund seiner Art und seiner Beschaffenheit eine konkrete Gefahr für das Wild (auch Niederwild) darstellen kann, in freier Wildbahn angetroffen hat und dieser sich außerhalb der Einwirkungsmöglichkeit seines Herren befand. Hinsichtlich der Einwirkungsmöglichkeit des Herren trifft aber den Hundehalter die Beweislast, wenn wie in **Bremen** (Art. 27 Nr. 2 **BremLJagdG**) die fehlende Einwirkung als Ausnahme vom zunächst generell eingeräumten Tötungsrecht formuliert ist („es sei denn, dass sich der Hund innerhalb der Einwirkung seines Herrn … befindet"). Steht fest, dass der Hund sich außerhalb der Einwirkungsmöglichkeit des Herren befand, muss der Eigentümer des Hundes den Nachweis erbringen, dass sein Hund sich nach den erkennbaren Umständen nur vorübergehend außerhalb der Einwirkung seines Herren befunden hat; er muss auch den Anscheinsbeweis erschüttern und beweisen, dass sein Hund tatsächlich nicht gewildert hat (LG Würzburg Urt. v. 12.11.1985 – 2 O 571/85, NJW-RR 1986, 574).

b) Keine Beweislastumkehr. Keine Beweislastumkehr erfolgt dagegen in 40
den Ländern, in denen sie nicht gesetzlich angeordnet ist und in denen das Landesrecht die Tötung auf konkret dem Wild nachstellende (suchende, hetzende etc.) Hunde beschränkt oder als Tötungsvoraussetzung genaue Entfernungsangaben zum Abstand einer Katze oder eines Hundes zum nächsten bewohnten Haus macht. In diesen Fällen muss der Jagdschutzberechtigte grundsätzlich beweisen, dass die Voraussetzungen des Tötungsrechts vorlagen. Dabei kann aber je nach dem Wortlaut der einschlägigen Vorschrift hinsichtlich eines einzelnen Tatbestandsmerkmals die Beweislast beim Anspruchsteller liegen, so dann, wenn sie als Ausnahme vom Tötungsrecht formuliert sind. So trifft in **Bremen** (Art. 27 Nr. 2 **BremLJagdG**) den Katzenhalter die Beweislast dafür, dass die Katze innerhalb des Abstandes zum nächsten Haus getötet wurde, in dem die Tötung verboten war. Denn in Bremen ist das Abstandserfordernis als Ausnahme vom zunächst generell eingeräumten Tötungsrecht formuliert („es sei denn, dass sich die Katze weniger als 200m vom nächsten Haus befindet").

Die Beweislast des Halters besteht in der Regel auch dafür, dass die dem 41
Jagdschutzberechtigten grundsätzlich eingeräumte Befugnis zur Tötung von im Revier umherlaufenden Hunden ausgeschlossen war, etwa, weil es sich erkennbar um einen **Blindenhund** etc. gehandelt hat (OLG Celle Urt. v. 12.4.1972 – 3 U 64/70, BeckRS 2014, 7898 = JE VIII Nr. 2). Dies ergibt sich beispielsweise auch sehr anschaulich aus der in **Baden-Württemberg** verwendeten Gesetzessystematik (§ 49 Abs. 1 **JWMG**).

IV. Störungen von Wild und Jagd

1. Wildstörer

Der Jagdschutzberechtigte kann innerhalb des Jagdbezirks andere auffor- 42
dern, Störungen des Wildes zu unterlassen, insbesondere, wenn Störer gegen

gesetzliche Bestimmungen über das Verhalten in Feld und Forst verstoßen und dadurch **Wild erheblich beunruhigen** oder Wild in oder an seinen **Brunftplätzen, Bauen, Gehecken, Nestern oder Gelegen** sowie Raufußhühner an ihren **Balzplätzen** beunruhigen. Die ordnungsgemäße Nutzung der Grundstücke bleibt davon unberührt. Diese ausdrückliche Bestimmung in **Sachsen-Anhalt** (§ 31 Abs. 2 **LSALJagdG**) gilt auch ohne nähere landesgesetzliche Regelung allgemein im gesamten Bundesgebiet aufgrund der Generalklausel in § 23, auf die die Landesgesetze regelmäßig Bezug nehmen. Nach § 19a ist es verboten, Wild in ihren Zuflucht- und Wohnstätten durch Aufsuchen zu stören. Aus diesem Grund kann der Jagdschutzberechtigte auch gegen Mountainbiker vorgehen, die außerhalb der befestigten oder ausgewiesenen Wege durch Wildeinstände fahren (v. Pückler, Der Jäger und sein Recht, 3. Aufl. 1996, S. 238).

2. Jagdstörer

43 Der Jagdschutz umfasst nach § 23 auch die zum Schutz der Jagd erlassenen Vorschriften. Das schließt auch den **Schutz der ordnungsgemäßen Jagdausübung vor Jagdstörern** mit ein (zB Art. 56 Abs. 2 Nr. 8 **BayJG**). Davon umfasst ist auch der **Schutz jagdlicher Einrichtungen** (zB § 29 **HJagdG;** Art. 56 Abs. 2 Nr. 7 **BayJG**). Werden jagdliche Einrichtungen beschädigt (§ 303 StGB) oder gestohlen (§ 242 StGB), hat der Jagdschutzberechtigte, der den Täter auf frischer Tat ertappt, das nach § 127 StPO jedermann zustehende Recht auf vorläufige Festnahme und Abnahme des Diebesgutes. Der Jagdausübungsberechtigte hat daneben die Möglichkeit, gem. § 1004 BGB **zivilrechtlich gegen Jagdstörungen** – auch im Wege der **einstweiligen Verfügung** (§§ 935, 940 ZPO) – vorzugehen, da das Jagdausübungsrecht ein absolutes Recht im Sinne dieser Vorschrift ist (OLG Düsseldorf Urt. v. 21.10.1987 – 9 U 59/87, NJW-RR 1988, 526). Das gilt auch gegenüber „Abwurfstangensammlern", die nicht nur Jagdstörer sind, sondern sogar Jagdwilderei begehen (OLG Rostock Urt. v. 27.3.2020 – 5 U 129/18, BeckRS 2020, 29907 = JE VIII Nr. 59).

3. Schutz bedrohter Wildarten

44 Der Schutz bedrohter Wildarten gehört bereits zur Hegepflicht, unterfällt aber auch dem Jagdschutz, wenn diese Wildarten durch besondere, im Einzelnen abzuwehrende Gefahren beeinträchtigt werden, ohne dass es hierzu einer gesetzlichen Anordnung der Länder (zB § 29 **HJagdG**) bedarf. Nach dem Naturschutzrecht ist es verboten und unter Strafe gestellt, besonders geschützte Tierarten in und außerhalb von Naturschutzgebieten zu töten, ihnen nachzustellen, sie zu fangen, zu verletzen und ihre Gelege zu zerstören und zu beschädigen (§ 71a BNatSchG, § 329 Abs. 3 StGB). Aus diesen naturschutzrechtlichen Verboten ergeben sich keine besonderen Befugnisse der Jagdschutzberechtigten (v. Pückler, Der Jäger und sein Recht, 3. Aufl. 1996, S. 239). In **Bayern** haben die qualifiziert Jagdschutzberechtigten auch die Befugnisse der Naturschutzwacht (Art. 42 Abs. 3 **BayJG**), so dass ihnen aus diesem Grund weitergehende Rechte gegen Naturstörer zustehen (v. Pückler, Der Jäger und sein Recht, 3. Aufl. 1996, S. 239).

4. Eingriffsbefugnis

Die Jagdschutzaufgabe umfasst die Feststellung, Verhütung und Unterbindung von Zuwiderhandlungen gegen Vorschriften, die zum Schutz von Jagd und Wild erlassen worden sind, sowie die Mitwirkung bei der Verfolgung von Verstößen. Die zur Aufgabenerfüllung erforderlichen Eingriffsbefugnisse gegenüber Dritten müssen dem Jagdschutzberechtigten jedoch durch Gesetz zugewiesen werden, wie dies beispielsweise für bestätigte Jagdaufseher durch § 25 Abs. 2 iVm den Landespolizeigesetzen, der StPO und dem OWiG erfolgt ist (Leonhardt/Pießkalla § 25 Rn. 6). Ohne die Zuweisung solcher Befugnisse kann sich der Jagdschutzberechtigte unter bestimmten, eng begrenzten Voraussetzungen auf den „Jedermannparagraphen" (§ 127 Abs. 1 StPO) berufen, wenn er einen Straftäter auf „frischer Tat" antrifft. Unter Umständen kann er im Wege der Notwehr (§ 32 StGB, § 227 BGB) oder des Notstandes (§ 34 StGB, § 228 BGB) berechtigt sein, eine unmittelbare Gefahr für ein geschütztes Rechtsgut abzuwehren. 45

V. Schutz vor Beutegreifern

Der Jagschutz umfasst auch den Schutz vor Beutegreifern, die nahrungssuchend anderes Wild töten oder ihre Gelege fressen und dem Jagdrecht unterliegen (sog. **„Raubwild"**). Dazu gehören zB Fuchs, Wildkatze, Luchs, Dachs, Marder, Marderhund, Iltis, Waschbär, Wiesel, aber auch die Greifvögel (Drees/Thies/Müller-Schallenberg/Jäcker/Hugenberg BJG § 23, LJG § 25 IV). **Thüringen** hat den Schutz vor Raubwild ausdrücklich in das LJagdG aufgenommen (§ 40 Abs. 1 **ThJG**). Aber auch ohne diese besondere Aufnahme ins Gesetz ergibt sich die Jagdschutzberechtigung aus den allgemeinen Grundsätzen, Gefahren vom Wild abzuwenden, die seinen Bestand bedrohen (Heider NuR 1985, 94 (96)). Da es sich beim Raubwild um Wild handelt, sind die jagdrechtlichen Vorschriften beispielsweise über **Schonzeiten** zu beachten. Daher darf Raubwild, das keine Jagdzeiten hat, auch nicht im Rahmen des Jagdschutzes erlegt werden. Auch rechtfertigt der Jagdschutz keine Ausrottung von Raubwild (Lorz/Metzger Rn. 4; Heider NuR 1985, 94 (96)). Die Hegepflicht bezieht sich auch auf Raubwild. Es ist vielmehr ein Ausgleich zwischen einem gesunden und ausreichenden Bestand des Beutegreifers und seiner Beute herbeizuführen. 46

Beutegreifer, die nicht dem Jagdrecht unterliegen, und wie Raubwild nahrungssuchend Wild töten oder ihr Gelege fressen (sog. **„Raubzeug"**), dürfen ebenfalls im Rahmen des Jagschutzes getötet werden, soweit nicht naturschutzrechtliche Verbote bestehen (vgl. VGH Mannheim Urt. v. 1.12.1997 – 5 S 1486/96, BeckRS 1997, 129775 = RdL 1998, 206 zum Abschuss von Eichelhähern), ohne dass es dazu einer Aufnahme in die Landesjagdgesetze bedarf (Heider NuR 1985, 94 (96)). Gleichwohl haben einige Länder Konkretisierungen und Einschränkungen vorgenommen. **Bayern, Berlin** und **Thüringen** haben aufgenommen, dass der Jagdschutz auch die Beeinträchtigung des Wildes durch dem Jagdrecht nicht unterliegenden Tierarten bzw. wildlebende Tierarten, soweit sie keinem besonderen Schutz nach Naturschutzrecht unterstellt sind, erfasst (Art. 40 Abs. 1 **BayJG;** § 31 Abs. 1 **LJagdG Bln;** § 40 Abs. 1 **ThJG**). **Hamburg** hat aufgenommen, dass Tiere erlegt werden dürfen, die nicht dem besonderen Schutz des BNatSchG 47 unterstehen, wenn dies zur Abwendung erheblicher Schäden an Kulturen, Viehbeständen, Wäldern, Fischereigebieten und Gewässern oder zum Schutz der Pflanzen und Tiere notwendig ist (§ 22 Abs. 1 Nr. 3 **HmbJagdG**). In **Niedersachsen** besteht eine ausdrückliche Tötungsbefugnis für verwilderte Frettchen (§ 29 Abs. 1 Nr. 3 **NJagdG**).

VI. Pflicht zum Jagdschutz

48 Einige Bundesländer **(Bayern, Berlin, Brandenburg, Hamburg und Thüringen)** haben die Pflicht zur Ausübung des Jagdschutzes gesetzlich angeordnet (Art. 40 Abs. 2 **BayJG;** § 31 Abs. 2 **LJagdG Bln;** § 38 Abs. 2 **BbgJagdG;** § 22 Abs. 2 **HmbJagdG;** § 40 Abs. 2 **ThJG**). Dabei haben die jeweiligen Gesetzgeber an die Aufgaben gedacht, die der Hege oder des Artenschutzes zuzurechnen sind, wie etwa die Wildfütterung. So ist etwa in Thüringen nach § 40 Abs. 3 **ThJG** der Jagdausübungsberechtigte im Rahmen des Jagdschutzes verpflichtet, der unteren Jagdbehörde Nist-, Brut- und Wohnstätten von Wildarten, die nach Naturschutzrecht vom Aussterben bedroht sind, zu melden; ebenso verendete Wildarten dieser Kategorie, die er zwecks Ablieferung bei der der zuständigen Stelle auch der Natur entnehmen darf. Allerdings ist in **Bayern** auch konkret der Schutz des Wildes vor Tieren, dh insbesondere vor Hunden und Katzen, verpflichtend angeordnet (Art. 40 Abs. 2 **BayJG**).

49 Allgemein kann man sagen, dass der **Jagdschutz als Teil der Hegepflicht** nicht nur ein Recht ist, sondern eine Pflicht des Jagdschutzberechtigten darstellt, Wild vor Gefahren aller Art zu schützen. Dagegen kann aber kaum angenommen werden, dass sich die gesetzliche Verpflichtung auch auf das Anhalten eines bewaffneten Wilderers bezieht. Niemand ist im Rahmen des Jagdschutzes verpflichtet, sich selbst in Gefahr zu begeben. Die Einschaltung der Strafverfolgungsbehörden ist ausreichend (v. Pückler, Der Jäger und sein Recht, 3. Aufl. 1996, S. 215). Allgemein wird man sagen können, dass der nicht qualifizierte Jagdschutzberechtigte seiner Verpflichtung zum Jagdschutz gegenüber Straftätern und auch im Fall von Ordnungswidrigkeiten mit der Einschaltung der zuständigen öffentlichen Stellen genügt.

§ 24 Wildseuchen

Tritt eine Wildseuche auf, so hat der Jagdausübungsberechtigte dies unverzüglich der zuständigen Behörde anzuzeigen; sie erläßt im Einvernehmen mit dem beamteten Tierarzt die zur Bekämpfung der Seuche erforderlichen Anweisungen.

Ländervorschriften: § 2 JWMG; § 5 Abs. 3 JWMG; § 4 JWMG; § 8 JWMG; § 31 Abs. 3 JWMG; Art 1 BayJG; Art. 7 BayJG; Art. 29 Abs. 5 BayJG, Art. 33 Abs. 3 und Abs. 4 BayJG; § 26 Abs. 4 LJagdG Bln; § 22 Abs. 3 Nr. 1 LJagdG Bln; § 26 Abs. 1 BbgJagdG; § 29 Abs. 8 S. 4 BbgJagdG; Art. 24 Abs. 1 Nr. 4 BrLJagdG, Art. 36 BrLJagdG; § 26b Abs. 8 HJagdG, § 30 Abs. 6 und Abs. 10 HJagdG, § 39 Abs. 3 Nr. 1 HJagdG; § 43 Abs. 2 MVLJagdG; § 26 Abs. 2 NJagdG; § 24 Abs. 2 LJG-NRW, § 25 Abs. 2 und 7 LJG-NRW; § 23 Abs. 3 und 4 RPLJG, § 33 Abs. 3–5 RPLJG, § 38 RPLJG, § 48 Abs. 2 Nr. 16 RPLJG; § 1 Abs. 3 SJG, § 18 Abs. 1 Nr. 4 SJG, § 26 SJG, § 37 Abs. 4 SJG, § 38 SJG; § 22 Abs. 1 SächsJagdG; § 23 Abs. 4 Sächs-

JagdG; § 27 Abs. 5 SächsJagdG; § 23 Abs. 3 LSALJagdG; § 27 Abs. 2 LSALJagdG; § 12 SHLJagdG, § 24 Abs. 2 SHLJagdG; § 23 ThJG, § 29 Abs. 4 ThJG, § 33 Abs. 2 ThJG, § 49 ThJG.

Übersicht

I. Einleitung

Bei einer Wild- oder Tierseuche handelt es sich nach § 2 TierGesG (Tiergesundheitsgesetz vom 21.11.2018, BGBl. 2018 I 1938) um eine Infektion oder Krankheit, die von einem Tierseuchenerreger unmittelbar oder mittelbar verursacht wird, bei Tieren auftritt und auf Tiere oder Menschen (Zoonosen) übertragen werden kann. Gemäß § 5 Abs. 4 TierGesG bleiben § 24 BJagdG sowie entsprechende landesrechtliche Regelungen jedoch mit der Maßgabe unberührt, dass eine **Anzeige** durch den Jagdausübungsberechtigten auch dann zu erfolgen hat, wenn sich Erscheinungen zeigen, die den Ausbruch einer anzeigepflichtigen Tierseuche befürchten lassen. Insofern gehen die Bestimmungen des neuen Tiergesundheitsgesetzes über die Bestimmungen des § 24 hinaus, da nicht nur kranke Tiere anzuzeigen sind, sondern auch solche, bei denen sich eine Tierseuche befürchten lässt. Hierbei gilt die **Anzeigepflicht** auch für Personen, die zur Jagdausübung befugt sind, ohne Jagdausübungsberechtigte zu sein. Der § 24 ist somit eine zusätzliche nationale Rechtsvorschrift, die den Jagdausübungsberechtigten neben den Vorschriften des Tiergesundheitsgesetzes zur unverzüglichen Anzeige verpflichtet. Die aufgrund einer Anzeige erforderlichen Anweisungen und Maßnahmen ergeben sich seit dem 21.4.2021 aus dem **EU-Tiergesundheitsrecht** (AHL), den Bestimmungen der ergänzenden delegierten Rechtsakten und den vorhandenen Durchführungsrechtsakten. 1

II. Landesrechtliche Vorschriften

2 Die landesrechtlichen Vorschriften lassen sich in Ziele bezüglich der Tiergesundheit und des Tierschutzes, in Vorgaben zur Anzeigepflicht und in Einschränkungen oder Erweiterungen aus Gründen der Tierseuchenbekämpfung und des Tierschutzes einteilen.

Ziele der Landesgesetze bezüglich Tiergesundheit und Tierschutz
Baden-Württemberg: Ziele nach **§ 2 JWMG** sind es, die Jagd als naturnahe und nachhaltige Nutzungsform des Grundeigentums und als Kulturgut unter Berücksichtigung der berührten öffentlichen und privaten Belange, insbesondere der Belange des **Tier- und Naturschutzes** und der **Tiergesundheit,** zu erhalten und weiter zu entwickeln und die Belange des **Tierschutzes** aus der besonderen Verantwortung für das Tier als Mitgeschöpf in allen Bereichen der Jagd und des Wildtiermanagements, insbesondere den nach **Tierschutzrecht gebotenen vernünftigen Grund** für das Töten von Tieren, zu berücksichtigen. Nach **§ 5 Abs. 3 JWMG** trägt die Jagd insbesondere dazu bei, dem Entstehen und Ausbreiten von Tierseuchen entgegenzuwirken. Nach **§ 8 JWMG** ist unter **Weidgerechtigkeit** ist die gute fachliche Praxis der Jagdausübung zu verstehen. Eine Jagdausübung ist nur weidgerecht, wenn sie allen rechtlichen Vorgaben sowie allen allgemein anerkannten, geschriebenen oder ungeschriebenen Regelungen und gesellschaftlichen Normen zur Ausübung der Jagd, insbesondere im Hinblick auf den **Tierschutz,** die **Tiergesundheit,** den **Schutz der natürlichen Lebensgrundlagen,** das Verhalten gegenüber anderen Inhaberinnen und Inhabern des Jagdrechts, **jagdausübungsberechtigten Personen** und der **Bevölkerung** sowie im Hinblick auf die **Jagdethik,** entspricht.
Bayern: Nach **Art. 1 BayJG** liegt der der Zweck des Gesetzes auf dem Erhalt eines artenreichen und gesunden Wildbestandes und die jagdlichen Interessen mit den sonstigen öffentlichen Belangen, insbesondere mit den Belangen der Landeskultur, des Naturschutzes und der Landschaftspflege, auszugleichen.
Wesentliche Vorgaben zur Anzeigepflicht
Baden-Württemberg: § 4 JWMG regelt Anzeige- und Ablieferungspflichten für jagdausübungsberechtigte Personen.
Bayern: Nach **Art. 7 BayJG** hat der Jagdausübungsberechtigte, dem die Ausübung des Jagdrechts in einem Jagdrevier zusteht, auch die Verpflichtung als verantwortlicher Revierinhaber den Jagdschutz auszuüben. Auch Mitpächter oder mehrere für ein Jagdrevier verantwortliche Personen sowie Bevollmächtigte haben gegenüber der Jagdbehörde in allen die Jagdausübung in dem Jagdrevier betreffenden Angelegenheiten zur Abgabe und Entgegennahme von Erklärungen eine Verpflichtung.

Berlin: Ist im Einzelfall das sofortige Erlegen unerlässlich, um vermeidbare Schmerzen und Leiden zu verhindern, so ist das Jagen nach **§ 26 Abs. 4 LJagdG Bln** auch in Schonzeiten erlaubt. Der Jagdausübungsberechtigte hat den Abschuss der Jagdbehörde unverzüglich unter Angabe der Art der Erkrankung oder Verletzung mitzuteilen und ihr auf Verlangen das erlegte Wild vorzuzeigen.

Einschränkungen oder Erweiterungen aus Gründen der Tierseuchenbekämpfung und des Tierschutzes

Baden-Württemberg: Aus Gründen der **Tierseuchenbekämpfung** und des **Tierschutzes** wird die oberste Jagdbehörde nach **§ 31 Abs. 3 JWMG** ermächtigt, die **sachlichen Verbote des § 31 Abs. 1 JWMG** durch Rechtsverordnung zu erweitern oder einzuschränken. Unter den gleichen Voraussetzungen können die Verbote auch durch Einzelanordnung der obersten Jagdbehörde eingeschränkt und Ausnahmen zugelassen werden. Einschränkungen und Ausnahmen sind nur unter Beachtung der Vorgaben des § 9 JWMG zulässig.

Bayern: Nach Art. 29 Abs. 5 **BayJG** ist das zuständige Ministerium in Bayern ermächtigt, die Verbote des § 19 Abs. 1 aus Gründen der **Wildseuchenbekämpfung** einzuschränken. Nach Art. 33 Abs. 3 **BayJG** können die höhere Jagdbehörde und nach Art. 33 Abs. 4 **BayJG** das zuständige Ministerium entsprechende Rechtsverordnungen erlassen.

Berlin: Die Jagdbehörde wird nach **§ 22 Abs. 3 Nr. 1 LJagdG Bln** ermächtigt, die Verbote des **§ 19 Abs. 1 BJagdG mit Ausnahme der Nr. 16** aus Gründen der **Wildseuchenbekämpfung** einzuschränken.

Brandenburg: Die oberste Jagdbehörde kann gemäß § 22 Abs. 1 S. 3 BJagdG für bestimmte Gebiete oder für einzelne Jagdbezirke aus Gründen der Wildseuchenbekämpfung zur Beseitigung kranken und kümmernden Wildes die Schonzeiten aufheben. Das für das Jagdwesen zuständige Mitglied der Landesregierung wird nach **§ 26 Abs. 1 BbgJagdG** ermächtigt, die Verbote des § 19 Abs. 1 aus besonderen Gründen, insbesondere der Wildseuchenbekämpfung, einzuschränken. Die Erlegung von krankem oder kümmerndem Wild außerhalb der Jagdzeiten sowie innerhalb der Jagdzeiten über den Abschussplan hinaus ist nach **§ 29 Abs. 8 S. 4 BbgJagdG** der unteren Jagdbehörde unter Angabe der Art der Erkrankung oder Verletzung unverzüglich mitzuteilen.

Bremen: In Bremen ermächtigt in **Art. 24 Abs. 1 BrLJagdG** die Landesjagdbehörde, zur Wildseuchenbekämpfung Schonzeiten aufzuheben. In Art. 36 Abs. 1 BrLJagdG ist die Jagdbehörde zuständige Behörde iSd BJagdG. Nach Art. 36 Abs. 2 BrLJagdG hat der Revierinhaber erkennbar seuchenverdächtiges Wild, das erlegt wurde, um ihm Qualen zu ersparen oder um die Ausbreitung von Seuchen zu verhindern, der Jagdbehörde innerhalb von 25 Stunden zu melden und auf Verlangen zur Untersuchung vorzulegen. In Art. 36 Abs. 3 BrLJagdG wird die unschädliche Beseitigung und ordnungsgemäße Aufbewahrung von erlegtem und verendetem seu-

chenverdächtigen Wild geregelt. Diese Vorschrift bleibt bezüglich des Adressaten der Meldung und der zu beachtenden Frist von bis zu 24 Stunden unter den restriktiveren Anforderungen des Tiergesundheitsgesetzes.
Hessen: In Hessen regelt **§ 26b Abs. 8 HJagdG** den Abschuss, wobei aus Gründen der Wildseuchenbekämpfung die oberste Jagdbehörde die Schonzeiten aufheben bzw. Ausnahmen von § 19 zulassen kann. Nach **§ 30 Abs. 6 HJagdG** kann die Jagdbehörde im Einvernehmen mit der Veterinärbehörde die Ausbringung zugelassener artgerechter Futtermittel zulassen und die Verabreichung von Arzneimitteln, wenn es zur Bekämpfung von Wildkrankheiten und Wildseuchen erforderlich ist, nach **§ 30 Abs. 10 HJagdG** gestatten. Für die Aufhebung der Schonzeiten aus besonderen Gründen der Wildseuchenbekämpfung ist nach **§ 39 Abs. 3 HJagdG** die oberste Jagdbehörde zuständig.
Mecklenburg-Vorpommern: Nach **§ 43 Abs. 2 MVLJagdG** ist in Mecklenburg-Vorpommern die Jagdbehörde zuständige Behörde iSd § 24, bei kreisübergreifenden Wildseuchen ist es die oberste Jagdbehörde.
Niedersachsen: In Niedersachsen ermächtigt in **§ 26 Abs. 2 NJagdG** die Jagdbehörde, die Schonzeiten zur Wildseuchenbekämpfung aufzuheben.
Nordrhein-Westfalen: In Nordrhein-Westfalen kann die untere Jagdbehörde nach **§ 24 Abs. 2 LJG-NRW** insbesondere aus Gründen der Wildseuchenbekämpfung die Schonzeiten für bestimmte Gebiete oder einzelne Jagdbezirke aufheben. Nach **§ 25 Abs. 2 LJG-NRW** kann die untere Jagdbehörde im Einvernehmen mit dem zuständigen Veterinäramt Ablenkungsfütterungen für Schwarzwild genehmigen. Nach **§ 25 Abs. 7 LJG-NRW** kann die untere Jagdbehörde im Einzelfall im Einvernehmen mit dem Amtstierarzt die erforderlichen Anordnungen treffen, um das Auftreten oder die Ausbreitung von Wildseuchen zu verhindern.
Rheinland-Pfalz: In Rheinland-Pfalz regelt in **§ 23 RPLJG** die sachlichen Verbote, von denen die obere Jagdbehörde, insbesondere aus Gründen der Bekämpfung von Tierseuchen, Ausnahmen zulassen kann. In **§ 23 Abs. 4 RPLJG** kann die untere Jagdbehörde aus Gründen der Bekämpfung von Tierseuchen das Erlegen während der Nachtzeit bei dem unter Nr. 1 aufgeführtem Wild und unter Verwendung von künstlichen Lichtquellen bei Schwarzwild und Wildkaninchen anordnen. In **§ 33 RPLJG** sind die Obliegenheiten beim Jagdschutz und die Bekämpfung von Tierseuchen bei Wild näher geregelt. Nach **§ 33 Abs. 3 RPLJG** ist der Jagdausübungsberechtigte, so wie es auch im Tiergesundheitsgesetz geregelt ist, zur Mithilfe bei der Bekämpfung von Tierseuchen bei Wild verpflichtet. Nach **§ 33 Abs. 4 RPLJG** hat der Jagdausübungsberechtigte das Auftreten einer Tierseuche unverzüglich der zuständigen unteren Veterinärbehörde anzuzeigen. Das Tiergesundheitsgesetz, das als höherrangig anzusehen ist, geht in seinen Vorschriften deutlich weiter, da § 4 Abs. 5 S. 2 TierGesG fordert, dass die Anzeigepflicht nach § 4 Abs. 1 TierGesG auch für Personen, die zur Jagdausübung befugt sind, gilt, ohne Jagdausübungsberechtigte zu sein. Nach **§ 33 Abs. 5 RPLJG** ist erlegtes oder verendetes seuchenverdächtiges Wild,

das nicht einer weiteren Untersuchung zugeführt wird, was nach Rücksprache mit der zuständigen Veterinärbehörde festzulegen ist, von einer in § 33 Abs. 2 RPLJG genannten Person unverzüglich unschädlich zu beseitigen. Nach **§ 38 Abs. 1 RhPfLJG** kann die zuständige Behörde die Verringerung des Wildbestandes anordnen, wenn es zur Bekämpfung von Tierseuchen notwendig ist. Ordnungswidrig nach **§ 48 Abs. 2 Nr. 16 RPLJG** handelt, wer vorsätzlich oder fahrlässig entgegen § 33 Abs. 4 RPLJG das Auftreten einer Tierseuche bei Wild nicht unverzüglich der zuständigen Behörde anzeigt oder den Anweisungen der zuständigen Behörde zur Bekämpfung der Tierseuche bei Wild nicht Folge leistet oder nicht unverzüglich unschädlich beseitigt. Nach Abs. 4 kann die Ordnungswidrigkeit mit einer Geldbuße bis zu fünftausend Euro geahndet werden.

Saarland: Das saarländische Jagdgesetz hält die Jagdausübung für zulässig, wenn sie aus einem vernünftigen Grund geschieht. Dies ist insbesondere dann der Fall, wenn sie der Vorbeugung und Bekämpfung von Tierseuchen dient. Diese Bestimmung kommt insofern dem Ziel des neuen Tiergesundheitsgesetzes sehr nahe, weil es nicht nur die Bekämpfung von Tierseuchen, sondern auch die Vorbeugung von Tierseuchen bereits beinhaltet. In **§ 18 SJG** wird festgelegt, dass die Jagdabgabe auch für Maßnahmen zur Verhütung und Bekämpfung von Krankheiten des Wildes, die auf den Menschen (Zoonose) oder in der Obhut des Menschen gehaltene Tiere (landwirtschaftliche Nutztiere) übertragbar sind, zweckgebunden zu verwenden ist. Nach **§ 26 SJG** ist seuchenverdächtiges Wild, sofern es nicht zu Untersuchungszwecken benötigt wird, vom Jagdausübungsberechtigten unschädlich zu beseitigen. In befriedeten Bezirken ist seuchenverdächtiges Wild vom Aneignungsberechtigten zu beseitigen. In **§ 37 Abs. 4 SJG** ist geregelt, dass die oberste Jagdbehörde den Abschuss während der Schonzeit anordnen kann, um die weitere Ausbreitung von Seuchen zu verhindern. Nach **§ 38 SJG** erlässt die oberste Jagdbehörde im Einvernehmen mit einem beamteten Tierarzt des zuständigen Ministeriums die notwendigen Anweisungen zur Bekämpfung von Wildseuchen.

Sachsen: In Sachsen regelt **§ 22 SächsJagdG** Ausnahmen von Jagd- und Schonzeiten. Die Jagdbehörde kann im Einzelfall insbesondere aus Gründen der Wildseuchenbekämpfung Schonzeiten aufheben. In Sachsen-Anhalt gibt **§ 23 Abs. 4 SächsJagdG** der oberen Jagdbehörde die Möglichkeit, aus Gründen der Tierseuchenbekämpfung Ausnahmen von den Verboten des § 23 SächsJagdG zuzulassen. Gemäß **§ 27 Abs. 2 Nr. 2 SächsJagdG** kann die obere Jagdbehörde durch Verordnung Schonzeiten zur Wildseuchenbekämpfung aufheben.

Sachsen-Anhalt: Nach **§ 23 Abs. 3 LSALJagdG** wird die oberste Jagdbehörde ermächtigt, durch Verordnung aus Gründen der Jagdpflege, **zur Vorbeugung von Tierseuchen** und deren Bekämpfung oder zur Vermeidung von Schäden die Verbote der Absätze 1 und 2 sowie die Verbote des § 19 Abs. 1 des Bundesjagdgesetzes einzuschränken. Nach **§ 27 Abs. 2 LSLJagdG** wird die obere Jagdbehörde ermächtigt, zur Beseitigung kranken oder kümmernden Wildes, **zur Wildseuchenbekämpfung,** aus Gründen der Wildhege oder Landeskultur bei Störungen des biologischen

Gleichgewichts oder zur Vermeidung von übermäßigen Wildschäden die Schonzeiten aufzuheben.
Schleswig-Holstein: In Schleswig-Holstein regelt **§ 12 SHLJagdG,** dass vorläufige Maßnahmen zur Ausübung und zum Schutz der Jagd auch **iSd § 24 BJagdG** angeordnet werden können. Nach **§ 24 Abs. 2 SHLJagdG** kann die Jagdbehörde nach pflichtgemäßem Ermessen zur Vorbeugung und Bekämpfung von Wildseuchen Ausnahmen vom Bejagungsverbot in § 22 Abs. 4 S. 1 in Verbindung mit S. 2 BJagdG zulassen.
Thüringen: Die oberste Jagdbehörde in Thüringen kann nach **§ 23 ThJG** Rechtsverordnungen zum Schutz von krankem und verletztem Wild erlassen. Durch **§ 29 Abs. 6 ThJG** wird die oberste Jagdbehörde ermächtigt, im Einvernehmen mit dem für Tierschutz und Tierseuchenbekämpfung zuständigen Ministerium die Verbote des § 19 Abs. 1 BJagdG zu erweitern oder aus besonderen Gründen, insbesondere zur Wildseuchenbekämpfung, aus Gründen der Landeskultur, zur Erlegung kranken oder kümmernden Wildes, zur Vermeidung von übermäßigen Wildschäden, zu Wissenschafts-, Lehr- und Forschungszwecken oder bei Störung der Funktionsfähigkeit des Naturhaushaltes einzuschränken. Die oberste Jagdbehörde kann auch im Einvernehmen mit dem für Tierschutz und Tierseuchenbekämpfung zuständigen Ministerium Schonzeiten nach § 22 Abs. 1 Satz 3 Hs. 2 BJagdG aus Gründen der Tierseuchenbekämpfung für bestimmte Gebiete oder für einzelne Jagdbezirke aufheben. nach **§ 33 Abs. 2 und 3 ThJG** die Schonzeiten aufzuheben und nach **§ 49 ThJG** die Überwachung des Wildhandels zu regeln.

Tabelle: Vorschriften der Landesjagdgesetze zur Tierseuchenbekämpfung und zum Tierschutz

III. Tiergesundheitsrecht der EU

3 Im März 2016 haben das Europäische Parlament und der Rat die VO (EU) 2016/429 (ABl. 2016 L 84, 1) über übertragbare Tierseuchen (**„AHL“** – **A**nimal **H**ealth **L**aw) angenommen. Sie gilt seit dem 21.4.2021. Die Verordnung hat das Ziel, Tierseuchen, die auf andere Tiere oder den Menschen übertragbar sind, zu verhüten oder zu bekämpfen. Das Tiergesundheitsrecht war Teil eines Maßnahmenpakets, das die Kommission im Mai 2013 vorgeschlagen hatte, um die Durchsetzung der Gesundheits- und Sicherheitsstandards für die gesamte Agrar- und Lebensmittelkette zu stärken. Die Verordnung ersetzt und erweitert bestehende EU-Vorschriften und bündelt sie in einer Verordnung. Kontrollen und Vollzugsmaßnahmen erfolgen primär auf den Vorschriften des AHL sowie der entsprechenden delegierten Verordnungen und Durchführungsverordnungen. Nationale Vorschriften kommen dann zur Anwendung, wenn dies ausdrücklich erwähnt ist. Die Anpassung des nationalen Tiergesundheitsrechts an das EU-Tiergesundheitsrecht steht noch aus und findet in mehreren Arbeitsschritten auf Bund-Länder-Ebene statt.

4 Die Gewährleistung der **wirksamen Kontrollen** basieren auf Art. 5 Abs. 1 VO (EU) 2017/625 und Art. 12 VO (EU) 2017/625 (ABl. 2017 L

95, 1) des Europäischen Parlaments und des Rates über amtliche Kontrollen und andere amtliche Tätigkeiten zur Gewährleistung der Anwendung des Lebens- und Futtermittelrechts und der Vorschriften über Tiergesundheit und Tierschutz, Pflanzengesundheit und Pflanzenschutzmittel **(„OCR“ – Official Controls Regulation). Nationale Monitoringprogramme,** die bei bestimmten gelisteten Seuchen eingesetzt werden, haben zum Ziel, die Aufrechterhaltung des Status „seuchenfrei“ von bestimmten gelisteten Seuchen zu erfassen. Hierzu zählen insbesondere die Afrikanische Schweinepest, die hochpathogene aviäre Influenza, die Blauzungenkrankheit, die Tollwut und die Aujeszkysche Krankheit.

Eine Abbildung zum **Aufbau des AHL** ist auf der Homepage der EU-Kommission anschaulich dargestellt (https://food.ec.europa.eu/document/download/6c737c7f-5887-4df8-a41f-c28af586f12b_en?filename=ah_ahl_qandas_6_umbrella.pdf&prefLang=de, zuletzt abgerufen am 4.8.2024). 5

Die Verordnung gliedert sich in neun Teile und fünf Anhänge mit 283 Artikeln und beinhaltet, wie der Abbildung zu entnehmen ist, Regelungen für Landtiere und Wassertiere. Wesentliche Punkte der Verordnung sind die Erfassung der Tierseuchen, die Kategorisierung der Tierseuchen, die Früherkennung und die Meldung von Tierseuchen, die Berichterstattung darüber, die Überwachungs- und Tilgungsprogramme, die Seuchenprävention durch geeignete Biosicherheitsmaßnahmen, die Vorbereitung für den Fall eines Ausbruchs, die Registrierung von Tieren und tierischen Erzeugnissen und die Seuchenbekämpfung und die Seuchentilgung. Nach Art. 18 Abs. 1 Nr. lit. a VO (EU) 2016/429 haben die Mitgliedstaaten sicherzustellen, dass natürliche oder juristische Personen bei begründetem Verdacht oder bei Nachweis einer gelisteten Seuche, wie der afrikanischen Schweinepest oder der hochpathogenen aviären Influenza, bei gehaltenen Tieren, die von Menschen gehalten werden und bei wild lebenden Tieren, die keine gehaltenen Tiere sind, dies **unverzüglich** der zuständigen Behörde zu melden. Bei gelisteten Seuchen handelt es sich um Seuchen gem. Art. 5 Abs. 1 des AHL. 6

Nach Art. 18 Abs. 1 lit. b VO (EU) 2016/429 ist bei begründetem Verdacht auf eine gelistete Seuche gem. Art. 9 Abs. 1 lit. e VO (EU) 2016/429, bei der es sich nicht um eine Seuche gem. Art. 9 Abs. 1 lit. a VO (EU) 2016/429 handelt oder bei Nachweis einer solchen Seuche bei Tieren dies **so bald wie möglich** der zuständigen Behörde zu melden. Das niedersächsische Ministerium für Ernährung, Landwirtschaft und Verbraucherschutz sowie das Niedersächsische Landesamt für Verbraucherschutz und Lebensmittelsicherheit (LAVES) haben auf ihren Internetseiten (https://www.laves.niedersachsen.de) ein Infoblatt „Anwendung des AHL ab 21.4.2021“ in Bezug auf Aquakultur und Wassertiere sowie auf Landtiere veröffentlicht. 7

IV. Wild- und Tierseuchen

1. Einleitung

Die Entstehung und Verteilung von Krankheiten, die sich räumlich und zeitlich ausbreiten können und aus einer Einzeltiererkrankung zu einer Seuche werden können, unterliegen epidemiologischen Fragen. Die Prozesse, die hierbei bisher festgestellt wurden, sind zwischen Haus- und Wildtieren 8 nicht in allen Punkten deckungsgleich. In der Wildtierpopulation hängen die Verlaufsformen der Infektionskrankheiten von den jeweils bestehenden geographischen, klimatischen und ökologischen Bedingungen ab. Eine überhöhte Wilddichte, eine wachsende Nahrungskonkurrenz und die generelle Schwierigkeit bei der Bekämpfung von Wildkrankheiten und -seuchen kennzeichnen die Situation in der Wildtierpopulation (Dedek, Wildhygiene, 1994, S. 42–47).

2. Veröffentlichung relevanter Tierseuchen

9 Das Friedrich-Loeffler-Institut ist nach § 27 Abs. 2 Nr. 3 TierGesG zuständig für die Beobachtung der weltweiten Tiergesundheitssituation im Hinblick auf die Gefahr der Einschleppung von Tierseuchenerregern durch lebende Tiere oder Erzeugnisse in das Inland und stellt im Rahmen seiner Aufgabenwahrnehmung als **nationales Referenzlabor** für unverzüglich zu meldende Seuchen bzw. anzeigepflichtige Tierseuchen das Vorliegen einer Gefahr oder eines Risikos für die Tiergesundheit fest. Im **Radar Bulletin** werden die wichtigsten Tierseuchen zusammengestellt und bewertet. Das Radar Bulletin wird vom schweizerischen Bundesamt für Lebensmittelsicherheit und Veterinärwesen (BLV) in Zusammenarbeit mit dem Friedrich-Loeffler-Institut (FLI) erstellt und ist auf der Homepage des FLI (www.fli.de) in einer öffentlichen Ausgabe einzusehen. Tagesaktuelle Fallzahlen sind im **TierSeuchenInformationsSystem** (TSIS) einzusehen (https://tsis.fli.de/).

3. Afrikanische Schweinepest (ASP)

10 **a) Einleitung.** Bei der **Schweinepest** unterscheidet man zwischen der Klassischen und der Afrikanischen Schweinepest. Die **Afrikanische Schweinepest (ASP)** ist eine anzeigepflichtige Tierseuche, von der Haus- und Wildschweine betroffen sind. In den afrikanischen Ursprungsländern übertragen Lederzecken das Virus der ASP bei Warzen- und Pinselohrschweinen, wobei diese bei einer Infektion nicht erkranken. Ein EU-finanziertes Forschungsprojekt mit dem Titel **„African Swine Fever pathogenesis and immune responses in Resistant And Susceptible Hosts"** führt das Friedrich-Loeffler-Institut (FLI) mit dem Ziel, die Ursache für die unterschiedliche Empfänglichkeit verschiedener Schweinearten als Studienergebnis präsentieren zu können, durch. Quelle: https://www.fli.de/de/aktuelles/kurznachrichten/neues-einzelansicht/grundlagenforschung-zur-afrikanischen-schweinepest-warum-erkranken-warzen-und-pinselohrschweine-nicht/ (zuletzt abgerufen am 4.8.2024).

11 Lederzecken spielen jedoch in Mitteleuropa keine Rolle. Hier erfolgt eine Übertragung durch direkten Kontakt mit infizierten Tieren (Sekrete, Blut, Sperma), die Aufnahme von Speiseabfällen oder Schweinefleischerzeugnissen bzw. -zubereitungen sowie andere indirekte Übertragungswege (Fahrzeuge, kontaminierte Ausrüstungsgegenstände einschließlich Jagdausrüstung, landwirtschaftlich genutzte Geräte und Maschinen, Kleidung). Der Kontakt mit Blut ist der effizienteste **Übertragungsweg.** Nach einer Infektion entwickeln die Tiere sehr schwere, aber unspezifische Allgemeinsymptome. Die ASP ist keine **Zoonose,** also zwischen Tier und Mensch übertragbare Infektionskrankheit, und daher für den Menschen ungefährlich. Bei dem Virus handelt es sich um ein DNA-Virus aus der Familie der **Asfarviridae,** es ist hochkontagiös und durch direkten Tierkontakt oder über Zeckenstiche über-

tragbar. Wildschweine zeigen eine verringerte Fluchtbereitschaft und halten sich aufgrund des hohen Fiebers und der allgemeinen Schwäche häufig in Suhlen auf. Klinisch und pathologisch-anatomisch kann die ASP nicht von der KSP unterschieden werden, so dass spezielle Untersuchungen im Labor erforderlich sind. Aktuelle Informationen zur ASP, insbesondere zur Charakterisierung der Infektion, zur Ausbreitung der ASP in Deutschland und Europa und zu Empfehlungen für Jäger sind auf der Homepage des FLI erhältlich. Quelle: https://www.fli.de/de/aktuelles/tierseuchengeschehen/afrikanische-schweinepest/ (zuletzt abgerufen am 4.8.2024).

b) ASP-Situation in Deutschland und Europa (Stand: 31.3.2024). In Deutschland war die erste Feststellung der ASP bei Wildschweinen war am 10.9.2020 im Landkreis Oder-Spree in Brandenburg. Auch in Sachsen wurde der erste Fall am 31.10.2020 und in Mecklenburg-Vorpommern am 24.11.2021 nachgewiesen. In Hessen wurde erstmals am 15.6.2024 und auch in Rheinland-Pfalz am 8.7.2024 ein Wildschwein positiv auf ASP getestet. 12

Die **ASP-Situation in Deutschland und Europ**a veranschaulichen die Karten des FLI, die wöchentlich aktualisiert werden. Die Europakarte zeigt die Lokalisation der seit 1.1.2021 an das ADNS gemeldeten Fälle von Afrikanischer Schweinepest in Osteuropa in Hausschweinebetrieben (rote Punkte) und Wildschweinen (blaue Punkte). Fälle und Ausbrüche werden jeweils für die vergangenen zwölf Monate dargestellt, wobei die neu aufgetretenen Fälle der letzten vier Wochen in Farbe und die länger zurückliegenden in Grautönen dargestellt sind. Quelle: (https://www.fli.de/de/aktuelles/tierseuchengeschehen/afrikanische-schweinepest/karten-zur-afrikanischen-schweinepest/ (zuletzt abgerufen am 22.10.2024). 13

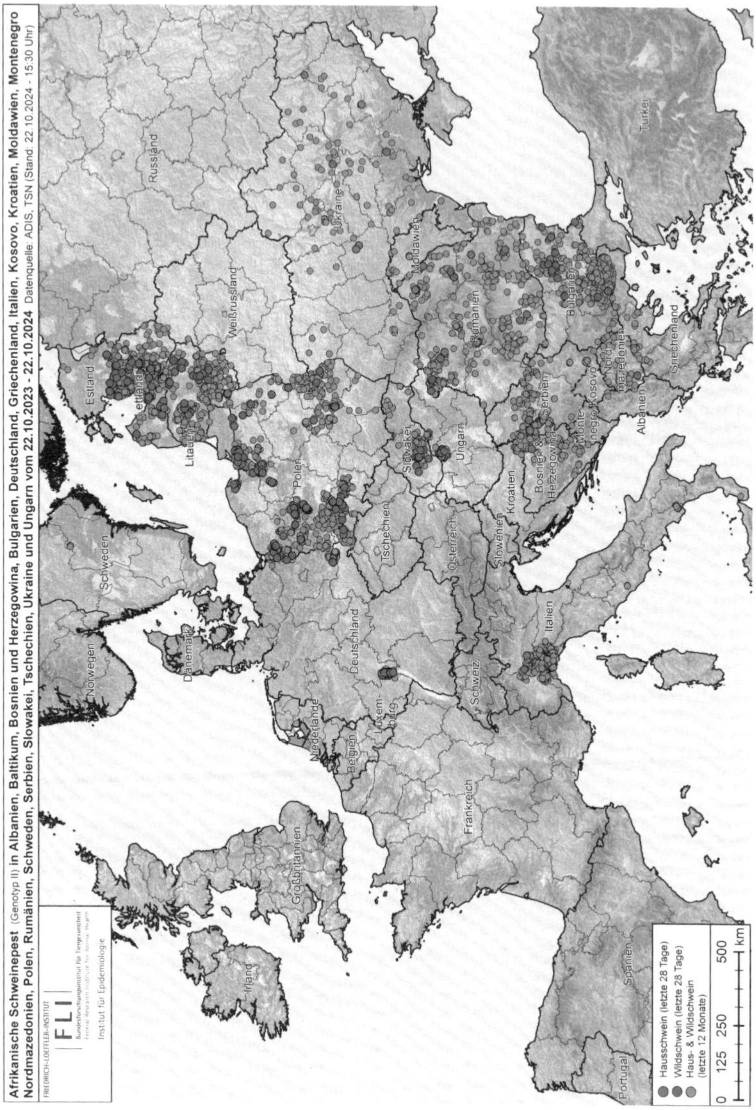

14 Aktuelle Informationen zum Tierseuchengeschehen können in der jeweils letzten Ausgabe des monatlich erscheinenden Radar Bulletin auf der Internetseite des FLI abgerufen werden. Tagesaktuelle Fallzahlen sind im Tierseuchennachrichtensystem TSIS nachzulesen.

Weiterführende Links:

- Radar Bulletin: https://www.fli.de/de/publikationen/radar-bulletin/
- Tierseuchengeschehen: https://www.fli.de/de/aktuelles/tierseuchengeschehen/afrikanische-schweinepest/
- TSIS: https://tsis.fli.de/Reports/Info.aspx

c) Rechtliche Bestimmungen zur Afrikanischen Schweinepest. Mit der **VO (EU) 2016/429** wurde ein Rechtsrahmen für die Prävention und Bekämpfung von Seuchen geschaffen, die auf Tiere oder Menschen übertragbar sind. Die Afrikanische Schweinepest fällt in der genannten Verordnung in Verbindung mit der Durchführungsverordnung (EU) 2018/1882 unter die Definition einer gelisteten Seuche nach den Kategorien A, D, E mit festgelegten Präventions- und Bekämpfungsvorschriften. Nach Anh. IV Durchführungsverordnung (EU) 2023/594 der Kommission vom 16.3.2023 (ABl. 2023 L 79, 65) mit besonderen Seuchenbekämpfungsmaßnahmen in Bezug auf die Afrikanische Schweinepest (ASP) und zur Aufhebung der Durchführungsverordnung (EU) 2021/605 sind auch spezielle Mindestanforderungen an **nationale Aktionspläne** für Wildschweine zum Zweck der Verhütung der Ausbreitung der ASP in der Union zu beachten. Diese Mindestanforderungen umfassen insbesondere: 15

1. die strategischen Ziele und Prioritäten eines nationalen Aktionsplans,
2. eine Schätzung der Größe der Wildschweinpopulation in dem jeweiligen Mitgliedstaat,
3. eine Beschreibung des Jagdmanagements,
4. Ziele und der Mittel für eine angemessene Kontrolle und erforderlichenfalls Reduzierung der Wildschweinpopulation,
5. eine Kommunikationsstrategie für Jäger,
6. eine Beschreibung gezielter Sensibilisierungs- und Schulungskampagnen zur Afrikanischen Schweinepest.

Mit den **ASP-Leitlinien** der Kommission wurden am 18.12.2023 Leitlinien für die Prävention, Bekämpfung und Tilgung der Afrikanischen Schweinepest in der Union bekanntgemacht (ABl. C 2023/1504). Die Leitlinie soll den Mitgliedstaaten eine Anleitung zu den verfügbaren Instrumenten für die Prävention, Bekämpfung und Tilgung der ASP geben. Neben den Maßnahmen zur Verhütung, Bekämpfung und Tilgung der ASP bei gehaltenen Schweinen sind auch umfangreiche Maßnahmen bei Wildschweinen in der Leitlinie festgehalten. Diese Maßnahmen enthalten Informationen zum Ködern, zum Schutz vor biologischen Gefahren in den betroffenen Gebieten und bei der Jagd, zur Erhebung der wichtigsten Daten, zur Zusammenarbeit zwischen den zuständigen Behörden, den Jägern und Forstverwaltungen, der Verringerung der Wildschweinpopulation (Keulung) und der Einrichtung von weißen Zonen. Weiße Zonen könnten in Angrenzung an ein ASP-Sperrgebiet eingerichtet werden, um die Ausbreitung der ASP in der Wildschweinpopulation noch wirksamer zu begrenzen. 16

Weitere Maßnahmen nach der ASP-Leitlinie stellen Einfriedungen durch feste Zäune oder Elektrozäune in begrenzten Kern-Infektionsgebieten dar, um die Ausbreitung aus infizierten Kerngebieten zu verhindern. Die Leitlinie enthält Aussagen zur Bejagung, zur Suche nach verendeten Wildschweinen, zur Zugangsbeschränkung zu infizierten Zonen, zur Einschränkung der Zufütterung, zur Fallenjagd und zur Probenahme und Untersuchung von verendet aufgefundenen Wildschweinen. 17

Auch Maßnahmen in verschiedenen Gebieten oder Sperrzonen sind in Kap. III Nr. 3 ASP-Leitlinie für ASP-freie Gebiete, die nicht an eine Sperrzone angrenzen, für ASP-freie Gebiete, die an gelistete Sperrzonen angrenzen, für neu infizierte Zonen und für große Sperrzonen, die bedeutenden infizierten Zonen entsprechen, beschrieben. In Kap. IV ASP-Leitlinie sind 18 die Grundsätze und Kriterien für die geografische Festlegung einer **ASP-Regionalisierung** in der EU enthalten.

19 In Anh. I ASP-Leitlinie sind wichtige Botschaften für Sensibilisierungskampagnen in den Mitgliedstaaten aufgeführt, die die Überwachung und Meldung intensivieren und die Präventionspraxis verbessern soll. Ebenfalls sind die wichtigsten Botschaften und Kommunikationsmittel für Tierärzte, Landwirte, Jäger und die allgemeine Öffentlichkeit im Anh. I ASP-Leitlinie nachzulesen.

20 Anh. II ASP-Leitlinie enthält Maßnahmen zum Schutz vor biologischen Gefahren für Jäger und für Personal, das nach Wildschweinkörpern sucht und mit ihnen umgeht. Dies bedeutet, dass in jedem Jagdrevier geeignete Einrichtungen vorhanden sein sollten, in denen Reinigungs- und Desinfektionsmaßnahmen durchgeführt werden können, die über eine geeignete Kühlmöglichkeit verfügen und eine Möglichkeit zum Sammeln von tierischen Nebenprodukten haben.

21 Die **Probenahme bei Wildschweinen** und die Beseitigung von Wildschweinkörpern in den betroffenen Mitgliedstaaten wird in Anh. III ASP-Leitlinie beschrieben. Hierbei wird bei der Probenahme zwischen einer passiven und aktiven Überwachung unterschieden. Unter einer passiven Überwachung wird eine risikobewertete Probenahme bei verendet aufgefundenen und erkrankten Wildschweinen verstanden, während die Überwachung der erlegten Wildschweine über Blutproben oder -proben eine aktive Überwachung im Sinne der Leitlinie darstellt. Die Suche nach Tierkörpern und die zügige Beseitigung von Wildschweinekörpern in den Sperrzonen in Verbindung mit der ordnungsgemäßen Bergung und Verbringung in eine Tierkörperbeseitigungsanstalt stellt eine wesentliche Maßnahme zur Eindämmung der Seuche in den betroffenen Gebieten dar.

22

Rechtsvorschriften (Kurzfassung)/Fundstelle	Ziel/Bemerkungen
VO (EU) 2016/429 vom 9.3.2016 zu Tierseuchen und zur Änderung und Aufhebung einiger Rechtsake im Bereich der Tiergesundheit, ABl. 2016 L 84, 1	Tiergesundheitsrecht (AHL) Horizontaler Rechtsrahmen für die Tiergesundheit in der EU
Delegierte VO (EU) 2020/687 vom 17.12.2019, ABl. 2020 L 174, 64	ergänzende Vorschriften zur Seuchenprävention und -bekämpfung
Durchführungsverordnung (EU) 2023/594 vom 16.3.2023, ABl. 2023 L 79, 65	besondere Maßnahmen zur Bekämpfung der ASP (Zoneneinteilungsmaßnahmen)

Tabelle: wichtige Rechtsvorschriften zur ASP

Weiterführende Links:

- https://www.fli.de/de/aktuelles/tierseuchengeschehen/afrikanische-schweinepest/ (zuletzt abgerufen am 4.8.2024)
- https://www.bmel.de/DE/themen/tiere/tiergesundheit/tierseuchen/asp.html (zuletzt abgerufen am 4.8.2024)

4. Hochpathogene Aviären Influenza

Bei der hochpathogenen Aviären Influenza (HPAI) handelt es sich um eine infektiöse Viruserkrankung von Vögeln, die schwerwiegende Auswirkungen auf die Rentabilität von Geflügelhaltungsbetrieben haben und zu Störungen des Handels innerhalb der Union sowie der Ausfuhren in Drittländer führen kann. HPAI-Viren können Zugvögel infizieren, die diese Viren anschließend während ihres Herbst- und Frühjahrszugs über große Entfernungen verbreiten können. Daher birgt das Auftreten von HPAI-Viren bei Wildvögeln die permanente Gefahr, dass diese Viren direkt oder indirekt in Betriebe eingeschleppt werden, in denen Geflügel oder in Gefangenschaft lebende Vögel gehalten werden. Bei einem Ausbruch der HPAI besteht die Gefahr, dass sich der Erreger auf andere Betriebe ausbreitet, in denen Geflügel oder in Gefangenschaft lebende Vögel gehalten werden. 23

Mit der VO (EU) 2016/429 wurde ein neuer Rechtsrahmen für die Prävention und Bekämpfung von Seuchen geschaffen, die auf Tiere oder Menschen übertragbar sind. Die HPAI fällt in der genannten Verordnung unter die Begriffsbestimmung einer gelisteten Seuche und unterliegt den darin festgelegten Vorschriften zur Seuchenprävention und zur Bekämpfung. Darüber hinaus ergänzt die Delegierte VO (EU) 2020/687 der Kommission die VO (EU) 2016/429 hinsichtlich der Vorschriften für die Prävention und Bekämpfung bestimmter gelisteter Seuchen, einschließlich der Seuchenbekämpfungsmaßnahmen in Bezug auf die HPAI. 24

25

Rechtsvorschriften (Kurzfassung)	**Fundstelle**
VO (EU) 2016/429	ABl. 2016 L 84, 1
Delegierte VO (EU) 2018/1629	ABl. 2018 L 272, 11
Delegierte VO (EU) 2020/687	ABl. 2020 L 174, 64
Durchführungsbeschluss (EU) 2023/2447	ABl. L/2023/2447

Tabelle: relevante Rechtsvorschriften zur hochpathogenen Aviären Influenza

Weiterführender Link: https://www.fli.de/de/aktuelles/tierseuchengeschehen/aviaere-influenza-ai-gefluegelpest/ (zuletzt abgerufen am 4.8.2024)

5. Blauzungenkrankheit

Der Erreger der als Bluetongue-Virus (BTV) ist ein unbehülltes doppelsträngiges RNA-Orbivurus (Quelle: FLI, Amtliche Methodensammlung zur Blauzungenkrankheit, Stand 21.5.2019). Die Blauzungenkrankheit ist eine infektiöse, nichtkontagiöse und von Gnitzen übertragene Krankheit der Schafe sowie anderer domestizierter und wild lebender Wiederkäuer, die für den Menschen nicht gefährlich ist. Die Übertragung erfolgt durch blutsaugende **Gnitzen** (Culicoides spp.). Aufgrund der seit 2008 durchgeführten flächendeckenden Impfung kam es in der Folge zu einem belastbaren Impfschutz bei Rindern, Schafen und Ziegen, so dass das ursprüngliche Krankheitsgeschehen deutlich zurückging. Die Inkubationszeit dieser zyklisch verlaufenden Allgemeinerkrankung liegt bei Rindern zwischen fünf bis zehn Tagen und bei Schafen zwischen einem und acht Tagen. Rinder weisen Läsionen im Flotz- 26 maulbereich, Schwellungen im Kronsaumbereich und ggf. Zitzennekrosen auf. Die Veränderungen am Flotzmaul und Kronsaum verheilen in wenigen Tage, die Nekrosen am Euter bleiben längere Zeit sichtbar. Bei Schafen treten Fieber, Apathie, Schwellungen und Zyanosen im Maulbereich und an der Zunge auf. Infolge der Rötungen im Kronsaumbereich, die sicherlich sehr schmerzhaft sind, können auch deutliche Lahmheiten auftreten.

27 Die Infektion mit dem Virus der Blauzungenkrankheit (Serotypen 1–24) ist nach den Vorschriften des Art. 5 Abs. 3 VO (EU) iVm Delegierte VO (EU) 2018/1629 eine gelistete Seuche. Bei der Seuche handelt es sich Seuche der Kategorie C. Die Listung der Arten/Artengruppen erfolgt gemäß der Durchführungsverordnung (DVO) (EU) 2018/1882. Bei Feststellung in seuchenfreien Zonen ist eine 24-Stunden-Meldung an die Kommission gem. Art. 3 Abs. 1 DVO (EU) 2020/2002 erforderlich. Regelungen zur Tilgung und Überwachung der Infektion mit BTV finden sich in der Delegierten VO (EU) 2020/689.

28

Rechtsvorschriften (Kurzfassung)	Fundstelle
VO (EU) 2016/429	ABl. 2016 L 84, 1
Delegierte VO (EU) 2018/1629	ABl. 2018 L 272, 11
Delegierte VO (EU) 2020/689	ABl. 2020 L 174, 211
Durchführungsverordnung (EU) 2018/1882	ABl. 2018 L 308, 21
Durchführungsverordnung (EU) 2020/2002	ABl. 2020 L 412, 1
Durchführungsverordnung (EU) 2021/620	ABl. 2021 L 131, 78
Durchführungsverordnung (EU) 2023/1071	ABl. 2023 L 143, 105
Durchführungsverordnung (EU) 2024/566	ABl. L 2024/566, 15.2.2024

Tabelle: relevante Rechtsvorschriften zur Blauzungenkrankheit (BTV)

Weiterführende Links:

- https://www.fli.de/de/aktuelles/tierseuchengeschehen/blauzungenkrankheit/ (zuletzt abgerufen am 4.8.2024)
- https://tierseucheninfo.niedersachsen.de/anzeigepflichtige_tierseuchen/seuchen_verschiedener_tierseuchen/blauzungenkrankheit/Bundeskrankheit-21712.html (zuletzt abgerufen am 4.8.2024)

6. Tollwut

29 In Deutschland konnte die Tollwut durch die orale Immunisierung der Füchse bei Wild- und Haustieren getilgt werden. Deutschland erfüllt die Bedingungen für die Anerkennung als frei von Haus- und Wildtiertollwut, da der letzte Fall von Tollwut bei einem Fuchs in Rheinland-Pfalz am 3.2.2006 festgestellt wurde. Es gilt seit dem 28.9.2008 als Tollwut frei. Bei der Tollwut, die sich in eine Haustiertollwut (**urbane Form** der Tollwut) und in eine Wildtiertollwut (**silvatische Form** der Tollwut) unterscheiden lässt und

eine virusbedingte Infektionskrankheit darstellt, handelt es sich um eine Zoonose, da die Tollwut durch den Biss eines Fuchses, eines Hundes oder einer Katze auf den Menschen übertragen werden kann. Darüber hinaus gibt es in **Fledermäusen** einen unabhängigen Infektionszyklus, der durch die beiden eigenständigen Virusspezies European Bat Lyssavirus 1 und 2 (EBLV-1, EBLV-2) sowie das Bokeloh Bat Lyssavirus (BBLV) ausgelöst wird. Eine Infektion des Menschen ist möglich, so dass sich Wildbiologen und Höhlenforscher, die mit Fledermäusen zu tun haben, gegen Tollwut impfen lassen sollten. Auch in Deutschland wurden in den letzten Jahren einige Fälle von Fledermaustollwut festgestellt. Für Reisen mit Hunden, Katzen und Frettchen innerhalb der EU gelten die Regelungen der VO (EU) 576/2013 vom 12.6.2013 über die Verbringung von Heimtieren.

Quelle: https://www.bmel.de/DE/themen/tiere/tiergesundheit/tierseuchen/tollwut.html (zuletzt abgerufen am 4.8.2024)

30

Rechtsvorschriften (Kurzfassung)	Fundstelle
VO (EU) 2016/429	ABl. 2016 L 84, 1
Delegierte VO (EU) 2018/1629	ABl. 2018 L 272, 11
Delegierte VO (EU) 2020/689	ABl. 2020 L 174, 211

Tabelle: relevante Rechtsvorschriften zur Tollwut

Weiterführende Links:

- https://www.rki.de/DE/Content/Infekt/EpidBull/Merkblaetter/Ratgeber_Tollwut.html (zuletzt abgerufen am 4.8.2024)
- https://www.openagrar.de/servlets/solr/find?condQuery=Tollwut (zuletzt abgerufen am 4.8.2024)

7. Aujeszkysche Krankheit

Die Aujeszkysche Krankheit (AK) oder Pseudowut ist eine Virusallgemein- 31
erkrankung, die durch ein Herpesvirus hervorgerufen wird. Betroffen sind in erster Linie Hausrinder und Hausschweine, aber auch andere Wiederkäuer, Hunde, Katzen und andere Fleischfresser sind ebenso wie Wildschweine empfänglich für diese Erkrankung. Von daher sollte niemals rohes Schweinefleisch an Hunde und Katzen verfüttert werden, da bei diesen nach einer Infektion mit dem AK-Virus von einer hohen Mortalität auszugehen ist. Wichtige Informationen für Jäger sind unter anderem auf der Homepage des FLI, des Niedersächsischen Landesamtes für Verbraucherschutz und Lebensmittelsicherheit (LAVES), des CVUA Stuttgart und des Hessischen Landeslabors zu finden.

32

Rechtsvorschriften (Kurzfassung)	Fundstelle
VO (EU) 2016/429	ABl. 2016 L 84, 1
Delegierte VO (EU) 2018/1629	ABl. 2018 L 272, 11

Tabelle: relevante Rechtsvorschriften zur Aujeszkyschen Krankheit

Weiterführende Links:

- https://www.openagrar.de/servlets/solr/find?condQuery=Aujeszkysche (zuletzt abgerufen am 4.8.2024)

- https://www.laves.niedersachsen.de/startseite/tiere/wildtiere_und_jagd/aujeszky-sche-krankheit-bei-wildschweinen-auf-dem-vormarsch-103349.html (zuletzt abgerufen am 4.8.2024)
- https://www.ua-bw.de/pub/beitrag.asp?subid=1&Thema_ID=8&ID=2739&Pdf=No&lang=DE (zuletzt abgerufen am 4.8.2024)
- https://lhl.hessen.de/veterinaermedizin/virologie-serologie/die-aujeszkysche-krankheit-wichtige-informationen-fuer-jaeger (zuletzt abgerufen am 4.8.2024)

8. Chronic Wasting Disease (CWD)

33 In der VO (EG) 999/2001 sind Vorschriften für die Verhütung, Bekämpfung und Tilgung transmissibler spongiformer Enzephalopathien in der Union festgelegt. Die Chronic Wasting Disease oder Chronische Auszehrungskrankheit ist eine transmissible spongiforme Enzephalopathie bei Hirschartigen, die ansteckend ist und somit den Handel in der Union, Einfuhren in die Union und Ausfuhren in Drittländer stören kann. Viele Zerviden wie Weißwedelhirsche, Rentiere, Elche und auch das Rotwild sowie das heimische Reh- und Sikawild sind oder können für die Erkrankung empfänglich sein. Die Übertragung des Erregers erfolgt in der Regel durch Blut, Urin, Kot und Speichel. Die hohe Tenazität des Prion Proteins hat zur Folge, dass es in der Umwelt sehr lange infektiös (Jahrzehnte) bleiben kann. Zwischen zwei und sieben Jahren erkranken die Tiere und sind durch zunehmenden Gewichtsverlust gekennzeichnet. Auch ein Verlust der natürlichen Scheu vor Menschen, häufiges Trinken, vermehrter Harnabfluss sind einige der auffälligsten Symptome. Der Ausgang der Erkrankung ist immer tödlich. Durch eine Reduktion der Population lässt sich eine weitere Übertragung minimieren. Wichtig sind eine frühe Erkennung durch Jäger und Forstbedienstete (Steckbrief CWD FLI, Stand: 18.1.2022). Quelle: https://www.openagrar.de/servlets/MCRFileNodeServlet/openagrar_derivate_00044156/Steckbrief_CWD_2022-01-18_bf.pdf (zuletzt abgerufen am 4.8.2024).

34 In Norwegen wurde 2016 die Erkrankung erstmals bei Rentieren festgestellt. Auch in Finnland und Schweden wurden 2018 und 2019 erste Fälle von CWD bei Hirschartigen und wildlebenden Elchen nachgewiesen. Mit der VO (EU) 2022/2246 der Kommission vom 15.11.2022 zur Änderung der Anh. VIII und IX VO (EG) 999/2001 des Europäischen Parlaments und des Rates hinsichtlich der Chronic Wasting Disease bei lebenden Hirschartigen wurde das Verbot von Verbringungen aus diesen Ländern in die EU untersagt.

35

Rechtsvorschriften (Kurzfassung)	Fundstelle
VO (EU) 2016/429	ABl. 2016 L 84, 1
VO (EG) 999/2001 mit Vorschriften zur Verhütung, Kontrolle und Tilgung bestimmter transmissibler spongiformer Enzephalopathien	ABl. 2001 L 147, 1
Durchführungsbeschluss (EU) 2016/1918 der Kommission vom 28.10.2016 mit bestimmten Schutzmaßnahmen in Bezug auf Chronic Wasting Disease	ABl. 2016 L 296, 21

VO (EU) 2017/1972 zur Änderung der Anh. I und III VO (EG) 999/2001 hinsichtlich eines Überwachungsprogramms in Bezug auf die Chronic Wasting Disease bei Hirschartigen in Estland, Finnland, Lettland, Litauen, Polen und Schweden	ABl. 2017 L 281, 14
Durchführungsbeschluss (EU) 2020/2167 zur Änderung des Durchführungsbeschlusses (EU) 2016/1918 mit bestimmten Schutzmaßnahmen in Bezug auf Chronic Wasting Disease	AB. 2020 L 431, 70

Tabelle: relevante Rechtsvorschriften zur CWD

Weiterführender Link: https://www.fli.de/de/startseite (zuletzt abgerufen am 4.8.2024)

V. Tierische Nebenprodukte

Mit der VO (EU) 1069/2009 wurden die klassische Tierkörperbeseitigung, Schlachtnebenprodukte, Trophäenpräparation, Lebensmittelabfälle tierischer Herkunft bis hin zur Gülle in ein Regelwerk zusammengefasst. Damit reicht das Spektrum der von den Veterinärbehörden zu überwachenden Betrieben und Tätigkeiten von der Tierkörperverwertungsanstalt, über die Fettschmelze, den Speiseabfallentsorger bis hin zur Biogasanlage, die Gülle einsetzt sowie der Genehmigung von grenzüberschreitenden Gülletransporten und anderen Produkten. Auch die Zulassung und Registrierung von einschlägigen Betrieben fällt in den Aufgabenbereich der Veterinärbehörden. Die VO (EU) 2017/625 des Europäischen Parlaments und des Rates vom 15.3.2017 regelt die Verhütung und Minimierung von Risiken für die Gesundheit von Menschen und Tieren, die sich aus tierischen Nebenprodukten und Folgeprodukten ergeben können. 36

Die VO (EG) 1069/2009 enthält die tierseuchen- und hygienerechtlichen Vorschriften für die Abholung und Sammlung, Beförderung, Lagerung, Behandlung, Verarbeitung und Verwendung oder **Beseitigung tierischer Nebenprodukte,** um zu verhindern, dass diese Erzeugnisse die Gesundheit von Menschen oder Tieren gefährden. Beim Umgang mit verendet aufgefundenen Wildtieren hat der Jagdausübungsberechtigte das alleinige Recht, sich das verendete Wildtier anzueignen. Diese Befugnis gilt nicht in befriedeten Bezirken. Allerdings hat der Jagdausübungsberechtigte keine Verpflichtung zur Aneignung verendeter Wildtiere. 37

38

Rechtsvorschriften (Kurzfassung)	Fundstelle
VO (EG) 1069/2009	ABl. 2009 L 300, 1
VO (EU) 142/2011	ABl. 2011 L 54, 1
Delegierte VO (EU) 2023/1605	ABl. 2023 L 198, 1

Tabelle: relevante Rechtsvorschriften zu tierischen Nebenprodukten

Weiterführende Links:

- https://food.ec.europa.eu/safety/animal-products/eu-rules_en (zuletzt abgerufen am 4.8.2024)
- https://www.bmel.de/DE/themen/tiere/tiergesundheit/tierische-nebenprodukte/tierische-nebenprodukte_node.html (zuletzt abgerufen am 4.8.2024)

VI. Untersuchungsstellen für Wildtiere

39

Bundesland	Untersuchungsstelle	Kontakt
Baden-Württemberg	STUA Aulendorf Diagnostikzentrum Löwenbreitestraße 18/20 88326 Aulendorf	E-Mail: Poststelle@stuaau.bwl.de Internet: www.stua-aulendorf.de Internet: www.ua-bw.de
Bayern	Bayerisches Landesamt für Gesundheit und Lebensmittelsicherheit	www.lgl.bayern.de
	Untersuchungsanträge zum Download Tiergesundheit	www.lgl.bayern.de/downloads/tiergesundheit/index.htm
Berlin	Landeslabor Berlin-Brandenburg	Rudower Chaussee 39 12489 Berlin poststelle@landeslabor-bbb.de www.landeslabor.berlin-brandenburg.de
Brandenburg	Landeslabor Berlin-Brandenburg	Gerhard-Neumann-Straße 2–3 15236 Frankfurt (Oder) poststelle@landeslabor-bbb.de www.landeslabor.berlin-brandenburg.de
Bremen	Landesuntersuchungsamt für Chemie, Hygiene und Veterinärmedizin	Lloydstraße 4 28217 Bremen office@lua.bremen.de www.landesuntersuchungsamt. bremen.de
Hamburg	Institut für Hygiene und Umwelt	Marckmannstraße 129a 20539 Hamburg InfoHU@hu.hamburg.de www.hamburg.de/hu
Hessen	Landesbetrieb Hessisches Landeslabor	Schubertstraße 60 35392 Gießen E-Mail: poststelle@lhl.hessen.de Internet: www.lhl.hessen.de
Mecklenburg-Vorpommern	Landesamt für Landwirtschaft, Lebensmittelsicherheit und Fischerei (LALLF)	Thierfelderstraße 18 18059 Rostock E-Mail: poststelle@lallf.mvnet.de Internet: www.lallf.de
Niedersachsen	Niedersächsisches Landesamt für Verbraucherschutz und Lebensmittelsicherheit (LAVES)	Postfach 3949 26029 Oldenburg E-Mail: poststelle@laves.niedersachsen.de Internet: www.laves.niedersachsen.de

39

Bundesland	Untersuchungsstelle	Kontakt
Nordrhein-Westfalen	Landesamt für Natur, Umwelt und Verbraucherschutz Nordrhein-Westfalen (LANUV)	Leibnizstr. 10 45659 Recklinghausen E-Mail: poststelle@lanuv.nrw.de Internet: www.lanuv.nrw.de
Rheinland-Pfalz	Landesuntersuchungsamt (LUA) Rheinland-Pfalz - Institut für Tierseuchendiagnostik	Blücherstraße 34 56073 Koblenz E-Mail: Poststelle.itsd@lua.rlp.de Internet: www.lua.rlp.de
Saarland	Landesamt für Verbraucherschutz Saarland	Konrad-Zuse-Straße 11 66115 Saarbrücken E-Mail: tiergesundheit@lav.saarland.de Internet: www.saarland.de/lav.htm
Sachsen	Landesuntersuchungsanstalt für das Gesundheits- und Veterinärwesen (LUA) Sachsen	Jägerstraße 8/10 01099 Dresden E-Mail: poststelle@lua.sms.sachsen.de Internet: www.lua.sachsen.de
Sachsen-Anhalt	Landesamt für Verbraucherschutz (LAV) des Landes Sachsen-Anhalt – Fachbereich Veterinärmedizin	Haferbreiter Weg 132–135 39576 Stendal E-Mail: LAV-FB4@sachsen-anhalt.de Internet: www.verbraucherschutz.sachsen-anhalt.de/veterinaermedizin/ansprechpartner/
Schleswig-Holstein	Landeslabor Schleswig-Holstein Lebensmittel-, Veterinär- und Umweltuntersuchungsamt des Landes Schleswig-Holstein	Max-Eyth-Str. 5 24537 Neumünster E-Mail: info@lsh.landsh.de Internet: www.schleswig-holstein.de/DE/landesregierung/ministerien-behoerden/LLABOR/llabor_node.html
Thüringen	Thüringer Landesamt für Verbraucherschutz	Tennstedter Straße 8/9 99947 Bad Langensalza E-Mail: poststelle@tlv.thueringen.de Internet: https://verbraucherschutz.thueringen.de/

VII. Für das Veterinärwesen zuständige Fachministerien des Bundes und der Bundesländer

40

Bund	Bundesministerium für Ernährung und Landwirtschaft (BMEL)	Rochusstr. 1 53123 Bonn	E-Mail: poststelle@bmel.bund.de Internet: www.bmel.de
		Wilhelmstr. 54 10117 Berlin	E-Mail: poststelle@bmel.bund.de Internet: www.bmel.de
	Friedrich-Loeffler-Institut (FLI) Bundesforschungsinstitut für Tiergesundheit	Südufer 10 17493 Greifswald Insel Riems	E-Mail: internetredaktion@fli.bund.de Internet: www.fli.bund.de

Baden-Württemberg	Ministerium für Ernährung, Ländlichen Raum und Verbraucherschutz	Kernerplatz 10 70182 Stuttgart	E-Mail: poststelle@mlr.bwl.de Internet: www.mlr.baden-wuerttemberg.de
Bayern	Bayerisches Staatsministerium für Umwelt und Verbraucherschutz	Rosenkavalierplatz 2 81925 München	E-Mail: poststelle@stmuv.bayern.de Internet: www.stmuv.bayern.de
Berlin	Senatsverwaltung für Justiz und Verbraucherschutz des Landes Berlin	Salzburger Str. 21–25 10825 Berlin	E-Mail: poststelle@senjustv.berlin.de Internet: www.berlin.de/sen/justv/
Brandenburg	Ministerium für Soziales, Gesundheit, Integration und Verbraucherschutz des Landes Brandenburg	Henning-von-Tresckow-Str. 2–13 14467 Potsdam	E-Mail: poststelle@msgiv.brandenburg.de Internet: www.msgiv.brandenburg.de
Bremen	Freie Hansestadt Bremen Senatorin für Gesundheit, Frauen und Verbraucherschutz	Contrescarpe 72 28195 Bremen	E-Mail: verbraucherschutz@gesundheit.bremen.de Internet: gesundheit.bremen.de
Hamburg	Freie und Hansestadt Hamburg Behörde für Justiz und Verbraucherschutz	Billstraße 80 20539 Hamburg	E-Mail: poststelle@justiz.hamburg.de E-Mail: veterinaerwesen@justiz.hamburg.de Internet: www.hamburg.de/bjv/
Hessen	Hessisches Ministerium für Umwelt, Klimaschutz, Landwirtschaft und Verbraucherschutz	Mainzer Straße 80 65189 Wiesbaden	E-Mail: vetabt@umwelt.hessen.de Internet: www.umwelt.hessen.de
Mecklenburg-Vorpommern	Ministerium für Klimaschutz, Landwirtschaft, ländliche Räume und Umwelt	Paulshöher Weg 1 19061 Schwerin	E-Mail: poststelle@lm.mv-regierung.de Internet: www.lm.mv-regierung.de
Niedersachsen	Niedersächsisches Ministerium für Ernährung, Landwirtschaft und Verbraucherschutz	Calenberger Str. 2 30169 Hannover	E-Mail: poststelle@ml.niedersachsen.de Internet: www.ml.niedersachsen.de
Nordrhein-Westfalen	Ministerium für Landwirtschaft und Verbraucherschutz des Landes Nordrhein-Westfalen	Stadttor 1 40219 Düsseldorf	E-Mail: poststelle@mlv.nrw.de Internet: www.mlv.nrw.de
Rheinland-Pfalz	Ministerium für Klimaschutz, Umwelt, Energie und Mobilität des Landes Rheinland-Pfalz	Kaiser-Friedrich-Straße 1 55116 Mainz	E-Mail: rp-tier@mkuem.rlp.de www.mkuem.rlp.de

Saarland	Ministerium für Umwelt, Klima, Mobilität, Agrar- und Verbraucherschutz des Saarlandes	Keplerstr. 18 66117 Saarbrücken	E-Mail: poststelle@umwelt.saarland.de Internet: www.saarland.de/mukmav
Sachsen	Sächsisches Staatsministerium für Soziales und Gesellschaftlichen Zusammenhalt	Albertstraße 10 01097 Dresden	E-Mail: poststelle@sms.sachsen.de Internet: www.sms.sachsen.de
Sachsen-Anhalt	Ministerium für Wirtschaft, Tourismus, Landwirtschaft und Forsten des Landes Sachsen-Anhalt	Hasselbachstraße 4 39104 Magdeburg	E-Mail: poststelle@mw.sachsen-anhalt.de Internet: mwl.sachsen-anhalt.de
Schleswig-Holstein	Ministerium für Landwirtschaft, ländliche Räume, Europa und Verbraucherschutz des Landes Schleswig-Holstein	Fleethörn 29–31 24103 Kiel	E-Mail: poststelle@mllev.landsh.de Internet: www.schleswig-holstein/DE/landesregierung/ministerien-behoerden/IX/ix_node.html
Thüringen	Thüringer Ministerium für Arbeit, Soziales, Gesundheit, Frauen und Familie	Werner-Seelenbinder-Str. 6 99096 Erfurt	E-Mail: poststelle@tmasgff.thueringen.de E-Mail: VZAL5@tmasgff.thueringen.de Internet: www.tmasgff.thueringen.de

VIII. Tierärztekammern

41

Bund	Bundestierärztekammer e. V. (BTK)	Französische Str. 53 10117 Berlin	E-Mail: dtbl@btkberlin.de Internet: www.bundestieraerztekammer.de
Baden-Württemberg	Landestierärztekammer Baden-Württemberg	Am Kräherwald 219 70193 Stuttgart	E-Mail: info@ltk-bw.de Internet: www.ltk-bw.de
Bayern	Bayerische Landestierärztekammer	Bavariastr. 7a 80336 München	E-Mail: kontakt@bltk.de Internet: www.bltk.de

Berlin	Tierärztekammer Berlin	Littenstr. 108 10179 Berlin	E-Mail: kontakt@tieraerztekammer-berlin.de Internet: www.tieraerztekammer-berlin.de
Brandenburg	Landestierärztekammer Brandenburg	Müllroser Chaussee 50 15236 Frankfurt (Oder)	E-Mail: kontakt@ltk-brandenburg.de Internet: www.ltk-brandenburg.de
Bremen	Tierärztekammer Bremen	Postfach 410221 28312 Bremen	E-Mail: geschaeftsstelle@tieraerztekammer-bremen.org Internet: www.bundestieraerztekammer.de/btk/mitglieder
Hamburg	Tierärztekammer Hamburg	Sternstr. 106 20357 Hamburg	E-Mail: post@tieraerztekammer-hamburg.de Internet: www.tieraerzte-hamburg.de Internet: www.tieraerztekammer-hamburg.de
Hessen	Landestierärztekammer Hessen	Bahnhofstr. 13 65527 Niedernhausen	E-Mail: info@ltk-hessen.de Internet: www.ltk-hessen.de
Mecklenburg-Vorpommern	Landestierärztekammer Mecklenburg-Vorpommern	Griebnitzer Weg 2 18196 Dummerstorf	E-Mail: ltk.mv@t-online.de Internet: www.landestieraerztekammer-mv.de
Niedersachsen	Tierärztekammer Niedersachsen	Fichtestr. 13 30625 Hannover	E-Mail: mail@tknds.de Internet: www.tknds.de
Nord-rhein-Westfalen	Tierärztekammer Nordrhein	St. Töniser Str. 15 47906 Kempen	E-Mail: info@tk-nr.de Internet: www.tk-nr.de
	Tierärztekammer Westfalen-Lippe	Goebenstr. 50 48151 Münster	E-Mail: info@tieraerztekammer-wl.de Internet: www.tieraerztekammer-wl.de
Rheinland-Pfalz	Landestierärztekammer Rheinland-Pfalz	Bahnhofstr. 6 66869 Kusel	E-Mail: info@ltk-rlp.de Internet: www.landestieraerztekammer-rheinland-pfalz.de

Saarland	Tierärztekammer des Saarlandes	Henri-Dunant-Weg 7 66564 Ottweiler	E-Mail: tieraerztekammer@t-online.de Internet: www.tierarzt-saar.de
Sachsen	Sächsische Landestierärztekammer	Schützenhöhe 16 01099 Dresden	E-Mail: info@tieraerztekammer-sachsen.de Internet: www.tieraerztekammer-sachscn.de
Sachsen-Anhalt	Tierärztekammer Sachsen-Anhalt	Walter-Hülse-Straße 9 06120 Halle (Saale)	E-Mail: poststelle@tk-st.de Internet: www.tieraerztekammer-sachsen-anhalt.de
Schleswig-Holstein	Tierärztekammer Schleswig-Holstein	Hamburger Str. 99a 25746 Heide	E-Mail: Schleswig-Holstein@tieraerztekammer.de Internet: www.tieraerztekammer-schleswig-holstein.de
Thüringen	Landestierärztekammer Thüringen	Thälmann Str. 1/3 99085 Erfurt	E-Mail: info@ltkt.de Internet: www.ltkt.de

§ 25 Jagdschutzberechtigte

(1) [1]**Der Jagdschutz in einem Jagdbezirk liegt neben den zuständigen öffentlichen Stellen dem Jagdausübungsberechtigten ob, sofern er Inhaber eines Jagdscheines ist, und den von der zuständigen Behörde bestätigten Jagdaufsehern.** [2]**Hauptberuflich angestellte Jagdaufseher sollen Berufsjäger oder forstlich ausgebildet sein.**

(2) [1]**Die bestätigten Jagdaufseher haben innerhalb ihres Dienstbezirkes in Angelegenheiten des Jagdschutzes die Rechte und Pflichten der Polizeibeamten und sind Ermittlungspersonen der Staatsanwaltschaft, sofern sie Berufsjäger oder forstlich ausgebildet sind.** [2]**Sie haben bei der Anwendung unmittelbaren Zwanges die ihnen durch Landesrecht eingeräumten Befugnisse.**

(3) **(weggefallen)**

Ländervorschriften: § 48 JWMG; Art. 41 BayJG; § 32 LJagdG Bln; § 39 BbgJagdG; Art. 28, 29 BremLJagdG; § 23 HmbJagdG; § 31 HJagdG; § 25 MVLJagdG; § 30 NJagdG; § 26 LJG-NRW; § 33 RhPfLJG; § 39 SJG; § 28 SächsJagdG; § 32 LSALJagdG; § 20 SchlHLJagdG; § 41 ThJG.

Übersicht

I. Allgemeines

1 § 25 regelt den Kreis der für den Jagdschutz zuständigen Stellen und Personen. Die nähere Ausgestaltung der Rechtsverhältnisse und Befugnisse der Jagdschutzberechtigten ist Ländersache. Lediglich in § 25 Abs. 2 werden bundesrechtlich den Berufsjägern und forstlich ausgebildeten Personen die Rechte und Pflichten von Polizeibeamten übertragen und ihnen die Rechtsstellung von Ermittlungspersonen der Staatsanwaltschaft zugewiesen.

II. Zuständige öffentliche Stellen

1. Polizeivollzugsbeamten

2 In fast allen Bundesländern sind grundsätzlich die zuständigen öffentlichen Stellen die Beamten der Vollzugspolizei (zB Art. 28 Abs. 1 **BremLJagdG**), wobei diesen aber nur typische polizeiliche Aufgaben obliegen, wie die Sorge um die Einhaltung der zum Schutz des Wildes erlassenen Vorschriften und der Schutz vor Wilderern (so ausdrücklich Art. 41 Abs. 3 **BayJG;** § 41 Abs. 3 **ThJG**). Dagegen gehören typische jagdliche Aufgaben wie die Tötung von wildernden Hunden und Katzen sowie von Raubzeug und die Fütterung von Wild in Notzeiten nicht zu ihren Aufgaben. Die **örtliche Zuständigkeit** der Polizeibeamten erstreckt sich auf ihren polizeilichen Zuständigkeitsbereich.

3 Die allgemeinen Aufgaben der Vollzugspolizisten, zur **Gefahrenabwehr** und zur **Verfolgung von Straftaten** und **Ordnungswidrigkeiten** tätig zu werden, bestehen unabhängig von der Übertragung der Jagdschutzbefugnis aufgrund der allgemeinen polizeirechtlichen Zuständigkeit. Das Recht der Polizeibeamten zur Anwendung unmittelbaren Zwangs und der Schusswaffe richtet sich nach den allgemeinen landesgesetzlichen Vorschriften über die Polizeibefugnisse, es sei denn, die Länder haben in Bezug auf den Jagdschutz für Polizeibeamte spezielle Regelungen geschaffen.

4 Polizeibeamte, die gem. § 152 GVG **Ermittlungspersonen der Staatsanwaltschaft** sind, sind darüber hinaus befugt, bei strafbaren Handlungen und Ordnungswidrigkeiten bei Gefahr im Verzug bestimmte Untersuchun-

gen vorzunehmen, die sonst nur dem Richter vorbehalten sind. Dazu gehören Leibesvisitationen und Beschlagnahme von Gegenständen und Durchsuchung von Räumen. Welche Polizeibeamten nach § 152 GVG Ermittlungspersonen der Staatsanwaltschaft sind, richtet sich nach den landesrechtlichen Bestimmungen (Übersicht bei Meyer-Goßner/Schmitt GVG § 152 Rn. 6). Die **örtliche Zuständigkeit der Ermittlungspersonen** richtet sich grundsätzlich nach ihrer polizeirechtlichen Zuständigkeit bzw. der Zuständigkeit der Staatsanwaltschaft, für die sie tätig werden.

2. Jagdbehörden

In **Niedersachen** und **Sachsen-Anhalt** sind die Jagdbehörden die zuständige öffentliche Stelle (§ 30 Abs. 1 **NJagdG;** § 32 Abs. 1 **LSALJagdG**). Dort, wo die Jagdbehörden nicht gesetzlich als zuständige Stelle bestimmt sind, sind sie für den Jagdschutz allerdings nicht zuständig (VG Freiburg Urt. v. 10.7.1997 – 9 K 2261/95, BeckRS 1997, 129776 = JE XIII Nr. 31). 5

3. Forstbeamte

Inwieweit staatliche Forstbeamte zu den zuständigen Stellen gehören, richtet sich nach Landesrecht. In **Berlin** ist die Behörde Berliner Forsten die zuständige öffentliche Stelle (§ 32 Abs. 1 **LJagdG Bln**). Im **Saarland** sind die forstlich ausgebildeten Bediensteten des Landes, der Gemeinden und ihrer Verbände bestätigte Jagdaufseher, die den Jagdschutz in den nicht verpachteten Eigenjagdbezirken ihrer Anstellungskörperschaft, die in ihrem Dienstbezirk liegen, ausüben (§ 39 Abs. 1 **SJG**). In **Sachsen** obliegt in den Verwaltungsjagden den forstlich ausgebildeten Bediensteten des Staatsbetriebes Sachsenforst, die in ihrem Forstrevier bestätigte Jagdaufseher sind (§ 28 Abs. 2 **SächsJagdG**). Inwieweit Forstbeamte unmittelbaren Zwang anwenden dürfen oder von der Schusswaffe Gebrauch machen dürfen, ist ebenfalls landesrechtlich geregelt. 6

Welche Forstbeamten **Ermittlungspersonen der Staatsanwaltschaft** sind, richtet sich nach Landesrecht. So hat **Brandenburg** in das JagdG aufgenommen, dass Beamte des gehobenen und höheren Dienstes sowie vergleichbare Angestellte des Landes im Rahmen ihrer örtlichen und sachlichen Zuständigkeit Hilfsbeamte der Staatsanwaltschaft sind (§ 39 Abs. 4 **BbgJagdG**). Dort wo die Forstbeamten bestätigte Jagdaufseher sind (zB § 39 Abs. 1 **SJG;** § 28 Abs. 2 **SächsJagdG**), ergibt sich unmittelbar aus § 25 Abs. 2, dass sie Ermittlungspersonen der Staatsanwaltschaft sind. Soweit Forstbeamte Ermittlungspersonen der Staatsanwaltschaft sind, gilt das für Polizeibeamte Gesagte entsprechend. 7

III. Jagdausübungsberechtigte

Jagdschutzberechtigt ist der Jagdausübungsberechtigte. Dazu gehören der **Eigenjagdbesitzer** und der **Jagdpächter** einschließlich Unter- und Weiterpächter. Haben mehrere Pächter gemeinsam ein Jagdrevier gepachtet, ist jeder im gesamten Jagdrevier jagdschutzberechtigt (OLG Celle Urt. v. 14.12.1967 – 7 U 108/67, BeckRS 1967, 106108 = VersR 1968, 502). 8

Die **Befugnisse** des Jagdausübungsberechtigten ergeben sich aus den Landesjagdgesetzen (s. § 23). Ergänzend haben sie die Jedermannrechte wie das 9

Recht der vorläufigen Festnahme nach § 127 Abs. 1 StPO, das Notwehrrecht aus § 32 StGB, § 227 BGB, das Recht zur Selbsthilfe aus §§ 229–231 BGB und § 859 BGB sowie die Notstandsrechte nach § 34 StGB, § 228 BGB und § 904 BGB (Leonhardt/Pießkalla Rn. 4). Der **Jagschutz erlaubt grundsätzlich nicht den Einsatz der Waffe gegen Personen.** Ausnahmsweise kann das bei einer Notwehrsituation gerechtfertigt sein (§ 32 StGB, § 227 BGB). Der Jagdausübungsberechtigte besitzt eine **Schutzbefugnis nur für seinen Jagdbezirk** (BayObLG Beschl. v. 29.7.1981 – 3 Ob OWi 22/81, NStZ 1981, 485). Der Jagdausübungsberechtigte ist in seinem Eigen- oder gemeinschaftlichen Jagdbezirk **örtlich zuständig** zur Ausübung des Jagdschutzes. Zwar sind die **befriedeten Bezirke Bestandteil des Jagdbezirks, jedoch ruht dort die Jagd.** Daraus schließt die hM, dass der Jagdausübungsberechtigte dort nicht befugt ist, den Jagdschutz auszuüben (BayObLG Urt. v. 25.6.1991 – 5 StR 122/92, NJW 1992, 2306; Beschl. v. 5.5.1993 – 4 St RR 29/93, NJW 1993, 2760 zur Tötung wildernder Hunde; auch Lorz/Metzger Rn. 6; v. Pückler, Der Jäger und sein Recht, 3. Aufl. 1996, S. 225; aA Leonhardt/Pießkalla Rn. 2). Die Länder haben zum Teil begrenzte Sonderregelungen erlassen. So dürfen in **Hessen** Eigentümer und Nutzungsberechtigte von befriedeten Grundflächen sowie von ihnen Beauftragte dort Wildkaninchen und Beutegreifer, wozu auch zB der Waschbär gehört, fangen, töten und sich aneignen (§ 5 Abs. 3 S. 1 **HJagdG**). Zu den Beauftragten kann auch der Jagdausübungsberechtigte gehören. Im befriedeten Bezirk gelten die Jagd- und Schonzeiten nicht, jedoch ist der Elterntierschutz zu beachten. Verbringt der beauftragte Jagdausübungsberechtigte ein im befriedeten Bezirk gefangenes Stück Wild zur Tötung ins angrenzende Jagdrevier, sind allerdings wieder die Jagd- und Schonzeiten zu beachten. Will er das gefangene Raubwild oder Raubzeug im befriedeten Bezirk erlegen, bedarf er einer waffenrechtlichen Erlaubnis der zuständigen Unteren Waffenbehörde.

10 Die meisten Bundesländer schreiben das Tragen eines **Dienstabzeichens, Jagdschutzabzeichens** oder eine **Ausweispflicht** des Jagdausübungsberechtigten oder das Vorzeigen des Jagdscheins vor (Art. 41 Abs. 6 **BayJG;** § 32 Abs. 5 **LJagdG Bln;** § 39 Abs. 5 **BbgJagdG;** Art. 28 Abs. 3 **BremLJagdG;** § 22 Abs. 3 **HmbJagdG;** § 31 Abs. 4 **HJagdG;** § 25 Abs. 5 **LJG-NRW;** § 39 Abs. 2 **SJG;** § 28 Abs. 3 **SächsJagdG;** § 41 Abs. 7 **ThJG**). In **Niedersachsen** kann ein Ausweis beantragt werden (§ 30 Abs. 2 S. 6 **NJagdG**). Das Tragen eines Abzeichens oder das Vorzeigen eines Ausweises ist aber keine Voraussetzung der Rechtmäßigkeit einer Jagdschutzmaßnahme, sondern eine Förmlichkeit, eine reine Ordnungsvorschrift, die die Jagdschutzbefugnis nicht begrenzt (Leonhardt/Pießkalla Rn. 4; aA Mitzschke/Schäfer Rn. 97).

IV. Bestätigte Jagdaufseher

1. Rechtsverhältnis zum Jagdausübungsberechtigten

11 Der Jagdausübungsberechtigte kann Helfer im Revier einsetzen, die ihm zur Hand gehen. Diese haben aber keine Jagdschutzbefugnisse. Der Jagdausübungsberechtigte kann sie aber wie einen Jagdgast mit begrenzten Befugnissen ausstatten (v. Pückler, Der Jäger und sein Recht, 3. Aufl. 1996, S. 215). Daneben stehen ihnen die Befugnisse zu, die jedermann zustehen, wie das

Festnahmerecht aus § 127 Abs. 1 StPO oder das Notwehr- und Notstandsrecht. Gleiches gilt für nichtbestätigte Jagdaufseher (Mitzschke/Schäfer Rn. 30; Lorz/Metzger Rn. 5). In **Hessen** kann eine volljährige Person, die zumindest die Jägerprüfung abgelegt hat, schriftlich zum einfachen Jagdaufseher bestellt werden, der bei Abwesenheit des Jagdausübungsberechtigten insbesondere unaufschiebbare Maßnahmen zur Versorgung kranken, verletzten oder verendeten Wildes durchzuführen hat (§ 31 Abs. 1 **HJagdG**). Von Gesetzes wegen jagdschutzberechtigt ist nach § 25 Abs. 1 nur ein bestätigter Jagdaufseher. In der Mehrzahl der Fälle sind diese Jagdaufseher **nebenberuflich** im Rahmen eines Auftrags- oder Dienstverhältnisses für den Jagdherrn tätig. Soweit ein Jagdaufseher **hauptberuflich** tätig ist, besteht zwischen ihm und dem Jagdausübungsberechtigten regelmäßig ein Arbeitsverhältnis. Nach § 25 Abs. 1 soll ein hauptberuflicher Jagdaufseher Berufsjäger oder forstlich ausgebildet sein. Zwingend ist das jedoch nicht. Die Länder können abweichende oder konkretisierende Regeln erlassen.

In **Bayern** soll in **Hochwildrevieren über 1.000 ha** der bestätigte Jagdaufseher forstlich ausgebildet oder Berufsjäger sein (Art. 41 Abs. 5 **BayJG**); in **Nordrhein-Westfalen** muss der Jagdaufseher bei einer **Reviergröße von über 1.000 ha** Berufsjäger oder forstlich ausgebildet sein (§ 29 Abs. 2 **LJG-NRW**); im **Saarland** soll er bei **über 1.000 ha** Berufsjäger sein (§ 39 Abs. 3 S. 2 **SJG**). In **Hamburg** und **Hessen** muss ein Berufsjäger eingestellt werden, wenn die Belange des Jagdbezirks das erfordern und die zuständige Behörde das verlangt (§ 23 Abs. 2 **HmbJagdG;** § 31 Abs. 3 S. 2 **HJagdG**). 12

2. Gemeinsamer Jagdaufseher

In einigen Ländern ist es ausdrücklich erlaubt, dass angrenzende Revierinhaber einen gemeinsamen Jagdaufseher bestellen können (§ 32 Abs. 2 **LJagdG Bln;** § 39 Abs. 1 **BbgJagdG;** § 31 Abs. 3 S. 1 **HJagdG;** § 23 Abs. 1 **HmbJagdG;** § 26 Abs. 1 **LJG-NRW;** § 41 Abs. 1 **ThJG**). In **Hessen** und **Thüringen** muss in diesem Fall der Jagdaufseher Berufsjäger oder geprüfter Jagdaufseher sein (§ 31 Abs. 3 S. 2 **HJagdG;** § 41 Abs. 1 **ThJG**); in Nordrhein-Westfalen soll er Berufsjäger oder forstlich ausgebildet sein (§ 26 Abs. 1 **LJG-NRW**). 13

3. Bestellungspflicht

Nach Landesrecht wird unter bestimmten Voraussetzungen die Pflicht zur Einstellung eines bestätigten Jagdaufsehers gesetzlich angeordnet, wenn das zumutbar und zum Jagdschutz notwendig ist (§ 39 Abs. 2 **BbgJagdG;** § 31 Abs. 3 S. 3 **HJagdG;** § 26 Abs. 2 **LJG-NRW;** § 39 Abs. 3 S. 1 **SJG;** § 41 Abs. 5 **ThJG**). In **Mecklenburg-Vorpommern** werden die Voraussetzungen nicht gesetzlich definiert (§ 25 Abs. 2 **MVLJagdG**). In **Bremen** kann das bei einer Reviergröße über 1000 ha angeordnet werden (Art. 28 Abs. 2 **BremLJagdG**). In **Bayern** besteht eine Einstellungspflicht auch dann, wenn der Revierinhaber seine Pflicht zur Hege oder Regulierung des Wildbestandes trotz schriftlicher Aufforderung nicht nachkommt. Außerdem kann, sofern Reviergröße oder Revierbeschaffenheit es erfordern, die Anstellung von hauptberuflich tätigen bestätigten Jagdaufsehern verlangt werden (Art. 41 Abs. 5 **BayJG**). 14

Zuständig für die Anordnung der Bestellung eines Jagdaufsehers ist in der Regel die **Untere Jagdbehörde.** In **Brandenburg** entscheidet bei verpach- 15 teten Eigenjagdbezirken die untere Jagdbehörde im Einvernehmen mit der unteren Forstbehörde (§ 39 Abs. 2 **BbgJagdG**). In **Nordrhein-Westfalen** entscheidet die untere Jagdbehörde bei verpachteten Staatsjagdbezirken im Benehmen mit der unteren Forstbehörde (§ 26 Abs. 2 **LJG-NRW**).

4. Bestätigung

16 Die Bestätigung durch die Jagdbehörde soll eine **Prüfung der persönlichen Verhältnisse und der fachlichen Eignung** des Jagdaufsehers ermöglichen. Nach den Landesgesetzen sind Jagdaufseher in der Regel zu bestätigen, wenn sie volljährig und Inhaber eines gültigen Jagdscheins sind und keine Bedenken gegen ihre persönliche und fachliche Eignung bestehen (Art. 41 Abs. 2 **BayJG;** § 23 Abs. 1 und 3 **HmbJagdG;** § 26 Abs. 3 **LJG-NRW;** § 29 Abs. 1 **RhPfLJG;** § 39 Abs. 4 **SJG;** § 28 Abs. 1 **SächsJagdG;** § 20 **SchlHLJagdG;** § 41 Abs. 2 **ThJG**). In **Mecklenburg-Vorpommern** muss in Jagdbezirken von über 1000 ha der Jagdaufseher jagdwirtschaftlich oder forstlich ausgebildet sein (§ 25 Abs. 1 **MVLJagdG**). In **Nordrhein-Westfalen** bedarf die Bestätigung der Zustimmung der Kreispolizeibehörde (§ 26 Abs. 3 **LJG-NRW**). Die Bestätigung ist zu versagen, wenn konkrete Anhaltspunkte dafür vorliegen, dass der Bewerber seine Befugnisse missbrauchen wird (VG Köln Urt. v. 29.10.2022 – 8 K 2273/19, BeckRS 2022, 545507 = JE VIII Nr. 60: 20jährige Auffälligkeit wegen Agressionen, selbst wenn sie nicht strafrechtlich relevant waren) oder wenn er fachlich ungeeignet ist. Die mit dem Jagdschutz beauftragten **Forstbediensteten** sind in Berlin, Brandenburg, Nordrhein-Westfalen und dem Saarland kraft gesetzlicher Anordnung bestätigte Jagdaufseher (§ 32 Abs. 3 **LJagdG Bln;** § 39 Abs. 4 **BbgJagdG;** § 26 Abs. 3 **LJG-NRW;** § 39 Abs. 1 **SJG**).

17 Die **fachliche Eignung** kann nach Maßgabe der Landesvorschriften durch den Besuch eines Jagdaufseherlehrgangs mit abschließender **Jagdaufseherprüfung** nachgewiesen werden (Drees/Thies/Müller-Schallenberg/Jäcker/Hugenberg BJG § 25, LJG § 26 IV 2; § 31 Abs. 1 S. 1 **HJagdG;** § 30 Abs. 2 S. 2 **NJagdG;** § 33 Abs. 2 **RhPfLJG;** § 39 Abs. 5 **SJG**). Einer Jagdaufseherprüfung bedarf es nicht, wenn der Jagdaufseher die Berufsjägerausbildung einschließlich Berufsjägerprüfung absolviert hat oder eine forstliche Ausbildung vorliegt (§ 32 Abs. 3 **LJagdG Bln;** Art. 29 Abs. 1 **BremLJagdG;** § 39 Abs. 3 **BbgJagdG;** § 30 Abs. 2 S. 5 **NJagdG;** § 39 Abs. 5 **SJG;** § 41 Abs. 2 **ThJG**). In **Niedersachsen** ist die Bestätigung auf zehn Jahre befristet und kann auf Antrag um jeweils 5 Jahre verlängert werden (§ 30 Abs. 2 S. 3 **NJagdG**). Voraussetzung für die Verlängerung ist allerdings die jeweils erneute Teilnahme an einer Schulung (§ 30 Abs. 2 S. 4 **NJagdG**).

18 **Zuständig** für die Erteilung der Bestätigung ist die zuständige (untere) Jagdbehörde (Art. 41 Abs. 2 **BayJG;** Art. 29 Abs. 1 **BremLJagdG;** § 39 Abs. 3 **BbgJagdG;** § 31 Abs. 2 **HJagdG;** § 33 Abs. 2 **RhPfLJG;** § 28 Abs. 1 **SächsJagdG;** § 20 **SchlHLJagdG;** § 41 Abs. 2 **ThJG**).

5. Legitimationspflicht

19 In den meisten Ländern hat sich der bestätigte Jagdaufseher bei Ausübung des Jagdschutzes auf Verlangen des Betroffenen auszuweisen, es sei denn, dass ihm dies aus Sicherheitsgründen nicht zugemutet werden kann (Art. 41 Abs. 6 **BayJG;** § 32 Abs. 3 **LJagdG Bln;** Art. 28 Abs. 3 **BremLJagdG,** Art. 29 Abs. 2 **BremLJagdG;** § 39 Abs. 5 **BbgJagdG;** § 31 Abs. 4

HJagdG; § 26 Abs. 3 **LJG-NRW;** § 39 Abs. 2 **SJG;** § 28 Abs. 3 **Sächs-JagdG;** § 20 **SchlHLJagdG;** § 41 Abs. 7 **ThJG**). Teilweise reicht das Vorzeigen der Bestätigungsbescheinigung aus, teilweise enthalten die Jagdgesetze Regelungen über die Ausstellung von **Dienstausweisen** (§ 30 Abs. 2 **JWMG;** Art. 41 Abs. 6 **BayJG;** § 39 Abs. 3 **BbgJagdG;** § 30 Abs. 2 S. 6 **NJagdG**). In einigen Ländern ist zudem das Tragen eines **Dienstabzeichens** vorgeschrieben (Art. 41 Abs. 6 **BayJG;** Art. 29 Abs. 2 **BremLJagdG;** § 25 Abs. 1 **MVLJagdG;** § 41 Abs. 7 **ThJG**). Die Legitimation ist keine Voraussetzung für die Jagdschutzberechtigung, sondern hat lediglich Ordnungsfunktion.

6. Befugnisse

Der bestätigte Jagdaufseher hat grundsätzlich dieselben Jagdschutzbefugnisse wie der Jagdausübungsberechtigte (Mitzschke/Schäfer Rn. 27). Durch Landesrecht können ihnen aber zusätzliche Befugnisse eingeräumt werden. So haben sie zB in **Nordrhein-Westfalen** das Recht zur Ausübung unmittelbaren Zwangs, dürfen aber in Ausübung des Jagdschutzes – mit Ausnahme von Notwehr (§ 32 StGB) – keine Schusswaffen einsetzen (Drees/Thies/Müller-Schallenberg/Jäcker/Hugenberg BJG § 25, LJG § 26 IV 3). 20

7. Dienstaufsicht

In Hessen und Thüringen unterstehen die bestätigten Jagdaufseher der Dienstaufsicht der unteren Jagdbehörde (§ 31 Abs. 2 **HJagdG;** § 41 Abs. 6 **ThJG**). 21

V. Qualifizierte bestätigte Jagdaufseher

1. Berufsjäger und forstlich ausgebildete Personen

Qualifiziert jagschutzberechtigt sind die bestätigten Jagdaufseher, die Berufsjäger oder forstlich ausgebildet sind (§ 25 Abs. 2). Berufsjäger sind hauptberuflich tätige Jäger, die bis zum 1.8.1982 nach der Berufsjägerausbildung des DJV oder in Bayern (Art. 41 Abs. 5 **BayJG**) nach der Landesverordnung zur Ausführung des bayerischen Jagdgesetzes ausgebildet worden sind und die Ausbildung mit einer Prüfung erfolgreich abgeschlossen haben. Seit dem 1.8.1982 gilt bundesweit die Verordnung über die Berufsausbildung zum Revierjäger/zur Revierjägerin (RevjAusbV) nunmehr vom 18.5.2010 (BGBl. 2010 I 631). Forstlich ausgebildet ist, wer die Laufbahnprüfungen des Forstdienstes der Bundesländer oder des Bundes bestanden hat. 22

2. Befugnisse

Ihnen stehen über die Befugnisse hinaus, die den Jagdausübungsberechtigten und den einfachen bestätigten Jagdaufsehern zustehen, noch weitergehende Rechte zu. Nach § 25 Abs. 2 ist ein bestätigter Jagdaufseher, der Berufsjäger oder forstlich ausgebildet ist, **Ermittlungsperson der Staatsanwaltschaft** und hat die **Rechte und Pflichten eines Polizeibeamten,** soweit er innerhalb seines Dienstbezirks in Angelegenheiten des Jagdschutzes tätig wird. Nur die qualifiziert Jagdschutzberechtigten haben die Rechte und Pflichten von Polizeibeamten, nicht jedoch die einfachen bestätigten Jagd- 23 aufseher (Heider NuR 1985, 94 (98)). Soweit das Landesrecht keine einschränkenden Regelungen enthält, hat der qualifizierte Jagdaufseher innerhalb seines Dienstbezirks in Bezug auf den Jagdschutz daher die Befugnisse von Polizeibeamten, wie sie sich aus den Polizeigesetzen der Länder ergeben und können nach § 152 GVG von der Staatsanwaltschaft mit Ermittlungen beauftragt werden. Er hat also **polizeiliche Befugnisse** sowohl bei der **Verfolgung bereits begangener Straftaten** als auch bei der **präventiven Gefahrenabwehr.** Er darf daher im Rahmen des Jagdschutzes bereits dann eingreifen, wenn lediglich die hinreichende Wahrscheinlichkeit für eine Verletzung jagdrechtlicher Vorschriften besteht (Heider NuR 1985, 94 (98)). Sie sind nach § 163 StPO verpflichtet, im Rahmen von ihrer Aufgabenstellung von Amts wegen strafbare Handlungen zu erforschen und unaufschiebbare Anordnungen zu treffen. Zu diesem Zweck sind sie befugt, in Eilfällen körperliche Untersuchungen (§ 81a StPO), Beschlagnahme von Gegenständen (§ 98 StPO) und nach § 105 StPO Durchsuchung von Räumen anzuordnen (Drees/Thies/Müller-Schallenberg/Jäcker/Hugenberg BJG§ 25, LJG § 26 IV 3).

VI. Jagdgäste

24 Jagdgäste sind **grundsätzlich keine Jagdschutzberechtigten.** Die Länder haben jedoch mehrheitlich geregelt, dass der Jagdausübungsberechtigte einzelne Jagdschutzaufgaben auch auf Jagdgäste übertragen darf. Im Allgemeinen handelt es sich um den **Schutz des Wildes vor wildernden Hunden und streunenden Katzen** (Art. 42 Abs. 2 **BayJG;** § 33 Abs. 2 **LJagdG Bln;** Art. 28 Abs. 4 **BremLJagdG;** § 40 Abs. 2 **BbgJagdG;** § 22 Abs. 4 **HmbJagdG;** § 32 Abs. 2 **HJagdG;** § 29 Abs. 2 **NJagdG;** § 25 Abs. 6 **LJG-NRW;** § 32 Abs. 2 **LSALJagdG;** § 21 Abs. 2 **SchlHLJagdG;** § 42 Abs. 2 **ThJG**). In **Berlin** und **Brandenburg** kann insgesamt der **Schutz des Wildes vor Tieren und Wildseuchen** auf den Jagdgast übertragen werden (§ 32 Abs. 6 **LJagdG Bln;** § 39 Abs. 6 **BbgJagdG**). In **Bayern** und **Thüringen** ist zusätzlich noch die Übertragung des **Schutzes des Wildes vor Futternot** möglich (Art. 41 Abs. 4 **BayJG;** § 41 Abs. 4 **ThJG**). Jagdgäste, die ohne Begleitung des Jagdausübungsberechtigten jagen, müssen in den meisten Ländern eine **schriftliche Bestätigung des Jagdausübungsberechtigten** mit sich führen, in der die Befugnis zur Ausübung des Jagdschutzes eingetragen ist (§ 32 Abs. 6 **LJagdG Bln;** Art. 28 Abs. 5 **BremLJagdG;** § 39 Abs. 6 **BbgJagdG;** § 32 Abs. 2 **HJagdG;** § 29 Abs. 2 **NJagdG;** § 25 Abs. 6 **LJG-NRW;** § 32 Abs. 2 **LSALJagdG**). Hierbei handelt es sich aber nicht um eine Wirksamkeitsvoraussetzung, sondern um eine Ordnungsvorschrift, so dass Jagdschutzmaßnahmen auch dann rechtmäßig sind, wenn der Jagdgast im konkreten Fall die Erlaubnis nicht mitgeführt hat (aA LG Münster Urt. v. 2.1.1991 – 1 S 360/90, BeckRS 1991, 1914 = JE VIII Nr. 51).

25 Neben den oben genannten Befugnissen haben die Jagdgäste selbstverständlich die allgemeinen Befugnisse, die jedermann zustehen, wie das Festnahmerecht nach § 127 StPO sowie das Notwehrrecht und das Notstandsrecht (v. Pückler, Der Jäger und sein Recht, 3. Aufl. 1996, S. 215). Im Übrigen können Jagdgäste vom Jagdausübungsberechtigten zur Erfüllung der Hegepflicht eingesetzt werden. Hierzu gehört auch die Bekämpfung von Beute-

greifern. Daher kann der Jagdausübungsberechtigte den Jagdgast auch in den Ländern damit betrauen, die das nicht ausdrücklich vorsehen (Drees/Thies/Müller-Schallenberg/Jäcker/Hugenberg BJG § 23, LJG § 25 VI 4).

VII. Ortsnahe erreichbare Person

In einigen Bundesländern ist der **nicht ortsansässige Revierinhaber** verpflichtet, eine **ortsnahe erreichbare Person** zu benennen, die in **Eilfällen als Ansprechpartner zur Verfügung steht.** In **Bremen** ist der Revierinhaber, der nicht in der Gemeinde seines Jagdbezirks wohnt und keinen bestätigten Jagdaufseher benannt hat, verpflichtet, der zuständigen Jagdbehörde eine am Ort erreichbare Person zu benennen, die Inhaber eines Jagdscheins und in der Lage sein muss, unaufschiebbare Maßnahmen des Jagdschutzes, insbesondere hinsichtlich kranken, verletzten und verendeten Wildes in Abwesenheit des Revierinhabers durchzuführen (Art. 28 Abs. 5 **BremLJagdG**). In **Sachsen-Anhalt** besteht diese Pflicht, wenn es nach den persönlichen Verhältnissen des Revierinhabers geboten erscheint (§ 32 Abs. 3 **LSALJagdG**). In **Niedersachsen** haben die Jagdausübungsberechtigten für jeden Jagdbezirk der zuständigen Polizeidienststelle sowie den Jagdausübungsberechtigten der angrenzenden Jagdbezirke mindestens eine zur Jagd befugte Person **unter Angabe von Anschrift, Telefonnummer und E-Mail-Adresse** zu benennen (§ 30 Abs. 3 S. 1 **NJagdG**). Die benannte Person hat bei Nachsuchen und Wildunfällen Benachrichtigungen entgegenzunehmen und die Pflichten der jagdausübungsberechtigten Person (§ 30 Abs. 3 S. 2 **NJagdG**). Die Jagdbehörde übermittelt diese Daten den örtlichen Polizeidienststellen, damit die benannten Personen über Maßnahmen des Jagdschutzes und der nach dem Polizei- und Ordnungsrecht erforderlichen Gefahrenabwehr benachrichtigt werden können (§ 30 Abs. 3 S. 3 **NJagdG**). 26

VII. Abschnitt. Wild- und Jagdschaden

1. Wildschadensverhütung

§ 26 Fernhalten des Wildes

[1]Der Jagdausübungsberechtigte sowie der Eigentümer oder Nutzungsberechtigte eines Grundstückes sind berechtigt, zur Verhütung von Wildschäden das Wild von den Grundstücken abzuhalten oder zu verscheuchen. [2]Der Jagdausübungsberechtigte darf dabei das Grundstück nicht beschädigen, der Eigentümer oder Nutzungsberechtigte darf das Wild weder gefährden noch verletzen.

I. Einführung

Die Regelung entspricht fast wörtlich § 41 RJG, § 57 Preußisches JagdG. 1
Rheinland-Pfalz hat § 26 wörtlich als § 37 **RhPfLJG** übernommen. Sinn und Zweck der Vorschrift ist es, klarzustellen, dass es grundsätzlich keinen Eingriff in das Jagdausübungsrecht darstellt, wenn der Grundeigentümer zum Schutz vor Wildschäden entsprechende Abwehrmaßnahmen trifft oder gar das Wild verscheucht. Das gleiche Recht soll dem Jagdausübungsberechtigten zustehen, der insoweit das Grundstück in Anspruch nehmen darf. Diese Berechtigung ergibt sich betreffend des Jagdausübungsberechtigten bereits unmittelbar aus seinem Jagdausübungsrecht. Das Wild zu bejagen bzw. es zu hegen verknüpft mit der Verpflichtung, Wildschäden zu vermeiden oder zu verringern, beinhaltet naturgemäß auch das Recht, Wild zu verscheuchen. Die Möglichkeit der Nutzung des Grundbesitzes zu diesem Zweck ist daher lediglich eine konkretisierende Klarstellung des Gesetzgebers. Nach § 26 ist der Eigentümer ebenfalls grundsätzlich berechtigt, erforderliche Abwehrmaßnahmen zu ergreifen – ohne an die Voraussetzungen der Selbsthilfebestimmung der §§ 228, 229, 904 BGB gebunden zu sein (BayObLG 6.6.1963 – 4 St 136/63, BayObLGSt 1963, 158 = RdL 1963, 250 = EJS II S. 23 Nr. 11). Dennoch knüpft § 26 an diese Regelungen des BGB an. Nach § 228 S. 1 BGB handelt nicht widerrechtlich, wer eine fremde Sache beschädigt oder zerstört, um eine durch sie drohende Gefahr von sich oder einem anderen abzuwenden, wenn die Beschädigung oder die Zerstörung zur Abwendung der Gefahr erforderlich ist und der Schaden nicht außer Verhältnis zu der Gefahr steht. Deshalb ist auch in einem solchen Fall ein Eingriff in das Jagdausübungsrecht als ein absolutes Recht zulässig (so BayObLG 6.6.1963 – 4 St 136/63, BayObLGSt 1963, 158 = RdL 1963, 250 = EJS II S. 23 Nr. 11). Dies wird aber über § 26 ausdrücklich normiert. Die Anwendbarkeit der Notstandsregelungen wird durch § 26 nicht völlig ausgeschlossen (Mitzschke/Schäfer Rn. 4; Meyer-Ravenstein NJagdG § 26 Rn. 5; Drees/Thies/Müller-Schallenberg/Jäcker/Hugenberg § 26 II. S. 241), aber den Besonderheiten des Jagdrechts und des Tierschutzes unterworfen, indem ein Gefährdungs- und Verletzungsverbot (S. 2) ausgesprochen wird. Zudem beinhaltet § 26 nur eine Ausnahme von der grundsätzlichen Duldungsverpflich-

tung des Grundeigentümers gegenüber dem Wild. Auch wird durch § 26 nicht dem Grundeigentümers ermöglicht, Jagd auszuüben. Vielmehr bleibt ihm ein regelrechtes Bejagen über § 292 StGB untersagt (vgl. Meyer-Ravenstein NJagdG § 26 Rn. 2).

II. Wildschaden

2 Unter Wildschaden iSd § 26 wird jeglicher Schaden verstanden, der durch Wild angerichtet werden kann. Es muss sich nicht um einen ersatzpflichtigen Wildschaden oder um Wildschaden iSd § 29 handeln (vgl. Mitzschke/Schäfer Rn. 2; Leonhardt/Pießkalla Rn. 1; Lorz/Metzger Rn. 1). Durch die Einordnung in das BJagdG wird jedoch klargestellt, dass es um Wild iSd § 2 (und eventuell nach landesrechtlichen Bestimmungen zum bejagbaren Wild deklarierten Tieren) geht und um die damit eintretende Kollision der Ansprüche des Eigentümers gegen diejenigen des Jagdausübungsberechtigten. Darüber hinaus hat der Grundstückseigentümer aber auch durchaus das Recht, andere Tierarten von Schädigungen seines Grundbesitzes abzuhalten (zB Haustauben oder vom BJagdG nicht erfasster Neozonen). Dieses Recht ergibt sich aber nicht aus § 26. Andere gesetzliche Bestimmungen, insbesondere solche des Naturschutzes, hat er dann allerdings ggf. zu beachten. Das Wildschadenrecht bezieht sich in §§ 29 ff. lediglich auf Schäden am Grundbesitz selbst sowie den getrennten, aber noch nicht abgeernteten Erzeugnissen eines Grundstückes. Das Abwehrrecht des § 26 geht darüber hinaus. So können die Berechtigten auch Schäden am Vieh (vgl. auch Mitzschke/Schäfer Rn. 3; Meyer-Ravenstein § 26 Rn. 1; Lorz/Metzger Rn. 4) oder einer Fischzucht (VG Münster Urt. v. 13.6.1984 – 7 K 1845/83, BeckRS 2013, 45096 = JE IX Nr. 55; VG Würzburg Urt. v. 26.10.1981 – W 5 K80 A.0384, JE IX Nr. 35), aber auch an Rübenmieten etc abwehren (so auch Asam/Konrad/Schäfer RhPfLJG § 37 Rn. 2).

III. Abwehrberechtigte

3 Berechtigte iSd § 26 sind ausschließlich der Jagdausübungsberechtigte, der Grundeigentümer oder Nutzungsberechtigte. Für den Jagdausübungsberechtigten ergibt sich allerdings die Abwehrberechtigung bereits aus § 1 und § 25 (Lorz/Metzger Rn. 2). Der Begriff des Nutzungsberechtigten ist nicht auf den Nießbraucher oder anderen dinglich Berechtigten beschränkt. Auch der schuldrechtliche Besitzer, zB der Pächter oder derjenige, dem der Besitz oder die Nutzung eingeräumt wurde, gehört zu dem berechtigten Personenkreis. Das Abwehrrecht darf damit auch von befugten Dritten ausgeübt werden.

IV. Abwehrmaßnahmen

4 Nicht in jedem Fall und nicht jede Maßnahme ist durch § 26 gedeckt. Unterschieden werden muss zwischen Abwehrmaßnahmen des Jagdausübungsberechtigten und des Grundeigentümers. Der **Jagdausübungsberechtigte** darf das Grundstück nicht beschädigen, ist aber zu allen anderen jagdlichen Eingriffen berechtigt. Eine Beschädigung des Grundstückes ist im Rahmen der befugten Jagdausübung iSd § 33 (Jagdschaden) allerdings zulässig

und auch über § 26 gedeckt. Streitig ist, ob auch die Errichtung eines Zaunes durch den Jagdausübungsberechtigten ohne oder gar gegen den Willen des Eigentümers zulässig ist. § 41 Abs. 3 AV-RJG sah noch eine entsprechende Duldungspflicht zur Errichtung von Wildzäunen vor. Nach Leonhardt/Pießkalla handelt der Jagdausübungsberechtigte rechtmäßig, wenn und soweit er zum Abhalten und Verscheuchen von Wild zulässige Maßnahmen ergreift und bedarf deshalb nicht der Zustimmung des Grundeigentümers (Leonhardt/Pießkalla Rn. 11.26). Dies gelte auch für die Errichtung von Zäunen. Die Errichtung von Zäunen beinhaltet aber einen Eingriff in das Besitzrecht des Eigentümers. Für die Errichtung bedarf es deshalb der Zustimmung des Eigentümers/Besitzers, da sie eine nicht unerhebliche Beeinträchtigung der Grundstücksnutzung bedeuten, jedenfalls zB durch das Einschlagen von Zaunpfählen eine Beschädigung des Grundstückes einhergeht. Deshalb ist für eine solche Maßnahme die Zustimmung des Eigentümers oder Nutzungsberechtigten erforderlich (so auch Mitzschke/Schäfer Rn. 8; Meyer-Ravenstein NJagdG Rn. 3). Zur Duldung solcher Maßnahmen ist der Grundeigentümer aber grundsätzlich verpflichtet, sofern ihm Möglichkeiten zur Zufahrt gegeben ist und er keine unzumutbaren Beeinträchtigungen hinzunehmen hat (AG Schleiden Urt. v. 25.10.2011 – 9 C 188/11, BeckRS 2012, 20193 = JE XII Nr. 123).Verweigert der Eigentümer/Besitzer die Errichtung eines solchen Zaunes, trifft ihn aber ein **Mitverschulden** am späteren Wildschaden zu 100 % (vgl. Mitzschke/Schäfer § 6 Rn. 8; → § 32 Rn. 1 ff. mwN). Grundstücksbeschädigungen in einem zumutbaren Rahmen sind im Übrigen aber hinzunehmen, soweit sie nicht ohnehin über § 33 als zulässige jagdliche Maßnahmen gerechtfertigt sind (vgl. LG Arnsberg 31.10.1975 – 1 O 66/75, RdL 1977, 117; Mitzschke/Schäfer Rn. 22a; Lorz/Metzger Rn. 6). Deshalb ist die Errichtung einer Hochsitzeinrichtung auch iSv § 26 eine zu duldende Maßnahme (Lorz/Metzger Rn. 6). Der **Grundstückseigentümer** darf Abwehrmaßnahmen ergreifen, die weder die Tiere gefährden noch verletzen. So ist die Tötung eines tollwutverdächtigen Fuchses zum Schutz des Viehbestandes nicht durch § 26 gedeckt (so aber BayObLG6.6.1963 – 4 St 136/63, BayObLGSt 1963, 158 = RdL 1963, 250 = EJS II S. 23 Nr. 11; nur im Ergebnis zustimmend Mitzschke/Schäfer Rn. 3; auch Lorz/Metzger Rn. 4). Vielmehr greifen in diesem Fall die allgemeinen Rechtfertigungsgründe der Notstandsregelungen. Das Unterlassen geeigneter und zumutbarer präventiver Abwehrmaßnahmen schließt aber eine gerechtfertigte Tötung in der Regel aus (s. Meyer-Ravenstein Rn. 5). Zulässige Maßnahmen sind das Einzäunen, sofern nicht baurechtliche Bestimmungen dagegen stehen. Die Errichtung von sockellosen Einfriedungen nach Maßgabe der landesrechtlichen Bestimmungen zur vorübergehenden Wildschadensabwehr ist baugenehmigungsfrei. Sie können aber baurechtswidrig werden, wenn der Zweck entfällt (für Forstkulturen vgl. Leonhardt/Pießkalla Rn. 11.26; auch VGH Mannheim 18.9.1991 – 3 S 1960/91, NuR 1992, 187). Als Abwehrmaßnahmen kommen alle gängigen Schutzmaßnahmen in Betracht, so zB die Errichtung von Zäunen (soweit sie nicht dem Baurecht oder dem dann jeweiligen Landespflegerecht widersprechen (VGH Mannheim 18.9.1991 – 3 S 1960/91, NuR 1992, 187), Vogelscheuche, Elektrozäune (abgelehnt von VG Würzburg Urt. v. 11.12.2012 – W 4 K 12.594, BeckRS 2013, 45283 = JE XII Nr. 124 für die Zäunung eines Golfplatzes, da Baurechtswidrig) bzw. in der Landwirtschaft üblicherweise verwendete Materialien, wozu bei einer Abwehr von Schwarzwildschäden auch aufgetrennte **Baustahlmatten** zählen können (strittig, aA VG Wiesbaden Urt. v. 14.4.2011 – 4 K 1208/10.WI, BeckRS 2011, 50907 = JE XII Nr. 118 in Landschaftsschutzgebiet). Sofern aber solche Anlagen nur vorübergehende Einrichtungen sind und nach Art und Größe den üblichen land- oder forstwirtschaftlichen Schutzvorkehrungen entsprechen müssen sie zugelassen sein (so auch Asam/Konrad/Schäfer RhPfLJG § 37 Rn. 5). Chemische Mittel, soweit sie zugelassen sind, können eingesetzt werden, insbesondere Mittel, die vor Verbiss- und Schälschäden schützen, das Beizen von Saatgut, auch mit Einschränkungen das Verstänkern mit zugelassenen Mitteln, wenn es die Jagdausübung nicht für einen längeren Zeitraum behindert. Auch das Einbinden von Bäumen und das Verwenden von Terminaltriebschützern sind zulässig. Die Verwendung von Ultraschallgeräten ist teilweise unzulässig. Die Anwendung von Knallgeräten etc ist aus emissionsrechtlichen Gründen bedenklich, in der Regel genehmigungsbedürftig und dürfte in der Nähe von Natur- und Vogelschutzgebieten ausgeschlossen sein. Die Beseitigung verwendeter und nicht mehr benötigter Abwehrmittel ist Pflicht. Das Liegenlassen verfallener Schutzzäune verstößt nicht nur gegen abfallrechtliche Vorschriften, sondern stellt ein ganz erhebliches Gefährdungspotential für alle wildlebenden Tiere, ggf. auch für den Menschen, dar. Hieraus können sich auch deliktische Ansprüche ergeben, wenn hierdurch Schäden iSd § 823 BGB entstehen. Die meisten Landeswaldgesetze der Länder bestimmen eine Beseitigungspflicht (zB § 27 BWLWaldG). Sofern von solchen Zäunen eine erkennbare Gefahr für Mensch und Wild ausgeht, kann der Jagdausübungsberechtigte iSd § 823 Abs. 1 BGB, § 1004 BGB die Beseitigung dieser nicht mehr benötigten Einrichtung verlangen (LG Lüneburg Urt. v. 14.1.1988 – 4 S 36/88, AgrarR 1991, 116).

V. Grenzen der Abwehrmaßnahmen

5 Grundsätzlich muss die Maßnahme angemessen sein und darf nicht generell in das Jagdausübungsrecht eingreifen. Das Wild hat eine Existenzberechtigung und die widerstreitenden Interessen zwischen den wirtschaftlichen Interessen des Grundeigentümers zu dem öffentlichen Recht an dem Erhalt eines angemessenen Wildbestandes sind zu beachten (vgl. hierzu auch BGH Urt. v. 5.5.1988 – III ZR 116/8, NVwZ 1988, 1066 = NuR 1989, 55). Deshalb sind geringfügige Schädigungen immer zu dulden und rechtfertigen keine Abwehrmaßnahmen.

1. Duldung eines angepassten Wildbestandes

6 Der Grundeigentümer hat deshalb generell Wild auf seinem Gelände zu dulden. Er muss es hinnehmen, dass Wild auf seinem Besitz lebt und sich von dem Bewuchs ernährt, sofern die Schäden nicht übermäßig sind. Als Ausgleich eventueller höherer Wildschäden iSd §§ 29 ff. besteht der Anspruch auf Wildschadensersatz. Bei nur geringen und gelegentlichen Wildschäden verstoßen Verscheuchungsmaßnahmen bereits gegen das Übermaßverbot und sind von der Vorschrift nicht gedeckt (so auch Leonhardt/Pießkalla Rn. 2; Lorz/Metzger Rn. 3; Behr/Ott/Nöth, Die deutsche Reichsjagdgesetzgebung, 1935, S. 318).

2. Kollision mit der Jagdausübung

7 Der Grundeigentümer hat zudem das Jagdausübungsrecht zu beachten. Abwehrmaßnahmen beeinträchtigen dieses Recht dann, wenn die Jagdausübung hierdurch nachhaltig gestört wird. Deshalb muss der Grundeigentümer Verscheuchungsmaßnahmen einstellen, wenn der Jagdausübungsberechtigte oder von ihm beauftragte Jäger in diesem Bereich jagen möchten. Sofern die Rechte des Grundeigentümers mit denen des Jagdausübungsberechtigten kollidieren, hat die Jagdausübung Vorrang (VG Würzburg Urt. v. 26.10.1981 – Nr. W 5 K80 A.0384, JE IX Nr. 35; Meyer-Ravenstein NJagdG Rn. 4; Drees/Thies, Wild- und Jagdschaden, 9. Aufl. 2011, S. 5). Der missbräuchliche Gebrauch der Abwehrrechte nach S. 1 kann einen rechtswidrigen Eingriff in das Jagdausübungsrecht darstellen und berechtigt den Jagdausübungsberechtigten zu Abwehrmaßnahmen, insbesondere Unterlassungsklagen gem. § 1004 Abs. 1 BGB, respektive zu Schadensersatzansprüchen iSd § 823 Abs. 1 BGB (vgl. auch Leonhardt/Pießkalla Rn. 5). Die damit verbundene Behinderung der Jagdausübung, die der Abwehr von Wildschäden dient, führt zum Verlust der Wildschadensersatzansprüche iSd § 32 Abs. 1 (vgl. auch Mitzschke/Schäfer Rn. 9). Passive Maßnahmen, zB Zäune, sind im zulässigen Rahmen vom Jagdausübungsberechtigten zu dulden (LG Lüneburg Urt. v. 9.12.1986 – 9 O 301/86, JE I Nr. 48). Dies gilt nicht für Verstänkerungsmaßnahmen, den Einsatz von **Schussgeräten** oder Hunden, Schlingen etc. Diese stören mehr die Jagdausübung des Wildes, als das sie das Wild vergrämen können. Auf Verlangen des Jagdausübungsberechtigten sind solche Maßnahmen einzustellen sind. Dem Grundeigentümer stehen dann diese Rechte zu, wenn trotz der jagdlichen Aktivitäten ein übermäßiger Wildschaden entsteht. Hier ist im Einzelfall abzuwägen.

3. Verhältnismäßigkeitsgrundsatz

8 Die Maßnahmen dürfen nicht unverhältnismäßig sein. Dies betrifft die Art und Weise der Vorgehensweise. Der Einsatz von Stacheldrahtzäunen ist bedenklich (so auch Asam/Konrad/Schäfer RhPflJG § 37 Rn. 4.2). Absolut unzulässig sind jedenfalls alle Einrichtungen, die Verletzungen auslösen können (zB Nato-Draht, mit stromführenden Anlagen mit einer Stromstärke, die Verletzungen nach sich ziehen. Auch ist nicht jede präventive Maßnahme geboten, wenn der Schadenseintritt unwahrscheinlich ist. Die Lebensgrundlage des Wildes darf nicht so nachhaltig gestört werden, dass das Gebiet regelrecht wildrein gehalten wird. In jedem Fall sind die Schutzvorschriften der Artenschutzbestimmungen und des Jagdrechts zu beachten. Der Fang von führenden Muttertieren ist demnach nicht zulässig. Es ist grundsätzlich zu beachten, dass Wild in der Natur frei leben soll, so dass der Schutzanspruch des Grundbesitzers in einem Verhältnis zu den Bedürfnissen der freilebenden Tiere stehen muss.

4. Verbot der Verletzung und Gefährdung des Wildes

9 Sofern Wild durch den Grundeigentümer verletzt oder gefährdet wird, verhält sich dieser ordnungswidrig iSd § 39 Abs. 1 Nr. 6 (entsprechend § 48 Abs. 1 Nr. 5 **RhPflJG**). Unzulässig ist deshalb das Verscheuchen mittels freilaufender Hunde, Anbringen von Stolperfallen, Gruben, Beschießen auch mit dem Luftgewehr oder Selbstschüssen, Fallenstellen oder das Vergiften,

der Einsatz zu starker Elektrogeräte etc. Im Einzelfall kann aber durchaus selbst das Töten von Tieren über §§ 228, 229, 904 BGB gerechtfertigt sein (→ Rn. 4; Lorz/Metzger Rn. 4; Mitzschke/Schäfer Rn. 3). Problematisch ist das zum Teil vertraglich in den Jagdpachtverträgen vereinbarte Recht zum Vertreiben von Wild aus eingezäunten Forstkulturen. Durch hetzende Hunde kann sich das Wild im Zaun schwer verletzen oder getötet werden. Hier ist der Einsatz brauchbarer, möglichst kleiner Hunde (Teckel) zulässig, nicht aber ganzer hochläufiger Hundemeuten. Im Hinblick auf diese besondere Situation ist der Einsatz von Treibern vorzuziehen und ggf. auch die einzige zulässige Möglichkeit, wenn das Wild überhaupt Fluchtmöglichkeiten hat (vgl. hierzu im Einzelnen Leonhardt/Pießkalla Rn. 6).

5. Landesrechtliche Bestimmungen

10 Die Länder haben zum Teil konkrete Vorschriften, Maßnahmen der Wildschadensverhütung erlassen, die in den einzelnen Bundesländern beachtet werden müssen. Dies sind aber hauptsächlich die Verpflichtungen, Wild in bestimmten geschützten Bereichen zu erlegen (s. hierzu die Erläuterungen zu der insoweit weitergehenden Vorschrift des § 27). Aus den Bestimmungen über die Errichtung von besonderen (jagdlichen) Einrichtungen in verschiedenen Jagdgesetzen der Länder kann keine Berechtigung zur Errichtung von Wildschutzzäunen oder anderen stationären Mitteln zum Fernhalten des Wildes hergeleitet werden (vgl. § 16 **JWMG;** Art. 36 **BayJG;** § 34 **BbgJagdG;** § 22 **HJagdG;** § 30 **MVLJagdG;** § 2 Abs. 3 **NJagdG;** § 28 Abs. 1 **LJG-NRW;** § 23 **SJG;** § 26 **SächsJagdG;** § 2 **LSALJagdG;** § 36 **ThJG**). Diese Vorschriften beschäftigen sich zwar im weitesten Sinne mit Einrichtungen, die einem jagdlichen Zweck dienen (wie Futterplätze, Ansitze, Fallen und Jagdhütten). § 26 ist aber hier als die speziellere Norm heranzuziehen, so dass der Jagdausübungsberechtigte alle wildschadensverhütende Maßnahmen auch ohne Zustimmung des Eigentümers einsetzen darf, nicht aber solche, die das Grundstück beschädigen. Hierzu zählen Zäune deshalb, weil die Zaunpfähle in den Boden getrieben werden müssen und deshalb das Grundstück beschädigen. Der Eigentümer ist nicht verpflichtet, die Zustimmung zu solchen Maßnahmen zu erteilen, auch nicht in entsprechender Anwendung der oben genannten Vorschriften der Länder. Diese Maßnahmen dienen weniger der Jagdausübung und damit dem Jagdausübungsberechtigten als vielmehr dem Eigentümer. Verweigert er die Zustimmung, entfällt damit sein Recht zum Ersatz des entstehenden Wildschadens nach § 32 (s. auch Mitzschke/Schäfer Rn. 3; Möller UmweltR IV § 26 Rn. 57.5.1).

VI. Aufwendungsersatz

11 Die Befugnis, Wildschadensverhütungsmaßnahmen zu ergreifen berechtigt nicht dazu, Ersatz dieser Aufwendungen zu verlangen (OLG Koblenz Urt. v. 8.1.1980 – 3 U 140/79, BeckRS 1980, 109384 = JE IX Nr. 22). Ein solcher Anspruch ergibt sich weder aus den §§ 29 ff. noch § 26 oder aus dem Gesichtspunkt der Geschäftsführung ohne Auftrag (OLG Koblenz Urt. v. 8.1.1980 – 3 U 140/79, BeckRS 1980, 109384 = JE IX Nr. 22). Vielmehr ist es Sache des Eigentümers, die Kosten eigener Wildschadensverhütungsmaßnahmen zu tragen (LG Konstanz Urt. v. 13.1.1984 – 1 S 221/83, JE IX

Nr. 52 unter Verweis auf § 32). Dies gilt auch dann, wenn der Grundeigentümer bereits einmal Geld für Verhütungsmaßnahmen erhalten hat (OLG Koblenz Urt. v. 8.1.1980 – 3 U 140/79, BeckRS 1980, 109384 = JE IX Nr. 22). Auch ist eine öffentliche Pflicht zur Verhinderung von Wildschäden nicht gegeben. Sieht der Jagdpachtvertrag aber vor, dass der Pächter einen Betrag für Wildschadensverhütungsmaßnahmen der Jagdgenossenschaft zur Verfügung zu stellen hat, können sich hieraus unmittelbare Ansprüche des Eigentümers als Mitglied der Jagdgenossenschaft gegen die Jagdgenossenschaft ergeben, nicht aber gegen den Jagdpächter (vgl. Leonhardt/Pießkalla Rn. 7). Inwieweit die Jagdgenossenschaft zum Ersatz verpflichtet ist, kann sich nur aus weiteren internen Regelungen der Jagdgenossenschaft ergeben. Es ergibt sich jedenfalls ohne konkrete Vereinbarung mit dem Eigentümer hieraus kein Anspruch aus Geschäftsführung ohne Auftrag oder aus dem Rechtsinstitut des Vertrags zugunsten Dritter (vgl. LG Koblenz Urt. v. 8.1.1979 – 11 O 303/78, BeckRS 1980, 109384 = JE IX Nr. 16), weder gegen die Jagdgenossenschaft noch gegen den Jagdpächter, auch nicht aus dem Gesichtspunkt der Drittschadensliquidation (s. auch AG Bückeburg Urt. v. 1.4.2003 – 30 C 64/03, BeckRS 2003, 16410 = JE IX Nr. 135; AG Leverkusen Urt. v. 4.4.2000 – 28 C 489/99, JE IX Nr. 120). Die Einrichtung von Schutzvorrichtungen ist kein Fremdgeschäft und zählt weder zu den Verpflichtungen des Jagdausübungsberechtigten noch der Jagdgenossenschaft (OLG Koblenz Urt. v. 8.1.1979 – 11 O 303/78, BeckRS 1980, 109384 = JE IX Nr. 16). Nach Beendigung der Maßnahme sind die Rückstände zu entfernen. **Beseitigungsansprüche** ergeben sich als zivilrechtliche Nebenpflicht aus § 26 (so Lorz/Metzger Rn. 4). Dies gilt insbesondere, wenn von den Rückständen eine Gefahr ausgeht (LG Lüneburg Urt. v. 14.1.1988 – 4 S 36/86, JE I Nr. 64). Der Grundeigentümer hat Beseitigungs-, und Schadenersatzansprüche aus § 823, 1004 BGB. Zudem gelten die öffentlich-rechtlichen Bestimmungen des Abfall- und Waldrechtes.

VII. Straßenverkehr

§ 26 dient nicht dem Schutz des Straßenverkehrs und damit verbundener Gefahr von Wildunfällen. Zum Schutz des Wildes und des Straßenverkehrs ist die Errichtung von Wildschutzzäunen zulässig. Hierzu wurden von dem Bundesminister für Transport und Verkehr Richtlinien für Wildschutzzäune an Bundesfernstraßen erlassen. Eine Pflicht zur Errichtung von Wildschutzzäunen besteht für den Straßenbaulastträger nicht (BGH Urt. v. 13.7.1989 – III ZR 122/88, NZV 1989, 390 = BayVBl. 1990, 28). Ebenso ist der Jagdausübungsberechtigte weder zur Errichtung solcher Wildschutzzäune verpflichtet noch zur Kontrolle derselben. Duftzäune dürfen von dem Jagdausübungsberechtigten zur Meidung von Wildunfällen errichtet werden (Chamer-Modell), nicht aber Wildwarnreflektoren ohne Zustimmung der jeweiligen Straßenverkehrsbehörde. Das Gleiche gilt für das zeitweilige Aufstellen von **Schildern** mit Warnhinweisen, insbesondere in Verbindung mit Treib- oder Drückjagden. Wird im Bereich einer Straße gejagt und besteht dadurch die Gefahr, dass aufgescheuchtes Wild über die Straße läuft, müssen die Verkehrsteilnehmer durch Warnschilder oder Warnposten gewarnt werden, da ansonsten der Verantwortliche sowohl straf- als auch zivilrechtlich zur Verantwortung gezogen werden kann. Hat der Jagdausübungsberechtigte 12 solche Maßnahmen ergriffen, ist es Sache des Verkehrsteilnehmers, sich auf die Gefahrensituation durch angepasstes Fahrverhalten einzustellen. Ohnehin hat der Verkehrsteilnehmer auf Land- und Waldstrecken mit Wildkollisionen zu rechnen (BGH RdL 1976, 149). Die Zustimmung des jeweiligen Straßenverkehrsamtes ist einzuholen wenn Straßenverkehrsschilder aufgestellt werden, wobei diese regelmäßig erteilt werden (zu dieser Thematik → § 33 Rn. 6 f.).

§ 27 Verhinderung übermäßigen Wildschadens

(1) **Die zuständige Behörde kann anordnen, daß der Jagdausübungsberechtigte unabhängig von den Schonzeiten innerhalb einer bestimmten Frist in bestimmtem Umfange den Wildbestand zu verringern hat, wenn dies mit Rücksicht auf das allgemeine Wohl, insbesondere auf die Interessen der Land-, Forst- und Fischereiwirtschaft und die Belange des Naturschutzes und der Landschaftspflege, notwendig ist.**

(2) [1] **Kommt der Jagdausübungsberechtigte der Anordnung nicht nach, so kann die zuständige Behörde für dessen Rechnung den Wildbestand vermindern lassen.** [2] **Das erlegte Wild ist gegen angemessenes Schußgeld dem Jagdausübungsberechtigten zu überlassen.**

I. Normzweck

1 Die Vorschrift des § 27 geht zurück auf die Regelungen des § 42 RJG respektive den Regelungen der § 58 und § 59 Abs. 2 und 3 Preußisches Jagdgesetz vom 18.1.1934. Sie ist als Ausnahmevorschrift konzipiert. Es geht um die Verhinderung eines Wildschadens (in § 38 RhPfLJG auch Wildseuchen), der seine Ursache in einem zu hohen Wildbestand hat. Die Bestandsregulierung erfolgt im Normalfall durch Ausgestaltung und Erfüllung des Abschussplanes iSd § 21 Abs. 1 und Abs. 2 S. 6, wobei hier auch eine teilweise Aufhebung der Schonzeit bereits vorgesehen ist (§ 22 Abs. 1 S. 3; Abs. 2 S. 2; Abs. 3), oder durch Abschussmaßnahmen des Jagdausübungsberechtigten bei Wildarten, die nicht beplant zu bejagen sind. Deshalb greift § 27 nur, wenn örtliche Massierungen aufgetreten sind, die über das Regelwerk der Abschusspläne nicht mehr korrigierbar erscheinen, außerhalb der Jagdzeiten auftreten oder ihre (Mit-)Ursache in dem fehlenden Regulierungswillen des Jagdausübungsberechtigten haben. Anordnungen einer Bestandsreduzierungen nach § 27 sind das letzte Mittel im Rahmen notstandsähnlicher Situationen, soweit alle anderen Mittel schon versagt haben (OVG Lüneburg Beschl. v. 14.1.2020 – 10 ME 230/19, BeckRS 2020, 240 = JE VI Nr. 86). Im Unterschied zu den Möglichkeiten der § 21 und § 22 gibt § 27 den Behörden die unmittelbare Befugnis einer Anordnung, die der Jagdausübungsberechtigte befolgen muss. Der Zweck liegt deshalb im Wesentlichen darin, flexibel reagieren zu können, wenn sich erhebliche Störungen entwickelt haben, und dies auch möglichst schnell, ohne die üblichen Sequenzen einer Abschussplanung abwarten zu müssen. Auch soll ein Zwang gegenüber dem Jagdausübungsberechtigten ausgeübt werden können, besonders wenn Tierarten betroffen sind, die nicht den Regularien der Abschusspläne und damit eines Abschusszwanges (§ 21 Abs. 6) unterliegen. Es wird aber damit den Behörden auch die Möglichkeit gegeben, Wild außerhalb der Schon-

zeiten reduzieren zu lassen. Nach der systematischen Einordnung gibt § 27 nur die Möglichkeit, Anordnungen zur Verhinderung von Wildschäden zu treffen. Diese sind aber im weitesten Sinne zu verstehen. Hierzu zählen nicht nur Schäden an Grundstücken, sondern auch an Bestandteilen und Früchten, sofern Forst-, Land- und Fischereiwirtschaft betroffen sind. Zu den Früchten zählen auch Fische. Der Begriff ist im Übrigen weit auszulegen. Auch der drohende Verlust von Hausgeflügel eines landwirtschaftlichen Betriebes ist gemeint (Lorz/Metzger Rn. 2), nicht aber der Schutz der Brieftauben (VG Wiesbaden Urt. v. 23.10.1998 – 5 E 955/97, NuR 2001, 655). § 27 beinhaltet kein allgemeines Gefahrenabwehrrecht (VGH München Beschl. v. 14.1.2005 – 19 CS 04.3510, BeckRS 2005, 15794 = JE VI Nr. 61). Er ist daher unanwendbar, sofern andere Belange betroffen sind, zB die **Seuchenbekämpfung** (s. aber insoweit konkret § 38 Abs. 1 **RhPfLJG** in der die Seuchenbekämpfung ausdrücklich genannt wird) oder die Sicherheit des Flug-, Straßen- oder Schienenverkehrs allgemein, also nicht Schäden, die durch unmittelbare Beschädigung, zB der Rollbahn oder des Gleisnetzes, entstehen (so auch Lorz/Metzger Rn. 3; aA Asam/Konrad/Schäfer/Konrad RhPfLJG § 38 Rn. 2.1). So kann § 27 auch nicht als Ermächtigung zur Tötung ausgebrochener Gehege-Tiere oder rechtswidrig ausgesetzter Wildtiere dienen (so aber VG Cottbus Beschl. v. 8.8.2012 – 3 L 156/12, BeckRS 2012, 57624). Nicht erfasst ist ein Schaden des Wildbestandes selbst, zB des Niederwildes durch Greifvögel (VGH Mannheim NuR 2001.639; VG Sigmaringen NuR 2001, 657; Fischer-Hüftle NuR 2001, 618). Belange des Naturschutzes und der Landschaftspflege sind dann tangiert, wenn der Erhalt der natürlichen Lebensgrundlagen besonders geschützter Tier- und Pflanzenarten oder deren Zusammenspiel gefährdet sind. Nicht zulässig ist eine Abschussanordnung nach § 27 von bestimmten Wildarten um eine bestimmte Art der Bewirtschaftung von Feld und Wald Wildschadensfrei durchsetzen zu können (so zutreffend gegen den Totalabschuß einer Muffelpopulation VG Minden Urt. v. 18.1.2013 – 8 K 1917/11, BeckRS 2013, 47041) oder um Vorgaben einer Zertifizierung zu erfüllen (so auch Guber NuR 2014, 318 ff.).

II. Anordnung

Die zuständige Behörde ist regelmäßig die untere Jagdbehörde. Der Jagdbeirat und die Jagdberater sind hierzu im Zweifel zu hören (§ 37 Abs. 1). Die Anordnung erfolgt nach pflichtgemäßem Ermessen auf Antrag oder von Amts wegen (BayObLG Urt. v. 10.4.1978 – RReg 2 Z 60/77, RReg 2 Z 60/77, BayObLGZ 1978, 69 = AgrarR 1978, 229 = JE IX Nr. 14; VG Arnsberg Urt. v. 16.8.1985 – 3 K 2736/84, JE VI Nr. 22). Es besteht ein Anspruch auf ermessensfehlerfreie Entscheidung (VG Düsseldorf Urt. v. 10.6.1983 – 15 K 5416/81, RdL 1983, 265 = JE IX Nr. 50; VGH Kassel Urt. v. 28.7.1977 – V OE 12/77, NuR 1979, 69 = AgrarR 1978, 111 = RdL 1978, 10 = JE IX Nr. 10). Die Nichtanhörung eines Beteiligten hat die Aufhebung der Anordnung auch dann zufolge, wenn eine Eilbedürftigkeit gegeben ist (VG Kassel Beschl. v. 1.11.1977 – IV H 559/77, JE XVIII Nr. 8). Beteiligte sind neben dem Antragsteller und dem Jagdausübungsberechtigten auch die Jagdgenossenschaft oder der Eigenjagdbesitzer. Die Anordnung muss inhaltlich bestimmt sein, also Wildart und Zahl, Geschlecht, ggf. Güteklassen enthalten 2 (so auch Schandau/Drees Rn. I). Eine Anordnung, alles vorkommende Wild der Art zu erlegen, ist kaum kontrollierbar und, daher als behördliche Anordnung nicht geeignet. Eine räumliche Festlegung ist notwendig, ebenso eine zeitliche Befristung. Da wegen der notstandsähnlichen Situation ein Zuwarten nicht hinnehmbar ist, empfiehlt sich die Anordnung der sofortigen Vollziehbarkeit nach § 80 Abs. 1 Nr. 4 VwGO. Auflagen und Nebenbestimmungen sind möglich, in der Regel auch erforderlich. So sind die Meldepflicht in verkürzten Zeiträumen (auch unverzüglich nach Abschuss) und der körperliche Nachweis zu fordern.

1. Notwendigkeit

3 Voraussetzung ist, dass eine Notwendigkeit gegeben ist, die Interessen insbesondere der Land-, Forst- und Fischereiwirtschaft, aber auch des Naturschutzes und der Landschaftspflege bewahren zu müssen. Hierzu ist eine ernstliche Gefährdung dieser Belange zwingend erforderlich. Die Hinzuziehung von Wildschadenschätzern und fachlichen Beratern ist für die Behörde deshalb unumgänglich. Die Maßnahme muss geeignet sein, das Ziel dieser Interessen tatsächlich zu schützen. Maßnahmen nach § 27 setzen zwar nicht voraus, dass eine Aufhebung der Jagd- und Schonzeiten iSd § 22 Abs. 3 zuvor bereits erfolgt ist. Die Notwendigkeit solcher Anordnungen kann aber nur dann bejaht werden, wenn andere gewöhnliche Maßnahmen, die der Gesetzgeber gestattet, zu einem solchen Erfolg nicht geführt haben oder anzunehmen ist, dass sie zu einem solchem Erfolg nicht führen werden (vgl. OVG Lüneburg Beschl. v. 14.1.2020 – 10 ME 230/19, BeckRS 2020, 240 = JE VI Nr. 86; Urt. v. 1.2.1990 – 3 L 23/89, BeckRS 2004, 27426 = JE XIV Nr. 90). Erfolgversprechend muss die Maßnahme sein. Kann der Abschuss keinen Erfolg erbringen, ist sie nicht notwendig. Wird ein ständiges Nachziehen von Wild durch Fütterung provoziert, ist eine Notwendigkeit nicht erkennbar, wenn durch Unterlassen dieser Maßnahme eine Entzerrung des Bestandes erreicht werden kann. Somit scheidet ein Abschuss an Futterplätzen aus (OVG Münster 19.11.1987 – 20 A 1649/84, NuR 1988, 155 = RdL 1988, 137; VGH Kassel Urt. v. 28.7.1977 – V OE 12/77, NuR 1979, 69 = RdL 1978, 10 = JE IX Nr. 10). Es muss eine andauernde Wirkung erwartet werden können (OVG Münster 19.11.1987 – 20 A 1649/84, NuR 1988, 155 = RdL 1988, 137; VGH Kassel Urt. v. 28.7.1977 – V OE 12/77, NuR 1979, 69 = RdL 1978, 10 = JE IX Nr. 10; VG Münster Urt. v. 13.6.1984 – 7 K 1845/83, BeckRS 2013, 45096 = JE IX Nr. 55; VG Würzburg Urt. v. 26.10.1981 – Nr. W 5 K80 A.0384, JE IX Nr. 35). Es hat eine Abwägung stattzufinden. Nicht jede Beeinträchtigung durch Wild muss vermieden werden (Argument aus § 1 Abs. 2 S. 2). Einwirkungen müssen daher bis zu einem gewissen Umfang hingenommen werden (zu Beeinträchtigungen durch Gänse OVG Lüneburg Urt. v. 13.10.2021 – 10 KN 43/18, BeckRS 2021, 34588).

2. Ermessensentscheidung

4 Die Behörde hat nur einen eingeschränkten Ermessensspielraum. Soweit der Abwendung von Schäden nicht anders entgegengewirkt werden kann, besteht eine Ermessungsreduzierung auf Null. Dies ist insbesondere dann der Fall, wenn eine ordnungsgemäße Land-, Forst- oder Fischereiwirtschaft nicht mehr möglich erscheinen (BayObLG Urt. v. 10.4.1978 – RReg 2 Z 60/77,

BayObLGZ 1978, 69 = AgrarR 1978, 229 = JE IX Nr. 14 bei Schädigungen von Karpfensetzlingen durch Graureiher). Eine Reduzierung von 10 % der Karpfensetzlinge wurde dort als ausreichend angesehen. Die Behörde hat die Interessen aller Beteiligten, aber auch Belange des Tier-, Arten und Naturschutzes gegeneinander abzuwägen. Es ist zu berücksichtigen, dass die zur Aufzucht notwendigen Elterntiere iSv § 22 Abs. 4 immer vom Abschuss auszunehmen sind (vgl. Mitzschke/Schäfer Rn. 3; Meyer-Ravenstein NJagdG § 27 Rn. 1). Tiere, die vom Aussterben bedroht sind, können nur in besonders gelagerten Ausnahmefällen nach § 27 behandelt werden. Voraussetzung ist, dass durch die Maßnahme die Art nicht bedroht ist. Hierbei kommt es nicht unbedingt auf den gesetzlichen Schutzstatus allein an. Dieser muss nicht automatisch beinhalten, dass das Tier auch tatsächlich gefährdet ist. Vielmehr ist die Behörde durchaus befugt, auch die Bestände solcher (wildlebenden, bejagbaren) geschützten Tiere zu verringern, wenn sie feststellt, dass die Regulierung die Art nicht gefährdet. So dürfte die Abschussanordnung von Graureihern, Mäusebussarden, Habichten und Ringeltauben trotz ihres Schutzstatus, den sie durch die Vogelschutz-RL und das BNatSchG erfahren, heute keine Bestandsgefährdung nach sich ziehen. Auf der anderen Seite ist es nicht ermessensfehlerhaft, gestützt auf den Schutzstatus von Tieren deren Erhalt einen Vorrang einzuräumen vor dem wirtschaftlichen Interesse der Betriebe (OVG Lüneburg Urt. v. 13.10.2021 – 10 KN 43/18, BeckRS 2021, 34588; VGH Kassel Urt. v. 28.7.1977 – V OE 12/77, NuR 1979, 69 = RdL 1978, 10 = JE IX Nr. 10). Eine restriktive Auslegung ist in diesen Fällen zwar gefordert (VGH Kassel Urt. v. 25.3.2003 – 11 UE 4139/99, BeckRS 2005, 23180 = JE XVIII Nr. 80 betreffend Fangerlaubnis für Habichte; VG Kassel Urt. v. 2.12.1976 – IV E 543/76, JE IX Nr. 9 betreffend Graureiher). Bestand der Wildart, auch mittelbarer Schutz bedrohter Arten, Lebensbedingungen, Eigenart der Gebiete sind in den Abwägungsprozess einzustellen (OVG Schleswig Urt. v. 22.5.2017 – 4 KN 8/15; OVG Münster Urt. v. 13.12.2018 – 16 A 1834/16, BeckRS 2018, 42460). Eine Ermessensreduzierung auf Null ist aber dann gegeben, wenn die Schadenssituation unerträglich geworden ist und die Anzahl der Tiere deutlich höher ist, als die Erhaltung der Art an diesem Standort erfordert (BGH Urt. v. 5.5.1988 – III ZR 116/87, NVwZ 1988, 1066 = NuR 1989, 55 zum Abschuss von Graugänsen). Abzustellen ist auf die Schadenssituation, aber auch deren Nachhaltigkeit. Schäden mit langandauernder Wirkung (zB bei Waldschäden vgl. Meyer-Ravenstein NJagdG § 27 Rn. 1) zwingen eher zu einer Abschussanordnung als vorübergehende, kompensierbare Schäden. Dennoch kann das Interesse an der Erhaltung des Landschaftsbildes hinter den berechtigten Interessen der Forstwirtschaft zurücktreten müssen (OVG Münster Beschl. v. 26.7.2010 – 20 B 327/10, BeckRS 2010, 51260 = AgrarR 1981, 293 mAnm Orf AgrarR 1981, 281). Schonzeitregelungen sind ohne Belang. Setz- und Brutzeiten sind aber zu beachten, im Übrigen auch die örtlichen und sachlichen Verbote sowie die Grundsätze der Weidgerechtigkeit (Meyer-Ravenstein LSALJagdG § 27 Rn. 1). Weltanschauliche Ansichten des Grundeigentümers dürfen bei der Ermessensentscheidung keine Rolle spielen, auch dann nicht, wenn zunächst nur dessen Grundstück geschädigt ist, durch den Überbestand aber eine Schädigung der umliegenden Flächen zu befürchten ist (VGH München Beschl. v. 14.1.2005 – 19 CS 04.3510, BeckRS 2005, 15794 = JE VI Nr. 61). Dies gilt auch dann, wenn der Bezirk iSv § 6a befriedet ist. In solchen notstandsähnlichen Situationen folgt aus dem

Gebot der Rücksichtnahme, dass ein Eingriff zu dulden ist. § 6a Abs. 5 gestattet deshalb Maßnahmen iSv § 27 ausdrücklich, auch wenn zB Seuchen drohen oder vorliegen. Ein Vorhandensein konkreter Schäden ist zwar nicht erforderlich (Lorz/Metzger Rn. 2), es reicht die durch das hohe Wildaufkommen drohende Gefahr. Die Gefahr muss sich aber so konkretisiert haben, dass sie unmittelbar zu schweren Schäden führen muss. Insbesondere sind die Interessen der Forst-, Land- und Fischereiwirtschaft, Naturschutz und Landschaftspflege zu berücksichtigen. Im Abwägungsprozess müssen deren Belange deshalb besonders berücksichtigt werden. Die Interessen der Sportfischerei (so Leonhardt/Pießkalla Rn. 1.4) und der Brieftaubenzucht (VGH Kassel RdL 2004, 16) können nur dann Berücksichtigung finden, wenn die Schäden ein Maß erreichen können, die auch aus Gründen des öffentlichen Wohles nicht mehr hinnehmbar sind. Massierungen die Aufgrund der natürlichen Lebensweise der Tiere vorkommen (Vogelflug von wandernden Arten, zeitweilige Rudelbildung zu Paarungszeiten, Zug zu Winterfutterstellen) sind alleine keine Gründe Maßnahmen zu ergreifen. Jedenfalls muss den Tieren auch die Möglichkeit gegeben werden aufgrund artspezifischer Besonderheiten oder Umständehalber, zB bei Hochwasser, Bränden, Notzeiten sich zu massieren, ohne dass ein Eingriff vorzunehmen ist. Ggf. müssen in solchen Fällen andere Belange zurückstehen.

3. Anspruchsberechtigung

5 Anspruchsberechtigt und damit auch klagebefugt (iSd § 42 Abs. 2 VwGO) sind diejenigen, deren Interessen geschützt werden sollen. Dies sind Land-, Forst- und Fischereiwirte, sofern ihr Besitz konkret betroffen ist. Dies kann auch der Grundeigentümer sein, sofern sein Eigentum über das hinnehmbare Maß belastet ist, da die Auflistung der oben genannten. Wirtschaftsunternehmen nicht abschließend ist. Dies hat der Gesetzgeber mit dem Zusatz „insbesondere" zum Ausdruck gebracht. § 27 schützt keine Individualinteressen (hM, vgl. Meyer-Ravenstein NJagdG Rn. 1 und 4). Einen Anspruch auf eine konkrete Verminderungsanordnung hat deshalb der Jagdausübungsberechtigte nicht (VG Sigmaringen Urt. v. 14.11.1984 – 7 K 1012/83, JE IX Nr. 56, das darüber hinaus dem Jagdausübungsberechtigten jeden Anspruch auf Entscheidung nach § 27 abspricht; zur Antragsbefugnis aber bei Einführung einer ganzjährigen Schonzeit s. OVG Lüneburg Urt. v. 4.11.2021 – 10 KN 44/18, BeckRS 2021, 34572 = RdL 2022, 105). Der Jagdausübungsberechtigte ist Adressat einer entsprechenden Verfügung. Auch Land-, Forst- und Fischereiwirte können ihre Ansprüche nur darauf stützen, dass eine ordnungsgemäße Bewirtschaftung nicht mehr möglich ist, nicht, dass sie einen begrenzten Schaden haben. Die Behörde muss deshalb im Einzelfall abwägen, ob eine Situation gegeben ist, die auch allgemein als unerträglich für die Betroffenen anzunehmen ist. Widerspruchsberechtigt gegen eine stattgebende Anordnung ist nicht der Grundstückseigentümer (VG Würzburg Urt. v. 26.10.1981 – Nr. W 5 K80 A.0384, JE IX Nr. 35), wohl aber der Eigenjagdbesitzer. Auch Eigentümer von nicht in dem konkreten Jagdbezirk gelegenen Flächen sind Antragsbefugt, sofern die Schäden auch aus dem benachbarten Jagdbezirk herrühren können (so auch VGH München Urt. v. 30.6.2020 – 19 BV 15.1021, BeckRS 2020, 16181 zu Abschussplänen).

4. Ausmaß der Wildschäden

6 Das Ausmaß der Wildschäden muss eine notstandsähnliche Situation begründen (allgM, VGH Kassel Urt. v. 28.7.1977 – V OE 12/77, NuR 1979, 69 = JE IX Nr. 10; VG Karlsruhe Beschl. v. 5.6.2008 – 2 K 1462/08, nv; Mitzschke/Schäfer Anm. 3; Lorz/Metzger Rn. 3). Hierbei kann es durchaus ausreichend sein, dass nur ein Betroffener die Folgen eines Überbestandes zu tragen hat. Das Allgemeinwohl ist aber immer dann tangiert, wenn die Schädigung, die von Wildtieren ausgeht, so übermäßig ist, dass ein einzelner sie nicht hinnehmen muss, sie also über den allgemeinen Aufopferungsgedanken der Sozialpflichtigkeit des Eigentums hinaus geht. Eine übermäßige Schädigung durch Wild indiziert aber bereits die Verletzung des Allgemeinwohls. Gemeint sind nicht alle Beeinträchtigungen, die durch eine zu hohe Wildkonzentration entstehen können, sondern nur die unmittelbare Verletzung des Grundeigentums und dessen Früchte und Bestandteile. Das Auftreten von Parasiten und Seuchen, eine Gefahr durch Verkotung und damit eine mittelbare Gefährdungssituation können allenfalls zusätzliche Gründe im Rahmen der Abwägung sein. Eine Anordnung ist deshalb nicht von § 27 gedeckt, wenn sie sich lediglich auf diese Ursachen stützt und eine Grundstücksschädigung nicht oder nur in einem unzureichenden Maß vorliegt. Es müssen übermäßige Wildschäden vorliegen. Deshalb ist es nicht möglich, zur Abwehr von Gefahren durch die Tollwut und der Schweinepest, ggf. aber auch zur Minderung der Gefahren durch andere Seuchen (anders insoweit § 38 RhPfLJG), so zB auch der Vogelgrippe, nach § 27 vorzugehen, selbst wenn eine Ausdünnung der Bestände die Ausbreitung verhindern hilft (so VGH München Beschl. v. 14.1.2005 – 19 CS 04.3510, BeckRS 2005, 15794 = JE VI Nr. 61). Auch ist § 27 nicht vorgesehen, Mittel der Hege anderer Wildarten zu sein, so zB den Abschuss von Greifvogelmassierungen zu gestatten, um das Ziel einer Niederwildhege nicht zu gefährden. Hier fehlt es bereits an dem Bezug zu einem Wildschaden. Eine notstandsähnliche Situation ist dann zu bejahen, wenn von der Menge, Art und Massierung des Wildbestandes eine Gefahr ausgeht, die einen gravierenden Schaden befürchten lässt, der das übliche Maß übersteigt (BayObLG Urt. v. 10.4.1978 – RReg. 2 Z 60/77, BayObLGZ 1978, 69 = JE IX Nr. 14; VG Münster Urt. v. 13.6.1984 – 7 K 1845/83, BeckRS 2013, 45096 = JE IX Nr. 55). In Waldflächen ist hierbei zu beachten, dass die Bestandsschädigung aufgrund von Schälschäden durch Neuanpflanzung in der Regel nicht zu kompensieren ist. Insbesondere Schutzwälder können bei übermäßigem Schaden ihre Funktion verlieren (vgl. Art. 10 BayWaldG).

5. Adressat

7 Der Adressat der Anordnung ist der Jagdausübungsberechtigte. Er kann lediglich zu der Verringerung von bejagbarem Wild iSd § 2 bzw. den entsprechenden Ländervorschriften herangezogen werden (VGH München Beschl. v. 31.8.1988 – 19 CS 88.02239, BeckRS 1988, 4924 = NuR 1989, 310 betreffend Tiere, die aus einem Wildgehege ausgebrochen sind, iSd § 960 Abs. 2 BGB aber als Wild zu betrachten waren). Somit kann der Abschuss von Bären, Wölfen und anderen naturgeschützten Tierarten, die nicht dem Jagdrecht unterliegen, nicht über § 27 erfolgen. Durchaus können aber ganzjährig geschützte Tierarten, wie zB Graureiher, Habichte und

Mäusebussarde, betroffen sein (hier sind aber die Vorgaben der Vogelschutz-RL zu beachten). In befriedeten Bezirken verbietet sich eine Jagdausübung. Sie kann gestützt auf § 27 aber auch in diesen Gebieten zugelassen werden, wobei in entsprechender Anwendung dem zuständigen Jagdausübungsberechtigten, in dessen Bezirk das Gebiet liegt, aufzugeben ist, auf der bejagbaren Fläche den Abschuss zu intensivieren, bei gleichzeitiger Vertreibung des Wildes aus dem befriedeten Besitztum. Ob dem Eigentümer der befriedeten Flächen iSd § 27 aufgegeben werden kann, den Wildbestand zu verringern, ist fraglich (bejahend Leonhardt/Pießkalla Rn. 2.3).

III. Zwangsverminderung des Wildbestandes

8 Eine entsprechende Anordnung der Behörde setzt voraus, dass andere Maßnahmen nach dem BJagdG (vorherige Aufhebung der Schonzeit) und eine entsprechende Aufforderung an den Jagdausübungsberechtigten mit Fristsetzung den gewünschten Erfolg nicht gebracht haben. Ein Verschulden ist nicht Voraussetzung (Lorz/Metzger § 28 Rn. 3). Voraussetzung ist aber, dass der Jagdausübungsberechtigte der Anordnung generell nicht nachkommt. Hat er also die ihm zur Verfügung stehenden Möglichkeiten ergriffen, ggf. auch unter Heranziehung einer weiteren Anzahl von Jagdgästen, besteht ein Anordnungsgrund nicht, weil nicht erkennbar ist, dass durch Maßnahmen der Behörde das Ziel erreicht werden könnte. Die Anordnung des § 27 durch die Jagdbehörde muss dementsprechend dem Jagdausübungsberechtigten auch die notwendigen Möglichkeiten geben, die Jagd tatsächlich effektiv auszunutzen. Hierzu ist die Behörde im Einzelnen auch verpflichtet, alle Ausnahmetatbestände, die das Bundes- und Landesjagdgesetz wiedergibt, auszuschöpfen (so zB Schonzeitverkürzung, erhöhter Abschuss in der Jagdzeit, Nachtjagderlaubnis). Vom Gesetz allerdings nicht ausdrücklich zugelassene Ausnahmeregelungen gehören nicht dazu zB Abschuss von Wild an Futterplätzen (VGH Kassel Urt. v. 28.7.1977 – V OE 12/77, NuR 1979, 69 = RdL 1978, 10 = JE IX Nr. 10). Nicht von § 27 gedeckt sind Anordnungen, die nicht unmittelbar die Reduktion des Wildbestandes zum Inhalt haben, also Vertreibungsaktionen, die Anlage von Ablenkungsfütterungen oder das Einrichten von Schutzmaßnahmen.

IV. Verminderung des Bestandes durch die Behörde

9 Erfolgt eine Anordnung, kommt der Jagdausübende dieser Anordnung aber nicht nach, so kann die Behörde den Bestand selbst vermindern lassen. Die im Volksmund als **„Polizeijagd"** benannte Durchführung einer Ersatzvornahme erfolgt durch ausdrücklich von der Behörde hierzu beauftragte Jagdscheininhaber (s. zur Ersatzvornahme VGH Kassel VGH Kassel Urt. v. 28.7.1977 – V OE 12/77, NuR 1979, 69 = AgrarR 1978, 111 = RdL 1978, 10 = JE IX Nr. 10). Zuvor kann gegen den Jagdausübenden mit den allgemeinen Vollstreckungsmaßnahmen auch ein Zwangsgeld festgesetzt werden. Insbesondere im Rahmen der Anordnung der sofortigen Vollziehbarkeit sollte bereits die Festsetzung von Zwangsmitteln angedroht werden, wenn der Aufforderung zu einer konkreten Bestandregulierung nicht innerhalb einer konkreten Frist nachgekommen wird. Die Durchsetzung von Zwangs-

mitteln, insbesondere die Ersatzvornahme, ist nicht unproblematisch. Es ist eine umfangreiche Kontrolle des Jagdausübungsberechtigten erforderlich. Die Ersatzvornahme stellt die Behörde vor zahlreiche Probleme. Zunächst müssen erfahrene, bereite und geeignete Jäger gefunden werden, deren Jagdausübung koordiniert werden muss. Da die jagdlichen Ansitzeinrichtungen des Jagdausübungsberechtigten nicht ohne weiteres benutzt werden dürfen (aA Asam/Schäfer/Konrad/Konrad RhPfLJG § 38 Rn. 5), ist die Jagdausübung selbst mit Schwierigkeiten verbunden, zumal der eigentliche Jagdausübungsberechtigte durchaus gleichzeitig jagen kann. Es fehlen notwendige weitergehende Ermächtigungen der Jagdbehörde, zB die jagdlichen Einrichtungen benutzen zu können oder dem Jagdausübungsberechtigten in Zeiten der Abhaltung der Polizeijagd eigene jagdliche Aktivitäten zu untersagen, da dies in sein eigenes aktives Jagdausübungsrecht eingreift, dass durch die Maßnahmen unterstützt aber nicht behindert werden soll (so auch Lorz/Metzger Rn. 5). Der Jagdausübungsberechtigte darf die Verringerung des Bestandes aber nicht außerhalb eigener konkurrierender jagdlicher Maßnahmen aber nicht stören oder gar willkürlich Verhindern. Die beauftragten Jäger besitzen keine eigenen Befugnisse, zB den Jagdausübungsberechtigten anzuweisen. Sie stehen auch in keinem vertraglichen Verhältnis zu diesem. Sie sind Notjäger iSd landesrechtlichen Bestimmungen (zB Art. 55 BayJG). Die beauftragten Jäger nehmen das erlegte Wild für den Jagdausübungsberechtigten in Besitz, der dadurch Eigentum erwirbt. Zwar bleibt das Aneignungsrecht dem Jagdausübungsberechtigten. Wegen der aufgenommenen Regelung, dass Zug um Zug gegen Zahlung eines Schussgeldes das Wild dem Jagdausübungsberechtigten zu überlassen ist, besteht aber die Möglichkeit, dass die von der Behörde eingesetzten Jäger das Wild solange zurückbehalten, bis das Schussgeld bezahlt ist. Droht das Wildbret zu verderben, ist auch die Veräußerung unter Verrechnung der Kosten zulässig (Mitzschke/Schäfer Rn. 4). Das erlegte Wild ist auf einen Abschussplan grundsätzlich anzurechnen (Lorz/Metzger § 28 Rn. 3), nicht aber, wenn die Jagdzeit bereits beendet ist. Wird der Abschussplan überschritten, ist die Behörde gehalten, im Rahmen der Anordnung den Mehrabschuss in einen ergänzenden, gleichzeitig festgesetzten Abschussplan zu fassen, da die Bejagung von Schalenwild außer Schwarzwild einen Abschussplan voraussetzt (§ 21 Abs. 2 S. 1).

V. Haftungsfragen

Die Anordnung ist als Schutzgesetz iSd § 823 Abs. 2 BGB anzusehen, so **10**
dass der Jagdausübungsberechtigte, der einer Anordnung schuldhaft nicht nachkommt, dem Grundeigentümer zum Schadensersatz verpflichtet ist (BGH Urt. v. 22.4.1974 – III ZR 21/72, NJW 1974, 1240 = AgrarR 1974, 249; LG München II Urt. v. 18.5.1976 – 6 S 1026/75, RdL 1976, 210 = = AgrarR 1977, 334 = JE IX Nr. 6). Dieser Anspruch besteht neben einem eventuellen Anspruch aus §§ 29 ff. Entsprechend kann die Jagdbehörde haften, wenn sie trotz Vorliegen der Voraussetzungen keine Anordnung nach § 27 erlässt oder durchsetzt. Es besteht eine Amtspflicht gegenüber den betroffenen Eigentümern und Nutznießern, da § 27 nicht nur die Interessen der Allgemeinheit schützt. Der Anspruch besteht aber nur, wenn ein Ermessen nicht ausgeübt wird oder ein offensichtlicher Ermessensfehlgebrauch vorliegt (s. hierzu im Einzelnen BGH Urt. v. 15.2.1979 – III ZR 108/76,

BGHZ 74, 144 = NJW 1979, 1354). Ansprüche aus dem Gesichtspunkt des enteignungsgleichen Eingriffes kommen nur in Betracht, wenn trotz Ermessensreduzierung auf Null die Behörde nicht oder erkennbar unzureichend handelt. So wurde allein die zögerliche Sachbearbeitung oder das Unterlassen einer Anordnung (BayObLG Urt. v. 6.12.1976 – RReg. 2 Z 138/75, BayObLGZ 76, 300) sowie die zu niedrige Festsetzung des Abschusses oder Ablehnung nach Ausübung des Ermessens (BGH Urt. v. 5.5.1988 – III ZR 116/87, NVwZ 1988, 1066 = RdL 1988, 329 = JE IX Nr. 74 betreffend der Jagdzeitenaufhebung für Graugänse) als nicht ausreichend angesehen. Ob ein Anspruch auf enteignungsgleichen Eingriff auch dann gerechtfertigt ist, wenn wegen Zunahme der Greifvogelbestände der Niederwildbesatz vernichtet, wird ist eher zweifelhaft (bejahend Mitzschke/Schäfer Rn. 11, der aber gleichzeitig in diesem Fall eine Anordnungsmöglichkeit der Behörde verneint).

VI. Konkrete Bestimmungen nach Landesrecht

11 Die Länder haben zum Teil Sonderregelungen entwickelt, nach denen zur Verhütung von Waldwildschäden das Vertreiben von Wild aus gezäunten Waldbeständen möglich ist. Zudem wurden Ausführungsbestimmungen zu § 27 erlassen: Nach § 36 **JWMG** können in Anlehnung an § 27 Anordnungen zur Abschussplanerfüllung erlassen werden.; Art. 44 **BayJG** regelt die Anordnung des Abschusses in gezäunten Forstkulturen. In Hessen gibt § 26b Abs. 8 **HJagdG** in entsprechender Anwendung von § 27 die Möglichkeit zur Abschussanordnung;. § 21 Abs. 5 und 9 **MVLJagdG** lässt bereits Anordnungen zu, wenn überhöhte Wildschäden durch Schwarzwild entstehen, bzw. der Abschussplan nicht erfüllt wurde. § 38 **RhPfLJG** mit der zusätzlichen Möglichkeit auch Anordnungen zur Seuchenbekämpfung erlassen zu können. § 22 Abs. 3 **SächsJagdG:** Zur Verhinderung übermäßigen Wildschadens auf eingezäunten Waldflächen ist eine Erlegungsanordnung konkret vorgesehen. § 27 **LSALJagdG;** § 17 Abs. 6 **SchlHLJagdG** gestattet Zwangsmaßnahmen bei Nichterfüllung des Abschussplanes. § 44 **ThJG** gestattet die Möglichkeit der Abschussanordnung in umzäunten Forstkulturen.

§ 28 Sonstige Beschränkungen in der Hege

(1) **Schwarzwild darf nur in solchen Einfriedungen gehegt werden, die ein Ausbrechen des Schwarzwildes verhüten.**

(2) **Das Aussetzen von Schwarzwild und Wildkaninchen ist verboten.**

(3) **Das Aussetzen oder das Ansiedeln fremder Tiere in der freien Natur ist nur mit schriftlicher Genehmigung der zuständigen obersten Landesbehörde oder der von ihr bestimmten Stelle zulässig.**

(4) **Das Hegen oder Aussetzen weiterer Tierarten kann durch die Länder beschränkt oder verboten werden.**

(5) **Die Länder können die Fütterung von Wild untersagen oder von einer Genehmigung abhängig machen.**

Übersicht

I. Normzweck

Die Vorschrift des § 28 korrigiert und konkretisiert den Inhalt der Hegeverpflichtung, aber auch das grundsätzlich bestehende Recht zur Hege iSd § 1 Abs. 1 S. 2. Der Begriff der Hege iSd § 28 beschränkt sich auf die Schonung eines Bestandes sowie der Ergreifung von Maßnahmen zum planmäßigen Heranzüchten. Die Inhaltsbestimmung des Begriffes der Hege (→ § 1 Rn. 16 f.) wird deshalb von § 28 nicht vollständig erfasst, sondern auf das Hegen im Sinne eines Haltens und Erweiterns des Bestandes beschränkt (vgl. OVG Schleswig Urt. v. 19.3.1993 – 3 K 3/92, NuR 1994, 505 = JE I Nr. 81). Daher ist nicht jede Hegemaßnahme unzulässig (Lorz/Metzger Rn. 2; Mitzschke/Schäfer Rn. 1). Verboten ist zB nicht das Füttern in Notzeiten (sofern es nicht landesrechtlichen Gesetzen widerspricht), da der Tierschutzgedanke als wesentlicher Inhalt der Hege von dem Verbot nicht umfasst ist. Ebenso ist der Abschuss von führenden Bachen durch § 28 nicht gestattet, sondern bleibt unzulässig. Ein wildbiologisch sinnvoller Bestandsaufbau, zB durch Schonung junger Keiler ist zulässig, zumal er Bestandsregulierend wirkt. **1**

II. Schwarzwildgehege

Schwarzwild unterliegt einer besonderen Regelung, weil das Vermehrungspotential dieser Wildart sehr groß ist und das Gefahrenpotenzial zum Teil erhebliche Wildschäden anzurichten bei keiner anderen Wildart so groß ist. Vor Geltung des RJG war die Ausrottung des Schwarzwildes aus diesem Grunde noch vorgesehen. Dies sollte durch undichte Gatter nicht unterlaufen werden. Schwarzwildgehege sind grundsätzlich zulässig, müssen aber so eingerichtet sein, dass das Hegeverbot in der freien Wildbahn durch die Ermöglichung des Ausbrechens von Wild nicht unterlaufen wird. Reine Schwarzwildgatter sind demnach zulässig, eine Hege in Tiergärten nicht (Lorz/Metzger Rn. 2). Sofern Schwarzwild ausbricht, hat der Aufsichtspflichtige den sich hieraus ergebenden Schaden zu ersetzen. § 28 ist ein Schutzgesetz iSd § 823 Abs. 2 BGB. **2**

III. Aussetzen von Wild

Wild wird ausgesetzt, indem es bewusst in die freie Natur entlassen wird unter Aufgabe der unmittelbaren Sachherrschaft mit dem Ziel, dass es herrenlos wird. Gelangt ein Tier aufgrund fahrlässigen Verhaltens des Besitzers in **3**

Freiheit, liegt kein Aussetzen vor (vgl. § 960 Abs. 2 und 3 BGB). Ein Ansiedeln liegt vor, wenn Tiere gezielt so ausgesetzt werden, dass sie dort verbleiben und sich vermehren können. Wird ein wildes Tier gefangen und anderswo ausgesetzt, liegt im Rechtsinne ebenfalls ein Aussetzen oder Ansiedeln vor. Das Aussetzen von Tieren in der freien Wildbahn ist nicht unproblematisch (zum Aussetzen von Wisenten BGH Urt. v. 19.7.2019 – V ZR 177/17, BeckRS 2019, 22578 = JE XIV Nr. 162 = NuR 2020, 34 mAnm Gellmann; VG Arnsberg Urt. v. 11.2.2019 – 8 K 3527/17, BeckRS 2019, 2001). Es ist generell nicht erwünscht, da auf diese Art und Weise fremde, hier nicht heimische Tierarten in Konkurrenz zu den vorhandenen Tierarten auftreten können, mit zum Teil erheblichen Folgen der heimischen Arten. Auch Krankheiten und Parasiten können eingeschleppt werden. Andererseits kann mit gezieltem Aussetzen der Bestand schützenswerter Tierarten erhalten oder gar aufgebaut werden. Die Zersiedelung und Zerschneidung der Landschaft, insbesondere durch den Bau von Autobahnen unterbindet, häufig das Überwechseln von Vermehrungsträgern. Für die genetische Vielfalt ist das Vorhandensein möglichst vieler Erbträger aber von großer Bedeutung. Bestände, die auf Dauer keine Blutauffrischung erhalten, degenerieren. Insbesondere in diesen Fällen ist ein Aussetzen von Bedeutung.

4 Das Aussetzen von **Schwarzwild und Wildkaninchen** in die freie Wildbahn ist nach Abs. 2 ausnahmslos verboten. Damit soll verhindert werden, dass bereits erloschene Bestände wiederbelebt werden bzw. in Gegenden, in denen diese Wildart bisher nicht vorkam, neue Bestände gegründet werden können. Hier steht im Vordergrund, dass diese Wildarten einen hohen Anpassungsfaktor haben und neben dem Schwarzwild das Wildkaninchen auch zu denjenigen Wildarten gehören, die schon aufgrund ihres ungeheuren Vermehrungspotentials erhebliche Schäden in der Land- und Forstwirtschaft anrichten können.

5 Das Aussetzen **fremder Tierarten** (Abs. 3) bedarf der behördlichen (schriftlichen) Genehmigung und unterliegt damit der Staatskontrolle (s. hierzu die Problematik des Aussetzens von Wildtieren, die zwar dem Jagdrecht unterliegen, aber unter strengem Artenschutz stehen, am Beispiel des Wisent, OLG Hamm Urt. v. 29.5.2017 – I-5 U 153/15, nv; LG Arnsberg Urt. v. 16.10.2015 – 2 O 323/14, BeckRS 2015, 19276; VG Arnsberg Beschl. v. 2.2.2023 – 8 L 1330/22, BeckRS 2023, 46020). Unter fremde Tierarten fallen alle Tiere, die nicht der natürlichen Fauna angehören. Fremd sind in jedem Fall Tierarten, die in Deutschland bzw. im Geltungsbereich des BJagdG bei dessen Inkrafttreten nicht heimisch gewesen waren (Art. 36 Abs. 1 S. 1 **NJagdG;** § 31 Abs. 1 **LJG-NRW;** § 29 **SächsJagdG;** § 33 Abs. 1 **LSALJagdG;** § 34 **ThJG**). Damit kommt es auf den Zeitpunkt des 1.4.1953 an. Demnach gehören Dam-, Muffel-, Sikawild sowie Jagd-, Königs-, Ring- und Sömmeringfasan, auch der Bisam (Meyer-Ravenstein NJagdG Rn. 7a) dazu, nicht aber zB Nerz und Marderhund. Nach dem LJagdG **Bremen** sind als gebietsfremd alle Tierarten anzusehen, die bei Inkrafttreten des BJagdG in Bremen und im Bremer Umland freilebend nicht heimisch waren (Art. 30 **BremLJagdG**). Bei Anwendung des Begriffes fremd ist, sofern die Länder den Begriff nicht konkretisiert haben, auf die örtlichen Begebenheiten abzustellen, nicht auf den Umstand, ob es zu den bejagbaren Tieren zählt oder überregional nicht vorkommt (vgl. Lorz/Metzger Rn. 5; Meyer-Ravenstein NJagdG Rn. 9; Ebersbach NuR 1981, 195). Muffelwild in Nordrhein-Westfalen gilt nicht als fremde Tierart (OVG

Münster 31.1.1972 – IX A 91/70, EJS IV S. 100 Nr. 3), wohl aber der Truthahn, obwohl er bereits seit Jahrzehnten im Bonner Kottenforst – zu Versuchszwecken einmal ausgesetzt – sich nur dort seitdem hält (s. auch Lorz/Metzger Rn. 5 zu weiteren Tierarten). Nach § 33 Abs. 2 **SchlHLJagdG** ist die Genehmigung zur Aussetzung von Schalenwild heimischer Arten zu erteilen, wenn die Maßnahme aus Gründen der Jagdpflege notwendig ist und Schäden für die Land- und Forstwirtschaft nicht zu befürchten sind. Entsprechende Regelungen finden sich in § 36 Abs. 2 **NJagdG,** Art. 34 Abs. 3 **BayJG,** § 34 Abs. 3 **ThJG** und in § 29 **SächsJagdG** iVm § 1 Wildaussetzungsverordnung. Ob eine Genehmigung zu erteilen ist, ist eine Ermessensentscheidung. Abzuwägen sind alle Umstände und Folgen einer Aussetzung von einem notwendigen Bestandsaufbau oder Blutauffrischung hin zu den damit verbundenen Gefahren (Seuchen- und Krankheitseinschleppung, Wildschäden etc (s. VGH Mannheim Urt. v. 1.12.1997 – 5 S 2197/96, NVwZ-RR 1998, 232 Ls.).

Da § 28 ausdrücklich die Beschränkung der Hegebefugnisse des **Jagdausübungsberechtigten** regelt, kann aus dieser Vorschrift nicht unmittelbar abgeleitet werden, ob sie lediglich dem Jagdausübungsberechtigten betreffen oder jedermann das Aussetzen von Wild verbietet. Generell verbietet allerdings das Naturschutzrecht (§§ 40 ff. BNatSchG) die Verfälschung von Fauna und Flora durch Einbringung von nicht heimischen Arten, sodass das Ausbringen fremder Tierarten hieraus jedermann untersagt ist. Soweit jagbare Tiere betroffen sind und diese von dem Jagdausübungsberechtigten ausgebracht werden sollen, ist § 28 lex specialis, sodass die Voraussetzungen des Naturschutzrechts nicht vorliegen müssen (so auch Leonhardt/Pießkalla Rn. 9; Rose NJagdG § 31 Rn. 2; aA Ebersbach NuR 1981, 200; Meyer-Ravenstein NJagdG Rn. 10, der den Vorrang des § 28 zwar bejaht, für die Genehmigung nach Landesrecht jedoch die Landesnaturschutzgesetze ebenso heranzieht). Das Aussetzen heimischer Tierarten, die dem Jagdrecht unterliegen, durch nicht Jagdausübungsberechtigte ist ein rechtwidriger Eingriff in das Jagd- und Hegerecht und kann mit einer Unterlassungsklage abgewendet werden (vgl. dazu Mitzschke/Schäfer Rn. 7 unter Verweis auf OLG Frankfurt DJV-Nachr. Nr. 3/1980; Müller-Schallenberg/Hugenroth Jagdrecht NRW, 9. Aufl. 2015, § 28 Rn. 57.6.2.3). Das gleiche Abwehrrecht hat der Grundeigentümer, sofern eine Beeinträchtigung seines Grundbesitzes zu befürchten ist (vgl. Meyer-Ravenstein NJagdG Rn. 14). Ist das Aussetzen im öffentlichen Interesse, besteht aber im Zweifel eine Duldungspflicht. **6**

IV. Weitere Tierarten

Das Landesrecht kann das Aussetzen und Hegen weiterer Tierarten regeln. **7**
Hierzu gehören alle anderen Tierarten, die von Abs. 1–3 nicht erfasst worden sind, also die nichtfremden Tiere, außer Schwarzwild und Wildkaninchen. Hierunter ist jede weitere Art von Schalenwild, außer Schwarzwild zu betrachten, aber auch andere Tierarten, wie der Kolkrabe (VG Düsseldorf Urt. v. 22.7.1983 – 15 K 3735/82, NuR 1984, 113 = RdL 1983, 319), Wildenten und Fasanen (OVG Schleswig Urt. v. 19.3.1993 – 3 K 2/92, BeckRS 1993, 6804 = RdL 1993, 218). In den landesrechtlichen Vorschriften wird das Aussetzen bestimmter Tierarten von besonderen Voraussetzungen abhängig gemacht (§ 14 DVO **JWMG** für den Fasan; § 42 **BrdBg** für

mache Tierarten frei; Art. 30 Abs. 2 **BremLJagdG;** § 25a **HmbJagdG;** § 31 Abs. 3 **LJG-NRW;** § 28 **RhPfLJG;** § 31 **SJG;** § 19 **SchlHLJagdG;** § 34 **LSALJagdG:** Genehmigungsvorbehalt. Da die Gesetze der Länder nicht ausdrücklich bejagbare Tiere erfassen, kann auch für nicht bejagbare Tiere eine Genehmigung der zuständigen Jagdbehörde erforderlich sein. Demnach ist auch das Auswildern von (nicht jagdbaren) Uhus von einer Genehmigung der Jagdbehörde abhängig (BVerwG Urt. v. 6.9.1984 – 3 C 16.84, NVwZ 1985, 44 = JE I Nr. 36 = RdL 1985, 11 für Nordrhein-Westfalen; ebenso OVG Münster Urt. v. 4.2.1986 – 20 A 2531/84, JE I Nr. 42; AG Mayen 24.7.1979 – 2 C 397/79, RdL 1980, 148 für § 28 RhPfLJG). In den meisten Bundesländern wird vorausgesetzt, dass durch das Aussetzen keine Störungen der heimischen Tierwelt und des biologischen Gleichgewichtes entstehen dürfen und Schäden in Forst- und Landwirtschaft nicht provoziert werden (Art. 34 Abs. 3 **BayJG;** Art. 36 § 31 Abs. 2 NJagdG; § 1 Abs. 2 **LJG-NRW;** § 29 Abs. 2 **SächsJagdG;** § 36 Abs. 1 **ThJG**). Ein **Hegeverbot** besteht nach Landesrecht für Schalenwild, namentlich Rot-, Sika-, Dam- und Muffelwild außerhalb der Gebiete, die für eine Bewirtschaftung vorgesehen sind (vgl. hierzu § 17 AVBayJG betreffend Rotwild; § 1 NRW VO über die Bewirtschaftung von Rot-, Sika-, Dam- und Muffelwild vom 28.9.1994 für Rot-, Sika-, Dam-, Muffelwild; § 1 RP VO über Bewirtschaftungsbezirke für Rot-, Dam- und Muffelwild in der Fassung vom 1.2.2001 für Rot-, Dam-, Muffelwild; § 24 SächsJagdVO in der Fassung vom 26.6.2008 für Rot-, Dam-, Muffelwild.

V. Fütterung

8 Sieht man die Jagdwirtschaft im Kontext zu Forst-, Land- und Fischereiwirtschaft als eine weitere Art der wirtschaftlichen Betätigung muss dem Jagdwirt eine ertragsverbessernde Möglichkeit durch Füttern als Ausfluss von Art. 14 GG gestattet sein. Ebenso ist es Sache des Eigentümers seinen Grund und Boden zu bestellen, auch wenn dies im Ergebnis wildlebenden Tieren nutzt. Reglementierungen des Fütterns können ihre Gründe haben, insbesondere wenn eine zu starke Vermehrung des Wildes eintritt, die durch die Ernte des Wildes in Form des Abschusses nicht mehr aufgefangen werden kann oder nur unter Hinnahme stärkerer Wildschäden. Auch lebensmittelrechtliche Bedenken können die Art des Fütterns einschränken. Die Fütterung wird mangels echter Notzeiten zum Teil als entbehrlich angesehen (RP Rundschreiben der obersten Jagdbehörde vom 11.8.2005). Fütterungen sind alle künstlich ausgelegten Futtermittel durch den Menschen mit dem Zweck den körperlichen Zustand des Wildes zu verbessern (womit es sich vom Kirren = Anlocken unterscheidet; → Rn. 11 ff.). Es bedarf hierzu keiner konkreten Anlage einer Fütterungseinrichtung (Heuraufen, Futtertische etc). Auch muss nicht die konkrete Absicht bestehen, Wild zu füttern. Es reicht aus, dass der Zweck allein durch das Vorhandensein von Futtermitteln erfüllt wird. Nicht als Füttern sind Maßnahmen der Äsungsverbesserung anzusehen, wie zB das Anlegen von Wildäckern, Wildwiesen, Prossholzflächen, Streuobstwiesen oder das Pflanzen masttragender Bäume (s. aber Ausführungen zu Fütterungsverordnungen der Länder, hier Rheinland-Pfalz). Die Fütterung des Wildes ist ein wesentlicher Gesichtspunkt der Hegeverpflichtung und Inhalt des Jagdausübungsrechts. Aus dem Tierschutzgedanken heraus ist die

Fütterung des Wildes dann geboten, wenn die Tiere Not leiden. In der Regel wird landesrechtlich in solchen Situationen eine Pflicht zur Fütterung vorgesehen, die sich auch aus dem Grundsatz des weidgerechten Verhaltens ableiten lässt. Wild muss, um existieren zu können, von dem leben, was in Feld und Flur wächst. Durch die deutliche Einschränkung dieser Möglichkeiten (Zerschneidung der Landschaft durch Straßen und Bebauung und die Störung durch den Menschen) sind der tatsächliche Lebensraum der Tiere und ihr Bewegungsradius deutlich eingeschränkt. Eine optimale Ernährung und die Möglichkeit, diese in natürlichen Intervallen aufnehmen zu können, werden sie kaum noch antreffen. Wildschäden in den Räumen, in denen sich das Wild aufhalten kann und muss, sind damit vorhersehbar. So bleibt nur die Möglichkeit, den Wildbestand weiter zu reduzieren oder auch zur Meidung solcher Schäden das Füttern zuzulassen. Deshalb ist es auch ein Akt der geforderten Weidgerechtigkeit, insbesondere des Tierschutzes Wildtiere nicht nur in notstandsähnlichen Situationen zu füttern, sondern wenn sie – auch örtlich beschränkt – Hunger leiden und dadurch der Gefahr des Hungertodes ausgesetzt sind. Besonders in Zeiten einer unzureichenden Herbstmast wird dies regelmäßig der Fall sein, ohne dass zudem im Winter hohe Schneelagen eine weitere Gefahr darstellt. Dennoch überlässt § 28 es den Ländern das Füttern gänzlich zu verbieten. Dies kann aber nur unter der Einschränkung gelten, dass die Belange des Tierschutzes nicht dagegen stehen. Eine Reduzierung der Wilddichte zur Verringerung des Wildbestandes ist vor dem Hintergrund sehr bedenklich, zumal ein sachlicher Grund Tieren in Notlagen noch nicht einmal helfen zu dürfen nicht erkennbar ist (aA OVG Koblenz Urt. v. 20.9.2000 – 8 A 10273/00, in dem angeführt wird, die Tiere sollen vom Wald leben!; einschränkend OVG Koblenz Urt. v. 7.7.1999 – 8 A 10320/99, BeckRS 1999, 12420 = NuR 2000, 45 in der Futterverbote außerhalb von Notsituationen zulässig sein sollen). In beiden Entscheidungen wird Furcht vor übermäßigen Wildbeständen angeführt. Zum Schutze hiervor dienen aber nicht die Bestimmungen über das Füttern zur Verhinderung von Not und Leid der Tiere (Erhaltungsfütterung).

1. Fütterungsarten

Es muss unterschieden werden zwischen einer reinen **Erhaltungsfütterung,** die ausschließlich die Existenz des Wildes sichern soll, und einer Fütterung, die den körperlichen Zustand des Wildes optimieren soll. Während die Erhaltungsfütterung deshalb nach Zeitpunkt der Ausbringung, Art und Menge des Futters allein versucht, Notsituationen zu überbrücken, können die Jagdausübungsberechtigung ohne eine einschränkende Regelung durchaus auch eine Fütterung ausbringen, um den Bestand des Wildes zu erhöhen. Der Jagdausübungsberechtigte ist grundsätzlich befugt, den Wildbestand durch Fütterung zu stärken, da das Recht zur Jagdausübung auch das Recht der Bestandsnutzung- und Stärkung ist, ebenso wie in der Land-, Forst- und Fischereiwirtschaft verbessernde Maßnahmen gestattet sind. Die Regulierung der Fütterung durch den Gesetzgeber ist deshalb eine Inhaltsbestimmung des Eigentums, die die grundsätzlich gegebene Berechtigung einschränken kann. Selbst ein generelles Verbot des Fütterns ist jedenfalls dann nicht verfassungswidrig, wenn die Fütterungsmöglichkeit in extremen Notsituationen noch besteht (OVG Koblenz Urt. v. 7.7.1999 – 8 A 10320/99, BeckRS 1999, 12420 = JE I Nr. 95; VG Koblenz Urt. v. 30.8.1999 – 8 9

K 3363/98.KO, JE I Nr. 98). Solche generellen Verbote sind aber weder rechtlich (vgl. Mitzschke/Schäfer Rn. 9 mwN) noch in der Praxis unproblematisch. Sinn der Ermächtigung zur Einschränkung der Wildfütterung war der Gedanke, dass sich das Wild durch Fütterung außerhalb der Notzeiten nicht über das gewünschte Maß hinaus vermehrt und dadurch übermäßigen Wildschaden anrichtet (BT-Drs. 7/4285). Verfassungsrechtlich bedenklich wäre es, ein Füttern des Wildes generell zu verbieten, wenn dadurch in Notzeiten Wildschäden provoziert werden, die auch im Rahmen einer ordnungsgemäßen Jagdausübung nicht verhindert werden können. Hierbei darf die Vertreibung des Wildes nicht in Erwägung gezogen werden, weil dadurch nicht nur eine nicht gewünschte Verlagerung der Schäden in andere Gebiete provoziert würde, sondern auch, dass das ohnehin sich in Not befindliche Wild weiter geschwächt würde. Es muss auch beachtet werden, dass die meisten Wildarten, insbesondere Schalenwildarten in unserer Kulturlandschaft, ohne menschliche Hilfe auf Dauer nicht überleben können, somit alle verbessernden Maßnahmen, zu denen auch das Füttern in Notzeiten zählt, durch den Artenschutz geboten sind. Zudem gebietet es der Tierschutzgedanke, aber auch die in § 323 StGB normierte Pflicht zur Hilfeleistung, Tieren in Not zu helfen. In der Praxis führt ein Verbot des Fütterns unter dem Vorbehalt der Einzelerlaubnis (s. § 28 **RhPfLJG**) zu erheblichen Problemen in der Praxis. Wenn erst innerhalb einer anhaltenden Notsituation im Rahmen eines in der Regel andauernden Verwaltungsverfahrens das Füttern gestattet wird, dürfte eine der Situation entsprechende schnelle und effektive Fütterung nur noch eingeschränkt möglich sein. Eine Vorratshaltung des Futters für den Eventualfall wird niemand betreiben, zumal die Entsorgung nicht benötigten Futters nicht unproblematisch ist. Auch werden die Ansichten, wann eine solche Notsituation vorliegt, deutlich auseinandergehen und Rechtsunsicherheit schaffen. Die Gestattung einer reinen Erhaltungsfütterung, die kein Ansteigen des Bestandes bewirkt und keine Wildschäden provoziert, sondern sogar verhindert, sollte deshalb iSd Tier- und Eigentumsschutzes möglich sein. Von dem Füttern zur Notzeit ist die Ablenkungsfütterung, in der Regel von Schwarzwild zur Meidung von Feldschäden, die Anlage von Wildäsungsflächen und die Kirrung des Wildes zur Schaffung einer Erlegungsmöglichkeit zu unterscheiden:

10 Die **Ablenkfütterung** ist eine Fütterung im Rechtssinne. Sie bezweckt das Binden von Schwarzwild (oder anderer Wildarten) im Wald, um größere Feldschäden zu vermeiden. Nach Landesrecht bedarf sie in der Regel der Genehmigung, sofern das Füttern nicht generell oder in dieser Zeit erlaubt ist (→ Rn. 16 ff.; zur Zulässigkeit VG Köln Urt. v. 14.1.2004 – 10 K 6532/02, BeckRS 2010, 45853 = JE VI Nr. 57). Sie macht nur Sinn, wenn das Wild dort regelmäßig und ungestört Futter aufnehmen kann und nicht weitere Wildschäden dadurch provoziert werden. Deshalb hat eine Bejagung im näheren Umfeld zu unterbleiben. Die Anlage einer solchen Fütterung muss so erfolgen, dass keine Störung das Wild von der Fütterung zeitweilig abhält, da in der Wartephase zB das Rotwild zum Schälen neigt. Zudem ist die Anlage geschützt, also im Wald anzulegen, möglichst weit von Feldflächen entfernt.

11 Dagegen dient eine **Kirrung** nur dem Zweck des Anlockens des Wildes. Sie ist keine Fütterung (OLG Brandenburg Beschl. v. 13.2.2018 – (2b) 53 Ss-Owi 673/17, BeckRS 2018, 22250; aA VGH München Beschl. v. 14.7.2021 – 19 ZB 21.843, BeckRS 2021, 23052; AG Soest Urt. v. 12.4.1983 – 4 OWi

20 Js 22/83 (99/83), JE X Nr. 45), kann aber zur Fütterung werden, wenn nach Art der Anlage und der Menge des ausgebrachten Futters die Mästung des Wildes im Vordergrund steht, insbesondere innerhalb der Notzeit (OLG Jena Beschl. v. 3.11.2004 – 1 Ss 231/04, NStZ-RR 2006, 89 = JE VI Nr. 59 betreffend der Sonderregelung für Thüringen). Eine wirksame Kirrung soll einen Gewöhnungseffekt des Wildes herbeiführen, der es dazu bringt, an dieser Stelle nach Futter zu suchen. Hierzu darf nur eine geringe Menge ausgebracht werden, um keinen Fütterungseffekt zu erzielen (s. auch hierzu die einschränkenden Bestimmungen der einzelnen Länder). In den Zeiten, in denen ein Abschuss möglich ist (Mondphasen), ist dann eine effektive Bejagung möglich. Insbesondere scheuem Wild kann so einfacher nachgestellt werden.

Zu den Kirrungen zählen auch **Luderplätze,** an denen in der Regel 12 Raubwild wie Fuchs, Dachs, Marder und Waschbär erlegt werden sollen. Dort werden Getreide, Obst, Fleisch- oder Fischreste ausgebracht und so verblendet, dass andere Tierarten möglichst keinen Zugang haben. Luderplätze sind ebenfalls keine Fütterungen.

Wildäsungsflächen, also strukturverbessernde land- und forstwirtschaftli- 13 che Maßnahmen, sind im Zweifel nicht als Fütterung zu betrachten. Mit der Fütterung werden konzentriert abgeerntete Früchte ausgebracht, die dort nicht wachsen. Das künstliche Ausbringen von Mitteln, die bereits geerntet oder verarbeitet wurden, steht im Vordergrund. Der Anbau von Pflanzen mit dem Zweck, den Tieren eine natürlich wachsende Äsungsverbesserung zu schaffen, ist dagegen keine Fütterung. Sie vermehrt oder ändert lediglich das natürliche Fruchtpotential in Feld und Wald, ebenso wie das Pflanzen entsprechender fruchttragender Bäume, der Anlage von Gehölzen, die eine Verbissmöglichkeit schaffen, das Begrünen von Waldwegen und anderem.

Das Ausbringen von **Medikamenten** ist keine Fütterung (OLG Koblenz 14 Beschl. v. 23.1.1984 – 1 Ss 558/83, NStZ 1984, 370 = JE X Nr. 44 = RdL 1984, 93), zum Teil aber durch die Länder reglementiert. Insbesondere das Ausbringen von Entwurmungsmitteln wurde und wird praktiziert. Die Impfung von Schwarzwild und Füchsen geht auf spezielle Regelungen zurück (zB TollwutV, Schweinepest-Verordnung).

2. Fütterungsregelungen der Länder

Die Länder haben zum Teil detaillierte Regelungen zur Fütterung gefun- 15 den, auf die hier im Einzelnen eingegangen wird:

§ 3 DVO JWMG: Die Fütterung ist nur mit artgerechten Mitteln erlaubt. 16 Verboten sind Futtermittel für Schalenwild außerhalb von Einrichtungen oder Plätzen, die den Anforderungen der Fütterungshygiene entsprechen, ausgebracht werden. Wiederkäuendes Schalenwild darf nicht mit anderen Futtermitteln als Heu, Grünfuttersilage, Rüben, heimischem Frisch- oder Fallobst, heimischem Obsttrester, dem bis zu einem Volumenanteil in Höhe von 10 vom Hundert Hafer beigemischt sein darf, oder Rosskastanien gefüttert werden, Schwarzwild nur mit Getreide einschließlich Mais. Nicht gestattet sind Erzeugnisse, die tierisches Protein enthalten, oder Erzeugnisse von Fetten aus Gewebe warmblütiger Landtiere oder Erzeugnisse von Fischen oder Mischfuttermittel, die diese Erzeugnisse enthalten, für die Fütterung von Wildtieren verwendet werden, ausgenommen davon sind Aufbrüche und sonstige Teile von gesunden Wildtieren, welche im betreffenden Jagdrevier zur Strecke gekommen sind. Zudem dürfen keine verdorbenen Futtermittel dargeboten oder Futtermittel nach Ablauf des zulässigen oder von der Jagdbehörde angeordneten Verwendungszeitraums. Für die Fütterung von Damwild und die Fütterung von Rotwild in Rotwildgebieten kann die oberste Jagdbehörde im Rahmen der Fütterungskonzeption nach § 33 Abs. 2 S. 2 **JWMG** als Beimischung gehäckselte Maispflanzen oder Maissilage jeweils ohne gesonderte Zugabe von Körnermais oder anderen Kraftfuttermitteln zulassen. Die oberste Jagdbehörde kann andere als die in Abs. 2 genannten Futtermittel im Einzelfall zum Zwecke der Wildtierforschung zulassen. Für die Fütterung ist eine spezielle Konzeption von Nöten. Näheres regelt § 4 DVO JWMG. Die Kirrung von Wild ist eingeschränkt möglich, begrenzt nach Gebiet, Menge (Schwarzwild und Federwild 1 Liter/Kirrung, sonstiges Schalenwild 10/Liter) und Gebietsgröße (Schwarzwild 5 Kirrungen bzw. pro 50 ha eine Kirrung). Luderplätze müssen so angelegt sein, dass keine andere Tierart herankommen kann.

17 Nach Art. 43 Abs. 1 **BayJG** ist es die Aufgabe des Jagdausübungsberechtigten, durch Maßnahmen der Reviergestaltung und Äsungsverbesserungen die Vorrausetzungen dafür zu schaffen, dass das Wild auch in der vegetationsarmen Zeit natürliche Äsung findet. Unter vegetationsarmer Zeit wird die Zeit der Vegetationsruhe im Herbst und Winter anzusehen sein (vgl. Leonhardt/Pießkalla **BayJG** Art. 43 Rn. 5), aber auch Zeiten, in denen aufgrund besonderer Witterungsverhältnisse (Dürre) nicht genügend natürliche Nahrung zur Verfügung steht. Auch spielen örtliche Verhältnisse eine Rolle. So ist im Hochgebirge früher, im grasreichen Flachland später mit einer Vegetationsruhe zu rechnen. In Getreideanbaugebieten kann eine Vegetationsarmut bereits im September anzunehmen sein. Unter natürlicher Äsung sind auch angelegte Kulturflächen zu verstehen, unter Reviermaßnahmen die Anlage von Verbissflächen, Wildäckern, Pflanzen masttragender Bäume, Salzlecken, aber auch von besonderen Biotopen und Deckungen für das Wild. Die Fütterung (Art. 43 Abs. 2 **BayJG**) darf die Verwirklichung des Hegeziels nicht gefährden. Es besteht die ausdrückliche Verpflichtung, in der Notzeit zu füttern und Fütterungsanlagen zu erhalten. Dies bezieht sich auf alle Wildarten, mit Einschränkung, soweit Rotwild betroffen ist (Art. 43 Abs. 3 S. 2 **BayJG**). Es besteht demnach keine Pflicht, wohl aber das Recht (so auch Leonhardt/Pießkalla **BayJG** Art. 43 Rn. 10) der Fütterung von Rotwild in Gebieten, in denen es aufgrund Rechtsverordnung nach Art. 32 Abs. 7 Nr. 3 **BayJG** nicht gehegt werden darf. Die Regelung bezieht sich auf § 17 AVBayJG (vom 1.3.1983, GVBl. 1983, 51; zuletzt geändert am 4.6.2024 (GVBl. 2024, 98). Nach § 17 Abs. 2 AVBayJG ist es in Revieren, die außerhalb der Bewirtschaftungsgebiete liegen (hierzu Anlage 11 AVBayJG), verboten, Rotwild zu hegen und zu halten. Zu Recht zweifeln Leonhardt/Pießkalla die Zulässigkeit dieser Regelung an (Leonhardt/Pießkalla BayJG Rn. 10). Der Schutz des Wildes vor Futternot ist auch Inhalt des Jagdschutzes (§ 23 iVm Art. 40 **BayJG**) und des in der Hegepflicht nach § 1 zum Ausdruck kommenden Tierschutzgedankens. Das Füttern dient auch der Vermeidung von Wildschäden, sodass das Hegeziel auch durch Nichtfüttern gefährdet sein kann. Hierbei ist zu berücksichtigen, dass natürliche Konzentrationen von Wild auch in der Notzeit Teil der Natur dieser Tiere, vor allen Dingen von Rotwild sind. Ein Vertreiben von Wild bei Futternot, insbesondere bei hohen Schneelagen ist in der Wirkung nicht nur Kontraproduktiv (erhöhter Futterbedarf), sondern auch zutiefst unweidgerecht. Dies sieht der

Gesetzgeber auch so für alle anderen Wildtiere. Die Fütterung soll das Wild aber nur vor Not bewahren. Eine darüber hinausgehende Fütterung ist damit nicht zulässig. Um die Dehnbarkeit des Begriffes Not einzuschränken wurde das Staatsministerium für Landwirtschaft und Forsten nach Art. 43 Abs. 2 S. 2 **BayJG** ermächtigt Vorschriften über den Missbrauch von Fütterungen zu erlassen. Nach § 23a Abs. 2 S. 2 AVBayJG kann eine missbräuchliche Wildfütterung im Regelfall angenommen werden, wenn die Futtermittel nach Art, Qualität oder Menge den ernährungsphysiologischen Bedürfnissen der Wildart nicht entsprechen, außerhalb der Notzeit gefüttert wird oder Schalenwild in sog. Schutzwäldern gefüttert wird und dadurch die Schutzfunktion des Waldes gefährdet ist. Letzteres ist der Fall, wenn erhöhter Verbiss oder Schälschäden auftreten. Durch die Änderung von § 23a AVBayJG vom 28.12.2000 wurde zudem das Verfüttern von Nahrung, die Proteine von warmblütigen Tieren und Fischen enthalten verboten. Nach § 23a Abs. 4 AVBayJG können Ersatzvornahmen angeordnet werden, kommt der Jagdausübungsberechtigte der Fütterungsverpflichtung trotz Aufforderung nicht nach. Zudem liegt eine Ordnungswidrigkeit vor (Art. 56 Abs. 1 Nr. 13 **BayJG**).

§ 34 Abs. 1 LJagdG Bln verpflichtet den Jagdausübungsberechtigten zu Revierverbessernden Maßnahmen und Anlage von Äsungsflächen um Wildschäden zu vermeiden (§ 34 Abs. 1 **LJagdG Bln**). Die Pflicht zur Freihaltung von Äsungsflächen besteht in der Notzeit, die definiert wird als eine Situation des witterungsbedingten, oder auf Katastrophen zurückzuführenden Nahrungsmangels. Insbesondere bei lang anhaltenden hohen Schneelagen oder Vereisungen, aber auch bei Dürre oder nach Waldbränden ist diese anzunehmen. In diesen Fällen muss der Jagdausübungsberechtigte auch eine ausreichende Wasserversorgung sicherstellen. Bei Verweigerung kann die Behörde zu Mitteln der Ersatzvornahme greifen (§ 34 Abs. 3 **LJagdG Bln**). Das Füttern außerhalb der Notzeit ist nicht gestattet, mit Ausnahme der Anlage von nicht bejagten Ablenkungsfütterungen zur Vorbeugung von Wildschäden, der Eingewöhnung von ausgesetztem Wild oder der Kirrung (§ 34 Abs. 4 **LJagdG Bln**). Gemäß § 34 Abs. 5 **LJagdG Bln** ist die Ausbringung von Medikamenten verboten. 18

§ 41 BbgJagdG: Ausdrücklich werden Maßnahmen der Verbesserung der Reviergestaltung und Äsungsverbesserung von dem Jagdausübungsberechtigten gefordert. Die Fütterung außerhalb der Notzeit ist mit Ausnahme der Ablenkfütterung, Fütterung zu wissenschaftlichen Zwecken und zur Eingewöhnung ausgesetzten Wildes verboten. Niederwild darf mit angemessenen Mitteln gefüttert werden. Notzeit ist gesetzlich definiert als eine Zeit in der Witterungs- oder Katastrophenbedingt Äsungsmangel herrscht, zB bei vereister oder hoher und lang andauernder Schneelage, nach ausgedehnten Waldbränden. Bei anhaltender Trockenheit muss der Jagdausübungsberechtigte auch für Wassertränken sorgen. Wann Notzeit ist legt die Jagdbehörde im Benehmen mit der Naturschutzbehörde fest. Es besteht dann die Pflicht zur Fütterung, sodass bei Nichtfütterung Ersatzmaßnahmen durchgeführt werden können. Keine Fütterung ist ausdrücklich das Kirren, Wildäcker- und Wiesenanlagen. Die Ausbringung von Medikamenten bedarf der Genehmigung (Abs. 7). Nach der BbJagdDV in der Fassung vom 29.9.2014 darf die Fütterung nur dem Erhalt des Wildes dienen (§ 7 BbJagdDV). Die Art des Futters und des Kirrmaterials ist vorgegeben. Zum Kirren dürfen keine mechanischen Einrichtungen verwendet werden. Die Verwendung eines 19 automatischen Kirrungsautomaten zur reinen Kirrung begründet keine verbotene Fütterung gem. § 60 Abs. 1 Nr. 12 **BbgJagdG** (OLG Brandenburg Beschl. v. 13.2.2018 – (2 B) 53 Ss-OWi 673/17 (341/17), BeckRS 2018, 22250 = JE X Nr. 123). In Notzeiten darf an Kirrungen nicht geschossen werden. Das Füttern der Greifvögel mit Aufbrüchen ist verboten (Abs. 7). Diese Regelung hat ihren Ursprung in der Untersuchung von Adlern, bei denen hohe Bleikonzentrationen gefunden wurden. Solche lösen sich beim Schuss aus dem Geschoß und haben eine Diskussion um bleifreie Büchsenmunition angefacht.

20 Nach § 25 Abs. 1 **HmbJagdG** ist die Fütterung von Wild nur in Notzeiten zulässig. Die Behörden können Ausnahmen zulassen. Äsungsverbesserungen und Kirrungen gelten ausdrücklich nicht als Fütterung (Abs. 2). Die Verabreichung von Medikamenten ist Genehmigungsbedürftig (Abs. 3). Im Übrigen ist das Füttern in geschützten Gebieten (§§ 15–20 HmbNatSchutzG) nur im Einvernehmen mit der zuständigen Behörde zulässig.

21 Art. 31 Abs. 1 **BremLJagdG** verbietet das Füttern in der Zeit von Mai bis 15. Oktober, so das ansonsten das Füttern generell erlaubt ist. Das Füttern bei Not, zur Eingewöhnung ausgesetzten Wildes und das gelegentliche Ankirren von Schwarzwild, Fuchs und Waschbär ist aber gestattet (Art. 31 Abs. 1 Nr. 1–3 **BremLJagdG**). Innerhalb der Notzeit besteht eine Fütterungspflicht. Verstößt der Jagdausübungsberechtigte gegen diese Pflicht kann die Behörde nicht nur auf seine Kosten im Wege der Ersatzvornahme füttern, sondern zudem den Abschuss von Schalenwild herabsetzen und von Niederwild zeitlich befristet sperren. Nach Sinn und Zweck der Regelung ist die Abschusseinschränkung auch auf das folgende Jagdjahr zu beziehen. Die Regelung steht im pflichtgemäßen Ermessen der Behörde, wobei die Abschusseinschränkung vor dem Hintergrund der vermuteten Bestandsreduzierung durch Verhungern des Wildes vorgenommen werden kann. Die Errichtung von Ablenkfütterungen zur Vorbeugung von Wildschäden ist ganzjährig zulässig (Art. 31 Abs. 3 **BremLJagdG**). An diesen Ablenkfütterungen ist aber nach Sinn und Zweck der Vorschrift ein Abschuss unzulässig.

22 **§ 30 HJagdG:** Das Ausbringen von Raufutter für wiederkäuendes Schalenwild ist zulässig, mit Saftfutter ohne Kraftfutteranteile in Kombination mit Raufutter, soweit die Jagdbehörde für den Landkreis oder Teile davon eine Notzeit festgestellt hat. Die Fütterung zur Bejagung des Schwarzwildes (Kirrung)mit heimischem Getreide, Mais und Erbsen ist zulässig und der Jagdbehörde anzuzeigen. Die ausgebrachte Futtermenge ist auf höchstens einen Liter je Tag und Kirrstelle beschränkt. Je Jagdbezirk ist eine Kirrung, eine weitere je 100 ha angefangener Jagdfläche, in Rotwildgebieten je 250 ha angefangener Jagdfläche zulässig. Die Behörde hat nach pflichtgemäßen Ermessen zu entscheiden. Insbesondere bei hohen Wilddichten oder -schäden, bei besonderen Situationen (schwierige Bejagung, keine Bewegungsjagd) kann das Ermessen auf Null reduziert sein. Das Hegeziel des § 1 darf nicht gefährdet sein. Für länderübergreifende Rot- und Damwildgebiete kann die oberste Jagdbehörde zur einheitlichen Handhabung der Wildfütterung besondere Regelungen vereinbaren. Es ist verboten, Wild Arzneimittel zu verabreichen. Die Jagdbehörde kann im Einvernehmen mit der Veterinärbehörde Ausnahmen zulassen, wenn es zur Bekämpfung von Wildkrankheiten und Wildseuchen erforderlich ist.

23 § 18 Abs. 1 **MVLJagdG:** Der Jagdausübungsberechtigte ist verpflichtet in Notzeiten angemessen und artgerecht zu füttern. Die Jagdbehörde ordnet an, wann Notzeit ist. Auch hier ist zu beachten, dass der Jagdausübungsberechtigte ein Hegerecht hat und somit grundsätzlich befugt ist, die Anordnung der Notzeit zu fordern. Kommt der Jagdausübungsberechtigte der Fütterungspflicht nicht nach, kann die Behörde auf seine Kosten füttern. Außerhalb der Notzeit ist das Füttern nur mit Genehmigung der Jagdbehörde zulässig. Die Anlage von Wildäckern und Wildwiesen gilt ausdrücklich nicht als Füttern. Kirren von Schwarzwild gilt nicht als Füttern. Ein Kirren ist aber nur gegeben, wenn nicht mehr als 3 kg Mais, Getreide oder Baumfrüchte ausgebracht werden.

§ 32 Abs. 1 **NJagdG:** Notzeit ist, wenn Wild Not leidet. Nur in dieser **24**
Zeit ist vom Jagdausübungsberechtigten für eine ausreichende und artgerechte Fütterung zu sorgen. Die Feststellung der Notzeit wird von dem zuständigen Kreisjagdmeister/in (§ 38 NJagdG) für die betroffenen Bereiche bekannt gegeben. In diesen Bereichen darf nicht mehr gejagt werden. Nach § 32 Abs. 2 NJagdG kann auch ohne Notzeit für das Wild gefüttert werden in der Zeit vom 1.1. bis 30.4. In der Zeit des Fütterns darf Schalenwild nicht gejagt werden, jedoch Schwarzwild, sofern keine Notzeit vorliegt. In der Zeit vom 1.5. bis 31.12. dürfen Ablenkfütterungen, Fütterungen zum Eingewöhnen ausgesetzten Wildes betrieben werden und sog. Schaufütterungen, sofern dadurch kein Wildschaden provoziert wird. Diese Fütterungen bedürfen der Genehmigung der Jagdbehörde. Im Umkreis von 200m um solche Fütterungen darf nicht gejagt werden. Die Behörde kann in besonderen Fällen Ausnahmen von diesen Regelungen zulassen. Das Kirren (§ 33 NJagdG) ist nur mit geringen Mengen, artgerechtem Futter und nicht mit Einrichtungen und Behältern zulässig. Die zulässigen Futtermittel bestimmen sich nach § 33a NJagdG und der Verordnung über das Verbot des Fütterns und Kirrens von Wild mit Futtermitteln tierischer Herkunft vom 5.2.2001. Demnach sind proteinhaltige Erzeugnisse, Fette und Gewebe von warmblütigen Landtieren, Fische, Fischteile sowie proteinhaltige Erzeugnisse von Fisch, aber auch Misch- und Einzelfutter, das solche Erzeugnisse enthält, verboten. Ein Verstoß wird als Ordnungswidrigkeit (§ 2 Verordnung über das Verbot des Fütterns und Kirrens von Wild mit Futtermitteln tierischer Herkunft vom 5.2.2001) geahndet. Für das Kirren von Füchsen, Waschbären, Marderhunden und Minken dürfen Aufbrüche und Teile von Wild, bei dem kein Verdacht auf Vorliegen einer auf Mensch oder Tier übertragbaren Krankheit besteht, verwendet werden; dies gilt nicht für Aufbrüche und Teile von Schwarzwild.

Die Fütterung ist nach § 25 Abs. 2 **LJG-NRW** nur in der Zeit vom 15.12. **25**
bis zum 30.4. zulässig (Schalenwild). Niederwild darf auch außerhalb dieser Zeiten gefüttert werden, wenn anderes Schalenwild keinen Zugang hierzu hat. Zur Wildschadenverhütung kann die Behörde für Schwarzwild Ablenkfütterungen zulassen. Damit steht die Entscheidung im pflichtgemäßen Ermessen der Behörde. Sie kann den Antrag aber nicht mit dem Argument ablehnen, es würde nicht konsequent gejagt oder wildschadengefährdete Flächen könnten gezäunt werden (so VG Köln Urt. v. 14.1.2004 – 10 K 6532/02, BeckRS 2010, 45853 = JE VI Nr. 57). Küchen- und Schlachtabfälle, Fische, Fischabfälle, Backwaren und Südfrüchte dürfen nicht verfüttert werden. Äsungsverbesserungsmaßnahmen im Revier (Wildäcker) stellen keine Fütterung dar. Über § 25 Abs. 3 LJG-NRW werden Einzelheiten durch die §§ 27 ff. DVO LJG-NRW (vom 31.3.2010, GV 2010, 238; zuletzt geändert am 1.2.2022 (GV NRW 2022, 122), geregelt. § 27 DVO LJG-NRW verbietet im Wesentlichen Schalenwild außer Schwarzwild an Kirrun-

gen und Schalenwild in einem Umkreis von 300m von Fütterungen zu erlegen. Das Kirren von Schalenwild ist verboten (außer Schwarzwild). Verboten ist Schwarzwild zu füttern, außer nach Feststellung einer Notzeit durch die Forschungsstelle für Jagdkunde und Wildschadenverhütung und Genehmigung durch die zuständige Veterinärbehörde, Schwarzwild in anderer Weise als in § 28 DVO LJG-NRW festgelegt zu kirren oder zu füttern, Rehwild außerhalb von Notzeiten zu füttern; hiervon ausgenommen ist die Gewöhnungsfütterung mit kräuterreichem Grasheu, Futter- oder Kirrmittel in Gewässer einzubringen oder in Uferbereichen auszubringen, zur Fütterung von Schalenwild außer Schwarzwild andere Futtermittel als Heu oder Anwelksilage zu verwenden, Stoffe mit pharmakologischer Wirkung oder Futtermittelzusatzstoffe an Wild zu verabreichen, soweit dies nicht behördlich angeordnet, veranlasst oder genehmigt worden ist; hiervon ausgenommen sind Stoffe, die ausschließlich als Silierhilfe eingesetzt werden. Zudem tierisches Protein sowie Mischfuttermittel, die dieses enthalten, an Wild zu verfüttern oder als Kirrmittel einzusetzen; hiervon ausgenommen sind für Nicht-Wiederkäuer Insekten sowie Protein von verarbeiteten Insekten, Hühnereier und soweit kein Anzeichen für das Vorliegen einer auf Mensch oder Tier übertragbaren Krankheit besteht, im betreffenden Jagdbezirk aufgefundenes Fallwild oder Aufbrüche von Wild (mit Ausnahme von Schwarzwild), welches im betreffenden Jagdbezirk zur Strecke gekommen ist, und Körper oder Körperteile von Nutria und Bisam. Verboten ist auch Wildäcker (landwirtschaftlich bearbeitete Flächen mit jährlicher Neubestellung) im Wald anzulegen. Somit sind sog. Daueräsungsflächen mit Umtriebszeiten von mehr als einem Jahr gestattet. Die Kirrung von Schwarzwild (§ 28 DVO LJG-NRW) ist nur zulässig, wenn im Jagdbezirk oder -revier nicht mehr als eine Kirrstelle je angefangene 100 ha bejagbarer Fläche angelegt wird, keine Fütterungs- oder Kirreinrichtungen verwendet werden, als Kirrmittel ausschließlich Getreide einschließlich Mais ausgebracht wird, die Menge des Kirrmittels zu jedem Zeitpunkt nicht mehr als einen Liter je Kirrstelle beträgt, das Ausbringen des Kirrmittels von Hand erfolgt, das Kirrmittel in den Boden eingebracht oder mit bodenständigem Material so abgedeckt wird, dass die Aufnahme durch anderes Schalenwild ausgeschlossen ist, und die Kirrstellen der unteren Jagdbehörde unter Beifügung eines Lageplanes im Maßstab von 1:5.000 oder 1:10.000 oder im WGS 84 Koordinatensystem nach Längen- und Breitengrad jeweils in Grad und Bogenminuten mit drei Dezimalstellen vorher angezeigt worden sind. Die Fütterung von Schwarzwild in Notzeiten nach § 27 Abs. 2 Nr. 2 DVO LJG-NRW ist nur zulässig, wenn die Futteraufnahme durch anderes Schalenwild ausgeschlossen ist. § 25 Abs. 2 S. 2 LJG-NRW bleibt unberührt. Die oberste Jagdbehörde kann aus Gründen der Wildseuchenbekämpfung für bestimmte Gebiete oder einzelne Jagdbezirke Ausnahmen von Abs. 1 Nr. 1 zulassen oder die Kirrung einschränken.

26 Nach § 25 **RhPfLJG** (§ 28 Abs. 2 **RhPfLJG** aF) ist jegliche Art des Fütterns und der Kirrung von Schalenwild verboten, Ausnahmen jedoch durch den Verordnungsgeber zugelassen (s. RPKirrVO; § 48 **RhPfLJG**). Dies ist verfassungsrechtlich vor dem Hintergrund des dort normierten Tierschutzgedankens nicht zu beanstanden, sofern in Notzeiten das Füttern gestattet ist (so OVG Koblenz Urt. v. 7.7.1999 – 8 A 10320/99, BeckRS 1999, 12420 = NuR 2000, 45; VG Koblenz Urt. v. 30.8.1999 – 8 K 3363/98.KO, JE I Nr. 98). Durch Verordnung vom 4.8.2005 (GVBl. 2005, 362) über die Fütterung und Kirrung von Schalenwild erfolgten konkrete Bestimmungen.

Als „Füttern" wird jede Darreichung von Futtermitteln, Nährstoffen und Nahrungsergänzungsstoffen an das Wild angesehen. Ausdrücklich keine Fütterung (§ 1 Nr. 1–3 RPKirrVO) ist die Anlage von Daueräsungsflächen mit einer zweijährigen Nutzungsdauer, Wildäcker außerhalb des Waldes und Salzlecken. Diese Regelung ist insoweit problematisch, als das die Negativ-Listung nicht unbedingt den Schluss herleiten lässt, dass jede andere Form der Schaffung von Nahrungsgrundlagen automatisch ein Füttern und damit verboten ist. So ist der Anbau von fruchttragenden Bäumen, das Beschneiden von Weichholz im Rahmen von notwendigen Baumarbeiten, die Anlage von bodenverbessernden Zwischenfrüchten wie Raps oder Senf keine Fütterung, in der Negativlistung aber nicht enthalten. Es besteht auch kein Anlass, die Anlage von einjährigen Wildäckern als Futtergabe zu bezeichnen, da – selbst wenn die Ernte nicht im Vordergrund steht – der natürliche Aufwuchs, auch wenn er zuvor künstlich angelegt wurde, das Merkmal der künstlichen Hingabe getrennter Erzeugnisse nicht erfüllt (zum Begriff des Fütterns auch Müller-Schallenberg/Hugenroth, Jagdrecht NRW, 9. Aufl. 2015, NJagdG § 28 Rn. 57.7.1). Nach den Hinweisen der obersten Jagdbehörde im Rundschreiben vom 11.8.2005 (s. hierzu Asam/Konrad/Schäfer RhPfLJG § 25 Rn. 2.2) sind aber der Anbau von „energiereichen Wildackerpflanzen, mehrjährigem Topinambur und von Produkten der Marktwirtschaft, die der Marktordnung unterliegen, wie Mais, Getreide, Kartoffeln, Raps, Rüben etc." im Wald nicht zulässig. Es handelt sich um eine Auslegung des Begriffes des Fütterns im Rahmen einer Verwaltungsvorschrift, an die das Gericht nicht gebunden ist. Soweit aber der Anbau solcher Wildäcker gem. § 5 Nr. 1 RPKirrVO als Ordnungswidrigkeit geahndet werden soll, fehlt es an der notwendigen Bestimmtheit der Vorschrift. Somit ist auch in Rheinland-Pfalz die Anlage von Wildäckern im Wald mit einjährig austreibenden Pflanzen keine Fütterung. Nach § 1 Abs. 2 RPKirrVO ist das Füttern von Schalenwild nur bei besonderen Witterungsbedingungen oder bei Naturkatastrophen zulässig. Es bedarf der Genehmigung der unteren Jagdbehörde, die im Benehmen mit der örtlich zuständigen Forstbehörde entscheidet. Die Begriffe „besondere Witterungsbedingungen" und Naturkatastrophen" sind unbestimmte Rechtsbegriffe. Sind diese Voraussetzungen erfüllt, hat die Behörde kein Ermessen. Nach dem Rundschreiben vom 11.8.2005 wird eine restriktive Handhabung gefordert. Es soll in jedem Fall eine Notsituation für das Wild vorliegen. Als besondere Witterungsbedingungen werden solche bezeichnet, die „vom langjährigen mittleren Durchschnitt (Nachfrage zB beim Deutschen Wetterdienst) abweichen (zB lang andauernde Dürre, lang andauernde hohe Schneelagen, lange Frostperioden) und dadurch dem Schalenwild ein außergewöhnlich geringes natürliches Futterangebot zugänglich ist". Die Fütterungspflicht entspringt dem Tierschutzgedanken, der es verbietet, zB Leiden durch Futternot zu dulden. Somit ist auf die konkrete Situation des Wildes im Einzelfall abzustellen. Ein zu hoher Wildbestand in einem beengten Lebensraum kann, entsprechende extreme Witterungsverhältnisse vorausgesetzt, deshalb eine Fütterungsgenehmigung durchaus eher bedingen als in gleichen Situationen ein geringer Wildbestand. Allein ein zu hoher Wildbestand oder beengte räumliche Verhältnisse führen aber auch bei hohen Wildschäden nicht zu einer Verpflichtung, Fütterungen zuzulassen (s. auch Rundschreiben der obersten Jagdbehörde vom 11.8.2005 Nr. 2), können aber bei mangelnder Herbstmast durchaus eine solche Notsituation sein. Das Benehmen der örtlichen Forstbehörde ist einzuholen über die Frage, ob solche Witterungsbedingungen vorliegen. Benehmen bedeutet nicht Einvernehmen, sodass die Behörde auch bei ablehnender Haltung der Forstbehörde die Fütterung zulassen kann. Antragsberechtigt ist nur der jeweils Jagdausübungsberechtigte. Soweit die Genehmigung von Pächtergruppen, Hegeringen oder Hegegemeinschaften beantragt wird, kann diese nur in Vertretung der konkreten Jagdausübungsberechtigten handeln. Auf Anforderung sind die Vollmachten nachzureichen. Die Behörde kann nach dieser Regelung eine Fütterung weder anordnen noch Zwangsmaßnahmen gegen Pächter beantragen, die keinen Fütterungsantrag stellen. Zwar könnte sich eine Verpflichtung zur Fütterung aus der allgemeinen Hegeverpflichtung und dem Grundsatz des weidgerechten Verhaltens entnehmen lassen. Nimmt der Gesetzgeber aber ausdrücklich nicht nur die Pflicht, sondern auch das Recht zu füttern in dieser Form aus dem Jagdrecht heraus, besteht eine gesetzliche Grundlage zur Verpflichtung des Jagdausübungsberechtigten nicht mehr. In Notsituationen muss der Jagdausübungsberechtigte Fütterungsmaßnahmen durch und auf Kosten der Jagdbehörde im Zweifel aber dulden. Das **Kirren** von Schwarzwild ist reglementiert und genehmigungsbedürftig. Die Genehmigung wird fingiert, wenn folgende Voraussetzungen gegeben sind: auf den ersten 150 ha dürfen zwei, für jede weiteren angefangenen 150 ha Revierflächen jeweils eine Kirrung angelegt werden; es darf nur im Wald (waldähnlichen Strukturen) und nur mit Getreide, höchstens ein Liter pro Kirrung gekirrt werden. Kirrmittel müssen per Hand ausgebracht und mit natürlichem Material bedeckt werden, die Stellen kartiert und der Jagdbehörde angezeigt werden. Kirrungen, die von diesen Vorgaben abweichen, bedürfen der ausdrücklichen Genehmigung. Allein ein hoher Schwarzwildbestand soll keinen Anspruch auf weitere Kirrungen auslösen (so Asam/Konrad/Schäfer RhPfLJG § 25 Rn. 2.5 unter Verweis auf OVG Koblenz Urt. v. 7.7.1999 – 8 A 10320/99 OVG, BeckRS 1999, 12420 unter Verkennung der Tatsache, dass andere Möglichkeiten als die Jagd an Kirrungen in manchen Revieren nicht bestehen, somit eine Einzelbetrachtung erforderlich ist). In Gehegen ist Kirren und Füttern zulässig (§ 6 RPKirrVO). Rechtwidrig angelegte Kirrungen sind zu beseitigen (§ 4 RPKirrVO). Die Beseitigungspflicht trifft den Jagdausübungsberechtigten nur, wenn er der Verursacher war. Ist derselbe nicht zu ermittelt gelten die Regeln des Abfallbeseitigungsrechtes. Ein Verstoß gegen die oben genannten Bestimmungen ist eine Ordnungswidrigkeit iSd § 5 RPKirrVO, § 55 Abs. 3 RhPfLJG. Wegen fehlender Verweisungsnorm fand § 5 SchalFüV zeitweise keine Anwendung (OLG Koblenz Beschl. v. 9.8.2011 – 2 Ss Bs 112/10, nv) weshalb § 48 Abs. 2 Nr. 20 und 21 RhPfLJG angepasst wurde.

27 Im Saarland ist der Jagdausübungsberechtigte verpflichtet, Maßnahmen zur Äsungsverbesserung zu schaffen (§ 24 **SJG**), insbesondere um Vorsorge für die vegetationsarme Zeit zu treffen. Hierbei ist an die Anlage von Wildäckern gedacht. Chemische Spritzmittel dürfen dort nicht ausgebracht werden. Nach § 25 ist das Füttern von Wild aber grundsätzlich verboten. Innerhalb der Notzeit kann nach Erlaubnis oder muss auf Anordnung der Behörden Wild gefüttert werden. Ablenkfütterungen für Schwarzwild zur Wildschadensvermeidung können nach Erlaubnis der Behörden angelegt werden. Arzneien oder synthetische Zusatzstoffe und Aufbaupräparate außer Salzlecken sind nur mit behördlicher Genehmigung in zulässiger Weise zu verwenden. Das Kirren von Schwarzwild und nunmehr auch Rehwild mit geringen Mengen von Getreide, Kartoffeln und Äpfeln ist zulässig, betreffend andere Schalenwildarten bedarf dies der Genehmigung. Soweit § 25 Abs. 3 **SJG,** den Betrieb von Kirrungen vom Verbot von Wildfütterungen ausnimmt, verletzt dies allgemeine Handlungsfreiheit nicht, da keine Pflicht zur Nutzung von Kirrungen besteht (SaarlVerfGH Beschl. v. 29.8.2016 – Lv 3/15, BeckRS 2016, 51105).

Nach **§ 28 SächsJagdG** sind Ablenkfütterungen sind im Einzelfall zuzulassen **(§ 30 SächsJagdG).** Kirrungen sind erlaubt. Gemäß **§ 7 SächsJagdVO** dürfen an Kirrstellen zum Anlocken von Schalenwild nur Getreide, Baumfrüchte, Obsttrester oder Mais bis zu einer Gesamtmenge von drei Kilogramm ausgebracht werden, soweit an der Kirrstelle zuvor dargebotene Kirrmittel vom Wild aufgenommen worden sind. **28**

§ 34 **LSALJagdG** regelt das Füttern abschließend. Nach § 34 Abs. 1 **LSALJagdG** ist Füttern nur in der Notzeit gestattet oder zur Eingewöhnung von ausgesetztem Wild. Es besteht eine Pflicht zur Fütterung (§ 34 Abs. 2 **LSALJagdG**), die mit Zwangsmitteln oder Ersatzvornahme durch die Behörde erzwungen werden kann. Zulässig sind auch Ablenkfütterungen zur Vermeidung von übermäßigem Wildschaden oder das Füttern von Rot- und Damwild in bereits vorhandenen Schaufütterungen. Die Futtermittel werden beschränkt auf Heu, Grassilage, heimische Baumfrüchte und Hackfrüchte. Verboten sind proteinhaltige Erzeugnisse, Fett und Gewebe warmblütiger Landtiere, Fisch und Fischteile sowie Mischformen von Futter, in denen diese Substanzen verarbeitet wurden, auch industriell hergestelltes oder verarbeitetes Futter (§ 34 Abs. 4 **LSALJagdG**). Die Kirrung ist gestattet für Wildschwein, Fuchs, Waschbär, Marderhund und Mink. Für Schwarzwild darf an Kirrungen nur Mais und Getreide ausgebracht und nur in einer Masse von höchstens 3 kg pro Kirrung vorhanden sein. An Luderplätzen sind Wildaufbrüche zulässiges Lockmittel. **29**

Nach § 18 **SchlHLJagdG** ist das Füttern von Schalenwild in freier Wildbahn sowie Wild in und an Gewässern nicht gestattet, außer in besonderen Notsituationen. Als Notzeit werden Zeiten des Witterungs- oder katastrophenbedingten Nahrungsmangels angesehen. Als Beispiel werden andauernd hohe oder hohe Schneelagen oder Situationen nach ausgedehnten Waldbränden angesehen. Die Behörden können im Übrigen Ausnahmen von dem Fütterungsverbot zulassen. Nach § 18 Abs. 2 **SchlHLJagdG** ist das Kirren von Schwarzwild zulässig. Die SHKirrVO vom 1.12.2000 bestimmt zudem, dass Futtermittel mit proteinhaltigen Enzymen, Fett und Gewebe von warmblütigen Landtieren, Fisch, Fischteile oder andere Erzeugnisse, die solche Teile beinhalten, verboten sind. **30**

§ 43 Abs. 3 **ThJG** normiert die Pflicht des Jagdausübungsberechtigten zur Pflege und Schutz der natürlichen Lebensgrundlagen, auch um Vorsorge für die vegetationsarme Zeit zu schaffen. Jagdgenossenschaften und Grundeigentümer sollen hierzu geeignete Flächen zur Verfügung stellen (§ 43 Abs. 2 **ThJG**). Füttern darf das Hegeziel nicht beinträchtigen. Näheres regelt eine Verordnung. Es besteht in Notzeiten eine Pflicht zur Fütterung, außer für Gebiete, in denen Wildarten vorkommen, die dort nicht gehegt werden dürfen. Der Gesetzgeber hat solche Gebiete iSd § 32 Abs. 7 Nr. 3 **ThJG** nicht bestimmt. Eine Ersatzvornahme der Fütterung (§ 43 Abs. 5 **ThJG**) durch die Behörde ist möglich. In der ThJGAVO vom 7.4.2006 (GVBl. 2006, 245) wird hierzu näher ausgeführt: Demnach ist Notzeit (§ 12 ThJGAVO) die Zeit, „in welcher dem Wild infolge der Witterung (hohe Schneelage, Harschschnee, Dürre) durch Katastrophen (Überschwemmungen, Wald- **31** brand) oder durch den Rhythmus der landwirtschaftlichen Nutzung (fehlende natürliche Äsung in ausgeräumten landwirtschaftlich genutzten Fluren nach der Sommer- und Herbsternte) natürliche Äsung ausreichend nicht zur Verfügung steht.“ Nach § 12 Abs. 2 ThJGAVO ist Notzeit grundsätzlich anzunehmen in Lagen über 450m NN vom 16.1. bis zum 30.4. Auf Antrag kann auch in Lagen unter 450m NN vom 1.5. bis 15.1. das Vorliegen einer Notzeit durch die untere Jagdbehörde bestätigt werden. Diese Regelung gilt auch für Gebiete über 450m NN. Antragsberechtigt sind der Jagdausübungsberechtigter und die untere Forstbehörde. Die Bestätigung der Notzeit ist lokal bekannt zu geben. In der Notzeit muss in den Einständen des Wildes (§ 13 Abs. 1 ThJGAVO) nur unter 700m NN gefüttert werden, wobei die Standorte von dem Jagdausübungsberechtigten im Benehmen mit der zuständigen Forstbehörde und der Hegegemeinschaft festgelegt werden und der unteren Jagdbehörde unverzüglich anzuzeigen sind. Nach § 13 Abs. 2 ThJGAVO dürfen nur Heu, Silage, Hackfrüchte, Kastanien und Eicheln in sachgerechten Mengen verfüttert werden. Ablenkfütterungen (§ 13 Abs. 3 ThJGAVO) zur Minderung von Schwarzwildschäden sind zulässig. Sie dürfen nur mit Getreide beschickt werden und sind der unteren Jagdbehörde unverzüglich anzuzeigen. Wildäcker, Daueräsungsflächen und Verbissflächen sind keine Fütterung (§ 13 Abs. 5 ThJGAVO). Für das Kirren sind besondere Regelungen in § 14 ThJGAVO aufgestellt worden. Kirren ist zum Anlocken von Wild gestattet, wobei keine technischen Einrichtungen verwendet werden dürfen (§ 13 Abs. 2 ThJGAVO). Getreide, Druschabfall, heimisches Obst, Hackfrüchte, Eicheln und Kastanien sind zulässige Kirrmittel. Die Anzahl der Kirrungen (§ 13 Abs. 5 ThJGAVO) ist beschränkt auf zwei für 150 ha bejagbare Fläche, für jede weitere 150 ha je eine. Die Kirrung muss mindestens 100 m von der Reviergrenze angelegt sein. Salzlecken und Lockstoffe gelten als Kirrung (§ 13 Abs. 6 ThJGAVO). Nach § 15 ThJGAVO ist es verboten, in bestimmten Gebieten (zB konkreten Naturschutzgebieten) zu füttern.

32 Die Regelungen der Länder sehen ein grundsätzliches Recht, aber auch eine Pflicht zur **Fütterung jedenfalls in Notzeiten** vor. Wird der Begriff der Notzeit nicht eingeschränkt, ist unter Notzeit ungeachtet der Jahreszeit eine Phase zu verstehen, in der die natürlichen Verhältnisse in Wald und Flur nicht mehr ausreichend sind, den vorhandenen Wildbestand ausreichend zu ernähren. Die Definition in § 12 ThJGAVO definiert den Begriff überzeugend. Diese Situation muss aber so gravierend und lang andauernd sein, dass auch bei einem für die Jahreszeit durchschnittlichen Ernährungszustand des Wildes dieses stark abnimmt und die Gefahr eines Leidens, der Erkrankung durch Unterversorgung oder gar des Todes besteht. Dies kann bei Vereisungssituationen sehr schnell der Fall sein. Bei mäßigem Schnee wird eine solche Situation nur dann eintreten können, wenn wegen einer fehlenden oder mangelhaften Herbstmast das Wild bereits geschwächt in den Winter geht. Zum Begriff der Notzeit s. AG Wittlich Urt. v. 24.10.1990 – 13 Js 24117/90 OWi, JE X Nr. 74; Urt. v. 20.10.1993 – 13 Js 28160/93 OWi, JE X Nr. 89. Nicht jede Art von Schwierigkeit bei der Äsungsaufnahme führt unverzüglich zu einer Futternot. Vielmehr hat das Wild in der vegetationsarmen Zeit zwischen Januar und März normalerweise genügend Fettreserven, um mit eingeschränktem Bewegungsdrang diese Zeit schadlos zu überstehen. Probleme bereitet aber die zunehmende Beunruhigung des Wildes. Durch ein höheres Maß an Bewegung braucht das Wild deutlich mehr Energie. Die

Zerschneidung der Landschaft lässt ein Ausweichen in andere Regionen häufig nicht zu (anders als in natürlichen Landschaften – Sibirientheorie). Deshalb ist es wesentlich, im Einzelfall den Begriff der Notzeit zu bestimmen. Futtermittel sind häufig konkret vorgegeben, um Missbrauch in Art und Menge zu verhindern. Das Futter soll gesund und artgerecht sein. Backwaren oder Fleischereiabfälle sind nicht artgerecht. Für den Fall der Bestimmung der Notzeit durch die Behörde, sei es auf Antrag oder aufgrund behördlicher Anordnung, ist in der Regel Eile geboten. Die sofortige Vollziehbarkeit einer entsprechenden Anordnung ist deshalb notwendig, um den gewünschten Zweck zu erreichen. Bei extrem hohen Schneelagen oder starken Vereisungen gehört die Herstellung einer Zuwegung mit zu den Hege- und Fütterungspflichten. Auf die wirtschaftlichen Verhältnisse des Jagdausübungsberechtigten kommt es dabei nicht an (vgl. Meyer-Ravenstein NJagdG § 28 Rn. 22). Zuwiderhandlungen gegen die Fütterungspflicht stellen nach Landesrecht in der Regel eine Ordnungswidrigkeit dar. Die Behörden können Zwangsmaßnahmen nach den allgemeinen Regelungen des Verwaltungsvollstreckungsrechts ergreifen. Die Ersatzvornahme ist in den meisten Ländern ausdrücklich geregelt. Hierbei sind wegen der Notsituation dem Jagdausübungsberechtigten kurze Fristen zur Meidung von solchen Maßnahmen zu setzen, in denen die Ersatzmaßnahme auf seine Kosten angedroht werden sollte.

§ 28a Invasive Arten

(1) [1] **Dem Jagdausübungsberechtigten ist mit dessen Zustimmung für den Jagdbezirk, in dem er die Jagd ausüben darf, die Durchführung von Management- oder Beseitigungsmaßnahmen, die nach § 40e Absatz 2 Halbsatz 1 Bundesnaturschutzgesetz festgelegt worden sind, von der nach Landesrecht für Jagd zuständigen Behörde ganz oder teilweise zu übertragen oder die Mitwirkung an der Durchführung der Maßnahmen aufzuerlegen, soweit die Durchführung der Maßnahmen im Rahmen der Jagdausübung mit zulässigen jagdlichen Methoden und Mitteln möglich, zumutbar und wirksam ist.** [2] **Im Übrigen ist der Jagdausübungsberechtigte zur Durchführung von Managementmaßnahmen nach § 40e Bundesnaturschutzgesetz nicht verpflichtet.** [3] **Die Sätze 1 und 2 gelten entsprechend für Maßnahmen nach Artikel 17 der Verordnung (EU) Nr. 1143/2014 des Europäischen Parlaments und des Rates vom 22. Oktober 2014 über die Prävention und das Management der Einbringung und Ausbreitung invasiver gebietsfremder Arten (ABl. L 317 vom 4.11.2014, S. 35) für die in § 40e Absatz 2 Halbsatz 1 genannten Arten.**

(2) [1] **Soweit die Durchführung von Managementmaßnahmen nach Absatz 1 nicht vom Jagdausübungsberechtigten übernommen wird, oder soweit dieser die ihm übertragenen Maßnahmen oder die Mitwirkung daran nicht ordnungsgemäß ausführt, trifft die nach Landesrecht für Jagd zuständige Behörde nach Anhörung des Jagdausübungsberechtigten die notwendigen Anordnungen; sie kann insbesondere die Durchführung der Maßnahmen übernehmen oder einen Dritten mit deren Durchführung beauftragen.** [2] **Maßnahmen unter Einsatz jagdlicher Mittel haben im Einvernehmen mit dem Jagdausübungsberechtigten zu erfolgen; sein Jagdrecht bleibt unberührt.**

(3) **§ 1 Absatz 1 Satz 2 ist auf Arten, für die Managementmaßnahmen nach § 40e oder Beseitigungsmaßnahmen nach § 40a des Bundesnaturschutzgesetzes festgelegt worden sind, nicht anzuwenden; § 22 Absatz 4 Satz 1 und 2 gilt entsprechend.**

Schrifttum: Holljesiefken, Die rechtliche Regulierung invasiver gebietsfremder Arten in Deutschland, 2007; Kear, Ducks, Geese and Swans, 2005; Köck, Die EU-Verordnung über invasiven gebietsfremde Arten, NuR 2015, 73; Nehring/Rabitsch/Kowarik/Essl, Naturschutzfachliche Invasivitätsbewertungen für in Deutschland wild lebende gebietsfremde Wirbeltiere, BfN-Skript 409, 2015; Nehring/Skowronek, Die invasiven gebietsfremden Arten der Unionsliste der VO (EU) 1143/2014 – Dritte Fortschreibung 2022 –, BfN-Skript 654, 2022; Stefan/Wolff, Die Änderung des Rechts zum Schutz vor invasiven gebietsfremden Arten im Bundesnaturschutzgesetz, NuR 2018, 531; Zink, Der Verordnungsentwurf der EU-Kommission zur Regulierung invasiver gebietsfremder Arten, NuR 2013, 861.

Übersicht

I. Einführung

1 Invasive gebietsfremde Arten (englisch: invasive alien species – IAS) wie Waschbär, Nilgans oder Amerikanischer Ochsenfrosch stellen ein seit Jahren

zunehmendes Problem für die Biodiversität und andere Schutzgüter dar. Aus naturschutzfachlicher Sicht ist dieses Problem schon lange bekannt und auch die juristischen Instrumente werden weiter ausgebaut: Die Biodiversitäts-Konvention (CBD), die BernK und politische Strategien, wie die Biodiversitätsstrategie der EU sehen Maßnahmen gegen Invasive Arten vor (Holljesiefken, Die rechtliche Regulierung invasiver gebietsfremder Arten in Deutschland, 2007, S. 49 ff.; Zink NuR 2013, 861 (862)). Während es Genehmigungspflichten für das Ansiedeln gebietsfremder Arten im BNatSchG, BJagdG und ihren Vorgängervorschriften sowie landesrechtlichen Bestimmungen schon seit Jahrzehnten gibt (Holljesiefken, Die rechtliche Regulierung invasiver gebietsfremder Arten in Deutschland, 2007, S. 165 f. und 256 ff.), wurden mit der VO (EU) 1143/2014 des Europäischen Parlaments und des Rates über die Prävention und das Management der Einbringung und Ausbreitung invasiver gebietsfremder Arten **(Invasive Arten-VO)** vom 22.10.2014 (ABl. 2014 L 317, 35) die völkerrechtlichen und politischen Vorgaben mit einem umfassenden Regelwerk umgesetzt (Köck NuR 2015, 73).

Als Verordnung gilt die Invasive Arten-VO unmittelbar (Art. 288 Abs. 2 AEUV). Sie enthält, neben Bestimmungen die für und gegen jedermann wirken, jedoch auch Verpflichtungen, die den Mitgliedsstaaten die Schaffung bestimmter Instrumente vorschreiben. Zur Durchführung der Verordnung wurden daher durch das Gesetz zur Durchführung der VO (EU) 1143/2014 über die Prävention und das Management der Einbringung und Ausbreitung invasiver gebietsfremder Arten vom 8.9.2017 (BGBl. 2017 I 3370) das BNatSchG und weitere Gesetze, darunter das BJagdG, geändert. Dabei wurden auch die Regelungen im nationalen Recht umfassend neu geordnet (Meßerschmidt BNatSchG Vor §§ 40a–40f Rn. 1; Meßerschmidt BNatSchG § 40a Rn. 9; Köck NuR 2015, 73 (80) hält das deutsche IAS-Recht hingegen für durch die Invasive Arten-VO nur „randständig berührt"). Die Änderung des BJagdG trat zum 15.3.2018 in Kraft. 2

II. VO (EU) 1143/2014 zu invasiven gebietsfremden Arten

Mit der Invasive Arten-VO sollen die nachteiligen Auswirkungen invasiver gebietsfremder Arten auf die biologische Vielfalt und die mit ihr verbundenen Ökosystemdienstleistungen verhindert, minimiert und abgeschwächt werden. Invasive Arten stellen einen wesentlichen Gefährdungsfaktor für die biologische Vielfalt dar: Sie verändern Lebensräume und verdrängen natürlich vorkommende Arten durch Prädation, den Wettbewerb um Lebensraum und Ressourcen, die Übertragung von Krankheiten, die Veränderung des Genpools durch Hybridisierung und die Veränderung der ökosystemaren Prozesse wie zB der Nährstoffzusammensetzung des Bodens. Sie können zudem Schäden für die Wirtschaft und die menschliche Gesundheit verursachen (Begr. RegE, BT-Drs. 18/11942, 18 (18 ff.) und Erwägungsgründe Invasive Arten-VO). 3

Kernstück der Invasive Arten-VO ist eine Liste mit invasiven gebietsfremden Arten, für die bestimmte Maßnahmen gelten (Zink NuR 2013, 861 (863); Köck NuR 2015, 73 (76)). Die Liste wurde mit Durchführungs-VO (EU) 2016/1141 vom 13.7.2016 (ABl. 2016 L 189, 4) erstellt und mit Durchführungs-VO (EU) 2017/12019 263 vom 12.7.2017 (ABl. 2017 L 4

182, 37), Durchführungs-VO (EU) 2019/1262 vom 25.7.2019 (ABl. 2019 L 199, 1) und Durchführungs-VO (EU) 2022/1203 vom 12.7.2022 (ABl. 2022 L 186, 10) erweitert, wobei einzelne Ergänzungen erst ab dem 2.8.2024, bzw. 2.8.2027, gelten. Sie umfasst mittlerweile 42 Pflanzen- und 46 Tierarten, darunter sechs Vogelarten und dreizehn Säugetierarten (für Beschreibungen der Arten der EU-Liste sowie Bewertungen und Berichte über das Vorkommen in Deutschland, s. Nehring/Skowronek, Die invasiven gebietsfremden Arten der Unionsliste der VO (EU) 1143/2014 – Dritte Fortschreibung 2022 –, BfN-Skript 654, 2022). Die Liste wird auch künftig angepasst werden. Eine Aufnahme des Sikawildes wird in den Gremien der EU diskutiert.

5 Für diese Arten gelten nach Art. 7 Abs. 1 Invasive Arten-VO konkrete Verbote, insbesondere das Verbot, Exemplare dieser Arten vorsätzlich in das Gebiet der EU zu verbringen, zu halten, zu züchten, sie in die, aus der und innerhalb der EU zu befördern, sie in Verkehr zu bringen, aufzuziehen und in die Umwelt freizusetzen. An die Mitgliedsstaaten richten sich darüber hinaus weitere Pflichten, insbesondere die Pflicht, Aktionspläne aufzustellen, um die weitere Ausbreitung invasiver gebietsfremder Arten zu verhindern (Art. 13 Invasive Arten-VO), die Pflicht, ein Überwachungssystem zu etablieren (Art. 14 Invasive Arten-VO) und ein funktionsfähiges Kontrollsystem zu errichten (Art. 15 Invasive Arten-VO), Vorkommen invasiver Arten in einer frühen Phase der Invasion zu beseitigen (Art. 17 Invasive Arten-VO) und über Managementmaßnahmen für bereits verbreitete Arten zu verfügen (Art. 19 Invasive Arten-VO).

6 Die Invasive Arten-VO verfolgt einen mehrstufigen Ansatz, der dem der internationalen Abkommen und Strategien entspricht (Zink NuR 2013, 861 (863); Köck NuR 2015, 73 (79)). Zunächst stehen Prävention und Überwachung (Art. 14 ff. Invasive Arten-VO) im Vordergrund, dann die Beseitigung in einer frühen Phase der Invasion (Art. 17 Invasive Arten-VO) und schließlich die Kontrolle bereits weit verbreiteter Arten (Art. 19 Invasive Arten-VO).

7 Was invasive gebietsfremde Arten sind, wird (für den Bereich der Invasive Arten-VO) in Art. 3 Invasive Arten-VO in verschiedenen Stufen definiert. Wesentliche Elemente sind dabei die Gebietsfremdheit, die Einbringung als Folge menschlichen Einwirkens und negative Auswirkungen auf bestimmte Schutzgüter. Für die invasiven Arten von unionsweiter Bedeutung werden in Art. 4 Invasive Arten-VO bestimmte Kriterien genannt, die zur Aufnahme in die EU-Liste im dort vorgesehenen Verfahren führen können.

8 Auf diese Definition nimmt das BNatSchG Bezug, erweitert den Anwendungsbereich der nationalen Vorschriften aber noch um die Arten, für die von der Kommission Durchführungsrechtsakte nach Art. 10 Abs. 4 Invasive Arten-VO oder Art. 11 Abs. 2 S. 2 Invasive Arten-VO erlassen wurden oder die durch Rechtsverordnung als invasive Arten eingestuft sind (§ 7 Abs. 2 Nr. 9 BNatSchG). Damit können auch die Spielräume zur Erstellung einer nationalen Artenliste genutzt werden, wie es Art. 12 Invasive Arten-VO vorsieht.

9 In der EU kommen ca. 12.000 gebietsfremde Arten vor, von denen jedoch nur etwa 10–15 % als invasiv angesehen werden (Erwägungsgrund 1 Invasive Arten-VO). Zu den invasiven Arten der Unionsliste gehören in Deutschland weit verbreitete Arten wie **Waschbär** (Procyon lotor), **Nilgans** (Alopochen aegyptiacus), **Marderhund** (Nyctereutes procyonoides), **Nutria** (Myocastor coypus) und Bisam (Ondatra zibethicus), aber auch Arten wie **Muntjak** (Muntiacus reevesi), Burunduk oder Sibirisches **Streifenhörnchen** (Tamias sibiricus), **Schwarzkopfruderente** (Oxyura jamaicensis) und **Heiliger Ibis** (Threskiornis aethiopicus), die (wild lebend) bislang nur vereinzelt oder sehr lokal begrenzt vorkommen oder vorkamen (Nehring/Skowronek, Die invasiven gebietsfremden Arten der Unionsliste der VO(EU)1143/2014 – Dritte Fortschreibung 2022, BfN-Skript 654, 2022). Über das Vorkommen invasiver gebietsfremder Arten informieren die Mitgliedsstaaten die Kommission, die Daten über das „EASIN" (European Alien Species Information Network) zur Verfügung stellt (https://easin.jrc.ec.europa.eu/easin).

III. Regelungen des BNatSchG

Die Einführung der §§ 40a–40f BNatSchG, mit denen Bestimmungen zu Maßnahmen- und Aktionsplänen sowie die Zuständigkeiten für den Vollzug der Verordnung und der darauf beruhenden Maßnahmen festgelegt werden, dienen insbesondere der Umsetzung der an die Mitgliedsstaaten gerichteten Verpflichtungen der Invasive Arten-VO sowie der Schaffung der behördlichen Strukturen (Ziel RegE, BT-Drs. 18/11942, 1; Stefan/Wolff NuR 2018, 531, 532). **10**

Eine Generalklausel für behördliche Maßnahmen und zur Sicherung der Einhaltung der Verordnung enthält § 40a BNatSchG. **11**

§ 40a BNatSchG Maßnahmen gegen invasive Arten

(1) [1] Die zuständigen Behörden treffen nach pflichtgemäßem Ermessen die im Einzelfall erforderlichen und verhältnismäßigen Maßnahmen, um

1. sicherzustellen, dass die Vorschriften der Verordnung (EU) Nr. 1143/2014, dieses Kapitels und der auf ihrer Grundlage erlassenen Rechtsvorschriften in Bezug auf invasive Arten eingehalten werden und um
2. die Einbringung oder Ausbreitung von invasiven Arten zu verhindern oder zu minimieren.

[2] Soweit Maßnahmen nach Satz 1 Nummer 2 in der freien Natur invasive und entweder dem Jagdrecht unterliegende oder andere Arten betreffen, bei denen die Maßnahmen im Rahmen des Jagdschutzes durchgeführt werden können, werden sie im Einvernehmen mit den nach Landesrecht für Jagd zuständigen Behörden unbeschadet des fortbestehenden Jagdrechts nach den §§ 1, 2 und 23 des Bundesjagdgesetzes festgelegt. [3] Maßnahmen mit jagdlichen Mitteln sind im Einvernehmen mit den Jagdausübungsberechtigten, Maßnahmen ohne Einsatz jagdlicher Mittel mit Rücksicht auf deren berechtigte Interessen durchzuführen. [4] Soweit Maßnahmen nach Satz 1 Nummer 2 in der freien Natur dem Fischereirecht unterliegende invasive Arten betreffen, werden sie im Einvernehmen mit den nach Landesrecht für Fischerei zuständigen Behörden festgelegt. [5] Maßnahmen mit fischereilichen Mitteln sind im Einvernehmen mit dem Fischereiausübungsberechtigten, Maßnahmen ohne Einsatz fischereilicher Mittel mit Rücksicht auf deren berechtigte Interessen durchzuführen. [6] Bei Gefahr im Verzug bedarf es des Einvernehmens nach den Sätzen 2 bis 5 nicht.

(2) Liegen Anhaltspunkte für das Vorhandensein einer invasiven Art vor, sind Eigentümer und Inhaber der tatsächlichen Gewalt verpflichtet, eine Untersuchung von Gegenständen, Substraten, Transportmitteln, Anlagen, Grundstücken, Gebäuden oder Räumen im Hinblick auf das Vorhandensein invasiver Arten zu dulden.

(3) [1] Die zuständige Behörde kann gegenüber demjenigen, der die Ausbringung, die Ausbreitung oder das Entkommen von invasiven Arten verursacht hat, deren

Beseitigung und dafür bestimmte Verfahren anordnen, soweit dies zur Abwehr einer Gefährdung von Ökosystemen, Biotopen oder Arten erforderlich ist. [2] Eigentümer von Grundstücken und anderen in Absatz 2 genannten Sachen sowie der Inhaber der tatsächlichen Gewalt sind verpflichtet, Maßnahmen der zuständigen Behörde zur Beseitigung oder Verhinderung einer Ausbreitung invasiver Arten zu dulden.

(4) [1] Die zuständige Behörde kann Exemplare invasiver Arten beseitigen oder durch Beauftragte beseitigen lassen, wenn eine Beseitigung durch die in Absatz 3 Satz 1 genannten Personen nicht oder nicht rechtzeitig erreicht werden kann. [2] Die durch die Maßnahme entstehenden Kosten können den in Absatz 3 Satz 1 genannten Personen auferlegt werden.

(5) [1] Steht ein Grundstück im Eigentum der öffentlichen Hand, soll der Eigentümer die von der zuständigen Behörde festgelegten Beseitigungsmaßnahmen nach Artikel 17 oder Managementmaßnahmen nach Artikel 19 der Verordnung (EU) Nr. 1143/2014 bei der Bewirtschaftung des Grundstücks in besonderer Weise berücksichtigen. [2] Satz 1 gilt auch, wenn das Grundstück im Eigentum eines privatrechtlich organisierten Unternehmens steht, an dem mehrheitlich eine Gebietskörperschaft Anteile hält.

(6) Die im Einzelfall erforderlichen Maßnahmen zur Verhütung einer Verbreitung invasiver Arten durch Seeschiffe richten sich nach dem Gesetz über die Aufgaben des Bundes auf dem Gebiet der Seeschifffahrt sowie den auf dieser Grundlage erlassenen Rechtsvorschriften.

12 Konkrete Befugnisse ergeben sich neben dem Charakter als Generalklausel insbesondere aus der Invasive Arten-VO und den weiteren Bestimmungen der §§ 40a ff. BNatSchG, insbesondere Duldungspflichten des „Zustandsstörers" in Abs. 2 und die Beseitigungspflicht des „Handlungsstörers" in Abs. 3 (zur Verwendung der polizeirechtlichen Störerbegriffe in diesem Zusammenhang vgl. Stefan/Wolff NuR 2018, 531 (534)). Die Generalklausel ist dabei zunächst sehr weit gefasst, wobei (klarstellend) ausdrücklich auf den Verhältnismäßigkeitsgrundsatz verwiesen wird (Stefan/Wolff NuR 2018, 531 (534)).

13 Die Einvernehmenserfordernisse in § 40a Abs. 1 S. 2 BNatSchG sollen insbesondere der optimalen Ausschöpfung der jagdlichen Möglichkeiten dienen (Begr. RegE, BT-Drs. 18/11942, 17, 23) und ausdrücklich auch die Rechte der Jagd- und Fischereiausübungsberechtigten stärken (Begr. Ausschussempfehlungen, BT-Drs. 17/12976, 11, 12; zur Kritik am Einvernehmenserfordernis → Rn. 55). Dabei ist zu beachten, dass das Einvernehmen der Jagdausübungsberechtigten nicht nur dann einzuholen ist, wenn es sich um Maßnahmen im Rahmen der Jagdausübung oder des Jagdschutzes handelt, sondern nach § 40a Abs. 1 S. 3 BNatSchG bei allen Maßnahmen, die mit jagdlichen Mitteln durchgeführt werden (vgl. zum Muntjak OVG Schleswig Beschl. v. 15.9.2022 – 5 MB 22/21, BeckRS 2021, 26916 = NordÖR 2022, 101 = NuR 2022, 496).

14 Der Begriff der **jagdlichen Mittel** ist dabei in einigen Fällen schwierig abzugrenzen. Er ist nicht auf die nach dem BJagdG zulässigen Mittel, insbesondere Schusswaffen, Fallen, Beizvögel und Frettchen beschränkt, sondern weiter zu verstehen, im Sinne eines schnellen, dh tierschutzgerechten, Fangens und Tötens. Erfasst sind daher zB auch **Pfeil und Bogen,** die nach dem Wortlaut des § 19 Abs. 1 Nr. 1 (ausdrücklich) lediglich für den Schuss auf Schalenwild und Seehunde verboten sind (§ 19 Abs. 1 Nr. 1) und schon deswegen als jagdliches Mittel anzusehen sind (→ § 19 Rn. 3). Grundsätzlich können auch Massenfallen und Netze als jagdliche Mittel angesehen werden (auch solche, die nach § 19 oder anderen Vorschriften verboten sind, zB Tellereisen, → § 19 Rn. 38) oder nicht weidgerecht sind (Lorz/Metzger Rn. 9).

Die nichtjagdlichen Mittel sind in erster Linie solche, die gegen wirbellose Tiere und Fische sowie Pflanzen eingesetzt werden sowie solche, die chemisch oder biologisch wirken, wie Gift oder Kontrazeptiva, wie sie bei der **Schädlingsbekämpfung** eingesetzt werden. Fallen dürften nicht als jagdliches Mittel anzusehen sein, wenn sie so eingesetzt werden, dass der Fang von Wild (weitgehend) ausgeschlossen ist, wie dies zB bei Fischreusen oder Insektenfallen der Fall ist. Das Blasrohr, das zB für den Amerikanischen Ochsenfrosch als Mittel genannt wird (Nehring/Skowronek, Die invasiven gebietsfremden Arten der Unionsliste der VO (EU) 1143/2014 – Dritte Fortschreibung 2022 –, BfN-Skript 654, 2022, S. 140), ist außerhalb Deutschlands zwar ebenfalls ein jagdliches Mittel, dürfte jedoch nicht als jagdliches Mittel iSd § 40a Abs. 1 S. 3 BNatSchG zu verstehen sein. Auch der Lebendfang durch medikamentöse Immobilisation, die für den Muntjak als Beseitigungsmaßnahme genannt wird (Nehring/Skowronek, Die invasiven gebietsfremden Arten der Unionsliste der VO (EU) 1143/2014 – Dritte Fortschreibung 2022 –, BfN-Skript 654, 2022, S. 142) dürfte nicht als Maßnahme mit jagdlichen Mitteln aufzufassen sein. Das Ausnehmen von Gelegen und das Anstechen von Eiern ist grundsätzlich nicht als jagdliches Mittel anzusehen, obwohl es (soweit Federwild betroffen ist) auch vom Aneignungsrecht des Jagdrechts umfasst ist (§ 1 Abs. 5; Belgard AgrarR 2002, 144 (145) zu Hybridfalken). 15

Die Rücksichtnahme auf die Belange des Jagdausübungsberechtigten umfasst zB, dass Maßnahmen angekündigt werden und (berechtigte) Einwände soweit wie möglich berücksichtigt werden. Insbesondere ist zu prüfen, ob Wild durch die Mittel beeinträchtigt oder beunruhigt wird oder die Jagdausübung und Hegemaßnahmen beeinträchtigt werden. 16

Speziell für weit verbreitete Arten greift die Regelung zu Managementmaßnahmen in § 40e BNatSchG. Die Maßnahmen werden von den zuständigen Behörden nach den Verfahren des Art. 19 Invasive Arten-VO festgelegt. 17

§ 40e BNatSchG Managementmaßnahmen

(1) [1] Die für Naturschutz und Landschaftspflege zuständigen Behörden legen nach Maßgabe des Artikels 19 der Verordnung (EU) Nr. 1143/2014 Managementmaßnahmen fest. [2] Sie stimmen die Maßnahmen nach Satz 1 sowohl untereinander als auch, soweit erforderlich, mit den zuständigen Behörden anderer Mitgliedstaaten der Europäischen Union ab. [3] Die Abstimmung mit Behörden anderer Mitgliedstaaten erfolgt im Benehmen mit dem Bundesministerium für Umwelt, Naturschutz und nukleare Sicherheit.

(2) Soweit die Managementmaßnahmen invasive und entweder dem Jagdrecht unterliegende oder andere Arten betreffen, bei denen die Maßnahmen im Rahmen des Jagdschutzes durchgeführt werden können, werden sie im Einvernehmen mit den nach Landesrecht für Jagd zuständigen Behörden unbeschadet des fortbestehenden Jagdrechts nach den §§ 1, 2 und 23 des Bundesjagdgesetzes festgelegt; soweit dem Fischereirecht unterliegende invasive Arten betroffen sind, im Einvernehmen mit den nach Landesrecht für Fischerei zuständigen Behörden.

Managementmaßnahmen zielen in der Regel nicht auf eine vollständige Beseitigung, schon weil dieses Ziel nur mit einem unverhältnismäßigen Auf- 18 wand zu erreichen wäre. Sie umfassen ein weites Spektrum an Maßnahmen, etwa die Information der Bevölkerung über den Umgang mit invasiven Arten und die „Einstellung" der Fütterung, Einzäunung von Gebieten mit Vorkommen oder Brutplätzen von gefährdeten Arten, wie der Großtrappe oder der europäischen Sumpfschildkröte sowie das Anbringen von Überkletterschutz gegen Waschbären an Horstbäumen (eine Übersicht der Maßnahmenblätter zu den einzelnen Arten findet sich unter https://neobiota.bfn.de/unionsliste/art-19-management.html; → Rn. 61 ff.). Sie berücksichtigen unter anderem Wirtschaftlichkeitserwägungen. In Bezug auf Arten, die im Rahmen der Jagdausübung und des Jagdschutzes erlegt, bzw. entnommen werden können, ist daher auch zu berücksichtigen, dass die Durchführung durch die Jagdausübungsberechtigten in der Regel kostenneutral ist, so dass Wirtschaftlichkeitserwägungen eine Einschränkung der jagdlichen Maßnahmen nicht rechtfertigen können, solange diese durch die Jagdausübungsberechtigten vorgenommen werden und keine Aufwandsentschädigung gezahlt wird (→ Rn. 47). Sie können dagegen eine Rolle spielen, wenn die Durchführung durch die Behörden selbst oder auf ihre Kosten erfolgt.

19 Da die Maßnahmen nach § 40e BNatSchG in der Regel solche sind, die für ein größeres Gebiet allgemein festgelegt werden (vgl. zB die ggf. in Betracht kommende Abstimmung mit den Behörden anderer Mitgliedstaaten), ist bei der Festlegung der Maßnahmen das Einvernehmen der Jagdausübungsberechtigten nicht erforderlich. Die Durchführung erfordert dann aber die Übertragung mit Zustimmung des Jagdausübungsberechtigten (§ 28a Abs. 1), bzw. die Durchführung im Einvernehmen (§ 28a Abs. 2).

20 Darüber hinaus gibt es insbesondere Regelungen zur Umsetzung der Maßnahmen auf Grundstücken der öffentlichen Hand (§ 40a Abs. 5 BNatSchG; → Rn. 89), der Aufstellung der Aktionspläne (§ 40d BNatSchG) sowie zur Erteilung von Genehmigungen (§ 40c BNatSchG). Ergänzt werden diese Regelungen durch Regelungen zur Behördenzuständigkeit (§ 48a BNatSchG), zur Überwachung des Verbringens in die EU (§ 51a BNatSchG), Verordnungsermächtigungen (insbesondere in § 54 BNatSchG) und Ordnungswidrigkeitentatbestände (§ 69 BNatSchG). Soweit nicht anders festgelegt, sind die für Naturschutz zuständigen Behörden der Länder zuständig (§ 48a BNatSchG).

IV. Die Regelungen des § 28a

1. Einführung zu § 28a

21 Die mit dem Gesetz zur Durchführung der VO (EU) 1143/2014 vom 8.9.2017 (BGBl. 2017 I 3370) eingeführte Bestimmung dient der Umsetzung dieser Verordnung im Jagdrecht. Auf Grund der Trennung der Rechtskreise von Jagdrecht und Naturschutzrecht (§ 37 Abs. 2 S. 1 BNatSchG; → Einl. Rn. 85; → § 2 Rn. 25; Meyer-Ravenstein AUR 2019, 8 mwN) war eine Umsetzung allein im Bundesnaturschutzgesetz nicht ausreichend. Um eine effektive Umsetzung der Invasive Arten-VO und eine optimale Ausschöpfung der jagdlichen Möglichkeiten zu verwirklichen, ist eine enge Abstimmung mit den Jagdbehörden und den Revierinhabern erforderlich und mit der Vorschrift bezweckt (Begr. RegE, BT-Drs. 17/11942, 18, 23 und 26).

Die Bestimmungen des § 28a nehmen direkt Bezug auf die §§ 40a ff. BNatSchG, insbesondere § 40e und sind nicht ohne diese Vorschriften zu lesen. Diese Bestimmungen beziehen aber auch die Jagdbehörden, die jagdbaren und im Rahmen des Jagdschutzes zu bejagenden Arten und die Jagdausübungsberechtigten ein. Bei den invasiven Arten, die dem Jagdrecht unterliegen, werden Maßnahmen im Einvernehmen mit den Jagdbehörden festgelegt (§ 40a Abs. 1 S. 2 BNatSchG und § 40a Abs. 2 S. 1 BNatSchG). Neben jagdpraktischen Erwägungen ist dies auch der Tatsache geschuldet, dass die Durchführung von Maßnahmen gegen invasive gebietsfremde Arten zwar eine öffentliche Aufgabe ist, die aber nur im Einklang mit dem Reviersystem wirkungsvoll umgesetzt werden kann und auch die grundrechtlich geschützten Belange der Jagdausübungsberechtigten (→ § 3 Rn. 4) tangiert. 22

Dementsprechend hat der Jagdausübungsberechtigte zwar den „ersten Zugriff" auf die Durchführung von Maßnahmen mit jagdlichen Mitteln, indem ihm die Maßnahmen mit seiner Zustimmung zu übertragen sind (Abs. 1). Er kann die Zustimmung aber auch verweigern oder zurücknehmen. In diesem Fall gilt Abs. 2. Durch die – zunächst umständlich erscheinende Regelung – wird ein enges Kooperationsverhältnis zwischen Behörde und Jagdausübungsberechtigtem begründet. Dabei darf der Jagdausübungsberechtigte einerseits die Durchführung der notwendigen Maßnahmen nicht vereiteln, andererseits ist durch die Behörden in besonderem Maße auf seine Belange Rücksicht zu nehmen, auch wenn er die Maßnahmen nicht selbst durchführt. Eine enge Zusammenarbeit wird auch schon dadurch erforderlich, dass nur bestimmte Maßnahmen übertragen werden und die Übertragung auch beschränkt werden kann. 23

Trotz der Trennung der Rechtskreise (die Unberührtheitsklausel des § 37 Abs. 2 BNatSchG gilt auch für die §§ 40 ff. BNatSchG) handelt es sich um Maßnahmen, die von den für Naturschutz zuständigen Behörden nach den Verfahren der §§ 40a ff. BNatSchG festgelegt werden (kritisch Meyer-Ravenstein AUR 2019, 8). Die Jagdbehörden wirken dabei nach den dort festgelegten Verfahren mit. Die Mitwirkungsbefugnisse der Jagdbehörden sind sehr weitgehend, da ein nicht unerheblicher Teil der Maßnahmen Arten betrifft, die dem Jagdrecht unterliegen (→ Rn. 27 ff.), im Rahmen des Jagdschutzes durchgeführt werden können oder jagdliche Mittel umfassen. 24

Die durch die Behörden konkret festgelegten Maßnahmen werden jagdlich ergänzt durch weitere Maßnahmen in eigener Verantwortung des Jagdausübungsberechtigten, durch die unberührt bleibende Jagdausübung (§ 28a Abs. 2 S. 2 Hs. 2 und § 40a Abs. 1 S. 2 BNatSchG) sowie weitere Maßnahmen im Rahmen des Jagdschutzes und weitergehender Befugnisse (→ Rn. 61 ff.). 25

Auch dort, wo die Länder unter Ausnutzung ihrer Abweichungskompetenz nach Art. 72 Abs. 3 S. 1 Nr. 1 GG zwischenzeitlich ein Jagdgesetz als Vollgesetz erlassen haben (§ 1 S. 1 JWMG; § 1 S. 1 RhPfLJG), gilt § 28a unmittelbar und geht widersprechendem Landesrecht als nachträglich erlassenes Recht vor (Art. 72 Abs. 3 S. 3 GG). Zur Frage inwiefern die Länder von § 28a abweichen können, ist entscheidend, ob es sich hierbei wirklich um eine Regelung des Jagdrechts handelt, oder ob es sich um eine Regelung des (abweichungsfesten, Art. 72 Abs. 3 S. 1 Nr. 2 GG) Artenschutzrechts handelt (zu den Abgrenzungskriterien Sachs in Dietlein/Froese, Jagdliches Eigentum, 2018, S. 105, 128 ff.). Der Bund stützt sich bei § 28a auf die Gesetzgebungskompetenz für das Jagdwesen (Begr. RegE, BT-Drs. 18/11942, 18, 19 f.). 26

2. Invasive Arten im Jagdrecht

27 Die Zuordnung einer Art zum **Katalog der jagdbaren Arten** hat auch Auswirkungen auf die zugelassenen Mittel und das Erfordernis der Einhaltung von Jagd- und Schonzeiten (→ Rn. 45). Die Zuordnung ist in einigen Fällen schwierig, weil unklar ist, inwiefern auch nichtheimische Arten die zu den taxonomischen Gruppen, die in § 2 genannt werden dazu gehören, selbst wenn sie in Deutschland nicht oder nur sehr vereinzelt vorkommen (→ § 2 Rn. 38 ff.) oder weil die biologische Systematik Änderungen gegenüber dem Stand der gesetzgeberischen Entscheidung unterworfen ist (→ § 2 Rn. 29 ff.).

28–32 Ausführungen aus der → 3. Aufl. 2019, Rn. 28–32 nunmehr in → § 2 Rn. 29 ff.

33 Obwohl die **Nilgans** heute taxonomisch nicht mehr zu den Gruppen der Wildenten (Anatinae) und Wildgänsen (Gattungen Anser und Branta) gezählt wird, sondern zur Unterfamilie der Halbgänse (Tadorninae), fällt sie nach wie vor unter § 2. Sie hatte wegen der weiten Formulierung in der JagdZV 1977 bis 2002 sogar bundesweit eine Jagdzeit. Trotzdem wurde sie in allen Bundesländern außer Berlin und Hessen ausdrücklich in den Artenkatalog aufgenommen (→ § 2 Rn. 48), wobei es sich letztlich jedoch nur um eine Klarstellung gehandelt haben dürfte (zumal umstritten ist, ab wann eine gebietsfremde Art zum Jagdrecht gehört, → § 2 Rn. 38 f.). In **Hessen** ist die Nilgans zwar nicht nach Landesrecht ausdrücklich in das Jagdrecht aufgenommen, hat jedoch richtigerweise als bundesrechtlich jagdbare Art eine Jagdzeit (§ 2 Abs. 2 HJagdV). Auch in den Bundesländern, die abweichend von § 2 einen eigenen Artenkatalog aufgestellt haben, ist die Nilgans jeweils aufgenommen worden (§ 2 Nr. 2 LJG-NRW, § 7 Abs. 1 JWMG iVm Anl. zu § 7 Abs. 1 und 3, Anl. zu § 6 Abs. 1 RhPfLJG). Sieht man die Nilgans (verfassungsrechtlich fragwürdig) jedoch als nicht unter § 2 fallend an unterliegt sie in Deutschland (sofern sie nicht nach Landesrecht Wild ist) lediglich dem allgemeinen Schutz des BNatSchG, da sie auch nicht dem Schutz der Vogelschutz-RL (→ Einl. Rn. 22; → § 2 Rn. 16), unterliegt oder nach Artenschutz-VO (→ § 2 Rn. 20) geschützt ist. Eine Entnahme ist dann im Rahmen des Jagdschutzes möglich, sofern sie nicht nach Landesrecht zum Wild gehört (→ Rn. 66 ff.). Angesichts dieser mangelnden Klarheit wäre die Festlegung einer bundesweiten Jagdzeit für die Nilgans wünschenswert.

34 Die **Schwarzkopfruderente,** die heute zum Teil nicht mehr zu den Enten (Anatinae) gerechnet wird, sondern zur eigenen Unterfamilie der Ruderenten (Oxyurinae) innerhalb der Entenvögel (Anseriformes) (Callaghan/Harshman in Kear, Ducks, Geese and Swans, 2005, S. 22 ff.), gehört wegen der erst später erfolgten Änderung der taxonomischen Einordnung (→ § 2 Rn. 29 ff.) zu den Anatinae iSd § 2 und damit (sofern man nichtheimische Arten oder Irrgäste einbezieht, → § 2 Rn. 38 ff.) zum jagdbaren Wild. Sieht man eine Art allerdings erst als zum jagdbaren Wild gehörig an, wenn sie sich etabliert hat (Mitzschke/Schäfer § 1 Rn. 16; Lorz/Metzger § 2 Rn. 2), sind einzeln vorkommende Schwarzkopfruderenten als nicht zum Wild gehörig anzusehen, da sie in Deutschland bislang überwiegend nur als Einzelfunde vorkommen (Nehring/Skowronek, Die invasiven gebietsfremden Arten der Unionsliste der VO (EU) 1143/2014 – Dritte Fortschreibung 2022 –, BfN-Skript 654, 2022, 152 f.).

35 Ausführungen aus → 3. Aufl. 2019, Rn. 35–37 nunmehr in → § 2 Rn. 38 ff.

36 Die weiteren Vogelarten nach der Unionsliste gehören nicht zum Wild, weder nach § 2 BJagdG, noch nach Landesrecht. Sie kommen in Deutschland wildlebend bislang gar nicht (**Glanzkrähe** (Corvus splendens) und **Rußbülbül**/Rotsteißbülbül (Pycnonotus cafer)) oder nur sporadisch (**Hirtenmaina**/Hirtenstar (Acridotheres tristis) und **Heiliger Ibis**/Pharaonenibis (Threskiornis aethiopicus)) vor (Nehring/Skowronek, Die invasiven gebietsfremden Arten der Unionsliste der VO (EU) 1143/2014 – Dritte Fortschreibung 2022 –, BfN-Skript 654, 2022, S. 63, 69, 128 f., 164 f.).

37 Unter den dreizehn Säugetierarten gibt es für Deutschland bislang keine Nachweise für wildlebende Exemplare der Arten **Axis-Hirsch** (Axis axis), **Pallas-Schönhörnchen** (Callosciurus erythraeus), **Finlayson-Hörnchen** (Callosciurus finlaysonii), **Kleiner Mungo** (Herpestes javanicus, Synonym: Herpestes auropunctatus) und **Fuchshörnchen** (Sciurus niger) (Nehring/Skowronek, Die invasiven gebietsfremden Arten der Unionsliste der VO (EU) 1143/2014 – Dritte Fortschreibung 2022 –, BfN-Skript 654, 2022, S. 59 ff.). Einzelne Nachweise gibt es hingegen für **Chinesischen Muntjak** (Muntiacus reevesi), **Roten Nasenbär** (Nasua nasua), **Grauhörnchen** (Sciurus carolinensis) und **Sibirisches Streifenhörnchen** (Tamias sibiricus, Synonym: Eutamias sibiricus), sowie vier weitere Arten, die in einem oder mehreren Bundesländern dem Jagdrecht unterliegen (Nehring/Skowronek, Die invasiven gebietsfremden Arten der Unionsliste der VO (EU) 1143/2014 – Dritte Fortschreibung 2022 –, BfN-Skript 654, 2022, S. 142 ff.)

38 Vier Säugetierarten der Unionsliste gehören in Deutschland in allen oder einzelnen Bundesländern zum jagdbaren Wild: **Waschbär** (jagdbar in allen Bundesländern: Anl. zu § 7 Abs. 1 und 3 JWMG; § 18 AVBayJG; § 1 BlnJagdVO; § 2 BremJagdZVO; § 5 BbgJagdDV; § 1 HbgJgdRVO; § 1 HJagdV; § 26 Abs. 1 MVLJagdG; § 5 NJagdG; § 2 Nr. 1 LJG-NRW; Anl. zu § 6 Abs. 1 RhPfLJG; § 1a SJG; § 3 SächsJagdVO; § 4 Nr. 1 LSALJagdG; § 1 SHJagdVO; § 1 Abs. 1 ThJZVO), **Nutria** (Baden-Württemberg, Bayern, Berlin, Bremen, Hessen, Mecklenburg-Vorpommern, Niedersachsen, Saarland, Sachsen, Sachsen-Anhalt, Schleswig-Holstein, Thüringen) und **Marderhund** (jagdbar in allen Bundesländern). **Bisame** waren in Deutschland lediglich in Brandenburg, bis zur Änderung der Bbg DVO-LJagdG durch VO vom 22.5.2024 (GVBl. 2024, 1) jagdbar (vgl. hierzu OVG Berlin-Brandenburg Urt. v. 29.9.2021 – 12 A 1/21, BeckRS 2021, 36010 = LKV 2022, 368).

3. Durchführung oder Mitwirkung der Jagdausübungsberechtigten mit dessen Zustimmung (Abs. 1)

39 **a) Durchführung oder Mitwirkung der Jagdausübungsberechtigten (Abs. 1 S. 1).** Mit der Grundnorm des § 28a Abs. 1 S. 1 werden zum einen die Übertragung der Durchführung von festgelegten Managementmaßnahmen, als auch die Mitwirkung daran geregelt. Beide Alternativen setzen voraus, dass die Durchführung der Maßnahmen im Rahmen der Jagdausübung mit zulässigen jagdlichen Methoden und Mitteln möglich, zumutbar und wirksam ist und dass der Jagdausübungsberechtigte zustimmt. Das Zustimmungserfordernis ist nicht auf die Übertragung der Durchführung, sondern auch auf das Auferlegen der Mitwirkung erforderlich (Begr. RegE, BT-Drs. 18/11942, 18, 33). Fälle der verweigerten Zustimmung werden von Abs. 2 erfasst.

40 Erfasst sind Maßnahmen, die invasive und entweder dem Jagdrecht unterliegende oder andere Arten betreffen, bei denen die Maßnahmen im Rahmen des Jagdschutzes durchgeführt werden können (§ 40e Abs. 2 Hs. 1 BNatSchG). Damit ist das Spektrum der Zielarten weit gefasst und es kommen praktisch alle Säugetiere und Vögel in Betracht. Voraussetzung ist nicht, dass die Maßnahmen von den Jagdschutzbefugnissen (→ § 23) gedeckt sind, sondern nur, dass sie im Zuge des Jagdschutzes durchgeführt werden können. Damit ist nicht Voraussetzung, dass ein Vorgehen gegen die Zielart zum Schutz des Wildes erforderlich ist. Auch Maßnahmen gegen reine Pflanzenfresser sind, unabhängig von den landesrechtlichen Bestimmungen des Jagdschutzes, erfasst. Nichtjagdliche Maßnahmen, die auch im Wege des Jagdschutzes oder der Hege üblicherweise nicht erbracht werden (zB das Anbringen von Überkletterschutz an Horstbäumen) sind nicht erfasst, auch wenn sie begrifflich noch unter den „Schutz des Wildes" gefasst werden können.

41 Die Regelung berücksichtigt die bestehenden jagdrechtlichen Strukturen, insbesondere das **Reviersystem.** Obwohl Maßnahmen gegen invasive gebietsfremde Arten primär eine öffentliche Aufgabe sind, werden hier Private (die Jagdausübungsberechtigten) mit einbezogen. Dies entspricht dem Prinzip der Verantwortung des Revierinhabers, die dem Reviersystem insgesamt zu Grunde liegt. Sie ist auch fachlich sinnvoll, da die Revierinhaber die örtlichen Verhältnisse (zB Einstände und Wechsel) kennen, über die erforderliche Ausrüstung verfügen und ohnehin im Revier präsent sind. Eine parallele Durchführung von behördlichen Maßnahmen mit jagdlichen Mitteln (dh in erster Linie mit Schusswaffen, Fallen und Beizvögeln) und jagdlichen Maßnahmen durch den Jagdausübungsberechtigten mit den gleichen Methoden ist darüber hinaus auch aus Gründen der Beunruhigung des Reviers und aus Sicherheitsgründen zu vermeiden.

42 Ein Antrag des Jagdausübungsberechtigten ist nicht erforderlich, die Behörde muss die Zustimmung von sich aus einholen. Der Referentenentwurf in der Verbändeanhörung und in der Ressortabstimmung (s. https://www.bmuv.de/gesetz/referentenentwurf-eines-gesetzes-ueber-die-praevention-und-das-management-der-einbringung-und-ausbreitung-invasiver-gebietsfremder-arten/) sah noch eine Übertragung nur auf Antrag vor („opt-in-Lösung"), wohingegen der später mit im Übrigen nur verhältnismäßig geringfügigen) Änderungen angenommene Regierungsentwurf, einen anderen Ansatz verfolgt, nämlich die Übertragungspflicht, mit der Möglichkeit des Jagdausübungsberechtigten, sich der Übertragung oder Mitwirkung (zunächst einmal) zu verweigern („opt-out-Lösung").

43 Daraus folgt auch, dass die Übertragung auch ihrem Umfang nach nicht ins Belieben der Behörde gestellt ist, wie der Ausdruck „ganz oder teilweise" vermuten lassen könnte. Die Zustimmung des Jagdausübungsberechtigten kann sich auch nur auf Teile der festgelegten Maßnahmen erstrecken, so dass letztlich der Jagdausübungsberechtigte den Umfang der Übertragung bestimmt.

44 Übertragen werden können nur solche Maßnahmen, die im Rahmen der Jagdausübung mit zulässigen jagdlichen Methoden und Mitteln möglich, zumutbar und wirksam durchgeführt werden können. Die sachlichen Verbote des § 19 können dabei nur bei den Arten, die dem Jagdrecht unterliegen, Maßstab für „zulässige jagdlichen Methoden" sein. Im Übrigen gelten die **sachlichen Verbote** bei Maßnahmen gegenüber invasiven Arten nicht ohne weiteres, da sie sich lediglich auf die Jagdausübung auf Wild beziehen.

Daher können auch Maßnahmen übertragen werden, die im Rahmen der Jagdausübung nicht zulässig wären. Zu beachten sind bei den nicht dem Jagdrecht unterliegenden Arten allerdings die Beschränkungen des § 4 BArtSchV (→ Rn. 80 f.).

Bei den Arten, die dem Jagdrecht unterliegen, sind die **Jagd- und Schonzeiten** zu beachten. Hier sind ggf. Anpassungen bei den landesrechtlichen Bestimmungen erforderlich. Im Sinne einer effektiven Umsetzung der Invasive Arten-VO sind Jagdzeiten besonders begründungsbedürftig (HessStGH Urt. v. 12.2.2020 – P.St.2610, BeckRS 2020, 1557 = JE VI Nr. 85). Schonzeiten, für die es keine sachliche Begründung gibt, dürften europarechtswidrig sein. Im Einzelfall müssen Ausnahmen durch die Jagdbehörden gewährt werden, ggf. auch im Wege der Allgemeinverfügung. 45

Der Jagdausübungsberechtigte muss die Maßnahmen nicht selbst durchführen, sondern kann damit auch Dritte beauftragen. Für Maßnahmen die nicht dem Jagdrecht unterliegende Arten betreffen (so zB in allen Bundesländern den Bisam), ist zwar kein Jagdschein erforderlich, allerdings nach § 4 Abs. 1 S. 3 TierSchG die erforderliche Sachkunde. 46

Einen Anspruch auf **Ersatz des entstandenen Aufwandes** gibt es in der Regel nicht. Dies damit zu begründen, dass die Übertragung ja „auf Antrag des Jagdausübungsberechtigten" erfolge (so aber noch Begr. RegE, BT-Drs. 18/11942, 18, 33 f. und im Anschluss daran Leonhardt/Pießkalla Nr. 2.3) scheidet nicht nur deswegen aus, weil die Übertragung nicht lediglich auf Antrag erfolgt (so aber noch der Referentenentwurf in der Länder- und Verbändeanhörung und der Ressortabstimmung). Der noch im Regierungsentwurf vorgesehene Ausschluss des Aufwendungsersatzes (Abs. 1 S. 2 RegE, BT-Drs. 18/11942, 5, 17: „Eine Erstattung von Kosten und Auslagen, die bei der Durchführung der Managementmaßnahmen nach Satz 1 entstehen, findet nicht statt") wurde im Gesetzgebungsverfahren gestrichen. Die Streichung überlässt es nunmehr den Ländern, inwieweit sie Kosten und Auslagen erstatten (Begr. Ausschussempfehlungen, BT-Drs. 18/12976, 11, 13). Darüber hinaus können Ansprüche nach den öffentlich-rechtlichen Vorschriften für den Aufwendungsersatz bestehen. Konsequenz der Einordnung als öffentliche Aufgabe ist zugleich, dass die Jagdbehörde in den Fällen der eigenen Durchführung der Maßnahmen oder der Beauftragung eines Dritten keinen Ersatz von Kosten und Auslagen durch den Jagdausübungsberechtigten verlangen kann (Begr. RegE, BT-Drs. 18/11942, 18, 34). 47

Im Gesetzgebungsverfahren wurde der im Regierungsentwurf noch enthaltene Halbsatz „§ 40a Absatz 4 Bundesnaturschutzgesetz bleibt unberührt" gestrichen. Darin ist vorgesehen, dass die Behörden Exemplare invasiver Arten beseitigen können, wenn eine Beseitigung durch den Verursacher der Einbringung nicht oder nicht rechtzeitig erreicht werden kann. Laut der knappen Begründung wurde damit eine Stärkung der Rechte des Jagdausübungsberechtigten beabsichtigt (Begr. Ausschussempfehlungen, BT-Drs. 18/12976, 11, 13). Aus der Streichung der Unberührtheitsklausel in Bezug auf § 40a Abs. 4 BNatSchG dürfte sich dennoch nicht schließen lassen, dass eine Durchführung dieser Beseitigungsmaßnahmen durch die Behörde ausgeschlossen ist. Aber es gilt auch die Durchführung im Einvernehmen mit dem Jagdausübungsberechtigen (§ 40a Abs. 1 S. 3 BNatSchG), sowohl wenn der Verursacher die Beseitigung selbst vornimmt (§ 40a Abs. 3 S. 1 BNatSchG), als auch wenn dies die Behörde selbst oder durch Dritte durchführt (§ 40a Abs. 4 BNatSchG). Eine Erstattung der Kosten hierfür durch 48 den Verursacher nach § 40a Abs. 4 BNatSchG kommt trotz der Streichung der Unberührtheitsklausel in Betracht. Denn die Unberührtheitsklausel war nur erforderlich, weil wegen des ebenfalls gestrichenen Ausschlusses des Aufwendungsersatzes der Jagdausübungsberechtigte sonst auch im Fall des § 40a Abs. 4 BNatSchG keinen Anspruch gehabt hätte, obwohl der Verursacher nach dieser Vorschrift zum Kostenersatz verpflichtet ist.

b) Durchführung von Maßnahmen darüber hinaus (Abs. 1 S. 2).

49 Abs. 1 S. 2 stellt nochmals klar, dass Maßnahmen gegen invasive gebietsfremde Arten zunächst eine öffentliche Aufgabe sind. Die Pflichten zur Umsetzung von behördlich vorgesehenen Maßnahmen ergeben sich aus der Übertragung nach Abs. 1 S. 1. Darüber hinaus darf er im Rahmen der allgemeinen Befugnisse (zB Jagdausübungsrecht, Jagdschutzbefugnisse, allgemeine Tötungsbefugnisse unter Beachtung der Vorgaben des BNatSchG und des TierSchG) tätig werden (→ Rn. 61 ff.), ohne hierzu verpflichtet zu sein.

50 Die Formulierung „im Übrigen" bezieht sich auf die von Abs. 1 S. 1 nicht erfassten Fälle, dh insbesondere, wenn der Jagdausübungsberechtigte die Zustimmung zur Übernahme der Durchführung von Management- oder Beseitigungsmaßnahmen ganz oder teilweise verweigert. Auch Maßnahmen mit nichtjagdlichen Mitteln bei Arten die nicht dem Jagdrecht unterliegen, fallen hierunter. Abs. 1 S. 2 schließt aber auch nicht aus, dass der Jagdausübungsberechtigte an weiteren behördlichen Maßnahmen auf freiwilliger Basis mitwirkt.

51 **c) Maßnahmen nach Art. 17 Invasive Arten-VO.** Da von den Regelungen in Abs. 1 S. 1 und Abs. 1 S. 2 zunächst nur Maßnahmen erfasst sind, die nach Art. 19 Invasive Arten-VO festgelegt werden, dh solche für bereits weit verbreitete Arten, ist eine ausdrückliche Erstreckung auch auf Maßnahmen nach Art. 17 Invasive Arten-VO (dh Maßnahmen zur sofortigen Beseitigung in einer frühen Phase der Invasion) erforderlich.

52 Die „in § 40e Absatz 2 Halbsatz 1 genannten Arten" sind „invasive und entweder dem Jagdrecht unterliegende oder andere Arten betreffen, bei denen die Maßnahmen im Rahmen des Jagdschutzes durchgeführt werden können". Die Bestimmung ist weit, eher im Sinne von „mit jagdlichen Mitteln" zu verstehen. Ausdrücklich sind auch nicht dem Jagdrecht unterliegende Arten erfasst, sofern Maßnahmen im Rahmen des Jagdschutzes durchgeführt werden können. Im Ergebnis sind dies praktisch alle Maßnahmen mit jagdlichen Mitteln (dazu → Rn. 14 f.).

4. Anordnungen der Jagdbehörde (Abs. 2)

53 Bei dieser Regelung handelt es sich um eine subsidiäre Kompetenzbestimmung zu Gunsten der Jagdbehörden. Sie ist als Gegenstück zur Übertragungspflicht auf den Jagdausübungsberechtigten nach Abs. 1 zu verstehen und soll sicherstellen, dass die Maßnahmen subsidiär durch die Behörde durchgeführt werden. Abs. 2 S. 1 sieht eine Anordnungsbefugnis der Jagdbehörde zur Durchführung von Maßnahmen vor, Abs. 2 S. 2 gibt dem Jagdausübungsberechtigten dennoch erhebliche Mitsprachrechte.

54 Da bei der Übernahme durch den Jagdausübungsberechtigten die Durchführung der Maßnahmen nicht ins Belieben des Jagdausübungsberechtigten gestellt wird, kann die Jagdbehörde eine Anordnung zur Beseitigung von

Mängeln bei der Durchführung von Maßnahmen an den Jagdausübungsberechtigten richten. Diese ist jedoch insbesondere am Verhältnismäßigkeitsgrundsatz zu messen (Begr. RegE, BT-Drs. 18/11942, 18, 33). Im Falle des Widerrufs der Zustimmung gilt Abs. 2 S. 1 Var. 1 unmittelbar.

Ursprünglich war in S. 2 Hs. 1 eine Duldungspflicht des Jagdausübungs- 55
berechtigten vorgesehen, die durch die Einvernehmensregelung ersetzt wurde. Diese Änderung, die auf den federführenden Ausschuss im Bundestag zurückgeht, ist auch kritisiert worden (Ausschussbericht, BT-Drs. 18/12976, 7, 11; Entschließung des Bundesrates, BR-Drs. 515/17 (B), 1). Sie entspricht jedoch der Stellung des Jagdausübungsberechtigten im Bundesjagdgesetz und dient nach dem Willen des Gesetzgebers ausdrücklich der Stärkung seiner Position (Begr. Ausschussempfehlungen, BT-Drs. 18/12976, 11, 13). Das Einvernehmenserfordernis soll aber nicht nur eine Stärkung der Position des Jagdausübungsberechtigten bewirken, sondern vor allem die Zusammenarbeit sicherstellen, die der Gesetzgeber zu Recht als unerlässlich für eine wirksame Durchführung der Maßnahmen erachtet. Es ist daher vor allem sachlich begründet. Denn der Jagdausübungsberechtigte trägt im Reviersystem die Verantwortung für alle jagdlichen Maßnahmen, aber auch iwS für das Wohlergehen des Wildbestandes, soweit er dies in der Hand hat. Er muss neben Maßnahmen in Bezug auf invasive Arten auch sämtliche weiteren Aspekte berücksichtigen. Eine parallele, unabgestimmte Durchführung von behördlichen Maßnahmen mit jagdlichen Mitteln (dh in erster Linie Schusswaffen, Fallen und Beizvögel) und jagdlichen Maßnahmen durch den Jagdausübungsberechtigten mit den gleichen Methoden ist auch aus Gründen der Beunruhigung des Reviers und aus Sicherheitsgründen zu vermeiden. Die Regelung kann darüber hinaus auch dazu dienen, die örtlichen Verhältnisse (zB Einstände und Wechsel) besser berücksichtigen zu können.

Sie ist jedoch nicht isoliert zu betrachten. Insbesondere kann eine grund- 56
lose Weigerung des Jagdausübungsberechtigten, bei den erforderlichen Maßnahmen mitzuwirken, eine Missachtung der Hegepflicht nach § 1 darstellen. Daraus kann sich im Einzelfall faktisch wieder eine Duldungspflicht bezüglich der Maßnahmen ergeben (vgl. auch OVG Schleswig Beschl. v. 15.9.2021 – 5 MB 22/21, BeckRS 2021, 26916 = NordÖR 2022, 101 = NuR 2022, 496). Bei Vorliegen der anderweitigen Voraussetzungen ist im Falle einer grundlosen Weigerung eine Duldungsverfügung auf der Grundlage von Abs. 2 S. 1 erforderlich, bei der die Belange des Jagdausübungsberechtigten soweit wie möglich zu achten sind (vgl. OVG Berlin-Brandenburg Urt. v. 29.9.2021 – OVG 12 A 1/21, BeckRS 2021, 36010; Lorz/Metzger Rn. 23).

Eine **Abschussanordnung** nach § 27, bzw. den entsprechenden landes- 57
rechtlichen Bestimmungen, unterscheidet sich von den nach § 28a durchgeführten Maßnahmen insofern, als bei der Abschussanordnung andere Voraussetzungen erfüllt sein müssen (§ 27 Abs. 1), und der Abschuss auch im Wege der Ersatzvornahme durchgeführt werden kann (§ 27 Abs. 2). Der Jagdausübungsberechtigte ist also unmittelbar selbst verpflichtet, während bei § 28a der Jagdausübungsberechtigte die Maßnahme zwar in der Regel auch durchführt, aber dazu nicht ohne weiteres verpflichtet werden kann, weil es sich um eine öffentliche Aufgabe handelt. Eine Anordnung nach § 27 wird durch die Möglichkeit der Festlegung von Maßnahmen und der Übertragung nach § 28a zwar nicht ausgeschlossen, die Durchführung im Falle der Weigerung des Jagdausübungsberechtigten richtet sich in diesem Fall aber nach § 28a als der spezielleren Norm (vgl. aber Nds. RdErl. d. ML vom 7.12.2018

„Maßnahmen zur Eindämmung der Nutriapopulation", Nds. MBl. Nr. 43/ 2018 S. 1500). Bei Arten, die nicht dem Jagdrecht unterliegen, scheidet eine Anordnung nach § 27 aus.

58 Der Hs. 2 des Abs. 2 S. 2 bedeutet insbesondere, dass er nicht an behördliche Aktions- oder Maßnahmenpläne gebunden ist, soweit die jagdrechtlichen Befugnisse reichen. Die Vorschrift dient der Wahrung der Trennung der Rechtskreise von Jagdrecht und Naturschutzrecht nach § 37 Abs. 2 BNatSchG. Beschränkungen der Jagdausübung können nicht im Rahmen von Maßnahmen auf der Grundlage von §§ 40a und 40e BNatSchG erfolgen, sondern müssen durch die Jagdbehörden auf jagdrechtlicher Grundlage erfolgen. Zur Frage was hier mit „Jagdrecht" (eigentlich müsste es „Jagdausübungsrecht" heißen) gemeint ist, lässt sich der Vergleich mit § 40e Abs. 2 BNatSchG heranziehen: Dort wird ausdrücklich auch auf § 23 Bezug genommen. Außerdem umfasst das Jagdausübungsrecht auch den Jagdschutz. Daher bleiben auch die Jagdschutzbefugnisse unberührt.

5. Hegemaßnahmen und Elterntierschutz (Abs. 3)

59 In Abs. 3 wird die **Hege** von invasiven Arten beschränkt, auch wenn diese dem Jagdrecht unterliegen. Gemeint ist damit wohl die Bestandsförderung durch aktive Maßnahmen, wie Fütterung oder Aussetzen von Wild, die jedoch in der Praxis bei Arten, die das Ausbreitungspotential invasiver Arten haben, ohnehin kaum durchgeführt werden. Das **Aussetzen von Wild** ist im Übrigen auch durch § 28 Abs. 3 und 4 iVm den landesrechtlichen Regelungen (→ § 28 Rn. 5 ff.) beschränkt. Gerade beim Raubwild (auch bei heimischen, nichtinvasiven Arten) umfasst die Hege in erster Linie den Abschuss im Sinne der Hege des Niederwildes. Diese Art von Hegemaßnahmen (für andere Arten) wird durch Abs. 3 nicht eingeschränkt. Durch die Verpflichtungen aus der Invasive Arten-VO sind solche Maßnahmen in Bezug auf invasive Arten ja ausdrücklich erwünscht.

60 Mit Hs. 2 wird klargestellt, dass auch der **Elterntierschutz** zu beachten ist. Der Verweis erfasst auch die Möglichkeit der Länder, nach § 22 Abs. 2 S. 2 Ausnahmen vom Elterntierschutz, insbesondere bei nach Landesrecht dem Jagdrecht unterstellten Arten, zuzulassen. Auch betreffend Arten, die nicht dem Jagdrecht unterliegen, können auf Grund dieser Entsprechungsklausel (die nach der Föderalismusreform an sich nicht erforderlich ist; → § 22 Rn. 2) Ausnahmen zugelassen werden. Praktisch relevant werden kann dies insbesondere bei der **Nutria,** wo beinahe rund um das Jahr mit Nachwuchs zu rechnen ist und eine effektive Regulierung ohne eine Ausnahme vom Elterntierschutz in der Praxis kaum erfolgversprechend umsetzbar sein dürfte. Die Invasive Arten-VO sieht in Art. 17 Abs. 3 Invasive Arten-VO und Art. 19 Abs. 3 Invasive Arten-VO vor, dass Maßnahmen so durchgeführt werden, dass Tieren vermeidbare Schmerzen, Qualen oder Leiden erspart bleiben. Die Regelung des Abs. 3 Hs. 2 konkretisiert dies für das BJagdG.

V. Weitergehende Befugnisse der Jagdausübungsberechtigten

1. Verhältnis von behördlichen und „privaten" Maßnahmen

61 Bei der Durchführung der Invasive Arten-VO durch die Änderungen des BNatSchG und des BJagdG hat sich der Gesetzgeber auf die Festlegung von

behördlichen Zuständigkeiten und Befugnissen sowie der Umsetzung von Verpflichtungen der Mitgliedsstaaten, etwa zu Überwachungsmaßnahmen und Aktionsplänen, konzentriert (Stefan/Wolff NuR 2018, 531 (532)).

Nach Inkrafttreten der Bestimmungen wurden Aktionspläne und Maßnahmenblätter für Managementmaßnahmen nach Art. 19 Invasive Arten-VO erarbeitet, die anschließend durch die zuständigen Behörden (in eigener Verantwortung) umgesetzt werden sollen. In den länderübergreifend abgestimmten Maßnahmenblättern zu den einzelnen Arten wird jagdlichen Mitteln oft nur ein geringer Stellenwert zuerkannt. Eine Übersicht der Maßnahmenblätter findet sich unter https://neobiota.bfn.de/unionsliste/art-19-management.html. 62

Die Zurückhaltung bei der Festlegung von jagdlichen Maßnahmen kann daran liegen, dass die Naturschutzbehörden befürchten, jagdliche Maßnahmen notfalls selbst durchführen zu müssen, obwohl ihr konkreter Erfolg oft nicht genau überprüfbar oder gesichert ist. Dies ist bei der Durchführung jagdlicher Maßnahmen durch die Jagdausübungsberechtigten jedoch unbeachtlich, da in jedem Fall eine gewisse Bestandskontrolle erfolgt. Da die Festlegung von Maßnahmen auch unter Berücksichtigung von Wirtschaftlichkeitserwägungen erfolgen kann (Art. 19 Abs. 1 Invasive Arten-VO), ist auch eine Differenzierung danach möglich, ob Maßnahmen durch die Jagdausübungsberechtigten im Rahmen der normalen Jagdausübung durchgeführt werden oder ob diese zwingend durchzuführen sind, also entweder durch den Jagdausübungsberechtigten im Rahmen einer Übertragung nach Abs. 1 oder durch die Behörde nach Abs. 2. 63

Auch durch Jagdzeiten für invasive Arten, die dem Jagdrecht unterliegen und durch die Jagdschutzbefugnisse wird, auch ohne die Festlegung bestimmter Maßnahmen nach den §§ 40a ff. BNatSchG, ein „Management" in gewissem Maße sichergestellt. So wurden im Jagdjahr 2020/2021 bundesweit 200.163 Waschbären und 101.576 Nutria erlegt (DJV WILD-Jahresbericht 2021, 41 und 58). Wesentlich für dieses „Basismanagement" sind neben ganzjährigen Jagdzeiten und einem sparsamen Umgang mit weiteren Restriktionen (zB für die Fangjagd) insbesondere die Jagdschutzbefugnisse (→ Rn. 66 ff.) und weitergehende Befugnisse, die im Rahmen der Jagdausübung, auch über den Jagdschutz im engeren Sinne hinaus, durchgeführt werden können, ohne dass den Behörden hierfür zwingend Kosten entstehen müssen (→ Rn. 75 ff.). 64

Auch die Bekämpfung des **Bisam** unterliegt nunmehr den Managementmaßnahmen nach Art. 19 Invasive Arten-VO. Dadurch werden allerdings die bestehenden Befugnisse nach dem nationalen Recht zunächst nicht berührt. Dh Bisame dürfen weiter auf der Grundlage des vernünftigen Grundes nach § 39 Abs. 1 Nr. 1 BNatSchG und § 4 Abs. 2 BArtSchV gefangen werden. Dabei ist aber eine Abstimmung mit den Jagdausübungsberechtigten erforderlich, insbesondere, wenn er die Durchführung von Maßnahmen gegen invasive Arten auch in Bezug auf den Bisam übernommen hat. Die landesrechtlichen Verordnungen zur Bisambekämpfung gelten weiter, soweit sie § 28a nicht widersprechen. 65

2. Jagdschutz

a) Schutz des Wildes. Viele invasive Arten stellen eine unmittelbare Bedrohung für das Wild durch **Prädation** dar, so dass eine Tötung im 66

Rahmen des Jagdschutzes möglich ist und zwar auch ohne dass eine ausdrückliche Befugnis zur Tötung von Beutegreifern im Landesrecht enthalten ist (→ § 23 Rn. 47; aA Leonhardt/Pießkalla § 23 Rn. 1). Nach BNatSchG besonders geschützte Arten dürfen im Rahmen des Jagdschutzes nicht getötet werden (→ § 23 Rn. 2; VGH Mannheim Urt. v. 1.12.1997 – 5 S 1486/96, BeckRS 9998, 30280 = JE XIV Nr. 141 = NuR 2000, 149 (150) = RdL 1998, 206, (207); Lorz/Metzger § 23 Rn. 4 f.).

67 Nach § 23 umfasst des Jagdschutz „nach näherer Bestimmung durch die Länder den Schutz des Wildes insbesondere vor Wilderern, Futternot, Wildseuchen, vor wildernden Hunden und Katzen sowie die Sorge für die Einhaltung der zum Schutz des Wildes und der Jagd erlassenen Vorschriften“, wobei diese Aufzählung nicht abschließend ist (→ § 23 Rn. 2; Heider NuR 1985, 94; Heider, Der Jagdschutz, 1987, S. 53; Erbs/Kohlhaas/Metzger § 23 Rn. 1; Leonhardt/Pießkalla § 23 Nr. 1).

68 Invasive Arten stellen für das Wild jedoch nicht nur als Beutegreifer, sondern auch durch **Nahrungs- oder Nistplatzkonkurrenz** oder **Hybridisierung** eine Gefahr dar (Begr. RegE, BT-Drs. 18/11942, 18, 18). Auch in einem solchen Fall können die Jagdschutzbefugnisse greifen, selbst wenn dies in den landesrechtlichen Bestimmungen zum Jagdschutz nur ausnahmsweise genannt wird. So ist nach § 22 Abs. 1 Nr. 3 HmbJagdG auch die Tötung von (nach BNatSchG nicht besonders geschützten Tieren) zulässig, „wenn dies zur Abwendung erheblicher Schäden an Kulturen, Viehbeständen, Wäldern, Fischereigebieten und Gewässern oder zum Schutz der Pflanzen und Tierwelt notwendig ist“. Die Befugnis gilt allerdings nur für die Jagdschutzberechtigten selbst und kann nicht auf Jagdgäste übertragen werden, wie dies bei der Tötung von wildernden Hunden und Katzen zulässig ist (§ 22 Abs. 3 HmbJagdG). Es gibt zudem eine gewisse Unsicherheit in der Frage, wann ein Schaden „erheblich“ ist und wann die Maßnahme „zur Abwendung notwendig“ ist. Insbesondere die **Nilgans** zeigt oft ein aggressives Verhalten gegenüber anderen Gänsen und Enten (DJV, WILD-Jahresbericht 2020, 21 ff. mwN) und kann daher auch, wenn sie nicht als dem Jagdrecht unterliegend angesehen wird (→ Rn. 33), unter Umständen im Rahmen des Jagdschutzes getötet werden.

69 **b) Erweiternde Auslegung der Jagdschutzbestimmungen.** Auch wo eine solche ausdrückliche Befugnis nicht besteht, können die Jagdschutzbestimmungen anwendbar sein (aA Lorz/Metzger Rn. 26). Bis zur Föderalismusreform war § 23 eine Regelung der Rahmengesetzgebung, die durch die Landesbestimmungen inhaltlich ausgefüllt wurde (→ Einl. Rn. 13). Seit der Föderalismusreform ist die Rahmengesetzgebung abgeschafft. Die Länder können nun einerseits im Bereich des Jagdwesens vom Bundesrecht (bis auf das Recht der Jagdscheine) abweichen, andererseits kann der Bund auch Einzelheiten regeln (Art. 74 Abs. 1 Nr. 28 GG iVm Art. 72 Abs. 3 S. 1 Nr. 1 GG; vgl. Sachs in Dietlein/Froese, Jagdliches Eigentum, 2018, S. 105, 110; Glaser NuR 2007, 439 (441); → Einl. Rn. 13).

70 Die Änderungen des BNatSchG und des BJagdG zur Durchführung der Invasive Arten-VO beinhalten keine ausdrückliche Änderung der Jagdschutzbestimmungen auf Bundesebene. Allerdings ist in § 40e BNatSchG ausdrücklich festgehalten, dass auch bei der behördlichen Festlegung von Managementmaßnahmen das „Jagdrecht nach den §§ 1, 2 und 23 des Bundesjagdgesetzes“ unbeschadet bleibt. Auch wenn damit durch den Bund keine ausdrückliche Erweiterung der Jagdschutzbefugnisse gegenüber den bisherigen landesrechtlichen Bestimmungen erfolgt ist, wird ein Bezug zwischen den Jagdschutzbefugnissen und Maßnahmen gegen invasive Arten hergestellt und durch den Gesetzgeber klargestellt, dass der Jagdschutz auch Maßnahmen gegen invasive gebietsfremde Arten umfassen kann. Eine solche weite Auslegung wird auch durch den Wortlaut des § 23 gedeckt, der allgemein vom „Schutz des Wildes" spricht. Auch der Begriff der „zum Schutz des Wildes erlassenen Vorschriften" beschränkt sich nicht nur auf die Vorschriften des BJagdG oder des weiteren Jagdrechts, sondern kann sich auch auf naturschutzrechtliche Vorschriften beziehen (Heider, Der Jagdschutz, 1987, S. 12; aA Lorz/Metzger § 23 Rn. 20; Leonhardt/Pießkalla § 23 Nr. 6). Daher ist auch die Invasive Arten-VO – jedenfalls soweit sie dem Schutz von Wildarten dient – auch als unter § 23 fallende „zum Schutz des Wildes erlassene" Vorschrift anzusehen. Dies gilt schon deswegen, weil die VO die Mitgliedsstaaten verpflichtet, auch für bereits weit verbreitete invasive Arten entsprechende Instrumente bereit zu halten (Art. 19 Invasive Arten-VO).

Maßnahmen gegen invasive Arten, die keine Bedrohung für das Wild darstellen, auch nicht durch Habitatkonkurrenz oder Hybridisierung, können dagegen nicht ohne weiteres auf § 23 gestützt werden, sofern nicht durch die Festlegung von Maßnahmen nach der Invasive Arten-VO (insbesondere nach Art. 17 und 19 Invasive Arten-VO) eine „nähere Bestimmung durch die Länder" erfolgt. Angesichts der umfassenden Änderungen im BNatSchG und BJagdG zur Durchführung der Invasive Arten-VO scheidet eine analoge Anwendung von § 23 wohl mangels planwidriger Reglungslücke aus. Schon das Vorliegen einer Regelungslücke ist fraglich, weil einerseits bei invasiven Arten, die eine Bedrohung des Wildes darstellen können (nicht nur durch Prädation) die Jagdschutzbestimmungen so ausgelegt werden können (bzw. ausgelegt werden müssen, wenn man die Vorgaben der Invasive Arten-VO ernst nimmt), dass die Tötung im Rahmen des Jagdschutzes auch ohne ausdrückliche landesrechtliche Befugnis zulässig ist (→ Rn. 70). Andererseits ist bei den invasiven Arten der EU-Liste, die keinem besonderen Schutz nach BNatSchG unterliegen, eine „Entnahme" auch ohne die Jagdschutzbestimmungen möglich (→ Rn. 75). 71

Bei der Umsetzung der Invasive Arten-VO wäre eine Klarstellung zu den Befugnissen des Jagdschutzberechtigten wünschenswert gewesen. Eine entsprechende ausdrückliche Befugnis kann aber auch im Rahmen von Maßnahmenplänen untergesetzlich, dh durch die Behörde, festgelegt werden. Aber selbst wenn dies nicht der Fall ist oder wenn die schädlichen Auswirkungen auf Wildarten unklar sind (und eine unmittelbare Berufung auf die Jagdschutzbestimmungen verneint wird), ist die Entnahme durch Jagdausübungsberechtigte möglich. 72

Eine erweiternde Auslegung der Jagdschutzbefugnisse entspricht dem Ansatz der Invasive Arten-VO, beim Auftreten von invasiven Arten, die in einem Gebiet bislang nicht etabliert sind, schnell wirksame Gegenmaßnamen zu ergreifen (Art. 17 Invasive Arten-VO – Sofortige Beseitigung in einer frühen Phase der Invasion). Die im Falle des Auftretens einer bislang nicht etablierten invasiven Art nach Art. 16 Invasive Arten-VO erforderliche Notifizierung der Kommission ist keine Voraussetzung für ein Eingreifen, sondern unabhängig davon eine Pflicht nach der Feststellung des Vorkommens einer Art. Die nach Art. 18 Invasive Arten-VO möglichen Gründe von Beseitigungsmaßnahmen abzusehen, sind allesamt nicht einschlägig, wenn der Jagd- 73 ausübungsberechtigte gegen plötzlich auftretende Arten vorgehen kann. Außerdem sind die Mitgliedsstaaten nach Art. 18 Abs. 4 Invasive Arten-VO verpflichtet, Eindämmungsmaßnahmen zu ergreifen, wenn eine Beseitigung nicht möglich ist. Daher besteht bei der Frage, ob Maßnahmen ergriffen werden, keine Möglichkeit, auf Maßnahmen zu verzichten, nur weil das Problem noch nicht so drängend ist.

74 Eine allgemeine Befugnis, der Jagdausübungsberechtigten, Exemplare invasiver Arten zu „entnehmen", auch wenn dafür noch keine behördlichen Maßnahmen ausdrücklich festgelegt wurden, entspricht den Zielen und dem Ansatz der Invasive Arten-VO sowie der Verpflichtung der Mitgliedstaaten, die nach Art. 19 Invasive Arten-VO auch verpflichtet sind, über effektive Instrumente für das Management bereits weit verbreiteter invasiver Arten zu verfügen. Die Jagdschutzbefugnisse müssen daher im Wege einer erweiternden Auslegung des Merkmals „Einhaltung der zum Schutz des Wildes erlassenen Vorschriften" auch ohne ausdrückliche landesrechtliche Bestimmung so verstanden werden, dass die Entnahme von Exemplaren invasiver Arten unter Beachtung des Elterntierschutzes (über § 28a Abs. 3) im Rahmen des Jagdschutzes zulässig ist.

3. Allgemeine Vorschriften des Tier- und Naturschutzrechts

75 Auch wenn eine ausdrückliche Tötungsbefugnis im Rahmen des Jagdschutzes verneint wird, ist eine „Entnahme" auf Grund der allgemeinen Vorschriften des Tier- und Naturschutzrechts möglich. Diese werden durch die Bestimmungen zu den invasiven Arten ergänzt und der unbestimmte Rechtsbegriff des „vernünftigen Grundes" für invasive Arten konkretisiert. Tierschutz- und naturschutzrechtlich ist die Tötung von Arten, die nur dem allgemeinen Schutz des § 39 BNatSchG unterliegen, bei Vorliegen eines vernünftigen Grundes zulässig (§ 39 Abs. 1 Nr. 1 BNatSchG, § 1 S. 2 TierSchG, vgl. VGH Mannheim Urt. v. 1.12.1997 – 5 S 1486/96, BeckRS 9998, 30280 = JE XIV Nr. 141 = NuR 2000, 149 (150) = RdL 1998, 206 (207 f.)). Für Arten nach Anhang V der FFH-RL gilt ein Vorbehalt zu Gunsten des Jagd- und Fischereirechts (§ 39 Abs. 2 BNatSchG), invasive Arten der EU-Liste sind in Anhang V FFH-RL jedoch nicht aufgeführt. Die Kategorie des „allgemeinen Schutzes" ist die „Auffangkategorie", der einen Mindestschutz für alle wildlebenden Tier- und Pflanzenarten schaffen soll (Lütkes/Ewer/Heugel BNatSchG § 39 Rn. 1; Lorz/Konrad/Mühlbauer/Müller-Walter/Stöckel BNatSchG § 39 Rn. 1). Nach § 39 Abs. 7 BNatSchG gehen weitergehende Schutzvorschriften vor, so dass nur für Arten, die nicht unter den besonderen Schutz (§ 7 Abs. 2 Nr. 13 BNatSchG) fallen, lediglich der Mindestschutz nach § 39 BNatSchG gilt.

76 Lediglich dem allgemeinen Schutz nach § 39 BNatSchG unterlagen bei den Säugetieren bislang nur die in der Bundesartenschutzverordnung ausdrücklich genannten Arten, hier insbesondere Waschbär, Nutria, Marderhund und Mink. Ansonsten waren „heimische" Säugetiere nach Anl. 1 der BArtSchV generell besonders geschützt. Da die bis 2017 geltenden Definition von „heimisch" in § 7 Abs. 2 Nr. 7 sehr weit gefasst war („als heimisch gilt eine wild lebende Tier- oder Pflanzenart auch, wenn sich verwilderte oder durch menschlichen Einfluss eingebürgerte Tiere oder Pflanzen der betreffenden Art im Inland in freier Natur und ohne menschliche Hilfe über mehrere Generationen als Population erhalten"), fielen auch invasive Arten, wie

Waschbär, Marderhund oder Bisam unter den Begriff der heimischen Arten. Diese Definition gilt jedoch seit der Änderung des BNatSchG durch das Gesetz zur Durchführung der Invasive Arten-VO vom 8.9.2017 (BGBl. 2017 I 3370) nicht mehr, so dass nunmehr invasive (Säugetier-)Arten nicht automatisch unter den besonderen Schutz fallen, auch wenn sie nach der bisherigen Definition von „heimisch" in § 7 Abs. 2 Nr. 7 Hs. 2 BNatSchG aF unter den Schutz der BArtSchV fielen. Daher unterliegen auch die in der Invasive Arten-VO aufgeführten Säugetierarten lediglich dem allgemeinen Schutz nach BNatSchG, auch wenn sie in der BArtSchV nicht ausdrücklich vom besonderen Schutz ausgenommen sind (etwa Muntjak, Roter Nasenbär, sibirisches Streifenhörnchen oder Grauhörnchen). Denn es handelt sich nach der Streichung des § 7 Abs. 2 Nr. 7 BNatSchG nicht mehr um „heimische" Arten, auch wenn sie sich seit mehreren Jahren in Deutschland fortpflanzen sollten. Damit hat sich der Schutzstatus dieser Arten geändert, obwohl die BArtSchV selbst nicht geändert wurde. Obwohl sich die BArtSchV ursprünglich auf die nunmehr gestrichene Definition aus § 7 BNatSchG stützte, kann bei der Bestimmung des Bedeutungsinhalts von „heimisch" in Anl. I zur BArtSchV nun nicht mehr darauf zurückgegriffen werden, da die Streichung ja ausdrücklich die Beseitigung dieses Wertungswiderspruchs zum Ziel hatte (Stellungnahme BR, BT-Drs. 18/11942, 42; Gegenäußerung BReg., BT-Drs. 18/11942, 49; Begr. Ausschussempfehlungen, BT-Drs. 18/12976, 11, 12).

Als vernünftiger Grund ist unter anderem der Jagdschutz anerkannt (Hei- **77**
der, Der Jagdschutz, 1987, S. 57 ff.; Lorz/Metzger TierSchG Anh. § 1 Rn. 39; VGH Mannheim Urt. v. 1.12.1997 – 5 S 1486/96, BeckRS 9998, 30280 = JE XIV Nr. 141 = NuR 2000, 149 (151) = RdL 1998, 206 (208)). Auch die Entnahme invasiver Arten allgemein – ohne Rückgriff auf die Jagdschutzbefugnisse – ist ein „vernünftiger Grund". Bundesweit gehen Behörden zu Recht davon aus, dass bei invasiven Arten der vernünftige Grund für eine Tötung vorliegt (aA jedoch Hirt/Maisack/Moritz/Felde TierSchG § 17 Rn. 49c). So wird in einer Allgemeinverfügung aus Rheinland-Pfalz die Verpflichtung zur Beseitigung in einem frühen Stadium der Invasion als vernünftiger Grund aufgeführt und die Jagdausübungsberechtigten zur Entnahme ermächtigt (Erlass des Umwelt- und Ernährungsministeriums vom 3.8.2018, Staatsanzeiger Nr. 29 vom 13.8.2018, 769). In einer Antwort der brandenburgischen Landesregierung vom 27.8.2018 auf eine Kleine Anfrage im Landtag zum Umgang mit Nutria heißt es: „Da es sich bei der Nutria um eine invasive Art der VO (EU) Nr. 1143/2014 handelt, stellen insbesondere Maßnahmen gegen invasive Arten nach § 40a BNatSchG einen vernünftigen Grund iSd § 39 Abs. 1 BNatSchG dar" (LT-Drs. 6/9472, 1). In Erlassen der jeweiligen Ministerien in NRW und Brandenburg wird dies zu Nutria und Bisam ausdrücklich festgestellt (Gemeinsamer Erlass des NRW Innenministeriums und des Landwirtschafts- und Verbraucherschutzministeriums – Bekämpfung von Bisam und Nutria/Tötung von Wanderratten/Vollzug des Waffengesetzes – vom 27.12.2022 – IM: 432-57.06.45 – MLV: 111.4 63.08.3.4.000015; Erlass des Bbg. Ministeriums für Landwirtschaft, Umwelt und Klimaschutz vom 30.5.2024 zur Bekämpfung von Bisam und Nutria).

Dabei scheinen nicht alle Behörden davon auszugehen, dass bereits mit **78**
dem Vorliegen eines vernünftigen Grundes die Befugnis zur Entnahme besteht (vorbehaltlich insbesondere tierschutzrechtlicher Bestimmungen), sondern zunächst nur zum Erlass einer entsprechenden Allgemeinverfügung (im

Beispiel des Muntjak in Rheinland-Pfalz und Schleswig-Holstein) oder zur Festlegung von Maßnahmen nach § 40a BNatSchG (im Beispiel des Nutria in Brandenburg sind weitergehende Maßnahmen durch die Wortwahl „insbesondere" offen gelassen). Allerdings machen weder das TierSchG noch das BNatSchG (anders als zB für das Aussetzen von Tieren nach § 40 BNatSchG) die Tötung von einer behördlichen Erlaubnis abhängig, sondern verlangen für das „Ob" der Tötung (lediglich) einen vernünftigen Grund.

79 Im TierSchG werden darüber hinaus besondere Anforderungen an das „Wie" gestellt, insbesondere die Art und Weise des Tötens (§ 4 Abs. 1 S. 1 und S. 2 TierSchG) und die Person des Handelnden (zB Sachkunde, § 4 Abs. 1 S. 3 TierSchG). Darüber hinaus müssen Schmerzen und Qualen so weit wie möglich vermieden werden (§ 1 S. 2 TierSchG und § 4 Abs. 1 S. 2 TierSchG). Diese Vorgaben werden zum Teil in anderen Vorschriften konkretisiert, etwa den Elterntierschutz in § 28a Abs. 3 betreffend oder für die Entnahme von nicht besonders geschützten Wirbeltierarten in § 4 BArtSchV.

80 Die Einschränkung des Verbots von Fallen und Netzen in § 4 Abs. 1 S. 1 Nr. 1 BArtSchV auf Fallen, mit denen Tiere in größeren Mengen oder wahllos gefangen oder getötet werden (§ 4 Abs. 1 S. 2 BArtSchV), wird zum Teil dahingehend eingeschränkt, dass die Ausnahme nicht für die Tötung mit Fallen gilt (Lorz/Konrad/Mühlbauer/Müller-Walter/Stöckel BArtSchV § 4 Rn. 5). Die Ausnahme ist jedoch nicht auf Lebendfangfallen beschränkt, allerdings müssen Fehlfänge praktisch ausgeschlossen sein, da anderenfalls das Tatbestandsmerkmal „wahllos" erfüllt wäre und weil auch die fahrlässige Tötung eine Ordnungswidrigkeit nach § 69 Abs. 2 Nr. 1 lit. a BNatSchG oder § 69 Abs. 3 Nr. 4 BNatSchG darstellt.

81 Ausnahmen können von der nach Landesrecht zuständigen Behörde nach § 4 Abs. 3 BArtSchV im Einzelfall oder (iVm § 17 BArtSchV) allgemein zugelassen werden. Dabei müssen die Voraussetzungen des § 4 Abs. 3 BArtSchV, insbesondere das Merkmal „soweit der Bestand und die Verbreitung der betreffenden Population oder Art dadurch nicht nachteilig beeinflusst wird", auch im Lichte der Invasive Arten-VO einschränkend so ausgelegt werden, dass die Vorgaben der VO effektiv umgesetzt werden können. Die Beschränkung dürfte anderenfalls europarechtswidrig sein.

82 Die sachlichen Verbote des § 19 sind darüber hinaus allenfalls insoweit anwendbar, als sie eine Konkretisierung von § 1 S. 2 TierSchG und § 4 Abs. 1 S. 2 TierSchG darstellen.

4. Waffenrecht

83 Die natur- und tierschutzrechtliche Befugnis zur Entnahme führt jedoch noch nicht ohne weiteres dazu, dass auch Schusswaffen eingesetzt werden dürfen. Nach § 13 Abs. 6 S. 1 WaffG dürfen Jagdwaffen neben der eigentlichen Jagdausübung unter anderem zum Jagdschutz und im Rahmen der Hundeausbildung eingesetzt werden (→ Einl. Rn. 69 ff.). Nach S. 2 dürfen Schusswaffen auch beim Abschuss von Tieren, die dem Naturschutzrecht unterliegen verwendet werden, wenn die naturschutzrechtliche Ausnahme oder Befreiung die Tötung durch einen Jagdscheininhaber vorsieht.

84 Sofern die Tötung im Rahmen des Jagdschutzes zulässig ist, greift § 13 Abs. 6 S. 1 WaffG unmittelbar. Dies gilt auch, wenn der Jagdschutz durch die Bestimmungen der Invasive Arten-VO erweiternd im Sinne umfassender Befugnisse in Bezug auf invasive Arten interpretiert wird (→ Rn. 69 ff.).

Sofern die Tötung auf den vernünftigen Grund iSd § 39 Abs. 1 Nr. 1 BNatSchG gestützt wird, ist die Verwendung der Schusswaffe dabei nicht ohne weiteres möglich (→ 2. Aufl. 2015, § 2 Rn. 23, zur in Bezug auf invasive Arten noch unterschiedlichen Rechtslage; Belgard RdL 1979, 259).

Im Erlass zur Bekämpfung von Bisam und Nutria in NRW heißt es unter anderem: „In diesen Fällen kommt § 13 Abs. 6 S. 2 WaffG zur Anwendung. Wenn der Abschuss von besonders geschützten Tieren im Rahmen der befugten Jagdausübung zulässig ist, gilt dies erst Recht für Tiere, die nur dem allgemeinen Schutz wildlebender Tiere unterliegen. Einer Erlaubnis zum Schießen mit einer Schusswaffe nach § 10 Abs. 5 WaffG bedarf es nicht. Es bestehen keine Bedenken, wenn Jagdausübungsberechtigte und von ihnen ermächtigte Jagdgäste Bisam und Nutria im Rahmen der befugten Jagdausübung durch Abschuss töten." (Gemeinsamer Erlass des Innenministeriums und des Landwirtschafts- und Verbraucherschutzministeriums – Bekämpfung von Bisam und Nutria/Tötung von Wanderratten/Vollzug des Waffengesetzes – vom 27.12.2022 – IM: 432-57.06.45 – MLV: 111.4 63.08.3.4.000015; ähnlich auch Erlass des Bbg. Ministeriums für Landwirtschaft, Umwelt und Klimaschutz vom 30.5.2024 zur Bekämpfung von Bisam und Nutria). **85**

Die Erlasse haben aber keine regelnde Außenwirkung, so dass darin nicht ohne weiteres eine naturschutzrechtliche Ausnahme oder Befreiung iSd § 13 Abs. 6 S. 2 WaffG zu sehen ist. Sie gehen davon aus, dass diese auch gar nicht erforderlich sei, sondern wollen nur klarstellen, dass der Abschuss von nicht besonders geschützten Arten im Rahmen der befugten Jagdausübung zulässig ist, wenn hierfür (wie für Bisam, Nutria und in NRW auch Wanderratte ausdrücklich anerkannt) ein vernünftiger Grund vorliegt. Diese Argumentation lässt sich widerspruchsfrei nicht auf die ausdrücklich genannten Arten beschränken, sondern muss sich auch auf andere invasive Arten erstrecken. Anderenfalls dürfte es sich nicht um einen Erlass, sondern um eine Allgemeinverfügung mit eigenständigem Regelungsgehalt handeln. **86**

Die Frage, ob der Erst-Recht-Schluss von der befugten Tötung besonders geschützter Arten auf die lediglich allgemein geschützten Arten tragfähig ist, hat sich mit den Regelungen zu den invasiven Arten in §§ 40a ff. BNatSchG und insbesondere § 28a erledigt. Denn nunmehr ist durch diese Bestimmungen klargestellt, dass für alle Maßnahmen in Bezug auf invasive Arten mit jagdlichen Mitteln (zu denen Schusswaffen zweifelsfrei zählen), unabhängig davon, ob es sich um solche des Jagdschutzes handelt oder nicht, zunächst der Jagdausübungsberechtigte befugt ist. Die Bestimmungen in § 28a, sowie §§ 40a und 40e BNatSchG stellen – auch ohne ausdrückliche Ermächtigung bezüglich des „Ob" des Eingreifens – eine solche Befreiung dar. Dies entspricht auch dem weiten Anwendungsbereich des § 13 Abs. 6 WaffG, der Jäger von den Erfordernissen eines Waffenscheins und einer Schießerlaubnis im Rahmen der zugelassenen Tätigkeiten befreien will. Eine ausdrückliche Ermächtigung ist für das „Ob" der Entnahme nicht erforderlich (da bei invasiven Arten der „vernünftige Grund" iSd § 39 Abs. 1 Nr. 1 BNatSchG in jedem Fall vorliegt). Voraussetzung ist aber immer die befugte Jagdausübung, zumindest das Einverständnis des Jagdausübungsberechtigten, der nach § 28a primär zuständig ist. **87**

Um eventuell bestehende Zweifel zu beseitigen, kann eine diesbezügliche Klarstellung hilfreich sein (de lege ferenda in § 13 Abs. 6 WaffG, durch naturschutzrechtliche Verordnung, in Managementplänen der Länder oder durch Allgemeinverfügung, wie zB in Rheinland-Pfalz bezüglich des Muntjak). **88**

VI. Weitergehende Verpflichtungen für die öffentliche Hand

1. Grundstücke der öffentlichen Hand (§ 40a Abs. 5 BNatSchG)

89 Nach § 40a Abs. 5 BNatSchG sollen die Beseitigungs- oder Managementmaßnahmen bei der Bewirtschaftung des Grundstücks in besonderer Weise berücksichtigt werden, wenn es im Eigentum der öffentlichen Hand steht, auch wenn es sich um nur mittelbares Staats- oder Kommunaleigentum handelt. Zwar gibt es bei der Bewirtschaftung einen gewissen Spielraum (Stefan/Wolff NuR 2018, 531, 533), allerdings bedarf zB bei Bewegungsjagden die Beschränkung der Abschussfreigabe hinsichtlich invasiver Arten wie Waschbär und Marderhund einer besonderen Begründung. Die Regelung gilt – zumindest dem Wortlaut nach – nur für behördlich festgelegte Beseitigungsmaßnahmen nach Art. 17 Invasive Arten-VO oder Managementmaßnahmen nach Art. 19 Invasive Arten-VO. Die Regelung muss aber für die Bejagung dieser Arten auch dann gelten, wenn die Jagd nicht ausdrücklich als Managementmaßnahme angeordnet wird. Denn die Invasive Arten-VO verpflichtet die Mitgliedstaaten allgemein zur Umsetzung wirksamer Maßnahmen.

2. Befriedete Bezirke (§§ 6, 6a)

90 Befriedete Bezirke stellen in Bezug auf invasive gebietsfremde Arten sowohl Jagdausübungsberechtigte als auch Behörden vor besondere Herausforderungen. Sie können für invasive Arten ein geeigneter Rückzugsort sein. Insbesondere Waschbär, Nutria und Nilgans halten sich häufig auch in besiedelten und urbanen Bereichen auf. Maßnahmen nach Art. 17 und 19 Invasive Arten-VO dürfen befriedete Bezirke deswegen nicht aussparen.

91 Auch für die Umsetzung von Maßnahmen in befriedeten Bezirken gilt zunächst § 28a, da auch befriedete Bezirke zum Jagdbezirk gehören (→ 3. Aufl. 2019, § 6 Rn. 29). Soweit der Jagdausübungsberechtigte in Bezug auf befriedete Bezirke seine Zustimmung verweigert, ist die für Naturschutz zuständige Behörde für die Durchführung der Maßnahmen zuständig. Es gelten insbesondere §§ 40a und 40e BNatSchG.

92 Es gibt keine Verpflichtung der Behörde, von sich aus um die Zustimmung nach § 28a Abs. 1 S. 1 zu ersuchen, da der Inhaber des beschränkten Jagdausübungsrechts nicht Jagdausübungsberechtigter iSd § 4 und § 28a ist. Soweit der Inhaber des beschränkten Jagdausübungsrechts des Grundstücksbesitzers (→ § 6 Rn. 11 ff.) die Maßnahmen in Bezug auf invasive Arten selbst vornehmen will, gilt hierfür § 28a entsprechend.

93 Auch in Bezug auf Befriedungen nach § 6a sind Besonderheiten zu beachten. Einschränkungen der Befriedung können dabei auf Grund der Bestimmungen des § 6a selbst (insbesondere nach Abs. 5) angeordnet werden, soweit dessen Voraussetzungen erfüllt sind, als auch nach den Bestimmungen der §§ 40a und 40e BNatSchG, als diese (jedenfalls bei der Anordnung im Einzelfall nach § 40a BNatSchG) die speziellere Bestimmung sind.

3. Einschränkungen der Fangjagd und der Jagd in Schutzgebieten

94 Durch die unmittelbar geltende und auch in der Normenhierarchie über dem Bundesrecht stehende Invasive Arten-VO (Art. 23 Abs. 1 S. 2 GG, vgl.

Sachs/Streinz GG Art. 23 Rn. 61) ergeben sich auch besondere Pflichten in Bezug auf die **Fangjagd.** Soweit es um invasive Arten geht sind Beschränkungen nicht nur an den Grundrechten zu messen, sondern auch daran, inwieweit sie mit der Invasive Arten-VO vereinbar sind. Einschränkungen sind daher besonders begründungsbedürftig und können wegen Verstoßes gegen Bestimmungen der VO europarechtswidrig sein.

Eine artenschutzrechtliche Befreiung nach § 45 Abs. 7 BNatSchG für den nicht beabsichtigten Beifang in Lebendfangfallen in Gebieten mit Vorkommen von streng geschützten Arten wie **Biber-** oder **Fischotter** (vgl. aber Nds. RdErl. d. ML vom 7.12.2018 „Maßnahmen zur Eindämmung der Nutriapopulation", Nds. MBl. Nr. 43/2018 S. 1500) dürfte nicht erforderlich sein, da kein „Nachstellen" vorliegt (OLG Oldenburg 3.9.1982 – 1 Ss 431/82, NuR 1983, 166 = JE X Nr. 41), aber sinnvoll (vgl. nämlich die aA im naturschutzrechtlichen Bereich zum Begriff des „Fangens", Lütkes/Ewer/Heugel BNatSchG § 39 Rn. 3 mwN). 95

Besonderes Konfliktpotential zwischen Maßnahmen gegen invasive Arten und anderen Maßnahmen auf naturschutzrechtlicher Grundlage ergibt sich in **Schutzgebieten.** Bei der Ausweisung von Schutzgebieten ist unbedingt darauf zu achten, dass Maßnahmen gegen invasive Arten, insbesondere die Fangjagd, soweit wie möglich zulässig bleiben und durchgeführt werden können. Bei der Abwägung der betroffenen Belange haben Maßnahmen gegen invasive Arten ein erhebliches Gewicht. Letztlich ist eine Einschränkung der Fangjagd in Gebieten mit bekannten Vorkommen von invasiven Arten nur mit den Verpflichtungen aus der Invasive Arten-VO vereinbar, wenn der Schutzzweck dies unbedingt erfordert. 96

2. Wildschadensersatz

§ 29 Schadensersatzpflicht

(1) [1] **Wird ein Grundstück, das zu einem gemeinschaftlichen Jagdbezirk gehört oder einem gemeinschaftlichen Jagdbezirk angegliedert ist (§ 5 Abs. 1), durch Schalenwild, Wildkaninchen oder Fasanen beschädigt, so hat die Jagdgenossenschaft dem Geschädigten den Wildschaden zu ersetzen.** [2] **Der aus der Genossenschaftskasse geleistete Ersatz ist von den einzelnen Jagdgenossen nach dem Verhältnis des Flächeninhalts ihrer beteiligten Grundstücke zu tragen.** [3] **Hat der Jagdpächter den Ersatz des Wildschadens ganz oder teilweise übernommen, so trifft die Ersatzpflicht den Jagdpächter.** [4] **Die Ersatzpflicht der Jagdgenossenschaft bleibt bestehen, soweit der Geschädigte Ersatz von dem Pächter nicht erlangen kann.**

(2) [1] **Wildschaden an Grundstücken, die einem Eigenjagdbezirk angegliedert sind (§ 5 Abs. 1), hat der Eigentümer oder der Nutznießer des Eigenjagdbezirks zu ersetzen.** [2] **Im Falle der Verpachtung haftet der Jagdpächter, wenn er sich im Pachtvertrag zum Ersatz des Wildschadens verpflichtet hat.** [3] **In diesem Falle haftet der Eigentümer oder der Nutznießer nur, soweit der Geschädigte Ersatz von dem Pächter nicht erlangen kann.**

(3) [1] **Bei Grundstücken, die zu einem Eigenjagdbezirk gehören, richtet sich, abgesehen von den Fällen des Absatzes 2, die Verpflichtung zum Ersatz von Wildschaden (Absatz 1) nach dem zwischen dem Geschädigten und dem Jagdausübungsberechtigten bestehenden Rechtsverhältnis.**

[2] **Sofern nichts anderes bestimmt ist, ist der Jagdausübungsberechtigte ersatzpflichtig, wenn er durch unzulänglichen Abschuß den Schaden verschuldet hat.**

(4) **Die Länder können bestimmen, daß die Wildschadensersatzpflicht auch auf anderes Wild ausgedehnt wird und daß der Wildschadensbetrag für bestimmtes Wild durch Schaffung eines Wildschadensausgleichs auf eine Mehrheit von Beteiligten zu verteilen ist (Wildschadensausgleichskasse).**

Ländervorschriften: § 53 JWMG; Art. 44–46 BayJG; § 37 LJagdG Bln; § 44 BbgJagdG; Art. 32 BremLJagdG; § 24 HmbJagdG; § 33 HJagdG; §§ 27, 28 Abs. 2 MVLJagdG; § 32 LJG-NRW; §§ 39–41 RhPfLJG; § 41 SJG; § 31 SächsJagdG; § 45 ThJG.

Schrifttum: Balleis/Wagner, Haftung für Wildschäden in gemeinschaftlichen Jagdbezirken, ZJagdwiss. 44 (1998), 85; Belling, Anm. zum Urteil des BGH vom 4. März 2010, JZ 2010, 1128; Dietlein, Das System der Wildschadenshaftung im Lichte des drittschützenden Charakters von § 21 BJagdG, AgrarR 1996, 241; Drees/Thies, Wild- und Jagdschaden. Anleitung zur Geltendmachung und Feststellung von Wild- und Jagdschäden, 8. Aufl. 2006; Kremer, Anlegung von Bejagungsschneisen zur Wildschadensabwehr – Pflicht des Landwirts oder nur auf Kosten des Jagdausübungsberechtigten?, AUR 2012, 337; Laber, § 2 Abs. 1 BJagdG – eine Norm mit drittschützendem Charakter?, NuR 1996, 14; Konrad, Wildschadensersatz in gemeinschaftlichen Jagdbezirken nach § 29 Abs. 1 BJagdG – Geschichte, Systematik und aktuelle Problemstellungen, Reihe: Studien zum internationalen, europäischen und deutschen Nachhaltigkeitsrecht, Bd. 3, 2012; Lauven, Zur Ersatzpflicht für Wildschäden unter Berücksichtigung des Eigenverschuldens des Geschädigten, AgrarR 1990, 149; Meyer-Ravenstein, Ersatz von Wildschäden an befriedeten Bezirken – Anm. zum Urteil des BGH vom 4. März 2010, AUR 2010, 195; Moog, Bewertung von Wildschäden im Wald. Modelle – Methoden – Bewertung, 2008; Wagner, Probleme der Abschussplanung und der Wildschadenshaftung im Wald, AgrarR 1998, 240; Wetzel, Die Obliegenheit des Landwirts zur Schaffung von Bejagungsmöglichkeiten im Rahmen der Ersatzpflicht für Feldwildschäden, AUR 2010, 70 mAnm Thies AUR 2010, 266.

Übersicht

I. Haftungsgrundlagen

1 Wildschaden ist eine Beschädigung durch bestimmtes Wild an einem Grundstück, dessen Aufwuchs und an den getrennten, aber noch nicht geernteten (§ 31) Erzeugnissen.

2 Nach hM regeln die Vorschriften der §§ 29–32 und die hierzu ergangenen landesrechtlichen Ausführungsvorschriften das Recht des Wildschadensersatzes abschließend (BGH Urt. v. 4.3.2009 – III ZR 233/09, NJW 2010, 1608 = JE IX Nr. 185; Urt. v. 8.5.1957 – V ZR 150/55, BeckRS 1957, 31200719 = RdL 1957, 191 (192); Mitzschke/Schäfer Rn. 1; Lorz/Metzger Rn. 9; Dietlein AgrarR 1996, 241). Einer Auslegung der dahin, dass sie den Bereich des Wildschadensersatzes mit den in § 29 Abs. 5 enthaltenen Ausnahmen vollständig und abschließend regeln, steht erst recht nicht der Umstand entgegen, dass durch Gesetz vom 28.8.2006 (BGBl. 2006 I 2034), der so genannten Föderalismusreform, die Rahmenkompetenz des Bundes ganz abgeschafft und das Jagdwesen der konkurrierenden Gesetzgebung unterstellt wurde (Art. 74 Abs. 1 Nr. 28 GG nF). Insoweit besteht für den Bereich des Jagdwesens lediglich die Besonderheit, dass die Länder von Bundesrecht abweichende Regelungen erlassen können, wenn der Bund von seiner Gesetzgebungszuständigkeit Gebrauch gemacht hat (Art. 72 Abs. 3 S. 1 Nr. 1 GG nF; so BGH Urt. v. 4.3.2009 – III ZR 233/09, NJW 2010, 1608 = JE IX Nr. 185). Fraglich ist hingegen, ob von den Regelungen der §§ 29 ff. abweichendes Landesrecht überhaupt geschaffen werden könnte, oder ob es insoweit wegen der bürgerlich-rechtlichen Natur des Wildschadensersatzanspruchs (vgl. Art. 74 Abs. 1 Nr. 1 GG) mit der bundesrechtlichen Regelung sein Bewenden haben muss. Der BGH (Urt. v. 3.4.2009 – III ZR 233/09, NJW 2010, 1608 = JE IX Nr. 185) hat diese Frage offen gelassen, geht aber von einem originären zivilrechtlichen Schadensersatzanspruch aus (BGH Urt. v. 6.6.2013 – ZR 360/12, BeckRS 2013, 10652 Rn. 25). Tatsächlich schaffen die Bestimmungen der §§ 29 ff. Ausnahmetatbestände einer verschuldensunabhängigen Haftung für das Jagdwesen, die nur eine sehr restriktive Ergänzung des Landesgesetzgebers im bisherigen Rahmen der Bestimmungen des BJagdG zulassen. Sie unterliegen der alleinigen Gesetzgebungskompetenz des Bundes (Art. 74 Abs. 1 Nr. 1 GG). Insbesondere dürfte es unzulässig sein in Abkehr der allgemeinen Bestimmungen des bürgerlichen Rechtes Haftungserleichterungen zu Lasten der Jagdgenossenschaften und Jagdausübungsberechtigten in Ländergesetze aufzunehmen, die mit den Schadenregelungen des BGB nicht in Einklang zu bringen sind. Die Kompetenz zur Regelung des Jagdwesens kann nicht so weit gehen, dass die bürgerlichrechtlichen Vorschriften zum Schadensersatz strukturell verändert werden (so wohl im Ergebnis ebenfalls Lorz/Metzger Rn. 1; Wetzel AUR 2010, 70). So ist der Versuch eine ländergesetzliche Schadenpauschalregelung für Waldschäden durch Wild zu Lasten der Haftenden zu schaffen unzulässig. Die Kompetenz im Rahmen des Jagdwesens Wildschadensregelungen zu normieren, die dem Schadensbegriff des BGB entgegenstehen ist nicht gegeben (soweit zum Entwurf eines neuen RhPfLJG von Juni 2023, hier § 35 Abs. 3 und 4 **RhPfLJG-E,** indem die Schadensermittlung zum Nachteil des Haftenden entgegen dem allgemeinen Schadensbegriff des BGB eingeengt wird, abrufbar unter https://mkuem.rlp.de/service/fragen-und-antworten-faq/landesjagdgesetz).

3 Die §§ 1 und 2 sind **keine Schutzgesetze** iSd § 823 Abs. 2 BGB, auf die sich ein deliktischer Ersatzanspruch stützen ließe (BGH RdL 1957, 191; LG Freiburg i. B. Urt. v. 19.12.2017 – 9 S 87/17, BeckRS 2017, 152050 = JE IX Nr. 262; Dietlein AgrarR 1996, 241 ff.; → § 33 Rn. 9 f.).Gestützt auf die Entscheidung des BVerwG, in der das BVerwG zwei Waldbauern ein Klagerecht gegen die Festsetzung von Abschussplänen iSd § 21 eingeräumt und

§ 21 Abs 1 als drittschützende Norm anerkannt hat (BVerwG Urt. v. 30.3.1995 – 3 C 8/94, BVerwGE 98, 118 = NVwZ 1995, 1200), vertreten demgegenüber Balleis/Wagner die Auffassung, dass der Schadensersatz für die Grundeigentümer von der strikten Haftungsbeschränkung der §§ 29 ff. zu befreien sei und eine zwar verschuldensabhängige, aber ansonsten erweiterte zivilrechtliche Haftung zuzulassen sei (Balleis/Wagner ZJagdwiss. 44 (1998), 85). Wegen eines möglichen deliktischen Anspruchs bei Verstoß gegen behördliche Anordnungen → Rn. 6.

4 Die Haftung für Wildschäden folgt daraus, dass der **Nutznießer** des Jagdausübungsrechtsrechts, der die Vorteile der Jagd für sich in Anspruch nehmen kann, auch zum Tragen der damit verbundenen **Nachteile** herangezogen werden kann. Hierbei wird aber vorangestellt, dass er die Höhe des Wildbestandes beeinflussen, bzw. mit jagdlichen Mitteln Wildschäden vermeiden kann (so BGH Urt. v. 4.3.2010 – III ZR 233/09, NJW 2010, 1608 = JE IX Nr. 185 zu befriedeten Flächen). Die Einführung des Reviersystems, das letztendlich dem Eigentümer kleinerer Flächen aus dem Gesichtspunkt der Hege die Bejagung selbst verwehrt sieht als notwendige Folge hieraus die Pflicht zum Wildschadensersatz vor (s. hierzu auch Wetzel AUR 2010, 70 f. mwN).

5 Die Haftung ist verschuldensunabhängig, weshalb die Auffassung vertreten wird, bei der Haftung für Wildschäden handele es sich um einen Fall der Gefährdungshaftung (so zB Möller UmweltR IV Rn. 57.9.2; Drees/Thies, Wild- und Jagdschaden, 9. Aufl. 2011, S. 28 f.). Nach überwiegender Auffassung handelt es sich bei der **Wildschadenshaftung** um einen Ausgleichsanspruch, der dem Aufopferungsgedanken entspringt (BGH Urt. v. 4.3.2010 – III ZR 233/09, NJW 2010, 1608 = JE IX Nr. 185; OLG Karlsruhe Beschl. v. 8.9.2003 – 15 AR 21/03, BeckRS 2003, 30327461 = JE IX Nr. 141; Lorz/Metzger Rn. 2; Mitzschke/Schäfer Rn. 6). Nach dem Willen des Gesetzgebers (§ 1 Abs. 2) soll ein angemessener Wildbestand (→ § 1 Rn. 6) erhalten bleiben. Eine von den wildlebenden Tieren ausgehende Beeinträchtigung im Sinne einer Schädigung ist im Rahmen der **Sozialpflichtigkeit des Eigentums** (Art. 14 Abs. 1 GG) in gewissem Umfang allgemein hinzunehmen (BGH Urt. v. 22.5.1984 – III ZR 18/83, NJW 1984, 2216; Urt. v. 22.5.1984 – III ZR 18/83, NJW 1984, 2216 = NuR 1984, 323). Wild hat eine generelle Existenzberechtigung, die sich auch darin ausdrückt, dass die Kulturlandschaft ihr als Lebensgrundlage zur Verfügung stehen muss, somit geringe Schäden nicht zu einer Ersatzpflicht führen können (Wetzel AUR 2010, 70 f.). Das Maß der hinzunehmenden Schäden kann sich nicht an Schäden, die ein bewirtschafteter Wildbestand verursacht messen, sondern nur an einem Bestand, der als Minimum zu dulden ist. Die Ersatzpflicht für Wildschäden soll einen angemessenen Ausgleich dafür darstellen, dass der **Geschädigte** einen artenreichen, gesunden Wildbestand hinnehmen muss, also mit Ausnahme der Rechte aus § 26 keine Möglichkeit hat, Abwehrmaßnahmen gegen Schaden verursachendes Wild zu treffen, insbesondere in dessen Bestand einzugreifen, es durch Fütterungen abzulenken oder zu vergrämen. Auf ein **Verschulden** des Jagdausübungsberechtigten **kommt es nicht** an. Es kommt also für die Ersatzpflicht zB nicht darauf an, ob der Abschussplan erfüllt wird, umgekehrt kann aber auch aus der Nichterfüllung des Abschussplans allein keine Ersatzverpflichtung abgeleitet werden. Allerdings kann ein Jagdgenosse auf Erhöhung der Abschusszahlen in einem Abschussplan klagen (BVerwG Urt. v. 30.3.1995 – 3 C 8/94, BVerwGE 98, 118 = NVwZ 1995, 1200).

Ein deliktischer Anspruch auf Schadensersatz kann dann bestehen, wenn die Jagdbehörde nach § 27 gegenüber dem Jagdausübungsberechtigten in einem Einzelfall **konkrete Maßnahmen** zur Verringerung des Wildbestandes – hier Wildtauben – **verfügt,** denn dadurch können unmittelbare Schutzpflichten des Jagdausübungsberechtigten gegenüber dem Grundstücksberechtigten des betroffenen Jagdgebiets begründet werden. Eine schuldhafte Verletzung solcher **Schutzpflichten** kann einen Schadensersatzanspruch des Geschädigten gegen den Jagdausübungsberechtigten rechtfertigen (BGH Urt. v. 22.4.1974 – III ZR 21/72, NJW 1974, 1240 = RdL 1974, 210, im konkreten Fall bei Wildtauben verneinend). Ob eine, für eine Haftung zwingende Kausalität zwischen einem örtlich zu hohem Wildbestand und Wildschäden nachweisbar sein kann, ist eher fraglich. Die Ursache für Wildschäden ist mannigfaltig und kann zB auch durch falsche Bejagung, zu hohem Jagddruck, Drittstörungen zB durch hohe Besucherfrequentierung entstehen. Hohe Wildbestände können Lagebedingt sein, zB große Brunftrudel in Brunftgebieten, Insellagen von Feldgehölzen, Wildrückzugsgebieten, Wintereinstände. Hoher Jagddruck in Nachbarregionen kann ebenfalls dafür sorgen, ebenso wie zu geringe Bejagung in benachbarten Revieren. Daher ist schon die Ursache, also der hohe Wildbestand nicht ohne weiteres einem konkreten Verursacher (zB Jagdpächter) anzulasten, auch nicht ein zu geringer Abschuss, da bei erhöhtem Jagddruck die Jagdchancen sinken. 6

Eine Haftung besteht als **verschuldensunabhängige** Haftung nur bei Schäden an einem Grundstück und dessen Zubehör, wenn das Grundstück zu einem gemeinschaftlichen Jagdbezirk (§ 8) gehört oder an einen solchen angegliedert ist. Beim Eigenjagdbezirk haftet der Jagdausübungsberechtigte nur nach **Vertrag** oder bei **Verschulden** (→ Rn. 30 ff.), aber der Eigenjagdbesitzer für Schäden an angegliederten Flächen verschuldensunabhängig. Für Schäden an Grundflächen, die zu **keinem Jagdbezirk** gehören, besteht nach dem eindeutigen Gesetzeswortlaut („das zu einem gemeinschaftlichen Jagdbezirk gehört oder einem gemeinschaftlichen Jagdbezirk angegliedert ist") keine Ersatzverpflichtung. Wegen einer eventuellen Haftung der Jagdbehörde wegen unterlassener Angliederung s. – im konkreten Fall verneinend – BGH Urt. v. 15.10.1998 – III ZR 10/98, NVwZ-RR 1999, 206 = RdL 1999, 10 = JE II Nr. 137. 7

II. Wildschaden in befriedeten Bezirken

Streitig ist, ob für Schäden an einem Grundstück in einem **befriedeten Bezirk,** auf dem die Jagd ruht (§ 6), eine Ersatzpflicht besteht. Verschiedene Bundesländer haben diese Streitfrage gesetzlich geregelt, indem sie einen Ersatzanspruch insoweit ausdrücklich **ausgeschlossen haben** (§ 53 Abs. 5 **JWMG;** Art. 45 **BayJG;** § 44 **BbgJagdG;** § 33 **HJagdG;** § 28 **MVLJagdG;** § 39 Abs. 5 **RhPfLJG;** § 37 **SJG;** § 31 Abs. 1 **SächsJagdG;** § 45 **ThJG**). Für die Annahme einer Ersatzpflicht in den übrigen Bundesländern s. Mitzschke/Schäfer Rn. 24; Möller UmweltR IV 364; Meyer-Ravenstein NJagdG Rn. 5; ebenso Meyer-Ravenstein SächsJagdG Rn. 8a. Diese Auffassung wird vor allen damit begründet, dass die Gefährdung des Grundstücks von dem Wildbestand des angrenzenden Reviers ausgehe und im Wesentlichen nur der Revierinhaber diesen regulieren könne. 8

9 Zurecht hat der BGH (Urt. v. 4.3.2010 – III ZR 233/09, NJW 2010, 1608 = JE IX Nr. 185) eine Haftung für Wildschäden auf befriedeten Bezirken und solchen, auf denen die Jagd gem. § 6 ruht verneint (so zuvor bereits AG Mülheim Urt. v. 5.7.1989 – 3 C 461/88, JE IX Nr. 77 – Wildschaden an Rosen im Vorgarten; Mitzschke/Schäfer, 3. Aufl. 1961, S. 300; Lorz/Metzger Rn. 3; Leonhardt/Bauer/Schätzler, Wild- und Jagdschadensersatz, S. 11 1.1; Drees/Thies, Wild- und Jagdschaden, 9. Aufl. 2011, S. 15; Meixner Rn. 5). Die Eigentümer von Grundstücken in befriedeten Bezirken sind keine Jagdgenossen (§ 9 Abs. 1). Sie sind daher weder am Ertrag aus der Jagdnutzung noch an den Kosten, die die Jagdgenossenschaft zu tragen hat, beteiligt. Soweit die Gegenmeinung darauf abstellt, dass der Geschädigte, dessen Grundstück in einem befriedeten Bezirk liegt, keinen Einfluss auf die Wildbestandsregulierung habe, wird übersehen, dass durch die Erklärung zum befriedeten Bezirk dem Grundeigentümer ein Teil des ihm kraft Gesetzes entzogenen Jagdausübungsrechts zurückgewährt wird (→ § 6 Rn. 11 ff.; VGH Mannheim Entsch. v. 30.1.1992 – 5 S 383/91, NuR 1993, 133 f.). Nach Landesrecht kann dem Eigentümer eines befriedeten Grundstücks sogar eine beschränkte Jagdausübung gestattet werden. Nach § 5 Abs. 2 **MVLJagdG** darf der Eigentümer oder Nutzungsberechtigte oder ein von ihm Beauftragter Wildkaninchen innerhalb der Jagdzeit tierschutzgerecht fangen, töten und sich aneignen. Damit ist er erheblich besser gestellt als der Grundstückseigentümer eines bejagbaren Grundstücks (VGH Mannheim Entsch. v. 30.1.1992 – 5 S 383/91, NuR 1993, 133 f.). In seiner Entscheidung vom 4.3.2010 hat der BGH ausgeführt, dass Wildschäden auf einer nicht bejagbaren Fläche iSv § 6 (wohl auch solche nach § 6a) nicht über §§ 29 ff. erstattungsfähig sind (BGH Urt. v. 4.3.2010 – III ZR 233/09, NJW 2010, 1608 = JE IX Nr. 185 m. teilweise krit. Anm. Meyer-Ravenstein AUR 2018, 195; zustimmend Wetzel AUR 2010, 70; Thies AUR 2010, 326; s. auch AG Gengenbach Urt. v. 19.8.2019 – 1 C 193/18, BeckRS 2019, 33898). Eine Haftung für Wildschäden setzt eine unmittelbare rechtliche Möglichkeit des verschuldensunabhängig Haftenden voraus mit jagdlichen Mitteln eingreifen zu können. Daher endet die Haftung nicht nur an der Reviergrenze, sondern auch an den, ihm auch ansonsten rechtlich nicht zur Verfügung stehenden Flächen (zB solche, die unter § 20 fallen, wenn ein Betretungsverbot besteht). Ist die rechtliche Möglichkeit zu jagen gegeben, ist aber aus tatsächlichen Gründen die Jagdausübung erschwert oder zB eine Schussabgabe nicht zu verantworten verbleibt es bei der Haftung, da die rechtliche Verantwortlichkeit auch bei solchen Flächen besteht, zB durch eine mögliche Begehung mit zulässigen Abwehr- oder Fangmaßnahmen (→ Rn. 14).

10 Eine Ersatzpflicht besteht auch nicht für **Schäden an Eisenbahnanlagen,** für die nach § 62 Abs. 1 EBO ein Betretungsverbot gilt, es sei denn, die Bahn hat ausdrücklich zum Zweck der Bejagung das Betreten ihrer betreffenden Anlagen gestattet (§ 62 Abs. 1 S. 2 EBO).

11 Ein ersatzpflichtiger Schaden entsteht auch nicht für Aufwuchs- oder Ertragsschäden an einem in einem **Landschaftsschutzgebiet** gelegenen Grundstück, wenn die Nutzung gegen die für dieses Gebiet geltenden Bestimmungen erfolgt (Lorz/Metzger Rn. 3; aA LG Koblenz Urt. v. 29.7.1998 – 3 S 47/98, BeckRS 1998, 156580 = JE IX Nr. 106 unter Berufung darauf, dass kein konkreter Sachverhalt dafür vorgetragen worden sei, dass eine Nutzung der Anbauflächen des Geschädigten bei entsprechender Antragstellung nicht behördlich genehmigt worden wäre).

12 Auch für Schäden auf landwirtschaftlichen Stilllegungsflächen besteht keine Ersatzpflicht, wenn dort etwas angebaut wird, was den Zielen der **Stilllegung widerspricht** und Erwerbszwecken dient (AG Bernkastel-Kues Urt. v. 25.4.1996 – 4 C 85/96, JE IX Nr. 99; Lorz/Metzger Rn. 2). Die Entscheidung des LG Koblenz (→ Rn. 11) verkennt, dass die verschuldensunabhängige Haftung für Wildschaden sich daraus ableitet, dass der Geschädigte das Vorhandensein von Schadwild hinnehmen muss und der Ersatzanspruch eine Entschädigung für die Beschränkung seiner Eigentums- oder Besitzrechte darstellt. Nutzt der Geschädigte aber ein Grundstück in **rechtswidriger Weise,** verdient er einen solchen Ausgleich nicht. Eine Schadensersatzpflicht des Jagdausübungsberechtigten liefe in einem solchen Fall auch dem Zweck des grundsätzlich auf Naturalrestitution gem. § 249 Abs. 1 BGB gerichteten Anspruchs des Geschädigten zuwider, weil die Erfüllung des Ersatzanspruchs gegen die Stilllegungsverpflichtung verstieße. Schäden an **Wildäckern** sind nicht zu ersetzen, weil deren Sinn gerade darin besteht, das Wild dorthin zu locken, damit es dort äst oder wühlt, um es dadurch von anderen Grundstücken fernzuhalten (Mitzschke/Schäfer Rn. 9). Soweit der Anbau zB für **Energiepflanzen** zulässig war und ist, verbleibt es bei der gesetzlichen Ersatzpflicht nach den §§ 29 ff.

13 Für Wildschäden an **befriedeten Grundflächen aus ethischen Gründen** gem. § 6a entfällt nach § 6a Abs. 7 jeglicher Anspruch auf Wildschadensersatz. Dieser Ausschluss erstreckt sich auch auf Nutzer der entsprechenden Flächen. – Nach § 27 Abs. 1 S. 2 **RhPfLJG** dürfen Grundflächen in einem Radius von 250 m um **Querungshilfen für Wild,** insbesondere Grünbrücken und Grünunterführungen, gemessen von der Mitte der Querungshilfe nicht bejagt werden, so dass Wildschäden an diesen Grundflächen nach § 39 Abs. 5 **RhPfLJG** nicht zu erstatten und auch bei der Ermittlung der Ersatzleistungen seitens der Mitglieder der Jagdgenossenschaft nach § 39 Abs. 1 S. 2 **RhPfLJG** nicht zu berücksichtigen sind. Ungeachtet dieser landesrechtlichen Regelung entfällt eine Schadensersatzpflicht schon aus den unter → Rn. 8 f. erfolgten Erwägungen.

14 Ungeklärt ist bislang die Frage, ob Wildschäden auch dann zu ersetzen sind, wenn eine Bejagung aus besonderen Gründen nicht erfolgen kann. Geklärt ist dies für befriedete Bezirke (→ Rn. 9), für aus ethischen Gründen befriedete Grundstücke (§ 6a Abs. 7), oder aus seuchenrechtlich gesperrten Gebieten. Hintergrund der Diskussion ist aber der erheblich ausgeweitete Anbau von **Mais und Raps** in Schlägen, die aufgrund ihrer Größe einen geschlossenen, nicht bejagbaren Komplex darstellen, der gleichzeitig eine Futtergrundlage insbesondere des Schwarzwildes darstellt. Eine Bejagung ist oft erst ab dem Zeitpunkt der Ernte möglich. Sinn und Zweck der Wildschadensersatzpflicht ist aber die grundsätzliche Möglichkeit des Jagdausübungsberechtigten einen Schaden durch Regulierung des Wildbestandes vermeiden zu können. Dies dürfte aber bei Schlägen von 50 ha oder mehr gar nicht mehr möglich sein, einer Fläche, die fast die Größe einer Eigenjagd (75 ha) erreicht. Hier ist ein eigenständiges Biotop entstanden, das bis zu Ernte nicht mehr verlassen wird und zu einer starken, nicht beeinflussbaren Vermehrung der hierin lebenden Bestände führt. **Schleswig-Holstein** hat mit einer Änderung von § 30 **SHLJagdG** reagiert und die Haftung in diesen Fällen beschränkt: Abweichend von § 32 Abs. 2 wird auch Wildschaden, der auf mit Mais bebauten Schlägen entsteht, zur Hälfte nicht ersetzt, wenn die Herstellung von üblichen Schutzvorrichtungen unterblieben ist, die unter gewöhnlichen Umstän-

den zur Abwendung des Schadens ausreichen. Die Ersatzpflicht für Wildschäden bleibt in vollem Umfang bestehen, wenn die oder der Geschädigte auf dem mit Mais bebauten Schlag Schneisen freigehalten hat, die eine wirksame Bejagung des Schadwilds ermöglichten" (§ 30 Abs. 3 **SHLJagdG,** geändert durch Gesetz vom 21.2.2018, GVOBl. 2018, 58). Dies ist im Grunde keine Frage des Mitverschuldens (s. sehr ausführlich Wetzel AUR 2010, 70 f.), sondern berührt Sinn und Zweck der Vorschrift. Solche Flächen sind nicht aus rechtlichen, sondern aus tatsächlichen Gründen einer Bejagung entzogen. Die Frage, ob zudem ein Mitverschulden eine Ersatzpflicht hindert ist sekundär. Eine Bejagungsmöglichkeit setzt ein aktives Handeln des Landwirtes voraus, der durch seine Art der Bewirtschaftung die Bejagung verhindert. Da er – rechtmäßig – diese Art der Bewirtschaftung betreiben kann, kann er eine Wildschadensersatzverpflichtung nur herbeiführen, wenn er zB durch ausreichende Bejagungsschneisen Bejagung überhaupt ermöglicht. Eine Obliegenheitsverletzung trifft ihn bei Unterlassen derselben in diesem Fall nicht (so aber Wetzel AUR 2010, 70). Auf Flächen, auf denen die Jagd nicht ausgeübt werden kann, zB dort wo die Jagd ruht (nicht erfasst hiervon: ein Ruhen iSv § 10 Abs. 2) ist eine Wildschadensersatzpflicht daher grundsätzlich ausgeschlossen (Leonhard/Bauer/Schätzler, Wild- und Jagdschadensersatz, 2018, S. 11 Rn. 1.1). Die Vorschriften des Bundes und der Länder zu Wildschäden sehen einen Ausschluss von Wildschäden zB dann vor, wenn Maßnahmen zur Abwehr von Wildschäden unwirksam gemacht werden (§ 32; § 55 **JWMG;** § 41 **RhPfLJG**), oder betr. bestimmter Nutzflächen, von denen eine erhöhte Wildschadensgefährdung aufgrund einer konkreten Anbauart ausgeht. Im Kontext dieser Regelungen erscheint ein genereller Ausschluss von Wildschadensersatzansprüchen ab einer nicht mehr bejagbaren Schlaggröße von wildschadensträchtigen Anbauten wie Mais und Raps gerechtfertigt, jedenfalls dann, wenn notwendige Bejagungsschneisen gegen Entschädigung nicht zugelassen werden (Lorz/Metzger Rn. 5).

III. Schadwild

15 Anders als bei dem Wildschaden des § 26 ist ersatzpflichtiger Schaden iSd § 29 nur der Schaden, der von **Schalenwild** wie in § 2 Abs. 3 definiert, **Wildkaninchen** oder **Fasanen (Schadwild)** angerichtet wird. Nach § 29 Abs. 4 können die Länder weiteres Wild zu Schadwild erklären. Bislang wurde aber von dieser Ermächtigung in keinem Bundesland Gebrauch gemacht. In Baden-Württemberg ist der Fasan kein Schadwild (§ 53 Abs. 1 **JWMG**). Die Ersatzpflicht besteht nicht für einen Schaden, der von Schadwild angerichtet wird, für das es **keine Jagdzeit** gibt (unter Aufgabe der in der → 3. Aufl. 2019, Rn. 15 vertretenen Ansicht; aA Mitzschke/Schäfer Rn. 4 für den Elch), wohl aber für Wild das in dem Jagdbezirk weder Stand- noch Wechselwild ist. Sofern das Jagdrecht eine Einflussnahme auf die Wildart durch Bejagung ausschließt wäre der Fortbestand einer Wildschadensersatzpflicht systemwidrig. Für den Elch oder Wisent (hierzu OLG Hamm Urt. v. 29.5.2017 – 1-5 U 156/15, JE IX Nr. 259) gelten die Regelungen des BNatSchG vorrangig. Dies bedeutet, dass Schäden durch beide Tierarten der Sozialpflichtigkeit des Eigentums unterliegen und nur bei Überschreitung eines nicht mehr hinnehmbaren Schadens Ersatzansprüche ggf. gegen den

Staat auslösen können (hierzu ausführlich OLG Hamm Urt. v. 29.5.2017 – 1 –5 U 156/15, = JE IX Nr. 259 S. 26 ff. mwN).

16 Es kann aber vertraglich vereinbart werden, dass ein Jagdpächter auch für Wildschäden, die durch anderes Wild als das in § 29 Abs. 1 genannte angerichtet wurden, ersatzpflichtig sein soll, zB für Schäden durch Hasen, Wildtauben oder Wildgänse. Voraussetzung ist allerdings, dass es sich auch bei dem anderen Wild um jagdbares Wild iSd BJagdG handelt (LG Krefeld Urt. v. 18.12.79 – 1 S 73/79, BeckRS 1979, 109355 = JE IX Nr. 21). In dem Falle besteht eine ausschließlich vertragliche Haftung, so dass die Ersatzansprüche unmittelbar vor einem Zivilgericht durchgesetzt werden können (LG Koblenz Urt. v. 21.11.1997 – 14 S 360/96, JE IX Nr. 103; LG München II RdL 1976, 210; Drees/Thies/Müller-Schallenberg/Jäcker/Hugenberg § 29 II. S. 251). Die Beweislast für eine vertragliche Vereinbarung trifft den Geschädigten (AG Soltau Urt. v. 18.11.2016 – 4 C 94/16, BeckRS 2016, 137973 = JE IX Nr. 257). Wegen der Ersatzpflicht von durch aus Gehegen ausgebrochenem Schalenwild verursachte Schäden s. § 30.

IV. Umfang der Ersatzpflicht

17 Die Ersatzpflicht erstreckt sich auf alle Schäden, die das genannte Schadwild an einem **Grundstück selbst** oder an dessen **Bestandteilen** oder **Erzeugnissen** anrichtet (Abäsen, Aufwühlen und Aufscharren, Verbeißen, Schälen, Fegen, Anlegen von Lagerstätten, Erdröhren und Bauen). Ersatzpflichtig sind auch Schäden an den getrennten, aber noch nicht eingeernteten Grundstückserzeugnissen (s. hierzu § 31). Zu ersetzen sind auch Schäden an Kulturzäunen und Vorrichtungen iSd § 32 Abs. 2, soweit diese als **wesentliche Grundstücksbestandteile** iSd § 94 Abs. 1 BGB anzusehen sind (hM, AG Garmisch-Partenkirchen 3.7.1968 – 3 C 652/67, RdL 1968, 243; Drees/Thies, Wild- und Jagdschaden, 9. Aufl. 2011, S. 10; Mitzschke/Schäfer Rn. 3). Dies gilt auch für Schäden an Dämmen, Wällen und Hecken (Mitzschke/Schäfer Rn. 3).

18 Für Schäden von Tieren, die ihrer Art nach dem Jagdrecht unterliegen, aber in eingefriedeten Bezirken zum **Zweck der Fleischerzeugung** gehalten werden, besteht keine Ersatzpflicht nach § 29. Es gilt insoweit die allgemeine **Tierhalterhaftung** nach §§ 833 f. BGB, weil diese Tiere als nicht freilebende Tiere kein Wild sind und daher nicht dem Jagdrecht unterliegen.

19 Nicht zu ersetzen sind Schäden an sog. **Scheinbestandteilen** eines Grundstücks iSd § 95 BGB (AG Cochem Beschl. vom 19.8.2003 – 2 C 441/03, BeckRS 2003, 161375 = JE IX Nr. 134 zum Schaden an einem Elektrozaun; AG Jülich Urt. v. 22.6.1998 – 4 C 225/98, nv zu Abdeckungen von Rübenmieten). Für die Schadensersatzpflicht unerheblich ist die Art der Nutzung eines Grundstücks. So sind auch Schäden an Rasenflächen von Sportanlagen oder auch an Wanderwegen zu ersetzen, sofern sie nicht befriedete Bezirke sind, für die ein Ersatzanspruch ausscheidet (→ § 32 Rn. 11). Soweit es sich bei den Sportanlagen oder Rasenflächen um Gärten iSd § 32 Abs. 2 handelt, besteht eine Ersatzpflicht nur dann, wenn eine übliche Schutzvorrichtung angebracht war (→ § 32 Rn. 12; LG Koblenz Urt. v. 5.5.2010 – 12 S 212/09, BeckRS 2010, 11780 = JE IX Nr. 184). Ruht auf diesen Flächen die Jagd, scheidet eine Ersatzpflicht aber generell aus (Leonhard/Bauer/Schätzler,

Wild- und Jagdschadensersatz, 2018, S. 11 Rn. 1.1; Drees/Thies/Müller-Schallenberg/Jäcker/Hugenberg 2018 § 29 III. S. 252).

20 Zu ersetzen sind nur die **unmittelbar** vom Schadwild **angerichteten** Schäden. Verletzt sich zB ein Haustier beim Durchtreten eines Kaninchenbaus oder wird bei der Wildschadensfeststellung ein Teilnehmer verletzt, so ist dafür kein Schadensersatz zu leisten.

21 Da nach § 29 ausschließlich Schäden an einem Grundstück und seinen Bestandteilen zu ersetzen sind, scheidet auch ein Ersatz für von **Schadwild verursachte Unfälle** aus, zB für Wildunfälle im Straßenverkehr. Es gelten insoweit die allgemeinen Vorschriften des BGB.

V. Ersatzberechtigter und Ersatzverpflichteter in gemeinschaftlichen und Eigenjagdbezirken

22 Ersatzberechtigter ist der **unmittelbar Geschädigte** selbst, also derjenige, der das Grundstück rechtmäßig nutzt (AG Bingen Urt. v. 14.8.2015 – 21 C 56/15, BeckRS 2015, 131035 = JE IX Nr. 242), also nicht der Eigentümer wenn die Nutzung an Dritte vergeben wurde (zB Pacht), bei gemeinschaftlichem Eigentum oder Nutzungsberechtigung nur alle Berechtigten gemeinsam. Der Geschädigte hat substantiiert darzulegen und den Beweis dafür zu führen, dass er bei Entstehen des Wildschadens tatsächlich Bewirtschafter der betroffenen Flächen war (LG Koblenz Urt. v. 20.6.2018 – 6 S 361/17, BeckRS 2018, 48856 = JE IX Nr. 264; AG Köln Urt. v. 9.4.2013 – 111 C 4/13, BeckRS 2013, 18713 = JE IX Nr. 213) und ob die Flächen in dem Jagdbezirk, gegenüber er den Anspruch erhebt, gelegen sind (AG Gengenbach Urt. v. 19.8.2019 – 1 C 193/18, BeckRS 2019, 33898). Seine Aktivlegitimation muss der Geschädigte immer darlegen und beweisen (→ § 35 Rn. 44). Für eine GbR muss daher dieselbe den Schaden anmelden und geltend machen (LG Potsdam Urt. v. 31.1.2020 – 1 S 25/19, BeckRS 2020, 16823 = JE IX 275; bestätigend AG Potsdam Urt. v. 11.6.2019 – 33 C 73/18, BeckRS 2019, 46024 = JE IX 274).

23 **Ersatzpflichtiger** nach § 29 Abs. 1 S. 1 ist bei einem Grundstück, das zu einem gemeinschaftlichen Jagdbezirk gehört, die Jagdgenossenschaft, weil ihr nach § 8 Abs. 5 das Jagdrecht auf den bejagbaren Flächen zusteht. Dabei kommt es insoweit nicht darauf an, ob das Grundstück nach § 8 Abs. 1 kraft Gesetzes oder nach § 8 Abs. 2 durch Zusammenlegung von Grundflächen verschiedener Gemeinden oder durch Abrundungsverfügung nach § 5 Abs. 1 zu einem gemeinschaftlichen Jagdbezirk gehört. Ist das Grundstück einem Eigenjagdbezirk angegliedert, haftet der Eigenjagdbesitzer nach § 29 Abs. 2. Ist durch Jagdpachtvertrag die Haftung auf einen Jagdausübungsberechtigten übertragen, haftet zunächst dieser.

24 Mit der Einführung **befriedeter Grundflächen aus ethischen Gründen** wurde der Kreis **der** Ersatzpflichtigen um den Eigentümer der so befriedeten Flächen erweitert (§ 6a Abs. 6; näher → § 6a Rn. 104 ff.).

24a Verpachtet die Jagdgenossenschaft den gemeinschaftlichen Jagdbezirk, so kann die Haftung für Wildschäden im Jagdpachtvertrag oder durch gesonderte Vereinbarung ganz oder teilweise auf den **Jagdpächter übertragen** werden. Ist dies der Fall, so haftet **primär der Jagdpächter** nach § 29 Abs. 1 S. 3. Insoweit handelt es sich bei der vertraglichen Übernahme der Ersatzpflicht durch den Jagdpächter um einen Vertrag zu Gunsten Dritter iSd § 328

Abs. 2 BGB (OLG Karlsruhe Urt. v. 3.4.1992 – 14 U 188/91, BeckRS 1992, 9384 = AgrarR 1993, 162). Es bleibt jedoch bei der subsidiären Haftung der Jagdgenossenschaft, wenn und insoweit der Geschädigte für seinen Schaden keinen Ersatz vom Jagdpächter erlangen kann (§ 29 Abs. 1 S. 4), weil dieser seiner Ersatzpflicht, zB wegen Insolvenz, nicht nachkommt.

Hat der Jagdpächter die gesetzliche Wildschadensersatzpflicht nicht vollständig von der Jagdgenossenschaft übernommen, zB nur für von bestimmten Schadwildarten verursachte Schäden, oder hat er seine Ersatzpflicht der Höhe nach begrenzt oder von sonstigen Bedingungen abhängig gemacht, verbleibt es wegen der nicht übernommenen Verpflichtungen bei der ursprünglichen Haftung der Jagdgenossenschaft (BGH Urt. v. 11.12.2014 – III ZR169/14, NJW-RR 2015, 434). Dies ist auch dann der Fall, wenn die Schäden nur auf bestimmten Flächen, zB. landwirtschaftlich genutzten übernommen wurde (betreffend Töltbahn s. LG Koblenz Urt. v. 13.7.2006 – 14 S 48/05, JE IX Nr. 158). Auf solchen, damit vom vertraglichen Umfang nicht erfassten Flächen haftet nicht der Jagdpächter (AG Dillenburg Urt. v. 26.3.2019 – 50 C 323/18 (13), BeckRS 2019, 49989 = JE IX Nr. 272). Umgekehrt gilt, dass wenn der Jagdpächter den Ersatz für weitergehende Ansprüche übernommen hat, zB für Schäden verursacht durch anderes Wild als Schadwild, die Jagdgenossenschaft für daraus resultierende Ansprüche keine Ersatzhaftung gegenüber dem Geschädigten trifft. Die Jagdgenossenschaft trifft eine Ersatzhaftung nur für die Ersatzansprüche, die sich aus dem Gesetz ergeben. Zur konkludent übernommen Haftung des Jagdpächters im Sinne eines Vertrages zu Gunsten Dritter (AG Walsrode Urt. v. 27.4.1990 – 7 C 102/90, RdL 1990, 151 = JE IX Nr. 80; Lorz/Metzger Rn. 6). 25

Hat ein Jagdpächter sich zur Abgeltung aller Ansprüche aus Wildschäden vertraglich mit der Jagdgenossenschaft auf die Zahlung einer **Wildschadenspauschale** an die Jagdgenossenschaft geeinigt, besteht kein Anspruch eines Geschädigten gegen den Jagdpächter, sondern es bleibt bei der Haftung der Jagdgenossenschaft dem jeweiligen Geschädigten gegenüber. Der Jagdpächter ist dann von **Einzelansprüchen Geschädigter** befreit. Haben sich die Jagdgenossenschaft und der Pächter auf eine anteilige Haftung verständigt haften sie im Zweifel als Gesamtschuldner und müssen ihre jeweiligen Haftungsanteile im Innenverhältnis klären. 26

Die Ersatzhaftung der Jagdgenossenschaft für den an sich eintrittspflichtigen Jagdpächter hat nach hM **bürgschaftsähnlichen** Charakter (Lorz/Metzger Rn. 6; Drees/Thies/Müller-Schallenberg/Jäcker/Hugenberg § 29 IV. S. 252a; Mitzschke/Schäfer Rn. 12). Daher sind die Vorschriften des BGB über die Bürgschaft (§§ 767 ff. BGB) entsprechend anwendbar. Daraus folgt, dass die Jagdgenossenschaft die Einrede der Vorausklage oder des Vorverfahrens geltend machen kann und ihr, wenn sie anstelle des Jagdpächters Ersatz geleistet hat, gegen diesen ein Rückgriffsrecht zusteht. Demgegenüber vertritt Meyer-Ravenstein die Auffassung, dass durch die Übernahme der Wildschadensersatzverpflichtung durch den Jagdpächter zwischen diesem und der Jagdgenossenschaft ein **Gesamtschuldverhältnis** entstehe (Meyer-Ravenstein NJagdG Rn. 18–20). Im **Innenverhältnis** zwischen Jagdpächter und Jagdgenossenschaft soll allein der Jagdpächter im vertraglich vereinbarten Umfang dem Geschädigten gem. § 426 Abs. 1 S. 1 BGB zum Wildschadensersatz verpflichtet sein. Soweit der Jagdpächter Ersatz leistet, wird die Jagdgenossenschaft von der Haftung befreit. Leistet dagegen die Jagdgenossenschaft, geht der Anspruch im Umfang der Leistung auf die 27

Jagdgenossenschaft über und kann dann gegenüber dem Jagdpächter von ihr geltend gemacht werden. Innerhalb der Jagdgenossenschaft haften die Jagdgenossen, die einen Anspruch am Reinertrag haben in Höhe ihres Anteiles (§ 10 Abs. 3).

28 Eine Gesamtschuld besteht indes nicht, da der Wortlaut des § 29 Abs. 4 nur eine subsidiäre Haftung zulässt (BGH Urt. v. 26.3.1997 – III ZR 295/96, NJW 1997, 2109; Lorz/Metzger Rn. 6). Trotz vertraglicher Übernahme von Schadensersatzverpflichtungen durch den Jagdpächter verbleibt eine mittelbare Haftung der Jagdgenossenschaft für eingetretene Wildschäden. Dies gilt auch für die entsprechende Regelung des § 53 Abs. 1 S. 4 **JWMG** (LG Heidelberg Urt. v. 1.8.2018 – 1 S 11/18, BeckRS 2018, 41531 = JE IX Nr. 271). Es tritt also bei der vertraglichen Übernahme der Ersatzverpflichtung ein Ersatzpflichtiger hinzu. Der Geschädigte muss aber nicht wie bei der Einrede der Vorausklage nach § 771 BGB die Zwangsvollstreckung erfolglos gegen den Jagdpächter betrieben haben, um Ersatz von der Jagdgenossenschaft zu erlangen (so jetzt ausdrücklich in § 39 Abs. 2 S. 2 **RhPfLJG** geregelt). Umgekehrt stehen die Einreden gegen den Anspruch des Geschädigten der Jagdgenossenschaft aus eigenem und nicht aus abgeleitetem Recht zu (Leonhardt/Pießkalla Rn. 7.1.4).

29 Durch den neu geschaffenen § 6a hat der Gesetzgeber den Kreis der Ersatzpflichtigen um den Eigentümer ethisch befriedeter Flächen erweitert. Dieser ist nach § 6a Abs. 6 S. 1 zum Ersatz von Wildschäden an Grundstücken, die zum gemeinschaftlichen Jagdbezirk gehören, verpflichtet. Die Verpflichtung zum Wildschadensersatz entfällt allerdings, soweit die Wildart, die den Schaden verursacht hat, auf den ethisch befriedeten Grundflächen überhaupt nicht vorkommt oder der Schaden auch eingetreten wäre, wenn die Befriedung der Grundfläche unterblieben wäre. Die Haftungsquote des Eigentümers der befriedeten Grundfläche. Soweit ein Schaden von der Jagdgenossenschaft zu tragen ist, haben die einzelnen Jagdgenossen nach dem **Verhältnis des Flächeninhalts** ihrer beteiligten Grundstücke hierfür einzutreten (§ 29 Abs. 1 S. 2). Die Haftungsverteilung entspricht der Beteiligung am Reinertrag aus der Jagdnutzung gem. § 10 Abs. 3 (→ § 10 Rn. 21). Grundstücke, auf denen die Jagd ruht oder nicht ausgeübt werden darf, bleiben bei der Ermittlung des Haftungsanteils unberücksichtigt, weil nach § 9 Abs. 1 ihre Eigentümer keine Jagdgenossen sind.

30 Für Wildschäden an Grundstücken, die gem. § 5 Abs. 1 einem **Eigenjagdbezirk angegliedert** worden sind, trifft die Ersatzpflicht nach § 29 Abs. 2 S. 1 den Eigentümer oder Nutznießer dieses Eigenjagdbezirks. Wurde der Eigenjagdbezirk verpachtet, haftet der Jagdpächter nur dann, wenn er sich vertraglich zum Wildschadensersatz verpflichtet hat (§ 29 Abs. 2 S. 2). Eine Haftung des Eigentümers oder Nutznießers des Eigenjagdbezirks besteht nur dann, wenn der Geschädigte vom Jagdpächter keinen Ersatz verlangen kann (→ Rn. 23).

31 Anders ist es bei Schäden an Grundstücken die im Eigentum des Eigenjagdbesitzers stehen. Hier richtet sich die Ersatzpflicht nach den zwischen dem Geschädigten und dem Jagdausübungsberechtigten getroffenen **vertraglichen Vereinbarungen** (§ 29 Abs. 3 S. 1). **Fehlen** solche, so ist der Jagdausübungsberechtigte, gegenüber dem geschädigten Eigentümer oder dem Nutznießer oder Pächter dieser Flächen, nur dann zum Wildschadensersatz verpflichtet, wenn er durch einen zu geringen Abschuss des Schadwilds den Schaden verursacht hat (§ 29 Abs. 3 § S. 2). Es muss also ein **Verschulden**

vorliegen. Ein Verschulden kann darin liegen, dass in Folge der Nichterfüllung des Abschussplanes eine Wilddichte entsteht, die den Hegegrundsätzen in § 1 Abs. 2 widerspricht. Dabei kann ein aus dem Rahmen fallender hoher Wildschaden im Einzelfall ein Indiz dafür sein, dass der Abschuss zu gering war (LG Mönchen-Gladbach 23.12.1980 – 4 S 114/80, RdL 1981, 64 = AgrarR 1981, 114 = JE IX Nr. 21). Ein Verschulden des Jagdausübungsberechtigten kann allerdings dann **nicht** angenommen werden, wenn trotz **Erfüllung des Abschussplans** (§ 21 Abs. 2) der Wildschaden durch das bewirtschaftete Wild verursacht wurde.

Eine weitergehende, insbesondere verschuldensunabhängige Haftung, wie auch ein Haftungsausschluss hängen von den vertraglich getroffenen Vereinbarungen zwischen Eigentümer oder Nutznießer eines Eigenjagdbezirks einerseits und dem Landpächter und/oder Jagdpächter ab. Der die Jagd selbst ausübende Eigentümer oder Nutznießer eines Eigenjagdbezirks kann durch eine entsprechende Vereinbarung im Landpachtvertrag die Haftung für jede Art von Wildschäden wirksam ausschließen. Er kann sich aber umgekehrt vertraglich dazu verpflichten, verschuldensunabhängig für Wildschäden entsprechend § 29 Abs. 1 zu haften. Nur dann haftet er auch für Schäden, die trotz ausreichender Bejagung eingetreten sind. 32

Wenn der Eigentümer oder Nutznießer eines Eigenjagdbezirks das Jagdausübungsrecht an A und die zum Eigenjagdbezirk gehörenden Grundstücke an B verpachtet hat, entsteht zwischen B und A durch den Jagdpachtvertrag kein Rechtsverhältnis (LG Bochum Urt. v. 13.1.1967 – 5 S 283/66, 13.1.1967 – 5 S 283/66, Nr. 1 = EJS III S. 22). Vorausgesetzt es läge ein Verschulden vor, so würde der Jagdpächter A dem Verpächter gegenüber haften, dieser haftet wiederum gegenüber dem Geschädigten B für das Verschulden des Jagdpächters entsprechend § 278 BGB. Hat der Jagdpächter A vertraglich mit dem Verpächter eine weitergehende Haftung für Wildschäden vereinbart, so ist davon auszugehen, dass dem Landpächter B ein unmittelbarer Anspruch gegen den Jagdpächter A zusteht, weil die vertragliche Übernahme des Schadensersatzes als ein Vertrag zu Gunsten Dritter iSd § 328 Abs. 1 BGB, § 335 BGB anzusehen ist (hM, Lorz/Metzger Rn. 6; Meyer-Ravenstein NJagdG Rn. 26; Möller UmweltR IV Rn. 57.9.4.3; Mitzschke/Schäfer Rn. 21). Dies gilt nicht, wenn der intern Haftende nicht unmittelbar Jagdausübungsberechtigter ist, sondern seine Rechtstellung im Rahmen eines Begehungsscheines ableitet (AG Neuburg a. d. Donau Urt. v. 10.5.2017 – 2 C 66/17, BeckRS 2017, 159657 = JE IX Nr. 261). 33

Wird im Landpachtvertrag des Grundstückseigentümers mit dem Landnutzer (Pächter) eine Haftung des Verpächters für Wildschaden ausgeschlossen, so führt dies, wenn nicht ausdrücklich zwischen Verpächter bzw. dem Pächter und Jagdpächter etwas anderes vereinbart worden ist, zum Ausschluss eines Ersatzanspruchs des Landpächters gegen die Jagdgenossenschaft und auch dem Jagdpächter. Mit dem Haftungsausschluss ist letztendlich auch die – ansonsten bestehende – Möglichkeit umfasst, dass der Geschädigte über die Jagdgenossenschaft eine eventuelle Mithaftung des Eigentümers erlangt. Somit ist im Zweifel jede Möglichkeit, Wildschadensersatz zu erhalten, ausgeschlossen – es sei denn der Landverpächter lässt die ausschließliche Haftung des Jagdpächters zu. 34

VI. Wildschadenspauschale

35 Wird **formularmäßig** in einem Jagdpachtvertrag vereinbart, dass im Zusammenhang mit Wildschäden vom Jagdpächter eine **feste jährliche** Pauschale zu zahlen ist, so unterliegt diese Vereinbarung dann der **richterlichen Inhaltskontrolle** nach §§ 305 ff. BGB (früher §§ 9–11 AGBG), wenn dadurch die bestehende Ersatzpflicht des Jagdpächters für Wildschäden **abgegolten** sein soll. Eine solche Vereinbarung ist nach § 309 Nr. 5 BGB (früher § 11 Nr. 5 lit. b AGBG) **unwirksam,** wenn dem Pächter das Recht abgeschnitten wird, den Nachweis dafür zu führen, dass der entstandene und damit eigentlich zu ersetzende Schaden erheblich unter der Pauschale liegt (OLG Hamm Urt. v. 13.12.1994 – 7 U 151/94, NJW-RR 1995, 624 = AgrarR 1996, 406 = JE IX Nr. 97).

36 Hat sich dagegen ein Jagdpächter in einem vorformulierten Jagdpachtvertrag verpflichtet, als Teil des Gesamtpreises für das Jagdrevier eine **Ersatzpauschale** für den Ersatz von Schäden auf bestimmten Flächen zu zahlen, ohne generell den Wildschadensersatz für diese Flächen zu übernehmen, handelt es sich lediglich um eine **Preisvereinbarung,** die nicht der richterlichen Inhaltskontrolle unterliegt (BGH Beschl. v. 30.11.2000 – III ZR 151/00, NJW-RR 2001, 343 = RdL 2001, 61 f. = JE IX Nr. 118 in Ergänzung zu Urt. v. 8.10.1998 – III ZR 278/97, NJW-RR 1999, 125 = RdL 1999, 7 f. = JE III Nr. 136). Eine vorformulierte vertragliche Verpflichtung des Jagdpächters, jährlich einen Pauschbetrag für vorbeugende Maßnahmen zur Wildschadensverhütung zu übernehmen, ist daher nicht zu beanstanden (hM, LG Wuppertal Urt. v. 14.2.1991 – 17 O 244/90, RdL 1991, 294 = JE III Nr. 105; Mitzschke/Schäfer Rn. 14). Es handelt sich insoweit um einen Bestandteil des für die Jagd zu erbringenden Entgelts. So ist auch die Klausel, wonach ein für Wildschadensersatz nicht aufgebrauchter Teil der Wildschadenspauschale seitens des Verpächters für Maßnahmen zur Wildschadensverhütung zu verwenden ist, nicht zu beanstanden (hM, OLG Koblenz Urt. v. 21.7.1999 – 1 U 220/98, BeckRS 1999, 17156 = JE IX Nr. 114 = AgrarR 2000, 190; Mitzschke/Schäfer Rn. 14; Meyer-Ravenstein NJagdG Rn. 8).

VII. Art und Umfang des Ersatzanspruchs

37 Da das BJagdG keine Regelungen zu Art und Umfang des zu leistenden Ersatzanspruchs enthält, gelten nach einhelliger Auffassung die allgemeinen Vorschriften zum **Schadensersatzrecht** des **BGB** (§§ 249 ff. BGB). Nach § 249 Abs. 1 BGB hat der Geschädigte Anspruch darauf, so gestellt zu werden, wie wenn der Wildschaden nicht eingetreten wäre. Er hat daher grundsätzlich einen Anspruch auf **Wiederherstellung des ursprünglichen Zustands,** dh es besteht seitens des Geschädigten ein Anspruch auf Naturalersatz. Jedoch kann der Geschädigte stattdessen nach § 249 Abs. 2 S. 1 BGB den zur Schadensbeseitigung erforderlichen Geldbetrag vom Ersatzpflichtigen fordern. Zum Ersatz der **Umsatzsteuer** ist der Geschädigte allerdings nur soweit verpflichtet, als sie tatsächlich angefallen ist (§ 249 Abs. 2 S. 2 BGB). Wegen der Schadensberechnung bei einem nicht zur Umsatzsteuer verpflichteten Landwirt → Rn. 42.

38 Der Ersatzpflichtige kann nach § 251 Abs. 2 BGB seiner Ersatzpflicht durch eine Geldleistung nachkommen, wenn die Beseitigung des Schadens für ihn nur mit **unverhältnismäßigen Aufwendungen** möglich ist. Dies ist regelmäßig der Fall, wenn Nachsaaten wegen der fortgeschrittenen Vegetationsperiode nicht mehr möglich oder sinnvoll sind.

39 Zu ersetzen ist nicht nur der unmittelbare an dem geschädigten Grundstück einschließlich des Bewuchses entstandene Schaden, sondern auch etwaige **Folgeschäden.** Wird zB eine Mähwiese im Frühjahr durch Schwarzwild zerwühlt und muss diese nach Wiederherstellung der Oberfläche neu eingesät werden, so sind nicht nur die Kosten für die Wiederherstellung der Wiese, sondern auch ein zu erwartender Minderertrag zu ersetzen.

40 Bei Ersatz des Ernteausfalls an landwirtschaftlichen Früchten, die **gehandelt** werden, wird der Schaden durch den **Marktpreis** bestimmt, andernfalls, zB bei Rauhfutter oder Silomais, wird der Ersatzbetrag aus den Kosten für die Beschaffung eines geeigneten **Ersatzfuttermittels** wie Heu, Rübenschnitzel oder Ähnliches ermittelt. Zur Ermittlung der Schadenshöhe ist im Zweifel ein Schadensschätzer oder Sachverständiger heranzuziehen. Hilfreich sind **Richtsätze,** die zB von der Ladwirtschaftskammer RLP jährlich herausgegeben werden, s. hierzu (https://www.landwirtschaftskammer.de/landwirtschaft/beratung/pdf/richtsaetze.pdf, Stand September 2023).

41 Ist der Wildschaden im zeitigen Frühjahr kurz nach der Aussaat entstanden und ist noch eine Neusaat möglich, so sind nur die Kosten für das zusätzlich erforderliche Saatgut und die erneuten Bestellungskosten und eine eventuell durch die Verzögerung entstandene Ertragsminderung zu ersetzen.

42 Wird bei der Schadensermittlung die **Mindererernte** zugrunde gelegt, so sind die ersparten Aufwendungen wie Ernte-, Lager und Transportkosten, soweit feststellbar, in Abzug zu bringen. Umgekehrt sind Mehraufwendungen zu bezahlen (zB Fahrt- und Rüstkosten zur Schadensbeseitigung).

43 Bei einem Wildschaden an zum Verkauf bestimmten Produkten ist einem nicht umsatzsteuerpflichtigen Landwirt auch die **Mehrwertsteuer** zu ersetzen, weil er seinen Lieferanten Mehrwertsteuer zu zahlen hat, ohne selbst einen Vorsteuerabzug (aus dem Wildschadensersatz) geltend machen zu können (hM, Mitzschke/Schäfer Rn. 29; AG Euskirchen 17.3.1980 – 4 C 723/79, RdL 1980, 121; Leonhard/Bauer/Schätzler, Wild- und Jagdschadensersatz, 2018, Rn. 7.2.3). Dies steht nicht in Widerspruch zu § 249 Abs. 2 S. 2 BGB. Dort geht es darum, dass der Geschädigte Ersatz der Umsatzsteuer fordern kann, die er selbst für Ersatzleistungen – Saatgut, Düngemittel, Maschineneinsätze – gezahlt hat.

43a **Zinsen** sind als Teil des Schadens ab dem Zeitpunkt der Schädigung auf den Schaden gem. §§ 286, 291 BGB zu entrichten (BGH Urt. v. 8.5.2020 – III ZR 138/19, NJW-RR 2020, 970). Eines zusätzlichen Vorverfahrens betreffend des Zinsanspruches bedarf es nicht, wenn die Schädigung selbst im Rahmen eines Vorverfahrens bereits behandelt wurde (s. auch → § 35 Rn. 28).

VIII. Mitverschulden

44 Auch für das Wildschadensrecht gilt § 254 BGB, wonach ein Mitverschulden an einem Schadenseintritt (Abs. 1) wie auch die Verletzung einer Schadensminderungspflicht (Abs. 2 S. 1) zu einer Herabsetzung oder gar einem

Ausschluss eines Schadensersatzanspruchs führen können. Es gilt auch für den Bereich des Wildschadens, dass ein Geschädigter für jeden Schaden mitverantwortlich ist, bei dessen Entstehen er in **zurechenbarer Weise** mitgewirkt hat. Das BJagdG hat in § 32 für den Fall des Unwirksammachens von Schutzvorrichtungen und für die Verletzung der Pflicht zur Anbringung üblicher Schutzvorrichtungen zwei Sonderregelungen normiert (→ § 32 Rn. 1 ff.).

45 Über die in § 32 geregelten Fälle hinaus hat die Rspr. ein mitwirkendes Verschulden in folgenden Fällen angenommen:

46 Bei Schäden oder einer Schadensausweitung infolge schuldhafter, also nicht durch schlechtes Wetter bedingter **Ernteverzögerung** (AG Stromberg-Hunsrück Urt. v. 30.6.1966 – 2 C 274/64, EJS II S. 15 Nr. 7); Wühlschäden in einem **nicht sauber abgeernteten** Maisfeld mit anschließender Getreideaussaat (LG Schwerin Urt. v. 8.11.2002 – 6 S 269/01, BeckRS 2002, 169008 = JE IX Nr. 130; das LG Schwerin hat ein überwiegendes Verschulden festgestellt und den Ersatzanspruch in vollem Umfang zurückgewiesen). Ein Mitverschulden wegen **unterlassener Hinweise** auf die Gefahr erheblicher Schäden haben angenommen: LG Lüneburg Urt. v. 4.7.2013 – 10 S 3/13, BeckRS 2013, 12929 = JE IX Nr. 215, 1/3 Mitverschulden wegen unterlassenen Hinweis auf eine frische Maisanpflanzung; LG Trier Urt. v. 29.1.2016 – 1 S 181/15, BeckRS 2016, 136407 = JE IX Nr. 251 – Anspruch im Ergebnis aber verneinend mangels nachgewiesener Kausalität; AG Diez Urt. v. 17.9.1985 – 3 C 397/85, JE IX Nr. 60: es wurde ein Abzug von 25 % vorgenommen, weil ein Mitverschulden wegen Nichtanzeige der Maisausaat anzunehmen sei; AG Betzdorf 11 C 378/96, Urteilsgründe wiedergegeben im Berufungsurteil LG Koblenz Urt. v. 29.7.1998 – 3 S 47/98, BeckRS 1998, 156580 = JE IX Nr. 106; Anbau von Rüben im Bereich hoher Kaninchenkonzentration (AG Segeberg MDR 1952, 167); Schäden nach einer nicht ordnungsgemäßen Beseitigung eines Altschadens (AG Bayreuth Urt. v. 10.1.2006 – 2 C 200/04); bei **Anbau neuartiger Pflanzen,** die zu einer stärkeren Gefährdung der Grundstücksflächen führen: AG Gummersbach 9.1.1968 – 1 C 527/67, EJS III S. 22 Nr. 2; nach OLG Hamm kann bei Verletzung von pachtvertraglich vereinbarten **Informationspflichten** der Ersatzanspruch auf ein Viertel reduziert werden (OLG Hamm Urt. v. 2.2.1976 – 22 U 198/75, JE IX Nr. 47). Ablehnend für Haferanbau LG Lüneburg Urt. v. 20.12.1984 – 1 S 251/84, JE IX Nr. 58 und für Maisanbau AG Diez 17.9.1985 – 3 C 397/85, JE IX Nr. 60 in wildschadensträchtigem Gebiet.

47 Für den Landwirt besteht keine Pflicht, einen Maisanbau in Waldrandnähe zu unterlassen (LG Trier Beschl. v. 3.4.2012 – 1 S 247/11, AuR 2013, 108 = JE IX Nr. 214), es ist daher kein Mitverschulden bei Feldanbau auf besonders wildschadensgefährdeten Flächen anzunehmen (für Mais s. AG Diez Urt. v. 17.9.1985 – 3 C 397/85, JE IX Nr. 60). Die Schadensminderungspflicht geht nicht soweit, dass ein Landwirt den Anbau üblicher Feldfrüchte im Interesse des Jagdpächters zu unterlassen hätte, er kann vielmehr auf seinen Feldern anbauen, was er wolle (für Hafer s. LG Lüneburg Urt. v. 20.12.1984 – 1 S 251/84, JE IX Nr. 58).

48 Nach § 27 Abs. 8 **MVLJagdG** kann sich der zum Schadensersatz Verpflichtete dann nicht auf ein Verschulden des Landwirts berufen, wenn dieser nach Maßgabe der Beitragssatzung der Wildschadensausgleichskasse (→ Rn. 52) Sachbeiträge geleistet hat, die zur Verhinderung des konkreten Schadens geeignet waren.

49 Nach der hM in der Lit. – Rspr. hierzu ist nicht bekannt – kann sich für den Nutzungsberechtigten eines Grundstücks eine Nutzungsbeschränkung allein aus dem Gesichtspunkt des **Schikaneverbots** gem. § 226 BGB ergeben, wenn erkennbar nur um Wildschaden entstehen zu lassen, ein Feldanbau erfolgt, der nichts mit den Grundsätzen einer ordentlichen, auf Ertrag gerichteten Wirtschaft zu tun hat. Der Ersatzpflichtige trägt sowohl für den Einwand des Mitverschuldens (LG Würzburg 31.1.1979 – 4 S 577/78, nv) als auch für den Schikaneeinwand die **Darlegungs- und Beweislast.** Ein 100%-Mitverschulden liegt in solchen Fällen nur vor, wenn die Anbauweise gezielt den Wildschadenanspruch provoziert und die Wildschadensbekämpfung nahezu unmöglich macht. Dies ist zB der Fall, wenn kleine Kartoffelschläge bewusst mitten in Raps oder Maisschlägen platziert werden.

50 In **Sachsen** und in **Thüringen** ist Wildschaden nicht zu erstatten, wenn durch die **nicht übliche Art** der Bewirtschaftung der Fläche, durch **verspätete, unvollständige oder unterlassene** Ernte, Wildschaden entstanden ist (§ 31 Abs. 2 S. 2 **SächsJagdG;** § 45 Abs. 2 **ThJG**). Darlegungs- und beweispflichtig ist insoweit der Ersatzpflichtige, der sich darauf beruft.

51 Eine mitwirkendes Verschuldens kann in einem großflächigen Feldanbau von Pflanzen, die eine entsprechende Wachstumshöhe und –dichte haben liegen, zB von Mais, Sonnenblumen oder Raps, wenn dem Jagdausübungsberechtigten durch die Größe der Felder eine wirksame Wildschadensverhütung unmöglich gemacht wird (unter Aufgabe des bisherigen Standpunktes hierzu zutreffend Wetzel AUR 2010, 70). Nach § 54 Abs. 3 **JWMG** ist Wildschaden an Maiskulturen nur zu 80% zu ersetzen, es sei denn, der Geschädigte hat die üblichen Schutzvorrichtungen angebracht (→ § 32 Rn. 29 ff.).

52 Bei großen Mais-, Sonnenblumen- oder ähnlichen Energiepflanzenschlägen ist ein Mitverschulden des Landwirts jedenfalls dann anzunehmen, wenn er trotz Kostenübernahme durch den Ersatzpflichtigen sich weigert, **Abwehrmaßnahmen** wie Schneisen zur Bejagung anzulegen oder freizuhalten (LG Trier Beschl. v. 3.4.2012 – 1 S 247/11, AuR 2013, 108 = JE IX Nr. 214; Kremer AUR 2012, 37; Thies AUR 2010, 266; Wetzel AUR 2010, 70). Ein Ersatzanspruch des Geschädigten wird aber häufig daran scheitern, dass der Schaden nicht innerhalb der Wochenfrist des § 34 angemeldet wurde (→ § 34 Rn. 5). Um zu vermeiden, dass für Jagdreviere mit extrem großflächiger Feldbewirtschaftung mit wildschadengefährdeten Pflanzen sich überhaupt keine Pächter mehr finden lassen, sind die Jagdgenossen oder Eigenjagdbesitzer aufgerufen, nach vertraglichen Vereinbarungen zu suchen, die zu einer vertretbaren Risikoverteilung führen (Drees/Thies, Wild- und Jagdschaden, 9. Aufl. 2011, S. 32).

IX. Wildschadensausgleichskassen

53 Nach § 29 Abs. 4 können die Länder bestimmen, dass der Wildschaden für bestimmtes Wild durch Schaffung einer **Wildschadensausgleichkasse** auf mehrere Schultern verteilt wird.

54 In **Mecklenburg-Vorpommern,** wo ein großflächiger Feldanbau vorherrscht, bestimmt MVLJagdG § 27 **MVLJagdG** die Einrichtung von Wildschadensausgleichkassen als Körperschaften des öffentlichen Rechts bei den Landkreisen und den kreisfreien Städten. Beitragspflichtige Mitglieder sind

alle Eigenjagdbesitzer, Jagdgenossenschaften, die Pächter eines Jagdbezirks und die Landwirte, die eine Nutzfläche von mindestens 75 ha bewirtschaften. Alle anderen Landwirte können der Kasse beitreten (§ 27 Abs. 1 **MVLJagdG**). Aufgabe der Kasse ist es, nach Abs. 2 Wildschäden zu verhindern und von Rot-, Dam- und Schwarzwild verursachte Schäden auszugleichen. Die Wildschadensausgleichskasse ist daher an der Regulierung von durch anderes Schadwild verursachten Schäden nicht zu beteiligen. Nach Abs. 6 erhebt die Kasse zur Erfüllung ihrer Aufgaben von ihren Mitgliedern Beiträge nach Maßgabe der Satzung der Kasse. Die Höhe der zu leistenden Beiträge richtet sich nach dem Wildschadensgeschehen. Eigenjagdbesitzer für die Grundflächen, die in ihrem Eigentum stehen, und die Landwirte sind von der Beitragszahlung befreit, jedoch haben die Landwirte nach Maßgabe der jeweiligen Satzung Sachbeiträge zu erbringen. Abweichend hiervon kann die Kasse im Einvernehmen mit der unteren Jagdbehörde auch von einem Eigenjagdbesitzer Beiträge für die in seinem Eigentum stehenden Grundflächen erheben, wenn Wildschäden in benachbarten Jagdbezirken auf unzulänglicher Bejagung von Rot-, Dam- oder Schwarzwild in dem betreffenden Eigenjagdbezirk zurückzuführen sind (§ 27 Abs. 7 **MVLJagdG**). In WAKVO M-V Anlage 1 § 14 Abs. 1 ist vorgesehen, dass den Mitgliedern der Kasse im Schadensfall auf Antrag bis zu 90% des Wildschadensbetrages als Wildschadensausgleich erstattet werden. Die Kasse ist nur eintrittspflichtig, wenn der Antragsteller die von ihm zu entrichtenden Beiträge fristgemäß entrichtet hat und der Wildschaden in dem vom Gesetz vorgesehenen Verfahren (§ 28 Abs. 3 **MVLJagdG**) verhandelt wurde. Der Ersatzanspruch gegen die Kasse kann gemindert werden, wenn das ersatzverpflichtete Mitglied einer gütlichen Einigung trotz Widerspruchs der Kasse zugestimmt hat oder er trotz Aufforderung der Kasse gegen einen Wildschadensvorbescheid nicht vorgegangen ist. Die Wildschadensausgleichkasse kann nur Wildschäden regulieren, die im Rahmen von §§ 29ff. zu erstatten sind. Schäden auf befriedeten Grundstücken oder solchen, auf denen die Jagd ruht (§ 6 und § 6a) sind nicht zu erstatten.

55 In **Brandenburg** (§ 46 **BbgJagdG**), **Rheinland-Pfalz** (§ 43 Abs. 1 Nr. 5 **RhPfLJG**) und **Schleswig-Holstein** (§ 38 **SchlHLJagdG**) sind Ermächtigungen der oberen Jagdbehörde zum Erlass einer Rechtsverordnung zur Schaffung einer Wildschadensausgleichskasse vorgesehen, wovon jedoch bislang **kein** Gebrauch gemacht wurde.

§ 30 Wildschaden durch Wild aus Gehege

Wird durch ein aus einem Gehege ausgetretenes und dort gehegtes Stück Schalenwild Wildschaden angerichtet, so ist ausschließlich derjenige zum Ersatz verpflichtet, dem als Jagdausübungsberechtigten, Eigentümer oder Nutznießer die Aufsicht über das Gehege obliegt.

1 Von der grundsätzlichen Haftung des Jagdausübungsberechtigten für die in seinem Jagdbezirk auftretenden Wildschäden normiert § 30 eine Ausnahme, nämlich, wenn der Schaden von einem in einem Jagdgehege gehegten Stück Schalenwild nach Austreten aus dem Gehege – **außerhalb des Geheges** – verursacht wurde. Für Schäden innerhalb des Geheges verbleibt es bei der Ersatzpflicht nach § 29.

2 Die Vorschrift ist im Wesentlichen aus § 45 Abs. 1 RJG übernommen, der seinerseits sein Vorbild in den Bestimmungen des preußischen Jagdrechts hatte.

3 **Gehege** iSd § 30 sind Grundflächen, die gegen das Aus- und Einwechseln von Wild mit Ausnahme von Feder- und Raubwild und Kaninchen **dauerhaft und vollständig** eingefriedet sind. Eingatterungen mit Einsprüngen oder ähnlichen Vorrichtungen, die dem Wild zwar ein Einwechseln in die eingefriedete Fläche, aber kein Auswechseln hieraus ermöglichen, fallen nicht unter § 30. Gleiches gilt für die Wintergatter, in denen Rotwild zur Vermeidung von Winterwildschäden durch Fütterung gehalten wird (Art. 24 **BayJG**).

4 Zu den Gehegen iSd § 30 gehören nicht Wildschaugehege, Tiergärten oder Anlagen zur Fleischproduktion (Mitzschke/Schäfer Rn. 2; Leonhardt/Bauer/Schätzler Rn. 1.2.4; aA Meyer-Ravenstein NJagdG Rn. 3). Die in derartigen Anlagen gehaltenen Tiere sind **nicht herrenlos** und daher kein Wild iSd BJagdG. Für Schäden, die von Tieren aus derartigen Einrichtungen verursacht werden, gelten daher die allgemeinen Vorschriften über die Tierhalterhaftung des BGB (aA Meyer-Ravenstein NJagdG Rn. 4: „Der Begriff Schalen"wild" ist als Gattungsbegriff zu verstehen, nicht im Sinne eines wildlebenden, herrenlosen Tieres, das dem Jagdrecht unterliegt (§ 1 Abs. 1). Zumindest genügt es, wenn das Schalenwild zum Zeitpunkt der Schadensverursachung „Wild", dh herrenlos ist.").

5 Unter **Hege** ist die planmäßige Pflege und Bewirtschaftung von Schalenwild zu verstehen. Sie ist nur bei den dem Jagdrecht unterliegenden wildlebenden Tieren möglich (Mitzschke/Schäfer Rn. 4; Leonhardt/Pießkalla Rn. 2.3; aA Meyer-Ravenstein NJagdG Rn. 4).

6 Was unter **Schalenwild** zu verstehen ist, ergibt sich aus § 2 Abs. 3. Daher fallen also andere Paarhufer, auch wenn sie in anderen Ländern als Wild gelten, wie Antilopen, Gazellen oder Ähnliches, selbst wenn sie mit behördlicher Genehmigung in einem Gehege ausgesetzt worden sind, nicht unter § 30 (Mitzschke/Schäfer Rn. 5; Leonhardt/Pießkalla Rn. 2.2; Meyer-Ravenstein NJagdG Rn. 4).

7 Eine Haftung besteht auch nur dann, wenn das ausgetretene Stück Schalenwild sich mit Willen des für das Gehege Verantwortlichen vor dem Ausbrechen aus dem Gehege in diesem befunden hatte. Für Wild, das sich ohne oder gegen den Willen des für das Gehege Verantwortlichen im Gehege befunden hat, besteht keine Haftung nach § 30 (Mitzschke/Schäfer Rn. 4; Leonhardt/Pießkalla Rn. 2.3).

8 Zu ersetzen sind alle nachweisbar von dem aus einem Gehege ausgetretenen Schalenwild angerichteten Schäden unabhängig von der Entfernung zum Gehege. Eine zeitliche Begrenzung der Ersatzpflicht zwischen Austreten aus dem Gehege und der Schadensverursachung sieht das Gesetz nicht vor.

9 Wechselt Schalenwild aus einem **Gehege** in ein Gebiet, in dem die gleiche Wildart heimisch ist, so wird eine Haftung aus § 30 schon dann nicht mehr in Betracht kommen können, wenn die Schadensverursachung nicht mehr dem aus dem Gehege ausgetreten Stück zweifelsfrei zugeordnet werden kann. Dies wird regelmäßig dann der Fall sein, wenn das Stück außerhalb des Geheges seinen (neuen) Einstand genommen hat (hM, Mitzschke/Schäfer Rn. 6; Lorz/Metzger Rn. 3).

10 **Kommt** die Schalenwildart, der das ausgetretene Stück angehört, am Schadensort **nicht vor,** verbleibt es bei der Haftung nach § 30, bis das Stück

erlegt worden ist (Lorz/Metzger Rn. 3) oder in einen anderen Bezirk abgewandert ist, wo seine Art heimisch ist. Es kommt also nicht darauf an, ob der an dem Gehege Berechtigte die Verfolgung des ausgetretenen Stückes aufgegeben hat. Gibt es für das entwichene Stück wegen ganzjähriger Schonung keine Jagdzeit, bleibt der für das Gehege Verantwortliche **zeitlich unbeschränkt** ersatzpflichtig (Leonhardt/Pießkalla Rn. 5.2; Meyer-Ravenstein AgrarR 1/2016 Anm. 3).

11 Für den Umfang der Ersatzpflicht gegenüber dem Geschädigten gelten die allgemeinen Vorschriften der § 31 und § 32. Die Schadensersatzansprüche sind ebenfalls nach den Vorschriften der §§ 34 f. entsprechend den landesgesetzlichen Bestimmungen geltend zu machen. Allerdings schließt der Anspruch aus **§ 30 als Sonderregelung** andere Ansprüche, insbesondere solche aus § 29 aus (Lorz/Metzger Rn. 3).

12 Streitig ist, ob eine Haftung des Jagdausübungsberechtigten, Eigentümers oder Nutznießers aus § 30 ein **Verschulden** voraussetzt. Unter der Geltung des **RJG** war nach § 45 Abs. 2 eine Haftung dann ausgeschlossen, wenn nachweislich das Gehege durch höhere Gewalt oder durch Dritte so beschädigt worden war, dass Schalenwild austreten konnte. Insoweit war also ein Entlastungsbeweis möglich. Ein Teil der Autoren geht auch nach dem Fehlen einer entsprechenden Vorschrift im BJagdG von einer verschuldensabhängigen Haftung iSd §§ 823 ff. BGB aus (Mitzschke/Schäfer Rn. 8; Günder/Olearius, Das Jagdrecht in Bayern, 1964, zu Art. 13 AVBayJG). Dies wird daraus geschlossen, dass § 30 denjenigen zum Ersatzpflichtigen bestimmt, dem die Aufsicht über das Gehege obliegt. Darin liege „wohl eingeschlossen, dass der Grund seiner Haftung in der Verletzung der ihm obliegenden Aufsichtspflicht liegt" (Mitzschke/Schäfer Rn. 8). Dem ist **nicht** zuzustimmen. Indem der Gesetzgeber darauf verzichtet hat, eine § 45 Abs. 2 RJG entsprechende Bestimmung in das BJagdG aufzunehmen, hat er deutlich gemacht, dass er auch bei durch aus Gehege entwichenem Schalenwild von der **verschuldensunabhängigen Haftung** für Wildschäden abgehen wollte. Auch hat er darauf verzichtet, eine § 29 Abs. 3 S. 2 entsprechende Bestimmung in § 30 aufzunehmen (Lorz/Metzger Rn. 3; Leonhardt/Bauer/Schätzler Rn. 11.5; Meyer-Ravenstein NJagdG § 30 Rn. 1; Drees/Thies/Müller-Schallenberg/Jäcker/Hugenberg § 30 S. 256). Dass der Gesetzgeber denjenigen für ersatzpflichtig erklärt, dem die Aufsicht über das Gehege obliegt, dient nur der Ermittlung der letztendlichen Haftungsverteilung zwischen dem Eigentümer, dem im Gehege Jagdausübungsberechtigten oder dem Nutznießer des Geheges (Lorz/Metzger Rn. 3). Es ist also von einer **Gefährdungshaftung** auszugehen.

13 **Beweispflichtig** dafür, dass ein Schaden durch ein aus einem Gehege ausgetretenen Stück Schalenwild verursacht wurde, ist der **Geschädigte.** Beruft sich dagegen ein nach § 29 in Anspruch genommener Jagdausübungsberechtigter darauf, dass der Schaden in seinem Jagdbezirk von einem aus einem Gehege ausgetretenem Stück herrührt, ist er insoweit beweisbelastet (Drees/Thies, Wild- und Jagdschaden, 9. Aufl. 2011, 14).

14 Für einen Wildschaden, der sowohl von aus einem Gehege ausgetretenen als auch von freilebendem Schalenwild verursacht worden ist und bei dem der jeweilige Schadensanteil nicht nachweisbar ist, ist von einer **gesamtschuldnerischen** Haftung von dem für das Gehege Verantwortlichen und dem Jagdausübungsberechtigten des Bezirks, in dem der Schaden eingetreten ist, auszugehen (Meyer-Ravenstein NJagdG § 30).

§ 31 Umfang der Ersatzpflicht

(1) **Nach den §§ 29 und 30 ist auch der Wildschaden zu ersetzen, der an den getrennten, aber noch nicht eingeernteten Erzeugnissen eines Grundstücks eintritt.**

(2) [1] **Werden Bodenerzeugnisse, deren voller Wert sich erst zur Zeit der Ernte bemessen läßt, vor diesem Zeitpunkt durch Wild beschädigt, so ist der Wildschaden in dem Umfange zu ersetzen, wie er sich zur Zeit der Ernte darstellt.** [2] **Bei der Feststellung der Schadenshöhe ist jedoch zu berücksichtigen, ob der Schaden nach den Grundsätzen einer ordentlichen Wirtschaft durch Wiederanbau im gleichen Wirtschaftsjahr ausgeglichen werden kann.**

Ländervorschriften: Art. 46 BayJG; § 31 Abs. 2 S. 1 SächsJagdG.

Schrifttum: Conrad, Zur Berechenbarkeit von Waldwildschäden, DRJT XI/XI; Conrad, Vereinbarungen in Jagdpachtverträgen über den Ersatz von Waldwildschäden, DRJT XVII, 2006; Kroth/Sinner/Barthelheimer, Hilfsmittel zur Bewertung von Verbiss- und Fegeschäden, Allgemeine Forstzeitschrift Nr. 5 und 6/1984, Nr. 22/1985, aktualisiert in Nr. 14–15/1990; Moog/Niebler, Vertragliche Regelungen zur Vermeidung und zum Ersatz von Wildschäden im Wald, Gothaer Versicherungen, Schriftenreihe Jagd, Bd. 3, 1997; Schmitz/Bücking/Moshammer/Jochum/Roeder, Einfaches Verfahren zur Bewertung von Verbissschäden in den Wäldern von Rheinland-Pfalz, Forst und Holz Nr. 5/2006, 1.

Übersicht

I. Ersatz nach Schadensersatzrecht des BGB

1 Der Umfang des zu leistenden Schadensersatzes richtet sich sowohl bei Schäden an land- wie auch an forstwirtschaftlichen Kulturen nach dem **Schadensersatzrecht des BGB.** Demnach kann nach § 249 Abs. 1 BGB die **Wiederherstellung des ursprünglichen Zustandes** verlangt werden, falls dies noch möglich ist. Ansonsten ist gem. § 251 BGB **Ersatz in Geld** zu leisten (→ § 29 Rn. 36). Die Länder können mangels Gesetzgebungskompetenz das Schadensrecht des BGB nicht gänzlich durch abweichende Regelungen aushebeln. Dies gilt auch insoweit ihnen die Kompetenz zukommt jagdrechtliche Vorschriften zu erlassen.

II. Erweiterung der Ersatzpflicht auf Ernteteile

2 Durch § 31 Abs. 1 wird diese Ersatzpflicht auch auf solche Schäden erweitert, die an den schon **vom Boden getrennten** Erzeugnissen eines Grundstücks angerichtet werden, solange sie noch **nicht eingeerntet** sind, wie zB gerodete Kartoffeln oder Rüben, die noch auf dem Feld lagern, zum Trocknen aufgesetztes Kleeheu, Getreidegarben usw Wurden die Rüben oder Kar-

toffeln allerdings zum Zweck der **Lagerung** in Mieten untergebracht, so sind sie als **eingeerntet** anzusehen, so dass ein während der Lagerung an den eingemieteten Erzeugnissen entstehender Wildschaden nicht mehr zu entschädigen ist. Wird das Einernten entgegen den Regeln einer ordentlichen Feldwirtschaft verspätet durchgeführt, kann dem Ersatzanspruch bezüglich des durch die Verzögerung entstandenen (Mehr-) Schadens der **Mitverschuldenseinwand** des § 254 BGB entgegengehalten werden (Mitzschke/Schäfer Rn. 1; Leonhardt/Pießkalla Rn. 1). Zum Mitverschulden → § 29 Rn. 43 ff.).

III. Maßgeblicher Zeitpunkt für die Schadensersatzberechnung

3 Bei der Ermittlung der Wildschäden, die vor Erntebeginn eingetreten sind und die sich der Höhe nach erst **bei der Ernte** feststellen lassen, ist nach Abs. 1 S. 1 auf den Umfang abzustellen, wie er sich denn bei der Ernte darstellt. Dies ist der sich aus §§ 249 ff. BGB ableitende Regelfall. Der Schaden ist also nicht aufgrund einer Wahrscheinlichkeitsberechnung, sondern mittels einer exakten **Ertragsermittlung** bei der Ernte festzustellen.

4 Da das Gesetz in § 31 Abs. 2 nicht zwischen Feldfrüchten und Forstpflanzen differenziert, kommt es sowohl für die Ermittlung des ersatzpflichtigen Schadens bei Feldfrüchten als auch bei Forstpflanzen auf den Erntezeitpunkt an, selbst wenn dieser bei den Forstpflanzen noch in weiter Zukunft liegen kann (BGH Urt. v. 22.5.1984 – III ZR 18/83, NJW 1984, 2216; aA Leonhardt/Pießkalla Rn. 1.31, 2.1, der § 31 Abs. 2 für nur auf Feldfrüchte anwendbar hält, weil nur diese innerhalb eines Wirtschaftsjahres geerntet würden). Da die **Umtriebszeiten** für Bäume bis zur Ernte erheblich sind – bei der Buche beispielsweise 100 bis 120 Jahren –, kann es erforderlich werden, Waldwildschäden auf Zeiträume von 70 und mehr Jahren in die Zukunft zu ermitteln, obwohl deren genauer Umfang erst in weiter Zukunft liegt.

5 Der BGH hat sich in zwei Entscheidungen mit dieser Problematik befasst (BGH Urt. v. 22.5.1984 – III ZR 18/83, NJW 1984, 2216; Urt. v. 14.3.1996 – III ZR 139/93, NJW-RR 1996, 792), wobei es allerdings um die Feststellung der Höhe eines Entschädigungsanspruchs wegen zu niedriger Festsetzung von Rotwildabschussplänen ging. Er hat bezüglich der Schadensermittlung unter anderem in NJW 1984, 2216 Folgendes festgestellt:

> *„Das Berufungsgericht ist bei der Berechnung der sog. Schälschäden dem Sachverständigen Prof. Dr. Sp. gefolgt. Der Sachverständige hat berücksichtigt, dass die durch Schälschäden entstehende Verluste jeweils erst im Erntezeitpunkt eintreten. Um sie auf den Zeitpunkt des Bewertungsstichtags – 31. Juli 1979 – umzurechnen, hat er sie entsprechend der unterschiedlichen Differenz zwischen gegenwärtigem Bestandsalter und planmäßiger Umtriebszeit unter Verwendung des sog. Internen Zinsfußes von 2,25 % bei Fichte und 1,25 % bei Buche auf den Stichtag diskontiert, wobei er den Holzpreis 1979 zugrunde gelegt hat. Diese Berechnung der Waldschäden mag betriebswirtschaftlich anerkannten Grundsätzen entsprechen, ob sie eine brauchbare Grundlage für eine Schätzung eines Schadens (§ 287 Abs. 1 ZPO) abgeben kann, ist mindestens zweifelhaft.… Inwieweit unter diesen Umständen überhaupt die Schätzung eines*

Schadens (§ 287 Abs. 1 ZPO) möglich ist oder ob es nicht ggf. bei einem Feststellungsanspruch sein Bewenden haben muss, wird der Tatrichter nach pflichtgemäßen Ermessen zu beurteilen haben. Mit der Einräumung der Befugnis, die Höhe des Schadens zu schätzen (§ 287 Abs. 1 ZPO), nimmt das Gesetz zwar in Kauf, dass das Ergebnis der Abschätzung mit der Wirklichkeit vielfach nicht übereinstimmt, die Schätzung soll aber möglichst nahe an diese heranführen (Senatsurteil vom 16. Dezember 1963 – III ZR 47/63 = VersR 1964, 258, 259). Um der Beweisnot des Geschädigten abzuhelfen, wird der Richter den Schaden zu schätzen haben, wenn und soweit die festgestellten Umstände hierfür noch eine genügende Grundlage abgeben; das Gericht kann und muss aber von jeder Schätzung absehen, wenn diese mangels greifbarer Anhaltspunkte völlig in der Luft hängen würde. Sofern eine Schätzung des gesamten Schadens ausscheiden muss, wird der Tatrichter zu prüfen haben, ob nicht einzelne Schadensteile oder doch wenigstens ein Mindestschaden im Wege des § 287 Abs. 1 ZPO zuerkannt werden kann (Senatsurteil vom 16. Dezember 1963).“

Nachdem das Berufungsgericht gestützt auf die oben angeführte Entscheidung des BGH einen Entschädigungsanspruch lediglich dem Grunde nach festgestellt hatte (OLG Koblenz Urt. v. 22.9.1993 – 1 U 1002/84, nv), hat der BGH in seinem Urt. v. 14.3.1996 unter anderem Folgendes ausgeführt: 6

„Zu Unrecht hat das Berufungsgericht sich durch den Hinweis des Senats im ersten Revisionsurteil auf § 31 Abs. 2 BJagdG gehindert gesehen, eine auf den Eingriffszeitpunkt bezogene Schätzung des Substanzverlustes vorzunehmen. Der Rückgriff auf den Gedanken dieser Vorschrift bedeutet im vorliegenden Zusammenhang nur, dass die Prognose, welcher Absatzverlust im Zeitpunkt der „Ernte“ voraussichtlich entstehen wird, ein bei der auf den Eingriffszeitpunkt bezogenen Schätzung zu berücksichtigender Gesichtspunkt ist. Daraus kann aber nicht gefolgert werden, der entschädigungsfähige Nachteil lasse sich überhaupt erst im Zeitpunkt der „Ernte“, bei Gehölzschäden also vielfach erst nach Jahrzehnten, mit einer die Zubilligung einer Entschädigung rechtfertigenden Gewissheit ermitteln, Eine solche Betrachtungsweise würde vor allem der Bedeutung der Eigentumsgarantie nicht gerecht werden.“

Mit dieser Entscheidung hat der BGH seine ursprüngliche Auffassung zumindest relativiert und sucht für den insoweit Geschädigten eine Lösung über den nach § 287 Abs. 1 ZPO schätzbaren Substanzverlust, der durch die konkreten Schadensmaßnahmen wie Schälen, Verfegen oder Verbiss entstanden ist (BGH Urt. v. 14.3.1996 – III ZR 139/93, NJW-RR 1996, 792). 7

In der Praxis werden zur Ermittlung der durch Verbiss entstandenen Schäden das **Verbissbewertungsverfahren** von Kroth, Barthelheimer, Sinner mit den Weiterentwicklungen von Leonhardt, Bauer, Schätzler und Verfahren Bayerischer Bauernverband mit einem Anteil von 54% deutschlandweit am häufigsten benutzt. Tatsächlich ist ein Schaden an Bäumen nur individuell ermittelbar. Das Verfegen einzelner Fichten in einer angelegten Kultur ist in der Regel kein Schaden, weil bei der Anlage ein gewisser Verlust einkalkuliert wird durch Mehranpflanzung. Wird aber eine relativ große Fläche geschädigt ist eine Nachanpflanzung nötig. Im Verlauf der jahrzehntelangen Wachstumsphase findet eine kostenträchtige Ausdünnung der Bestände statt, die erst ab einer bestimmten Baumgröße kostenneutral, später gewinnträchtig werden kann. Bis dahin geht mit einer Schädigung einzelner 8

Bäume kein wirtschaftlicher Verlust einher. Aufgrund der langen Phase bis zu einer wirtschaftlichen Ernte und der nicht unerheblichen Gefahr durch klimatische Einflüsse oder Schädigungen durch Pilze, Krankheiten oder Insekten kann eine Prognose über die Entwicklung eines Bestandes nur mit erheblichen Einschränkungen erfolgen. Zudem ist kaum vorhersehbar, ob zu einem Erntezeitpunkt der zum Teil 100–300 Jahre nach der Anpflanzung liegt diese Baumart überhaupt einen Wert hat.

9 Wegen der Unsicherheiten bei der Schätzung der Schadensentwicklung zwischen Beschädigung und Ernte (s. hierzu Kritik von Conrad, Vorträge, veröffentlicht in DRJT XI/XII und XVII) wird in Lit. und Praxis die Übernahme des sog. **Rosenheimer Modells** oder anderer Ermittlungsmaßstäbe (Vorschläge bei Conrad, DRJT XVII) **in Jagdpachtverträge** empfohlen. Grundlage des Rosenheimer Modells war eine Abstimmung des bayerischen Bauernverbandes und der obersten Jagdbehörde, die in einem Musterjagdpachtvertrag Schadenshöhen und entschädigungspflichtige Baumarten benennt und festschreibt. Geregelt werden Verbiss-, Fege- und Schälschäden. Der Kostenersatz wird über die Anzahl an geschädigten Pflanzen oder Bäumen an Hand von Tabellen durch Produktbildung ermittelt. Der Einschaltung eines Sachverständigen bedarf es dann in der Regel nicht, weil die Schadenshöhe von Geschädigtem und Ersatzpflichtigen gemeinsam über die Anzahl der geschädigten Pflanzen oder Bäume und den im Vertrag festgeschriebenen Kostensätzen ermittelt wird. In der Realität dürfte diese Art von Ermittlung den wahren Schaden nicht erfassen. Vielfach wird deshalb in den Jagdpachtverträgen eine pauschale Abgeltung für Waldschäden vereinbart. Der Deutsche Forstwirtschaftsrat hat mit einer Konvention über die Bewertung von Wildschäden im Wald eine vereinfachte Regelung zur Feststellung der Schadenshöhe herausgegeben. Die Vorgaben dieser Konvention verkennen, dass erhebliche Abschläge bei dem tatsächlich erst später eintretenden Ernteschaden vorzunehmen sind, weil aufgrund von klimatischen Schäden, solche durch Befall von Borkenkäfern, Rückeschäden, natürlichem Ausfall die tatsächliche Einbringung einer Ernte höchst ungewiss geworden ist. Fichten werden zur Zeit in den Mittelgebirgen nicht oder als Kamalität zu geringen Preisen zur Unzeit geerntet. Die Preise schwanken so erheblich, dass eine Schadensschätzung nicht zu Gunsten des Geschädigten – der Beweisbelastet ist – diese Umstände faktisch außer Acht lässt oder nivelliert. Daher kann je nach Lage und Pflanze das Ausfallrisiko so hoch sein, dass ein tatsächlicher späterer Schaden nicht feststellbar sein wird. Beim Ausfall einzelner Bäume oder bei einer durch Verbiss eintretende Wuchsverzögerung werden Schäden durch die vorgenannte Methode deutlich überbewertet, weil kein vernünftig Wirtschaftender einzelne Bäume überhaupt ersetzt und ungewiss ist, wann und ob überhaupt ein Baum geerntet wird (s. zu der Problematik Leonhardt, Bauer, Schätzler, von Löwis of Menar, Wild- und Jagdschadenersatz Kennzahl 33 Nr. 3.3). Auch die Höhe einer Diskontierung, also Abzinsung eines heute zu zahlenden Betrages für einen erst deutlich später eintretenden Ernteschaden ist streitig. Hierzu wird oft ein betriebsbezogener, interner Ertragszins herangezogen, dh mit welcher Verzinsung seines Kapitals der Waldbesitzer rechnet. Sofern der Waldbesitzer dauerhaft keinen Gewinn erzielt, sein Bestand keine Kapitalmehrung erfährt hätte dieser einen hohen, nicht zu diskontierenden Schaden, weil seine Kapitalverzinsung bei Null läge. In dem Fall muss er sich mindestens dem auf dem öffentlichen Kapitalmarkt erhältlichen langfristigen Zins im Zuge einer Minderungspflicht anrechnen

lassen (OLG Hamm Urt. v. 28.5.2015 – I-18 U 137/14, nv; OLG Stuttgart Beschl. v. 26.10.2006 – 20 W 14/05, NZG 2007, 112). Auch der durch eine Wachstumsverzögerung von ein bis zwei Jahren bei einer Umtriebszeit von 90 Jahren oder mehr eintretende Schaden ist entgegen dem Modell nicht real bewertbar. Zum einen ist die Umfangmehrung eines Baumes im Alter nur noch sehr gering und auf ein Jahr kurz vor der Ernte kaum messbar, zum anderen ist der Erntezeitpunkt, insbesondere bei Einzelnutzung (Plenterwald) nicht absehbar, das Baumwachstum selbst von unzähligen weiteren Faktoren (Beschattung, Lage, betriebliche Erfordernisse etc) abhängig. Die Bewertung von Waldschäden bleibt daher ein extrem schwieriges Thema und dem werden solche Vereinfachungen nicht gerecht (s. auch hierzu sehr ausführlich Leonhardt, Bauer, Schätzler, von Löwis of Menar, Wild- und Jagdschadenersatz Kennzahl 31 Nr. 3.1 für Verjüngungen und Kennziffer 32 Nr. 2 für Schälschäden). Die Pauschalierung einer Abzinsung in Verträgen, auch unter Vereinbarung von Bewertungsmethoden ist im Zweifel unzulässig (BGH Urt. v. 30.10.2019 – VIII ZR 177/18, NJW 2020, 459). Ein ökologischer Schaden ist, da er immaterieller Natur ist kein Schaden iSv § 249 BGB (Lorz/Metzger Rn. 1; Stollenwerk RdL 1995, 227).

Die aufgrund von § 35 erlassenen Ländervorschriften zum Vorverfahren in Wildschadenssachen sehen in aller Regel vor, dass in dem alsbald nach der Schadensmeldung anzuberaumenden Ortstermin von jedem Beteiligten gefordert werden kann, dass der Schaden erst in einem späteren, kurz vor der Ernte stattfindenden Termin festgelegt werden soll (§ 26 Abs. 2 **AVBayJG;** § 40 Abs. 2 **BbgJagdG;** Art. 33 **BremLJagdG; HmbJagdG** und **LJagdG Bln:** keine ausdrückliche Regelung; § 36 Abs. 2 **HJagdG;** § 2 Abs. 1 **MVWildSVO;** § 6 Abs. 3 **NdsWJSchadVO;** § 37 Abs. 2 **LJG-NRW;** § 61 Abs. 2 **RhPfLJG;** § 66 Abs. 2 **SJGDV;** § 25 Abs. 1 S. 2 **LSALJagdGDVO;** § 3 Abs. 2 **SchlHWiJaSchSVVO;** § 48 Abs. 2 **ThJG**). Damit soll sichergestellt werden, dass der durch den Wildschaden verursachte quantitative und qualitative Wertverlust möglichst exakt ermittelt werden kann. Zudem entspricht nur diese Option den Vorgaben des BGB und kann somit nicht eingeschränkt werden. 10

Dadurch werden auch **wildschadensunabhängige Faktoren** wie Dürren, Überschwemmungen, Nachtfröste, Brände usw angemessen berücksichtigt. So ist beispielsweise ein Hagelschaden, der zu einer prozentual feststellbaren Ertragsminderung auch ohne Wildschaden geführt hat, von dem Wildschadensersatz in Abzug zu bringen. Hat der Ersatzpflichtige allerdings bereits vor Eintritt des Hagel- oder anderweitigen Ersatzschadens Wildschadensersatz geleistet, kann er diesen nicht zurückfordern. 11

Wird im ersten Termin ein Totalschaden festgestellt und der Wildschaden für den Ernteausfall ersetzt, weil ein Wiederanbau im gleichen Wirtschaftsjahr nicht den Grundsätzen einer ordentlichen Wirtschaft entspräche, so kann der Geschädigte keinen Ersatz für darauffolgende Schäden an den gleichwohl wiederbestellten Flächen verlangen. Dies ist in Art. 46 **BayJG** und für § 31 Abs. 2 **SächsJagdG** ausdrücklich bestimmt, muss aber auch generell gelten, um zu vermeiden, dass der Ersatzpflichtige dem Geschädigten mehr ersetzen müsste, als dieser bei einer **ordentlichen Wirtschaft** aus seinem Grundstück an Ertrag hätte erzielen können (Mitzschke/Schäfer Rn. 3; Leonhardt/Pießkalla Rn. 3.2). 12

IV. Schadensminderungspflicht durch Wiederanbau

13 Nach Abs. 2 S. 2 besteht, soweit ein Schaden durch Wiederanbau ausgeglichen werden kann, eine entsprechende **Verpflichtung.** Dem Geschädigten ist dann nur der zusätzliche Aufwand für Saatgutbeschaffung und Neubestellung sowie ein eventueller Minderertrag infolge der späteren Neubestellung zu erstatten. Entsteht nach einem solchen Wiederanbau erneut Wildschaden, so ist dieser allerdings nach den allgemeinen Grundsätzen auszugleichen (Leonhardt/Pießkalla Rn. 3.2).

14 Diese Verpflichtung gilt auch für **Schäden an Forstkulturen,** die durch Neuanpflanzungen der vom Schadwild beschädigten Pflanzen beseitigt werden können. Zu ersetzen sind die Kosten für die Neubepflanzung und – soweit messbar – der durch eine Wachstumsverzögerung bedingte Schaden infolge einer Ernteverzögerung.

15 Da Abs. 2 S. 2 eine Konkretisierung der Schadensminderungspflicht zum Gegenstand hat, ist der Geschädigte allerdings verpflichtet, einen Wiederanbau vorzunehmen, wenn dies im Rahmen einer ordentlichen Feldwirtschaft angezeigt ist. Kommt er dieser Verpflichtung nicht nach, beschränkt sich die Ersatzpflicht auf den Schaden, der bei einer **ordnungsgemäßen Neubestellung** erstattungsfähig gewesen wäre (Leonhardt/Pießkalla Rn. 3.1). Dazu gehört auch ein eventueller Minderertrag, der auf den **Zeitverlust** zurückzuführen ist, der durch die Neubestellung eingetreten ist (LG Verden Urt. v. 6.6.1984 – 2 S 424/83, AgrarR 1984, 247 f. = JE IX Nr. 54). Soweit der Zeitverlust beim Wiederanbau vom Geschädigten zu vertreten ist, muss er sich dies gem. § 254 Abs. 2 BGB entgegenhalten lassen. Hat der Geschädigte aber nur das Ergebnis von Schätzgutachten abwarten wollen, geht dies nicht zu seinen Lasten (OLG Düsseldorf Urt. v. 1.7.1969 – 4 U 19/69, EJS III S. 23).

16 Eine Pflicht zum Wiederanbau besteht auch dann, wenn Bestellung und Ernte nicht mit eigenen Geräten erfolgen können oder die Ernteerzeugnisse nicht im eigenen Betrieb verwertbar sind (LG Verden Urt. v. 6.6.1984 – 2 S 424/83, AgrarR 1984, 247 f. = JE IX Nr. 54). **Keine** Pflicht zum Wiederanbau seitens des Geschädigten besteht, wenn die zu erwartenden **Kosten** sowie der geschätzte Minderertragsschaden den entstandenen Wildschaden voraussichtlich **übersteigen,** wenn die Kosten für den Wiederanbau den voraussichtlichen **Ernteerlös überschreiten** würden oder der Ersatzpflichtige den Geschädigten ausdrücklich aufgefordert hat, einen **Wiederanbau zu unterlassen** (LG Verden Urt. v. 6.6.1984 – 2 S 424/83, AgrarR 1984, 247 f. = JE IX Nr. 54).

17 Soweit in der Lit. die Auffassung vertreten wird, dass kein Ersatzanspruch bestehe, wenn auf besonders gefährdeten Flächen Fruchtarten oder Elitesorten als Neubestellung angebaut werden, welche dem Wildschaden in noch höherem Maß als der Erstanbau ausgesetzt seien (so Mitzschke/Schäfer Rn. 3), kann dem nur gefolgt werden, wenn der geschädigte Landwirt unter Verletzung seiner Schadensminderungspflicht den Ersatzpflichtigen trotz entsprechender Kenntnis hierauf nicht hingewiesen hat (LG Verden Urt. v. 6.6.1984 – 2 S 424/83, AgrarR 1984, 247 f. = JE IX Nr. 54; zum Mitverschulden → § 29 Rn. 43 ff.). Der Ersatzpflichtige soll dann entscheiden können und dürfen, ob er einen Wiederanbau verbunden mit den **zusätzlichen**

Risiken übernehmen oder den erkennbar entstandenen Schaden regulieren will (LG Verden Urt. v. 6.6.1984 – 2 S 424/83, AgrarR 1984, 247 f. = JE IX Nr. 54).

§ 32 Schutzvorrichtungen

(1) **Ein Anspruch auf Ersatz von Wildschaden ist nicht gegeben, wenn der Geschädigte die von dem Jagdausübungsberechtigten zur Abwehr von Wildschaden getroffenen Maßnahmen unwirksam macht.**

(2) [1]**Der Wildschaden, der an Weinbergen, Gärten, Obstgärten, Baumschulen, Alleen, einzelstehenden Bäumen, Forstkulturen, die durch Einbringen anderer als der im Jagdbezirk vorkommenden Hauptholzarten einer erhöhten Gefährdung ausgesetzt sind, oder Freilandpflanzungen von Garten- oder hochwertigen Handelsgewächsen entsteht, wird, soweit die Länder nicht anders bestimmen, nicht ersetzt, wenn die Herstellung von üblichen Schutzvorrichtungen unterblieben ist, die unter gewöhnlichen Umständen zur Abwendung des Schadens ausreichen.** [2]**Die Länder können bestimmen, welche Schutzvorrichtungen als üblich anzusehen sind.**

Ländervorschriften: § 55 JWMG; Art. 44 BayJG; § 38 LJagdG Bln; § 43 BbgJagdG, § 8 BbgJagdDV; Art. 32 Nr. 2 und 3 BremLJagdG; Sammelerlass zum HJagdG Anlage 1; § 28 MVLJagdG; § 34, § 1 ndsVO über Schutzvorrichtungen zur Vermeidung von Wildschäden; § 33 LJG-NRW, § 1 LJG-DVO; § 41 RhPfLJG; § 41 SJG; § 22 Abs. 3 SächsJagdG, § 34 SächsJagdVO; § 44 ThJG.

Schrifttum: Haarstrich, Wildschadensersatz an Sonderkulturen gemäß § 32 Abs. 2 BJagdG, insbesondere bei Freilandpflanzungen von Gartengewächsen, AUR 2005, 109.

Übersicht

I. Einführung

Nach hM erfährt die allgemeine Regelung des **Mitverschuldens** nach 1
§ 254 BGB durch § 32 eine besondere Ausgestaltung für das Recht des Wildschadensersatzes (Leonhardt/Pießkalla Rn. 1; Lorz/Metzger Rn. 1; Mitzschke/Schäfer Rn. 1). § 32 trifft für zwei Fälle mitwirkenden Verschul-

dens eine **Sonderregelung** dahingehend, dass ohne das Erfordernis einer weiteren Interessenabwägung ein Anspruch auf Wildschadensersatz zu verneinen ist. Und zwar ist nach Abs. 1 ein Anspruch auf **Wildschadensersatz ausgeschlossen,** wenn der Geschädigte eine zur Abwehr von Wildschäden vom Jagdausübungsberechtigten oder seinen Helfern getroffene Maßnahme **unwirksam** macht. Nach § 55 **JWMG** entfällt die Schadensersatzpflicht auch dann, wenn der Geschädigte die zur Abwehr von Wildschäden getroffenen Maßnahmen verhindert. Nach Abs. 2 ist ein Wildschaden dann nicht zu ersetzen, wenn bei bestimmten, im Gesetz ausdrücklich genannten Objekten, die Herstellung von üblichen **Schutzvorrichtungen** unterblieben ist.

II. Unwirksammachen von Schutzvorrichtungen

2 Nach § 26 ist neben dem Eigentümer oder Nutzungsberechtigten eines Grundstücks der Jagdausübungsberechtigte befugt, **Maßnahmen zur Verhütung von Wildschäden** zu treffen, solange er dabei das zu schützende Grundstück nicht beschädigt. Der Eigentümer oder Nutzungsberechtigte hat diese Maßnahmen zu dulden. Macht er die getroffenen Maßnahmen unwirksam und kommt es auf oder an dem Grundstück zu Wildschäden, besteht kein Anspruch auf Ersatz des Wildschadens.

3 Das **Unwirksammachen** kann durch **positives Tun** wie Stromabschalten am Elektrozaun, Zerschneiden von Zäunen, Entfernen von Scheuchen, aber auch durch **Unterlassen** geschehen, so zB wenn nach Arbeiten in einem mit Elektrozaun gesicherten Feld nach Abschluss der Arbeiten, der Zaun nicht wieder geschlossen wird, so dass er wirkungslos ist. Haben nicht der Eigentümer oder der Nutzungsberechtigte die zur Abwehr von Wildschaden getroffenen Maßnahmen unwirksam gemacht, sondern ein Angestellter, so scheidet eine Zurechnung gleichwohl nicht von vornherein aus (so aber Leonhardt/Pießkalla Rn. 2, mit der Begründung, dass eine Haftung nach § 278 BGB nicht bestünde, weil zwischen Jagdausübungsberechtigten und Geschädigten kein Vertragsverhältnis bestehe). Es ist nämlich das Verschulden eines **Verrichtungsgehilfen** iSd § 831 BGB im Rahmen des § 254 BGB zu berücksichtigen. Schuldhaftes Verhalten von Hilfspersonen ist bei der Feststellung eines Mitverschuldens ebenso zu behandeln wie bei der Haftungsbegründung (Palandt/Heinrichs BGB § 254 Rn. 49). Allerdings hat der Geschädigte die Möglichkeit, den Entlastungsbeweis nach § 831 Abs. 1 S. 2 BGB zu führen.

4 Ein **Unwirksammachen** ist auch dann anzunehmen, wenn vom Jagdausübungsberechtigten angebotene Schutzmaßnahmen ohne vernünftigen Grund abgelehnt werden oder wenn der Nutzungsberechtigte entgegen einer Verabredung mit dem Jagdausübungsberechtigten zur Verfügung gestelltes Material nicht zur Wildschadensverhütung, sondern für andere Zwecke verwendet (Leonhardt/Pießkalla Rn. 2; Mitzschke/Schäfer Rn. 5; Drees/Thies, Wild- und Jagdschaden, 9. Aufl. 2011, S. 16). Zu den Folgen **schikanösen Verhaltens** → § 29 Rn. 48.

5 Auch eine **gezielte Behinderung der Jagdausübung** zur Vermeidung von Wildschaden kann unter § 32 Abs. 1 fallen, weil nicht selten nur eine gezielte Jagdausübung die einzige Schutzmaßnahme gegen Wildschäden darstellt (zustimmend Meyer-Ravenstein NJagdG Rn. 2).

6 (Noch) kein Unwirksammachen von Abwehrmaßnahmen ist anzunehmen, wenn der Jagdausübungsberechtigte dem Nutzungsberechtigten oder Eigen-

tümer lediglich zB ein Verbissschutzmittel zur Verfügung stellt, das dieser anbringen soll, um Wild fern zuhalten, dieser das Mittel aber nicht zur Anwendung bringt. Erst die **Vereitelung der Wirkung** angebrachter Mittel fällt unter § 32 Abs. 1 (hM, AG Gummersbach Urt. v. 9.1.1968 – 1 C 527/67, EJS III S. 22 Nr. 2; Leonhardt/Pießkalla Rn. 2; Lorz/Metzger Rn. 2).

Um einen Wildschadensersatz nach Abs. 1 auszuschließen, muss die von dem Jagdausübungsberechtigten getroffene Maßnahme überhaupt **geeignet** sein, Wildschaden zu verhindern. Ist die Schutzmaßnahme objektiv zur Schadensverhütung ungeeignet, führt deren Beschädigung nicht zum Verlust des Ersatzanspruchs. 7

III. Notwendigkeit von Schutzvorrichtungen

Nach § 32 Abs. 2 wird Schaden an den dort ausdrücklich genannten Objekten nur dann ersatzpflichtig, wenn diese durch **übliche,** als brauchbar anerkannte **Schutzvorrichtungen** gesichert worden sind. Hierbei ging der Gesetzgeber davon aus, dass Anlagen und Anpflanzungen dieser Arten einer erhöhten Wildschadensgefahr ausgesetzt sind und deshalb einen besonderen Schutz durch den Eigentümer oder Nutzungsberechtigten bedürfen (BGH Urt. v. 22.7.2004 – III ZR 359/03, NJW-RR 2004, 1468 = JE IX Nr. 147; Urt. v. 8.5.1957 – V ZR 150/56, RdL 1957, 191). Die Aufzählung ist abschließend (BGH Urt. v. 4.12.2004 – III ZR 61/14, NJW 2015, 1176 = JE IX Nr. 243; Mitzschke-Schäfer Rn. 2; Rose NJagdG Anm. 2; Schallenberg/Knemeyer, Jagdrecht in NRW, 6. Aufl. 2010, Rn. 468). Zu diesen Objekten zählen: 8

1. Weinberge

Darunter fallen alle Rebpflanzungen ohne Rücksicht auf ihre Lage oder Größe, gleichgültig ob in einem Weinbaugebiet gelegen oder nicht (LG Trier Urt. v. 11.5.1978 – 3 S 60/78, JE IX Nr. 44; Mitzschke/Schäfer Rn. 11). 9

Dies gilt **nicht** für **Baden-Württemberg.** Dort sind nach § 55 Abs. 4 **JWMG** Wildschäden an Weinbergen auch dann zu ersetzen, wenn keine Schutzvorrichtungen gegen Wildschäden errichtet worden sind. Baden-Württemberg ist demnach das einzige Bundesland, in dem Wildschäden in Weinbergen auch ohne Schutzmaßnahmen ersatzpflichtig sind. 10

2. Gärten und Obstgärten

Darunter fallen zunächst alle Grundstücke, auf denen Gemüse, Salat, Zierpflanzen und Obst **gärtnerisch angebaut** werden, wobei es weder auf die Größe oder Lage des Grundstücks ankommt, noch ob der Anbau zum eigenen Verbrauch oder zu Erwerbszwecken erfolgt (hM, Lorz/Metzger Rn. 5; Mitzschke/Schäfer Rn. 12). Soweit Gärten und Obstgärten in **befriedeten Bezirken** (§ 6) liegen, scheidet eine Ersatzpflicht aber unabhängig vom Vorhandensein von Schutzvorrichtungen ohnehin aus (→ § 29 Rn. 8). Ob **Streuobstwiesen** immer als Obstgärten anzusehen sind und es auf die Üblichkeit von Streuobstwiesen im fraglichen Raum nicht ankommen soll (so AG Saarburg Urt. v. 25.8.1992 – 5 C 266/92, BeckRS 1992, 122861 = JE IX Nr. 87), ist im Einzelfall abzuwägen. Zustimmend insoweit auch AG Schorndorf Urt. v. 11.3.2009 – 2 C 1011/08, BeckRS 2009, 14911 = JE IX 11

Nr. 169; AG Balingen Urt. v. 5.1.2012 – 4 C 385/11, JE IX Nr. 201). Richtigerweise ist auf die Beschaffenheit einer Streuobstwiese abzustellen. Steht die Nutzung als Grünland – Mähwiese – im Vordergrund und spielen die darauf befindlichen Obstbäume bei der Grundstücksnutzung lediglich eine untergeordnete Rolle, ist es nicht zu vertreten, dem Geschädigten den Ersatz von Wildschäden, insbesondere Wühlschäden durch Schwarzwild zu versagen (so auch Konrad **RhPfLJG** § 41 Rn. 3.4). Nach § 41 Abs. 3 **SJG** sind Wildschaden an Streuobstwiesen dann zu ersetzen, wenn sie wie Grünland genutzt werden und mit weniger als 150 Obstbäumen pro Hektar bepflanzt sind, ausgenommen sind Wühlschäden, wenn zum Schadenszeitpunkt Fallobst nicht abgeräumt ist (so auch § 55 Abs. 3 **JWMG**). Geht man von der Begrifflichkeit „Streuobst" aus, sind die Bäume verstreut auf einer Wiese vorhanden. Um die Qualifikation eines Obstgartens anzunehmen ist es erforderlich, dass durchaus die Mehrgefahr die von einem Obstanbau ausgeht sich in der Masse der Bäume niederschlagen muss. Es sollten also im Abstand von ca. 10m Bäume vorhanden sein, um diese Vorgabe zu erfüllen. Von der Ersatzpflicht auszunehmen sind allerdings Schäden an den Obstbäumen selbst oder ein Verbiss an Jungkulturen. Darüber hinaus scheidet wegen des anzunehmenden Mitverschuldens des Geschädigten ein Ersatzanspruch auch für Wühlschäden dann aus, wenn Fallobst nicht abgeräumt worden ist, weil hierdurch das Schadwild angelockt wurde.

12 Mit der hM ist der Begriff Garten weit zu fassen. Alle von Menschenhand angelegten, intensiv gepflegten Grüngürtel, und Rasenflächen wie Ballspielplätze, Golfanlagen (LG Hannover Urt. v. 8.9.1982 – 16 S 371/81, JE IX Nr. 42), Modellflug- und Sportflugplätze (AG Walsrode Urt. v. 27.4.1990 – 7 C 102/90, RdL 1990, 151) sind daher als Gärten iSd § 32 Abs. 1 S. 1 anzusehen (Mitzschke/Schäfer Rn. 12; Meyer-Ravenstein NJagdG § 32 Rn. 5; Drees/Thies, Wild- und Jagdschaden, 9. Aufl. 2011, Rn. 7.2 mit dem Hinweis auf die vom Gesetzgeber gewollte Risikoverteilung und -begrenzung bei Wildschäden auf nicht land- oder forstwirtschaftlich genutzten Grundstücken; aA LG Koblenz 13.7.2006 – 14 S 48/05, JE IX Nr. 158, wonach eine Reitbahn mit einer Obstbaumreihe weder Garten noch landwirtschaftliche Fläche iSd § 32 Abs. 2 ist, so aber noch die Vorinstanz, AG Bad Neuenahr-Ahrweiler 7.3.2005 – 3 C 287/03, BeckRS 2011, 10095 = JE IX Nr. 153). Jede angelegte und dauerhaft gärtnerisch genutzte Fläche gehört dazu (LG Koblenz Urt. v. 5.5.2010 – 12 S 212/09, BeckRS 2010, 11780), auf den Zweck kommt es nicht an (betreffend künstlerischer, spiritueller und therapeutischer Zwecke Lorz/Metzger Rn. 5 mwN).

3. Baumschulen

13 Darunter fallen die Flächen, die der Aufzucht von Baumpflanzen, Sträuchern aller Art, Obst- oder Zierbäumen dienen und zwar unabhängig davon, ob eine private oder gewerbliche Nutzung vorliegt. Dazu gehören insbesondere sog. Pflanzgärten, aber auch Weihnachtsbaumkulturen (hM, OLG Hamm Urt. v. 7.2.1996 – 11 U 111/95, RdL 1996, 120; LG Wuppertal Urt. v. 3.11.2004 – 8 S 43/04, BeckRS 2010, 1830 = JE IX Nr. 148; LG Koblenz Urt. v. 16.10.1962 – 6 S 45/62, RdL 1963, 51 = EJS I S. 73 Nr. 11; LG Gießen 6.10.1971 – 1 S 150/71, EJS S. 30 Nr. 6; Lorz/Metzger Rn. 6; Leonhardt/Bauer/Schätzler, Wild- und Jagdschadensersatz, Rn. 1.32.6; aA OLG Karlsruhe Urt. v. 23.4.2009 – 4 U 24/08, JE IX Nr. 175 – es lägen aber forstliche Sonderkulturen vor). Dies gilt selbst dann, wenn die Weihnachtsbaumkultur aus einer im Jagdbezirk häufig vorkommenden Baumart wie Fichten oder Douglasien besteht, weil bei Weihnachtsbäumen anders als bei anderen Forstkulturen auch der Verbiss der Seitentriebe eine Schädigung darstellt (Leonhardt/Bauer/Schätzler Wild- und Jagdschadensersatz Rn. 11.32.9).

4. Alleen und einzeln stehende Bäume

Unter Alleen fallen in Reihe gepflanzte Bäume jedweder Art, also sowohl Zier- als auch Nutzholzpflanzungen, Obst- und Wildobstbäume. Unter die einzelstehenden Bäume fallen die zB auf Wiesen und Feldern stehenden Bäume, die keine geschlossene Anlage bilden. Von der Ersatzpflicht ausgenommen sind nur die Schäden an den einzelstehenden Bäumen, nicht aber der Schaden an der Wiese oder dem Feld, auf dem der Baum steht. So sind zB Wühlschäden auch dann zu ersetzen, wenn das Feld oder der Acker, auf dem die Bäume stehen, nicht mit Schutzvorrichtungen versehen sind. 14

5. Forstkulturen

Darunter fallen Flächen, auf denen heimische oder ausländische Holzarten, sei es durch Saat oder Pflanzung oder durch Naturverjüngung, herangezogen werden, um diese **holz- oder forstwirtschaftlich zu nutzen,** soweit sie der Gefahr einer Beschädigung durch das Wild noch nicht entwachsen sind (LG Flensburg Urt. v. 26.5.1966 – 1 S 32/66, EJS II S. 14 Nr. 5; AG Mayen Urt. v. 6.1.1982 – 2 C 681/81, JE IX Nr. 38). Es müssen keine Reinkulturen sein. Wildschaden an Forstkulturen kann vom Wild auf verschiedenste Weisen verursacht werden, meist durch Verbiss, Schälen, Schlagen und Verfegen. Die Dauer der Gefährdung der Forstkulturen durch das Wild ist von der Entwicklung der Pflanzen, dem Längenwachstum und der Verborkung der Forstpflanzen abhängig. Eine Kultur wächst sich mit der Zeit in eine Dickung aus, die sich durch eine Wuchshöhe von über 2 m auszeichnet und damit keine Forstkultur mehr ist. Generell ist davon auszugehen, dass man nach etwa 20 Jahren nicht mehr von einer Forstkultur iSd § 32 Abs. 2 sprechen kann (Drees/Thies, Wild- und Jagdschaden, 9. Aufl. 2011, S. 3 Rn. 7.4). 15

Schutzvorrichtungen an Forstkulturen sind zur Erhaltung des Ersatzanspruchs für Wildschäden nur dann erforderlich, wenn es sich um **andere** als der im Jagdrevier vorhandenen Hauptholzarten handelt. Der Begriff **Hauptholzart** iSd § 32 Abs. 2 leitet sich nicht aus forstbetriebswirtschaftlichen Merkmalen ab (ausführlich Leonhardt/Pießkalla Rn. 11.32.9), sondern es ist auf die **Gefährdung der Holzart** in dem betreffenden Jagdbezirk abzustellen (hM, AG Freising Urt. v. 28.3.2007 – 53 C 10271/05, BeckRS 2007, 31342 = JE IX Nr. 162; Mitzschke/Schäfer Rn. 15). Von den Forstkulturpflanzen werden vom Wild diejenigen am häufigsten verbissen oder verfegt, die am seltensten vorkommen (OLG Hamm 7.2.1996 – 11 U 111/95, RdL 1996, 123 = AgrarR 1996, 265 = JE IX Nr. 101). Umgekehrt ist die Holzart in der Regel am wenigsten gefährdet, die am häufigsten im Revier vorkommt. Als Hauptholzart wird eine Holzart erst angenommen, wenn sie ungezäunt in einem Jagdbezirk häufiger als nur vereinzelt vorkommt (hM; OLG Hamm 7.2.1996 – 11 U 111/95, RdL 1996, 123 = AgrarR 1996, 265 = JE IX Nr. 101; Lorz/Metzger/Stöckel/Metzger Rn. 15; Thies, Wild- 16 und Jagdschaden 9 Aufl. S. 28); nach anderer Ansicht soll sie mindestens 5 % der Waldfläche ausmachen (LG München II Urt. v. 28.11.1974 – 8 S 106/74, zitiert bei Leonhardt/Bauer/Schätzler, Wild- und Jagdschadensersatz, Rn. 11.7.4.2 S. 13). Dabei ist auf die Verhältnisse in dem jeweiligen Jagdbezirk abzustellen. Eine Hauptholzart ist nicht vorhanden, wenn in einem Gebiet keine Waldflächen bestehen, somit auch keine Abweichung von Hauptholzarten bei einer **Erstaufforstung** vorliegen kann (so BGH Urt. v. 4.12.2014 – III ZR 61/14, NJW 2015, 1176 = JE IX Nr. 243, der auch eine Analoge Anwendung der Vorschrift ausschließt).

17 Was in diesem Zusammenhang unter **Jagdbezirk** zu verstehen ist, ergibt sich aus § 4 iVm § 7 und § 8, das bedeutet, dass nur ein gemeinschaftlicher- oder ein Eigenjagdbezirk, nicht aber ein Jagdbogen oder Teiljagdbezirk als Jagdbezirk in diesem Sinn anzusehen sind (AG Freising Urt. v. 8.3.2007 – 53 C 10271/05, BeckRS 2007, 31342 = JE IX Nr. 162; Leonhardt/Bauer/Schätzler, Wild- und Jagdschadensersatz, Rn. 11.7.4.2 S. 15). Entscheidend für Frage, ob eine Hauptholzart vorliegt, ist nicht der Zeitpunkt des Schadenseintritts, sondern vielmehr der Forstbestand, wie er sich im Jahre des **Abschlusses des Pachtvertrags** darstellte (LG Mainz Urt. v. 25.8.1974 – 3 S 179/73, EJS IV S. 36 Nr. 15; AG Mayen Urt. v. 6.1.1982 – 2 C 681/81, JE IX Nr. 38). Durch einen nach Abschluss des Pachtvertrags vorgenommenen **Umbau** des Waldes zB von Nadel- in Mischwald ändert sich an der Verpflichtung zur Herstellung geeigneter Schutzvorrichtungen zur Begründung der Ersatzpflicht des Jagdausübungsberechtigten nichts (AG Freising Urt. v. 8.3.2007 – 53 C 10271/05, BeckRS 2007, 31342 = JE IX Nr. 162). Um Streit über die Frage, was Hauptholzart ist oder nicht, zu vermeiden, kann im Jagdpachtvertrag festgelegt werden, was als Hauptholzart gelten soll. Setzt sich eine Forstkultur aus **unterschiedlichen Baumarten** zusammen, besteht die Verpflichtung zur Herstellung von Schutzvorrichtungen bereits dann, wenn nur eine der vorhandenen Baumarten zu einer Nebenholzart gehört.

18 In **Nordrhein-Westfalen** bestimmt § 33 Abs. 1 **LJG-NRW** zu § 32 Abs. 2, dass wenn neben den Hauptholzarten des Jagdbezirks zur Anlage von Mischkulturen Buche, Eiche, Roteiche, Ahorn, Esche, Kiefer, Lärche, Fichte und Douglasie mit einem Anteil von mindestens 20 % eingebracht werden, im Pachtvertrag **Vereinbarungen** über die Abgeltung des Wildschadens oder die Beteiligung des Jagdpächters an der Errichtung von üblichen Schutzvorrichtungen zu treffen sind. Kommt eine Einigung **nicht zustande,** so ist der Wildschaden an diesen Kulturen sowohl bei den Hauptholz- als auch den Nebenholzarten zu **ersetzen.** Diese Ersatzpflicht entfällt allerdings, wenn der Jagdausübungsberechtigte wenigstens drei Monate vor Beginn des neuen Pachtjahres die Materialkosten für die üblichen Schutzvorrichtungen übernommen hat. Durch diese Regelung wird der Jagdpächter verpflichtet, auch bei Fehlen von Schutzvorrichtungen Wildschaden auch an Mischkulturen zu ersetzen, wenn die Ersatzpflicht im Jagdpachtvertrag nicht ausdrücklich ausgeschlossen wurde.

19 Dagegen gelten in **Berlin** (§ 38 Abs. 1 **LJagdG Bln**) und in **Brandenburg** (§ 45 Abs. 1 **BbgJagdG**) Forstkulturen als **erhöht gefährdet** iSd § 32 Abs. 2, wenn darin neben den Hauptholzarten, die im Jagdbezirk vorkommen, Buche, Eiche, Roteiche, Ahorn, Esche, Lärche, Fichte, Tanne und Douglasie mit einem Anteil von insgesamt mehr als 20 % der Gesamtfläche der Verjüngung vorkommen.

Sachsen (§ 4 **SächsJagdG**) und **Thüringen** (§ 44 **ThJG**) ermächtigen die Jagdbehörde nach § 27, auf Antrag des Grundeigentümers oder Nutzungsberechtigten anzuordnen, dass unabhängig von Jagd- und Schonzeiten Schalenwild, das in mit den üblichen Schutzvorrichtung versehenen Forstkulturen eingedrungen ist, **zu erlegen ist,** wenn die Kultur nicht größer ist als 10 ha. 20

6. Freilandpflanzungen von Gartengewächsen

Anders als Feldfrüchte oder Feldgewächse wie Kartoffel, Rübe oder Getreide sind Gartengewächse Gemüse-, Obst- und Zierpflanzen, die **üblicherweise in Gärten** und in der für Gärtnereien typischen Anbauweise gezogen werden, ohne dass es darauf ankommt, ob der Anbau flächenmäßig groß oder klein ist und ob er gewerbsmäßig oder nur für den eigenen Bedarf vorgenommen wird (BGH Urt. v. 22.7.2003 – III ZR 259/03, RdL 2004, 297 = JE IX Nr. 147; Urt. v. 8.5.1957 – V ZR 150/56, RdL 1957, 191). 21

Eine Pflanze verliert ihre Eigenschaft als Gartengewächs nicht bereits dadurch, dass sie in einem ausgesprochenen Gemüseanbaugebiet auch **feldmäßig** angebaut wird, auch wenn die Bearbeitung des Bodens und der Pflanzen durch Einsatz von landwirtschaftlichen Maschinen geschieht (BGH Urt. v. 22.7.2003 – III ZR 259/03, RdL 2004, 297). Sie kann nur dadurch zum Feldgewächs werden, dass in einem **größeren Gebiet,** das über einen Landkreis erheblich hinausgeht (Mitzschke/Schäfer Rn. 21), der feldmäßige Anbau dieser Pflanze derart im **Vordergrund** steht, dass der gartenmäßige Anbau dort kaum eine Rolle spielt (BGH Urt. v. 22.7.2003 – III ZR 259/03, RdL 2004, 297; aA LG Baden-Baden Urt. v. 16.1.2003 – 3 S 42/02, JE IX Nr. 129: nur wenn der Anbau einer Obstpflanze in einem Bereich, der flächenmäßig den Großteil eines größeren Bundeslandes umfasst, feldmäßig betrieben wird, handelt es sich um „feldmäßige" Freilandpflanzung). Für die Beurteilung, ob ein Anbau feldmäßig erfolgt, kann neben der Art und Weise der Bearbeitung des Bodens – mit landwirtschaftlichem Gerät – auch die Größe der Felder von Bedeutung sein, wobei die Bodenbeschaffenheit und die sonstigen örtlichen Gegebenheiten zu berücksichtigen sind (BGH Urt. v. 22.7.2003 – III ZR 259/03, RdL 2004, 297). Auch muss der Anbau der betreffenden Pflanze insgesamt in dem betreffenden Gebiet für die landwirtschaftliche Produktion von einiger Bedeutung sein. Es muss sich außerdem um eine nachhaltige, dh bereits über **Jahre andauernde Entwicklung** handeln (BGH Urt. v. 22.7.2003 – III ZR 259/03, RdL 2004, 297). 22

Da der Geschädigte die volle Darlegungs- und **Beweislast** trägt, gehen Zweifel daran, ob ein Gewächs noch Gartengewächs oder schon Feldgewächs ist, zu seinen Lasten (BGH Urt. v. 22.7.2003 – III ZR 259/03, RdL 2004, 297). Zur Beweisführung können Auskünfte oder gutachterliche Äußerungen der zuständigen Landwirtschaftskammer oder anderer sachkundiger Stellen, aber auch das Gutachten eines landwirtschaftlichen Sachverständigen herangezogen werden (BGH Urt. v. 22.7.2003 – III ZR 259/03, RdL 2004, 297). 23

Einzelfälle: Wildschadensersatz **bei Fehlen** von Schutzvorrichtungen **verneint** für **Buschbohnen am Niederrhein** OLG Köln Urt. v. 18.2.2008 – 16 U 26/07, BeckRS 2008, 8887 = JE IX Nr. 168; für **Kohlrabipflanzen** LG Kleve Urt. v. 4.8.1995 – 6 S 443/94, AgrarR 1996, 266; LG Bonn Urt. v. 31.3.1982 – 5 S 33/82, JE IX Nr. 40; für **Erdbeerpflanzen** LG Baden-Baden Urt. v. 16.1.2003 – 3 S 42/02, JE IX Nr. 129; 3 S 33/82, JE IX 24

Nr. 144 für die Ortenau; für **Speisemöhren** LG Frankenthal Urt. v. 26.4.1961 – 2 S 245/60, EJS I S. 72; für Wildschadensersatz auch ohne Schutzvorrichtung: **Bejaht** für **Möhren, Kohlrabi und anderem Gemüse im Bereich Süd-Hannover** LG Göttingen NJW 1962, 302; für **Rosenkohl und Blumenkohl** in **Schleswig-Holstein** LG Itzehoe Urt. v. 3.11.1976 – 1 S 17/76, JE IX Nr. 8; für **rote Beete am gesamten Niederrhein** LG Düsseldorf Urt. v. 5.9.1975 – 22 S 313/74, AgrarR 1976, 55 = JE IX Nr. 2; für **dicke Bohnen am Niederrhein** LG Aachen Urt. v 8.7.1971 – 6 S 163/70, RdL 1971, 294 = EJS IV S. 28 Nr. 4; für **Spargel in der nordbadischen Tiefebene** OLG Karlsruhe Urt. v. 5.8.2004 – 12 U 218/04, BeckRS 2004, 7733 = JE IX Nr. 146; **aA** LG Heidelberg Urt. v. 17.12.1997 – 2 S 102/97, BeckRS 1997, 128852 = JE IX Nr. 112; s. aber für Niedersachsen BGH Urt. v. 22.7.2004 – III ZR 359/03, NJW-RR 2004, 1468 = JE IX Nr. 147); für **Kopfsalat in Niederbayern** AG Landau a. d. Isar Urt. v. 16.7.1982 – C 525/81, JE IX Nr. 41; für **Zucchini im Kreis Hohenlohe** LG Heilbronn Urt. v. 17.3.2004 – 7 S 9/03, JE IX Nr. 143.

25 Nach einer Entscheidung des LG Frankfurt sind **Sonnenblumen** in Deutschland nach allgemeiner Verkehrsauffassung typische Zier- und Gartengewächse, da sie hier vorwiegend in Gärten und der für Gärtnereien typischen Anbauweise gezogen werden (LG Frankfurt Urt. v. 11.11.1992 – 2/1 S 170/92, JE IX Nr. 92). Ob diese Auffassung nach dem vermehrt praktizierten Feldanbau und der Nutzung als Energierohstoff noch aufrechterhalten werden kann, erscheint zumindest zweifelhaft.

7. Hochwertige Handelsgewächse

26 Darunter versteht man nur solche Gewächse, die nicht für den direkten Endverbrauch bestimmt sind, jedoch den **Rohstoff** abgeben für wertvolle Waren, die durch Verarbeitung haltbar gemacht werden und handelsfähig sind (BGH Urt. v. 22.7.2004 – III ZR 359/03, NJW-RR 2004, 1468 = JE IX Nr. 147; LG München II 18.5.1976 – 6 S 1026/75, RdL 1976, 210 = AgrarR 1977, 334; LG Krefeld Urt. v. 16.6.1966 – 1 S 29/66, EJS II S. 14; Drees/Thies, Wild- und Jagdschaden, 9. Aufl. 2011, S. 24; Gaisbauer VersR 1973, 199). Dazu zählen der **Hopfen** (LG München II 18.5.1976 – 6 S 1026/75, RdL 1976, 210 = AgrarR 1977, 334), **nicht** aber die **Braugerste,** weil nicht ausreichend wertvoll, **Tabakpflanzen, Arznei- und Gewürzpflanzen** (Drees/Thies, Wild- und Jagdschaden, 9. Aufl. 2011, S. 24). **Nicht** darunter fallen die Gewächse, die vom Feld geerntet direkt zum Verbrauch in den Handel gehen, wie zB Spargel (BGH Urt. v. 22.7.2004 – III ZR 359/03, NJW-RR 2004, 1468 = JE IX Nr. 147). Streitig ist, ob Gewächse, die zwar nicht zum direkten Verbrauch, sondern für den Handel bestimmt sind, aus denen aber **keine** hochwertigen Waren hergestellt werden, unter § 32 Abs. 2 S. 1 fallen (verneinend LG Düsseldorf Urt. v. 5.9.1975 – 22 S 313/74, AgrarR 1976, 55 = JE IX Nr. 2; LG Lübeck RdL 1960, 332). Es kommt für die Begrifflichkeit der Hochwertigkeit auf den Marktpreis an (so zutreffend AG Bruchsal Urt. v. 4.4.1996 – 2 C 511/95, BeckRS 2017, 152050 = JE IX Nr. 102), wonach zu Zuchtzwecken angebauter Hybridmais, der 23 Mal teurer war als vergleichbarer Körnermais, als hochwertiges Handelsgewächs anzusehen sei. Zustimmend nunmehr auch LG Freiburg Urt. v. 19.12.2017 – 9 S 87/17, BeckRS 2017, 152050 = JE IX Nr. 263, zuvor AG Kenzingen Urt. v. 1.8.2017 – 1 C 74/17, BeckRS 2017, 152052 = JE IX

Nr. 260 für Hybridmais zu Zuchtzwecken). Dies gilt nicht für Mais für **Biogasanlagen** (so AG Rockenhausen Urt. v. 2.8.2016 – 2 C 652/15, BeckRS 2016, 17260 = JE IX Nr. 255).

Werden Feldfrüchte nach **biologischen Grundsätzen** angebaut, so werden diese Feldfrüchte nicht zu hochwertigen Handelsgewächsen, sondern bleiben Feldfrüchte, die keiner Schutzvorrichtung bedürfen, hM (für **Bio-Roggen** AG Westerburg Urt. v. 20.4.2000 – 23 C 1303/99, BeckRS 2000, 173338 = JE IX Nr. 150; für **Biokartoffeln** AG Celle Urt. v. 3.11.1992 – 12 C 667/90, JE IX Nr. 89). 27

Handelt es sich aber um besonders gefährdete Flächen iSd § 32 Abs. 2 S. 1 ist ein entstandener Wildschaden nur zu ersetzen, wenn **übliche Schutzvorrichtungen** angebracht sind, es sei denn, die Länder haben etwas anderes bestimmt. Von dieser Ausnahmemöglichkeit haben nur **Baden-Württemberg** in § 55 Abs. 4 **JWMG** (→ Rn. 10) und **Nordrhein-Westfalen** in § 33 Abs. 1 **LJG-NRW** (→ Rn. 18) Gebrauch gemacht. 28

IV. Anforderungen an die Schutzvorrichtungen

Was unter **üblichen** Schutzvorrichtungen iSd § 32 Abs. 2 zu verstehen ist, richtet sich nicht nur danach, was ortsüblich ist, sondern insbesondere auch nach dem, was ein **sorgfältiger Landwirt** im Rahmen einer ordentlichen und vernünftigen Wirtschaftsführung für erforderlich hält (BGH Urt. v. 8.5.1957 – V ZR 150/56, RdL 1957, 191; LG München II 18.5.1976 – 6 S 1026/75, RdL 1976, 210 = AgrarR 1977, 334; Gaisbauer VersR 1973, 199; Drees/Thies, Wild- und Jagdschaden, 9. Aufl. 2011, S. 3 Rn. 7.6). 29

Welche Ansprüche an die Schutzvorrichtungen jeweils zu stellen sind, ergibt sich aus den **landesrechtlichen Vorschriften,** die insoweit aufgrund der Ermächtigung in § 32 Abs. 2 S. 2 ergangen sind. Danach gelten Zäune aus Drahtgeflecht (Maschendraht oder Knotengitter) als ausreichende übliche Schutzvorrichtung, wenn sie zum Schutz gegen **Rot-, Dam- und Sikawild** eine Höhe von mindestens **1,80 m,** gegen **Rehwild** eine Höhe von **1,50 m,** gegen **Schwarzwild** eine Höhe von 1,50 m (in Nordrhein-Westfalen 1,20 m Höhe und 0,30 m in die Erde), gegen **Muffelwild** eine solche von 2,50 m (in Brandenburg von 2 m, in Nordrhein-Westfalen und Rheinland-Pfalz 1,80m), gegen **Wildkaninchen** Höhe über Erdreich **1,30 m** und **0,20 m** im Erdreich bei einer Maschenweite des Zauns von maximal **40 mm** (Baden-Württemberg: 1m über und 0,30 m in der Erde; in Nordrhein-Westfalen, Niedersachsen und Sachsen-Anhalt 1,20 m über und 0,30 m in der Erde haben. **Hessen** schreibt eine **Maschenweite** von maximal **25 mm** fest. 30

Wo keine landesrechtlichen Vorschriften über die Beschaffenheit von üblichen Schutzvorrichtungen ergangen sind, kann auf die in **§ 47 RJG-Ausführungsverordnung** aufgestellten Grundsätze zurück gegriffen werden (LG Itzehoe 24.9.1959 – 1 S 234/58, VersR 1960, 380; AG Garmisch-Partenkirchen 3.7.1968 – 3 C 652/67, RdL 1968, 243; Mitzschke/Schäfer Rn. 26). Danach sind folgende **Schutzvorrichtungen** als **ausreichend** anzusehen: Gegen **Rot- und Damwild** Drahtgeflechtzaun in Höhe von **1,80 m;** gegen **Rehwild:** Drahtgeflechtzaun in Höhe von **1,50 m;** gegen **Hasen und Wildkaninchen:** Drahtgeflechtzaun mit maximal **40 mm** Maschenweite, Höhe über dem Erdreich von **1,30 m** und im Erdreich einge- 31 graben **0,20 m.** Generell muss der Zaun so geartet sein, dass er in der jeweiligen Lage, der Wildart geeignet ist (Lorz/Metzger Rn. 10).

32 Die Errichtung von üblichen Schutzvorrichtungen allein reicht nicht aus, um einen Ersatzanspruch bei Wildschäden zu haben. Die Schutzvorrichtungen sind darüber hinaus **laufend** zu **kontrollieren** und wilddicht zu halten. Kommt der Geschädigte dieser Verpflichtung nicht nach, verliert er seinen Ersatzanspruch (hM, AG Cochem Urt. v. 11.6.1992 – 2 C 592/90, JE IX Nr. 84; AG Meldorf Urt. v. 9.7.1969 – 3 C 135/68, EJS III S. 24 Nr. 8; Drees/Thies, Wild- und Jagdschaden, 9. Aufl. 2011, S. 25 Rn. 7.6). Dabei ist es unerheblich, worauf die Mängel an der Schutzvorrichtung zurückzuführen sind.

33 Auf ein **Verschulden** des Geschädigten kommt es dabei nicht an (hM, AG Cochem Urt. v. 11.6.1992 – 2 C 592/90, JE IX Nr. 84; Mitzschke/Schäfer Rn. 28; Gaisbauer VersR 1973, 199; aA Günder/Olearius, Das Jagdrecht in Bayern, 1964, S. 162, wonach der Geschädigte bei höherer Gewalt seinen Ersatzanspruch behalten soll). Eine Differenzierung zwischen einer Zerstörung durch Mensch oder Tier einerseits und einer solchen durch Naturereignisse andererseits findet im Gesetz keine Grundlage. Auch soweit die Errichtung oder Aufrechterhaltung von üblichen Schutzvorrichtungen aus baurechtlichen, wegen des Naturschutzes oder aus anderen **Rechtsgründen untersagt** ist, fällt dies ausschließlich in den Risikobereich des Geschädigten und kann nicht zu Lasten des ansonst zum Wildschadensersatz Verpflichteten gehen (LG Mainz Urt. v. 27.1.1998 – 6 S 196/97, JE IX Nr. 105; Mitzschke/Schäfer Rn. 27; Drees/Thies, Wild- und Jagdschaden, 9. Aufl. 2011, S. 25 Rn. 7.6).

34 Auch kann sich der Geschädigte **nicht** mit Erfolg darauf berufen, die Anbringung von üblichen Schutzvorrichtungen sei für ihn im konkreten Fall **unzumutbar,** zB weil zu aufwändig, gewesen (LG Göttingen Urt. v. 20.7.1961 – 1 S 79/61, NJW 1962, 302; LG München Urt. v. 18.5.1976 – 6 S 1026/75, RdL 1976, 212 = AgrarR 1977, 334; Leonhardt/Bauer/Schätzler, Wild- und Jagdschadensersatz, 11.32 Rn. 13).

V. Beweislast

35 Da nach Abs. 1 der Anspruch auf Wildschadensersatz dann entfällt, wenn die zur Schadensabwehr getroffenen Maßnahmen unwirksam gemacht wurden, ist der **Ersatzpflichtige** zunächst darlegungs- und beweisbelastet dafür, dass die getroffenen Maßnahmen überhaupt objektiv geeignet waren, den dennoch eingetretenen Wildschaden zu verhüten und dass der Geschädigte oder ein Verrichtungsgehilfe des Geschädigten die zur Schadensabwehr getroffene Maßnahme unwirksam gemacht hat.

36 Hat der Ersatzpflichtige einen solchen Sachverhalt nachweisen können und beruft sich der Geschädigte demgegenüber darauf, dass der Wildschaden auch ohne seines oder eines Verrichtungsgehilfen anzulastende Verhalten entstanden wäre, so trägt er für eine fehlende Kausalität des Unwirksammachens für den entstandenen Wildschaden die volle Darlegungs- und Beweislast (Drees/Thies, Wild- und Jagdschaden, 9. Aufl. 2011, S. 16 Rn. 7).

37 Da die Ersatzpflicht für die in Abs. 2 genannten Objekte davon abhängt, dass der **Geschädigte** die vorgeschriebenen üblichen Schutzvorrichtungen geschaffen und in funktionsfähigem Zustand erhalten hat, trägt er insoweit auch die Darlegungs- und Beweislast für Ordnungsgemäßheit und Funktionsfähigkeit der Schutzvorrichtungen. Bezüglich der Darlegungs- und Beweislast bei einem Streit, ob ein Garten- oder Feldgewächs anzunehmen ist, → Rn. 22.

3. Jagdschaden

§ 33 Schadensersatzpflicht

(1) [1] **Wer die Jagd ausübt, hat dabei die berechtigten Interessen der Grundstückseigentümer oder Nutzungsberechtigten zu beachten, insbesondere besäte Felder und nicht abgemähte Wiesen tunlichst zu schonen.** [2] **Die Ausübung der Treibjagd auf Feldern, die mit reifender Halm- oder Samenfrucht oder mit Tabak bestanden sind, ist verboten; die Suchjagd ist nur insoweit zulässig, als sie ohne Schaden für die reifenden Früchte durchgeführt werden kann.**

(2) **Der Jagdausübungsberechtigte haftet dem Grundstückseigentümer oder Nutzungsberechtigten für jeden aus mißbräuchlicher Jagdausübung entstehenden Schaden; er haftet auch für den Jagdschaden, der durch einen von ihm bestellten Jagdaufseher oder durch einen Jagdgast angerichtet wird.**

Übersicht

I. Betretungsrecht

Die ordnungsgemäße Jagdausübung bedingt nicht nur das Betreten der 1 Grundstücke Dritter, sondern auch eventuelle weitere Eingriffe in den Grundbesitz. Rechte, Pflichten und die Grenzen der Jagdausübung sind hier geregelt (in **Rheinland-Pfalz** Inhaltsgleich in § 42 **RhPfLJG**). Grundsätzlich ist der Jagdausübungsberechtigte befugt, sämtliche Flächen des Jagdbezirks zum Zweck der Jagd im weitesten Sinne zu betreten. Das Betretungsrecht betrifft nur Gebiete, in denen die Jagd auch prinzipiell ausgeübt werden darf. Es gilt nicht uneingeschränkt in **befriedeten Bezirken** gem. § 6 oder auf Flächen, die gem. § 6a befriedet sind. Im Sinne des Tierschutzes ist dort aber eine Nachsuche zulässig. Konkret ist über das Landesrecht die Nachsuche und das Bergen erlegten Wildes im Sinne einer beschränkten Jagdausübung ermöglicht. Geregelt ist dies konkret für: § 18 **JWMG;** Art. 38 **BayJG;** § 29 **LJagdG Bln;** § 36 **BbgJagdG;** § 27 Abs. 8 **HJagdG;** § 27 Abs. 7 **NJagdG;** § 34, 35 **RhPfLJG;** § 22 **SJG;** § 28 Abs. 6 **LSALJagdG.** In den übrigen Ländern ist das Betretungsrecht zum Zweck der Verfolgung kranken Wildes über die Bestimmungen der Wildfolge analog gestattet, auch ohne dass der Eigentümer oder Besitzer zuvor informiert wurden. **Eingefriedete Flächen,** Kulturen, Privatwege und Ähnliches dürfen betreten werden, da auf ihnen die Jagdausübung gestattet ist, selbst wenn der Schusswaffengebrauch dort nicht möglich ist. Das Betretungsrecht kann auf Grundlage spezieller Rechtsvorschriften eingeschränkt oder verboten sein, so auf militärischen Anlagen, Bahnanlagen, Bundesautobahnen, Naturschutz- und Wasserschutzgebieten. In vielen Fällen ist aber auf Antrag ein Betreten zu ermöglichen, wenn die öffentlichen Interessen nicht dagegen stehen. Ein Befahren von Grundflächen ist generell zulässig. Hierbei muss einer zeitgemäßen Jagdausübung die Nutzung moderner Verkehrsmittel zugestanden werden. Auf privaten Wegen kann das Befahren von dem Eigentümer nicht verweigert werden, wenn es notwendig zum Zweck der Jagdausübung ist. Dies ist zB dann der Fall, wenn ein Erreichen entlegener Revierteile sonst nicht möglich ist. Auch zum Futtertransport, Kirren, Anlegen von Wildäckern, der Wildbergung und anderen jagdlichen Maßnahmen ist die Nutzung von Privatwegen zu gestatten (vgl. Mitzschke/Schäfer Rn. 3). Gleiches gilt auf Waldflächen, Feldern und Wiesen, die ebenfalls schonend befahren werden dürfen. **Öffentliche Wege** dürfen von Jagdausübungsberechtigten genutzt werden, wie von jedem Verkehrsteilnehmer auch. Sofern ein Weg mit amtlichen Verkehrszeichen versehen ist, ist eine öffentlich-rechtliche Widmung anzunehmen, weil hoheitliche Regelungen gem. § 45 Abs. 1 StVO im Zweifel nur auf solchen Wegen angebracht werden dürfen. Ist ein öffentlicher Weg für den öffentlichen Verkehr (Verkehrszeichen 250) gesperrt und nur für den land- oder forstwirtschaftlichen Verkehr freigegeben, ist der Jagdausübende zur Nutzung befugt (vgl. Mitzschke/Schäfer Rn. 4 mwN). Das Befahren einer Langlaufloipe zum Zweck der Jagdausübung, die auf einem Waldweg angelegt wurde, ist erlaubt, auch wenn die Loipe dadurch beschädigt wird (OLG Braunschweig Urt. v. 23.10.1985 – 12 S 119/85, JE IX Nr. 61). Die Beschädigung einer Wiese durch rechtswidriges Kirren auf derselben ist ebenso ein Jagdschaden wie die Beschädigung einer solchen durch Ziehen von Holzstangen über eine solche (hierzu AG Moosburg Urt. v. 2.6.1969 – C 151/68, EJS III S. 23 Nr. 6).

II. Schonende Jagdausübung

2 Bei der Jagdausübung sind die berechtigten Interessen der Grundstückseigentümer oder Nutzungsberechtigten zu beachten. Das Gebot der Rücksichtnahme gilt bei jeder Art der Nutzung im Rahmen einer Sorgfalt wie in eigenen Angelegenheiten (aA Lorz/Metzger Rn. 3, nach dem der Maßstab der §§ 277, 315 BGB gelten soll). Das Befahren von Flächen außerhalb der Wald- und Feldwege darf nicht zu übermäßigen Schäden führen. Dies be-

dingt, dass bei aufgeweichtem Boden ein Befahren solcher Flächen auf dessen Notwendigkeit hin zu prüfen ist. Andererseits gehört zu einer ordnungsgemäßen Jagdausübung die Nutzung gerader solcher Flächen zum Bergen von Wild, zur Nachsuche, zur Errichtung von jagdlichen Einrichtungen, Pflege und Anlage von Wildäckern, Füttern und Kirren etc. All diese Tätigkeiten bedingen häufig ein Befahren dieser Grundstücke. Die Darstellung einzelner berechtigter Interessen in Abs. 1 ist nur beispielhaft (auch Meyer-Ravenstein NJagdG Rn. 2). Die Interessen des Grundeigentümers können vielfältiger Art sein und sind nicht auf wirtschaftliche Interessen beschränkt. Sie müssen aber gegenüber dem Jagdausübenden berechtigt sein, also von einigem Gewicht gegenüber dessen Recht auf Jagdausübung. Ein besonderes Interesse des Grundeigentümers/-besitzers wird für besäte Felder und nicht abgemähte Wiesen gesehen, da hier durch eine Nutzung ein hoher Schaden entstehen kann. Somit muss der Jagdausübende die Notwendigkeit seines Handelns gegenüber dem gesteigerten wirtschaftlichen Interessen abwägen. Je größer der Schaden, desto höher muss das Maß der Notwendigkeit zur jagdlichen Nutzung sein. Hierbei ist dem Tierschutz aber die höchste Priorität einzuräumen (vgl. auch Mitzschke/Schäfer § 34 Rn. 6; Meyer-Ravenstein NJagdG Rn. 1). Unter Wiesen werden nur Flächen zur Heu- und Grasgewinnung angesehen, keine Viehweiden oder Brachflächen, Waldwiesen. Kleefelder sind nach Sinn und Zweck der Vorschrift Wiesen gleichgestellt (aA Lorz/Metzger Rn. 3: Klee und Kleegrasgemenge als Felder). Die Treibjagd bedingt durch die Vielzahl der eingesetzten Personen und Hunde ein besonders hohes Schadensrisiko. Deshalb ist sie auf Feldern mit reifender Halm- oder Samenfrucht oder auf mit Tabak bepflanzten Flächen verboten. Unter Halmfrüchten werden Körnerfrüchte, im Wesentlichen Getreide verstanden, unter Samenfrüchten nur solche Pflanzen, die der Vermehrung dienen, keine Knollenpflanzen. Die Anlagen müssen reifende Pflanzen beinhalten. Dies sind Pflanzen, bei denen aufgrund des fortgeschrittenen Reifeprozesses die Gefahr besteht, dass die Früchte durch Berühren sich von der Pflanze lösen. Pflanzen, die sich in der Milchreife befinden, gehören noch nicht dazu. In der Regel ist der Zustand kurz vor der Ernte gemeint. Dies gilt nicht für Tabakpflanzen. Aufgrund deren Hochwertigkeit, aber auch Empfindlichkeit sind Treibjagden auf mit solchen Pflanzen bewachsener Felder generell verboten. Aufgrund der konkreten Bezeichnung der Tabakpflanze als zu schonende Pflanzenart ist eine entsprechende Anwendung auf andere hochwertige Handelsgewächse nicht möglich (so auch Lorz/Metzger Rn. 4). Soweit eine Schädigung der Pflanzen eher unwahrscheinlich ist, das Wildschadensrisiko aber hoch ist, ist im Rahmen einer Abwägung der Interessen die Treibjagd zulässig. Dies gilt zB für Mais oder Hanffelder, bei denen ein Schaden infolge einer Nichtbejagung entsteht. Die Suchjagd wird mit einer geringen Anzahl von Jägern und Hunden durchgeführt. Sie ist zwar generell zugelassen, setzt aber ebenfalls ein hohes Maß an Rücksichtnahme voraus und darf zu keinem Schaden an der reifenden Frucht führen. Da auch das Durchstreifen solcher Flächen mit Hunden nicht ohne jeden Verlust von Früchten und Samen der Pflanze möglich ist, muss dieser Verlust so gering sein, dass von einem effektiven wirtschaftlichen Schaden nicht gesprochen werden kann. Uneingeschränkt gilt im Sinne des Tierschutzes das Recht zur Nachsuche – auch auf verendetes Wild (so auch Lorz/Metzger Rn. 5). Die Nachsuche ist keine Suchjagd.

III. Haftung für missbräuchliche Jagdausübung

3 Anders als die Wildschadenshaftung muss ein Verschulden gegeben sein. § 33 ist lex specialis gegenüber §§ 823 ff. BGB und geht diesem vor (hierzu auch OLG Köln Beschl. v. 11.2.2011 – 11 U 184/10, BeckRS 2012, 10819; LG Köln Urt. v. 21.9.2010 – 27 O 447/09, BeckRS 2012, 4052 = JE IX Nr. 198; Lorz/Metzger Rn. 11; Drees/Thies, Wild- und Jagdschaden, 9. Aufl. 2011, Anm. III zu § 29). Zwar beschränkt sich die Haftung auf Folgen missbräuchlicher Jagdausübung und ist nur im Rahmen der §§ 34 ff. zu verfolgen. Eine Entlastungsmöglichkeit des § 831 S. 2 BGB entfällt aber. Tatbestandlich ist nur die nicht ordnungsgemäße Jagdausübung, die zu einem Schaden an einem Grundstück führt, erfasst. Nicht zum Jagdschaden gehören alle Handlungen, die nicht der Jagdausübung dienen. Dies sind neben allen Handlungen, die außerhalb der Jagdausübung begangen werden (sehr weitgehend LG Trier Beschl. v. 23.7.1992 – 2 O 222/91, JE IX Nr. 96 für Schäden die durch den Abbau von Jagdeinrichtungen nach Beendigung des Pachtverhältnisses entstehen), auch solche, die nur gelegentlich der Jagd entstehen. Dies ist ein Brandschaden durch ein Grillfeuer, das Pflücken von Äpfeln, etc. Entsteht der Schaden im Zusammenhang mit der Jagdausübung, ist zu überprüfen, ob dieselbe ordnungsgemäß war. Nicht missbräuchlich ist zB das Bergen eines Wildes aus einem Getreideschlag. Auch das Kirren, sofern es in schonender Weise auf geeigneten Böden erfolgt ist zulässig. Für in diesem Rahmen auftretende Wühlschäden von Wildschweinen haftet der Jagdpächter nicht (OLG Köln Beschl. v. 11.2.2011 – 11 U 184/10, BeckRS 2012, 10819; LG Köln Urt. v. 21.9.2010 – 27 O 447/09, BeckRS 2012, 4052 = JE IX Nr. 198). Ein Missbrauch kann aber dennoch vorliegen, wenn das Gebot der Rücksichtnahme verletzt wurde. Wird Wild geborgen, indem das Getreidefeld befahren wird, obwohl ein Herausziehen per Hand möglich war, liegt eine nicht ordnungsgemäße, da rücksichtslose Jagdausübung vor. Im Übrigen gilt der allgemeine Verschuldensbegriff, sodass eine Haftung entfällt, wenn der Schadenseintritt nicht vorhersehbar war. Nach Sinn und Zweck der Vorschrift geht es nur um **Schäden an Grundstücken** (so auch Mitzschke/Schäfer Rn. 8; Meyer-Ravenstein NJagdG Rn. 4; Drees/Thies/Müller-Schallenberg/Jäcker/Hugenberg § 33 S. 270; Leonhardt Wild- und Jagdschaden Kz. 12 Nr. 1; OLG Düsseldorf Urt. v. 14.1.2004 – 15 U 66/01, BeckRS 2004, 18384 = JE XI Nr. 123). Demnach ist nur Jagdschaden der Schaden, der infolge des Betretens eines Grundstückes durch den berechtigten Jagdausübenden entsteht (LG Duisburg Urt. v. 20.12.1973 – 8 O 14/74, EJS IV S. 34 Nr. 10). Kein Jagdschaden ist deshalb die Beschädigung eines Gebäudes (Drees Wildschaden S. 22) oder von Tieren (LG Duisburg Urt. v. 20.12.1973 – 8 O 14/74, EJS IV S. 34 Nr. 10) oder mobilen Einrichtungen (LG Duisburg Urt. v. 20.12.1973 – 8 O 14/74, EJS IV S. 34 Nr. 10). Für solche Schäden, die nicht an Grundstücken entstehen, greift ausschließlich das Deliktsrecht (OLG Düsseldorf Urt. v. 14.1.2004 – 15 U 66/01, BeckRS 2004, 18384 = JE IX Nr. 151 und JE XI Nr. 123). Zu der Verletzung von Verkehrssicherungspflichten s. Munte NZV 2009, 274. § 33 gilt nur gegenüber dem Grundstückseigentümer und dem Nutzungsberechtigten. Gegenüber anderen Geschädigten gilt das allgemeine Deliktsrecht (BGH Urt. v. 10.2.1976 – VI ZR 160/74, BeckRS 1976, 30384714 = RdL 1976, 149 für

Verkehrsunfall; LG Münster RdL 1983, 175). Ein mittelbarer Schaden, zB Kosten für das Kontrollieren von Zäunen, das Einsammeln von Zuchttieren ist nicht erstattungsfähig, auch nicht aus dem Gesichtspunkt der Geschäftsführung ohne Auftrag (OLG Köln Beschl. v. 11.2.2011 – 11 U 184/10, BeckRS 2012, 10819; LG Köln Urt. v. 21.9.2010 – 27 O 447/09, BeckRS 2012, 4052 = JE IX Nr. 198).

3a Die Haftung für Jagdschäden betrifft nur solche Grundflächen, die der jagdlichen Nutzung des Jagdausübungsberechtigten unterliegen (allgemeine Meinung), jedenfalls nur Schadensfälle, die aufgrund einer grundsätzlich erlaubten jagdlichen Handlung, bezogen auf den betroffenen Grundbesitz erfolgt. Insbesondere unterliegen deshalb befriedete Flächen keiner Wildschadenshaftung (BGH Urt. v. 4.3.2010 – III ZR 233/09, NJW 2010, 1608 = JE IX Nr. 185). Die kann für eine Haftung für Jagdschäden nicht uneingeschränkt gelten (hierzu sehr ausführlich Drees/Thies/Müller-Schallenberg/Jäcker/Hugenberg § 33 S. 271 ff.). Letzterer Auffassung ist zuzustimmen, soweit der Jagdausübungsberechtigte im Rahmen seiner Jagdausübung eine vom Jagdrecht gedeckte Handlung bezogen auf den Jagdbezirk durchführt. Denn § 33 soll den Jagdausübungsberechtigten auch vor der Inanspruchnahme Dritter schützen, sofern eine Grundstücksverletzung aufgrund einer nicht missbräuchlichen Jagdausübung geschieht. Anknüpfungspunkt ist deshalb – auch für eine Haftung – die berechtigte Inanspruchnahme des Grundbesitzes, die in befriedeten Bezirken nur bei Vorliegen bestimmter Umstände (zB Nachsuchen) gestattet ist. Bewegt sich der Jagdausübungsberechtigte aber ohne diese grundsätzlich notwendige Berechtigung im Rahmen somit illegaler Jagdausübung auf dem Gelände greift § 33 nicht.

IV. Ersatzpflichtiger/-berechtigter

4 Ersatzverpflichtet ist der Jagdausübungsberechtigte, auch wenn der Jagdschaden durch einen Jagdgast oder einem von ihm bestellten Jagdaufseher verursacht wurde. Jagdgast ist auch der entgeltliche oder unentgeltliche Jagderlaubnisscheininhaber. Jagdaufseher ist auch der von dem Jagdausübungsberechtigten angestellte Berufsjäger, nicht aber ein durch die Jagdgenossenschaft angestellter Berufsjäger oder Jagdaufseher, dessen Tätigkeit von dem Jagdpächter zu dulden ist. Eine Exkulpationsmöglichkeit iSv §§ 823, 831 BGB besteht nicht (vgl. Lorz/Metzger Rn. 9). Somit scheidet eine unmittelbare Haftung des Jagdgastes für Jagdschäden aus, nicht aber eine Inanspruchnahme des Jagdgastes durch den in Anspruch genommenen Jagdausübungsberechtigten. Hat der Jagdgast den Schaden gelegentlich der Jagd einen Schaden ohne unmittelbaren Zusammenhang zu einer jagdlichen Betätigung verursacht, so zB. bei der Fahrt durch das Revier ohne jagdlichen Bezug haftet der Jagdausübungsberechtigte nicht. Es handelt sich nicht um einen Jagdschaden (vgl. Lorz/Metzger Rn. 7).

4a Ersatzberechtigt ist der Grundeigentümer oder Nutzungsberechtigter. Sind dies mehrere Personen in GbR, ist nur diese Ersatzberechtigt.

V. Geltendmachung des Schadens

5 Der Schaden kann ausschließlich im Rahmen der §§ 34, 35 geltend gemacht werden (§§ 43 ff. **RhPfLJG; §§** 56 ff. **JWMG**). Die Beweislast trifft den Geschädigten, Anmeldefristen sind zu wahren und das Vorverfahren zu beschreiten (vgl. OLG Köln Beschl. v. 11.2.2011 – 11 U 184/10, BeckRS 2012, 10819; LG Köln Urt. v. 21.9.2010 – 27 O 447/09, BeckRS 2012, 4052 = JE IX Nr. 198).

VI. Ordnungswidrigkeiten

6 Wer vorsätzlich den Vorschriften des § 33 Abs. 1 zuwiderhandelt und dadurch einen Jagdschaden anrichtet, handelt ordnungswidrig (§ 39 Abs. 1 Nr. 8). In **Baden-Württemberg** gilt § 67 Abs. 1 Nr. 18 **JWMG,** in § 48 Abs. 1 Nr. 8 **RhPfLJG.** Die Norm entspricht dem Bestimmtheitsgebot des Art. 103 Abs. 2 GG (OLG Bamberg Beschl. v. 18.1.2011 – 3 Ss OWi 1696/10, BeckRS 2011, 4553; Lorz/Metzger Rn. 12).

VII. Weitere Haftungsmöglichkeiten

7 Neben der Verpflichtung zur evtl. Zahlung von Jagdschaden steht die Verpflichtung Schäden zu begleichen, die keinen Jagdschaden darstellen, aber in einem engen Zusammenhang zur Jagdausübung stehen. In diesen Fällen greifen die allgemeinen Normen des Haftungsrechtes, insbesondere §§ 823 ff. BGB, zum Teil unter Heranziehung der UVV Jagd (→ Anh. 2 § 11). Der Verstoß gegen die Vorgaben der **Jagdunfallverhütungsvorschriften** ist grundsätzlich eine Verletzung von Verkehrssicherungsverpflichtungen (BGH Urt. v. 29.4.1969 – VI ZR 29/68, BeckRS 1969, 30393234 = VersR 1969, 751; OLG Koblenz Urt. v. 25.10.1990 – 5 U 1753/89, OLGZ 92, 106 = JE XI Nr. 79). Zudem treffen den Jagdveranstalter hohe Anforderungen an seine Verkehrssicherungspflichten bei der Abhaltung von Gesellschaftsjagden. Grundsätzlich besteht aber keine Haftung für Wildtierschäden aus §§ 833, 834 BGB (LG Gera Beschl. v. 28.10.2005 – 1 S 275/05, BeckRS 2011, 10558 = JE XX Nr. 60; AG Altenburg Urt. v. 19.5.2005 – 2 C 668/03, BeckRS 2011, 9472 = JE XX Nr. 59).

1. Schussverletzungen

8 Jedes Jahr werden Jäger oder Beteiligte an Jagden durch Schüsse verletzt. Ursache ist häufig ein unachtsames Verhalten der jeweiligen Schützen.

8a Der Schuss bei Unübersichtlichkeit des Geländes ohne sichere **Kugelfang** oder Deckung ist eine Verletzung von Verkehrssicherungspflichten des Schützen (OLG Hamm Urt. v. 21.12.1961 – 3 U 212/61, MDR 1962, 407). Nach § 3 Abs. 4 UVV Jagd darf ein Schuss erst abgegeben werden, wenn sich der Schütze vergewissert hat, dass niemand gefährdet wird. Eine Gefährdung ist zB dann gegeben, wenn Personen durch Geschosse oder Geschoßteile verletzt werden können, die an **Steinen, gefrorenem Boden, Ästen, Wasserflächen** oder am **Wildkörper** abprallen oder beim Durchschlagen des Wildkörpers abgelenkt werden; beim Schießen mit Einzelgeschossen kein ausreichender Kugelfang gegeben ist (Hinweis zu Abs. 4). Der Schütze muss das Gefährdungspotential vor Schussabgabe selbst einschätzen. Die Regelungen der UVV gelten aber nicht abschließend. Demnach verbietet sich grundsätzlich der **Kugelschuss** über den Horizont, auf Wald- oder Heckenränder, in dicht beasteten Bereich, auf oder über schwer einsehbare Wege, in **Maisfelder.** Allen Situationen ist gemein, dass der Schütze letztendlich nicht einschätzen kann, wo die Kugel einschlägt. Bei Abgabe des Schüsse muss daher der Schütze vor Augen haben, wo das Geschoss gefahrlos landet. Der Wildkörper ist ungeachtet des Geschosses kein Kugelfang, zumal mit einem Fehlschuss der Schütze rechnen muss (vgl. AG Hersbruck Urt. v. 8.8.2006 – 2 Cs 801 Js 06237/05, BeckRS 2006, 17041). Hierbei muss er auch einkalkulieren, dass er in einem gewissen Rahmen **Zielfehler** machen kann. Der Schusshintergrund kann nur aus geeignetem Material, im Zweifel dem gewachsenen Boden bestehen. Bei Schrotschüssen ist die Hintergrundgefährdung auch an der **Flugweite** der Schrote zu orientieren. Es gilt die Regel, dass die Schrotstärke von Bleischroten x 100 den maximalen gefährdeten Bereich bei optimalem Abschusswinkel wiedergibt (also Schrotstärke 3 mm x 100 gleich 300 m gefährdete Fläche).

Ungeachtet dessen muss generell auch mit **Abprallern** gerechnet werden. **8b**
Bei einer, nach dem Aufschlag verbleibenden Geschoß-Rest-Masse von über 50 % ist die Rede von Abprallern. Sie entstehen, wenn das Geschoß von einem Hindernis ganz oder in Teilen abgleitet. Es entsteht trotz Masse- und Energieverlust eine Hinterlandgefährdung, in Extremfällen sogar eine Gefährdung durch Rückpraller. Entscheidend für die Gefährdungssituation ist der Winkel, in dem das Geschoss auf ein Hindernis trifft (Eingangswinkel), die Härte des Hindernisses (Stein bis weicher Boden), Entfernung zum Hindernis, Geschoßart und Geschwindigkeit. Der Jäger muss sich auch in jagdlich schwierigen Situationen der Gefahr durch Abpraller bewusst sein. Deshalb verbietet sich oft der Schuss in steiniges Gelände ohne weitere Hinterlandabdeckung im Abgangsbereich des Geschosses. Aber auch der flache Schuss mit Schrot (auch mit der Kugel) auf ein stehendes Gewässer birgt die Gefahr von Abprallern, der gleiche Schuss auf ein fließendes Gewässer eher nicht. Der Schuss auf einen hart gefrorenen Boden ist gefährlich, auch auf felsigen oder steinigen Boden. Dies gilt auch für Wege, insbesondere solche mit Asphaltdecke. Der Jäger muss bei der Schussabgabe diese Situationen beachten, sodass es keine allgemeine Regel dafür geben kann, mit welchen **Abprallwinkeln** gerechnet werden muss. Gerechnet werden muss mit **Abprallverhalten** von Schroten bei überfliegenden Federwild (zB Fasanen, Enten und Gänsen) über eine Schützenreihe. So verbietet sich der unmittelbare Schuss über eine **Schützenkette** auf einen darüber streichenden Vogel. Auch der Schuss in Baumbeständen bedingt die Gefahr, dass insbesondere an glatten, evtl. sogar vereisten Baumstämmen ein Geschoss abgeleitet werden kann, sodass in einem Abgangswinkel (Verhältnis der Abweichung von gerader Fluglinie zur Abweichung nach Auftreffen auf ein Hindernis) von ca. 30 Grad mit einer Gefährdungssituation gerechnet werden muss (s. zu Berechnungen von Ablenkwinkeln von Flintenlauf- und Büchsengeschossen sowie Schrotkugeln DEVA Schlussberichte von März 2013 mit entsprechenden Berechnungen). Beträgt der sog. **Sicherheitswinkel,** also der Winkel zwischen der Schussrichtung und dem nächsten Schützen mindestens 30 Grad, reicht dieser aus um der Änderung abgelenkter Geschosse Rechnung zu tragen (OLG Bamberg Beschl. v. 25.7.2011 – 8 U 88/11,

BeckRS 2011, 147594 = RdL 2013, 6 (7)). Diskutiert wird im Augenblick noch nachhaltig die Frage des Abprallverhaltens von **bleifreien Geschossen** (s. DEVA- Untersuchungsberichte). Hier laufen noch Untersuchungen. Hier zeigt sich, dass weniger die Zusammensetzung des Geschosses (mit oder ohne Blei) als der Aufbau des Geschosses ein mehr oder minderes Gefahrenpotential abgibt, bleifreie Geschosse aber auch in weiterer Entfernung von über 1.500m noch das Hinterland gefährden können. Nun beinhaltet allerdings eine effektive Jagdausübung, dass zB bei Drück- und Treibjagden der Schütze keine Zeit hat einen ruhigen besonnen Schuss abzugeben, sondern das sich bewegende Wild den Schützen zwingt, seine Schussposition stetig zu verändern. Man kann dementsprechend auch hier nur mit Erfahrungssätzen arbeiten, bei denen man eine Fahrlässigkeit unterstellen kann, wenn ein Schütze bestimmte Situationen missachtet.

8c So ist der Eingangs erwähnte Schuss auf einen Dickungsbereich, bei dem der Hintergrund also keine gewachsene Erde ist, immer abzulehnen und bei einer Vereisungssituation oder einem felsigen oder anderen Untergrund muss der Schusswinkel so gewählt werden, dass auch Splitter eines auftreffenden Geschosses dahinter liegend niemanden gefährden kann. Der Schuss in ein dichtes Gestrüpp hat zu unterbleiben, da durch das vorhandene Geäst mit Abprallern gerechnet werden muss und darüber hinaus die reine Verletzungsgefahr des Tieres, ohne dass ein tödlicher Treffer angesetzt werden kann, groß ist. Auch mit dem Abprallen **streuender Schrotkörner** muss gerechnet werden (OLG Karlsruhe Urt. v. 25.5.1955 – 2 U 222/54, VersR 1956, 70).

8d Das Durchziehen durch die Schützenkette verbietet sich selbstverständlich (DVO zu Abs. 5 Ziff. 7 S. 2), ungeachtet der damit einhergehenden evtl. Schussabgabe. So hat der Schütze das Gewehr nach oben oder nach unten zu richten, wenn er sich durch die Schützenkette dreht. Befindet sich ein Treiber in der Nähe und Schussrichtung eines Hasen, hat der Schuss zu unterbleiben (OLG Koblenz Urt. v. 25.10.1990 – 5 U 1753/89, OLGZ 92, 106 = JE XI Nr. 79). Bewegt sich ein Hund in unmittelbarer Nähe, insbesondere unmittelbar hinter einem zu erlegenden Tier, so muss man je nach Geschwindigkeit des Tieres diesen Schuss als fahrlässig ansehen. **Schussgeräusche** alleine rechtfertigen keine Haftung des Schützen (BGH Urt. v. 15.2.2011 – VI ZR 176/10, NJW-RR 2011, 888 = MDR 2011, 422). Wohl aber, wenn in unmittelbarer Nähe von Personen ein Schuss abgegeben wird (AG Leer Beschl. v. 24.2.2011 – 73 C 618/10, JE XI Nr. 139). Hierbei müssen sich die Personen aber im Sichtfeld des Schützen befinden und nur wenige Meter entfernt sein (so zur Entfernung OLG Braunschweig Beschl. v. 27.6.2005 – 7 U 104/04, BeckRS 2005, 152112 = JE XI Nr. 138). Auch Reiter müssen im Wald mit Schussgeräuschen rechnen. Sieht der Schütze aber einen Reiter muss er, um ein Durchgehen des Pferdes zu vermeiden den Schuss in Nähe des Pferdes unterlassen.

8e Auch die **Splitterwirkung** von Geschossen ist in die Kalkulation bei Schussabgabe einzubeziehen. Diese entsteht wenn weniger als 50 % Geschoßmaße als kompaktes Teil austritt. Obwohl Splitter in ihrer Reichweite ein geringeres Gefährdungspotential haben, gefährden sie im näheren Umfeld bis zu 50 m Entfernung.

8f Das **Führen** von Schusswaffen hat generell so zu erfolgen, dass eine Gefährdung ausgeschlossen ist. So sind Waffen bei Gesellschaftsjagden außerhalb der eigentlichen Jagdausübung offen, mit nach oben gerichteter Mündung zu führen. Waffen dürfen nicht zum Schlagen, Stoßen oder zB Niederdrücken von Zäunen beim Überschreiten verwendet werden (DVA zu Abs. 1 Nr. 2). Ebenso ist das Laden vor Jagdbeginn ohne andere Ansage unzulässig, ebenso wie das Unterlassen des Entladens nach der Jagd. Bei der Verwendung von Schusswaffen gilt es als Pflichtverletzung, eine Waffe unbeaufsichtigt vorübergehend in einem geladenen Zustand abzulegen (BGH Urt. v. 12.6.1990 – VI ZR 297/89, NJW 1991, 696; OLG Düsseldorf Urt. v. 30.12.1988 – 13 U 135/88, VersR 1990, 903). So muss die Waffe nach Gebrauch auch sofort gesichert werden (BGH Urt. v. 3.3.1998 – VI ZR 497/96, NJW-RR 1998, 1397 = VersR 1998, 858). Der Schuss auf von Hunden gestelltes Wild kann nur unter besonderen Voraussetzungen erfolgen um eine Gefährdung der Hunde auszuschließen (LG Erfurt Urt. v. 24.6.2015 – 3 O 996/13, JE XI Nr. 143).

Wird ein Schweißhund auf einer Nachsuche durch einen Schuss eines **8g** Jagdausübungsberechtigten verletzt, haftet dieser aus dem Gesichtspunkt eines Auftragsverhältnisses Verschuldensunabhängig nach § 662 BGB (AG Wittenberg Urt. v. 18.3.2022 – 8 C 476/21 (IV), BeckRS 2022, 33679 = JE XI Nr. 154). Das Risiko einer solchen Verletzung ist Auftragsimmanent (OLG Stuttgart Urt. v. 3.11.2010 – 3 U 109/10, NJW-RR 2011, 606). Zur Höhe eines Ersatzanspruches LG Schweinfurt Urt. v. 23.12.2021 – 24 O 60/19, nv).

2. Verkehrssicherungsverletzungen

Jeden Jäger, insbesondere aber jeden verantwortlichen Jagdleiter, treffen **9** Verkehrssicherungsverpflichtungen (s. hierzu insbesondere eingehend von Pückler Wild & Hund Heft 23/2006, 151; Munte NZV 2009, 274 ff.; UVV-Jagd).

Maßgeblich für die Reichweite der zu treffenden Vorkehrung ist das, was **9a** ein umsichtiger und verständiger, in vernünftigen Grenzen denkender Angehöriger des betreffenden Verkehrskreises für notwendig und auch ausreichend halten darf. Eine Verkehrssicherung, die jede Schädigung ausschließt, ist nicht erreichbar (BGH Urt. v. 2.10.2012 – VI ZR 311/11, NJW 2013, 48 zu waldtypischen Gefahren). So muss der Pflichtige auch nicht für alle denkbaren entfernten Möglichkeiten eines Schadeneintrittes Vorsorge treffen (Grüneberg/Sprau BGB § 823 Rn. 51). Hier muss der Verkehrsteilnehmer auch nur vor solchen Gefahren geschützt werden, die er selbst auch Anbetracht einer konkret darbietenden Situation bei Anwendung der von ihm in dieser Situation zu erwartenden Sorgfalt erfahrungsgemäß nicht oder nicht rechtzeitig erkennen und vermeiden kann (OLG Hamm Urt. v. 17.12.2001 – 13 U 171/01, BeckRS 2005, 2532 = VersR 2003, 605; Urt. v. 13.1.2006 – 9 U 143/05, NJW-RR 2006, 1100). So muss es um eine Gefahr gehen, vor der er sich selbst ohne Weiteres nicht schützen kann (BGH Urt. v. 11.12.1984 – VI ZR 218/83, NJW 1985, 1076). Deshalb ist einem Verkehrsteilnehmer im Straßenverkehr durchaus zuzumuten, insbesondere bei der Durchquerung von Waldstücken jederzeit mit dem Auftauchen von Wild rechnen zu müssen, wobei es dann keinen Unterschied macht, ob das Wild vor einer Treibjagd flüchtet, vor anderen Verursachern oder generell meint die Straße überqueren zu müssen.

3. Gesellschaftsjagden

10 Von einer Gesellschaftsjagd spricht man, wenn mehr als drei Personen die Jagd gemeinschaftlich ausüben (Landesjagdgesetze sehen hier teilweise eine andere Anzahl vor, s. zB § 30 Abs. 1 **ThJG,** wobei der Begriff der Gesellschaftsjagd an dieses Bundejagdgesetz im Verhältnis zu der Möglichkeit eines Jugendjagdscheines zu orientieren wäre). Hier muss ein wirksames Zusammenwirken der Personen gegeben sein, also liegt eine Gemeinschaftsjagd auch dann nicht vor, wenn eine Vielzahl von Einzelansitzen als sog. gemeinsame Ansitzjagd erfolgt, ohne dass hier eine Verknüpfung zB mittels durchgehender Treiber hergestellt wird (§ 16 Abs. 3).

10a Vor Beginn der Jagd sind die Jagdscheine zu kontrollieren. Die **Kontrolle,** insbesondere das Vorhandensein eines **Jagdscheines** muss dementsprechend der Jagdveranstalter vornehmen, insbesondere wenn er ihm nicht bekannte Jäger vor sich hat (Mitzschke/Schäfer § 17 Anm. 9). Lädt er ihm bekannte Personen ein, von denen er weiß, dass sie seit Jahren Jagdscheininhaber sind, insbesondere Jagdpächter, die eine Verpflichtung haben, Jagdscheine zu besitzen oder andere entsprechende Personen, dann ist eine Kausalität zwischen dem Nichtvorhandensein eines Jagdscheines und der sich ansonsten hieraus ja zwingend ergebenden Unzuverlässigkeit des Schützen nicht gegeben. Die **Jagdscheinkontrolle** dient allerdings auch dazu festzustellen, ob eine Jagdhaftpflichtversicherung besteht (OLG Oldenburg Urt. v. 3.10.1978 – 4 U 12/78, JE XI Nr. 16), sodass alleine vor diesem Hintergrund die Kontrolle erforderlich ist. Zeigt sich, dass ein Schütze erkennbar unzuverlässig ist, kann auch hierfür der Jagdveranstalter haften (OLG Oldenburg Urt. v. 3.10.1978 – 4 U 12/78, VersR 1979, 91).

10b Die Vorbereitung und **Durchführung eines Jagdablaufes** muss so gestaltet werden, dass eine Gefährdung Dritter möglichst vermieden werden kann. Dies trifft die Jagdteilnehmer selbst, Treiber und Jäger, aber auch Dritte, die durch die Jagdausübung gefährdet werden könnten, also im Wald Beschäftigte, Wanderer und Erholungssuchende, sowie den Straßenverkehr. Jeder Jagdveranstalter ist demnach grundsätzlich verpflichtet, Gefahren, die durch flüchtendes Wild für Unbeteiligte entstehen können, auszuräumen (vgl. LG Aschaffenburg Urt. v. 30.7.1998 – 2 S 329/97, NJWE-VHR 1998, 279). Verantwortlich ist der Jagdausübungsberechtigte. Die häufig in den Raum gestellte Methodik einen sog. **Jagdleiter** zu bestellen – häufig den Jagdaufseher – entpflichtet den eigentlichen Jagdausübungsberechtigten nicht. Er ist und bleibt für die Durchführung solcher Jagdveranstaltungen der Hauptverantwortliche, kann aber natürlich an eine geeignete Person Aufgaben delegieren. Dieser wäre daher im Rechtssinne Verrichtungsgehilfe. Hierzu gehört allerdings auch, dass der sog. Jagdleiter eingewiesen worden ist und ihm ein eigenständiger Aufgabenbereich zufällt, der nicht erst unmittelbar kurz vor der Jagd kreiert worden ist und auf den er keinen wesentlichen Einfluss nehmen kann. Beauftragte Jäger, die zB Schützen abstellen sollen, was bei solchen Jagdausübungen in der Regel geschieht, müssen von dem Jagdausübungsberechtigten eingewiesen worden sein, ihre Handlungen müssen so genau als möglich umschrieben werden, die Stände zuvor markiert (wenn sie nicht ohnehin bekannt sind).

10c Wird auf einer Weide gejagt, in der Vieh steht, muss der Jäger den Eigentümer auf die Gesellschaftsjagd hinweisen, um ihm Gelegenheit zum Entfernen zu geben. Versäumt dies der Eigentümer, haftet der Jagdveranstalter nicht (vgl. hierzu OLG Düsseldorf Urt. v. 14.1.2004 – 15 U 66/2001; v. Pückler WuH 19/2003, 110 ff.). Nicht alle Gefahren können und müssen allerdings im Zuge einer solchen Jagdausübung auch tatsächlich beseitigt werden (LG Rostock Urt. v. 6.9.2002 – 4 O 176/02, NJW-RR 2003, 522 = JE XI Nr. 117). Eine Haftung für ein nicht unmittelbar gelenktes Fluchtverhalten von Wild anlässlich einer Jagd scheidet daher aus (AG Daun Urt. v. 20.3.2018 – 3b C 322/17, JE XI Nr. 146). Besondere Bestimmungen für Gesellschaftsjagden enthält § 4 UVV Jagd (vgl. hierzu auch Munte/Müller-Schallenberg/Knemeyer Jagdrecht Niedersachsen Rn. 182).

Es ist zwar nicht notwendig, dass ein Jagdleiter seine Jagdgäste noch einmal **10d**
ausdrücklich auffordert, sich an die Regelungen der UVV Jagd zu halten oder zB **Warn- oder Signalkleidung** zu tragen. Wenn der Jagdleiter jedoch feststellt, dass entgegen der UVV Jagd gehandelt wird oder ein anzustellender Schütze keine Warnkleidung mit sich führt, muss er ihn notfalls von der Jagd ausschließen. Dies hindert nicht das Mitverschulden des insoweit sich pflichtwidrig verhaltenden Schützen. Der Jagdleiter kann bei der Ansprache durchaus generalisierend den Schuss in Richtung des Treibens frei geben, wenn gewachsener Kugelfang vorhanden ist. Er kann erwarten, dass die ausgebildeten Jagdteilnehmer, die sich je nach Stand unterschiedlich ergebenden Anforderungen selbst beurteilen können. Nur wenn sich zwingend ein Schuss in Richtung des Treibens ausschließt, muss der Jagdleiter von vornherein denselben auch verbieten. Der Jagdleiter hat auch dafür Sorge zu tragen, dass klargestellt wird, wann mit der Jagd begonnen werden darf, wobei auch hier jeder Schütze darauf zu achten hat, dass zB bei Gestatten einer Schussabgabe unmittelbar nach dem Anstellen nicht in Richtung der noch weitergehenden anzustellenden Schützen geschossen werden darf. Klar ist auch, dass ein Jagdteilnehmer nach dem sog. Abblasen, also dem Zeichen für die Beendigung der Jagd, keinen weiteren Schuss mehr abgeben darf (so LG Erfurt Urt. v. 21.7.2006 – 3 O 1672/04, BeckRS 2011, 10274 für den Schuss nach Beendigung auf einen Fuchs), eigene Nachsuchen grundsätzlich verboten sind, ebenso wie der nach der Beendigung der Jagd abgegebene Fangschuss ausdrücklich gestattet sein muss. Häufig ist die Beendigung der Jagd mangels Verwendung von Jagdhörnern nicht mehr ohne Weiteres erkennbar. Hier hat der Jagdleiter dafür zu sorgen, dass die Beendigung der Jagd zwischen den Jagdteilnehmern geklärt ist (s. LG Erfurt Urt. v. 21.7.2006 – 3 O 1672/04, BeckRS 2011, 10274), entweder nach Uhrzeit, wobei dem Jagdteilnehmer eine erhöhte Sorgfaltspflicht trifft, da auch ihm bekannt sein muss, dass nicht alle Uhren gleich gehen oder nach einem verabredeten Signal. Ist ein Stand grundsätzlich ungeeignet, gefahrlose Schüsse abzugeben, muss zunächst einmal der Jagdteilnehmer für sich entscheiden, ob und inwieweit er meint, eine eigene Schussabgabe rechtfertigen zu können. Einen Jagdleiter wird in einem solchen Fall jedoch ein Mitverschulden treffen, da er einen Stand überhaupt zugewiesen hat, bei dem er die Annahme vermittelte, dass eine Schussabgabe möglich ist. Im Zweifelsfall ist der Jagdleiter auch verpflichtet, erhöhte Drückjagdstände dort aufzustellen, wenn das Gefahrenpotential ansonsten zu groß und für den Schützen vielleicht auch nicht ohne Weiteres zu erkennen ist. In unübersichtlichem Gelände muss der Jagdleiter die Schützen einweisen oder einweisen lassen, in welche Richtung eine Schussabgabe gefährlich ist, wenn der Jagdteilnehmer von seinem Stand aus die Gefährlichkeit dieser Schussrichtung nicht selbständig beurteilen kann. Hinzu kommen auch weitere situationsbedingte Gefahrensituationen, denen sich der besonnene Schüt-

ze nicht aussetzen darf. Das Verbot des **Verlassens eines Standes** während der noch laufenden Jagd muss nicht ausgesprochen werden, sondern kann als selbstverständlich angenommen werden (wenngleich die DVO zu Abs. 2 und 5 dem Jagdleiter entsprechende Verpflichtungen aufbürden). So wird einem Jäger, der seinen Stand verlässt, ein ganz erhebliches Mitverschulden treffen, wenn er vor diesem Hintergrund eine Schussverletzung erfährt. Auch das wechselseitige Kenntlichmachen bei Einnahme eines Standes gehört zu den unausgesprochenen Pflichten eines Jägers neben natürlich der Beachtung der Unfallverhütungsvorschriften bei der Jagd § 4 Abs. 1 DVO zu Abs. 5 Nr. 6). Letztere bestimmen insbesondere das Tragen von Signalkleidung (DVO zu Abs. 12). Weicht ein Jäger von Anweisungen des Jagdleiters einseitig ab, oder von den allseits bekannten Sicherheitsbestimmungen, haftet der Jagdveranstalter nicht (OLG Hamm Urt. v. 15.1.2013 – 9 U 84/12, BeckRS 2013, 3107 = JE XI Nr. 142). Eine besondere Anweisung, nicht auf Hunde zu schießen, muss ein Jagdleiter nicht aussprechen. Die Haftung beschränkt sich in dem Fall auf den Schützen (OLG Frankfurt Urt. v. 20.4.2021 – 4 U 184/19, BeckRS 2021, 10409).

10e Die vormals sich ergebende Problematik sog. **Durchgehschützen** hat sich nach einer Änderung der UVV-Regelungen faktisch erledigt:

10f So war es vormals schon eine Unsitte, dass Jäger mit durchgeladener Waffe faktisch in der Funktion als Treiber an der Jagd teilnahmen und sodann in dem getriebenen Bereich Kugelschüsse abgegeben haben. Nunmehr ist klargestellt, dass sog. Durchgehschützen ihre Waffen nur ungeladen führen dürfen, sich also keine Patrone im Patronenlager befinden darf und der Schuss allenfalls in Notstandssituationen oder auf schwer krankes Wild abgegeben werden darf unter Berücksichtigung des Umstandes, dass solche Schüsse außergewöhnlich gefährlich für Dritte sein können (s. DVO zu Abs. 8 Nr. 11 und zu Abs. 11). Dies bedeutet, dass der diesen Schuss abgebende Jäger Klarheit über sein Umfeld haben muss. So kann er sich durch Zuruf davon überzeugen, dass sich niemand in der Nähe aufhält und muss notfalls bei der Schussabgabe so nah als möglich an das Wild herangehen, natürlich ohne sich in die unmittelbare Gefahr einer Eigenverletzung durch das Wild zu begeben.

10g Der Jagdleiter hat darauf zu achten, dass die Durchgehschützen ortserfahren sind.

4. Jagd und Straßenverkehr

11 Auch der Schutz Dritter, an der Jagd nicht Beteiligter, obliegt dem Jagdveranstalter. So hat er bei der Gestaltung des Jagdablaufes dafür Sorge zu tragen, dass Dritte nicht unnötig in Gefahr gebracht werden. Zwar muss jedermann, der Wald und Feld betritt, grundsätzlich damit rechnen, dass auch Jagdausübung dort stattfindet. Dies gebietet das Rücksichtnahmegebot gegenüber denjenigen, die in Wald und Feld zu tun haben, wie Landwirte und Forstwirte, diese auch umgekehrt gegenüber dem Jäger. Bemerken also Dritte, dass eine Jagdausübung stattfindet, trifft sie ein Mitverschulden, wenn sie sich mitten in den Jagdablauf hinein begeben.

11a Dennoch muss auch der Jagdveranstalter mit Personen, wie Wanderern, Pilzsuchern etc rechnen. Ob das **Sperren eines Waldweges** zum Zwecke der Jagdausübung zulässig ist, hängt im Wesentlichen vom Landesrecht ab, dürfte in aller Regel allerdings ohne weiteres nicht zulässig sein. Es ist auch nicht unbedingt eine Warnung vor einer Jagdausübung notwendig, weil ein

Waldnutzer auch mit einer für ihn unerwarteten Schussabgabe in einem Wald rechnen muss, da allgemein bekannt ist, dass Jagd ausgeübt wird (BGH Urt. v. 15.2.2011 – VI ZR 176/10, NJW-RR 2011, 888 = MDR 2011, 422). Es gebietet jedoch die Sorgfaltspflicht die teilnehmenden Jäger darauf hinzuweisen, dass in bestimmten Bereichen Wanderwege oder andere benutzte Wege gegeben sind, ggf. eine Beschränkung der Schussabgabemöglichkeit einhergehen muss.

Die Frage, ob generell in der Nähe von **Wohngebieten** oder **Straßen** gejagt werden darf, hat die Rspr. mit einem klaren Ja beantwortet. Gemäß § 20 gilt kein generelles Verbot in der Nähe von Wohngebieten, Bundes- oder anderen Straßen zu jagen (LG Rostock Urt. v. 6.9.2002 – 4 O 176/02, NJW-RR 2003, 522 = JE XI Nr. 117). Vielmehr besteht ein erhebliches öffentliches Interesse an der Durchführung von Treib- und Drückjagden (VGH München Beschl. v. 31.10.2012 – 11 ZB 11.2195, BeckRS 2012, 59071). Allerdings werden an die Richtungen des Treibens bestimmte Anforderungen gestellt. So ist der Jagdausübende verpflichtet, Wild nicht in **Richtung** auf eine befahrene Straße zu treiben, sondern das Treiben möglichst von der Straße wegzuführen, ggf. durch **Postenketten** einen Wildwechsel in Richtung auf die Straße zusätzlich vorzubeugen (s. hierzu BGH Urt. v. 10.2.1976 – VI ZR 160/74, BeckRS 1976, 30384714 = VersR 1976, 593; OLG Celle Urt. v. 27.5.1974, RdL 1974, 1087). Dies betrifft auch die Gefahr durch abstreichendes Federwild bei einer Suchjagd (BGH Urt. v. 10.2.1976 – VI ZR 160/1974, BeckRS 1976, 30384714 = VersR 1976, 593 = JE XX Nr. 7). Nicht erforderlich (auch nicht wirksam) ist, durch zB Anbringen von **Jagdlappen** entlang der Straße, das Treiben abzusichern (LG Aachen Urt. v. 30.8.1990 – 6 S 176/90, NZV 1991, 433 = JE XI Nr. 82), noch Straßen oder in der Nähe liegende Siedlungsgebiete anderweitig abzuschirmen (OLG Celle Beschl. v. 17.2.2003 – 9 U 12/03, BeckRS 2003, 154045 = JE XI Nr. 115). Grundsätzlich muss er für die Sicherung des Straßenverkehrs der erhöhten Gefahr durch aufgestörtes Wild jedenfalls entgegentreten (BGH Urt. v. 10.2.1976 – VI ZR 160/74, BeckRS 1976, 30384714 = VersR 1976, 593 = JE XX Nr. 7; LG Rostock Urt. v. 6.9.2002 – 4 O 176/02, NJW-RR 2003, 522 = JE XI Nr. 117). **11b**

Eine Kausalität für Wildunfälle kann ungeachtet des natürlichen Bewegungsdranges des Wildes zB dadurch hergestellt werden, dass auch unabsichtlich Wild aufscheucht wird. Dies können Pilzsucher, Radfahrer, Wanderer, Holzfäller oder andere Personen sein, die in Wald und Feld sich bewegen und gelegentlich dieses Umstandes Wild aufscheuchen. Man muss davon ausgehen, dass das Wild allerdings sich die Richtung, in der es flüchtet, nicht vorgeben lässt, sondern in der Lage ist, die für ihn günstigste Fluchtrichtung selbst zu bestimmen. So zieht und flüchtet Wild auch ohne jeglichen menschlichen Einfluss über Straßen und Wege, sodass allein der Umstand des reinen Aufscheuchens des Wildes als Haftungsgrundlage nicht herangezogen werden kann, weil die Zurechenbarkeit dieses Handelns zu der Fluchtrichtung des Wildes fehlt. Somit erscheint es auch ein faktischer Irrtum zu sein, dass die Richtung des Treibens Einfluss auf die Fluchtrichtung des Wildes hat: **11c**

Vielmehr sprechen die Erkenntnisse der jagdlichen Praxis dafür, dass das Wild auch gerne in die entgegengesetzte Richtung flüchtet. Dies bedeutet aber auch, dass die Jagdausübung selbst auf die Fluchtsituation des Wildes nur einen mäßigen Einfluss hat. So muss man für die Frage, ob ein Verstoß gegen Verkehrssicherungspflichten vorliegt, die Einzelsituation betrachtet. Wild **11d** wird, wenn es durch eine Treib- oder Drückjagd aufgescheucht wird, keineswegs kopflos flüchten. Dies ist anders, wenn es unmittelbar von hochläufigen Hunden gehetzt wird. So muss die Art der Jagd sich dieser Situation anpassen und auf den Einsatz von Hundemeuten, hochläufigen Hunden in der Nähe von Straßen verzichtet werden. Wird das Tier in die Lage versetzt, sein eigenes Handeln selbst zu steuern, mag das Aufscheuchen kausal für die Flucht, nicht aber für die Querung der Straße sein. Würde man hier bereits eine Haftung eines Jagdveranstalters annehmen, müsste man gleichsam auch die Haftung all derjenigen, die sich in dem Wald bewegen annehmen, wenn sie in der Nähe einer Straße sich bewegen und damit latent die Gefahr verursachen Wild aufzuscheuchen. Die Haftung des Jagdveranstalters kann dementsprechend erst in der Situation beginnen, in der eine Art Zwangssituation für das Wild entsteht über die Straße zu flüchten, das Tier also die natürliche Scheu vor dem Überqueren der Straße (ungeachtet des dort bestehenden Verkehrs), vor einer Ortschaft, Häusern oder Vorgärten (AG Montabaur Urt. v. 1.4.2010 – 10 C 208/09, JE XI Nr. 132; AG Stadtroda Urt. v. 5.5.2010 – 3 C 168/09, JE XI Nr. 133) genommen wird, allein aus der Panik heraus. Die Entfernungsangaben können allerdings auch nicht in dieser Form pauschaliert wiedergegeben werden. Gefordert werden muss jedenfalls für eine Haftungssituation die Realisierung einer Gefahr eines zwanghaften Handelns des Wildes, das über eine bestimmte Strecke nicht mehr in der Lage ist, seine eigene Flucht zu steuern. Der Halter eines Jagdhundes haftet allerdings ungeachtet der jagdlichen Situation dafür, dass ein Reh von dem Hund über eine Straße gehetzt wird und dadurch ein Schaden entsteht (OLG Nürnberg 29.1.1959 – 3 U 275/58, VersR 1959, 573).

11e Das Sperren eines Feldweges mittels eines kaum sichtbaren Drahtes ist eine Verletzung der Verkehrssicherungspflicht, für den unter Umständen neben dem verursachenden Jagdpächter auch die Kommune haftet (BGH Urt. v. 23.4.2020 – III ZR 251/17, NJW 2020, 3106; OLG Schleswig Urt. v. 28.9.2021 – 7 U 28/16, BeckRS 2021, 54442; Urt. v. 28.9.2021 – 7 U 29/16, BeckRS 2021, 28579).

5. Warnschilder

12 Mit dem Aufstellen von **Warnschildern** kommt der Jagdveranstalter seiner Verkehrssicherungspflicht in der Nähe von Straßen nach (hierzu Munte NZV 2009, 274, 275 mwN). Insbesondere wenn in diesem Sachzusammenhang einmal Warnschilder aufgestellt sind, muss der Verkehrsteilnehmer mit einer erhöhten Gefährdung rechnen, also einer evtl. konkreteren Gefahr eines Überschreitens von Wildes. Dann muss er in solchen Situationen seine Geschwindigkeit notfalls auch auf Schrittgeschwindigkeit reduzieren (vgl. BGH Urt. v. 13.7.1989 – III ZR 122/88, NJW 1989, 2808 = JE XX Nr. 49).

12a Konkrete Warnschilder sind gesetzlich nicht vorgegeben. Sie müssen aber für den Verkehrsteilnehmer als solche verständlich und Wahrnehmbar sein. Geeignet ist ein ausreichend großes Verkehrsschild mit der Aufschrift „Treibjagd“, ggf. in Verbindung mit Zeichen 274-53 „Geschwindigkeitsreduzierung 30 km/h“. Das Schild „Achtung Wild“ (Zeichen 142) ohne Zusatz Treibjagd hat keine zusätzliche Warnfunktion und ist nicht ausreichend, wohl aber ein allgemeiner Gefahrenhinweis (§ 40 Abs. 1 und 6 StVO mit dem Zusatzschild Treibjagd). Für die Warnfunktion ist es nicht erforderlich, dass das Aufstellen von der zuständigen **Straßenverkehrsbehörde** zugelassen wurde. Allerdings ist ein **Verkehrszeichen** ordnungsrechtlich unwirksam, wenn seiner Aufstellung durch einen Privaten keine verkehrsrechtliche Anordnung durch die Straßenverkehrsbehörde zugrunde liegt (VGH Mannheim Urt. v. 16.12.2009 – 1 S 3236/08, BeckRS 2012, 59071 = VBlBW 2010, 198). Die Behörde ist aber verpflichtet erforderliche Maßnahmen auf Antrag hin einzuleiten (§ 45 Abs. 1 StVO). Dazu gehört die zeit- und ortsbezogene Zulassung des Aufstellens geeigneter Schilder. Verweigert die Behörde die Möglichkeit zur Errichtung solcher Schilder haftet sie bei Unfällen selbst OLG Stuttgart 6.9.1961 – 1 U 78/61, DAR 1962, 242 = VersR 62, 1069 Ls.). Auf einer Daueranordnung für den Zeitraum der Jagdpachtperiode besteht kein Anspruch (VGH München Beschl. v. 31.12.2012 – 11 ZB 11.2195, BeckRS 2012, 59071). Die Kosten für die Genehmigung müssen verhältnismäßig sein. Für eine zivilrechtliche Warnfunktion kann es nicht darauf ankommen, ob die Beschilderung genehmigt wurde. Allerdings muss die Warnung der Verkehrsteilnehmer für diese verständlich sein. Erforderlich ist eine Warnung nicht in jedem Fall. Es muss eine deutliche Erhöhung der Gefahrenlage im Verhältnis zu einer Situation ohne Jagd bestehen. Ist in dem Gebiet mit Wildwechsel ohnehin zu rechnen, der auch ohne Jagdausübung eine erhebliche Gefahr darstellt, ist der Verkehrsteilnehmer keiner signifikant höheren Gefahr ausgesetzt, wenn sich dadurch ein Wildwechsel in nicht erheblichen Maßen erhöht. Besteht durch die Jagd eine erheblich höhere, vom Normalfall stark abweichende Gefahr, ist eine Geschwindigkeitsreduzierung vorzusehen.

Es besteht keine Verpflichtung aufgrund zu erwartender **Schussgeräusche** 12b
Warntafeln anzubringen (BGH Urt. v. 15.2.2011 – VI ZR 176/10, NJW-RR 2011, 888; OLG Hamm Urt. v. 15.1.2013 – I-9 484/12, BeckRS 2013, 3107 = MDR 2013, 520).

6. Sog. Erntejagden

Durch den zunehmenden Maisanbau auf der einen und die Zunahme von 13
Wildschweinen auf der anderen Seite, ist es in den letzten Jahren zur Regel geworden, dass zur Vermeidung weitergehender Wildschäden sog. Erntejagden stattfinden. Hier werden Mais oder andere Getreidefelder abgestellt und entweder mit Treibern und Hundemeuten wie im Zuge einer Drückjagd durchjagt oder der Einsatz der Erntemaschinen abgewartet, die letztendlich das Wild aus den sich immer verkleinernden Deckungsmöglichkeiten heraustreibt. Während bei einer Drückjagd durch einen Getreideschlag die Vorkehrungen zu treffen sind, die auch bei Waldtreibjagden getroffen werden müssen, sieht dies bei Erntejagden anders aus. Hier ist derjenige, der das Wild auf diese Art und Weise aus dem Gebiet heraus jagt ja nicht der Jäger. Dieser nutzt nur die Erntesituation als eine Jagdgelegenheit aus. Veranstalter ist hier vielmehr der Landwirt im Zuge seiner Ernte. Auch wenn der Landwirt hier mit dem Vorhandensein von Wild zB auch in der Straßennähe im Zuge seiner Ernte durchaus rechnen muss und dann auch damit, dass die Tiere eine Straße queren, so trifft ihn dennoch keine Verkehrssicherungsverpflichtung für den Straßenverkehr, weil dies zu den allgemeinen Lebensrisiken zählt, nämlich dass durch einfaches Aufscheuchen von Wild im Wald und Feld immer eine Situation eintreten kann, dass eine Straße gequert wird (LG Bielefeld Urt. v. 29.5.2007 – 6 O 140/07, BeckRS 2008, 10714). In diesem

Sachzusammenhang kann allerdings dann den Jäger naturgemäß auch keine weitere Haftung treffen, diese Erntesituation ausnützt (s. hierzu auch AG Helmstedt Urt. v. 10.9.2008 – 3 C 135/08, nv; Munte NZV 2009, 274 (276)).

7. Jagdliche Einrichtungen

14 Das unbefugte Betreten einer jagdlichen Einrichtung stellt in der Regel eine Ordnungswidrigkeit dar (vgl. zB § 41 Abs. 1 Nr. 1 **NJagdG**). **Verbotsschilder** sind deshalb schon nicht notwendig, weil die Benutzung fremden Eigentums immer unbefugt ist (LG Gießen Urt. v. 28.2.2001 – 1 S 497/00, nv). Jedenfalls muss ein Erwachsener wissen, dass Hochsitze alleine der Jagdausübung dienen und ihr Besteigen mit Gefahren verbunden ist (OLG Stuttgart Urt. v. 12.11.1976 – 2 U 117/76, BeckRS 1976, 1399 = VersR 1977, 384; aA OLG Braunschweig Urt. v. 25.9.1991 – 3 U 106/90, BeckRS 1991, 31331447 = JE XII Nr. 86, nach der Abwehrmaßnahmen bei gut sichtbaren Hochsitzen gefordert werden). Letztere Ansicht ist abzulehnen, da die Frage der Erkennbarkeit der Einrichtung möglicherweise den Anlass der Nutzung geben wird. Die Erkennbarkeit der unbefugten Nutzung allerdings kann auch bei Jugendlichen als gegeben unterstellt werden. Nur wenn der Jagdausübungsberechtigte mit der unbefugten Nutzung von Personen rechnen muss, die diese Einsichtsfähigkeit nicht haben, zB in der Nähe von Kinderspielplätzen, muss er die Anlage so einrichten, dass von ihr selbst keine Gefahr ausgeht, sie also Trittsicher ist (so im Ergebnis v. Pückler WuH Exklusiv Jagdrecht (1) S. 55). Abwehrmaßnahmen kann und muss er allerdings nicht errichten. Es kann für die insoweit in Betracht kommende Haftungssituation keine Rolle spielen, ob Kinder auf Bäume oder auf solche Hochsitzeinrichtungen klettern, sodass an die Anforderungen einer Haftung eines Jagdausübungsberechtigten extrem hohe Anforderungen zu stellen sind, auch wenn solche Hochsitzeinrichtungen zB in der Nähe von Grillplätzen, Jugendlagern oÄ errichtet ist. Ein **Kontrolle von Hochsitzen** hat mindestens einmal pro Jahr zu erfolgen. Hierzu reicht es nicht aus die Einrichtung in Augenschein zu nehmen. Vielmehr muss insbesondere die Leiter und auch Querhölzer intensiv kontrolliert werden, letztere auch durch Anstechen mittels Messer oder Spitzhammer (OLG Hamm Urt. v. 12.10.2011 – I-13 U 52/11, BeckRS 2012, 14621 = RdL 2012, 325). Die UVV (§ 7 Abs. 1 Nr. 3 UVV Jagd) sagt zwar nichts über die Art der Kontrolle aus. Rütteln und Anschauen reichen im Zweifel aber nicht (s. OLG Hamm Urt. v. 12.10.2011 – I-13 U 52/11, BeckRS 2012, 14621 = RdL 2012, 325). Eine Verkehrssicherungspflicht zur Vermeidung von Verletzungen von **Pferden** an Hochsitzstreben besteht grundsätzlich nicht (OLG Koblenz Urt. v. 2.10.2003 – 5 U 757/03, NJW-RR 2003, 1606). Für das Spannen von **Stacheldraht** über einen Feldweg haftet der aufstellende Jagdpächter (OLG Schleswig Urt. v. 28.9.2021 – 7 U 29/16, BeckRS 2021, 28579).

8. Weitere Haftungsfälle

15 Eine Sicherungsverpflichtung beim Aufstellen von **Fallenanlagen** ist allerdings erforderlich. Ein Verstoß stellt eine Verkehrssicherungsverpflichtung dar (LG Mönchengladbach Urt. v. 20.12.2001 – 10 O 7/01, NJW-RR 2002, 1316; AG Lichterfels Urt. v. 18.1.1985 – C 491/84, JE XI Nr. 52; AG Neuß Urt. v. 11.2.1987 – 35 C 159/85, JE XI Nr. 62). Fangbunker mit Abzug-

seisen sind so zu errichten, dass ein Hineingreifen bis zur scharfen Falle unmöglich ist. Unnatürliche Verhaltensweisen von Wild sind auch für den Jagdpächter nicht vorhersehbare. Hierzu zählt die Zerstörung einer Terrassentür durch Wildschweine (LG Lüneburg Urt. v. 29.11.2002 – 4 O 201/02, JE XI Nr. 112; OLG Celle Beschl. v. 17.2.2003 – 9 U 12/03, BeckRS 2003, 154045 = JE XI Nr. 115) als auch zB das Zerstören einer Swimmingpool-Abdeckung (AG Helmstedt Urt. v. 10.9.2008 – 3 C 135/08, nv), oder das Anlaufen einer Ortschaft (AG Montabaur Urt. v. 1.4.2010 – 10 C 208/09, JE XI Nr. 132). Derartige Geschehensabläufe sind so außergewöhnlich, dass sie vom Jagdausübungsberechtigten nicht vorhersehbar sind und er daher nicht für die entstandenen Schäden haftet (hierzu auch Munte NZV 2009, 274 (276)). Eine Haftung für Schäden aufgrund der Veräußerung von **Wildbret** eröffnet sich über das Gesetz zur Änderung produkthaftungsrechtlicher Vorschriften vom 2.11.2000 (BGBl. 2000 I 1478). Die anfängliche Privilegierung von Naturprodukten und Jagderzeugnissen wurde aufgegeben.

4. Gemeinsame Vorschriften

§ 34 Geltendmachung des Schadens

[1] Der Anspruch auf Ersatz von Wild- oder Jagdschaden erlischt, wenn der Berechtigte den Schadensfall nicht binnen einer Woche, nachdem er von dem Schaden Kenntnis erhalten hat oder bei Beobachtung gehöriger Sorgfalt erhalten hätte, bei der für das beschädigte Grundstück zuständigen Behörde anmeldet. [2] Bei Schaden an forstwirtschaftlich genutzten Grundstücken genügt es, wenn er zweimal im Jahre, jeweils bis zum 1. Mai oder 1. Oktober, bei der zuständigen Behörde angemeldet wird. [3] Die Anmeldung soll die als ersatzpflichtig in Anspruch genommene Person bezeichnen.

Ländervorschriften: § 22 JWMG, § 12 DVO JWMG; Art. 47 Nr. 3 BayJG; §§ 30, 31 BremLJagdG; § 24 HmbJagdG; § 32 HJagdG; § 24 LJG-NRW; §§ 43 ff. RhPfLJG, §§ 44 ff. RPLJVO; § 38 SJG; § 39 Abs. 1 Nr. 18 SchlHLJagdG.

I. Ordnungsgemäße Anmeldung

1 Die rechtzeitige Anmeldung des Schadens ist Voraussetzung für die Geltendmachung eines Wild- oder Jagdschadensersatzanspruchs. Sie muss in der hierfür vorgesehenen Form bei der zuständigen Behörde eingehen. Sinn ist es, den Schaden schnellstmöglich zu erfassen, den Beteiligten eine kurzfristige Sichtung des Schadens zu ermöglichen, ggf. eine Einigung herbeizuführen oder durch einen Dritten(Schadensschätzer) begutachten zu lassen. Zudem sollen durch das vorgeschaltete Verfahren die Gerichte entlastet werden (vgl. hierzu eingehend BGH Urt. v. 5.5.2011 – III ZR 91/10, NJW-RR 2011, 1106 = JE IX Nr. 194). Der Umstand, dass auf diese Weise fast alle Wildschadensfälle ohne gerichtliches Nachverfahren geregelt werden spricht für dieses System.

1. Zuständige Behörde, Form der Anmeldung

2 Die Zuständigkeit und die Anmeldeform werden durch das Landesrecht festgelegt und unterliegt nicht der Dispositionsfreiheit der Beteiligten (AG Bruchsal Urt. v. 27.10.2021 – 4 C 169/21, JE IX Nr. 287). Es muss wie folgt angemeldet werden: § 57 **JWMG** bei der Gemeinde; Art. 47a **BayJG** iVm § 25 Abs. 1 AVBayJG: schriftlich bei der Gemeinde; § 39 **LJagdG Bln:** bei der Jagdbehörde; § 46 Abs. 1 **BbgJagdG:** bei der örtlichen Ordnungsbehörde; Art. 33 Abs. 2 **BremLJagdG:** beim Ortsamt in Ortsamtsbereichen, ansonsten bei der Jagdbehörde; § 24 Abs. 3 **HmbJagdG:** bei der zuständigen Behörde; § 34 Abs. 1 **HJagdG:** schriftlich bei dem Gemeindevorstand; § 28 **MVLJagdG:** bei der örtlichen Ordnungsbehörde; § 35 **NJagdG** iVm §§ 1, 3 WJSchadVO: bei der Gemeinde; § 34 Abs. 1 **LJG-NRW:** bei der Gemeinde; § 43 Abs. 2 **RhPfLJG:** bei der Gemeinde der verbandsfreien Gemeinden, den Verbandsgemeinden, den kreisfreien Städten oder den großen kreisangehörigen Städten; § 42 **SJG** iVm § 66 SJGDV: beim Bürgermeister; § 31 **SächsJagdG;** § 36 **LSALJagdG:** bei der Gemeinde; § 30 Abs. 1 **SchlHLJagdG:** bei der örtlichen Ordnungsbehörde; § 46 **ThJG:** schriftlich bei der Gemeinde. Örtlich zuständig ist in allen Bundesländern die Gemeinde, in der das beschädigte Grundstück liegt. Sofern nichts anderes geregelt ist, bedarf die Anmeldung keiner Form. Sie kann mündlich oder schriftlich erfolgen. Soweit die Anmeldung zur Niederschrift bei der Behörde oder die Schriftlichkeit der Anmeldung vorgesehen ist, reicht jede andere Form der Anmeldung nicht aus (AG Bruchsal Urt. v. 27.10.2021 – 4 C 169/21, JE IX Nr. 287). Schriftlich bedeutet, dass die Anmeldung in einem Schreiben bei der Behörde eingereicht werden muss (vgl. Kopp/Ramsauer VwVfG § 64 Rn. 4). Im Übrigen gilt § 126 BGB. Eine handschriftliche Unterschrift ist notwendig. Es reicht allerdings aus, dass sich aus der Erklärung selbst ergibt, dass sie vom Berechtigten herrührt und mit seinem Willen in den Verkehr gelangt ist (s. Kopp/Ramsauer VwVfG § 64 Rn. 7). Faksimile-Unterschriften oder maschinengeschriebene Unterschriften reichen nicht aus (s. auch Leonhardt/Pießkalla Rn. 5). Die telegrafische Anmeldung reicht ebenso wie die Anmeldung mit Fernschreiber oder Telefax (LG Heilbronn Urt. v. 15.2.2012 – 1 S 52/11 Bn, JE IX Nr. 204 für die Einreichung durch Fax). Ausreichend ist die Anmeldung per E-Mail, soweit und solange der elektronische Schriftverkehr in den Behörden eingeführt worden ist und sich dieser Zugang dem Berechtigten auch eröffnet hat. Zulässig ist aber die Anmeldung zur Niederschrift bei der Behörde durch einen Bediensteten, auch wenn sie fernmündlich erfolgt, wörtlich niedergeschrieben, vorgelesen und vom Anrufer ausdrücklich genehmigt wird (strittig, s. Kopp/Schenke VwGO § 81 Rn. Nr. 10; Kopp/Ramsauer VwVfG § 64 Rn. 12).

2. Zugang der Anmeldung

3 Die Anmeldung muss zudem der richtigen Behörde zugehen. Sie ist dann bei der zuständigen Behörde abgegeben worden, wenn sie bei von der Gemeinde beauftragten Personen, zB dem Ortsbürgermeister, abgegeben worden ist und diese nach den kommunalrechtlichen Vorschriften entweder ausdrücklich hierzu befugt sind oder auf Grundlage einer gegebenen gesetzlichen Befugnis eine solche Stelle ausdrücklich mit der Annahme solcher Erklärungen von der ansonsten zuständigen Behörde beauftragt worden sind

(PrOVGE 74, 428). Ansonsten gilt, dass die Anmeldung an einer nicht zuständigen Stelle wirkungslos ist (LG Koblenz Urt. v. 8.5.1980 – 3 S 243/79, JE IX Nr. 28; LG Kiel Urt. v. 19.11.1959 – 7 S 34/59, EJS I S. 71 Nr. 6; Kopp/Ramsauer VwVfG § 31 Rn. 24). Gibt die falsche Behörde jedoch die Anmeldung an die zuständige Behörde weiter und gelangt diese noch innerhalb der Anmeldefrist zu dieser zuständigen Stelle muss sie als ordnungsgemäß und rechtzeitig zugegangen behandelt werden (s. Kopp/Ramsauer VwVfG § 31 Rn. 25; Mitzschke/Schäfer Rn. 1). Ist die Anmeldung formlos möglich, reicht ein Gespräch mit dem Jagdaufseher, dem Jagdvorsteher oder anderen Personen anlässlich einer Wildschadensbesichtigung nicht aus (LG Koblenz Urt. v. 8.5.1980 – 3 S 243/79, JE IX Nr. 28). Die Behörde hat, um auf eine ordnungsgemäße Anmeldung hinzuweisen, Aufklärungsverpflichtungen (Mitzschke/Schäfer Rn. 2 mwN). Maßgebend ist, wann die Anmeldung in die Verfügungsgewalt der zuständigen Behörde gelangt, wobei dies durch Einwurf in den Briefkasten auch dann noch als rechtzeitig anzusehen ist, wenn dieser bis 24.00 Uhr erfolgt (BVerfG Beschl. v. 16.6.2004 – 7 T 139/04, NJW 1976, 1255). Der Ersatzberechtigte hat für die ordnungsgemäße Ausführung und rechtzeitigen Eingang der Anmeldung selbst Sorge zu tragen und hat beispielsweise darauf zu achten, dass bei einem Faxgerät auch die Eingangsbestätigung durch sein Gerät erfolgt. Durch Fehlen eines Nachtbriefkastens kann eine verspätete Einreichung dem Ersatzberechtigten nicht abgesprochen werden, wenn er den rechtzeitigen Zugang nachweist (s. Leonhard/Pießkalla Rn. 4 mwN). Den Nachweis der rechtzeitigen Zustellung hat der Ersatzberechtigte zu bringen, wenn sich aus den Akten der rechtzeitige Zugang nicht zweifelsfrei herleiten lässt (AG Bad Mergentheim Urt. v. 30.7.2018 – 2 C 116/17, BeckRS 2018, 45225 = JE IX Nr. 264).

3. Inhalt der Anmeldung

Dem Inhalt nach soll gem. § 34 S. 3 (mindestens) die als Ersatzpflichtig in Anspruch genommene Person bezeichnet werden (aA LG München II Urt. v. 18.5.1976 – 6 S 1026/75, RdL 1976, 211 = AgrarR 1977, 334 = JE IX Nr. 6, das entgegen der Definition den Begriff „soll" nicht als zwingend bezeichnet). Da mit der Anmeldung auch gesetzliche Fristen gewahrt werden sollen, ist eine genaue Bestimmung bereits im Antrag aufzunehmen, da die Anmeldung sich nur auf einen konkreten Schaden auf einem bestimmten Grundstück (so auch AG Bad Mergentheim Urt. v. 30.7.2018 – 2 C 116/17, BeckRS 2018, 45225 = JE IX Nr. 264) beziehen kann. Bei einer Nachmeldung reicht aber die Bezugnahme auf die vorangegangene Anmeldung (AG Obernburg a. M. Urt. v. 16.9.2020 – 14 O 57/19, JE IX Nr. 285). Insbesondere muss der Anmeldende klarstellen, ob er für sich oder ggf. für einen Dritten in Vollmacht handelt. Die Anmeldung muss jedenfalls so geartet sein, dass es sich aus ihr selbst ergibt, wer der Berechtigte ist, wer die als Ersatzpflichtig in Anspruch genommene Person ist und wo das Grundstück gelegen ist, ansonsten eine fristwahrende Wirkung dieser Anmeldung nicht zukommen kann (AG Prüm Urt. v. 15.4.2015 – 6 C 12/14, BeckRS 2015, 123677 = JE IX Nr. 247; aA Mitzschke/Schäfer Rn. 2). Sinn ist nicht nur, dass der Ersatzverpflichtete nur insoweit Gelegenheit erhält den Schaden selbst zu begutachten, ggf. einen Entschädigungsvorschlag zu unterbreiten, sondern auch einer drohenden Schadenserweiterung entgegentreten zu können. Zudem muss die Verwaltungsbehörde eine Ortbesichtigung und Begut- 4 achtung auch ansetzen können. Sogenannte Vorratsmeldungen ohne nähere Bezeichnung des Schadensortes sind unzulässig und damit nicht fristwahrend. Vom Inhalt her muss der Schadensort, das Vorliegen eines Wildschadens oder Jagdschadens behauptet und Schadensersatz gefordert werden und außerdem angegeben werden, wann der Schaden festgestellt wurde (so AG Schleiden Urt. v. 10.1.2012 – 9 C 46/11, BeckRS 2012, 17956 = JE IX Nr. 200; AG Schwedt Urt. v. 8.9.2003 – 3 C 45/02, JE IX Nr. 140; AG Daun Urt. v. 23.12.1998 – 3 C 603/98, BeckRS 1998, 31209593 = JE IX Nr. 110; aA Lorz/Metzger Rn. 2, der allerdings eine Obliegenheitsverletzung gem. § 254 BGB annimmt). Insbesondere bei Forstschäden ist es von Bedeutung anzugeben, dass sie innerhalb des gesetzlich vorgegebenen Zeitraums entstanden sind (LG Arnsberg Urt. v. 27.5.1991 – 5 S 329/90, JE IX Nr. 86). Auch soll die als ersatzpflichtig in Anspruch genommene Person bezeichnet werden. Besteht ein Irrtum über die als Ersatzpflichtig in Anspruch genommene Person, soll die Anmeldung noch als ordnungsgemäß gelten (LG München Urt. v. 18.5.1976 – 6 S 1026/75, RdL 1976, 211 = AgrarR 1977, 334 = JE IX Nr. 6; Lorz/Metzger Rn. 2). Dann muss jedoch bei Kenntnis des Irrtums die korrekte Bezeichnung unverzüglich nachgeholt werden. Eine Nachholung ist dann nicht mehr möglich und die Anmeldung als fehlerhaft zurückzuweisen, wenn erst im Zuge des bereits durchgeführten Vorverfahrens der Fehler auffällt und eine Beteiligung des tatsächlich Ersatzpflichtigen nicht mehr möglich ist, insbesondere bei den Feststellungen zur Schadensursache und Schadenshöhe nicht mehr beteiligt werden konnte. Zur Anmeldung berechtigt ist der Geschädigte, sein gesetzlicher oder rechtsgeschäftlicher Vertreter. Es gelten die Regelungen des BGB. Bedingt geschäftsfähige Minderjährige gem. § 106 BGB und nach § 114 BGB Gleichgestellte können selbst wirksam anmelden, da lediglich ein rechtlicher Vorteil hierdurch zu erlangen ist (§ 107 BGB). Der Nachweis einer Bevollmächtigung des Geschädigten kann bis zum Schluss der mündlichen Verhandlung eines Gerichtsverfahrens erbracht werden (LG Lüneburg Urt. v. 20.12.1984 – 1 S 251/84, JE IX Nr. 58; Lorz/Metzger Rn. 1), nicht aber, wenn die Vollmacht – auch im Vorverfahren unter Fristsetzung angefordert, aber nicht vorgelegt wurde. Steht das Grundstück einer Gesamtheit von Berechtigten zu, reicht es aus, dass zunächst ein Mitberechtigter den Schaden anmeldet. Als Anspruchsberechtigten muss er jedoch die Personen der Berechtigten insgesamt, zB eine GbR bezeichnen. Liegt ein Fall der notwendigen Streitgenossenschaft vor, ist die Anmeldung ansonsten als unwirksam anzusehen. Eine nach der Anmeldefrist erfolgte Klarstellung ist nicht mehr möglich (Drees/Thies/Müller-Schallenberg/Jäcker/Hugenberg LJG-NRW § 34 S. 275). Erfüllt die Anmeldung bereits nicht die inhaltlichen Erfordernisse Berechtigten und Grundfläche zu benennen, ist ein Vorverfahren abzulehnen bzw. später Aufzuheben (AG Prüm Urt. v. 15.4.2015 – 6 C 12/14, BeckRS 2015, 123677 = JE IX Nr. 247).

II. Anmeldefrist

5 Zweck der Frist ist eine schnelle Beweisführung und ein zügiges Verfahren (BGH Urt. v. 5.5.2011 – III ZR 91/10, NJW-RR 2011, 1106), sodass auch für Nachverfahren ungeachtet einer Vereinbarung ungeachtet einer Vereinbarung die fristgerechte Anmeldung erforderlich ist (LG Koblenz Beschl. v.

27.10.2014 – 12 S 162/14, BeckRS 2014, 123085). Die Frist beträgt grundsätzlich für landwirtschaftliche Schäden eine Woche, nachdem der Geschädigte von dem Schaden Kenntnis erhalten hat oder bei Beobachtung gehöriger Sorgfalt hätte erhalten können. Diese relativ knappe Frist rechtfertigt sich vor dem Hintergrund, dass die Feststellung der Schadensursache mit fortlaufender Zeit immer schwieriger wird. So kann nach längerem Zeitablauf kaum noch festgestellt werden, ob der Schaden auf Nicht-Schadwild, andere Tiere, Erkrankungen, Gestellungsfehlern oder Witterungseinflüssen oder gar menschliche Einwirkungen zurückzuführen ist (Mitzschke/Schäfer Rn. 3; Drees/Thies/Müller-Schallenberg/Jäcker/Hugenberg S. 275). Selbst wenn eindeutige Spuren schadensverursachender Tiere (zB Aufwühlstellen von Sauen) in einem Feld gefunden werden, ist es nicht auszuschließen, dass diese Stellen bereits vorgeschädigt waren und das Wild nur gelegentlich auf dem Acker gewesen ist. Auch soll der Ersatzverpflichtete Gelegenheit erhalten, den Schaden insoweit schnell selbstmöglich zu begutachten, um Abwehrmaßnahmen treffen zu können. Zudem besteht ein staatliches Interesse an einer schnellen und reibungslosen Erledigung (BGH Urt. v. 5.5.2011 – III ZR 91/10, NJW-RR 2011, 1106 = JE IX Nr. 194; Urt. v. 15.4.2010 – III ZR 216/09, NJW-RR 2010, 1398 = JE IX Nr. 182). Die Frist beginnt, wenn der Geschädigte hinreichende Kenntnisse von dem Schaden erhalten hat (Drees/Thies/Müller-Schallenberg/Jäcker/Hugenberg LJG-NRW § 34 S. 276; Meyer-Ravenstein NJagdG Rn. 4). Die Anmeldefrist ist versäumt, wenn der Geschädigte von dem Schaden definitiv Kenntnis hat, aber nicht innerhalb der Wochenfrist anmeldet oder wenn er zwar keine Kenntnis von dem Schaden hatte, aber bei Beobachtung der **gehörigen Sorgfalt** diese Kenntnis aber hätte erhalten können. Hierbei ist der Fahrlässigkeitsbegriff iSd § 276 Abs. 1 S. 2 BGB heranzuziehen (LG Hechingen Urt. v. 21.2.1990 – 3 S 105/89, BeckRS 1990, 115768 = AgrarR 1991, 282 = JE IX Nr. 83; AG St. Goar Urt. v. 27.4.2017 – 32 C 377/16, BeckRS 2017, 159656 = JE IX Nr. 256). Der Geschädigte braucht sich vom Eintritt des Schadens nicht persönlich zu überzeugen. Es reicht aus, dass der Geschädigte von dem Schaden hinreichende zuverlässige Kenntnis auch durch Dritte erhalten hat oder erhalten konnte. Er muss nicht konkret wissen, ob es sich tatsächlich um Wildschaden handelt und wie groß der Schaden ist. Es reicht aus, wenn der Schaden allem Anschein nach durch Wild verursacht wurde. Gerüchte über einen Wildschaden reichen aber nicht aus, veranlassen ggf. aber eine Kontrolle (vgl. LG Itzehoe Urt. v. 31.1.1995 – 1 S 289/94, BeckRS 1995, 122389 = JE IX Nr. 98). Hierbei wird allgemein davon ausgegangen, dass innerhalb einer Frist von vier Wochen der Geschädigte von einem Schaden Kenntnis erhalten haben muss (LG Hechingen Urt. v. 21.2.1990 – 3 S 105/89, BeckRS 1990, 115768 = AgrarR 1991, 282 = JE IX Nr. 83; AG St. Goar Urt. v. 7.4.2017 – 32 C 377/16, BeckRS 2017, 159656 = JE IX Nr. 256; AG Cochem Urt. v. 6.6.2002 – 2 C 855/01, BeckRS 2002, 161349 = JE IX Nr. 127; AG Simmern Urt. v. 29.8.2001 – 3 C 338/2001, JE IX Nr. 122; AG Eisleben Urt. v. 11.1.2001 – 21 C 225/2000, JE IX Nr. 125; AG Plön Urt. v. 27.1.1983 – 2 C 416/81, JE IX Nr. 43; Mitzschke/Schäfer Rn. 7; Möller UmweltR IV § 34 Rn. 57 9.15). Es erfordert nämlich die Sorgfaltspflicht einen regelmäßigen Kontrollgang auch ohne konkreten Anlass (LG Trier Urt. v. 3.1.1991 – 3 S 295/90, BeckRS 1991, 118845 = JE IX Nr. 82; AG Schleiden Urt. 16.12.2020 – 20 C 30/20, BeckRS 2020, 45709 = JE IX Nr. 280). Sofern die erkennbare Gefahr besteht, dass Wildschäden in dem

Bereich auftreten, ist eine **Sorgfaltspflichtverletzung** auch dann anzunehmen, wenn in bedeutend kürzeren Abständen eine Kontrolle nicht erfolgt. So muss ein Landwirt, der eine besonders gefährdete Kultur, zB Mais, unmittelbar an einem von Schwarzwild genutzten Dickungskomplex anlegt oder aber Kartoffeln zwischen zwei hochwachsenden Rapsschlägen anbaut, mit einem Schadenseintritt jederzeit rechnen, sodass in solchen Fällen eine wöchentliche Kontrolle verlangt werden kann (vgl. LG Verden Urt. v. 6.6.1984 – 2 S 424/83, JE IX Nr. 54 = AgrarR 1984, 248; AG Kirchhain Urt. v. 8.11.2002 – 7 C 169/02, JE IX Nr. 132; AG Saarlouis Urt. v. 1.7.1985 – 4 C 1021/83, JE IX Nr. 59; AG Plön Urt. v. 27.1.1983 – 2 C 416/81, JE IX Nr. 43; Meyer-Ravenstein NJagdG Rn. 6; Möller UmweltR IV § 34 Rn. 57.9.15). Zu hohe Anforderungen dürfen an den Landwirt nicht gestellt werden. So sind keine gesonderten Kontrollen erforderlich, nur weil auf dem Feld auch in den Vorjahren schon Schäden aufgetreten sind oder kurz vor der Ernte (AG St. Goar Urt. v. 27.4.2017 – 32 C 377/16, BeckRS 2017, 159656 = JE IX Nr. 256).

6 Entsteht in der Folge einer neuer oder ein dauerhaft **weiterer Schaden,** muss der Berechtigte jeweils von Neuem binnen Wochenfrist den zusätzlich neu entstandenen Schaden anmelden (BGH Urt. v. 5.5.2011 – III ZR 91/10, NJW-RR 2011, 1106 (1107); Urt. v. 15.4.2010 – III ZR 216/09, NJW-RR 2010, 1398 (1399)). Dies gilt selbst dann, wenn die Parteien sich darauf geeinigt haben, dass eine fortlaufende Anmeldung nicht notwendig ist (AG Wuppertal Urt. v. 1.12.2020 – 33 C 423/19 = JE IX Nr. 281 nachdem eine solche Vereinbarung nichtig ist). Die Anmeldefrist unterliegt nämlich nicht der Dispositionsfreiheit der Parteien (AG Daun Urt. v. 28.1.2007 – 3 C 624/06, BeckRS 2007, 142782 = JE IX Nr. 160; AG Rheda-Wiedenbrück Urt. v. 11.7.1975 – 9 C 206/75, RdL 1976, 42 = JE IX Nr. 1). Sie ist ihrem Wesen nach eine Ausschlussfrist, bei deren Versäumnis der Anspruch ohne sachliche Prüfung zurückzuweisen ist (ständige Rspr., vgl. BGH Urt. v. 5.5.2011 – III ZR 91/10, NJW-RR 2011, 1106; LG Koblenz 8.5.1980 – 3 S 243/79, JE IX Nr. 28; LG Bonn Urt. v. 10.10.1957 – 6 S 75/57, EJS I S. 71 Nr. 4; Mitzschke/Schäfer Rn. 2). Haben die Parteien eine weitere Schadensfeststellung zur Ernte vereinbart, dient diese nur zur Feststellung dieses Schadens, sodass auch hier die **fortlaufende Anmeldung** weiterer Schäden notwendig ist (aA LG Lüneburg Urt. v. 20.12.1984 – 1 S 251/84, JE IX Nr. 58, wobei dies die Parteien konkret vereinbarten). Aus diesem Grund ist in solchen Fällen der bislang entstandene Schaden im Ortstermin durch die Behörde festzuhalten. Nur in besonders gelagerten Fällen, wenn ein konkret örtlich bestimmter Schaden innerhalb einer Parzelle sich im Bagatellbereich ausweitet ist ausnahmsweise eine weitere Meldung entbehrlich (BGH Urt. v. 15.4.2010 – III ZR 216/09, NJW-RR 2010, 1398 (1399)). Diese Umstände hat dann aber der Geschädigte substantiiert darzutun und zu beweisen, sodass es im Übrigen bei der Regel verbleibt, dass die fehlende Nachmeldung als Fristversäumnis mit sich daraus ergebenden Folgen zu werten ist (so klarstellend BGH Urt. v. 5.5.2011 – III ZR 91/10, NJW-RR 2011, 1106 (1107); vgl. LG Trier Urt. v. 22.7.2015 – 1 S 47/14, BeckRS 2014, 123084 = JE IX Nr. 245; LG Koblenz Urt. v. 25.5.2012 – 14 S 98/11, BeckRS 2012, 212677 = JE IX Nr. 206; LG Aachen Urt. v. 17.8.2012 – 6 S 25/12, BeckRS 2012, 18872 = JE IX Nr. 208; AG Neuwied Urt. v. 8.3.2013 – 43 C 12757/12, JE IX Nr. 212; AG Cochem Urt. v. 26.5.2011 – 21 C 688/10, JE IX Nr. 205).

In **forstwirtschaftlichen Flächen** hat vor dem Hintergrund der Schwierigkeit der Kenntniserlangung der Gesetzgeber zwei Fristen gesetzt. So muss der Geschädigte nur zweimal im Jahr, zum ersten Mai und zum ersten Oktober, eine Schadensmeldung abgeben. Dem entsprechend ist es ausreichend, wenn er kurz vor dem jeweiligen Termin einen Kontrollgang unternimmt und sodann entsprechende Anmeldungen abgibt. Auch bei Schäden im Forstbereich ist jedoch der Fahrlässigkeitsmaßstab anzulegen. So wird es als ausreichend erachtet, dass Schäden jeweils kurz vor den gesetzlichen Fristen entstanden sind, noch binnen Wochenfrist nachgemeldet werden können, wenn je nach individueller Beschaffenheit des Waldes der Forstwirt den Schaden auch bei gehöriger Sorgfalt erst später feststellen konnte (LG Bonn Urt. v. 10.10.1957 – 6 S 75/57, EJS I S. 71 Nr. 4). Hierbei muss Rücksicht genommen werden auf die Größe der forstlichen Flächen und die Belange des Waldbesitzers. So kann dem Waldbesitzer nicht zugemutet werden, seinen gesamten Wald zu den jeweiligen Stichtagen so zu kontrollieren, dass er es an einem einzigen Tag jeweils fristgerecht schafft, sämtliche Schäden festgestellt zu haben. Hier muss ihm eine angemessene Frist je nach Größe des Waldstückes eingeräumt werden. Auch hier gilt allerdings der Maßstab, dass sodann binnen Wochenfrist ein solcher Schaden noch nachzumelden ist (s. hierzu Leonhardt/Pießkalla Rn. 6; Mitzschke/Schäfer Rn. 6). Wenn und soweit der Forstwirt zB zwei Wochen benötigt, um seinen Waldbereich zu kontrollieren, kann man ihn auf eine Fristversäumnis nicht verweisen, wenn in einem bereits abgegangenen Bereich ein Schaden noch kurz vor Ablauf der gesetzlichen Frist entsteht. Man wird dem Waldbesitzer allerdings zumuten können, die Zeit vor dem Fristablauf zu nutzen, sodass er unter Beachtung des Sorgfaltsmaßstabs nur gehört werden kann, wenn ein kurz vor Ablauf der gesetzlichen Frist entstandener Schaden ihn auch bei Beachtung gehöriger Sorgfalt entgangen sein sollte, weil er diesen Bereich schon kurz vorher im Rahmen seines Inspektionsganges kontrolliert hatte. 7

Die **Berechnung** der Wochenfrist richtet sich nach § 188 Abs. 2 Alt. 1 BGB. So wird beim Fristbeginn der Tag nicht mitgerechnet, in welchen das Ereignis fällt. Die Frist beginnt dem entsprechend mit dem Ablauf des Tages, der auf den Tag der Kenntnis folgt. 8

1. Wirkung der Fristversäumnis

Der Anmeldefrist kommt nicht die Wirkung einer Einrede zu, sondern das Recht endet mit Fristablauf (Lorz/Metzger Rn. 4). Dies ist von Amts wegen zu beachten (BGH Urt. v. 5.5.2011 – III ZR 91/10, NJW-RR 2011, 1106). Eine Verlängerung oder Wiedereinsetzung in den vorigen Stand ist grundsätzlich nicht zulässig (AG Neuwied Urt. v. 20.11.1979 – 14 C 1116/79, JE IX Nr. 28; Mitzschke/Schäfer Rn. 7; Meyer-Ravenstein NJagdG Rn. 4; Leonhardt/Pießkalla § 34 Rn. 7). Wird die Frist ohne Verschulden des Betroffenen versäumt, zB bei höherer Gewalt (s. hierzu Kopp/Ramsauer VwVfG § 32 Rn. 43) oder bei Vorliegen besonderer Umstände, kann eine Ausnahme gelten, so zB bei Naturereignissen, Stillstand der Rechtspflege, höherer Gewalt, auch dem Mangel eines gesetzlichen Vertreters (Mitzschke/Schäfer Rn. 7). Auf den Gesichtspunkt einer unzulässigen Rechtsausübung kann sich der Berechtigte nicht berufen, wenn er im Vertrauen auf entsprechende Äußerungen des Ersatzverpflichteten die An- 9 meldung unterlässt (AG Plön vom 27.1.1983 – 2 C 416/81, JE IX Nr. 43; aA Leonhardt/Pießkalla Rn. 7; LG Koblenz Urt. v. 8.5.1980 – 3 S 243/79, JE IX Nr. 28).

2. Beweislast

10 Die Beweislast für die form- und fristgerechte Anmeldung trägt allein der Anspruchsberechtigte (hM, BGH Urt. v. 5.5.2011 – III ZR 91/10, NJW-RR 2011, 1106 (1107); Urt. v. 15.4.2010 – III ZR 216/09, NJW-RR 2010, 1398 (1399); LG Trier Urt. v. 22.7.2015 – 1 S 47/14, BeckRS 2014, 123084; LG Aachen Urt. v. 17.8.2012 – 2 C 416/81, JE IX Nr. 208; LG Marburg Urt. v. 18.6.2003 – 5 S 200/01, JE IX Nr. 139; LG Arnsberg Urt. v. 7.5.1991 – 6 S 75/57, JE IX Nr. 86; AG Cochem Urt. v. 6.6.2002 – 2 C 855/01, BeckRS 2002, 161349 = JE IX Nr. 127; Mitzschke/Schäfer Rn. 8; Drees/Thies/Müller-Schallenberg/Jäcker/Hugenberg LJG-NRW § 34 S. 276 ff.; Lorz/Metzger Rn. 4; aA Asam/Konrad/Schäfer RhPfLJG § 43 Rn. 2.1). So muss er zunächst seine erstmalige Kenntnis vom Schaden darlegen und beweisen, dass die Anmeldung innerhalb Wochenfrist erfolgte. Bestehen Zweifel im Hinblick auf den Zeitpunkt der erstmaligen Kenntnis trägt auch hierfür der Geschädigte die Beweislast. Ein bloßes Bestreiten des Ersatzverpflichteten reicht aber insoweit nicht aus. Er muss insoweit zumindest die näheren, konkreten Umstände einer tatsächlichen Vorkenntnis darlegen können. Der Berechtigte muss auch beweisen, dass er durch höhere Gewalt daran gehindert war, die Anmeldung rechtzeitig zu erbringen (LG Bonn Urt. v. 10.10.1957 – 6 S 75/57, EJS I S. 71 Nr. 4). Insbesondere muss der Geschädigte beweisen, dass ihm keine **Sorgfaltspflichtverletzung** vorgeworfen werden kann (Meyer-Ravenstein NJagdG Rn. 5; Möller UmweltR IV § 34 Rn. 57.9.15). Ihn Treffen **Kontrollpflichten** deren Art und Umfang je nach Schadensgefahr größer wird. So ist er gehalten, bei der Erntezeit und erhöhter Wildschadensgefahr häufiger zu kontrollieren (→ Rn. 5). Auch die Einhaltung dieser zum Teil kurzen Kontrollsequenzen muss der Berechtigte beweisen. es müssen aber konkrete Gefährdungssituationen vorliegen. Alleine das Einsäen einer vom Wild gerne genommenen Frucht reicht nicht, wohl aber eine besonders gefährdete Lage. Von Seiten des Geschädigten macht es Sinn, bereits den Schadensschätzer Feststellungen zum Alter des Schadens treffen zu lassen. Der Schadensschätzer hat ansonsten keine Veranlassung hierzu Feststellungen zu treffen. Der Ersatzpflichtige muss sich im Vorverfahren nicht bereits auf die Verfristung berufen. Von besonderer Bedeutung sind konkrete Feststellungen zum Alter des Schadens, wenn ein Gemisch von Alt- und Neuschäden vorhanden ist. Hier ist der Geschädigte im Einzelnen verpflichtet, konkret darzustellen und zu beweisen in welcher Größenordnung nicht erstattungspflichtige Altschäden bzw. Neuschäden vorhanden sind (allgemeine Ansicht, LG Saarbrücken Urt. v. 28.3.2013 – 13 S 173/12; LG Verden Urt. v. 27.6.2012 – 2 S 328/10, BeckRS 2012, 25569 = JE IX Nr. 209; LG Koblenz Urt. v. 25.5.2012 – 14 S 98/11, BeckRS 2012, 212677= JE IX Nr. 206; LG Marburg Urt. v. 18.6.2003 – 5 S 200/01, JE IX Nr. 139). Auch und insbesondere bei einer dauerhaften Schadenserweiterung ist es Sache des Geschädigten, diesen Nachweis zu führen. Meldet dementsprechend ein Geschädigter einen Schaden an und erweitert sich der Schaden, kann er Ersatz nur für den rechtzeitig angemeldeten Schaden verlangen. Ist es ihm nicht möglich, diesen rechtzeitig gemeldeten

Schaden den Umfang und der Höhe nach zuzuordnen und diese Zuordnung zu beweisen, verliert er seinen Anspruch insgesamt (BGH Urt. v. 5.5.2011 – III ZR 91/10, NJW-RR 2011, 1106 = JE IX Nr. 194; AG Daun Urt. v. 28.1.2007 – 3 C 624/06, BeckRS 2007, 142782 = JE IX Nr. 160; AG Bernkastel-Kues Urt. v. 28.4.2005 – 4 C 711/04, JE IX Nr. 152; Meyer-Ravenstein NJagdG Rn. 5; Möller UmweltR IV § 34 Rn. 57.9.15). An die Voraussetzungen an eine Schadensschätzung nach § 287 ZPO durch das Gericht sind in einem solchen Fall sehr hohe Anforderungen zu stellen. Auf Mutmaßungen des Schadensschätzers kann sich der Geschädigte nicht zurückziehen (vgl. AG Bernkastel-Kues Urt. v. 28.4.2005 – 4 C 711/04, JE IX Nr. 152). So reicht die Erklärung, dass ein bestimmter Anteil des Schadens noch rechtzeitig angemeldet sei nicht aus, da der Geschädigte angeben und beweisen muss, wo konkret auf dem Feld in welcher Größenordnung der Schaden in welcher Höhe entstanden ist. Eine konkrete Abgrenzung des rechtzeitig angemeldeten Schadens ist deshalb auch für eine Schätzung erforderlich. Eine Beweiserleichterung für den Geschädigten gibt es nicht (AG Montabaur Urt. v. 18.10.2005 – 5 C 215/04, BeckRS 2005, 19190 = JE IX Nr. 155). Allerdings reicht für den erheblichen Einwand einer Vor- oder Nachschädigung nicht die reine Behauptung. Vielmehr muss ein erkennbarer Schaden nach Art und Zeitpunkt behauptet werden (so auch AG St. Goar Urt. v. 27.4.2017 – 32 C 377/16, BeckRS 2017, 159656). Stellt sich erst zu einem späteren Zeitpunkt der Schadensschätzung heraus, dass zwischenzeitlich ein neuer Schaden entstanden ist, der nicht angemeldet wurde, ist nur der rechtzeitig angemeldete Schaden zu erstatten (BGH Urt. v. 5.5.2011 – III ZR 91/10, NJW-RR 2011, 1106 = JE IX Nr. 194). Bei einer erkennbar unerheblichen Erweiterung des Schadens zwischen Meldung und späterem Schätztermin kann, wenn bewusst von der Behörde der Schätztermin „wegen weiter zu erwartender Schäden" auf einen späten Termin verlegt werden von einer Nachmeldung abgesehen werden, wenn eine örtlich begrenzt und festgestellte Erweiterung im Bagatellbereich vorliegt (so für einen Ausnahmefall BGH Urt. v. 15.4.2010 – III ZR 216/09, NJW-RR 2010, 1398 = JE IX Nr. 182; kritisch hierzu Meyer-Ravenstein AUR 2011, 8 ff.; Thies AUR 2010, 325 (328)). In einer späteren Entscheidung hat der BGH ausdrücklich die Darlegungs- und Beweislast bei Schadenserweiterungen dem Ersatzberechtigten aufgebürdet, bei Erfordernis der Nachmeldung sich erweiternder Schäden (BGH Urt. v. 5.5.2011 – III ZR 91/10, NJW-RR 2011, 1106 = JE IX Nr. 194).

§ 35 Verfahren in Wild- und Jagdschadenssachen

[1]Die Länder können in Wild- und Jagdschadenssachen das Beschreiten des ordentlichen Rechtsweges davon abhängig machen, daß zuvor ein Feststellungsverfahren vor einer Verwaltungsbehörde (Vorverfahren) stattfindet, in dem über den Anspruch eine vollstreckbare Verpflichtungserklärung (Anerkenntnis, Vergleich) aufzunehmen oder eine nach Eintritt der Rechtskraft vollstreckbare Entscheidung (Vorbescheid) zu erlassen ist. [2]Die Länder treffen die näheren Bestimmungen hierüber.

Übersicht

I. Der ordentliche Rechtsweg

1 Gemäß § 13 Hs. 1 GVG sind Wild- und Jagdschadenssachen zivilrechtliche Rechtstreitigkeiten, die vor die ordentliche Gerichte gehören. Trotz der (konkurrierenden) Gesetzgebungskompetenz der Länder in Jagdsachen besteht keine Ermächtigung zur Regelung eines gerichtlichen Verfahrens. Es bedurfte daher der ausdrücklichen Ermächtigung des Landesgesetzgebers durch den Bund, eine Klage von einem vorgeschobenen (Verwaltungs-) Feststellungsverfahrens abhängig zu machen. Die Länder sind demnach befugt, das Ob und Wie des Vorverfahrens zu regeln. Die Zuständigkeit eines konkreten Gerichtes kann durch die Länder nicht bestimmt werden. Ob die Länder befugt sind, eine Klagefrist zu bestimmen, ist fraglich (zustimmend Leonhardt/Pießkalla Rn. 1). Regelungen einer Kostentragungslast innerhalb des Feststellungsverfahrens sind zulässig. Das Feststellungsverfahren kann nur der Klärung von Wild- und Jagdschadensstreitigkeiten dienen, die sich aus gesetzlichen Ansprüchen im Rahmen der §§ 29 ff. ergeben. Nicht umfasst sind anderweitige Schadensersatzansprüche, Fälle des § 833 BGB (Tierhalterhaftung), vertragliche Ansprüche (soweit sie es sich nicht um übergeleitete Wildschadensersatzansprüche gem. § 29 Abs. 1 S. 3 handelt). Ebenso kommt ein Verfahren nicht in Betracht für Entschädigungsansprüche aus Enteignung

und enteignungsgleichem Eingriff (vgl. OLG Braunschweig Urt. v. 5.11.1998 – 3 U 85/98, JE IX Nr. 109) oder aus Amtspflichtverletzung sowie von Regressansprüchen der Jagdgenossenschaft gegen den Jagdpächter gem. § 29 Abs. 1 S. 4. Die Länder haben von der Möglichkeit eines Feststellungsverfahrens umfangreich Gebrauch gemacht. Das Vorverfahren dient der Streitvermeidung und der Entlastung der Gerichte und hat sich in der Praxis als sehr effizient erwiesen.

II. Länderrechtliche Bestimmungen

Die Länder haben im Detail abweichende Regelungen zur Durchführung 2 des Vorverfahrens getroffen. In der Regel ist für die Entgegennahme der Anmeldung und späteren Durchführung des Verfahrens die Gemeindeverwaltung zuständig, die berechtigt ist, einen Vorbescheid zu erlassen oder einen Vergleich in vollstreckungsfähiger Form zu protokollieren. Zudem wird im Streitfall der Schaden durch einen Wildschadensschätzer begutachtet.

1. Landesrecht im Einzelnen

Die Länder haben zum Teil deutlich abweichende Regelungen. Prinzipiell 3 gibt es zwei unterschiedliche Verfahren, nämlich das rein feststellende Vorverfahren, dass nur im Rahmen einer Einigung zu einem Vollstreckungstitel kommt. Daneben gibt es Vorverfahren, die auch ohne Einigung zu einer vollstreckbaren Entscheidung kommen. Deshalb unterscheiden sich auch die Klagearten. Die unterschiedlichen Verfahren werden nachfolgend zusammengefasst und wie folgt dargestellt:

§ 32 JWMG: Die Durchführung des Verfahrens obliegt der Gemeinde, in 4 dem der Jagdbezirk gelegen ist. Ist die Gemeinde selbst betroffen, entfällt das Vorverfahren, der Geschädigte muss im Zweifel unmittelbar klagen (§ 32 Abs. 1 **JWMG**). Das Verfahren ist in der DVO JWMG geregelt. Nach der Anmeldung hat die Gemeinde die Rechtzeitigkeit der Meldung zu prüfen. Ist verspätet angemeldet oder die Anmeldung offensichtlich unbegründet, ergeht ein Zurückweisungsbescheid (§ 17 **JWMG**). Ansonsten ist unverzüglich ein Ortstermin zu bestimmen, zu dem ein Schätzer (§ 16 **JWMG**) geladen werden kann. Einigen sich die Parteien, ist der Vergleich in Form einer Niederschrift festzuhalten (§ 18 **JWMG**). Bei Nichteinigung erfolgt die Feststellung des Schadens, wenn er streitig ist, durch ein Schätzgutachten. Jeder der Parteien kann Schadensbemessung zur Ernte verlangen, wobei der Schätzer dennoch Art und Umfang zuvor zu ermitteln hat. Es ergeht bei endgültiger Schadensfeststellung ein Vorbescheid (§ 19 **JWMG**), der eine Kostenentscheidung nach billigem Ermessen enthalten muss (§ 20 **JWMG**). Der Betroffene hat die Möglichkeit, binnen einer Frist von zwei Wochen den Bescheid gegenüber der Gemeinde abzulehnen, ansonsten wird er rechtskräftig. Gegen den Zurückweisungsbescheid oder bei Ablehnung des Vorbescheides ist der Klageweg zu beschreiten (§ 23 **JWMG**). Ansonsten ist die Zwangsvollstreckung aus einer gütlichen Einigung eine Woche nach Zustellung, aus dem Vorbescheid nach Rechtskraft möglich (§ 22 **JWMG**). Wegen der Kosten ist die Vollstreckung sofort möglich. Die vollstreckbare Ausfertigung ist von dem zuständigen Amtsgericht zu erteilen.

5 **BayJG:** Zuständig ist die Gemeinde des betroffenen Jagdbezirks, ist die Gemeinde selbst beteiligt, die zuständige Rechtsaufsichtbehörde (Art. 47a S. 2 **BayJG,** § 25 Abs. 1 AVBayJG). Die Zurückweisung erfolgt bei verspäteter Anmeldung oder wenn der Anspruch offensichtlich unbegründet ist (Art. 47a S. 3 **BayJG,** § 25 Abs. 3 AVBayJG). Einigen sich die Parteien gütlich, wird eine vollstreckbare Niederschrift hierüber gefertigt (S. 4). Ansonsten bestimmt die Gemeinde unverzüglich Termin (§ 26 Abs. AVBayJG). Im Streitfalle wird der Schaden durch den Wildschadensschätzer unverzüglich geschätzt (§ 27 AVBayJG), ein Gutachten erstellt und es ergeht Vorbescheid. Soll der (landwirtschaftliche) Schaden auf Antrag eines Beteiligten zum Erntezeitpunkt bestimmt werden, ist dem nachzukommen, es sei denn, es liegt ein Totalschaden vor. Über die Kosten ist nach billigem Ermessen zu entscheiden. Gegen den Vorbescheid, auch den Zurückweisungsbescheid, kann mit einer Notfrist von vier Wochen Klage erhoben werden, in der auch über die Kosten des Vorverfahrens zu entscheiden ist (§ 29 AVBayJG). Ansonsten ist die Zwangsvollstreckung mit einer Frist von einer Woche nach Zustellung (gütliche Einigung) oder nach Rechtskraft des Bescheides möglich (§ 28 AVBayJG), die vollstreckbare Ausfertigung erteilt das zuständige Amtsgericht.

6 **§ 39 LJagdG Bln:** Die Anmeldung erfolgt bei der Jagdbehörde.

7 **§ 46 Abs. 1 BbgJagdG:** Anmeldung bei der zuständigen Ordnungsbehörde, falls die Gemeinde selbst betroffen ist, bei dem Landkreis. Das Vorverfahren (§ 47 Abs. 1 **BbgJagdG**) wird abgelehnt (§ 46 Abs. 3 **BbgJagdG**), wenn die Anmeldefrist versäumt wurde oder kein Wild-/Jagdschaden vorliegt. Ansonsten ist unverzüglich Termin vor Ort zu bestimmen (§ 49 **BbgJagdG**), zu dem der Schätzer (§ 48 **BbgJagdG**) zu laden ist. Auf Verlangen findet eine Begutachtung erst zur Ernte statt, der vorliegende Zustand ist aber festzuhalten (Abs. 2 **BbgJagdG**). Ein Vergleich ist zu protokollieren (§ 50 **BbgJagdG**) und vollstreckbar. Bei Nichteinigung ergeht ein Vorbescheid nach § 51 **BbgJagdG,** in dem lediglich das Scheitern des Verfahrens festgestellt wird. Über die Kosten ist nach billigem Ermessen zu entscheiden (§ 52 **BbgJagdG**). Eine Klage ist zwei Wochen nach Zustellung des Bescheides einzureichen (§ 53 **BbgJagdG**), das Gericht soll über die Kosten des Vorverfahrens iSd § 91 ZPO mit entscheiden.

8 Art. 48 **BremLJagdG** ist ein Feststellungsverfahren vorgesehen. Zuständig die örtlich belegene Gemeinde (Ortsamt), ansonsten die Jagdbehörde. Nur bei rechtzeitiger Anmeldung erfolgt ein Termin (Art. 48 Abs. 3 BremLJagdG). Hieraus kann geschlossen werden, dass die Behörde ansonsten das Verfahren ablehnen kann. Es kann die Schätzung zum Erntezeitpunkt verlangt werden. Über eine gütliche Einigung ist eine vollstreckbare Niederschrift zu fertigen (Art. 48 Abs. 6 BremLJagdG), ansonsten ergeht ein Vorbescheid (Art. 48 Abs. 7 BremLJagdG), der eine Kostenentscheidung nach billigem Ermessen enthält. Die Klage (Art. 34 BremLJagdG) gegen den Vorbescheid ist binnen zwei Wochen nach Zustellung zu erheben.

9 **§ 24 HmbJagdG:** Ein Feststellungsverfahren ist notwendig, das ein Anerkenntnis oder einen Vergleich (§ 24 Abs. 3 HmbJagdG, Zwangsvollstreckung, § 24 Abs. 4 HmbJagdG) zum Inhalt haben kann. Endet das Verfahren ohne diese Regelung, ist eine Klage zulässig.

10 § 34 **HJagdG:** Die schriftliche Anmeldung erfolgt bei dem örtlich belegenen Gemeindevorstand, bei Beteiligung derselben übernimmt die Kommunalaufsicht die Aufgabe. Nach § 36 HJagdG ist unverzüglich ein Orts-

termin mit Schätzer (§ 35 HJagdG) zu bestimmen. Auf Antrag erfolgt die Schätzung zur Ernte (§ 34 Abs. 2 HJagdG). Eine gütliche Einigung ist zu protokollieren (§ 34 Abs. 3 HJagdG, Zwangsvollstreckung nach Frist von einer Woche), ansonsten ergeht ein Vorbescheid, der sich über die Kosten nach billigem Ermessen verhält (§ 34 Abs. 5 HJagdG). Die Klagefrist beträgt zwei Wochen.

§ 28 **MVLJagdG:** Zuständig ist die Ortsbehörde. Das Vorverfahren (§ 28 **11** Abs. 3 **MVLJagdG**) ist durch die Wild- und JagdSVO M-V vom 2.1.2001 geregelt. Gemäß § 1 Wild- und JagdSVO M-V ist unverzüglich ein Termin zu bestimmen, bei offenkundiger Verfristung das Verfahren abzulehnen (§ 1 Abs. 4 Wild- und JagdSVO M-V). Ein Termin zur Schadensfeststellung zur Ernte kann verlangt werden, die vorliegenden Daten sind aber schriftlich festzuhalten (§ 2 Wild- und JagdSVO M-V). Wird der weitere Schätztermin zur Ernte versäumt, geht dies zu Lasten des Geschädigten (§ 2 Abs. 3 Wild- und JagdSVO M-V). Ein Vergleich ist möglich (§ 3 Wild- und JagdSVO M-V), die Kosten sind dann zu teilen (§ 5 Abs. 5 Wild- und JagdSVO M-V). Schadensfeststellung ergeht nach Schätzung (§ 4 Wild- und JagdSVO M-V), sodann wird ein Vorbescheid (§ 5 Wild- und JagdSVO M-V) erlassen. Die Klage ist binnen einer Frist von drei Wochen einzureichen (§ 7 Wild- und JagdSVO M-V). Ausdrücklich ist bestimmt, dass fehlerhafte Vorbescheide aufzuheben und durch eine eigene Entscheidung zu ersetzen sind (§ 7 Abs. 3 Wild- und JagdSVO M-V). An dem Verfahren ist die **Wildschadensausgleichkasse** (gem. § 27 **MVLJagdG** eine Körperschaft des öffentlichen Rechts, deren Mitglieder die Jagdgenossenschaften, Eigenjagdbesitzer, Jagdpächter und Landwirte, letztere mit einer bewirtschafteten Nutzfläche ab 75 ha, bzw. auf Antrag weitere Landwirte sind) zu beteiligen (§ 27 Abs. 9 **MVLJagdG**). Die Kasse dient der Wildschadensverhinderung, aber auch der Ausgleichung von Wildschäden durch Rot-, Dam- und Schwarzwild (§ 27 Abs. 2 **MVLJagdG**). Näheres regelt die Satzung (§ 27 Abs. 3 **MVLJagdG**). Beiträge sind nach Höhe der Wildschadensaufkommen zu bestimmen (§ 27 Abs. 6 **MVLJagdG**). Im Vorverfahren müssen sie zur Wirksamkeit einem Vergleich zustimmen. Sie übernehmen 90 % der Schadensforderung, auch im Streitfalle (§ 27 Abs. 9 **MVLJagdG**).

Für Niedersachsen s. § 35 **NJagdG** iVm NdsWJSchadVO vom 16.3.1999. **12** Zuständig ist die Gemeinde (§ 1 NdsWJSchadVO). Dem Verfahren soll ein Einigungsgespräch vorausgehen (§ 3 NdsWJSchadVO). Dieses ist Voraussetzung für die Einleitung des Verfahrens. Ziel des Verfahrens ist die gütliche Streitbeilegung (§ 5 NdsWJSchadVO). Scheitert diese, ergeht Vorbescheid (§ 6 NdsWJSchadVO) unter Einbeziehung des Schätzers (§ 2 NdsWJSchadVO), sofern wegen verspäteter Anmeldung die Durchführung des Vorverfahrens nicht abgelehnt wird (§ 4 NdsWJSchadVO). Es kann die Abschätzung zur Ernte verlangt werden. Kommt die Gemeinde dem nach ist zur Beweissicherung der Umfang des Schadens aufzunehmen. Über die Kosten ist nach billigem Ermessen zu entscheiden (§ 7 NdsWJSchadVO). Die Klagefrist beträgt zwei Wochen (§ 8 NdsWJSchadVO). Ausdrücklich geregelt ist, dass das Gericht hierbei nicht die formelle Rechtmäßigkeit des Vorbescheides zu prüfen hat, sondern eine eigene Sachentscheidung trifft. Das Gericht ändert den Vorbescheid oder weist die Klage ab und entscheidet über die Vorverfahrenskosten (§ 7 Abs. 1 S. 1 NdsWJSchadVO). Die Zwangsvollstreckung aus dem Vorbescheid/der Niederschrift der gütlichen Einigung erfolgt nach Maßgabe von § 9 NdsWJSchadVO.

13 In Nordrhein-Westfalen ist nach §§ 34, 35 Abs. 1 **LJG-NRW** die Gemeinde, im Falle der Betroffenheit die Aufsichtsbehörde (§ 35 Abs. 2 LJG-NRW) zuständig. Bei Fristversäumnis oder wenn kein Wild- oder Jagdschaden gegeben ist, wird das Vorverfahren abgelehnt (§ 35 Abs. 3 LJG-NRW). Ansonsten ist unverzüglich Termin anzuberaumen (§ 37 **LJG-NRW**), wobei Schadensermittlung zum Erntezeitpunkt verlangt werden kann (§ 37 Abs. 2 LJG-NRW). Im Falle der Einigung endet das Verfahren durch schriftlichen, vollstreckbaren Vergleich (§ 38 **LJG-NRW**). Ansonsten erfolgt die Schadensfeststellung über einen Schätzer (§ 39 **LJG-NRW**), dem ein Einigungsversuch folgt (§ 39 Abs. 2 LJG-NRW). Einigen sich die Partien nicht, wird das Scheitern des Vorverfahrens festgestellt (§ 39 Abs. 3 LJG-NRW). Über die Kosten (§ 40 **LJG-NRW**) ist nach billigem Ermessen zu befinden. Zwei Wochen nach Zustellung der Feststellung des Scheiterns endet die Klagefrist (§ 41 **LJG-NRW**).

14 **§ 43 RhPfLJG:** Zuständig ist die verbandsfreie Gemeinde, Verbandsgemeinde, kreisfreie Stadt oder die große kreisangehörige Stadt. Sie führt das Verfahren zum Anerkenntnis, Vergleich oder einer Entscheidung. Lehnt sie das Verfahren ab oder entscheidet sie nicht, ist Klage möglich. Gegen den Vorbescheid ist Klage binnen Monatsfrist zu erheben. Über die Kosten ist nach dem Verhältnis Verlieren/Obsiegen zu befinden (§ 43 Abs. 2 **RhPfLJG**). Einzelheiten regelt die RPLJVO vom 25.7.2013. § 45 RPLJVO: Eine Woche nach Anmeldung muss der Geschädigte der Behörde mitteilen, dass eine einvernehmliche Regelung nicht möglich war (sog. zweite Frist neben der Anmeldefrist). Hierbei müssen Angaben zur Schadenshöhe gemacht werden. Teilt der Geschädigte in der Frist nicht mit, dass keine Einigung stattgefunden hat, muss die Behörde nichts unternehmen, kann auch den Antrag durch ablehnenden Vorbescheid dann zurückweisen. Wird keine Schadenshöhe mitgeteilt, ist für die Behörde nicht feststellbar ob überhaupt ein Dissens vorliegt und kann das Vorverfahren durch negativen Bescheid beenden. Das Vorverfahren dient nicht dazu dem Geschädigten die Schadensbestimmung zu ersetzen. Somit kann ohne eine Angabe seiner Vorstellung von der Schadenshöhe das Vorverfahren nicht weiterbetrieben werden. Bei rechtzeitiger Anmeldung ist unverzüglich Termin zu bestimmen, ansonsten ist das Vorverfahren abzulehnen (§ 45 Abs. 3 RPLJVO). Es kann Schätzung zum Zeitpunkt der Ernte verlangt werden, wobei durch Niederschrift der erkannte Schadensumfang festzuhalten ist. Findet sich keine gütliche Einigung (§ 46 RPLJVO), ergeht der Vorbescheid (§ 47 RPLJVO), in dem die Kostentragungslast in 1/10-Anteilen zu quoteln ist (§ 48 RPLJVO). Die Zwangsvollstreckung findet nach Maßgabe des § 49 RPLJVO aus Vergleich oder Vorbescheid statt.

15 **§ 42 SJG:** Zuständig ist die Gemeindebehörde. Gemäß § 42 Abs. 3 **SJG** regelt das Nähere eine Verordnung (VO zur Durchführung des Jagdgesetzes vom 27.10.2000, zuletzt geändert am 11.9.2003). Demnach hat der Bürgermeister unverzüglich Termin zu bestimmen (§ 65 Abs. 1 SJGDV), wobei Schätzung zur Ernte verlangt werden kann. Ein Vergleich (§ 65 Abs. 3 SJGDV) kann protokolliert werden, ansonsten ergeht Vorbescheid (§ 65 Abs. 5 SJGDV). Die Zwangsvollstreckung ist aus dem Vergleich und dem Vorbescheid möglich (§ 65 Abs. 7 SJGDV). Die Klagefrist gegen den Vorbescheid (§ 67 SJGDV) beträgt zwei Wochen.

16 **§ 31 Abs. 3 SächsJagdG:** Der Geschädigte hat die als ersatzpflichtig in Anspruch zu nehmende Person und den Jagdausübungsberechtigten bei Be-

achtung gehöriger Sorgfalt über eingetretene Wild- oder Jagdschäden ab Kenntnis unverzüglich zu unterrichten. Vor dem Beschreiten des ordentlichen Rechtsweges ist der Versuch einer gütlichen Einigung über den Schadensersatz zu unternehmen und zu dokumentieren. § 34 BJagdG findet keine Anwendung.

§ 36 LSALJagdG iVm LSALJagdGDVO vom 25.7.2005 in der Fassung vom 21.2.2011. Zur Durchführung des Vorverfahrens ist die Gemeinde zuständig (§ 20 LSALJagdGDVO), die unverzüglich Termin zu bestimmen hat (§ 22 LSALJagdGDVO). Zuvor ist der Antrag auf verspätete Meldung zu prüfen, ggf. wegen Verspätung zurückzuweisen (§ 23 LSALJagdGDVO). Eine gütliche Einigung ist zu protokollieren (§ 24 LSALJagdGDVO), ansonsten findet eine Schadensermittlung (§ 25 LSALJagdGDVO) durch den Schätzer (§ 30 LSALJagdGDVO) statt. Ist eine wesentliche Schadenserhöhung zu erwarten, kann erneuter Schätztermin zur Ernte bestimmt werden. Nach Vorlage der Schadensermittlung ist binnen einer Woche der Vorbescheid zu erlassen (§ 26 LSALJagdGDVO), Zwangsvollstreckung s. § 28 LSALJagdGDVO. Über die Kostentragungslast ist nach billigem Ermessen zu entscheiden (§ 27 LSALJagdGDVO). Bei einer Einigung gilt dies ebenfalls. Die Kostenentscheidung ist in diesem Falle nicht anfechtbar (§ 27 Abs. 4 LSALJagdGDVO). Die Klage (§ 29 LSALJagdGDVO) ist gegen den Vorbescheid zu erheben. 17

§ 30 SchlHLJagdG: Zuständig ist die örtliche Ordnungsbehörde, näheres regelt die Landesverordnung über das Verfahren in Wild- und Jagdschadensachen (Wild/JagdSchVerfV) vom 29.11.2018. Nach der Anmeldung (§ 1 S. 2 Wild/JagdSchVerfV) ist unverzüglich Termin zu bestimmen (§ 2 Abs. 1 Wild/JagdSchVerfV). Zunächst ist der Versuch einer gütlichen Einigung zu unternehmen. Kommt es nicht dazu, ist ein Schätzer hinzuzuziehen (§ 6 Wild/JagdSchVerfV). Ist ein Schaden nicht zuverlässig feststellbar, kann Termin zu weiteren Schadensschätzung zum Zeitpunkt der Ernte verlangt werden. Liegt die Schätzung vor, ergeht ein Vorbescheid (§ 4 Wild/JagdSchVerfV), der eine Kostenentscheidung enthält. Die Zwangsvollstreckung erfolgt gem. § 7 Wild/JagdSchVerfV. Gegen den Bescheid ist die Klage binnen einer Frist von zwei Wochen (§ 8 Wild/JagdSchVerfV) zulässig. 18

§ 46 ThJG: Zuständig ist die Gemeinde nach schriftlicher Anmeldung, bei eigener Betroffenheit die Aufsichtsbehörde. Unverzüglich ist Termin zu bestimmen (§ 48 **ThJG**), in dem ein Vergleich (§ 48 Abs. 3 **ThJG**) geschlossen werden kann. Eine Schätzung zu Zeitpunkt der Ernte kann von den Beteiligten verlangt werden (§ 48 Abs. 2 **ThJG**). Im Streitfalle ergeht Vorbescheid (§ 48 Abs. 5 **ThJG**), gegen den die Klage innerhalb einer Frist von zwei Wochen zu erheben ist (§ 48a **ThJG**). Im Urteil ist über die Kostentragungslast des Vorverfahrens zu befinden. 19

2. Vorverfahren als Prozessvoraussetzung

Das Vorverfahren ist eine von Amts wegen zu prüfende Prozessvoraussetzung, der Zivilprozess gilt als sog. Nachverfahren (vgl. OLG Celle Urt. v. 17.2.1966 – 7 U 136/65, OLGZ 1967, 305 = RdL 1966, 135). Ist das Vorverfahren nicht durchgeführt oder noch nicht abgeschlossen, ist die Klage unzulässig (LG Verden Urt. v. 8.9.1989 – 6 S 76/89, JE IX Nr. 78; LG Mosbach Urt. v. 21.3.1989 – S 152/88, JE IX Nr. 79; LG Hannover Urt. v. 16.12.1987 – 11 S 316/87, RdL 1988, 104 = NdsRPfl 1988, 62 = JE IX 20

Nr. 63; LG Kassel Urt. v. 10.12.1972 – 1 S 153/72, EJS IV S. 32 Nr. 9; AG Siegburg Urt. v. 16.6.2016 – 101 C 214/15, BeckRS 2016, 112202 = JE IX Nr. 254). Dies gilt auch dann, wenn die Behörde den Abschluss des Verfahrens versäumt oder verzögert (s. aber → Rn. 23 bei Weigerung der Durchführung oder Nichtbetreiben). Soweit ein Feststellungsverfahren nur gegen einen von mehreren Beteiligten (zB bei Gesamtschuldverhältnissen) geführt wurde, ist es nicht zulässig, im Klageverfahren die fehlenden weiteren Beteiligten einzubeziehen, selbst wenn dies aufgrund eines Versehens der Gemeinde geschehen ist. Die Klage gegen eine nicht am Vorverfahren beteiligte Partei ist unzulässig (OLG Hamm Urt. v. 7.2.1996 – 11 U 111/95, RdL 1996, 123 = AgrarR 1996, 265 = JE IX Nr. 101). In den Ländern, in denen ein Vorverfahren nicht vorgesehen ist, ist bei Scheitern außergerichtlicher Einigungsbemühungen der ordentliche Rechtsweg unmittelbar zulässig. Gesetzlich übt die Verwaltungsbehörde im Feststellungsverfahren rechtsprechende Tätigkeit, keine verwaltende Tätigkeit aus (BGH Urt. v. 21.4.1959 – 1 StR 504/58, BGHSt 13, 102 (111) = NJW 1959, 1230; VG Freiburg Urt. v. 9.9.2011 – 53 C 259/11, BeckRS 2012, 6298 = JE IX Nr. 196; aA VG Greifswald Beschl. v. 26.4.2012 – 6 A 921/10, nv; Lorz/Metzger Rn. 4; Thies, Wild- und Jagdschaden, 9. Aufl. 2011, S. 77, die den Vorbescheid als einen verwaltungsrechtlichen Akt sehen). Selbst ein **Beweissicherungsverfahren** ist unzulässig, wenn die Klagefrist gegen den Vorbescheid versäumt wurde (LG Aachen Beschl. v. 4.11.2008 – 6 T 86/08, BeckRS 2011, 3361 = JE IX Nr. 171).

21 **a) Mängel.** Selbst ein mit schwerwiegenden Mängeln behaftetes Vorverfahren ist ausreichende Prozessvoraussetzung (BGH Urt. v. 7.1.2021 – III ZR 127/19, NJW-RR 2021, 446 = JE IX Nr. 289; zu dem bisherigen Meinungsstand → 3. Aufl. 2019, Rn. 21; differenzierend Lorz/Metzger Rn. 5) – ungeachtet der Frage, ob die Mängel die Aufhebung des Vorbescheides nach sich ziehen. Das Gesetz fordert nicht die Durchführung eines korrekten Vorverfahrens, sondern lediglich den Verfahrensgang selbst (vgl. AG Bitburg Urt. v. 25.5.2000 – 5 C 503/99, JE IX Nr. 119). Ist der Vorbescheid nichtig oder in unzulässiger Art und Weise ergangen, weil zB die falsche oder keine Behörde gehandelt hat, kann von der Durchführung eines Feststellungsverfahrens nicht ausgegangen werden (vgl. für offenkundige Fehlerhaftigkeit LG Marburg Urt. v. 26.3.2003 – 5 S 21/02, JE IX Nr. 136; AG Schleiden Urt. v. 27.2.1979 – 2 C 74/79, JE IX Nr. 17; aA LG Mannheim Urt. v. 15.5.1993 – 1 S 355/92, JE IX Nr. 94). Hierzu muss der Mangel aber so geartet sein, dass man im Rechtsinne nicht von einem Feststellungsverfahren sprechen kann. Dies ist zB dann der Fall, wenn ein Vorbescheid nicht von einer Behörde erlassen wurde, nicht aber, wenn weder Parteien geladen wurden noch ein Schätztermin bestimmt war (aA AG Brühl Urt. v. 26.1.2015 – 23 C 143/14, BeckRS 2016, 5851; AG Weilheim Urt. v. 24.2.2011 – 2 C 508/10, JE IX Nr. 203). Allerdings dürfte der Schadensnachweis dann kaum zu führen sein. Kein schwerer Mangel der zur Nichtigkeit führt ist auch die fehlende Anhörung, das Unterlassen eines notwendigen Ortstermins oder wenn ein unzuständiger Schadensschätzer berufen wurde. Diese Mängel wirken sich aber auf die Verwertbarkeit der Feststellungen des Vorverfahrens aus. Soweit Mängel des Vorverfahrens so schwerwiegend sind, dass von einer Gesamtnichtigkeit ausgegangen werden muss und deshalb die betroffene Partei ihre Rechte nicht mehr geltend machen kann, ist ein

Regress gegen die verantwortliche Behörde möglich (vgl. hierzu OLG Köln Urt. v. 12.1.2006 – 7 U 105/05, BeckRS 2006, 14629 = JE IX Nr. 156). Dies muss auch dann gelten, wenn der Ersatzberechtigte wegen mangelhafter Durchführung des Vorbescheides den Nachweis des Schadens dem Grunde oder der Höhe nach nicht mehr führen kann. Das Vorverfahren dient insbesondere dazu den Schaden in einer frühen Phase als eventuell erstattungspflichtigen Wildschaden deklarieren oder ablehnen zu können. Nicht möglich ist es der Verwaltung einen erlassenen Vorbescheid selbst aufzuheben. Das VwVfG gilt insoweit auch nicht analog. Lediglich Schreibversehen können noch korrigiert werden. Dies gilt auch dann, wenn der Bescheid noch nicht Bestandskräftig. Mit Erlass des Bescheides ist das Verfahren vor der Behörde beendet eine Zurückverweisung durch das Gericht nicht möglich. Die Behörde ist nicht Partei im Sinne einer Behörde, die einen Verwaltungsakt erlassen hätte, sondern Teil des Rechtsprechungsbetriebes. Eine Änderungs- oder Ergänzungsmöglichkeit ergibt sich deshalb allenfalls im Rahmen der Änderungs- oder Ergänzungsmöglichkeit von Urteilen (so für den Fall der Verletzung des rechtlichen Gehöres analog § 321a ZPO AG Freiburg Urt. v. 9.9.2011 – 53 C 259/11, BeckRS 2012, 6298 = JE IX Nr. 196). Bittet eine Behörde unförmlich und ohne Belehrung um Zahlung eines Betrages liegt kein nichtiger Bescheid vor, sondern kein Vorbescheid. Eine Klage gegen ein solches Gesuch ist unzulässig (insoweit zutreffend AG Weilheim Urt. v. 24.2.2011 – 2 C 508/10, JE IX Nr. 203). Feststellungen im Vorverfahren sind für das Gericht nicht bindend (LG Verden Urt. v. 27.6.2012 – 2 S 328/10, BeckRS 2012, 25569).

b) Verweigerung oder Nichtbetreiben. Wenn die Behörde die Durchführung des Vorverfahren verweigert oder ohne besonderen Grund nicht betreibt, oder innerhalb einer angemessenen Frist nicht durchführt, ist eine Klage auch ohne durchgeführtes oder beendetes Feststellungsverfahren zulässig (allgemeine Meinung, LG Leipzig Urt. v. 27.1.1998 – 6 S 196/97, JE IX Nr. 105; AG St. Goar Urt. v. 17.10.1998 – 3 C 212/78, JE IX Nr. 31; AG Koblenz Urt. v. 30.7.1986 – 43 C 320/86, JE IX Nr. 69; VG Koblenz Urt. v. 14.5.1979 – 1 K 122/78, JE IX Nr. 19; Mitzschke/Schäfer Rn. 38; Lorz/Metzger Rn. 2). Dies ist in dieser Form gesetzlich nur geregelt in § 45 Abs. 1 RPLJVO. Bereits die Ablehnung des Vorverfahrens ist eine Entscheidung die diesen Verfahrensgang beendet. Das Gleiche gilt für die Weigerung, einen Bescheid zu erlassen oder eine Einigung zu protokollieren. Dies gilt auch für den Fall, dass die Behörde schlicht keine Tätigkeit innerhalb angemessener Frist entfaltet oder das Verfahren trotz Aufforderung nicht betreibt. In diesen Fällen ist ein gerichtliches Beweissicherungsverfahren iSd §§ 485 ff. ZPO zu betreiben, um den Anspruch zu sichern (vgl. VGH Mannheim Urt. v. 3.3.1983 – 5 S 329/83, AgrarR 1983, 228 = JE IX Nr. 45; LG Verden Urt. v. 6.6.1984 – 2 S 424/83, AgrarR 1984, 247 = JE IX Nr. 54; Hertel RdL 1988, 1; Mitzschke/Schäfer § 34 Rn. 8). Nicht zulässig ist es, ein verwaltungsgerichtliches Verfahren zur Erzwingung eines Vorbescheides durchzuführen, weil das Vorverfahren ein reines Feststellungsverfahren, der Vorbescheid kein Verwaltungsakt ist (BGH Urt. v. 21.4.1959 – 1 StR 504/58, BGHSt 13, 102 (111) sieht den Vorbescheid als rechtsprechende Tätigkeit; konkret für Unzulässigkeit der Verwaltungsrechtsweges VG Koblenz Urt. v. 14.5.1979 – 1 K 122/78, JE IX Nr. 19; LG Mannheim Urt. v. 15.5.1993 – 1 S 355/92, JE IX Nr. 94; LG Hannover Urt. v. 16.12.1987 – 22

11 S 316/87, RdL 1988, 104 = NdsRPfl 1988, 62 = JE IX Nr. 63; aA VG Braunschweig Urt. v. 7.1.1980 – 2 VG A 199/78, JE IX Nr. 24; AG Düsseldorf JE IX Nr. 95; AG Freudenstadt Urt. v. 23.6.1989 – 5 C 256/89, JE IX Nr. 76, das beide Verfahrensgänge für zulässig erachtet; Meyer-Ravenstein NJagdG Rn. 1; Mitzschke/Schäfer Rn. 38). Vielmehr ist in analoger Anwendung von § 75 VwGO die Klage vor dem ordentlichen Gericht nach Ablauf der Dreimonatsfrist zulässig (LG Hannover Urt. v. 16.12.1987 – 11 S 316/87, RdL 1988, 104 = NdsRPfl 1988, 62 = JE IX Nr. 63; VG Freiburg Beschl. v. 3.5.2011 – 3 K 1887/10, BeckRS 2011, 51589). Sieht das Landesrecht kürzere Fristen zum Erlass des Vorbescheides vor, ist die Klage nach Ablauf der vorgesehenen Frist auch ohne Vorbescheid möglich (Sachsen-Anhalt: Frist zur Erledigung eine Woche!). Ergeht ein Vorbescheid verspätet, ist er nicht wirkungslos (LG Hildesheim Urt. v. 2.9.1992 – 7 S 161/92, RdL 1992, 266 = JE IX Nr. 94). Die Ablehnung des Vorverfahrens oder deren Nichtbetreiben ist in **Rheinland-Pfalz** dann nicht zu beanstanden, wenn entgegen § 43 Abs. 1 RPLJVO es der Geschädigte unterlässt der Behörde mitzuteilen ob eine einvernehmliche Regelung möglich ist. Versäumt er die dort geforderte Wochenfrist, kann die Verwaltung die Durchführung des Vorbescheides gem. § 45 Abs. 3 ablehnen. Zur Durchsetzung von Zinsansprüchen bedarf es keines (weiteren) Vorverfahrens (BGH Urt. v. 28.5.2020 – III ZR 138/19, NJW-RR 2020, 970 = JE IX Nr. 277).

23 **c) Verzicht.** Ein Verzicht auf die Durchführung des Vorverfahrens ist nicht möglich (OLG Hamm RdL 1996, 123; OLG Celle RdL 1966, 136; AG Wuppertal Urt. v. 1.12.2020 – 33 C 423/19, BeckRS 2020, 50007 = JE IX Nr. 281). Soweit die Parteien aber außerhalb des Vorverfahrens eine **vertragliche Vereinbarung,** auch in Form eines außergerichtlichen Vergleiches, gefunden haben, bedarf es eines Vorverfahrens nicht, vielmehr können sodann diese Ansprüche als vertragliche Ansprüche vor den Zivilgerichten verfolgt werden (LG Koblenz Urt. v. 21.11.1997 – 14 S 360/96, JE IX Nr. 103; AG Soltau Urt. v. 18.11.2016 – 4 C 94/16, BeckRS 2016, 137973 = JE IX Nr. 257). Sofern vor einer unzuständigen Behörde ein Vergleich abgeschlossen wird, besteht ebenfalls die Möglichkeit, im ordentlichen Rechtsweg den vertraglichen Anspruch durchzusetzen (LG Kiel Urt. v. 19.11.1959 – 7 S 34/59, EJS I S. 71 Nr. 6; Mitzschke/Schäfer § 34 Rn. 1). Eine Vollstreckung kann aus einem formell unwirksamen Vergleich jedoch nicht betrieben werden. Dies gilt auch für ein Anerkenntnis, sofern es außerhalb des Vorverfahrens abgegeben wird. Die Erklärung, es werde die Rechtzeitigkeit der Meldung im Vorverfahren anerkannt oder es handele sich um einen Wildschaden, ist kein wirksames Anerkenntnis, sodass es die Durchführung des Vorverfahrens nicht entbehrlich macht. Vielmehr muss sich das Anerkenntnis auf einen konkreten Schaden beziehen und festhalten, in welcher Höhe und wie der Schaden ausgeglichen wird. Sachlich ist das Amtsgericht auch in diesen Fällen gem. § 23 Nr. 2 lit. d GVG zuständig.

3. Inhalt des Vorverfahrens

24 Das Vorverfahren dient der schnellstmöglichen Schadensfeststellung und zielt auf eine gütliche Erledigung des Rechtsstreites außerhalb eines Gerichtsverfahrens (vgl. BGH Urt. v. 5.5.2011 – III ZR 91/10, NJW-RR 2011, 1106; LG Münster Urt. v. 27.10.1983 – 5 T 892/83, RdL 1984, 17 = JE IX Nr. 51). Es ist im Hinblick auf die Umstände (Beweissicherung, Schadens-

verhinderung) wesentlich, dass das Verfahren möglichst schnell, aber auch korrekt durchgeführt wird.

a) Zuständige Stelle. Die Zuständigkeit zur Durchführung des Verfahrens ergibt sich aus den länderrechtlichen Vorschriften. In der Regel ist dies örtlich die zuständige Behörde, in der das betroffene Grundstück gelegen ist. Sachlich ist dies meist die Ortsgemeinde als Ordnungsbehörde. Die Anmeldung vor der falschen Behörde hemmt den Fristablauf nicht, es sei denn, die falsche Behörde ist ausdrücklich zur Entgegennahme befugt. Ist die Gemeinde selbst Verfahrensbeteiligte, ist je nach den landesrechtlichen Vorschriften eine andere, in der Regel die Aufsichtsbehörde zuständig. Ergibt sich aus dem Landesrecht nichts, muss dennoch eine andere Behörde in entsprechender Anwendung von § 41 ZPO das Verfahren betreiben (AG Rheda-Wiedenbrück Urt. v. 11.7.1975 – 9 C 206/75, RdL 1976, 42 = JE IX Nr. 1; Mitzschke/Schäfer Rn. 14; Meyer-Ravenstein NJagdG § 35 Rn. 5). Das Betreiben des Verfahrens durch die falsche Behörde macht die Entscheidung nicht nichtig, führt aber allein deshalb schon zur Unwirksamkeit des Vorbescheides. 25

b) Vorprüfung. In den meisten Ländern ist eine Vorprüfung vorgesehen. Hierin soll insbesondere die Rechtzeitigkeit der Schadensanmeldung geprüft werden. Ungeachtet der landesrechtlichen Bestimmungen kann die Behörde den Erlass eines Vorbescheides aber ablehnen, wenn sie sachlich und örtlich unzuständig ist (eine Verweisung ist nicht vorgesehen und auch nicht zulässig). Sie kann das Verfahren ablehnen, wenn es sich um keinen Wildschaden iSd §§ 29 ff. handelt (s. AG Bernkastel-Kues Urt. v. 25.4.1996 – 4 C 85/96, JE IX Nr. 99 für Wildschäden an einer **Stilllegungsfläche**), aber auch wenn die Meldung des Schadens verfristet ist. Hierzu muss dies aber objektiv feststehen. Herrscht hierüber Streit, ist eventuell eine Tatsache nur durch Beweisaufnahme aufklärbar, ist es unzulässig, die Verfahrensdurchführung zu verweigern. Vielmehr ist Ursache und Höhe des Schadens durch den Schätzer soweit wie möglich festzustellen. Die Behörde kann aber nach Einholung des Gutachtens gestützt auf die Verfristung eine Ersatzpflicht im Vorbescheid ablehnen. Das Vorverfahren kann darüber hinaus auch abgelehnt werden, wenn der Antragsteller die Durchführung verhindert, indem er zB die Schadensbegutachtung generell oder durch den zuständigen Wildschadenschätzer verweigert oder sich im Laufe des Verfahrens ergibt, dass der Schaden nicht mehr zu ermitteln ist. Eine Ablehnung kann auch darauf gestützt werden dass der Geschädigte nicht mitwirkt, notwendige Verfahrensfristen (so zB Rheinland-Pfalz) missachtet oder sich nicht zur Schadenshöhe äußert. Ebenso ist ein Vorverfahren abzulehnen, wenn wesentliche Angaben in der Anmeldung fehlen, so den Berechtigten nicht oder inkorrekt wiedergeben, keine konkrete Grundstücksbezeichnung nach Gemarkung und Parzelle erfolgt. Werden im Verfahren keine oder unzureichende Angaben zur Schadenkenntnis abgegeben ist das Vorverfahren durch negativen Vorbescheid zu beenden. 26

c) Fristen innerhalb des Vorverfahrens. Fristen innerhalb des Vorverfahrens sieht nur **Rheinland-Pfalz** in § 43 RPLJVO vor. Demnach ist der Geschädigte nach Anmeldung des Schadens verpflichtet, der Behörde innerhalb einer Woche mitzuteilen, dass eine gütliche Einigung zwischen den Parteien nicht möglich war. Zudem hat er Angaben zur Schadenshöhe zu 27 machen. Die Folgen einer Versäumnis dieser Frist sind streitig. In jedem Fall muss die Behörde ohne diese Mitteilungen nichts unternehmen, mit der Folge, dass eine Klage nicht zulässig ist, die sich dann auf die Untätigkeit der Behörde stützt. Der Geschädigte hat selbst für die Folgen einzustehen, wenn er damit die für ihn wichtige Feststellung des Schadens vereitelt. Auch kann die Behörde die weitere Durchführung des Vorverfahrens berechtigt ablehnen.

28 **d) Mitteilungen zur Schadenshöhe.** Mitteilungen zur Schadenshöhe sind Verfahrensimmanent. Das Vorverfahren dient auch der gütlichen Einigung der Parteien. Macht der Geschädigte keine Angaben zur Schadenshöhe (in **Rheinland-Pfalz** Verfahrensvoraussetzung gem. § 45 Abs. 1 RPLJVO), kann die Behörde auf das Betreiben des Verfahrens verzichten, insbesondere dann, wenn der Ersatzverpflichtete seinerseits eine Summe zur Schadensregulierung anbietet, der Verpflichtete hierauf aber nicht reagiert. Das Verfahren hat nicht zum Inhalt, dem Berechtigten die Darlegung seiner Schadenshöhe zu nehmen oder zu Erleichtern, zumal ihm eine gewisse Sachkenntnis anhaften müsste. Nur wenn Streit über die Schadensart und-höhe besteht, soll das Vorverfahren versuchen durch Schätzung mittels eines amtlich bestellten Gutachters diesen Streit zu klären. Ohne eine streitige Vorstellung über die Schadenshöhe muss die Behörde das Verfahren deshalb nicht Betreiben – vielmehr per negativem Vorbescheid das weitere Verfahren ablehnen. Wird dennoch ein Gutachter beauftragt, sind die Verfahrenskosten im Zweifel gegeneinander aufzuheben, es sei denn, der Ersatzpflichtige hat seinerseits eine Summe angeboten. Wird diese Summe erreicht, trägt der Geschädigte die Kosten. Zinsen sind Festsetzungsfähig, sofern Landesrecht dies nicht ausschließt ab dem Schadenereignis, ansonsten auch außerhalb des Verfahrens einforderbar (BGH Urt. v. 8.5.2020 – III ZR 138/19, NJW-RR 2020, 970 = JE IX Nr. 277; s. auch → § 29 Rn. 43a).

29 **e) Unverzügliche Terminsbestimmung.** Eine unverzügliche Terminsbestimmung ist wesentliche Voraussetzung für die sichere Begutachtung des Schadens dem Grunde und der Höhe nach. Unverzüglich bedeutet ohne schuldhaftes Zögern und wird in fast allen Bestimmungen der Länder gefordert. Kommt die Behörde dem nicht nach und ist deshalb ein Schaden später nicht mehr feststellbar, kann sich ein Schadensersatzanspruch gegen die Behörde ergeben. Der Geschädigte sollte in diesem Fall schnellstmöglich ein gerichtliches Beweissicherungsgutachten beantragen und selbst die Schadensfeststellung ggf. durch (sachverständige) Zeugen betreiben. Zum Termin ist es zulässig, weitere Personen zu laden, ggf. **Zeugenerklärungen** aufzunehmen. Auch wenn dies nicht unzulässig ist, ist es nicht Aufgabe der Behörde, eine Beweisaufnahme, die über die Einholung des Schätzgutachtens hinausgeht, durchzuführen. Insbesondere ersetzt eine solche Zeugenanhörung nicht eine spätere gerichtliche Beweisaufnahme und ist auch nicht als Beweissicherung in ein gerichtliches Verfahren einzubringen.

30 **f) Beteiligte.** Bislang waren die beteiligten auf die Personen des Geschädigten und des ersatzpflichtigen Pächters/Eigenjagdbesitzers, ggf. der Jagdgenossenschaft beschränkt. Als Drittbeteiligter kommt über § 6a Abs. 6 der Eigentümer eines aus Gründen des § 6a befriedeten Besitztums in Betracht (vgl. § 2 Abs. 2 SchlHWiJaSchSVVO). Er haftet im Verhältnis seiner Fläche zu der gesamten Fläche des gemeinschaftlichen Jagdbezirkes anteilig und kann

deshalb am Verfahren als Ersatzpflichtiger beteiligt sein, sei es auf eigenen Wunsch (analog den Regelungen zum Streithelfer) oder auf (sehr sinnhaften) Antrag des Ersatzpflichtigen um ihm analog den Regelungen zur Streitverkündung Gelegenheit zu geben eigene Einwendungen vorzubringen, insbesondere mit seinem Einverständnis eine Einigung herbeizuführen. Dies ist in der Praxis deshalb schwierig, weil im Zweifel weder der Geschädigte noch die Verwaltungsbehörde Kenntnis von einem solchen Fall der Mithaftung haben werden. Die Beteiligten sind zu dem Termin zu laden. Hierzu können im Einzelfall auch die Jagdgenossenschaft zählen, zB wenn der Jagdpächter den Schaden nur teilweise übernommen hat oder Anhaltspunkte für eine gesamtschuldnerische Haftung bestehen. Die Rechtsfrage, ob bei teilweiser, oder der Höhe nach begrenzter Haftung alleine die Jagdgenossenschaft, oder als Gesamtschuldner mit dem Pächter, oder der Pächter vorrangig haftet kann von den Beteiligten häufig nicht in dieser Phase des Verfahrens geklärt werden. Gibt der Pachtvertrag dies nicht eindeutig wieder muss der Berechtigte im Zweifel alle Beteiligte in Anspruch nehmen um Rechtsnachteile zu vermeiden. In **Mecklenburg-Vorpommern** ist zudem der Vertreter der Wildschadensausgleichskasse zu laden, in **Sachsen-Anhalt** kann der Jagdpächter auch dann geladen werden, wenn er nicht zum Wildschadensersatz verpflichtet ist. Der Termin kann auch ohne die Beteiligten stattfinden, worauf sie hingewiesen werden sollten (so zB § 37 Abs. 1 S. 2 **LJG-NRW**). Somit ist es nicht fehlerhaft, einem Verlegungsantrag nicht nachzukommen, zumal eine schnelle Feststellung des Schadens wesentlich ist. Wurde ein Beteiligter nicht geladen, ist ein Vorbescheid dennoch wirksam (aA AG Uelzen Urt. v. 31.1.2022 – 12 C 192/21, BeckRS 2022, 31571 = JE IX Nr. 288; AG Coburg Urt. v. 19.11.1998 – 15 C 994/98, BeckRS 1998, 31213128 = JE IX Nr. 108), jedoch als Grundlage der Erstattungsverpflichtung aufzuheben (AG Bad Neustadt a. d. Saale Urt. v. 5.10.2001 – 1 C 109/2001, JE IX Nr. 123). Die Feststellungen im Vorverfahren sind bei fehlender Ladung eines Beteiligten nicht verwertbar (AG Neuburg a. d. Donau Urt. v. 10.5.2017 – 2 C 66/17, BeckRS 2017, 159657 = JE IX Nr. 261). Bei mehreren Mitpächtern sind alle als Beteilige zu laden (LG Münster Urt. v. 27.10.1983 – 5 T 892/83, RdL 1984, 17 = JE IX Nr. 51). Ein wirksamer Vergleichsschluss ist ohne unmittelbare Anwesenheit aller Beteiligter (oder deren Vertreter) im Zweifel nicht möglich. Dies gilt auch bei einer Beteiligung der Wildschadenskasse. Wird ein Beteiligter von einem Bevollmächtigten vertreten, muss dieser auf Verlangen seine Vollmacht schriftlich nachweisen (entsprechend § 14 VwVfG). Den richtigen Antragsgegner muss die Behörde von Amts wegen ermitteln. So ist die Anfrage an die Jagdgenossenschaft unerlässlich, ob ein nach § 6a Abs. 6 Mithaftender zu beteiligen ist. Der Antragsteller hat aber Angaben dazu zu machen, in welchem Jagdrevier seine Fläche gelegen ist. Stellt sich heraus, dass die Fläche in einem anderen Revier liegt, ist eine Änderung der Beteiligten nicht möglich. Vielmehr ist auf Grundlage der ursprünglichen Meldung ein neues Verfahren einzuleiten. Die Kosten des Ursprungsverfahrens trägt der Antragsteller. Hat die Behörde die falschen Beteiligten geladen, muss sie ebenfalls ein neues Vorverfahren durchführen. Die Kosten des Ursprungsverfahrens sind niederzuschlagen. Ein bereits eingeholtes Gutachten kann nach Anhörung der richtigen Beteiligten verwertet werden. der Behörde nicht zumutbar ist die Ermittlung des richtigen Beteiligten, wenn dies aus Rechtsgründen streitig ist. Sofern ein nach § 6a zu Beteiligender ein Mitverantwortung für den Schaden gem. § 6a

Abs. 6 S. 2 ablehnt kann über die Frage der fehlenden Kausalität dieser Fläche zum Schaden sich der Schadensschätzer auslassen. da es sich um eine eher wildbiologische Frage handelt dürften aber die meisten Wildschadensschätzer hierzu nicht geschult sein. Die Regelungen über Vorbescheide der Länder sehen eine solche Möglichkeit zu Zeit nicht vor. Dieser Mangel muss als unglücklich angesehen werden, geht man davon aus, dass das Vorverfahren der außergerichtlichen Streitbeilegung dienen soll. Dem Verpflichteten wird bei mangelnder Beteiligung des nach § 6a Ersatzhaftenden die Möglichkeit einer Einigung genommen, weil er damit die die Ersatzverpflichtung der Höhe nach nicht mehr begründen kann.

31 **g) Wildschadensschätzer.** Die Qualifikation des Wildschadensschätzers ist landesrechtlich Vorgegeben. Es handelt sich um ein Ehrenamt. Insbesondere zur Abschätzung von Waldwildschäden haben die meisten Länder eine entsprechende Ausbildung vorgegeben (Forstsachverständiger). In der Regel sind die Behörden verpflichtet, für ihren Bezirk Schadensschätzer zu bestimmen. Ist ein anderer Schätzer als der zuständige beauftragt oder verfügt der Schätzer nicht über die vorgesehene Qualifikation, ist das Gutachten nicht verwertbar. Das Gleiche gilt, wenn für den Schätzer eine Interessenkollision vorliegt. Die Regelungen des § 406 ZPO über die Ablehnung von Gerichtspersonen findet entsprechende Anwendung (so auch Drees/Thies/Müller-Schallenberg/Jäcker/Hugenberg LJG-NRW § 36 S. 278d; Meyer-Ravenstein NJagdG § 35 Rn. 8). Dies bedeutet, dass der Einwand der Befangenheit ab Kenntnis von den Umständen auch erhoben werden muss um beachtet zu werden. Die Vergütung richtet sich nach Landesrecht, ansonsten nach dem Justizvergütungs- und Entschädigungsgesetz (JVEG; vgl. Mitzschke/Schäfer § 34 Rn. 8 zum früheren ZSEG). Der Schätzer ist im Zweifel zum ersten Termin so früh als möglich zu laden. Die Hinzuziehung eines Privatgutachters ist zwar zulässig (LG Paderborn Urt. v. 5.7.1962 – 3 S 77/62, EJS I S. 73 Nr. 10), im Verfahren von der Behörde jedoch nicht zu beachten. Die Einigung aller Beteiligten auf einen anderen Sachverständigen erscheint möglich. Erstellt ein nicht vorgesehener Wildschadensschätzer ein Gutachten und leistet daraufhin der Verpflichtete, ist eine Rückforderung oder Regress gegen die Gemeinde nicht möglich (OLG Köln Urt. v. 12.1.2006 – 7 U 105/05, BeckRS 2006, 14629 = JE IX Nr. 156). Der Schätzer unterliegt in der Regel der Aufsicht der unteren Jagdbehörde (zB für § 16 DVO JWMG). Ist seine Tätigkeit mit Mängeln behaftet, werden insbesondere die vorgegebenen Regelungen über Art und Inhalt der Gutachten nicht eingehalten, ist die Behörde verpflichtet zu handeln. Die Hinzuziehung eines Sachverständigen oder nicht zuständigen Schätzers ohne Einwilligung der Beteiligten ist unzulässig. Ist kein zuständiger Schadenschätzer greifbar sollten die Beteiligten auf die Möglichkeit eines gerichtlichen Beweissicherungsverfahrens hingewiesen werden. Eine Schadensschätzung durch die Behörde selbst ist unzulässig und zur Nicht Verwertbarkeit des Vorverfahrens (AG Uelzen Urt. v. 31.1.2022 – 12 C 192/21, BeckRS 2022, 31571 = JE IX Nr. 288).

32 **h) Schadensschätzung zur Ernte.** Schadenschätzung zur Ernte ist in den meisten Ländern vorgesehen. Die Länder haben grundsätzlich auch nicht die Befugnis das Schadensersatzrecht insoweit abweichend vom Bund zu regeln, da dieser die alleinige Gesetzgebungsbefugnis hierzu hat. Die Länder können Bestimmungen des § 249 BGB, § 29 ergänzen, aber nicht verdrängen (s. hierzu auch BGH Urt. v. 4.11.2010 – III ZR 45/10, NJW 2011, 852 = JE

IX Nr. 189). Zwar ist es in der deutlich überwiegenden Anzahl der Fälle so, dass eine Schadenschätzung und –Regulierung lange vor der Ernte die Regel ist. Insbesondere ist in den ländergesetzlichen Regelungen eine rasche Schadenserfassung vorgesehen. Sofern die Länder aber die Schadenschätzung vor der Ernte nicht vorsehen oder unangemessen einschränken ist dies verfassungswidrig. Macht aber trotz rechtlich vorgesehener Schadenbestimmung zum Erntezeitpunkt ein Beteiligter von diesem Recht keinen oder verspäteten Gebrauch kann er später mit diesem Einwand nicht gehört werden (so auch AG St. Goar Urt. v. 19.8.2010 – 31 C 623/09, JE IX Nr. 191). Soweit das Verlangen einer Schätzung zum Erntezeitpunkt zum Ortstermin verlangt wird (RLP), muss sie spätestens dann Vorliegen und nicht am Tage des Ortstermins, weil ohne den bis dann gestellten Antrag das Vorverfahren enden würde. Sinn der Schadensbestimmung zum Erntezeitpunkt ist es unter anderem, bei sich vergrößerndem Schaden eine Gesamtschätzung vornehmen zu können. Aber auch wenn der Schaden noch nicht konkret feststeht (Kaninchenfraß am Wintergetreide) oder andere Schadensursachen dazu kommen können (zB erkennbare Verunkrautung oder wahrscheinliche Überflutung etc), sollte die Schätzung zur Ernte erfolgen. Sieht das Landesrecht vor, dass auf Antrag eines Beteiligten die Schätzung zur Ernte erfolgen soll, besteht kein Ermessen der Behörde. Das Verlangen kann ausschließlich bei landwirtschaftlichen Schäden gestellt werden. Wird die Ernte bis zur Schätzung durch andere Ursachen vernichtet, besteht kein Ersatzanspruch des Geschädigten (überholende Kausalität). Meldet der Geschädigte den Erntezeitpunkt nicht an oder so kurzfristig, dass eine Schätzung nicht möglich ist, geht dies zu seinen Lasten (so ausdrücklich § 2 Abs. 3 **MVLJagdG-DVO**). Es ist erforderlich und in den meisten Regelungen ausdrücklich vorgesehen, dass bereits beim ersten Termin der vorhandene Schaden, soweit möglich, in einer Niederschrift festgehalten wird. Selbst die Einigung aller Beteiligten auf einen weiteren Schätztermin entbindet den Geschädigten nicht davon, die Meldefristen für zukünftige Schäden einzuhalten, zu dem es wiederum eines Vorverfahrens und eines Termins bedarf. Der Geschädigte riskiert ansonsten, dass zwischen Alt- und Neuschäden nicht oder nicht mehr konkret genug unterschieden werden kann und er somit keinen Ersatz selbst für den rechtzeitig angemeldeten Schaden erhält (vgl. AG Daun Urt. v. 28.2.2007 – 3 C 624/06, BeckRS 2007, 142782 = JE IX Nr. 160). Ist dem rechtzeitigen Begehren zu Schadenschätzung zum Erntetermin nicht nachgekommen worden, ist ein Vorbescheid auf Basis einer Schadensschätzung zum Anmeldezeitpunkt aufzuheben. Da eine Zurückverweisung durch das Gericht an die Behörde nicht möglich ist, hat auf Antrag die Behörde das Verfahren dann wiederaufzunehmen und eine Schadensfeststellung zum Zeitpunkt der Ernte zu veranlassen.

i) Anerkenntnis. Kommt es zu einem konkreten Anerkenntnis, muss die 33
Behörde, sofern nicht unverzügliche Zahlung erfolgt, jedenfalls auf Antrag des Geschädigten einen entsprechenden Vorbescheid auch ohne nähere Prüfung erlassen. Das Anerkenntnis muss jedoch konkret Grund und Höhe des Schadensersatzes beinhalten. Ein Anerkenntnis im Rechtssinne liegt nicht vor, wenn der Jagdpächter anerkennt, dass es sich um einen Wildschaden handelt oder dass der Schaden rechtzeitig angemeldet ist. Da das Gesetz keine Teilvorbescheide vorsieht (Teilanerkenntnis oder Anerkenntnis dem Grunde nach), ist es nicht zulässig, in einem solchen Verfahrensgang einen Teilvor-

bescheid zu erlassen. Vielmehr ist in einem einheitlichen Feststellungsbescheid über die Streitigkeit zu entscheiden. Lediglich im Rahmen der Begründung kann die Behörde ein entsprechendes Anerkenntnis würdigen. An ein Anerkenntnis ist die Behörde nicht gebunden, wenn die Schadensmeldung verspätet war oder es sich um keinen Wildschaden handelt bzw. die falsche Behörde angerufen wurde. Sie hat dann dennoch das Vorverfahren abzulehnen. Das Anerkenntnis ist aber materiell-rechtlich wirksam und kann vor den Zivilgerichten eingeklagt werden.

34 **j) Gütliche Einigung.** Eine gütliche Einigung zwischen den Beteiligten ist das Ziel der Vorverfahrens. Kommt es zu einer Einigung, ist die Protokollierung und Unterzeichnung durch die Beteiligen dieser Einigung zwingend erforderlich. Im Hinblick auf das Formerfordernis kommt einer Einigung dementsprechend keine Rechtswirksamkeit zu, sofern sie nicht in das förmliche Verfahren eingebunden ist und zur Niederschrift im Protokoll festgehalten wird, es sei denn die Parteien vereinbaren ausdrücklich, dass außerhalb des Vorverfahrens eine konkrete Vereinbarung getroffen wird. Diese hat schuldrechtlichen Charakter, sodass auch ohne Abschluss des Vorverfahrens auf Erfüllung geklagt werden kann (LG Hannover Urt. v. 16.12.1987 – 11 S 316/87, RdL 1988, 104 = NdsRPfl 1988, 62 = JE IX Nr. 63; LG Verden Urt. v. 2.1.1980 – 2 S 273/78, JE IX Nr. 25). Wird ein Vergleich sofort durch Zahlung erfüllt, ist das Vorverfahren erledigt. Mängel des Vergleichs und des Vorverfahrens werden dadurch geheilt (Mitzschke/Schäfer Rn. 15). Eine Kostenentscheidung ist aber dennoch notwendig. Vor der **Zwangsvollstreckung** aus einem Vergleich sind in den meisten Ländern Fristen zu beachten. Ist der Vergleich formell nicht wirksam abgeschlossen oder aus anderen Gründen nicht vollstreckbar, ist die Klage vor dem Zivilgericht möglich. Die Niederschrift, in der die gütliche Einigung festgehalten wurde, ist den Beteiligten unverzüglich zuzustellen. Hierdurch werden die in den meisten Bundesländern bestehenden Schonfristen in Lauf gesetzt. Eine **Anfechtung** des Vergleichs, zB wegen arglistiger Täuschung, ist möglich. Die Anfechtungserklärung ist aber nicht mehr Gegenstand des Vorverfahrens und daher gegenüber dem Verfahrensgegner unmittelbar abzugeben. In einem gerichtlichen Verfahren kann in einem solchen Fall der Einwand der Nichtigkeit erhoben werden (vgl. BGH Urt. v. 4.4.2007 – III ZR 197/06, NJW-RR 2007, 1209 = JE IX Nr. 161).

35 **k) Schätzgutachten.** Das Schätzgutachten ist in der Regel **Grundlage** einer Einigung oder eines Vorbescheides. Es soll nicht die Qualität eines gerichtlichen Sachverständigengutachtens haben Daher ist das Gericht an die Feststellungen Schadensschätzers nicht gebunden, sodass im Zweifel Beweis zu erheben ist (LG Aschaffenburg Urt. v. 20.9.2012 – 22 S 164/11, JE IX Nr. 282). Im Vorverfahren ist der Schaden nicht konkret zu bestimmen, sondern zu schätzen. So kann von dem Wildschadensschätzer bei einen weit verstreuten Schadensbild nicht erwartet werden, dass er die einzelnen Schadstellen auf den Quadratmeter vermisst. Es müssen jedoch bestimmte Mindesterfordernisse gegeben sein: Das Gutachten ist schriftlich zu erstellen und muss enthalten Schadensort nach Gemarkung und Parzellen, Kulturart, Umfang und Qualität, Schadensursache-, umfang und –höhe, Bodenklasse und –pflege, Verschulden des Geschädigten oder Dritter (falls hierfür Anhaltspunkte bestehen), Bewertungsmethode (zB Probeernte, Ausmessen etc). Bei Schäden an Forstpflanzen: Bestandsverhältnisse nach Lage, Alter, Holzartenanteil, Begrün-

dungsart, Bestockungsgrad, vorgesehenes Betriebsziel, Umtriebszeit, Bonität, Ertragsstufe, Art des Schadens (Verbiss- oder Schäl-, Fegeschaden) und Umfang der Beschädigung, bei mehrjährigem Verbiss Alter und Vorschädigung, bei Jungbestand die Möglichkeit der Nachpflanzung und die Bewertungsmethode, der Zinsfuß bei Schadenskapitalisierung (vgl. auch Mitzschke/Schäfer Rn. 18; Meyer-Ravenstein NJagdG § 35 Rn. 7). Die Aufnahme von Lichtbildern ist sinnvoll, aber nicht zwingend vorgegeben. die Verwendung üblicher Hilfsmittel (Messgeräte etc) kann erwartet werden und Schränken bei Fehlen die Qualität auch eines Schätzgutachtens erheblich ein. Ortstermine finden ohne Rücksicht auf das Ausbleiben der Partei statt. Ist das Schätzgutachten unbrauchbar und entsteht dem Ersatzberechtigten dadurch ein Schaden, ist ein Schadensersatzanspruch gegen die für das Vorverfahren zuständige Behörde nach § 839 BGB möglich (LG Koblenz Urt. v. 11.1.2002 – 15 O 268/01, JE IX Nr. 119; vgl. auch AG Schleiden Urt. v. 10.1.2012 – 9 C 46/11, BeckRS 2012, 17956 = JE IX Nr. 200). Das Gutachten ist möglichst kurzfristig nach der Anmeldung zu erstellen, wofür die Behörde zu sorgen hat. Damit sollen Schwierigkeiten der Schadensermittlung vorgebeugt werden, die bei einigem Zeitablauf unvermeidbar sind (vgl. AG Schleiden Urt. v. 10.1.2012 – 9 C 46/11, BeckRS 2012, 17956 = JE IX Nr. 200). Ein Zwischengutachten ist bei einer gewünschten Schadensfeststellung zum Erntezeit in der Regel unumgänglich um den Schadensumfang zum Anmeldezeitpunkt festzustellen. Neben dem Schätzgutachten ist ein Verfahren auf **Beweissicherung** außerhalb eines Vorverfahrens grundsätzlich zulässig (so auch AG Schleiden Beschl. v. 27.4.2011 – 2 H 3/11, BeckRS 2015, 9179 = JE IX Nr. 199). Der Schadensschätzer hat ohne besondere Aufforderungen der Parteien sich zur Frage ob verfristete Alt- oder nicht angemeldete Neuschäden vorliegen nicht von Amts wegen zu äußern. Ist eine Unterscheidung deshalb später nicht mehr möglich trifft die Beweislast den Geschädigten (allgemeine Meinung, BGH Urt. v. 5.5.2011 – III ZR 91/10, NJW-RR 2011, 1106 (1107); Urt. v. 15.4.2010 – III ZR 216/09, NJW-RR 2010, 1398 (1399)).

l) Vorbescheid. Der Vorbescheid ist unverzüglich nach Vorlage des Gut- 36
achtens zu erlassen. Der zuständige Beauftragte der Behörde kann das Ergebnis nach freier Überzeugung würdigen und ist an Weisungen der Aufsichtsbehörde nicht gebunden, soweit es die Entscheidung selbst betrifft (vgl. Mitzschke/Schäfer Rn. 24). Der Inhalt des Vorbescheids ist in der Regel landesrechtlich vorgegeben: Bezeichnung als Vorbescheid und erlassene Behörde, konkrete Bezeichnung der Parteien und ihrer Bevollmächtigten nach Name, Anschrift und Parteistellung, Angaben zum Antragseingang, Tag der Verhandlung (Ortstermin) und Entscheidung, Entscheidungsformel selbst und die Kostenentscheidung, sowie deren Zusammensetzung, Entscheidungsgründe mit Schätzgutachten und der Unterschrift (vgl. hierzu auch Meyer-Ravenstein NJagdG § 35 Rn. 10). Soweit nicht landesrechtlich nicht ausdrücklich bestimmt, ist eine Rechtsmittelbelehrung sinnvoll, aber nicht grundsätzlich erforderlich (Meyer-Ravenstein NJagdG Rn. 11). Auch ein Vorbescheid, der die vorgesehene Form nicht erfüllt, als solcher aber eindeutig erkennbar ist, ist rechtswirksam (aA Mitzschke/Schäfer Rn. 27 mwN). Eine **Änderung** oder **Neubescheidung** eines einmal ergangenen, wenn auch fehlerhaften Vorbescheides ist durch die Behörde nicht mehr möglich (LG Koblenz Urt. v. 26.2.1957 – 6 S 289/56, EJS I S. 70 Nr. 2; Meyer-Ravenstein NJagdG Rn. 9; Möller UmweltR IV Rn. 57.9.16; Mitzschke/

Schäfer Rn. 25). Dies gilt auch für die Mitteilung, die Durchführung des Vorbescheides werde abgelehnt, da sie ebenfalls das Feststellungsverfahren abschließt. Eine Ergänzung mit der Rechtsmittelbelehrung oder Berichtigung offensichtlicher Schreibfehler iSd § 319 ZPO ist aber zulässig. Die Zustellung des Vorbescheides hat unverzüglich an alle Beteiligten zu erfolgen. Die Entscheidung ergeht auf Verpflichtung zur Zahlung einer Summe an den Geschädigten oder auf Abweisung des Antrages. Der Rechtsnatur nach ist der Vorbescheid kein Verwaltungsakt (aA Mitzschke/Schäfer Rn. 3 und 24), denn er ist rechtsprechende Tätigkeit und unterliegt den Vorschriften der ZPO sinngemäß. Die „Anfechtung" des Vorbescheids ist nur durch eine Klage vor dem Zivilgericht möglich. Sofern ein **Zweitschuldner** iSd § 29 Abs. 1 S. 4 und Abs. 2 S. 3 am Verfahren teilgenommen hat, richtet sich der Vorbescheid auch dann nicht gegen ihn, wenn er als Verfahrensbeteiligter im Vorbescheid aufgeführt ist, es sei denn er wird als Ersatzpflichtiger ausdrücklich bezeichnet. In diesem Fall steht dem Zweitschuldner das Recht zur Klage zu (so auch Mitzschke/Schäfer Rn. 29).

37 **m) Kosten des Verfahrens.** Die Kosten des Verfahrens werden in den meisten Bundsländern nach billigem Ermessen beschieden, in Rheinland-Pfalz nach dem Verhältnis Obsiegen/Verlieren. Dennoch dürfte Grundlage der Entscheidungen §§ 91 ff. ZPO in entsprechender Anwendung sein. Macht keiner der Beteiligten Angaben über die erwartete Schadenshöhe oder die zugestandene Summe, sind im Zweifel die Kosten zu teilen, da offenbar beide Parteien sich den Feststellungen des Gutachters unterwerfen und sich eines Kostenrisikos, aber auch der Möglichkeit einer vorherigen Einigung entziehen möchten (aA Meyer-Ravenstein NJagdG Rn. 12, der die Kosten dann dem Antragsgegner aufbürden möchte). Der Antragsgegner kann aber immer einen bestimmten Betrag anbieten, sodass bei einer Feststellung oder Unterschreitung des angebotenen Betrages der Geschädigte die gesamten Kosten zu tragen hat. Entstehen Mehrkosten durch mehrere Ortstermine, findet eine besondere Quotelung aus diesem Grunde nicht statt. Zulässig ist es aber, konkrete Mehrkosten nach dem Verursacherprinzip zu verteilen. Kommt es zum Vergleich, können im Zweifel die Kosten geteilt werden, erging vorher ein Gutachten, sind sie nach dem Verhältnis Obsiegen/Verlieren zu quoteln. Beim vollständigen Anerkenntnis trägt der Antragsgegner die Kosten. Eine Erstattung der Kosten der Beteiligten ist in keinem Bundesland vorgesehen, vielmehr ist geregelt, dass ausschließlich die der Behörde und dem Wildschadenschätzer entstandenen Kosten sowie die Kosten der Begutachtung erstattungsfähig sind. Ein entsprechender fehlerhafter Kostenbeschluss ist unwirksam, da ihm die gesetzliche Grundlage fehlt. Auch die Erstattung von Kosten eines von beiden Parteien hinzugezogenen Sachverständigen ist nicht möglich (LG Verden Urt. v. 6.6.1984 – 2 S 424/83, AgrarR 1984, 248 = JE IX Nr. 54, falls es keinen Eingang in die Entscheidung gefunden hat). Im gerichtlichen Nachverfahren ist, wenn der Vorbescheid aufgehoben wurde und sich materiell-rechtlich ein anderes Verhältnis der Quotierung ergibt dies nicht bei der Kostenentscheidung des Gerichtes zu berücksichtigen. Vielmehr ergibt sich ein materiell-rechtlicher Erstattungsanspruch (LG Heilbronn Urt. v. 15.2.2012 – 1 S 52/11 Bn, JE IX Nr. 204), der bei bereits erfolgter Zahlung an die Behörde durch Leistungsklage, ansonsten im Wege der Freistellungsklage geltend gemacht werden kann. Hierbei gilt die Klagefrist gegen den Vorbescheid.

n) Zwangsvollstreckung. Die Zwangsvollstreckung findet statt aus dem rechtsbeständigen Vorbescheid oder aus dem Vergleich. Auch aus dem nicht rechtsbeständigen Vorbescheid kann die Zwangsvollstreckung betrieben werden, sofern die Länder dies ausdrücklich vorgesehen oder hierzu nichts bestimmt haben (vgl. LG Trier Beschl. v. 27.3.1987 – 5 T 3/87, JE IX Nr. 71 für Rheinland-Pfalz). Die Länder haben unterschiedliche Schonfristen bestimmt, nach deren Ablauf die Vollstreckung erst zulässig ist. Die vollstreckbare Ausfertigung muss von dem Urkundsbeamten der Geschäftsstelle des örtlich zuständigen Amtsgerichtes erteilt werden. Die Vollstreckung selbst richtet sich nach §§ 724–793 ZPO. Die vorläufige Einstellung der Zwangsvollstreckung kann im Klagverfahren gem. §§ 717–719 ZPO beantragt werden (s. ausführlich Lauven AgrarR 1998, 401; LG Trier Beschl. v. 27.3.1987 – 5 T 3/78, JE IX Nr. 71). Bei der Vollstreckung aus einem Vergleich muss das vollständige und vollständig unterschriebene Protokoll (Niederschrift) vorgelegt werden. Mängel, zB fehlende Unterschrift hindern die Klauselerteilung (LG Münster Urt. v. 27.10.1983 – 5 T 892/83, RdL 1984, 17 = JE IX Nr. 51). 38

4. Gerichtliches Nachverfahren

Das gerichtliche Nachverfahren ist kein Rechtsmittel, sondern ein eigenständiges Verfahren (LG Verden Urt. v. 14.10.1965 NdsRPfl. 1966, 16). Die Klage ist ungeachtet des Streitwertes vor dem Amtsgericht zu erheben (§ 23 Nr. 2 lit. g GVG), in dessen Bezirk die mit dem Vorverfahren befasste Behörde ihren Sitz hat. Die Anfechtung eines Vorbescheids auf dem **Verwaltungsrechtsweg** ist nicht möglich. Dies auch dann nicht, wenn schwerwiegende Verfahrensmängel aufgetreten sind. Nur die Klage vor dem ordentlichen Gericht ist auch in diesen Fällen wegen der eindeutigen Zuweisung des Rechtsweges zulässig (VGH Mannheim Urt. v. 3.3.1983 – 5 S 329/83, AgrarR 1983, 227 = JE IX Nr. 45). Der Verwaltungsrechtsweg ist auch dann nicht zu beschreiten, wenn die Verwaltung das Vorverfahren ohne sachlichen Grund nicht durchführt, es ablehnt oder den Vorbescheid nicht rechtzeitig erlässt (→ Rn. 40 mwN; aA VG Braunschweig Urt. v. 7.1.1980 – 2 V6 A 199/78, JE IX Nr. 32 für den Fall der Nichtbetreibung des Vorverfahrens durch die Behörde; VG Düsseldorf ohne Datum JE IX Nr. 95 für den Fall der Ablehnung des Vorverfahrens; AG Freudenstadt Urt. v. 23.6.1989 – 5 C 256/89, JE IX Nr. 76, wonach vor der Klage vor dem ordentlichen Gericht zunächst die Aufsichtsbehörde anzurufen sei). Problematisch ist, ob die Kostenentscheidung im Falle der Einigung ebenfalls vor dem Zivilgericht angegriffen werden muss. Sofern die Klage dagegen überhaupt zulässig ist (s. Sachsen-Anhalt: Kostenentscheidung unanfechtbar), ist ebenfalls der Zivilrechtsweg gegeben. Soweit allerdings Vollstreckungsmaßnahmen der Verwaltungsbehörde nach öffentlich-rechtlichen Gesichtspunkten durchgeführt werden (zB wegen der eigenen Kosten), eröffnet sich ausnahmsweise der Verwaltungsrechtsweg. Das Vorverfahren ist aber dem Sinn und Zweck nach nichts anderes als ein vorgeschaltetes Schlichtungs- und Beweissicherungsverfahren, dass aufgrund länderspezifischer Zuweisung von Behörden geführt wird. Somit ist es reine Prozessvoraussetzung analog den Regelungen über Schlichtungsverfahren (analog § 15a EGZPO). Auch betreffend der Kostenentscheidung ist der Zivilrechtsweg gegeben, da eine Rechtssplittung in einen verwaltungsrechtlichen und zivilrechtlichen Teil ausdrücklich nicht 39 vorgesehen wurde (aA VG Greifswald Urt. v. 26.4.2012 – 6 A 921/10, nv). Sofern aber die Rechtsgrundlage der Kostenentscheidung fehlerhaft ist, soweit Grund und Höhe der Verwaltungskosten betroffen ist, dürfte der Verwaltungsrechtsweg offenstehen.

39a Das Gericht kann im Nachverfahren auch über die Kosten des Vorverfahrens entscheiden, entweder als Teil der Verfahrenskostenentscheidung iSv § 91 ZPO oder auf Antrag im Rahmen eines geltend gemachten materiellen Erstattungsanspruches (LG Heilbronn Urt. v. 15.2.2012 – 1 S 52/11 Bn, JE IX Nr. 204).

40 **a) Zulässigkeit der Klage.** Das durchgeführte **Vorverfahren** ist zwingende Sachurteilsvoraussetzung, soweit die Länder ein solches Verfahren vorgeschrieben haben (Mitzschke/Schäfer Rn. 38 mwN). Fehlt es an dem Abschluss des Vorverfahrens, ist die Klage ohne weitere Sachprüfung als unzulässig abzuweisen (allgemeine Meinung, OLG Celle Urt. v. 17.2.1966 – 7 U 136/65, OLGZ 1967, 305 = RdL 1966, 135; LG Verden Urt. v. 8.9.1989 – 6 S 76/89, JE IX Nr. 78; LG Hannover Urt. v. 16.12.1987 – 11 S 316/87, RdL 1988, 104 = NdsRPfl 1988, 62 = JE IX Nr. 63; LG Krefeld Urt. v. 18.12.1979 – 1 S 73/79, BeckRS 1979, 109355 = JE IX Nr. 21; LG Düsseldorf Urt. v. 5.9.1975 – 22 S 313/74, AgrarR 1976, 55 = JE IX Nr. 2; LG Paderborn Urt. v. 5.7.1962 – 3 S 77/62, EJS I S. 73 Nr. 10). Deshalb ist auch eine Klage gegen einen am Vorverfahren förmlich nicht Beteiligten als unzulässig abzuweisen (OLG Hamm Urt. v. 7.2.1996 – 11 U 111/95, RdL 1996, 123 = AgrarR 1996, 265 = JE IX Nr. 101). Zulässig ist die Klage aber dann, wenn die Behörde das Vorverfahren ohne sachlichen Grund nicht betreibt, es ausdrücklich ablehnt oder einen Vorbescheid nicht rechtzeitig erlässt. In diesen Fällen ist die Klage vor den ordentlichen Gerichten auch ohne ein (abgeschlossenes) Vorverfahren zulässig (LG Leipzig Urt. v. 27.1.1998 – 6 S 196/97, JE IX Nr. 105; LG Mannheim Urt. v. 15.5.1993 – 1 S 355/92, JE IX Nr. 94; AG Koblenz Urt. v. 30.7.1986 – 43 C 320/86, JE IX Nr. 69; Mitzschke/Schäfer Rn. 38; Leonhardt/Pießkalla Rn. 11). Es ist von Amts wegen zu prüfen, ob diese Voraussetzungen gegeben sind. Lagen sie nicht vor, ist die Klage als unzulässig abzuweisen. Das Gericht sollte von Amts wegen schon deshalb die Vorverfahrensakte heranziehen (Mitzschke/Schäfer Rn. 37). Ein Nichtbetreiben ohne sachlichen Grund ist bereits dann anzunehmen, wenn die Behörde nicht unverzüglich handelt und trotz einmaliger Aufforderung nicht reagiert. Insbesondere der erste Ortstermin und die Ladung des Wildschadenschätzers müssen kurzfristig geschehen, um die Schadensfeststellung nicht zu gefährden. Hierbei müssen nicht die Fristen analog § 75 VwGO herangezogen werden (so LG Hannover Urt. v. 16.12.1987 – 11 S 316/87, RdL 1988, 104 = NdsRPfl 1988, 62 = JE IX Nr. 63). Reagiert die Behörde nicht innerhalb der gesetzlich vorgesehenen Zeit und auch nicht auf weitere Aufforderung innerhalb angemessener Frist, ist von einer Untätigkeit auszugehen. Steigt die Behörde aber in die Sachbearbeitung ein, kann Klage auch dann nicht erhoben werden, wenn die Bearbeitung langwierig und die Schadensfeststellung gefährdet ist. Vielmehr ist sodann ein gerichtliches Beweissicherungsverfahren möglich (so auch Leonhardt/Pießkalla Rn. 11). Lehnt die Behörde ausdrücklich das Verfahren ab, ist auch dies eine Form der Beendigung des Vorverfahrens. War die Ablehnung deshalb begründet, weil die Behörde nicht zuständig war oder aus anderen tatsächlichen, formell korrekten Gründen das Verfahren nicht betrei-

ben wollte, hätte also der Antragsteller durch Beseitigung dieser Mängel das Verfahren in Gang setzen können, fehlt es an dem Vorverfahren und die Klage ist unzulässig. Dies ist zB dann der Fall, wenn der Antragsteller in Rheinland-Pfalz der Behörde nicht mitteilt, ob eine gütliche Einigung gescheitert ist oder keine Angaben zur Schadenshöhe macht. Ebenso ist dies der Fall, wenn der Antragsteller selbst die Durchführung des Vorverfahrens vereitelt, weil er zB die Begutachtung durch den Schätzer verweigert. Lehnt die Behörde das Verfahren ab, weil die Anmeldung verspätet ist oder kein Wildschaden entstanden sei, ist die Klage zulässig, weil dies materiell-rechtliche Gründe sind, mit denen sich das Gericht auseinandersetzen muss. Eine Zurückverweisung ist nicht möglich (s. auch Meyer-Ravenstein NJagdG § 35 Rn. 15). Die Klage ist nicht unzulässig, weil das Vorverfahren an schweren Mängeln leidet (→ Rn. 21 mwN). Nicht zulässig ist es hingegen, einen nicht im Vorverfahren involvierten weiteren Wildschaden in das Klageverfahren miteinzubringen oder die Klage gegen am Vorverfahren nicht beteiligte Dritte zu richten (OLG Hamm Urt. v. 7.2.1996 – 11 U 111/95, RdL 1996, 123 = AgrarR 1996, 265 = JE IX Nr. 101). Sofern ein Vorbescheid noch während des laufenden Klageverfahrens ergeht, kann die Unzulässigkeit der Klage bis zum Termin zur mündlichen Verhandlung damit geheilt werden (LG Osnabrück Urt. v. 10.1.1992 – 11 S 459/90, JE IX Nr. 90; LG Verden NdsRPfl. 1966, 16; Mitzschke/Schäfer Rn. 36; Leonhardt/Pießkalla Rn. 11). Widerklage und Klageerweiterung sind unter den gleichen Zulässigkeitserfordernissen möglich (vgl. Mitzschke/Schäfer Rn. 36). Sofern die Bestimmungen der Länder in bestimmten Fällen ein **Schiedsverfahren** vorschreiben sind die Regelungen des BJagdG oder entsprechender Länderrechtlicher Vorschriften lex specialis. Ein Schiedsverfahren ist deshalb neben oder zusätzlich zu einem Vorverfahren kein Zulässigkeitserfordernis (so auch AG Freiburg Urt. v. 9.9.2011 – 53 C 259/11, BeckRS 2012, 6298 = JE IX Nr. 196). Für die Geltendmachung entstandener Zinsen ist nicht Prozessvoraussetzung (BGH Urt. v. 8.5.2020 – III ZR 138/19, NJW-RR 2020, 970 = JE IX Nr. 277).

b) Klagefrist. Sofern die Länder eine Klagefrist bestimmt haben, handelt 41
es sich um eine **Notfrist.** Die Frist kann weder durch Parteivereinbarung noch von Amts wegen verlängert werden. Die Klagefrist ist demnach nur gewahrt, wenn sie innerhalb der vorgesehenen Frist bei Gericht eingeht und demnächst zugestellt wird (§ 496 Abs. 3 ZPO). Hierzu gehört, dass der Gerichtkostenvorschuss rechtzeitig eingezahlt wurde. Bei Fristversäumnis kann Wiedereinsetzung in den vorherigen Stand nach Maßgabe des § 233 ZPO beantragt werden. Auf ein Verschulden der Rechtschutzversicherung kann sich der Kläger nicht berufen (AG St. Goar Urt. v. 9.1.2014 – 32 C 162/13, JE IX Nr. 218). Soweit in Rheinland-Pfalz eine Klagefrist gegen den Vorbescheid vorgesehen ist, bezieht sich diese Frist nicht auf die Entscheidung die Durchführung des Vorverfahrens nicht zuzulassen, weil der Begriff des Vorbescheides in § 43 Abs. 2 definiert ist als „… eine… vollstreckbare Entscheidung“. Zudem wird in S. 3 die Klage abweichend von S. 2 – der die Klagefrist bestimmt – zugelassen bei Ablehnung der Durchführung des Vorverfahrens oder bei Nichtbescheidung innerhalb angemessener Frist. Ansonsten wird man die Ablehnung der Durchführung des Vorverfahrens als einen Vorbescheid, jedenfalls als einen Akt der Beendigung des Vorverfahrens, ansehen müssen, ab dessen förmlicher Zustellung die Klagefrist läuft. Für eine

Klage, die sich auf die Untätigkeit der Behörde stützt, ist keine Klagefrist einzuhalten. Soweit ein Vorbescheid keine – nach Landesrecht ausdrücklich vorgesehene – **Rechtsmittelbelehrung** enthält, läuft die Klagefrist dennoch – unter Aufgabe der anders geäußerten Auffassung in der → 2. Aufl. 2015 (BGH Urt. v. 6.6.2013 – III ZR 360/12, BeckRS 2013, 10652 = RdL 2013, 270 f.; OLG Brandenburg JE XI Nr. 135; Weber/Gaida, Wild- und Jagdschaden, Handbuch für das jagdrechtliche Vorverfahren im Lande Hessen, 2010, Rn. 77; Lippe, Jagdrecht in Brandenburg, 2. Aufl. 2004, BbgLJagdG § 47 Rn. 1; aA AG Brakel Urt. 18.12.1981 – 7 C 371/81, JE IX Nr. 34; AG Siegburg Urt. v. 24.9.2010 – 111 C 150/08, BeckRS 2010, 25047 = JE IX Nr. 188; Müller-Schallenberg/Knemeyer, Jagdrecht in NRW, 6. Aufl. 2010, Rn. 503; Kopp/Tausch/Boettcher HJagdG § 37 Rn. 7; Meixner HJagdG § 36 Rn. 9), Eine analoge Anwendung von § 58 VwGO scheidet schon deshalb aus (BGH Urt. v. 6.6.2013 – III ZR 360/12, BeckRS 2013, 10652 = JE IX Nr. 211), weil der Vorbescheid kein Verwaltungsakt ist, sondern eine Art zivilrechtlich vorgeschaltetes Schlichtungsverfahren, bei dem lediglich landesrechtlich eine Behörde das Verfahren zu betreiben hat (→ Rn. 40). Somit gilt auch die Zustellungsfiktion des § 41 VwVfG nicht (LG Potsdam Urt. v. 31.1.2020 – 1 S 25/19, BeckRS 2020, 16823). Für eine **Widerklage** gilt das Fristerfordernis ebenfalls, sofern es sich um eine Wild- oder Jagdschadenssache handelt. Geht sie nicht innerhalb der gesetzlichen Frist ein, ist sie als unzulässig abzuweisen. Gleiches gilt für eine **Klageerweiterung.** Klagen beide Beteiligte, sind die Klagen miteinander zu verbinden. Sieht das Landesrecht keine Klagefrist vor, kann ein Zuwarten mit der Klage über Jahresfrist hinaus zur Verwirkung führen. Eine Klagefrist läuft nicht bei Abschluss einer gütlichen Einigung, da der Anspruch rein vertraglicher Natur ist (AG Zehdenick Urt. v. 19.9.2019 – 62 C 158/18, BeckRS 2019, 51916 = JE IX Nr. 276).

42 **c) Klageschrift.** Die Klageschrift muss den Vorgaben des § 253 ZPO entsprechen (LG Neuruppin Urt. v. 13.5.2020 – 4 S 167/19, BeckRS 2020, 34949 = JE IX Nr. 276; LG Hildesheim Urt. v. 2.9.1992 – 7 S 161/92, RdL 1992, 266 = JE IX Nr. 93). Sie richtet sich gegen den Geschädigten (Ersatzberechtigten), wenn dem Vorbescheid ganz oder teilweise entsprochen wurde oder gegen den (Ersatz-)Verpflichteten, wenn der Anspruch ganz oder teilweise abgelehnt wurde. Die Klage ist nicht gegen die Behörde zu richten, selbst wenn diese zu Unrecht das Verfahren nicht durchgeführt hat, das Vorverfahren ablehnt oder verzögert. Eine unvollständige Klage ist als unzulässig zurückzuweisen. Der Klagegrund muss aus der Klage ersichtlich sein, insbesondere ist eine Bezugnahme auf das Vorverfahren zur Darstellung oder zur Bezeichnung der Parteien unzulässig (LG Koblenz Urt. v. 9.1.1981 – 14 S 115/80, JE IX Nr. 33). Der im Vorbescheid Verpflichtete kann seine Klage schlüssig darauf stützen, er habe den Schaden nicht zu tragen, während der Berechtigte zum Grund und der Höhe substantiierten Sachvortrag zu leisten hat.

43 **d) Klageantrag.** Der Klageantrag ist in den meisten Ländern zwar vorgegeben, entfaltet für die Parteien aber keine Bindungswirkung. Er richtet sich aber zwingend auf Zahlung eines über den im Vorbescheid festgesetzten Mehrbetrages oder auf die Aufhebung/Teilaufhebung des Vorbescheides insgesamt bzw. in Höhe eines zu beziffernden Teilbetrages. Möglich ist es die Klage gegen den Bescheid und auf eine anderweitige Entscheidung über den

Anspruch zu richten (s. § 29b Abs. 2 S. 1 Nr. 2 AV BayJG). Dies ist ein zulässiger zweistufiger, aber einheitlicher Klageantrag (BGH Urt. v. 7.1.2021 – III ZR 127/19, NJW-RR 2021, 446 = JE IX Nr. 289). Eine Feststellungsklage ist unzulässig, da auch die Klage gegen einen Vorbescheid eine **Leistungsklage** als Unterart der Vollstreckungsabwehrklage ist (AG St. Goar Urt. v. 12.12.2013 – 31 C 167/13, JE IX Nr. 219). Eine **negative Feststellungsklage** ist in dem Fall zulässig, indem ein Vorbescheid nach baden-württembergischem Landesrecht (§ 19 Abs. 3 BWLJagdG DVO) erging, der Kläger dem Bescheid aber rechtzeitig widersprochen hatte (§ 23 BWLJagdG DVO), der Geschädigte aber trotz Aufforderung nicht erklärte, aus dem Vorbescheid keine Rechte herzuleiten (auch wenn die Klagefrist des Geschädigten verstrichen ist, AG Kenzingen Urt. v. 1.4.2014 – 1 C 21/14, BeckRS 2014, 126094). Ergeht ein Vorbescheid nicht, weil dies Landesrechtlich nicht vorgesehen ist, weil die Durchführung des Vorverfahrens verweigert oder verzögert wurde, richtet sich die Klage auf Zahlung eines Betrages gegen den Ersatzpflichtigen. Soweit das Landesrecht bestimmt, dass über die **Kosten des Vorverfahrens** mit dem Urteil zu entscheiden ist, haben die Gerichte dies von Amts wegen zu berücksichtigen. Ansonsten ist zu beantragen, die Kosten des Vorverfahrens dem Klagegegner insgesamt oder teilweise aufzuerlegen. Ist landesrechtlich hierzu nichts ausgeführt (zB Rheinland-Pfalz) kann das Gericht nur auf Erstattung der Kosten oder Freistellung von den Kosten ganz oder teilweise geklagt werden. Wird beantragt, den Vorbescheid aufzuheben, sollte klargestellt werden, dass dies auch die Kostenentscheidung beinhaltet und insoweit auf Erstattung geklagt werden, wenn das Landesrecht keine unmittelbare Korrektur der Kostenentscheidung kennt. Problematisch ist, dass bei Aufhebung des Vorbescheides keine Kostenregelung mehr rechtswirksam ist, sodass die Behörde keinen Kostenschuldner mehr hat. Zu einer Änderung ist sie aber auch dann nicht befugt, wenn das Gericht den Vorbescheid aufgehoben hat. Zulässig ist es deshalb in solchen Fällen, auch die Klage auch auf Erstattung der Kosten als materiellen Schadensersatzanspruch zu richten und zu beziffern. Der Erstattungsanspruch der Verfahrenskosten des Vorbescheides ist Teil des Schadensersatzanspruches als materiell-rechtlicher Kostenerstattungsanspruch (LG Heilbronn Urt. v. 15.2.2012 – 1 S 52/11 Bn, JE IX Nr. 204). Ergeht zB ein Vorbescheid auf Zahlung von 1.000 Euro und Zahlung der gesamten Verfahrenskosten in Höhe von 100 Euro, so ist bei einer Klage, die den Vorbescheid nur in Höhe von 50 % akzeptiert, zu beantragen, den Vorbescheid aufzuheben, soweit er den Kläger verpflichtet, einen Betrag von über 500 Euro zu leisten und den Beklagten darüber hinaus zu verurteilen, dem Kläger 50 Euro anteilige Verfahrenskosten (nebst Zinsen) zu bezahlen. Dies ist dann notwendig, wenn die Kosten bereits gezahlt wurden. Ansonsten kann beantragt werden, den Beklagten zu verurteilen, den Kläger von der Kostenverpflichtung gegenüber der Behörde freizustellen. Eine Erstattungsverpflichtung der Kosten der Beteiligten im Vorverfahren kennt das Gesetz nicht (sind landesrechtlich meist konkret ausgeschlossen), sodass es nicht zulässig ist dies im Klageverfahren zu beantragen bzw. von Seiten des Gerichtes eine solche Erstattungsverpflichtung auszusprechen. Somit entfällt für das Vorverfahren auch die Möglichkeit einer anteiligen Kostenerstattung von (außergerichtlichen) **Rechtsanwaltsgebühren,** da das Vorverfahren ausdrücklich eine Erstattung der Kosten der Beteiligten ausschließt. Eine Klage auf Erstattung dieser anteiligen, außergerichtlichen Rechtsanwaltsgebühren ist deshalb nicht möglich (vgl. beispielhaft § 47

Abs. 3 RPLJVO). Bei dem Vorverfahren handelt es sich um ein selbstständiges Verfahren iSd § 17 RVG, bei dem eine Anrechnung der Gebühren iSd Vorbemerkung 3 Abs. 4 zu VV 3100 RVG oder VV 3103 RVG entfällt.

44 **e) Gerichtliches Verfahren und Urteil.** Das Gericht muss von Amts wegen die Durchführung des Vorverfahrens als notwendige Voraussetzung (AG Siegburg Urt. v. 16.6.2016 – 101 C 214/15, BeckRS 2016, 112202 = JE IX Nr. 254) und die Rechtzeitigkeit der **Schadensanmeldung** prüfen (allgemeine Meinung, zB OLG Hamm Urt. v. 7.2.1996 – 11 U 111/95, RdL 1996, 123 = AgrarR 1996, 265 = JE IX Nr. 101). Fehlen hierzu Angaben liegt keine schlüssige Forderungsbegründung vor (missverständlich Mitzschke/Schäfer Rn. 41 unter Verweis auf PrOVGE 88, 347, der die Anmeldung als rechtzeitig durch den (hier aber ohnehin bestandskräftigen) Vorbescheid festgestellt sieht). Das Berufen auf Verfristung erst im Prozess ist daher auch nicht rechtsmissbräuchlich, da die fristgerechte Anmeldung zur Schlüssigkeit des Vorbringens gehört (AG Monschau Urt. v. 10.12.2020 – 1 C 44/20, BeckRS 2020, 52896 = JE IX Nr. 283). Für den Fall, dass der Ersatzberechtigte einen Mehrbetrag verlangt, kann nicht von Amts wegen des bestandskräftigen Teils des Vorbescheides durch das Gericht aufgehoben werden. Ergibt sich bereits aus der Anmeldung und den Ausführungen des Ersatzberechtigten die Verspätung der Anmeldung, bedarf es keiner weiteren Sachprüfung mehr. Ansonsten muss im Zweifel Beweis erhoben werden. Darlegungs- und beweispflichtig für das Vorhandenseins eines Wildschadens überhaupt (ersatzpflichtige Wildart hierzu LG Baden-Baden Urt. v. 5.2.2016 – 4 S 14/15, BeckRS 2016, 128843 = JE IX Nr. 252), der Nutzungsberechtigung (s. AG Bingen Urt. v. 14.8.2015 – 21 C 56/15, BeckRS 2015, 131035 = JE IX Nr. 242) und der Einhaltung der Anmeldefristen ist der Ersatzberechtigte. Fehlt es an einem entsprechenden umfänglichen Sachvortrag, der die Ersatzberechtigung (LG Koblenz Urt. v. 26.6.2018 – 6 S 361/17, BeckRS 2018, 48856 = JE IX Nr. 264; AG Bingen Urt. v. 14.8.2015 – 21 C 56/15, BeckRS 2015, 131035 = JE IX Nr. 242), Art, Umfang und Entstehung des Schadens sowie des Zeitpunkts der Kenntnis von demselben und der Prüfungszeiträume vor Kenntniserlangung (LG Trier Urt. v. 27.8.2014 – 1 S 47/14, BeckRS 2014, 123084 = JE IX Nr. 245) nicht enthält, ist die Klage nicht schlüssig (vgl. LG Osnabrück Urt. v. 10.1.1992 – 11 S 459/90, JE IX Nr. 90; Urt. v. 17.7.1992 – 11 S 4135/92, JE IX Nr. 91; AG Schwedt/Oder Urt. v. 8.9.2003 – 3 C 45/02, JE IX Nr. 140; AG Bad Neustadt a. d. Saale Urt. v. 5.10.2001 – 1 C 109/2001, JE IX Nr. 123; AG Daun Urt. v. 23.12.1998 – 3 C 603/98, BeckRS 1998, 31209593 = JE IX Nr. 110; AG Koblenz Urt. v. 30.7.1986 – 43 C 320/86, JE IX Nr. 69). Nicht zum Schadensersatz im Verhältnis zu Geschädigten verpflichtet ist der Jagderlaubnisscheininhaber, auch wenn er im Innenverhältnis zum Jagdpächter diesem gegenüber haftet (AG Neuburg a. d. Donau Urt. v. 10.5.2017 – 2 C 66/17, BeckRS 2017, 159657 = JE IX Nr. 261).Vermischen sich Alt- und Neuschäden, die teilweise verspätet angemeldet wurden, bedarf es einer substantiierten Darlegung des Geschädigten, wie groß die fristgerecht angemeldeten Schäden sind (AG Oberburg a. M. Urt. v. 16.9.2020 – 14 C 57/19, BeckRS 2020, 45707 = JE IX Nr. 279; AG Schleiden Urt. v. 16.12.2020 – 20 C 30/20, BeckRS 2020, 45709 = JE IX Nr. 280) und eines entsprechenden konkreten Beweisangebotes (allgemeine Rspr.: AG Daun Urt. v. 28.2.2007 – 3 C 624/06, BeckRS 2007, 142782 = JE IX Nr. 160; AG Kusel Urt. v. 1.6.2006 – 1

C 461/05, BeckRS 2006, 17108 = JE IX Nr. 159). Vermutungen des Wildschadenschätzers sind hierzu nicht geeignet (AG Bernkastel-Kues Urt. v. 28.4.2005 – 4 C 711/04, JE IX Nr. 152). Die Schadensschätzung ist nicht verwertbar, wenn nicht genügend Anhaltspunkte für den Schaden bestehen (LG Aschaffenburg Urt. v. 20.9.2012 – 22 S 164/11, JE IX Nr. 282). Das Gericht ist im Übrigen an die Feststellungen in dem Vorverfahren nicht gebunden, auch nicht an das Ergebnis des Schätzgutachtens. Vielmehr muss das Gericht eine eigene Sachaufklärung betreiben. Wird demnach das Ergebnis der Schätzung von einem Beteiligten nicht anerkannt, muss Beweis erhoben werden. So ist ein Rückgriff auf Durchschnittserträge der Vergangenheit keine substanziierte Schadensdarlegung (AG Lörrach Urt. v. 13.11.2015 – 4 C 475/15, BeckRS 2015, 123672 = JE IX Nr. 249). Das Gericht kann den Vorbescheid ganz oder teilweise ändern oder aufheben (Der Urteilstenor lautet: „Der Vorbescheid der …-verwaltung vom … wird aufgehoben/In Abänderung des Vorbescheides der …-behörde vom … zahlt der Kläger/Beklagte an den Beklagten/Kläger … Euro nebst Zinsen …"). Eine Aufhebung eines bestandskräftigen Vorbescheides und Zusammenfassung zu einem einheitlichen Tenor bei einem Mehrverlangen über den durch Vorbescheid festgestellten Teil ist nicht möglich, da der nicht angefochtene Teil des Vorbescheids bestandskräftig ist (vgl. AG Schlüchtern Urt. v. 1.7.2002 – C 590/01, JE IX Nr. 131). Hier müsste das Urteil lauten: Über den bestandskräftigen Vorbescheid hinaus wird der Beklagte verurteilt ….Die Vollstreckbarkeit des Urteils richtet sich nach den allgemeinen Vorschriften (§ 708 Nr. 11 ZPO, §§ 709, 711, 713 ZPO). Soweit das Gericht über die Kosten des Vorverfahrens (Landesrecht beachten!) mitzuentscheiden hat muss der Tenor sich auf die reinen Verfahrenskosten beziehen (Beispiel: Die Kosten des gerichtlichen Verfahrens trägt der Kläger zu 40 %, der Beklagte zu 60 %. Von den Kosten des Feststellungsverfahrens trägt der Kläger 40 %, der Beklagte 60 %; eine Erstattung der Kosten der Beteiligten im Feststellungsverfahren findet nicht statt. Da die Verfahrenskosten im Vorbescheid letztendlich ausgewiesen sind, kann der Tenor auch lauten: von den Kosten des Vorverfahrens trägt der Kläger … Euro, der Beklagte … Euro).

f) Besonderheiten bei Beteiligung eines Ersatzverpflichteten gemäß 45
§ 6a Abs. 6. Der aus ethischen Gründen die Jagdausübung auf seinem Grundbesitz ablehnende Grundeigentümer ist weder Jagdgenosse, noch Jagdpächter nach § 29. Somit ist zu klären, ob er in einem Vorverfahren und einem gerichtlichen Verfahren unmittelbar in Anspruch zu nehmen ist, ggf., neben den gem. § 29 Verpflichteten. § 6a ist unmittelbare Anspruchsgrundlage gegen den Eigentümer, sodass es betr. seiner Haftung nicht darauf ankommt, ob die Jagdgenossenschaft oder ein Jagdpächter haftet. Grund für die – anteilige – Haftung ist der Umstand, dass der Eigentümer durch die von ihm nicht eingeräumte Bejagung seines Grundstückes eine Mitursache für den Wildschaden setzt. Der Gesetzgeber hat ihm aber keine generelle Haftung aufgebürdet, sondern eine solche, die im Verhältnis seiner Fläche zu der Gesamtfläche des Jagdbezirkes steht. Der Eigentümer haftet deshalb auch dann im Rahmen der dadurch vorgegebenen Quote, wenn die Gefahr eines Wildschadens alleine von seinem unbejagbaren Grundbesitz ausgeht. Ist deshalb die Fläche die einzige Rückzugsmöglichkeit für zB Wildschweine oder Kaninchen trifft ihn deshalb keine höhere Haftungsquote (wenngleich man sich fragen muss, ob in einem solchen Fall dem Befriedungsbegehren über-

haupt stattgegeben werden konnte), ebenso die Quote nicht deshalb sinkt, weil nur wenige der schadensverursachenden Tiere des Gelände besuchen (zu den Gründen BT-Drs. 17/12046, 10 zu Abs. 6). Ungeachtet der Frage, ob die Beteiligten als Gesamtschuldner iSv § 840 BGB haften oder entsprechend ihrer Quote, der Eigentümer nach § 6a nur dem nach § 29 Verpflichteten haftet sind die Regelungen des Wildschadensrechtes der §§ 29 ff. auch auf die Haftung nach § 6a anzuwenden. Die Möglichkeiten der außergerichtlichen Aufklärung der Schadensursache durch bestimmte Wildarten iSv § 29 gilt auch für den Eigentümer nach § 6a. Er haftet nur für Wildschäden iSv §§ 29 ff. Er hat die gleichen Einwendungsmöglichkeiten (verspätete Anmeldung etc), sodass er dieselben im Verfahren nach § 35 auch geltend machen kann und muss. Dies unterscheidet ihn von iSv § 840 BGB mithaftenden Tierhaltern. Einen Verweis auf eine spätere Auseinandersetzung mit dem nach § 29 Verpflichteten nimmt dem Eigentümer nach § 6a nicht die Möglichkeiten bereits im Vorverfahren – dass eine Streitverkündung nicht kennt – zu intervenieren. Er ist also am Vorverfahren zu beteiligen, sonst stehen ihm die alle Einwendungen gegen den festgestellten Wildschadensbescheid zu. Kommt es zu einem Klageverfahren ist ihm der Streit zu verkünden, sofern er nicht als Streithelfer dem Rechtstreit beitritt. Mangels konkreter Einbeziehung des Eigentümers nach § 6a in § 29 haftet er nur im Wege der internen Auseinandersetzung mit dem nach § 29 Verpflichteten (so auch Asam/Konrad/Schäfer RhPfLJG § 39 Rn. 6.1.2). Dies ist vor dem Hintergrund unglücklich, weil damit der nach § 29 Verpflichtete das Risiko des Ursprungverfahrens incl. deren Kosten, als auch das Ausfallrisiko des Eigentümers nach § 6a trägt. Lehnt der Eigentümer des befriedeten Teiles den Wildschadensersatzanspruch ab und würde ihn aber der Jagdpächter übernehmen wollen, ist Teil des Schadens auch der Kostenerstattungsanspruch.

VIII. Abschnitt. Inverkehrbringen und Schutz von Wild

§ 36 Ermächtigungen

(1) Das Bundesministerium wird ermächtigt, durch Rechtsverordnung mit Zustimmung des Bundesrates, soweit dies aus Gründen der Hege, zur Bekämpfung von Wilderei und Wildhehlerei, aus wissenschaftlichen Gründen oder zur Verhütung von Gesundheitsschäden durch Fallwild erforderlich ist, Vorschriften zu erlassen über

1. die Anwendung von Ursprungszeichen bei der Verbringung von erlegtem Schalenwild aus dem Erlegungsbezirk und der Verbringung von erlegtem Schalenwild in den Geltungsbereich dieses Gesetzes,
2. den Besitz von
   a) Wild, das nach den Rechtsakten der Europäischen Gemeinschaft oder der Europäischen Union aus Gründen des Erhalts der Arten streng oder besonders geschützt oder von den Mitgliedsstaaten der Europäischen Union zu schützen ist, oder
   b) sonstigem Wild,

2a. den gewerbsmäßigen Ankauf, Verkauf oder Tausch von
   a) Wild, das nach Rechtsakten der Europäischen Gemeinschaft oder der Europäischen Union aus Gründen des Erhalts der Arten streng oder besonders geschützt oder von den Mitgliedsstaaten der Europäischen Union zu schützen ist, oder
   b) sonstigem Wild,

2b. den sonstigen Erwerb, die Ausübung der tatsächlichen Gewalt oder das sonstige Verwenden, die Abgabe, das Anbieten zum Verkauf oder den Tausch, die Zucht, die Beförderung, das Veräußern oder das sonstige Inverkehrbringen von Wild,

3. die Ein-, Durch- und Ausfuhr sowie das sonstige Verbringen von Wild in den, durch den und aus dem Geltungsbereich dieses Gesetzes,
4. die Verpflichtung zur Führung von Wildhandelsbüchern,
5. das Kennzeichen von Wild.

(2) Die Länder erlassen insbesondere Vorschriften über

1. die behördliche Überwachung des gewerbsmäßigen Ankaufs, Verkaufs und Tausches sowie der gewerbsmäßigen Verarbeitung von Wildbret und die behördliche Überwachung der Wildhandelsbücher,
2. das Aufnehmen, die Pflege und die Aufzucht verletzten oder kranken Wildes und dessen Verbleib.

(3) Die Vorschriften nach Absatz 1 Nummer 2, 2a, 2b und 3 und Absatz 2 Nr. 2 können sich auch auf Eier oder sonstige Entwicklungsformen des Wildes, auf totes Wild, auf Teile des Wildes sowie auf die Nester und die aus Wild gewonnenen Erzeugnisse erstrecken.

(4) [1]Rechtsverordnungen nach Absatz 1 Nr. 1 bedürfen des Einvernehmens mit dem Bundesministerium für Wirtschaft und Energie; Rechtsverordnungen nach Absatz 1 Nr. 3 bedürfen des Einvernehmens mit dem Bundesministerium der Finanzen. [2]Rechtsverordnungen nach Absatz 1 Nr. 2 bis 5 bedürfen, soweit sie Rechtsakte der Europäischen Gemeinschaft oder der europäischen Union auf dem Gebiet des Artenschutzes oder Verpflichtungen aus internationalen Artenschutzübereinkommen

zu beachten haben, des Einvernehmens mit dem Bundesministerium für Umwelt, Naturschutz und nukleare Sicherheit.

(5) [1] **Das Bundesministerium der Finanzen und die von ihm bestimmten Zollstellen wirken bei der Ein-, Durch- und Ausfuhr sowie bei dem sonstigen Verbringen von Wild mit.** [2] **Das Bundesministerium der Finanzen regelt im Einvernehmen mit dem Bundesministerium durch Rechtsverordnung ohne Zustimmung des Bundesrates die Einzelheiten des Verfahrens nach Satz 1; er kann dabei insbesondere Pflichten zu Anzeigen, Anmeldungen, Auskünften und zur Leistung von Hilfsdiensten sowie zur Duldung von Besichtigungen und von Entnahmen unentgeltlicher Muster und Proben vorsehen.** [3] **Das Bundesministerium gibt im Einvernehmen mit dem Bundesministerium der Finanzen im Bundesanzeiger die Zollstellen bekannt, bei denen Wild zur Ein-, Durch- und Ausfuhr sowie zum sonstigen Verbringen abgefertigt wird, wenn die Ein-, Durch- und Ausfuhr sowie das sonstige Verbringen durch Rechtsverordnung nach Absatz 1 Nr. 3 geregelt ist.**

I. Rechtsentwicklung

1 § 36 wurde zuletzt durch VO vom 19.6.2020 (BGBl. 2020 I 1328) mit Wirkung vom 27.6.2020 geändert. Der Schutz des Wildes im Sinne eines Tier- und Artenschutzes hatte seinen Ursprung bereits in § 51 RJG und § 51 AV-RJG in Form einer reichseinheitlichen Wildverkehrsordnung vom 21.3.1936 (RGBl. 1936 I 259). Mit § 36 BJagdG von 1953 wurde wiederum der Versuch einer (bundes-) einheitlichen Regelung unternommen. Aus verfassungsrechtlichen Bedenken heraus wurde zunächst auf eine Bundes-Rechtsverordnung aber verzichtet. In Baden-Württemberg, Bayern, Hessen und Rheinland-Pfalz wurden deshalb bis 1953 eigene Wildverkehrsvorschriften erlassen. Mit der Novellierung des BJagdG 1961 wurde durch Neufassung des § 36 die Regelungskompetenz allein den Ländern überlassen. Lediglich die Ziele, Zweck und Inhalt der Wildverkehrskontrolle wurden umschrieben. Die Länder haben daraufhin zum Teil stark voneinander abweichende Regelungen gefunden. Erst mit der Reformierung des BJagdG 1976 erfolgte eine grundlegende Ermächtigung des Erlasses von Verordnungen durch den Bundesminister zum Zweck einer einheitlichen Regelung (Abs. 1) und der Länder gem. Abs. 2. Aufgrund der Vogelschutz-RL (→ Einl. Rn. 10c ff.) und dem Übereinkommen vom 19.9.1979 zur Erhaltung der europäischen wildlebenden Pflanzen und Tiere und ihrer natürlichen Lebensräume (BernK) verpflichtete sich der Bund, Regelungen zum Schutz des Wildes durch Besitz- und Verkehrsverbote sowie Aufzeichnungs-, Kennzeichen- und Nachweispflichten zu erlassen. Am 25.10.1985 erging die BWildSchV (BGBl. 1985 I 2040). Mit § 8 S. 2 BWildSchV wurden entsprechende Verordnungen der Länder aufgehoben. Zuvor wurde gem. §§ 20 ff. BNatSchG die BArtSchV vom 19.12.1986 erlassen, die sich aber ausdrücklich nicht auf die dem Jagdrecht unterliegenden Arten bezieht (§ 3 Abs. 1 BArtSchV). Dennoch war auch vor dem Hintergrund der lediglich gegebenen Rahmenkompetenz des Bundes streitig, ob der Bund zum Erlass dermaßen weitgehender Regelungen befugt war (so Meyer-Ravenstein RdL 1987, 283; Sojka MDR 1988, 635 betreffend der Falknerei; für die Kompetenz zum Erlass der BWildSchV OVG Münster Urt. v. 2.4.1990 – 7 A 1581/89, RdL 1993, 40). Für die Länder besteht nach der Reform des GG und der jetzt

bestehenden konkurrierenden Gesetzgebung die Möglichkeit, von § 36 abweichende Bestimmungen zu erlassen. Die Länder – auch Rheinland-Pfalz – haben hiervon bisher keinen Gebrauch gemacht. Sie haben aber durch konkrete Bestimmungen zum Schutz der bejagbaren Tiere Regelungen gefunden. So zB Rheinland-Pfalz und Baden-Württemberg zum Schutz kranker Wildtiere. So ist der Schwan in Rheinland-Pfalz über § 36 iVm länderrechtlichen Vorschriften durch das Jagdrecht als speziellere Norm geschützt. Denn die Länder sind gem. § 36 Abs. 2 Nr. 2 ermächtigt, Vorschriften über das Aufnehmen, die Pflege und die Aufzucht verletzten oder kranken Wildes und dessen Verbleib zu erlassen. Davon hat zB Rheinland-Pfalz mit der Regelung besonderer Ablieferungs- und Anzeigepflichten in § 5 **RhPfLJG** und insbesondere mit der Sonderregelung des § 34 Abs. 3 und Abs. 4 **RhPfLJG** über das Auffinden von krankem oder verletztem Wild Gebrauch gemacht. Da es sich bei dem Höckerschwan gem. § 2 Abs. 1 Nr. 2 um eine dem Jagdrecht unterliegende Tierart und damit gemäß der Legaldefinition des § 1 Abs. 1 S. 1 um „Wild" handelt, greift der Vorbehalt zu Gunsten jagdrechtlicher Vorschriften hier ein (OVG Koblenz Urt. v. 6.11.2014 – 8 A 10469/14.OVG, BeckRS 2014, 58496 = JE VI Nr. 69). Deshalb ergibt sich keine Rechtfertigung des Einfangens von Schwänen aus dem Gesundpflegeprivileg des § 45 Abs. 5, vielmehr greifen die besonderen jagdrechtlichen Vorschriften in Bezug auf die Besitzerlangung an Wild und des Umgangs mit aufgefundenem krankem Wild. Nachdem das Europäische Parlament und der Rat der EU am 19.11.2008 die RL 2008/99/EG über den strafrechtlichen Schutz der Umwelt beschlossen hatten, wurden auch einige bundesrechtliche Regelungen angepasst. Hierzu gehören §§ 19, 22, 36, 38 und § 39. § 38a wurde als neue Vorschrift eingeführt. § 36 enthält im Wesentlichen redaktionelle Änderungen, die im Hinblick auf die geänderte Rechtsgrundlage des EU-Rechts, aber auch der entsprechenden Änderungen weiterer Vorschriften – so das BNatSchG – erforderlich waren (zur Begründung BT-Drs. 17/7674). Hierzu auch zur Klarstellung die Anpassung von Abs. 3 in 2016.

II. Normzweck

Ziel der gesetzlichen Bestimmungen seit der Wildverkehrsordnung nach dem RJG war es unter anderem, die Wilderei und Wildhehlerei einzudämmen und Schonzeitvergehen leichter aufzudecken (Schandau/Drees Rn. 1). Mit der Anbringung von speziellen Kennzeichen (Wildursprungsmarken, Wildmarken) sollte eine wirksame Kontrolle ermöglicht werden. Zugleich sollen die Vorschriften dem Artenschutz und der damit verbundenen Wildhege dienen. Hierzu ist es erforderlich, Mechanismen zur gezielten Überwachung zu installieren. Ein bundeseinheitliches System soll hierbei einen flächendeckenden Schutz gewährleisten. Durch die Kompetenz der EU zum Artenschutz greift EU-Recht nunmehr auch unmittelbar in Regelungen des BJagdG ein. 2

III. Die Ermächtigungen im Einzelnen

Die Abs. 1 Nr. 1–5 ermächtigen das Bundesministerium (für Ernährung, Landwirtschaft und Forsten), konkrete Vorschriften zu erlassen, die sehr 3 weitreichend mit der Jagdausübung zu tun haben müssen (Hege) oder mit der Abwehr von Eingriffen in das Jagdrecht iSd § 292 StGB. Die Ermächtigung betrifft auch wissenschaftliche Vorhaben, soweit diese in irgendeiner Form bezogen sind auf die dem Jagdrecht unterliegenden Wildarten, sowie der Verhütung von Gesundheitsschäden durch Fallwild.

1. Abs. 1 Nr. 1

4 Die Anbringung von Ursprungszeichen bei der Verbringung aus dem Erlegungsbezirk macht faktisch nur Sinn im Zusammenhang mit der Führung von Wildhandelsbüchern (so schon Mitzschke/Schäfer Rn. 3). Soweit diese Regelung durch abweichende Bestimmungen der Länder bzw. im EU-Raum auch innerstaatlich teilweise aufgelöst wird, verliert sie ihre eigentliche Zielrichtung. Unter Erlegungsbezirk ist das konkrete Jagdrevier zu verstehen. Der Begriff des Erlegens ist zu eng gefasst, da die Verbringung tot aufgefundenen Wildes nicht darunter fällt. Durch Abs. 2 werden deshalb totes Wild, Eier und andere Entwicklungsformen, Teile und Erzeugnisse von Wild, auch Nester ausdrücklich einbezogen. Das Bundesministerium für Ernährung, Landwirtschaft und Forsten hat gem. Abs. 1 Nr. 2, 4 und 5 die BWildSchV erlassen (kommentiert im Anschluss an § 36, → BWildSchV § 1 Rn. 1 ff.). Die Länder sind befugt, Vorschriften über die behördliche Überwachung des gewerbsmäßigen Handels, aber auch der gewerbsmäßigen Verarbeitung und der Führung von Wildhandelsbüchern zu erlassen. Vorschriften nach Abs. 1 Nr. 3 sind nicht ergangen, da im fünften Abschnitt des BNatSchG iVm BArtSchV Ein- und Ausfuhrbestimmungen ergangen sind, die auch für Tiere gelten, die dem Jagdrecht unterliegen.

2. Abs. 1 Nr. 2

5 Abs. 1 Nr. 2 lit. a und b betrifft Regelungen, die im weitesten Sinne mit dem Besitz der Tiere zu tun haben, wobei Bezug jetzt unmittelbar zu EU-Recht hergestellt wird. Besitz- und Verkehrsverbote werden in der BWildSchV behandelt.

3. Abs. 1 Nr. 2 lit. a, b und Nr. 3

6 Die Ein- und Ausfuhr von Wild, aber auch Handel und Zucht sind insgesamt, also auch für jagdbare Tiere in der BArtSchV und Abschnitt 5 BNatSchG geregelt, so das ein enger Bezug all dieser Vorschriften zueinander besteht.

4. Abs. 1 Nr. 4 und Nr. 5

7 Der Bundesminister hat in der BWildSchV Regelungen über die Verpflichtung zur Führung von Wildhandelsbüchern erlassen (§§ 4 und 5 BWildSchV). Hinzu kommen Bestimmungen über die Kennzeichnung von Falken und Greifen (§ 3 BWildSchV). Die BArtSchV verfolgt in §§ 7–11 BArtSchV das gleiche Ziel.

IV. Vorschriften der Länder zu Abs. 2

Den Ländern ist mit Abs. 2 die Möglichkeit eingeräumt worden, auf den Gebieten des gewerbsmäßigen An- und Verkaufes, Tausches, der gewerbsmäßigen Verarbeitung von Wildbret und der behördlichen Überwachung der Wildhandelsbücher eigene Verordnungen zu erlassen. Hiervon wurde unterschiedlich Gebrauch gemacht. In folgenden Bundesländern wurde diese Kompetenz auf verschiedene Behörden übertragen, ohne dass spezifizierte Ausführungen folgten: § 70 Nr. 2 **JWMG;** Art. 48 **BayJG;** §§ 47, 48 **LJagdG Bln;** § 54 **BbgJagdG;** Art. 45 **BremLJagdG;** § 27 Nr. 8 **HmbJagdG;** § 43 Nr. 8 **HJagdG;** § 42 Abs. 1 **MVLJagdG;** § 45 **LJG-NRW;** § 51 Abs. 1 Nr. 7 **RhPfLJG;** § 44 **SJG;** § 35 Nr. 1 **SächsJagdG;** § 37 **LSALJagdG;** § 38 **SchlHLJagdG;** § 49 **ThJG.** 8

§ 36a [aufgehoben]

§ 36a, eingefügt am 29.9.1976, gültig ab 1.4.1977 bis zum 30.6.1990, wurde aufgehoben durch Art. 17 Nr. 7 Drittes Rechtsbereinigungsgesetz vom 28.6.1990 (BGBl. 1990 I 1221). 1

Die vorherige Fassung lautete: 2

Die Vorschriften des Gesetzes zur Gesamtreform des Lebensmittelrechts vom 15. August 1974 (BGBl. I S. 1945), geändert durch Art. 4 des Zweiten Gesetzes zur Änderung des Pflanzenschutzgesetzes vom 15. August 1975 (BGBl. I S. 2172), bleiben unberührt. Das gleiche gilt für die Vorschriften des Viehseuchengesetzes in der Fassung der Bekanntmachung vom 19. Dezember 1973 (BGBl. 1974 I S. 1), zuletzt geändert durch § 21 des Tierkörperbeseitigungsgesetzes vom 2. September 1975 (BGBl. I S. 2313), die Vorschriften des Fleischbeschaugesetzes in der Fassung der Bekanntmachung vom 29. Oktober 1940 (RGBl. I S. 1463), zuletzt geändert durch § 21 des Tierkörperbeseitigungsgesetzes, und die Vorschriften des Tierschutzgesetzes vom 24. Juli 1972 (BGBl. I S. 1277), geändert durch Artikel 37 des Zuständigkeitsanpassungs-Gesetzes vom 18. März 1975 (BGBl. I S. 705).

IX. Abschnitt. Jagdbeirat und Vereinigungen der Jäger

§ 37 [Jagdbeirat und Vereinigungen der Jäger]

(1) **In den Ländern sind Jagdbeiräte zu bilden, denen Vertreter der Landwirtschaft, der Forstwirtschaft, der Jagdgenossenschaften, der Jäger und des Naturschutzes angehören müssen.**

(2) **Die Länder können die Mitwirkung von Vereinigungen der Jäger für die Fälle vorsehen, in denen Jagdscheininhaber gegen die Grundsätze der Weidgerechtigkeit verstoßen (§ 1 Abs. 3).**

Ländervorschriften: § 59, 64 JWMG; Art. 49 Abs. 3 BayJG, Art. 50, 51 BayJG; § 49 LJagdG Bln; §§ 56, 57 BbgJagdG; Art. 38, 39, 40 BremLJagdG; §§ 28, 29 HmbJagdG; §§ 40, 41 HJagdG; §§ 37, 39, 40 MVLJagdG; §§ 38, 39, 40 NJagdG; §§ 51, 52 LJG-NRW; §§ 44, 45, 46 RhPfLJG; §§ 45, 48 SJG; § 34 SächsJagdG; §§ 40, 41, 42 LSALJagdG; §§ 34, 35, 36 SchlHLJagdG; §§ 51, 52, 53 ThJG.

Übersicht

I. Jagdbeiräte

Diese Bestimmung schreibt im Abs. 1 den Ländern zwingend die Bildung von Jagdbeiräten vor, dazu auch, welche Interessengruppen darin vertreten sein müssen. Alle weiteren Einzelheiten sind der **Regelungshoheit der Länder** überlassen, wobei die Länder seit der Föderalismusreform 2006 auch gänzlich abweichende Regelungen erlassen können. **1**

Der Aufgabenbereich der Jagdbeiräte ist im BJagdG nicht festgelegt. Auch diese Regelungen sind von den Ländern zu treffen. Die Beiräte bei den unteren Jagdbehörden haben eine **mitwirkende** Tätigkeit bei der Festsetzung der Abschusspläne iSd § 21 Abs. 2 S. 1, im Übrigen im Wesentlichen eine **beratende** Tätigkeit auszuführen. Die Mitglieder, die ehrenamtlich tätig sind, werden von der Behörde auf Vorschlag der jeweiligen Verbände für die Amtsperiode (in der Regel vier oder fünf Jahre) bestellt, ebenso die jeweiligen Vertreter. **2**

Die Länder können Regelungen treffen über die Zahl der Vertreter, über den Vorsitz (zweckmäßigerweise ein Jagdscheininhaber), über Aufgabenbereiche, über eine Geschäftsordnung und Ähnliches. Auch ist es den Ländern überlassen, auf welchen Verwaltungsebenen Jagdbeiräte gebildet werden. Einzelne Länder haben alle drei Ebenen besetzt indem bei jeder Jagdbehörde ein Jagdbeirat zu bilden ist, überwiegend gibt es Jagdbeiräte jedoch nur bei der obersten Jagdbehörde (**„Landesjagdbeirat“**) und bei den unteren Jagdbehörden. Zu den gemäß § 37 Abs. 1 vorgegebenen Vertretern können die Länder zusätzliche Gruppen berücksichtigen, wie Privatforstwirt- **3** schaft, Berufsjäger, Jagd- und Forstwissenschaft, Natur- und Tierschutz; auch der Jagdberater/Jägermeister kann Mitglied des Beirates sein.

4 Während der Jagdbeirat in rein beratender Funktion nur in größeren Abständen und nur bei wesentlichen Fragen in Anspruch genommen wird, ist der **Kreisjagdberater/Kreisjägermeister** (entsprechend Bezirks-) bzw. sein Stellvertreter als ständiger jagdfachlicher Berater in den meisten Entscheidungsangelegenheiten gefordert. Dies gilt umso mehr, als häufig der Leiter der Jagdbehörde und die Sachbearbeiter keine Jäger sind. Der Jagdberater ist idR Ehrenbeamter und wird für eine Amtsperiode – meist nach Anhörung des Jagdbeirates oder der Jägerschaft – entweder von Kreis oder der kreisfreien Stadt oder dem Jagdbeirat bestimmt oder von den Jagdscheininhabern gewählt (§ 46 Abs. 8 RhPfLSG, § 34 Abs. 4 SchlHLJagdG).

II. Vereinigung der Jäger

5 Abs. 2 wurde eingefügt bei der Änderung des BJagdG 1961 (→ Einl. Rn. 14). Bei der Erarbeitung des BJagdG wurde Wert darauf gelegt, die Organisation des Jagdwesens in die Hände der staatlichen Behörden zu legen (Harders, 2009, S. 99 ff.). Bei der Änderung des BJagdG 1961 war eine stärkere Einbeziehung der Jägerschaft jedoch ausdrücklich gewünscht (BT-Drs. 3/1025, 5 und 7), wobei die ursprünglich in § 36a des Entwurfs vorgesehene verpflichtende Schaffung einer Landesjägerschaft (auf freiwilliger Basis) dann lediglich als fakultative Möglichkeit in § 37 Abs. 2 eingeführt wurde (Harders, 2009, S. 209 ff.).

6 Die Vereinigungen der Jäger sind die **Zusammenschlüsse der Jagdscheininhaber** in den Bundesländern. Sie weisen zwar Elemente der funktionalen Selbstverwaltung auf, haben jedoch in der Regel die Rechtsform eingetragener Vereine (im Saarland ist die Vereinigung der Jäger des Saarlandes aus historischen Gründen eine Körperschaft des öffentlichen R) ohne Pflichtmitgliedschaft, die aber in unterschiedlichem Maße einbezogen werden (v. Massow, Die Jagdverbände in Deutschland als hybride Organisationen und ihre Einordnung im Dritten Sektor, 2018 – unveröffentlichte Masterarbeit, insbes. S. 129 f.). Jagdvereine in den unterschiedlichen Bezeichnungen (ua Jägervereinigung, Jagdclub, Jagdverein) sind lokale oder regional abgegrenzte Vereine (in der Regel ebenfalls eingetragen). Die Vereine auf Landesebene – „Landesjagdverband“ – bedürfen für ihre Mitwirkung in jagdlichen und rechtlichen Angelegenheiten der Anerkennung durch die jeweilige oberste Jagdbehörde des Landes, zum Teil werden sie dann als „Landesjägerschaft“ bezeichnet, wenn ihnen mehr als die Hälfte der Jagdscheininhaber des Landes angehört (Art. 40 BremJagdG, § 29 HmbJagdG, § 40 MVLJagdG, § 40 NdsJagdG, § 40 LSALJagdG, § 36 SchlHLJagdG). Während das BJagdG in § 37 Abs. 2 lediglich die Möglichkeit vorsieht, dass die Vereinigungen der Jäger in solchen Fällen mitwirken, in denen Jagdscheininhaber gegen die Grundsätze der Weidgerechtigkeit verstoßen haben, sind ihnen in den einzelnen Bundesländern teilweise unterschiedlich weitreichende Mitwirkungskompetenzen eingeräumt worden und den jagdlichen Organisation sind häufig auch hoheitliche Aufgaben als Beliehene übertragen worden (→ Rn. 8).

7 Die vorausgesetzte **Anerkennung** wird von unterschiedlichen Kriterien abhängig gemacht, so zB von dem Prozentsatz der als Mitglieder erfassten

Jagdscheininhaber (5 bis über 50 %) oder dass die Vereinigung aufgrund ihrer Mitgliederzahl, Organisationsform, Ausstattung und personellen Besetzung in der Lage ist, Aufgaben landesweit zu übernehmen (§ 41 Abs. 2 HJagdG). Eine solche Beschränkung ist verfassungskonform. Beispielsweise hat für Bayern der VGH München entschieden, dass die Regelung, die für eine Anerkennung die Mitgliedschaft von mehr als der Hälfte der in Bayern wohnhaften Inhaber von Jahresjagdscheinen verlangt (§ 32 Abs. 1 S. 1 Nr. 1 AVBayJG), nicht gegen die bayerische Verfassung verstößt (VGH München Beschl. v. 30.7.2020 – 19 ZB 19.552, BeckRS 2020/20656 = BayVBl. 2020.847).

Nach dem Landesrecht können ihnen Aufgaben aus dem Bereich des Jagdwesens als hoheitliche oder nicht hoheitliche Aufgaben zugewiesen werden. Solche zugewiesenen Aufgabenbereiche können sein: Aus- und Weiterbildung, Durchführung der Jäger- und Falknerprüfung, Ausbildung und Prüfung von Jagdaufsehern oder Jagdhunden sowie Unterhaltung von Lehrrevieren. In der Regel räumt die oberste Jagdbehörde eines Landes dem anerkannten Jagdverband weitreichende Mitwirkungs- bzw. Anhörungsmöglichkeiten in allen Bereichen des Jagdwesens ein. Finanzielle Unterstützung erfolgt durch Zahlungen aus der Jagdabgabe. Die Jagdverbände verfügen über ihren Bundesverband, den Deutschen Jagdverband e.V., über eine eigene Disziplinarordnung, die zwei Instanzen vorsieht; Sie gilt nur für Mitglieder. 8

III. Regelungen der Länder im Einzelnen

Die Landesjagdgesetze haben in Ausfüllung der Vorgaben des § 37 im Einzelnen folgende Regelungen getroffen: 9

§ 59 JWMG Landesbeirat Jagd und Wildtiermanagement

(1) **Zur Beratung der obersten Jagdbehörde wird ein Beirat gebildet.** 10

(2) [1] **Der Beirat besteht aus fünf Vertreterinnen oder Vertretern aus dem Kreis der anerkannten Vereinigungen der Jägerinnen und Jäger, je drei Vertreterinnen oder Vertretern der Landwirtschaft, der Forstwirtschaft sowie aus dem Kreis der anerkannten Naturschutzverbände mit Ausnahme der Vereinigungen der Jägerinnen und Jäger, je zwei Vertreterinnen oder Vertretern aus dem Kreis der Jagdgenossenschaften, der Gemeinden, der Tierschutzverbände, einer Vertreterin oder einem Vertreter der Veterinärverwaltung sowie je einer Vertreterin oder einem Vertreter der im Landtag vertretenen Fraktionen.** [2] **Vorsitzendes Mitglied des Beirats ist die Ministerin oder der Minister der obersten Jagdbehörde oder die zu ihrer oder seiner Vertretung bestimmte Person.** [3] **Die oberste Jagdbehörde beruft die Mitglieder des Beirats auf Vorschlag der jeweiligen Fachverbände.** [4] **Solange ein Fachverband nicht besteht oder wenn kein Vorschlag eingeht, werden die Mitglieder von der obersten Jagdbehörde in entsprechender Zusammensetzung ausgewählt.** [5] **Für jedes Mitglied ist ein stellvertretendes Mitglied zu bestimmen.** [6] **Der Vorschlag der Fachverbände und die Berufung der Mitglieder sowie der stellvertretenden Mitglieder sollen Frauen zur Hälfte berücksichtigen.**

(3) [1] **Der Beirat ist in allen Fragen von grundsätzlicher und allgemeiner Bedeutung sowie in allen wichtigen Einzelfragen zu hören.** [2] **Er ist ferner einzuberufen, wenn die Mehrheit der Mitglieder dies beantragt.**

(4) [1] **Die Mitglieder des Beirats sind ehrenamtlich tätig; sie werden auf die Dauer von sechs Jahren berufen.** [2] **Abberufung aus wichtigem Grund ist zulässig.** [3] **Den Aufwand, der ihnen bei der Ausübung ihrer Aufgaben entsteht, trägt das Land.**

§ 64 JWMG Anerkennung von Vereinigungen, Übertragung von Aufgaben

11 (1) **Die oberste Jagdbehörde erkennt eine landesweit organisierte Vereinigung der Jägerinnen und Jäger auf Antrag an, wenn sie**

1. **nach ihrer Satzung vorwiegend das Jagdwesen, den Tier- und Naturschutz sowie die Ziele dieses Gesetzes fördert,**
2. **nach § 5 Absatz 1 Nummer 9 des Körperschaftsteuergesetzes von der Körperschaftsteuer befreit ist, weil sie gemeinnützige Zwecke verfolgt,**
3. **die Gewähr für eine sachgerechte, rechtmäßige und satzungsgemäße Tätigkeit bietet, wobei Art und Umfang ihrer bisherigen Tätigkeit, der Mitgliederkreis sowie ihre Leistungsfähigkeit zu berücksichtigen sind,**
4. **im Zeitpunkt der Anerkennung seit mindestens drei Jahren im Sinne der Nummer 1 tätig gewesen ist.**

(2) **Die oberste Jagdbehörde kann sachkundigen Personen einschließlich anerkannter Vereinigungen der Jägerinnen und Jäger Aufgaben auf dem Gebiet des Jagdwesens, insbesondere im Bereich der Aus- und Fortbildung, der Prüfung von Fallen, der Ausbildung und Prüfung von Jagdhunden und der Anerkennung von Nachsuchegespannen, übertragen, soweit**

1. **diese Personen zuverlässig und nach ihrer Organisation, Ausstattung und personellen Besetzung in der Lage sind, die zu übertragenden Aufgaben zu erfüllen,**
2. **sie eine den Zielen des Gesetzes entsprechende Aufgabenerfüllung versprechen,**
3. **keine überwiegenden öffentlichen Interessen entgegenstehen und**
4. **die Personen gewährleisten, dass sie die maßgeblichen rechtlichen Bestimmungen einhalten.**

(3) **Die Vorschriften des § 26 Absatz 3 Satz 2 und 3 gelten im Falle einer Beleihung entsprechend.**

Art. 49 BayJG Jagdbehörden, Jagdberater

12 (3)[1] **Zur laufenden sachverständigen Beratung der Jagdbehörden sind nach Anhörung des Jagdbeirats (Art. 50) ehrenamtliche Berater (Jagdberater) zu bestellen.** [2] **Die Jagdberater und je ein Stellvertreter werden aus dem Kreis der Jagdscheininhaber für fünf Jagdjahre widerruflich bestellt.** [3] **Die Zahl der Jagdberater soll je Behörde zwei nicht überschreiten.** [4] **Ihre Aufgabe und Stellung innerhalb der Jagdbehörde und die Aufwandsentschädigung werden durch Rechtsverordnung geregelt, die vom Staatsministerium für Wirtschaft, Landesentwicklung und Energie zu erlassen ist.** [5] **In der Regel sollen die Jagdberater kein wichtiges Amt in einer Organisation der im Jagdbeirat vertretenen Interessengruppen bekleiden.**

Art. 50 BayJG Jagdbeirat

13 (1) **Zur Beratung aller Angelegenheiten von grundsätzlicher Bedeutung sowie wichtiger Einzelfragen wird bei jeder Jagdbehörde ein Jagdbeirat (§ 37 Abs. 1 des Bundesjagdgesetzes) gebildet.**

(2) **Der Jagdbeirat bei der unteren Jagdbehörde besteht aus deren Vertreter als Vorsitzendem und aus fünf Mitgliedern, nämlich je einem Vertreter der Landwirtschaft, der Forstwirtschaft, der Jagdgenossenschaften, der Jäger und des Natur- und Waldschutzes.**

(3) **Der Jagdbeirat bei der höheren Jagdbehörde besteht aus deren Vertreter als Vorsitzendem und aus neun Mitgliedern, nämlich aus zwei der Jagdgenossenschaften und je einem Vertreter der Landwirtschaft, der staatlichen**

und privaten Forstwirtschaft, der Teich- und Fischereiwirtschaft, der Jäger, des Naturschutzes und Waldschutzes.

(4) [1] **Der Jagdbeirat bei der obersten Jagdbehörde besteht aus deren Vertreter als Vorsitzendem und aus 14 Mitgliedern.** [2] **Von diesen müssen drei den Jagdgenossenschaften, je zwei der Landwirtschaft und den Jägern sowie je ein Mitglied der staatlichen und privaten Forstwirtschaft, den Berufsjägern, der Fischerei, dem Tierschutz, dem Naturschutz und Waldschutz angehören.**

(5) [1] **Zu den Beratungen des Jagdbeirats können vom Vorsitzenden weitere Sachkundige zugezogen werden.** [2] **Den Trägern öffentlicher Belange ist auf Verlangen Gelegenheit zur Äußerung zu geben.**

(6) [1] **Die Mitglieder des Jagdbeirats und je ein Stellvertreter werden durch die Jagdbehörde für fünf Jagdjahre widerruflich bestellt.** [2] **Sie sind ehrenamtlich tätig.** [3] **Sie erhalten auf Antrag Ersatz der ihnen bei der Ausübung der Beiratstätigkeit entstandenen notwendigen Auslagen.** [4] **Ein Verdienstausfall wird nicht ersetzt.** [5] **Das gleiche gilt für den nach Absatz 5 zugezogenen Sachkundigen.** [6] **Das Nähere, insbesondere Bestellung, Aufgaben und Aufwandsentschädigung der Beiräte, regelt das Staatsministerium für Wirtschaft, Landesentwicklung und Energie durch Rechtsverordnung im Einvernehmen mit dem Staatsministerium der Finanzen und für Heimat.**

Art. 51 BayJG Vereinigungen der Jäger

Das Staatsministerium für Ernährung, Landwirtschaft und Forsten wird ermächtigt, durch Rechtsverordnung die Mitwirkung von Vereinigungen der Jäger für die Fälle vorzusehen, in denen Jagdscheininhaber gegen die Grundsätze der Weidgerechtigkeit verstoßen (§ 1 Abs. 3, § 37 Abs. 2 des Bundesjagdgesetzes), ferner Voraussetzungen und Verfahren für die Anerkennung von Vereinigungen der Jäger zu bestimmen und diesen über Art. 39 Abs. 3 hinaus weitere nichthoheitliche Aufgaben auf dem Gebiet des Jagdwesens zu übertragen. 14

§ 49 LJagdG Bln Jagdbeirat (zu § 37 des Bundesjagdgesetzes)

(1) **Die Jagdbehörde beruft jeweils für die Dauer von vier Jahren insgesamt sieben sachverständige Vertreter der Landwirtschaft, der Forstwirtschaft, der Jagdgenossenschaften, der Jäger, des Naturschutzes, des Tierschutzes sowie einer wissenschaftlichen Einrichtung der Wildtierforschung in den Jagdbeirat.** 15

(2) [1] **Der Jagdbeirat berät und unterstützt die Jagdbehörde und unterbreitet Anregungen und Vorschläge.** [2] **In allen Angelegenheiten von grundsätzlicher Bedeutung ist er zu hören.**

(3) [1] **Die Mitglieder des Jagdbeirats sind ehrenamtlich tätig; sie sind an Weisungen nicht gebunden.** [2] **Der Beirat gibt sich eine Geschäftsordnung.**

(keine Bestimmung über Vereinigung der Jäger)

§ 56 BbgJagdG Jagdbeiräte, Jagdberater

(1) [1] **Bei der obersten Jagdbehörde wird ein Landesjagdbeirat gebildet.** [2] **Dieser setzt sich zusammen aus:** 16

- **einem Vertreter der obersten Jagdbehörde,**
- **zwei Jägern,**
- **zwei Vertretern der Landwirtschaft,**
- **einem Vertreter des Körperschaftswaldes,**
- **einem Vertreter des Privatwaldes,**
- **einem Vertreter des Landeswaldes,**

– einem Vertreter der Jagdgenossenschaften und
– einem Vertreter der anerkannten Naturschutzverbände.

3 Die betreffenden Behörden und Verbände schlagen ihre Vertreter für den Landesjagdbeirat vor und die oberste Jagdbehörde beruft daraufhin die Mitglieder. 4 Für den Fall, dass mehrere Verbände einen gemeinsamen Kandidaten benennen müssen und keine Einigung erzielt werden kann, entscheidet die oberste Jagdbehörde nach Anhörung der Kandidaten. 5 Der Jagdbeirat wählt aus seiner Mitte den Vorsitzenden und den stellvertretenden Vorsitzenden. 6 Die Geschäftsführung erfolgt durch den Vertreter der obersten Jagdbehörde.

(2) **1 Bei jeder unteren Jagdbehörde wird ein Jagdbeirat gebildet. 2 Der Jagdbeirat setzt sich zusammen aus:**

– zwei Jägern,
– zwei Vertretern der Landwirtschaft,
– einem Vertreter des Körperschaftswaldes,
– einem Vertreter des Privatwaldes,
– einem Vertreter des Landeswaldes,
– einem Vertreter der Jagdgenossenschaften,
– einem Vertreter der anerkannten Naturschutzverbände,
– einem Vertreter der unteren Jagdbehörde.

3 Für den Jagdbeirat schlagen vor:

– die Kreisjagdverbände der Jäger zwei Vertreter,
– die berufsständischen Verbände der Landwirtschaft zwei Vertreter,
– die Verbände der privaten Waldbesitzer, die Kommunen und die untere Forstbehörde je einen Vertreter,
– die anerkannten Naturschutzverbände einen gemeinsamen Vertreter; kommt es zu keiner Einigung, entscheidet die untere Jagdbehörde nach Anhörung der vorgeschlagenen Kandidaten,
– die Landkreise und kreisfreien Städte einen Bediensteten, der für die Aufgaben der unteren Jagdbehörde zuständig ist, und einen Vertreter der Jagdgenossenschaften. Sofern ein Verband die Interessen der Jagdgenossen vertritt, schlägt dieser den Vertreter der Jagdgenossenschaften vor.

4 Die Mitglieder des Jagdbeirates werden durch die untere Jagdbehörde berufen. 5 Der Jagdbeirat wählt aus seiner Mitte den Vorsitzenden und den stellvertretenden Vorsitzenden. 6 Er schlägt den Jagdberater und dessen Vertreter vor. 7 Der Jagdberater und dessen Vertreter müssen in jagdlichen Angelegenheiten erfahren sein. 8 Sie werden durch die untere Jagdbehörde berufen.

(3) **1 Die Jagdbeiräte sind in allen grundsätzlichen Fragen zu hören und haben die Jagdbehörde in diesen Angelegenheiten zu beraten. 2 Die Jagdberater haben die Aufgabe, die jeweiligen Jagdbehörden bei Einzelentscheidungen zu beraten. 3 Zu den Beratungen des Jagdbeirates kann der Vorsitzende den Jagdberater oder dessen Stellvertreter sowie weitere Sachkundige hinzuziehen. 4 Den Trägern öffentlicher Belange ist auf Verlangen Gelegenheit zur Äußerung zu geben.**

(4) **1 Die Mitglieder der Jagdbeiräte und die Jagdberater sowie deren Stellvertreter sind ehrenamtlich tätig. 2 Sie werden für die Dauer von vier Jahren berufen, soweit sie nicht vor Ablauf der Frist ausscheiden oder abberufen werden. 3 Eine erneute Berufung nach Ablauf der Frist ist zulässig.**

§ 57 BbgJagdG Landesvereinigungen der Jäger

17 (1) **Weist eine Vereinigung von Jägern nach, dass ihr mehr als ein Fünftel der Jagdscheininhaber im Land Brandenburg angehört, so ist sie von der obersten Jagdbehörde als Landesvereinigung der Jäger anzuerkennen.**

(2) [1] Die zuständige Behörde hat den Landesvereinigungen der Jäger, wenn ein Jagdschein im Verfahren nach § 17 Abs. 2 Nr. 4 des Bundesjagdgesetzes versagt werden soll oder nach § 18 in Verbindung mit § 17 Abs. 2 Nr. 4 des Bundesjagdgesetzes zu entziehen ist, Gelegenheit zur Stellungnahme zu geben. [2] Die Landesvereinigungen der Jäger können bei der zuständigen Behörde beantragen, dass ein Jagdschein wegen schweren oder wiederholten Verstoßes gegen die Grundsätze der Weidgerechtigkeit nicht erteilt oder eingezogen werden soll.

Art. 38 BremLJagdG [Stadtjägermeister (Jagdberater)]

(1) [1] Der Stadtjägermeister ist der sachverständige ehrenamtliche Berater der Jagdbehörde. [2] Als sachverständiger Berater der Jagdbehörde in jagdfachlichen und jagdwirtschaftlichen Fragen hat er im Sinne eines gerechten Ausgleichs der Interessen zu wirken. 18

(2) Zum Stadtjägermeister und zu seinem Stellvertreter soll eine aufgrund ihres Wissens und ihrer Erfahrung jagdlich bewährte Persönlichkeit bestellt werden, die Jagdscheininhaber und jagdpachtfähig im Sinne des § 11 (5) des Bundesjagdgesetzes ist.

(3) [1] Der Stadtjägermeister wird von der Organisation der Jäger in den Stadtgemeinden vorgeschlagen. [2] Die Bestellung erfolgt durch die Jagdbehörde. [3] Die Amtszeit der Stadtjägermeister beträgt vier Jahre. [4] Die Bestellung kann widerrufen werden, wenn die Voraussetzungen für die Bestellung nicht vorgelegen haben oder nicht mehr vorliegen.

(4) [1] Die Jagdbehörde kann dem Stadtjägermeister Befugnisse zur Erledigung im Auftrage übertragen. [2] Der Stadtjägermeister erhält eine Entschädigung für den mit seiner Dienstleistung verbundenen Zeit- und Arbeitsaufwand. [3] Die Aufwandsentschädigung wird von der Jagdbehörde festgesetzt.

Art. 39 BremLJagdG (zu § 37 Abs. 1 BJagdG)

(1) Der Jagdbeirat wird bei der Jagdbehörde aus sieben Mitgliedern gebildet und setzt sich wie folgt zusammen: 19

3 Jäger hiervon der Stadtjägermeister sowie zwei weitere Jäger, die jagdpachtfähig im Sinne des § 11 (5) des Bundesjagdgesetzes sein müssen und von der Jägerschaft der Stadtgemeinde vorzuschlagen sind,
1 Vertreter der Jagdgenossenschaften auf Vorschlag der Gemeinde,
2 Vertreter der Landwirtschaft auf Vorschlag der Landwirtschaftskammer,
1 Vertreter der Naturschutzbehörde.

(2) [1] Der Jagdbeirat hat die Aufgabe, die Jagdbehörden zu beraten und dem Interessenausgleich der am Jagdwesen Beteiligten zu dienen. [2] Der Jagdbeirat gibt sich eine Geschäftsordnung. [3] Er wählt aus seiner Mitte den Vorsitzenden. [4] Ein Vertreter der Jagdbehörde kann an den Sitzungen des Jagdbeirates teilnehmen. [5] Ihm ist auf Verlangen jederzeit das Wort zu erteilen.

(3) [1] Die Tätigkeit im Jagdbeirat ist ehrenamtlich. [2] Für bare Auslagen und für Zeitversäumnisse ist, sofern eine Entschädigung nicht von anderer Seite gewährt wird, eine angemessene Entschädigung zu zahlen, deren Höhe von der Jagdbehörde festgesetzt wird.

Art. 40 BremLJagdG (zu § 37 Abs. 2 BJagdG)

(1) [1] Weist eine Vereinigung von Jägern nach, daß ihr mehr als die Hälfte der Jagdscheininhaber des Landes angehört, so kann sie von der Landesjagdbehörde als Landesjägerschaft anerkannt werden. [2] Die Anerkennung ist zu widerrufen, wenn die Voraussetzung des Satzes 1 nicht mehr vorliegt. 20

(2) [1]Die Jagdbehörde hat der Landesjägerschaft Gelegenheit zur Stellungnahme zu geben, wenn ein Jagdschein nach § 17 Abs. 2 Nr. 4 des Landesjagdgesetzes versagt oder nach § 18 in Verbindung mit § 17 Abs. 2 Nr. 4 entzogen werden soll. [2]Die Landesjägerschaft kann bei der Jagdbehörde beantragen, daß ein Jagdschein wegen Verstoßes gegen die Grundsätze der Weidgerechtigkeit nicht erteilt oder entzogen wird. [3]Will die Jagdbehörde von einer Stellungnahme der Landesjägerschaft abweichen oder einem Antrag der Landesjägerschaft nicht entsprechen, so bedarf die Entscheidung der Zustimmung der Landesjagdbehörde.

(3) [1]Die Landesjagdbehörde soll vor der Anordnung von Maßnahmen mit grundsätzlicher Bedeutung die Landesjägerschaft anhören. [2]Die Landesjagdbehörde kann der Landesjägerschaft nichthoheitliche Aufgaben auf dem Gebiet des Jagdwesens übertragen.

§ 28 HmbJagdG Jagdbeirat (Landesjagdrat)

21 (1) [1]Der nach § 37 Absatz 1 des Bundesjagdgesetzes zu errichtende Jagdbeirat (Landesjagdrat) wird bei der zuständigen Behörde gebildet. [2]Er besteht aus 13 von der zuständigen Behörde zu bestellenden Mitgliedern, und zwar aus

3 Deputierten von der Bürgerschaft zu wählenden Mitgliedern,
6 Jägern, welche die Voraussetzungen des § 11 Absatz 5 Satz 1 des Bundesjagdgesetzes erfüllen müssen,
1 Vertreter der Landwirtschaft,
1 Vertreter der Forstwirtschaft,
1 Vertreter der Jagdgenossenschaften und
1 Vertreter des Naturschutzes.

[3]Von den sechs Jägern müssen zwei in der Freien und Hansestadt Hamburg jagdausübungsberechtigt sein.

(2) Der Jagdbeirat wählt seinen Vorsitzenden in geheimer Wahl.

(3) [1]Der Jagdbeirat gibt sich eine Geschäftsordnung, die der Genehmigung der zuständigen Behörde bedarf. [2]Er beschließt mit Stimmenmehrheit.

(4) [1]Die Mitglieder des Jagdbeirates sind ehrenamtlich tätig und werden für die Dauer der Wahlperiode der Bürgerschaft bestellt; nach Ablauf ihrer Amtszeit führen sie ihr Amt bis zur Bestellung eines neuen Jagdbeirates fort. [2]Sie können jederzeit auf eigenen Wunsch ausscheiden. [3]Im Falle des Ausscheidens oder der Abberufung ist ein neues Mitglied zu bestellen.

(5) [1]Der Jagdbeirat hat die zuständige Behörde in jagdlichen Fragen zu beraten. [2]Er schlägt vor, für welche jagdlichen Aufgaben Ehrenbeamte (Jägermeister) eingesetzt werden sollen.

(6) [1]An den Sitzungen des Jagdbeirates nimmt der Leiter der zuständigen Behörde oder ein von ihm beauftragter Angehöriger der Behörde sowie der Geschäftsführer der Landesjägerschaft teil. [2]Der Jagdbeirat ist verpflichtet, der zuständigen Behörde von seinen Sitzungen oder Veranstaltungen rechtzeitig vorher Mitteilung zu machen.

§ 29 HmbJagdG Landesjägerschaft

22 (1) [1]Die Vereinigung der Jäger, der mehr als die Hälfte der Jahresjagdscheininhaber der Freien und Hansestadt Hamburg angehört, wird auf Antrag von der zuständigen Behörde als Landesjägerschaft anerkannt. [2]Die Anerkennung ist zu widerrufen, wenn die Voraussetzung des Satzes 1 nicht mehr vorliegt.

(2) Die zuständige Behörde hat die Landesjägerschaft anzuhören, bevor sie einen Jagdschein nach § 17 Absatz 2 Nummer 4 des Bundesjagdgesetzes

versagt oder nach § 18 in Verbindung mit § 17 Absatz 2 Nummer 4 des Bundesjagdgesetzes entzieht.

§ 40 HJagdG Beratung der Jagdbehörden

(1) [1] **Bei den unteren und der oberen Jagdbehörde werden nach Anhörung der Jägerschaft und des Jagdbeirates sachkundige Personen (Jagdberater und Sachkundige) für die Dauer von jeweils vier Jahren bestellt.** [2] **Sie sollen die Jagdbehörde beraten und die Behandlung jagdfachlicher und jagdwirtschaftlicher Angelegenheiten vorbereiten.** 23

(2) **Jagdberater haben Anspruch auf Ersatz ihrer notwendigen Auslagen durch die Jagdbehörde; Verdienstausfall wird nicht vergütet.**

§ 41 HJagdG Vereinigung der Jäger, Jagdrechtsinhaber, Jagdbeirat

(1) **Die Jägerschaft soll sich zu Vereinen und Verbänden zusammenschließen, deren Hauptaufgabe es ist, ihre Mitglieder zu weidgerechter Jagd anzuhalten und dafür zu sorgen, dass der Wildbestand und die Lebensräume aller Tier- und Pflanzenarten in ihrer natürlichen Vielfalt erhalten bleiben oder wieder hergestellt werden.** 24

(2) **Den Vereinigungen der Jäger können Aufgaben des Jagdwesens übertragen werden, wenn sie aufgrund ihrer Mitgliederzahl, nach ihrer Organisationsform, Ausstattung und personellen Besetzung in der Lage sind, die Aufgaben landesweit zu erfüllen.**

(3) **Die Inhaber des Jagdrechtes sollen sich zu Vereinen und Verbänden zusammenschließen, deren Aufgabe es insbesondere ist, die Jagdrechtsinhaber in ihrem Bemühen zu unterstützen, die Jagdbezirke im Sinne des § 1 Abs. 2 Bundesjagdgesetz zu erhalten und ihre Belange zu vertreten.**

(4) **Bei den unteren Jagdbehörden werden Jagdbeiräte gebildet.**

(5) **Bei der obersten Jagdbehörde wird ein Landesjagdbeirat gebildet.**

(6) [1] **Die Jagdbeiräte und der Landesjagdbeirat üben beratende Tätigkeit aus.** [2] **Die Mitwirkung der Jagdbeiräte bei den Jagdbehörden bei der Bestätigung oder Festsetzung der Abschusspläne nach § 21 Abs. 2 Satz 1 Bundesjagdgesetz und § 26 Abs. 1 dieses Gesetzes bleibt unberührt.**

§ 37 MVLJagdG Kreisjägermeisterin oder Kreisjägermeister

(1) [1] **Zur sachverständigen Beratung der Jagdbehörde werden auf Vorschlag der Landesjägerschaft eine Person als Kreisjägermeisterin oder Kreisjägermeister und ihre Stellvertretung für die Dauer von fünf Jahren durch die Jagdbehörde widerruflich bestellt; sie sind ehrenamtlich tätig.** [2] **Ist es wegen der Größe des Kreisgebietes zur Entlastung erforderlich, so kann die Jagdbehörde mit Zustimmung der Kreisjägermeisterin oder des Kreisjägemeisters die stellvertretende Person mit der Wahrnehmung der Aufgaben für einen Teil des Kreisgebietes oder für einzelne Sachgebiete betrauen.** [3] **Die stellvertretende Person nimmt im Rahmen ihrer Aufgaben mit beratender Stimme an den Sitzungen des Jagdbeirates teil.** 25

(2) **Zur Kreisjägermeisterin oder zum Kreisjägermeister und zu ihrer oder seiner Stellvertretung darf nur eine Person bestellt werden, die**

1. **Deutsche oder Deutscher im Sinne des Grundgesetzes ist,**
2. **Jagdpächterin oder Jagdpächter sein darf,**
3. **ihren Wohnsitz oder ständigen Aufenthalt im Zuständigkeitsbereich der Jagdbehörde hat.**

§ 39 MVLJagdG Jagdbeirat (zu § 37 BJagdG)

26 (1) [1]**Zur Beratung und Unterstützung der unteren sowie der obersten Jagdbehörde in Angelegenheiten der jagdlichen Verwaltung werden Jagdbeiräte gebildet.** [2]**Die Amtszeit der Jagdbeiräte beträgt fünf Jahre.**

(2) [1]**Dem Jagdbeirat der obersten Jagdbehörde (Landesjagdbeirat) gehören als Mitglieder eine Person als Vorsitz und jeweils eine Vertretung der Landwirtschaft, der Forstwirtschaft, der Landesjägerschaft, der Jagdgenossenschaften, der Gemeinden, der Fischerei, des Naturschutzes und des Veterinärwesens an.** [2]**Die oberste Jagdbehörde beruft den Vorsitz, die Vertretung der Jagdgenossenschaften auf Vorschlag des Bauernverbandes Mecklenburg-Vorpommern, die Vertretung der Gemeinden auf Vorschlag des Städte- und Gemeindetages Mecklenburg-Vorpommern sowie die übrigen Vertretungen auf Vorschlag der jeweiligen Fachverbände als Mitglieder im Landesjagdbeirat.** [3]**Wird kein Vorschlag unterbreitet, bestimmt die oberste Jagdbehörde die Vertretung.** [4]**Unter den Mitgliedern soll mindestens ein Eigenjagdbesitzer sein. Für jedes Mitglied ist ein stellvertretendes Mitglied zu berufen.**

(3) [1]**Den Jagdbeiräten der Jagdbehörden gehören als Mitglieder die Kreisjägermeisterin oder der Kreisjägermeister als Vorsitz und jeweils eine Vertretung der Wildschadensausgleichskasse, der Landwirtschaft, der Forstwirtschaft, der Jagdgenossenschaften, der Fischerei, des Naturschutzes, der Landesjägerschaft und des Veterinärwesens an.** [2]**Die Jagdbehörde beruft die Vertretung der Jagdgenossenschaften und auf Vorschlag der Wildschadensausgleichskasse deren Vertretung.** [3]**Die übrigen Mitglieder des Jagdbeirates werden durch die Jagdbehörde auf Vorschlag des jeweiligen Fachverbandes berufen.** [4]**Wird kein Vorschlag gemacht, bestimmt die Jagdbehörde die Vertretung.** [5]**Unter den Mitgliedern soll mindestens ein Eigenjagdbesitzer sein.** [6]**Für jedes Mitglied ist ein stellvertretendes Mitglied zu benennen.**

(4) **Ein Jagdbeirat wird durch die jeweilige Jagdbehörde oder auf Antrag der Mehrheit der Mitglieder durch den Vorsitz einberufen.**

(5) [1]**Die Mitglieder der Beiräte sind ehrenamtlich tätig.** [2]**Den Aufwand, der ihnen bei der Ausübung ihrer Aufgaben entsteht, trägt das Land, der Landkreis oder die kreisfreie Stadt.**

(6) **Die Mitglieder der Jagdbeiräte sollen einen Jagdschein innehaben.**

§ 40 MVLJagdG Landesjägerschaft

27 (1) [1]**Weist eine Vereinigung von Jägerinnen und Jägern nach, dass ihr mindestens 50 Prozent der Personen angehören, die einen in Mecklenburg-Vorpommern erteilten Jahresjagdschein innehaben, so wird sie als Landesjägerschaft durch die oberste Jagdbehörde anerkannt.** [2]**Die Anerkennung wird widerrufen, wenn diese Voraussetzung nicht mehr vorliegt.**

(2) **Die Landesjägerschaft kann bei der Jagdbehörde beantragen, dass ein Jagdschein wegen Verstoßes gegen die Grundsätze der Weidgerechtigkeit nicht erteilt oder eingezogen wird.**

(3) [1]**Zu den Aufgaben der Landesjägerschaft gehören:**

1. **die Fortbildung der Jägerinnen und Jäger sowie der Falknerinnen und Falkner, der Hegegemeinschaften, der Wildschadensausgleichskassen, Wildschadensschätzer, Jagdgenossenschaften und Eigenjagdbesitzer,**
2. **die Anerkennung der Brauchbarkeit von Hunden und**
3. **die Durchführung von Zuwendungsverfahren gemäß der Richtlinie zur Gewährung von Zuwendungen aus Mitteln der Jagdabgabe**

[2]**Für die nach Satz 1 Nummer 2 und 3 übertragenen Aufgaben ist die Landesjägerschaft Trägerin der öffentlichen Verwaltung und zum Erlass von Ver-**

waltungsakten befugt. [3]Sie untersteht insoweit der Fachaufsicht der obersten Jagdbehörde.

§ 38 NJagdG Kreisjägermeisterin oder Kreisjägermeister

(1) [1]Die Kreisjägermeisterin oder der Kreisjägermeister wird auf Vorschlag der anerkannten Landesjägerschaft von der Vertretung des Landkreises oder der kreisfreien Stadt für die Dauer der Wahlperiode der Vertretung gewählt. [2]§ 11 Abs. 5 Satz 1 des Bundesjagdgesetzes gilt entsprechend. [3]Die Vertretung kann die Kreisjägermeisterin oder den Kreisjägermeister aus wichtigem Grund vorzeitig abberufen. [4]Nach dem Ende der Wahlperiode werden die Amtsgeschäfte von der bisherigen Kreisjägermeisterin oder den bisherigen Kreisjägermeister bis zur Wahl einer Nachfolgerin oder eines Nachfolgers fortgeführt. 28

(2) Die Kreisjägermeisterin oder der Kreisjägermeister wird ehrenamtlich tätig.

(3) [1]Die Kreisjägermeisterin oder der Kreisjägermeister berät die Jagdbehörde in jagdlichen Belangen. [2]Die Jagdbehörde kann der Kreisjägermeisterin oder dem Kreisjägermeister Befugnisse zur Erledigung im Auftrag übertragen.

(4) [1]Die auf Vorschlag der anerkannten Landesjägerschaft in den Jagdbeirat gewählte Person vertritt die Kreisjägermeisterin oder den Kreisjägermeister. [2]Die Jagdbehörde kann für Gebietsteile besondere Vertreterinnen oder Vertreter der Kreisjägermeisterin oder des Kreisjägermeisters bestellen, wenn ihr dies wegen der Größe des Gebietes angebracht erscheint. [3]Sie kann diesen bestimmte Aufgaben zur Erfüllung nach Weisung der Kreisjägermeisterin oder des Kreisjägermeisters übertragen. [4]Die besonderen Vertreterinnen und Vertreter nehmen mit beratender Stimme an den Sitzungen des Jagdbeirats teil. [5]Absatz 1 Satz 2 und Absatz 2 gelten entsprechend.

§ 39 NJagdG Jagdbeirat

(1) [1]Der Jagdbeirat wird bei der Jagdbehörde aus der Kreisjägermeisterin oder dem Kreisjägermeister und sechs weiteren Mitgliedern gebildet. [2]Die weiteren Mitglieder werden durch die Vertretung des Landkreises oder der kreisfreien Stadt für die Dauer der Wahlperiode der Vertretung gewählt, und zwar je eine Person auf Vorschlag 29

1. des Landvolks Niedersachsen – Landesbauernverband e. V.,
2. des Waldbesitzerverbandes Niedersachsen e. V.,
3. des Zentralverbandes der Jagdsgenossenschaften und Eigenjagden in Niedersachsen e. V.,
4. der anerkannten Landesjägerschaft,
5. der oder des Naturschutzbeauftragten oder, sofern eine Bestellung nicht erfolgt ist, der zuständigen unteren Naturschutzbehörde, und
6. der Anstalt Niedersächsische Landesforsten.

[3]Die vorgeschlagenen Personen mit Ausnahme derjenigen nach Satz 2 Nr. 3 und 5 müssen einen Jahresjagdschein besitzen. [4]Die nach Satz 2 Nr. 5 vorgeschlagene Person muss eine Jägerprüfung (§ 15 Abs. 5 des Bundesjagdgesetzes) bestanden haben. [5]§ 38 Abs. 1 Satz 4 gilt für die weiteren Mitglieder entsprechend.

(2) [1]Die Sitzungen des Jagdbeirats werden durch die Kreisjägermeisterin oder den Kreisjägermeister einberufen und geleitet. [2]Der Jagdbeirat ist auf Verlangen zweier Mitglieder oder der Jagdbehörde einzuberufen. [3]Die Hauptverwaltungsbeamtin oder der Hauptverwaltungsbeamte oder eine von ihr oder ihm beauftragte Person kann an den Sitzungen des Jagdbeirats teilneh-

men; der teilnehmenden Person ist auf Verlangen das Wort zu erteilen. [4] Beschlüsse werden mit der Mehrheit der Stimmen der anwesenden Mitglieder gefasst. [5] Bei Stimmengleichheit gibt die Stimme der Kreisjägermeisterin oder des Kreisjägermeisters den Ausschlag.

(3) Die Jagdbehörde hat den Jagdbeirat unbeschadet des § 21 Abs. 2 Satz 1 des Bundesjagdgesetzes vor allen wesentlichen Entscheidungen zu hören.

§ 40 NJagdG Landesjägerschaft

30 Weist eine jagdliche Vereinigung nach, dass ihr mehr als die Hälfte der Jagdscheininhaberinnen und Jagdscheininhaber des Landes angehört, so kann sie von der obersten Jagdbehörde als Landesjägerschaft anerkannt werden.

§ 51 LJG-NRW Jagdbeiräte (Zu § 37 Abs. 1 BJG)

31 (1) [1] Bei der obersten Jagdbehörde wird ein Jagdbeirat (Landesjagdbeirat) gebildet. [2] Der Landesjagdbeirat setzt sich zusammen aus der oder dem Vorsitzenden,

fünf Jägerinnen oder Jägern,

vier Vertreterinnen oder Vertretern der Landwirtschaft,

einer Vertreterin oder einem Vertreter des Körperschaftswaldes,

einer Vertreterin oder einem Vertreter des Privatwaldes,

einer Vertreterin oder einem Vertreter des Staatswaldes,

einer Vertreterin oder einem Vertreter der Berufsjäger,

einer Vertreterin oder einem Vertreter der Jagdgenossenschaften,

einer Vertreterin oder einem Vertreter des Naturschutzes,

einer Vertreterin oder einem Vertreter der Jagdwissenschaft,

einer Vertreterin oder einem Vertreter der Falknerei,

einer Vertreterin oder einem Vertreter des Tierschutzes.

[3] In den Landesjagdbeirat entsenden der Landesjagdverband Nordrhein-Westfalen e. V. vier Jägerinnen oder Jäger, der Ökologische Jagdverein Nordrhein – Westfalen e. V. eine Jägerin oder einen Jäger, der Rheinische Landwirtschaftsverband e. V. und der Westfälisch-Lippische Landwirtschaftsverband e. V. je zwei Vertreterinnen oder Vertreter der Landwirtschaft, der Waldbesitzerverband der Gemeinden, Gemeindeverbände und öffentlich-rechtlichen Körperschaften in Nordrhein-Westfalen e. V. eine Vertreterin oder einen Vertreter des Körperschaftswaldes, die nach Bundesnaturschutzgesetz anerkannten Verbände gemeinsam eine Vertreterin oder einen Vertreter des Naturschutzes, das Ministerium eine Vertreterin oder einen Vertreter des Staatswaldes und eine Vertreterin oder einen Vertreter der Jagdwissenschaft, der Landesverband der Berufsjäger Nordrhein-Westfalen e. V. eine Vertreterin oder einen Vertreter der Berufsjäger, der Rheinische Verband der Eigenjagdbesitzer und Jagdgenossenschaften e. V. und der Verband der Jagdgenossenschaften und Eigenjagden in Westfalen-Lippe e. V. gemeinsam eine Vertreterin oder einen Vertreter der Jagdgenossenschaften, der Waldbauernverband Nordrhein-Westfalen e. V. eine Vertreterin oder einen Vertreter des Privatwaldes, die im Land Nordrhein-Westfalen wirkenden Vereinigungen der Falkner eine Vertreterin oder einen Vertreter der Falknerei, der Beirat für Tierschutz eine Vertreterin oder einen Vertreter des Tierschutzes. [4] Für jedes Jagdbeiratsmitglied nach Satz 2 ist eine Stellvertreterin oder ein Stellvertreter zu benennen. [5] Satz 3 gilt entsprechend für die Entsendung der Stellvertreterin oder des Stellvertreters. [6] Es können nur Vertreterinnen oder Vertreter

und Stellvertreterinnen oder Stellvertreter entsandt werden, die ihren Wohnsitz in Nordrhein-Westfalen haben.

(2) Den Vorsitz im Landesjagdbeirat führt ein Vertreter der obersten Jagdbehörde.

(3) [1] Bei jeder unteren Jagdbehörde wird ein Jagdbeirat gebildet. [2] Der Jagdbeirat setzt sich zusammen aus

drei Jägern,

zwei Vertretern der Landwirtschaft,

zwei Vertretern der Forstwirtschaft,

einem Vertreter der Jagdgenossenschaften,

einem Vertreter des Naturschutzes,

einem Vertreter der Forstbehörde, einer Vertreterin oder einem Vertreter des Tierschutzes,

dem Landrat des Kreises, der die Aufgaben der unteren Jagdbehörde wahrnimmt, oder dem Oberbürgermeister der kreisfreien Stadt, die die Aufgaben der unteren Jagdbehörde wahrnimmt.

[3] In den Jagdbeirat entsenden der Landesjagdverband Nordrhein-Westfalen e. V. drei Jäger, der zuständige Landwirtschaftsverband zwei Vertreter der Landwirtschaft, die Verbände der Waldbesitzer je einen Vertreter der Forstwirtschaft, der Rheinische Verband der Eigenjagdbesitzer und Jagdgenossenschaften e. V. und der Verband der Jagdgenossenschaften und Eigenjagden in Westfalen-Lippe e. V. gemeinsam, den Vertreter der Jagdgenossenschaften, die im Land Nordrhein-Westfalen anerkannten Naturschutzvereinigungen gemeinsam einen Vertreter des Naturschutzes, die Forstbehörde den Vertreter der Forstbehörde, und die nach § 3 des Gesetzes über das Verbandsklagerecht und Mitwirkungsrechte für Tierschutzvereine vom 25. Juni 2013 (GV. NRW. S. 416) anerkannten Vereine gemeinsam eine Vertreterin oder einen Vertreter des Tierschutzes.

(4) [1] Der Jagdbeirat wählt aus seiner Mitte den Vorsitzenden und den stellvertretenden Vorsitzenden. [2] Er wählt ferner aus seiner Mitte den Jagdberater und dessen Vertreter. [3] Der Jagdberater und dessen Vertreter müssen in jagdlichen Angelegenheiten erfahren sein. [4] Der Jagdberater oder dessen Vertreter können Vorsitzender oder stellvertretender Vorsitzender des Jagdbeirates sein.

(5) [1] Die Jagdbeiräte und Jagdberater haben die Aufgabe, die Jagdbehörden zu beraten. [2] Die Jagdbeiräte sind in allen grundsätzlichen Fragen zu hören.

(6) [1] Die Mitglieder der Jagdbeiräte sind ehrenamtlich tätig. [2] Sie werden für die Dauer von fünf Jahren entsandt, soweit sie nicht vor Ablauf der Frist ausscheiden oder abberufen werden. [3] Eine erneute Entsendung nach Ablauf der Frist ist zulässig.

(7) Die Sitzungen der Jagdbeiräte nach Absatz 3 sind öffentlich; § 48 Absatz 2 Satz 2 bis 5 der Gemeindeordnung für das Land Nordrhein-Westfalen sowie § 33 Absatz 2 Satz 2 bis 5 der Kreisordnung für das Land Nordrhein-Westfalen finden entsprechende Anwendung.

§ 52 LJG-NRW Vereinigung der Jäger (Abweichung von § 37 Abs. 2 BJG)

(1) Weist eine Vereinigung von 32

a) Jägerinnen und Jägern, der fünf Prozent der Jagdscheininhaber im Land Nordrhein-Westfalen angehören, oder
b) Revierjägerinnen und Revierjägern

als rechtsfähiger Verein nach, dass sie

1. nach ihrer Satzung schwerpunktmäßig das Jagdwesen fördert oder als gemeinnützig (§ 52 der Abgabenordnung) anerkannt ist und das Jagdwesen schwerpunktmäßig in ihrer praktischen Tätigkeit fördert,
2. im Zeitpunkt der Anerkennung mindestens fünf Jahre besteht und in diesem Zeitraum im Sinne der Nummer 1 tätig gewesen ist und
3. ihren Sitz in Nordrhein-Westfalen hat und sich der satzungsgemäße sowie praktische Tätigkeitsbereich auf das gesamte Gebiet des Landes erstreckt,

so ist sie von der obersten Jagdbehörde als Vereinigung der Jäger anzuerkennen.

(2) [1] Die zuständige Behörde hat den Vereinigungen der Jäger Gelegenheit zur Stellungnahme zu geben, wenn ein Jagdschein nach § 17 Abs. 2 Nr. 4 des Bundesjagdgesetzes versagt werden kann oder nach § 18 in Verbindung mit § 17 Abs. 2 Nr. 4 des Bundesjagdgesetzes zu entziehen ist. [2] Die Vereinigungen der Jäger können bei der zuständigen Behörde beantragen, daß ein Jagdschein wegen schweren oder wiederholten Verstoßes gegen die Grundsätze der Weidgerechtigkeit nicht erteilt oder entzogen werden soll.

§ 44 RhPfLJG Jagdbehörden, Vereinigungen der Jägerinnen und Jäger

33 (1) [1] Oberste Jagdbehörde ist das fachlich zuständige Ministerium. [2] Obere Jagdbehörde ist die Zentralstelle der Forstverwaltung. [3] Untere Jagdbehörde ist die Kreisverwaltung, in kreisfreien Städten die Stadtverwaltung. [4] Die Landkreise und die kreisfreien Städte nehmen die Aufgabe als Auftragsangelegenheit wahr.

(2) Zuständige Behörde im Sinne dieses Gesetzes und des Bundesjagdgesetzes ist die untere Jagdbehörde, soweit nichts anderes bestimmt ist.

(3) [1] Erstreckt sich ein Jagdbezirk über das Gebiet mehrerer unterer Jagdbehörden, so ist die untere Jagdbehörde örtlich zuständig, in deren Gebiet der der Fläche nach größte Teil des Jagdbezirkes liegt. [2] In Zweifelsfällen wird die örtlich zuständige untere Jagdbehörde von der oberen Jagdbehörde bestimmt.

(4) [1] Die Jagdbehörden arbeiten mit den auf Landesebene organisierten Vereinigungen der Jägerinnen und Jäger und den von jagdlichen Fragen unmittelbar betroffenen Vereinigungen in Fragen des verbandspolitischen Interesses vertrauensvoll zusammen. [2] Diese Vereinigungen sollen darüber hinaus in Fällen von grundsätzlicher Bedeutung bei jagdbehördlichen Entscheidungen über Verstöße gegen § 3 Abs. 5 gehört werden.

(5) Die oberste Jagdbehörde kann mit Vereinigungen der Jägerinnen und Jäger sowie mit Dritten vertragliche Vereinbarungen über die Wahrnehmung von Dienstleistungen in Zusammenhang mit dem Vollzug dieses Gesetzes abschließen.

§ 45 RhPfLJG Landesjagdbeirat

34 (1) Bei der obersten Jagdbehörde wird ein Landesjagdbeirat gebildet, der in wichtigen Fragen der Jagdverwaltung zu hören ist.

(2) Der Landesjagdbeirat besteht aus:

1. drei Vertreterinnen oder Vertretern der Landwirtschaft,
2. zwei Vertreterinnen oder Vertretern der Forstwirtschaft,
3. zwei Vertreterinnen oder Vertretern der Jagdgenossenschaften,
4. einer Vertreterin oder einem Vertreter der Gemeinden,
5. zwei Vertreterinnen oder Vertretern der Eigentümerinnen und Eigentümer von Eigenjagdbezirken,

6. einer Vertreterin oder einem Vertreter der Jagdscheininhaberinnen und Jagdscheininhaber,
7. einer Vertreterin oder einem Vertreter der pachtenden Personen im Sinne des § 14,
8. zwei Vertreterinnen oder Vertretern des Landesjagdverbandes Rheinland-Pfalz e. V.,
9. einer Vertreterin oder einem Vertreter der sonstigen auf Landesebene tätigen Vereinigungen der Jägerinnen und Jäger,
10. einer Vertreterin oder einem Vertreter der Hegegemeinschaften,
11. einer Vertreterin oder einem Vertreter der auf Landesebene tätigen Tierschutzverbände,
12. zwei Vertreterinnen oder Vertretern der anerkannten Naturschutzverbände mit Ausnahme der Vereinigungen der Jägerinnen und Jäger,
13. einer Vertreterin oder einem Vertreter der Forstwissenschaft,
14. einer Vertreterin oder einem Vertreter der Jagdwissenschaft und
15. einer Vertreterin oder einem Vertreter des Landesverbandes der Berufsjäger Rheinland-Pfalz/Saarland e. V.

(3) [1]Die Mitglieder des Landesjagdbeirates üben ihre Tätigkeit ehrenamtlich aus. [2]Bei der Berufung der Mitglieder und der stellvertretenden Mitglieder sollen Frauen zur Hälfte berücksichtigt werden.

(4) Der Landesjagdbeirat gibt sich eine Geschäftsordnung; er wählt das vorsitzende Mitglied und dessen Stellvertretung aus seiner Mitte.

§ 46 RhPfLJG Jagdbeirat, Kreisjagdmeisterin oder Kreisjagdmeister

(1) Bei jeder unteren Jagdbehörde wird ein Jagdbeirat gebildet und eine Kreisjagdmeisterin oder ein Kreisjagdmeister ernannt. Abweichend von Satz 1 kann die Stadtverwaltung einer kreisfreien Stadt mit der Kreisverwaltung eines angrenzenden Landkreises vereinbaren, dass für sie gemeinsam bei der Kreisverwaltung ein Jagdbeirat gebildet und eine Kreisjagdmeisterin oder ein Kreisjagdmeister ernannt wird. 35

(2) Der Jagdbeirat berät die Jagdbehörden in allen wichtigen Fragen der Jagdverwaltung im Sinne der Zielsetzung dieses Gesetzes und wirkt gemäß § 31 Abs. 10 bei der Festsetzung behördlicher Abschusspläne mit.

(3) Der Jagdbeirat besteht aus:

1. der Kreisjagdmeisterin oder dem Kreisjagdmeister als vorsitzendem Mitglied,
2. zwei Vertreterinnen oder Vertretern der Landwirtschaft,
3. zwei Vertreterinnen oder Vertretern der Forstwirtschaft,
4. zwei Vertreterinnen oder Vertretern der Jagdgenossenschaften,
5. einer Vertreterin oder einem Vertreter der Gemeinden,
6. einer Vertreterin oder einem Vertreter der Eigentümerinnen oder Eigentümer von Eigenjagdbezirken,
7. zwei Vertreterinnen oder Vertretern der Jagdscheininhaberinnen und Jagdscheininhaber,
8. zwei Vertreterinnen oder Vertretern der pachtenden Personen iSd § 14,
9. zwei Vertreterinnen oder Vertretern der anerkannten Naturschutzverbände mit Ausnahme der Vereinigungen der Jägerinnen und Jäger sowie
10. einer Vertreterin oder einem Vertreter der im Bereich der unteren Jagdbehörde gebildeten Hegegemeinschaften im Sinne des § 13 Abs. 2.

(4) [1]Die Mitglieder des Jagdbeirates üben ihre Tätigkeit ehrenamtlich aus. [2]Bei der Berufung der Mitglieder und der stellvertretenden Mitglieder sollen Frauen zur Hälfte berücksichtigt werden.

(5) [1] Die Sitzungen des Jagdbeirates werden durch das vorsitzende Mitglied einberufen und von ihm geleitet. [2] Eine Sitzung ist einzuberufen, wenn die untere Jagdbehörde oder mindestens vier Mitglieder des Jagdbeirates dies beantragen. [3] Die Leiterin oder der Leiter der unteren Jagdbehörde ist zu den Sitzungen einzuladen; sie oder er hat beratende Stimme und kann sich vertreten lassen.

(6) [1] Der Jagdbeirat beschließt mit Stimmenmehrheit der anwesenden Mitglieder. [2] Bei Stimmengleichheit gibt die Stimme des vorsitzenden Mitglieds den Ausschlag.

(7) [1] Die Kreisjagdmeisterin oder der Kreisjagdmeister ist Ehrenbeamtin oder Ehrenbeamter des Landkreises oder der kreisfreien Stadt und erhält eine Aufwandsentschädigung, die vom Landkreis oder der kreisfreien Stadt festgesetzt wird. [2] Die Kreisjagdmeisterin oder der Kreisjagdmeister berät die untere Jagdbehörde auf Anforderung in allen mit der Jagd im Zusammenhang stehenden Fragen; ihr oder ihm kann die Vorbereitung jagdlicher Angelegenheiten übertragen werden.

(8) [1] Die Kreisjagdmeisterin oder der Kreisjagdmeister und die sie oder ihn vertretende Person werden gewählt. [2] Wahlberechtigt sind

1. die Inhaberinnen und Inhaber von gültigen Jahresjagdscheinen, die im Bereich des Landkreises oder der kreisfreien Stadt, für die die Wahl stattfindet, ihren Wohnsitz oder ständigen Aufenthalt haben oder dort jagdausübungsberechtigte Personen sind, sowie
2. die Jagdgenossenschaften und Eigentümerinnen oder Eigentümer der im Bereich des Landkreises oder der kreisfreien Stadt, für die die Wahl stattfindet, gelegenen Jagdbezirke.

Wählbar ist, wer

1. Deutsche oder Deutscher im Sinne des Artikels 116 des Grundgesetzes ist oder die Staatsangehörigkeit eines anderen Mitgliedstaates der Europäischen Union oder eines anderen Vertragsstaates des Abkommens über den Europäischen Wirtschaftsraum oder eines anderen nach dem Recht der Europäischen Union gleichgestellten Drittstaates besitzt,
2. einen auf seinen Namen lautenden gültigen Jahresjagdschein besitzt und einen solchen in den vorangegangenen drei Jagdjahren in Deutschland besessen hat und
3. im Bereich der unteren Jagdbehörden, für die die Wahl stattfindet, seinen Wohnsitz oder ständigen Aufenthalt hat.

Die Wahl bedarf der Bestätigung der unteren Jagdbehörden, für die die Wahl stattfand; die Bestätigung kann bei Amtsmissbrauch oder erheblicher Vernachlässigung der Amtspflichten widerrufen werden.

§ 45 SJG Kreisjagdbeiräte und Jagdberater

36 (1) [1] Zur Beratung aller Angelegenheiten jagdlicher Art von allgemeiner oder grundsätzlicher Bedeutung wird bei jeder unteren Jagdbehörde ein Kreisjagdbeirat gebildet. [2] Die Mitglieder des Kreisjagdbeirats und je ein Stellvertreter werden durch die Jagdbehörde für sechs Jahre widerruflich bestellt.

(2) Die Kreisjagdbeiräte bestehen aus:

1. dem Leiter der unteren Jagdbehörde oder einer von ihm bestimmten stellvertretenden Person als Vorsitzendem,
2. je einem Vertreter
   a) der Vereinigung der Jäger des Saarlandes,
   b) der Jagdgenossenschaften,
   c) der Jagdpächter,

d) der Landwirtschaftskammer für das Saarland,
e) des Bauernverbandes,
f) des Naturschutzbundes Deutschland – Landesverband Saar e. V. –,
g) des Bundes für Umwelt und Naturschutz Deutschland e. V. – Landesverband Saarland –,
h) der staatlichen Forstwirtschaft,
i) der kommunalen Forstwirtschaft,
j) der privaten Forstwirtschaft.

(3) [1] Bei den unteren Jagdbehörden werden nach Anhörung des Kreisjagdbeirates Jagdberater sowie ihre Stellvertreter für sechs Jahre widerruflich bestellt. [2] Sie sollen die Jagdbehörden in jagdlichen Angelegenheiten unterstützen und haben Stimmrecht im Kreisjagdbeirat.

(4) [1] Die Mitglieder der Kreisjagdbeiräte und die Jagdberater sind ehrenamtlich tätig. [2] Sie haben auf Antrag gegenüber der Jagdbehörde Anspruch auf Ersatz der ihnen bei dieser Tätigkeit erwachsenden notwendigen Auslagen nach den Bestimmungen des Saarländischen Reisekostengesetzes. [3] Für die Sitzungen der Kreisjagdbeiräte besteht Anspruch auf Entschädigung nach dem Gesetz über die Entschädigung der Mitglieder von Kommissionen und Ausschüssen.

(5) Die oberste Jagdbehörde wird ermächtigt, durch Rechtsverordnung die Bestellung und Abberufung der Mitglieder der Kreisjagdbeiräte und deren Stellvertreter sowie die Mindestinhalte der Geschäftsordnung zu regeln.

(6) [1] Zu den Sitzungen der Kreisjagdbeiräte können Sachverständige zugezogen werden. [2] Absatz 4 gilt entsprechend.

§ 48 SJG Vereinigung der Jäger des Saarlandes

(1) Die Vereinigung der Jäger des Saarlandes ist eine Körperschaft des öffentlichen Rechts. 37

(2) [1] Die Mitgliedschaft ist freiwillig. [2] Die Mitglieder des Vorstandes sind ehrenamtlich tätig.

(3) [1] Die Vereinigung der Jäger des Saarlandes unterliegt der Aufsicht der obersten Jagdbehörde, der gegenüber sie zur laufenden Beratung und Unterrichtung in allen die Jagd betreffenden Fragen und Angelegenheiten verpflichtet ist. [2] Die Satzung der Vereinigung der Jäger des Saarlandes sowie deren Änderungen bedürfen der Genehmigung der obersten Jagdbehörde.

(4) Der Vereinigung der Jäger des Saarlandes werden folgende Auftragsangelegenheiten übertragen:

1. die Abnahme der Prüfungen gemäß § 15 Abs. 1,
2. Die Bildung und Geschäftsführung eines Beirates für Jägerprüfung, der für die Inhalte und die Durchführung der Prüfungen gemäß § 15 Richtlinien erarbeitet und gemäß der zu § 15 erlassenen Rechtsverordnung mitwirkt. Die Richtlinien sind durch den Beirat mindestens alle drei Jahr zu überarbeiten und der obersten Jagdbehörde zur Genehmigung vorzulegen. Mitglieder des Beirates sind
   a) der Landesjägermeister als Vorsitzender,
   b) je ein Vertreter dem im Saarland zugelassenen Jagdschulen,
   c) eine der Zahl der im Saarland zugelassenen Jagdschulen entsprechende Zahl von Mitgliedern, die von der Vereinigung der Jäger des Saarlandes benannt werden,
3. die Erarbeitung von Musterentwürfen für Jagdpacht- und die Wildfolgeverträge (§ 22 Abs. 2),
4. die Bestätigung der Brauchbarkeit von Jagdhunden gemäß der Rechtsverordnung nach § 27 Abs. 5 und

5. die Konzeption von Qualifizierungslehrgängen für die Fallenjagd (§ 32 Abs. 1 Nr. 3).

(5) [1] Bei Versagung und Einziehung des Jagdscheins ist die Vereinigung der Jäger des Saarlandes zu hören. [2] Sie kann bei der obersten Jagdbehörde beantragen, einen Jagdschein wegen Verstoßes gegen die Grundsätze der Weidgerechtigkeit nicht zu erteilen oder einzuziehen. [3] Will die oberste Jagdbehörde von einer Stellungnahme der Vereinigung der Jäger des Saarlandes abweichen oder deren Antrag nicht entsprechen, so entscheidet die oberste Jagdbehörde.

(6) Die oberste Jagdbehörde kann durch Rechtsverordnung der Vereinigung der Jäger des Saarlandes weitere Aufgaben der obersten Jagdbehörde nach diesem Gesetz als Auftragsangelegenheiten übertragen.

§ 34 SächsJagdG Jagdbeiräte (zu § 37 Bundesjagdgesetz)

38 (1) [1] Bei der obersten und den unteren Jagdbehörden werden Jagdbeiräte eingerichtet. [2] Sie sollen die Jagdbehörden in allen jagdlichen Fragen von grundsätzlicher Bedeutung beraten.

(2) Dem Landesjagdbeirat bei der obersten Jagdbehörde sollen Vertreter der Jägerschaft, der Hegegemeinschaften, der Jagdgenossenschaften, der Landwirtschaft, der Forstwirtschaft, der Jagdwissenschaft, der Berufsjäger, der Fischerei und Fischzucht, des Naturschutzes, des Tierschutzes und des Veterinärwesens angehören.

(3) Dem Jagdbeirat bei der unteren Jagdbehörde sollen Vertreter der Jägerschaft, der örtlichen Hegegemeinschaft, der Jagdgenossenschaften, der Landwirtschaft, der Forstwirtschaft sowie des Naturschutzes angehören.

(4) [1] Die Mitglieder des Jagdbeirates erhalten als Ersatz der ihnen bei der Ausübung ihrer Beiratstätigkeit entstandenen notwendigen Auslagen Tagegeld sowie Fahrtkostenersatz nach den für Landesbeamte geltenden Vorschriften. [2] Die Reisekostenvergütung wird von der Jagdbehörde festgesetzt und gezahlt, bei der der Jagdbeirat eingerichtet ist.

§ 40 LSALJagdG Landesjägerschaft (Zu § 37 BJagdG)

39 (1) [1] Weist eine Vereinigung von Jägern nach, daß ihr mehr als die Hälfte der Jagdscheininhaber des Landes angehört, so kann sie von der obersten Jagdbehörde als Landesjägerschaft anerkannt werden. [2] Die Anerkennung kann widerrufen werden, wenn die Voraussetzung des Satzes 1 nicht mehr vorliegt.

(2) [1] Die Jagdbehörde hat der Landesjägerschaft Gelegenheit zur Stellungnahme zu geben, wenn ein Jagdschein nach § 17 Abs. 2 Nr. 4 des Bundesjagdgesetzes versagt oder nach § 18 in Verbindung mit § 17 Abs. 2 Nr. 4 entzogen werden soll. [2] Die Landesjägerschaft kann bei der Jagdbehörde beantragen, daß ein Jagdschein wegen Verstoßes gegen die Grundsätze der Weidgerechtigkeit nicht erteilt oder entzogen wird. [3] Will die Jagdbehörde von einer Stellungnahme der Landesjägerschaft abweichen oder einem Antrag der Landesjägerschaft nicht entsprechen, so bedarf die Entscheidung der Zustimmung der oberen Jagdbehörde.

§ 41 LSALJagdG Kreisjägermeister (zu § 37 BJagdG)

40 (1) [1] Die Jagdbehörde wird jagdlich beraten durch den Kreisjägermeister. [2] Er wird auf Vorschlag der Organisation der Jäger von der Vertretung des Landkreises oder der kreisfreien Stadt für die Dauer von deren Wahlperiode gewählt. [3] Die Vertretung kann ihn vorzeitig abberufen, wenn dafür ein wichti-

ger Grund vorliegt. [4] Der Kreisjägermeister muß die Voraussetzungen des § 11 Abs. 5 Satz 1 des Bundesjagdgesetzes erfüllen. [5] Er übt seine Aufgaben ehrenamtlich aus und darf nicht in das Beamtenverhältnis berufen werden.

(2) Die Jagdbehörde kann dem Kreisjägermeister Befugnisse zur Erledigung im Auftrage übertragen.

(3) [1] Der Kreisjägermeister sorgt im Rahmen seiner Befugnisse für die Beachtung der allgemein anerkannten Grundsätze deutscher Weidgerechtigkeit und für eine Durchführung der Hege entsprechend den Vorschriften des § 1 Abs. 2 des Bundesjagdgesetzes. [2] Er ist Vorsitzender der Prüfungskommission für die Jägerprüfung gemäß § 22 Abs. 3.

(4) [1] Allgemeiner Vertreter des Kreisjägermeisters ist der Vertreter der Jäger im Jagdbeirat. [2] Erscheint es der Jagdbehörde wegen der Größe ihres Gebiets zur Entlastung des Kreisjägermeisters angebracht, so kann sie für Teile ihres Gebiets besondere Vertreter des Kreisjägermeisters bestellen, die bestimmte Aufgaben nach seinen Weisungen wahrnehmen. [3] Sie nehmen mit beratender Stimme an den Sitzungen des Jagdbeirats teil. [4] Für ihre Bestellung gilt Absatz 1 Satz 2 bis 5 entsprechend.

§ 42 LSALJagdG Jagdbeirat (zu § 37 BJagdG)

(1) [1] Der Jagdbeirat (§ 37 des Bundesjagdgesetzes) wird bei der Jagdbehörde aus dem Kreisjägermeister und fünf Mitgliedern gebildet. [2] Die Mitglieder werden durch die Vertretung des Landkreises oder der kreisfreien Stadt für die Dauer von deren Wahlperiode gewählt, und zwar je ein Vertreter der Landwirtschaft, der Forstwirtschaft und der Jagdgenossenschaften auf Vorschlag des Hauptverwaltungsbeamten, der Vertreter der Jäger auf Vorschlag der Organisation der Jäger, der Vertreter des Naturschutzes auf Vorschlag des Naturschutzbeauftragten. [3] Die Mitglieder des Jagdbeirats müssen mit Ausnahme des Vertreters der Jagdgenossenschaften und des Naturschutzes Inhaber von Jahresjagdscheinen sein; der Vertreter des Naturschutzes muß eine Jägerprüfung erfolgreich abgelegt haben. 41

(2) [1] Die Sitzungen des Jagdbeirats werden durch den Kreisjägermeister einberufen und geleitet. [2] Der Kreisjägermeister muß eine Sitzung des Jagdbeirats einberufen, wenn die Jagdbehörde oder mindestens zwei Mitglieder des Jagdbeirats dies verlangen. [3] Der Hauptverwaltungsbeamte kann an den Sitzungen des Jagdbeirats teilnehmen. [4] Ihm ist auf Verlangen jederzeit das Wort zu erteilen.

(3) Die Jagdbehörde hat den Jagdbeirat, unbeschadet der Vorschrift des § 21 Abs. 2 des Bundesjagdgesetzes, vor allen wesentlichen Entscheidungen zu hören.

§ 34 SchlHLJagdG Kreisjägermeisterin oder Kreisjägermeister

(1) [1] Bei der unteren Jagdbehörde werden aufgrund der Wahl nach den Absätzen 2 bis 5 eine Kreisjägermeisterin oder ein Kreisjägermeister sowie deren Stellvertretung bestellt. [2] Diese beraten die untere Jagdbehörde in allen jagdlichen Fragen. [3] Die untere Jagdbehörde ist an ihre Empfehlungen nicht gebunden. 42

(2) [1] Die Kreisjägermeisterinnen oder Kreisjägermeister und ihre Stellvertreterinnen oder Stellvertreter werden für fünf Jahre gewählt; sie üben ihre Aufgaben ehrenamtlich aus. [2] Ist es wegen der Größe des Kreisgebietes zur Entlastung der Kreisjägermeisterinnen oder Kreisjägermeister erforderlich, so kann die untere Jagdbehörde mit Zustimmung der Kreisjägermeisterinnen oder Kreisjägermeister deren Stellvertretung mit der Wahrnehmung der Aufgaben für einen Teil des Kreisgebietes oder für einzelne Sachgebiete betrauen.

(3) Zur Kreisjägermeisterin oder zum Kreisjägermeister und zur Stellvertreterin oder zum Stellvertreter darf nur gewählt werden, wer
1. jagdpachtfähig ist (§ 11 Abs. 5 des Bundesjagdgesetzes),
2. den Wohnsitz oder ständigen Aufenthalt in dem Kreise oder in der kreisfreien Stadt hat, in dem oder in der sie oder er zur Kreisjägermeisterin oder zum Kreisjägermeister gewählt werden soll.

(4) Zur Teilnahme an der Wahl der Kreisjägermeisterin oder des Kreisjägermeisters und der Stellvertreterin oder des Stellvertreters ist berechtigt, wer
1. Inhaberin oder Inhaber eines Jahresjagdscheines ist und
2. im Kreis oder in der kreisfreien Stadt ihren oder seinen Wohnsitz oder ständigen Aufenthalt hat oder Inhaberin oder Inhaber eines Eigenjagdbezirks ist oder eine Jagd gepachtet hat.

(5) [1] Die untere Jagdbehörde leitet die Wahl der Kreisjägermeisterin oder des Kreisjägermeisters und ihrer oder seiner Stellvertreterin oder ihres oder seines Stellvertreters. [2] Das Wahlverfahren regelt die oberste Jagdbehörde.

§ 35 SchlHLJagdG Jagdbeirat (zu § 37 Abs. 1 Bundesjagdgesetz)

43 (1) [1] Bei der unteren Jagdbehörde wird ein Jagdbeirat gebildet. [2] Er berät und unterstützt die untere Jagdbehörde in allen wichtigen Fragen der Jagdverwaltung. [3] Seine Mitwirkung bei der Bestätigung oder der Festsetzung der Abschußpläne nach § 21 Abs. 2 Satz 1 des Bundesjagdgesetzes bleibt unberührt.

(2) Die untere Jagdbehörde beruft als Mitglieder des Jagdbeirates:
1. die Kreisjägermeisterin oder den Kreisjägermeister, in den Fällen des § 34 Abs. 2 Satz 2 auch deren Stellvertretung,
2. zwei von ihren jagdlichen Organisationen benannte Jägerinnen oder Jäger, die einen gültigen Jagdschein besitzen müssen,
3. je eine Vertreterin oder einen Vertreter der Landwirtschaft und der Forstwirtschaft, die von den berufsständischen Organisationen benannt werden,
4. eine Vertreterin oder einen Vertreter der Jagdgenossenschaften, die oder der von der Vertretungskörperschaft des Kreises oder der kreisfreien Stadt benannt werden,
5. als Vertreterinnen oder Vertreter des Naturschutzes die oder den jeweiligen Kreisbeauftragten für Naturschutz sowie eine vom Beirat für Naturschutz benannte Person, die Mitglied einer nach § 3 Abs. 3 des Umwelt-Rechtsbehelfsgesetzes vom 7. Dezember 2006 (BGBl. I S. 2816), zuletzt geändert durch Artikel 11a des Gesetzes vom 11. August 2010 (BGBl. I S. 1163), in Verbindung mit § 40 Abs. 1 Landesnaturschutzgesetz in Schleswig-Holstein anerkannten Naturschutzvereinigung ist.

(3) Die Mitglieder des Jagdbeirats üben ihre Tätigkeit ehrenamtlich für die Dauer von fünf Jahren aus.

(4) [1] Die Mitglieder des Jagdbeirats wählen aus ihrer Mitte eine Vorsitzende oder einen Vorsitzenden sowie eine stellvertretende Vorsitzende oder einen stellvertretenden Vorsitzenden. [2] Der Jagdbeirat gibt sich eine Geschäftsordnung. [3] Die Mitglieder des Jagdbeirates erhalten für die Durchführung ihrer Aufgaben eine Entschädigung nach den Bestimmungen der Gemeindeordnung und der Kreisordnung für ehrenamtlich tätige Bürgerinnen und Bürger.

(5) [1] Die oder der Vorsitzende beruft die Sitzungen des Jagdbeirats ein und leitet sie. [2] Sie oder er muß eine Sitzung einberufen, wenn die untere Jagdbehörde oder mindestens zwei Mitglieder des Jagdbeirats dies beantragen.

(6) **Vertreterinnen oder Vertreter der unteren Jagdbehörde, der unteren Forstbehörde und der unteren Naturschutzbehörde werden zu den Sitzungen des Jagdbeirats eingeladen; ihnen ist auf Verlangen jederzeit das Wort zu erteilen.**

§ 36 SchlHLJagdG Landesjägerschaft (zu § 37 Abs. 2 Bundesjagdgesetz)

(1) [1] **Weist eine Vereinigung von Jägerinnen und Jägern nach, daß ihr mindestens 50 % der Jagdscheininhaberinnen und Jagdscheininhaber des Landes angehören, so kann sie von der obersten Jagdbehörde als Landesjägerschaft anerkannt werden.** [2] **Die Anerkennung ist zu widerrufen, wenn die Voraussetzung nach Satz 1 nicht mehr vorliegt.** 44

(2) [1] **Die Jagdbehörde hat der Landesjägerschaft Gelegenheit zur Stellungnahme zu geben, wenn ein Jagdschein nach § 17 Abs. 2 Nr. 4 des Bundesjagdgesetzes versagt oder nach § 18 des Bundesjagdgesetzes in Verbindung mit § 17 Abs. 2 Nr. 4 des Bundesjagdgesetzes eingezogen werden soll.** [2] **Die Landesjägerschaft kann bei der Jagdbehörde beantragen, daß ein Jagdschein wegen Verstoßes gegen die Grundsätze der Weidgerechtigkeit nicht erteilt oder eingezogen wird.**

(3) **Die oberste Jagdbehörde kann der Landesjägerschaft mit deren Zustimmung weitere Aufgaben des Jagdwesens übertragen, insbesondere in den Bereichen Aus- und Fortbildung der Jägerinnen und Jäger, Kontrolle der Normen für Fanggeräte, Schießausbildung, Ausbildungs- und Prüfungswesen für Jagdhunde, Durchführung der Jagdaufseherinnen- und Jagdaufseherlehrgänge sowie Anerkennung von Fährtenhunden.**

§ 51 ThJG Jagdberater

[1] **Zur sachverständigen Beratung der unteren Jagdbehörden sind nach Anhörung des Jagdbeirates ehrenamtliche Jagdberater zu bestellen.** [2] **Die Jagdberater und je ein Stellvertreter werden aus dem Kreis der Jagdscheininhaber für fünf Jagdjahre widerruflich bestellt.** [3] **Die Zahl der Jagdberater soll je Behörde zwei nicht überschreiten.** [4] **Ihre Aufgabe und Stellung innerhalb der Jagdbehörde und die Aufwandsentschädigung werden durch eine Rechtsverordnung der obersten Jagdbehörde geregelt.** [5] **In der Regel sollen die Jagdberater kein wichtiges Amt in einer Organisation der im Jagdbeirat vertretenen Interessengruppen bekleiden.** 45

§ 52 ThJG Jagdbeirat

(1) **Zur Beratung aller Angelegenheiten von grundsätzlicher Bedeutung sowie wichtiger Einzelfragen und den in diesem Gesetz zugewiesenen Angelegenheiten wird bei jeder Jagdbehörde ein Jagdbeirat (§ 37 Abs. 1 des Bundesjagdgesetzes) gebildet.** 46

(2) **Der Jagdbeirat bei der unteren Jagdbehörde besteht aus deren Vertreter als Vorsitzenden und aus neun Mitgliedern, nämlich zwei Vertretern der Jagd und je einem Vertreter der Landwirtschaft, der staatlichen, privaten und kommunalen Forstwirtschaft, der Jagdgenossenschaft, des Amtstierarztes und des Naturschutzes.**

(3) **Der Jagdbeirat bei der obersten Jagdbehörde besteht aus deren Vertreter als Vorsitzenden und fünfzehn Mitgliedern, nämlich zwei Vertretern der Jagd, der Jagdgenossenschaft und der Landwirtschaft, sowie je einem Vertreter der Berufsjagd, der Falknerei, der Fischereiwirtschaft, der staatlichen, privaten und kommunalen Forstwirtschaft, des Naturschutzes, des Tierschutzes und des Veterinärwesens.**

(4) [1] **Die Mitglieder des Jagdbeirates und je ein Stellvertreter werden durch die Jagdbehörde für fünf Jahre widerruflich bestellt und sind ehrenamtlich**

tätig. [2]Sie erhalten auf Antrag Ersatz der ihnen bei der Ausübung der Beratungstätigkeit entstandenen Reisekosten nach Maßgabe der Reisekostenbestimmungen des Landes sowie ihrer notwendigen Auslagen. [3]Das Gleiche gilt für die nach Absatz 6 zugezogenen Sachkundigen.

(5) **Die Mitglieder der Jagdbeiräte werden berufen auf Vorschlag:**

1. **der örtlich zuständigen Vereinigungen der Jäger, soweit es sich um Vertreter der Jagd handelt, wobei die örtlich zuständige Vereinigung der Jäger mit der höchsten Mitgliederzahl den Vertreter vorschlagen soll und die anderen örtlich zuständigen Vereinigungen der Jäger den Stellvertreter;**
2. **des örtlich zuständigen Bauernverbandes, soweit es sich um Vertreter der Landwirtschaft handelt;**
3. **der obersten Forstbehörde, soweit es sich um Vertreter der staatlichen Forsten handelt; die oberste Forstbehörde kann ihr Vorschlagsrecht delegieren;**
4. **des Waldbesitzerverbandes, soweit es sich um Vertreter der privaten Forstwirtschaft handelt;**
5. **des Gemeinde- und Städtebundes, soweit es sich um Vertreter der kommunalen Forstwirtschaft handelt;**
6. **der örtlich zuständigen Vereinigung der Fischerei und des Naturschutzes; den Vertreter des Naturschutzes schlagen die nach § 3 Umwelt-Rechtsbehelfsgesetz in der Fassung vom 23. August 2017 (BGBl. I S. 3290), in der jeweils geltenden Fassung, anerkannten Vereinigungen vor;**
7. **der örtlich zuständigen Jagdgenossenschaftsverbände, soweit es sich um Vertreter der Jagdgenossenschaft handelt;**
8. **des Landesverbandes der Berufsjäger Thüringen, soweit es sich um Vertreter der Berufsjagd handelt;**
9. **der Landesvereinigungen für Falknerei, soweit es sich um Vertreter der Falknerei handelt;**
10. **des Landestierschutzverbandes Thüringen, soweit es sich um Vertreter des Tierschutzes handelt;**
11. **des für das Veterinärwesen zuständigen Ministeriums, soweit es sich um Vertreter des Veterinärwesens handelt.**

(6) **[1]Zu den Beratungen des Jagdbeirates können vom Vorsitzenden weitere Sachkundige sowie Vertreter von Behörden und Hegegemeinschaften zugezogen werden. [2]Den Trägern öffentlicher Belange ist auf Verlangen Gelegenheit zur Äußerung zu geben.**

§ 53 ThJG Mitwirkung von Vereinigungen der Jäger

47 **[1]Die oberste Jagdbehörde wird ermächtigt, durch Rechtsverordnung die Mitwirkung von Vereinigungen der Jäger für die Fälle vorzusehen, in denen Jagdscheininhaber gegen die Grundsätze der Weidgerechtigkeit verstoßen (§ 1 Abs. 3, § 37 Abs. 2 des Bundesjagdgesetzes), sowie Voraussetzungen und Verfahren für die Anerkennung der Vereinigung der Jäger zu bestimmen und diesen mit ihrer Zustimmung nicht hoheitliche Aufgaben auf dem Gebiete des Jagdwesens zu übertragen. [2]Eine Vereinigung der Jäger ist als mitwirkungsberechtigte Vereinigung anzuerkennen, wenn sie nachweislich mehr als die Hälfte der in Thüringen wohnhaften Inhaber eines Jahresjagdscheines als Mitglieder hat. [3]Die Anerkennung oder ihre Rücknahme oder ihr Widerruf werden durch die oberste Jagdbehörde ausgesprochen.**

X. Abschnitt. Straf- und Bußgeldvorschriften

§ 38 Strafvorschriften

(1) **Mit Freiheitsstrafe bis zu fünf Jahren oder mit Geldstrafe wird bestraft, wer** 1

1. einer vollziehbaren Anordnung nach § 21 Abs. 3 zuwiderhandelt,
2. entgegen § 22 Abs. 2 Satz 1 Wild nicht mit der Jagd verschont oder
3. entgegen § 22 Abs. 4 Satz 1 ein Elterntier bejagt.

(2) **Handelt der Täter fahrlässig, so ist die Strafe Freiheitsstrafe bis zu einem Jahr oder Geldstrafe.** 2

Ländervorschriften: § 66 JWMG; § 47 RhPfLJG; § 43 LSALJagdG.

Übersicht

I. Einführung

Geschütztes Rechtsgut des § 38 ist das Wild selbst. Die Regelungen der § 21 Abs. 3, § 22 Abs. 2 S. 1, § 22 Abs. 4 S. 1 sind zur Erhaltung der Fauna erlassen worden. Nicht geschützt ist das Jagdrecht des Jagdausübungsberechtigten. 1

Die Strafvorschriften des § 38 sind daher Sonderdelikte. Sie können nur von dem befugten Jäger, also dem Jagdausübungsberechtigten, dem Jagdgast oder dem angestellten Jäger begangen werden (BT-Drs. 13/5493, 7; AG Schwäbisch Gmünd Urt. v. 15.4.1980 – 5 Ds 392/79, JE X Nr. 22; AG Bayreuth Urt. v. 14.12.1978 – Ls 7 Js 3003/78, JE X Nr. 29; Rühling/Selle zu 1; wohl aA AG Emmendingen Urt. v. 20.1.2009 – 5 Cs 520 Js 33839, BeckRS 2009, 5005). Handlungen des nicht zur Jagdausübung Berechtigten sind nicht nach § 38 zu beurteilen, sondern nach § 292 StGB. Daher unterfällt auch der Jagdpächter, der im befriedeten Bezirk jagt, wo er kein Jagdrecht besitzt, nicht § 38, sondern § 292 StGB (zur Frage, ob dieser bei einer unbefugten Wildfolge aus dem Gesichtspunkt des Tierschutz eventuell nicht rechtswidrig handelt, s. AG Sinzig Urt. v. 25.11.1999 – 2030 Js 576/98-36, JE X Nr. 109 mAnm Lauven). Taugliche Tatobjekte sind nur die dem Jagdrecht unterliegenden Tierarten (vgl. OLG Celle Urt. v. 23.5.2011 – 32 Ss 31/11, BeckRS 2011, 23799 = JE X Nr. 119). 2

II. Abschussverbote zum Bestandsschutz

3 § 21 Abs. 3 ermöglicht es den Abschuss von Wild, dessen Bestand bedroht erscheint, für bestimmte Bezirke oder bestimmte Reviere dauernd oder gänzlich zu verbieten (→ § 21 Rn. 19). Voraussetzung ist ein nach den verwaltungsrechtlichen Regeln rechtswirksames Abschussverbot (Lorz/Metzger Rn. 2).

4 Obwohl der Gesetzgeber in der seit dem 27.11.1996 gültigen Fassung allgemein von Zuwiderhandlungen und nicht mehr vom Erlegen spricht, ist der Tatbestand weiterhin als **Erfolgsdelikt** zu sehen. Nach der früheren Gesetzesfassung machte sich derjenige strafbar, der Wild trotz des Verbotes erlegte. Der Gesetzgeber wollte keine qualitative Änderung zur vorhergehenden Regelung einführen, sondern ihm schien „die undifferenzierte Bewertung aller Schonzeitzuwiderhandlungen (…) ohne Berücksichtigung qualitativer Unterschiede nicht sachgerecht." Abstufungen seien erforderlich „um den Jäger nicht mit unangemessenen Strafdrohungen von der notwendigen Jagdausübung abzuhalten" (BT-Drs. 13/5493, 5). Daher ist für die Erfüllung des Tatbestandes der Erfolg, nämlich der Tod des Wildes, erforderlich. Nicht geändert wurde in diesem Zusammenhang § 21 Abs. 3, der weiterhin vom Abschuss des Wildes spricht. Abschuss ist eine auf Tötung zielende Handlung (vgl. § 19 Abs. 1 Nr. 6, der zwischen Abschuss und Fang unterscheidet). So hat zwar nicht nur das erlegte Wild, sondern auch das Unfall- oder Fallwild Einfluss auf die Erfüllung des Abschussplanes (OLG Brandenburg Beschl. v. 31.5.2006 – 1 Ss (OWi) 21 B/06, BeckRS 2006, 9686 = NStZ-RR 2006, 352 Ls.), ordnungswidrig ist die Abschussplanüberschreitung aber nur beim Erlegen und nicht beim Fang (§ 39 Abs. 2 Nr. 3). Ansichten, die auch den Fang des (lebenden) Wildes als Verstoß gegen die Verbotsvorschriften ansehen, da hierdurch der Bestand des Wildes genauso gefährdet würde (Rühling/Selle Nr. 2), gehen, insbesondere auch unter Berücksichtigung der Wortlautgrenze zu weit (→ § 39 Rn. 11; zum gleichen Ergebnis gelangt Meyer-Ravenstein LSALJagdG Rn. 2, der aber mit dem im Gesetz nicht mehr enthaltenen Begriff des „Erlegens" argumentiert).

III. Wild ohne Jagdzeit

5 Während nach § 38 Abs. 1 Nr. 1 die Strafbarkeit vom Tod des Wildes abhängig ist, ist nach § 38 Abs. 1 Nr. 2 bereits die **Jagdausübung** iSd § 1 Abs. 4 strafbar, soweit sie sich auf Wild bezieht, das ganzjährig geschützt ist (→ § 22 Rn. 11). Daher beginnt die Strafbarkeit bereits mit dem Aufsuchen oder Nachstellen. Es ist daher bereits das Auf-dem-Anstand-stehen, das Heranpirschen, das Verfolgen, das Treibenlassen durch Treiber, das Auslegen vergifteter Köder oder Fallen ausreichend, also jede Handlung, mit welcher der Täter nach seiner Vorstellung zum Erlegen und Fangen von Wild unmittelbar ansetzt (Fischer StGB § 292 Rn. 11). Aber nicht alle Handlungen, die geeignet sind, geschütztes Wild seiner Freiheit zu berauben, sind als Verstoß gegen das Gebot anzusehen, dieses Wild mit der Jagd zu verschonen. Als Jagd iSd § 38 Abs. 1 Nr. 2 sind nur solche Tätigkeiten anzusehen, die dazu führen oder dazu führen sollen, dass das Wild zur Beute wird (OLG Oldenburg Beschl. v. 3.9.1982 – 1 Ss 432/82, JE X Nr. 41). Daher verstößt

ein Jagdausübungsberechtigter nicht gegen das Gebot des § 22 Abs. 2 S. 1, wenn er die Absicht hatte, das in einer Falle gefangene Tier nicht zu erbeuten, sondern es sogleich wieder in Freiheit zu entlassen (OLG Oldenburg Urt. v. 3.9.1982 – 1 Ss 431/82, NuR 1983, 166). Die Aneignung von bereits totem Wild oder Wildteilen unterfällt nicht der Strafvorschrift.

Geschützt ist durch § 38 Abs. 1 Nr. 2 nur Wild, das bundesrechtlich keiner 6 Jagdzeit unterliegt. Für Tierarten, die über eine landesrechtliche Regelung gem. § 2 Abs. 2 dem Jagdrecht unterworfen wurden und dort einer ganzjährigen Schonzeit unterliegen, muss der Landesgesetzgeber entsprechende Sanktionen bei Schonzeitverletzungen festlegen (vgl. Mitzschke/Schäfer Rn. 2; auch der Gesetzgeber verweist darauf, dass sich die Einordnung als Straftatbestand aus Artenschutzgründen rechtfertige und die Länder gem. § 22 Abs. 2 S. 2 nur unter den dort genannten Voraussetzungen vom ganzjährigen Schutz abweichen können (vgl. BT-Drs. 13/5493, 6); zu weiteren landesrechtlichen Ausnahmemöglichkeiten aber → § 22 Rn. 11).

IV. Jagd in Setz- und Brutzeiten

Auch im Rahmen des § 38 Abs. 1 Nr. 3 ist bereits jede Handlung aus- 7 reichend, die auf den Abschuss oder den Fang von Wild gerichtet ist, mit dem Ziel es zur Beute zu machen (→ Rn. 5). Sanktioniert wird die Bejagung sowohl von Mutter- als auch Vatertieren, soweit diese entsprechend zum Brüten oder zur Aufzucht während der Setzzeit notwendig sind. Das generelle Jagdverbot rechtfertigt der Gesetzgeber mit Tierschutzgründen, um die Aufzucht der Jungtiere zu sichern und das Leiden elternlos gewordener Jungtiere zu verhindern (vgl. BT-Drs. 13/5493, 6). Das Jagdverbot des § 22 Abs. 4 S. 1 gilt auch für Wild ohne Schonzeit. Wegen landesrechtlicher Ausnahmen → § 22 Rn. 23.

§ 22 Abs. 4 S. 1 schützt die Elterntiere bis zum **Selbständigwerden der** 8 **Jungtiere,** soweit sie für die Aufzucht notwendig sind. Daher sind die Jungtiere erst dann als selbständig zu betrachten, wenn sie sich allein fortbewegen und die zur artgemäßen Entwicklung notwendige Nahrung beschaffen können. Dies ist dann nicht der Fall, wenn das Jungtier ohne das bejagte Elterntier stark kümmern oder gar zu Grunde gehen würde (vgl. Mitzschke/Schäfer § 22 Rn. 11; Leonhardt § 22 Rn. 8.1.2.1). Nicht geschützt sind die Jungtiere selbst. Eine analoge Anwendung auf diese ist im Strafrecht nicht möglich (Lorz/Metzger Rn. 4). Es muss feststehen, dass das erlegte Tier tatsächlich abhängige Jungtiere führt. Allein aus dem Vorhandensein eines Gesäuges lässt sich dieser Schluss nicht ziehen (AG Wismar Urt. v. 3.7.2019 – 6 Cs 84/19, JE XXI Nr. 124).

Elterntiere dürfen daher dann bejagt werden, wenn zuvor alle Jungtiere 9 getötet worden sind (Leonhardt § 22 Rn. 8.1.1 Abs. 3; aA Mitzschke/Schäfer § 22 Rn. 13; LG Aschaffenburg Urt. v. 16.9.1980 – Cs 108 Js 10296/79 Ns, JE X Nr. 24). Nach dem Tod sämtlicher Jungtiere verliert das Alttier die Eigenschaft als Elterntier und ist damit nach der Intention des Gesetzgebers nicht mehr als besonders schutzwürdig anzusehen. Allerdings wird der Jäger in solchen Fällen auch im Hinblick auf Strafdrohung für fahrlässiges Handeln nach Abs. 2 äußerst sorgfältig das Fehlen weiterer Jungtiere zu überprüfen haben.

V. Subjektiver Tatbestand

10 Vorsatz liegt vor, wenn der Täter wissentlich oder willentlich den Tatbestand verwirklicht (Fischer StGB § 15 Rn. 3 mwN). Es ist auch ausreichend, wenn der Täter bedingt vorsätzlich handelt. Wer weiß, dass zu drei Alttieren zwei Muttertiere gehören, nimmt billigend in Kauf ein Elterntier zu erlegen, wenn er sich vor Schussabgabe nicht vergewissert, ob er auf ein Elterntier schießt (OLG Hamm AUR 2017, 25). Da zum gesetzlichen Tatbestand auch die Frage gehört, ob die Jagd zu diesem Zeitpunkt gestattet ist, ist ein Irrtum über Beginn und Ende der Schonzeit kein Verbotsirrtum, sondern ein den Vorsatz ausschließender Irrtum über ein Tatbestandsmerkmal (OLG Koblenz Beschl. v. 19.2.1986 – 1 Ss 54/86, JE X Nr. 58; OLG Celle Urt. v. 12.5.1954 – Ss 744/53, NJW 1954, 1618).

11 Fahrlässig handelt, wer eine objektive Pflichtwidrigkeit begeht, sofern er diese nach seinen subjektiven Kenntnissen und Fähigkeiten vermeiden konnte und wenn gerade die Pflichtwidrigkeit objektiv und subjektiv vorhersehbar den Taterfolg herbeigeführt hat (vgl. BGH Urt. v. 13.11.2003 – 5 StR 327/03, BGHSt 49, 1 = NJW 2004, 237). Derjenige, der ständig in einem Bundesland jagt und sich keine Kenntnis über die geltenden Schonzeitbestimmungen verschafft, handelt fahrlässig, insbesondere, wenn dies ihm ohne weiteres möglich ist (OLG Koblenz Beschl. v. 19.2.1986 – 1 Ss 54/86, JE X Nr. 58). Auch wird von jedem Jäger eine genaue Kenntnis der Biologie der Wildarten verlangt, um zu erkennen, ob er ggf. ein Elterntier entgegen § 38 Abs. 1 Nr. 3 bejagt (LG Aschaffenburg Urt. v. 16.9.1980 – Cs 108 Js 10296/79 Ns, JE X Nr. 24). Zum sicheren Ansprechen muss sich der Jäger durch intensive Beobachtung unter Benutzung der üblichen und erforderlichen Hilfen, wie zB Zielfernrohr, sichere Überzeugung von seinem Jagdziel verschaffen (Mitzschke/Schäfer Rn. 3). Gerade bei ungünstigen Licht- und Witterungsbedingungen muss der Jäger vor der Schussabgabe das Wild sorgfältig ansprechen und intensiv beobachten (AG Cochem Urt. v. 4.7.1988 – 103 Js 8574/88, JE X Nr. 66). Mit einem Hinweis auf schlechte Sichtverhältnisse kann der Vorwurf der Fahrlässigkeit nicht erwidert werden, da diese Umstände die Sorgfaltspflichten erhöht und der Jäger gerade dann auf die Abgabe des Schusses verzichten muss (Mitzschke/Schäfer Rn. 3 mwN). Ebenso muss der Jäger von einem Schuss auf ein Stück Wild absehen, wenn sich Wild ohne Jagdzeit in unmittelbarer Nähe zum Ziel befindet und er damit rechnen muss, dass der Schuss fehlgeht und das geschützte Tier trifft. Allerdings muss der Jäger keinen „Sicherheitsraum" von 10m einhalten, nur weil prinzipiell die Möglichkeit eines Abprallers besteht (OLG Hamm 16.1.1961 – 2 Ss 967/60, EJS II S. 21 Nr. 6). Beim Aufstellen von Fallen kann der Aufstellungsort und die Beköderung Rückschlüsse auf den subjektiven Tatbestand zu ermöglichen (Kümmerle/Nagel, Jagdrecht Baden-Württemberg, 11. Aufl. 2010).

VI. Rechtswidrigkeit

12 Eine Einwilligung des Jagdausübungsberechtigten zB gegenüber dem Jagdgast rechtfertigt die Tat nicht, da Schutzzweck der Norm der generelle bzw. spezielle Tierschutz ist. In eine Verletzung dieses Schutzgutes kann der Jagd-

ausübungsberechtigte nicht wirksam einwilligen (vgl. Lorz/Metzger Rn. 6). Bei der Prüfung einer möglichen Rechtfertigung nach den allgemeinen Normen (zB § 228 BGB, §§ 32 ff. StGB) ist aber zu berücksichtigen, dass der Gesetzgeber in einigen Normen schon eine **Güterabwägung** vorgenommen hat. Daher wird dem Eigentumsschutz zB im Hinblick auf die Regelungen zum Wildschadensersatz im Rahmen einer Güterabwägung nur ein geringer Wert zukommen. § 22 Abs. 1 S. 3 ermöglicht die Abkürzung oder Aufhebung von Schonzeiten ua zur Vermeidung von übermäßigen Wildschäden. Ferner regelt § 26 in welcher Form Wild zur Verhütung von Schäden von Grundstücken abgehalten oder verscheucht werden darf. Ohne Prüfung und ggf. Ausschöpfung dieser Mittel kann auch kein Rechtfertigungsgrund angenommen werden (BayObLG Urt. v. 10.6.1953 – RevReg. 1 St 517/52, NJW 1953, 1563).

Einen im Gesetz ausdrücklich geregelten Rechtfertigungsgrund bildet 13 § 22a. § 26 Abs. 4 **LJagdG Bln** erlaubt im Einzelfall das Jagen auch in Schonzeiten, wenn das sofortige Erlegen unerlässlich, um vermeidbare Schmerzen und Leiden zu verhindern. Ein übergesetzlicher Notstand wurde angenommen beim Abschuss eines ganzjährig geschützten Seeadlers der einen Jagdhund angegriffen hatte (KG 2.8.1935 – 1 Ss 280/35, JW 1935, 2982 hat dem ideellen Wert des Hundes als „langjährigen treuen Jagdgefährten" gegenüber dem seltenen Tier einen Mehrwert eingeräumt).

VII. Strafzumessung

Bei vorsätzlicher Begehung ist entweder Freiheitstrafe von einem Monat 14 (§ 38 Abs. 2 StGB) bis zu fünf Jahren oder Geldstrafe zu verhängen. Die Geldstrafe beträgt im Mindestmaß fünf Tagessätze, im Höchstmaß 360 Tagessätze (vgl. § 40 Abs. 2 S. 2 StGB). Der Tagessatz, dh in der Regel das Nettoeinkommen, das der Täter an einem Tag hat oder haben könnte, beträgt mindestens einen und höchstens 5.000 Euro. Bei einer uneinbringlichen Geldstrafe tritt für jeden Tagessatz ein Tag Ersatzfreiheitsstrafe an deren Stelle.

Bei fahrlässiger Begehung droht das Gesetz Freiheitsstrafe bis zu einem Jahr 15 oder Geldstrafe an. Mit 10 Tagessätzen Geldstrafe hat das LG Aschaffenburg den fahrlässigen Abschuss einer führenden Überläuferbache bestraft (LG Aschaffenburg Urt. v. 16.9.1980 – Cs 108 Js 10296/79 Ns, JE X Nr. 24). Das AG Cochem hat für den fahrlässigen Abschuss einer tragenden Bache in der Schonzeit 20 Tagessätze für tat- und schuldangemessen erachtet (AG Cochem Urt. v. 4.7.1988 – 103 Js 8574/88, JE X Nr. 66). Für den Abschuss eines ganzjährig geschützten Greifvogels hat das LG Würzburg eine Geldstrafe von 50 Tagessätzen verhängt (LG Würzburg Urt. v. 24.11.1978 – 4 Ns 1 Ds 120 Js 3485/78, JE X Nr. 13). Das Aushorsten von Wanderfalkeneiern hat das AG Schwäbisch Gmünd bei einem bereits zweimal einschlägig vorbestraften Täter mit einem Jahr Freiheitsstrafe geahndet (AG Schwäbisch Gmünd Urt. v. 15.4.1980 – 5 Ds 392/79, JE X Nr. 22).

Neben der Strafe droht auch die Einziehung von Gegenständen (§ 40), zB 16 der Jagdwaffe oder der Trophäen, ein Jagdverbot (§ 41a) oder die Entziehung des Jagdscheines (§ 41).

§ 38a Strafvorschriften

(1) **Mit Freiheitsstrafe bis zu fünf Jahren oder mit Geldstrafe wird bestraft, wer einer Rechtsverordnung nach § 36 Absatz 1 Nummer 2a Buchstabe a, auch in Verbindung mit Absatz 3, oder einer vollziehbaren Anordnung auf Grund einer solchen Rechtsverordnung zuwiderhandelt, soweit die Rechtsverordnung für einen bestimmten Tatbestand auf diese Strafvorschrift verweist.**

(2) **Mit Freiheitsstrafe bis zu drei Jahren oder mit Geldstrafe wird bestraft, wer einer Rechtsverordnung nach § 36 Absatz 1 Nummer 2 Buchstabe a, auch in Verbindung mit Absatz 3, oder einer vollziehbaren Anordnung auf Grund einer solchen Rechtsverordnung zuwiderhandelt, soweit die Rechtsverordnung für einen bestimmten Tatbestand auf diese Strafvorschrift verweist.**

(3) **Erkennt der Täter in den Fällen des Absatzes 1 leichtfertig nicht, dass sich die Handlung auf Wild einer Art bezieht, die in § 36 Absatz 1 Nummer 2a Buchstabe a genannt ist, so ist die Strafe Freiheitsstrafe bis zu zwei Jahren oder Geldstrafe.**

(4) **Erkennt der Täter in den Fällen des Absatzes 2 leichtfertig nicht, dass sich die Handlung auf Wild einer Art bezieht, die in § 36 Absatz 1 Nummer 2 Buchstabe a genannt ist, so ist die Strafe Freiheitsstrafe bis zu einem Jahr oder Geldstrafe.**

(5) **Die Tat ist nicht strafbar, wenn die Handlung eine unerhebliche Menge der Exemplare betrifft und unerhebliche Auswirkungen auf den Erhaltungszustand der Art hat.**

I. Einführung

1 Die Vorschrift wurde durch das 45. StrÄndG vom 6.12.2011 (BGBl. 2011 I 2557) eingeführt und dient der Umsetzung der europäischen RL 2008/99/EG über den strafrechtlichen Schutz der Umwelt. Nach den das Jagdrecht tangierenden Regelungen in Art. 3 RL 2008/99/EG sollte von den Mitgliedstaaten die Tötung, die Zerstörung, der Besitz oder die Entnahme von Exemplaren geschützter, wildlebender Tierarten, und der Handel mit geschützten wildlebenden Tierarten, Teilen oder Erzeugnissen davon strafbar sein, mit Ausnahme der Fälle, in denen die Handlung eine unerhebliche Menge dieser Exemplare betrifft und unerhebliche Auswirkungen auf den Erhaltungszustand der Art hat unter Strafe gestellt werden. Die Anpassung des Jagdrechtes war erforderlich, soweit die umweltrechtlichen Regelungen streng oder besonders geschützte Tierarten erfassten, die dem Jagdrecht unterliegen. Auch hierbei handelt es sich um Sonderdelikte (→ § 38 Rn. 2).

II. Gewerbsmäßiger Ankauf, Verkauf und Tausch

2 Die Ermächtigung des § 36 Abs. 1 Nr. 2a lit. a, auf den § 38a Abs. 1 verweist, bietet die Möglichkeit zum Erlass von Rechtsverordnungen über den gewerbsmäßigen Ankauf, Verkauf oder Tausch von Wild, das durch europarechtliche Regelungen aus den Gründen des Erhalts der Art streng oder besonders geschützt oder von den Mitgliedstaaten zu schützen ist. Durch

den ergänzenden Verweis auf § 36 Abs. 3 sind auch Eier oder sonstige Entwicklungsformen des Wildes, totes Wild, Teile des Wildes sowie Nester und die aus Wild gewonnenen Erzeugnisse umfasst. Ausdrücklich ist darauf hingewiesen, dass eine Strafbarkeit nach § 38a Abs. 1 nur dann gegeben ist, wenn ein ausdrücklicher Verweis auf diese Strafnorm in der Rechtsverordnung enthalten ist. Das Gesetz sieht für einen entsprechenden Verstoß Freiheitstrafe bis zu fünf Jahre oder Geldstrafe vor.

Gewerbsmäßiges Handeln wird angenommen, wenn der Täter in der 3
Absicht handelt, sich durch wiederholte Tatbegehung eine fortlaufende Einnahmequelle von einiger Dauer und einigem Umfang zu verschaffen (vgl. BGH Urt. v. 27.1.1998 – 1 StR 702/97, NStZ 1998, 305). Auch bei einer ersten Tat kann bereits eine Gewerbsmäßigkeit angenommen werden, wenn diese in **Wiederholungsabsicht** begangen wird. Diese Absicht des Täters muss sich aber gerade auf die wiederholte Begehung hinsichtlich der Tierarten mit dem besonderen Schutzstatus beziehen (vgl. BGH Beschl. v. 13.12.1995 – 2 StR 575/95, NJW 1996, 1069).

Die BWildSchV, die aufgrund der Ermächtigung des § 36 erlassen wurde, 4
enthält eine solche Verweisung nicht. In § 6 BWildSchV sind auch nur Ordnungswidrigkeiten und keiner Straftatbestände geregelt.

III. Besitz

§ 36 Abs. 1 Nr. 2 lit. a gibt die Möglichkeit zum Erlass von Verordnungen 5
wegen des Besitzes von Wild, dass durch europarechtliche Regelungen aus den Gründen des Erhalts der Art streng oder besonders geschützt oder von den Mitgliedstaaten zu schützen ist. § 38a Abs. 2 sieht hierfür eine Strafdrohung von Freiheitsstrafe bis zu drei Jahren oder Geldstrafe vor. Für die Annahme eines Besitzes muss **objektiv** eine tatsächliche Sachherrschaft für einen nennenswerten Zeitraum und **subjektiv** ein Herrschaftswille, der die Sachherrschaft trägt, vorhanden sein. Besitz kann sowohl als Eigen- oder als Fremdbesitz vorliegen.

IV. Subjektiver Tatbestand

Die Regelungen der Abs. 1 und Abs. 2 stellen vorsätzliches Handeln unter 6
Strafe. Strafbarkeit für fahrlässiges Handeln wird in Abs. 3 und Abs. 4 nur für die Fälle vorgesehen, in welchen der Täter leichtfertig nicht erkennt, dass sich die Handlung auf Wild einer der im Besonderen genannten Arten bezieht. Der Täter muss also leichtfertig im Hinblick auf die Tierart handeln. Leichtfertigkeit ist ein erhöhter Grad an Fahrlässigkeit. Sie liegt vor, wenn sich dem Täter nach der Sachlage geradezu aufdrängt, dass es sich um Wild mit einem besonderen Schutzstatus handelt, und er gleichwohl handelt, weil er dies aus besonderer Gleichgültigkeit oder grober Unachtsamkeit außer Acht lässt (vgl. BGH Urt. v. 17.7.1997 – 1 StR 791/96, BGHSt 43, 158 = NJW 1997, 3323).

In den Fällen der leichtfertigen Begehung einer strafbaren Handlung nach 7
§ 38a Abs. 1 droht Freiheitsstrafe bis zu zwei Jahren oder Geldstrafe und bei einer strafbaren Handlung nach § 38a Abs. 2 Freiheitsstrafe bis zu einem Jahr oder Geldstrafe.

V. Erheblichkeit

8 Straflosigkeit sieht § 38 Abs. 5 vor, wenn sich die Tat auf eine nur unerhebliche Anzahl von Exemplaren der Art bezieht und auch nur unerhebliche Auswirkungen auf den Erhaltungszustand der Art hat. Beide Voraussetzungen müssen kumulativ vorliegen. Die Erheblichkeit ist im Hinblick auf das Ausmaß für den Erhaltungszustand der Art zu bewerten. Insbesondere in der Kombination mit der Strafbarkeit der leichtfertigen Begehung nach Abs. 3 und Abs. 4 ist problematisch, ob die Regelung dem Bestimmtheitsgebot noch ausreichend Rechnung trägt.

§ 39 Ordnungswidrigkeiten

(1) **Ordnungswidrig handelt, wer**

1. in befriedeten Bezirken die Jagd ausübt oder einer Beschränkung der Jagderlaubnis (§ 6) zuwiderhandelt;
2. auf vollständig eingefriedeten Grundflächen die Jagd entgegen einer nach § 7 Abs. 3 vorgeschriebenen Beschränkung ausübt;
3. auf Grund eines nach § 11 Abs. 6 Satz 1 nichtigen Jagdpachtvertrages, einer nach § 11 Abs. 6 Satz 2 nichtigen entgeltlichen Jagderlaubnis oder entgegen § 12 Abs. 4 die Jagd ausübt;
4. als Inhaber eines Jugendjagdscheines ohne Begleitperson die Jagd ausübt (§ 16);
5. den Vorschriften des § 19 Abs. 1 Nr. 3 bis 9, 11 bis 14, 16 bis 18, § 19a oder § 20 Abs. 1 zuwiderhandelt;
6. zum Verscheuchen des Wildes Mittel anwendet, durch die Wild verletzt oder gefährdet wird (§ 26);
7. einer Vorschrift des § 28 Abs. 1 bis 3 über das Hegen, Aussetzen und Ansiedeln zuwiderhandelt;
8. den Vorschriften des § 33 Abs. 1 zuwiderhandelt und dadurch Jagdschaden anrichtet;
9. den Jagdschein auf Verlangen nicht vorzeigt (§ 15 Abs. 1).

(2) **Ordnungswidrig handelt, wer vorsätzlich oder fahrlässig**

1. die Jagd ausübt, obwohl er keinen gültigen Jagdschein mit sich führt oder obwohl ihm die Jagdausübung verboten ist (§ 41a);
2. den Vorschriften des § 19 Abs. 1 Nr. 1, 2, 10 und 15 zuwiderhandelt;
3. Schalenwild oder anderes Wild, das nur im Rahmen eines Abschußplanes bejagt werden darf, erlegt, bevor der Abschußplan bestätigt oder festgesetzt ist (§ 21 Abs. 2 Satz 1), oder wer den Abschußplan überschreitet;
3a. entgegen § 22 Abs. 1 Satz 2 Wild nicht mit der Jagd verschont;
4. als Jagdausübungsberechtigter das Auftreten einer Wildseuche nicht unverzüglich der zuständigen Behörde anzeigt oder den Weisungen der zuständigen Behörde zur Bekämpfung der Wildseuche nicht Folge leistet (§ 24);
5. einer Rechtsverordnung nach § 36 Absatz 1 Nummer 1, 2 Buchstabe b, auch in Verbindung mit Absatz 3, Nummer 2a Buchstabe b, auch in Verbindung mit Absatz 3, Nummer 2b, auch in Verbindung mit Absatz 3, Nummer 3, auch in Verbindung mit Absatz 3, Nummer 4 oder Nummer 5, Absatz 2 oder Absatz 5 oder einer vollzieh-

baren Anordnung auf Grund einer solchen Rechtsverordnung zuwiderhandelt, soweit die Rechtsverordnung für einen bestimmten Tatbestand auf diese Bußgeldvorschrift verweist, oder

6. zur Jagd ausgerüstet unbefugt einen fremden Jagdbezirk außerhalb der zum allgemeinen Gebrauch bestimmten Wege betritt.

(3) **Die Ordnungswidrigkeit kann mit einer Geldbuße bis zu fünftausend Euro geahndet werden.**

Übersicht

I. Vorsatzdelikte

1. Befriedete Bezirke/Beschränkte Jagderlaubnis

Zu Abs. 1 Nr. 1: Während § 6 das Ruhen der Jagd sowohl für befriedete Bezirke als auch für Grundflächen, die zu keinem Jagdbezirk gehören, anordnet, droht Abs. 1 Nr. 1 nur für die Jagdausübung in befriedeten Bezirken ein Bußgeld an. Eine Definition des „befriedeten Bezirkes" trifft § 6 nicht (zu den landesrechtlichen Regelungen → § 6 Rn. 1 ff.). Da nur auf § 6 verwiesen wird, unterfallen ebenso wenig Flächen der Bußgeldandrohung, auf denen die Jagdgenossenschaft gem. § 10 Abs. 2 S. 2 die Jagd ruhen lässt (Lorz/Metzger Rn. 2). 1

Den Verstoß nach Abs. 1 Nr. 1 Hs. 1 kann nur der begehen, dem das Jagdrecht auf der betreffenden Fläche zusteht. Dies ist im befriedeten Bezirk der Grundeigentümer (BayObLG Beschl. v. 9.12.1987 – 2 St 134/87, NStZ 1988, 230 = JE X Nr. 59) oder der Nutzungsberechtigte und nicht der Jagdpächter des angrenzenden Reviers, der, wenn er dort jagt, wegen Jagdwilderei zu bestrafen ist (BayObLG Beschl. v. 29.10.1991 – 2 St 127/91, NStZ 1992, 187 = JE X Nr. 83). 2

Von dem grundsätzlichen Verbot der Jagd im befriedeten Bezirk kann nach § 6 S. 2 durch Zulassung einer beschränkten Jagdausübung abgewichen werden. Die Beschränkung kann den berechtigten Personenkreis (zB Grundeigentümer, Jagdausübungsberechtigter des Reviers), den Gegenstand der Jagdausübung (zB bestimmte Tierarten) oder die Art der Durchführung (zB Schusswaffengebrauch) betreffen. Täter nach Abs. 1 Nr. 1 Hs. 2 kann insoweit nur der durch die Ausnahmeregelung zur Jagd Berechtigte sein, wenn er seine Erlaubnis hinsichtlich des Gegenstandes der Jagd oder der Art der Durchführung überschreitet. Im befriedeten Bezirk darf sich der Grundstückseigentümer oder Nutzungsberechtigte Abwurfstangen zueignen, da sog. ruhige Jagdhandlungen nicht dem Verbot des Abs. 1 Nr. 1 unterfallen (BayObLG Beschl. v. 29.10.1991 – 2 St 127/91, NStZ 1992, 187 = JE X Nr. 83). 3

4 Allerdings ist gerade bei der Jagd im befriedeten Bezirk der Frage der Rechtswidrigkeit besondere Beachtung zu schenken. Beispielsweise ist bei Wildschweinen nicht damit zu rechnen, dass sie vor einer Gefahr davonlaufen, sondern ohne weiteres Menschen angreifen. In einer solchen Situation ist die Erlegung des Wildes gerechtfertigt (AG Lahnstein Urt. v. 28.11.1979 – 109 Js 56695/79-3 OWi, JE X Nr. 17).

2. Eingefriedete Grundflächen

5 **Zu Abs. 1 Nr. 2:** Auch hier wird nur für eine von zwei in der Verweisungsnorm (§ 7 Abs. 3) genannten Varianten, nämlich das Jagen in vollständig eingefriedeten Grundflächen, ein Bußgeld angedroht. Hierbei ist notwendig, dass die Behörde diese Flächen zu einem Eigenjagdbezirk erklärt (→ § 7 Rn. 16) und entsprechende Beschränkungen der Jagd verfügt hat.

3. Nichtiger Pachtvertrag etc

6 **Zu Abs. 1 Nr. 3:** Die Vorschrift droht für drei Varianten ein Bußgeld an; 1. die Jagdausübung aufgrund eines nichtigen Pachtvertrages, 2. die Jagdausübung aufgrund einer nichtigen entgeltlichen Jagderlaubnis und 3. die Jagdausübung unter Missachtung der Wartefrist.

6a Zunächst soll die dritte Varianten behandelt werden. Gemäß § 12 ist ein Jagdpachtvertrag der Behörde anzuzeigen, die ihn prüft. Erhebt diese binnen drei Wochen nach der Anzeige keine Beanstandungen, darf die Jagd ausgeübt werden, wenn die Behörde nicht sogar früher die Jagdausübung gestattet. Werden aber Bedenken erhoben, darf die Jagd erst ausgeübt werden, wenn die Beanstandungen beseitigt oder durch eine rechtskräftige Entscheidung festgestellt ist, dass der Vertrag nicht zu beanstanden ist (→ § 12 Rn. 41 f.). Da § 12 Abs. 1 S. 1 eine Pflicht zur Anzeige normiert und nach § 12 Abs. 4 die Frist erst mit der Anzeige bei der Behörde beginnt, handelt nicht nur derjenige ordnungswidrig, der innerhalb der Frist jagt, sondern auch derjenige, der vor Anzeige des Vertrages die Jagd ausübt. Daher stellt auch die Jagd eine entsprechende Ordnungswidrigkeit dar, wenn sie ausgeübt wird und der Behörde nur die Erteilung einer unentgeltlichen Jagderlaubnis angezeigt wurde, obwohl tatsächlich dem Täter das Recht eingeräumt wurde, gegen Zahlung des vollen Pachtzinses und der Nebenkosten den Bezirk allein zu bejagen und sich das Wild anzueignen (OLG Celle Beschl. v. 29.11.1983 – 2 Ss (Owi) 203/83, AgrarR 1084, 248 = NuR 1984, 75 = JE X Nr. 47).

7 In den beiden erstgenannten Varianten setzt die Anwendbarkeit der Vorschrift voraus, dass mit demjenigen, der die Jagd ausübt, entweder ein Jagdpachtvertrag geschlossen oder ihm eine entgeltliche Jagderlaubnis erteilt wurde. Diese müssen aber nach den in § 11 Abs. 6 aufgeführten Gründen nichtig sein. Da bei den Normen des Abs. 1 nur vorsätzliches Handeln bußgeldbewehrt ist, muss der Täter Kenntnis von den tatsächlichen Gründen haben, die nach § 11 Abs. 6 zur Nichtigkeit führen.

7a Die Gegenansicht (Mitzschke/Schäfer Rn. 11) kommt zu dem Ergebnis, dass die Norm nur in der Konstellation Anwendung finde, in der die Nichtigkeit des Pachtvertrages bzw. der entgeltlichen Jagderlaubnis im (Rechts-) Streite stehe und die Behörde entweder aufgrund landesrechtlicher Vorschriften jagdliche Zwischenmaßnahmen geregelt hat und der Täter diesen zuwiderhandelt oder ihr vom Landesgesetzgeber eine Befugnis zu solchen Maßnahmen nicht eingeräumt sei. Diese Meinung geht bereits von einer falschen

Grundüberlegung aus, nämlich dass bei einer Nichtigkeit der objektive Tatbestand der Jagdwilderei (§ 292 StGB) erfüllt sei. Eine rechtlich beachtliche Einwilligung des Verpächters könne aber nur durch einen wirksamen Vertrag erteilt werden. Derjenige, der in Kenntnis der Nichtigkeit jage, begehe daher eine Jagdwilderei, so dass außer in der vorgenannten Konstellation gar kein Anwendungsbereich mehr für den nur vorsätzlich verwirklichbaren Bußgeldtatbestand des Abs. 1 Nr. 3 verbleibe.

Hiergegen spricht bereits, dass die Norm zur Jagdwilderei im Verhältnis der Spezialität steht (BayObLG Beschl. v. 5.4.1990 – 2 St 299/89, NStZ 1990, 440 = JE X Nr. 73), dh Abs. 1 Nr. 1 Hs. 1 erfasst über den Tatbestand des § 292 StGB hinaus weitere Merkmale und geht daher der allgemeinen Regelung vor (Fischer StGB Vor § 52 Rn. 40a). Ferner ist das durch § 292 StGB geschützte Rechtsgut das Aneignungsrecht des Jagdberechtigten (Fischer StGB § 292 Rn. 2; OLG Frankfurt Beschl. v. 7.10.1983 – 2 Ss 398/83, NJW 1984, 812). Dementsprechend kann der Jagdberechtigte auch in die Verletzung dieses Rechtsgutes einwilligen. Hierzu bedarf es auch keiner besonderer Form, etwa der eines Jagdpachtvertrages (vgl. OLG Köln v. 8.9.1961 – Ss 259/61, EJS II S. 21 Nr. 7). Die Gegenansicht setzt sich auch nicht damit auseinander, wieso nach ihrer Grundüberlegung plötzlich durch ein Beanstandungsverfahren der Behörde aus dem Straftatbestand des § 292 StGB dann nur die Ordnungswidrigkeit nach Abs. 1 Nr. 3 wird. Die nach ihrer Meinung fehlende bzw. unwirksam erteilte Einwilligung kann durch das Verfahren nicht herbeigeführt werden. Wird alsdann im Verfahren die Wirksamkeit des Vertrages festgestellt, fehlt sowohl für eine mögliche Straftat als auch für die Ordnungswidrigkeit der objektive Tatbestand. Wird hingegen die Nichtigkeit endgültig festgestellt, wird man dem Täter im Hinblick auf die von der Behörde erhobenen Bedenken gegen den vorgelegten Vertrag, ein bedingt vorsätzliches Handeln unterstellen müssen, so dass nach der Gegenmeinung dann wieder eine Jagdwilderei vorliegen würde. 7b

Abs. 1 Nr. 3 iVm § 11 Abs. 6 droht ein Bußgeld nicht generell bei Nichtigkeit des Vertrages, die auch bei Verstößen gegen landesrechtliche Regelung oder zivilrechtliche Vorschriften (zB § 138 BGB) möglich ist an, sondern nur in einer Reihe genau aufgezählter Fälle (Mindestgröße des verpachteten Revieres, Schriftformerfordernis etc). Die Vorschrift soll daher verhindern, dass die Jagd ausgeübt wird, obwohl dem Täter bereits bekannt ist, dass der geschlossene Vertrag nicht den in § 11 geregelten Voraussetzungen entspricht. 8

Wenn der Täter diese positive Kenntnis nicht hat oder er auch nicht mit bedingtem Vorsatz von der Nichtigkeit des Vertrages ausgeht, legt ihm das Gesetz eine in der gleichen Norm bußgeldbewehrte Wartepflicht von bis zu drei Wochen auf, innerhalb derer die Behörde entsprechende Beanstandungen gegen das Vertragswerk geltend machen kann. 8a

Zu Abs. 1 Nr. 4: Adressat der Norm ist nicht der Jugendliche, sondern der Inhaber des Jugendjagdscheines. Da auch der Jugendjagdschein gem. § 16 Abs. 4, § 15 Abs. 2, § 11 Abs. 4 für das Jagdjahr (1.4.–31.3.) erteilt wird, ist der Inhaber innerhalb der Geltungsdauer den entsprechenden Beschränkungen unterworfen, auch wenn während dieser Zeit volljährig wird (VG Wiesbaden Urt. v. 26.9.1972 – III 2 E 219/71, EJS IV S. 43 Nr. 11). Zur Teilnahme des Jugendlichen an Gesellschaftsjagden → Rn. 33. 9

Zu Abs. 1 Nr. 5: Lappjagd, Abklingeln der Felder, Treibjagd bei Mondschein (§ 19 Abs. 1 Nr. 3): Da es sich um Tätigkeitsdelikte handelt, 10

ist der Eintritt eines Jagderfolges nicht erforderlich. Ausreichend für die Tatbestandsverwirklichung ist daher zB bereits das Anbringen der Lappen in der Verbotszone an der Reviergrenze (OLG Jena 28.6.1935 – Ss 52/35, EJS I S. 12). Entscheidend ist, dass die Anbringung auch der Erzielung eines Jagderfolges und zB nicht allein der Sicherung einer Straße vor Wildwechsel dienen soll.

11 **Schalen- und Federwild zur Nachtzeit (§ 19 Abs. 1 Nr. 4):** Eine Ordnungswidrigkeit begeht der Jäger nur, wenn das Wild getötet wird, da nur das Erlegen verboten ist. Unter Erlegen ist jede Form der Tötung zu verstehen (Mitzschke/Schäfer § 1 Rn. 14; Meyer-Ravenstein LSALJagdG § 38 Rn. 2). In diesem Sinne wird der Begriff auch in § 22a vom Gesetzgeber verwendet, der bei krankengeschossenem die Pflicht zum unverzüglichen Erlegen normiert, während er bei schwerkrankem Wild, wenn dies genügt, die Möglichkeit zum Fang und zur Versorgung einräumt. Die Ansicht, die unter Erlegung auch den Fang des Wildes versteht, da das Stück dadurch ein gleicher Weise dem Revier entzogen wird (Rühling/Selle § 38 Rn. 2), ist daher abzulehnen. Diese Auslegung überschreitet die im Strafrecht zulässige Auslegung, für die im Hinblick auf Art. 103 Abs. 2 GG der (noch) mögliche Wortsinn die äußerste Grenze markiert (BVerfG Urt. v. 11.11.1986 – 1 BvR 713/83 ua, BVerfGE 73, 235 = BeckRS 1986, 50). Eine Auslegung nach dem Sinn und Zweck der Norm ist im Strafrecht, wenn sie die Wortlautgrenze überschreitet, nicht mehr zulässig. Wenn es als vermittelnde Ansicht angesehen wird, dass ein Erlegen auch vorliege, wenn ein Stück zB nach einem Pansenschuss so angeschweißt wird, dass aufgrund der Schusszeichen oder dem Verlauf und Ergebnis der Nachsuche mit dessen Kümmern und späteren Verenden zu rechnen sei (Mitzschke/Schäfer Rn. 29 unter Verweis auf OLG Celle Beschl. v. 25.11.1957 – 1 Ws (B) 21/57, EJS I S. 67 Nr. 3), wird die Auslegung des Wortlauts mit der Frage der Beweiswürdigung vermischt. Wenn der Richter gem. § 261 StPO aus dem Inbegriff der Verhandlung (ohne vernünftige Zweifel) die Überzeugung gewinnt, dass das Tier aufgrund der Jagdhandlung zu Tode gekommen sein muß, geht er (innerhalb der Wortlautgrenze) von einer Verwirklichung des Tatbestandes aus und dehnt nicht den objektiven Tatbestand der Norm aus (vgl. Lorz/Metzger § 38 Rn. 2).

12 **Jagd mit künstlichen Lichtquellen usw (§ 19 Abs. 1 Nr. 5 lit. a):** Es ist nicht erforderlich die vom Gesetz genannten Hilfsmittel unmittelbar während der Abgabe des Schusses zu nutzen. Das Gesetz verbietet jede Benutzung beim Fangen und Erlegen. Hier bei sind nicht nur eigene vom Jäger eingesetze Hilfsmittel verboten, sondern der Gesetzgeber wollte mit dieser Gesetzesfassung ausdrücklich auch die Ausnutzung fremder künstlicher Lichtquellen, zB der Schuss im Lichte einer Straßenlaterne oder eines vorbeifahrenden Pkw, untersagen (BT-Drs. 7/4285, 20). Problematisch ist in diesem Zusammenhang die Erhellung des Horizontes insbesondere an den Stadträndern (→ § 19 Rn. 28). Die Benutzung der verbotenen Hilfsmittel muss für den Jagderfolg nicht kausal sein, so dass der Täter auch dann ordnungswidrig handelt, wenn er zB das Wild aufgrund des Mondscheines ohne Hilfsmittel ansprechen könnte (AG Springe Urt. v. 12.2.1971 – 2 Ls 94/70, EJS IV S. 47 Nr. 5).

12a Nach Nr. 4.3 der Anlage 1 (zu § 1 Abs. 4) zum WaffG sind Nachtsichtgeräte oder Nachtzielgeräte für Schusswaffen bestimmte Vorrichtungen, die eine elektronische Verstärkung oder einen Bildwandler und eine Montageeinrichtung für Schusswaffen besitzen. Zu Nachtzielgeräten zählen auch Nachtsichtvorsätze und Nachtsichtaufsätze für Zielhilfsmittel (Zielfernrohre). Die verbotene Nutzung der Nachtsichtgeräte wird der Täter daher in der Regel tateinheitlich mit einem entsprechenden Verstoß gegen das Waffengesetz verwirklichen, so dass gem. § 52 Abs. 2 StGB nur eine Strafe verhängt wird, die der höheren Strafdrohung des Waffengesetzes zu entnehmen ist.

Das Fangverbot für Federwild zur Nachtzeit an Leuchttürmen und -feuern, wird durch die Errichtung von Windkraftanlagen räumlich stark ausgedehnt, da alle Anlagen unter die Vorschrift fallen, die bei Dunkelheit der Orientierung oder als Gefahrhinweis für Luft- und Schifffahrt dienen. Da das Gesetz den Umkreis um die Anlagen, in dem das Verbot gilt, nicht im Einzelnen definiert, wird man das Verbot nach dem Sinn und Zweck der Regelung dahingehend auslegen müssen, dass am Tatort noch eine Lockwirkung des Lichtes auf das Federwild bestehen muss. 12b

Verbotene Jagdmethoden bei Federwild (§ 19 Abs. 1 Nr. 5 lit. b): Nicht erforderlich ist es, dass das Federwild tatsächlich gefangen oder erlegt wird. Ordnungswidrig ist die Verwendung von Vogelleim, Fallen etc beim, also anlässlich des Fangens und Erlegens. Damit unterfällt der Norm bereits das Auslegen der Leimruten etc, da dies der Vorbereitung des Fanges dient. 13

Belohnungen für Federwild (§ 19 Abs. 1 Nr. 6): Belohnung ist die Zuwendung eines Vorteils, wobei dieser nicht zwingend materieller Art sein muss, so dass auch demonstrative Auszeichnungen unter den Begriff der Belohnung fallen (Fischer StGB § 140 Rn. 6; ausführlich zum Vorteilsbegriff Fischer StGB § 331 Rn. 11 ff.). Nach der Vorschrift handelt nicht nur der ordnungswidrig, der eine Prämie für den Abschuss oder der Fang von Federwild aussetzt oder gibt, sondern auch der, der die Belohnung in Empfang nimmt. Aus der Gesetzbegründung ergibt sich, dass das Aussetzen von Belohnungen auf Federwild auch nicht zur Seuchenbekämpfung oder zur Verhütung von übermäßigem Wildschaden erlaubt ist (BT-Drs. 7/4285, 20, der aus den genannten Gründen auf ein Prämienverbot ausdrücklich nur beim Haarwild verzichtet; aA Mitzschke/Schäfer § 19 Rn. 27). 14

Ungenehmigte Fang- und Fallgruben (§ 19 Abs. 1 Nr. 7): Der Täter muss die Falle nicht vollständig anlegen. Es ist ausreichend, wenn er eine vorhandene Geländevertiefung nutzt und diese mit Zweigen abdeckt (Mitzschke/Schäfer § 19 Rn. 28). 15

Schlingen (§ 19 Abs. 1 Nr. 8): Dem Verbot des Jagdrechts unterliegt nicht nur die eigentliche Jagdausübung, das Aufstellen der Schlinge, sondern bereits deren Herstellung, das Feilbieten und der Erwerb. Da das Aufstellen der Schlinge mit dem Fangen eines Tieres einen einheitlichen Lebenssachverhalt bildet, wird bei einem Jagderfolg eine Verurteilung tateinheitlich mit einem Verstoß gegen § 17 TierSchG erfolgen. 16

Verletzende Fanggeräte und Selbstschussanlagen (§ 19 Abs. 1 Nr. 9): Auch hier ist die Verwendung mit Bußgeld bedroht, so dass ein Jagderfolg nicht eintreten muss. Gerät aber Wild ins Fanggerät dürfte auch hier in der Regel tateinheitlich ein Verstoß gegen das TierSchG vorliegen. Die Norm dient auch dem Tierschutz, da die Nutzung von Einrichtungen, die sofort töten oder ohne Verletzung fangen, nicht dem Verbot unterfallen. 17

Jagd aus Fahrzeugen (§ 19 Abs. 1 Nr. 11): Notwendig ist hier, da nur ein Erlegen verboten ist, die Tötung des Wildes (→ Rn. 11). Fraglich ist, ob § 22a einen Rechtfertigungsgrund bildet (so Mitzschke/Schäfer § 19 Rn. 35). Dagegen spricht aber, dass nach dem ursprünglichen Änderungsentwurf (BT- 18

Drs. 7/4285, 7) eine Ausnahme für krankes Wild in Gewässern geschaffen werden sollte, diese aber im weiteren Verlauf der Beratungen (BT-Drs. 7/ 5471, 4) gestrichen wurde, da sie als sachlich ungerechtfertigt gegenüber anderem kranken Wild angesehen wurde. Der Gesetzgeber hat also in Kenntnis der Problematik bewusst auf eine Ausnahmeregelung verzichtet. Der Jäger befindet sich auch nicht in einer Pflichtenkollision. § 22a verlangt vom Jäger ein unverzügliches Handeln. Unverzüglich bedeutet ohne schuldhaftes Zögern (vgl. § 121 Abs. 1 BGB). Wenn sich die aus Tierschutzgründen notwendige Tötung durch das Verbot des § 19 Abs. 1 Nr. 11 verzögert, handelt der Jäger jedenfalls nicht schuldhaft. Auf eine Sanktion für einen Verstoß gegen § 22a hat der Gesetzgeber hingegen verzichtet. Aufgrund der Gesetzesmaterialien ist daher die Annahme eines Rechtfertigungsgrundes aus § 22a abzulehnen. Ob aus Gründen des Tierschutzes nicht eine sogar über die ursprüngliche Version (BT-Drs. 7/4285) hinausgehende Ausnahme geschaffen werden sollte, ist vom Gesetzgeber zu beantworten. Dies sollte aber in Erwägung gezogen werden, da als Grund für die Neufassung eine stark angestiegene Wilderei mit Kraftfahrzeugen und maschinengetriebenen Wasserfahrzeugen (BT-Drs. 7/4285, 14) angegeben wurde; ob hierfür aber im Hinblick auf § 292 StGB die Schaffung eines Ordnungswidrigkeitentatbestandes, dem die Jagdausübungsberechtigten unterfallen, notwendig war, darf in Zweifel gezogen werden. Sollte Zweck der Norm die Veredelung des Waidwerkes sein (so Mitzschke/Schäfer § 19 Rn. 35), so ist die Frage, wieso auf eine generelle Ausnahmeregelung für krankes Wild verzichtet wurde, berechtigt.

19 **Netzjagd auf Seehunde (§ 19 Abs. 1 Nr. 12):** Dieses Verbot ist als Tätigkeitsdelikt ausgestaltet (→ § 38 Rn. 5).

20 **Hetzjagd (§ 19 Abs. 1 Nr. 13):** Verboten ist das Hetzen im Rahmen einer Jagd (zum Zweck der Jagd s. OLG Oldenburg Beschl. v. 3.9.1982 – 1 Ss 432/82, JE X Nr. 41). Ein Hetzen zu anderen Zwecken kann gem. § 3 Nr. 8 TierSchG zulässig sein, wenn es die Grundsätze weidgerechter Jagdausübung erfordern (vgl. OLG Celle Urt. v. 12.10.1993 – 2 Ss 147/93, BeckRS 1993, 31258495 = JE X Nr. 90 zur Jagdhundeausbildung hinter der lebenden Ente). Eine Ausnahme vom generellen Verbot der Hetzjagd bildet die Brackenjagd (arg. e § 19 Abs. 1 Nr. 16).

21 **Schnepfenjagd im Frühjahr (§ 19 Abs. 1 Nr. 14):** Im Hinblick auf die festgesetzten Jagdzeiten außerhalb des Frühjahres derzeit ohne Bedeutung.

22 **Brackenjagd auf kleiner Fläche (§ 19 Abs. 1 Nr. 16):** Die notwendige Jagdfläche von mindestens 1.000 ha kann auch erreicht werden, in dem mehrere Revierinhaber eine gemeinsame Jagd vereinbaren. Da Schutzzweck die Verhinderung des Überjagens von (nicht an der Jagd beteiligten) Revieren und der Beunruhigung von Nachbarrevieren ist, reicht eine mündliche Vereinbarung aus (aA Rühling/Selle § 19 Rn. 2r). Bei der Errechnung der verfügbaren Fläche sind im Hinblick auf den Rechtsgedanken des § 7 Abs. 1 zusammenhängende Grundflächen, die land-, forst- oder fischereiwirtschaftlich nutzbar sind, zu berücksichtigen (→ § 7 Rn. 7 ff.).

23 **Sammeln von Abwurfstangen und Möweneier (§ 19 Abs. 1 Nr. 17):** Die schriftliche Erlaubnis muss beim Sammeln mitgeführt werden (arg. e § 15 Abs. 1). In Begleitung des Jagdschutzberechtigten (§ 25) muss die schriftliche Erlaubnis nicht mitgeführt werden, da sie gerade dazu dienen soll, sich diesen gegenüber auszuweisen. Eine im Sammelschein angegebene zeitliche Beschränkung ist zu beachten (vgl. OLG Rostock Urt. v. 27.3.2020 – 5 U 129/ 18, BeckRS 2020, 29907).

Aussetzen von Wild (§ 19 Abs. 1 Nr. 18): Die vierwöchige Frist wird nicht vom Beginn der Jagdzeit auf die Wildart berechnet, sondern bestimmt sich vom Zeitpunkt des Aussetzens des Stücks („Jagdausübung auf dieses Wild"; → Rn. 63; einschränkend Meyer-Ravenstein LSALJagdG § 19 Rn. 30). 24

Beunruhigung von Wild (§ 19a): Die Bußgeldandrohung richtet sich an jedermann. Für eine Störung des Wildes ist nicht erforderlich, dass es gehetzt oder gescheucht wird. Es reicht bereits jede psychische Beunruhigung aus (OLG Frankfurt Beschl. v. 3.3.1986 – 2 Ws (B) 20/86, JE X Nr. 48). Ordnungswidrig handelt auch derjenige, der billigend in Kauf nimmt, dass sein freilaufender Hund Wild in seinen Wohnstätten aufstöbert und hetzt (AG Frankfurt Urt. v. 7.4.1987 – 18 Js 46784/86 – 933 OWi, JE X Nr. 54). Dass das Wild in seinem Bestand gefährdet oder bedroht ist, ist nicht erforderlich, da allgemein das Beunruhigen von Wild verboten ist. Allerdings kann die Frage, ob eine Handlung bedrohte oder gefährdete Wildarten betrifft, bei der Bemessung des Bußgeldes berücksichtigt werden, soweit sich der notwendige Vorsatz des Täters nicht nur auf die Störung des Wildes allgemein, sondern auf eine bestimmte Wildart richtet. Die Tat ist nicht dadurch gerechtfertigt, dass der Täter einen Jagdhund zu Ausbildungszwecken einen Hasen aus seiner Sasse aufscheuchen lässt (BayObLG Beschl. v. 29.7.1981 – 3 Ob OWi 22/81, NStZ 1981, 485). 25

Örtliche Verbote im Einzelfall (§ 20 Abs. 1): Nach § 20 Abs. 1 ist die Jagd dort verboten, wo sie konkret zu einer Störung der öffentlichen Ruhe, Ordnung oder Sicherheit oder zu einer Gefährdung von Menschenleben führen würde. Da auf die konkreten Umstände des Einzelfalles abzustellen ist, ergibt sich hieraus kein generelles Verbot in der Nähe von Straßen oder Wohnstätten zu jagen (OLG Celle Beschl. v. 17.2.2003 – 9 U 12/03, BeckRS 2003, 154045 = JE XI Nr. 115; LG Aachen Urt. v. 30.8.1990 – 6 S 176/90, NZV 1991, 433 = MDR 1991, 731). Auch besteht keine generelle Einschränkung dahingehend, dass die Jagd nur erlaubt ist, wenn sich keine unbeteiligten Dritten in der Nähe befinden, die durch den Lärm, der beim Schießen entsteht, gestört werden können (OLG Dresden Beschl. v. 17.8.2001 – Ss (OWi) 54/01, BeckRS 2001, 30469865 = JE VI Nr. 51). Durch Sicherungsmaßnahmen kann einer Gefährdung entgegengewirkt werden (LG Aachen Urt. v. 30.8.1990 – 6 S 176/90, NZV 1991, 433 = MDR 1991, 731; vgl. auch LG Aschaffenburg Urt. v. 30.7.1998 – 2 S 329/97, NJWE-VHR 1998, 279, das wirksame Sicherungsmaßnahmen bei einer Treibjagd verlangt, bei der das Gebiet, in dem Wildschweine aufgetrieben werden, weniger als 1.000 m von einem Wohngebiet entfernt liegt). Allerdings ist in der Regel von einem Verbot der Jagd auf einer Bundesstraße auszugehen (OLG Jena Urt. v. 21.2.2007 – Bl U 594/06, BeckRS 2007, 4817 = RdL 2007, 190 – wobei offengelassen wurde, ob von dieser Regel in besonders weiträumigen, abgelegenen und menschenleeren Gebieten, in denen eine Jagdausübung gefahrlos möglich erscheint, abgewichen werden kann). Mit einer ganz fernliegenden bestimmungswidrigen Benutzung von Flächen und Wegen muss der Jäger aber nicht rechnen, so dass zB beim Aufstellen einer Falle an einem Wassertümpel, der 20 Minuten Fußweg von einem Dorf und mehr als 20 m von einem Weg entfernt liegt und nur in gebückter Haltung durch dichtes Gestrüpp erreichbar ist, keine weiteren Sicherungsmaßnahmen erforderlich sind (AG Oberndorf Urt. v. 29.11.1985 – 4 C 286/85, JE XI Nr. 58). Der Täter muss (mindestens) bedingten 26

Gefährdungsvorsatz hinsichtlich der konkreten Rechtsgutsgefährdung besitzen.

27 **Zu Abs. 1 Nr. 6:** Das Verbot richtet sich nur an den Eigentümer oder Nutzungsberechtigten eines Grundstückes, nicht aber an den Jagdausübungsberechtigten (Mitzschke/Schäfer Rn. 19; Lorz/Metzger Rn. 10). Lediglich dem Eigentümer oder Nutzungsberechtigten ist nach § 26 S. 2 die Gefährdung oder Verletzung des Wildes untersagt. Von den zwei in § 26 genannten Varianten „Abhalten von Grundstücken" und „Verscheuchen von Grundstück" hat der Gesetzgeber aber nur das „Verscheuchen" unter die Bußgeldandrohung gestellt, wenn es mit einer Gefährdung oder Verletzung des Wildes verbunden ist. Da zwischen den verschiedenen Abwehrmaßnahmen unterschieden wird, aber nur eine in Abs. 1 Nr. 6 aufgenommen wurde, muss die Regelung verschiedene Sachverhalte treffen. Zunächst liegt es nach dem Wortlaut nahe, zwischen passiven Maßnahmen (zB Einzäunen) und aktiven (zB Lärmen; vgl. Leonhardt/Pießkalla Rn. 2.1) zu unterscheiden. Da aber aktive Maßnahmen auch dazu dienen können Wild, das die zu schützenden Flächen noch nicht betreten hat, von dieser abzuhalten (aA Leonhardt/Pießkalla Rn. 2.1, der unter Abhalten Einrichtungen zur ständigen Sicherung des Grundstücks versteht), wird man zudem noch berücksichtigen müssen, ob das Wild sich bereits auf den Grundstücken befindet oder nur die Gefahr besteht, dass es dorthin gelangt. Daher wird man als unter die Bußgeldandrohung fallende Abwehrmaßnahmen des Verscheuchens nur solche Handlungen fassen können, die sich aktiv gegen das konkrete, bereits auf dem Grundstück befindliche Wild richtet. Ordnungswidrig ist das Verscheuchen nicht nur dann, wenn sich der Täter einer Maßnahme bedient, durch die das Wild verletzt wird, sondern bereits wenn eine konkrete Gefährdung des Wildes vorliegt. Diese ist gegeben, wenn es nur noch vom Zufall abhängt, ob eine Verletzung des Wildes eintritt.

28 Zutreffend wird die Ausgestaltung als Gefährdungsdelikt kritisiert. § 26 enthält eine gesetzliche Güterabwägung zwischen dem Schutz des gefährdeten Eigentumes und dem Tierschutz. Während also der Eigentümer, der in der Absicht handelt, sein Grundstück zu schützen, bei einem knapp fehlgehenden Steinwurf auf das Wild ordnungswidrig handelt, geht derjenige, der allein in tierquälerischer Absicht den Stein wirft, straffrei aus, da nach § 17 TierSchG unter anderem nur die aus Rohheit herbeigeführten erheblichen Schmerzen zur Strafbarkeit führen, also allein ein Erfolgsdelikt geahndet wird (vgl. auch Mitzschke/Schäfer Rn. 19 mit anderer Begründung).

29 **Zu Abs. 1 Nr. 7:** Regelungszweck des § 28 ist der Schutz der bestehenden Tierpopulation. Zwar tritt eine solche nur ein, wenn tatsächlich ein zunächst in Gefangenschaft gehaltenes Tier in die freie Wildbahn gelangt, aber die Verbotsnorm stellt sich nur teilweise als Erfolgsdelikt dar. § 28 Abs. 1 setzt bei der Hege von Schwarzwild eine Einfriedung voraus, die ein Ausbrechen verhütet. Der Tatbestand ist demnach bereits erfüllt, wenn ein entsprechendes Gatter nicht vorhanden ist.

30 Die weiteren Deliktsformen erfordern einen Erfolg, nämlich dass das Tier durch den Täter in die freie Natur gelangt. Allerdings stellt sich die Frage, warum der Gesetzgeber in § 28 Abs. 3 neben dem Aussetzen auch noch das Ansiedeln verbietet. Wenn man Ansiedeln nur als besondere Form des Aussetzens versteht (so BVerwG Urt. v. 6.9.1984 – 3 C 16/84, BVerwGE 70, 64 = NVwZ 1985, 44), kann der Unterschied nur in der Intention des Täters bestehen. Fordert man für das Ansiedeln neben dem Verbringen der Tiere

noch weitere Pflegemaßnahmen (→ § 28 Rn. 3; Leonhardt/Pießkalla § 28 Rn. 4), so handelt auch derjenige ordnungswidrig, der unabhängig von demjenigen, der ein Tier aussetzt, Handlungen vornimmt, die dafür sorgen, dass dieses Tier sich in die freie Wildbahn einfügt. Ferner ist zu fragen, wie Maßnahmen zu beurteilen sind, die dazu dienen sollen, dass Tiere, die in den Geltungsbereich des Gesetzes einwandern, auch hier sesshaft werden können. Da die Ansiedlung mit behördlicher Genehmigung zulässig ist, wird man den Begriff weit verstehen müssen. Auch ergibt nur ein weiter Ansiedlungsbegriff Sinn, da der Gesetzgeber ansonsten generell das Aussetzen von Schwarzwild, Wildkaninchen und fremden Tieren verbieten und nur für die fremden Tierarten einen Genehmigungsvorbehalt aufnehmen hätte können. Da er bei fremden Tieren, anders als bei Schwarzwild und Wildkaninchen noch ausdrücklich das Ansiedeln verbietet, müssen hiervon auch weitere Handlungen (und nicht nur eine andere Intention beim Aussetzen) umfasst sein.

Zu Abs. 1 Nr. 8: Täter kann nur der zur Jagdausübung Berechtigte sein. 31
Unbefugte Personen, die (zumindest bedingt vorsätzlich) einen Schaden verursachen unterfallen § 303 StGB (vgl. Leonhardt/Pießkalla Rn. 2.1; Mitzschke/Schäfer Rn. 21). Eine Ordnungswidrigkeit liegt aber nur vor, wenn tatsächlich ein Jagdschaden durch die Jagdausübung eingetreten ist. Hierbei handelt es um eine objektive Voraussetzung der Strafbarkeit, dh es ist unerheblich, ob der Täter hinsichtlich des Eintritts des Schadens vorsätzlich handelt. Schäden, die nicht durch die Jagdausübung, sondern nur bei Gelegenheit der Jagdausübung verursacht werden, reichen für die Verhängung eines Bußgeldes nicht aus (LG Münster Urt. v. 21.1.1983 – 4 O 448/82, RdL 1983, 175 = JE XI Nr. 43). Die Sachbeschädigung tritt nicht hinter Abs. 1 Nr. 8 zurück (aA Mitzschke/Schäfer Rn. 21). Da § 21 OWiG vorsieht, dass, wenn eine Handlung gleichzeitig eine Straftat und eine Ordnungswidrigkeit ist, nur das Strafgesetz Anwendung findet, könnte ein Zurücktreten der Straftat nur dann angenommen werden, wenn sich der speziellere Tatbestand (Verstoß gegen § 33) durch Hinzutreten eines weiteren (Tatbestands)merkmals vom Grundtatbestand (Sachbeschädigung) abhebt (Göhler/Gürtler OWiG Vor § 19 Rn. 34). Abs. 1 Nr. 8 und § 303 StGB sanktionieren aber bereits zwei unterschiedliche Handlungen, nämlich zum einen die Jagdausübung als solche und zum anderen die auf Beschädigung einer Sache gerichtete Handlung. Soweit der Täter bei der Jagdausübung vorsätzlich den Schaden verursacht, findet gem. § 21 OWiG allein § 303 StGB Anwendung, soweit er den Schaden nur fahrlässig verursacht ist Abs. 1 Nr. 8 anwendbar.

Zu Abs. 1 Nr. 9: Vorzeigen bedeutet, dass der Jagdschein zu ausreichen- 32
der Inaugenscheinnahme ausgehändigt wird (Mitzschke/Schäfer Rn. 22; Leonhardt/Pießkalla Rn. 2.1). Die irrtümliche Annahme, dass der Kontrollierende nicht dem berechtigten Personenkreis des § 15 angehört, schließt den Vorsatz aus (BayObLG Urt. v. 19.1.1965 – RReg. 2a St 454/64, NJW 1965, 1492).

II. Vorsatz- und Fahrlässigkeitsdelikte

Während der Verstoß gegen die in Abs. 1 Nr. 5 aufgeführten sachlichen 33
Verbote des § 19 nur bei vorsätzlicher Begehungsweise ordnungswidrig ist,

droht Abs. 2 für die dort genannten Verbote des § 19 bereits bei Fahrlässigkeit ein Bußgeld an.

34 **Zu Abs. 2 Nr. 1:** Der Jäger hat bei der Jagd einen gültigen Jagdschein mitzuführen. Ungültig ist ein Jagdschein, wenn seine Geltungsdauer abgelaufen ist. Der Tatbestand ist aber auch erfüllt, wenn der Täter für die Art der von ihm ausgeübten Jagd überhaupt keinen Jagdschein besitzt. Wird die Beizjagd ohne einen Falknerjagdschein ausgeübt, handelt der Täter ordnungswidrig. Gleiches soll für einen Jugendjagdscheininhaber gelten, wenn er an einer Gesellschaftsjagd teilnimmt (Mitzschke/Schäfer Rn. 16; Leonhardt/Pießkalla Rn. 2.2). Dies scheint fraglich. Während § 15 Abs. 1 die Pflicht zum Mitführen eines entsprechenden Jagdscheines regelt, normiert § 16 nur, wozu der Jugendjagdschein den Inhaber berechtigt bzw. nicht berechtigt. Nach dem Wortlaut des § 16 Abs. 2 ist der Jugendliche nur in Begleitung zur Jagdausübung berechtigt. Nach § 16 Abs. 3 ist er nicht zur Teilnahme an Gesellschaftsjagden berechtigt. Den (vorsätzlichen) Verstoß gegen § 16 Abs. 2 sanktioniert Abs. 1 Nr. 4. Vertritt man aber die Meinung, dass der Jugendjagdscheininhaber bei Gesellschaftsjagden ohne gültigen Jagdschein jagt, so stellt sich die Frage, wieso diese Konsequenz nicht auch für das Jagen ohne Begleitperson gezogen wird. Dann aber wäre auch diese Varianten von Abs. 2 Nr. 1 erfasst, womit für Abs. 1 Nr. 4 kein eigener Regelungsgehalt verbliebe. Daher kann im Umkehrschluss nur angenommen werden, dass der Gesetzgeber beim Jugendjagdscheininhaber davon ausgeht, dass er im Besitz eines gültigen Jagdscheines ist und nur den Verstoß gegen § 16 Abs. 2, nicht aber gegen § 16 Abs. 3 für sanktionswürdig hält.

35 Auch ein ausländischer Jagdschein ist kein gültiger Jagdschein iSd Vorschrift (AG Merzig Urt. v. 7.4.1988 – 5 OWi 176/85, JE X Nr. 65). Führt der Jäger zwar den Jagdschein nicht bei sich, kann er ihn aber ohne nennenswerten Zeitaufwand und ohne Beeinträchtigung des Kontrollzweckes beschaffen, liegt keine Ordnungswidrigkeit vor; bei einem notwendigen Fußmarsch von 15 Minuten ist dieser erforderliche räumliche Zusammenhang nicht mehr gegeben (BayObLG Urt. v. 24.11.1966 – RReg. 4b St 35/66, NJW 1967, 1240 Ls. = EJS III S. 26 Nr. 5). Die Jagdscheinpflicht trifft zwar nicht den Wilderer (RG 26.5.1936 – 4 D 288/36, RGSt 70, 220), dies aber nur deshalb, da bei tateinheitlicher Verwirklichung die Ordnungswidrigkeit zurücktritt. Geht der Täter davon aus, zur Jagdausübung berechtigt zu sein (was den subjektiven Tatbestand des § 292 StGB entfallen ließe), hat er entsprechend einen gültigen Jagdschein mitzuführen.

36 **Zu Abs. 2 Nr. 2: Rauer Schuss:** Überwiegend wird ein Verstoß gem. § 34 StGB als gerechtfertigt angesehen, wenn der raue Schuss angewendet wird, um Wild von seinen Qualen zu erlösen (vgl. Mitzschke/Schäfer § 19 Rn. 5 mwN; Leonhardt/Pießkalla § 19 Rn. 2). Dies widerspricht aber der gesetzgeberischen Wertung, nach der nicht nur allgemein eine entsprechende Schussabgabe, sondern ausdrücklich auch der Fangschuss, der dazu dienen soll, krankes oder verletztes Wild zur Strecke zu bringen, verboten ist. Allerdings zeigt die Entstehungsgeschichte, dass Ausgangsüberlegung für die Norm die mögliche Schädigung des Wildbrets und des Felles bzw. der Häute war. Nachdem dem Tierschutzgedanke insbesondere auch in der Regelung des § 22a verstärkt Rechnung getragen wird, scheint aber eine gesetzgeberische Neubewertung des Verbots des rauen Schusses angezeigt.

37 **Verbotene Munition und Waffen:** Auch hier gilt das Vorstehende, allerdings mit der Maßgabe, dass der Gesetzgeber nur in § 19 Abs. 1 Nr. 2

lit. d für den Pistolen- oder Revolverschuss eine entsprechende Abgabe als Fangschuss untersagt. Diese ausdrückliche Erwähnung bzgl. der Kurzwaffe lässt im Umkehrschluss eine Rechtfertigung nach §§ 34, 35 StGB iVm § 22a bei den übrigen Varianten (§ 19 Abs. 1 Nr. 2 lit. a–c) möglich erscheinen.

Jagd an der Fütterung: Die Jagd muss in Notzeiten auf Schalenwild erfolgen (→ § 19 Rn. 43). Zwar reicht es nicht aus, dass die Tat in Winterzeiten begangen wird (vgl. OLG Koblenz (St) Beschl. v. 10.5.1983 – 1 Ss 193/83, zu § 19 Nr. 1), im Hinblick auf ein fahrlässiges Handeln wird der Täter aber mit der erforderlichen Sorgfalt prüfen müssen, ob das Wild aufgrund der Boden- und Witterungsverhältnisse eine ausreichende natürliche Äsung erlangen kann. Problematisch ist zudem, ob die Jagd an einer Kirrung dem Verbot unterfällt (nach AG Soest Urt. v. 12.4.1983 – 4 OWi 20 Js 22/83, JE X Nr. 45 entspricht Kirren dem Füttern, während Leonhardt/Pießkalla § 19 Rn. 20 das Jagen an der Kirrung unter Verweis auf landesrechtliche Regelungen für erlaubt hält). Hiergegen spricht zutreffenderweise, dass die Landesgesetzgeber zwischen Fütterung und Kirrung unterscheiden (zB § 28 **RhPfLJG,** § 34 Abs. 4 **LJagdG Bln;** § 33 Abs. 5 JWMS definiert Kirrung als Anlocken von Wild mit geringen Futtermengen zur Erleichterung der Bejagung; so auch OLG Brandenburg Beschl. v. 13.2.2018 – 53 Ss OWi 673/17, BeckRS 2018, 22250 = JE X Nr. 123; → § 19 Rn. 44). Zumindest dürfte sich der Jäger im Hinblick auf diese ungeklärte Rechtslage jedenfalls in einem unvermeidbaren Verbotsirrtum befinden. 38

Vergiftungsverbot: Traditionell wird unter Vergiften die Beibringung chemischer Stoffe verstanden, die auf das Wild tödlich wirken (vgl. Mitzschke/Schäfer § 19 Rn. 44; Leonhardt/Pießkalla § 19 Rn. 26 unter Verweis auf entsprechende landesrechtliche Vorschriften). Dies entspricht dem alten Begriff der Vergiftung in § 229 StGB aF, wonach eine Vergiftung voraussetzte, dass das angewendete Mittel zur Gesundheitszerstörung und nicht nur zur Gesundheitsschädigung geeignet war. Zur Gesundheitszerstörung gehört, dass wesentliche Körpertätigkeiten für die Dauer oder wenigstens nicht nur für eine vorübergehende Zeit völlig oder mindestens in erheblichem Umfange aufgehoben werden. Hierzu genügte nicht, dass das Gift seinem Wesen nach an sich zur Zerstörung der (menschlichen) Gesundheit geeignet war; erforderlich war vielmehr, dass ihm in der beigebrachten Menge sowie nach Art der Verabreichung und nach der Körperbeschaffenheit des Opfers diese Eignung zukam (BGH Urt. v. 10.10.1978 – 1 StR 345/78, NJW 1979, 556). Im allgemeinen Strafrecht verlangt nun § 224 StGB als Folge der Beibringung von Gift nicht mehr die dadurch verursachte Gefahr einer schweren Gesundheitsschädigung. Vielmehr genügt danach für den objektiven Tatbestand bereits die Gesundheitsschädlichkeit des Stoffes, dessen Beibringung das Opfer an der Gesundheit schädigt. Dafür erforderlich, aber auch genügend ist, dass die Substanz nach ihrer Art und dem konkreten Einsatz zur erheblichen Gesundheitsschädigung geeignet ist (BGH Urt. v. 16.3.2006 – 4 StR 536/05, NJW 2006, 1822 unter Verweis auf BT-Drs. 13/8587, 27/28, 36 und BT-Drs. 13/9064, 15). Da es sich bei § 19 Abs. 1 Nr. 15 um eine bundesrechtliche Norm handelt, sind unter dem Gesichtspunkt der Einheitlichkeit der Rechtsordnung daher als Gifte auch solche Stoffe zu verstehen, die zur Herbeiführung einer erheblichen Gesundheitsschädigung geeignet sind. Entgegenstehende bzw. eingrenzende landesrechtliche Definitionen sind danach im Lichte des § 19 Abs. 2 zu prüfen. 39

40 **Zu Abs. 2 Nr. 3:** Die Norm ist als Erfolgsdelikt ausgestaltet, da nur das Erlegen mit Bußgeld bedroht ist. Daher ist erforderlich, dass das Wild getötet wird (→ Rn. 11; aA Leonhardt/Pießkalla Rn. 2.2). Zunächst handelt derjenige ordnungswidrig, der vor der Bestätigung des Abschussplanes Wild erlegt. Bei entsprechenden landesrechtlichen Regelungen, durch die die Bestätigung fingiert wird, ist auf den Eintritt der Fiktionswirkung abzustellen. Eine Überschreitung kann sowohl in quantitativer als auch in qualitativer Hinsicht erfolgen. Nicht unter die Norm fällt aufgrund des klaren Wortlauts die Unterschreitung eines vorgegebenen Mindestabschuss. Auf den Abschussplan ist allerdings nicht nur das erlegte, sondern auch – vorbehaltlich anderweitiger landesrechtlicher Regelungen – das im Jagdbezirk angefallene verendete Wild und Fallwild anzurechnen (OLG Brandenburg Beschl. v. 31.5.2006 – 1 Ss (OWi) 21B/06, BeckRS 2006, 9686).

41 Der Jäger hat die Pflicht, sich nach dem Stand der Erfüllung des Abschussplanes zu erkundigen (für eine ständige Erkundigungspflicht AG Daun Beschl. v. 18.2.1986 – 12 Js 30464/85 OWi, JE X Nr. 61; für eine Erkundigungspflicht, insbesondere wenn der Jäger Anhaltspunkte dafür hat, dass der Plan bereits durch andere Jäger erfüllt wurde, OLG Brandenburg Beschl. v. 31.5.2006 – 1 Ss (OWi) 21B/06, BeckRS 2006, 9686). Fahrlässiges Handeln liegt vor, wenn der Revierinhaber, der nur einen Hirsch frei hat, ohne Absprache mit einem Jagdgast, der auch auf einen Hirsch eingeladen ist, nachdem ein für ihn nicht genau zuzuordnender Schuss gefallen ist, seinerseits einen Hirsch erlegt (AG Eschwege Urt. v. 22.6.2001 – 96 Js OWi 292/01, JE X Nr. 111). Gerade im Hinblick auf die technischen Möglichkeiten (Funkgeräte, Mobiltelefone etc) sind **erhöhte Sorgfaltspflichten** anzunehmen. Der Jagdgast darf sich grundsätzlich darauf verlassen, dass die vom Jagdausübungsberechtigten freigegebenen Tiere auch innerhalb des Abschussplanes liegen (Leonhardt/Pießkalla Rn. 2.2).

42 **Zu Abs. 2 Nr. 3a:** Schonzeitvergehen bei nicht ganzjährig geschütztem Wild stellen nach der Gesetzesänderung nur noch eine Ordnungswidrigkeit dar (→ § 38 Rn. 4). Auch die Schonzeiten dieser Tierarten muss der Jäger kennen (→ § 38 Rn. 11). Zwar darf der Jäger erst einen Schuss abgeben darf, wenn er das Tier sicher angesprochen hat. Das schließt aber nicht aus, dass ihm bei der Beurteilung der verschiedenen mehrdeutigen Merkmale trotz sorgfältiger Beobachtung ein Irrtum unterläuft (OLG Schleswig Beschl. v. 9.3.2016 – 1 Ss OWi 2/16, BeckRS 2016, 7448 = JE X Nr. 122).

43 **Zu Abs. 2 Nr. 4:** Die Pflicht zur Anzeige von Wildseuchen trifft unstreitig allein den Jagdausübungsberechtigten. Aber auch die Tatbestandsalternative bezieht sich allein auf ihn, wie sich aus dem Wortlaut („als Jagdausübungsberechtigter … den Weisungen … nicht Folge leistet") ergibt (Mitzschke/Schäfer § 24 Rn. 11; aA Leonhardt/Pießkalla Rn. 2.2). Dies umso mehr als die Bußgeldvorschrift ausdrücklich auf § 24 verweist, dessen alleiniger Adressat der Jagdausübungsberechtigte ist. Die Verletzung der Anzeigepflicht setzt voraus, dass **Kenntnis** vom Auftreten der Wildseuche besteht. Die neben der vorsätzlichen mögliche fahrlässige Begehungsweise bezieht sich in der ersten Variante nur auf das Unterlassen der Anzeige (zB weil der Täter ohne sorgfältige Prüfung davon ausgeht, ein anderer habe die Behörde bereits informiert). Nicht ordnungswidrig handelt der Täter hingegen, wenn er sich (fahrlässig) keine Kenntnis von der Seuche verschafft und daher auch nicht eine solche anzeigt.

Zu Abs. 2 Nr. 5: Hier handelt es sich um eine sog. Blankettvorschrift, die durch eine entsprechende Rechtsverordnung ausgefüllt werden muss. Zu beachten ist aber der in Art. 103 Abs. 2 GG enthaltene Bestimmtheitsgrundsatz, dass eine Tat nur dann bestraft werden kann, wenn die Strafbarkeit gesetzlich bestimmt ist, bevor die Tat begangen wurde. Damit soll sichergestellt werden, dass jedermann vorhersehen kann, welches Verhalten ihm verboten und mit Strafe bzw. mit Geldbuße bedroht ist (BVerfG Beschl. v. 22.6.1988 – 2 BvR 234/87, 2 BvR 1154/86, NJW 1989, 1663). Hierzu müssen die Grenzen des straf- bzw. ordnungswidrigkeitsfreien Raum dem Einzelnen so eindeutig und klar vor Augen gestellt werden, dass er sein Handeln ohne größere Schwierigkeiten daran orientieren kann (BK-GG/Rüping GG Art. 103 Abs. 2 Rn. 79; Jarass/Pieroth/Kment GG Art. 103 Rn. 74). Bei einer wie hier vorliegenden Verbindung zwischen sanktionierender Blankettvorschrift und ausfüllender Rechtsverordnung muss auch gerade diese Verkopplung dem Gebot der Gesetzesklarheit entsprechen (Düring/Herzog/Scholz/Remmert GG Art. 103 Abs. 2 Rn. 103 ff.). Dies ist zB dann nicht mehr gegeben, wenn aufgrund einer Änderung des Gesetzes die Paragraphen, auf die die (nicht geänderte) Rechtsverordnung verweist, nicht mehr zutreffend bezeichnet sind (vgl. OLG Koblenz Beschl. v. 22.3.1999 – 2 Ss 124/98, NJW 1999, 3136). Auch ein (allgemeiner) Verstoß gegen das Zitiergebot, wenn also in der Rechtsverordnung nicht ausdrücklich auf Abs. 2 Nr. 5 verwiesen wird, oder eine ohne ausreichende Ermächtigungsgrundlage erlassene Verordnung lassen die Ordnungswidrigkeit entfallen (Voß BB 1996, 1695; → § 36 Rn. 1 ff.). 44

Zu Abs. 2 Nr. 6: Zur Jagd ausgerüstet ist, wer Gegenstände mit sich führt, die er bei sich bietender Gelegenheit ohne große Verzögerung zur Jagd einsetzen kann. Die objektive Geeignetheit der Gegenstände zur Jagd auf gesundes Wild (vgl. Leonhardt/Pießkalla BayJG Art. 42 Rn. 3; Mitzschke/Schäfer Rn. 35) ist ausreichend, so dass eine Absicht des Täters, tatsächlich auch die Jagd auszuüben (→ § 38 Rn. 5), nicht erforderlich ist. Nicht zwingend muss es sich um „typische“ Jagdgeräte handeln (Lorz/Metzger § 23 Rn. 23; aA Leonhardt/Pießkalla BayJG Art. 42 Rn. 3; Mitzschke/Schäfer Rn. 35). Da sich das Jagdrecht gem. § 1 Abs. 1 auf die ihm unterfallenden Tiere bezieht, sind Gegenstände, die nur zur Jagd auf andere Tierarten geeignet sind, keine Jagdausrüstung iSd Abs. 2 Nr. 6 (BayObLGSt 26, 161). Bei Schusswaffen ist unerheblich, ob sie im Futteral, Kofferraum eines Fahrzeuges oder zerlegt mitgeführt werden, solange sie mit ebenfalls mitgeführter Munition jederzeit schussfertig gemacht werden können. 45

Der Jagdbezirk ist in §§ 4 ff. durch das Gesetz definiert. Demnach kann die Ordnungswidrigkeit nicht auf Flächen begangen werden, die zu keinem Jagdbezirk gehören (§ 6 S. 1 Alt. 1), wohl aber auf Flächen, auf denen die Jagd ruht. Der Verbotsnorm unterfällt auch nicht der Jagdbogen (aA Leonhardt/Pießkalla Rn. 2), der gem. § 11 Abs. 2 nur ein Teil eines Jagdbezirkes ist. Unter den fremden Jagdbezirk auch den fremden Jagdbogen zu fassen, ist vom Wortlaut der Norm nicht gedeckt. Der Begriff der Fremdheit bezieht sich nicht auf die Eigentumsverhältnisse am Jagdbezirk, sondern auf die Frage, wem das Jagdrecht in einem bestimmten Bezirk zusteht (→ § 11 Rn. 1 ff.). Folglich ist auch für einen Jagdgenossen eines verpachteten Jagdbezirks dieser fremd iSd Norm, auch wenn er sich (ausschließlich) auf in seinem Eigentum befindlichen Grundstücken bewegt. Anderenfalls würde die Regelung für die gemeinschaftlichen Jagdbezirk keinen Sinn machen, da die verschiedenen Grundstücke eigentumsrechtlich verschiedenen Personen zugeordnet sind 46 und der Jagdbezirk in Gänze keine sachenrechtliche Gesamtheit bildet und daher die Jagdgenossen mit ihren Grundstücken weder im Verhältnis des Miteigentums noch des Gesamthandseigentums zueinander stehen. Dementsprechend ist auch bei der Teilung eines gemeinschaftlichen Jagdbezirkes in mehrere selbständige gem. § 8 Abs. 3 bei Verpachtung an verschiedene Personen, der jeweils andere Jagdbezirk fremd iSd Abs. 2 Nr. 6 (Leonhardt/Pießkalla Rn. 2).

47 Zum allgemeinen Gebrauch bestimmte Wege sind nicht nur öffentliche Wege iSd Wegerechts. Bereits mit der Gesetzesänderung von 1935 wurde das vorher in der Norm enthaltene Wort „öffentlich" gestrichen. Ob ein Weg zum allgemeinen Gebrauch bestimmt ist, hängt bei öffentlich-rechtlichen Wegen von der Widmung und bei Privatwegen von der Zweckbestimmung durch den Eigentümer ab (OLG Celle Beschl. v. 5.6.1984 – 2 Ss (OWi) 159/84, AgrarR 1984, 249 = RdL 1984, 207 = JE XX Nr. 32).

48 Betreten ist die körperliche Überschreitung der räumlichen Grenze des fremden Jagdbezirkes. Nicht ausreichend ist das Hineingreifen in dem fremden Jagdbezirk, zB um zunächst eine Verriegelung an einem Grenzgatter zu lösen (Fischer StGB § 123 Rn. 15 mwN; aA RG Urt. v. 19.2.1907 – II 890/06, RGSt 39, 440). Auch das Befahren mit einem Fahrzeug unterfällt dem Verbot (BayObLG MDR 1969, 779).

48a Die Befugnis zum Betreten kann sich zum einen aus einer Erlaubnis durch den Pächter ergeben, zB gegenüber dem Jagdgast oder im Rahmen einer Wildfolge gem. § 22a Abs. 2, zum anderen aber auch aus der gesetzlichen Bestimmung, wie zB für die anderen Jagdschutzberechtigten nach § 25 (vgl. RG Beschl. v. 26.9.1887 – VII. 1301/87, RGSt 16, 202; BayObLGSt 16, 56). Die Befugnis muss sich aber auf das Betreten in Jagdausrüstung und nicht nur auf das Betreten im Allgemeinen beziehen (vgl. BayObLGSt 14, 42).

III. Bemessung der Geldbuße

49 Die Ordnungswidrigkeiten werden mit Geldbuße bestraft. Sie beträgt im Mindestmaß 5 Euro (§ 17 Abs. 1 OWiG), im Höchstmaß 5.000 Euro (Abs. 3). Hierbei ist aber zu beachten, dass, wenn im Gesetz für vorsätzliche und fahrlässige Begehung nur ein einheitliches Höchstmaß angegeben ist, § 17 Abs. 2 OWiG bei Fahrlässigkeit höchstens die Verhängung der halben Höchstgrenze zulässt. Bei fahrlässigen Ordnungswidrigkeiten nach Abs. 2 ist somit nur eine Höchstgeldbuße von 2.500 Euro möglich. Bei der Bemessung sind nach § 17 Abs. 2 OWiG die Bedeutung der Ordnungswidrigkeit und der individuelle Schuldvorwurf aber auch die wirtschaftlichen Verhältnisse des Täters zu berücksichtigen. Soweit ein wirtschaftlicher Vorteil aus der Ordnungswidrigkeit gezogen wurde, soll die Geldbuße diesen übersteigen (§ 17 Abs. 4 OWiG). Soweit eine verwaltungsinterne Anweisung zur Höhe der Geldbuße besteht, ist diese für die untere Jagdbehörde verbindlich. Wenn die Behörde von einer solchen Regelung abweichen will, muss sie im Einzelnen begründen, weshalb es sich nicht um einen Regelverstoß handeln soll (OLG Schleswig Beschl. v. 9.3.2016 – 1 Ss OWi 2/16 (5/16), BeckRS 2016, 7448 = JE X Nr. 122).

50 Neben der Strafe droht auch die Einziehung von Gegenständen (→ § 40 Rn. 7 ff.), zB der Jagdwaffe oder der Trophäen, bei Ordnungswidrigkeit nach Abs. 1 Nr. 5 oder Abs. 2 Nr. 2–3 lit. a oder Nr. 5 und bei Ordnungswidrigkeiten, die er unter grober oder beharrlicher Verletzung der Pflichten bei der Jagdausübung begangen wurden, ein Jagdverbot (→ § 41a Rn. 4). Eine Entziehung des Jagdscheines (§ 41) ist bei Ordnungswidrigkeiten nicht möglich. Die Verhängung eines Jagdverbotes oder die Einziehung von Gegenständen ist bei der Bemessung der Geldbuße im Rahmen einer Gesamtbewertung der Nachteile, die den Betroffenen treffen, zu berücksichtigen (OLG Rostock Beschl. v. 6.3.2003 – 2 Ss (OWi) 249/00 I 191/00, BeckRS 2003, 18133; Göhler/Gürtler OWiG § 17 Rn. 26h).

Wird anstelle eines Jagdunterpachtvertrages eine ständige unentgeltliche Jagderlaubnis angezeigt und aufgrund der damit fehlenden Genehmigung sieben Monate die Jagd ausgeübt ist ein Bußgeld von 1.000 DM angemessen (OLG Celle Beschl. v. 29.11.1983 – 2 Ss (OWi) 203/83, AgrarR 1984, 248 = NuR 1984, 75 = JE X Nr. 47). Die Störung des Wildes in mehreren Fällen, durch den freilaufender Hund des Betroffenen, der das Wild in seinen Wohnstätten aufstöbert und hetzt, wurde mit 100 DM Geldbuße für jeden Fall belegt (AG Frankfurt Urt. v. 7.4.1987 – 18 Js 46784/86 – 933 OWi, JE X Nr. 54). Für das fahrlässige Überschreiten des Abschussplans für Schalenwild durch Erlegen eines kapitalen Rothirsches kann eine Geldbuße von 1.000 Euro verhängt und die Trophäe eingezogen werden (OLG Brandenburg Beschl. v. 31.5.2006 – 1 Ss (OWi) 21 B/06, BeckRS 2006, 9686). Unter Verzicht auf die Einziehung der Trophäe reduzierte das AG Cochem die Geldbuße von 1.500 Euro auf 300 Euro bei Abschuss eines nicht im Abschussplan vorgesehenen IIa-Hirschs (AG Cochem Beschl. v. 6.2.2004 – 2030 Js 21418/03.3 OWi, JE VI Nr. 56). Selbst bei eingeschränkten wirtschaftlichen Verhältnissen ist wegen fahrlässiger Überschreitung des bestätigten Abschussplans durch Erlegung eines Hirsches der Altersklasse II eine Geldbuße in Höhe von 500 DM und die Einziehung der Jagdtrophäe angemessen (OLG Rostock Beschl. v. 6.3.2003 – 2 Ss (OWi) 249/00 I 191/00, BeckRS 2003, 18133). 51

§ 40 Einziehung

(1) **Ist eine Straftat nach § 38 oder eine Ordnungswidrigkeit nach § 39 Abs. 1 Nr. 5 oder Abs. 2 Nr. 2 bis 3a oder 5 begangen worden, so können**

1. **Gegenstände, auf die sich die Straftat oder Ordnungswidrigkeit bezieht, und**
2. **Gegenstände, die zu ihrer Begehung oder Vorbereitung gebraucht worden oder bestimmt gewesen sind,**

eingezogen werden.

(2) **§ 74a des Strafgesetzbuches und § 23 des Gesetzes über Ordnungswidrigkeiten sind anzuwenden.**

Ländervorschriften: § 68 JWMG; Art. 58 BayJG; § 51 Abs. 1 LJagdG Bln; § 61 Abs. 2 BbgJagdG; § 31 Abs. 1 HmbJagdG; § 42 Abs. 4 HJagdG; § 56 Abs. 4 LJG-NRW; § 49 RhPfLJG; § 50 SJG; § 37 Abs. 3 SächsJagdG; § 37 Abs. 4 SchlHLJagdG; § 45 LSALJagdG; § 58 ThJG.

Übersicht

I. Einziehung bei Straftaten

1. Allgemeine Regelungen des StGB

1 Im allgemeinen Strafrecht regeln die §§ 74 ff. StGB die Einziehung von Gegenständen. Diese ist bei vorsätzlichen Verbrechen und Vergehen möglich. Handelt der Täter oder Teilnehmer ohne Schuld (BGH Urt. v. 2.6.1982 – 2 StR 758/81, BGHSt 31, 80 = NJW 1982, 2565) oder ist sein Handeln gerechtfertigt (BGH MDR 1952, 530) ist eine Einziehung nicht möglich. Nach § 74 Abs. 1 StGB unterliegen nur die Gegenstände der Einziehung, die durch die Tat hervorgebracht worden sind (sog. producta sceleris), oder die zu ihrer Begehung oder Vorbereitung gebraucht worden oder bestimmt gewesen sind (sog. instrumenta sceleris). Gegenstände sind Sachen und Rechte (vgl. § 74a Nr. 1 StGB). Auch Tiere können nach der Vorschrift eingezogen werden (vgl. § 90a BGB; OLG Karlsruhe Beschl. v. 2.5.2001 – 3 Ss 35/01, NJW 2001, 2488). Nicht durch die Straftat hervorgebracht iSd § 74 StGB ist das erlegte Wild (Fischer StGB § 74 Rn. 9). Als der Einziehung unterliegende Tatmittel kommen Gegenstände in Betracht, die bei der Begehung der zu beurteilenden Tat (BGH Beschl. v. 13.7.2004 – 3 StR 189/04, NStZ 2005, 232) verwendet wurden oder hätten verwendet werden sollen und die Tat gefördert haben oder hätten fördern sollen (BGH Beschl. v. 7.5.1997 – 1 StR 217/97, NStZ-RR 1997, 318).

2 Erforderlich ist, dass der Gegenstand zur Zeit der Entscheidung dem Täter oder Teilnehmer gehört oder zusteht (§ 74 Abs. 2 Nr. 1 StGB) oder die Gegenstände nach ihrer Art und den Umständen die Allgemeinheit gefährden oder die Gefahr besteht, dass sie der Begehung rechtswidriger Taten dienen (§ 74 Abs. 2 Nr. 2 StGB). Entscheidend für die Einziehung gem. § 74 Abs. 2 Nr. 1 StGB sind die **Eigentumsverhältnisse** zum Zeitpunkt der letzten tatrichterlichen Entscheidung. Diese richten sich nach dem zivilrechtlichen Eigentumsbegriff (BGH Beschl. v. 18.7.1996 – 1 StR 386/96, NStZ 1997, 30). Die bloße tatsächliche Verfügungsgewalt ist nicht ausreichend (Fischer StGB § 74 Rn. 19). Ist Eigentümer der Sache eine juristische Person, kommt unter den Voraussetzungen des § 75 StGB eine Einziehung in Betracht. Die Einziehung gem. § 74 Abs. 2 Nr. 2 StGB dient dem Schutz der Allgemeinheit. Sie kommt in Betracht, wenn von den Gegenständen unter besonderen Umständen in der Person des Verwahrers oder der Art der Verwahrung allgemein eine Gefahr für Rechtsgüter individuell nicht bestimmter Personen (Alt. 1) oder eine Gefahr der Begehung weiterer Straftaten besteht (Alt. 2). Eine Einziehung zur Gefahrenabwehr ist nach § 74 Abs. 3 StGB auch möglich, wenn Schuldausschließungsgründe beim Täter vorliegen.

3 Die Einziehungsentscheidung hat der Richter nach pflichtgemäßem Ermessen zu treffen. Der Grundsatz der Verhältnismäßigkeit hat in § 74b StGB seine besondere Ausprägung im Einziehungsverfahren gefunden. In der Variante des § 74 Abs. 2 Nr. 1 StGB kommt der Einziehung strafähnlicher Charakter zu, so dass in diesen Fällen der Richter in seiner Entscheidung

deutlich machen muss, dass er dies bei der Gesamtbeurteilung berücksichtigt hat (BGH Urt. v. 12.10.1993 – 1 StR 585/93, StV 1994, 76; Beschl. v. 2.5.1989 – 1 StR 165/89, BeckRS 1989, 31092166 = StV 1989, 529). Diesbezüglich muss das Gericht erkennbar eine Bewertung der durch das Urteil ausgesprochenen Nachteile (Geldbuße und Einziehung) vornehmen (OLG Rostock Beschl. v. 6.3.2003 – 2 Ss (OWi) 249/00 I 191/00, BeckRS 2003, 18133). Eine **Notwendigkeit zur Einziehung** ist nach § 74b StGB insbesondere dann nicht gegeben, wenn der Einziehungszweck anderweitig („milderes Mittel"), zB durch Unbrauchbarmachung, erreicht werden kann. In diesen Fällen bleibt die Einziehung vorbehalten und es wird die Anweisung zu der anderweitigen Maßnahme erteilt. Wird diese befolgt, wird der Vorbehalt der Einziehung aufgehoben, anderenfalls erfolgt nachträglich eine Einziehung. Neben dem Gegenstand selbst kann nach § 74c StGB auch der Wertersatz eingezogen werden. Die entsprechenden Vorschriften geltend auch für eine Einziehung nach § 40. Bei Begehung von nicht in § 40 genannten, allgemeinen Straftaten hat die Einziehung über die allgemeinen Regeln der §§ 74 ff. StGB zu erfolgen. So wurde zB die Jagdwaffe eingezogen bei Beihilfe zur Wilderei (LG Kempten Urt. v. 11.4.1979 – Ns 22 Js 6340/78, JE X Nr. 15) und bei Nötigung zum Verlassen eines Sees im Revier unter Vorhalt der Waffe (LG Schweinfurt Urt. v. 26.7.1982 – 2 Ns 8 Js 13300/81, JE X Nr. 37).

2. Erweiterungen durch § 40

4 Während nach der allgemeinen Regelung des § 74 Abs. 1 StGB die Einziehung nur bei Vorsatztaten zulässig ist, ermöglicht § 40 Abs. 1 iVm § 74 Abs. 4 StGB eine Einziehung auch bei Fahrlässigkeitsdelikten nach § 38 Abs. 2. Gerade bei fahrlässiger Begehung kommt aber der **Verhältnismäßigkeitsprüfung** nach § 74b StGB besondere Bedeutung zu. Ist dem Jäger bei einem fahrlässigen Schonzeitvergehen zB wegen eines falschen Ansprechens nur ein geringer Schuldvorwurf zu machen, steht hierzu die Einziehung einer wertvollen Schusswaffe außer Verhältnis (Mitzschke/Schäfer Rn. 5). So wurde auch bei einer in Überschreitung des Jagdschutzes begangenen Nötigung mit tateinheitlicher fahrlässiger Körperverletzung bei Verhängung einer Geldstrafe von 1.500 DM die Einziehung der Tatwaffe nicht für notwendig erachtet (AG Trier Urt. v. 17.9.1982 – 2 Js 6621/81 4 Ls, JE X Nr. 40). Der Einziehung unterliegen nach § 40 Abs. 1 Nr. 1 auch die sog. Beziehungsgegenstände. Dies sind solche, die nicht Produkte der Tat oder Mittel zur Tatbegehung sind, sondern der notwendige Gegenstand der Tat selbst (BGH Beschl. v. 5.12.1956 – 4 StR 406/56, BGHSt 10, 28 = NJW 1957, 351). Erst § 40 ermöglicht es damit zB das schonzeitwidrig erlegte Wild (Wildbret, Decke, Trophäe etc) einzuziehen (→ Rn. 1).

5 Daneben verweist § 40 Abs. 2 auf § 74a StGB. Diese Vorschrift ermöglicht eine Einziehung von Gegenständen, die (zum Zeitpunkt der Aburteilung) nicht im Eigentum des Täters stehen, wenn der Eigentümer entweder leichtfertig dazu beigetragen hat, dass diese zur Tatausübung verwendet wurde oder er sie in Kenntnis der Umstände, die die Einziehung zugelassen hätten, in verwerflicher Weise erworben hat. Ausreichend ist, dass der Dritte die Begehung einer Tat dieser Art in allgemeinen Umrissen hätte vorhersehen könne und diese grob fahrlässig unterstützt (Fischer StGB § 74a Rn. 4 mwN). Das Wild, dass zB ein Jagdgast in strafbarer Weise erlegt, unterliegt

daher nur der Einziehung, wenn der Jagdpächter diesem leichtfertig die Jagderlaubnis erteilt hat, obwohl ihm dessen jagdliche Unzuverlässigkeit bekannt war (Mitzschke/Schäfer Rn. 8). Eine Einziehung nach anderen Normen scheidet aus, da dem Jagdpächter und nicht dem Jagdgast das Aneignungsrecht zusteht; der Täter also nicht das Eigentum an den Wild erwirbt und der Jagdpächter daher auch kein vom Täter abgeleitetes Eigentum, sondern unmittelbar durch das ihm zustehende Jagdrecht erwirbt.

6 Bei einem Erwerb des Gegenstandes zwischen Tat und Entscheidung hingegen muss der Dritte die Umstände kennen, die die Einziehung ermöglichen. Grob fahrlässige Unkenntnis reicht nicht aus. Die Kenntnis muss sich auf die Straftat beziehen. Der Dritte muss keine tatsächlich oder rechtlich zutreffenden Vorstellungen im Einzelnen haben, es reicht aus, wenn er so viele Umstände kennt, dass er die Tat allgemein erfasst (OLG Hamburg Urt. v. 22.4.1953 – Ss 44/53, NJW 1953, 1155). Desweiteren muss ihm bekannt sein, dass der Gegenstand der Tat als Tatmittel, Tatprodukt oder Beziehungsgegenstand zuzuordnen ist und dass er iSd § 74 Abs. 2 Nr. 1 dem Täter gehört (→ Rn. 2). Verwerflich ist der Erwerb durch den Dritten, wenn es ihm gerade darauf ankommt, dass der Gegenstand einer möglichen Einziehung entzogen wird, oder wenn das Handeln des Dritten in einem erhöhten Grade sittlich zu missbilligen ist (Fischer StGB § 74a Rn. 8). Dies wird häufig schon bei Kenntnis der Umstände anzunehmen sein. Wenn der Dritte zB weiß, dass mit der Waffe eine Schonzeitverletzung durch den Verkäufer begangen wurde, wird das regelmäßig den Erwerb verwerflich erscheinen lassen (Mitzschke/Schäfer Rn. 6). Eine Ausnahme kann aber dann bestehen, wenn der Dritte bereits vor der Tat ein Recht auf den Erwerb hatte (Fischer StGB § 74a Rn. 8), wenn er zB einen Kaufvertrag über eine Schusswaffe mit dem Täter geschlossen hatte und dieser, wovon der Dritte Kenntnis erlangt, zwischen Vertragsabschluss und Übereignung der Waffe, mit dieser ein Schonzeitvergehen nach § 38 begeht. Auch wenn ein schonzeitwidrig angeschweißtes Wild ins Nachbarrevier gelangt und es dort verendet oder der dortige Jagdausübungsberechtigte es nach § 22a erlegt, kann er sich es aneignen, ohne dass das Stück einer Einziehung unterliegen würde, da die Erwerbshandlung nicht verwerflich ist (Mitzschke/Schäfer Rn. 8).

II. Einziehung bei Ordnungswidrigkeiten

7 Die allgemeinen Regelungen für die Einziehung von Gegenständen bei Ordnungswidrigkeiten finden sich in den §§ 22 ff. OWiG. Diese entsprechen weitgehend den Vorschriften der §§ 74 StGB (→ Rn. 1 ff.). Allerdings unterscheidet § 22 OWiG nicht zwischen vorsätzlicher und fahrlässiger Begehungsweise, so dass eine Einziehung bei beiden in Betracht kommt (wegen der Verhältnismäßigkeitsprüfung beim Fahrlässigkeitsvorwurfes → Rn. 4). Daneben bietet § 22 Abs. 1 OWiG nicht eine unmittelbare Ermächtigung zur Einziehung wie § 74 Abs. 1 StGB, sondern gestattet diese nur, wenn das Gesetz eine solche **ausdrücklich** zulässt. § 40 Abs. 1 räumt bei Ordnungswidrigkeiten nach § 39 Abs. 1 Nr. 5 oder Abs. 2 Nr. 2–3a oder Nr. 5 die Möglichkeit der Einziehung ausdrücklich an, woraus sich auch ergibt, dass bei allen anderen Ordnungswidrigkeiten des BJagdG (§ 39 Abs. 1 Nr. 1–4 und Nr. 6–9, Abs. 2, Nr. 1, 4 und Nr. 6) eine Einziehung nicht in Betracht kommt.

8 § 22 Abs. 2 Nr. 1 OWiG ermöglicht die Einziehung von Gegenständen, die im Eigentum des Täters stehen oder diesem zustehen. Die Norm entspricht bis auf eine Ausnahme dem Wortlaut des § 74 Abs. 2 Nr. 1 StGB. Im Gegensatz zu diesem ist bei Ordnungswidrigkeiten der Teilnehmer nicht erwähnt, was der Regelung des § 14 Abs. 1 OWiG entspricht, dass jeder Beteiligte, ob er die Tat nun als eigene oder fremde will, ordnungswidrig handelt. Relevanz hat die Nichterwähnung des Beteiligten aber, soweit dessen Tatbeitrag gem. § 14 Abs. 3 S. 2 OWiG wegen des Fehlens besonderer persönlicher Merkmale nicht zu ahnden ist (Göhler/Gürtler OWiG § 22 Rn. 9). Steht einem solchen Beteiligten das Eigentum an dem Gegenstand zu, ist eine Einziehung nach § 22 Abs. 2 Nr. 1 OWiG, sondern allenfalls nach § 23 OWiG möglich.

9 Die Einziehung zur **Gefahrenabwehr** nach § 22 Abs. 2 Nr. 2 OWiG entspricht der nach § 74 Abs. 2 Nr. 2 StGB (→ Rn. 2), mit der Erweiterung, dass nicht nur bei der Gefahr der Begehung weiterer Straftaten mit den Gegenständen deren Einziehung droht, sondern eine solche auch schon bei der Gefahr weiterer Ordnungswidrigkeiten möglich ist. Allerdings ist, soweit lediglich mit Geldbuße bedrohte Handlungen und keine Vergehen oder Verbrechen zu fürchten sind, dieser Gesichtspunkt bei der Verhältnismäßigkeitsprüfung entsprechend zu berücksichtigen.

10 Gemäß § 40 Abs. 2 wird über § 23 OWiG, der § 74a StGB entspricht (→ Rn. 5), auch die Möglichkeit der Einziehung beim Dritten eröffnet. Da grundsätzlich das erlegte Wild dem Jagdpächter zusteht, ist seine Einziehung, wenn es vom Jagdgast abschussplanwidrig (§ 39 Abs. 2 Nr. 3) geschossen wurde, nur möglich, wenn in der Person des Jagdpächter die Voraussetzungen des § 23 OWiG vorliegen. Ist aber zwischen diesen eine besondere Vereinbarung getroffen oder existiert ein Jagdbrauch, zB dass dem Schützen die Trophäe zusteht, ist eine Einziehung bereits nach § 40 Abs. 1 Nr. 1 zulässig (OLG Hamm Beschl. v. 5.3.1969 – 4 Ws (OWi) 13/69, EJS III S. 28 Nr. 12; Lorz/Metzger Rn. 5).

11 § 24 OWiG gestaltet entsprechend § 74b StGB (→ Rn. 3) den Grundsatz der Verhältnismäßigkeit aus. Bei einem im erheblichen Maße pflichtwidrigen Fehlabschuss eines 1a-Hirsches ist bei guten wirtschaftlichen Verhältnissen **neben** einer Geldbuße von (damals) 2.000 DM auch die Einziehung der Trophäe angemessen (AG Meschede Urt. v. 22.2.1980 – 6 OWi 20 Js 197/79, JE X Nr. 27). Auch beim fahrlässigem Fehlabschuss eines Zukunftshirsches und anschließenden Ordnungswidrigkeiten bei der Wildfolge wurde neben einer Geldbuße von 800 DM die Einziehung des Geweihs als verhältnismäßig angesehen (AG Celle Urt. v. 17.9.1983 – 22 OWi 42 Js 409/82, JE X Nr. 42).

III. Verfahrensrecht

12 Die Einziehung ist sowohl in § 40 als auch in den allgemeinen Regelungen (§§ 74 ff. StGB, §§ 22 OWiG) nicht als zwingende Rechtsfolge vorgesehen, sondern in das **Ermessen** des Gerichtes bzw. der Behörde gestellt. Sie wird im Verfahren gegen den Täter angeordnet, selbst wenn der Gegenstand einem anderen gehört oder zusteht; dieser ist Einziehungsbeteiligter gem. § 424 StPO. Eine selbständige Anordnung kann im Strafverfahren nach § 76a StGB und im Ordnungswidrigkeitenverfahren nach § 87 OWiG erfolgen.

Soweit sie den Täter betrifft, ist sie bei der Strafzumessung zu berücksichtigen (BGH Beschl. v. 17.10.1995 – 4 StR 549/95, NStZ-RR 1996, 56).

IV. Einziehung nach Landesrecht

13 Auf Grundlage des § 40 kann eine Einziehung nur bei Delikten des BJagdG erfolgen. Durch § 42 werden die Länder ermächtigt eigene Straf- und Bußgeldvorschriften zu erlassen (→ § 42 Rn. 1 ff.). Im Rahmen dieser Kompetenz haben die Länder auch verschiedene Regelungen zur Einziehung bei Verstößen gegen ihre jeweiligen Straf- und Ordnungswidrigkeitentatbestände getroffen.

14 **Keine Einziehungsregeln** enthalten die Landesjagdgesetze von Bremen, Mecklenburg-Vorpommern und Niedersachsen.

15 § 31 Abs. 1 **HmbJagdG,** § 42 Abs. 4 **HJagdG,** § 68 **JWMG,** § 56 Abs. 4 **LJG-NRW,** § 49 **RhPfLJG,** § 60 **SächsJagdG,** § 50 **SJG** und § 37 Abs. 4 **SchlHLJagdG** sind dem Wortlaut des § 40 nachgebildet, soweit Ordnungswidrigkeiten nach Landesrecht vorliegen. Außer § 56 Abs. 4 **LJG-NRW,** der eine Einziehung nur bei einem Verstoß, nämlich gegen § 55 Abs. 1 Nr. 12 **LJG-NRW,** vorsieht, und § 51 Abs. 1 **LJagdG Bln,** der eine Einziehung nur bei einem Verstoß, nämlich gegen § 50 **LJagdG Bln,** vorsieht, ermöglichen die Vorschriften die Einziehung bei sämtlichen in ihren Landesgesetze geregelten Ordnungswidrigkeitentatbeständen. § 49 **RhPfLJG** entspricht § 40, da auch er die Einziehung wegen Straftaten nach dem Landesrecht ermöglicht.

16 Die entsprechende Anwendung des § 40 sieht § 61 Abs. 2 **BbgJagdG** vor, ebenso wie § 45 **LSALJagdG,** wobei die Einziehung aber nur bei Straftaten nach § 43 **LSALJagdG** oder Ordnungswidrigkeiten nach § 44 Abs. 1 Nr. 5, 6 oder 8 **LSALJagdG** möglich ist.

17 Die Einziehung der durch die Ordnungswidrigkeit gewonnenen oder erlangten oder die zu ihrer Begehung gebrauchten oder dazu bestimmten Gegenstände, auch Beziehungsgegenstände, bei entsprechender Anwendung des § 23 OWiG, ermöglichen Art. 58 **BayJG,** § 37 Abs. 3 **SächsJagdG** und § 58 **ThJG,** wobei die bayrische und die thüringische Regelung ausdrücklich darauf hinweisen, dass auch die bei der Tat verwendeten Verpackungs- und Beförderungsmittel hierzu gehören.

§ 41 Anordnung der Entziehung des Jagdscheines

(1) **Wird jemand wegen einer rechtswidrigen Tat**

1. **nach § 38 dieses Gesetzes,**
2. **nach den §§ 113 bis 115, 223 bis 227, 231, 239, 240 des Strafgesetzbuches, sofern derjenige, gegen den sich die Tat richtete, sich in Ausübung des Forst-, Feld-, Jagd- oder Fischereischutzes befand, oder**
3. **nach den §§ 292 bis 294 des Strafgesetzbuches**

verurteilt oder nur deshalb nicht verurteilt, weil seine Schuldunfähigkeit erwiesen oder nicht auszuschließen ist, so ordnet das Gericht die Entziehung des Jagdscheines an, wenn sich aus der Tat ergibt, daß die Gefahr besteht, er werde bei weiterem Besitz des Jagdscheines erhebliche rechtswidrige Taten der bezeichneten Art begehen.

(2) [1]**Ordnet das Gericht die Entziehung des Jagdscheines an, so bestimmt es zugleich, daß für die Dauer von einem Jahr bis zu fünf Jahren kein neuer Jagdschein erteilt werden darf (Sperre).** [2]**Die Sperre kann für immer angeordnet werden, wenn zu erwarten ist, daß die gesetzliche Höchstfrist zur Abwehr der von dem Täter drohenden Gefahr nicht ausreicht.** [3]**Hat der Täter keinen Jagdschein, so wird nur die Sperre angeordnet.** [4]**Die Sperre beginnt mit der Rechtskraft des Urteils.**

(3) **Ergibt sich nach der Anordnung Grund zu der Annahme, daß die Gefahr, der Täter werde erhebliche rechtswidrige Taten der in Absatz 1 bezeichneten Art begehen, nicht mehr besteht, so kann das Gericht die Sperre vorzeitig aufheben.**

Ländervorschriften: § 51 Abs. 2 LJagdG Bln; § 61 Abs. 2 BbgJagdG; § 31 Abs. 2 HmbJagdG; § 41 Abs. 4 MVLJagdG; § 37 Abs. 3 S. 2 SchlHLJagdG.

Übersicht

I. Zweck der Regelung

Das StGB kennt neben Strafen (Geld-, Freiheits- oder Vermögensstrafe) 1 und Nebenstrafe (Fahrverbot) auch Maßnahmen der Besserung und Sicherung. Vor der Gesetzesänderung im Rahmen der Strafrechtsreform 1974 war umstritten, ob die Entziehung des Jagdscheines eine Nebenstrafe (an der Ehre) sei, da § 58 Abs. 2 RJG sie bei besonders schweren „Verstößen gegen die Jägerehre" vorsah (so RG DJ 1941, 895, zitiert in Mitzschke/Schäfer Rn. 2), oder ob sie eine Sicherungsmaßnahme darstellte (so OLG Köln 12.6.1958 – 1 Ws 20/58, MDR 1958, 789; ausführlich zum Streitstand Mitzschke/Schäfer Rn. 2). Durch die Reform wurde die Entziehung des Jagdscheines, die der Entziehung der Fahrerlaubnis (§§ 69 ff. StGB) im allgemeinen Strafrecht nachgebildet ist, als **Sicherungsmaßnahme** ausgestaltet. Der Gesetzgeber hat auch in § 41a das Verbot der Jagdausübung, entsprechend dem Fahrverbot (§ 44 StGB), eingeführt.

II. Voraussetzungen der Entziehung

1. Anlasstat

In der vorhergehenden Gesetzesfassung war eine Entziehung des Jagdschei- 2 nes in das Ermessen des Gerichts gestellt, allerdings war sie nicht nur bei Straftaten, sondern auch bei Ordnungswidrigkeit nach § 39 möglich. Jetzt ist bei Vorliegen der Voraussetzungen des § 40 **zwingend** die Entziehung vorgesehen, allerdings nur bei den im Einzelnen genannten Straftaten. Bei Ordnungswidrigkeiten nach § 39 ist nunmehr im Rahmen des § 41a Abs. 1 Nr. 2 nur noch die Verhängung eines Jagdverbotes möglich.

3 **a) Verurteilung.** Eine Entziehungsanordnung kommt nur in Betracht, wenn eine Verurteilung wegen der in Abs. 1 Nr. 1–3 genannten Taten erfolgt oder nur deshalb nicht erfolgt, weil festgestellt wurde, dass der Täter schuldunfähig war oder dies nicht ausgeschlossen werden konnte. Zwar steht der Strafbefehl, soweit kein Einspruch eingelegt wird, gem. § 410 Abs. 3 StPO einem rechtskräftigen Urteil gleich, eine Entziehung des Jagdscheines ist aber im Strafbefehlswege nicht möglich, da sie nicht zu den in § 407 Abs. 2 StPO abschließend geregelten Rechtsfolgen gehört (Meyer-Goßner StGB § 407 Rn. 10 ff.). Eine Verurteilung liegt auch vor, wenn das Gericht zB nach § 113 Abs. 4 StGB von Strafe absieht. Auch in diesen Fällen ist grundsätzlich eine Entziehung möglich (vgl. Fischer StGB § 60 Rn. 7). Eine Möglichkeit zu einer vorläufigen Entziehung im Rahmen des Ermittlungsverfahrens, wie sie zB § 111a StPO bei der Fahrerlaubnis bietet, gibt es für den Jagdschein nicht.

4 Fehlt es an Strafverfolgungsvoraussetzungen, zB dem Strafantrag gemäß 294 StGB, oder ist die Tat verjährt, entfällt eine Verurteilung und damit auch eine Entziehung nach § 41 (allerdings kann die Behörde eine Einziehung nach § 18 prüfen).

5 In Nr. 1 (Straftaten des § 38) und Nr. 3 (Jagd- und Fischwilderei) ergibt sich der **Bezug zur Jagdausübung,** die neben der Strafe die Entziehung des Jagdscheines erforderlich macht, bereits aus der Art des Deliktes.

6 Bei den Straftaten nach Nr. 2 ist zudem erforderlich, dass sich die Tat (Widerstand, Körperverletzung, Freiheitsberaubung oder Nötigung) gegen eine Person richtet, die sich in Ausübung des Forst-, Feld-, Jagd- oder Fischereischutz befand. Dies setzt voraus, dass der betroffenen Person tatsächlich der Schutz obliegt, sie zB örtlich und sachlich zuständig ist (zum Jagdschutzberechtigten s. § 25). Erforderlich ist weiter, dass die Person auch tatsächlich die Schutzfunktion aktiv ausübt, also Tätigkeiten verrichtet, die zum Jagdschutz etc dienen sollen. Bei den in Abs. 2 Nr. 2 genannten Delikten handelt es sich durchgehend um Vorsatzdelikte. Das Gesetz hält bei diesen Tatbeständen die Entziehung des Jagdscheines nur für erforderlich, wenn der genannte Personenkreis betroffen ist. Der Gesetzgeber will also denjenigen Tätern den Jagdschein entziehen, die wegen einer der aufgeführten Gewalthandlungen auffällig geworden sind und von denen erneut ein Konflikt mit den besonderen Funktionsträger droht. Daher ist zu fordern, dass sich der Vorsatz des Täters auch auf die Eigenschaft der angegangenen Person als Schutzberechtigter und die Ausübung dieser Funktion beziehen muss. Hat der Täter keine Kenntnis davon, so wäre nicht verständlich, wieso eine Körperverletzung gegenüber ein und derselben Person einmal zur Entziehung des Jagdscheines führen kann, wenn diese sich (ohne Kenntnis des Täters) in Ausübung der Schutzfunktion befand, und einmal nicht, wenn diese zB nur im Wald spazieren geht. Diese Ansicht spiegelt sich auch in den landesrechtlichen Regelungen wider, die dem Jagdschutzberechtigten das Tragen eines **Dienstabzeichens, Jagdschutzabzeichens** oder eine **Ausweispflicht** oder das Vorzeigen des Jagdscheins vorschreiben.

Die Aufzählung der §§ 223–227, 239, 240 StGB ergibt bei diesem Verständnis auch einen Sinn, da nicht alle in § 25 genannten Personen Amtsträger iSv §§ 113, 114 StGB sind. Soweit diese Amtsträger in ihrer Funktion handeln, wird das Gewaltdelikt in Tateinheit zur Widerstandshandlung stehen. Da aber die Jagdausübungsberechtigten (§ 25 Abs. 1) und die bestätigten Jagdaufseher, die weder Berufsjäger noch forstlich ausgebildet sind (§ 25 Abs. 2 letzter Hs.) nicht dem Amtsträgerbegriff des StGB unterfallen (Fischer StGB § 114 Rn. 5), wäre ohne die entsprechende Aufzählung des § 41 bei Delikten gegen diesen Personenkreis eine Entziehung nicht möglich. 7

Bei anderen Delikten ist eine Entziehung des Jagdscheines nach § 41 im Strafverfahren nicht möglich. Auch hier muss dann von der Behörde die Einziehung nach § 18 geprüft werden (→ § 18 Rn. 1 ff.). 8

Gegenüber dem Jugendlichen ist eine Entziehung nicht möglich, da §§ 5 und 7 JGG die zulässigen Sanktionen abschließend regeln (aA Mitzschke/Schäfer Rn. 10). 9

b) Schuldunfähigkeit. Kommt es zu keiner Verurteilung, weil der Täter schuldunfähig ist oder diese Möglichkeit nicht ausgeschlossen werden kann, so bleibt eine Jagdscheinentziehung möglich. Voraussetzung ist aber eine rechtswidrige Tat, so dass die Maßnahme bei Vorliegen von Rechtfertigungsgründen nicht in Betracht kommt. Die Schuldunfähigkeit zum Zeitpunkt der Tat bemisst sich nach § 20 StGB ggf. unter Berücksichtigung des Grundsatzes in dubio pro reo. 10

Eine durch Alkohol oder andere berauschende Mittel herbeigeführte Schuldunfähigkeit lässt zwar die Strafbarkeit der Rauschtat entfallen, so dass nur eine Verurteilung wegen Vollrausches nach § 323a StGB auszusprechen ist. Hierbei handelt es sich aber trotz des Strafausspruchs um eine Nichtverurteilung iSd § 41 Abs. 1. Beide Vorschriften setzen gerade die Nichtverurteilung wegen der im (nicht ausschließbar) schuldunfähigen Zustand begangenen, rechtswidrigen Tat voraus (Mitzschke/Schäfer Rn. 11). Da das Gesetz von Verurteilung bzw. Nichtverurteilung spricht, muss wegen der Tat die Anklage erhoben und zugelassen worden sein. Wenn also die Staatsanwaltschaft bereits von vorneherein das Verfahren für nicht durchführbar hält, bietet § 41 keine ausreichende Eingriffsermächtigung. Eine selbständige Anordnung der Entziehung in einem Sicherungsverfahren nach § 413 StPO ist nach § 41 nicht möglich. Da die Zulässigkeit dieses Verfahrens für die jeweilige Maßnahme der Besserung und Sicherung ausdrücklich bestimmt sein muss und das BJagdG eine entsprechende Bestimmung nicht enthält, entfällt dieser Verfahrensweg. 11

2. Wiederholungsgefahr

Weitere Voraussetzung für die Entziehung ist, dass vom Täter die Gefahr weiterer erheblicher, rechtswidriger Taten ausgeht. Allerdings muss die Gefahr sich nicht allgemein auf rechtswidrige Taten, sondern allein auf solche beziehen, die in § 41 Abs. 1 genannt sind. Die Frage der Erheblichkeit der zu erwartenden Straftaten ist aufgrund des Wortlauts im Vergleich zu den in § 41 genannten Delikten und nicht zur Gesamtkriminalität zu beantworten. Eine solche ist gegeben, wenn durch sie der Rechtsfrieden empfindlich gestört wird. 12

Die Bewertung der Anlasstat muss zu einer negativen Prognose führen. 13
Erforderlich ist eine **Wahrscheinlichkeit höheren Grades** (BGH Urt. v.

22.6.2006 – 3 StR 89/06, NStZ-RR 2006, 265). Nicht ausreichend ist, dass **zukünftige Taten nicht auszuschließen** sind (Mitzschke/Schäfer Rn. 14). Auch dass sie **möglicherweise** drohen, reicht nicht aus (BGH Beschl. v. 14.7.2005 – 4 StR 135/05, NStZ-RR 2005, 303; Beschl. v. 8.4.2003 – 3 StR 79/03, NStZ-RR 2003, 232). Die Gefahr muss sich „aus der Tat" ergeben. Zwischen den konkreten Tatumständen und der Annahme der zukünftigen Gefahr muss ein indizieller Zusammenhang bestehen (vgl. BGH Urt. v. 26.9.2003 – 2 StR 161/03, BeckRS 2003, 8720 = StV 2004, 132). Daher ist es nicht ausreichend, wenn die Umstände, die eine Gefahr begründen könnte, nicht aus der Tat selbst hergeleitet werden können, sondern nur bei Gelegenheit der Strafverfolgung zu Tage treten (vgl. BGH Urt. v. 3.2.1961 – 4 StR 424/60, BGHSt 15, 393 = NJW 1961, 1076). Daher scheidet ein Nachtatverhalten zur Beurteilung aus, wenn sich nicht aus ihm Rückschlüsse auf die in der Tat selbst zum Ausdruck kommenden Motive ziehen lassen. Daneben sind aber, da die Prognose täterbezogen erstellt werden muss, Gründe, die gegen die Annahme einer Gefahr sprechen und außerhalb der Tat liegen, auch zu berücksichtigen.

14 Ausdrücklich bestimmt § 41, dass die Gefahr „bei weiterem Besitz" des Jagdscheins drohen muss. Ergibt sich die negative Prognose für den Täter unabhängig vom Besitz des Jagdscheines, ist der Wortlaut nicht erfüllt. Dies betrifft dann entsprechend auch die isolierte Sperre nach § 41 Abs. 2 S. 3.

III. Wirkung der Entziehungsanordnung

15 Der Jagdschein verliert seine Gültigkeit nicht unmittelbar mit der Rechtskraft des Urteils. § 41 bewirkt nicht die Entziehung selbst, sondern bestimmt, dass das Gericht ermächtigt wird, diese anzuordnen ist. Da bei einer entsprechenden Entscheidung die Behörde nach § 18 verpflichtet ist, den Jagdschein für ungültig zu erklären und ihn einzuziehen, bedarf es daher noch einer verbindlichen Verwaltungsentscheidung. Der Zeitpunkt der **Unanfechtbarkeit der Entscheidung im verwaltungsrechtlichen Verfahren** ist gem. § 13 S. 1 für das Erlöschen eines Jagdpachtvertrages von Bedeutung (→ § 13 Rn. 6).

16 In Nr. 1: Ob er als Jahres-, Tages-, Falkner- oder Jugendjagdschein gelöst ist, ist unerheblich (aA Mitzschke/Schäfer Rn. 15, der für die Einziehung eines Tagesjagdscheines im Hinblick auf die zwingend anzuordnende Sperrfrist keine Notwendigkeit sieht, was unter Berücksichtigung der möglichen Dauer eines solchen (§ 15 Abs. 2) bedenklich scheint, da die Behörde auch die sofortige Vollziehung anordnen kann).

IV. Sperre

17 Das Gericht hat neben der Anordnung der Entziehung auch eine Entscheidung darüber zu treffen, wie lange die Behörde dem Täter keinen neuen Jagdschein erteilen darf. Die Sperrfrist ist grundsätzlich auf einen Rahmen zwischen einem und fünf Jahren beschränkt (§ 41 Abs. 2 S. 1). Sie sollte nach Jahren und vollen Monaten bestimmt werden (Fischer StGB § 69a Rn. 7). Eine Unterschreitung der Mindestfrist ist nicht zulässig. Nur in Ausnahmefällen kann sie für immer ausgesprochen werden (§ 41 Abs. 2 S. 2). Diese, auf

Lebenszeit geltende Sperre kann verhängt werden, wenn die Höchstfrist von fünf Jahren zur Gefahrenabwehr nicht ausreichend ist. Eine „Zwischenlösung" im Bereich von fünf Jahren bis lebenslang ist unzulässig. Ihre Verhängung bedarf einer besonders sorgfältigen Prüfung und erschöpfender Begründung. Insbesondere ist darzulegen, warum die Höchstfrist nicht ausgereicht hätte, um die von dem Täter drohenden Gefahren abzuwenden (BGH Beschl. v. 7.12.1990 – 2 StR 513/90, NStZ 1991, 183). Eine lebenslange, negative Prognose muss das Gericht hingegen nicht abgeben (BGH Urt. v. 12.7.1968 – 4 StR 268/68, VRS 35, 416 (417)).

Die Sperrfrist beginnt mit der Rechtskraft der Entscheidung, weshalb auch die Festlegung eines kalendermäßig bestimmten Endtermins nicht zulässig ist, da der Richter den Eintritt der Rechtskraft nicht vorhersehen kann (OLG Saarbrücken Urt. v. 14.3.1967 – 5 StR 540/66, NJW 1968, 58). Gemäß § 41 Abs. 3 kann die Sperrfrist auch vorzeitig aufgehoben werden, wenn Gründe für die gestellte Gefahrprognose nicht mehr bestehen. Der bloße Zeitablauf ist hierfür nicht ausreichend (Mitzschke/Schäfer Rn. 20). 18

Der Ablauf der Frist begründet keinen unbedingten Anspruch auf Neuerteilung. Vielmehr muss die Behörde über diese entscheiden. Im Falle einer **vorzeitigen Aufhebung** darf die Behörde aber die Versagung des Jagdscheines nicht allein auf Tatsachen stützen, die zur Sperre geführt haben (Fischer StGB § 69a Rn. 47 mwN; Mitzschke/Schäfer Rn. 21; aA Leonhardt/Pießkalla Rn. 6, der fehlerhaft die vorgenannte Kommentarstellen auf jegliche Sperre bezieht). 19

In Nr. 1: Besitzt der Täter keinen Jagdschein, sei es, weil er keinen gelöst hat, sei es, weil er noch keine Jägerprüfung bestanden hat, ordnet das Gericht gem. § 41 Abs. 2 S. 3 eine isolierte Sperre an. 20

V. Entziehung nach Landesrecht

Auch die Entziehung des Jagdscheines kann als Maßnahme der Sicherung gem. § 42 in Landesgesetzen geregelt werden. 21

Keine entsprechenden Regelungen treffen die Landesjagdgesetze von Bayern, Baden-Württemberg, Bremen, Hessen, Nordrhein-Westfalen, Niedersachsen, Saarland, Sachsen, Sachsen-Anhalt und Thüringen. Eine vormals in **Baden-Württemberg** und **Rheinland-Pfalz** nach Landesrecht mögliche Entziehung ist weggefallen (zur Kritik an den früheren Regelungen → 1. Aufl. 2010, Rn. 22). 22

§ 61 Abs. 2 **BbgJagdG** bestimmt die entsprechende Anwendung des § 41. An den Wortlaut des § 41 lehnt sich § 31 Abs. 2 **HmbJagdG** an, so dass auch hier bei einer nicht vorwerfbarer Handlung und negativer Gefahrprognose eine Entziehung des Jagdscheines erfolgt. Hinsichtlich der Sperrfrist und einer vorzeitigen Aufhebung derselben wird auf § 41 Abs. 2 und 3 verwiesen. 23

Bei den übrigen Ländern stellt sich die Frage, ob die aufgestellten Regeln die Entziehung des Jagdscheines ermöglichen oder ob trotz des entgegenstehenden Wortlauts nicht nur ein Jagdverbot normiert wird. Deutlich wird dies in § 37 Abs. 3 S. 2 **SchlHLJagdG,** der nicht von Entziehung, sondern von Einziehung spricht. Diese kann neben einer Geldbuße für bestimmte Zeit angeordnet, beziehungsweise der Jagdschein kann versagt werden. Eine Einziehung für bestimmte Zeit, bei der der Täter nach Ablauf seinen (ur- 24 sprünglichen) Jagdschein zurückerhält, stellt sich nur als Jagdverbot dar. § 18 kennt die Einziehung auf bestimmte Zeit nicht, sondern nach Entziehung muss der Täter (nach Ablauf der Sperrfrist) einen neuen Jagdschein beantragen. Auch hier ergeben sich erhebliche Bedenken gegen die Verfassungskonformität der Norm. Gleiches gilt auch für § 41 Abs. 4 S. 2 **MVLJagdG,** der zwar von Entziehung spricht, aber diese ebenfalls für „bestimmte Zeit" und damit eine unbestimmte Sanktion vorsieht. Zwar enthält § 51 Abs. 2 **LJagdG Bln** (ein bis sechs Monate) eine hinreichend bestimmte Frist für die Entziehung, aber auch hier besteht die Problematik, dass das BJagdG eine Entziehung auf Zeit nicht kennt. Die Regelung ist daher als Jagdverbot zu verstehen.

§ 41a Verbot der Jagdausübung

(1) **Wird gegen jemanden**

1. **wegen einer Straftat, die er bei oder im Zusammenhang mit der Jagdausübung begangen hat, eine Strafe verhängt oder**
2. **wegen einer Ordnungswidrigkeit nach § 39, die er unter grober oder beharrlicher Verletzung der Pflichten bei der Jagdausübung begangen hat, eine Geldbuße festgesetzt,**

so kann ihm in der Entscheidung für die Dauer von einem Monat bis zu sechs Monaten verboten werden, die Jagd auszuüben.

(2) [1]**Das Verbot der Jagdausübung wird mit der Rechtskraft der Entscheidung wirksam.** [2]**Für seine Dauer wird ein erteilter Jagdschein, solange er nicht abgelaufen ist, amtlich verwahrt; das gleiche gilt für einen nach Ablauf des Jagdjahres neu erteilten Jagdschein.** [3]**Wird er nicht freiwillig herausgegeben, so ist er zu beschlagnahmen.**

(3) [1]**Ist ein Jagdschein amtlich zu verwahren, so wird die Verbotsfrist erst von dem Tage an gerechnet, an dem dies geschieht.** [2]**In die Verbotsfrist wird die Zeit nicht eingerechnet, in welcher der Täter auf behördlicher Anordnung in einer Anstalt verwahrt wird.**

(4) **Über den Beginn der Verbotsfrist nach Absatz 3 Satz 1 ist der Täter im Anschluß an die Verkündung der Entscheidung oder bei deren Zustellung zu belehren.**

Ländervorschriften: § 69 JWMG; Art. 57 BayJG; § 51 Abs. 2 LJagdG Bln; § 61 Abs. 2 BbgJagdG; § 31 Abs. 3 HmbJagdG; § 41 Abs. 4 S. 2 MVLJagdG; § 56 Abs. 3 LJG-NRW; § 50 RhPfLJG; § 49 Abs. 6 SJG; § 37 Abs. 4 SächsJagdG; § 46 LSALJagdG; § 37 Abs. 2 S. 2 SchlHLJagdG; § 57 ThJG.

Übersicht

I. Allgemeines

Das Verbot der Jagdausübung ist eine Nebenstrafe, die nur bei der Verhängung einer Strafe oder Geldbuße in der gleichen Entscheidung zusätzlich ausgesprochen werden kann. Dem nicht schuldhaft handelnden Täter kann folglich kein Jagdverbot auferlegt werden. Sie ist der Vorschrift des Fahrverbots nach § 44 StGB nachgebildet und ist daher wie dieses als Warnungs- und Besinnungsstrafe zu verstehen, die zu künftigem, gesetzestreuen Verhalten anmahnen soll (Mitzschke/Schäfer Rn. 3). Die von der Rspr. für das Fahrverbot entwickelten Grundsätze sind entsprechend auf das Verbot der Jagdausübung zu übertragen (Mitzschke/Schäfer Rn. 2). Daher kommt die Anordnung eines Jagdverbotes nicht in Betracht, wenn die abzuurteilenden Taten bereits sehr lange zurückliegen. Auch muss eine **Pflichtverletzung von einigem Gewicht** vorliegen, wenn ein Verbot der Jagdausübung verhängt werden soll. Bei der Strafzumessung müssen Haupt- und Nebenstrafe gemeinsam betrachtet werden. Sie dürfen insgesamt die Tatschuld nicht überschreiten. Die Verhängung eines Verbotes steht im **Ermessen** des Gerichts bzw. der Verwaltungsbehörde. Das Verbot betrifft die Jagdausübung insgesamt. Bei einer die Jagdausübung untersagenden Entscheidung verstößt also zB auch die Teilnahme als Treiber an einer Jagd gegen das Verbot. 1

Während bei der Entziehung der Jagdschein gem. §§ 41, 18 für ungültig erklärt wird, bleibt er beim Jagdverbot gültig und wird nur für die Dauer desselben amtlich verwahrt. Auch führt das Jagdverbot nicht wie die Entziehung des Jagdscheines zum Erlöschen des Pachtvertrages nach § 13. 2

II. Anlasstat

1. Stratftat

Ausreichend ist jede Straftat, die bei oder im Zusammenhang mit der Jagdausübung begangen wurde, nicht nur Straftaten nach § 38. Der Begriff „bei der Jagdausübung" setzt voraus, dass der Täter selbst die Jagd ausübt (→ § 1 Rn. 35 ff.; → § 38 Rn. 5). Straftaten, die bereits durch die **Ausübung der Jagd** begangen werden, zB § 38 oder § 292 StGB, reichen aus. 3

Ob die Tat „im Zusammenhang" mit der Jagdausübung begangen wurde, ist am konkreten Fall zu beurteilen. Im Grundsatz ist auch hier davon auszugehen, dass der Täter eigenhändig die Jagd ausüben muss. Im Hinblick auf die „Denkzettel"-Funktion bedarf es der Verhängung eines Jagdverbotes dann nicht (mehr), wenn der bislang unbestrafte Täter durch das Strafverfahren und die verhängte Hauptstrafe nachhaltig beeindruckt ist (LG Würzburg Urt. v. 24.11.1978 – 4 Ns 1 Ds 120 Js 3485/78, JE X Nr. 13). 3a

2. Ordnungswidrigkeit

Nur bei Ordnungswidrigkeiten nach § 39, nicht bei anderen Ordnungswidrigkeiten kommt ein Jagdverbot in Betracht. Auch bei Verstößen gegen Bußgeldvorschriften der Landesjagdgesetze kann ein Jagdverbot nur ausgesprochen werden, wenn diese Sanktion ausdrücklich in der landesrechtlichen Vorschriften vorgesehen ist (→ Rn. 9). Ein Jagdverbot kann nur verhängt werden, wenn die Ordnungswidrigkeit unter grober oder beharrlicher 4

Verletzung der Pflichten bei der Jagdausübung begangen wurde. Die Voraussetzungen können alternativ vorliegen. Nicht erforderlich ist eine grobe und zugleich beharrliche Pflichtverletzung.

5 Als grob ist ein (objektiv) besonders schwerer Verstoß gegen die Jagdpflichten, der (subjektiv) auf besonders grobem Leichtsinn, grober Nachlässigkeit oder Gleichgültigkeit beruht, zu verstehen. Allein ein objektiv **grober Verstoß** reicht nicht aus, wenn dem Täter nicht zugleich ein besonders verantwortungsloses Verhalten vorgeworfen werden kann (zum Begriff der groben Pflichtverletzung in § 25 StVG vgl. BGH Beschl. v. 11.9.1997 – 4 StR 638/96, BGHSt 43, 241 = NJW 1997, 3252; OLG Karlsruhe Beschl. v. 28.12.2001 – 2 Ss 33/01, BeckRS 2001, 14266 = DAR 2002, 229; OLG Saarbrücken Beschl. v. 27.7.1992 – Ss (B) 48/92, NZV 1993, 38; OLG Hamm Beschl. v. 13.8.1998 – 1 Ss OWi 754/98, NZV 1999, 92; OLG Zweibrücken DAR 1998, 362; BayObLG NZV 1990, 401). Auch die **beharrliche Pflichtverletzung** setzt voraus, dass neben dem objektiven Moment von bereits mehrfachen Verstößen durch den Täter, auch ein subjektives Element besteht. In dem zur Beurteilung anstehenden Verstoß muss sich die mangelnde Rechtstreue des Täters zeigen (zum Begriff der beharrlichen Pflichtverletzung in § 25 StVG vgl. BGH Beschl. v. 11.9.1997 – 4 StR 638/96, BGHSt 38, 231 = NJW 1997, 3252; OLG Karlsruhe Beschl. v. 25.5.1999 – 2 Ss 79/99, BeckRS 1999, 5111 = DAR 1999, 417; OLG Köln Beschl. v. 6.7.2001 – Ss 168/01 B, NZV 2001, 442; OLG Hamm Beschl. v. 5.8.1999 – 4 Ss OWi 794/99, NZV 2000, 53; OLG Zweibrücken Beschl. v. 19.2.2001 – 1 Ss 294/00, BeckRS 2001, 30162609 = DAR 2001, 327; BayObLG Beschl. v. 19.4.1996 – 2 ObOWi 282/96, NZV 1996, 370). Der zeitliche Abstand zwischen den Taten ist zu berücksichtigen, wobei grundsätzlich nicht auf die Tatzeit, sondern auf die Rechtskraft abzustellen ist.

6 Aufgrund des subjektiven Moments unterscheidet sich die „grobe oder beharrliche Pflichtverletzung" auch von den „schweren oder wiederholten Verstößen" gegen § 1 Abs. 3, die nach § 17 Abs. 2 Nr. 4 die Versagung des Jagdscheines rechtfertigen können (→ § 17 Rn. 1 ff.).

7 Da die Pflichtverletzung bei der Jagdausübung begangen sein muss, scheidet bei den Ordnungswidrigkeiten nach § 39 Abs. 1 Nr. 6, 7 und Abs. 2 Nr. 4, 6 die Verhängung eines Jagdverbotes auf.

III. Dauer des Verbotes

8 Das Verbot der Jagdausübung wird für mindestens einen bis höchstens sechs Monate ausgesprochen. Es beginnt nach § 41a Abs. 2 S. 1 mit der Rechtskraft des Urteils. Ist der Täter nicht im Besitz eines Jagdscheines wird die Verbotsfrist von diesem Tage an berechnet. Hat der Täter einen Jagdschein, ist dieser gem. § 41 Abs. 2 S. 2 zu verwahren. In diesen Fällen beginnt die Frist nach § 41 Abs. 3 S. 1 erst mit dem Tag, an dem der Jagdschein in amtliche Verwahrung gelangt.

8a Nach Ablauf der Frist ist der Jagdschein von der verwahrenden Stelle herauszugeben. Das Verbot steht der Erteilung eines neuen Jagdscheines, zB für das neue Jagdjahr nicht entgegen. Erstreckt sich das Verbot aber bis in das neue Jagdjahr, so ist auch der neue Jagdschein gem. § 41a Abs. 2 S. 1 Hs. 2 zunächst zu verwahren. Die Behörde kann allerdings unabhängig von der straf- oder ordnungswidrigkeitenrechtlichen Beurteilung prüfen, ob ein Jagdschein gem. § 18 entzogen oder eine Erteilung bei Neubeantragung gem. § 17 versagt wird.

Wer trotz des Jagdverbotes die Jagd ausübt, begeht eine Ordnungswidrigkeit gem. § 39 Abs. 2 Nr. 1. 8b

IV. Verfahren

Erforderlich ist eine Verurteilung zu einer Geld- oder Freiheitsstrafe oder die Verhängung einer Geldbuße. Erfolgt eine solche nicht, zB bei der Verwarnung mit Strafvorbehalt gem. § 59 StGB, ist für den Ausspruch eines Jagdverbotes kein Raum. 9

Die Verhängung des Jagdverbotes steht im pflichtgemäßen Ermessen des Gerichtes, wobei davon auszugehen ist, dass sich aus den in § 41a genannten Delikten eine Regelvermutung für die Notwendigkeit eines Jagdverbotes nicht herleiten lässt (arg. e § 44 Abs. 1 S. 2 StGB, der „in der Regel" ein Fahrverbot für bestimmte Delikte bzw. Konstellationen vorsieht, während § 41a nicht entsprechend ausgestaltet ist). Das Verbot dient im Gegensatz zur Entziehung des Jagdscheines (§ 41) nicht der Gefahrenabwehr, sondern soll Warnungs- und Besinnungsstrafe sein (vgl. BVerfG Beschl. v. 16.7.1969 – 2 BvL 11/69, BVerfGE 27, 36 = NJW 1969, 1623 zum Fahrverbot). 9a

1. Belehrung

Die Belehrung über den Beginn der Verbotsfrist hat „im Anschluss" an die Entscheidung oder bei deren Zustellung zu erfolgen. In den Fällen, in denen der Täter keinen Jagdschein besitzt oder sich dieser bereits bei der Akte befindet und aufgrund eines Rechtsmittelverzichts eine sofortige Wirksamkeit des Verbotes eintritt, obliegt die Belehrung dem Richter. Im übrigen kann sie auch durch die zuständige Behörde erfolgen. 10

Eine fehlende Belehrung lässt die Wirksamkeit des Verbotes nicht entfallen und hat damit auch keine Wirkung auf den Beginn der Verbotsfrist. Da der Gesetzgeber aber ausdrücklich die Belehrung vorgesehen hat, wird man dem Verurteilten bei einem Verstoß gegen das Jagdverbot aufgrund fehlender Belehrung keinen Vorwurf machen können. 10a

2. Beschlagnahme

Wird der Jagdschein nicht freiwillig in amtliche Verwahrung gegeben, ist er nach § 41a Abs. 2 S. 2 zu beschlagnahmen. Zuständig hierfür ist die jeweiligen Vollstreckungsbehörde, also je nach zu vollstreckender Entscheidung die Staatsanwaltschaft (§ 451 StPO) oder die Bußgeldbehörde (§ 92 OWiG). Die Beschlagnahme folgt den allgemeinen Regeln. 11

V. Verbot nach Landesrecht

Keine Regelung für die Anordnung eines Verbotes der Jagdausübung treffen die Landesjagdgesetze von Bremen, Hessen und Niedersachsen. 12

§ 69 **JWMG,** Art. 57 **BayJG,** § 61 Abs. 2 **BbgJagdG,** § 31 Abs. 3 **HmbJagdG,** § 56 Abs. 3 **LJG-NRW,** § 50 **RhPfLJG,** § 49 Abs. 6 **SJG,** § 37 Abs. 4 **SächsJagdG,** § 46 **LSALJagdG** und § 57 **ThJG** übernehmen 13 den Wortlaut des § 41a oder verweisen auf seine entsprechende Anwendung für sämtliche, in den jeweiligen landesrechtlichen Regelungen enthaltenen Ordnungswidrigkeiten.

14 § 51 Abs. 2 **LJagdG Bln** spricht zwar von Entziehung, ist aber als Jagdverbot zu verstehen (→ § 41 Rn. 24). Sie ist nur für bestimmte Ordnungswidrigkeiten (§ 50 Abs. 1 Nr. 4 oder 6 **LJagdG Bln**) vorgesehen ist. Da eine amtliche Verwahrung nicht vorgesehen und eine dem § 41a Abs. 3 entsprechende Regelung nicht aufgenommen wurde, tritt die Wirksamkeit des Verbotes mit der Rechtskraft ein. Gleiches gilt für § 41 Abs. 4 S. 2 **MVLJagdG,** der zwar von Entziehung spricht, aber diese ebenfalls für „bestimmte Zeit" ermöglicht und § 37 Abs. 3 S. 2 **SchlHLJagdG,** der zwar nicht von Entziehung, sondern von Einziehung spricht (→ § 41 Rn. 24). Problematisch ist bei diesen beiden Landesnormen, dass kein Höchstmaß vorgesehen ist.

§ 42 Landesrechtliche Straf- und Bußgeldbestimmungen

Die Länder können Straf- und Bußgeldbestimmungen für Verstöße gegen die von ihnen erlassenen Vorschriften treffen, soweit solche nicht schon in diesem Gesetz enthalten sind.

Ländervorschriften: Strafbestimmungen: § 66 JWMG; § 47 RhPfLJG; § 43 LSALJagdG.

Bußgeldbestimmungen: § 67 JWMG; Art. 56 BayJG; § 50 LJagdG Bln; § 60 BbgJagdG; Art. 41 BremLJagdG; § 30 HmbJagdG; § 42 HJagdG; § 41 NJagdG; § 41 MVLJagdG; § 55 LJG-NRW; § 48 RhPfLJG; § 49 SJG; § 37 SächsJagdG; § 44 LSALJagdG; § 37 SchlHLJagdG; § 56 ThJG.

I. Allgemeines

1 Da dem Bund nach Art. 75 GG im Jagdrecht nur eine Rahmengesetzgebungskompetenz eingeräumt ist, ihm aber im Bereich des Strafrechts und des davon umfassten Ordnungswidrigkeitenrecht durch Art. 74 GG der Vorrang zusteht, stellt § 42 klar, dass es den Ländern auch möglich ist eigene Straf- und Bußgeldvorschriften in ihren Landesjagdgesetzen aufzunehmen. Nach Art. 3 EGStGB sind die Länder nur berechtigt, bei Straftatbeständen Freiheitsstrafe bis zu zwei Jahren und wahlweise Geldstrafe bis zu 360 Tagessätzen von maximal 5.000 Euro (Höchstgrenzen gem. § 40 Abs. 1 S. 2, Abs. 2 S. 3) anzudrohen. Auch die Einziehung kann durch landesrechtliche Bestimmungen geregelt werden. Da § 40 aber nur bei den dort genannten Delikten eine erweiterte Einziehung ermöglicht, verbleibt es bei anderen Verstößen, vorbehaltlich anderweitiger, landesrechtlicher Regelungen bei den Vorschriften der §§ 74 ff. StGB bzw. §§ 22 ff. OWiG (vgl. Leonhardt/Pießkalla § 40 Rn. 1.1.5).

II. Landesrechtliche Strafbestimmungen

2 Von der Möglichkeit des Erlasses von Strafbestimmungen haben folgende Bundesländer Gebrauch gemacht: § 66 **JWMG.** § 47 Abs. 1 Nr. 1 **RhPfLJG** regelt die Strafbarkeit bei vorsätzlicher Zuwiderhandlung gegen eine vollziehbare Anordnung der oberen Jagdbehörde durch die zum Schutz seltener oder

in ihrem Bestand bedrohter Wildarten der Abschuss dieser Wildarten in bestimmten Gebieten oder in einzelnen Jagdbezirken dauernd oder zeitweise gänzlich verboten wird. Da in § 32 Abs. 2 S. 2 **RhPfLJG** davon Gebrauch gemacht wurde, für sämtliche im Anhang IV der RL 92/43/EWG sowie für die nicht gemäß Anh. II RL 2009/147/EG bejagbaren europäischen Vogelarten eine ganzjährige Schonzeit anzuordnen, sieht § 47 Abs. 2 **RhPfLJG** eine eigene Strafbarkeit für eine vorsätzliche Bejagung dieser Tierarten vor (→ § 38 Rn. 6). § 47 Abs. 3 **RhPfLJG** regelt den gleichen Sachverhalt wie § 38 Abs. 1 Nr. 3, sieht aber bei fahrlässigem Handeln, eine höhere Strafdrohung, nämlich Freiheitstrafe bis zu einem Jahr oder Geldstrafe vor, wenn die Tierart aus Gründen des Erhalts der Arten streng oder besonders geschützt oder von den Mitgliedstaaten der EU zu schützen ist. Da die Ermächtigung in § 42 aber nur solche Verstöße betrifft, die nicht bereits im Bundesgesetz geregelt sind, ist dies unzulässig, da die landesrechtliche Regelung für den gleichen, bereits bundesrechtlich geregelten Verstoß lediglich eine höhere Strafdrohung für fahrlässiges Handeln vorsieht. Bei vorsätzlichem Handeln ist Freiheitstrafe bis zu fünf Jahren oder Geldstrafe angedroht. Durch § 43 **LSALJagdG** ist sowohl der vorsätzliche als auch der fahrlässige Verstoß gegen die Schonzeiten für die nach Landesrecht jagdbaren Tiere unter Strafe gestellt. Der Tatbestand ist als Unternehmensdelikt ausgestaltet (→ § 38 Rn. 5). Soweit in § 4 **LSALJagdG** als Haarwild Waschbär, Marderhund, Mink und Nutria zu jagdbaren Wild erklärt wird, kommt dem Straftatbestand keine eigenständige Bedeutung zu, da für diese in § 19 Abs. 1 LSAJagdDVO keine Schonzeiten festgesetzt werden. Etwas anderes gilt für Aaskrähe und Elster, für die eine Schonzeit vom 16.7. bis 28.2. landesrechtlich angeordnet ist.

III. Landesrechtliche Bußgeldbestimmungen

Für eine Vielzahl von Verstößen drohen die Länderbestimmungen Bußgelder an. Hierbei bestehen erhebliche Unterschiede. Es gibt Tatbestände, die ähnlich in fast allen Landesgesetzen aufgenommen wurden und Besonderheiten, die nur in ein oder zwei Länder gelten. Im Hinblick auf die in diesem Punkt restriktive Rspr. scheint eine Berufung auf die Unkenntnis der landesrechtlichen Regel und damit auf einen Verbotsirrtum zB bei einem Jagdgast problematisch. Dem Jäger kann nur empfohlen sich mit den jeweiligen Besonderheiten vor der Jagdausübung vertraut zu machen (vgl. OLG Koblenz Beschl. v. 19.2.1986 – 1 Ss 54/86, JE X Nr. 58, das Fahrlässigkeit annimmt, wenn derjenige, der ständig in einem Bundesland jagt und sich keine Kenntnis über die geltenden Schonzeitbestimmungen verschafft, insbesondere, wenn dies ihm ohne weiteres möglich). 3

Auch das **Höchstmaß** der angedrohten Bußgelder variiert stark: 4

- **bis zu 25.000 Euro** werden in § 42 Abs. 2 **HJagdG** und § 41 Abs. 2 **NJagdG** angedroht,
- **bis zu 5.000 Euro** in § 67 Abs. 4 **JWMG,** Art. 56 Abs. 1 **BayJG,** § 50 Abs. 3 **LJagdG Bln,** § 60 Abs. 3 **BbgJagdG,** § 30 Abs. 3 **HmbJagdG,** § 41 Abs. 4 **MVLJagdG,** § 56 Abs. 2 **LJG-NRW,** § 48 Abs. 4 **RhPfLJG,** § 49 Abs. 3 **SJG,** § 37 Abs. 1 **SächsJagdG,** § 37 Abs. 2 **SchlHLJagdG** und § 56 Abs. 1 **ThJG** und
- **bis zu 2.500 Euro** in Art. 41 Abs. 2 **BremLJagdG** und § 44 Abs. 3 **LSALJagdG.**

XI. Abschnitt. Schlußvorschriften

§ 43 [aufgehoben]

§ 43 (Ablauf von Jagdpachtverträgen) wurde mWv 15.12.2010 aufgehoben 1
durch das Gesetz zur Bereinigung des Bundesrechts vom 8.12.2010 (BGBl. 2010 I 1864).

§ 44 Sonderregelungen

Die zuständigen Landesregierungen werden ermächtigt, durch Rechtsverordnung im Benehmen mit dem Bundesministerium die Ausübung des Jagdrechts auf der Insel Helgoland und die Jagd auf Wasservögel auf dem Untersee und dem Rhein bei Konstanz abweichend von den Vorschriften dieses Gesetzes zu regeln.

I. Allgemeines

Diese Regelung gestattete den beiden Ländern (Baden-Württemberg, 1
Schleswig-Holstein) schon vor der Föderalismusreform 2006, von dem Grundsatz der Untrennbarkeit des Jagdrechts vom Grundeigentum (§ 3 Abs. 1) in den genannten beiden Fällen abzuweichen. Die Regelung dürfte sich mittlerweile schon wegen der Abweichungsbefugnis der Länder im Bereich des Jagdwesens überholt haben, sofern man nicht Einschränkungen auf Grund einer fehlenden Abweichungskompetenz für das Eigentum annimmt (vgl. Guber, Die eigentumsrechtliche Einordnung des Naturgutes Wild, 2022, S. 94).

II. Regelung für Helgoland

Für die Insel Helgoland ist gem. § 38 **SchlHLJagdG** das zuständige Mi- 2
nisterium ermächtigt worden, durch Rechtsverordnung die Ausübung des Jagdrechts zu regeln. Im Erlasswege war festgelegt die Ausgabe von Jagdkarten **(„Helgoländer Jagdkarte")**, die ortsansässigen Jägern in Form eines Einzelbescheides die Jagdausübung erlaubte. Voraussetzung war eine Jägerprüfung in reduzierter Form. Das Prüfungszeugnis ließ jedoch nicht den Erwerb des Jagdscheins zu; mit der „Jagdkarte" durfte der Inhaber auf dem Festland nicht die Jagd ausüben. Die Neuvergabe von Jagdkarten ist deshalb seit Jahren eingestellt. Aus Gründen der Besitzstandswahrung wird das herkömmliche System für Altbesitzer der Karten jedoch beibehalten.

>Nach dem Auslaufen dieser Form der Jagderlaubnis greift das normale 3
Reviersystem. Die Insel bildet mit einer Fläche von 421 ha einen genossenschaftlichen Jagdbezirk, der aufgrund der Siedlungsflächen nur zu einem geringen Teil bejagt werden kann. Seit keine Jagdkarten mehr erteilt werden,

muss jeder Jäger von Helgoland den normalen Jagdschein erwerben. Verantwortlicher Jagdausübungsberechtigter gegenüber der Jagdbehörde ist der Hegeringleiter auf Helgoland. Die Jagd wird jedoch nur in sehr geringem Umfang ausgeübt, neben Federwild werden insbesondere Kaninchen bejagt. Es gelten Beschränkungen durch die Schutzgebietsverordnungen (vgl. Managementplan für das FFH-Gebiet Helgoland und Teilmanagementplan für das VSG Helgoland, Teilgebiet „West“, 2017).

III. Regelung für den Untersee und den Rhein bei Konstanz

4 Die Regelungshoheit für die Jagd auf **Wasservögel** auf dem Untersee und dem Rhein bei Konstanz iSd § 44 liegt beim zuständigen Ministerium in Baden-Württemberg. Die Jagd auf Wasservögel in den erfassten Bereichen war geregelt durch die zwischen der Schweiz und dem Land Baden-Württemberg vereinbarte Vogeljagdverordnung vom 21.6.1954, die inzwischen aufgehoben ist (Verordnung über die Aufhebung der gemeinschaftlichen Wasservogeljagd auf dem Untersee und Rhein, BW GBl. 1985, 253; Näheres bei Honegger, Lockenten vom Untersee – zur Kulturgeschichte der ehemaligen Wasservogeljagd, 2005). Die erfassten Flächen des Untersees stehen im Eigentum des Bundes. Dieser hat das Jagdrecht dem Lande Baden-Württemberg überlassen, das die Flächen als Staatsjagden (§ 65 JWMG) betreibt. Die jagdliche Verwaltung erfolgt durch das Kreisforstamt Konstanz.

5 Von der erfassten Wasserfläche sind einige wenige kleinere Flächen den angrenzenden Jagdbezirken an Land zugeschlagen. Der größte Teil der Wasserfläche ist verpachtet in Form von einzelnen **Jagdbögen** in Größen von 78 –560 ha. Teilflächen, insbesondere am Ufer, unterliegen jagdlichen Beschränkungen als Naturschutzgebiete.

§ 44a Unberührtheitsklausel

Vorschriften des Lebensmittelrechts, Seuchenrechts, Fleischhygienerechts und Tierschutzrechts bleiben unberührt.

Ländervorschriften: § 71 JWMG; Art. 29 Abs. 5 S. 3 BayJG, Art. 33 Abs. 4 S. 3 BayJG; § 26 Abs. 1 S. 4 BbgJagdG; § 29 Abs. 8 S. 4 BbgJagdG; § 25 Abs. 7 LJG-NRW; § 52 RPLJG; § 47a LSALJagdG; § 24 Abs. 4 SHLJagdG; § 50 Abs. 1 S. 2 ThJG, § 55 Abs. 2 S. 2 ThJG.

Übersicht

I. Einleitung

Die Notwendigkeit zur Einführung dieser Vorschrift durch Gesetz vom 28.6.1990 (BGBl. 1990 I 1221) ergab sich aus der Weiterentwicklung in diesen Rechtsbereichen und deren Verknüpfung mit der Jagdausübung einerseits und mit der Einführung des EU-Rechts andererseits. Die Bestimmung des § 44a stellt sicher, dass die erfassten Rechtsbereiche des Lebensmittelrechts inklusive des Fleischhygienerechts, des Tierseuchenrechts und des Tierschutzrechts im Hinblick auf das Jagdrecht unberührt bleiben. Hierauf weisen einige Landesjagdgesetze (s. die Ländervorschriften unter → Rn. 2) hin. Das EU-Tiergesundheitsrecht, das mit der **VO (EU) 2016/429** mit Wirkung vom 21.4.2021 in Kraft getreten ist, hat **Vorrang vor dem nationalen Recht.** Dies hat zur Folge, dass gleichlautende oder entgegenstehende Regelungen im nationalen Recht nicht mehr anzuwenden sind. Die übrigen nationalen Regelungen können angewendet werden, soweit das EU-Recht es zulässt. 1

II. Ländervorschriften

2

Baden-Württemberg: Die Vorschriften des Lebensmittelrechts, Tiergesundheitsrechts und Tierschutzrechts bleiben gem. § **71 JWMG unberührt.**
Bayern: Nach Art. 29 Abs. 5 S. 3 **BayJG** bleiben die tierseuchenrechtlichen Vorschriften bezüglich der sachlichen Verbote des § 19 BJagdG unberührt. Haben Rechtsverordnungen zur Regelung der Jagd- und Schonzeiten die Bekämpfung von Wildseuchen zum Gegenstand, so ist nach Art. 33 Abs. 4 S. 3 **BayJG** das Staatsministerium für Umwelt und Verbraucherschutz zu beteiligen.
Brandenburg: Die tierseuchenrechtlichen Vorschriften bleiben nach § 26 Abs. 1 S. 4 **BbgJagdG** unberührt. Nach § 29 Abs. 8 S. 4 **BbgJagdG** darf unabhängig von der lebensmittelrechtlichen Beurteilung eine Verwertung,

Abgabe oder Entsorgung erst nach Freigabe durch die untere Jagdbehörde oder des von ihr Beauftragten erfolgen. Lebensmittel- und tierseuchenrechtliche Bestimmungen bleiben unberührt.
Nordrhein-Westfalen: § 25 Abs. 7 **LJG-NRW** stellt klar, dass die untere Jagdbehörde im Einzelfall im Einvernehmen mit dem Amtstierarzt die erforderlichen Anordnungen treffen kann, um das Auftreten oder die Ausbreitung von Wildseuchen zu verhindern. Weiterhin enthält § 25 Abs. 7 S. 2 **LJG-NRW** den Zusatz, dass viehseuchenrechtliche Vorschriften unberührt bleiben.
Rheinland-Pfalz: In § 52 **RPLJG** ist festgelegt, dass die Vorschriften des Tierschutzrechts, des Naturschutzrechts, des Waldrechts, des Lebensmittelrechts, des Fleischhygienerechts und des Tierseuchenrechts unberührt bleiben.
Sachsen-Anhalt: § 47a **LSALJagdG** weist auf die Beachtung von EU-Recht hin.
Schleswig-Holstein: Nach § 24 Abs. 4 **SHLJagdG** bleiben tiergesundheitsrechtliche Vorschriften unberührt.
Thüringen: In § 50 Abs. 1 S. 2 **ThJG** ist festgehalten, dass, soweit dabei wesentliche Belange der Landschaftspflege, des Naturschutzes, des Tierschutzes, der Wildbrethygiene und des Schutzes vor Tierseuchen berührt werden, diejenigen Behörden zu beteiligen, die dem Zuständigkeitsbereich der Jagdbehörde der vergleichbaren Verwaltungsstufe entsprechen. In § 55 Abs. 2 S. 2 **ThJG** wird darauf hingewiesen, dass die gesetzlich geregelten Befugnisse anderer Behörden im Rahmen vorläufiger Anordnungen unberührt bleiben.

Tabelle: Übersicht der Ländervorschriften zur Unberührtheitsklausel

III. EU-Rechtsvorschriften

1. Definition der Lebensmittelhygiene

3 Die Einhaltung der **Lebensmittelhygiene,** die nach der Definition des **Codex Alimentarius** „alle Bedingungen und Maßnahmen, die für die Gewinnung, Verarbeitung, Lagerung und Distribution von Lebensmitteln erforderlich sind, um ein gesundheitlich unbedenkliches, gesundes und bekömmliches Produkt zu erhalten, das zum menschlichen Verzehr geeignet ist“, umfasst, ist Voraussetzung für den freien Warenverkehr nach Art. 34 ff. **AEUV** (ABl. 2016 C 202/01). In seiner **Cassis-Entscheidung** kommt der EuGH zu dem Ergebnis, dass jedes eingeführte Produkt aus einem anderen Mitgliedstaat zuzulassen ist, sofern es in dem abgebenden Mitgliedstaat rechtmäßig hergestellt und in Verkehr gebracht wird (Sosnitza/Meisterernst Einf. Rn. 180, 190 ff.). Gravierende Negativereignisse im Bereich der Lebensmittelsicherheit wie BSE, mikrobielle Infektionen und Intoxikationen und chemische Kontaminationen hatten zur Folge, dass die Kommission das gemein-

schaftliche Lebensmittelrecht im Interesse der Lebensmittelsicherheit weiterentwickeln musste. Die Fülle der produktspezifischen Richtlinien und die Unübersichtlichkeit der europäischen und nationalen Hygieneregelungen bedingten zudem eine grundlegende Neukonzeption.

2. Lebensmittel-Basis-VO

4 Die grundlegenden Bestimmungen des Lebens- und Futtermittelrechts der Union sind in der **VO (EG) 178/2002,** die auch als **„Lebensmittel-Basis-VO"** bezeichnet wird, des Europäischen Parlaments und des Rates zur Festlegung der allgemeinen Grundsätze und Anforderungen des Lebensmittelrechts, zur Errichtung der Europäischen Behörde für Lebensmittelsicherheit und zur Festlegung von Verfahren **zur Lebensmittelsicherheit** vom 28.1.2002 (ABl. 2002 L 31, 1) enthalten. Die Lebensmittel-Basis-VO gilt für alle Produktions-, Verarbeitungs- und Vertriebsstufen von Lebensmitteln und Futtermitteln. Sie gilt gem. Art. 1 Abs. 3 Lebensmittel-Basis-VO nicht für die **Primärproduktion,** für den privaten häuslichen Gebrauch durch den Jäger oder für die häusliche Verarbeitung, Herstellung oder Lagerung von Wild oder Wilderzeugnissen zum häuslichen privaten Verbrauch.

5 Weitere Definitionen ergeben sich aus Art. 3 Lebensmittel-Basis-VO, wonach auch Jäger, wenn sie eine mit der Produktion, der Verarbeitung und dem Vertrieb von Wild zusammenhängende Tätigkeit ausführen, als **Lebensmittelunternehmer** gem. Art. 3 Nr. 3 Lebensmittel-Basis-VO bezeichnet werden. Da das **Jagen zur Primärproduktion** gehört, bleiben Jäger so lange Primärproduzenten, solange sie nur erlegtes und aufgebrochenes oder ausgeweidetes Wild in der Decke oder im Federkleid abgeben. Auch das Transportieren oder Sammeln dieses Wildes in einer Wildkammer zur Abgabe an den Endverbraucher oder einen Wildverarbeitungsbetrieb zählt noch zur Primärproduktion. Sobald jedoch Wild abgeschwartet oder aus der Decke geschlagen und weiter zerwirkt wird, zählt diese Tätigkeit nicht mehr zur Primärproduktion.

3. VO (EU) 2017/625

6 Mit der **VO (EU) 2017/625** des Europäischen Parlaments und des Rates vom 15.3.2017 **über amtliche Kontrollen** und andere amtliche Tätigkeiten zur Gewährleistung der Anwendung des Lebens- und Futtermittelrechts und der Vorschriften über Tiergesundheit und Tierschutz, Pflanzenschutz und Pflanzenschutzmittel (auch: **„OCR";** ABl. 2017 L 95, 1) wird nach Art. 1 Abs. 1 lit. a VO (EU) 2017/625 die Durchführung amtlicher Kontrollen und anderer amtlicher Tätigkeiten der zuständigen Behörden der Mitgliedstaaten geregelt. Die VO (EU) 2017/625 regelt die amtlichen Kontrollen und die anderen amtlichen Tätigkeiten, die von den zuständigen Behörden der Mitgliedstaaten durchgeführt werden, um zu überprüfen, ob das Unionsrecht unter anderem im Bereich der Lebensmittelsicherheit auf allen Produktions-, Verarbeitungs- und Vertriebsstufen eingehalten wird.

4. Durchführungsverordnung (EU) 2019/627

7 Mit den Bestimmungen der **Durchführungsverordnung (EU) 2019/627** der Kommission vom 15.3.2019 (ABl. 2019 L 131, 51) soll der Fortbestand der Anforderungen sichergestellt werden, mit denen die Überprü-

fung der Einhaltung der Vorschriften für den sicheren Umgang mit Erzeugnissen tierischen Ursprungs durch die Lebensmittelunternehmer gewährleistet wird.

8 Nach Art. 28 VO (EU) 2019/627 werden die praktischen Modalitäten der **Fleischuntersuchung** bei **freilebendem Wild** festgelegt. Zunächst überprüft der **amtliche Tierarzt,** ob das nicht enthäutete freilebende **Großwild,** das in den Wildbearbeitungsbetrieb verbracht wurde, von einer Gesundheitsbescheinigung begleitet wurde. Bei der Fleischuntersuchung führt der amtliche Tierarzt insbesondere eine Besichtigung des Tierkörpers, seiner Leibeshöhlen und gegebenenfalls seiner Organe zur Feststellung etwaiger, nicht von der Jagd herrührender Anomalien durch. Dabei kann sich die Diagnose auf Angaben der **kundigen Person** zum Verhalten des Tieres vor dem Erlegen stützen. Auch eine Untersuchung auf Merkmale, die darauf hinweisen, dass das **Fleisch gesundheitlich bedenklich** ist, führt er gem. Art. 28 Nr. 2 lit. e VO (EU) 2019/627 durch.

5. VO (EG) 852/2004

9 Die **VO (EG) 852/2004** des Europäischen Parlaments und des Rates **über Lebensmittelhygiene** (Lebensmittelhygiene-VO) vom 29.4.2004 (ABl. 2004 L 226, 3) bildet die grundlegende Regelung zur Lebensmittelhygiene für alle Lebensmittel in allen Bereichen der **Lebensmittelkette.** Sie gilt nicht für die Primärproduktion (Wild), für den privaten häuslichen Gebrauch und die häusliche Verarbeitung, Handhabung oder Lagerung von Lebensmitteln zum häuslichen privaten Verbrauch sowie die direkte Abgabe kleiner Mengen von Primärerzeugnissen (Jagderzeugnissen) durch den Erzeuger (Jäger) an den Endverbraucher oder an **lokale Einzelhandelsgeschäfte,** die die Erzeugnisse unmittelbar an den Endverbraucher abgeben. In allen anderen Fällen, in denen es sich nicht mehr um ein Primärerzeugnis handelt, in denen also ein Jäger beabsichtigt, das von ihm erlegte Wild aus der Decke zu schlagen und es zu zerwirken, um das Fleisch anschließend direkt an den Endverbraucher oder an örtliche Einzelhandelsunternehmen abzugeben, unterliegt der Lebensmittelunternehmer den Hygienebestimmungen der VO (EG) 852/2004, mit der Folge, dass er sich unter anderem nach Art. 6 VO (EG) 852/2004 zwecks **Registrierung** zu melden hat.

10 In Anh. I Teil A VO (EG) 852/2004 sind die allgemeinen Hygienevorschriften für die Primärproduktion und die damit zusammenhängenden Vorgänge aufgeführt. Dies bezieht sich auf die Beförderung, Lagerung und Behandlung von Primärerzeugnissen. Ferner müssen Lebensmittelunternehmer mögliche Kontaminationen von Primärerzeugnissen fernhalten und Maßnahmen zur **Verhinderung von Kontaminationen** treffen. Hierzu gehören insbesondere Behälter, Ausrüstungen und Fahrzeuge. Für Jäger bedeutet das auch, dass zur Vermeidung von Kontaminationen Trinkwasser oder sauberes Wasser beim Aufbrechen des Wildes oder beim Reinigen der Ausrüstungen zu verwenden ist. Im Ergebnis hat der Jäger alle notwendigen Maßnahmen zu ergreifen, die geeignet sind, eine Kontamination des Primärerzeugnisses zu vermeiden. Im Bereich der **Wildbrethygiene** sind **mikrobiologische Gefahrenpunkte** durch Viren, Bakterien, Verderbniserreger oder Toxine sowie sonstige **biologische Gefahr**enpunkte durch Parasiten oder Zoonosen und **chemische Gefahrenpunkte** durch Rück-

stände und Verunreinigungen mit Schwermetallen oder Pflanzenschutzmitteln sowie die Strahlenschutzvorsorge bezüglich Cäsium-134 und Cäsium-137 und die **physikalischen Gefahrenpunkte** durch Fremdkörper zu beachten.

6. VO (EG) 853/2004

11 Die **VO (EG) 853/2004** des Europäischen Parlaments und des Rates mit spezifischen Hygienevorschriften für **Lebensmittel tierischen Ursprungs** vom 29.4.2004 (ABl. 2004 L 139, 55) enthält von Lebensmittelunternehmern einzuhaltende spezifische Hygienevorschriften für Lebensmittel tierischen Ursprungs. Sie regelt die ordnungsgemäße Kontrolle des auf dem Gemeinschaftsmarkt in Verkehr gebrachten Wildbrets, wozu die Tierkörper und ihre Eingeweide zur **amtlichen Fleischuntersuchung** in einem Wildverarbeitungsbetrieb vorzulegen sind. Jäger, die mehr als die **kleine Menge** von Wild oder **Wildfleisch abgeben** oder an Betriebe abgeben, die mehr als 100 Kilometer vom Wohnort des Jägers oder des Erlegeortes des Wildes gelegen sind, benötigen eine **Zulassung** nach der VO (EG) 853/2004. Hierzu hat der Jäger mit der zuständigen Behörde Kontakt aufzunehmen, damit die notwendigen Anforderungen und Maßnahmen ergriffen und die Zulassung erteilt werden kann.

12 Zur Vereinfachung des Handels und zur Wahrung bestimmter Jagdtraditionen sollten die Jäger entsprechend **geschult** werden, so dass sie erste Untersuchungen des erlegten Wildes an Ort und Stelle unter Beachtung der Lebensmittelsicherheit durchführen können. Nach EU-Recht handelt es sich bei der **kundigen Person** nach der VO (EG) 853/2004 um eine Person, die Wild vor Ort einer ersten Untersuchung unterziehen kann, wenn Wildbret für den menschlichen Verzehr in Verkehr gebracht werden soll und die hierzu auf dem Gebiet der Wildpathologie und der Produktion und Behandlung von Wildbret ausreichend geschult ist. Hierzu wurden **Lehrgänge** von den zuständigen Behörden und den Jagdverbänden durchgeführt. Eine Bescheinigung bestätigt die Teilnahme an einem solchen Lehrgang und weist den Inhaber als „kundige Person" aus. Der unteren Jagdbehörde obliegt es, dies auch zusätzlich im Jagdschein auszuweisen. Spätestens ab dem Jagdjahr 2008/2009 sind Jungjäger aufgrund der Anpassung der Ausbildung mit dem Ablegen der Prüfung auch als „kundige Person" zu bezeichnen. Eine zusätzliche Bescheinigung erübrigt sich insofern. Grundsätzlich muss Wild, das in einen EU-zugelassenen Wildbearbeitungsbetrieb verbracht werden soll, zuvor **von einer kundigen Person untersucht werden.** Die kundige Person ist eine geschulte Person der VO (EG) 853/2004 und stellt eine wesentliche Erleichterung für den Handel dar.

7. VO (EG) 2075/2005

13 Die **VO (EG) 2075/2005** vom 5.12.2005 (ABl. 2005 L 338, 60) der Kommission enthält die spezifischen Vorschriften **für die amtliche Fleischuntersuchung auf Trichinen.**

IV. Nationale Rechtsvorschriften

1. LFGB

14 Das **Lebensmittel- und Futtermittelgesetzbuch** (LFGB) in der Fassung der Bekanntmachung vom 15.9.2021 (BGBl. 2021 I 4253; BGBl. 2022, 28), zuletzt geändert durch Gesetz vom 20.12.2022 (BGBl. 2022 I 2752) regelt den Gesundheits- und Täuschungsschutz beim Herstellen, Behandeln und Inverkehrbringen von Lebensmitteln und Futtermitteln und dient damit der Umsetzung der VO (EG) 178/2002. Nach § 3 Abs. 1 Nr. 1 LFGB gehört zum Herstellen auch das Erlegen lebender Tiere, deren Fleisch als Lebensmittel zu dienen bestimmt ist. Als **Lebensmittelunternehmer** unterliegen auch Jäger den Duldungs-, Mitwirkungs- und Übermittlungspflichten nach § 44 LFGB. Dies bedeutet, dass sie die in der Überwachung tätigen Personen bei der Erfüllung ihrer Aufgaben wie Probenahmen zu unterstützen haben.

2. LMHV

15 Die Verordnung über Anforderungen an die Hygiene beim Herstellen, Behandeln und Inverkehrbringen von Lebensmitteln **(Lebensmittelhygiene-Verordnung – LMHV)** vom 8.8.2007 in der Fassung der Bekanntmachung vom 21.6.2016 (BGBl. 2016 I 1469), zuletzt geändert durch Verordnung vom 20.6.2023 (BGBl. 2023 I Nr. 159) dient der Regelung spezifischer lebensmittelhygienischer Fragen sowie der Umsetzung und Durchführung von Rechtsakten der EU auf dem Gebiet der Lebensmittelhygiene.

16 Als **nachteilige Beeinflussung** gem. § 2 Abs. 1 Nr. 1 LMHV wird eine Ekel erregende oder sonstige Beeinträchtigung der einwandfreien hygienischen Beschaffenheit von Lebensmitteln, wie durch Mikroorganismen, tierische Schädlinge, Verunreinigungen oder ungeeignete Behandlungs- und Zubereitungsverfahren bezeichnet. **Leicht verderbliche Lebensmittel** sind Lebensmittel, wozu grundsätzlich auch Wildfleisch und Wilderzeugnisse gehören, die in mikrobiologischer Hinsicht in kurzer Zeit leicht verderben können und deren Verkehrsfähigkeit nur bei Einhaltung bestimmter Temperaturen oder sonstiger Bedingungen erhalten werden kann (§ 2 Abs. 1 Nr. 2 LMHV). Wilderzeugnisse, die aufgrund ihrer Herstellung als stabile Produkte bezeichnet werden können und ohne Kühlung lagerfähig sind, fallen nicht unter diese Regelung. Als **Erlegen** wird das Töten von Groß- und Kleinwild nach jagdrechtlichen Vorschriften verstanden (§ 2 Abs. 1 Nr. 3 LMHV). Da **Unfall- und Fallwild** nicht nach jagdrechtlichen Vorschriften getötet wurde, fällt es somit nicht unter den Begriff des Erlegens.

17 Nach § 3 LMHV dürfen Lebensmittel und somit auch Wildfleisch- und Wildfleischerzeugnisse nur so hergestellt, behandelt oder in Verkehr gebracht werden, dass sie bei Beachtung der im Verkehr erforderlichen Sorgfalt der Gefahr einer nachteiligen Beeinflussung nicht ausgesetzt sind. Nach § 5 LMHV ist festgelegt, welche Anforderungen an die Abgabe kleiner Mengen bestimmter **Primärerzeugnisse** einzuhalten sind. Zu den Primärerzeugnissen gehören auch Jagderzeugnisse und Fischereierzeugnisse. Eine Voraussetzung ist die Abgabe direkt an den Verbraucher oder an einen örtlichen Betrieb des Einzelhandels zur unmittelbaren Abgabe an den Verbraucher.

Nach § 5 Abs. 2 Nr. 2 LMHV und § 3 Abs. 2 Nr. 4 Tier-LMHV handelt es sich bei einer **kleinen Menge** erlegten Wildes um die Strecke eines Jagdtages. Nach § 5 Abs. 1 LMHV sind **örtliche Betriebe des Einzelhandels** Betriebe, die im Umkreis von nicht mehr als 100 Kilometern vom Wohnort des Jägers oder des Erlegeortes des Wildes gelegen sind. Die baulichen und hygienischen Anforderungen an die Abgabe kleiner Mengen von Primärerzeugnissen sind in Anlage 2 LMHV aufgelistet und gliedern sich in angemessene Maßnahmen zur Vermeidung einer nachteiligen Beeinflussung, wobei alle Räume, Kühlräume, Fahrzeuge und Behältnisse instand zu halten sind. Zum Reinigen von Ausrüstungsgegenständen und zum gezielten Ausspülen von aufgebrochenem Wild ist Trinkwasser zu verwenden. Aufbrüche und aufgebrochenes Wild sind getrennt voneinander zu lagern. Jäger müssen angemessene Maßnahmen treffen, um sicherzustellen, dass sie ein hohes Maß an persönlicher Hygiene halten und beim Aufbrechen von Wild und beim Umgang mit aufgebrochenem Wild jegliche Kontamination vermeiden. 18

3. Tier-LMHV

Die Verordnung über Anforderungen an die Hygiene beim Herstellen, Behandeln und Inverkehrbringen von bestimmten Lebensmitteln tierischen Ursprungs **(Tierische Lebensmittel-Hygieneverordnung – Tier-LMHV)** in der Fassung der Bekanntmachung vom 18.4.2018 (BGBl. 2018 I 480 (619)), zuletzt geändert durch Verordnung vom 11.1.2021 (BGBl. 2021 I 47), dient der Regelung von Fragen des Herstellens, Behandelns und Inverkehrbringens bestimmter Lebensmittel tierischen Ursprungs. 19

Nach § 2b Tier-LMHV hat derjenige, der von ihm selbst erlegtes Großwild für den eigenen häuslichen Verbrauch in Eigenbesitz genommen hat, das Wild vor der weiteren Bearbeitung bei der für den Erlegeort oder seinen Wohnort zuständigen Behörde zur **Fleischuntersuchung** anzumelden, wenn er vor oder nach dem Erlegen **gesundheitlich bedenkliche Merkmale** iSd Anlage 4 Nr. 1.3 Tier-LMHV festgestellt hat. Wildschweine oder andere Tiere, die Träger von Trichinen sein können, sind zur **amtlichen Untersuchung auf Trichinen** anzumelden, auch wenn sie für den eigenen häuslichen Verbrauch verwendet werden sollen. Nach § 2c Tier-LMHV ist es verboten, erlegtes Wild vor Abschluss einer erforderlichen amtlichen Untersuchung (amtliche Fleischuntersuchung oder amtliche Trichinenuntersuchung) für den menschlichen Verzehr im eigenen häuslichen Bereich zuzubereiten. 20

Gemäß Anlage 4 Tier-LMHV muss **Großwild alsbald,** also innerhalb von 24–36 Stunden, nach dem Erlegen auf eine **Innentemperatur** von höchstens + 7° C, **Kleinwild** auf eine **Innentemperatur** von höchstens + 4° C abgekühlt sein. Diese Temperaturen sind auch beim Zerlegen und Umhüllen durch geeignete Maßnahmen oder Vorrichtungen unter Beachtung der **Kühlkette** einzuhalten. 21

Untersuchungspflichtiges erlegtes Wild ist so rechtzeitig der Untersuchung zuzuführen, dass Veränderungen bei der amtlichen Untersuchung erkannt und beurteilt werden können. Auf Ersuchen des amtlichen Untersuchers ist erlegtes Großwild zu enthäuten, ggf. ist der Brustkorb zu öffnen und die Wirbelsäule und der Kopf sind längs zu spalten, wenn dies nach Feststellung des amtlichen Untersuchers erforderlich ist. Bei Veränderungen an den Eingeweiden sind diese so zu kennzeichnen, dass die Zugehörigkeit 22 zu dem betreffenden Wildkörper festgestellt werden kann und sie bis zum Abschluss der amtlichen Untersuchungen beim Wildkörper verbleiben.

4. Gesundheitlich bedenkliche Merkmale nach der Tier-LMHV

23 Nach Anlage 4 Nr. 1.3.1 bis 1.3.13 Tier-LMHV ist beim Erlegen, Aufbrechen, Zerwirken und weiteren Behandeln durch den Jäger auf **gesundheitlich bedenkliche Merkmale** zu achten, die wie folgt aufgelistet sind:

1.3.1 Abnorme Verhaltensweisen oder Störungen des Allgemeinbefindens.

1.3.2 Das Fehlen von Anzeichen äußerer Gewalteinwirkung als Todesursache wie beim Fallwild.

1.3.3 Geschwülste oder Abszesse, wenn sie zahlreich oder verteilt in inneren Organen oder in der Muskulatur vorkommen.

1.3.4 Schwellungen der Gelenke oder Hoden, Hodenvereiterung, Leber- und Milzschwellung, Darm- oder Nabelentzündung, bei Federwild Entzündung des Herzens, des Drüsen- oder Muskelmagens.

1.3.5 Fremder Inhalt in den Körperhöhlen, insbesondere Magen- und Darminhalt oder Harn, wenn Brust- oder Bauchfell verfärbt sind.

1.3.6 Erhebliche Gasbildung im Magen- und Darmkanal mit Verfärbung der inneren Organe.

1.3.7 Erhebliche Abweichungen der Muskulatur oder der Organe in Farbe, Konsistenz oder Geruch.

1.3.8 Offene Knochenbrüche, soweit sie nicht unmittelbar mit dem Erlegen in Zusammenhang stehen.

1.3.9 Erhebliche Abmagerung.

1.3.10 Frische Verklebungen oder Verwachsungen von Organen mit Brust- oder Bauchfell.

1.3.11 Geschwülste oder Wucherungen im Kopfbereich oder an den Ständern bei Federwild.

1.3.12 Verklebte Augenlider, Anzeichen von Durchfall, insbesondere im Bereich der Kloake, sowie Verklebungen und sonstige Veränderungen der Befiederung, Haut- und Kopfanhänge sowie Ständer bei Federwild.

1.3.13 Sonstige erhebliche sinnfällige Veränderungen außer Schussverletzungen.

5. Tier-LMÜV

24 Die Verordnung zur Regelung bestimmter Fragen der amtlichen Überwachung des Herstellens, Behandelns und Inverkehrbringens von Lebensmitteln tierischen Ursprungs **(Tierische Lebensmittel-Überwachungsverordnung – Tier-LMÜV)** in der Fassung der Bekanntmachung vom 3.9.2018 (BGBl. 2018 I 1358), die durch Verordnung vom 11.2.2024 (BGBl. 2024 I Nr. 129) geändert worden ist, dient der Regelung der amtlichen Überwachung des Herstellens, Behandelns und des Inverkehrbringens von Lebensmitteln tierischen Ursprungs sowie der Umsetzung und Durchführung von Rechtsakten der EG oder der EU auf dem Gebiet der Überwachung des Verkehrs mit Lebensmitteln tierischen Ursprungs.

25 In § 6 Tier-LMÜV wird die amtliche **Fleischuntersuchung** und Untersuchung auf **Trichinen** vor Abgabe kleiner Mengen erlegten Wildes geregelt. Bei Feststellung gesundheitlich bedenklicher Merkmale gem. Anlage 4

Tier-LMHV ist vor der der Abgabe jedoch eine amtliche Fleischuntersuchung und bei Wildschweinen oder Dachsen eine amtliche Untersuchung auf Trichinen erforderlich. Die zuständige Behörde kann einem Jäger, der Wild zum Zweck der Verwendung als Lebensmittel für den eigenen häuslichen Verbrauch erlegt oder kleine Mengen von erlegtem Wild oder Fleisch von erlegtem Wild abgeben will, nach § 6 Abs. 2 Tier-LMÜV im Falle von Wildschweinen oder Dachsen die Entnahme von Proben zur Untersuchung auf Trichinen übertragen. Voraussetzung ist jedoch, dass der Jäger hierfür geschult worden ist und er die erforderliche Zuverlässigkeit besitzt.

V. Ausführungen zum Tiergesundheitsrecht

Bezüglich der Ausführungen zum Tiergesundheitsrecht wird auf die Kommentierung zu § 24 (→ § 24 Rn. 1 ff.) und auf die Übersicht zu den EU-Rechtsvorschriften (→ Rn. 35 ff.) verwiesen. 26

VI. Ausführungen zum Fleischhygienerecht

Durch die Neuordnung des Lebensmittel- und Futtermittelrechts und der Regelungen des Hygienepakets werden die fleischhygienerechtlichen Regelungen nicht mehr in einem selbstständigen Gesetz geregelt (näher → Rn. 14 ff.). 27

VII. Ausführungen zum Tierschutzrecht

1. Einleitung

Dem **Tierschutz** in Deutschland kommt durch die Aufnahme des Tierschutzes als Staatsziel in das Grundgesetz (GG) ein deutlich stärkeres Gewicht zu. Durch das Einfügen der Wörter „und die Tiere" in **Art. 20a GG** vom 26.7.2002 (BGBl. 2002 I 2862) erstreckt sich der Schutzauftrag seit 2002 auch auf die Tiere. Bei der Jagdausübung kommt es insbesondere auf das Gebot zu größtmöglicher **Schmerz- und Leidensvermeidung** an. Auch eine möglichst schnelle und schmerzfreie Tötung sind gem. § 1 S. 2 TierSchG sowie § 22a BJagdG im Sinne der Grundsätze der Weidgerechtigkeit zu garantieren (Hirt/Maisack/Moritz/Felde/Hirt GG Art. 20a Rn. 44). 28

2. Zweck und Grundsatz des Tierschutzgesetzes

§ 1 TierSchG gibt die **Zielrichtung** des gesamten Gesetzes wieder. Die Grundregel des § 1 S. 2 TierSchG besagt, dass niemand einem Tier ohne vernünftigen Grund Schmerzen, Leiden oder Schäden zufügen darf. Ein Verstoß dagegen stellt gleichzeitig auch einen Verstoß gegen die Weidgerechtigkeit gem. § 1 Abs. 3 BJagdG dar. Mit der Aufnahme des Tierschutzrechts in das Jagdrecht in der Regelung des § 44a und der Privilegierung der Jagdausübung im Tierschutzrecht ist eine Wechselbeziehung zwischen beiden Rechtskreisen hergestellt. 29

Nicht vereinbar mit § 1 S. 2 TierSchG sind das Ausreißen der Schwungfedern einer Ente, die zur Jagdhundeausbildung genutzt werden soll, weil mit dem Anbringen einer Papiermanschette ein schmerzfreies und zur Herbeifüh- 30 rung einer zeitweisen Flugunfähigkeit ebenso taugliches Verfahren zur Verfügung steht (Hirt/Maisack/Moritz/Felde/Hirt TierSchG § 1 Rn. 9).

3. Verbote gem. TierSchG

31 Für die Jagdausübung relevante Vorschriften des Tierschutzgesetzes sind unter anderem die Bestimmungen Nr. 4, 7 und 8 des **Verbotskataloges** in § 3 TierSchG. Nach § 3 Nr. 4 Teilsatz 2 TierSchG bleiben die Vorschriften des Jagdrechts und des Naturschutzrechts bezüglich des Aussetzens oder Ansiedelns unberührt. Hinsichtlich des Aussetzens von Wild wird auf die Kommentierung zu § 28 BJagdG verwiesen (→ § 28 Rn. 1 ff.). Nach § 3 Nr. 7 TierSchG ist es verboten, ein Tier an einem anderen lebenden Tier auf Schärfe abzurichten und zu prüfen. In dieser Fassung ist eine Ausnahme aus Gründen jagdlicher Erfordernisse nicht enthalten, so dass das Verbot auch bezüglich der Jagdhunde gilt. Die Ausbildung und Prüfung des Hundes am lebenden Fuchs im Rahmen der Baujagd ist in ihrer Bewertung bezüglich eines Verbotes nach § 3 Nr. 8 TierSchG in der Rspr. und in der Lit. nicht einheitlich (Hirt/Maisack/Moritz/Felde/Hirt TierSchG § 3 Rn. 51).

32 Nach § 6 Abs. 1 Nr. 1b TierSchG gilt das Verbot der **Amputation** von Körperteilen nicht bei jagdlich zu führenden Hunden hinsichtlich es Kürzens der Rute, wenn dies für die vorgesehene Nutzung des Tieres unerlässlich ist und tierärztliche Bedenken nicht entgegenstehen. Diese Unerlässlichkeit wird damit begründet, dass ohne Amputation oder Kürzung der Rute die Gefahr einer erheblichen Verletzung des Hundes bei jagdlichem Einsatz im Dickicht bestehe. Hierzu muss der Tierarzt eine Nutzen-Schaden-Abwägung vornehmen (Hirt/Maisack/Moritz/Felde/Hirt TierSchG § 6 Rn. 6).

4. Tierschutz-Hundeverordnung

33 Mit der Verordnung zur Änderung der **Tierschutz-Hundeverordnung** und der Tierschutztransportverordnung vom 25.11.2021 (BGBl. 2021 I 4970) wurden neue wissenschaftliche Erkenntnisse über die Bedürfnisse von Hunden berücksichtigt (Hirt/Maisack/Moritz/Felde/Hirt TierSchHundeV § 1 Rn. 1b ff.). Neu sind Regelungen für die besonderen Bedingungen beim Einsatz von Herdenschutzhunden, die Aufzucht von Welpen, die Gruppenhaltung von Hunden und einem Ausstellungsverbot für Hunde mit Qualzuchtmerkmalen. Auch die allgemeinen Anforderungen an das Halten nach § 2 TierSchHundeV wurden erweitert, um das Gemeinschaftsbedürfnis der Hunde verstärkt zu berücksichtigen. Demgemäß ist der Auslauf im Freien außerhalb des Zwingers zu ermöglichen und entsprechend der amtlichen Begründung mindestens zweimal täglich zu gewähren und dabei als Untergrenze eine Zeitdauer von einer Stunde täglich einzuhalten (BR-Drs. 580/00, 9).

34 Nach § 2 Abs. 5 ist es verboten, bei der Ausbildung, bei der Erziehung oder beim Training von Hunden Stachelhalsbänder oder andere für die Hunde schmerzhafte Mittel zu verwenden. Die Verwendung von Stachelhalsbändern oder anderen für die Hunde schmerzhaften Mitteln wird als tierschutzwidrig eingestuft. Damit sind Hilfsmittel wie Elektroreizgeräte, Endloswürger und weitere Erziehungsgeschirre zur Erziehung oder zum Training, deren Wirkung nur oder hauptsächlich über einen Schmerzreiz erfolgt verboten (Hirt/Maisack/Moritz/Felde/Hirt TierSchHundeV § 2 Rn. 6).

35

EU-Tiergesundheitsrecht (nicht abschließend)	
Rechtsvorschriften/Fundstelle	**Inhalt/Bemerkungen**
Vertrag über die Europäische Union (AEUV), ABl. 2012 C 326, 13	Arbeitsweise der EU
VO (EU) 2016/429 vom 9.3.2016 zu VO und zur Änderung und Aufhebung einiger Rechtsake im Bereich der Tiergesundheit, ABl. 2016 L 84, 1	Tiergesundheitsrecht (AHL) Horizontaler Rechtsrahmen für die Tiergesundheit in der EU, gültig seit 21.4.2021
Delegierte VO (EU) 2018/1629 vom 25.7.2018 zur Änderung der Liste der Seuchen in Anh. II VO (EU) 2016/429, ABl. 2018 L 272, 11	Aktualisierung der Seuchen in Anh. II VO (EU) 2016/429 mit Unterstützung der EFSA und OIE, gültig seit 21.4.2021
Delegierte VO (EU) 2020/687 vom 17.12.2019, ABl. 2020 L 174, 64	Ergänzende Vorschriften zur Seuchenprävention und -bekämpfung
Delegierte VO (EU) 2020/688 vom 17.12.2019, ABl. 2020 L 174, 140	Tiergesundheitsanforderungen
Delegierte VO (EU) 2020/689 vom 17.12.2019, ABl. 2020 L 174, 211	Vorschriften betreffend Überwachung, Tilgungsprogramme und den Status „seuchenfrei" für bestimmte gelistete und neu auftretende Seuchen
Delegierte VO (EU) 2023/2515 vom 8.9.2023, ABl. 2023 L 2023/2515	Tiergesundheitsanforderungen
DVO (EU) 2018/1882 vom 3.12.2018, ABl. 2018 L 308, 21	Kategorisierung (A, B, C, D, E) gelisteter Seuchen mit Bezug auf die Arten/Artengruppe
DVO (EU) 2020/2002 vom 7.12.2020, ABl. 2020 L 412, 1	Meldung gelisteter Seuchen
DVO (EU) 2022/2204 vom 11.11.2022, ABl. 2022 L 293, 5	Besondere Maßnahmen zur Bekämpfung der ASP
Durchführungsbeschluss (EU) 2022/2322 vom 21.11.2022, ABl. 2022 L 307, 164	Sofortmaßnahmen bei Ausbrüchen der HPAI
DVO (EU) 2022/2420 vom 1.12.2022, ABl. 2022 L 318, 9	Sofortmaßnahmen im Zusammenhang mit den Ausbrüchen der HPAI
DVO (EU) 2022/2486 vom 16.12.2022, ABl. 2022 L 323, 33	Maßnahmen zur Bekämpfung der ASP
DVO (EU) 2023/594 vom 16.3.2023, ABl. 2023 L 79, 65	Besondere Maßnahmen zur Bekämpfung der ASP (Zoneneinteilungsmaßnahmen)
DVO (EU) 2023/2894 vom 19.12.2023, ABl. L 2023/2894 vom 2012.2023	Änderung der Anhänge I und II der Durchführungsverordnung (EU) 2023/594 mit besonderen Maßnahmen zur Bekämpfung der ASP
Rahmenpläne/Leitlinien	
Bekanntmachung der Kommission „ASP-Leitlinien", ABl. C 2023, 18.12.2023	Leitlinien für die Prävention, Bekämpfung und Tilgung der Afrikanischen Schweinepest in der Union

35

EU-Tiergesundheitsrecht (nicht abschließend)	
Rechtsvorschriften/Fundstelle	**Inhalt/Bemerkungen**
Afrikanische Schweinepest, Prävention und Bekämpfung in Niedersachsen (Stand: Februar 2024)	Internet: www.ml.niedersachsen.de Internet: www.laves.niedersachsen.de
Rahmenplan ASP Version 3.0 (Stand: 19.12.2021) Bayerisches Staatsministerium für Umwelt und Verbraucherschutz	Internet: https://www.stmuv.bayern.de

36

EU-Lebensmittelrecht	
Rechtsvorschriften/Fundstelle	**Inhalt/Bemerkungen**
VO (EG) 178/2002 vom 28.1.2002, ABl. 2002 L 31, 1	Festlegung der allgemeinen Grundsätze und Anforderungen des Lebensmittelrechts, Europäische Behörde für Lebensmittelsicherheit
VO (EU) 2017/625 vom 15.3.2017, ABl. 2017 L 95, 1	Verordnung über amtliche Kontrollen **(OCR)**
DelVO (EU) 2019/624 vom 8.2.2019, ABl. 2019 L 131, 1	Besondere Bestimmungen für die Durchführung amtliche Kontrollen der Fleischerzeugung
DVO (EU) 2019/627 vom 15.3.2019, ABl. 2019 L 131, 51	Fortbestand der Anforderungen gem. VO (EG) 852/2004, VO (EG) 853/2004 usw.
VO (EG) 852/2004 vom 29.4.2004, ABl. 2004 L 139, 55	Lebensmittelhygiene
VO (EG) 853/2004 vom 29.4.2004, ABl. 2004 L 139, 1	Spezifische Hygienevorschriften für Lebensmittel tierischen Ursprungs

§ 45 [aufgehoben]

1 Die **Berlin-Klausel** in § 45 wurde aufgehoben durch Art. 1 Nr. 6 Gesetz zur Änderung des Bundesjagdgesetzes und des Waffengesetzes vom 21.11.1996 (BGBl. 1996 I 1779), da diese infolge des **Einigungsvertrags** gegenstandslos geworden ist. Der Text lautete:

Dieses Gesetz gilt nach Maßgabe des § 13 Abs. 1 des Dritten Überleitungsgesetzes vom 4.1.1952 (BGBl. I S. 1) auch im Land Berlin. Rechtsverordnungen, die aufgrund dieses Gesetzes erlassen werden, gelten im Land Berlin nach § 14 des Dritten Überleitungsgesetzes.

2 Die vorgesehene Übernahme des BJagdG scheiterte jedoch durch den Einspruch eines Kontrollratsmitgliedes. Deswegen galt das RJG (und die RJG-Ausführungsverordnung) im Land Berlin als Landesjagdgesetz weiter. Die seinerzeit weiter bestehenden alliierten Einwendungen verhinderten auch die Erstreckung des Zweiten Änderungsgesetzes vom 29.9.1976. Der Besitz von Jagdwaffen in West-Berlin unterlag durchgängig den Vorschriften des Kontrollratsgesetzes Nr. 43 von 1946.

Schließlich erließ Berlin am 27.2.1986 ein Gesetz zur Übernahme von Gesetzen (GVBl. 1986, 502). Im Art. I wurde das BJagdG in der Fassung vom 29.9.1976 mit den Änderungen vom 29.3.1983 übernommen. Im Art. III wurden das RJG und die auf seiner Grundlage erlassenen Verordnungen außer Kraft gesetzt. 3

Die Alliierte Kommandatura Berlin nahm mit Bekanntmachung vom 13.3.1986 die Übernahme des BJagdG zur Kenntnis, genehmigte dies unter Vorbehalt ihrer Rechte und unter Hinweis, dass für die Anwendung weiterer gemäß diesem Gesetz erlassenen Verordnungen ihre Genehmigung einzuholen ist (GVBl. 1986, 523). 4

§ 46 Inkrafttreten des Gesetzes

(1) **(Inkrafttreten der ursprünglichen Fassung des Gesetzes)**

(2) **(Aufhebung von Vorschriften)**

(3) **Verweisungen auf Vorschriften, die nach Absatz 2 außer Kraft getreten sind, gelten als Verweisungen auf die entsprechenden Vorschriften dieses Gesetzes oder die entsprechenden landesrechtlichen Vorschriften.**

Der abgedruckte Text gibt diejenige Fassung des § 46 wieder, die in der Bekanntmachung der **Neufassung** des BJagdG vom 29.9.1976 (BGBl. 1976 I 2849) festgelegt wurde. Nicht mehr in den Text aufgenommen wurden Abs. 1 und Abs. 2; Abs. 3 wurde unverändert übernommen. Abs. 1 und Abs. 2 lauteten: 1

(1) Dieses Gesetz tritt am 1.4.1953 in Kraft.

(2) Mit dem in Absatz 1 aufgeführten Zeitpunkt treten alle diesem Gesetz widersprechenden jagdrechtlichen und fischereirechtlichen Vorschriften außer Kraft, insbesondere:

1. in den Ländern Bayern, Bremen, Hessen und Württemberg-Baden § 835 des Bürgerlichen Gesetzbuches, in § 840 des Bürgerlichen Gesetzbuches die Worte „vorbehaltlich der Vorschrift § 835 Abs. 3“, Artikel 69 des Einführungsgesetzes zum Bürgerlichen Gesetzbuch, soweit er die Jagd betrifft, die Artikel 70 bis 72 des Einführungsgesetzes zum Bürgerlichen Gesetzbuch und § 2 Abs. 2 des Einführungsgesetzes zum Strafgesetzbuch, soweit er die Jagd betrifft;

2. in den Ländern Hamburg, Niedersachsen, Nordrhein-Westfalen und Schleswig-Holstein das Reichsjagdgesetz vom 3. Juli 1934 (RGBl. I S. 549) in der Fassung des Gesetzes vom 23.4.1938 (RGBl. I S. 410) und der Verordnung vom 30.3.1940 (RGBl. I S. 566) nebst den zu seiner Ausführung ergangenen Vorschriften.

Dazu führte Mitzschke/Schäfer aus: 2

„1. Mit dem Inkrafttreten des BJagdG am 1.4.1953 traten alle ihm widersprechenden jagd- und fischereirechtlichen Vorschriften außer Kraft. In § 46 Abs. 2 Nr. 1 und 2 BJagdG wurden die insbesondere außer Kraft gesetzten Vorschriften nach Rechtsgebieten aufgezählt. Diese Unterscheidung ergab sich daraus, dass 1. in den in Abs. 2 Nr. 1 aufgezählten Ländern der US-Besatzungszone das RJG durch das US-Mil.Reg.-Gesetz Nr. 13 vom 15.11.1948 mit Wirkung vom 1.2.1949 aufgehoben war und dafür die am 30.1.1933 in

Geltung gewesenen und durch das RJG aufgehobenen Gesetze wieder in Kraft gesetzt worden waren; 2. dass in den Ländern der britischen Zone, aufgezählt in Abs. 2 Nr. 2, das RJG nebst allen zu seiner Ausführung ergangenen Vorschriften – im Rahmen der Kontrollratsgesetzgebung – in Geltung geblieben waren. Für die Länder der französischen Zone bedurfte es eines solchen Hinweises nicht, weil die dort im Jahre 1949 erlassenen Landesjagdgesetze das frühere Reichsjagdrecht außer Kraft gesetzt hatten.

2. Zu den am 1.5.1953 außer Kraft gesetzten „diesem Gesetz widersprechenden … Vorschriften" gehörten auch alle inhaltlich mit dem BJagdG übereinstimmenden landesrechtlichen Vorschriften (Art. 31 GG), nicht dagegen solche ergänzender Art (BayOLGSt 1963, 51). Von der Aufhebung unberührt blieb zB die als Landesrecht weitergeltende Vogelberingungsverordnung vom 17.3.1937, soweit sie sich auf dem Jagdrecht unterliegende Tiere bezieht."

Die dort erwähnte Vogelberingungsverordnung vom 17.3.1937 wurde in den Ländern jedoch teilweise anschließend aufgehoben (zB NW, Art. 101 Erstes Gesetz zur Befristung des Landesrechts Nordrhein-Westfalen, GVBl. 2004, 247).

3 Gemäß Abs. 3 gelten somit Verweisungen auf gem. Abs. 2 aufgehobene Vorschriften gleichwohl weiter auf die entsprechenden Vorschriften des BJagdG bzw. auf in den landesrechtlichen Gesetzen entsprechend vorhandene Vorschriften.

Verordnung über die Jagdzeiten (JagdZV)

vom 2. April 1977 (BGBl. 1977 I 531),
zuletzt geändert durch Verordnung vom 7. März 2018 (BGBl. 2018 I 226)

§ 1 JagdZV [Jagdzeiten]

(1) **Die Jagd darf ausgeübt werden auf**

1.	**Rotwild**	
	Kälber	**vom 1. August bis 28. Februar**
	Schmalspießer	**vom 1. Juni bis 28. Februar**
	Schmaltiere	**vom 1. Juni bis 31. Januar**
	Hirsche und Alttiere	**vom 1. August bis 31. Januar**
2.	**Dam- und Sikawild**	
	Kälber	**vom 1. September bis 28. Februar**
	Schmalspießer	**vom 1. Juli bis 28. Februar**
	Schmaltiere	**vom 1. Juli bis 31. Januar**
	Hirsche und Alttiere	**vom 1. September bis 31. Januar**
3.	**Rehwild**	
	Kitze	**vom 1. September bis 28. Februar**
	Schmalrehe	**vom 1. Mai bis 31. Januar**
	Ricken	**vom 1. September bis 31. Januar**
	Böcke	**vom 1. Mai bis 15. Oktober**
4.	**Gamswild**	**vom 1. August bis 15. Dezember**
5.	**Muffelwild**	**vom 1. August bis 31. Januar**
6.	**[aufgehoben]**	
7.	**Feldhasen**	**vom 1. Oktober bis 15. Januar**
8.	**Stein- und Baummarder**	**vom 16. Oktober bis 28. Februar**
9.	**Iltisse**	**vom 1. August bis 28. Februar**
10.	**Hermeline**	**vom 1. August bis 28. Februar**
11.	**Mauswiesel**	**vom 1. August bis 28. Februar**
12.	**Dachse**	**vom 1. August bis 31. Oktober**
13.	**Rebhühner**	**vom 1. September bis 15. Dezember**
14.	**Fasanen**	**vom 1. Oktober bis 15. Januar**
15.	**Wildtruthähne**	**vom 15. März bis 15. Mai und vom 1. Oktober bis 15. Januar**
16.	**Wildtruthennen**	**vom 1. Oktober bis 15. Januar**
17.	**Ringel- und Türkentauben**	**vom 1. November bis 20. Februar**
18.	**Höckerschwäne**	**vom 1. November bis 20. Februar**
19.	**Graugänse**	**vom 1. August bis 31. August und vom 1. November bis 15. Januar**
20.	**Bläß-, Saat-, Ringel- und Kanadagänse**	**vom 1. November bis 15. Januar**
21.	**Stockenten**	**vom 1. September bis 15. Januar**

22.	Pfeif-, Krick-, Spieß-, Berg-, Reiher-, Tafel-, Samt- und Trauerenten	vom 1. Oktober bis 15. Januar
23.	Waldschnepfen	vom 16. Oktober bis 15. Januar
24.	Blässhühner	vom 11. September bis 20. Februar
25.	Lach-, Sturm-, Silber-, Mantel- und Heringsmöwen	vom 1. Oktober bis 10. Februar

(2) Vorbehaltlich der Bestimmungen des § 22 Abs. 4 des Bundesjagdgesetzes darf die Jagd das ganze Jahr ausgeübt werden auf Schwarzwild, Wildkaninchen und Füchse.

(3) Die in Absatz 1 festgesetzten Jagdzeiten umfassen nur solche Zeiträume einschließlich Tageszeiten, in denen nach den örtlich gegebenen äußeren Umständen für einen Jäger die Gefahr der Verwechslung von Tierarten nicht besteht.

1 Zur Kommentierung → BJagdG § 22 Rn. 1 ff.

§ 2 JagdZV [Inkrafttreten, Außerkrafttreten]

[1]Diese Verordnung tritt am Tage nach der Verkündung in Kraft. [2]Gleichzeitig tritt die Verordnung über Jagdzeiten vom 13. Juli 1967 (BGBl. I S. 723) außer Kraft.

Landesjagdzeitenverordnungen:

Bremen:	Art. 1 und 2 LJagdZV
Hamburg:	§ 2 LJagdZV (Stand Mai 1993)
Brandenburg:	§ 5 JagdDV
Berlin:	§ 2 VO über jagdbare Tierarten
Bayern:	§ 19 AVBayJG
Baden-Württemberg:	§ 10 DVO JWMG
Hessen:	§ 3 HJagdV
Mecklenburg-Vorpommern:	§§ 1– 4 JagdZVO
Niedersachsen:	§§ 1–4 NJagdzZV
Nordrhein-Westfalen:	§§ 1, 2 LJZeitVO
Rheinland-Pfalz:	§§ 1, 2 LJagdZV
Saarland:	§§ 1, 2 LJagdZV
Sachsen:	§ 26 SächsJVO
Sachsen-Anhalt:	§ 19 LJagd DV
Schleswig-Holstein:	§ 3 LJagdZV
Thüringen:	§§ 1–3 ThürJZVO.

1 Zur Kommentierung → BJagdG § 22 Rn. 1 ff.

Verordnung über den Schutz von Wild (Bundeswildschutzverordnung – BWildSchV)

vom 25. Oktober 1985 (BGBl. 1985 I 2040),
zuletzt geändert durch Verordnung vom 28. Juni 2018 (BGBl. 2018 I 1159)

§ 1 BWildSchV Anwendungsbereich, Begriffsbestimmungen

(1) [1] **Diese Verordnung findet Anwendung auf Tiere der in den Anlagen 1 und 4 genannten Arten.** [2] **Für die Abgrenzung der Tierarten im Sinne dieser Verordnung ist ihre wissenschaftliche Bezeichnung maßgebend.** [3] **Die Art schließt Unterarten ein, auch soweit diese im Geltungsbereich des Bundeswaldgesetzes in der Natur nicht vorkommen.**

(2) **Der Begriff Tiere im Sinne dieser Verordnung umfaßt lebende und tote Tiere, ihre ohne weiteres erkennbaren Teile, ohne weiteres erkennbar aus ihnen gewonnenen Erzeugnisse sowie ihre Eier, sonstigen Entwicklungsformen und Nester.**

I. Einführung

Die BWildSchV setzt die RL 79/409/EWG des Rates vom 2.4.1979 **1**
(ABl. 1979 L 103, 1) über die Erhaltung der wildlebenden Vogelarten (Vogelschutz-RL 1979; heute RL 2009/147/EG) um. Durch § 36 BJagdG ist das zuständige Bundesministerium für Verbraucherschutz, Ernährung und Landwirtschaft ermächtigt worden, aus Gründen der Hege, zur Bekämpfung der Wilderei und Wildhehlerei, aus wissenschaftlichen Gründen oder zur Verhinderung von Gesundheitsschäden durch Fallwild Rechtsverordnungen mit Zustimmung des Bundesrates zu erlassen. Auch wenn es sinnvoll ist, solchen Regelungen bundesweite Geltung zu verschaffen, ist die Kompetenz des Bundesgesetzgebers nach der Anpassung des GG auch über § 36 BJagdG eher fraglich. Jedenfalls kann auch über die grundsätzliche Ermächtigung zum Erlass dieser Verordnung der Bundesminister nicht die Regelungskompetenz der Länder in Frage stellen. Somit sind die Länder durchaus befugt in Abweichung von der BWildSchV andere Regelungen zu treffen. Aufgrund der sehr weitgehenden Überschneidung der Vorschriften mit der BArtSchV, insbesondere betreffend des Haltens von Greifen und Falken und der Ein- und Ausfuhrbestimmungen hat die BWildSchV an Bedeutung verloren. Eingebettet in das System des Jagdrechtes sollte sie den Schutz der dem Jagdrecht unterliegenden Tierarten gewährleisten. Diese speziell auf die Besonderheiten der Jagdausübung zugeschnittene Verordnung geht auf die besondere Vermarktungssituation im Rahmen der Jagd ein. Der Verkauf ganzer Tiere an Endverbraucher und Gastwirte bedarf zur Vermeidung von Wilderei und Wildhehlerei spezieller Kontrollmechanismen, da die im Lebensmittelhandel ansonsten übliche Kontrolle in diesem Bereich nur eingeschränkt greifen kann. Zudem kann die Bekämpfung der Wilderei nicht an den Grenzen eines Jagdreviers enden. Wesentlicher Gesichtspunkt ist aber der durch den Begriff

der Hege gerade bei der Jagdausübung in den Vordergrund gestellte Artenschutz. Somit richtet sich die Verordnung auch an den Jagdausübungsberechtigten, dem jedes wirtschaftliche Interesse an der Erlegung bestimmter, schützenswerter Tierarten genommen werden soll. Auch soll die Haltung von Greifvögeln und Falken zum Zweck der Beizjagd keine Gelegenheit zum Unterlaufen des Artenschutzes geben. Die Verbote zum Schutz von Wild betreffen jeden Bürger, der in irgendeiner Form mit wildlebenden Tieren zu tun hat. Mit der RL 2008/99/EG des Europäischen Parlaments und des Rates über den strafrechtlichen Schutz der Umwelt (Umweltstrafrechts-RL) vom 19.11.2008 (ABl. 2008 L 328, 28) verpflichteten sich die Mitgliedstaaten, schwere Verstöße gegen das gemeinschaftliche Umweltrecht unter Strafe zu stellen. dies wurde umgesetzt durch die Schaffung der erforderlichen Strafbewehrungen (§§ 38, 38a BJagdG). Es bedurfte hierzu noch einer Regelung, um die Strafbarkeit umfassend auf – auch aus EU-rechtlichen Gründen – zu schützende Arten sowie Teile und Erzeugnisse auszudehnen. Die Kommission hatte dazu ein Pilotverfahren (EU-Pilot Az. 5628/13/Just) geführt. Die Änderungen der Bundeswildschutzverordnung erfolgen zur Umsetzung der Umweltstrafrecht-Richtlinie. Zudem wurde dem Wunsch der Falkner, den Sperber aufzunehmen stattgegeben.

II. Anwendungsbereich

1. Sachlicher Anwendungsbereich

2 Die Vorschriften richten sich gegen jedermann, nicht nur gegen den Jäger. Sie finden ausschließlich Anwendung auf die in Anlage 1 und 4 genannten Arten. Da die Verordnung nur in Anknüpfung an das BJagdG greift, bezieht sie sich auf die Tierarten, die sich in § 2 BJagdG wiederfinden. Ein Bezug zu den bejagbaren Wildtierarten nach den jeweiligen gesetzlichen Bestimmungen der Länder wurde nicht hergestellt. Insbesondere bei den Greifen (Accipitridae) und Falken (Falconidae) werden in Anlage 4 die speziellen Unterarten aufgeführt. Entsprechend werden bei weiteren Tierarten die speziellen Unterarten aufgeführt, so bei den Wildtauben (Columbidae) die Hohl-, Ringel-, Turtel- und Türkentaube; den Wildgänsen (Gattungen Anser BRISSON und Branta SCOPOLI) die Grau-, Bläss-, Saat-, Kurzschnabel-, Ringel-, Weißwangen- und Kanadagans; bei den Wildenten (Anatinae) die Stock-, Löffel-, Schnatter-, Pfeif-, Krick-, Spieß-, Kolben-, Berg-, Reiher-, Tafel-, Schell-, Brand-, Eis-, Samt-, Trauer- und Eiderente; bei den Möwen (Laridae) die Mantel-, Herings-, Silber-, Sturm-, Lach-, Schwarzkopf-, Zwerg-, und Dreizehenmöwe; bei den Sägern (Gattung Mergus L.) die Mittel-, Gänse- und Zwergsäger. Alle diese Arten gelten als heimische Arten iSd § 2 BJagdG. Sinn und Zweck der Einzelbezeichnung ist es, Auslegungsprobleme zu vermeiden. Somit fallen nicht alle begrifflich iSd § 2 BJagdG in eine Art zusammengefassten Tierarten im Wege einer erweiterten Auslegung unter die BWildSchV, da die konkrete Bezeichnung abschließend ist und es nicht zulässig ist, weitere Arten, auch Unterarten hierunter zu fassen (so vgl. zutreffend Leonhardt/Pießkalla Rn. 1 am Beispiel der Nilgans als Unterart der Wildenten). Maßgebend ist die wissenschaftliche Bezeichnung der Art **(Abs. 1 S. 2).** Fremde Unterarten fallen ebenfalls unter die BWildSchV, selbst wenn sie im Geltungsbereich des Bundeswaldgesetzes nicht vorkom-

men **(Abs. 1 S. 3).** Damit geht die BWildSchV über den Geltungsbereich des BJagdG hinaus, da § 2 BJagdG nach hM nur heimische Arten umfasst. Insoweit ist fraglich, ob Abs. 1 S. 3 von der Ermächtigungsgrundlage des § 36 BJagdG noch gedeckt ist.

2. Nicht geschützte Tiere

3 Nicht unter Schutz gestellt werden alle anderen jagdbaren Tiere, auch wenn sie aufgrund anderer Regelungen einen besonderen Schutz erfahren. Dies sind insbesondere Tiere, die durch § 7 Abs. 2 BNatSchG einen besonderen Schutzstatus haben. Dies sind auch bejagbare Tiere, die in der BWildSchV nicht aufgeführt sind und schon zum Zeitpunkt der Geltung des Washingtoner Artenschutzabkommens (WA) einen besonderen Schutzstatus hatten, so zB Fischotter, Seeadler und Wanderfalke (Anhang I WA), Wildkatze, Luchs, Mufflon, Großtrappen, Falken und habichtartige Greifvögel (aufgeführt in Anhang II WA) sowie Knäk- und Moorente und die Felsentaube (Anhang III WA). Hierzu gehören auch Wisent, Elch, Schneehase, Murmeltier, Seehund über die Artenschutz-VO und über die Vogelschutz-RL nahezu alle jagdbaren Vögel. Ein (weiterer) Schutz durch die BWildSchV dieser Arten ist aus rechtlichen Gründen dennoch nicht notwendig, da die Vorgaben des BNatSchG iVm den in § 7 Abs. 2 S. 1 Nr. 10–14 BNatSchG aufgeführten weiteren Regelungen dann ergänzend greifen, wenn das Jagdrecht iSd § 39 Abs. 2 S. 2 BNatSchG keine besonderen Schutzbestimmungen kennt (s. Lorz/Konrad/Mühlbauer/Müller-Walter/Stöckel BNatSchG § 39 Rn. 13). Dennoch wäre es sinnvoll, in Zukunft auch den Elch (der in Bayern wieder vorkommt), die Wildkatze (die bundesweit vorhanden ist) und den Luchs (der durch Auswilderung in einigen Gebieten heimisch wird) aufzunehmen.

3. Tiere

4 Die Verordnung unterscheidet nicht zwischen wildlebenden oder in Gefangenschaft lebenden Tieren. Es muss sich aber um eine wildlebende Tierart handeln (so auch Lorz/Metzger Rn. 4). Auch die Herkunft ist nicht entscheidend. Da insbesondere Vermarktungs- und Besitzverbote Inhalt der BWildSchV sind, müssen die Tiere nicht herrenlos sein. Sie können auch in Gefangenschaft gezüchtet oder gar eingekreuzt sein.

4. Erweiterte Begriffsbestimmung

5 Umfasst sind auch tote Tiere, ohne weiteres erkennbare Teile oder aus ihnen ohne weiteres erkennbare Erzeugnisse, Eier, Entwicklungsformen und Nester **(Abs. 2).** Federn, Knochen, Skelette, Ganz- oder Teilpräparate, schlicht alle erdenklichen Körperteile oder verarbeiteten Teile sind gemeint, wenn sie ohne weiteres erkennbar sind. Die optische Erfassung dieser Teile ist hiermit gemeint, nicht erst die für einen verständigen Menschen nicht mehr unterscheidbare Masse.

5. Anlage 1 und 4

6 In dem Katalog zu Anlage 1 (s. dort) sind drei Haarwild-Tierarten aufgeführt, die ohnehin eine ganzjährige Schonzeit genießen. Die 53 aufgeführten Vogelarten entsprechen allen bejagbaren Vogelarten. Ihr besonderer

Schutzstatus im Rahmen der BWildSchV zielt zum Teil weniger auf den Artenschutz als auf den Schutz vor Wilderei ab (zB Fasan). Die meisten dieser Vogelarten sind über die Vogelschutz-RL geschützt (→ § 2 Rn. 1 ff.). In Anlage 4 sind 18 Vogelarten aufgeführt, die heimische jagdbare Tiere sind. Eine Sonderstellung nimmt der Fischadler ein, dessen Einordnung streitig ist. Die lateinische Bezeichnung für Greife (Accipitridae) oder Falken (Falconidae) des § 2 Abs. 1 Nr. 2 BJagdG soll den Fischadler nicht umfassen, da dieser zur Familie der Pandionidae zählt (Pandion halieaetus) (so Lorz/Metzger Rn. 8; Leonhardt/Pießkalla § 2 Rn. 1; Belgard RdL 2000, 171; aA Künkele NuR 1982, 102). Auch wenn die korrekte Zuordnung in zoologischer Hinsicht mit dem Begriff Accipitridae nicht völlig übereinstimmt (s. aber Anhänge I, II, III WA, in der alle Greife – Accipitridae – als Habichtartige bezeichnet werden, zu denen ebenfalls der Fischadler gehört), scheint der Gesetzgeber unter Greife auch den Fischadler gezählt zu haben. Ansonsten wäre die Einordnung in die BWildSchV von der Ermächtigungsgrundlage des § 36 nicht gedeckt.

§ 2 BWildSchV Verbote

(1) [1] **Es ist verboten,**

1. **Tiere der in Anlage 1 Teil A genannten Arten oder Teile oder Erzeugnisse solcher Tiere zu besitzen,**
2. **Tiere der in Anlage 1 Teil B genannten Arten oder Teile oder Erzeugnisse solcher Tiere gewerbsmäßig anzukaufen, zu verkaufen oder zu tauschen,**
3. **Tiere der in Anlage 1 Teil C genannten Arten**
   a) **über Nummer 2 hinaus sonst zu erwerben, über sie die tatsächliche Gewalt auszuüben oder sonst zu verwenden,**
   b) **abzugeben, zum Verkauf anzubieten, zu veräußern oder sonst in den Verkehr zu bringen,**
   c) **für eine der in Nummer 2 genannten Tätigkeiten zu befördern,**

   soweit die Handlung nicht bereits nach Nummer 1 oder Nummer 2 verboten ist.

[2] **Das Aneignungsrecht des Jagdausübungsberechtigten sowie Vorschriften der Länder nach § 36 Absatz 2 Nummer 2 des Bundesjagdgesetzes über das Aufnehmen, die Pflege und die Aufzucht verletzten der kranken Wildes und dessen Verbleib bleiben unberührt.**

(2) [1] **Die Verbote des Absatzes 1 gelten nicht für Tiere oder Teile oder Erzeugnisse solcher Tiere, an denen nach dem 8. November 1985 im Rahmen der Ausübung des Jagdrechts Eigentum erworben wurde.** [2] **Diese Tiere oder Teile oder Erzeugnisse solcher Tiere dürfen jedoch nicht an Dritte gegen Entgelt abgegeben oder zu diesem Zweck befördert, gehalten oder angeboten werden.** [3] **Ausgenommen von diesen Beschränkungen sind**

1. **Tiere oder Teile oder Erzeugnisse solcher Tiere der in Anlage 2 genannten Arten,**
2. **Tiere oder Teile oder Erzeugnisse solcher Tiere der in Anlage 3 genannten Arten, soweit die in Satz 2 aufgeführten Tätigkeiten nicht zu gewerbsmäßigen Zwecken erfolgen, sowie**
3. **in der Natur aufgefundene tote Tiere oder Teile oder Erzeugnisse solcher Tiere, soweit sie für Zwecke der Forschung oder Lehre verwendet werden.**

(3) [1]Die Verbote des Absatzes 1 gelten ferner nicht für Tiere oder Teile oder Erzeugnisse solcher Tiere, die vor dem 9. November 1985 in Übereinstimmung mit den Vorschriften zum Schutz der betreffenden Art erworben worden sind. [2]Dasselbe gilt im Beitrittsgebiet für den Zeitraum vor dem 3. Oktober 1990.

(4) Die Verbote des Absatzes 1 gelten ferner nicht für Tiere oder Teile oder Erzeugnisse solcher Tiere der in der Anlage 2 genannten Arten und der Art Wachtel, die in der Gefangenschaft gezüchtet wurden und nicht herrenlos geworden sind.

(5) [1]Die nach Landesrecht zuständige Behörde kann im Einzelfall Ausnahmen von den Verboten des Absatzes 1 zulassen, soweit dies für die Verwertung beschlagnahmter oder eingezogener Tiere oder Teile oder Erzeugnisse solcher Tiere erforderlich ist. [2]Sie kann ferner im Einzelfall Ausnahmen von den Verboten des Absatzes 1 sowie von den Verboten des Absatzes 2 Satz 2 zulassen, soweit dies

1. für Zwecke der Forschung oder Lehre,
2. zur Ansiedlung von Tieren in der freien Natur oder der damit zusammenhängenden Aufzucht oder
3. aus einem sonstigen vernünftigen Grund für eine Nutzung von Tieren oder Teilen oder Erzeugnissen solcher Tiere in geringen Mengen

erforderlich ist und Belange des Arten- und Biotopschutzes sowie Rechtsakte des Rates oder der Kommission der Europäischen Gemeinschaften oder Verpflichtungen aus internationalen Artenschutzübereinkommen nicht entgegenstehen.

I. Anwendungsbereich

§ 2 wurde angepasst durch Änderungsverordnung vom 28.6.2018 (BGBl. 2018 I 1159): Durch die Ersetzung der Wörter in § 2 Abs. 2 S. 1 „nach Inkrafttreten dieser Verordnung" durch die Wörter „nach dem 8. November 1985" soll sichergestellt werden, dass legal erworbene Tiere in der Zeit vom 9.11.1985 bis zum Inkrafttreten der jetzigen Änderungsverordnung von der Legalisierung mit erfasst werden. Durch die Ersetzung der Wörter in § 2 Abs. 3 „vor Inkrafttreten der Verordnung" durch die Wörter „vor dem 9. November 1985" soll erreicht werden, dass die Beschränkungen der Bundeswildschutzverordnung in der Zeit vom 9.11.1985 bis zum Inkrafttreten der jetzigen Änderungsverordnung nicht verloren gehen. Darüber hinaus soll eine Regelung für im Beitrittsgebiet vor der Wiedervereinigung legal erworbene Tiere geschaffen werden. Ferner sind in Nr. 1 und in Nr. 3 lit. a je die Handlung „in Besitz nehmen" sowie in Nr. 3 lit. a die Handlung „be- oder verarbeiten" gestrichen worden, weil sie in der Ermächtigung nicht enthalten sind. Im Übrigen ist das „in Besitz nehmen" vom Begriff „besitzen" umfasst. Die Begriffe „in Besitz nehmen" und „be- oder verarbeiten" sind darüber hinaus auch in der RL 2008/99/EG nicht enthalten. **1**

Mit einer Änderung des § 2 Abs. 4 soll erreicht werden, dass die Verbote der Bundeswildschutzverordnung ebenfalls nicht für Tiere oder Teile oder Erzeugnisse solcher Tiere der in Anhang 2 genannten Arten und der Art Wachtel gelten, die in der Gefangenschaft gezüchtet wurden und nicht herrenlos geworden sind. Eine weitere Änderung soll der alten Tradition des Einsatzes des Sperbers im Rahmen der Beizjagd Rechnung tragen, da Inhabern eines **1a**

Falknerjagdscheins die Haltung des Sperbers gestattet werden soll. Außerdem sollen Fischotter, Luchs und Wildkatze in Anlage 1 Teil A, Teil B und Teil C der Bundeswildschutzverordnung aufgenommen werden, was zur Folge hätte, dass auch diese Arten den Beschränkungen der Bundeswildschutzverordnung unterliegen würden. Damit soll eine Lücke in der BWildSchV beseitigt und in der Praxis auftretenden Rechtsunsicherheiten bei Jägern vorgebeugt werden (Vorstehendes in Anlehnung an die amtliche Begründung, BR-Drs. 132/18 unter TOP 36, vom 8.6.2018). Nur die in Anlage 1 aufgenommenen Wildarten fallen unter die Verbotsnorm. Die in § 2 aufgeführten Verbote gelten für Jagdausübungsberechtigte mit den dort angegebenen Einschränkungen.

2 Die Norm orientiert sich an den Vorgaben der Vogelschutz-RL (vgl. insbesondere Art. 6 Vogelschutz-RL, nach der der Verkauf und das Anbieten verboten sein sollen). Art. 6 Abs. 2 Vogelschutz-RL lässt jedoch den Verkauf rechtmäßig erlegter oder gefangener Tiere der in Anhang III 1 aufgeführten Arten ausdrücklich zu. Dies sind Stockente, Fasan, Rebhuhn und Ringeltaube. Der Handel mit weiteren, in Anhang III 2 Vogelschutz-RL aufgeführten Vögeln kann durch die Mitgliedstaaten ausdrücklich genehmigt werden, so der Graugans, Pfeif-, Krick-, Spieß-, Tafel-, Reiher-, Löffel-, Berg-, Trauer- und Eiderente, Alpenschneehuhn, Auerhuhn, Blässhuhn und –gans, Birkhuhn und Waldschnepfe. Auch hier ist Voraussetzung das rechtmäßige Fangen oder Erlegen, zB durch die zulässige Jagdausübung. Dem kommt die BWildSchV durch die umfangreichen Ausnahmeregelungen nach.

II. Verbote im Einzelnen

1. Verbote

3 Verboten ist umfangreich der Besitz und der Handel, selbst das Befördern. Die Verbotsnorm selbst ist von § 36 BJagdG gedeckt (so auch Lorz/Metzger Rn. 3). **Besitz** ist die Erlangung der unmittelbaren Sachherrschaft verbunden mit einem Besitzwillen. Derjenige, der die **tatsächliche Gewalt** ausübt, hat Gewahrsam an dem Tier. Eigenbesitz kann auch durch Dritte begründet werden. Besitzmittlungsverhältnisse und Besitzdienerschaft werden von Abs. 1 Nr. 1 erfasst (vgl. auch Leonhardt/Pießkalla Rn. 4). Mit **Erwerb** ist die rechtsgeschäftliche Übernahme des Eigentums, mit **Veräußerung** die rechtsgeschäftliche Abgabe an Dritte zum Zweck der Übertragung des Eigentums gemeint. Unter **Abgabe** wird die nicht auf einem rechtsgeschäftlichen Veräußerungsgeschäft basierende Einräumung des Besitzes an Dritte verstanden, unter **Anbieten** das Vorhalten zu Veräußerungszwecken. Der Verordnungsgeber wollte umfänglich jede Art des Inverkehrbringens untersagen, so dass die verwendeten Begriffe alle irgendwie denkbaren Vorgänge in diesem Sachzusammenhang erfassen sollen. Auch die **Be- und Verarbeitung** ist untersagt, wobei die Bearbeitung jede Veränderung, die Verarbeitung die Nutzung zur Herstellung einer neuen Sache ist. Unter **Verwenden** ist auch das Halten der Tiere zu Zuchtzwecken gemeint sowie jede denkbare Art der Nutzung.

2. Rechtfertigungen

4 Gerechtfertigt ist der Besitz, wenn die Aufnahme eines solchen Tieres geschieht, um es zu erhalten (Notsituation). In Betracht kommt aber nur jeder Versuch der Rettung von verunglückten oder kranken Tieren, sofern

kein dauernder Besitzwille, sondern die unmittelbare Abgabe an eine geeignete Stelle damit verbunden ist. Näheres können die Länder hierzu nach § 36 Abs. 2 Nr. 2 BJagdG regeln (Abs. 1 S. 2); zu den Ermächtigungen → BJagdG § 36 Rn. 8. Jagdliches Brauchtum ist kein Rechtfertigungsgrund.

3. Aneignungsrecht des Jagdausübungsberechtigten

Das Aneignungsrecht des Jagdausübungsberechtigten bleibt nach Abs. 1 S. 2 unberührt. Damit fällt der Jagdausübungsberechtigte tatbestandlich nicht unter § 1, sofern er das seinem Aneignungsrecht unterliegende Wild an sich nimmt. 5

III. Ausnahmeregelungen der Abs. 2–5

Die Abs. 2–5 regeln die Ausnahmen von den Verboten des Abs. 1. Diese betreffen die Personen, behördliche Ausnahmen und verschiedene Tierarten. 6

1. Erlaubnis bei Erwerb durch Jagdausübung

Tiere, an denen im Rahmen der Jagdausübung Eigentum erworben wurde, sind von den generellen Verboten des Abs. 1 nicht betroffen. Dies betrifft in zeitlicher Hinsicht die Zeit nach Inkrafttreten der BWildSchV, also den 9.11.1985. Einschränkungen durch zuvor geltenden landesrechtlichen Bestimmungen, die durch die BWildSchV aufgehoben wurden, sind also hiervon nicht berührt. In materieller Hinsicht ist nur der Eigentumserwerb durch den Berechtigten gemeint. Aneignungsbefugt ist ausschließlich der Jagdausübungsberechtigte. Das umfasst auch das Erlegen und den Besitz durch den befugten Jagdgast. Der nicht befugte Jagdgast hat kein Aneignungsrecht. Belässt der Jagdausübungsberechtigte dem Jagdgast dennoch das Wild, liegt eine befugte Jagdausübung vor. Tiere, die infolge Wildunfälle umkommen, fallen nur dann unter Abs. 2, wenn der Jagdausübungsberechtigte von seinem Aneignungsrecht Gebrauch macht. Gibt er das Wild generell frei unter Verzicht auf sein Aneignungsrecht, gilt Abs. 2 nicht. Voraussetzung ist stets der rechtmäßige Eigentumserwerb durch den Jagdausübungsberechtigten (→ § 1 Rn. 38). Nach § 958 Abs. 2 BGB scheidet eine Aneignung aus, wenn das Aneignungsrecht eines anderen verletzt ist oder ein gesetzliches Verbot der Aneignung entgegensteht. Streitig ist, ob ein Aneignungsverbot über Verbotsnormen des Jagdrechtes herzuleiten ist. Das Jagdrecht kennt zwar eine Vielzahl von Verboten, so zB die Jagdausübung mit verbotenen Methoden, zB Nachtjagdverbote, Einschränkung der Fallenjagd etc, s zB § 19 BJagdG, das Verbot führende Muttertiere zu erlegen gem. § 22 Abs. 4 S. 1 BJagdG oder Wild innerhalb der Schonzeiten zu bejagen gem. § 22 Abs. 2 BJagdG. Ein Aneignungsverbot liegt aber nur dann vor, wenn die betreffende Norm die Aneignung selbst verbietet und nicht nur ein bestimmtes Vorgehen bei der Durchführung der Aneignung untersagt (vgl. BeckOK BGB/Kindl BGB § 958 Rn. 5 mwN). Eine solche ausdrückliche Verbotsnorm des Jagdausübungsberechtigten kennt das BJagdG nicht, auch nicht die BWildSchV (vgl. Bamberger/Roth/Hau/Poseck/Kindl BGB § 958 Rn. 5). Aneignungsverbote von besonders geschützten Tieren sind enthalten in § 44 Abs. 2 BNatSchG, § 4 Abs. 1 BArtSchV und Art. 8 Abs. 1 Artenschutz-VO. Soweit von diesen Vorschriften Tierarten des § 2 BJagdG betroffen sind, sind diese 7

Verbote aber gegenüber den jagdrechtlichen Vorschriften subsidiär (§ 37 BNatSchG, § 4 BArtSchV; → Einl. Rn. 20; → § 2 Rn. 15). Streitig ist, ob aus zwei Vorschriften dennoch ein Aneignungsverbot geschlossen werden kann: § 22 Abs. 2 BJagdG, der eine ganzjährige Schonzeit für Wild ohne Jagdzeit festlegt. Eine Zuwiderhandlung ist eine Straftat iSd § 38 Abs. 1 Nr. 2 BJagdG. Davon sind nach Bundesrecht zB alle Greife und Falken betroffen, zudem das Verbot des Ausnehmens der Gelege von Federwild nach § 22 Abs. 4 S. 4 BJagdG. Nach einer Meinung (Müller NuR 1979, 137) sind alle Schonzeitvorschriften Aneignungsverbote iSd § 958 Abs. 2 BGB. Nach einer weiteren Meinung sind nur Schonzeitregelungen des § 22 Abs. 2 S. 1 BJagdG als Aneignungsverbote anzusehen. Demnach ist eine Aneignung von Wild, das ganzjährig geschont ist, nicht möglich (so zB Lorz/Metzger Rn. 6 unter Verweis auf die amtliche Begründung (BR-Drs. 266/85, 20; BeckOK BGB/Kindl BGB § 958 Rn. 5). Dennoch soll auch nach dieser Ansicht ein Aneignungsrecht des Jagdausübungsberechtigten für verendetes oder verunfalltes Wild iSd § 22 Abs. 2 BJagdG bestehen, auch für solches, dass aufgrund Krankheit oder Verletzungen iSd § 22a Abs. 1 Hs. 2 BJagdG erlegt wurde (so Lorz NuR 1980, 112). Nicht nachvollziehbar ist aber, weshalb dann nicht auch das Verbot des Bejagens fütternder Elterntiere nach § 33 Abs. 4 BJagdG diese Wirkung entfalten soll. Nach einer weiteren Auffassung sind Verstöße gegen jagdrechtlichen Vorschriften, die sich auf reine Jagdhandlungen beziehen, nicht geeignet, gesetzliche Aneignungsverbote iSd § 958 Abs. 2 BGB zu begründen (so zB ausdrücklich VG Freiburg Urt. v. 27.10.1994 – 9 K 1546/93, BeckRS 1994, 31338392 = NuR 1996, 425; Mitzschke/Schäfer BJagdG § 1 Rn. 23; § 22 Rn. 3; Meyer-Ravenstein AgrarR 1984, 233). Dieser Ansicht ist der Vorzug zu geben. Es ist nicht nachvollziehbar, eine Unterscheidung zwischen einem Schonzeitvergehen für Wild, das ganzjährig verschont werden muss oder nur einer befristeten Schonzeit unterliegt, im Hinblick auf das Aneignungsrecht vorzunehmen. Die Erlegung ist lediglich ein Vorgehen zur Besitzerlangung. Die Aneignung des Tieres geschieht unabhängig davon, ob das Tier berechtigt oder nicht berechtigt getötet wurde. Alle im Rahmen der befugten Jagdausübung angeeigneten Tiere unterliegen aber den Vermarktungsbeschränkungen gem. Abs. 2 S. 2 und 3. Danach ist das entgeltliche Abgeben oder Befördern, Halten und Anbieten zu diesem Zweck nicht gestattet.

2. Ausnahmen vom Vermarktungsverbot

8 Ausnahmen vom Vermarktungsverbot sind in Abs. 2 S. 3 Nr. 1–3 aufgeführt. Demnach gilt das Vermarktungsverbot für alle Tiere nicht, die in Anlage 2 genannt werden (Nr. 1). Dies sind Fasan, Rebhuhn, Ringeltaube, Graugans, Stock-, Pfeif-, Krick-, Spieß- und Tafelente und Blässhuhn. Zudem gilt dies ebenfalls nicht für die in Anlage 3 genannten Tiere, soweit keine Gewerbsmäßigkeit vorliegt (Nr. 2). Dies sind Blässgans, Reiherente und Waldschnepfe.

3. Forschung und Lehre

9 Auch für aufgefundene tote Tiere, soweit sie für Zweck der Forschung und Lehre verwendet werden, gilt das Verbot nicht (Nr. 3). In diesem Falle können die Tiere an diese Stellen durchaus veräußert werden. Abs. 3 gilt für alle jagdbaren Tiere. Zum Zweck der Forschung und Lehre können sie an

Universitäten oder entsprechenden Forschungsanstalten abgegeben werden. Damit soll ein Verwaltungsaufwand für ansonsten notwendige Einzelgenehmigungen vermieden werden (vgl. auch Leonhardt/Pießkalla Rn. 7). Es kommt nicht darauf an, ob die Forschung privat oder staatlich betrieben wird und welche konkrete Art der Forschung betrieben wird. Lehre ist die wissenschaftlich fundierte Übermittlung der durch die Forschung gewonnenen Erkenntnisse (so zu weitgehend OVG Münster Urt. v. 2.4.1992 – 7 A 1581/89, BeckRS 1992, 5472 = RdL 1993, 40). Die Weitergabe an Schulen, auch Jagdschulen und Museen, ist zulässig (so Lorz/Metzger Rn. 8; Leonhardt/Pießkalla Rn. 12).

4. Weitere Ausnahmen

Weitere Ausnahmen enthält Abs. 3 für Tiere, die vor Inkrafttreten dieser Verordnung, also vor dem 9.11.1985, erworben wurden. Zudem sind Tiere von diesen Verboten freigestellt, die in Übereinstimmung mit Vorschriften zum Schutz der betreffenden Art in den Geltungsbereich des Gesetzes gelangt sind. Dies betrifft alle Arten, die nach den Vorschriften über die Einfuhr solcher Arten rechtmäßig in den Geltungsbereich des Bundeswaldgesetzes gelangten. Voraussetzung ist also, dass es sich zunächst um Tiere handelt, die der BWildSchV unterliegen. Alle anderen Tiere sind von dieser Regelung nicht erfasst. Andere rechtliche Bestimmungen, die den Artenschutz betreffen, sind das BNatSchG und die BArtSchV. Soweit diese aber Tierarten betreffen, die bejagbar iSd § 2 BJagdG sind und durch die BWildSchV weiteren Schutz erfahren, sind diese Naturschutzregelungen subsidiär (s. hierzu Leonhardt/Pießkalla Rn. 8 am Beispiel der Graugans). Soweit eine solche Tierart in einem EU-Drittland in Übereinstimmung mit den artenschutzrechtlichen Regelungen der Mitgliedstaaten (zB WA, der Vogelschutz-RL und der Artenschutz-VO) der Natur entnommen wurde, gilt das Besitzverbot des § 45 Abs. 1 S. 1 Nr. 1 lit. a BNatSchG nicht (vgl. Leonhardt/Pießkalla Rn. 8 am Beispiel der Löffelente und des Luchses). Zudem gelten die Vorgaben des Abs. 2 S. 2 entsprechend für Tiere, die in Anlage 1 aufgeführt sind und nur zum Zweck des persönlichen Gebrauches oder als Hausrat eingeführt wurden. Eine Präparation oder der Verzehr im persönlichen Nutzungsbereich ist somit zulässig, eine Veräußerung nicht. **10**

5. Ausnahme für gezüchtetes Wild

Nach Abs. 4 besteht das Vermarktungs- und Besitzverbot für bestimmte Tiere (Rebhuhn, Fasan, Wachtel, Stockente) nicht, soweit sie aus einer Zucht stammen und noch nicht herrenlos geworden sind. **11**

6. Ausnahme durch behördliche Verfügung

Den nach Landesrecht zuständigen Behörden wird zum Zweck der Verwertung beschlagnahmter und eingezogener Tiere (Abs. 5 S. 1) die Möglichkeit gegeben Verbotsausnahmen zuzulassen. Zudem ist es den Behörden gestattet, für Zwecke der **Forschung und Lehre,** zur Naturansiedlung von Tieren und Aufzucht und für einen sonstigen vernünftigen Grund Ausnahmen von den Verboten des Abs. 1, Abs. 2 S. 2 und Abs. 3 S. 2 zuzulassen. Zum Begriff der Forschung und Lehre → Rn. 9. **Ansiedlung von Tieren** in der freien Natur bedingt die Absicht, diese Tierarten der Natur zu überlassen, **12** damit sie dort heimisch werden. Wesentlich ist hierbei eine gewisse Erfolgsaussicht, zu der die Rahmenbedingungen stimmen oder herbeigeschafft werden müssen. Die **Aufzucht** muss in einem unmittelbaren Zusammenhang mit der Ansiedlung der Tierart stehen. Ein sonstiger vernünftiger Grund kann jeder Grund sein, der den Schutz und Erhalt oder die Verbreitung iSd Arten- und Biotopschutzbestimmungen nicht negativ beeinflusst und Rechtsakte der EU und internationalen Übereinkünften zum Artenschutz nicht entgegenstehen. Letztere Bestimmungen sind im Wege der Ermessensentscheidungen stets zu beachten.

§ 3 BWildSchV Halten von Greifen und Falken

(1) **Die Haltung von Greifen oder Falken der in Anlage 4 genannten Arten ist nur nach Maßgabe der Absätze 2 bis 6 zulässig.**

(2) [1] **Wer Greife oder Falken hält,**

1. **muß Inhaber eines auf seinen Namen lautenden gültigen Falknerjagdscheines sein,**
2. **darf insgesamt nicht mehr als zwei Exemplare der Arten Habicht, Sperber, Steinadler und Wanderfalke halten,**
3. **hat unverzüglich die Greife und Falken dauerhaft und unverwechselbar nach Maßgabe des Absatzes 3 zu kennzeichnen und**
4. **hat der nach Landesrecht zuständigen Stelle**
   a) **spätestens bis zum 1. Juni 1986, bei späterem Beginn der Haltung binnen vier Wochen nach Begründung des Eigenbesitzes, den Bestand an Greifen und Falken und**
   b) **nach der Bestandsanzeige jeweils unverzüglich den Zu- und Abgang von Greifen und Falken**

schriftlich anzuzeigen; die Anzeige muß Angaben enthalten über Zahl, Art, Alter, Geschlecht, Herkunft, Verbleib, Standort, Verwendungszweck und Kennzeichen der Greife und Falken. [2] **Die Verlegung des regelmäßigen Standortes der Greife und Falken ist ebenfalls unverzüglich anzuzeigen.** [3] **Das durch den Tod eines Tieres freigewordene Kennzeichen ist mit der Anzeige über den Abgang zurückzugeben.**

(3) **Die Kennzeichnung der gemäß Absatz 1 gehaltenen Greifen und Falken der Anlage 4 hat nach den Bestimmungen der §§ 12 bis 15 der Bundesartenschutzverordnung zu erfolgen.**

(4) **Die nach Landesrecht zuständige Behörde kann im Einzelfall von den Voraussetzungen des Absatzes 2 Nr. 1 und 2 Ausnahmen zulassen, wenn**

1. **die Haltung wissenschaftlichen, Lehr- oder Forschungszwecken dient oder die Ausnahme zur Nachzucht für einen der vorstehenden Zwecke, zur Nachzucht für die Ausübung der Beizjagd oder zur Nachzucht für die Ansiedlung in der freien Natur erforderlich ist,**
2. **der Halter die erforderliche Zuverlässigkeit und ausreichende Kenntnisse über das Halten und die Pflege von Greifen und Falken besitzt und**
3. **eine fachgerechte Betreuung sowie eine den tierschutzrechtlichen Vorschriften entsprechende Haltung gewährleistet sind.**

(5) [1] **Absatz 2 Nr. 1 und 2 ist nicht anzuwenden auf Greife und Falken, die bei Inkrafttreten dieser Verordnung in Übereinstimmung mit den zu**

ihrem Schutz geltenden Vorschriften gehalten werden. [2]Die Anwendung des Absatzes 2 Nr. 1 und 2 auf die Erweiterung solcher Bestände und auf den Ersatz des Abgangs bleibt unberührt.

(6) **Die Absätze 2 bis 5 gelten nicht für zoologische Einrichtungen von juristischen Personen des öffentlichen Rechts sowie für behördlich genehmigte oder anerkannte Auffang- und Pflegestationen.**

I. Einführung

1 Das Halten von Greifen und Falken ist für die Beizjagd als eine besondere und zulässige Art der Jagdausübung unerlässlich. Das BJagdG enthält keine Vorschriften über diese Jagdart, lediglich über den Erwerb des Falknerscheins (§ 15 Abs. 3 BJagdG). Die Ermächtigungsnorm des § 36 BJagdG enthält keinen unmittelbaren Bezug auf die Beizjagd oder das Halten von diesen eben nicht herrenlosen Tieren, auch wenn sie einer Wildart entstammen. Somit kommt als Ermächtigungsgrundlage nur der Schutz der Hege vor Wilderei und Wildhehlerei in Betracht. § 3 geht in einzelnen Regelungen über dieses Ziel deutlich hinaus. So ist die Haltung von bestimmten Vögeln nach Art und Zahl nicht mit der Abwehr der Wilderei, allenfalls mit besonderen Erwägungen des Artenschutzes in Einklang zu bringen (vgl. Lorz/Metzger Rn. 6, der Entstehungsgeschichte, Sinn und Ziel der BWildSchV als Ausdruck des jagdrechtlichen Artenschutzes darstellt). Auch beschäftigt sich die Ausnahmevorschrift des Abs. 4 S. 2 mehr mit dem Gesichtpunkt des Tierschutzes als des Schutzes vor Wilderei. Mit der Novellierung der BWildSchV wurde auf Wunsch der Falknerverbände der Sperber in den Katalog der für die Beizjagd gehaltenden Greife aufgenommen. In der DDR war die Haltung von Sperbern üblich und erlaubt, somit die jetzige Aufnahme auch im Hinblick auf die Fortführung der traditionellen Beizjagd für Inhaber eines Falknerjagdscheines zu begrüßen ist.

II. Zulässigkeitsvoraussetzungen

2 Das Halten der Greife und Falken ist nur nach Maßgabe der Abs. 2–6 erlaubt, ansonsten verboten (OVG Münster Urt. v. 2.4.1992 – 7 A 1581/89, BeckRS 1992, 5472 = RdL 1993, 40). Dies gilt auch im Hinblick auf die Art und Menge (kritisch hierzu Hammer AgrarR 1991, 91; Hammer AgrarR 1986, 199). Das Haltungsverbot ist zudem ein gesetzliches Erwerbsverbot. Bei der Einfuhr von Greifvögeln heimischer Arten ist es zu beachten (Emonds NuR 1986, 246). Halter der Tiere ist derjenige, der die Bestimmungsmacht über die Tiere hat, aus eigenem Interesse für deren Kosten aufkommt und Wert und Nutzen der Tiere für sich in Anspruch nimmt (BGH Urt. v. 19.1.1988 – VI ZR 188/87, NJW-RR 1988, 655). Eigentum und Besitz sind lediglich Indiz hierfür.

1. Falknerjagdschein

3 Voraussetzung ist der Besitz eines gültigen Falknerjagdscheins. Es ist unerheblich, welche Art von Falknerjagdschein gelöst wurde (Ausländer-, Tages-, Einjahres- oder Dreijahresfalknerjagdschein). Läuft die Gültigkeitsdauer ab, besteht für den Zeitraum bis zur Verlängerung ein Besitzverbot. Der

Erwerb des Inländer-Falknerjagdscheins bescheinigt seinem Besitzer Sachkunde iSd Abs. 4 S. 2.

2. Beschränkung der Haltung

4 Es besteht eine Beschränkung auf die vier aufgeführten Arten **Habicht, Sperber, Steinadler und Wanderfalke.** Dies bedeutet, dass der Falknerjagdscheininhaber ohne besondere weitere Erlaubnis diese Arten grundsätzlich halten darf. Möchte er weitere Arten für die Beizjagd verwenden, bedarf er der Erlaubnis iSv Abs. 4. Es dürfen nur zwei Tiere dieser Arten von einem Berechtigten gehalten werden. Da durch den zeitweiligen Verlust die Haltereigenschaft nicht automatisch entfällt (vgl. BGH Urt. v. 28.9.1965 – VI ZR 94/64, NJW 1965, 2397), kann erst nach endgültiger Besitzaufgabe eine Aufstockung auf die zulässige Anzahl von zwei gehaltenen Tieren erfolgen.

III. Kennzeichnungspflicht

5 Das Halten von Greifen oder Falken, soweit sie in Anlage 4 zu § 3 Abs. 1 aufgeführt sind, bedingt, dass diese iSv Abs. 3 zu kennzeichnen sind. Abs. 3 nimmt wiederum Bezug auf die Regelungen der §§ 7–11 BArtSchV vom 14.10.1999 (BGBl. 1999 I 1955 in der Fassung vom 16.2.2005, BGBl. 2005 I 258 (896)). Die Verknüpfung BWildSchV zu BArtSchV ist grundsätzlich bedenklich, weil, wie bereits eingangs vermerkt, der allgemeine Artenschutz nicht von den Ermächtigungsnormen des § 36 BJagdG gedeckt ist. Der Artenschutz der jagdbaren Tiere muss im Hinblick auf das Ziel der nachhaltigen Nutzung anderen Regeln unterliegen, weshalb § 12 BArtSchV jagdbare Tiere auch ausdrücklich ausnimmt. Am 16.2.2005 (BGBl. 2005 I 258 (896)) erfolgte eine Anpassung an die Kennzeichnungserfordernisse der VO (EG) 1808/2001 der Kommission vom 30.8.2001 (mittlerweile außer Kraft, jetzt: VO (EG) 865/2006) mit Durchführungsbestimmungen zur Verordnung (EG) Nr. 338/97 des Rates über den Schutz von Exemplaren wildlebender Tier- und Pflanzenarten durch Überwachung des Handels. Die Kennzeichnung selbst richtet sich nach den §§ 12–15 BArtSchV, sodass die Verweisung auf die bisherigen Regelungen der derzeitigen Gesetzeslage nicht mehr gerecht werden. Im Ergebnis kann aber festgehalten werden, dass die Kennzeichnungspflicht iSv § 3 Abs. 3 BWildSchV iVm § 12 BArtSchV alle in Anlage 4 BWildSchV genannten Arten bzw. der in Anlage 6 BArtSchV sowie der in § 12 und § 13 genannten Arten entspricht bzw. derjenigen in Anhang A Artenschutz-VO. Insgesamt ist die Regelung durch verschiedentliche Gesetzesänderungen und den jeweiligen Verweis auf eine Norm, die ja ebenfalls einer ständigen Änderung unterlegen ist, reichlich unübersichtlich geworden. Es wäre sinnvoll, für die BWildSchV eigenständige Regelungen zu finden, um eine Übersichtlichkeit für denjenigen, den es betrifft, insbesondere für Falkner, herbeiführen zu können. Festzuhalten bleibt jedenfalls, dass eine Kennzeichnungspflicht besteht. Diese gilt sowohl für neu hinzukommende als auch für bereits im Bestand befindliche Exemplare.

1. Handlungsverpflichtung

6 Die Kennzeichnung der Falke und Greife iSd S. 2 hat unverzüglich, also ohne schuldhaftes Zögern zu erfolgen. Die zunächst eigenständig geregelte

Kennzeichnung ist mit der Änderung der BWildSchV vom 14.10.1999 (BGBl. 1999 I 1955) aufgehoben worden und richtet sich jetzt nach den Bestimmungen der §§ 12–15 BArtSchV (→ Rn. 5). Bereits vorgegebene Kennzeichnungen können von den Landesbehörden aufgrund deren eigenständigen Regelungen iSv § 12 anerkannt werden, wenn eine gleichwertige Individualisierung sichergestellt ist. Hierbei kommt es auf das Inkrafttreten der jeweiligen Kennzeichnungsregelung an. In der Regel dürften, soweit es das Jagdrecht betrifft, Vögel iSd Artenschutz-VO nicht mehr neu gekennzeichnet werden (iSv § 14 Abs. 2 S. 1 BArtSchV). Im Hinblick auf die Lebenserwartung der betroffenen Vögel dürfte eine altrechtliche Regelung kaum noch Bedeutung haben. Die Kennzeichnung selbst bestimmt sich nach § 13 Abs. 1 S. 1 BArtSchV, hier über die in Anlage 6 Spalte 2–6 (s. die mit einem Kreuz (+) bei die jeweiligen Tierarten vorgesehenen Bezeichnungen), im Übrigen für die Vogelarten der offene Ring. Gemäß § 13 Abs. 1 S. 2 BArtSchV ergeben sich Kennzeichnungspflichten wie folgt: Gezüchtete Vögel sind mit geschlossenem Ring, der Natur entnommene Exemplare nach Wahl des Kennzeichnungspflichtigen mit offenem Ring oder dem Transponder, ansonsten mit der Dokumentation zu versehen. Die hier vorgegebene Rangfolge der Kennzeichnungsverpflichtung ist aber einzuhalten. Von ihr kann mit Zustimmung der nach dem Landesrecht zuständigen Behörde allerdings abgewichen werden (§ 13 Abs. 1 S. 4 BArtSchV). Im Übrigen kennt die BArtSchV Regelungen über die Ringgröße (§ 13 Abs. 2 S. 2 BArtschV), über das Wahlrecht der Ringgröße (§ 13 Abs. 2 S. 1 und 3 BArtSchV) und der grundsätzlichen Kennzeichnungspflicht im Hinblick auf das Gewicht der Tiere (bis zu 200g s. § 13 Abs. 1 S. 3 BArtSchV). Die verwendeten Ringe und Transponder müssen von den in § 15 Abs. 1 Nr. 1 und 2 BArtSchV genannten Vereinen ausgegeben werden und die eine Beschriftung nach Maßgabe der Anlage 7 aufweisen. Um eine genaue Kennzeichnung zu gewährleisten, hat die Beschriftung den ausgegebenen Verein, Jahrgang, Ringgröße und laufende Nummer aufzuweisen und eine Angabe zu enthalten, ob ein offener oder geschlossener Ring Verwendung findet. Die Kennzeichen werden über den jeweiligen Verein oder die Verbände ausgegeben und den zuständigen Landesbehörden (hier den Unteren Jagdbehörden) übermittelt (§ 15 Abs. 6 BArtSchV). Hierbei erhält die Behörde Angaben des jeweiligen Halters respektive Züchters über die konkreten Vögel und deren konkreter Kennzeichnung iSv § 3 Abs. 1 Nr. 4 (sofern die Tiere nicht der BWildSchV unterliegen, gem. § 7 Abs. 2 BArtSchV). Der jeweilige Halter darf nur die von ihm selbst bezogenen amtlichen Ringe verwenden, nicht jedoch solche, die andere Halter verwendet haben, somit bei einem Neuerwerb eines entsprechenden Vogels eine neue Kennzeichnung und Ummeldung vorzunehmen ist (Mitteilungspflicht aus § 7 Abs. 2 BArtSchV und § 3 Abs. 2 Nr. 4 BWildSchV). Im Übrigen ist der Halter iSv § 7 Abs. 2 BArtSchV verpflichtet, den Tod oder das Abhandenkommen des Vogels zu melden. Für den Fall einer Präparation des Vogels muss der Ring am Vogel verbleiben (§ 15 Abs. 7 BArtSchV).

2. Ausnahmen

Nach dieser Regelung kann die zuständige Landesbehörde Ausnahmen von dem Erfordernis eines gültigen Falknerjagdscheins und der zahlenmäßigen Beschränkung der Arten sowie der Begrenzung des Bestandes zulassen. Die 7 zuständige Landesbehörde ist regelmäßig die untere Jagdbehörde der Länder. Soweit die Zuverlässigkeit des Halters und ausreichende Kenntnis über das Halten und die Pflege von Greifen und Falken erforderlich sind, dürfte die Vorlage eines Falknerjagdscheins ausreichend sein. Voraussetzung des § 3 Abs. 4 ist aber auch, dass ein bestimmter Zweck für die Haltung dienend sein soll. Unter dem Begriff des „Dienens" ist jede Art des Zwecks für die Haltung anzunehmen, die in irgendeiner Form nützlich, aber nicht notwendigerweise erforderlich ist. Hinzu kommt, dass eine fachgerechte Betreuung und eine nach den naturschutzrechtlichen Vorschriften entsprechende Haltung gegeben sein müssen. Hierzu gehört insbesondere, dass der für die Tiere notwendige Bewegungsspielraum gegeben ist, sie artgerecht in Gehegen gehalten werden und entsprechend gefüttert werden. Hierbei ist die Behörde gehalten, den jeweiligen Betrieb des Antragstellers auf diese Maßgaben zu kontrollieren. Es liegt im Ermessen der Behörde, eine entsprechende Gestattung mit Nebenbestimmungen zu versehen, die die Haltung der Tiere und deren Betreuung betreffen. Sofern eine Nachzucht geplant ist, ist iSv § 7 Abs. 2 S. 1 Nr. 15 BNatSchG erforderlich, dass die Tiere in einer kontrollierten Umgebung geboren und die Elterntiere rechtmäßig erworben worden sind. Soweit eine Vermarktung von gezüchteten Greifvögeln gewollt ist, muss diese nach Art. 8 Abs. 3 lit. d Artenschutz-VO, Art. 59 Abs. 2 VO (EG) 865/2006 (früher Art. 29 Abs. 2 VO (EG) 1808/2001) zugelassen sein. Soweit eine Vermischung der Greifvogelarten mit anderen Arten geplant ist, ist darauf zu verweisen, dass die sonstigen Voraussetzungen des § 3 Abs. 2–4 einzuhalten sind. Dies bedeutet, dass eine Zucht zum Zweck der Beizjagd tatsächlich nur aus den Arten Habicht, Steinadler und Wanderfalke zulässig ist, mit Tierarten, die nicht iSv § 3 Abs. 2 Nr. 2 geschützt sind (vgl. auch Leonhardt/Pießkalla Rn. 6, der die Verhinderung einer Faunenverfälschung voranstellt). Für die Entscheidung der Behörde, ob eine solche Zucht zugelassen werden kann, ist jedenfalls wesentlich, dass eine Vermischung mit heimischen Vogelarten generell als unwahrscheinlich im Hinblick auf die Beizvogeljagd oder eine entsprechende Verwendung der Vögel zu Schauzwecke anzunehmen ist und somit eine Genehmigung zuzulassen ist, soweit der Entscheidung andere Gründe nicht entgegenstehen.

3. Wissenschaftliche Zwecke

8 Eine Haltung aus wissenschaftlichen Zwecken ist dann gegeben, wenn die Haltung dazu dient, rationale Erkenntnisse über Zusammenhänge, Abläufe, Ursachen und Gesetzmäßigkeiten, etwa in biologischer, psychologischer oder ethnologischer Hinsicht zu gewinnen (s. Leonhardt/Pießkalla Rn. 6 unter 13.03). Näher → § 2 Rn. 9 mit weiteren Ausführungen.

4. Ausnahmen für Zwecke der Nachzucht

9 Hierbei geht es ausschließlich um die gezielte Vermehrung von Tieren. Diese muss wissenschaftlichen Lehr- oder Forschungszwecke dienen, zum Zweck der Ansiedlung in der freien Natur geschehen, oder für die Ausübung der Beizjagd erfolgen. Dies ist auch erforderlich, weil ansonsten der Falknerjagdscheininhaber, der auf die Haltung von zwei Exemplaren beschränkt worden ist, ansonsten nicht nachzüchten könnte. Die Behörden sind in dem Sinne gehalten, regelmäßig ein solches Erfordernis anzuerkennen, wenn der Inhaber eines Falknerjagdscheins eine solche Nachzucht vornehmen möchte.

Sofern ein solches Ansinnen im Hinblick auf eine Nachzucht für die Ansiedlung in der freien Natur gestellt wird, muss auch dies in irgendeiner Form erforderlich sein. Ein Erfordernis ist dann anzunehmen, wenn die entsprechende Art in ihren Bestand zumindest gefährdet ist, so dass die Ansiedlung in der freien Natur Sinn macht. Sie ist jedoch sodann abzulehnen, wenn durch diese Nachzucht die Gefahr der Faunenverfälschung gegeben ist. Dies ist regelmäßig dann anzunehmen, wenn nicht heimische Arten ausgesiedelt werden wollen bzw. eine Vermischung von heimischen Rassen mit nicht heimischen Rassen (Hybriden oder Mischlinge) gewollt ist. Hier ist insbesondere eine entsprechende Genehmigung mit Auflagen zu versehen, die durch die Behörde allerdings auch zu kontrollieren ist. Dabei ist das Ermessen der Behörde auf Null reduziert, soweit sie zum Zweck der Ansiedlung in der freien Natur von diesem Gesichtspunkt abweichen möchte (insoweit wird verwiesen auf Nr. 3.1.2.2.3 der Richtlinien zum einheitlichen Vollzug des § 3 Abs. 4 BWildSchV, §§ 11 und 12 BArtSchV nach der gemeinsamen Bekanntmachung vom 30.6.1998.

5. Zuverlässigkeit des Halters iSv Abs. 4 Nr. 2

Die Behörde muss von der Zuverlässigkeit ausgehen, sofern keine Anzei- 10
chen einer Unzuverlässigkeit erkannt werden können. Die Zuverlässigkeit muss sich darauf beziehen, dass die Gesichtspunkte des Arten-, Greifvogel- und Tierschutzes gewahrt sind.

6. Sachkenntnisse iSv Abs. 4 Nr. 2

Sie setzt ausreichende Kenntnis in den Prüfungsgebieten (→ § 15 Rn. 16 11
zum Falkenjagdschein) der Jäger- und Falknerprüfungsordnung der jeweiligen Bundesländer voraus. Dies gilt allerdings nur für solche Personen, die nicht im Besitz eines gültigen Falknerjagdscheins sind. Bei diesen Personen ist die erforderliche Sachkenntnis zwingend anzunehmen, ebenso bei solchen Personen, bei denen im Hinblick auf eine entsprechende berufliche Qualifikation diese Kenntnisse erwartet werden können. Dies sind Personen, die entsprechende Nachweise erbringen können, dass sie in diesem Bereich Prüfungen abgelehnt haben, also Biologen, Zoologen, Veterinäre etc (s. auch Leonhardt/Pießkalla Rn. 6).

7. Fachgerechte Betreuung

Fachgerecht bedeutet iSd oben genannten Qualifikation eine den tier- 12
schutzrechtlichen Bestimmungen entsprechende, aber auch der jeweiligen Art angepasste Haltung. Hierzu gehört, dass die Unterbringung der jeweiligen Art gerecht wird, also verhaltensbezogen ist, aber auch, dass das natürlich Bewegungsbedürfnis der Tiere nicht in einem Rahmen eingeschränkt wird, der im Hinblick auf die Gefangenhaltung des Tieres notwendigerweise erforderlich ist. Hierbei muss das Tier, regelmäßig seinem ursprünglichen Verhalten entsprechend, insbesondere auf die Bewegungsabläufe, Möglichkeiten erhalten, sich zu entfalten. Eine fachgerechte Haltung der Tiere ist dann anzunehmen, wenn es sich um ein den entsprechenden landes- und bundesrechtlichen Bestimmungen genehmigtes Tiergehege handelt, wobei allerdings eine zusätzliche Genehmigung iSv § 3 Abs. 4 immer erforderlich ist. Hier ist die Behörde befugt, aber auch verpflichtet, ungeachtet der insoweit vorlie-

genden Voraussetzungen in regelmäßigen Abständen zu überprüfen, ob dieselben auch dauerhaft gegeben sind. Die Länder haben zum Zweck des einheitlichen Vollzugs des § 3 Abs. 4 die allgemeinen Richtlinien erlassen, in denen die materiellen Voraussetzungen, insbesondere aber Regelungen über Nebenbestimmungen, Auflagen und Inhalt eines entsprechenden Bescheides vorgegeben sind. An diese Vorgaben sind die Behörden gehalten. Ein Gericht binden sie im Hinblick auf ihre materielle Wirkung jedoch nicht.

8. Altbestand

13 Der Altbestand wird iSv Abs. 5 S. 1 ausdrücklich geschützt. Die natürliche Mortalität bewirkt naturgemäß, dass diese Bestände zurückgehen. Im Sinne von Abs. 2 können diese Bestände allerdings wieder aufgestockt werden, ggf. mit einer Ausnahmegenehmigung nach Abs. 4. Soweit eine Ausnahmeregelung von der Behörde erwogen wird, ist der Schutz des Art. 14 GG bei der Ermessensentscheidung zu berücksichtigen, ggf. besteht eine Ermessensreduzierung auf Null (OVG Münster Urt. v. 2.4.1992 – 7 A 1581/89, BeckRS 1992, 5472 = NuR 1992, 492 = RdL 1993, 40).

9. Zoologische Einrichtungen

14 Dies betrifft im Hinblick auf die Jagdausübung insbesondere Einrichtungen im Sinne einer Auffang- und Pflegestation, die in den meisten Bundesländern errichtet sind. Es ist deshalb auf die Verwaltungsvorschriften einzelner Länder abzustellen. Gemeint sind auch Tierparks und zoologische Gärten. Nicht gemeint ist die private Haltung in entsprechenden Gehegen.

§ 4 BWildSchV Aufzeichnungs- und Kennzeichnungspflichten

(1) [1] **Wer gewerbsmäßig**

1. **tote Tiere der in Anlage 5 genannten Arten oder Teile dieser Tiere präpariert oder**
2. **lebende oder tote Tiere der in Anlage 5 genannten Arten oder Teile dieser Tiere in den Verkehr bringt oder erwirbt,**

hat über diese Tiere ein Aufnahme- und Auslieferungsbuch mit täglicher Eintragung nach dem Muster der Anlage 6 zu führen. [2] **Werden Tiere nach Nummer 2 im Einzelhandel abgegeben, brauchen Name und Anschrift des Empfängers sowie der Abgangstag nur bei den Tieren angegeben zu werden, deren Verkaufspreis über 250 Deutsche Mark beträgt.**

(2) **Alle Eintragungen in das Buch sind in dauerhafter Form vorzunehmen; § 43 Abs. 2 bis 4 Satz 1 und 2 des Handelsgesetzbuches gilt sinngemäß.**

(3) **Die Bücher mit den Belegen sind der nach Landesrecht zuständigen Stelle auf Verlangen zur Prüfung auszuhändigen.**

(4) [1] **Die Bücher mit den Belegen sind fünf Jahre aufzubewahren.** [2] **Die Aufbewahrungsfrist beginnt mit dem Schluß des Kalenderjahres, in dem die letzte Eintragung für ein abgeschlossenes Geschäftsjahr gemacht worden ist.**

(5) **Die in Absatz 1 genannten Tiere und Teile von Tieren sind zu kennzeichnen, soweit dies mit angemessenem Aufwand möglich ist.**

§ 5 BWildSchV Rechtmäßiger Besitz, Nachweispflicht

[1] Wer Tiere der in Anlage 5 genannten Arten besitzt oder die tatsächliche Gewalt darüber ausübt, kann sich gegenüber der zuständigen Behörde auf eine Berechtigung hierzu nur berufen, wenn er auf Verlangen nachweist, daß die Voraussetzungen für eine Ausnahme nach § 2 Abs. 2 bis 5 vorliegen oder glaubhaft macht, daß er oder ein Dritter die Tiere bei Inkrafttreten dieser Verordnung in Besitz hatte. [2] Für Gegenstände zum persönlichen Gebrauch oder Hausrat gilt dies nur, wenn Tatsachen die Annahme rechtfertigen, daß eine Berechtigung nach § 2 Abs. 2 bis 5 nicht besteht.

§ 5a BWildSchV Strafvorschriften

(1) Nach § 38a Absatz 1 des Bundesjagdgesetzes wird bestraft, wer entgegen § 2 Absatz 1 Satz 1 Nummer 2 ein dort genanntes Tier oder ein Teil oder ein Erzeugnis eines solchen Tieres gewerbsmäßig ankauft, verkauft oder tauscht.

(2) Nach § 38a Absatz 2 des Bundesjagdgesetzes wird bestraft, wer entgegen § 2 Absatz 1 Satz 1 Nummer 1 ein dort genanntes Tier oder ein Teil oder ein Erzeugnis eines solchen Tieres besitzt.

§ 6 BWildSchV Ordnungswidrigkeiten

Ordnungswidrig im Sinne des § 39 Abs. 2 Nr. 5 des Bundesjagdgesetzes handelt, wer vorsätzlich oder fahrlässig

1. entgegen § 2 Absatz 1 Satz 1 Nummer 3 ein dort genanntes Tier oder ein Teil oder ein Erzeugnis eines solchen Tieres sonst erwirbt, sonst verwendet, in den Verkehr bringt oder befördert oder die tatsächliche Gewalt über ein solches Tier, Teil oder Erzeugnis ausübt,
2. entgegen § 2 Abs. 2 Satz 2 dort bezeichnete Tiere an Dritte gegen Entgelt abgibt oder zu diesem Zweck befördert, hält oder anbietet,
3. entgegen § 3 Abs. 2 Nr. 1 Greife oder Falken hält,
4. einer Vorschrift des § 3 Abs. 2 Nr. 2, 3 oder 4 über die Haltung oder Kennzeichnung von Greifen oder Falken, über Anzeigepflichten oder über die Pflicht zur Rückgabe eines freigewordenen Kennzeichens zuwiderhandelt oder
5. einer Vorschrift des § 4 Abs. 1 Satz 1, Abs. 2 bis 5 über die Führung, Form, Aushändigung oder Aufbewahrung von Aufnahme- und Auslieferungsbüchern oder Belegen oder über die Kennzeichnung von Tieren oder Teilen von Tieren zuwiderhandelt.

§ 7 BWildSchV Berlin-Klausel

[gegenstandslos]

§ 8 BWildSchV Inkrafttreten

[1] § 3 Abs. 2 Nr. 3 und 4 und Abs. 3, § 4 sowie § 6, soweit er sich auf die genannten Vorschriften bezieht, treten am 1. April 1986 in Kraft; im

übrigen tritt diese Verordnung am Tage nach der Verkündung in Kraft. [2] Gleichzeitig treten außer Kraft:

Baden-Württemberg

1. die Verordnung zum Schutz der Greifvögel vom 11. März 1975 (Gesetzblatt für Baden-Württemberg S. 223),
2. die Verordnung über den Verkehr mit Wild vom 2. Januar 1951 (Regierungsblatt der Regierung Württemberg-Baden S. 9), geändert durch Verordnung vom 16. Oktober 1954 (Gesetzblatt für Baden-Württemberg S. 144),
3. die Verordnung über den Verkehr und Handel mit Wild vom 13. Februar 1951 (Regierungsblatt für das Land Württemberg-Hohenzollern S. 29),
4. die Verordnung über den Verkehr und Handel mit erlegtem Wild vom 17. März 1951 (Badisches Gesetz- und Verordnungsblatt S. 68), geändert durch Verordnung vom 16. Oktober 1954 (Gesetzblatt für Baden-Württemberg S. 144),

Hessen

5. die Wildbret-Verordnung vom 10. November 1969 (Gesetz- und Verordnungsblatt für das Land Hessen – Teil I – S. 267), geändert durch Verordnung vom 10. Oktober 1972 (Gesetz- und Verordnungsblatt für das Land Hessen – Teil I – S. 346),

Niedersachsen

6. die Artikel 41, 42 und 43 des Landesjagdgesetzes in der Fassung der Bekanntmachung vom 24. Februar 1978 (Niedersächsisches Gesetz- und Verordnungsblatt S. 217), zuletzt geändert durch Gesetz vom 5. Dezember 1983 (Niedersächsisches Gesetz- und Verordnungsblatt S. 281),

Nordrhein-Westfalen

7. die §§ 42 bis 44, 55 Abs. 2 Nr. 6 und 7 des Landesjagdgesetzes Nordrhein-Westfalen in der Fassung der Bekanntmachung vom 11. Juli 1978 (Gesetz- und Verordnungsblatt für das Land Nordrhein-Westfalen S. 318), zuletzt geändert durch Gesetz vom 19. März 1985 (Gesetz- und Verordnungsblatt für das Land Nordrhein-Westfalen S. 261),

Saarland

8. der § 46 Abs. 2 des Saarländischen Jagdgesetzes in der Fassung der Bekanntmachung vom 2. April 1982 (Amtsblatt des Saarlandes S. 309),
9. der § 32 der Durchführungsbestimmungen zum Jagdgesetz für das Saarland vom 5. März 1957 (Amtsblatt des Saarlandes S. 216).

Anlage 1

(zu § 2 Absatz 1)

Liste der von den Verboten erfassten Wildarten

Teil A (Besitz)

1. Haarwild
   Wisent *(Bison bonasus L.)*
2. Federwild
   Auerwild *(Tetrao urogallus L.)*

Birkwild ***(Lyrurus tetrix L.)***
Haselwild ***(tetrastes bonasia L.)***
Alpenschneehuhn ***(Lagopus mutus MONTIN)***
Weißwangengans ***(Branta leucopsis)***
Zwergsäger ***(Mergus albellus)***
Schwarzkopfmöwe ***(Larus melanocephalus Natt.)***
Zwergmöwe ***(Larus minutus)***

Teil B (Handel)

1. **Haarwild**
Wisent ***(Bison bonasus L.)***
2. **Federwild**
Wachtel (*Coturnix coturnix* L.)
Auerwild (*tetrao urogallus* L.)
Birkwild (*Lyrurus tetrix* L.)
Haselwild (*Tetrastes bonasia* L.)
Alpenschneehuhn (*Lagopus mutus* MONTIN)
Türkentaube ***(Streptopelia decaocto)***
Hohltaube ***(Columbo oeanas)***
Höckerschwan (*Cygnus olor* GMEL.)
Kurzschnabelgans ***(Anser brachyrhynchus)***
Weißwangengans ***(Branta leucopsis)***
Saatgans (*Anser fabalis* LATHAM)
Kanadagans ***(Branta canadensis)***
Ringelgans ***(Branta bernicla)***
Eiderente ***(Somateria mollissima)***
Eisente ***(Clangula hyemalis)***
Kolbenente ***(Netta rufina)***
Schellente ***(Bucephala clangula)***
Schnatterente ***(Anas strepera)***
Reiherente ***(Aythya fuligula)***
Zwergsäger ***(Mergus albellus)***
Gänsesäger ***(Mergus merganser)***
Mittelsäger ***(Mergus serrator)***
Blässhuhn (*Fulica atra* L.)
Schwarzkopfmöwe (*Larus melanocephalus* Natt.)
Zwergmöwe ***(Larus minutus)***
Lachmöwe ***(Larus ridibundus)***
Sturmmöwe ***(Larus canus)***
Silbermöwe ***(Larus argentatus)***
Mantelmöwe ***(Larus marinus)***
Heringsmöwe (*Larus fuscus* L.)
Steppenmöwe ***(Larus cachinnans)***

Teil C (Besitz und Handel)

1. **Haarwild**
Wisent ***(Bison bonasus* L.*)***
Steinwild ***(Capra ibex* L.*)***
Schneehase ***(Lepus timidus* L.*)***
Murmeltier ***(Marmota marmota* L.*)***
Seehund ***(Phoca vitulina* L.*)***

2. **Federwild**
Rebhuhn (*Perdix perdix* L.)
Fasan (*Phasianus colchicus* L.)
Wachtel (*Coturnix coturnix* L.)
Auerwild (*Tetrao urogallus* L.)
Birkwild (*Lyrurus tetrix* L.)
Haselwild (*Tetrastes bonasia* L.)
Alpenschneehuhn (*Lagopus mutus* MONTIN)
Wildtruthuhn (*Meleagris gallopavo* L.)
Hohltaube (*Columba oenas* L.)
Ringeltaube (*Columba palumbus* L.)
Türkentaube (*Streptopelia decaocto* FRIVALDSKY)
Höckerschwan (*Cygnus olor* GMELIN)
Graugans (*Anser anser* L.)
Blässgans (*Anser albifrons* SCOPOLI)
Saatgans (*Anser fabalis* LATHAM)
Kurzschnabelgans (*Anser brachyrhynchos* BAILLON)
Weißwangengans *(Branta leucopsis)*
Kanadagans (*Branta canadensis* L.)
Stockente (*Anas platyrhynchos* L.)
Löffelente (*Anas clypeata* L.)
Schnatterente (*Anas strepera* L.)
Pfeifente (*Anas penolope* L.)
Krickente (*Anas crecca* L.)
Spießente (*Anas acuta* L.)
Kolbenente (*Netta rufina* PALLAS)
Bergente (*Aythya marila* L.)
Reiherente (*Aythya fuligula* L.)
Tafelente (*Aythya ferina* L.)
Schellente (*Bucephala clangula* L.)
Brandente (*Tadorna tadorna* L.)
Eisente (*Clangula hyemalis* L.)
Samtente (*Melanitta fusca* L.)
Trauerente (*Melanitta nigra* L.)
Eiderente (*Somateria mollissima* L.)
Mittelsäger (*Mergus serrator* L.)
Gänsesäger (*Mergus merganser* L.)
Zwergsäger *(Mergus albellus)*
Schwarzkopfmöwe (*Larus melanocephalus* Natt.)
Zwergmöwe *(Larus minutus)*
Dreizehenmöwe (*Rissa tridactyla* L.)
Haubentaucher (*Podiceps cristatus* L.)
Graureiher (*Ardea cinerea* L.)

Anlage 2

(zu § 2 Absatz 2 Satz 3 Nummer 1)

Liste der von bestimmten Verboten ausgenommenen Wildarten

Rebhuhn (*Perdix perdix* L.)
Fasan (*Phasianus colchicus* L.)
Ringeltaube (*Columba palumbus* L.)
Graugans (*Anser anser* L.)
Stockente (*Anas platyrhynchos* L.)
Pfeifente (*Anas penelope* L.)
Krickente (*Anas crecca* L.)
Spießente (*Anas acuta* L.)
Tafelente (*Aythya ferina* L.)
Blässhuhn (*Fulica atra* L.)

Anlage 3

(zu § 2 Absatz 2 Satz 3 Nummer 2)

Liste der von bestimmten Verboten ausgenommenen Wildarten bei Tätigkeiten nicht zu gewerbsmäßigen Zwecken

Blässgans (*Anser albifrons* SCOPOLI)
Reiherente (*Aythya fuligula* L.)
Waldschnepfe (*Scolopax rusticola* L.)

Anlage 4

(zu § 3 Absatz 1)

Liste der Greife und Falken, deren Haltung beschränkt ist

Fischadler (*Pandion haliaetus* L.)
Wespenbussard (*Pernis apivorus* L.)
Schwarzmilan (*Milvus migrans* BODDAERT)
Rotmilan (*Milvus milvus* L.)
Seeadler (*Haliaeetus albicilla* L.)
Rohrweihe (*Circus aeruginosus* L.)
Kornweihe (*Circus cyaneus* L.)
Wiesenweihe (*Circus pygargus* L.)
Sperber (*Accipiter nisus* L.)
Habicht (*Accipiter gentilis* L.)
Mäusebussard (*Buteo buteo* L.)
Rauhfußbussard (*Buteo lagopus* BRUENNICH)
Steinadler (*Aquila chrysaetos* L.)
Turmfalke (*Falco tinnunculus* L.)
Rotfußfalke (*Falco vespertinus* L.)
Merlin (*Falco columbarius* L.)

Baumfalke (*Falco subbuteo* L.)
Wanderfalke (*Falco peregrinus* TUNSTALL)

Anlage 5

(zu § 4 Absatz 1 und § 5)

Liste der kennzeichnungspflichtigen Wildarten

1. **Haarwild**
   Steinwild (*Capra ibex* L.)
   Schneehase (*Lepus timidus* L.)
   Murmeltier (*Marmota marmota* L.)
   Seehund (*Phoca vitulina* L.)
2. **Federwild**
   Wachtel (*Coturnix coturnix* L.)
   Auerwild (*Tetrao urogallus* L.)
   Birkwild (*Lyrurus tetrix* L.)
   Rackelwild (*Lyrurus tetrix x Tetrao urogallus*)
   Haselwild (*Tetrastes bonasia* L.)
   Alpenschneehuhn (*Lagopus mutus* MONTIN)
   Hohltaube (*Columba oenas* L.)
   Kurzschnabelgans (*Anser brachyrhynchos* BAILLON)
   Weißwangengans (*Branta leucopsis* BECHSTEIN)
   Löffelente (*Anas clypeata* L.)
   Schnatterente (*Anas strepera* L.)
   Kolbenente (*Netta rufina* PALLAS)
   Schellente (*Bucephala clangula* L.)
   Brandente (*Tadorna tadorna* L.)
   Eisente (*Clangula hyemalis* L.)
   Eiderente (*Somateria mollissima* L.)
   Mittelsäger (*Mergus serrator* L.)
   Gänsesäger (*Mergus merganser* L.)
   Zwergsäger (*Mergus albellus* L.)
   Schwarzkopfmöwe (*Larus melanocephalus* TEMMINCK)
   Zwergmöwe (*Larus minutus* PALLAS)
   Dreizehenmöwe (*Rissa tridactyla* L.)
   Haubentaucher (*Podiceps cristatus* L.)
   Graureiher (*Ardea cinerea* L.)
   Kolkrabe (*Corvus corax* L.)

Anlage 6

(zu § 4 Abs. 1)

Aufnahme- und Auslieferungsbuch

Lfd. - Nr.	Eingangstag	Bezeichnung der im Bestand vorhandenen oder übernommenen Sache nach Art, Zahl, ggf. Kennzeichen und ggf. Bezeichnung der zum Erwerb berechtigenden Dokumente	Name und genaue Anschrift des Einlieferers oder der sonstigen Bezugsquelle	Abgangstag	Name und genaue Anschrift des Empfängers oder Art des sonstigen Abganges

Sachverzeichnis

Fett gedruckte Zahlen bezeichnen Paragraphen, magere Randnummern.